I0333661

Ill.mo Rev.mo Padre

Venezia di 7bre li 15 1728

Mando a V S Ill.ma quel che manca al V.ro bell Dante, come Ella desidera ed in ogni altra occasione sia persuaso che sono con ogni maggior ossequio

D V S Ill.mo

Il devot.mo ed humil.mo serv.re
Alex.r Cunningham

FINE DEL COMENTO DI CHRISTO-
FORO LANDINO FIORENTINO
SOPRA LA COMEDIA DI DANTE
POETA EXCELLENTISSIMO
E IMPRESSO IN FIRENZE
PER NICOLA DI LORENZO DEL-
LA MAGNA A DI XXX DAGUSTO
MCCCCLXXXI

COMENTO DI CHRISTOPHORO LANDINO FIORENTI-NO SOPRA LA COMEDIA DI DANTHE ALI-GHIERI POETA FIORENTINO

PROEMIO

ENCHE NESSVNA SPETIE D[illegible] SCRIPTORI SIA [illegible]
Simi signor nostri : alla quale sommamente et [illegible]
la humana generatione. Atteso maxime che ogni loro [illegible]
b Ogni uigilantissimo studio. Ogni laboriosa [illegible]
to : accioche non solo ad se medesimi : et a suoi coetanei giouino. Ma anchora a tutti
gli huomini che dipoi ne succederanno [illegible] secoli [illegible] piccola utili-
ta arrechino : Nientedimeno poiche spessissime ho con [illegible] una qua-
si infinita copia di quegli : equali o nella greca : o nella latina lingua memoria di se
hanno lasciato / nessuno trouo che a quello poeta equiparare [illegible] Elquale cer-
to : et per profondita : et uarieta di doctrina : et per eleganza et copia [illegible]
solamente dimostrarci le chose grandi : et alla utilita nostra [illegible] Ma an-
chora sotto marauiglioso uelame ricoprendole informa laddorni : che oltra [illegible]
laquale si traxe di tanta : et si uaria doctrina / incredibile sia la giocondita [illegible]
sensi : laquale un bene erudito ingegno : et castigati orecchi prendono di [illegible]
della fabrica poetica diremo poco di sotto. [illegible]
[illegible] argumentationi persuasioni : Et essendomi anchora [illegible]
doctissimi huomini : equali in diuerse nationi et lingue sempre [illegible]
sto / ho non piccola parte della mia eta nella cognitione di quegli [illegible]
[illegible] interpretato : et alle latine lettere mandato [illegible] senso [illegible]
cai non douere essere in utile a miei cittadini : ne ingiocondo : se con [illegible]
et industria / Similmente inuestigassi glarcani et occulti : [illegible]
del fiorentino poeta Danthe alighieri : Et chome el latino poeta in latina lingua [illegible]
[illegible] interpretassi. Impresa sanza dubio : laquale et per la grandezza [illegible]
le chose : et maxime per la nouita [illegible] : Ma [illegible]
me ne di doctrina ne deloquentia [illegible] sia stata laboriosissima : et forse [illegible] di temerita : [illegible]
lamore ardente in questa spetie di muse ha facto : chel pondo e / stato [illegible]
prouerbio de sauii / Nessuna chosa e / difficile allamante. Ma saranno forse alchuni che [illegible]
el consiglio nostro essere stato [illegible] : se non haro condocto insino al debito fine [illegible] che dal princi-
pio mi proposi. O superuacaneo : conciosiache molti hanno [illegible] questo poeta : equali et per es-
sere stati o coetanei o uicini alleta del poeta pare che meglio habbino potuto comprendere sua [illegible]
Et per hauer facto professione di theologia possino piu facilmente interpretare [illegible] sensi in lui
occultati : equali ha da glintimi archani di quella non sanza stupore dichi legge [illegible]
Comentorono el nostro poeta due suoi figliuoli Francesco : et Piero. Comentollo Beneuenuto [illegible]
et questi in latino. Comentollo Iacopo bolognese nella sua patria lingua. Comentollo Riccardo theo-
logo frate carmelitano. Comentollo Andrea credo napolitano : et Guiniforte [illegible] bergamasco.
Principio di comentario Ioanni nostro boccaccio : Ma non produxe lopera piu auanti che [illegible] la prima
cantica. Equali tutti comendo : perche molte chose hanno decto degne di lor doctrina : et non inutili
allauditore. Comentollo finalmente Francesco da buti in lingua pisana. Chostui dopo el Boccaccio piu
che glaltri si sforzo aprire / ma non in tutte le parti lallegorico senso. Ma ad me e / paruto [illegible]
mente et el proposito di Danthe da piu alto principio : Et con [illegible] tenore inuestigare [illegible]
dita doctrina : laquale quando mi riuolgo nella mente mi nasce di subito horrendo stupore : [illegible]
quasi un uespertello in tanta luce. Et chome quegli che habitano propinqui alle cataratte del [illegible]
tono sordi per lo excessiuo suono : Chosi in me perde ogni suo acume et indicio [illegible]
materia : et dalla inuentione : Alla quale non solamente pari : Ma ne anchora / se non dopo lungo inter-
uallo / seconda si truoua. Pure aiutando el diuino fauore la mia feruente uolonta / ho [illegible]
parte alcuno degli appena inuestigabili uestigii di si diuino poeta sequitandolo prima per le [illegible]
ripe nel profondo abisso : Et dipoi tirato dal suo aiuto insino allarduo giogo del purgatorio / mi sono
per camino difficile condocto. Et tandem eleuato dalle sue ale ho uisto el fine di si lunga peregrinatio-
ne. Nella quale quanto di proficto et dutile habbi facto / tale indicio a piu docti di me lascero. Que-
sto solo affermo hauere liberato el nostro cittadino dalla barbarie di molti externi idiomi : Ne quali da
comentatori era stato corropto : Et al presente chosi puro et semplice e / paruto mio officio apresentar-
lo ad uoi Illustrissimi signor nostri : Accioche per le mani di quel magistrato : el quale e / sommo nella
fiorentina rep. sia dopo lungo exilio restituito nella sua patria : et riconosciuto ne Romagnuolo essere
ne Lombardo : ne degli idiomi di quegli che lhanno comentato. Ma mero fiorentino : laquale lingua

a i

[illegible] manifesto testimonio ne sia: che nessuno nel quale apparisca o inge
[illegible] scripta mai ne prosa che non si sforzassi usare el fiorentino idioma : Ma del
[illegible] Voi adunque illustrissimi signor nostri riconoscendo in questo
[illegible] dellonggegno di Danthe : elquale qualunque ripetera una numerosa serie :
[illegible] de secoli : et una uetusta et molto prisca memoria di tutte le nationi/ potra
[illegible] ; Riconoscendo anchora uno stupendo cumulo di doctrina : della quale si uz
[illegible] appena una mediocre parte ha conosciuto / congratule
[illegible] dono habbi conceduto : Et el nostro poeta primo
[illegible] di doctrina optimo et raro exemplo frequentemen
[illegible] deloquentia et dignita : et lauta et costumi di pru
[illegible] di doctrina et dhumanita [illegible]

APOLOGIA NELLA QVALE SI DIFENDE DANTHE ET FLORENTIA DA FALSI CALVMNIATORI

[illegible] delle chose che al proemio fossi continuata et congiuncta la uita et costumi
[illegible] una falsa; et gia per lungo tempo nelle menti di molti inueterata
[illegible] spatio ; et questa confuta : Acioche in un medesimo tē
[illegible] di graue calumnia : dalla quale imeritamente lutio et lal
[illegible] di questa comedia acerrime inuectiue contro a fiorenti
[illegible] acerbissime di uarii et scelestissimi loro uitii. Ilche
[illegible] Ma ancora non sia sanza biasimo del poeta : obscurādo
[illegible] piatoso figliuolo doverrebbe lodare : Noi adun
[illegible] Danthe uitupera lapatria. Dipoi discorrendo per alchuni cxē
[illegible] non solamente non merita biasimo la nostra rep. Ma per
[illegible] che fieno stati dimidia : et non manchino di giudicio / sia
[illegible] collocata : Ma questo sia el principio . Era di si generoso
[illegible] sdegnato farsi apertamente fiorentino : se hauessi giudicato quel
[illegible] delloppera pare che si glorii dessere fiorentino. Adūque
[illegible] : Ma ancora/ bisogno cercare coniecture dellopinione sua : et di quello
[illegible] Imperoche nellonferno per la bocca del ma
[illegible] xxv. del paradiso disidera sommamente torna
[illegible] Ma onde el [illegible] dannarli innocenti et benigni. Ilperche lo
[illegible] et di bellezza et di diritto Et nel canto quintodecimo del
[illegible] Ondella togle anchora terza et nona Si staua in pace
[illegible] in una rep. che uiuere in pace. Ilche non puo aduc
[illegible] sobria et pudica sono due uirtu : lequali fanno per
[illegible] questo canto et intenderemo quanto mirabilmēte loda lāti
[illegible] in questi uersi. Ad cosi riposato. Ad cosi bello Viuer di cittadini. Ad
[illegible] Ad cosi dolce hostello. Et nel sextodecimo scriue. Con queste genti : et con
[illegible] riposo Che non hauea cagione onde piagnesse. Con queste
[illegible] el popol suo tanto chel giglio Non era adasta mai posto aritroso; Ne per
[illegible] Che [illegible] si puo dare ? Anzi che laude detrarne a quel popolo :
[illegible] somma continentia : et sia glorioso Conciosia che lagloria non
[illegible] et da excellenti et da diuerse uirtu. Lascio molti altri luoghi indrieto :
[illegible] di laude magnifica et extolle tanta citta. Ma dira forse alchuno Leggi eluoghi
[illegible] Ad che rispondo che non uitupera efiorentini : equali chome habbiamo
[illegible] et tranquilli/ chiama gloriosi et giusti : Perche sarebbe gran leuita in tāto
[illegible] et tra se stesse contrarie. Ma uitupera quegli fiorentini : equali p am
[illegible] superbi, rapaci, crudeli : et auari. Chome ne anche Salustio uitupe
[illegible] ; et la luxuria : et lauaritia de suoi tempi : Et laperfidia o di Catelina
[illegible] coniurati. O notando di somma infamia Albino / o Calfurnio/ o Scauro : o
[illegible] Ma lodando lantica disciplina Romana dimostra quāto questi sieno degenerati da loro pro
[illegible] Vitupera adunque gli scelerati gouernatori / o piu tosto raptori del suo popolo Danthe :
[illegible] di ueri pastori del bello ouile di sancto Giouanni afferma essere lupi. Ilche gli dob
[illegible] ; Si perche narra chose uere : si anchora perche se contra gica inuectiua contro a pessimi
[illegible] quasi un nuouo Archilocho iambei uersi informa di pestiferi strali saecta :
[illegible] in molti luoghi molti altri di uere laude degni honorificentissimamente exalta et di p
[illegible] Arrogi anchora che facto ingiustamente exule et rebelle dalloro della sua patria /
[illegible] se alquanto per giusto sdegno excede el modo : Et questo basti indifensione del poeta.

Hora in laude della rep. nostra questo tra le prime chose ardiro affermare quella non essere mai [illegible] ma da suoi auctori degenerata: che non habbia sempre dimostro essere di romani cittadini vera colonia. Imperoche et subito circa e suoi principii: benche quegli come in mezo quasi incerta [illegible] stati. Niente dimeno grandi fondamenti et di giustitia et di magnanimita pose. Et dipoi ne seguenti tempi con optimi instituti et leggi administrata: Prima si vendico in liberta. Dipoi et per somma iustitia amata: et per grande francheza danimo nel [illegible] [illegible] [illegible] [illegible] ha agiunto al suo imperio. Ma perche piu apertamente molte et piu [illegible] del nostro popolo apparischino/ Ricorderenci essere per sententia de philosophi tra [illegible] due generationi di uita. Luna di quegli: equali [illegible] in contemplatione [illegible] alla inuestigatione delle excellentissime discipline et doctrine: Et questa e/ detta uita contemplatiua/ significata nella doctrina Mosaica per Rachel: et nel nuouo testamento per Maria. Laltra de [illegible] equali conoscendosi essere stati prodocti non solamente per giouare a se soli. Ma a gli altri [illegible] no le proprie forze hanno preso la cura et governo publico: et amando la uita sociale et ciuile/ [illegible] in compagnia: laquale uita et e prisci hebrei pel misterio di Lya: et e primi christiani per la [illegible] di Martha significano. Quale adunque sara si iniquo giudice et stimatore: e [illegible] nostri annali non confessi innumeri essere stati nel popolo fiorentino nelluna et nellaltra uita excellenti. Ma perche sempre in ogni natione et in ogni secolo piu sono stati ciuili che contemplatiui/ ripetiamo prieghoti da primi incunabuli: et dalla origine della nostra citta: Et uedremo in ogni eta [illegible] sia stato grande la copia di quegli: equali et per somma prudentia et acume dingegno/ hanno [illegible] Et con grandeza danimo con uera liberta hanno potuto: Et con ardente carita hanno [illegible] bene consigliare et administrare la rep. Et perche e/ Salustiana sententia: ma nota da gliantichi sacrarii della platonica disciplina/ che nella administratione ciuile necessario sia: prima ben consultare: et dopo el saggio consiglio quello che gia e/ determinato con matura celerita expedire/ Potrei della historia de nostri annali: equali perche sono stati scripti da huomini piu ueridici che eloquenti acquistono fede p loro semplicita da chi gli legge. Ma da pochi per loro rozo stilo sono lecti. Niente dimeno potrei dalla obscurita di quegli produrre in luce molti: equali ne casi ardui et ambigui hanno imitato la prudentia di Numa Pompilio: et di Fabio maximo: et de due Catoni. di Sertorio: et daltri assai: equali se non fussino stati celebrati da gli scriptori/ sarebbono submersi nelle medesime tenebre che e nostri. Et certo appruouo lopinione di quegli: equali stimono gli athenie si hauere facto chose grandi: Ma la copia et la eloquentia degli scriptori esser cagione che molto maggiori apparischino. Chosi per loppposito non dubito affermare che ne nostri e/ mancato piu lo stilo di chi ha scripto: che la materia di chi ha facto. Ma ritorni onde si parti loratione nostra. Non manchorono e nostri antichi di prudentia. Ma perche con lapprudentia sia anchora nota la forteza. qual tempo fu mai nel quale non mostrassino inuictissimi animi: Et nelle chose aduerse somma fiducia. Fu uniuersalmente di franco animo tenuta la citta di Lacedemone Fu Cartagine: Ma luna et laltra ueggiamo essere da romani superata: Et tra romani hebbe pari animo a tanta felicita Iulio Cesare. Furono franchi huomini e due Scipioni: Equali uirilmente ad Hanibale opponendosi in Hispagna caddono. Furono della medesima famiglia due Africani: et nella chasa Emilia due Pauli. Sanza pauento alchuno a ogni grande impresa corse Marcello: et quello Graccho: che con lo exercito seruile uinse lo inuicto exercito dHanibale. Ma el popolo fiorentino non uno solo Farinata: ma molti in diuersi tempi ha sempre hauuto. Ne mi pare da inuestigare in tale exemplo e particulari/ possendo io tutta la mia rep. per ogni tempo dimostrare hauere hauuto lanimo inuicto: Et in ogni calamita sempre essere resurta piu uirile et piu audace. Fu miserabilmente la fiorentina liberta oppressa da Gualtieri: elquale con falsi tituli duca atheniese uolea esser nomato: Alquale dopo molte ciuili discordie fu conceduto dal popolo annua dictatura si chome a huomo da tutti stimato uero amico: Et certo mostraua el uersuto et subdolo principe non piccoli segni di probita et di iustitia. Ilperche fu facile persuadere al credulo popolo: che finalmente per la sua auctorita hauessi a comporre ogni ciuile seditione: et indurre uera tranquillita: et ferma pace. Ma quante o uero dio sono le latebre ne petti humani Quanto occulti e consigli? Con quante simulationi? Con quante dissimulationi sono ingannati e buoni dalle uolpine menti. Prese adunque lo scelerato Gualtieri con apparentia di Clemente pastore ellegittimo magistrato alla sua fede commesso. Ma dentro lupo rapacissimo ogni potesta datagli conuerti in tyrannica crudelta: Et con fauore de propinqui principi: et dello exercito a llui concesso con quelle arme che gli hauea conceduto el popolo per essere da llui difeso/ loffese: Et con somma perfidia occupo la tyrannide. Ma non mancha el celeste aiuto a chi non mancha a se medesimo: Et ne glianimi generosi el recto proposito uince ogni difficulta. Apparse uniuersale in tutti et non leggieri el dolore della perduta liberta. Ma non essendo prompto chi a tutti in tanto pericolo si facessi duca et guida/ diuersi da diuersi furono electi: Et in un tepo medesimo molte coniurationi che luna dellaltra niete intese contro al tyranno sarmorono: et armati con empito si scopsono in forma che uccisi non pochi de suoi fu constrecto col fuggire cercare la sua salute. Ne so in si magnanima recuperatione di liberta quale sia piu degno dadmiratione/ o la grandeza dellanimo nellardire contro a quello che era da gran copia darme: et dhuomini soffulto. O la fede et taciturnita nella quale tutti e congiurati constantemente perseuerorono.

[illegible]. Fu nella eta de nostri padri/o per iniquo fato/o per imprudentia de conduc
[illegible] infelicissima la ropta di Zagonara / Ne meno calamitosa a noi che lapu
[illegible] de [illegible]. Perderonsi le genti darme. Perderonsi ecaualli. Perderonsi ecariaggi
[illegible]. Perderonsi ecapitani poco auanti con innumerabile pecunia condocti
[illegible] per tanta uictoria ferocissimo: Ma anchora per la ricchissima pre
[illegible] radoppio le forze. Et chi credeua che in que tempi/ o le copie hostili nō
[illegible] troppo accorrere infino alle nostre porte / o la nostra rep. per la imp
[illegible] indugio riceuere quelle extreme conditioni chel uinci
[illegible] Ma o [illegible] animi: o ueri romani coloni. Intese disubito esuoi danni
[illegible] niente dimeno [illegible] non inutili. Non cedette alla fortuna. Non cadde in
[illegible] in breuissimo momento di tempo fu da tutte le parti della citta facto subitane
[illegible] magistrato. Ne si trouo alchuno che andassi solamente instructo di sententie per
[illegible] quanto patie a el suo patrimonio carico di pecunie per porgere aiuto. Ne
[illegible] uarie sententie nel consultare si dixono. Ma una subita uoce in tutti: che
[illegible] che la citta si perdessi. Et chi neghera questo potere parere mirabile etiam in Ro
[illegible] ? Era [illegible] per le graue et periculosissima guerra. Erano molto attenu
[illegible] grandi et assidui tributi: Et niente di manco/non in un giorno: ma in poche ho
re/ [illegible]: Ma per spontanea et uoluntaria collatione tante migliaia di fiorini forono
[illegible] delle guerre: che con quegli con incredibile celerita da tutta Italia
[illegible] di conductori: et dequiti: et di pediti militauono. Et in quel tempo
[illegible] a sacrificio aspectaua da noi legatione supplice: et parata a ritenere ogni iniqua
[illegible] sue copie gia essere opposto nuouo exercito. Onde ne seghui honorata pa
[illegible] senato si gloria hauere hauuto uno Appio ciecho che Pyrrho fe di uedere
[illegible] Quale sara si iniquo extimatore delle chose? Si cupido detractore delle nostre laudi?
[illegible] potere tra tanti exempli uedere in un popolo: et in si bassa fortuna si alto animo
[illegible] forse troppo prolixo. Ma chome possio tacito preterire quello che non da
[illegible]: Ma ne nostri secoli habbiamo ueduto? Erano molto attrite le forze del
[illegible] per le guerre [illegible] factaci da Alfonso Aragonese re Napolitano: el qual ben
[illegible] regni: et molto cupido di propagare lomperio ci hauessi con
[illegible] et per mare et per terra assaltato. Niente dimeno per parlare piu honorificamente
[illegible] lasciare lampresa: et col conquassato et mutilato exercito tornarsi
[illegible] molto attrite le forze nostre: et ecco nuoua guerra raccendersi/ non solo dal
[illegible] imperio ueneto: El quale benche non molti anni auanti in gran
[illegible] opera hauessino propagato lomperio in Lombardia. Niente dimeno giudican
[illegible] la morte di Philippo Maria molto desiderauono el ducato de uisconti. Haueuono
[illegible] amplissimi: Et la fama in ogni militare uirtu di Iacobo piccinino du
[illegible] Molto potea per tutta Italia lauctorita del re: Et dalla parte no
[illegible] le marauigliose et innumere uirtu di Francesco sforza: et la gloria di tanto
[illegible]. Noi exausti: lui in somma penuria posto di tutte le chose: con le
[illegible]: Et la nouita dellomperio suo facea ogni impresa pericolosissima. Et
[illegible] opinione: che el Fiorentino popolo hauessi a cedere alla fortuna: et preporre
[illegible] alla fede/ Maxime inuitandone laduersario et offerendone pace et confederatione/ pur che
[illegible]. Ma potrei referire innumeri altri exempli: equali manifestissimo dimonstrono
[illegible] per alchun tempo essere stato piu stimato nella rep. nostra che la fede. Ma in si graue perico
lo fu [illegible] da [illegible]. Venne adunque in consultatione da una parte el pericolo: da altra la fe
de. Ma in [illegible] fu uincta la utilita dallhonesta Maxime pel consiglio et auctorita del magno Cosmo Me
dici/ huomo di tanta prudentia di quanta rarissimi consultori hanno hauuto le rep. Chostui con gliochi
del [illegible] prouide efuturi casi: quanto molti non conoscono epresenti: et non solo con lo
pera: et con la [illegible]: laquale fu mirabile: et dingegno piu che humano: Ma anchora con la pecunia:
della quale era abondantissimo sobuenne al publico. Et perche in forma saiuto el collegato duca: che non
solamente resto nella pocho auanti acquistata signoria: Ma tolsesi tal ducato delle mani de ueneto domi
nio: El quale benche per sua optima administratione in somma ueneratione meritamente sia apo tutti
epopoli: Niente dimeno parea surgessi troppo formidabile accrescendo tanto di potentia. Credo per
questi exempli hauere dimonstro di quanto inuicto animo sia stato el fiorentino popolo. Ma in questi
medesimi anchora chome in lucido specchio apparisce la imagine della prudentia et della fede da quel
lo in ogni tempo conseruata. Potrei riferire molti altri optimi consultori: Et della medesima famiglia
de medici Veri equite fiorentino huomo sempre attento alla publica quiete Bartholomeo ualori. Rinal
do gianfigliazi huomini dalto consiglo. Nicholo da Vzano. Ioanni padre del magno Cosimo. Gino cap
poni et Neri suo figliolo. Ne meritano esser pretermessi Laurentio Ridolfi iuris consulto celebratissi
mo. Palla Strozzi. Piero Guicciardini. Niccolao alexandri. Luca de gliabizi. Andrea Minerbetti. Ala

manno Salviati. Et negli ultimi tempi Ioanni Canigiani equite fiorentino huomo amantissimo della patria: et di consiglio molto maturo et pecuido. Ma perche secondo la doctrina Platonica et Aristotelica non solo econsultori bastano alla rep. Ma sono necessarii emiliti et propugnatori che uendichino le ingiurie facte: et difendino la liberta. Veggiamo ma con somma breuita quello che hanno potuto enostri in ogni parte. Ne niego che ne presenti secoli sichome tutte laltre italiche rep. et principi / chosi noi non habbiamo facte le guerre con gli exerciti mercennarii: et duchi condoctitii: Ma ricordianci del ciuile gouerno: et de tempi nequali nessuno altro era nel nostro exercito che cittadini. E/anchora noto lordine dellantica disciplina: et in che parti distincto sarmaua el popolo. Resta el nome de prefecti. Restano lensegne et uexilli. Veggiamo ne nostri giorni pendere nel nostro baptisterio quel Carroccio suppema bandiera al popolo: elquale radeuolte torno sanza uictoria. Possono sanza fallo molto nelle chose commesse alla fortuna le uirtu celesti nominate cause seconde: Et meritamente: perche chosi ha uoluto quello immobile motore che le creo. Ilperche la prima origine de fiorentini da Marte: illustrata subito nelle martiali arti fiori. Era anchora potente Fiesole quando doue ueggiamo le nostre mura rari hedificii surgeuano: Et sempre fu constante uolonta/o piu tosto pertinace obstinatione di quella opprimere la nostra: et quasi poteta perche gli parea potere. Loro erono et per lanctichita molto reputati: et pel numero del popolo confidenti: et per naturale sito del monte: et per humana industria inexpugnabili. Noi oppressi nella pianura: et per la nouita incogniti a uicini: Et pel piccolo numero pocho stimati: che altro rimedio a gladuersarii: equali ogni di gliassaltauano poteano opporre se non una uiuace et prestantissima uirtu? Furono laboriosissime le difficulta: et periculosissimi gliaffanni che Fiorentia surgessi: Ma maggiori che hedificata dipoi dal nimico potente et sopra capo postogli si difendessi. Durorono tra due popoli non solo molti anni: ma eta/hora occulta simulta/hora aperta guerra: et per la uicinita quasi ciuile. Ma tandem produxono lamare contentioni suaue uictoria: nella quale et con industria furono uincitori enostri: et con somma clementia a uincti la loro rep. communicorono. Ne manchorono di iustitia in obseruare la fede data: ne di prudentia/in farsi gladuersarii suoi cittadini: et in dupplicare le forze riducendo due popoli in uno: Laquale concordia tanto ualse: che ne sequenti tempi benche tutta italia con perpetuo et diuturno diluuio da uarie et barbare nationi subuersa: et Fiorentia quasi desolata fussi. Nientedimeno in brieue tempo mirabilmente crebbe. Non e/ mio consiglio illustrissimi signor nostri riferire alpresente quante uolte el nostro exercito lexercito nostro dico/non di soldati mercennarii ripieno: ma di nostri cittadini instructo: Non da externo capitano guidato: Ma da suoi prefecti ordinato/riporto amplissime uictorie: con lequali ebreuissimi confini dilato. Testimonii ne sono e uolterrani: equali da si excelsa roccha deiecti uidono enostri per forza entrare et occupare la terra. Testimonii episani. Testimonii glaretini. Testimonii esanesi. Testimonii elucchesi: equali in ogni impresa alla fine rimasono inferiori. Et chi restitui la patria a guelfi Bolognesi? E fiorentini. Chi a Modanesi? E fiorentini. Chi a Reggesi? E fiorentini / Quando per opera del nostro capitano Forese Adimari cadde in piaza Casca huomo di gran forza et di statura gygantea. Chi nel Neapolitano regno fece contro a Manfredi optima pruoua: et in gran parte inclino la uictoria a Carlo: et alle parti pontificali? E fiorentini. Di qui tanta lode acquisto el nome guelfo dal sommo pontefice. Di qui dhonorificentissimi titoli fu insignito. Di qui excellentissimi: et a pochi altri dati priuilegi riceuette. Di qui la inmortale nostra amicitia insino ne tempi di Carlo magno principiata con la chasa di Francia si rinouo. Ne con altro exercito piu difese Nicolo da esti marchese di Ferrara el suo principato: che con mille cinque cento barbute che chosi in quegli tempi chiamauono glihuomini darme: equali tutti cittadini fiorentini et in gran parte nobili mando la nostra rep. in aiuto alcollegato principe. Fu infelicissimo Larbiense conflicto: nel quale circa a tre migliaia de nostri uirilmente combattendo caddono: Ma non sene exaltino molto enimici: ne gloria ne prendino lemperatorie turme et squadre. Imperoche non quelle erono pari a nostri: Ma la prudentia di Farinata Vberti: et lardentissimo ciuile odio de fiorentini ghibellini in quel tempo exuli: et enostri plebei transfughi: equali per la factione a un tracto abandonorono enostri stendardi: et co ghibellini exuli si uolsono contro al carroccio. Non furono adunque uincti da Sanesi e fiorentini: Ma da suoi rebelli fiorentini. Et certo fu in Farinata grandeza danimo Cesariana. Prudentia Fabiana. In Guido guerra. Velocita Papiriana: et occhio ceruero in preuedere efuturi casi: et prouedere a quegli. Et se efacti militari di que secoli hauessino trouato copia di buoni scriptori / Certo anchora noi haremo alchuno non molto dissimile a Camillo. Alchuno imitatore dafricano. Alchuno Emulo ad Marcello: Et uedrebbesi essere stati huomini non molto degenerati da Marii. da Pompei. da fabritii: et da Cincinnati. Ma certo uale la fortuna in tutte le chose: Conciosia che etiam negli excellentissimi non so perche fato puo mancando gli scriptori obscurarsi la fama di molti: Ma ne anche questo altro exemplo pretermettero. Vidono enostri padri Niccola Acciaiuoli sotto elquale el Neapolitano regno si resse. Vidono Philippo scolari spano tra glungheri che huomo immortale idio: et elquale per sue admirabili uirtu per tutti egradi militari insino al suppremo arriuo. Ventitre uolte uenne in battaglia giudicata contro a turchi: et tutte le uolte ne riporto gloriosa uictoria: Ne solamente contro a barberi popoli milito: Ma anchora in Italia duca pegli exerciti di Sigismondo Augusto occupo el Frigoli: et in batta [illegible] Carlo malatesta. Vidio fanciullo Lionardo bruno gia uecchio: elquale et le fiorentine historie [illegible] scripse: et le greche et latine di qualunche tempo diligentissimamente hauea lecto. [illegible] da Iulio Cesare insino a suoi tempi nessuno trouare: elquale giudicassi in militare di [illegible] a Philippo Spano. Leggiamo molto profonda essere stata la prudentia dhani [illegible] si commenda la callidita: colla quale lui da tutte parti obsesso pote uscire del [illegible] Lodasi assai Mitrydate in simile spetie di uirtu. Ma in che parte fu inferio [illegible] Maxime a belgrado/ quando fingendo sommo timore allecto et con [illegible] uasi di sassi pieni da alto luogo per precipiti et scondescese ripe rouina [illegible] non e/ el duplicato numero delle porte di firenze: Ingegno sanza fallo su [illegible] potessi mouuere riso che paura/ in maniera fussino infrante lhostili [illegible] con pocho numero de suoi [illegible] uccidessi. Ma ritorno a tempi piu uetu [illegible] Othone imperadore passo el mare per lo acquisto di Damiata: et ditalia [illegible] et nella nostra citta si fece robusta schiera ripiena di molti populari: Ma del [illegible] primi Bonaguisa della pressa: Onde e/ dipoi la chasa de Bonaguisi. Florio [illegible] Maffeo Vbaldini. Donato Donati. Francesco uitella. Ormanno foraboschi [illegible] et Niccolo giuochi. Preterea Bostichi. Soldanieri: et della Tosa. Era [illegible] da Saraceni: et di mura et dogni spetie di ripari bene fornita: Ma ogni dif [illegible] et ogni giorno la combatteano: et finalmente fu elprimo [illegible] de nostri che con la sua schiera sali le mura: et elnostro stendardo rosso et biancho in [illegible] perdita di molti de suoi el primo fu che nella citta entrassi/ Ani [illegible] Maggiore a fermarsi. Maximo a gittarsi dentro tra confertissimi et fol [illegible] Othone fu [illegible] aurato equite: Et in altre chose molto honorato: Et poi che [illegible] A ruggero Federigho folchi: elquale admiragio dellarmata del [illegible] da tre frategli: et da otto nipoti tutti insigniti della sacra militia in [illegible] et ample spoglie denimici saraceni. Fu degno dogni mi [illegible] Dipoi la franche impresa di Ioanni Medice in soccorrere la quasi gia per [illegible] principe de Melanesi obsessa questa terra: et da ualidi exerciti [illegible] porta che aiuto alchuno segli potessi porgere: Ma che non puo lhuo [illegible] et non manchi animo. Fu celerrimo Ioanni in [illegible] fu cauto in appostare elluogo/ el tempo. fu dan [illegible] et farsi la uia col ferro. Vide leta di proximo passata Nanni Strozi: al [illegible] tutto lexercito suo: nel quale erono tremila caualli: et sempre [illegible] delle forze del duca Milanese. Vide Piero di Carlo della medesima fa [illegible] per forza con speranza duna coniura una delle porti di [illegible] che propheta Baptista fece correre ecaualli a uno palio posto alle [illegible] Meo altouita capitano del signore di Padoua: elquale per soc [illegible] exercito del duca di Melano con ducento lance assalto enimici: [illegible] tra glarmati nimici aperse a suoi la uia: et uirilmente ributtan [illegible] nella citta et liberolla dallobsidione: Laqual chosa fu da tutti stimata non di pocha [illegible] animo: che dipoi sempre fu chiamato Meo sanza paura. Sono enumerati tra li [illegible] Ma anchora uiue chi uide Bernardino ubaldini nominato dal [illegible] dexercitii excellentissimo: del quale narrerei facti egregii: Se di quegli [illegible] memoria in tanti capi. Emmi in questo luogo precisa la uia: Onde conuie [illegible] tralle excellentissime: Et per laquale sola potessi essere immortale el [illegible] pare che mi fussi lecito pronuntiare el uero: Ma non si puo sempre quello che si desi [illegible] ogni huomo quanto in ogni spetie di militare uirtu: fussi dal suo figliuolo [illegible] el Carthaginese Hamilcare: Parra a molti questo obscuro enygma: Ma non mi diffido [illegible] perche non e/ mai el mondo sanza Edippo ne sanza Sphynge.

FIORENTINI EXCELLENTI IN DOCTRINA

E piu insistero nella uita ciuile: perche anchora nella contemplatiua nessuna spetie di doctrina e/ celebrata apresso gliantichi: della quale non resti ornatissimo el nome fiorentino. E/ la philosophia procreatrice di tutte le buone arti: et dalla quale chome da exundantissimo fonte ogni doctrina si diriua: Et io potrei nominare nella prima philosophia: laquale etiam enostri con greco uocabolo chiamono theologia/ quasi infiniti huomini: Ma chi possiamo noi preporre a Luigi Marsilii? o a Lionardo dati? a quali come le schuole de philosophanti ne lor tempi cedectono, Chi a Bartholomeo Lapaccio? Ma leggete priego e gran uolumi dantonino: elquale et per sanctita di uita: et per grandeza di doctrina fu da Eugenio quarto/ benche molto recusassi/ preposto alla fiorentina chiesa/ o uero pastore et de gno el quale non solo la fiorentina: ma la Romana chiesa fussi commessa. Nessuno ne nostri tempi fu piu assiduo nelle meditationi. Nessuno scripse ne piu cose/ ne piu utili/ ne piu docte. Maraviglioso huomo et principe de physici et de theologi de suoi tempi tenne a Parigi Ruberto della nobile stirpe de bardi. Tenne la cancelleria dello studio parigino anni quaranta. Riprovo dalberto magno et di Thomaso daquino trentotto conclusioni in theologia: Ne e/ stato dipoi chi tali confutationi habbi confutato / Visse sanza mogle in vita casta et celibe. Ne solamente e/ stata celebrata la doctrina della nostra religione: Ma anchora epsa religione sempre con ogni diligentia exornata et culta nella nostra cipta. E/ noto la bellezza et grandeza de tempii: ne quali confesso non essere le preciosissime gemme del oriente. Ma chose stupende et degne di tanto dominio. Ma guardisi loro et largento de vasi et dellaltre chose dedicate al divino culto. Guardisi una copia mirabile di drappi doro et di seta nelle veste sacre. Guardisi con quanta dignita et maiesta si celebri con cerimonie pontificale el divino culto. Ma quello che pare et pel numero et per lornato essere admirabile: Sono tra dentro alla cipta et ne borghi trentaquattro cenobii decti monasterii: equali tutti hanno conventi o di monache o di frati. De quali non pochi sono a grandezza di castella: et con edificii mirabilmente ornati: et parte aperti a publici sumptu da privati cittadini: Et nella nostra eta non pochi dal magnificentissimo Cosimo Medici edificati. Sono preterea oltra e cenobii chiese di parrocchia cinquantatre. Sono hospitali trentacinque. De quali sancta Maria nuova el primo tra christiani. In questo si curano [illegible] per [illegible] piu che trecento amalati: Sono del continuo/ benche molto difficil sia/ dieci candidi: et sempre chi guardi [illegible] lato sera ogni hora a suoi bisogni proveggha. Ne e/ comune o el victo o la medicina: ma singulare a ciaschuno secondo el morbo. Sempre sono parati e medici et physici et cerusici: equali [illegible] a tutti ordinano. Il perche molti huomini externi et nobili et richissimi oppressi da maggior [illegible] infermita/ hanno electo tale domicilio alla sua cura. Ma torno alle doctrine. Furono due lumi della nostra patria Torrigiano della famiglia de valori: equali gia furono nominati Rustichegli et Dino del Gharbo. E quali quanto in physica et in medicina potessino e volumi dalloro scripti lo manifestano: Et fu tanto acuto Theorico Torrigiano che nelle interpretationi lequali scripse da Galieno e/ nominato da tutti piu che comentatore. Scripse Dino del gharbo sopra Galieno de malitia complexionis: et sopra el libro de differentiis febrium. Scripse anchora molto doctamente de natura fetus. Scripse Taddeo in Hippocrate et sopra de regimine acutorum: et sopra gli amphorismi. Scripse sopra Avicenna. Ne lascero in drieto Niccolo falcucci: el quale in octo molto divulgati sermoni manifesto et aperse tutta la physica et practica di medicina. Et hoggi vivono non pochi: equali o gia perfecti o no/ o nel corso che guida al perfectione tanto progressi: che saranno in gran nome ne futuri secoli appresso di quegli che dopo noi verranno. Optimo physico et methaphysico: et in tre lingue externe docto vedemo ne tempi nostri Iannoctio Manetto. Traduxe di greco. Traduxe dhebreo non pochi libri: et molto utili. Scripse chose morali et naturali. Ma dove lascio Baptista Alberti / o in che generatione di docti lo riporro? Dirai tra physici. Certo affermo lui esser nato solo per investigare esecreti della natura. Ma quale spetie di mathematica gli fu incognita? Lui geometra. Lui arithmetico. Lui astrologo. Lui musico: Et nella prospectiva maraviglioso piu che huomo di molti secoli: Lequali tutte doctrine quanto in lui risplendessino manifesto lo dimostrono nove libri de architectura dallui divinissimamente scripti: equali sono referti dogni doctrina: et illustrati di somma eloquentia. Scripse de pictura. Scripse de sculptura: el qual libro e/ intitolato Statua. Ne solamente scripse: Ma di mano propria fece: et restano nelle mani nostre commendatissime opere di pennello, di scalpello, di bolino: et di gecto dallui facte. Ma poi che siamo entrato in questo genere di doctrina/ Ricordianci di Guido bonacto fiorentino: benche lui tanto sdegno prese del suo exilio: che ponendosi el domicilio in Forli volle non fiorentino: ma forlivese esser chiamato. Chostui ne suoi tempi fu molto veridico ne suoi giudicii. Scripse utilissimo volume agliastrologi: et universale in ogni spetie di doctrina. Nella sua ultima eta entro nellordine de frati minori: et humilmente fu veduto mendicare el pane. Ricordianci di Paolo mathematico: del quale non solamente resta el sepolcro honorificentissimamente nel tempio della trinita posto. Ma molto maggiori monimenti nelle lettere impressi: equali ne vetusta di secoli: ne ingiuria di cielo: ne ferro o fuoco potra nuocere: Et benche e sia mio proposito non nominare alchuno de vivi: Nientedimeno aggiugnero a questo primo Paolo el secondo gia in ultima senectu constituto/ huomo nella medesima doctrina exercitato et doctissimo: et anchora physico et medico excellentissimo: et a noi veneranda imagine danctichita.

FIORENTINI EXCELLENTI IN ELOQVENTIA.

Chosa tra glihuomini mirabilissima la eloquentia: Et concio sia che due chose sieno proprie al lhuomo: et delle quali nessuno altro animale partecipa Sapientia et Eloquentia: Nientedimeno molto piu sono stati esapienti che gli eloquenti. Maraviglia certamente stupenda: che essendo loratione comune a tutti glihuomini/ rarissimi sieno quegli che in epsa diventino excellenti. E/ la eloquentia regina de glihuomini: et quando e/ congiunta colla probita: et con la vera virtu utilissima sopra tutte le chose. Vero questa puo infiammare e pigri ad ogni honorifico pericolo: Et restringuere gli animi

[illegible] seditione ridurgli a tranquillita. Ma non patisce il tempo riferire sue laude.
[illegible] essere in quella che non sieno communi al poeta et alloratore. Crebbono queste
[illegible] lomperio latino : et uennono al suo colmo in Virgilio et in Cicerone.
[illegible] declinorono : Et finalmente sobmersa italia da uarie inondationi
[illegible] Ma questo ad che proposito ! Messe accioche buona gratia conse
[illegible] popolo per due cagioni. Prima perche chome in una sua oratione scri
[illegible] che in prezo ritornassi la lingua latina fu el fiorentino Claudiano
[illegible] la refuscitatione della sincera poesia perdessi laurea corona fu sperar
[illegible] non lo prendessi nel baptisterio fiorentino. Fu adun
[illegible] fanciulla : et la prima nella quale si raccendessi. Fu
[illegible] Ma docto et eloquente : Elquale per le frequenti in
[illegible] nato in Egypto : et in Canopo citta sopra uno de
[illegible] et genero Claudiano. Ilperche molti af
[illegible] tempi di Theodosio, Ilera da principio gentile : di poi
[illegible] grata da tutta italia : Poiche in quella naqono
[illegible] ma per tanti secoli sepulta in uita ridurono : Et
[illegible] Leggete priego e tocani di Guido caualcanti : et giudi
[illegible] conoscere che non sia uulgatissimo. Ma in Guido co
[illegible] non pochi ornamenti oratorii et poetici : et
[illegible] docto : se sopra uenuto da maggior lume non fussi diuenu
[illegible] et del Petrarca direno in altro luogo. Et qui solam
[illegible] libro ; perche la gia molti anni smarrita strada : la
[illegible] Parnaso et al Pegaseo fonte ritrouorono : et tra pruni et sterpi rico
[illegible] che dipoi da molti e/ stata pesta. Le uestigie di
[illegible] non sanza premio delle sue uigilie. Imperoche
[illegible] sommo pontefice : et al pontefice note le sue uirtu. Ilper
[illegible] tra primi protonotarii per promuouerlo a piu alto
[illegible] non sanza iactura di quel secolo fini suoi giorni nellanno qua
[illegible] Furono molto stimate in ogni parte le publiche epistole di Colucio salu
[illegible] in quelle cominciorono a riluccre gli ornamenti degli antichi oratori : Ma
[illegible] studio di philosophia : et alla uniuersale doctrina sarroge
[illegible] Fu in affermare et confutare efficacissimo : et lo stilo
[illegible] argumentationi : et abbondante dogni copia di sententie.
[illegible] Visconti acerrimo inimico al nome fiorentino : che piu gli noceno
[illegible] Sono molto in prezo alchuni uolumi dallui scripti. Succede
[illegible] il primo che alla lingua anticha rende e suoi primi ornamenti. Succede
[illegible] due preterisco con silentio : perche molti uolumi gli fanno celebri in
[illegible] Ne uoglio preterire Ambrosio generale chamaldolese : elquale
[illegible] Tirtamo egregio peripatetico dalla suauita delloratio
[illegible] Theophrasto. i. di diuina elocutione : Cosi uolle credo la diuina prouide
[illegible] essere in lui fussi da puerita nominato Ambrosio. Di
[illegible] scriptore di uersi lyrici : elquale scripse hode molto elegan
[illegible] et d Ambrosio. Dipoi cominicio in uerso heroico la guerra pi
[illegible] et potea piacere a ogni docto. Ma da imatura morte preuenuto
[illegible] nipote di Leonardo theologo doctissimo huomo et dop[illegible]mo
[illegible] elegi et grauissime tragedie. Tornami alla men
[illegible] chome uuouo Chameleonta sempre quello colore pigla elquale e /
[illegible] A nessuno di quegli che al presente uiuono fu incognito donato acciaiolo : el
[illegible] la philosophia : Niente di meno non prima a tali studii si dette : che op
[illegible] nel suo stilo piglassi. Ma di sua eloquentia et uolumi da se scripti
[illegible] funebre : laquale nel publico consesso delle sue exequie hauem
mo. Scripse de temporibus Matheo palmieri uolume perspicuo et molto utile : elquale da glimpresso
ri con somma ingiuria e/ stato [illegible]. E/ di tale inuentione nel suo poema scripto in uersi toscani
ad imitatione di Dante : che se non fussi caduto in alchuna heresia potea facilmente uiuere. Tolse un
[illegible] Lapo da castiglionchi : elquale et in quello de nobilitate : et in quello de auaritia mostro
[illegible] stilo et copia giouenile forse alquanto lasciuiente. Ma chome dimostra Cicerone et Quintili
ano E/ segno di [illegible] ne troueri anni [illegible]. Certo nelle chose lequali di greco in latina lingua
[illegible] tradusse et fedelmente si ueghono transferiti e sensi : et con diligentia conseruata la
[illegible] stilo in forma che niente altro che la lingua nappare mutato. Nessuno monimento o ue
stigio deloquentia lascio Nicolao nicoli se non el testimonio de suoi coetanei : equali et la doctrina sua

et lo stilo laudano. Ma certo nessuno fu piu diligente investigatore dellanticthita: Et inverso ogni lite
rato unaltro Locullo o Mecenate in quanto pativono le sue facutta in ogni spetie di liberalita si dimostro
Restono molti de tuni: equali per fuggire inuidia non pongo. Ma certo e/ referta la nostra rep. dhuo
mini in ogni spetie di lectere illustrati. Ne fu eta alchuna doue piu fussi congiunta la eloquentia colla
doctrina. Habbiamo copia di peripatetici. Ma anchora possiamo gloriarci hauere chi ha riuocato in luce
la Platonica disciplina. Surgono poeti. Surgono historici: equali per ladueniré non saranno defrauda
ti di conuenienti honori. Ma credo ueramente potere concludere nellornato del dire Fiorenza seguita
re le uestigie della greca Athene. Conuiensi nel nome se e/ uero quello che non ignobili scriptori greci
referiscono che Athene non sia decta da athena. i. Minerua. Ma da anthos. i. fiore. Conuiensi che cho
me quella uince tutti egreci idiomi: chosi questa tutti glitalici. Et e/ connaturale in questa natione la e
loquentia. Diche oltre alla experientia molti exempli posso indurre: che molti principi usono lopera de
fiorentini nelle loro legationi. Ma chosa mirabile fu ad chi sanza inuidia giudica: che nella creatio
ne di Bonifatio octauo: et nel tempo che per congratulatione della nuoua assumptione sempre huomini
eloquenti si scelgono: dodici oratori fiorentini da dodici principi mandati honorificentissimamente: et
con quella pompa che in simili tempi si costuma. Fu adunque legato dellomperadore Vermiglio alphe
ni. Del re di Francia Musciatto franzesi. Del re dinghilterra Vgolino da uicchio. Del re di Boemia Rini
eri langru. Dellomperadore di Constantinopoli Simone de rossi. Mando anchora el gran tartaro Guic
ciardo bastari con cento tartari. Mando el re di Puglia Manno adimari. Mando Federigho re di Sicilia
Guido talancha. Mando el gran mastro di Rhodi Bencivenni folchi Credo nipote delladmiraglio: del
quale disopra fu facta mentione. Finalmente furonui anchora legati Lapo figliuolo di Farinata uberti:
Et Cino diccisalmi/quello per la rep. pisana: et questo per Gherardo signore di Camerino: Laqual chosa
fu in tanta admiratione al sommo pontefice: che nel senato de primi padri affermo efiorentini essere
nelle chose humane el quinto elemento. Et certo fu si numerosa legatione chosa mirabile in una sola
citta. Ma ne anchora e/ degno di minore admiratione che in questa medesima rep. una famiglia hauessi
singularissimi huomini: equali a un tempo da tre diuersi dominii oratori mandati fussino. Tractandosi
nella excellentissima citta Veneta chose pertinenti alla comune salute ditalia: et uenendo da ogni parte
legationi Mando el fiorentino popolo messer Palla. Mando el marchese di Ferrara messer Nanni. Man
do el marchese di Manthoua messer Ruberto tutti et tre della famiglia de gli Strozi fiorentini. Et que
sto basti della eloquentia.

FIORENTINI EXCELLENTI IN MVSICA

E fu ignobile la musica nella fiorentina rep. Nella quale quanta forza habbi posto la natura tut
n ti epictagorei et gran parte de platonici marauigliosamēte dimostrano: Et Socrate philosopho
di tanta grauita che dalloraculo dapolline fu giudicato sapientissimo quella nellocto gesimo an
no della sua uita auidissimamente apparo. Ne e/ al tutto falsa/pure che rectamente sintenda lopinione
del siciliano Aristoxeno: che lanima nostra sia harmonia. In questa adunque potrei molti excellenti re
ferire. Ma richiede lamore della agnatione che non defraudi delle debite lode Francescho cieco fratello
del mio auolo: Alquale tanto concedette la natura di giudicio nellaudito quanto gli tolse nel uiso. Cho
sa certo mirabile che priuato in tutto del uedere fussi non indocto in philosophia: Non indocto in astro
logia: Ma in musica doctissimo: et nella quale tanto ualse nel suono degliorgani: che nella nobilissima
citta di uinetia per giudicio di tutti emusici equali da tutte parti quiui eron concorsi fu informa dipo
eta dal re di Cipri: et dal duca Veneto di laurea corona ornato: Ma hanno ueduto enostri tempi: et udi
to enostri tempii Antonio cognominato degliorgani: del quale solo questo referiro: che chome si legge
che da Gade citta nellultima Spagna constituta/uennono a Roma molti per uedere solo Liuio histori
co: Chosi et dinghilterra et dello extremo septentrione molti excellentissimi in musica passorono elalpe
ne et glalpi et lappennino per udire la musica dantonio.

FIORENTINI EXCELLENTI IN PICTVRA ET SCVLPTVRA

Esta la pictura: laquale appresso glantichi non fu mai in piccola stima. Scriuono glegyptii la pi
e ctura essere loro inuentione: et degypto essere uenuta in grecia: Ma de greci alchuni dicono che
trouata in Sycione: alchuni in Corynctho. Erono le prime picture duna sola linea: con laquale
circundauono lombra dellhuomo. Dipoi conun solo colore comincirono a dipignere: Onde tal pictu
ra fu chiamata Monocromata. i. dun solo colore: perche monos significa solo: et croma colore. Ne fu
molto antica: perche secondo Plinio ne tempi delle guerre troiane non si trouauono anchora pictori.
Eprimi in grecia furono Serdice Corynthio: et Thelophane sycionio. Ma Parrasio ephesio la riduxe
in grande dignita. Seguitorono dipoi molti da molti lodati: tra quali el primo grado tiene Apelle da
tutti reputato etiam ne futuri secoli insuperabile. Ma tale arte dopo sua perfectione chome molte altre
nellitalica seruitu quasi si spense: Et erono le picture in quegli secoli non punto atteggiate: et sanza

[illegible] Fu adunque el primo Ioanni fiorentino cognominato cimabue che ritrouo e lini [illegible] la uera proportione laquale e greci chiamano Symetria: et le figure ne superiori pic [illegible] gran fama lascio di se: Ma molto maggiore la lasciaua / se non [illegible] quale fu Giotto fiorentino coetaneo di Danthe: Chostui fu tanto per [illegible] dipoi si sono affatichati gliatri che hanno uoluto superarlo: E/ referitissima [illegible] a sancto Pietro di Roma de dodici apostoli: ne [illegible] et niente tra se differenti: Et nientedimeno condecenti co pro [illegible] mirabili pictori. Tra quali molto e lodata [illegible] della natura tanto expresse qualunque chosa [illegible] Taddeo gaddi. Fu Masaccio optimo imitatore di natura di gran ri [illegible] perche solo si dette allimitatione del uero: et [illegible] di quegli tempi: et di gran facilita [illegible] Fu fra Philippo gratioso et ornato et artificioso so [illegible] nel rilieuo: ne glornamenti dogni [illegible] Andreino fu grande disegnatore et di gran rilieuo: Amato [illegible] Paolo uccello buo [illegible] negli scorci: perche intese bene [illegible] con grandissima facilita. [illegible] et in compositione di chose piccole [illegible] Valse anchora assai nella pictura et sculptura. Ma [illegible] o trouatore o inuentore: Et nessuna [illegible] Donato sculptore da essere connumerato fra glan [illegible] o nellordine: o nel situare [illegible] Fu grande imitatore de glantichi: et di prospectiua intese [illegible] et di forma greca: et che molto pulite le cose sue: [illegible] non lo rapiua ne primi anni / sperana o [illegible] perfectione. E/ notissimo Laurentio bartoluccio [illegible] Restono opere perfecte dantonio cognominato rosso. Et [illegible] di Bernardo suo fratello architecto nobile.

IVS CIVILE

[illegible] pone hormai fine alle doctrine: Ma temo che e iurisconsulti non maccusassino dingia [illegible] chosa e/ piu perniciosa nella rep. che la interpretatione delle leg [illegible] Ouali e/ optimo patrocinio alla iustitia et unico refu [illegible] uera doctrina uera probita. Se adunque ricerche [illegible] possiamo mostrargli che solo Accursio [illegible] leggi fussino scripte. Re [illegible] fu contro a iurisconsulti bo [illegible] et pio defensore delle patrum chiose. [illegible] e/ noto in qualunche schuola in Italia: et [illegible] non bolognese ma fiorentino: benche per adoptione acqui [illegible]

MERCATVRA

A [illegible] pure che sia exercitata con de [illegible] perche nessuno sanio: Dinessuno dubito: Ne puo essere si iniquo [illegible] che non affermi efiorentini mercatanti hauere ob [illegible] doue mercatura sexercita. Iliper che [illegible] nel nostro popolo che a molti sarebbe difficile persua [illegible] M.CCC.LXV. insino allanno. M.CCCC.VI. [illegible] el popolo fiorentino: La prima dal pontefice et duro anni tre: Et in questa si spe [illegible] di fiorini. La seconda et latertia ple oppugnationi facteci dal conte [illegible] si spese cinquanta centinaia di migliaia di fiorini. Sequito laquar [illegible] M.CCCC.I. contro al duca di melano: et fini nel. M.CCCC.IIII. Et in questa si spesono ue [illegible] di migliaia di fiorini. Dopo questa immediate comincio la guerra di Pisa: nella qua [illegible] pochi mesi si spesono quindici centinaia di migliaia di fiorini. Possiamo adunque con [illegible] anni si spendessino solamente nelle guerre fiorini doro cento quindici [illegible] Pesa el centinaio piu che libbra. Adunque quaranta migliaia fanno una soma di [illegible] Iliche chosi essendo e/ necessario che cento quindici centinaia di migliaia sieno dugē to ottantasepte some doro: Elquale in grandissima parte si ragunò de tributi conferiti da cittadini privati: Et certamente chome veggiamo le api dalla sola cassetta spargersi per tutta la regione: et da ogni parte riportare el mele. Chosi questo popolo per tutto el mondo si sparge: et con industria acquista et porta a casa. Il perche nessuna citta ha italia che dopo Roma piu nota sia ne piu famosa. Et per questo pare di tre tituli e/ insignita: che sia famosissima: che sia bellissima: et che abbondi di sottilissimi ingegni. Possiamo arrogere una exquisitissima mondicia et pulitezza nel victo: et ornamento civile. Possiamo la somma solertia nella agricultura in forma che in non molto fertile terra [illegible] in abbondantia et copia et varieta di tutti e frutti de luoghi fertilissimi. Nessuna regione [illegible] delle quali non facci stupire di qualunche le vede e/ da ogni parte infino a lungo spatio [illegible] la citta: Et perche tutti questi beni sono venuti da humana industria: Arrogiamo se in parte coloro [illegible]: Et tra primi vedremo [illegible] da septentrione et oriente [illegible] et di fructiferi alberi [illegible] et da occidente [illegible] acutissimi ingegni: [illegible] Ma la nostra collocata in quel mezo [illegible] eccellenti. E/ [illegible] Et perche e/ fa le [illegible] E/ stata [illegible] gli [illegible] delle famiglie di Firenze. Sono in Bologna [illegible] ni famiglia non ignobile [illegible] Sono in Ferrara et in [illegible]: et nobile et [illegible] principi. Sono discesi de Ricci quegli che col medesimo nome habitano nella costa da Malfi. Sono in Alexandria della paglia [illegible] famiglia [illegible]: et ornatima in arme et disciplina militare: et aurata militia: et in iure civili per molti iurisconsulti excellente: et gia gran parte del Monferrato [illegible]: Equali sono de fiorentini [illegible]. Hanno gli alberti consorti in piu luoghi in Lombardia. Hanno e medici consorti cittadini Napoletani. Hanno Perusigiani. Hanno in Candia. E/ in Sicilia famiglia riccha et ornata di molti equestri [illegible] et per insegna [illegible] et gryphoni [illegible] essere de fiorentini [illegible]. [illegible] de [illegible] prudentia et fede [illegible] della regina di Napoli Giovanna [illegible] in tutta la gli [illegible] la cura del [illegible] tori [illegible]. Chostui diventò signore di [illegible] di Lixeo. [illegible] in grecia: et [illegible] dispoto dellarte et di [illegible]: Et maritò una sua sorella al marchese di Crotone [illegible] di Cephalonia: Et lasciò successori infino alla [illegible] di grecia. Furono [illegible] signori di Corintho: dathene et di Thebe: et daltre terre di grecia infino alla [illegible] Constantinopolitano. Nerone [illegible] diventò signore [illegible] a Negroponte: et di [illegible] a Thebe. Et ne nostri tempi sono suoi successori Antonio et Piero suoi figliuoli. Erono in Inghilterra tre fratelli Gherardo Thomaso et Maurizio dellantichissima famiglia de gherardini di firenze [illegible] in exilio per dissensioni civili. Questi nello acquisto di hibernia isola non molto lontana da Inghilterra prompta et si franche et fedele opera prestorono al re dinghilterra che soggiogata lisola furono [illegible] della signoria di tutta la parte piana di quella dove sono molti popoli: Et anchora ne tempi nostri restono e discendenti signori: et maxime el conte di Childaria: et el conte di Dichimone. Ne hanno lasciato ne insegne de giacchi gherardini. Ne solamente nelle chose grandi e/ sempre stata excellente questa rep. Ma anchora nelle minori ha dimostro generosita: Volle esser detta Fiorentia: benche certo approvo la opinione di Plinio: elquale scrive la citta esser stata da principio nominata Fluentia: perche era tra due fiumi Arno et Mugnone collocata. Ma dipoi fiorendo in epsa si nobili ingegni. fiorendo epsa dogni spetie di belleza/ piacque a suoi cittadini non piu fluentia: ma fiorentia nominarla. Preterea sesse tra fiori el giglio: Tra glianimali el lione per suo segno. Tra glihuomini excellenti Hercole imagine di suo sigillo. Accorgomi che distrahendomi in diverse parti la materia troppo divento verboso: et allontanomi troppo dal fine. Ma perche forse sara chi tra tante virtu narrate del mio popolo [illegible] vituperare quello di ingratitudine conciosia che et tanto ingiustamente si utile cittadino si ornato dogni virtu in exilio cacciassi: et dipoi cacciato mai non revocassi. Ad che e/ facile la risposta questo essere stato vitio de tempi et non natura del popolo. Et se cercheremo el vero la potentia di pochi: nel cui arbitrio allhora era tutta la publica administratione non sanza sommo merore del popolo commesse tanta scelerateza. Diche piglio optima congiectura: perche non potendo el popolo vivente Dante usare la sua liberta / [illegible] dopo la morte quando e principi della parte adversa erono gia diminuiti et in qualche parte mitigati: et p publico decreto commesse a prefetti della hedificatione del tempio maximo che del publico in quel tempio et in luogo honorato constituissino al nostro poeta marmoreo et artificiosamente sculpto sepolchro con quelle statue et segni che lo potessino vedere ornatissimo. Ma anchora questo fu dalla invidia dipochi potenti impedito. Voi adunque illustrissimi signori nostri: et per vigore di tale decreto: elquale ne e/ stato per alchun tempo abrogato: ne in parte alchuna derogato: Et pe prieghi del popolo fiorenti

[illegible] desidera : Et per nostra patria inuerso el padre della nostra patria sia iure
[illegible] alla sua citta : et collocato in quel tempio : el quale e/ sommo :
[illegible] fatta : Accioche candem si possi dove [illegible] el suo
[illegible] Et tanto se appartiene de gl[illegible] era re
[illegible] del publico nel primeno loro [illegible]
[illegible] del poeta che non solo in suo
[illegible] Voglendo [illegible] pre
[illegible] Et molto s'apparteneva [illegible] publica che
[illegible] le effigie di quegli : equali per [illegible]
[illegible] Et che non sa che la fama et la gloria di quegli che gia mor
[illegible] ad ogni preclara uirtu
[illegible] sono preposti agl[illegible]
[illegible] che sempre [illegible]
[illegible] che [illegible]
[illegible] in persona
[illegible]
[illegible]
[illegible] di qualunque
[illegible] docti huomini : gli [illegible]
[illegible]

[illegible] DEL POETA

[illegible]
[illegible]
[illegible]
[illegible] Dante et a [illegible]
[illegible]
[illegible] nobile de gli Alighieri.
[illegible] Questo perche fu per sue excellen
[illegible] el nome de Frangi
[illegible] Ma dipoi mutata la lettera
[illegible] da quello huomo prese nome la
[illegible] Ma questo lascio inuestigare a piu
[illegible] del medesimo nome [illegible]
[illegible] Et nel pontificato di Clemente quar
[illegible] del fanciullo apparue alla
[illegible] fontana : et [illegible] alto
[illegible] della propinqua fonte [illegible]
[illegible] Ma di
[illegible] Dante [illegible]
[illegible] che [illegible] pastore fin
[illegible] pascere ogni bene : dispo
[illegible] Ne sia chi di questo si
[illegible] prodigii che hanno [illegible]
[illegible] si legge che la madre sogno la nocte pre
[illegible] grande albero : et di
[illegible] della sua figiuola [illegible]
[illegible] Et [illegible] de sogni risposono : che di
[illegible] el suo regno : Ne altrime
[illegible] et a persi trasferi el regno
[illegible] Il perche si legge che
[illegible] giacea nella culla : Il che
[illegible] Ma ritorno al poeta. Fu Dante in
[illegible] della probita sua futura et dello ingegno
[illegible] effigie [illegible] et ogni suo gesto era con graui
[illegible] generoso et [illegible] : che ardentissimame
[illegible] figliuola di Folco portinari decta Bice : laquale lui dipoi sem

pure chiamo con piu degno nome Beatrice. Era questa chome lui ne suoi versi dimostra nel nono anno et lui non era uscito del suo nono: laquale tanto luafixe nelle midolle: che non solamente in vita che lei visse lamo. Ma dipoi morta nel .xxiiii. anno della sua eta ardentissimamente lungo tempo la pianse: el quale amore benche degeneri da quel furore descripto da platone et vero amore divino: Nientedimeno qua giu in terra e/questo amore della corporea bellezza una effigie et imagine di quello. Ne e/ se si contiene casto et pudico degno di vituperatione: Ma di loda: perche per questi gradi salendo perveniamo alle divine. Ma anchora interviene a chi ha ingegno poetico: che la dolce passione dellamore spesso lo desta et excita a scrivere amatorii poemi: et fagli longegno acuto: et dagli eloquentia. Incredibile e/ quanto fussino ardenti esuoi studii in ogni doctrina: et ne primi anni grande proficto fece nella latina oratoria. Maggiore nella poetica: nelle quali arti hebbe preceptore Brunetto latini huomo quanto pati la rozeza di quei tempi molto docto. Dipoi sexercito in dialectica: et in tutte le mathematiche. Exercitossi nella morale philosophia et nella phisica: Molto si dilecto nella musica. Ilperche hebbe famigliari tutti emusici di quella eta equali fussino in alchuno nome. Ne gli mancho lanimo nelle forze nella disciplina militare: perche spessevolte si trovo in guerra: Et nella pericolosissima battagia di campaldino chome lui in una sua pistola scrive virilmente combattendo honore ad se et utile alla patria partori. Ma torno al suo amore: nel quale possiamo di questo poeta riferire e versi oratiani. Pone me pigris ubi nulla campis Arbor estiva recreatur aura Quod latus mundi nebule: Malusque iuppiter urget: Pone sub curru nimiu propinqui. Solis in terra domibus negata Dulce ridentem lalagen amabo Dulce loquentem. Fugli adunque tanto grave el desiderio della gia morta Beatrice: che in perpetuo merore et lachrime vivea: Ne spetie alchuna di consolatione trovavono gliamici/benche in questo molto saffaticassino/ colla quale in minima parte mitigassino tanto dolore: Non giovava la diuturnita del tempo: Non varii exercitii: Non chose prospere: Non adverse. Ilperche fu consiglio de gliamici condurlo al matrimonio / sperando chel nuovo et vivo amore della legiptima mogle potessi restinguere lantiche fiãme: Et certo e sententia de saggi philosophi et dallui repetita: che chome dasse si trahe chiovo con chiovo: chosi del pecto humano si possa con nuovo amore trarre el vecchio: Ilche ancora el poeta elegiaco cosi expresse. Successore novo tollitur omnis amans: Ma el fedele consiglio indusse a contrario fine: Congiunsesi con mogle certo nobilissima nata dellanticha famiglia de Donati: et chiamata Gẽma: et ne gialtri chostumi degna di laude. Ma tanto morosa et ritrosa: che vinse la socratica xanthippe. Ilpche fu cagione lacõpensatione de contrarii costumi: che p maggior forse ripigliassi lamore di Beatrice: elquale come in molte arti liberali lhavea agluzato et limato: Chosi la Gẽma ad molte chose gli fu molesto impedimento: Et alla fine fu constrecto benche piu figluoli glihavessi partorito/ rimuoverla da se. Ne mai dipoi ne nella patria: ne nello exilio seco habito. Fu di non minore ingegno et consiglio nelladministratione et governo civile: che nelle doctrine: et tanto amatore della iustitia et della publica tranquillita: che nelle pestilentissime dissensioni civili di que tempi benche guelfo fussi: et fautore della chiesa. Niente dimeno con ogni industria sempre tento indurre publica concordia. Perlequali virtu tanto fu amato dal popolo: che nella creatione de magistrati: laquale allhora non era asorte: ma nasceva da publici suffragii conseguiva ogni dignita. Et ascendendo p tutti egradi della dignita nel .xxxv. anno della sua eta fu creato uno de priori: el quale e/sommo magistrato nella nostra rep. Ma spessevolte apportano seco questa calamita le cose sottoposte alla temerita della fortuna: che onde speriamo somma tranquillita inde nasce sommo et turbulẽto affanno. Ilche p experientia conobbe Danthe. Impoche quel magistrato onde p haverlo con somma integrita administrato/ sperava ampissimi doni/ fu cagione del suo exilio. Impoche gia era infecta la citta delle parti bianche et nere: dellequali distesamente narrãmo nella prima cantica: Et in queste due parti erono divisi e guelphi di Firenze. Indarno tento con ogni industria el nostro poeta indurre concordia tra suoi cittadini: et restinguere le discordie / dimostrando che tutto sharebbono a extenuare le forze de guelfi: che darebbono a ghibellini indubitata victoria: Et finalmente non potendo rimediare fu suo consiglio lasciare ladministratione publica et vivere in vita ociosa et literata: Ma piu valsono epreghi degliamici: et forse anchora qualche ãbitione: che el recto proposito. Crescevono ogni di piu le discordie: Et tanta temerita ne principi de neri: che vedendo prevalere ebianchi si ragunorono nel tempio della trinita: Et dopo lunga consultatione determinorono che si mandassi a Bonifatio sommo pontefice: et dallui simpetrassi che mandassi uno di stirpe regia et auctorita a comporre la nostra rep. et sedare le discordie. Fu molesto a Danthe che econsigli publici sanza decreto del sommo magistrato da privati cittadini in privato luogo si tractassino. Ilpche persuase aquegli che eron suoi collegi: che si dovessi riprimere tanta licentia: et castigare la insolentia de grandi: Et tanto valse la sua auctorita che furono mandati in exilio Messer Corso Donati. Gieri spina. Giachinotto de pazi. Rosso della Tosa: et alchuni altri de principi neri. Et finalmente furono pronuntiati exuli della parte biancha Messer Gentile et Messer Torrigiano de cerchi. Messer Guido Cavalcanti. Baschieri della tosa: et Baldinaccio adimari: Et lui poco dopo non cessando le discordie fu creato legato ad Bonifatio: nella quale legatione fu molto dubio: perche ne gli parea lasciar la citta sanza pericolo partendosi: Ne vedea a chi comodamente tale legatione commettesse. Ilpche stando quasi abstracto in questa diliberatione fu udito dire non pensando lui essere udito. Sio vo chi sta: et se io sto chi va: Laqual voce esuoi emoli gliascripsono agrande arrogantia: chome in se solo

[illegible] di publico governo. Ando finalmente: et partito Messer Corso donati ritorno.
[illegible] che Danthe con molti altri egregii cittadini furono confinati: et che
[illegible] che consequito el nostro poeta delle molte et grandi fatiche che lui
[illegible] pace et concordia. Ilperche poi che hebbe indarno tentate molte uie
[illegible] con gliexuli fiorentini: et electo capitano Alexandro conte di Rome
[illegible] Ma ne anchora questo succedendo passo apennino: et da Alberto della
[illegible] fu riceuuto. Dipoi uolto a prieghi: et ad humili supplicationi
[illegible] fiorentini et in publico et in priuato niente altro domandando se non esser re
[illegible] finalmente ando a Parigi: et quiui benche molto fussi oppresso dalla pouerta
[illegible] alla philosophia et alla theologia. Fu mirabil chosa che in tanto numero dhuo
[illegible] nelle disputationi fussi inferiore: Et era alquanto ritornato in gratia con le
[illegible] imperadore in italia sicceße nuoua speranza in Danthe di potere tornare in
[illegible] allo imperadore infesto a fiorentini: perche non haueano uoluto pro
[illegible] la fiorentia nella sua uenuta: che lasciassi lampresa di Bresia laquale hauea
[illegible]. Venne Arrigo per Liguria a Pisa: et da Pisa per mare ad Roma: et
[illegible] la corona: et irritato contro a Ruberto re di Sicilia et contro a fiorentini /
[illegible] questa uia non gli successe. Imperoche Arrigo indarno uenne et indar
[illegible] a un miglio alla citta: et dopo pochi di perduta ogni speranza prese
[illegible] castello de Sanesi admalo et mori. Danthe passo in Roma
[illegible] di Rauenna benignamente riceuuto in Rauenna pose suo domicilio do
[illegible] giorno di sua uita nellanno. LVI. della sua eta: Et con non uulgari
[illegible] Fu di statura mediocre et condecente. Di faccia alquanto lun
[illegible] aquilino. Di [illegible] et pendenti mascelle. Hauea ellabro di sobto in pro
[illegible] di sopra. El colore [illegible] bruno. La barba et ecapegli neri et crespi. Onde
[illegible] Danthe due erono donne: et dicendo luna depse. Questi e /
[illegible] lo credo: perche e/ diuentato nero per la obscurita et
[illegible]. La effigie sua anchora resta di mano di Giotto su
[illegible] del podesta. Vesti sempre modestamente etiam innanzi
[illegible]. Fu nello aspecto et nel parlare graue: ma gratioso. Fu nel ci
[illegible]. [illegible] hebbe in odio ebriachi et golosi. Hauea fixe et p
[illegible] di leggere [illegible] che un libro porto[illegible] in tempo alieno: et do
[illegible] senza intermissione tutto lo lesse: et tanto
[illegible]. Fu in extemporanea oratione molto elo
[illegible] honoratissimo luogo: et ad molti principi et rep.
[illegible] che Danthe prima ridusse in luce gliornamenti rhetori
[illegible] per molti secoli alquanto extincta / in gran
[illegible] ingegno poetico: et tanto furore del
[illegible]. Scripse nella medesima lingua:
[illegible]. Scripse in lingua fiorentina in p
[illegible] et canzone: nelle quali e/ chosa marauiglio
[illegible] allegoria epsi
[illegible] doctrina. Scripse la comedia laqua
[illegible]. Da [illegible] principio innanzi che fussi mandato in exi
[illegible] nel suo exilio. Ma gliultimi canti del paradiso
[illegible] nella sua morte: equali da ogni huo
[illegible]. Ma [illegible] del poeta in tempo noc
[illegible] erono. Onde svegliato
[illegible] di tale opera poco di sobto cingegneremo di
[illegible] perche fu el primo che la lingua no
[illegible] molto nobilito: et fecela culta
[illegible] da Orpheo: et da Museo: et
[illegible] Virgilio gia [illegible] et exornata: Et da Ennio: et da
[illegible] amplificata. Ma innanzi a Danthe in lingua
[illegible] leggiadria: ne indocto eleganza o lume alchuno: Et excepto le ri
[illegible] un minimo uesti
[illegible] gli scriptori latini giornamenti equali sono commu
[illegible] ingegno e/ necessario nella inuentione poetica. quanto
[illegible] colori et lumi nella elocutione. Preterea di quanti figmenti
[illegible] et di quanta et quanto uaria doctrina referto / certo con felice auspicio
[illegible] nella nostra lingua. Ilche ne passati secoli nessuno hauea tentato. Ilperche

lui dette principio: lui molto la ridusse inverso la perfectione. Il che rade volte tra mortali e/ intervenuto. Lui primo dimostro quanto fussi idoneo el fiorentino idioma/ non solo ad exprimere ma ad amplificare: et exornare tutte le chose che caggiono in disputatione. A Dante succedette Francesco Petrarcha: che huomo immortale dio: et di quanta admiration degno: el quale nelle sue canzone et sonetti non dubitero non solo aggaugliarlo a primi lyrici et elegiaci greci et latini poeti: Ma a molti preporlo. E/ tra versi lyrici per commune consenso di tutti supremo Pyndaro: el quale Oratio [illegible] afferma essere inimitabile. Ne mancho in grecia chi contendessi preporlo ad Homero. Et certo per magnificentia di spirito per sententie et per figure excelle et avanza tutti. Ne fu nessuno a chui meglio succedessi formare una parola composta di piu altre. Ma questo e/ si proprio della greca lingua: che ne latino ne toschano lo puo fare: Ma p dio sia decto sanza invidia. Considerate quanto spesso el petrarca insurge: et come cygno si leva. Considerate quanto sia copioso di sententie: et quanto quelle in ogni parte quadrino. E/ acerbo nella invectiva et nel riprendere: et con quella vehementia che Alceo perseguito e tyranni ne suoi versi: lui perseguita e vitii. E/ negli affecti amatorii hor lieto hor mesto: et in forma tutti gli exprime: che ne a Ovidio lo postpongo: ne a Propertio. Ma quello in che obtiene sopra tutti la palma in ogni lasciva materia: benche sia giocondissimo: nientedimeno observa lieta modestia: ne mai diviene obsceno. Et nessuno de gli eloquentissimi neghera trovare in lui/ non solo expresse: Ma dipincte molte chose: lequali innanzi giudicava essere impossibile dirle con alchuna elegantia in questa lingua. Seguito el Boccaccio molto inferiore a lui: Ma di poetico ingegno da natura instructo: Et di inventioni molto ornato. Potea Bonifatio uberti essere enumerato tra poeti: Se in lui la natura et la exercitatione fussi stata aiutata dallarte et dalla doctrina. Molto ha ampliato questa lingua Baptista alberto: et in oratione soluta et prosa ha avanzato et vincto tutti e superiori: Et egloghe in versi toscani da lui scripte/ dimostrano quanto sia nella poetica docto: et di quanto giudicio abondi. Ma gia fiorisce chi/ sel mio giudicio vale alchuna chosa/ sara ne primi tra rarissimi. Mirabile certamente e/ el suo ingegno: et tanto/ chome dicono e greci/ Eutrapele. i. ad ogni cosa accomodato: che dovunche si volge pare che ad quel solo nato sia. Et sanza dubio da celeste influxo gli procede ogni spetie di poesia. E/ sapientissimo di sententie: et di locutione ricchissimo: in forma che alle chose grandi porge maesta: Alle mediocri dignita: Et nellinfime tale e/ el suo stilo: che benche paia commune al vulgo: non sanza difficulta puo essere imitabile a docti: perche in questo gareggia larte con la natura: et ciaschuna difende excellentemente le sue parti. Questo certo mirabile sarebbe etiam in quegli che lungo tempo hanno consumato nellocio literario et ne gli studii. Adunque che diremo di lui: el quale ne giovinili anni habbi potuto tanto: Maxime in tante: et si varie: et si grandi sue occupationi nel publico governo: lequali non sanza suoi gravissimi pericoli lhanno giorno et nocte distracto: non potendo un solo puncto di tempo da quelle partirsi. Non niego quanto divina tale ingegno in questo possa: Niente dimeno se da teneri anni non si fussi con ardentissimo studio dato alle latine lettere: et alla oratoria facultà: Se a miei fedelissimi precepti non havessi con somma industria obtemperato/ non creda alchuno che la sola forza della natura lhavessi ad si excelso grado elevato. Non puo la lingua mia in costui exprimere quello che sente la mente. Ma chi leggera le chose scripte dallui/ mi conoscera piu tosto avaro nel comendare che prodigo nelladulare. Ma tornando alla lingua affermo che chome ne vetusti secoli prima la lingua greca: dipoi la latina per gran copia di scriptori: e quali di tempo in tempo la expulirono/ di roza et povera divenne elimata. Chosi la nostra: Et gia dahora per la virtu de gli scriptori da me nominati e/ diventata abondante et elegante: et ogni giorno/ se no mancheranno gli studii piu diventera. Ma non sia alchuno che creda non solamente essere eloquente: ma pure tollerabile dicitore nella nostra lingua: se prima non hara vera et perfecta cognitione delle latine lettere. Perche nessuno dubita che ogni sermone e/ composto di parole et di sententie. Le parole sempre sono inepte sanza e precepti oratorii: Et le sententie sono frivole sanza varia doctrina. Ma ne arte rhetorica: ne doctrina alchuna ci puo esser nota sanza lingua o greca o latina. Adunque almancho la latina cie necessaria. Il che ha facto che molti nostri scriptori vacui di latine lettere et doctrina: Benche lo ingegno et la exercitatione alchuna volta gli sobstenghino: Niente dimeno spesso ruinono: perche come ciechi procedono se el lume dellarte non e/ porto. Ne mai potra lo scriptore havere o succho o nervo nello stilo: quando non sia se non al tutto docto: almancho alquanto introdocto in philosophia. Aggiugnete ad queste due ragioni la tertia. Ognuno intende chome la latina lingua divento abondante: derivando molti vocaboli greci in quella. Chosi e/ necessario che la nostra di ricche vestighe ricchissima/ se ogni di piu transferiremo in quella nuovi vocaboli tolti da romani: et farenogli trite appresso de nostri. Per la qual chosa exercitisi la fiorentina gioventu ne gli studii delle buone arti: et exercitisi nella sua patria lingua: et quella di eloquente faccia eloquentissima: Perche nessuna chosa si truova che in citta libera: et bene instituta rep. piu utilita et ornamento seco arrechi: che la eloquentia o oratoria o poetica: pur che da vera virtu et somma probita accompagnata sia. Questa puo la scelleratezza et fraude de captivi detegere nellodio de buoni et condurgli al supplicio. Questa puo la innocentia de gli impotenti liberare dalla pena de falsi giudicii. Questa puo el popolo per se medesimo lento et tardo o incitare a quelle cose: dove e lhonore publico: o rivocarlo da gli errori: o infiammarlo contro a pestilenti cittadini: o mitigarlo quando contro a buoni incitato fussi. Questa et in Athene Demosthene: et in Roma Cicerone: Benche luno et

[illegible] propofe : et in ogni dignita fece fuperiori a tutti enobiliffimi . Siche co
[illegible] in ogni doctrina eccelfo : Giudico effer chofa excellentiffima potere
[illegible] colla eloquentia. Siperche in oratione foluta et in uerfi lungamente e
[illegible] che tandem ornato di fapientia et deloquentia fi meffe a fcriuere
[illegible] nelle quali : della cui magnificentia et ornamenti nel fuo luogho di
[illegible] alchuna chofa neceffaria alla cognitione del poeta : et della poefia re
[illegible]

[illegible] CHOSA SIA POESIA ET POETA ET DELLA ORIGI NE SVA DIVINA ET ANTICHISSIMA

[illegible] nostra riuolgeremo illuftriffimi fignori noftri : che chofa fia poeta : et quanto ne
[illegible] : et quanto diuina et quanto ampla et uaria la loro doctrina : Conofceremo
[illegible] che col confenfo di tutti egregiffimi philofophi e/ approuato neffuna genera
[illegible] equali o per grandeza deloquentia / o per diuinita di fapientia per alchuno
[illegible] . Laqual chofa ftimo induceffi Ariftotele huomo di grande ingegno et di
[illegible] / a credere che ne primi fecoli e Medefimi fuffino theologi et poeti :
[illegible] libri fcripfe della poetica facolta : et tre de poeti : Et facilmente conobbe
[illegible] di quelle arti : lequali gliantichi per la excellentia di quelle nominorono libe
[illegible] fempre in gran prezo e/ ftato hauuto . Ma e/ u
[illegible] le liberali difcipline : laquale quelle tutte abbracciando con legata con
[illegible] con diftinti piedi : et di uarii lumi et fiori ornata : qualunque mai
[illegible] hanno conofciuto : qualunque hanno contemplato con marauiglo
[illegible] credono : Et dimoftrando che altra chofa molto inferiore : et piu ab
[illegible] per dilectare giouenchi de gloriofi canti allhora chofe excelfe et dal fōte
[illegible] . Dichellauditore riconofcēdo lerror fuo non folamēte uiene fco
[illegible] quali poco auanti fotto diuino uelame afcofe non faccorgea. Ma
[illegible] prende : laquale arte qualunche ftimera effere humana :
[illegible] a meno che huomo effere ftimato . Ma che lorigine della
[illegible] humane fi manifefta : perche el diuino furore onde ha o
[illegible] la excellentia humana onde hanno origine larti . Et che dal furore
[illegible] lo pruoua Platone nellibro che lui intitola Ion / per tre fe
[illegible] delialtre arti fe non dopo lungo tempo fanza el diuio
[illegible] effere. Horpheo . Homero . Hefiodo . Pyndaro ne fuoi poemi /
[illegible] che loro lenoefono . El fecondo e/ che infuriati molte chofe
[illegible] el furore appena epfi medefimi lentendono : Chome fe non loro
[illegible] per la lingua loro . Tertio che non epfis prudenti huomini : ne da teneri
[illegible] magior poeti . Ma quegli che fono fpinti da furore chome
[illegible] ad Hefiodo : et aggiugne tanto phi
[illegible] diuino fpirito a huomini imperitiffimi : perche uuole
[illegible] poemi non fono inuentione di philofophi : Ma fono doni
[illegible] diligentiffimo : benche anchora eruditiffimo fia /
[illegible] furore . Vnde illud Cum deus i nobis agitatur calefcimus
[illegible] Poffiamo anchora arrogere : che epfo folo conato alla con
[illegible] : perche intendono el poema effere diuino : et non
[illegible] et Democrito et Origene et Cicerone affermano . Perla
[illegible] : concioffia che dio uolle che abinitio efuoi mifterii
[illegible] poco auanti dixi : induxe credo Ariftotele a chia
[illegible] et dellaltre intelligheremo : Non piccola
[illegible] . Siperche e latini uollono che uates decto a ui
[illegible] nome et alt ro . Et egreci dixo
[illegible] e/ proprio di dio quando diuiente pro
[illegible] in qualunque arte quando di materia et di forma
[illegible] del poeta non fia alchuno di niente pure fi parte dal fare
[illegible] poeta : et e/ el mondo fuo poema . Et chome idio difpo
[illegible] che e/ fua opera in numero Mifura et Pefo . Onde el p
[illegible] numeri et pondere . Chofi el poeta chol numero de piedi : Con la mi
[illegible] et col pondo delle fententie et de gliaffecti conftituifcono elfor poe
[illegible] in quefta fimilitudine . Ma arrogero che non fanza cagione dixono gian
[illegible] la guida de poeti . Ne altro intendono per Apolline fe non el fom
[illegible] plurauita : chome in greco dinota quefto nome Apollo . Et Macrobio

ne suoi saturnali uolendo dimostrare la singularita diuina: et confutare la pluralita [illegible] si iddii et ogni loro potentia riferisce ad Apolline. Sono adunque in mezo di [illegible] delle nove muse. i. de nove angelici chori. E/ el sommo dio datore et padre della luce: [illegible] Phebo dio riflette sua luce nello empyreo cielo: dal quale primo mobile sono mosse le nove spere: [illegible] lo intendiamo Ioue: et per queste le nove muse. Ilperche Virgilio doctamente disse. A Ioue principium Muse iouis omnia plena. Sono adunque da dio e poeti. Sono ancora dal primo mobile. i. da Ioue: et da tutte le nove spere che sono le muse: perche da quelle riceuono el diuino influxo.

FVRORE DIVINO

n E giudicai da pretermettere quello che del diuino furore de poeti intesono glianctichi philosophi et maxime Pythagora. Empedocle: et Eraclito: Et finalmente el diuino Platone. Questi chome prima hauea scripto Trimegisto affermauono che glianimi nostri innanzi che ne corpi discendano contemplano in dio chome in suo specchio La sapientia. la iustitia. lharmonia: et la belleza della diuina natura. Dipoi discesi ne corpi doue prima si pasceuono dambrosia et di nectare. i. di cognitione di dio et di gaudio: dipoi sommersi nel fiume letheo uengono in obliuione del tutto. Ne possono ritornare al cielo se prima non ripigliano tale cognitione. Ne questo possono sanza iustitia et religione: Et intendono per iustitia tutte le uirtu morali: et la uita actiua: et per la religione le uirtu intellectiue: et la uita contemplatiua. Lequali uirtu Platone chiama due ale con le quali possiamo riuolare al cielo. Onde nel phedro scriue: che solo la mente de philosophi ricuperano lale: perche questi nella meditatione si sotraggono dal corpo: et di dio ripieni/a dio sinalzano: et tale abstratione chiamono furore: Et questo in quattro parte si diuide. Ne ci possiamo delle chose diuine ricordare/ se non con alchune imagini delle chose terrene: lequali sono quasi ombre di quelle: et possianle con corporei sensi comprendere. Ilche anchora conferma el doctore delle genti Paolo et Dionisio ariopagita dicendo: che le chose inuisibili di dio si ueggono da noi per quelle che qui son facte uisibili. E/ adunque lhumana sapientia imagine della diuina sapientia: Et la musica de nostri instrumenti e/ imagine della diuina harmonia: Et similmente la belleza del bene proportionato: et di soaue colore ornato corpo: ci rapresenta in qualche parte la diuina belleza. Ma de glaltri furori non e/ proposito al presente dire. Per glorecchi adunque del corpo riceue lanimo e numeri: et le consonantie musiche: dalle quali imagini e concitato con piu uehemente spirito a considerare la celeste harmonia: laquale chome uuole Platone e/ di due spetie: perche luna consiste nella eterna mente di dio: laltra nellordine: et ne moti celesti: daquali nasce mirabile concento. Queste due prima che nel corpo uenissi sentiua lanimo. Ma dipoi rinchiuso in si molesto carcere pel senso del audito sente non la diuina harmonia: Ma questa che e/ tra glhuomini: Et perche e/ imagine della celeste desidera recuperare lale per uolare al cielo: et tornare alla diuina harmonia: Nientedimeno apperisce anchora questa che sente cho glorecchi. Ne e/ marauiglia: Imperoche chi apperisce alchuna chosa si diletta ancora hauerla sua imagine. Ingegnasi adunque lanimo nostro d imitare questa: Ma tale imitatione e/ di due spetie. Imperoche altri sono che si dilectano del concento della uoce et degli strumenti musici: et questi sono uulgari et leggieri musici. Altri equali sono di piu graue giudicio con misurati uersi exprimano glintimi sensi della mente loro: Et questi sono quegli che concitati da diuino spirito possono grauissimi et sententiosissimi uersi scriuere. Et questa di Platone e/ decta poesia: laquale non solamente con la suauita della uoce dilecta glorecchi: chome quella uulgare musica: Ma chome dissi alti et arcani et diuini sensi discriue: et di celeste ambrosia pasce la mente: Et questo diuino furore: chome tractando dellarte poetica dicemo uogliono che proceda dalle Muse. Ilperche chi sanza questo diuino furore tenta diuenire poeta/indarno saffaticha. Ma torno alle laude della faculta poetica.

CHE LORIGINE DE POETI SIA ANTICHA

Erche anchora nellantichita di grande interuallo trapassino: Et e/ uerisimile che ne primi huo
p mini nequali fussi excitato et desto alchuna religione/ statim nelle laudi di dio: et nelle loro preci
ponessino longegno: et usassino industria di fabricare oratione piu elegante: et ridurre le parole in certo ordine: et collegarle con terminati numeri et piedi: Chome ueggiamo in Orpheo: ilquale per nessuna altra cagione dicono hauere con la cythara potuto fermare efiumi: Muouere e sassi: Mitigare le fiere: Se non perche con la suauita de suoi uersi pote reprimere lempito et el furore di molti: equali nelle forze del corpo fidandosi tutti glaltri abbatteuono et conculcauono: et altri equali erano di efferato ingegno o stupidi o quasi insensati condusse a uita rationale et ciuile. Confermasi Amphione col suaue suono della cithera le pietre che insieme sordinassino: et le mura di Thebe facessino. Ilche niente altro dimostra se non che glhuomini uagabondi: et per le selue et per le spelonche dispersi/riduxe in tecto et congregatione et ad uiuere in comune. Similmente interpretteremo che Amphione con sua cithera mouessi le pietre ad congiugnersi et fare le thebane mura: Perche con la suauita de uersi glhuomini equali sanza leggi sanza costumi uagando pe propinqui monti uiueuono in solitudine/ riduxe insieme

[illegible] gli compose in uita ciuile. Ne maffaticherò al presente inuestigare quello [illegible] con diligentia essere certo nel suo libro de musica chi primo fussi appresso de [illegible] et in quale eta e lyrici: in quale gli heroici: in quale gli elegi fussino trouati: perche [illegible] pronuntiare el uero: Et noi ueggiamo tale artificio esser stato et [illegible] in Egypto che in grecia. Imperoche apo gli hebrei popolo chome loro [illegible] Dauid re scripse in uersi e psalmi. Ne e / che non possiamo e [illegible] perche fu ne tempi che Codro regnaua in Athene: et piu che anni. ccc. innanzi alla hedificatione di Roma. Ma anchora lopere di Salamone suo figiuolo: et el deuteronomio: et el can [illegible] e/ scripto in uersi: chome Iosapho et Origene grauissimi auctori affermano. Ma ne piu an [illegible] fu Moyse huomo: et per disciplina militare: et per doctrina marauiglioso: el quale da [illegible] et da gli egyptii gli hebrei. Et secondo Eupolemo greco scriptore: perche fu in [illegible] chiamato Mercurio trimegisto. Costui chome appare ne suoi scrip [illegible] tanto anticho che quando trasse el popolo disdrael degipto Cecrope re [illegible] in Athene: Et tutte le chose excellenti facte in grecia sono dopo e tempi di Cecrope. Ma ancora [illegible] el quale fu quasi tre eta dopo Israel scripse in uersi elegi la sua consolatione [illegible] da si lontane regioni alla nostra madre Italia: et in Latio doue benche Li [illegible] el primo fussi che si dimostrassi poeta a Roma: et fauole pel teatro scriuessi. Nientedime [illegible] Catone nelle sue origini essere stata uetustissima consuetudine: che ne conuiti cantassino [illegible] degli excellenti huomini. Et Liuio uerissimo historico afferma che Numa pō [illegible] che ne sacrificii uersi si cantassino. Hauete ueduto che chosa sia po [illegible] ingegno: Ma da diuino furore ne poeti humani infuso origine trahe. Ne [illegible] poeta. Et finalmente nessuna altra generatione di scriptori nella anticha [illegible] Resta adunque quanto dutilita et di giocondita in publico et in priuato ci porga / [illegible] principio fu della regina delle menti nostre facultà oratoria: laquale [illegible] perche a qualunche chosa uuole ci persuade: et ci uolge et piega. Chi [illegible] quanto di splendore: quanto di dignita alloratore arrochi el poeta? Chi non in [illegible] magnifici et eleuati: nelle mediocri pesati et temperati: nelli humili [illegible] Notate gli exordii. Leggete le narrationi. Enumerate le diuisioni. [illegible] et confutationi: Et finalmente non gli epilogi. non le conclusioni preter [illegible] essere ne a captare beniuolentia piu accommodato: Ne a narrare piu brie [illegible] ornato et perfecto: Ne a confermare piu probabile et efficace: Ne ad [illegible] che e luoghi da poeti scripti: Et questo quanto a glornamenti oratorii. [illegible] splendidamente di philosophia habbino tractato: et non solamente con bre [illegible] di philosophia luogo sobtilmente stringendo: chome maxime in Homero: [illegible] Ma etiam diffusamente et con ordine le materie interamente de [illegible] Pythagora. Mitylenco. Xenophane. Empedocle. Parmenide: et mol [illegible] Tito lucretio: et Marco Varrone: el quale Hyeronimo doctore egregio non [illegible] egregi. Potrei aggiugnere una ineffabile uolupta et giocondita in [illegible] et la mente humana chome di suauissima ambrosia si pasce. Ma chi e/ [illegible] di giudicio? Si inimico delle muse? Che non intēda nes [illegible] harmonia al poetico suono agguagliarsi. Di qui e nato illustrissimi [illegible] sempre grandissimo honore hanno riceuuto e poeti. Di [illegible] Orpheo et Lino in tanta reuerentia furono che non chome huomini mortali: Ma cho [illegible] Septe citta contesono in grecia dhomero ciaschuna affermādo quel lo essere suo [illegible]: et gli Smyrnei chome a dio gli edificorono el tempio. Ne saro longo in referire [illegible] honori che a Euripide conferi Archelao macedonico re. Alexandro magno nella euersione di Thebe [illegible] da Pyndaro fussino salui. A Hierone Syracusano fu gratissimo Si [illegible] in tanta opinione hebbe Ennio che sempre molto lhonoro: et per gratificar [illegible] lequali e latini chiamono manubie alle muse consacro. Et Scipione Africano [illegible] sepolchri de Cornelii sepellito fussi. Ma non truouo conuenienti paro [illegible] padre et fautore delle muse debite gratie riferir ti possi. [illegible] de tuoi seculi: quel non diro egregio: Ma mediocre poeta patisti che di debito [illegible] Ouidio Nasone ti predica suo benefactore. Propertio confessa douerti lanita [illegible] di pouero ricco. Taciomi Varro. Non nomino Tucca. Non mol [illegible] Al principe de poeti Virgilio facesti Octauiano tanto a [illegible] possessioni ricupero: Ma et quelle di tutti e mantouani gia in premio a [illegible] pote fare restituire. Se adunque non humani Ma diuini sono e poeti [illegible] ne uolumi de quali tutte le discipline si contengono. Se di tutti gli altri [illegible] Se da loro utilita et giocondita insieme saspecta. Se et di bene dire et di [illegible] regole et exempli in loro si truouono / dobbiamo con ardentissimo studio et sōma industria darci alla cognitione di quegli. Ma maxime ci sforzeremo investigare la mente del nostro excitadino Danthe. El cui poema et nella inventione e/ unico: et nella dispositione artificiosissimo. Et nella elocutione in molti colori et lumi oratorii supremo. Et quelli che e/ mirabile congiungne colori in forma che un da altro ornato piglia. Il che allauditore multiplica la volupta. Chome in questi versi. Non fronda verde: Ma di color fosco. Non rami schietti Ma nodosi et volti. Non pomi veron Ma stecchi con tosco. Molto puo qui la ripetitione. Molto la dissolutione. Molto la correctione. Molto la dimentione: Equali colori benche ciaschuno per se grandemente alloreccchio aplauda: Nientedimeno, perche di versi sono insieme posti ne nasce tale concento / quale spesso in bene proportionate ma diverse corde in cythera udiamo. Ma le sue similitudini si nuove che a quelle non posso dare alchuna similitudine. Ne si possono sue comparationi con alchuna comparatione exprimere. Sono proprie: et piu che in nessuno poeta frequenti: piu anchora simili. Ne solamente sono efficacissime in exprimere la mente dello scriptore: Ma accomodatissime al luogho. Il perche non delle medesime chose trahe le comperationi nello inferno: che quelle del paradiso: Ma in ciaschuno le pone connaturali. Pretorea spesso da comperatione: nella quale o lui apre alchuna causa naturale / o da allauditore cognitione et doctrina dalchuna chosa naturale: chome quando dice: Et chome allume acuto si disonna per lo spirto visivo che ricorre Allo splendor che va di gonna in gonna. Alchunavolta imagina nelle chose che sono quel che non e: Ma se fusse ne nascerebbe la comparatione che lui cerca: Chome in questo ternario. Et tal nella sembianza sua divenne Qual diverrebbe Giove segli et Marte Fussero augegli et cambiassensi penne. Alchunavolta fa comparatione di quello che non fu mai. Il che se fussi sarebbe comparatione incomparabile: Chome dello splendore della stella imaginata nel cancro quando el sole fussi in capricorno. Ne mi pare da pretermettere una delle artificiosissime nella quale vari ornamenti sieno inchiusi. Ma udiamo e versi. Quante il villano chal poggio si riposa Nel tempo che colui chel mondo schiara La faccia sua a noi tien men nascosa: Chome la mosca cede alla zanzara Vede lucciole giu per la vallea Forse cola dove vendemia et ara Di tante fiamme tutta risplendea Et cetera. Maravigliosa certamente comparatione: laquale oltre al proprio officio che e/ aprire el luogo elquale descrive arreca somma giocondita allauditore: elquale per la lungha narratione di chose meste cerca relaxatione danimo: pretorea adorna el luogo di doppia discriptione di tempo: laquale e greci chiamono chronographia: perche discrive nel luogo la state: et nella revolutione de cieli la nocte: Et alla chronographia aggiogne unaltro color rhetorico decto periphrasi da greci: et da latini circuitione. Il che e/ quando per piu parole si dice quello che per una si potea exprimere. Adunque potea dire nella state: Et lui per piu parole dixe Quando el sole tiene meno ascoso a noi la faccia sua. Ne anchora dixe sole Ma in luogo di sole dixe Cholui chel mondo schiara. Item per circumscriptione dinoto la nocte dicendo: Chome la mosca cede alla zanzara: Et anchora questo colore congiunse con la denominatione: perche pone la zanzara che vola la nocte per epsa nocte. Le sue descriptioni sono tali che niente ti lasciono obscuro o confuso nella mente: Ma chome picture a gliocchi rapresentano in forma che el senso interiore vede quello che mai non vide lo exteriore: Ne ci e piu noto alchuno viaggio piu volte da noi pesto che la scesa dellonferno: et la faticosa salita del purgatorio: et el volato a cieli: et guida el lectore pe luoghi spaventevoli non sanza pavento: pe giardini non sanza dilecto. Et e/ maraviglioso nel muovere glaffecti et le passioni della mente. Le particulari discriptioni molto accomoda a luoghi et a tempi: et hora procede ocioso et abondante chome quando discrive e tempi delle brine. Hora brieve et conciso chome in questo ternario. Ale hanno late et colli et visi humani: Pie con artigli et pennuto el gran ventre Fanno lamenti in su gliarberi strani. E/ molto prompto nelle translatione Chome quando dice. Ma lungi fia dal becho lherba: Et pocho di sobto: Et non tocchin la pianta Salchuna surge anchora nel lor letame. Item Chome le pechorelle che non sanno Tornan dal pasto pasciute di vento. Item In questa primavera sempiterna: Item Ben fiorisce ne glihuomini il volere Ma la pioggia continua converte In bozachioni le susine vere. Pretermetto tutti glaltri colori rhetorici: Co quali et con somma gravita quando la materia el richiede: Et con somma festivita et lepore distingue exorna et illustra el suo poema. Usa verbi proprii et triti in consuetudine. Usa alchunavolta glantichi chome sovente et simili. Fabrica de nuovi Chome inmiare et intuare et inoltrare: Ma con tale eloquentia / non glerrori dulisse Non le battaglie troiane scripse. Non la venuta dEnea in Italia. Non lomperio de latini. Non le lachryme di Venere. Non lo inmortale odio di Iunone. Non le ferite di Marte riferisce. Nelle quali chose veggiamo Homero et Virgilio effersi tanto affatichati. Ma che ingegno o inmortale dio? Che profondita di mente? Abraccia el cielo. Abraccia la terra. Abraccia el tartareo regno. Et dal centro havendo gia expresse letherne pene de gli scellerati per spaventare glihuomini da peccati / pel purgatorio salendo con aquiline ale vola alle superne sedie: Lequali chose benche sobto diversi velami nascondino somma scientia: Nientedimeno dalla vera theologia in nessun luogo si dipartano. Et qual theologo con piu ordine o con piu manifeste demostrationi ha potuto ad noi mortali exprimere quello che glinmortali spiriti lassu nellucidissimo fonte della natura contemplano. Qual physico tutti e moti naturali o secondo el luogho o secondo la forma: o imperfecti: o perfecti: o animati: o inanimati con piu lucide ragioni mai scripse. Qual corso di stella. Qual congiunctione. Qual revolutione di cielo e / stata dallui pretermessa. Qual transformation duno in altro elemento. Quale alteratione nellaere o di grandine. piove. venti.

[illegible] Qual compositione di minere sotto la terra concreate hanno dimostro e physici
[illegible] Ha lanima quattro potentie, Ha varii officii et varie pro
[illegible] vera cognitione aperto di dantre. Et chi non sa con quanto vera cogniti
[illegible] della terra. Hora alchuna particulare regione in epsa descrive. Ma
[illegible] Socrate primo riuoco di cielo in terra; et con somma utilita de
[illegible] et finalmente dentro allhuman petto. In quale philoso
[illegible] lequali conducono al sommo bene et vera felicita /
[illegible] al bene et beato vivere. Con quanto ardore. Con quanta acri
[illegible] La crudelta. La pusillaminita. La insolentia: et tut
[illegible] Con quante lode. Con quanti premii [illegible] alle virtu: et ci persua
[illegible] la temperantia; Havere franco et constante animo; Et per la patria /
[illegible] non ricusare alchuno periculo; Havere vera religione verso di dio. Somma
[illegible] Ardente carita verso di tutti. Perlaqualchosa verissimamente si conchiude
[illegible] contenere che lode di virtu; Et chome dicono egregi dhomero si puo af
[illegible] Imperoche chome tutti efiumi nascono dallocceano; et nelloceano
[illegible] da chostui [illegible]; et in lui redondano. Arrogete a questo la co
[illegible] et quanto diligente investigatore e/ dellantichita; Et non solamente delle no
[illegible] et di tutte laltre nationi sia stato; lequali chose se sanza
[illegible] Nientedimeno per molta utilita laquale dalla cognitione di quelle
[illegible] Hora essendo con si incredibile copia di parole adorna
[illegible] illustrate. Con tanta leggiadria di stilo composte. Con tanta
[illegible] Chi non arrogera bisognando etiam lenocinio [illegible] vedendo che
[illegible] / congiunta [illegible] iocondita. Noi adunque invocando el divino aiu
[illegible] Et [illegible] inquanto basteranno le nostre forze lufficio di se
[illegible] el senso litterale. Ma anchora lallegorico tropologico et ana
[illegible] tra loro molta convenientia / dichiarereno tutti allegorici. Piac
[illegible] bene procede, tanto dimostri / quanto el nostro platonico Marsi
[illegible] Et tale exemplo accioche sia perpetuo testimonio della nostra
[illegible] qui apresso [illegible].

MARSILII FICINI FLORENTINI

[illegible] / sed tandem leta / Danthi suo alighierio post duo ferme secula iam te
[illegible] restituto: ac denique coronato congratulatur. Vaticinatus es quondam
[illegible] in exilio constitutus / fore tempus quo pietas sapientis impietatem feliciter te pa
[illegible] Baptiste Iohannis ede sertis apollineis coronaret. Non frustra auguriũ
[illegible] Siquidem super tuus pater Apollo: et longum fletum meum: et diuturnum
[illegible] Mercurio [illegible] Christophori landini divini vatis menti prorsus
[illegible] dormientem te suscitaret: Deinde ala
[illegible] florentinis inferret; Denique phebea tibi lauro tempora redimiret
[illegible] est [illegible] Phebi Mercurii Landinique piũ opus / vaticinium
[illegible] Venisti tandẽ iter monstrante Minerva: vie duce Mercurio. Clarissime poeta
[illegible] Denique ingredientẽ Gratie te feliciter exceperunt. Amplexus et ob
[illegible] / tibi nymphe dedere. Venisti tandẽ modoque expectata parenti vicit iter durũ pie
[illegible] audire et reddere voces. Sic equidẽ ducebã animo rebarque futu
[illegible] fefellit. O quã pulchriorẽ quã te beatiorẽ nunc te dulcis nate
[illegible] Conversus est tibi mortalis prior ille vultus ĩmortalẽ atque divinũ. Conger
[illegible] Conversus florentinis tuis meror omnis in gaudiũ. Gaudete omnes et exulta
[illegible] pro uno sole sol geminus oritur: Neque flãmis tamen / sed
[illegible] Hodie felicitati vestre odiũ ipsum non ne videtis? Apertissime gratulatur. Suspi
[illegible] Ecce nunc: ecce dum noster hic coronatur Danthes / panditur inte
[illegible] olympi: Empyrei celi flãme nullis ãplius visũ; Hodie nobis manifeste corru
[illegible] gratulabunde. Proinde quẽ non putatis esse tanctũ hunc tam novum tamidulcẽ so
[illegible] iplentẽ. Profecto sonus prophetarum musarũque novem nullis alias auditus
[illegible] Hodie palam coronationi Danthis applaudit. Eya audio dulces dominationum cantus a Phebi

globo. Audite sursum miros arcangelorum hymnos ab ipso Mercurii globo canenti. Gloria in excelsis
Apollini summo. Gloria musis. Gloria gratiis. Pax. Letitia. Felicitas florentinis gemino iam so
le gaudentibus.

Irenze lungo tempo dolente: Ma finalmente lieta/sommamente si congratula col suo poeta Dã
f che nel fine di due secoli risuscitato: et restituito nella patria sua: Et gloriosamente gia coronato
O Danthe mio nel tempo chen posto nello iniquo exilio predicesti nel tuo poema sacro / quan
do la pieta uincessi la crudelita: laquale ci serraua fuori del tuo ouile allhora torneresti in patria molto piu
ornato che prima: et nello excelso tẽpio del Baptista prenderesti degnamente la corona poetica. Non fu
iuano questo tuo predire. Ma perche dal paradiso sommo predicesti questo/ pero con uerita lo predi
cesti. Concio sia chel tuo padre Apollo ad misericordia commosso dellungo exilio tuo et pianto mio/
commisse a Mercurio in questi tempi: che subito uolassi nella mente piu del diuino poeta christophoro
landino: et trasformato nellimagine del suo uolto usassi la miracolosa uirga ad renderti la uita: et tale
anchora ad riportarti in patria tua: et oltra questo lapollinea fronde ad coronarti. Finalmente in que
sto giorno si uede adempiuto il mandato del sommo Phebo Lopera pietosa di Mercurio trasformato in
huomo. La tua prophetia o Danthe mio diuino. El desiderio lungo di Firenze. Hoggi la pieta superato
de la crudelta insine ad te per rendero disideratissimo figliuol mio. La dea Minerua dimostro la uia.
Mercurio tha condocto insieme con la illustrissima compagnia di tutti e poeti. Nellentrare dentro aqueste
mura le gratie liete ti porsono le mani: Baciaronti anchor la fronte le gratiose Nymphe. O lietissimo
et felicissimo giorno: nel quale al presente ritorno el mio secondo sole per lo cui splendore la notte mi di
uenta giorno. O quanto piu bello et piu beato poeta mio ad me per gratia di pieta ritorni: che quando
per colpa di crudelta partisti. Partisti da me con uolto humano: Ritorni ueramente con uolto diuino.
Onde lantico mio dolore gia si conuerte in sommo gaudio. Adunque fate festa et exultate in gaudio
felici cittadini fiorentini: Aquali mirabilmente in luogo dun sole surgono di gia due soli in raai duplí
cati et non insieme. Hor non uedete uoi che hoggi della nostra felicita fa festa el cielo. Leuate cittadi
ni. leuate gliocchi in alto. Ecco mentre che si corona el nostro Danthe sapre sopra di noi elcielo empireo
Et per mostrar letitia di tal coronatione mostra a gliocchi nostri el mirabile suo splendore non mai piu
per altri tẽpi uisto. Oltra questo hor non udite uoi questo suono si nuouo, si dolce, si grande: Elquale
parimenti diletta et riẽpie e nostri orecchi. Questa sanza dubio e/ lharmonia delle noue spere et Mu
se non mai piu udita: Laquale fa festa a Danthe coronato. Udite anchora Udite edolci canti et hymni
delle dominationi: et de gliarcangeli: che dalla spera del sole et di Mercurio tal canticio inuerso noi dif
fondono. Gloria in excelsis al sommo Phebo. Gloria alle muse sempre: et alle gratie. Finalmente Pace
Letitia Felicita a fiorentini gia di due soli mirabilmente adornati.

SITO FORMA ET MISURA DELLONFERNO ET STA TURA DE GIGANTI ET DI LUCIFERO

Enche questo poeta in ogni chosa sia marauiglioso: Nientedimeno non posso sanza sommo
stupore considerare la sua nuoua ne mai da alchuno altro excogitata inuentione. Ha posto
b lonferno Homero. Hallo posto Eurypide. Hannolo posto piu altri poeti greci. Preterea
Virgilio Ouidio et Claudiano: et alchuno altro tra latini. Ma che figura in quello fingono
Che capacita gli danno? Che sito? nel quale chome in chosa nota et da uno Apelle dipin
ta guidino lauditore chome guida Danthe: Elquale per alta sua fantasia illustrata da sobtilissima mente
et da mathematicha disciplina innanzi a gliocchi ci pone la forma: el quanto: et elquale in modo che cõ
terminate misure si puo comprendere. Ilche hauendo io in buona parte inteso Maxime per lopera del
nostro Antonio di Tuccio Manetti: elquale lungo tempo inuestigando ha/ se non erro/compreso apie
to lainuentione: et la discriptione di questo poeta in uniuersale et in particulare di tutto lonferno/ giu
dicai esser chosa gratissima: et dutilita: et di giocondita piena/ se quanto dilucidamente si potessi innan
zi che uegnamo a interpretare el texto/ la dimostrassi. Sia adunque el principio questo. Ponghono
molti excellenti mathematici Ma maxime Danthe nel suo conuiuio/ la terra girare miglia uentimila et
quattrocento. Adunque el mezo diametro che e/ dalla circunferentia al centro sono miglia tremila dugẽ
to quarantacinque et cinque undecimi. Hora fingendo lui essere sceso allonferno Certo e/ uerisimile
che imitando Virgilio ponga la medesima entrata: et questa e/ appresso allago Auerno non molto lon

[illegible] . Di cui [illegible] Dante et ponendo el diano dellonferno tondo chome lui pone sopo
[illegible] questo cerchio sia ad linea sobre Hierusalem : perche lui nellultimo canto del
[illegible] Che e/ opposito a quel che la gran secca Coverchia
[illegible] Fu lhuom che nacque et uixe sanza pecca . Lhuomo che nacque et ui
[illegible] morto ad Hierusalem . Adunque perche da Averno
[illegible] ad Hierusalem doue lui pohe el centro sono misurate mille septecento
[illegible] mezo diamectro sara la sua circonferencia undici migliaia di miglia . Entra da
[illegible] di dapollo: Et nellanno della salute mil
[illegible] Et pone la luna nel suo [illegible] decimo giorno et nella libra
[illegible] al plenilunio . Onde lui nel canto
[illegible] la luna [illegible] . Et sole era nellariete . Ilperche lui nel primo scriue
[illegible] Chome [illegible] nel comenzo sopra q̃ne
[illegible] sempre scende di cerchio in cerchio .
[illegible] . Et egli ad me tu sai chelluo
[illegible] gia calando al fondo . Scende adunque di
[illegible] la distancia et el cerchio . Et adu
[illegible] doue sono gli [illegible] che mai non fur ui
[illegible] Et e/ primo luogo et prima spetie di uitio . Qui anchora e /
[illegible] la seconda distancia : Ma primo cerchio : Et questo e / el limbo ;
[illegible] Et questi innocenti che morirono sanza bapte
[illegible] seconda distancia primo cerchio . Secondo luogo ; et quiui la seconda
[illegible] sono [illegible] innocenti . La terza distancia e/ el secon
[illegible] La quarta distancia e/ el tertio
[illegible] Onde lui Io sono al
[illegible] el quinto luogo di quegli che spe
[illegible] et la septima ; che sono gulosi ; Et lui
[illegible] Sexta distancia e/ quinto cerchio ; sexto luogho ; et e/ loctaua
[illegible] Septima distancia . Sexto cerchio . Sepulture .
[illegible] In questa medesima distancia e/ el septimo cerchio
[illegible] contro al proximo . Ite
[illegible] contro ad se medesimi ; et e/ la
[illegible] Et la terzadecima spetie di peccatori ; che
[illegible] Queste tre ultime spetie sono tutte ; ma pari nel septimo
[illegible] Ma ciaschuna spetie ha el suo gyrone che sono tre .
[illegible] Ilperche insino a Gerione tro
[illegible] spetie di dannati . [illegible] dentro alla in
[illegible] dal uento . Egolosi nella pioggia . Prodighi et
[illegible] Heresiarchi nelle sepulture : Et tre spetie
[illegible] Et che cerchi non sieno piu che septe
[illegible] Di quel septimo cer
[illegible] Adunque sono septe distinctioni . Hora seguita che
[illegible] ; et descriue la statua dellisola di Creta . Ilche
[illegible] Creta doue descriue la statua ; et anchora
[illegible] . Ma per intendere anchora quanto hauessino a uolgere faremo in
[illegible] degypto et trouerremo quella atrauersare per
[illegible] Dipoi atrauerlan
[illegible] infino ad Hierusalem : Et misurando con le
[illegible] a finire tutto el cerchio . Ilperche e/ da stima
[illegible] Gerione . Et essendo molto pres
[illegible] con questo numero millenario .
[illegible] dice a ser Brunetto Lassu
[illegible] Auanti che leta mia fussi piena . Pur hier
[illegible] mille miglia misurandole in su la perficie della
[illegible] . Ilperche ha sceso mille miglia del semidiametro p pen
[illegible] della terra restan miglia dumila dugento quarantacinque et cin
[illegible] infino al centro . Similmente faremo la misura dellamplitu
[illegible] Gerione ; che sono miglia mille trecento quarantasei . La maggiore amplitudi
[illegible] in su la superficie della terra e/ miglia tremila cinquecento ; cioe da Cuma ad
[illegible] essendo hierusalem nel mezo chome si dimostra nellultimo canto del

lonferno doue dice : Et se hor sobto lhemisperio giunto Che opposito a quel che la gran seccha Coperchia et sobto el cui colmo chonsumpto Fu lhuom che nacque et uisse sanza pecca. Nequali uersi descriue hierusalem chome nel suo luogho diremo . Adunque la circunferentia di questa amplitudine maggiore in su la superficie della terra e/ undicimila migla . E/ uerisimile che essendo suo mille migla ꝑ dieci luoghi dimostri in septe cerchi lui andassi per la decima parte di ciaschuna di quegli . Hora perche da Gerione in giu si muta modo di caminare inuerso el centro / hauendo gia dimostro quanto e/ largha la bocca del burrone di geryone manifesto appare chel diametro sia Migla. M. cc. xlvi . Scende Danthe in sulle spalle di Geryone ad linea per pendiculare insino a una āplitudine di diametro di migla trentacinque . Et qui e/ congiunto el capo di malebolge . Restaci uedere el diametro di ciaschuna bolgia col quale si puo fare la circunferentia nella quale numero nella maggiore quella misura delle migla trentacinque : Et quanto lui ci da di regola e/ el fosso della penultima doue dice che migla uentidue la ualle uolge : Et del lultima doue dice Tutto che la uolge undici migla . Ma cercando della proportione che hanno insieme non diremo pero che sempre quello che inchiude sia due tanti chome e/ uentidue a undici . Imperoche el terzo harebbe quarantaquattro : et el quarto octantotto : Et chosi procedendo el decimo harebbe migla cinquemila secento trentadue : et lāplitudine maggiore dellonferno non e/ piu che tremila cinquecento migla . Siche uedi che inuerso el centro sarebbe piu amplitudine che nella superficie. ilche e/ contro ad ogni dimensione : Ne anchora e conforme tanta distantia alla descriptione de ponti che lui fa di sopra choffoni : Ma diremo che sempre quello che inchiude sia migla undici piu che lonchiuso : Et chosi tutte lebolge equalmente haranno distantia di migla undici : chome ueggiamo esser quando piu fossi circondano un castello con equali distantie ; doue ogni fossa sia larga un miglio et tre quarti che fara la maggior di diametro migla trentacinque : Et questo anchora assai facile si comprende nel suo narrare doue non mostra differentia se non di quello ultimo elquale e/ solo di largheza dun mezo miglio : et glaltri sono tutti dun miglio et tre quarti : Et questo ha qualche proportione con la maggiore amplitudine dellonferno laquale ponēmo trentacinque centinaia di migla : et di circunferentia cento dieci centinaia . Et male bolgie ha di diametro trentacinque migla : et di circunferentia cento dieci . E/ adunque la prima bolgia migla trentacinque : nella quale sono el enoni. i. ruffiani . La seconda contiene gladulatori et lusinghieri : et ha el diametro migla trentauno et mezo . La terza de simoniaci e/ di uentotto . La quarta de glindiuini e/ di migla uentiquattro et mezo . La quinta de barattieri e di migla uentuno . La sexta degli hipocriti e/ di migla dicesepte et mezo. La septima de ladri et sono migla quattordici . La octaua degli ingannatori sono migla dieci et mezo . La nona de scismatici migla septe . Ilperche la circunferentia di tale diametro sara migla uentidue. Onde dice Virgilio . Pensa se tu annouerar gli puoi Che migla uentidue la ualle uolge . La decima et ultima di male bolge doue sono falsatori et alchimisti e/ di diametro tre et mezo. Onde lui dice Con tutto che la giri undici migla et men dun mezo di trauerso non ci ha . Et certo cauando del diametro suo due mezi migla che chosi paiono nel cerchio resta di diametro di uno migla due et mezo : Et questa ultima ha dalluna sommita della ripa allaltra un mezo miglio . Hora cerchi di malebolge potrebbono in luogo piano inchiudere luno laltro successiuamente per equale spatio tra ciaschuno ; et essendo chosi sarebbono le dieci ualle larghe dalla sommita delluna ripa allaltra migla uno et tre quarti : Ma elluogo non e/ in piano Ma in costa pendendo inuerso el centro . Onde lui nel canto. xxiiii. Ma perche malebolge inuer la porta Del bassissimo pozo tutto pende Lo sito di ciaschuna ualle porta Che luna chosta surge et laltra scende . Et altroue mostra el fondo et lerti di queste ualli dicendo . Quiui soauemente spose el carcho Soaue per lo scoglio sconcio et erto Che sarebbe alle capre duro uarco . Ilperche conuiene che le ualli sieno piu larghe : benche poco misurandole a un piano . Onde a me pare che la meza parte del mezo diametro delluogho piu amplo di tale sito che uiene a essere el mezo di migla dicesepte et mezo sia la figura del pendente di questo sito ; cioe piu alto el fine del pozo di Gervone che la sponda del pozo de giganti migla otto et tre quarti . Dalla fine del pozo di Gerione che e/ principio di Malebolge/chome ho decto insino al centro della terra sono migla trentadue et mezo : et cauandone quello che malebolge pende : che mi pare migla otto et tre quarti restan migla uentitre et tre quarti . Et tanto sia a sufficientia hauer decto del sito dellinferno : Ma similmente per intendere la smisurata statura de gyganti / inuestigheremo ne uersi del poeta piu misure dallui scripte : Et prima noteremo nel canto trentuno che chosi scriue di Nembroch. La faccia sua mi parea lunga et grossa Come la pina di san Piero a Roma : Et a sua proportion tutte laltre ossa . Secondo questi uersi sara laltezza della testa di questo gygante di braccia fiorentine cinque et due quinti : perche chosi sappiamo che e la gia decta pina di bronzo a Roma . Dicono epictori docti in symitria che lhuomo bene proportionato e/ tanto lungo quanto sono otto teste delle sue . Adunque questo gygante sarebbe braccia quarantatre o piu. Adunque questa sara laltezza de giganti secondo la positione del poeta . Seguita che per alchuni principii posti dallui similmente misuriamo la grandeza di Lucifero. Ma prima noteremo che dopo cerchi et cerchietti et gyroni de quali habbiamo insino a qui decto restono quattro spere dacqua sanguinosa et ghiacciata : lequali hanno per centro el centro uniuersale : et nella piu lontana del centro e / fondato el pozo de gyganti : et questa e/ decta Caina . In questa e/ inchiusa la seconda decta Antenora. Et ĩ questa la [illegible] Ptolomea ; Et dalla ptolomea e/ inchiusa la giudecca minore di tutte : Delle quali [illegible] ; Questa contiene in se el centro uniuersale : et nel centro La [illegible] da mezo el petto in su : Et di Lucifero scriue el poeta. Et piu con [illegible] Che gyganti non fan colle sue braccia . Dice adunque Danthe el corpo suo [illegible] corpi de gyganti non hanno col braccio di lucifero : Et perche [illegible] due braccia et sepre octaui : Et de gyganti conchiudemo di [illegible] della faccia al pari della pina di sancto Pietro sono alti braccia quarantatre . [illegible] quindici uolte in un gygante . Il perche altrettante uolte entrerra un gy [illegible] . Adunque se e/ uero chel braccio di lucifero sia di secento quarantacinque brac [illegible] condecente essere alla misura di tre braccia : et el brac [illegible] un braccio et un sexto / sequita secondo tale proportione che essendo el [illegible] quarantacinque : che el corpo sia non lontano da dumila braccia. Impo [illegible] braccia mille noue cento octanta . Ma perche dimostro che egi [illegible] col braccio suo / possiamo metterlo a quel numero . Il simile e/ se riguar [illegible] perche ogni tre palmi e/ un braccio : et misura delle ale lequali sono circa ad [illegible] Et questo quanto al corpo : Ma la spera della giudecca nella quale e/ el centro uni [illegible] dal mezo in su mi pare che habbia di diametro la meta delle decte brac [illegible] che sono braccia mille : perche da mezo el petto a tutta la testa e/ la misura di due teste : et [illegible] .i. la misura di due altre teste doverrebbe uscire dallato delle gambe hauendo lui el mezo del [illegible] che e/ similmente centro di questa spera : come si dinota in questi uer si . Quando noi fummo la doue la coscia Si uolge apunto in sul grosso dellanche El duca con faticha et con angoscia Volse la testa ouegli hauea le zanche : Et aggrapossi al pel com huom che sale Sichininfer no io credea tornare anche . Chosi adunque resterebbe nella spera la misura di quattro teste che sono la meta del corpo di lucifero . Il perche sara el diametro della giudecca mille braccia . Et la Ptolomea che e [illegible] questa sara credo [illegible] el corpo di lucifero .i. braccia dumila : Et dipoi lantenora che chiude questa sara braccia [illegible] : Et la Caina che e/ la maggiore sara braccia quattromila : Et se domandassi : [illegible] : Rispondo perche ne cerchi de gironi et ne fossi di malebolge [illegible] . Ne ho che altro possi conferire del sito dellonferno et delle stature de gyganti et di lucifero . Il perche staremo tanto in questa opinione che un altro uengha di maggior giudi cio [illegible] la descriptione di Danthe laquale in questo seguitiamo . Luscita sua dellonferno [illegible] perche [illegible] un fiumicello che riesce nella tomba di Lucifero : et nella superficie della terra [illegible] : Et in su lisola doue e/ el monte del purgatorio Onde el poeta chosi scri ue . Luogo e/ laggiu da Belzebu remoto Tanto quanto la tomba si distende Che non per uista Ma p suono e/ noto Dun ruscelletto che quiui discende Per la bucca dun sasso che gli ha roso Col corso che gli au uolge et poco pende . Lo duca et io per quel camino ascoso Entrammo a ritornar nel chiaro mondo Et sanza cura hauer dalchun riposo Salimmo su el primo et io secondo Tanto chio uidi delle cose belle Che porta el cielo per un pertugio tondo Et quindi uscimmo a riueder le stelle . Et che uscissino contro ad questo fiume Catone lo dimostra nel primo canto del purgatorio con queste parole . Chi siete uoi che contro al cieco fiume Fuggito hauete la pregione etherna Dissei mouendo quelle honeste piume .

CANTO PRIMO DELLA PRIMA CANTICA O VERO COMEDIA DEL DIVINO POETA FIORENTINO DANTHE ALEGHIERI : CAPITOLO PRIMO

EL MEZO DEL CAMINO DI NOSTRA VITA

Mi ritrouai peruna selua obscura
che la diricta uia era smarrita
Et quanto adire quale era e/ cosa dura
esta selua seluaggia et aspra et forte
che nel pensier rinuoua lapaura
Tanto era amara che pocho e piu morte
ma per tractar del ben chio ui trouai
diro dellaltre cose chio uhó scorte
I non so ben ridire chomio uentrai
tantera pien disonno insu quel puncto
che lauerace uia abbandonai
Ma poi chio fui appie dun colle giunto
la oue terminaua quella ualle
che mhauea dipaur elcor compuncto
Guardai inalto et uidi lesue spalle
coperte gia deraggi delpianeta
che mena dricto altrui per ogni calle
Allhor fu lapaura un pocho queta
che nellago del chuor mera durata
lanocte chio passai con tanta pieta

h abbiamo narrato non solamente [illegible] del poeta et [illegible] dellibro et che [illegible] poeta Ma etiam quanto sia [illegible] et [illegible] nobile et uaria quanto utile et [illegible] doctrina: Quanto sia efficace a [illegible] meti; et quanto dilecti ogni liberale [illegible]. Ne giudicammo da tacere quanto [illegible] della disciplina sia stata la excellentia dello ingegno del nostro poeta. Inche sistimo stato piu [illegible] forse non si conuerebbe; consideri chi legge che la innumerosa et quasi infinita copia delle cose delle quali e necessario tractare [illegible] do chel uolume cresca sopra modo; a [illegible] et inuiluppare piu tosto che explicare; et [illegible] dere molte cose et maxime quelle lequali quando ben uecessi non pero ne restera obscura la expositione del texto. Verremo adunque aquella. Ma perche stimo non esser lectore alcuno ne di si basso ingegno ne di si pocho giudicio: che hauendo inteso; quanto sia et laprofondita et uarieta della doctrina; et la excellentia et diuinita dello ingegno del nostro toscano: et fiorentino poeta; non si persuada che questo principio del primo canto debba per sublimita et grandezza esser pari. alla stupenda doctrina delle chose che seguitano spero con ogni industria in nesti gheremo che allegoricho senso arechi seco questo mezo del camino: et che cosa sia selua Diche ueggio non piccola differentia essere stata tra glinterpreti et expositori diquesta cantica. Impero che alchuni dicono; che il mezo della uita humana e el sonno mossi; credo dalla sententia darisotele dicendo lui nellethica nessuna differentia essere tra felici; et miseri nella meta della uita per che lenocti che sono lameta del tempo cinducono sonno: et daquello nasce che ne bene nemale sentir possiamo. Ilperche uogliono questi; che el poeta ponghi el mezo della uita per la nocte: et lanocte pel sonno; ad notare che questo poema non sia altro che una uisione che gliapparue dormẽdo per laqitale hebbe cognitiõe delle cose dallui descripte i queste tre comedie. Dicono adũque che lui imita Ioanni euangelista el quale dormẽdo sopra elpecto di christo redemptore hebbe uisione delle chose celeste; oueramẽte ponghi lanocte dimostrando lui hauere cominciato elsuo poema dinocte nella quale racogliẽdosi lanimo insemedesimo et absoluendosi et liberandosi da ogni cura meglio intenda. Ma benche tale sententia quadri al poeta; nientedimeno leparole non la dimostrono senon cõ tanto obscura ambiguita: che non pare degna della elegantia di tanto poeta Prima perche non seguita che benche nelle reuolutioni deltempo tanto spatio occupin lenocti quanto e di; perquesto dicendo io scripsi dinocte sintenda io scripsi nel mezo della mia eta; perche et nel principio et nelfine della eta humana sono lenocti chome nel mezo et similmente e di. Il perche per lamedesima ragione si potrebbe fare tale interpretatione pel di chome per lanocte. Altri dicono che uolle pelmezo del camino intendere che nelmezo delleta dette principio alsuo poema. Ma non e unamedesima opinione deltermine della nostra eta; per che diuersi scriptori diuersamente sentono, Aristotile nel suo de republica

[illegible] la sententia di certi poeti: equali diuisono leta pernumero septenario attribuendo Epri
[illegible] E secondi alla pueritia E tertii che peruengono auentuno alla adolescentia. Dipoi pon
[illegible] per la giouentu et arriuono a trentacinque: et questa eta uuole nel medesimo luogho
[illegible] celebrare e matrimonii. Dopo la giouentu seguita la eta uirile laquale per due
[illegible] quadragesimo: nel qual tempo per che glhuomini sono di perfecto consi
[illegible] del corpo/giudica tanto philosopho chel huomo sia molto apto al
[illegible] pone el resto delleta in tre septenarii. Et uuole che el termine sia anni
[illegible] laquale fu nellanno septuagesimo dellasua uita. Et maxime si mosse
[illegible] si fa no solamente di septe: Ma anchora simultiplica perdieci numero
[illegible] e/del psalmista dicente Anni nostri sicut aranea meditabuntur: dies
[illegible] anni. Si autem in potentatibus octuaginta anni: et amplius eo
[illegible] pose el fine delleta [illegible] octogesimo della uita: et similmente inquel
[illegible] anchora pose Solone atheniese. Glastrologi e quali riferiscono ogni chosa al
[illegible] Questi uogliono che la Luna ne contribuisca quattro. Mercurio
[illegible] Marte quindeci: Ioue dodici. Dipoi nel resto della eta decrepita signo
[illegible] e [illegible] et angustie et graueza di corpo et di mente. Ilperche pochi
[illegible] che/chome riferisce Seruio nel quarto delleneide/dixono essere di tre
[illegible] fato et di caso. [illegible] uogliono che si distenda insino al quarto
[illegible] revolutione trenta anni: sara dicentouenti anni: elfato epie tre
[illegible] la morte: Ma se la benignita dalchuna felice stella frage
[illegible] al quarto corso gia decto. Onde Iosapho nel suo de antiquitate
[illegible] giorni della uita humana: equali inanzi al diluuio in alcuni
[illegible] termine fussi cento uenti: Et per questo uogliono certi inter
[illegible] Dedalo [illegible] ibi tranquille medio de limite uite. Infernum uergens po
[illegible] nellanno sexagesimo che e elmezo di centouenti. Nientedime
[illegible] seguita Aristotile et Dauid intendono elmezo dellauita tren
[illegible] non sia al tutto absona dal uero: nientedimeno a si alto poema: par
[illegible] meglio possiamo exprimere: ripeteremo conbreuita alcune co
[illegible] lamente dellauctore; che facile cisia interpretare questo prin
[illegible] Dante si proponessi il medesimo fine elquale et apresso de greci Homero
[illegible] proposto. Et chome quegli luno per Vlixe, laltro per Enea dimostra
[illegible] de uitii et conoscinogli purgandosi da quegli/saruina finalmente
[illegible] chosi Dante sotto questo figmento per la peregrinatione finge ha
[illegible] Virgilio [illegible] di se dimostra quelmedesimo. E/lhuomo composto danimo et di corpo
[illegible] et incorruptibile. Et perche e prodocto da dio a sua imagine: et simi
[illegible] per la contemplatione di uenire alla cognitione delle chose diui
[illegible] sommo bene/chome inaltro luogho piu absolutamente tractere
[illegible] composto di materia de quattro elementi/di sua natura e corruptibile
[illegible] Lanimo adunque sommerso inquesto obscuro carcere perde quasi ogni suo cele
[illegible] del corpo rimane quasi priuato dogni luce di ragione et puossi dire quello essere
[illegible] Onde sapientemente el diuino Platone pone due spetie di morte et luna
[illegible] la quale allhora uiene quando lanima dal corpo si separa. Laltra
[illegible] et questa e quando lanima chome gia habbiamo decto sommersa dal pondo et obscurita del
[illegible] delle sue excellenti potentie puo adoperare. Ilperche ueggiamo
[illegible] infantili et puerili; ma in gran parte della adolescentia et giouentu
[illegible] secondo el senso. Et perche non conosce altro che quello/no crede se essere altro: et niete
[illegible] se no quelle chose che dilectano e corporei sensi. Ne alchuna chosa male se no quella chegliatri
[illegible] da profonda sonnolentia oppresso ne se conosce: ne ad che fine sia prodocto intende: ne
[illegible] ne lasua miseria in fino atanto che arriuato alleta gia matura parte perla experi
[illegible] parte per alchuna doctrina acquistata et per precepti da piu sauí di se hauuti: comincia
[illegible] la ragione: et allora finalmente conosce se essere in obscura selua cioe lanimo suo essere oppresso da
[illegible] per la contagione del corpo E adunque la sententia del testo. IO MI RITROVAI
IN VNA SELVA OBSCVRA. ilche importa io maccorsi lanimo mio essere sommerso nelcorpo perla
[illegible] dal quale haueua perduto la diritta et uera uia: NEL MEZO DEL CAMINO
DI NOSTRA VITA: cioe nel mezo del corso dellauita humana: nel qual tempo ladiscretione comincia
[illegible] nel huomo la quale in fino a quel termine era stata quasi spenta. Et desta saccorge dellerrore et
[illegible] Se gia non si lascia tanto uincere alla sensualita che non che proceda auanti: Ma piu to
sto [illegible] in drieto nella obscurita della selua Dalla quale miseria priega Dauid elsignore chelguardi dicen
do. O [illegible] non mirichiamare indrieto nel mezo de miei giorni. Ne e necessario interpretare el mezo
[illegible] che e quello che per equal parte e distante dadue extremi chome diremo noue essere el mezo di

choesepte perche ha da ogni parte octo. Non e adunque da interpretare il mezo cosi appunto; perche etiam appresso de philosophi spesso e decto mezo quello che e distante da gliextremi benche non sia equalmente distante. DEL CAMINO. Optimamente decto Impero che lanostra uita non e posta nella etherna doue ogni chosa e stabile; et in etherna quiete. Ma neltempo che non e/altro che assiduo flusso et corso. Preterea chome dice lapostolo non siamo qui inpatria ne habbiamo citta ferma. Ma e questa uita una peregrinatione la quale se procediamo per certa uia ci conduce ad hierusalem celeste patria doue siamo ciues sanctorum et domestici dei. Ne e/da pretermettere per ladichiaratione di questo luogo che lui dice mi ritrouai et non entrai. Impero che lanimo entra nel corpo subito che si crea ma non saccorge della sua ignorantia; se non nelmezo del camino chome habbiamo decto. Ne e/sanza cagione che lui ponessi la selua pel corpo; et consequentemente pel uitio; perche et Platone et molti altri philosophi chiamano la materia corporea in greco hyle et in latino selua et chome lanimo ha ogni excellentia et felicita per lanatura sua indiuisibile incorporea et incorruptibile; chosi per loppposito ha ogni calamita et ogni uitio per la selua cioe pelcorpo el quale e corruptibile. Il per che rectamente Platone come chiama idio cagione et fonte di tutti ebeni; chosi perlopposito chiama la selua cioe elnostro terrestre carcere cagione di tutti emali. Adunque sapientemente Boetio scriue Felix qui potuit grauis terre rumpere uincula. Et certamente e/beato chi puo rompere elegami della graue terra et sciogliere lanimo dalla contagione del corpo et dalla sensualita et eleuarsi alle chose celesti. Il perche egreci chiamano elcorpo demas perche demin significa legare et elcorpo chome e decto e/legame dellanimo. Et certo chome la mosca tracta dalla dolceza del mele ui si tuffa tanto che uiaffoga; cosi lanimo [illegible] inuisciata dalle terrene dolceze tanto dal principio si somerge et attuffa nella [illegible] di quelle; che [illegible] diuentata ebbra difficilmente si risueglia ne puo gustare [illegible] del uero gaudio il che e la contemplatione delle chose celeste. Onde nascie che benche lanima nostra sia producta ad questa contemplatione [illegible] no la selua gli fa smarrire la uia; perche la contagione del corpo glitoglie lacognitione laquale se hauessi intenderebbe quanto la natura nostra auanzi glialtri animali. Per che quegli niente sentono se non le uolupta pel corpo; et ad quelle chon ogni inpeto saddirizono. Ma lamente humana imparando si nutrisce et pensando sempre inuestiga o ueramente e/in alchuna actione Pone adunque la selua per lacontagione delcorpo et per le tenebre et ignorantia imitando el suo maestro Virgilio el quale dixe tenent media omnia syluae.

SMARRITA: et non perduta perche chi gia trascorse ne uitii quando che sia torna alla uirtu non hauea perduta; ma smarrita la uia. AH QVANTO A DIRE quale era e/chosa dura. Qui e uno ornamento rhetorico el quale chiamano exclamatione; et usasi quando uogliamo dimostrare la grandeza della cosa; o ueramente quando uogliamo exprimere una giusta indegnatione contro a quello che ci pare [illegible] da biasimare chome quando dice Ah Gostantino diquanto male fu madre. Et pero uso questa dictione ah. laquale elatini chiamano interiectione. Adunque ah quanto dura cosa cioe difficile era a dire cioe a narrare quale cioe diche qualita era questa selua seluaggia cioe questa selua derelicta abbandonata et remota dogni culto et habitatione humana; perche el uitio e/al tutto remoto dalla natura humana conciosiachosa che con efficace demonstrationi eplatonici et Aristotelici philosophi pruouono che uiuere secondo la natura e/uiuere secondo la uirtu. Adunque e siluaggia quasi dica e ferina et non humana; perche chi e infecto deuitii ben che ritenga [illegible] niente dimeno neco stumi e/diuentato fiera crudelissima contro a dio contro ad se [illegible]. ASPRA: certo e aspra la selua deuitii Impero che chome nessuna chosa e piu soaue che [illegible] conscientia la quale tiene lanimo tranquillo et lieto et sanza alchuno pauento. Chosi el uitio del [illegible] el stimola chon continue paure o delle future pene etherne ordinate allanima del peccatore; o delle pene presenti delle quali le ciuili et morali legge ci minacciono. Ne ondeggiono o ribollono tanto [illegible] cauerne dethna o di mongibello/quanto la conscientia del peccatore. FORTE: perche difficile e/et quasi inexpugnabile arimuouere lhabito gia contracto nel uitio. CHE NEL CVORE MI RINVOVA LA PAVRA: Et certo come non sanza uolupta et sommo appagamento diconscientia ci ricordiamo delle chose laudabilemente facte. Chosi per lopposito quando dauitii ci siamo ridocti alla uirtu non sanza horrore et sommo pentimento ci ricordiamo della preterita et uitiosa uita. Il perche amonisca Platone glamici che si ricordassino che le uolupta et piaceri corporali erano momentanei et briefui; et niente altro che pentimento lasciauono dopo se. ET ANTO AMARA che poco piu morte. MA PER TRACtare delben chio ui trouai diro dellaltre chose chio uho scorte. E morte chome dicemo pocho auanti danimale et e morte danima Et morte danima anchora in due modi si piglia. Ouero secondo eplatonici quando lanimo entrando nelcorpo sommerso et soffocato da quello perde quasi ogni suo uigore. Oueramente quando lanima si sepera dal corpo et rimane morta nel peccato; et di questa intende alpresente per che e lapiu horrenda conciosiachosa che non ha redemptione alchuna et tal morte e etherna; et sensibile. Impero che e morta lanima non perche non resti imortale et sempre duri; ma perche inetherno e/collocata in somma miseria Adunque diremo che la selua e/amara per che tale e/la uita uitiosa dellhuomo anchora uiuente nel corpo. Ma per che ha redemptione et puo conuertirsi ad dio et operare el bene seguita che sia piu amara la morte pocho di sopra decta perche e/fuori dogni speranza. MA PER TRActare del ben chio ui trouai. Et certo e non pocho bene conoscere la obscurita della selua cioe el uitio el quale dogni luce priua lanima; perche quello conosciuto uiene in tanta habominatione che con ogni industria lo fuggiamo et purghianocene. Adunque trouiamo questo bene nella selua. Il perche sapientemente dixe Oratio. Virtus est uitium fugere; et sapientia

[illegible] e/uirtu fuggire el uitio. Et cacciare da se la stultitia e/principio di sapientia. Alchu
[illegible] dimostrare che anchora nello inferno si truoua bene perche ue la giustitia laquale
[illegible] benche sia uero nientedimeno la prima sententia quadra meglio al texto
[illegible] CHOMIO Ventrai tantera pien di sonno: Dichiara quello che dicemodi
[illegible] nel corpo et dipoi di tutto quel tempo che la ragione e conso
[illegible] noi. Non puo adunque dire lhuomo chome o in che modo entra nel
[illegible] nel corpo onde contrahe molti uitii perche in su quel punto e pieno di son
[illegible] corporea mole che saddormenta in lui la ragione ne si desta prima che nel
[illegible] TANTO Ero pien di sonno in su quel punto: Cioe tanto era conso
[illegible] che la ragione chosi [illegible] lasciò la diricta uia cioe la uia delle uirtu
[illegible] E la uirtu morale chome ogni philosopho confessa un me
[illegible] grecia e/una uirtu circa la distributione: et lo spendere le pecu
[illegible] mediocrita tra il pocho el troppo: et e/decta liberalita. Et questa
[illegible] perche mancha et non arriua al mezo. Et lo excesso decta prodiga
[illegible] della mediocrita: ma excede et trapassa. Adunque chome in lar
[illegible] sempre pel mezo conuiene che quella sia diricta et tutte laltre pie
[illegible] perche sarebbono innumerabili: chosi sola la uirtu e/diricta perche sem
[illegible] Et e uitii torti perche torchono inuerso alchuno extremo.
[illegible] e/ impossibile potere trouare al buio la linea del mezo et continu
[illegible] della ragione e/impossibile nella uita humana trouare la me
[illegible] trascorrere in alchuno extremo doue sono e uitii. Il perche
[illegible] laquale e/sola una o se pure a caso si truoua non si mantie
[illegible] sanza alchuno lume: et facile anchora a declinare duna
[illegible] Hesiodo greco poeta che el uitio si poteua pigla
[illegible] che si [illegible] sudore. Et Archesila achademico philo
[illegible] e/ facile per che [illegible] giocchi chiusi, i. sanza lume di ra
[illegible] non e/altro che priuatione di ragione. Il perche Da
[illegible] dice [illegible] tenebre. Et certo le uie del peccatore
[illegible] assai apertamente dimostro. perche il po
[illegible] Il perche procediamo auanti. MA
[illegible] quelle ualle. Intendiamo prima secondo il senso
[illegible] un monte informa che era necessario o torce
[illegible] desiderando chel chammino fussi diricto.
[illegible] Il perche Basilio dixe Aspera primo et pene in uia et
[illegible] facile. Quamobrem nec cuius uis est propter
[illegible] ascendere. E/[illegible] la contem
[illegible] Et come Virgilio pone el [illegible] sapientia
[illegible] Dante pone ch[illegible] Virgilio
[illegible] insino al ramo doro perche [illegible] altroue
[illegible] et per le colombe et per questo [illegible] altezza
[illegible] guarda nella ualle non uide se non tenebre [illegible] chose
[illegible] monte. i. nella eleuatione dellanimo alle chose diui
[illegible] Sotto questo figmento intenderemo quel medesimo
[illegible] Pythagora [illegible] philosopho: Ha questa lectera nel principio una
[illegible] Quiui si diuide in due et luna ua diricta in su la dextra lal
[illegible] la uita humana: perche quasi una sola uita e/di tutti glihuomini
[illegible] non e/[illegible] ne a perfecta uirtu ne a intero uitio chosa che si fac
[illegible] sanza uera electione. Adunque qui el poeta per la uia della
[illegible] lectera. Dipoi el fine della ualle trouo che la uia stata insino a qui
[illegible] per lerta del colle laltra torcea a sinistra apie della radice
[illegible] insino a quiui era ito nelle tenebre chosi allhora comincio
[illegible] le spalle del monte et ad quello ueduto lo saddirizaua. Impe
[illegible] della discretione chomincia a rilucere in noi el lume della ragione el quale ci
[illegible] ad salirlo. Il che significa che la ragione ci addiriza alla contem
[illegible] delle chose diuine nelle quali consiste el nostro sommo bene. Creo idio a sua imagi
[illegible] Il perche e/innata in quella sommo et seraphico amore di
[illegible] per tale amore si desta la ragione che insino a questo tempo era stata ebbra et
[illegible] illustrata dal cherubico lume chol quale uede et conosce idio quanto
[illegible] monte per tale contemplatione. Due chose sono nel monte. Impero
[illegible] al cielo. Il che ci ammonisce che ogni nostra inquisitione et ricerca debba essere de

le chose alte et celeste et non infime et terrene. Item e/certo perche in uero ad tale contemplatione non si uiene sanza difficulta. Ne solo questo poeta ha posto el monte per tale contemplatione ma anchora molti scriptori delle sacre lettere lo mettono in simile figura et maxime el poetico propheta Dauid nel psalmo doue dicendo Quis ascendet in montem domini aut quis stabit in loco sancto eius. i. Chi salira nel monte del signore o ueramente chi stara nelluogo sancto suo niente altro domanda se non chi uerra ad questa cognitione. Lui saliua el monte con laiuto del sole el quale [illegible] mostraua perche sanza el sole cioe sanza la ragione laquale e/uera guida della uirtu humana et regina dellanimo nostro non si scorge la uia che ci mena alla contemplatione. Questo sole e/quello el quale ci conduce [illegible] per ogni calle cioe uia. Imperoche nessuna nostra actione puo esser perfecta se la ragione non cela mostra et non giudica chosi essere. Ne possiamo in alchuno modo [illegible] o operare nella uita actiua o inuestigare nella contemplatiua in forma che conseguiti el debito fine se non [illegible] la ragione. Della quale quando accadera piu diffusamente [illegible]. Ne e chosa nuoua che lui ponga el sole per la ragione perche anchora appresso de sacri scriptori e/ne [illegible] per [illegible] ALLHORA Fu la paura un pocho cheta: Optime. Imperoche quando la ragione comincia [illegible] in noi [illegible] dimostrarci el monte cioe la strada che ua al fine della salute non cessa [illegible] la paura. Imperoche benche habbiamo ueduto la uia non ui siamo ancora dirento: Niente [illegible] alquanto la mente: et la paura scema; perche nasce in noi speranza di potere [illegible] al fine [illegible] la uera uia. CHE NEL LAGO del cuor mera durata; Ma el cuore humano tre [illegible] [illegible] ha sua perfectione el nutrimento. Et de due extremi luno e/receptacolo del sangue: [illegible] si tira dal fegato: laltro dello spirito tirato dal polmone: Nel cuore e el principio della uita: Et perche [illegible] e/quello che chome [illegible] forma le membra: Et questo subito che e creato [illegible] la quale possa ricevere laugumento della sua essentia: et la generatione. Pero nel corpo dellanimale [illegible] prima che alchuno altro membro e/creato el cuore sedia dello spirito: Et ogni principale calore: et uirtu e/del cuore: Onde secondo la qualita et quantita del cuore nasce la grandeza dellanimo: et cosi la timidita: diche piu prolixamente habbiamo disputato nel nostro secondo dialogo dellanima in lingua latina scripto: Et per questo dixe el poeta che nellago del cuore: Et nota che questa paura duro grande da che lui saccorse essere fuori della uera strada/insino che il sole gli dette speranza di potersi ritornare. LA NOCTE: Cioe [illegible] passata laquale priuata dellume della ragione: et obscurata da ignorantia [illegible] si chiama notte. PIETA: Lamento E/prima da notare che in lingua fiorentina si truoua pieta [illegible] syllaba et significa compassione: Onde disotto Qui regna la pieta quando e/ben morta. [illegible] acuto nella penultima: et significa lamento apto a commuouere compassione: et in questa significatione la pone el poeta. Ne e/sanza ragione che lui dica LA NOCte chio passai chon tanta pieta: perche [illegible] dimostrare che quando saccorse hauere smarrita la strada/se ne dolse: Et per questo [illegible] che perche fussi nel uitio nientedimeno non haueua facto anchora fermo habito di quello: Onde piu facilmente se ne pote siluppare. Era adunque non intemperato ma incontinente. Ilche accio che piu apertamente [illegible] diciamo essere una uirtu [illegible] temperantia: nella quale chi ha facto habito [illegible] si contiene et astiene da ogni piace[illegible] honesta/che nessuna difficulta [illegible] gli nota [illegible]. Et chosi ch[illegible] la intemperantia si da tutto alla uita lasciua et [illegible]: et e ogni libidine [illegible] uergogna o rimorso di conscientia. Et per questo diciamo che et quella e/ u[illegible] cioe la intemperantia e uero uitio; perche in ciaschuno e habito sanza el quale non puo e[illegible]o. Ma innanzi che lhuomo contragga tali habiti o di temperantia o di intemperantia [illegible] dispositioni per lequali sdrucciolliamo nellhabito: luna ci guida alla uirtu: et e nominata con[illegible] el continente uuole abstenersi dalla uita lasciua: Ma non si contiene sanza gran faticha per[illegible] ha anchora facto habito della temperantia; Ma perseuerando in questa continentia per lunga operatione in quella fa habito et dipoi sanza difficulta si contiene et non e/ piu continente: ma temperato. Laltra ci guida al uitio. Imperoche lo incontinente anchora lui non uorrebbe cader nel uitio: et combatte chon la libidine chome combatteua el continente: Ma non la uince chome el continente: Ma lasciasi uincere. Et dopo molte uolte fa habito nella libidine et piu non cõbatte: ma uolentieri la seguita: et diuenta intẽperato. Adunque/seguitando la fictione di Virgilio Didone nel principio che uide Enea era temperata et uolentieri et sanza faticha sabsteneua da ogni lasciuia. Onde dice. Tum breuiter Dido uultum demissa profatur: Dipoi dopo il conuito cominciando gia a inclinarsi allamore di temperata diuenne continente perche crescendo gia le fiamme sinclinaua allamore: Ma pure benche gli fussi difficile niente dimeno sabsteneua da piacer libidinosi. Il perche non era piu temperata: ma era diuentata continente et combatteua col uitio ma pure uinceua. Ilperche dice. Si mihi non animo fixum immotumque sederet. Ne cui me uinclo uellem sociare iugali Huic uni forsan potui succumbere culpe: et pocho di sotto Agnosco ueteris uestigia flamme. E adunque combbattuta dallamore: Ma pure louince. Onde conchiude uolere essere prima fulminata da Ioue che uiolare la castita. Ma non dopo molto tempo diuenta incontinente. Perche continuando lamore di tormentalla finalmente si lascia uincere benche maluolentieri: maxime per le persuasioni della sorella: Ne cesso di ruinare al fondo insino a tanto che diuento intemperate pche facto gia habito nella lasciuia uolentieri a quella si daua. Ilche dimostra el poeta dicendo. Nec iam furtiuum Dido meditatur amorem. Vedi adunque che chosa e Temperantia Continentia: Incontinentia: et intemperantia. Ilperche tornando a pro [illegible] era non intemperato perche non hauea facto habito del uitio ma incontinente perche benche [illegible] col uitio, nientedimeno si lasciaua uincere.

[illegible] della selua non altrimenti riguardaua la selua com[illegible] [illegible] che facta lhuomo elquale hauendo ropto inmare et finalmete [illegible] in quanto graue picolo sia incorso pel naufragio facto [illegible] lanimo elquale perduto ogni temone et uela di ra[illegible] [illegible] da furiose perturbationi et passioni che procedono [illegible] rompere ne gli [illegible] de uitii; onde chon grandissima diffi[illegible] [illegible] conducere arriua; Et certo metre che lanimo nostro hauendo perduto la ragione e/ traportato dal di[illegible] fordinato appetito; o da uana letitia: o da graue dolore o da troppo timore; o da smisurata cupidita e simile al la naue posta in graue tempesta. Il che assai apertamen[illegible] [illegible] nelle nostre disputationi camaldulensi nel lallegoria della tempesta uirgiliana doue lunone con la [illegible] eolo si sforza sommergere etroiani. Il che dinota [illegible] cupidita dellambitione persuade alla ragione infe[illegible] riore che rimuoua Enea da Italia cioe dalla uita contem[illegible] platiua: et pingalo in Cartagine cioe alla uita actiua.

LENA: In nostra lingua significa quello che elatini di[illegible] [illegible] respiratione cioe quieto et traquillo anelito ilche [illegible] e/ nellhuomo sanza difficulta et giocondamen[illegible] [illegible] troppo perturbation dimente spesso fa affannare [illegible] sanza straccarsi diciamo cholui hauere lena. [illegible] considera al pericolo passato. CHE Anchora fuggiua: [illegible] lanimo forte et inuicto nelle chose horrende si dice ha[illegible] [illegible] che lanimo fugge a quegli che temono phorre[illegible] di quel [illegible] passo che el pericolo che ti facea temere cessi nientedi[illegible] [illegible] quando dice che el passo del quale lui e [illegible] ui perissi; Diremo adunque lui usare quello color rhe[illegible] [illegible]. Doue per dimostrare la grandeza della cosa [illegible] Che posto che alchuni la passino salui; nien[illegible] [illegible] del numero infinito elquale ui perisce; Et cer[illegible] [illegible] alla luce della ueta [illegible] in uita nõ pec[illegible] [illegible] si truoua in pec[illegible] cioe el [illegible] quando che [illegible] NON la [illegible] per quella [illegible] rit ipsa [illegible] agente et dicono che cioe [illegible] ona ui[illegible] [illegible] uiene in uita che da pr[illegible] esso da [illegible] POI POSato hebbi el corpo lasso; Prude[illegible] one del [illegible] cioe la contemplatiua sia [illegible] elnostro [illegible] a purgare lanimo da uitii acciochè [illegible] capace delle [illegible] entra lo spirito della sapientia; niente dimeno non e/ da pri[illegible] [illegible] e/ optimo dellapostolo dicente Castiga el corpo et reducilo in [illegible] che lappetito. ricalcitri alla ragione. Ma non comã[illegible] [illegible] delle chose necessarie Imperoche infermo o troppo [illegible] operare secondo la uirtu. Adunque prudentemente dimostra el [illegible] agio. Ma posarlo quando e/ lasso et posarlo poco cioe quan[illegible] [illegible] PER LA piaggia diserta Cioe abbandonata perche desero inlatino significa abbando[illegible] [illegible] non habitati. Et certo e uero che lauia laquale mena lhuomo alla cogni[illegible] [illegible] perche pochissimi sono quegli che si dieno alla contemplatiua. Onde dixe el petrarca [illegible] philosophia Dice la turba al uil guadagno intesa Pochi compagni harai per la tua uia. Et [illegible] che il pie fermo sempre era il piu basso dimostra la forma dellandare allerta. Imperoche intal [illegible] che muoue sale et quel che e/ fermo rimane piu basso. Et allegoricamente monstra che la cogi[illegible] [illegible] procedere per ordine et non alzare luno pie se laltro non e prima fermo. Il che signifi[illegible] [illegible] nel contemplare chose piu alte se prima non siamo bene confermati nella sci[illegible] [illegible] piu basse. Possiamo anchora dire che el pie significa lamore et appetito delle chose. Imperoche cho[illegible] [illegible] el corpo e portato da piedi chosi lanima dallapetito Onde lui nel capitolo diciocto del purgatorio dixe che se amore e difuori a noi offerto et lanima non ua chon altro piede se dricta o torta ua non e suo merito. Adunque el pie piu basso significa lamore delle chose inferiori et questo era fermo perche potena anchora piu in lui che el pie piu alto. i. lamore delle chose celesti perche non era anchora purgato da uitii.

e Sanza fallo profonda doctrina quella del nostro poeta El quale non sanza cagione si propone per guida et duce Virgilio: Imperoche quello ua imitando in ogni parte benche si copertamente che pochi se naccorgono. Vuole Virgilio per Enea dimostrare come lhuomo possa arriuare al sommo bene: Et pone tre essere e principali incomodi: equali impediscono che non possiamo conseguire el nostro fine: Dequali el primo e la luxuria intendendo per luxuria ogni lasciuia et ogni sfrenata uolupta et piaceri della sensualita: el quale regna in noi quando lanimo nostro non e ristrecto sotto el freno della temperantia. Et questo configuro per Troia laquale non uolena lasciare in nessun modo Enea se Venere posta pel diuino amore non lhauessi spirato a partirsi chome nelle nostre allegorie dimostrai. El secondo e/lauaritia laquale exprime et per tracia et per lisole strophade et per molte altre chose. El terzo e/lambitione et immoderata cupidita de glihonori de magistrati et degli imperii: Elquale ancho maxime dimostra per le immortali inimicitie di Iunone contro a Troiani.

Et ecco quasi al cominciar dellerta
una lonza leggieri et presta molto
che di pel maculato era couerta
Et non mi si partia dinanzi al uolto
anzi impediua tanto el mio camino:
chio fui per ritornare piu uolte uolto.

Adunque lhuomo elquale di sua natura ama la uirtu et ha in odio el uitio et disidera el sommo suo bene et fugge la miseria sempre procederebbe per diricta uia se tre chose non lo impedissino. Queste sono piacere Vtile et honore: Et p conseguir questi spesso torciamo dalla diricta strada. Questo medesimo adunque significa al presente Danthe per tre fiere: lonza e/el piacere lupa e/lutile leone e/lhonore. Lui era gia uscito della selua et ueduta la sommita del colle illuminata dal sole sapparechiaua montando lerta arriuare a quella: Il che disopra allegoricamente habbiamo exposto. Et cosi interuiene che arriuato lhuomo agli anni della discretione excitandosi in lui la ragione si prepara a uolere conseguire el sommo bene. Ma questa buona uoglia e/impedita da sopradecti uitii Et prima dalla uolupta: Imperoche ne glianni puerili et giouenili sono ardentissime le uolupta dellhuomo: et difficilmente nel feruore del sangue si pone freno a quelle: Onde [illegible] e la turba de gli intemperati o de gli incontinenti: Il perche rari sono in quella eta che allectati dalle lusinghe della uita lasciua et uoluptuosa non lascino el salire del monte. Questo ci significa el poeta per la lonza laquale fu la prima fiera che tentassi impedirgli la montata. Molti dubitano che animale sia lonza. Et [illegible] tre spetie di fiere trouiamo hauere la pelle distincta di uarie macule: lupo ceruero da greci decto lynce [illegible]pardo: et panthera. Vogliono adunque alchuni che per lonza sintenda el ceruero et perche Virgilio induce che [illegible] domandante nella caccia delle sorelle dimostra quelle essere uestite di pelle di tale animale. Et [illegible] molto obliuiosa Ne e/uitio che in maggiore oblitione conduca delle chose excellenti [illegible] Se lonza e pardo sara la medesima significatione. Perche questo animale e di [illegible] acceso nella libidine. Ilperche non solamente chon la sua spetie: Ma anchora chon [illegible] con leone si mescola: preterea non uuole essere ueduto quando si pasce: et nel pascere si [illegible] perche e/proprio della libidine pche piu che altra chosa ci uota di sangue. Onde Virgilio Carp[illegible] paulatim: uritq; uidendo femina. Et Iuuenale Accipiat sane mercedem sanguinis: et sic palleat [illegible] presserit qui calcibus anguem. Questo credo mouessi Homero a indurre Paris huomo libidinoso uestito di pelle di pardo: Vagli anchora in questo lauctorita di Giouanni Boccaccio: elquale scriue che e fiorentini fanciulli uedendo el pardo gridauono uedi la lonza. Possiamo anchora molto conuenientemente intendere della panthera: laquale molti non fanno differente dal pardo se non in hauere piu bianco colore: Alquanti uogliono la panthera essere la femina tra pardi: Plinio afferma essere tanto bella et di tanta gratia la sua pelle che ogni fiera la disidera: Ma temono della fiereza che dimostra nella testa: Onde la panthera occultando el capo et mostrando el dosso allecta cholla belleza della pelle uarie fiere et dipoi chon subito empito le prende et diuora. Il che e molto consimile ad questo uitio: nel quale la belleza ci lusingha et tira poi ci diuora perche ui si consuma el tempo la pecunia la fama el corpo et lanima. Questa medesima fiera pone pel medesimo uitio della luxuria nel sextodecimo capitolo. Io haueuo mia corda intorno cincta [illegible] et con essa pensai alchuna uolta prendere la lonza cholla pelle dipincta. Et optimamente dice. ET Ecco quasi: Imperoche questa dictione Ecco: laquale elatini dicono ecce non e mai posta da poeti se non quando dimostrono interuenire chosa improuisa/et non aspectata: Et chosi la uolupta e tanto amica allapetito sensitiuo che prima occupa lhuomo che se naccorga. Era la lonza leggiera et presta. perche gran mobilita e/nella uita uoluptuosa. Onde gliantichi poeti dipingono lamore alato. Il perche Propertio Idem non frustra uentosas addidit alas: Fecit et humano corde uolare deum. Scilicet alterna quoniam iactamur in unda: Nostraque non ullis permanet aura locis. Et puossi in un momento essere preso dallamore. Et certo e/difficile non solamente a dire: ma anchora a pensare quanta sia laleggereza et instabilita dellamante Pella pelle maculata cioe distincta di uarii colori dimostra che lamore lasciuo consiste nella pelle cioe nella supficie del corpo: Ne altro si cerca che la belleza extrinseca: et la uarieta decolori suoi et odori percontentare uiso audito et olfato. Ma [illegible] che allectino el gusto et el tacto; Equali due sensi sono piu corporei et cercono piu ifame et tu[illegible] ET NON mi si partiua dinanzi al uolto; pche sempre sta fixo nella mente la forma della co[illegible] Virgilio in Didone; laquale dice che uedea et udiua Enea benche absente. Que[illegible] el camino, perche nessuna chosa e/ che tanto ci ritragha dalla speculatione quanto ella [illegible] ingegni et marauigliosi huomini spesso torce dal uero camino. Et [illegible] piu eleuato che David Re et Salomone suo figliuolo; Et niente dimeno [illegible] dallamore che David Re benche hauessi tante moglie et tante concubine; [illegible] di Bersabe non dubito mandare Vria suo marito intal modo in battaglia [illegible] Re tanto propheta del quale dice idio Inueni hominem secundum cor me[illegible] sostenne fare uccidere el gouernatore et duce del suo exercito nō sanza som[illegible] di tre grauissimi delicti homicidio; tradimento; et adulterio. Potrei raconta[illegible] el principe de peripatetici Aristotile elquale uinto dallamore fece ad [illegible] sacrificii che el popolo Atheniese facea solamente a Cerere eleusina [illegible] di loro.

T[illegible] del principio del mattino
[illegible] su chon quelle stelle
[illegible] quando lamor diuino
[illegible] quelle chose belle
[illegible] m'era cagione
[illegible] la [illegible] pelle
L[illegible] stagione.

[illegible] Sa in questo luogo el poeta chronographia cioe de scriptione di tēpo. Nota adunque che comicio la salita nel principio del di laquale hora noi chiamiamo mattino; perche elatini lachiamano mane. Ne e/ sanza ragione che lui pigli questa hora perche e chiamata mane elquale uocabolo in lingua lanubina significa buono Et certamente e non solamente buona; ma optima lhora: nella quale cominciamo adirizarci alla uia della salute. Preterea dimostra che la buona operatione si debba comiciare pertempo. Ilperche e/ giusta querela nel petrarca Ma la colpa e/ pur mia; che piu p tempo Douea [illegible] Che dire il uero homai troppo maitempo. Puossi ancora aggiugnere che [illegible] inuisione le chose lequali scriue pose el tempo della aurora; pche in [illegible] chome lui disotto dimostra dicendo; Ma se presso al mattino il uer si [illegible] chon philosophiche ragioni questo medesimo. Preterea e op[illegible] nel tempo chel sole comincia apparire. i. quando la ragio[illegible] si puo procedere in alchuna cognitione. Onde David Mane astabo ti[illegible] significa adūque che lamattina sia apto tēpo aconoscere che [illegible] EL SOL montaua su. Dopo la descriptione dellhora del di/ descriue [illegible] el sole era in ariete cioe nel mōtone; pel qual [illegible] dinota laprima[illegible] Primauera laquale comincia quando el sole [illegible] ariete; La state [illegible] entrando nella libra fa lautunno; [illegible] Fu adā[illegible] nello introito del sole nellariete. [illegible] uno [illegible] optimo proposito di salire al monte gia uenne el uenerdi della [illegible] fu nel [illegible] di marzo nel quale etiam ne tempi di christo el sole era gia [illegible] pti [illegible] Cesare dictatore. Ma nel presente anno. M. cccc. lxxxi. el sole entra [illegible] nellarie[illegible] a mezo giorno sara nel trigesimoquarto minuto del primo grado dariete. [illegible] in questa stagione dellanno: nella quale dallui fu creato el [illegible] quel primo di: elquale meritamente si puo chiamare el natale del mō[illegible] del cielo; Et perche el mezo del cielo e/ quasi la sommita et capo del[illegible] ariete el primo de segni del zodiaco; perche in esso principio della [illegible] si puo chiamare capo del mondo. Ma poi che habbiamo [illegible] potro brieuemente el sito di tutti ecieli. E/ nellottauo cielo do[illegible] zodiaco elquale tutto ecielo circunda nominato da greco uoca[illegible] e/ distincto in dodici segni figurati in forma danimali. Questi sono ariete; [illegible] Leone; Vergine; Libra; Scorpione; Sagittario; Capricorno; Aquario et pesci. Sec[illegible] spere et in ciaschuna della e/ un pianeta. Di questi el piu alto e/ Satur[illegible] Ioue. Marte. Sole. Venere. Mercurio et Luna. Questa e/ la piu bassa di tutti et [illegible] che in quel principio essendo el mondo chome habbiamo decto [illegible] nel leone et la luna nel cancro; Mercurio nella uergine; et Venere nella li[illegible] Marte nello scorpione; Ioue nel sagiptario; et Saturno nel capricorno. Ilperche qua[illegible] segni sono decti domicilii et case di quel pianeta elquale allhora riceuevono; Re[illegible] Et questi rimouendone el sole et la luna; equali pianeti non hanno altro do[illegible] sono distribuiti agli altri cinque in forma che laquario toccha a Saturno E pesci a Ioue [illegible] a Venere: gemini a Mercurio. Questi adunque hanno due domicilii; et el so[illegible] solamente questo el lione; quella el cancro. Dixi brieuemente questo de septe pianeti te de dodici segni del zodiaco non solamente per lo intellecto del presente texto. Ma perche tale cognitione sara utile alla interpretatione di piu altri luoghi. Vedi adunque che el poeta dimostra che lui si misse per la uia della salute: et sali alla conteplatione inquella stagione dellanno laquale fu el principio del mondo et nella quale chi ci hauea creato liberi dipoi caduti in seruitu ci ricompero. CHON QVEL le stelle: intendi dellariete lequali son diciocto. Ariete significa montone: Et dicono epoeti che questo montone collocato in tal segno fu quello elquale haueua el uello doro: et passo pel mare phryxo et Helle: benche Helle cadessi amezo el mare Ma Nepctunno la conseruo et di lei genero peone; Et fu el montone figliuolo di Nepctunno et di Theophane. Imperoche nepctunno amando tal fanciulla per poterla hauere si trasformo in montone: et lei trasformo in pecora. Ilperche essendo la forma di costoro di montone et pecora quello che costoro generorono fu montone et tal montone dicono epoeti che gli dii trasformorono in questo primo segno del zodiaco. Nigidio scriue che questo e quel montone elquale apparue a Baccho quando conducea lexercito per la Lybia harenosa doue non e/acqua: Et mostrogli una fonte laquale e/unica et sola in quella regione. Et per tale beneficio Baccho lo trasformo inquesto segno et doue era la fonte constitui un tempio a Ioue suo padre elquale e lontano da Alexandria degypto noue giornate. Ha questo segno una stella nelcapo tre nelle nari due nel collo in ciaschuno de piedi dinanzi una nel dosso quattro nella coda una nel uentre tre in ciaschuno de pie di drieto una; Ma lasciando le fauole questo segno secondo emathematici e nominato montone per exprimere la natura del sole. Imperoche la natura del montone e/di ghiacere eluerno in su elsinistro lato: et la state in sul dextro; chosi el sole el uerno ua al sinistro emisperio et la state al dextro. Concluderemo per tutte queste ragioni che oltra allhora del di anchora la stagione dellanno gli daua speranza essendo quella nella quale dio creo lhuomo et creatolo ogni altra chosa mortale creata gli sottomesse testante elpropheta Omnia subiecisti sub pedibus eius oues et boues uniuersa insup et pecora campi. Quasi dica se questa e/la stagione nella quale tanto fu liberale et gratioso idio inuerso lhuomo: che prima lo creo et dettegli lo imperio di tante chose: et poi per sua colpa spiritualmente morto dinuouo lo ricreo/posso io facilmente sperar gratia di salire al monte: Ne sarebbe stata uana la sua speranza/se non fussi stato impedito dalle tre fiere. Imperoche sanza dubbio puo sperare lhuomo chon la diuina gratia potere peruenire alla uera cognitione pure che non sia impedito da uitii. Ma chi ha lanimo macchiato dalla bructura de uitii non lo speri. Imperoche come dice la sapientia. In animam maliuolam non introibit spiritus sapientie. Et Dauid chome di sopra dicemo domandando Quis ascendet in montem domini: Aut quis stabit in loco sancto eius cioe chi salira al monte del signore che non e/altro che eleuarsi alla cognitione delle chose diuine Risponde Innocens manibus et mundo corde: Et innocente di mano intende chi non pecca nelle uitiose operationi: et mundo corde: e/colui che non pecca in cogitatione. Et per questo Platone elquale pose el sommo bene dellhuomo nella contemplatione delle chose diuine lequali si cognoscono mediante le uirtu intellectiue: nientedimeno uuole che prima cominciamo dalle uirtu morali: accioche prima ci purghiamo chon quelle da uitii: perche chome lui medesimo dice: Purum impuro attingere nefas est. Et certo e chosa nefaria et scelerata che chi e/ impuro et uitioso tenti toccare le chose diuine che sono purissime Ne uuole la immensa maesta che si dia el sancto a cani. MOSSE De prima quelle chose belle: Creo ecieli et laltre creature: et non sanza cagione disse Mosse: perche ogni corpo naturale ha el suo moto: Et idio solo e imobile ma muoue el tutto. Onde Boetio Stabilisque manens das cuncta moueri. SI CHE Lhora del tempo et la dolce stagione mi daua speranza potere hauere la pelle della gaetta fera Cioe poterla uccidere et in segno di uictoria portarne la pelle. LHORa del tepo: perche era da mattina: et chi per tempo comincia lagiornata innanzi nocte puo arriuare aldisiato fine. Questa hora e/lodata dal propheta dicente In matutinis meditabor in te quia fuisti aiutor meus: Et Horatio Matutine pater seu Iane libentius audis. Et perche questa e/optima hora elatini la chiamano mane: Ilche in lingua lanubina significa buono. Et la dolce stagion di primauera nella quale el mondo hebbe principio: et nella quale lhuomo fu ricomperato. Puo adunque sperare ogni felicita lhuomo in quella stagione. Alquanti muouono dubbio dicendo che la dolce stagione della primauera douea piu tosto dargli temore che speranza a uincere tale animale: considerato che in tal tempo ogni animale naturalmente e/incitato a lascinia. Ma questo non e contro al decto del poeta ma e/in suo fauore: Et la sententia e/questa. Se io in quel tepo nel quale lhuomo e piu che lusato stimolato dalla lasciuia de sensi/poteuo cominciare, cioe certa cio e uincere la difficulta che e/nella uita speculatiua/Era da sperare che in ogni altra stagione molto piu facilemente potrei salire: Ma Dante in questo luogho chome poeta dingegno et dartificio excellentissimo uolle hora occultamente imitare Virgilio. Ilche acciooche piu apertamente apparisca Enea in quel tempo che lui chon tutte le forze singegnaua difendere troia fu persuaso da Venere che lasciassi tale impresa perche gli dii uoleuono che quella cipta perissi et lui nauicassi in Italia. Lallegoria di questo chome io nel quarto libro delle mie disputationi chamaldulensi scripte in lingua latina dimostrai e/ che Enea nella sua giouentu molto amaua Troia cioe la uita uoluptuosa: et per la difensione di quella era prompto mettersi a ogni pericolo: Insino a tanto che Venere. i. lamore delle chose celesti non gli dimostro che gli dii et maxime Pallas erono quegli che disfaceuono troia: et persuasello che andassi in Italia laquale Virgilio pone per la uita speculatiua Adunque Virgilio in quelluogho dimostra che Enea mai harebbe abbandonato Troia. i. la uita uoluptuosa nella quale la tenera et la giouinile eta pone el sommo bene. Ne sarebbe ito in Italia se Venere non lhauessi condocto Doue pone Venere per lamore delle chose celesti: Et certo e/ tanto ardua et difficile la uia [illegible] quella non truoui lhuomo/nessuno sopporterebbe tanta [illegible]. Per questo e/ [illegible] inuestighera el senso di questo luogho che come Virgilio dimostra che [illegible] nella uita uoluptuosa se uenere. i. lamore delle chose celesti non glihauesse [illegible] harebbe sperato uincere la lonza se non fussi stato aiutato dalla dolce [illegible] che come e/in puerbio fiorentino lamore ne porta ogni grā fascio.

[illegible] secondo uitio el quale possiamo chiamare superbia o p piu comune uo [illegible] come ne giouinili anni le uolupta et epiaceri legano et inuiscano informa [illegible] le uirtu: Chosi poi nella uirile eta si desta in noi ismisurato appetito degli

[illegible] non mi dessi
[illegible] duu lione
[illegible] ad me uenissi
[illegible] et chon rabbiosa fame
[illegible] temessi.

honori et magistrati et de glimperii et delle signorie: lequali chose benche paino danimo excellente et generoso: Niente dimeno per acquistarle si commettono di molti uitii. Et molto piu sonquegli che sisforzano per uenire a simili gradi chon fraude tradimenti et corruptele che chon uera uirtu. Molto prolixo sarebbe narrare [illegible] et glihomicidii commessi per acquistare signorie: et leguerre per lequali non una o due citta: ma grandissimi et potentissimi reami sono stati socto sopra [illegible] el padre: et el fratello el fratello: Ne un solo Teocle et polynice: o Atreo et tie[illegible]. Et alle rep. che [illegible] non solamente lomperio ma lotio et la pace et [illegible] le factioni nate tra cipctadini uolendo ciaschuno essere el primo negli [illegible] chon [illegible] exempli facilmente potremo prouare: niente [illegible] Mario et Sylla et Cinna et octauio et Ce[illegible] et giustitia alchuni cerchino le dignita et quel[illegible] et sudore giouare alla rep. et a cittadini suoi [illegible] discordie et nutrire la concordia: Nientedi[illegible] inuestigatione delle cose celesti et diuine: nelle [illegible] tutte laltre cose cosi questa dice epsa uerita [illegible] optimā partem elegit que nō auferetur abea [illegible] era occupata in uarie chose Et Ma[illegible]. Et nel uecchio testamento pongono Lya ci[illegible] docchi lucidi et [illegible] ma sterile. Sapien[illegible] per lione che Virgilio per Iunone sempre inimicis[illegible] non si empiero inchi si getta in terra et [illegible] et accopta chi cede et conciede con chi non [illegible]. Et Boetio Ire [illegible] fremit ut leonis [illegible] che contro ad me uenissi: Non sanza cagione dice questo delli [illegible] e/facile chosa a uno ingegno eleuato et [illegible] alla contemplatio[illegible] el sommo bene. Ma la ignauia et gli honori hanno in se tanta for[illegible] A dunque facilmente potea cacciare da se [illegible] che el lione [illegible] incontro. Queste cose tutte dinotano la [illegible]. Onde dice [illegible] che uiene chon la testa alta perche mai e/sanza [illegible] perche tale cupidita e/uno insatiabile et rabbioso appetito. [illegible] Euripide poeta tragico. Se la ragione et la giustitia si debba [illegible] Ne sanza cagione arroge: SI CHE parea che laere ne temessi: pche [illegible] in alto grado esser temuti et maxime dallaria cioe da superiori et [illegible] superiore.

[illegible]

[illegible] ogni diuerso ipedimēto elquale ci toglie el montare [illegible] intende lauaritia. Riferiscono quegli che [illegible] la natura del lupo che nessuno animale e piu [illegible] et uorace ne solamente nuoce alle greggi: perche non solamente peruiene laningiuria alla bestia diuorata ma allhuomo signore di tal bestia: Ne solamente fa pre[illegible] assai tardo Ma anchora appostando: o [illegible] nocti: o [illegible] giorni chon aguati: et in [illegible] ne porta lanimale: Et se non e scop[illegible] tanto che tutta la greggie uccide stimando non si potere mai empie[illegible] hora con aperte rapine toglie quello di che e/a detrimento ad [illegible] Ma come el idropico non spegne la sete pel bere na laccresce: Chosi lauaritia tanto cresce nellhuomo: quanto crescono esuoi thesori. Onde Horatio nelle sue ode: Crescit indulgens sibi dirus hydrops: Nec sitim pellit nisi causa morbi fugerit [illegible] et aquosus albo corpore langor: Et Virgilio Quid non mortalia pectora cogis auri sacra fames: [illegible] Auaro deest tam quod habet quam quod non habet. E/ [illegible] consegrato a Marte dio delle guerre perche le guerre non son mosse se non per [illegible] . Adunque [illegible] si pose [illegible] . Et questa [illegible] desima ragione fa che le meretrici lequali per pecunia uendono la castita [illegible] chiamate lupe: et [illegible] publicamente stanno sono decti lupanari. Adunque [illegible] dalle uoluptate: et la uirile dalla ambitione et cupidita [illegible] la [illegible] Vitio certamente pessimo di tutti. Ma di questo piu [illegible] la sententia di Salustio che lauaritia fa che lanimo et el corpo [illegible] . QVESTA lupe sembiaua cioe dimostraua esser carica di tutte [illegible] di tutte le cupidita [illegible] re significa molto affectuosamente desiderare. NELLA sua magrezza [illegible] la lupa magra: perche questo male quanto piu e/ magro piu e/ famelico: Et ogni [illegible] aguagliata al hydropico chome dissi. Et e sempre magro lauaro perche [illegible] richiede la necessita per non diminuire le richezze. ET MOLTE genti [illegible] mai contente: che chosi significa questo uocabolo in lingua lombarda. [illegible] quegli che sono spogliati dallauaro. Lauaro sta sempre in affanno et per [illegible] et per guardare [illegible] dagniato: et per accumulare mai gode chosa acquistata: E/ [illegible] posto nello inferno da poeti oppresso da fame et da sete: Et e/ in chiarissima acqua infino al labbro di sotto et uarii pomi et fructi gli pendono [illegible] infino al labbro: Ma quando si china per bere [illegible] : Quando [illegible] tanano. Il che interuiene allauaro: perche benche sia in abbondantia [illegible] che lui non si toglie ne fame ne sete. Questo medesimo dinota la fauola di Mida [illegible] che quando questo se toccaua o cibo alchuno o poto [illegible] pecunia di questo che nonche douea sostenere la uita. Et soggiugne che [illegible] dellaspecto suo laggrauaua in forma che lui perde la speranza [illegible] . Et [illegible] de beni terreni ingombra tanto lanimo et tanto lo priua che non si [illegible] tione: Ne e/ uitio piu inimico alla uirtu che lauaritia chome nel suo luogho [illegible] .

Et quale e quel che uolentieri acquista
et giugne el tempo che perder lo face
chen tutti esuoi pensier piange et sattri
Tal mi fece la bestia sanza pace sta
che uenendomi incontro apoco apoco
mi ripigneua la doue el sol tace.

Prima comparatione [illegible] dimostra [illegible] che quanto piu [illegible] tanto piu e/ [illegible] quando [illegible] che perde. [illegible] maggiore [illegible] . Veniuagli incontro la bestia sanza pace [illegible] non e mai riposo; Ma e/ affanno nel guadagnare: et affanno nel conseruare el guadagnato. Et in terzo loco una sete in e [illegible] et una [illegible] laquale quanto piu acquista piu cresce: ne mai lascia lhuomo posare. ET VENiua apoco apoco: perche da principio ci propognamo uno temperato desiderio: et parraci douere esser contento a [illegible] : et dipoi guadagnati quegli/ cresce la uoglia et desideri duplicargli. dipoi triplicargli: Et chosi arrogendo somma a somma si procede in infinito. Et per questa cura delle chose momentanee et transitorie lanimo aggrauato perde laleggerezza del montare: Et da questa e/ ripinto doue non e/ sole: cioe doue regna solo lappetito et la sensualita piena dignorantia et di tenebre et doue el sole della ragione non luce.

Mentre che rouinauo in basso loco
dinanzi agliocchi mi si fu oferto
chi per lungho silentio parea fioco:
Quando uidi costui nel gran diserto
miserere di me gridai allui
qualche tu sia o ombra o homo certo.

Marauigliosa inuentione: et marauigliosamente chon profonda doctrina et somma eloquentia exornata; et sapientemente distincta et diuisa e/ stata questa: nella quale dimostra el poeta: in che modo lhumana mente arriuata a glianni della discretione saccorge della selua nella quale si truoua: et della sua ignorantia: et ueduto el sole della ragione nella sommita del monte si mette assalire alla contemplatione: per conoscere lecose lequali la posson fare beata. Dipoi cia facto docti che benche la uolonta nostra sia ardente a tale impresa; et lanimo sia prompto; Nientedimeno la infirmita della carne cimpedisce la salita et hora le uolupta et piaceri diquella; hora la gloria et le pompe del mondo. Hora lauaritia e/ tale obstacolo; che per noi medesimi se qualche soccorso non ci e dato non possiamo arriuare al disiato fine. Ne muoua alchuno che benche sieno tanti; et si uarii uitii equali ci sono obstaculi al uiuere uirtuoso el poeta ne ponghi solamente tre. Imperoche questi tre contenghono tutti glialtri concio sia che chi non e/ o corropto dalle uolupta che e/ la lonza; o dalla cupidita dellhauere che e/ la lupa; o dal desiderio degli honori et stati et signorie di nessuno uitio puo esser uincto. Questo adunque insino a qui ha tractato. In quello che seguita pone laiuto riceuuto. Il perche sobgiugne [illegible] non potendo resistere alla lupa gliapparve nel diserto Virgilio al quale lui [illegible]. Dicemo disopra che posto che la nostra beatitudine sia collocata nel [illegible] delle chose diuine: Niente dimeno non puo la mente humana [illegible] se prima non si purga da ogni uitio: chome di sopra habbiamo di[illegible] se prima non gli cognosce. Di qui seguita che Danthe non potea arriua[illegible] chose celesti se non andaua prima pellinferno et pel purgatorio: cioe se [illegible] conoscimento da quegli non si purgaua. Et perche la imbecillita no[illegible] difficile fare questo camino sanza duce et guida: pero el poeta mostra [illegible] facilmente lo inizio inquesta sua opera. Dipoi allego[illegible] per tutta la doctrina de gentili. Et per rispecto che [illegible] pel duo conoscere el uitio: et conosciutolo purgarsene: Ma [illegible] delle cose diuine: lequale daltro sche no si puo attignere se non da [illegible] perche Virgilio lo guida solamente pellinferno et pel purga[illegible] gli fu mestiero di piu docta guida. Ma acciochè nel [illegible] alcuno errore o difficulta dintendere el senso allegori[illegible] fara posto Virgilio et alchuna uolta non so[illegible] la ragione humana semplicemente: et Danthe fara [illegible] ornato di uarie et molte doctrine. Altra uol[illegible] Danthe significhera non la sensualita sola: Ma [illegible] seguita. MENTRE Chio rouinauo in basso loco: [illegible] ne bassi desiderii delle [illegible] si crudel bestia/ mapparì innanzi Vir[illegible] agli huomini cuoresponti nequali uedendo p[illegible] di gli sussi piu utile guida: Chosi adunque [illegible] per lungo silentio parea fioca. Perche significa [illegible] non intenderio per lungo silentio parea fioco p[illegible] che la ragione: et questa gouerna et comanda allhuo[illegible] quasi adormentata tace: ma prima che sia atto a eleca[illegible] non obstante che comincì a excitarsi la ragione Niente [illegible] puo da principio parlare chiaro. Adunque ne primi [illegible] parla fioco perche anchora e/ confusa ne ben discer[illegible] Virgilio parea fioco per lungo silentio perche in[illegible] et quasi in silentio et maxime Virgilio. Dari[illegible] perche molto prolixo sarebbe qui referire: io [illegible] libro delle nostre disputationi [illegible] expressi [illegible] discepolo tradusse in lingua fiorentina. QVANDO [illegible] ancora non conosce chi sia. i. Vede nella inculta [illegible] benche fioche appariree: Ma non lacognosce: [illegible] tempo nel quale siamo nella ignorantia: et [illegible] ma non molto chiaramente perche la [illegible] Imperoche la ragione ci pigne che conosciuto el no[illegible]. MISERere di me gridai allui: Perche quando lasensualita si ue[illegible] perche essendo presso lalupa et uedendosi in manifesto pericolo [illegible] et non indugiato soccorso. Et per questo ci admonisce che [illegible] non tardiamo a chiedere aiuto: perche indugiando si puo [illegible] El senso de seguenti uersi sono semplice historia et non richieghono al[illegible] perche neluoghi deserti spesso apariscono ombre o fantasime [illegible] per sensitiua apparisscono non huomini. i. no uere ragioni: Ma [illegible] dimostrono esser bene quel che non e/ Ma chi ua errando per la selua [illegible] aiuto allombra chome allhuomo certo. i. si lascia persuadere cho[illegible] rimane ingannato.

[illegible] huomo huomo gia fui
[illegible] furon lombardi
[illegible] per patria ambo dui
[illegible] benche fussi tardi
[illegible] sotto il buono Augusto.
[illegible] degli dei falsi et bugiardi

R Isponde adunque Virgilio che non e/ huomo ma fu. Imperoche ne lanimo solo ne el corpo solo si chiama huomo: ma questi due congiunti insieme secondo gliaristotelici. Onde e/ diffinito lhuomo essere animale razionale mortale. Animale significa corpo animato. Adunque non e/ animale doue non e/ anima et corpo insieme. Ne e/ mortale lhuomo se non dalla parte del corpo perche lanima e immortale. Niente di

Poeta fui et cantai di quel giusto
figliuol danchise che uenne da Troia
poi chel superbo Ilion fu combusto
Ma tu perche ritorni a tanta noia
perche non sali al dilectoso monte
che principio et cagione di tutta gioia

aneno epistonici quando dicono huomo intendono solo lanimo; et el corpo uogliono che sia quasi un uaso doue si contegna lanimo: Ma di questo in piu comodo luogho disputeremo piu distesamente. Preterea possiamo dire che anchora qui sia allegoria et dica Virgilio io fui huomo et al presente non sono: quasi dica al tempo de gentili io ero huomo .i. hauendo doctrina che allhora pareua sufficiente allhuomo, Ma hora al tempo de christiani non sono huomo .i. non basta la doctrina de gentili allhuomo. EP Arenti; cioe el padre et la madre perche in lingua latina chosi significa questo uocabolo parens LOMbardi; perche Mantoua sua patria e/in lombardia; Ambo dixe el uocabolo lombardo cioe amendue; et accomodo el uocabolo alla persona laquale era lombarda. Publio Virgilio marone nacque nel terzodecimo di doctobre nellanno che Pompeio magno et Marco Crasso furon consoli negli anni del mondo cinquemila cento trentuno et nel secondo anno della centesima septuagesima septima olympiade: et anni settantotto innanzi alla natiuita di christo. Sono adunque anni. M. D. xviii. in questo anno della salute. M. cccc. lxxx Nacque nel contado di Mantoua in uilla decta andes. El padre fu chiamato Marone la madre Maia. Sogno la madre la nocte innanzi al parto che partoriua un ramo di lauro et quello piantato in brieue cresceua et facto grande uarii pomi et fructi producea. Studio a Cremona et a Melano: prese la toga uirile quel medesimo giorno che Lucretio poeta mori; Studio anchora a Napoli et diuenne in medicina et in tutte le mathematiche excellentissimo; Poi uenuto a Roma diuento amicissimo a Mecenate: et per sua intercessione uenne nella amicitia di Cesare Augusto Apresso del quale fu di tanta auctorita che impetro che a tutti e mantouani fussino restituite le possessioni lequali tutte prima lomperadore hauea tolte et diuise a suoi soldati. Molto prolipso sarebbe riferire le uarie doctrine et la somma eloquentia di questo poeta Ne puo lapenna andar presso al uolere; ne lo richiede el luogo; et la chosa per se a ogni docto e/manifesta. Ma concludo che p molte manifestissime ragioni non cede a Homero elquale fu el primo poeta tra greci. NACQVI SVb Iulio. Di Iulio Cesare et Augusto diremo di socto. Chiama Augusto buono perche inuero tra e dodici Cesari lui resse piu giustamente che molti altri. GLI Dii falsi et bugiardi; Sono glidoli equali in que tempi erono adorati da romani. EL Giusto figliuolo danchise: intende Enea elquale fu di stirpe reale in questa forma Dardano primo re di Troia genero Hericthonio et di Hericthonio nacque Troe di Troe nacque Ilo successore del regno et di Ilo Laumedonte et di Laumedonte Priamo. Preterea del decto Troe nacque anchora Assaraco et dassaraco Capis et di chostui Anchise padre dEnea: chiama adunque el poeta Enea giusto; perche chosi sempre lo induce Virgilio nel suo libro elquale intitola Eneida perche in quello descriue le uirtu denea Rex erat Eneas nobis quo iustior alter Nec pietate fuit nec bello maior et armis. SVperbo in questo luogho significa nobile et inducendo Virgilio a parlare gli accomoda le sue proprie parole Dicendo lui; cecidit que superbum Ilion. Et intendi che Ilion e/la cipta de troiani chosi denominata da Ilo re pocho di sopra posto. Et chosi tutta la regione et el paese de troiani e/chiamato Troia da Troe gia decto chome se dicessi Toscana et la cipta propria e/Ilion chome a dire Firenze. Combusto arso perche comburere in Latino significa ardere. MA TV Perche ritorni ad tanta noia: Quanta e quella della obscurita della selua: et della ignorantia: et de uitii de quali pocho auanti eri uscito. Induce Virgilio cioe la parte rationale dellanimo et la doctrina laquale riprende la sensualita che si lascia uincere da uitii et cade dal buon proposito. Et dimostra in questa parte el poeta el progresso dellhuomo elquale benche cominci auedersi degli errori suoi Niente dimeno da principio non e/temperato. Imperoche el temperato ha gia sprezzato e piaceri mondani et in forma uincto gli che piu non lo combattono. Non e/adunque temperato ma e/continente. Imperoche el continente combacte col uitio et uincelo ma con difficulta se ne abstiene; et spesso uacilla in modo che se deltucto lappetito no fussi raffrenato dalla ragione la lupa et laltre fiere ci ripignerebbono nella selua. PERche non sali el dilectoso monte: Intendi dilectoso allanimo: elquale si pasce et nutrisce della contemplatione; et in quella acquiesce et di quella si dilecta. CHE PRINcipio et cagione di tutta gioia cioe di tutto bene. Solo dio e/tutto et sommo bene; et in tal forma bene che nessuna altra cosa e bene se non in quanto participa della diuina bonita Adunque el monte uestito di sole cioe la contemplatione dellanimo illuminata dal sole dellintellecto e/principio et cagione che conosciamo idio; et conoscendolo lamiamo et amandolo lo fruiamo: doue consiste tutta gioia cioe lo intero et perfecto bene et felicita nostra.

Hor sei tu quel Virgilio et quella fonte
che spandi di parlare si largho fiume
rispos i allui con uergognosa fronte
O de glialtri poeti honore et lume
uagliami ellungo studio el grande amore
che mha facto cercare lo tuo uolume

r Isponde Danthe alle parole di Virgilio elquale di mandato chi fussi non hauea pronunciato el proprio nome: Ma per circuitione di parole sera manifestato. Stupefacto adunque Danthe che in tal luogho gli fussi apparito Virgilio dice. HOR sei tu quel Virgilio Et meritamente lo chiama fonte perche come la fonte e/ origine del fiume cosi questo poeta fu origine onde nacque la perfecta et elimata poesia latina. Fu el primo poeta i lingua latina Liuio andronico et dopo lui molti

TV se lo mio maestro el mio auctore

[illegible] io tolsi

[illegible] facto honore

V[illegible] mi uolsi

[illegible] saggio

[illegible] e polsi

[illegible] altri: Et tra primi Ennio Plauto Terentio et Lucretio Ma innanzi a Virgilio non hebbono elatini pfecta poesia. Aguaglio la eloquentia al fiume perche chosi fanno egregi et elatini scriptori. Adunque prima era stato al chuno fonte onde era nato fiume. Ma non si largo ne si abbondante. Et certamente Virgilio .i. lasperte ratio nale nellhuomo e/fonte et principio onde in noi uasce ogni fiume di doctrina et di sapientia et la uera cogni tione delle diuine chose. CON VERgognosa fronte: [illegible] gli ponemo. Vergogna e/paura di non errare. Et questa maxime ci assale [illegible] motto. Perche allhora disideriamo che non solamente e fac [illegible] spropriati. Possiamo anchora uergognare non lhauere conoscin [illegible] al senso della lectera. Ma allegoricamente si uergogna Danthe .i. [illegible] la ragione. Siche e/segno optimo: imperoche chi si uergogna dei [illegible]. Chiamalo honore de glaltri poeti perche lui optiene el princi [illegible] splendore della gloria laquale ha la poesia. O ueramente diciamo che sia [illegible] lui acquistano honore et splendore di fama et dalla sua doctria [illegible] e/Virgilio honore et lume de glaltri poeti pche tutte laltre forze del [illegible] bencho sieno excellenti in comprehendere chome el senso comune et cō [illegible] giudicare qual chosa sia da cercare et quale da fuggire chome e la cogi [illegible] chome e/la memoria o imaginare lanimo a conseguire quello che [illegible] se tali sensi non sono illuminati dalla ragione/ne possono dal [illegible] distinguere altrimenti che glianimali bruti. Adunque Virgi [illegible] la ragione humana el quali et la che sono piu excellenti nellhuomo che [illegible] laquale fa Danthe a Virgilio e/molto ornata et accomodata alla perso [illegible] utile et gioconda chosa alauditore dimostrare con breuita el suo ar [illegible] demostratiuo: deliberatiuo et iudiciale; questa e/in genere de [illegible] chosa chome utile et honesta: o dissuaderla chome inutile et in ho [illegible] Virgilio che lo difenda dalla lupa; Et fa el principio elquale ha forza di [illegible] lauditore o attento; o docile; o beniuolo. Ne diremo [illegible] in si numerosa moltitudine di chose e necessario pretermet [illegible] chosa in infinito. Acquistiamo adunque beniuolentia dallauditor [illegible] laudiamo alchuna excellente uirtu: et per questa dimostriamo sti [illegible] quella uirtu laquale a lui e/utile che lui mostri nella nostra [illegible] se uuole chonoscere la causa che cesare usi misericordia inuer [illegible]. Adunque loda la mansuetudine et misericordia di cesare [illegible] della doctrina et eloquentia di Virgilio loda lui da [illegible] et lume. Ha insino a hora captato beniuolentia da Virgilio lodandolo. [illegible] alchuna chosa e/necessario dimostrare quella esser [illegible] da intendere che lapetitione sua contiene che lo difenda da [illegible] che Virgilio gli porgha tanto lume della sua doctrina che lui non [illegible] a Virgilio. Imperoche se la sua doctrina ha facto honore [illegible] a lui. Dipoi fa lapetitione sua giusta dicendo. VAGLia [illegible]. Imperoche richiede sommamente la giustitia che fauoreggiamo et aiu [illegible] ciamano. Et finalmente captato la beniuolentia: [illegible] della chosa uiene alla petitione. Et questo basti adimostrare lartificio del [illegible] capta beniuolentia chome gia ha captato et dimostra la pe [illegible]. Ma anchora insegna el modo a chi uuole diuenir docto. Imperoche [illegible] studiare lungho tempo. Perche legrandi et molte chose non si possono [illegible] o anni: ma richieggono lungo et diuturnio spatio Onde si lamenta nel suo principio [illegible] e/lunga et la uita e breue: et lo experimento fallace: Et Theophrasto [illegible] hauea conceduto lungho spatio alle cornacchie: et allhuomo che [illegible] molte chose apparare breue uita era attribuita: Et el petrarcha. Ma el tempo e/ [illegible] e/lunga. Veggiamo adunque essere necessario lo studio a chi uuole sapere. Et inten [illegible] e studio che una feruente et assidua applicatione diamo alla chosa che desideriamo sape [illegible] studiare e/tenere lanimo sempre occupato et intento a quella chosa che cerchiamo cognoscere [illegible] puo fare sanza gran fatica et sudore et uigilia doue fa mestiero lasciare molti dilecti et [illegible]/non sopporterebbono gli huomini questi affanni; se non fussino accesi da [illegible] amore della doctrina laquale cercano: perche e/uero el prouerbio che lamore ne porta el fascio. Il perche intendendo Danthe tutte queste chose Non dixe solamente Vagliami lo studio: ma arrose

Ellungho. Et perche gliaffanni dellungho studio non si sopportano se non ue amore non mediocre/aggiongne EL GRAnde amore che mha facto cercare el tuo uolume; perche solo lamore lha facto constante et patiente a sopportare fame; sete; sonno; caldo; et freddo; lasciare indrieto molti piaceri. Lequali chose non harebbe sopportate sanza lamore. EL Tuo uolume; Benche molte altre operette insino adolescentia scriuessi Virgilio; Nientedimeno tre sono le principali buccolica; georgica; et eneida. Delle due prime alchuna chosa crane; Ma leneida finito in tutto. VEDI La bestia per chui io mi uolsi; Queste parole possono muouere agran compassione lauditore. Vedi la bestia; quasi dica Tu medesimo puoi considerare la ferocita sua et uedi che essendo presente conuiene chio perisca se el tuo soccorso non e/presto. Adunque e/honesta domanda. DIFENdimi dallei famoso et saggio; Fassello beniuolo chiamandolo famoso et saggio. Et parte dimostra che e/ puo facilmente porgere la doctrina essendo famoso et saggio. Et in questo modo fa facile la sua petitione. CHE LA Mi fa tremare le uene epolsi. Vene sono quelle doue e/el sangue. Ma alchune hanno assai sangue et meno spirito. Alchune hanno men sangue et piu spirito; et queste in latino sono chiamate arterie ouero uene pulsatili; et noi le chiamiamo polsi perche pulsant. i. battono; Et ogni uolta che habbiamo paura epolsi triemono. i. battono piu spesso. Adunque mi fa tremare le uene et epolsi. i. le uene pulsatili; cioe mi fa pauento.

A te conuien tenere altro uiaggio
  rispose poi che lachrimar mi uide
  se uuoi campar desto loco siluaggio.
Che questa bestia per laqual tu gride
  non lascia altrui passar per la sua uia;
  ma tanto lampedisce che luccide;
Et ha natura si maluagia et ria
  che mai non empie la bramosa uoglia;
  et dopo el pasto ha piu fame che pria.

f Acile chosa e/impetrare le chose giuste da giusti. Mosso adunque Virgilio pe giusti prieghi diterminna aiutarlo et dimostra essere impossibile che possi fuggire la selua per la uia della lupa perche non possiamo uscire della ignorantia et cecita delle chose mondane per la uia dellauaritia. Vogliamo andare dalla selua cioe dalla ignorantia al monte cioe alla contemplatione per la uia della lupa cioe dellauaritia; Ma questo e/impossibile perche cimpedisce el camino et ritienci ne desiderii delle richezze tantoche prima cioccide che noi possiamo arriuare al fine. Et inuero chi e/impedito dalla lupa. Il che non e/altro che fare habito dauaritia Esso habito necide perche eluitio uccide lanimo et spegne ingnello el lume della ragione. Et se alchuno dicessi io conosco che lauaritia impedisce landare Nientedimeno puo lauaro darsi tanto in cercare thesori che lui diuenghi riccissimo; Et chome uno affamato poi che e/ ripieno di cibi e/ libero dalla fame; Chosi chostui diuentato riccho non sara piu auaro. Ma libero dallauaritia potra salire al monte. A che risponde Virgilio che la natura del lauaritia e/non si satiar mai. Ma e/si maluagia et ria che mai non empie la bramosa cioe desiderosa et cupida uoglia. Ma doppo el pasto cioe doppo le ricchezze acquistate ha piu fame et sete del thesoro che prima. Adunque non speri uno auaro mai spegnere o satiare la sua uoglia et quella satiata darsi alla contemplatiua perche mai la satia; Ma quanto piu acquista piu desidera; Onde mai gli resta tempo adarsi alla contemplatione. Et quello che anchora e/peggio dallauaritia procedono molti altri uitii; equali in tutto lo rimuouono da ogni uirtu; per laquale si possi dare alla cognitione delle chose celeste; Onde seguita.

Molti son glianimali achui sammoglia;
  e piu saranno anchora insin chel ueltro
  uerra; che lafara morir di doglia.
Questi non cibera terra ne peltro;
  ma sapientia; amore; et uirtute;
  et sua nation sara tra feltro et feltro
Di quella humile Italia fia salute;
  per chui mori lauergine Camilla.
  Eurial; Turno; et Niso di ferute.
Questi la caccera per ogni uilla
  fin che lhara rimessa nellinferno
  la onde inuidia prima di partilla.

a Lchuni sono equali spongono. MOLti sono glianimali a chui sammoglia; cioe molti sono glihuomini aquali lalupa cioe lauaritia sammoglia cioe si congiugne inseparabilmente; chome lamoglie pel uinculo del matrimonio non si puo seperare dal marito. Et certo quando habbiamo facto habito dellauaritia e/quasi impossibile seperarsi da quella; Et optimamente dice animali quasi huomini ne quali e/sepulta la ragione; Per la quale sola siamo huomini; et differenti da bruti. Et non gli chiamo huomini per dimostrare che in simili nō regna laragione. Puossi anchora dare altra interpretatione aquesto texto. Et perche cia dimostro lauaritia socto questo nome di lupa animale siluaggio/uuole stare nella translatione et pone glianimali pe uitii. Et hauendo dimostro gia che lauaritia e/non solamente gran uitio; Ma anchora di qualita che sempre cresce et mai nō uiene meno. Hora arroge che oltre aquesto saccompagna amolti altri uitii; Imperoche lauaritia induce falsita; fraude; pgiuri; furti; rapine; occisioni; assassinamenti et altre innumerabili pestilentie alla uita humana. Questi uitii procedono dallauaritia; et ogni giorno ne procederanno piu insino che uenga chi la disperda. Et per stare nella translatione laquale ha facto dal uitio alla fiera/chiama chostui che luccidera ueltro. Imperoche le fiere saccidono cacciando cho cani. Et chiamiamo ueltri quegli che con uelocita uincono le fiere nel

[illegible] pigliono et notideno. Adunque e/manifesto che pone el ueltro per cholui elquale
[illegible] fia e/ molto ambiguo. Nientedimeno gran parte de glispositori intendo
[illegible] Et uoglieno che el senso sia questo Molti sono glianimali cioe huo
[illegible] cioe inseparabilmente si congiungne ; Et sempre multiplicheranno
[illegible] a giudicare euiui et emorti : Et allhora cessera lauaritia . Et
[illegible] spetie di metallo cibera chostui ; Cioe non regnera lauari
[illegible] possessioni : o in accumulare thesori equali sono oro et argen
[illegible] semplice metallo ; ma composto di piu . Pero pose questa spe
[illegible] SAPIENTIA amore et uirtute. Non sara el cibo ci porgera christo
[illegible] Imperoche essendo lhuomo per ignorantia et in obedientia
[illegible] nel uitio Christo per riducerlo alla pristina dignita gli por
[illegible] contro al contempto et in obedientia lamore ; et contro a uitii la
[illegible] sapientia et uirtute per tre chose principali per lequali possi
[illegible] acquistera questa beatitudine se prima non cognosce do
[illegible] sapientia. Ne basta conoscerla se non lamiamo et disideriamo dhauerla. Et a
[illegible] et amata lapossiano possedere se non siamo purgati da tut
[illegible] ET SVA natione : Non intendono la natiuita di christo
[illegible] Ma interpretano per la apparitione che lui fara quando
[illegible] che diciamo apparisce si puo dire nascere . SARA tra feltro
[illegible] perche feltro e/composto di peli compresi insieme :
[illegible] meno corporei che lefula ; et ecieli meno corporei che glielemẽ
[illegible] che elpoeta ponghi elueltro per christo uenturo a giu
[illegible] stimaua non douere esser lontana : pche scrip
[illegible] scriptori dicono essere la senectu et uecchiaia di quello
[illegible] hauessi ueduto per astrologia che per lauenire hauessino
[illegible] delle quali habbi aluenire a cessare lauaritia. Secoli certamẽ
[illegible] presto. Sara adunque elueltro tale influentia laquale na
[illegible] elquale da tale influentia sara prodotto. Onde dira disotto
[illegible] nellanno . M . cccc. lxxxiiii . nel di uigesimo quinto di no
[illegible] fara la coniunctione di Saturno et di Ioue nello scorpione nel
[illegible] dimostra mutatione di religione : Et perche Ioue preuale a
[illegible] Imperche non potendo essere religione alchuna piu uera
[illegible] si ridurra a optima uita et gouerno. Informa che pote
[illegible] regna. Ne mi dispiace una terza opinione dhuo
[illegible] della doctrina di Virgilio uolle in questo luogo
[illegible] passo della buccolica : doue lui dice ; Iam redit et uirgo rede
[illegible] demittitur alto . Equali uersi hanno tanta obscurita et sono si
[illegible] di christo secondo euersi della sybilla. Altri intende docta
[illegible] di Pollione et altri daltri. Adũque chi legge pigli di queste expositioni quella lui
[illegible] ne truoua ponghi amonte et chon la industria sua
[illegible] DI QVELLA humile Italia fia salute : Per Italia intendi ogni
[illegible] religione. Et pose Italia pel tutto chome parte piu principale : Et p molte
[illegible] apostolica et capo decristiani e/a roma inItalia. Dice humile
[illegible] Virgilio nel quale leggiamo ; Humilem que uidemus Italiam. Ouerameute dice
[illegible] humile sara perche sara humile et deuota quando cessera lauaritia . Ma accio
[illegible] uocabolo humile humus in latino significa terra . Onde humile ilche signi
[illegible] et quasi toccare la terra : laquale tra quattro elemẽti e/elpiu bas
[illegible] huomo humile colui elquale sabbassa et fassi piu inferiore et di meno stima
[illegible] o lacondicione sua non richiede. Et questo alchuna uolta procede da
[illegible] il che fa che noi inuiliamo nelle magnanime imprese et non pigliamo quello
[illegible] si conuiene allanimo excellente ; Et questo e/uitio dannato daogni uera doctrina. Et
[illegible] lopigliono gramatichi latini dicendo humile cioe uile et codardo : et significa humile
[illegible] di stirpe Onde el Petrarca Et altri assai che di natione humile. Adunque chiama natio
[illegible] Alchuna uolta si piglia da theologi humilita non per uilta danimo che e/ uitio : ma
[illegible] uogliono che sia una spetie dinnocentia. Laiustitia ha piu parti in se tra lequali e/innocen
[illegible] per laquale tu non inferisci ne lesione . ne uiolentia . ne uillania ad alchuno . La
[illegible] ha in se due parti humilta et mansuetudine : Et humilta e/per laquale non per uilta ma p huma
[illegible] ci sottomettiamo et dalla nostra gloria et excellentia ci partiamo et ritiriamoci in
[illegible] PER CHVI mori la uergine Camilla : Quasi dica della parte ditalia doue e/Roma laquale per la cupi
[illegible] e/piu oppressa daquesto uitio che laltre parti. Imperoche lamorte diquesti quattro nomi

nati nel texto procede per obtenere lo imperio di latino origine et principio dellimperio romano. Adunque quella Italia p laquale obtenere Eurialo et Niso furono morti; et p laquale difendere Camilla et Turno perirono. Euriale et Niso furono giouani egregii nellexercito denea; de quali fa mentione Virgilio nel quinto quando descriue egiuochi; Et dipoi nel nono mandati da Ascanio incontro a Enea siscontrorono in gente darme: laquale el re latino mandaua a Turno. Da questi fu morto prima Eurialo Et dipoi Niso chome animosissimo lo uendico et francamente combattendo finalmente fu morto. Camilla fu figliuola di Metabo re de uolsci doue e/ Priuerno cipta ne nostri tempi decta piperno. Dicono che Metabo cacciato del regno; et fuggendo enimici che lo perseguitauono/ arriuo con Camilla in braccio laquale anchora lactaua al fiume Amaseno; et diffidandosi poterla passare la inuolse incorteccie di suuero: et legolla allo spiede che haueua in mano et lanciollo dallaltra riua et ficcosi il ferro in terra preseruo Camilla che non peri. Dipoi stando nascoso nelle selue la nutri con lacte di fiere: Et perche nel lanciarla la uoto a Diana uolle che crescendo epsa seguitasse el costume di Diana: et exercitassi nelle caccie; et usassi larco et lo spiede. Onde diuenne si gagliarda che possecte dopo la morte del padre nel suo regno et essendo guerra tra latini et troiani/ uenne in aiuto de latini et assai ne uccise combattendo tolse la uita: Ma finalmente da Arunte troiano elquale messosi in aguato a tradimento la ferito fu uccisa. Turno figliuolo di Dauno onde Pugla alchuna uolta da poeti e/ chiamata daunia fu re de rutuli Et prima che Enea in Italia uenisse hauea sposata lauinia figliuola del re latino. Dipoi perche Latino per conforto de glioracoli et di uarii prodigii la dette a Enea gia arriuato in Italia. Turno irato con latino della sua cera decta Amata suoise latino et mossela a far guerra a Enea nella quale lui fu capitano de latini fiat col senno et colla spada fece chose mirabili et uccise Pallante figliuolo deuandro et soldato denea. Ma infine Enea uccise lui. Onde el petrarca elegantemente dice: Vidi colui che pianse socto Antandro La morte di Creusa el suo amor tolse: A quel chel suo figliuolo tolse ad Euandro. Fu Euandro re di Pallanteo laqual cipta era doue poi fu Roma. Riferisce Giouanni boccaccio nellibro delle geneologie che al tempo darrigo terzo imperadore el corpo di Pallante fu discoperto non lontano da Roma; elquale anchora era intero et si grande che ricto auanzaua le mura romane. QVESTI la caccera per ogni uilla: quasi dica che chome ne antichi secoli la giustitia cacciata di terra ritorno al cielo onde era discesa: chosi in questa felicita de tempi lauaritia scacciata di terra sara rimessa nellinferno. Onde la inuidia che il diauolo porta alluomo lhauea condocta. Benche lhuomo sia in suo libero arbitrio et nella sua mano sia posta la morte et la uita. Niente dimeno el diauolo elquale hebbe inuidia alla felicita humana uedendo che lhuomo haueua a succedere in suo luogho nella gloria del cielo donde lui era stato cacciato/ tanto tento el primo huomo che lo fece transgressore de comandamenti di dio donde procedecte lauaritia et tutti glialtri peccati. Ilperche e/ uero che la inuidia mosse lauaritia dallinferno. Possiamo anchora dire che lauaritia procede dallinferno; perche le ricchezze dalla cupidita delle quali procede lauaritia Sono nellinferno cioe nella piu bassa parte del mondo che e/ la terra/ perche consistono o nelle possessioni della terra. o ne metalli et nelle pietre che sono socto terra. Onde gliantichi uollono che Plutone dio dellinferno fussi anchora dio delle ricchezze; et il riccho in latino si chiama diues da questo nome dis che significa Plutone. Venne adunque lauaritia dallinferno cioe dalla cupidita delle chose basse; et costui la ricaccera nellinferno perche allhora si spegne lauaritia quando sprezziamo le ricchezze et lasciamole nel basso chome chosa bassa. Et possiamo anchora dire che la cupidita delle ricchezze nasce da inuidia: impero che lhuomo starebbe contento al pocho se non uedessi glialtri hauere piu di lui: Ma uedendo glialtri palazi. le gioie. edrappi. ecauagli/ et altre simili chose si muoue per inuidia a cercare quello medesimo; Onde rectamente Hieronimo dice Oculi sunt per quos paupertatem ferre non possumus: Ne e/ altro inuidia se non tristitia et dolore danimo elquale pigliamo delle chose prospere daltri: benche a noi non nuochino

Ondio per lo tuo me penso et discerno
che tu mi segui et io saro tua guida:
et trarrocti di qui per luogho etherno
Oue udirai le disperate strida
di quegli antichi spiriti dolenti
che la seconda morte ciaschun grida:
Et poi uedrai color che son contenti
nel fuoco perche speran di uenire
quando che sia alle beate genti:
Alle quai poi se tu uorrai salire:
anima fia di cio piu di me degna
collei ti lascero nel mio partire
Che quello imperador che lassu regna/
perchio fu ribellante alla sua legge
non uuol che insua cipta perme si uegna

o Prima conclusione della proposta. Imperoche se necessario era a Dante che uscire della selua: Et se la uia per laquale sera gia messo gliera prohibita dalla fiera: Et se per se medesimo non sapea altro camino bisognaua hauessi duce et guida che lo conducessi a saluamento. Questo gli promette Virgilio et non sanza optima allegoria procede el poeta: laquale accio che meglio sintenda dobbiamo ricordarci che nellhuomo e/ ragione o uero mente et appetito. Et questa chome regina laquale debba tenere el dominio di tutta la uita et reggere: et imperare; et questo come seruo e/ tenuto a ubidire a precepti della ragione. Lapetito e/ di dua spetie: Imperoche uno e/ posto nella ragione et a quella sempre ubidiscie et e/ chiamato uolonta laltro e/ nel senso et amico a quello e/ contumace rebelle et inobediente alla ragione. Et questo apresso de moderni philosophi et theologi non ha altro nome che appetito. Ma gliantichi latini lo chiamorono libidine cioe concupiscentia sfrenata aliena et rebelle da ogni ragione. Similmente la ra

[illegible] parti impera et quiui reggie
[illegible] e lasua cipta et lalto seggio
o felice cholui che [illegible] elegge.

gione si diuide indue parte Et luna e/chiamata superio
re et opera circa gliuniuersali: Chome uerbi gratia se e
proprio officio delre domare esuperbi et quegli che nõ
stanno patienti alla ragione: et difendere glinnocenti
dalla uita tyrannica: Laltra e/chiamata inferiore laque

[illegible] Verbi gratia se e/chosa debita alla rep. fiorentina porgere subsidio inquesti tem
[illegible] La superiore e/nella uita contemplatiua: et la inferiore nella uita acti
[illegible] et della mente et dellappetito. Ma non preteriro che solo lappetito
[illegible] desiderare quello che e/o pare bene: o sfuggire quello che e/o pare male. Ilp
[illegible] experimere la essentia et le potentie dellanimo nostro dixe quello essere simi
[illegible] alato et suffi tirato da due caualli un biancho bello et ben facto: et un nero
[illegible] pone lauriga cioe el rectore de caualli. El carro adunque e/la essentia del
[illegible] lappetito et pel bianco intende lappetito rationale pel nero lo irrationale
[illegible] del Petrarcha elquale uolendo dimostrare in se lapetito essere in
[illegible] ad similitudine del nero cauallo dicendo. Si trasuiato el folle mio disio In
[illegible] fuda lacci damore leggiadra et sciolta Vola dinanzi allento correr mio
[illegible] Per la sicura strada men mascolta. Ne mi uale spronarlo o darli uolta.
[illegible] Ma poi chel freno per forza ad se raccoglie Io mi rimangho in signoria
[illegible] ci trasporta. Dimostra adunque el platonico poeta che el nero cauallo ci
[illegible] ci conduce al uitio che e/morte dellanimo. E/adunque el carro
[illegible] Et lauriga ouero rectore e/ la mente et la ragione laquale reggie et
[illegible] alla memoria questa diuisione non solamente per la di
[illegible] nel processo dellopera molte uolte sara necessaria. Ma per tornare
[illegible] desidera uscire della selua et salire al monte ma non puo perche
[illegible] lappetito rationale obbediente alla ragione inferiore cioe alla uita
[illegible] alla beatitudine laquale consiste nella doctrina et cognitio
[illegible] in se la fiera cioe uarie perturbationi danimo dalle quali essendo
[illegible] tranquillo quanto bisogna a chi uuole essere apto et idoneo
[illegible] sia el uero: anzi e/epsa uerita nello euangelio di
[illegible] et Martha per la uita actiua dice Martha essere pie
[illegible] chose et Maria hauere electo optima parte laquale
[illegible] et loperationi ciuili che sono significate per Martha
[illegible] mortale uita. Ma la contemplatione delle chose diui
[illegible] Desidera adunque Danthe ma non puo salire al
[illegible] la ragione superiore et la scientia et uita contemplatiua riguardan
[illegible] et mendatia delle gratie delle quali diremo disocto gli
[illegible] Virgilio significa solamente la doctrina de gentili mediante la
[illegible] Ma non basta sanza la theologia de christia
[illegible] nostra beatitudine. Ilperche poeta Virgilio gui
[illegible] la natura del uitio et chome se ne possa purgare. Ma non
[illegible] decto per la expositione di questo passo: Hora tornã
[illegible] et discerno. Onde cioe per laqualchosa et e/conclusione
[illegible] Passo et discorno sono differenti acti. Imperoche pensiamo quando ricercãdo
[illegible] ponderando tutte le parte per intendere quale di tutte e/
[illegible] discerniamo cioe sceglliamo la migliore et quella eleggia
[illegible] lhuomo debba essere prudentemente considerato. Et
[illegible] e/una certa ragione chon laquale nella uita actiua et ciuile admini
[illegible] Aristotele nel sexto delle ethica buona consultatione
[illegible] chome el medesimo Aristotele pone nel libro suo de rep. nel
[illegible] operatione et gouerno. Vna che el fine el quale ci propogna
[illegible] le chose lequali ci conduchino al fine gia proposto. Ilperche
[illegible] et chon optimo modo et ordine tutte lhumane operatio
[illegible] le uirtu che ci conducono al fine et quelle che adoperano circa el fine. Et pria
[illegible] Questa non e/altro se non una diligente inquisitione di quelle chose che ci chonducono al
[illegible] ha tre effecti. Imperoche prima inuestigha se uia alchuna si truoua che ci conduca al fine.
[illegible] quali sono. Et hauendone trouato una o piu nel terzo luogho cercha in che modo le
[illegible] Et tutto questo e/nella diliberatione et consultatione Doppo laquale seguita el giudicio.
[illegible] del quale/poi che haremo trouato le uie gia decte/disputare et ponderare quale di quelle sia piu
[illegible] piu honesta o piu utile Elquale giudicio dato seguita la electione che non e/altro che pigliare quel
[illegible] laquale haremo gia giudicato esser migliore. Et diffiniscono e philosophi electione essere consultata appe
titione

ritione et desiderio di quelle chose che ci guidono alfine. El consiglio e/ recto et adirizza [illegible] cione et solertia. Bene consultare non e/ altro che con honeste uie et mezi conducere [illegible] fine. Et solertia e una prompta et desta inuestigatione delle uie et mezi gia decti. El [illegible] per la sagacita laquale e/ recto et prontissimo giudicio. Item per la [illegible] sere giudicio di bonita et equita. Volendo adunque Virgilio persuadere a Danthe che [illegible] strare che hauea preso tal partito con optima prudentia: et quando dice PENSO [illegible] gato chon buona consultatione et consolertia. Et quando dice DISCERNO [illegible] gacita et la electione. [illegible]

[illegible]

que Virgilio in questo luogho [illegible] per [illegible] titudine ma anchora per commiseratione di se essendone priuato: Et certo e/ grande pena al dannato cogno scere el bene del quale e/ priuato. Onde Persio poeta satyro nõ disidera altra pena al uitioso se non che cono sca quanto bene consista nella uirtu accio che piu acremente gli dolga hauerla abbandonata: chiede adunque a dio che gli punisca Virtutem ut uideant intabescant quē relicta

Et io allui poeta io ti richieggio
per quello dio che tu non cognoscesti
accio chio fugga questo male et peggio
Che tu mi meni la doue hor dicesti
si chio uegha la porta di san petro
et cholor che tu fai chotanto mesti
Allhor si mosse et io li tenni retro.

r Isponde Danthe et priegalo che gli faccia quanto ha decto. Ilche dinota che quando lappetito et la ragione inferiore comĩcia a essere illuminatã dalla superiore tutta si uolge allei et disidera conseguire quanto essa gli mostra: Et moralmente ad monistor che quando almen docto e/ offerto uera doctrina lui deba fare ogni demostratione di disiderarla: et sommamente pregarne. Priegha adunque Virgilio dicẽdogli per quello dio che tu non conoscesti: cioe pel uero dio che tu non fono cesti inuita. Virgilio conobbe dio chome philosopho gẽ tile primo motore et prima causa. Ma non distinctamente la trinita et lancarnatione del uerbo et la redenp [illegible] et ultre chosa sanza la cognitione et fede delle quali secondo la christiana re [illegible] ma dice non conosce [illegible] che non cono [illegible] laquale mentre in congiuntura col corpo [illegible] secondo de dache [illegible] esser falsi. Ma [illegible] perche di tale cogniti[illegible] sommo bene. Chiame nella gratia. Se uno [illegible] [illegible] ET PEGGIO [illegible] [illegible]

[illegible] SECONDO DELLA PRIMA CANTICA

L O giorno sandaua et laer bruno [illegible]
[illegible] che sono interra
[illegible] et io solo uno
M[illegible] la guerra
si del [illegible] et si della pietate:
[illegible] la mente che non erra
O [illegible] o alto ingegno hor maiutate.
o mente che scriuesti cio chio uidi
qui si parra la tua nobilitate.

P Ossiamo dire che el precedente capitolo sia stato quasi una propositione di tutta lopera p laquale lauctore non solamente dimostra con breue pa role quello che per tutta lopera habbia adire: Ma ancho ra la ragione perche tiene tale ordine. Dettoti sapperi no [illegible] el suo bene et illuminato dalla ragione fug gi la selua: et salina al monte doue uedea el sole. Ma p laura delle fiere: dalle quali gli fu uietato el salire. Ilche significa che conosciuto ma non molto distinctamente chel sommo bene consisteua in fruire idio: cercaua la co gnitione di quello nella uita ciuile doue regna la ragio ne inferiore: Laquale spesso e/ ingannata dal senso: Et [illegible] essendo leuirtu ciuili non perfecte molto possono [illegible] laquali cercando piacere [illegible] et utile non seguitano eluero giudicio Ne ancho [illegible] el uero utile che non si puo mai seperare da lhonesto. Ne el uero honore elquale non e/ altro che la uera et sincera laude laquale per se medesima posto che non si cerchi seguita la uirtu [illegible] premio depsa uirtu et non si debba ne puo dare se non a buoni. Ma in luogho di questi [illegible] lupta del corpo. la possessione de beni caduchi et terreni cioe lauaritia et [illegible] do che e/lambitione. Non puo adunque la mente humana chon la sola ragione [illegible] oue molto possono le perturbationi genitrici di tutti i uitii uenire [illegible] essere soccorsa da Virgilio cioe dalla ragione superiore et dalla doctrina. Questo [illegible] andare al paradiso cioe alla felicita e/necessario prima passare per linferno et pel purgatorio cioe [illegible] nella cognitione de uitii et conosciutogli purgarsene. Dapoi [illegible] re alla cognitione delle chose diuine doue consiste la beatitudine. Et [illegible] Virgilio [illegible] nario sia suo per linferno et pel purgatorio ma conferma non lo potere [illegible] biamo decto la scientia philosophica puo darci la cognitione de uitii et [illegible] mo: Ma non ci puo condurre al paradiso cioe alla cognitione delle [illegible]. Perche questo [illegible] scientia della sacra theologia de christiani. Il perche ueramente si puo dire che el primo canto [illegible] gho di propositione. In questo secondo capitolo pone la inuocatione laquale [illegible] la seconda parte principale di tutta lopera. Et dipoi muoue un dubbio a Virgilio [illegible] sufficien te a fare tal uiaggio conciosiachosa che non e/ne Enea ne Paolo apostolo. Dopo [illegible] Virgilio lo conforta al seguire: et dagli ferma speranza dimostrandogli che non per [illegible] forse sarebbono sufficienti: Ma che da cielo e/uenuto chi lo manda. Comincia [illegible] LO GIORNO sen andaua: et fa chronographia cioe discriue el tempo. Dimostra lauctore [illegible] tempo noc turno: ilche finge ueramente perche nellinferno si ua di nocte cioe per [illegible] ogni peccato uiene da ignorantia quando el disordinato appetito spegne [illegible] della ragione. Il perche di xono alchuni philosophi antichi che era facile landare allinferno perche [illegible] Et Virgi lio dixe Ibant obscuri sola sub nocte per umbras. Ueramente per la nocte [illegible] noc turne lequali sono necessarie a chi uuole fare profecto nella contemplatione delle gran chose: [illegible] sa/soctiglia la mete negli studii nocturni perche e/libera da ogni strepito et [illegible] del giorno. Dimostra adunque che in quellhora nella quale perche la nocte uiene et sparge le tenebre per tutto el nostro [illegible] rio tutti gli animali si danno al sonno et al riposo epso solo sapparecchiaua a sostener [illegible]. Questo luo gho e/tracto del quarto libro di Virgilio doue induce Didone [illegible] hora nella quale tutti gli animali si posano. ET LAER bruno: Laria e/corpo [illegible] trasparente ma di sua natura tenebroso se da sole o da altra luce non e/alluminato: Adunque quando [illegible] lo scende allaltro hemisperio lombra della terra si sparge pel nostro et fa nocte. Perche nocte non e/altro che lombra della terra. TOGLIEVA gli animali che sono interra dalle loro fatiche: Imperoche [illegible] do inutile a fare alchuna opera per le sue tenebre inuita gli animali al sonno el quale e/gran [illegible] al cor po. Allegoricamente dimostra che lui solo cioe lhuomo dato alla speculatione [illegible] e/solo perche bisogna che uiua in solitudine et separato da ogni turba et frequentia et tumulto che impedischa [illegible] sia nello speculare la nocte laquale gli altri huomini et animali che cerchano commodi del corpo [illegible] nel dormire. Adunque io solo cioe io posto in solitudine. Ueramente io solo dimostrando che contem platiui sono soli et pochissimi Onde el petrarcha Pouera et nuda uai philosophia Dice la turba al uil guada gno attesa Pochi compagni harai per la tua uia. Et certo perche lhuomo [illegible] questo composito dani mo et di corpo cerca sempre compagnia non si truoua chi uiua solingho se non o chi per [illegible] ha corropto la fantasia et e/diuenuto quasi bestia: o chi per altezza dingegno [illegible] le cose humane tra scende con la speculatione alle chose diuine. Onde rectamente dixe Aristotele [illegible] che chi lascia la uita sociabile et ciuile Chostui e/diuentato o bestia o piu che huomo. APPARECHIATO a sostener la guerra Si del camino et si della pietate. El senso della lettera e/che landare pe luoghi tenebrosi era fatico so: et le pene de dannati lo commoueuono a pieta. Ma allegoricamente dimostra che non si puo senza guer ra et combactimento andare nellinferno cioe hauere uera cognitione de uitii perche in questo [illegible] seco medesimo combacte lanimo: conciosia che la parte sensitiua si straccha nella contemplatione et [illegible] tal faticha et la mente et lo intellecto cerca dintendere perche lo spirito e/prompto et la carne inferma. Pre terea e/guerra perche altrimenti duna medesima chosa giudica lappetito altrimenti la ragione. Verbigra tia Nel defraudare la famiglia de debiti alimenti lappetito del danaro falsamente giudica che sia uirtu chiama ta parsimonia Et la ragione ueramente giudica che sia uitio decto auaritia. Era adunque apparecchiato a so stenere questa guerra: Item la guerra della pieta: Imperoche non possiamo considerare e uitii che anchora non cognosciamo quegli procedere dalla infirmita et imbecillita della natura humana laquale procede dalla corporea mole che aggraua lanimo. Et questo debitamente muoue ad compassione qualunque sauio uiene in tale speculatione. Onde Vidit deus figmentu nostru et misertus est nostri Et per questa medesima ragio ne Eraclito Ephesio uedendo del continuo infiniti errori nella uita humana assiduamente lachrimaua mosso a compassione della miseria di quella. CHE cioe el quale camino et laquale pieta la mia mente Ritrarra quasi descriuerra et mandera alle lettere. Imperoche non la mano del poeta laquale e/instrumento: ma la mente nella quale ha tale cognitione fu quella che scripse. RITRARRA la mente che non erra: Capta attentione et beniuolentia. Imperoche diuentiamo beniuoli et udiamo attentamente quello scriptore che ci promette

[illegible] Et optimamente dixe La mente che non erra. Imperoche la ragione in
[illegible] la uita pratica et quale consiste ne particulari doue si puo erra
[illegible] et la ragione superiore perche se exercita ne gliuniuersali de quali e/ uera
[illegible] intendiamo che cosa sia mente; dico che benche lanimo nostro
[illegible] Niente dimeno secondo uarie potentie et uarie uirtu ha ua
[illegible] el corpo e/ chiamato anima. In quanto sente Senso. In quato
[illegible] lochiamano mente. Preterea quando discerne e/ decta ragio
[illegible] rationale et intellectuale col quale facciamo alchuno discorso et in
[illegible] philosophi. Questa informa e/ facta ad imagine et similitudine di dio che
[illegible] e/ formata. E/ decta mente perche e/ molto eminente cioe excel
[illegible] la mente e/ locchio dellanima nostra. Losguardo di questa mente e/ la
[illegible] E/ adunque necessario a ogni anima rationale hauere questo suo oc
[illegible] che uegha. Questo occhio e/ sano quando epsa e/ pergata et remo
[illegible] Et riguarda quando nellume di dio affisa gliocchi. Et finalmete
[illegible] gaudio. quanta letitia. quanta serenita; et quanta
[illegible] che la sanita fa questo occhio sereno. losguardo lo fa recto; et eluedere
[illegible] dellanimo Ritrarra cioe exprimera et dimostrerra quello
[illegible] et cognobbe. Et optimamente pose Ritrarra cioe apertamente dimo
[illegible] o el pictore o lo sculptore rassempla alchuna cosa nella propria
[illegible] chome in se medesimo Et a questo modo diciamo che Apel
[illegible] Dante. Perche loforma in modo che chi uedera la pictura
[illegible] dipingera con parole cioche ha conseguito nella contemplatione
[illegible] Theogonia che le muse sono figliuole di Ioue et di Mnemosyne. i. del
[illegible] con quella nel monte pierio noue nocti Onde nacquono no
[illegible] Euterpe. Thalia. Melpomene. Terpsichore. Erato. Polymnia. Vra
[illegible] sopra tucte laltre. Macrobio uuole che sieno noue per dimostrare
[illegible] per la noue el concento et la consonancia che nasce di quelle. Il
[illegible] Calliopea che e/ la noua sia la piu bella. Anaximandro lampsace
[illegible] che per noue muse si significano noue chose lequali genera
[illegible] dalla lingua sanza quali nasce piu tosto [illegible] che
[illegible] et larterie che producono lospirito dal polmone
[illegible] el polmone per Apolline. Clio significa fama
[illegible] che da poeti sono lodati. Euterpe significa delecta
[illegible] Thalia e/ decta pche i greco Thalin significa riuiue
[illegible] de poeti sempre riuiverdisce. Melpomene canto pche el
[illegible] danno e poeti. Erato amore sanza elqua
[illegible] alchuno poema. Polymnia memoria dimolte cõ
[illegible] Vrania celeste perche chome di sopra narramo e/ chosa cele
[illegible] delecta quanto un bene composto poema.
[illegible] quella forza dellanimo per laquale siamo capa
[illegible] ci stocigliamo a inuestigare et impre
[illegible] philosophi appetentia. La seconda quella uir
[illegible] et questa e/ decta memoria. A dunque o alto inge
[illegible] delle gran chose. Iperche dixe Augustino che
[illegible] et exercita a cognoscere quello che anchora
[illegible] intellectus ad incognitorum cognitionem.
[illegible] le chose inuestigate da lo ingegno; et la memoria le ripo
[illegible] di sopra qual potentia nellanimo sia decta mente
[illegible] Virgilio. Manet alta mente repostum iudi
[illegible] dicendo O memoria laquale scriuesti cioe face
[illegible] la scriptura e/ quella che ci fa ricordare; Et pero soglia
[illegible] QVI SI parra la tua nobilitate; Quasi dica che se si potra ricordare di
[illegible] sua memoria sara nobile.

I[illegible] poeta che mi guidi
[illegible] la mia uirtu selle possente
[illegible] che allalto passo tu mi fidi
Tu dici che di Silvio el parente
corruptibile anchora adimmortale

g Vi muoue lauctore un dubbio a Virgilio sua gui da et dimostra che lanimo non gli basta a si ardu o camino cioe a si difficile impresa. Et moralmente ad monisce che nessuno debba fare impresa sopra alle sue forze Onde Horatio sumite materiam uestris qui scri bitis equam uiribus et uersate diu quid ferre recusent

secolo ando et fu sensibilmente
Pero se ladversario dogni male
cortese fu pensando lalto effecto
chuscir douea dalui el chi equale
Non parra indegno ad homo dintellecto
che fu dellalma roma et del suo impero
nel empyreo cielo per padre electo
Laquale equale avoler dir lo uero
fu stabilito per lo loco sancto
u siede el successor del maggior Piero
Per questa andata onde li dai tu uanto
intese chose che furon cagione
di sua uictoria et del papale amanto:
Andoui poi louas delectione
per recarne conforto aquella fede
che principio alla uia di saluatione
Ma io perche uenirui o chi il concede?
io non Enea io non Paolo sono
ne degno accio ne io ne altri il crede:
Perche se deluenire io mabbandono
temo che la uenuta non sia folle
se sauio et intendi me chio nonragiono

quid ualeant humeri. Et soggiugne Che benche uendessi Enea et Paolo cognoscie se non esser pari a due tanti huomini: et non douere sperare che [illegible] a conseguire quello che riusci a loro. Habbiamo dimostro di sopra che fare questo uiaggio non e/ altro se non andare alla cognitione delle chose. Alla quale si ua o per fermarsi in epsa contemplatione et uiuere nella uita contemplatiua: o per speculare et speculando inuestigare quali sieno le uirtu per lequali si regge la uita actiua. Chome per bi gratia Se lhuomo e/ animale ciuile et che cosa sia ciuilta et in quante parti si diuide. Se le uirtu morali sono necessarie alla uita ciuile Et se [illegible] sono piu che tre Iustitia forteza et temperantia: et in quante spetie queste tre si diuidono: Et perche la prudentia una delle uirtu intellectiue [illegible] guida alle uirtu morali Et molte altre chose simili. Adunque [illegible] dimostra due hauer facto questo camino Enea et Paolo ponendo il primo per la uita actiua: et el secondo per la contemplatiua. perche Enea fu [illegible] di ciuili et giusto administratore della rep. Et Paolo ando tanto alto chon la sua speculatione che fu rapito insino al terzo cielo et uide quelle chose delle quali non e/ lecito al lhuomo parlare. Dimostra adunque Dante [illegible] si a tanta impresa alla quale [illegible] non potere essere a sufficientia. Et in uero la mente humana [illegible] desima intendere le chose inferiori a se ma non le superiori. Dipoi dimostra che se Enea et Paolo andorono fu questo conceduto loro per gratia speciale da dio. Fu conceduto a Enea perche da suoi successori hauena a essere constituito il Romano imperio et Roma finalmente haueua a esser capo della rep. de christiani et sedia della chiesa appostolica. Fu conceduto a Paolo perche illuminassi la christiana fede. Dice adunque Dante a Virgilio cioe la ragione inferiore alla superiore innanzi che noi cominciamo el camino tu che [illegible] piu considera se la uirtu mia cioe lhumana uirtu per se medesima e/ possente Prima che tu mi fidi allalto passo cioe allalta impresa: Et ben dice passo imperoche chi camina fa e passi: et lui discriue questa sua contemplatione in forma di peregrinatione et uiaggio: et dixe ALTO oueramente profondo come diciamo [illegible] cioe profondo mare. Hauendo rispecto allo scendere dellinferno. O meglio dixe alto perche niente e/ piu alta chosa che tale inuestigatione laquale arriua insino alla essentia diuina. EL PARENTE di Siluio cioe el padre che chosi dicono e latini. Et questo fu Enea la chui genologia e/ questa. Dardano figluolo di Ioue et della figluola da chiamate decta Electra uenne in Troia. Il che secondo Eusebio fu el trigesimo quinto anno di Moyse et lanno del mondo Tremila sepecento trentasepte. Chostui genero Erichtonio elquale fu suo successore nel regno et rexe anni quarantasepte. Lascio figluolo et successore Troo dalquale quella regione prima decta Dardania da Dardano fu denominata Troia. Ganimede nacque di Troo. Et di Ganimede Ilio dalquale prese nome Ilion cipta di Troia. Ilio genero Laumedonte padre di Priamo. Fu anchora figluolo di Troo et fratello di Ganimede Assaraco: elquale ingenero Capis et Capis Anchise et Anchise Enea. Costui essendo anchora in troia genero Ascanio di Creusa sua moglie et figliuola del re Priamo et dipoi in Italia hauendo Enea acquistato lomperio di Latino lascio successore Ascanio suo figliuolo. Ma e/ dubio se questo che ingenero a troia di Creusa o quello che acquisto in Italia di Lauina. Chostui pose Alba et lascio successore Siluio. Del quale nacque Enea siluio dal quale tucti e Re poi furono decti siluii Et furono questi per ordine Latino Alba Atis: Capis: Capeto Tyberino dal quale acquisto el nome Teuere fiume prima decto Albula. a Tyberino successe Agrippa delquale nacque Romulo siluio et dicostui Auentino elquale decte nome al auentino uno de septe colli di roma. Dopo costui regno Proca. Et di Proca nacque numitore et amulio [illegible] Romulo auctore della gente romana. Adunque el parete di Siluio cioe Enea secondo Virgilio ado allonferno. Finge Virgilio p Enea lhuomo elquale disidera arriuare al sommo bene. Et essendo posta la felicita nella contemplatione delle chose diuine lo fa uenire in Italia ponendo Italia per la contemplatiua: Et giunto in Italia fa che seguitando la sybilla discende ne luoghi socterranei et infernali et in quegli truoua el tartaro cioe luogho doue chon etherni supplicii et tormenti sono punite lanime degli scelerati peccatori et altri luoghi doue e minori peccatori stanno tanto che si purghino. Et in fine pone e campi elisii ne quali stanno lanime de beati. Et p questo tutto allegoricamente dimostra che giunto Enea in Italia cioe alla contemplatione prima inuestiga la natura de uitii dipoi si purga da quegli et purgato puo contemplare le chose doue consiste la beatitudine Chome piu distesamente scripsi nelle allegorie nostre. Adunque luno et laltro di questi poeti benche le fictioni [illegible] Nientedimeno uanno a un medesimo fine. CORRVPTIBILE anchora: Cioe ancora uiuo et [illegible] col corpo elquale e/corruptibile et perche e/composto di quattro elementi abandonato dallanima [illegible] si ritorna ne quattro elementi: Et per allegoria dixe corruptibile perche lo pone [illegible] e/corruptibile. AD Immortale secolo ando: perche lonferno chome diremo di soc[illegible] intendiamo che ando alla contemplatione delle scientie lequali sono eter[illegible]. ET FV sensibilmente: perche uando essendo anchora in uita et chol corpo [illegible]. Perche in uero anchora che siamo con questa mole et graueza delcorpo pur pos[illegible] alla contemplatione delle chose gia da noi decte. LADVERSARIO dogni ma[illegible] bene. Et nessuno puo essere contrario a tutto el male: se non chi e/ogni et som[illegible] et unico bene che nessuna altra chosa e/bene se non per participatione [illegible] CORTESE FV: Fu liberale et gratioso ad Enea di lasciarlo scendere allinferno. PEN[illegible] di lui: perche di lui uscirono efondatori del romano imperio nel quale [illegible] et lo imperio de christiani. Adunque fu giusta cagione a commuouere [illegible] gratia ad Enea hauendone a uscir tal fine. Et pero non parea indegno cioe [illegible] chosa degna et giusta a ogni huomo che giudichera chon intellecto et chon ra[illegible]. Et per queste parole latentemente dimostra quel che disopra interpre[illegible] Enea sia p la uita actiua. Et se ad alchuno pessi assordo che imitãdo elpoeta nostro Vir[illegible] hauendolo posto lui per la contemplatiua Rispondo che el nome non da mo[illegible] questo dimostrare. Nientedimeno possiamo anchora dire che ponga [illegible] scripta et secondo la doctrina de gẽtili et Paolo p quella che e secõdo [illegible] el terzo che descende a questa contemplatione composta damendue [illegible] poetico stilo et a quello aggiugne la christiana theologia. Imperoche e/ [illegible] Et e/perfecto mescolando alla grauita della diuina scientia la suauita [illegible]: laquale secondo Cassiodoro fu propria de primi diuini scriptori/ [illegible] omnis modus poetice elocutionis a diuinis scriptoribus sumpsit e[illegible] scriptori insegnauono per figure et metaphore: ilche e/proprio del [illegible] Platone eloquentissimo ditutti ephilosophi: Ne sia chi creda che [illegible] nolle iferire quando in figura comando al popolo suo che spogliass[illegible] da loro et seco fuggendo se gli portassino/se non che togliess[illegible] et largento della eloquentia. Dobbiamo adunque fuggir deg ypto .i. par[illegible] in terra di promissione .i. alla doctrina christiana: Ma portarcene [illegible] le sacre lecture. Chosi fece paolo elquale nelle sue epistole molte cho[illegible] Hieronimo. chosi Ambrosio. Lactantio. Leone: et glialtri primi [illegible] degenerati glialtri che dipoi son seguiti: perche e/da dolersi assai che [illegible] e/ in loro siacontanta barbarie scripta: Et si bello for[illegible]. Merita adunque diuine et immortali laude el [illegible] la christiana theologia quella chon ogni poetico ornamento illustra[illegible] Cioe del quale douea essere cagione. Alchuni sponghano Chuscir do[illegible] Ascanio del quale hebbe origine la famiglia de Iulii. Della quale naque [illegible] el meglio pigliare luniuersale che el particulare. EL CHI: Dino[illegible] la qualita et la potentia. Imperoche quãdo diciamo chi e/colui: cie risposto e/ [illegible] sua cioe se e/huomo o se e/padre. o ciptadino. o forestieri Ma[illegible] di sue qualita Onde cie risposto e/docto. Douea adũque uscirne [illegible] e chi. Elquale impio et pontefichato hauea a esser molto uti[illegible] e/quale. CHE: cioe elquale Enea fu electo et predestinato da dio [illegible] Roma: Almo in ligua latina significa cosa che dia nutrimẽto et agumẽ[illegible]. Onde Virgilio dixe Alma Venus: perche per quella si man[illegible] Et similmente dice Alma luce perche la luce procede [illegible] chose. Adunque dixe alma Roma perche lei creo et nutri tale im[illegible] sono septe primi cieli equali hãno ciascuno in se solamẽte un pianeta [illegible] Luna. Mercurio. Venere. Sole. Marte. Ioue: et Saturno. Dipoi [illegible] di grandissimo numero di stelle: benche gliastrologi non habino [illegible] septanta et due segni et e/chiamato fermamento. El [illegible] e/ diaphano. Et el decimo che e/habitacolo di dio e/chiamato empy[illegible] e/ propria del fuoco: adunque e/decto empyreo quasi infocato perche pyr [illegible] cielo empyreo cioe da dio la chui prouidentia gouerna eltutto. Elqua[illegible]. LAQVALE Roma. Et Elquale imperio in uero idio ordi[illegible] per la chiesa a postolica doue hauessi a fare residentia el pasto[illegible] successore del primo uicario di dio Piero apostolo elquale chiama maggiore: [illegible] alla degnita che tiene si puo chiamare Piero. Et sancto Augustino nelli bro della cipta di dio dice Fu creata Roma come unaltra Babylonia; et figliuola della prima Babilonya per laquale piacque a dio uincere tutto el mondo et redurlo a una sola rep. et socto le medesime leggi. Ma tornando a Piero lui et per la sanctita et per essere stato el primo et per la doctrina riceuuta dallo spirito sancto; et maxime perche col sangue suo fondo la nostra rep. merita esser chiamato maggiore. Et meritamente lo chiama locho sancto perche questa sedia fu constituta in somma sanctitate et sanctissimamente pe primi pontefici recta. Et se esuccessori dipoi hanno degenerato Non e/pero che elluogo di sua natura non sia sancto. V SIEDE; Cioe doue siede. Imperoche gliantichi nostri dixono. V. in luocho che diciamo doue; chome anchora i questi tempi dicono eSanesi Onde el petrarcha. V son le gentileze u son glihonori. Et per questa andata Onde. i. per laquale tu gli dai uanto cioe loda Enea da Anchise suo padre elquale glidimostro cioche haueua a essere intese chose che fur cagione della uictoria sua contro a Turno et dalla uictoria nacque lomperio di Roma et da quello el pontefìcato. Andoui poi lo uas delectione; cioe Paolo appostolo elquale Hieronymo nel pemio sopra el genesi scriue che dio loelexe chome uaso gueggie et armario delle sancte scripture. Pare chosa assorda che Danche dica che Paolo andassi allinferno chonciosia che si legga lui essere stato rapito non allinferno ma al terzo cielo. A che si risponde che in quel rapto hebbe cognitione dellinferno purgatorio et paradiso. Fu uaso cioe receptacolo della electione cioe della uolonta di dio. Imperoche lui sopra tutti glialtri intese el uero senso della doctrina euangelica. PER recare cōforto. Impoche nō puo esser maggior conforto a chi nō ha scientia della cosa ma la crede che lauctorita et la testimonaza dunhuomo che sia di grande reputatione. Adunque testificando Paolo parte dellechose che uide quando fu rapito insino al terzo cielo conforto et corroboro molto la nostra fede. CHE: cioe laquale e/principio di nostra saluatione. Dice Principio perche nessuno sipuo salluare sanza fede: ma non e/el tutto. Imperoche lafede sanza lopere e morta. Diffinirei alpresente che chosa e/fede Ma perche in piu comodo luogo ci sara necessario diffinire et questa et laltre due theologiche uirtu differiremo la diffinictione insino a quel tempo. MA IO perche uenire; Se non sono possente a sopportare tanta difficulta O chil concede? Quasi dica perche debbio meritare questa spetial gratia di potere essere idoneo a tanta contemplatione essendo non pari a costoro Onde Horatio An quodcunque facit mecenas te quoque uerum est Tanto dissimilem et tanto certare minorem Ite Non cuiuis homini contingit adire corinthum. IO NON Enea io non Paolo sono; Non e/in me el uigore che fu in questi due Ne puo della mia uenuta uscirne quel fructo. Ne anchora secondo el giudicio mio et secondo quello daltri sono degno di tale gratia. Et certo questo poeta oltra alla doctrina fu anchora mirabile nello ornato delle parole. Perche hauendo a fare due uolte mentione denea et di Paolo Vso artificiosa uarieta laquale lieua fastidio a gliorecchi dellauditore. Adunque nel primo luogho non pose enomi proprii Ma uso uno colore rhetorico decto circuitione; che e/quando quello che si puo dire per un nome proprio si dice per piu Chome quando uogliamo dire Hercule diciamo lo inuicto nipote dalceo. Et per questo dice el parente di Syluio et lo uas delectione. Ilche arreca seco ornamento. Hora inquesto secondo luogo ponēdo enomi proprii Dice Io non Enea Io non Paolo sono. Equali due nomi arrechan seco grauita et auctorita. PERCHE se del uenire io mabbandono. Rectamente conchiude che non uilta danimo ma ragioneuole timore lo muoue a dubitare: che lasua uenuta non sia folle cioe stolta; Et certo sarebbe stolta chosa fare impresa di quello che non hauessi a riuscire; pche e/giudicio di tutti esaui che sia meglio non cominciare che per poi allasciare limpresa. SE SAVIO et intendi me chio non ragiono. Sono secondo Hesiodo greco tre generationi dhuomini; De quali optimi son quegli che per propria sapientia conoscono qual sia el bene et la diricta uia et quella seguitano; et questi sono rarissimi. La seconda generatione e/di quegli equali cognoscendo che per se medesimo non sanno uolentieri seguitano el consiglio di chi sa et a quello ubbidiscono. Chostoro benche non sieno perfecti Niente dimeno meritano non piccola commendatione. perche non e/pocho senno conoscere el suo manchamento et cercharui rimedio. perche Virtus est uitium fugere et sapientia prima stultitia caruisse. La terza generatione e/di quegli che ne per se sanno; ne uogliono el consiglio daltri: Et questi non sono utili in alchuna parte. Adunque el poeta si pone nella seconda generatione Et in questo luogho fa piu cose Imperoche prima dimostra moralmente che dobbiamo nelle grande imprese domandare consiglio a piu sauii. Dimostra anchora el modo del domandare consiglio. Imperoche quando uogliamo esser consigliati in alchuna chosa prima da noi medesimi con ogni diligentia la examineremo; et tutti edubbii che ci occorrono proporremo insieme con la chosa nella quale cerchiamo consiglio. Et finalmente per allegoria dimostra che la ragione inferiore nelle chose uniuersali debba soctomettersi alla superiore Et seguita.

Et quale e quel che disuuol cio che uolle
et per nuouo pensier cangia proposta
si che dal cominciare tutto si tolle
Tal mi fecio in quella obscura costa
si che pensando consumai lampresa
che fu nel cominciar cotanto tosta

Certamente chosi interuiene che lhuomo elquale si uede nella ignorantia et nella cecita; Et comincia a conoscer lhuomo esser nato per acquistare elsommo bene Di subito gli nasce non piccola uolonta dinuestigarlo Dipoi inuilito dalla grandeza et difficulta della chosa et dallafaticha dellanimo si sbigottisce et torrebbesi dalla impresa se la ragione superiore non laiutassi. Questa nella selua cioe nella cecita apparisce alla ragione inferiore laquale per se medesima sadirizaua a buon camino Ma impedita da uitii torna in drieto Onde la supiore [illegible] che questo nel quale si truouono le fiere. Alle quali lei desidera ubbidire. [illegible] per la grandezza della impresa propone esuoi dubii alla ragione superiore et quasi si pente [illegible] prima uolea; et per questa nuoua cogitatione laquale era in considerare [illegible] et dallaltro la difficulta della chosa. Muta proposito et quasi dilibera non co [illegible] Questo gliinteruiene essendo anchora nella costa obscura cioe nelligno [illegible] impresa laquale subito hauea cominciato; Et certamẽte giudicato che ha la [illegible] subito lappetisce. Ma dipoi nascano ledifficulta gia decte lequali gli fanno [illegible] Virgilio gli risponde chosi.

Se io ho ben la tua parola intesa
[illegible] quellombra
[illegible] offesa
[illegible] lhuomo ingombra
[illegible] impresa la riuolue
[illegible] ueder bestia quando ombra
[illegible] accio che tu ti solue
[illegible] perchio uenni et quel chio intesi
[illegible] puncto che di te mi dolue
Io ero tra color che son sospesi
[illegible] beata et bella
[illegible] comandare io la richiesi
[illegible] suoi piu che la stella
[illegible] a dir soaue et piana
[illegible] uoce in sua fauella.

h Abbiamo dimostro disopra che Danthe mette se per la sensualita et ragione inferiore et practica la quale consiste ne particulari et puo essere ingannata Et Virgilio pone per laragione superiore illustrata di doctrina non sacra; ma de gentili; laquale e/ apta a speculare euitii et le uirtu et mostrare che euitii conducono al la miseria; et le uirtu al sommo bene et puo insegnare in che modo possiamo fuggire euitii et acquistare leuirtu ma non puo dare uera scientia delle chose diuine; la quale hanno hauuto e christiani philosophi non phumana possibilita ma per reuelatione diuina et lume di spirito sancto. Inteso adunque questo e facile a intendere che essendo inuilita la ragione inferiore laquale non conoscendo se none e particulari sidispera potere uenire a gliuniuersali/ la superiore la conforta et dimostra che se tale contemplatione e/sopra lhumane forze lui sara facto possente dal diuino aiuto chome fu facto Enea et Paolo. Virgilio adunque cioe la ragione superiore confortando la inferiore; et la sensualita dimostra potere condurre quella asaluamento se non chon le sue forze almancho collaiuto della gratia diuina sanza laquale si ar [illegible] Et dipoi mostra secondo la uera et christiana doctrina qual sia la uia per laqua [illegible] luogho. Ildiche accio che meglio sintenda bisogna repetere alquanto piu dilon [illegible] donna laquale nõ nomina monessi Lucia altaiuto di Danthe. Et Lucia [illegible] a Virgilio et persuaderlo che diuenti guida a Danthe. Affermano a [illegible] habbiamo il libero arbitrio doperare bene et male Nientedimeno nessu [illegible] secondo la uirtu sanza la diuina gratia. Onde Salomone. Esto confidens [illegible] sapientiae ne exalteris. In omnibus uiis tuis cognosce eum ut rec [illegible] dice Hieronymo nel terzo libro contro a pelagiani Non ci dobbiamo ne [illegible] nostra uirtu confidare. Ma nel solo aiuto di dio sadirizino e nostri [illegible] Rectam fac in conspectu tuo uiam meam; Et Salomone. Deuolue super domi [illegible] tue. Et Paolo appostolo Fiduciam autem talem habemus p chri [illegible] cogitare aliquid ex nobis quasi ex nobis Sed sufficientia nostra [illegible] in domino glorietur; Non. n. qui se ipsum commendat ille probatus ẽ [illegible] e/ che alchuno concluda se non possiamo per noi medesimi adunque non e/ [illegible] che e/ certamente el libero arbitrio et chome afferma laquinate Thomaso lhuo [illegible] et di uolere et di non uolere per deliberatione della ragione che e/in lui [illegible] et ad quella parte. Ma benche sia signore di diliberare o di non diliberare [illegible] che questo sia per deliberatione precedente; Et accio che non si pro [illegible] a questo che el libero arbitrio nostro sia mosso da qualche ex [illegible] mente et questo e/ idio. Ilperche Aristotele nel libro de bona fortuna af [illegible] non ha el dominio delle sue opere informa che non gli sia necessario esser mos [illegible] scriue che la gratia di dio preueniente prepara la uolonta nostra non [illegible] prima che uenisse la gratia Ma che sia buona et recta uolonta; Ilperche non [illegible] Ma piu tosto che la diuina gratia sia congiunta in noi chon libero arbitrio [illegible] nellhuomo dal principio in genere ma anchora e/ parata a sobuenirci [illegible] operationi. Onde David canta; Nisi dominus hedificauerit domum in uanum [illegible] eam Et nisi dominus custodierit ciuitatẽ frustra uigilat qui custodit eam. Que [illegible] Danthe finge che Virgilio. i. la ragione et lontellecto nostro per se mede [illegible] guidare se non e/ mandato da Beatrice. i. se non e/ erudito nelle sacre lectere perche sempre [illegible] per la christiana teologia cholla gratia perficiente. Adunque tale scientia puo in noi uenire se non e/mandato dalla diuina gratia; laquale e/principio dopera meritoria mediante le uirtu. Ne e/ questa gratia semplice: et una; ma triplice. Ma accio che meglio intendiamo che sanza queste tre gratie non possiamo esser beati dimostrano con manifeste ragioni e theologi: che a conseguire la celeste beatitudine e/necessario che diuentiamo contemplatiui delle chose spirituali: et incorporee et diuine. Ne si puo a si alto loco salire se non cho gradi delle uirtu. Ne puo essere in noi uirtu se non la ragione perche ogni uirtu pcede da recta ragione. Adunque e/necessario che nellhuomo uolente farsi beato sia ragione: et da quella naschi la uirtu: laquale purgandoci da uitii, ci faccia idonei alla contemplatione: Et di qui formo el poeta nostro le sue tre cantiche. Imperoche con la ragione discorre per la cognitione de uitii: che e/lo inferno. Cō le uirtu acquistate per la ragione si purga da quegli: che e/el purgatorio: Et purgato puo salire alla contemplatione delle chose diuine: et farsi beato che e/el paradiso. Ma per rispecto che nessuna di queste tre chose puo essere perfecta sanza el diuino aiutorio/ pero ci uengono da dio tre gratie. La prima illumina la ragione: et falla habile a formare la uirtu: che non e/altro: che a dirizare la uolonta che tenemo in nostro libero arbitrio a uolere rectamente el bene: Et questa e/decta preueniente: et dal poeta e/figurata per la prima donna: et disponci a uolere: et perche la uolonta innanzi che uengha in acto e/nascosa nellanimo: et incognita: pero la pone sanza nome. La seconda e/gratia illuminante: per laquale la buona uolonta laquale ordiniamo et aiutaci che sappiamo quello che dobbiamo fare: et perche ci porge el lume del sapere: meritamente da tale luce la chiama Lucia. Per laqualchosa dice Augustino: che la prima gratia fa che noi uogliamo. La seconda fa che tale uolonta non sia indarno cioe che noi possiamo: Et queste due gratie ogni giorno chiede la chiesa nelle sue prece dicendo. Preghianti signore che tu preuenga le nostre operationi con tua inspiratione: et dipoi le seguiti chol tuo aiuto. La terza e/gratia perficiente ouero consummante. Laquale adempie tutta nostra uoglia: perche ci aiuta a contemplare: et conoscere el nostro sommo bene: et questa chiama Beatrice: la quale dicemo di sopra figurare la theologia: laquale ci da la cognitione delle chose diuine: Et certo e/Beatrice perche ci fa beati: faccendoci conoscere idio. Imperoche conosciendo lamiamo: et amando lo fruimo. Ne mi pare da premettere quello: che delle gratie scriuono e poeti: perche assai facilmente chi ha ingegno conosce che non molto si dipartano da quello che di sopra habbiamo raccolto da ueri theologi. Scriue adunque Hesiodo nella sua theogonia: che le gratie sono tre: et gia del numero non discorda. Sono figliuole di Ioue: Ilche non significa altro se non che da dio solo procede ogni gratia. Onde Paolo gratia dei id sum quod sum. Et Iacobo apostolo. Omne datum optimum: et omne donum perfectum desursum est descendens a patre luminum. Generolle Ioue deurymone: et Eurymone in greco significa larga pastura: perche nulla e/piu abbondante pastura allanimo che la diuina gratia. Ilperche Dauid nel psalmo. Memoriam fecit mirabilium suorum misericors et miserator dominus escam dedit timentibus se. E nomi loro sono Aglaia. Euphrosyne: et Thalia. Aglaos in greco significa splendido: Et certo solo la diuina gratia fa lanima nostra splendida pche la illumina. Euphrosyne significa letitia perche sola quella ci fa lieta. Thalia significa fiorente: et uerdeggiante: perche epsa fa fiorire et rinuerzire in noi ogni uirtu. Aggiunghono che le due seguenti raguardino la prima: perche dallo splendore di questa pende: et procede che lanima humana sia lieta et uerdeggiante. Non dubitera adunque lhuomo mettersi per la uia della contemplatione hauendo gia disposto el senso a ubidire la ragione: et hauendo per guida lo intellecto non solamente illustrato di tutte lhumane doctrine: ma ancora nobilitato per le tre diuine gratie: Nelle quali se sono stato lungho troppo/o troppo uerboso imputisi alla difficulta della materia: et alla utilita del conoscerla. Imperoche inteso bene questo passo molte altre cose per quello ci fien note. Hora uenendo al texto. LOMBRA: cioe lanima. Imperoche gli antichi latini spesso pongono questo nome ombra per anima. DEL magnanimo: E/magnanimita spetie di forteza Ma per aprire meglio questa uirtu et tutte le sue parti. Diremo che forteza e/excellentia: et alteza: et grandeza danimo: laquale appetisce grande: et alte chose: et spreza le uile et basse: et con certa ragione si mette a ogni graue faticha: et pericolo per conseguire honorata utilita. Questa ha septe spetie in se. Constantia. Confidentia. Magnanimita. Perseuerantia. Pacientia. Magnificentia: et Sicurta. E/adunque Constantia quella che informa assoda et conferma lanimo nellhoneste operationi: che innessun modo da quelle lo lascia partire. Confidentia e/quando lanimo ha fermo proposito nelle grandi et honeste chose con ferma speranza di conseguirle. Magnanimita e/quella francheza danimo che ci pigne ad chose preclare: et grandi chon aspectatione dhonesta: et utilita. Le compagne di questa son due Dignita: et liberalita. Dignita ci da honesta auctorita et reputatione per laquale siamo honorati: et reueriti. La liberalita e/quella che con beniuolentia et modestia distribuisce ragioneuolmente secondo egradi. Perseuerantia e quando nellampresa bene di prima considerata chon ferma stabilita perseueriamo. Pacientia e/quando per cagione dhonesta: et utilita sopportiamo le chose difficili: et laboriose lungamente: et sanza perturbatione danimo. Magnificentia e/alteza danimo in fare chose grandi: onde habbia a risultare honore et fama. Le compagne di questa sono. Gloria. Amplitudine. Studio: et exercitatione. Gloria da fama con laude. Amplitudine e/abondantia di magistrati, honori: et riccheze. Studio e/uehemente applicatione danimo con desiderio et uolonta di fare alchuna chosa. Exercitio e/mouimento di uolonta: elquale modestamente ci pigne a fare. Lultima parte di forteza e/Sicurta: laquale fa che lanimo nelle degne imprese non ha alchuno rimorso di conscientia. Queste sono le spetie della forteza tra lequali habbiamo dimostro la magnanimita esser quella che per expectatione dhonesta et dutilita sprona lanima a fare grande imprese. E/adunque magnanimo Virgilio se conside [illegible] perche nellopere sue prese a scriuere cose grandi. Impoche uedendo che la pria [illegible] pastorale perche uiueno tra gliarmenti et gregge de glianimali. Et la [illegible] quella. Et la terza fu ciuile nella quale habitando insie [illegible] et le leggi et emagistrati che le gouernassino. Volse Virgilio de [illegible] et nella boccolica la prima. Nella georgica la seconda [illegible] se riguardiamo alla presente historia/era magnanimo confor [illegible] alla allegoria. E/certamente magnanima la ragione superiore [illegible] non puo essere uera scientia. Ma ardisce salire a giusti [illegible] cose diuine. Et certamente benche molti epitheti si potessino dare a [illegible] el medicamento che chi conforta colui che e/inuilito sia magnanimo [illegible] contrario alla magnanimita. Laqual ultra spesse uolte in [illegible] che si riuolge dallimpresa gia facta: laquale era excellente: [illegible] chome a uno cauallo o simile animale: elquale temendo alchuna cosa che [illegible] perche gli pare uedere quello che non e/ Chome interuiene [illegible] gli pare uedere uno armato: et parragli che si [illegible] MA accio che tu ti solua: Cioe sciol [illegible] Io ti diro perche uenni: et cio che io intesi nel primo [illegible] Accio che tu intenda che io son mosso da uolonta diuina. Et chi segue [illegible] Et accioche persuada meglio seguita. IO ERO Tra [illegible] Ne saluati alla gloria. Chome dimostrerro di [illegible] che Virgilio cioe la ragione superiore e/so [illegible] piu a un fine/che a unaltro. Ma quādo la gra [illegible] non sta piu in dubio. ET DONNA mi chiamo bea [illegible] et excita la mente nostra: et conducela alla beatitu [illegible] che la beatitudine. TAL che di comandare io la richiesi: [illegible] a essere illuminata da questa gratia subito si [illegible] LVCEVAN gliocchi suoi piu che la stella. Questa e/optima compera [illegible] le chose chome el sole. Adunque Beatri [illegible] perche la gratia perficiente: et consumante/ luce piu che laltre gra [illegible] donna pudica: et uergognosa le cui pa [illegible] et modeste. Pretere a e/la [illegible] e/che piu tranquilla faccia la nostra mente: [illegible] ci fa la conscientia tranquilla: et san [illegible] di pene o di morte. PIANA: cioe bassa pche [illegible] sono contrarie allalterigia della su [illegible] della theologia de gentili. Ma nessuna [illegible] alla nostra felicita chome la christiana theologia. [illegible] et profondi sensi di quella [illegible] dimostrerremo. IN SVA fa [illegible] le uirtu.

O [illegible] Mantouana
[illegible] nel mondo dura
[illegible] il mondo lontana
[illegible]
[illegible]
[illegible]
[illegible]
[illegible]
[illegible]
[illegible] et con la tua parola ornata
[illegible] che ha mestiere al suo campare
[illegible] ne sia consolata
Io [illegible] che ti faccio andare
[illegible] del loco oue tornar disio
[illegible] che mi fa parlare

Q [illegible] Vesta e/loratione che Beatrice fa a Virgilio per [illegible] che si muoua di subito allaiuto di Danthe. Et fa [illegible] in quella intendere larte oratoria: et po [illegible] in genere deliberatiuo. Et prima [illegible] beniuolentia dalla persona di Virgi lio [illegible] et obserua eprecepti orato [illegible] dobbiamo lodare in colui dachi [illegible] alchunacosa quella uirtu laquale [illegible] di noi. Adunque hauendo bi sogno [illegible] che Virgilio fussi liberale i porgere aiu [illegible] Anima cortese cioe liberale. Dipoi se [illegible] dimostrando la diuturnita della fama [illegible] non solamente e/ durata tanti secoli. Ma [illegible] durera quanto il mondo lontana cioe sallunga. Dopo lexordio pone la narratione nellaquale dimostra [illegible] chosa giusta; pche e/ giusto chiedere lo scā po [illegible] e/uero amico. Et non per malignita ma p fra gilita [illegible] in ruina. Et accio che il soccorso sia presto di mostra che essendo giauolto in ruina non harra laiuto

Quando saro dinanzi al signor mio
di te mi lodero souente allui
tacette allhora et poi comincai io.

se non sia presto. Dimostra anchora che gli sia facile p la sua eloquentia et doctrina. Et perche intenda che lei merita desser exaudita dice essere Beatrice; et uenire di cielo: et esser mossa da amore. Et finalmente gli promette premio. Et questo basti a dimostrare lartificio di questa oratione. Hora seguita la expositione del texto. O ANIMA cortese. Bene anima perche era sanza corpo. CORTESE: Il che hauea inteso perche lui se gliera offerto quando dixe. Si che del comandare to la richiesi. Et certo Virgilio .i. lontellecto non e/corpo ma e/incorporeo; et lanimo suo hauea a essere di chose non corporee ma spirituali; et e cortese lontellecto perche lui e/quello che ci dona ogni egregia doctrina. Aggiugne dipoi che la fama di Virgilio ha adurare quanto el mondo; perche la fama della doctrina humana non ha a essere etherna chome la cognitione delle chose celesti. LAMICO mio et non della uentura. E/uera amicitia di cholui elquale ama lamico; et non la sua felicita; perche sono molti che chome le rondine uengono la state; et fuggono el uerno. Cosi epsi mentre che allamico dura la state della prosperita sempre gli sono dintorno. Ma quando uiene el uerno cioe alchuna aduersita di subito lo lasciano; chome lasció Polynestore Priamo. Adunque bene dice Beatrice che Danthe e/amico suo; et non della sua felicita. Perche molti amano Beatrice cioe la doctrina delle chose diuine/non per lei ne per hauer quella; ma per acquistarne fama et reputatione mondana; et ricchezze; et dignita. Lequali chose son beni di fortuna. Adunque non amano lei ma la sua buona fortuna. Molti diuentono grandi theologi non per emendare e loro errori chon quella doctrina laquale dimostra el sommo bene; et a quello ci adirizza. Ma per conseguirne honori et degnita; et diuentare uescoui arciuescoui et cardinali. Onde questi non si possono dire uirtuosi; perche non cercono la uirtu per uoler quella: o uiuere secondo quella. Ma per diuentarne o famosi, o potenti, o ricchi. Onde Iouenale dixe. Quis .n. uirtutem amplectitur ipsam premia si tollas? Et concludendo secondo la distinctione de sacri doctori. Alchuni disiderano sapere solamente per sapere; et questa e/curiosita. Alchuni per essere saputi .i. essere famosi et reputati; et questa e/uanita. Altri per guadagnare; et questa e/auaritia. Alchuni per hedificare se medesimi et anchora gli altri; et questa e/uera carita. Et questi sono amici di Beatrice et nō della fortuna et felicita che dallei procede. De primi tre scriue Salomone nella sapientia. Vani sunt omnes homines inquibus non est scientia dei. Et nello ecclesiaste in multa scientia est multa indignatio. De gliultimi similemente parla nella sapientia dicendo. Dedit illi scientiam sanctorum; et honestauit illum in laboribus. Adunque Beatrice dimostra che Danthe e/di quegli che ama; et cercha la doctrina secondo questi ultimi. Oueramente possiamo dire lamico mio et non della uentura. Perche Danthe fu amico della doctrina diuina. Ma la fortuna gli fu sempre aduersa chome uediamo nella uita sua. Ilche el piu delle uolte interuiene a docti. Onde Aristotele nel libro della buona fortuna dice; Doue e/molta uirtu iui e/pocha fortuna. Niente dimeno la prima sententia quadra meglio in questo luogho. E IMPEDITO dalle fiere gia decte nella piaggia delle uirtu. DESERTA: abbandonata perche pochi chome habbiamo decto le seguitano. CHE uolto e/per paura: Merita essere aiutato; perche non uoltaua dal uero camino per malitia: Ma per paura cioe per fragilita; per laquale lhuomo che erra e/degno di maggiore compassione. ET TEMO che non sia gia si smarrito Chio mi sia tardi al soccorso leuata Intendi in toschano che smarrita si chiama quella chosa; laquale benche non si truoui: Nientedimeno quando che sia si debbe ritrouare. Et perduta e/quella ne che si ritruoua: ne si ritrouerra. Preterea chi si riuolta dalla uera strada; che guida a saluatione ua per la uia de uitii; che menono a perditione. El peccare nostro e/in tre gradi. Imperoche prima nasce lo iniquo pensiere; et eddirizarsi al uitio. Secondariamente e/fermarsi nella captiua cogitatione; et fare frequentemente operationi uitiose. Nel terzo e/per le frequenti operationi essersi tanto constabilito nel peccato che gia e frequenti acti habbino facto habito. Onde el propheta nel primo psalmo dice. Beatus uir qui non abiit in consilio impiorum; et in uia peccatorum non stetit; et in cathedra pestilentie non sedit: Che e/a dire Beato lhuomo che non ua nel consiglio de glimpii; cioe che non prende captiuo consiglio nelloperare. Dipoi Et nella uia de peccatori non stette; che significa gliacti et loperationi; et nella cathedra della pestilentia non sedette. i. non fece habito nel uitio. E/adunque prima el uitioso proposito. Dipoi lacto: et loperatione. Et ultimamente lhabito. Ne primi duoi non e/lhuomo perduto/perche puo ritornare alla uera uia. Ma e/smarrito perche prima che torni non si ritruoua. Nel terzo e/pduto perche chome dice Aristotele. Chi ha facto habito del uitio e/impossibile o molto difficile che se ne rimanga. Et per questo dice Beatrice: et temo che non sia gia si smarrito: cioe che non habbia facto si frequenti acti che gia non sia presso allhabito. Ilche se fussi laiuto sarebbe tardi. PER QVEL chio ho di lui nel cielo udito. Quegli che sono beati per la uisione di dio ueggono in dio chome in uno specchio tutte le chose. Adunque Beatrice afferma hauere udito queste cose di Danthe in cielo. HOR muoui et chon la tua parola ornata. Due chose sono necessarie nello eloquente. Copia; et ornato di parole; et grauita di sententie. Adunque pose luno et laltro dicendo chon la parola ornata; cioe chon eloquentia/et con cio che fa mestieri; cioe chon quelle argumentationi et ragioni che sono di bisogno. Et se consideriamo a Virgilio optimamente dixe Con la tua parola ornata; perche e/poeta ripieno deloquētia et di doctrina. Et riferendo allegoricamente alla ragione superiore; laquale habbi a persuadere/certamēte e/necessaria la eloquentia insieme chon la sapientia. Il perche non sanza ragione si duole. M. Tullio di [illegible] queste due cose insieme congiunte hanno diuiso: et alchuni si sono dati solamente alla eloquẽ [illegible] e/ chosa furiosa et nociua a glihuomini. Et alchuni solamente alla sapi [illegible] non potendo persuadere quello che intende. Questo fu anchora el [illegible] et [illegible] equali furono docti et eloquenti chosi apresso de greci cho [illegible] de religione christiana dimostra quanto la eloquentia sia utile. LA [illegible] Non sara piccolo aiuto: ma sara abbastanza alla salute sua se sia informa aiu [illegible] IO SON Beatrice che ti faccio andare. Fu Beatrice donna fiorentina: [illegible] della sua uita narramo. Ma in questo luogho pon Beatrice per la [illegible] VEGNO dalloche oue tornare disio. Amor mi mosse che mi fa par [illegible] di dio et ritorna in cielo: perche e/ scientia di chose diuie [illegible] questa finalmente ci riduce al cielo. AMOR mi [illegible] a infondere in noi tale cognitione: et solo lamore excita [illegible] piu diffusamente tractereno nel purgatorio et nelparadiso quando haremo [illegible] de seraphini. QVANDO saro dinanzi al signor mio: cioe a dio. Di [illegible] Se intendiamo dellanima di Virgilio posta nellimbo nessuno [illegible] Beatrice. Imperoche de beni del corpo o della fortuna non ha bisogno [illegible] o sanita o belleza o forteza: ne anchora thesori o signoria. Et de [illegible] e/ la beatitudine non gli potea dare essendo lui gia [illegible] quello che puo fare: cioe di lodarsi di lui apresso di dio. Ilche deb [illegible] Et meritamente si puo lodare Beatrice di Virgilio: cio [illegible] de gentili. Imperoche non obstante sia delle cose riuelate dallo spiri [illegible] di dio: cioe della trinita et della distinctione di tre persone [illegible] Della redemptione delhuomo: et di molte altre chose. Nien [illegible] la doctrina de gentili. Onde spessevolte sono allega [illegible] da Paolo apostolo. Imperoche non fuggi la familiarita di [illegible] doctrina. Et sentendo i glischerisi di dio: et che noi in dio uiuia [illegible] chome alchuno de nostri philosophi hanno decto. Et se [illegible] superiore: laquale e/ excitata dalla theologia: et dalla gra [illegible] che epsa non repugni a tale instincto: et a tale euocatione [illegible]

O donna di uirtu sola per cui
lhumana spetie excede ogni contento
dal ciel che ha minor li cerchi sui.
Tanto maggrada il tuo comandamento
che lubidir [illegible]
piu non te huopo aprirmi el tuo talento
Ma dimmi la cagione che non ti guardi
dello scender [illegible] inquesto centro
dellampio loco oue tornar tu ardi

[illegible] Virgilio a Danthe le parole lequali lui ri sponde a Beatrice. O DONNA di uirtu. Ogni scië tia cõtiene inse qualche uirtu. Ma la theologia labraccia tutte. Imperoche ne precepti pequali ci da laregola del uiuere secondo idio pone Prudentia. Iustitia. Forteza et temperantia chon tutte le spetie di ciaschedun: et queste sono le uirtu morali. Pone anchora Fede. Spe ranza: et Carita. Lequali sono proprie uirtu di theolo gia. Et finalmente nelle chose speculatiue non pretere [illegible] intellectiua/ che sono. Intelligen tia circa e principii: Scientia circa le conclusioni: Et Sa pientia: laquale abbraccia in se la intelligantia et la sci entia: et fa una terza chosa sopra quelle due. Adunque [illegible] per laquale. LHVMANA spetie: Cioe lhumana [illegible] OGNI contento: di quel cielo che ha minori cerchi suoi. Que [illegible] piu apresso alla terra che fa centro a cieli conuien che sia [illegible] cielo della luna in giu. Imperoche dalla luna in giu [illegible] di dio: Nella quale consiste la beatitudine [illegible] per la theologia. Adunque e/ cagione la theologia che lhuomo auãzi [illegible] Et nientedimeno dice che lhuomo uince tutte le creature dal cielo della [illegible] / che ogni spera habbi el suo agnolo che la uol [illegible] sono del cielo della luna in su. Imperoche gliangeli hanno maggiore [illegible] TANTO maggrada me grato et mi piace quello che tu mi comandi [illegible] quello che tu mi comandi io giudicherei che fussi tardi. Adunque non te [illegible] bisogno. [illegible] significa bisogno et mestiere: Cosi nel primo del [illegible] rimaso. Et e/ deriuato dal nome latino opus [illegible] EL TVO TALENTO la tua uoglia: Et in questo ternario alegoricamente si [illegible] Beatrice ilche significa lamore della theologia mos [illegible] si dispone a ubidire MA DIMMI La cagione che non ti guardi

Muoue un dubbio pel quale secondo la sententia licterale si cercha chome uno spirito beato uoglia uenire di cielo doue e/la sua beatitudine nellimbo: doue e/priuatione di beatitudine. Et secondo lallegoria si cercha come dio si degni che uno peccatore: elquale la lupa habbi gia uolto in fuga: sia illuminato et excitato dallo amore della theologia: et dalla gratia gia decta non lo meritando. Ma ogniuolta che lhuomo saccorge del lo errore: et col suo libero arbitrio dilibera uscirne/la diuinagratia soccorre alla sua buona uolonta. DEL LO scender qua giu in questo centro: cioe dellinfimo della terra: elquale come diciamo disopra e/centro. DA LAMPIO loco: cioe amplio et spatioso. Imperoche lultimo cielo per essere piu lontano dal centro con uiene che di circuito auanzi tutti glialtri inferiori alui. DOVE tornar tu ardi: Tu desideri. Impero che ogni gran cupidita: et uoglia e/ardore danimo. Onde et Virgilio dice Ardet abire fuga cioe uehementer cupit: Et seguita larisposta di Beatrice.

Dapoi tu uuoi sapere chotanto adentro
  dirocti brieuemente mi rispose
  perchio non temo di uenir qua entro
Temer si dee di sole quelle chose
  channo potentia di fare altrui male
  dellaltre no che non son paurose
Io son facta da dio suo merce tale
  che lauostra miseria non mi tange
  ne fiamma desto incendio non massale

INduce Virgilio a muouer questo dubbio a Beatri ce: perche benche a theologi sia noto la risposta. Nientedimeno la scientia de gentili non laconosce per tutte le sue parti. POICHE tu uuoi sapere cotanto adrento: cioe cose non manifeste aognuno ma nascose Et alle quali non e ad sufficientia lhumana scientia san za reuelatione o inspiratione diuina. DIROCTI brie uemente: Perche affrectandolo epsa che andassi al soc corso di Dan che non douea ritardarlo chon lungho ser mone. Dice adunque io non temo scender qua giu. perche non dobbiamo temere se non le chose che possono nuocere. Et e/sententia questa optima et da notarla: Perche grande ignorantia acciecha gli huomini/dalla quale procede che spesseuolte stimando noi non essere male quello che e/male non lo temiamo: et portianci si incautamente che non apparecchiamo alchuno rimedio a quello che spesso si potrebbe riparare. Et cosi per lopposito non considerando chon diligentia alla natura delle chose temiamo quello che non e/da temere. Il perche uiuiamo in assidua anxieta et affanni: et spesso fuggiamo le fatiche: et gli studii laboriosi delle chose honeste. Ilche e/noto a Virgilio: Ma non gliera perfectamente noto quello che segue. Et pero aggiugne. IO SON facta da dio suo merce tale. Rende la ragione perche non gli puo nuocere lo scendere/ne nellimbo ne nellinferno. Et se pigliamo Beatrice per uno spirito beato: e/uera la sententia che ogni anima posta in beatitudine e/tanto conferma in gratia: et facta in forma impassibile: che ne compassione/ne odio/ne alchuna altra passione la puo perturbare. Nelle quali consiste lhumana miseria. Adunque e/facta da dio per sua merze cioe per sua gratia. Et notanter dice da dio. Imperoche nessuno pe suoi meriti e/degno della celeste beatitudine. Et nientedimeno sanza alchun merito non lacquista. Imperoche dio uuole che noi operiamo quanto puo la nostra fragilita: et dipoi doue non aggiungono e nostri meriti lui supplisce con la sua misericordia Ilperche dixe Augustino Qui fecit te sine te non saluabit te sine te. TALE che la uostra miseria non mi tange: cioe non mi toccha: Perche tango in latino significa toccho. NE Incendio desto locho non massale Per questo luogho intende el limbo chon tutto el resto dellonferno. Ilperche posso andare pellimbo: Ne la uostra miseria cioe di uoi: equali siete priuati di beatitudine non mi molesta mouendomi a compassione. Perche chi e/beato ha lamente sua si conforma chon la uolonta di dio: che non gli piace altro che quello/che piace a dio. Onde non puo hauere compassione alla miseria: nella quale idio uuole che stia el peccatore. Ne la fiamma laquale tormenta e dannati non mi puo nuocere. Et se pigliamo Beatrice per lamore della theologia mandato dalla diuina gratia chome habbiamo decto non si coinquina: et non si macula questa diuina scientia ne uitii: benche di quegli habbi a tractare: Ne la fiamma dellincendio desto loco lassale: perche chi e amico di Beatrice et non della fortuna: cioe cercha la scientia della theologia non per pompa mondana ne per cupidita dacquistare thesoro: ma per hedificare et correggere se et glialtri non e/assalito da gli incendii delle cupidita insatiabili delle chose terrene. Ne reputa che allhuomo sia miseria essere o in pouerta. o in morbo. o in exilio o in molte altre calamita/pure che non sia in peccato. Perche conosce per questa doctrina che niente puo essere male allhuomo/se non la colpa el peccato.

Donne gentile nel cielo che si compiange
  di questo impedimento ouio ti mando
  si che duro giudicio lassu frange
Questa chiese Lucia in suo comando
  et dixe hora ha bisogno el tuo fedele
  di te et io ad te loraccomando
Lucia nimica di ciaschun crudele

hAbbiamo dimostro disopra che subito che laragione humana chol suo libero arbitrio si uolge a cercare la uia duscire della selua della ignorantia. Onde procedono tutti euitii. Dio mosso a compassione della nostra imbecillita: perche uede mancarci piu tosto el potere che el uolere. inspira le gratie delle quali disopra habbiamo decto: Et prima Vna gratia laquale perche uiene per semplice liberalita diuina e/decta preueniente. Onde Hieremia propheta Conuerte me et conuertar quia

si mosse et uenne al loco douio era
che mi sedea chon lanticha Rachele
Disse Beatrice loda di dio uera
che non soccorri quel che tamo tanto
chuscio per te della uulgare schiera
Non odi tu la pieta del suo pianto
non uedi tu lamorte chel combatte
sulla fiumana oue il mar non ha uancto
Al mondo non fur mai persone rapte
a far lor pro o a fuggir lor danno
chomio dopo cotai parole facte
Venni quaggiu dal mio beato scanno
fidandomi del tuo parlare honesto
chonora te et quei chudito lhanno

tu deus meus: Et chiamasi gratis data. Et questa addi rizza la uolonta dellhuomo nel buon proposito gia preso dallibero arbitrio. Et dopo questa uiene la seconda decta gratia illuminante: per laquale la buona uolonta nostra nata dalla ragione: et libero arbitrio: et cõfermata dalla prima gratia e/illuminata et facta habile ad i[illegible] prendere eluero et mostrargli la uia: laquale e/conoscere dio et se medesimo pel mezo della uera theologia: alla quale chi saddiriza acquista. Di qui dice el psalmista. Notas mihi fecisti uias tuas: et altroue. Quoniam non derelinques animam meam in inferno. Et altroue Quoniam eripuisti animam meam de morte: et pedes meos a lapsu ut placeam coram deo in lumine uiuentium. La terza gratia e/decta cooperante: cioe insieme operante: perche coopera cioe adopera insieme con lhuomo. Item e decta consumante cioe perficiente: perche conduce al debito fine. Danthe adunque pone questa donna gentile per la prima: et Lucia per la seconda. Et Beatrice per la theologia insieme con la terza gratia. Le [illegible] gratie benche dalopera [illegible] hauessimo poste. Nientedimeno perche non e/ a ogni huomo faci[illegible] non mi fu graue con breuita ripeterle DONNA Gentile/gentile in toscano significa nobi[illegible] [illegible] perche gens si pone per la famiglia adunque gentile e/come a dire huomo di famiglia [illegible] quegli che non erono del popolo didio: po e cristiani chiamono [illegible] Onde questo nome gentile ha diuerse significationi. Impero che etheologi per la con[illegible] gentili e pagani. Et etiam dicono gentili quegli che sono duna medesima gen[illegible] Et etoscani dicono gentile cioe nobile. Et in questa significatione [illegible] DONNA gentile. Meritamente chiama la gratia preueniente Gentile [illegible] Perche la uera nobilita arrecha seco grandeza danimo: onde noi diciamo: Vno animo grande a[illegible] nobile. Et chome chi ha piccolo animo e/sempre auaro. Ilche si uede nelle femine et ne[illegible] per lopposito chi ha grande animo e/liberale. Adunque se chi e/nobile e/magnanimo: et chi e/[illegible] e/liberale. Questa donna e/certamente liberale concio sia che la gratia preueniente sanza no[illegible] per sua propria liberalita sinchina al nostro aiuto. Ma se la uera nobilita consiste [illegible] sara piu nobile ciquale hara in se la piu excellente uirtu. Et questa donna hauea in se p[illegible] e/piu excellente che laltre Dicente lappostolo a chorinthii. Si habuero omnem fi[illegible] Caritatem autem non habuero nihil sum. Adunque era ueramente nobile [illegible] perche molti credono che gentileza consista nellantichita del sangue. Questa sara gentil don[illegible] e/piu anticha nellhuomo: perche e/la prima che uiene. Ne uolle el poeta [illegible] alla seconda: et alla terza: perche e/meno inotsa et piu incognita che laltre due. [illegible] e/in cielo dio. CHE si compiange: Cioe si muoue a compassione. Et ueramẽte dio ha [illegible] alla nostra fragilita ci manda questa gratia. Onde e/scripto: Vidit deus figmentum no[illegible] Et se alchuno dicessi chome puo dio hauere compassione choncio sia che in dio [illegible] passione o perturbatione. Risponde che in uero non puo essere in lui passione. Ma [illegible] similitudine pie ragioni lequali nel suo luogho dimosterremo DI QVESTO [illegible] OVE: alquale io Beatrice. TIMANDO: Mando te Virgilio. SI [illegible] FRANGE: cioe rompe. LASSV: cioe in cielo. DVRO giudicio: cioe el seue[illegible] hauendo lhuomo la ragione da conoscere el bene dal male: et el libe[illegible] della uera uia. Et questo e el duro giudicio. i. seuero et in[illegible] misericordia rompe tanta seuerita di iudicio. QVESTA: gratia pre[illegible] CHIESE Lucia [illegible] gratia illuminante: laquale ci da tanta luce che possiamo scorgere et discer[illegible] et pero la chiama Lucia. IN SVO dimando: in sua dimandita. Et di[illegible] ORA [illegible] cioe Danthe elquale hauendo electo la uia della uirtu O in quella [illegible] ha bisogno di chi lo illumini di quello che habbi a operare. Et [illegible] di Lucia. Imperoche chi ha ferma uolonta di seguitare el uero ha indubitata fede che questa [illegible] ET IO a te lo raccomando: Et io donna gentile lo raccomando ad te Lucia [illegible] la nostra uolonta a uolere el bene ci raccomanda a Lucia cioe al[illegible] Imperoche per dono della prima gratia che e/che la nostra uolonta sia recta et buona [illegible] la seconda: che fa che tale uolonta uenga alloperatione. Ha posto lauctore le parole che [illegible] Lucia in fauore di Danthe: lequali sono conuenienti alla persona: et piene dartificio. [illegible] la gratia preueniente incita la illuminante. Et dimostra la petitione et domanda sua esser facile [illegible] et honesta. E/facile perchella gli domanda quello che e/proprio suo officio: Adunque sanza difficulta lo può fare. E/honesta perche ogni giustitia et equita richiede che soccorriamo [illegible]. Ne e/sanza utilita conseruare gliamici. LVCIA nimica di ciaschun crudele. [illegible] persuasa dalle parole dechostei/non chonsumo el tempo elquale era breue in [illegible] me piu tosto dadulatore che di uero amico: ma di subito si mosse al soccorso [illegible]. Imperoche se el sommo bene e/conoscere idio: et tale cognitione ci da la theologia [illegible] re asaluamento. LVCIA nimica di ciaschun crudele: Ha chiamato la prima gratia [illegible] pradecte. Hora chiama la seconda inimica di ciaschun crudele. Imperoche se e/somma [illegible] iutare che la buona uolonta si metta in opera. Certo questa seconda gratia perche [illegible] te piatosa. Et perche ogni chosa e/inimica al suo contrario: et la crudelta e/contraria alla pieta [illegible] Lucia sommamēte piatosa sia inimica dogni crudelta. Ne e/da dubitare che non sia [illegible] che mostra el camino a chi lha smarrito. Si mosse et uenne al loco doue Beatrice era [illegible] gilio ne a Danthe. Ma a Beatrice a dinotare el uero ordine. Impoche la prima gratia [illegible] ua a lucia. i. commuoue la seconda gratia: laquale fa che la bene addirizata uolonta [illegible] ue beatrice che e/la gratia perficiente: et significa la contemplatione cioe la cognitione [illegible] quale ci fa beati: et Beatrice scende a Virgilio nel limbo cioe uiene [illegible] bre de corporei sensi et quello illumina. Et Virgilio si fa duce et guida a Danthe: perche [illegible] ragione inferiore et la sensualita et guidala alla cognitione de uitii: dipoi alla purgatione [illegible] la purgatione alla contemplatione. CHE MI sedea chon lanticha Rachele: [illegible] figliuolo Dhabraham dixe al suo figliuolo Iacob che nō pigliassi moglie della generatione [illegible] in mesopotamia di Syria ad laban figliuolo di Batuel et fratello di Rebecha moglie [illegible] la: Vbbidi al padre Iacob Ando et nel uiaggio hebbe in sonno la uisione della scala che da terra [illegible] lo: et per quella scendeuano et saliuono glangeli. Era appoggiato alla scala idio del quale hebbe [illegible] messa che el seme suo si spargerebbe per tutta la terra ad oriente occidente mezo di et septentrione: Et che sarebbe sua custodia in ogni uiaggio. Dopo tale uisione seguito el camino Iacob: Venne ad Laban [illegible] fu benignamente riceuuto. Haueua laban due figliuole delle quali la maggiore era Lya cispa et non formosa: la minore Rachel molto bella: Di questa innamorato iacob fece pacto con laban che [illegible] Rachele in moglie lo seruirebbe septe anni: Elqual tempo adempiuto celebro le nozze [illegible] Perche ordino che la nocte Lya fussi messa con iacob in luogo di Rachele: Accorsesi il seguente giorno iacob dello inganno factogli: Ma pote tanto lamore di Rachel che sostenne per hauerla seruire altri septe anni ad laban. Ha grande misterio in se questa historia: Ma in somma edocti interpreti delle sacre lectere pongono Lya per la uita actiua laquale e cispa perche non uede ne e/capace delle diuine chose. Et Rachel pongono p la contemplatiua laquele e/molto bella: et chosi niente nella generatione humana e/piu bello che la speculatione. Sono adunque nel testamento uecchio prefigurate per queste due sorelle due spetie di uita: cioe per Rachel la contemplatiua et spirituale: et per Lya lactiua et corporale. Chome nel nuouo testamento Maria si pone per la contemplatiua: et Martha per lactiua. Et rectamente dice anticha perche la contemplatione e/nellagnolo elquale fu innanzi allhuomo: ma lactiua non fu prima che lhuomo. Adunque precede non solamente per dignita Ma anchora per eta. SEDEA: Rectamente Beatrice sedea chon Rachele: perche el ꝓprio subgiecto della theologia e/la cognitione et contemplatione: et in quella si ferma et pon suo seggio. Ne seguita per questo che non seguiti alchuna uolta Lya cioe la uita actiua. Imperoche questa scientia tracta ancora della uita morale et del gouerno ciuile: Ma non ui siede perche non e/suo proprio luogho. ET DIXE Beatrice loda di dio uera. Molti philosophi et theologi gentili si sono ingegnati dinuestigare la excellentia della natura diuina. Ma nessuno ha potuto trouarne el uero chome la theologia de christiani. Adunque sola beatrice e/uera loda di dio. i. sola la nostra theologia loda idio di uere lode. CHE: cioe perche non soccorri. QVEI: cioe quello. CHE tamo tanto. Dimostra per queste parole che addomanda chose giuste perche la iustitia richiede che fauoreggiamo chi ciama: et meritamente douea Beatrice mostrare la uera uia a Dāthe essendone stato lui tanto studioso: et essendone uscito per lei della schiera uulgare cioe della turba del uolgo doue regna la ignorantia: et ogni doctrina e/sbandita. Adunque amaua sommamente Beatrice: perche se non lhauessi amata non harebbe sopportato le fatiche et le uigilie che sopporto per acquistarla: Ne sanza somma faticha et studio lungho si puo conseguire alchuna doctrina. Onde Oratio. Qui studet optatam cursu contingere metam Multa tulit fecitque puer sudauit et alsit Abstinuit Venere et Baccho. Douea adūque Beatrice uolere soccorrerlo: Et similmente non gli mancaua el potere, pche alla teologia sono note le uie che guidono alla salute. Onde el psalmista Notas mihi fecisti uias tuas. Et quelle che liberano dallonferno. Onde altroue dixe Quoniam non relinques animam meam in inferno. NON odi tu: Quasi dica tu debbi pure udire. LA PIETA del suo pianto: Et certamente merita essere exaudito chi supplicha chon tanto pianto. Nella pieta del suo pianto sono due chose: le lachrime: et lhumile adomanda del soccorso. Sanza lequali nessuno constituito nella miseria de peccati puo impetrare aiuto da dio. Imperoche prima conuiene che si penta deglierrori passati. Ilche si dinota per le lachrime. Dipoi humiliandosi confessi non potere per se medesimo sanza laiuto diuino liberarsi dal peccato. NON VEDI tu la morte chel combatte: perche era combattuto dalle fiere cioe da uitii: equali sono la morte dellanima. SV LA fiumana: dobbiamo intēdere [illegible] cequale corrtua appie del colle. Et piglia igne [illegible] delle chose terrene. Et per questo el psalmista: Circu [illegible] non infrige in fi [illegible] le perturbationi et inique passioni [illegible] Onde veggiamo che Moyse po [illegible] la fortuna et la con [illegible] pel mezo [illegible] ONDE: cioe [illegible] Dipoi sog [illegible] che non e/alchuno o [illegible] nellhuomo lui. [illegible] a Danthe; ma mando [illegible] al cielo cioe alla con [illegible] necessario ad que [illegible] con la phi [illegible] de Beatrice [illegible] VEN [illegible] nella con [illegible] Ma quando uiene [illegible] Virgilio cioe piglia e precepti dati da [illegible] nella morale doctrina: laqua [illegible] come nelle nostre disputationi [illegible] et a che fede.

[illegible]

[illegible] recitato Danthe leparole lequali be [illegible] in persuaderlo al soccorso di Danthe [illegible] alle parole lachrimo per [illegible] Et per questo uuole dimo [illegible] al peccatore: et perche [illegible] del peccatore ma che si converta [illegible] Beatrice lucenti. Ilche dimo [illegible] theologia: et la sua grã [illegible] ha occhi daquila: che [illegible] et non labbaglia: i. ha possa [illegible] lo splendore della diuina uerita: et soffe [illegible] lachrimosi. Ilche dinota cõpassi [illegible] discreta et compassioneuole [illegible] inuerso el peccatore. Onde e/Disci [illegible] et humilis corde. Et altroue/ [illegible] leue. Ne [illegible] forze. Ne dice chi ci ricompero Togliete la croce mia et [illegible] et seguiti me. Che non e altro a dire se non che a ciaschun ha [illegible] piu presto. Per questo intenderemo che la clemen [illegible] Ouero diremo PERCHE mi fece del uenire [illegible] fa piu affrectare la ragione superiore. [illegible] Virgilio persuadeua Danthe che lo doues [illegible] ha dimostro che non solo lui: cioe la ragione superio [illegible] con la theologia gli saranno guida. Onde conchiu [illegible] animo. ET VENNI AD TE: cioe al tuo [illegible] ciocche ha mosso la ragione superiore a Dãthe [illegible] di seguitar Virgilio: cioe la ragione superi [illegible] quando epsa e/imperata dalla diuina gratia. DINANZI a quel [illegible] la cupidita delle chose terrene. Imperoche la ragione superiore il [illegible] la uera cognitione si toglie da uitii. CHE del [illegible] camino se subito che noi conosciamo doue consiste la feli [illegible] Ma perche come dice el propheta/ Nessuno puo salire al monte del signore se [illegible] nelle operationi: et nelle cogitationi. Pero bisogna fare la uolta lunga pellinferno et [illegible] epeccati et purgarsene. DVNQVE che e/perche perche restai. Que [illegible] questa oratione: laquale Virgilio ha usato uerso di Danthe. El cui principio fu. [illegible] IO ho bene la tua parola intesa. Nella quale hauendo noi dimostro el senso allegorico quanto ha potuto

el debole

el debole nostro ingegno dimostrreno: ma con brevita alchune cose appartenenti allarte oratoria. Et prima noteremo che loratione e/ in genere deliberativo. Ilche e/ quando vogliamo o persuadere o dissuadere alchuna cosa. Persuadiamo quando dimostriamo che quello che vogliamo che si faccia e/ honesto utile dilectevole et facile a fare. Voleva adunque persuadere Virgilio a Danthe che lo seguitassi per linferno purgatorio et paradiso; Ne manchava la voglia di seguire a Danthe; ma [illegible] gli [illegible] essere sufficiente a tale impresa. Adunque non era necessario gli mostrassi questo essere honesto et utile perche p se medesimo lo conoscieva: ma conveniva dimostrargli che limpresa era facile; perche non dubitava che le proprie forze non bastassino a tanta faticha [illegible] dalle forze divine: et pone che una donna gentile volendolo aiutare commove lucia afare quel medesimo et lucia muove beatrice et beatrice Virgilio: et di mostra ciaschuno di costoro haver forze sufficienti aiutarlo. Danthe adunque havendo buona volonta per se medesimo a tanta impresa havendo inteso poter fare pel mezo delaiuto che p se medesimo non poteva facil mente e/ persuaso a seguitar Virgilio. DVNQVE che e/ quello che [illegible] perche perche ristai cioe perche ti lievi dallimpresa. Et questa e la conclusione. PERCHE tanta vilta nel chuore allecte. Et certamente spesse volte consigliandosi lhuomo con la sensualita et con la ragione inferiore et non con la superiore in [illegible] se medesimo. DAPOI che tu tre donne benedecte. Mostra quanto sia laiuto elquale viene non da una: ma da tre: et dettre tali cioe di tal qualita: et benedecte quasi dica amate et mandate dadio. CVRON per te nella corte del cielo. cioe son tue procuratrici et advocate nella corte del cielo quasi dica in quel luogo dove si possono acquistare somma beatitudine. EL Mio parlare: cioe di me Virgilio: ilche significa el discorso che fa la ragione superiore: laquale non e/ ingannata da false ragioni: et non inganna altri; p che conosce el vero essendo el suo discorso per gliuniversali; dequali e/ vera scientia: et conoscendolo lo dimostra adaltri.

Qual efioretti dal nocturno gelo
  chinati et chiusi poichel sol glimbianca
  si drizan tutti aperti in loro stelo
Tal mi feci io di mia uirtute stancha
  et tanto buono ardire al cor mi corse
  chio cominciai chome persona franca
O pietosa colei che mi soccorse
  et tu cortese chubidisti tosto
  alle uere parole che ti porse
Tu mhai con disiderio el cor disposto
  si aluenir cholle parole tue
  chio son tornato nel primo proposto
Hor ua chun sol uolere e/ damendue
  tu ducha tu signore et tu maestro
  chosi gli dixi et poiche mosso fue
Entrai per lo camino alto et siluestro.

h Avea finitala sua oratione Virgilio. Dopo laquale volendo dimostrare el poeta essere stato al tucto persuaso: et informa rinfranchato che da tanta vilta era ritornato ad optima speranza dimostra questo per comperatione dicendo che chome efiori equali el freddo della nocte havea impallididi et richiusi: cioe facti languidi et passi venendo el sole sapreno et addirizono et rihanno el colore. Chosi Danthe elquale pel freddo della nocte cioe per la timidita: perche sempre la timidita nasce da manchamento di caldo/ pel freddo dico della nocte/ cioe che tale timidita nasce da tenebre nocturne cioe da ignorantia/ si rischaldo per lamenta del sole cioe pel lume della ragione illuminata dalle gia decte gratie. SI DRIZAN tutti aperti in loro stelo/ Cioe in su illoro gambo. Stele in greco significa colonna: Onde noi diciamo stile et stelo ogni chosa diricta et apta a sostenere. ET TANTO buono ardire al cor mi corse Cioe ripresi ardire elquale nasce dal cuore: onde noi diciamo rincorare per rifrancare. CHIO chominciai chome psona francha: cioe libera da ogni paura. O PIETOSA colei che mi soccorse. Et certamente nasce da divina pieta che lanimo nostro sia illuminato dalla gratia. ET TV Virgilio cortese. Cortese e/ colui che e liberale et benigno in sovvenire a bisogni. Adunque e/ officio di Virgilio cioe della ragione supiore quando e/ illuminata et mossa dalle tre donne essere cortese et prompta in soccorrere la ragione inferiore et la sensualita ammaestrandola a ubbidire esuoi precepti. ALLE uere parole che ti porse. Imperoche beatrice cioe la theologia: laquale vuole che Virgilio soccorra Danthe/ usa sempre parole et ragioni vere: TV Mhai chon desiderio el cor disposto. Dimostra quanto sia stata efficace la persuasione di Virgilio: chonciosia che non solamente la persuaso. Ma anchora lha persuaso con desiderio: cioe lha si infiammato che non solamente vuole ubbidirlo: ma si duole non lhavere gia ubbidito. Impero che desiderio e/ dolore dannno della chosa che non habbiamo: et vorremola havere. HOR VA chun sol volere e/ damendue. E/ necessario a voler tenere bene el camino che ci conduce alla felicita/ che una medesima volonta sia di Virgilio et di Danthe: cioe della ragione che guida: et della sensualita che ubbidisce che non importa altro/ se non che lappetito ubbidisca alla ragione. Tu ducha tu signore et tu maestro. Dicemmo poco avanti che e/ necessario alla salute del lhuomo che lappetito ubbidisca alla ragione. Ilperche interuiene che alchunavolta lui seguita la ragione/ stimando quella piu savia: et allhora e/ sua duce cioe guida. Alchunavolta e/ tanto repugnante che fa mestiere che la ragione lo costringha ad ubbidientia chome costrigne el signore elservo: et allhora e/ signore la ragione. Alchunavolta interviene che lappetito seguita chome illuminato et docto quella: et allhora ubbidisce chome a maestro. ET POI che mosso fue. Cioepoiche si mosse laragione. Perche non debba lappeti co muouerſi/ſe prima non ſi muoue la ragione. Entrai per lo camino alto; cioe profondo/chome diciamo alto mare et alto fiume; perche el primo camino fu per linferno cioe per la cognitione de uitii: equali ſono infimi; perche ſempre conſiſtono circa le choſe terrene. ET SILueſtro; perche chome dicemo nel princi pio epeccati naſcono dalla ſelua cioe dalla materia che e/elcorpo.

CANTO TERTIO DELLA PRIMA CANTICA

Per me ſi ua nella citta dolente
per me ſi ua nelletherno dolore
per me ſi ua tra laperduta gente
Iuſtitia moſſe el mio alto factore
fecemi la diuina poteſtate
la ſomma ſapientia el primo amore
Dinanzi a me non fur choſe create
ſe non etherne et io etherno duro
laſciate ogni ſperanza uoi chentrate
Queſte parole di colore obſcuro
udio ſcripte al ſommo duna porta
perchio maeſtro el ſenſo lor me duro.

Sono alchuni equali credonoche edue primi capito li ſieno ſtati inluoghi di proemio; et queſto terzo ſia el principio della narratione. Ma ſe conſiderremo chon diligentia tutta la materia/facilmente ſi puo prouare che la narratione comincia nel primo capitolo: et nel uerſo Io non ui ſo ben dire chomio uentrai. Imperoche Danthe narra in queſta ſua peregrinatione eſſerſi ritrouato nella ſelua: et hauere ſmarrito la uia Eſſerſi condecto appie del monte. Et dipoi eſſerſi addirizato uerſo el ſole per erto camino elquale lo conduceua aſaluamento ſe le tre fiere non lauessino ripincto al baſſo. Et finalmente ridocto quaſi al fondo hauere hauuto el ſoccorſo di Virgilio et dalle tre donne. Et p leſue parole eſſer pſuaſo laſciãdo el corto ãdare del mõte ſeguitarlo per linferno et purgatorio; laqual uia ſanza ſiniſtro intoppo lo puo conducere al cielo. Ilche ſignifica quello che gia diſopra habbiamo dimoſtro. Et ſe alchuno diceſſi che in amendue queſti canti molte choſe ſcriue conle quali capta beniuolẽtia et attẽtione et docilita: Enon ſi uieta che i ogni pte del poema non ſi poſſi fare queſto. Anzi maximamẽte ſirichiede allo ſcriptore che le capti douũque truoua occaſione di poterlo fare Hora perche ſiamo gia al puncto chel poeta deſcende nellinferno. Giudico ſia utile exprimere che choſa ſia inferno; et in quanti modi ſi dica alchuno ſcendere allinferno. Inferno adunque e/linfima; et baſſa parte del mondo/decto inferno da queſta dictione infra che ſignifica diſocto; Ne ſolamente dal popolo di dio e/ poſto lonferno; Ma anchora da molti poeti; et maxime da Homero da Virgilio. Ouidio. Statio; et Claudiano; Et molto piu egregiamente dal principe de philoſophi Platone/Coſtui incritone nel qual libro induce Socrate diſputante della immortalita dellanimo/dimoſtra che lanime humane dopo la morte ſono giudicate ſecondo le loro colpe; et nellonferno tormentate inſino atanto che ſi purghino/ſe epeccati non ſono ſtati molto graui. Ma quelle che hanno commeſſo ſcelerateze enorme; et ſono impurgabili ſecondo lui/ſono mandate in luogho piu profondo decto tartaro et quiui ſono afflicte inetherno con grauiſſimi ſupplicii. La quale oppinione e/molto ſimile alla chriſtiana fede; et abbraccia lonferno el purgatorio: Et la maggior pte degli scriptori pare saccordi che tale luogho sia nel centro della terra o poco lontano; et maxime echristiani perche iui sono le tenebre exteriori; cioe distanti dalla luce; et euui pianto et stridore di denti; et el propheta scriue; Eripuit dominus animam meam de inferno inferiori. Et epsa uerita dixe/ chel figliuolo dellhuomo haueua a essere nel cuore della terra tre giorni et tre nocti. Perchelcentro e/nel mezo del globo della terra; chome elcuore e/nel mezo del corpo. Et perche molti dicono questo non potere essere; Conciosia che nella solidita della terra non possa essere luogho cauernoso et uoto/si dimostra che chome gli spiriti celesti; et anchora quegli che sono immondi posson facilmente penetrare ogni dura et soda chosa/chosi lanime possono se dio noi uieta penetrare pertutto. Nientedimeno chi chon diligentia legge emodali di Gregorio uedra che lonferno e/dal principio di questo nostro aere caliginoso infino al centro: Et comincia laere caligioso cinque miglia sopra la terra; perche in questo spatio poson tanto euapori che salghono in su dalla terra/ che ui fanno nuuoli uenti piogge neui grandine et simil chose/chome tracta Aristotele nella sua meteora: la quale molti chiamano metaura per ignorantia della greca lingua. Et meritamente considerando laltezze de cieli questo aere si puo chiamare iferno cioe luogo basso. Onde essendo gliangeli apostati et rebelli a dio demersi dalle celeste sedie in questo aere caliginoso; diloro dixe Piero appostolo che erono nellinferno. Lascio indrieto la diuisione laquale fanno eplatonici nel distinguere eluoghi inferni da superni. Ne nestamo quello che intesono gliantichi nella fauola doue e/la diuisione di tre frategli; Et quello che significa che a Ioue cioe lo; a Neptunno elmare; et a Plutone lonferno tocchassi/chose sanza fallo non inutili a saperle. Ma nō molto pertinenti al proposito nostro. Non uoglio nientedimeno preterire che Riccardo de media uilla uuole che sia inferno proprio quella parte laquale e/intorno al centro: et quella che e/sopra questa sia ellimbo; et sopra ellimbo pone el purgatorio. Et poi sopra al purgatorio infino alla superficie della terra pone el seno di Habraham; Ma di questi direno nel principio della seconda cantica. Hora decto dellinferno / resta ad intendere che chosa sia scendere nellinferno: et in quanti modi si puo dire alchuno andarui. Et pigliando di qui el principio diremo che elprimo descenso secondo eplatonici e/quando lanima uiene nel corpo. Ma di questo alpresente niente diremo perche non si potrebbe explicare sanza molte parole: et alla presente opera non e/ molto necessario; Ne puo per tutte le parti essere consono alla christiana religione. El secondo descenso diciamo quando lanima nostra peccando chade neuitii; perche si discosta dalla celeste sublimita; et socterrasi ne terreni desiderii; Et gia se non si emenda sempre rouina in piu basso luogho/onde possiamo dire quella esser nellinferno. Ilche acioche meglio si conosca E/da notare che lhuomo fu posto dal suo creatore ne confini delle creature rationali et inrationali. Imperoche sopra se ha lecreature rationali; chome sono tutti gliāgeli. Perche cominciandosi da primi seraphini; et descendendo per le tre hierarchie; et noue ordini dopo gliultimi angeli seguita lhuomo; et dopo lui non e/piu creatura rationale; Ma seguitano le irrationali et glianimali bruti. Resta adunque che lhuomo sia posto ne confini delle rationali et irrational creature. Ma perche dio lo creo immediate ad sua imagine; et similitudine; et lasciollo nel suo libero arbitrio doperare bene et male/interuiene che per sua uirtu; et col fauore della diuina gratia si puo eleuare inalto sopra lhumana conditione; et salire a cieli. Et chosi quando pe suoi errori e/destituto dalla diuina gratia declina albasso; et cade dalla conditione humana; et diuenta bestia. Imperoche chome per la uirtu noi cialziamo al cielo trapassando sopra lo stato humano/chosi pe uitii rouiniamo nellonferno; Et questo e/elsecondo descenso allonferno. El terzo e quãdo dopo la morte lanima peccatrice e/dannata adhabitare simile luogho; et quiui chome in perpetuo carcere e relegata. Seguita el quarto et quanto edue superiori sono pernitiosi alla salute nostra/tanto questo e/salutifero. Imperoche diciamo scendere nellinferno quando ētriamo nella contemplatione de uitii per conoscergli; et conosciutogli cerchiamo abstenercene; et purgarcene; et farci idonei a salire alla contemplatione. Et in questo modo induce Virgilio Enea essere sceso allonferno. Et in questo medesimo modo al presente Danthe seguitando Virgilio ua allonferno chome gia piu uolte habbiamo dimostro. Niētedimeno nel descriuer lonferno seguita quello; che echristiani pongono delle pene eterne pe dãnati. Informa che parimente tracta lonferno essentiale el morale. El quīto descenso posono alchuni per arte magica; del quale disocto accadera tractare. Et secondo questa sua descriptione elpricipio dellonferno e/dalla superficie della terra; et ua scendendo insino al centro/Informa che quanto piu scende/tanto piu si ristringha alluogho; et maggior sieno le pene. Ne uoglio pretermettere el mirabile ingegno; et da ogni parte rectamente excogitata inuentione di Danthe; elquale chon inusitata forma finge che duna medesima materia sia lonferno et elpurgatorio; Et benche muti el sito del purgatorio; et induca nuoua regione a quello. Nientedimeno nulla chosa dice contro alla nostra religione. Et satisfa a due dubii non picchol chome poco disocto dimostrerremo. Vuole adunque che lonferno non fussi prima chel peccato che nellonferno hauessi a esser punito. Et essendo la terra chosa soda; et per questo non facile ariceuere tanto uacuo che fussi capace dellinferno/Imagina che quando Lucifero cadde da cieli; et profondo insino al centro/pinse tãto di terra dalla parte del nostro hemisperio; quanto rimase di uacuo; Et quella terra chosi pinta surse nel laltro hemisperio; et fece el monte del purgatorio. Questa sua fictione fa uerisimile che socto terra sia uacuo pellinferno. Et perche secondo ephilosophi laltro hemisperio e/tanto habitabile quanto el nostro; et parrebbe che la natura lhauessi facto indarno se non ui fussino chi lhabitassi / Rimane per la fictione di Danthe che non sia inuano habitabile poiche uhabitano lanime del purgatorio. Et non saremo constrecti secondo ephilosophi a cōfessare che ui sieno huomini chome di qua habitandoui lanime. Imperoche se ui fussino to muouersi/se prima non si muoue la ragione. Entrai per lo camino alto; cioe profondo/chome diciamo alto mare et alto fiume; perche el primo camino fu per linferno cioe per la cognitione de uitii: equali sono infimi; perche sempre consistono circa le chose terrene. ET SILuestro; perche chome dicemo nel principio epeccati nascono dalla selua cioe dalla materia che e/elcorpo.

CANTO TERTIO DELLA PRIMA CANTICA

p Er me si ua nella citta dolente
per me si ua nelletherno dolore
per me si ua trà laperduta gente
Iustitia mosse el mio alto factore
fecemi la diuina potestate
la somma sapientia el primo amore
DInanzi a me non fur chose create
se non etherne et io etherno duro
lasciate ogni speranza uoi chentrate
Queste parole di colore obscuro
uidio scripte al sommo duna porta
perchio maestro el senso lor me duro.

s Ono alchuni equali credonoche edue primi capitoli sieno stati inluoghi di proemio; et questo terzo sia el principio della narratione. Ma se considerremo chon diligentia tutta la materia/facilmente si puo prouare che la narratione comincia nel primo capitolo: et nel uerso Io non ui so ben dire chomio uentrai. Imperoche Danthe narra in questa sua peregrinatione esser si ritrouato nella selua; et hauere smarrito la uia Essersi condecto appie del monte. Et dipoi essersi addirizato uerso el sole per erto camino elquale lo conduceua asaluamento se le tre fiere non lauessino ripincto al basso. Et finalmente ridocto quasi al fondo hauere hauuto el soccorso di Virgilio et dalle tre donne. Et p lesue parole esser psuaso lasciãdo el corto ãdare del mõte seguitarlo per linferno et purgatorio; laqual uia sanza sinistro intoppo lo puo conducere al cielo. Ilche significa quello che gia disopra habbiamo dimostro. Et se alchuno dicessi che in amendue questi canti molte chose scriue conle quali capta beniuolẽtia et attẽtione et docilita: Enon si uieta che i ogni pte del poema non si possi fare questo. Anzi maximamẽte si richiede allo scriptore che le capti douũque truoua occasione di poterlo fare. Hora perche siamo gia al puncto chel poeta descende nellinferno. Giudico sia utile exprimere che chosa si a inferno; et in quanti modi si dica alchuno scendere allinferno. Inferno adunque e/linfima; et bassa parte del mondo/decto inferno da questa dictione infra che significa disocto; Ne solamente dal popolo di dio e/ posto lonferno: Ma anchora da molti poeti; et maxime da Homero da Virgilio. Ouidio. Statio; et Claudiano; Et molto piu egregiamente dal principe de philosophi Platone/Costui incritone nel qual libro induce Socrate disputante della immortalita dellanimo/dimostra che lanime humane dopo la morte sono giudicate secondo le loro colpe; et nellonferno tormentate insino atanto che si purghino/se epeccati non sono stati molto graui. Ma quelle che hanno commesso scelerateze enorme; et sono impurgabili secondo lui/sono mandate in luogho piu profondo decto tartaro et quiui sono afflicte inetherno con grauissimi supplitii. La quale oppinione e/molto simile alla christiana fede; et abbraccia lonferno el purgatorio: Et la maggior pte degli scriptori pare saccordi che tale luogho sia nel centro della terra o poco lontano; et maxime echristiani perche iui sono le tenebre exteriori; cioe distanti dalla luce; et euui pianto et stridore di denti; et el propheta scriue: Eripuit dominus animam meam de inferno inferiori. Et epsa uerita dixe/ chel figliuolo dellhuomo haueua a essere nel cuore della terra tre giorni et tre nocti. Perchelcentro e/nel mezo del globo della terra; chome elcuore e/nel mezo del corpo. Et perche molti dicono questo non potere essere; Conciosia che nella solidita della terra non possa essere luogho cauernoso et uoto/si dimostra che chome gli spiriti celesti; et anchora quegli che sono immondi posson facilmente penetrare ogni dura et soda chosa/chosi lanime possono se dio noi uieta penetrare pertutto. Nientedimeno chi chon diligentia legge emorali di Gregorio uedra che lonferno e/dal principio di questo nostro aere caliginoso insino al centro: Et comincia laere caligioso cinque miglia sopra la terra; perche in questo spatio poron tanto euapori che salghono in su dalla terra/ che ui fanno nuuoli uenti piogge neui grandine et simil chose/chome tracta Aristotele nella sua meteora; la quale molti chiamano metaura per ignorantia della greca lingua. Et meritamente considerando lalteze de cieli questo aere si puo chiamare iferno cioe luogo basso. Onde essendo gliangeli apostati et rebelli a dio demersi dalle celeste sedie in questo aere caliginoso; diloro dixe Piero appostolo che erono nellinferno. Lascio indrieto la diuisione laquale fanno eplatonici nel distinguere eluoghi inferni da superni. Ne narro quello che intesono gliantichi nella fauola doue e/la diuisione di tre frategli; Et quello che significa che a Ioue elcielo; a Neptunno elmare; et a Plutone lonferno tocchassi/chose sanza fallo non inutili a saperle. Ma nõ molto pertinenti al proposito nostro. Non uoglio nientedimeno preterire che Riccardo de media uilla uuole che sia inferno proprio quella parte laquale e/intorno al centro: et quella che e/sopra questa sia ellimbo; et sopra ellimbo pone el purgatorio. Et poi sopra al purgatorio insino alla superficie della terra pone el seno di Habraham; Ma di questi diremo nel principio della seconda cantica. Hora decto dellinferno / resta ad intendere che chosa sia scendere nellinferno; et in quanti modi si puo dire alchuno andarui. Et pigliando di qui el principio diremo che elprimo descenso secondo eplatonici e/quando lanima uiene nel corpo. Ma di questo alpresente niente diremo perche non si potrebbe explicare sanza molte parole; et alla presente opera non e/ molto necessario; Ne puo per tutte le parti essere consono alla christiana religione. El secondo descenso diciamo quando lanima nostra peccando chade neuitii; perche si discosta dalla celeste sublimita; et socterrasi ne terreni desiderii; Et gia se non si emenda sempre rouina in piu basso luogho/onde possiamo dire quella esser nellinferno. Ilche acciochе meglio si conosca E/da notare che lhuomo fu posto dal suo creatore ne confini delle creature rationali et inrationali. Imperoche sopra se ha lecreature rationali; chome sono tutti gliãgeli. Perche cominciandosi da primi seraphini; et descendendo per le tre hierarchie; et noue ordini dopo gliultimi angeli seguita lhuomo; et dopo lui non e/piu creatura rationale; Ma seguitano le irrationali et glianimali bruti. Resta adunque che lhuomo sia posto ne confini delle rationali et irrational creature. Ma perche dio lo creo immediate ad sua imagine; et similitudine; et lasciollo nel suo libero arbitrio doperare bene et male/interuiene che per sua uirtu; et col fauore della diuina gratia si puo eleuare inalto sopra lhumana conditione; et salire a cieli. Et chosi quando pe suoi errori e/destituto dalla diuina gratia declina albasso; et cade dalla conditione humana; et diuenta bestia. Imperoche chome per la uirtu noi cialziamo al cielo trapassando sopra lo stato humano/chosi pe uitii rouiniamo nellonferno; Et questo e/elsecondo descenso allonferno. El terzo e quãdo dopo la morte lanima peccatrice e/dannata adhabitare simile luogho; et quiui chome in perpetuo carcere e relegata. Seguita el quarto et quanto edue superiori sono pernitiosi alla salute nostra/tanto questo e/salutifero. Imperoche diciamo scendere nellinferno quando ẽtriamo nella contemplatione de uitii per conoscergli; et conosciutogli cerchiamo abstenercene; et purgarcene; et farci idonei a salire alla contemplatione. Et in questo modo induce Virgilio Enea essere sceso allonferno. Et in questo medesimo modo al presente Danthe seguitando Virgilio ua allonferno chome gia piu uolte habbiamo dimostro. Niẽtedimeno nel descriuer lonferno seguita quello; che echristiani pongono delle pene eterne pe dãnati. Informa che parimente tracta lonferno essentiale el morale. El quĩto descenso posono alchuni per arte magica; del quale disocto accadera tractare. Et secondo questa sua descriptione elprĩcipio dellonferno e/dalla superficie della terra; et ua scendendo insino al centro/ Informa che quanto piu scende/tanto piu si ristringha alluogho; et maggior sieno le pene. Ne uoglo pretermettere el mirabile ingegno; et da ogni parte rectamente excogitata inuentione di Danthe; elquale chon inusitata forma finge che duna medesima materia sia lonferno et elpurgatorio; Et benche muti el sito del purgatorio; et induca nuoua regione a quello. Nientedimeno nulla chosa dice contro alla nostra religione. Et satissa a due dubii non piccholi chome poco disocto dimostrerremo. Vuole adunque che lonferno non fussi prima chel peccato che nellonferno hauessi a esser punito. Et essendo la terra chosa soda; et per questo non facile ariceuere tanto uacuo che fussi capace dellinferno/ Imagina che quando Lucifero cadde da cieli; et profondo insino al centro/pinse tãto di terra dalla parte del nostro hemisperio; quanto rimase di uacuo: Et quella terra chosi pinta surse nellaltro hemisperio; et fece el monte del purgatorio. Questa sua fictione fa uerisimile che socto terra sia uacuo pellinferno. Et perche secondo ephilosophi laltro hemisperio e/tanto habitabile quanto el nostro; et parrebbe che la natura lhauessi facto indarno se non ui fussino chi lhabitassi / Rimane per la fictione di Danthe che non sia inuano habitabile poiche uhabitano lanime del purgatorio. Et non saremo constrecti secondo ephilosophi a cõfessare che ui sieno huomini chome di qua habitandoui lanime. Imperoche se ui fussino habitatori glhuomini nascerebbe inconueniente; perche non harebbono potuto hauere la doctrina euangelica chome noi. Oueramente haranno a incorrere nellerrore dorigene: elquale dixe che Christo fu unaltrauolta crucifixo in quello hemisperio per ricomperare loro come haueua ricomperato noi. Ma del sito et spatio dellinferno discripto da questo poeta spero diremo piu distinctamente quando arriueremo al basso: et con piu dimostratione che forse altro che nhabbi scripto Maxime con laiuto delnostro Antonio Manetti elquale con suo ingegno matematico ha inuestigato cose molto uerisimili et quasi dimostratiue. Ma tornido onde ci partimo. E/da considerare che alchuna uolta tracta de uitii nel modo che sono nellanime seperate dal corpo et dannate nellonferno. Alchunauolta nel modo che sono nellhuomo anchora uiuente et in corpo.

PER ME si ua. Finge qui el poeta esser la porta dellonferno; etsopra la porta essere scripte queste parole: lequali parli la porta; et dica per me porta si ua nella citta dolente; cioe io sono lentrata per laquale si ua nellinferno elquale chiama citta dolente/ perche in epso non si truoua altro che dolore. Imperoche se intēdiamo inferno elluogho doue secondo la uera nostra religione sono tormentate lanime de dannati/ qual puo essere maggior dolore che trouarsi in assidui et grandissimi supplicii sanza speranza dalchun fine? Et se intendiamo moralmente secondo gliantichi che scendere nellinferno sia contaminare: et maculare di uitii et sceleratezze lanima sua; laqual di sua natura e/pura et semplice et sanza macula: qual puo essere maggiore cruciato che lassiduo tormento della conscientia? laquale di et nocte ci stimola: et la paura delle pene ciuili? et dellinfamie? et dellira di dio? Et nota che el poeta exorna questo principio con due colori rhetorici usando repetitione et expolitione: Chiamano repetitione ogni uolta che piu clausule comīciano da una medesima dictione o parola; chome qui in tre uersi sono tre clausole. Et intendi che clausola e una parte del parlare: laquale in quāto parte e/perfecta: chome dicendo: Per me si ua nella cipta dolente: Veggiamo che questa e/una parte di parlare compiuta. Sono adunque in tre uersi tre clausule: et ciaschuna comincia da questa parola per me. Questa adunque e/repetitōe. Expolitione e/quando inpiu clausule/ benche le parole sieno diuerse; Niente dimeno la sententia e/quasi quella medesima: Chome qui doue benche altre parole sieno Per me si ua nella citta dolente: et altre per me si ua nelletherno dolore: et altre Per me si ua tra la perduta gente: Nientedimeno e/quasi una medesima sentencia. Preterea fa augumento: Imperoche pone questi tre uersi informa che sempre quel che segue arroge qualche chosa piu. Imperoche el primo ha dolore: el secondo etherno dolore; el terzo ha perditione: laquale fa eldolore grandissimo. E/adunque dolore et dolore etherno: et dolore grandissimo. Ne potea el poeta usar parole piu horrende aspauentare glhuomini da uitii. Et non fece mentione che la porta saprissi. Adunque seguita che sta sempre aperta. Ilche dinota che dogni tempo et dogni eta: et in ogni stato puo lhuomo cadere ne uitii. Ma ritornare da quegli alla uirtu e/difficile/ Facilis descensus auerni; Noctes atque dies patet atri ianua ditis: Sed reuocare gradum superasque euadere ad auras Hoc opus hic labor est. NELLA CITTA Posequesto nome citta chome usa eluolgo: elquale chiama citta ogni gran congregatione dhuomini inqualunque modo uiuino. Ma edocti chiamano citta solamēte una multitudine dhuomini congregati con concordia a uiuere bene et rectamente. Onde Cicerone dimostra Roma non essere stata citta nel tempo che ecaptiui regnauano: et ebuoni erono in exilio. Ma Aurelio Augustino pare che ogni ceto et congregatione uoglia chiamare citta: Et pero ne pone due Vna secondo la carne. Laltra secondo lo spirito: Quella secondo la carne e/citta de rei. et chiamala Babylon che significa confusione; perche ne uitii sempre e/confusione: et comincio da Cain: elquale per inuidia uccise Abel suo fratello. Onde commisse el primo homicidio et fu fratricida. Laltra citta che e/secondo lo spirito e/de buoni: et comincio dabel et chiamasi Hierusalem. Quella di Babylon precipita esuoi habitatori nellonferno: et di quello gli fa cittadini. Ilperche in questo modo si puo dire citta. Quella di Hierusalem gli fa salire al cielo doue e/ Hierusalem citta celeste/ habitata da beati: equali lappostolo chiama ciues sanctorum et domestici dei. Et chome queste sono due cipta diuerse: chosi dalloro nascono due spetie di diuersi amori. Imperoche laceleste ama tanto dio che niente stima se. La terrena ama tanto se che non stima idio. Et questa e/ la cipta che el poeta alpresente dice essere dolente. GIVSTITIA mosse el mio alto factore: Non si puo adunque ramaricare alchuno dellinferno; poiche e/fondato in su la giustitia. Et certo fu giusta chosa che idio ordinassi cōuenienti supplicii a peccati. Imperoche chome dice Aurelio Augustino lordine della giustitia riluce piu nellonferno che in cielo. Perche nessuno e/nellinferno chenon lomeriti: et nessuno e imparadiso che lomeriti interamente. EL Mio alto factore: Non puo essere alto factore se non e/iddio. Adunque bisogna che sia etherno: et inreuocabile. Ne sia chi si lamenti essendo facto giustamente: et da chi e omnipotente: usa un colore rhetorico chiamato interpretatione. Questo e/quando habbiamo posto un uocabolo: et dipoiinterpretiamo quello che esignifica. Dixe el mio alto factore cioe iddio: Et chome christiano dimostra questo dio essere unico in essentia. Imperoche dixe el mio alto factore: et non emiei alti factori. E/ adunque uno dio in essentia. Dipoi dimostra in questa essentia essere tre persone. Padre per la potentia/ figliuolo per la sapientia/ spirito sancto perlamore. Iddio inquanto padre crea: inquanto figliuolo ordina: et distribuisce; in quanto spirito sancto conserua. Ma della trinita accadera dire piu distesamente in altro luogho. Ma qui ha facto mentione di quella per dimostrare che non e/da dubitare che lonferno non sia etherno poiche e/facto da chi per somma potentia poteua: et per somma sapientia sapea: et per amore uoleua farlo cosi. LA DIVINA potestate: Adunque in refragabile. LA SOMMA sapientia: Adūque infallibile el primo amore: Eraui adunque stabil uolonta. DINANZI a me non fur cose create/ se non etherne: Creature etherne furono la prima materia ecieli et gliangeli; E/adunque optima argumentatione a prouare che linferno sia etherno. Imperoche se chi haueua a essere ipene e etherno; E/necessario che elluogho della pena sia etherno E/uerisimile che gliangioli fussino creati innanzi che lonferno. Imperoche prima debba essere la colpa che la punitione della colpa. Adunque quando dio creo el cielo et la terra/constitui nel centro depsa terra el luogho doue gliangioli ribelli a dio hauessino etherne pene. Ne debba parere absordo che lhuomo sia punito ethernalmente; chonciosia che pecchi temporalmente; perche el peccato formalmente e/contro a dio/el quale e/etherno. Questo dice Gregorio; Et Augustino aggiugne che sappartiene alla diuina giustitia; che colui non manchi mai di tormento; elquale non uolle mai manchare di peccato. LASCIATE ogni sperã aa uoi chentrate. Questo sintende dellanime lequali dopo la seperatione del corpo rimanghono dannate. Puossi similmente intendere di quegli che uanno allinferno; cioe entrono ne uitii; et fannone habito. Imperoche o altutto impossibile e/o molto difficile a chi ha facto habito de uitii/potersene liberare. Et se dicessi che se e/uero che chi ha facto habito non puo uolendo abstenersi dal uitio; non gli debba essere imputato a uitio. Imperoche ne le uirtu a uirtu ne el uitio al uitio e/imputato se non e uolontario; et questo sarebbe inuolontario; Rispondo secondo Aristotele nelletica/che dato che non sia ĩ potesta dellhuomo ritrarsi daluitio dopo lhabito facto; Nientedimeno pecca uolontario; Perche elprincipio de gliacti uitiosi fu uolontario et poteua ritrarsene; chome trahendo una saetta per uccidere lhuomo benche poi che e/uscita del larcho disideri che non colgha; Nientedimeno cogliendo et uccidendo diremo che sia uolontario; perche da principio fu in sua potesta di trarre et di non trarre la saetta. DI COLORE obscuro; Conueniente colore allonferno; elquale essendo socto terra conuiene sia obscuro. E/obscuro lonferno/perche doue non arriuano e razi delsole bisogna ui sieno tenebre. El sole significa scientia et uerita laquale mentre e/nel huomo non ue la tenebra della ignorantia donde procede ogni uitio. E/adunque nello inferno obscurita et tenebre a dinotare che ogni uitio nasce quãdo nellanima e/spento ellume della ragione; onde rimane nelle tenebre; et chi ua nelle tenebre percuote; Onde e/salubre precepto quello del signore che andiamo mentre che habbiamo la luce. Oueramente erono di colore obscuro le parole scripte dellonferno a dinotare che come nello obscuro difficilmente si discerne cosi e/stato difficile a intendere lonferno; conciosiache origene tanto huomo; et di tanta doctrina; et di si excellente uita; et alcuni altri errandoci sommamente credessino che lonferno non fussi etherno. Ma che dopo molto tempo ogni anima hauessi a esser salua. EL SENSO loro me duro. cioe la sententia di queste parole me molesta et aspra; Et meritamente gli douea parere duro hauere a entrare donde non hauessi speranza duscire. Et certo la ragione inferiore con la sensualita giudica essere molto duro et difficile scendere nella meditatione de uitii; et non rimanere chosi presa dalle illecebre et lusinghe di quegli; chome luccielllo al uesco el pescie allhamo. Dubitaua adunque di questo; et era assalito da uilta. Ilche conoscendo Virgilio risponde.

Et quegli a me chome persona accorta
qui si conuien lasciare ogni sospecto
ogni uilta conuien che qui sia morta
Noi sian uenuti alloco ouio tho decto
che tu uedrai legenti dolorose
channo perduto el ben dellontellecto.
Et poi che lasua mano alla mia pose
con lieto uolto ondio mi confortai/
mi misse drento alle secrete chose.

c Home habbian decto niente altro significa che Dãthe sia sbigottito per le parole scripte al sommo duna porta; se non che la ragione inferiore con la sensualita persuasa dalla ragione superiore giudica; che uolẽdo arriuare alla felicita; sia necessario prima scẽdere nel lonferno; cioe nella contẽplatione de uitii; et conosciutogli purgarsene. Ma dipoi leggendo queste parole; cioe considerando che chi ne facessi habito/non ne puo uscire/sbigottisce; et teme che ripensando le chose uoluptuose et gioconde a sensi non truoui el serpente nascoso tra lherbe et tra fiori. Ma la ragion superiore lammonisce; che pigli animo franco; et forte; et in nessuno modo inuilisca; et porgegli la mano cioe laiuto suo. Et fa a Dãthe quel medesimo hora Virgilio; che fe la sybilla ad Enea; quando ladmonisce che con franco animo pigli el camino; et tenghi la spada fuori della guaina. Ilche significa che in tale meditatione si debba hauere animo forte; et inuicto; et armato contro a uitii accio che da quegli non sia superato. ET EGLI a me chome persone accorta; cioe prouida et circunspecta et ueloce a intendere. Et certo la ragione superiore e/quella per la cui circũspectione; e antiuedere preuegnamo alla ruina; nella quale caderebbe lappetito et la ragione inferiore/se non preuenisse. QVI si conuien lasciare ogni sospecto; El sospecto nascie da manchamento di scientia. Et per dubitare Danthe cioe la ragione inferiore/che non si possa trascorrere per la cognitione de uitii sanza coinquinarsi in quegli/dubita entrãdoui non farne tale habito; che non ne possa uscire. Ma la ragione superiore intende che e uitii contrarii alle uirtu morali non si commettono per sapergli; ma per operare secondo quegli. OGNI uilta; laqual nasce dalla suspictione. Admoniscelo adunque che sarmi di francheza danimo; Similmẽte exorta la sybilla Enea. Tuque inuade uiam uaginaque eripe ferrum. Nunc animis opus est Eneas/ nunc pectore firmo. CHANNO perduto el bene dellontellecto. i. hanno perduto idio; elquale e/ultima beatitudine et uerita; Et come afferma aristotele nel terzo libro dellanima. Bonum intellectus est ultima beatitudo. Ilperche Thomaso aquinate dimostra nel suo libro contra gentiles Oportet ultimum finem uniuersi esse bonum intellectus. Hoc autem est ueritas Oportet igitur ueritatem esse ultimum uniuersi totius finem. Per questo dixe Augustino: che erei potendo uorrebbono piu tosto stare nellinferno et uedere iddio/che esserne di fuora et nol uedere. ETPOICHE la sua mano alla mia pose: Non puo Dāthe ētrare sanza laiuto della ragione superiore et della morale doctrina. Et per questo Virgilio gli porge la mano. i. lo souuiene chon la sua possa. Impero che mano spesseuolte si piglia per la potentia. CON lieto uolto. Imperoche lontellecto perche ha uera cognitione e/sicuro et mostrasi lieto alla sensualita. ALLE segrete chose: Se intendiamo dellinferno essentiale/ Diremo secrete chose: perche non sono note a nessuno uiuente: se non per reuelatione. Se intendiamo della contemplatione de uitii/sono secrete chose perche non sono note se non a chi ha doctrina; et speculatione

Quiui sospir con pianti et alti guai
risonauan per laer sanza stelle
perchio al cominciar ne lagrimai.
Diuerse lingue. horribili fauelle.
parole di dolor. accenti dira.
uoci alte et fioche et suon di man conelle
Faceuanun tumulto elqual saggira
sempre in quellaria sanza tempo tinta
chome lharena quando al turbo spira.
Et io chauea derrore la testa cinta
dixi maestro che e/quel chiodo:
et che gente e che par nelduol si uinta:

E/ gia drento alla porta dellonferno el poeta: Et perche italemeditatione dobbiamo riceuere lactioni: et operationi dellhuomo; perche in quelle consistono le uirtu morali se la regola della ragione le corregge: et chosi per loppposito e uitii/non le correggendo ciocorrono allamente prima quegli: loperation dequali sono state o niente o si uili che rimanghono in obscuro: Et chome scriue Salustio Horum uita morsque iuxta est: quoniam de utraque siletur. Exprime adunque el uiti o della uilta et pusillanimita; laquale īpedisce lhuomo elquale e/prodocto da dio o per operare nella uita actiua: o per meditare nella contemplatiua/informa impigrisce per non hauere in se alchuna generosita danimo che abbandona ogni honorata et excellente impresa. Et benche noi siamo nati chome scriue Platone/peressere utili a noi et a glialtri. Nientedimeno chostui ne ad se ne adaltri gioua. Et uiue in tanta pigritia: che a se medesimo uiene in dispecto: Et chome quegli che si danno a qualche honesto exercitio si dolgano chel tempo gli mancha: cosi questi per loposito si lamentono che gliauanzi. Ilche sapientissimamente exprime inquesti uersi Francesco Petrarcha. O misero colui che egiorni conta Et pargli lun millanni endarno uiue; Et seco in terra mai non si raffronta. Non e/adunque marauiglia se finalmente accorgendosi hauer perduto el tempo elquale poteano spendere utilissimamente habbino sommo pentimento: et rimanghino in pianto et lucto. Perche chome scriue Persio Tunc crassos transisse dies lucemque palustrem: Et sibi iam seri uitam ingemuere relictam. Questo pentimento uolendo dimostrare Danthe discriue quello che fanno quegli che sono in gran dolore. Impero che sospiri uengono da anxieta: et angustia di cuore. PIANTI: sono uoci lachrimose. GVAI: uoci querule et rammarichose. RISONAVONO: rimbombauono. SANSA stelle. Imperoche disocto terra nō si ueggono stelle. Preterea questi uilissimi sono sanza stelle: cioe sanza alchuno splēdore di gloria. Et allegoricamente doue sono uitii non sono stelle; cioe non ue alchuna luce: ma ogni chosa e/tenebra. Imita Virgilio Doue dice: Ibant obscuri sola sub nocte per umbras; perque domos ditis uacuas et inania regna. PERCHIO al cominciare ne lachrimai: E/chosa humana hauer compassione a gliafflicti: et condolersi di chi e/nelle tenebre del peccato. DIVERSE lingue/a dimostrare che da ogni regione quiui erono congregati. Et allegoricamente sono diuerse le lingue de peccatori. Imperoche chome nelle uirtu e una perpetua consonantia et harmonia: chosi per loppposito ne uitii e/discordantia et contrarieta. Onde Aristotele nellethica. Vero omnia consonant. Falso autem cito dissonat uerum. HORRIbili fauelle: quasi horrendi ragionamenti. Ilchonascie da somma disperatione. PAROLE di dolore: cioe tali quali produce el dolore. ACCENTI dira: Accento diciamo debita pronuntiatione di uoce: et e/accento acuto graue et circūflexo. Et ueggiamo che chon altri accenti pronuntia le medesime parole chi e/in letitia et con piacere: et cō altri chi e/in ira o in altra perturbatione. Onde interuiene spesseuolte che udendo parlare alchuni / benche non scorgiamo le parole loro; ne intendiamo quello che dicono: Nientedimeno per gliaccenti ciaueggiamo se sono irati o lieti. Et certo che maggior pena puo essere a chi e/uixuto sanza alchuna uirtu: che alla fine conoscere quanto bene ha lasciato in drieto. Ilperche Persio priegha iddio che non punisca gli scelerati tyranni con altra pena/se non che dimostri loro che excellente chosa sia la uirtu: accioche si dolghino: et chon rabbia si rodino non lhauere seguitata; et exercitata: elqual tormento excede et auanza tutti glialtri. VOCE alte; cioe grida. ET fioche: El secondo nasce dal primo; imperoche chi continua di gridare affiocha. ET SVON di mani; perche pel dolore percuotesi spesso le mani insieme: o ueramente con quelle si percuote el pecto et la faccia. Ilperche proprio elatini dicono plangere. Adunque suono dimani cioe romore: che nasce del percuotere le mani. CON elle; cioe con quelle uoci alte et fioche. Tutte queste chose mescolate insieme generauono nellaria. TVMVLTO: cioe uoce et suono confuso; et perturbato. ELQVALE saggira sempre in quellaria; El suono; et la uoce nascie da percussione daria: et laria percossa ribalza idrieto: et distendesi ingiro: chome ueggiamo fare allacqua/quando gittatoui una pietra fa cerchio: elquale successiuamēte sallarga. SANSA tempo tinta: Laria che e/a noi; equali habitiamo sopra la terra: e/tinta cioe obscura non sempre ma a tempo: cioe quando elsole e/partito dal nostro hemisperio : Ma poi che ritorna diuenta lucida: ma quiui perche non ui puo mai el sole e/sempre tinta. Et e/conueniente cosa che chi e/uiuuto sempre in obscuro: Ne mai opero chosa che gli dessi lume di fama/sempre rimangha nelle tenebre. CHOME lharena quando alturbo: Cioe alla reuolutione del uento. SPIRA: cioe per lo spirito del uento saggira. E/ optima comperatione. Imperoche chome la rena e sterile: et ha infinite granella: chosi questi sono sanza alchun fructo: et infiniti. Et ogni uento gli uolge. Turbo in lingua latina significa instrumento che saggira Onde trottola et paleo e decto turbo. Item chiamano turbo uento che non ua adirictura: ma saggira i alchũ luogho. Onde medesimamente lharena: et la poluere mossa dal uento saggira. Adunque chosi sauuolgea p laria quel suono confuso composto di diuerse uoci: chome lharena quando el uento saggira. Ma pprio turbo e/quando el uento esce di uapori tanto densi che sieno facti nuuoli: chome se uscissi duna spelonca: et cio che truoua aggirando manda a terra. ET IO chauea derrore la testa cincta: Cioe dignorantia. Altri texti hanno horrore/et allhora diremo io hauea la testa cincta dhorrore cioe dipauento pel tumulto che io sentiuo. Pone in questo luogho lauctore che tra la porta gia decta: et el fiume del quale diremo pocho discosto e/uno spatio: elquale ua in giro. Et dal fiume al centro fa noue cerchi: equali digradano si che sempre lo interiore e/minore. In questo primo spatio pone esser puniti quegli che sono uixuti in pigro otio et sanza operare bene o male. Ilperche Virgilio Vestibulum ante ipsum primisque in faucibus orci luctus : et ultrices posuere cubilia cure. Ne era da porgli in alchuno de noue cerchi: perche non si possono diputare sotto alcuno distincto peccato. Questi pigri et pusillanimi si possono chiamare freddi. Imperoche egreci et e latini poeti cosi come echiamono ardenti quegli che sono uehementi assidui et solleciti nello operare onde Virgilio Stabant ardentes tyrii chosi per lo oppositochiamono freddi e pigri: Di qui disse Terentio. Nimirũ hic homĩnes frigent. Pretereasono freddi perche sono sanza amore: elquale solo fa glihuomini ardenti a loparare: Onde epoeti chiamon lamore fiamma. Hinc illud est mollis flãma medullas: et uriturinfelix Dido E/ adunque lamore principio delloperare: onde elprimo ordine della prima hierarchia degliangeli e de seraphini elqual nome significa ardore et amore. Ma diquesto piu distesamẽte et repetendo piu da alto direno ne luoghi che piu lo richiederanno. Basti al presente che lamore e/principio delle nostre operationi. Ma perche come scriue Platone nelsymposio sono due spetie damore: pero sono due Venere una celeste et laltra terrena la celeste citira allamore delle cose celeste onde nascono neglianimi nostri le uirtu et loperationi et speculationi secondo quelle. La terrena cinfiamma nellamore delle chose terrene et caduche: onde in noi nascono tutti euitii: et la ignorantia di dio e/di noi proprii. Ilperche repetendo diremo tre essere le generatione de glihuomini: Et prima non innamorati: equali non operano ne ben ne male: Esecondi innamorati delle chose terrene: equali operano male. Etertii infiammati delle chose celesti: equali operano bene et secõdo uirtu. Di questi tre eprimi due sono uitiosi: perche non e/solamente uitio operare male: Ma e/anchora uitio/benche minore nõ operare secondo la uirtu: pche essendo noi prodocti in uita animali rationali: et hauendoci lasciati dio chome dice Salomone in mano del nostro consiglio: cioe dellibero arbitrio: accioche cõ quello potessimo operando o nella uita sociale et ciuile secondo Martha. O nella contẽplatiua secondo Maria acquistare la etherna felicita/Certo commettiamo gran peccato non usare lo instrumento della ragione col quale si fabrica letherna uita. Non basta adunque abstenersi dal male se non si fa bene. Onde la uerita nello euangelio dixe: Chi non e/meco e/contro a me: Et chi non congregha: et raguna meco/dissipa et sparge. Ilche conoscendo el nostro diuino poeta questi primi: equali sono stati freddi et sanza amore/pone nel primo luogho dellinferno. Dopo equali pel resto dellĩferno distribuisce secondo egradi quegli che sono stati accesi damore non uero/non puro/non diuino: Ma falso. lordo: et coinquinato nelle chose mondane: et sempre sono arsi nella intemperata lasciuia: nella insatiabile auaritia: et nella superba et lucifera ambitione Dalle quali tre cupidita nascono tutti glialtri uitii. Et da a questi conueniente pene. Impero che chome di qua sono uixuti in uita querula et luctuosa: chosi anchora uiuono dila. Perche chome dice Giouanni nellapocalypse Opera. n. eorum secuntur illos. Et la uita di costoro si puo dir morte: et la loro sorte: et conditione e/uilissima. Questi sempre uiuono in sospiri per langustia: et tristitia del cuore: et nellaltre tribulatiõi che pone per la impacientia. Similmente per la diuersita delle lingue dimostra leuarie mutationi de proponiti: Et di tali huomini si puo dire el uerso doratio: Nos uiles populus fruges consumere nati. Oueramente diuerse lingue: perche da ogni parte del mondo quiui si ragunano. Chosi Virgilio/ Huc omnis turba ad ripas effusa ruebat Matres atque uiri

Et egli a me questo misero modo
tengon lanime triste di coloro.
che uisssor sanza fama et sanza lodo.
Mischiate sono aquel captiuo choro
de glangeli/che non furon ribelli:
ne fur fedeli adio: ma per se foro.
Cacciongl ecieli per non esser ben belli:

P Er le parole pocho auanti decte stimo sia assai manifesto qual sia stata la uita di costoro: et quale el peccato. Onde al presente pone le pene che per quello sostengono. Et prima dimostra che tali huomini sono uixuti sanza fama o loda. Neldice questo perdimostrare che lhuomo debba cerchare fama. Imperoche dobbiamo exercitare le uirtu per diuentare per quelle perfecti: et non per acquistare fama come fanno euanagloriosi. Adunque uso el colore rhetorico decto denomina autem eſt ueritas Oportet igitur ueritatem eſſe ultimum uniuerſi totius finem. Per queſto dixe Auguſtino; che erei potendo uorrebbono piu toſto ſtare nelliferno et uedere iddio/che eſſerne di fuora et nol uedere ETPOI CHE la ſua mano alla mia poſe; Non puo Dãthe ẽtrare ſanza laiuto della ragione ſuperiore et della morale doctrina. Et per queſto Virgilio gli porge la mano. i. lo ſouuiene chon la ſua poſſa. Impero che mano ſpeſſeuolte ſi piglia per la potentia. CON lieto uolto. Imperoche lontellecto perche ha uera cognitione e/ſicuro et moſtraſi lieto alla ſenſualita. ALLE ſegrete choſe; Se intendiamo dellinferno eſſentiale/Diremo ſecrete choſe; perche non ſono note a neſſuno uiuente; ſe non per reuelatione. Se intendiamo della contemplatione de uitii/ſono ſecrete choſe perche non ſono note ſe non a chi ha doctrina; et ſpeculatione

Quiui ſoſpir con pianti et alti guai
  riſonauan per laer ſanza ſtelle
  perchio al cominciar ne lagrimai
Diuerſe lingue. horribili fauelle.
  parole di dolor. accenti dira.
uoci alte et fioche et ſuon di man conelle
Faceuanun tumulto elqual ſaggira
  ſempre in quellaria ſanza tempo tinta
  chome lharena quando al turbo ſpira.
Et io chauea derrore la teſta cinta
  dixi maeſtro che e/quel chiodo:
  et che gente e che par nelduol ſi uinta:

E/ gia drento alla porta dellonferno el poeta; Et pche itale meditatione dobbiamo riceuere lactioni; et operationi dellhuomo; perche in quelle conſiſtono le uirtu morali ſe la regola della ragione le corregge; et choſi per loppoſito e uitii/non le correggendo ſcorrono allamente prima quegli; loperation dequali ſono ſtate o niente o ſi uili che rimanghono in obſcuro; Et chome ſcriue Saluſtio Horum uita morſque iuxta eſt; quoniam de utraque ſiletur. Exprime adunque el uitio della uilta et puſillanimita; laquale ĩpediſce lhuomo elquale e/prodocto da dio o per operare nella uita actiua; o per meditare nella contemplatiua/informa impigriſce per non hauere in ſe alchuna generoſita danimo che abbandona ogni honorata et excellente impreſa. Et benche noi ſiamo nati chome ſcriue Platone/pereſſere utili a noi et a glialtri. Nientedimeno choſtui ne ad ſe ne adaltri gioua. Et uiue in tanta pigritia; che a ſe medeſimo uiene in diſpecto; Et chome quegli che ſi danno a qualche honeſto exercitio ſi dolgano chel tempo gli mancha; coſi queſti per lopoſito ſi lamentono che gliauanzi. Ilche ſapientiſſimamente exprime inqueſti uerſi Franceſco Petrarcha. O miſero colui che egiorni conta Et pargli lun millanni endarno uiue; Et ſeco in terra mai non ſi raffronta. Non e/adunque marauiglia ſe finalmente accorgendoſi hauer perduto el tempo elquale poteano ſpendere utiliſſimamente habbino ſommo pentimento; et rimanghino in pianto et lucto. Perche chome ſcriue Perſio Tunc craſſos tranſiſſe dies lucemque paluſtrem; Et ſibi iam ſeri uitam in gemuere relictam. Queſto pentimento uolendo dimoſtrare Danthe diſcriue quello che fanno quegli che ſono in gran dolore. Impero che ſoſpiri uengono da anxieta; et anguſtia di cuore. PIANTI; ſono uoci lachrimoſe. GVAI; uoci querule et rammarichoſe. RISONAVONO; rimbombauono. SANSA ſtelle. Imperoche diſocto terra nõ ſi ueggono ſtelle. Preterea queſti uiliſſimi ſono ſanza ſtelle; cioe ſanza alchuno ſplẽdore di gloria. Et allegoricamente doue ſono uitii non ſono ſtelle; cioe non ue alchuna luce; ma ogni choſa e/tenebra. Imita Virgilio Doue dice; Ibant obſcuri ſola ſub nocte per umbras; perque domos ditis uacuas et inania regna. PERCHIO al cominciare ne lachrimai; E/choſa humana hauer compaſſione a gliafflicti; et condolerſi di chi e/nelle tenebre del peccato. DIVERSE lingue/a dimoſtrare che da ogni regione quiui erono congregati. Et allegoricamente ſono diuerſe le lingue de peccatori. Imperoche chome nelle uirtu e una perpetua conſonantia et harmonia; choſi per loppoſito ne uitii e/diſcordantia et contrarieta. Onde Ariſtotele nellethica. Vero omnia conſonant. Falſo autem cito diſſonat uerum. HORRIbili fauelle; quaſi horrendi ragionamenti. Ilchonaſcie da ſomma diſperatione. PAROLE di dolore; cioe tali quali produce el dolore. ACCENTI dira; Accento diciamo debita pronuntiatione di uoce; et e/accento acuto graue et circũflexo. Et ueggiamo che chon altri accenti pronuntia le medeſime parole chi e/in letitia et con piacere; et cõ altri chi e/in ira o in altra perturbatione. Onde interuiene ſpeſſeuolte che udendo parlare alchuni/benche non ſcorgiamo le parole loro; ne intendiamo quello che dicono; Nientedimeno per gliaccenti ciaueggiamo ſe ſono irati o lieti. Et certo che maggior pena puo eſſere a chi e/uixuto ſanza alchuna uirtu; che alla fine conoſcere quanto bene ha laſciato in drieto. Ilperche Perſio priegha iddio che non puniſca gli ſcelerati tyranni con altra pena/ſe non che dimoſtri loro che excellente choſa ſia la uirtu; accioche ſi dolghino; et chon rabbia ſi rodino non lhauere ſeguitata; et exercitata; elqual tormento excede et auanza tutti glialtri. VOCE alte; cioe grida. ET fioche; El ſecondo naſce dal primo; imperoche chi continua di gridare affiocha. ET SVON di mani; perche pel dolore percuoteſi ſpeſſo le mani in ſieme; o ueramente con quelle ſi percuote el pecto et la faccia. Ilperche proprio elatini dicono plangere. Adunque ſuono dimani cioe romore; che naſce del percuotere le mani. CON elle; cioe con quelle uoci alte et fioche. Tutte queſte choſe meſcolate in ſieme generauono nellaria. TVMVLTO; cioe uoce et ſuono confuſo; et perturbato. ELQVALE ſaggira ſempre in quellaria; El ſuono; et la uoce naſcie da percuſſione daria; et laria percoſſa ribalza ĩdricto; et diſtendeſi ingiro; chome ueggiamo fare allacqua/quando gittatoui una pietra fa cerchio; elquale ſucceſſiuamẽte ſallarga. SANSA tempo tinta; Laria che e/a noi; equali habitiamo ſopra la terra; e/tinta cioe obſcura non sempre ma a tempo; cioe quando elsole e/ partito dal nostro hemisperio: Ma poi che ritorna diuenta lucida: ma quiui perche non ui puo mai el sole e/ sempre tinta. Et e/ conueniente cosa che chi e/ uiuuto sempre in obscuro: Ne mai opero chosa che gli dessi lume di fama/ sempre rimangha nelle tenebre. CHOME lharena quando alturbo: Cioe alla reuolutione del uento. SPIRA: cioe per lo spirito del uento saggira. E/ optima comperatione. Imperoche chome la rena e; sterile: et ha infinite granella: chosi questi sono sanza alchun fructo: et infiniti. Et ogni uento gli uolge. Turbo in lingua latina significa instrumento che saggira Onde trottola et paleo e decto turbo. Item chiamano turbo uento che non ua adiricturа: ma saggira i alchũ luogho. Onde medesimamente lharena: et la poluere mossa dal uento saggira. Adunque chosi sauuolgea p laria quel suono confuso composto di diuerse uoci: chome lharena quando el uento saggira. Ma ppro turbo e/ quando el uento esce di uapori tanto densi che sieno facti nuuoli: chome se uscissi duna spelonchа; et cio che truoua aggirando manda a terra. ET IO chauea derrore la testa cincta: Cioe dignorantia. Altri texti hanno horrore/ et allhora diremo io hauea la testa cincta dhorrore cioe dipauento pel tumulto che io sentiuo. Pone in questo luogho lauctore che tra la porta gia decta: et el fiume del quale diremo pocho discosto e/ uno spatio: elquale ua in giro. Et dal fiume al centro fa noue cerchi: equali digradano si che sempre lo interiore e/ minore. In questo primo spatio pone esser puniti quegli che sono uixuti in pigro otio et sanza operare bene o male. Ilperche Virgilio Vestibulum ante ipsum primisque in faucibus orci luctus: et ultrices posuere cubilia cure. Ne era da porgli in alchuno de noue cerchi: perche non si possono diputare sotto alcuno distincto peccato. Questi pigri et pusillanimi si possono chiamare freddi. Imperoche egreci et e latini poeti cosi come chiamono ardenti quegli che sono uehementi assidui et solleciti nello operare onde Virgilio Stabant ardentes tyrii chosi per lo oppositochiamono freddi e pigri: Di qui disse Terentio. Nimirũ hic homi nes frigent. Pretereasono freddi perche sono sanza amore: elquale solo fa glhuomini ardenti a lopare; Onde epoeti chiamon lamore fiamma. Hincillud est mollis flãma medullas: et uriturinfelix Dido E/ adunque lamore principio delloperare; onde elprimo ordine della prima hierarchia degliangeli e de seraphini elqual nome significa ardore et amore. Ma diquesto piu distesamẽte et repetendo piu da alto direno ne luoghi che piu lo richiederanno. Basti al presente che lamore e/ principio delle nostre operationi. Ma perche come scriue Platone nelsymposio sono due spetie damore; pero sono due Venere una celeste et laltra terrena la celeste citira allamore delle cose celeste onde nascono neglianimi nostri le uirtu et loperationi et speculationi secondo quelle. La terrena cinfiamma nellamore delle chose terrene et caduche: onde in noi nascono tutti euitii: et la ignorantia di dio e/ di noi proprii. Ilperche repetendo diremo tre essere le generatione de glhuomini: Et prima non innamorati: equali non operano ne ben ne male: Esecondi innamorati delle chose terrene: equali operano male. Etertii infiammati delle chose celesti: equali operano bene et secõdo uirtu. Di questi tre eprimi due sono uitiosi: perche non e/ solamente uitio operare male: Ma e/ anchora uitio/ benche minore nõ operare secondo la uirtu: pche essendo noi prodocti in uita animali rationali: et hauendoci lasciati dio chome dice Salomone in mano del nostro consiglio: cioe dellibero arbitrio: acciochè cõ quello potessimo operando o nella uita sociale et ciuile secondo Martha. O nella contẽplatiua secondo Maria acquistare la etherna felicita/ Certo commettiamo gran peccato non usare lo instrumento della ragione col quale si fabrica letherna uita. Non basta adunque abstenersi dal male se non si fa bene. Onde la uerita nello euangelio dixe: Chi non e/ meco e/ contro a me: Et chi non congregha: et raguna meco/ dissipa et sparge. Ilche conoscendo el nostro diuino poeta questi primi: equali sono stati freddi et sanza amore/ pone nel primo luogho dellinferno. Dopo equali pel resto dellinferno distribuisce secondo egradi quegli che sono stati accesi damore non uero/ non puro/ non diuino: Ma falso. lordo: et coinquinato nelle chose mondane: et sempre sono arsi nella intemperata lasciuia: nella insatiabile auaritia: et nella superba et luciferea ambitione Dalle quali tre cupidita nascono tutti glialtri uitii. Et da a questi conueniente pene. Impero che chome di qua sono uixuti in uita querula et luctuosa: chosi anchora uiuono dila. Perche chome dice Giouanni nellapocalypse Opera. n. eorum secuntur illos. Et la uita di costoro si puo dir morte: et la loro sorte: et conditione e/ uilissima. Questi sempre uiuono in sospiri per langustia: et tristitia del cuore: et nellaltre tribulatõi che pone per la impacientia. Similmente per la diuersita delle lingue dimostra leuarie mutationi de propositi; Et di tali huomini si puo dire el uerso doratio: Nos uiles populus fruges consumere nati. Oueramente diuerse lingue; perche da ogni parte del mondo quiui si ragunano. Chosi Virgilio/ Huc omnis turba ad ripas effusa ruebat Matres atque uiri

Et egli a me questo misero modo
tengon lanime triste di coloro.
che uisser sanza fama et sanza lodo.
Mischiate sono aquel captiuo choro
de glangeli/ che non furon ribelli:
ne fur fedeli adio: ma per se foro.
Cacciongl ecieli per non esser ben belli:

Per le parole pocho auanti decte stimo sia assai manifesto qual sia stata la uita di costoro: et quale el peccato. Onde al presente pone le pene che per quello sostengono. Et prima dimostra che tali huomini sono uixuti sanza fama o loda. Neldice questo perdimostrare che lhuomo debba cerchare fama. Imperoche dobbiamo exercitare le uirtu per diuentare per quelle perfecti: et non per acquistare fama come fanno euanaglorio si. Adunque uso el colore rhetorico decto denomina

ne lo profondo inferno gli riceue
chalchuna gloria erei harebbon delli .

tione ; perche pone la fama che seguita la uirtu chome elcorpo lõbra/per epsa uirtu laquale antecede lafama. VIXONO sanza fama et sanza lodo. Nõ sanza cagione ; imperoche essendo lafama nome diuulgato ; et sparso per molti luoghi non puo nascere se non da chose excellenti. Ma le laude possono essere anchora nelle cose mediocre. Adunque non solamente sono sanza fama ; perche non hanno facto chose excellenti. Ma sono sanza loda ; perche ne ancho nelle mediocri non si sono exercitati. Ne e/altro lodare se non a ꝓuare esser rectamente facto quello di che si parla ; Ma della fama diremo altroue piu distesamente. Di questi si scriue Deleantur de libro uiuentium ; et cum iustis non scribantur. CACCIONGLI ecieli per non esser men begli Et meritamente. Impero che non e/chosa conueniente che el cielo doue e/el fonte della diuina luce sia habitato se non da chose lucide ; et perfecte ; et sanza alchuna macula. Et chome elluogho piglia non piccolo ornamento dalla excellentia de glhabitatori. Chosi per loppposito diuenta ignobile se e/ habitato da gente maculata. NE LO profondo inferno gli riceue ; Se epeccati non sono pari chome uogliono etheologi ; et anchora ephilosophi excepto che gli stoici/non debbono le pene ; et esupplicii esser pari . Adunque se non stanno in cielo perche hanno errato/non stanno anchora nel profondo doue sono epiu graui supplicii ; perche non hanno tanto errato. CHALCHVNA gloria erei harebbon degli. Potrebbonsi gloriare egran peccatori ; che hauendo peccato piu grauemente di costoro ; Nientedimeno non fussino in maggior supplicio

Et io maestro che e tanto greue
allor che lamentar gli fa si forte
rispose dicerolti molto breue
Questi non hanno speranza di morte :
et la lor cieca uita e/ tanto bassa
che inuidiosi son dognaltra sorte.
Fama di loro el mondo esser non lassa
misericordia : et giustitia glisdegna :
non ragionar dilor : ma guarda et passa

u Sa brieui parole Virgilio ; perche sono di tal qualita questi ; che non meritano essere appena ricordati. QVESTI non hanno speranza dimorte. E/comune a tutte lanime humane la immortalita ; perche e/ incorruptibile la loro substantia . Ma le dannate si dicono essere morte per la priuatione/ non dellessere ; ma del beato essere. Onde Augustino dice che nellinferno e/morte sanza morte. Ma in questo luogho intende allegoricamente di quegli equali uiuono in tanta uilta et pusillanimita ; che non solamente disperano glialtri refugii nella loro miseria. Ma ueggõsi non essere exauditi dalla morte ; laquale spesso chiamano. Onde seguita che laloro cieca uita e/in si basso stato ; che portano inuidia anchora a miseri ; et a quegli che sono morti miseramente. Et benche naturalmente ogni huomo cerchi fama ; Costoro non conoscono che chosa sia fama o honore. MISERICORDIA et giustitia glisdegna . Se intendi dellinferno essentiale ; Misericordia glisdegna ; perche non sono saluati. Item giustitia ; perche non sono dentro allinferno cho glialtri dannati. Ma allegoricamente a glhuomini constituti in tanta uilta non e hauuto alchuna compassione ; perche ognun giudica meritamente aduenire loro ogni calamita. Et similmẽte si uergogna ogni animo generoso uendicarsi di si uili poltroni . Il pche conchiude Virgilio non esser degni che se ne faccia accurata mentione . Ma per transito solamente si tocchino

Et io che riguardai uidi una insegna
che girando correua tanto rapta
che dogni posa mi parea indegna :
Et drieto gli uenia si lunga tracta
di gente chio non harei mai creduto
che morte tanta nhauessi disfacta
Poscia chio uhebbi alchuno riconosciuto
uidi et conobbi lombra di colui
che fece per uilta lo gran rifiuto
Incontinente intesi et certo fui
che questera la secta de captiui
a dio spiacenti et animici suoi :
Questi sciagurati che mai non fur uiui /
erono ignudi et stimolati molto
da mosconi et da uespe cheron iui .
Elli rigauon lor di sangue el uolto

f Inge che tutta questa turba sanza posa alchuna sagyra in torno a questo procinto dellinferno. Et ueramente tali huomini non sappiendo proporsi alchun certo fine ; perche non possono imaginare cosa alchuna si bassa/ che la uilta dellanimo non ui spauenti ; sempre saggirano nella mente ; perche moltechose appetiscono et in tutte inuiliscono : et dalluna trascorrono allaltra sanza alchuna grauita di giudicio ; Et tutte seguitano una bandiera ; perche chome tra glhuomini di giudicio : et danimo e/gran differentia nelfine che si propongono ; perche alchuni si danno algouerno della rep. Alchuni a principati et a regni. Alchuni alle religione. Alchuni alla doctrina/ perche in molti modi si puo acquistare gloriosa et honesta fama ; et uera felicita. Onde e scripto nelleuangelio In domo patris mei mansiones multe sunt ; Chosi per loppposito in costoro nessuna differentia e. Et pero seguitano tutti una bandiera. Nella quale non pone piu una che unaltra imagine ; perche niente si puo discernere in si obscura uita . Preterea dimostra esser turba infinita . Perche molto piu son quegli

che mischiato di lachrime alor piedi
da fastidiosi uermi era ricolto.

che uiuon per mangiare che quegli che mangion per uiuere. Et e marauiglia che benche in tutti glhuomini sia lanima rationale. Nientedimeno tanto rari sieno quegli che in si infinite et innumerali turbe di mortali escono della gregge: et salgano ad alcuna excellentia: Possiamo anchora dire che inquesto luogho sieno in assiduo corso: et sanza posa: perche e/conueniente pena punire el pigro et sonnolento chon chosa contraria: chome e/el corso et lassiduo moto. POI CHIO uenebbi alchun riconosciuto Vidi et conobbi lombra di colui Che fece per uilta el gran rifiuto. Non sanza cagione el poeta non fa mētione se/non duno: perche tali huomini sono incogniti: se non alchuno elquale la fortuna ha tirato in alto grado: et loro per manchamento danimo se ne sono gittati a terra. Si che la lor uilta e/conosciuta per la grandeza della chosa nella quale hāno usato la uilta. Ma chi sia questo che fece el gran rifiuto da dubitatione: Imperoche molti intendono di Pietro de Maironi: elquale creato papa celestino/rifiuto el papato. Onde dixe el gran rifiuto: perche apresso de christiani nessuna e/maggior dignita. Chostui non si puo negare essere stato di sanctissima uita. Vixe gran tempo nellheremo: dipoi per sua sanctita dopo lamorte di Niccola Orsini quarto fu facto papa celestino: Et perche lui a forza haueua lasciato la uita solitaria: Et sentiuasi piu apto a quella che al gouerno: Et ciaschuno debba procedere per quella uocatione che e/stato chiamato: et parte per le fraude daltri chome diremo quando si tractera di Bonifatio. Alquanti dicono chostui/ non per uilta: ma per excellentia danimo hauere rinuntiato al pontificato: perche e/maggiore animo sprezare le gran degnita/che cercharle: Et di piu excellentia e/Maria che Martha. Et conchiudono che non per uilta: ma per magnanimita renuntiassi. Ilche dimostra elfine: perche dipoi da Clemente papa fu canonizato et posto nel catalago de sancti. Et arrogono che piu tosto lauctore intese desau figliuolo di Rebecca et Isac: elquale come optimamente dixe Hieronimo non fu meno hyrsuto et piloso di mente che di corpo: elquale di buono grano traligno in loglio: Elquale p uile cibo di lenti rinuntio al fratello Isac elluogho del primogenito di che hauea a procedere per successione la prosapia/della quale hauessi a nascere Christo nostra salute. Io stimo chel poeta per piu respecti ponessi lexemplo sanza nome. Primo per non notare dinfamia si sancto huomo: imperoche benche lui lostimassi di sancta uita: Niētedimeno fu sua oppinione che nel gouerno iuilissi. O forse fece questo per non notare piu uno che unaltro: et lasciare nel giudicio de gliauditori qual fussi che piu quadrassi in questo luogho. O forse perche parlando de glhuomini sanza fama parea conueniente che a nessuno si dessi nome. LA SECTA de captiui: Captiuo in lingua latina significa huomo preso in guerra et menato in seruitu. Et certo nella battaglia che fa la carne contro allo spirito/glianimi di costoro sono uinti dalla sensualita: et di quella diuentono serui/informa che ne adio ne animici: cioe ne a buoni ne a rei piacciano: perche inessuna delle parti si riscaldano: ma in ogni operatione rimangono trepidi. Et elegantemente dixe che mai non fur uiui. Imperoche sono tre generatione di uita Vegetatiua Sensitiua et rationale. Et nessuna cosa si puo dire ueramente uiuere se non uiue secondo la sua propria uita: Ma la uita uegetatiua non e/propria dellhuomo. Imperoche e/comune non solamente a glianīali bruti: ma a glialberi et allherbe: lequali pigliono nutrimento: et crescono et generono simile a se. Ilche e/proprio della uita uegetatiua. Ne anchora lauita sensitiua e/propria nostra pche cie comune con glialtri anīali: equali gustano et toccano et usano glialtri sensi. Ma solo larationale e/sidellhuomo pche nessuno altro animale ne partecipa. Questa si diuide in due parti: cioe nelloperationi: et actioni ciuili: et e/decta uita actiua expressa nelle sacre lectere per Lya et per Martha. Et nella inuestigatione et contemplatione della uerita: et chiamasi contemplatiua notata socto el nome di Rachel: et di Maria. Adunque non essendo chostoro uiuuti: ne secondo luna ne secondo laltra/si puo ueramente dire che mai nō fussor uiui. Questi medesimi non sono assaltati ne da lioni ne da orsi: ne da altre terribile fiere/ma da mosconi o da uespe: cioe lanimo loro non e/mai stato trafiɔto da nobili et alti pensieri: ma da uili et ignobili. Et el sangue loro e/ricolto da fastidiosi uermi: equali nascono di terrena corruptione/pone el sangue per la uita perche la uita dellanimale maximamente consiste nel sangue. Adunque uilissimi pensieri Et piu tosto pigra accidia che altro trafigge et stimola la uita di costoro: et euermini cioe bassissime cupidita di chose terrene consumano tal uita.

Poscia chariguardare oltre mi diedi
uidi gentalla riua dun gran fiume
perchio maestro dixi hor mi concedi
Chio sappi quali sono et qual costume:
le fa di trapassar parer si prompte:
chomio discerno per lo fiocho lume.
Et egli a me le chose ti fien conte:
quando noi fermeren li nostri passi
sulla trista riuiera dacheronte.

PAssati gia costoro uide piu auanti le ripe dacherōte fiume infernale: et molte anime che aspectauano Charone che chon sua naue gli passassi. Finge lauctore chel fiume Acheronte circundi: et rinchiuda in se el primo cerchio dellinferno: Et p consequente tutti glialtri. Imperoche luno abbraccia laltro: et sempre elpiu basso e/di minor gyro. Ma perche qui si fa mentione del fiume Acheronte sara forse non inutile a chi legge che per ordine: ma con quanta piu breuita si puo riferiamo quello che gliantichi: et poeti et philosophi allegoricamente intesono de fiumi infernali. Et prima pren

Allhor chon gliocchi uergognosi et bassi
temendo nel mio dir gli fussi graue /
insino al fiume del parlar mi trassi.

dendo nostro principio dal principe de philosophi Platone. Vuole questo: laquale oppinione in gran parte seguita origene/ che glianimi nostri fussino tutti insieme da dio creati: Ma dipoi in diuersi tempi aggrauati dalla cupidita delle chose terrene rouinano in terra; et entrono ne corpi; et niente altro intendono essere lonferno che el corpo/ nel quale entrando lanimo interuiene che demerso in questa materia quasi di quella inebriando/ dimenticha tutte le chose; delle quali hauea cognitione in cielo: Et questa materia chiamano fiume; elquale diuidono in quattro fiumi; et el primo dicono Lethe: ilche in greco significa obliuione; perche dimersa lanima nel corpo diuiene nelloblivione gia decta Di Lethe nasce Acheronte: elquale uocabolo significa priuatione di gaudio. Imperoche lanimo perde perloblivione tutto quel gaudio: elquale pigliaua quando puro; et sanza la contagion del corpo staua fixo in contemplare dio. Dacheronte nasce la palude stige che significa tristitia; perche chi e/ priuato di gaudio conuiene che uiua in tristitia. Et da stige nasce Cocyto, ilche in greco significa pianto et lucto. Et perche dal diuturno lucto glihuomini si infiammano in insania et ardēte furore: pero fingono che di Cocyto nasce phlegeton cosi decto: perche phlegeto significa ardo. Queste chose distesamente dimostra Platone nel phedro. Ma noi equali fermamente crediamo/ che lanime humane non sieno create prima che sieno infuse ne corpi/ diremo non che lanima scendendo nel corpo uengha in obliuione delle chose che uide in cielo: Ma che la contagione della sensualita la fa cadere nel peccato oue bee Lethe cioe dimentica el suo creatore: et da lethe procedono glialtri fiumi chome di sopra habbiamo decto. Ma per dire piu aperto per lethe intendiamo la submersione della ragione nella sensualita; perche allhora nasce loblivione di tutte le uirtu. Da lethe nasce acheronte, il che ha figura di diliberatione nel peccare; Et per questo Seneca lo discriue correre ueloce et nō sanza strepito; Impoche lontellecto nostro nelquale e/ qualche rimorso di conscientia; et ha inse synidisis laquale noi diciamo synderisi non puo sanza strepito della repugnante conscientia diliberare el peccato. Et perche questa diliberatione e/ un transito di uolonta; elquale ne porta lanimo al peccare: pero fingono che īquesto sia charone; elquale in sua barcha trapassi lanime. Dopo questo transito nel peccato ne seguita tristitia; et merore. Imperoche chome una pura conscientia sempre tiene lanimo lieto; chosi chi a se medesimo e/ consapeuole de suoi delicti; et sentesi drento maculato sempre e/ in perpetua anxieta; ne mai si rallegra o in se ha pace. Imperoche chome dice Platone/ edilecti carnali passano in brieue tempo. Ne altro lasciano drieto a se che pentimento. Ne mai si posa cholui la chui conscientia sempre glie testimonio del peccato cōmesso: Et chome dice Iouenale Noctes atque dies gestare inpectore testem Spartano cuidam respondit Pythia uates. Et optimamente Cicerone dixe Nullum est maius theatrum conscientia. Adunque dacheronte nasce stige palude; che significa mestitia: dalla quale perche procede maggior lucto et pianto; pero dicono che di quella escie el fiume cocyto: che in greco significa pianto. Et chi lungho tempo consiste nelle lagrime disecha el corpo et accendesi in furore. Meritamente el fiume elquale trascorre di cocyto e/ decto flegethonte quasi ardente; perche phlegethin significa ardere. Hai in breuita quello che significano efiumi infernali. Ilche e/ da commendare alla memoria; perche ti sara huopo alla expositione di piu altri luoghi in questo poema. Hora tornando al texto domanda Danthe/ qual costume fa lanime prompte et preste a uolere passare Et sauiamente dixe costume. Imperoche ogni nostra operatione e/ mossa o dalla natura; o dal costume; cioe dalla consuetudine. La natura e/ optima guida a chi la seguita. Et sempre arriua bene chi uiue secondo la natura sincera; et incorropta; perche ci persuade: et tiraci al uero bene. Ma la captiua consuetudine spesso la corrompe. Onde glihuomini seguitando quella lasciono la uirtu; et dannosi al uitio. Et questo expresse el Petrarca dicendo. Nostra natura uinta dal costume. Adunque Danthe uolendo exprimere che questo appetito dellanime di passare acheronte non era naturale: ma mosso da deprauata consuetudine dixe costume. Ne anchora sanza gran doctrina dixe. LE FA parere del trapassare si prompte; ponendo questo uerbo parere. Imperoche essendo infixo et innato nellhuomo fermo appetito sempre di seguitare el bene: et fuggire el male. Dobbiamo intendere secondo eperipatetici/ che sono due ragioni di bene; cioe bene existente; et bene apparente. Bene existente e/ uero bene: elquale chi seguita diuenta beato; perche conosce la uirtu et intende idio esser uero bene. Bene apparente e/ quando lanimo nostro acciecato dalla sensualita seguita le uolupta; edilecti mondani; equali non sono beni existenti: ma paiono beni al senso. Adunque lanimo corropto dalla sensualita e/ prompto di passare acheronte: cioe andare al peccato chome a chosa; laquale non e/ ma gli par bene. Et e/ chome dice el Petrarca Di tal chosa ingordo: chal senso e/ dolce alla salute e/ rea. FIOCHO lume; cioe annebbiato et obscuro. Fiocho propriamente e quello che elatini chiamano rauco. Ma chome pertraslatione dallume alla uoce diciamo uoce chiara cioe bene expressa: et sanza offensione; Benche chiaro proprio sia dellume. Chosi benche fiocho sia uoce non chiara perla medesima translatione diciamo lume fiocho cioe non chiaro. Ma e/ da notare che elpoeta pone questa entrata dellonferno obscura; ma non al tutto priuata di lume/ a dinotare che quando lhuomo passa nel peccato; ha cominciato a perdere el lume della ragione: Ma non e/ in tutto al buio: perche nel principio non ha anchora facto habito. Et restagli alquanto di lume di ragione; dal quale e/ rimorso lanimo nostro chome piu distesamente exposi in Virgilio in quel uerso: Quale per incertam lunam sub luce maligna Est iter in siluis ubi celum condidit umbra Iuppiter: Et diqui nasce che da prīcipio facciamo qualche resistēria alla temptatione; benche alla fine ci lasciamo uincere;

et duolci errare. Ma poiche e/facto lhabito perche restiamo al tutto nelle tenebre non ue piu rimorso di cō
scientia: et pecchiamo uolentieri. ET ELLI a me le chose ti fien conte: Optimo precepto doue dimostra
non douersi domandare delle chose prima che siamo arriuato alluogho loro: Quasi dica che ogni inuestigha
tione si debba fare nel tempo et nelluogho suo: et obseruare el modo et lordine: elquale ordine non obser
uerebbe lappetito: elquale disidera a un tracto saper tutto se la ragione non lammonissi. IN SV la trista
riua: interpreta el nome dacheronte dicendo Trista riua: perche Acheron significa tristitia. ET IO Chon
gliocchi uergognosi et bassi. Dimostra qual debba essere el discepolo inuerso el preceptore: perche non so
lamente gli debba credere. Ma anchora portargli tanta riuerentia che si uergogni dogni inconsiderata domā
da che gli fa. Et eamedesimo modo debba fare lappetito inuerso laragione: Impoche ogni uolta che si muo
ue sanza quella ammonito da lei se ne debba dolere et farne segni di pentimento

Et ecco uerso noi uenir per naue
un uecchio bianco per antico pelo
gridando guai auoi anime praue:
Non isperate mai ueder lo cielo
io uengo per menarui allaltra riua
nelle tenebre etherne in caldo engielo:
Et tu che se chosti anima uiua è
partiti da chotesti che son morti
ma poiche uide chio non mi partiua:
Dixe per altre uie per altre porti
uerrai a piaggia non qui per passare
piu lieue legno conuien che ti porti.
El ducha alui Charon non ti crucciare:
uuolsi chosi chola doue si puote
cio che si uuole: et piu non domandare
Quinci fur chete le lanose gote
al nocchier della liuida palude
chentorno agliocchi hauea difiamme rote

d Imostra che arriuando al fiume uidono Charone
nocchiere: elquale hauendo gia scharicho la barcha
nellaltra ripa/ tornaua per riempierla di quegli che la
spectauono. Discriue adunque Charone: et la barcha
guidata dallui pel fiume Acheronte doue molti pongo
no charone per la morte: laquale seperando lanima del
peccatore dal corpo la conduce allonferno. Alchuni uo
gliono che Acheronte sia el disordinato appetito. Ma
a me pare dargli el medesimo senso: elquale gli demo
ne nostri dialogi scripti sopra Virgilio. Diremo adun
que che intendendosi per Acheronte el moto che fa la
lanimo di passare nel peccato charone sia ellibero arbi
trio: et la naue sia la uolonta: et el remo la electione.
Et pero conchiudo che doue non e/libero arbitrio / iui
non puo essere electione ne si puo usare la uolonta. Et
quello che non si fa uolontario: et per electione non e/
imputato ne uitio ne uirtu. Et per questo la uiolentia
et la ignorantia non negligente scusa el peccato. Ilper
che non si ua nellinferno se non ci porta la naue cioe la
uolonta recta da charone cioe dallibero arbitrio. E/cha
rone decto da charis chelgreco significa gratia: perche
nessuna chosa e/piu libera che la gratia chonciosia che si
faccia sanza obligo. Preterea dicono lui esser figliuolo
della morte. i. della cecita et ignorantia. Imperoche se
in noi fussi aperta: et lucida cognitione del uero et del bene non obscurata da nessuna tenebra dignorantia la
nostra uolonta per se medesima anderebbe al bene sanza electione delliberó arbitrio. Ne sanza cagione fin
gono che charone sia uecchio: perche nessuna chosa e/piu anticha nallanimo che ellibero arbitrio. Qui arroge
Virgilio che benche sia uecchio/nientedimeno la uecchiaia in lui e/uerde et robusta: Iam senior sed cruda deo.
uiridisque senectus. Ilche dimostra che non mai per alchuna lungheza di tempo si diminuisce in noi ellibe
ro arbitrio. Chostui grida allanime lequali sono prompte a uoler passare/che non sperin mai uedere elcielo
perche nessuna chosa puo conuincere lanimo che lui meriti lonferno: se non ellibero arbitrio: elquale se non
fussi in noi non potremo commettere ne uitio ne uirtu. IO VENGO per menarui allaltra riua: perche so
lo ellibero arbitrio e/quello elquale fa che lanimo gia prompto a passare passa: cioe fa che lanima si muoue
al peccare. Et ha acheronte due ripe. El fiume e/mobile/le ripe sono immobile. Ma nella prima ripa
non si fermano se non tanto che charone le passi: Ma giunte allaltra ripa ui rimangono in etherno. E/adun
que la prima ripa la inclinatione del deprauato consiglio nel quale si lascia andare lanimo correpto dalle lu
singhe della sensualita: laquale lo fa dilectare nelle chose mondane: lequali gli sono pestifero ueneno. Giun
to adunque in questo consiglio: elquale e/ripa cioe chosa ferma: perche rimane fermo nellanimo tale giudi
cio: cioe che sia bene andare a tale operatione. Dipoi e/el fiume che e/el moto et gliacti che loguidono a lha
bito. Et dopo el fiume e/laltra ripa: doue comincia la eterna habitatione de peccatori. Ilche non e altro che
lhabito. Queste tre chose inclinatione ouero deprauato consiglio: et acti et habito Exprime el poeta de di
uini uersi nel primo Psalmo. Imperoche quando dice Beatus uir qui non habit in consilio impiorum: dimo
stra el deprauato consiglio: et subgiugnendo: Et in uia peccatorum non stetit: Dinota gliacti: equali sono la
uia che conduce allhabito. Et finalmente dicendo: Et in cathedra pestilentie non sedit: pone lhabito che e/
el seggio nel quale muore el uitioso. Dipoi chiama danthe anima uiua non solamente perche anchora fussi
in uita: Ma perche non era morto nel peccato: et non andaua allonferno chome glialtri: cioe non cadeua ne
uitii. Ma andaua per contemplare et conoscere euitii: et pero non haueua andare pel fiume: elquale priua
di gaudio: ne per la naue laquale porta epeccatori: ma per piu leggieri naue. Imperoche chi scende ne uitii
ua per la naue aggrauata dalla concupiscentia de uitii: Ma chi ua per speculare e/portato da uolonta pura:

et leggieri. EL DUCA mio Charone non ti cruciare. Poteua assegnare Virgilio molte ragioni a Charone et charone a quelle rispondere; Ma a un tracto tagliando ogni quistione/ dice che Danthe anchora uiuo ua allinferno guidato da diuina gratia. Et per questo dimostra quello che tutti etheologi; et maxime Hieronimo affermono/ che andare nel peccato puo ogni huomo per se medesimo chol suo libero arbitrio. Ma acquistare uirtu; et uiuere sanza peccato non puo lhuomo con suo libero arbitrio solo sanza diuina gratia. Ilperche Virgilio fa che Enea passa per la medesima naue che laltre anime: perche egentili philosophi stimorono che el libero arbitrio bastassi alla salute chome alla dannatione. Ma Danthe chome christiano non si parte dalla christiana oppinione. Ne sanza ragione dixe non ti cruciare. Imperoche imita Virgilio; elquale dimostra che Charone sadira contro a Enea; et alla Sybilla; Induce Virgilio che non uolea passare Enea dicendo: Corpora uiua nefas stygia uectare carina. Il che dinota che el libero arbitrio in quanto e/ libero arbitrio non uuole cedere alla ragione; perche uuole discutere innanzi che uengha allopera. Ma Enea cioe la uirtu ha gia facto la electione; et non uuole stare piu in deliberatiõe; et consultatione; Ma uuole tirare el libero arbitrio a fare quello che gia ha electo. Onde larbitrio benche in potentia sempre sia libero; nientedimeno in acto non e/ piu libero di fare o di non fare. imperoche tirato dalla ragione conuien che faccia quanto epsa gli decta. Adũque da principio quando Charone uide uenire Enea armato teme le sue armi; perche al libero arbitrio non si debba far forza. Ma poi che la sybilla cioe la ragione superiore dellhuomo uirtuoso gli dice che ne forza ne fraude gli ha a esser facto; et scuoprogli el ramo delloro cioe el lume della sapientia subito cede. Per questa medesima ragione induce el nostro poeta che Charone ricusi di passarlo. Ma non lo placa Virgilio chome la sybilla mostrandogli el ramo delloro; cioe la sapientia humana; perche chome habbiamo gia decto alla salute dellhuomo non basta lhumana sapientia. Ma dimostra che chosi uuole idio. Ilche non e/ altro a dire se non che uiene accompagnato dalla diuina gratia. VUOLSI chosi chola doue si puote Cio che si uuole et piu non domandare. Due cose dice prima che charone debba cedere a Danthe; perche chosi uuole idio; elquale solo puo cio che uuole. Adunque uiene chon la gratia diuina: laquale diriza el libero arbitrio al bene. La seconda e/ che ammonisce charone che non cerchi perche idio uoglia chosi; perche e/ somma temerita ricercare esecreti della diuinita; et perche piu tosto uno che unaltro seguiti tal gratia; conciosia che esuoi giudicii sono incomprehensibili chome dice Dauid: Et altroue scriue Iudicia tua abissus multa; et Salomone ne prouerbii; Sicut qui mel multum comedit non est ei bonum: Sic qui scruptator est maiestatis opprimetur a gloria.

Ma quellanime cheron lasse et nude
changiar cholore et dibattero edenti
tosto chomesson le parole crude
Bestemmiauono dio elor parenti
lhumana spetie elluogo eltempo elseme
di lor semenza et di lor nascimenti.
Poi si ritrasser tutte quante insieme
forte piangendo alla riua maluagia/
chattende ciaschunhuom che dio non teme
Charon dimonio chon occhi di bragia
loro accennando tutti gli raccoglie
batte chol remo qualunche sadagia.

ERono LASSE/ peldolore; et NUDE: cioe spogliate de corpi. Oueramente nude della diuina gratia/ nude dogni riparo. Et certo lanima dannata allonferno perche ha facto habito nel uitio e/ lassa et priuata dogni uigore chol quale possa insurgere contral uitio; et e nuda cioe sanza armi con lequali si possa difendere: perche larmi dellanima contro a uitii e/ la uiuacita del lume della ragione; laquale al tutto e/ spenta. Onde lanima rimane nelle tenebre. Ne puo discernere el uero bene/ se la diuina gratia di nuouo non glinlumina. Di che priegha el propheta dicendo. Illuminare iis qui in umbra mortis sedent. CANGIAR colore et dibattero edenti Da allanimo elquale e/ incorporeo quello che e/ del corpo: et pone esegni; equali nel corpo humano dimostrano gran paura. Imperoche quando nasce gran costernatione nella mente lanatura che teme di non poter saluare tutta la citta; cioe tutto el corpo/ singegna almancho saluare la roccha chon laquale dipoi possa racquistare tutta la citta. Et questo e/ el quore elquale e/ roccha et sedia principale della uita. Adunque a quello riuoca el sangue in che maximamente consiste la uita. Onde le parti exteriori priuate di sangue perdono el colore et diuentono pallide; et perdono el caldo elquale e/ nel sangue; et rimase fredde triemano. Adunque per questo dinota la paura; laqual nacque dalle minaccie facte da Charone. Et certo el peccatore non considera mai la sua perditione/ se non quando si uede nellonferno: Et questo quanto a morti. Ma quanto a uiui allhora saccorge el peccatore de suoi danni; quando uede chel suo libero arbitrio lo mena allhabito de uitii. BESTEMMIAVONO idio elor parenti. Per queste parole dinota el poeta una somma desperatione et furore perla quale el dannato uorrebbe piu tosto perdere lessere et anichillarsi che stare in perpetue pene. Et che si concorda cõle parole di christo contro a iuda: Meglio sarebbe a questo huõmo che mai non fussi nato. Suonano adũque queste parole et bestemmie che loro non uorrebono esser nati: o che idio et ogni creatura uenissi alla medesima dannatione. CHARON dimonio con gliocchi di bragia. Luogho preso da Virgilio: elquale pone che gliocchi suoi sono fiamme. Imperoche el libero arbitrio ha una fiamma che e/ el lume dellintellecto: elquale gli mostra el bene; et unaltra laquale e/ lardore della concupiscentia posto nella sensualita: et questo le uolta a mondani dilecti. Dice Charon dimonio che quello libero arbitrio elquale traporta lanime allonferno nõ e/ el libero arbitrio guidato dalla gratia di dio. Ma quello che e/ sedocto et ingannato dalla diabolica tentatiõe

BATTE col remo qualunque sadagia. i. qualunque diuenta agiato et tardo. Ma se lanime son prompte a trapassere chome e/decto di sopra: perche dice qui che alchuna sadagi cioe sia tarda : et sia lenta? Rispondo che benche la sensualita facci el peccatore prono al uitio. Nientedimeno interuiene che nel principio innãzi che habbia facto habito la ragione et la conscientia soppone alla sensualita: et ritarda che non pecchi. Ma charone: cioe el libero arbitrio elquale e/stato gia persuaso dalla sensualita le pigne battendole chol remo: cioe chon la electione: laquale gia ha facto habito di peccare. Ne altro e/dantendere el remo chol quale charone mena lanaue se non la electione di seguire quello che lappetito ha giudicato esser buono.

Chome dauctunno si lieuon le foglie
luna appresso dellaltra insin chel ramo
uede alla terra tutte le sue spoglie
Similemente el mal seme dadamo
gittasi di quel lito aduna aduna
percenni chome augel per suo richiamo
Chosi senuanno su per londa bruna
et auanti che sieno di la discese
anche di qua nuoua schiera saduna.

c Conuenientissima comperatione. Imperoche chome le foglie hauendo pel calore estiuo perduto el naturale humore caggion secche alla terra: Chosi lanime nostre p lardore della concupiscentia risecchato lhomore della ragione che le nutriua caggiono ne terreni desiderii. Et e/luogho tolto dal sexto di Virgilio. Quam multa in siluis auctunni frigore primo Lapsa cadunt folia aut ad terrã gurgite ab alto quam multe glomerantur aues. Et chosi si gittano al fiume a Charone demonio. i. sanza alchuna considerata ragione uãno al deprauato libero arbitrio: chome luccello uola al luccellatore quando gli mostra el pasto: pel quale non saccorghono che perdono lor liberta et diuengono serui. Mostra lucellatore el pasto alluccello: et quello preso dalla cupidita di tal cibo uola allui: ne saccorge che ne perde la liberta. Chosi el peccatore quando la sensualita del libero arbitrio gli monstra emondani dilecti di subito ad quegli si getta. EL MAL seme da damo. Da Adamo procedono ebuoni et erei: ma ebuoni si saluano. Erei si perdono ne uitii. Adunque non dixe el seme absolutamente: ma el mal seme. Oueramente diciamo che da Adam ha origine el corpo: et da idio lanimo. Et perche el corpo e/gran cagione della contagione dellanimo: pero dixe el mal seme da damo. Et prudentemente dixe gittonsi. Imperoche gittarsi significa andare inconsideratamente et sanza ragione. Et chosi fa el peccatore. Et certamẽte chi uiue secondo la uirtu ua consideratamente : et con terminati passi. Ma chi camina per la uia del uitio si getta sanza consideratione hora in uno hora in uno altro extremo

Figliuol mio dixe el maestro cortese
quegli che muoion nellira di dio
tutti conuengon qui dogni paese
Et prompti sono a trapassar lo rio
che la diuina giustitia gli sprona
si che la tema si uolue in disio :
Quinci non passo mai anima buona
et pero se Charone di te si lagna:
ben puo sapere omai chel suo dir suona

f Igliuolo: Perche el discepolo debba essere et in reuerentia et amore in luogho di figliuolo al preceptore. Et chosi el preceptore debba essere cortese et liberale della doctrina uerso del discepolo/non chome molti equali o per auaritia: o p inuidia non insegnono quãto potrebbono. Preterea per le ragioni decte di sopra del padre et del signore significa qui el poeta che in tale contemplatione la sensualita debba essere tanto obbediente allontellecto che lui la possa amaestrare con paterna clementia: et non chon quella dureza et rigidita che usa el signore inuerso el seruo. MVOIONO nellira di dio. Ciaschuno che cade nel peccato muore: et muore nellira di dio: et arriua alfiume nelmodo che gia habbiamo decto. ET LA diuina giustitia gli sprona. Perche cominciando a fare habito comincíano a prendere piacere di quello che douerrebbe dispiacere. Ilche permette la diuina iustitia: perche si sono facti indegni dogni gratia di dio: chon laquale si sarebbono potuti difendere dal uitio. Adunque la tema: cioe el timore: elquale douerrebbono hauere del uitio: et elquale haueuono innanzi che hauessino facto habito. SI VOLGE in disio: cioe indesiderio: perche appetiscono quello che douerrebbono fuggire. Et se uogliamo piu chiaramente intendere questo luogho e/ necessario ricordarci della differentia che disopra dimostrãmo essere tra lo incontinente et lo intemperato. QVINCI nõ passo mai aniã buona. Dimostramo disopra che colui scẽde nellinferno che cade nel uitio: et da quello si lascia uincere: come fanno tutti epeccatori. Scende ãcora chi entra acontemplare euitii per conoscergli et guardarsene: chome finge Homero dulixe: et Virgilio denea: et Danthe di se medesimo. Ma eprimi uentrono nel modo che allegoricamẽte habbiamo interpretato di sopra: et di Charone et dacheronte: pche la naue cioe la loro deprauata uolonta guidata dal libero arbitrio gli conduce. Esecondi sono conducti dalla uolonta portata dallangelo: cioe dalla gratia di dio: laqual diriza el libero arbitrio a uolere: et eleggere el uero bene

Finito questo labuia campagna
tremo si forte che dello spauento

u Arii comentatori uariamente spongono questo texto. Ma a mio giudicio niente altro dimostra/se non che chi scende nellonferno per tornare: cioe ẽtra

la mente di ſudore anchor mi bagna:
La terra lachrimoſa diede uento
che baleno una luce uermiglia:
laqual mi uinſe ciaſchun ſentimento:
Et caddi chome lhuom cui ſonno piglia.

nella ſpeculatione de uitii per guardarſene biſogna che
ſia per abſtractione di mente: et che eſenſi rimanghino
conſopiti tanto che ſauuezzino a ubbidire alla ragione
ſanza alchuna repugnantia. Imperoche chi conſidera e
dilecti corporei equali ſono ne uitii: et non habbi anco
ra la ſenſualita ſobtopoſta alla ragione ſpeſſo truoua la
ſerpe occultata tra fiori. Onde el petrarcha. Queſta ui
ta terrena e quaſi un prato Chel ſerpente fra fiori elber
be iace Et ſalchuna ſua uiſta a gliocchi piace E/per laſciar piu lanimo iuuiſcato. Rimane allacciato: et preſo
da dilecti carnali; et auelenato dal morſo ſerpentino del peccato. Adunque e/neceſſario che Danthe: cioe la
ſenſualita ſia portata nellinferno adormentata accioche non inſurga contro alla ragione. Et ſia portata dal
langelo. i. dalla diuina gratia. Giugne adũque Dante al tranſito dacheronte che e/lo ingreſſo della ſpeculati
one. Et benche di ſopra ſi fuſſi tutto dato a Virgilio dimoſtrando che un uolere ſia damendue. Nientedi
meno ripenſando quanto ardua impreſa ſia queſta; et quanto difficile comincia auacillare; pche non gli pare
peſo dalle ſue ſpalle: et inuero non potrebbon per ſe ſole lhumane forze ſanza el diuino aiuto paſſare nellin
ferno: et tornare. Pecca adunque non per malignita; laquale non merita miſericordia. Ma per timidita et
imbecillita; allaquale dio ſpeſſo ha grande compaſſione: perche Vidit deus figmentum noſtrum et miſer
tus eſt noſtri. Maxime a chi implora: et chon lachrime adomanda laiuto ſuo. Adunque manda langelo che
ladormenti: et adormentato lo paſſi. Ilche niente altro dinota ſe non che la gratia diuina ſupliſce alla noſtra
fragilita; et ſepera et abſtrae la mente et lontellecto da ſenſi: accio che poſſi innalzarſi a ſpeculare le grandi
choſe alle quali e/nato. Et adormenta la ſenſualita, accioche non in fuſchi et perturbi la ragione. Ne altra
choſa e/philoſophare chome dice Platone: et el platonico Cicerone ſe non ſeuocare lamente da ſenſi: et fare
che lanimo mentre che e/nel corpo ſtia quanto puo ſeperato da quello: et impari a morire. i. a uiuere ſepera
to dal corpo. Inteſo adunque queſto accomoderemo leparole del texto alla gia decta ſententia. Et prima di
ce el poeta. FINITO queſto la buia campagna tremo ſi forte: Cioe dopo leparole decte da Virgilio: lequa
li dimoſtrauono gran difficulta nel paſſare la buia campagna: cioe la ſenſualita di Danthe: laquale e/ cãpagna
cioe luogho aperto et ſpatioſo: perche le cupidita de ſenſi ſono molte: et molto per ogni uerſo ſi diſtẽdono
Et e/buia: perche la ſenſualita e/oppreſſa da molte tenebre dignorantia. TREMO pel grande ſbigottimen
to et in forma impauri di non potere. Et dolſeſi dhauere abbandonare lampreſa che ſudo per laffanno. Hab
biamo dimoſtro ſio non erro chel peccato di Danthe procede non da malignita di non uolere: Ma da diſpe
ratione di non potere. Da che nacque che LA TERRA lacrimoſa diede uento. i. lelacrime della terra: cioe
della ſenſualita noſtra Diede uento. i. feciono mouimento: cioe commoſſono dio a miſericordia. CHE: cioe
elquale uento. BALENO una luce uermiglia: Cioe produxe una luce fochoſa conquella uelocita che uiene
un baleno. Queſta luce e/la diuina gratia; laquale idio ueduta la buona uolonta di quegli che ſi uorrebbono
condurre alla ſalute uacillare per timidita/manda diſubito a corroborare et addirizare tal uolonta: et e/que
ſta gratia luce: perche illumina la mente et moſtragli la uera uia: Et e/uermiglia cioe focoſa: perche oltre al
dimoſtragli la uia. Ilche e/opera cherubica/laccende et infiamma dellamore ſeraphico diquella. Et e/neceſ
ſario nella ſpeculatione delle gran choſe: perche non ſi faccendo quelle ſanza laborioſa difficulta ſe lhuomo
non ſe ne innamoraſſi non ſopporterebbe tanta faticha. Onde uirgilio uolendo guidare Enea alla contempla
tione fa che lui ſeguita Venere: cioe lamore delle choſe diuine. Queſta luce uince ogni ſentimento a Dãthe
cioe conſopiſce: et adormenta la ſenſualita per la ragione gia pocho diſopra decta. Et ha ſimilitudine queſto
luogho chon quello di Virgilio Doue induce Anchiſe arſa Troia non uoler partirſi ne piu uiuere. Et noi qui
ui dimoſtramo Anchiſe eſſere la ſenſualita; laquale ricuſa laſciare le corporee uolupta. Ma Enea cioe laragio
ne ſuperiore loneporta in ſu le ſpalle: perche lontellecto innalza lappetito: et non lo laſcia toccare terra cioe
penſare alle choſe terrene. Ma guidalo in Italia. i. alla contemplatione. Nientedimeno innanzi che giunga
in Italia lo ſoppelliſce: et poi lo ritruoua nellonferno. Choſi qui Danthe ſaddormenta: et di poi ſi deſta paſ
ſato el fiume.

CANTO QVARTO DELLA PRIMA CANTICA

r Vppemi lalto sonno nella testa
un grieue tono si chio mi riscossi
chome persona che per forza e desta
Et locchio riposato intorno mossi
dricto leuato: et fiso riguardai
per conoscer lo loco douio fossi
Vere/ chen su la proda mi trouai
della ualle dabisso dolorosa:
che tono accoglie dinfiniti guai:
Obscura et profondera et nebulosa
tanto che per ficcar lo uiso al fondo
io non ui discernea alchuna chosa.

t Racta el poeta del primo cerchio dellinferno: nel quale pone quegli che benche non habbino a esser puniti di gran peccati: Nientedimeno perche non hanno hauuto baptesimo non meritano el cielo. Non puo lhuomo passare alla speculatione de uitii se la sensualita repugnante alla ragione non e/prima consopita. Hora giũto a decta speculatione la sensualita e/desta dal tuono: et uolge gliocchi riposati intorno. Ilche significa che nel principio quando lhuomo dilibera lasciare la uita actiua: et andare alla contemplatiua lasensualita non starebbe obediẽte alla ragiõe. Ilpche e/necessario che sia dormenti: et adormentata ui sia portata. Ma giũti che siamo alla cõtẽplatiua el tuono la desta: cioe laragione tonandogli sopra et grauemente riprendẽdola della pigritia la fa uigilante: et attenta a ubbidire laragione nelle chose grandi. Ilperche puo uolgere locchio riposato cioe puo usare elsenso quieto: et nõpiu infiammato et infuriato dalla cupidita delle cose terrene. E/cosa nota in philosophia che solo lo intellecto specula et contempla: perche lui solo puo hauere/cognitione de gliuniuersali. Ma perche e/necessario chel principio nasca da particulari: et questi sono ne sensi: pero cercha lõtellecto farsi la sensualita subiecta. Questa da principio dalluna parte concitata: et commossa dalle illecebre et lusinghe delle chose momentanee et temporali. Et dallaltra parte repressa dalla ragione tutta inuilisce: Perche non e/anchora perfectamente obediente alla ragione. Adũque bisogna adormentalla come e/ decto Ma poi che gia siamo entrati al contemplare sanza repugnantia de sensi adormentati allhora: perche gia sono altutto obedienti la ragione gliexcita et desta: et congiugnegli seco: perche e/uenuto gia a tanta perfectione lhuomo che discerne con la mente et discerne chol corpo: perche esensi nostri corruptibili: et corporei si conuertono in ragione: et la ragione in intellecto: et lontellecto in intelligentia: et la intelligentia in dio Ne e/da marauigliarsi se lanima facta a similitudine di tutta la sapientia ha in se la similitudine di tutte le chose. Onde anchora da Aristotele e/decta similitudine di tutte le chose: perche ha in se potentie con lequali ogni chosa inuestighi: et dogni chosa sia simile benche sia una. E/simile alla terra pel senso. Allacqua per la imaginatione. Allaria per la ragione. Al fermamento per lontellecto. Al cielo de cieli per la intelligẽtia Scriue adunque. VN GREVE tono mi ruppe lalto sonno della testa: cioe la medesima gratia di dio: laquale prima hauea consopita la sensualita: perche non impedissi la ragione nel passare alla contemplatione/hora la desta: perche chon quella si congiungha. Et dixe/Ruppemi a dinotare che non lascio che si destassi da se: et fornissi il sonno. Ilche significa che la sensualita non si desterebbe mai dalla sua pigritia se non fussi desta dalla diuina gratia: et dixe lalto sonno: cioe profondo sonno: perche molto e/profondo el sonno: et la pigritia della sensualita. Quia spiritus promptus est caro uero infirma. DELLA testa: dixe questo perche el sonno procede da uapori: equali eleuati dal nutrimento uanno al cerebro: et quiui raffreddati dalla frigidita delcerebro: et per questo condensati serrono la uia alcaldo et allo spirito: elquale nel ceruello da perfectione a sensi. SI CHIO mi riscossi. Non e/sanza grande mouimento quando lhuomo e/ desto per forza. Ma anchora fa non piccolo moto nellanimo la sensualita rapita dalla ragione. ET LOCCHIO riposato intorno mossi. Come el corpo ha gliocchi coquali guarda et uede: Chosi lanima ha potentia con la quale inuestiga et discerne. La mente adunque e/locchio dellanima: et la ragione e/el suo sgardare: et lointellecto e/el suo uedere et discernere. Ilperche allhora uolge lanima el suo occhio riposato quando discorre con la ragione tranquilla: et allhora e/tranquilla la ragione quando el senso et lappetito glie informa obediente che in ogni parte la seguita. DRITTO leuato: adimostrare che la sensualita si leuaua dalle cose basse et terrene per seguire lontellecto. ET FISO riguardai: E/necessario se uogliamo rectamente contemplare/che la mente tranquilla et uacua dogni perturbatione et passione si muoua intorno. i. si uolga a tutte le parti: et chol risguardo della ragione stia ferma et fisa: perche non basta a chi uuole trouare la uerita fare discorso per tutte lechose: se non ui si uolge chon ogni acume dingegno: et quello affisi. i. tengha fermo: et di quiui non lo diparta: accioche dallocchio: et dal suo sguardare nasca el uedere cioe lontendere: et conoscere elluogho doue ci ritrouiamo. VERE/chen su la proda mi trouai. Questo e/leffecto del uoltare dellocchio: et del guardare fiso: perche da questo nasce el uedere: cioe non dubia opinione ma indubitata et uera scientia: et pero dice Vero e/perche la contemplatione nelle chose uniuersali truoua el uero: elquale e/lultimo fine nelle uirtu intellectiue: chome el buono e/el fine nelle uirtu morali. IN SV la proda dabisso: Cioe nel principio della profondita dellinferno. Et certo nulla chosa e/piu profonda: ne piu lontana dalle chose celesti che el uitio. CHE: cioe laquale ualle. ACCOGLIE TONO DINFINITI GVAI: Raccoglie in se suono dinfiniti guai. Quãdo una ualle cincta atorno daltissimi monti fussi ripiena dhuomini: equali uariamente gridassino: et uarie querele et strida usassino. ne nascerebbe per la commixtione di tante uoci: et pel rimbombo della ualle un suono confuso raccolto in aria di tutte quelle uoci; perche la concauita delluogho non le lascia uscire. Ma ag gironsi et multiplicano per la repercussione: et insieme si raccogliono: et fanno quasi un tuono. Et maxime si sente questo da chi e/disopra come era Danthe. Ma allegoricamente intende che nella contemplatione de uitii si conosce che di quegli tanti et tanto diuersi: et tra loro contrarii: ma tutti miseri risulta una extrema miseria. OBSCVRA ERA: Perche chi contemplando uuole cognoscere la natura del uitio truoua ogni chosa obscuro: cioe intende che ogni uitio consiste in ignorantia: laqual nasce dhauere perduto ellume dellin tellecto. TANTO CHE PER ficcar lo uiso al fondo Io non ui discernea alchuna chosa. Non puo chi con tẽpla eluitio: elquale e/nelle tenebre dellignorantia uederui alchuna cosa. Imperoche non e/uitio cosa alchu na: ma e/solo priuatione. Questa e/adunque la ragione perche lonferno e/obscuro: et perche nulla ui si di scerne. Ilche expresse anchora Virgilio in questi uersi. Ibant obscuri sola sub nocte per umbras Per que do mos ditis uacuas et inania regna.

Hor discendian qua giu nel cieco mondo
 comincio el poeta tutto smorto
 io sarol primo: et tu sarai secondo
Et io che del color mi fui accorto
 dixi chome uerro che tu pauenti:
 che suoi almio dubiare esser conforto.
Et egli a me langoscia delle genti
 che son qua giu nel uiso mi dipigne
 quella pieta che tu per tema senti
Andiam che la uia lungha ne sospigne
 chosi si misse: et chosi mi fentrare/
 nel primo cerchio che labbisso cigne.

e Ruouasi Danthe di la dal fiume Acheronte: ne sa chome si passassi. Ma poi chamosso intorno loc chio riposato pare a Virgilio menarlo nellinferno: et di ce. HOR DISCENDIAMO qua giu nel ciecho mon do: Cioe nella contemplatione de uitii: Nequali non e altro che cecita et priuatione di lume di ragione. Et p questo elpsalmista supplica per questi dicendo. Illumi nare iis qui in tenebris: et umbra mortis sedent. Era pallido et ismorto Virgilio. ilche significa percussione danimo chosi per compassione chome per paura. Ma Danthe uolse questa coniectura et segno alla paura. Il che significa che spesso lontellecto nostro si uolge a una chosa buona: Et la sensualita lo interpreta in peggior parte/ insino che lo intellecto non la fa docta. Et per questo risponde Virgilio che ilcolore mutato nel uolto suo uiene da pieta: laquale Danthe sente per tema: cioe ripiglia per paura: et stima esser paura. IO SARO el primo: et tu sarai secondo. Et rectamente/ impero che andando allacontemplatione Danthe: cioe lasensualita: et ragione inferiore debba seguitare chome uera guida Virgilio: cioe la ragione superiore: perche lontellecto e/quello che contempla et tirasi drieto elsenso. Ma a chi ua allinferno per non tornare: cioe chi chade ne uitii tallhora Danthe si tira seco Virgilio: et nõ Vir gilio guida Danthe: perche lappetito predomina alla ragione. ET EGLI ad me langoscia delle genti. Di mostra che benche gli stoici non uoglino: che el sauio caggia in alchuna passione: et perturbatione danimo: Nientedimeno secondo e peripatetici et christiani theologi e/humana chosa hauere compassione della mise ria de glhuomini. Et per questo finge che Virgilio entrando nellonferno diuento smorto per la compassiõe de tormẽtati seguitando Heraclito ephesio. Imperoche due philosophi furono di diuersi costumi. Et bẽche luno et laltro conoscessi la stultitia de glhuomini essere infinita: et quasi tutte le loro operationi procedere da ignorantia piu tosto che daprudentia. Nientedimeno luno che era Heraclito ephesio lachrimaua sempre che uedea tale stultitia in alchuno. Ma laltro che era Democrito abderita per loppposito ridea schernendo la uanita de glhuomini. Ilpche si cõclude che non e/cõtro alla cõstãtia delphilosopho contẽplãdo lamiseria nella quale si truoua chi e/nellinferno. i. chi e/oppresso da uitii hauerne compassione non excedendo el modo: p che e/chosa humana. Et chome dice el terentiano Cremete Homo sũ Nihil humani a me alienũ puto. AN DIAM che la uia lungha ci sospigne. Se consideri al sito dellinferno e/lungha uia: perche e/dalla superficie della terra insino al centro. Ma allegoricamente lungha et difficile e/la cognitione de uitii: perche sono di molte ragioni: et spesse uolte alchuni sono si simili alle uirtu che difficile e/discernere luno dallaltro. CHO SI mi messe. Quando Danthe: cioe la sensualita e/messa nellonferno da Virgilio. i. dalla ragione: Allhora conosce quanto sia detestabile el uitio: et guardasene. Ma quando uentra per se medesima si lascia aescare da quello: et rimanui chome el pescie allhamo.

Quiui secondo che per ascoltare
 non hauea pianti ma che di sospiri
 che laura etherna faceuon tremare
Cio aduenia di duol sanza martiri
 chaueon le turbe chyron molto grandi:
 dinfanti: et di femine: et di uiri.
Lo buon maestro ame tu non domandi:

d Alla porta insino al fiume dAcheronte dimostro el poeta essere un luogho nel quale: perche ne al tutto era nellonferno: ne altutto fuor dellonferno po se quegli: equali ne buoni ne rei altutto si poteono chia mare. Elquale fu quasi un precinto et uestibulo di tut to elluogho. Hora dopo el fiume Acheronte discriue el principio dellonferno: et pone el p̃io cerchio: elqua le perche tutti glialtri cigne e/chiamato limbo per una certa similitudine conciosia che proprio limbo in latino

che spiriti son questi che tu uedi
hor uo che sappi innazi che piu andi
Che nonpeccaro: et se glhebbon mercede
non basta: perche non ebbon baptesimo
che parte della fede che tu credi
Et se pur fur dinanzi alchristianesimo
non adoror debitamente idio:
et di questi cotai sonio medesimo
Per tai difecti et non per altro rio
semo perduti: et sol ditanto offesi
che sanza speme uiuemo in disio.

significa un fregio; elquale ricigne tutta laueste. Et in questo uuole che chome e/piu superiore che glialtri; et piu lontano dalprofondo; chosi epiu leggieri peccati in quello sieno puniti. Ponui adũque prima quegli equali nel christianesimo non hauendo hauuto baptesimo/son morti in peccato originale; elquale gli priua della etherna uisione et gloria di dio. Itẽ quegli; equali essendo stati innanzi a christo non adororono debitamente idio; perche non credectono nella trinita padre figliuolo et spirito sancto/ne in christo uenturo. Questi perche uixono secondo le uirtu ciuili non meritauono supplicii: Ma per laragione gia decta non meritano gloria Ma perche in questo luogho dimostra el poeta che lanime de paruoli: a quali el baptesimo non ha lauato el peccato originale; elquale e/debito di pena/ contracto dalla colpa del primo padre. Stimo sara grato a glorecchi dellectore udire con breuita qual iustitia patisca che glinnocenti paruoletti; equali ne per libero arbitrio ne per uolonta hanno potuto peccare sieno priuati della uisione diuina nella quale consiste la nostra beatitudine. Essendo scripto Quod filius non portabit iniquitatem patris: Et altroue. Anima que peccauerit ipsa morietur. Ma prima e/da intendere che elpeccato originale e/manchare doriginale iustitia; laquale era debito nostro hauere. Fu facto lhuomo da dio recto. Ma lui per partirssi dal suo creatore si fece debole: et infermo: et soctomessesi a infiniti modi di pecare. Era adunque Adam con tanta rectitudine creato; che in lui le chose inferiori erono subgette alle superiori. La carne informa era soctoposta allanima che niente glipotea adiuenire; perche hauessi a insurgere contra allanima. Et similmente era suggetto lappetito alla ragione. Questa era iustitia diuina; perche richiede la giustitia che sempre glinferiori sieno sobto esuperiori; et chiamauasi originale; perche Adam dalla sua origine da dio quella haueua riceuuto; et per origine shaueua a trasferire ne suoi descendenti; perche haueuono a essere chome membra dadam. Ma poi che Adam si ribello dal suo superiore idio richiese lordine della giustitia; che le chose sue inferiore si ribellassino da lui: Et chosi la carne si ribello dallanima: et per questo caddono in lei contrarie dispositioni. Onde quella che potea non morire pel peccato per necessita muore. Et similmente lappetito si ribello dalla ragione. Ilperche cholui che per sua rectitudine potea non morire: et non peccare/cadde in necessita di morire et di peccare. Ma per non esser prolixo diremo chome scriue Egidio: che hauendo dio perfecto et absoluto lhuomo con la giustia originale. Dipoi per sua spontanea liberalita; et p gratuito dono gli concedecte oltra alla sua natura che mentre che stessi sanza peccato potessi fruire el diuino cõspecto. Ilperche harebbe potuto Adam se si fussi conseruato in stato dinnocentia lasciarci per legge dheredita tanto dono. Ma non si conseruando lo perde innanzi che noi nascessimo; et perdutolo non cie lo pote lasciare. Ilche meglio sintendera per questo exemplo. Vno huomo darme per hauere rinfrancata la battaglia: et essere stato cagione della uictoria hebbe dal re in premio delle sue uirtu una citta. Dipoi diuentando traditore pel tradimẽto facto gli ritolse el re la gia donata citta. Questa haueuono hauere efigliuoli del caualiere chome heredi suoi se lui fussi stato nella fede. Hora che ingiuria fa loro el re ? se non hanno quello che non fu mai loro ne di loro patrimonio ? Per laqualchosa essendo la uisione di dio non secondo nostra natura non ce facto ingiustitia se non ce data; chome se uno per gratia di dio hauessi lale et uolassi. Ilche sarebbe sopra la natura humana. Dipoi efigliuoli suoi si dolessino non hauere lale chome el padre. Non ha faculta lanima nostra poi che e/uscita delle carcere corporee di fruire el diuino conspecto se non e/monda: et pura; perche non e/lecito che el non puro tocchi el puro. Ma si el puro; perche in chostui e/gratia perfecta et absoluta: Adunque non potea el paruolo uedere idio: Nientedimeno non e/priuato dalchuna chosa sua: perche tal dono era stato dato ad Adam oltra alla natura sua non per alchun merito del riceuente; ma per liberalita del dante. Perdesselo per uolere piu tosto compiacere alla moglie che ubidire a dio. Ma il paruoletto di che si puo dolere se non glie dato quello che e/sopra la sua natura ? Di che non seguita la pena del senso: Ma quella del danno. Adunque la pena di tutti questi e/la priuatione della gloria: et della speranza dhauer mai gloria. Adunque QVIVI cioe quello luogho secondo che p udire si potea imaginare non hauea pianto elquale procede da dolore di pene. Dixe per udire; perche questa spetie di dannatione e/tutta posta infede MA CHE di sopiri: Cioe se non di sospiri; et e/modo di parlare piu tosto lombardo che fiorentino; perche dicono questo non e/ma che bene; cioe questo non e/se non bene. NON HAVEA pianto ma che di sospiri. Cioe quelluogho non hauea altro pianto se non di sospiri. Impero che el uero pianto e/doue sono lachrime et uoci meste: et significa dolore et pena di senso: Ma elsospiro significa pena di danno; et disiderio di chosa absente. Onde Iouenale: Suspirat longo non uisam tempore matrem. E/suspiro angustia di spirito. Et dixe laura; cioe aria etherna; perche lonferno chome e/decto di sopra dura etherno: Et dimostra la grandeza de sospiri poi che erono si grandi che commoueuono laria. CIO ADVENIA di duol sanza martiri. Era duolo di mente; ma non martire; cioe pena di senso. DINFANTI. Infantia e/ la prima eta del lhuomo; laqual dura insino in septe anni. Et chiamonsi in questa eta infantes. i. non fantes cioe non fauel lanti: perche o non fauellono: o non hanno anchora bene prompta la fauella. EL BVON MAESTRO: E/buono el preceptore elquale non solamente insegna quando e/domandato. Ma anchora inuita el discepolo a domandare. ANDI/Vada/Vocabolo romano; et non fiorentino; perche in nostra lingua non usiamo di questo uerbo el singulare del presente; perche non diciamo Ando Andi Anda: Ma in quello scambio e/ Vo Vai Va. Et finge in questo luogho el poeta che Danthe non domandi della dannatione di costoro; Ma Virgilio sanza esserne domandato lo dica; perche in uero el peccato originale elquale gli danna non e/ cognito da noi per scientia naturale. laquale ha principio dalla intelligentia che e/nel senso: et nella ragione inferiore; Ma per theologia. Ilperche la sensualita non aspira ad alchuna inquisitione di questo; ne gliene nasce dubio alchuno del quale possi domandare. NON BASTA PERCHE NON HEBBON BAPTESIMO: Due spetie pone dhuomini non saluati benche sieno uixuti moralmente: cioe quegli che doppo christo non hanno hauuto el baptesimo. Perche Quicunque crediderit et baptizatus fuerit hic saluus erit. Et quegli che innanzi allauenimento di christo quando non era necessario el baptesimo NON ADORARON debitamẽte idio; Cioe non credoctono nella trinita padre figliuolo et spirito sancto: Ne in christo uenturo. Et diquesti pone se medesimo. PER TAI difecti: Cioe per questo manchamento di non hauere uera fede. ET NON PER ALTRO RIO: Cioe non per delicti commessi habbiamo pena non di senso: ma di mente: pche uiuiamo in disio cioe in desiderio della gloria del cielo. SANZA SPEME: Cioe sanza speranza dhauerla Chi e/in gloria: et fruisce idio e/nel sommo bene. Chi e/fuor di gloria o egli e/con isperanza dandarui quando che sia chome quegli del purgatorio. O egli e/fuori di speranza. Et questi sono di due spetie: Impero che alchuni sono posti in eterne pene sensibili chome son quegli di tutti glialtri cerchi dellonferno. O esono sanza pene di senso chome sono questi. Questi non hanno tormenti di senso: ma danimo. Et la pena loro e/el desiderio. Ne e/altro desiderio se non cupidita dhauere presente quella chosa che glie absente: laquale absentia del continuo tormenta lanimo.

Gran duol mi presalcuor quando lontesi
pero che genti di molto ualore
conobbi chen quellimbo eron sospesi:
Dimmi maestro mio dimmi signore
comincia io per uoleresser certo
di quella fede che uince ogni errore/
Vsciecci mai alchuno o per suo merto:
o per laltrui che poi fussi beato
et quel chen tese elmio parlar coperto.

d Ve chose tracta in questi uersi. Imperoche prĩa dimostra hauer gran compassione a glhuomini: e quali essendo uixuti moralmente: et ripieni di molte uirtu: et hauendo o con scientia o con disciplina militare facti molti beneficii allageneratione humana; o almãco alla lor patria: niẽtedimeno p nõ hauere hauuto lafede christiana o lhebraica sono dãnati. Nel secondo luogho uuole che Virgilio glisia testimonio: et faccilo quasi certo di quello che lui teneua per fede: cioe che christo chol suo pretioso sangue ricompero quegli: che bẽche hauessino hauuto recta religione pure erono morti nel peccato originale. DIMMI MAESTRO mio dimmi signore. Nel primo capitolo dimostrãmo perche chiama Virgilio maestro signore et padre. Ne accade alpresente ripeterlo. PER VOLERE esser certo Benche ogni fedele crede quanto cimpone sancta chiesa. Nientedimeno ogni grande ingegno potendo uolentieri cerca la scientia; et la certificatione di quello che crede. DI QVELLA FEDE che uince ogni errore Questo dixe per dimostrare che benche non hauessi alchuna scientia: nientedimeno tiene lafede christiana uerissima et sanza errore. PER SVO MERTO o per altrui. Benche nessuno possi per se medesimo uscire del peccato se non e/aiutato dalla diuina gratia; Nientedimeno e/bisogno che operiamo in bene quãto puo la nostra fragilita. Onde Augustino dixe Qui fecit te sine te non saluabit te sine te. Adunque uuole dimostrare qui che quegli dellimbo uscirono non solamente pe meriti della passione di christo/sanza laquale nessuno e/si perfecto che si possa saluare. Ma anchora pe loro proprii; perche luno et laltro e/necessario. EL MIO parlare coperto. Imperoche non exprimeua quello che chiaramente uolea dire.

Rispose io ero nuouo in questo stato/
quando ci uidi uenire un possente
chon segno di uictoria incoronato
Trasseci lombra del primo parente
dabel suo figlio: et quella di Noe:
di Moyse legista: et ubbidente.
Abraham patriarcha: et Dauid re.
Isdrael col suo padre et cho suoi nati:
et con rachele per cui tanto fe:
Et altri molti et fecegli beati

i Ntese Virgilio che Danthe desideraua esser certo di quello che credeua; Cioe se christo trasse dellimbo lanime de gliantichi padri chome sancta chiesa pone Et pero risponde. IO ERO NVOVO in questo stato. Perche pocho auanti ero uenuto qui. Imperoche Virgilio mori neluigesimosexto anno dellimperio doctauiano Augusto; elquale regno anni. LVI. Et christo mori nel decimo octauo anno dellimperio di Tyberio successore daugusto. Adũque era uenuto Virgilio nel limbo anni quarantotto innanzi che christo ne traessi lanime de gliantichi padri. VN POSSENTE: cioe christo. Et nota che non essendo stato Virgilio christiano non parue aDanthe che lui douessi nominare cristo

et uoche sappi che dinanzi adepsi
spiriti humani non eron saluati:
Non lasciauon landar perche dicessi:
ma passauan la selua tutta uia/
la selua dico di spiriti spessi.

Perche non essendo instructo della doctrina christiana non conobbe christo chome christo: et chome causa del la liberatione di quelle anime: perche non sapea perche cagione potessi far questo: Ma chiamalo possente p lo effecto che ne uide: Ne si discorda dal decto del pphe ta. Attollite portas pricipes uestras: et eleuamini por te ethernales: et introibit rex glorie. Quis est iste rex glorie? Deus fortis et potens deus potens in prelio. CON SEGNO di uictoria. Se era stato possente nella guerra: Meritaua hauer segno di quella uictoria del la quale nessuna fu maggiore: perche morendo uinse la nostra morte: et risucitando ci restitui la uita: laqua le elfallo dadam cihauea tolta: et triompho del diauolo principe di questo mondo. TRASSECI.i. traxe di qui LOMBRA.i. lanima. DEL PRIMO parente. Cioe padre: et questo fu Adam protoplasto: cioe prima factura di dio/ et dal qual son nati tutti glhuomini. DAbel suo figlio. Adam in ligua hebraica signi fica secondo le interpretationi della bibia testificate ouero testimonio. Abel fu secondo figliuolo dadam: et deua huomo giusto et molto religioso: Era pastore: et perche dio haueua comandato allui: et a Cayn suo fratello: et primogenito dadam che gli facessin sacrificio Habel sempre con prompta uoglia sacrificaua emi gliori animali de suoi armenti et greggi. Et per questo meritaua che idio el prosperassi. Cayn huomo aua ro et pocho riuerente a dio: perche era dato alla agricultura sacrificaua de suoi campi le piu sterile spighe. Et finalmente mosso da inuidia uccise Abel. Elquale fu pianto da suoi genitori cento anni in una ualle: che per questo e/ nominata ualle di lachrime. Abel inhebraico significa lucto et timore et uanita et miserabile. Noe fu el principio della seconda eta: laqual duro insino ad Habram: da Adam insino allui duro la prima: Chostui fu solo tra tucti glhuomini di quel secolo trouato giusto. Et irato idio p la uniuersale scelleratezza di tutti glhuomini uolendo uccidergli et spegnergli col diluuio dacqua Comando allui: elquale era gia dãni ot tocento che facessi larcha: chome pone la bibbia: laqual peno affare cento anni: et inquesta lui entro: et tre fi gliuoli Sem Cam et Iaphet con le loro mogli: Et due animali maschio et femina dogni spetie. Dopo el dilu uio Noe et Sem habitorono in Asia. Cam in Affrica. Iaphet in Europa. Moyse legista et ubbidete da Ha braam insino a Moyse duro la terza eta. Chostui nacque per padre et per madre della tribu di Leui inegyp to: et in quel tempo chel re degypto facea gittare nel fiume tutti emaschi che nasceuono della gente hebrea. Ilpche uedendolo lamadre doptimo aspecto lo tenne nascoso mesi tre. Dipoi non lo potendo celar piu lomis se in un uaso facto di giunchi: et stucchato di bitume et di pece: et fecelo lasciare in su la ripa del fiume. Ve ne alle mani della figliuola di Pharaone: et per opera della sorella del fanciullo lo fece alleuare alla propria madre: et adoptollo: et perche lhaueua trouato appresso allacqua lo chiamo Moyse. Venendo dipoi Moy se in eta adulta: et uedendo in quanta affictione era el popolo hebreo: et che quasi era diuenuto schiauo de gliegyptii: un giorno in uendecta duno hebreo uccise uno egyptiano: et nascoselo nel sabbione. Dipoi sen tendo che lhomicidio era scoperto fuggi per paura dal conspecto di Pharaone che lo facea cerchare: et ando nella regione di Madian sacerdote: et accaso trouando septe sue figliuole: alle quali da altri pastori era stata tolta lacqua che haueano attinta per abeuerare le loro gregge/ le difese et aiutolle abeuerare. Per questo me rito hebbe una di queste per moglie decta Sephora. Et pascendo gliarmenti del suocero arriuo al monte O reb: doue in forma di fiamma gliapparue idio: et dallui fu amaestrato che uia hauessi a tenere a liberare elpo polo disdrael delle mani di Pharaone. Molto prolixo sarebbe riferire le innumerabili et egregie uirtu sue: per le quali merito uedere idio afaccia afaccia non solo in oreb: Ma anchora in Sinai. Fu huomo in doctrina et disciplina militare: et in sanctita di uita admirabilissimo. Finalmente mori nel monte Nebor poiche idio glhebbe mostro la terra di promissione Vixe anni cento uenti: Et fu ne tempi che Cecrope regnaua in Athe ne. LEGISTA et obidente: Legista perche idio per le sue mani decte le leggi al popolo hebreo. OBBE DIENTE: perche in tanto obseruo ediuini precepti che nessuno pericolo o faticha mai daquegli lotorse. Ne sia chi si dolgha se molto breuemente percorro queste historie: perche non si puo in pocho luogho altrimen ti mettere molte chose. HABRAAM patriarcha: Cioe primo de padri. Chostui fu elprimo fedel uecchio a chui idio riuelo la trinita. Dallanno del diluuio insino che nacque Habraham furono anni mille septanta due. Lorigine sua fu da Sem figliuolo di Noe. Imperoche di Sem nacque Arphasath. di chostui Chaman: Et di chaman Sala. di sala Heber. dheber Phalech. di phalech Raghan. di rhagan Saruch. di saruch Nachor. di nachor Thara. di Thara Habram. Nacque chostui in terra di chaldea nel tempo che Nino figliuolo di Be lo regnaua. Et per comandameto di dio uenne ad habitare in chanaan: et promessegli idio che darebbe quel la regione al suo seme: laquale e dal fiume degypto insino adEuphrates: et elseme suo tanto multiplichereb be che chi potessi numerare la poluere della terra numererebbe quello. Habito adunque nella ualle di mam bra. Eldecimo anno dopo lauenuta in canaan uedendosi Sarai sterile conforto Habram che uolessi seme del la sua ancilla agar: laqual uedendosi pregna comincio a insuperbire contro a Sarai: et essendo afflicta da lei si fuggi: Ma per le parole dellagnolo ritorno: et partori ad Habram ysmael. Dipoi essendo gia danni ceto gli dixe idio che harebbe un figliuolo di sarai: laquale era danni nouanta. Et comandogli la circuncisione in tut ti emaschi: et che lui non si chiamassi piu Habram: Ma Habraham: et similmente la moglie Sara: et non Sa rai. Rise fra se habraham che in cento anni hauessi a generare. Ma dipoi nato el figliuolo di Sara lo chiamo

yſaac. Circunciſe Habraam ſe el figliuol ſuo yſmaele eſſendo lui danni nouantancue : et el figliuolo danni
tredici : et choſi tutti glialtri ſuoi. Dipoi nato yſaac lo circunciſe loctauo giorno. Queſto e/quello elquale
lui fu contẽto di ſacrificare per ubidire a dio. Ilperche merito che dio benediceſſi el ſeme ſuo. Dopo lamor
te di Sara hebbe unaltra moglie Cetura : et di quella genero piu figliuoli. Vixe anni cento ſeptacinque. ha
bram ſignifica padre exaltato; Ma habraham padre uedente el popolo : ouero padre di moltitudine. Iſaac
riſo. Iſmaei huomo udito da dio o uero che piglia lauditione di dio. Sara ſignifica principe. ouero carbone
o uelame, o anguſtia. Sarai principe mio o carbone mio. DAVID Signica forte di mano : o deſiderabile
di uolto. Choſtui fu el ſecondo re del popolo di dio. Regno anni. xl. Fu propheta et poeta chome appare
ne ſuoi pſalmi. Regno nel tempo che glatheniesi morto Codro non uixono piu ſocto re. choſtui fu nella
quinta eta che duro inſino a chriſto; Ne mi diſtendo nella hiſtoria ſua : perche ſarebbe troppo prolixa. Ma
quale fuſſi idio lo dimoſtro dicendo hauere trouato uno huomo ſecondo el cuor ſuo. ISDRAEL chol pa
dre et choſuoi nati. Iſdrael fu iacob choſi decto : perche andando in Meſopotania uide una ſcala che agiugnea
dalla terra al cielo : et angeli ſalire et ſcendere per quella : et idio appoggiato a quella : perche iſdrael ſignifica
huomo uedente idio; ouero uiſione di dio. Adunque ne traſſe Iacob chol padre che fu Iſach figliuolo dabra
ham : elquale uixe cento ſexanta anni : et mori regnante Xerxe primo re de gliaſſirii. ET Cho ſuoi nati :
cioe cho ſuoi figliuoli; equali furono dodici : et da queſti diſceſono le dodici tribu diſdrael. Hebbe di Lya.
Ruben. Simeon. Leui : et Iuda. Et de lancilla di Rhachel genero Dan : et Neptalim. Et di Zelpha ancilla di
Lya genero Gad : et Aſſar. Dipoi concepe Lya di lui el quinto figliuolo che fu Iſachar : et il ſexto Zabulon :
Et di Rhachel hebbe Ioſeph; et Beniamin. ET RAChel per chui cotanto fe. Fu Laban fratello di Rhebec
ca madre di iacob : et habitaua in Meſopotamia/ A choſtui ando Iacob : et riceuuto parenteuolmente promi
ſe di ſeruirlo ſepte anni alla cuſtodia delle ſue greggi ſe gli deſſi per moglie Rhachel ſua figluola minore : la
quale era molto bella. Ma finito il tempo Laban longanno : et miſſegli allato la prima nocte delle noze Lya
ſua figliuola maggiore non bella quanto Rachel et ciſpa. Dipoi la mattina conoſciuto longanno Iacob ſi cõ
poſe di ſeruire altri ſepte anni : et Laban gli deſſi Rhachel. Et pero dixe el poeta PER CVI : cioe per laqua
le Rhachel TANTO FE. i. tanto ſaffaticho ſeruendo perhauerla anni. xiiii. NON LASCIAVANO lan
dar perche diceſſi : Perche due ſpetie danime pone in queſto limbo : Vna di quelle che nella prima infantia
ſono partite dal corpo ſanza bapteſimo. laltra di quelle che benche fuſſino illuſtre per molte uirtu : Niente
dimeno ſono dannate per non hauere hauuto el bapteſimo. leprime per non hauer facto alchuna coſa degna
uuole che ſieno ſimile alla ſelua/la ſelua e/luogho inculto. e/ombroſo et ſanza ſole, ha glalberi ſpeſſi : et ſan
za alchuno ſuaue fructo. e/habitata dafiere et non da huomini. Choſi queſte anime non ſono exculte dalchu
na doctrina; perche nella uita non hebbono ſpatio di potere comprendere. Ilperche rimangono ombroſe :
et obſcure; chonciofia che in loro non riluce alchuna doctrina; ne ſole dalchuna uerita. Eſſere la ſelua molta
ſpeſſa : et folta dalberi dinota la infinita turba di tali anime.

Non era lungha anchor la noſtra uia
di qua dal ſommo quandiuidi un focho
chemiſperio di tenebre uincia :
Dilungi ueravamo anchora un pocho,
ma non ſi chio non diſcerneſſi in parte
chorreuol gente poſſedea quellocho.
O tu chonori ogni ſcientia et arte :
queſti chi ſono channo cotanthoranza :
che dal modo deglialtri gli diparte.

b Abbiamo ueduto che queſto primo cerchio cõtie
ne due generationi : cioe epiccoli fanciulli non bap
tezati. Item quegli equali furono innãzi al bapteſimo
Equali o per doctrina; o per facti darme : et altre uirtu
ciuili acquiſtorono gran fama nel mondo. Ma eprimi
pone nella prima parte del cerchio informa di ſelua.
Eſecondi pone ſeperati nella ſeconda parte in luogho
luminoſo : et alto. De primi parla ſecondo la criſtiana
oppinione. De ſecondi finge chome poeta ma non ſan
za ragione. Imperoche chome e/ragioneuole che bẽche
non ſieno baſtato loro le molte et gran uirtu alſaluarſi
non hauendo hauuto el bapteſimo : ne hauendo adora
to debitamente idio : Nientedimeno debbino hauere
qualche uantaggio et prerogatiua da quegli che ſon uixuti ſceleratamente : Maxime dicente la uerita che neſ
ſuno bene ha eſſere inremunerato. Et perqueſto attribuiſce loro luogho ameno et giocondo : et quaſi diſcri
ue ecampi eliſii : Et ingegnaſi imitare Virgilio in quegli : Ma quanto patiſce la noſtra religione. NON
ERA lungha anchor la noſtra uia : Cioe non erauamo molto dilunghati di qua dal ſommo : cioe dalla ſommi
ta onde ſi ſcende nel primo cerchio. Alchuni texti hanno ſomno : et allhora diremo di qua dal ſomno. i. di
qua dalluogho doue fui poſto dormendo che fu la ripa dacheronte. EMISPERIO di tenebre uincea. Vn
corpo tondo chome ſarebbe una palla e/decto ſpera. Onde hemiſperio ſignifica meza ſpera. Et per queſto
dinota che quel fuoco illuminaua da mezo il tondo in ſu. DILVNGI VERAVAMO anchora un pocho :
MA NON ſi chio non diſcerneſſi in parte chorreuol gente poſſedea quelloco. Benche lontellecto ſia quello
che conoſce le doctrine : et diſcernele. Nientedimeno anchora Danthe. i. la ragione inferiore poſto che non
le diſcerna : pure diſcerne eliterati huomini eſſere degni dhonore : et maxime quando gli uede honorare da
altri : O TV CHONORI ogni ſcientia et arte. E/certo ogni doctrina di ſua natura honorata : Ma quãdo
e/exornata con poetica eloquentia e/molto piu honorata : E/adunque propria laude di tanto poeta epoemi
del quale

delquale son refertissimi dogni maniera di doctrina. Et meritamte si puo dir di lui che come loro adorna la gemma legata in quello: chosi lui rende piu illustre ogni scientia della quale tracti. Et allegoricamente non e/dubbio che lontellecto humano quando e/ripieno digrande: et uaria doctrina non solamete e/honorato da quella: Ma anchora epsa doctrina nella boccha: et ne gli scripti suoi diuiene piu degna dammiratione. QVESTI chi son channo chotantthoranza. i. honoranza: et fece syncopa per rispecto del uerso. Conoscea Danthe lhonore in costoro: Ma non conoscea la scientia dalla quale gli uenissi tato honore. Adunque ne domanda Virgilio: perche come ho decto lontellecto solo e/quello che ne puo dare uero giudicio.

Et quegli ad me lornata nominanza:
che di lor suona su nella tua uita
gratia acquista nel ciel che si glauanza
Intanto uoce fu per me udita:
honorate laltissimo poeta:
lombra sua torna chera dipartita
Poiche la uoce fu restata et queta,
uidi quattro grandi ombre a noi uenire
sembianza haueuon ne trista ne lieta.
Lo buon maestro comincio a dire:
mira colui chon quella spada in mano:
che uien dinanzi a tre si chome sire.
Quegli e Homero poeta sourano:
laltro e/Horatio satiro che uene
Ouidio elterzo: et lultimo e/ Lucano
Peroche ciaschun mecho si conuene
nel nome che sono la uoce sola
fannomi honore et di cio fanno bene:
Chosi uidi adunar la bella schola:
di quei signor dellaltissimo canto:
che soura aglialtri chomaquila uola.

P Are giusta chosa che essendosi innalzati da terra con singulari uirtu in questa uita. Nellaltra anchora se non son salui almancho habbino luogho chon qualche honore et dignita. GRATIA ACQVISTA nel cielo. Piace a dio lauirtu etia in quegli equali non lhanno adorato debitamente. Onde come dice Augustino Molti beneficii hanno riceuuto da dio egentili inpremio delle lor uirtu. Impero che quella uita uirtuosa commuoue idio auolere che sieno in miglior grado. Finge dipoi hauere udito una uoce che confortassi quegli spirti a honorar Virgilio: elquale pocho auanti sera partito in soccorso di Danthe. Et induce che quattro poeti gliandorono in contro a similitudine de glihonori che tra loro si fanno glhuomini in questa uita. Et dimostra laspecto di questi poeti essere stato ne tristo ne lieto: oueramente perche lo stato loro non era mesto perche non erono inpena sensitiua: ne lieto: perche non erono in gloria: oueramente perche lhabito del sauio sta sempre inuna conueniente mediocrita: ne leggiermente si rallegra: ne uilmente si rattrista. Pone Homero chon la spada in mano: perche fu el primo poeta fra greci: elquale si possa ueramente dire che habbi scripto le battaglie. Onde Oratio. Res gestas regumque ducumque: et tristia bella. Quo scribi possent numero monstrauit Homerus. Fu el padre dhomero Marone: et la madre Ornithone: Altri affermano che una figliuola di Melanopo chiamata Chriteida genero homero ne sapea chi si fussi el padre: et partorillo in smyrne apresso alfiume meleta: et per questo lo chiamo Melesogene. Nutrillo con somma pouerta. Dipoi pel suo mirabile ingegno fu adoptato daun maestro di grammaticha: Et facto adulto: et diuenuto docto/ Ando ricercando la maggior parte delle cipta di grecia: et finalmente in colophone diuento cieco: et per questo fu chiamato Homero: perche ecolophonii chiamano eciechi homeri. Torno adunque in Smirna: et quiui exercito larte poetica: Nella quale fu si excellente che per anchora nessuno lha superato: Ne da alchuno se non da Virgilio e/stato equiperato. Fu constrecto da pouerta andar cantando esuoi uersi per prezo. Et nella regione di Phocida si pactui chonun certo testoride che dandogli lui el uicto eluestito glattribuissi tutti euersi che facea. Ma dopo alchun tempo testoride senando nellisola di chio: et quiui recitaua euersi dhomero per suoi. Finalmente uolendo andare da Samo in Athene gli fu proposto uno enigma. i. un decto obscuro: elquale non potendo lui soluere di dolore si mori. Lo enigma fu che domandando Homero. O huomini darchadia habbiamo noi preso alchuna chosa. Loro risposono. Quegli che noi habbiamo preso noi lasciamo: et portiancene quegli che non habbiamo preso. Homero intese depesci: et pero non seppe soluere: et loro intendeuono de pidocchi che haueuono adosso. Ma in uero pare questa a tanto huomo non conueniente morte. Ilperche piu tosto consento a herodoto: elquale scriue lui esser morto oppresso da ultima uecchiaia. Ne e/molto manifesto qual fussi la sua patria. Imperoche altri dice Smyrna. Altri colophone. Altri chio. Altri Athene. Similmente e/controuersia tra gli scriptori in che tempo nascessi Herodoto uuole cento quaranta anni dopo la distructione di Troia. Erathostene cento. Philocoro cento octanta. Apollodoro Atheniese dugenquaranta. ORATIO flacco poeta satiro et lyrico nacque a Venusia loctauo giorno di dicembre. El terzo anno della centesima septuagesima octaua olimpiade. El padre suo fu baditore: et libertino. i. nato dhuomo gia stato schiauo. Fu nella satyra piu necto et piu puro che lucilio. Molto libero nel riprendere: Et ne uersi lyrici quasi solo tra latini. OVIDIO Nacque a Sermona nel terzo anno della centesima octogesimasexta olimpiade/huomo si apto a ogni generatione di poema; et di tale ingegno che se non hauessi rifuggito la fatica dello elimare a nessuno era inferiore: Mori nellisola di Ponto doue da Octauiano era stato rilegato. M. Anneo Lucano fu nipote di Seneca philosopho nato dactilio Lucano suo figliuolo. Fu da Corduba citta di Spagna; fu di uita: et di costumi simile allauolo: et tanto amatore della liberta che diuento uno de congiurati di Pisone contro a Nerone. Onde dannato a morte si fece tagliare le uene; et mori lultimo giorno daprile nel uigesimo septimo anno della sua uita; et nel terzo anno della ducentesima decima olympiade; et nel sexagesimo quinto anno di christo. Scripse Saturnalia syluarum libros decem; Medeam. Orpheum: Et pharsalia doue sono le guerre ciuili tra Cesare et Pompeio. Lordine che pone lauctore di questi tre poeti latini Dando el primo luogho a Oratio; El secondo a Ouidio; el terzo a Lucano si puo disputare in pro et in contro. Et uarii sono egiudicii. Ne mi piace che alchuni ponghino questi quattro poeti per le quattro uirtu morali. CIASCHVN meco si conuiene nel nome. Cioe ciaschuno e/poeta. FANNOMI honore; et di cio fanno bene. Dinota che sempre quegli che sono duna medesima doctrina o arte si debbono honorare luno laltro et fauorire; benche la inuidia elpiu delle uolte produca contrario effecto. SCOLA ingreco significa otio; et ponsi per ledisputationi doue in otio; et postposta ognaltra faccēda glhuomini exercitano longegno in qualche liberale doctrina. Item si pone pel luogho doue sexercita. ALTISSIMO canto: chiama la poesia laquale in optimo et ornatissimo canto di uersi abraccia tutte le doctrine: Et maxime la theologia. Imperoche eprimi poeti furono theologi chome appare non solamente in Orpheo Museo et Lino. Ma in Dauid et iob; et in molti altri chome piu distesamente scriuemmo nel proemio di questo libro. CHE SOPRA aglialtri chomaquila uola: Ha tanta forza laquila che raguarda erazi del sole ne uabbaglia: chosi el poetico furore trascende insino alla diuinita chome dimostra Platone quando scriue diquattro spetie di furori diuini.

Dachebor ragionato insieme alquanto
uolsersi ame con saluteuol cenno
el mio maestro sorrise di tanto:
Et piu dhonore anchora assai mi fenno
che si mi fecior della loro schiera:
si chio ful sexto tra cotanto senno
Chosi nandamo insino allalumera:
parlando chose chel tacere e/ bello
si chomera elparlar chola douera:
Venimmo apie dun nobile castello
septe uolte cerchiato dalte mura
difeso intorno dun bel fiumicello.

e L saluto che danno epoeti a Danthe: et il farlo il sexto fra loro Niente altro significa se nōche diuento poeta per essere tirato dallornato: et dalla doctrina delle loro opere: et per hauergli imitati. Ne e/sanza ragione cheloro parlassino chose chel tacere e/bello chome era bello inquelluogho parlarne Imperoche e/ragioneuole che tra loro fussi ragionamento di cose apartenenti allor doctrina. Ilche quadraua bene quiui: Et nella presente opera non quadrerebbe. Doue e/da notare che non basta ragionare di belle chose. Ma bisogna anchora che sieno accomodate altempo; et alluogo et alla materia diche si tracta. Preterea dimostra che habitassino ĭcastello alto: perche sono posti in alta fama et nominanza: laquale e/in expugnabile: perche nessuna chosa nuoce alla uera fama. Adunque chome lalte mura difendono el castello; chosi ladoctrina et la eloquentia de poeti conseruano la fama immortale. Onde Ouidio di se medesimo dixe. Iamque opus exegi quod nec iouis ira nec ignis: Nec poterit ferrum nec edax abolere uetustas. Et pocho disocto Super alta peremni astra ferar nomenque erit in delebile nostrum. Et certo come lombra seguita el corpo cosi la fama seguita la uirtu. Onde Oratio Viuet extento procul eius euo Notus in fratres animi paterni. Illum aget penna metuente solui fama superstes. Per le mura che difendono el castello intendi le uirtu et le doctrine; lequali sono quelle che difendono la fama. Queste sono septe Tre morali Iustitia Forteza; et Temperantia; lequali purgano lanimo da ogni pturbatione; et fannolo idoneo apotere riceuere le doctrine Vna actiua; che e/laprudentia: laquale addiriza: et regola loperationi delle morali. Tre speculatiue intelligentia Scientia; et Sapientia. Preterea pone el numero septenario per laperfectione delle uirtu. Imperoche secondo ephilosophi questo e/perfecto numero. Ma prolixo sarebbe riferire tutte largomentationi con lequali questo pruouano epyctagorei: et eplatonici. Dipoi usano per testimonio la natura; laquale chome sapientissima usa in molte chose el numero septenario perche e/perfecto. Con questo numero pongono generata lanima del mondo. Septe sono le stelle erratili; lequale con greca dictione chiamiamo planete: benche noi diciamo pianeti. La luna si muoue al numero septenario. Imperoche in iiii uolte septe di che sono uentocto: et octo hore torna in quel medesimo luogho del cielo; onde era partita dal sole. El septimo mese e/maturo elparto nel uentre della donna. Similmente la uita humana si diuide in septenarii chome nel primo cāto dimostrai. Lascio indrieto infinite altre chose degne dessere udite: Ma troppo prolipse in tanta moltitudīe Alchuni dicono che pose septe mura per le septe arti liberali: donde procede ogni uera fama. Pel fiumicello alchuni pongono labbundantia delle chose terrene/sanza lequali difficilmente si puo acquistare doctrina. Ma credo sia piu erudita expositione: et meglio quadri porre elfiumicello per quella spetie di fiume; laquale elatini chiamano torrente; Onde elpetrarcha dixe: Inquesto alpestro et rapido torrēte

E/adunque torrente ogni piccol fiume; elquale ſcende da monti; et mette nefiumi maggiori; decto torrente; perche la ſtate torret. i. ſi ſecca: Ma per le pioue creſce et corre con molto empito. Onde elatini da queſta copia; et uehementia chiamano la uementia dello ſtile; et la copia della eloquentia torrente. Di qui iuuenale. Sermo prōptus et iſſeo torrentior. Adūque el poeta noſtro non uolendo dire foſſato che choſi ſi chiama in lingua fiorentina Dixe fiumicello. Preterea ſpeſſo in latino quādo uoglione dimoſtrare gran copia nel dire dicono Flumen dicendi. Adunque lo porremo per la facundia; et eloquentia de gli ſcriptori; equali ueramente difendono la fama. Imperoche gliegregii facti de gliexcellenti huomini uerrebbono in obliuione ſe la eloquentia de gli ſcriptori non gli faceſſi etherni: chome dimoſtra Saluſtio de gliatheníeſi: Et el petrarcha dixe. Pandolfo mio queſtopere ſon frali; Allungo andare; Mal noſtro ſtilo e/quello Che fa per fama glhuomini immortali. Et che el fiume ſi ponga per eloquentia dinota el petrarcha dicendo Che per choſa mirabile ſaddita chi fa delicona naſcer fiume. Potremmo anchora porre el fiume pel moto dellanimo alla doctrina; Ilche non ſarebbe altro che lappetito diquella

Queſto paſſamo chome terra dura
per ſepte porte entrai chon queſti ſaui/
uenimo in prato difreſca uerdura:
Gente ueron chon occhi tardi et graui
di grande auctorita ne lor ſembianti
parlauon rado chon uoci ſuaui:
Traemoci choſi da lun de canti
in luogho aperto luminoſo et alto
ſiche ueder ſi potean tutti quanti.
Chola directo ſopra el uerde ſmalto
mi fur moſtrati li ſpiriti magni
che del uedergli in me ſteſſo mexalto.

q VESTO paſſamo come terra dura. i. ſanza bagnarci; et quaſi dimoſtra che benche agguagli la eloquentia alfiume: Nientedíeno e/ſtabile et durabile. Oueramente ſe poni el fiume per lappetito dimoſtra quello eſſer fermo et conſtante. PER SEPTE porte: perche ſepte eron le mura: Et optime entroron per le porte; perche in ogni uirtu: et in ogni doctrina biſogna entrare per la porta: cioe pe ſuoi principii; et chon certo ordine; perche ſono molti che preuertono lordine nelledoctrine: et uogliono imparare prima le choſe ultime che le prime Onde e/nato el prouerbio che chi uuole imparare bene entri per laporta. Ilche ſignifica che dobiamo cominciarci dal principio; et non dal fine. VENIMO in prato di freſca uerdura. Pone che ſteſſino ī prato; perche tal luogho per uarii fiori; et herbe e/ dilecteuole: Et diciamo che la fama ſtabile e/ſempre uerde. Et anchora imita Virgilio; elquale dice. Deuenere locos letos; et amena uireta. Et pocho diſocto Pars in gramineis exercet membra paleſtris. El prato ſta ſempre uerde; et ſanza cultiuarſi produce el fructo ſuo. Onde e/decto prato quaſi parato. Imperoche ecampi delle biade; et le uigne non ſono parate a produrre lutilita che ſaſpecta da quelle/ ſanza qualche cultura: Ma ſolo el prato per ſe medeſimo produce. Choſi la fama; laquale naſce da uera uirtu ſempre ſta uerde; et per ſe medeſima produce loda. Dipoi dimoſtra eſſerſi accorto a modi; et a geſti; che quegli fuſſino dauctorita: A dinotare che raro interuiene che egeſti; et lapparenza extrinſeca nō dimoſtri laqualita dellhuomo. Et maxime gliocchi ſono quaſi fineſtre; per lequali uegiamo lanimo poſto drento al corpo. TARDI et graui: Non dimoſtrauono eſſer tardi perche longegno fuſſi tardo. Il che il greco dice brady; et el latino bardo; cioe balordo: Ma erono tardi; cioe peſati; et conſiderati. Perche ſi come facilmente ſi conoſce ne gliocchi una ſtolta leggereza; et ſpeſſa mutabilita ſanza ragione; choſi per loppoſito uappariſce maturita; et grauita. Adunque non eron tardi chome ſono in certi balordi; et ſtupidi; et traſognati. Ma come ueggiamo ne glhuomini graui, conſiderati; et appēſati. Erono gliocchi tardi; et graui; perche nella inueſtigatione non biſogna che locchio; cioe lontellecto corra; et giudichi prima che conoſca. Ma e/neceſſario che con diuturnita di tempo conſideri tritamente; et ſanza leggereza; et con grauita examini ogni parte; et pro; et contro/ſe uuole ritrouare el uero. AVCTORITA: diciamo quella; per laquale accreſce nellhuomo la riputatione; et la extimatimatione; laquale e/ cagione che ſpeſſeuolte gli crediamo benche neſſuna ragione cidimoſtri. SEMBIANTI: quaſi geſti; et acti; o a dire piu expreſſamente in loro dimoſtratione. Et e/uocabolo franzeſe; perche loro dicono aſſemblare/ aſſimigliare; et naſce da queſto uocabolo exemplo. Onde diciamo alchuno ne ſembianti dimoſtrare bonita. PARLAVAN RARO: Ilche ſignifica maturita; et ſapientia. Imperoche chome e/ ſcripto: In multiloquio non deeſt peccatum. CON VOCE ſuaui. Ilche ſignifica humanita et affabilita. Et queſto poſe accio che non ſi credeſſi; che el parlare raro procedeſſi da ſuperbia; o da auſterita. Adunque pel parlare raro dimoſtra grauita; et modeſtia: Et pelle uoci ſuaui dinota humanita; et giocondita. Et certo e/perfecta laude nellhuomo quando ueggiamo inlui eſſere ſomma grauita congiunta con ſomma giocondita. TRAEMOCI choſi dallun de canti; Che choſi fa chi uuol meglio uedere. Et imita Virgilio elquale dixe. Et tumulum capit unde omnis longo ordine poſſit Aduerſos legere; et uenientum diſcere uultus. Et occultamente ſignifica che chi uuole conoſcere; et ſpeculare/ſi trahe dallun de canti; cioe inſolitudine; perche la turba; et la frequentia e/nimica della ſpeculatione. Et dipoi aggiugne. IN LVOGO APERTO luminoſo et alto. Imperoche chome chi uuol ueder cho gliocchi corporei/ cerca luogho aperto; cioe che non ſia occupato ne da alberi; ne da monti; ne da obſtaculi che tolgono la ueduta; et ſia

luminoso: cioe sia di giorno puro: et sanza nebbia: et sia alto: accioche soprastia alla chosa che uuole uede
re: chome Sacheo che sali in sul sychomoro. Chosi nella speculatione e/necessario leuare; et confutare
tutti gliobstaculi et dubii: che ci tolgono lauedut a della uerita. Preterea useremo luminosi: et perspicui
et chiari discorsi: et staremo in luogo alto: chome e/la prima philosophia: laquale e/fonte onde diriua o
gni uerita: ME STESSO mexalto: Perche cōtemplare efacti egregii de magnanimi fa che lanimo del
considerante sinalza: et desidera imitare tale magnanimita.

Io uidi Electra con molti compagni
tra quai conobbi Hector et Enea:
Cesare armato cho gliocchi grifagni:
Camilla uidi: et la Pentesylea:
dallaltra parte uidi el re latino:
che chon Lauina sua figlia sedea.
Vidi quel Bruto che caccio Tarquino:
Lucretia. Martia. Iulia: et Corniglia/
et solo in parte uidi el saladino.

P One in questa sua speculatione prima gli huo
mini excellēti nella uita actiua et ciuile. Dipoi
quegli che sono stati egregii nella contemplatiua/
non perche preponga lactiua: Ma perche inconside
rare allanatura dellhuom o in quāto huomo occorre
prima lactione: laquale e/ne particulari/che lacontē
platione che consiste ne gliuniuersali. ELECTRA
figliuola dathlante. Hebbe Athlante septe fi
gliuole. Electra. Maia. Sterope. Cylleno. Taygete
Alcyone: et Merope. Electra fu moglie di Chorito
re in Italia: dal quale la sua principale cipta fu detto
minata Corito. Questo credono molti fussi quella
che hoggi chiamano Corneto. Electra adunque non
del marito: ma di Ioue genero Dardano. Elquale dopo lamorte di Corito uenēdo indissensione chon la
sio suo fratello di madre: et figliuolo di Corito/dilibero lasciarlo solo nel regno: et chon parte del popo
lo nauigo in Samothracia: Et dipoi in Phrigia doue poi fu Troia: et dallui hebbono origine etroiani.
Questo fu nel trigesimo quinto anno di Moyse: et ne glianni del mondo tremila septecento trentasep
te. CON MOLTI compagni: quasi dica o del popolo che seguito Dardano: o piu tosto di molti Re
che furono excellenti nella progenie di Dardano. Ma perche chostoro furono men famosi dimostra nō
glhauere pienamente conosciuti chome Hectorre: et Enea: perche questi furono excellentissimi. Hector
re fu figliuolo di Priamo: et di tāta uirtu: che quasi lui solo fu cagione che Troia si difendessi dieci āni. Et
dopo molte excellētissime pruoue secondo Homero: et glialtri scriptori che seguitano Homero fu mor
to da Achille. Ma Dione chrisostomo sommo philosopho: et diligente inuestighatore dellantichita/di
mostra et per le historie de gliegyptii: et per molti segni/che non Acchille Hectorre: ma Hectorre achil
le uccidessi. Et Troia non essere stata distructa da greci: Ma egreci ropti: et in gran parte cōsumpti da
troiani. De Enea dicemmo di sopra. CESARE: non immeritamente pone Cesare tra troiani: perche
fu della famiglia de iulii: equali discesono da Iulio Ascanio figliuolo denea. Fa mentione de troiani: et
de Romani discesi da quegli: perche da tal successore fu fondato el Romano imperio: elquale elpoeta in
molti luoghi exalta. Caio iulio cesare fu quello che ciuili guerre exercito chon magno Pompeo suo gene
ro. Et tandem obtenne la uictoria: et diuento dictatore perpetuo. Huomo sanza fallo per innumerabi
li uirtu si admirabile/che se non lhauessi obfuscate con lambitione: et cupidita delsignoreggiare tra mor
tali gentili, potea obtenere el primo grado: Ne so chi se gli possa anteporre nella militare disciplina.
Imperoche in dieci anni subgiugo innumerabili: et bellicosissimi popoli di tutta la francia: et germania:
et inghilterra. Vinxe la Spagna. Laffrica: et gran parte delle regione orientali. In cinquanta battaglie
giudicate fu superiore: et nelle sue zuffe furono occisi un milione: et centonouantadue migliaia dhuomi
ni. Et oltra alla peritia in facti darmi fu huomo di molta: et uaria doctrina: et el primo che per astrono
mica ragione appresso de latini riduxe lanno sanza errore nel numero de di che e alpresente. Fu ornato
di tanta eloquentia/che hauendo lui corsiuamente notato le guerre da se facte ne suoi comentarii per la
sciare memoria a chi uolessi farne historia: Nientedimeno son tanto ornati: et si eloquenti che nessuno
spero mai con accurato et diligente otio farne historia che gliparegiassi. Fu di si ueloce ingegno: et di tā
to consiglio et memoria/che in un medesimo tempo leggieua: et dectaua: et daua audientia. Dectaua a
un tracto quattro lettere/benche fussino di molta importanza: Et non attendendo adaltra chosa ne dec
taua septe. Fu ornato di tutti eciuili costumi. Ma maxime si conobbe in lui excellentissima humanita
et affabilita: Nessuno mai fu piu liberale inuerso gliamici. Nessuno piu clemente in perdonare ogni in
giuria. Per lequali tutte chose e/oppinione di molti che se non fussi stato morto si presto harebbe rēdu
to laliberta alla rep. Finalmente congiurorono excellēti huomini: et amatori della rep. contro a Cesare:
chome contro a tyranno: et in senato fu ucciso. Eprincipi della coniuratione furono Bruto et Cassio.
CHON gliocchi grifagni: cioe lucidi et sfauillanti. Ilche significa acuto: et uehemente ingegno: et attri
buisce tali occhi a iulio cesare: quali Virgilio da a Cesare Augusto doue dice/Geminas cui tempora flam
mas leta uomunt: Dixe Griphagni: perche gli sparuieri mudati in selua hanno simili occhi. Et gliuccella
tori chiamano gli sparuieri Nidiaci ramighi et griphagni: Nidiaci sono epresi nel nidio. Ramīghi que
gli che nouellamente usciti del nidio non uolano anchora molto: ma molto si posano in su rami de glial
beri. Griphagni sono quegli che gia passato lanno sono mudati in selua. Dixe adunque armato insegno

della uirtu militare; Dixe cho gliocchi gryphagni in segno della uiuacita dellongegno: et della doctrina CAMILLA: Di questa dicemo di sopra. ET LA Penthesilea. Fu appresso a Thermondonte fiume una generatione di femine; lequali uiueuono con tanta in dustria: et francheza danimo: et di corpo in disciplina militare/ che tennono limperio di molte regione: et glhuomini loro riduxono socto la loro potesta: et a quegli da pueritia debilitauono si le gambe et le braccia/ che rimaneuono sanza forza. Ilpche questi efeminili: et quelle euirili officii exercitauono. Et per potere meglio usare larcho sincendeuono da piccole la poppa dextra; acciochè non crescessi. Onde furono decte Amazone; ilqual uocabolo in greco significa sanza poppa. Fondorono una nobilissima cipta alla foce di thermodonte: et in processo di tēpo distesono elloro imperio insino al tanai: et dallaltra parte insino alla Syria. Ma finalmente uinte da Hercole furono quasi ridocte ad ultimo exterminio. Chostui prese Hyppolita loro regina; et dectela per moglie a Theseo re dathene. Ma dopo pochi anni Penthesilea bandeggiata: perche haueua morto la sorella uenne in aiuto de troiani; et in quella guerra fece mirabili pruoue. Ma finalmente fu morta da Acchille. LATINO Saturno antichissimo re di Candia gia decta creta cacciato da figliuoli uenne in italia; et da Iano elquale allhora regnaua nelle parti doue poi fu Roma gli fu comunicato el regno. Di Saturno nacque Pico; et di pico Fauno: et di fauno Latino; elquale regnaua quando Enea uenne in Italia: et mosso da glioracoli del padre: et da uarii augurii sposo la sua figliuola lauina a Enea: laquale prima hauea promessa a Turno re de Rutili. Ilche fu cagione delle guerre tra Enea: et Turno. Et dixe SEDEA: a dimostrare che la fama sua nasce piu tosto dalla maturita del consiglio: che dalla ferocita dellarme/ chome si uede in Virgilio. VIDI QVEL Bruto che caccio Tarquino. El primo Tarquino fu el quinto re de Romani figliuolo di Demarato da corintho. Et nacque in Tarquini citta ditalia onde prese el nome. Dipoi persuaso da Tanaquil sua moglie/ femina molto perita ne gliaugurii; choquali predicea lechose fu[illegible]/ Venne a Roma; et fu in tanta auctorita apresso d Anco re de romani; che morendo lo lascio tuto[illegible] figliuoli. Ma lui per ambitione uso tanta arte che fu facto re. El figliuolo suo dipoi succedecte nō[illegible]: ma al genero suo Seruio Tullio: et per la sua arrogante: et crudel uita fu chiamato Tarquino sup[illegible] Ne tempi che questo re era a campo ad Ardea cipta de rutili nacque altercatione tra Sexto tarquino [illegible]liuolo del re: et Collatino/ di chi hauessi piu costumata moglie: Et finalmente fu giudicato che Lucre[illegible] moglie di chollatino fussi unito exemplo di castita tra le Romane donne. Ilche tanto fu molesto ad Sexto che occultamente si parti di campo: et uēne di nocte a lucretia: et dallei chome parente fu liberalmēte riceptato. Dipoi uolēdo torgli la castita laminaccio che se non gli consentiua ucciderebe lei et uno suo seruo: et dipoi direbbe con quello hauerla trouata in adulterio. Aconsētì Lucretia col corpo: et non con lanimo per fuggire sempiterna infamia. Ma laltro giorno conuoco el padre suo Spurio lucretio: et el marito. Quello meno seco Publio Valerio: et questo Lucio Iunio Bruto. Narro Lucretia tutto el facto: Et benche da suoi fussi consolata: et dimostrogli che doue non hauea acconsentito lauolonta non potea esser peccato. Nientedimeno col cotello elquale per questo hauea occultato sobto la ueste succise dicendo prima che non uolea che dallei alchuna romana prendessi captiuo exemplo. Fu Lucio Iunio come dicemmo presente a tal morte. Elquale per insino a quel tempo per fuggire la crudelta di Tarquino: el quale o uccideua o mandaua in exilio qualunche fussi dalchuna prudentia/ hauea fincto essere stolto et uiuea quasi chome bruto animale: et perquesto era chiamato Lucio iunio bruto. Chostui mostrando el coltello sanguinoso della morte di lucretia conuoco el popolo romano: et con lunga oratione dimostrata la crudelta et la superbia di Tarquino: et de figliuoli persuase che fussino mandati in exilio; et priuati del regno. In questo modo mancho el regno a Roma: elquale era durato anni dugento quaranta quattro. Fu Bruto figliuolo duna sorella di Tarquino/ Huomo tanto amatore della liberta che facto consoleo danno a morte e figliuoli: perche insieme co gliaquilii loro cugini haueuono congiurato di ristituire el regno a tarquini. Et da chostui deriuo la casa de bruti: della quale fu quellaltro Bruto che per liberare la patria dal tyranno uccise Cesare. El primo uccise lultimo re: El secondo el primo tyranno. Habbiamo: et con somma breuita transcorso la historia di Tarquino Bruto: et di lucretia. Hora diremo di Martia: et di Cornelia. Martia e/ nobilitata: et per la castita sua: et per la excellentia del marito: fu moglie di Catone Vticense: et a quello partori due figliuoli. Dipoi parendo a catone che quegli gli bastassino: et uedēdo che Ortensio suo amicissimo era sanza figliuoli fece diuortio dallei: et maritolla a Ortēsio: et lui uixe in uita celibe et casta. Nientedimeno morto Ortensio mosso a compassione di lei la ritolse. Iulia fu figliuola di cesare: et moglie di Pompeo: et tanto amo el marito/ che essendogli arrecato a casa la ueste del marito macchiata di sangue che glera uscito del naso: et ricordandosi delle discordie ciuili prese tanto dolore temendo che non fussi stato morto/ che tramorti: et sconciossi del parto: et poco dopo mori nō sanza lucto uniuersale: perche era di tante uirtu che fu constante opinione che se fussi uixuta sarebbe stata tal legame tra Pompeo et cesare: che non sarebbon seguite le guerre ciuili. Corniglia: cioe cornelia fu figliuola di Scipione Affricano maggiore: et moglie di Gracco/ femina di prudentia: et danimo uirile: et per questo tanto amata dal marito: che essendo apparito in casa due serpi: et rispondendo glindouini/ che era necessario che una se ne uccidessi: et uccidendosi el maschio morrebbe Graccho: uccidendosi la femina morrebbe cornelia/ Volle Graccho che succedessi el maschio stimando che alla sua famiglia fussi piu utile la uita di lei che la sua. Fu eloquentissima: et in forma erudi Tyberio Gracco: et Caio gracco suoi figliuoli che uinsono tutti glioratori diquella eta. Et domandata alchuna uolta da altre femine che gli mostrasse le sue gioie/mostraua esfigliuoli ornati dogni costume: et eloquentia: et questi dicea essere lesue gioie Poiche rimase uedoua fu chiesta i mogle da molti pricipi et re. Ma epsa sempre obseruo castissima uiduita. Saladino fu soldano diBabylonia: Acquisto lompio con fraude et scelerateza uccidendo Calypha suo signore: questo fu ne glianni di christo mille cento sexantatre. Dipoi nelmille cento ottantasepte decte grandissima ropta achristiani: et prese hierusalem: laquale doppo Gottifredi echristiani haueuono tenuto chon gran gloria anni octantocto. Finalmente dopo lunga persecutione: et strage de christiani mori in Damascho nel mille cento nouantaquattro anni/huomo excellente in disciplina militare. Ne sanza cagione dixe ET SOLO in parte uidi el Saladino: A dinotare che pochi di quella generatione sono stati excellenti Atempi di Saladino fu el passaggio di christiani per ricuperare hierusalem: laquale Saladino hauea occupata. Ilperche prese consiglio di notare et spiare tutti gli stati: et le forze de cristiani. Et con due suoi amicissimi: et tre famigli sconosciuto in habito di mercatante passo in Armenia: et indi in grecia: et dipoi in Sicilia con diligentia ogni chosa considerando: di Sicilia passo a Napoli: et da napoli a Roma. Et inteso el gouerno della chiesa per Toscana: et per Lombardia passo glialpi. Trascorse la Gallia: Trascorse la Spagna: et la germania. Et finalmente chome un nuouo Vlixe facto prudente per hauere uisto molti paesi: et uarii costumi dhuomini torno per mare in Alexandria

Saladino Soldano [illegible]
[illegible]
[illegible]

Pochio alzai un pocho piu le ciglia
uidil maestro di cholor che sanno
seder tra philosophica famiglia.
Tutti lomiron tutti honor gli fanno:
quiui uidi io Socrate et platone:
chennanzi aglaltri piu presso glistanno
Democrito chel mondo a caso pone
Diogenes. Anaxagora: et Thale.
Empedocles. Heraclito: et Zenone.
Et uidi elbuono accoglitor del quale:
Diascoride dico: et uidi Orpheo.
Tulio: et Lino: et Seneca morale:
Euclyde geometra: et Ptolomeo.
Hippocrate. Auicenna: et Galieno.
auerois chel gran comento feo.

b Auea gia el poeta narrato alchuni diquegli che acquistorono fama in uita ciuile et actiua. Hora pone quegli equali sono in piu excelso grado collocati: perche sono nobilitati nelleuirtu intellectiue et nella uita contemplatiua: laquale sanza dubbio e/ preposta allactiua. Ilche significa dicendo POCHIO alzai un poco piu le ciglia: Perche a conoscere chi e/ini piu alto loco e/necessario alzare piu gliocchi. Tra questi da el primo luogo ad Aristotile huomo sanza dubbio di mirabile ingegno: et di profonda doctrina: et elquale ha la palma per hauer collocato in perfectissimo ordine tutta la philosophia: et con optima distinctione di tutte le sue parti hauer tractato. Ilperche el poeta lo prepone a Platone no solo da questo mosso: Ma forse anchora dalla sua professione: perche fu peripatetico: Ne ardirei qui dare mio giudicio di due tanti huomini: ne potrei uolendo/prohibito dalla imbecillita del mio ingegno: et dal defecto della doctrina: elquale e/in me. Ma ueggo appresso de greci Aristotile essere insomma admiratione nelle phisiche doctrine. Et Platone essere giudichato superiore nelle metaphysiche: et diuine. Onde Aristotile chiamano demonio: et Platone diuino. Et certo tutti gliantichi latini: equali non seperorono la eloquentia dalla doctrina/uogliono chel principe de philosophi sia Platone. Ne e/in piccolo odio di questi incorso Aristotile per hauerlo in molti luoghi dannato; Conciosia che etiam buona parte de comentatori daristotele difendono platone doue Aristotele lo danna. Cicerone lochiama Homero de philosophi: Et Augustino dice hauere electo eplatonici: chome quegli che hano inteso meglio la diuinita: et altroue scriue Taccia Aristotile: elquale contro a platone e/sempre fanciullo. Et elnostro petrarcha lo prepone dicendo. Volsimi da man dextra et uidi Plato Chen quella schiera ando piu presso al segno Alquale aggiugne chi dal cielo e/dato. Aristotele poi pien dalto ingegno. Fu adunque Aristotele di stagyra cipta. Et figliuolo di Nicomaco: elquale hebbe origine da Nicomacho figliuolo di Machaone: et nipote desculapio riputato idio in medicina. Scriue Apollodoro che nacque el primo anno della nonagesima nona olympiade: et nella eta danni diciesepte comincio a udire Platone: et anni uenti fu suo auditore. Stette con Philippo re di Macedonia: elquale glidecte a erudire Alexadro suo figliuolo danni quindici: Et impetro da Philippo che facessi rifare stagyra sua patria. Insegnaua philosophia et rhetorica insieme: Disputaua andando per la schuola. Onde esuoi sono chiamati peripatetici: perche peripatin in greco significa andare. Fu accusato: perche fece alla sua concubina: laqual molto amaua emedesimi sacrificii/che gliatheniesi faceuono a Ceres grande idia appresso di loro. Onde fuggi in chalcide: et quiui mori in quel medesimo anno: che Demostene mori in Calabria. Socrate atheniese figliuolo di Sophronisco sculptore fu aiutatore a Eupolo inscriuere le tragedie. Vdi Anaxagora: et poiche lui fu dannato si trasferi ad Archelao. Fu sculptore: et fece le gratie: lequali furono poste nella roccha dathene. fu in arte oratoria uehemente et acre. Ma uietorongli etrenta tyranni: che non la potessi insegnare. Scriuono lui essere stato elprimo: che con Eschine suo discepolo aperse: et dilato ecampi: et gliornamenti

Aristotele

Socrate.

oratorii. Onde da Aristophane poeta comico e/ripreso: chome huomo che potessi per forza deloqtientia far giusta la causa ingiusta. Fu el primo repertore de precepti di philosophia morale: perche glialtri stati innanzi allui haueuono inuigilato solamente in physica. i. in philosophia naturale: Ne solamente la disputaua: Ma secondo quella uiuea ripieno: et ornato di tutte le uirtu: et sprezatore dogni uolupta allegramente sopportaua la pouerta: et con larte imparata dal padre sostentaua la uita. Insino ad tanto che Critone con sua liberalita lo souuenne: et fecegli lasciare larte: et diuento suo discepolo. Insegnaua per le botteghe de gliartefici sanza alchuna pompa: Ma chon grande utilita: et prouaua chol testimonio dhomero: che la philosophia morale e/piu utile a glihuomini che la naturale. Finalmente perche dallora colo dapolline fu giudicato sapientissimo di tutti glialtri contraxe tanta inuidia: che Anyto gli prouoco contro Aristophane poeta: et commosse Melito che laccusassi: che non adoraua gli dii della patria: ma induceua nuoui idii: et corrompeua la giouentu: et finalmente dannato a morte/beuue el ueleno datogli: perche in questo modo uccideuono glathenies chi era condennato amorte. Platone principe di dieci secte di philosophi fu atheniese: et figliuolo daristone: et per sangue materno hebbe origine da Solone. Era el suo proprio nome Aristocle: Ma chiamoronlo Platone da excellente habito di corpo: o uero da larga copia di dire: Altri dicono da larga et spatiosa fronte: perche platos in greco significa largo: fu studioso in pictura et in poetica. Sogno Socrate che in grembo gli cresceua un piccolo cigno: et cresciuto uolaua: et mirabilmente cantaua: Dipoi el giorno sequente dandogli el padre Platone per discepolo dixe questo e/el cygno. Vince ogni oratorio ingegno tanta materia. Ne si puo in brieue tempo ne le sue immortali: et uarie uirtu: ne el mare di tanta scientia trascorrere: Tre uolte ando in Sicilia per ridurla in liberta. Et tanto offese Dionisio tyranno di quella che louende a polide spartano. Dipoi in Egyna fu ricomperato da Niceride cyrenaico: et rimandato in Athene: Et per somma cupidita che haueа di conseguire ogni doctrina cercho gran parte della terra: In uenti anni comincio audire Socrate: in uentisepte ando a Megara a Euclyde mathematico. Dipoi in cyrene ad Theodoro. Venne in Italia ad Philolao: et Euryto pyctagorici: Nauigo isieme con Eurypide in Egypto a sacerdoti: ne quali era somma doctrina. In Babylonia a chaldei: Volle andare in Persia a magi: Ma fu impedito dalla guerra asiatica. Onde fu accumulato di tanta scientia: che dopo lui non fu necessario ad alchuno greco ricercare altri studii che quegli di grecia. Mori el primo anno della centesima octaua olympiade sedendo a tauola a certe noze nelloctogesimo primo anno della sua eta. DEMOCRITO chel mondo a caso pone. Fu Democrito della cipta chiamata Abdera/huomo tutto dato alla inuestigatione de secreti della natura. Vdi in Egypto esacerdoti. In Persia emagi. Alchuni dicono che ando anchora in India a gimnosophisti: et in queste peregrinationi spese tutto el suo patrimonio: che fu cento talenti. Ilperche fu necessario chel fratello lo nutrissi: Ma dipoi fu in tanta auctorita che la sua rep. lhonoro di gran pecunia: et fecegli statue. Viueua sempre in profonda meditatione: Ne conuersaua co glialtri: Et ridea di cio che uedea fare sprezando lopere humane chome tutte piene di uanita: et di stultitia. Ilperche riputando esuoi ciptadini/che lui hauessi perduto el sentimento chiamorono Hippocrate medico diuinissimo alla sua cura: Venne Hippocrate: et conobbe che non per stultitia: Ma per somma sapientia parea stolto. Scripse molte chose: ma perche nel parlare fu obscuro e/decto da greci scotinos. i. ombroso. Lopinione sua fu: che sia uno spatio infinito uacuo altutto: nel quale uadino uolando infiniti atomi cioe corpi si piccoli: che non si possino diuidere: equali a caso toccandosi insieme: et appiccandosi fanno per questo uacuo infinito innumerabili mondi. Adunque la fortuna et el caso: et non diuino artificio gli fa. Ilperche dixe el poeta che lui pone el mondo a caso. i. uuole che el mondo sia generato a caso. Diogene figliuolo di Nicesio fu di Sinope cipta: el padre era cambiatore: et falso le pecunie. Alquanti dicono che anchora lui le falso. Ma dipoi mutando uita diuento philosopho cynico. Questi haueuono la medesima oppinione che gli stoici Che nessuna chosa fussi bene se non la uirtu: et nessuna chosa fussi male se non el uitio. Ma uestiuono di saccho: Ne ricusauono alchuno mercennume: Teneuono uita austera et dura. Riprendeuono euitii mordacemente: Onde erono decti cynici. i. canini in lingua greca. Diogene adunque uenne Athene: et dedtesi nella disciplina dantistene principe de cynici. Lhabitatione sua era un uaso di terra rimboccato. Mendicaua eluicto/Ne riceueua piu che gli bisognassi per quel giorno. Fu huomo patientissimo dogni asperita. Dormiua inuolto nel suo mantello. Mangiaua pocho chol pane altro che herbe. Et dicendogli Aristippo Se tu sapessi adulare a Dionisio re tu non uiueresti in tanta penuria/rispose: et se tu sapessi uiuere in tanta penuria non haresti a essere adulatore a Dionisio. Era in tanta reputatione/ che Alexandro magno ando a uisitarlo: et trouollo sobto el suo uaso uolto al sole. Profersegli assai: Achui Diogene rispose non uolere altro/se non che non gli togliessi el sole. Conobbe tanta grandeza danimo Alexandro: et intese che era piu riccho di lui: perche nel philosopho non era cupidita alchuna/uiuendo contentissimo al pocho: et in se sentiua tanta ambitione et desiderio di dominare: che udendo che secondo Democrito erono piu mondi lachrimo disperandosi potere uincergli tutti. Ilperche soleua dire/che se non fussi Alexandro non uorrebbe essere altri che Diogene. Anaxagora fu di Clazomene citta/ dedte opera a philosophia in athene sobto Callia: del quale trenta anni fu discepolo. Diceua che la luna conteneua in se gran paese: et monti et ualli. Domandato a che fussi nato/rispose Per contemplare el cielo. el sole: et la luna. Diceua che el poema dhomero era tutto composto di uirtu: et di iustitia. Fu philosopho naturale;et el principio dellopera sua e/In principio tutte lechose erono confuse;et insieme mixte. Di poi la mente diuina lordino et compose. Dixe che la mente era principio del moto. ET THALE. Thalete nacque in Phenicia della nobile schiacta del re Agenore;et uenne in Meleto isola;et fuuui facto ciptadino. Fu uno de septe sauii della grecia;et elprimo che fussi chiamato sauio. Scriue Callimaco che lui trouo lorsa minore;alla quale nauicano ephenici. El primo fu che in grecia disputassi di physica Voleua che etiam le chose inanimate hauessino anima trahendo congectura dalla calamita;et dallambra perche luna tira el ferro laltra la paglia. Volendo dimostrare quanto gli fussi facile diuentare riccho;et conoscendo per astrologia che in quello anno haueua a essere abondantia dulliue/tutte le compero innanzi al tempo;et gran pecunia ne guadagno. Pose laequa essere principio di tutte le chose;el mondo essere animato;et pieno di spiriti. Ringratiaua di tre chose la fortuna/che fussi huomo et non bestia. Maschio et non femina. Greco et non barbaro;Benche altri attribuiscono questo a Socrate. Diceua idio essere antichissimo di tutte le chose. bellissimo. ingenito;et factore del tutto. Empedocle fu di Sicilia;et della citta dagringento Pose sei principii alle chose;cioe quattro elementi;et lamicitia;et la discordia Secondo Aristotele in Sophista fu el primo inuentore darte oratoria;et nellibro de poeti lochiama empedocle homerico;perche fu egregio poeta. Satyro scriue che fu optimo medico;et optimo de gloratori;et preceptore di Gorgia leontino. Elquale afferma essersi trouato quando Empedocle exercitaua larte magica;et daua potioni a cacciare emorbi et la senectu;et fare uenire uenti prosperi;et cessare gliaduersi. Heraclyde scriue che lui riduxe in uita una femina morta. Scripse di Physica;et delle purgationi cinquemila uersi;et di medicina secento. HERACLITO;Fu Heraclito dephesео citta in Asia;et per assiduo et ardentissimo studio sanza preceptore diuento singularissimo. Et chome Democrito del continuo rideua la stultitia deglhuomini/chosi per loppposito Heraclito piangea mosso acompassione della miseria humana;et uedendo ecaptiui costumi de suoi ciptadini/habitaua ne monti in solitudine. Zenone citieo constitui la secta de gli stoici;Chostui nauicando con purpura di phenicia in grecia ruppe in mare;et perde le sue merce. Onde sconsolato uenne in Athene;et uolto alla philosophia/udi Crate philosopho cynico. Diuenne tanto docto;che era in somma ueneratione;informa che gliathenіesi diponeuono appresso di lui le chiaui delle porti. Fu anchora per publico decreto honorato di corona doro;et di statua di bronzo;et factogli la sepultura in ceramico. Et Antigono re di Macedonia quando ueniua in athene sempre ludiua. Lopinione sua era che niente sia buono se non la uirtu;et niente male se non el uitio. Ephilosophi della sua secta prima dal suo nome furono chiamati zenonii. Dipoi perche disputaua in nel portico pisianactio;et portico in greco si dice stoi;furono da tal portico nominati stoici. Diascoride fu optimo medico;et inuestigatore;del quale. i. delle qualita;et uirtu dellherbe;et de gliałberi;et delle pietre. Orpheo fu di Thracia. et perche fu optimo musico et poeta;dicono lui essere stato figliuolo dapolline;et di Calliopea. Diodoro siculo scriue;che Baccho per le insidie in Tracia da Lygurgo factegli sarebbe perito se Tharope huomo di quella regione non lhauessi innanzi auuisato. Ilperche Baccho gli dette el reame di tracia;et insegnogli fare esuoi sacrificii;Di Therope nacque Eagrio;et di costui Orpheo;elquale ornato di molta prudentia et doctrina/ripuli et orno molto esacrificii insegnati da Baccho;Et perche uolle che in quegli giorni;ne quali tali sacrificii si faceuono glhuomini dormissino seperati dalle mogli;le donne gli congiuroron contro;et uccisonlo. Altri scriptori dicono che lui ando in Egypto;et imparo la doctrina de sacerdoti;et tornando introduxe in grecia esacrificii di Baccho egyptiaco. Dicono che col suono della sua cythera ragunaua a se le fiere;et moueua emonti;et fermaua efiumi Ilche non e/altro se non che chon la sua eloquentia tiraua alla uita ciuile glihuomini efferati;et commoueа alla uirtu glhuomini stupidi et rozzi;et acquietaua limpeto de furiosi. TVLLIO/ Sarebbe per auentura meglio niente dire di tanto huomo/che pocho dirne. Et certo non e/luogo questo potere non dico exornare;ma brieuemente narrare le sue molte grandi;et diuine uirtu. Impoche se consideriamo el gouerno suo nella rep. pare che niente gli potessi restare otio a gli studii;et alla doctrina. Se da altra perte noteremo le chose che ha scripto;giudicheremo che mai dallo studio si sia partito;Et nientedimeno serui perfectamente alluna;et allaltra uita. Solo nella coniuratione di Catellina conseruo la liberta;nel qual tempo era la liberta romana da tutti enobili derelicta se lui non la soccorreua. Ilperche merito dal senato;et popolo romano per publico decreto esser chiamato padre della patria. Et Pompeio magno tornato chol triompho dixe che ogni obbligho haueua con Cicerone;perche se non glhauessi conseruato la patria;non harebbe hauuto doue triomphare. Fu adunque padre della patria;Ne meno padre della latina eloquentia;laquale produxe a tanta sublimita;Che dipoi nessuno ha potuto non dico piu inalzarla;ma mantenerla doue lui lapose. LINO fu Thebano;et per la sua somma eloquentia dixono alchuni poeti esser figluolo di Mercurio et deurania. Alchuni dapolline. Fu el primo appresso de greci;che trouo la melodia;et la proportione nella musica;et nellarte poetica fu excellente;et le lectere lequali Cadmo arreco di phenicia in grecia in greca dictione riduxe;Hebbe molti discepoli;ma epiu excellenti sono Hercole Tamyri;et Orpheo. Scripse le chose facte dal primo Dionisio. Dicono che Hercole/perche era di duro ingegno a imparare sonare la cythera;et per questo era spesso battuto dal maestro cholla cythera con laquale imparaua luccise. SENECA. fu Anneo seneca hyspagniuolo nato in Corduba;et poi facto ciptadino romano;Et di chostui nacque Seneca;del quale alpresente si tracta huo mo admirabile di doctrina maxime stoica; Ne meno laudabile per sapientia naturale; et sanctita di uita; per lequali uirtu fu dato in preceptore a Nerone imperadore: Et ne principii molto honorato da lui. Ma dipoi dispiacendogli ogni giorno piu la crudel tyrannide di Nerone; et molteuolte ingegnãdosi obuiare a suoi furori uenne in suspictione; et anchora da molti detractori spesso era morso appresso di Nerone chome huomo che le ricchezze sue grandi; et piu che di priuato singegnassi accrescere; et elfauore de ciptadini si conciliassi: Et quasi uolessi contendere chon Nerone nella magnificentia delle uille; et bellezza deglorti. Volle adunque Seneca sobto honesta spetie liberarsi da tanta inuidia; et rendere a Nerone tutte queste cose dimostrando per la senile eta non essere piu apto al gouerno di tante cose. Ma Nerone allhora simulando amarlo non le tolle. Dipoi non potendo piu dissimulare lodio ditermino che morissi; Ma concedendogli che eleggessi qual morte uolessi Seneca in bagno dacqua calda si fe tagliare le uene. Fu amicissimo di Paolo apostolo chome dimostrano piu epistole mandate dalluno allaltro. Ilche p suase a Hieronimo che lui possa essere tra beati; Ma Danthe non apparendo di lui baptesimo; ne trouandolo nel catalogo de sancti lo pone nellimbo. EVCLIDE fu della cipta di Megara studiosissimo lectore de libri di Parmenide; Diuenne physico; et mathematico excellente. Ilperche dopo la morte di Socrate Platone et glialtri suoi discepoli per paura de trenta tyranni dathene fuggi in megara ad Euclide. Costui stimo essere un solo bene; et quello chiama hora dio. hora mente; et hora prudentia. PTHOLOMEO fu degypto; non pero della stirpe reale de ptolomei alexandrini discesi da lago milite dalexandro Ma fu della cipta di Pelusio; et ne tempi di Troiano imperadore. Scripse elsito della terra; et molte cose in astrologia. HIPPOCRATE nacque nellisola di chio; fu tanto excellente in medicina/ che in quella fu riputato idio. Era ne tempi dartaxerxe re di Persia. AVICENA fu emolo dauerois; et figliuolo di re hispano; Riduxe in ordine le chose di Galieno. Vixe ne tempi dantonino pio. AVEROIS medico; et philosopho sommo; et emolo dauicena; et duna medesima patria; E/el primo tra quegli che hãno comentato Aristotele.

Io non posso ritrarrdi tuttapieno;
pero che si mi caccia ellungho thema
chemolteuolte alfacto eldir uien meno
La sexta compagnia in due si scema
per altra uia mi mena el sauio duca.
fuor della cheta nellaura che trema;
Et uengho in parte oue non e che luca.

ſ Cusa che el thema; cioe la materia proposta e/ si lunga che non puo insistere distinctamente; et particularmente in tutte le parti di quella. Et in questo admonisce qualunque scriptore che ha a tractare in un uolume molte chose/ non si distenda ĩ ciaschuna tanto che diuenti tropo lungho; chome uerbi gratia. El petrarcha tracta in ogni triompho solamente una spetie dhuomini; et per questo puo essere prolixo in narrarne molti. Ma Danthe non tractando in questo inferno solamente de famosi. Ma de luxuriosi. golosi. inuidiosi. auari; et superbi; et di molti altri uitiosi; non debbe inciaschuna di queste spetie nominarne molti; perche procederebbe in infinito. Ma bisogna che el dire. i. el narrare uenghi meno al facto; cio non sia tanto quanti sono glhuomini che hanno facto; et pe proprii facti sono in quel luogho doue gli pone la uita loro. LA SEXTA compagnia in due si scema. Perche Homero; et glaltri tre rimasono. Et discriue che chome nel castello era laere tranquillo et lucido; chosi fuor del castello doue erono tormentati edannati tremaua; et era obscuro. PER ALTRA VIA. Imperoche chome alla contemplatione de glhuomini famosi si procede per la uia delle uirtu. Chosi alla contemplatione de uitiosi si ua riconoscendo euitii. Adunque per altra uia mena el sauio duca. i. lo intellecto nostro illustrato di sciẽtia con altra ragione ci mostra el uirtuoso; et con altra el uitioso. FVORI Dellaria cheta; Nõ erono quegli del castello beati; perche non fruiuono idio: Nientedimeno erono in aria cheta; cioe immobile et quieta; perche la loro uirtu morale fu sufficiente a tenergli in trãquillita: Ma fuori del castello era laria tremante; perche ne glhuomini uitiosi sempre lanimo e/ in uario moto; et pieno di perturbationi. Ne meno si commuoue et ribolle exagitato da diuerse passioni che el mare percosso da uarii uẽti DOVE NON E CHE LVCA; Cioe nel quale luogho non e/ alchuna chosa che risplenda o facci lume. Et certo nellanimo infecto da uitii; perche e/ impulso dal cieco appetito non apparisce lume alchuno di ragione. Ma e/ altutto nelle tenebre; Et questi chome dice el propheta. In umbra mortis iacent. Preterea uolle elpoeta conformarsi col uangelio; elquale dimostra nellonferno essere tenebre exteriori; et stridore di denti. i. tremito et freddo

CANTO QVINTO DELLA PRIMA CANTICA DI DANTHE

Chosi discesi del cerchio primaio
giu nelsecondo che men luogo cinghia
et tanto piu dolor che punge aguaio.
Stauui Minos horribilmente et ringhia/
examina le colpe nellentrata
giudicha et manda secondo chauinghia
Dico chequando lanima mal nata
gli uien dinanzi tutta si confessa:
et quel conoscitor delle peccata/
Vede qual loco dinferno e/ da essa/
cignesi con lacoda tante uolte:
quantũque gradi uuol chegiu sia messa
Sempre dinanzi allui nestanno molte.
uanno aulcenda ciaschuna al giudicio.
dicon et odono et poi son giu uolte.

Dicẽmo di sopra che hauendo el poeta distincto lonferno incerchi E/necessario secondo ladimẽsione del corpo spericho: perche si parte dalla circũferentia: et appocho appocho saccosta al profondo che e/el centro: che sempre el cerchio inferiore sia minore che el superiore. Et perche elluogho quãto piu saccosta al profondo: et piu si parte dal cielo/ piu e/apto alla pena: pero lordine di questa discensione fa che el principio sia da peccati men graui: et poi si segua digradando sempre apiu graui. Et questo quanto al sito del mondo: et allinferno essentiale. Etquanto al morale e/el medesimo ordine. Imperoche solo el delicto e/quello che ci priua di dio: et della nostra felicita. Adunque quanto men graue e/el peccato/tãto fa lhuomo men lontano da dio et quanto piu e/graue tanto piu lo fa uicino al profondo. Ilperche e/conueniente cosa che essendo nel primo cerchio gli spiriti gia decti debbino inquesto secondo punirsi el men graue peccato: et questo e/ la luxuria. E/manifesto perche dixe: CHE MEN luogho cinghia: cioe cigne. ET TANTO piu dolor che punge aguaio: perche oltra al dolor della mẽte: elquale sentono anchora quegli del primo cerchio/sentono quel delsenso: che gli fa guaire: cioe lamẽtare. STAVVI Minos. Furono in grecia tre re. Minos. Eacho: et Rhadamanto/figliuoli di Gioue: Equali epoeti perche furono molto giusti principi finghono che doppo la morte loro fussino facti giudici dellinferno: equali hauessino a examinare lanime: et dipoi punirle secondo che meritassino elor delicti. Ma di Rhadamanto: et Eacho diremo in altro locho. Minos fu figluolo di Gioue et deuropa: Regno nellisola di creta hoggi decta Candia: Et secondo Diodoro siculo in quella hedifico piu citta. Male piu nobili furono tre: Gnoso posto inuerso Asia. Phesto posto dalle parte di mezo di: Et Cydonia collocata a ponente. Item decte le leggi a cretesi: lequali accioche fussino di maggiore auctorita fingeua hauerle hauute da Gioue. Et spesso entraua ĩ una certa spelonca: et dimostraua hauer colloquio con quello. Strabone dice che lui imito in questo un certo Rhadamantho: non el fratello: ma unaltro: elqual fu molti secoli innanzi. Fu el primo secondo Plinio che fece battaglie nauali: et molte isole: et terre marittime acquisto. Et molti popoli gli furono obedienti mossi piu dalla iustitia sua che dalle forze. Danthe adunque imita gliantichi poeti: et maxime Virgilio: elquale scriue. Quesitor minos urnam mouet ille silentum Conciliumque uocat uitas: et crimina discit: Ne e/altro minos che el giudicio della conscĩetia Dellaquale diremo pocho disobto. Questo e/da Virgilio discripto in forma dhuomo: Ma Danthe lo configura chome bestia dandogli la coda: et el ringhio: che e/proprio del cane: Ma non e/sanza cagiõe perche intende per minos la conscientia dellhuomo dannato: cioe che ha gia facto habito de uitii: perche chostoro sono rimorsi dalla conscientia: laquale non e/piu buomo: perche tale rimordimento non gli rimuta dal male operare. Imperoche hanno spento in loro ellume della ragione: per laquale siamo huomini: Ma solamente gli stimola: et fagli diuentare furiosi. Onde si puo dire che la conscientia ne dãnati: et in quegli che hanno facto habito de uitii sia una crudelissima fiera. Preterea pone che chon la coda dinota elluogho doue debba esser messo el peccatore: La coda e/lultima parte del corpo della fiera. Onde per questa significa che questi tali huomini non sentono mai rimorso della conscientia se non nella fine: et quando hanno commesso el peccato. Et certamente questo solo e/quello giudice: elquale nessun puo fuggire. Onde Iouenale Prima hec est ultio quod se iudice nemo nocens absoluitur improba quanquam Gratia fallacis pretoris uicerit urnam. STAVVI minos. Non immerito dice stauui: perche la conscientia e/sempre nellanimo nostro: ne mai si parte: Ma del continuo questo giudice in noi fa sua residentia. Ne e/da marauigliarsi che se minos e/el rimordimẽto della conscientia: Et ogni peccato arreca tale rimordimento: perche el poeta non pose minos nel primo cerchio oue e/alchuna spetie di peccato Perche in quel cerchio sono o euilissimi: equali sono puniti non per hauere facto: Ma per non hauer facto: et per questo non poterono hauer rimorso non conoscendo quanto mal fussi non far bene. O ui sono egentili: equali uixono con tali uirtu che nessuna conscientia gli rimordeua: et del baptesimo nõ hebbono scientia. HORRIBILMENTE ringhia: Nessuna chosa e/che piu horribilmente ringhi: et abbai et minacci che la conscientia: laquale di et nocte stimola chi ha commesso el delicto. Tre chose fa la conscientia: Prima ci rimorde: et rode del peccato commesso. Onde isaia dixe: Vermis eorum non morietur: Ne e/altro el uermine: elquale dice Che non morra se non el rimorso che mai non cessa: Ma chome uermine ci rode. La seconda e/che sempre sta contro a noi la conscientia quasi chome testimonio che ci ripruoui: Et pero iouenale: Nocte dieque suum gestare in pectore testem Spartano cuidam respon dit pythia uates. Nel terzo luogho giudica el supplicio che merita el peccato. Onde chome pocho diso pra dixi Prima est hec ultio quod se iudice nemo nocens absoluitur. Et per questo forse posono epoeti tre giudici nellonferno Minos Eaco et Rhadamanto. EXAMINA le colpe: Sempre la conscientia se co medesima ripensa al fallo commesso: et giudica la pena. GIVDICA et manda. Pone tre cose che fa la conscientia. Prima examina: poi giudica: poi manda ad executione quanto e/giudicato SECONDO che auinghia: Cioe abbraccia: et e/anticho uocabolo fiorentino: et uiene daluocabolo latino uincire che si gnifica legare: perche chi abbraccia lega. Onde ancora enostri rustici dicono Vna uinghiata: cioe una brac ciata. DICHO CHE quando lanima e/mal nata: Cioe quando e/coinquinata nel peccato . Ilche la fa si misera che chome dixe christo di giuda. Melius fuisset homini isti si nunquam natus fuisset: Ne intedi mal nata: perche nel suo nascimento hauessi tale influxo dalle stelle che fussi necessitata a peccare: perche questo torrebbe ellibero arbitrio: et e/falso non solamente secondo enostri theologi: Ma anchora secon do ephilosophi: che uogliono che le stelle possino inclinare: Ma non necessitare: perche lanima creata in mediate da dio sanza mezo delle seconde cause che sono ecieli non e/sobtoposta a cieli: chome el corpo: elquale pel mezo de sensi puo dare qualche inclinatione allanimo: Ma non si che non rimanghi libero: et di sua potesta doperare bene et male . Ilpche el docto astrologo dixe chel sauio signoreggia a lestelle Adunque mal nata: cioe nata per suo male poiche e/stata si stolta che di libera se facta serua del peccato. TVTTA Si confessa: Perche niente puo essere celato alla nostra conscientia . ET QVEL Conoscito re delle peccata. Et certo nessuno meglio conosce epeccati che laconscientia: per questo dixe Cicerone. Nullum maius theatrum conscientia. SEMPRE innanzi allui ne stanno molte VANNO auicenda. Luogho tracto di Virgilio Quesitor minos urnam mouet ille silentum conciliumque uocat uitasque et crimina discit. Dice adunque Virgilio: che essendoui infinita turba danime enomi loro sono tutti scrip ti: et messi in un uaso: et traggonsi a sorte: et chi e/tracta e/examinata. VANNO Auicenda: cioe uan no secondo che la uolta gli toccha . Imperoche uicenda uuol dire la uolta che toccha per sorte: et e/ de riuato dal uocabolo latino decto uice . DICONO ET Odono et sono ingiu uolte. Imbreuissimo spa tio di tempo: et quasi aun tracto epsi dicono elor peccati: et odono minos: elquale pronuntia la pena: et sono in giu uolti: perche ediauoli le uolgono almartorio. Et chosi e/certo. Imperoche nel medesimo puncto la conscientia ti ricorda el peccato: et la ragione ti condanna: et lanfieta taffligge.

O tu che uieni al doloroso hospitio
grido minos ad mequando miuide
lasciando lacto di cotanto offitio:
Guarda comentri et di cui tu ti fide
non tinganni lampieza dellentrare.
el duca mio allui perche pur gride?
Non impedir lo suo fatale andare/
uuolsi cosi cola doue si puote
cioche si uuole et piu non domandare.

n. On e/inconueniente che Mynos uoglia sbigot tire Danthe. Imperoche spesso la sensualita: laquale e consapeuole della sua fragilita sconforta se medesima dentrare nellonferno: cioe nella contem platione deuitii temendo non rimanere presa da piaceri di quegli. Ma la ragione superiore soppone a tal conscientia: et dimostra che la gratia diuina lo guidera saluo. Conscientia non e/altro che consape re che ha lhuomo di se: et de meriti; et delle forze sue in se medesimo. Adunque questo sapere che ha in se la sensualita della sua fragilita: et piccole forze di potersi difendere dalle uolupta carnali gli grida:

Et dice. O TV CHE uieni al doloroso hospitio. Cioe al doloroso albergho: cioe alla contemplatione de uitii. GVARDA chome entri: In tale speculatione: ET DI Cui tu ti fidi: Quasi dica tu ti confidi nelle tue forze: ma epse non saranno sufficienti a trartene. NON Tinganni lampieza; cioe la larghe za dellentrare: Quasi dica lentrata e/largha: ma luscita e/strecta: perche ognuno puo entrare ne uitii: ma non uscirne Puo lhuomo per se medesimo col suo libero arbitrio entrare ne uitii: Ma non puo san za la diuina gratia uscirne. Et chome dixi/ Facilis descensus auerni: Sed reuocare gradu: superasque eua dere ad auras. Hoc opus hic labor est. Adunque essendo chosi sbigottita la sensualita dal conoscimento della sua fragilita. Virgilio cioe la ragione superiore: laquale conosce che la diuina gratia non abandona chi saiuta: et mettesi per buon uiaggio/riprieme tal conscientia: et dice. NON IMPEDire el suo fata le andare: Cioe non topporre al suo buon proposito: elquale procede da fato: cioe da dispositione ordi nata dalla diuina prouidentia. Laquale perche puo cio che uuole e/somma stultitia dellhuomo o uolersi opporre o uoler sapere la cagione perche uuol chosi: perche /incomprensibilia sunt iudicia tua domine. El fato da uarii philosophi e/posto uariamente. Ne posso io in tanta turba di chose tractarle tutte diste samente. Ma perche echristiani nelle chose diuine seguitano piu Platone che glialtri. Conciosia che cho me dice Augustino lui in quelle sappresso piu alla uerita: Diremo secondo Platone che cosa sia fato. Ma prima intendi che uarie furono lopinioni de philosophi se idio cura et prouede alle chose o no. Et Leu cippo. Democrito. Prothagora. Theodoro. Aristippo: et Epicuro Vogliono che ogni cosa sia a caso san za alchuno gouerno. Alquanti credono che dio gouerni ogni chosa dal cielo della luna in su: Et lechose inferiori non curi. Alquanti dicono che cura anchora le inferiori: Ma solamente le grandi. Platone prin

Quid sit fatu[m] s[ecundu]m p[l]a[t]o[nem].

cipe di tutti ephiloſophi uuole che la diuina prouidẽtia ſidiſtenda per tutte lecoſe etiam per le minime et tutte quelle gouerni: Allaqual ſententia ſaccorda Empedocle. Hippocrate. Heraclito. Pythagora: et gli ſtoici. Ariſtotele ſcriue in modo che alchuni interpretano che lui pongha la prouidentia. Alchuni el contrario. Vuole adunque Platone che la ſapientia di dio cognoſcendo la eſſentia et la potentia ſua: et per quella ogni choſa che da quella pende ſubito la uolonta ama: et deſidera lordine delle choſe: elquale la ſapientia ha giudicato eſſere optimo: et in ſe lo diſcriue: et conſtituiſce in forma; che non puo eſſere altrimenti. Adunque queſta conſtitutione: et ordine: et legge delle choſe: che hanno a eſſere neceſſariamente: et nientedimeno non impediſcono ellibero arbitrio e/chiamata prouidentia. Queſto medeſimo ordine conſiderato nelle choſe chiama fato: Et dice fato eſſere legge diuina: per laquale ſadempiano le ineuitabili cogitationi: et incepte di dio. Ilperche Auguſtino non contende/ ne ſoppone a quegli che chiamano fato la connexione: et continuato ordine di tutte le cauſe: pel quale ſi fa cio che ſi fa. Ma nõ uuole chiamarlo fato lui: perche queſto nome da gliantichi ſi tira in diuerſe ſignificationi; et potrebbe ingannare glhuomini. Adunque dixe Danthe el ſuo fatale andare. i. el ſuo andare: elquale procede dal lordine poſto da dio nelle cagioni delle choſe: et pero ſeguita. VVOLSI choſi chola doue ſipuote cio che ſi uuole: Equali uerſi exponi chome diſopra furono expoſti

Hor incomincion le dolenti note
a farmiſi ſentire hor ſon uenuto
la doue molto pianto mi percuote:
Io uenni in luogo dogni luce muto
che mughia come fal mar per tempeſta
ſe dacontrarii uenti e combattuto.
La bufera infernal che mai non reſta
mena gli ſpirti con la ſua rapina
uoltando et percotendo gli moleſta/
Quando giungon dinanzi alla ruina
quiui le ſtrida con pianto et lamento/
beſtemmian quiui lauirtu diuina.
Inteſi cha choſi facto tormento
eron dannati epeccator carnali
che laragion ſommettono al talento:
Et chome gli ſtornegli ne portan lali
nelfreddo tempo aſchiera larga etpiena
choſi quel fiato gli ſpiriti mali/
Di qua di la di ſu di giu gli mena/
nulla ſperanza gli conforta mai:
non che di poſa ma di minor pena.

h Abiamo gia dimoſtro che pertutta queſta opera e/neceſſario che il texto dinoti due choſe: Cioe le pene che ſoſtengono edannati nellonferno eſſentiale: et un ſenſo allegorico: elquale dimoſtri le perturbationi: lequali induce el uitio del quale ſi tracta. Adunque qui tractandoſi dellamore carnale elquale peccato uniuerſalmente e/decto luxuria. Et perche elnoſtro auctore e/inſieme poeta: et theologo chriſtiano/ miſſorzero ſatiſfare alluna: et allaltra doctrina. Et prima intendendo dellonferno de dannati. QVI COMinciono le dolenti note: cioe ſtrida: et pianti: perche comincionole pene ſenſitiue. Et pone queſti in luogho tenebroſo: perche hauẽdo molto peccato cho gliocchi: equali ſono guida nello amore: et hauendo preſo dilecto dellebelleze corporali: lequali tutti conſiſton nel uedere e/ conueniente pena che ſieno priuati delluſo di quel ſenſo: con quale hanno peccato. Preterea perche e conſuetudĩe de gliamanti dilectarſi in uarii ſuoni et canti: et harmonie debitamente perche queſto ſenſo ſia punito odono mughia: et altre uoci moleſte. Item perche la luxuria induce cecita dimente: et inconſideratione: perche per quella lamente perde ellume della ragione ſuperiore. Ne puo piu contemplare alchuna excellente choſa; Et ſimilmente della inferiore: perche lanimo occupato nello impudico amore / perde ogni ſuo honore: et utile nellauita ciuile: et actiua Pertanto el poeta gli pone in tenebre. Queſte due cecita/una della ragione ſuperiore: et laltra della inferiore/exprexe optimamente Virgilio la prima in Enea: elquale per Didone laſciaua Italia: cioe la ĩquiſitione: et contemplatione delle choſe celeſti. La ſeconda in Didone: laquale impedita dallamore/ogni altra choſa intralaſciaua. Vnde Non cepte inſurgunt turres. Item induce la luxuria inconſtante. Ilperche lamore e/dipinto alato: Onde Propertio aſſegnando la ragione perche e/alato/dixe Scilicet alternis quoniam iactamur in undis Noſtraque non ullis permanet aura locis. Onde elpoeta dixe. LA BVFERA INfernale che mai non reſta. Item nellamore econſigli ſono precipiti: cioe inconſiderati; et ſanza ragione. Et per queſto lui pone la ruina: Et chi uuole apuncto intendere la inconſtantia de gliamanti; et la ruina de loro conſigli da uno extremo a unaltro/legga il triompho che ſcriue Franceſco petrarcha dellamore choſa molto utile conſiderandolo bene a chi cercha liberarſi da ſi crudele ſeruitu. HORA incomincion le dolenti note: Pone gran pianti: et lamenti: perche di tutte le perturbationi humane neſſuna e/che faccia glhuomini piu queruli: et piu lachrimoſi: et con maggior lucto che lamore. DOGNI LVCE muto: cioe priuato: et preſe quello che e/dellaudito per quello che e/del uedere. Leperturbationi dellanimo ſono quattro in genere: Ma in ſpetie molto piu: chome in altro luogho dimoſtrerremo; Tutte queſte choſe ſpengono in noi ellume della ragione. Ma ſopra laltre Lamore fa lhuomo cieco del tutto. Onde epoeti lo dipingono cieco. Item fanciullo a dimoſtrare che manca dogni ſentimento. Di qui Propertio. Quicunque ille fuit puerum qui pinxit amorem Non ne putas miras hunc habuiſſe ma nus Is primum uidit ſine ſenſu uiuere amantes Et leuibus curis magna perire bona. Et ben fa comperatione del mare; elquale chome dimoſtramo nelleneide di Virgilio optimamente ſi pone per lappetito et per la ſenſualita. Imperoche chome el mare per ſe medeſimo e/tranquillo; Ma moſſo da uenti: et maxime ſe ſono contrarii ſurge in gran tempeſta. Choſi lappetito noſtro per ſe quieto ſi perturba per uarie paſſioni; lequali ſono ſpeſſeuolte contrarie nella mente; chome dimoſtra el terentiano Pamphilo elquale da una parte e/pinto dallamore; et compaſſione di Glicerio; Dallaltra e/riuocato dalla riuerentia paterna. Queſti contrarii uenti fanno mughiare el mare; cioe commuouono a mughi; et a guai la ſenſualita dellamante. LABVFERA infernale. Proprio buſera; et buſea dicono quando nelle montagne la neue che cade e/riuolta; et con ruina aggirata da diuerſi uenti. Finge adunque che quegli ſpiriti nel medeſimo modo fuſſino amulinati; et traſportati per laria. Ilche niente altro ſignifica che lacontinua inſtabilita; et inconſtantia; et ſubitanea mutatione ne gliamanti. Imperoche chome dice Terrentio Nello amore ſon tutte queſte choſe. Adunque queſta aſſidua inconſtantia; et furibunda mutatione rapiſce lanimo; et uolgendolo di propoſito in propoſito; et percotendolo; cioe dandogli graui dolori lomoleſta et affligge. Et quando giungono innanzi alla ruina; cioe quando caggiono dalla choſa amata; et rimāgō ne priuati/quiui ſono le ſtrida/et elpianto; et elamenti; et beſtemmiano la uirtu diuina. Ilche ſignifica extremo furore; et quale ſuole eſſere ne glamanti: Et dimoſtra la peruerſione nellamore. Imperoche prepongono tale amore allamore di dio; et del padre. CHE LA RAGIONE ſobmettono al talento: Cioe allapetito. Talento e/inclinatione danimo; et dapetito alla uolupta; et dilecto ſenſitiuo. Onde atalentare ſignifica aconſentire. ET CHOME gli ſtornegli ne porton lali. Optima comperatione degluccegli allanime per la loro leggereza; et perche gli ſtornegli uolan preſto; et in gran turba/ exprime la moltitudine; et uelocita de gli ſpiriti. DI QVA. Di la. di ſu. di giu gli mena; Lamāte non ſta mai in uno ſtato: Ma hora ſale nella gratia della choſa amata; et hora ruina per le inimicitie; et diſſenſioni. NVLLA SPERANZA gli conforta mai Non che di poſa: ma di minor pena. Quanto allonferno eſſentiale queſto ſi uerifica in ogni dannato per qualunque peccato. Et pero lauctore le poſe qui nel prio luogho delle pene; accioche ſintenda decto per tutti glialtri. Ma quanto al ſenſo allegorico e/ proprio delluxurioſo; perche tale pturbatione e/in ſatiabile. Et quāto piu ſexercita: tāto piu ſaccende lapetito. Ne altro intendono epoeti per Titio figliuolo della terra: elquale uolle fare uiolentia a Latona madre di Phebo; ſe non la luxuria laqual naſce di cupidita di choſe terrene; alquale benche lauuoltoio roda elfegato; nientedimeno del continuo altrettanto ne rinaſce quanto tale uccello ne diuora. Preterea non e/ mai ſanza pena lamante. Imperoche ſe e/priuato della choſa amata ſi ſtrugge per diſiderio dhauerla. Se la poſſiede ſempre ſta in geloſia; et in ſoſpecto di non la perdere

Quid sit talento i uolgare

Et chome egru uan cantando lor lai
faccendo in aer di ſe lunga riga:
choſi uidio uenir traendo guai/
Ombre portate dalla decta briga.
perchio maeſtro dixi chi ſon quelle
genti? che laer nero ſigaſtiga.

c Hōme per la comperatione degli ſtornegli expreſſe la moltitudine; et la uelocita degli ſpiriti; choſi pe gru ſignifica elamenti loro. Et ben dixe uan cantando loro lai; cioe lamenti. Imperoche quaſi tutti euerſi; et tutte canzone de glinnamorati contenghono querele et ramarichii; et choſe che muouino a cōmiſeratione. Onde egreci chiamano tali uerſi Elegi; perche elos in greco ſignifica miſericordia; et compaſſione. FACCENDO inaere di ſe lunga righa. Non dice che gli ſpiriti uolaſſino faccendo di ſe lunga righa; perche diſopra ha dimoſtro che uolauono in turma chome gli ſtornegli. Ma dice che uolauon cantando elor lai come egru; quando uolando fanno di ſe lungha righa. CHI SON Quelle genti? Non domanda di tutta la gente di quel cerchio; ꝑche gia ſa che ſpetie di peccatori ſi tormentono quiui. Ma in ſpetie domanda di quegli; che gli ſon propinqui: Et perche ſono nomi dantiche hiſtorie ne domādalui. Et per tutto el poema obſerua quaſi queſto modo che le hiſtorie antiche fa dire a Virgilio. Le moderne lequali furono dopo Virgilio fa dire ad altri.

La prima di color dicui nouelle
tu uuoi ſaper mi dixe quegli allotta
fu imperadrice di molte fauelle.
A uitio di luxuria fu ſi ropta:
che libito fe lecito inſua legge:
per torre el biaſmo in che era corropta:
Elle Semiramis di chui ſi legge:
che ſuccedecte a Nino: et fu ſua ſpoſa.
tenne la terra chel ſoldan corregge.

Semiramis

ſ Emyramis fu moglie di Nino re de gliaſyrii; della cui origine Diodoro ſiculo pone choſe faboloſe. Imperoche ſcriue lei eſſer nata in una ſelua appreſſo dun lago daſcalonia citta; Et la madre pone una: laquale quiui era adorata ꝑ idia; et el padre giouane: elquale gli ſacrificaua: et nata dice eſſer ſtata occultata in una ſpeloncha: et quiui dalle colombe nutrita chollacte: elqual toglieuano apaſtori; quādo mugneuano. Et finalmente trouata eſſere ſtata data a Simma prefecto de paſtori del re. Choſtei adunque fu nominata Semiramis per eſſer ſtata nutrita dalle colombe; perche in lingua ſoriana Semiramis ſignifica colomba. Creſcendo diuenne di ſi

Laltre colei che sancise amorosa :
et ruppe fede al cener di Sicheo .
laltre Cleopatras luxuriosa.
Helena uidi per chui tanto reo
tempo si uolse: et uidi elgrand Achille
che chon amore alfin combatteo.
Vidi paris. Tristano: et piu di mille
ombre mostrommi et nominolle adito
chamor di nostra uita dipartille.

marauigliosa belleza: che Menone huomo prio del
consiglio del re lasposo. Ne fu inquesta femina mi
nore la prudentia che la belleza. Onde el marito ni
ente faceua sanza elsuo consiglio. Era inquesti tem
pi Nino re de gliasyrii con lexercito contro a bactri
ani: et assediaua bractra citta principale di quella re
gione. Et uedendo Menone che lobsidione haueua
aessere lungha/mando per Semyramis sanza laqua
le non uiueua se non in merore . Venne la donna:
et con diligentia speculando el sito della terra/tan
dem per uia difficile: et non guardata: perche quel
la parte parea inexpugnabile prese larocchа della cit
ta. Onde ebactriani furono constrecti a darsi. Que
sto alla donna decte grandissima fama . Et il re mosso chosi dalle belleze: chome dalle uirtu/la chiese al
marito promettendogli in cambio Sosane sua figliuola: et denegandola minaccio dacciecarlo . Menone
pel dolore simpicco. Et in questo modo diuento moglie di Nino Semyramis: et di lui partori Ninia:
Nino morendo gli lascio el reame . Lei uolendo fare chose egregie edifico Babyllonia sopra leuphrate:
le mura della quale girauono tanti stedii quanti di ha lanno: et e/lo stadio loctaua parte dun miglio. A
dunque . ccclxv . stadii sono miglia quarantasei . Le mura eron di mattoni . Et haueuano. CC L . torri
Ne mattoni crudi hauea ipresso uarie forme di fiere: et ciaschuna di suo colore: Informa chel circuito face
ua una caccia: et in luogho di calcina tolse bitume delle palude assaltide. Lascio in drieto molte stupen
de chose di questa opera: perche sole queste richiederebbono un uolume. Vinxe emedi: doue lascio mi
rabili opere orti . aquedotti: et uie. Vinxe epersi doue molti monti appiano: et in piano molti monti fe
ce per sepulture di suoi amici. Vinse glindi contro aquali tre milioni dhuomini a pie ; et cinquanta mi
gliaia a cauallo: et cento migliaia di carri conduxe. Fu molto luxuriosa: Ma non uolle marito proprio .
Eleggeua tra giouani epiu begli: et dipoi gli mandaua in luogho che piu non si riuedeuono. Questo scri
ue Diodoro. Iustino dice che finalmente uolendo usare col figliuolo fu da lui morta . Alquanti dicono
che lo prese per marito: et a ricoprire la infamia constitui per legge: che fussi licito a ciaschuno fare el si
mile. LALTRA E/colei che sancise amorosa . i. mori per amore. Seguita Didone. Chostei fu figliuo
la di Belo re di Phenycia: et moglie di Sicheo: elquale perche haueua di molto thesoro da Pygmaleone
fratello di Didone fu ucciso sperando possedere le sue riccheze: Ma Didone con quelle si fuggi in affrica
doue edifico Cartagine : et uixe in gran castita: ne mai ruppe lafede al gia morto marito: Et finalmente
uedendosi constringere a iarba re di Mauritania: elquale la uolea sposare/chon le proprie mani succise p
non rompere la fede a Sicheo. Ma Virgilio per ornare el suo poema finge: che arriuando per tempesta
Enea aliti cartaginesi: et uisitandol alei sinnamoro di lui: et fuggendo nella caccia la pioua in una spelon
cha doue saccozorono lo conobbe. Dipoi andatosene Enea in italia Didone uincta dal troppo amore suc
cise. Adunque Danthe seguitando Virgilio nellaltre chose/lo seguita anchora in questa historia. CLE
OPATRA fu figluola di Ptolomeo pythone re degypto: et sorella: et moglie di Ptholomeo Dyonisio:
elquale uccise Pompeo: Tra questi nacque ciuile dissensione: et nella expugnatione che Cesare fe dalexā
dria/epsa et con belleze: et con lornato parlare: et dolce maniera: lequali chose marauigliosamente ero
no in lei/allecto Cesare nel suo amore: et di lei partori Cesarione. Et dopo la morte di Cesare con le me
desime arti tanto tiro a se. M. Antonio: che lui ardētemente lamo: et per lei rifiuto Octauia sorella doc
tauiano. In molte delitie: et in gran luxo uixono in Alexandria . Finalmente uinto che fu Antonio da
Octauiano si rifuggirono in Egypto: Et Antonio uedendo non potere altrimenti fuggire Octauiano suc
cise. Cleopatra presa uiua/temendo non hauere a esser menata nel triompho/succise col ueleno . Femi
na di grande animo: et molto prudente: ma non meno lasciua: et laqual chome scriue Plutarcho ualeua
piu per certa uenusta: et gesti: et modi pieni dallectamenti: che per belleza. HELENA fu figliuola di
Leda moglie di Tindaro re di lacedemonia. Dicono epoeti che Gioue innamorato di lei si trasformo in
cigno . i. cecero uccello candidissimo: et chosi con lei giacendo nacquono due huoua : et delluno nacque
Polluce: et Helena: laquale uenuta alleta matura si marito a Menelao. Ne medesimi tempi era Paris fi
gluolo del re Priamo reputato giusto giudice. Ilperche tre idie Iunone. Mineruа: et Venere contenden
do chi di loro auanzassi laltre di belleza/rimessono in lui tanta lite. Accepto larbitrato Paris: Ma giudi
co non sanza corruptela. Imperoche prepose Venere: perche epsa gli promisse fargli heuere Helena bel
lissima di tutte le donne: Sotto laquale speranza nauigo in grecia: et rapi Helena. Benche alquanti dico
no che non la rapi: Ma epsa di sua uolonta lo segui: et uennene introia. Questa ingiuria commosse egre
ci a condurre lexercito in Troia: et dopo dieci anni uinsono la citta. arsonla: et sacheggioronla: et Mene
lao ricupero Helena. Benche Herodoto scriua che Helena non uenne mai in troia: Ma che Paris per for
tuna scorse in Egypto: et quiui dal re nominato Proteo gli fu tolta: et seruata tanto che Menelao dopo
lexcidio troiano ando per lei. Dione chrysostomo, tutta questa historia peruerte. Ma non si puo in tan
ta multitudine di chose tractare di ciaschuna apieno. PER CHVI tanto reo tempo si uolse. Fioriua

grecia Erono incredibili le riccheze de troiani innanzi che Helena fussi rapita. Ma per lei poi sarmo tutta la grecia per ricuperalla. Et tutta lasia per difender troia. Onde seguirono uccisioni dinfiniti huomini. Perirono excellentissimi principi. Nacquone incendii; prede. rapine. districtioni di molte citta. Onde el petrarcha Et funne el mondo sobtosopra uolto. ACCHILLE Lorigine di chostui e/ da gioue Impoche di gioue et degina nacque Eaco; et deaco Pelleo: et pelleo di Thetis Dia marina genero Acchille; elquale la madre tuffo tutto nella palude styge excepto chel calcagno pel quale epsa lo tenea. Onde dicono che non potea esser ferito se non nel calcagno. Fu nutrito nel monte pelio da chyrone centauro; Ne mai in quel tempo mangio cibo cocto. Ilperche fu nominato Achille: perche in greco. A. significa senza; et chilos cibo cocto; Imparo da chyrone astrologia. musica; et medicina. Dipoi non uolendo thetis che fussi menato alla guerra troiana/ loporto adormentato nellisola di scyro a Lycomede re; et chon le sue figluole staua in ueste feminile; informa che non si conoscea per maschio. Et pure in quel tempo Dideydamia figluola di lycomede dilui genero Pyrrho. Demum conosciuto p lastutia dulixe fu cōstrecto andare a troia; doue secondo Homero dimostro incredibil forteza. Ne mai uinxono etroiani quando Achille era alla battaglia. Ma mentre che irato chon Agamemnone; perche glhauea tolto Briseida nō uoleua combactere/ Patroclo uestito delle sue armi ando contro a Hectorre: et da lui fu morto. Ma thetis gli fe fabricare nuoue armi a Vulcano con le quali uccise Hectorre; et uendico Patroclo. Benche Dyone chrysostomo narri loppposito; et pruoui che Hectorre uccise lui. Ma seguitando homero Achille uccise hectorre; et Troiolo. Dipoi innamorato di Polyxena figluola di Priamo/ per hauerla uenne in conloquio chon heccuba sua madre nel tempio dapolline tymbreo: et inginocchiato per honorare Appolline fu ferito di strale nel calcagno da Paris; elquale per questo fare laspectaua posto in aguato; et chosi mori Onde dixe el poeta: CHE chon amore alfin combacteo. TRISTANO fu nipote di Marcho re di cornouaglia; et innamorossi della reina Isotta moglie del re Marcho. El re glapposto in camera; et chon la lancia medesima di Tristano; laquale lui haueua lasciata fuori delluscio lo feri mettendo la lancia per un bucho delluscio; Et Tristano dopo poco tempo mori di tal ferita. Questo fu el principale de caualieri chiamati erranti/ le prodeze de quali sono piu fabulose che uere. Di qui Francesco petrarcha dixe; Ecco que che le carte empion di sogni Lancilotto; et Tristano et glialtri erranti.

Poscia chi hebbi el mio doctor udito
nomar lantiche donne ecaualieri/
pieta mi uinxe: et fu quasi smarrito.

d Imostra che Danthe cioe la sensualita pigla cōpassione delle pene de gliamanti; Et quasi si smarrisce; perche si diuia dalla ragione: laquale non uuol che noi habbiamo compassione a chi debitamēte e/ tormentato. Imperoche la pieta; et misericordia e/ commendata quando ci prende compassione di chi immeritamente e/ posto in miseria; Ma ad chi merita el supplicio non dobbiamo hauere alchuna compassione, Onde lui altroue Qui regna la pieta quādo e/ ben morta. chi e/ piu scellerato di cholui; chal giudicio di dio passion porta. Nientedimeno attesa la qualita del uitio dellamore lasciuo; elquale non procede chome molti altri peccati da crudelta o da immanita alchuna. Ilche e/ altutto contro alla natura dellhuomo: Ma piu tosto da gentileza danimo, et da humanita benche male regolata sia; et atteso quanto sia difficile aresisterui; conciosia che epiu sauii sono rimasi allhamo/ non e/ marauiglia se lanostra sensualita ne prende compassione. Questo medesimo conferma el petrarca nel primo sonecto quando dice/ Doue sia chi per pruoua intenda amore Spero trouar pieta non che perdono.

Et cominciai poeta uolentieri
parlerei a que due chensieme uanno
et paion si al uento esser leggieri.
Et egli a me uedrai quando saranno
piu presso a noi: et tu allhor li priegha
per lamor che li mena; et que uerranno

c hiede consiglio a Virgilio se gli pare che parli chon questi spirti. Ilche allegoricamente significa; che innāzi che parliamo o scriuiamo di cosa che habbia adare infamia ad alchuno dobbiamo uolere el consiglio della ragione. CHE INSIEME uanno; perche chi insieme pecca insieme e/ punito. Preterea entrano in una medesima infamia. ET PAION si aluento esser leggieri. La leggereza sidimostra dalla uelocita. Erono piu ueloci; perche erono piu tirati dal uēto: cioe haueano maggior pena; laquale meritauono per essere cognati; et in grande stato: perche queste due circunstantie aggrauano el peccato; et quanto al morale piu sono diffamati quegli che sono parenti; et in grande stato. Onde Iouenale Omne animi uitium tanto conspectius in se crimē habet quanto maior qui peccat habetur.

Si tosto chomel uento a noi li piegha
muoui la uoce o anime affannate
uenite a noi parlar saltri nol niegha.

E Ece comperatione alle colombe non solamente perche sono ueloci nel uolare. Ma anchora perche e/ conueniente uccello a gliamanti. E/ la colōba animale molto luxurioso et affectionato nellamore

Qual lecolombe daldiſio chiamate
con lale alzate; et ferme al dolce nido
uengon per laer daldiſio portate.
Cotali uſcir della ſchiera oue Dido
uenendo a noi per laer maligno/
ſi forte fu laffectuoſo grido.

Et per queſto glantichi dedicorono ecolombi a Venere; chome laquila a Gioue. el coruo a Phebo. la cornacchia a Minerua. El picchio a Marte. El pauone a Iunone: Et ſimilmente a altri dii/altri uccegli. CHOTALI Vſcir della ſchiera oue dido. Cioe doue era Dido; della quale dicemmo di ſopra

O animal gratioſo et benigno:
che uiſitando uai per laer perſo
noi che tignemo elmondo diſanguigno
Se fuſſi amico el re delluniuerſo
noi pregherremmo lui per la tua pace:
poi chai pieta delnoſtro mal peruerſo.
Di quel chudir; et di parlar ti piace:
noi udiremo: et parleremo a uui
mentre chel uento chome fa ſitace/
Siede la terra doue nata fui
ſu la marina douel po diſcende
per hauer pace co ſeguaci ſui.
Amor chal cor gentil rapto ſapprende
preſe choſtui della bella perſona:
che mi fu tolta: elmodancor moffende
Amor chanullo amato amar perdona
mi preſe di choſtui piacer ſi forte:
che come uedi ancor non mabandona.
Amor conduxe noi a una morte
chayna attende chin uita ci ſpenſe.
queſte parole da lor ne fur porte.

P Arrebbe forſe ad alchuno; che queſti ſpirti nõ doueſſin fauellare ſe prima non fuſſino domandati; et pure heuẽdo afauellare piu toſto doueſſi dir lhuomo che ladonna. Alla prima ſi riſponde che hauendo Danthe richieſto che parlaſſino era facile a conoſce . che niente altro uoleſſi/ſe non ſapere alchuna choſa della uita: et de coſtumi loro. Preterea pigliõ glamanti et gran uolupta nella felicita: et grã conſolatione nelladuerſita inferire quello che alloro e/interuenuto nellamore. Preſertim achi dimoſtra hauerne compaſſione; chome hauea dimoſtro Dante per quelle parole O ANIME affannate Venite a noi parlar ſaltri nol niegha. Et p queſto ſpeſſo narrono etiam a chi non gli domãda. Alla ſeconda nõ e/dubbio che la femina e/piu perturbata nellamore et piu querula; et rammarichoſa: et men conſiderata nel parlare: et piu loquace O ANIMAL Gratioſo: et benigno: Dixe animale; perche lo uedeua chol corpo et collanima. Imperoche animale e/corpo animato. GRATIOSO et benigno. Dixe: perche choſi compreſe dalle ſue parole/quando dixe o anie affannate uenite a noi parlar ſaltri nol niegha. TIGNEMMO el mondo di ſanguigno. Perche fũmo morti: et ſpargemmo el ſangue ſopra la terra. NOI VDIREMO et parleremo a uui; Cioe a uoi. Vſa lauctore a qualunque induce a parlare accomodare alchun uocabolo della patria ſua. Ilperche dixe uui non ſolamente per far la rima: Ma perche queſta Franceſca era romagnuola. MENTRE CHEL uento chome fa ſi tace; Pare contrario a quel che dixe Labufera infernal che mai non reſta. Ma intendi che fuſſi poſata in beneficio di Danthe quanto a queſti due. Et allegoricamente intende queſto: che benche lamore ſia in continuo moto: nientedimeno a chi fuori damore lo conſidera in altri non ha alchuno furore chome lauaritia; laquale e/conſiderata da chi inueſtiga la natura de uitii ſanza alchuna cupidita. Dipoi diſcriue del ſito di Rauenna ſua patria: laquale e/preſſo alla foce del po in ſul mare. Elqual po corre con ſuoi ſequaci: cioe fiumi che entrono in lui inſino al mare: et qui chome glialtri fiumi ceſſa dal ſuo corſo. Ma del po diremo in piu comodo luogho.

Francescha da rauenna

FRANCESCA fu figluola di Guido dapolenta ſignor di Rauenna/femina di belleze: et di maniera excellentiſſima: et mogle di Ianciotto figluolo di malateſta ſignor da Rimino huomo bellicoſo: et di grande animo: Ma brutto di corpo: et ſciancato. Choſtui hauea un fratello chiamato Paolo bello di corpo: et di dolce maniera et choſtumi: et piu apto allotio che allarmi; et quaſi un Paris a comperatione dhectorre. Et uſando familiarmente chon Franceſca chome con cognata; La lunga practica partori tra loro amor laſciuo: Et finalmente leggendo un giorno el libro della tauola ritonda: el captiuo exemplo glincito a captiuo acto. Et ſeguitando in queſto propoſito piu tempo Ianciotto ſenaccorſe: et appoſtogli; et giũtogli in ſul facto con uno medeſimo ferro; et colpo confixe luno et laltro. Dicono che la madre ſua lauo leua dare a Paolo: et ianciotto ando a Rauenna per ſpoſarla per lui; ma uedendola ſi bella: et innamorato ſene la chieſe per ſe: et perche era huomo potente; et terribile gli fu data piu per paura che per amore.

Amore.

AMOR CHAL cor gentile toſto ſapprende. E/uera ſententia che lanimo generoſo: et elegante: cioe acuto in eleggere facilmente ama le choſe belle: Imperoche amore non e/altro che deſiderio di belleza. Noi diciamo animo gentile quello che e/humano. affabile. clemente. benigno. gratioſo. cupido di compiacere. alieno dalloppoſito: elquale ſi dilecta di choſe belle: et ben compoſte. Et ha in horrore ogni crudelta; et efferita: lequali tutte choſe dimoſtrono quello da natura eſſere diſpoſto ad amare. O piu toſto hauere uniuerſale amore a tutti. Adunque ſara facile amare ſingularmente uno in particulare. Molte chose: et degne dessere intese mi restano dellamore: Ma perche sono diuine: et proprie del uero amore non quadrano in questo luogo: doue si tracta dellamor lasciuo: elquale tanto degenera et traligna dalue ro amore: che gli diuenta contrario. Ilperche le differisco in altro tempo quando di quello tracteremo. AMOR CHAL cor gentil tosto sapprende. Qui e/un color rhetorico decto Sententia che e/parlare tracto della uita nostra: pel quale si dimostra quello che si fa. O quel che ragioneuolmente si debba fare: Et benche si pongha in chosa particulare: nientedimeno si puo trasferire al generale: chome quando dice el petrarca. Mal fa chi tanta fe si tosto oblia. Et un bel morire tutta la uita honora: et non e/minore elduol perchaltri el priema: et simili. Preterea e/in questi tre ternarli unaltro color rhetorico decto repetitõe ilche e/quando una medesima parola si repete piu uolte nel principio delle clausule: come e/qui Amor chal cor gentile. Amor cha nullo amato. Amor conduxe: chosi el petrarca nella canzona Sil dixi mai. EL MODO Anchor moffende: cioe el modo di questo amore che fu disordinato: imperoche el peccato commesso moffende al presente con la pena: et moralmente ogni delicto commesso dipoi sempre offende el delinquente: pel rimordimento della conscientia: Et certo lanima rationale non puo essere sanza amore: ma bisogna el modo. Non loffende che lamassi: Ma che disordinatamente lamassi. Cayna attende: cioe aspecta cholui che uccise noi: Et e/cayna un luogho del quale fara mentione di sobto doue si puniscono etraditori: et homicidi decto da Cayno: elquale fu el primo homicida: chome piu appieno quiui si tractera.

Pochio intesi quellanime offense
chinai eluiso: et tanto iltenni basso:
fin chel poeta midixe che pense?
Quandio risposi comincai o lasso
quanti dolci sospiri/ quanto disio/
meno costoro al doloroso passo?
Poi mi riuolsi alloro: et parlaio:
et comincai Francesca etuoi martyri
allachrimar mi fanno tristo et pio.
Ma dimmi altempo de dolci sospiri
a che et chome concedecte amore:
che conoscesti edubbiosi disiri.

MOstra che la sensualita exprassa per Danthe si muoue ad compassione: et el chinare el uiso a terra significa quella hauere piu cura delle uolupta corporee di che costoro son priuati: che della uera: et immortale uolupta. Ma la ragione superiore le xcita: et fallo dirizare. QVANTI dolci sospiri. Certo e/ molto dolce la uolupta corporea 'a sensi: Ma se si seguita ha in se occulto ueleno: elqual ci cõduce ad extrema pernitie. Onde optime ellyrico toscano dixe So chome sta tra fiori ascoso langue. Ilpche dobbiamo fare della uolupta quello che euecchi troiani dixono dhelena. Certo e/bella questa dõna Ma pure piu tosto uada uia che Troia perisca. E/la uolupta chosa molto dolce: et molto dilecta esensi: Ma lascisi piu tosto che lanimo perisca: perche ci cõduce al doloroso passo; che e/non solo lonferno essẽtiale: Ma anchora el morale: perche nessuna perturbatione piu tormanta lanimo che questa. CHE CONOSciesti edubbiosi disiri: cioe uenisti a tanto che luno manifesto allaltro esuoi desiderii. Imperoche lamante non ha ardire discroprirsi alla chosa amata: mentre che edisiri sono dubbiosi: cioe non conosciuti. Ma poiche intende epsa uolere quel medesimo/ allhora piglia ardire a scoprirsi.

Et ella ame nessun maggior dolore:
che ricordarsi del tempo felice
nella miseria: et cio sal tuo doctore:
Ma sacconoscer la prima radice
del nostro amor tu hai cotanto affecto
faro chome colei che piange et dice.
Noi leggiauamo un giorno per dilecto
di Lancilotto chome amor lostrinse/
soli erauamo: et sanza alchun sospecto
Per piu fiate gliocchi ci sospinse
quella lectura: et scolorocci eluiso:
ma solo un puncto fu quel che ci uinse
Quando leggemo el disiato riso/
esser baciato da cotanto amante:
questi che mai dame non fia diuiso
La bocca mi bacio tutto tremante/

QVando lanima esce del corpo puro: et sanza alchuna contagione dalchun peccato / rimane semplice nella propria natura: ne altro pensa se non alla sua felicita: laquale e/fruire dio: et aquello pche non e/aggrauato dalchuna terrestre mole/facilmente: et con sommo desiderio uola. Ma quello che si parte lordo: et coinquinato di peccati: nequali ha riposto ogni sua felicita: niente altro desidera se non exercitar quegli. Onde optimamente dixe lappocalipse Opera enim illorum sequuntur illos. Et Virgilio Que gratia currũ Armorumque fuit uiuis que cura nitentes Pascere equos eadem sequitur tellure repostos; et el pensare alle uolupta passate nel tempo che non le possono exercitare e/loro gran passione: et non picchola tormento. Questo adunque dimostra per sententia generale dicendo: che nessuno dolore e/maggiore che ricordarsi del tempo felice nella miseria. Et arroge ET CIO sa eltuo doctore Perche Virgilio nel sexto significa questa medesima sententia ne uersi gia decti. Altri dicono. CIO

Galeotto fu ellibro: et chi loscripse:
quelgiorno piu non ui legemo auente.
Mentre che luno spirto questo dixe.
laltro piangea si che di pietade
io uenni men chosi chomio morisse:
Et caddi: chome corpo morto cade.

SA EL tuo doctore: Perche al presente e/ dannato nellimbo: et priuato della gloria: laquale haueua appresso a Octauiano. Ma la prima sententia quadra meglo. Dipoi pur seguita. Imperoche non obstante: che sia dolore ricordarsi deltempo felice nella miseria: Nientedimeno non e/ piccola consolatione riferirlo achi dimostra hauerne compassione. Questi due primi ternarii son p proemio della sua oratione Et nel primo capta attentione per la grauita del colore rhetorico decto sententia: et anchora beniuolentia dalla commiseratione. Nel secondo lofa docile. Dipoi nel terzo comincia la narratione; laquale fa brieue; perche non ui pone chosa alchuna superflua: et dilucida; et aperta; perche obserua lordie: et usa parole aperte; Et uerisimile; perche dimostra esserui stati tutti emezi che possino condurre a tal fine. Prima la lectura di chose amatorie; et di simil caso; laqual poteua etiam fare amare quegli che non amassino. Et ciaschuno intende che lexempio facilmente cōmuoue a fare el simile; Maxime quando ue lauctorira di persone reputate; chome era Lancilotto; et gineura Dipoi perche eron soli; Et finalmente sanza sospecto. Queste commodita poteuon far peccare chi prima non ui fussi stato inclinato: perche chome dice el prouerbio A archa aperta giusto ui pecca. Et questo sia in dimostratione dellarte; Ma moralmente dimostra che lotio, le lectioni lasciue. lexemplo di chi ha facto quello che uogliamo far noi; Maxime se e/huomo dauctorita; Et finalmente la comodita delluogo et del tēpo/ facile induce glhuomini a lasciuo; et non concesso amore. NOI LEGGIAVAMO un giorno per dilecto. Legger per dilecto significa essere in otio. Imperoche chi e/occupato non cerca trastullo; ma cerca expedire le sue faccende. Adunque erono in otio; Et lotio insieme con lasciuo trastullo genera lamore carnale. Onde el petrarca Et nato dotio; et di lasciuia humana; Et Ouidio Ocia si tollas periere cupidinis arcus; Et el terrentiano Menedemo al figluolo dimostra; che lotio e/quello che fa glhuomini cadere ilasciuia; come p loposito lafaticha; et loccupationi conseruono la castita. Diqui Iuuenale; Prestabat castas humilis fortuna latinas Quondam nec uitiis contingi parua sinebat Tecta labor somnique breues et uellere tusco Vexate dureque manus et proximus urbi Hanibal. DI LANCILOTTO come amor lo strinse. Era ne tēmpi di Danche in prezo un libro chiamato della tauola ritonda; Nel quale e/ stripto che Lancilotto era innamorato di Gineura moglie del re Marco. Et Galeotto fu mezano che si potessino congiugnere. Adunque questo libro; et chi lo scripse fu Galeotto; cioe fu mezano a noi; chome Galeotto a Lancilotto; et a Gineura. Fu adunque mezano a noi ellibro; perche socto spetie di leggere ellibro/ altro potauamo tractare; et fu anchora mezano chi loscripse; perche esuoi lasciui uersi ci commossono ad amare. PER PIV Fiate gliocchi ci sospinse quella lectura et scolorocci el uiso. Quella lectura ci sospise gliocchi; perche leggendo chose daltri tali; quali desiderauamo in noi luno guardaua laltro innanzi che sardissi di cominciare. ET SCOLORocci el uiso; cioe ci fe pallidi; elqual colore e/proprio de glamanti; Onde Ouidio Palleat omnis amans color est hic aptus amanti. Scolorocci el uiso pel subito; et gran trauaglio che sentiua lanimo. MA SOLO un puncto fu quel che ci uinse. Imperoche quando giugnēmo leggendo a quel passo doue a Gineura fu grato esser baciata; et lui; et io ciaccordamo a fare el simile. Et seguita. QTESTI; cioe Paolo. CHE GIA MAI da me non fia diuiso; Per la ententia gia decta disopra; che dopo la morte singegnono exercitare el medesimo peccato. LA BOCCHA mibacio tutto tremante. Exprime per questo tremare la grande commotione; laquale e/ nellamante. GALEOTTO fu ellibro. i. ellibro fu mezano/chome gia e/decto. QVEL GIORNO piu non ui leggemmo auante; Quasi dica fūmo occupati in altro; et chon honestissime parole accenna quello; che sanza rossore non si puo dire apertamente; chome Terrentio: Quid tum? Quid tum Fatue. MENTRE CHE Luno spirto; cioe Francesca. laltro; cioe Paolo PIANGEA; a dimostrare che lui non era in minore pena. SI CHE DI pietade: et cetera. Qui per questa sua compassione dimostra quello medesimo che di sopra dicemmo della sensualita.

Prouerbio optimo.

CANTO SEXTO DELLA PRIMA CANTICA DI DANTHE

a L tornar della mente che si schiuse
dinanzi alla pieta di due cognati :
che di tristitia tutto mi confuse
Nuoui tormenti : et nuoui tormentati
mi ueggio intorno come chio mimoua
et come chi mi uolga : et chi mi guati :
Io sono alterzo cerchio della pioua
etherna maladecta fredda et greue
regola : et qualita mai non glie noua :
Grandine grossa . acqua tincta : et neue
per laer tenebroso si riuersa/
pute la terra che questo riceue.

d Opo el peccato della luxuria conuenientemẽte pone quello che dagreci gastrimargia cioe furore et insania di uentre e/nominato ; et da latini e/detto golosita . Ma per diffinire meglio questo peccato : et quello del quale di sopra e / tractato ; la natura uolendo ; che glanimali durassino eltempo che epsa prescriue loro. Et che la spetie per successione fussi immortale/pose prima la uolupta nel mãgiare ; et nel bere . Imperoche essendo el corpo animato composto di queste quattro qualita . caldo . secco. humido ; et freddo ; et consumando del continuo el caldo le parti humide et le secche / perirebbe inbreuissimo spatio lanimale se dimano inmano nõ si subministrassi materia che succedessi in luogho di quella che e/perita. Adunque quando e diminuito nellanimale el secchο nasce un desiderio ; et appetito chiamato fame ; per laquale appetiamo el cibo ; elquale decocto et smaltito si conuerte insubstantia del corpo ; et ristora le parti che manchauamo ; Et quando e/diminuito lhumido nasce la sete ; laquale appetisce bere per supplire a lhumido consumato.. Essendo adunque necessario el mangiare ; et el bere/ pose la natura uolupta nel cibo ; et nel poto ; acciοche lanimale mosso da tal uolupta sia piu prono in mantenere la uita. Chi adunque per tale refectione ; et ristoro piglia el cibo et elpoto con debito intervallo di tẽpo ; et in tanta quantita che non sia troppo ; et in tal quaita che non sia nociuo. Et ha rispecto solamẽte alla necessita ; non pecca ; benche tale cibo o poto gli dia uolupta . Ma quello che non ha alchuno rispecto alla necessita ; Ma cerca la uolupta ; et per consequir quella ; o passa elmodo ; o e/piu occupato che non si richiede in cercare sapori soaui et exquisiti/ chostui pecca ; et chiamasi goloso. Similmente la spetie non durerebbe ; perche ogni animale uiene a morte se mentre che sono in uita non generassino chi hauessi a succedere dopo loro/temendo la natura che laneglıgentia o lafaticha che e/in nutrire ; et alleuare efigluoli non impedissi tale generatione/pose la uolupta nel coito. Adunque chi questo usa non per cercare uolupta ; ma per generare figluoli ; et usalo quanto. quando. chome ; et chon chi si conuiene non pecca : Chi altrimenti/pecca. Puniscονsi adunque egolosi in questo tertio cerchio : Et dimostra el poeta ; che tornãdo in se si uitrouo tra costoro. Et quãto allonferno essentiale pone conueniente pena ; perche ogni peccato debba esser punito col suo contrario. Adunque doue el piacere era stato in optimi uini ; et suauissimi cibi ; et in exquisite uiuande/la pena e/fredda ; et graue pioggia ; et acqua tinta in luogo di uini ; Et in luogho di cibi e/grandine et neue. Et quanto al morale ognuno intende : che le crapule ; et lebrieta fanno che dal capo discendono uarii homori ; et catarri ; equali inducono apoplexie ; et tremori ; et frigidita di nerui ; et stupore danimo. Et questo dinota per laer tenebroso ; perche inducono caligine ; et oblitione nellanimo ; equali homori caduti allo stomacho non sanza sommo fetore si corrompono . Et questo tutto genera dolori di capo. di stomacho ; et fianchi ; et gotti ; che fanno urlare glhuomini chome cani . Et e uera sententia ; et uulgato prouerbio ; che molti piu nuccide la gola ; che la spada . REGOLA ET qualita ; perche sempre nascono simili effecti. Adũque mai non glie noua ; cioe non glie inusitata ; perche sempre e/quella regola et qualita .

Cerbero fiera crudele ; et diuersa
con tre gole caninamente latra
sopra la gente che quiui e/ sobmersa .
Glochi ha uermigli et labarba ũta et atra
el uentre largo : et unghiate le mani :
graffia gli spirti : et ingoia : et squatra.
Vrlar gli fa la pioggia chome cani
dallun delati fanno allaltro schermo .
uolgonsi spesso emiseri profani .

e Erbero fiera. Scriue Hesiodo greco poeta : che cerbero fussi cane di plutone chon tre capi . figluolo di Typhone gygante ; et dechinna serpente Et de medesimi parenti uuole che nascessi Ortho cane di Gerione. Et la chimera ; laquale hauea tre capi Vno di leone. Vno di dragone ; et uno di capra. Et noi dimostrammo nelle allegorie di Virgilio ; che cerbero si pone per le necessita delcorpo ; che e/cibo poto ; et somno ; sanza lequali tre chose non puo uiuere lanimale. Adunque optimamente lha collocato in questo luogho Danthe : perche nel cibo et poto consiste la golosita quando in quegli excediamo chome gia e/decto. CERBERO fera crudele et diuersa ; Questo serue alla fictione ; et e crudele p lapena che inferisce. DIVERSA dallaltre fiere ; ouero diuersa ; perche ha diuerse bocche. CRVDEle. Perche la golosita ogni chosa consuma. Onde Iuuenale . Quis enim te deficiente crumena; et crescente gula manet exitus ere paterno Atque rebus mersis inuentrem fenoris atque argenti grauis et pecorum agrorumque capacem. Diuersa: perche non sta contenta a un semplice cibo: Ma cerca la diuersita di quegli in terra, in mare; et in aria. LATRA: latrare inlingua latina significa abbaiare. GLOCCHI ha uermigli: Quanto alla fictione pone glocchi rossi a dimostrare lira della fiera. Imperoche ogni irato fa glocchi rossi: Et quanto alla allegoria dimostra che tale effecto fa el superfluo cibo; et [illegible] el uino. LABARBA VNCTA. Ilche e/proprio de ghiottoni. Per la barba uncta significa langordigia di chi troppo saffolta nel diuorare: perche non solo labocca: ma tutto el uiso sugne. Il uentre largo a dimostrare la ingurgitatione del cibo. Onde el propheta Quorum deus uenter est. VNGHIATE le mani. Questo dinota larapacita: et auidita del cibo; perche rapisce quello che diuora. GRAFFIA ingoia et disquatra. Pone innanzi a glocchi la uoracita de golosi; et da altro canto dimostra etormenti che patiscono glhuomini pel uitio della gola: pel quale caggiono in uarie malattie: oue bisogna et tagliare; et dar fuoco: et in molti modi stracciare el corpo. Et sobgiugne che urlano: adimostrare uarii dolori. Onde interuiene: che stomachi, fianchi, gotti; et febri danno grã dolori. Ma loro hãno in prouerbio Vn boccone; et due guai. DA LVN DE lati fanno allaltro schermo: cioe difensione. Dimostra che dalla gola nasce lamalattia: laquale induce el uolgersi hora in su questo: et hora in su quel lato. MISERI profani. Profano in lingua latina significa procul a fano; cioe lontano dal tẽpio; et da chose religiose. Onde chiamano profano scelerato; et contrario a ogni religiõe

Quando ciscorse cerbero el gran uermo
le bocche aperse et mostrocci le sanne:
non hauea membro che tenessi fermo.
El duca mio distese le sue spanne:
prese la terra: et con piene le pugna
la gitto dentro alle bramose canne.
Qual e/quel cane chabbaiando agugna:
et si racheta poi chel pasto morde:
che solo a diuorarlo intende et pugna.
Cotai si fecion quelle faccie lorde
dello demonio cerbero chentrona
lanime si: chesser uorebbor sorde.

n On piccolo impedimento da allhuomo che sadiriza alla uita contemplatiua; et alla inuestigatione delle chose diuine la necessita delcorpo. Imperoche sanza el uicto; et sanza ecibi non si puo mãtenere la uita: Et dipoi interuiene; che in su questa necessita naturale la deprauata; et corropta consuetudine apetisce molte piu delicateze; et uarieta di cibi: che non richiede la natura: laquale e/contenta di pocho. Onde Cicerone Paucis minimisque natura contenta est. Ilperche grande impedimento da allhuomo che uuole andare alla contemplatione lhauere a pensare alle chose che sieno pel uicto / essendo quello necessario alla uita: Ma lhuomo sauio sacorge: che cerbero: cioe tale necessita si puo satiare chon chose di pocho costo. Tornando adunque al texto: chiama cerbero gran uermo: perche uermo e nato di putrefactione: et pascesi di terra: et per cerbero sintende lappetito: elquale habbiamo gia decto che e/di chose terrestri. LE BOCCHE aperse: lequali sono tre chome dimostrammo; et dimostra la fame: et fingendolo informa di cane non si parte dalla natura canina: elquale quando appetisce el cibo o e/adirato tutti emembri commuoue. EL DVCA mio: Cioe la parte rationale per quietare lappetito naturale/prese la terra quanto piu pote in abondantia. Imperoche distese le spanne sopra la terra: et poi le raccolse strignendola nelle pugna: doue dinota per la terra cibi uili; et per amendue le pugna labbondantia di quegli: perche el corpo si debba pascere abbondantemente; ma di cibi uili. Et certo la natura se non e/deprauata dal costume e/contenta al poco. Onde Lucano: Discite quam paruo liceat producere uitam: Et quantum natura petat. Et altroue Satis est populis fluuiusque ceresque. GITTOLLA Dentro alle canne bramose: Et questo denota che el cibo non si debba porgere al corpo/ se non quando e/famelico: Et non senza cagione lo gitto non in bocca; doue pel palato si gusta la suauita de cibi; Ma nelle canne della gola; alqual luogo poiche e/uenuto el cibo; et el poto non da piu soauita alchuna. A dinotare che chi mangia per necessita; et non per golosita non e/occupato in gustare; et assaporare. Ma bastagli che lo stomacho riceua el cibo necessario. QVALE E/Quel cane. Aguaglia cerbero al cane: elquale abbaiando per la fame; poiche ha preso el cibo saccheta. Et certo lappetito nostro quando el corpo ha riceuuto quanto glie di bisogno facilmentè saquieta; et ne lhuomo temperato piu non chiede. CHENTRONA. dicesi intronare dal tonitruo: cioe dal tuono/ogni uolta che la uoce e/si grande: che oltra alludirsi/etiam si chome fussi un tuono offende el senso dellaudito. Imperoche esensi nostri sono con certa proportione alle chose sensibili; et uscendo di tale proportione se ex sensibile mancha/el senso non fa lufício suo. Imperoche una troppo piccola uoce non e/udita. Et se excede corrompe el senso. Onde dicono che quegli che sono doue el nilo cade per lo smisurato strepito di quel fiume diuengono sordi. Hanno adunque oltra allaltre pene anchor questa: che del continuo cerbero glintruona. Et in uita anchora interuiene che egolosi sono intronati; et excitati da questo uitio: et quanto piu sempiono/tanto piu appetiscono. Et allegoricamente intenderai; che chi uuole andare alla speculatione: chome ua Danthe e/intronato da cerbero cioe e/sbigottito dalla cogitatione delle cose necessarie/se non laqquieta chome habbiamo decto.

Seguita

S Eguita el uiaggio functo dallui. Et benche habbi a tractare dellanime: lequali perche sono incorporee non possono cadere ne in uiso, ne in audito, ne in tacto, ne in altro senso corporeo. Nientedimeno e/ necessario fingerle in modo: che si ueghino: et odino. Ilche et facile si concede al poeta: Et anchora uogliono molti che possino pigliare corpo aereo: elquale non obstante che ceda altacto: come uerbi gratia una nuuola pure si uede: et forma uoce laquale sode. Onde dice che calcauano lombre: lequali quanto al tacto eron chosa uana. Ma quanto al uedere pareuon persone. Che chosi finge Virgilio quando dice. Ter conatus ibi collo dare brachia circum. Ter frustra comprensa manus effugit imago. PERSONE: cioe huomini: che chosi diciamo in nostra lingua: Benche in latino habbia altra significatione. CHE ADONA: che raguna et congrega. Et finge questo: perche la gran pioggia fa comunemente ragunare molti in sieme: perche lun per laltro meglio si difende. Pone e golosi giacere per terra: perche nessuno uitio fa lhuomo piu uile: et piu inclinato alle chose terrene. El libidinoso ama lhuomo: benche in quello ami la piu uil parte. Lin uido si muoue per chose maggiori. Lauaro per richeze: lequali sono instrumento a molte cose. Tutti peccano: et hanno lanimo occupato in chosa uile. Ma el suggetto del goloso e/ chosa uilissima: perche el suo sommo bene e/ nel uentre: et diuiene molto piu simile alla pecora: che allhuomo. Onde Virgilio et Danthe: cioe la ragione et lappetito obsequente alla ragione calcano tanto uili huomini e quali per la effigie paiono huomini. Ma non sono perche non ritengono altro dhuomo: se non leffigie et imagine corporea. Et la ragione et la uirtu: laqual sola ci fa huomini non e/ in loro. Onde ne costumi sono bestie: perche sono obedienti al uentre: ilche chome dice Salustio e/ proprio delle bestie. Et certo si puo dire uano: et al tutto uoto colui: alquale niente altro e/ rimaso: che quello che ci e/ comune cho bruti animali. Dipoi le parole di Ciacco seruono alla historia: perche inuero lui mori nel tempo: che danthe uiuea et erono conoscenti insieme. Adunque tu fusti facto cioe creato et nato prima: chio fussi disfacto/ cioe morto et e/ ragioneuole quanto allo inferno essentiale: che tal martirio muti in forma e sembianti del peccatore: che non sia facile a riconoscerlo: et quanto al morale danthe cioe la ragione inferiore: et lappetito obtemperante fu prima che ciacco morissi: cioe che el peccato della gola perissi: Ma in processo di tempo muore ciaccho et danthe riman uiuo. Perche nella prima giouentu delhuomo nella quale puo piu lappetito che la ragione uiue questo peccato. Ma poi che la ragione si corrobora: et lappetito gli rimane subgietto el uitio della gola perisce nelhuomo et lhuomo riman uiuo et tanto gli uiene in obliuione: che non lo riconosce se nellandare non se gli fa incontro: cioe se nel contemplare e uitii non gli occorre alla mente. Et certo questo peccato tira tanto fuori della sua natura lanima humana: che non ha piu similitudine di chosa rationale: Ma al tutto pare una pecora. FVOR DVNA chasseder si leuo rapto. Perche subito uenne alla mente di Danthe: che speculaua questo uitio: et non si leuo se non a sedere: perche benche alla imaginatione nostra occorra un uile: nientedimeno non uinsurge molto. Pone piu tosto ciaccho: che unaltro nobile et ricco: perche el uitio della gola e/ piu dannato nel pouero: et plebeo: che nel riccho: et potente. Onde Iuuenale atticus eximie si cenat lautus habetur Si rutilus demens CHE SE ALTRA E/ Maggior nulla e/ si spiacente. Non e/ dubbio che superbia: et auaritia sono maggior uitii: et consequentemente meritano maggior pena. Nientedimeno questo dispiace piu: perche in quegli e/ qualche scusa: et qualche parte danimo uirile. Ma el goloso giace nel fangho chome el porco Et lanimo in quel corpo niente adopera che sia degno dhuomo. Et puossi dire: che a tali huomini lanima sia data in luogho di sale: perche niente altro adopera: se non che mantiene el corpo: che non si putrefaccia: et corrompa.

Noi passauan su per lombre chadona
la grieue pioggia: et ponauan le piante
sopra lor uanita: che par persona.
Elle giacen per terra tutte quante
fuor chuna chasseder si leuo rapto:
che la ci uide passar si dauante.
O tu che se per questo inferno tracto
mi dixe riconoscimi se sai
tu fusti prima chio disfacto facto.
Et io allui langoscia che tu hai
forse ti tira fuor della mia mente:
siche non par chio ti uedessi mai:
Ma dimmi chi tu sei: chen si dolente
locho se messo: et hai siffacta pena:
che saltra e/ maggior nulla e/ piu spiacente.

I Nduce Ciaccho a uituperare la inuidia: laquale in que tempi regnaua nella nostra rep. Perche tacitamente uolle referire: che el suo exilio non procedeua da suoi manchamenti. Ma da inuidia de gli aduersarii. CHE GIA Trabocca el saccho Nella uita serena. Imita Virgilio: elquale induce quegli: che sono nellinferno sempre laudare la uita: chome qui. Quos dulcis uite exortes et ab ubere raptos:

Et elli a me la tua citta che e/ piena
dinuidia si che gia trabocca el sacco
seco mi tenne in la uita serena.
Voi cittadini mi chiamasti ciaccho
per la dannosa colpa della gola:
chome tu uedi alla pioggia mi fiaccho:

Abstulit atra dies funerique immersit acerbo. Et certo chome la uita humana a comperatione de celesti spirti si puo chiamar misera: chosi aguaglandola a luoghi inferni sara reputata felice. Oueramente dixe NELLA uita serena; perche ne suoi tempi era assai tranquillo stato in firenze: elquale al presente era perturbatissimo. MI CHIAMASTI ciaccho. Ciaccho in lingua fiorentina significa porcho: et perche questo animale e/nato solamente per ingrassare: et empiere el uentre: interuenne che chostui da suoi cittadini fu chosi denominato. Dicono che fu huomo assai eloquente: et pieno durbanita: et di motti: et di facetie: et di suauissima conuersatione: et non imprudente: et nellaltre chose degno desserе amato. Ma tanto seruo della gola: che in brieue tempo consumate le sue substantie: chome Histrione et Parassito frequentaua le chase de potenti: et chon sue facetie et motti uccellaua a buon bocconi. Di chostui fa mentione Ioanni boccaccio nella nona giornata: et nella nouella di Lauretta: et dimostra chome destramente et con ingegno si uendico del biondello. ET IO ANima trista non son sola. Vergognasi comunemente ogni goloso di simile uitio: Ma scusasi allegando hauere in quello molti compagni.

Io comminciai ciaccho eltuo affanno
mi pesa si che a lacrimar minuita:
ma dimmi se tu sai ache uerranno
e cittadini della citta partita
salcun ne giusto et dimmi lacagione
perche tanta discordia lha assalita:
Et egli ame dopo lungha tentione
uerranno alsangue: et laparte seluaggia
caccera laltra con molta offensione
Appresso poi conuien che questa caggia
intra tre soli: et che laltra sormonti
colla forza di tale che teste piaggia.
Alte terra lungho tempo le fronti
tenendo laltro sotto graui pesi
come che di cio pianga o che nadonti
Giusti son due et non ui sono intesi
superbia et inuidia et auaritie sono
le tre fauille channo ecuori accesi.

a molti pare cosa absorda chel poeta induca aplare di grã cose huomo di si basso stato: et diegli ladiuinatione delle cose future. Ma chi considera longegno di questo uedra che come anchora dimostra elboccaccio fu huomo di non piccola prudentia: laquale prima era in lui naturale: Dipoi sacrebbe assai per lungha praticha. Et per assidua consuetudine: et familiarita che hebbe con tutti e cittadini di firenze cosi duna parte come dunaltra informa che conoscea lambitione: el desiderio: et le passioni: di ciaschuno per lequali con lacume dello ingegno suo facile potea con getturare elfuturo. Domandalo adũque danthe non come parassito et goloso: Ma come callido: et per lungha experientia docto de costumi: et delle uolonta: et degli honori: et degli ingegni de gouernatori della rep. lequali cose erono cause che facilmente poteuono produrre gli effetti che lui predice. IO COMINCIAI ciaccho eltuo affanno. Optimo principio doratione perquale sifa ciaccho beniuolo dimostrãdo dhauere cõpassione della sua pena: Et questo lonclina a risponderegli uolentieri. Dipoi pone brieuemente lasua dimãda: laquale contiene tre parti. La prima che gli dica el futuro. La seconda chi in firenze sia giusto. La terza la cagione della ciuile discordia. CITTA PARTITA Cittadinanza diuisa in bianchi et neri: Ne mi piace che in questo luogho intenda partita; perche fussi di romani: et di fesolani: perche la prima sententia e/piu apropofito. SE TV SAI. Perche dubita se edannati hanno cognitione del futuro. Ma di questo dira piu apieno nel decimo canto. ET EGLI AD ME. Risponde per ordine ciaccho: et prima alla prima parte. Alla dichiaratione delle quali parole e/da notare: che essendo la rep. fiorentina nel trecentesimo anno sopra a mille in somma reputatione: et opulentia: et in serena tranquillita: chome a molte altre citta e/interuenuto adiuenne che la troppa prosperita partori grauissima discordia: El pessimo seme della quale: chome di molte altre uenne da Pistoia. Imperoche la famiglia de cancellieri in quella allhora potentissima per intestina discordia si diuise in due parti: questa decta de neri: quella de bianchi: et occupato tutta quella citta: et eluoghi allei uicini/penetro insino a Firenze. Erono in quegli tempi edonati et ecerchi famiglie: et assai uicine: et di potentia quasi pari. Ecerchi eron potenti di ricchezze: equali benche fussino nuoui nella citta; perche pocho auanti erono uenuti dacone luogo in ualdisieue/gli faceuono arroganti: et conciliauongli gran fauore di plebe. Edonati quanto erono uinti di riccheze/tanto uinceuon dantichita di sangue: et erono molto stimati per le uirtu di messer corso capo di quella chasa: et el chui nome era per tutta litalia celebrato. Ma quasi sospecti alla plebe: chome se addirizzassino lanimo a uita piu tosto tyrannica: che ciuile. Ilche faceua che ecerchi chome piu populari fussino piu amati dal popolo. Fu adunque capo de bianchi messer Vieri de cerchi. Et de Neri messer corso donati. Et apparecchiandosi graue calamita alla citta per tal diuisione/tento Bonifatio pontefice octauo persuadere a messer Vieri: che si riconciliassi con messer Corso. Ma lui o perche chosi uolessino gladuersi fati della nostra rep. O perche nel caualiere potessi piu la perturbatione: che la ragione non fu obsequente: Ma dixe non uoler fare pace: perche non haueua guerra. Ne lungho tempo dipoi nascendo contentioni tra alquanti delluna et dellaltra parte a un ballo fu taglato el naso a Ricouerino de cerchi. Dipoi uedendosi in graue pericolo messer Corso tento che Bonifatio pontefice mandassi in Firenze uno della chasa di francia: elquale togliessi il gouerno della rep. a cerchi: et a glhuomini popolari. Diche si concito tanta indegnatione: che con molti suoi fauctori fu mandato in exilio. Ma non tolse la fortuna la prudentia et laio a Corso. Ma sempre aiutãdosi frãcamẽte insieme con Geri degli spini psuasono a Bonifatio: che chiamassi in italia Carlo sanza terra fratello di Philippo bello re di Francia. El quale non molto tempo dipoi fe morire Bonifatio: Et fe passare Carlo sanza terra. Venne chostui sotto spetie di posare le ciuili discordie: et dipoi passare contro a Siciliani in aiuto di Carlo secondo. Hauendo adunque dato benigna risposta a legati fiorentini: et dimostrando uenire per pacificare quella republica fu honoratissimamente riceuuto nella citta: et chon giuramento che conseruerebbe la tranquillita di quella gli fu conceduto somma auctorita di cõporre ogni controuersia. Ma lanimo auaro gia corropto dalle pecunie, di messer Musatto franzese caualiere fiorentino: elquale a sue spese lhaueua cõdocto in italia/ stimando piu loro che la fede abbandono la causa comune: et tutto uolto a fauori di messer Corso quello riduxe nella citta con molti suoi amici. Onde ebianchi furono con gran loro calamita oppressi: Et benche el cardinale Matteo da acqua sparta uenissi in Firenze: et rappacificassi insieme ambe le parti: Niẽtedimeno eneri equali erono piu potenti non patirono che ebianchi hauessino alchuna portione nel gouerno della citta: Elcardinale se ne parti adirato. Ilperche tal pace duro poco. Perche Simone figluolo di messer Corso uccise messer Niccolo de cerchi: benche prima dallui fussi stato ferito. Et finalmente alchuni huomini excellenti della parte bianca essendo citati in giudicio: et temendo cõparire fuggirono parte a Pisa: et parte Arezo. Doue saccostorono a fiorentini ghibellin allhora ribelli: Et in questo numero fu el nostro poeta chome dimostrammo nella uita sua. Et Carlo confisco eloro beni. Ho discorso di molte chose queste poche/ non per narrare historia: ma per aprire la sententia del texto. Adunque dice DOPO LVNGHA tencione: cioe lungha contentione. VERRANNO alsangue: cioe a uccisione chome ho decto. ET LA parte seluaggia: cioe laparte biancha: della quale erono capo ecerchi huomini nuoui nella citta: et pocho tempo auanti uenuti dacone: et de bolchi di ualdisieue Onde nel. xvi. del paradiso dice. Sarieno ecerchi nel piuier dacone. CHE Questa caggia: cioe ebiãchi INFRA tre soli: infra tre anni solani: Et benche elatini dicono Tres soles. i. tres dies. Nientedimeno el poeta dixe tre soli per tre anni solari. Imperoche ghantichi posono tre spetie danno: Lunare che e/ da una congiuntione della luna chol sole insino allaltra. Et questo spatio e/ di giorni alquante hore meno che trenta. Perche sta in ciaschuno segno due giorni: et sei hore: et due terzi dhora. Perche in giorni uentisepte: et hore octo ritorna. Onde era partita dal sole. Ma perche el sole e/ ito in quel tẽpo piu di uentisepte gradi dun segno consuma el resto insino che lo rigiugne: et con lui sicongiugne. El secondo anno e/ Solare: cioe quando el sole ha facto la reuolutione sua per tutti edodici segni delzodiaco: laquale e/ di trecento sexantacinque giorni: et hore sei: et la centesima parte dunhora. Et di questo intende el poeta: et comunemente dicendosi anno sintende di questo: Perche elcorso solare fa tutti etempi. El terzo anno e/ decto da glastrologi anno grande: che e/ quando finiti tutti ecorsi elsole cõ tutti glaltri pianeti ricominciono ecorsi da un medesimo segno. Elquale spatio benche uarie sieno stabilite loppinioni comunemente dicono essere di trentasei migliaia danni. CON LA forza di tale che teste piaggia. Piaggiare e/ starsi di mezo: perche piaggiare diciamo di chi ua piaggia piaggia/ quasi fra mare et terra. Oueramente piaggia: cioe non ha anchora dato le uele al uento: ma sta in ispiaggia: et non e/ mosso: et intende di Carlo sanza terra: chome habbiamo decto. TERRA Alta la fronte: Viuera in grande stato. LVNGHO TEMPO: Maxime insino alla uiolenta morte di messer corso: della quale si dira nel uigesimo quarto del purgatorio. NADONTI: cioe nahabbi onta: cioe dispecto. GIVSTI SONO DVE. Dixe frate Guido del carmine nel comento: elquale fece sopra uentisepte capitoli di questo libro: che questi due erono Danthe: et messer Guido caualcanti. Alquanti intendono che edue giusti sien lalegge diuia et humana: et questi non ui sono intesi quasi dica: che lelegge diuie et humane sono bene ordinate in firenze: Ma non sono intese: perche non sono obseruate. ET NON VI sono intesi: perche non e/ dato fede alor consigli. SVPERBIA et inuidia et auaritia: Non parea uerisimile: che sanza grandissime cagioni uno stato fiorentissimo: chome era quello della nostra rep. in que gli tempi corroborato da grandissime riccheze: che erono nella citta: et in publico: et in priuato: et da non piccola reputatione: et da auctorita che era di quella per tutta italia/ hauessi a cadere in tanta calamita. Ilperche pone le cagioni: che hanno a essere: dalle quali poi procede somma discordia: et come scriue Salustio Concordia parue res crescunt Discordia etiam maxime dilabuntur. Le cagioni della futura discordia dice essere tre uitii. Superbia. inuidia: et auaritia. Ne e/ uitio che piu susciti discordia ne popoli/ che questi tre. Nasce la discordia rimossa la equabilita: ilche aduiene quando ecipta dini uogliono soperchiare: et questo nasce o per uolere piu honore che non gli tocca: ilche e/ superbia et ambitione: O per uolere diuentare riccho ingiustamente: et uedere emagistrati: et egiudicii: et per questo rapiscono dal publico et dal priuato. Ilche niente altro e/ che auaritia. O per dolersi del bene daltrui: elquale non gli nuoce. Onde nasce inuidia. Ilperche si conclude: che ogni uolta che ecittadini nella loro rep. non appetiranno piu honore: et piu commodo: et utile che patisca lhonesta: et non haranno inuidia a quegli: che meritamẽte sono honorati/ sempre uiueranno insomma concordia: Ne puo nocere alchuna potentia externa alla citta unita. Ma della ſuperbia. auaritia: et inuidia diremo ne proprii luoghi. QVESTE SON le tre fauille. Imperoche chome la fauilla e/ſeme a ogni gran fuocho; choſi queſti ui tu ſono ſeme alla diſcordia. ECVORI acceſi; perche ogni cupidita e/ardore danimo.

Qui poſe fine allachrimabil ſono:
et io allui anchor uo che minſegni:
et che di piu parlar mi faccia dono.
Farinata. Tegghiaio: che fur ſi degni.
Iacopo ruſtichucci Arrigho: el moſcha:
et glaltri: chal ben far poſor glingegni
Dimmi oue ſono: et fa chio gliconoſca/
che gran diſio mi ſtrigne di ſauere:
ſel ciel gladdolce: o linferno glattoſca
Et quegli eſon tra lanime piu nere:
diuerſe colpe piu gli graua al fondo:
ſe tanto ſcendi gli potrai uedere.
Ma quando tu ſarai tornato al mondo:
prieghoti challa mente altrui mi rechi/
piu non ti dico: et piu non ti riſpondo.
Gli diricti occhi torſe allhora in biechi.
guardomi un poco: et poi chino la teſta
cadde choneſſa alpar de glaltri ciechi.

h auea gia poſto fine alſuono ſuo cioe alſuo ſermone LACRIMABILE: cioe degno di lacrime et di compaſſione annuntiando tante calamita alla patria. Ma dante hauendo inteſo ingenere della rep. diſideraua intendere inparticulare di queſti cittadini: equali nel gouerno ciuile erono ſtati di grande animo; et prudentia. Ma chome nella uita demortali interuiene alla maggior parte; che chon le grandi uirtu erono accompagnati gran uitii; choſi in coſtoro fu offuſcata la chiara luce da obſcura tenebre; Ilche facea elpoeta ãbiguo quale haueſſi potuto piu o lauirtu in eleuargli alcielo o el uitio ĩ deprimergli allonferno; et moralmente dubitaua examinata ogni opera della uita loro; qual fuſſi piu/o elmerito o el demerito; o la laude o la uituperatione; come uerbigratia uolendo noi giudicare di Ceſare; Examineremo iñ lui da una parte ſomma clementia; ſomma liberalita; Doctrina non mediocre; Eloquentia mirabile; Animo inuicto; Diſciplina militare excelletiſſima. Da altra parte lambitione per la quale fece forza alla patria: et conſtrinſela a portare el giogo. Et intale examina ſtaremo dubii qual ſia maggiore in queſto huomo; o lauirtu; o el uitio. La laude; o la uituperatione. Et queſta mi pare la uera ſententia del texto. Ne approuo loppinione di quegli; equali affermano che el poeta parli hironico; et che inuero intenda che in loro fuſſino ſommi uitii ſanza alchuna uirtu. Ilche ſi puo confutare non ſolamente per le parole de preſenti ternarii: Ma anchora per quello che dira diſobto. Impero che di meſſer farinata de gliuberti fara mentione nel decimo capitolo; et di meſſer Tegghiaio adimari; et di meſſere Iacopo ruſticucci nel. xvi. ARRIGO fu nobile caualiere de fifanti/ famiglia antica; et honorata. Del Moſca lamberti fara mentione nel capitol. xxviii. Et allhora piu diſteſamente narreremo della uita; et de choſtumi loro. CHE FVR Si degni; Chome quaſi ſi dolga: che eſſendo ſtati ſi celebri per le loro grandi uirtu: Nientedimeno euitii; equali haueuono allon contro lhaueſſino afare dubitare. CHA BENE Operare poſon glingegni. Quaſi dica: che lacume dellongegno naturale uolſono a opere laudabili. Moſtra diſiderare di conoſcere el fine loro; perche naturalmente ogni buono diſidera: che glhuomini ornati di uirtu ſi conduchino a felice porto; benche in loro conoſchino de uitii SEL CIEL gliadolce; Perche la beatitudine da ſuauita et dolceza; Et lo inferno contiene inſe ſomma miſeria; laquale e/tale ueleno allanima; che benche ſia immortale pure ſi puo dire; che chome toſco luccida priuandola del conſpecto di dio; elquale e/uita. Toſco diciamo in fiorentino da quello che elatini dicono Toxicum; et piglanlo per ogni ueleno: Ma toxicum proprio e/quello che ſi fa dellalbero taxo: elquale noi chiamiamo naſſo. Riſponde ciaccho; che queſti ſono diſobto trallanime piu nere cioe dannati in luogho piu obſcuro; et e/imitatione di Virgilio; elquale uolendo dire Daphnis eſſere anima celeſte Dixe: Candidus inſuetum miratur limen olim. i. Se adunque quegli del cielo ſono candidi; quegli dellõferno ſono neri. Preterea candido ſi pone per puro: et immaculato; et nero per loppoſito. Onde Giouenale Qui nigra in candida uertunt; Et Horatio Hic niger eſt hunc tu romane caueto. Al dolce mondo; cioe alluogho doue habitano glhuomini; elquale chiama dolce; perche in quello potea adempiere eſuoi carnali deſiderii; equali lanimo coinquinato di uitii ſi tira ſeco. Oueramente dixe dolce ad comperatione dellonferno. Nel quale chi e/uolentieri uorrebbe tornare alle fatiche; lequali ſopportaua in uita. Onde Virgilio Quam uellent ethere in alto nunc et pauperiem et duros perferre labores. Et prieghalo: che lo mantenghi in memoria: a dimoſtrare che etiam quegli; che ſono in infimo ſtato: et dannati dabhomineuol uitii diſiderano fama. Preterea era in luogho ciaccho; che niente altro potea chiedere. GLOCCHI Diricti in bieci. Biecho per corruptione deriua da obliquo; che uuol dire choſa poſta a trauerſo. Ne altro dimoſtra el ſuo raguardare a queſto modo; ſe non che chon dolore a un medeſimo tẽpo penſaua; et alle paſſate uolupta: et alle preſenti pene: et poi da diſperatione commoſſo ſi gitto a giacere.

CANTO SEXTO

Vol dimostrare che lanime dannate hanno a stare in quel medesimo stato in che sono poste in sino allultimo giudicio se gia per diuina uolonta non si disponessi altrimenti. PIV NON SI DESTA. Quasi dica piu non si leuera. DI QVA dal suon dellangelica tromba: cioe di qua dal giudicio: alquale tutte lanime saranno citate dalla tromba angelica. LOR NIMICA POTESTA Elfigiuolo di dio: elquale ha somma potesta: et e/inimico a peccatori: et in quel tempo; perche hanno a ripigliare elor corpi; anderanno alla tomba: cioe sepultura decta chosi dal nome greco. Imperoche e greci dicono Tymbe la sepultura: et ellatino muta y in u: et fa tumba: et el toscano muta u in o: et fa tomba. TRISTA/luctuosa: perche non ripigleranno sanza somma tristitia eloro corpi: equali insieme chon lanima haranno a essere tormentati. SVA CARNE: cioe propria carne: et quella che haueano innanzi alla morte. Ma pche questo luogo ĩporta assai alla nostra salute non mi pare da pretermetterlo. Ma direnne chon quella breuita che si richiede a chi ĩfinite altre cose hã a narrare. Adũque la resurrectione de corpi non solamẽte e/affermata dalla christiana theologia. Ma anchora quella generatione di philosophanti in Persia: equali sono nominati magi secondo Laertio uogliono che glhuomĩ habbino a risuscitare: et sieno immortali. Preterea chome dimostra diuo Augustino nel suo. xxii. della citta di dio. Certe chose dixe Platone: et certe Porfyrio: lequali se hauessino potuto insieme comunicare poteuono esser christiani. Platone scriue: che lanime etiamdio de saui non possono essere in eterno sanza corpo. Et per questo stima che dopo lungho tempo ritornino al corpo. Porfirio scripse che lanime uscite del chorpo purissime et tornate nel la loro origine mai non torneranno a mali del mondo. Adunque se ambo due hauessino decto luno et laltro non si discorderebbono dal christiano: perche direbbono che lanime hauessino a essere beate cho corpi. Et direbbe con Platone Porphyrio/torneranno a corpi lanime. Et chon Porphyrio Platone nõ torneranno a mali del mondo lanime. Crede adunque la christiana fede: che tutti glhuomini nel gran giudicio hanno a resuscitare ripigliando ciaschuno el suo corpo. Ilperche sono riprouati Hymeneo: et Phileto: che intendono la resurrectiõ non corporale: ma spirituale quando lanima risuscita dal peccato. Ma Paolo a chorinthii dimostra che habbia a essere corporale dicendo Oportet corruptibile hoc induere ĩcorruptionem: et mortale hoc induere immortalitatem. Ma questo corruptibile: et mortale e/elcorpo Adunque lui risuscitera et sara quel medesimo corpo: che lasciamo nella morte: et non altro. Onde iob Idumeo dixe Videbo deum saluatorem meum in carne mea. i. nella carne che haueuo innanzi alla morte. Ipse et non alius. i. non con altro corpo: che quello che haueuo prima. Nientedimeno in alchune chose altrimenti risucita el peccatore che el beato. In alchune altre sara pari resurrectione. Imperoche nel dannato: perche conuiene che ecorpi sieno proportionati allanima: et lanime de dannati: benche la natura loro sia buona: perche e/creata da dio: Nientedimeno haranno la loro uolonta disordinata. Risuciteranno ecorpi loro in quanto che la natura dellanima e/buona risusciteranno interi: et in eta perfecta sanza mancamento: elquale prima hauessino hauuto o da natura o da infermita. Onde Paolo a corinthii Mortui resurgent incorrupti: Ma in quanto che la uolonta e/rebelle da dio: et allui aduersa/ecorpi nõ saranno spirituali chome subiecti allo spirito. Ne abili et dextri: et equali possino seruire allanima sanza difficulta. Ma saranno graui et insopportabili allanima: et passibili benche incorruptibili: chome lanime loro che hanno tormento per essere priuate della diuina luce. Saranno obscuri et tenebrosi: come le loro anime sono priuate dellume diuino. Et questo dinota Paolo quando dice a corinthii Quod omnes resurgemus sed non omnes immutabimur. Et perche pare impossibile che un corpo possi esser passibile: che non sia corruptibile e/egregiamente questa questione soluta dallo aquinate nellibro contra gentiles/chosa certamente degna dessere udita: Ma non posso in si angusto et strecto luogho tante cose porre. Ma chome ecorpi de glorificati saranno eleuati sopra ecorpi celesti: chosi quegli de dannati debitamente saranno detrusi: et spinti nel piu basso. Onde nel psalmo Veniat mors super eos: et descẽdant in infernũ uiuẽtes: et nellapocalypse e/scripto Quod diabolus qui seducebat eos missus est ĩsta gnũ ignis: et sulfuris: et bestie: ubi et Pseudo pphete cruciabuntur die ac nocte In secula seculorum. Hai de corpi de dannati. Veggiamo quali saranno quegli de glorificati. Questi uedremo altutto subiecti allanima: et per la clarita di quella: che e/eleuata alla uisione diuina/acquistera el corpo: che anchora lui sara ripieno di luce: laquale ridondera in lui dallo splendore della uita. Ilperche Paolo acorinthii Seminatur corpus in ignobilitate surget in gloria: quia corpus nostrum nunc est opacum: Tunc erit clarum. Questo dimostra Matheo: o piu tosto epsa uerita per Matheo dicente Fulgebunt iusti sicut sol in regno patris mei. Preterea saranno questi corpi agili dextri et leggieri. Ilperche Paolo Seminatur

El duca dixe ame piu non si desta
di qua dal suon dellangelica tromba
quando uerra lor nimica podesta
Che ciaschun riuedra la trista tomba:
ripiglera sua carne. et sua figura:
udira quel che inetherno rimbomba.
Si trapassammo per soza mistura
dellombre: et della pioggia apassi lenti
toccando un pocho la uita futura.
Io gli dixi maestro esti tormenti
cresceranno ei dopo la sententia/
o fien minori: o saran si cocenti?

Resurrectione

corpus in infirmitate ſurget in uirtute. Adunque alpreſente non puo el corpo ſatiſſare alla uelocita ;
et leuita dellanima ; Ma potera allhora. Di qui la ſapientia nel terzo de giuſti. Quod tanquam ſcintille
in arundineto diſcurrent. Neſſuna deformita ſara in queſti corpi : et uiteranno eſenſi nelle delectationi
ſecondo le choſe che non repugnano allo ſtato della corruptione. Et chome lanima beata participera
ſommamente la bonita diuina quanto patiſce lanatura ſua : Choſi el corpo di tale anima participera quā
to allui e/poſſibile le ſue proprieta nella perſpicuita de ſenſi ; et nellordinatione de corporei appetiti ;
et in ogni perfectione di natura. Queſto moſſe el gia decto appoſtolo nel medeſimo luogho che diceſ
ſi : Seminatur corpus animale ſurget corpus ſpirituale : non perche ſia allhora ſpirito ; ma ſara ſubiecto
allo ſpirito. Chome adunque la gloria nella quale lanima humana e/eleuata excede la natural uirtu de
gli ſpiriti celeſti. Choſi la gloria de corpi riſuſcitati excede la natural perfectione de corpi celeſti, infor
ma che ſaranno piu lucidi ; piu inpaſſibili ; piu dextri ; et apti et agili : che quegli. Ma e/ comu
ne a buoni et a rei che e corpi loro non inuechino ; et nonſia loro meſtieri di cibarſi ; Nientedime
no poſſino chome ſi legge degliangioli et diCriſto. Riſuſcitera maſchio et femina co proprii ſeſſi
non perche ſhabbino a uſare. Ma perche elcorpo ſia perfecto. Riſuſciteranno nelleta di Criſto:
perche e/perfecta ; conciosia che laltre eta ſieno o in mature o troppo mature. QVEL CHINE
THERNO rimbomba cioe udire elgiudice le cui parole riſoneranno queſta parola in etherno ; Im
peroche dira Andate maladecti nel fuocho etherno. PER SOZZA mixtura. Imperoche bruc
ta coſa era ueder queſte anime rinuolte in quella acqua lorda come elporco nel braghо. Et per queſto
uuole exprimere quanto ſia coſa laida conſiderare lanima humana nata alla contemplatione ; et co
gnitione delle gran coſe / laſciarſi tanto uincere dalla gola : che ſin uolga come bructo porcho nelle
uolupta de cibi corporali corruptibili ; et putridi eſſendo el cibo ſuo cognitione ; et doctrina. Impe
roche chome el corpo compoſto di quattro elementi ſi nutriſce de cibi facti della ſimile compoſitione
choſi lanimo incorporeo ſi nutriſce di choſe incorporee. A PASSI lenti ; Ilche dimoſtra cogitatio
ne ; perche chi e/ cogitabundo ua lentamēte ; et ſpeſſo ſiferma. Expreſſe adunque quel che uirgilio pone
in Enea ; et Achate : Cui fidus Achates It comes ; et paribus curis ueſtigia figit. TOCCAN
DO VN POCO la uita futura. Ragionando Benche chon breuita di parole della uita : che ſara do
po lultimo giudicio. El ragionamento era ; che Danthe dimanda ſe le pene de dannati hanno a eſſe
re maggiori ; o minori ; o pari dopo el giudicio.

Et egli ame ritorna a tua ſcientia :
  che uuol quanto la coſa e/ piu perfecta /
  piu ſenta elbene : et choſi la doglenza.
Tutto che queſta gente maladecta
  in uera perfectione gia mai non uada /
  di la piu che di qua eſſere aſpecta.
Noi aggirammo intorno aquella ſtrada :
  parlando piu aſſai : chio non ridico /
  uenimmo alpuncto doue ſi digrada :
Quiui trouammo Pluto elgran nimico.

b Auendo inteſo la dimanda / Riſponde : che ſe
ſintendera bene philoſophia ; della quale lui
fa profeſſione / cognoſcera ; che ogni choſa ſente
piu el bene ; el male : quando e / in ſua perfectio
ne ; chequando e/imperfecto. Chome uerbi gratia el
ſenſo uiſiuo conoſce meglio ecolori ; quando tale
ſenſo e/perfecto ; che quando ha alchuno mancha
mento. Adunque eſſendo lhuomo compoſto da
nimo ; et di corpo / ſara allhora naturalmente per
fecto ; quando el corpo ſara ricongiunto con lani
ma. Parla adunque di queſta perfectione natura
le ; nella quale etiam edannati ſaranno doppo el
giudicio. Et non dunaltra perfectione ; laqual nō
e/ naturale allhuomo. Ma e/ conceduta da diuia
clementia ; non a tutti ; ma ſolo a ſaluati ; Equali dalla glorificatione hanno quattro doni. Agilita
Sottilita. Clarita ; et impaſſibilita ; dequali habbiamo di ſopra decto ; Et pero ſobgiugne. TVT
TO CHE QVESTA gente maladecta In uera perfectione gia mai non uada. Perche chome ho
decto queſta perfectione ſopra naturale e/ ſolo de ſaluati ; et ordina el texto choſi. TVTTO :
cioe beche. QVESTA gente maladecta ; cioe dānata. NON uadi mai in uera perfectione ; cioe
in quella ſopra naturale ; che contiene equattro gia decti doni. Nientedimeno aſpecta eſſere piu
perfecta di la ; cioe dopo el giudicio ; perche almancho hara quella naturale. CHE DI QVA : cioe
innanzi al giudicio ; doue non ha ne la naturale nela ſopra naturale. Dipoi conchiude el capitolo
Dimoſtrando ; che partiti da ciaccho ſeguitorono laſtrada ; laquale era circulare ; et tonda ; Et circu
irono tutto quelluogho doue erono puniti egoloſi. Ilche ſignifica moralmente ; che in queſto ui
tio contemplorono diligentemente eltutto da ogni parte. VENIMMO AL PVNCTO Doue ſi
digrada ; cioe doue ſi diſcende. Imperoche finge che ſempre del piu largho cerchio ſi ſcenda nel
piu ſtrecto. Et in uero quanto piu graue e/el uitio tanto piu diſcende al baſſo ; et piu ſallontana
dal cielo. QVIVI : Cioe nel principio dellaltro cerchio. TROVAMMO PLVTO el gran nimi
co ; Del quale diremo nel ſequente capitolo.

CANTO SEPTIMO DELLA PRIMA CANTICA DI DANTHE.

p . Ape ſatan pape ſatan aleppe
cominciо Pluto con lauoce chioccia:
et quel ſauio gentil che tutto ſeppe.

i N queſto ſeptimo capitolo pone lauctore
el quarto cerchio ; et queſto diuide i due
parti. Et nella prima pone le pene de gla
uari ; et de prodigi ; et nella ſeconda quelle de
gliracundi ; et accidioſi . Et nellentrata del cer
chio finge eſſere Plutone demonio quaſi cuſtode ; et ſignore di queſto cerchio . Laqual fictione : accio
che meglio ſi poſſa interpretare / ci ricorderemo chome gliancichi poeti dixono Plutone eſſere figliuo
lo di Saturno ; et Rhea ; et re dellinferno. Furono quattro figluoli di Saturno ; che dinotano quattro
elementi . Ioue el fuoco . Iunone laria . Neptumno lacqua . Plutone la terra . Per Saturno intendo
no el tempo ; et fingono che ſi mangiaſſi tutti glialtri ſuoi figluoli excepti queſti quattro ; perche el
tempo ogni choſa conſuma excepto che glelementi . Adunque eſſendo Plutone per lo elemento della
terra/ Vogliono che anchora ſia dio delle riccheze ; perche cioche glhuomini cercono di riccheze ſono
o ſotto terra ; chome ueggiamo ogni maniera di metalli ; et ogni caua di pietre pretioſe . Oueramen
te naſcano della terra ; chome ſono biade . fructi ; et animali ; Et per la medeſima ragion : lo fanno
dio dellonferno ; pche la terra e/la piu baſſa pte del mondo ; et plutone . i . le richeze ſempre tirono la
nimo humano alle choſe uili ; et baſſe / Et uogliono che habbi in inferno la ſua citta chiamata Dite ;
nella quale ſecondo Virgilio non puo entrare huomo giuſto ; perche non puo eſſer giuſto/chi e / cupi
do di riccheze . Ne me incognito ; che Plutone ſi piglia anchora in molte altre ſignificationi ; et ma
xime per la uirtu ; che el ſole infonde dentro alla terra ; per laquale non ſolamente/chome pone tut
te lherbe ; et glalberi . Ma anchora lamedeſima uirtu crea nella terra oro argento ; et tutti glaltri me
talli et gioie . Ilperche anchora per queſta cagione e/ idio delle riccheze . Conuenientemente adūque
el poeta noſtro lo prepone alluogho doue ſono puniti glauari ; Perche auaritia non e/altro ; che immo
derata cupidita di poſſedere . Ne ſanza cagione lo chiamo nella fine del precedente canto gran nimico
Perche ſanza fallo troppo infeſta ; et moleſta la generatione humana . Lauaritia ſuſcita ; et commuo
ue diſcordia tra congiunti di ſangue . damicitia ; et di patria. Lauaritia produce ingiuſtitia ; dalla qua
le ſexcitano tumulti . ſeditioni ; et guerre ciuili . Lauaritia e/cagione delle guerre externe . Lauaritia
riempie el mare di pyrate ; et di corſali ; et le ſtrade di ladroni . Lauaritia produce nelle citta Furti .
homicidii . ueleni . periurii . falſi teſtimonii . iudicii corropti . Finalmente fa el padre della famiglia cru
dele inimico alla mogle ; et a figluoli ; et a ſe medeſimo ; perche per paura di non conſumare el ra
gunato defrauda delle choſe neceſſarie ſe et tutta la famiglia . Vende le leggi . emagiſtrati . Vende la
pudicitia ; et la caſtita . Ilperche e/grande inimico Plutone . Et certo ſarebbe grande tranquilita ne
glhuomini ; et uiuerebbeſi in perpetua pace ſe ciaſchuno ſteſſi contento al ſuo ; et aquanto ci domanda
el naturale biſogno ; elquale e/poco ; et ſanza difficulta ſacquiſta . Significando adunque Plutone le ri
chєze meritamente lopone elpoeta ſignor delluogho ; doue ſi puniſcono glauari ; et eprodigi ; equali

due uitii non hanno altro ſuggetto : che le riccheze . E/ eldiauolo di quel luogo Plutone : cioe quegli
equali ſon quiui puniti hanno peccato nelle riccheze. Luno tenendole troppo. Laltro ſpargendole tro
po . Ilche accio che ſintenda meglio / ricordianci che tutte le uirtu morali conſiſtono non ſolamente
nel recto ſapere : ma piu nel recto adoperare . Imperoche non e/ giuſto chi ſa che choſa ſia iuſtitia :
Ma chi nelladminiſtratione delle coſe uſa giuſtitia . Preterea ogni uirtu e/ una certa mediocrita poſta
tra due extremi : dequali luno e/ poco/laltro troppo : Et come quella mediocrita e/ uirtu . coſi glie
ſtremi ſono uitio . Adunque nella diſtributione delle riccheze : et faculta noſtre e / la uia del mezo :
laquale obſerua certa regola di dare quanto ſi conuiene : et a chi ſi conuiene : et perche cagione ſi con
uiene : et queſta operatione e/ uirtu : et chiamaſi liberalita . et luno de gli extremi di queſto mezo :
elqual pende nel meno : et non arriua alla mediocrita : et ha in ſe defecto e/ non dare tanto quanto ſi
conuiene : ne a chi ſi conuiene : et queſto uitio e/ auaritia : laquale pocho diſobto diuideremo in due
parti . Laltro extremo e/ exceſſo : perche trapaſſa la mediocrita : et da piu che non ſi conuiene . Ne
conſidera ne dare a chi lomerita : ne dare per giuſta cagione : et tal uitio e/ decto prodigalita . Adun
que benche lauaritia : et laprodigalita ſieno contrarii: Nientedimeno perche hanno un medeſimo ſub
getto/meritano eſſer puniti in un medeſimo luogho . Et quello che pone de gliextremi dellauaritia :
intendi ſimilmente della prodigalita . Hora tornando altexto/induce Danthe che Plutone ſi marauigli
et dolgha inſieme : che lui deſcenda al ſuo regno . In due modi ſi diſcende in queſti uitii : oueramen
te peccandoui . Ilche interuiene quando la ſenſualita e/rebelle dalla ragione : et in queſto modo ui di
ſcēdono tutti glauari et ꝓdigi:et di loro uenuta ſi rallegra Plutone . Ouero quando laſenſualita acō
pagnata dalla ragione : et a quella ubidiente diſcende nella conſideratione di tali uitii non per coinqui
narſi : ma per purgarſene : chome finge Danthe di ſe : Et di tale uenuta ſi duole Plutone : elqual de
ſidera non la ſalute ma la dannatione dellanime . Et pero ueggendo uenirgli diffidandoſi potere con
le proprie forze prohibirgli/chiama in aiuto ſatan dicendo. PAPE SATAN. Pape eſt interiectio
admirantis : cioe e/uoce che dimoſtra marauigliarſi : Onde el ſommo pontefice chome choſa marau
glioſiſſima tra chriſtiani e/ chiamato papa . Adunque a dire pape ſatan come adire oh Sathan: et per
dimoſtrare maggior marauiglia congemina : cioe ripete le parole dicendo due uolte/ Pape Sathan pa
pe Sathan Oh Sathan Oh Sathan . Et poi per dimoſtrare di dolerſi dice Aleppe . Imperoche in ebreo
dicono Aleph quello che egreci dicono Alpha : et elatini . A . Et perche chi ſi duole uſa queſta interiec
tione Ah . Onde diſobto. Ah Conſtantino di quanto mal fu matre Non la tua conuerſione : ma quel
la dote . Pero in cambio del nome latino che e/ a tolſe lebraico aleph : et per fare la rima muto . h .
in . p . et aggiunſeui . e . et dixe aleppe. Onde interpretando tutto el uerſo diremo. O Sathan o ſathan
Ah : per lequali interiectioni et uoci ſi dimoſtra che in uno ſubito cadde in ſomma marauiglia : et in
ſommo timore . La cagione del timore habbiamo decto . Ladmiratione quanto alla fictione naſceua:
che huomo uiuo ueniſſi alluogho de morti . Quanto al morale e/ choſa marauiglioſa : che huomo alchu
no deſcenda nella cogitatione di queſti beni temporali : et ſobtometta ſi lappetito alla ragione: che nō
gli ſtimi : ſe non per choſa uile : et tranſitoria : et momentanea. Sathan in ebreo ſignifica contrario.
Aduerſario, preuaricatore : et tranſgreſſore : et dicono molti queſto eſſere elnome de principi de dia
uoli elquale chiama in aiuto diffidandoſi nelle ſue forze . Et certo Pluto cioe eſſe richezze non potreb
bono trarre lhuomo a ſi enorme ſcieleratezze ſanza grande ſtimolo diabolico . CON LA VOCE chi
occia . i . con la uoce rocha . Ilche ſignifica ſubito timore : perche una ſubita coſternatione danimo di
minuiſce la uoce o perdela tutta : onde Virgilio uolendo dimoſtrare ſubita paura nellanime de greci
dixe: pars tollere uocem Exiguā inceptus clamor fruſtratur hiantes. ET QVEL SAVIO Gentile che
tutto ſeppe . Gran loda di Virgilio degna dilui : Imperoche chi legge attentamente elſuo poema ue
de quello eſſere refertiſſimo ditante et ſi uarie coſe : che facilmente comprende lui eſſere ſtato uniuer
ſale intutte le diſcipline degli antichi: chome in una prefatione mia nel principio della letione dellenei
de miſſorzai copioſamente raccorre . Et ſe dicelſi eſſer falſo che huomo alchuno :benche ſia doctiſſimo
poſſi ſaper tutto :riſpondo chel poeta uſa qui un colore rhetorico decto hyperbole cioe trapaſſamento
di uerita uſato non ſolamente dagli ſcriptori: ma anchora nel quotidiano parlare chome quando dicia
mo mille anni ſono chio nonti uidi. Adunque ſeppe tutto cioe molto et quanto quaſi puo ſapere huo
mo alchuno . Ma ſe allegoricamēte ſi pone Virgilio ꝑ lontellecto ripien di ſapientia et acōpagnato da
diuina gratia ueramente ſi puo dir tutto ſeppe . GENTILE Nobile et generoſo quaſi dica che non ſo
lamente per ſapientia inteſe : ma ancora per eloquentia pote exprimere quello che inteſe . Imperoche
molti ſono ſtati doctiſſimi et perche non hanno hauuto eloquentia da exprimere quello che hanno īte
ſo ſono rimaſi obſcuri : et ignobili : et non ſi ſono nobilitati in alchuna fama . Oueramente dixe SA
VIO GENTILE: cioe ſauio nelle doctrine de gentili : lequali diſopra dimoſtrammo eſſer ſufficienti
allonferno : et al purgatorio : et allhora diremmo che ſeppe tutto in quelle doctrine . Imperoche el
parlare ſi debbe interpretare ſecondo la ſubiecta materia : et ſe parlando daſtrologia diciamo choſtui
ſa ogni choſa/ ſintende in quella ſcientia.

CANTO SEPTIMO

Per confortarmi dixe non ti noccia
la tua paura: che poder che glihabbia
non ti torra lo scender questa roccia.

a Dmonisce Danthe che non tema Plutone; perche tale paura nocerebbe. Quegli temono Plutone; aquali non basta lanimo asprezare ebeni terreni: et sono si pusillanimi: che nõ si confidono poter uiuere sanza quegli. Ilche gliauilisce informa che non ardiscono discendere con franco animo intal meditatione. Ma laragione superiore instructa dalla philosophia conforta la sensualita: dimostrando che Plutone non ha forza di uietargli tale discensione; perche inuero non e/ mai sigrande lappetito delle ricchezze: che chi delibera chon la ragione uincerlo/ non possa. PER CONfortarmi; La sensualita ha bisogno del conforto della ragione: et della doctrina. NON TINOCCIA la tua paura; Quasi dica non temere: perche la paura ti nocerebbe. QVESTA ROCCIA: cioe questa ripa;

Poi si riuolse a quelle enfiate labbia:
et dixe taci maladecto lupo.
consuma dentro te con la tua rabbia.
Non e/ sanza cagion landare al cupo.
uuolsi nellalto la doue Michele/
fe la uendecta del superbo strupo.
Quali dal uento le gonfiate uele
caggiono auolte poi che lalber fiaccha:
tal cadde aterra la fiera crudele.

c Onfortato Danthe Vsa quasi inuectiua cõtro a Plutone: cioe contro al riccho: et auaro: & che finge in lui lelabbra enfiate. Et per questo uuole exprimere elatione: et superbia nellaspecto: et nelle parole. Ilche e/ proprio del riccho: et come dimostra Aristotele nella sua rhetorica tanto e/ arrogante: che stima che ognuno gli debba essere inferiore: et obsequente. Onde la moglie di Hierone siracusano domandata/ quale fussi la piu degna chosa: o la sapientia: o le ricchezze: Rispose che uedeua spesso esaui frequentare le chase de ricchi; ma non ericchi quelle de saui. Risposta altutto stolta et laquale procedeua da animo insuperbito per le ricchezze. Imperoche se ericchi conoscessino chosi el bisogno: che hanno de saui per diuentare buoni et uirtuosi con loro consigli: chome cognoscono esaui el bisogno che hanno del riccho per souuenire alla necessita del corpo/ noi uedremmo del continuo le chase de saui piene di ricchi. TACI Maladecto lupo. Ricordasi lauctore che da principio pose la lupa per lauaritia. Onde optimamente chiama lauaro lupo: chome bestia insatiabile. MALADECTO. Nessuno puo lodare lauaritia: perche nuoce a se et al proximo. Et da quella procedono infiniti mali: perche e/ cupidita oltra a tutte laltre insatiabile. Onde lauaro e/ maladecto et odiato chosi da gliamici: et da parenti chome da inimici. CONSVMA Dentro te chon la tua rabbia. Questo dice per dimostrare lassidua cura: laquale e/ nella mente dellauaro in pensare chome possi accumulare: laqual cura et pensiero del continuo lo consuma. Ilche dimostra anchora Boetio. Sed seuior ignibus ethne Feruens amor ardet habendi. Et Hieremia Sunt in populo meo impii insidiantes quasi aucupes; Et Horatio Impiger extremos currit mercator ad indos per mare pauperiem fugiens/ per saxa/ per ignes. NON E/ SANSA cagione landare alcupo. Quasi dica el nostro scendere allonferno non e/ fortuito: et a caso: et sanza consiglio. Ilche sarebbe piu facile a uietarlo. Ma e/ di diuina uolonta; alla quale nessuna potentia puo resistere. Et certamente VVOLSI Nellalto: cioe nel cielo. Ouero perche dio uuole: che ognuno bene operando si purghi da ogni uitio: et per questo cia dato la ragione: laquale a questo ci conforta. Ilperche e/ uolonta di dio. O uero dixe Vuolsi nellalto A dimostrare la predistinatione: laqual pose disopra per tante gratie. LA DOVE Michele. Quasi dica Donde uoi angeli rei fusti per uostra superbia cacciati. Et pone Michele archangelo per tutti glialtri: equali combatterono et cacciorono quegli: che erano aduersarii a dio. Di che tracteremo piu distesamente in altro luogho. STRVPO. Significa ogni concubito uiolento: et maxime nella uergine. Ma qui lo pone per la superba uiolenta di lucifero; laquale uolle uiolare la incorropta diuina luce; et pose strupo in luogho di stupro per cagion della rima. QVALI DAL Vento le gonfiate uele Caggiono a terra. Optima comperatione: per laquale dimostra la natura delladirato: et superbo: elquale gonfia mirabilmente. Ma conuincto aun tracto sinuilisce: et cadegli ogni orgoglio. Adũque leuele metre che lalbero lesostiene gonfiano daluẽto; Ma ropto lalbero caggiono; cosi lo elato et superbo/ mentre che tale superbia lo sostiene gonfia. Ma attutata quella aduilisce. FERA CRVDELE. E/ lauaritia fiera perche e/ aliena da ogni humanita nocendo ad se; et al proximo: et e/ ueramente crudele per la medesima cagione.

Chosi scendemo nella quarta laccha
pigliando piu della dolente ripa:
chel mal delluniuerso tutto insaccha.
Ha giustitia di dio tante chi stipa
nuoue trauaglie: et pene: quantio uidi

c HOSI SCENDEMO: cioe confortato in[...] la ragione inferiore: et la sensualita a sop[...] tare ogni difficulta et fatica: et a piglare grand[...] nimo: et ripremuto lappetito. Imperoche non puo altrimenti scendere nella contemplatione de ui tii: che non ui si rimangha inuiluppato. NElla

et perche nostra colpa si ne scipa.
Chome fa londa la sopra caribdi :
che si frange con quella incui sintoppa
chosi conuien che qui la gente riddi .
Qui uidi gente piu chaltroue troppa :
et duna parte : et daltra con grandurli
uoltando pesi per forza di poppa :
Percoteuansi incontro : et poscia pur li
si riuolgean ciaschun uoltando retro /
gridando perche tieni : et perche burli :
Cosi correan per lo cerchio tetro
da ogni mano allopposito puncto :
gridando anchora loro ontoso metro .
Poi si uolgea ciaschun chomera giunto
per losuo mezo cerchio allaltra giostra
et io chaueo ilcor quasi compuncto .

quarta lacca : cioe ripa : et e/ nome deriuato da labor laberis : che in latino significa sdrucciolare : p che peluoghi molto ripidi si sdrucciola. PIGLIANDO piu della dolente ripa . Pigliane piu : perche scende piu per quella. CHE : cioe laqual ripa insaccha : et mette dentro ad se el male delluniuerso : cioe tutti epeccatori. Intendendo della ripa che cõtiene in se tutti ecerchi dellonferno / Oueramente diremo . CHE : cioe laquale quarta lacca : cioe quarto cerchio. INSACCHA tutti emali delluniuerso : perche dallauaritia laquale e/ punita in questo cerchio/ procedono tutte lescelerateze : et tutti emali : che adiuengono aglhuomini . Di che optimamente dixe Senaca Leua questi nomi Mio et tuo : et sara leuato uia ogni discordia : che nasce tra glhuomini . Dipoi contemplando le infinite : et grauissime pene : dalle quali e/ percosso lauaro con admiratione et commiseratione insieme : Seguita dicendo. HA GIVSTITIA di dio : perche ĩuero nessun uitio e/ elquale meriti piu secondo ladiuina giustitia esser punito : che questo : elquale nuoce a se et al proximo : et e/ fonte et radice di tutti glaltri uitii. Auaritia secondo Cicerone e/ immoderata cupidita dhauere. Et Augustino sopra el genesi ad licteram scriue : che non e/ solamente cupidita immoderata dhauere ricchezze : et altre chose sobtoposte alla fortuna : Ma anchora dhauere dignita et scientia. Ma questa e/ auaritia supta molto largamente. Sono due spetie dauaritia . Imperoche e/ auaro et chi non da doue : et quanto debba : Et chi toglie donde non debbe. Da queste si fraudano ecreditori : si niegono edipositi con spergiurii . con falsi testimonii . con adulterate merce . Di qui sono usure furti , rapine , taglie , baratterie , assassinamenti . Di qui simonie : et non recta distributione delle chose sacre. CHI STIPA : Stipare in latino significa stiuare : cioe calcando empicre . Onde diciamo la galea essere alla stiuare quando lane et simil chose si calcano . Adunque chi stipa chi accumula : et insieme raccoglie . Quasi dica tu giustitia aduni tanti supplicii : Et ordina el texto . HA GIVSTITIA di dio chi stipa : cioe chi accumula tante nuoue trauaglie : cioe tanti trauagli et dolori non ueduti altroue : che qui : et tante pene . Et certo ogni uitio da trauaglio allhuomo : Ma nessuno tanto quanto lauaritia : chome gia habbian mostro disopra. ET PERCHE nostra colpa si ne scipa . i . si noi scerpe : cioe noi distrahe : quasi dica noi tormenta . Et e/ dal uocabol latino Scerpo : che significa distraere : et lacerare : et stracciare . Et e/ la sententia perche si lacera noi nostra colpa : cioe pche si ctormenta el nostro peccato. CHOME FA londa la sopra charibdi . Nello strecto elquale diuide Sicilia da Italia chiamato il faro Sono due scogli : uno dalla parte ditalia decto scylla : del quale diremo altra uolta . Laltro dalla parte di Sycilia decto charybdi . Fingono epoeti questa essere stata una donna rapacissima : et perche tolse uacche a hercule fu fulminata da Gioue : et conuertita in questo monstro : doue per la strettezza delluogo ribolle el mare : et fa corsie da tramontana amezo giorno : et da mezo giorno a tramontana oue assiduamente rifrangono londe : et dalle cauerne lequali sono socto gli scogli / essendo hora inghiottite : et hora ributtate tirano le naui in simile pericolo . Adunque dice lauctore : che chome quelle due onde riscontrandosi si percuotono insieme : chosi due schiere / quella degliauari : questa de prodigi si partiuono da un medesimo luogho del cerchio . Ma uoltandosi le spalle luna andaua da dextra : et laltra da sinistra informa che non uscendo del cerchio si riscontrauano a mezo et percoteuonsi . Et e/ da notare chelpoeta uso la comperatione di Carybdi : non solamente per dimostrare questo riscontro : ma ancora quadra bene : perche epoeti pongono carybdi per la auaritia : come prolipsamente dimostramo nelle nostre allegorie di Virgilio : Imperoche come carybdi tira a se londe et lenaui et ogni cosa asorbe et inghiottisce : cosi lauaritia ogni cosa uuole rapire et inghiottire. COSI CONVIENE che qui la gente riddi cioe danzi : et uada amodo di danza intorno al cerchio et parla con certa derisione : imperoche nella danza e/ allegreza : et quiui e/ tristitia : Ridda in nostra lingua significa ballo : Et da questo nome el poeta formo un uerbo : elquale non e/ in uso : et nel presente del subgeruntiuo dixe riddi cioe balli . Et certo fu mirabile ingegno del poeta nella inuentione di queste pene : Et expresse che due extremi auaritia et prodigalita uengono insino almezo incontro luno allaltro : ma non uisi fermano : Imperoche elmezo di questi due extremi e/ la liberalita . Partonsi adunque pel cerchio da un punto doue e/ la liberalita : perche ognuno la lascia : et uengono allaltro puncto opposito doue sono gliexcessi . Ma luno ua a dextra et laltro a sinistra : perchè elprodigo si parte dal mezo dando piu che non uuole la liberalita et ua allo extremo : che e/ lexcesso . Lauaro si parte non dando quanto si conuiene et ua allaltro extremo che e/ defecto . Adunque e/ el mezo nel quale solo consiste la uirtu ,

Onde Horatio Est modus in rebus sunt certi denique fines : Quos ultra citraque nequit consistere uirtus . Da questo si parte lauaro et el prodigo : et uanno a diuersi extremi per diuerse uie. Finge el poeta : che questi pinghino col pecto saxi di graue peso . Nel pecto e/el cuore : et in quello sono le cure et epensieri : equali nellauaro del continuo son grandi : Ne mai sta quieto el cuore suo. Ma delcõtinuo uolge qualche ponderoso saxo : cioe riuolta nella mente alchuna laboriosa cogitatione . Onde Oratio Vides que maxima credis esse mala exiguum censum turpemque repulsam Quãto deuites animi capitisque labore. Et sempre lauaritia stimola : et chome scriue Persio dice : Surge inquit auaritia Eia surge Negas Instat Surge . Adunque PER FORSA di poppa : cioe di pecto doue sono le poppe: Nel qual pecto e/el cuore : et in quello le cure : et le sollicitudine. QVI VIDI Gente piu chaltroue troppa : Perche nessuno uitio e/ che occupi piu huomini che lauaritia. ET DVNA Parte et daltra: Cioe da due extremi . Di qui glauari : di qui eprodigi : chome e/decto di sopra. VRLI : strida: et e/nome deriuato dallatino : che dice ululato : Et perche urlare e/ de lupi : pero e/bene accomodato a gliauari : equali lui agguaglia a lupi. GRIDANDO perche tieni : Et queste sono parole del prodigo che riprende lauaro : che ritiene a se quello che debbe dare ad altri. ET PERCHE burli: cioe bui/buiare in lingua aretina significa gittare : Et sono parole dellauaro : elquale riprende el pdigo : che getta quello : che debba serbare : Et molti domandono qual sia la cagione : che Danthe ne cerchi disopra doue punisce la luxuria : et la gola non pone euitii contrarii a quegli : chome qui : doue punisce lauaritia pone la prodigalita contrario a quella . Ad che rispondo : che benche ogni uitio habbi el suo contrario : Nientedimeno ne due gia decti non apparisconо . Imperoche non obstante che la luxuria sia excesso nel choyto : Nientedimeno el difecto : cioe non pigliare tanta uolupta quanto si richiede non si truoua in alchuno. o in rarissimi : et e/sanza molto danno . Et el simile diremo nella gola . Dice el poeta : che giunti al puncto : et percosso lun laltro tornauono indrieto per rifare di nuouo el medesimo corso : Et ritornati al puncto donde prima seron partiti : elquale e/opposito a quello doue si scontrauono di nuouo ricominciauono la giostra. Ilche significa che mai non cessa ne lauaro di percuotere il prodigo : cioe di rapire et tenere : Ne il prodigho di percuotere lauaro : cioe di gittare . Ma nota: che radeuolte e/prodigalita sanza auaritia . Imperoche per poter dare assai tolgono : et rapiscono da altri : chome scriue Cicerone di Cesare : elquale spogliaua molti pompeiani per donare a suoi: Et sempre gridono elloro ontoso : cioe dispectoso metro : cioe uerso. luno perche tieni/laltro perche getti. ET IO CHAVEA el cuor quasi compuncto : cioe elquale ero molto afflicto per compassione di tante pene.

Dixi maestro mio hor mi dimostra
che gente e questa et se tutti fur cherci
questi chercuti alla sinistra nostra:
Et egli a me tutti questi fur guerci
si della mente in la uita primaia:
che chon misura nullo spendio ferci.
Assai la uoce loro chiaro labbaia
quando uengono adue pũcti del cerchio
doue colpa contraria li dispaia :
Questi fur cherci : che non han coperchio
piloso al capo : et papi : et cardinali :
in cui usa auaritia el suo superchio .
Et io maestro tra questi cotali
doureio ben riconoscere alchuno :
che fur immondi di cotesti mali.

m Eritamente sempre Danthe muoue edubii : et domãda : Et Virgilio rispondendo gli solue: perche alla ragione inferiore quando inuestiga apparisce ogni chosa dubbiosa: Ma la superiore cõ la sua doctrina truoua el uero : et solue edubii. Domanda se tutti echeruuti : cioe quegli che uedea cõ le cheriche furon cherchi : cioe sacerdoti. ALLA Sinistra nostra : p la sinistra dimostra maggior scelerateza nella auaritia . Impoche come dextro si pone p felice et buono: chosi sinistro pel contrario . Cherici innostra lingua sono quegli che elatini dicono derici. Ne e/pero uocabolo latino : ma greco perche ingreco deros significa sorte. Onde dericus significa da dio per sorte electo : et benche tutti ci chiami idio : Nientedimeno sortisce et elegge esacerdoti quasi re a reggere co buoni costumi : et cõ la doctrina elaici : cioe e non sacerdoti . Onde portono el cerchio de capegli in capo radendo el resto a similitudie di corona. Iperche e/molto piu ignominioso el uitio nel sacerdote : che nellaico : pche chi regge debba essere exemplo dogni santimonia a chi ha esser recto. Et peccando e/el contrario. Onde Iuuenale Omne animi uitium tanto conspectius in se crimen habet : quanto maior qui peccat habetur : chome disopra habbiamo decto . E/ adunque di peggiore exemplo el sacerdote : perche piu si nota in lui : et piu appare ogni uitio . Adunque meritamente gli riprende piu che glialtri el poeta. ET EGLI : cioe Virgilio A me intendi dixe TVTTI fur guerci. Danthe domando se tutti quegli che uedea con la chercha furono sacerdoti : Et Virgilio risponde CHE Tutti guerci : Volendo prima dimostrare el uitio loro : che lo stato nel quale furono in uita. Fu[illegible]no adunque guerci intendi de gliocchi della mente et dellontellecto : pche non guardãdo diricto ne[illegible] possono discernere el uero : et uedere la misura : laquale contiene la uirtu : Mã guatando biecamente presono gliextremi. NELLA Vita primaia : Cioe mentre uixono in questo mondo.

CHE NON ferci : cioe non feciono qui . ALCHVNO spendio : cioe alchuna distribu[illegible]ione delle loro substantie con misura ; nella quale consiste la mediocrita : et la uirtu, decta liberali[illegible] . Ma pecco rono o nel troppo ; onde diuennono prodighi . o nel poco : et furono auari [illegible] Et questo d[illegible] stra chia ramente la uoce loro quando uengono a due puncti del cerchio ; doue si riscontrano : et doue dicono Perche tieni ? et perche burli ? Et dixe abbaia per agguagliargli a cani ; perche con le parole si mordono luno laltro . Oueramente dixe abbaia quasi indarno dice ; perche riprensione che quiui si [illegible] a niente uale non essendo in inferno luogho alla penitentia . Et similmente nellonferno morale non [illegible] redemp tione/p lhabito gia contracto neluitio. DOVE COLPA contraria : cioe prodigalita et auaritia che so no contrarii uitii . GLI DISPAIA cioe gli separa ; perche ciaschuna delle parti ritorna a drieto pel suo mezo cerchio in fino allaltro puncto . Dipoi risponde alla domanda di danthe et afferma che tucti quegli equali uede con la cherica furono cherici ; Et per due cagioni uitupera epreti in questo luogho prima perche inquesti due uitii sono piu inuolti che tucti glialtri huomini et sanza gliexempli depassa ti secoli ; le querele del nostro petrarca lauara babyllonia et cetera et altroue Fiamma dacielo su le tue trecce pioua ; Chi non ha ueduto ne nostri tempi huomini o piu tosto monstri dhuomini sanza lette re . sanza costumi non sufficienti aquali si douessi commettere la chura duna uile cappella di contado : perche la fortuna gli a eleuati a gran dignita hauere usato in quella ogni extrema auaritia per accumula re con [illegible] ; et uarie generationi di rapine infinito thesoro ; et dipoi somma prodigalita in consu margli in ogni [illegible] luxo informa ; che sardanapalo : et belioghabalo si possono reputare conti nentissimi a comperatione di quegli . Ilche non obstante che sia molto molesto a qualunque [illegible] ne in stituto ingegno dounche sia nel nome christiano ; Nientedimeno piu chuoce ad alchuni prelati orna tissimi dogni genere di doctrina ; et lucidissimo specchio a tutti glialtri in uita ; et in chostumi prude tissimi in ogni actione ; et sapientissimi nella speculatione ; che a glaltri : Perche essendo tanta infami a nelloro ordine pare impossibile che in qualche parte [illegible] on ridondi in loro ; benche immeritamente . Perlaqualchosa quanto contro a quegli luxuriosissim[illegible] [illegible] ri mi spigne una giustissima indegnatione tan to mi commuoue la compassione inuerso questi in[illegible] [illegible] ntissimi . Ma la reuerentia chio porto a tanto collegio mi fa tacere quello che a tutto el mondo e [illegible] oto . Adunque questa e/ la prima cagione : che mosse Danthe a uituperare epreti . La seconda che e/ piu uituperabile in loro ; che nellaico el uitio . Conciosia che lappostolica ; cioe sacerdotale chiesa e/ fondata sopra la castita et pouerta : Onde el pe trarcha Gia non fusti nutrita in piume al rezo Ma nuda al uento : et scalza fra gli stecchi . Hor uiui si che dio ne [illegible] . Preterea sono quegli che hanno el gouerno della christiana rep . Onde si chia mano clerici ; cioe electi ; et quasi scelti ; et magnati ; perche cleros significa sorte : et no[illegible] [illegible] hiamano laici cioe plebei ; perche laos significa popolo . Debbono adunque essendo gladministratori dare opti mo exemplo di se : Maxime non uolendo significare altro per hauere raso ecapegli ; che hauere reseca to ogni superfluita ; et [illegible] tagliato ogni cupidita ; Et el cerchio che e/ sobto el raso decapegli dimostra co rona A dimostrare che sono nostri re ; et e/ loro officio reggerci et addirizarci per buona uia . La terza perche non e/ cagione che gli debba far cupidi daccumulare thesoro ; non hauendo ne mogle ne figluo li a sostentare. IN CHVI ; cioe ne quali . VSA AVARitia el suo superchio ; Quasi dica bench[illegible] ogni auaritia exceda el modo o di tirare a se/o di non dare ; Nientedimeno ne prelati usa el suo soper chio ; cioe ha quanto superchio puo essere in lei . ET IO MAESTRO . Marauiglasi Danthe che tra tanti prelati non ne conosca alchuno . A che rispo[n]de Virgilio.

Et egli ad me [illegible] pensiere aduni .
   la sconoscente uita che ife soz[illegible]
   a ogni conoscenza hor gli fa bruni :
Inetherno uerranno [illegible] cozi .
   questi resurgeranno del [s]epolchro
   colpugno chiuso et que[illegible] co crin [illegible]
Mal dare et mal tenere el mondo [illegible]
   ha tolto loro : et posto a questa zuffa :
   qualella sia parole non ci pulchro :
Hor puoi ueder figluol la corta buffa :
   de ben che son commessi alla fortuna :
   perche lhumana gente si rabbuffa .
Che tutto loro che sobto la luna .
   o che gia fu di queste anime stanche .
   non ne potrebbe farne posare una .

u Era risposta CHE LA Sconoscente uita : cio e la forma et el modo del uiuer loro : elquale e/stato sconoscente ; cioe non conosciuto . GLI FE sozzi ; cioe infami . ET HORA gli fa bruni ; cioe obscuri et sanza fama . Et allegorichamente dimo stra la stultitia dellauaro : elquale ne ad se ne ad al tri e/utile . Et per questo non puo esser mai in al chuna fama . Somma per certo miseria affaticharsi in accumulare thesoro ; chol quale ne a suoi bisogni prouegga ; ne fam[illegible] al[illegible]una nac[illegible] . Viuono [illegible] nosciuti sanza a[illegible] [illegible] za familiarita dalchuno . ne apena sono conc[illegible] iuti da uicini . Possiamo anchora dire La sconoscente uita : perche la uita dellauaro e/ tanto diuersa dalla professione sacerdotale ; che per quella non si puo conoscere che sieno sacerdoti Lofficio dequali e/ distribuire efructi ; et le rendite in reparatione del tem[p]io . In[illegible] [illegible] secondo e gradi della charita a quegli ; che so[illegible] [p]ouerta : seruando a se quanto gli bisogna al uiuer sobrio se

condo lo ſtato ſuo . Queſto quando fanno eſacerdoti la uita loro fa che noi gli conoſciamo : Ma quan
do uiuono chome e/ decto di ſopra : tale uita non da chognitione alchuna che ſieno ſacerdoti . IN
ETHERNO Verranno alli due cozi : perche diſcorrendo ciaſchuna di queſte due parti inſino a mezo
el cerchio : et dipoi percoſſoſi tornando in drieto ſi cozzono indue puncti oppoſiti del cerchio.
QVESTI : cioe gliauari. RISVRGERANNO del ſepulchro col [illegible] ugno chiuſo . Ilche dinota lauari
tia. ET QVESTI : Prodigi. CHOL crin mezo : che ſignifica di[illegible] are. MAL DARE : cioe la p
digalita ; laquale da [illegible] ne guarda a chi. ne quanto. ne perche. ne quando. ET MAL tenere : lauaritia
che tiene piu che non ſi debba . Imperoche ben dare e/ liberalita : et ben tenere et parſimona ; che ſo
no uirtu . Adunque queſti due uitii hanno tolto a choſtoro el mondo pulcro : cioe bello. Quaſi dica
ha tolto loro la uita felice : perche certamente uiuerebbono in ſomma felicita glhuomini ; ſe lauaritia
et la prodigalita non gli priuaſſino dogni quiete et tranquillita . Imperoche choſi el prodigo chome la
uaro ſta ſempre anxio ; et cupido in rapire. queſto per tenere per ſe. quello per diſſipare in altri. O
ueramente ha tolto loro lo mondo pulchro : cioe el cielo ; et la etherna uita : nella quale e/ ſomma
pulchritudine et dilectatione . Alchuni expongono : Dar male : et tener male el mondo pulcro : cioe
ebeni mondani : equali de lor natura ſon begli : Ha tolto loro : cioe ha tolto queſti tali a ſe medeſimi
Imperoche lauaritia ; et la prodigalita ruba lhuomo a ſe medeſimo . Adunque ha tolto loro a ſe me
deſimi ; et hagli poſto a queſta zuffa . Imperoche chome lo ſchiauo uenduto non e/ piu ſuo : ma del
ſignore che lha comperato : choſi quando lhuomo e/ facto ſeruo della cupidita non e/ piu in ſua liber
ta . Ma da quella e/ poſto a queſta zuffa. A QVESTA zuffa : di queſti due cozi . Ouero intendi a
queſta zuffa ; cioe alle diſſenſioni et diſcordie : lequali prima naſcano dentro allanimo dellauaro ; el
quale e/ combattuto da due diuerſe uoglie : delle quali luna lo conforta alla quiete et al ripoſo et al go
derſi le choſe acquiſtate . Laltra lo pigne apericoli : et alle fatiche per acquiſtare piu : laquale battaglia
dilucidamente expreſſe Perſio . Imperoche poi che ha dimoſtro che lauaritia lo pigne a ogni pericolo;
et faticha per guadagnare : Et la luxuria lo tira allotio et alla quiete/conclude En quid agis duplici in di
uerſum ſcinderis homo Huncine an hunc ſequeris ſubeas alternus opportet Ancipiti obſequio domi
nos alternus oberres . Poſſiamo anchora dire a queſta zuffa intendendo delle diſſenſioni et contentio
ni : che naſcano tra glhuomini per lauaritia et per le rapine . Ilche e/ manifeſtiſſimo. QVALE ELLA
ſia ; cioe o buona o rea. PAROLE non ciapulcro : non ciabbelliſco parole. Quaſi dica non uo con ſti
lo oratorio : elquale con parole ornate ſommamente uitupera queſta zuffa ; perche la choſa e/ ſi mani
feſta in ſe : che non fa meſtiere che io la exorni. HOR PVOI ueder figliuol la corta buffa. Meritamẽ
te in queſto luogho Virgilio chome padre amoreuolmente amoniſce Danthe : cioe la ragione ſuperio
re amoniſce la inferiore ; et la ſenſualita a non porre ſperanza ne beni della fortuna : cioe non eſſere
cupido di quegli. Conciosia che non ſono ne durabili ne ſtabili : Ma poſti nella temerita della fortuna
in brieue ſi mutano da luogho a luogho. Preterea e/ da notare che ne duoi gia paſſati uitii non ha ãmo
nito Danthe : chome in queſto lammoniſce : perche e/ piu difficile allhuomo datoſi gia alla inquiſitiõe
delle gran choſe abſtenerſi dallauaritia ; che dalle uolupta o del tacto o del guſto. Onde naſce luxuria;
et gola. LA CORTA buffa : la brieue uanita dixe Benuenuto : et Franceſco da buti expone buffa
deriſione: ma proprio buffa e/uento Onde diciamo buffectare chi getta uento p bocca: Et ſbuffare quã
do con ſuono di parole . o a dire meglio con uentoſe et enfiate parole alchuno minaccia . Di qui dicia
mo rabbuffare conturbare et muouere le choſe dellordine loro et ſcompigliarle : Et chiamiamo rabbuf
fo quando con parole conturbiamo : et ſcompigliamo la mente duno . Onde ſeguita la gente humana
ſi rabbuffa. i. ſi conturba : et eſce del uero ordine ; perche toglie lo imperio alla ragione : et dallo al
ſenſo . Adunque poſe uento . i. uanita et choſa inſtabile et leggieri al muouerſi. DE BENI che ſon
commeſſi alla fortuna . Quaſi uoglia dire che ſia ſumma ſtultitia collocare la tua felicita in choſa : che
non ſia in tua poteſta : Ma in arbitrio della fortuna laquale pigliando giuoco de glhuomini ; ſpeſſo
gli toglie a chi gli merita ; et dagli a chi non gli merita. PERCHE lhumana gente ſi rabbuffa: parla
con indegnatione : che la gente humana : cioe quello animale : elquale ſolo in terra e/ſtato facto par
tecipe della ragione : con laquale pure che la deſtaſſi potrebbe conoſcere lauanita di tali beni ſi laſci ſi
traportare alla cupidita ; che per quegli uengha in tante contentioni . SI RABBVFFA : Dicemmo
buffa eſſer uento . Onde rabbuffare. CHE TVTTO loro che ſobto la luna . Qui finalmente ſi di
moſtra lhumana ſtultitia et uanita. Imperoche douendoci noi affatichare in quelle choſe ; lequali cipoſ
ſono far beati/dimoſtra che ebeni della fortuna ſono tanto lontani da queſto ; che poſto : che un ſolo
glhaueſſi tutti ; Nientedimeno per quegli non harebbe non diro lieta ; ma ripoſata unhora, O uogla
mo ragionare ſecondo lonferno eſſentiale. Neſſuno dannato puo eſſere ſaluato per tutti etheſori del
mondo . O ſecondo el morale ; chi non ſa che la cupidita dellauaro mai ſi ſpegne per accumulare. Ma
chome dice Horatio Creſcit indulgens ſibi dirus hydrops Nec ſitim pellit niſi cauſa morbi fugerit pri
us aquoſus albo corpore langor . Adunque chome nel ritruopico non ſi ſpegne la ſete pel bere:ſe pri
ma non ceſſa la cauſa ; onde procede el morbo. Choſi non ceſſa la cupidita nellauaro pel cumulo dello
ro : ſe la mente non acquieſce . Onde Cicerone dixe Animus hominis : et non arca diues appellan
dus eſt . Ne e/ riccho chi poſſiede aſſai : Ma chi e/ contento a quello che ha. Non fu adunque riccho

CHE NON ferci : cioe non feciono qui . ALCHVNO spendio : cioe alchuna distributione delle loro substantie con misura ; nella quale consiste la mediocrita : et la uirtu, decta liberalita . Ma peccorono o nel troppo ; onde diuennono prodighi . o nel poco ; et furono auari . Et questo dimostra chiaramente la uoce loro quando uengono a due puncti del cerchio ; doue si riscontrano ; et doue dicono Perche tieni ? et perche burli ? Et dixe abbaia per agguagliargli a cani ; perche con le parole si mordono luno laltro . Oueramente dixe abbaia quasi indarno dice ; perche riprensione che quiui si [illegible] a niente uale non essendo in inferno luogho alla penitentia . Et similmente nellonferno morale non [illegible] redemptione/p lhabito gia contracto neluitio . DOVE COLPA contraria : cioe prodigalita et auaritia che sono contrarii uitii . GLI DISPAIA cioe gli separa ; perche ciaschuna delle parti ritorna a drieto pel suo mezo cerchio in fino allaltro puncto . Dipoi risponde alla domanda di danthe et afferma che tutti quegli equali uede con la cherica furono cherici ; Et per due cagioni uitupera epreti in questo luogho prima perche inquesti due uitii sono piu inuolti che tutti glialtri huomini et sanza gliexempli depassati secoli ; le querele del nostro petrarca lauara babyllonia et cetera et altroue Fiamma dacielo su le tue treccie pioua ; Chi non ha ueduto ne nostri tempi huomini o piu tosto monstri dhuomini sanza lettere . sanza costumi non sufficienti aquali si douessi commettere la chura duna uile cappella di contado ; perche la fortuna glia eleuati a gran dignita hauere usato in quella ogni extrema auaritia per accumulare con simonie ; et uarie generationi di rapine infinito thesoro : et dipoi somma prodigalita in consumargli in ogni uituperoso luxo informa ; che sardanapalo ; et helioghabalo si possono reputare continentissimi a comperatione di quegli . Ilche non obstante che sia molto molesto a qualunque [illegible] ne in stituto ingegno [illegible] che sia nel nome christiano : Nientedimeno piu chuoce ad alchuni prelati ornatissimi dogni genere di doctrina ; et lucidissimo specchio a tutti glialtri in uita ; et in chostumi prudentissimi in ogni actione ; et sapientissimi nella speculatione ; che a glaltri : Perche essendo tanta infamia nelloro ordine pare impossibile che in qualche parte [illegible]on ridondi in loro ; benche immeritamente . Perlaqualchosa quanto contro a quegli luxuriosissimi [illegible]ri mi spigne una giustissima indegnatione tanto mi commuoue la compassione inuerso questi in[illegible]ntissimi . Ma la reuerentia chio porto a tanto collegio mi fa tacere quello che a tutto el mondo e [illegible]to . Adunque questa e/ la prima cagione : che mosse Danthe a uituperare epreti . La seconda che e/ piu uituperabile in loro ; che nellaico el uitio . Concosia che lappostolica ; cioe sacerdotale chiesa e/ fondata sopra la castita et pouerta : Onde el petrarcha Ca non fusti nutrita in piume al rezo Ma nuda al uento ; et scalza fra gli stecchi . Hor uiui si che dio ne [illegible] lezo . Preterea sono quegli che hanno el gouerno della christiana rep . Onde si chiamano clerici ; cioe electi ; et quasi scelti ; et magnati ; perche cleros significa sorte ; et no[illegible] chiamano laici cioe plebei ; perche laos significa popolo . Debbono adunque essendo gladministratori dare optimo exemplo di se ; Maxime non uolendo significare altro per hauere raso ecapegli ; che hauere resecato ogni superfluita ; et [illegible]gliato ogni cupidita ; Et el cerchio che e/ sobto el raso decapegli dimostra corona A dimostare che sono nostri re ; et e/ loro officio reggerci et addirizarci per buona uia . La terza perche non e/ cagione che gli debba far cupidi daccumulare thesoro ; non hauendo ne mogle ne figliuoli a sostentare . IN CHVI ; cioe ne quali . VSA AVARitia el suo superchio ; Quasi dica benche ogni auaritia exceda el modo o di tirare a se/o di non dare ; Nientedimeno ne prelati usa el suo soperchio ; cioe ha quanto superchio puo essere in lei . ET IO MAESTRO . Marauiglasi Danthe che tra tanti prelati non ne conosca alchuno . A che risponde Virgilio .

Et egli ad me uano pensiere aduni .
la sconoscente uita che ife sozi
a ogni conoscenza hor gli fa bruni ;
Inetherno uerranno alli due cozi .
questi resurgeranno del sepolchro
colpugno chiuso etquesti co crin mozi
Mal dare et mal tenere el mondo pulchro
ha tolto loro : et posto a questa zuffa :
qualella sia parole non ci pulchro :
Hor puoi ueder figluol la corta buffa :
de ben che son commessi alla fortuna :
perche lhumana gente si rabbuffa .
Che tutto loro che sobto la luna .
o che gia fu di queste anime stanche .
non ne potrebbe farne posare una .

Era risposta CHE LA Sconoscente uita : cioe la forma et el modo del uiuer loro ; elquale e/ stato sconoscente ; cioe non conosciuto . GLI FE sozzi ; cioe infami . ET HORA gli fa bruni ; cioe obscuri et sanza fama . Et allegorichamente dimostra la stultitia dellauaro : elquale ne ad se ne ad altri e/ utile . Et per questo non puo esser mai in alchuna fama . Somma per certo miseria affatichar si in accumulare thesoro : chol quale ne a suoi bisogni prouegga ; ne faccia alchuna [illegible] iusti . Viuono sconosciuti sanza a[illegible]za familiarita dalchuno . ne apena sono conosciuti da uicini . Possiamo anchora dire La sconoscente uita ; perche la uita dellauaro e/ tanto diuersa dalla professione sacerdotale ; che per quella non si puo conoscere che sieno sacerdoti Lofficio dequali e/ distribuire efructi ; et le rendite in reparatione del tempio . Insouu[illegible] secondo e gradi della charita a quegli ; che so[illegible] pouerta : seruando a se quanto gli bisogna al uiuer sobrio se condo lo ſtato ſuo . Queſto quando fanno eſacerdoti la uita loro fa che noi gli conoſciamo : Ma quando uiuono chome e/ decto di ſopra : tale uita non da chognitione alchuna che ſieno ſacerdoti . IN ETHERNO Verranno alli due cozi : perche diſcorrendo ciaſchuna di queſte due parti inſino a mezo el cerchio : et dipoi percoſſoſi tornando in drieto ſi cozzono indue puncti oppoſiti del cerchio. QVESTI : cioe gliauari. RISVRGERANNO del ſepulchro col [illegible]gno chiuſo . Ilche dinota lauaritia. ET QVESTI : Prodigi. CHOL crin mezo : che ſignifica di[illegible]are. MAL DARE : cioe la prodigalita : laquale da [illegible] ne guarda a chi. ne quanto. ne perche. ne quando. ET MAL tenere : lauaritia che tiene piu che non ſi debba . Imperoche ben dare e/ liberalita : et ben tenere et parſimona : che ſono uirtu . Adunque queſti due uitii hanno tolto a choſtoro el mondo pulcro : cioe bello. Quaſi dica ha tolto loro la uita felice : perche certamente uiuerebbono in ſomma felicita glhuomini : ſe lauaritia et la prodigalita non gli priuaſſino dogni quiete et tranquillita . Imperoche choſi el prodigo chome lauaro ſta ſempre anxio : et cupido in rapire. queſto per tenere per ſe. quello per diſſipare in altri. O ueramente ha tolto loro lo mondo pulchro : cioe el cielo : et la etherna uita : nella quale e/ ſomma pulchritudine et dilectatione . Alchuni expongono : Dar male : et tener male el mondo pulcro : cioe ebeni mondani : equali di lor natura ſon begli : Ha tolto loro : cioe ha tolto queſti tali a ſe medeſimi Imperoche lauaritia : et la prodigalita ruba lhuomo a ſe medeſimo . Adunque ha tolto loro a ſe medeſimi : et hagli poſto a queſta zuffa . Imperoche chome lo ſchiauo uenduto non e/ piu ſuo : ma del ſignore che lha comperato : choſi quando lhuomo e/ facto ſeruo della cupidita non e/ piu in ſua liberta . Ma da quella e/ poſto a queſta zuffa. A QVESTA zuffa : di queſti due cozi . Ouero intendi a queſta zuffa : cioe alle diſſenſioni et diſcordie : lequali prima naſcano dentro allanimo dellauaro : el quale e/ combattuto da due diuerſe uoglie : delle quali luna lo conforta alla quiete et al riposo et al goderſi le choſe acquiſtate . Laltra lo pigne a pericoli : et alle fatiche per acquiſtare piu : laquale battaglia dilucidamente expreſſe Perſio . Imperoche poi che ha dimoſtro che lauaritia lo pigne a ogni pericolo : et faticha per guadagnare : Et la luxuria lo tira allotio et alla quiete/conclude En quid agis duplici in diuerſum ſcinderis hamo Huncine an hunc ſequeris ſubeas alternus oportet Ancipiti obſequio dominos alternus oberres . Poſſiamo anchora dire a queſta zuffa intendendo delle diſſenſioni et contentioni : che naſcano tra glhuomini per lauaritia et per le rapine . Ilche e/ manifeſtiſſimo. QVALE ELLA ſia : cioe o buona o rea. PAROLE non ciapulcro : non ciabbelliſco parole. Quaſi dica non uo con ſtilo oratorio : elquale con parole ornate ſommamente uitupera queſta zuffa : perche la choſa e/ ſi manifeſta in ſe : che non fa meſtiere che io la exorni. HOR PVOI ueder figliuol la corta buffa. Meritamete in queſto luogho Virgilio chome padre amoreuolmente amoniſce Danthe : cioe la ragione ſuperiore amoniſce la inferiore : et la ſenſualita a non porre ſperanza ne beni della fortuna : cioe non eſſere cupido di quegli. Conciosia che non ſono ne durabili ne ſtabili : Ma poſti nella temerita della fortuna in brieue ſi mutano da luogho a luogho. Preterea e/ da notare che ne duoi gia paſſati uitii non ha amonito Danthe : chome in queſto lammoniſce : perche e/ piu difficile allhuomo datoſi gia alla inquiſitōe delle gran choſe abſteneſi dallauaritia : che dalle uolupta o del tacto o del guſto. Onde naſce luxuria : et gola. LA CORTA buffa : la brieue uanita dixe Benuenuto : et Franceſco da buti expone buffa deriſione : ma proprio buffa e/ uento Onde diciamo buffectare chi getta uento p bocca : Et ſbuffare quādo con ſuono di parole . o a dire meglio con uentoſe et enfiate parole alchuno minaccia . Di qui diciamo rabbuffare conturbare et muouere le choſe dellordine loro et ſcompigliarle : Et chiamiamo rabbuffo quando con parole conturbiamo : et ſcompigliamo la mente duno . Onde ſeguita la gente humana ſi rabbuffa. i. ſi conturba : et eſce del uero ordine : perche toglie lo imperio alla ragione : et dallo al ſenſo . Adunque poſe uento . i. uanita et choſa inſtabile et leggieri al muouerſi. DE BENI che ſon commeſſi alla fortuna . Quaſi uoglia dire che ſia ſumma ſtultitia collocare la tua felicita in choſa : che non ſia in tua poteſta : Ma in arbitrio della fortuna laquale pigliando giuoco de glhuomini : ſpeſſo gli toglie a chi gli merita : et dagli a chi non gli merita. PERCHE lhumana gente ſi rabbuffa : parla con indegnatione : che la gente humana eſſe quello animale : elquale ſolo in terra e/ ſtato facto partecipe della ragione : con laquale pure che la deſtaſſi potrebbe conoſcere lauanita di tali beni ſi laſci ſtraportare alla cupidita : che per quegli uengha in tante contentioni . SI RABBVFFA : Dicemmo buffa eſſer uento . Onde rabbuffare. CHE TVTTO loro che ſobto la luna . Qui finalmente ſi dimoſtra lhumana ſtultitia et uanita. Imperoche douendoci noi affatichare in quelle choſe : lequali ci poſſono far beati/dimoſtra che ebeni della fortuna ſono tanto lontani da queſto : che poſto : che un ſolo glhaueſſi tutti : Nientedimeno per quegli non harebbe non diro lieta : ma riposata unhora. O uogliamo ragionare ſecondo lonferno eſſentiale. Neſſuno dannato puo eſſere ſaluato per tutti etheſori del mondo . O ſecondo el morale : chi non ſa che la cupidita dellauaro mai ſi ſpegne per accumulare. Ma chome dice Horatio Creſcit indulgens ſibi dirus hydrops Nec ſitim pellit niſi cauſa morbi fugerit prius aquoſus albo corpore langor . Adunque chome nel rithruopico non ſi ſpegne la ſete pel bere : ſe prima non ceſſa la cauſa : onde procede el morbo. Choſi non ceſſa la cupidita nellauaro pel cumulo delloro : ſe la mente non acquieſce . Onde Cicerone dixe Animus hominis : et non arca diues appellandus eſt . Ne e/ riccho chi poſſiede aſſai : Ma chi e/ contento a quello che ha. Non fu adunque riccho

Alexandro: alquale non bastaua un mondo. Ma fu riccho Diogene: elquale uiueua contento in somma mediocrita.

Maestro mio dixio hor mi di anche
questa fortuna di che tu mi tocche:
che e che ben del mondo ha si tra branche
Et quegli a me o creature sciocche
quantignorantia e/ quella che uoffende
hor uo chetu mia sententia nembocche
Colui lo cui sauer tutto trascende:
fece li cieli: et die lor chi conduce:
si chogni partead ogni parte splende
Distribuendo equalmente la luce:
similemente a gli splendor mondani
ordino general ministro: et duce:
Che permutassi a tempo li ben uani
di gente ingente: et dun inaltro sangue
oltra la difension de senni humani.
Perchuna gente impera: et laltra langue
seguitando el giudicio di chostei:
che sta occulto chome in herba langue.
Vostro sauer non ha contasto allei.
questa preuede giudica et persegue
suo regno chome elloro glaltri dei:
Le sue permutation non hanno triegue.
necessita la fa esser ueloce:
si spesso uien chi uicenda consegue.
Queste colei che tanto e/ posta in croce
pur da color che le dourien dar lode:
dandole biasmo atorto: et mala uoce.
Ma ella se beata: et cio non ode/
collaltre prime creature lieta
uolge sua spera: et beata si gode.

b Auendo Virgilio facto mentione de beni della fortuna/quadraua aptamente inquesto luogho doue si tracta dellauaritia et della prodigalita el suggetto de quali uitii sono beni di fortuna diffinire brieuemente che chosa quella sia. Ilche accioche sia piu noto giudico essere utile referire: ma con breuita: che chosa sia fortuna circunscriuendo la in forma che per quella non si diminuisca ellibero arbitrio nostro: Et prima dobbiamo intendere che secondo eperipatetici philosophi tre sono le generationi de beni cioe danimo: di corpo et di fortuna: Ebeni dellanimo sono quegli che giouono al lanimo et conseruanlo puro nellasua natura: Et queste sono le uirtu o intellectiue chome e/ Intelligentia: Scientia: Sapientia: Prudentia: et arte. O morali chome sono: Iustitia: Forteza: et Temperanza delle quali i diuersi luoghi habiamo atractare E beni del corpo sono quegli che giouono al corpo: chome e/ sanita: Belleza: Forteza: Dexterita: Velocita: et simili. chome perlo opposito emali sono morbo; brutta forma: debilita: tardita: et simili. Ebeni della fortuna sono richeze: dignita: magistrati: imperii: Fama Gloria. Come e contrarii sono pouerta. infamia. uilipensione: et simili. Questi beni son decti di fortuna: perche sono in gran parte a quella sobtoposti. Ma e/ chosa prolipsa: et laboriosa disputare apieno della fortuna: et del caso. Perche difficilmente si puo explicare sanza lacognitione della prouidentia: et del fato. Ilperche chon breuita tanto ne dimostrerremo quanto sara necessario ad exprimere la mente del poeta. Et la diuina prouidentia secondo Boetio una somma ragione in dio: laquale tutte le chose ordina et dispone. El fato e/ certa dispositione nelle chose mobili: per laquale la prouidentia conlega: et compone ciascuna chosa per certo ordine: Et quelle chose: che la prouidentia abbraccia dentro alla diuina mente: el fato dispone informa: che procedino per ordine di tempo in tempo. Adunque la prouidentia e/ certa forma delle chose future per ordine in diuersi secoli: laquale e/ immobile: et semplice. El fato e certa collegatione: et connexione mobile: et ordine temporale delle chose: che la diuina semplicita dispose che hauessino a essere. Ilperche seguita che cio che e/ sobto el fato sia anchora sobto la prouidentia. Ne forse e/ altra differentia tra questi due: se non che la prouidentia e/ quando laconsideriamo nella diuina mente. Fato quando lo consideriamo nellordine temporale delle chose. Ne obsta o impedisce la prouidentia o elfato el nostro libero arbitrio: chome sottilmente dimostra laquinate theologho nellibro contra gentiles. La fortuna dicono ethcologi essere chome certa madonna: laquale riuolta: et muta le chose humane strauagantemente: et con fine diuerso dalproposito: et non pensato ne aspectato le dispensa. Onde Boetio la chiama cecum numen: Et inclinasi chosi a rei: chome a buoni sanza alcuna electione: Et se inuestighi che differentia sia tral fato et la fortuna. Rispondono edocti che la fortuna e/ solamente nelle chose lequali paiono fortuite: et uengono a caso: Et non ui appariscono alchune manifeste cause: che habbino a produrre tale effecto. El fato ha le sue cause immobili: et imposte da dio: o dalle stelle nelle chose. Ma tornando alla fortuna dicono quella essere solamente nellanimale doue e/ ragione: elquale diriza ogni sua operatione a certo proposito. Ilperche ne cosa alchuna inanimata: ne bruto animale: ne epiccoli fanciullini possono hauer fortuna. Perche non operando secondo alcuno proposito non puo loro interuenire alchuna chosa fuori di loro intentione: et proposito. Ilche e/ proprio della fortuna: Ma hanno caso: Onde diciamo chel cauallo acaso torna achasa. Parmi se nō erro hauere in brieui parole distincto La prouidentia. Elfato Lafortuna: et el caso. Ma credo chel poeta in questo luogho uoglia indextinctamente confondere el fato et la fortuna. Perche nelluno; et nellaltro sono le cause onde procedono glieffecti; Ma nella fortuna ci sono incognite. Ilperche lo ignorante che arando truoua el thesoro dira che sia buona fortuna. Ma lo strologo; che per la sua natiuita cognosce la causa che gliene fa trouare affermera quello esser fato. Questa medesima sententia expresse Virgilio dicendo Fortuna omnipotens; et ineluctabile fatum. Concluderemo adunque fortuna niente altro essere; che uario influxo de cieli a noi occulto: elquale secondo le coniunctioni. oppositioni. trini quadrature; et sextili; et altri uarii aspecti de pianeti in uarii domicilii del zodiaco/gouerna tutte le chose che sono sobto el cielo della luna: chome inferiori alloro: Excepto che lanime degli huomini. Imperoche lanima nostra non puo essere dominata dalle stelle. Ilperche confesso che le potentie superiore sono create da dio con questo priuilegio: che sempre hanno dominio nellinferiori; Ma lanima rationale benche posta nel corpo habiti luogho inferiore; Nientedimeno/perche e/ creata da dio sanza el mezo de cieli o delle stelle; non e/ inferiore a quegli; Ma superiore. Onde non solamente lenostre sacre lectere; nelle quali/perche sono deriuate dal fonte della uerita non puo essere errore. Ma tutti ephilosophi degni dalchuna stima; et tutti emathematici; equali sobtopongono el gouerno delle chose terrene allarbitrio de cieli/affermano lanima essere libera et in suo arbitrio. Ilperche el diuĩo Platone con uerissime argumentationi dimostra; che nessuno bene puo giouare allanimo; et nessuno male gli puo nuocere; che non sia in nostro arbitrio o dhauerlo o di priuarcene; perche solo la uirtu e/bene; et solo el uitio e/ male; Ne ci puo ne quella esser tolta; Ne questo essere dato per influxo di cielo; Perche chome dice Ptolemeo el sauio signoreggia alle stelle. O per uiolentia dhuomo. o daltro animale. Vedi adunque che se ebeni corporali sono nelle mani de cieli; et de glialtri huomini. Quegli dellanimo sono in nostra liberta; Et questi solamente si possono dire nostri. Ilche ueramẽte intese el platonico Cicerone; la sententia del quale nelle sue paradoxe e/ che niente si possi dire. o mio. o tuo. o daltri; che ci possa essere o rubato o furato o che in alchuno modo possiamo perdere. Era uenuta la citta di priene nelle mani de nimici con conditione che a cittadini di quella fussi lecito andarsene con quãta roba ne potessino portare Biante uno de septe sauii della grecia: et cittadino di quella patria andandosene uoto; et essendo domandato; perche non ne portaua alchuna chosa; rispose; che se ne portaua tutto quello che era suo. Vera parola; et conueniente a si sauio huomo; perche conosceua che portandosene le uirtu dellanimo se ne portaua ogni sua chosa. Sommi forse troppo deuiato dal proposito; Ma tutto ho referito; perche intendiamo; che benche sia fortuna quel che habbiamo decto; Et nella temerita; et furia sua sieno posti tutti ebeni caduchi et transitorii: Nientedimeno resta lanimo libero: elquale sanza aiuto di quella; et a suo dispecto puo diuenire felice; non solo nellaltra uita ma in questa. Ma tornando al texto. Dice Danthe dimmi Virgilio; che e/ questa fortuna; laquale ha TRA BRANCHE; cioe in sua balia. EBENI DEL mondo; ebeni temporali; Secondo quello Regnũ meũ non est de hoc mundo. ET EGLI; cioe Virgilio Ad me intẽdi dixe. O CREATVRE sciocche; cioe stolte: Diciamo uiuãda sciocca laqual sia sanza sale. Et p̄che spesso pigliamo sale p̄ prudẽtia diciamo sciocco ĩprudente. QVANTA ignorãtia e/quella che uoffende euostri intellecti: et bene dixe offende. Imperoche diuentando lo intellecto p̄fecto p̄ la scientia et cognitione perlo opposito diuiene imperfecto et offeso per la ignorantia. Questa fa che noi crediamo: che la fortuna possi chosi nellanimo chome nel corpo; et sia signore; et non ministra. LA MIA sententia in bocche; cioe riceui; et pigli decto per translatione del cane quando imboccha la fiera. SAVER Tucto trasciende. cioe dio la cui sapientia auanza et passa ognaltra et si trassonde nel tucto FECE LI cieli. onde el psalmista Verbo dei celi firmati sunt et spiritu oris eius omnis uirtus eorum: et similmente creo tucte laltre cose ma nomina qui e cieli perche ha adimostrare che dal moto di quegli nasce ogni fortuna ET DIE LORO CHI conduce; Perche secondo Aristotele a ciaschuno cielo decte una intelligentia che lo mouessi la cui sententia anchora seguita lauctore in una canzona el cui principio e/. Voi che intẽdẽdo el terzo cielo mouete. SICHE ogni parte. della loro potentia. ADOGNI PARTE: mondana apta ariceuere. SPLENDE splendendo Infonde: Ma dello splendore et lume direno piu comodamẽte nel paradiso Et come e/in dio; nellangelo; nellaragione; nello spirito; et nel corpo Et se prima ti dilecti dintenderne el tutto leggi nel secondo libro dellepistole del nostro Marsilio Fecino doctissimo di tucti e platonici della nostra eta: Et rimarrai sattisfacto. DISTRIBVENDO Vgualmente: Perche Dio datore ugualmente infonde in tucte le creature; Ma quelle riceuon piu o meno secondo che ne sono capaci. SIMILMEMTE agli splendori mondani: cioe alle richeze: degnita et: honori. ORDINO generale ministro: Perche la prouidentia diuina: laquale ha disposto temporalmente questi beni mondani pel mezo del fato: et della fortuna administra tutto; Et in questo seruono allei emouimenti de cieli; et la uirtu angelica. Adunque questi saranno generali ministri; perche questi moti fanno la fortuna. CHE PERMVTASSI a tempo gli ben uani; cioe esopradecti splendori mondani equali non sono ueri beni: Imperoche quello e/ uero bene: elquale fa buono chi lo possiede; et questo e/ solo la uirtu. Me ebeni mondani inducono infiniti mali. Sono adunque uani et apparenti; et nõ ueri et existenti beni. Questi secondo el suo arbitrio muta la fortuna. Onde e/ scripto nel primo de re Dominus pauperem facit Ditat. humiliat: et sublimat. Ipsius sunt cardines terre; et posuit super eos orbem. i. rotam fortune: Et Boetio in persona della fortuna dice Opes honores. ceteraque talium fuit mei iuris Dominam famule cognoscunt hec mea ius est Hunc continuum ludum ludimus. Rotā uolubili orbe uersamus Infima summis Summeque infimis mutare gaudemus. Adunque parla la fortuna: et dimostra che. imperii. riccheze; et potentie sono in sua iurisdictione: et chome serue la riconoscono p signore: et ella gode del continuo alzare: et abbassare: Et Ouidio passibus ambiguis fortuna uolubilis errat: Et manet in nullo firma tenaxque loco. DI GENTE in gente: chome ueggiamo glimperii essere chon assidua mutatione di gente in gente transferiti. Furono gliassyrii eprimi: dequali si legga: che regnassino nelle parti orientali per la uirtu di Nino et di Semyramis. Ma da chostoro si trasferi lomperio a medi: et da medi a persi: dequali el primo re fu cyrro. Ne si puo sanza prolipsa narratione riferire: chome con assidua uolubilita glimperii del continuo si sono mutati: et ne medi: et ne gliegyptii: et negli scithi informa che un tempo uincto el uirile sexo regnarono le femine: chome si legge delle amazone. Regnorono egreci. Regnorono gliaffricani. Regnorono eromani. Ne solamente e/ trasmutato di gente in gente: Ma nella medesima regione di citta in citta: et nella medesima citta di famiglia in famiglia. OLTRA ALLA difensione de senni humani: perche inuero il senno humano cōtro alla fortuna puo mantenersi ebeni dellanimo: che sono le uirtu: et chon quelle acquistare uita beata et etherna: Ma non puo gia sanza fauore di quella mantenere gli stati: et glialtri ben uani. Impero che Catone: et Cicerone: et alchuni altri optimi cittadini poterono mantenersi le uirtu: Ma non poterono con loro prudentia: benche fussi grande difendere la loro: et la publica liberta. Adunque recta mente Seneca dixe Omne sub regno grauiore regnum. Nemo confidat nimium secundis: Miscet hec illis prohibetque Clotho Stare fortunam rotat omne fatum Res deus nostras celeri citatas turbine uersat. Et boetio Quid tragediarum clamor aliud deflet/ nisi fortunam indiscreto ictu felicia uertentem. Duolsi adunque el tragedo: che la fortuna sanza electione disturba le chose felici. PERCHE VNA gente impera: et laltra langue. Cesare solleuato dal fauore della fortuna obtenne lomperio. Pompeo inimicato da quella lo perde. LANGVE: cioe uiue in langore. i. merore et dolore fuggendo uincto ne regni alieni. SEQVENDO lo giudicio di costei; perche nessuno si puo appellare dal giudicio dato dalla fortuna. Ma e/ necessario obtemperare a quello: elquale e/ occulto a noi chome ANGVE: cioe serpe: laquale nascosa tra lherba inganna si la uista nostra per la similitudine del colore: che non e/ ueduta da chi lacalpesta. Similmente la fortuna tra le felicita et leuane sperenze occulta pestifero ueleno che ciuccide. VOSTRO Saper non ha contasto allei: quasi la medesima sententia del uerso che dixe contro alla difensione de senni humani: NON HA contasto: cioe non puo repugnare posto che antiuegga ecolpi suoi. Ee certo molti sono stati; che o per prophetia o per altra spetie dindiuinatione hanno preueduto la lor calamita: Et nientedimeno non hanno potuto resistere. Vide in sogno Astiage re de Medi che delle parti genitali della figluola nasceua una uite ecui tralci inombrauono tutta lasia Et glindiuini interpretorono che Di lei haueua a nascere un figluolo: che glhauea a torre elreame. Adūque benche molti prouedimenti contro a quello facessi Asiiage: Et prima maritassi la figluola in persia a huomo uilissimo: et dipoi comandassi che el figluolo gia nato si lasciassi in selua alle fiere: Nientedimeno uolle la fortuna chel fanciullo che fu Cyrro uscissi dogni pericolo: et cresciuto gli togliessi lomperio transferissilo a persi. Potrei in confirmatione di questa sententia infiniti exempli referire: Ma non patisce la grandeza del uolume che in si manifesta chosa troppo mi fermi. PROVEDE Giudica et persegue: Dimostra che essendo la fortuna influxo procedente da mouimenti de cieli: Et essendo el moto de cieli guidato dalle intelligentie posteui da dio permotori di quegli/ ogni chosa che ne nasce p cede da ragione: et non dal caso chome pare a noi. Adunque la ragione prima prouede: quasi consulta quello che e/ da fare: Et dopo la consultatione giudica: Et dipoi persegue: cioe mette a executione quello ha giudicato esser bene: Et dicendo prouede accenna la prouidentia diuina Dalla quale tutti glinfuxi procedono. GLALTRI dei: Laltre intelligentie: et chiama la fortuna dea: et chosi tutti emotori de cieli secondo epoeti: equali chiamauano dii tutte le stelle; lequali perche sono incontinuo mouimento et corso: pero egreci dixono idio theos da questo uerbo thein che significa correre Ma ancho ra le sacre lectere chiamano glihuomini dii. Onde dii et filii excelsi omnes. Adunque in quel medesimo modo chiamera dii emotori delle spere. LE LOR Permutationi non hanno triegue: cioe lepermutatione de beni terreni: equali procedono da glinfluxi celesti Non hanno triegue. i. riposo. Questa e/ traslatione tracta da soldati equali nella triegua posano et non guerreggiono. NECESSITA la fa esse re ueloce. Et certo se la fortuna e questa mutatione de beni temporali; Et tal mutatione nasce dallo assiduo et ueloce mouimento de cieli e/ necessario che tal mutatione sia ueloce. El fato o uero fortuna uolta con certa necessita chome uolta el sole et glialtri pianeti ne loro corsi. Ne per questo cie tolto el libero arbitrio Imperoche siano liberi non ci trauagliare ne beni terreni; equali sono altutto sottoposti alla fortuna: Ma trauagliandoci conuiene; che quanto a quegli ci sotromettiano alla fortuna. Adunque tale necessita e/ nelle cose che sottoposte alla fortuna di nessita si mutano secondo larbitrio di quella: et non in noi equali cipossiamo trauagliare et non trauagliare. Et certo se ciaccostiano informa a dio che in tutto spreziano le cose terrene siano interamente liberi dalla fortuna. Se ci diano alle cose diuine: et niente dimeno desideriamo ancora debeni temporali non siano altutto liberi: Ma se lasciando le cho se diuine ci diamo tutti alle terrene siamo interamente serui della fortuna non per necessita : Ma per nostra uolonta. Puo lhuomo che e/fuori di mare entrare et non entrare in mare. Ma poi che ue ētrato e/necessitato ubidire a uenti ; et a londe. Chosi noi possiamo non cercare ebeni della fortuna. Ma se gli cerchiamo noi medesimi ci sobtomettiamo a quella necessita ; dalla quale prima erauamo liberi. Vedi adunque che la necessita che pone el poeta non e / contro allibero arbitrio ; Onde anchora Boetio la pone dicendo. Qui longius a prima mente discedit/maioribus fati nexibus implicatur. At tanto aliquid fato liberius est : quanto rerum cardinem uicinius petit. Sed si superne mentis heserit firmitati motu carens fati quoque supergreditur necessitatem. Hora tornando al texto dice che le permutationi della fortuna non hanno mai triegua : perche del continuo si fanno. Et questo e/perche spesso uiene chi consegue uicenda : cioe a chi toccha la sua uicenda. i. la sua uolta et succede nella felicita tua : et tu ne cadi. Onde Claudiano Summa rote dum cresus habet tenet infima Codrus. Iulius ascendit descendit magnus ad ima Sylla iacet surgit marius Sed cardine uerso. Sylla cadit. Surgit Marius. QVESTA E/colei che tanto e/posta in croce : cioe tanto e/ tormentata con bestemmie : et chon rammarichii et querele. PVR DA color che gli dourien dar lode. Se intendiamo de fortunati et de felici e / uera sententia. Imperoche sono tanto ingrati glhuomini : che se dopo una lunga felicita adiuiene brieue infelita grandemente si ramaricono del poco male : Et nessun grado gli rendono del lungo bene. Se intendiamo di quegli che non hanno riceuuto beneficio dalla fortuna similmente sara optima sententia Imperoche io mi ramarico non hauere ricchezze o imperio : quando mene douerrei lodare considerato : che piu tranquilla uita e/ uiuere in otio che in tumulto : et piu dolcie e esser gouernato che gouernare. Preterea non si puo alcuno rammaricare : che la fortuna o ritolga quello che hauea dato o mai non gliele dia. Imperoche essendo suoi beni puo et ritorre et non dare sanza alchuna ingiuria chome pruoua distesamente boetio nellibro de consolatione. MA ELLA SE BEATa et cio non ode. Perche tale influentia non perde suo uigore per nostre querele o uillanie et non ode cio quasi non stima perche non gli nuoce : Et latentemente uolle toccar la uerita perche tale influentia e / chosa inanimata : benche lauctore poeticamente la chiami dea. CON LALTRE prime creature cioe co cieli equali conuiene che sieno inprima che la influentia procedente da essi sono adunque prima se non per tempo almancho per origine. VOLGE SVA SPERA cioe riuolge questi beni mondani chome se fussin una sua spera : Oueramente uolge sua spera : perche la fortuna e/la influentia laquale procede dalla reuolutione de cieli. Et inuero gira questa ruota. Imperoche la riccheza fa superbia. la superbia impatientia. la impatientia guerra. la guerra pouerta. la pouerta humilta. la humilta patientia. la patientia pace. la pace richeze. ET BEATA si gode : perche non puo essere impedita o offesa da nostre querele.

Hor discendiamo homai amaggior pieta
gia ogni stella chade che salia
quando mi mossi eltroppo star si uieta

h Auendo descripto le pene di quegli che male administrano le pecunie o in auaritia o inprodigalita / pare allauctore da discendere nel quinto cerchio doue si puniscono Lira ; et laccidia. Qui Virgilio ammonisce danthe allaffrectarsi dimostrādo che la nocte nella qual sola poteuono essere nellonferno era gia passata piu che meza. Adunque restando a fare tanto camino : et essendo gia speso piu che la meta del tempo era daffrectarsi. HOR DISCENDIAMO : quasi dica assai siamo soprastati : et quasi uuole inferire che Danthe era piu tardi al partire : che non si conueniua. Ilche allegoricamente dimostra essere difficilchosa alla sensualita lasciar le riccheze : et ebeni della fortuna ; equali chi troppo cura et stima / non puo mai salire alla uera contemplatione. Onde la uerita nello euangelio dixe Nemo potest duobus dominis seruire deo et mamone ; cioe a dio et alla pecunia : perche chi e/cupido de thesori chosa terrena non puo eleuare lamēte alle chose diuine ; Et la difficulta che si pone nel riccho allentrare del cielo. Credo che per ricco sintenda non chi possiede : Ma chi e/ cupido di ricchezze et amatore di quelle ; perche non nuocono le richeze a chi ne le cerca ne le stima piu che si uaglino : ne di quelle si fa seruo. Ma songli optimo īstrumento a molte uirtu. Perlaqual chosa non consiste el uitio nelle riccheze : Ma nella troppa cupidita di quelle : Et nel captiuo uso. A MAggior pieta. a maggior pena : perche quanto maggiore e/ la pena maggiore e/la compassione. GIA OGNI stella chade che saliua quando mi mossi ; Per questa discriptione del tempo dimostra essere passato meza nocte. Imperoche se quelle stelle che nella partita loro ; laqual fu nel principio della nocte chome mostro dicendo El giorno senandaua/saliuan su dal nostro orizonte Erono gia passate el quarto del cielo ; che e/ el mezo dello hemisperio nostro ; et lapiu alta parte sopra enostri capi ; et cominciauono ascendere alloccidente : era passato meza nocte. Et e/ luogho tracto da Virgilio doue dice. Nox ruit Eneas nos flendo ducimus horas. IL TROPPO star si uieta : Perche chome dimostrammo di sopra non era conceduto stare nellonferno piu che una nocte. Questo finge perche nella nocte ; et nelle tenebre de uitii non dobbiamo stare se non quanto basta una uolta contemplare la lor pernitie.

Deſcriue elluogho et el ſito di queſto quinto cerchio ; et la loro deſcenſione ; et dice . NOI
a RICIDEMMO el cerchio ; ricidere ſignifica diuidere : Ma qui dice ricidemmo quaſi attrauerſammo per mezo el cerchio : et uenimmo alla riua oppoſita. SOVRA VNA ualle che bolle et riuerſa . Dimoſtra che nella ſommita delle ualli ſurgeua un fonte : elquale ſurgendo bolliua ; cioe mandaua fuori una polla dacqua : Et dalla exuberantia naſcea el fiume ; elquale correua per la ualle in ſino al piu baſſo di quella ; Et quiui non trouando facile uſcita faceua palude. BOLLE : a dinotare che ira non e/ altro che ribollimento di ſangue : ET RIVERSA ; perche queſta ebullitione dentro al pecto riuerſa fuori ; perche appare nel uolto : et fa riuo elquale corre. Ilche ſignifica el furore del collerico ; elquale dura pocho : et queſto non e/ gran uitio. Onde Horatio. Ira/ Furor breuis eſt . Ma ſommo uitio e/ quando ſtagna et fa palude cioe quando dura onde naſcie lodio. Ne e/ ſanza cagione che ne nella fonte ne nel fiume e / punita lira ; ma ſolamente nella palude. Impoche elbollor della fonte che e/ el primo moto del ſangue / et el fiume che e / quello precipite et ſubito furore che ne naſce meritano pdono : pche eprimi moti non ſono in noſtra poteſta Ma lapalude cioe lapſeuerãza et dimorãzache fa lira donde diuenta odio e/ eluitio che merita punitione LACQVA era buia cioe obſcura et uiepiu aſſai che perſa . Ilche dinota lobſcurita et cecita dellamente nellirato perche inlui e ſpẽto ogni lume diragione ET NOI incõpagnia dellonde bigie cioe nõ lucide INCOMpagnia andando lungo elfiume . ENTrãmo giu : andando giu alla china erono accompagnati dal fiume . PER VNA uia diuerſa ; cioe difficile che coſi ſignifica infiorentino : et meritamente dimoſtra che lauia che conduce allira ſia difficile . Imperoche neſſuno cade in queſto uitio ſe non per quelle choſe ; lequali gli paiono aſpre et difficili . Imperoche delle piaceuoli non ſadira ma ſi rallegra . Queſto ruſcello elqual naſce dalla gia decta fonte ; et e/ triſto cioe priuato dogni allegreza ſceſo gia le piagge gia decte ; lequali pone che ſieno GRIGE ; cioe bige fa una palude decta ſtyge . Ma perche al ſenſo allegorico ; elquale cingegnamo dare a queſto poema conferiſce aſſai la diſcriptione della palude ſtyge ; et de glialtri fiumi infernali quella riferiremo di ſobto doue piu diſteſamente el poeta ne ſcriue .

Noi ricedemmo el cerchio allaltra riua
ſoura una fonte che bolla et riuerſa
per un foſſato che dallei deriua .
Lacqua era buia aſſai uie piu che perſa ;
et noi in copagnia dellonde bige
entrammo giu per una uia diuerſa .
Nella palude ua cha nome ſtyge
queſto triſto ruſcel quando e / diſceſo
appie delle maluagie piagge grige.

Et io che di mirar mi ſtauo inteſo :
uidi genti fangoſe in quel pantano /
ignude tutte et con ſembiante offeſo .
Queſte ſi percotien non pur con mano :
ma con lateſta col pecto et cho piedi
troncandoſi cho denti a brano abrano .

c Onueniente luogho attribuiſce allira . Impero che eſſendo queſta niente altro che accenſione di ſangue intorno al cuore per piglar uendecta/ cõuiene che tale empito proceda da merore et triſtitia preſa della ingiuria riceuuta . Et noi habbiamo dimoſtro la palude ſtyge ſignificare triſtitia et merore . E/ ira ſecondo Ariſtotele appetito di dare doglia al ſuo aduerſario per apparente examina ; quaſi dica che giudici choſi eſſer giuſto. Onde Auguſtino dixe ; che a neſſuno adirato pare che lira ſua ſia ingiuſta. Ma perche lira e/ conceduta non paſſando edebiti termini ; Et e/ uietata quando ſi paſſono / ripetero con breuita alchuna choſa della natura deglanimi noſtri accioche inteſa lorrigine dellira ; et el fine/ conoſciamo quanto uitio quella ſia . Adũque lanimo noſtro benche ſia ſemplice incorporeo et indiuiſ bile ; Nientedimeno perche ha uarie potentie et uarie forze diciamo quello diuiderſi in tali potentie et forze ; et altro diciamo eſſere la uegetatiua ; Altro la ſenſitiua. Altro la rationale. Et la ſenſitiua ha eſuoi ſenſi parte exteriori parte interiori . Da ſenſi procede el giudicio. Imperoche uedendo locchio queſto eſſer giallo. El ſenſo comune giudicãdo che ſia dolce fa che la cogitatiua concluda che ſia buono. Adunque eſenſi diterminano qual coſa ſia buona qual contraria. Dopo eſenſi e/ unaltra potentia nellanima ; laquale inteſo el giudicio deſenſi inſurge o auolere quello che gia e/ giudicato eſſere bene . O afuggire quello che e / giudicato eſſere male . Queſta potentia e/ decta appetito ; et quello che diſidera e/ concupiſcibile. Quello che fugge iraſcibile Et chome pel concupiſcibile noi appetiamo quello che el ſenſo giudica eſſer buono . Choſi per liraſcibile noi inſurgiamo contro a quello ; che e/ male . o che obſta al noſtro bene. Imperoche chome la natura ha dato al fuocho non ſolamenta la leuita ; laquale lo conduce al ſuo bene ; che e/ elluogho ſuperiore . Ma anchora el calore chol quale arde ; et conſuma ogni obſtacolo ; che lompediſſi al ſalire . Choſi allanimale ha dato el concupiſcibile ; et liraſcibile . Luno per conſequire el bene : laltro per leuare glimpedimenti del bene. Habbiamo ueduto che choſa e/ appetito. Ma nellhuomo e/ da conſiderare ; che alchuna uolta e/ obediente alla ragione ; et allhora tutti eſuoi moti ſono buoni : et producono le uirtuoſe operationi. Alchunauolta non obbediſce. Onde naſce loppoſito . Adunque quando lappetito iraſcibile

La natura delli animi nri.

insurge chome et quanto gli decta la ragione nasce nellhuomo iusta indegnatione ; chon laquale ciaccen
diamo a punire et correggere iustamente : et di questo e/ scripto Irascimini et nolite peccare : Ma quã
do ribolle in noi sanza ragione/nasce lira uitio capitale : laquale diffiniscono essere ribollimento di san
gue intorno al cuore per uendicarsi chome gia ho decto. Questa nel principio e/ chiamata excandescen
tia : et da greci thymos. Se perseuera alquanto e/ decta ira : et in greco menis. Ma se perseuera : et di
mora assai et inuecchia nellanimo diuenta odio : elquale egreci chiamono coton : Et e / la sedia dellirà
nel cuore : chome della concupiscentia nel fegato . Queste tre chose ha significato el poeta. La prima
pella fonte che bolle. La seconda pel fiume. La terza per la palude. E/ adunque da comprimere que
sta iracundia : perche chome dice Horatio. Qui non moderabitur ire Infectum esse uolet dolor quod
suaserit et mens. Item Ira furor breuis est animum rege qui nisi paret imperat : hunc frenis hunc tu
compesce cathenis. Chi non raffrena lira si tuffa tutto nella palude styge . Imperoche e / somerso in
merore et in tristitia ; et e/ FANGOSO. Questo dinota essere nel pantano di styge : cioe essere in
dolore. ET NVDE TVTTE. Ilche dimostra che tal uitio sempre e/ manifesto , Et certo nessuna
perturbatione e/ che piu appaia nel uolto dellhuomo ; che lira ; laquale fa sfauillare gliocchi : et arde
re el uolto. Ilperche nessuna couerta ha lira : Ma uedesi el cuore nel uolto : perche non si puo couerta
re questa perturbatione con alchuna modestia o dissimulatione. SEMBIANTE offeso. Questo uo
cabolo e/ piu tosto franciosо che toscano : et significa quello che elatini dicono uolto. Imperoche faci
es appresso di loro significa la forma del uiso : chome a dire o largha o lungha o simil chose. Ma uultus
significa quella dimostratione che apparisce nella faccia dalchuno mouimento danimo o di dolore o dal
legreza o di timore o daltro. Adunque con sembiante offeso : cioe con uolto sdegnoso . QVESTE
SI Percotien non pur con mano. Dimostra el furor delliracundo : elquale in tal forma saccende : che
non solamente con le mani : laqual battaglia e/ conueniente allhuomo : Ma anchora chome fiere si p
coteuono chol capo cozando : chol pecto urtando : cho piedi trahendo calci . Et allegoricamente intẽ
deremo che lirato non solamente offende con le mani : cioe con lopere : Ma anchora con la testa : cioe
chon laphantasia : et commuoue inuentioni : perche nel capo sono tutti esensi : Et chol pecto : cioe cõ
agitationi ; et graui pensieri ; equali sono nel cuore ; et cho piedi ; cioe con lappetito. Imperoche co
me epiedi portono el corpo chosi lappetito porta lanimo. TRONCANDOSI : Rompendosi ; et
tutta questa crudelta usa liracundo non solamente in altri : ma in se medesimo ; chome spesseuolte hab
biamo ueduto .

El buon maestro dixe figlio hor uedi
lanime di color cui uinse lira :
et ancho uo che tu percerto credi :
Che sobto lacqua e/ gente : che sospira :
et fanno pulular questacqua al sommo
chome locchio ti dice V che saggira :
Ficti nel limo dicon tristi fommo
nellaer dolce : che dal sol sallegra
portando dentro accidioso fommo .
Hor ciattristian nella bellecta negra :
questo hinno si gorgoglon nella stroza
che dir nol posson con parola integra.

h A decto de gliracundi . Hora dira de gliaccidi
osi : Ne e/ inconueniẽte : che ira : et accidia
si punischino nella palude styge : cioe nella tristiti
a : Perche luno et laltro e/ pieno di tristitia : Ma li
racundo non solamente la ritiene in se : Ma ancho
ra sfogandosi la inserisce in altri . Et per questo el
poeta gli pone sopra lacqua et nudi. Laccidioso par
ticipa tanto piu della tristitia : che altutto ue som
merso dentro : Et epsa tristitia non manifesta in al
tri et tutti esuoi acti sono occulti. Adũque pquest e
due ragioni Danthe pone gliaccidiosi sommersi sot
to lapalude styge : laquale pone nera : perche ogni
loro operatione e/ obscura et nera. Ne sono sobto
londe conosciuti : perche le loro operationi obscu
re glhanno tolto ogni fama nel mondo : Ma accio
che meglio sintenda questo luogho pongono eperi
patetici : che spesseuolte alla stultitia de glhuomini dispiace quello : che sommamente douerrebbe pia
cere : perche e/ buono. Adunque chi rifiuta quello : che di sua natura debba dilectare fastidisce . Ma
se in rifiutarlo e/ piu uehemente : et piu ardente non solamente fastidisce : Ma hallo in horrore et in
habominatione . Adunque da tale fastidio et abbominatione nasce tristitia nellanimo : laquale egreci
chiamano accidia , E/ acidia tristitia aggrauante. Ouero secondo Augustino Accidia e/ tedio del bene
interno. Ouero e/ torpore et pigritia danimo negligente di cominciare chose laudabili . Gregorio po
ne tristitia peccato capitale : et acidia pone sua spetie : perche accidia e/ approximatione al riposo ; et
tristitia dipartimento dal bene . Onde tra loro e/ differentia chome da uscire di barcha et porre inter
ra : perche sono una medesima chosa : Ma hanno diuersi termini : chome e/ doctrina et disciplina .
Questa induce tepidita/Molleza. Otiosita. Somnolentia. Indugio. Negligentia. Imperseuerantia. Dis
solutione. Incuria : che e/ pocho differente dalla negligentia. Indeuotione : che e/ non hauere lanimo
uolto tutto et fixo ne diuini precepti. Tedio di uita : cioe rincrescimento del uiuere . Desperatione :
laquale e discessione et partimento dal bene per non hauer fidanza di poterlo consequire . Da tãti uitii
procreati dallacidia procedono Rancori che sono occulti. Odii. Vagatione di mente alle chose illicite .

et torpore : et diffidentia. Contro allaccidia : laquale chosi consuma lanimo : chome la ruggine elferro E/ necessario destare lanimo et riscaldarlo et accenderlo. Ilche poteremo fare quando cōsidereremo lhuomo non esser nato al somno : et al cibo ; Ma esser facto ad imagine et similitudine di dio p contēplarlo : et quanto patisce la nostra imbecillita conoscerlo : etuolerlo : et fruirlo . Et quando penseremo che in questo solo consiste el nostro sommo bene. Che per certo e/ somma stultitia la nostra metterci a ogni graue pericolo : et a uarie et insopportabili fatiche per acquistare dignita o thesoro/ cose momentanee : et che in brieue hanno a perire. Et per consequire el sommo et etherno bene sanza elquale habbiamo a rimanere in sempiterna miseria non uoler brieue et leggieri incommodo. Cambiamo adūque le chose periture alle durature : et la uita mortale alla immortale. CHE SOBTO lacqua e/ gentè che sospira. Sono sobto lacqua : cioe demersi nella tristitia : laquale del continuo induce sospiri . ET FANNO pullulare : cioe gorgogliare. El sospiro e/ uento : Et quando el uento partendo dal fōdo et uiene alla superficie induce gorgogli et sonagli. CHOME Locchio ti dice : cioe ti dimostra : in forma che e/ chome sel dicessi. V CHE Saggira : cioe douunque si riuolge. V . significa doue : et e uocabolo Aretino et Sanese piu tosto che fiorentino. FICTI NEL LIMO. Limo in latino significa bellecta : et bellecta e/ posatura dacqua torbida : Ma perche lhomore melancolico e/ posatura et feccia del sangue : intenderemo laccidioso essere ficto nellimo cioe nella tristitia et melancolia. Ne si parti dal le sacre lectere el poeta mettendo gliaccidiosi nellimo : perche Hieremia riprendendo Moab dixe Requiescens accidiosus in fecibus suis non est transfusus de uase in uase : Et Salomone in ecclesiaste In lapide luteo lapidatus est piger : et Dauid inpersona dello accidioso : Infusus sum in limo profundi . DI CON tristi fummo nellaer dolcie che dal sol sallegra. Dice che la tristitia cioe lacidia : laquale usorono in questa uita doue si uede la luce del sole e/ punita in questo luogo . Ma allegoricamente possiamo intendere . PER LAER dolcie : el tempo nel quale non habbiano ancora facto habito del uitio . Elqual tempo sallegra dalsole . i . e/ illuminato dalla ragione : perche gia habbiamo dimostro chel sole si piglia per la ragione. Adunque dice perche nel tempo che noi non hauamo anchora facto habito deluitio noi fummo tristi cioe ci attristāmo e/ interuenuto : che di quegli frequenti acti habbiamo facto habito . Intēdendo linferno nel quale non e/ redemptione per lhabito del uitio . PORTANDO drento acidioso fommo . Optime perche laccidia e/ una spetie di merore : laquale consuma drento lanimo : et non si sfoga di fuori chome lira . FVMMO : elfummo e nero et cio che tocca fa nero similmente. Lacidia nata dhomore nero fa lhuomo nero . Imperoche come lallegreza rasserena eluolto delhuomo : et fallo lucido chosi lacidia lo rannuuola et fallo obscuro . HOR CI ATTRISTIAMO nella bellecta nera : cioe hora siamo nellhabito dellacidia : et puoi exporre in quella medesima sententia che interpetramo ficti nellimo . QVESTO HIMNO : hymno significa uerso composto in laude di dio ad alchuno beato : pche hymnein in greco significa laudare maxime ne sacrificii : et comunemente si cantano conallegreza Ma qui e/ elcontrario perche contristitia pronuntiano non laude dispirito celeste : ma infamia dispiriti infernali. Ma non e/ error nel poeta : Imperoche parla per hironia cioe usa le parole incontrario senso ilche da alparlare grauita et giocondita chome Virgilio : Egregia interea coniunx . Questa hironia usa anchora disocto quando dice Godi Firenze poi che se si grande . GORGOGLAVONO nella strozza Exprime lauoce di chi uuol parlare et ha ripiena lacanna della gola : Imperoche non parla ma gorgoglia STROZZA e/ el chanale : che arriua da polmoni alla bocca : per la quale uiene lanelito : elquale riposso nel palato nella lingua et ne denti si conforma in uoce distincta et articulata . Onde e/ decto strozzare quando strigniamo iper modo lastrozza che non ui possendo passar lalito lanimale affogha. CHE DIR NOL posson con parola integra : perche non hauendo lalito libera uscita non puo formare le parole distante et intere

Chosi girammo della lorda poza
grandarco tra la ripa secca et elmezo
con glocchi uolti achi delfango ingoza
Venimmo apie duna torre al dassezo.

e Ra la palude chome habbiamo ueduto nel cerchio : et tra le stremita del cerchio : et lapalude rimaneua alquanto di spatio in secho . Et per questo spatio giraua Virgilio conDanthe tanto che arriuorono alla torre. DALLA LORDA pozza Era lorda quella palude : cioe imbractata : perche era fangosa. POZA propriamente significa piccola congregatione dacqua : Ma qui la piglia per la grā palude di Stige. Ilperche usa una figura molto trita appresso de greci : et latini poeti chiamata thapinosis quasi abassamento : Perche pare che sabbassi la chosa grande discriuendo la con ditione : che ipor ti chosa piccola chome in Virgilio quando dice In gurgite uasto : doue pone gurges che significa poza pel mare. GRANDE ARCHO: Chi gira tutto un tondo fa un cerchio : Ma chi ne circunda una parte fa archo. TRA LA Ripa secha : cioe la ripa della palude non tocca dellacqua . ET EL MEZO cioe quella parte laquale era bagnata dallacqua. Mezi in fiorentino sonoepomi quando sono tanto maturi : che comincíono a risoluersi inputrefactione : equali elatini dicono poma mitia. Adunque daquesto mitia uien mezo. Et dipoi perche el pome mezo e / molle noi diciamo mezo ogni molle . Adunque tra la ripa secha et el mezo : cioe elluogho molle della palude. INGOZA inghiottisce : pche gozo significa el gorgozule. Onde sgozare significa tagliare el gorgozule.

CANTO OCTAVO DELLA PRIMA CANTICA DI DANTHE.

i O dico ſequitando chaſſai prima:
che noi fuſſimo a pie dellalta torre
glochi noſtri nandar ſuſo allacima
Per due fiammette che uedemmo porre:
et unaltra dallungi render cenno:
tanto chappena elpotea locchio torre.

b Enche muti el canto: Nientedimeno anchora perſeuera nel quinto cerchio: doue gliracundi: et accidioſi ſi puniſcono. Et dimoſtra come per cenno facto dalla torre Venne phlegias et inbarchogli: et nauicando trouorono nella palude Philippo argenti: et finalmente arriuorono alla cita di Dite. IO DICO Seguitando chaſſai prima. Poſſiamo ſemplicemente intendere: che lauctore uolendo conleghare el principio di queſto capitolo chon la fine del precedente uſi queſte parole. Io dico ſequitando nella narration mia. Et nota che bene che diſopra haueſſi decto eſſere arriuato alla torre pure torna alquanto adrieto chol parlare narrando: che prima che ui fuſſin giuncti uidono el cenno facto in ſu la cima. Ma Giouanni boccaccio huomo et p doctrina et per coſtumi: et per eſſer propinquo atempi di danthe degno di fede/riferiſce hauere udito da Andrea figluolo di lion poggi: et duna ſorella di Danthe: che poi che Danthe inſieme chon meſſer Vieri de cerchi fu facto rebelle della patria la mogle ſua chiamata gemma innanzi che el tumulto populare gli correſſi a chaſa trafugo in luogho ſaluo le piu pretioſe choſe: et con quelle le ſcripture di Danthe. Dipoi dopo anni cinque o piu uolendo epſa in nome diſua dote ricuperare alchune poſſeſſioni del marito mando Andrea chon uno procuratore alluogho doue erono le ſcripture per trarne certi inſtrumenti oportuni alla cauſa. El procuratore tra le ſcripture trouo un quadernetto dimano di Danthe: nel quale erono ſcripti queſti primi ſepte capitoli: et piaccendogli gli porto a Dino dimeſſer Lambertuccio freſcobaldi huomo litterato et exercitato in uerſi toſcani. Dino adunque non ſanza ſtupore hauendo lecto ſi nobile principio acceſo di gran cupidita: che lopera ſi finiſſi mando el quaderno in lunigiana al marcheſe Morello maliſpini. Et per ſue lectere lo prego deſſi opera che Danthe elquale in quegli tempi era appreſſo di lui forniſſi lopera. Fu choſa gratiſſima a Danthe: elquale credendo queſti capitoli eſſer periti chon molte altre choſe cherono ſtate preda del popolo/Sera tolto dal propoſito. Ma allhora rihauutogli: et perſuaſo dal marcheſe dilibero ſequitare: Et ripigliando lamateria decte queſto principio alloctauo canto. IO DICO Sequitando/lopera gia innanzi al mio exilio incominciata. Queſto dixe elboccaccio hauere udito da Andrea. Preterea aggiugne hauere udito da ſer Dino perini elquale era ſtato familiariſſimo di Danthe lui eſſere ſtato el procuratore mandato dalla moglie: et lui: et non Andrea hauer portato el quaderno a dino. Et finalmente dubita el boccaccio: che queſto non ſia uero: pche nel quinto capitolo induce Ciacco aparlare coſe che furono tre anni dopo lexilio di Danthe:

elquale fu cacciato subito che ecerchi perderon lo stato. Ne potea indouinare Danthe. Ne gli piace che a questo si risponda che lauctore ui potessi hauer messe le parole di Ciaccho. poi perche dicendosi che Dino nhauea facto fare molte copie afferma lui che mai non uide ne udi chi hauessi ueduto exẽpla re doue non fussino state le parole di ciaccho. Ma questo pocho fa inqualunche modo sia; perche non muta sententia altexto. Alquale tornando exporremo. IO DICO seguitando: nella narratione gia cominciata. CHE PRIMA che noi fussimo appie della torre: alla quale dimostro disopra essere arti uato. GLIOCHI nostri nandaron: intendi risguardando. INSV LA CIMA: nella sommita. PER DVE fiammette che ui uidi porre: la sententia e/che lospatio elquale e/da questa torre alla citta di dite: doue e/ una torre e/ occupato dalla palude. Ilperche bisognia passarui per barcha: Et finge che le guardie poste a questa torre per cenno di fuocho significono a quegli dellaltra torre lanime: che dinuouo uengono; et tante fiamme fanno quante sono lanime uenute: Et pero allora poson due fiam me per Virgilio et per danthe et latorre della citta risponde alcenno per dimostrare hauere inteso: et disubito manda la barcha a leuare; chi e/ giunto. TANTO CHAPENA elpotea lochio torre: cioe comprendere: Et per questo dimostra el grande spatio della palude che era tra luna et laltra torre. Qui possiamo porre elsenso allegorico intendendo per le torre et le fiamme poste in su lacima el trascẽ dimento delliracundia: et per tre fiamme tre spetie dira: delle quali habbiamo decto di sopra. Ma quanto alsenso litterale e/ questo ad imitatione di quello che si fa tra glihuomini quando ne tempi so specti luna allaltra terra di di fa cenno chol fummo et di nocte chome era allhora chol fuocho.

Et io mi uolsi almare ditutto el senno
dixi questo che dice et che risponde
quellaltro foco etchi son quechel fenno?
Et egli a me su per le sucidonde
gia scorgier puoi quello che saspecta
sel fumo del pantan non tel nasconde.
Chorda non pinse mai da se saecta
che si corressi uia per laer snella:
chomio uidi una naue piccoletta
Venir per lacqua uerso noi inquella
socto el gouerno dun sol galeoto:
che gridaua hor se giunta anima fella.

m ARDI TVTTO senno Dimostra la mede sima sententia: che quando dixe: Et quel sauio gentil che tutto seppe. Adunque interpreta lo nel medesimo modo. QVESTO che dice: cioe el fuocho di questa torre che uuol significare; ET QVELLO altro: cioe el cenno nellaltra: che risponde. Et se chon diligentia considerai questo ternario/giudicherai degno che sia enumerato tra glieleganttissimi per marauigliosa breuita: chon la quale molte chose chon somma perspicuita: et nõ piccolo ornato exprime. Et Virgilio risponde a dã the Tu puoi gia scorgere Su per londe sucide: cio e obscure et nere quel che saspecta. Imperoche uir gilio uedeua gia la barcha mossa. SEL FVMO delpantan non tel nasconde: Dimostra che eluoghi palustri: et pantanosi sempre sono ripieni digros si uapori: et quasi nebbia: equali impediscono la uista. Ma allegoricamente Virgilio: cioe la ragione superiore illustrata di doctrina scorge di subito el uero. Ma dubita che Danthe: cioe la ragione inferio re non sia impedita dal fummo. Imperoche in questa nasce lira: laquale perche e/ribollimento disan gue eleua certi uapori grossi al cerebro: equali impediscono si esensi: che non possono discernere elue ro. Dipoi dimostra per similitudine duna ghiera uscita del balestro la uelocita della naue. Adũque cor da di balestro non pinse da se mai saecta: laqual saecta SNELLA: cioe diricta et schiecta si corressi uia per laere: et dice snella perche la saetta bieca o troppo grossa non e tanto ueloce/quanto la diricta: et schiecta. CHOME VIDI una naue picciolecta. Per la naue pone el moto dellapetito irascibile; et di mostra quella essere al gouerno dun solo: Adimostrare che questo e/ lapetito irascibile inobediente al la ragione: et pero e/ uitio. Imperoche quello che e/ obediente alla ragione non e/ uitio. Onde nõ e al gouerno di questa naue. Et dixe Galeoto per un. T. et non per due benche si douessi scriuere p due Ma e/ conceduto al poeta: perche la rima conrisponda a uoto et a loto. GRIDAVA: Ilche e proprio delliracundo. ANIMA FELLA: dixe duna et non di due. o perche sola una uenera spogliata di cor po: Oueramente pose el singulare pel plurale. Oueramente uolse el poeta exprimere eluitio delliracũ do: elquale saccende tanto: che spesso ne uede ne ode a bastanza.

Phlegias phlegias tu gridi auoto
rispose el mio signore a questa uolta
piu non ciaurai che sol passando elloto
Quale colui che grande inganno ascolta
che li sia facto et poi sene rammarcha:
tal si fe phlegias nellira accolta.

c Home el poeta disopra pose Plutone pel ui tio dellauaritia accomodando la fiction sua ad quello che gliãtichi scriuon di Plutone. Cosi al pre sente pone Phlegias pel uitio dellira et della supbia nõ si partendo da quello che di tale huomo scrip sono egentili. Dicono adunque che Phlegia fu fi gliuol di Marte: et hebbe duoi figliuoli Vn maschio decto Ixione: Et una femina chiamata coronis.

Questa fu uiolata da Appolline : et di tal congiuntione nacque Esculapio huomo si excellente in medicina ; che fu chiamato dio di quellarte. Ma Phlegias concepe tanta ira contro a Appolline hauendogli lui uiolato la figluola : che accese et arse el suo tempio. Ilche fu nel quinquagesimo secondo āno sopra tremila septecento dopo el mondo creato. Et fingono epoeti ; che Apolline chon le sue saepte lo caccio nelloinferno ;et dectegli tal pena : che hauessi un gran saxo sopra capo ; elquale del continuo lo tenessi itimor dauergli a cadere adosso. Et da questo dixe Virgilio Saxum ingens uoluunt alii radiisque rotarum Districti pendent; sedet ethernumque sedebit infelix Theseus Phlegiasque miserrimus ōnes Admonet et magna testatur uoce per umbras. Adunque uedendo el poeta chostui essere stato tanto uincto dallira ; che diuenne impio et sacrilego inuerso gli dii/lo pone in questo luogho pellira. Ne solamente per lira Ma anchora per la superbia ; perche in questa parte doue la palude e / inchiusa tra le due torri si punisce anchora la superbia : Et per le torri si puo dinotare la loro alterigia ; et per le fiamme lardore del superchiare ; et per la naue lempito della superbia ; laquale uelocemente uuol calchare ogniuno ; chome la naue soprasta allacque ; et pone un solo galeotto ; perche el superbo sempre uuole esser solo : et sanza pari. Ne merita altra pena el superbo : se non che uolēdo stare sopra tutti si truoui sobto la bellecta et la mota. Onde Hieremia Cadet superbus et non erit qui resuscitet eum ; et conculcabitur corona superbie. Et Iob Si ascenderit in celum superbia et caput eius nubes tetigerit quasi sterquilinium in fine perdetur. Et Dauid. Delebo eos ut puluerem terre. Quasi lutum platearū comminuam eos. Et per la medesima ragione dimostra Virgilio esser proprio officio di chi iustamente administra la rep. Parcere subiectis et debellare superbos. Ne fu sanza considerato iudicio ; chel poeta ponghi quasi in simile pena Ira. Accidia. Superbia ; et inuidia ; perche grande cognatione e/ tra questi uitii. Ilche accioche piu apertamente si dimostri diremo sequitando Augustino : che chome la uirtu e/ amore ordinato ; chosi per lopposito el uitio e/ amore disordinato. Et e/ questo disordinato amore in tre modi. El primo quando e troppo grande ne beni piccoli ; cioe temporali. Et di questo nasce luxuria. Gola / et Auaritia. El secondo modo e/ quando lamore troppo piccolo ne grandi beni ; cioe ne beni della gratia. Onde procede lacidia ; laquale perche participa della tristitia con liracūdo merita esser nella palude styge chon quello punita. Nel terzo modo e/ lamore disordinato quando e/ amore di male. Et questo si conosce nella superbia inuidia et ira. Imperoche elsuperbo ama laltrui male pel ꝓprio bene. Ama el male del proximo per sua exaltatione. Nelliuido et iracundo e / solamente lamore del male daltri. Ma lanuidia ha originie da propria malitia ; cioe da superbia : perche linuido uuole el mal del proximo ; accioche non gli diuengha equale. Lira nasce dallamore del male delproximo pel desiderio della uendecta. Adunque sono questi quattro uitii simili. Ilperche meritamente si puniscono insieme. Et certo subito che in noi nasce superbia si desta anchora lanuidia ; perche desiderando uano nome et potentia cominciamo hauere iinuidia ad altri : accio che non ci sappareggi. Et per questo pdiamo la mansuetudine ; et in suo luogho succede lira ; laquale ciattrista et conduceci in acidia. Per laqualchosa sanza errore possiamo concludere : che questi quattro uiti in questo pantano si puniscono : Et due torri seruino et alla scensione et eleuamento dellira ; et allalterigia della superbia ; laquale e/ doppia : perche chosi insuperbiamo de beni intrinsechi attribuendo ogni chosa alla nostra sapientia ; et alla nostra doctrina ; chome de gliextrinsechi diuentando elati per le riccheze. potentie. dignita ; et honori. Habbiamo in altro luogho decto. Ma qui lo replico ; che altro ordine tiene el poeta nellinferno ; et altro nel purgatorio circa e uitii. Ilche non solamente obseruo per uariare la narratione : Onde nasce che chi legge non piglia tedio per udire piu uolte una medesima chosa in un medesimo modo. Ma anchora ꝑche nella contemplatione de uitii dobbiamo considerare glieffecti dellanimo ; equali sono piu che e uitii Et nella purgatione e/ assufficientia cognoscere epsi uitii che procedono da glieffecti.

Lo duca mio discese nella barcha :
et poi mi fece entrare appresso allui :
et sol quando fu dentro parue carca.
Tosto chel duca et io nellegno fui
secando senea lantica prora
nellacqua piu che nonsuol chonaltrui.

Dicemmo in questa palude punirsi gliracundi Ilche secondo lonferno essentiale significa che quiui si puniscono lanime ; lequali passando di questa uita rimason dannate di tal uitio. Ma allegoricamente diremo ; che coloro equali hanno facto habito in questo uitio ; Et pero sono daunati in quello : sono sobmersi in styge : cioe in perpetua tristitia. Ma quegli che discendono in questo luogho non ꝑ coinquinarsi nel uitio. Ma per conoscerlo et contēplarlo non caggiono nella palude : Ma sono sanze bagnarsi portati per la superficie informa ; che rimanendo asciutti ; cioe puri dal peccato ueggono glattuffati. LO DVCA mio discese nella barcha ; prima entra in barcha Virgilio. Imperoche nella propria contemplatione ; per laquale trouiamo lauerita la ragione superiore chome uera guida ua innanzi ; et Danthe che significa lasensualita obediente aquella lo seguita : et Virgilio lo fa stare appresso allui ; cioe non lo lascia partire dalla sua obedientia. ET SOL QVANDO fu dentro parue carca. Quanto alla fictione e/ conueniente chosa ; che Danthe hauēdo el corpo aggrauassi la barcha molto piu che Virgilio. Et allegoricamente la ragione superiore e/ si leggieri; et si lontana dal uitio: che nella contemplatione ua sempre agalla; et non ui si tuffa. Ma la sensualita benche sia disposta a sequitare la ragione: Nientedimeno per la sua fragilita non puo fare che alquanto non ui saffondi. Questa medesima sententia expresse Virgilio quando dixe: Et multam acce pit rimosampaludē. Et subito che furon nellegno: cioe nella naue: laquale gli portaua. Ilche a questo p posito significa la uolonta del conteplare. SECANDO seneua lanticha prora: Prora significa laprua della naue: laquale e/ quella che essendo appuntata fora et diuide lacque. Onde si pon qui per lacume dellongegno nella contemplatiua chol quale possiamo aprire le chose obscure. NELLACQVA PIV incendi meco. CHE NON suol conaltrui. Qui poni la Medesima allegoria che disopra. ET SOL quando fui dentro parue carcha. ANTICHA: perche tale passaggio fu quando lonferno del quale lui dixe Innanzi a me non fur chose create se non etherne. Ouero hauendo exposta la prora per lacume dellingegno nel contemplare possiamo dire Antica: perche solo la speculatione nel primo huomo fu innanzi allactione.

Mentre noi corrauan lamorta gora/
dinanzi mi si fece un pien di fango:
et dixe chi se tu che uieni anzhora:
Et io allui si uengho non rimango:
ma tu chi sei che si facto sei bructo?
rispose uedi che son un che piangho:
Et io allui con piangere: et con lucto
spirito maladecto ti rimani:
chio ticonosco anchor sia lordo tutto.
Allhora stese allegno ambo le mani:
perchel maestro accorto lo sospinse/
dicendo uia costa con glialtri cani.

m ENTRE CHE corrauan lamorta gora. Vso improprio uocabolo per far la rima. Impero che in fiorentino diciamo gora un canale dacqua che corra: chome son quelle che fanno uoltare el muli no: Ma ricorresse con laggetiuo contrario che ui po se dicendo morta. Imperoche come diciamo acqua uiua quella che corre: chosi e acqua morta quella che non corre. DINANSI Mi si fe un pien difango Dicemmo di sopra: perche lira: et la superbia si fic ca nel fangho: Et domanda Danthe chi lui sia: et di ce lui uenire ANSI HORA: cioe innanzi al tem po. Imperoche non uanno nellinferno lanime pri ma che si dipartino dal corpo. Et allegoricamente non e/computato tra glirati chi prima nonha facto habito: Et Danthe non solamente non hauea facto habito: Ma era disceso a contemplarlo p non exer citare alchuno acto. Ma lo spirito dannato non intendeua che anchora quegli: che saddirizzono al bene scendono allinferno non per inlordarsi de uitii: Ma per conoscergli accioche se ne possino guardare. ET IO ALLVI: pone una certa contentione tra Danthe: et lo spirito Adinotare et la natura dellira ci do nello spirito: et a significare che Danthe cioe la sensualita mentre che contempla euitii spesso chon giusto sdegno gli persequita: Ma pure perche la contagione della corporea mole la fa prona finalmēte sarebbe uinta: Ilche apertamente dichiara fingendo che lo spirito dopo tal contentione distese lemani per abbracciarlo et tirarlo nel pantano. Ilche significa che lasensualita era combattuta dal uitio. Ma uir gilio: cioe la ragione superiore la difese ripignendo lo spirito nel pantano. Imperoche quando la ragio ne uede la sensualita esser combattuta dal peccato: et pure resistere allhora si desta: et desta lei: et di mostrandogli la pernitie che arrecha seco quel peccato lo scaccia altutto dallapetito: Ma torno altexto ET IO ALLVI CHON piangere et con lucto spirito maladecto ti rimani chio ti conosco: Dimando da principio chi epso fussi: et dipoi lo conobbe sanza che lui gliel dicessi. Adinotare che chi ua speculan do spesso da principio non intende: et chiede preceptore di quello che col tempo sanza aiuto daltri co nosce. Preterea uuol dimostrare che la perturbatione dellira e/ si uehemente che trasfigura lhumo ifor ma: che nel principio non si conosce tanto diuentono bructi. Onde Platone comandaua che ladirato si guardassi nello specchio: Et pero soggiunse ANCHOR sia lordo tutto: Et similmente la superbia trasforma lhuomo: et spoglialo dogni humanita: laquale e/ sola dellhuomo: et uestelo di crudelta ui tio altutto contrario allhuomo: et proprio delle fiere. Ilperche chi contempla tal uitio non ui conosce alchuno sembiante humano. PERCHEL MAESTRO: Chiamalo maestro: perche la ragione superi ore e/ quella che cho suoi precepti ammaestra la sensualita. CHON Glialtri cani: Perche la dirato e/ molto simile al cane.

Lo collo poi con le braccia mauuinse:
baciomi eluolto et dixe alma sdegnosa
benedecta colei chen te si cinse:
Quei fu al mondo persona orgogliosa.
bonta non e/ che sua memoria fregi.
chosi e/ lombra sua qui furiosa.

d Imostra che Virgilio ripinto lo spirito nellac qua si uolse a Danthe et abbracciogli el collo: et baciogli el uolto. Ilche significa che quando la ra gione ha difesa la sensualita: laquale anchora per se medesima faiutaua: dipoi labbraccia et quasi tutta la circunda per farla piu armata contro a uitii: et baciagli el uolto: cioe glapplaude et quasi la lusin gha al ben fare. ET DIXE ALMA sdegnosa:

CANTO OCTAVO

Quanti ſi tengon hor la ſu gran regi:
che qui ſtaranno come porci inbragho/
di ſe laſciando horribili diſpregi.

Intendi di giuſto ſdegno: Et uuol dimoſtrare: che chome nello ſpirito ſi dimoſtraua quella ira: laquale e/ uitio: choſi in Danthe ſi dimoſtra quella parte iraſcibile: che ſi muoue congiuſto ſdegno cōtro a uitii: laquale egreci dicono Nemeſin. Et in lĩgua fiorentina propriamente ſignifica ragioneuole et giuſta indegnatione: et chome la ſuperbia e/ in uitio choſi lo ſdegno e/ in uirtu. Ilche optimamente expreſſe el Petrarcha. Et in donna amoroſa anchor maggrada Chen uiſta uada altiera et diſdegnoſa Non ſuperba et ritroſa. BENEDECTA cholei chen te ſi cinſe: cioe benedecta ſia tua madre: laquale quando era grauida di te ſi cignea in ſul uentre ſuo: nel quale tu eri: et choſi ſi cigneua in te cioe ſopra te. Volendo licteralmente moſtrare la congratulatione che Virgilio uſaua a Danthe poſe le parole: che ſono in conſuetudine nelle quali ſogliamo laudare lalbero quando produce buon fructo. Ne e/ da riprendere Danthe che in queſto luogho ſi lodi perche non loda ſe. Ma ſobto el nome ſuo loda la ſenſualita quando piglia giuſto ſdegno contro al uitio: Et allegoricamente poſſiamo intendere: che ſempre la ragione comenda lapetito quando allei e/ obediente: Et dimoſtra eſſer benedecta la madre ſua che e/ epſa ragione. Perche tale apetito e/ creato da ragioneuole giudicio: et non da ſenſi. QVE FV AL MONDO perſona orgoglioſa. Orgoglioſo ſignifica arrogante: cioe colui elquale ſattribuiſce tanto: che non patiſce che alchuno o ſeglioppongha o contradica ad alchuna ſua ſententia. o lo tocchi per neſſun uerſo. Et nientedimeno uale pocho. Ilperche conuiene che di tali huomini non rimangha altra fama ſe non della loro bizarria: perche non hanno hauuto in loro bonta o uirtu: per laquale poſſino eſſere nominati. Ne puo eſſere maggiore ſupplicio al larrogante: che acquiſtare infamia in luogho di fama. Et di tal uitio ſono molto maculati eprincipi et eſignori: equali gonfiati per la loro felice fortuna ſi danno adintendere eſſer piu ſaui che glialtri. Et certo difficilchoſa e/ non inſuperbire nella felicita: et non ſi ingannare di ſe medeſimo/maxime: perche pochiſſimi ſono quegli che ardiſchino moſtrargli eloro errori: et infinita turba ſempre hanno itorno ad ſe di moinieri et aſſentatori: equali ſono prompti a lodare etiam le choſe degne di ſomma uituperatione. Adunque mentre ſono in buono ſtato ognuno loda: Ma dipoi ciaſchuno gli biaſima. Ilche quādo lor conoſcono ſi rodono et infuriano. Et pqueſto meritamēte dice QVANTI ſi tengon laſſu cioe in uita et nella felicita GRAN REGI: gran principi Quaſi dica ſi tengono degni di quello ſtato: et choſi ognuno gli predica. Tengonſi regi et non ſono. Imperoche quello e/ ueramente re: elqual regge rectamente ſe et altri. Adunque non era re Alexandro magno quando uincto dallira. o dalla uinolentia. ne altri rectamente giudicaua. ne ſe dentro a termini della temperantia contenea. Ilperche rectamente concludono gli ſtoici: che ſolamente el ſauio e/ re: perche neſſuno ſe non e/ ſauio rectamēte regge ſe et altri. CHE QVI NELLINFERNO: cioe o dopo la morte. O quando ſaranno rouinati da ſi alto grado. STARANNO CHOME porci inbragho. Saranno depreſſi et uilipeſi et meſſi in infamia: perche ardiranno glhuomini allhora di dire el uero di loro. Adunque in luogho di buona fama della quale eron cupidi laſciano di ſe ignominia.

Et io maeſtro molto ſarei uago
di uederlo attuffare in queſta broda:
pria che noi uſciſſimo dellago:
Et egli a me auanti che la proda
ti ſi laſci ueder tu ſarai ſatio.
di tal diſio conuerra che tu goda.
Dopo cio poco uidio quello ſtratio
far di choſtui alle fangoſe genti:
che dio anchor ne lodo et ne ringratio:
Tutti gridauono a Philippo argenti:
el fiorentino ſpirito bizarro
in ſe medeſmo ſi uolgea cho denti.
Quiui illaſciamo che piu non ne narro:
ma nellorecchie mipercoſſe un duolo.
perchio auanti attento locchio ſbarro.

PRocede ſapientiſſimamente el poeta. Imperoche eſſendo Danthe in luogho dellappetito ubbidiente alla ragione: et p queſto eſſendoſi moſſo a giuſto ſdegno/deſidera che el bizarro ſia punito: et Virgilio cioe la ragione che ſa che ogni peccato ha drieto ad ſe la ſua punitione/gli promette: che lui ne uedera ſtratio. Preterea pone queſto dāthe per dinotare che gliarroganti ſono ſi exoſi ad ogni huomo: che ciaſchuno deſidera di uederlo punire. Et uuole che ſia tuffato NELLA BRODA. Diciamo in fiorentino brodo et broda: Brodo e/ quello in che e/ cocto alchuna uiuanda onde ſi mangia. Ma broda e/ lauatura de uaſi lordi: et ogni acqua torbida. Et qui la pone per infamia et ignominia: ET EGLI AD ME auanti che laproda ti ſi laſci uedere: cioe innanzi che poſſi uedere la riua della palude allaquale noi nauighiamo. SARAI SATIO cioe uedrai tanto ſtratio di lui che ti baſtera. ET CONVIEN che tu goda di tale deſiderio: perche colui gode di quello che deſidera che lottiene. DOPO CIO POCHO. pocho dopo le parole di Virgilio io uidi choſtui eſſere ſtraciato dalle fangoſe genti: cioe da quegli che erono imbractati dal medeſimo uitio: Adinotare che lun ſuperbo puniſce laltro. Ne di queſti uenne compaſſione a Danthe: perche a neſſuno huomo ragioneuole rincreſce della pena di tali

Sono alchuni uitii dequali benche lhuomo sia punito ragioneuolmente. Nientedimeno pur muouono compassione a nostri sensi. Onde disopra dimostra: et nella pena di Francesca: et daltri simili hauere non piccola compassione. Et chosi per loppposito sono altri uitii: che muouono indegnatione: et non compassione: chome e/ questo: et tutti quegli doue e/ o sprezo o crudelta. Imperoche nella pena di questi ne leuiamo lemani al cielo. TVTTI gridauano: cioe gridando diceuono. A PHILIPPO: cioe adosso a Philippo. Chostui secondo chel Boccaccio dice hauere inteso da Coppo di borghese domenichi Fu caualieri et di nobile famiglia de cauicciuli: equali sono uno de rami de gladimari tanto riccho che u saua ferrare dargento el cauallo: che caualchaua. Fu huomo di grande statura: et membruto: et di bruno colore: et di marauigliose forze: Ma tanto uincto dallira: che per ogni piccola offensione saccē dea oltra a ogni misura. EL FIORENTINO spirito bizarro. Iracundo oltra modo: che chosi signifi ca bizarro in nostra lingua. Ne chiamiamo bizarro alchuno: se non quello che spesso et disubito: et per ogni piccola offensione saccende. IN SE Medesimo si uolgea cho denti: cioe uedendosi offendere et non potendo difendersi per rabbia si mordea: per lequali parole dimostra lauctore Si labestiale natu ra dellirato Si ancora dinota che chi saccende a ira nuoce piu ase che adaltri. QVIVI ellasciammo che piu nonnē narro: lasciamol qui perche in questo rimane lirato: et el fin suo si e/ conuertire lira in se medesimo in uno de dua modi o quando non puo uendichare langiuria o quando si pente dello errore commesso come Alexandro magno elquale piu uolte si uolle uccidere: quando passata lira riconosceua quanto hauea errato. CHE PIV non ne narro: cioe non si puo piu extremo furore narrare dello ira cundo: che questo che lui conuerta larabbia in se medesimo: Et quando habbiamo narrato questo delli rato nonpossiamo dir piu: Ouero dixe, piu non ne narro adimostrare che tali huomini non sono degni che diloro si ragioni. MA NEGLI orechi mi percosse un duolo: cioe udi una uoce dolorosa: Impe roche allhora udiamo quando la uoce peruiene allorechio et percuotelo. PERCHIO dauanti attento gliochi sbarro: cioe udito la uoce disubito chon attentione sbarrai: cioe da ogni parte apersi gliochi. AVANTI: mirandomi innanzi. Imperoche quando udiamo una uoce sogliamo con diligentia raguar dare se possiamo uedere donde escie.

Lobuon maestro dixe homai figluolo
  sappressa la citta cha nome dite:
  cho graui cittadini chol graue stuolo:
Et io maestro gia le sue meschite
  laentro certo nella ualle cerno
  uermigle: chome se di focho uscite
Fussero: et el mi dixe el focho etherno
  chentro laffocha le dimostra rosse
  chome tu uedi in questo basso inferno.

a Auicādo erono gia sipresso alla citta posta nel mezo della palude: che ui si cominciaua a scor gere emaggiori et piu alti edificii. Doue e/ da in tendere che el poeta in questo imita Virgilio quan to sopporta la nostra religione. Imperoche Virgi lio discriue lonferno: et ne primi cerchi pone emi nori peccati: et quegli coquali fu commixta alchu na imagine di uirtu. Dipoi discriue etartari circun dati da diphlegethonte fiume fochoso. Pone lepor te chon colonne di diamante. Pone la torre di fer ro. Pone a guardia della porta Tisiphone furia in fernale. Similmente Danthe ne superiori cerchi ha posto epiu leggieri peccati: equali perche procedo no da incontinentia sono degni di qualche cōmiseratione. Et quanto al morale benche sia difficile mu tare qualunche habito facto: Nientedimeno piu difficile e/ mutarlo ne peccati: equali procedono o da uiolentia. o da fraude. Preterea egia decti non sono altutto spoglati di qualche simulacro et imagi ne dhumanita. Ma questi che sono puniti in dite hanno lorigine loro da somma efferita et immanita. Et quanto lanimo nostro per tali scelerateze e/ piu allontanato: et piu dallungi partitosi dallhumani ta: Tanto piu e/ difficile ritornare a quella. Ilperche Benche laprima porta: che abbraccia et inchiude in se tutti euitii dicessi Lasciate ogni speranza uoi chentrate. Ilche dimostra non essere redemptione a glhabiti in qualunche uitio facti: Nientedimeno pure si truona molto meno ne piu graui. Et per que sto finge questa citta essere in expugnabile. SAPPRESSA LA Citta cha nome dite. Lauctore di nomina questa citta dal signore di quella. Imperoche epoeti dicono Plutone elquale elatini chiamano Dite esser signor dellinferno. CHO GRAVI: cioe pieni di grauita et di molestia. CHOL GRAN DE STVOLO: Adinotare che infiniti sono quegli che peccando ui uanno. ET IO MAESTRO gia le sue meschite la entro cerno: Quasi dica io ueggio emaggiori edificii che sieno in epsa equali chia ma meschite: et meschite in lingua turca significa eloro tempii nequali adorano machometto: equali hanno alte torri doue monta chi con alte uoci chiama el popolo: perche non hanno campane da cōgre garlo. Et meritamente chiama elluogho doue sono tormentati epeccatori Meschite: perche quiui si puo dire essere el tempio doue si sacrifica al diauolo. VERMIGLE. Quasi affocate: perche finge que sti edificii esser di fuoco: et dallo assiduo fuocho esser facti rouenti. Et in questo imita Virgilio. Que rapidus flammis ambit torrentibus amnis tartareus Phlegeton. Item Stat ferrea turris ad auras. Et certo molto maggiori: et piu furiosi incendii ardono glianimi di tali peccatori: et piu dureza e/ ne lo ro cuori: che non e/ in quegli che sono fuori di dite.

n OI PVRE: cioe finalmente Quasi dica. Benche lungha fussi la nauicatione nientedimeno giugnẽmo DENTRO ALLALTE FOSSE. Dimostra che la terra era inexpugnabile. Imperoche prima hauea profondissimi fossi equali VALLAVANO: cioe circundauano: et e/ uocabolo latino QVELLA TERRA, SCONSOLATA: cioe nella quale edannati non hanno alchuna consolatione. Dipoi hauea le mura di ferro: chome disopra habbiamo decto. Chi scende ne fossi sallontana non solamente dal cielo: ma dalla superficie della terra: Chosi lanimo che ha facto habito degli scellerati uitii sempre si profonda et sommerge nelle chose terrene: et lontanasi dalle celesti: et questo fa molto inexpugnabile la citta di Dite: pche non lascia uscire lhuomo del peccato. Et come el cieco sanza guida facilmente cade nella fossa: chosi lhuomo elquale ha perduto ellume della ragione chol ciecho appetito chade nella fossa de uitii. NON SANZA prima fare grande aggirata: Se uogliamo ridurre questo a chi per speculatione entra in questa citta/ diremo che non sanza gran girata: cioe non sanza lungho discorso di ragione: et circuito di speculatione uiene nella cognitione diquesti uitii. Se aquegli che uentrono per rimanerui in etherno tormento anchora questo e/ non sanza gran girata; perche non si fa tale habito del uitio: che non se ne possi uscire se prima non cisiamo assai aggirati intorno a quello con moltissime operationi et actioni: pche Habitus fit ex frequentatis actibus. Et accioche nõ paia superfluo questo nocchieri: et questa porta hauendo posto di sopra unaltra porta doue e/ scripto Per me si ua et c. Et unaltro nocchiere in acheronte dobbiamo intendere che insino a qui habbi discripto el primo procinto: et quasi esobborghi della citta: nella quale ha posto quegli che peccono per incontinentia. Hora pone el secondo procinto doue sono puniti epeccati commessi per uiolentia. Et piu indentro porra unaltro nocchieri: et unaltro procinto doue sono tormentati quegli che hanno cõmesso fraude: Et benche molti ponghino efiumi pel transito in alchuna cognitione: Nientedimeno a noi piace porgli per lappetito: elquale conduce la naue della uolonta et della electione al peccato. Et di sopra habbiamo dimostro che cagione ci muoua a dare tale allegoria.

Noi pur giugnemo dentro allalte fosse:
che uallan quella terra sconsolata
le mura mi parean che ferro fosse.
Non sanza prima far grande aggirata
uenimo in parte doue elnochier forte
uscite ci grido qui e lentrata.

Io uidi piu di mille in su le porte
dal ciel piouuti: che stizosamente
dicean chi e costui che sanza morte
Va per lo regno della morta gente?
el sauio mio maestro fece segno
di uoler lor parlar secretamente.
Allhor chiusor un poco elgran disdegno
et dixer uien tu solo: et quel sen uada:
che si ardito entro per questo regno.
Sol si ritorni per la folle strada
pruoui se sa che qui tu rimarrai:
che glhai scorta si buia contrada.
Pensa lector se io misconfortai
nel suon delle parole maladecte:
che non credecti ritornarci mai.

i O VIDI Piu di mille: Pone numero diterminato per lo indeterminato: come Persio Mille hominum species. Adunque io uidi molti. PIOVVTI DA cielo: Demonii: equali sequitando la parte di lucifero piouuono da cielo chome disopra dicemmo. STIZOSAMENTE/ iracundamẽte CHI E/ CHOSTVI che sanza morte ua pel regno della morta gente. Sono morti quegli dellonferno: perche non ue redemptione; et uiui quegli che sono in carne: perche ue redemptione. Et allegoricamente e/ morto chi ha facto habito del uitio: perche non se ne puo spiccare: Et e/ uiuo chi non ha facto habito: ne ue inuiluppato: Ma uuole ẽtrare nel uitio per contemplatione: laquale fa che dipoi se ne guardi. Adunque el demonio: che desidera la dannatione: come uolentieri apre a quegli che ui rimanghono: chosi per loppposito non uuole aprire a uiui: cioe non uuole che chi non ne fa habito habbia la cognitione: p laquale se ne possa guardare: et pero singegnono torgli Virgilio: cioe la parte rationale sanza laquale Danthe: ne potrebbe entrare nella citta: ne potrebbe tornare a drieto. Imperoche la sensualita: et la ragione inferiore se fussi abbandonata dalla superiore nella cognition de uitii si lascerebbe aescare et piglare da quegli: Et farebbene habito et non potrebbe uscire dellinferno Ne entrare nella contemplatione de uitii. Ne sanza cagione dixe piu di mille: perche innumerabili sono le tentationi che ci lusingono a uitii. EL SAVIO MIO MAESTRO FECE CENNO Di uoler lor plare secretamente. Virg. uuol parlare a demonii di secreto a Dante: cioe laragione supiore pse sola laquale ha cognitione de gluniuersali/ uuole placare ecustodi di quella citta a che glaprino le porti: perche ogni scientia speculatiua e/ de gluniuersali: et non de particulari: nequali non sadopera Danthe: cioe esensi: et la ragione inferiore. Non puo essere tentatione che uincha lanimo: nel quale non cade ignorantia. Adunque a uincere la temptatione e/ necessaria la ragione superiore instructa di scientia: laquale non erra nel senso. ALLHOR CHIVSONO VN POCHO EL GRAN DISDEGNO.

Cioe dissimuloron losdegno: et mostrorono alquanto placarsi. ET DIXON VIEN tu solo et quel sen uada. Quasi dica che sola la ragione superiore e/ messa dentro alla speculatione: ne si puo uietargli la porta: perche conosce eprincipii. Et uadasene Danthe per la ragione pocho disopra decta. CHE SI ARDITO ENTRO per questo regno. Et certo non e/sanza temerita: che laragione inferiore si mecta a contemplare: perche non e/ de gliuniuersali contemplabili: Ma de particulari actiui. Nientedimeno non poteua el demonio ragioneuolmente riprendere Danthe di temerita: perche non si metteua solo alcontemplare: Ma seguiua la ragione superiore: Ma eldemonio spesso tempta nellanimo dellhuomo la ragione inferiore per inuilirla che non si metta al conoscere: Et certo se non fussi accompagnata dalla superiore inuilirebbe et caderebbe in disperatione. SOL SI Ritorni pella folle strada: Cioe lui folle si ritorni solo: et e/ modo poetico di dare alla chosa quello che e/ dellhuomo. Chosi Virgilio Seua sedens super arma. Oueramente dixe strada folle: perche la strada che mena auitii e/ piena di stoltitia: conciosia chel peccato nasca da ignorantia: et dice sol si ritorni Quasi dica Ilche gli sara impossibile: Perche sanza la ragione superiore la sensualita non uscirebbe ne si suilupperebbe da uitii. Onde epso pocho disotto lo dimostra dicendo che noncredecte mai tornarci cioe uscire dellinferno .i. de uitii et tornare inuita. PRUOVI SE SA: E /modo diparlare nostro pruoui se sa: facci se sa quasi dica che non sapera et non potera. CHE TV QVI RIMARRAI: percre inuero lontellecto nostro significato per uirgilio sempre si riuolge intorno alle cose speculabili: et lui e/ quello che fa lume per le tenebre: cioe dimostra lecose obscure alla parte inferiore.

O caro duca mio che piu di septe
uolte mhai sicurta renduto et tracto
daltro periglio che contro mi stette
Non mi lasciar dixio cosi disfacto
et sel passar piu oltre cie negato
ritrouian lorme nostre insieme rapto

o ptime dice. OCARO DVCA MIO: Imperoche laragione naturalmente e/guida del la parte sensitiua. Ma nellhuomo che sequita lappetito et non la ragione tal guida non glie cara: Ma e ben cara a quello che gli sobtomette lappetito: et lappetito la sequita non per forza: chome el male schiauo el signore: Ma uolentieri: chome buon figliuolo elpadre. CHE PIV DI SEPTE VOLTE Cioe molte uolte: et pone numero per numero: chome disopra mostrammo: Et nomino non sanza cagione el numero septenario: perche chome di sopra referimmo e/ numero perfecto. Onde e/ decto Pallas che e/ dia della sapientia. Intendiamo adunque per septeuolte che e/ numero perfecto laperfectione della chosa: perche in uero perisce elsenso quando e/ rebelle alla ragione. Ma quando la sequita dallei perfectamente e/ tracto dogni pericolo MHAI SICVRTA renduta et tracto del pericolo. Dice due chose lequali possono essere luna sanza laltra. Imperoche possiamo essere in alchun pericolo: et per non lo conoscere non lo temiamo. Et allhora siamo sicuri: cioe sanza paura: et nientedimeno siamo in pericolo. Ilperche dimostra: che nō solamente glha dato sicurta Na anchora lha tracto del pericolo. Ilche fu, et quando mi leuasti dinanzi alle tre bestie. Quando placasti lira di Charone. di Minos. di Cerbero: Et de glaltri che sopponeuono al nostro camino. NON MI Lasciar disfacto. Et certo e/ disfacto lappetito nellanimo dellhuomo/ se la ragione labbandona: perche finalmente perisce. ET SEL PASSAR piu oltre cie negato. Niente altro e/ che pasca lamente humana se non la cognitione delle chose: et perche debbe andare aquel la necta da ogni macula: chome disopra dimostrāmo/dobbiamo cominciare dalla cognitione de uitii. Nella quale hauendo facto alchun progresso/ se non possiamo procedere piu auanti: cioe conoscergli tutti dobbiamo tornare adrieto: cioe uscir di quegli equali habbiamo conosciuti. Et dimostra che noi habbiamo a obseruare tre chose a tornare adrieto. Prima ritornare per le medesime pedate. Ilche significa: che chome siamo scesi nel uitio solo per uia di conoscerlo: et non illordarcene: cosi conosciuto dobbiamo pentircene per la medesima uia. La seconda tornare insieme: perche ogni uolta che lappetito si scompagnassi dalla ragione perirebbe. La terza e/ che dobbiamo tornare rapto. Imperoche conosciuto la malignita del uitio di subito dobbiamo partircene. Possiamo anchora dargli altra significatione: per laquale Danthe dimostra: che la ragione inferiore quando truoua alchuna difficulta nella operatione uirtuosa uolentieri si toglie dal proposito: Et chome dixe Virgilio Atque opere in medio defixa aratra reliquit: Se lontellecto non la ritiene e conforta.

Et quel signor che li mhauea menato
mi dixe non temer chel nostro passo
non cipuo tor alchun da tal ne dato:
Ma qui mattendi: et lo spirito lasso
conforta: et ciba di speranza buona:
chio non ti lascero nel mondo basso.

Conforta lastanca et gia caduta indesperatione sensualita laragione. Adunque quel signore bene lo chiama inquesta parte signore. Habbiamo dimostro che laragione e guida allo appetito: quando lui lo sequita. Ma perche qui danthe cioe la sensualita sanza aspettare la deliberatione della ragione desideraua tornarsene pero la ragione come signore lo co

ſtrigne al procedere. ET QVEL SIGNOR CHE limhauea menato. Quaſi dica: che hauendomi cõ
docto ſaluo inſino a qui douea ſperare che farebbe el medeſimo nel reſto del camino. NON TEME
RE: et aſſegna la ragione: perche neſſuno ci puo torre queſto paſſo. DA TALE: cioe da ſi potente
NE DATO. Imperoche da dio era loro conceduto andare per tutto lonferno. Ne puo diabolica temp
tatione nuocere a chi e/ accompagnato dalla diuina gratia. MA QVI MATTENDI/ qui maſpecta
Et certo quando lontellecto arriua nel contemplare in alchuna difficulta ſi debba fermare lappetito: et
aſpectare tanto: che lontellecto uinca tal difficulta: et intenda quello che cercha intendere. ET LO
SPIRITO laſſo conforta et ciba. Non puo la parte ſenſitiua et appetitiua: et anchora lactiua/ ſalire
doue ſinnalza la intellectiua: Ma biſognagli alchuna quiete: et che ſia confortata dallo intellecto.
DI SPERANZA BVONA: Non ogni ſperanza e/ buona: Ma quella che lanimo non perturbato pi
glia nelle choſe honeſte et poſſibili. CHIO NON ti laſciero nel mondo baſſo: Et certo rimarrebbe
nel baſſo mondo la ſenſualita. Imperoche ſempre e/ prona alle choſe terrene/ ſe lontellecto non inal
zaſſi lanimo noſtro alle diuine. Piglia adunque queſta ſperanza: et di queſto ti confida.

Choſi ſen ua: et quiui mabbandona
lodolce padre: et io rimango inforſe:
chel no el ſi nel capo mi tenciona.
Vdir non potei quel challor ſi porſe:
ma enon ſtecte la conepſi guari:
che ciaſchun dentro apruoua ſiricorſe.
Chiuſor le porte que noſtri aduerſari
nelpecto almio ſignor che fuor rimaſe
et riuolſeſi a me con paſſi rari.
Gliochi alla terra: et le ciglia hauea raſe
dogni baldanza: et dicea ne ſoſpiri
chi mha negato le dolenti caſe?

d Imoſtra che dopo le parole decte ſi parti ãdan
do in uerſo edemoni: et lui laſcio. ET QVI
VI MABBANDONA lo dolce padre: Laſcia qui
Danthe: perche la ſenſualita non potea arriuare la
ſu. Ma non labbandona per laſciarlo: Ma per pre
parargli la uia: per la quale dipoi lo poſſa guidare
DIXE LO DOLCE PADRE: Adinotare che non
per odio o per crudelta lo laſcio: Ma per amor pa
terno: che chome el padre che ſpeſſo laſcia efiglio
lini: equali non lopoſſono ſequitare per prouede
re alor biſogni/ et tornare con le choſe parate: co
ſi Virgilio laſcio Danthe chon propoſito di tornare
per lui quando hara prouiſto. ET IO RIMAN
GHO in forſe: cioe in dubio ſe tornera o no. Ilche
dichiara meglo dicendo. CHEL NO EL ſi nel
capo mi tenciona: Nel capo doue e/ la uirtu ſtima
tiua donde naſce el giudicio Tenciona/ combatte et e/ uocabolo antico fiorentino: et ne noſtri tempi
di rado luſiamo: Ma accioche lallegoria proceda Virgilio guida Danthe: elquale inſino che non glie
negato la uia. i. la ragione ſuperiore guida la ſenſualita mentre gli puo moſtrare el uero. Ma quando
arriua a choſa che epſa non intenda e/ neceſſario che lappetito ſi fermi inſino atanto che lontellecto ac
quiſti la cognitione di quello: che alpreſente non ſa: Et acquiſtatola torna a Danthe: et muouelo aſe
quitare el camino: cioe muoue lappetito al ſequitare nella contemplatione: Ma lappetito abbandona
to dalla ragione non uolendo temerariamẽte pigliare partito ſanza el conſiglio di quella ſi ferma: et ſta
in dubio ſe Virgilio tornera o no: cioe ſe lontellecto potera uenire in tal cognitione: o no. VDIR
NON POTE quel challhor ſi porſe. Non puo la ſenſualita udire quello che lontellecto dice: perche
la ſpeculatione appartiene ſolo allintellecto. MA ENON STECTE LA chon epſi guari: cioe mol
to: guari e/ uocabolo antico fiorentino: et ſignifica molto: et ne noſtri tempi non e/ in uſo. La ſen
tentia e/ che non potendo Virgilio fare aprire le porti in brieue tempo ſe ne torno a Danthe. Impe
roche quando lintellecto per ſe medeſimo non puo intendere preſto intende che non puo intendere:
et ritorna alla ſenſualita. CHIVSOR LE Porte que noſtri aduerſari. Queſto uerſo ſi pronuntia con
merore: et con querela: perche gli parea choſa indegna che a tale huomo fuſſi chiuſa la porta: Et cer
to ci marauigliamo quando uediamo huomo di gran doctrina arriuare a dubii equali non ſappi ſoluere
NEL PECTO AL Mio ſignor che fuor rimaſe. A dinotare che la cogitatione e nel cuore: et elcuore
nel pecto. Adunque enoſtri aduerſarii. i. la diabolica fraude probibiſcono che lacogitatione dellhuomo
docto non puo entrare dentro alla porta: cioe non puo per uera uia entrare nella cognitione. ET
RIVOLSESI AD me con paſſi rari. Ritorna alla ſenſualita lontellecto non potendo procedere nella
cognitione/ accio che ſe non la puo guidare piu auanti almancho la tengha ferma doue e/ inſino che cõ
laiuto daltri potera metterla dentro alle porte. CON PASSI rari/ chome fa ogni cogitabundo: p
che ua penſando et ſpeſſo ſi ferma. Chi penſa fa diſcorſo di mente: et nel diſcorſo ſpeſſo ſi ferma do
ue truoua elluogho ambiguo: Et fermandoſi lanimo fa fermare el corpo/ o andare choſi adagio come
ua el diſcorſo. Ilche expreſſe Virgilio Cui fidus Achates It comes et paribus curis ueſtigia figit.
GLOCCHI alle terra: et queſto e/ anchora choſtume dhuomo che penſi fermare gliocchi in terra. Lo
chio quando ſi uolge a uarie choſe diſtrahe la mente dal ſuo diſcorſo: Et pare che ſpingha lontellecto do
uunche guata. Adunque per fermare lanimo fermiamo anchora gliocchi: et maxime a terra doue non
gli puo occorrere uarieta o moto che lhabbia adiſtrarre. ET LE CIGLIA HAVea raſe: Quaſi uacue

Natura del cogitabondo.

dogni baldanza et certamente negliochi si conosce chi ha baldanza cioe chi si confida inse o chi lha perduta. ET DICEA NE SOSPIRI Chi mha negato le dolente chase: Non parlaua uirgilio: ma ueniua cogitabundo: et ne sospiri parea dicessi quello. CHI MHA negato: quasi dica colui: che nulla puo contro alla uoglia dichi mi manda. Et ueramente benche sempre ci dolga esser uincti: Niente dimeno molto piu cie molesto esser uincti daquegli che ci sono inferiori.

Et a me dixe tu perchio madiri
non sbigottir chi uincero la proua
qualchalla difension dentro saggiri.
Questa lor tracotanza non me noua:
che gia lusaron amen secreta porta
laqual sanza serrame ancor si troua.
Souressa uedestu lascripta morta
et gia di qua dalei discende lerta
passando per li cerchi sanza scorta.
Tal che per lui ne fia la terra aperta.

n on uuol uirgilio che perche lui sisdegni danthe sbigottisca. Imperoche benche lintellecto non possa p semedesimo apprehendere: nientedimeno spa col fauore diuino potere. Et pero. NON SBIGOttire chio uincero la proua: se non colle pprie forze con laiuto diuino. QVALCHALLA difensione: cioe qualunche sia quello che saggiri drento a far difesa: che noi non uentriamo et dixe saggiri o ueramente perdimostrare elcostume di quegli: che stanno alla difesa duna terra:, equali uanno in torno alle mura per prouedere in ogni parte. Oueramente dixe saggira cioe inuano saffaticha. Imperoche elfiorentino dice lui si ua aggirando quando non fa proficto nellaffaticharsi. Et per dimostrare che non e/ da marauigliarsi che loro sieno si baldãzosi che si mettino adifendere quello che non possono difendere dice esser lor costume anticho far questo. Adunque NON E/NVOVA: cioe inusitata QVESTA LOR Tracutanza: cioe presumptione et impudente audacia. Onde di sobto dice La Tracutata schiatta cioe baldanzosa et temeraria. CHE GIA lusar amen secreta porta. Questo intende della prima porta dellinferno: tra laquale et questa che e/ nel sexto cerchio sono que uitii: equali procedono da incontinentia: et piu facilmente si conoscono: Onde ha potuto Virgilio: cioe lhumano intellecto per se medesimo guidar Danthe: Et per questo e/ men secreta: cioe meno obscura. Et intẽde quãdo edemonii uollono ricalcitrare quando cristo spoglio ellimbo. Onde el psalmista dixe Tollite portas principes uestras et introibit rex glorie. Ilche significa che si ruppono tutte le leggi: et sententie date contro alla disubidentia del primo huomo. LAQVAL SANZA serrame anchor si truoua: perche dalla passione di christo in qua non puo piu ritenere lanime de giusti baptezati. SOVRESSA uedestu la scripta morta: Risponde aquello Queste parole di colore smorto uidio scripte alsommo duna porta ET GIA DI Qua dallei scende lerta: Dice che gia langelo mandato da dio per aprire la porta e/ entrato nella prima porta et scende lerta. Ogni luogho ripido ha erta et china: Ma chiamasi erta a chi losale: et china a chi lo scende. Adunque pose lerta per la china poi che langelo scendea come Virgilio pone fine pel principio: Occeani finem iuxta: solemque cadentem. Oueramente dixe erta quanto a se: elquale essendo gia disobto gli tornaua erta. PASSANDO per gli cerchi sanza scorta: perche ladiuina potentia non ha bisogno di scorta. TAL: CHE PER LVI: cioe per suo mezo ne fia aperta laporta della terra: cioe della citta. Et questa allegoria exprimerremo meglo nel sequente capitolo

CANTO NONO DELLA PRIMA CANTICA DI DANTHE

q uel color che uilta nel cor mipinse
ueggendo elduca mio tornare inuolta
piu tosto dentro elsuo nuouo ristrinse

i N questo nono capitolo discriue el consiglio di Virgilio circa allentrare della citta et emostri infernali che ui sono ; et per cui aiuto uentrorono ; et finalmente dimostra con che supplicii ui sono tormentati glieretici. Materia quasi nuoua ; et doue sono horribili peccati ; equali non meritano alchuna compassione ; perche non nascono dallo stimolo della carne ; chome el disordinato amore, o golosita, o ira, Ma da maluagia malignita danimo peruerso : Et benche in tutti euitii glacti frequenti faccino habito ; Nientedimeno ne paisati e/ piu incontinentia che intemperantia . Ma in questi si uede una peruersissima obstinatione. Et perche chi fa habito in questi e/quasi impossibile ; che se ne possa ritrarre ; pero gli mette drento alla citta cincta di mura di ferro. Adinotare che sia inexpugnabile ; chome di sopra dicemmo : Ma per tornare al texto La sententia del primo ternario e/che essendo Danthe impaurito ; et per questo ipalidito per la mutatione che hauea ueduto nel uiso di Virgilio ; Et accorgendosi diquesto Virgilio ripremette losdegno et la perturbatione sua : et rischiaro la faccia ; et riduxela al colore naturale : accioche Danthe anchora lui ponessi giu la paura. Et certo ogniuolta che la parte rationale nellhuomo piglia sbigottimento di non potere consequire alchuna chosa/ la sensualita mloto ne impaurisce . Et latentemente admonisce che qualunche e/posto al gouerno et al reggimento deglialtri/debba spesso ne pericoli mostrarsi di buono animo ; Accioche non sbigottisca quegli che sono sobto elsuo gouerno. Ilche Virgilio tribuisce ad Enea quando dice. Spem uultu simulat premit altum corde dolorem ; et ordina el texto. Quel colore elquale la uilta cioe la paura pinse fuori Intendi nella faccia . Imperoche pallore nel uolto non e/ se non manchamento di sangue ; elquale per la paura fugge al cuore ; et lascia le uene del uolto uote. VEGGIENDO EL duca mio tornare in uolta. Quasi dica sanza uictoria et scacciato ; perche diciamo uno exercito esser messo in uolta quando superato danimici uolta le spalle. PIV TOSTO DENTRO el suo nuouo restrinse. Era nuouo in Danthe el colore pallido. Imperoche la paura lhauea facto diuentare pallido. Era similmente nuouo in Virgilio el colore acceso ; perche losdegno lhauea acceso nella faccia. Imperoche essendo ira ribollimento di sangue intorno alcuore ribollendo discorre p tutte le uene ; Ma apparisce piu nella faccia ; perche quiui sono molte uene intercutanee ; cioe si in pelle che altutto si manifestono. Ma ueggendo Virgilio la paura di Danthe nascere dalla mutatione del uolto suo singegno di subito ristrigner dentro tal colore. Adunque quel colore che era in me p paura nata da uilta ristrinse piu tosto elnuouo suo ; cioe di Virgilio. Imperoche Virgilio rimosse dal suo uolto elcolor nuouo. i. el colore non naturale. Ma elquale dinuouo era apparito per losdegno uedẽdo che per quello Danthe temea ; Et questo dixe adinotare chel sauio puo anticipare in scacciare da se le ptur bationi dellanimo .

Attento si fermo combuon chascolta
che locchio nol potea menare allunga
per laer nero et per la nebbia folta
Pure anoi conuerra uincer la pungha
comincio el se non tal nesofferse
o quanto tarda ame chaltri qui giungha.

a TTENTO SI fermo . Interuiene che quando in luogo tenebroso aspectiamo alchuno ; perche non ui uale locchio non potendo scorgere / usiamo laudito ; accioche per lo strepito o alchuno altro romore ciauueggiamo quãdo uiene. El medesimo facea Virgilio : Ma allegoricamente sintende che quando lintellecto p se non puo uedere el uero occupato dalle tenebre della ignorantia attento aspecta inspiratione et aiuto diuino. CHOMHVOM chascolta Poiche lira cessa. CHE LOCCHIO nol potea menare allungha. Assegna la ragione ; perche usaua el senso delludire ; perche el uedere non lo seruiua dalungi PER LAERE NERO. Quanto piu e/ difficile la chosa tanto ue piu nero aere ; cioe tanto e/ maggiore obscurita dignorantia. Onde el psalmo chiede in questo el diuino fauore, dicendo Illuminare iis qui in umbra mortis sedent. PVRE A NOI Conuerra uincer la punga. Accendesi lontellecto humano ; quando peruiene alla contemplatione di si alte chose ; che non le puo intendere per se medesimo. Ma quando poi pigla speranza ; che per laiuto diuino che anchora potera. Et in conforto di se et della ragione inferiore dice PVRE : Quasi finalmente ANOI CONVERRA uincer la punga ; la gara dellentrare nella porta. Ilche e/ entrare nella cognitione. COMINCIO EL ; Comincio egli. SE NON : Et se non arrogi potremmo uincere la punga per noi medesimi saremo aiutati. TAL NE sofferse. i. tale offerse se anoi come huomo cogitabundo parla mozo ; et non finisce loratione. Ilche fa che Dãthe dubita ; Ma questo pocho disobto exporremo. O QVANTO tarda a me : O quanto indugia almio parere. CHALTRI qui giungha ; cioe lagnolo che io aspecto. Imperoche chome dice Seneca a chi ha frecta ogni gran celerita gli pare tardita. Allegoricamente lontellecto aspecta laiuto di dio et ladiuina gratia; et maxime la preueniente; laquale non aspecta essere richiesta: Ma spesseuolte al buon uolere precorre. Perche subito che ellibero arbitrio nostro si dispone a eleggere el bene/ la gratia preuenien te laddiriza per la buona uia.

Iuidi ben si chome ericoperse
il cominciar con laltro che po uenne:
che fur parole alle prime diuerse:
Ma non dimen paura el suo dir dienne:
perchio traeuo la parola tronca
forse apeggior sententia: che non tenne.

r Icoperse Virgilio el principio del parlare: nel quale non daua certa speranza conlaltro parlare che sequito quando dixe Se non tal ne sofferse lequali parole furono mozze. Impero che bisogna supplire; tal ne soffe rse che ci fara uincere tale cioe si potente et intende di dio ne sofferse ci sofferse cioe offerse se anoi: Et queste furono parole diuerse alle prime; perche quelle dimostrauono che lui potessi uincere; Queste che hauessi bisogno dello aiuto daltri. Ma non dimeno per essere diuerse non sono opposite o contra rie. Ma in somma dimostrano piu difficulta che non credette da principio: Et dinota che lontellecto alchunauolta crede chon continuato discorso consequitare la cognitione della cosa; che lui inuestiga. Dipoi saccorgie che ha bisogno di maggior lume

In questo fondo della trista concha
discende mai alchuno del primo grado
che sol per pena ha lasperanza cioncha.
Questa quistion fecio et que dirado
in contra ame rispose et che di nui
faccial cammino alchun pel quale iuado.
Vere chaltra fiata qua giu fui.
congiurato da quella erithon cruda/
che richiamaua lombre a corpi sui.
Dipocho era di me la carne nuda;
chella mi fece entrare dentro a quel muro
pertrarne un spirto del cerchio di giuda:
Quellel piu basso locho el piu obscuro
el piu lontano dal ciel che tucto gira
ben sol cammin pero ti fa sicuro

d Vbitaua forte Danthe non potere entrare nella citta: Et entratoui dubitaua se Virgi lio sapessi guidarlo pe cerchi inferiori; come lha uea guidato pe superiori. Et pero domanda se alchuno del primo cerchio nel quale staua Virgi lio per alchun tempo era sceso insino al basso. Dinota in questo che la ragione inferiore: pche non discerne gluniuersali dubita che anchora la superiore non gli sappia discernere. Et Virgilio accorgendosi del suo temere per dargli confor to afferma lui esserui disceso: Et in questo luo gho benche elnostro poeta sia differente da uir gilio. Imperoche lui finge: che la Sybilla non uolessi menare dentro a questa citta Enea. Ma narragli le pene che ueronο. Et Danthe finge: che Virgilio uel meno: Nientedimeno sono si mili in questo: che luno; et laltro dimostra la guida esserui stato, altra uolta Virgilio la Sybil la; acciochε Enea prestassi fede a quello che ep sa ne narraua; et Danthe Virgilio per rimuoue re la paura; laquale mostrammo di sopra. Vogliono alchuni; che Danthe scriue questo essere fincto da Virgilio a dimostrare che spesso esaui fingono alchuna chosa non per ingannare; ma per introdur re. Et parte chome habbiamo decto in alchun modo imita Virgilio. Et se dicessi qual cagione ha mosso Danthe; che uolendo imitare Virgilio; qui gli sia contrario: Rispondo che non e/ contrario quanto pare. Dice Virgilio quando dimostra che la Sybilla non uuole condurre Enea drento a questa citta. Nulli fas casto sceleratum insistere limen: Ne altro intende dicendo che a nessuno buono sia lecito fer marsi in quella: Se non che nessuno puo esser buono che si fermi; cioe facci habito nel uitio. Ma parue alla sybilla fussi meglio narragli euitii; et tenerlo di fuori. i. dargli la cognitione diquegli sanza che lui ne faccia habito; Et Danthe finge che benche Virgilio ue lo conduca; Nientedimeno non ui si fermi. Ilche significa quel medesimo; cioe entrare nella cognitione del uitio: Ma non ne fare habito. Et e/ questo piu secondo la religion christiana; laqual crede che ciaschuno entri in questa citta: cioe in alchu no modo pecchi. Onde Dauid dixe Omnis homo mendax: Et altroue Septies in die cadit iustus: Ma non e/ pocho non ne fare habito. IN QVESTO FONDO della trista concha: In questa bassa par te dellinferno; elquale ha discripto in forma di uaso; elquale da capo comincia chon piu largo giro: et quanto ua piu basso piu ristringha. DEL PRIMO GRADO/ Del primo cerchio oue e/ ellimbo: Et doue pose lanime de glhuomini uirtuosi; Ma sanza fede; aquali per pena; cioe in luogho di pena hanno CIONCHA; cioe moza la speranza chome dixe di sopra: che sanza speme uiuemo in disio. cio cho e/ uocabolo lombardo; et significa mozo et diminuito; et chosi lo piglia qui: Ma in fiorentino cionchare significa disordinatamente bere. IO FECI Questa quistione; cioe questa domanda. Impe roche querere in latino significa cercare et domandare. EV QVEI: Et quello Virgilio rispose dicendo DIRADO INCONTRA: Radeuolte interuiene; incontrare significa interuenire et abbatteri CHE ALCHVNO DI NVI; cioe di noi. FACCIA EL Camin pel quale io uado; Dice che benche rade uolte interuengha pure allcuolte interuiene : Et allegoricamente dimostra che pochi son quegli che scē dino nella meditatione de uitii per purgarsene. VERE CHALTRA FIATA : dimostra lui esserui stato pocho dopo la morte scongiurato da Erithone: Et finge Danthe : che Virgilio fingha questo per confortarlo chome habbiamo decto. Erithone fu secondo Lucano femina maga in thesaglia : laquale a requisitione di Pompeo figluolo di Pompeo magno ritrasse dellonferno una anima al corpo : Et fece gli dire che fine hauessi hauere la guerra ciuile tra Cesare et Pompeo. Finge adunque Danthe che Virgilio finga questo di se in conforto suo : Et oltra a questo quadra a una antica opinione: che Soroastre inuentore di questa arte la exercitassi per hauere cognitione della immortalita dellanima : et della natura et potentia di quella. Et dellarte maga diremo di sobto quando di quel peccato si tractera. Ma quā to al presente texto e da dubitare: chome Danthe ponghi che lanima di Virgilio fussi scongiurata et cōstrecta : conciosia che la nostra religione louieti : perche non uoglono etheologi : che larte maga habbi questa forza. Ilperche aurelio Augustino scriue che quella Phitonissa della quale recita el primo libro de re : che parlaua in persona di Samuel propheta/non era Samuel: Ma un demonio: elquale fingeua dessere Samuel : Ma rispondesi : che non sono parole di Danthe ne sua sententia : Ma di Virgilio : el quale parla secondo lopinione de poeti gentili : chome ueggiamo in homero : et in Lucano : et glialtri Preterea accadendo a proposito nota in questo luogho Danthe : el quarto descenso dellonferno posto dagli antichi. Imperoche come disopra dicemmo si scende allonferno nelprimo modo: quando lanima partendo dal corpo in peccato capitale ua in etherna dannatione. Nel secondo modo quando anchora nel corpo scende nellhabito del uitio. Nel terzo quando scendiamo nella contemplatione de uitii per purgarcene. Et secondo questi tre primi modi sempre scriue per tutta questa prima cantica. Et del quarto tocca in questo luogo : non perche lappruoui : ma accioche non ne pretermetta alchuno. DI POCHO ERA di me lacarne nuda : lacarne era nuda cioe priuata di me Virgilio: Et optimamente dime perche benche lhuomo sia danimo et di corpo ; Nientedimeno perche lhuomo e/ decto dalla ragione : et dallintellecto ueramente lanimo e/ quello che e/ huomo: Et el corpo e/ chome uno uestimento allanimo. DENTRO A QVEL MVRO : elquale tu uedi di ferro per trarne una anima: laquale era nel infimo cerchio : nel quale e/ punito giuda : et da lui e/ decto giudeccha. QVELLO E EL piu basso locho. Se linferno scende insino alcentro della terra : et questo cerchio e/ el piu basso/conuiene che lui sia nel centro ; Et perche ogni centro e/ la piu lontana parte che sia dalla circunferentia/pero e/piu lontano da cieli. CHE TVTTOGIRA. elqual girando tutto inse contiene. BEN SOL CAMMINO Auedeuasi che Danthe temeua : che lui non sapessi el cammino per non uessere stato : et pero conclude saperlo. Et forse finge Danthe: che Virgilio fingessi esserui stato per dimostrare che moralmente esaui dicono spesso quello che non e / non per ignannare : Ma per confortare a perseuerare nelle buone opere quegli che hanno preso alchuno sbigottimento.

Questa palude chal gran puzzo spira
  cinge dintorno la citta dolente:
  V non potemo entrare homai sanzira.
Et altro dixe: ma non lho a mente
  peroche locchio mhauea tutto tracto
  uer lalte torre alla cima rouente:
Doue in un puncto furon dritte rapto
  tre furie infernali di sangue tincte/
  che membra feminili hauean et acto:
Et con hydre uerdissime eron cincte:
  serpentelli ceraste hauean per crine:
  onde le fiere tempie eron auincte.

d Imostra che questa palude stige che spira: cioe che alita el gran puzo ; perche di quel la surgono uapori et nebbie di cattiuo odore. Il che e/ naturale dogni pantano. Ma anchora allegoricamente dalla tristitia del cuore nascon molti puzi ; cioe molti uitii. CINGE DINTORNO LA CITTA/ di dite. DOLENTE ; per uarii et insopportabili tormenti che ui sono; Et certo euitii non lascion dopo se altro ; che pentimento et dolore. Onde optime el petrarcha : Penitentia et dolor doppo le spalle. V NON POTREMO: doue non potremo ENTRARE sanzira : perche gladuersarii soppongono. Ne sia chi si marauigli : che dimostri ira nelluogho doue si punisce lira. Imperoche qui elpoeta uuole dimostrare che puo essere ira : laquale nō solamēte non e/ uitio ; Ma e/ uirtu ; perche e/ giusta indegnatione a fare lanimo gaglardo a ogni honesta impresa : perche chome habbiamo decto non e/ solamente nellanimo nostro quella parte che disidera el bene : cioe la concupiscibile : Ma anchora quella che rimuoue globstacoli ; che impediscono el bene : Et chiamasi irascibile. ET ALTRO dixe ma non lho amente ; dimostra lui essere stato tirato si di subito dallostupore di quel che uide : che per lasubita turbatione dellanimo dimenticho molte chose che Virgilio hauea decto. Et certo quando nasce un subito mouimento nellanimo tanto se ne perturba che dimenticha eprecepti datogli dalla ragione. Et serue questo figmento dobliuione a due chose : prima a quello che habbiamo decto. Dipoi accadeua che Virgilio lo douessi amaestrare di molte chose ; lequali se hauessi narrato faceua troppo lungho sermone. Adunque benche non narri : Nientedimeno accēna allauditore quello che lui debbi imaginare. PERO CHE locchio mhauea tutto tracto Ver lalta torre.

Dico che in me uenne obliuione di molte choſe che Virgilio mhauea decto: perche locchio cioe eluedermio. MHAVEA tracto tutto ; cioe mhauea rapito tutto lanimo mio. Altra choſa e/guidare . altra tirare. Imperoche di noſtra uolonta andiamo guidati ; Ma per forza andiamo tirati. Adunque laragione ci guida ; perche perſuadendoci epſa ; et moſtrandoci tal uia eſſer buona fa che uolontariamente la ſeguitiamo. Ma quando naſce in noi una ſubita perturbatione o dira. o dodio. o damore . o di timore Benche giudichiamo quello che ci moſtra tal paſſione non eſſer bene : Nientedimeno ſiamo per forza da quella tirati. Che dice adunque Danthe o uogliamo dire lappetito ſenſitiuo? Certo non altro ſe non che laſpecto delle furie lo tirorono. Ilche dinota che per forza lo conduxono chome incontinente. Ma delloncontinente et intemperato ſi fe mentione di ſopra nel primo canto ; et ſimilmente del temperato et del continente. Ilperche indi trarrai quello che ſerue a queſto luogho . Hora tornando al texto uuole in queſta fictione di notare, el poeta ; che la ragione amoniua la ſenſualita ; Ma la perturbatione lo tiraua in contraria parte. MHAVEA TVTTO TRACTO / tirato tutto; perche una grande perturbatione occupa tutta la mente in forma che la ragione non ue udita . VER LA TORRE: inuerſo la torre: della quale dicemmo diſopra. ROVENTE / Infocata ; perche gran fiamma e/nel furore et grande ardore. DOVE IN VN PVNCTO furon dricte rapto Tre furie ; lequali erono in habito ; et in acto di femine. Le furie ſecondo epoeti furono figliuole dacheronte ; et della nocte . Acheronte ſignifica priuatione di gaudio ; Et della priuatione del gaudio naſce el furore; et la nocte e obſcura ; et da cecita et obſcurita di mente procede el furore. Enomi ſono Alecto. Tiſiphone ; et Megera. Alecto ſignifica ſanza quiete ; et la inquietudine e/ el principio del furore. Tiſiphone in greca lingua ſuona uendicatrice duccitione ; et queſto e/ el rimorſo della conſcientia ; del quale di ſopra dicemo. Megera trahe ſua ſignificatione da odio ; dal quale ſi peruiene in extremo furore. Pigliano le furie pel diſordinato apetito: elquale chome furia incende la mente humana ; et acciechala ; et falla precipitare ſanza conſiglio ne uitii . Imperoche niente altro e/ amore. Ira. Odio. Ambitione ; et tutte laltre ſfrenate cupipita/ſe non furore ; elquale chome uno cauallo ſfrenato traporta lhuomo ; et p foſſe et per ripe inſino che gli ſcaueza el collo. Choſi el precipite furore ſanza ragione ne traporta lanimo Onde non ſanza cagion dixe Doue in un puncto furon dricte rapto. Imperoche chome la ragione mena lanimo con diſcorſo et maturita et conſiglio. Choſi per loppoſito lo infuriato appetito ſanza alchun conſiglio di ſubito ci tira. TRE FVRIE: chome habbiamo decto Alecto Tiſipho et Megera. INFERNALI ; le furie habitono lonferno perche ſempre ſono ne uitii. Oueramente dixe infernali ; perche ſi truoua anchora furore diuino ; del quale diremo in piu comodo luogho: Choſa diſcripta da Platone ; et optimamente interpretata dal noſtro platonico Marſilio ficino. DI SANGVE TINCTE : perche dalle furie naſcono le diſcordie ; et da quelle le guerre et uccisioni. CHE MEMBRA feminili haueā et acto. Haueano el corpo et laſpecto di femina. Ilche ſi finge ; perche la femina e / molto piu acceſa nel furore che el maſchio. Onde et Virgilio quando Alecto uolle fare: che nella caccia daſcanio elceruio di Thyrrho paſtore di latino fuſſi morto/ fa chel furore fuſſi nelle cagne et non ne cani. La cagione e/ che eſſendo minore animo nella femina puo meno reſiſtere alle paſſioni et alle perturbationi . ET CHON Hydre uerdiſſime eron cincte. Dimoſtra che in luogho di cinctura et di capegli haueano uarie ſpetie di ſerpi ; perche non e/ piu peſtifero ueneno a glanimi noſtri ; et alla uita de mortali che laſuria Hydra e/ ſerpe che habita lacqua choſi decta in greco ; perche hydor ſignifica acqua: Et dicono epoeti eſſere ſtato in lerna palude di Theſſaglia un ſerpente hydra figluola dechidna et di Tiphaone ; laquale Iunone nutri contro a Hercole ; Et era ſi indomabil monſtro ; che taglatogli un capo ne naſceua ſepte Ma Hercole non la potendo uccidere chol ferro fu amaeſtrato da Minerua che lardeſſi . Ceraſte ſono ſerpi nella Lybia ; lequali hanno corna. choſi decte ; perche ceras ſignifica corno. Apparuono le furie nella ſommita della torre ; perche elfurore non puo ſtare celato ; Ne mai e/ ſanza ſuperbia ; et ſomma accenſione.

Et que che ben conobbe le meſchine
della regina delletherno pianto
guarda midixe le feroci erine.
Queſta e Megera dal ſiniſtro canto .
quella che piange dal dextro e Alecto:
Tiſiphon e nel mezo: et taqque atanto .

ET QVE ; cioe Virgilio elquale BEN CONOBBE LE MESCHINE / lefurie lequali ueramente ſono meſchine ; cioe miſere ; perche ſe la tranquillita della mente arrecha ſomma giocondita/el furore arrecha loppoſito ; et ſe la ſapientia e/ſommo bene la inſania e/ſomma miſeria . Ne e/ ſanza cagione che Virgilio le conoſca et non Danthe ; perche lo intellecto e/ quello che conoſce el furore ; et lacagione onde procede ; et non el ſenſo ; elquale occupato da tanta inſania perde ogni lume ; et non conoſce el furore ; nel qual ſi truoua. DELLA REGINA delletherno pianto . di proſerpina regina dellinferno . GVARDA MI DIXE ; Non baſta che lontellecto conoſca che peſtilentia ſieno queſte furie . Ma e / neceſſario ; che le faccia note allappetito accioche le fugha. ERINE/chiamano egreci le furie eryne ; p che eris ſignifica contentione. QVESTA E/ Megera dal ſiniſtro canto ; perche lodio e/peggio che la inquietudine : Ma peſſimo e/ el tormento : che da Tiſiphone : et pero lo pone in mezo.

Chon lunghie ſi fendean ciaſchuna elpecto
battienſi apalme et gridauan ſi alto :
che mi ſtrinſi elpoeta per ſoſpecto.
Vengha Meduſa et ſil faren di ſmalto
gridauon tutte riguardando in giuſo :
mal non ueggiamo di Theſeo laſſalto.

d Imoſtra per graffiarſi el pecto : et batterſi a palme la rabbia de furioſi : et dice che p le loro alte grida lui ſaccoſto a Virgilio per pote re chol ſuo aiuto difenderſi. Et certo allempito delfurore : che naſce dalchuna perturbatione nõ ſi difenderebbe la ragione inferiore ſanza laiuto della ſuperiore. VENGHA Meduſa chel farē diſmalto.. Di Phorco dio marino et ceto figluo la del mare et della terra nacquano ſecondo He ſiodo tre figluole. Stheno. Euriale : et Meduſa. Queſte per comune uocabolo ſi chiamauano Gorgone et le due prime furono immortali et Meduſa fu mortale. Non haueano ſe non unocchio fra tutte et tre : et quello uſauano auicenda hor queſta hor quella. Di Meduſa arſe Neptunno : et chon lei gia ſi congiunſe nel tempio di Pallade ; laquale incontinentia concepe tanto odio uerſo di Pallade / eſſendo epſa idia della caſtita et della ſapientia : che per uendecta ecapelli di Meduſa : equali belliſſimi haueano maxime commoſſo Neptuano allamore conuerti in ſerpicella : Et diegli che qualunche guardaſſi diuen taſſi ſaxo. Per queſte intendono epoeti ebeni terreni et momentanei : equali ſe ſi deſiderano . o per la propria neceſſita . o per uſare honeſta liberalita ſono uirtu : et queſto dimoſtrano le due immor tali : Ma ſe ſi diſiderano per adempiere el diſordinato appetito e/ſommo uitio : et queſta e / mortale Et Neptunno lama : che ſignifica el mare ; et ponſi per lappetito : perche lappetito inobbediente alla ragione prepone le choſe caduche et mortali alle celeſti. Et ama maximamente ecapegli ; cioe el ſuper fluo : et coniungeſi chon lei nel tempio di Minerua ; che e idia della caſtita ; et della ſapientia : per che o con prudentia ſacquiſtano o ſobto ſpetie di qualche ſanctimonia ſi commecte dolo et fraude per aquiſtarle : Et Minerua gli muta ecapegli begli in ſerpicelle : perche la ſapientia finalmente ſcuopre ſi mili fraude : et dimoſtra el ueleno loro. Muta Meduſa glhuomini in ſaxi ; perche la troppa et diſordi nata cupidita de falſi beni ciegli fa parere ſi begli che in quegli diuentiamo ſtupefacti : Et ad ogni altra choſa ſiamo ciechi : et ſordi : et quaſi inſenſati. Dicono meduſa eſſere ſtata uccíſa da Perſeo con la ſpa da di Mercurio et con lo ſcudo di Minerua ; elquale perche era criſtallino potea per quello uedere me duſa et non eſſere ueduto dallei. Perſeo ſi pone per lhuomo ſauio : elquale con la ſpada di Mercurio : cioe con eloquente doctrina uccide Meduſa ; perche conoſce : et fa conoſcere adaltri che le riccheze : et ſignorie : et dignita : et potentie : et ſimil choſe : lequali lo ignorante uulgo : et tutti gli ſtolti ſtimo no eſſere ſommo bene/ſono caduche : preſto manchano : et ſempre generano ſcandolo et perturbati oni / et miſeria nella uita humana : Et quando luccide ſi naſconde drieto allo ſcudo di Minerua : Per che oppone la ragione et la ſapientia tra ſe et queſti falſi beni : laquale lo difende in forma che nõ gli poſſono nuocere ne tirargli ad amargli. Sta adunque bene Meduſa nella citta : doue ſi puniſcano ſi a troci ſcelleratezе : perche ſe non fuſſi la immenſa cupidita de beni mondani/ glhuomini harebbono ſi e leuate le menti : che uerebbono inuera cognitione di dio : et quello deſiderando non diuenterebbono impii contra dio : et non cõmetterebbono alchuno di quegli enormi errori che ſi puniſcono dentro alla citta di dite. Per queſto edemonii chiamono meduſa contro di noi. Imperoche la temptatione dia bolica non ci puo uincere ſe non incitandoci tanto alla cupidita de beni temporali ; che noi diuentia mo inſenſati a ogni uirtuoſa operatione. CHE MAL ueggiammo : cioe uendicāmo. Veggiare ſigni fica in lingua fiorentina antica uendicare : et deriua da uendicare per ſincopa et per mutatione del. d. in. g. IN THESEO LASSALTO : cioe ſe haueſſino uendicato la ingiuria riceuuta da Theſeo / choſtui alpreſente non harebbe ardito di uenire anchora lui uiuo nel noſtro regno : Et allegoricamēte intendi che chome nel male ſimilmente anchora nel bene puo aſſai lexemplo. Adunque ſe leſurie diſide ratrici del male haueſſino punito Theſeo del uenire uiuo ; cioe di uenire per purgarſi de uitii Danthe non lharebbe ſequitato. Theſeo fu figluolo degeo re dathene : Et dallui ſi narrano molti monſtri do mati ſimili a quegli dhercole. Haueano glathenieſi et emegareſi ucciſo per inuidia Androgeo figluolo di Minos crétheſe : Et Minos gli uinſe ; et in uendecta del figluolo impoſe dura legge ; che ciaſchuno anno ſepte giouani athenieſi a chi la ſorte toccaſſi andaſſino in Creta per eſſere diuorati dal minothau ro : El quarto anno toccho a Theſeo : Ma con laiuto dariadna figluola di Minos ucciſe el minothauro et torno libero in Athene. Fu huomo di gran conſiglio ; et non di minore animo. Fu el primo ſecõ do Plinio che trouo le confederationi et leghe. Fingono epoeti che inſieme chon Perithoo ando allīfer no per rapire Proſerpina. In queſta fauola ſcripſe Coluccio ſalutato fiorentino huomo doctiſſimo ; et preceptore di Leonardo Aretino ſobtiliſſima allegoria. Imperoche fingendo epoeti eſſer diſceſo allin ferno Hercole Enea Theſeo Perithoo Amphierao et Orpheo Dimoſtra in queſti exprimerſi uarie ſpe tie di choſe appetibili. ſiche accioche meglio ſintenda/ Ripetiamo che la uita humana e/ o actiua. o con templatiua. La contemplatione ſidddiriza aluero. Lactiua al buono. Non che non ſia una medeſima co ſa uero et buono : perche cio che e/ buono e/ uero : et cio che e/ uero e/ buono. Ma el uero e/ inquāto

e/ conoſcibile : et el buono in quanto e/ deſiderabile. Adunque la contemplatiua tende al uero. lactiua
albuono. Ma el bene e/ di tre ſpetie: cioe honeſto. utile : et uoluptuoſo. Honeſto e/ uero bene. Onde
gli ſtoici poſono el ſommo bene nelle uirtu. Voluptuoſo e/ quello che fe che gliepicuri affermorono
la uolupta eſſer ſommo bene. Vtile e/ loppinione del uulgo. Queſto intendendo el noſtro coluccio /
uuole chel bene ſpeculatiuo : et la cognitione del uero ſia expreſſa in Homero per Hercole : et in Vir
gilio per Enea : Et ſimilmente el bene honeſto pure che la doctrina ſia determinata. Ma quando fuſſi
incerta chome negli academici/ tale deſcenſo figura per Amphierao : El uoluptuoſo figura per Orpheo
Lutile per Theſeo et Perithoo : Et in queſto pigla Theſeo per lanima et Perithoo pel corpo : et come
queſti furono ſommi amici : choſi lanima el corpo chon ſomma amicitia ſi congiungono : Et dimoſtra
la ragione p er Theſeo : et la ſenſualita per Perithoo : choſe certo degne della doctrina ſua et dellonge
gno. Ma perche ſono prolipſe : et a queſto luogho non molto appartenenti le pretermetto. Aſſai ſia
che ſi dolgono edemonii non hauere punito Theſeo che ardiſſi uiuo : cioe ſpeculando ſcendere allonfer
no pel cui exemplo Danthe habbi preſo elmedeſimo ardire. Imperoche ſe non hanno ritenuto chi ſceſe
allonferno per la cognitione dellutile choſa al tutto uulgare : et nella quale non dimoſtra alchuna diui
nita della ragione danno baldanza a Danthe che non poteranno ritener lui ſcendendoui per la cognitio
ne del uero et dellhoneſto choſe celeſti : et ſempre accompagnate dal diuino fauore.

Volgiti in drieto et tieni il uiſo chiuſo
che ſel gorgon ſi moſtra et tu l uedeſſi :
nulla ſarebbe di tornar ma ſuſo :
Choſi dixe elmaeſtro et elli ſteſſi
mi uolſe : et non ſattenne alle mie mani :
che chon leſue anchora non mi chiudeſſi.

O Primamente admoniſce la ragione el ſen
ſo che non riguardi tal moſtro : accioche
da quello non ſia conuertito in ſaxo : come alle
goricamente exponemmo. Ma perche la ſenſua
lita benche ammonita fuſſi non baſterebbe per
ſe medeſima alla difeſa : ſe la ragione ſuperiore
non la corroboraſſi et afforzificaſſi. Pero finge :
che Virgilio ladmoniſce che con le proprie mani
ſi cuopra glocchi : et non contento ad queſto lo
cuopre con le ſue. Per le mani ſintendono loperationi. Adunque ſe edemonii moſtraſſino gorgone
a Danthe : cioe tentaſſino la ſenſualita mettendogli innanzi edilecti de beni terreni lui uincto da quegli
non tornerebbe mai in ſu : perche ne farebbe habito. Ilperche fa meſtiere : che prima la ſenſualita et
la ragione inferiore ſi cuopra con le proprie mani : cioe uſi ogni buona operatione che glie poſſibile : Et
ſobtomettaſi alla ſuperiore. Dipoi che la ſuperiore lo cuopra chon le ſue : cioe la difenda chon le uirtu
che ha in ſe.

O uoi chauete glintellecti ſani
mirate la doctrina che ſaſconde
ſobto eluelame de gli uerſi ſtrani.

P Erche intutta queſta comedia dellinferno
non e/ capitolo che habbi piu profonda al
legoria che queſto : pero el poeta capta attentio
ne da glauditori : et admoniſcegli che notino lal
legoria laquale e/ in epſo. O VOI CHAVE
TE Glintellecti ſani : cioe ſapienti. Imperoche chi non fuſſi di grande intellecto indarno mirerebbe.
MIRATE/ Diligentemente conſiderate. LA DOCTRINA che ſaſconde ſobto el uelame/ Sobto el
figmento. DE GLI VERSI STRANI. i. diuerſi : nequali altro ſuonano le parole : et altra e/ la ſen
tentia che ue naſcoſta. Imperoche uuol dimoſtrare : che come ne uitii che procedono per incontinen
tia et intemperantia reſiſte la ragione per ſe medeſima con la gratia gratis data. Onde baſto Virgilio
contro a Charone. a Minos. a Cerbero. a Plutone. a Phlegias. a Philippo argenti. Choſi hora a ētra
re nella ſpeculatione di piu graui uitii procedenti da malitia et da efferita non baſtando la ragione con
la gratia gratis data/ biſogna ſpetial gratia di dio chiamata da theologi gratia gratum faciens : Et e/ mol
to piu difficile lentrata : perche non un ſolo demonio : ma molti ui ſono a guardia. Ilche ſignifica che
ſimili peccati hanno molte et diuerſe ſpetie et radici : et mille modi et arti di nuocere. Adunque uir
gilio non puo placare queſti demonii : ma egli chiuſa la porta in ſul pecto. Le furie ſono le radici del
la ſuperbia : et dellinuidia : Et hanno ſerpenti in luogho di capegli. Ilche dinota malitia fraude et ingā
no. Onde Virgilio ſcriue dalecto Mille nocendi artes. Impediſcon Danthe. Ilche theologicamente ſi
gnifica chel demonio non uuole che lhuomo uiuo : cioe procedente chon ragione entri nella cognitione
del peccato : perche ſa che conoſcendolo ſe ne guarderebbe. Ma ſi el morto : cioe colui nel quale laſen
ſualita e/ ſuperiore alla ragione. Choſtui e/ morto : perche non ſono piu in lui operationi humane :
ma al tutto beſtiali. Accoſtaſi Danthe a Virgilio per ſoſpecto delle furie. Imperoche quando lappeti
to ſi ſobtomette alla ragione non puo mai eſſere aſſaltato dalle furie : lequali naſcano da ardentiſſima :
et ſfrenata cupidita delle choſe illecite : Et quelle uedendo non gli poter nuocere chiamauono Meduſa
cioe laeſcauano chon luſingheuoli dilecti delle choſe mondani : alle quali ſe ci laſciamo piglare chome di
ſopra dicemmo diuentiamo ſaxi. Molti uoglono che Meduſa ſignifichi obliuione et ignorantia : et que
ſta fa lhuomo diuentar pietra cioe indurato et obſtinato : Et per queſto laragione riuolge laſenſualita

a drieto dal peccato : Et fagli porre le mani al uiſo : cioe ritornare dal uitio alle buone operationi : et anchora ui pone le ſue : che ſono le ſpeculationi intellectiue. Et queſto fu ſufficiente rimedio chel uitio non offendeſſi Danthe : Ma non baſto alla cognitione di quello : et pero aſpecta langelo che gli dia lentrata .

Et gia uenia ſu per le turbide onde
un fracaſſo dun ſuon pien di ſpauento :
per cui tremauon amendue le ſponde .
Non altrimenti facto che dun uento
impetuoſo pel gladuerſi ardori :
che fier laſelua ſanza alchun rattento
Li rami abbatte ſchiancta et porta fuori :
dinanzi poluerofo ua ſuperbo :
et fa fuggir le fiere et li paſtori .

e Ra gia Danthe armato contro anocimenti delle furie et delle gorgone . Hora reſta che con laiuto dellangelo entrino nella citta. Diſcriue adunque lauuenimento ſuo. Diſcriue chome da Virgilio fu amaeſtrato Danthe che lo riueriſſe. Diſcriue chome lui chon la uerga apri la porta. Ripreſe edemonii di loro arroganza : et poi ſe ne torno : Et Virgilio et Danthe entrorno et quel che uidono. ET GIA VENIA ſu per le turbide onde. Dimoſtra la uenuta dellangelo elquale diſopra interpretammo per la gratia di dio. Queſto ueniua ſu per londe di ſtyge A di notare che ellume da dio ricenuto in queſta parte era per la cognitione delle choſe infernali.

VN FRACASSO dun ſuono : Cioe tal ſuono quale ſuole eſſere in un fracaſſo : et proprio fracaſſo diciamo un gran ſuono elquale proceda da ruina et ſpezamento di choſe : perche frangere ſignifica rōpere. PIEN DI SPAVENTO : accordaſi cho theologi : equali dicono che ogni uiſione che procede da dio da principio ſpauenta et in fine raſſicura. Poſſiamo anchora intendere che quando per la uenuta della diuina gratia entriamo nella cognitione de grandiſſimi uitii : et cognoſciamo quanta crudel peſte : et quanto graue pericolo ſieno allanimo noſtro. Per tal cognitione naſce terrore conſternatione dimēte non piccola : ma piena dorrore. PER CHVI Tremauono amendue le ſponde : cioe luna et laltra ripa della palude. Limoleſe interpreta che queſto che uiene per aprire laporta ſia Mercurio dio della eloquentia : et acutamente accomoda el texto a queſta allegoria . Ma chi diligentemente riguarda el propoſito di Danthe facile conoſce che non puo eſſere altro che la gratia diuina gia di ſopra decta. NON ALTRIMENTI facto che dun uento. Optimamente aguaglia langelo che e/ incorporeo al uento : elquale e/ ſi tenue corpo che rimane inuiſibile : Et oltraqueſto dimoſtra con quanta celerita deſcende la gratia diuina alla ben diſpoſta uolonta. CHE FIER : elquale fiere cioe feriſce. IMPETVOSO per diuerſi ardori : elquale piglia el ſuo impeto da gliardori diuerſi dallui cioe contrapoſtogli . Euenti ſono generati da uapori caldi et ſecchi : et eleuati dalla terra inſino alla regione doue conſiſtono le nuuole : Et quiui ripercoſſi da gliardori ſuperiori ſono ſpinti per lato : et ripercuotono laria : et la parte percoſſa ripercuote laltra : et quella laltra dimano in mano ; perche uento non e/ altro che aria ripercoſſa : et quanto gliardori ſono piu aduerſi tanto el uento e/ impetuoſo . Sono anchora certe ſpetie piu impetuoſe informa che ſi poſſono dire quaſi folgori : chome ſono procella. Ecnephia. Typhone . Turbine. preſter : La natura et diſtinctione de quali perche e prolipſa la laſcio in drieto.

Gliocchi mi ſciolſe et dixe hor driza elner
deluiſo ſu perquella ſchiuma antica bo
per indi oue quel fumo e piu acerbo :
Chome le rane innanzi alla nimica
biſcia per lacqua ſi dileguon tutte .
fin challa terra ciaſchuna ſabbica .
Vidio piu di mille anime diſtructe
fuggir choſi dinanzi dun chal paſſo
paſſaua ſtyge con le piante aſciutte .

h A deſcripto limpeto della uenuta dellangelo. Hora pone che Virgilio chome prima perche non uedeſſi Meduſa glhauea chiuſi gliocchi. Choſi per loppoſito al preſente gliena pre : perche uegha langelo. Imperoche e/ officio dellintellecto noſtro reggere informa lappetito che habbia chiuſi gliocchi a ogni perturbatione : et choſi aperti a ogni ſpiratione diuina. E/ molto lontana la ſenſualita dalla diuinita : Ma lo intellecto e/ in quel mezo : et in molte choſe per ſe medeſimo regge el ſenſo : Et in quelle nelle quali per ſe non e/ ſufficiente a reggerlo. almancho lo diſpone a riceuere quello che per gratia diuina lo reggera. GLIOCCHI mi ſciolſe/ Rimouēdo le ſue mani et le mie per la ragione gia diſopra decta. ET DIXE DRIZA el neruo del uiſo : quaſi deſta la potentia uiſiua ponendo el neruo per la potentia. Imperoche le forze corporee conſiſtono ne nerui. Oueramente dixe neruo ; perche nella croce de nerui optici : equali uengono dal cierebro agliocchi conſiſte la potentia uiſiua. PER QVELLA ſchiuma antica : Se lui commouea lacque. biſognaua che ne naſcieſſi ſchiuma : Et dixe antica ; non perche quella fuſſi antica eſſendo nata di nuouo mouimēto : Ma anticha : cioe dellantica palude. Alchuni dicono anticha ſchiuma : cioe biancha : perche ogni ſchiuma e/ biancha ; et chome elatini dicono canas pruinas .i. canute brinate : cioe bianche : perche el pelo del uecchio e/ bianco : Choſi Danthe dixe anticha ſchiuma quaſi canuta ſchiuma : cioe biancha . Ma quadra bene che dica styge essere anticha palude : perche la tristitia e/ anticha nella generatione huma na : concio sia chel primo huomo Adam subito che fu caduto nel peccato cadde in mestitia et merore. Non uenne langelo uolando sopra la palude : Ma uenne per la palude : benche la passeggiassi sanza ba gnare le piante. Adinotare che tale gratia era aiuto alla cognitione de uitii et non delle uirtu • OVE QVEL FVMO PIV ACERBO : piu uehemente et piu obscuro. Imperoche tal gratia uiene non per luoghi luminosi : perche quegli uede lontellecto per se medesimo : Ma per gliobscuri equali sanza lei non uede lontellecto. Oueramente la fa uenire per luogho obscuro : perche tal gratia uiene latenteme te. ne per cammino si conosce. CHOME LE RANE. Optima comparatione dalle rane animale pa lustre allanime poste nel pantano : Et e/ conueniente chosa a dire che lanime dannate fughino la gratia di dio : perche tutti quegli che hanno facto habito del uitio : et di quello prendono uolupta si fanno in eptissimi a riceuere la diuina gratia : perche In animam maliuolam non introibit spiritus sapientie . Adunque farsi inhabile a riceuere la gratia di dio e/fuggirla. Preterea come esaluati sono confermati in optima uolonta : chosi edannati non possono piu non essere obstinati nel peccare. BISCIA / Serpe et e/ figura chiamata onomatopia : cioe fictione di nome : perche biscia e/nome fincto a similitudine di quello strepito che fa la serpe quando ua scudisciando et strisciando con uelocita. SI DILEGVANO Dileguare significa sparire uocabolo tracto dallatino Deliquesco : che significa struggersi : perche chi si dilegua esce subito docchio : chome la neue quando si strugge. SABBICA/Saccumula. Bica e/ un cu mulo insimilitudine di quella che elatini dicono meta : laquale e/ forma tonda et appoco appoco surge do sappunta : Et in questa forma accumula lagricultore ecouoni del grano. Onde abbicare e/ accumula re. DISTRVCTE. Dannate. Imperoche lanima priuata del suo bene si puo dire disfacta. FVGIR DINANZI chal passo : alluogo doue era el passaggio. CHON LE Piante asciutte : perche la gratia di dio : et chi con quella contempla non si puo bagnare nella palude della mestitia et dellodio : cioe nō si coinquina ne uitii : equali lui contempla : Et ordina el texto chosi. Vidio piu dimille anime fuggir si dinanzi ad uno chal passo passaua styge con le piante asciutte Chome le rane si dileguano per lacqua innanzi alla nimica biscia fin che tutte sabbicano alla terra .

Dal uolto rimouea quellaer grasso
menando la sinistra innanzi spesso:
et sol di quella angoscia parea lasso.
Ben maccorsio che glera dal ciel messo :
et uolsimi al maestro : et quel fe segno
chio stessi fermo : et inchinassi adesso :
Ha quanto mi parea pien di disdegno
giunse alla porta : et chon una uerghetta
laperse che non ubebbe alchun ritegno .

S Equita in discriuere quello che faceua lan gelo : et dimostra che lui chon la man sini stra cacciaua laer grasso : cioe la nebbia. Ilche si gnifica che due chose opera nellintellecto huma no la diuina gratia . Imperoche prima rimuoue ogni nebbia dignorantia daluolto : Et intendi da gliocchi della mente preparandoci alle uirtu chol purgarci da uitii. Ilche e/ prima uirtu et primo acto disapientia : perche rectamente dixe Oratio Virtus est uitium fugere et sapientia prima stul titia caruisse. Dipoi rimosso la nebbia : cioe el ui tio et la ignorantia : et per questo diuentati mō di : come uedrai nel purgatorio facilmente cindu ce nella cognitione di dio et della uerita. Onde la sapientia nello euangelista dice Beati mundo corde : quia ipsi deum uidebunt. Sono beati adunque quegli che hanno el cuor mondo : perche uedranno dio .i. potranno salire alla contemplatione delle chose diuine. Ma perche maggior difficulta e/ questa pri ma opera : cioe leuare la ignorantia et mondare la mente che dipoi inducere la cognitione : pero dixe . MENANDO LA SINISTRA innanzi spesso : perche bisogna fare frequentissimi acti uirtuosi innan zi che ne consequiti lhabito : et aggiugne. CHE SOL DI QVELLA Angoscia parea lasso : perche o gni nostra difficulta et straccheza et tedio e/ nel purgarci da uitii : et rimuouere lignorantia. Impero che dipoi facto che habbiamo gia habito della uirtu/ nessuna chosa benche difficil sia ci straccha. O ci pa re laboriosa : Perche chi ha facto habito della uirtu piglia piacere et uolupta dexercitarla : Et quanto e maggiore la difficulta tanto piu ne ghode : chome nelle nostre disputationi piu aperramēte dimostrai nel quarto di Virgilio At puer Ascanius mediis in uallibus acri gaudet equo iamque hos cursu iā pre terit illos Spumantamque dari pecora inter inertia uotis optat aprum aut fuluum descendere monte leonem. Et piu apertamente lo dimostrerremo quando accadera explicare che le uirtu morali sono di quattro spetie. Adunque parea lasso solamente dhauere a rimuouere lanebbia dināzi al uolto. i. rimuo uere la ignorantia dellanimo : et dice che questo facea chon la sinistra : quasi dica con la mano piu igno bile : perche di due acti quello era anchora piu ignobile. Imperoche hauendo a fare due opere Prima leuare la ignorantia. Dipoi con la uergha aprire la porta che mette nella cognitione. Doueua a questa seconda opera chome piu nobile riserbare la man dextra. Preterea rimuouere la ignorantia e / rimuo uere euitii equali sono notati per la sinistra : Et aprire la porta e/ inducere cognitione delle uirtu no tate per la mano dextra. BEN MACCORSI IO CHE gliera dal ciel messo . Io maccorsi che gliera mandato da dio. Ilche dinota : che anchora laragione inferiore saccorge quando lamente e/ illuminata dal diuino splendore. Ma innanzi che uengha non lo preuede chome la ragione superiore: Et pero po se di sopra che Virgilio laspectaua: Ma parra forse a molti che hauendo da principio dimostro elpoeta che in tutta questa sua peregrinatione e/ guidato dalla diuina gratia: laquale essendo triplice significo per tre donne/sia superfluo che dipoi sobto uarii uelami in molti luoghi le pongha: Et ripete chosi in questa cantica chome nellaltre. Ad che rispondo che benche el principio et tutto el progresso sia aiutato dalla diuina gratia; Nientedimeno in molte difficulta: che in graui et uarii casi che occorrono conuiene che piu expressamente apparisca el diuino aiuto. Perlaqualchosa chome optimo theologo in ciaschuna maggior difficulta le pone: et chome optimo poeta sempre uaria la inuentione et la fictione. Ilche e/ somma laude ne sacerdoti delle muse: Et in tale uirtu non ueggo poeta alchuno che preceda el nostro: Et se io non fussi fiorentino ardirei di dire: che in questo nessuno lequipera ne pareggia. Ma torno al texto. ET VOLSIMI AL MAESTRO: perche bisogna che sia instructa da la superiore. ET QVE FE CENNO: Quasi dica con cenno mammoni. Ilche dinota: che Danthe o uoglamo dire la ragione inferiore: et la sensualita era tanto obediente alla superiore: che ogni minimo cenno bastaua: Et accennommi CHIO STESSI CHETO. Imperoche non sta alla ragione inferiore adimandare o fare alchuna disputa circa alla cognitione et alla scientia: laquale e/ ne gliuniuersali: Essendo quel la solo ne particulari. Ma ne anche Virgilio parla: perche doue la cognitione uiene per gratia reuelãte non ui si affaticha molto lontellecto. ET INCHINASSI ADESSO: cioe alpresente et sanza indugio: chi inchina fa riuerentia: et significa lonchinare, cedere al superiore: et esser prompto a sobtomettersi et a ubbidire. Ilche debba fare la ragione inferiore: et chosi gli dimostra la superiore. HA QVANTO MI parea pien di disdegno. Ricordasi langelo dellanticha battaglia laquale fu tra buoni et crei in cielo: et della superbia di Lucifero: et de suoi sequaci: et dellobstinatione loro. Ilche gli muoue giustissimo sdegno: Et allegoricamente la diuina gratia laquale soctorre al nostro intellecto/ conuiene che faccia empito contro allignorantia: laquale e/ quella che gli chiude la porta: et habbia sdegno: che lhuomo nato a contemplatione delle chose diuine sia uietato dallignorantia poterui peruenire: Et non dice era pieno: Ma parea non a Virgilio: ma alla sensualita: perche nessuna alteratione puo essere nelle actioni diuine: Ma pare alla sensualita: laquale crede: che in dio sieno le perturbationi: che sono in lei: et che non punisca sanza ira: et non perdoni sanza misericordia. Ilperche chome dira altroue el poeta esacri^ti theologi attribuiscono a dio le passioni: lequali non sono in lui: perche altrimenti non potrebbono enostri sensi comprendere le sue opere. VENNE ALLA PORTA ET Chon una uerghetta laperse. Non errono quegli che dicono el poeta hauer uoluto per questa uerghetta dimostrare quanto gli fu facile aprirla. Ma se non erro e/ da intendere inquesto luogho chel poeta hauendosi proposto imitare Virgilio: et glialtri antichi poeti doue non gliel uieti la christiana theologia: finge qui langelo mandato da dio: laqual chosi e/ consentanea alla nostra religione: Ma per ornare elluogho cõ fictione poetica gli da la uergha di Mercurio: Et in questo modo ne pone semplicemente Mercurio: chome parue allimolesi: perche parrebbe idolatria: ne si parte altutto dalla fictione poetica: et dagli la uerga chome a Mercurio: Ma qui la uergha significa la potentia: laquale e/ nella gratia di dio in reggere et amaestrare lanimo humano. Porta la uergha cioe lo sceptro tal gratia. Adinotare che allimperio suo nessuno puo resistere: et che ogni diabolica forza et fraude cede: Et quella ciapre la porta al la cognitione dellintime chose.

O cacciati dal ciel gente despecta
 comincio egli in sul lhorribil soglia
 ondesta tracotanza in uoi sallecta?
Perche ricalcitrate a quella uoglia:
 a cui non puote elfin mai esser mozo:
 et che piuuolte uha cresciuto doglia.
Che gioua nelle fata dar dicozo:
 Cerbero uostro se ben ui ricorda
 ne porta anchor pelato el mento elgozo.
Poi si riuolse per la strada lorda:
 et non fe motto a noi: ma fe sembiante
 dhuomo cui altra cura stringha et morda
Che quelle di colui che glie dauanti:
 et noi mouemmo epiedi in uer la terra
 securi appresso le parole sancte.

a Perta laporta da conueniente parole allãgelo: et corrispondono allo sdegno che dimostraua hauere. O CACCIATI dal cielo. Questa e/ inuectiua: et e/ in genere demõstratiuo oue uitupera sommamente loperationi de demonii dal principio alla fine: Et comincia da exclamatione: nella quale e/ somma grauita: et uehemẽtia nel riprendere: et dimostra che per hauer uoluto opporsi alla uolonta diuina Lucifero et glaltri non solo furono cacciati dal sublime cielo: Ma anchora rouinati nella piu infima pte Ne solamente perderono la preeminentia: et el sommo honore: Ma restanne inextremo obprobrio: et uilipensione: perche doue eron prime creature sono diuentate ultime: Et pero dixe. GENTE DESPECTA: cioe disprezata da dio et da tutte laltre sue rationali creature. IN SV LHORRIBIL SOGLIA. Dimostra per questo che langelo non entro dentro: et in qualche par

te si conforma al decto della Sybilla nel sexto di Virgilio. Nulli fas casto sceleratum insistere limen.
ONDESTA. Onde cioe da qual ragione ESTA cotesta TRACVTANZA superbia: Quasi dica
da nessuna. Imperochè e/ somma stultitia insuperbire a chi non excelle glialtri per qualche cagione: Et
uoi sete da tanta alteza caduti nellinfimo fondo: et quanto al sito: et quanto alla conditione et digni
ta. Adunque sta male a ciaschuno esser supbo: ma peggio a uoi. PERCHE RICALCITRATE A
Quella uoglia: Dimostra la stultitia loro prima a temptare chose manifestamente impossibili. Impero
che a tutti e/ noto che nessuno puo obstare alla diuina uoglia. Dipoi a temptare chose dannose. Et fi
nalmente che queste due chose sieno lo pruoua per exemplo inducendo el caso di Cerbero. PERCHE
Ricalcitrate: perche ui contraponete: et e/ translatione da cauallo o simile animale: elquale non uolen
do ubbidire chi lo guida gli trahe di calcio. A QVELLA uoglia: alla quale non puo mai essere mozo
el fine: cioe laquale non puo essere impedita che non arriui al fine proposto. ET CHE PIV VOL
TE Vha cresciuto doglia: perche ogni uolta che o in cielo o in inferno ui siete contraposti ne siete sta
ti uincti et puniti. CHE GIOVA NELLE FATA DAR DI COZO. Dicemmo di sopra del fato
Et per quello che quiui dimostrammo diremo nelle fata: cioe nella diuina prouidentia: el cui ordine
non si puo ne mutare ne muouere. Adunque che gioua cozare cioe repugnare aquello: che ha ordinato
la diuina prouidentia. CERBERO VOSTRO. E/ certo de glinfernali spiriti Cerbero: perche la in
digentia: et elbisogno delle chose appartenenti alla salute del corpo: per laquale lui e/figurato insieme
chon laltre diaboliche temptationi/ cimpedisce la contemplatione della uerita. Ma perche contro a que
sto e/ unico rimedio prouedere alle chose necessarie: et scacciare da se le superflue: Pero et Virgilio
chon pocha pultiglia: et Danthe cholla poluere lo pasce. Ma Hercole el cui descenso allonferno pocho
di sopra narrammo chon le cathene lot raze fuori dellinferno. Ilche dinota che la uirtu heroica: laquale
epoeti fingono in Hercole non solamente fa stare contento el corpo alle chose necessarie: Ma aitutto
lo riduce in sua potesta et fasselo seruo. Onde Paolo dixe. Castigo corpus: et in seruitutem redigo.
Ma di Cerbero piu distesamente scripsi nel sexto canto. NE PORTA ANCHO pelato elmento el
gozo: perche essendo stato strascinato da Hercole per le cathene che hauea a suoi tre cholli e/ ragione
uole che la cathena glhauessi leuati epeli dal gorgozule et dal mento. Ne si conuenia allagnolo o piu lũ
ghá oratione o daltra qualita. Pero fu brieue et uehemente nel riprenderlo. Fu brieue accioche non pa
ressi che gli stimassi piu che loro meritassino. Fu acerbo nel parlare perche chosi si richiedeua alla loro su
perbia. POI SI RIVOLSE: decte le parole se ne ritorno indrieto. PER LA STRADA LOR
DA: cioe bructa: per laquale era uenuto. ET NON FE MOTTO a noi ma fe sembiante/ Simili
tudine et uista dhuomo che sia strecto et morso da maggior cura che non e/quella di colui elquale ha in
nanzi a se. Et per questi uersi dinota: che lofficio di chi e/ mandato dal suo superiore e/ chon quanto
piu breuita puo fare quanto glie imposto: Et dipoi ritornarsene per la diricta sanza intraprendere al
tra cura. Et allegoricamente dimostra che la diuina gratia non si ferma in un solo: Ma sempre si distẽ
de ne glialtri. ET NOI MOVEMMO EPIEDI. Aperta la porta della cognitione allintellecto specu
latiuo dalla diuina gratia quello guidando linferiore entra nella speculatione: Perche diuenta sicuro: et
rimane pieno di speranza confortato dal diuino aiuto.

Dentro uentramo sanza alchuna guerra:
  et io chauea di riguardar disio
  la condition che tal forteza serra.
Chomio fu dentro locchio intorno inuio:
  et ueggio ad ogni man grande campagna
  piena di duolo: et di tormento rio:
Si chome adarli oue Rhodano stagna:
  et chome apola appresso del carnaro
  chitalia chiude: et suoi termini bagna.
Fanno esepolchri tutto elloco uaro:
  chosi faceuon quiui dogni parte:
  saluo chel modo uera piu amaro.
Che tra gliauegli fiamme erono sparte
  per lequali eron si del tutto accesi:
  che ferro piu non chiede in uerun arte.
Tutti li lor coperchi eron sospesi:
  et fuor nusciuon si duri lamenti

d Icemmo di sopra che fuori della citta di
Dite ha posto lauctore epeccati: che pro
cedono da incontinẽtia doue la sensualita si lascia
inuescare alle uolupta del corpo: equali perche
non procedono da malitia: ne da efferita danio
Ma da fragilita de sensi meritano molto minore
punitione. Hora dentro a dite oue sono parati
piu graui supplicii pone epeccati: equali proce
dono da irrationabile et disordinata eleuatione
danimo: per laquale ne riconosce ueramente dio
per superiore: Ne degna sobtomettersi allhuma
ne et diuine leggi: et a giusti principi: et a chi
per probita: et sapientia gli ua innanzi: laqua
le generalmente si puo chiamare superbia: dalla
quale procedono tutti epeccati. Imperoche se
condo Augustino ogni peccato e/dipartimento
da dio: et non uolere a quello sobtomettersi:
Et pero pone le due torri che significano Iactan
tia et Arrogantia: Et le furie: che significano e
uehementissimi moti et ardentissime cupidita:
Et Medusa: che significa la uolupta che se ne pi
glia. Onde ne nasce habito indelebile: Et quasi

che ben paren di miſeri et doffeſi :
Et io maeſtro quai ſon quelle genti :
che ſepellite dentro da quellarche
ſi fan ſentir cogli ſoſpir dolenti :
Et egli a me qui ſon glhereſiarche
color ſequaci et dogni ſecta et molto
piu che non credi ſon le tombe carche .
Simile qui con ſimile ſepolto
emonumenti ſon piu et men caldi :
et poi challa man dextra ſi fu uolto
Paſſamo tra martyri et glaltri ſpaldi.

quel medeſimo ſi dinota per le mura del ferro. Et in queſta citta pone el ſexto el ſeptimo locta uo et el nono cerchio ; Dequali partic[illegible]larmente diremo nelluogho debito. E/ adunque ſuperbia immoderata cupidita dauanzare et ſopraſtare a glialtri : Ma accioche meglio ſi diſtingua elpecca to/diremo che queſta cupidita del ſuperchiare e o naturale o non naturale. Se naturale e / o ſpi rituale o perſonale. Se ſpirituale non e/peccato ma giuſta uoglia ; Ne merita riprenſione chi de ſidera eſſer piu giuſto o piu forte de glialtri : et auanzare tutti in ſcientia et in ſapientia. Ne ſi milmente ſara uitio ſeſia perſonale ; perche puo giuſtamente uoler lhuomo eſſer ſuperiore a tut ti ebruti : perche la dignita dellhumana ſpetie lo merita : Et dio ne precepti dati al primo huomo dixe Dominamini piſcibus maris . Ma ſe e / in natu turale e/ peccato : et diciamo eſſere in naturale quando cerchiamo ſopraſtare a glialtri huomini ; pche la natura cia prodocti a uiuere in conſortio et compagnia ; donde naſcano le rep. Ne puo durare tale compagnia oue non ſia una uniuerſale equabilita : Et non comando dio che noi ſignoreggiaſſimo glaltri huomini. Sara adunque uitioſa tal cupidita deſſere ſuperiore a glialtri huomini diſiderando tale excel lentia per ſe medeſima ; et per noſtro riſpecto : Ma diſiderandola per giouare a glialtri huomini per mantenere la giuſtitia ; et conſeruare la equabilita tra ſobtopoſti onde naſce la tranquillita : Et non p ualerſene in alchuna choſa non ſara peccato ; Ma merito. Ne e / da pretermettere che la ſuperbia e/ o interiore. o exteriore : Et interiore e/ o nellaffecto. o nellintellecto ; Et nellintellecto e inquattro mo di. Primo quando lhuomo preſume hauer da ſe cio che ha di bene . Secondo quando da dio : Ma per ſuoi meriti. Tertio quando giudica eſſere in uirtu quello : che non e/ Quarto quando ſpregiando altri diſidera parere quello : che non e. Nellaffecto e/ alchunauolta preſumptione. Alchunauolta ambitione La preſumptione e/ quando preſummiamo quello ; che non ſi debba ; o innanzi al tempo. o ſopra le proprie forze. Lambitione conſiſte o in ſignoria. o in magiſterio. o in ſemplice exceſſo in alchuna del le gratie date per gratia : chome ſono riccheze et ſimili. La ſuperbia exteriore ſi conſidera. o dalla ca gione che la produce. o dalla choſa in che conſiſte. Nel primo modo conſideriamo ſe naſce o da bene di natura. o da bene di fortuna. o della gratia. Ebeni naturali ſono : o del corpo ; o dellanimo. Nel cor po ſono gagliardia. belleza. deſtreza. uelocita. grandeza : et ſimili. Nellanimo ſono ſottiglieza dinge gno. uelocita. buona memoria. potentia di ſoſtenere exercitio ſpirituale : et naturale aptitudine . Ebe ni della fortuna ſono quegli : che ſono difuori di noi ; et ci poſſono eſſer tolti ; chome ſono riccheze . dignita. dominio. gloria : et fama. Se conſideriamo el ſuggiecto/uedremo ſe e/in huomo priuato . o publico. o in ſacerdote. o in laico : et ſimili. Compagne di ſuperbia ſono. curioſita. leuita. ſuperchia le titia. arrogantia. difenſione del peccato. ſimulata humilta. licentia nel peccare. Le figluole ſono irreue rentia. hereſia. inobedientia. uanagloria. hypocreſia. iactantia. pertinacia. diſcordia. inuidia . Ad tutti queſti uitii che procedono da efferita et maligno ingegno pone le pene in queſti quattro cerchi poſti dentro alle mura di dite : et ſono conuenienti al uitio. Sono ne cerchi baſſi Adinotare che etiam nella uita humana quegli che troppo ſinalzono ſono depreſſi ; et abbaſſati almancho dalla uilta del peccato ; Et ſono in graue et moleſto puzo ; perche el ſuperbo genera nauſea et ſtomacho et puzo a tutti glhuo mini ; et ad ſe medeſimo ; perche deſiderando ſempre piu alto grado pare che quello doue e/ gli puta DENTRO VENTRAMMO SANZA GVERRA/ſanza repugnantia hauendo el diuino lume ſi il luminato lintellecto che ogni difficulta et obſcurita ceſſaua. ET IO Danthe cioe lappetito ; elquale e/ quello che muoue lanimo alla inueſtigatione ; chome diſopra dicemmo : Et pero dice : Che hauea di ſio di riguardare che conditione ; cioe che ſtato et fortuna haueſſi quelluogho. LOCCHIO Intorno inuio. giro con gliocchi. ET VEGGIO GRAN CAMPAGNA : gran pianura ; Et pel grande ſpatio delluogho dimoſtra gran multitudine di peccatori. ARLI e/ citta in Prouenza poſta alla foce del Rho dano non lontana da Vignone piu che tre leghe chiamaſi in latino Arelate ; Et della copia de ſepolchri che ſono intorno a quella riferiſcono tale hiſtoria. Combatte Carlo magno in queſto luogho chon grã numero di pagani ; et riportonne cruentiſſima uictoria ; perche molti chriſtiani ui furono morti ; Et di ſiderando Carlo riconoſcere ecorpi deſuoi da quegli de nimici per ſocterrargli la ſequente mattina tro uo gran copia di ſepulture ; et tutti echriſtiani haueuono nella fronte ſcripto el nome loro. Ilperche fu rono ſepulti in tali auelli. Ma piu toſto e/ da credere che la conſuetudine anticha faceſſi tali ſepolchri . POLA e/ citta in capo diſtria uicina al golfo nel mare Adriatico decto Carnaro. Queſto e/ circa a qua ranta miglia : et e/ molto pericoloſo pel uento Auſtro ; elquale in quella regione e/ decto ſimilmẽte Carnaro. CHITALIA CHIVDE : perche quiui finiſce Italia et eliti del carnaro ſono etermini dita lia. Ne truouo hyſtoria che narri lorrigine di tali ſepulture. Credo che per lungha conſuetudine ſieno multiplicati. CHE FERRO piu non chiede in ueruna arte. Erono ſi infochate le ſepulture: che neſſuno artefice piu infuocha el ferro quando ne uuole adhuna choſa fabricare: et indurui nuoua forma. Perche in queſto luogho ſi puniſce lhereſia/ Noteremo che hereſia e/ uocabolo greco; et ſignifica electione. Imperoche lheretico ſi parte dalla comune opinione ouero fede: et da ſe medeſimo elegge quello che uuol credere. Diremo adunque hereſia eſſere electione di propria oppinione contro alla terminatione della appoſtolica chieſa. Et brieuemente diremo eſſere heretico qualunque ha opinione diuerſa dalla uera religione. Ilche non puo eſſere ſanza ſomma arrogantia: perche troppo attribuiſce alſuo ſenno chi ſi diuia dalla comune oppinione di molti doctiſſimi. E/ adunque una delle figluole della ſuperbia. Sono alchuni che in queſto peccato interpretano le furie Ponendo Alecto per la mala cogitatione Tiſiphone per mala publicatione di tale cogitatione; et Megera per mala operatione; et Meduſa quando appruoua apertamente la ſua falſita. Ma tale allegoria non mi pare da preporre a quella che diſopra poſi: Nientedimeno ciaſchuno appruoui quella che giudica che meglio quadri. Hereſiarche. i. principi delle hereſie furono molti. Ma pigliando el principio onde lo piglia gratiano diremo el primo eſſere Simon mago: elquale Piero ne gliacti de gliappoſtoli maladixe; perche tento con pecunia comperare la gratia dello ſpirito ſancto. Da lui ſono decti ſimoniaci quegli che uendono o comperono le choſe ſacre. La hereſia loro e/ che la creatura non ſia facta da dio: Ma da una certa uirtu ſuperna. Menandriani pigliano el nome da Menandro mago diſcepolo di Simone. Dicono el mondo non eſſer facto da dio Ma da gliangeli. Baſiliadi da Baſilide; elquale non uuole che Ieſu chriſto patiſſi. Nicolaite da Nicolao diacono inſieme con Stephano conſtituto da piero apoſtolo: elquale laſcio la moglie in ſuo arbitrio; che ſi congiugneſſi a chi gli piaceſſi: Et inſtitui la mutatione del matrimonio. Gnoſtici uollono choſi eſſer chiamati per excellentia di ſcientia. Choſtoro dicono lanima eſſer natura di dio: et idio eſſere buono et captiuo. Carpocratiani da Carpocrate: elquale dixe chriſto eſſere ſolamente huomo: et nato di maſchio et di femina. Cherintiani da Cherinto; queſti obſeruano la circuncisione; et dicono che mille anni doppo la reſurrectione ſaranno in uolupta di carne. Onde in greco ſono decti ciliaſte: et inlatino maciliſte. Nazarei confeſſono chriſto; et nientedimeno uiuono ſecondo la legge del uecchio teſtamẽto. Ophite decti dal ſerpente elquale in greco e/ decto ophis Adorono el ſerpente: et dicono che lui induxe la cognitione della uirtu. Valentiniani credono che chriſto niente di corpo preſe di Maria; Ma entro in lei chome per canale o bucciuolo. Appelle Onde ſono appellite uolle che uno angelo fuſſi dio della legge diſdrael; et afferma eſſer di fuoco; et dixe chriſto non eſſere ſtato dio in uerita: Ma huomo in fantaſia eſſere apparito. Arconciati uogliono che luniuerſo creato da dio ſia opera de gliarchangeli. Adamiate imitando Adam nudi orano et nudi ſtanno inſieme maſchi et femine. Caiani adorano Cain. Sethiani dixono Seth figluolo dadam eſſer chriſto. Melchiſedecchiani dicono Melchiſedech ſacerdote eſſere ſtato non huomo ma uirtu di dio. Artotyrite ſono nominati da artos. i. pane et tyros. i. formaggio: perche offerano ne ſacrificii pane et formaggio affermando che eprimi huomini celebrorono ſacrificio de fructi della terra et del beſtiame. Aquarii ſolamente acqua mettono nel calice del ſacrificio. Seueriani decti da Seuero non beono uino; ne credono el uecchio teſtamento et la ſurrectione. Alogi. i. ſanza uerbo: perche in greco a ſignifica ſanza et logos uerbo; perche non credono dio uerbo; et non credono lapocalypſe. Pauliani da Paolo; elquale non dixe chriſto eſſere ſtato ſempre: Ma hauere principio da Maria. Manichei da Manicheo perſa: elquale poſe due nature: et due ſubſtantie/ una buona et una rea: et lanima noſtra deriuare da dio chome da certo fonte; Non accepta el teſtamẽto uecchio: el nuouo acceptano in parte. Antropomorphite credono che idio habbia forma dhuomo; et di qui hanno preſo el nome: perche antropos ſignifica huomo: et morphi forma. Eraclite da Eraclio non riceuono ſe non monaci: Dannano ematrimonii: Non credono che eparuoli habbino el regno del cielo. Fortiniani da Fortiniano ueſcouo ingallogrecia: Dixono chriſto eſſer nato di Maria: et di Ioſeph per coppula carnale. Acciani dicono elfigluolo eſſer diſſimile al padre: et lo ſpirito al figluolo. Origeniani da Origene dicono che el figluolo non puo uedere el padre ne lo ſpirito ſancto el figluolo: Affermono anchora che lanime peccorono nel principio del mondo; et ſecondo la diuerſita dal cielo inſino alla terra hanno preſo diuerſi corpi: Et per queſto dicono eſſer facto el mondo. Noetiani non pongono in dio tre perſone ma una ſola: et dicono padre et figluolo et ſpirito ſancto eſſere nomi dofficio et non diſtinctione di perſone. Onde ſono chiamati patripaſſiani: perche uogliono che anchora el padre habbi patito. Sabelliani ſono denominati da Sabellio diſcepolo di Neoto: et ſono nel medeſimo errore. Arriano ueſcouo dalexandria diſtinxe la eſſentia del figluolo dal padre contro al decto del ſignore: che dixe Ego et pater unum ſumus. Macedonio ueſcouo non uuole che lo ſpirito ſancto ſia idio. Apolinariſte da Apollinare; elquale dice che chriſto preſe el corpo humano; ma non lanima. Princiani dicono che la ſubſtantia dellhumana carne fu facta dal diauolo: Donato uenne di Numidia: et ſouuerti tutta laffrica dicendo chel figluolo e/ minore chel padre: et lo ſpirito ſancto minor chel figluolo. Bonoſio ueſcouo: et dallui Bonoſiani dicono che chriſto non fu figluolo proprio di dio Ma adoptiuo. Circumcellioni ſuccidono con le proprie mani per morire martiri. Priſcilianiſti in hiſpagna feciono ſecta mixta de glierrori de gnoſtici et priſcilianiſti. Paterniani dicono che le parti inferiori del corpo ſono facte dal diauolo. Arabici furono heretici in Arabia; equali affermauono lanima morire col corpo: et nel di delgiudicio risucitare luno et laltro. Tetrulliano sacerdote cartaginese dice lanima essere immortale Ma corporea : et lanime peccatrici dopo la morte conuertirsi in demonii. Nictagee dicono fare contro a dio chi consuma la nocte in uigilie hauendola facta dio per riposo. Pelagio monaco prepone elli bero arbitrio alla diuina gratia affermando che basta la uolonta a fare ecomandamenti di dio. Nestorio uescouo di Constantinopoli afferma che Maria non fu madre di dio : Ma solamente dellhuomo · Et perche altra persona fa della carne ; et altra della deita : Et pone christo separato ; che uno sia el figluolo di dio ; et unaltro elfigluolo dellhuomo. Eutice abate constantinopolitano niegha christo dopo lhumana assumptione esser di due nature : Ma uuole che solo la diuina rimangha inlui. Acephalite. i. sanza capo perche a significa sanze et cephale capo decti chosi : perche non si truoua capo et inuentore diquesta secta Niegono in christo esser proprieta di due substantie. Ma uogliono che nella persona sua sia una sola natura. Questo medesimo errore fu in Theodosio et Gaine : equali dal peruerso popolo dalexandria in uno medesimo di furono ordinati uescoui. Fanno adunque in christo di due una sola natura : come euticio et diascore : Ma etheodosiani la pongono corropta. egaioniti in corropta. Da theodosiani procedono agnoite decti chosi dalla ignorantia : perche affermano che la diuinita di christo fu ignorãte di quello che era scripto douere adiuenire del di et hora ultima ; Ne si ricordono che in persona di christo dice Isaia Dies iudicii in corde meo. Tritonite dixono non tre persone essere in uno dio ; Ma essere tre idii contro a quello che e/ scripto Audi isdrael Dominus deus tuus unus est deus. Sono anchora alchuni : che non uogliono che christo nascessi del padre non ab eterno : Ma con principio di tempo. Alchuni non credono che el discendimento di christo allonferno liberassi glihuomini. Alchuni credono che lanime nostre dopo la morte si conuertino in demonii : et anchora in ogni animale. Alchuni ponghono innumerabili mondi sequitando loppinione di Democrito. Alchuni pongono lacqua coeterna a dio chome Thalete milesio. Alchuni uanno scalzi. Alchuni non mangiono con glihuomini. Restono molte altre secte : lequali se tutte narrassi potrei piu tosto esser dannato di curiosita : che lodato di diligentia. Ma notissima e/ loppinione de fraticegli molto ꝓpīqua alla nostra eta ; et forse non ancora spẽta. Malignissimi sono epaterini : equali oltre a molti altri errori equali hanno comuni cho Manichei / Dicono lanime nostre essere spiriti maligni infusi ne corpi dal diauolo. Dicono che lanima : et el corpo di christo et di Maria furono creati in cielo incorruptibili : et che mai non mangiorono ne beuono cibo corporale. Dicono chel baptesimo non e/ necessario. Che leucaristia non e/ corpo di christo : ma semplice pane et uino in memoria del uero corpo. Preterea chel matrimonio non e/ sacramento : ne e/in stato di salute chi e/ in quello. Non uogliono che alchuno confessi epeccati suoi particularmente : Ma solamente confessi se esser peccatore : et che basti che el paterino gli ponghi la mano in capo. Ilche chiamano consolatione. Dicono che enostri corpi non hanno a risucitare. Non usano segno di croce : Ma dicono essere idolatria uenerare quella. Non uogliono che alchuno si difenda informa che chi lassalta possi essere offeso. Affermano esser peccato mortale uccidere alchuno animale excepto che pesci et pulci : et pidocchi. Item giurare per qualunche cagione. Niegano esser peccato fare usura se si fa sanza fraude Dicono che in toscana la uera chiesa e/ la fiorentina : laquale si distende da pisa ad Arezo a montepulciano et a grosseto. Queste heresie benche tra loro sieno discrepanti : Nientedimeno tutte congiurano contro allappostolica fede. Tutte da gliappostoli et altri sancti huomini et concilii sono dannate. Et in somma qualunche altrimenti intende la sacrosancta scriptura che non richiede el senso dello spirito sancto : dal quale procede la scriptura benche non si parta dalla chiesa : Nientedimeno si puo chiamare heretico. Et debbonsi tutti glieretici excomunicare secondo quello. Frater qui corripitur ab ecclesia et non obedit sit tibi sicut ethnicus et publicanus. Pe sepulchri intendi lanimo dellheretico essere sepulto nella obstinatione sanza redemptione. Imperoche chome la uirtu della fede ci partorisce gratia : laquale cie fida guida alla salute : Chosi la incredulita spegne nel cuore ogni diuino lume. Onde rimagniamo in durissima obstinatione : Et per questo pone le sepulture di saxo. Ne sanza cagione pone lheresia dopo la superbia. Imperoche dicendo Salamone Initium omnis peccati est supbia. Dice lo expositore : che di quella nasce lheresia. Et Hieremia Arrgoantia tua et superbia cordis tui decepit te · Perche inuero la heresia non nasce da ignorantia : Ma da superbia uolendo lhuomo acquistare auctorita et gratia ꝑ essere inuentore di chosa nuoua. Stanno nelle sepulture per la cagione gia decta. Oueramente perche glheretici hanno occulte le loro credulita : et loro congregationi et sinagoghe fanno in luoghi occulti et nascosi. Di qui Iob De industria recesserunt a deo et uias eius intelligere noluerunt. Fa anchora a questa figura de sepolchri quello che dice el psalmista. In eo parauit uasa mortis et sagictas suas ardentis effecit. Doue dice la chiosa Euasi della morte sono glheretici : equali sepelliscono lanime loro. Et altroue Nunquid narrabit aliquis in sepulcro misericordiam tuam. Et altroue Sepulchrum patens est guttur eorum. Imperoche chome del sepolchro aperto esce gran fetore : chosi della bocca di costoro escono fetide opinioni : perche sono induriti nelle loro opinioni. El fuoco dinota losmisurato amore hanno hauuto a se medesimi et alla propria opinione. Oueramente una extuatione et fluctuatione continua : che e/ nellheretico : et uno acceso furore : che benche sia indurato nella sua opinione. Nientedimeno uedendosi discordare dalla opinione duna innumerabile copia dhuomini : che et per sanctita poterono bauere diuina reuelatione del uero : Et per uaria et molta doctrina son di molta auctorita non possono mai acquiescere. Adomanda adunque Danthe chi sono esepulti nellarche : cioe esepolchri : equali inten de che ui sieno ; perche ode eloro sospiri : equali nascano da somma angustia danimo. Et chosi certamē te chi non acquiesce alla comune oppinione nellandare ricercando con la mente quello che paia piu ue ro elsuo stolto intellecto e/sempre in anxieta et angustia. ET EGLI AD ME/intendi dixe. QVI : in questi sepolchri sono gli HERESIARCHE : cioe eprincipi delle secte heretiche : dequali chon breuita habbiamo di sopra narrato. ET MOLTO SONO CARCHE : cioe ripiene. LE TOMBE/le sepul ture : PIV CHE NON CREDI. Adinotare che tra glihuomini sono piu heretici che altri non crede. Adunque per non dir sempre un medesimo uocabolo Ilche ingenera fastidio allectore usa questa uaria tione : ilquale arreca seco ornato et giocondita dicendo hor sepolchro hora archa hor tomba hora auel lo. SIMILE QVI chon simile e/ sepolto : chome adire emanichei chon manicheo : et prisciliamsti cō prisciliano et chosi glialtri. ET POI CHALLA Mie dextra si fu uolto. Qui pone che Virgilio uolse alla man dextra : Et poi dimostra che poco dopo alquanto uiaggio uolse a sinistra. Ilche dinota che el uiaggio prese aman dextra : perche andauono per hauer cognitione del peccato : et non coinquinarsene Ma purgarsene : laquale actione e/ uirtuosa. Poi uolse a sinistra A dinotare che benche loperatione si a uirtuosa Nientedimeno la materia et el suggecto e/ uitio. Adunque sapientemente prende el uiag gio sinistro da man dextra. MARTIRI : Martyres in lingua greca sono testimonii. Ma perche que gli equali hanno uoluto piu tosto patire pena et morte che rinnegare la christiana religione sono stati optimi testimonii quella esser uera : pero sono stati chiamati martiri : cioe testimonii della nostra uera fede. Questa e/ la propria significatione del uocabolo. Ma perche tale testimonanza hanno facto chon graui tormenti et aspre morti : per questo spesseuolte pigliamo martyrio per pena et tormento : et co si qui. Chosi el petrarcha quando dixe,. Brieue soccorso a si lunghi martyri.. ET GLIALTRI spaldi Tal uocabolo non e/molto trito ne a molti noto. Onde alchuni dicono spaldi significare le mura. Al tri dicono che spaldo in lingua romagnuola significa quello che noi diciamo lo spazo : et elatini dicono pauimento.

CANTO DECIMO DELLA PRIMA CANTICA DI DANTHE

Ora ſen ua per un ſecreto calle
b Tral muro della terra: et li martyri
lo mio maeſtro: et io drieto leſpalle.
O uirtu ſomma che pe gliempi gyri
mi uolui comincai chome ate piace
parlami et ſatiſfammi a miei diſiri.
La gente che per li ſepolchri giace
potrebbeſi ueder gia ſon leuati
tutti ecoperchi' et neſſun guardia face.

a Ssai men di difficulta contiene queſto decimo canto che el nono: perche pochi luoghi ci ſono: che riceuino altra allegoria che la gia decta: et gran parte ſe ne conſuma in hiſtoria. Tracta de glheretici: et apparecchiaſi aſcendere nel ſeptimo cerchio. Truoua Farinata Vberti: Et Caualcante caualcanti caualieri fiorentini: et da Farinata ode le choſe future: et intende la cagione per laquale eposti nellonforno poſſon preuedere el futuro. HORA SEN VA: Hauea dimoſtro che Virgilio lo menaua tra martyri: Hora ſequitando pone che la uia per laquale menaua Danthe era tral muro della terra ET LI Martiri: cioe le ſepulture doue erano emartyrii: A dinotare che queſti ſepolchri erono apreſſo alle mura. Ilche ſignifica la dureza et obſtinatione deglheretici. Poſſiamo anchora intendere: che chome chi e preſſo alle mura della citta e/ quaſi fuori di quella. Choſi lheretico benche ſia chriſtiano. Nientedimeno per la deprauata ſua religione e/ quaſi fuori del chriſtiano nome. Et ſimilmente dinota: che ſimili huomini fanno loro congreghe ĩ luoghi ſeperati et rimoti. CALLE Significa uia non publica ma ſtrecta: et facta dal calloſo pie delle beſtie Adinotare che molta ſtrecta uia e/ quella che fra lhereſie guida bene: Et certo e/ difficile tra tanti falſi trouare el uero. Ordina el texto choſi El mio maeſtro ſe ne ua hora per un ſecreto calle: cioe uia: laquale intendi era tral muro della terra et emartyri. ET IO DOPO LE SPALLE: perche la ſenſualita ſempre ſe non uuole errare/conuiene che ſequiti el ſuo maeſtro Virgilio: cioe le forze dellontellecto; et dipoi ſequita. O VIRTU SOMMA. O Virgilio el qual ſe di ſomma uirtu. CHE MI VOLVI: elquale mi riuolgi chome ti piace. PER GLIEMPI Giri: Cioe per cerchi impii cioe doue ſono glimpi: et diſpietati peccatori. Imperoche non puo eſſere maggiore impieta: che non hauer buona opinione di dio. Alchuni teſti hanno AMPI: cioe larghi a dinotare la copia de peccatori. PARLAMI ET ſatiſfami: cioe parlami in forma che ſatiſfaccia Amiei diſiri/alla mia uoglia. Queſto e/ lordine del texto: Ma ricordianci che chome e/ decto altreuolte ſempre gliepitheti equali lauctore da a Virgilio ſono acomodati alluogho doue gli pone. Adunque qui lo chiama ſomma uirtu: perche Virgilio cioe lontellecto ha cinque uirtu. Intelligentia circa a principii. Scientia circa alle choſe che ſequitano da principii. Sapientia laquale abbracciando le due gia decte: Nientedimeno non e/ alchuna di quelle: Ma una terza uirtu oltre alle due. Prudentia laquale e/ recta guida nelle actione particulari et uita ciuile: Et arte laquale e/ choſa nota. Di queſte cinque la piu excellente e/ la ſapientia: perche e/ cognitione delle choſe non ſolo humane: ma diuine. Adunque non lo poteua menar ſaluo tra le heretiche falſita/ ſe non con la ſapientia: laquale ha uera cognitione della diuinita quanto patiſce la capacita della mente humana. Et non ſenza cagione dixe: Mi uolui come ate piace. Perche benche in tutte le cognitioni ſia neceſſario che la ragione inferiore et elſenſo ſi laſci uolgere et guidare allontellecto. Nientedimeno in queſto maximamente biſogna: Et fa optimo proemio a queſta brieue oratione: perche prima capta beniuolentia chiamandolo ſomma uirtu: Et per le medeſime parole dimoſtra quello di che lo dimanda eſſergli facile eſſendo in lui ſomma uirtu: Puo adunque farlo. Dipoi dimoſtra che debba farlo: perche richiede lequita che ſatiſfacciamo alla uoglia di chi altutto ſi da nel noſtro arbitrio. LA GENTE. Ha inſino a qui dimoſtro et che Virgilio puo: et che debba riſpondergli. Pone hora la domanda a che uuole riſpoſta: laquale e/ ſe puo uedere quegli: equali giacciono ne ſepolchri. Ilche lui crede facilmente poterſi: Et perche eſepolchri ſono aperti: et perche neſſuna guardia ui uede che uieti el guatarle. La cagione per laquale ſieno aperti diremo pocho di ſobto. Non ue guardia: pche ſancta chieſa non tiene celate: et non uieta che non ſi poſſin leggere et ĩtendere lopinioni heretiche: Ma con efficace ragioni le confuta: Et poi uuole che aciaſchun ſia nota: et laſtultitia loro: et la ſapientia de ſacri theologi: acciochè inteſo eſſere falſo cio che loro dicono: et chon uere ragioni riprouato/ſieno piu toſto deriſi et ſcherniti: che imitati et apprezati. Et certo chome la foſſa nella uia debba non occultarſi ma manifeſtarſi: acciochè per imprudentia alchuno non ui caggia. Choſi le falſe opinioni debbono uenire in luce inſieme chon le loro uere ripruoue: Acciochè per ignorantia alchuno non caggia in ſimile errore.

Et egli ame tutti ſaran ſerrati
quando di Ioſaphath qui torneranno
cho corpi che laſſu hanno laſciati.

o Ptimo parlare di buon preceptore: elquale ſpeſſo non ſolamente riſponde a quanto domanda el diſcepolo: Ma anchora da ſe medeſimo arroge tutte laltre choſe: lequali giudica

Suo cimiterio da questa parte hanno
 con epicuro tutti suoi sequaci :
 che lanima col corpo morta fanno :
Pero alla dimanda che mi faci
 quincentro satisfacto sarai tosto :
 et al disio anchor che tu mi taci :
Et io buon duca non tengho riposto
 a te mio cuor se non per dicer poco
 et tu mhai non pur mo accio disposto.

essergli utile a sapere . Domando Danthe se si potcua uedere lagente de sepolchri essendo quegli aperti : Et Virgilio non solamente risponde che si posson uedere : Ma etiam dice che si serreranno dopo luniuersale et ultimo iudicio : elquale sara nella consumatione del mondo : quando tutta lhumana generatione ripresi epropri corpi si ragunera nella ualle decta iosaphat uicina a hierusalem doue christo hiesu scendera a giudicare ebuoni alleterna gloria : et erei a etherne pene . Iosaphath significa epso giudica : Ouero iudicio del signore. Allhora adunque queste anime citate torneranno pe proprii corpi ; et dopo el giudicio ritorneranno con quegli a queste tombe : et allhora si serreranno. Stanno adunque aperti perche non ui sono ecorpi : et questa e/ la ragione quanto allonferno essentiale : Ma quanto al senso allegorico possiamo intendere che infino che dura lhumana generatione stanno aperti per riceuere gheretici equali di tempo in tempo surgano ; Quasi dica che sempre sono et saranno de gheretici . Ma finito el mondo cesseranno : perche manchera la generatione humana. Oueramente intenderemo con piu sobtilita ; che sobto el giudicio uniuersale dimostri el particulare : et uoglia intendere che lo heretico subito che e in tale errore ha sepolta la ragione : Ma non e/ serrata la sepultura insino al giudicio suo particulare : perche puo tornare alla uera fede. Stanno adunque aperti : perche la diuina gratia gli puo innanzi aliudicio : cioe la morte trarre delle tenebre : et riturgli alla luce. Ilperche non si debbono uccidere gheretici : Ma incarcerargli admunirgli et ridurgli quanto si puo. Ouis enim errabunda occidi non debet Sed ad caulam reduci. Ilche anchora si dimostra in libro regum Quando Absalone figluolo di Dauid entro alle concubine del padre. Doue per le concubine intendono gheretici . SVO CIMITERIO : Ordina chosi tutti esequaci del philosopho epicuro insieme con lui hanno suo cymiterio daquesta parte Et rectamente dixe cimiterio essendoui sepolchri. Imperoche cimiterio e/ doue echristiani sepelliscono ecorpi de morti huomini ; et e / uocabolo greco : et significa giacitorio : perche quiui giacciono ecorpi morti decto da cime cioe giacio. CHE LANIMA COL CORPO MORTA FANNO . Pessima oppinione : et somma pernitie alla futura uita : Ma nessuno di sana mente questo crede . Ma loro chome dice el psalmista Posuerunt mendacium spem suam : et mendacium operi sperauerunt : Et Salomone / Semitas proprie culture errauerunt Et colligunt in manibus infructuosa. Epicuro philosopho dixe che lanima muore insieme col corpo : Varie sono lopinioni dellanima secondo diuersi philosophi : perche molti credectono quella esser corpo : molti esser chosa corporea : Et prolipso sarebbe narrare di tutti . Ma io nel primo de tre libri che in lingua latina scripsi dellanima di ciaschuno posi lopinione : et dipoi lo confutai dimostrando quella non esser corpo : ne chosa corporea : Ma incorporea. Posi dipoi la diffinitione daristotele : Et perche quella e/ comune et non propria dellanima humana presi della doctrina platonica : nella quale tanto philosopho inuestiga prima perche sia lanima. Dipoi che chosa sia. Se fu innanzi alcorpo o dopo el corpo. Se si puo diuidere in piu parti. Se in uno medesimo huomo sono piu anime : cioe che altra anima sia la uegetatiua. Altra la motiua. Altra la sensitiua. Altra la rationale. O ueramente sia una sola : laquale abbracci in se tutte queste quattro potentie : et finalmente posi la diffinition tua ; laquale e/ che anima sia substantia incorporea rationale : laquale muoua se medesima . Dopo tale diffinitione prouai perche e/ substantia et non accidente : et perche e/ incorporea et non corporea : Et quello che intende Platone quando dice che lanima muoue se medesima : et che chosa sia moto actiuo et passiuo : Et chome atorto questa diffinitione e/ impugnata da peripatetici. Dixi anchora lanime non essere state create tutte insieme come scriue Platone : ne uenire ne corpi o perche sieno aggrauate dalla cupidita delle chose terrene : chome piace al medesimo Platone O che uoglino rifuggire eduri imperii de gli dii ; et lassidue reuolutioni che hanno a fare pel uoltare de cieli chome scriue Heraclito O per sostenere pena et tormento ne corpi de peccati equali hanno commesso in cielo : come crede Empedocle : et anchora Origene : Et aggiunsi che lanime sono create di tempo in tempo : et in un medesimo puncto create et messe nel corpo : Et sono create da dio non della sua substantia : chome affermorono gli stoici : et dipoi molti heretici spagnuoli : equali sequitorono Manicheo et Prisciliano. Ne anchora sono create del suo alito ; chome uuole Vincentio uictore. Ma sono create di niente rationali : et immortali : et con libero arbitrio : pelquale consequita : che in mano nostra e/ la uita : et la morte : cioe el poterci saluare et dannare. Dipoi nel secondo libro tractai della potentia uegetatiua : Et chome nutrisce el corpo : et come lo crescie : et cō che seme ne genera piu . Tractai della motiua . Tractai de sensi exteriori et interiori. Tractai dellappetito : et delle perturbationi che da quello nascano. Tractai di tutte le uirtu intellectiue et morali. Ne solamente discripsi tutte queste parti et potentie : Ma anchora dimostrai tutti glistrumenti del corpo equali lanima usa in epse . Nel terzo aggiunsi la rationale : et distinctamente narrai dellontellecto possibile et agēte : et che cosa sia ragione inferiore et ragione superiore: et che intellecto et intelligentia. Et confutai lopinione dauerois: et molti altri dimostrãdo che tante sono lanime quanti sono glhuomini: Et esser falso che sia uno solo et uniuersale intellecto. Et nellultimo posi molte argomentationi per prouare la immortalita dellanima. Adunque per tutte queste chose intendiamo lanima non essere stata mai innanzi al corpo. Intendiamo lessentia sua: et le sue parti et potentie. Intendiamo quello che opera nel corpo: et con che instrumenti: et come rimane poi che e/ uscita del corpo. Ne allegai miei libri; perche sia si arrogante che mi pregongha a glialtri: Ma perche in quegli sono raccolte molte chose: lequali non si truouano altroue insieme: perche congiunsi la platonica con laristotelica: et stoica disciplina; et quelle ho sobtomesse alla christiana uerita; et narrando lho tracte delle spinose argomentationi di dialectica et factole perspicue et aperte chon oratorio stile Informa che non solamente glhuomini exercitati in philosophia: Ma anchora eciuili / pure che habbino alchuna cognitione di lectere facilmente lentendono: Et questo basti dellanima. Torno allo Epicuro. Chostui fu Atheniese figluolo di Neocle dixe che lanima nostra e/ corpo composto di si sobtili parti che penetra per tutto el corpo: Et la materia che fa questa anima sono atomi cioe corpi si minuti che sono indiuisibili: Et tali atomi uuole che sieno molto tondi: Et perche ogni corpo e/ composto: et ogni composto si dissolue: et per consequente perisce / Sequita che essendo lanima corpo conuien che perisca. Adunque uuole che lanima sia mortale. Questo medesimo philosopho pose la nostra felicita nella uolupta et piacere del corpo; et la infelicita nel dolore del corpo: laqual sententia benche sia piu tosto di bestia che dhuomo; perche non siamo nati o aempiere el uentre o asatiare la libidine: Ma acõtemplare le diuine chose. Nientedimeno fece meglio che non dixe Imperoche uixe chon somma tẽperantia: et ne cibi et nelle chose ueneree. Sopporto con grande animo edolori. Fu obseruãtissimo della fede. Fu fedelissimo nelle amicitie. Ilperche hebbe molti amici. Fu molto liberale et clemente. Ilpche e/ molto et in molti luoghi lodato da Seneca philosopho grauissimo. Ma tornando al texto ueden do el poeta nostro le heresie esser tante: che di tutte non potrebbe tractare pose questa: laquale e/ piu perniciosa allhumana generatione che alchuna altra. Imperoche chi pone lanima mortale togle ogni fondamento al giusto uiuere ciuile: et alla uera religione. CHE LANIMA COL corpo morta fanno. Non fanno perche non e/ in suo arbitrio farla morta o uiua: Ma fanno cioe giudicano. PERO ALLA DOMANDA CTE MI FACI se si posson uedere. QVINCENTRO / in questo non lontano spatio. SATISFACTO sarai tosto: perche uedrai lanime farsi fuora del seposchro. ET AL disio ancora che tu mi taci. Hauea domandato se si potean uedere lanime Ma la intentione sua era inpticularita di uedere Farinata et Caualcante: equali credeua ui fussino sapendo che epsi erono maculati di tal uitio. O BVON DVCA NON Tengho nascoso a te elcuor mio: cioe non tacetti questo per nasconderti el cuor mio; cioe la mia uoglia. MA PER DIR BRIEVE. Imperoche chi domanda ingenere dice piu brieue che chi ricerca particularmente. Et aggiugne che uuole esser brieue; perche Virgilio non pure al presente; ma piu uolte lha amonito a questo. Et sobtilmente dimostra danthe la differentia che e/ tra lontellecto superiore et lonferiore. Imperoche el superiore si riuolge a gluniuersali; et non aparticulari; chome uerbi gratia non ricerca se lhomicidio commesso in particulare da milone in Clodio: o la rapina commessa da Verre in Sicilia e/ male. Ma ricerca uniuersalmente se lhomicidio et la rapina sono male. Ma lonferiore considera el particulare; chome ueggiamo nella uita ciuile. Ma dãthe uolendo uenire alla uera scientia delle chose; laquale e/ ne gluniuersali lascia el modo proprio et piglia quello di Virgilio sequitando gluniuersali; perche Virgilio uolendoselo unire alla cognitione sempre ladmonisce ad questo: Et non pero gli cela el suo cuore. Imperoche lontellecto superiore cognosce questo uniuersale; che lontellecto inferiore cerca eparticulari.

O tosco che per la citta del foco
uiuo ten uai chosi parlando honesto
piacciati di restare in questo loco.
La tua loquela ti fa manifesto
di quella nobil patria natio
allaqual forse fui troppo molesto.
Subitamente questo suono uscio
duna dellarche: pero maccostai
temendo un poco piu al duca mio.

P One le parole dello spirito che era Farinata Vberti: lequali sono conuenienti a huomo magnanimo et prudẽte et di composti costumi chome fu lui. O TOSCO o toscano Quasi dica o fiorentino: laquale citta e/ capo di toscana. PER LA CITTA DEL FOCO: per la citta di Dite piena di fuoco. VIVO TEN VAI: et nõ morto ne uitii chome noi. PARLANDO Honesto; perche hauea sentito quãdo rispose a uirgilio. RESTARE / fermarti. LA TVA LOQVELA: Dimostra che lhauea conosciuto al parlare. DI QVELLA NOBIL PATRIA: tua et mia: et proferi queste parole non sanza merore. Imperoche ogni fallo commesso lascia dopo se pentimento; elquale del continuo stimola la conscientia. Adunque dicendo di quella nobil patria dimonstra dolersi dhauerla offesa; perche dicendo nobile e/ chome a dire indegna dessere molestata: Et pero subgiugne. ALLA QVAL forse fui troppo molesto. Ma dixe forse per non si priuare altutto di scusa: quasi dica se io fui impio inuerso di lei emiei aduersarii me ne decton cagione. SVBITA

MENTE QVESTO Suono uscio: parla el poeta et dice donde uscirono queste parole: lequali dandogli alchuno spauento chome chosa subitata et impremeditata / fecíono che lui saccolto a Virgilio. Et per questo dinota che ogniuolta che la sensualita: o la ragione inferiore piglia alchuna perturbatione si debba congiugnere con la ragione superiore: perche in quella e/ perfecto giudicio: et cognosce se quello che da pauento e/ da fuggire o no: et se non e/ da temere conforta lappetito allandare incôtro Et pero sequita.

Et el mi dixe uolgiti che fai?
  uedi la farinata che se dricto:
  dalla cintura in su tuttol uedrai.
Io hauea gia elmio uiso nel suo ficto:
  et el surgea col pecto et con la fronte
  chombauessi lonferno in gran dispicto.
Et lanimose man del duca prompte
  mi pinser tra le sepolture allui
  dicendo le parole tue sien conte.

n On fu marauiglia che le parole di Farinata perturbassino la sensualita. imperoche allheresia non puo risponderc se non chi e/ aiutato dallontellecto: Ma a chi saccosta allui epso da animo al rispondere. VOLGITI CHE FAI. Quasi dica perche tindugi: Et dinota che allheresia si uuole insurgere presto: et chon audacia innanzi che alchuna falsa oppinione inuecchi nella mente. SIENO LE PAROLE CONTE: cioe prompte et appensate: accioche laduersario nô uhabbia alchuno appiccho. VEDI LA FARINATA/ Caualiere fiorentino et della nobile famiglia degliuberti. Fu in Firenze principe deghibellini: pel cui consiglio eghibellini nello infelicissimo conflicto di monte aperto in ualdarbia furono superiori: onde segui la fugha de guelsi: Equali abbandonando firenze circuirono chon florentissimo exercito buona parte ditalia: et in Bologna. Parma: Modona rimessono eguelsi: Et finalmente armati in aiuto del pontefice contro a manfredi/ furono potissima cagione della ropta di Manfredi. Huomo sanza fallo di grande animo: et non di minore consiglio: Ma hebbe praua et falsa opinione dellanima humana stimando quella perire insieme col corpo. Et pero giudicaua esser bene in questa brieue uita pigliare ogni uolupta di corpo: Informa che nel uicto et ne cibi passaua la modestia. Ilche noto Dâthe nel sexto canto quando domando Ciacco se era con lui. IO HAVEO GIA el mio uiso: el mio uedere cioe gliocchi. FICTO nel suo: perche fisamente lo miraua per riconoscerlo. ET E SVRGEA CHOL Pecto et chon la fronte. In tre luoghi puo consistere la heresia. Sentirla in se parlarla con altri: et farne apertamente professione. Adunque uolendo Danthe dimonstrarlo heretico in ogni parte. Prima gli decte el parlare: hora dimostra che surge chol pecto doue sta la cogitatione: et chon la fronte: laquale significa aperta et manifesta professione. Ilperche a/ laudabile institutione de christiani: la religione de quali consiste maxime nello euangelio: che quando quello odono segnono la fronte. la bocca: et el pecto. Adimostrare che lo credono col cuore: et diconlo con la lingua: et con aperta fronte ne fanno professione. Preterea uuole mostrare costume daltiero chome era lui: pero che tali huomini per elatione uanno quasi supini mostrando el pecto et la fronte. Onde Iouenale Multum referens de Mecenate supino. CHOME HAVESSI LOMFERNO in gran dispicto. E/ natura del pusillanimo ne tormenti affliggersi et consternarsi: Ma chi e/ di grande animo ritiene un certo fasto et superbia: et pare che piu tosto disprezi el tormento che se ne dolga. Et dixe Dispicto in luogho di dispecto mutâdo e in. i. per fare la rima. ET LANIMOSE MANI Del duca prompte. Era necessario che la ragione inferiore fussi corroborata dalla excellentia et francheza della superiore. Et pero finge che le mani animose del duca lo pinsono: ne solamente erano animose: Ma anchora prompte cio caute et ueloci: et comando che le parole sue fussin conte: cioe chiare et aperte: perche chi uuole essere fuor dheresia debba scriuere: et parlare sanza alchuna ambiguita: et non uada se non mandato dallontellecto: perche e/ stultitia chi non ha lintellecto illustrato di uera et christiana doctrina disputare maxime inpublico con heretici et con infedeli: perche essendo uincto dallacume di chi afferma el falso fa uacillare quegli che odono. Onde e/ prohibito che chi non e/ pronuntiato maestro in sacra theologia non disputi inpublico

Chomio apie della sua tomba fui
  guardomi un poco et poi quasi sdegnoso
  mi domando chi fur gli maggior tui.
Io chero dubbidir desideroso
  non gliel celai ma tutto glenapersi
  onde eleuo le ciglia un poco in suso
Poi dixe fieramente furo aduersi
  a me et a miei primi et a mia parte
  si che per due fiate gli dispersi

d Iscriue nel primo ternario egesti et le parole di Farinata pequali si dimostra la tiera sua natura: perche chon certo fasto domando chi erono stati esuoi maggiori cioe esuoi antichi. IO CHERO Dubbidir disideroso: intendi a uirgilio elquale glhaueua decto Le parole tue sien conte. ONDE LEVO Le ciglia un poco in suso. Ilche e/ apto dhuomo che oda quello che nô uorrebbe. Et poi dixe questi tuoi antichi furono fieramente diuersi et aduersarii ad me: et a miei antichi: et a mia parte: perche loro erono guel

CANTO DECIMO

Se fur cacciati etornar dogni parte
rispose allui luna et laltra fiata
ma uostri non appresor ben quellarte.

si et emici ghibellini. SI CHE PER DVE fiate gli dispersi. Perche due uolte furono cacciati e guelsi. MA VOSTRI NON APPRESON Ben quellarte del ritornare: peroche cacciati una uolta: ne mai di poi tornorono: ne speranza alchuna resta loro di ritornare: Et puossi dire che sobto questi nomi guelsi et ghibellini allegoricamente sintenda cattolico et heretico. Perche inuero eguelsi furono sempre propugnatori et difensori dellapostolica sedia: et per questo gli pone per catholici: Et eghibellini per heretici concio sia che loro si ribellasino dalla chiesa. Et e/ uero che se furono cacciati sempre tornorono. Imperoche non obstante che la uera religione sia stata spesse uolte in molti luoghi scacciata dalla heretica prauita Finalmente sempre e/ ritornata in suo stato. Ma per loppósito non e/ stato spento mai alchuna secta dheretici: che dipoi sia risuscitata.

Allhor surse alla uista scoperchiata
unombra lungho questa insino al mento
credo che sera inginocchion leuata.
Dintorno miguardo chome talento
hauessi di ueder saltri era mecho:
et poi chel suspicar fu tutto spento
Piangendo dixe se per questo cieco
carcere uai per alteza dingegno
miofiglo oue e/ et perche non e/ teco:
Et io allui da me stesso non uegno.
colui chattende la per qui mi mena
forse cui guido uostro hebbe a disdegno.
Lesue parole et elmodo della pena
mhauean di chostui gia decto el nome:
pero fu la risposta chosi piena.
Disubito drizato dixe chome
dicesti eglhebbe non uiuegli anchora?
non fier ne glocchi suoi el dolce lome
Quando saccorse dalchuna dimora:
che io facea dinanzi alla risposta
supin ricadde: et piu non parue fora.

d Opo farinata pone Caualcante caualieri fiorentino nato dellantica et splendidissima famiglia de caualcanti: elquale ne suoi tempi fu per sua uirtu et prudentia enumerato tra principi guelsi della nostra republica. Ma solamente incorse infamia per tenere epicuria opinione: Ma perche neparlaua con piu modestia et piu copertamēte che farinata: pero el poeta non lo fa surgere tanto fuori dellarca quanto lui. La famigla de caualcanti e/ molto antica nella nostra citta: Et nobilitata per non pochi excellenti huomini da quella prodocti chome facilmēte si puo uedere nelle chronache fiorentine. Ma pertornare onde ci partimmo di caualcante nacque Guido non solo nella uita ciuile excellente: Ma anchora in ogni spetie di speculatione exercitato: Ma precipue acutissimo dialetico: et philosopho egregio: et non poco exercitato ne uersi toscani: equali anchora hoggi uiuono pieni di grauita: et di doctrina: Ma perche datosi tutto alla philosophia non curo molto leggere epoeti latini: ne inuestigare loro arte et ornamenti/mancho diquello stile et leggiadria laquale e/ propria del poeta. Nientedimeno excepto Danthe uinxe di gran lūgha tutti glialtri: equali insino alla sua eta scripsono in rhima. Io ho ueduto di Guido una morale El cui principio e/ Donna mi priegha per chio uoglio dire Dun accidente che e/ souente fero: Et e/ si altero che e/ chiamato amore. In questa morale laquale e/cinque stanze tracta dellamore nō secondo ediuini chome Salomone. Ne secondo epoeti gentili chome Ouidio. Ma secondo ephilosophi: Dimostra amore essere accidente et non substātia: chome e/ lappetito nellanima: et come sono tutte le passioni. Dimostra che e/accidente feroceet grande et che ha lessere suo nella memoria: perche la impressione della imagine della chosa amata e/nella memoria: chome lume procedente da corpo luminoso si ritiene nel corpo diaphano. Dimostra anchora chome si crea lamore: et molte altre chose chon tanta doctrina: che Egidio Romano nobilissimo phisico et methaphysico: Et Dino del gharbo fiorentino medico excellentissimo la comentorono. Vuole adunque tutte queste chose significhare: Et pero dice. ALLHOR SVRSE ALLA Vista scoperchiata. Alla bocca aperta del sepolchro. VNOMBRA: et cetera. CREDOCHE SERA Inginochion leuata: perche se si fussi leuata in pie harebbe mostro non solo el mento ma el pecto chome Farinata. TALENTO: uolonta. Onde atalentare significa aconsentire: che e/ fare della sua uoglia la uoglia daltri. CHEL SVSPICAR FV TVTTO SPENTO. Diciamo sapere credere et suspicare. Chi sa ha uera scientia della chosa. Credere e/ quando non siamo certi: Ma habbiamo si ferma fede che chosi sia che non ne dubitiamo. Suspicare e/credere ma con dubitatione. Dixe se tu uai per questo inferno per altezza dingegno: perche non e/ teco elmio figliuolo? quasi dica: elquale come tu e/dalto ingegno et di gran doctrina. Et nota che queste parole Se per questo cieco carcer uai per altezza dingegno seruono insieme alla fictioni et alla allegoria. Imperoche secondo elsenso licte ale diremo se per altezza dingegno: quasi se per alchuna mira bile arte puoi uiuo et sanza pena andare per lonferno : Ma secondo lallegoria intendi Se per alteza dingegno et gran doctrina uai per la speculatione de uitii el mio figluolo e / tale che debba potere questo medesimo.. ET IO ALLVI da me steffo non uegno : Quasi dica el mio ingegno non mharebbe data tale inuentione. MA MENAMI colui che attende : cioe aspecta la. Imperoche ladoctrina et elfigmēto di Virgilio elquale ho imitato MI MENA : Mi guida a fare tale fictione : perche non e / molto dissimile dalla sua. FORSE CVIGVIDO Vostro hebbe a disdegno. Quasi dica pche Guido uostro datosi tutto alla philosophia non degno epoeti : la sua philosophia non glie bastata a far simile poema : elquale poteua fare se hauessi degnato di leggere Virgilio et imitarlo. LE SVE PAROLE : Dimostra che per le parole sue : lequali dinotauano piu tosto Guido che alchuno altro : et perche era molto docto et perche allui era amicissimo : et la pena laquale era de gli heretici si doueua a messere Chaualcante. DISVBITO DRIZATO. Dimostra che perche Danthe dixe hebbe chome si suol dire de passati : et non dixe ha. Ilche si dice de uiui / decte pauento et timore a Chaualcante che Guido non fussi morto. NON FIER / Non ferisce el dolce lume ne suoi occhi. Ilche interuiene a uiui : perche erazi del sole sono quegli che illuminano laris corpo diaphano sanza lequali due chose o simili a queste due non puo el uiso usare la sua potentia. QVANDO SACCORSE DALCHVNA DIMORA. La prima congiectura che lui prese di quella parola hebbe / lofece dubitare. Hora la seconda lo induxe in ferma oppinione che fussi morto. Et certo quando domandiamo uno amico della uita o della ualitudine dalchuno de nostri : Et lui non risponde presto subito ci nasce timore che non stia chome disideriamo : Et dimonstra nelle parole di Caualcante quanto sia lamore del padre inuerso del figluolo : poiche anchora nellonferno tanto lama. Cercasi secondo ephilosophi se lamore de suoi rimane nellanima seperata dal corpo. SVPIN RICADDE. Da allanimo laccidente che suole adiuenire allhuomo quando per grande passione danimo cade in syncope et uiensi meno.

Ma quellaltro magnanimo a cui posta
restato mera non muto aspecto :
ne mosse collo ne piegho sua chosta :
Et se continuando alprimo decto.
se glhan quellarte dixe male appresa
cio mi tormenta piu che questo lecto.
Ma non cinquanta uolte fia raccesa
la faccia della donna che qui regge :
che tu saprai quanto quellarte pesa :
Et se tu mai nel dolce mondo regge
dimmi perche quel popol e / si empio
incontro amiei in ciaschuna sua legge.

e Primi due ternarii hanno pocha difficulta Et solamente ui dimostra qual sia lanatura dhuomo di grande et inuicto animo : elquale nō fa gesto ne acto alchuno che non significhi essere inuicto. Dipoi pone le parole conforme a gesti Imperoche chi e / di tale animo non gle molesto tormento o morte quanto e / hauere a cedere al nimico : Et similmente si puo notare la obstinatione de dannati : equali etiam doppo la morte non dipongono gliaffecti et leperturbationi che haueuono nella uita. MA NON CINQVanta uolte fia raccesa La faccia della donna che qui regge. Proserpina laquale e / quella medesima : che la luna secondo epoeti fu figliuola di Ceres in Sicilia et un giorno cogliendo fiori fu ueduta da Plutone dio dellonferno : elquale preso dal la belleza della fanciulla la rapi et fecesela mogle. Molto dolse tanta in giuria a Ceres : ne in nessun modo restaua patiente : che la figluola rimanessi appresso del raptore insino che Ioue compose tanta lite. Chostui era fratello a Plutone : et padre a Proserpina : et electo arbitro dalle parti / giudico che douessi stare mesi sei con Plutone nellonferno : et sei con la madre. Questa ha uirtu in cielo oue e / chiamata luna. Halla in terra et e decta Diana. Halla in inferno : et chiamonla proserpina. Et per questa triplicata potentia dixe Virgilio Ter geminam hecaten tria uirginis ora Diane. Et perche sei mesi dellanno cresce : et sei scema / Finsono epoeti che sei mesi stessi nellonferno et sei disopra. Fingono la luna essere dia dellonferno : perche maximamente adopera ne corpi inferiori : Et somma uirtu e / lasua circa laformatione et augumento de corpi terrestri. Molte altre chose fingono epoeti di proserpina : per lequali uogliono exprimere lanatura della luna. Ma non sono al presente proposito. Ilperche torno al poeta elquale dicendo che la faccia della donna che regge in inferno : cioe della luna : laquale e / proserpina nō fia accesa cinquantauolte : cioe non passeranno cinquanta mesi. Imperoche la luna e / corpo per se medesimo obscuro : Ma riceue ellume dal sole : et pero si dice che dallui e / accesa. Adunque intende che non passeranno cinquanta mesi che lui sara cacciato. Ilche secondo Giouanni boccaccio adiuenne innāzi che passassino due anni o pocho piu. ET SE TV MAI Nel dolce mondo : E / dolce a rispecto diquegli che sono nellonferno. Onde Virgilio. Quos dulcis uite exortes et ab ubere raptos Abstulit atra dies. RIEDI : cioe ritorni. Et non e / qui conditionale : che la sententia sia dimmelo se mai tu torni. Ma e / deprecatiuo : come quando diciamo Dimmi el uero se dio taiuti. Quasi dica io priegho dio che taiuti se tu mi di eluero. IN CIASCVNA SVA LEGGE. Perche inuero non usorono tanta crudelta in alchuna famiglia ghibellina quanto ne gluberti. Informa che mai si rimesse pena alchuna o concessesi beneficio a ghibellini : che Gluberti : et Lamberti non ne fussino exceptuati per la crudelta della ropra da monte aperto. Queſta fu nel mille dugencinquantotto. In queſto anno uolendo la ſuperbia de gliu berti ſobrometere el popolo ſi leuo a romore la terra: et nel tumulto fu morto. Sciattuccio uberti et a Vbertuccio fu tagliato la teſta. Meſſer Farinata con molti nobili ghibellini fuggi a Siena.

Ondio allui lo ſtratio el grande ſcempio
che fece larbia colorata in roſſo
tal oration fa fare nel noſtro tempio
Poichebbe ſoſpirando el capo ſcoſſo
dixe accio non fu io ſolo ne certo
ſanza cagion con glialtri ſarei moſſo:
Ma fu io ſolo cola doue ſofferto
fu per ciaſchuno di tor uia fiorenza.
cholui che la difeſi auiſo aperto.

b Auea domandato Farinata per qual cagione el popolo fiorentino era ſi crudele in uerſo di lui et di tutti gluberti. Riſponde Danthe che loſtratio et la crudele occiſione laquale p ſua callidita: et tractato fu facta de guelfi nella ropta dimontaperto: doue larbia fiume arroſſi del ſangue. FA FARE TALE ORATIONE Fa chel popolo diſidera et priegha emagiſtrati: che tali leggi faccino. NEL NOSTRO Tēpio Sta nella tranſlatione. Impero che hauendo decto orationi dixe tempio per la curia et luogo publico: doue ſi tractono le coſe delle rep. Et queſto e/ che eſſendo chome diſopradixi meſſer Farinata in exilio: Et come huomo di grāde animo Ne di minor prudentia Diſiderando non ſolamente di ritornare ma ridurre quegli della ſua factione ſi conduxe a Siena riceptacolo in quegli tempi di parte ghibellina: et molto inimica a guelfi fiorentini. Et quiui per ſecreti internunctii ſi compoſe cho ghibellini rimaſi in firenze in quello che poi ſegui. Dipoi mando certi frati minori per parte di chi reggeua ī Siena a glanziani di Firenze: che ſe ſappreſſaſſino con lexercito a Siena darebbono loro una porta. Il perche dicermino el popolo fiorentino benche alchuno ſauio cittadino lo uietaſſi/ fare tale impreſa: et ſobto nome di uolere fornire montalcino noſtro confederato uennono inſino a monte aperti inualdarbia: Doue contro a ogni loro opinione uſcirono loro incontro eſaneſi con gente darme tedeſca: laquale per induſtria di Farinata Manfredi hauea mandata. Et in ſul principio della battaglia molti dellexercito fiorentino fauoreuoli a ghibellini ſi fuggirono alla parte denimici. Fu grande animo de noſtri in reſiſtere a tanta forza et atante fraudi: et lungamente ſobſtennono la battaglia. Et finalmente meſſere bocca abati con ſomma perfidia ſaccoſto a meſſer Iacopo del uacca della anctica famiglia de pazi: elquale portaua loſtendardo: et tagliogli la mano: onde lo ſtendardo ando per terra. Furono morti quattro mila fiorentini inqueſta ropta: laquale fu in ſabbato a di quattro di ſeptembre: Et nellanno della noſtra ſalute. M.cc.lx. POICHE HEBBE Soſpirando el capo moſſo. Queſto geſto dipigne le perturbationi uarie nellanimo ſuo: parte ſdegno dellangiuria riceuuta: parte rimordimento hauer facto contro alla patria: Et pero ſcuſandoſi dice AD CIO NON FV IO SOLO: Perche molti altri ribelli furono meco. NE CERTO SANZA Cagion con glialtri ſarei moſſo. In ſomma dimoſtra che uenire contro alla patria gli fu comune con molti: Ma a difenderla fu ſolo. Onde ſequita. MA FV IO SOLO. CHOLVI DOVE SOFERTO Fu per ciaſchuno di tor uia firenze Cholui che la difeſi auiſo aperto. Et queſto fu che dopo la tornata de ghibellini in firenze/ ſi ragunorono glimbaſciadori et principali huomini di tutte le terre ghibelline di toſcana per prouedere alla conſeruatione del comune ſtato di quella parte: Et tra molte altre choſe fu conſigliato che lultimo exterminio deguelfi era diſfare firēze primo capo di quella parte: et ridurre la citta a borghi: accioche eguelfi gia mandati in exilio perdeſſino ogni ſperanza di ritornarui. Alqual conſiglio perche inuero era unica ſalute a quella parte/ non che glialtri: Ma anchora efiorentini ghibellini acconſentiuano: Et partoriua quel giorno horrendo excidio alla noſtra patria ſe non fuſſi ſtato meſſer Farinata: elquale ſolo ſoppoſe: chome ſi dimoſtra nella hiſtoria di Lionardo aretino in una contione laquale fece farinata nella empolenſe congregatione: doue non ſolamente, contradixe chon le parole: Ma chome un nouello ſcipione a canne chon lanuda ſpada minaccio chi perſeueraſſi in tale ſententia. Onde io nelle elegie intitolate Xandra ſcripte in mia adoleſcētia/ ſcripſi di lui tale epigramma. Guelfa meo fateor ſuperauimus agmina ductu: Sanguine cū rubris Arbia fluxit aquis. Sed tamen ut priſcas teneas florentia ſedes Sola farinate mens tibi magna dedit. Oppoſeſi adunque a tutti farinata Dimoſtrando che ſe era nimico a guelfi: non era inimico alla ſua patria: perche poteua piu in lui lamore della patria: che le inimicitie de gliaduerſarii. Ilperche per lui ſtui ſolo fu difeſa firenze che non periſſi.

Rotta de fiorentini nel. 1260.

De ſe ripoſi mai uoſtra ſemenza
pregai io lui ſoluetemi quel nodo:
che qui ha inuiluppato mia ſentenza
Epar che uoi ueggiate ſe bene odo
dinanzi quel chel tempo ſeco adduce:

b Aueua dimoſtro farinata che non ſolamente non douea eſſere in peggiore grado che glialtri exuli: ma in migliore. Imperoche ad arbia non hauea facto peggio che glialtri: et a Empoli haueua facto meglio. Et forſe harebbe ſoggiunte altre choſe: ſe nonche Dante auido di ſen

et nel presente tenete altro modo :
Noi ueggian chome quel cha mala luce
le chose dixe che ne son lontano
cotanto anchor ne splende elsommo duce
Quando sappresson o son tutto e / uano
nostro intellecto : et saltri non ciaporta :
nulla sapem diuostro stato humano.
Pero comprender puoi che tutta morta
fia nostra cognoscenza da quelpuncto :
che del futuro fia chiusa la porta.

tire perche cagione edannati preuedessino elfuturo ; et non el presente : mozzo le parole et soggiunse. DE SE RIPOSI VOSTRA semēza pregai io lui ; Et ordina chosi Io pregai lui dicēdo De soluetemi quel nodo ; elquale ha inuiluppato qui mia sententia se mai si riposi uostra semza : cioe euostri descendenti : equali alpresente uiuono ; et quegli che uerranno ; Et e/ questa dictione se deprecatiua ; chome dicēmo disopra : et non conditionale. El nodo piglia pel dubio . peroche hauendo udito Ciacco prima : et hora Farinata predire le chose future : Et da altra parte/ uedendo che Caualcante non sapea le chose presenti/gli parea incredibile che non sapēdo le presenti sapessino le future. NOI VEGGIAMO CHOME Quei cha mala luce. Due spetie sono di uista imperfecta. Imperoche alchuni hanno la uista chiara ; ma non molta : et questi ueggono meglo da presso. Alchuni hanno molta uista ; ma obscura ; onde ueggono meglo di lontano : perche uscendo e razi uisiui nel processo si rasserenano et fannosi lucidi et apti al uedere . Ma eprimi perche hanno gli spiriti uisiui troppo chiari se procedono troppo pel diaphano illuminato excedano nella luce ; et po non ueggono. Adunque dice Farinata Noi siamo simili a quegli : equali hanno mala luce : cioe hāno gli spiriti uisiui obscuri ; equali non ueggono se non procedono a lungo spatio per laria luminosa : laquale gli rischiara et fagli apti al uedere. Ma certo pare incredibile che uedendo queste anime le chose future nō ueghino anchora le presenti. Onde alchuni intendono che lanima per memoria delle cose passate fa congiectura delle future : chome uerbi gratia Farinata ricordandosi della natura et costumi de suoi ciptadini ; et delle ciuili discordie/preuede quello che ne debba sequire ; et uedelo di lontano. Ma perche nō sa apuncto quando sara puo essere gia presente ; et lui non lo sa. Et in tal modo saluano la sententia di Danthe : che lanima dannata uegga el futuro et non el presente. Ma Thomaso de Aquino dice che lanima spoglata del corpo non ha piu la cognitione de sensi ; laquale e/ circa eparticulari : Adunque non conosce piu questo che quello/se non lontende da unaltra anima che di nuouo uengha o da alchuno spirto. Ma conosce secondo la natura dellontellecto ; che e/ circa gluniuersali ; et in questo modo sa le chose future chome uniuersali ; et non per uolgersi alla fantasia : chome quando e / nel corpo . Ma lanima saluata intende le chose preterite presenti et future secondo Thomaso : et Gregorio ; perche le uede in dio nel quale niente e/ occulto. QVANDO SAPPRESSINO O SON/quando sauiciuano o son presenti. TVTTO E/VANO Nostro intellecto : cioe niente intendiamo et nulla sappiamo di uostro stato humano Ne di chosa che si faccia tra glhuomini. Onde Augustino Fatendū est nescire mortuos quid agitur dum agitur : sed postea uero audire ab iis qui hinc ad eos moriendo pergunt : Possunt etiam ab angelis audire aliquid. SALTRI NON CIAPPORTA : se altra anima o spirito maligno non ci riferisce. PERO Comprender puoi che la nostra conoscentia sara tutta morta ; Cioe niente conosceremo da quel punto che sara chiusa la porta del futuro. Questo sara dopo el di del giudicio ; perche larche saranno serrate ; et molto piu : perche non hauendo a essere piu huomini/ non saranno piu chose.

Allhor chome di mia colpa compunto
dixi hor direte adunque a quel caduto :
chel suo nato e/ cho uiui ancor congiunto
Et si fui dianzi alla risposta muto
fagli asaper chiol fei perchio pensaua
gia nellerror che mhauete soluto :
Et gia elmaestro mio mirichiaua :
perchio preghai lo spirito piu auaccio :
che mi dicessi chi chon lui staua.
Dixemi qui chon piu di mille giaccio :
qui dentro e lo secondo Federigho :
el cardinale et de glialtri mi taccio.

i Nteso che hebbe el poeta la cagione : per laquale edannati uedeuono el futuro : et non elpresente/gli dolse non hauer risposto a caualcāte. Imperoche spesso interuiene ; che lanimo occupato in maggior cura/lascia indrieto unaltra chosa : laquale passata tale occupatione fa uolētieri . Adunque al presente dolendosi della colpa commessa di non hauere risposto achi glera stato amico/risponde al presente ; et priegha Farinata che dica a quel caduto : cioe a caualcante : CHE EL SVO NATO/El suo figluolo e/ ancora cōgiunto cho uiui e/ anchora in uita. ET SE IO FVI Poco auanti muto alla risposta/Non fu perchio non uolessi rispondergli. Ma perche lanimo era occupato in pensare nel dubbio : elquale uoi mhauete absoluto. ET GIA EL MAESTRO MIO mi richiamaua. Era stato Danthe con Farinata et con Caualcante. i. era disceso nelle chose particulari. Hora Virgilio cioe la mente superiore lo richiama da questi particulari per ridurlo a gliuniuersali da quali e/ uera scientia. Ma innanzi che si parta intende che quiui e/ el secondo Federigho elquale fu figluoio darrigho sexto imperadore: et nipote di Federigho barbarossa. Arrigho tolse per moglie Chostanza figluola del buon re Guglelmo di Sicilia gia monacha: Ma dispensolla el papa; et hebbe in dota el reame di Sicilia; elquale era occupato da Tancredi nato della chasa del re Ruggieri; et lui lo lascio a Guglelmo suo figluolo. Chostui adunque fu uinto da Arrigo. Onde tutto el reame rimase poi a Federigho suo figluolo: et di Costantia; del quale alpresente tractiamo. Costui perche fanciullo rimase pupillo: et in tutela del sommo pontefice/fu nutrito con diligentia: et peruenuto alla uirile eta hebbe la possessione del regno; et non dopo molto tempo fu coronato re de romani per Honorio papa nellāno della nostra salute. M. cc. xx. Dopo laquale coronatione uixe. xxxiii. anni; et uenne in discordia cō la chiesa: perche uolendo lui riuedere el conto delladministration del regno: Non uollono eprelati mostrarlo. Dipoi ridocto in concordia/paro exercito contro al soldano; che chosi era nelle condictioni della pace; Et questo fu nel. M. cc. xxxvi.; Et essendo gia oltramare con lexercito Elpapa per lectere auiso el soldano che modi hauessi a tenere a uincerlo et a ucciderlo; Et in quel mezo gli fece ribellare la sicilia et la puglia. El soldano per metter discordia tra christiani/mando le lectere a Federigho. Onde ne nacque pace fre loro; benche lui hauessi potuto ricuperare tutta terra sancta. Torno adunque in italia Et racquisto el regno; et in contumelia del papa mando in tunizi per molti saracini; et concesse loro ad habitare Luccera hoggi decta Nocera; laquale e/ in puglia piana: et mosse guerra al papa; et molta crudelta uso contro a prelati: Et finalmente molto afflixe la corte romana: et molto indeboli eguelfi di toscana fauctori della chiesa. Et mando contro a fiorentini con mille cinquecento cauagli un suo figluolo nato duna principessa dantiochia: et per questo lo chiamo federigho dantiochia. Non si uolea la prīcipessa dantiochia congiugnere con federigho sentendo che lui haueua moglie. Onde lui fece uenire due nauili con le uele nere; et in quegli furono ambasciadori; equali falsamente dixono che la moglie era morta: et con questa fraude inganno la principessa. Finalmente mori in puglia. Imperoche hauendo da gliastrologi che firenze glera fatale; et quiui hauea a morire non uolle mai passare ne nostri terreni: Et finalmente amalo in puglia; et fu condocto in una terra di puglia decta firenzuola. Ilperche inteso dipoi el nome si giudico morto; et chosi mori scomunicato: Et e/ chi dice che Manfredi suo figliuolo naturale; et principe di Taranto laffogho con un guanciale per occupare esuoi thesori. Fu huomo per arte militare et grande animo molto temuto; et da christiani; et da saracini. Et elquale se non fussi stato irritato dalla fraude del pontefice forse non sarebbe stato si crudele inuerso lachiesa; laquale lui tracto in forma che meritamente si puo porre tra glheretici. ELCARDINALE: Accordansi tutti gliscriptori; et maxime euicini a tempi di Danthe; che lui intēda del cardinale Octauiano de glubaldini: elquale certo fu huomo di gran gouerno et danimo inuicto; Ma di uita et di costumi piu tosto tirannici che sacerdotali; et tanto fauoreuole a ghibellini; che non curo fare contro allauctorita pontificale inaiuto di quegli. Da quali poi non sobuenuto in certi suoi bisogni dixe: che se anima e/ lui lhauea perduta pe ghibellini: lequali parole lo dimostrorono epicureo. Fu tanta la prudentia et auctorita sua che dispeneua della corte romana a suo modo; Et gia la tenne ne monti del mugello nelle terre de gliubaldini; et contro alla uolonta del pontefice sempre fauori eghibellini. El suo fauore creo el primo arciuescouo de de uisconti di Melano: Et produxegli al dominio di quella citta. Ne era chiamato altrimenti che Cardinale: Et ogniuolta che si dicea el cardinale dice o fa sintendeua di lui.

Indi sascose et io inuer lantico
poeta uolsi epassi ripensando
a quel parlar che mi parea nimico:
Et el si mosse et poi chosi andando
mi dixe perche se chosi smarrito?
et io li satisfeci al suo domando:
La mente tua conserui quel che udito
hai contro a te mi comando quel saggio
et hora attendi qui et driza el dito.
Quando sarai dinanzi al dolce raggio
di quella il cui bellocchio tutto uede
dallei saprai di tua uita eluiaggio:
Appresso uolse a man sinistra el piede
lasciamo elmuro et gimo inuer lo mezo
per un sentier cha una ualle fiede
chen fin lassu facea spiccar suo lezo.

f Ini Farinata le sue parole: et tornossi sobto Et Danthe si torno a Virgilio ripensando a quel parlare che Farinata hauea facto del suo exilio: elquale gli parea nimico et aspro. Et Virgilio lo domando perche fussi chosi smarrito ne pēsieri; et inteso che era per laduersa fortuna; laquale el farinata glhauea predecta gli da optimo precepto; Elquale e/ che lui conserui nella memoria quello che ha udito: Et poi uogla intendere da Beatrice tutto el processo della uita sua. Questo dinota che quando cie annuntiato male non dobbiamo uolere affliggerci con superchio timore ne fare giudicio chon la sensualita quanto quella chosa sia infelice et misera. Imperoche e/ cattiuo giudicio quel del senso: perche uuole che tutte laduersita che uengono ne beni del corpo o della fortuna sieno grandi et intollerabili; et che per quelle glhuomini diuentino miseri. Ilche e/ falsissimo. Adunque riserba questo giudicio a Beatrice et lei ti mostrerra che solamente colui

e/ in miſeria ; elquale e/ diuiſo et ſeperato da dio pel uitio dallui commeſſo benche fuſſi in ogni copia
et abundantia di riccheze et di ſtato: Et per loppoſito e/ feliciſſimo quello elquale per uirtu e / congiũ
to con dio. Queſta ſententia e/ non ſolamente ſtoica: ma chriſtiana : che neſſuna choſa ſia mal e ſe non
el uitio ; elquale ſolo ci toglie la uita beata. Et perche el uitio non ci puo eſſer dato ſe non da noi mede
ſimi. Pero Ioanni chryſoſtomo ſcripſe la paradoxa ; per laquale pruoua che neſſuno puo eſſere offeſo:
ſe non da ſe medeſimo. Perche ſolamente el uitio et peccato puo nuocere ; et el uitio et peccato non
uiene ſe non dalla noſtra uolonta et electione: Ne ci puo potentia alchuno a queſto ſforzare ſe non uo
gliamo. ET HORA ATTENDI ET Qui dirizo el dito. Dirizo el dito per farlo attento: et dimo
ſtrare con quel geſto che quello che haueua a dire era choſa notabile. Imperoche diriziamo eldito quan
do parlando di choſa alchuna uogliamo teſtificare quella eſſer uera ; et di qualche importanza. Ouera
mente uolle dimoſtrare : che non baſtaua che attendeſſi eprecepti di Beatrice: Ma biſognaua che quegli
metteſſi in opera: et pel dito : et per le mani ſi ſignifica loperatione. Onde el pſalmiſta dixe: Et leua
ui manus meas ad mandata tua que dilexi: Che non ſignifica altro alzare la mano a comandamenti di
dio/ſe non mettergli in opera. QVANDO SARAI Dinanzi aldolce raggio. Imperoche la ſacra the
ologia contiene in ſe la uerita : con laquele illumina la mente di tutti: Et locchio ſuo uede ogni choſa ;
perche uede la uerita. Adunque nellonferno ſi conoſce laperdita che ſi fa delle choſe temporali. Ma el
rimedio contro al dolore che quelle arrechono ſeco non cie moſtro/ſe non da Beatrice ; et lei cinſegna
eluiaggio di noſtra uita ; et quale e/ el ſommo bene: et quali ſono ebeni uani. A MAN SINISTRA
Per partirſi dal muro et entrare pel mezo. Ilche dichiara dicendo LASCIAMO el muro et gimmo
inuerſo el mezo PER VN SENTIERE/per una uia ; et e/ uocabolo franzeſe : laqual FIEDE / feri
ſce : cioe ſaddiriza a una ualle doue ſi ſcende nel ſeptimo cerchio. CHE INSIN LASSV : Laquale
ualle putiua ſi forte: che inſino alla fine di quel ſentiero FACEA Spicciare: quaſi riuerberare SVO
LEZO ; cioe ſuo puzo. Proprio lezo e/ odore uehemente che diſpiace: elqual non naſce dal corpo cor
ropto chome elfetore et puzo che getta una choſa marcia et fracida ; Ma e/ naturale di tal choſa ; et p
cede da ſudore ; et euaporatione che getta un corpo: benche non ſia corropto. Onde non pute elbecco
et la capra uiua: Ma lezisce. Ma pute quando morto gia ſi corrompe. Ne ſolamente e/ el lezo nellodo
rato. Ma anchora nel guſto. Onde diciamo la carne bufolina lezire ; et alchune herbe guſtandole dicia
mo ſapere di lezo. Et e/ proprio o in guſto o in odore quello che Plinio nella naturale hiſtoria: et glal
tri latini ſcriptori chiamano uirus. Benche queſto medeſimo uocabolo alchuna uolta ſignifichi ueleno.
Et proprimente dixe lezo ; perche tale fetore e/ connaturale a queſto luogho : chome piu apertamen
te dimoſtrerremo poco piu auanti.

CANTO VNDECIMO DELLA PRIMA CANTICA DI DANTHE

INsu lextremita dunalta ripa
i che facea gran pietre ropte in cerchio
uenimmo sopra piu crudele stipa :
Et quiui per lorribile superchio
del puzo chel profondo abisso gitta
ci racchostammo drieto a un couerchio
Dun grande auello ouio uidi una scripta :
che dicea Anastasio papa guardo
loqual trasse Fotino della uia dricta .

In questo undecimo canto discriue la discesa nelseptimo cerchio. Ma acciochè habbiamo piena notitia di quello che sequita lauctore nel . vii. viii. et. ix. cerchio pone esupplicii de uiolenti : et de fraudolenti : Et perche ãbo questi peccati procedono da malignita non e/ dubio chel fine di quegli e/ langiuria : Et la ingiuria per uiolentia si fa . o al proximo. o ad se medesimo. o a dio. Al proximo si fa ingiuria o in se : chome e/ batterlo. ferillo. ucciderlo. O nelle sue chose : chome e/ inferire in quelle incendii. furti. rapiẽ Ad se medesimo similmente si fa ingiuria in se uccidendosi et dilapidando epropri beni . Fassi nel terzo luogho ingiuria a dio bestemiandolo negandolo. o faccendo contro alle sue chose ; cioe alla natura. Ilperche questo septimo distingue in tre cerchietti ouero gironi ; Et nel primo et piu superiore sono puniti quegli : che hanno usato uiolentia contro al proximo. Nel secondo contro ad se . Nel terzo contro a dio : contro alla natura et allarte. Dipoi sequiteremmo loctauo et nono cerchio : doue si punisce la fraude. Questa si commette o contra quegli equali non si fidano : Et questi si puniscono nello octauo cerchio. O contro a quegli che si fidano : Aquali e/ instituito el nono : perche e / piu graue . Concio sia che rompe due gradi damore el naturale et uniuersale : et laccidentale et particulare . IN SV LEXTREMITA dunalta ripa. Dimostra per questo in quanto precipitio caggino tali peccatori : perche rouinono dalla excellentia dellhuomo alla profondita bestiale. Nessuno animale e/ piu alto che lhuomo : perche nessuno animale e/ rationale/ se non lhuomo : laquale ragione se conuerte aluitio : nessuno animale e/ piu pernitioso. GRAN PIETRE : perche el terreno non sosterrebbe . Et per la dureza delle pietre intendi lhabito fermo et immutabile di questi uitii : et el gran pondo di questi peccatori ; cioe quanto sono aggrauati dalla conscientia. CON MAGGIOR STIPA : cioe siepe che circunda epeccatori degni di piu chiuso carcere. Ouero Stipa cioe stiua : perche stipare in latino significa circũdare et stiuare : et diremo stiua quasi grande empimento di crudelta : chome meglio di sobto intẽderemo. Pone in questo luogho el puzo per labominatione : laquale e / di questi peccati : Et per la infamia somma laquale tali peccatori incorrono. Imperoche se chome dice Augustino Fama bona est odor bonus. Sequita che la infamia sia graue fetore . VIDI VNA Scripta che dicea io guardo Anastasio papa. Fotino cherico di thessaglia insieme con Acacio furono heretici et teneuono che lo spirito sancto non procedessi dal padre : et che el padre fussi maggior chel figluolo. Et tale heresia persuadectono ad Anastasio pontefice. Chostui fu romano : et sede al tempo di Theodorigho imperadore : et faccendo aperta professione di tale heresia : et essendone ripreso da molti prelati/uenne in tanta obstinatione : che uolle obtenerla in publico consistorio : Ma interuenne che disputando fu constrecto dalla necessita del uentre andare a por giu el peso : doue a un tracto gliuscirono tutte lenteriora : et chosi peri : Et nõ sanza cagione pone la scripta a questa tomba : perche dinota che la heresia in uno sommo pontefice conuiene che sia nota a tutti : perche quanto piu e/ excellente chi pecca : tanto piu e/ noto el peccato. Onde Iouenale chome piu uolte e/ decto. Omne animi uitium tanto conspectius in se crimen habet quanto maior qui peccat habetur .

Lo nostro scender conuiene esser tardo :
si che sausi prima un poco el senso
al tristo fiato : et poi non fia riguardo :
Chosi elmaestro et io alchun compenso
dixi allui truoua chel tempo non passi
perduto : et elli uedi chaccio penso.
Figluol mio dentro da cotesti saxi
comincio poi a dir son tre cerchietti
di grado in grado chome que che lassi
Tutti son pien di spirti maladecti :
Ma perche poi ti basti pur la uista
intendi come et perche son constrecti .

b Aueano a scendere nelseptimo cerchio ; ma perche el puzo era insopportabile admonisce Virgilio Dante che debbino soprastare alquãto tanto che sauuezino. Imperoche ogni dura cosa si sopporta meglo poiche lhuomo uise hausato che nel principio. Onde et Didone apresso di uirgilio Tempus inane peto requiem spatiumque furori Dum mea me uitam doceant fortuna dolere. Et allegoricamente intenderemo che non dobbiamo scendere alla meditatione di simili uitii con subito empito danimo : ma maturamente et chon ragione : perche altrimenti da quegli potremmo esser presi . CHOSI ELMAESTRO Optima prudentia de glhuomini e/ che quando non possono fare alchuna chosa sanza interuallo di tempo tale interuallo spendiamo utilmente in unaltra chosa. TRVOVA ALCHVNO Compẽso chel tempo non passi perduto. Truoua che noi facciamo alchunaltra chosa che sia incompẽsatione del tempo che perdiamo in questa. CHE ACCIO PENSO. Pensaua adunque prima che scendessi. i. prima che uenissi in tale inquisitione porre la diuisione et quasi la diffinitione di tutti questi uitii: perche chome dice Cicerone. Omnis que a ratione suscipitur de aliqua re institutio debet a diffinitione ꝓficisci ut intelligatur id de quo disputetur. FIGLIVOL MIO Dentro da chotesti saxi. Optimo ordine. Imperoche Danthe cioe la ragione inferiore insieme con lappetito obtemperante et obediente a epsa hauea a discendere nella contemplatione di questi horribili peccati. Adunque la ragione superiore chome optima guida uuole che prima sauuezi a sopportare el puzo: et intenda quali sono: et poi lo menera tra quegli: perche prima e/ necessario che ciaueziamo a potere sopportare leperturbationi del lanimo che da quegli procedono: Et optimamente conosciamo quali sono: et quanto a noi nociui: Et allhora finalmente metterci tra quegli: perche facti cauti et constanti non cioffenderanno. El texto per se medesimo e/ aperto.

Dogni malitia che odio incielo acquista
ingiuria e elfine et ogni fin chotale
o con forza o con froda altrui contrista:
Ma perche froda e dellhuom proprio male
piu spiace adio: et pero stan disobto
gli frodolenti: et piu dolor gliassale
De uiolenti elprimo cerchio e/ tutto:
ma perche si fa forza a tre persone
intre gironi e/ distincto et constructo
A dio. a se. al proximo si pone
far forza dico in loro et inlor chose:
chome udirai con aperta ragione:
Morte per forza et ferute doglose
nel proximo si danno: et nel suo hauere
ruine. incendii: et tollette dannose:
Ondehomicide: et ciaschun che mal fiere
guastatori: et predon tutti tormenta
lo giron primo per diuerse schiere.

d Iligente sia et con somma attentione consideri qualunque legge questo canto: pche e/ la propositione di tutto el resto di questa cantica. Optimamente adunque dimostra che ingiuria e/ el fine dogni malitia: laquale acquista odio in cielo: cioe e/ odiata da dio: Et non sanza cagione aggiunse queste parole: Perche sono alchune malitie et astutie: lequali non sono odiate da dio: perche non fanno ingiuria. Dice adunque: che ingiuria e/ fine delle malitie dispiacenti a dio: perche tali malitie si commectono per fare ingiuria. Et intendi che ingiuria e/ ogni opera che lhuomo fa contro a ragione et giustitia. Adunque rectamente Cicerone dixe/ quelle essere igiurie: equali o con uillania offende gliorecchi. o con bactiture el corpo. o con qualche calunnia et obprobrio macchiono lafama. ET OGNI FIN COTALE/ Ogni chosi facto fine: cioe ogni fine ingiurioso. O CON FORZA O CON FRODE Altrui contrista: Cioe offende o per forza: o per fraude chome disopra habbiamo dimostro MA PERCHE FRODA E/ Dellhuom proprio male. Benche lhuomo habbia le forze del corpo: Nientedimeno non si posson chiamare queste forze proprie dellhuomo: perche non solamente gli sono comuni con glialtri animali. Ma etiam in quelle da molti e/ uincto. Ma la ragione e/ quella laquale e/ propria dellhuomo: perche da quella siamo denominati et per quella: et non per le forze siamo differenti da bruti. Adunque se la ragione e/ proprio bene dato da dio allhuomo La fraude laquale e/ abusione di ragione sara proprio male: perche non cie comune cho bruti. Preterea chi inganna / offende colui elquale in qualche modo si fidaua o non si guardaua: et chosi rompe la fede. Ma chi usa le forze spesso lusa contro a chi si difende. PIV SPIACE A DIO: perche e/ piu graue peccato usare male la ragione: per laquale siamo in certo modo simili a dio: che la forza per laquale siamo simili alle fiere. Et certo quanto la chosa e/ piu nobile maggior peccato e/ usarla male: Et pero stanno disobto: accioche sieno piu lontani dal sommo bene: onde nasce che maggior dolor sentono. Imperoche essendo idio el nostro sommo bene quanto piu siamo rimoti da quello piu siamo miseri. DI VIOLENTI e/ primo cerchio e/ tutto. E uiolenti cioe quegli equali hanno facto ingiuria con le forze sono puniti nel primo cierchio: cioe nel septimo elquale e/ el primo di tre che restono. Et questo si diuide in tre gironi doue sono puniti tre generationi di uiolenti: chome apertamente dimostra: et noi pocho disopra habbiamo distinctamente dichiarato. A DIO A SE AL PROXIMO: Queste sono le tre persone alle quali si puo far forza: Et a ciaschuna di queste tre si puo fare in due modi: cioe o a se o alle sue chose. Et nota che quando propone queste tre persone Sequita lordine naturale. Imperoche appresso di ciaschuno nel primo grado debba porre prima idio. poi se: et nellultimo el proximo. Ma dipoi quando distingue questi peccati lascia questo ordine et sequita lordine de tre gironi del septimo cerchio: et perche nel primo stanno e men graui peccatori dice prima di quegli che hanno usato uiolentia nel proximo: equali hanno men graue peccato: et pone molte spetie dingiurie: lequali si fanno al proximo: Nella persona morte et bacture. Ne beni ruine. incendii: et tollette: cioe ruberie. PER DIVERSE

Schiere

SCHIERE : Quasi dica glhomicide in una : guastatori in unaltra : et chosi glialtri nellaltre : benche tutti sieno nel primo girone

Puote huomo hauere in se man uiolenta :
et ne suoi beni : et pero nel secondo
giron conuien che sanza duol si penta :
Qualunche prima se del uostro mondo
biscazza et fonde la sua facultate
et piange la dousseer de giocondo.

t A seconda spetie e/ di quegli che uson forza in se medesimo uccidendosi . o ne suoi beni dissipandogli. DEL VOSTRO MONdo cioe di questa uita. Sanza pro si penta : perche el pentirsi nellonferno non uale. Et moralmente benche si penta chi ha facto habito difficilmente si puo mutare. Ne e/ da intendere che si penta di uera penitentia ; perche chome altroue habbiamo dimostro : che chome esaluati sono cōfermati in gratia : et in optima uolonta : chosi edannati in perpetua obstinatione. Ma dice si pente : perche si duole che daprincipio facessi tale habito nel uitio.

Puossi far forza nella deitate
nelcuor negando et bestemiando quella :
et spregiando natura et sua bonttae .
Et pero lo minor giron suggella
del segno suo sobdoma et caorsa :
et chi spregiando dio col cuor fauella .

q Vesta e/ la terza spetie di quegli equali fāno uiolentia a dio. Doue debbi intendere : che a dio non si puo nuocere : Ma fanno uiolentia quanto in loro e/ bestemmiandolo et negandolo. Ne sanza cagion dice Nel cuor fauella : pche potrebbe alchuno p paura di morte o di tormento rinegare dio chon le parole ; et non chol cuore. Oueramente fanno uiolentia nelle sue cose : cioe nella natura laquale e/ decta figliuola di dio : chome sono sobdomiti che commettono peccato contro a natura. Ouero nellarte laquale e/figluola della natura et nipote di dio : chome sono glusurai : Et in che modo questi faccino contro allarte si dimostrerra nel suo luogho. Ilperche SOBDOMA ET CAORSA suggella del suo segno. Quasi dica serra ponendoui el suo suggello tali peccatori. Sobdoma et gamorra furono due citta in Syria palestīa lequali per lo scelerato uitio contro a natura idio affermo ad Habraam dopo la sua circuncisione che le disfarebbe : Et mando due angeli in sobdoma informa puerile ; equali si posorono in casa Loth huomo innocente dallui inuitati : Et innanzi che andassino a dormire uenne la turba de sobdomiti per combattere la casa : et rapire gliangeli : et uiolargli : Pregaua Loth che cessassino da tale furore : et offeriua loro due sue figluole belle : et anchora pulzelle : Ma perseuerando quegli nelloro pessimo proposito/percossi da gliangeli subito accecorono. Loth et la moglie et due figluole furono guidate da glangeli insegor acciochè si saluassino. Et dio pioue sopra sobdoma et gamorra fuoco et zolfo : et arse la citta et la regione circunstante con tutti glhabitatori et animali et piante. Significa in lingua hebrea sobdoma Gialla. sterile : et cecita. ouero pastura tacita. Gamorra significa cecita/Sedition : et popolo temente. Scriue Solino che in questa regione la terra laquale e/ nera et quasi cenere dimostra el passato incendio : Et aggingne che efructi equali ui si generano quando difuori paiono maturi dentro sono fuligine : et poco premuti si risoluono in cenere. Miracolo certo diuino : acciochè per tutti esecoli rimangha etherno testimonio del diuino giudicio : et seuero supplicio a uitio si bestiale : anzi sopra bestiale : perche nessuno animale excepto lhuomo locōmette. Caorsa e/citta in Prouenza gia lunghi secoli refecta dusurai.

Lafroda ondogni conscientia e/morsa
puo lhuom usare in colui che si fida :
et in quel che fidanza non imborsa.
Questo modo diretro par chuccida
pur lo uincol damore che fa natura :
onde nel cierchio secondo sanuida
Hyppocresia lusinghe et chi affactura
falsita . ladroneccio : et simonia
ruffian . baracti : et simile lordura .

h Auea distincta la uiolentia . Hora diuide froda in due spetie. Vna contro a quegli : che si fidono di te stimandoti amico : della qual diremo pocho disobto. Laltra contro a chi non si fida : et sobto questa ultima pone hippocriti lusinghieri : et chi afactura cioe chi amalia. Falsificatori di qualunque chosa. Ladroneccio. Simonia. Ruffiani : et barattieri : Equali disobto tutti apertamente dichiareremo. LA FRODA onde ogni conscientia/di chi la commette e/morsa Cioe lafroda laquale e/ peccato. Imperochè sono alchune fraudi : lequali non rimordono la consciētia : perche non sono peccato : chome e/ se fussi preso da glinfedeli ingannargli per fuggirsi : PVO LHVOMO VSARE in cholui che si fida : cioe nel lamico che si fida di te. ET IN QVEL CHE Fidanza non imborsa : chome sono quegli che non ti essendo ne amici ne nimici : benche non habbino fidanza inte : Nientedimeno non stimano che tu gli uoglia ingannare. QVESTO MODO DI DRIETO : cioe commetter froda contro a quel che non si fida

Benche non ſia atroce quanto el primo : elquale rompe due leghami cioe el naturale : et quello della ami
citia particulare : Nientedimeno e/ graue pche rompe el uinculo della natura : laquale lega tutti glhuo
mini ad aiutare lun laltro et non a nuocere : et apprendere fidanza lun dellaltro. Et per queſto tali pec
catori ſono puniti nelloctauo cerchio : elquale chiamo elſecondo perche e/ſecondo di queſti ultimi tre

Per altro modo quello amor ſoblia :
  chefa natura : et quel che poi aggiunto
  di che la fede ſpetial ſi cria
Onde nel cerchio minore oue el punto
  delluniuerſo in ſu che di te ſiede
  qualunche trade in etherno e/ conſumpto

P One la ſeconda ſpetie di fraude : doue ſi
rompono due uincoli. Ilche acciochè me
glio ſintenda la natura ha facto lhuomo animale
ſociabile : et elquale e/ conlegato da un uinculo
uniuerſale di natura ad amarſi. Et queſto ſi chia
ma amore uniuerſale : pel quale io amo tutti gli
huomini : et a queſto fa fede uniuerſale. Dipoi
e unaltra ſpetie damore : elquale e/decco acceſſi
uo. Imperoche ſarroge ſopra al naturale : et queſto e/ inuerſo eparenti et gliamici : et puoſſi dire amo
re ſpetiale : perche fa fede ſpetiale. Adunque et chi rompe luniuerſale : et chi rompe la particulare
fede commette fraude. Ma ne gluniuerſali ſono chiamati fraudulenti : nella ſpetiale traditori. Efraudu
lenti ſono nelloctauo cerchio : elquale perche dieci ſono le ſpetie di quegli/ſi diuide in dieci bolgie. Etra
ditori ſono nel nono : Et perche eltradimento ſi fa i quattro modi queſto cerchio ſi diuide in quattro
parti. Adunque e/ linferno diuiſo in noue cerchi : de quali cinque ſono fuori della citta di Dite. El ſe
xto e/ dentro : ma apreſſo alle mura : nel quale ſono puniti glheretici. El ſeptimo contiene euiolenti :
et diuideſi in tre gironi : Loctauo ha efraudulenti in dieci bolgie. El nono ſerra in ſe etraditori

Et io maeſtro aſſai chiara procede
  latua ragione : et aſſai ben diſtingue
  queſto baratro el popol chel poſſiede :
Ma dimmi que della palude pingue
  che mena el uento : et che batte lapioggia
  et che ſincontron con ſi aſpre lingue
Perche non dentro della citta roggia
  ſon epuniti ſe dio glha in ira
  et ſe non glha perche ſono a tal foggia ?

H Auendo udito Danthe la diſtinctione di
tutto el ſito dellonferno Domãdãdo muo
ue un dubio a uirglio parendogli che ſe euitii pu
niti ne cinque cerchi poſti fuor della citta diſpiac
ciono a dio douerrebbono eſſer puniti dentro al
la citta : et ſe non gli diſpiacciono non douerreb
bono eſſer puniti in alchun luogho. ET IO di
xi o maeſtro la tua ragione procede aſſai chiara i
diuidere QVESTO BARATRO : cioe pfon
dita et uoragine. Imperoche lonferno non e/ al
tro ſe non una uoragine dalla ſuperficie della ter
ra inſino al centro. Baratro e/ luogho obſcuro :
et profondo : et e/ greco uocabolo. ET EL POPOLO chel poſſiede : cioe epeccatori che lhabitono.
MA DIMMI Quegli della palude pingue : cioe della palude ſtyge laquale ha acque graſſe et pantano
ſe. i. quegli del quinto cerchio doue ſono puniti giroſi et accidioſi. CHE MENA EL VENTO. cio
e et quegli che mena el uento. i. eluxurioſi poſti nel ſecondo cerchio. ET CHE BATTE LAPIOG
GIA : equali ſono egoloſi poſti nel terzo cierchio. ET CHE SINCONTRON con ſi aſpre lingue.
Intende de prodigi et de giauari : equali poſti nel quarto cerchio lun laltro riprendono Gridando pche
tieni et perche burli ? PERCHE DENTRO alla citta roggia non ſono puniti : perche non ſon poſti
dentro alla citta di dite : laquale chiama Roggia. i. roſſa pel fuoco : et e/ uocabolo franzeſe. Alchuni
dicono roggia. i. rozza che ſignifica aſpra. Queſta domanda fa Danthe per hauer cagione di potere di
moſtrare qual ragione uuole che quegli ſieno puniti fuor della citta : queſti drento. Laqual domanda
non e/ acuta ne prudente. Impecoche non ſequita che non eſſendo pari euitii : non debbono eſſere pa
ri le pene. Ne uuole el chriſtiano che tutti euitii ſieno pari : chome affermano gli ſtoici : Ma ſieno
maggiori et minori et per loro natura : et per le circunſtantie : chome pocho diſobto aparira. E/ adũ
que choſa euidentiſſima. Ma la ſenſualita perche mancha di ragione dubita etiam delle choſe manifeſte
Et pero riſponde Virgilio.

Et egli ame perche tanto delira
  dixe longegno tuo da quel che ſole
  ouer la mente doue altroue mira ?
Non ti rimembra di quelle parole :
  chon lequal latua ethica pertracta :
  le tre diſpoſition chel ciel non uole :
Incontinentia malitia et la matta

V Olendo ſoluere Virgilio el dubio moſſo da
Danthe riprende tacitamente la ſua diuiſio
ne : laqual fu che ſe quegli che ſono puniti fuori
della citta non hanno peccato : perche ſono puni
ti. Se hanno peccero perche non ſono puniti dẽ
tro chome glaltri : laqual diuiſione non e/ ſuffici
ente : ma debba eſſer choſi. O hanno peccato o
no : ſe non hanno peccato non meritano pena ne
difuori ne drento. Et ſe hanno peccero : o hãno

ıc incontınentia
t men bıaſimo accapta.
ueſta ſententıa
te chı ſon quieglı :
ngon penıtentia /
e da queſtı fellı
erche men crucciata
glı martegli .

peccato grauemente : chome quegli che ſono in
dite : et allhorà meriterebbono eſſer puniti den
tro a dite : chome queglı che ui ſono ouero han
no peccato : ma non ſi grauemente : Et allhora
meritano eſſer puniti del peccato commeſſo. Ma
non con tanta pena con quanta quegli di dite .
Adunque debbono eſſer fuori di dite. Queſta e
ſufficiente diuiſione : laquale ſe Danthe : cioe la
ragione inferiore con laſenſualita haueſſi ueduta
non ſarebbe caduto in queſto dubbio . Ilperche
riſpondendogli Vırgilio lo riprende apertamēte

o errore : et dixe PERCHE LONGEGNO TVO TANTO DELIRA
a: lira in latino ſignifica ſolco. Onde dicono che elbifolco arando delira quando
olco : Ma per una certa tranſlatione et ſimilitudine diciamo che un uecchio deli
t choſi qualunche eſce della diricta uia della ragione delira. DA QVELCHE
: ſi lodi troppo inducendo Virgilio a dire queſta ſententia ; perche eſci tu della
non ſuoli uſcire nel giudicare euitii et le uirtu morali. Ma attribuiſceſi danthe
rſi. Ma per dimoſtrare che Danthe cioe la ragione inferiore : laquale ſe exercita
le errare nelle uirtu morali. OVERO LA MENTE Tua doue altro mira
quando longegno noſtro non e/ ſufficiente atrouare la uerieta. Ouero quando
r eſſere occupato in piu choſe non intende quella. NO TI RIMEMBRA :
VELLE Parole : lequali PER TRACTA : cioe perfectamente tracta. LA SV
llethica ; cioe di philoſophia morale dariſtotele : Et non dice tua. i. ſcripta da
olto familiare et bene intendi . LE TRE DISPOSITIONI Chel cielo non
oſe : et el cielo cioe ladiuina maeſta non uuole choſe uitioſe. Ilche acciochè me
emo amente che Ariſtotele nellibro ſeptimo della ſua ethica pone tre ſpetie di
bbono fuggire nella uita et ne coſtumi : doue dice che la buona electione non
era et appetito recto. Ilperche quando uno di queſti mancha e/ da fuggire ta
e la peruerſione procede dallapetito : et nientedimeno la ragione riman diric
. Ilche aduiène quando la ragione giudica diricramente : Ma lappetito perturba
home Medea in Ouidio : laquale giudicaua rectamente eſſere ſomma ſcellerate
andonare la patria : Ma lappetito deſſere con Iaſone la tiraua contro a ragione
a proboque Deteriora ſequor. Ma ſe alchunauolta lappetito corropto et peruer
lla ragione che diuenti altutto ſignore di quella : et quella ſi corrompa : allhora
ito giudicante quello che dallui glie propoſto eſſer buono : et fa captiua electio
giudicio : et tale diſpoſitione e/ malitia. Adunque nel primo peccaua ſolamē
gione giudicaua rectamente ; Ma era tirata per forza dal furore dellappetito .
ro pecca : et accordonſi che quel che e male ſia bene. Come Didone quando di
furtiuum Dido meditatur amorem : Coniugiumque uocat. Ma alchuna uolta
lellappetito et della ragione : che non ſolamente ſaccordano a peccare : Ma quaſi
ſia huomo trapaſſano ogni termine dellhumana ſpetie : Et pigliono coſtumi :
diſpoſitione e/ decta beſtialita. Contro a queſte tre uitioſe diſpoſitioni ſono
che alla incontinentia e/ oppoſta la continentia alla malitia la uirtu morale. Al
ica : cioe piu che humana : perche heroes ſono ſecondo glantichi piuche huomi
me fu Hercole et Theſeo et ſimili. Ma perche intendiamo onde acquiſta lhuo
n ci debba eſſere incognito che lanimo humano e/ in mezo tra glangeli et gliani
on quegli ha comune lontellecto : et con queſti eſenſi. Adunque chome lapar
uiene deprauata nellhuomo inſino che diuenta ſimile alle fiere : et e/ chiama
humana malitia. Choſi per loppoſito la parte intellectiua alchunauolta ſi corro
che ſinalza ſopra el comune modo dellhumana perfectione : et quaſi ad ſimili
ueſta chiamauono glantichi uirtu heroica · per laquale ſtimauano che glhuomi
: chome Hercole et ſimili. Et chome queſta uirtu ſi truoua rara ne glhuomini
uo oppoſito ſi truoua rara : Et naſce o da conſuetudine et coſtumi beſtiali : per
a legge et doctrina : chome ſono antropophagi : et liſtrigoni et ciclopi : et al
e humana : Et Ariſtotele pone huomini ſaluatichi ; equali habitauano in ſelua
ntico : ouero maggiore che mangiono carne humana . Et Hieronimo contro a
uni barbari che mangiauono le natiche de fanciulli : et le poppe delle donne .
la incontinentia eſſer male. La malitia peggiore : et la beſtialita peſſima. Ilper
e ultime drento a dite ſono punite.

bestialita: et chome incontinentia
men dio offende et men biasimo accapta.
Se tu riguardi ben questa sententia
et rechiti alla mente chi son quegli:
che su difuor sostengon penitentia /
Tu uedrai ben perche da questi felli
sien dipartiti: et perche men crucciata
la diuina giustitia gli martegli.

peccato grauemente: chome quegli che sono in dite: et allhora meriterebbono esser puniti dentro a dite: chome quegli che ui sono ouero hanno peccato: ma non si grauemente: Et allhora meritano esser puniti del peccato commesso. Ma non con tanta pena con quanta quegli di dite. Adunque debbono esser fuori di dite. Questa e sufficiente diuisione: laquale se Danthe: cioe la ragione inferiore con lasensualita hauessi ueduta non sarebbe caduto in questo dubbio. Ilperche rispondendogli Virgilio lo riprende apertamẽte che lui sia caduto intanto errore: et dixe PERCHE LONGEGNO TVO TANTO DELIRA? Cioe esce della uia dricta: lira in latino significa solco. Onde dicono che elbifolco arando delira quando esce della dirictura del solco: Ma per una certa translatione et similitudine diciamo che un uecchio delira quando rimbabisce: et chosi qualunche esce della diricta uia della ragione delira. DA QVELCHE SOLE. Pare che Danthe si lodi troppo inducendo Virgilio a dire questa sententia: perche esci tu della uia diricta della quale tu non suoli uscire nel giudicare eiutii et le uirtu morali. Ma attribuiscesi danthe a se questo non per lodarsi. Ma per dimostrare che Danthe cioe la ragione inferiore: laquale se exercita circa eparticulari non suole errare nelle uirtu morali. OVERO LA MENTE Tua doue altro mira? In due modi erriamo o quando longegno nostro non e/ sufficiente atrouare la uerieta. Ouero quando benche sia sufficiente per essere occupato in piu chose non intende quella. NO TI RIMEMBRA: Non ti ricorda. DI QVELLE Parole: lequali PER TRACTA: cioe perfectamente tracta. LA SVA ETHICA: ellibro dellethica: cioe di philosophia morale daristotele: Et non dice tua. i. scripta da te: Ma laquale tu hai molto familiare et bene intendi. LE TRE DISPOSITIONI Chel cielo non uuole: perche sono uitiose: et el cielo cioe ladiuina maesta non uuole chose uitiose. Ilche accioche meglio intendiamo ciridurremo amente che Aristotele nellibro septimo della sua ethica pone tre spetie di dispositioni: lequali si debbono fuggire nella uita et ne costumi: doue dice che la buona electione non puo essere sanza ragion uera et appetito recto. Ilperche quando uno di questi mancha e/ da fuggire tale electione. Adunque se la peruersione procede dallapetito: et nientedimeno la ragione riman diricta nasce la incontinentia. Ilche aduiẽne quando la ragione giudica dirictamente: Ma lappetito perturbato la tira pel contrario: chome Medea in Ouidio: laquale giudicaua rectamente essere somma scelleratezza tradire el padre: et abandonare la patria: Ma lappetito dessere con Iasone la tiraua contro a ragione Onde dice Video meliora proboque Deteriora sequor. Ma se alchunauolta lappetito corropto et peruerso insurge tanto contro alla ragione che diuenti altutto signore di quella: et quella si corrompa: allhora la ragione sequita lappetito giudicante quello che dallui glie proposto esser buono: et fa captiua electione. Onde e/ decta malo giudicio: et tale dispositione e/ malitia. Adunque nel primo peccaua solamẽte lappetito: ma et la ragione giudicaua rectamente: Ma era tirata per forza dal furore dellappetito. Nel secondo luno et laltro pecca: et accordonsi che quel che e male sia bene. Come Didone quando di lei dice elpoeta Nec iam furtiuum Dido meditatur amorem: Coniugiumque uocat. Ma alchuna uolta e/ tanta la peruersione dellappetito et della ragione: che non solamente saccordano a peccare: Ma quasi dimenticando che chosa sia huomo trapassano ogni termine dellhumana spetie: Et pigliono costumi: et natura di fiera: et tal dispositione e/ decta bestialita. Contro a queste tre uitiose dispositioni sono optimi rimedii. Imperoche alla incontinentia e/ opposta la continentia alla malitia la uirtu morale. Alla bestialita la uirtu heroica: cioe piu che humana: perche heroes sono secondo glantichi piu che huomini: et meno che dii: chome fu Hercole et Theseo et simili. Ma perche intendiamo onde acquista lhuomo la uirtu heroica / Non ci debba essere incognito che lanimo humano e/ in mezo tra glangeli et glianimali bruti. Imperoche con quegli ha comune lontellecto: et con questi esensi. Adunque chome laparte sensitiua alchuna uolta uiene deprauata nellhuomo insino che diuenta simile alle fiere: et e/ chiamata bestialita excedendo lhumana malitia. Chosi per lopposito la parte intellectiua alchunauolta si corrobora: et fassi si perfecta che sinalza sopra el comune modo dellhumana perfectione: et quasi ad similitudine de gliangeli: Et questa chiamauono gliantichi uirtu heroica · per laquale stimauano che glhuomini si conuertissino in dii: chome Hercole et simili. Et chome questa uirtu si truoua rara ne glhuomini chosi la bestialita che e/ suo opposito si truoua rara: Et nasce o da consuetudine et costumi bestiali: perche uiuono sanza alchuna legge et doctrina: chome sono antropophagi: et listrigoni et ciclopi: et alchuni che mangiono carne humana: Et Aristotele pone huomini saluatichi: equali habitauano in selua non lontani dal mare pontico: ouero maggiore che mangiono carne humana. Et Hieronimo contro a Iouiniano dice essere alchuni barbari che mangiauono le natiche de fanciulli: et le poppe delle donne. Conchiudiamo adunque la incontinentia esser male. La malitia peggiore: et la bestialita pessima. Ilperche la prima fuori. Le due ultime drento a dite sono punite.

O sol che sani ogni uista turbata
tu mi contenti si quando tu solui :
che non men che sauer dubiar maggrata .
Anchora un poco indrieto ti riuolui
dixi la doue dichusura offende
la diuina bonta et el groppo solui .

O SOLE : chome el sole illuminando che e/in mezo tra noi et la chosa che uogliamo uedere e/ cagione che noi ueggiamo . Chosi tu inlumini con latua doctrina si lintellecto che lui uede quello che prima non uedea. Sole spesso si piglia per la sapientia: Et aggiugne che glie tanto giocondo udire sua dotrina che quasi disidera di dubitare per hauerlo a udire ; perche non piglia minore uolupta dudirlo che di sapere. Dipoi domanda perche cagione lusura dispiaccia a dio

Philosophia mi dixe a chi lattende
nota non pure inuna sola parte
chome natura lo suo uerso prende
Dal diuino intellecto et dasua arte:
et se tu ben la tua phisica note
tu trouerrai non dopo molte carte
Che larte uostra quella quanto puote
segue chomel maestro fal discente :
si che uostra arte adio quasi e/ nipote :
Da questi due se tul ti rechi amente
logenesi dal principio conuene
prender sua uita et auanzar la gente
Ma perche lusurieri altra uia tene
per se natura con la sua sequace
dispregia poi chi inaltro pon la spene .

P Er dimostrare che lusura e/peccato prēde la sententia laquale pone Aristotele nelli bro della physica ; et in piu altri luoghi ; che la natura piglia suo corso ; et suo processo dal diuino intellecto : perche dio e/prima cagione di tutte le cagioni ; et da sua arte ; cioe suo operare ; et suo uolere. Imperoche chome dio intende cosi uuole : et chome uuole chosi opera . TVA Physica ; cioe la physica della quale tu ti dilecti NON DOPO MOLTE CARTE. Imperoche e/non lontana dal pricipio dellibro. CHE LARTE NOSTRA quella quāto puote segue. Ars imitatur naturam quo adpotest si chome EL DISCENTE ; cioe el discepolo sequita el maestro QVASI E/NIPOTE : per certa similitudine . Impoche se lanatura procede da dio come da suo principio e/ quasi figluola ; Et se dipoi larte nostra procede da la natura essendo figluola diquella e/ nipote di dio : perche dio ha innexo nelle menti de gihuomini larte per mezo della natura Dice Aristotele idio e/ animal sempiterno et optimo ; dal quale el cielo et la natura dipende ; laquale natura e/ imitata dallarte nostra quanto glie possibile. Ilperche pendendo larte dalla natura epsa e/quasi sua figluola ; et per consequente nipote a dio. Adunque chi offende lanatura offende dio immediate Et chi offende larte offende dio mediante la natura offesa. Ma lusuraio offende la natura : perche nō e/ naturale che el denaio partorisca el denaio sanza sua corruptione. Volendo la natura che la corruptione duno sia generatione dunaltro. Item offende dio : perche non exercita larte secondo che dio comando al primo huomo : quando dixe del sudore del tuo uolto mangerai el pan tuo. Item non e/ artificiale ; che la pecunia partorisca pecunia ; chome uuole lusuraio ; elquale pone uso nella chosa : nella quale non si puo dare uso. Imperoche se io ti presto la ueste o elcauallo queste chose si consumano ; ma non lapecunia. Et laltre arti et mercantie sono sobtoposte a casi della fortuna ; ma non lusuraio. SE TV TI RECHI A MENTE LO GENESI ; cioe la sententia scripta nel genesi ; doue si tracta della creatione del mondo et del primo huomo et dellordine della uita ; che incomincio doue e/scripto : Oportuit ab initio seculi humanum genus summere uitam : et excedere unum alium per naturam et artes. Nel pricipio ; cioe chome appare nel suo principio. CONVIEN LA gente prender sua uita : cioe el modo : et ordine del uiuere. ET AVANSARE lun laltro Nelle riccheze et beni temporali ; Et questo e / lecito o con sua industria et exercitio. o con possessioni. o con bestiami ; lequali chose naturalmente rendono fructo. ET PERCHE Lusuraio altra uia tene ; che quella della natura non tenendo edanari in bestiame ; et quella dellarte : perche non lauora et non sexercita. Dispregia per se . i. quanto e/ in lui natura ; et la sua sequace ; che e/ larte. Fa contro alla natura : perche le cose inanimate non posson multiplicare come lanimate. Lusura e/prohibita nel testamento uecchio. Onde nelleuitico Pecuniam tuam non dabis fratri tuo ad usuram et frugum super abundantia non exiges. Et el psalmista Quis habitabit in tabernaculo tuo ? Qui pecuniam non dederit ad usuram. Et nel nuouo scriue Luca nel sexto. Date mutuum [illegible] sperantes.

Optima ratione aguanze [illegible] Lauaritia

Ma seguimi horamai chel dir mipiace
che pesci guizan su per lorizonta
elcarro tutto sopral corno giace
Elbalzo uie laoltre si dismonta .

C home Virgilio era stato cagione del soprastare ; chosi alpresente e/cagione del sequitare. Et certo ogni potentia dellanimo si debba sobtomettere allintellecto ; et secondo el giudicio suo sequire. Dice adūque Virgilio amc piace sequire nel maggio: perche epesci sono gia al nostro orizonte. Ilche dimostra gia elgiorno aproximarsi Noi mostrāmo disopra che Danthe finge hauere hauuto questa uisione eluenerdi sancto innanzi giorno Et pero dixe chel sole era in ariete: perche del mese di maggio insino a undici daprile e/ in tal segno: Et uuole tutto quel giorno hauere speso in combattere con le fiere: et in ragionare chon Virgilio. Dipoi dimostra chel uenerdi nocte scese nellonferno: quando dixe el giorno se nandaua et laer bruno. Hora aggiugne che gia gran parte di quella nocte era passata in questa ricercha dellonferno: et era quasi due hore innanzi di. Imperoche sel sole surgeua al nostro hemisperio chon lariete: et epesci procedano la riete. Et ciaschuno di questi surge chon sedici gradi: cioe chon una hora et chon la quintadecima dunhora. Sequita che due hore restaua della nocte: per laquale haueuono a cercare tutto lonferno: Et pero admonisce Danthe che non e/ da perder tempo. Et e/ luogho simile a quello di Virgilio. Hac uice sermonum roseis aurora quadrigis Iam medio ethereo cursu traiecerat axem. Et fons omne datum trahe rent per talia tempus Sed comes admonuit breuiterque affata Sybilla est Horruit Eneas nos flendo ducimus horas. CHE PESCI GVIZANO: Hebbe rispecto alla natura del pesce: elquale guiza. i. chon gran facilita trascorre per lacqua: Et in sententia gia cominciauono a surgere al nostro orizonte. SV PER LORIZONTE: Su per quel cerchio che diuide luno hemisperio dallaltro: elqual si chiama orizonte: cioe finitore et terminatore: elquale termina nostro uedere: perche noi di tutto el cielo el quale e/ ritondo et sperico ueggiamo solamente la meta. Adunque quella ultima parte laquale ueggiamo intorno intorno del cielo doue finisce nostra uista: perche la terra cimpedisce uedere piu sobto e/ decto orizonte. Et perche el cielo in. xxiiii. hore fa una intera reuolutione/conuien sempre che alchun segno del zodiaco salgha al nostro orizonte. Saliuono allhora epesci: equali come ho decto durano una hora et la quindecima parte di quella a essera tutti fuori dellorizonte: et doppo quegli surgeua lariete col sole el nascimento del quale fa el giorno. Adunque tanto restaua della nocte quanto duraua auscir fuori tutto el segno de pesci: et anchora tutti quelli gradi dellariete: che erano innanzi al grado doue si trouaua el sole. Epesci sono lultimo segno del zodiaco: et sono casa di Gioue: et da questa triplicita Ma nel purgatorio ne diremo piu accuratamente. ELCARRO TVTTO Soural choro giace. Questo e/ el secondo segno chel poeta pone a dimostrare che el giorno sappropinqua. Imperoche se allhora nasceuono epesci conueniua che elleone segno opposito a quegli andassi sobto. Ilche accio che meglo intenda. El carro sono septe stelle lequali girono intorno alla tramontana: Et le quattro prime stanno adue a duee fanno elcarro: et tre poi uengono in filo benche lultima alquāto torca et fanno eltemone Questa ultima e/ sempre diricta alleone. Adunque quando elleone e/ per tramontare el temone e diricto a occidente: et le quattro che fanno el carro sono gia uoltate tra occidente et septentrione onde spira el uento choro. Adunque rectamente dixe: et el carro tutto sopra choro giace.

Orizonte . § . e .

CANTO. XII. DELLA PRIMA CANTICA DI DANTHE.

Era lo loco oue ascender la riua
uenimo alpestro et perquelche ueranco
tal chogni uista ne farebbe schiua
Quale e/ quella ruina che nel fiancho
di la da trento ladice percosse :
o per tremoto o per sostegno mancho :
Che da cima del monte onde si mosse
alpiano e/ si laroccia discoscesa :
chalchuna uia darebbe a chi su fosse:
Cotal di quel burrato era lascesa
en su lapuncta della ropta lacca
la infamia di creta era distesa :
Che fu concepta nella falsa uacca :
et quando uide noi se stessa morse :
sichome quei che lira drento fiacca.

IN questo duodecimo canto discriue elpoeta la scesa del sexto cerchio nel septimo : et quello diuide chome di sopra habbiamo decto et ponui esupplicii de uiolenti. prima nel proximo : dipoi in se medesimo : et ultimamente in dio ; et pone a guardia delluogho emonstruosi centauri : Et maxime el minotauro di Creta : Et dimostra che questa scesa era uno precipitio di massi ropti et rouinati et aspra ; et tale quale e/ una rouinata del monte barco tra Triuigi et Trẽto : Et in su la puncta della rouinata doue e / el principio della scesa era disteso el minothauro. Elmonte barcho hauendo molto corrose lesue radici dal fiume. o per questo. o per tremuoti ruuino in gran parte in sul ladice fiume iforma che quello per buono spatio se discostare : Et p questa ruina la roccia cioe la rocca. i. emassi et laripa del monte e/ si discoscesa dalla cima al piano che darebbe alchuna uia benche non fussi molto facile A CHI SV FOSSE : cioe a chi fussi in cima COTAL DA QVEL BVRRATO/ da quella ruina : Burrato dicono efiorentini un fossato profondo quasi baratro. ET IN SV LA PVNTA/ in su la cima DELLA ROPTA LACCA : cioe scesa / decta da questo uerbo labor. ERA DISTESA : Quasi giaceua LA INFAMIA DI CRETA : cioe el minothauro : elquale nato in Creta isola hoggi decta Candia era infamia della decta isola essendo nõ huomo ma cosa monstruosa. LAQVALE Infamia : cioe monstro. FV CONCEPTA : cioe elqual minotauro fu conceputo. NELLA FALSA VACCHA. Ilche accioche piu apertamente sintenda brieuemente narreremo lafauola. Perche Venere nelladulterio elqual commetteua con marte / fu scoperta dal sole : et accusata alsuo marito uulcano Diuento tanto inimica a quello : che non potendosi uendicare di lui siuendico sopra lefigluole. Adunque essendo Pasiphe mogle di Minos re di creta : et figliuola del sole fu tanto disordinatamente incitata alibidine da uenere che si conduxe adamare un toro degli armẽti del marito. Alchuni dicono che desiderando Minos nel sacrificio elquale uoleua fare a Ioue suo padre hauer animal conueniente a tanto iddio : ioue glimando un molto bello et formoso toro. Ma Minos cõmosso da auaritia et cupidita di si bello animale lomando asuoi armenti et a ioue sacrifico un men bello toro. Onde irato ioue induxe pasiphe adamar quello. Ma qualunque fusse el toro ; aggiungono che pasiphe richiese Dedalo che gli mostrassi in che modo si potessi chon lamato thoro congiugnere : Et dedalo fece di legno una imagine di uaccha : et in quella la rinchiuse ; et chosi si congiunse chol thoro stimando quella esser uaccha. Di questa coniunctione nacque el minothauro mostro horrendo : elquale era mezo huomo et mezo thoro : Et Minos p occultare la infamia lorinchiuse nellabirytho ; et quiui diuoraua glhuomini uiui. Pocho innanzi a quegli tempi era stato ucciso Androgeo figluolo di Minos da gliatheniesi per inuidia : laquale gli portauono : perche tutti gli uinceua nel giuoco della palestra. Vendicossene Minos : et uinctogli impose loro legge : che ciaschuno anno mandassino in creta quattordici loro figliuoli septe maschi et septe femine. Questi si traeuono a sorte : et doppo alchuno anno caddono le sorte sopra Thesco figluolo degeo re dathene. Ando chostui ; Ma ĩnanzi che entrassi nellabirynto per sua belleza allecto nel suo amore Adriana o adir meglio Ariadna figluola di Minos : alla quale promesse che se la farebbe moglie. Et lei dispose liberarlo da si cruda morte. Decregli adunque un ghomitolo di filo. palle di pegola ; et una maza ferrata. Theseo legho el capo del filo alluscio ; et el resto tiro seco acciochè sequitando poi quello sapessi ritornare fuori. Et aprendo el minothauro la boccha per diuorarlo gli gitto le palle della pegola : lequali glimpiastrono la bocca informa che non la poteua aprire : Et dipoi con la maza gli percosse el capo et uccisselo. Hauete la fauola Vdite lallegoria. Pongono alchuni scriptori di non mediocre doctrina che per Pasiphe femina bellissima et figluola del sole / sintende lanima humana creata da dio sommo sole : et facta bellissima per la sua innocentia. Diuenta moglie di Minos inuentore di leggi : perche si congiugne alla ragione ; laquale con sue leggi laddiriza in recta uia. Di chostei e / inimica Venere cioe la concupiscentia ; laquale sempre soppone alla ragione : Et se lappetito saccosta alla concupiscentia lanima si sepera dal marito Minos ; cioe dalla ragione : et tirata dalle lusinghe della carne ama el thoro ; cioe le delitie del mondo : lequali nel primo aspecto paion belle ; Ma dipoi usandole noi male uegnamo a esser congiunti con la bestialita : Et Pasiphe rinchiusa in uaccha di legno usa chol thoro ; perche con lartificio delnostro ingegno usiamo lecose naturali non secondo la legge della natura

Di qui nasce el minothauro elquale ha lemembra parte dhuomo et parte di thoro . Questo e/ el uitio della bestialita della quale dicemmo disopra. Imperoche quegli che sono conquinati di questo uitio/ paiono huomini nellaspecto: ma ne costumi son bestie. Mettesi el minothauro nellabirynto . Ilche di nota el pecto humano essere intricato di uarie fraudi. Ma Theseo admonito da Adriana: cioe lhuomo docto admonito dalla ragione uccide el minothauro : cioe el uitio. Per tale allegoria facile intenderai : che con optima ragione Dante pose nelluogo doue si puniscono ecrudeli et efferati,peccati tal mõstro ET QVANDO VIDE Noi se stessa morse: Sichome quel cui lira dentro fiaccha. Dimostra che lauiolenta bestialita nata da superbia e/ sempre accompagnata da lira : perche in un medesimo tempo glie molesto non obtenere quanto desidera et rodesi di rabbia. Da altra parte si duole che rimossa la paura pessun lhoncra.

Allegoria del minothauro

El sauio mio in uer lui grido forse
tu credi che qui sial duca dathene:
che su nel mondo la morte ti porse.
Partiti bestia che questi non uene
amaestrato dalla tua sorella :
ma uassi per ueder le uostre pene.
Quale quel thoro che si lancia in quella
cha riceuuto gial colpo mortale
che gir non sa : ma qua et la saltella
Vidio lo minothauro far cotale:
et quegli accorto grido corri al uarco
mentre che furia e/ buon che tu ti cale.

d Imostra chome Virgilio admonisce elminothauro elquale non tema essere morto da Danthe perche non e/ Theseo elquale luccise in creta: Doue allegoricamente dimostra che el minothauro potea essere ucciso qua su nel mondo Ma non puo essere ucciso nellonferno : perche parlando christianamente chi e/ in uita si puo ridurre a penitentia· Et chosi uccide el uitio della bestialita : Ma chi e/ nellonferno non ha spatio di pentersi. Et moralmente in uita cioe oue nõ e/anchora obstinato habito deluitio possiamo ucciderlo: Ma nellonferno : cioe poi che siamo ridocti a uno habito obstinatissimo non possiamo ucciderlo. GRIDO: Adimostrare che la ragione superiore debba insurgere uiuamente et chon uehementia . Ilche exprime per le grida : et non freddamente. EL DVCA DATHENE. Theseo duca dathene elquale chome habbiamo decto sintẽde per lhuomo sauio : elquale e/ duca dathene. Imperoche chome Athene fu citta in grecia domicilio et riceptacolo di tutte le doctrine : sanza lequali non puo essere lhuomo sauio Chostui gli porse la morte nel mondo chome habbiamo decto. Ilche pote fare per gliadmaestramenti dadriana cioe della uirtu laquale intanto e/ sorella della bestialita : perche luna et laltra e/ conceputa dallanima : laquale quãdo si congiugne con Minos cioe con la ragione partorisce la uirtu : quando col torto cioe con la concupiscẽtia partorisce el minothauro. i. el uitio. MA VASSI PER Vedere le uostre pene . Non uccide el peccato : Ma contempla le uostre pene : cioe lanatura del peccato et el male che ne uiene : acciochе conoscendolo se ne guardi. QVALE QVEL THORO. E/ optima comperatione et molto conueniẽte comperare el minothauro al thoro. Et anchora per quel moto exprime el furor di questo monstro: Et dinota che lontellecto insurgendo contro alla bestialita obstinata la conuince a ragione . Ma quello ꝑ quello per la sua obstinatione sadira piu tosto che non cede. ET QVEGLI ACCORTO . Optimo precepto da lontellecto alla ragione inferiore : che quando lobstinato monta in furore gli ceda: et uada sene per lentrata che lui abbandona : cioe per la ragione laquale ci mette in questa contemplatione .

Cosi prendemo uia giu per lo scarcho
di quelle pietre che spesso mouiensi:
sotto emie piedi per lo nuouo carcho :
Io gia pensando et e dixe che pensi
forse a questa ruina che guardata
daquellira bestial chio hora spensi:
Hor uo che sappi che laltra fiata/
chio discesi qua giu nel basso inferno
questa roccia non era ancor cascata.
Ma certo poco pria se ben discerno
che uenisse colui che la gran preda
leuo adite del cerchio superno :
Datutte parti laltra ualle feda:
tremo si chio pensai che luniuerso

f Cendeuamo giu per lo scharcho : cioe perla ruina laquale hauea scharicata el monte di molte pietre: et molte ueronо rimase meze suelte informa che quando Danthe ui poneua epiedi si moueano. PER LO NVOVO: cioe insusitato carcho. imperoche non ui smontaua se non anime sanza corpo da Danthe infuora. Adunque Danthe andaua alchuna uolta uacillando mouendosegli sobto le pietre. Ilche significa che mẽtre che la sensualita con la ragione inferiore scende nella contemplatione de uitii non puo essere che alchunauolta non uada uacillando: perche epiaceri che arrecono seco euitii la lusingono . Impero che non e/ anchora facto lhabito della uirtu heroica . O uogliamo dire secondo Platone lhabito delle uirtu dellanimo gia purgato. Ma basta che non caggia cioe non rouini nel uitio . Ne sanza cagione dimostra che questa ruina mena doue e

sentissi amore per loquale e chi creda
Piu uolte elmondo in chaos conuerso
et in quel punto questa uecchia roccia
qui et altroue tal fece riuerso.

punita la uiolentia efferata. Imperoche non puo lanimo scendere in tanta crudelta et uiolentia se la mente prima non rouina dalla excellentia del la sua natura: et non indurisce alla crudelta: per che naturalmente siamo nati ad amare et giouare et non a odiare et nuocere. Ilpche amendue queste chose expresse el poeta per la ruina et per le pietre: lequali sono chosa durissima. IO GIA PENSANDO: intendi alla ruina. Imperoche la ragione inferiore pensa sempre alle chose particulari: Et di questo saccorse la ragione superiore: et pero gli solue el dubio del suo pensiere. IN QVESTA RVINA CHE E/ Guardata da quellira bestiale. Imperoche el passo donde entriamo nella uiolentia e/ superbia accompagnata da ira: per laquale dimentichiamo lhumanita et diuentiamo fiere per crudelta. CHIO HORA SPENSI perche lontellecto spegne lira con la ragione. HOR VO CHE SAPPI: Finge che questa insieme chon molte altre rouinassi nellhora sexta deluenerdi sancto quando fu elterremoto per la morte di christo: Et allegoricamente accenna che per la morte di christo fu spezata ogni uiolentia del dimonio contro di noi. COLVI CHE LA gran preda. i. christo elquale spoglio ellimbo de sancti padri: equali prima pel peccato originale erono in preda DI DITE: cioe di plutone. i. di lucifero. DEL CERCHIO dellimbo: elquale e/ el primo cerchio et el piu alto. SI CHIO Pensai che luniuerso sentissi amore par lo quale e/ chi creda: Cioe sono alchuni che credono che piu uolte el mondo sia ritornato in chaos Pone la sententia dempedocle elquale poneua sei principii: cioe quattro elementi et amore et discordia: et diceua che quando glelementi et emoti del cielo erono in concordia ogni cosa tornaua in chaos: et quando cessaua la concordia et ueniua la discordia/tornaua el mondo nella pristina forma. ET IN QVEL PVNCTO dellhora sexta. QVESTA Vecchia roccia / questa antica ripa. QVI ET ALTROVE chome si dira di sobto

Ma ficca gliocchi aualle che sapproccia
la riuera del sangue laqual bolle
qualche per uiolentia in altrui noccia
O ciecha cupidigia o ira folle
che si cisproni nella uita corta
et nelleterna poi si mal cin molle
I uidi unampia fossa inarcho torta
chome quella che tutto elpiano abbraccia
secondo chauea decto la mia scorta:
Et tral pie della ripa et epsa in traccia
correan centauri armati di saecte:
chome solean nel mondo andare acaccia:
Veggendoci calar ciaschun ristecte:
et della schiera tre si dipartiro
con archi et asticciuole prima electe:
Et lun grido dilungi aqual martiro
uenite uoi che scendesti la costa?
ditel costinci se non larcho tiro.
Lo mio maestro dixe la risposta
faren noi a chyron costa dapresso
mal fu la uogla tua sempre si tosta.

d imostra prima che el supplicio di questi peccatori era che fussino bolliti nel sangue Dipoi sisdegna contro allesfrenati uoglie: lequali a tanta furia spingono glhuomini in uolere possedere in questo brieue tempo della uita quello pel quale dipoi ineterno sien dannati: Et finalmēte dimostra epunitori di questa essere ecentauri MA FICCA gliocchi a ualle: cioe abasso. CHE SAPPROCCIA: cioe perche sapproxima. O CIECA Cupigia: Cieca dixe sanza ragione. O IRA FOLLE. Dicemmo disopra che laforza del lappetito irascibile e/ torre uia tutti globstacoli: che non cilasciono consequire quello che disideriamo. Adunque e/ folle et stolto tale appetito: elquale tutto ilgiorno pigne glianimi furiosi: et cupidi della tyrannide a mille pericoli et morti: et a infinite fatiche: Conciosia che uie piu dolce si truoui lacqua il pane el uetro ellegno che le gēme el loro. E/ conueniente supplicio a glhuomini crudeli et tyranni che sieno puniti nel bollēte sangue. Imperoche chi se dilectato del sangue promette la diuina iustitia che sia punito nel sangue: chome interuenne aCyro re de persi: elquale dopo la grauissima ropta data a gli Scythi: et dopo crudelissima occisione diquegli Finalmente uincto da Tamaris loro regina el chui figluolo haueua con glialtri morto / fu insieme con ducēto migliaia di persi morto: Et Tamaris a dimostrare la sua sete del sangue humano gli leuo el capo et messelo in uno otro pieno di sangue dicendo Sangue sitisti et io disangue tempio. Preterea bollono nel sangue euiolenti: perche sono incitati da ira laquale e/ bollimento di sangue. Et moralmente chi se dilectato dellhomicidio dipoi ne pigla tanto pentimento: che di et nocte e/ tormentato di ricordarsi di quello. Violentia e/ forza usata a danno et male altrui: et nasce da cupidita: laquale ha origine da superbia. IN ARCHO TORTA: perche andaua in circuito: secondo el sito che lui pone. TRAL PIE Della ripa / Tra le radici del monte. ET ESSA fossa. CENTAVRI ARMATI correuano in traccia: Cioetutti alla fila quasi sequitando la traccia lun dellaltro. Traccia significa uestigio et

orma/ Onde tracciare e/ sequitare le pedate. Centauri dicono epoeti che furono huomini monstruosi
in thessaglia ; equali erono mezo cauagli et mezo huomini figluoli di Ixione. Chostui figluolo di phle
gia di Thessaglia. Et fu el primo che appresso de greci tento per forza occupare la tyrannide ; per que
sto fingono epoeti che lui uolle congiugnersi con Iunone mogle di Ioue : Et Ioue beffandolo fece una
imagine di nebbia simile a Iunone : Et Ixione con quella si congiunse stimando che fussi la uera Iunone
Et di tal congiunctione nacquono ecentauri. Per Ixione intendiamo tutti glhuomini cupidi di regni o
di potentie : equali sopra le loro forze tentano acquistare principati o signorie : Et perche Giunone e/
idia de reami. Pero fingono che lui si uolessi congiugnere con quella : Ma epsa lo dileggia : et ingãna
lo per mostrarli tale imagine quale habbiamo decto ; perche nessuno e/ che possa congiugnersi con giu
none chome desidera : cioe acquistare tanta signoria quanta si propone nellanimo ; elquale nella uita
tyrannica e/ insatiabile. Imperoche acquistato quello che prima desideraua ; et nel quale credeua ripo
sarsi gli nasce disiderio dun maggiore : Et mai non arriua a quella quieta uita che si propone : alla quale
presto arriuerebbe se ponessi freno alla cupidita ; et stessi contento al presente stato chome apertamen
te dimostra el sauio Cynea allo infuriato Pyrrho. Questo fa glhuomini sempre sitibundi daccrescere
lomperio doue simanifesta tanta insania che Alexandro magnoisentendo che glepicuri philosophi affer
mauono essere non un solo mondo ma molti/ lacrimo disperandosi potergli tutti uincere non hauẽdo
anchora uincto questo. Furono adunque monstruosi epensieri dalexandro ; perche sanza dubio eron so
pra ogni forza humana : et eron contro a ogni humanita : perche non prouocato da alchuna ingiuria /
uolle farsi serui quegli che di natura eron liberi chome lui. Onde manifesto sequita che ecentauri : cioe
glefferenati et crudeli desiderii sono figluoli dixione cioe del tiranno : Et generagli della nebbia ; cioe di
falso concepto che fa nellanimo suo. Imperoche chome la nebbia di lontano pare gran chosa. Poi appres
sandosi si truoua esser niente : Chosi tali cogitationi da principio danno grande speranza di riuscire. Di
poi spariscono et tornono in niente. Preterea chome el corpo del centauro ha eprimi membri humani ;
et glultimi di fiera. Chosi etyrannici disiderii hanno da principio qualche parte di ragione : Ma dipoi
quanto piu tirono auanti in loro progresso tanto piu diuengono bestiali. Preterea dicono che Gioue lo
precipito nellonferno : et iui lo fece legare a ruote che sempre si uolgono : et sono piene di serpenti. Il
che significa che la mente del tyranno e/ sempre uoltata da anxie cogitationi : et del continuo morsa da
uelenosi pensieri. Et certo nessuna chosa si truoua piu efferata ; et piu contraria allhumana natura : che
la uita et chostumi di quegli equali o nelle loro rep. o ne loro principati uogliono potere piu che le leg
gi et soperchiare quegli che dio et la natura glia facti pari et equali : Ne furono trouati ere et gouerna
tori delle rep. per signoreggiare glialtri o crudelmente tormentargli et priuargli delle dignita. della ro
ba et finalmente della uita. Ne per conuertire in se ogni commodo et utilita : et a quegli lasciare glincõ
modi et edanni. Ma furono instituti perche la moltitudine hauessi guida et gouerno allhonesto uiuere
Et perche chon loro prudentia et iustitia fussino exemplo dogni uirtu ; et chol mezo delle sancte legg.
reggessino in pace et in concordia eloro cittadini. Instituissino el popolo a exercitarsi in ogni laudabile
arte. Vsare el debito officio inuerso esuoi cittadini. Nessuno offendere. giouare a tutti. Amare secõ
do egradi eparenti et gliamici. Essere di si feruente carita uerso la patria : che sempre sia parato p quel
la bisognando metter la uita. Et finalmente perche loro saffatichassino accioche glialtri si posassino. Vi
gilassino ; accio che glialtri sicuramente dormissino. Mettessonsi a pericoli : accio che glialtri uiuessino
sicuri : Et di tutte queste chose non aspectassino altro premio che lhonore : Elquale e/ unico premio del
la uirtu. Questi da greci sono chiamati Basylee : perche sono ferma basa sopra laquase tutto el pondo
publico si regge. Chiamongli elatini Rages : perche reggono et sostengono con loro industria glialtri :
et non gli lasciono trascorrere in alchuna iniquita. Chiamongli echristiani pastores : perche chome ebuo
ni pastori non cerchono eproprii commodi : Ma quegli della gregge alloro commessa. chosi ebuoni prĩ
cipi cerchono la salute di quegli che sono cõmessi allor gouerno : Et ricordonsi delle parole della uerita
chel buon pastore mette la uitaiper le sue pecore. Questo e/ adunque lofficio et el debito di chi gouer
na et regge. Et chi fa el contrario di questo non e/ re ne gouernatore Ma tyranno. Non e/ pastore ma
lupo. Non guarda le pecore Ma luccide. Non saffaticha per quegli che gli sono sobtoposti : Ma uuole
uiuere della loro faticha. Triumphare delle loro spoglie. Portarsi con loro chome diauolo : et essere ado
rato chome dio. Vuole che la sua libidine sia chome un diuino precepto. La sua auaritia sia per giusta
legge. La crudelta gli si conuengha. Godono de tormenti de tormenti de giusti. Rallegronsi spargere el
sangue de glinnocenti. Ilperche non solamente non sono re : Ma non sono huomini. Ma spogliati do
gni humanita : et uestiti dogni efferita sono somma pernitie de glhuomini. Ritennono Nerone et mes
sentio la effigie humana. Ritennonla Sylla et Mario : Ma lanimo humano altutto diposono ; et diuen
torono tygri et orsi. Questi tanto excessiuamente peccano che non solamente nuocono a glialtri huo
mini chome habbiamo decto : Ma quanto e/ in loro nuocono a dio : perche conculcano le leggi figliuole
di dio Perdono glhuomini creature di dio. Nuocono allor medesimi ; perche dallaltissimo et celeste
grado doue e/ posto lhuomosimile allangelo anzi a dio rouinano nel profondo precipitio ; et baratro
delle fiere. Et spesseuolte uolendo spargere el sangue daltri spargono elloro . Onde Iuuenalis Ad gene
rum cereris sine cede et uulnere pauci Descendunt reges et sicca morte tyranni. Di questi dice el psa

mista Non perdam cum impiis uitam meam: Et cum uiris sanguinum animam meam In quorum manibus iniquitates sunt et dextera eorum repleta est muneribus: Et Abacbuc propheta Ipse diabolus de regibus triumphabit: et tyranni ridiculi eius erunt. Et certamente perdono la lor uita etyranni. Ne solamente la etherna: Ma anchora questa transitoria. Imperoche essendo temuti da tutti conuiene che anchora loro temino tutti. Ilperche sempre uiuono in somma anxieta et timore: Chome apertamente dimostra Cicerone nella quinta tusculana con lo exemplo di Dionisio tyranno di siracusa: Elquale non solamente era constrecto a guardarsi da gliamici et da familiari et priuarsi dogni gioconda consuetudie Ma ne delle moglie ne delle figluole si fidaua: Et quanto migliori sono glhuomini tanto piu gli temono. Imperoche chome dice Salustio: Semper illis aliena uirtus formidolosa est: Ma forse la giusta indegnatione che ho uerso si detestabile generatione dhuomini mha traportato troppo lontano dal pposito: Ma conchiudendo non e/ maggior pena a glhuomini ambitiosi che generare centauri: cioe che le loro imprese non rieschino: et pero pone ecentauri in questo luogho. Hora tornando al texto sequita. VEGGENDOCI CALARE: cioe scendere al piano oue era la fossa del sangue ciaschuno di quegli centauri ristecte: Et tre si dipartiro della schiera uenendo inuerso di noi impuncto darcho et di saette per offenderci. Voleua Danthe scendere al piano: cioe alla contemplatione di questo uitio: Ma come habbiamo decto in piu luoghi. Ecentauri cioe el uitio si fa incontro alla concupiscentia: et chon sue saecte cioe cho suoi stimoli la uincerebbe Se Virgilio cioe lontellecto non gli domassi. Era cõ questi tre Nesso Et uoleuono ecentauri che Virgilio et Danthe di lontano dicessino a che martiro ueniuono Quasi uogla dire che chi guarda di lontano el uitio non conosce la sua intrinseca natura. Ilperche spera piacere et felicita. Onde se non si guardassi gli nascerebbe dispiacere et miseria. LO MIO MAESTRO Dixe larisposta faremo noi a Chyrone. Chyrone centauro non figluolo dixione et della nuuola chome glaltri cẽtauri Ma di Saturno: elquale innamorato duna nympha chiamata Phyllare si congiunse chon quella: Ma soprauenendo lamogle per non esser giunto in manifesto furto si conuerti in cauallo. Ilperche phyllare di tal congiunctione partori Chyrone mezo huomo et mezo cauallo. Chostui fu docto in musyca Onde in questa era maestro dachylle. Item in quella spetie di medicina: laquale e/ decta chyrurgia: et insegnolla ad Esculapio. Fu decto mezo cauallo: perche fu huomo bellicoso. Imperoche el cauallo e/ animale apto a guerra. Onde Achille huomo bellicoso e/ decto suo discepolo. Adunque per chostui intenderemo quello animo elquale benche sia efferato nellambitione et nella cupidita del signoreggiare: Nientedimeno non e/ sanza alchuna doctrina et ragione: Et qualcha iustitia et ciuile chostume: Et pero Virgilio non uuole rispondere a Nexo nel quale niente altro e/ che furore. Ma dice che rispondera a Chyrone. Ilche significa che lontellecto speculatiuo non uuole procedere con consiglio precipite et impetuoso et furibundo chome fu Nexo quando sanza considerare quanta ingiuria faceua a Hercole huomo apto a uendicarsene uiolento Dianira. Ma uuole procedere con ragione et con doctrina et con equita qual fu in Chyrone: Et rimpruouera a Nexo che la sua furia et la sua presta et inconsiderata uoglia finalmente glhebbe a nuocere perche fu morto dalle saecte dhercole: Et certo tutte lemprese inconsiderate de furiosi tyranni sono uccise da Hercole: cioe sono uinte da glhuomini prudenti et forti: chome intendiamo per Hercole.

Poi mi tento et dixe quelli e nexo:
che mori per la bella Deianyra
et fe di se la uendecta egli stesso:
Et quel di mezo chal pecto si mira
elgran Chyrone elqual nudri Achille
quellaltro e pholo che fu si pien dira.

P One questi tre uscire di schiera de glaltri a dimostrare che la uiolentia chome habbiamo decto disopra e di tre spetie. POI MI TENTO/ Mi tocco p excitarlo et farlo attento aquello che gli uoleua dire: Perche la sensualita in queste contemplationi si smarrisce se lontellecto nõ lexcita et non lamonisce. QVELLO E/ NEXO Questo centauro scampo della guerra de laphiti et fuggissi in Calidonia. In quel tempo Hercole hauendo uincto Acheloo se ne menaua Deianira: laquale glhauea dato in moglie Eneo suo padre et re di Calidonia: et giunto alfiume Hebeno assai rigonfiato per le structe neui/ trouo Nexo elquale soffersse passare Deianira insu lagroppa Ringratiollo Hercole et decteglene non sospectando difraude alchuna Ma Nexo poiche lhebbe portata allaltra ripa gli uolle fare uiolencia. Ilche conoscendo Hercole per le grida di Deianira losaecto con le saecte lequali erono intincte nel uelenoso sangue dellhydra. Conobbe el colpo mortale Nexo: et disubito penso alla uendecta: et a Deianira porse la camicia lorda del suo sangue dicendogli Se mai el tuo marito sara occupato damore daltra donna: et tu gli metta questa camicia subito tornera al tuo amore. Serbo Deianira et la camicia el ueleno dellhydra: Et dopo alchun tempo essendo occupato Hercole nellamore di Iole glene mando. Lui se la messe: et per tale ueleno peri: Et in questa forma si uendico Nexo. Di Chyrone habbiamo gia decto. Pholo fu uno de centauri: elquale nelle noze di Perithoo re de laphiti uinti dal uino uennono in tal furore: che uollono rapire la sposa. Onde nacque zuffa tra loro et glaltri che uerono: tra quali fu Hercole et Theseo et Nestore: Et finalmente furono cacciati: et la maggior parte morti: Et dicono epoeti che inquesto cõuito pholo beeua con molto gran tazza : et per piu ebrieta diuenne piu furioso. Onde Iouenale Et dignū linente folo et coniuge fusci.

Dintorno alfosso uanno a mille a mille
saectando qual anima si suelle
del sangue piu che sua colpa sortille.
Noi ciappressamo aquelle fiere snelle
Chyron prese uno strale et con la coccha
fece labarba indrieto alle mascelle:
Quando shebbe scoperta la gran bocca
dixe acompagni siete uoi accorti:
che quel di drieto muoue cio che tocca:
Chosi non soglion fare epie de morti
el mio buon duca che gia glera al pecto
doue le due nature son consorti.
Rispose bene e/ uiuo: et si solecto
mostrar megli conuien la ualle buia
necessita elconduce et non dilecto.
Tal si parti da cantare alleluia:
che mi commisse questo officio nouo
non e/ ladron ne io anima fuia.

FIERE SNELLE : cioe ueloci Snello significa suelto et schiecto. Onde diciamo una femina snella : et chi e/ snello e/ dextro et rapto. CHIRON Prese uno strale : Volse exprimere questi uersi di Virgilio. Dixit et auratam uoluerem threissa sagictam Deprompsit pharetra cornuque infensa tetendit: Et duxit lōge donec curuata coirent Inter se capita : et manibus iam tāgeret equis Leuā aciē ferri dextra neruoque papillū. Adūque et con la cocca dello strale fece la barba indrieto alle mascella: pche tirādo la corda dellarcho a se faceua che la cocca uenisa insino a gliorecchi : et tirauasi drieto la barba onde labocha rimaneua scoperta. Dipoi dimostra che Chyrone chome philosopho conobbe che Danthe era uiuo cioe col corpo. Imperoche ephilosophi dimostrano che ogni chosa che muoue col toccare conuiene che sia corpo. Et pero soggiunse. COSI NON SOGLION fare epie de morti. Imperoche lanima rimanendo incorporea non ha tacto. Dipoi dice che Virgilio gia era al pecto di Chyrone a dimostrare quanto presto lontellecto preuiene alla furia del uitio : et toglie uia ogni empito abbattendo quello chon la ragione. AL PECTO LA DOVE DVE Nature son congiunte. Ecentauri si formano con tal figura che emembri cauallini sono disobto : et glihumani sono di sopra dal pecto in su. Adunque elpeccato e/ ilconfine del cauallo et dellhuomo : Et perche nel pecto stanno epensieri et le cogitationi : dimostra che Virgilio faccosto a quello : cioe la ragione percosse la cogitatione : laquale era parte bestiale et parte humana. Et dice a Chyrone BENE E/ VIVO: che dimostra che non e/ scesi allonferno per fare habito nel peccato: perche tali non sono uiui : Ma discende nellonferno : cioe nella cogitatione del peccato per guardarsene : et per questo e/ necessario che Virgilio : cioe lontellecto superiore gli mostri la ualle buia : cioe e peccati. NECESSITA EL Conduce et non dilecto : perche la cognitione de uitii non arreca dilectatione allanimo : Ma e/ necessaria accio che se ne possa guardare. Imperoche nessuno si puo guardare dal nimico scognosciuto : Ma la cognitione delle uirtu atrecha seco grandissimo dilectō. TAL SI PARTI DA Cantare alleluia. Dimostra che Beatrice della quale e/ decto nel primo cantico/mosse Virgilio a guidare Danthe : laquale uenne allui di cielo doue si canta alleluia : cioe doue e/ ogni allegreza. Imperoche questo uocabolo in ebreo significa loda idio et allegreza. CHE MI COMMESSE Questo offitio nouo: Perche quanto alla fictione e/ chosa nuoua che un uiuo sia menato per lonferno. Et allegoricamente dimostra che pochi son quegli che uenghino a tal contemplatione. NON E/ LADRONE. Dimostra che non uiene per esser punito perche non e/ ladrone cioe uiolento. Imperoche ladrone e/ quello che ruba per forza : et furo quello che toglie per inganno. NE IO ANIMA FVIA : cioe fura. Et dixe questo imitando Virgilio : elquale induce che la Sybilla scuso Enea a Charone : dimostrādo che non uiene per rapire dellonferno. o Cerbero o Proserpina. O alchuno altro. Onde dixe. Nulle hic insidie tales absiste moueri. Nec uim tela ferunt licet ingens ianitor ātri ethernum latrans exāgues terreat umbras Casta licet patrui seruet Proserpina lymen. Adunque chome la Sybilla dimostra che in Enea non e/ fraude ne uiolentia : Chosi Virgilio dimostra che ne in Danthe e/uiolentia : chome ne ladroni : ne in lui fraude chome e/ nel furo.

Alleluya laude di dio.

Ma per quella uirtu per cui io mouo
li passi miei per si seluaggia strada
danne un de tuoi acui noi siamo approuo
Et che ne mostri la doue si guada
et che porti chostui in su la groppa:
che non e spirto che pe laer uada
Chyron si uolse in su la dextra poppa

MA PER Quella uirtu. Scongiura per la diuina uirtu alla quale etiam glinfernali cedono. DANNE VN DE TVOI/centauri. A CVI NOI Siamo approuo : cioe che ciapprouoi che tanto e/ a dire quanto che cihabbi cari : et facciaci buona compagnia. Oueramente a chui noi siamo appruouo cioe ad experientia : cioe per la guida del quale noi siamo et trouianci alla pruoua. ET CHE PORTI chostui insu lagroppa.

et dixe a nexo torna et si gli guida:
et fa cansar saltra schiera sintoppa.

CHE NON E/ Spirto che per laer uada. Questa sententia e/ aperta quanto alla fictione. Ma quanto allallegoria dimostra che Virgilio elquale e/ sanza corpo non ha bisogno desser passato el fosso perche puo andare per laere. Ilche dinota che lontellecto ha la cognitione de gluniuersali: equali non son inclusi in alchuna materia ne in tempo ne in luogho. Ma la ragione inferiore considera eparticulari: equali sono inclusi nella materia. Adunque Virgilio passera per qualunque luogho. Ma Danthe sara portato da Nexo: perche la sensualita non conosce el uitio in uniuersale: ne puo considerare tyrãnide abstracta da ogni subgecto: Ma considerala in un particulare: chome in Phalere. in Nerone: et in simili.

Noi ci mouemmo con lascorta fida
lungo laproda del bollor uermiglo
doue ebolliti facieno alte strida
Iuidi gente sobto insino al ciglo:
el gran centauro dixe eson tyranni:
che dier nel sangue et nellhauer dipiglo
Quiui si piangon glispietati danni
quiui e Alexandro et Dionisio fero
chefe Sicilia hauer dolorosi anni:
Et quella fronte chal pel chosi nero
e/ azolino: et quellaltro che biondo
e/ obizo da esti elqual per uero
Fu dal figlastro spento su nel mondo.
allhor mi uolsi al poeta: et quel dixe
questi ti sia hor primo et io secondo.

q Vesto texto e/ chiaro per se medesimo/ excepto che le historie. Alexãdro magno re de Macedoni merita sanza alchuno dubio essere enumerato tra etyranni: perche inuero sanza essere prouocato chon alchuna ingiuria/ occupo la tyrannide non solo della grecia: Ma di gran parte dellasia. Ilperche ueramente dixe elpetrarcha Alexandro chal mondo brigha die. Vso molte crudelita: et molti inditii dimostrono manifesto che consenti alla morte del padre ucciso da pausania. Fu di tanta insania che uolle esser decto et stimato figluol di dio et non dhuomo: Et uincto che hebbe epersi uolle secondo el barbarico costume/ et con grande indegnatione de suoi essere adorato per idio. Et Calisthene optimo philosopho suo cõdiscepolo et discepol daristotele tentaua di ritrarlo da tanta insania fece crudelissimamente morire. Per ira: et ebrieta uccise Clyto tanto allui amico che dipoi pentendosene uolle se medesimo uccidere: Ne si potrebbe sanza historico uolume narrare non dico eparticulari amici: chome ne primi fu Clyto elquale perche modestamente ladmoniua che non si preponessi al suo padre Philippo. Ma epopoli et le nationi: lequali sanza alchuna ingiuria riceuuta mando in ultimo exterminio. Et ere da quali non era mai stato prouocato. Onde rectamente lo chiamo Lucano predone et raptore delluniuerso: et disidera che lossa sua in uendecta di tanta efferita sieno sparse per tutto el mondo. Et certo se considerremo con diligentia lauita et ecostumi suoi Diremo che poche uirtu furono in lui lequali non usassi male. Concedo essere stato excellentissimo in facti militari. Ma chi non sa che la guerra di sua uatura e/ altutto opposita aluinculo della carita elquale naturalmente abbraccia tutta lhumana generatione: Ma e/ approuata da dio et dasaui huomini solamente per difensione di se desuoi et della patria per domare emonstri. per ridurre epopoli feroci a tranquilla pace. Ma Alexandro la conuerti in pernitie di tutti: in imporre el giogo a chi uiuea in liberta Per torre pace et otio a chi sanza ingiuria daltri si godeua ne proprii beni: et pareuagli essere degno a chi tuti glhuomini seruissimo essendo lui seruo del uino et dellira. Ne si uergogno fare figluolo di Gioue: et uolere chome dio essere adorato. Dyonisio fu siracusano di nobile sturpe. Lamadre grauida in costui sogno che partoriua un satyrisco: Et glinterpreti de sogni predissono lui hauere a essere Potentissimo. Et Hymera femina nobile in Syracusa sogno esser menata in cielo: et che uedea sobto epiedi di gioue unhuomo di pelo rosso et lentiginoso leghato con mille cathene: et la guida sua gli diceua che chostui haueua a essere la strage et distructione di Sycilia. Dipoi in processo di tempo hauendo occupato la signoria Dionysio subito che la donna lo uide grido quello essere lhuomo elquale in sogno hauea ueduto incatenato: lequali parole furon chagione che Dionisio la facessi uccidere. Diuento chostui signor di sicilia poi che glexerciti de cartaginesi equali erono potentissimi in quella isola consumati dalla pestilentia lasciorono lisola libera. Facto re passo in italia contro alle citta grece: et prima uinse locri. Dipoi assedio Crotone. Ma uenendo nuoui exerciti de Cartaginesi in sicilia fu constretto abandonare lampresa et tornare nellisola. Fu molto crudele et lacitta di Syracusa in quel tempo splendidissima in graue seruitu oppresse: perche dinatura era malefico et iniusto. Occupo la tyrannide nel uigesimo quinto anno della sua uita/ Et tennela anni trentocto: ma con somma miseria. impero che essendo huomo nobile et litterato: Et poeta di qualche conto: Et Per questo cupido della familiarita et cõuersatione di molti huomini: Nientedimeno era necessario che da tutti si guardassi. Perche chome dice Salustio Sempre etyranni temono piu ebuoni che erei: perche sono piu amatori della liberta. Viueua adunque con serui et con barbari: Et per cupidita di signoreggiare lui medesimo sera chiuso in strecta carcere: Et quanto fussi la sua miseria lui medesimo lo dimostro in damocle: elquale lodando molto la felice sua uita Voglio dixe Dionysio che la gusti: Et subito fece parare nobilissimo conuito. Comando a Damocle che sedessi in luogo che hauendo da ogni mano compagni non potessi a sua posta partirsi: et sopra al capo suo fece leghare al palco con una setola di cauallo una molto appuntata spada: laquale parea che del continuo gli potessi cadere in capo. Era ornata la mensa daurei et argentei uasi. Era ripiena di molte uarie et suauissime uiuande. Eronui giouini et experti sergenti: Ma tanta era lapaura che la spada non gli cadessi in capo che nessuna uolupta prese delle gia decte cose. Adunque dimostro che simile era la uita tyrannica: nella quale la continua paura di non essere o uciso o cacciato fa che nessuna uolupta di sua potentia o di suoi thesori puo pigliare. Hauea due mogli: Ne mai entraua in camera dalchuna che prima non mandassi chi condiligentia inuestigaua che non uauessino nascose alchune armi Et pche non si fidaua del barbiere si facea radere dalle figluole: Et quãdo furon poi in eta adulta leuo loro el rasoio: et faceuasi abruciare la barba con gusci di noce accesi. Era molto impio ne gli dii. Spoglo el tempio di Proserpina: Et dipoi hauendo buona nauigatione aggiunse al sacrilegio dirisorie parole dicendo uedete quanta bonaccia danno gli dii a chi gli ruba. Hauea Hierone re ornata la statua diGioue di drappo doro. Lui la tolse et decteне una di lana affermando che loro era inutile dogni stagione pche el uerno era troppo freddo et la state troppo graue: Faceuono glantichi lestatue dapolline deta giouinile: et quelle desculapio suo figluolo senili: et con lungha barba. Adunque leuo labarba che era doro ad Esculapio affermando non essere chosa conueniente che essendo el padre sanza barba e figluolo sia barbuto. E/ AZOLINO. Fu chiamato chostui Azolino da romano castello di Triuigi. Benche Musatto Padouano in una sua tragedia: Nella qual finge lui essere figluolo del diaulo lo chiami ecerino: Et giouanni uillani nella cronica pone essere stato di nobile stirpe. Fu tyranno potentissimo nella Marca triuigiana ne tempi di Federigho secondo. Preterea signoreggio Padoua. Vicentia. Verona: et Brescia: Et per sua efferata crudelta in finiti huomini parte uccise parte mando in exilio. Et dopo la rebellione de padouani nel prato di Padoua rinchiuse drento a un palanchato dodicimila huomini: et tutti gli fece ardere: Et in questa crudelta si narra che hauendo preso sospecto dun suo cancellieri chiamato ser Aldobrandino: Et per questo diterminando farlo morire domando se sapea chi erono erinchiusi nel palanchato: Et rispondendo el cancellieri che tutti glhauea notati in un suo quaderno: Dixe Azolino hauer diterminato di uolere presentare lanime di quegli al diauolo per molti beneficii riceuuti dallui. Ilpche uoleua che andassi col quaderno insieme con loro allinferno: et nominatamente per sua parte glie ne presentassi: et chosi insieme con glialtri lo fece ardere. Chostui mosse exercito contro a melanesi: et giũto ad Adda et trouando el ponte occupato dal marchese Palauigino suo aduersario si messe a uadare: et giugnendo a riua con suo disauuantaggio fu ropto dal marchese et ferito et preso et menato in castiano castello propinquo: doue non uolendo mangiare ne curare le ferite mori di fame et di dolore Nellãno della nostra salute. M. cc. lx. Regno in Verona anni. xxxiiii. chome piu distesamente diremo nel nono canto del paradiso. E/ OBISO DA ESTI. Fu chostui della famiglia de marchesi di Ferrara: Et facto marchese della Marcha danchona dalla sedia apostolica con rapine et crudelta raguno gran thesoro. Finalmente fu una nocte affogato con un pimaccio dal figluolo: elquale Danthe chiama figliastro: pche non par credibile che fussi suo figluolo hauendo in lui usato tanta crudelta. Lascio la historia di questi da esti: perche e/ abbastanza celebrata dal nostro imolese. ALLHOR Mi mossi al poeta. Pareua a Danthe che Virgilio douessi esser la guida et non el centauro: Et pero si uolse allui: et Virgilio intendendo la uogla sua dixe: che uoleua che in quel luogho el centauro fussi el primo. Et questo allegoricamente sintende che Danthe cioe lappetito sobtoposto alla ragione in ogni contemplatione et cognitiõe non uuole altro giudicio che quel di Virgilio: cioe dellontellecto. Ma per rispecto che lontellecto ha cognitione de gluniuersali puo giudicar Virgilio: che chosa sia uiolentia et crudelta: et che supplicio meriti. Ma eparticulari chome a dire che Dionysio et Azolino sieno crudeli: et giudica meglo el senso et la ragione inferiore: et maxime in quellhuomo che ha usato la crudelta chome sono ecentauri: Et pero Virgilio non dixe questo ti sia primo absolutamente: Ma dixe Questo ti sia primo hora: cioe in questi particulari: et lui uuole in questo luogho essere il secondo: perche hauendo gia conosciuto lanima nostra lactioni di Mario et di Sylla essere crudeli abstrae da questi particulari epsa crudelta: et considera non in loro ma in uniuersale che chosa sia crudelta: et in questa forma Virgilio diuenta la seconda guida. E/ adunque di marauiglioso ingegno el poeta che sobto tale fictione noti la differentia che e/ tra lõtellecto et la ragione inferiore.

Poiche piu oltre elcentaur saffixe
sopra una gente chensino alla gola
parea che di quel bullicame uscisse
Mostrocci unombra da un canto sola
dicendo colui fesse in grembo adio

b VLLICAME/ Dicono ogni acqua che surge delle neue con bollore di caldo. Onde elbagno di Viterbo e/ decto bullicame per questa ragione. MOSTROCCI VNOMBRA/ una anima laquale dice essere sola in quelluogho: pche nessuno uera che hauessi commesso tale scelleratezza. Et intende del conte Guido da monte forte.

locor chen ſu tamigi ancor ſi cola.
Poi uide gente che difuor del rio
tenea la teſta et anchor tutto elcaſſo
et di coſtor aſſai riconobb io
Choſi apiu apiu ſi facea baſſo
quel ſangue ſi che cocea pur lipiedi:
et quiui fu del foſſo el noſtro paſſo.

Ilche accio che chon breuita exprimiam o. Fu re dinghilterra Arrigo tertio: elquale perche fu di lapidatore: et prodigo in conſumare le choſe del regno alieno da ſe ebaroni informa che colfauore loro el re di francia Mãdo Simone huomo excellente et apto a regnare: Choſtui in carcero Arrigo re: et Riccardo ſuo fratello: et tutti efigluoli excepto Adouardo elquale per uelocita del caual lo ſcampo. Ma non ſeppe uſare laſua buona fortuna Simone: Et in modo inſuperbi che tutti e baroni ſi ribellorono. Onde preſe occaſione Adouardo di ricuperare el reame: Et uinſe et preſe Simone et uccifelo: et in pezi loſquarcio: et el membro della uergogna gli fece mettere in boccha: Et choſi libero el padre el zio et efrategli. Seguirono poi tempi che Guido figluol di Simone facto grande per lamicitia di Carlo duca dangio et fratello di Lodouico re di Francia uendico el padre con ſomma ſcellerateza in queſto modo. Venne in Italia Carlo chiamato dal papa contro a Manfredi: et uincto Mãfredi et acquiſtato el regno di Puglia conſtitui Guido/la cui opera glera ſtata utiliſſima in tutte le guerre uicario di toſcana: elqual uicariato hauea hauuto dalla chieſa: Et prima lhauea facto liberare a Gregorio papa decimo delle carcere nelle quali chome excomunicato lhaueua meſſo eſſendo lui uenuto a ubbidire Et pocho dopo tornando di tunizi el re Carlo inſieme col re Philippo di francia: et con Arrigo dinghilterra nipote darrigo re preſo da Simone: et figluolo di Riccardo ſuo fratello gia ſtato electo imperadore diposto Federigo ſecondo/Vennono a Viterbo doue morto el papa erono ecardinali in diſcordia in creare nuouo pontefice. Qui Guido uolendo uendicare el padre giuſtamente da Adouardo morto aſſalto Arrigo nella chieſa di ſancto Saluestro mentre chel ſacerdote moſtraua el corpo di chriſto: et uccideſlo: et pe capegli lo ſtraſcino fuori della chieſa: et fuggiſſi in maremma nelle terre del conte roſſo ſuo ſuocero: non ſanza infamia del re Carlo: elquale ſe non era ſtato conſcio chome molti ſoſpectorono/ douea punirlo: El corpo darrigo fu portato allondra: et ſepellito nella capella de glialtri re: Et ſopra la ſepultura fu poſta una ſtatua dorata: laquale nella dextra tiene una coppa doro: et in quella elcuor ſuo imbalſimato: et ſopra el cuore un coltello in teſtimonio delluccisione: et chon la ſiniſtra tiene un brieue: le cui parole ſono El cuore paſſato del coltello do a chi me parente intendendo da douardo: Et di qui naſce che Adouardo non fu mai poi amico di Carlo ne della caſa di Francia. Fu adunque grande exceſſo: prima perche non accadeua uendecta della morte del padre: perche giuſtamente fu morto: Di poi per riſpecto delluogho: perche fu in chieſa: et quando ſi moſtraua el corpo di chriſto: et nella corte romana: et nella perſona del figluol del re. Ilperche lo pone ſolo: perche commeſſe ſingulare exceſſo. CHOSTVI FESSE in grembo a dio: nella chieſa laquale e/ grembo di dio. LO COR CHEN SV Tamigi anchor ſi cola: cioe ſhonora perche colere in lingua latina ſignifica honorare. IN SV Tamigi: cioe londra per laquale paſſa el fiume Tamigi. POI VIDI GENTE: Dimoſtra che la foſſa quãto piu oltre procedeua tanto men fondo hauea. Onde in quanto piu baſſo erono lanime tanto piu erono fuor del ſangue. Dice lui hauere conoſciuti molti. Ilche dimoſtra che la ſenſualita con la ragione inferiore puo per ſe medeſima conoſcere tal uitio ne particulari Maxime hauendone inteſo prima deglaltri: Et che el ſangue ſia meno profondo: et epeccatori ne ſieno piu fuori uno che unaltro Dimoſtra: che chi ha meno peccato e/ in minor pena contro a gli ſtoici: equali uogliono che tutti edelicti ſieno pari. Paſſo Danthe el foſſo doue el ſangue uenne meno. Inche niente altro intende ſe non che chi contẽpla el uitio: et ſia guidato da Virgilio paſſa per quello ſenza pigliare alchuna macula.

Si chome tu da queſta parte uedi
lo bullicame che ſempre ſi ſcema
dixel centauro uoglio che tu credi:
Che da queſtaltra piu et piu giu prema
lofondo ſuo infin che ſi congiugne
oue la tyrannia conuien che gema
La diuina giuſtitia di qua punge
quel Atylla che fu flagello in terra:
et pyrrho: et Sexto: et inetherno munge
Le lagrime che col bollor diſerra
a rinier da corneto a rinier pazo
che fecero alle ſtrade tanta guerra:
Poi ſi riuolſe et ripaſſoſſi el guazo.

e Choſa conueniente chel foſſo chome dalluna delle parti digrada et ſcema. Choſi dal laltra parte ſi profondi: accio che ſecondo epeccati maggiori et minori ſieno maggiori et minori pene: et pero ſubgiugne el centauro che la diuina giuſtitia punge et trafigge di qua: cioe oue el ſangue e/ piu profondo. QVELLO Atylla che fu flagello in terra. Atylla re de glunni chome ſcriue Paolo diacono Nellanno quattrocento quarantadue eſſendo ſignore di Dacia. Vngheria Macedonia. Meſia. Achaia: et Thracia/huomo auidiſſimo dimperio: Et ſitibundo di ſangue humano: et ſopra glaltri crudele con innumerabili copie uolſe el ſuo furore in Italia: Et chon ogni forza et induſtria aſſedio Aquilegia: laqual ſi uirilmente fu difeſa da ſuoi ciptadini che non ſan za grauissimi affanni et dopo tre anni apena la uinse ; et crudelmente col ferro et col fuoco la conduxe in ulcima ruina. Dissece dipoi Concordia Altino et Padoua. Et saccheggio Vicentia. Verona. Brescia. Bergamo. Melano ; et Pauuia non sanza grandissima occisione ; et molte altre terre inlombardia et in romagna ; Et finalmente arriuato doue el mencio mette in po mentre che dilibera se debbe andare a Roma sopraueune Leone papa ; et non sanza diuino miracolo impetro da si crudele tyranno ; che lasciata Italia tornassi in ungheria. Ilperche lui si torno Presa prima in moglie Honoria sorella di Valentiniano imperadore : Et in Vngheria in conuito mori per abbundantia di sangue che del naso gliusci / huomo cupido di sangue affogo nel sangue. Ne e/ da pretermettere unaltro miracolo : elquale gli decte elcognome che si chiamassi Attila flagello di dio. Era arriuato Attyla a Modena chol suo hostile exercito . Et Geminiano uescouo di quella citta huomo di sancta uita confidatosi del diuino aiuto gli uenne incōtro Et domandatolo chi fussi / Rispose sono Attvla flagello di dio : A chui rispose Geminiano : Et io sono Geminiano seruo di dio : Et doppo tali parole gliaperse le porte : Et Attyla mosso da diuino terrore passo cho suoi pel mezo della citta sanza lesione dalchuno. PyRRHO. Fu Pyrrho figluolo dachille elquale partori Deidamia figluola di Licomede re. Fu chiamato pyrrho dal colore del suo pelo : elquale era rosso et focoso ; perche pyr ingreco significa fuoco. Item fu chiamato Neoptolamo quasi nuouo soldato ; perche dopo la morte del padre anchora giouinetto fu condocto nello exercito a Troia. Questo uccise di sua mano Polyte figluolo di Priamo ; et Polixena sua figliuola sacrifico alla sepultura del padre : et priamo uecchio uccise appresso allaltare doue era rifuggito : Non perdono adunque ne a eta senile ; ne giouinile : ne a femineo sexo ; ne alla religione : Menonne in seruitu Andromaca moglie dhector Dipoi preso dellamore della figluola di Menelao Herminione laqual tolse a Horeste. Decte Andromaca a Heleno figluolo di Priamo con parte del reame ; perche Heleno con suo uaticinio lo campo da pericoli del mare. Ma finalmente tornato Horeste della regione Taurica luccise nel tempio dapolline. Sono alchuni che credono Danthe non nominare chostui. Ma pyrrho re de glepyroti nato della generatione di chostui duca singulare et excellentissimo nella militare disciplina ; Ma ambitiosissimo : et elquale per imperare prouoco molte nationi ; dalle quali nessuna ingiuria hauea riceuuto ; Venne in Italia ; et sobto spetie daiutare etarentini cercaua sobgiogare eromani : et quattro anni molto glaffatico . Passo dipoi in Sicilia et factosene signore molteuolte felicemente combacte cho carthaginesi ; Ma in brieue tempo perde lisola . Ilperche tornato in epyro mosse guerra ad Antigono re di Macedonia : et cacciollo molto ingiustamente del reame ; Ne contento a questo lo persequito in argos doue era fuggito . Quiui entrato per forza nella citta fu morto con un tegolo gittatogli da una femina dalle finestre . SEXTO. Alchuni intendono di Sexto pompeio figluolo di Pompeo magno ; elquale dopo lamorte paterna et fraterna occupo la sicilia : et in que mari diuento quasi corsale : Ma tutto questo fu per tornare nella patria sua occupata da Augusto. Ilperche non uegho pche meriti esser messo tra tyranni Adūquestimo che piu rectamente possiamo intendere di Sexto Tarquino figluolo di Tarqnino superbo ultimo re de romani ; elquale simulando essere stato battuto et cacciato dal padre ando a Gabi citta non lontana da Roma per tentare hauerla per tradimento poi chel padre non lhauea potuta uincerr con larmi ; et riuscigli el fraudulento suo pensiere. Imperoche egabini credendo essere uero quello che lui simulaua lo riceuerono ; et in brieue tempo chome a huomo perito nella disciplina militare gli commisono el gouerno della citta et dellexercito. Onde lui la decte al padre. RINIERI DA CORNETO Messer Rinieri da Corneto ; elquale quasi tutta la marictima di Roma ne suoi tempi con crudelissimi latrocinii tenne in tremore ; et in preda la strada romana. RINIERI PAZO : Messer Rinieri de pazi di ualdarno huomo de medesimi chostumi exercito ladronecci ; et rubo le strade . POI SI Riuolse . Nexo decte queste parole torno indricto ripassando el medesimo uado.

CANTO XIII DELLA PRIMA CANTICA DI DANTHE.

n Ou era ancor di la nexo arriuato
quando noi cimettemo perun bosco
che da nessun sentiero era segnato
Non frondi uerdi ma di color foscho.
non rami schietti ma nodosi en uolti
non pomi ueron ma stechi con tosco:
Non han si aspri sterpi ne si folti
qualle fiere siluaggie chen odio hanno
tra cecila et corneto eluoghi colti.

p One qui el principio del secondo girone: nel quale sono puniti quegli che hanno u sato uiolentia in se et nelle chose sue. Discriue u na selua foltissima: et sanza alchuno uiottolo. Selua dico non dalberi: ma di sterpi spinosi. NON ERA Anchor di la Nexo arriuato. Di mostra la uelocita loro nel caminare. Perche innã zi che Nexo hauessi ripassato elfosso/loro erono gia entrati per un bosco cioe selua: et e/ uocabo lo toscano deriuato dal greco. Imperoche dicia mo la selua bosco: perche ui pascono glianimali: et pascere in greco si dice boscin. DA NESSV NO SENTIERO: da nessuna uia. FOSCO nero. STECHI con tosco/stecchi spini pruni con tosco con ueleno: perche le puncture di quegli erono si chome fussino auelenate. NON HAN Si la ceci na e/ un fiume che mette in mare non lontano da uada doue termina la maremma di Pisa: Et da que sto luogo insino a Corneto: elquale e/ un castello nel patrimonio sono molti boschi dipruni si folti che non sono habitati se non dalle fiere. Alchuni texti hanno non Cecina: Ma Cecila: laquale e / una ter ra da glantichi nominata Centumcelle: et inuero tra questa et Corneto dicono essere queste folte mac chi e lequali in questo luogho pone per comperatione: Et questo pare piu conueuiente: perche tra la Cecina fiume et Corneto e/ molta distantia. E/ chosa conueniente che pongha lanime di quegli equali se medesimi hanno uccisi mutarsi in sterpi. Imperoche essendo in noi tre potentie danima: delle qua li la prima e/ decta rationale per laquale siamo differenti da tutti glaltri animali: et simili a gliangioli et facti ad imagine di dio: et con laquale contempliamo et inuestighiamo et acquistiamo le scientie et larti: et habbiamo prudentia in administrare noi et lafamiglia et la rep. La seconda e/ decta sensitiua per laquale habbiamo esensi exteriori et interiori et lappetito o di sequire quello giudichiamo utile, o di fuggire el contrario: Et questa cie comune con tutti glaltri animali. Laterza e nominata uegetatiua laquale nutrisce et cresce el corpo et ingenera unaltro simile a se et questa cie comune non solo con glal tri animali: ma anchora con le piante pare che colui che succide habbi perduto prima la parte rationale laquale non solamentesecondo eprecepti theologici: Ma anchora secondo la philosophia platonica ciuie ta che non cacciamo lanima del corpo: elquale dio glha dato in custodia: Ma la rendiamo quando e/ ad domandata a chi la creo. Dipoi anchora la sensitiua mediante laquale non solo lhuomo ma ogni uil uer mine fugge la morte. Adunque non gli rimanendo se non la uegetatiua: laquale e / chosi nelle piãte chome in noi e/ giusta chosa che si tramuti in pianta. Et pone non pianta fructifera: perche tal morte non produce fructo ne di fama chome quegli che per salute della patria sono iti a uolontaria morte: co me edecii et molti altri: Ne anchora di salute chome a innumerabile turba di martyri: equali per haue re uoluntariamente sopportato crudelissima morte/hanno acquistato etherna uita: Ne anchora ha ra mi schiecti o belle frondi: cioe non e/ dilecteuole o amena: ne di diricta et sincera mente: Ne dalchu na buona dimostratione. Ma nera ilche significa merore et dolore: et piena di torture: cioe di mol ti pensieri et opere: et di stecchi: cioe dacerrimi stimoli et rimorsi di conscientia equali conducono a tale disperatione. Et certo e/ marauigliosa fictione in questo luogho: perche non solamente con quel la exprime optimamente le proprieta di questo uitio. Ma anchora non si parte da sacri scriptori. On de Salomone nello ecclesiaste: Ne extollas te in cogitatione anime tue sicut thaurus Ne forte elidatur uirtus tua per stultitiam: et relinquaris uelut lignum aridum in heremo. Adunque rimane chome al bero seccho nel diserto: Ne e/ marauiglia: perche chi cade in disperatione rimane sanza diuina gratia Et chome dice Matheo nel uigesimo primo Figura hominis absque gratia est sicut ficus arrida: Et Ber nardo/Homo sine gratia desperans uelut arbor siluestris ferens fructus quibus porci infernales pascun tur: Et certo de gleffecti del disperatosi pasce el diauolo che e/porcho infernale. Et se bene attendere mo tutte le fictioni che fa el poeta de supplicii et tormenti de dannati conosceremo che mai interuiene che in qualche modo non naschino dalla sacra doctrina christiana Chosa certo mirabile che delle sentẽtie daltri faccia fictione propria sua: et sia insieme optimo poeta: et optimo christiano: Ma per tornare al primo proposito pone anchora questi sterpi fare folte et spinose macchie: perche simili luoghi sono ri ceptacoli et couili di fiere: et nessuno animo puo essere piu efferato che quello elquale e/ inimico ad se medesimo. Pone laselua sanza uia: perche la desperatione laquale induce lhuomo a uccidersi Nasce per che lui non uede modo ne uia alchuna che lo possa condurre doue desidera. Preterea pche ptali peccati si togle la uia della saluatione: et diuenta peccato in spirito sancto. So che in questo luogho philosophi et theologi muouono dubbio se lhuomo puo hauere in odio se medesimo conciosia che el creatore non solo nellhuomo: ma in tutte le chose create ha ingenito singulare amore circa alla sua conseruatione.

Et Paolo ad ephesios dice Nemo unquam carnem suam odio habuit. Chome adunque concepe alchono huomo tanto odio contra di se che succida? Maxime perche chome dice Tomaso aquinate Lhuomo naturalmente sempre appetisce el bene :, et amare e/ appetire bene alla chosa amata : et odiare e/ appetire male alla chosa odiata. Ad che si risponde che chi succide non lo fa perche uogli nuocersi : Ma crede giouarsi : et elegge quello in luogho di bene.

Quiui le brutte arpie lor nidi fanno :
 che cacciar dalle strophade etroiani
 con tristo annuntio di futuro danno.
Ale hanno late. colli et uisi humani.
 pie con artigli : et pennuto elgran uentre
 fanno lamenti in su glalberi strani.

l E harpie secondo Hesiodo nella sua theogonia furono figluole di Taumante et delectra figluola dellocceano : et ponne due Aello : et Ocypete. Altri poeti et maxime elatini dicono quelle essere figluole di Neptunno et della terra et uogliono che sieno tre aggiugnendoui Celeno Queste harpye si pongono perlauaritia : laquale induce glhuomini alle rapine. Onde sono decte harpie perche arpazin in greca lingua significa rapire : Et sono figluole di Taumante cioe delladmiratione : perche ladmiratione laquale habbiamo delle riccheze : et lopinione di stimare che sieno molto buone cinduce alle rapine. Et altri le dice figluole di Neptunno cioe del mare et della terra : perche per mare et per terra si fanno le rapine. Alchuni interpretano che tre chose sono nellauaritia. Prima desiderare le cose altrui. Seconda rapirle. Tertia occultarle. Similmente interpretano enomi dicendo che Aello e/ decta quasi elin allon ; cioe eleggere et uolere laltrui. Ocypete da ocys ueloce et pettin uolare : perche uelocemente a quelle uolano. Celenos in greco significa nero; et per nero intendono obscurita et tenebre Quasi occultare le chose rapite. CHE SCACCIAR DELLE Strophade etroiani. Ne dialogi equali scriuemmo del senso allegorico di Virgilio dimostrāmo quello che questo significa. Discriuele in questa forma Virgilio Tristius haud illis mostrum : nec seuior ulla pestis et ira deum stygiis se se extulit undis : Virginei uolucrum uultus foedissima uentris proluuies uncaeque manus et pallida semper ora fame. Chiamale adunque monstro perche altutto e/ contro allhumana natura la rapina ; et scriue che uenne dallonferno : perche e / chosa non dhuomo ma diabolica : Et perche le rapine nascono in su le riccheze : Et noi disopra dimostrammo chome sono di Plutone. Fingono che habbino uiso uirginile : perche lauaro nella prima giunta dimostra somma modestia ; et non spendere el suo per parsimonia ; et temperanza : et sempre predica questo. El resto e/ ucciello di rapto con terribili artigli/per dimostrare la rapacita dellauaro. Hanno grandi ale. Ilche signignifica che la cupidita dellauaro si distende molto et a ogni chosa uola. Elgran uētre et lauidita del diuorare dinota uno insatiabile appetito : Et con lo sterco illordono le mense : perche in ogni chosa e/ lordo lauaro. FANNO LAMENTI in su glalberi strani. Adinotare che lauaro sempre si lamenta chome se perissi di fame : Et se alchuno domandassi perche el poeta ha poste lharpie in questo luogho significando la rapina dellauaro. Rispondo che nessuno puo fare piu ingiuriosa rapina che rapire la propria uita.

Larpie alegoricamente sono interpretate p lauaro

Elbuon maestro prima che tu entre
 sappi che se nel secondo girone
 mi comincio a dire et sarai mentre
Che tu uerrai nellhorribil sabbione
 pero riguarda bene et tu uedrai
 chose : che torrien fede al mio sermone.
Io sentia trar da ogni parte guai :
 et non uedea persona chel facessi :
 perchio tutto smarrito marrestai.
Io credo che credecte chio credessi
 che tante uoci uscissor tra que bronchi :
 da gente che per noi si nascondessi.
Pero dixe elmaestro se tu tronchi
 qualche fraschetta duna deste piante
 li pensier chai si faran tutti monchi.

q Vesti cinque ternarii sono assai facili p loro medesimi. Virgilio ladmonisce : che quanto tiene la selua e/ elsecondo gyrone insino al sabbione bollente doue entrerra nel terzo. Et perche qui ha auedere chose incredibili non gliene predice Admonendo noi che quando la chosa e/ incredibile e/ meglio a non dirla : Ma aspectare insino che per se medesima si manifesti. Dimostra poi che quegli sterpi : ne quali lanime si conuertiscono si lamentauano : Ma lui non uedēdo altri non stimaua che le uoci uscissin di quegli Ilche intendendo Virgilio per chiarirlo gli dixe : che spezassi un ramo. Dimostra che Virgilio gli manifesta questo non solo perche lontellecto e/ quello che fa tali fictioni : Ma anchora perche Virgilio nel terzo finge chosa non molto dissimile a questa Quando Enea schiattando una uermena nata in sul sepolchro di Polydoro uide uscir sangue : et udi uscirne uoce humana.

Allor porsi la mano un poco auante:
et colsi un ramuscel da un gran pruno
el tronco suo grido perche mi schiante?
Da che facto fu poi di sangue bruno
ricomincio gridar perche mi sterpi
non hai tu spirto di pietate alchuno?
Huomini fumo et hor sian facti sterpi
ben douria esser la tua man piu pia
se stati fussimo anime di serpi.
Chome dun stizo uerde charso sia
dallun de capi: et che dallaltro geme
et cigola per uento che ua uia.
Si della scheggia ropta usciua insieme
parole et sangue ondio lasciai la cima
cadere: et stetti chome lhuom che teme.

h Abbiamo gia decto perche uuole lauctore che queste anime si conuertino in sterpi. Hora gli pone spinosi: perche come epruni sono intractabili et nociui a chi gli toccha: chosi costoro sono stati nociui a se medesimo. Ne merita no altro corpo quegli che shanno spogliati del corpo humano. CHOME DVN STIZO. Stizo et tizone chiamiamo un pezo di legno arsicciato et e/ optima comperatione: che chome questo quando arde da un capo laltro capo cigola et sufia. Choli per quel capo schiantato usciua uento che poi faceua parole. PER VENTO CHE ua uia. Dimostra la cagione. Ogni uolta che lhumido in luogho stretto e/ oppresso dal caldo: pche non puo fuggire a un tracto si conuerte in spirito et in uento: elquale esce con empito di quel la strecteza. Chome ueggiamo nella bombarda: doue el nitro chosa humidissima pinto dal caldo elquale saccende chol zolfo et mantiesi nel salcio genera tãta furia di uento che ogni gran peso pigne et dilontano balestra. ONDIO LASCIAI La cima cadere et stecti chome lhuom che teme. Questo interuiene a chi inpremeditato ode o uede chosa miracolosa. Imperoche si ferma: et tanto rimane lanimo occupato in quella marauiglia che le forze abbandonano el corpo: Et se ha nulla in mano glicade Et prende horrore di tal chosa maxime se procede da chosa che lui habbia facto chome qui: doue per hauere ropto el ramo quella roptura mando fuori parole et sangue.

Se glhauessi potuto creder prima
rispose el sauio mio anima lesa
cio cha ueduto pur cholla mia rima/
Non hauerebbe in te la man distesa:
ma la cosa incredibile mi fece
indurlo a cosa chamestesso pesa:
Ma digli chi tu fusti sichen uece
dalchuna menda tua fama rinfreschi
nel mondo su doue tornar gli lece.

r Isponde Virgilio O ANIMA LESA: Cioe offesa. Se Danthe hauessi potuto credere pure colla mia rima: cioe colle mie parole: cio che lui ha hora ueduto/lui non harebbe disteso in te la mano. MA LA CHOSA incredibile mi fece indurlo a fare che schiãtassi questo ramo. CHAMESTESSO PESA: cioe e/ molesto che lui thabbia offeso. MA DIGLI CHI TV Fusti nel mondo siche in uece dalchuna mẽda: cioe in cambio dalchuno ristoro del dãno che tha facto RINFRESCHI la tua fama nel mondo: cioe rinnuoui la tua fama. Quasi dica se lui tha offeso in schiantarti inluogho di questo danno lui ti ristorera in rinfreschar la tua fama nel mondo. DOVE GLI LECE: cioe glie lecito et puo tornare. E/ officio dellontellecto ogni uolta che el senso erra placare loffeso. Adunque scusa prima se Virgilio dicendo che questa e/ una delle chose che la ragione inferiore non harebbe creduto sanza experientia. Dipoi gli promecte ricompensare la ingiuria in quello che potea: che non era altro che dargli fama: Et certo e/ chosi. Imperoche se Danthe gli schiancta un ramo: cioe lo infama di questo uitio gli da fama in piu altre uirtu: chome uedrai di sobto doue dimostra somma prudentia et somma fede essere stata in lui.

El tronchon si con dolce dir madeschi
chio non posso tacere et uoi non graui
perchio un pocho a ragionar minueschi.
Io son cholui che tenni ambo le chiaui
del cor di Federigo et si leuolsi
serrando et disserrando si soaui:
Che dal secreto suo quasi ognun tolsi:
fede portai al glorioso offitio
tanto chio ne perdei le uene epolsi.
La meretrice che mai dallospitio

n On potea usare piu accomodata oratione inuerso cholui elquale era morto chon falsa oppinione de glhuomini: che promettergli di rinfrescargli la fama. Onde risponde lanima esse re adescata dalle sue parole. Imperoche non puo essere maggiore esca a cholui che e/ stato infamato atorto: che dargli speranza che la fama gli sara ristituita. Ne certo e/ si uile animo che non sia cupido di gloria et di fama. Adunque ognuno singegna fuggire la infamia datogli: et maxime atorto. ADESCHI e traslatione da gruccellatori equali pongono esca a gliuccegli per auuezargli

di Cesare non torse gliocchi putti
morte comune et delle corti uitio
Infiammo contro ame glanimi tutti
et linfiammati infiammar si augusto:
che lieti honor tornar in tristi lucti.
Lanimo mio per disdegnoso gusto:
credendo col morir fuggir disdegno
ingiusto feci me contro a me giusto:
Per le nuoue radici desto legno
ui giuro che gia mai non ruppi fede
al mio signor che fu dhonor si degno:
Et se diuoi alchun nel mondo riede
conforti la memoria mia che giace
anchor del colpo chenuidia lidiede.

alluogo doue dipoi gli possa piglare. Minutieschi Sta nella medesima traslatione. Imperoche quando con grate parole ritegniamo alchuno siamo simili alluccellatore: elquale con uisco cioe pania ritiene glucciegli. IO SON COLVI. Chostui si chiamo messer Piero delle uigne elquale fu capuano: Ma molto ignobile et di uilissima condítione: Ma danimo nobile et di prompto ingegno: et datosi agli studii diuenne excellente iurisconsulto: et eloquente quanto patiuono que tempi informa che le sue epistole erono in grande reputatione. Per queste uirtu fu assumpto da Federigo incancelliere et segretario: et in brieue tempo con sua industria diuenne intal grado che lui solo poteuá tutto con lomperadore. Di che incorse in tãta ĩuidia di molti baroni di quella corte: che alchuni astutamente chon lectere adulterine et contrafacte: et chon testimonii subornati et falsi poterono persuadere allomperadore: che messer Piero hauea secreta practica con papa innocentio allhora inimico dellomperadore: et che hauea riuelatogli segreti dimportanza. Federigo troppo credulo lo fece abbacinare informa che rimase ciecho: et priuollo della dignita. Dopo questo messer Piero ando ad habitare a Pisa: et quiui: o per che episani non lo tractassino chome allui pareua meritare. o perche la sua infelicita ogni di piu lo tormentassi indocto in somma disperatione domãdo un giorno chi lo guidaua in che luogho di Pisa fussi: et inteso che era appresso alla chiesa di san paolo in riua darno si fece uoltare eluiso almuro della chiesa: Et dipoi mossosi con quanto maggiore impeto poteua et chol capo innanzi aguisa di montone che uadi a cozare decte di cozo nel muro: et chosi franto el ceruello di subito mori. Altri dicono che hauendolo facto abbacinare lomperadore: elquale in que gli tempi era in san miniato al tedesco lo fece porre a cauallo et condurre a pisa: et quiui posato auanti alla chiesa di sancto Andrea domandando doue fussi et intesolo/ pote in lui tanto lo sdegno dessere stato falsamente accusato et condannato tanto percosse el capo al muro che succise. Alchuni dichono che succise essendo incarcerato. Altri che essendo in Capua nel suo palazo et passando lomperadore si gitto dalle finestre Arrogon che innanzi al palazo di Napoli era la statua dellomperadore et quella di messer Piero: et a piedi dellomperadore erono huomini che domandauono ragione: Et uno brieue alla statua dellomperadore che diceua Che andassino a Piero delle uigne: elquale hauea tutta lauctorita dallui in ogni cosa. Ilche se fu dimostro certo quanto fussi lauctorita di questo secretario. CHE TENNI Ambo le chiaui: del si et del no del negare et del concedere: perche federigho ne negaua ne concedeua alchuna chosa sanza el suo consiglio. CHE DAL SEGRETO SVO Quasi ognun tolsi. Perche non si confidaua quasi in altri che in me. FEDE PORTAI AL Glorioso offitio. Era di gran gloria essere suo cãcellieri: Et io tale offitio exercitai fedelmente. LE VENE ET EPOLSI: cioe la uita laquale consiste nel sangue che stà nelle uene et ne gli spiriti uitali: el cui mouimento si chiama polso: perche pulsare in latino significa battere. LA MERETRICE: Pone la meretrice per la inuidia: laquale e/ comune uitio Imperoche chome lameretrice saccosta allhuomo non per uero amore: Ma per cupidita dhauere delsuo Chosi lanuidia riguarda laltrui bene per sottrarne et diminuirne. DALLHOSPITIO DI CESARE: Dalla corte dellomperadore. Imperoche ogni imperadore e/ chiamato Cesare: perche el primo che cõstitui in Roma tal seggio fu Caio Iulio Cesare. GLOCCHI PVCTI: cioe meretricii: quasi cupidi dusurpare laltrui bene. Meretrice in latino significa femina laquale per guadagno uende la sua pudicitia. Adunque benche la femina sia impudica o adultera non e/ meretrice se non lo fa per guadagno: Et e/ decta meretrice: perche merere in latino significa exercitare uile guadagno. Adunque rectamente dixe la inuidia essere meretrice: perche chome la meretrice arricchisce per impouerire altri: cosi disidera fare lanuidia. INFIAMMO CONTRO A ME: cioe accese di liuore et inuidia glanimi di tutti ebaroni aquali era molesto che io fussi tanto honorato. ET GLInfiammati animi de baroni. INFIAMORONO AVGVSTO: cioe con false testimonanze accesono lomperadore: elquale e/ chiamato Augusto per tal cagione. Poiche a Iulio Cesare successe nello imperio Octauiano nato della sua sorella: et dallui per testamento facto figluolo adoptiuo disidero tutta la romana citta honorarlo: et perche quella era diuisa in tre ordini Senatorio. Equestre: et plebeo ciaschuno in suo ornamento gli porse un nome. Ilperche furono tre. Cesare. Quirino: et Augusto. El nome di cesare lo facea simile al padre. Quirino simile a Romulo primo fondatore di Roma Elquale fu chiamato Quirino: cioe signore: perche ciranos in greco significa signore. Ouero per la lancia che lui usaua in battaglia: laquale esabini uicini aromani chiamauono Quiris. Augusto significa luogho uenerando et consegrato con augurio. Adunque Augusto e/ quasi che sacrosancto. Diqui e/ nato che tutti esuoi successori nellomperio insino a questi tempi so no chiamati Cesari et Augusti: chome tutti ere dalba da Siluio primo re furono nominati Siluii: Et tutti ere degypto da Ptolomeo primo re furono nominati ptolomei. Adunque el nome di questo im peradore fu Federigo secondo: Ma cesare et Augusto e/ nome comune a tutti glimperadori. CHE Lieti honori tornorno in tristi lucti: perche ne fu imprigionato et dipoi accecato. IMGIVSTO Fe ci me contro a me giusto. Ero giusto perche non haueuo errato contro a Federigo: Ma diuentai ingiu sto contro di me toglendomi la uita immeritamente. AL MIO Signor che dhonor fu degno. Pare che lauctore si contradica chiamando federigo degno dhonore: elquale di sopra pose heretico et inimico alla sedia appostolica. Ma rispondo che non parla hora el poeta: Ma messer Piero elquale uolendo per suadere non lhauere tradito lo chiama degno dhonore: Accioche per questo sia uersimile: che non ha rebbe tradito essendo si degno. Oueramente diciamo che benche hauessi el uitio gia decto disopra. Ni entedimeno in molte altre chose fu excellente: Et maxime nella disciplina militare: et nella signoria. Imperoche fu molto temuto da christiani et da saraini. Et fu imperadore de romani. Re degialamani. Duca de Sueui. Re dipuglia: Et tenne gran parte della Syria. Hebbe nobili figluoli cio Arrigho zoppo Ma dalto ingegno. Curradino bellissimo: et Manfredi liberalissimo. Edifico molte castella. Fu di me diocre statura. di lieto aspecto. prudente. assai litterato. uniuersale in ogni chosa: Et perito in molte ar ti mecchanice. Hebbe la lingua latina. Tedesca. Franzese. Greca: et turcha. Valoroso nellarmi: benche prono nella libidine.

Vn pocho attese: et poi dachel si tace
dixel poeta a me non perder lhora:
ma parla et chiedi allui se piu ti piace.
Ondio allui domandal tu anchora
di quel che credi chame satisfaccia:
chio non potrei tanta pieta macchora.
Pero ricomincio se lhuom ti faccia
liberamente cio chel tuo dir priegha
spirito incarcerato anchor ti piaccia
Di dirne chome lanima si lega
in questi nocchi: et dinne se tu puoi
salchuna mai di tal membra si spiega.

INduce che tacendo Piero Virgilio confor ta Dante a domandarlo se uuole sapere al tro: Et Danthe risponde Domanda tu di quelle chose che credi che ad me satisffaccino. Et e/ que sto recto ordine nellanima dellhuomo: elcui ap petito e/ gia facto obediente alla ragione. Impe roche non si muoue Danthe cioe lappetito a do mandare se Virgilio cioe lontellecto non ladmo nisce che lui domandi: Et ancora allhora non do manda lui: perche lappetito et la ragione inferio re non sa eleggere quel che e/ buono a sapere se lontellecto non glene mostra. Et pero richiede Virgilio che per lui domandi delle chose: lequali giudichi che glhabbino asatisfare: Et dice Danthe non potere domandare lui per la cōpassione che porta a quello spirito. Ma allegoricamente dimo stra che le uarie perturbationi: lequali sono nellappetito et nella ragione inferiore non lasciano adoman dare et contemplare le chose egregie. Allhora Virgilio domanda perche cagione lanima si chiude i quel legno: et se mai nescie/

Allhor soffio lo troncho forte: et poi
si conuerti quel uento in cotal uoce
brieuemente sara risposto a uoi.
Quando si parte lanima feroce
dal corpo ondella stessa se disuelta
Minos la manda alla septima foce:
Cade in laselua: et non le parte scelta:
ma la doue fortuna la balestra
quiui germoglia chome gran di spelta:
Surge in uermena: et inpianta siluestra.
lharpie pascendo poi delle sue foglie
fanno dolore: et al dolor finestra:
Chome laltre uerren per nostre spoglie.
ma non pero chalchuna sen reuesta
che non e giusto hauer ciochuom sitogle
Qui le strascineremo et per la mesta

dVe chose hauea domandato Virgilio. La prima in che modo lanima si legha in que pruni. La seconda se mai si scioglie. Risponde lo spirito alla prima: che quando lanima feroce: cioe crudele et efferata inuerso di se si parte dal corpo dal quale con uiolentia si diuelle: cade in questo septimo cerchio. CADE chome cosa gra ue pel peso delpeccato: et chome chosa precipi ta ta da furore. ET NON GLIE PARTE sciel ta. Imperoche in quegli: equali succidono per di speratione non par che sia grado che uno merti piu pena che unaltra. DOVE LA FORTVna la balestra: Et allegoricamente dimostra chel di sperato percuote doue la fortuna lo spigne sanza alchuna consideratione: Et doue cade nella selua/ quiui si ferma: et comincia ametter le radici cho me fa el granello seminato interra. GRANDI SPELDA/Pose la spetie pel genere dicendo gra no cioe granello di spelta per ogni seme. SVR GE IN VERMENa. Pone lanaturale successione

ſelua ſaranno enoſtri corpi appeſi
ciaſchuno al prun dellombra ſua moleſta

et augumento della piāta. Imperoche prima ge mgiia elſeme: Poi ſurge tenera uermena: Et fi nalmente creſcendo diuenta albero. IN PIANTA SILVESTRA: perche non e/ conueniente che una anima efferata ſi conuerta in pianta fructifera et domeſtica. LHARPIE paſcendo poi delle ſue foglie. Dinotano laſſidua memoria della rapina uſata nella propria uita et nel proprio corpo. Queſte paſton le foglie: cioe tal ricordatione rimorde la mente. FANNO DOLORE. perche ſchiantando le fogle inducono el dolore. ET AL DOLOR FAN FINESTRA: perche per tal roptura lo ſpirito manda fuori la uoce. CHOME LALTRE VERREMO: dimoſtra che nella reſurrectione de corpi queſte anime torneranno per lor corpi chome laltre: Ma non ſe ne ueſtiranno; perche hauendogli loro gittati chome choſa uile/non e/ giuſto che gli ribabbino. Quaſi dica non e/ giuſto che ſi rihabbia quello che lhuomo ſha tolto egli ſteſſi.

Noi erauamo altroncho anchora atteſi
credendo chaltro ne uoleſſi dire
quando noi fumo da un romor ſoppreſi.
Similemente acolui che uenire
ſentel porco et la caccia alla ſua poſta
chode lebeſtie et le fraſche ſtormire.
Et ecco due dalla ſiniſtra coſta/
nudi et graffiati correndo ſi forte:
che della ſelua rompieno ogni roſta.
Et quel dinanzi accorri accorri morte:
et laltro a chui parea tardar troppo
gridaua lano ſi non furo accorte
Le gambe tue alle gioſtre del toppo:
et poi che forſe gli falli la lena
di ſe et dun ceſpuglio fece un groppo.
Dirieto alloro era la ſelua piena
di nere cagne bramoſe et correnti:
chome ueltri chuſciſſor di cathena.
In quel che ſappiatto miſſor li denti:
et quel dilaceraro a brano a brano
poi ſemportaron quellemembra dolenti.

h A poſto inſino a qui quegli equali hanno uſato uiolentia nelle proprie perſone. Hora pone le pene di chi ha uſato uiolētia nella propria roba: et beſtialmente quella ha conſumata Diſcriue anchora choſtoro nudi perche ſono ſpogliati delle loro ſubſtantie: Et graffiati: perche ciaſchuno gli uitupera et ſtraccia la fama loro; et della lor bructa uita. Fuggono: perche quegli che ſono poſti in tal miſeria uergognādoſi fuggono per la ſelua: cioe per luoghi obſcuri et ſolitarii el conſpecto de glhuomini. ROMPON LEFRASCHE de gli ſpiriti. Imperoche per ſcuſa di ſe infamono quegli che ſi ſono uccisi dicendo anchora fece lui peggio di me. Oueramente rompono le roſte: cioe conſumato el ſuo tolgon di quel daltri. Pone adunque due fuggire: et quel dinanzi dicea Accorri morte. Choſtui fu Lano Saneſe el quale conſumo tutti eſuoi beni eſſendo nellexercito de ſaneſi mandato contro a glaretini in fauore de fiorentini: Et dipoi tornandoſene furono aſſaltati alla pieue al toppo contado darezo; et ropti: doue Lano benche ſi poteſſi a ſaluamento ritrarre. Nientedimeno chome diſperato ſi caccio tra nimici; Et uolle piu toſto morire: che uiuere in tanta pouerta. Ilche al preſente gli rimpriouera Iacopo padouano dicendo le tue gambe non furono ſi accorte afuggire alle gioſtre del toppo: cioe a gli ſcontri delle lancie nella battaglia; laquale alla pieue del toppo fu tra eſaneſi et gliaretini; et decte queſte parole manchandogli la lena: cioe la poſſa nel correre/ſinuiluppo et fece groppo cioe nodo in uno ſterpo doue era lanima. DIRIETRO ALLORO ERA LA Selua piena di nere cagne bramoſe et correnti. Finge coſtoro eſſere perſequitati da cagne: et per le cagne intende erimorſi della conſcientia dhauere gittato el ſuo: et la fame: et la ſete: et la indigentia del ueſtito: et dellaltre choſe neceſſarie: Et la infamia et gli ſcherni che di ſe ueggono et odon fare. Queſte tutte coſe ſon morſi terribili allanimo dellhuomo. Sono nere cioe piene di lucto: et di merore bramoſe a mordere. ET CORRENTI: perche queſti affanni con ſomma uelocita ſequitano lhuomo douunche ua: Ne ſi puo naſcondere in luogho che da quegli non ſieno trouati et lacerati.

Preſemi allhor la mia ſcorta per mano:
et menommal ceſpuglio che piangea
per le ropture ſanguinenti in uano.
O Iacopo dicea da ſancto Andrea
che te giouato di me fare ſchermo:
che colpa o io della tua uita rea?
Quandol maeſtro fu ſopreſſo fermo

l A MIA SCORTA: et rectamente pche lontellecto e/noſtra ſcorta elquale mena lapetito ſicuro. PRESEMI PER MARE. chome fa chi uuole reggere uno che non erri lauia; o nō caggia. Choſi lontellecto ſuperiore guarda la ſenſualita che mentre chel ſegue nella contemplatione non erraſſi: o cadeſſi nel peccato che ſicontempla. ET MENOMMI Al ceſpuglio che piangea; perche era ſtato ropto et ſchiantato dalla fu

dixe chi fuſti che per tante punte
ſoffi con ſangue doloroſo ſermo.

ria delle cagne che haueuono lacerato Lano. O IACOMO DICEA DA SANCTO ANDREA Choſtui fu nobile huomo padouano della cappella di ſancto Andrea. Molto riccho: Ma beſtialiſſimamente conſumo le ſue ſubſtantie. Et tra laltre ſue ſtultitie andando per la brenta a Vinegia chon altri nobili giouani: Et uedendo che ciaſchun di quegli ſexercitaua in ſonare o in cantare per non parere otioſo lui gittaua a uno a uno edanari nel fiume / Et altra uolta uenendo allui molti giouani in uilla et ueggendogli di lontano per fare loro honore fece metter fuoco in tutte le capãne et caſe de ſuoi agricultori. CHE TE GIOVATO fare ſchermo: cioe riparo di me. Quaſi dica tutti naſcondeſti nel mio ceſpuglio: perche riparati con quello dalle cagne et niente ti giouo. Schermo ſignifica riparo, onde diciamo ſchermire: ilche non e/ altro che riparare a colpi. Et el petrarca dice Altro ſchermo non truouo che mi ſcampi dal manifeſto accorger delle genti. CHE PER Tante punte: Per tante punture et morſi riceuuti dalle cagne quando ſbranauono Iacopo naſcoſto in te. SOFFIANDO FAI Doloroſo ſermo: cioe parlare.

Et egli ad noi o anime che giunte
ſete a ueder loſtratio diſhoneſto
delle mie frondi ſi da me diſgiunte:
Raccogletele apie deltriſto ceſto.
io fui della citta che nel baptiſta
muto l primo padrone: onde per queſto
Sempre con larte ſua la fara triſta:
et ſe non fuſſi chen ſul paſſo darno
rimane anchor di lui alchuna uiſta:
Que cittadini che poi la rifondarno
ſopral cener che dActila rimaſe
harebbe facto lauorare in darno:
Io fe Iubette a me delle mie caſe.

r Iſponde lo ſpirito, prima pregando: che raccoglino le frondi. Ne per altra cagione dimoſtra el poeta: che queſto ſpirito richiede: che gli ſieno ricolte le frondi: ſe non per dimoſtrare quanto ſia innato el diſiderio in ogni creatura di conſeruare el ſuo eſſere benche ſia in ſomma miſeria: Et per queſto ſommo diſiderio tacitamente accenna quanto ſia el pentimento dhauerſi tolto laprima uita poiche nella ſeconda benche infeliciſſima diſidera mantenerſi. Ilche conchiude che uolentieri tornerebbe alla prima: Et e/ ſententia di Virgilio doue dice. Proxima deinde tenent moeſti loca qui ſibi letum Inſonti peperere manu; uitamque peroſi proiecere animas quam uellent ethere in alto Nunc et pauperiem et duros perferre labores Fata obſtãt. Riſponde adunque prima queſto lo ſpirito. Dipoi narra eſſere fiorentino non nominando el nome di Firenze: Ma uſa circunlocutione dicendo Io fui della citta: laquale muto el ſuo primo padrone: elquale al tempo de gentili fu Marte nel Baptiſta: cioe in ſancto Giouanni baptiſta. Imperoche eſſendo hedificata Firenze da caualieri ſyllani cittadini romani tolſono p aſcendente della hedificatione Marte: elquale era precipuo dio de romani: Et a quello hedificorono eltẽpio elquale anchora dura: Et in quello era la ſtatua ſua equeſtre honorata con ſolenni ſacrificii: inſino che in Firenze ſi ſparſe la uerita euangelica. Dipoi facta chriſtiana queſta citta dedicorono el tempio di Marte al ſommo dio ſobto titolo di ſancto Giouanni baptiſta: Et quello eleſſono in padrone in luogho di Marte. ONDE PER QVESTO: cioe per queſta cagione che eltempio dedicato a ſe fu hedificato al Baptiſta. SEMPRE LA FARA TRISTA: cioe la terra in triſtitia et tribulatione. CON LARTE SVA: con le guerre lequali ſono larte di Marte: Perche ſempre ſtaranno in guerre o ciuili o externe. Riferiſce Giouanni uillani diligente ſcriptore della cronica fiorentina: che dedicato el tempio di Marte a ſancto Giouanni baptiſta ne traxono laſtatua di Marte laquale era equeſtre cioe a cauallo facta di macigno: et da non indocto ſculptore: et perche erono certi uaticinii antichi: nequali ſi leggeua queſta ſtatua eſſer ſtata facta ſobto tale conſtellatione: che quale hora in meno che honoreuole luogo fuſſi tenuta. O factone alchuna uiolentia gran danno ne ſequirebbe alla citta. La poſono in ſu una torre uicina ad Arno: et quiui ſtecte infino che firenze fu diſfacta da Actyla. Actyla re de gotti hauendo diſfacte molte citta in Lombardia et in Romagna/ paſſo in Toſcana et aſſedio firenze: et non lo potendo p forza hauere uolſe longegno a glinganni: Et chon molte falſe pſuaſioni induxe eciptadini a riceuerlo drento alla citta. Et fu meſſo in capitolio. Lui ſobto ſpetie dhonore fece conuocare a ſe eprincipali cittadini: et mentre che paſſauono da una camera a unaltra gli faceua uccidere et gittare in una gora: laquale diriuata darno paſſaua ſobto capitolio. Inteſe el popolo luccisione uedendo lacque della ghora ſanguinoſe. Onde tumultuando el popolo Actyla mando eſoldati per la terra: et comando che tutti maſchi et femine picchol et grandi uccideſſi. Ne campo alchuno ſe non quegli che ſi fuggirono: Et fra glialtri fu ucciſo Mauritio ueſcouo fiorentino di ſanctiſſima uita. Dopo tale occiſione con ferro et fuoco diſſece la citta: Et in quel tempo la ſtatua di Marte cadde in Arno. Et queſto dice eſſere ſtato nellanno del ſignore. cccc. l. el di uentocto di giugno Anni cinquecento uenti dopo la ſua hedificatione. Quegli che cãporono delluccisione et loro diſcendenti piu uolte uollono riſare la citta: Ma uietati da Fieſolani: et da certi nobili dintorno cessorono insino a tempi di Carlo magno. Carlo imperadore de romani: et epso popolo romano mosso da preghi de fiorentini prestorono aiuto a rifarla: et da Roma uennono molti gentili huomini adhabitarla insieme con quegli che erono restati. Fu reedificata ne gliianni di christo. octocento due al principio daprile. Altri dicono a di. xxx. di marzo. Allhora fu trouata in arno la statua di Marte benche ropta: et per quella medesima oppinione che haueuono depsa la posono in sn un pilastro al ponte uecchio. Et quiui stecte insino allanno di christo. M. ccc. xxxiii. nelquale anno uenne tal diluuio che Arno ne meno el ponte uecchio et gialtri due ponti disobto: et in questo modo rouino dinuouo la statua. Adunque in questo luogho Danthe pone loppinione che hebbono enostri antichi di questa statua: laquale molti dicono essere heretica oppinione. Ma non sono queste sue parole: ne sua oppinione: ma dello spirito che parla: Elquale lui induce a dire questo per manifestare una uulgare oppinione di molti. Credo anchora saluo sempre el piu uero iudicio che non sia contro a nostra religione che secondo astrologia si fabrichi una statua con tale constellatione che habbi qualche momento: et forza in se. Onde Paolo fiorentino mathematicho ne suoi tempi excellentissimo colloco la statua delleone in su la ringhiera: che cigne el fiorentino palazo: la cui testa ragguarda Melano: che molti credono che nō poco giouassi contro alla potētia de uisconti in quegli tēpi formidabile alla nostra republica. Leggesi anchora che Zoroastre persa fabbrico in Tebe ecatompyle citta degypto la statua di Memnone chon la cythara: laquale sonaua. Quanto allo excidio et distructione di firenze non oso dire contro alloppinione di tanto poeta. Ma non so chome Atylla potessi far questo: Conciosia che Paolo diacono: et gialtri che scripsono la historia datylla affermino che lui non uenissi mai in toscana: ne passassi mai apennino. Preterea Alchindo elquale diligentemente scripse le chose facte da Carlo magno Nessuna mentione fa che lui restaurassi Firenze: Ma solamente narra che due pasque domenicali si trouo in firenze. ET SE NON Fussi chen sul passo darno. Quasi concluda che se decta statua non fussi stata honoreuolmente riposta in sul pilastro del ponte uecchio/questa seconda reedificatione sarebbe stata indarno: perche di nuouo sarebbe perita la citta. ALCHVNA VISTA: perche non era intera ma ropta: et quella che restaua era rosa dalla ingiuria de tempi: et dalla uetusta. IO FE IVBETTO. Conchiude questo spirito che simpicco in casa sua. Iubetto nella citta di Parigi e/ elluogho doue sono le forche: et doue simpiccono econdennati a tale supplicio. Adunque fece iubetto delle sue case: cioe ne fece luogo di forche Ne expressamente pone chi chostui fussi. Ma alchuni uoglono che intenda di messer Rocco de mozzi: elquale consumate le sue riccheze molte et uarie per fuggir gli stenti della pouerta simpicco. Altri intendono messer Lotto de gliagli: elquale per pentimento dhauer dato una sententia falsa chon la propria sua dorata cintola sappicco. Messer Giouanni boccaccio dice: che in quegli tempi molti fiorentini simpiccorono: Et per questo Danthe lascia in ambiguo chi costui fussi.

CANTO.XIIII.DELLA PRIMA CANTICA DI DANTHE

p. oiche lacarita del natio loco
mistrinſe ragunai le frondc ſparte
et rendelle acolui chera gia fioco.
Indi uenimmo al fiume oue ſi parte
lo ſecondo gyron dal terzo et doue
ſi uede di giuſtitia horribil arte.

i N queſto quartodecimo canto tracta elpoeta de ſupplicii di quegli equali hanno uſato uiolentia contro a dio . Dimoſtra che ſtrecto dalla carita del natio loco: cioe della patria : perche lui era fiorentino raguno le fronde ſparte dalle nere cagne chome lo ſpirito lhauea preghato : et rendelle allui : elquale pe molti lamenti era gia fiocho : Et per tranſito dimoſtra quanto debba eſſere ſtrecto el uincolo di quegli che ſono figliuoli duna medeſima patria : Et e/optima fictione di Danthe. Imperoche ſe parla di meſſer Rucchо de mozi : perche lui haueua uſata uiolentia nella perſona debitamente lo fece primo : et perche anchora nella roba benemerito lo fece laniare dalle cagne. Et dipoi uennono a confini che diuidono queſto ſecondo girone dal terzo : doue ſono puniti quegli che ſono ſtati impii inuerſo di dio .

Al ben manifeſtare le choſe nuoue
dico che arriuammo a una landa :
che dal ſuo lecto ogni pianta rimuoue.
La doloroſa ſelua le ghyrlanda
intorno chomel foſſo triſto adeſſa :
quiui fermamo epaſſi aranda aranda
Lo ſpazo era una rena arrida et ſpeſſa
non daltra foggia facta che cholei :
che fu da pie di Caton gia ſoppreſſa.

u Olendo manifeſtare el terzo gyrone dico che arriuammo a una landa : cioe a una pianura harenoſa : che coſi ſignifica landa et lama : Che rimuoue da ſe ogni pianta : perche non ui naſce ne herba ne albero. LA DOLOROSA Selua che ghyrlanda : cioe circunda et attornia. COME EL TRISTO FOSSO : cioe elfiume di phlegetõte atornia epſa ſelua delquale diremo diſobto. LOSPAZO ERA VNA RENA : dice che lo ſpazo di queſta pianura era di tal rena / quale e/ quella de diſerti della Lybia harenoſa : perlaquale .M. Catone dopo la ropta di Theſſaglia : et dopo la morte di Pompeio in egypto conduxe le reliquie de glexerciti pompeiani per congiugnerſi in Africa con Iubare de numidi : elquale ſequitaua le parte pompeiane. Meritamente pone queſto luogo arenoſo : et ſanza alchuna pianta. Imperoche chome la rhena neſſuno fructo produce et ſempre e/ ſterile Choſi el peccato che e/ contro a dio et contra natura oltra a quello che uccide lanima e / anchora ſanza alchuno fructo o utilita alcorpo. Pioueui lafiãma da cielo perche neſſuno : et dineſſuna ſpetie peccato fa piu ſcender dal cielo la infiammata ira di dio. Preterea e/ offeſo idio choſa altiſſima . Adunque el piu alto elemento e/ la pena. Preterea non puo eſſere maggiore accenſione di ſuperbiſſima pena che uſarla contro a dio. Ne piu ardẽte libidine che uſarla contra natura : Ne piu acceſa cupidita dauaritia che uſarla contro allarte. E/ anchora conueniente che gli puniſca col fuocho : perche tal pena ueggiamo che apparecchio idio a Sogdoma et Gomorra. E/ queſta harena circundata dalla ſelua riceptacolo delle fiere : perche tal uitio non ha alchuna ſpetie dhumanita in ſe : ma e/ tutto beſtiale. Et chome la ſelua e / obſcura Choſi la mente di choſtoro e/ altutto priuata dellume della ragione. In queſto luogho fermorono epaſſi aranda cioe raſente. Ilche ſignifica che per niente meſſono el pie nellardente harena : Ma ui ſacchoſtorono quanto ſi potea Adinotare che per ſpeculare queſto uitio dobbiamo dapreſſo examinarlo : Ma in neſſun modo ui dobbiamo mettere epiedi cioe la cogitatione. Imperoche e/ choſa horrenda et ſommamente abominabile non ſolamente commettere tal peccato : Ma penſarui

O uendecta di dio quanto tu dei
eſſer temuta da ciaſchun che legge
cio che fu manifeſto a glocchi miei.
Danime nude uidi molte gregge :
che piangean tutte aſſai miſeramente :
et parea poſto loro diuerſa legge :
Supin giacea in terra alchuna gente :
alchuna ſi ſedea tutta raccolta :
et altra andaua continuamente :
Quella che giua intorno era piu molta

o VENDECTA DI DIO . Giuſtitia diciamo eſſer uirtu : laquale con conſtante : et perpetua uolonta tribuiſce a ciaſchuno laſua ragione quanto ſe gli conuiene : Et queſta ſi diuide in Religione. Innocentia. Pace. Concordia. Pieta . Integrita : et uendicatione : Et uendicatione ouero uendecta quando e/ ſpetie di giuſtitia e/ diffinita eſſere giuſtitia : laquale con modo et chon ragione puniſce cholui che ha facto ingiuria : o difende quello che e/ ingiuriato . Adunque non dixe uendecta per un certo ſatiamento dira come fanno molti · equali ſi uendicano delle ingiurie non per obſeruare giuſtitia : Ma p ſatiare lira et lodio

et quella men che giacea al tormento:
ma piu al duolo hauea la lingua ſciolta.
Soura tutto el ſabbion dun cader lento
piouean di fuoco dilatate falde
chome di neue in alpe ſenza uento.

ſuo: Ma dixe o uendecta cioe o giuſtitia laquale uendichi con ragione le ingiurie; et puniſci chi lha facte. Ilche ſappartiene maxime a dio. Adunque queſta uendecta debba eſſere temuta da ciaſchuno che legge le pene; con lequali dio uendica lengiurie. Dipoi dimoſtra che lanime poſte ī queſto gyrone erono chon diuerſe leggi et conditioni. Imperoche quegli che haueuono uſato uiolentia inuerſo di dio: et meritauono maggior ſupplicio giaceano ſupini; Et quegli che lhaueano uſato contro alla natura et larte chome ſono gluſurai ſedeano raccolti per toccar meno che ſi potea dellharena Et niencedimeno haueuono piu pena che quegli che andauono. Et quegli che haueano uſato contro alla natura andauono. Queſti ſono ſobdomiti. Non īmerito pone queſti uiolenti eſſere puniti dal fuoco per le ragioni gia ſopradecte.

Quando Alexandro in quelle parti calde
dindia uide ſopra lo ſuo ſtuolo
fiamme cadere inſino a terra ſalde:
Perche prouide a ſcalpitar lo ſuolo
con le ſue ſchiere percio chel uapore
me ſi ſtingueua mentre chera ſolo:
Tale ſcendeua letbernale ardore:
onde la rhena ſaccendea chomeſca
ſobtol fucile adoppiar lo dolore:
Sanza riposo mai era la treſca
delle miſere mani hor quindi hor quinci/
iſcotendo da ſe larſura freſca.

I Ndia comincia damonti medi Regione ſaluberrima; et due'uolte lanno ha la ſtate: et due ricolte fa di biade. Scriue Megaſthene et Dioniſio che haueua gia cinque miglaia di citta; et nouemila populi. E/ tanto fertile che mai ſi parti popolo alchuno dindia perhabitare altroue. Fu giudicata eſſer la terza parte del mondo. Baccho fu el primo che triompho dellindia. Dipoi Alexandro magno. Emaggiori fiumi di quella ſono Gange altrimenti Geon: et Indo Altrimenti phiſon: Et da queſto e/ nominata India. Dice adunque el poeta che tali falde di fiamme cadeuono ſopra queſti peccatori: Quali uide Alexandro cadere in India ſopra elſuo exercito. Queſta choſa miracoloſa non ſcriue ne. Q. curtio Elquale diligentemente narra la ſua hiſtoria; Ne Iuſtino: elquale compendioſamente la pone. Ne Plutarco nella uita ſua. Ma dicono che queſto ſcriue Alexandro ad Ariſtotele. Et Alberto magno nella ſua meteora dice: che quella regione e/ ſobto el cancro: doue el caldo del ſole riarde el uapore aqueo: et tira in alto el uapore groſſo terreſtre: elquale e'/ cacciato dalla frigidita della terra: et accendelo; et cade informa di neue inſino aterra. Et el rimedio che uſo Alexandro fu optimo. Imperoche fe molto calpeſtare el terreno per ſpegnere el uapore gia acceſo/ innanzi che ſaccoſtaſſi luno con laltro. SOPRA EL SVO STVOLO: ſuo exercito. PERCHE Prouide a ſcalpitare/ a calpeſtare LO SVOLO/ la terra; laquale in latino e/ decta ſolus. MENTRE ERA SOLO. Non accoſtato a choſa chel poteſſi accendere. SANZA RIPOSO Mai era la treſcha. Treſcha ſignifica ballo elquale habbi in ſe ueloce mouimento. Onde qui dice la treſcha delle mani: eluelo ce mouimento delle mani a ſchermirſi dalle fiamme.

Io cominciai maeſtro tu che uinci
tutte lecoſe fuor che demon duri
challentrar della porta incontro uſcinci.
Chie quel grande che non par che curi?
loncendio et giace diſpectoſo et torto:
ſi che lapioggia non par chel maturi:
Et quel medeſmo che ſifu accorto
chio domandauo elmio duca dilui/
grido qual fu io uiuo: tal ſon morto.
Se Ioue ſtanchi elſuo fabbro da cui
crucciato preſe la folgora acuta:
onde lultimo di percoſſo fui:
Et ſegli ſtanchi glaltri amuta amuta
in mongibello alla fucina negra
chiamando buon Vulcano aiuta aiuta:

c Omincia atractare delle pene de uiolenti cōtro a dio: Et finge che el primo che uedeſſi di queſti tali fu Campaneo: delquale diremo pocho diſobto. CHE VINCI TVTTE LE CHOSE Fuor che demon duri. Di ſopra quando tractāmo dellentrata nella citta di dite exponēmo allegoricamente perche Virgilio hauea uicto ognaltra choſa: laquale haueano trouato nellinferno: excepto che edemonii: equali poſti alla guardia della porta di dite non pote nuocere. Adunque non repettro quello che gia e/ decto unauolta. CHI E/QVEL Grande che non pare che curi loncendio. Dimoſtra optimamente lanatura dellimpio: perche nulla ſuperbia puo eſſere pari a quella di colui che niegha la eſſentia diuina Et ſtima chel mondo ſi gouerni piu toſto a caſo che per prouidentia di quella; et per aduerſita; et calamita che gli uengha non ſi muta di propoſito: Et non crede che tale infelicita ſia mandata

Si chomel fece alla pugna dalphegra
et me saetti con tutta sua forza
non ne potrebbe hauer uendecta allegra.

da diuina iustitia per merite pene della sua impi a scellerateza: Ma ita obstinato: et monta in superbia: et in ira: et ne facti: et nelle parole. ET NON PARE CHE CVRI LONCENDIO. Perche per superbia uuol dimostrare di non si lasciar uincere. ET GIACE: Non humile et con pentimento dellerror commesso Ma DISPECTOSO ET TORTO. Ilche significa lobstinatione dellanimo et la peruersita sua: et mente non diricta: et opinione deprauata. SI CHE LA PIOGGIA Non par chel maturi. Diciamo acerbo lanimo di cholui elquale anchora sta peruicace et repugnante contro a quello alquale debba essere obbediente. Et perlopposito diciamo colui esser maturo: elquale finalmente dopo molti flagelli si riconosce: et arrendesi: et abumiliasi: Et e/ similitudine tracta da pomi: equali mentre che sono acerbi sono contumaci et aduersarii al gusto: et maturi sono el contrario. ET QVEL MEDESMO. Domanda Danthe cioe laragione inferiore Virgilio: che e/ la superiore/ chi e/ quel grande: cioe quale e/ la natura di questa impieta. Ma innanzi che Virgilio gli risponda Capaneo: cioe tal uitio si manifesta per se medesimo. Et ueramente nessun uitio e/ maggior di questo. Ma anchora nessuno e/ che per se medesimo piu si manifesti che questo. Ne bisogna Virgilio: cioe alchuna recondita doctrina o acume dintellecto a conoscerlo. GRIDO QVAL FVI VIVO TAL SON MORTO. Grido ilche e/ segno di superbo: Et grido a dinotare che loro medesimi si dimostrano: et publicamente si uantano di tal bestialita. Ilche procede da somma stultitia. Onde el propheta Dixit insipiens in corde suo non est deus. QVAL FVI VIVO Tal son morto: cioe che anchora alpresente chosi dannato non mi pento. Ilche non gli puo esser maggior pena. Imperoche e/ insopportabile supplicio a chi nega et spreza la potentia dalchuno. Niedimeno uedersi del continuo acerbissimamente da quella afflicto. OVERAMENTE qual fui uiuo: cioe la medesima superbia et impieta: laquale haueuo uiuo: cioe posto in somma felicita/ tale ho morto cioe afflicto da somma miseria. SE GIOVE STANCHI. Per le parole che lauctore fa dire a Capaneo dimostra et perfectamente exprime la natura di questa luciferesca superbia. Imperoche tali huomini etiam posti in extrema miseria: laquale gli douerrebbe domare piu ognhora insuperbiscono: come chostui elquale fulminato nel fondo dellonferno da Gioue e/ tanto obstinato che dice che quando gioue hauessi stracchо tutti efabri in far saette: et quelle tutte hauessi speso in lui non sabumilierebbe. SE IOVE STANCHI el suo fabbro. intendi uulcano: elquale epoeti fingono che fabbrichi le saette a gioue Pongono glantichi Ioue Minerua Vulcano et Vesta per exprimere uarie nature delfuocho. Imperoche consideriamo el fuoco nel suo elemento superiore elquale e/ innocuo: et per questo chiamano gioue: perche gioua: perche e/ elemento actiuo et generatiuo: et la sua piu alta et piu sobtil parte chiamano Minerua: laquale e/ pura in se et semplice et sanza alchuna mixtura. Et per questo dicono che gioue genero Minerua del capo suo sanza congiugnersi con femina: cioe sanza cōmixtione di materia. Consideriamo preterea elfuoco in questa media regione quādo accende euapori eleuati dalla terra: della quale accēsione si generano le fulgore et saette: et questo chiamano Vulcano. Ilperche epoeti fingono che lui si a fabbro di gioue: et facciagli le saette quando uuole percuotere alchuna chosa. Fingono che figliuolo di Gioue et di Giunone: Di gioue: perche procede dallo elemento superiore chiamato gioue. Di Giunone: perche si concepe nellaria che e/ giunone. Condiosia che in quella saccendono eterrestri uapori. Piglono anchora Vulcano per questo fuoco che usono glhuomini: elquale tanto arde quanto basta lamateria di che si pasce. Vedi adunque che intendono per Minerua. che per Gioue. che per Vulcano. Resta Vesta laquale uoglono essere el fuoco incluso nella terra: chome ueggiamo quando si trahe delle pietre et dellegno et daltre cose terrestri. Attribuiscono a Vulcano tre fabbri. Bronte. Sterope: et Pyragmon Edue primi nomi dinotano glaccidenti della saecta: perche bronte significa tuono: elquale nasce della fractione et uiolento rompimento della nuuola: nella quale e/ acceso el uapore. Sterope significa baleno che non e altro che ellampeggiare del fuoco che apparisce della ropta nuuola. El terzo che e/ Piragmō exprime gli strumenti fabrili. Imperoche pyr e/ el fuoco: et agmon lancudine. Questi nomi pone uirgilio. Brontesque Steropesque et nudus membra Pyragmon. Ma Hesiodo nella sua theogonia non pone Pyragmon. Ma in quel cambio pone Harpes Adinotare la uiolentia della saecta: laquale dogni chosa fa rapina: Et e/ decto da Harpasin che significa rapire. Dicono questi esser figluoli del cielo et della terra: perche la saecta nasce chome habbiamo decto del fuoco chosa celste: et de uapori eleuati cosa terrestre. Sono decti Cyclopes in greca lingua: perche secondo epoeti haueuono un solo ochio nella frōte. Alchuni anchora uoglono che seruino a Vulcano quegli equali egreci chiamano Telchini. Questi dicono le fauole essere figluoli del mare: Et furono eprimi habitatori dellysola di Rhodi. Furono inuētori di molte arti. Sculpirono le statue a gli dii. Preterea poteuono indurre uenti pioue gragnuole et neui dovunque uoleuono: et mutare le forme alle chose chome fanno emagi. Et questo sia ad sufficiētia de fabbri di gioue. Hora perche fa mentione della celeste saecta laquale elatini chiamano Fulmen: et fulgure. Non sara credo ingiocondo allectore trascorrere: Ma con breuita la natura di quella. La materia adunque di che si fa e/ uapor secchо molto et caldo: elquale facilmente saccende et infiamma: Et elluogo nel quale questo uapore sta chome in suo uaso e/ uapore cioe nuuolo aquoso et concauo. Que

ni due uapori sono insieme tirati in alto dal potente calore del sole : Ma el primo p la sua siccita si rac
cogle insieme et ristrignesi. Questo secondo per la sua humidita si sparge intorno alprimo; et da ogni
parte lo ueste et ricuopre. Onde lui essendo secco fugge questo che e/ humido chome suo contrario :
et da ogni parte si ritrae inuerso el centro. Ma anchora questo che lo cigne si contrae et raccoglesi iuer
so lui p lafrigidita delluogho: et molto lo ribatte. Et quello chosi ribattuto frega inse luna parte allaltra
et maxime dalla parte exteriore: et per tal moto saccende. Onde el fuoco cacciato dal suo contrario su
nisce et accresce le forze et rompe la nuuola aquosa : et in tal ropturasi dimostra elbaleno et el tuono :
et queli due sono aun tempo. Ma prima si uede el baleno: perche el senso del uiso e/ piu ueloce che del
laudito. Ilperche se dilontano si tagla unalbero ueggiamo prima percuotere laccetta: et dipoi sentiamo
el colpo. Ne mi distendo adimostrare chome di tale roptura si generano tre spetie dituoni : et perche
alchuna uolta si sente el suono sanza el baleno Cognitione certamente degna. Ma non si puo intanta et
si uaria copia di chose insistere troppo prolipso ne particulari. Ne giudico pero da pretermettere Ne
la diuersita della nuuola che contiene in se el tuono. Ne la diuersita de colori del fuoco che ue dentro :
Ne della diuersita del cadere della saecta. E/ la nuuola alchunauolta nera pel proprio freddo : elquale
la condensa informa che el razo non la penetra : et non la penetrando non la puo imbianchare : Et que
sta perche condensa in se fortemente el uapore et accendelo da maggior tuono. Alchunauolta si uede
ilnero rosseggiare : Ilche dimostra che nella spessa nuuola e/ uapore gia acceso. Et questo da piu forte
cholpo che lanera Ma pessima e/quella che mescola uerde et nero con alquanto rossore: perche dimostra
perla nigredine hauere molto uapore: et pel uerde hauere molta acqua: et pel rosso molto fuocho. Da
questa perche fortemente ui combatte el caldo col freddo: et el secho collhumido caggion saecte digrã
pietre: et getta aterra ogni grande edificio: et arde glanimali. Lanuuola biãcha e/pocho da temere per
che contiene inse poco delluna et dellaltra materia. Onde la fiamma sua si spegne prima che accenda la
chosa toccha: se gia non e/materia molto incensibile chome sono legne secche. Preterea dobbiamo condi
ligentia obseruare ecolori delbaleno: equali sono quasi tre. Rosso chiaro. Biancho alquãto acceso. Et ros
so chome e/el colore del uino. El primo si genera da uapore non molto secho: et lhumido glida el colo
re rosso chome e/la fiamma nelle uerdi legne. In questo perche lhumido ristrigne insieme lamateria nõ
si spargendo quella piu facilmente saccende. La fiamma biancha e/di uapor secho: chome la fiamma nel
le legne secche: Et per questo nonsi sparge et non accende se non chose molto ĩcendibili : El rosso per
che e/ di uapore molto denso et terrestre accende. Ma lasaecta cade in quattro modi: Elprimo quando
el uapore infiammato rosso cade da nuuola uerde et profonda: et questo genera pietra: perche la uapo
rabile conmixtione del terrestre uapore saccende : et toccando la uerde nuuola laquale gia si conuerte ĩ
acqua si rassoda chome la farina che con lacqua diuiene pasta: perche lamolta incensione non la lascia spe
gnere dallhumore della nuuola: Ma rassodasi per la uehementia del caldo: et diuiene chome uno matton
cocto: Et perche el caldo fugge lhumido laparte inferiore di tale pietra e/ appuntata: perche quiui comĩ
cia astillare el uapore. El secondo modo e/quando eluapore e/ meno condensato nella nuuola meno ac
quosa: et allhora non e/continuato insieme ma nientedimeno acceso esce con empito: et rompe perlo ĩ
pulso: et dinuouo saccende per la inflamatione ma non rompe se nõ ellegno. Elterzo modo e/di uapo
re rosso chiaro et non fa pietra. Ma non sepera la fiama dal uapore. Questo non speza se nõ ecorpi pic
coli et molto densi: perche se fussin di gran quantita resisterebbono: Questo uccide glhuomini et sente
si in loro lodore dello arsiccio: et nonsi uede ferita per la sua subtilita penetra senza rompere. Et se tru
oua oro o argento in borsa lo fonde et non rompe laborsa: pero el chuoio essendo poroso gli da luogho
Alchuna uolta el medesimo uapore quando e/piu raro et esce di piu aquosa nuuola penetra non diuidẽ
do ne manifestamente accendendo: Et nuoce molto allutie et maxime a quelle che sono molto coperte
da pampani: Et tale uaporatione non solamente nuoce cadendo adirictura. Ma el suo razo offende chi
toccha. Ilperche interuiene che quegli che lo guatono spesso enfiono lafaccia o acciechano. Elquarto mo
do e quando el uapore biancho esce di fiamma seccha non constrecta: et per questo non si sparge per a
ria: Ma esce con grande empito: perche la nuuola e/ molto profonda nella quale e/molto aquosa. Que
sta spezza et spezzando si spegne: et lascia bianche le cose che toccha: Et non apparisce segno di combu
stione: Et quando hauessi grande empito uccide : Et alchunauolta per la sua disgregatione : et perche el
uapore non e/ continuato perchuote uno et non tocca unaltro che gli sta appresso. Ma ppi unaltro che
glie piu lontano : Et alchunauolta si reflecte da uno et non loffende : et ua a unaltro et offendelo. Al
chunauolta e/ si debole che arde la uesta : et in quella perde la forza : et non offende lhuomo. Elquin
to modo e/ quando elmedesimo uapore esce della nuuola si debilitata che niente nuoce : perche subito
che tocca laria si spegne : et in un tempo cessa loncendio et lauiolentia. Habbiamo de fabbri et della sa
ecta. Sequita. ET SEGLI STANCHI glialtri amuta amuta : Cio scambiandogli abrigata abrigata.
Imperoche quando sono piu a un medesimo exercitio: et non sadoperano tutti aun tracto: ma scãbion
si si dice fare la muta. IN MONGIBELLO. E/ un monte in Sicilia da glantichi chiamato Ethna : Da
emoderni mongibello: elquele perche e/ cauernoso et tiene di zolfo spesso arde o getta fumo : Et per
questo fingono epoeti che quiui sia la fucina nellaquale Vulcano fabbrichi lesaecte a gioee. Et aggiugne
he se gioue irato sollecitassi Vulcano a fabbricare le saecte chon quella fretta che lo sollecitaua quando

combattea cho giganti nella battaglia dalphegra doue hauea bisogno di molte saecte per uccidergli tutti Nientedimeno non ne uederebbe uendecta allegra; perche non potrebbe fare chio marrendessi o cedessi E giganti secondo epoeti furono figluoli della terra: Ma di tanta superbia perche erono di smisurata statura: che hebbono ardire di uoler cacciar gioue dicielo Adunque tolsono tre monti di thessaglia. pelio. oxa; et olympo: et posono lun sopra laltro per salire in cielo. Ma gioue gliucise con le saecte: Et prudentemente fa mentione de giganti nelluogho doue e / punita la superbissima impieta; Conciosia che pe giganti niente altro intendono: che quegli huomini equali insuperbiti per gran potentia che hanno nelle chose terrene non si ricordando dellhumana fragilita: et chome un nuouo lucifero insurgono contro a dio: et uoglion potere sopra la natura humana: et niente stimare dio. Onde Cicerone nel suo Catone maggiore dixe. Nihil aliud est more gigantum aduersus deos bellum gerere quam nature repugnare: Et Macrobio Quid aliud credimus gigantes fuisse nisi quandam impiam gentem deos negantem Sono adunque nati della terra; perche niente altro pensano che chose terrene. Et in si uilissimi pensieri uogliono potere piu che dio. Ilperche pongono monti sopra monti: cioe accumulano pensieri et imprese inique et superbe. Ma la celeste saecta che e/ la diuina ira gli getta per terra. Ma tornando alla fauola Fu questa battaglia in Thessaglia; Et secondo alquanti poeti in quel tracto di campagna doue e / pozuolo et Cuma elquale si chiama phlegra secondo strabone. Nientedimeno Plinio nella sua Geographia pone phlegra non lungi da monti posti disopra. Ilche pare piu uerisimile.

Allhora elduca mio parlo di forza:
tanto chi non lhauea si forte udito /
o Capaneo in cio che non sammorza
La tua superbia se tu piu punito
nullaltra pena fuor che la tua rabbia
sarebbe al tuo furor dolor compito.
Poi si riuolse ame con miglior labbia:
dicendo quel fu uno de septe regi
chassiser thebe et hebbe et par che gliabbia
Dio in disdegno et pocho par chel pregi:
ma chome io dixi allui li suoi dispecti
sono al suo pecto assai debiti fregi.

u Dito Virgilio elsuperbo parlar di Capaneo PARLO DI FORZA: cioe con acrimonia et con uehementia: et con gran grida lo riprese: Informa che Danthe afferma che anchora non lhauea udito parlar tanto acerbamente. Ilche significa che lontellecto non si conturba piu di nessuno altro uitio che di questa impieta. IN CIO Che non sammorza la tua superbia se tu piu punito. E/ uerissima sententia che nessuna pena e / maggiore nel superbo che la rabbia et lira che ha dessere tanto et depresso: laquale tanto piu cresce quãto piu e/conculcato: ET NULLALTRA PENA: cioe furore et pena che usassi inuerso di te alchuno. NON SAREBBE dolore compito: cioe pena sufficiente et abastanza. POI SI RIVOLSE A me con miglior labbia: con miglior labri: cioe con miglior parole: lequali si formano in bocca dalla lingua da denti dalle labbra: Et questo e el modo del sauio: perche el uitio riprende con graue acrimonia. Ma in admonire et admaestrare lhuomo cupido di conoscere usa parole humane et amoreuoli. DICENDO QVEL FV Vno de septe regi Chassiser: cioe che assediorono Thebe. Laio re di thebani hebbe un figluolo chiamato Edippo: Elquale secondo gloracoli hauea a uccidere el padre; Ilperche lo decte a serui che uccidessino lui. Quegli p pieta gli donorono lauita: et infilzatolo pe piedi con un uinco lo lasciorono nella selua: et trouato da pastori fu dato a Polybio re di corintho: et da quello fu nutrito per suo. Dipoi uenuto ad eta perfecta intese dalloracolo dapolline che in phocide di boetia trouerrebbe il uero padre. Ando adunque in phocide: et uccise el padre non lo conoscendo. Era in quel tempo a Thebe un monstro chiamato Spynge: elquale preponeua enygmati cioe decti obscuri con questa condictione: che chi non gli sapessi soluere fussi ucciso: Et chi gli soluessi hauessi per moglie Iocasta regina di thebe allhora uedoua per la morte di Laio. Edippo solue lo enygma. elquale fu questo. Quale sia quello animale: elquale primo ua chon quattro pie. dipoi con due; et finalmente con tre. Et Edippo dixe questo esser lhuomo: elquale da piccolo ua carponi. Dipoi ua in due piedi: Et finalmente nella uecchiaia ua con tre piedi: perche sappoggia chol bastone. Ilperche hauendo saputo soluere lo enygma merito che gli fussi data per mogle la regina che era Iocasta: et lui la tolse non sapendo che fussi sua madre: Et di lei hebbe due figluoli Etheocle et Pollinice: Et finalmente riconoscendo el padre: et la madre; et lascellerateza che haueua commessa sacceco et uixe in tenebre: et dopo la morte sua uenne discordia tra figluoli: perche ognuno uoleua regnare: Et finalmente si composono di regnare aulcenda ciaschuno el suo anno; et toccando el primo Etheocle / Pollinyce lasciando la patria al fratello per quello anno arriuo in Argos: et da Adrasto re dargos gli fu data la figluola per mogle: Et finito lanno; et non uolendo etheocle obseruare epacti Adrasto insieme con sei altri re andorono a campo a Tebe. Furono ere Adrasto. Pollynice. Tydeo. Hippomedonte. Amphierao. Parthenopeo; et Capaneo. Chostui era sprezatore dogni religione; et affermaua che nõ era idio: et che la paura era quella che hauea indocto glhuomini a credere che fussi idio. Molto si confidaua nelle forze sue: perche era molto grande et robusto: et nella battagla data a Thebe per forza montro le mura: et gridando si uantaua che uincerebbe la citta a dispecto de gli dii: et prouocaua alla battaglia

Hercole et Bacco dii thebani. Dipoi uergognandosi hauere a combattere con gli dii minori inuitaua Ioue alla battaglia. Et gioue lo percosse di saecta et uccisselo.

Hor miuien drieto et guarda che non metti
anchor li piedi nella rena arsiccia:
ma sempre al bosco tien li piedi strecti.
Tacendo diuenimmo laue spi cia
fuor della selua un picciol fiumicello
lo cui rossor anchor mi raccapriccia.
Quale del bullicame escel ruscello
che parton poi fra loro le peccatrici:
tal per la riua giu sengiua quello:
Lo fondo suo et ambo le pendici
facte eran pietre et margini dallato:
perchio maccorsi chel passo era lici.

g Ia sono presso al fine delle bollenti rene; perche sappressauono alluogho Onde della selua esce un fiumicello del quale nascano tutti e fiumi inferneli: Et per questo admonisce Dante che insino a quel fiume non metta anchora epiedi nella rena: Et dimostra che tutto quello spatio che ui restaua andorono con silentio. Ilche significa lacontemplatione della chosa. Vuole uirgilio che Danthe el sequiti. Imperoche nella cōtemplatione la sensualita et ragione īferiore debba sequitare la ragione superiore: laquale admonisce che non metta epiedi nella rena: cioe che lappetito non entri in tale concupiscentia di tal superbia: Ma tenghigli nella selua: che e/ luogho solitario: et apto alla contemplatione. Adūque nella inuestigatione de uitii la ragione inferiore debba sequitare la superiore: et non entrare con lappetito nellarsione et concupiscentia di quegli: Ma contemplare la loro natura rea et nociua. DOVE SPICCIA. cioe doue esce fuori. VN PICCIOL Fiumicello: elquale attrauersaua quel gyrone. EL CVI ROSSORE Miraccapriccia: cioe mi da horrore: perche capriccio significa proprio capo arriccia: Questo e/ quando ecapegli sarricciono in capo. Ilche uiene per freddo: et tal freddo spesseuolte uien per paura. Dice adunque che ogni uolta che si ricorda del bollore di questo fiume gle ne uiene horrore. QVALE DEL BVLLICAME. Monstra p comperatione che era chosi bollente questa acqua: chome quella che esce del bullicame di uiterbo: laquale poi dopo alquanto spatio arriua nel prostibulo cioe nelluogo doue stanno le meretrici: et gia diuētata tiepida si diuide per le loro habitationi: et con quella si lauano. Et e/conueniente comperatione cōsiderato chome passa: perche chome lacqua che escie del bollicame corre tra lhabitationi delle meretrici chosi lacqua che escie di Phlegethonte corre per larena doue si puniscon lanime peccatrici desobdomiti TAL PER LA RENA GIV Sengiua dal terzo gyrone et pietre faceano lo fondo: et le pendici cioe le sponde; et dichiara meglio dicendo e margini cioe lextremita. FACTE Eran pietre. Non si parte intutto dalla natur adellacque: perche in alchuni luoghi lacqua genera pietre di se chome ueggiamo fare al fiuma Elsa. PERCHIO Maccorsi chel passo era lici. Imperoche facile era passare insu quelle pietre: et allegoricamente intendi che poi che habbiamo ritracto edesiderii nostri da gli incendii gia decti con solitudine et patientia uegnamo a fermeza et dureza di non trascorrere nel uitio. Ne sanza cagione aggiugne che lacqua sinduriua in pietra. Imperoche per contemplare el uitio sequitando uirgilio: cioe lontellecto: et la morale doctrina lardente cupidita nostra si raffrena: et si chome una pietra induriscie: et piu non si muoue. Serue adunque alla allegoria: Et chome di sopra habbiamo decto non si parte altutto dalla natura dellacqua. Et certamente se chon diligentia consideriamo non ha insino ad questo luogho scripto el poeta alchuna chosa piu notabile. Imperoche in tutti glialtri cerchi ha descripto solamente el uitio che in quel luogho si punisce: et con che generatione di pena si punisce. Ma qui ripetendo da principio lorigine della generatione humana dimostra quale sia stato el progresso di quella: et onde in noi nasca ogni peccato. Ma marauiglerassi forse alchuno: perche tale descriptione non facessi nel principio dellopera sua: o nello ingresso dellonferno: conciosia che et la natura delle chose: et lauera arte richiegga che innanzi che lo scriptore mandi alle lectere quello che ha proposto nel la mente debba sempre diuidere tutta la inuentione sua nelle principali sue parti: Et dipoi con certo: et distincto ordine ciaschuna discriuere. Ilperche pare a molti che uolēdo exprimere elpoeta diuersi stati dellhumana spetie et uolendo dimostrare lorigine del uitio inquella. Volendo prouare chome eluitio ci guida allonferno. Volendo distinguere el sito dellonferno: et efiumi che ui corrono. Fussi piu conueniente porre el figmento di questa statua nel principio: perche epsa benche sobto allegorico uelame contiene la diuisione di tutta lopera. Ma sanza molta difficulta occorrera alla mente nostra labsolutiōe di tale dubbio se ci sara noto: che altro conuiene: che sia el principio dellonferno descriuendo el sito che truoua chi ui scende: Et altro el principio del peccato speculando onde tragga sua origine. Ilpche el poeta discriuendo elsito dellonferno dimostro statim dal principio di quello. Dipoi uolendo porre el principio non del sito et luogho dellinferno: Ma el principio desso inferno cioe del uitio che chiude lhumana spetie nellonferno/giudico essere conueniente differire la statua alluogo doue sono puniti esuperbi contro a dio: perche di qui procede lorigine del nostro peccato: perche nessuna altra chosa traxe el primo huomo dello stato della innocentia: et contaminollo di peccato che la superbia laquale uso di trapassare eldiuino precepto.

Tra tutto laltro chio to dimostrato
posscia che noi entrammo perlaporta
lo cui sogliare anessuno e/ negato
Cosa non fu da gli tuoi occhi scorta
notabile chome elpresente rio
che sopra a se tucte fiammelle amorta
Queste parole fur del duca mio
perchiol pregai che mi largissi el pasto
di cui largito mhauea eldisio

c Apra somma attentione Virgilio in questo luogo dimostrando a Danche che dal priucipio dellinferno insino a qui non hauessi ueduto piu notabil chosa. LOCVI SOGLARE a nessuno e/ negato. Imperoche chome dice Virgilio di di et di nocte sta aperta la porta di Plutone Onde e: facile scendere allonferno; perche cadere nel uitio e/ facile a ciaschuno. CHE SOPra se tutte fiammelle amorta queste parole. Commosso Danche dalle parole di Virgilio: et diuentato molto auido et cupido disapere: perche questa era la piu notabil chosa/lo priegha gli dia elcibo del quale gla dato el disio cioe el disiderio. Ilche non signifita altro se non che gli dia la cognitione et scientia diquesta mirabil chosa della quale lha facto disideroso: Et non imerito chiama tale scientia pasto et cibo. Imperoche chome elcorpo si nutrisce di quattro elementi de quali e/ composto: chosi lanimo si nutrisce della uerita; che e/ la docrrina; et la scientia delle chose humane et diuine.

Inmezo elmar siede umpaese guasto
dixegli allhora che si chiama creta
sobto elchui rege fu gia elmondo casto.
Vna montagna ue che gia fu lieta
dacque et difrondi che si chiamaua Ida.
hora e/ diserta come cosa uieta
Rhea lascelse gia per cuna fida
del suo figliuolo: et per celare lomeglio
quando piangea ui facea far lagrida.
Drento dalmonte sta drittun gran ueglo
che tienuolte le spalle inuer dagmata:
et Roma guarda si come suo speglio
La testa sua e/ di finor formata:
et puro argento sono le braccia elpecto:
poi e/ dirame infino allanforcata
Daindi ingiuso e/ tucto ferro electo:
saluo cheldextro piede e/ terra cotta:
et sta insu quel piu chensulaltro erecto
Ciaschuna parte fuor che loro e/ ropta
duna fessura che lacrime goccia:
lequali accolte foran questa grotta
Lor corso in questa ualle si dirocccia:
fanno Acheronte Stige et phlegethonta
po senua giu per questa strecta doccia.
Infin doue la piu non si dismonta:
fanno cocito: et qual sia quello stagno
tullo uedrai pero qui nonsi conta.

i N questi ternarii soprascripti discriue lauctore con sua propria fictione lorigine defiumi infernali: Et finge che nel monte Ida di Creta e/ una statua fessa; laquale gocciola lacrime: et queste fanno riuo: che forando el monte scede allonferno. IN MEZO EL MARE: cioe nel mare Mediterraneo: et in quello che egreci chiamano mare Egeo; Et hoggi da noi e/ nominato arcipelago. SIEDE: e/ posto. VN PAES GVASTO Che si chiama creta. Dixe guasto: perche gia gran tempo ui uennono meno molte citta: perche antichamente diceuano epsa essere Ecatompolon cioe dicento citta: Ma dipoi che perde el suo pincipato si guasto quasi in tutto. CRETA fu ne primi tempi decta Idea. Dipoi prese suo nome dacreta figluola duno de cureti et mogle dhammone: et hoggi e/ decta cadia. Questa da septentrione ha el mare egeo Da mezo giorno el mare Africano: elquale arriua al mare egiptio E/ per la sua longitudine du mila trecento stadii: et octo stadii fanno un miglio: La latitudine e/ conueniente alla longitudine. Onde el circuito suo secondo Sosicrate e cinquemila stadii secondo Artoimidoro quattro mila cento. Altri la discriuono maggiore. Elpiu alto monte di questa isola e/ Ida circundata da tre citta informa dighyrlanda: et e collocata quasi in mezo lisola. El circuito suo e/ secento stadii. Fu questa isola per le leggi di Rhadamatho et di Minos optimamente instituta: Et per le loro leggi a ciuile et humano uiuere ridocta fu ornata di cento terre: et per questo Homero la chiamo hecatompoli. SOTTO EL REGE fu gial mondo casto. Sotto Saturno elquale fu re dolympo et di creta. FV GIAL MONDO CASTO: perche chosi fingono epoeti. El padre di Saturno fu celo: et la madre uesta che significa terra. Ma quegli che scriuono la sacra historia dicono lui essere stato potentissimo re: et hauere posto alcielo el nome del padre suo: et alla terra quello della madre Conciosia che prima si chiamassino per altri nomi. Intendesi questo nome Saturno alchunauolta per costui chome huomo elquale secondo le historie tenne el suo reame ingrande tranquillita sanza homicidii. Sanza furti. Sanza adulterii o altre scelleratezze. Et per questo finxono epoeti che ne tempi suoi fussi leta delloro: perche chome loro e puro ne mai saruggine: Chosi quella eta fu pura da ogni uitio. Alchunauolta pigliamo Saturno pel primo de septe pianeti: della cui natura tracteremo distesamente nel paradiso. Alchunavolta Saturno significa el tempo. Onde in greco e/ decto Cronos: elqual nome rimosso laspiratione diriua da Chronos che significa tempo. Ilperche hanno finicto le tauole: che lui diuoro tutti esuoi figliuoli excepto che Ioue. Iunone. Neptunno: et plutone; perche el tempo consuma tutte le chose che nascano. Et omnia orta accidunt; et aucta senescunt excepto che quattro elementi; equali benche faccino assidua mutatione duno in unaltro: perche sempre le parti piu sobtili del piu grosso elemento si mutano nel propinquo. Adunque la terra in acqua et lacqua in aria; et quella in fuoco si conuerte: et chosi per loppposito le piu grosse de piu sobtili scendono ne piu grossi informa chel fuoco diuenta aria; et laria acqua: et lacqua terra. Niētedimeno niente perisce de quattro elementi: Ma mutasi luno nellaltro: et ogni chosa che di quegli si genera et compone quando perisce ritorna al suo principio: Ne mai si consuma un corpo dopo la morte informa che diuenghi niente: Ma chome fu composto di quattro elementi; chosi risoluendosi ritorna in quegli. Adunque ogni cosa diuora eltempo excepto che Ioue che e/ el fuoco; et Iunone che e laria; et Neptunno lacqua; at Plutone che e/ la terra: Et questo basti di Saturno: Ma arrogi anchora p piu manifesta cognitione di questa statua che egreci poeti hanno diuiso esecoli secondo la natura di diuersi metalli: Et elprimo dicono essere stato doro al tempo di Saturno: et per loro intendono lauirtu et la innocentia. El secondo dariento nel quale cominciorono glhuomini chosi a degenerare dalla uirtu chome largento dalloro. Sequita el terzo di rame; et el quarto di ferro. VNA MONTAGNA ue che gia fu lieta. Ida e/monte in creta: dal chui nome in troia e/ unaltro monte: elquale da Teucro che di creta ando ad habitare in troia fu chiamato Ida: Ma questo di creta fu dinominato chosi da ida nympha. Questo monte gia fu culto: et mantenutoui le selue et le fonti/ Hora e/ spogliato dogni chosa. CHOME CHOSA VIETA: cioe uecchia. RHEA LA Scielse gia per cuna fida. Rhea mogle di saturno hauendo partorito ioue non lo porse a saturno elqual lo uoleua diuorar come hauea diuorato glaltri figliuoli: Ma in quel cambio gli porse un saxo; et gioue nascose nel monte ida: et perche in quello lo nutri el poeta lo chiama cuna di gioue. Cuna significa culla: et e/ uocabolo trito in latina lingua. Ma diriuato dal greco perche cimi significa giacere: et questa e/ facta perche epiccoli fanciulli ui giacino Adunque chiama ida cuna di gioue; perche in quella giacque et si nutri. ET PER CELARLO ME Glio quando piangea ui facea far grida: Cioe strepito et romore acciochе non fussi sentito el pianto. Volle el poeta discriuere diuersi stati dellhumana spetie; et dimostrare che tutti quegli excepto el primo furono uitiosi: et che da quegli uitii procede ogni nostra miseria et dannatione. Ilche e/ el nostro inferno: Et tale documento chome poeta nasconde sobto uelato et allegorico senso fingendo in ida mōte di creta essere una statua composta di uarii metalli; et da quella nascere fiumi infernali. Et certo fu marauiglioso ingegno in Danthe; perche a un tempo imitando la statua che inuisione apparue a Nabuchodonosor re; et lafictione che feciono egreci poeti discriuendo uarie eta sobto figura di uarii metalli induce un terzo senso elquale quadra al suo proposito. Pone adunque una statua grande dhuomo uecchio nel monte ida; Et questa statua uolge le reni a Damiata; laquale e/ nobile citta in egypto posta in sul Nilo et il uolto uolge a Roma. Per questa intende el tempo elquale comincio insieme col mōdo et chol mondo finira. Eltempo niente altro e chel moto che e misura del moto de cieli et delle stelle. A dunque innanzi alla creatione del mondo non era tempo: Ma solo ethernita: nella quale poi uenne el tempo. Finge questa statua uecchia et grande: perche nelle chose che hanno hauuto principio et harāno fine niente quasi e/ piu uecchio chel tempo; et e/ gran chosa el tempo tra le chose mortali. Ma nō semplicemente pone tale statua pel tempo; perche insieme con quello intende exprimere la generatione humana; laquale e/ posta in questo fluxo: et corso del tempo: Et ediuersi stati di quella. Perla qualchosa sara questo uecchio el tempo. Sara lhumana spetie. Sara pe metalli di che e/ composto ediuersi stati di quella: Et pone tale statua in creta per due rispecti. El primo fu perche creta e/ la sedia di Saturno: elquale appresso de gliantichi poeti chome dicemmo nella sua fauola significa el tempo. El secondo rispecto e/ che intendendo in quella la generatione humana laquale habita questo globo della terra diuiso in tre parte Asia Affrica et Europa e/ conueniente chosa hauerla conlocata nel mezo; et in quel luogo che confini con tutte et tre queste parti. Et questo si dimostra essere creta. Preterea hauendo a discriuere diuersi stati della generatione humana /benche el principio suo fussi nel primo huomo conlocato nel paradiso delle delitie: et el suo primo stato che fu della innocentia non fussi altroue che in quello. Nientedimeno uolle Danthe ascondere questa christiana uerita sobto poetico uelame: et dixe essere stato la statua in creta; perche secondo epoeti in quella furono gliaurei secoli di Saturno; et la grande obseruantia delle leggi. Ilche exprime la innocentia: Ne sanza cagione la pone in monte: pche el monte significa cumulo di terra adinotare che non la pone pe particulari huomini: Ma pel cumulo loro cioe per tutta la massa: et la spetie humana. Ad che corrisponde anchora el nome di questo monte chiamato ida: perche idos in greco significa spetie: et non indiuiduo particulare. Et che uolga le spalle a Damiata et eluolto a Roma ha doppio senso allegorico. Imperoche possiamo intendere che dinoti ī questo el corso deglimperii: elquale hebbe principio nelle parti orietnali non faccendo tal principio dagli assyrii ma da glegyptii; equeli hebbono osiris et baccho et hercole molto piu antichi che Nino re degli

Della Statua di Creta e la sua mirabile Interpretatione.

Allegoria della Statua di Nabuchodonosor

aſſyrii: et pero poſe Damiata citta antichiſſima degypto: Et da queſto principio traſcorrendo per aſyrii perſi. medi: et molte altre nationi Finalmente ſi poſo ne romani: Et pero uolta le ſpalle allegypto: come a imperio gia paſſato; et eluolto a Roma: chome a imperio preſente. Imperoche le choſe paſſate ci ſon drieto; et quelle che ueggiamo ci ſon preſenti. El ſecondo ſenſo e/ che per queſto dinota: che tutte le choſe create uanno alla morte et ſubito che ſono prodocte uolgono le ſpalle ad oriente: cioe al ſuo naſcimento: et el uiſo a ponente cioe al ſuo occaſo et alla ſua morte. E/queſta ſtatua di quattro metalli et un pie di terra. Ilche Non e/ diſſimile dalla ſtatua di Nabuchodonoſor. Vide in ſogno Nabuchodonoſor re di babillonia una ſtatua molto grande: laquale lo guataua con terribile aſpecto. El capo ſuo era di fine oro; el pecto et le braccia dargento. El reſto inſino alle gambe di rame. Le gambe eron di ferro. Et epiedi inparte erono ferro; in parte terra cocta: et ſtaua laſtatua nel conſpecto del re inſino che una pietra taglata dun monte ſanza mani percoſſe epiedi ſuoi et tritogli et inſieme furono ſpezati; et triti La terra cocta et elferro et el rame et largento et elloro: et tutto fu portato uia dal ueto: et non trouorono alchun luogho: Et la pietra che percoſſe laſtatua diuento monte grande. Queſta ſtatua ſignificaua la mutatione de reami: Et el capo doro dimoſtraua lomperio di Nabuchodonoſor re: elquale occupaua quaſi tutte le parti orientali; et era ricchiſſimo. Due braccia in un pecto dinotano lomperio de perſi: et de medi: perche in un tempo regnaua Cyro ne perſi et Dario ne medi: ne tempi de quali furono in prezzo le dottrine ſignificate perlargento: elquale e/ſplendido et ſonoro: El rame dinota el regno de macedoni: et de greci: perche in quegli tempi fiori la eloquentia ſignificata pel rame metallo molto riſonante. Elferro dimoſtraua lomperio de Romani: equali per uirtu militare occuporono tutti glialtri imperii. Laterra meſcolata colferro ne piedi della ſtatua notaua la diſcordia ciuile nella romana Rep. perche chome laterra cocta non ſappicca mai bene col ferro coſi nella diſcordia ciuile non e/mai uera congiunctione tra cittadini. La pietra taglata del monte ſanza mani e/ chriſto nato di Maria: laquale per excellentia e agguagliato al monte: ſanza mani cioe ſanza humana opera: Elquale chriſto muta tutti glimperii; Ma non procedero piu auanti in queſta interpretatione: perche non e/ della preſente opera. Ilperche torno al noſtro poeta: elquale con ſommo ingegno congiugnendo la ſtatua di queſta uiſione con leta diſtincte da poeti per diuerſi metalli. Forma una terza allegoria riducendo la fictione a uero et chriſtiano ſenſo: Et dice che ſolo el capo di queſta ſtatua era doro intendendo el capo el principio della generatione humana eprimi parenti equali per alchuno ſpatio di tempo che ſtettono nellorto delle delitie uixono in ſtato di uera innocentia. Ne altro tempo dipoi fu mai ueramente innocente. Adūque ſolo el capo era doro. Dipoi pel pecto et per le braccia dariento pone la ſeconda eta: laquale epoeti dicono eſſere ſtata ſobto gioue: et lui intende di quella che ſuccedecte ad Adam: laquale benche non fuſſi al tutto innocente ſi comincio a fare chiara et lucente chome e/lariento per lamultiplicatione della generatione. Sequita dipoi el reſto inſino alla inforcatura tutto di rame: et queſta e/ la terza eta: laquale pel rame metallo piu ſonoro che neſſuno altro ſignifica la fama che acquiſto per trouare uarie ſciētie et arti. Le coſcie et gambe di ferro choſa dura et bellicoſa dimoſtra laquarta eta; nella quale multiplicando lauaritia; et lambitione nacquono uarie guerre per uſurpare le riccheze et imperii daltri: Chome maxime comincio Nino ne glaſſyrii: Dipoi ſucceſſono. Medi. Perſi. Greci. Macedonici. Cartagineſi: et Romani. Dipoi aggiugne el pie ricto della ſtatua eſſere di terra cocta. Ilche ſignifica la fragilita delle choſe humane: et quanto debole ſia el fondamento de glimperii et de glaltri beni ſobtopoſti alla fortuna et alla morte. Dixe el pie ricto; perche le forze deglimperii che ſono dinotate pel pie ricto conſiſtono tutte in choſe terrene; et uacue dogni uirtu/choſi morale chome intellectiua: Et pochi principi ſono che approuuino la ſententia di Platone: elquale afferma che le republiche non poſſono eſſere beate / ſe non ſono adminiſtrate da glhuomini ſapienti. Ma ogni loro fidanza e/nelle forze del corpo et nelle ricchezze choſe terrene. Era ropta la ſtatua in tutte leparti excepto che nelloro. La roptura ſignifica el uitio; elquale ha ropto la integrita et innocentia: et choſi ha maculate tutte leta excepto che lo ſtato dellinnocentia elquale fu ſanza uitio: Et da queſta roptura ſono nate le lachryme; lequali fanno efiumi infernali: cioe le miſerie humane lequali generano le pene che caffligano. Imperoche chome la uirtu fa lhuomo beato et felice: et gaudente: et lieto; Choſi eluitio ci fa miſeri: et meſti: et pieni di lucto. Et queſte lachryme forano la grotta che ſepera queſta parte doue uiuono glhuomini dallonferno: Et certo e/uero che da noſtri uitii naſce quel merore: elquale ciapre la uia che ci conduce alla infelicita. Ha uoluto adunque elpoeta porre lorigine de fiumi infernali in quella parte doue e/la tyrannica ſuperbia; dalla quale naſcono tutti glaltri uitii: equali ci conducono allonferno. Queſte lachryme fanno equattro fiumi. Prima e/ Acheronte. che ſignifica priuatione di gaudio; perche el peccato genera in noi pentimento et priuaci di letitia. Dacheronte naſce ſtyge: cioe triſtitia: pche dopo la priuatione del gaudio e latriſtitia: Et dipoi ſequita Phlegethonte cioe ardore; perche chi e conſtituto in merore/ſempre nella mente ſua ſente uno īcendio che ribolle per uarie cure. Onde Virgilio. Varioque irarum fluctuat eſtu. Et da Phlegethonte ſcende giu lacqua inſino al fondo dellinferno: et fa ſtagnare cocito. Imperoche della priuatione delgaudio; et dal merore: et dalloncendio delle cure ſi genera cocyto: cioe el pianto; che quaſi ſignifica confermato do

mato do

mato dolore. Et pero uuole che si stagni nellultima parte dellonferno: perche elperpetuo lucto ci col loca nel profondo dellabbisso: et quiui ci tiene in etherna miseria.

Et io allui sel presente rigagno
si deriua chosi dal nostro mondo:
perche appare pur a questo uiuagno:
Et egli ame tu sai chel luogo e/ tondo:
et tutto che tu sia uenuto molto
pur asinistra giu calando al fondo:
Non se anchor per tuttol cerchio uolto:
perche se chosa napparissi noua
non de addur marauiglia altuo uolto.

l A sententia in breuita e/ questa che Dăche simarauiglia che se questo rigagno cioe riuo elquale chiama chosi perche rigo in latino significa bagnare DIRIVA Su dal mondo: perche hauendo lui gia tanto sceso non lha ueduto altroue che in questo uiuagno: cioe in questa extremita Viuagno significa lorlo del panno. Et Virgilio gli risponde TV SAI Chel luogo e/ tondo essendo distincto per cierchi: Et tu scendendo se uenuto sempre a man sinistra. Adunque puo essere alchuna chosa a man dextra: che tu non hai anchor ueduto. Ma in che modo lui non sia ancora uolto per tutto el cerchio dimostrai nel prĩcipio dellopera sobto la pictura uniuersale del sito di questo inferno

Et io allhor maestro oue si truoua
Phlegethonte et Letheo che dellun taci
et laltro di che si fa dema pioua.
In tutte tue quistion certo mi piaci
rispose malbollor dellacqua rossa
douea ben soluer luna che tu faci
Lethe uedrai ma non in questa fossa
la oue uanno lanime a lauarsi
quando la colpa pentuta e rimossa
Poi dixe homai e tempo discostarsi
dalbosco fa che drieto a me tu uegne
limargini fan uia che non sono arsi
Et soprallor ogni uapor dispegne.

p Erche disopra in nessun luogo ha facto mẽtione Virgilio ne di Phlegetonte ne di Letheo. pero domanda Dante doue sono questi fiumi. Et Virgilio gli risponde che benche non hauessi dato nome disopra al fiume che bolliua. Niente dimeno lui potea per tal bollore intendere quello essere Phlegethonte; perche phlego igreco significa ardere et incendere. Et Lethe dice non essere in questa fossa: cioe in questo profondo dellinferno. Ma essere dopo el purgatorio. Imperoche quiui pone due fiumi da sinistra Lethe et da dextra Eunoe: de quali diremo nella seconda cantica.

CANTO. XV. DELLA PRIMA CANTICA DI DANTHE.

Ora cenporta lun de duri margini
b elfumo del ruscel disopra aduggia :
siche dal foco salua lacqua et glargini
Quale efiaminghi fra guizante et bruggia
temendo elfiotto che uer lor sauuenta
fanno lo schermo perchel mar si fuggia :
Et quale epadouani lungo la Brenta
per difender lor uille et lor castella :
anzi che chiarentana el caldo senta :
A tali imagini eron facti quelli
tutto che non si alti ne si grossi :
qualche si fussi lo maestro felli .

i Nquesto quintodecimo canto insieme col sextodecimo tracta elpoeta de uiolenti cõtro anatura: Et nel principio discriue qual fussi el camino suo: et lanime che trouo: Et prima fa mẽtione di ser Brunecto latini. Andauono adũque su per uno de due margini ; cioe delle due ripe del fiume. DVRI perche eron di pietra. Et dimostra che erastanto el bollore di quello ruscello che ne surgeua su tanto fumo che gli aduggiaua; cioe adombraua laria disopra: Et era si folto che spegneua le fiamme che pioueuano: Et questo e naturale: che el fumo spenga la fiamma . Imperoche ponendo una candela sopra el fumo si spegne: et questo interuiene chel fumo caccia laria/ sanza laquale non uiue la fiamma; perche non ha la sua exalatione. Adunque poteuono passare salui non piouendo fiamme in su gliargini. Ilperche sara uero secondo la ragione physica chel fumo spẽga le fiamme. Ma anchora serue allallegoria. Doue ci ricorderemo che sempre; et in questo poeta ; et in Virgilio habbiamo posto lacqua per lappetito. Ilperche ponendo in questo luogo el fiume per lappetito non del peccatore; Ma del contemplatore della maluagia natura del peccato e/ chosa conueniente: che da tale acqua surgha uapore che spenghi le fiamme. Imperoche chome nallacque surge uapore freddo et humido: elquale genera nuuoli che ci fanno ombra contro al caldo del sole; et fanno pioua che spegne el fuoco: Chosi dellappetito dello speculatore del uitio: perche sequita la ragione nascie obstacolo contro a glardori della concupiscentia informa che elfiume cioe epso appetito etglargini duri cioe esser mo proposito non sono offesi da tali fiamme . QVALE EFIAMINGHI tra guizante et bruggia. Queste sono due citta in Fiandra poste ne liti del mare occeano: che e/ tra linghilterra et la fiandra ; Et locceano in quegli luoghi due uolte in uentiquattro hore si muoue da leuante inuerso ponente: et altre tante torna indrieto ; et nel suo mouimento esce delluogho suo: et entra infra terra. Pone Alberto magno nellibro de causis proprietatum elementorum che benche tutti epianeti produchino suoi effecti ne corpi inferiori. Nientedimeno elsole et la luna sono piu potenti ; et per la quantita dellume ; et per la propinquita della luna alla terra. Onde regge lhumidita de corpi inferiori: et per la connaturalita della terra et dellacqua muoue tutte le chose nelle quali signoreggia la terra et lacque. Et el sole pche e / fonte di calore uiuificante fa ribollire glhomori: perche lhomore naturalmente euapora inuerso el caldo ele mentisi. Onde glegyptii dixono chel sole tiraua lhumido per alimento delle stelle. Nientedimeno emari hanno differenti moti. Et alchuni non si muouono chome e/ el mare Pisano et genouese . Alchuni crescono dal nouilunio infino al plenilunio: et da quello infino allaltro nouilunio scemano. Alchuni in ciaschuno di: cioe in spatio di uentiquattro hore due uolte crescono ; et due uolte scemano; come elgolfo persico el mare indo ; et di tutte lisole tra questi. Et el mare che e/tra Constantinopoli et Venetia: Et quello che e/ tra linghilterra et la fiandra: et la magna ; benche molto sieno differenti in esser piu intensi et piu remissi. Sono adunque quattro siti nel cielo. Luno e/ lorizonte orientale quando la stella nasce: et surge su nel nostro hemisperio. Laltro quando e/ montato a mezo el cielo alcenith de nostri capi: et chiamasi langulo del mezo del cielo. El terzo quando e/ arriuata allorizonte occidentale: et scende nellaltro hemisperio. El quarto quando e/ allopposito del nostro cenith: et e/ langulo del mezo della terra et della nocte. Adunque quando la luna arriua alleuante el mare alza; quando e/ amezo el cielo scema et ritorna. Quando e/ a ponente dinuouo cresce et alza. Quando arriua allangulo del mezo della terra scema. Adunque efiaminghi hanno facto argini che ritengono el fiotto che non si distenda piu auanti. Fiotto chiamano enauicanti tale mouimento quasi flucto ; Et dice Alberto magno che con lungho spatio di tempo tali argini hanno facto discostare el mare da Bruggia. LO SCHERMO EL Riparo. ET QVALE epadouani lungho labrenta. Brenta e/ un fiume dentro a Padoua ; elquale nasce in chiarẽtana montagna posta neglalpi che diuino italia dalla magna luoghi freddi: et neuosi: et nequali le neui non si risoluono se non quando uiene el caldo ; et allhora cresce marauigliosamente la Brenta ; Et quando arriua alla pianura/allagherebbe assai paesi se non fussino eripari de glargini. Et questo fanno . ANSI CHE LA CHIARENtana el caldo senta ; cioe innanzi che le neui di chiarentana si strugghino pel caldo .

Gia erauam dalla selua rimossi
tanto chio non harei uisto douera
perchio indrieto riuolto mi fossi:
Quando scontrammo danime una schiera:
che uenia lungo largine: et ciaschuna
ci riguardaua chome suol da sera
Guardar lun laltro sotto nuoua luna
et si nuer noi aguxauon le cigla:
chome uecchio sartor fa nella cruna
Chosi adocchiato da cotal famigla
fu conosciuto da un che mi prese
per lo lembo et grido qual marauigla:
Et io quandol suo braccio ame distese
ficcagli glocchi per lo cocto aspecto:
si chel uiso abruciato non difese.
La conoscentia sua almio intellecto
et chinando la mia alla sua faccia
risposi siete uoi qui ser Brunetto:
Et quegli figluol mio non ti dispiaccia
ser Brunetto latini un pocho techo
ritornan drieto et lascia andar la traccia.

Erauamo gia tanto lontani dalla selua della quale e/ decto nelcanto tredecimo che bēche mi fussi riuolto indrieto non lharei ueduto. Ilche dinota esser differente lanatura del uitio del quale si tracta qui da quello che si punisce nella selua et essere altra cōsideratione. QVANDO scontramo danime una schiera: per questo scontrare dellanime dinota la contēplatione di questo uitio: Et laschiera dinota elgran numero diquegli che son maculati di si bestiale scelerateza et ciaschuna di queste anime riguardaua noi chome suole fare chi riguarda lun laltro gia facto nocte quando la luna e nuoua perche lasera ī quel tempo non e/ altucto sanza luce. Ma e/ minima chosa diluce in forma che non si scorge lun laltro se nonsi guarda con gran diligentia: et imita uirgilio doue dice: Quale per īcertam lunam sub luce maligna: Est iter in siluis: ubi celū condidit umbra Iuppiter: et rebus nox abstulit atra colorem: et sempre lobscurita et el manchamento della luce dellonferno Dinota la ignorantia et la cecita della mente dalla quale ogni uitio procede AGVZAVON LE CIGLIA. Chi e/ uecchio: et uuole guardare cosa minuta perche ha la uista debole aguza le cigla. Gli spiriti uisiui manchando impediti o da grosseza o da altra cagione quādo non posson ben uedere ci constringono ad aguzar le ciglia: perche chosi ristrigniamo in minor luogo la uirtu uisiua: laquale chosi unita ha piu forze: Et chome dice Aristotele ne problemati el simile fanno ebalestratori quando traggono alla mira. SIATE VOI Qui ser Brunetto: Non domanda el poeta quello che uede: Ma si marauiglia che ui sia: Et certo pare non picchola marauiglia che uno huomo ornato di tanta uirtu et doctrina si lasci trascorrere in tanta macula. Preterea dimostra che cō difficulta potessi conoscere queste anime per essere molto arse dalloncendio. Ilche allegoricamente dinota che lardore di si bestiale cupidita guasta informa el uolto; che lhuomo non e/ riconosciuto; cioe leua ogni imagine dhuomo et fagli simili alle fiere. Era molto trasfigurato ser brunecto: Et nientedimeno Danthe loriconobbe. Ne altro uuole per questo dinotare se non che glhuomini ornati dalchuna excellente uirtu chome era chostui benche habbi in se alchuno uitio. Nientedimeno la fama sua rimane: et fallo noto: perche non e/ come dice Iouenale Monstrum nulla uirtute redemptum a uitiis. Ser brunetto latini fu fiorentino et huomo molto uniuersale inmolte arti liberali maxime in physica: et metaphysica: et scripse un libro elquale chiamo thesoretto: Et in noteria passo tutti glaltri; et in quella arte accusato di falsita uolle piu tosto esser condennato che confessar lerrore. Per tale sdegno ando ad habitare a parigi et qui scripse unaltro libro in lingua frāzese elquale chiamo thesoro. Ma perche fu maculato del uitio che qui si punisce elpoeta finge trouarcelo. Dicono che fu excellente matematico: et ueduta lhora della natiuita di Dante gli predisse chome haueua arriuare alsommo grado di doctrina.

Io dixi allui quanto posso uen precho
et se uolete che con uoi masseggia
farel se piace acostui che uo seco.
Ofigliuol dixe qual di questa greggia
sarresta punto giace poi cento anni
sanza arrostarsi quandol foco el feggia
Pero ua oltre io ti uerro apanni
et poi rigugnero la mia masnada:
che ua piangendo esuoi eterni danni
Io non osauo scender della strada
per andar par di lui malcapo chino
tenea chombuom che riuerente uada.

Priegha ser brunetto che sifermi et lui assegna laragione perche non puo sedere. OFIGLIVOLO: cosi lochiama pche glifu discepolo. QVAL DI questa greggie sarresta. E/ inuentione tracta di Virgilio et traducta inaltro senso Virgilio dice che quegli ecorpi dequali nonsono sepulti stanno cento anni innanzi che Charone gli passi el fiume Et el poeta finge che qualunche sarresta inquesto gyrone giace poi cento anni. Ilche si puo intēdere che dun peccato minore entra in un maggiore Imperoche ponendosi qui eiuiolenti contro a natura disubidēdo alla diuina legge nel fermarsi hauendo andare diuenta de uiolenti contro a dio. Et pero conuiene che stia fermo chome quegli: Et allegoricamente intendiamo che qualunque si

E cominciò qual fortuna o destino
anzi lultimo di qua giu ti mena
et chi e quelche ti mostra l camino.
Lassu disopra en la uita serena
risposi allui mismarri in una ualle:
auanti che leta mia fussi piena.
Pur hiermattina li uolsi le spalle
questi mapparse tornando io inquella:
et riducimi ad cha per questo calle.

ferma: cioe sa piu fermo habito nel peccato non ha difensione alchuna contro a si ardente cupidita. QVAL FORTVNA O DESTINO: del la fortuna et destino che e/ fato habbiamo decto di sopra. Et par che uogla dire Qual felice influxo celeste, o qual diuina prouidentia. Impero che essendo ser Brunecto astrologo: et theologo pone luna et laltra. Imperoche lo influxo celeste non repugna alla diuina prouidentia come dimostrerremo nel paradiso. In somma domanda due chose: chome e arriuato in quel luogho: et chi ha secho. Et Danthe risponde chome NELLA Vita serena: cioe in questa uita: laquale ad comperatione della celestiale e/ misera et calamitosa: Ma ad comperatione della infernale doue non e/ mai riposo alle pene: ne luogho alla penitentia e/ felice et beata. MISMARRI in quella ualle. Di questa ualle et del cammino smarrito: et delsoccorso di Virgilio dicemmo lungamente nel primo canto. LETA MIA FVSSI PIENA: cioe perfecta. Leta del lhumana uita chome gia habbiamo decto si diuidono per numero septenario: et ne primi septe anni finisce la infantia. Ne secondi che arriuono a quattordici finisce la pueritia. La terza eta che e/ la doloscētia ua insino auentuno. La quarta cioe la giouentu contiene due septenarii: et ua a trentacinque. Due altri septenarii che peruengono a quarantanoue fanno la quinta: laquale e/ eta uirile. Et questa uuole Aristotele che sia apta al gouerno della rep. perche uale di forze danimo et di corpo: et e/ matura et piena et perfecta. Adunque era smarrito el poeta innanzi che uenissi a questa eta: laquale e/ uenuta alla pfectione alla quale non erono peruenute le prime quattro: che sono infantia. pueritia. adoloscentia: et giouentu: et in quella si ferma et non patisce diminutione: chome fanno laltre due che sequitano: cioe la uecchiaia che con due septenarii arriua a sexantatre: et comincia a diminuire alquanto eluigore. Et da quel tempo in la e/ leta decrepita: nella qual e/ molta et manifesta diminutione delle forze. PVR HIERMATINA le uolsi le spalle. Per questo dimostra essere stato una nocte nellonferno: perche el di consumo nel difendersi dalle fiere: et nella uenuta di Virgilio: et hiermattina che fu la mattina deluenerdi sancto. GLI VOLSI LE SPALLE: quando uolle salire el monte gia illuminato dal sole. Ma impedito dalle tre fiere ritornaua in epsa se non fussi uenuto Virgilio in suo aiuto. Ma questo piu distesamente habbiamo dimostro nel principio nella discriptione di tutto el sito infernale. Et rectamente induxe ser Brunecto a fare tal dimanda: acciochè per la risposta aprissi meglo in questo luogho quello che elprimo canto hauea posto molto obscuro. QVESTO MAPPARSE. E/ la risposta della seconda domanda. Questo mapparse dimostrando Virgilio TORNANDO io in quella Quando ripĩtro giu dalle tre fiere io ritornauo nella ualle donde ero uscito. ET RIDVCI AD CHA: cioe a casa. La casa nostra et la patria e/ cielo: perche in questo mondo non habbiamo citta ferma: Ma siamo in peregrinatione et continuo uiaggio: Et prendendo buona uia ritorniamo alla chasa nostra doue fumo creati. Et pigliando la captiua rouiniamo giu nel basso inferno. La uera uia di tornare al cielo e/ la contemplatione de uitii per fugirgli: et delle uirtu per sequille. Adunque bene dixe che per questo calle: cioe per questa uia della contemplatione Virgilio cioe lontellecto illuminato di uera doctrina lo riduce alla chasa: et patria etherna.

Come si diuide leta del homo

Et egli ame se tu segui tua stella
non puo fallire algloriosо porto
se ben maccorsi nella uita bella:
Et sio non fussi si per tempo morto
uedendol cielo ate chosi benigno
dato tharei allopera conforto.
Ma quello ingrato popolo et maligno
che discese da Fiesole ab antico:
et tiene anchor del monte et del macigno
Tisifara per tuo ben far nimico:
et e ragion che tra gli lazi sorbi
si disconuien fructare eldolce fico:
Vecchia fama nel mondo gli chiama orbi/
gente auara inuidiosa et superba

¶ Questa e/ la seconda parte principale di questo canto nella quale ser Brunetto risponde a Dāthe et prima loda lui: et predicegli quello che gli debba uenire. Dipoi usa satyra contro al popolo fiorentino: et finalmente nomina quegli equali sono con lui. SE TV SEGVI TVA STELLA Come astrolago dimostra che lestelle gli promettono bene se lui le sequita. Et in questo obserua optima moderatione: perche uuole inferire che da cieli uiene influentia: laquale inclina: et non da necessita Informa che e/ di nostra potesta sequire: et non sequire: Et a questo modo riserba la sua forza alle stelle: et non toglie ellibero arbitrio. NON PVO Fallire al glorioso porto. Gloria e/ fama chiara et illustre con loda: chome enauicanti se bene sequitano la stella si conducon salui a porto: Chosi tu se sequiterai questa felice influētia arriuerai al porto dellhonore. Impoche

dallor costume fa che tu ti forbi.
La tua fortuna tanto honor ti serba
che luna parte et laltra haranno fame
di te; ma lungi fia dal becco lherba:
Faccin lebestie fiesolane strame
di lor semente: et non guastin la pianta
salchuna surge anchor nel lor letame
In cui riuiua la semente sancta
di que roman che ui rimaser quando
fu facto el nido di malitia tanto.

da deli riceui tale doctrina et eloquentia :che se taffaticherai nello scriuere acquisterai immortale fama. SE BEN MACCORSI nella uita bella perche e/ difficile nellinferno hauere cognitione delle chose nostre future se non perconiecture o astrologia o reuelationi. ma el beato uede el futuro; perche guarda in quello specchio doue e/ ogni cosa presente. Onde sancto Gregorio Quid est quod non uideat qui uidet uidentem omnia. Pero dimostra che mentre che uiuea conobe questa gloria di Danthe per la doctrina sua dellastrologia. Et soggiugne che se di qua non glene dixe et non lo conforto al sequir lopera rimase p che lamorte loccupo. MA QVELLO Ingrato popolo. E/ dhauere per excusato el poeta nostro se inuituperare la sua patria trapassa etermini di quella modestia: laquale debba essre in huomo philosopho et theologo: Et dimentica la reuerentia et pieta laquale debba hauere ogni cittadino alla sua rep. perche essendo stato a grandissimo torto poco auanti priuato deglihonori. delle dignita. del patrimonio. et della patria; et finalmente relegato in duro exilio/ non pote por freno a si fresca ingiuria. Ma inuero era piu officio della sua sapientia parlare piu modestamente. Furono lunghe controuersia tra fiesolani et fiorentini non sanza danno dambo due epopoli Et finalmente efiorentini uinson Fiesole et disfecionla: et accomunorono la lor rep. cofiesolani. Fu disfacta altempo del primo Arrigo imperadore. CHE DISCESE da Fiesole ab anticho. Imperoche e militi syllani equali mandati in nuoua colonia habitauono Fiesole. Hauendo in odio lasperita di quello monte scesono al proximo piano; et hedificorono Firenze; et per questo dixe Ab antico: cioe da principio Quasi dica nella prima hedificatione. ET TIENE ANCHOR del monte et del macigno. Macigno e/ spetie di pietra laquale si caua del monte di fiesole per tutti gledificii di Firenze. Adunque tien del monte cioe del saluaticho: et del macigno: cioe e/ duro et aspro chome quella pietra. Alchuni dicono che pel macigno intende la inuidia. Imperoche el macigno e/ liuido et arrido. TI SI FARA PER tuo ben far nimico. Pruoua la dureza del popolo. Imperoche chome e/ morbido et flexibile chi prende compassione etiam di chi nol merita per lopposito e/ duro et in humano chi persequita quegli che meriterebbon premio. TI SI fara per tuo ben far nimico. La cagione accresce la dureza. Imperoche se e/ duro chi diuenta inimico benche sia stato ingiuriato/ pure e/ piu duro chi non e/ stato ingiuriato. Adunque e/ durissimo chi non solamente non e/ stato ingiuriato: Ma e/ stato benificato. TRA GLI Lazi sorbi. Lazo in lingua fiorentina significa sapore elquale e/ insieme aspro et molto ristrectiuo quale maxime e/ nel fructo del sorbo. Questo chiamano emedici pontico. Adunque per translatione chiama la crudelta del popolo sorbo; et la innocentia et humanita del poeta fico. Esapori secondo Galieno, sono o dal caldo o dal freddo. o dal mixto di questi due. Dal caldo che e/ di piu sobtile substantia: chome e/ elpepe uiene sapore acuto. Da quello che ha piu grossa substantia nasce lamaro. Ma se e/ in mezzo tra tra questi due extremi produce el salso. Nella chosa fredda et di sobtile substantia e/ lacetoso. Dalla grossa e/ elpontico. Dalla mediocre e lostiptico sapore asciutto et ristrectiuo. Ma nella chosa temperata se e/ sobtile fa sapore unctuoso. se grossa dolce. se mezana insipido et sciocho. Questo scriue Galieno; alquale Auicenna in octo primi sapori consente. Ma el nono cioe lo insipido dice non essere sapore. Auerois uuole che chome el bianco et el nero procedono hora dal caldo hora dal freddo chosi lamaro el dolce facilmente si truouono in ambo due questi contrarii. Imperoche ueggiamo alchuni pomi; benche sieno caldi Nientedimeno acerbi sono amari et maturi dolci; Et alchuni di natura freddi; et nientedimeno maturi sono dolci: Ma non nostrum inter hos tantas componere lites. Ilperche torno al texto che sequita. VECCHIA FAMA nel mondo gli chiama orbi. Perche efiorentini sieno chiamati ciechi non truouo chosa auctentica in alchuna scriptura. Ne anchora conueniente; perche questo popolo e/ acuto et ingegnioso. Se non e/ questo ilche anchora el boccaccio pone. Andorono gia episani con si grande armata allacquisto dimaiolica isola gia decta baleare: che quasi lacitta loro rimaneua sanza custodia. Ilperche essendo amicissimi a fiorentini in que tempi/ impetrorono che ui si mandassi chi guardassi Pisa insino che tornassino; perche temeuono dellimpeto de lucchesi; equali preparauano exercito cōtro alloro: Et chosa ignominiosa pareua lasciare lampresa. Adunque con fede et diligentia si guardo da nostri. Tornorono episani uictoriosi: et della uincta isola riportorono riccha preda; et inquella due nobili spoglie: cioe le porte dun tempio molto ornate: et due colonne di porphido; et uolendo di queste due chose donare una a fiorentini: et dare loro le prese; et stimando che harebbono a eleggere le colonne mossi da inuidia col fuoco labbacinorono et rupppono: et dipoi le uestirono di panno rosato; Efiorentini non stimando tal fraude le tolsono; ne saccorsono del manchamento insino che gia condocte a Firēze le scopersono. Adunque efiorentini per tale inaduertenza furono chiamati ciechi; et Episani per hauere ingannato gliamici equali con tanta fede haueuono guardato la loro citta furono nominati tradi

Come fuo disfatto fiesole.

per che li fiorentini furono chiamati Ciechi...

tori. LA TVA FORTVNA: la tua felicita. TANTO HONORE: Tanta fama della doctrina tua CHE LVNA parte et laltra: E bianchi et e neri di Firenze Quasi dica benche sia stato cacciato per le parti: Nientedimeno amendue le parti ti disiderranno. MA LVNGI Fia dal becco lherba. Quasi dicha che non fruiranno e tuoi cittadini ad te iniqui la tua doctrina. FACCIN LE Bestie fiesolane strame di sua semente. Sta in quello che dixe disopra Che discese di Fiesole ab antico: Et chiama glingrati cittadini ueramente bestie: et fare strame di sua semente e/ piglare e/ piglare le biade: et farne letto alle bestie. Imperoche strame in latino significa chosa abbattuta et distesa per terra. Et per questa translatione uuol dimostrare che el popolo fiorentino di sua semente: cioe di quegli che discendono di loro. Imperoche el figluolo e/ semente del padre. FANNO STRAME: cioe lo sprezano et hannolo per cosa uile: chome la paglia gittata sobto le bestie. ET NON Guastin la pianta Salchuna surge anchor nel lor letame. E/ unaltra translatione: Ma riducesi alla medesima sententia: et chiama el uitioso popolo letame: Et perche di lui pure nasce qualchuno egregio et uirtuoso lo chiama pianta che surga di tale letame: Et dimostra che tal pianta non e/ gustata dal popolo: perche le sue uirtu non sono honorate. IN CVI RVINA la semente sancta di que romani: Quasi dica el popolo fiorentino nacque de romani buomini uirtuosi et giusti. Ma tal seme e/ tralignato: chome quando nellalpi si semina grano: et traligna in segale: FV FACTO EL NIDO: cioe firenze: laquale chiama nido dogni uitio.

Se fussi pieno tutto el mio domando
rispose allui uoi non saresti anchora
dellhumana natura posto in bando:
Chen la mente me ficto et hor macchora
la chiara et buona imagine paterna
di uoi quando nel mondo ad hora adhora
Minsegnauate chome lhuom setherna:
et quanto lhabbi ingrado mentre io uiuo
conuien che nella mia uita si scerna:
Cio che narrate di mio corso scriuo
et serbolo a chiosar con altro texto
adonna chel sapra sallei arriuo/
Tanto uoglio che ui sia manifesto
pur che mia conscientia non mi garra
challa fortuna chome uuol son presto:
Non e/ nuoua a glorecchi miei questarra
pero gyri fortuna la sua rota:
chome lipiace: el uillan la sua marra.

R Isponde danthe che se fussi tutto quello che lui chiede non sarebbe posto in bãdo dellhumana natura: cioe sarebbe uiuo. Imperoche lhuomo e/ congiuntione danimo et di corpo. IMAGINE PATERNA. Arrechami passione alla mente lamorte uostra quando mi ricordo che cõ affectione paterna mamauate: et mostrauatemi la uia et el modo chome lhuomo setherna: cioe si fa etherno et immortale per fama. ET QVãto lhabbi ingrado mentre io uiuo si scernera: cioe si discernera et cognoscera nella mia ligua: Quasi dica honorificamente sempre ui nominero. Dipoi aggiugne che lui scriue quasi manda alla memoria cio che ha dallui udito: Ma serbalo a chiosare cioe a interpretare: et adichiarare a Beatrice insieme con altro texto: cioe chon quello chegli dixe Farinata. Le cui parole furono queste. Ma non cinquanta uolte fia raccesa la fiãma della dõna che qui regge Che tu saprai quanto quellarte pesa. Insomma conchiude che et le parole di ser Brunetto: et quelle di messer Farinata serba afarle dichiarare a Beatrice: et questo fa per precepti di Virgilio: che gli dixe La mente tua conserui quel che udito hai contro a te mi comando quel saggio: et hora attendi qui et drizol dito. Quando sarai dinanzi al dolce raggio Di quella el cui bellocchio tutto uede. Dallei saprai di tua uita el uiaggio. Questo e/ nel decimo canto. Et per questa intendiamo che lintellecto deldocto admonisce che benche astrologi o altri indiuini ci predichino alchuna chosa. Nientedimeno non dobbiamo credere se non quanto la theologia intesa per Beatrice ci decta. SALLEI ARRIVO. Dixe con condictionale per non parere arrogante: perche e/ gran chosa potere arriuare alla uera cognitione delle chose celesti. Ilche intende per Beatrice: Ne bastano le nostre forze sanza la diuina gratia. Dipoi risponde che e/ presto a cedere alla fortuna inquanto la sua conscientia non gli garra. CONSCIENTIA e/ conoscimento di se medesimo: et puo essere in bene et in male. Ma quando e/ di bene fa contenta et quieta la mente. Onde lappostolo Gaudium nostrum est conscientia nostra. Et certo niente altro puo essere gaudio nostro che la nostra conscientia: Et quando e/ di male latturba et affligge Onde Iouenale Nocte dieque suum gestare in peccore testem Spartano cuidam respondit Pythia uates. Conchiude adunque essere presto a sopportare ogni aduersa fortuna: et cedere a quella in tutte le chose excepto che in quelle nelle quali la conscientia perche non fussino honeste lo rimordessi. NON E/ NVOVA aglocchi mia tale arra. Dimostra quello che concedono tutti e nobili philosophi: che la premeditatione de casi aduersi ci prepara a sopportargli piu facilmente quando uengono. Onde el petrarca Piaga anteueduta assai men duole. Arra e/ dimostratione della uendita: Et chome larra e/ preuia al pagamento chosi e principii delladuersita si possono chiamare arra. PERO Giri fortuna la sua rota chome gli piace. Quasi dica mettami o in fondo o in sommo sempre saro rigido custode della uirtu. Ne potera o la felice fortuna farmi elato et superbo O laduersa inuilirmi informa chio mi parta dalla uera regola del uiuere: Et certo lhuomo sauio ua Per arma iustitie a dextris et a sinistris. ELVILLAN La sua marra. Quasi dica ogni chosa facci lufficio suo et io perseuerro nel mio.

Lo mio maestro allhora in su la gota
dextra si uolsen drieto et riguardommi
poi dixe ben lascolta chi la nota.

u irgilio si uolse in su la dextra: cioe lonte lecto elquale sempre ua in sulla dextra si uolse a Danthe/alla ragione inferiore: et dixe BEN LA SCOLTA: Quasi bene adopera chi la nota. Et p questo intende che loptime sententie nel parlare si uogliono mettere in opera quando uiene el bisogno. Et non fare chome molti che sono philosophi in parole ma non in facti. Imperoche la philosophia morale consiste nellopera: et non nella doctrina.

Ne pertanto dimeno parlando uommi
con ser Brunetto et domando chi sono
etuoi compagni epiu noti epiu sommi:
Et egli ame saper dalchuno e/buono/
de glaltri fia laudabile tacerci
chel tempo sare corto a tanto sono.

Gente uien con laqual esser non deggio/
sieti raccomandato elmio thesoro
nel quale iuiuo ancora: et piu non chiegio

d Omãda danthe ser Brunetto chi sono esuoi compagni: et lui risponde che e/bene sapere dalchuni. Equali benche fussin maculati di tal uitio. Nientedimeno furono dital doctrina: che meritano fama:

DAL SERVO DE SERVI: dal papa elquale titolo per humilta trouo papa Gregorio primo. FV TRASMVTATO DARNo in Bacchillone.

Adunque perche Arno fiume passa pel mezo di Firenze: et Bacchillone corre lungo le mura di Vicentia. Pone efiumi per la citta. Chostui morendo a uicentia ui lascio el corpo. LI MALI PROTESI: cioe distesi nerui. Imperoche era quasi contracto per le gotti. Oueramente intende cho . Gente chon laquale essere non deggio. Qui dinota che benche per tuto questo gyrone sieno puniti epeccatori contro a natura. Nientedimeno perche uarie sono le spetie di tal peccato: perche puo essere maschio con maschio: et femina cou femina. Ilche dimostra sancto Paolo ad Romanos. Pero narra che quegli che lui uede non sono di sua gregge. SIETI raccomandato el mio thesoro. Dicemmo disopra che ser Brunetto scripse due opere. La prima in lingua fiorentina et in uersi: nella quale tracta de chostumi de glhuomini: et de casi et mutatione della fortuna: et dello stato humano: et intitolollo Thesoretto. Laltra e/maggiore: et chiamala Thesoro: et e scripta in lingua franzese et in prosa: et diuisa in tre libri. El primo e/quasi cronica de tempi: et delle chose facte nel uecchio et nel nuouo testamento: et de regni de gentili. De propheti de glapostoli. Della adoptione della chiesa: et dellomperio Ro. translato a greci a franzesi: et Alamanni. Item de glelementi. del sito. delle regioni: et de glanimali. Nel secondo tracta di philosophia morale. Nel terzo da precepti rhetorici: et scriue delladministratione delle citta. El primo chiamo moneta usuale: El secondo pietre pretiose. El terzo oro purissimo. Secondo alchuni altri e ãcora sua opera quella che chiamano le chiaui del thesoro. NEL QVALE io uiuo. Non douea lhuomo dānato domandare chosa alchuna apartenente al corpo: perche priuato della uita corporale non gli sono utili in alchuna parte. Ne anchora appartenenti allanima: perche nel dannato non e/ redemptione. Restaua adunque che cercassi che la fama sua durassi. Et questo poteua essere se elsuo libro non perissi: Et p questo lo raccomanda a Danthe. Imperoche edocti lodando alchuno libro gli danno riputatione: et eli bri riputati sono scripti da molti: et in tal modo uiuono.

Poi si riuolse et parue di coloro
che corrono a uerona elpalio uerde
per la campagna: et parue di costoro
Cholui che uince: et non colui cheperde.

d Ecto le parole si riuolse indrieto per rigiugner la sua brigata: et corse chon quella uelocita che corrono a Verona elpalio di drappo uerde: elquale laprima domenica diquaresima gli huomini corrono apie in Verona.

CANTO.XVI.DELLA PRIMA CANTICA DI DANTHE.

[illegible] rimbombo
g dellacqua che cadea nellaltro gyro
simil a quel che larnie fan rombo:
Quando tre ombre insieme si partiro
correndo duna torma che passaua
sobto la pioggia dellaspro martiro/
Venien uer noi: et ciaschuna gridaua
sostati tu challabito nassembri
esser alchun di nostra terra praua.

b Enche sia mutato el canto Nientedimeno anchora tracta el poeta della medesima materia: laquale ha tractato nel superiore. xv. canto. Pone chome presso alfine di questo cerchio [illegible]. Era adunque arriuato allestremita del cerchio doue lacqua cadea nellaltro giro: et facea tal romore quale e/ el rōbo cioe el confuso strepito: elquale fanno larnie: cioe euasi doue sono le ape ouero pecchie. Quādo si partirono tre ombre: cioe tre anime. DA VNA TORMA.i. da una moltitudine. Ma p prio in latino turma significa squadra di cauagli: Et pero faccendo mentione dhuomini excellenti infacti darme dixe Turma. Ma in nostra lingua si pigla per ogni moltitudine. SOBTO LA PIOGGIA Del fuoco

Ab me che piaghe uidi ne lor membri
recenti et uecchie delle fiamme accese.
ancor men duol pur chio mene rimembri

f Equita discriuendo lepene Et aggiugne che fu confortato da Virgilio/ che douessi aspectare chostoro. Ilche significa che etiam laragione uuole che habbiamo compassione de glihuomini d[illegible] et dobbiamo honorargli

Alle lor grida elmio doctor ſatteſe
uolſel uiſo uer me: et hora aſpecta
dixe achoſtor ſi uuol eſſer corteſe:
Et ſe non fuſſi elfoco che ſaecta
la natura delloco io dicerei
che meglo ſteſſi a te challor la frecta.

ſe da altra parte inloro riſplende alchuna egregia uirtu. ET SE NON fuſſel focho che ſaecta la natura delloco: cioe ſe non fuſſi el foco: elquale la natura dellocho ſaecta io giudicherei che lafrecta ſteſſi meglo a te che alloro: [illegible] tu piu toſto doureſti cercare di conoſcer loro per le loro uirtu: che loro te. Et certo dobbiamo eſſer cupidi conoſcere glihuomini: nequali riſplende alchuna uirtu: Ma non dobbiamo gittarci nelle fiamme nelle quali loro ardono: [illegible]

Et cominciorон chome reſtammo ei
lantico uerſo: et quando anoi fur giunti
fenno una ruota di ſe tutti etrei:
Qual ſolen ecampion far nudi et unti
aduiſando lor preſa et lor uantaggio
prima che ſien tra lor battuti et puncti
Choſi rotando ciaſchuno eluiſaggio
drizaua ad me ſi che contrario elcollo
facea apie continuo uiaggio.

q Veſti giunti a noi equali ci fermamo per aſpectargli dixono ei: laquale uoce ſignifica dolore: et dice LANTICO VERSO: perche in conſuetudine haueuano di lamentarſi choſi. Et dipoi perche Danthe era fermo: et loro non ſipotean fermare: come diſopra dimoſtro ſer Brunetto Saggirauano intorno. Ilperche tuttauolta andauono: et nientedimeno non ſi diſcoſtauono. Ilperche aun tracto obſeruauon la legge dellandare: Et nientedimeno potean parlare chô Danthe QVAL SOLEN ECAMPIONI. Fa comperatione di coſtoro agladiatori. Egladiatori erono appreſſo glianctichi huomini equali per dar feſta al popolo combatteuano nel theatro uariamente: et con uerie armi: Nella quale battaglia el uincitore uccideua el uincto ſel popolo circunſtante non lo ſaluaua. Adunque chome nel theatro ſaggirauono e gladiatori: Choſi queſti tre ſaggirauono intorno a Danthe. ECAMPIONI: Queſto uocabolo in ligua toſcana ſignifica grande et forte. Ma forſe e/meglio in queſto luogo intendere della paleſtra: cioe del giuoco delle braccia. Faceano glantichi molti giuochi ne theatri: tra quali era el giuoco delle braccia chiamato paleſtra: nel quale huomini forti et exercitati ſi ſpoglauano et ingegnauonſi fare tale preſa luno dellaltro che lo poteſſino gittare a terra. Queſti ſtauon nudi per non potere eſſere ritenuti da panni: Et ungneuonſi: accioche quando eron preſi dalladuerſario chome anguilla ſdrucciolеuoli poteſſino uſcirgli delle mani. Onde Virgilio exercent patrias oleo nitente paleſtras. Queſti andauono intorno al theatro luno dietro allaltro penſando inche modo poteſſino abbracciare laduerſario allor uantaggio: et abbracciatoli dipoi ſi diguazauono et percoteuonſi et ſbatteuonſi in terra: et queſto ſignifica dicendo battuti et puncti. CHOSI ROTANDO / Inſimil modo aggirandoſi queſte tre anime andauono innanzi cho paſſi: et el collo riuolgeuono ſempre indrieto inuerſo Danthe. Adunque el chollo facea contrario uiaggio a quel del pie. [illegible]

Et ſe miſeria deſto loco ſollo
rende indiſpecto noi enoſtri prieghi
comincio luno oltriſto aſpecto et brollo.
Lafama noſtra eltuo animo pieghi
a dirne chi tu ſe che uiui piedi
choſi ſicuro per lonferno freghi:
Queſti lorme dicui preſtar mi uedi
tutto che nudo et dipelato uada
fu di grado maggior che tu non credi.
Nipote fu dalla buona gualdrada
guido guerra hebbe nome: et in ſua uita
fece col ſenno aſſai et colla ſpada:

p One loratione di Iacopo ruſtichucci caualieri fiorentino: laquale e/ piena daruficio: et e/ in genere deliberatiuo: et capta beniuolentia et attentione dalle perſone loro dimoſtrando: che benche al preſente et elluogo miſero et infelice: nel quale ſono: et laſpecto deturpato dal loncendio glidimoſtri uili et indegni deſſere uditi. Nientedimeno la fama buona acquiſtata nel mondo lo debba commuouere. LOCO SOLLO Sollo ſignifica ſolleuato et non cõdenſato ne raſſodato. Onde diciamo nellarme laſolla quando in quella parte el ferro non e/ ben condenſato: et era queſto luogho ſollo: perche era harenoſo: et lharena non ſi raſſoda ma ſta ſolla. BROLLO proprio ſignifica pelato. Onde diciamo brollo

Laltro chapresso ad me la terra trita:
et Tegghiaio aldobrandi la cui uoce
nel mondo su douria esser gradita.
Et io che posto son con lor in croce
Iacopo rustichucci fui: et certo
la fera mogle piu chaltro mi coce.

buomo et spogliato dogni bene QVESTI cos tui LORME DICVI: leuestige et pedate delqua le tu uedi pestare: perche seguitandolo poneua el pie doue lui hauea lasciato la forma del suo. TVCTO CHE VADA nudo et dipelato: cioe benche uada nudo perche le fiamme gli banno le uato epeli et lapelle FV DIMAGIOR GRADO cioe di maggior dignita et fortuna et riputatione DELLA BVONA: cioe casta et sauia Gualdadra Fu figliuol del conte Guido figliuolo di Gualdrada. Fu questa fanciulla bellissima et figliuola di Messer Bellincion berti de Rauignani antichissima famiglia fiorentina; et uno de rami degliadimari. Et essedo Octone quarto imperadore infirenze: Et nel consexo delle donne el quale si celebra perla festa del Baptista stupefacto della belleza della fanciulla domando chi epsa fussi. Era messer bellincione appresso allo imperadore; Et innanzi aglialtri rispose esser figliuola di tale huomo che allui darebbe lanimo di poter gliene far baciare. Vdi le parole del padre la fanciulla: et puncta da honesta uergognia leuatasi in pie dixe: Padre mio non siate si liberale promettitore dime: perche non mi bacera mai chi non sara mio legittimo sposo. Stupi lomperadore della casta et prudente risposta della fanciulla: Et disubito chiamo a se uno desuoi baroni nominato Guido et in quel puncto gliene fece sposare et indota gli dette elcasentino et parte della romagnia et fecelo conte. et da lui hebbe orrigine la famiglia de conti guidi Di guido et di gualdrada nacquono due figliuoli Guigiielmo et Ruggieri; et digulglielmo Guido nouello: el quale sequito parte ghibellina. Di Ruggieri Guido guerra del quale alpresente si fa mentione. Chostui fu excellentissimo nellarte militare; et di gran prudentia et consiglo. Onde nella battaglia commessa a beneuento tra Carlo et Manfredi fu riputato principale cagione della uictoria di Carlo: perche si ritrouo essere quiui capitano di quattrocento caualieri fiorentini guelfi et exuli. Equali dopo tale ropta ritornorono in Firenze; et con laiuto di Carlo cacciorono eghibellini. Tegghiaio aldobrandi Fu chostui de gladimari molto stimato; et achasa: et ne gliexerciti per molte marauigliose opere et consigli. Chostui sconforto lampresa contro a Sanesi/dimostrando che non si poteua in quella hauer uictoria. Ma non fu acceptato el suo consiglo: Onde ne segui la infelicissima ropta darbia o uero da montaperti; et da quella lo exilio de guelfi da Firenze. IACOPO RVSTICHVCCI. Fu chostui caualieri fiorentino / non di molto famosa famigla: Ma abondante di riccheza et di grande animo; et pieno di liberalita. Ma hebbe mogle di si puersi costumi: che finalmente gli fu necessario di separla da se: et tal uita fu cagione che lui rimaso sanza mogle [illegible]

Sio fussi stato dal foco coperto
gittato misarei con lor disobto:
et credo chel doctor lhauria soferto.
Ma perchio misarei bruciato et cocto
uinse paura la mia buona uogla
che di lor abbracciar mi facea ghiotto.
[illegible] da quella.

q Vi non e/ da notare altro se non che uuol dimostrare che una strecta familiarita chon glhuomini ornati di molte uirtu benche in lor sia alchun gran uitio sidebba cercare. Et se possiamo esser coperti dal fuoco; cioe difenderci dalle uitiose cupidita dobbiamo hauere loro conuersatione per imitargli nelle uirtu: et el doctore; cioe la ragione el concederebbe. Ma temendo el fuoco: [illegible]

Poi comincio non dispecto ma dogla
la uostra condiction dentro mi fisse
tanto che tardi tutta sidispogla.
Tosto che questo mio signor mi dixe
parole per lequali io mipensai:
che qual uoi siete tal gente uenisse
Di uostra terra sono et sempre mai
loprar diuoi et glhonorati nomi
con affection ritrassi et ascoltai:
Lascio lofele: et uo pe dolci pomi
promessi a me per lo uerace duca:
mafinal centro pria conuien che tomi.

r Isponde che elloro misero stato non glha ficto nel cuore dispregio di loro ma doglia et compassione. DI VOSTRA TERRA. Di uostra patria sono. ET SEMPRE ritrassi; Quasi dica scripsi et mandai alla memoria daltri. Ouero ritrassi quasi imitai; chome diciamo che uno pictore ritrahe Danthe: cioe con la pictura imita la imagine di Danthe. ET ASCOLTAI da chi diceua diuoi. Et per questo dimostra hauergli hauuti sempre in somma ueneratione. Onde sequita che alpresente non glipossa hauere i dispregio. LASCIO LO FELE Et uo pe dolci pomi Manifesta in un uerso tutto eluiaggio dichi ua alla beatitudine. Imperoche ua per lonferno: cioe per la consideratione de uitii; equali sono fiele per lasciarlo; Et uuole per la purgatione arriuare al paradiso doue el dolce pome et fructo delle uirtu cioe la felicita. PROMESSI A ME PER VERace duca. Virgilio cioe lontellecto quando lo eleggiamo per ducha : et sequitiamolo ci promette la felicita : et non ci mente. Ma dacciela. ilperche e/ uerace et non bugiardo. MA PRIA chio uada a tali pomi : bisogna chio tomi Quasi uada in giu insino al centro : elquale luogho perche e/ el piu basso del mondo contiene el fondo dellonferno : cio uadi colla cognitione insino allinfimo di tutti euitii.

Se lungamente lanima conduca
le membra tue rispose quegli allhora
et se la fama tua dopo te luca :
Cortesia et ualor dixe ei dimora
nella nostra citta sichome sole.
o se nel tutto se ne getta fora :
Che guglelmo borsieri elqual si duole
con noi et ua inla co icompagni
assai ne cruccia con le sue parole
Lagente nuoua esubiti guadagni
orgoglo et dismisura han generata
in te Firenze si che gia tempiagni.
Chosi gridai con la faccia leuata :
etre che cio intesér per risposta
guardar lun laltro chomel uer si guata.

P Riega questa ombra Dante : et per piegar lo alla sua uolonta gli disidera due chose : lequali edannati posson giudicare grandissime la prima lungha uita. La seconda perpetua fama dopo la uita. Adunque SE LANIMA conduca : et quasi mantengha et conserui lungamente LE TVE MEMBRA : el tuo corpo : elquale mētre ue inclusa lanima si conserua intero : et incorropto. Dipoi partita lanima subito si dissa et cōrompe. In somma se tu lungamente uiua : ouera mente conduca quasi habbiti a pregio. ET SE LA fama tua luca / risplenda DOPO TE : dopo la uita tua DIXE/iacopo DIMORA habita nella nostra citta CORTESIA ET VALORE liberalita et forteza ouero magnaminita : lequali due uirtu nella rep. mantengon la concordia : et accrescon lomperio. Imperoche la prima genera concordia : et acquista amici. Laseconda fa glhuomini apti a ogni grande impresa. GVIGLELMO Borsieri. Alquanti dicono borsieri perche da principio facea le borse. Alquanti affermano borsiere esser nome di famigla non ignobile. Chomūche sia lui fu caualieri di corte : et hebbe practica chon tutti esignori ditalia huomo chostumato et di nobil maniera. Era lufficio suo et di simil caualieri tractare pace tra glhuomini grandi et nobili ; Et interporsi a conducere matrimonii : et alchunauolta con giocose et piaceuoli nouelle ricreare glanimi de glauditori. Dicono che essendo a Genoua : et domandandogli messere Hermino grimaldi huomo ricchissimo insieme et auarissimo che chosa potessi dipignere in una sala duna chasa da se nuouamente facta : laquale fussi incognita et non piu ueduta. Rispose messere io uinsegnero una chosa della quale uoi non hauesti mai cognitione : dipigneteui la liberalita : laqual parola tanto commosse lauarissimo animo di messer Hermino che muto natura et diuento assai liberale. Pinge adunque elpoeta che chostui nouellamente morto habbia portato nouelle fresche di firenze. ELQVAL Si duole con noi : cioe sopporta la medesima dogla et pena che sopportiamo noi : perche e/ dannato del medesimo uitio. ET VA LA cho icompegni. E/ in quella torma onde noi siamo al presente usciti. Ne corruccia/ne tormenta. i. ci da assai dolore. LA Gente noua. Qui risponde Dante Dicendo La gente nuoua cioe rusticana et che nuouamente e/ uenuta ad habitare firenze. ET ESVBiti guadagni. Quasi dica facti chon illeciti contracti : et con somma auaritia. ORGOGLO et dismisura comunemente questo nasce da quello. Imperoche quando glhuomini nuoui diuenton ricchi et acquistano stato diuentono orgoglosi : et pieni dismisura : perche sono si arroganti che uoglon piu che non se glappartiene. Orgoglio in lingua fiorentina significa arrogante altergia. Onde el petrarca. Ondio assai mi doglio Quando un superchio orgoglio in bella donna molte uirtu asconde. CHOSI Gridai chon la faccia leuata. Ilche dimostra indegnatione. ET QVESTI TRE GVARDAR lun laltro chome il uer si guata. Quando quegli che odono alchuna chosa guardano in uiso lun laltro par che appruouino quel che odono esser uero.

Se altre uolte si pocho ti chosta
rispóson tutti a satisffare altrui
felice te che si parli ad tua posta.
Pero se campi desti luoghi bui :
et torni a riueder le belle stelle
quando ti giouera dicere io fui
Fa che di noi alla gente fauelle
ind i rupper la ruota : et al fuggirsi
ale sembiauan le lor gambe snelle.

L A sententia e/ che que tre : risposono a Dāthe che se ognaltra uolta era cosi facile a rispondere a chi lo dimanda certamente lui e/ felice poiche parla si a sua posta : cioe poiche poiche puo parlare ad sua posta si : cioe con tanto ornato et con breuita. Dipoi captata tale beniuolentia perhauerlo chosi lodato priegano che quando ritornera nelmōdo gli riduca amemoria deglhuomini. Possiamo anchora interpretare el gia decto ternario Danthe esser felice se si pocho gli chosta el satisfare altrui ; et se parla a sua posta. QVANDO Ti giouera dicere io fui. Cioe quā

Vn amen non ſaria potuto dirſi
tosto choſi chome funno ſmarriti:
perchal maeſtro parue di partirſi.

do uſcito di ſi pericoloſi luoghi et ridocto in luogo ſi chiuſo ti giouera narrare le coſe paſſate. Imperoche chome dice Cicerone. Ricordarſi del paſſato pericolo poiche ſiamo ridocti nel ſicuro ci da uolupta et piacere. VIDI ROMPER LA RVOTA: Il cerchio che intorno a noi haueuon facto. ET LE LOR GAMBE SNELLE: cioe ſchiecte. SEMBIAVON ALE: cioe aſſimigliauono ale: perche erono choſi ueloci al correre chome ſono lale al uolare.

Io lo ſeguiuo et poco erauamo iti
chel ſuon dellacqua uera ſi uicino:
che per parlar ſaremo apena uditi:
Chome quelfiume cha proprio camino
prima da monte ueſo inuer leuante
dalla ſiniſtra choſta dapennino:
Che ſi chiama acqua cheta ſuſo auante
che ſi diualli giu nel baſſo lecto:
et adforli di quel nome e/ uacante
Rimbomba la ſopra ſan Benedecto
dellalpe per cadere a una ſceſa
oue douea per mille eſſer ricepto:
Choſi giu duna ripa diſcoſceſa
trouammo riſonar quellacqua tincta
ſiche pochora hauria lorecchia offeſa.

e Ra gia piaciuto a uirgilio di partirſi da quelle anime: pche laragione dimora in tali uitii quanto baſta alla cognitione di quelli: poi ſi parte: et lappetito et el ſenſo la ſegue: Et arriuorono alla fine di queſto cerchio: doue e/ la ripa che diſcende nelloctauo cerchio per laquale cadẽdo Phlegethonte facea tanto ſtrepito a chi uera uicino che non potea udir lun laltro: Et agiugne che era tale la caduta di queſto fiume: quale e/ quella del montone. Doue e/ da notare che ueſulo e/ un monte neglalpi ſopra monferrato: el quale parte la Prouenza da Italia. Da queſto ſi parte lappennino: benche alquanti dicono che appennino comincia a Monacho in riuiera di Genoua: et uienſene coſteggiando inuarſo pietrapana laſciãdo da ſiniſtra el monferrato Torino et uercelli: et da dextra Lunigiana et parte della riuiera Iui alquanto ſi torce et a ſiniſtra laſcia Piacenza. Parma. Reggio. Modona: Et a dextra Luni. lucca. Piſtoia. Indi procedendo a ſiniſtra laſcia Bologna. la Romagna: et la Marcha: Et adextra Firenze Arezo. Perugia. El patrimonio inſino a Roma. Indi continuando a ſiniſtra Abruzi. terra di beſtia. Pugla: et terra dotranto. A dextra Campagna. Terra di lauoro. Salerno: et parte della calauria: et da ſiniſtra laltra parte della calauria inſino al faro di Meſſina: Et gia continuaua andando inſino in Sicilia. Imperoche al dirimpetto del fin ſuo in Italia e/ Peloro monte in Sicilia; elquale gli conriſponde informa che pare coſta ſuelta dallappennino: Et doue in Italia appennino e/ mozo dallo ſtrecto et quiui finiſce e/ Rheggio; elquale nome in greco dimoſtra el rompimento di queſto monte pel mare che lo diuiſe. Imperoche in quella lingua Rhegmin ſignifica frangere et ſpezare. Ilperche in perſio ſi legge Sic coſtam longo ſubduximus apenino. Et che Sicilia fuſſi gia congiunta con italia; et poi o per forza dellonde aſſidue: o per terremoti fuſſi diſgiunta molti ſcriptori lo credono: Et Virgilio Hec loca ui quõdam et uaſta conuulſa ruina Tantum eui longinqua ualet mutare uetuſtas Diſſiluiſſe ferunt cum protinus utraque tellus Vna foret uenit medio ui pontus et undis Heſperium ſiculo latus abſcidit. Et pche habbiamo di ſopra facto mentione della dextra et della ſiniſtra/intendi ladextra parte quella che e/a mezo di: et la ſiniſtra quella che e ſeptentrionale. Imperoche uolgendoci noi al capo del mondo che e/loriente el ſito ſeptentrionale ci rimane alla ſiniſtra: et el meridiano alla dextra. Tutti quegli fiumi adũque equali naſcano dalla ſiniſtra parte dappennino innanzi a queſto entrono in po/ la cui origine e/ nelle radici di Veſulo; et non uanno in mare per proprio corſo. Ma queſto fa el contrario. Imperoche nõ mette in po ma ua per proprio corſo. Et ordina choſi el texto Chome quel fiume elquale ha prima proprio camino: cioe e/ elprimo elquale habbi proprio camino. DA MONTE VESO inuer leuante: Non intendere che naſca in monte ueſulo: elquale e/lontano piu che dugento miglia dal monte ſopra Furli onde naſce queſto fiume. Ma dixe da monte ueſo: cioe dalla parte di monte ueſo ſi chiama acqua cheta innanzi che ſcenda el monte: Et diuallisi cioe ſcenda per la ualle. GIV NEL BASSO LECTO. i. nel piano di Romagna. ET A FORLI Di quel nome e/ uacante: perche non piu acqua cheta Ma montone ſi chiama: et mette in mare preſſo a Rauenna. RIMBOMBA LA SOPRA SAN BENEdetto. Perche quiui comincia a cadere. AD VNA SCESA. Queſta e/ una badia ſopra quella parte dapennino che diuide el Mugello dalla Romagna. Ilperche queſto monte pigla el nome dalla badia. OVE DOVEA PER Mille eſſer ricepto. Scriue Giouanni Boccaccio hauere udito dallabate di queſto ſan Benedecto: che gia econti ſignori di quel paeſe tennono ragionamento di fare un caſtello appreſſo a queſta caduta et ridurui molte uillate quiui uicine. Ma la morte di cholui che piu che glaltri lo diſideraua interruppe el diſegno. Adunque dice Danthe Oue douea eſſer ricepto cioe riceptacolo et ſtanza et habitatione per mille cioe per molti. CHOSI: Torna al propoſito et dice che choſi rimbõbaua quella acqua di phlegetonte per quella ualle DISCOSCESA: cioe precipite et molto ripida. INFORMA CHE POCHORA: cioe in brieue tempo. HAVRIA Offeso lorecchia: cioe el senso delludire elqua le soffende dallexcesso del suono et della uoce: Ilche accioche meglio intenda benche lanima nostra sia incorporea: Nientedimeno exercita la potentia de sensi con gli strumenti corporei. Ilperche e/ necessa rio che chome lo instrumento corporeo e/ finito et terminato: chosi e/ finito et terminato el senso. Adunque ogni excesso sensibile conuiene, che offenda el senso: perche passa la sua proportione. Onde dicono che quegli che habitono doue chade el Nilo per si grande et assiduo romore diuentono sordi.

Io hauea una corda intorno cincta
et con epsa pensai alchunauolta
prender la lonza alla pelle dipincta.
Poscia che lhebbi da me tutta sciolta
si chomel duca mhauea comandato
porsila allui aggroppata et auuolta.
Onde si uolse inuer lo dextro lato:
et alquanto dilungi dalla sponda
lagitto giuso in quellalto borrato.
Epur conuien che nouita risponda
dicea tra me medesmo alnuouo cenno
chel maestro con locchio si seconda
Ah quanto cauti glhuomini esser denno/
presso a color che non ueggon pur lopra
ma perentrel pensier miran col senno.
Edixe a me tosto uerra di sopra
ciochio attendo: et cheltuo pensier sogna
tosto conuien chal tuo uiso si schuopra.

QVesto luogho contiene in se una fictione assai obscura. Pone el poeta che per comandamento di Virgilio si scinse una corda che haueua cincta: et porsela rauuiluppata a Virgilio. Onde alquanti dicono che Danthe insua pueritia prese lhabito di san Franceschо: et dipoi partitosi lo lascio: Et per questo pone la corda della quale era cincto per la hyppocresia. Ilche ne credo: ne mi pare uerisimile. Ma chosa manifesta e/ che iquello che sequita el poeta tracta di dieci spetie di fraude. Onde e/ conueniente chosa che uolendo Virgilio dimostrare che chosa sia fraude a Dante chiegga che lui si scinga la corda che haueua cincta. Ilche dinota che uolendo lhuomo rectamente conoscere la fraude: laquale e/ chosa piu implicita et obscura piu che alchuno altro uitio/ non puo con lontellecto uedere luniuersale: se elsenso nō gli rappresenta qualche particulare: Chome exēpli causa non conoscerei io che chosa sia amicitia in genere se prima non intendessi una particulare amicitia: laquale e/ tra me et te: laqual fa che tra noi e/ una medesima uolonta in tutte le cose Elquale particulare porto dal senso allontellecto fa che lo intellecto abstrae inconsideratione tale particulare amicitia: et riducela in generale: Et intende che lamicitia in se non intendendo piu quella che e/ tra Scipione et Lelio: che unaltra Ma ingenere niente altro e/ se non un consenso di uolere: et di non uolere tra piu huomini. Adunque in questo luogho Virgilio et Danthe e/ un solo huomo chome gia molte uolte habbiamo dimostro: elquale uolendo intendere le fraude bisogna che lontellecto chiegga al senso la corda che ha cincta: et per la corda sintende la sua particulare fraude che e/ nata dalsenso aiutato dalla ragione inferiore. Lui se lascigne che significa uolerla lasciare: et porgela allontellecto: perche cerca con quella conoscere la sua malignita: Ma porgela aggroppata cioe annodata et riuuolta: cioe rauuiluppata: perche la fraude e/ sempre piena di nodi et di uiluppi. Oueramente diremo che elsenso et la ragione inferiore porge la corda inuiluppata: perche non e/ sufficiente per se a explicare la natura di tal uitio. Ma puolla explicare lo intellecto: et pero la porge allui. Et rectamente pone la chorda per la fraude. E/ la corda facta di canapa chosa apta a inuiluppare et a impedire: Et la medesima natura e/ nella fraude. Poi e/ torta et composta di piu fila: Et similmente la fraude torce et compone insieme piu malitie: et niente e/ semplice et aperto in quella. Ne e/ quella differentia in lingua toscana tra fune et corde che e/ in latino. Imperoche elatini chiamano fune quella che e/ facta di canape: o daltra simile materia apta a legare. Chorda e/ nome greco et significa le minugie chon lequali suonano liuole arpe et liuti et simili instrumenti: et in quella medesima significatione lusano elatini: Ma noi pigliamo fune et chorda quasi per una medesima chosa. Adunque dixe corda cioe fune. Ne si discosta el poeta dal psalmista: elquale ponendo la fune per la fraude dixe Funes peccatorum circumplexi sunt me: et Isaia Ve qui transitis iniquitatē in funiculum uanitatis. ET CON EPSA Pensai alchunauolta prender la lonza. Hauendo dimostro el poeta che sera scincto la propria fraude/ subgiugne alpresente due chose. La prima che tale fraude non era stata circa epeccati molto graui chome e/ usare fraude in auaritia o in superba ambitione. Ma solamente in luxuria hauendola usata per prender la lonza: cioe in chose amatorie et lasciue: perche la lonza dimostrammo porsi per la luxuria. Onde sequita che quāto el peccato della luxuria e/ men graue che glaltri: tanto e/ meno detestabile tale fraude. La seconda e/ che anchora in luxuria poche uolte lhaueua pensato. Onde dice alchunauolta adūque non hauea facto habito Ilperche era facile a scignersene. i. a diporla. ONDE SI VOLSE inuer lo dextro lato. Sempre la ragione si uolge in sullato dextro: cioe in su pensieri diricti et uirtuosi: et gitto la chorda dilungi dalla sponda quasi nel mezo. INQVELLALTO cioe profondo BORRATO fossato. Borrato diciamo quel fiumicello elquale per essere in un uallone profondo et strecto ha le ripe alte da ogni banda . Gittolla nel mezo per trouare elcentro depso uitio; dal qual centro tutte le linee nascano. EPVR CON Vien che nouita risponda. Danthe chome prudente stimaua tra se medesimo che Virgilio non faccia alchuna chosa sanza somma consideratione. Adunque dogni sua operatione si debba aspectare chosa egregia et nuoua. Et admonisce noi che sempre prestiamo fede a piu saui . Imperoche come scriue Cicerone nel secondo de officiis Iis fidem habemus quos plus sapere quam nos arbitramur: Et quos futura prospice re credimus. CHEL MAESTRO chon locchio si seconda. E/ optima congiectura che Virgilio non babbia gittato a caso. Ma con consideratione la chorda: perche si seconda con locchio ; cioe perche la se quita con locchio. Adunque sta attento per aspectare el fine di tal chosa. AH QVANTO CAVTI E/ optimo precepto che quando siamo appresso de glhuomini saui et litterati ; et equali stimiamo niẽ te fare a chaso o sanza exquisita ragione dobbiamo con somma attentione obseruare et notare non sola mẽte efacti et le parole. Ma ogni minimo gesto et cenno: perche chostoro non ueggono solamente lo pra cioe quello che e/ presente ; ma con glocchi della mente mirano leffecto che ne debba sequire . EL DIXE AD ME. In un medesimo tempo pensaua Virgilio quello che hauea a sequire della chorda gittata ; et confortaua Danthe che presto shauea a manifestare quello che lui aspectaua ; et quello che Danthe sognaua. Et certo lontellecto della causa preuede leffecto chome chosa certa et quello aspecta ; Ma il senso et la ragione inferiore non lo uede perche piu tosto conosce la causa pelleffecto che leffecto pella causa. Onde innanzi che leffecto segua benche habbi ueduto la causa non lo antiuede . Ma ua ima ginando chose diuerse simile a un che sogni: et radeuolte sappone .

Sempre a quel uer cha faccia dimenzogna
de lhuom chiuder la bocca fin che puote
pero che sanza colpa fa uergogna .
Ma qui tacer nol posso et per le note
di questa comedia lector ti giuro
selle non sien di lunga gratia uote.
Chio uidi per quellaer grosso et scuro
uenir notando una figura insuso
marauiglosad ogni cor sicuro
Si chome torna cholui che ua giuso
talhora a sciogler lanchora chaggrappa
a scoglio o altro che nel mare e chiuso:
Chensu si stende et dapie si rattrappa.

O Primamente et con grande artificio hauen do a dire chosa incredibile dimostra che in tende che non si debba narrare chose incredibili benche sieno uere se la necessita non ci strigne ; perche cifanno uergogna atorto: perche dicendo el uero siamo tenuti bugiardi . Et perche poche chose sono piu opposite et contrarie alla natura dellhuomo che la bugia: Conciosia che quella cia dato elparlare: Ilche non e dalchuno altro aniale acciochе possiamo exprimere et manifestare di fuori quello che habbiamo conceputo nella mẽte et noi lusiamo nelcontrario: pero debba lhuomo non solamente non dir bugia ; Ma etiã non dire quel che pare bugia se la necessita nol costrigne. Adunque Dante per acquistare fede a quello che disua natura pare incredidile dimostra conoscere quanto habbiamo decto ; Ma esser constrecto da necessita di dirlo; perche sanza quello in questo luogho resterebbe la chosa imperfecta. Dicelo adunque; et per dargli fede lafferma con giuramento di quelle chose che gli sono carissime ; et giura in questa sententia Chosi sieno piene di lunga gratia le no te ; cioe le parole di questa comedia chio scriuo chomio uidi uenire questa bestia . Questo e / efficace giuramento. Perche nessuna chosa e/che tanto disideri lo scriptore/quanto che lopera scripta habbi gra tia. Et maxime lo disidera Danthe non per uanagloria; Ma perche scriuendo chose necessarie alla salute dellhuomo/disidera esser lecto accioche le sue laboriose uigilie produchino optimo fructo a molti . CHIO VIDI PER Quel laer grosso et scuro uenir notando una figura in suso. Molti sono rimasi in gannati credendo perche lui dice Venir notando quelluogho esser ripieno dacqua: Et non saccorghono che lui imita Virgilio: elquale fa reciproca translatione dal mare allaria. Onde dixe Mare uelinolum. i. per quod uelis uolatur; Et uolare e/ solo nellaria: et chosi dallaria al mare Onde in Mercurio dixe Remi gio alarum benche eremi sieno solamente del mare. Similmente Danthe dixe uenir notando benche el notatore sia proprio nellacqua ; Et certo e/mirabile fictione et altutto degna della diuinita di tanto in gegno. Vuole discriuere la fraude ; et dice io uidi una figura ; Ma non uide anchora che figura si fussi Ilche dinota che la fraude si uede: et da prima non si conosce. Vedeuono etroiani Sinone: et udiuono le parole ; Ma non conosceuano a che fine fussi uenuto. Preterea la uide per laere grosso et schuro . Il che non solamente dinota che nellonferno cioe nellhabito de uitii sia obscurita. i. ignorantia . Ma uuole dimostrare che la fraude e/ sempre aombrata et scurata in modo che non si puo discernere. Veniua no tando per laere per significare che non sta in luogho sodo et fermo cioe nel uero. Ma nuota: perche ua ria et muta sempre le chose elfraudulento: et quando credi sia in un luogo e/ in uno altro . Veniua in suso: perche la fraude da luogho nascoso quando che sia uiene in luce ; Et e/ marauiglosa a ogni chuore sicuro ; Perche nessero e/ di si inuitto animo che non tema la fraude. Imperoche la forza laquale cie in ferita manifestamente da alchuno spatio al prouedere alla difensione. Onde el magnanimo prende cõfideuza: Ma la fraude prima ci percuote che la possiamo prenedere. Ilperche non puo lhuomo generoso exercitare o dimostrare alchuna sua forza per repugnare a quelle: et per questo molto teme di tali assalti. Intendi adunque perche Danthe la uedea per laere obscuro et grosso: perche uenia notando: perche uenia dal basso in alto: perche era pauentosa etiam a glhuomini sicuri: Et finalmente dimostra che uenendo in su faceua chome chi e/ ito nel fondo dellacqua per sferrare una anchora attacchata o ascoglio o ad altra chosa coperta dallacqua: elquale tornando in su distende le prime parti: cioe el collo: et le braccia: et lultime che sono le gambe rattrappa: cioe rannicchia: Et ueramente el fraudulento sempre distende le prime parti: perche comincia da alchuna cosa uera: et quella uuole che sia manifesta. Di poi nel fine aggiugne el falso: et questo rannicchia: et rinuiluppa acioche stia nascoso: et non sia ĩteso

CANTO. XVII. DELLA PRIMA CANTICA DI DANTHE

Ecco la fiera con la choda aguza
che passa monti et rõpe mura et armi
ecco colei che tutto elmondo apuza.
Si comincio elmio duca a parlarmi
et accennolla che uenissi a proda
uicinalfin de passeggiati marmi.
Et quella soza imagine di froda
sen uenne et arriuo la testa elbusto:
mansu la proda non traxe la coda:
La faccia sua era faccia dhuom giusto
tanto benigna hauea di fuor la pelle
et dun serpente luno et laltro fusto.
Due branche hauea pilose insin lascelle
lodosso elpecto et ambedue le choste
dipincte hauea di nodi et di rotelle.

In questo canto. xvii. pone lauctore laforma di Gerione: laquale intende che sia in figura di fraude: perche ha atractare de fraudulenti: Et prima dimostra quella hauere la coda si aguza che chon epsa puo trapassare emonti: et rompere muri et armi: Et certamente lafraude non dimostra nocumento se non nella coda cioe nel fine. Imperoche el fraudulento cela et ascon de el pensiero et consiglio suo: Et sobto couerta dalchun bene tinganna. Et sempre el fine della fraude e/ noceuole. Ne tipuoi accorgere dellonganno se non nella fine. Onde e/ nato elprouerbio che nella coda sta elueleno: Et e/ tanto potente lafraude che passa monti: cioe uince ogni gran potentia. ET ROMPE Mura et arme. Ilche dinota che nessun riparo uale contro aquella, ne difensione: ne doffensione. QVESTA E/ COLei che tutto il mondo appuza. E/ il mondo in buono odore: et incorropto quando glhuomin

Con piu color commesse et sopraposte
non fer mai drappi tartari ne turchi
ne fur tal tele per aragne imposte.

obseruono la fede et amano la uerita. Et di que sti dice el psalmista Innocens manibus et mūdo corde qui non accepit in uanum animam suam: Neque iurauit in dolo proximi sui: Et chosi per lopposito si corrompe et apuza per la perfidia; et per le fraude. ET ACCENNOLLA che uenissi aproda. La fiera era nellaria; perche lafraude nō ha alchuna stabilita; ne si puo comprendere ne tenere: ma chome aria ti sdrucciola. Ma Virgilio la chiama allargine; elquale e/ di marmo chosa dura. Imperoche lontellecto considera et contempla lafraude fondando in uere et stabili ragioni; et falla uenire in sul saxo. Ma quella ui pone la testa el busto; ma non la coda; perche chome habbiamo decto eprincipii de fraudulenti si posono in sul uero; et per non mutare exemplo Sinone per ingannare etroiani comincia la narratione sua delle chose uere dimostrādo longanno dulixe nella morte di Palamede. Dipoi sobto questa uerita occulta la sua bugia fingendo lo dio che gli portaua Vlixe; et molte altre chose. Adunque le prime parti nella fraude sono in sul saxo; cioe in chosa soda et uera: Et la coda rimane nellaria chosa mobile. LA FACCIA SVA ERA faccia dhuom giusto. Hauea questo monstro la faccia dhuomo: el resto del corpo di serpente; et la choda di scorpione. Ilche alchuni dicono significare tre spetie di fraude. Vna nelle parole; et questa si dinota p la faccia humana: perche solo lhuomo usa el sermone. La seconda nelle chose; cioe nellarti; et nelle merce; Et questa dinota pel serpente elquale e/ astuto animale et di uarii colori; chome tali fraude sono uarie et diuerse. La terza nel facto Sichome sono ladroni et assassini: equali chome lo scorpione danno puncte auelenate/ Ma giudico essere piu uera allegoria: che ogni fraude sia composta di queste tre forme; Et se rectamente si considera la fraude ha faccia: cioe la prima sua apparenza dhuomo giusto; perche elfraudulento da principio dimostra humanita beniuolentia; et ogni parte di giustitia; Et come dice Salustio Vna chosa ha prompta nella lingua: et unaltra chiusa nel pecto. Et da simili priegha Dauid el signore che lo difenda quando dice Libera animam meam a labiis iniquis et a lingua dolosa. TANTO BENIGNA Hauea di fuor la pelle. Adinotare che tanta benignita non e/ dentro; cioe in facti Ma nella pelle cioe in apparenza. Onde Persio Ego te intus et in cute noui. ET DVN SERPENte tutto laltro fusto; cioe tutto el resto del corpo era serpente. Elserpente e/ astuto animale et prudēte Et perche lastutia et callidita puo essere in uirtu quando sanza fraude et danno del proximo cisforciamo difenderci dalla malitia daltri: et rectamente administrare le chose nostre; et puo essere in uitio quando tale astutia usiamo in fraude. Pero elserpente alchunauolta e/ posto in bene: chome quando lauerita nello euangelio dice Estote prudentes sicut serpentes et simplices sicut columbe. Alchunauolta in male Onde nel primo del genesi e/ scripto la tentatione diabolica al primo huomo in figura di serpēte elquale hauea faccia humana a dinotare quanto habbiamo decto. Ne posso sanza sommo stupore considerare la grandeza dellongegno di questo poeta: elquale in un medesimo luogo mescola le chose de gentili chon le christiane; et arroge da se; et diuersissime chose fa tale temperamēto: che optimamente exprime sua intentione et riseruando somma grauita uaggiugne marauiglosa giocondita. Adunque elfraudulento ha el principio pieno dhumanita et di bonita in apparenze per allectare ad se glianimi de glhuomini et rimuouergli da ogni opinione di douere essere ingannati dipoi el processo suo e/ serpentino astuto et uario infino che arriui al fine da dempiere la fraude: elquale e coda di scorpione perche sommamente nuoce. DVE BRANCHE. Per queste intendiamo due spetie dastutia: cioe fraude che e/ infacto; et dolo nelle parole. PILOSE quasi coperte et occultate; perche sempre e/ coperto et occulto el consiglio del fraudulento: Et anchora e/ pieno di crudelta. INFIN LA SCELLE: Infino alle spalle; lequali chiama ascelle da questo uocabolo latino axilla. LO DOSSO EL PECTO et ambedue le choste Insententia tutto el resto del corpo era coperto di pelle di serpente laquale e/ piena di nodi et di rotelle Et questo allegoricamente significa le simulationi che sono sempre inplicite et inuiluppate et colorate: et emodi nelle fraudi son uarii et implicati insieme: siche delluno sentra nellaltro: et sono circulari siche si torna donde si comincia. CHON Piu colori. Chi ha ueduto simili drappi intende la comperatione essere optima. NE FVR TAL Tele per aragne imposte. Dicono le fauole che in Lydia fu una femina decta aragne nata in piccola uilla et di uile lignaggio: Ma si docta nellarte del richamare: et in ogni artificio dagho et di tela che dilungo interuallo uinceua tutte laltre. Ilche la fece si arrogante; che non contenta di superare emortali uolle ghareggiare chon gli dii: et contendere chon Pallas dea della sapientia. Ma pallas la uinse et spezogli et tagliogli la tela et conuertilla in ragno. Elquale animale anchora non cessa fare artificiose tele. Per questa fauola si dimostra che aragne. i. lhumana fraude uince tutte laltre excepto che Pallas laquale e/ dea della sapientia: perche la sapientia diuina conosce la fraude dellhuomo Et e/ idio scructator cordium. Per laqualchosa non creda alchuna aragne uincere pallas. Imperoche epsa uincera lei et spezeragli ogni tela; Cioe conoscera idio la nostra fraude; Et rompera tutti enostri disegni.

·Gerion·
Mostro posto per la fraude·

fauola di aragne qual fu i[n] Ragno.

c Hosi staua quella bestia parte nellaria et parte interra chome stanno eburchi o chome stanno ebeueri Questo animale e/ chiamato da greci fibro: Et dice Plinio che per naturale instincto cognoscendo chel cacciatore lo cerca per hauere esuoi granelli; equali sono medicinali maxime al parletico: et al morbo caduco/lui medesimo cho denti se gli tagla. Ilperche isidoro scriue che elatini lo chiamano castore perche si castra. E/di terribil morso: et non altrimenti tagla glalberi cho denti che lhuomo col ferro: Et se imbocca uno huomo/non lo smorsa prima che senta hauere macinato lossa del membro che lui morde; E/ simile alla lontra: et chome quella habita la terra et lacqua: Ma ha epiedi di drieto chome doca: choquali e/ molto dextro al notare. La coda ha larga et squamosa chome pesce; et sempre latiene nellacqua et questa sola e/cibo pretioso: laltre membra sono dabomineuole lezo: Fa in su efiumi artificiose chase et con piu palchi: actioche benche lacqua cresca et scemi lui possa tenere la coda nel fiume; et el resto del corpo in seccho. pascesi di pesci et di scorza dalberi. Quegli che hanno piu forza si fanno schiaui epiu deboli; et fannogli andare rouesci pel fiume et tra le gambe di drieto et la pancia gli charicono di legni per lo hedificio delle loro chase: et p la coda gli tirono alluogo electo. Alberto magno scriue esser falso che si castrino: perche hanno egranelli appicchati informa alla spina o uoglamo dire al filo della schiena che non si possono spiccare sanza lor morte. El medesimo afferma Diascoride. Della pelle di questi si fanno utili cappelli. TRA LI TEDeschi lurchi: cioe tra golosi et di gran pasto: et dice chosi perche el dannubio doue si truouono ebeueri corre per questi popoli. A FAR SVA GVERRA contra a pesci de quali si ciba. SV LORLO Che di pietra el sabbion serra: Era largine del fiume di pietra elquale strignea el sabbione: che non fussi roso dal fiume Appariuono manifeste fuori dellacqua et erono in su la pietra. Imperoche eprincipii della fraude chome dixi sono da chose uere et sode: Ma poi elresto guiza; perche sono chose coperte: et uane; et torcono la forca in su; perche finalmente apparisce el ueleno.

Chome tal uolta stanno arriua eburchi
che parte stanno in acqua et parte in terra
et chome la tra li tedeschi lurchi
Lo beuero sassetta a far sua guerra.
chosi la fiera pessima si staua
su lorlo che dipietra elsabbion serra
Nel uano tutta sua coda guizaua
torcendo in su la uenenosa forca:
cha guisa di scorpion la puncta armaua.

Lo duca dixe hor conuien che si torca
la nostra uia un poco insino a quella
bestia maluagia che chola si corcha.
Pero scendemmo alla dextra mammella:
et dieci passi femmo in su loxtremo
per ben cessar larena et la fiammella:
Et quando noi allor uenuti semo
poco piu oltre ueggo in su la rena
gente seder propinqua alluogho scemo
Quiui elmaestro acciochè tutta piena
experientia desto luogo porti
midixe ua: et uedi la lor mena.
Li tuoi ragionamenti sien la corti
mentre che torni parlero con questa
che ne conceda esuoi homeri forti.

d Imostra Virgilio che era necessario andare insino alla bestia; perche a uolere hauere intera cognitione defraudulenti era necessario uenire alla consideratione dellastutia. CONVIEN CHE Si torca la nostra uia. Questo dice perche insino a qui hauean girato a sinistra mano excepto che alchunauolta per attrauersare chome hora; Et gia di sopra habbiamo dimostro perche questo finge. PERO Scendemmo alla dextra mãmella: Adinotare che la consideratione dellastutia era per guardarsene; et non per usarla. ET DIECI PASSI Femmo in sullextremo; Intẽdi in su lorlo del septimo cerchio. Per dieci passi: intende dieci spetie dastutia delle quali tractera successiuamente nelloctauo cerchio. Dipoi Virgilio manda Danthe a conoscere legenti che ui sono: et lui rimane a ragionare con la fiera. Ilche significa che alla cognitione delle chose particulari basta la ragione inferiore; Ma asconsiderare tutta la natura dellastutia inuniuersale bisogna Virgilio; cioe la ragione superiore: et lontellecto elquale persuade alla fiera che gli pongha in su glhomeri suoi forti et trapassigli nelloctauo cerchio. Imperoche non puo andare lontellecto nostro alla cognitione delle pene che sono in quel cerchio. Se non conosce lastutie et le sue spetie; et non sa distinguere e luoghi secondo lespetie. GENTE Seder ꝑpinqua: Vna medesima pena: cioe fiãme da ciel cadenti punisce esoddomiti et glusurieri: perche ciaschuno di questi fa uiolentia alla natura. Ma esoddomiti uanno et glusurieri seggono A dimostrare che lusura e/ maggior peccato; perche fa uiolentia non solo alla natura ma anchora allarte. QVIVI EL MAESTRO: Gia disopra habbiamo dichiarato questo luogo LA LOR mena: elor portamenti le loro actioni et mouimenti: perche menare significa commuouere Onde diciamo emena el capo. LI TVOI Ragionamenti sien la corti. Imperoche conosciuto che hab biamo la natura dellusura et dobbiamo di subito partire da tale consideratione. MENTRE CHE tor ni parlero; Gia e/ dichiarato che solo la ragione superiore intende luniuersale.

Chosi anchor superlextrema testa
diquel septimo cerchio tucto solo
andai oue sedea lagente mesta
Per gliochi fuori scoppiaua ellor duolo
diqua dila soccorrean colle mani
quando aluapore et quando alcaldo solo
Non altrimenti fan distate ecani
hor colceffo hor colpie quando son morsi
da pulci damosconi o datafani.

d imostra come solo ando insino a glusurieri Et dimostra come seggono et non uanno Et noi habbiamo di sopra decto la ragione. Fa comparatione che come ecani del continuo si di fendono damorsi de uermi che glioffendono; chosiloro si difendono colle mani hora dalle fiã me che pioueuono hora dalcaldo solo cioe dalla calda terra. Et perche siamo arriuati atale pecca to diremo con breuita dellusura. E usura uedita duso delle chose che non hanno uso: o di quelle che solamente si consumano per uso. Et e/ da notare che certe chose hanno uso; Certe no. Hanno uso quelle che sono utili allauita humana o necessariamente o a bene essere. Chome pane uino et uestimenti. Non hanno uso quelle sanza lequa li possiamo uiuere commodamente chome sono le gemme: et non hanno multiplicatione; perche oro non fa oro ne gemma gemme. Preterea delle chose che hanno uso alchune si consumano in epso uso so lamente chome e/ pane et uino. Alchuno in tempo chome chase: et uestimenti et simili. Adunque chi pigla prezo della pecunia prestata/ pecca; perche non ha uso. Similmente chi prende prezo di pane o uino prestato commette usura: perche si consuma in epso uso. Ma prestando la chasa che si consuma per tempo et per uso non commette usura pigliandone prezo; perche si peggiora nelluso; et e/ neces sario che di tempo in tempo si ripari: Ma dellusura dicemmo nellundecimo capitolo.

Poche nel uiso a decti gliocchi porsi
nel qual el doloroso focho casca:
non ne conobbi alchun ma io maccorsi
Che dal collo aciaschun pendea una tascha
chauea certo colore et certo segno
et quindi par challor locchio si pasca
Et chomio riguardando trallor uegno
auna borsa gialla uidi azurro:
che di lion hauea faccia et contegno
Poi procedendo di mio guardo elcurro
uidine unaltra chome di sangue rossa
mostrando unocha biancha piu che burro

d Imostra che questi erono si abruciati dalfuo cho che non si poteano cognoscere. Inten dendo allegoricamente che questo uitio dellusu ra fa glhuomini infami; et priuagli dogni buon nome et fama: et appresso a glianimi generosi et a glhuomini prudenti non sono in prezo alchu no: et non si degnono di conoscergli. Et certo benche lambitione sia gran uitio: Nientedimeno ha qualche generosita danimo. Laluxuria ha qual che spetie di beniuolentia. Ma lauaritia e/ chosa sordida et uile et ignobile. Ilperche finge che gli conobbe da tasche lequali haueano al collo. Il che dimostra che tali huomini non sono conosciu ti per alchuna loro uirtu. Ma solamente pelcumu lo delle pecunie illecitamente ragunate; et ĩque ste tasche eron dipincte larmi diquesti tali; pche in nessuna altra chosa consiste loro dignita. Pellione azurro nel campo giallo dimostra cholui essere del la chasa de gianfigliazzi. POI PROCEDENDO di mio guardo el curro; Quasi un trascorrimento. Imperoche locchio procede continuando di chosa in chosa chome el carro procede nel suo uiaggio. Et p loca biancha nel campo rosso intende la famigla de glubbriachi; laquale gia fu molto honorata nella no stra republica.

Et un che duna scrofa azurra et rossa
segnato hauea lo suo sacchetto bianco
mi dixe che fa tu in questa fossa
Hor tene ua: et perche se uiuo anco
sappi chel mio uicino uitaliano
sedera qui dal mio sinistro fiancho
Chon questi fiorentini son padouano
et spesse fiate mintruonon glorecchi
gridando uenga elcaualier sourano.

f Equitando pone messer Rinaldo degli scro uigni caualieri padouano. Questa famiglia hauea in campo biancho una troia azurra et rossa Et in somma dimostra cha lusuraio da se non ha alchuna fama: ma solo quella della pecunia et del lafamiglia. MINTRONON glorecchi; perche gridono. VENGA EL Caualier sourano; per hironia quasi uile et auaro: et intende di messer Giouanni baiamonte; equali portano per arme tre becchi.

NOn si puo mai andare saluo per lonferno : et quiui uscire pel purgatorio insino al cielo : se danthe in tutti eprecepti non ubbidisce a Virgilio . Adunque perche era stato admonito che fussi breue torna di subito : et gia truoua Virgilio esser salito in su la fiera : perche a uolere passare perquesti cerchi defraudulenti bisogna che Danthe cioe la ragione inferiore et la sensualita conosca eparticulari : et Virgilio : cioe la ragione superiore conosca epsa astutia in genere : et montiui su : cioe sobtomettila ad se : et uoglia che anchora Danthe la caualchi : cioe che anchora lappetito la domi et sobtomettisela. TROVAI EL DVCA MIO Chera salito gia in sulla groppa. Mentre che dāthe considera lastutia in questo et in quello huomo prticulare uirgilio la conosce ingenere abstracta da ogni particulare : et conosciuta la caualcha chome habbiamo decto : Et era in su la groppa : cioe era nellultima spetie dellastutia . ET DIXE ADME HOR SV : Monta su : perche bisogna che la sensualita sia exortata dalla ragione che nō si lasci corrompere dal uitio. Et mettesi Virgilio tra la coda della fiera et Danthe : accioche quella non loffenda. Imperoche quando la sensualita ha conosciuto lastutia strucciolerebbe forse a sequitarla : Et in questo modo el fin suo sarebbe dannoso se la ragione non ui sinterponessi.

Et io temendo chel piu star crucciasse
lui che di pocho star mhauea admonito
tornami indrieto dallanime lasse
Trouai elduca mio chera salito
gian sulla groppa del fiero animale
et dixe a me hor su fiero et ardito.
Homai siscende per si facte schale
monta dinanzi chio uoglesser mezo
si che la coda non ti faccia male.

Quale colui che sappressa al ribrezo
della quartana cha gia lunghia smorte
et triema tutto pur guardando el rezo :
Tal diuenni io alle parole porte :
ma uergognar mi fen le sue minaccie
chennanzi abuon signor fan seruo forte.
Io massettai in su quelle spallaccie
si uolsi dire ma la uoce non uenne
chomio credecti fa che tu mabbracci.

NOn e/ da marauigliarsi che Danthe impaurissi uedendo doue hauea a salire . Imperoche benche lasensualita ubbidisca alla ragione. Nientedimeno insino atanto che non e/ facto fermo habito della forteza conuiene che lappetito nellemprese grandi sbigottisca . Dice adunque che udendo le parole di Virgilio tremaua pēsando hauere a salire in su quella fiera : come triema colui che sappressa al ribrezo cioe al capriccio della quartana. EL REZO lombra. MA VERGOGNAR Mi fen le sue minaccie . Non la minacciato Virgilio. Ma intendiamo che ogni preceptto ha inchiuso minaccie in se : perche quando chi e hauuto da te in somma reuerentia ti comanda pare che tali precepti sieno minaccie . CHENNANZI A Buon signor fa seruo forte. Quando el seruo conosce hauere buono cioe giusto et discreto signore / et sentesi da quello minacciare/lui piglia animo : perche sa che non gli comanderebbe chose : che non potessi fare : et che non gli fussi utile. SI VOLSI DIRE. Chosi uolsi dire : cioe fa che tu mabbracci : Ma la paura mimpedi informa che la uoce non usci della bocca : Et qui pone laffecto della paura : laquale spesso impedisce el parlare. Di qui Virgilio . Pars tollere uocem Exiguam inceptus clamor frustratur hiantes .

Ma epso chaltra uolta mi souuenne
ad alto tosto forte chio montai
con le braccia mauuinse et mi sostenne :
Et dixe gerion muouiti homai
le rote larghe et lo scender sia pocho
pensa lanuoua soma che tu hai.
Chome la nauicella escie delloco
indrieto indrieto si quindi si tolse :
et po chaltutto si senti ad giocho .
Douera ilpecto la coda riuolse :
et quella presto chome anguilla mosse :
et cholle branche laer adse raccolse :
Maggior paura non credo che fosse
quando phetonte abbandono gli freni

MA EPSO. Dimostra che la ragione per se medesima soccorre alla sensualita. CON LE BRACCIA Mauuinse et mi sostenne. Qua si dica che la forza della ragiona soccorre alla fragilita della sensualita. Et dixe Gerione : E/ stato mirabile longegno del poeta : elquale chon sommo artificio tutti emostri discripti da poeti commodamente conduce a suo proposito : informa che non si partendo dalla christiana religione di quegli exorna el suo poema . Adunque perche truouo nellonferno uirgiliano Gerione posto tra monstri doue dice Gorgones Arpieque : et forma tricorporis umbre. Et perche oltra alla fauola si legge nella historia chostui essere stato astuto. Pero laccomodo in questo luogho acciochè come neglaltri chosi inquesto cerchio fussi monstro cōueniente a exprimere el uitio quiui punito . Dicono che Gerione fu re dhispagna : et hebbe tre

perchel ciel chome pare anchor ſi ſchoſſe
Ne quando Icharo miſero le reni
ſenti ſpenniar per laſcaldata cera
gridando èlpadre allui mala uia tieni
Che fu la mia quando uidi chi era
nollaer dogni parte et uidi ſpenta
ogni ueduta fuor che della fiera.

corpi. Ilche fingono perche fu re di tre iſole cio e di due baleare che ſono Maiolica et Minolica et dh.buſo: et che Hercole combattendo ſeco intre uolte luccise in ciaſchunauolta uccidendo un corpo. Ilche dinota : che lhuomo uirtuoſo puo ſpegnere quelle tre ſpetie di fraude gia di ſopra dimoſtrate. MVOVITI HOMAI Le rote larghe et lo ſcender ſia pocho. Quando uoglamo chon piu facilita ſcendere o ſalire alchuna erta ſoglamo non andare adirictura: ma fare larghe circuitioni in modo che uegnamo aſcendere pocho per uolta: et maxime quando habbiamo beſtia molto charicha. Adunque dice el poeta eſſendo tu charico di Danthe elquale hauendo corpo peſa piu che lanime ſanza corpo non ſcendere alla ſcondeſceſa: Ma ua girando: et allegoricamente dimoſtra che a uolere menare la ſenſualita per la cognitione della fraude e meſtieri procedere chon piu lento paſſo: perche lhuomo non intende ſanza diſcorſo: et non ha quella celerita nel comprendere: che ha lo ſpirito incorporeo. CHOME LA NAVICELLA. Optima comperatione et tanto aperta che non biſogna altra expoſitione. A GIVOCHO: Diciamo luccello eſſere ad giucho quando e/ in luogho ſi aperto che puo uolgerſi dovunche uuole: et ſimilmente diciamo della naue quando fuori di porto et di luogo ſtretto ſi puo expeditamente uoltare. DOVE ERA el pecto: cioe alle ſponde del ſeptimo cerchio. LA CHODA RIVOLSE. Ando adunque indrieto inſino quiui et poi ſi uolſe. ET QVELLA PRESTA: cioe preſtamente: et moſſela per laria chome languilla per lacqua. MAGGIOR PAVRA Non credo che foſſe. La ſententia e/ io non credo che ne Phetonte haueſſi maggior paura quando ſbigottito gia laſcio efreni a chauagli. Ne Icaro quando ſi ſenti priuare delle penne dellale. Ilche acdoche meglio ſintēda brieuemente narreremo luna et laltra fauola. Phethonte fu figluolo del ſole et di Climene: Era ne medeſimi tempi epapho figluolo di Gioue: elquale ſuperbo per tanto padre ſprezaua Phethonte: et neghaua lui eſſere nato di Phebo. Dolſeſene con la madre Phethonte: et dallei admaeſtrato ando alla caſa di Phebo: et allui chieſe gratia innominata. Giuro phebo che impetrerebbe cio che chiedeſſi. Allhora el temerario giouanetto chieſe che per un giorno gli concedeſſi guidare el ſuo carro. Pentiſſi Phebo hauere giurato et tento di diſſuaderlo: Ma infine ſtando lui nel temerario ſuo propoſito gli conceſſe el ſolare carro: elquale epoeti fingono eſſer guidato da quattro cauagli. Queſti ſono. Pyroo. Eoo. Ethone: et Phlegone. Era gia a mezo el cielo Phethonte quando ecauagli non temēdo ſi debole gouernatore laſciorono elquarto cielo nel quale el ſole ſi uolge et ſceſono non ſolamēte ſobto elterzo cielo di Venere: et el ſecondo di Mercurio: Ma ſobto la luna laquale e/ nel primo. Senti le terra la troppa propinquita del ſole: Et ogni choſa ardea. Ilperche moſſo a commiſeratione Gioue perchoſſe Phethonte con celeſte fulgore: et pinſelo nel po: et quiui mori non ſanza exemplo di tutti gl huomini: elquale admoniſce che non faccino impreſa ſopra le proprie forze. Icaro fu figluolo di Dedalo del quale troppo prolipſo ſarebbe narrare ogni hiſtoria: Ma non potendo altrimenti fuggire: perche di Chreta perche era di ſomma induſtria et arte in moltiſſime choſe fabbrico ale ad ſe: et al figluolo / quello admonendo che ne troppo alto uolaſſi; ne troppo baſſo: perche nelle ſuperiori parte el caldo ſtruggerebbe la cera che tenea le penne: et nelle inferiori lhumidita laggrauerrebbe troppo. Volorono adunque ambodue ſalui īſino che el figluolo tenne drieto al padre. Ma dopo alquanto ſpatio ſtimolato Icaro da troppa cupidita del uolare in alto diuenne inobediente a ſalutari precepti del padre Sali chome aquila tanto alto che: liquefacta la cera che tenea le penne rimaſe ſanza ale: et cadde in quel mare: elquale dal ſuo nome fu poi nominato icario. Tale pauento hebbe adunque Danthe uedendoſi portare allongiu per aria da Gerione: quale hebbe Phethonte: et Icaro quando rouinauono a terra. Per queſti due intendono epoeti tutti quegli equali moſſi da troppa preſumptione di ſe medeſimi: et da temerita ardiſcono a fare impreſe ſopra le forze et le faculta loro. Onde interuiene che non poſſon condurre tale impreſa al debito fine: et caggion tra uia ſobto la ſoma. Choſi adunque la ſenſualita eleuata dalla contemplatione dellaſtutia ſbigottiua di poter conſeguire tal cognitione. Imperoche non uedere altro che aere ſignifica la contemplatione dellaſtutia in genere non circunſcripta ne da luogho ne da tempo: laquale e/ altutto incorporea cioe non ſolamente denudata dalla materia; ma etiam da glaccidenti della materia.

Ella ſen ua notando lenta lenta
rota et diſtende. ma non menaccorgho
ſe non chal uiſo diſobto mi uenta.
Io ſentia gia dalla man dextra el gorgo
far ſobto noi unorribile ſcroſcio
perche chon glocchi in giu lateſta ſporgo

q Vanto al texto dimoſtra la facilita delloſcēdere. Imperoche chi ruota: cioe fa molte circuitioni Va adagio Scende facilmente. Et quāto allallegoria dimoſtra: che la cognitione del lhuomo non ſcenda ſanza la circuitione del diſcorſo della raciocinatione: et non chon quella celerita che le ſubſtantie ſeperate. MA IO NON

Allhor fu io piu timido a llo scoscio
pero chio udi fuochi et senti pianti
perchio tremando tutto mi rascoscio :
Et udi poi che nol uedea dauanti
loscender el girar per li gran mali
che sappressauan da diuersi canti .

MACCORGO: Non sauuedea che scendessi : se non che nel calare sentiua uento al uiso : chome sentirebbe uno che scendessi per fune : Et allegoricamente dimostra che la fraude conduce informa che lhuomo non se naccorge. ET SENTI A GIA Dalla man dextra el gorgo . Adunque la fiera e/ ita a sinistra : et passando hauea lasciato el gorgo : cioe el fiume a man dextra. FAR SOBTO Noi unhorribile scroscio : cioe suono : che nascea per la caduta dellacqua. Ilperche io sporgo cioe fo infuori latesta con glocchi in giu : con glocchi chinati. ALLHOR FV io piu timido che prima ALLO SCOSCIO / alla caduta dellacqua : perche conobbi quanto era el precipitio. ET VIDI POI CHE Nol uedea dauanti. Chi e / o in acqua o in aria informa che non ueggha terra da alchuna parte non saccorge che quella cosa che lo porta si muoue. Ma quando comincia a uedere la terra allhora saccorge del moto : Et se sei in mare tu uedi riguardando una isola se la naue ua diricta o se saggira. Et allegoricamente dimostra che quando noi ciappressiamo a fuochi et a pianti : cioe al danno alquale ci conduce la fraude allhora ciaccorgiamo del girare : et dello scender della fiera : cioe cognosciamo le circuitione et le riuolture della fraude .

Chomel falcon che stato assai in sul lali
che sanza ueder logoro o lucello
fa dire al falconieri ome tu cali
Discende lasso onde si muoue snello
per cento ruote : et da lunga si pone
dal suo maestro disdegnoso et fello
Chosi ne pose al fondo Gerione
adpie adpie della staglata roccha :
et discarcate le nostre persone
Si dileguo chome da chorda choccha .

P Er questa comperatione dimostra che gerione elquale era ito un pezo uolteggiando et sostenendosi in su lale pocho era sceso poi si calo chomelfalcone : elquale poiche e/ stato un pezo in aria : et non uede uccello da ferire si chala sanza che sia allectato o con uccello o collogro . DISCENDE LASSO: cioe stanco. ONDE SI Muoue snello : cioe da quelluogo : dalquale sera partito. SNELLO : cioe dextro et ueloce. PER CENTO RVOTE : cioe per molti cerchi : et põ si dilungi dal falconieri sdegnato et infellonito. Et questo allegoricamente e/ uero nel fraudulẽto : elquale tiene la chosa sospesa un tempo inmodo che non intendi quello si uogla fare : et con sue riuolture ti conduce al fondo : et condoctoti quiui tisparisce dinanzi et lasciati nel fondo. SI DILEGVO / spari con quella uelocita che la coccha della ghiera si parte dalla chorda. Impoche benche tu taccorga della fraude lui e/ prima sparito che tu ne possa prender uendecta . Conduxe Theseo Adriana nellisola di Naxo. Ne saccorse del tradimento lafanciulla se non quando desta intese Theseo essere gia sparito : et hauere lei lasciata sanza nauigio : chol quale lo potessi sequire.

CANTO. XVIII. DELLA PRIMA CANTICA DI DANTHE

i N queſto decimo octauo canto comincia lauctore a tractare delloctauo cerchio doue e/ punita la fraude inuerſo el proximo non confidente. Imperoche nel precedente canto diſcripſe laſtutia in genere in figura di gerione: pel quale furon traſportati dal cerchio de uiolenti ad quel de fraudulenti: Et quiui gli poſo Gerione. Ilche dinota che doppo la contemplatione della fraude in genere cominciorono a conſiderare leſue ſpetie et particularita. Et perche dieci ſono le ſpetie della fraude pero queſto cerchio ſimilmente ſi diuide indieci bolge. Ma nel preſente canto ſi tracta ſolamẽte della prima: et cominciaſi la ſeconda. Diſcriue adunque prima el ſito di queſto octauo cerchio: et dice che E/ LVOGHO DINFERNO Decto cioe nominato MALE BOLGE. Bolgia ſignifica ripoſtiglo. et ſeno et golfo et riceptacolo. Ilperche e/conueniente nome che ſia chiamato mal ripoſtiglo et riceptacolo elluogho della fraude. Et molto quadra che efraudulenti ſien puniti inualli et luoghi rinchiuſi: perche la fraude ſempre ſta rinchiuſa: et non uiene mai in luogho aperto: Ma cerca latebre et tenebre. TVTTO DI PIETRA: perche e/duro cuore et uacuo dogni carita el fraudolento. ET DI COLOR Ferrigno: di color di ferro. Imperoche non ſolamente e/ uacuo di carita: Ma e/ armato di crudelta. Puoſſi anchora dimoſtrare per queſto che la fraude e/coperta di doppia dureza. Imperochel uiolento ſolamente pecca per fare contro al proximo: Ma el fraudulento oltre a queſto al danno arroge longanno. NEL DRICTO MEZO: Mezo ſi pigla in due modi: cioe in propriamente quando diciamo mezo ogni choſa che e/ tra due extremi: et propriamente quando diciamo mezo quella parte laquale ugualmente e/ diſtante da ogni extremo. Adunque dixe nel dricto mezo: cioe nel uero: et proprio mezo. Adunque NEL PROPRIO Mezo del campo maligno: Di queſto piano delloctauo cerchio ueramente maligno: perche niente e/ che piu nuoca che la fraude. VANEGGIA Vn pozo. E/ un luogo concauo et cupo uano cioe uacuo. Et queſto e/ el nono cerchio: elquale per la ſua ſtrecteza et profondita a comperatione de glaltri pare un pozo. ASSAI LARGO: A dinotare che perche habbia decto pozo: Nientedimeno e/ largho: perche puniſce in ſe tre ſpetie di traditori. ET PROFONDO: perche ua inſino al centro della terra. ET LORDIGNO: cioe lartificioſo ſito di queſto. Dicera/dira. Suo locho: perche nel ſuo luogho quando tractera del nono cerchio ſintendera. QVEL CERCHIO: dimoſtra loctauo cerchio elquale rimane cincto dalle parte interiore dal nono: Et dalla exteriore della ripa che lo diuide dal ſeptimo: Et queſto e/ diuiſo in dieci bolge. Queſto ſito intenderai apuncto nella topographia; laquale ponemmo nel principio dellibro.

Vogo e/ dinferno decto malebolge
l tutto di pietra et di color ferrigno
chome locerchio che dintorno eluolge
Nel dricto mezo del campo maligno
uanneggia un pozo aſſai largo et pfondo
dicui ſuo loco contera lordigno.
Quel cerchio che rimane adunque e/ tondo
tral pozo el pie dellalta ripa dura:
et e/ diſtincto in dieci parti el fondo.

c Home intorno a una forteza ſi fanno aſſai foſſi: Et nientedimeno dalla porta di tale forteza infino fuori di tutti efoſſi ſono ponti: Choſi tutti queſti foſſi: equali erono intorno al nono cerchio erono ricíſi da ſcogli: equali erono in luogho di ponti. Queſti foſſi dinotano la profondita della fraude: Et e/ conueniente choſa che chome la fraude ſempre ſta in profondo ne mai ſi moſtra in luogho aperto: choſi in luogho profondo ſieno puniti efraudulenti. Et lo ſchoglio che attrauerſa efoſſi: et fa ponte pel quale paſſa Virgilio et Danthe ſignifica el proceſſo della ſpeculatione: elquale e/ in choſa ſoda: et ferma: perche e/ fondato in ſu la uerita: Et queſto ſchoglio: elquale e/ uno: et continua dal fondo della ripa nel quale gerione glhauea ſceſi inſino al pozo ricidendo: cioe attrauerſando tutti efoſſi: et non e/ in neſſuno luogho interropto: Dimoſtra che una medeſima uolonta di contemplatione ci porta continuato diſcorſo per la cognitione di tutte le choſe.

Quale doue per guardia delle mura
piu et piu foſſi cingon li caſtelli
la parte doue ſon rendon ſicura.
Tal imagine quiui facean quelli:
et chome a tal forteze dallor ſogli
dalla riua di fuor ſon ponticelli.
Choſi da imo della roccha ſcogli
muoue che ricidien largini efoſſi
infino alpozo che itronche raccogli.

g Erione scotendo la schiena si scaricho di noi nelluogo sopradecto. Ilche dinota che dopo la consideratione della fraude in genere comintiorono a considerare eparticulari chome pocho prima dicemmo. Et el poeta tenne a sinistra per la ragione laquale gia habbiamo disopra allegato. et Dã che gli tenne drieto. ALLA MAN DEXTRA Imperoche attorniando elluogho dalla man sinistra epso luogho doue erono epeccatori rimaneuono alla dextra. NVOVI TORMENTI: p che anchora non hauea trouato anime che fussin frustate: ne dimoni frustatori di decte anime. Nel fondo erono gnudi epeccatori equali erono battuti. Et dimostra che questa bolgia era diuisa in due parti. Imperoche dalla parte diuerso Dan che epeccatori ueniuono allincontro. Glaltri che erono nellaltra parte andauono in la chome noi Ma chon passi maggiori che noi. Adunque era questa bolgia diuisa chome el ponte a sancto Angelo lanno delgiubileo: elquale diuiso per lo lungho da una parte riceue quegli equali uanno uerso castel sanctagnolo: et uerso san Piero. Dallaltra quegli che uengono da san Piero. LANNO Del giubileo. Iubileo in lingua hebrea significa anno di rimessione et liberatione. Impoche glhebrei finito el septimo septenario deglanni che e el cinquantesimo anno liberauono tutti eserui: et rimetteuano et cancellauono tutti edebiti: e tale anno chiamauano iubileo. Ad cui similitudine dipoi la chiesa christiana ordino che ogni cinquantesimo anno el sommo pontefice liberassi da suoi peccati concedendo plenaria indulgentia tutti quegli che confessi et contriti uisitassino le romane chiese: Et perche in questo anno e/ infinito concorso dhuomini nella citta di Roma: et gran turba si fa nel ponte a sancto Angelo da quegli che uanno o uenghono da sancto Pietro in Vaticano instituii papa Bonifatio nellanno. M. ccc. che el ponte si diuidessi per la sua longitudine/et una parte seruissi a quegli che andassino a sancto Petro; et laltra a quegli che tornassino. Chosi adunque e/ diuiso questa uia di male bolge: et per luna parte uanno quegli che hanno corropte le femmine o con parole o con prezo per subministrarle ad altri: Et pellaltra quegli che nel medesimo modo lhanno corropte p hauerle per se. Chostoro adunque non sono lasciati mai posare: Ma hanno drieto demoni equali chon ferze gli battano et cacciano. Imperoche chome loro non hanno lasciato uiuere nella sua pace le femine Ma con ferze o di lusinghe o di premii lhanno pincte alla loro uogla: chosi teste edemonii caccion loro Et possiamo rectamente pe demonii intendere erimorsi della conscientia: che sempre affannano chi e/ maculato di tale uitio. DI QVA DI LA: Cioe et doue sono quegli che uanno: et doue sono quegli che uengono. SV PERLOSAXO TETRO/ Nero et bructo Vidi demoni equali correndo loro drieto gli batteuono crudelmente informa che gli facean uelocemente correre: Et sempre alla prima ferzata saltauon uia. LEVAR LE LERSE. Le gambe. Qui e/ da notare che dimostra la pena de seducitori: et seductione e/ per inganno indurre alchuno a far quello che non debba: Et benche la seductione sia di molte spetie: Nientedimeno qui tracta della seductione che induce al uitio della carne. Et questa si commette in due modi o seducendo alchuna femmina informa che consenta ad alchuno altro Oueramente ad se medesimo. Et perche el uitio della luxuria e/ el men graue peccato tra peccati mortali: pero pone la seductione in questo uitio men graue che ne glaltri.

In questo luogho della schiena schossi
di gerion trouammoci elpoeta
tenne a sinistra et io drieto mi mossi.
Alla man dextra uidi nuoua pieta.
nuoui tormenti: et nuoui frustatori
diche la prima bolgia era repleta.
Nel fondo erono nudi epeccatori
dal mezo in qua ci uenten uersol uolto.
di la con noi: ma con passi maggiori:
Chome eroman per lexercito molto
lanno del giubileo su per lo ponte
hanno a passar la gente modo tolto:
Che dallun lato tutti hanno la fronte
uersol castello: et uanno ad sancto pietro
dallaltra sponda uanno uersol monte.
Di la di qua su per lo saxo tetro
uidi demon correnti con gran ferze
che li battien crudelmente di retro.
Ah chome facen lor leuar le lerze
alle prime percosse, et gia nessuno
Le seconde aspectaua ne le terze.

Mentre io andauo glocchi miei in uno
funno scontrati: et io si tosto dixi
gia di ueder costui non son digiuno:
Percio affigurallo gliochi affissi
el dolce duca mio si si ristecte:
et assenti chalquanto indrieto gissi:
Et quel frustato celar si credecte

q Vi induce hauer trouato messer Venetico de caccianimici da bologna. Et non sanza cagione induce che chostui singegnassi doccultarsi. Imperoche tal uitio e/ si abomineuole non solamente tra buoni: Ma anchora tra rei che non e/ si impudente ne si sfacciato che non si uergogni esser notato di tale infamia. Sono molti uitii: che benche sieno da fuggirgli: Nientedimeno hanno inse alchuna ombra di uirilita. Ma questo

bassandol uiso ma poco li ualse
chio dixi tu che glocchi ad terra gette
Se lefaction che porti non son false
Venetico se tu caccianimico:
Ma che ti mena adsi pungente salse?
Et egli ad me mal uolentier lo dico:
ma sforzami la tua chiara fauella
che mi fa souuenir del mondo anticho.
Io fui cholui che la ghisolá bella:
conduxi affar la uogla del marchese
chome che suoni la sconcia nouella:
Et non pur io qui piangho bolognese
ancho ne questo luogho tanto pieno
che tante lingue non son hora apprese.
Adicer sipa tra sauena et rheno
et se dicio uuoi fede o testimonio
rechati amente el nostro auaro seno:
Chosi parlando elpercosse un demonio
chon la sua scuriata: et dixe uia
ruffian qui non son femmine da conio.

e/notato per uilissimo etiam de uilissimi. Messer Venetico de caccianimici da bologna fu mezano che el marchese obizo da esti signore di Ferrara hebbe una sua sorella: laquale fu chiamata ghisola bella. ET NON PVRE io qui piangho bolognose. Dinota che molti bolognesi sono lordi di tal uitio dicendo / che tante lingue non sono APPRESE cioe apparecchiate. ADICER SIPA. Tra sauena et rheno: Quasi dica non sono tante lingue in Bologna doue si dice sipa in luogho di si: laqual Bologna e / in mezo di due fiumi: dequali luno e/ decto Sauena lontano da Bologna circa due miglia uerso Romagna dalla parte orientale. Laltro Rheno del quale fa mentione Plinio quando narrando delle cannuccie apte a far freccie da archo / scriue nessuno calamo essere piu acto alle saecte che quel che nasce nel Rheno di Bologna: perche ha assai medolla: et ueloce pondo: questo e/ dalla parte occidentale a Bologna inuerso Lombardia. ET SE DI Cio uuoi fede o testimonio Rechati amente elnostro auaro seno. Dimostra che auaritia et cupidita di pecunia conduce glhuomini a si uile et abomineuole uitio. Ilperche e/ gratissima allauaro la sententia del satyro. Vnde habeas querit nemo: sed opportet habere. QVI NON SON Femmine da conio: cioe da pecunia laquale si conia. Et questo dice perche chi uuole corrompere lafemmina nō ha maggior mezo che la pecunia. E/ notissimo che lauaritia nasce da uilta et timidita danimo. Ilpche euecchi et le femmine perche sono di poco animo Questi per accidente delleta Quelle per natura sempre sono auari. Et di questo infiniti exempli potrei riferire: perche molte si sono trouate simili ad Eriphile: laquale corropta per doni manifesto el marito suo Amphierao: elquale staua occulto per nō essere constrecto andare alla guerra Thebana: nella quale secondo suoi augurii haueua a essere morto.

d OVE VNO SCOGLIO: Vno arco di ponte di quegli che furon decti disopra. DELLA RIPA: laquale dimostro che cignea el septimo cerchio: et la prima bolgia delloctauo. ASSAI Leggiermente quanto alla lectera dimostra el camino non essere faticoso: Et allegoricamente significa che hauendo hauuto lacognitione della fraude in genere facile chosa era conoscere questa spetie.

Io mi raggiunsi con la scorta mia,
poscia con pochi passi diuenimmo
douuno scoglo della ripa uscia.
Assai leggiermente quel salimmo:
et uolti a dextra sopra lasua scheggia
da quelle cerchie eterne cipartimmo.

A MAN DEXTRA: Secondo la lectera era necessario tenere in su la man dextra RITTA uolendo salire al ponte: Et allegoricamente sempre ua a mano dextra chi cerca la cognitione delle cose. SOPRA LA Sua scheggia: Sopra el dosso di tale scoglio: elquale era una scheggia: che uscia duna ripa, Ne potea altrimenti uedere laltra turba dellanime; lequali uenendo chon loro gli uoltauono le spalle. DA QVELLE Eterne cerchie: cioe ci discostammo dal cerchio piu exteriore elquale abbraccia tutti glaltri chome disopra fu dimostro. Adunque insino a qui non era anchora Danthe entrato nel primo ponte: Ma era anchora nellargine ouero ripa; laquale chiude in se tutte le bolge et andando a sinistra scontro Venetico: dal quale partito al presente arriua nella prima entrata del primo ponte: ouero del primo archo del ponte.

Quando noi fumo la doue uaneggia
disotto per dar passo agli sferzati
lo duca dixe attendi et fa che seggia
Lo uiso in te da questi altri mal nati
aquali anchor non uedesti lafaccia
pero che sono insieme con noi andati.

l A sententia e/ Quando noi fumo insul mezo del primo cerchio: elquale disobto ad se e/ noto chome ueggiamo tutti glarchi de ponti Et perquello uacuo passauono lanime: lequali anchora non haueano uedute in uiso Virgilio mise fermare et guardare da quella sponda del ponte dalla quale loro entrauono: accioche potessi uedere loro la faccia. LA DOVE EL PONTE

Dal uecchio ponte guardauan la traccia
che uenia uerso noi dallaltra banda:
et che la ferza similmente caccia.

uaneggia di sobto; cioe e/ uacuo. PER DAR PASSO a gli sferzati. Imperoche loro passauano sobro el ponte pel uano del primo archo. ATTENDI: Sta attento et uoltato inuerso loro informa che el uiso cioe la uista laquale uiene da questi. MAL NATI; cioe nati a questa miseria. SEGGIA ferisca in te. Imperoche essendo uolto inuerso loro la uista loro ti uerra alloncontro. DAL VECCHIO Ponte guardauam la traccia. quasi dica la moltitudine CHE VENIVA Verso noi. insino a qui questa moltitudine non era uenuta in uerso Danthe: Ma insieme chon Danthe. Ma hora perche Danthe hauea attrauersato loro la uia salendo in sul ponte sobro elquale loro passauono; et riguardando dalla banda donde entrauano; et non donde usciuano Veramente puo dire che uenia uerso noi. DALLALTRA BANDA. Et che la ferza similmente caccia: perche chome glaltri decti disopra erono battuti da demonii. Imperoche essendo uno medesimo peccato meritamente era punito con la medesima pena.

El buon maestro sanza mia domanda
mi dixe guarda quel grande che uene
et per dolor non par lachrime spanda
Quanto aspecto reale ancho ritene
quel e Iason che per cuore et per senno
e cholchi del monton priuati fene:
Esso passo per lisola di lenno
poiche lardite femmine et spietate
tutti li maschi loro a morte denno:
Iui con cenni et con parole ornate
Isypyle inganno la giouinetta:
che prima hauea tutte laltre ingannate.
Lasciolla quiui grauida et solecta /
tal colpa a tal martirio lui condanna
et ancho di Medea si fa uendecta:
Con lui sen ua chi da tal parte inganna
et questo basti della prima ualle
saper et di color chen se assanna.

IN questa seconda spetie di seductione: e quali hanno con lusinghe tirato le femine nella loro uolonta: Pone per exemplo iasone et molte fauole insieme intricha: lequali ne apieno al presente narreremo: perche non patisce el luogho tanta lungheza. Ne al tutto le lasceremo in drieto: pe che non resti el lectore al tutto indocto di quelle. Furono in Thessaglia due frategli/ Pelia re di quella regione: et Esone; Et desone nacque Iasone: elquale pche era et di corpo molto formoso; et robusto: et danimo grande et excellente disideraua fare chosa degna di memoria. Ad che anchora el zio laccendea non tanto per fauorire alla sua gloria: Quanto perche temeua non hauendo lui figluoli maschi: che insieme chol padre non machinassi fraude per torgli el reame. Et speraua che mettendosi Iasone a cose ardue et piene di pericoli facilmente potessi perire Ilperche lo conforto che facessi impresa di torre laureo uello del montone di phrixo elquale era i cholchi citra di ponto. Ma accioche anchora del laureo uello brieuemente facciamo mentione.

DAthamante et Neiphila nacquono Phrixo: et Helle: equali dipoi per la falsita della loro matrigna Ino furono dal padre cacciati: et Iunone gli comando che salissino insul montone delloro: elquale el padre hauea dato loro; et con quello passassino el mare; Ma in questo transito Helle paurosa fanciulla cadde in mare; et dallei dipoi tal mare e/ decto hellesponto. Phryxo si conduxe in cholchi doue regnaua Eta: et consacro la pelle del montone a Marte. Questo uolea Iasone: Et per questo fabbrico nel mōte pelio la naue; laquale fu decta Argos dallartefice elquale la compose. Ouero dalla sua uelocita: per che argos in greco significa ueloce. Con lui andorono e principali della grecia: Tra quali furono Hercole. Talamone. Orpheo. Castor: et pollux; Et prima arriuorono in Lemno; laquale isola era sanza maschi. Imperoche essendo loro iti contro a thracesi facto prima sacrificio a tutti gli dii excepto che a Venere. Volle uendicarsi Venere; et per questo di tanto furore accese quelle donne che di comune consiglo prima uccisono que pochi che erono rimasi nellisola. Dipoi tornando con uictoria glaltri/ aspectorono la nocte et giuntogli al somno ciaschuna uccise el suo/ excepto che Isyphyle; o a dir meglo Hisypyle; laquale mossa ad compassione del padre suo Thoante re furtiuamente lo mando fuor dellisola/ fingendo con honoreuoli exequie che gia lhauessi morto. In lemno stectono uno anno mescolandosi con le donne; Et Iasone per hauere Hisypyle allhora regina/ promisse torla per mogle; et tornare di quiui; et lasciolla grauida di due figluoli Thoante et Euneo. Ne mai dipoi allei ritorno. Giunse in colcho: ne potea hauere el uello delloro se prima non uccideua el grande serpente che lo guardaua; et non domaua due thori braui; equali haueuano piedi di bronzo; et gittauono fiamme per le nari; et chon quegli dipoi era necessario che seminassi e denti del gia morto serpente. Di tale seme nasceuano huomini armati equali gliera mestiero uccidere. Ne poteua a si horrenda guerra bastare humana forza. Vso adūque lastutia; et con sue lusinghe tiro Medea figluola del re nel suo amore; et promesse farsela mogle. Lei che era grandissima magha; et potendo piu nel pecto suo lamore inuerso Iasone: che el uincolo et obbligo paterno con sue herbe et incanti fece uincitore Iasone; et rapito el uello chon lui senando. Ma Iasone giunto a Choranto pocho grato del benificio anzi ingratiſſimo ripudio Medea : et tolſe per moglie la figluola di Creonte re di choranthо decta ſecondo Lactantio Glauce Secondo Seneca Creuſa . Queſta ingratitudine conſtrinſe Medea a porre per cibo a Iaſone due figluoli : equali epſo di lei hauea generati et con doni amaliati mandati a Creuſa arſe lei et el ſuo palazo. La corruptela adunque di queſte due femmine fa che Iaſone e/ punito in queſta bolgia. CHE PER Cuore et per ſenno . per grandeza danimo et per prudentia. Ne potea altrimenti fare ſi egregio facto : ſe non haueſſi hauuto grāde animo in ſi graui pericoli : Et gran prudentia nel condurre. Imperoche chome dice Saluſtio Prius conſulto : et ubi conſulueris mature facto opus eſt. Adunque nelle choſe grandi e/ neceſſaria la prudentia laquale ti moſtri prima ſe e/ da fare o no : et ſe e/ da fare con che uia et con che modo. Dipoi biſogna hauere forteza et francheza danimo : accioche la difficulta et pericolo che ue non tinuiliſca. Ilperche non eſſendo ueriſimile che ſanze queſte due uirtu Iaſone haueſſi facto ſi gran choſe : pero el poeta glene attribuiſce. Ma anchora Diodoro ſiculo el medeſimo di lui ſcriue : et molte choſe egregie di lui ſono ſtate mandate alle lectere. per lequali gli furono attribuiti diuini honori : et edificati tempi : equali Alexandro magno moſſo credo da inuidia fece gittare a terra. INDI PASSO Pellïſola di Lemno. Lemno e/ iſola nella quale cadde Vulcano quando iunone ſua madre parendogli bructo lo gitto di cielo. DELLA Prima ualle : della prima bolgia : nella quale ſono tormentati eluſinghieri delle femmine : equali le tirano a fare la uogla o daltri o ſua.

d iſcriue la ſeconda bolgia : et dimoſtra che gia erono paſſati la prima : et arriuati in ſu lultima choſcia del primo archo laqual ſi fonda in ſu largine che diuide la prima bolgia dalla ſeconda : et da quel medeſimo argine naſce el principio del ſecondo archo : elquale ua ſopra la ſeconda bolgia .

Gia erauam doue lo ſtrecto calle
con largine ſecondo ſincrocicchia
et fa di quello ad unaltro archo ſpalle
Quindi ſentimo gente che ſi nicchia
nellaltra bolgia che col muſo ſbuffa :
et ſe medeſma colle palme picchia :
Le ripe eron grommate duna muffa
pellalito digiu che ui ſappaſta :
che cho glocchi et col naſo facea zuffa :
Lo fondo e/ cupo ſi che non ci baſta
locchio aueder ſanza montare al doſſo
dellarcho : oue lo ſcoglo piu ſouraſta .
Quiui uenimo : et quindi giu nel foſſo
uidi gente attuffata in uno ſterco
che da glhuman priuadi parea moſſo .

LO STRECTO CALLE. la ſtrecta uia : cioe eluano del ponte. SINCROcicchia : ſi congiugne in croce : perche queſti archi non uanno pel uerſo delle ualli. Ma attrauerſo et fa forma di croce . ET FA Di quello argine ſpalle a uno altro cerchio : cioe al ſecondo. Diſcripto la uia che gli cōduxe ſopra la ſeconda bolgia : diſcriue che ſpetie di ſupplicio in quella ſi contiene. Dimoſtra adūque tal bolgia eſſer piena diſterco humano : et in quello eſſer tuffate lanime : lequali ſi cioe in tale forma nicchiano : cioe ſi rammarichano : et proprio nichiare ſignifica con uoce ſommeſſa et querula rammaricharſi. SBVFFA : ſoffia : ſbuffare e/ ſoffiare informa che lalito eſca con empito et aſcoſſe. Ilperche quando ladirato a un tempo ſi duole : et con arroganti parole uitupera : et minaccia/diciamo che lui ſbuffa. LE RIPE ERON Grommate duna muffa. interuiene ne luoghi humidi et chiuſi che euapori equali ſi leuono da tale humidita non potendo exalare rimangono appicchati alle mura et fanno muffa. coſi in queſto luogho lalito : cioe la exalatione che ſi leuaua dal fondo ſurgea ſi groſſa che ſappicchaua alle ripe : et facea tal gromma che facea zuffa chol naſo et con glocchi : cioe offendeua el naſo pel triſto odore : et glocchi per la ſua bructeza. Et era el fondo ſi cupo che non ſi potea ben uedere ſe non ſi montaua in ſul doſſo dello ſcoglio elquale era chome uno archo di ponte. Onde a piombo ſi poteua guatare in giu. In ſi uile et ſordido luogho ſono puniti gladulatori : equali in lingua fiorentina ſono chiamati moinieri. Ne e/ altro adulatione : ſe non ſermone elquale contiene falſe lode per uoler compiacere et acquiſtare la gratia di quello che e/ lodato. Ne procede tal uitio ſe non da animo uile et ſeruile. Et nel quale non e/ ueſtigio alchuno di liberta : Et ueramente ſi poſſono chiamare la feccia de glhuomini : perche in loro non reſta altro che corruptione. Et chome nel corpo dellanimale la feccia non e/ altro che la parte corropta : laquale nella prima digeſtione che fa lo ſtomacho la natura ſepera dallincorropto nutrimento : et mandalo giu nel baſſo uentre : choſi dallincorropta uerita laquale nutriſce lanimo et mantiene lauita morale ſi ſepera ladulatione chome choſa corropta et noxia alla uita humana. Meritamente adunque ſi puo dire che ladulatore ſia ſobmerſo nella feccia : et quella inghiottiſca e/ rigetti. Perche eſſendo ladulatore pieno di bugie : non e/ altro che corruptione : ne daltro ſi paſce : ne daltro paſce altri. Choſtui dimoſtra amicitia et beniuolentia : et e/ peſſimo inimico. Ne piu pernitioſa choſa truoua qualunche e/ conſtituito in degnita et in ſignoria che ladulatione : laquale per compiacere gli perſuade eſſer bene et giuſto quello che e/ male : et di qui procedono molti errori che ſpeſſo ſono cagione della ruina de prīcipi

Quato nuoce ladulatioe a prīnpi

et de grandi huomini. Imperoche credendo loro alle falſe lode/ non ſolamente non ſi correggono del male. Ma ſi confermano nella loro ſtultitia : perche eſſendo in proſpera fortuna ſi reputano quaſi dii Et neſſuna choſa e/ ſi grande che non credino di ſe medeſimi. Di qui dixe giouenale. Nihil ē quod credere de ſe non poſſit cum laudatur diis equa poteſtas. Et rectamente Diogene cynico domandato qual beſtia mordeſſi piu ferocemente Riſpoſe nelle ſaluatiche el detractore ; et nelle domeſtiche ladulatore perche con le ſue falſe lode ti conduce alla ruina : Et aggiugneua che leparole compoſte non per aprire el uero: Ma per compiacere ſono un capreſto melato. Et Platone dimonſtra che tale differentia e / tra el uero amico et ladulatore ; quale tral medico el chuoco. Imperoche el medico nel dare ecibi non cercha di piacere al guſto ; ma alla ſalute ; Et el chuoco attende ſolamente a piacere al guſto : Ne cura ſe e / ſalubre o nocevole. Choſi el uero amico ſolamente ha riſpecto di dire el uero allamico ſuo per conſeruarlo nella uirtu; et per induruelo. Ma ladulatore non ſi cura che altri erri. Ma ſolo gli baſta dir choſa che piaccia per conſeguirne ſuo comodo. Ilperche Cicerone nel ſuo libro de officiis ciammoniſce. Atque etiam in ſecundiſſimis rebus maxime utendum eſt conſilio amicorum. iiſque maior etiam quam antea tribuenda auctoritas. His denique temporibus cauendum eſt ne aſſentatoribus patefaciamus aures ; neue adulari nos ſinamus : in quo falli facile eſt. Tales. n. nos putamus. ut iure laudemur ; ex quo innumerabilia naſcuntur peccata cum homines inflati opinionibus turpiter irridentur : et in maximis uerſantur erroribus. Poſſiamo anchora dire che el poeta gli ponga a tal ſupplicio per punire le ſupflue dilicateze et troppe lautitie et ſplendide uiuande : lequali con loro adulationi et moine cercauano quando erono in uita : perche optimamente un contrario ſi puniſce collaltro contrario.

Et mentre che la giu con glocchi cercho
uidi un col capo ſi di merda lordo :
che non parea ſera laico o chercho
Que mi grido perche ſe tu ſi ingordo
di riguardar piu me che glaltri bructi.
et io allui perche ſe ben ricordo
Gia tho ueduto cho capegli aſciutti :
et ſe Alexo interminegli da Lucca :
pero tadocchio piu che glaltri tutti.
Et egli allhor battendoſi la zuccha
qua giu mhanno ſobmerſo le luſinghe
ondio non hebbi mai la lingua aſciutta.

P One in queſto luogho meſſere Alexo iterminegli caualieri lucchese grandiſſimo adulatore. LAICO O chercho : Queſti due uocaboli ſono greci. Doue e/ da notare che echriſtiani ſi diuidono in due ſpetie : cioe ſacerdoti et ſecolari. Eſacerdoti ſono la chieſa appoſtolica ; et ſono la parte electa per douere reggere eſecholari ; et inſtituirgli doptimi precepti : et honeſta uita. Ilperche ſono decti clerici ; cioe eelecti : Ma per iſcorrectione diciamo cherici. Eſecolari ſono la chieſa chattolica ; cioe uniuerſale ; et hanno nella uita ſpirituale a ubbidire a ſacerdoti Et pero ſono chiamati laici quaſi plebei. Ilche conchiude : che la doctrina debba eſſere ne ſacerdoti : perlaqualchoſa grande infamia e/in quegli che altucto ſono indocti.

T Hais e/ meretrice Terentiana : Alla quale Traſone huomo militare dono una ancilla : o uuoi ſchiauetta ; et domandando dipoi Gnatone pel quale glihauea mandato lancilla / ſe el dono era ſtato grato a Thaide : et ſe lei gli referiua grande gratie. Gnatone per adularlo riſpoſe non grandi ; Ma grandiſſime. Fu adunque ladulatore Gnatone ; Ma el poeta pone qui Thaide ; et perche di uolonta di quella lui uſo ladulatione ; Et perche ogni meretrice perche non amano lhuomo ; Ma la pecunia ſua ſempre ſono piene di moine et adulationi. Et perche ſono due generationi da dulatori. Alchuni di qualche nome et dignita : benche chon ſi uile uitio la macchino. Et alchuni al tutto infimi : et a infimo guadagno intenti. Adunque poſe Alexo pe primi ; et Thais pe ſecondi. SCAPIGLATA FANTE : La pena delluxurioſo ornato de capegli e / che hora fuſſi ſcapiglata : Et la pena della ritroſa ſuperbia iuerſo glamatori ſuoi : che ſia fante et ſchiaua deltormento. Et lunghia lorde di feccia puniſchono e troppi exquiſiti odori che in uita cercaua. Et che hora ſaccoſciaſſi et hora ſteſſi in pie ha ſua allegoria. Ma e/ meglo a laſciare inuiluppato nella ſua obſcurita quello che honeſtamente non ſi puo explicare.

Appreſſo cio loduca fa che pinghe
mi dixe el uiſo un poco piu auante
ſiche la faccia ben con glocchi attinghe :
Di quella ſoza ſcapiglata fante :
che la ſi graffia con lunghie merdoſe
et hor ſaccoſcia ; et hora in piedi ſtante
Thaide la puttana che riſpoſe
al drudo ſuo quando dixe hoi gratie
grandi apud te / anzi marauiglioſe
Et quinci ſieno le noſtre uiſte ſatie.

CANTO. XIX. DELLA PRIMA CANTICA DI DANTHE.

Queſto el decimonono chanto : nel quale dimoſtra che nella terza bolgia ſono puniti eſimoniaci : E/ ſimonia uendita o compera delle choſe ſacre et ſpirituali con denari et chon choſe equiualenti a denari. Adunque chi uende o compera eſecramenti della chieſa : o alchuna degnita ſpirituale.

Simon magho o miſeri ſequaci
che le choſe di dio che di bontade
debbon eſſere ſpoſe : et uoi rapaci
Per oro et per argento adulterate
hor conuien che per uoi ſuoni la tromba
pero che nella terza bolgia ſtate
Gia erauamo alla ſequente tomba
montati dello ſcoglio in quella parte
chappunto ſoural mezo elfoſſo piomba.

o benificii. o altre choſe ſimili ; delle quali el uero prezo e/ non oro ne argento ; Ma ſanctita di uita et di coſtumi ; et uirtu ; et doctrina e/ ſimoniaco ; elquale nome uiene da Simon magho ; elquale fu el primo che tento queſta ſcellerateza nel nuouo teſtamento. Ilche acciochè piu apertamente ſintenda e/ ſcripto ne glacti deglappoſtoli ; che dopo lamorte del prothomartyre Stephano Philippo predicaua uerbum dei in Samaria ; et conuertiua molti per gli incredibili miracholi che facea. Era nel medeſimo tempo in quella citta Simone philoſopho et magho ; elquale per le choſe che facea con ſue arti maghe era inſomma auctorita et reputatione. Choſtui inſieme chon glaltri credecte a Philippo et baptezoſſi. Ma anchora ne baptezati di ſamaria non era lo ſpirito ſancto : Ma uenuti poi Pietro et Ioanni ororono pe baptezati ; et dopo loratione poſono loro le mani adoſſo ; et quegli riceuettono lo ſpirito ſancto. Ilperche parendo gran choſa a Simone che pel porre della mano lo ſpirito ſancto ueniſſi/offerſe pecunia a glapoſtoli ; et loro gli deſſino tale poteſta : che ponendo la mano adoſſo al baptezato gli ueniſſi lo ſpirito ſancto ; alquale riſpoſe Piero La pecunia tua ſia teco in perditione. Et certo perche tu ſtimaſti che el dono di dio ſi poteſſi hauere per pecunia tu non hai parte ne ſorte in queſto ſermone ; Et el cuor tuo non e/ diricto nel conſpecto di dio. Tienti la tua pecunia : et priegha idio ſe poſſibile e/ che queſta cogitatione ſi parta del cuor tuo ; perche io ti ueggo eſſere nel fiele dellamaritudine ; et nel uincolo della iniquita. Da queſto Simone adunque ſono decti ſimoniaci nel nuouo teſtamento quegli che contractano chon prezo le choſe ſacre ; Chome nel teſtamento uecchio erono denominati da Giezi ſeruo dheliſeo propheta Curo Heliſeo propheta dalla lebbra Naaman principe della militia del re di Syria in uirtu di dio. Ne uolle riceuere alchun premio da lui : ben che glhaueſſi arrechati aſſai theſori. Ma Giezi ſeruo dheliſeo partitoſi gia Naaman glando drieto et raggiunſelo ; et finxe che due de figliuoli de propheti fuſſino uenuti allui dal monte ephraim : et domando per loro un talento dargento: et due ueste mutatorie. Naaman gli decte le ueste et due talenti. Chonobbe Heliseo la fraude et auaritia del seruo: Et predixegli che la lebbra di Naaman sappiccherebbe al lui; et rimarrebbe nella sua generatione; Et di subito diuento biancho di lebbra. Chostoro adunque fanno contro lo euangelio di Matheo: elquale nel decimo capitolo scriue Quod gratis donante deo accipiũt gratis dent. Comanda adunque christo per Matheo che le chose spirituali lequali loro riceuono sanza prezo da dio: similmente le dieno a chi le merita sanza prezo. O SIMONE primo auctore et prĩcipe nella chiesa christiana di tanta scellerateza: et chosi el primo in questa bolgia a riceuerne conueniente supplicio. MAGHO: cioe incantatore Magho in lingua persiana significa sauio. Ilperche quegli equali appresso de greci furono chiamati philosophi: epersi chiamano magi. Et di questa spetie di philosophi furono quegli tre che uennono a adorare Hiesu chon offerta doro dincenso et di myrra. Ma pche Soroastre uno di questi magi fu el primo che trouo tale arte: pero e/ decta arte magica: et quegli che lexercitano sono chiamati magi. O MISERI Sequaci. O altri tutti equali per hauere; sequitato le uestigie di chostui ui trouate in somma miseria. CHE equali: Adulterate: corrompete. LE CHOSE di dio: le chose dedicate a dio chome pocho auanti dicemmo. CHE: cioe lequali debbono essere spose di bontade: cioe della uirtu et della doctrina: et dellhonesta uita: et costumi. Adultero e/ quello elquale corrompe et congiugnesi con questa che ha marito. Marito e/ quello elquale si congiugne con quella laquale per legiptimo matrimonio e/ facta sua. Et perche le dignita spirituali et ebeneficii meritamente si debbono conferire a buoni et docti sacerdoti. Noi per certa similitudine chiamiamo tali chose spose di tali huomini: et quegli legiptimi mariti di quelle; Et per loppposito tutti quegli equali lacquistano non per uirtu alchuna: Ma per prezo sichome ladultero si congiugne con ladultera per corruptela/sono meritamente decti adulteri. Onde laquinate Thomaso scriue chel simoniaco procura che lachiesa laquale e/ sposa di christo diuenti grauida daltri che dello sposo: et la simonia fa che douendo epsa ingrauidare dello spirito sancto ingrauida dello spirito maligno. Ilperche fa che idio nutrisce efigluoli adulterini: et direda elegittimi: perche ecorruptori posseggono ebenefici equali comperano con pecunia: et e buoni et docti aquali si douerrebbono dare le degnita/rimangono sanza alchuno benificio. HOR CON VIEN CHE Per uoi suoni la tromba: cioe e/ necessario chio ui manifesti et publichi ne miei uersi: et e/ translatione da banditori: equali quando hanno a publicare alchuna chosa chol suono della tromba inuitano ecircunstanti a udire. GIA ERAVAM montati alla sequente tomba. Dicemmo che tõba significa sepultura. Adunque qui meritamente chiama sepultura questo profondo luogho doue lanime perche sono dannate in eterna morte si possono dire sepulte. DELLO SCOGLO: elquale faceua ponte. CHAPVNTO Souralmezo el fosso piomba: cioe a linea corrisponde sopra el mezo del fosso Piombare dicono emuratori quando chol piombino dirizano alchuna pietra o canto di muro: accio che surga su a linea recta.

O somma sapientia quante larte
che mostrincielo interra et nelmal mõdo
et quanto giusta tua uirtu comparte
Io uidi per le coste et per lo fondo
piena la pietra liuida di fuori
dun largho tutti et ciaschuno era tondo:
Non mi parean meno ampi ne maggiori
che que che son nel mio bel san Ioanni
facti per luogho de baptezatori.
Luno dequali anchor non son molti anni
ruppio per uno che dentro uannegaua
et questo sia suggel chogni huomo sganni
Fuor della bocca aciaschun superchiaua
dun peccatore epiedi: et delle gambe
infino aldosso et laltro dentro staua.
Le piante erono a tutti incese intrambe
perche si forte guizauon le giunte:
che spezate haurien ritorte et strambe:
Qual suole el fiameggiare delle cose uncte
muouersi pur su per lextrema buccia
tale era li da calcagni alle punte.

o Ptima exclamatione dimonstra che el sommo dio persua infinita sapientia ha saputo et per somma uirtu: cioe forteza ha potuto creare el mondo: elquale con admirabile iustitia administra distribuendo con optima proportione a ogni creatura quanto se gli uiene. o di premio o di pena. Adunque beatifica gliangeli. Interra da spatio et comodita doperare informa che meritiamo il cielo. ET NEL Mal mondo: cioe nellõferno punisce epeccatori con piu o men graui pene secondo el delicto. IO VIDI Per le coste: cioe per le ripe della bolgia. ET PER LO FONDO: cioe giu nel basso. LA PIETRA: Quello scoglio pieno difori tondi et non piu larghi che si bisogni a riceuere unhuomo solo: Et p meglo exprimersi aggiugne che erono a similitudine di quegli quattro pozetti equali nel tempio del Baptista giouanni sono intorno alla fonte posta nel mezo del tempio facti pche uistieno epreti che baptezano: accioche stieno piu presso allacqua. LVNO DE QVALI. Interuenne che essendo piu fanciulli nel tempio di san Giouanni; et scherzando si come e/ di lor costume/uno cadde in uno de pozi doppio: et non se ne potẽdo per altra uia cauare ui sabbacte Danthe: et disua mano ruppe el pozo: et scampo elfanciullo. ET

QVESTO Sia sigillo chognuno sganni. Questo dice acciochе nessuno creda che uolessi uiolare lechose sacre, o che per impieta hauessi ropto quel pozo: Ma per scampare el fanciullo. FVOR Della boccha di decti pozi: A CIASCHVNO: cioe pozo. SVPERCHIAVA: auanzaua epiedi et le ghambe. INSINO AL GROSSO: insino alla polpa doue la ghamba comincia a ingrossare. Et certo pone pena molto conueniente a questo uitio. Imperoche essendo creato lhuomo per contemplare idio et le cose celesti,: Et per questo essendo stato prodocto con la faccia eleuata al cielo: laquale ebruti chinono alla terra. El simoniaco elquale per auaritia uende le chose diuine per hauere oro et argento elqual nasce sobto terra, peruerte loffitio dellhuomo contemplando le chose terrene per le celesti. Adunque e/ giusta chosa che ficchi la faccia in terra. INTRAMBE .i. tra luna et laltra Quasi intra ambas. GVIZAVANO: con presteza moueuano LE GIVNTE: le giunture. Dimostra che non potendo muouer le gambe perche erono rinchiuse nel pozo moueuono epiedi nella giuntura laquale gli congiugne chon le gambe. Questo licteralmente dimostra gran dolore: perche ueggiamo che chi sente gran dolore distorce epiedi. Ma allegoricamente intendiamo pe piedi la cupidita delle chose terrene: et el ueloce moto de piedi intendiamo la molta cupidita: et pel fuoco lardore di tale cupidita. QVAL SVOLE. Optima comperatione per laquale dimostra che chome la fiamma sequita lunto in su lasuperficie: chosi costoro hanno sequitato el grasso externo: cioe ebeni mondani: et non lo interno: cioe ebeni celestiali. RITORTE: Vermene torte per legare efasci. STRAMBE: cioe funi facte di stramba; laquale elatini dicono spartum

Chi e colui maestro che si cruccia
  guizando piu cheglaltri suoi consorti
  dixio: et cui piu rossa fiamma succia?
Et egli ad me se tu uuoi chio ti porti
  la giu per quella ripa: che piu giace
  dallui saprai di se et de suoi torti:
Et io tanto me bel quanto a te piace
  tu sei signore, et sai chio non mi parto
  dal tuo uoler et sai quel che si tace:
Allhor uenimmo in su largine quarto
  uolgemo et discendemo a mano stancha
  la giu nel fondo foracchiato et arcto
Lo buon maestro anchor della sua ancha
  non mi dispose si mi giunse al ropto
  di quel che si piangea cholla zancha.

d Omanda Danthe chi e/ quello che piu che glaltri si cruccia: et Virgilio dice non hauer notitia: ma promettegli di portarlo insino allui. Ilche significa chome piu uolte habbiamo decto che la scienia non da cognitione de particulari; Ma ben ti mena insino a quegli: chome uerbi gratia non dimostra la scientia che Bonifatio sia simoniaco. Ma dimostrando questo uniuersale: che qualunche uende le chose sacre et diuine per denari e/ simoniaco conduce el senso et la ragione inferiore aconoscere che Bonifatio elquale uende le chose sacre et diuine per danari e/ simoniaco. Adunque Virgilio porta Danthe nel fondo doue lui era: cioe lontellecto porta la ragione inferiore nella cognitione di quel uitio in genere: nel qual Danthe uede poi Bonifatio: cioe conosce eparticulari. GVIZANDO piu che glaltri suoi consorti: cioe glaltri equali son posti a una medesima sorte di pena. PIV ROSSA FIAMMA: Quanto piu rossa e/ la fiamma maggior uiuacita: et forza dimostra. SVCCIA: rectamente decto. Imperoche el caldo tira ad se lhumido; Adunque lo succia. CHE Piu giace: che e/ piu profondo. DISE Et de suoi torti; cioe de suoi errori et uitii. Imperoche chome ogni uirtu ha rectitudine: chosi ogni uitio e/ torto. TANTO Me bello cioe tanto mi par bello Quanto a te piace. La sententia e/ che tanto mi par bella chosa quanto epsa piace a te: Quasi dica che secondo che o piu o meno ti piace/a me par piu et men bella: cioe desiderabile. Doue lauctore dimostra che la ragione inferiore: et el senso altutto se sobtomessio alla ragione superiore. Ilche quando interuiene non e/ mai discordia nellanimo: Ma sempre ha recto et uero giudicio. laqualchosa accio che meglo sintenda pognamo due de quali nelluno la sensualita altutto sia concorde con la ragione: Et nellaltro sia indiscordia: Vedremo che in questo saranno due diuersi giudicii. Imperoche giudichera che si debba stimare piu le chose diuine che la pecunia: Et la sensualita giudichera che le pecunie si debbono preporre alle cose diuine. Inquegli la sensualita e/ tanto obediente alla ragione che sempre appruoua el suo giudicio. Adunque solamẽte quella chosa e/ bella et buona a Danthe .i. alla sensualita che piace a Virgilio cioa allontellecto. TV SIGNORE. Perche la ragione superiore debba comandere: et la sensualita ubbidire: Ne mai si parte quando e/ bene disposta dal uoler suo. Preterea la ragione perche hauera cognitione quando la sensualita e congiunta seco intende non solo quel che dice: Ma anchora quello che cogita: benche lo taccia. TANTO E/ BELLO: cioe amabile et desiderabile; perche amore secondo Platone non e/ altro se nõ desiderio delle chose belle. TV SEI Signore et sai chio non mi parto dal tuo uolere: Dichiara piu apertamente quel medesimo. ET SAI Quel che si tace. Imperoche la ragione puo comprendere epẽsieri dellanimo. Ilche anchora di sopra significo quando dixe. Ah quanto cauti glhuomini esser denno

contre a color che non ueghon pur sopra: Ma per entrol pensier miran col senno. IN SV LARGINE QVARTA: laquale e/ tra la terza et la quarta bolgia. Et non lo pose giu el maestro prima che arriuassi al pozo; perche la scientia non ci lascia insino che arriuiamo a particulari. SANCHA significa ghamba.

O qualche se chel di su tien disobto
anima trista chome pal commessa
cominciaio a dir se puoi fa motto.
Io stauo chomel frate che confessa
lo perfido assessin che poiche e/ ficto
richiama lui perche lamorte cessa.
Et el grido se tu gia chosti ricto
se tu gia costi ricto Bonifatio
di parecchi anni mi menti lo scripto
Se tu si tosto di quellhauer satio
per lo qual non temesti torre anganno
labella donna: et dipoi farne stratio.

P Erche la cognitione dellhuomo consiste nella faccia: pero non potea Danthe conoscere chostui: elquale non monstraua el uiso: ma epiedi: pero che teneua di sobto. EL DI SV: cioe laparte laquale debba star di sopra. Et certo glhuomini equali stanno a capo ficto: cioe tutte leoro cogitationi et speculationi lequali debbono eleuare alcielo per auaritia sommergono nella terra: cioe nella cupidita delle chose terrene ci celono la faccia informa che non gli possiamo conoscere. Ilche non significa altro se non che trasformano si ecostumi che piutosto paiono crudelissime fiere che huomini. Ne si puo conoscere che sieno huomini perche non uiuono secondo la ragione: laqual sola ci fa huomini. Ma secondo lappetito: elquale cie comune con tutte le bestie. Detteci adūque la natura che soli tra tutti glanimali hauessimo eleuato el uolto al cielo/ per dimostrare che le nostre cogitationi doueuono essere delle chose celesti: Et a bruti decte el uolto chino a terra: pche essendo sanza ragione non possono raguardare altro che chose terrene. Per laqualchosa uolge el capo sobtosopra qualunche lasciando la cogitatione delle chose alte mira solamente le basse. Tutto questo apertamente dimostra Ouidio in questi uersi Pronaque cum spectent animantia cetera terram Os homini sublime dedit celumque tueri Iussit et erectos ad sidera tollere uultus. CHOME PAL COMMESSO: cioe ficto in terra chome si ficca un palo. IO STAVO: Assessino e/ colui elquale per denari uccide lhuomo: Et e/ da questo uerbo latino assideo che significa fermarsi presso a qualche chosa. Imperoche questi tali si mettono in aguato appresso a luogho doue stimano che habbi a passare quello che uogliono uccidere. La pena de glassessini e/ che sieno propaginati. Adunque interuiene che lassessino poiche ha el capo ficto nella fossa: perche non muore di subito spesso richiama el frate perche lascolti alchuno peccato rimaso indrieto. Onde conuiē chel chonfessoro chini lorecchio a terra se uuole udire la uoce laquale esce di sobto la terra: Et chosi bisognaua che facessi Danthe uolendo udire quella anima. Et certo chi uuole considerare la natura del simoniaco conuiene che ficchi glocchi et glorecchi a terra: cioe che riconosca in lui le cogitationi delle cose terreni. ET EL GRIDO. Marauiglioso ingegno del poeta che uolendo dannare papa Bonifatio della simonia: et non possendo trouarlo nellinferno perche anchora uiuea fa che questa anima pronostichi la sua uenuta dimostrando che loppinione sua e/ stata ingannata inquesto che lui sia morto prima alchuno anno che non stimaua. Questo fa perche uuole che quellombra stimassi il uero: Ma fussi ingannata dalla uoce di Danthe. SE TV SI TOSTO Di quellhauer satio. Danna per queste parole la stultitiā de glhuomini: equali tanto saffatichano per acquistare thesori: de quali la morte in brieue tempo gli satia. Papa Nicholao de glorsini uixe pontefice anni tre Mesi octo Di uenti. Chostui per lasciare ricchi eparēti fu gran simoniaco. Et in uita intese per reuelatione di prophetia che Bonifatio hauea a essere grande simoniaco et stare nelpapato anni octo: et mesi noue. Dopo Nicchola succedecte Martino huomo se nō fussi stato goloso Nellaltre sue actioni di laudabile uita: Et aMartino succedecte papa Celestino: delquale dicemmo disopra nel terzo canto: et aCelestino Bonifatio. DI PARECCHI Anni mi menti loscripto. Se tu sei gia chosti la prophetia non si uerifica: perche a octo anni et noue mesi manchano anchora anni due et mesi noue. Imperoche questo tempo uixe Bonifatio dopo el di che Danthe finge essere sceso allonferno: che fu nellanno della salute nostra millesimo tricentesimo: et Bonifatio mori dipoi nel trecentesimo terzo. TORRE ANganno la bella donna: Perche con fraude occupo elpontificato della christiana chiesa: laquale chiama bella donna. Ilche accioche apertamente sintenda Dico che nellanno di christo nonagesimo quarto sopra mille dugento. Erono ecardinali in Perugia: et molto aspreggiati da perugini: perche per loro discordia erono stati gia piu che due anni sanza pontefice. Adunque dopo molte altercationi elexono frate Pietro da Sulmone huomo di uita sancta: et molto aspera: et elquale uiueua con penitentia in Murrone elquale e/ monte non lontano da Sulmone. Chostui fu Celestino .V. et del mese di septembre creo. xii. cardinali quasi tutti oltramontani per compiacere a Carlo secōdo. Dipoi ando con la corte a napoli cercando di rinuntiare al pontificato: pche era huomo molto semplice et poco apto al gouerno. Era nel collegio de cardinali messer Benedecto di nania huomo molto

Notabile.

Elettione di papa Celestino e poi di Bonifatio.

efficace: et di gran prudentia et astutia Cupidissimo dimperio: et di grande animo. Chostui conosciuta la uolonta de cardinali et di Carlo che sommamente desiderauono mutare pontefice / Persuase a Celestino che facessi una decretale: per laquale a ciaschun papa fussi lecito rinuntiare al pontificato. Laqual facta celestino nella celebratione di sancta Lucia et nel conspecto de cardinali rinuntio al papato. Et cō gran gaudio si ritorno al suo chiostro a far lusata sua penitentia poiche era seduto nel pontificato mesi cinque et di octo. Dipoi pel fauore di Carlo alquale hauea promesso mettere tutte le forze della chiesa per ricuperargli la Sicilia. Fu electo in sommo pontefice el gia da noi decto messer Benedecto; et fu Bonifatio octauo. Chostui uedendo che di ragione non ualeua la rinuntia di celestino: et che ogni buon christiano lo stimaua uero pontefice / lo tolse dal monte a sancto Angelo di Pugla doue sera ridocto a sancta solitudine: et incarcerollo nella roccha di sul monte: doue in brieue tempo mori: et fu sepellito in piccola chiesa di sul mone de frati del suo ordine: et messo sobto piu di dieci braccia; accioche non si ritrouassi. Bonifatio fu piu cupido dimperio che non si conuiene al sacerdote; et con sua prudentia accrebbe lo stato della chiesa. Molto fu auido di pecunia sanza alchuna conscientia; et hauea in prouerbio che per exaltatione della chiesa era lecito fare ogni chosa. NON TEMESTI Torre a inganno: Perche fraudulentemente persuase a celestino che rinuntiassi. LA BELLA DONNA: cioe la romana chiesa; laquale chiama donna; perche e/ sposa di christo; et de suoi uicarii. ET DIPOI Farne stratio: Perche non la tenne chome sposo: Ma chome adultero con sue simonie uendendola.

I Nteruiene a ciaschuno che domanda; che se glie risposto chosa che non intenda rimane con iscorno et in ambiguita. ALLHOR Virgilio: Bisognaua con la ragione superiore; laquale quando circa eparticulari non trouiamo el uero / ritornare a gluniuersali. Et pero finge che Virgilio glinsegna tal risposta perche e/ chosa uniuersale: che quando uno ti stima unaltro ti dimostri che lui e/ lontano dal uero. SE DI SAPER chio sia ti chale cotanto. Risponde adunque essere stato sommo pontefice. ET VERAMENTE Fui figluol dellorsa. cioe fui della chasa de glorsini: Ma meritamente mi posso chiamare orso. perche come questo animale e/ insatiabile nel cibo: et maxime per che nauanzi a figluoli. chosi io fui nella pecunia per auanzarla a glorsatti: che io su: cioe nel mondo messi lhauere in borsa: perche accumulai pecunia. ET QVI nellonferno missi in borsa me chiamando La borsa di se: el foro nel quale era DI SOBTO Al capo mio sono glialtri: cioe pōtefici simoniaci: che cioe equali. PREcedectero: antecedectono; et furono miei antecessori. Tracti/tirati al fondo per questa fessura nellentrata della quale io sono posto. LA GIV CASchero io: cadero alfondo. ALTRESI. Similmente come loro: et lascero questa entrata uacua per Bonifatio: elquale io credeuo che tu fussi. Ma lui stara men tempo che non sono stato io chosi piātato: perche dopo lui immediate uerra delle pti occidentali pastore dipiu laide et bructe opere di lui Informa che la infamia trista di me et di Bonifatio si ricoprirra per la sua. Queste parole dixe Ioanni guatano de glorsini. Elquale nel. M.cc.lxxvi. fu creato papa Nicholao tertio: chostui innanzi che peruenissi al pontificato fu di laudabile uita. Ma dipoi crescendogli lanimo pel caldo de consorti attese a extollere quegli; et apertamente permesse che loro usassino ogni spetie disimonia: et faceuagli ricchissimi: et signori di molte terre. Fece septe cardinali romani quasi tutti al lui attenenti. Et tra questi fu Iacopo colonnese per conciliarsi quella famigla: accioche non si collegassi conglhanibalesi suoi inimici non sanza stupore et offensione di molti; perche la famiglia de colonnesi era stata dannata; et priuata dogni

Tal mi fecio quali color che stanno
per non intender cio che lor risposto
quasi scornati: et risponder non sanno.
Allhor Virgilio dixe digli tosto
non son colui non son colui che credi.
et io risposi chome a me fu imposto
Perche lospirto tutti storse epiedi
poi suspirando con uoce di pianto
mi dixe adunque che a me richiedi.
Se di saper chio sia ti chal cotanto
che tu habbi pero la ripa corsa
sappi chi fu uostito del gran manto:
Et ueramente fui figliuol dellorsa
cupido si per auanzar gliorsatti
che su lhauere et qui mi messi in borsa.
Di socto al capo mio son glaltri tracti
che precedecton me simoneggiando
perla fessura della pietra piacti:
La giu chaschero io altresi quando
uerra colui: chio credea che tu fussi
allhor chio feci elsubito domando:
Ma piu eltempo gia che pie mi cossi
et chio son stato chosi sobtosopra
chei non stara piantato cho pie rossi.
Che dopo lui uerra di piu laida opra
di uer ponente un pastor sanza legge
tal che conuien che lui et me ricopre
Nuouo Iason sara dichui si legge
ne machabei et chome a quel fu molle
suo re: chosi fia allui chi Francia regge.

degnita ecclesiastica per Alexandro tertio: perche essendo la loro origine della magna haueano fauorito Federigo primo contro alla chiesa. Fece ampli palazi appresso a sancto Pietro. Occupo Bologna: et tutto el contado di Romagna; elquale Ridolfo imperadore obbligo se non passaua in Italia. Ilche fu reputato ingiusta chosa. Essendo manifesto a tutti che non la uolonta: Ma egrandi impedimenti uietorono che Ridolfo non passassi. Constitui adunque Bertoldo orsino suo nipote conte di Romagna. Et latino branchaleoni figluolo duna sua sorella gia cardinale mando legato a Bologna. DI VER PONente un figluol sanza legge. Dopo Bonifatio fu Benedecto undecimo huomo et di lectere et di chostumi excellente: et mori chome molti credono nel nono mese; et fu sepellito in Perugia. Dopo elquale stectono mesi octo ecardinali incontentione; perche erono diuisi in due parte: et delluna era capo Matheo orsini: et Francesco gatano nipote di Bonifatio. Dellaltra Napoleone orsino dal monte: et Nicolao da prato elquale innāzi alcardinalato era stato dellordīe depredicatori huomo et p doctrina et p prudētia molto stimato. Chostui alle forze aggiunse lastutia: et in secreto persuase a Francesco gatano che consentissi in Ramondo de grotto arciuescouo di burdogalia: elquale era Guascone inimico del re di Francia. Et dipoi scripse di subito al re che era Philippo bello a Parigi: che se disideraua ricuperara lo stato chon la chiesa: et subleuare ecolonnesi suoi amici/si riconciliassi Ramondo gia electo papa chome suo inimico El re scripse di subito a Ramondo che per chose importatissime gliuenissi incontro: et lui caualcando cō celerita el sexto giorno fu con lui; et giurato fede luno allaltro in sullaltare: El re prima con parole cō uenīeti lo rappacifico con Carlo di ualoes chiamato Carlo sanza terra suo fratello. Dipoi dixe che era in sua potesta farlo papa: et che lofarebbe se gli prometteua alchune chose. Ramondo cupidissimo di tāta dignita si gitto a piedi del re; et sommamente lo ringratio: che gli uolessi rendere ben per male: et p missegli esser sempre prompto a ogni sua domanda. Chiese el re prima che ricomunicassi lui et esuoi sequaci dellexcesso che haueua commesso contro a Bonifatio. Secondo che gli donassi le decime del regno suo per anni cinque per supplire alle spese facte nella guerra di Fiandra. Tertio che spegnessi et anullassi la memoria di Bonifatio. Quarto che restituissi nel cardinalato Iacopo et Piero colonnesi priuati per Bonifatio. Quinto che spegnessi lordine de templarii. La sexta gratia si reserbo nel pecto suo. Consenti Ramondo et chome scelerato simoniaco con questo prezo compero el papato: El re riscripse al cardinale di prato che dessi opera che quegli della sua parte consentissino Ramondo a Franceschо gatano et a suoi. Con questa fraude fu creato Ramondo et chiamato Clemente quinto. El di quinto di giugno. M.ccc v. Essendo gia uacata la chiesa mesi sei et di. x. Et dipoi nel giorno undecimo di nouembre fu coronato a Lione del Rhodono; et obseruo al re di Francia le promesse. Preterea fece dodici cardinali parte guasconi: parte franzesi. Ma tutti huomini del re. NVOVO IASON. Chostui fu hebreo et fratello donia sommo sacerdote et huomo buono. Ma Iason ambitiosissimo et desideroso torre el sommo sacerdotio al fratello ando ad Antiochio re di Siria: elquale teneua hierosolima; et promesse dargli trecento sexanta talenti dargento: et octanta dellaltre entrate: et oltre a questi altri cento cinquanta talenti se lui gli concedessi el principato. Elquale optenuto abbandono esacrificii antichi; et le mosaiche leggi: et instituì el culto de gentili: et palestre: et ginnasii doue faceua exercitare lasciuamente egiouani: Et nel postribulo tenea efanciulli. Et finalmente hauea tradocti tutti esacerdoti a giuochi de gentili: et ad ogni generatione di luxuria. Ne si uergogno mādare in tyro agiuochi quinquennali. ccc. didrachme per fare sacrificio a Herchole. Ma dopo tre anni perde el principato ingannato da Menelao chome lui hauea ingannato el fratello; et ando in exilio in ammanire. Sara adunque Clemente nuouo Iasone: perche acquistera el pontificato per simonia chome Iasone acquisto el sommo sacerdotio

Io non so sio mi fu qui troppo folle
 chio pur risposi allui per questo metro
 de hor mi di quanto thesoro uolle
Nostro signore prima da san Pietro
 che ponessi lechiaui in sua balia
 certo non chiese se non uienne retro.
Ne Pier ne glaltri tolsero a Mathia
 oro o argento quando fu sortito
 alluogo che perde lanima ria.
Pero ti sta che tu sei ben punito;
 et guarda ben la mal tolta moneta;
 chesser ti fece contro a carlo ardito
Et se non fusse chancor lomi uieta

PAre da dubitare se lonferiore debba riprēdere el superiore; Et per questa cagione prende el poeta scusa; accioche sanza arroganza possa con somma liberta riprendere lextrema auaritia et scelerata simonia de glingiusti pastori equali adulterano la sposa di christo. DE HOR Mi di quanto thesoro uolle nostro signore. Qui dimostra che christo non uende el suo uicariato a Pietro Oro ne argento; ne altro gli chiese: se non che lo sequitassi. Imperoche lo euangelio di Matheo dice che christo date le chiaui a Piero dixe solamente Sequere me; et uieni drieto a me Significa sequita la mia doctrina; et obserua gli miei precepti. NE PIERO Ne glaltri; potrebbe dire alchuno christo non chiese oro a Pietro; Ma la fragilita et indigentia humana non si puo agguaglare alla diuinita: Et per questo sogiugne

la reuerentia delle somme chiaui:
che tu tenesti nella uita lieta
Io userei parole anchor piu graui:
che la uostra auaritia el mondo attrista
chalcando ebuoni: et solleuando eprauí.

che ne anche glappostoli uenderono a Matthia elluogho dellappostolato: elquale lanima ria di Giuda perde. Imperoche uolendo glappostoli undici eleggere uno in luogho di Giuda tolsono Ioseph decto Bernaba et Matthia: et dipoi gittate le sorte toccho a Matthia. Et rectamente si puo quasi equiperare el simoniacho a Giuda perche Giuda uende christo; et el simoniaco uende la gratia dello spirito sancto. PERO TISTA Tu Nicholao: Quasi dica non te degno che alchuno habbi compassione de tuoi giusti supplicii. ET GVARDA Ben la mal tolta moneta. Questa e/ amara irrisione: et laquale meritamente si conuiene a si scelerato simoniaco: perche confortandolo che guardi el thesoro ingiustamente acquistato. Ilche nõ puo fare: perche di qua si lascia ogni ben terreno; et di la non si puo usare; Non e/ altro che rimprouerargli la sua stultitia: che lui uolessi preporre le chose transitorie alleterne. Et e/ questo uno colore rhetorico che si chiama concessione. Chome quando Virgilio dice. I sequere Italiam uentis pete regna p undas. CHESSER Ti fece contro a carlo ardito. Prese tanto animo Nicolao per le sue riccheze che fe richiedere Carlo primo: elquale fu del reale sangue di Francia che dessi una sua nipote al nipote suo. Ma Carlo rispose che benche lui hauessi epiedi rossi non era pero degno di fare parentado col sangue di Francia. Queste parole concepectono tanto sdegno nel pecto di Nichola; che tolse a carlo el uicariato di toscano: et in processo di tempo consenti alla rebellione di sicilia della quale riceuette gran pecunia per le mani di messer giouanni di procida capo et auctore della rebellione. Et inquesto modo perde carlo la Sicilia: laquale haueua hauuta dalla chiesa: et acquistatola non sanza molto sangue. ET SE Non fussi. Dimostra che la riuerentia del pontificato elquale etenne non lo lasci usare piu acerbe parole: Et usa un color rhetorico decto occupatione. Imperoche dimostra non uoler dire quello che dice.

u Vole in questo luogho interpretare el poeta un texto dellappocalypse: cioe della reuelatione di Giouanni euangelista dimostrando tutto quello esser decto contro la simonia et glaltri uitii depa pastori. Scriue adunque Ioanni nella sua appocalypse. Venit unus de septem angelis qui habebãt septem phialas et locutus est mecum dicens Veni ostẽdam tibi dannationem meretricis magne que sedet super aquas multas; cũ qua fornicati sunt reges terre: et inebriati sunt qui inhabitant terrã de uino prostitutionis eius: Et abstulit me indesertum in spiritu. Et uidi mulierem sedentem super bestiam plenam nominibus blasphemie habentem capita septem et cornua decem: Et mulier erat circundata purpura et inaurata auro et lapide pretioso: et margaritas habens sciphum aureum in manu sua plenum abhominatione et inmũditia fornicationis eius: Et in fronte eius erat scriptum Babylon, magna mater fornicationum terre.

Diuoi pastor saccorse el uangelista
quando colei che siede sopra lacque
puttaneggiar cho regi allui fu uista
Quella che con le septe teste nacque:
et dalle dieci corna hebbe argomento
fin che uirtute alsuo marito piacque.
Facto uhauete dio doro et dargento.
et che altro e/ da uoi allidolatre?
se non che gli uno: et uoi norate cento.
Ah Constantino di quanto mal fu matre
non la sua conuersione ma quella dote
che dallui prese el primo ricco patre:
Et mentre io gli cantauo cotai note
o ira o conscientia chel mordessi
forte springaua con ambo le piote.

Adunque questa meretrice ornata doro: et di gemma; laquale sopra lacque siede in su una bestia laquale ha septe capi et dieci corna e/ in figura della chiesa carnale corropta da simonia: et da luxuria. Siede questa donna sopra lacque cioe sopra epopoli; perche la scriptura figura spesso lacqua pe popoli: laquale mentre che piacque al suo sposo christo era ben collocata in su la bestia rossa nel sangue de martiri: et con septe capi che sono esepte sacramenti. Baptesmo. Chrisma. Eucharistia. Penitentia. Ordinatione. Matrimonio; et extrema unctione. Ouero septe doni dello spirito sancto Dono di pieta contro allanuidia. Di timore contro alla superbia. Di scientia contro allaccidia. Di forteza contro allira. Di consiglio contro allauaritia. Dintellecto contro alla luxuria. Di sapientia contro alla gola. Ouero septe uirtu Quattro morali Prudentia. Iustitia. Forteza: et temperanza. Et tre theologice: Fede Speranza et Carita. Questa hebbe argomento dalle dieci corna cioe hebbe dimostratione et fu figurata da dieci comandamenti dati amoise mentre che LA VIRTV piacque alsuo marito. Ilche significa mentre che lauirtu piacque alpontefice elquale e/ marito della chiesa. Imperoche mentreche e pontefici uixono uirtuosamente et sanza auaritia et luxuria si uerificaua che questa donna sedessi sopra la bestia delle dieci corna. Ma dipoi comincio a puttaneggiare co re cioe a diuentare meretrice de re tẽporali: perche per denari uendeua la sua degnita et benefici et la sua liberta come lameretrice perdenari uende el suo corpo et la sua castita. FACTO VHAVETE Dio doro et dargẽto: perche postposta ogni religione et timore di dio riputate la pecunia dio. ET CHE ALTRO. Non e/ differentia da uoi a quegli che adorano glidoli. Se non che loro adorono uno idolo: et uoi nadorate cento: et pone cẽto numero finito per lo infinito; perche uoi adorate edenari equali sono infiniti. Di questi parla Osea propheta Ipsi regnauerunt et non ex me principes extiterunt et non cognoui. Aurum suum et argentum suum fecerunt sibi idola ne interirent. Et el psalmista Simulacra gentium argentum et aurum. AH COSTANTINO. Inferisce che mentre che la chiesa fu pouera: et non hauea beni proprii/ uixe sempre in somma sanctita. Ma poiche comincio a possedere beni proprii le ricchexe induxono ogni generatione di uitii. Ilperche con giusta indegnatione insurge el Petrarcha contro alla chiesa apostolica dicendo. Gia non fustu nutrita in piume al rezo: Ma nuda aluento et scalza tra gli stecchi: Hor uiui siche a dio ne uengha lezo. Adunque perche Constantino conuertito da Siluestro papa: et facto christiano fu el primo che doto la chiesa. Si duole el poeta non della conuersione sua: Ma della dote che decte al papa padre de christiani; elquale uenne a essere el primo riccho: perche glaltri erono uiuuti in somma pouerta. Sequita el poeta la piu uulgata et uniuersale opinione di Saluestro papa et Constantino imperadore. Ma perche sono uarie opinioni della conuersione di chostui et della dota della chiesa: et ciaschuna ha auctori grauissimi non mi uoglo tanto arrogare chio cinterponga mia sententia. Et per questo lasceremo la lite indeterminata: Et lultimo giudicio a piu docti. MENTRE CHIO Gli cantauo cotai note: cioe apertamente gli diceuo tali parole: Et dixe note per stare nella translatione. Imperoche chi canta usa le note. O IRA: alla quale loncitauano laspre parole di Danthe. O CONSCIENTIA: della sua simonia Qualunche fussi di queste due chose FORTE SPRINGAVA: cioe guizaua. CON AMBO LE PIOTE: cioe piante. Springare e/ muouere forte le gambe per percuotere. Onde diciamo el cauallo springhare ecalci.

Io credo ben chal mio duca piacessi
con si contenta labbia sempre attese
lo suon delle parole uere expressi.
Pero con ambo le braccia mi prese
et poiche tutto su mi shebbe al pecto
rimonto per la uia onde discese.
Non si stancho dhauermi ad se ristrecto
si men porto sopral colmo dellarco
che dal quarto al quinto argine e'tragecto
Quiui soauemente pose el carco
soaue per lo scoglio sconcio et erto
che sarebbe alle capre duro uarcho
Indunaltro uallon mi fu scouerto.

a Ccorsesi Danthe che a Virgilio piacque la riprensione data al pontefice: pche CON ATTENTA LABBIA: cioe con labbra attente ascoltaua: Ilche significa udire con silentio. Adũque dimostra che molto sempre piace allintellecto: che nelle operationi humane: et nella uita actiua la prudentia con gran liberta riprenda: et danni euitii scelerati. Et che lui lo riportassi in sul monte dimostra che poiche la ragione inferiore ha inteso alchuno particulare lontellecto la riduce a gluniuersali per uia erta: cioe per difficile speculatione; et portandolo se lo stringea al pecto doue sta la cogitatione a dinotare che la cogitatione de gluniuersali e/ quella che ci da uera cognitione. Ne sanza ragione fa comperatione alle capre. Imperoche questo animale nel pascersi sempre monta et non scende. Onde el segno che fa el tropicho hiemale e/ decto capricorno: perche el sole quiui comincia a montare. Et similmẽte qualunche procede nella contemplatione sempre debba salire alle chose piu excelse; et non scendere.

la reuerentia delle somme chiaui:
che tu tenesti nella uita lieta
Io userei parole anchor piu graui:
che la uostra auaritia el mondo attrista
chalcando ebuoni: et solleuando eprauí.

che ne anche glappostoli uenderono a Matthia elluogho dellappostolato: elquale lanima ria di Giuda perde. Imperoche uolendo glappostoli undici eleggere uno in luogho di Giuda tolsono Ioseph decto Bernaba et Matthia: et dipoi gittate le sorte toccho a Matthia. Et rectamente si puo quasi equiperare el simoniacho a Giuda perche Giuda uende christo; et el simoniaco uende la gratia dello spirito sancto. PERO TISTA Tu Nicholao: Quasi dica non te degno che alchuno habbi compassione de tuoi giusti supplicii. ET GVARDA Ben la mal tolta moneta. Questa e/ amara irrisione: et laquale meritamente si conuiene a si scelerato simoniaco: perche confortandolo che guardi el thesoro ingiustamente acquistato. Ilche nõ puo fare: perche di qua si lascia ogni ben terreno: et di la non si puo usare; Non e/ altro che rimproueragli la sua stultitia: che lui uolessi preporre le chose transitorie alleterne. Et e/ questo uno colore rhetorico che si chiama concessione. Chome quando Virgilio dice. I sequere taliam uentis pete regna p undas. CHESSER Ti fece contro a carlo ardito. Prese tanto animo Nicolao per le sue ricchezze che se richiedere Carlo primo; elquale fu del reale sangue di Francia che dessi una sua nipote al nipote suo. Ma Carlo rispose che benche lui hauessi epiedi rossi non era pero degno di fare parentado col sangue di Francia. Queste parole concepectono tanto sdegno nel pecto di Nichola: che tolse a carlo el uicariato di toscano: et in processo di tempo consenti alla rebellione di sicilia della quale riceuette gran pecunia per le mani di messer giouanni di procida capo et auctore della rebellione. Et inquesto modo perde carlo la Sicilia: laquale haueua hauuta dalla chiesa: et acquistatola non sanza molto sangue. ET SE NON fussi. Dimostra che la riuerentia del pontificato elquale etenne non lo lasci usare piu acerbe parole: Et usa un color rhetorico decto occupatione. Imperoche dimostra non uoler dire quello che dice.

u Vole in questo luogho interpretare el poeta un texto dellappocalypse: cioe della reuelatione di Giouanni euangelista dimostrando tutto quello esser decto contro la simonia et glaltri uitii depa pastori. Scriue adunque Ioanni nella sua appocalypse. Venit unus de septem angelis qui habebãt septem phialas et locutus est mecum dicens Veni ostẽdam tibi dannationem meretricis magne que sedet super aquas multas: cũ qua fornicati sunt reges terre: et inebriati sunt qui inhabitant terrã de uino prostitutionis eius: Et abstulit me inde sertum in spiritu. Et uidi mulierem sedentem super bestiam plenam nominibus blasphemie habentem capita septem et cornua decem: Et mulier erat circundata purpura et inaurata auro et lapide pretioso: et margaritas habens sciphum aureum in manu sua plenum abhominatione et inmũditia fornicationis eius: Et in fronte eius erat scriptum Babylon, magna mater fornicationum terre. Adunque questa meretrice ornata doro: et di gemma; laquale sopra lacque siede in su una bestia laquale ha septe capi et dieci corna e/ in figura della chiesa carnale corropta da simonia: et da luxuria. Siede questa donna sopra lacque cioe sopra epopoli: perche la scriptura figura spesso lacqua pe popoli: laquale mentre che piacque al suo sposo christo era ben collocata in su la bestia rossa nel sangue de martiri: et con septe capi che sono esepte sacramenti. Baptesmo. Chrisma. Eucharistia. Penitentia. Ordinatione. Matrimonio: et extrema unctione. Ouero septe doni dello spirito sancto Dono di pieta contro allanuidia. Di timore contro alla superbia. Di scientia contro allaccidia. Di forteza contro allira. Di consiglo contro allauaritia. Dintellecto contro alla luxuria. Di sapientia contro al la gola. Ouero septe uirtu Quattro morali Prudentia. Iustitia. Forteza: et temperanza. Et tre theologice: Fede Speranza et Carita. Questa hebbe argomento dalle dieci corna cioe hebbe dimostratione et fu figurata da dieci comandamenti dati amoise mentre che LAVIRTV piacque alsuo marito. Ilche significa mentre che lauirtu piacque alpontefice elquale e/ marito della chiesa. Imperoche mentreche e pontefici uixono uirtuosamente et sanza auaritia et luxuria si uerificaua che questa donna sedessi sopra la bestia delle dieci corna. Ma dipoi comincio a puttaneggiare co re cioe a diuentare meretrice de re tẽporali: perche per denari uendeua lasua degnita et benefici et la sua liberta come lameretrice perdenari

Diuoi pastor saccorse el uangelista
quando colei che siede sopra lacque
puttaneggiar cho regi allui fu uista
Quella che con le septe teste nacque:
et dalle dieci corna hebbe argomento
fin che uirtute alsuo marito piacque.
Facto uhauete dio doro et dargento.
et che altro e/ da uoi allidolatre?
se non che gli uno: et uoi norate cento.
Ab Constantino di quanto mal fu matre
non la sua conuersione ma quella dote
che dallui prese el primo ricco patre:
Et mentre io gli cantauo cotai note
o ira o conscientia chel mordessi
forte springaua con ambo le piote.

Nota versi contra li mali pastori

uende el suo corpo et la sua castita. FACTO VHAVETE Dio doro et dargēto : perche postposta ogni religione et timore di dio riputate la pecunia dio. ET CHE ALTRO. Non e/ differentia da uoi a quegli che adorano glidoli. Se non che loro adorono uno idolo : et uoi nadorate cento : et pone cē to numero finito per lo infinito ; perche uoi adorate edenari equali sono infiniti. Di questi parla Osea propheta Ipsi regnauerunt et non ex me principes extiterunt et non cognoui. Aurum suum et argen tum suum fecerunt sibi idola ne interirent. Et el psalmista Simulacra gentium argentum et aurum. AH COSTANTINO. Inferisce che mentre che la chiesa fu pouera ; et non hauea beni proprii/ uixe sempre in somma sanctita. Ma poiche comincio a possedere beni proprii le ricchexe induxono ogni ge neratione di uitii. Ilperche con giusta indegnatione insurge el Petrarcha contro alla chiesa apostolica di cendo. Gia non fustu nutrita in piume al rezo : Ma nuda aluento et scalza tra gli stecchi : Hor uiui siche a dio ne uengha lezo. Adunque perche Constantino conuertito da Siluestro papa : et facto christiano fu el primo che doto la chiesa. Si duole el poeta non della conuersione sua : Ma della dote che decte al papa padre de christiani ; elquale uenne a essere el primo riccho : perche glaltri erono uiuuti in somma pouerta. Sequita el poeta la piu uulgata et uniuersale opinione di Saluestro papa et Constantino impe radore. Ma perche sono uarie opinioni della conuersione di chostui et della dota della chiesa ; et ciaschu na ha auctori grauissimi non mi uoglo tanto arrogare chio cinterponga mia sententia. Et per questo la sceremo la lite indeterminata : Et lultimo giudicio a piu docti. MENTRE CHIO Gli cantauo cotai note : cioe apertamente gli diceuo tali parole : Et dixe note per stare nella translatione. Imperoche chi canta usa le note. OIRA : alla quale loncitauano laspre parole di Danthe. O CONSCIENTIA : del la sua simonia Qualunche fussi di queste due chose FORTE SPRINGAVA : cioe guizaua. CON AMBO LE PIOTE : cioe piante. Springare e/ muouere forte le gambe per percuotere. Onde dicia mo el cauallo springhare ecalci.

Io credo ben chal mio duca piacessi
con si contenta labbia sempre attese
lo suon delle parole uere expressi.
Pero con ambo le braccia mi prese
et poiche tutto su mi shebbe al pecto
rimonto per la uia onde discese.
Non si stancho dhauermi ad se ristrecto
si men porto sopral colmo dellarco
che dal quarto al quinto argine e'tragecto
Quiui soauemente pose el carco
soaue per lo scoglio sconcio et erto
che sarebbe alle capre duro uarcho
Indunaltro uallon mi fu scouerto.

a Ccorsesi Danthe che a Virgilio piacque la riprensione data al pontefice : pche CON ATTENTA LABBIA : cioe con labbra attente ascoltaua : Ilche significa udire con silentio. Adū que dimostra che molto sempre piace allintellec to : che nelle operationi humane : et nella uita actiua la prudentia con gran liberta riprenda : et danni euitii scelerati. Et che lui lo riportassi in sul monte dimostra che poiche la ragione inferi ore ha inteso alchuno particulare lontellecto la ri duce a gluniuersali per uia erta : cioe per difficile speculatione : et portandolo se lo stringea al pec to doue sta la cogitatione a dinotare che la cogita tione de gluniuersali e/ quella che ci da uera co gnitione. Ne sanza ragione fa comperatione al le capre. Imperoche questo animale nel pascersi sempre monta et non scende. Onde el segno che fa el tropicho hiemale e/ decto capricorno : perche el sole quiui comincia a montare. Et similmēte qua lunche procede nella contemplatione sempre debba salire alle chose piu excelse : et non scendere.

CANTO. XX. DELLA PRIMA CANTICA DI DANTHE.

Sequita elpoeta nella descriptione delle bolge ; et pone che nella quarta sono puniti glindiuinatori di qualunche spetie sieno. Et certo fu antichissima opinione confermata dal consenso di tutte le natione che tra glhuomini sia una certa presumptione et scientia delle cose future : laquale elatini chiamano diuinatione. Egreci Mantice. Questa e/ o naturale o artificiosa. La diuinatione naturale ha i se furore diuino et sogno. Impoche molti mossi da diuino furore chome appresso degentili gloracoli ; et appresso de glhebrei epropheti prediceuono le chose future. El sogno e/ di tre spetie. Imperoche alchunauolta si sogna quello che ha essere ; Ma ha di bisogno dinterpretatione. Chome quello che sognaua priemere luua nella coppa : et Ioseph interpreto che diuenterebbe pincerna del re ; et seruirebbelo a mensa di coppa. Alchunauolta si sogna di uedere la chosa in quel medesimo modo che sara : et e/ decta uisione. Alchunauolta apparisce nel sogno chi ti narra le chose apertamente chome saranno : Et questo chiamano oracolo. Ma spesseuolte sono insieme chome nel Virgiliano Enea : el quale uide Hectorre informa molto mesta et luctuosa ; Et udi le parole nelle quali lo confortaua a fuggire. La diuinatione artificiosa contiene in se Aurispicina : Augurii. Astrologia : et sorte. Aurispicina contiene in se quella diuinatione che pigliauono dalla forma sito et colore delle interiora dellanimale el quale sacrificauono ; chome la mattina del di che Cesare fu morto non si uide el cuore del bue che lui sacrifico. Augurio e/ la diuinatione facta o dal gusto o dal garrito de gluccegli. Imperoche glauguri alchunauolta porgeuano lesca a polli che per questo teneuono rinchiusi : Et secondo che di quella si pasceuano cosi iterpretauono elfine della cosa. Alchunauolta guardauano in aria eluolare et il cato de gluccegli et secondo la generatione di quegli giudicauono : Perche altro augurio da elcoruo. altro lacornacchia. altro elpicchio. altro glaltri : Et altro catare et uolare a un modo : et altro aunaltro. Et altro se uengono a dextra : et altro se a sinistra. Ne solamente gluccegli : Ma anchora glaltri animali danno buoni ; et mali augurii : chome sono lupi. uolpi. cani ; et serpenti ; et simili. Ne sono molto differenti da questi emonstri et portenti : equali uengono contro anatura. Onde nellexercito dixerxe perche lacaualla partori una lepre/annuntiorono glaugurii la timida fuga di quello exercito. Astrologia predice le cose future secondo uarii corsi delle stelle ; ne quali sono coniuntioni oppositioni sextili trini quadrature et altri aspecti Et di questa uoglono che sia spetie geomantia ; della quale tracteremo nel purgatorio : Et sorte trouate secondo glantichi nella citta di preneste hoggi decta Pelestrina. E pyromantia facta chol fuoco. Necromantia cho corpi morti a quali si riuoca lanima. Hydromantia facta con lacqua. Chyromantia laquale si considera nelle linee della mano. Tutte queste chose richiederebbono plipsa oratione se uolessimo p suo ordine explicarle. Ma non basta el tempo a chi si propone si lungha et diuersa materia. DI NUOVA PENA : Quasi inusitata et in audita et maggior che laltre : et fa lauditore attento promettendo gli chose inusitate et non piccole. ET DAR MATERIA Al uigesimo canto ; cioe al uigesimo capitolo DELLA PRIMA CANSONA : cioe della prima cantica. Sono tre cantiche. Inferno. purghatorio ; et paradiso : Et lonferno contiene. xxxiiii. canti : Et laltre due contengono ciaschuna. xxxiii. cāti. Adunque intutto sono cento canti diuisi in tre cantiche. CHE IO SOMMERSI : cioe laquale io tuffai nel centro della terra. Non sommerge la cantica : Ma discriue in quella lonferno sommerso. Alchuni texti hanno/Delle prime canzone et de sommersi ; cioe de dannati equali sono sommersi nel cētro della terra. Et sequita che gia era disposto a uedere el fondo della terra scoperto : cioe elquale poteua uedere dal ponte doue era. CHE SI BAGNAVA DI PIANTO : di quegli che ueron puniti.

Di nuoua pena mi conuien far uersi
et dar materia al uigesimo canto
della prima canzon che io sommersi.
Io ero gia disposto tutto quanto
a riguardar nello scoperto fondo
che mi bagnaua dangosciosos pianto.

Et uidi gente per lo uallon tondo
uenir tacendo et lagrimando al passo
com fanno le letanie in questo mondo
Chomel uiso miscese in lor piu basso
mirabilmente apparue esser trauolto
ciaschun tral mento el principio del casso
Che dalle rene era tornato el uolto ;
et indrieto uenir lor conuenia

La pena di questi pone essere : che habbino uolto el uolto di drieto ; Et per uolere uedere doue uanno bisogna uadino allidrieto. Questo e/ supplicio molto conueniente che el contrario sia punito col suo contrario. Et chi ha uoluto uedere troppo auanti uegga solo el drieto : Et chi e/ stato si temerario che habbi uoluto uedere el futuro. Ilche idio ha dinegato allhuomo chome chosa laquale non gle utile. Ne e/ uerisimile che potendo dio darci uera cognitione delle chose fu

perchel ueder dinanzi era lor tolto:
Forse per forza gia di parlasia
si trauolse chosi alchun deltutto:
ma io nol uidi ne credo che sia.

ture se ci fussino state utili celharebbe date: per che idio uuole ogni bene essendo somma bonta. FORSE PER FORZA gia di parlasia. Paralysis in greco e/ uno morbo: elquale perche risolue le legature de nerui induce tremore di membri o gli storce: in nostra lingua e/ nominato parletico. Conchiude adunque che benche questo morbo trauolga emembri: Nientedimeno non trauolse mai nessuno in questa forma. Vedesi in alchuno essere trauolto el collo per parletico. Onde lui guata attrauerso. Ma nessuno si uede tanto trauolto che guati indrieto: Et e/ optima comperatione. Imperoche chome el parletico sempre triema: chosi questi che cerchano le chose future sempre triemano: cioe stanno con pauento et anxieta se ha aessere: o no quello che hanno predecto: et sempre uacillano et dubitano/considerandoloro puncti et momenti penne canti duccegli: alterationi nellaria: da qual pte tuona o balena. puncti in terra. mouimento di fuocho: Et finalmente uno starnuto spesso gli fa mutare di proposito.

s E DIO TILASCI prender fructo della lectione cholui che leggendo impara. Adunque elfructo di questa lectione e/ conoscere la stultitia di questi che uogiono preuedere el futuro. Et non sanza cagione mostra hauere gran compassione. Imperoche essendo el sapere la somma perfectione del lanimo nostro/ pare che meriti compassione colui elquale affaticandosi per sapere diuiene piu ignorante. Et alchuni dicono che dimostra tanta compassione inuerso di costoro: perche conosce se medesimo essere stato in tale errore: Ma non credo questo perche Danthe fu reale mathematico: laquale scientia nessuno sauio mai sprezo. QVANDO LA NOSTRA imagine dapresso uidi si torta: cioe la imagine humana scorse Danthe che allhora la imagine di chostoro era trauolta quando fu loro presso. Adinotare che non si conosce questo uitio se bene non si considera. Imperoche nel primo aspetto uolere consequire questa scientia pare che sia uirtu et non uitio. Ma intendiamo che preuedere el futuro non e/ della natura humana: ma e/ proprio di dio. Onde Isaia Priora et nouissima nuntiate mihi et dicam quod dii estis. Et Lucano Sortisque deorum ignarum mortale genus: et nellibro de re Non. n. uidet homo nisi ea que apparent. Deus autem intuetur cor. Danthe piangea et Virgilio lo riprendea liche dinota che la parte sensitiua induce cōpassione dogni pena benche sia giustamente data: Ma la ragione prohibisce che lhuomo si muoui apieta ne suplicii da dio giustamente inferiti: et pero dice QVI cioe nellonferno doue e/ punito chi ha errato. REGNA LA PIATA Quando e/ ben morta. Quasi dica in questo luogho e/ pieta non hauer pieta. Ma e/ qui da notare che pieta appresso de latini e/ uirtu per laquale si porta debita affectione alla patria: et a quegli che ci sono congiunti di sangue. Et da questa nascano compassione et congratulatione. Compassione e/ dolore del male del proximo: Et congratulatione e/ allegreza del bene del proximo. Adunque in questo luogho pose pieta per compassione. Preterea pare che sia conclusione de saui che innessuno modo dobbiamo hauere compassione alle pene del peccatore: Ma si alla sua miseria dolendoci che lui sia caduto in tale errore. Ma benche Danthe: che dinota la sensualita habbia haunto compassione in molti luoghi del peccatore. Nientedimeno non e/ stato ripreso da Virgilio chome qui. Ilche ci mostra che in quegli che hanno peccato per fragilita e/ alchuna schusa. Ma lerrore di costoro etiam in uita e/ sempre stato deriso.

Se dio ti lasci lector prender fructo
di tua lectione hor pensa per te stesso:
chomio potea tenere el uiso asciucto
Quando la nostra imagine da presso
uidi si torta chel pianto de glocchi
le natiche bagnaua per lo fesso.
Certo io piangea poggiato a un de rocchi
del duro scoglio: siche la mia scorta
mi dixe anchor se tu de glaltri sciocchi.
Qui regna lapieta quando e/ ben morta.
chi e piu scelerato dicholui
chal giudicio di dio passion porta?

Driza latesta driza et uedi a cui
saperse a glocchi de theban la terra
perche gridauon tutti doue rui
Amphiarao perche lasci la guerra
et non resto di ruinare aualle
fino ad Minos che ciascheduno afferra.
Mira cha facto pecto delle spalle:

d Riza la testa. Imperoche piangendo Danthe staua a capo chino: Et uedi colui alquale la terra saperse. A GLOCCHI DE THEBANI: cioe nel conspecto de Thebani: et alloro occhi ueggenti. Questo fu Amphiarao elquale hebbe origine da Gioue. Imperoche deolo figluolo di Gioue nacque Eritheo: et deritheo Amitaone elquale genero Biante: et Biante antiphato: dantiphato fu figluolo Oicleo padre damphierao.

Xpmitoci nō si uole auer compassioni.

perche uolſe ueder troppo dauante
drietro guarda et fu ritroſo calle.

Coſtui fu peritiſſimo ne glaugurii: cioe inquella ſpetie di diuinatione laquale glantichi piglauono dal uolo o dal canto de gluccegli. Ne tempi ſuoi Adaſtro re de glargiui apparechiaua grande exercito per reſtituire Pollinice ſuo genero nel regno thebano. Ilperche ſali al monte inſieme chon Melampo: et uide ne glaugurii che haueua aperire in quella guerra. Onde ingegnandoſi fuggire elpericolo ſi naſcoſe acciochc non fuſſi conſtrecto andarui. Ma Argia mogle di Pollynice promiſſe ad Eryphile mogle damphierao una nobile collana ornata di pietre pretioſiſſime: laquale hauea facta Vulcano/ ſe lonſegnaua. Lauara adunque et uana mogle lonſegno. Onde conſtrecto andare alla guerra nella prima battagla eſſendo armato nel ſuo carro fu inghiottito dalla terra col carro et co cauagli. Onde Danthe finge: che rouinaſſi inſino allinferno. Choſtui fu in tanta riuerentia che glantichi glhedificorono un tempio: et conſtituirongli ſacrificii. DOVE RVI. i. doue ruini: et perche laſci la guerra/ parole hoſtili et piene di deriſione et diſcherno.

t Ireſia ſecondo le fauole fu thebano: et faccendo un giorno ſuo uiaggio per una ſelua ſcontro due ſerpenti inſieme inuiluppati: equali percotendo con la uergha di ſubito ſi muto di maſchio in femina: et in quel ſexo perſeuero ſepte anni. Dipoi el ſeptimo anno ritornando nella medeſima ſelua nel medeſimo luogho ritrouo emedeſimi ſerpenti: Et ſtimando quegli hauer forza di mutare el ſexo di nuouo gli batte cholla uergha: et ritorno di femmina maſchio. Dicono ancora che eſſendo contentione fra Gioue et Iunone qual fuſſi maggior uolupta nel coito o del maſchio o della femmina: et non ſaccordando ſi ſobtomiſſono al giudicio di Tyreſia: elquale haueua prouato luno: et laltro. Choſtui pronuntio che nelle femmine fuſſi maggiore furore et libidine. Ne ſanza naturali ragioni decte tal ſententia. Imperoche poſto che el maſchio ſia piu caldo che la femina: perche laſua complexione e/ piu ſanguigna chome quella della femina e/ piu phlegmatica: Nientedimeno nel maſchio e/ una ſola uolupta nel gittare el ſeme: Et nella donna e/ doppia et nel gittare el ſuo: et nel riceuere quel del maſchio nella matrice: laquale di natura aſſai fredda riſcaldata da queſto ſeme neprende grã uolupta: et duraui aſſai el caldo: perche quando piu groſſa e/ la materia che ſi riſcalda et piu fredda/ piu mantiene el caldo: chome ueggiamo nel ferro et in altre choſe ſimili. Preterea nella femmina e/ ſempre parato lo ſtrumento: El contrario e/ nellhuomo. Pronuntiando adunque tal ſententia Tyreſia/ offeſe tanto Iunone che per ira gli tolſe ellume de glocchi. Et Ioue incompenſatione et riſtoro di queſto danno gli decte ellume della mente. Imperoche lo fece indiuino et dectegli ſcientia delle choſe future. Ilperche eſſendo ecadmei ſignori di Thebe in pericolo: perche erono aſſediati da Alcmeone: Tyreſia predixe loro che loſcampo era che ſi fuggiſſino et abbandonaſſino lacitta. Ilperche ſi riduxono in Tilphoſo regione di Boetia: Doue morendo Tyreſia fu honoratiſſimamente da Cadmei ſepellito. Thebe fu preſa et ſaccheggiata: Et Daphne figluola di Tyreſia fu mandata in Delpho al tempio dapolline: et ad Apolline dedicata: Doue fu excellente nellarte dellondiuinare: et compoſe molti oracholi in uerſi: de quali Homero molti ne poſe nel ſuo poema: et fu chiamata Sybilla: Perche inquella lingua ſybillenin ſignifica a uoce uiua dare loracolo. Finge ancora homero che nellonferno Tyreſia predixe molte choſe a Vlixe. CAMBIANDOSI le membra tutte quante. Imperoche non ſolamente e/ altro ſexo nella femina. Ma anchora tutte le membra banno diuerſa qualita nella femina. ET PRIMA ET POI. Intendi prima gli conuenne battere eſerpenti a diuentare di maſchio femina: Et dipoi ribattergli a ritornare di femina maſchio. LE MASCHILI PENNE. Pone penne per peli. Quaſi dica la barba et altri peli: equali ha el maſchio: et non la femina.

Vidi Tireſia che muto ſembiante
quando di maſchio femmina diuenne
cambiandoſi le membra tutte quante
Et prima et poi ribatter gli conuenne
li due ſerpenti auuolti con lauergha:
che rihaueſſi le maſchili penne.

Nel coito · qual · e · magior uolupta · o · del maschio · o · della · femina ·

Arunte e quel chel uentre ſaglattergha
che ne monti di luni doue ronca
locarrarcſe che diſobto albergha
Hebbe tra bianchi marmi la ſpiloncha
per ſua dimora: ondaguardar le ſtelle
el mar non glera la ueduta tronca.

a ARONTE E/QVELLO. Choſtui pone Lucano eſſere ſtato augure toſchano nella citta di Lucca: elquale dalſenato cupido di ſapere che fine haueſſi hauere la guerra tra Ceſare et Pompeo/ fu chiamato ad Roma: et quiui ſacrificato un thoro: et parte dellenteſtina attribuendo a Pompeo: et parte a Ceſare/ inquella conobbe Ceſare douer uincere. ARVNTE e/quello che el uentre ſe glatterga: cioe alquale eluentre che debbe essere la parte dinanzi. SEGLATTERGA : cioe diuenta la parte di drieto. Imperoche tergum in latino significa el dosso et le reni : lequali sono le parti dirietro dellhuomo : si chome el pecto : et el uentre sono la parte dinanzi. Ma perche chostui haueua trauolto el uolto/interueniua che el uẽtre era in luogho del dosso. CHE NE Monti di Luni : Pone che questo augure habitassi emonti diLuni sobto equali e/ Carrara : et pero dice Doue el carrarese ronca : cioe cultiua la terre : Et pose una spetie et parte dagricultura per tutta la gricultura. Imperoche runcare in latino significa stirpare : et sueglere herbe et sterpi et chose nociue. Luni fu gia nobile citta : Ma hoggi spenta dalla quale la region uicina e/ decta Lunigana. TRA BIANCHI MARMI. Quasi dica habito nelle caue demarmi bianchi : equali sono in quel di Carrara. Onde non glera TRONCA : cioe moza et tagliata la ueduta delle stelle : et del mare.

g Ran copia et eloquentia e/ nel nostro poeta : elquale hauendo dimostro gia che in tre persone era el uiso uolto alle spalle non dice la medesima sententia con le medesime parole : Ma chon diuerse. Imperoche prima dixe Quando la nostra imagine dapresso uidi si torta chel pianto de glocchi Le natiche bagnaua per lo fesso. Et dipoi dixe Arunte e/ quello chel uentre se glatterga : Et al presente dice : Et quella che ricuopre le mammelle. Adunque sono tre diuersi modi diparlare : Et niente dimeno tutti significano costoro hauere uolto el uiso in su le spalle. ET HA DI LA : cioe drieto. OGNI PILOSO PELLE. Impoche el pettignõe nelqual sono epeli : et naturalmẽte e dinanzi in costoro e di rieto ꝑ hauere el uiso uolto Et ecapegli che stendendo sogliono coprire le reni / a chostei cuoprono el uentre. Mantho secõdo Diodoro siculo fu figliuolo di Melampo. Chostui essendo grande indiuino : et hauendo libero dalle furie le donne argiue : lequali Baccho haueua facto infuriare Merito che Anaxagora figliuolo di Megapenteo re dargho gli dessi le due parti del regno et la figliuola per mogle : laquale si chiamo Iphianira : et di chostei genero Mantho. Questo scriue Diodoro : Ma glaltri dicono essere stata figliuola di Tyresia : Et dicono che dopo la morte del padre la citta di Baccho : cioe Thebe doue nacque Baccho inuentore del uino diuenne serua. Imperoche dopo la battaglia de septe regi morto Etrocle et Pollinice regi thebani Creonte huomo crudelissimo occupo la tyrannide in Thebe : Ma pocho doppo pe prieghi delle mogle de re gia morti : Ecui corpi Creonte uietaua sepellire Theseo re dathene uenne con exercito contro a Creonte : et tolsegli la citta et fecela tributaria. Ridocta adunque in seruitu Thebe Mantho cerco molti paesi/et tandem uenne in Italia doue di Tiberino idio del Teuere partori Ochno : elquale Virgilio nel decimo scriue hauere hedificato Mantua. Ille etiam patriis agmen ciet Ochnus ab oris Fatidice Manthus et tusci filius amnis Qui muros matrisque dedit tibi Mantua nomen. Questo Ochno perche era fortissimo di corpo et danimo fu anchora chiamato Bianore perche bia in greco significa forteza di corpo : et aner significa quello che elatini dicono uirum. Adunque Biano sinterpreta forteza uirile. La sepultura sua era famosa appresso a Mantua. Onde nella buccolica el medesimo Virgilio scriue. Nãque sepulcrum incipit apparere Bianoris. Edifico adunque Mantua Ochno : et da Mantho sua madre gli decte el nome. Benche Danthe alquanto uarii la historia chome leggerai ne sequenti uersi

Et quella che ricuopre le mammelle :
che tu non uedi chon letreccie sciolte
et ha di la ogni pilosa pelle.
Mantho fu che cerco per terre molte
poscia si pose la doue nacquio.
onde un poco mi piace che mascolte
Poscia chel padre suo diuita uscio :
et uenne serua la citta di Baccho :
questa gran tempo per lo mondo gio.

Suso in italia bella giace un laco
appie dellalpi che serran la magna
soura tiralli cha nome benaco
Per mille fonti et piu credo si bagna
tra garda et ualcamonica et apennino
nellacqua che nel decto laco stagna.
Luogo e nel mezo la doue trentino
pastore et quel di Brescia el ueronese
segnar porria se fessi quel cammino :
Siede peschiera bello et forte arnese
da fronteggiar bresciani et bergamaschi /
oue la lama intorno piu discese :

i Nducendo Virgilio a porre lorigine di Mãtoua sua patria/era chosa conueniente che tanto poeta non sanza somma eloquentia et uari ornamenti doratione narrassi della sua patria. Il perche per questa chorographia : cioe descriptione del mincio et della regione dimostra la uirgiliana eloquentia : et el sito doue e/ Mantoua. Suso nel mondo : elquale e/luogho sourano a chi e in inferno. ITALIA BELLA. : che chosi la dimostra epso nella sua georgica nella quale tracta delle sue lode. A PIE DELLALPE Che serrano la magna. Questi sono emonti equali diuidono Italia dalla magna. TIRALLI : Questo e un contado allentrare della magna echui conti sono decti Thurones. CHE : elquale lagho HA NO

Descriue el lago di Garda.

lui conuien che tutto quanto caschi
cioche in grembo a Benaco star non po:
et fassi fiumi giu ne uerdi paschi
Tosto che lacqua acorrer mette co
non piu benaco ma mencio si chiama
final gouerno douel cade in po
Non molto ha corso che truoua una lama
per laqual si distende in la paluda:
et suol di state talhor esser grama.

ME BENACO. Questo e/ el suo nome antico Onde Virgilio fluctibus et fremitu assurgens Benace marino. Ma hoggi e/ decto laco di garda: perche garda e/una terra posta in su lariua di questo lagho. Benaco adunque e/ posto tra strecte ualli di monti informa che lempito de uenti generati da tale strecteza concita inquesto lago fluctuationi et tempesta simili a quelle del mare. Preterea dicono che elfondo suo tiene harena doro: della quale si pascano ecarpioni pesci suauissimi: et equali molti dicono che non si truouano in altra acqua. PER MILLE ET PIV. Infiniti riui et fonti et fiumi caggiono da monti propinqui in Benaco. Garda e/ nella riua dellagho uerso Verona. Valmoniaca e/ una ualle nel bresciano. Apenino e/ un monte celebratissimo: elquale prende principio da Monaco promontorio gia decto Meneto alloncontro del mare di lyguria: et diuide tutta italia per lasua longitudine: et dalla dextra ha elmare tyrrheno decto infero: et da sinistra ladriatico decto lupero: et passa insino in Sicilia chome altro habbiamo decto. LVOGHO E/ Nel mezo la doue Trentino pastore. Dimostra che questo lagho e/ nel mezo di Trento di Brescia et di Verona informa che le diocesi cioe uescouadi di queste citta arriuano a mezo ellagho et quiui confinano. Adunque el pastore cioe uescouo di ciaschuna di queste tre citta potrebbe segnare cioe dare la benedictione quiui chome in sua diocesi. Conciosia che de iure canonico nessuno uescouo puo benedire se non nella sua diocesi SEGNAR PORRIA Se fessi quel cammino, cioe andando per quelluogho. PESCHIERA e/ forte castello posto nella fine dellagho: et e/ della diocesi di Verona. ARNESE significa instrumento: et masseritie et ornamento. DA FRONTEGGIARE da obuiare et resistere et obstare. OVE LA LAMA: proprio lama e/ luogo concauo et humido. Onde appresso afiumi diciamo lame certi luoghi herbosi et coperti dalberi. Ma qui chiamo lama ellagho: PIV DISCESE: e/ piu basso. Onde lacqua esce diqui: et cominciando a correr fuor dellagho muta nome et e decta mencio. METTE CO: Mette chapo: perche co in lingua lombarda significa capo. Mincio nasce di Benaco et uiene insino a Mantoua doue dinuouo stagna intorno alla citta: et genera aria grossa et in salubre. GOVERNOLO e/ un castello posto doue mincio mette in Po. NON MOLTO Ha corso che truoua una lama. discriue la regione doue el mincio stagna et fa pantano: elquale nella state perche quasi si seccha fa captiua et inferma aria. ET SVOL di state talhor esser grama. Gramo diciamo cupido et disideroso: et perche chi disidera mancha di quel che disidera. Diciamo anchora gramo bisognoso: et perche chi ha bisogno e/ in miseria/ diciamo gramo misero et infelice.

Quindi passando la uergine cruda
uide terra nel mezo del pantano
sanza cultura et dhabitanti nuda
Li per fuggire ogni consortio humano
ristacte con suo serui a far sue arti:
et uixeui et lascio suo corpo uano.
Glhuomini poi chentorno erono sparti
saccolsero aquelluogo chera forte:
per lo pantan chauea da tutte parti.
Fer la citta sopra quellossa morte
et per colei che prima elluogho elesse
mantoua lappellar sanzaltra sorte.
Gia fur le genti sue dentro piu spesse
pria che lamattia di chasalodi
dapinamonte inganno riceuesse
Pero tassenno che se tu mai odi
originar lamia terra altrimenti
la uerita nulla menzogna frodi.

Delretione Mantua

d Imostra chome Mantho dopo molti paesi dallei ricercha si fermo nelluogho dinto da questo pantano chome chosa solitaria: et apta a suoi incantesimi: pe quali epsa fuggire elconsortio: et per questo la chiama cruda. Dimostra anchora che dopo la morte di mantho glhabitatori circunstanti fecionо la citta doue era uixuta et dipoi sepellita mantho: et dal nome dichostei la chiamorono mantoua. LASCIO Suo corpo uano: cioe uoto: perche el corpo morto rimane uoto dellanima. SANZA Altra sorte .i. sanza cercare sorte o augurii per porre el nome alla citta. Imperoche glantichi posta la citta la dinominauono da qualche augurio: chome Alba fu dinominata dalla alba cioe biancha schropha quiui trouata. GIA FVR le genti. Toccha una historia non molto anticha. Dicono adunque che chasalodi fu un castello nel contado di Brescia: et hebbe conti chiamati conti di chasalodi: equali occuporono mantoua: et diuentoronne signori et tyranni. Erono nemedesimi tempi in mantoua molte famigle digentili huomini: dequali esigno ri haueano non piccolo sospecto: et forte temeuano la potentia di quegli. Tra quali Pinamonte de buonacosi huomo di grande animo et non di pocha prudentia prese sagace consiglo di torre la signoria acasalodi. Adunque uedendo che el popolo era molto infesto a gentili huomini: et stimandosi che cacciati questi facile gli sarebbe a obtenere lampresa Simulando grande affectione inuerso el signore: elquale era el conte Alberto de casalodi/gli persuase che relegassi tutti enobili nel contado per alchun tempo dimostrando che questo hauessi a essere tanto grato al popolo che per tale benificio se lo farebbe fauoreuole: Credecte al fraudulento consiglo Alberto. Onde pinamonte uedendo la citta uota de gentili huomini si fece capo del popolo: et col fauore di quello cacciati ecasalodi diuento signore.

c Ouueniente risposta di discepolo inuerso el suo preceptore. Imperoche la prima parte che debba hauere e/ che presti indubitata fede alla sua doctrina: Et pero dice etuoi ragionamenti prendono lamia fede: cioe acquistano la mia fede et fanno che la mia fede e/ tutta in lui. Si cioe in tal modo.

Et io maestro etuoi ragionamenti
  mi son si certi et prendon si mia fede:
  che glaltri mi sarien carboni spenti:
Ma dimmi della gente che precede
  se tu ne uedi alchuno degno di nota
  che solo accio la mia mente risiede.
Allhor mi dixe quel che da la gota
  porge la barba in su le spalle brune
  fu quando grecia fu di maschi uota
Sichappena rimaser per le cune
  augure et diede elpuncto col calcanta
  in aulide ataglar la prima fune
Euripil hebbe nome et chosil canta
  lalta mia tragedia in alchun locho
  ben lo sai tu che la sai tutta quanta.

CHE GLALTRI: cioe ragionamenti. MI SON Carboni spenti. i. non mi danno alchuno lume et cognitione. Ma dimmi de glaltri se alchun ue ne degno dinota: cioe degno di farne nota et mētione: perche la mente et uogla mia RISIEDE. cioe si ferma solo accio. QVEL CHE DAlla gota porge la barba in su le spalle. Gia in tre modi hauea dimostrato Danthe una medesima sententia. Hora lo mostra nel quarto. Impero che non puo cadere la barba dalle ghote in su le spalle sel uiso non e/ uolto di drieto. FV QVANDO Grecia fu di maschi uota. cioe ne tempi che Agamemnone re de greci ando contro a troiani: et meno neglexerciti suoi tanta moltitudīe che appena lasciassi se non efanciugli: et e/ hiperbole. AVGVRE / fu augure et hebbe nome euripilo: elquale insieme con laltro augure decto Calcante essendo gia tutte le naui piene di greci nel porto daulide dixe quale era lhora et el puncto prospero auscire di porto: Et pero dice A TAGLARE La prima fune: cioe la fune della prima naue chome e/ adire della naue capitana. Imperoche le naui in porto stanno in su lanchora: et quando hanno frecta dusćire non attendono a suegiere lanchora: ma taglano la fune che e legata allanchora. Onde Virgilio Tortosque incidere funes. Aulide e/ porto in Boetia non lontano da Tanagra: Nelquale Agamemnone re de greci raguno mille naui per andare allobsidione di Troia. Eurypilo fu quello elquale dice Synone che egreci mandorono alloracolo dapolline per sapere in che modo potessino placare gli dii che concedessino optima nauigatione per ritornare in grecia. Onde Virgilio Suspensi Eurypilum scitatum oracula Phebi Mittimus iisque aditis hec tristia dicta reportat. ET CHOSI EL Canta lalta mia tragedia in alchun loco. Chiamala tragedia: et per la excellentia dello stile: elquale e/ne tragici. Ilperche nella buccolica dice Sola Sophocleo tua carmina digna coturno: et per la materia la quale inuero e/ tragica

Quellaltro che ne fianchi e/ chosi poco
  Michele scocto fu che ueramente
  delle magiche frode seppe elgiocho:
Vedi guido bonacti uedi Asdente
  chauere atteso al chuoio et allo spagho
  hora uorrebbe ma indarno si pente:
Vedi le triste che lasciaron lagho
  la spula elfuso: et fecersi indiuine
  fecer malie con herbe et con imagho.

a Lchuni uoglono che questo Michele fussi Spagnuolo la consuetudine de quali inque tempi era portare uestimenti molto affettati: et cignersi strecto. Onde uoglono che per questo dica: Che ne fianchi e/ si poco. Alquanti dicono che fu dellisola di scotia Et pero lo chiama Michele scotto. Ma tutti conchiudono che fussi optimo astrologho: et gran mago: Et spesso conuitaua sanza alchuna preparatione diuiuande: et dipoi in su lhora del mangiare constringeua spiriti a condurle di diuersi luoghi: et diceua questo uiene della cucina del re di Francia: et questo diquella del re dinghilterra. Fu astrologo di Federigo secondo: et allui scripse un libro elquale Benuenuto afferma hauer lecto: et inquello dice hauersi notitia di molti segni della natura. Predixe a Federigo che morrebbe in Firenze. Ma ingannollo la equiuocatione del nome. Impoche nõ mori nella nostra citta: Ma ĩ puglia in un castello decto firenzuola. Vide la morte sua douer procedere da piccolo saxolino di certo peso: et chosi adiuenne. Imperoche essendo in chiesa a capo scoperto per honorare el corpo di christo/ la fune della campana gli fece cadere un saxolino in capo: elquale lui pesando conobbe che era del peso che hauea preueduto et giudicossi morto: et chosi mori. GVIDO BONATTO fu da Forli: et quanto fussi optimo astrologo dimostra per un libro dastrologia: elquale compose: et hoggi e/ molto stimato da glastrologi. Fu accepto alconte guido da monte feltro elquale era signor di forli: et dicono che non mouea mai contro a nimici: ne andaua in battaglia se non nellhora datagli da costui: et che sempre tornaua uincitore. Preterea andando guido bonatti con lui in battaglia contro a franciosi predixe che hauea aessere ferito nella coscia: et cosi fu: et di subito si medico con uoua et con stoppa che per questo hauea portato. Nientedimeno fu uinto da un uile uillano: elquale affermo quel di douere piouere nel quale guido dicea essere impossibile che piouessi: et domandato donde sapessi questo/ rispose dallasino suo: elquale quando traxe della stalla molto hauea scosso glorecchi. ASDENTE fu da Parma et calzolaio huomo sanza lettere: Et nientedimeno si decte allarte dellondiuinare: et in quella o per benignita de cieli che a questo londinauono o per altro modo fu excellente et predixe molte chose: Et maxime che Federigho hauea a tentare di fare la citta decta Victoria appresso a Parma et hauere aessere ropto. MA TARDI SI PENTE: quia in inferno nulla est redemptio. VEDI LE TRISTE: Dopo alla particularita uiene alla generalita: et mostra molte donne essere state malitiose et incantatrici: lequali lasciando el cucire el texere et filare arti feminili si dectono alle malie usando uarie herbe et imagini di cera et di terra.

a Dmonisce Danthe che e/ tempo gia di partire perche sappressa el di: et usa Chonographia cioe discriptione di tempo. Dice adunque VIENNE HOMAI: perche gia la luna laquale e/ in oppositione al sole tocca lorizonte occidentale: cioe gia tramonta et ua sobto. El cielo e/ tondo et pero si chiama spera. Ma perche la meta e/ sopra noi et laltra meta e disobto pero si diuide questa spera in due parti: et chiamonsi hemisperii: cioe mezi tondi: et imaginiamo una linea: laquale cigne tutto el cielo dogni parte intorno: et diuide lhemisperio superiore dalliferiore: et chiamasi orizonte cioe terminante: et quasi diuidente. Adunque quando una stella sale dallhemisperio di socto al nostro et giugne allorizonte: che e/ confine tra luno et laltro allora comincia auedersi da noi. Chosi per loppposito quando epsa scesa tutto el nostro hemisperio: et gia toccha lorizonte occidentale: allhora tramonta et non si uede piu. Preterea e/ da notare che quando la luna e/ tonda allhora e/ in oppositione al sole. Et pero quando el sole surge su allorizonte orientale epsa tramonta nellorizonte occidentale. Adunque dicendo el poeta che la luna tonda tocca elconfine damendue glhemisperii: cioe lorizonte occidentale elquale e/ sobto Sibilia dimostra che elgiorno sappressaua: perche el sole comincaua a uenire allorizonte orietale. Et questo e/ decto optimamente secondo la physica: Ma quando dice tocca londa/ parla secondo loppinione de uulgari. Imperoche quando una stella ua sobto allaltro hemisperio: perche tral noi et quella e elmare pare che caggia in mare. Ma hauendo el cielo uita sperica: et glelementi similmente: et essendo natura delle cose graui da ogni sua parte scendere alcentro e necessario che in qualunche parte si truoui la luna sempre sia equalmente et con pari interuallo distante dallacqua. Et in questo imita epoeti latini: e quali non p ignorãtia. ma p imitare le fauole de uulgari spesso discriuono elsole o altro pianeta o tuffarsi nel mare quando tramonta. o uscire quando si lieua. CAyN ET LE SPINE: cioe laluna: nella quale euulgari uedendo una certa ombra credon che sia Cayno elquale habbia in ispalla una forcata di pruni Ma che questa ombra sia dimostrerra nella terza cantica: et nella discriptione delcielo della luna. Cayn fu priogenito dadã et fu agricultore: come Abel suo fratello fu pastore. Costui fu primo homicida. Imperoche uedẽdo che a dio era piu grato el sacrificio che gli facea Abel de priogeniti della sua gregge: che non era quel che lui gli facea delle primitie delle sue biade/ mosso da ĩuidia luccise: et significa cayn in lingua hebraica possessione ouero lamẽtatione. SOBTO SIBILIA. Questa e/ nobile citta nella pte piu occidentale di Spagna. Onde lo strecto che esce del mare occeano: et diuide laspagna dallafrica e/ denomiato da quella. ET GIA Hiernocte: Quãdo ti trouasti smarrito nella selua: et allhora ti giouo alquãto che nelle tenebre della nocte et della selua lucessi la luna. La nocte significa cecita et ignorantia: nella quale andiamo errãdo nella selua de uitii. Ne possiamo uedere elsole. i. ellume della uera ragione. Niẽtedimeno non hauẽdo ancora Dante facto fermo habito ne uitii bẽche non uedessi elsole elquale gli mostrassi eluero camino, pure ellume della luna elqual non e/ altro che reflexione de razi solari in qualche pte glel mostraua. Me accioche meglo possa exprimere elmio concepto: dico che chi e nel uitio et non habbia facto habito benche non habbia elsole. i. lauera ragione. Nientedimeno uede la reflexione di quello nella luna: laquale e/ posta per le cose terrene. Imperoche conoscendo la uerita delle cose terrene e/ buono principio a uoler fuggir quelle et cercare le diuine.

Ma uienne homai che gia tien le confine
damendue glhemisperii et tocca londa
sobto Sibilia Cayn et lespine
Et gia hiernocte fu la luna tonda
ben ten de ricordar che non ti nocque
alchuna uolta per la selua fonda
si miparlaua et andauamo introcque.

CANTO.XXI.DELLA PRIMA CANTICA DI DANTHE.

ſ Equita el uigeſimo primo canto nel qual pone la quinta bolgia: et in quella diſcriue lapena delpeccato della baracteria. Dimoſtra adunque che in queſta bolgia e/ un lago di pegola: laquale del cõtinuo bolle: Et in quella ſi tuffano ebarattieri. Pena certamente conueniente al peccato. Et in prima e/

Hoſi di ponte in ponte altro parlando
c che la mia comedia cantar non cura
uenimo et tenauamo elcolmo quando
Reſtamo per ueder laltra feſſura
di malebolge: et glaltri pianti uani
et uidila mirabilmente obſcura
Quale nellarzana de uinitiani
bolle linuerno la tenace pece
per rimpalmar li legni lor non ſani
Che nauigar non ponno: et inquella uece
chi fa ſuo legno nuouo etchi riſtoppa
le coſte a quel che piu uiaggio fece
Chi ribatte da prua: et chi da poppa.
altri fa remi: et chi riuolge ſarte:
chi terzeruolo: et antimone rintoppa:
Tal non per fuoco ma per diuin arte
bollia laggiu una pegola ſpeſſa
chen ueſcaua la ripa dogni parte.

da notare che baretteria e/uendimento o comperamento di quello che per proprio officio ſi debba fare ſanza prezo: et uendeſi choſi la giuſtitia chome la ingiuſtitia: Perche quello che ſi debba fare gratis et ſanza prezo noi facciamo con prezo. Et ſe alchuno merita obtenere alchuna choſa perche domanda giuſtamente. Nientedimeno non glene concediamo ſe non la ricompera: et ſimilmente abſoluiamo chi merita eſſer punito. Adunque bollon nella pece. Imperoche chome la pece e/ nera et obſcura. choſi la fama di coſtoro e/ denigrata et infame. Onde Salomone qui tetigit picem coinquinabitur ab ea. Item chome quella e/ tenace et uiſcoſa: choſi chi e/ infecto dibaratteria: laquale naſce da auaritia non ſipuo ſpiccare da quella. Item chome la pece e/ obſcura ne ui ſi uede alchuna choſa: choſi el barattieri e/ coperto et aſcoſo: et celatamente ſi commette queſto uitio. CHOSI Di ponte in ponte: cioe da quello della quarta a quel della quinta. ALTRO PARLANDO che la mia commedia cantar non cura. Quaſi dica ragionammo molte altre choſe appartenenti alla diuinatione; lequali non ho ſcripto in queſto libro. Et certo oltra alle ſpetie principali che hanno alchuna ombra di ſcientia molte che ſe ſono anili et puerili: per lequali le feminelle credono potere conoſcere elfuturo: ſono tanto ridicule che lhuomo docto ſi uergogna ſcriuerle. TENAVAMO EL COLMO: cioe la ſommita del ponte che e/ el mezo donde meglo ſi potea uedere tutta la ualle della quinta bolgia. RESTAMO PER Veder laltra feſſura: cioe laltra ualle che era quaſi una feſſura traquegli ſcogli. PIANTI VANI: perche non fanno fructto et niente giouano. ET VIDILA: cioe uidi quella laquale era

MIRABILMENTE OBSCVRA ; cioe molto piu obſcura che laltre per la ragione decta diſopra. Imperoche et el giudice o altri che uende; et ſimilmente chi compera ſingegna quanto puo celare ; et neſſuna choſa e/ che piu occultamente ſi faccia ; perche ne reſulta infamia alluna parte et allaltra. Et e certamente choſa altutto aduerſa allhumanita; perche da queſta naſce la euerſione de regni et delle rep. Naſcene diſcordia in publico et in priuato. Ilperche con ſomma deteſtatione di ſi horrendo uitio grida Virgilio Vendidit hic auro patriam dominumque potentem Impoſuit pretioque leges fixit atque refixit. QVAL NELLARZANA. Non altrimenti bolliua quella pece quiui ; che ſi bolla nellarzana di Vinegia quando con quella uogliono impeciare elegni. LINVERNO Quando non ſi nauicha accio che ſieno acconci la ſtate quando ſi nauicha. ET CHI FA Suo legno nuouo in quella uece ; cioe in quello ſcambio. ET ALTRI Volge ſarte; cioe fa funi lequali ſi fanno auuolgendo et torcendo la canapa. ET CHI RITOPPA Terzeruolo et chi artimone. Sono tre uele nelle naue la maggiore Artimone la minore Terzeruolo; et una in mezo delle due laquale ſi chiama la mezana. TAL NON PER FVOCO Ma per diuina arte; cioe per diuino ordine. CHEN VESCAVA La ripa dogni parte ; La lectera e/ manifeſta. Ma allegoricamente inueſcare la ripa dogni parte ſignifica che choſi chi uēde giuſticii et egiudicii chome chi compera e inueſcato cioe preſo da auaritia. Sono adunque le corti delle rep. et de principi et maxime la romana una arzana doue linuerno cioe nelle fluctuationi ; et tumulti de glihuomini bolle la pece. i. lauaritia laquale inueſca et accende glanimi alla cupidita del poſſedere; p laquale chi ha in ſua poteſta magiſtrati; preeminentie; giudicii et ſententie non contribuiſce ne giudica ſanza brutto prezo. Onde interuiene che ebuoni ſono depreſi et erei exaltati.

i O VEDEA LEI ; perche la pece e/ choſa denſa non ſi uede in quella la choſa che ue tuffata; chome nellacqua. MA NON Vedea in epſa pece. MA CHE LE BOLLE ; cioe altro che le bolle; et e/ modo di parlare piu toſto lombardo che toſchano. Imperoche noi diciamo io non uedeua in quella ſe non le bolle; et ellombardo Ma che le bolle; et chiama le bolle quel gonfiamento che fa lacqua quando bolle. ET GONFIAR TVTTA ; Quando lacqua bolle perche e/ choſa piu rara nō gonfia equalmente tutta. Ma la pece perche e/ choſa piu dēſa gonfia tutta ; et tutta poi richade ilche chiama riſedere conpreſſa. Vedeſi queſto uitio perche tutto rigonfia et genera indegnatione in tutti. Ma non ſi uede chi drento ui bolle p la ragione gia decta. MENTRE IO LAGGIV Cioe mentre chio ero occupato guardare in giu dal ponte; et un diauolo ueniua correndo pergittare uno dalle ſponde doue io ſtauo a uedere; et hareb bemi urtato ſe Virgilio non mhaueſſi tirato a ſe chome ſpeſſo interuiene che uno ſarebbe chalpeſto dal cauallo che corre ſe unaltro chel uede prima nol tiraſſi ad ſe. Et queſto allegboricamente ſignifica ; che nel contemplare uno uitio la ſenſualita ſarebbe urtata et ſpincta in quel uitio da qual che empito che naſce dal piacere di quel uitio ; elquale occupa prima lhuomo che altri ſe naueggha ; ſe la ragione prouida et cauta non tiraſſi ad ſe la ſenſualita ; et non la difendeſſi.

Io uedea ben lei ma non in epſa
ma che le bolle chel bollor leuaua
gonfiare et riſeder tutta compreſſa
Mentre la giu fiſamente miraua
elduca mio dicendo guarda guarda
mi traſſe ad ſe delluogo doue ſtaua
Allhor mi uolſi chome lhuom che tarda
di ueder quel che gli conuien fuggire
et cui paura ſubito ſgaglarda:
Che per fuggir non indugia elpartire
et uidi drieto a noi un diauol nero
correndo ſu per lo ſcoglio uenire.
Ah quanto eglera nellaſpecto fiero
et quanto mi parea nellacto acerbo:
con lale aperte et ſoura elpie leggiero/
Lhomero ſuo chera acuto et ſuperbo
carica un peccator chon ambo lanche
et quel tenea del pie ghermito el nerbo.

ALLHOR MI TRASSI. Narra quello che comunemente ſuole interuenire ; che quando ſiamo ſpauentati da ſubito timore per fretta di fuggire non guardiamo che ci ſpauenta. Ma cercando fuggire la paura ci togle le forze. VN DIAVOLO: Pone el diauolo per la tentatione. Choſtui pone eſſere nero ouero perche la tentatione e/ nociua ; et in latino nero ſi pone per nociuo. Ouero perche la tentatione naſce dallignorantia. Imperoche chi ha perfecta cognitione duna coſa non puo eſſere ingannato in quella. Ouero nero cioe uitioſo. Vnde Hic niger eſt hunc tu romane caueto. Diſcriue queſto diauolo eſſer fiero et acerbo; perche niente e/ piu crudele ; et piu acerbo che la tentatione. Imperoche quando ſurge nellanimo noſtro una ſfrenata cupidita la ſua apparenza ci ſpauenta in forma che non uſiamo repugnare. Preterea lo pone uelociſſimo; et pel correre et pel uolare; perche niente e/ piu ueloce che la cupidita che naſce dalla tentatione ; perche in quella non e/ alchuna matura conſideratione; ne diuturna conſultatione; ne bene examinato conſiglo. pelquale poſſiamo diſcernere quel che ſi debba o fare o non fare. Ma uſiamo inconſiderata et temeraria celerita ; nella quale non puo eſſere uera cognitiō d Imostra la frecta del demonio : elquale non uolle soprastare a tuffare quellanima. Ma chiamo e suoi compagni equali per uniuersale nome sono decti malebranche : elquale nome e/ conueniente a barattieri perche hanno branche lionine arapire la pecunia. Anziani sono el primo magistrato di lucca chome a firenze epriori. Et dinota inquesto luogho che in Luccha si uendeuono emagistrati : et le dignita. Onde quiui erano honorati non chi hauea piu uirtu : ma chi poteua piu spendere. DI SANCTA ZITA : Dinomina la citta dalla sancta laquale hanno in gran deuotione. Questa fu femina di sancti costumi : et in uita et in morte fece miracoli. Crede Francesco da Buti : che questo elquale el poeta non nomina fussi Martino bottaio : elquale mori de glantiani. Et in quegli tempi erono capo di parte in Lucca chostui : che guidaua mezo quel popolo : et Bonturo dati elquale haueua el sequito dellaltra meta. Onde essendo imbasciadore a papa Bonifatio : Et Bonifatio nel processo del parlare pigliandolo pel braccio chome fa chi uuole mostrare a uno che lui e/ troppo malitioso et diguazandolo dixe sorridendo lombasciadore tu diguazi mezo Lucca. FVOR CHE Bonturo qui e/ un color rhethorico decto ironia quando dicendo una cosa intendiamo el contrario. Chome quando dice Godi Firenze poiche sei si grande. Adunque le paroli suonano che in lucca ognuno sia barattieri excepto che Bonturo dati. Ma intende che Bonturo sia maggiore barattieri che glaltri. Et sequita che quiui PER DANARI Vi si fa ita : cioe si del no : cioe fanno che benche uno non sia degno de ghonori et de magistrati : Nientedimeno se da denari glene concedono chome se ne fussi degno. LAGIV EL BVTTO. dimostra con quanta uelocita gittata giu quellanima torno a lucca : Et pone apta : et molta accomodata comperatione. Sogliono eprincipi et gran maestri tenere mastini apti a mordere chi uenissi et non fussi familiare di chasa : et tengonsi legati. Imperoche quando si sciolgano son poi piu cupidi del correre. Adunque un mastino sciolto dal signore non corre si forte drieto ad cholui che era uenuto afurare.

Dal nostro ponte dixe malebranche
  eccun deglantian di sancta zita
  mettetel sobto chio torno per anche
A quella terra che ne ben fornita
  ognun ue barattier fuor che bonturo
  del no per gli denari ui si fa ita.
Laggiu elbutto : et per lo scoglo duro
  si uolse : et mai non fu mastino sciolto
  con tanta frecta a sequitar lo furo.

Quel sattuffo et torno su col uolto
  mademon che delponte hauean coperchio
  dixon qui non ha luogo el sancto uolto.
Qui si nuota altrimenti che nel serchio
  pero se tu non uuoi de nostri graffi
  non far sopra la pegola soperchio.
Poi ladentar con piu di cento raffi
  dixor couerto conuien che tu balli.
  si che se puoi nascosamente accaffi.
Non altrimenti ecuochi alor uassalli
  fanno atuffar nel mezo la caldaia
  la carne con gluncini perche non galli
Lo buon maestro accio che non si paia
  che tu ci sia mi dixe qui taqquatta
  dopo uno scoglo chalchun schermo taia
Et per nulla offension cha me sia facta
  non temer tu : chio ho lechose conte
  et altra uolta fui atal baratta.
Poscia passo dila dal co del ponte
  et chome giunse in su la ripa sexta
  mestier gli fu dhauer sicura fronte.

n arra quello che adiuenne allatuffato elquale tornando poi su chome suol fare chi ua alfondo edemonii che erono sobto el ponte schernendolo dixono eltuo sancto uolto non ha luogo qui cioe non gli sara conceduto che stia fuori del la pegola : et insieme allude aluchesi equali hanno in ueneratione eluolto sancto et inuocadolo molto siconfidano nellaiuto suo quasi dicano edemoni el sancto uolto nel quale uoi ui fidate non ha luogo qui : et in queste parole significa el poeta che nellonferno non ci puo aiutare alchuno sancto o alchun priegho. QVI SI NVOTA ALTRimenti che nel serchio. Voi lucchesi solete p piacere notare nel serchio fiume uicino ad uoi tenendo el capo fuori. Ma qui bisogna star sobto. Serchio e/ fiume propinquo a Lucca elquale da latini e decto Auseris. Del uolto sancto riferisce Benuenuto da Imola hauer lecto che Nichodemo discepol di christo fece ritrarre al naturale la faccia dichristo : laquale morendo lascio a isachar : et chostui per paura de giudei la tenne occulta : et p successione rimase ne suoi discendenti : Et finalmente era in Ierusalem nelle mani duno chiamato Salentio huomo christianissimo. Ando inque tempi al sepolchro un sancto uescouo chiamato Gualfredo : et per reuelatione hauuta in sogno intese doue fussi questo sancto uolto : et con molta arte et prieghi lo impetro da Salentio et portollo insino a ioppe citta : et quiui per gratia diuina gli sofferse una naue molto ornata laquale sanza aiuto di uele o di remi si conduxe insino nel porto di Luni pel qual miracolo essendo stupefacti elucchesi uollon salire nella naue: ma non poteron mai toccarla in sino a tanto che non uando el uescouo di lucca chiamato giouanni: elquale con gran ueneratione porto questo uolto in lucca; et nella chiesa di san Martino honoreuolmente lo collocorono; doue secondo che dicono elucchesi ha facto molti miracoli. SI CHE SE PVOI Copertamente accaffi: cioe rapischa et uncichi: a dinotare che el barattiero rapisce le pecunie daltri di nascoso. Dipoi fingendo el poeta che Virgilio lo nascose: et ando per spiare se potea hauere el passo: Dimostra che con gran cautela e/da cō templare questo uitio. Imperoche interuiene spesso che mentre che alchuno cerca conoscerlo per fuggir lo la dolceza della pecunia laescha informa che ui cade dentro. Adunque non era bene che Virgilio me nassi seco Danthe andando a questi diauoli: cioe non douea andare lappetito insieme con la ragione. Im peroche sarebbe stato uinto da diauoli et dalla tentatione. Ma Virgilio cioe la ragione superiore nasco se Danthe. i. la parte sensitiua et lui si manifesto: Et quando fu patteggiato cho demonii et ridoctogli alla sua uogla allor chiamo a se Dante. perche la ragione prima considera et conosce la bruttura et ladan natione che e/ nel peccato. Et giudica che si debba fuggirlo: et dipoi lo manifesta alla sensualita laquale etiam dopo el iudicio dato dalla ragione benche ad quello chonsenta: nientedimeno per sua fragilita dubita che le tentationi lequali hanno ceduto alla ragione non uinchino lei. EL BVON MAESTRO nessuno e miglor maestro che la ragione laquale non ua alla battagla/se prima non sottomette lappetito informa che non si paia che ui sia. Et uuoi che si nasconda dopo uno scoglio che e/ chosa dura: Et certo per nessuna altra chosa e/ facile che la tentatione uinca lappetito: se non perche quello e molto effemina to et molle. Adunque bisogna che per suo schermo cioe per sua difensione prenda dureza. CHAL CHVNO Schermo thaia. i. che alchuna difensione thabbia. ET PER ALCHVNA Offensione che mi sia facta non uenir tu. E/ facta offensione alla ragione superiore quando non puo chosi presto inten dere el uero. Ma in questo caso non uuole che in nessun modo lappetito la soccorra perche sarebbe cō trario effecto. CHIO HO Le chose conte perchaltra uolta fui a tal baratta. cioe a tal battagla. Ne u na altrauolta sola: ma spesso et in uarie chose contende lontellecto co demonii cioe con le tentationi. Di poi arriuato alla fine del ponte doueranno ediauoli fu necessario che hauessi sicura fronte; cioe mostrasi si francheza danimo/ Imperoche nella fronte si dimostra la qualita dellanimo: et se e/constante ouero pauroso.

Con quel furore et con quella tempesta
chescano ecani adosso al pouerello
che di subito chiede ouer sarresta;
Vsciron quei di sobto el ponticello:
et uolser contro allui tutti eroncigli:
ma el grido nessun di uoi sia fello
Innanzi che luncin uostro mi pigli
traggasi auanti un di uoi che moda
et poi da ronciglarmi si consigli
Tutti gridauon uada malachoda
perchun si mosse et glaltri stecton fermi
et uenne allui dicendo che tapproda.

g Iunto a demonii Virgilio tutti gli uenno no incontro con quel furore che ecani esco no contro al pouero: elquale si ferma alluscio o adimāda limosina: Et inuero subito che lontellec to nostro si uolge alla cognitione del uitio uarie tentationi lassaltano. Et perche si confonderebbe se tutte insieme le uolessi considerare ributta tut te laltre: et fermasi con malachoda; Iche si puo interpretare captiuo fine. Adunque quando ci uoltiamo a uolere conoscere se una chosa e/ buo na o captiua benche lordine naturale della cogni tione sia dalla causa alleffecto: Nientedimeno lō gegno humano comincia dal fine cioe dalleffecto et ritorna alla causa. Questa adunque e/ laragio ne che al poeta basta conuincer malacoda: cioe co noscere leffecto del uitio. Preterea si concorda con la discriptione facta da Gerione elquale dixe hauere coda di scorpione laquale e/pessima. Adunque Virgilio prima si compone chon malacoda. Imperoche uolendo longegno humano considerare el uitio della baretteria comincia a conoscerla dal fine captiuo che quella produce: et mosso questi gl altri stan no fermi. Imperoche cognosciuto el fine laltre chose facilmente si cognoscono per quello

Credi tu malacoda qui uedermi
esser uenuto dixe el mio maestro
securo gia da tutti uostri schermi
Sanza uoler diuino et fato dextro
lasciamandar che nel cielo e uoluto
chio mostri altrui questo camin saluestro
Allhor gli fu lorgogio si caduto

s Sententia de sacri theologi che benche in noi sia libero arbitrio: et che idio habbi po sto in nostra mano la uita et lamorte. Nientedi meno sanza fauor di dio non ci possiamo suilup pare dal peccato. Ilche gia disopra habbiamo di mostro. Adunque quello che dice Virgilio a ma lacoda e/ la raciocinatione che fa lontellecto in se medesimo contro alla tentatione. Et hauendo gia superato latentatione ne glaltri uitii coldiuin

che si lascio cader luncino a piedi :
etdixe aglaltri homai non sia feruto

fauore spera anchora potere inquesto quel medesimo. Adunque poiche habbiamo conosciuto la chosa essere captiua pel suo fine anchora puo in noi la inlecebra del peccato che ci tirerebbe a se quitare quello. Ilperche non cesserebbe malacoda di noiarci. Ma quando el uoler diuino e/in nostro fauore allhora possiamo uincere ogni tentatione. Ilperche optimamente dice Virgilio. CREDI TV Malacoda qui uedermi esser uenuto. Quasi dica credi tu chio fussi potuto procedere tanto auanti pello ferno uincendo di passo in passo ogni peccato SICVRO DA Tutti euostri schermi : cioe difensione et ripari. Quasi dica uoi hauete tanti ripari a difenderui che noi non uinciamo leuostre temptationi che io non sarei potuto uenir sicuro insin qui. SANZA VOLER DIVINO: cioe sanza diuino fauore. ET FATO DEXTRO : cioe prospera predestinatione: Et in questa significatione ha posto fato del quale piu distesamente dicemmo. LASCIAMANDAR Che nel cielo e/ uoluto: Che e/ chome a dire : et e/ necessario di lasciarmi andare poiche in cielo si uuole chosi. Cioe poi che questa e/ uolonta di dio alla quale non si puo resistere. CHIO: Virgilio cioe ragione superiore et intellecto. MOSTRI altrui intendi alla ragione inferiore et alla sensualita: QVESTO CAMINO Siluestro. i. la uia deuitii equali nascano dalla materia che e el corpo: laqual materia ephilosophi chiamano hyle cioe selua chome nel principio di questa comedia distesamente disputammo. Ueramente chiama el camino de uitii siluestre: perche el uiuere secondo el uitio non e/ secondo la ragione per laquale siamo huomini. Ma e/ secondo lappetito inrationale elquale e/ proprio delle fiere lequali habitano la selua. ALLHOR GLI Fu lorgoglio. cioe laudacia et la superbia. Imperoche la diabolica tentatione perde ogni audacia contro al furor diuino. CHE SI LASCIO Cadere luncino a piedi. Ilche significa che pose giu ogni offensione. ET DIXE A GLALTRI: diauoli. HOMAI Non sia feruto. Imperoche uinta latentatione la quale consiste el fine della chosa laltre facilmente si uincono.

p Oiche Virgilio fu daccordo cho demonii: et quegli hebbe conuinti chiamo ad se Danthe : Et cho si aduiene che poi che lontellecto ha consequito la uera cognitione : et ha conuinto edemonii : cioe dannato el uitio: et superato la tentatione chome chosa rea allhora chiama a se lappetito nascoso : cioe excita quello a fuggire la chosa gia da se giudicata cattiua. Et lappetito elquale e/ obediente alla ragione di subito si muoue. Ma interuiene che innanzi che si congiunga con lei ediauoli lompauriscono. Imperoche le tentatione della carne et la sua mollitie disbigottiscono dimostrandoci quanto che sia difficile et laboriosa la uia del la uirtu. QVAVTO QVATTO: cioe nascosto. Proprio diciamo alchuno a quattarsi quando per non esser ueduto sichina et abbassa. RIEDI Ad me sicuramente. Imperoche ogni uolta che lontellecto ha conosciuto el uero della chosa : et giudicato se e/ bene o male lappetito sicuramente lo puo sequitare. Nientedimeno innanzi che noi facciamo habito della uirtu spesso ci fanno paura ediauoli choma e/ decto. COSI Vidio Caprona fu gia castello de pisani in riua darno : et fu tolto a pisani da lucchesi equali con leghati con glaltri guelfi di toscana faceuano guerra a Pisa capo de ghibellini. Dipoi essendo assediata da grande exercito de pisani efanti lucchesi che uerono aguardia mancando loro lacqua si dectono saluo le persone: et usciti in campo furono dal conte guido legati tutti a una fune: Acciochè non si seperassino et seperati fussino morti da uillani : et condocti a confini di Lucca furono licentiati. Nientedimeno perche mentre che passauono pel capo de nimici ciaschun gridaua appicca appicca loro temerono forte. IO MACCOSTAi con tutta la persona lungho el mio duca : che chosi fa chi temendo ha fidanza in altri : imperoche sacchosta allui : et guarda la chosa che teme. ET CHinauono egraffi Quegli demonii abbassauono gluncini chome fa chi uuole uncicare: Et alchuno diceua uuoi tu chio lafferri con luncino in sul groppone : et altri rispondean di si. MA QVEL Demonio che tenea sermone : cioe ragionamento si uolse tutto presto ad quello he uolea ferire: elquale era chiamato Scarmiglione : et comando che posassi. Et questo e/ uero. Impe

El duca mio ad me o tu che siedi
tra gli scogli del ponte quatto quatto
sicuramente a me homai tu riedi :
Perchio mi mossi et allui uenni rapto
ediauoli si fecer tutti auanti
si chio temetti non tenesser pacto :
Chosi uidio gia temer gli fanti
chusciuon patteggiati di caprona
uedendosi tra nimici cotanti
Io maccostai con tutta la persona
lungo elmio duca et non torcea gliocchi
dalla sembianza loro chera non buona
Echinauon ligraffi et uuoi chil tocchi
diceua lun con laltro insul groppone
et rispondean si fa che glenaccocchi .
Ma quel demonio che tenea sermone
chol duca mio si uolse tutto presto
et dixe posa posa Scarmiglione.

roche ogni uolta che lontellecto ha conosciuto la malignita del fine facilmente spreza tutte laltre tentationi : et questa cognitione le confuta.

n On si parte malacoda dalla natura de fraudulenti: laquale e/ comindarsi dal uero per dare fede a chi ode: et poi col uero, mescola el falso per ingannare. Era adunque secondo la fictione di Dãthe uero che el ponte della sexta bolgia era spezato et caduto al fondo. Ma non era uero che in questa bolgia fussi rimasa grotta alchuna intera che dessi la uia. Imperoche el poeta finge che nella passione di christo tutti glarchi di questa bolgia doue si punisce lipocresia fussino ropti intendendo perquesto che in quel tempo fu disgregata la sinagogha de giudei: Et la fraude della ipocresia de sacerdoti. Adunque erono ropti tutti glarchi della sexta bolgia. Ma malacoda confessa di quello che non puo negare: Ma de glaltri mentisce. Onde lauctore nammonisce che non dobbiamo credere al demonio benche ciacorgiam che lui dica eluero in qualche parte : perche non lodice mai che nõ ui mescoli falsita. Preterea expresse qui la fallacia del barattieri: elquale per allectarti adargli prezo ti mostra uie per conducere lacausa sua: lequali non sono in rerum natura. HIERI PIV OLTRE CINQue hore che questa hotta. Vuol dimostrare Danthe che si trouo nellinferno nel. M. ccc. computando glanni dalla incarnatione di christo Se adunque el di della passione nella sexta hora pel teremoto furono ropti glarchi: et nel giorno che Dãthe ui si trouo che era la prima hora del sabato sancto faceua. M. cc. lxvi. Resta che fussi nel. M. ccc. Imperoche dobbiamo arrogere anni. xxxiii. che christo era uiuuto ; et uno anno piu perche noue mesi era stato nel uentre della madre. Adunque arrogendo anni. xxxiiii. a. M. cc. lxvi. Saranno. M. ccc. Danthe uixe anni. lvi. nella sua uita: et mori nel. M. ccc. xxi. Secondo che appare a Rauenna nella sua sepultura: Et leuando. xxi di lvi Restano trentacinque: Et tanti ueniua lui hauere nel. M. ccc. quando finge hauere hauuto questa uisione ; Et pero dixe Nel mezo del camino di nostra uita: perche elmezo di septanta che e/ comune uita alnuomo sono trentacinque. Benche in quelluogo allegoricamẽte gli demo senso se non minganno molto conueniente. Et perche dice hieri piu oltre cinque hore che questa hotta. Dimostra che chome nella sexta hora del uenerdi sancto sapersono emonumenti ; et diuisesi el uelo del tempio chosi si ruppono questi cerchi: et perche quando parlaua con malacoda era la prima hora del sabbato sancto. Pero intendendo della sexta del uenerdi dixe. Hieri cinque hore piu oltra che questa hora ; cioe questa hora prima di sabato sancto: Et soggiugne che manda de suoi aspiare salchuno peccatore si sciorina ; cioe esce fuori della pegola. Et questi dice che non saranno rei: cioe saranno utili a mostrare loro el cammino.

Poi dixe a noi piu oltre andar per questo
scoglo non si potra: pero che giace
tutto spezato al fondo larco sexto.
Et se landare auanti piu ui piace
andateuene su per questa grotta
presso e unaltro scoglo che uia face.
Hier piu oltre cinquore che questa hotta
mille dugento con sexanta sei
anni compier che qui la uia fu ropta.
Io mando uerso la di questi miei
a riguardar salchun se ne sciorina/
gite con lor che non saranno rei.

q Vesti sono enomi de dieci demonii ; equali malacoda manda per iscorta ; Et credo che p questi el poeta uogla exprimere uarii affecti et operationi et effecti de barattieri. ALCHINO e/ la inclinatione ad tal uitio Quia alios inclinat. Dopo la inclinatione sequita la corruptione dellanimo quando gia ha facto proposito sequitare elpeccato decto Calcabrina; cioe calcante la brinata ; laquale nelle lectere sacre significa la diuina gratia. El terzo e/ maledictione : nella quale incorre elpeccatore poi che da se ha scacciato la diuina gratia ; Et dicesi Cagnazo quasi captiuo cane et mordente: El quarto e/ lastutia che nasconde per allhora questo uitio decto Barbariccia; cioe barba arricciata ; perche secondo ephysonomi la barba crespa et arricciata dimostra fraudulentia. El quinto e/ la uogla ardente di mettere a perfectione la baratteria poiche ha riceuuto el premio ; et dicesi Libichoccho; Quasi libidine cocente; cioe uogla sfrenata et ardente. El sexto e/ la infectione del uitio ; che con suo pessimo ueleno, coinquina et macula glaltri decto Draghinazo dal ueleno del draghone. El septimo e/ loffensione che si fa alproximo elquale ebarattieri lania et lacera chome el cinghia

Tirati auanti alchino et chalcabrina
comincio egli adire et tu cagnazo
et barbariccia guidi la decina.
Libicoccho uegnoltre et draghinazo.
cyrriato sannuto et graffiacane.
et farfarello et rubicante pazo.
Cerchate intorno le bollenti pane
costor sien salui insino allaltro scheggio
che tutto intero ua sopra le tane.

le lacera con la sanna: Et pero lo chiama Cyriato sannuto: perche cyro non solamente in lingua rustica na de nostri. Ma in lingua greca significa porco. Loctauo dinota loppressione delluno barattieri chon laltro quando el piu potente lacera el men potente. Chostui graffia el cane: perche graffia chi morde altri. Farfarello e/ el nono pel quale dimostra infrascatore et cianciatore. Rubicante quasi infocato: et furibondo et audace.

Ome maestro che e quel chio ueggio
dixio de sanza scorta andianci soli
se tu sai tre chio per me, non la chieggio
Se tu sei accorto si chomesser suoli
non uedi tu che digrignon li denti e
et con le cigla ne minaccion duoli.
Et egli ad me non uo che tu pauenti
lasciagli digrignar pur allor senno
che fanno cio per gli lesi dolenti.
Per largine sinistro uolta dienno
ma prima hauea ciascun la lingua strecta
co denti uerso lor duca per cenno:
Et egli hauea delculo facto trombetta.

e Natura deltentatore demonio sempre nel fine spauentare lasensualita: Chome perlo opposito langelo sempre nel fine conforta. Adunque Danthe impaurisce de cenni de demonii perche digrignano edenti chome ecani cupidi di mordere: et minacciono chol muouere delle cigla. Ma la ragione superiore lo conforta che nõ tema affermando che tali cenni fanno pe dannati. Ilche significa che non possono nuocere se nõ a uitiosi. MA PRIMA CIASCVN la lingua strecta. Pare queste luogo a molti sanza alchuna dignita o condecentia: Ma certamente uolle el poeta dimostrare quanto che ebarattieri poi che hãno giuntato alchuno lo beffegiono et schernisconlo. Strignere la lingua tra denti significa fare tale strepito con bocca quale fa el uẽto quando esce per le parti posteriori. Ilche fanno glimpudenti buffoni quando schernisconо alchuno.

CANTO. XXII. DELLA PRIMA. CANTICA DI DANTHE

i O uidi gia caualier muouer campo
et cominciare stormo etfar lormostra
et tal uolta partir per loro scampo.
Corridor uidi per la terra uostra
o aretini et uidi gir gualdane
ferir torniamenti et correr giostra:
Quando contrõbe et quando con campane
con tamburi et con cenni di castella
et con cose nostrali et con extrane:

u Na medesima bolgia anchora si tracta: et el medesimo peccato si punisce. Ma nel capitolo superiore pose quegli barattieri: equali hanno uenduto la loro rep. Et in questo. xxii. pone quegli equali posti in buon grado appresso dalchuno signore hanno uenduto lagratia di quello. Continuando adunque descriue la forma della pena di questi sommersi nella pece. Dipoi fa speciale mentione duno: Et nella terza parte induce chostui a manifestare de glaltri: Et nellultima narra lastutia che tale spirito uso in ingãnare

Ne gia con si diuersa cemamella
chaualier uidi muouer ne pedoni:
ne naue ad segno di terra o di castella.

tutti edemoni. IO VIDI. Dimostra hauere ue duto partire un campo di gente darme. Ilche ri hiede somma prudētia et cautione; perche mol eto conferisce alla salute et alla uictoria ben collo care et muouere ecampi; laqual uirto dicono es sere stata somma in pyrro re de glepyroti. ET COMINCIARE STORMO: cioe battagla: Propri o stormo e/ moltitudine di gente darme combattente decto forse da questo nome latino turma. O ue ramente e/ onomotopia cioe nome preso dal romore et frastuono elquale si sente nel combattere. ET FAR LOR Monstra et tal uolta partire per loro scampo. Lasententia e/ Io ho ueduto dar cenno a soldati O quando muouono el campo O quando combattono O quando fanno la mostra O quando fuggono: Ma non chon tale suono. CORRIDOR Vidi. Tocca qui secondo alchuno la cacciata de ghi bellini di Firenze equali presono Arezo. Ma difficile e/ in tante et si frequenti mutationi diquegli tē pi nella citta Aretina; per lequali quasi fu disolata/intendere quale alpresente discriua. GVALDANE Proprio chiamauono glantichi caualcate che facea una citta in sul terreno dellaltra per dar guasto et me narne preda. Et queste sono tutte chose belliche et fannosi altempo di guerra tra luno nimico et laltro Ma torniamenti et giostre sono exercitii militari facti per feste et giuochi; et perdare dilecto a popoli. Torniamento e/ quando le squadre uanno contro luna a laltra: et rappresentano una spetie di batta gla. Giostra e/ quando luno ua contro allaltro a corpo a corpo: et rappresenta battagla singulare. Con cenni di castella equali di di si fanno con fumo et di nocte con fuoco. Ma non uidi mai muouere alchu no. CON SI DIVERSA CEMAMELLA; cioe suono ponendo la spetie pel genere. NE NA VE A Segno di terra o di castella. Enauicanti quando possono uedere terra: cioe alchun promontorio uanno secondo quello; et quando non possono ueder terra sequitano la tramontana.

P Er transito dimostra el poeta che benche sempre dobbiamo fuggire el consortio et la compagnia de captiui. Nientedimeno alchunauolta o elluogo o eltempo. O alchuna altra cagione ci conduce che usiamo con loro. Adunque in tauerna co ghiottoni intendi non per golosita; perche non e/ mai le

Noi andauan con li dieci demoni
ai fiera compagna ma in chiesa
co sancti: et in tauerna co ghiottoni
Pur alla pegol era la mia intesa
per ueder della bolgia ogi contegno
et della gente chentro uera incesa.
Chome edalphini quando fanno cenno
a marinai con larco della schiena
che sargomentin a campar lor legno
Talhor chosi alleggerir la pena
mostraua alchun de peccatori el dosso
et ascondea in men che non balena

cito usare col uitioso percommetter uitio. Ma p prendere el cibo necessario et chosi qui. Impero che essendo danthe in inferno: et hauendo biso gno di guida era necessario che sequitassi edemo nii: Et allegoricamente uolendo conoscere la ma litia et malignita di tale uitio era necessario che hauessino cognitione delle chose compresse socto enomi de dieci demonii; Et per questo conosce re gli sequitano. PVRE ALLA Pegola era la mia intesa. Danthe hauea sua intesa; cioe sua at tentione alla pegola per uedere alchuno de pec catori sommersi: perche la ragione inferiore cer ca la cognitione de particulari et non degluniuer sali. CHOME EDALPHINI. Come alchuna uolta edalphini in mare uengono tanto a ghalla che monstrano la schiena. Ilche e/ segno che pre sto ha assurgere tempesta. Onde enauicanti per tal segno di subito si preparano allo scampo. Chosi quegli peccatori per alleggerire la pena alchunauol ta traeuono la schiena fuori della pegola. Ma per paura de gluncini de demonii la rimetton sobto con meno spatio che non e/ un baleno. Eldelphino sopra tutti glaltri pesci si dilecta del conspecto dellhuo mo et molto lama. Ilche se conosciuto chome mostrano gliscriptori inmolti casi. Ma apertissimamente in Arione Fu Arione di Methymna citta in lesbo peritissimo musico; et per questa arte molto accep to a Periandro re di Corynthio. Ma cupido di uedere: et diuulgare la fama sua non sanza utilita nauigo in Sicilia: et indi in italia doue col suo artificio accumulo gran pecunia. Ma dopo alchun tempo deside roso di tornare a Periandro monto in naue di certi corinthii Costoro mossi da auaritia et alieni da ogni humanita saccordorono gittare in mare Arione et torgli la sua pecunia. Ilche intendendo el musico pri ma si uolse a prieghi et tento con loro ricomperare la uita. Dipoi uedendo che indarno pregaua chiese spatio prima che lo gittassino di potere cantare con la sua cythera uestito et ornato di piu pretiose ue ste et gioie che lui hauessi. Fugli conceduto: et lui in su la prua canto; et dopo el canto si gitto in ma re: Et disubito riceuuto da un delphino a saluamento fu portato insino nellisola di Tenaro. Et indi an do a Chorynthio; Et da Periandro fe citare quegli che lhaueuono uoluto surgere in mare. Equali stupe facti per la non aspectata presenza darione non seppono negare. Et afferma Herodoto che in Tenaro doue el delphino lapprodo era la statua sua di bronzo posta in sul delphino. Scriue anchora Plinio che un delphino nel golfo di baia sadomestico tanto conun fanciullo : elquale ogni giorno gli porgea pane : che finalmente ogni hora chel fanciullo lo chiamaua lui ueniua : et portaualo per lo strecto golfo da baia a pezuolo. Et dopo alquanti anni essendo morto el fanciullo el delphino staua nellito per aspectarlo non sanza segni di merore : et finalmente non comparendo el fanciullo perdolore mori. Sarebbe molto prolipso riferire molte altre simili chose scripte da theophrasto Aristotele et altri scriptori. El delphino e/ di tanta celerita che non solamente uince nel correre glaltri pesci : ma anchora gliucegli et lo strale. Ne potrebbe pescie alchuno campargli innanzi se non fussi che lui non puo piglare se non supino. Perche ha la bocca lontana dal muso et quasi a mezo la pancia : Et perche alita chome anchora la balena et el uecchio marino e necessario che con incredibile uelocita dal fondo insino doue sequita la preda ritorni a galla. Partorisce efigluoli et non uoua : et con lacte gli nutrisce. Porta epiccoli adosso : et egiouinecti accompagna et scorgegli. Viuono .xxx. anni. La uoce loro e/ simile alla querela humana. Amano assai lhuomo et molto si dilectano della musica. Se alchuno muore glaltri lo conducono fuori dellacqua. Ho scripto queste poche chose di molte piu tosto inuitato da si nobile natura danimale : che pche giudicassi esser necessario in questo luogo. Hora torno al texto.

q Vi non accade altra allegoria : Ma per exornare elluogo solo discriue elluogo della pena : et pone la similitudine de ranocchi. IO VIDI ET ANCHO : cioe anchora ELCVORE doue e/ la sedia della cogitatione Cioe io uidi allhora et anchora teste passandoui la mente mia. MENACAPRICCIA : cioe mi da spauento. Capriccio in fiorentino significha quello che elatini dicono horrore che e/ quando epeli sarricciano : et questo interuiene pel freddo : Et perche nella paura el corpo riman freddo. Conciosia che el sangue nelquale consiste el caldo corre alcuore : et abbandona glaltri membri pero ui nasce capriccio : et e/ decto capriccio quasi capo arriccio : perche sarricciano ecapegli in capo. Et diciamo arricciare da quello animale elquale chiamiamo riccio .i. spinoso : perche quando teme si richiude : et richiudendosi adirizza le sue spine. VNO ASPECTARE. Io uidi che di tutti quegli che teneuono el muso fuor della pegola uno solo per la uenuta de demonii non fuggi : et tutti glaltri fuggirono : chome alchunauolta interuiene che uenedo alchuno al fosso doue sono eranocchi chol muso fuori uno sta fermo et laltro SPICCIA : cioe fugge uia. Ilperche raffiacane glarroncigio : cioe prese cho roncigli cioe uncini : et trassel fuori chome un pescatore trae una lontra dellacqua hauendola presa con hamo o con altra cosa. Lontra e/ animale non molto minore che la uolpe : Ma lungo et di pelo nero : et ha el muso aguzo : et pascesi di pesci equali pigla entrando sobto lacqua : et maxime ua a quegli : equali uede nelle reti : et uolentieri rode et straccia le reti in latino e/ decta lutra

Et come allorlo dellacqua del fosso
  stanno eranocchi col muso di fuori
  si che celano epiedi et laltro grosso
Si stanno dogni parte epeccatori
  ma chome sappressaua barbariccia :
  chosi si ribattean sobto ebollori.
Io uidi et anche el cuor me naccapriccia
  uno aspectar chosi chomeglincontra
  chuna rana rimane et laltra spiccia :
Et graffiacan che glera piu dincontra
  glarronciglo lempegolate chiome
  ettrassel su che mi parue una lontra.

Io sapea gia di tutti quanti elnome
  si gli notai quando furono electi
  et poi che si chiamaro attesi chome
O rubicante fa che tu gli metti
  glungnioni adosso si che tu glischuoi
  gridauan tutti insieme emaladecti
Et io maestro mio fa se tu puoi
  che tu sappi chi e losciagurato
  uenuto ad man de gladuersarii suoi.
Lo duca mio gli saccosto allato
  domandollo onde fussi et quel rispose
  io fui del regno di nauarra nato :
Mia madre a seruo dun signor mi pose
  che mhauea ingenerato dun ribaldo

a cciochè ellectore nonsi marauigli che lui sappi el nome di tutti dieci edemonii / Dimostra che gli noto quando furono electi : et dipoi quando chiamauono lun laltro. LO DVCA MIO GLI Saccosto allato. Perche el narrare della nime lequali lauctore truoua nellinferno arrecherebbe tedio et fastidio se sempre tenessi un modo : Pero marauiglosamēte uaria et in diuersi modi gli dimostra chome chi diligentemente leggie puo notare. IO FVI NEL Regno di Nauarra. Fu costui iampolo ouero ciampolo figluolo di gentile donna. Ma el padre consumato el patrimonio lo lascio pouero. Ilperche la madre lo pose con un barone del re Tibaldo di Nauarra : Et fu tanta lasua industria che in processo di tempo diuenne si accepto a Tibaldo re giustissimo che allui commetteua ogni gran faccenda. Ma lui non seppe raffrenare le sue cupidita. Et pche

distruggitor di se et di sue case
Poi fu famiglo del buon re Tibaldo
quiui mi missi a far barattaria
di che rendo ragione in questo caldo.
Et Cyrriato a cui di bocca uscia
dogni parte una sanna come a porco
gli fe sentir chome lasua sdrucia
Tra malebranche era uenuto el sorcho
ma Barbariccia il chiude con lebraccia
et dice staten la mentrio lonforco:
Et el maestro mio uolse la faccia
domanda dixe ancor se piu disii
saper dallui prima chaltri il disfaccia
Lo duca adunque hor di de glaltri rii
cognosci tu alchun che sia latino
sobto la pece: et quello io mi partii
Poche da un che fu di la uicino
chosi fussio anchor con lui coperto
chio non temerei unghia ne uncino
Et libicocco troppo hauem soferto
dixe et presegli il braccio col ronciglio
si che stracciando portonne un lacerto
Draghinazo anchor uolle dar di piglo
giuso alle gambe: onde el decurio loro
si uolse intorno intorno con mal piglo.
Quandelli un poco rappaciati foro
allui chancor miraua sua ferita
domandol duca mio sanza dimoro
Chi fu colui da cui mala partita
di che facesti per uenire a proda
et ei rispose fu frate Gomita
Quel di gallura uasel dogni froda
chebbe enimici di suo domno in mano
et fe lor si che ciaschun se ne loda.
Denar si tolse et lasciogli di piano
si chome el dice: et ne glaltri offici anche
barattier fu non picool ma sourano
Usa chon epso domno michel sanche
di logodoro: et a dir di sardigna
le lingue lor non si sentono stanche

chome dice Terentio Omnes sumus deteriores licentia / diuento sommo barattieri. CIRRIATO A CVI DI BOCCHA VSCIA. Questi uersi sono per se assai manifesti: Et stimo sia questo luogho piu per ornamento del poema che p allegoria. Nientedimeno exprime assai la natura di questi demoni ne loro actu secondo la interpretatione gia di sopra decta. LO DVCA ADVNQVE HOR DI DE Glaltri rii. Domãda Virgilio el nauarrese se alchuno latino e/ tra questi barattieri: Et lui risponde poco auanti essersi partito da uno del quale di sobto si dira. Dipoi scriue che libichoccho gli straccio un braccio chon uno uncino: et portonne un lacerto cioe un muscolo. Pel braccio sintende la potentia dellopera Et gia disopra fu decto che per libicoccho sintende locupatione dellopera. Ilche e/ quando el giudice corropto per pecunia e/ impedito che non fa giustitia. Draghinazo significa implicatione et strignimento daffectione. Impoche ogni huomo di sua natura e/ affectionato a far giustitia. Ma la baratteria spesso lega tale affectione costui uolle dare alle ghambe: perche piedi et gambe significano gli humani affecti: Et non gli decte a significare che spesso interuiene che nel giudice e/ buona affectione a far giustitia: et non si spegne in lui. Ma lauaritia lo fa errare et e / quasi contro a sua uoglia. QVANDELLI VN POCO Rappacciati foro. A dichiaratione di questo texto noteremo che lisola di sardigna e'/ da Timeo decta Sandaleoti; perche ha forma di calzare da noi decto pianella: E/ uicina a corsica. viii. migla. Questa isola essendo inpotesta de glaffricani saracini fu nel mille cento sedici acquistata da pisani; et nel medesimo anno si perde ricuperata da Musetto re daffrica: Et lanno sequente e pisani conleghati cho genouesi di nuouo lacquistorono pactouisi tra loro che ogni preda fussi de genouesi; et la signoria rimanessi a pisani. Equali diuisono lisola in quattro parti: et queste chiamorono quattro giudicati: perche a ciaschuna preposono un giudice che la reggessi chome signore di quella. El primo giudicato fu chiamato logodoro cioe luogho doro: perche era la piu ricca parte dellisola. Altri lo chiamorono el giudicato delle torri. El secondo Calari da calari citta nobile et anticha. El terzo Gallura perche da principio fu dato a certi conti pisani che portauono el gallo p insegna. El quarto Alborea Signore del giudicato di gallura. fu gia Nino cittadino cacciato di Pisa chome piu apertamente diremo nelloctauo capitolo del purgatorio. Et frate Gomita fu suo nimico huomo molto astuto: et sommo barattiero: elquale benche hauessi si occupato la mente del signor suo: che lui non uolessi prestar fede a chi lauisaua de suoi uitii. Nientedimeno al fine perche per denari lascio certi inimici di Nino uenutogli nelle mani fu dallui impiccato. Chiamalo adunque frate gomita di gallura et uasello Quasi riceptacolo dogni froda Dogni generatione di fraude. CHEBBE Enimici di suo domno. i. domino; cioe del suo signore. Onde in Sardigna el signore e/ decto domino. ET LASciogli di pianto. cioe in pace. VSA chon epso domno Michel sanche. Federigo secondo hebbe un figluolo naturale chiamato Enthio: al qual decte el giudicato di logodoro. Chostui finalmente mori a Bologna in carcere. Onde Michel sanche suo siniscalcho con sue fraude et baratterie induxe la madre denthio rimasa madonna del giudicato a torlo p mario. Et in questo modo diuenuto signore simparento con messer Brancha doria dandogli la figliuo la per mogle O secondo altri toglendo la sirocchia sua.

Ome uedete laltro che digrigna
io direi ancho ma io temo chello
non sapparecchi a grattarmi la tigna
Elgran proposto uolto a Farfarello:
che stralunaua glocchi per ferire.
dixe factincosta maluagio ucciello.
Se uoi uolete o uedere o udire
ricomincio lo spaurito appresso
toschi o lombardi io ne faro uenire
Ma stien le malebranche un poco incesso:
sichei non teman delle lor uendecte
et io sedendo inquesto luogo stesso
Per un chio son ne faro uenir septe
quandio zufolero chome nostro uso
difare allhor che fuora alchun si mette.

HE DIGRIGNA. Digrignare significa storcere el uolto in forma che la boccha sapra et mostri edenti. Ilche significa o dolersi in se o adirarsi inuerso daltri. O alchunauolta ridere. MA IO TEMO chello. Temo che lui. AGRATARMI La tigna. Prouerbio fiorentino: che quando uogliamo significare di battere uno diciamo Io gli grattero la tigna. EL GRAN PROPOSTO barbariccia. Imperoche essendo decurione: cioe capodieci lo chiama preposto: perche era preposto a glaltri/si uolse a Farfarello. CHE STRALVNAVA. Diciamo uno stralunaregli occhi quando gli uolge con mal piglo adosso a uno et tenendogli molto aperti glaffisa et tiengli fermi. Ilche significa iracundia et minaccie. MAL Vagio ucciello: perche tutti edemonii si fingono alati. Insomma dice che Farfarello lharebbe ferito se elcapitano loro non lhauessi uietato. Et sequita che el Nauarrese bēche spaurito promette di fare uscire della pegola spiriti, lombardi; et toscani se edemoni si tirano in drieto. Et pero dice stieno le malebranche de demoni un poco in cesso cioe discoste: et io zufolando gli faro uscire; perche chosi usiamo di chiamare lun laltro. Ne e/sanza ragione chel poeta finga questo: perche chi commette simili scellerateze fa piu con cenni che chon aperto parlare. Preterea finge che alchuno demonio el toccha; et alchuno nol toccha perche non caggiono inun barattieri tutte le parti di questo uitio.

Proprio del cane abbaiando scoprire chi si nasconde. Adunque meritamente lui con le sue parole scuopre la malitia di costui: elquale sobto spetie di uolere chiamare de glaltri diceua che edemoni si discostassino per potere uscir loro delle mani et tuffarsi. Et allegoricamente dimostra che parlando insieme el corruptore et el corropto, spesso scuoprono eloro uitii.

Cagnazo acotal motto leuo elmuso
crollando el capo et dixe odi malitia
che glha pensato per gittarsi giuso.
Ondei chauea lacciuoli a gran douitia
rispose malitioso sonio troppo
quando procuro amia maggior tristitia.
Alchino non si ritenne: et di rintoppo
aglaltri dixe allui se tu ti chali
io non ti uerro drieto di gualoppo:
Ma battero soura lapece lali
lascisil colle; et sia la ripa scudo
aueder se tu sol piu di noi uali.

LEVO EL MVSO Bocca diciamo nellhuomo; et becco ne gluccegli: et muso neglaltri animali. Adunque hauendolo di sopra figurato chome cane meritamente dixe muso. Leuo el muso: che chosi fa chi si muoue: et fassi attento aquello che ode. CROLLANDO EL CAPO. Questo e/ acto di chi saccorge della malitia daltri: et uuole dimostrare che nō rimane ingannato: et pero dice Odi malitia che glha pensato per gittarsi giuso. ONDEI CHE Hauea lacciuoli: cioe malitie in habundantia. Dimostra la natura del fraudulento: elquale uedē do chaltri se accorto della sua malitia singegna di ricoprirla con altre parole: et dice che se e/ malitioso e/ inproccurare maggiore tristitia asuoi cōpagni. Quasi dica io cercho di fargli uenir fuori accioche sieno straciati chomio di che sa che edemoni hanno piacere: et e/ hironia Quasi dica se io fussi malitioso non farei questo. ALCHINO Non si tenne che non parlassi. per chostui chome e / decto di sopra sintende subita inclinatione di uolonta. Adunque fa qui lufficio suo inclinando la uolonta de compagni col suo parlare. ET DI RINTOPPO. Quasi alloppposito et al dirimpecto. IO NON TI VERRO DRIETO DI GVALOPPO: cioe correndo. Gualoppare e/ in mezo tral troctare: et el correre. MA BATTERO Soura la pece lale: cioe uolero per rigiugnerti. LASCISI el colle. quasi dica gittianci giu dal colle. ET SIA La ripa scudo. Quasi riparo et difensione. AVEDER Se tu SOLO PIV DI NOI VALI. et uedrai chi potra piu o tu o noi.

O tu che leggi udirai nuouo ludo
ciaschun dellaltra parte glocchi uolse
quel prima chaccio fare era piu crudo.
Lo nauarrese ben suo tempo colse
fermo le piante a terra et inun puncto
salto et dal proposto lor si tolse.
Di che ciaschun di colpa fu compuncto
ma quel piu che cagion fu del difecto:
pero si mosse et grido tu se giunto.
Ma poco ualse che lale el sospecto
non potero auanzar quel ando sobto
et quei drizo uolando suso el pecto:
Non altrimenti lanitra di botto
quandol falcon sappressa giu sattuffa
et ei ritorna su crucciato et ropto.
Irato chalcabrina dalla buffa
uolando drieto gli tenne inuaghito
che quei campassi per hauer lazuffa:
Et chome elbarattier fu dipartito
cosi uolse glartigli al suo compagno
et fu conlui sopra elfosson ghermito.
Ma laltro fu bene sparuier grifagno
adartiglar ben lui et ambe due
cader nel mezo del bollente stagno
Localdo schermidore subito fue:
ma pero di leuarsi era niente
si hauean inuescate lale sue.
Barbariccia con glaltri suoi dolente
quattro ne fe uolar dallaltra costa/
con tucti eraffi: et assai prestamente
Di qua di la discesor alla posta
porson gluncini inuerso glimpaniati
cheron gia cotti drento dalla costa
Et noi lasciamo loro chosi impacciati.

6 A lauditore attento promettendogli che udira ludo; cioe scherno: et dirisione NVOVA:
cioe inusitata: perche udira che edemonii che son piu malitiosi furono ingannati dallo spirito el
quale doueua essere men malitioso. CIASCHVN de demonii uolsero glocchi allaltra parte lasciãdo
di guardare piu lo spirito. ET QVEL PRI
MA CHE era piu crudo a far cio: cioe cagnazo:
che dimostraua non potere essere ingannato. LO
NAVARRESE. Ciampolo di Nauarra. COL
SE Ben suo tempo. cioe apposto bene loccasiõe
et la comodita del tempo cioe in quello che uide
glochi dedemoni uolti altroue sigitto nella pego
la. Impoche fermo le piante depiedi interra per
fare piu ueloce passo: et in un puncto salto. ET
Tolsesi dal proposto loro: cioe dal proposito lo
ro: elquale era di stratiarlo. DI CHE CIASchũ
de demonii fu compuncto di colpa: cioe inse me
desimo si giudico colpeuole ꝑ hauere usato negli
gentia nel guardarlo. MA QVEL PIV Alchi
no piu che glaltri: perche col suo dire dette sicur
ta aglaltri. Onde giãpolo hebbe spatio di fuggire
Adunque fu el primo ad uolargli drieto: ma nõ
gli giouo: ꝑche lali sue: cioe elsuo uolare non po
terono auanzare. i. uincere. EL SOSPECTO. i.
la paura dello spirito. In sententia / la paura che
hauea lospirito de demonii lo fecion piu ueloce
che non furono lale dalichino. Perche come dice
Virgilio Pedibus timor abdidit alas: et el puer
bio de fiorentini dice Chel bisogno fa trottar la
uecchia. QVELLI. i. Giampolo ando di sobto/
si tuffo nella pegola. ET QVEI Alichino. DRI
ZO Volando suso el pecto: cioe uolo in su: Et
interuenne chome quando el falcone sequita lani
tra laquale perche situffa nellacqua prima che lui
la giungha el falcone crucciato et ropto cioe strac
co doue si calaua per hauerla/ sinalza non la potẽ
do giugnere. Et qui dinota el poeta quanta sia
lastutia del barattiero: elquale benche spesso dia
sospecto dicommettere tal fraude. Nientedime
no e si dextro nel tuffarsi nella pegola: cioe si de
xtramente la ricuopre che non e/ giunto. IRA
TO CALCABRINA Della buffa. Quando Cal
cabrina che significa la diliberatione si congiugne
con alichino: cioe con la inclinatione della uolon
ta conuienche caggia nella pegola: cioe nella frau
de della baratteria. Era adunque inuaghito cioe
innamorato cupido et desideroso che lo spirito
campassi per hauer cagione dazuffarsi con Alichi
no: Et per questo subito che Giampolo fu tuffa
to lo ghormi; cioe lo prese co glartigli stando luno et laltro in su lale sopra elfossone. Et Alichino gher
mi lui chome sparuieri grifagno: cioe ualoroso et ardito. Chiamano sparuieri nidiace quando picchino
e/ preso nel nidio che anchora non puo uolare. Et ramingho quãdo comincia a uolare et sta in su rami
Et grifagno poiche e/ mudato in selua. Et questi ultimi benche con piu difficulta si concino: Nientedi
meno sono piu animosi allucellare. ET AMBE Due cadder. Et qui dinota che quando in corte arri
ua alchuno ricco et apto a comperare le gratie/ truoua spesso piu barattieri: et ciaschuno lo uorrebbe ti
rare a se: Et finalmente ne contendono et caggion nella pegola; perche sono scoperti et uituperati.
LO CALDO Schermidor subito fue; cioe el caldo della pece elquale loro sentirono fu subito schermi
dore perche fu cagione che ciaschuno di subito attendessi a schermirsi da quello. Ma poco giouo perche
gia erono si impeciate lale che non poterono ritrarsi. BARBARICCIA Cho glaltri suoi dolente. Dol
sesi Barbariccia del caso aduerso de due caduti che chon glaltri subito soccorse et trassegli della pegola.

CANTO.XXIII.DELLA PRIMA CANTICA DI DANTHE

t Aciti soli: et sanza compagnia
nandauamo un dinanzi et laltro dopo
chome frati minor uanno per uia
Voltera in su la fauola disopo
lo mio pensieri en la presente rissa
douel parlo della rana et del topo:
Che piu non si pareggia mo et issa
che lun con laltro fa se ben saccoppia
principio et fine con la mente fissa:
Et chome lun pensier dellaltro scoppia
chosi nacque di quello che fu poi
che la prima paura mi fe doppia.
Io pensaua chosi questi per noi
sono scherniti et con danno et con beffa:
si facta chassai credo che lor noi:
Se lira sopral mal uoler sagguessa
ene uerranno drieto piu crudeli
che cane a quella lepre che glacceffa.

m Vta el canto insieme con la pena. Imperoche in questa sexta bolgia tracta della hypocresia et del supplicio et tormento di quella. Ma nel principio pone el progresso loro a questa bolgia: et la persecutione che hebbono da demonii: et chome fu da Virgilio saluato. TACITI: Ilche significa che ciaschuno di dolore in se pensaua. SOLI: ciaschuno di per se: che significa quel medesimo Imperoche quando uogiamo diligentemente pẽsare alchuna chosa ci seperiamo da glaltri. Onde el terentiano Simone dixe Venit meditatus alicunde ex solo loco. i. sanza compagnia daltri. LVN Dinanzi: cioe Virgilio. LALTRO DOPO: cioe Danthe. Et per questo uuole dimostrare che nel contemplare delle chose difficili / la ragione inferiore che consiste circha eparticulari non puo essere pari alla superiore: laquale ha cognitione de gluniuersali: Et pero quella ua innanzi chome chosa piu degna: et questa la sequita. CHOME FRATI Minori uanno per uia. Da commoda comparatione cosi allandare chome alla taciturnita. Imperoche globseruanti in uiaggio uanno luno drieto allaltro con silentio et cogitabundi. Erono adunque soli corporalmente Ma la mente era accompagnata dalla contemplatione et inuestigatione: lequali allhora meglio procedono: et piu facilmente truouano el uero del quale nessuna compagnia migliore puo hauere lanimo. Interuiene adunque nellhuomo docto: che quanto piu e/ scompagnato el corpo/ piu e/ accompagnato lanimo. Ilperche solena dire Scipione affricano che non era mai meno solo che quando era solo: Ne mai meno ocioso: che quando era ocioso. Et leonardo aretino huomo deloquentia et dingegno ornatissimo et bene licterato uolendo uno nostro cittadino huomo non reo: ma sanza lectere accompagnarlo: et dicendogli non uoglo che andiate si solo: Rispose solo sarei io quando fussi teco. Et Seneca in una pistola afferma/ lhuomo sauio non essere mai solo. VOLTO ERA In su la fauola disopo. Esopo frigio fu poeta greco: et scripse apologi cioe fauole: lequali in se contengono moralita: et occulti precepti al ben uiuere. Vna di queste fauole e/ che andando un topo per un campo sabbatte a una fossa piena dacqua : et non osando di passare un ranocchio glofferse di passarlo : et legosselo adosso chon animo di tirarselo sobto lacqua ; et affogarlo ; Ma col topo fingnea di legarselo adosso accioche non cadessi. In quel tempo un nibbio uedendo el topo cupido di pascersene si chalo et ghermillo ; et portandolo uia ne porto anchora el ranocchio perche sera legato con quello : Et chosi interuenne che la fraude laquale el ranocchio hauea fabbricato in danno del topo gli torno in sua morte. Danthe adunque si ricordaua di questa ; perche era chosa simile Imperoche chome el ranocchio credendo giuntare el topo rimase preso. Chosi interuenne adue decti di sopra. Et latentemente dimostra che similmente adiuiene spesseuolte tra barattieri : che mentre luno cerca giuntare laltro / uiene un terzo et giunta et chi giunta et chi e/ giuntato. NELLA Presente rissa ; cioe nella presente zuffa dalchino et calcabrina : Et sequita che non e/ maggior similitudine tra MO ET ISSA. Imperoche amendue questi uocaboli in diuerse parti di lombardia significano quello che noi diciamo hora et teste / che e/ tra questo apologo desopo et la zuffa di chostoro conferendo insieme el principio cioe la cagione che mosse la rana ; et quella che mosse eldemonio che fu in ciaschuno dinganare. ET EL FINE ; cioe leffecto che ne segui che fu che ciaschuno rimase ingannato. CON LA Mente fissa ; cioe ferma. ET COME Lun pensier dallaltro scoppia : cioe nasce : et e/ traslatione da molti fiori : equali non nascono se la boccia in che sono rinchiusi non scoppia / CHOSI Nacque di quello : del pensare alla zuffa loro. VNALTRO che era che non si uolessino uendicare sopra di noi ; et p questo non ci persequitassino. CHE LA PRIMA PAVRA ; laqual fu quando uide hauere andare in lor cõpagnia. Onde dixe. O ME MAESTRO che e/ quel chio ueggio Dixio de sanza scorta andianci soli. Adunque questó pensiero mi dupplico la paura. Et poi pone che pensando dicea seco medesimo. Poi che costoro per nostra cagione hanno riceuuto danno et beffe ; certamente debbono hauere conceputo ira inuerso di noi. Et se questa ira particulare inuerso di noi. SAGGVEFFA ; cioe si conlega et coniugne col mal uolere con la loro mala uolonta. Imperoche di loro natura uolentieri nuocono a ogni huomo. Ne possono uoler bene essendo obstinati nel male. E NEVERRANNO Drieto piu crudeli che cani. Imperoche se el cane sequita la lepre non per ingiuria particulare riceuutá dallei. Ma per naturale et uniuersale odio quanto saranno piu crudeli chostoro hauendo et particulare et uniuersale odio. Lepre in latino e decta lepus quasi leuipes leggieri di piedi ; perche uelocemente corre. Scriue Archelao : che ciaschuna ha in se luno et laltro sexo ; et che per se medesime concepono. Et certo nessuno altro excepto el tasso fa concepto sopra concepto. Imperoche in un medesimo tempo allacta el gia nato figluolo : et nel uentre ha gia uno uestito di peli et perfecto : et uno ancora non uestito : et uno non interamẽte formato. Credono alchuni che ne gialpi sia una spetie di lepri che nel uerno stieno sobto le neui : et di quelle si paschino.

Nota delle lepre e del tasso.

e Vniuersale parlare che la imaginatione fa uenire el caso. Ilche e/ sententia di tutti emaggiori philosophi et maxime daristotele : Maxime quando lanima ha fixa imaginatione. Adunque per tale imaginatione fu oppresso da gran paura el poeta onde epeli sarricciorono. Imperoche tale imaginatione fa paura ; et perche la paura constringe el cuore el sangue corre tutto in aiuto di quello : pche in lui e/ el fonte della uita. per questo emembri exteriori rimangono freddi ; et el freddo ristrĩge epori ; et quegli ristrecti fanno rigore elqual rizza epeli che ui sono dentro Onde nasce el capriccio. QVANDO DIXI Maestro se non celi ; cioe nascondi TE ET ME. Non e/ sanza cagione che Danthe dimostri esser lui quello che uada cõgetturando che edemoni : et per essere di loro natura nociui ; et per lira particulare shabbino a ingegnare di nuocergli. Et che Virgilio gli risponda ; et che la imaginatione di Danthe sia uenuta nella sua si chiara chome uiene una imagine chorporale nello specchio. Imperoche la ragione inferiore e/ quella che discorre pe particulari. Et la superiore da questi particulari uiene a gluniuersali. Imperoche uoltandosi epsa alle imagini delle chose particulari lequali truoua ne sensi riduce quelle a luniuersali. Ha lhuomo in se cinque sensi interiori. Senso comune. Imaginatiua. Estimatiua. Phantasia : et memoria. E/ el senso comune quello alquale esensi exteriori cio che comprendono riferiscono : Et in quanto e/ senso riceue le imagini delle chose sanza materia : Ma solo mentre insino che la materia e/ presente. Imperoche io ueggo te riceuente el mió senso comune la imagine del corpo tuo sanza el corpo Ma presente el corpo. Et in quanto e/ senso comune da perfectione alloperatione sensibile

Gia mi sentia tutti arricciare epeli
 della paura et stauo drieto intento
 quando dixi maestro fa che celi
Te et me tostamente io ho pauento
 di malebranche noi glhabbiam gia drieto
 io glimagino si che gia gli sento
Et quei sio fussi dimpiombato uetro
 limmagine di fuor tua non trarrei
 si tosto ad me che quella dentro impetro.
Pur mo ueniereno tuoi pensier tra miei
 con simil acto et con simile faccia
 siche ditrambi un sol cosiglio fei.

Nota una bella divisione de cinque sensi interiori

Ilche non fanno esensi exteriori. Imperoche locchio uede et lorecchio ode. Ma ne quello saccorge di uedere ne questo dudire. Ma solo el senso comune e/ quello pel quale intendiamo cio che noi ueggiamo et udiamo. Et similmente interuiene nellolfato nel gusto et nel tacto. Preterea esensi exteriori: bēche le chose sieno presenti: Nientedimeno nessuno riceue altro sensibile che el suo proprio. Ne riceue el uiso altro che ecolori: ne laudito altro che suoni. Ma el senso comune dalla imagine dun senso comprende quella che e/ dunaltro senso. Ilperche se per la potentia uisiua se gli rappresenta el colore giallo del mele per se medesimo sanza el gusto concepe che sia dolce. Ma basti di molte chose hauer decte queste poche del senso comune. Dopo questo sequita la imaginatiua: laquale non solamente riceue la imagine della chosa presente: Ma la ritiene et serba dopo la partita della chosa. Vedesti hieri nel tempio Marsilio ficino / hoggi non lo uedi: Nientedimeno la imagine sua perche e/ riseruata inquesto secondo senso nella medesima forma nella quale lo uedesti non solamente ritieni in te la faccia sua et eliniamenti et el colore: Ma egesti et el uolto. Ee sono amendue questi sensi nella parte dinanzi: et nel primo uentricolo del cerebro: dopo elquale e/ el secondo uentricolo: et nel principio di questo e/ il terzo senso decto existimatiua ne glaltri animali: Ma nellhuomo cogitatiua. Nel fine e/ el quarto decto phātasia. Nel terzo et ultimo uentricolo e/ la memoria. La extimatiua ha questa forza che uolgendosi alla imaginatiua: et trouandoui dentro riposte le imagine delle chose gia absenti di quelle trahe una chosa ancora piu incorporea che non sono le imagini: laquale ephilosophi chiamano intentione. Chome uerbi gratia e/ riposta nella mia imaginatiua la imagine di Marsilio: nella quale benche lui sia absente io ueggo la sua persona: et di che statura: diche liniamenti: di che colore. Item ueggo chome ua. chon che gesti parla: et simili chose. Adunque uolgendosi a questa imagine la extimatiua ne trahe la intentione laquale e/ se lui e/ amico o inimico: se e/ cittadino o forestiero: se e/ docto o indocto: et tractone questa intentione subito giudica se e/ da parlargli o non gli parlare. Se e/ damarlo o non lamare et simili chose: lequale chome dixi sono piu incorporee che la imagine. Nel quarto luogho e/ la phantasia la cui faculta e/ diuidere et comporre tutte le imagini che truoua nella imaginatiua et le intentioni che truoua nella chogitatiua. Ilperche puo la mia phantasia torre la imagine di monte morello: et quella deloro: fare monte morello doro. puo torre le corna del ceruio et un cauallo: et formare una imagine di cauallo colle corne del ceruio. Puo fare una citta che corra: un fiume che stia. Ma perche questi giudicii che fa la extimatiua et la phantasia perirebbono subito che fussino facti: ne rimarrebbon nella mente nostra Onde benche hoggi habbi facto giudicio che Antonio canigiani et Giouanni caualcanti sieno singularissimi amici: et meritino essere amati: Nientedimeno a ogni hora sarebbe necessario rifarlo: se non fussi la memoria che ci serbassi el gia facto. Ripetendo adunque quanto sappartiene al presente luogo: Vide Danthe la decina de demonii. Ilche fu officio dellocchio et del senso comune: Et non solamente gli uide presenti: Ma le imagini di quegli rimasono infixe nella imaginatiua el cui officio e/ serballe etiam in absentia della cosa. Ilperche la cogitatiua sua uoltandosi alla imaginatiua ui trouo queste imagini non altrimenti che se le uedessi nello spechio: et dalle imagini traxe lententioni Imperoche chome el cane uedendo el padrone da tale imagine trahe la intentione che e/ unaltra imagine piu incorporea: et questa e/ beniuolentia: et uedendo ellupo dalla sua imagine trahe la intentione che e/ inimicitia. Et giudica che a quello debba far festa: et questo debba mordere. Chosi la cogitatiua di Danthe traxe dalle imagini de demonii lententioni che erono crudelta. perfidia. maliuolentia: et simili. Ilperche giudico essere utile fuggirgli: Et fu tanto potente la imaginatione: che gli parea sentirgli uenire. Questo giudicio e/ pprio del senso: et per questo e/ non solamente nellhuomo: Ma anchora ne glaltri animali. Ma e/ sempre nelle chose particulari: perche elsenso non puo comprendere gluniuersali. Adunque Danthe cioe la parte sensitiua da questo giudicio particulare che in questo tempo in questo luogo questi demonii si debbino fuggire. Alquale giudicio si uolta Virgilio: cioe lontellecto: et appruoualo perche e/ uero. Ma cōducelo dal particulare alluniuersale: et giudica che non solamente in questo tempo: et in questo luogo questi demonii si debbino fuggire. Ma in ogni tempo et in ogni luogo simile tutti edemonii simili a questi si debbon fuggire. Ilperche e/ uerissimo che la ragione infondendosi sopra el senso Non altrimenti riceue el giudicio dato dallui che lospecchio riceue la imagine del corpo alquale e/ uolto. Et se tale giudicio e/ ben dato subito lappruoua. Tu adunque notando con diligentia quanto habbiamo decto del giudicio del senso et della ragione facilmente intenderai eltexto alquale ritorno. NOI GLHABBIAM Gia drieto. Non che lui gli uedessi: ma era si potente la imaginatione che gli parea uedergli: et sentirgli. Onde dice IO GLIMAGINO SI: cioe si fortemente. CHE GIA GLI SENTO. Et questo poco disopra habbiamo dichiarato. ET QTEI Virgilio intendi rispose SIO FVSSI Dimpiombato uetro. cioe sio fussi specchio. Ilche e/ uetro coperto dallato di drieto di sottile piastra di piombo: laquale sappicca aluetro con certi licori et sughi dherbe Ilche pochi sanno fare. Interuiene adunque che quando un corpo e/ posto innanzi al uetro: perche eluetro e/ diaphano cioe trasparente lui riceue inse la imagine di tal corpo. Ma non la ritiene ne multiplica in se: perche quella lo passa. Ma trouando dallaltra parte del uetro el piombo che e/ corpo opaco et ombroso non puo passarlo: et pero rimane nel uetro et multiplica erazi ſuoi quiui et faſſi uiſibile. Et inqueſto luogo Danthe ha uſato periphraſi cioe circuitione; perche ha decto in piu parole quello che potea dire in una; poteua dire ſpecchio: et dixe uetro impiombato che e/ quaſi la diffinitione dello ſpecchio. LA IMAGINE DIFVORI; cioe la immagine corporea non trarrei ad me piu toſto che io IMPETRO: cioe contengo fixamente. LA IMAGINE dentro; cioe quello che tu imagini et penſi. PVR MO: pur teſte. VENNONO ETuoi penſieri tra miei. Imperoche el ſenſo et la ragione penſano a quel medeſimo. CHON Simile acto: cioe temendo chome tu. ET SIMIL faccia; cioe con ſimile apparenza: perche quel medeſimo ſi rappreſenta a me che ad te. Ma io tolto el tuo giudicio particulare lo fo uniuerſale; Et giudico che ſimil coſe ſempre ſi debbono fuggire. Ne ſolamente giudica la ragione quello chel ſenſo. Ma tranſcende con lapotentia ſua; et fa quello che non potrebbe fare el ſenſo; perche con diſcorſo della ragione conſulta et inueſtiga ſe ue uia alchuna da fuggire; et ſe ſono piu uie quale ſia piu ſicura: et tutte laltre coſe delle quali diffuſamente tractammo quando ponemmo le parti della prudentia. Queſto diſcorſo e/ offitio di prudētia; et e/ proprio della ragione et non del ſenſo. Ilperche hauendo Danthe indocto ſe medeſimo a parlare tanto quanto puo el ſenſo Induce dipoi Virgilio a inueſtigare quello che e/ proprio della ragione. Onde ſequita.

Se gle che ſi la dextra coſta ghiaccia
  che noi poſſiam nellaltra bolgia ſcendere
  noi fuggiremo lammaginata caccia
Gia non compie di tal conſiglio rendere
  chio gli uidi uenir con lale teſe
  non molto lungi per uolerne prendere.
Lo duca mio diſubito mi preſe
  chome la madre chal romore e deſta
  et uede preſſo a ſe le fiamme acceſe
Che prendelfiglo et fugge: et non ſarreſta
  hauendo piu di lui che diſe cura
  tanto che ſolo una camicia ueſta:
Et giu del colle della ripa dura
  ſupin ſi diede alla pendente roccia:
  che lun de lati allaltra bolgia tura.

p One el ſuo conſiglo Virgilio: elquale era ſcendere dalla dextra ripa dellaltra bolgia. GIA NON COMPIE. Appena haueua Virgilio decto queſte parole che gia edemoni giugneuono: Et dimoſtra lamore et la celerita che uſo inuerſo Danthe per molto accomodata comparatione: et dice che chome la madre nella quale e/ ſommo amore quādo deſtandoſi uede la caſa ardere/laſcia ognaltra cura et prende el figluolo per iſcamparlo hauendo piu cura di ſe: che ne ſopraſta tāto che ueſta una camicia; et non ſi cura fuggir nuda p la ſalute ſua Choſi Virgilio ſi poſe Danthe ſopral pecto et co piedi innanzi quaſi ſupino ſilaſcio ruinare inſino al fondo della ſexta bolgia. ALLA Pendente roccia; cioe al ripido ſcoglio; elquai tura: cioe chiude la ſexta bolgia dallun delati. Ma perche non ſi laſci indrieto lallegoria di queſto luogo. Partōſi Danthe et Virgilio da barattieri: cioe dalla contemplatione di queſto uitio: Et teme Dante che ediauoli non gli nuochino; cioe teme lappetito: che la cognitione di tal uitio non lo tenti. Et Virgilio diſcorre nella medeſima conſideretione; et condude che ſara utile diſcendera nellaltro uallone; cioe nella conſideratione dunaltro uitio. Ma ſopragiugnendo ediauoli; cioe ſtimolando la tentatione lapetito piu preſto che laragione non ſtimaua Virgilio di ſubito preſe Danthe; et quello ſi poſe in ſul pecto et ſdrucciolo copiedi innanzi tutta quella ripa inſino al fondo dellaltra bolgia. A dinotare che la partita dal uitio gia conoſciuto debba eſſere preſta et ueloce. Et certo ſdrucciola lhuomo al fondo ſupino; perche benche ſcenda alla cognitione dunaltro uitio: et epiedi; cioe la cupidita ci portino in quello. Nientedimeno nellandar ſupino eluolto ragguarda in alto; acioche la cognitione del uitio ſia per eleuarſi da quello et non per ſtarui ſommerſo. Et ſtrigne Danthe in ſul pecto ſuo che e/ ſedia della cogitatione: Adinotare che lappetito ſi debba accoſtare a quello che cogita et conſidera laragione; laquale con amore materno uedendolo in pericolo laſcia ognaltra chura: et ſolo attende a ſcampare quello. Ne poſſono edemonii poſti nella bolgia de barattieri/ſequitare Danthe nellaltra bolgia: pche le tentationi del uitio dalquale e/ gia partito non lo poſſono ſtimolare nella conſideratione dunaltro uitio. Et optimamente dimoſtra che laragione ama lappetito con amore materno adimoſtrare una extrema affectione: laquale e/ piu anchora nella madre che nel padre. Perche chome ſcriue Ariſtotele La madre ama el figluolo piu che non lama el padre: perche e/ piu certa che ſia ſuo chel padre: et perche ua durato piu fatica. Imperoche innanzi al parto gli peſa: nel parto gli duole; dopo el parto ne reſta anxia et elaborioſa.

Non corſe mai ſi toſto acqua di doccia
  ad uolger ruota di mulin terragno
  quandella piu uerſo le pale approccia
Chomel maeſtro mio perquel uiuagno

d Imoſtra lo ſcendere di Virgilio eſſere ſtato piu ueloce che el corſo dellacqua p una molto pendente doccia di mulino terragno. Imperoche lacqua che uolge el mulino franceſcho ha minore caduta; perche tale mulino ha leruote grādi

portandosene me sopral suo pecto
chome suo figlo non chome compagno:
Apena furo epie suoi giunti allecto
del fondo giu che giunsero in sul colle
souresso noi: ma non uera sospecto:
Che lalta prouidentia che lor uolle
poner ministri della fossa quinta
poter dipartirsi indi a tutti tolle.

et dallato: Ma el terragno lha piccole et sobto. Onde bisogna che lacqua uengha con empito: Et allegoricamente dimostra una incredibile ue locita che e/ nel discorso della mente humana: Et la celerita che debba usare la ragione al soccor so della sensualita. LEPALE. Nella ruota sono quelle che percuote lacqua. APPROCCIA: Quasi approda et distende. PER QVEL Viua gno. Viuagno proprio e/ lastremita del panno Ma qui pose uiuagno per quella striscia che prese nel calare. CHOME Figluolo et non chome cō pagno. Dimostra laffectione della ragione inuerso lappetito essere paterna: perche non obstante che la sensualita insurga spesso contro alla ragione: Nientedimeno sempre laddiriza. la corregge: et la solle ua quanto puo.

Lagiu trouammo una gente dipincta
che giua intorno assai con lenti passi
piangendo et nel sembiante stanca et uni ta
Eglhauean cappe con cappucci bassi
dinanzi aglocchi facti a quella tagla
che in cologna pe monaci fassi
Difuor dorate son siche glabbagla:
ma dentro piombo tutte et graui tanto:
che Federigho le mettea di pagla.
O ineterno faticoso manto
noi ci uolgemo ancor pure aman manca
con lor nsieme inntenti altristo pianio
Ma per lo peso quella gente stancha
uenia si pian che noi erauam nuoui
di compagnia ad ogni muouer dancha.

In questa bolgia trouo lauctore glyupocriti sexta spetia di fraude. Hypocrita e/ decto cholui: el quale essendo reo. Nientedimeno nellhabito: et ne glacti: et nelle parole singegna di contraffare el buono et parer quello che non e. Questo uitio pongono echristiani essere di tre spetie. La prima e quando alchuno finge nel conspecto de glhuomi ni essere pieno di religione: et inuero niente te me idio. La seconda Quando fa alchuno bene non mosso dallamore di quello: ma per parere buono. La terza quando dimostra non esser buo no: perche altri creda che sia migliore: et che non sia hipocrita. E/ adunque hypocresia callida et a stuta palliatione del uitio occulto. Sono questi ueramente dipincti: cioe superficialmente ornati perche la pictura orna solamente la superfitie: et mostra essere quel che non e/ Onde Virgilio At que animum pictura pascit inani. Questo nome hypocrita e/ greco. Imperoche Hypocrino signi fica contrafare: Onde hypocrite appresso egreci sono chiamati glistrioni. Imperoche chome nel le feste et ne giuochi gli strioni con maschere et uarie ueste si contraffanno: et paiono quello che non sono. Chosi costoro si contraffanno per pa rere buoni. Di costoro dice el uangelista Matheo Anzi elsaluatore nostro per la bocca del uangeli sta Attendite a falsis prophetis qui ueniunt in uestimentis ouium Intrinsecus uero sunt lupi rapaces. Questo uitio e/ detestato nel deuteronomio: Doue e/ scripto Ne induatis uestem que ex lino et lana contexta est. Vieta adunque che non si uesti no uestimento elquale sia texuto di lino et di lana: Et pel lino significano le superbe cogitationi occul te et nascose. Ilche e/ proprio dello hypocrita: Et per la lana che e/ biancha intendono la dimostratio ne extrinseca del bene che non e/ Ilperche uedendo Paolo un sacerdote batterси per simulatione di zelo dixe Percuriat te deus paries dealbata: Et certo sono chome el muro elquale difuori e/ imbiancato: et dentro e/ nero. Ne e/ uitio che piu nuoca alla generatione humana. Conciosia che con lapparentia p suadino esser tali che ogni chosa si possa credere loro: accioche sobto tale fede meglo possino ingãnare Questi chome scriue Plauto con luna mano ti mistrano el pane per allectarti: et nellaltra tenghono na scoso el saxo per percuoterti quando non laspecti. Non e/ adunque marauigla se con tanto empito et uehementia laquinate Iuuenale glifulmina nella satyre: el cui principio e/ Vltra sauromatas fugere hic libet et gracialem occeanum quotiens aliquid de moribus audent Qui curios simulant et bacchanalia ui uunt. Et poco di sobto Frontis nulla fides quis. n. non uicus abundat Tristibus obscenis castigas tur pia cum sis Inter socraticos notissima fossa cinedos: Et certamente e/ degno di scusa chi peccando con fessa lerror suo et non tinganna. Onde el medesimo poeta Verius ergo Et magis ingenue peribonius Hunc ego fatis imputo qui uultu morbum incessuque fatetur Hil furor ispe dat ueniam Sed peiores qui talia uerbis Herculis inuadunt. Di questi sapientissimamente conclude Cicerone in libro de officiis affermando essere pessima generatione dhuomini quella di coloro equali quando uogliono ingannare sin gegnono essere tenuti buoni. Questa e/ adunque la natura dellhypocrita. Ma tornando altexto Finge el poeta che costoro fussino dipincti cioe lisciati. Imperoche come una femina laquale naturalmente e/ bructa ponendosi o bianco o rosso colore/ par bella. Chosi chostoro bructi per alchun uitio contraffacen doſi ne glacti exteriori paion begli nellanimo cioe uirtuoſi. Oueramente dice che ſono dipincti; perche chome la pictura e/ uno ornamento ſolamente nella ſuperficie; choſi choſtoro hanno in ſuperficie coſtumi uirtuoſi. ASSAI Con lenti paſſi. Exprime la natura dellhypocrita, che in tutti egeſti uuole dimoſtrare grauita, continentia et ſeuerita. Onde el medeſimo ſatyro Rarus ſermo illis et magna libido tacendi; Et altroue hiſpida membra quidem et dure per brachia ſete promittunt atrocem animum Dimoſtrano adunque grauita ne lenti paſſi. Queſti medeſimi per potere meglo ingannare el proximo con falſe lacrime dimoſtrano commiſeratione et compaſſione inuerſo di quello; Et dimoſtrono eſſere ſtanchi et uincti accioche paino rimoti da ogni otio et uolupta; et ripieni di faticha et affanni; et fare graue penitentia. Ilche ſommamente uieta lauctore della noſtra ſalute dicendo. Nolite facere ſicuti hypocrite triſtes qui extenuant facies ſuas ut appareant hominibus ieiunantes. EGLHAVEAN CAPPE. Comunemente queſti che uoglono parer ſancti uſano ueſtimenti uili et mal facti; chome uediamo le cappe de frati; et tirono ecappucci inſino in ſu glocchi. FACTI A QVELLA TAGLIA; cioe aquella forma che ſono inCologna citta della magna doue emonaci portono molto grandi et mal facte cappe informa che ſono piu ſimili a un ſaccho che a una ueſte. Franceſco da buti riferiſce in queſto luogo non ſo ſe e/ hiſtoria o fauola; Et narra eſſere gia ſtato uno abate tanto inſolente et ambitioſo: che ſingegno impetrare dal papa che emonaci ſuoi poteſſino portare cappe di ſcarlatto; et cinture et ſproni ad ſe; et ſtaffe a cauagli dargento inorato; laqual petitione commoſſe ad giuſta indegnatione el papa; et comādo che per lauenire uſaſſino cappe nere molto mal facte; et cincture et ſtaffe di legno. Colonia e/ nella magna baſſa ſopra el Rheno decta choſi perche fu colonia de romani. Fu hedificata da Agrippa genero daguſto; perqueſto e/ decta Colonia agippa/ DIFVOR DORATE SON SI CHE GLIABBAGLA MADRENTO PIOMBO TVTTE. per loro intendi lauirtu pel piombo eluitio Adunque ſono lecappe ſi bene dorate difuori che con lo ſplendore abbagliano. Ilche dinota che glacti exteriori dimoſtrano ogni uirtu; Et bene abbaglano perche chi e/ abbaglato gli pare uedere quello che non uede; Choſi coſtoro ci ſi dimoſtrano eſſere quello che non ſono. El piombo dentro ſignifica la ſordida et uitioſa uita. Imperoche el piombo non ſi puo mantenere in alchuno ſplendore; Ma ſempre produce ruggine che lo macchia; perche e/ di natura terreſtre et aquea; et di natura di Saturno; Et pertanto rimane obtuſo et tenebroſo. Ilche ſimilmente interuiene allanimo uitioſo coinquinato nella cupidita dellechoſe terrene et baſſe; et chome aqua inſtabile. Loro e/ di natura di fuoco elquale illumina et purga et affiniſce; et procede dal ſole elquale produce la uita et ogni choſa perfecta. Concludiamo adunque pel piombo eluitio che in queſti peccatori fa lanimo ſordido et obſcuro; et per loro loſplendore intrinſeco della ſimulata et altutto mentita uirtu; laquale ſignificatione inganna noi et loro non fa migliori. AL TRISTO pianto. Dixe triſto perche la natura dellhypocrito e/ ſempre di moſtrare triſtitia. Onde lo euangelio ſcriuendo di queſti dixe Cum ieiunatis nolite fieri ſicut hypocrite triſtes. Et certo ueggiamo molti ueramente religioſi; equali benche ſieno aſſidui nelle uigilie, ne digiuni, nelle meditationi. Nientedimeno ſempre appaiano allegri; et con lieta faccia. Ilche poſſo teſtificare di Bernardino frate dellordine de minori; elquale meritamente fu deſcripto nel catalago de ſancti; elquale mai ſi uide turbato in faccia. Choſi uice uerſa conoſco alchuni equali ſono nella uita et ne coſtumi una fetida ſentina di uitii enormi; Et ſempre nel conſpecto daltri hanno la faccia lachrimoſa et meſta per celare le loro inhoneſte uolupta; lequali in occulto chome nuoui ſardanapali exercitano. CHE FEDERIGO. Federigo ſecondo delquale diſopra dicemmo in molte choſe. Fu naturalmente crudele. Ilche dimoſtra nella perpetua carcere del ſuo primogenito; et in accecare Piero delle uigne. Choſtui quando uoleua punire chi haueſſi facto contro la corona gli facea fare una ueſte di piombo aſſai groſſa; et metteualo inun uaſo a fuocho tanto che quel piombo ſi fondeſſi; et choſi lo facea morire. Vdunque dice che le cappe di queſti peccatori erono ſi graui che a comperatione di queſte quelle di Federigo pareano di pagla. O INETERNO. Con admiratione dimoſtra quanto era fatigoſo portare tanto peſo; et che tal pena e/ eterna. Se intendiamo dellinferno eſſentiale e/ eterno. Se del morale e/ uero; perche ſempre in aſſidua anguſtia di celare e ſuoi uitii; et queſto e/ alloro grauiſſimo peſo. Et ſequita che loro andauono con epſi; Ma epeccatori pel peſo andauano ſi piano che ad ogni paſſo loro gli laſciauano indrieto; et raggiugneuano di quegli che erano innanzi; Siche a ogni muouere danche loro haueano nuoua compagnia. Et qui manifeſtamēte exprime quello che gia e/ decto della loro tardita; Et anchora ſignifica che ſono molti emodi degli hypocriti. Ilperche a ogni paſſo; cioe a ogni cogitatione nel conſiderare truouano nuoui modi; et nuoue forme dhypocriti.

Perchio al duca mio fa che tu truoui
alchun chal facto o alnome ſi conoſa
et glocchi ſi andando intorno muoui:
Et un chenteſe la parola toſca
di drieto a noi grido tenete epiedi

e Ra officio dellontellecto inueſtigare hypocreſia; laquale inueſtigando in uniuerſale che alchuno particulare ci ſi riduca alla memoria Et perche la cognitione de particulari ſuſpecta alla ragione inferiore. Pero Virgilio admoniſce Danthe che ſopratenga el paſſo tanto che quello

uoi che correte ſi perlaer foſca
Forſe charai da me quel che tu chiedi
ondel duca ſi uolſe et dixe aſpecta.
et poi ſecondel ſuo paſſo procedi.

che drieto gridaua gli raggiunga: et poi uada inſieme con lui. Ilche dinota che queſto uitio ha tãta ſimulatione et diſſimulatione in ſe che non ſono, conoſciuti tali huomini ſe non da chi ha lũgha familiarita con loro. CHAL FACTO O AL Nome ſiconoſca. Dixe choſi perche glhuomini facilmente ſono conoſciuti o al nome: o per alchuna choſa facta dalloro. TOSCA: cioe toſcana: perche Danthe parlo in lingua toſcana. FOSCA: cioe nera.

Riſtecti et uidi due moſtrar gran frecta
in nellacto del uiſo deſſer meco
ma tardauagli el carco et lauia ſtrecta.
Quando fur giunti aſſai collocchio biecho
mi rimirauan ſanza far parola:
poi ſi uolſon in ſe: et dicean ſeco.
Queſto par uiuo allacto della gola
et ſe ſon morti per qual priuilegio
uanno ſcoperti dalla graue ſtola.
Poi dixe a me o toſco chal collegio
deglhypocriti triſti ſei uenuto
dir chi tu ſe non hauer indiſpregio.
Et io allhora io fu nato et creſciuto
ſoural bel fiume darno alla gran uilla
et ſon col corpo chio ho ſempre hauuto:
Ma uoi chi ſiete a cui tanto diſtilla
quanto ueggio dolor giu per leguance:
et che pena e/ in uoi che ſi ſfauilla.
Et lun riſpoſe ome le cappe rancie
ſon dipiombo ſi groſſe: che li peſi
fan choſi cigolar le ſue bilancie:
Frati gaudenti fumo bologneſi
io catelano: et queſti e/ loderingo
nomati et da tua terra inſieme preſi
Chome ſuoleſſer tolto unhuom ſolingo
per conſeruar ſua pace et fumo tali
chanchor ſi pare intorno dal guardingo.

m Oſtrauan frecta nellacto del uiſo. Queſto e/nella dimoſtratione del uolto. Impero che interuiene che lanimo pel uolto ſpeſſo dimoſtra quello che ſente dentro: Ma non monſtrauano frecta nellandare: perche non poteano affrectare el paſſo. Et allegoricamẽte intende che ſpeſſo lhypocrito ha deſiderio nellanimo daffrectare et indurre a concluſione alchuna choſa. Ma per non ſcoprire la ſua malignita adopera con lungheza di tempo quello che con breuita poteua fare. ALLACTO, Della gola: cioe nel riſpirare STOLA. Chiama choſi quella cappa. Imperoche in latino ſtola e/ una ueſte lunga inſino a piedi. ET IO ALLHOR IO FV NATO ET CRESCIVTO. Qui uſa circuitione Imperoche poteua in una parola dire Nato in Firenze laquale e/poſta ſopra arno: Et e/gran uilla: cioe citta parlando in franzeſe doue la citta e/ decta uilla. ET SON CHOL corpo che ho ſempre hauuto: a differẽtia del corpo aereo: elquale lanima pigla dopo la morte: col quale ſappreſenta et parla et: patiſce ſecondo che lui pone nella ſeconda cantica. DISTILLA El dolore giu per le guancie: cioe le lagrime: lequali procedono daldolore. LE CAPPE Rancie: cioe moleſte: et e / tranſlatione da ſapori che ſono nel guſto: al peſo che e/nel tacto Adunque era choſi moleſto queſto peſo a ſopportarlo chome e/ al guſto el ſapore Rancio: cioe el ſapore delle choſe uiete. CHE LI PESI: deſſe cappe. FAN cigolare: per la loro grauezza. Imperoche chome quando alchuna choſa ponderoſa e/ tirata in alto o poſta in bilico fa cigholare le carrucole: choſi quelle cappe faceano cigholare loſſa: et le giunture di chi le portaua. Et dixe le bilancie le gambe: lequali per meglo ſopportare uanno bilicando et bilanciando el peſo che lhuomo porta per appareggiarlo et farlo piu ſopportabile. FRATI GAVDENTI Fumo bologneſi. Furono ne tempi durbano quarto ſommo pontefice alchuni nobili huomini: et di non mediocre ſtato et riccheze Maxime in Bologna et in Modona: equali per potere uiuere in otio: et exempti da publici incharichi et graueze ſi congregorono inſieme: et di comune conſiglo mandorono al ſommo pontefice: et impetrorono di conſtituire nuoua religione: nellaquale poteſſino uiuere in otio nella contempla tione. Vrbano conſtitui ordine el cui titolo fu frati di ſancta Maria: et lhabito era honoreuole: Ma molto diſſimile a quello dellordine de predicatori: et portauano uno ſcudo bianco con la croce roſſa. Ne potea eſſere alchuno di queſto ordine ſe non era caualieri: Ma non poteano portare ſproni doro: ne hauere freni dorati. Stauano nelle loro proprie chaſe chon le loro mogle et figluoli: et faceuano profeſſione eſſere prompti combattere contro glinfedeli: et a chi uiolaſſi la giuſtitia. Et benche fuſſino nominati frati di madonna: Nientedimeno per la loro ſplendida et copioſa uita erono chiamati dal uolgo frati gaudenti: et maxime perche erono immuni da ogni publico tributo et graueza. Interuenne adunque che dopo la morte di Manfredi nelle noſtra rep. cominciorono a piglare animo eguelfi equali benche fuſſino ſtati cacciati ecapi loro dopo la ropta di monte aperto uerono rimaſi: Et eghibellini perduto elloro fautore cominciorono a inuilire: Maxime perche lamaggior parte della plebe fauoriua eguelphi. Ilperche finalmente eprincipi di parte ghibellina furono conſtrecti per sedare el tumulto populare a eleggere in podesta non uno: ma due; de quali luno fussi guelfo; et laltro ghibellino: equali hauessino somma auctorita et arbitrio di ridurre el popolo allo stato che paressi loro piu pacifico et tranquillo. Elessono adunque due frati gaudenti bolognesi Catelano de catelani chome guelfo; et Loderingo de glandali: Altri dicono de lambertucci: equali dimostrauono essere huomini pieni di giustitia et di seuerita. Questi habitorono el publico palazo presso a sancto Apollinare: et elessono damendue le parti trentasei huomini col consiglo dequali limitassino le spese superflue; et riformassino tutte le parti della rep. Dipoi uedendo per la morte di Manfredi: et per la uictoria di Carlo eguelfi essere superiori Chome dice Virgilio Res Agamemnonias uictriciaque arma secuti: et ancora corropti con pecunia diterminorono sobto spetie di bene uniuersale fauorire eguelfi soli. Ilche tãto inuili Guido nouello uicario in firenze p Manfredi: Che bẽche hauessi ciquecẽto cauilieri tedeschi; et molti pedoni chiamati dalle citta circunstanti; Nientedimeno si fuggi a prato el giorno di sancto Martino. Nellanno della nostra salute. M. cc. lxvi. Dipoi el sequente anno per la uenuta di Guido di monforte mandato dal re carlo eghibellini di sua spontanea uolonta si fuggirono della citta; Ne dipoi mai tornorono. ELGVARDINGO. Questa fu la uia nella quale erono le chase de gliuberti nobili ghibellini: le quali furono arse: et fuui hedificato el palazo de priori con la piaza che ha dintorno. DA TVA terra cioe da Firenze. PRESI. i. electi amendue per podesta chome suole essere unhuomo solingho: cioe solo. Quasi dica che noi due fummo electi in luogo di potesta; elquale suole esser solo: cioe uno: Et elessici Firenze noi per conseruare sua pace chome disopra e/ decto. ET FVMO Tali che anchora si pare intorno dal guardingo. Imperoche fauorimo si a guelsi che eghibellini furono oppressi come appare p la ruina delle chase de gliuberti capi di parte ghibellina.

Io cominciai o frati enostri mali
ma piu non dixi chaglocchi mocorse
un crocifisso interra con tre pali
Quando mi uide tutto si distorse
soffiando nella barba cho sospiri
elfrate catelan chaccio saccorse
Midixe quel conficto che tu miri
consiglo epharisei che conuenia
porre unhuom per lo popolo amartiri.
Attrauersato e nudo per la uia
come tu uedi et e mestier che senta
qualunche passa come pesa pria
Et atal modo el socero si stenta
in questa fossa: et glaltri del concilio:
che fu per gli giudei mala sementa.

q Vi e/ un color rhetorico chiamato precisione. Quando cominciamo a parlar duna chosa et lasciamo loratione mozza interropti da alchuna passione: o perturbatione; chome Virgilio Quos ego. Sed motos prestat componere fructus. Adunque qui uolena dimostrare el poeta hauere compassione alle pene di costoro. Ma dipoi commosso dallo aspecto della crocifixa anima/ lascio loratione imperfecta chome huomo preso da maggior cura. VN CRVCIFIXO in terra con tre pali. Imperoche come christo fu crocifixo chon tre chioui: perche ciascuna mano fu conficta diperse: et epiedi insieme: chosi chostui elquale hauea dato consiglo che christo succidessi meritaua simil supplicio Ma christo fu sospeso in alto perche la sua morte chiamo epeccatori al cielo. Chostui era in terra: perche la sua malitiosa et hypocrita sententia fu cagione della eterna morte sua et di molti altri. Questo fu Caiphas: elquale nome significa sagace o inuestigatore. Item uomitante colla bocca: ouero uomito di bocca. QVANDO MI VIDE Tutto si scontorse soffiando nella barba. Questi sono segni di dolersi che Danthe lo uedessi. Et doleasi perche lhypocrito siduole quando uede la sua hypocresia et fraude scoperta. Doleasi anchora uedendo che la morte di christo consiglata dal lui daua salute al cristiano: et a se eterna morte.

CONSiglo epharisei: Perchè portando ĩnuidia a christo pe miracoli: et per la sua predicatione: et temẽdo che el popolo sequitando christo non abandonassi esacerdoti. Nientedimeno non ardi apertamente dirgli contro. Ma chome falso hypocrita dimostro per zelo et affectione che portassi al popolo cercare la morte di christo: et dixe che era utile che uno morissi pel popolo: accioche tutta la gente non perissi: Et pero dice lauctore Consiglo epharisei che conueniua porre unhuomo per lo popolo a martiri. Pharisei in lingua hebrea significa diuisi ouero diuidenti. o uiolenti. o dissipanti. Ma perche qui pone epharisei ci ricorderemo che chome scriue Iosapho nel suo de antiquitate; et in quello de bello iudaico Furono appresso de glhebrei tre secte di philosophi insino da principio constitute. Esseni. Saducei; et pharisei. Epharisei uiueano sobriamente; et sanza alchuna dilicateza; Et in ogni chosa sequitauono elgiudicio della ragione. Et in nessun modo ripugnauono a quegli aquali hanno a ubbidire/ Honorauono molto euecchi. Credono che ogni chosa sia recta dal fato. Et nientedimeno non tolgono ellibero arbitrio dellhuomo. Credono che sara el diuino giudicio; et ciaschuno sara giudicato secondo emeriti. Pongono lanime immortali; et che haranno nellinferno conuenienti habitationi secondo le uirtu et el uitio. Et alchune rimarranno in perpetue carcere. Alchune haranno potesta di tornare in uita. Et per questo uogliono che dobbiamo fare tempii et orationi. Ilperche erono insomma ueneratione nel popolo; et haueano grã concorſo. Eſaducei pongon lania mortale iſieme col corpo: Non hãno altra obſeruatione che la legge. Stimano ſomma gloria contradire a doctori della loro philoſophia. Ma pochi hanno doctrina. Etertii equali chiamano Eſſeni riferiſcono ogni coſa alla diuina potentia. Pongono lanima immortale. Vogliono che per la difenſione della giuſtitia ſi combatta inſino alla morte. Non fanno alchuno ſacrificio inſieme col popolo. Perche ſtimano che in purita et ſanctita ſieno molto differenti da quello. Per la qualchoſa ſacrificano ſeperati dalla moltitudine. Ecoſtumi loro: et loro conſuetudine ſono pieni di uirtu. Con ſomma diligentia attendono alla agricultura. Et e/ mirabile in loro quello che ne tra greci: ne in altra natione ſi truoua. perche uiuono tutti in comune. Ne e/ alchuno di loro che habbia choſa propria. Ilche non ſi puo dire che luno ſia piu ricco o piu pouero che laltro. Neſſuno ha mogle. Mal uolentieri tengono ſerui; perche la mogle e/ cagione di diſcordia; et tener ſerui par choſa iniqua. Ma aiutonſi tra loro lun laltro in tutte ladminiſtrationi et biſogni. Hanno chi diligentemente tiene conto di tutte lentrate: et anchora chi diſtribuiſce: et diuide a ciaſchuno a ſufficientia efructi della terra. Eleggono in ſacerdoti quegli equali reputano migliori che glaltri. Et queſti uiuono di ſemplice cibo: et ſanza uarieta di uiuande. Hanno eueſtimenti non ſumptuoſi: ma mondi et necti. A queſte tre ſette arroſe Iuda la quarta: Equali ſono nellaltre choſe ſimili a phariſei: Ma in defenſione della liberta ſono altutto ĩmobili · et inuincibili: Ne uoglono altro ſignor che dio: Et ſoſtengono ogni graue ſupplicio etmorte: Et perdita di figluoli parenti et amici per non eſſere conſtrecti a riceuere altro ſignore. Fu queſto Iuda di Galamas citta: et eſſendo accordato el popolo acquieſcere: et conſentire al cenſo de romani/lui inſieme cõ Saddoco rimoſſe el popolo da tale propoſito affermando che tale cenſo era manifeſta ſeruitu: Et accendeua elpopolo a ſopportare ogni pericolo per difendere la liberta Affermando che dio non aiuta chi nõ ha tale propoſito. ATTRAVERSATO Et nudo per la uia.) Dimoſtra la pena ſua; laquale e/ molto conueniente. Imperoche eſſendo lui el ſommo de glhypocriti non baſtaua che ſopportaſſi el peſo della propria cappa: Anzi haueſſi a ſentire el peſo di tutte quelle che paſſauano. Et nel medeſimo ſupplicio era poſto el ſuocero ſuo: elquale era Anna; et tutti glaltri ſacerdoti: equali ſi trouorono al concilio: nel quale ſi conchiuſe che chriſto moriſſi. Queſto concilio FV MALA SEMENTA Pe giudei. Peroche produxe la deſtructione di hyeruſalem: et la diſperſione di tutta quella natione. Preterea finge che giaceſſi per la uia: laquale e/ choſa publica et manifeſta. Ilche ſignifica che quanto e/ maggiore eluitio che occulta la hypocreſia: tanto piu ſi manifeſta. Quello medeſimo ſignifica lui eſſer nudo.

Allhor uidio marauiglar Virgilio
  ſopra colui chera diſteſo in croce
  tanto uilmente nelleterno exilio
Poſcia drizo afrati cotal uoce
  non ui diſpiaccia ſe ui lece dirci:
  ſalla man dextra giace alchuna foce
Onde noi ambedui poſſiamo uſcirci
  ſanza coſtrigner de glangeli neri
  che uenghin deſto fondo adipartirci.

m Arauiglaſi Virgilio: cioe la doctrina degentili della pena di chi tradi chriſto. Ilche dinota che per ſcientia humana non poſſiam conſequire le choſe che ſi dicono di dio incarnato. Ne ſi puo per quella prouare chriſto eſſer uero idio et uero huomo. POSCIA DRIZO. Adomanda a frati catelano et loderingo che gli manifeſtino ſe quella bolgia ha alchuna foce: cioe alchuna uſcita amano dextra. Imperoche eſſendo uolti a ſiniſtra quando entrorono/Doueano alluſcire uolgere a dextra. SE VI LECE: cioe ſe ue lecito: perche lanime dannate non hanno arbitrio ne di ſapere ne di dire ogni choſa. SANZA CONStrigner de glangeli neri. i. de demonii. Et in queſto dimoſtra che alla potentia di dio e/ ſobtopoſto ogni choſa.

Riſpoſe adunque piu che tu non credi
  ſappreſſa un ſaxo che dalla gran cerchia/
  ſi muoue et uarca tutti euallon fedi
Saluo che queſto e ropto et nol couerchia
  montar potete ſu per la ruina:
  che giace in coſta et nel fondo ſouerchia
Lo duca ſtecte un poco a teſta china
  poi dixe mal contaua la biſogna
  cholui che peccator di qua uncina

r Iſpoſe catelano piu che tu Virgilio nõ credi ſappreſſa un ſaxo elquale ſi muoue dal cerchio che cigne tutte ledieci bolge: et ricide per mezo tutte quelle faccendo ponte ſopra quelle: excepto che ſopra queſta e/ ropto: perche chome e/ decto ſi ruppe el di della paſſione di chriſto. Ma nientedimeno potrete uſcire di qui ſalendo ſu per la rouinata ſua: perche quella non e/ altutto precipite et alla ſcondeſceſa: Ma giace in choſta; cioe nel rouinare laſcio una choſta apta a ſalirſi; et nel fondo ſouerchia: cioe non e/ rouinato inſino al fondo. EL DVCA STETTE VN poco a teſta china: chome fa chi penſa. Poi dixe che colui che uncina epeccatori; cioe malacoda: elquale con gluncini tormenta epeccatori chome diſopra ſi dimoſtro. Contaua male el biſogno noſtro; pero che dicea che uera unaltro ſcoglo che faceua uia: et queſto e/ falſo. Ma e/ choſtume del diauolo mentire. Imperorhe quando tenta el peccatore che pecchi: perche non puo intuto leuargli lontellecto che non conosca in alchuna parte che non sia male singegna dimostrare che ue schusa et rimedio. Et pero dixe di sopra E/ uno scoglio che uia face. Imperoche quando conforta el peccatore alla hypocresia: et lui resiste perche conosce che e/peccato glimette innãzi alchuna scusa; et dimostra che col tẽpo ne potra uscire

d Imostra frate Catelano hauere udito dire a Bologna: cioe in quella citta doue fiorisce lo studio di tutte le buone arti: et maxime la theologia/chel diauolo e/bugiardo et padre di menzogna: cioe bugia: perche menzogna e/ decta perche mentisce. Vdi adunque dire ne gli studii doue si da opera alla sancta theologia quel decto. Diabolus mendax est et pater mendacii: Et certo el nome lo significa: perche diauolo in greco significa calunniatore: et calunnia non e/ altro che falsa infamia et inganno. Imperoche se tu a me di male dunaltro falsamente tu cerchi dingannarmi: et chio habbi falsa oppinione di cholui elquale e/ innocente. Onde optimamente fu dipincta la calũnia da Appelle ephesio pictore nobilissimo in questa forma Alla mano dextra siede unhuomo: ma con orecchi dasino a guisa di Mida: et porge la mano alla calunnia: che allui uiene. Intorno a costui stanno ricte due donne una decta ignorantia: laltra suspictõe Alloncontro e/ la calunnia la cui forma e/ egregia. Ma piena di rabbia et disdegno: et chon la sinistra tiene una faccellina: et con la dextra si tira drieto un giouane: elquale alza le mani al cielo et inuoca iddio in testimonio della sua innocentia. Dauanti gli ua lanuidia con occhio acuto ma pallida: chome chi e/stato oppresso dallunga malattia. Intorno alla calunnia sono due che lornano et adextrano Questi sono le insidie cioe aguati et la fraude. Ma drieto la sequita la penitentia di neri et lacerati panni uestita: di pianto piena; et da uergogna confusa: et raguarda la uerita laquale uiene per soccorrere el giouane a torto calunniato. Questa e/ adunque la descriptione della calunnia. laquale con brieui parole ho posta: perche chome ho decto diabolo in greco significa calunniator: cioe colui che con menzogna accusa; Et nasce da questo uerbo diaballin che significa calunniare. APPRESSO El duca a gran passi sen gii: cioe senãdo. Et certamente lontellecto nostro subito si diparte dalla falsita quando la conosce; perche e/ cupido del uero. Et quando lhuomo saccorge essere stato ingannato dal diauolo; et dalla sensualita senesdegna: et seco medesimo se ne adira: Ma e/ ira laquale non pecca; Ma excita la mente nostra contro al peccato et falla cupida di fuggirlo; et pero dixe Turbato un poco dira. Et aggiunseui Nel sembiante; che significa nellaspecto adimostrare che tale accendimento e/ piu ne glacti exteriori che nellanimo. ONDIO DA Glincarcati; cioe da quegli hypocriti equali erono carichi dalle cappe del piombo. MI PARTI. Imperoche conosciuto che habbiamo el uitio ci dobbiamo dipartire da quello: et andare drieto alle peste et allorme et uestigie delle chare piante di Virgilio cioe dellontellecto. Imperoche conosciuto el uitio la ragione superiore giudica che lo dobbiamo fuggire. Partesi adunque la ragione da fraudolenti hypocriti: Et Danthe che e/ la sensualita obbediente alla ragione la sequita.

El frate io udi gia dire a Bologna
del diauol uitii assai tra quali udii
che gle bugiardo et padre di menzogna/
Appresso el duca a gran passi sengii
turbato un poco dira nel sembiante.
ondio dallincarcati mi partii
Drieto alle peste delle care piante.

CANTO.XXIIII.DELLA PRIMA CANTICA DI DANTHE

Ontinua queſto.xxiiii.capitolo col precedente. Et dimoſtra che in queſta ſeptima bolgia ſono pu
c niti eladri : et perche nella fine el poeta era alquanto ſbigottito uedendo turbato Virgilio Dimo
ſtra nel principio del canto: che in brieue tempo ripreſe conforto : Et tutto queſto exprime per
comperatione: laquale e/ che chome interuiene che elpaſtore uedendo da mattina la brina/dubita dinõ
potere menare in paſtura le pecore et duolgiene Ma poco dipoi diſtructa gia la brina dal ſole ripigla la
nimo ; et conduce la gregge in paſtura. Coſi lui
dopo lo ſbigottimento riceuuto per laſpecto tur
bato di Virgilio/fu dal medeſimo poeta riconfor
tato. IN QVELLA Parte del giouinetto anno
Vſa chonographia: cioe deſcriptione di tempo.
Et perche fa mentione dellanno noi ripetendo al
quanto di lontano dimoſtrerremo quanto uarii :
et di quante ſpetie ſieno ſtati glanni in diuerſe
nationi et in diuerſi ſecoli. Anno e/ nome latio
decto annus quaſi anulus : perche come lanello e
tondo et ritorna in ſe medeſimo. Coſi lanno ua
circularmente : et cominciãdo da un ſegno del zo
diaco paſſando per tutti glaltri ritorna a quel me
deſimo. Imperoche el ſole e/ quello che lo fa el
quale cominciando da un ſegno diſcorre pertutti
et quando e ritornato a quel medeſimo donde ſi
parti e/ finito lanno. Alchuni dicono che anno e
decto da un uerbo greco Ananeuſte che ſignifica
rinouare: perche finito lanno ſi rinnuoua: Et ben
che el uero anno ſia un corſo compiuto del ſole p
tutti edodici ſegni del zodiaco: elquale ſpatio e/

i . . n quella parte del giouinetto anno
chel ſole ecrin ſobtolaquario tempra
et gia le nocti amezo di ſen uanno.
Quando labrina in ſu la terra aſſempra
limagine di ſua ſorella bianca:
ma poco dura et la ſua pena tempra.
Lo uillanello a cui la roba mancha
ſi leua et guarda et uede la campagna
biancheggiar tutta: onde ſi batte lancha
Ritorna in chaſa et qua et la ſi lagna
chome tapino che non ſa che ſi faccia
poi ride et laſperanza riguadagna.
Veggendo elmondo hauer mutato faccia
in pocha dora; et prende ſuo uincaſtro:
et fuor le pecorelle ad paſcer caccia.

trecenſexantacinque di et la quarta parte cioe ſei hore et una centeſima parte dun di: Nientedimeno ua
rie nationi appreſſo de glantichi uariamente pigliauano lanno. Imperoche era lanno apreſſo a quegli dar
cadia di tre meſi. Glacarnani haueuano lanno di ſei meſi : Et tutto el reſto della grecia di.ccc.liiii.gior
ni. Romolo uolle che eromani haueſſino lanno di dieci meſi: et cominciarſi da marzo: Et queſto primo
meſe dinominorono da Marte padre di Romulo: El ſecondo da Venere madre denea: dalquale diſceſo
no eromani. Adunque dixono daprile haphrodile: perche in greca lingua Venere e/ decta haphrodite.
Et perche la citta era diſtincta in maggiori et minori: cioe inuecchi et giouani: da maggiori fu nomina
to Maggio: et da giouani giugno. Dipoi eſequenti furono nominati dal numero: et pero el quinto fu
decto quintile. el ſexto ſextile. el ſeptimo ſeptembre: Et ſimilmente dalloctauo octobre. dal nono no
uembre; et dal decimo dicembre. In queſti.x.erono ſei di trenta di et quattro di trentuno. Ilperche fa
ceano la ſoma di.ccc.iiii. Ne ſaro alpreſente occupato adimoſtrare edi intercalari. Solo diremo che ne
ſequenti tempi. C. iulio ceſare dictatore non di minore ingegno in doctrina che in diſciplina militare/
correſſe ogni errore et ordino lanno di.ccc.lxv. giorni et un quarto di di et una centeſima. Et uolle che
ogni quarto anno fuſſi di.ccc.lyi.di per computare equattro quarti che in quattro anni fanno uno inte
ro chome diſteſamente ſcriuiamo in una noſtra epiſtola a Franceſcho baldouini della intercalatione: et
del biſexto. Et in queſto imita glegyptii equali per doctrina mathematica conobbono che lanno ſolare
e/ finito quando el ſole ha facto el circulo ſuo per tutti edodici ſegni: elquale fa nel numero gia ſcripto
Adunque Ceſare aggiunſe alanno di Romolo gennaio et febbraio. Et ordino chel principio dellanno fuſ
ſi gennaio; et per queſto lo dinomino da Giano elquale egentili credeuono eſſere dio dogni principio.
Et febbraio dinomino da februa che ſignifica purgatione: Perche in queſto meſe faceuono ſacrificii per
purgare lanime de morti. Ilperche anchora la chieſa romana ſequitando queſto ordine pone gẽnaio pri
cipio et capo danno. Ilche moſſe el poeta a dire IN QVELLA Parte del giouinetto anno Adinotare
gennaio eſſere la prima eta dellanno nel quale perche e/ principio lanno e/ anchora giouinecto. Et que
ſto e/ quanto alla conſuetudine de romani et della chieſa. Ma ſecondo glaſtrologi nel meſe di gennaio
non e/ la giouentu: Ma la ſenectu dellanno. Imperoche eſſendo el uero principio dellanno el primo in
greſſo del ſole nellariete chome nel primo canto di queſta cantica ſi dimoſtra ſequita che gennaio ſia cir
ca al fine. Diuidono adunque glaſtrologi lanno inquattro parti: et la prima e/ primauera: laqual comĩcia
dallo ingreſſo del ſole in ariete. Et queſta e/ la pueritia et adoleſcentia dellanno. Imperoche chome in
queſta eta lhuomo creſcie; et mantiene le membra tenere et abonda di caldo et humido: laquale e/ natu
ra del ſangue: et e/ ſimile allaria elquale elemento e/ caldo et humido: choſi la primauera da alla terra

queſta complexione per laquale germinano et creſcono tutte le piante et mantengonſi tenere. La ſecō
da e/ la ſtate di natura di fuoco calda et ſeccha ſimile alla giouentu noſtra. Imperoche lhuomo finito
el tempo del creſcere ſi chiama giouane: et ha gia indurite lemembra eſſendo caldo et ſeccho; et diuen
ta forte et robuſto; choſi la ſtate e/ calda et ſecca; et fa le piante dure et robuſte et forti: Et comincia
laſtate ſubito chel ſole arriua al primo grado del cancro. Dipoi mentre che paſſa pel cancro pellione et
per la uergine dura ſempre el tempo della ſtate. Ma quando tocca la libra principia lautunno; elquale
e/ humido et freddo ſimile allacqua et da maturita a fructi. Ilperche e/ ſimile alleta uirile: laquale laſciā
do egiuochi et traſtulli diuenta di maturo conſiglo; et cerca choſe fructuoſe et honoreuoli. El uerno
e/ freddo et ſecco di complexione melancolica et ſimile alla terra: et e/ la uecchiaia dellanno; et comin
cia al primo grado del capricorno. Per lequali tutte coſe ſequita che chiamando Danthe gennaio la gio
uentu dellanno non parla ſecondo glaſtrologi: Ma ſecondo la conſuetudine de romani. SOBTO LA
Quario tempra. E/ aquario domicilio di Saturno: et per quello corre el ſole in queſto anno. M. cccc.
lxxxi. da di. x. di gennaio inſino a di noue di febbraio e/ ſegno fixo et maſculino. Di di ui puo Satur
no/di nocte Mercurio et Ioue participa con queſti. E/ della triplicita dellaria: La prima ſua faccia e/
di Venere. la ſeconda di Mercurio. la terza della luna. Contiene queſto ſegno ſtelle diciotto. Signo
reggia nelle gambe dellhuomo inſino alla congiuntura del pie. Fa lhuomo glorianteſi et di bella faccia:
et colorita: ma duna gamba piu lungha che laltra: et e/ chaſa damicitia. Dicono le fauole che aquario e
Ganimede rapito da Ioue. E/ decto aquario perche induce pioue; et e/ cagione ſecondo Alberto ma
gno di diluuio uniuerſale quando la congiuntione di ſepte pianeti comincia in queſto ſegno: et inquel
la parte laquale chiamano hydra et paſſa ne peſci. Ne porro al preſente perche lanno habbi pricipio dal
lingreſſo del ſole nellariete piu toſto che dallingreſſo dalchuno altro ſegno: perche nel primo canto di
queſta cantica produtemmo la ragione. Solo aggiugnero che ſono tre ſpetie danni. Queſto che e/ ſola
re. El ſecondo lunare che e/ loſpatio da una congiuntione della luna chol ſole inſino allaltra. El terzo
anno e/ decto anno grande: elquale ſecondo lopinione de piu contiene trentaſei miglaia danni ſolarī.
TEMPERA ECRINI. cioe tempera eſuoi ardenti raggi. Imperoche non molto riſcalda el ſole mētre
che e in queſto ſegno. ET GIA LE Nocte amezo et edi ſen uanno: cioe le nocte et edi ſen uanno gia
al mezo. Ilche ſignifica che gia le nocti et edi diuidono per meta. Non perche anchora ſia lequinoctio;
Ma e gia tanto creſciuto eldi et diminuita la nocte: che benche non ſieno almezo pure pure ui comincio
no andare. Non dixe adunque gia ſono: ma gia uanno. Alquanti leggono et gia le nocti a mezo di ſen
uanno: cioe gia e/ cominciato a creſcere el di et amancare le nocti. Imperoche inſino che el ſole e/ ito
al capricorno ſono creſciute le nocti et mancati egiorni. Et dipoi partito dal tropico hiemale uien digra
do in grado inuerſo lequinoctiale: et le nocti incominciono a diminuire inſino che arriua allequinoctiale
doue ſi pareggia la nocte col di; et occupano ſolamente el mezo: et queſto e/ nel primo grado dellariete
Et dipoi ſequitano le nocti nella loro diminutione inſino al ſolſtitio eſtiuo che e/nel cancro Siche edi uē
gono a eſſere grandiſſimi; et le noctī minime. LA BRINA. El ſole mentre che e/ ſopra terra tira a ſe
homori; et quegli che non conſuma ricaggiono in giu ſubito che lui ua ſobto. Ma la ſtate tale homore
e/ decto rugiada: perche in latino e/ decto ros; et el uerno lo chiamiamo brinata: perche elatini la chia
mono pruina a perurendo. Imperoche col ſuo freddo abrucia le tenere piante. Diffiniſce Ariſtotele;
che brina e/ rugiada congelata nella meza regione dellaria per la frigidita delluogo et del tempo quādo
non ue alchuna parte di caldo. Pel freddo adunque induriſce et diuenta biancho quello homore elquale
prima era rugiada: perche el fredo ilraguna et riſtrigne. LA IMAGINE: cioe la forma di ſua ſorella
della neue laquale chiama ſorella della brina per la ſimilitudine che e/ in quelle. Adunque in queſti tē
pi la brina e/ ſi grande che ſaſſomigla alle neue. MA POCO DVRA: perche quando el ſole riſchal
da ſubito ſi diſtrugge. ET LA SVA PENA TEMPRA: cioe ſtruggendoſi diminuiſce el freddo; el
quale quando e/ exceſſiuo per la gran brina e/ pena a ogni choſa che ha anima uegetatiua. Alquanti leg
gono penna; et uoglono che la ſententia ſia che la brina temperi la penna: cioe duri poco chome la tem
peratura della penna dura poco allo ſcriptore. Ma a me pare piu ueriſimile che el texto dica pena; et
non penna: perche tale tranſlatione e/ troppo dura. LO VILLANELLO A chui la roba mancha. p
che e ponero: ouero gli mancha la roba cioe lo ſtrame da paſcere le pecore. CHOME Tapino miſero:
et poſto in baſſo ſtato. Imperoche tapinos in greco ſignifica deiecto: et baſſo. POI RIDE et la ſperan
za riguadagna perche lhauea perduta. VEGGENDO el mondo hauer cangiata: cioe mutata faccia per
che non e/ piu bianco per la brina laquale e/ gia ſtructa.

Choſi mi fece ſbigottir lomaſtro
quando gli udi ſi turbar la fronte
et coſi toſto al mal giunſe lompiaſtro.
Che chome noi uenimo alguaſto ponte

IN queſto medeſimo modo ſbigotti io: et
choſi preſto giunſe lompiaſtro al male. i.
el rimedio al mio ſbigottimento: CHE GHO
ME. Dimoſtra la cagione perche preſto ripreſe
lanimo. Imperoche giunti che fummo al ponte

lo duca mio si uolse con quel piglo
dolce: chiol uidi pria a pie del monte
Le braccia aperse dopo alchun consiglo
electo seco riguardando prima
ben la ruina et diedimi di piglo.

guasto elquale chome dicemmo era caduto sopra la sexta bolgia. Lo duca mio si uolse ad me. chon quel piglo: cioe con quello aspecto elqual mi mostro quando la prima uolta mapparue appie del monte donde mi cacciauono le tre fiere: come uedemo nel primo canto. LE BRACCIA Aperse dopo alchun consiglo. Lebraccia son poste dal la sacra scriptura per laiuto: et sempre la ragione aiuta el senso. Adunque dimostra che lontellecto: et la ragione superiore soccorse la inferiore: laqual per se medesima non bastaua. Et soccorse dopo alchun consiglo electo. Ilche dinota che lontellecto humano non uiene in uera consideratione sanza discorso: Et per questo prima che abbracci Danthe che e/ quando riduce a se la ragione inferiore et la sensualita/ conuiene che per tale discorso uenga incognitione del uero: et questo e/ considerare la ruina.

d Iscriue lauctore qual sia lufficio dellintellecto et dellhuomo savio: elquale sempre prima che faccia alchuna impresa discorre con la mente. Et chosi leua danthe che e/ la ragione inferiore et la sensualita. IN VER LA CIMA. i. inuerso la sommita che e/ la speculatione et contemplatione. DVN RONCHIONE: cioe dun pezo di saxo della ruina. AVISAVA Vnaltra scheggia. Quasi unaltro ronchione. Et chosi interuiene Imperoche lintellecto non solamente considera alpresente: Ma anchora riguarda el futuro: et prouede et comanda alla ragione inferiore: laqual adopera circa eparticulari quello che habbi a fare: et admoniscela che non si metta a far chosa che sia sopra le sue forze Et pero mentre che Virgilio tira la sensualita alle chose difficili innanzi che sia al primo considerato luogho lammonisce che dipoi saggrappi aunaltro superiore: Ma prima che ui saffidi uuole che tenti se la scheggia lo puo sostenere. Lontellecto excita la ragione inferiore et la sensualita alle grā chose: et uuole che eschi del fondo doue sono puniti epeccatori: et surga su alla speculatione della ueri ta col suo aiuto. Ma perche non ogni huomo ha tal dono dalla natura che longegno el serua alle gran cose: pero debba hauere ogni huomo tanto intellecto che examini la sua possibilita: et non pigli a far cosa che sia sopra a quella. Et pero dice che tenti pria. NON ERA Via da uestito di cappa. Ha posto in questo fondo glhypocriti con cappe di piombo: Dice adunque che quella uia si erta non era da huomini che hauessino si graui uestimenti: et allegoricamente dimostra che chi e/ aggrauato dallhabito del peccato non puo uscire di quello: Conciosia che quegli che non hanno facto habito chon difficulta sene liberano. CHE Noi appena e/ lieue: cioe epso Virgilio che e/ lieue. ET IO SOSPINCTO. Dice che Virgilio era lieue. Imperoche lontellecto illustrato di scientia e/ leggieri a uolare chome aquila alle chose sublime et celesti: et io sospincto. Imperoche la sensualita et la ragione inferiore benche di sua natura sia graue. Nientedimeno quando ubbidisce allontellecto e/ sospincta dallui. POTAVAN Su mōtare di chiappa in chiappa: cioe di scheggia in scheggia. Et qui dimostra che Virgilio et lui non uolauano allinsu: Ma con difficulta andauono in su salendo duna scheggia in unaltra. Ilche allegoricamente si puo riferire alla uirtu morale et alla intellectiua. Imperoche se la uirtu morale e/ quella che ci dilungha dal fondo de uitii: et tiraci alla sommita del monte nessuno fece mai habito della uirtu se non a pocho a poco et con interuallo di tempo: et se riferiamo alla uirtu intellectiua habbiamo gia detto che lanimo humano non conosce sanza discorso. Adunque ua di scheggia in scheggia.

Et chome quei chadopera et stima
che sempre par che innanzi si proueggia
chosi leuando me su uer lacima
Dun ronchione aduisaua unaltra scheggia/
dicendo sopra quella poi taggrappa
ma tenta pria se tal che la ti reggia
Non era uia da uestito di cappa
che noi apena e lieue et io sospincto
potauan su montar di chiappa in chiappa

Et se non fussi che di quel procincto
piu che dellaltro era la costa torta/
non so di lui ma io sarei ben uinto
Ma perche malebolge inuer la porta
del bassissimo pozzo tutta pende
lo sito di ciaschuna ualle porta:
Che luna costa surge et laltra scende
noi pur uenimo al fine in su la puncta
onde lultima parte si scoscende

d Imostra in questa parte elpoeta che se la costa di questo procinto della sexta bolgia nō fussi stata piu torta et per questo meno erta: et minor salita lui rimaneua uincto dalla difficulta del salire. NON SO Di lui ma io sarei ben uinto. Questo allegoricamente significa che la sensualita al mancho se non laragione sarebbe stata uinta da tanta difficulta. Et ben dixe NON SO Di lui. Imperoche da una parte considerando la excellentia della ragione apta a uincere ogni repugnantia: et dallaltra uedendo la gran difficulta rimaneua in dubbio qual shauessi uincto. Ma non

La lena mera del polmon si munta
quando fui su chio non pote piu oltre
anzi massisi nella prima giunta

dubitaua di se: cioe della sensualita: perche la fragilita sua non puo resistere. MA PERCHE Malebolge inuer la porta Del bassissimo pozo tutta pende. Assegna la ragione perche questa costa era piu bassa che quella disopra. Imperoche el sito delloctauo cerchio elquale disopra chiamo malebolgie/pende tutto inuerso el nono: elquale perche e/ el piu interiore el piu basso cerchio de glaltri lochiamo pozo: perche conuiene che sia profondo essendo nel centro: et strecto essendo el piu interiore. Et e uero chel sito di ciascbuna ualle, PORTA: cioe arrecha secho questo Che luna costa surge et laltra scende. Imperoche queste dieci bolgie digradano informa che el secondo e/ piu basso chel primo: et piu alto chel terzo: El terzo e/ piu alto che il quarto: et piu basso chel secondo. Et chosi digrado in grado. Adunque questa sexta bolgia haueua men costa che la quinta. LVLTIMA Pietra siscoscende. Cioe partendosi dallaltro ponte cade. LA LENA Mera del polmon si munta. El polmone abbraccia el cuore: doue e/ la fontana del caldo naturale: et per su perchio calore e/ di bisogno di continuo rinfrescamento: El polmone chome mantaco tira laere exteriore: et con quello lo rinfresca. Et questo e/ el nostro alitare: Ma perche el caldo del cuore tanto piu cresce quanto piu si commuoue: et affaticha el corpo. Pero e/ necessario chel mantachare del polmone si a piu frequente et maggiore: et piu aria tiri ad se. Onde interuiene che da quella molto sia risecho: in forma che lhuomo ua a tale traffelamento: che se non e/ soccorso con cosa fresca et humida manchereb be di uita: perche non potrebbe piu rispirare el polmone: Et sanza tale respiratione el cor perirebbe. Adunque dice bene LA LENA: cioe la possa. ERA SI MVNTA: Si disecchata. Imperoche come la poppa si disecha pel mugnere: chosi el polmone per uentillare. CHE IO MA SISI. i. mi posi a sedere: et risermami nella prima giunta: Et inuero la sensualita saffaticha assai a uscire del peccato: In forma che uscitane riman si affannata che non ua piu auāti. Ma la ragione che conosce che non basta che lhuomo sastengha da un uitio: Se oltra quello non sequita nella cognitione dellaltro per abstenersi similmente di quello: Et dipoi abstenutosi da tutti non sale alle uirtu indarno se affatichato. Imperoche chome dice Oratio: Benche Virtus est uitium fugere. Nientedimeno e/ necessario che uincta la diffi culta che e/ illasciare el peccato/ Vinca anchora quella che e/ in salire alle uirtu. Pero Virgilio cioe lōtellecto conforta et spigne la sensualita a tal faticha. Et pero onde sequita.

u Edi che ragione assegna lontellecto alla sensualita per ispignerla alle chose ardue nelle qual consiste la morale et intellectiua uirtu. OMAI Conuien che tu chosi. i. Chome fai al presente. TI SPOLTRE. Poltro significa lecto. Onde diciamo poltroni glhuomini pigri et dormigliosi: Et spoltrire significa uscir dellecto; cioe destarsi: et lasciare el sonno et lotio: et darsi alle uirtu: La uia delle quali e/ faticosa et erta. Et pone iacere in piuma et stare sobto coltre: che e/ coperta dellecto/ per la uita somnolenta pigra otiosa delicata et uoluptuosa: laquale e/ inimica dogni uirtu: et genitrice dogni uitio. Onde el petrarca La gola el somno et lotiose piume Hanno del mondo ogni uirtu sbandita. Dixe adunque el maestro che e/ lontel lecto elquale e/ uero maestro dellanimo: che chi uiue in uita otiosa et dilicata non acquista fama: Doue pare che admonendo Virgilio Danthe Douessi piu tosto dire uirtu che fama. Imperoche lhuomo debba dirizare ogni sua actione alla uirtu Et piu tosto debba uolere la uirtu con infamia: che la fama col uitio. Di questa sententia son piene tutte le sacre scripture: et ogni graue philosopho afferma che le uirtu si debbano cercare per se medesime: et non per acquistar fama: Ma perche la fama sequita la uirtu chome lombra el corpo/ non si debba fuggire la fama se uiene drieto alla uirtu: pure che non si cerchi la uirtu per hauer fama. Ad questo risponderemo che non sanza cagione dixe fama Imperoche in questo luogo Virgilio che e/ huomo docto et sauio Ammonisce Danthe elquale si pigla per colui: nel quale puo anchora piu lappetito el senso che la uera ragione. Adunque hauendo a essere conforta tale huomo alla uirtu: laquale e/ piena di difficulta: et di fatica debba el sauio exortatore allectarlo con la fama laquale e/ disiderata da ogni huomo. Et chome el saggio medico uedendo el fanciullo ricusa la salutare medicina spauentato dalla sua amaritudine ui mescola el mele: acciochè quella dolceza lo tiri abere etiam lamaro: chosi el saggio preceptore uedendo che lappetito e/ piu cupido della fama che della uirtu. Onde el satyro Iouenale dixe Quis enim uirtutem amplectitur ipsam premia si tollas: Propone la fama per la dolceza della quale pigli ancora lamarore che e/ daprincipio nella uirtu. Pero ch

Homai conuien che tu chosi tispoltre
dixel maestro che seggendo in piuma
in fama non si uien ne sobto coltre
Sanza laqual chi sua uita consuma
cotal uestigio in terra di se lascia
qual fumo in aria: et in acqua laschiuma
Et pero leua su uinci lambascia
con lanimo che uince ogni battagla
se col suo graue corpo non saccascia
Piu lunga scala conuien che tu sagla
non basta dacostoro esser partito
se tu mintendi hor fa siche tiuagla.

besi anchora dire chel poeta uso figura poetica ponendo quello che sequita per quello che precede; et dixe fama cioe uirtu: laquale partorisce fama. Fama e/ nome di mezo cioe elquale si distende chosi al male chome al bene. Et diciamo lhuomo hauer fama; quando lopere sue si diuulgano et di quelle per tutto si parla: lequali se sono uitiose inducono mala fama. Ilperche la discriptione della fama posta da uirgilio nel quarto dinota mala fama: cioe infamia laquale incorreua enea per hauere lasciato el recto corso delle uirtu: et essersi dato alla uita uoluptuosa et uile: chome distesamente discripsi nel quarto libro delle nostre disputationi chamaldolesi doue lallegorie di Virgilio dichiarai. Ma se sono uirtuose lopere ne sequita buona fama: Et e/ decta fama perche fari in latino significa parlare: Et fama chome e/ decto e/ frequente parlare dalchuno: Et dalla fama cioe dal frequente parlare dellopere dalchuno ne nasce el nome: perche tale huomo e/ nominato per tutto: et dal nome acquista gloria: Et e/ gloria un certo splẽdore elquala risulta dalla fama buona et dal nome. SANZA Laqual chi sua uita consuma. Chi uiue sanza fama non lascia altro uestigio cioe altro segno che lui sia mai stato: che lasci o elfumo in aria: o la schiuma nellacqua: lequali come ueggiamo tosto periscano et non lasciono segno alchuno dopo loro. Vestigio e/ proprio la forma che lascia el pie in terra elquale noi chiamiamo traccia ouero orma. Onde diciamo tracciare et ormare/ inuestigare quando sequitiamo lorme dalchuno per trouarlo. Dipoi p translatione diciamo inuestighare: cioe condiligentia cercare. Et diciamo uestigio ogni segno elquale rimanẽdo dimostra quella chosa essere stata. Ilperche un casolare quasi disfacto diciamo essere le uestigie duna chasa. ET PERO LEVA SV: cioe leuati da sedere che significa leuati da uitii: et dalle chose infime et terrene. VINCI LAMBASCIA. Ambascia e/ troppa copia dalito laquale molto offende chi sale p luoghi erti. Adunque chome el corpo andando allerta e/ offeso dallambascia: Chosi la nostra sensualita mettendosi per lerta uia della uirtu e/ noiata da quella difficulta. Ma bisogna excitare la forteza: et la tollerantia dellanimo: et con quella uincere ogni difficulta. Et certamente essendo lo spirito prõpto et la carne cioe la sensualita inferma cioe debole a resistere e/ necessario che lontellecto exciti in noi forteza tollerantia patientia et pseuerantia; laquale uincendo ogni difficulta sospigne in alto la sensualita. SE CHOL SVO Graue corpo non saccascia. Proprio diciamo una cosa accasciarsi quando non potendosi sostenere per la sua graueza si lascia andare a terra. Adunque la sensualita et lappetito essendo oppresso dalla grauita del corpo saccascia. Ma lanima laquale di sua natura a/ eleggere facilmente si leua in alto alla cognitione delle chose diuine se non si lascia aggrauare dalle contagion del corpo. PIV LVNGHA Scala conuien che tu sagla: che non e/ quella che tu hai salito. NON BASTA Da chostoro esser partito. Allegoricamente intendi che non basta partirsi dal uitio se anchora non si sale alla uirtu. SE TV INTENDI fa si che ti uagla. Nota che non basta allhuomo intendere quello sia dafare se nõ lo fa. Ne e/ giusto o temperato o forte colui che conosce che cosa sia giustitia temperantia o forteza: Ma colui elquale uiue secondo tali uirtu: et quelle mette in opera. Onde Aristotele Virtutis. n. laus omnis in actione consistit. Et questo intendi maximamente nelle uirtu morali. Perche nellintellectiue puo essere lhuomo tale per la sola scientia benche non la metta in opera. Onde diciamo uno essere bnõ physico quando perfectamente intende le ragioni naturali benche quelle non adoperi in alchuna chosa et similmente arithmetico benche non facci alchun computo et gemetra benche niente misuri e decto quello che sa bene enumeri et quello che ha ogni misura et proportione.

Leuami allhor mostrandomi fornito
meglo di lena chio non mi sentia
et dixi ua chio son forte et ardito.
Su per lo scoglo prendemo la uia
chera ronchioso strecto et malageuole:
et erto piu assai che quel di pria.
Parlando andauo per non parer fieuole
onde una uoce usci dellaltro fosso
ad parole formare disconueneuole
Non so che dixe anchora che sopral dosso
fussi dellarco gia che uarca quiui:
ma chi parlaua ad ira parea mosso.

d Iscriue la natura di chi e/ ubidiente al preceptore elquale benche non si senta gaglardo alla fatica dallui impostagli. Nientedimeno dimostra di sentirsi; et chosi dice dessere. LEVAMI: perche Virgilio hauea decto Et pero leua su ET DIXI VA. Quasi io ti seguiro. SON forte facto dalla speranza del premio che tu mi proponesti: perche come dice Tullio Honos alit artes omnesque accendimur ad studia gloria. SV PER LO Scoglo prendemo la uia chera ronchioso. Ilche offende epiedi equali disiderano trouar la uia dilicata et equale. STRECTA: La uia erta quando e/ strecta e/ piu difficile: perche nõ puoi andare uolteggiando chome per larga. ET MALAGEVOLE. Sequita che essendo erto ronchioso et strecto fussi malageuole. PIV Assai che quel di pria. Quanto piu uanno al fondo piu graue uitio si truoua: et quanto e/ piu graue piu difficulta da a chi lo uuole conoscere per fuggirsene. Alquanti dicono che el poeta uogli mostrare la difficulta che gli fu a trouare la inuentione per exprimere poeticamente questo uitio. PARLANDO Andauo per non parer fieuole: perche la ragione inferiore gia disposta a ubidire si fa piu innanzi allontellecto che epsa non puo p dimostrare quanto di buona uogla lubidisca. ONDE VNA VOCE Vsci dellaltro fosso; et questa era disconueneuole cioe non conueniente: et non apta a formare parole: perche era cõfusa et male distincta; chome interuiene a quelli che sono accesi dira: Et questa fu la cagione che lui bẽ che ludissi non lantese. Per laqualchosa dice. NON SO Che dixe ancor che benche fussi sopral dosso dellarcho; elquale ueniua a essere a piombo sopra colui che parlaua. Adunque se non intese non uenne dalla distantia delluogho. Ma dalla confusione della uoce: laquale e/ maximemente nellhuomo adirato

I A sententia e/ che benche lui tenessi glocchi: cioe glocchi corporei equali noi usiamo in uita. Nientedimeno per lobscurita delluogo non potea dal ponte benche uedessi discernere la figura: cosi chome udiua la uoce; et non discerneua le parole. Et qui dinota che lanima rinchiusa nel corpo non puo uedere ne udire se non chose corporee.

Io ero uolto in giu ma glocchi uiui
non potean ire alfondo per lo scuro
perchio maestro fa chetu arriui
Dallaltro cinghio: et dismontian lomuro
che come io odo quinci et non intendo:
chosi giu ueggio et niente affiguro.
Altra risposta dixe non tirendo
se non elfare: che la domanda honesta
si de seguir con lopera tacendo.

Preterea el senso et la ragione inferiore non posson conoscere et distinguere se non molto dapresso et ne particulari. Et pero priega la ragione superiore che lo conduca; perche quella ha la scientia dogni chosa. DALLALTRO CINGHIO: cioe dallaltra ripa che cigne questa ualle. VEGGIO Et niente affiguro. perche la ragione inferiore e simile a chi uede alchuna chosa in luogho doue si a poco lume. Chostui benche uegga qualche ombra. Nientedimeno non la puo distinguere et figurare: Chosi la ragione inferiore. Benche ne particulari habbia una uelata cognitione: Nientedimeno non puo distinctamente comprendere. Preterea si uuole apressare per uedere particularmẽte per inferire che benche la scientia: laquale acquistano glanimi nostri sia de gluniuersali. Nientedimeno conuiene che nasca in noi da particulari; chome altroue habbiamo dimostro. ALTRA RISPOSTA Optimamente per transito dimostra el sauio poeta che quando lhuomo in cui regna intellecto conosce la domanda factagli essere honesta Non occupa el tempo in lunga risposta. Ma tacendo adempie quanto gle stato domandato.

S Equita discriuendo loctaua bolgia. E in quella discriue punirsi efuri: et pone le pene cholle quali son tormentati. Et noi poco di sobto di queste tracteremo. Ma prima tornando al texto dimonstra che uolendo scender giu nella septima bolgia passorono el ponte elquale e/ sopra quella: et da quel la testa del ponte laquale si congiugne colloctaua ripa scieson giu nella septima bolgia.

Noi discendemo elponte dalla testa
doue saggiugne colloctaua ripa
et poi mi fu labolgia manifesta:
Et uidiui entro terribile stipa/
di serpenti di si diuersa mena
che la memoria el sangue anchor mistipa
Piu non si uanti libya con sua rena
che se chelidri iaculi et pharee
produce et chencri con amphesibene
Ne tante pestilentie ne si ree
mostro gia mai con tutta lethiopia
ne con cio che di sopra al mar rosso ee:
Tra questa cruda et tristissima copia
correuan gente nude: et spauentate
sanza sperar pertuso o helitropia
Con serpi le man drieto hauean legate
quelle ficcauon per le reni la coda
el capo: et eron dinanzi aggroppate.

Scese adũque la ripa non di qua ma di la; laquale nasceua non da quello scoglio che diuide la sexta dalla septima. Ma la septima dalloctaua. ET VIDIVI Entro terribile stipa: cioe spauentosa congregatione. Stipare in latino significa stiuare. Onde dixe stipa quasi stiua: cioe congregatione strecta: et stiuata. DI SERPENTI Di si diuersa mena cioe di si diuerso moto / quasi dica di si diuersa spetie. CHE LA MEMORIA: cioe el ricordarsene. ANCHORA SCIPA .i. sparge el sangue: et dixe scipa .i. sparge da questo uerbo scerpo scerpis. Et e/ la sententia. Che anchora quando me ne ricordo me ne uiene tanta paura che el sangue si dilegua per le ueni et rimango pallido. PIV NON Si uanti libya. Vna delle tre parti del mondo da noi e/ dinomina aphryca quasi aneu phrycas cioe sanza freddo; perche e/ regione calda per essere posta a mezo giorno. Altri scripsono che Aphryca prese nome da aphro figliuolo dhercole. Questa da greci e/ decta Lybia: et prese tal nome da lbiya figluola depapho et madre di Busiride. In Libya e/ una parte denominata libya harenosa. Questa e/ arrida et seccha priuata di fiumi di fonti di pozi; et doue mai non caggiono pioue. La terra sua e/ tutta rena et sterile: et nuda dherbe et dalberi. Ripiena di uarie spetie di serpenti: Dequali scriue Lucano quando dimostra che Catone passo indi per congiugnersi con glexerciti pompeiani equali erono in aphrica chon Iuba et chon

Scipione. Queſti ſerpenti produce quiui la natura delluogo : Ma le fauole dicono che quando Perſeo paſſo per queſta regione con la teſta di Meduſa tali ſerpenti ſingenerorono delle gocciole del ſangue : elquale cadeua da quella. Queſti ſono di diuerſe ſpetie et generationi : tra lequali ſono chelidri decti quaſi cherſydri : perche parimente habitano in terra et in acqua : et cherſos ſignifica terra et idor acqua Preterea Iaculi decti choſi : perche informa di dardo ſi lanciono de glalberi et forono le membra : et elatini chiamano iaculum el dardo. Pharee ſono ſerpenti equali uanno con la coda et nel reſto ſono eleuati da terra. Cencri/ſerpi lequali ſono punteggiate di puncti ſimili al granello del miglo : decte choſi : perche cencron in greco ſignifica miglo : Vanno a dirictura ne ſi torcono chome laltre ſerpi. Amphеſibene hanno due capi uno doue naturalmente debbe eſſere : laltro nella coda. Alberto magno niega queſte hauere due capi : Ma ſcriue che pare choſi : perche per grande mobilita delle choſte ſalta da ogni parte. E/ nel primo ordine el cui ueleno uccide in tre hore. NE TANTE Peſtilentie : ne animali tanto peſtiferi. LETHIOPIA. Etho in greco ſignifica ardo. Onde e/ decta ethiopia da gli ſmiſurati ardori del ſole : equali hanno poſſanza di produrre glhuomini neri in quella regione. Ethiopia e/ piena di ſerpenti ſmiſurati : equali ſi mettono in aguato et aſſeltano glelephanti : et mettono el capo nelle nari doue lo elephante non aggiugne con lamano et ſucciono el ſangue. Molti ſerpenti ſi truouano inquella parte de thiopia doue habitano epopoli decti aſachei. Quiui ſi truouono lunghi uenti cubiti. Diceſi che inquegli liti ſintrecciono quattro o cinque inſieme : et uanno permare chome naui : et portano el capo alto auſo di uele. In india ſono ſi grandi chome ſcriue Megatoſthene che inghiottiſcono ecerui et ethori interi. Afferma Plinio et molti altri hiſtorici che. M. attilio regolo conſolo de romani nella prima guerra contro a cartagineſi uccise in aphrica appreſſo al fiume Bagrada con baleſtra et ſimili inſtrumenti un ſerpente lungho cento uenti piedi. E/ in italia una ſpetie di ſerpenti decta boia : et a tempo di Claudio imperadore ne fu trouata una a Roma nel monte uaticano : laquale haueа in corpo un fanciullino intero. EL MAR ROSSO Principia in egypto et uiene in Paleſtina. Per queſto mare paſſo Moyſe col popolo liberato delle mani di Pharaone : E/ decto roſſo non perche lacqua di quello ſia roſſa. Ma la terra che gle diſobto eſſendo roſſa moſtra lacque roſſe. Altri dicono che e/ dinominato Erithreo da Erithro re : Ma perche Erithro in greco ſignifica roſſo pero dixono roſſo. TRA QVESTA Cruda et triſtiſſima copia. Tra queſta abundantia di ſerpenti crudeli et piena di triſtitia et di lucto del continuo correuono genti nude et piene diſpauento elquale piglauono de ſerpenti : et non ſperauono di potere trouare pertuſo cioe buco alchuno da naſconderſi da ſerpenti. NE ELITROPIA : cioe ne choſa alchuna laquale gli faccia inuiſibili acciοche eſerpenti non gli ueggono chome fa la helitropia. Scriue Solino nellibro de mirabilibus mundi che helithropia e/ pietra laquale ſi truoua in Cypri. Ma piu nobile in Ethiopia et in Aphrica : laquale e/ di colore uerde ma innuuolato et diſtincto di ſtelle purpurine. Ma meſſo in caldaia di rame fa che percoſſo dal ſole erazi che da quello ſi riflectono diuentono ſanguigni. E/ ancora unherba ſimilmente chiamata Elithropia : perche ſempre ſi uolge chome el ſole : et helios in greco ſignifica ſole et trepo ſignifica uolgo. Scriuono adunque emagi che ugnendo tale pietra col ſugo di tale herba : et conſacrandola con legitimi prieghi/lhuomo che la porta diuenta inuiſibile. Adunque non ſperano queſti peccatori potere trouare helithropia dalla quale ſieno facti inuiſibili. CHON SERPI Leman drieto hauen legate. Perche in queſta bolgia pone lauctore la pena del furo/Noteremo che in due modi ſi togle quello che e/daltri. o apertamēte : et con uiolentia : chome fanno emalandrini et aſſaſſini et rompitori di ſtrade : et qualunche altro non di furto ma con rapina togle et ſpogla : et ſpeſſo per ſpoglare amaza. Oueramente di furto et di naſcoſo con fraude et con inganno. E primi da latini ſono chiamati latrones. E ſecondi fures. Queſti ſecondi ſono chiamati fures da queſto uocabolo foruum che in latino ſignifica nero et obſcuro : perche chi uuol commetter furto cerca nocte et tenebre et obſcurita. Adunque eſſendo queſta ſeptima bolgia una di quelle doue ſi puniſce la fraude et non la uiolentia /pare che quſi ſi debba tractare de furi et non de ladroni. Nientedimeno perche anchora chi commette elatrocinii chon uiolentia prima uſa la fraude : et con quella piu che con le forze adopera : chome ueggiamo nel malādrino innanzi che aſſalti el uiandante ſaſconde in aguato : et uſa molte altre fraude : pero ſi puniſce alla meſcolata el furto et ellatrocinio. Stanno adunque tra le ſerpi lequali ſono animali pieni di callidita : et di aſtutia. Adimoſtrare che la fraude et longanno ſono que uitii coquali maculano lanimo et coquali affligano et perturbano la conſcientia : dalla quale dopo el commeſſo errore ſempre ſono rimorſi. Paſſano adunque col capo et colla coda per le reni al pecto doue e/ el cuore ſedia della cogitatione : perche tale fraude : et col capo cioe da principio innanzi al peccato commeſſo da grande anxieta alla mente pēſando non ſolamente al peccato elquale ſapparecchia commettere. Ma molto piu al pericolo dellanfamia : et al danno che ne puo riſultare. Et poi con la coda cioe dopo el fine ripenſando quello che ha facto : et aſpectando ogni hora che tale ſcelerateza ſi ſcuopra. Onde gli riſulti infamia et ſupplicio. Queſto e/ el capo. Queſta e/ la coda della ſerpe : Che trapaſſando per le reni al pecto trafigge el cuore : et annodōſi dinanzi : perche tale cogitatione et tale ſtimolo di conſcientia non paſſa uia : Ma rimane leghato nella mente : et ſempre ſta. Ne ſi poſſano naſcondere : ne fuggire tale ſtimolo di conſcientia : ne alchuno rimedio ui truouano : perche chome dice Iuuenale. Prima hec eſt ultio quod ſe iudice nemo nocens abſoluitur. Adunque neſſuno che habbia commeſſo alchuna ſcelerateza e/ abſoluto da ſe medeſimo : pche sempre la conscientia sua giudica che lui meriti supplicio del peccato commesso: et chome testimonio di tale scellerateza nocte et di lo stimola. Ilperche el medesimo poeta dixe Nocte dieque suum gesta re in pectore testem Spartano cuidam respondit pythia uates. Legono le mani di drieto perche lafrau de induce a peruerse et deprauate operationi. La mano significa lopera: et chome le parte dinanzi di mostrano recte et laudabili operationi. Chosi le parti posteriori dinotano el contrario. CORREVO NO Nude et spauentate. El correre dimostra el discorso della mente in inuestigare le fraudi. Sono nude: perche el piu delle uolte la pouerta gli spigne Intendendo la pouerta per cupidita dhauere: per che ciaschuno che non ha quanto disidera e/ pouero. Et spauentate: perche mentre che pensono difare el male la paura di non essere puniti gli spauenta. La serpe e/ astuta: et chosi elladro. La serpe sdruc ciolando entra per ogni buco. Elladro sassottigla per entrare per ogni luogo: La serpe e/ in odio a ogno no: elladro elsimile. La serpe ascosa tra lherba pugne. Elladro di nascoso nuoce.

n On danno la sententia di quegli: equali uoglono chel poeta ponga tre spetie di furi. La prima di quegli che non hanno anchora facto habito. Ma trouando loccasione del furare non senabsten gono: perche chome e/ nel prouerbio a archa aperta giusto ui pecca. La seconda e/ di quegli che hanno facto gia habito et sempre singegnano di furare: Ma nietedimeno usano tanta discretione: che nõ furono ne ogni chosa; ne in ogni luogho: ne a o gni persona. La terza e di quegli che non hanno riguardo ne a luogo ne atempo: ne a persona. Adunque qui tracta della prima spetie dimostrã do che benche uno non habbia facto habito di fu rare pure abbattendosi a potere comodamente torre alchuna chosa di subito gli saccende lappeti to: et arde in tale cupidita: et ardendo diuenta cenere: Adimostrare che tale ardore fa che non e piu huomo hauendo perduto la ragione: et es sendo si accecato di tal uogla: che niete altro sen te o ode. Ma poiche ha adempiuto la sua uogla la ragione ritorna: et dinuouo diuenta huomo: et giudica hauere errato. Ma impedito o da uergogna o da auaritia non rende el furto. Adunque la serpe che e/ la cupidita del commetter la fraude lo trafigge et inun momento larde: et fa cenere: cioe lo tramuta dhuomo in chosa insensata: et poi caduto nel pec cato per se medesimo si raccogle: et ritorna huomo. Ha expresso adunque la prima spetie de ladri.

Et ecco ad un chera da nostra proda
 sauuento un serpente chel trafixe
 la doue elcollo alle spalle sannoda
Ne. o. si presto mai ne. i. si scripse
 come esaccese et arse encener tutto
 conuenne che chascando diuenisse.
Et poiche fu a terra si distructo
 la poluer si raccolse per se stessa:
 et quel medesmo ritorno di butto.

Chosi per li gran saui si confessa
 che la phenice muore et poi rinasce
 quando el quingentesimo anno apressa
Herba ne biada in sua uita non pasce:
 ma sol dincenso lachrime et amomo
 et nardo et myrra son lultime fasce.
Et qual e quei che cade et non sa como
 per forza di dimonio chatterra el tira
 o altra opilation che lega lhuomo
Quando si leua chentorno si mira
 tutto smarrito dalla grande angoscia
 che glha soferto et guardando sospira
Talera elpeccator leuato poscia
 o potentia di dio quante seuera
 che cotai colpi per uendecta croscia.

n On altrimenti rinascer del suo cenere affer ma chostui che si faccia la phenice. Questa dicono essere uno uccello in Arabia grande quan to una aquila/ el collo suo e/ di colore doro: el re sto delle penne sono porporine: excepto che la choda e/ azurra: ma distincta con penne di colo re di rosa. Scriuono che uiue cinquecento sexan ta anni. Manilio senatore fu elprimo de romani che scripse della phenice: et dixe che nessuno la ui de mai pascere: Ma che in Arabia e/ consecrata al sole. Quando e/ uecchia fa elnido di festuche dellalbero della cassia et dellincenso: et riempie lo dodori: et in quello muore. Delle midolle sue nasce un uermine: elquale dipoi diuenta phe nice: et disubito celebra lexequie alla gia morta madre: Et tutto el nido porta apresso a pancha ia regione darabia nella citta del sole: et ponlo in su laltare. La morte sua e/ la reuolutione dellan no grande: et che le qualita de tempi: et delle stelle ritornono al suo principio. Et questo co mincia circa a mezo di quel giorno chel sole entra nellariete. Scriue Cornelio Valeriano: che laphenice uolo gia in Egypto: et fu portata a Roma nel tempo che Claudio imperadore et censore: et posta nel comitio lanno ottocentesimo dalla hedificatione di Roma. Ma nessuno dubita che questo non sia falso Altri scriuono che la phenice quando uiene la morte si uolge a razi del sole et quegli reflectendosi nelle splendide penne fanno fuoco. Onde epsa arde insieme col nido: et rinasce prima uermine: et doppo tre giorni gli nascono lali. HERBA NE BIADA Non pasce: chome pascano glaltri uccegli. Ma pasce ſolo LACHRIME: cioe gomme ouero ragia dincenſo et damomo: laquale chome lagrime diſtilla da ſu o troncho: et poi ſi conſolida chome ueggiamo nel gynepro et in molti altri arbori. Loncenſo inlatino e/ decto thus. Amomo. cennamomo, et cennamo e/ una medeſima coſa: naſce in ethyopia in luoghi ſterili: e/ piccolo albero ne creſce piu alto che due cubiti: non lo colgono ſanza licentia di ioue: Et queſta impetrono con quarantaquattro interiora di buoi di capre et di caſtroni. Quando lhanno ricolto / ne donano la meta al ſole: et di ſubito per ſe medeſima ſaccende et arde. Veſpaſiano fu elprimo che in capitolio et nel tempio della pace dedico una corona di queſto legno ornata doro. ET NARDO ET Myrra ſon lultime faſce: cioe fa lultimo nido di nardo et di myrra nel quale arde. Nardo naſce in india et fa ſpighe Onde e/ decto ſpigho. Naſce anchora in ſoria Naſce in gallia: et queſto e/ piu noto a noi: et gia in firenze naſce et ſeminaſeſi: Naſce anchora in creta. Myrra e/ albero che naſce in Arabia nelle medeſime ſelue che loncenſo. Altri uogliono che naſca in piu regioni darabia conciosiache loncenſo non naſca in piu che in una decta Sabea E/ queſto albero ſpinoſo et creſce inſino in ſei cubiti: Le ſogle ſono duliuo ma creſpe et aguze. Altri lo diſcriuono ſimile al ginepro et di quello ſapore. ET Quale e/ quello. Optima comperatione per laquale dimoſtra che poiche coſtui di cenere torno nella prima forma diuenne ſtupido et traſognato et balordo chome interuiene ad chi per forza dincanteſimi: o di qualche opilatione ſtato tramortito rinuiene. Ma in quel principio e/ attonito et quaſi inſenſato. PER FORZA Di demonio: cioe per incanteſimo chome leggiamo di Simon mago: elquale per arte magica facea tramortire glhuomini informa che pareuono ueramente morti: et dipoi faccendogli rinuenire daua adintendere al uulgo che hauea poſſanza di riſuſcitare emorti. O DALTRA Opilation che legha lhuomo. Chome e/ el morbo comitiale ouero caduco. Significa allegoricamente che chome el tramortito o per incantatione diabolica o per infermita quando ritorna in ſe rimane ſtupido et marauigliaſi: perche non ſi ricorda da che ſia proceduto tal caſo. Choſi quando el peccatore e/ caduto nel furto o per tētatione diabolica: o per propria infermita della ſua ſenſualita ſi marauigla poi in ſe medeſimo: chome ſhabbi laſciato uincere da tal peccato. O POTENTIA DI DIO. Con queſta exclamatione admoniſce el peccatore che benche ſia a uiuenti pieno di miſericordia. Nientedimeno dopo la morte non uſa ſe non ſeuerita: laquale e/ iuſtitia ſanza miſericordia alchuna. O quanto e/ ſeuera la potentia di dio CHE CROSCIA: cioe con uementia et grande empito percuote cotali colpi cioe pene et ſuplicii. Onde diciamo un croſcia dacqua: quando la pioua cade con grande empito. PER VENDECTA: cioe p punitione: perche uendecta alchunauolta ſi pigla per giuridica punitione et e/ ſpetie di giuſtitia.

Lo duca domando poi chi eglera
perche enſpoſe io piouui di toſcana
poco tempo e in queſta gola fiera.
Vita beſtial mi piacque et non humana
ſichome amul hio fui ſon uanni fucci
beſtia piſtoia mi fu degna tana.
Et io al duca digli che non mucci
et domanda qual colpa quaggiul pinſe
chil uidi huom gia diſangue et dicorrucci

i O PIOVVI: cioe caddi qua giu dannato: chome ſi dice de demonii che piouuono da cielo. IN QVESTA GOLA: cioe in queſto inferno elquale inghiottiſce et diuora lanime. Cueremente dice gola queſta ſtrecta ualle: perche elatini chiamano ſimili luoghi fauces cioe gola. VITA BESTIALE Mi piacque et non humana. Benche molte ſieno le ſpetie del uiuere. Imperoche alchuni ſi danno alla uolupta inuolgendoſi nel fangho chome porci. Alchuni al ſonno et allotio. Alchuni alla crudelta et alla rapina. Nientedimeno neſſuna di queſte ſipuo chiamare uita humana: perche non ſono ſecondo la natura dellhuomo: ma difiere: lequali per loro natura ſequitano ſolamente lappetito. Ma eſſendo lhuomo differente daglaltri animali ſolamente per laragione / quella ſipuo dire uita humana: laquale e/ ſecondo ragione della quale non ſono partecipi glaltri animali. Ma e da conſiderare che in noi e/ doppia ragione. Vna decta da philoſophi ragione ſuperiore laquale ſi uolge et exercita circa la cognitione del uero: et tale e/ ne gluniuerſali. Doue conſiſtono. Intelligentia. Scientia: et Sapientia. Laltra e/ ragione inferiore: et queſta ha cognitione de particulari: et uſa la prudentia laquale e/ uera regola nelle operationi humane: et diriza quella al recto uiuere col mezo della giuſtitia forteza et temperantia. Adunque dalla ſuperiore naſce la uita contemplatiua nella quale cerchiamo la uera cognitione delle coſe humane et diuine. Dalla inferiore naſce la uita actiua: nella quale con le uirtu morali diriziamo ad recto uiuere noi et la noſtra famigla: et la noſtra rep. Noi con lethica La famigla con leconomica. La rep. con lapolitica. Ilperche chome piu apertamente dimoſtrai nel primo libro delle diſputationi chamaldoleſi queſte ſole due ſpetie di uita: cioe contemplatiua per Rachel nel uecchio: Et per Maria nel nuouo teſtamento. Et actiua per lya et per Martha ſono proprie dellhuomo: perche ſono adminiſtrate con ragione. Et ogni altra ſpetie di uita doue ogni coſa pende dalloſſrenato appetito chome appare in tutti euitii / non e/ humana: perche e/ ſanza ragione. Ma e/ beſtiale perche lappetito ſolo regge le beſtie. Adunque eſſendoſi dato choſtui a glhomicidii et rapine et extorſioni: et a latrocinii et furti Non ſequitaua la ragione che e/ propria dellhuomo. Ma lappetito ſecondo el quale uiuon le bestie usaua uita bestiale. SI CHOME A Mulo chio fui. Non e/'marauigla chio uiuessi chome bestia essendo io mulo et non huomo ; et allude a questo nome mulo che e / bestia ; perche uolgarmente chiamiamo ebastardi muli ; et lui fu bastardo. PISTOIA Mi fu degna tana : Quasi dica che chome lui era bestiale ; chosi pistoia glera degna habitatione ; perche tale cipta era riceptacolo dhuomini bestiali ; et pero la chiama tana ; perche tana significa cauerna nella selua doue habitano le fiere . DIGLI CHE Non mucci ; cioe non fugga. CHIO IL Vidi huomo di sangue. Huomo crudele et spargitore di sangue humano . ET DI CORRVCCI ; cioe iracundo. Marauiglasi Danthe essendo stato tale huomo uiolento tyrannico ; et homicida ; non sia piu tosto posto nelle bolgie di sopra doue tali si puniscono. Vanni fu figluolo di messer fucci de lazari da pistoia famigla nobile ma bastardo : Ma fu di costumi crudeli tyrannici et bestiali. Interuenne che in que tempi cenorono una sera insieme molti pistolesi ; et dopo cena con liuti et altri instrumenti andorono cantando per la terra ; et finalmente arriuorono a casa di ser Vanni della nona notaio molto excellente ; et di buoni costumi ; elquale era in loro compagnia : Et fermandosi glaltri a far festa ; perche hauea donna dabene et molto bella . Vanni con due compagni elquale era sempre stimolato da diabolichi pensieri andorono uerso el uescouado al quale era uicina la casa di ser Vanni. Qui dicono alchuni che acaso trouorono laporta della chiesa et della sagrestia di san Iacopo aperta forse per negligentia de sacerdoti equali in quella nocte che era di carnasciale erono usciti a suoi piaceri chome e/ di consuetudine. Altri dicono che chon ingegni et grimaldegli la persono ; et finalmente tolsono di sagrestia tutti glarienti et le gioie dellaltare di san Iacopo ; et erono di gran pregio ; et ritornorono a compagni ; equali benche molto riprendessino el facto pure saccordorono di metterle in casa di ser Vanni ; si perche era piu propinquo luogho ; si perche stimauono per la buona fama dellhuomo. tal casa non shauessi mai a cercare. Accorsonsi la mattina ecanonici delfurto facto ; et dettonne notitia al podesta. Et lui diligentemente inuestigando examinaua et tormentaua ognuno che sapeua che fussi di mala fama. Onde interuenne che molti benche fussino innocenti di questo facto. Nientedimeno per duolo di tormento confessorono de glaltri ; che hauean facto ; et giustamẽte furono dannati a morte. Tandem fu preso Rampino di messer Francesco foresi cittadino nobile ; et benche non confessassi tal furto perche inuero era innocente. Nientedimeno essendo di molto mala fama era el podesta si acceso inuerlo di lui che hauea diliberato di dannarlo ; Et gia glhauea assegnato certo termine tral quale douessi rappresentare el furto. Ilperche constituto messer Francesco, in ultima disperatione hauea ordinato con parenti et amici la nocte che precedeua al di ultimo del termine correre col fuoco al palazo del podesta ; et torre per forza el figluolo. Ma Vanni fucci elquale sera ridocto a mõte caregli contado di firenze / amando molto Rampino auiso messer Franceścho che facessi piglare ser Vãni. Fu costui preso una mattina di quaresima essendo nella chiesa de frati minori audire el sermone diuino ; et menatone non senza indegnatione del popolo ; perche era reputato doptimi chostumi / confesso hauere appresso di seitutto el furto ; et che spesso hauea tentato trarlo della citta. Ma ogni uolta che sappressaua alla porta gli parea uedere el caualiere che landassi a cercare ; per questo lui fu impiccato : et Rampino liberato.

Elpeccator chentese non sin finse
ma drizo uerso me lanimo el uolto
et di trista uergogna si dipinse .
Poi dixe piu miduol che tu mhai colto
nella miseria doue tu mi uedi
che quando fui dallaltra uita tolto :
Io non posso negar quel che tu chiedi
in giu son messo tanto perchio fui
ladro alla sagrestia de begli arredi
Et falsamente gia fu apposto altrui
ma perche di tal uista tu non godi
se mai sarai difuor de luoghi bui .
Apri glorecchi al mio annuntio et odi
pistoia in prima di neri si dimagra
poi firenze rinnuoua gente et modi.
Tragge Marte uapore di ualdimagra
che da torbidi nuuoli inuoluto
et con tempesta impetuosa et agra

d Imostra Danthe che Vanni si uergogno quando lo uide : et affermo non glessere stata piu molesta la morte che esser colto in tale luogho . Ilche dinota che eladri prendono tãto dolore dellanfamia dessere appalesati che piu tosto uorrebbono morire. Poi narra el furto facto et chome huomo non amico stimando ; che Danthe habbi piacere di uederlo in tal miseria percorrompergli el piacere con alchuno dolore glipredice quello, ; che debba interuenire a bianchi . APRI GLORECCHI Al mio annuntio et odi . Ad intelligentia di questo texto noterai Che nel lanno. M. ccc. Pistoia era in gran felicita ; Et in quella gran potentia hauea la famigla de cancellieri ; nella quale erono piu di cento huomini deta militare. Ilperche era in gran reputatione et stima non solo nella patria sua ; ma in tutta italia. Questa per uno scelerato caso ; del quale diremo di sobto nel capitolo. xxxii. con capitale odio si diuise in due parti una decta bianchi ; et altra neri Onde ne nacque diuisione in tutto el resto della citta ; et dipoi in brieue tempo la rep. nostra diuento infecta del medesimo morbo chome pi

Sopra campo piceno fia combattuto
onde repente ſpezera la nebbia
ſi chogni biancho ne ſara feruto:
Et decto lho perche dolor ti debbia.

diſteſamente narramo nel ſexto canto. El ſeguẽte anno et nel meſe di maggio ebianchi dipiſtoia con aiuto de bianchi di Firenze cacciorono eneri di piſtoia. Dipoi eneri fecíono exercito: et aquello decton capitano el marcheſe Martello maleſpina equali marcheſi ſono in ualdimagra hoggi decta lunigiana da luni antichiſſima citta: Et nel campo piceno elquale e/ poco lontano da piſtoia rupporono ebianchi. Et pero dice MARTE Tragge uapore di ualdimagra. Imperoche Marte e/ ſignificatore della guerra. TRAGGE VAPORI. cioe cagioni lequali commuouono guerra: chome euapori terreſtri tirati in alto generano furioſi uenti: et ſubite pioggie: alle quali ſono ſimili glimpetuoſi mouimenti delle guerre. SPEZERA LA NEBBIA: cioe ſara cruda battagla. Che fulminera: cioe ſara di grande empito chome e/ el fulmine: cioe la celeſte ſaecta: laqual naſce con refractione di nuuoli come altroue habbiamo dimoſtro.

CANTO. XXV. DELLA PRIMA CANTICA DI DANTHE

L fin delle ſue parole elladro
a le mani alzo con ambe due le fiche
gridando tole dio cha te le ſquadro.
Daindi in qua mi fur leſerpi amiche
perchuna gli ſauuolſe allhora al collo:
chome diceſſi non uo che tu diche.
Et unaltra alle braccia et rilegollo
ribandendo ſe ſteſſa ſi dinanzi
che non potea dinanzi dare un crollo
Ah piſtoia piſtoia che none ſtanzi
dincenerarti ſiche piu non duri:
poiche in mal fare elſeme tuo auanzi
Per tutti ecerchi dellonferno ſchuri
non uidi ſpirto in dio tanto ſuperbo
ne quel che cadde a thebe giu de muri.

Equita in exprimere la natura di Vanni: et
f dimoſtra quanta ſuperbia et in pieta uſo inuerſo di dio: conciosia che per diſpregio gli moſtraſſi el dito groſſo tra minori. Ma di ſubito ſegui debita pena dopo el peccato: perche una ſerpe ſe glauolſe al collo chome ſe uoleſſi ſtrignergli la gola: acctoche non poteſſi parlare: et unaltra gli lego le mani drieto: et poi ſi ribadi dinanzi: informa che non ſi potea muouere. Et p queſto allegoricamente ſi dimoſtra che non e/ piccolo ſupplicio allo ſcellerato che ſidilecta inparole et in facti peccare: che gli ſia tolta lapoſſanza del dire et del fare. Del dire legatogli la gola del fare legatogli le mani. AH PISTOIA Piſtoia Vſa una exclamatione: laqual commuoue idegnatione contro a piſtoia. Preterea uſa congeminatione con duplicando el nome. Ilche fa piu efficace et piu graue loratione. CHE NON STãzi cioe perche non deliberi. DINCENERARTI.

dardere et diuentare cenere. POICHE IN Mal fare tu auanzi et uinci el tuo seme. cioe quegli che ti fondorono equali furono seme di che tu nascesti; Et qui molti expongono che eprimi fondatori dipisto ia fussino militi rimasi dopo la ropta et morte di Catellina; equali chome scriue Salustio furono pieni di scelleratezze; et impii contro la lor patria. Ma non puo procedere perche appare chiaramente che pistoia fu innanzi alla coniuratione di catellina. Ilperche diremo semplicemente EL TVO SEME: cioe etuoi antichi. Et conclude non hauere ueduto in tutti ecerchi dellinferno anima piu superba inuerso di dio. NE QVEL Cadde a thebe giu de muri. Intendi Capaneo del quale si fe mentione di sopra.

Esi fuggi che non parlo piu uerbo
et io uidi un centauro pien di rabbia
uenir gridando oue oue lacerbo?
Maremma non credio che tante nhabbia
quante bisce eglhauea su per la groppa
infine oue comincia nostra labbia:
Sopra le spalle drieto dalla groppa
con lale aperte li giacea un drago:
elquale affuoca qualunche glintoppa.

d Isopra nel capitolo doue sono puniti etyrannici et uiolenti huomini pose el poeta ecentauri: et di quegli dicemmo quiui a sufficientia. Hora mette qui Cacco elquale benche non sia figluolo di Ixione et della nuuola chome si finge de centauri. Nientedimeno lo figura mezo huomo et mezo chauallo et chiamalo centauro: perche esuoi costumi furono efferati et bestiali. Ma non lomette fra uiolenti: Ma fra fraudolenti: Perche nesuoi furti et latrocinii mescolo la fraude con la uiolentia Et la fraude e/ piu graue peccato che la uiolentia Et dimostra che lui non solamente e/ punito in questo luogo; ma anchora punisce glaltri. Ac compagna con lui Vanni Fucci: Perche furono simili in commettere non solamente furti: Ma anchora sacrilegio. Vanni in torre le chose sacre di luogo sacro. Cacco in torre le chose di dio/ essendo Hercole uno de gli dii de gentili. Cacco del quale dixe Virgilio Cacus auentine scelus atque infamia silue. Fu figluolo secondo le fauole di Vulcano idio del fuoco. Ilche fingono: perche essendo infame ladrone: et rubatore, tutti epaesi propinqui con arsioni et incendii guastaua. Onde fingono che di bocca gluscissi fuoco et fumo. Habitaua in Auentino uno de septe colli di Roma: et in quello hauea terribile spelonca: et lentrata di quella chiudea con grauissimo saxo: et quiui conducea tutte le prede. Finalmente tornando Hercole di Spagna et conducendo glarmenti di uacche; lequali haueua tolte aGeryone re di Spagna. Cacco auidissimo di nuoua preda ne furo quattro et tirolle per la coda drento alla spelonca. Acciochе paressi pel segno dellorme: che non fussino ite alla speloncha. Ma fussino da quella tornate. Cercolle molto Hercole: Et finalmente non le trouando gia si partia quando al mugghio di quelle saccorse doue erono. Corse alla spelonca: Difendeuasi Cacco mandando fuori fumo et fiamma. Ma piu pote la forza dhercole elquale leuo un saxo che copria la speloncha. Saltouui drento et con la maza uccise Caccho et menonne le uacche. MAREMMA: Ogni luogho maritimo doue el uerno e/ men freddo: et lerbe uiuono in substentatione de greggi et de glarmenti chiamiamo maremma quasi maritima; Et questo maxime interuiene in toscana perche tali maremme sono uolte a mezo giorno: Et in quella di pisa e/ tanta copia di serpi; che alchuno luogo per quelle e/ in habitabile. SV PER La groppa sua: perche e/ mezo cauallo. INSINO DOVE Comincia nostra labbia. cioe insino doue comincia el uentre: elquale dice nostro: perche elcentauro dal uentre in su ha membra humane Chiama el uentre labbia: perche in quello e/ la feccia; et la bructura laquale in latino e/ decta labes. Le biscie ouer serpi dinotano le fraude; lequali pone nel centauro in su la groppa: elquale membro e/ in lui di bestia: Adinotare che le fraude erono efferate et crudeli. SOPRA LE Spalle drieto della coppa con lale aperte li giacea un drago. Pone un drago per quel medesimo: et pollo nelle parti di drieto: Adimostrare che usi lastutia in opere uitiose. Ne saccorge lhuomo dellastutia usata contra di lui/ se non drieto cioe dopo el facto. CON LALE APERTE. Ilche dimostra la uehementia et la uelocita nel male operare. ELQVALE Affuocha qualunche sintoppa. cioe qualunche si riscontra in lui. Imperoche ogni huomo che si rischontra nella fraude perisce pel suo incendio.

Lo mio maestro dixe quello e caco
che sobto elsaxo di monte auentino
di sangue fece molteuolte laco.
Non ua co suoi fratelli per un camino
per lo furto che fraudulente fece
del grande armento che glhebbe uicino.
Onde cessaron le sue opre biece

e Conueniente chosa che Virgilio glinarri la historia di Caco: perche lui lapone nella sua eneide CHE SOBTO El saxo di monte auentino. Nella spelonca laquale era sobto un maxo nel monte auentino. Questo e/ uno de septe colli di Roma uicino al teuere decto chosi da auentino re de glaborigini: elquale quiui in teuere; che lo rasenta fu sobmerso: et in tale monte sepulto. Altri uogliono che esabini aquali Romolo

sobto la maza dhercole che forse
gle ne die cento et non senti le diece.

concedecte che questo monte habitassino lo chiamorono auentino da un monte auentino elquale haueuono neloro paesi. Altri dicono esser nominato auentino dallo aduento cioe dallo aduenimẽto de glhuomini: perche in quello era il tempio di Diana doue hoggi e/sancta Sabina: elquale era comune a tutti epopoli latini. Oueramente perche gia questo colle fu circundato dal fiume et qui ui sandaua cholle naui. DI SANGVE Fece molteuolte laco: Perche amazaua glhuomini che ui passauono: et allagaua elluogo pel sangue loro. NON VA Con suo frategli: Non ua con glaltri centauri: equali chiama suoi frategli non perche lui fussi figluolo dixione chome quegli: Ma per la similitudine de membri: et de uitii. Et non ua per un camino: perche quegli sono puniti chome uiolenti: et questo e/ fraudolente: perche con fraude furo le uacche dhercole: elquale benche con la maza sua glene dessi cento: Niente dimeno non senti le dieci: perche furono si graui che mori ne primi colpi.

m Entre che Virgilio parlaua Cacco trascorse et passo uia. ET TRE SPIRITI: equali nominera di sobto. VENNOR SOBTO NOI: perche andauano per la bolgia et loro erono sopra la ripa di quella. Dequali ne lui ne Virgilio anchora seron accorti. Ilche significa che ne antica historia laqual potessi esser nota a Virgilio: Ne moderna laqual Danthe hauessi lecta fa mentione di costoro: Ma Danthe glhauea uditi nominare: et pero soggiugne che lui non gli conoscea. Ma acaso interuenne che luno nomino laltro. Et e/ chosa mirabile in questo poeta la uarieta nel narrare a chi chon diligentia attende: perche sempre uaria con gran de artificio: et sempre chon nuoua inuentione muta laforma del narrare: laquale uarieta rinnuoua la mente dellectore: et rimuouegli tedio: et fastidio: elquale nasce dalla similitudine. Ne alchuno puo udire con attentione molte chose/ se tutte sono nel medesimo modo decte. Preterea perche le sue narrationi sono ingran parte poste piu nelle persone che nelle chose sempre attribuisce a ciaschuno che lui induce aparlare tale sermone quale sia accomodato alla natura et a costumi suoi. Ma tale artifitio e/ facile cognoscere a docti: et a glindocti difficile. GIAMFA Oue rimase. Costui fu de donati secondo che molti scriuono. Ma nessuno pone che furto lui facessi. Ma sobtilmente dimostra qui el poeta che spesso interuiene che a caso et non sene aueggendo lun ladro scuopre laltro PERCHIO Accioche el duca stessi attento. Questa e/ ragione philosophica che prima Danthe prima facorgesse di costoro che Virgilio. Imperoche la scientia de gluniuersali non uiene in Virgilio: cioe nel lintellecto se prima Danthe che e/ el senso et la ragione inferiore non conosce el particulare. Marauiglieransi forse molti chio tante uolte repeta una medesima chosa della differentia che e/ tra la superiore et inferiore ragione. Ma sia mia scusa la necessita: laquale mi constrigne tante uolte replicarla quanteuolte occorre: che sanza quella non si puo dare lallegorico senso al texto. MA POSI El dito su dal mento al naso. Questo e/ cenno pel quale dimostriamo uolere che si faccia silentio: perche tra el mento et el naso e/ la bocca laquale strignendosi fa silentio. Onde Iuuenale dixe Digito compesce labellum.

Mentre che si parlaua et ei trascorse
et tre spiriti uennor sobto noi
de quali ne io ne il duca mio saccorse:
Se non quando gridai chi sete uoi
perche nostra nouella si ristecte
et intendemo pure a essi poi.
Io non gli conoscea: ma eseguette
chome suol sequitare per alchun caso:
che lun nominar laltro conuenette.
Dicendo gianfa doue fia rimaso
perchio accioche elduca stessi attento
mi posi el dito su dal mento alnaso.

Se tu sei hor lectore a creder lento
cio chio diro non sara marauigla:
che io chel uidi appena mel consento
Chomio tenea leuate in lor le cigla
et un serpente con sei pie si lancia
dinanzi alluno et tutto allui sappigla.
Co pie dimezo gladuinxe la pancia
et con glanteriori le braccia prese:
poi gladdento et luna et laltra guancia
Lideretani alle cosce distese:
et missegli la coda trambe due
et drieto per le reni su laritese.

u Iua inuentione et laquale si pel figmento Si per lallegoria possi non solamente dilectare. Ma in sommo stupore indurre lanimo dellauditore: et nel principio lo fa attento dimostrando hauere a dire chose si nuoue et inusitate che appena: che lui medesimo chel uide lo possa credere: et pero dice SE TV SEI Hor lectore a creder lento. Dice adunque che uno serpente con sei piedi si lancio a uno de tre spiriti et congiunse elcapo et la faccia sue con quella dello spirito: et epiedi et gambe dinanzi congiunse con le braccia et con le mani sue et chon le gambe di mezo abbraccio el pecto et eluentre: et quelle di drieto dilungo tanto che le congiunse con legambe dello spirito: Questoquanto allonferno essen dardere et diuentare cenere. POICHE IN Mal fare tu auanzi et uinci el tuo seme. cioe quegli che ti fondorono equali furono seme di che tu nascesti; Et qui molti expongono che eprimi fondatori dipisto ia fussino militi rimasi dopo la ropta et morte di Catellina; equali chome scriue Salustio furono pieni di scelleratezze: et impii contro la lor patria. Ma non puo procedere perche appare chiaramente che pistoia fu innanzi alla coniuratione di catellina. Ilperche diremo semplicemente EL TVO SEME: cioe etuoi antichi. Et conclude non hauere ueduto in tutti ecerchi dellinferno anima piu superba inuerso di dio. NE QVEL Cadde a thebe giu de muri. Intendi Capaneo del quale si fe mentione di sopra.

d Isopra nel capitolo doue sono puniti etyrannici et uiolenti huomini pose el poeta ecentauri; et di quegli dicemmo quiui a sufficientia. Hora mette qui Cacco elquale benche non sia figluolo di Ixione et della nuuola chome si finge de centauri. Nientedimeno lo figurà mezo huomo et mezo cauallo et chiamalo centauro: perche esuoi costumi furono efferati et bestiali. Ma non lomette fra uiolenti: Ma fra fraudolenti: Perche nesuoi furti et latrocinii mescolo la fraude con la uiolentia Et la fraude e/ piu graue peccato che la uiolentia Et dimostra che lui non solamente e/ punito in questo luogo; ma anchora punisce glaltri. Accompagna con lui Vanni Fucci: Perche furono simili in commettere non solamente furti: Ma anchora sacrilegio. Vanni in torre le chose sacre di luogo sacro. Cacco in torre le chose di dio/ essendo Hercole uno de gli dii de gentili. Cacco del quale dixe Virgilio Cacus auentine scelus atque infamia silue. Fu figluolo secondo le fauole di Vulcano idio del fuoco. Ilche fingono: perche essendo infame ladrone: et rubatore, tutti epaesi propinqui con arsioni et incendii guastaua. Onde fingono che di bocca gliuscissi fuoco et fumo. Habitaua in Auentino uno de septe colli di Roma: et in quello hauea terribile spelonca: et lentrata di quella chiudea con grauissimo saxo: et quiui conducea tutte le prede. Finalmente tornando Hercole di spagna et conducendo glarmenti di uacche: lequali haueua tolte aGeryone re di Spagna. Cacco auidissimo di nuoua preda ne furo quattro et tirolle per la coda drento alla spelonca. Acciochе paressi pel segno dellorme: che non fussino ite alla spelonca. Ma fussino da quella tornate. Cercolle molto Hercole: Et finalmente non le trouando giassi partia quando al mugghio di quelle saccorse doue erono. Corse alla spelonca: Difendeuasi Cacco mandando fuori fumo et fiamma. Ma piu pote la forza dhercole elquale leuo un saxo che copria la spelonca. Saltoui drento et con la maza uccise Caccho et menonne le uacche. MAREMMA: Ogni luogho maritimo doue el uerno e/ men freddo: et lerbe uiuono in substentatione de greggi et de glarmenti chiamiamo maremma quasi maritima; Et questo maxime interuiene in toscana perche tali maremme sono uolte a mezo giorno: Et in quella di pisa e/ tanta copia di serpi; che alchuno luogo per quelle e/ in habitabile. SV PER La groppa sua: perche e/ mezo cauallo. INSINO DOVE Comincia nostra labbia. cioe insino doue comincia el uentre; elquale dice nostro: perche elcentauro dal uentre in su ha membra humane Chiama el uentre labbia: perche in quello e/ la feccia; et la bructura laquale in latino e/ decta labes. Le biscie ouer serpi dinotano le fraude; lequali pone nel centauro in su la groppa: elquale membro e/ in lui di bestia: Adinotare che le fraude erono efferate et crudeli. SOPRA LE Spalle drieto della coppa con lale aperte li giacea un drago. Pone un drago p quel medesimo: et pollo nelle parti di drieto: Adimostrare che usi lastutia in opere uitiose. Ne saccorge lhuomo dellastutia usata contra di lui/ se non drieto cioe dopo el facto. CON LALE APERTE. Ilche dimostra la uehementia et la uelocita nel male operare. ELQVALE Affuocha qualunche sintoppa. cioe qualunche si riscontra in lui. Imperoche ogni huomo che si rischontra nella fraude perisce pel suo incendio.

Esi fuggi che non parlo piu uerbo
 et io uidi un centauro pien di rabbia
 uenir gridando oue oue lacerbo?
Maremma non credio che tante nhabbia
 quante bisce eglhauea su per la groppa
 infine oue comincia nostra labbia:
Sopra le spalle drieto dalla groppa
 con lale aperte li giacea un drago:
 elquale affuoca qualunche glintoppa.

Lo mio maestro dixe quello e caco
 che sobto elsaxo di monte auentino
 di sangue fece molteuolte laco.
Non ua co suoi fratelli per un camino
 per lo furto che fraudulente fece
 del grande armento che glhebbe uicino.
Onde cessaron le sue opre biece

e Conueniente chosa che Virgilio glinarri la historia di Caco: perche lui lapone nella sua eneide CHE SOBTO El saxo di monte auetino. Nella spelonca laquale era sobto un maxo nel monte auentino. Questo e/ uno de septe colli di Roma uicino al teuere decto chosi da auetino re de glaborigini: elquale quiui in teuere: che lo rasenta fu sobmerso: et in tale monte sepulto. Altri uogliono che esabini aquali Romolo

sobto la maza dhercole che forse
gle ne die cento et non senti le diece.

concedecte che questo monte habitassino lo chia morono auentino da un monte auentino elquale haueuono neloro paesi. Altri dicono esser nominato auentino dallo aduento cioe dallo aduenimẽto de glhuomini: perche in quello era il tempio di Diana doue hoggi e/ sancta Sabina: elquale era comune a tutti epopoli latini. Oueramente perche gia questo colle fu circundato dal fiume et qui ui sandaua cholle naui. DI SANGVE Fece molteuolte laco: Perche amazaua glhuomini che ui passauono: et allagaua elluogo pel sangue loro. NON VA Con suo frategli: Non ua con glaltri centauri: equali chiama suoi frategli non perche lui fussi figluolo dixione chome quegli: Ma per la similitudine de membri: et de uitii. Et non ua per un camino: perche quegli sono, puniti chome uiolenti: et questo e/ fraudolente: perche con fraude furo le uacche dhercole: elquale benche con la maza sua glene dessi cento: Niente dimeno non senti le dieci: perche furono si graui che mori ne, primi colpi.

m Entre che Virgilio parlaua Cacco trascorse et passo uia. ET TRE SPIRITI: equali nominera di sobto. VENNOR SOBTO NOI: perche andauano per la bolgia et loro erono sopra la ripa di quella. Dequali ne lui ne Virgilio anchora serono accorti. Ilche significa che ne antica historia laqual potessi esser nota a Virgilio: Ne moderna laqual Danthe hauessi lecta fa mentione di costoro: Ma Danthe glhauea uditi nominare: et pero soggiugne che lui non gli conoscea. Ma acaso interuenne che luno nomino laltro. Et e/ chosa mirabile in questo poeta la uarieta nel narrare a chi chon diligentia attende: perche sempre uaria con grande artificio: et sempre chon nuoua inuentione muta laforma del narrare: laquale uarieta rinnuoua la mente dellectore: et rimuouegli tedio: et fastidio: elquale nasce dalla similitudine. Ne alchuno puo udire con attentione molte chose/ se tutte sono nel medesimo modo decte. Preterea perche le sue narrationi sono ingran parte poste piu nelle persone che nelle chose sempre attribuisce a ciaschuno che lui induce aparlare tale sermo e quale sia accomodato alla natura et a costumi suoi. Ma tale artifitio e/ facile cognoscere a docti: et a glindocti difficile. GIAMFA Oue rimase. Costui fu de donati secondo che molti scriuono. Ma nessuno pone che furto lui facessi. Ma sobtilmente dimostra qui el poeta che spesso interuiene che a caso et non sene aueggendo lun ladro scuopre laltro PERCHIO Acciochel duca stessi attento. Questa e/ ragione philosophica che prima Danthe prima faccorgesse di costoro che Virgilio. Imperoche la scientia de gluniuersali non uiene in Virgilio: cioe nel lintellecto se prima Danthe che e/ el senso et la ragione inferiore non conosce el particulare. Marauigleransi forse molti chio tante uolte repeta una medesima chosa della differentia che e/ tra la superiore et inferiore ragione. Ma sia mia scusa la necessita: laquale mi constrigne tante uolte replicarla quanteuolte occorre: che sanza quella non si puo dare lallegorico senso al texto. MA POSI El dito su dal mento al naso. Questo e/ cenno pel quale dimostriamo uolere che si faccia silentio: perche tra el mento et el naso e/ la bocca laquale strignendosi fa silentio. Onde Iuuenale dixe Digito compesce labellum.

Mentre che si parlaua et ei trascorse
et tre spiriti uennor sobto noi
de quali ne io ne il duca mio saccorse:
Se non quando gridai chi sete uoi
perche nostra nouella si ristecte
et intendemo pure a essi poi.
Io non gli conoscea: ma seguette
chome suol sequitare per alchun caso:
che lun nominar laltro conuenette.
Dicendo gianfa doue fia rimaso
perchio acctoche elduca stessi attento
mi posi el dito su dal mento alnaso.

Se tu sei hor lectore a creder lento
cio chio diro non sara marauigla:
che io chel uidi appena mel consento
Chomio tenea leuate in lor le cigla
et un serpente con sei pie si lancia
dinanzi alluno et tutto allui sappigla.
Co pie dimezo gladuinxe la pancia
et con glanteriori le braccia prese:
poi gladdento et luna et laltra guancia
Lideretani alle cosce disteese:
et missegli la coda trambe due
et drieto per le reni su laritese.

u Iua inuentione et laquale si pel figmento Si per lallegoria possi non solamente dilectare. Ma in sommo stupore indurre lanimo dellauditore: et nel principio lo fa attento dimostrando hauere a dire chose si nuoue et insitate che appena: che lui medesimo chel uide lo possa credere: et pero dice SE TV SEI Hor lectore a creder lento. Dice adunque che uno serpente con sei piedi si lancio a uno de tre spiriti et congiunse elcapo et la faccia sue con quella dello spirito: et epiedi et gambe dinanzi congiunse con le braccia et con le mani sue et chon le gambe di mezo abbraccio el pecto et eluentre: et quelle di drieto dilungo tanto che le congiunse con legambe dello spirito: Questoquanto allonferno essen

Hellera abbarbicata mai non fue
ad albero chome lhorribil fera
pe laltrui membra aduiticchio le fue :
Poi fappicar come di calda cera
fuffero ftate : et mifchiar lor colore
ne lun ne laltro gia parea quel chera
Chome procede innanzi dallardore
per lo papiro fufo un color bruno
che non e/ nero anchora et laltro more.

tiale dinota che dopo la morte tale anima fi congiugne col demonio che latento : Et allegoricamẽte dimoftra che tale huomo quãdo ha facto habito della fraude per modo fi congiugne con quella che non appare in lui ingegno humano : Ma ferpentino ; alquale conuerte ogni fuo acume in nuocere col ueleno. Ma non altutto ferpentino : perche pure in alchuna parte ritiene della ragione humana. Imperoche quefta e / la feconda fpetie che e/di quegli equali benche habbino acto habito in tal uitio. Nientedimeno hanno qualche riguardo di non furare ogni cofa a ogni huomo. Adunque del ferpente et dellhuomo fi fa una certa chofa che non e/ ne ferpente ne huomo. CHOMIO Tenea leuate in lor le cigla. Quefto fignifica che contemplando con diligentia la natura del furo fi conofce quefta transformatione. CHO PIE Dimezo gladuinfe la pancia. Appicca el ferpente el capo col capo : perche efenfi dellhuomo diuentono fenfi ferpentini. Similmente la coniuntione del bufto doue e/ el chuore fignifica epenfieri et lecogitationi ; Et per la congiunctione delle braccia et delle mani intendi lopere : et per quella delle gambe et de piedi/glaffecti et le cupidita. ET MISSEGLI la coda trambe due. Quefta el fine et leffecto elquale ha afturia ; et ueleno di ferpente aiutato dalla deprauata ragione dellhuomo. HELLERA MAI Non fue abbarbicata ad albero. La natura dellhellera e/appiccarfi a glarberi et a muri : et ua fempre in piglando ; et mette certe barbe et radici per tutto chon le quali fappicca. Onde in latino e/ decta hedera ab herendo quia hereat : cioe fappicca. AVITICCHIO Cioe appiccho chome fappicca la uite cho fuoi uiticci. POI SAPPICARO. Chome acutiffimo fcriptore dimoftra tre gradi in quefta trafmutatione : prima che effendo feperati lo fpirito et el ferpente fi collegorono ftrectamente : et per tutti emembri come hellera laquale comindandofi dalla baffa parte del gãbo fi ua appiccando infino alla cima. Nientedimeno perche fuffino chofi appiccati non pero erono ĩcorporati. Dipoi fequita el fecondo grado nel quale fi cominciorono a incarnare chome fe due cãdele di cera calda fappiccaffino infieme. El terzo grado nel quale fi mefcolorono chome fe due uafi uno doro laltro dargento fondendo fi mefcolaffino ; et di due metalli fi faceffi un terzo corpo : che non haueffi cholore ne doro ne dargento. Et quefto dimonftra per comperatione dellucignolo della candela : elquale prima biancho arfo diuenta nero. Ma prima innanzi che fia arfo pigla un color bruno tra biancho et nero. Onde dice CHOME PROCEDE Innanzi dallardore un color bruno. Bruno e/ un colore elquale non e/ nero appieno ; ma pende nel nero. Quefto elatini dicono fufco. SVSO PER LO PAPIRO. cioe pel lucignolo elquale fi fa di bambagia. Benche papyro fia fpetie di giuncho in egypto ; del chui midollo glantichi faceano molte chofe lequali noi facciamo di bambagia.

Glaltri lo riguardauono et ciafchuno
gridaua ome agnel chome ti muti ?
uedi che gia non fei ne due ne uno :
Gia eron li due capi un diuenuti
quando napparuon due figure mixte
in una faccia doueron perduti.
Fenfi le braccia due di quattro lifte/
le cofte con le gambe el uentre el caffo
diuenner membra che non fur mai uifte
Ogni primaio afpecto uera caffo
duno et neffuno lim agine peruerfa
parea et tal fengia con lento paffo.

p Otrai leggere quante transfigurationi fece gia alchuno o greco o latino poeta. Ma fe non erro non trouerrai alchuna che dinuentione quefta pareggi ; Nella quale tanto fidilecti. fi marauigli : et ftupifca chi legge per la fua nouita : et bene occultata allegoria. Ma fequitiamo eltexto Con admiratione diceuono ecompagni. O AGNELLO Chome ti muti : chome ti puoi tu cõuertire in una fpetie che non fia ne tu ne el ferpẽte. Et ben dice che erono due figure mixte in una faccia : et in quella eron perdute ; perche non uera figura ne di ferpe ne dhuomo. FENSI LE Braccia due di quattro lifte. Imperoche alle due braccia ferono appiccate due gambe del ferpente. Similmente le cofcie et le ghambe. OGNI PRIMAIO ASPECTO Vera caffo. cioe annullato. Chofi quello della ferpe chome quello dello fpirito : Et la imagine peruerfa : cioe mutata in contrario non parea ne una ne due. Quefta allegoria difopra habbiamo aperto ; Et elluogho mi pare incomparabile.

Chome ramarro fobto la gran ferza
de di caniculari cangiando fepe
folgore par fe la uia attrauerfa.

c Om incia qui lauctore a tractare della terza fpetie del furto nella quale fono quegli : che non folamente hanno facto habito : ma anchora nel furare non hanno alchuno riguardo : ne

CANTO XXV.

Chosi parea uenendo inuerso lepe
de glaltri due un serpentello acceso
liuido et nero chome granel di pepe
Et quella parte donde prima e preso
nostro alimento allun di lor trafixe
poi cadde giuso innanzi allui disteso
Ilctrafitto il miro ma nulla dixe
anzi copie fermati sbadiglaua
pur come sonno o febbre lassalisse
Egli il serpente et quel lui riguardaua
lun per la piaga et laltro per la boccha
fumauon forte el fummo sincontraua.

dhuomo: ne di chosa: ne di luogo. Finge adūque che mentre che erono occupati nel riguardar tre spiriti uenne un serpentello con quella uelocita: che un ramarro ne gran caldi attrauersa la uia: et morse el bellico a messer Buoso. Et finalmente el morso diuento serpente: et el'mordente serpente riprese forma humana: laquale hauea perduta: perche prima era lanima di messer Francesco caualcante chome disobto apparira. CHOME El ramarro. La comperatione e/ nota: Ma alchuni uogliono per le uarie macule che ha el ramarro sintenda le uarie astutie et fraude che usa el furo. SOBTO LA GRAN FERZA. Ferza chiamiamo scutica et scuriata chon laquale battiamo o huomo o animale. Onde diciamo sferzare batter con la sferza. Et per translatione chiamiamo la ferza del sole/ erazi ardentissimi quando con piu ardore ci scudisciono. Adunque sobto la gran ferza/ sobto el grande ardore de di caniculari. Canicula appresso de greci e/decta Syrio pel suo splendore: perche e/ stella della prima magnitudine et molto luce. Altri uoglono Syrio uenire da syrin che significa tirare et distendere: perche questa imagine si distende per lungo interuallo: et occupa con la sua grandeza quasi lo spatio di tre segni. Preterea e/ sita nel mezo centro del cielo. Alquale quando el sole sale nasce tanto ardore che ecorpi humani sinfiammano informa che chome scriue Homero uarii morbi et febbri gli molestano. Se da la benignita daltra stella non sono solleuati. Nasce secondo Albumasar nel. xxviiii. grado del cancro: et da questa sono decti edi caniculari: nequali Hippocrate et glialtri nobili medici proibiscono phlobotomia et ogni solutiua medicina. Epoeti greci singono che questa e la cagna laquale fu data insieme con un serpente alla guardia deuropa figluola dagenore re di Phenicia: et amata da gioue· laquale dipoi Cephalo atheniese meno alla caccia di thebe contro alla uolpe: che guastaua quel contado: Et perche da fati era ordinato che ne la cagna ne la uolpe potessi essere uccisa/ Ioue transformo la uolpe in saxo: et la cagna inquesta imagine. Alchuni dicono che Icharo atheniese fu inuētore del uino in quella regione: Et epastori che da prima ne beuuono diuentati ebbri credectono esser stati auelenati et uccisonlo. Erygone sua figluola cercando el chorpo del padre fu condocta dalla sua cagna chiamata Neera alluogho doue giacea morto. Ilperche Bacco prego Gioue che la fanciulla conuertissi nel segno della uergine: et la cagna in questa canicula: Et ha la imagine della canicula queste stelle. Vna nel capo decta Isis. una nella lingua piu splendida che tutte laltre: et della prima magnitudine: et questa proprio e/ decta canicula. Nel collo due. In ogni spalla una obscura nel pecto due obscure. Nel pie sinistro dinanzi tre: Nel dextro una chiara. Nellextremita del dosso tre. Nella pancia due. Nel sinistro femore una: Nel pie di drieto et sinistro una: Nella sommita della coda una. Sono adunque uenti. Dicemmo pocho di sopra che la canicula atempi dalbumasar nascea nel. xxviiii. del cancro. Ma alpresente nasce nel. xxii. del lione. FOLGORE. Pare per la gran uelocita pare un baleno. SE LA VIA ATTRAVERSA. Imperoche uscito della siepe nella uia non sitiene sicuro insino che non entra nellaltra siepe. INVERSO LEPE. Inuerso le pancie et le trippe. Epa in toscano significa quella parte che e dallo stomaco al pectignone. VN Serpentello acceso. Questo dimostra esser messer Franceseho caualcanti elquale pel peccato del furto era diuentato serpente: et hora mordendo el bellico a messer Buoso/ muta lui in serpente et egli ritorna huomo: Et per questo dimostra che lun furo o per exemplo o p persuasione fa furo laltro: Et dipoi spesso interuiene chel serpente che ha morso lhuomo cioe el furo elquale ha indocto a furare chi non era furo conosce la bructura di questo uitio in quello che per suo malo exemplo e/ diuentato ladro: et conosciutola si rimuoue dal uitio: et chome buoso dhuomo diuento serpente. i. per exemplo daltri diuento furo: chosi Francesco: Et questo maxime exprime narrando chel fummo delluno sinscontraua nel fummo dellaltro: perche conobbe la pernitie di tale uitio inaltri/ ritorno huomo. EL MIRO MA NVLLA DIXE. Imperoche per mirare loperationi del furo saccende ĩforma al furare che altutto saliena dalla mente et cade in terra: cioe nella cupidita delle chose terrene. ACCESO. Per questo si dimostra la fiamma della cupidita sanza laquale nessun furerebbe. LIVIDO cioe noceuole: perche el furo assai nuoce al proximo toglendogli el suo: oueramente liuido: cioe inuidioso. Imperoche per inuidia che altri non sia piu riccho di noi ci mettiamo a furare. Et certamente sopporteremo assai in pace la pouerta se non uedessimo le riccheze daltri. Onde scriue Hieronimo che Oculi sunt per quos paupertatem ferre non possumus. ET NERO. Quasi dica uelenoso et nociuo. Onde Horatio Hic niger est hunc tu romane caueto. ET QVELLA Parte onde. Pella quale elnostro Alimento: cioe nutrimento e/ prima preso Questo significa el bellico pel quale el fanciullo nel chorpo della madre riceue el nutrimento innanzi che anchora lo pigli per bocca. Finge che mordessi elbellicho Onde uiene el primo nutrimento forse adinotare che questi che sono tanto dati a furti sono quegli che dal principio della loro creatione hanno riceuuto tale influentia dalle stelle : Oueramente morse elbellico cioe destò la concupiscentia : perche elbellico si pone per quella. LO TRAFICTO L Miro : ma nulla dixe. Perche tanto saccese dallacceso serpente : cioe dalla cupidita del furare : che gli porse el morso del serpente cioe del furo. CHE Non dixe nulla : quasi dica non pote arguire contro a tanta cupidita. ANZI CO PIE FERMATI. Pongonsi epiedi per laffectione et per la cupidita : laquale porta lanima alloperationi : chome epiedi portano el corpo : Et certo nulla potentia muoue lanimo a operere se non lappetito. Per questo finge Homero che Achille non potea esser ferito se non nelle piãte depiedi. SBADIGLAVA Chome sonno o febbre lassalisse. Sbadiglare in latino e decto oscitare : cioe aprir labocca. Nasce lo sbadigio da uapori grossi et freddi generati dallo stomacho da ocio et da pigritia : equali salgano et montano alla bocca per la uia del cibo : et spargonsi per le mascella. Ilperche la natura cupida di pignergli fuora con aperta bocca alita. EGLI EL SERPENTE. El furo considera la fraude per prenderla : et la fraude riguarda el furo perche lo persuade. LVNO PER La piaga del bellico et laltro ꝑ la bocca fumaua. Perche chi ꝑ rsuade el furto fuma per la bocca : perche usa le parole : et quello a chi e persuaso fuma pel bellico : perche accende la sua cupidita. EL FVMO Sincontraua : perche le parole arriuauano alla cupidita : et la cupidita saccende per le parole.

Dondi nasse el sbadiglio.

d Imostra qui el poeta che ne Lucano ne Ouidio fingendo fauole chome usano epoeti non hãno fincto si marauiglosa transmutatione come uidi io in questa bolgia. Imperoche epsi pongono uno esserst trasmutato in unaltra chosa. Ma io uidi due che luno si transmuto nellaltro. Adunque TACCIA LVCANO : perche la transfiguratione uista da me uince quella che lui discriue di Sabello et di Nasidio : Scriue Lucano che Sabello soldato di Catone nella lybia harenosa fu puncto da serpente decto seps : et tale punctura in brieue compre se tutto el corpo : et rompea la pelle et la carne : Et finalmente chome ardentissima fiamma lo ridu̾xe in pocha cenere. Et doppo questo pone el medesimo poeta effecto contrario dunaltro ueleno che un serpente decto prester punse Nasidio soldato del medesimo exercito : et tal morso in forma gonfio el corpo che gli scoppio la coraza : et tanto ingrosso : che non si discernea alchuno membro o giuntura : Ne di tal corpo gusto fiera alchuna o uccièllo che non morissi. Dicono alchuni che prester e/ spetie daspido : et ua sempre a boccha aperta et fumante : Fa chome e/ decto gonfiare el corpo puncto dallui : Et quello dopo el gran tumore putrefa. Taccia adunque Lucano nelle sue transfigurationi : perche non sono mirabili quanto queste : lequali hanno tanta forza in due che luno si trasforma nellaltro. Et similmente non equiperi o pareggi Ouidio le sue methamorphose cioe trasmutationi di Cadmo et Aretusa a quelle chio uidi. Fu Agenore re di Phenicia. A chostui fu rapita la figluola decta Europa da Ioue transfigurato in toro. Ilperche chomando a Cadmo suo figluolo che la cercassi ne tornassi mai sanza quella : Cadmo dopo lunga inquisitione disperandosi di trouarla dilibero fermarsi in Boetia regione di grecia : et in quella amazo un serpente consecrato a Marte : et con consiglo di pallade semino edenti di quello ; et nacque di tal seme huomini armati : equali disubito uenendo in battagla tra loro succisono : excepto pochi equali gli furono in aiuto a hedificare Thebe. Sarebbe prolipso narrare molte infelicita di Cadmo et di sua famigla : Ma finalmẽte afflicto da quelle stimando forse che el mutare patria gli mutassi fortuna partissi in sua senectu con la mogle et uenne in Illiria hoggi decta capo distria : Et quiui ripetendo un giorno con la mogle euarii casi della fortuna si conuertirono in serpenti. Ilche figurano epoeti per dimostrare che glhuomini equali sono di lunga uita : et hanno prouati uarii et diuersi casi di fortuna diuentono per experientia molto prudenti : et transformonsi in serpenti : perche il serpente e/ prudentissimo animale : Et aggiugne Ouidio che tali serpenti a nessuno noceuono : etiam uolentieri uedeuono glhuomini. Ilche che altro puo significare se non che in loro era quella prudentia laquale e/ uirtu che ci regola a uiuere ciuilmente : et cercare concordia et tranquillita : et giouare a noi et ad altri : et a nessuno nuocere. Et non era una certa malitia et astutia maluagia laquale induce glhuomini a ingannare glaltri huomini : Ilperche le sacre lectere uolendoci confortare non alla uitiosa maluagita : Ma alla uirtuosa prudentia dixono : Estote prudentes sicut serpentes et simplices sicut columbe. Quasi dica usate la serpentina prudentia : Ma sia semplice sanza couerta o inganno : et chome lecolombe a nessuno nuocano cosi uoi non nocete : Ma giouate come Cadmo elquale fece molti beneficii a glhuomini : conciosia che lui fu hedificatore di citta : et a greci come riferisce Plinio arrecho di Phenicia in grecia sedici lettere dellalphabeto Aristotele dice diciotto. Alle quali dipoi nella guerra troiana Palamede naggiunse quattro. Fu el primo che ingrecia trouo loro.

Taccia lucano homai doue si tocca
del misero Sabello et di Nasidio :
et attenda a udir quelchor si scoccha.
Taccia di Cadmo et dArethusa Ouidio
che se quel in serpente et quella in fonte
conuerti poetando io non lo inuidio
Che due nature mai a fronte a fronte
non transmuto si chambe due le forme
a cambiar lor materie fussin prompte.

et il modo di fonderlo. Arethusa fu nympha compagna di Diana: laquale tornando da caccia per rinfrescarsi si bagno nuda nel fiume Alpheo: elquale corre per Arcadia. Ilperche Alpheo dio di quel fiume subito preso dallamore della nympha la uolle contaminare: Arethusa chome uergine et casta losfuggi: et nel correre per molto sudore si trassformo in fonte: et diana comossa a misericordia gliaperse la terra. Onde tale acqua corse sobto la terra et sobto el mare: et arriuo in sicilia sanza mescolarsi con lacqua salsa. Ne pero per questo cesso Alpheo di sequitarla: Ma conuertito in fiume insino in Sicilia drieto gli corse. Questo fingono epoeti perche inuerita elfiume alpheo secondo preclarissimi scriptori in archadia si dimerge sobto terra et riesce in Sicilia nel fonte decto Aretusa. SE QVELLO: cioe Cadmo si conuerti in serpente. ET QVELLA: cioe Arethusa. IO NON lo inuidio. Quasi dica io non stimo maggiori queste transmutationi che quella chio uidi Anzi minori: Et pero dice Io non lo inuidio cioe non gli porto inuidia: perche noi portiamo inuidia alle chose maggiori che lenostre: et non alle minori: Et assegna la ragione che le loro transmutationi furono minori: perche mai non posono due cose insieme lequali si trasmutassino luna nellaltra: chome uidi io Buoso in serpente: et el serpente conuersi in Buoso.

Insieme si riposono ad tai norme
chel serpente la coda in forca fesse
el ferito ristrinse insieme lorme.
Legambe colle coscie seco stesse
sappiccar si chempoco la giunctura
non facea segno alchuno che si paresse.
Toglea la coda fessa lafigura
che si perdea di lei et la sua pelle
si facea molle et quella di la dura.
Io uidi entrar le braccia per lascelle:
et due pie della bestia cheron torti
tanto allungar quanto acorciauon quelle
Poscia li pie di drieto insieme attorti
diuentoron lemembra che lhuom cela
el misero del suo nhauea due porti
Mentre chel fumo luno et laltro uela
di color nuouo genera el pel suso
per luna parte et dallaltra el dipela.

Or mi pare che in questi uersi si ricerchi alchuna altra allegoria. Ma e/ dhauere in admiratione longegno del poeta: elquale per fare latransmutatione uerisimile con grande industria discriue la forma et el modo: et dice che la coda del serpente si diuise in due parti: et diuento due gambe humane: et legambe di Buoso si congiũsono insieme: et diuentorono coda di serpente. Et chosi lapelle dellhuomo diuentaua duro cuoio di serpente: et el cuoio del serpente diuentaua tenera pelle humana: Et similmente le braccia di Buoso rietroron dentro allascelle: cioe a glhomeri: et diuentoron corte chome le zampe del serpẽto: et le zampe dinanzi sallungorono: et diuentorono braccia dhuomo: et quelle di drieto si rauuolsono insieme: et diuentorono LE MEMBRA Che lhuom cela: et nasconde cioe el membro uirile. ET EL MISERO Buoso. HAVEA Porti: cioe distesi due piedi del suo membro uirile. MENTRE Chel fumo uela: cioe chuopre et nasconde. LVNO ET LALTRO. i. el serpente et Buoso. GENERA EL Pelo suso per luna parte. Ordina chosi: el fumo genera el pelo suso. Intendi in sul pettignone per luna parte: per laltra del serpente: elquale diuentando huomo douea esser peloso circa quelle parti. Et Dallaltra: parte che era quella di Buoso. DIPELA: cioe lieua el pelo: perche doueua diuentare serpente: elquale non ha peli.

Lun si leuo et laltro cadde giuso
non torcendo pero le lucerne empie
sobto lequal ciaschun cambiaua muso
Quel chera dritto trassenuer le tempie:
et di troppa materia che la uenne
uscir glorecchi delle gote scempie:
Cioche non corse indrieto et si ritenne
di quel souerchio fe naso la faccia:
et le labbra ingrosso quanto sconuenne
Quelche giacea el muso innanzi caccia:
Et glorecchi ritira per la testa
chome face le corna la limaccia
Et la lingua chauea unita et presta

Ha insino a qui trasmutato le parti dalle spalle in giu informa che Buoso e/ diuentato serpente: et Francesco di serpente e/ diuentato huomo. Hora sequita in trasformare da lui in su Et pero dice. LVN SI LEVO: et questo fu Francesco: elquale hauendo facte gambe humane della serpentina coda si leuo inpie. ET LALTRO Cadde giuso. Et buoso perche le sue gambe erono diuentate coda di serpente non potẽdo stare piu ricto chome huomo/cadde. QVEL CHE era ritto: cioe Francesco elquale staua gia ritto comincio a mutare el muso di serpente in forma humana: et el modo fu che chome noi sappiamo chel muso del serpente non e/ largho ne grosso quanto el uiso dellhuomo: Ma e/ lungo et sottile. Adunque bisogno che lui ritirãdo indrieto elmuso loraccordassi alla misura deluiso

prima ad parlar si fende: et la forchuta
nellaltro si richiude el fumo resta.

dellhuomo: et raccorciandosi uauanzo materia da fare gliorecchi el naso et le labbra grosse lequali chose sono nellhuomo et non nel serpente: Et pero scriue che lui. TRASSE IN uer le tempie. Ritiro indrieto inuerso le tempie. ET DI Troppa materia che la uenne: et di quella materia la quale per ritrarla era uenuta uerso le tempie. VSCIR Gliorecchi: Si feciono gliorecchi equali sporta no fuori delle gote: lequali nel serpente erono scempie: perche lui non ha orecchi sportanti infuori co me lhuomo. CIO CHE Non corse drieto: Tutta quella materia del muso: laquale non si ritiro idrieto nelle tempie: Ma la ritenne la faccia dinanzi fe naso et ingrosso le labbra come ueggiamo nellhuomo QVEL CHE giacea. Buoso diuentato gia serpente dalle spalle in giu comincia a mutarsi nel uiso: et chome Francesco raccorciando el muso pigliaua faccia dhuomo: chosi Buoso allungando el uiso pigliaua muso di serpente. ET GLORecchi ritira per la testa. Quasi gli ritorna indrento: et allungagli chome la limaccia ritira indrento le corna: Elatini chiamano quelle che portan lachasa cocleas: et quelle che nõ hanno casa limaces. Et in fiorentino quelle son decte chiocciole: et queste lumache. Ma elpoeta per far la rima dixe limaccia dal uocabolo latino limace. ET LA Lingua che hauea intendi Buoso Vnita cioe intera. ET PRESTA: et prompta. SI FENDE: Si diuide chome quella del serpente. Dicono che la lingua della serpe e/ biforcuta o triforcuta perche chosi pare per la gran uelocita che usa tale animale in muouere lalingua Onde Virgilio Et linguis micat ore trisulcis. ET LA FORCVTA: et quella che era forcuta et diuisa in due parti. NELLALTRO. intendi in francesco che hauea lingua di serpente Questa adunque che era forchuta si richiude si ricongiugne chome lingua dhuomo. EL FVMMO RESTA Questo dinota el fine della transfiguratione. Ilperche lo spirito delluno era ito interamente nel chorpo dellaltro. Et certo quando el furo per la persuasione dellaltro furo si macula tutto dital uitio. et dipoi colui che ha facto furo colui che non era prima furo conoscendo in altri la in famia di tal uitio: che prima non conosceua in se: et emendasi: luno diuenta di serpente huomo: et laltro diuenta dhuomo serpente.

POne quello che segui di tale transmutatione: et narra che Buoso diuenuto serpente sibilaua: che uuol dire sufchiaua chome fanno eserpenti. Et dixe anima: perche tale transfiguratione era nella anima et non nel corpo. Et Francesco ritornato huomo parlaua et sputaua. Ilche fanno glhuomini: et non altro animale. POSCIA Gli uolse lenouel le spalle. Nouelle: perche dinuouo lhauea ripre se. VOLSEGLI le spalle: Abbandonollo et tor no a puccio et dixe. IO VOGLO Che Buoso di uentato serpente CORRA/ non in pie chome glhuomini. Ma CARPONI: chome le bestie di quattro pie. CHOME HO FACTO IO: mẽtre che sono stato serpente. Molti per questa mutua: et auicenda facta mutatione uogliono interpretare che messer Francesco et messer Buoso fussino stati compagni a furare: et hauessino auicenda facto efurti. CHOSI Vidio la septima zauorra: cioe la septima bolgia. Zauorra e/ sabbione et ghiaia posta nella sentina delle naui: ꝑche epse per poco peso non uacillino. Adũque prudentemente aguaglia questa bolgia a sterile terreno et alluogo ombroso et fetido chome e/ la sentina doue sta la zauorra. MVTARE ET TRASMVTARE: chome ha dimostro di sopra. ET QVI Miscusi la nouita. Certo merita scusa chi ha a narrare chose nuoue et inaudite Se la penna sua: cioe lo stile et el modo del parlare: ABBORRA: cioe abborraccia: et acconcia male quello che discriue: perche abborracciare in lingua fiorentina significa acconciare male et non rectamente. Poi suggiugne che benche gliocchi fussin confusi per la nouita delle chose: et la mente smagata: cioe tracta del suo essere et quasi smarrita. Nientedimeno conobbe Puccio sciancato: et prima per udirgli nominare hauea conosciuto Agnolo: et Buoso. Et questi erono etre che da primalui uide. Dipoi per circunscriptione dichiara che quello che di serpente era tornato huomo fu messer Francesco guercio chaualcanti: elquale fu ucciso da glhuomini di gauille. Questa e/ uilla posta in Valdarno disopra ouero in chianti fertile doptimi uini. PIAGNI: perche in uendecta del caualcante molti uillani di Gauille furon morti.

Lanima chera fiera diuenuta
sufolando si fugge per la ualle
et laltro driero allui parlando sputa
Poscia gli uolse le nouelle spalle
et dixe allaltro io uo che buoso corra
chomho facto io carpon per questa ualle
Chosi uidio la septima zauorra
mutare et trasmutare et qui mi scusi
la nouita se for la penna abborra:
Et auegna che gliocchi miei confusi
fussino alquanto et lanimo smagato
non poter que fuggirsi tanto chiusi
Chio non scorgessi ben puccio sciancato:
et era quel che solo detre compagni
che uenner prima non era mutato:
Laltro era quel che tu gauille piagni.

CANTO. XXVI. DELLA PRIMA CANTICA DI DANTHE

i N questo. xxvi. canto dimostra Danthe come peruenne nelloctaua bolgia. Nella quale pone che in ardentissime fiamme sono puniti efrodolenti consiglieri: et quiui ode da Vlixe el suo fine. Ma nel principio con grauissima indegnatione rimpruouera alla sua patria lo scellerato peccato del furto: et maxime si duole che epsa sia si impudente: che non sene uergogni: anzi gli paia esser grande: Et sono qui piu colori rhetorici: Prima e/ apostrophe: ouero exclamatione: che e / quando uolgiamo el parlare o apersona o achosa absente chome se fussi presente chome ueggiamo chel poeta uolge el parlar suo a Firenze: et questo si fa pmolti rispecti et maxime per indegnatione et graue querela et riprensione. Dipoi e/ unaltro colore decto Ironia: et questo e/ quando le parole hanno contraria significatione a quello che noi intendiamo. Adunque dice GODI: et intẽde che sommamente si contristi. POI CHE Sei si grande CHE Per mare et per terra batti lali. cioe che la fama tua e / sparta per mare et per terra: et dixe batti lali cioe uoli oueramente perche la fama e/ figurata con lale. Onde Virgilio dixe Nocte uolat. ET PER Lonferno el tuo nome si spande. Quasi dica la tua fama e/ sparta per tutto: Ma molto piu se nominata pe uitii che per le uirtu. TRALLI Ladroni. Debba ogni docto scriptore doppo la ironia porre paroli lequali manifestino quello che la ironia facea dubbio. Adunque dicendo hauer trouati cinque nobili cittadini dimostra che quando dixe godi/intendea che si contristassi. CINQVE. Giansa donati. Agnello brunelleschi. Buoso abati Puccio sciancato. Francesco guercio COTALI cosi facti si nobili. Ilche e/ maggiore opprobrio. Imperoche quanto di maggiore auctorita e/ la persona/tanto e/ piu bructo ogni uitio in lei. Chome quanto e/ piu bella la ueste tanto piu ui si disdice la macchia. MA SE Presso al mattino iluer si sogna. Dimostra per sogno hauere preueduto le calamita et ciuili dissensioni tra bianchi et neri che doueuono affliggere Firenze: lequali inuero erono uenute innanzi che el poeta scriuessi questa opera. Ma lui finge hauerla scripta prima. Adũque dice se el mio sogno facto presso al mattino e/uero. Ilche debba esser uero Sono cinque spetie di sognare Tre uere. Due false. Le uere chiamano elatini Somnium. Visionem. Oraculum. Somnium e/quando sogniamo el uero: Ma e/ obscuro ne sintende sanza glinterpreti come

Odi firenze poiche sei si grande
g che per mare et per terra bacti lali:
et per lonferno el tuo nome si spande
Tralli ladron trouai cinque cotali
tuoi cittadini onde mi uien uergogna
et tu in grande honoranza nonne sali.
Ma se presso al mattino eluer si sogna
tu sentirai di qua da picciol tempo
di quel che prato non chaltri tagogna
Et se gia fossi non saria per tempo
chosi fussel da che pur esser dee
che piu migrauera chom piu mattempo.

quando quello che era in carcere con Ioseph sogno che premeua luua di tre tralci nella taza di Pharaone: et Ioseph gli predixe: chome in tre giorni sarebbe liberato: et dipoi diuenterebbe pincerna del re: cioe suo seruidore di coppa. Et Polycrate re di Samo sogno che Ioue lo lauaua et Phebo dio del sole lu gneua: Et poco dopo el prefecto di Xerse lo fece crocifiggere et resto in croce tanto che Ioue cioe laria gli piouue adosso et lauollo: et phebo cioe el sole liquefe et struxe el grasso del suo corpo. Onde diuẽ ne uncto. Oracolo e/ quando dormendo pare che alchuno ci parli: et quello che dice riesce uero. Visio ne e/ quando dormendo ci pare uedere alchuna chosa: laquale e poi chome habbiamo ueduta. Due spe tie false di sognare sono Insonnium et phantasma. Insonnium e quando sognamo chose false: et proce de o da troppo cibo preso elquale eleuando fummi al capo ci pare uolare o salire. O scendendo giu cha tarro ci pare cadere. Alchunauolta uiene da poco cibo onde ci pare hauere fame. Alchunauolta da ho mori corropti. Onde la collera ci fa uedere fuoco et simili chose. La phlegma acqua. El sangue chose al legre. La melancolia chose nere et spauenteuoli. Puo anchora nascere da cure et pensieri dellanimo. Onde spesso sogniamo o che ci sia dato o che ci sia tolto quello che anchora desti pensauamo. Ma quã do habbiamo lanimo libero da ogni pensiero: et el corpo non aggrauato ne da cibi ne da homori inter uiene che lanimo nostro pel somno quasi si sciogle dal corpo et ritorna nella sua natura che e/ diuina: et puo preuedere le chose future: Et questo interuiene maxime circa al giorno: perche hauendo smalti ti ecibi rimagniamo piu scharichi et meno ciaggraua el corpo. Et per questo dixe el poeta. MASE Pres so al mattino el uer si sogna: Similmente Ouidio. Namque sub aurora iam dormitante lucina Somnia quo cerni tempora uera solent. Ne e/ da pretermetere che alchunauolta uengono esogni per illusione diabolica. Onde Iob in. vii. Terrebis me per sonnia. Et Gregorio Ideo sanctos quos uigilando tentare non ualet grauius per sonnia dormiendo tentat. Ilperche el sommo maestro Christo comando a disce poli che uigilassino: accio che non entrassino in tentatione. TV SENTIRAI Di qua da picciol tẽpo di quel: cioe di quelle chose. CHE PRATO tagogna: cioe ti disidera: NON CHALTRI. i. Magior terra et piu lontana. Quasi dica non che le citta lontane ma un castello propinquo. Molti credono che dica Prato per rispecto di Niccola cardinale di prato elquale fu molto infesto alla nostra rep. Et certo poco dopo lexilio del poeta interuenne che faccendosi giuochi con grande apparato al ponte alla carraia elquale allhora era di legname tanto fu el concorso del popolo chel ponte rouino: et molti perirono: et piu nerestorono storpiati. Ilche riẽpie di subito lucto la citta non solo di quegli che haueuono perduti esuoi in tal caso: Ma anchora di quegli che credeuono hauer perduto. Questo apparato rappresentaua lonferno et el fuoco et edemonii che in quello con uarii supplicii tormentauano lanime dannate. Tal caso fu augurio et della guerra ciuile che nelmedesimo anno nacque tra bianchi et neri: Et delloncendio elquale consumo sopra dumila et ducento case: et molte pretiose chose arse. Nacque loncendio dasuo cho lauorato: colquale Neri de glabati et priore di sancto pietro scheraggio accesce lecase de suoi consor ti. ET SEGIA Fussi non saria per tempo. Mostrasi lauctore disideroso di questo male: non per ru ina della patria laquale glera carissima. Ma per punitione de cattiui cittadini equali quella iniquamente administrauono: et pero disidera che sia presto: acciochẽ sieno puniti quegli che hanno errato: Et si milmente dimostra che quanto piu ATTEMPA: cioe piu dimora et indugia tanto piu gle molesto. Perche disidera che tale fortuna punisca ecaptiui principi: et liberi lo infelice popolo.

d Imostra la difficulta del tornare. Ilche dinota che rouinare nella ualle de uitii e/ facile: Ma partir sene e/ difficile. Onde Virgilio Facilis descensus auerni: Sed reuocare gradum superasque eua dere ad auras Hoc opus hic labor est. Et scriue Su per le scalee: lequali quando per quelle erono scesi

Noi ci partimo et su per le scalee
che nhaueuan facto borni a scender pria
rimontol mio maestro et traxe mee
Et persequendo la solinga uia
tralle schegge et tra rocchi dello scoglio:
lo pie sanza la man non sispedia.

glhauean facti BORNI: cioe abbaglati et di capti ua uista. Imperoche bornio in bolognese signifi ca questo. RIMONTO el mio maestro. Im poche lontellecto e/ quello che conosciuta la bruc tura del uitio ritorna alla uirtu. ET TRAXE MEE: Lontellecto per se medesimo ritorna al lauirtu. Ma lasensualita non ritornerebbe/se nõ ussi ritirata dallontellecto. LA SOLINGHA VIA. cioe la uia solitaria: Adinotare che la uia per laquale noi contempliamo la bructura del ui tio e/ solitaria perche pochi uanno per quella. Onde el petrarca/ Pouera et nuda uai philosophia Dice la turba al uil guadagno attesa Pochi compagni harai per la tua uia. TRA LE Scheggie et tra rocchi del lo scoglio. Chiama scoglio quella pietra che fa ponte sopra le bolgie. Schegge sono fessure facte per la lõ gitudine dello scoglio: et rocchi sono ropture facte pel trauerso. LO PIE SANZA lamano non sispe dia. Era tanta difficulta al salire che non si potea salire se con le mani non sappoggiauono. Et per que sto dinota la difficulta dellusdire del peccato. Imperoche epiedi che significano laffecto non si partano dal peccato: nel quale habbiamo facto habito: et del quale prendiamo piacere se le mani che sono lop rationi et lactioni non gli tiran su intendẽdo lactioni et operationi uirtuose lequali ci cauano dellhabito del uitio: et pongonci nellhabito della uirtu.

q Vesti due ternarii hanno forza di proemio alla narratione laquale ha affare del uitio della fraudolentia, della quale si tracta nelloctaua bolgia. Et admonendo se medesimo di quello che gli pare da guardarsi. Fa lauditore attento et capta beniuolentia dal uitio elquale lui uitupera. Et accio che piu aptamente sintenda la sententia sua diremo che tractando qui delsupplicio di quegli equali lacume et la sottigliezza dellongegno conceduto ci da dio p usarli in bene usorono in ingannare el proximo uuole admonendo se admonire lauditore: che qualunche ha dallanatura sobtile ingegno et apto a consequire la cognitione in tutte le chose practiche et actiue debba usar quello in utilita et honore di se et del proximo: et in questa forma sara chiamato prudente. Imperoche prudentia non e/ altro se non un recto discorso di mente in gouernare et tractare le chose che consistono nella uita duile: della quale dicemmo.

Allhor mi dolsi et hora mi ridoglo:
quando drizo la mente a quel chio uidi:
et piu longegno affreno chio non soglio
Perchel non corra che uirtu nol guidi
si che se stella buona o miglor chosa
mha datol ben chio stesso non minuidi.

ALLHOR Mi dolsi quando conobbi quiui punirsi quegli equali haueano usato la sottigleza dellongegno non inprudentia Ma in fraude et astutia con danno del proximo. ET HORA Mi ridoglo. Dimostra quello che si richiede a uolere altutto spoglarsi dellhabito del uitio. Imperoche non basta mosso dalla pena dolersi in sul facto. Ma bisogna perseuerare nel proposito et dolersi del continuo: Et questo facilmente si fara drizando la mente: cioe considerando delcontinuo aquel che noi habbiamo ueduto che interuiene a chi e/ fraudulento. ET PIV Longegno affreno chio non soglo. Pone el fructo che nasce di questa assidua cogitatione: et questo e/ uedendo el male che nasce di tal uitio noi raffreniamo longegno: et el nostro acume accioche non corra se la uirtu non lo guidi. Imperoche se luseremo in bene sara prudentia: se in male sara fraude. SICTE SE STElla buona o miglor chosa mha dato el bene io stesso non minuidi. Questa e/ la ragione perche uuole che longegno nõ corra sanza la guida della uirtu. Imperoche se io ho riceuuto questo bene dhauere longegno excellente o da stella o da chosa migliore. i. da dio. io non uoglio inuidiarlo a me medesimo: cioe io non melo uoglio torre: Imperoche toglendomi el bene parrebbe che io portassi inuidia a me medesimo: Et nota per che el poeta dice di questo bene dellacume dellongegno che o stella o miglor cosa glenha dato. Imperoche lanima humana non solamente secondo etheologi: Ma anchora secondo molti philosophi: et maxime eplatonici e/ creata da dio immediate: Onde ha gran dota nella sua creatione da dio: et maxime perche la crea a sua imagine. Onde e/ capace di ragione et dintellecto. Ilperche tutte le sue uirtu et potẽtie riceue da dio: et quanto in se non e/ sobtoposta a glinfluxi celesti: Ma e/ superiore a quegli. Ma pche mentre che e/ nel corpo non puo lanima exercitare le sue forze et potentie sanza gli strumenti corporei: et questi sono sobtoposti alle stelle: Et perche le stelle inducono in alchuni corpi optimi et optimamente disposti instrumenti: et in alchuni rozzi et inepti et mal disposti. Interuiene che benche lanime sieno create pari: Nientedimeno alchuni huomini per hauere per benigno influxo celeste glorgani et instrumenti apti sono ingegnosi et sobtili. Alchuni hauendogli per infelice influxo per loppposito sono rozzi et tardi. Onde si puo dire che lacume et la tardita dellongegno ci peruenga dalle stelle: non perche quelle possino alchuna chosa nellanimo: Ma per rispecto de glistrumenti. Adunque dixe siche stella buona per rispecto de glistrumenti del corpo; et miglor chosa: per rispecto che lanima e/creata da dio immediate.

Come p. Stella puo huomo hauer acuto o grosso ingegno. —

Quantel uillan chal poggio si riposa
nel tempo che colui chel mondo schiara
la faccia sua a noi tien meno ascosa
Chome la mosca cede alla zanzara
uede lucciole giu per la uallea
forse cola doue uendemmia et ara.
Di tante fiamme tutta risplendea
loctaua bolgia si chomio maccorsi
tosto chio fu douel fondo parea.

e Ssendo gia arriuati in su lo scoglio donde si uedea loctaua per optima comperatione: in quella bolgia uide tante fiamme quante luccie suole uedere la sera in una ualle el uillano che in sul poggio dell ualle si riposi/di tante fiãme risplendea tutta loctaua bolgia. QVANTEL Villano. Quante intendi lucciole: el uillano / el rustico chal poggio si riposa: perche cessata la fatica del di la sera si posa in sul poggio. NEL TEMPO Che colui chel mondo schiara la faccia sua anoi tiene meno ascosa. Vsa qui un color rhetorico decto circunlocutione. Poteua adunque dire qui Nel tempo della state. Ma per ornare el poema uso piu parole dicendo Nel tempo che cholui chel mondo schiara: che significa nel tempo chel sole. Imperoche el sole e quello che schiara cioe fa chiaro et luminoso el mondo. Dice adunque quando el uillano si riposa nel tempo chel sole tiene meno:

et in piu brieue ſpatio naſcoſa a noi la ſua faccia et queſto e/laſtate: pche laſaccia ſua cie naſcoſa lanotte et in quella le notti ſono brieui. Et in queſto modo diſcriue quella ſtagione dellanno laqual chiamiamo ſtate: et dipoi ſequita et diſcriue la notte col medeſimo colore della circunlocutione et dice. COME LA Moſca cede alla zanzara. Chome uiene la notte. Imperoche la moſcha laquale eſcie fuori el di/ue nendo la notte ſi ripone: et CEDE: cioe da luogo alla zanzara laquale ſtando naſcoſa el di la notte eſce fuori. VEDE Lucciole giu per la ualle: cioe giu per la ualle. FORSE COLA Doue Vendemmia et ara. i. ne campi et nelle uigne ſue. DI TANTE Fiamme tutta riſplendea loctaua bolgia. Ordina choſi Loctaua bolgia riſplendea di tante fiamme quante lucciole giu per laualle doue uendemmia et ara Vede el uillano che ſi riposa al poggio nel tempo che colui che ſchiara el mondo tiene meno aſcoſa ad noi la ſua faccia. Et uedele la ſera quando la moſca cede alla zanzara. Et di queſto macorſi quando fui arriuato in ſul ponte donde io uedeuo el fondo della bolgia. LVCCIOLE: Quaſi lucenti e/animale noto a tutti Egreci le nominano lampyrides da lampas che ſignifica lume. Finge el poeta non ſanza nõ ſanza ſomma prudentia che efraudulenti ſieno puniti nel fuocho: et ſe intendiamo del fuocho che e/nel lonferno eſſentiale ſara conueniente pena che chi ha con fraude acceſo altri lui ſimilmente arda. Ma allegoricamente diremo che tale fraude ſia fuocho: perche ha forza daccendere diſſenſioni, diſcordie et guerre. Et per queſto el pſalmiſta Filii hominum dentes eorum arma et ſagitte potentes: et acute cum carbonibus de ſolatoriis. Preterea e/ fuoco perche naſce da acuto ingegno: et lacuto ingegno naſce da chalore di ſangue. Onde per loppoſito el ſangue freddo produce tardita dingegno. Ilche uolendo exprimere Virgilio dixe Frigidus extiterit circum precordia ſanguis. Vedeſi la fiamma et non el peccatore: pche el parlare del fraudulento e/ manifeſto. Ma la fraude ſua e/ naſcoſa, et celata. Non uedea Danthe la bolgia de ladri: perche tale luogo era tenebroſo: perche in quello ogni actione et parlare e/ celato. Vede la bolgia de fraudulenti: perche le parole ſono manifeſte. Ma el conſiglo e/ celato. Et e/ queſta generatione peſſima. Stanno epeccatori ſeperati et ciaſchuno nella ſua fiamma: perche chi uuole ingannare non comunica el ſuo conſiglo chon altri: Se gia non fuſſi nel medeſimo uolere. Et per queſto pone Vlixe et Diomede inſieme.

b A dimoſtro diſopra che tutta la ualle delloctaua bolgia era piena di fiamme. Hora dimoſtra che ciaſchuna di tali fiamme tenea in ſe aſcoſto un peccatore: et ſi in uiluppato inquella che non ſi potea uedere: Et tutte queſte fiamme ſurgeuano ſu per la gola della ualle tenendo aſcoſo in ſe el peccatore. Chome ſurſe el carro dhelya quando inuiluppato nel fuoco ſali al cielo: Et Heliſeo uolto inſu uedea innalzarſi el carro. Ma non uedea in quello Helya: perche la fiamma lo chopriua.

Et qual colui che ſi uengio cogl orſi
uidel carro delya al dipartire
quando ecauagli al cielo erti leuorſi
Che nol potea ſi choglocchi ſeguire:
che uedeſſi altro che lafiamma ſola
ſi chome nuuoletta in ſu ſalire.
Tal ſi moue ciaſchuna per la gola
del foſſo che neſſuna moſtral furto
et ogni fiamma un peccatore inuola.

ET QVAL Colui che ſi uengio: cioe che ſi uendicho CHO GLORSI. Queſto fu Heliſeo. Ma adichiaratione di queſto texto / ricordianci che nellibro quarto de re hebrei: elquale e/ parte del uecchio teſtamento: et contienſi nella bibbia / Si legge Helya eſſer ſtato ſommo et uero propheta nel tẽpo che regnaua Ioram. Et dopo molti miracholi uolle dio leuarlo a cielo. Ilperche da Hierico uenne al fiume Iordano con Heliſeo: Et ſpoglioſſi la ueſte: et con quella tocco el fiume: et diſubito ſi diuiſono lacque et laſciorono la uia aſciutta per laquale paſſaſſino epropheti. Dipoi ſequitando elloro camino diſubito ſceſe da cielo un carro difuocho guidato da cauagli di fuoco: nel quale ſalſe Helia: et fu rapito inalto. Helyſeo ricolto che hebbe la ueſte che nel ſalire glera caduta ritorno al giordano: et con quella diuiſe lacqua et ritorno in Hierico: et indi andando in Bethel efanciugli gli uennono incontro: et ſchernendolo diceuono uienne caluo: Quaſi rimprouerando che lui mentiua che helia fuſſi choſi rapito. Helyſeo gli maledixe nel nome di dio. Et diſubito uſcirono delle ſelue due orſi equali lacerorono quarantadue di quegli fanciugli. Vedi adunque perche dicendo colui che ſi uendico con glorſi Intende Heliſeo elquale uide el carro dhelia rapito al cielo. DA CAVAGLI ERTI: cioe erecti et inalzati. ma benche lo ſequiſſe con glocchi non potea ſcorgere altro che la fiamma: laquale montaua in ſu chome nuuola da terra monta in aria: Et ordina choſi el texto Ciaſchuna fiamma per la gola del foſſo ſi muoua tale quale el carro dhelia: elquale uide Heliſeo quando ecauagli ſi leuorono erti al cielo. Et non potea Heliſeo ſequire el carro: SI: cioe in tal forma che uedeſſi altro che la fiamma ſola. ET OGNI Fiãma inuola un peccatore. cioe naſconde un peccatore in ſe medeſima: et non moſtra el furto. In queſta octaua bolgia ſono puniti quegli equali ſobto ſpetie di dare fedele et prudente conſiglo alproximo gli dãno per fraude conſiglo nociuo. Queſto conſiglo non ſolamente ſi puo dare o parlando o ſcriuendo. Ma anchora con geſti et ſegni. Inganno Sinone etroiani con le paroli. Sono ſequaci di tale conſiglo. Simulatione, diſſimulatione. Bugia. Falſita: et ſimili: Et partoriſce danno al pximo inſe o nella roba sua. E/adunque conueniente pena che tale peccatore stia chiuso nella fiamma chome disopra habbiamo dimonstro. La fiamma : cioe le paroli sue si uede. El peccatore : cioe la fraude : che e / nelle parole non si uede.

Io stato sopral ponte a ueder surto
 si che sio non hauessi un ronchion preso
 caduto saret giu sanza esser urto.
El duca che mi uide tanto atteso
 dixe dentro dal fuoco son gli spirti
 ciaschun si fascia di quel che gle inceso.

d Imostra che per la nouita della chosa uenne in tanta admiratione et con tanto stupore raguardaua lefiamme che se non hauessi abbracciato uno scoglo sarebbe caduto. SVRTO: cioe sospeso: et e / uocabolo deriuato da questo participio latino subrectus et per syncopam surcto: come da erectus uiene erto. SANSA Essere urto. Vrtato sospinto. EL DVCA Che mi uide: La sensualita chome indocta non intendeua che chosa fussi quella fiamma: et pero stupiua. Ma Virgilio che e/ la ragione superiore gli dimostra el uero et dice che dentro a quelle fiamme sono spiriti equali si fasciano et inuiluppano della fiamma della quale sono incesi.

d Imostra che la fiamma piu propinqua: et laquale ueniua inuerso loro haueua due puncte a dimostrare chome pocho disobto diremo che in quella erono due spiriti. CHE PAR Surgere della pyra. cioe delfuoco Glantichi et greci et latini non sotterrauano ecorpi interi ma ardeuongli: et el cenere ricogleuono et metteuonlo nella sepultura et quel capannuccio o uuoi monte di legne nel qualeglardeuono chiamauano egreci pyra perche pyr significa fuoco: et elatini rogus. Adunque dice che questa fiamma non surgea conuna puncta chome laltre. Ma con due come surgea della pyra nella quale furono arsi Etheode et pollynice. Questi furono figluoli dedippo re di Thebe Et tra loro si conuennono di regnare aiuicenda / ciaschuno uno anno. El primo anno toccho ad Etheode: Ma non uolendo finito lanno cedere al fratello Pollynice: lui con laiuto del suo suocero Adastro re dargos et del cognato Tydeo conduxe a Thebe uno exercito di septe re: et combatte chol fratello con tanto furore che luno uccise laltro. Creonte che succedecte a etheocle nel regno di Thebe uieto loro la sepultura. Ma Argia mogle di Pollynice si parti da Argos: Et Antigone sorella damendue usci di Thebe: et ragunate in campo presono el corpo di pollynice et portoronlo al fuocho: doue gia trouorono arso Etheocle: et subito che lo posono appresso al fratello tremoron le legne: et ributtorono Polynice. Onde lefiamme de due corpi fuggirono luna laltra chome se chosi morti ritenessino lodio antico. Onde Statio Ecce iterum fratres primos ut contigit arctus Ignis edax tremuere rogi: et nouus aduena busto pellitur Exundant diuerso uertice flamme. Et Lucano scribitur in partes geminoque cacumine surgit Thebanos imitata rogos.

Maestro mio risposi io per udirti
 sonio piu certo ma gia mera auiso
 che chosi fussi et gia uolea dirti
Chi e inquel foco che uien si diuiso?
 disopra che par surger della pyra
 doue eteocle col fratel fu miso.

Etheocle · e · polinice ·

Risposemi laentro si martyra
 Vlixe et Diomede: et chosi insieme
 alla uendecta uanno come allira.
Et dentro dalla lor fiamma si geme
 el giunto del cauallo che fe la porta
 onde usci de romani elgentil seme.
Piangeuisentro larte perche morta
 Deidamia anchor si duol dachille:
 et del palladio pena ui si porta.

u Lixe figluol di Laerte et re di ithaca fu prudentissimo sopra ogni greco: et per sua opera si ritrouo Achille. Per sua opera hebbono e greci le saecte di philoctete. Ilche fu sommo beneficio a greci: perche non potea secondo efati esser presa Troia sanza queste saette: et sanza uno della stirpe deaco del quale fu nipote Achille. Per sua opera fu distructo el sepolcro di Laomedonte. Fu ucciso Rheso. Fu furato el palladio: Et in ueste di medico etro in troia non conosciuto: et spio cio che in troia si facea benche Helena loconoscessi. Ilperche dimostra Homero che piu ualse in expugnare Troia lastutia dulixe che laforza dachille. Ilperche spesseuolte lo chiama nella sua Iliade ptolyporthon: cioe uincitore di citta: et ad Achille in nessun luogho attribuisce tal nome. Dopo lacquisto di troia finge homero che lui trascorressi dieci anni per molti mari: et arriuo a cyconi a lotophagi et a polyphemo et ad Eolo re de uenti: elquale gli dono otri pieni de suoi uenti: et gia sappressaua alla patria sua: Ma ecompagni stimandosi che ne glotri hauuti da eolo fussi oro/glapersono. Onde euenti uscendo fuori con empito concitorono tanta tempesta in mare che Vlixe di nuouo scorse et arriuo allisola di Circe: laquale mutaua glhuomini in uarie forme: Et gia hauea mutato alchuni de suoi compagni: ma lui hebbe da Mercurio tale potione o uero beuanda che pote andare sicuro a circe: et dallei impetro che compagni ritornassino huomini. Genero dixirce un figluolo decto Telogeno. Dipoi in una nocte nauigo nel mare occeano: et facti certi sacrificii discese allonferno. Indi torno a circe. Dipoi nauigo alle serene. Passo pel mezo di Caribdi et Scylla: et perche hauea predato glarmenti del sole ruppe in mare: et collalbero della naue uenne a calypso nimpha nellisola ogigia: et dopo septe anni dallei partendo di nuouo ruppe in mare: Ma con laiuto di Leucothe nympha marina in tre giorni arriuo ad Alcinoo re de pheaci: et da Minerua fu condocto ad arithe mogle dalcinoo: dalla quale hebbe molti doni: et adormentato fu messo in naue et finalmēte ridocto in patria. Ma tutta questa e/ fictione dhomero: elquale niente altro per quella dimostra: se non chome lhuomo trascorrendo per molti uitii et dipoi purgandosene arriua alsommo bene. Ilche imito Virgilio ne primi sei libri delleneide: Et Danthe in queste tre cantiche sequito Virgilio. Et inquesto luogho lo'pone con Diomede tormentato per quelle fraudi che insieme commessono prima che hauēdo Tethis occultato achille nellisola di scyro con le figluole di Licomede re con ueste feminile informa che non si conoscea/ Et cercandolo egreci per menarlo allacquisto di troia Vlixe et Diomede con loro astutia lo conobbono et conduxonlo a troia doue fu ucciso da Paris. Dipoi con grande astutia entrorono in troia di nocte: et tolsono del tempio di Minerua la statua di questa dea: laquale era decta palladio sanza elquale egreci non poteuono hauer troia. Et ultimamente ordinorono el cauallo pieno dhuomini armati con tanta fraude che etroiani lo missono dentro alla citta: Et accioche ui potessi entrare ruppono una porta: et el sepolcro di Laumedonte che era sopra epsa porta. Dice adunque el poeta. ELGIVNTO DEL CAVALLO. perche con quello giuntorono cioe ingannorono etroiani equali ruppono laporta. Onde usci poi Enea: dal quale hebbono origine eromani: Et anchora piangono Vlixe et diomede larte et longanno che usorono in trouare Achille: del quale si duole Deidamia sua mogle Benche sia morta Fu Deidamia una delle figluole di Lycomede: laquale conobbe quando tra loro era nascoso: et dilei genero Pyrrho: Et similmente sono puniti del palladio elquale furorono.

Se posson dentro da quelle fauille
 parlar dixio maestro assai ti priego
 et ripriego chel priego uagla mille:
Che non mi facci dellattender niegho
 fin che la fiamma cornuta qua uegna
 uedi che del disio uer lei mi piegho.
Et egli a me la tua preghiera e/ degna
 di molta loda ondio pero laccepto
 ma fa che latua lingua si sostegna.
Lascia parlare a me chio ho concepto
 cio che tu uuoi che sarebbono schiui
 perche fur greci forse del tuo decto
Poiche lafiamma fu uenuta quiui
 doue parue al mio duca tempo et loco
 inquesta forma lui parlare udiui.

d Imostrasi Danthe molto disideroso di parlare con Vlixe et Diomede se loro rinchiusi nelle fauille cioe nelle fiamme possono parlare Ilche dinota che la ragione inferiore e/ sempre auida et cupida di conoscere ogni particulare. ET EGLI AD ME LA TVA PREGHIERA E DEGNA. Appruoua la ragione superiore la uogla della inferiore. Ma non uuole che Danthe sia quello che domandi. Ne e/ sanza ragione. Imperoche hauendo a tractare di questo uitio el quale nasce da acume dingegno et da intellecto e/ necessario che la ragione superiore sia quella che examini. Ilperche ladmonisce che sostenghi la lingua cioe tenga silentio: et sobgiugne LASCIA Parlare a me. Impero CHIO HO Concepto: cioe conceputo et compreso: CIO CHE TV VVOI intender dalloro. Adunque gli potero domandare. CHE SAREBBONO Schiui perche fur greci forse del tuo decto. La sententia licterale e/ che le chose scripte in greco pare che patischino piu tosto la lingua latina che la lingua toschana. Ma allegoricamente e/quello che dicemmo di sopra.

Ouoi che siete due entro a un focho
 si meritai di uoi mentre chio uixi
 si metirai di uoi assai o pocho:
Quando nel mondo glalti uersi scripsi
 non ui mouete ma lun di uoi dica
 doue per lui perduto a morir gissi.

p Oi che'hebbe admonito Danthe che tacessi Virgilio comincio a parlare: et prieghagli per la fama laquale lui in uita decte loro nelle sue eneide: che Vlixe gli narri doue perduto per lui: cioe quanto a se morto. GISSI. andassi ad morire: perche chome uedrai pocho disobto danthe nondiscriue che dopo molti errori lui tornassi acasa: Ma che perissi nellocceano. Et non sanza cagione dixe Quando scripsi glalti uersi. Impero che Virgilio oltra molte operette lequali compose nella prima adolescentia scripse tre uolumi Buccolica Georgica et Eneide. Di questi el primo in basso stile. El secondo in mediocre. El terzo in alto et sublime. Adunque dicendo glalti uersi intese della eneide.

P Erche ha gia fincto che in una medeſima fiamma ſia Vlixe et Diomede: et perqueſto habbia due
puncte o uogliamo due corna. Dimoſtra al preſente chel corno maggiore haueua in ſe Vlixe: et
quello comincio a parlare: Et fa maggiore el corno dulixe: perche in lui fu maggiore aſtutitia: et piu

Lo maggior corno della fiamma accica
 comincio a crollarſi mormorando
 pur chome quella cui uento affatica.
Indi la cima qua et la menando
 chome fuſſi la lingua che parlaſſi/
 gitto uoce di fuori et dixe: quando
Midiparti da cyrce che ſottraſſe
 me piu dunanno la preſſo a gaeta
 prima che ſi Enea la nominaſſe
Ne dolceza di figlo ne la pieta
 del uecchio padre ne ildebito amore:
 loqual douea penelope far lieta
Vincer poter dentro da me lardore
 chio hebbi adiuenire del mondo experto
 et delli uitti humani et del ualore:
Ma miſſi me per lalto mare aperto
 ſol con un legno et con quella compagna
 piccola dallaqual non fui deſerto:
Lun lito et laltro uidi infin laſpagna
 fin dal marroccho et lyſola de ſardi
 et laltre che quel mare intorno bagna.
Io ecompagni erauan uecchi et tardi
 quando uenimo a quella foce ſtrecta
 douhercole ſegno coſuoi riguardi:
Accioche lhuom piu oltre non ſi metta
 dalla man dextra mi laſciai ſibilia:
 dallaltra gia mhauea laſciato ſetta.

fraude. Adunque. LO MAGGIOR CORNO
Doue era lo ſpirito dulixe. DALLA Fiamma
antica. Dixe anticha pellungo tempo che era ſta
ta nellonferno inſino a tempi di Danthe. A
CROLLARSI Mormorando. Optimo poeta:
elquale fingendo choſa impoſſibile che lafiamma
parlaſſi ſingegna quanto puo non ſi partire altut
to dalla natura della fiamma: laquale e/ che ben
che non parli. Nientedimeno mormora: et tale
mormorare naſce quādo certo uento che eſce del
la materia che arde/la percuote. ACROLLAR
SI. Amuouerſi con mormoratione. CHOME
Quella chui: laquale. VENTO AFFATICA
cioe dibatte et commuoue. INDI LA CIMA
la ſommita. Ingegnaſi quanto patiſce la natura
della choſa fare laſua narratione ueriſimile. GIT
TO Voce di fuori. Quaſi dica non parlo altutto
chome huomo: Ma gitto quaſi ſpinſe fuori ſan
za molto ordine la uoce. ET DIXE. Et poi
ſequita lanarratione dulixe et comīcia. QVAN
DO MI PARTI da cyrce chome dicemo di ſo
pra. Cyrce ſecondo alquanti fu figluola del ſole
et di cholchi uēne in italia: et habito nelliſola dal
lei nominata circea: laquale iſola inproceſſo di tē
po diuento terra ferma. Dicono epoeti che per
arte magica conuertiua gluomini in uarie fiere:
Et che conuerti ecompagni ecompagni dulixe.
Ma dipoi Vlixe con laiuto diMercurio lampauri
et lei reſtitui acompagni la priſtina forma. Per
Cyrce intendono le uolupta corporee: et emon
dani dilecti: equali toglendo a lhuomo ogni uir
tu lo fa beſtia. Ma Vlixe con laiuto di Mercurio
impetro da cyrce che gli ritornaſſi in huomini:
Cioe el ſauio mediante la ſua ſapientia et eloquē
tia che e/di Mercurio puo perſuadere allhuomo
uoluptuoſo et laſciuo che laſci el uitio: et torni
alla uirtu. CHE Sottraxe me. Quaſi con luſinghe informa mallecto che paſſo uno anno innanzi chio
maccorgeſſi della mia dimoranza. Et per intender meglo la forza del uocabolo: et da quella elſenſo del
texto. Subtraere in latino ſignifica furtiuamente et di naſcoſo tirare ad ſe: Onde noi diciamo ſobtrar
re alchuno quando con aſtuto modo del quale non ſaccorga londuciamo a dire quello che lui non direb
be. Adunque qui dice el poeta. Sobtraxe me; quaſi furo me ad me medeſimo. LA PRESSO A Gae
ta. Elluogo doue habitaua Cyrce Caieta hoggi Gaeta terra marittima et molto nobilitata: Et ſecondo
Virgilio preſe queſto nome da Caieta nutrice denea. Altri dicono che fu nutrice di creuſa ſua mogle.
Altri daſcanio ſuo figluolo. Altri dicono che perche a chaſo arſono in quel luogo enauili denea la citta
preſe nome da quello incendio; perche cein in greco ſignifica ardere. PRIMA Che choſi Enea lanomi
naſſi. La ſententia e/ che Vlixe fu con cyrce nelliſola di circei preſſo a gaeta. Ma fuuui prima che gaeta
haueſſi hauuto queſto nome. Imperoche ſecondo Virgilio Vlixe partendoſi da Troia nauicho prima
queſti mari che Enea. Ilche maxime ſintēde per la uenuta denea a gli ſcogli di Polyphemo. Imperoche
quiui truoua Polyphemo gia accecato da Vlixe. NE DOLCEZA Di figlo ne la pieta. Auolere fare
ueriſimile che Vlixe ſopportaſſi tanti affanni et metteſſiſi a tanti pericoli per hauere cognitione di uarie
choſe: e neceſſario che dimoſtraſſe in lui eſſere uno ſmiſurato amore dintendere et di conoſcere: pche
ſolo lamore e/ quello che fa ſopportare ogni faticha et incommodita. Ne e/ contro aragione. Ma e/ al
tutto naturale che uno huomo dexcellente ingegno ami la cognitione delle choſe piu che altro. Impero
che la natura conſtrigne non ſolamente lhuomo animale rationale; Ma anchora ebruti: Ne ſolamente e
bruti: ma anchora le choſe inanimate che amino et deſiderino la lor perfectione ſopra ogni altra choſa
Et la perfectione dellanimo humano e/ ſapere. Adunque lamore del ſapere in uno excellente ingegno
e/ maggiore che ogni altro amore. Et queſto dimonſtra per comperatione di quegli amori: equali ne

Tre spetie damore naturale

glhuomini uincono glaltri : equali sono tre nel figliuolo nel padre et nella moglie : Et non sanza gra n
doctrina distigue queste tre spetie damore cõ tre diuersi epitheti chiamãdo lamore nel figluolo dolce :
nel padre pio : Et nel matrimonio lieto. Imperoche el padre uede nel figluolo se medesimo : et in quel
lo si uede prolungare in perpetuita. Ilche allui e/ suauissimo. Di qui Virgilio dixe Omnis in Ascanio
cari stat cura parentis. Lamore del figluolo nelpadre chiama pio : perche chome dimostrammo disopra
pieta e/ una spetie di giustitia per laquale amiamo la patria et el padre et la madre et glaltri per sangue
congiunti. DEL VECCHIO pADRE. Bene aggiunse uecchio. Impoche non obstãte esia debito dipie
ta non abbandonare el padre. Nientedimeno quando anchora sono nelleta uerde et robusta pare mino
re crudelta abbandonargli : che quando sono oppressi da ultima uecchiaia : perche allhora languidi et san
za forze richieggono dal figluolo quello che per se medesimi non possono. Adunque dobbiamo prẽde
re exemplo dalle cicogne : lequali in quel medesimo nido doue da loro genitori furono nutrite et allcua
te : dipoi quegli uecchi nutriscono. Et finalmente chiama lamore inuerso la mogle/lieto : perche som
ma letitia et iocondita e/ la conuersatione della mogle laquale sia casta et obsequente : Et siamo per de
bito di natura et per precepti diuini et humani constrecti ad amare la mogle : nella quale sieno tali co
stumi. Et perche Penelope e/ posta da gli scriptori castissima et obsequentissima : pero dixe lamore de
bito : elquale douea far lieta Penelope : che sarebbe stata lieta quando hauessi hauuto elsuo marito seco.
Adunque tutti questi rre amori equali sono grandissimi dimostra el poeta che possono essere uinti dal
lamore del sapere. Penelope fu figluola dIcaro Altri dicono dicarioto femina castissima : et laquale nõ
tornando Vlixe da troia dopo la guerra : et essendo opinione che fussi morto era stimolata dal padre di
prendere nuouo marito : et molti la chiedeuono. Ma epsa uolendo perseuerare nel buon proposito fin
geua uolere prima fornire la tela laquale texeua : et accioche non si finissi quanto texeua el di tanto lanoc
te disfaceua. Adunque questi tre amori non poter uincere lardore chio hebbi didiuentare experto cioe
per experientia docto del mondo. ET DELLI, Vitii humani et del ualore. i. della uirtu exprexe qui
quello che dice Oratio interpretando Homero Qui mores hominum multorum uidit et urbes. Et cer
to non puo esser lhuomo prudente se non ha experientia di molte et uarie cose : se non conosce la natu
ra et el costume di diuersi huomini et nationi : Et dixe de uitii humani. Imperoche essendo dato allhuo
mo da natura che desideri el bene et fugga el male subito che haremo cognosciuto la natura de uitii : et
quanto sieno nociui alla spetie humana saccendera in noi uno ardente desiderio difuggirgli : et da quegli
purgarci : Et uenuti a questo grado acquisteremo el sommo bene. MA MISI ME Per lalto mare a
perto. Intende del mare Ionio : elquale e/ amplo et spatioso. SOL CON VN LEGNO. Possiamo
qui referire quel medesimo senso allegorico che disopra ponemmo nella naue dicharone. ET CON
Quella compagna piccola. Pone homero Vlixe nanichante per lanimo humano : elquale si mette a inue
stigare el sommo bene : Et tandem lo riduce in Ithaca et in patria. i. alla felicita : perche Homero stimo
che el sommo bene potessi essere in questa uita. Ma Danthe finge che perisse nella sua nauigatione : p
che non si troua porto. i. sommo bene nelle chose mortali : et nella doctrina de gentili. Adunque pe
risce la naue innanzi che arriui al purgatorio. Adunque mena piccola compagnia. Imperoche hauendo
lanimo quattro potentie in genere : lequali si diuidono in molte spetie : cioe Vegetatiua Sensitiua Mo
tiua di luogo a luogo : et rationale solo leparti rationali con alchune delle sensitiue obedienti alle rationa
li sono quelle che lo sequitano. Ilperche poche sono. Ma queste poche non labbandonano mai : Onde
dixe. DALLA Quale nou fui deserto : non fui abbandonato. LVN LITO Et laltro uidi infin la
Spagna. Nauigo pel nostro mare Mediterano in occidente. Oue e/ da notare che el di facilmẽte sipuo
porre per la uita humana : Et la parte occidentale pel fine della uita humana. Adunque Vlixe nauico
a occidente : cioe inuestigo qual fussi el fin nostro : Et ricercho luno et laltro lito : perche uolle hauer co
gnitione della uirtu et del uitio. Chi nauiga in occidente lascia dalla man dextra septentrione : et dalla si
nistra mezo giorno. El septentrione e/ luogo aspro et austero pel freddo : Ma sublime et alto : et puos
si interpretare per la uirtu : la cui uia e/ difficile et ardua. Ma conduce in alto : cioe al cielo. El mezo
di e/ ameno et applico et pieno di dilecto : ma basso et infimo. Ilche dinota el uitio : elquale arreca pia
ceri terreni : et uarie uolupta. Ma finalmente conduce al basso dellonferno : Et meritamente questo lito
hauea Vlixe dalla parte sinistra : che significa el uitio : Et laltro dalla dextra per laquale intendiamo lauir
tu. Ma e/ necessario che chi e/ acceso dallamore del sapere et dinuestigare el fine a uolere hauere uera
cognitione del fine Vegga luno et laltro lito : el uitio per fuggirlo : et la uirtu per sequirla : Et questo ba
sti allo allegorico senso. LA SPAGNA. Questa regione da greci e/ decta Iberia : Da latini Hispania
Diuisa apresso de glantichi in due parti : et luna ulteriore : et laltra citeriore chiamorno. In questi secoli
e/ diuisa in piu reami. FINA MORROCCHO. Questa regione e/ in Barberia : et da greci e/ chiama
ta Maurusia : Da latini Mauritania. Dipoi per corruptione del uocabolo marroccho. Lisola de sardi Sar
digna fu chiamata da greci Sandaleon : perche e/ informa di piede dhuomo : et sandalio e/ una spetie
di calzari : et lontana da Corsica octomila passi. IO ECOMPagni erauan uecchi et tardi : Vecchi pche
dieci anni erono stati nellobsidione di troia : et altri dieci hauean consumati nel nauichare : Tardi/p
essere uecchi QVANDO Venimmo a quella foce strecta : Doue Hercole segno cho suoi riguardi.

Discriue lostrecto pel quale entra locceano fra terra: et diuide la spagna in europa dallafrica: et fa tutti enostri mari mediteranei. DOVE HERCOLE Segno esuoi riguardi. Doue pose le colonne per dimostrare che piu auanti non e/ da nauigare: et pose in quello strecto due colonne dalla parte dafrica: cioe di barberia Abila et dalla parte dispagna calpe: lequali si chiamano le colonne dhercole. Benche inuero sieno due monti naturali. DALLA MAN Dextra mi lasciai Sibilia. Questa e/ nobile citta in hispagna lontana dal mare cinquanta migla. SETTA e/ una citta in Barberia nelloppposito lito: et perche non e/ tanto inuerso locceano quanto Sibilia dixe Mhauea lasciato setta.

O frate dixi che per cento milia
perigli siete giunti alloccidente
a questa tanto picciola uigilia
De nostri sensi che e di rimanente
non uoglate negare lexperienza
di retro al sole del mondo sanza gente.
Considerate la uostra semenza
facti non fusti a uiuer chome bruti:
ma per hauer uirtute et conoscenza.
Li miei compagni feci si acuti
con questa oration picciola camino
chapena poscia glharei ritenuti
Et uolta nostra poppa nel mattino
de remi facemmo ali al folle uolo
sempre acquistando dallato mancino
Tutte le stelle gia dellaltro polo
uedea la nocte el nostro tanto basso
che non surgea fuor del marin suolo
Cinque uolte racceso: et tante casso
lo lume era disobto della luna
poiche entrati erauam nellaltro passo:
Quando napparue una montagna bruna/
per la distantia paruemi alta tanto:
quanto ueduta non hauea alchuna.
Noi callegramo: et tosto torno in pianto
che dalla nuoua terra un turbo nacque:
et percosse dellegno el primo canto:
Tre uolte il fe girare con tutte lacque
alla quarta leuar la poppa suso:
et la prora ire in giu chomaltrui piacque
Infin chelmare fu sopra noi richiuso.

[S]equita nella sua narratione Vlixe: et pone una brieue oratione: laquale uso a compagni per confortargli al sopportare edisagi et glaffanni: et a non sbigottire ne pericoli. Questa e/ in genere deliberatiuo: et propone le parti honeste et honoreuoli dimostrando che lhuomo non e/ stato prodocto da dio a sua similitudine per uiuere in ocio et darsi a Bacco a Cerere et a Venere. Ne a uiuere secondo la sensualita che niente altro appetisce che chose terrene momentanee et corruptibili. Ma per exercitarsi nelle uirtu et perinuestigare el uero. Adunque debbono sequitare Vlixe confortandogli lui a quello a che sono prodocti. Et e/ lexordio di questa oratione simile aquello che Enea usa a compagni dopo la tempesta riceuuta in mare. O socii neque. n. ignari sumus ante malorum O passi grauiora dabit deus his quoque finem. Dice adunque o frategli equali siete giunti alloccidente: cioe allocceano occidentale per cento mila pericoli: Quasi dica come insino aqui ui siete ridocti a saluamento dinfiniti pericoli: chosi douete sperare nelladuenire: et questo e/ el proemio. Dipoi dichiara quello che uuol che faccino et dice non uoglate negare lexperientia a questa tanto picciola uigilia de nostri sensi: cioe a questo brieue spatio di uita. Imperoche la uita e/ uigilia et uegghiamento de sensi equali nella morte saddormentano. CHE E DI Rimanente che ci resta. Et in somma la sententia e/ Vogliamo questo pocho di uita che ci resta consumarlo nel la cognitione delle gran chose: Et questo e/ andare drieto al sole del mondo sanza gente: che non e/altro se non dire dandare diquesto hemisperio nellaltro. Imperoche giunti alloccidente et sequitando pure el sole noi sequitiamo lui: el qual non e piu del nostro hemisperio: Ma dellaltro: elquale chiama mondo sanza gente: perche e/non habitato. Ma questo luogho inuestigheremo piu diligentemente nel primo canto del purgatorio. CONSIDERATE La uostra semenza: cioe la uostra origine et intenderete che siete facti a imagine di dio per laragione dallui dataui Et per rispecto che el nutrimento dellintellecto et la sua felicita e/ la cognitione non douete sequitare la uita de bruti: laquale e/ sola nelle uolupta: lequali contentano lappetito: Ma sequitare uirtu morale doue consiste la uita actiua: et lacognoscentia nellaquale e/ fondata la uita speculatiua. LI MIEI COMPAGNI. Facta loratione dimostra che esuoi compagni faccesono si al nauichare che con difficulta glharebbe ritenuti. Et perquesto allegoricamente dimostra che quando esensi interiori et lappetito sono illustrati dallume dellintellecto si persuadono si interamente che mai abbandonano lontellecto: Ma a quello sono obedienti chome optimi figliuoli al saggio padre. ET VOLTA Nostra poppa nel mattino. Chi nauicha a occidente ha la prua uolta a quello: et la poppa al mattino cioe alleuante. DE REMI Facemo ale: perche eremi sono allegno chome lale allucciello. Onde Virgilio dixe Remigio alarum transferendo eremi al uolare: et altroue Per mare ueliuolum transferendo el uolare a remi. AL FOLLE VOLO. Sta nella translatione

Imperoche hauendo chiamato eremi ale chiama el uogare uolare. FOLLE. ſtolto perche e ſomma ſtultitia fare impreſa ſopra alla poſſibilita ſua. Ne e/ contro allalegorico ſenſo dato di ſopra doue ponemmo Vlixe per huomo che cerchi la ſapientia. Imperoche non uitupera el propoſito dulixe a uolere andare alla uira beata: Ma dimoſtra el uolo. i. la uia eſſer folle: cioe ſtolto. SEMPRE Acquiſtando dallato mancino. Benche nauichaſſino a Ponente: Nientedimeno pendeuono alla ſiniſtra parte: che era allcro mezo giorno. Ilperche erono gia tanto ſobto el polo antartico: che quello elquale a noi e/ depreſſo: et baſſo alloro era eleuato ſopra capo: informa che la nocte uedeano le ſtelle da quello: lequali noi non poſſiamo uedere. Et el noſtro polo arctico elquale a noi ſempre e/ eleuato. Et ſempre: cioe ſopra capo alloro era depreſſo: et ſi baſſo che le ſtelle di quello: lequali a noi ſempre appariſcono ne mai tramontano non appariuono et non naſceuon loro. Ha el cielo due puncti ſopra aquali ſi uolgea Et queſti ſi chiamano poli: Dequali due uno ſempre da noi e/ ueduto: perche cie tanto ſopra capo: che benche elcielo ſi gyri: Nientedimeno non perdiamo mai le ſtelle che gli ſono molte propinque. Et e/ chiamato queſto polo arctico da greci: perche ſecondo le fauole in queſte propinque ſtelle transfiguro Gioue Caliſto amata dallui: laquale prima Iunone hauea transformata in orſa: Et arctos in greco ſignifica orſa. Elatini lanominano Septētrione: Et ha queſta imagine dellorſa altrimenti decta elice. xxiiii. ſtelle tra lequali e/ la tramontana el corno et el carro. Dicono le fauole che accorgendoſi Iunone che queſta Caliſto nympha darcadia era ſtata conoſciuta da Ioue ſuo marito per geloſia la muto in orſa. Et Ioue per ricompenſo di tale danno la conuerti nel ſegno gia decto: Et Iunone impetro da Thetis dia marina: che non la laſciaſſi mai bagnare nel mare: chome ſi bagnano laltre ſtelle. Queſto fingono epoeti: Perche laltre ſtelle quando ſono alloccidente et tramontano: pare che ſi tuffino in mare: Et non pare queſto dellorſa: perche mai non tramonta. E/ ſimilmente la tra decta orſa minore: et anchora cynoſura: alla quale nauichano quegli di phenicia: chome noi nauichiamo alla maggiore. CINQVE VOLTE raccieſo et tante caſſo. Nel paradiſo dimoſtrerremo la ragione: perche la luna ogni meſe ſi raccende creſcendo et poi ſcemādo ſi ſpegne. QVANDO Napparue una montagna bruna per ladiſtantia. Dopo alquinto meſe ancora nauicando ſcopſoro una montagna. BRVNA Per ladiſtantia: laquale era ancora tanto diſtante et lontana che parea bruna et obſcura. Queſta uoglon molti che ſia la montagna del purgatorio: et del paradiſo terreſtre: laquale dicono eſſer ſobto laplaga equinoctiale: et tanto alta che aggiunga inſino al cielo della luna. Onde ſobgiugne ET ALTA Tanto quanto ueduta non hauea alchuna: Et di queſta diremo nel principio del purgatorio. NOI Ciallegramo: Chome ſirallegrano emarinari quādo dopo lunga nauicatione ueghon terra nella quale ſperano poter poſarſi. ET TOSTO Torno in pianto. Impoche donde ſperauamo la ſalute: indi uēne eluento che ci ſobmerſe. Et certo chi fa grande impreſa ſopra le ſue forze ſpeſſo quādo ſpera eſſer alla pfectione mancha. CHE DALLA Nuoua terra. Nuoua anoi: pche non lhauauamo piu uiſta. Vn turbo nacque. i. una grā reuolutōe diuēto: et diſopra habbiamo dimoſtro che coſa ſia turbo ī latino. ET PERCOSSE Dellegno el primo canto. percoſſe laprua che e/la prima parte della naue. TRE VOLTE El fe girare con tutte lacque. Impoche lacque girauano et faceā ritroſia: et girādo lacque/giraua lanaue: et alla quarta leuo lapoppa ī ſu et lapra ādo īgiu: come piacque altrui: cioe adio o alla fortuna o alfato. Infinchel mare fu richiuſo ſopranoi et noi reſtāmo ſobto acqua

CANTO.XXVII.DELLA PRIMA CANTICA DI DANTHE

f V constrecto el poeta dal numero de uersi a mutare canto: Nientedimeno si continua nella medesima materia de consigli fraudulenti: Et chome nel superiore cantico induxe a parlare Vlixe: cosi in questo parla el conte guido da monte feltro. Congiugne adunque questo canto col superiore dicendo che hauendo la fiamma doue era Vlixe et Diomede finito el suo parlare drizo la puncta la quale hauea piegata inuerso Danthe/ et acquietata se ne partiua con licentia di Virgilio: Et nel medesimo tempo unaltra fiamma uenendo inuerso Dāthe: pche di lei usciua un confuso suono fece che loro uolsono glocchi alla sua cima. COME EL Bue siciliano. la comperatione e/ optima per laquale dimostra che chome el bue facto rame et messoui dentro lhuomo quādo lhuomo gridaua mandaua fuori per la bocca dellanimale un suono che parea el mugghio suo: et non la uoce humana: Chosi questo spirto parlando nella fiamma mandaua fuori per la punta della fiamma un confuso suono. Ma accioche intenda la historia. Phalaris fu re dagringento citta di Sicilia. Elquale per somma crudelta proponeua premio a chi trouassi nuouo cruciato o tormento cōtro a glhuomini: et ne medesimi tempi fu perillo atheniese artefice di grande ingegno. Chostui formo un toro di bronzo di sobtilissime piestre: nel quale uolea che si mettessi chi hauea a essere uciso: et intorno si facessi fuoco: Onde quando per superchio ardore lhuomo dentro postoui gridassi uscissi uoce che paressi horrendo mugghio di bue. Phalaris gli rende degno guidardone a tale opera. Imperoche uolle che lui el primo fussi che tale supplicio prouassi. Et certo e/ giusta chosa che chi e/ inuentore di crudelta di quella medesima perisca: Et optimamente questo expresse Ouidio Non est lex equior ulla Quam necis artificem fraude perire sua. Di Perillo manifesta propertio. Et gemere in tauro seue perille tuo. Et Iuuenale Phalaris licet imperet ut sis falsus et admoto dictet periuria tauro Summum crede nephas animam preferre pudori. Adunque optimamente dixe. EL BVE CICILIANO. El bue fabricato in sicilia da perillo che mugghio prima chol pianto di colui che lhauea temperato con sua lima: et questo fu perillo chome habbiamo decto. MVGGHIAVA: Non con la sua uoce perche era inanimato: Ma con quella dellafflicto,: cioe con quella di colui che dentro uera tormentato. ET CIO FV DRITTO. Et questo fu chosa diricta et iusta Imperoche la crudelta di tale inuentore meritaua tal supplicio. Siche con tutto che questo bue fussi di rame. Nientedimeno parea che lui mugghiassi chome fa el bue uiuo quando e/ traficto dal dolore. CHOSI PER Non hauere quella anima rinchiusa nella fiamma. VIA NE FORAME: cioe per non hauere alchuna apritura. DAL PRINCIPIO del fuoco si conuertieno LE PAROLE GRAME: cioe infelici et misere.

g Ia era dritta in su la fiama et queta
per non dir piu et gia da noi sengia
con la licentia del dolce poeta
Quando unaltra che drieto allei uenia
ne fece uolger glochi alla sua cima:
per un confuso suono che fuor nuscia
Chomel bue cicilian che mugghio prima
col mugghio di colui et cio fu dricto
che lhauea temperato con sua lima
Mugghiaua con la uoce dellafflitto
si che con tutto che fussi di rame
pure el parea dal dolor traficto:
Chosi per non hauer uia ne forame
dal principio delfuoco insuo linguaggio
si conuertieno leparole grame.

p One chome el conte Guido essendosi accorto per le paroli decte a Vlixe che epoeti erono italiani domanda loro dello stato di Romagna chome cupido dintendere nuoue della patria Onde dice che poi che le parole che prima erono uno confuso suono per non trouare uscita della fiamma presono lor uiaggio su per la puncta della fiamma: laquale daua tal guizo: cioe tal moto quale hauea dato la lingua in lor passaggio. Guizare e/ uelocemente muouersi. VDIMMO Virgilio et io O tu Virgilio a chui drizo la uoce. CHE PARLAVI MO: poco auanti. LOMBARDO. Ragguardo alla patria di Virgilio dicēdo ISSA: cioe adesso. TEN VA PIV NON TADISSO. Adizo te/ti prouoco Adirizare

Mi poscia chebbor colto loruiaggio
su per la punta dandole quel guizo:
che dato hauea la lingua in lor passaggio
Vdimmo dire o tu acui io drizo
la uoce et che parlaui mo lombardo
dicendo issa ten ua piu non tadizzo
Perchio sia giunto forse alquanto tardo
non tincresca restare aparlar meco
uedi che non incresce ad me che ardo
Se tu pur mo in questo mondo cieco
caduto sei di quella dolce terra
latina onde mia colpa tutta recho.

Dimmi se romagnuoli han pace o guerra:
chio fui de monti la entro ad Vrbino
nel giogo da chel teuer si diserra.

significa prouocare et irritare. ALQVANTO TARDO. Sobto uelame intēde elconte esser giũto tardi. i. dopo esecoli nequali fioriano Homero et Virgilio. Quasi dica se io fussi stato a tēpi uostri uoi haresti scripto di me chome scriuesti dulixe. Di che anchora si ramarico Alexandro magno quādo giunto alla sepultura dachille dixe O felicem adolescentem qui talem preconem laudum tuarum ad inueneris: Et e/ sanza dubbio felicita duno huomo egregio trouare scriptore eloquentissimo delle sue lode. SE TV. Ordina el texto. Se tu sei pur mo caduto. IN QVESTO Mondo cieco. Chiama mōdo cieco lonferno essentiale perche e/ nelle tenebre del centro: et morale: perche ogni uitio e/cieco perche uiene da ignorantia: laquale e/ cecita di mente. DA QVELLA Dolce terra latina. Ditalia: ONDIO Tutta mia colpa recho: perche in quella commisi lerrore del quale qui sono punito chome apresso dimostrai. DIMMI SE Romagnuoli. Ha usato conueniente exordio in questa sua petitione Prima faccendolo atento pregandolo non gli sia graue arrestarsi essendo fuori delle fiamme non essendo graue allui che arde. Dipoi dimostra facilita richiederlo di chosa allui facile uenendo nouellamente ditalia: Et finalmente fa petitione honesta: perche e/ cosa honesta domandare dello stato di Romagna essendo romagnuolo CHIO FVI De monti la entro ad Vrbino. Intende di monte feltro. Imperoche questi mōti onde nasce el teuero diuidono la Romagna dalla toscana.

c Home le historie antiche il piu delle uolte fa parlare a Virgilio: Chosi nelle moderne lui e/ adomandatore o narratore. ROMAGNA TVA. Prima in genere dimostra che la mente de romagnuoli: et maxime de tyranni di quella regione sempre e/ attesa alla guerra: Benche al presente palesemēte nessuna uene sia. Dipoi uiene al particulare. Rauenna questa citta in romagna e/ antichissima: Della quale in que tempi era signore Guido nouello da polenta huomo circunspecto et eloquente: elquale hebbe el nostro poeta in somma ueneratione in uita: et in morte magnificamente lhonoro. Ne dimenticho efigliuoli dopo la morte di Danthe; Ma conseruogli ne beni donati al padre. Et iui e/ rimasa sua successione: Et hoggi e/in Rauenna Danthe figluolo disceso da Danthe huomo molto licterato et eloquente et degno di tal sangue: Et elquale meritamente si douerrebbe riuochare nella sua antica patria et nostra rep. El corpo del poeta giace honoratamente in Rauēna: Et e/giudicio dogni sauio et licterato huomo che el popolo fiorentino douerrebbe ridurlo nella patria: et honorarlo di sepultura degna di tal poeta. Hora dimonstra Rauenna essere couata dallaquila: che significa che clementemente e/ recta et gouernata chome dalla madre epiccholi figlolini da signori di polenta: larme dequali e/ una aquila meza biancha in campo azurro: et laltra meta rossa in campo doro. Et perche erono questi medesimi anchora signori di ceruia terra posta nel lito nel mare adriatico lontana da Rauēna quindici migla. Pero dimonstra che questa aquila distende tanto lali che ricuopre quella chosuoi uanni: Vanni sono le penne dellale dopo le prime: lequali sono chiamate coltelli. Polenta e/ piccol castello uicino a Brettenoro: Onde fu elprīcipio di questa stirpe. LA TERRA Che fe gia la lunga proua. Intende Forli: elquale e romani chiamorono forum liuii: posta quasi nel mezo di romagna: Delquale questo Guido fu gia signore: et qui hebbe uictoria de franceschi. Imperoche nel mille ducento ottantadue Martino tertio sommo pontefice: elquale fu dal torso nel reame di Francia mando per conte di romagna Giouanni de Apia huomo peritissimo di tutti efranceschi in facti darme: elquale fauorissi la parte guelfa nel tempo che el gia nominato Guido capo di parte ghibellina tenea forlì. Venne adunque: et nella prima giunta hebbe Faenza: Et indi faceua guerra a Forli. Ma Guido consi

Io ero in giuso ancora attento et chino
quandol mio duca mi tento da costa
dicendo parla tu questi e latino
Et io hauea gia prompta la risposta
sanza indugio a parlare incominciai
o anima che sei lagiu nascosta.
Romagna tua non e et non fu mai
sanza guerra ne icuor desuoi tiranni
ma palese nessuna hor uen lasciai.
Rauenna sta chome stata e moltanni:
laquila di polenta la si coua
siche ceruia ricuopre con suo uanni.
La terra che fe gia la lunga proua
et de franceschi sanguinoso mucchio
sobto le branche uerdi si ritruoua
Elmastin uecchio et nuouo da uerrucchio
che fecion di romagna el mal gouerno
la doue soglon far de denti succhio
La citta di lamone et di santerno
conduce ellioncel del nido bianco
che muta parte dalla state al uerno
Et quella achui elsauio bagna elfianco
cosi comella sie tral piano el monte
tra tyrannia siuiue et stato franco.

derando le forze di Giouanni et el robusto suo exercito di franceschi: ricorse allusate sue astutie: et con tractato doppio induxe Giouanni che el primo giorno di maggio innanzi lalba chon tutto lexercito uenne a Forli: et credendosi essere riceuoto chome amico con parte scelta di sua gente entro per una porta laquale guido glhauea facta aprire: et glaltri lascio strecti sobto lombra duna quercia: Entrorono adūque dentro efranceschi: et perche sono di natura auari disubito si dectono alle rapine. Guido nellentrare di Giouanni dinascoso usci per laltra porta: et in brieue tempo roppe quegli che erono rimasi alla quercia Et dipoi tornato a forli si uolse alluccisione de nimici gia sparsi per le chase a predare. Onde pochi furono che potessino rimontare a cauallo et fuggirsi della terra: Glaltri furono morti in gran numero. questo fu principio di maggior guerra. Imperoche lanno sequente Martino mando nuouo exercito a Giouanni: et con quello finalmente hebbe forli: et caccionne Guido. LA TERRA CHE fe gia la lungha proua: perche lungo tempo fe resistentia al papa. ET DE FRANCIOSI Sanguinoso mucchio. i. monte et cumulo. Mucchio in fiorentino significa quello che in latino cumulus: Ilche e/ monte facto di chose ragunate insieme. SOTTO LE BRANCHE Verdi si ritruoua. E sobto glordelaffi: larme de quali e/ un lion uerde dal mezo in su in campo doro: Et dal mezo in giu con tre liste uerdi: et tre doro. In questo tempo era signore Sinibaldo ordolaffi EL MASTIN VECCHIO. Artificiosa: et molto gioconda uarieta usa el poeta in questa discriptione. Ponendo hora larme: et hora sopra nomi di signori. Ma adichiaratione di questo texto a nessuno e incognito che mastino significa cane grande et mordace. Ilperche per conueniente similitudine chiama mastino el tyranno: elquale lania et diuora crudelissimamente esubditi. Et qui intende due malatesti padre et figluolo huomini uiolenti et crudeli/equali teneuano a rimino. Questi signori hebbono origine da un Malatesta elquale fu dalla penna de billi castello posto nel contado di monte feltro: elquale per molte prodeze sue nella disciplina militare merito che glariminesi lo facessino loro cittadino: et honorassinlo di belle chase et daltri premii. Di costui nacque unaltro malatesta huomo di grande animo et bellicoso: elquale ruppe el conte guido a mōte loro: Benche dipoi fussi dallui ropto alponte di san Procolo: Et hebbe tanta auctorita et sequito che si fece signore darimino. Chostui genero Gianni sciancbato et Paolo: de quali dicemmo disopra quando facemmo mentione della Francesca et Pandolfo. Item Malatestino elquale fu cieco da uno occhio: et huomo di grande astutia et succedecte al padre. Et di Malatestino nacque Ferrantino: elquale succedecte al padre insieme con Pandolfo suo zio: et questi furono signori di gran parte della Marcha dācona. Adunque qui intende el mastino uecchio per Malatesta primo signore: Et il nuouo per Malatestino. DA VERRVCCHIO. Questo e/ un castello elquale glariminesi donorono al primo Malatesta. Onde benche sua origine fussi dalla penna de billi: Nientedimeno furono denominati di qui. MONTAGNA Fu nobile caualieri della famigla de parcitati darimino capo di parte ghibellina: elqual Malatesta con altri ghibellini fe piglare et diello in guardia a malatestino: et dipoi domandandolo spesse uolte se lo guardaua bene lo fece morire. FANNO SVCCHIO DE DENTI. Hauendogli chiamati mastini sta nella translatione. Perche el mastino nuoce co denti: Dice che loro fanno succhio: cioe succhiello et triuello de denti: perche trafiggono esubditi. LA CITTA DI LAMONE ET DI SANTERNO. Intende Faenza appresso della quale corre el fiume Lamone: Et Imola oue corre Santerno. Questa si chiamo forum cornelii. Dipoi perche fu feruente nella fede daquesto uerbo imolare che significa sacrificare fu decta imola: Et intende di Machinardo: Et la historia e/ questa. Maghinardo pagano fu dun castello de monti sopra imolā: Elquale non meno per felicita che per uirtu/ diuento signore di Forli. di Faenza: et dimola: Benche non le possedessi tutte insieme. Imperoche nellanno dugentesimo nonagesimo sopra mille: et nel di dodici di nouembre Stephano da ghinazano romano chonte di romagna fu preso in Rauenna da quegli di polenta. Ilche decte occasione a Maghinardo insignorirsi di Faenza: et ebolognesi di piglare imola. Dipoi el papa mando Bandino uescouo darezo della famigla de conti guidi da Romena: elquale riduxe le terre di Romagna ad obedientia della sedia appostolica. Ma dipoi nel sequente anno: et nel uigesimotertio di dicembre dinocte di furto prese forli et in quella el conte Aghinolfo da Romena fratello del gia decto uescouo: et preso Forli assedio Cesena doue era el conte di Romagna. Et nellanno nonagesimosexto hauendo facto legha con Azone terzo da exti contro a Bolognesi equali glhaueuono tolto forli/ Tolse loro imola non sanza danno et ignominia di quegli. Imperoche combatte con loro: equali erono circa quattromila et presene et uccisene assai. EL LIONCELLO Del nido bianco. Maghinardo pagano da susinana la cui arme era un leone azurro. Alchuni dicono uermiglo nel campo bianco CHE MVTA Parte dalla stata al uerno. Chostui chome dicemmo di sopra in Romagna fu di chasa de pagani: equali erono ghibellini. Nientedimeno perche da paghano suo padre rimanendo giouinetto fu lasciato sobto la tutela de fiorentini: et da quegli fu sempre difeso: et mantenuto: chome huomo gratissimo fu sempre in loro fauore in ogni impresa. Onde nel uerno: cioe in Romagna laquale e/ ad noi ad septentrione regione fredda/ era ghibellino: Et nella state: cioe in toscana: laquale a Romagna e/ a mezo di regione calda/ era guelfo. Alquanti spongono questo luogo semplicemente dicendo che mutaua spesso parte: in modo che se da state era duna el uerno era dunaltra. ET QVELLA AD CHVI EL SAVIO: intende Cesena: appresso della quale corre el fiume da latini decto Sapis: Et da noi si dice sauio. In questi tempi tra tanti tyranni in Romagna sola mente Cesena reggeua in liberta. Benche alchunauolta eprincipali cittadini di quella usassino alchuna tyrannia.

Hora chi sei ti priego che ne conti
non esser duro piu chaltri sia stato
sel nome tuo nel mondo tegna fronte.
Poscia chel fuoco alquanto hebbe rughiato
al modo suo lacuta punta mosse
di qua di la: et poi die cotal fiato.
Sio credessi che mia risposta fosse
a persona che mai tornassi al mondo
questa fiamma staria sanza piu scosse:
Ma percio che gia mai di questo fondo
non torno uiuo alchun siodo el uero
sanza tema dinfamia ti rispondo.

Essendo stato liberale a questa anima el nostro poeta con sicurta richiede lei che glidica el nome suo aggiugnendo. SEL NOME tuo nel mondo tegna fronte: cioe rimanga in fama Impoche se diciamo uno non hauer fronte quando non ha rispecto allhonore: possiamo per lopposito dire: che chi e/ honorato habbi fronte. Al quale risponde lanima che se credessi rispondere a chi hauessi a tornare nel mondo non farebbe parola: Et questo e/ che essendo restato buona opinione di lui per essersi facto frate non uorrebbe che si sapessi la sua dannatione. Ma e/ contento di manifestarsi sperando che lui non habbia a ritornare nel mondo hauendo udito che chi entra nellonferno non ne puo uscire: et questo scriue el poeta per dimonstrare quanto sia la cupidita della fama appresso dogni huomo in qualunque stato si ritruoui.

Io fui huom darme et poi fu cordellero
credendomi si cinto fare emenda
et certo el creder mio uenia intero
Se non fussi ilgran prete achui mal prenda
che mirimisse nelleprime colpe
et come et quare uoglo che mintenda
Mentre chio forma fui dossa et di polpe
che la madre mi die lopere mie
non furon leonine: ma di uolpe.
Et glargomenti et lecoperte uie
io seppi tutte et si menai lor arte
chalfine dalla terra el suono uscie:
Quando mi uidi giunto in quella parte
dimia eta doue ciaschun dourebbe
calar leuele et raccogler le sarte:
Cio che mera piaciuto allhor mincrebbe
et pentuto et confesso mi rendei
ah miser lasso et giouato sarebbe.

Nom lystoria di guido Conselucco. ef glughi al papa.

Questa e/ la risposta che fa el conte Guido per laquale dimostra che lexercitio suo fu in facti darme: Et poi inuerso el fine della uita diuento cordelliero. Ilche significa frate di san Francesco: perche si cingono di corda credendosi in questo modo potere fare emenda cioe emendarsi de suoi peccati: Et riusciuagli el pensieri: Sel gran prete: cioe elpapa non glhauessi persuaso che lui tornassi nelle prime colpe: et ne primi errori: nelle fraude et ne consigli fraudulenti: nequali sera exercitato nella uita passata: ET CHOME ET QVARE: et in che modo et perche. VOGLO CHE Mintenda. MENTRE Chio forma fui dossa et di polpe: cioe mentre che io fui i uita: et fui insieme anima et corpo. Imperoche pigla qui forma per anima: et polpe et ossa per corpo. Et certo la forma e/ quella che da lessere alla chosa: Chome uerbigratia Veggiamo una statua di Mercurio di bronzo. In quella adunque nõ quel bronzo che e la materia fa che sia mercurio Ma la forma che e/ nella materia. Chosi lhuomo non e/ huomo per hauere el corpo composto di quattro elementi de quali sono composti ecorpi di tutti glaltri animali. Ma per hauere lanima rationale sanza laquale non saremmo huomini. Adũque intẽdi cosi el texto: Mẽtre chio fui forma dossa et di polpe. i. di corpo: elquale ha ossa et carne cioe mẽtre che questa anima fu congiunta col corpo. CHE LA Madre mi die: lequali ossa et polpe mi dette mia madre. Imperoche nella generatione el seme paterno non e/ altro che spiriti equali sono artefici a formare corpo. Ma la madre da el sangue suo delquale chome di materia elpaterno seme forma elcorpo humano: Onde e/ decta mater Quia prebet materiam. LOPERE MIE Non furon leonine. Nõ usai le forze apertamente: et sanza insidie o fraude chome fa ellione: Ma di uolpe furono opere uolpine. Imperoche le mie guerre et emiei facti furono coperti insidiosi: et pieni dastutia: et di fraude. Ilperche cicerone in libro de officiis. Cum autem duobus modis. i. ui aut fraude fiat iniuria Fraus quasi uulpecule Vis leonis uidetur Vtrunque homini alienissimum: Sed fraus odio digna maiori. Totius autẽ iniustitie nulla capitalior quam eorum: qui tum: cum maxime fallunt id agunt ut boni uiri uideantur. Et certo e/ molto maggiore la ingiuria che si fa con fraude: che quella che si fa con forza: et sanza dubbio sarebbe la uita humana in molto maggiore tranquillita: se chome in candia isola secondo Plinio non sono uolpi: chosi tra glhuomini non fussino animi uolpini. ET GLARGOMENTI Et le coperte uie: Dimostra che cosa sia opera uolpia: laquale ha due parti. Prima e sobtigliare longegno a trouar lafraude

Onde dixe glargomenti. Dipoi trouare modi et uie coperte: lequali ti conduchino alle fraude innanzi che tu sia scoperto. IO SEPPI TVTTE. A dinotare che nessuna spetie di fraude gli fu incognita: et questo pruoua da glieffecti. Imperoche tante nuso et di tante maniere che per uulgatissima fama fu conosciuto per tutto sommo artefice di fraude: Et per questo dice Io menai et guidai si larte loro. CHEL SVONO: che la fama ne deriuo. AL FIN Della terra. Insino allextreme parti del mondo. Et questa fu la mia uita insino alla senectu. MA QVANDO Mi uidi giunto in quella parte di mia eta Oue nella quale senectu CIASCHVN Dourebbe calar le uele: et raccogler le sarte. La uita humana e/ simile alla nauigatione. Imperoche in quella chosi uaria la fortuna dandoci hora serena felicita: et hora nubilosa aduersita: chome eventi fanno el mare hora sereno et tranquillo: et hora turbulento et tēpestoso. Et el nostro uiuere e/ nauigare per questo mare: Et la senectu e / quasi un porto di questa uita: et pero dice. QVANDO IO Mi uidi giunto in quella parte dimia eta. Et intende quando fu giūto alla senectu. OVE CIASCHVNO Huomo Dourebbe calar le uele et raccogler le sarte. Sta nella translatione. Imperoche chome emarinari giunti a porto pongon fine alla loro nauigatione: et disarmano calando le uele et raccogiendo le sarte: Chosi glihuomini giunti alla senectu debbono lasciare tutte loperationi mondane et a quelle por fine: Et chosi fece Guido; elquale dal peccato si conuerti allopere spirituali. Et toccha in questo luogo tre chose necessarie a colui elquale si uuole riconciliare con dio: La prima e/ contritiōe: che fa che riconosciamo el peccato: et dispiacceci. Onde dice. CIO CHE MEra piacuto allhor mincrebbe. La seconda e/ penitentia che fa che ci pentiamo dellerrore commesso: et doglancene con preposito di non errare per laduenire: et di satisfare quello che siamo tenuti satisfare: Onde dice ET PENTVTO. La terza e/ la confessione che fa che conosciuto elpeccato lhuomo sahumilia et uergognasi. Onde sequita: ET CONFESSO MI RENDEI. perche el peccatore cerca la pace con dio: alquale el peccato lhauea facto ribello: et questa e/ labsolutione del sacerdote che e / quasi una forma che sa aīprimer nellanimo nostro: Et lanimo e/ quasi una materia che debba riceuer tale impressione. E/ necessario che la materia cioe lanima si prepari a potere riceuere tal forma. Ne si puo preparare sanza le tre gia decte chose. Imperoche se offendono idio pensando dipoi parlando: Et finalmente operando male conuiene che alla mala cogitatione satisfaccia la contritione: et alla mala locutione la confessione: et al male operare la penitentia: Anchora perche nel peccato concorrono Deliberatione. Delectatione et perseueratione/ La contritione ristora la mala deliberatione. El pentimento: perche ha dolore in se ristora la delectatione. La confessione interrompe la perseuerantia. HA MISER LASSO Et giouato sarebbe. Duolsi che hauendo facto buon principio col quale si potea saluare / el papa lo trahessi et rimouessi da quello.

Mal principio de nuoui pharisei
hauendo guerra presso allaterano:
et non con saracini ne con giudei
Che ciaschun suo nimico era christiano
et nessuno era stato a uincer acri
ne mercatante in terra di soldano.
Ne sommo officio ne ordini sacri
guardo in se ne in me quel capresto
che solea fare esuoi cincti piu macri.
Ma chome Constantino chiese Siluestro
dentro a siracte a guarir delle lebbre
chosi mi chiese questi per maestro:
Ad guarir della sua superba febbre:
domandommi consiglo: et io tacetti
perche le sue parole mi paruono ebbre:
Et poi mi dixe tuo cuor non sospecti
fin hor tassoluo et tu minsegna fare
sichome Penestrina in terra getti.
Lo ciel possio serrare et diserrare
chome tu sai pero son due le chiaui
chel mio antecessor non hebbe care.

Ra condocto a porto di salute Guido. Ma el papa lo induxe a ritornare aritornare al lantico peccato di dare fraudulento consiglo: el quale non uolendo lui da prīcipio dargli: perche temea del peccato fu ingannato dal papa absoluendolo di quello che non potea absoluere chome poco disobto diremo. EL PRINCIPE De nuoui pharisei. El papa e/ principe de prelati: quali per traslatione chiama pharisei: equali nella antica legge erono in grande prezzo nellordine sacerdotale: Ma de pharisei dicemmo pocho disopra. HAVENDO Guerra presso allaterano. La historia e/ questa Nel. M. cc. lxxxxvii. papa Bonifatio hauendo conceputo inplacabile odio contro a colonnesi: le chui chase sono presso a sancto Giouanni laterano: perche due cardinali di quella famigla messere Iacopo et messere Piero glerono stati contrarii nella sua electione: Et dipoi Sciarra dalla colonna hauea rubate certe some de suoi chesori. Priuo questa famigla di tutti glihonori: et benefidi: et comando a egia decti due cardinali che ponessino giu ecappelli: et le ueste cardinalesche. Et perche loro non ubbidirono priuo tutta quella famigla dogni honore et dignita: et disfece le loro case in Roma: et tolse le loro castella: et parte ne decte a glorsini parte disfece: et finalmēte assedio Nepi laquale

sidette con certi pacti ; dipoi non potendo hauere preneste citta in expugnabile mando da questo con
te guido gia frate minore dal quale non potendo impetrare che diuentassi suo capitano inquesta guerra
lodimando diconsiglo; hebbe per consiglo che promettessi assai et atenessi pocho . Ilperche bonifatio
fingendo commuouersi amisericordia opero con amici comuni che loro sahumiliassino . Ecardinali cre
duli uennono in ueste negra et abbietti segli gittorono apiedi con fessandosi peccatori et chiedendo mi
sericordia ; aquali el papa promesse laristitutione del tutto se dauano preneste. Dipoi hauutala ladisse
dafondamenti ; et fella rifare apie delmonte nella pianura et chiamolla ciuita del papa . Ilche impauri
informa edue decti cardinali ; che dipoi sempre stettono occulti : insino che finalmente Bonifatio chen
quelle medesime arti con lequali hauea ingannato altri da Sciarra fu facto miserabilmente morire .
HAVENDO GVERRA Appresso allaterano. Hauea guerra cho colonnesi ; equali habitauono in Ro
ma appresso a san Giouanni laterano. ET NON CON Saracini ne con giudei. Adunque era inlecita
guerra. Pone le circunstantie che aggrauano el peccato. E/ aliena dalla mansuetudine pontificia fare
guerra: Ma piu alieno far guerra a christiani : et alienissimo a quegli che gli sono uicini. ET NESSV
NO Era stato a uincer acri. Rimuoue ogni scusa : perche non solamente facea guerra con quegli che e
rono christiani : Ma con quegli equali essendo christiani non haueano facto mai contro alla religione .
Imperoche non haueano mai rinnegato dio ; chome quegli equali uennono col soldano di babyllonia a
uincere Acri. Ne erono stati merchatanti equali hauessino portato mercatantie prohibite dalla chiesa a
glinfedeli : et acci che intendiamo meglo la historia Ci ciricorderemo che hauendo echristiani perduto
Antiochia et Tripoli : et ogni altra terra inSiria excepto che Acri : laquale era doue anticamente fu iop
pe : In questa si riduxono tutte le forze de christiani poste contro a glinfedeli ; perche e / nella fronte
del nostro mare propinqua a hierusalem . lxx. migla : et nel mezo di soria : et quasi nel centro del mon
do ; et era porto apto chosi a glorientali chome a gloccidentali mercatanti. Ilperche era riceptacolo do
gni natione et dogni lingua. Qui era domicilio al re di hierusalem et di cipri Al principe dantiochia ;
Alla congregatione dello spedale di san Giouanni. Quiui facea residentia ellegato del papa ; et elluogo
tenente del re di Francia : et del re dinghilterra ; et tanti altri che in quella citta erono . xvii. corti / cia
schuna con iuriditione di sangue. Ilche generaua gran confusione nelladministratione della terra. Ilper
che aduenne che lanno. M. cc. lxxxxi. essendo triegua tra loro et el soldano fu da christiani ropto latrie
gua : perche eprincipi gia decti uiteneuono circa. xiiii. migiaia di soldati ; equali essendo mal pagati furo
no quasi che dalla fame constrecti a rubare et uccidere esaracini che sobto la fede della triegua ueniuono
in acri. Elsoldano commosso da tale ingiuria mando imbasciadori che domandassino le chose rapte et e
raptori ; et non lempetrando uenne con exercito tanto grande che ecampi teneuono dodici migla ; Risi
steuono da principio uirilmente enostri con la uigilantia : et gran consiglo del mastro generale del tem
pio ; Ma ferito chostui nel braccio da saetta auelenata ; et in pochi di morto : non fu piu chi si diffona : et
disi uarie nationi et lingue congregata turba gouernar sapessi. Non obseruauono piu glordini ; Non ub
bidiuono : et molti per paura abbandonando la terra fuggiuono al mare. Ilche decte la uictoria al solda
no. Prese adunque la terra ; Saccheggiolla ; Et piu che sexanta mila tra maschi et famine furono uccisi .
Nessuno adunque de nimici di Bonifatio hauea facto contro alla religione. NE SOMMO Officio ne
ordini sacri guardo inse . Non considero anchora che lui essendo sommo pontefice et sacerdote non
douea richiedere alchun di fraude. Ne anchora riguardo al capresto ; cioe allordine di sancto Francesco
doue el capresto e/ in luogo di cintura. CHE SOLEA Esuoi cinti piu macri ; Per transito uitupera
efrati minori ; che non obseruauano quella abstinentia che soleuano obseruare per laquale erono magri
MA CHOME. Dice che chome Constantino imperadore essendo lebbroso richiese papa Siluestro ; el
quale habitaua nel monte syracte che lo guarissi della lebbra ; chon quel medesimo desiderio richiese Bo
nifatio me per maestro. A GVARIR Della sua superba febbre : Et chiama febbre per translatione la
sua ardentissima superbia et ira di uendicarsi contro a colonnesi. Imperoche chome la febbre e/ ardēte
et induce sete ; chosi lira di chostui ardea con grande sete di uendicarsi. Constantino Costui impero an
ni xxx. Mesi dieci : Et nel fine delleta fu baptezato da Eusebio uescouo di Nicomede ; Ma tenne la here
sia degli Arriani. Chostui essendo infecto di lebbra hebbe da suoi medici che la salute sua unica era di
bagnarsi nel puro sangue di piccoli fanciugli. Constantino benche molto desiderassi liberarsi da tale
morbo : Nientedimeno in nessun modo uolle esser si impio : che per lui tanti fanciulli morissino. Ilper
che piacque tanto al padre dogni misericordia : et sommo idio ; che la nocte sequente inuisione gli fece
apparire eprincipi de glappostoli Piero et Paolo : Et da quegli fu admonito che cercassi per Siluestro pa
pa : elquale per la persecutione facta contro a christiani ; et per fare aspra penitentia habitaua le cauerne
di Syrapte. Syracte appresso de glantichi fu chiamato Soracte ; et monte molto aspro elquale e nella
regione de glhirpini oueramente phalisci. DOMANDOMMI CONSIGLO ET IO TACETTI.
Non per superbia ; o per non portare somma reuerentia al pontefice . MA PERCHE LE SVE
PAROLE MI PARVONO EBBRE. cioe le sua parole mi paruono sanza ragione ; chome el piu del
le uolte parlono quegli che sono ebbri. Et e/ qui da notare ; che benche sia precepto diuino che noi

abbidiamo a superiori. Nientedimeno e/ da ubbidire a tale precepto nelle chose ingiuste. ET POI MI DIXE TVO CVOR NON SOSPECTI. Temendo non sospectassi del peccato / gli promecte absoluerlo: et dimostra hauerne lauctorita. CHEL TVO ANTECESSOR NON HEBBE CHARE. Questo fu papa Celestino: elquale chome disopra habbiamo dimonstro risununtio al papato.

Allhor mi pinson glargomenti graui:
onde el tacer mi fu aduiso el peggio
et dixi padre da che tu mi laui
Da quel peccato oue mo cader deggio
lunga promessa collattender corto
tifara triomphare nellalto seggio.

p Oterono in me largumentationi che haueua usato elpapa. Et per questo EL TACERE MI FV ADVISO EL PEGGIO: cioe mi parue el peggio: perche mi parea non ubbidendo potessi parere: che io dubitassi della sua auctorita: et potesta. Ilperche potessi procedere contro ad me chome heretico. Adunque dixi: Che il promettere assai: et attenere pocho / lo farebbe triomphare: cioe acquistare uictoria.

f Inge assai conuenientemente che essendo stato Guido dellordine di san Francescho lui uabbia preso el suo patrocinio. Et se uogliamo alchuna allegoria/ diremo che la conscientia duno: elquale a petitione del prelato habbi commesso fraude doppo la morte: cioe doppo el peccato commesso sta ambiguo: perche da una parte Francesco: cioe epsa religione ad chui richiesta ha facto/ gli persuade che non sia errore: Dallaltra e / el diauolo che e epso peccato la danna. VN DE NERI CHERVBINI. cioe un diauolo: et pero nero elquale innanzi la dannatione era dellordine de cherubini. De quali diremo piu appieno nel paradiso. CHASSOLVER NON SI PVO CHI NON SI PENTE. La ragione che assegna el diauolo a san Francescho e/ che el conte non puo essere saluo: se non e/ absoluto. Ne si puo absoluere chi non si pente del peccato commesso. Ne puo uno in un medesimo tempo uolere commettere el peccato: et pentirsene: perche uolere: et non uolere sono contrarii. HA MISER LASSO. Allhora in gran perturbatione dixe che allui era interuenuto. AD MINOS MI PORTO ET QVEgli attorse. Di Minos disopra e/ decto ad sufficientia nel quinto canto: chosi in referire le historie: et le fauole: chome in dimonstrare lallegorico senso. ET POI PER LA GRAN RABBIA SE La morse. Questo e/ el fine di quegli che dalla lor propria conscientia sono dannati: che per disperatione diuentino furiosi etiam contro di se medesimi. QVESTI e/ de rei: cioe de dannati a entrare nella fiamma: laquale ricuopre et fura lanima: laquale dentro non ui si uede: et pero disopra dixe: Et ogni fiamma un peccatore inuola: et chosi uestito di questa fiamma. MIRANCVRO. i. Mi rammarico: et a me medesimo porto odio. Imperoche ranchore e / odio occulto. INSINO IN SV LALTRO ARCHO. Insino in sul ponte della nona bolgia. DOVE SI PAGHA ELFIO. cioe el feldo et tributo: Quasi dica la pena di quegli: equali scommettendo con false calunnie diuidendo et spartendo quegli che erono congiunti et amici: Acquistan carcho: acquistan peccato che e/ carcho et peso allanima.

Francesco uenne ad me comio fu morto
per me ma un de neri cherubini
gli dixe nol portar non mi far torto
Venir sen de qua giu tra noi meschini
perche diede elconsiglo frodolente:
dal quale in qua stato gli sono acrini.
Chassoluer non si puo chi non si pente
ne penter et uolere insieme puossi
per la contradiction che nol consente.
Ome dolente chome mi riscossi
quando mi prese dicendomi forse
tu non credeui chio loico fossi.
A minos mi porto et quegli attorse
octo uolte la coda al dosso duro:
et poi per la gran rabbia la si morse
Dixe questi e/ de rei del fuoco furo:
perchio la doue uedi son perduto:
et si uestito andando mi rancuro.
Quandegli hebbel suo dir cosi compiuto
la fiamma dolorando si partio
torcendo et dibattendo el corno acuto:
Noi passammo oltre et io el duca mio
su per loscoglo infino in su laltro archo
che cuopre el fosso in che si paga el fio
A que che scommettendo acquistan carco

CANTO . XXVIII . DELLA PRIMA CANTICA DI DANTHE

■ E due precedenti canti ha tractato el noſtro auctore de fraudulenti conſiglieri puniti nelloctaua bolgia. Hora pone eſeminatori di ſcandali" et di ciſme et hereſie ; equali perche chon loro fraude hanno diſtructi et ſeperati qnegli che prima uiueuono congiunti ; et in concordia/"meritamente pone hauere eloro membri ſeperati et diuiſi et ſtracciati piu et meno ſecondo che maggiori o minori diſcordie hanno ſeminato ; Et in queſto luogho quadra el decto del pſalmiſta . Filii hominum dentes eorum arma et ſagitte ; Lingue eorum gladius acutus. CHI PORRIA MAI. Come optimo poeta hauendo a tractare choſe grandi ; et tragiche uſa tal principio che faccia lauditore attento dimoſtrando che alla grandeza delle coſe non ſi puo trouare parole conuenienti. Similmente Virgilio . Non michi ſi lingue centũſint oraqua centum Ferrea uox omnes ſcelerum cõprendere formas . Omnia penarum percurrere nomina poſſem . Imita adũque Virgilio : et Virgilio imita Homero. Adunque Chi porria mai ; Quaſi dica neſſuno. DICERE Del ſangue et delle piaghe. La quantita del ſangue ; et la crudelta delle piaghe. APPIENO/aſſuficientia . ¡PVR CHON PAROLE SCIOLTE. Con oratione ſoluta et in proſa ; Imperoche chi ſcriue in uerſi uſa parole conlegate con certa miſura. Ma chi ſcriue in proſa uſa parole libere et ſciolte da ogni miſura et rima ; Et la ſententia e/ queſta Neſſun" potrebbe dire abaſtanza lorribile ſtratio quando bene ſcriueſſi in proſa doue e / piu facile a exprimere cioche uogliamo che in uerſi ; Oueramente PER NARRAR PIV VOLTE . in due modi ſi puo ordinare queſto texto : Oueramente chi porria narrare le piaghe ; lequali io uidi ; per narrar piu uolte. Cioe io le uidi con propoſito di narrarle piu uolte . ¡Oueramẽte diremo Chi porria mai narrare appieno per narrare piu uolte ; cioe benche non una uolta ; ma piu le narraſſi. OGNI LINGVA Per certo uerria meno : A" narrare ; Et aſſegna la ragione PER LO Noſtro ſermone : inſufficiente ; ET PER LA MENTE ; inſufficiente ; HANNO ; equali ſermone et mente hanno ; PICCOL SENO : cioe piccolo ricptacolo ſono poco capaci. A COMPRENHENDERE TANTO ; cioe ad intendere ſi gran choſa .

C Hi porria mai pur con parole ſciolte
dicer del ſangue et delle piaghe apieno
chio hora uidi per narrar piu uolte
Ogni lingna per certo uerria meno
per lo noſtro ſermone : et per la mente :
channo atanto comprender pocho ſeno .

Sel ſadunaſſi ancor tutta la gente
che giace in ſu la fortunata terra
che fe di pugla el ſuo ſangue dolente

L A ſententia e /' che le ferite date in tutte le battaglie facte in diuerſi tempi ne paeſi ; che lui pone ſarebbono nulla a comperatione delle ferite che haueuono quegli equali erono i queſta

Per li troiani o per la lunga guerra
che dellanella fe si alte spogle
sichome liuio scriue che non erra .
Con quella che senti de colpi dogle
per contastare a ruberto guiscardo
et laltra el cui ossame anchor saccogle
A cepperan la oue fu bugiardo
ogni puglese: et la da taglacozo
oue sanzarme uinse el uecchio Alardo :
Et qual forato suo membro et qual mozo
mostrassi ad adequar sarebbe nulla
el modo della nona bolgia sozo .

nona bolgia: Et pero dice SE SADVNASSE Cioe se insieme si ragunassi tutta la gente : che gia fu dolente del suo sangue sparto in su la for tunata terra di Pugla in pugla: laqual chiama for tunata: perche la fortuna i quella dimostro mol ta uarieta: Et pone cinque guerre. Laprima che fu tra Enea et Turno: laquale scriue elegantissi mamente Virgilio ne gliultimi sei libri: et dimo stra strage et occisione terribile. O PER LA Lunga guerra che dellanella fe si alte spogle. In tende el conflicto facto a canne in pugla: et la grandissima ropta che Hanibale capitano de Car taginesi decte a romani per latemerita di Marco uarrone consolo elquale contro alconsiglio di Pa olo emilio suo collega uolle appiccare labattagla potendo schifarla: et apoco apoco consumare gle xerciti dhanibale: elquale non poteua ogni giorno rinnouare nuoui soldati: et entro in battagla in quel la hora del di: nella quale el sole percotea glocchi a romani soldati: Et similmente el uento gloffendea grandissimamente portando da luoghi arridi la poluere contro alle lor faccie. Furono uccisi inquel gior no ottanta senatori. Due questori. Ventuno tribuni di militi. Alchuni huomini stati gia o consoli o pre tori o edili. Quaranta miglaia di pedoni. Duomila septecento caualieri. Di tanti corpi fece fare Haniba le un ponte col quale passo lexercito. Onde tanto extenuo le forze romane che se hauessi saputo usare si prospera fortuna: et di subito uenire a Roma prima che glanimi sbigottiti si rihauessino o ad adalchu no riparo prouedessino harebbe preso Roma. Ma londugio suo gli tolse lauictoria. Onde Maharbal car taginese perisdegno grido Tu sai uincere Hanibale Ma non sai usar la uictoria. Ilperche sauiamente di xe el petrarca. Vinse hanibal ma non seppe usar poi Ben la uictoriosa sua uentura. CON QVELLA Che senti de colpi dogla. Fu antico duca di Normandia Riccardo et chostui hebbe due figluoli Riccar do elquale successe al padre: et Ruberto guiscardo: elquale nellanno della salute mille septanta uenne in pugla a Ruberto puglese in quel tempo iui duca: et a chostui decte grande aiuto nelle guerre contro al principe di Salerno: Et finalmente Ruberto non hauendo figluoli maschi se lo fece genero et successo re del ducato. Ilperche Guiscardo per militare uirtu uinse la pugla la calauria et tutto el reame di sicilia elquale hauea occupato Alexo imperadore de greci: Et dipoi fu in fauore di Gregorio octauo contra Ar rigo tertio. Et suoi successori regnorono insino a tempi darrigo padre di Federigo secondo. ET LAL TRA El cui ossame anchor saccogle. Pone la guerra et la sconficta che Carlo primo decte a Manfredi non sanza prompta opera de guelfi fiorentini chome altroue fu decto. ET LA DA Taglacozzo. Questa e laltra battagla che Carlo gia decto fece contro a Curradino nipote di Manfredi nel piano di sancto Valentino presso a taglacozo. Alardo. Questo fu Franzese: elquale in que tempi uenuua di ter ra sancta barone non di piccola auctorita et gia uecchio. Ma uedendo le poche forze di Carlo contro a Curradino lo consiglo che si fidassi piu nel consiglo che nellarmi. Ilche hebbe tanta auctorita appresso di Carlo: che lui gli commisse la cura del tutto. Et per sua prudentia quasi uincto nella battagla ricupe ro la uictoria amplissimamente. Ma non sanza grande occisione da ogni parte. Fu la battagla nellanno della salute mille dugento sexantotto neluigesimo quarto di dagosto. Et Carlo dipoi per memoria del la chosa: et per salute dellanime de gluccisi edifico una excellente badia chiamata uictoria.

Gia ueggia per mezul perdere o lulla
chomio uidi un cosi non si pertugia
ropto dal mento insin doue si trulla
Tra le gambe pendeuon le minugia
la corata apparea el tristo sacco
che merda fa di quel che si trangugia :
Mentre chen lui ueder tutto mattacco
guardommi et con le mani sapse el pecto
dicendo hor uedi chome mi dilacco
Vedi chome scoppiato e Mahumetto
dinanzi ad me sen ua piangendo ali
fesso nel uolto dal mento al ciuffecto.

P One conueniente pena Imperoche meri tamente e aperto et diuiso cholui elqua le ha diuiso o tra huomo et huomo: o tra dio et lhuomo la carita et lamore seminando scandolo et discordia et scisma: et allegoricamente inter uiene questo in simili huomini. Imperoche sem pre hanno la mente districta et diuisa. Finge a dunque che gli heretici sieno diuisi pel mezo insi no al capo: perche hanno diuiso la chiesa di dio laquale debba essere un corpo delqual corpo chri sto sia capo. Pone adunque prima uno aperto dal le coscie al mento: et fa comperatione a una bot te della qual sia tracta o la doga del mezo: laqua le si chiama mezule: o la collaterale: laquale chia mano lulla: et altri tulla. Et dice VEGGIA: cioe

botte laquale in latino e/ decta ueges. NON SI Pertugia: non ſi fora et apre. Choſi per perdere me
zule o lulla chome io uidi uno ropto dal mento inſino doue ſi trulla: cioe inſino alfine del buſto doue
e/ luſcita alle bructure del uentre: et onde eſcie fetido uento: elquale quando uiene fuori con ſuono et
ſtrepito alchuni chiamano trulla benche non doctamente. LE MINVGIA: cioe le budella. Trangugia
ſinghiottiſce. MENTRE Che lui ueder tutto mattaccho: tutto mappicco: cioe ſto tutto intento.
MI DILACCO: Mi ſtraccio et apro Habbiamo decto diſopra che lauctore pon qui le pene della nona
ſpetie della fraude che ſichiama ſcandolo ouero ſciſma: equali peccati ſono ſpetie dinuidia. Imperoche
ſoppone allamore che ſi contiene ſobto la carita: alla quale e/ contraria la inuidia. Queſti ſeminatori di
ſcandolo et di ſciſma ſobto ſpetie di bene commettono fraude in danno del proximo. Ma ſono tra loro
differenti. Infedelita. Sciſma: et Hereſia. Infedelita e/ oppoſita alla fede: et e/ non creder quello: che
crede la fede in ogni parte et choſa. Hereſia e/ partirſi dalla fede in alchuna parte o fare alchuno muta
mento in quella. Sciſma e/ partirſi in tutto dalla fede et dallunione diquella. Et perche queſto e/mag
gior che edue primi: pero finge el poeta che ſia punito in queſta piu baſſa parte. Sciſma adunque e/di
uiſione et ſeperamento dellunita della fede et della carita. Ma anchora la diuiſione nelle citta tra par
te et parte di cittadini: et anchora tra huomo et huomo ſi comprende ſobto queſto peccato. Adunque
chi ha commeſſa hereſia nella fede e/ diuiſo tutto dal mento in giu: perche ha diuiſo el corpo della chie
ſa della quale e/ capo chriſto: et chi ha commeſſo ſcandolo tra principi che ſono capo de popoli hanno
le loro piaghe nel capo: et chi ha diuiſo eparenti hanno tagliato le mani: et quegli che hãno diuiſo figliuo
lo da padre/hanno tagliato el capo et portanlo in mano. Ma perche lahiſtoria di Maumeth non e/altut
to da preterire Noteremo chome nellanno della noſtra ſalute ſecenteſimo decimo Sedente Bonifatio
tertio et imperante Honorio fu in Arabia Mahumeth mago et di ſomma callidita et cupido dhonore/
non humano ma diuino: et in ſua giouentu uide uarie terre et nationi: et in Hieruſalem inteſe la moſa
icha: et altroue la chriſtiana legge: et choſi inſtructo con miracoli che facea con arte magica perſuadet
te alla imperita moltitudine darabia che lui fuſſi meſſia uenuto da cielo: Et decte nuoue leggi meſcolan
doui molte choſe uoluptuoſe: per lequali facilmente tiraua a ſua deuotione la turba: Et chon queſto
fauore acquiſto la ſignoria: et maxime fingendoſi di ſanctiſſima uita et choſtumi: et con ſomma callidi
ta hauea auezo una colomba bianca a paſcerſi ne ſuoi orecchi nequali furtiuamente poneua panico et ſi
mile eſca Informa che quando era a predicare al popolo facea aprire alla colomba et di ſubito quella gli
ueniua a glorecchi: et affermaua epſa eſſere lo ſpirito ſancto elquale gli moſtraua quello fuſſi bene a fa
re. Arroſeſi a tanta aſtutia unaltra peſte molto pernitioſa. Imperoche Sergio monaco cadendo nella
hereſia neſtoriana fu cacciato da glaltri monaci. Il perche paſſo in arabia et aggiunſeſi a Mahumeth: Et
perche era molto uerſuto: et pieno di callidita gli ſomminiſtraua molti ſagaci conſigli: et Machometh
lo teneua racchiuſo affermando lui eſſer langelo Gabriel elquale lamaeſtraua ditutte lecoſe che utili alla
nima. Alchuni dicono che Sergio fu mandato da Roma a predicare a glarabi et a uolgergli alla noſtra
religione: Et promiſſongli che portandoſi uirilmente harebbe el capello: Et dipoi non eſſendogli obſer
uata la promeſſa Torno in arabia et canto la palinodia cioe predico el contrario di quello che prima ha
uea predicato: et fu a grandiſſimo aiuto a Mahumeth informa che non ſolo in arabia ma in tutto legip
to fu reputato uero meſſia. Inſtitui che eſuoi popoli fuſſino chiamati Sarraini o Sarraceni da Sarra le
gitima mogle dhabraham Quaſi legitimi ſucceſſori della diuina ſucceſſione. Era di tale ingegno che etiã
glincomodi ſuoi uſaua a ſuo propoſito. Imperoche eſſendo ſpeſſeuolte oppreſſo dal morbo caducho o
gni uolta che poi tornaua in ſe fingeua che gli fuſſi apparito Gabriel angelo: et che lui cadeſſi per non
potere ſopportare tanto ſplendore. Rimaſe ſanza padre da pueritia: et pouero: et fu nutrito dal zio
Mori di luglio nellanno della noſtra ſalute ſexcenteſimo uigeſimo primo. Altri pongono nel ſecento
trentadue dopo elquale obtenne el ſuo principato Calipha: et a Calipha ſucceſſe Achaly elquale caccia
to del principato regno Aly. Ma eſſendo lui molto ſuperſtitioſo/glegyptii gli creorон contro Calipha
nuouo principe. CHE MERDA FA. Benche ſpurca ſia queſta narratione; Nientedimeno non lu
ſo el poeta ſolamente per monſtrare la choſa naturale: Ma allegoricamente ſignifica che cio che entra in
bocca allo ſciſmatico diuenta ſterco. i. cio che impara di doctrina diuenta corruptela a glaltri huomini
Et certo lui fu grandiſſima corruptela ne glhuomini: laqual non ſolamente non e ſpenta: Ma permet
te dio giuſto giudice per uendicarſi et punire eſuoi nemici choſuoi nimici: che tale religione allarghi e
confini. Onde in queſto anno con ſomma infamia del nome chriſtiano: et non picchola pernitie della
miſera italia ha preſo Ottranto antichamente decto hydrunto in Calauria: Non ſo quello ſegutra; ma
epeccati de principi di queſta eta: dequali quaſi tutti ſono infecti Et le italiche diſcordie ci ponghono
piu timore che ſperanza. Miſereatur noſtri deus et illuminet uultum ſuum ſuper nos. ALI: Alquã
ti credono che fuſſi zio di Machometh et aiutatore in tutte le ſue impreſe.

Vn diauolo e qua drieto che naſciſma
ſi crudelmente al taglio della ſpada
rimettendo ciaſchun di queſta riſma.

d Imoſtra che edannati a tale pena girono
del continuo intorno a quella bolgia: et
un diauolo ogni uolta che tornano dallui di nuo
uo con la ſpada gli rifa le ferite. Ilche ſignificha

Quando hauean uolto la dolente strada:
pero che le ferite son richiuse
prima chaltri dinanzi liriuada
Ma tu chi se chen su lo scoglo muse
forse per indugiare ire alla pena.
che giudicata in su le tue accuse
Ne mortel giunse ancora ne colpa elmena
rispose el mio maestro a tormentarlo:
ma per dar lui experientia piena
Ad me che morto son conuien menarlo
per linferno qua giu di giro in giro
et questo e uer cosi chomio ti parlo
Piu fur dicento che quando ludiro
sarrestoron nel fosso a riguardarmi
per marauigla obliandol martyro
Hor di a fra dolcin dunque che sarmi
tu che forse uedrai el sole in brieue
selli non uuol qui tosto sequitarmi
Si di uiuanda che strecto da neue
non rechi la uictoria al noarese
chaltrimenti acquistar non saria leue
Poi che lun pie per girsene sospese
mahumetho mi dixe esta parola
indi a partirlo in terra lo distese.

che lo scismatico sempre sauuolge nel medesimo errore: et un diauolo cioe lasua diabolica pertinacia del continuo lo tiene diuiso. NE MORTFEL GIVNSE ANCHOR. Manifesta adolcino che si fornisca di uettouagle innanzi che le neui uenghino: perche poi non uene, potrebbe portare essendo in si aspra montagna. CHE NON Cerchi uictoria: cioe che non si lasci uincere al noarese suoi cittadini. Fu frate Dolcino al tempo di Bonifacio ottauo di noara in lombardia: et a uercelle lo nutri un prete decto Augusto dal quale dopo alchun tempo trouato in furto si fuggi a trento: et nelle montagne a questa citta propinque essendo eloquente et di grande ingegno sobto habito di fraticello a quelle genti roze et imperite persuase nuoua secta affermando se essere uero apostolo mandato da dio; uoleua che ogni chosa per carita fussi comune: et maxime le donne excepto la madre et la figluola. Ilche udendo el uescouo di trento lefece cacciare Dolcino uedendo ognidi piu crescer lamoltitudine che lo sequitaua credette essere in expugnabile se riducēdosi nelle montagne di Brescia diBergamo et di Como non scendessi al piano essendo quelle per natura delluogo et per le neui molto munite. Ma finalmente cacciato indi si riduxe in monte asprissimo tra Noara et Vercelli doue hauea seco piu di tre mila huomini da portare arme si perche poteuono apresso di lui adempiere ogni sua uolupta: si perche con la eloquentia sua ogni huomo dilectaua. Ma perche dio non uolle che si graue scellerateza rimanessi impunita finalmente fu assediato dallo exercito congregato di Lombardi Sauoini Prouenzali et Franciosi. Et finalmente per fame esuoi sarrenderono et lui preso fu condocto a Noara. Doue mai benche da molti fussi stimolato uolle ridursi alla uera legge. Ilperche fu attanaglato per tutta la citta et crudelmente morto huomo sanza fallo se non fussi caduto in tale errore degno dimortale fama; perche mai in tanti tormenti muto faccia; ne mai silamento: Ma delcontinuo confortaua esuoi che perseuerassino ne suo precepti; Ne di minore francheza danimo fu Margherita trentina sua mogle; laquale et bella et molto riccha trouando nobili mariti uolle piu tosto emedesimi supplicii che ella uolessi rinnegare la cisma. Duro lobsidione uno anno et locisma due.

Vnaltro che forato hauea la gola
et troncol naso infin sobto le cigla
et non hauea ma unorecchia sola
Restato a riguardar per marauigla
co glaltri innanzi a glaltri apri la canna
chera difuori dogni parte uermigla:
Et dixe tu chui colpa non condanna,
Et cui io uidi sun terra latina
se troppa somiglanza non minganna:
Rimembrati di piero di medicina
se mai torni aueder lo dolce piano
che da uercegli ad mercabo dichina
Et fa sapere a due miglor di Fano
a messer guido et anche ad angiolello
che se lantiueder qui non e uano

d Imostra che Piero damedicina rimaso cō glaltri chome stupefacto a ueder Danthe elquale era in quel luogo non solamente gli parlo: ma glimpose ambasciata. Chostui fu da medicina posta nel contado diBologna: Et per molti scandali et discordie che semino fra gētili huōi delcontado dibologna eecittadini bolognesi. Preterea trabolognesi et etyrāni diromagna merito qui esser punito: et hauer taglato la gola pche hauea errato con le parole: lequali si formano nella gola et anchora taglato el naso ornamento grande del capo; perche diuise el contado ornamento della citta che e/ capo: et hauea taglato uno orecchio per hauere diuiso egran cittadini equali sono esensi del capo. Chostui admonisce chi uiue che si guardi da gli scandoli non perche chi e/ in inferno non uolessi che tutti glaltri uandassino. Ma perche lui era stato principio ad tanti mali temea che quanto piu male sequiua tanto

Gittati ſaran fuor di lor uaſello
et mazerati dentro alla catholicha
per tradimento dun tyranno fello :
Tra liſola di cipri et di maiolica
non uide mai ſigran fallo neptuno
non dapirati non da gente argolica
Quel traditor che uede pur colluno :
et tien la terra che tale e qui meco
uorrebbe di uederla eſſer digiuno
Fara uenirli aparlamento ſeco .
poi fara ſi chel uento di focara
non ſara lor meſtier uoto ne preco

piu gli creſceſſi la pena. Diſcriue el piano di lōbardia per inſino in romagna. Mercabo e in ſulpo et nella fine di romagna in ſu lito diuerſo uinegia hedificato da uinitiani dipoi preſo da Ruberto da polenta Fu diſſacto quando euinitiani nel mille trecentocto furono ropti a Ferrara. Adunque pone tutto el piano di lombardia : et diRomagna che comincia da Vercelli et uiene in fino ad Mercabo. A DVE MIGLOR Da fano Malateſtino ſignor diRimino ſobto ſpetie dicon uito ordino a catholicha che due principali cittadini di Fano ueniſſino a deſinar ſeco fingēdo uolere tractare con loro gran choſe . Queſti uenendo per mare, per ordine ſuo furono ſobmerſi da meſſer Guido del caſſero et angelello da cagnano FVORI DI Lor uaſello. Queſto dice perche lanime loro ſaranno cacciate fuori delcorpo elquale e/ chome uaſello dellanima. MAZARARE : e/ legare lhuomo in un ſacco : et con una pietra appiccataui gittarlo in mare. DA VN Tyranno fello . Choſtui fu meſſer Malateſtino del quale dicemmo di ſopra. TRA LISOLA Di cypri et di Maiolica Dimoſtra che in tutto el mare mediteraneo non fu mai facto piu crudel choſa. Imperoche pone cipri chome iſola molto orientale : et molto diſtante da maiolica laquale e/ a occidente. Cypri fu gia congiūta alla Siria chome ſicilia a italia : et chome euboea a boetia. E/ queſta iſola poſta da oriente nel golfo Pamphilio : et da occidente e/ oppoſita alla Cicilia et alla Siria Iſola molto effeminata : et nella quale fu anticha legge che comanda che ogni donna una uolta nella uita ſua uada al tēpio di Venere : ne prima neſca che conoſca un foreſtiero. Maiolica Sono due iſole propinque a liti di ſpagna da greci decte gymnaſie : perche glhabitatori di quelle laſtate ſtanno quaſi nudi et gymnos in greco ſignifica nudo : Elatini le chiamano Baleari : perche artificioſamente uſono le frombole. La maggiore di queſte e/ decta maiolica : et e/ preſſo alla Spagna quanto ſi nauica in uno giorno. Adunque eſſendo Cypri molto orientale : et Maiolica occidentale / Dicendo Danthe tra liſola di cypri et maiolica comprendere uuole tutto el mare da leuante a ponente. NEPTVNNO : elquale eſſendo idio del mare ragioneuolmente debba hauer ueduto cio che mai ſi fece in mare. E/ nella geneologia de gentili idii che Saturno fu ſignore del cielo : della terra : et del mare : Et di lui reſtorono quattro figluoli tre maſchi Ioue Neptunno et Plutone : una femina decta Iunone. A ioue toccho per ſorte nella diuiſione elcielo. Et Iunone laquale lui tolſe per mogle hebbe per dote laria. Neptunno fu contento almare : et Plutone allonferno. Lallegoria della fauola e/ che eſſendo luniuerſo creato da dio e/ poſto nel tempo : Et Saturno niente altro ſignifica che el tempo. Onde in greco e/ decto cronos da chronos cioe tempo : et dicono che lui diuoro tutti efigluoli che gli nacquono excepto che equattro : la cui allegoria diſopra dimonſtrammo : Et e / nel uerſo neptuno per ſemplice. n. et non Neptunno per due. n. per riſpecto delle rime che ſequitano. NON DI PYRATI : di corſali di mare. NON DI GENTE ARGOLICA : Gente greca perche egreci ſon decti argoliti da argos principal citta di grecia : equali furono lungo tempo quaſi ſignori de mari. Oueramente dixe gente argolica gente che nauicaſſi : et chiama enauicati argolici da argos prima naue : della quale altroue diremo. QVEL Traditore : cioe Malateſtino. CHE VEDE Pur con luno : cioe uede con uno occhio perche era cieco dallaltro. ET TIEN La terra. Intendi Arimino. CHE TALE E / Qui mecho che uorrebbe eſſer digiuno di uederla : et intende di Curione : Choſtui fu romano oratore molto eloquēte del quale ſcriue Cicerone. Fu inquieto et factioſo et molto fauori le parti di Ceſare nella guera ciuile contra a Pompeio : Et riducendo gia Ceſare lexercito di Gallia a Roma ſi fermo ad Arimino : perche ſecondo le leggi non potea paſſare con lexercito Rubicone fiume : Venne Curione da Roma elquale allora era tribuno della plebe : Et informa commoſſe con ſua eloquentia Ceſare che doue era anchora dubio ſe paſſaſſi o no dilibero di paſſare. Debitamente adunque eſſendo Curione grande cagione delle ciuili diſſenſione maxime per la ſua eloquentia el poeta lo pone ſanza lingua. Adunque non uorrebbe hauer mai ueduto Arimino : perche in quella commiſſe lo ſcandolo pel quale qui e/ dannato. FARA VENIRGLI A Parlamento ſeco et poi glucciderа : et per queſto non biſognera che ſi botino o faccino prieghi al uento di focara. Focara e/ luogho in mare fra Peſero et la catholicha ſi pericoloſo per la tempeſta de uenti : che tutti enauicanti che ui paſſano fanno uoti et prieghi a dio per loro ſcampo. Ma coſtoro eſſendo morti non haranno piu a nauighare per queſto luogho per tornare a caſa.

Et io allui dimoſtrami et dichiara
ſe uuoi chio porti ſu di te nouella
chi e colui della ueduta amara ?

d Omanda Danthe chi e / colui della ueduta amara : cioe chi e / quello a chui pare amaro hauer ueduto Arimine : perche hauea decto che uorrebbe eſſere digiuno di uederlo . Et Piero

Allhor poſe lamano alla maſcella
dun ſuo compagno et la bocca glaperſe
gridando queſti e epſo et non fauella
Queſti ſcacciato eldubitar ſommerſe
in ceſare affermando chel fornito
ſempre con danno lattender ſofferſe
O quanto mi parea ſbigottito
con la lingua taglata nella ſtroza
curio chadire fu choſi ardito.

allhora con ſua mano aperſe la bocca a Curione: elquale in quel luogo glera compagno: et moſtra che lui hauea taglato la lingua. Queſta pena era conueniente in lui: perche meritamente hauẽdo peccato con la lingua douea in quella eſſere punito. QVESTI/Curione: SCACCIATO/ Da Roma da pompeiani. SOMMERSE / Rimoſſe et leuo uia el dubitare di Ceſare. Imperoche eſſendo giunto Ceſare al fine della ſua prouincia: benche la cupidita del ſignoreggiare lo pigneſſi a paſſare el fiume di Rubicone: et a fare guerra a pompeiani: Nientedimeno la reuerẽtia delle leggi lo ripremea. Ma Curione laccefe al paſſare affermando che el fornito ſempre con danno lattendere ſofferſe. Queſto e/ uerſo tolto di lucano. Imperoche lui induce Curione che perſuade a Ceſare al fare impreſa contro a Pompeio Maxime eſſendo lui inſtructo et preparato et dexerciti et dognaltra choſa che biſognaſſi alla guerra. Onde dice tolle moras ſemper nocuit differre paratis. Adunque affermo curione a ceſare CHEL FORNITO: chel preparato. SEMPRE Sofferſe con danno lattendere: cioe laſpectare. Ilche ſignifica ſempre nocette a chi e/preparato differire et indugiare. OH QVANTO Mi parea ſbigottito curio. Conuenientiſſima pena che chi hauea peccato con la eloquentia et con laudacia fuſſi punito coſuoi contrarii che ſono ſilentio et ſbigottimento.

s E curione p hauer nociuto con lalingua era ſtato priuato dellaligua conueniẽte era chel moſca haueſſi perduto le mani: perche con le mani et chon la forza hauea nociuto. Habbiamo poſto nel .xvi. del paradiſo lenfeliciſſime noze alla noſtra rep. di meſſer Buondelmonte della nobile famigla de Buondelmonti Ne accade ripeterle.

Et un chauea luna et laltra man moza
leuando emoncherin per laer foſca
ſi chel ſangue facea la faccia ſoza.
Grido ricorderati anchor del moſca
che dixe laſſo capo ha coſa facta
che fu mal ſeme per la gente toſca
Et io aggiunſi et morte di tua ſchiatta
perchegli accumulando duol chon duolo
ſengio come perſona triſta et matta.

Fu adũque ne medeſimi tempi Moſca de gluberti nobile famigla: et quaſi principale nella ghibellina ſe pta: Choſtui piu temerario che ſauio ſi trouo nella conſultatione che faceuano Vberti. Lamberti. Amidei: et altri della factione ghibellina contro a meſſer Buondelmonte: elquale poco auanti rifiutata la ſpoſa datagli de glamidei / hauea ſpoſata una de donati: Et eſſendo conſiglato prudentemente da alchuni uecchi che ſi procedeſſi con maturita et conſideraſſiſi el fine. Lui pel contrario conſiglo che diſubito ſuccideſſi: dicẽdo coſa facta capo ha: Et dopo elconſiglo con huõi ſimili allui luccife. Onde nacquono infinite diſcordie: et lo exilio hora de ghibellini hora de guelfi. LEVANDO Emoncherini: cioe alzando le braccia ſanza mani Perche moncherino ſi chiama la fine del bractio priuato della mano: et alzando le braccia el ſangue che uſciua de moncherini imbractaua el uolto. CHE DIXE Laſſo capo ha choſa facta: chome diſopra exponemmo. CHE FV Mal ſeme: perche da queſto conſiglo infinite diſcordie et guerre procedectono Non ſolo tra enoſtri cittadini ma anchora per tutta toſcana. ET IO: Danthe. AGGIVNSI alle ſue parole ET MORTE Di tua ſtiatta: Quaſi dica tu ti glorii che le tue parole furono mal ſeme per lagẽte toſca: Et io aggiungo che furono anchora diſtructione della tua ſchiatta et progenie: Et le parole di Danthe glarreſono duolo al duolo della pena informa che confuſo SENGIO/ſenando chome huomo triſto et uitioſo: ET MATTO: et ſanza prudentia. Ilche dice: perche in uero el conſiglio del moſca fu di peſſimo cittadino: et dhuomo che altutto abbondaſſi di malignita: et fuſſi uacuo dogni prudentia.

Ma io rimaſi a riguardar lo ſtuolo:
et uidi choſa chio haurei paura
ſanza piu proua di cantarla ſolo.
Se non che conſcientia maſſicura
labuona cõpagnia che lhuom francheggia
ſobto lo ſbergo di ſentirſi pura
Io uidi certo et anchor par chio ueggia
un buſto ſanza capo andar ſi chome

h Auea taglato la lingua curione: perche cõ quella hauea ſeminato le diſcordie. Hauea taglate le mani el moſca: perche el conſiglo ſuo era ſtato di menare le mani et la forza: Et per la medeſima ragione induce Beltramo hauere ſeperato el capo dal reſto del corpo: laqual pena finge eſſer preparata a quegli equali ſeminano diſcordia tra congiunti di ſangue: perche hanno diuiſo quegli equali erono chome membri che doueano eſſere congiunti in un chorpo. Et moralmente

andauan glaltri della trista greggia
El capo tronco tenea per le come
pesol con mano a guisa di lanterna
et quel miraua noi et dicea o me
Di se facea ad se stesso lucerna
et era due in uno et uno in due
chomesser puo quel sa chi su gouerna .

possiamo intendere che tali huomini habbino diuiso el capo dal busto: perche hanno una cosa nella lingua et unaltra nel cuore. LOSTVCLO/ La moltitudine proprio stuolo e/ la schiera armata in battaglia. ET VIDI Chosa chio harei paura di contarla sanza testimonio . Imperoche chi narra chose incredibili: et non uuole esser tenuto bugiardo cerca testimonii . Qui chome optimo poeta dimostra che conosce esser difficile a persuadere quello che narra: acciohe non sia tenuto uano o improuido : et dimostrando conoscerlo glacquista auctorita et fede. Chosi Ouidio Saxa quis hoc credat nisi sit pro teste uetustas. SE NON CHE conscientia massicura. Temerebbe lhuomo di dire chose che lhauessino a tenere bugiardo perche paiono impossibili: Ma essendo uera la conscientia laquale e pura da ardire: perche la conscientia e buona scorta afare lanimo ardito et franco: Et come lhuō darme difeso dallo sbergo ouero coraza non teme di mettersi tra le spade de nimici: cosi quando lhuomo si sente Puro et sa che dice el uero prende sicurta di dire benche la chosa paia impossibile : Et certamēte la conscientia non solo nel dire. Ma in ogni humana operatione da gran francheza. IO VIDI CERTO. Due chose fanno dire le bugie : la prima quando per qualche cagione di nostra uolonta diciamo quello che sappiamo esser falso. Secondo quando benche non uolessimo dire el falso: Nientedimeno lo diciamo credendo quello esser uero: o per errore preso: o per simplicita: o per mala informatione. Adunque el poeta ha dimostro di sopra che non pecca per malitia in dire el falso. Hora dimostra che ne anchora per ignorantia mentiscie: conciosia che narra non quel che udi doue potrebbe essere ingannato. Ma quel che lui uide: Et uide si certo che anchora glel pare uedere. ET ANCHOR Par chio ueggia. Dimostra tanto hauere infixo nella memoria quello che uide allhora che anchora glel pare uedere. Et per transito dimostra che la memoria ritiene assai le chose che hanno dato admiratione o pauento: o altra grande perturbatione: perche tal chose fanno piu profonda impressione di se. VN BVSTO: perche in latino busto significhi elluogo doue ardeuono ecorpi humani per riponer poi la cenere in piccol sepolcro: et pongasi anchora per sepolcro: Nientedimeno in nostra lingua diciamo busto tutto el corpo humano excepto che el capo. EL CAPO TRONCO Tenea per le come: teneua pe capegli. PESOL. i. sospeso et pendente : chome in latino dicono pensilis. AGVISA. Ad similitudine et in forma DI LANTERNA: chosi si portaua el capo innanzi per uedere con glocchi di quello: chome portiamo la lanterna quando nelle tenebre uogliamo uedere. ET QVEI: Quel capo ci guataua et diceua O mei. DI SE FACEA Ad se stesso lucerna : chon glocchi suoi benche seperati dal busto faceua lume ad se cioe al suo busto. ET ERA DVE IN VNO. Imperoche el capo era separato dal busto . ET VNO IN DVE. Perche una medesima anima era nel busto et nel capo : CHOMESSER PVO Quel sa chi su gouerna. Che una medesima anima sia nel capo et nel busto congiunti insieme e / naturale et facilmente sintende. Ma che sia nelluno et nellaltro seperati e / impossibile secondo la natura dellanimale. Imperoche benche lanima nel corpo sia tutta in tutto: et tutta in ciaschuna parte. Niētedimeno lorigine et el fonte de gli spiriti: equali sono el ueicolo che porta le forze dellanima e / nel cuore: et elluogho doue da predecti spiriti si genera o al mancho si da perfectione a sensi et al moto : Et onde nascono enerui motiui et sensitiui e/ el capo. Adunque non potendo ne el cuore per se : ne el capo dare perfectione ne al senso ne al moto non puo in nessun pacto uiuere lanimale quando el capo e/ seperato dal resto del corpo. Se non per potentia sopra naturale. Adunque cholui che gouerna lassu che e/ sommo et unico idio sa chome questo puo essere. Ma lhuomo che non puo conoscer lanima et el corpo se non secondo la natura di quello Non intende chome questo e/ contro a sua natura possi ad diuenire .

Quando diricto apie del ponte fue
leuol braccio alto con tutta la testa
per appressarne le parole sue.
Che furno hor uedi la pena molesta
tu che spirando uai ueggendo emorti
uedi salchuna e graue chome questa
Et perche tu di me nouelle porti
sappi chio son beltram delbornio quegli
che diedi al re giouanni emia conforti
Io feci el padre el figlo in se ribegli

GIunto lo spirito alluogo oue era Danthe appresso Appresso el suo capo a Danthe: pche meglio intendessi el suo parlare. Dipoi dixe che era Beltramo dal bornio. Costui fu Beltramo dal bornio dinghilterra . Altri dicono di Guascogna diputato alla custodia di Giouanni : El cui sopra nome fu giouane figluolo darrigho re dinghilterra. Fu enutrito in corte del re di Francia: Et interuenne che un giorno el re dinegho una gratia chiestagli: et el giouane che lhaueua chiesta se ne partiua confuso di uergogna. Ilperche uoltossi el re a circunstanti domandando qual fussi piu mo

Achitophel non fe piu dabsalone
et di dauid con maluagi puntegli
Perchio parti si congiunte persone
partito porto el mio cerebro lasso
dal suo principio chen questo tronchone
Chosi soblerua in me lo contrapasso.

lesto o el domandare gratia o el dinegarla: Rispo
se giouāni che a uno animo generoso era piu mo
lesto el dinegare: laqual sententia giudico el re si
sauia che prese congectura che Giouanni hauessi
a riuscire sapientissimo et digrande animo: et riu
sci nella uirile eta tāto liberale chel padre non po
teua sostenere si graue spesa: et forse si sarebe re
gholato el giouane se Beltramo non lhauessi con
fortato alla prodigalita. Finalmente fu constrec
to el padre a muouergli guerra: et in battagla fu ferito amorte: Et domandandogli lacompagnia de bar
di di Firenze cento miglaia di fiorini fece testamento et in quello un legato nel quale lasciaua lanima al
diauolo sel padre non satisfacessi a Bardi. TV CHE Spirando uai: cioe tu che sei uiuo. Spirare signi
fica alitare: ne puo uiuere chi non alita. Adunque significa tu che uiuo uieni tra morti. ACHITO
PHEL Non fe piu dabsalone. Nel secondo libro de re e/ scripto che Amon primogenito di Dauid
inamoro di Tamar sua sorella: et di consiglo dun fidato amico prego Dauid che gli mandassi Tamar a
preparargli el cibo. Ando Tamar et Amon per forza benche lafanciulla sempre contradicessi laconob
be: et dipoi parendogli che epsa fussi stata dura uerso di lui la caccio: Epsa riuelo la scelerateza ad Ab
salon fratello: et dipoi per suo consiglo tacette el facto. Dopo due anni Absalon chiamo a conuito in u
na sua uilla el padre Dauid: et tutti efrategli: et nella fine del conuito fece uccidere Amon et fuggissi
in Siria. Ma dopo tre anni Ioab principe della militia di Dauid loriconcilio alpadre: Onde torno in hie
rusalem: benche due anni stessi che Dauid non uolle che uenissi nel suo conspecto: El terzo anno gli per
dono absolutamente et parlogli. Ma Absalon con uarie arti molte tribu si concilio: et fecele inimiche
al padre: et chiamoronlo re: Et tyro ad se Architophel consiglieri di Dauid nella sua congiura. Dauid or
dino che unaltro suo consigleri chiamato Chusi fingessi di ribellarsi ad Absalon chome Architophel: et
ordino tanto che econsigli darchitophel non furono piu accepti ad Absalon. Ilperche Architophel sim
picco: Et absalon credendo aconsigli fraudulenti da cusi finalmente fu ropto ineffrain: Et dipoi nella fu
ga passando sobto uda quercia rimase apiccato a rami per la chioma: Et da Ioab uno decapitani di Dauid
fu morto. PERCHIO Parti si congiunte persone: Diuisi padre et figluolo. EL MIO CEREBRO
e/ diuiso dal suo principio dal cuore elquale e/ principio de gli spiriti. CHE E/IN Questo troncone
in questo busto: perche el cuore e nel pecto. CHOSI Soblerua in me locontrapasso. E/ in iure ciui
le ordinato la pena del talione: laquale e/ che chi ha facto ingiuria sia punito in quel medesimo. Come
uerbi gratia chi tagla la mano a uno uuole tal legge che allui similmente sia taglato la mano: Et questo
chosi punito in latino e/ contra passus: perche ha patito alloncontro quello che hauea inferito ad altri.
Adunque dixe el poeta locontrapasso cioe patire alloncontro di quel chio ho facto soblerua in me. Im
peroche hauendo io diuiso el figluolo dal padre che sono un corpo: perche pater et filius censetur per e
adem: et pero el mio corpo alloncontro di questo e/ diuiso.

CANTO . XXIX. DELLA PRIMA CANTICA DI DANTHE

l Amolta gente et le diuerſe piaghe
hauea leluci mie ſi innebriate
che dello ſtare apiangere eron uaghe
Ma uirgilio mi dixe che pur guate
perche la uiſta tua pur ſi ſoffolge?
laggiu tra lombre triſte et ſmozichate
Tu non hai facto ſi allaltre bolgie
penſa ſe tu annouerar e credi
che migla uentidue lauallc uolge:
Et gia laluna e ſotto anoſtri piedi
lo tempo e pocho homai che me conceſſo
et altro e daueder che tu non credi

ſ iamo finalmente arriuati alla decima bolgia Nella quale ſono puniti efalſatori. Falſita e/ la decima ſpetie della fraude. Ne puo eſſer falſita ſe non ſi moſtra una choſa per unaltra indanno del proximo: Et e / generalmente negare el uero: o fingere che el falſo ſia uero. Et ſono due ſpetie in decti et queſta ſi chiama bugia: et infacti et chiamaſi propriamente falſita. Et benche ſi falſificare ſcripture et altre choſe: qui pone efalſificatori di metalli: che ſono alchimiſti et falſificatori di moneta: Et queſto ſi fa o falſando la legha o falſando el conio. Pone adunque nel principio chome lui per ſtupore et compaſſione uolentieri ſi fermaua a piangere. Ma Virgilio ladmoniſce che lui debba el tempo datogli a fare tal uiaggio diſtribuire informa che poſſi fornirlo. Conciosia che reſti anchora a uedere molte choſe et piu horrende. Et certamente la ragione ſuperiore quando ha ueduto le choſe in genere / Vuol paſſare ad altra cognitione: perche la ſcientia non e/ de particulari: Et oltre ad queſto conſidera la natura delle choſe ſanza alchuna paſſione. Ma la inferiore et la ſenſualita ſi riuolgie ne particulari: et in quegli non ſta ſanza alchuna paſſione. o damore. o dodio. o dinuidia. o di compaſſione. Ilperche biſogna che Danthe ſia admonito da Virgilio. LA MOLTA GENTE. Non ſolamente era molta gente: Ma anchora hauea non ſimili: Ma diuerſe piaghe. HAVEAN Le luci: cioe glocchi. SI INEBRIATE. Quando locchio noſtro della mente e/ ſobrio: cioe non occupato da alchuna paſſione uede el uero. Ma quando e/ inebriato dalla contagione del corpo ſequita uolentieri lappetito. Ma Virgilio che e/ la ragione ſuperiore dice che pur guate perche LA VISTA Tua ſi ſoffolge: Sappoggia et ficca. PENSA SE TV Annouerar la credi Che migla uentidue lauallе uolge. Allegoricamente admoniſce la ragione ſuperiore la inferiore che non perda tempo in uolere hauere cognitione de particulari: perche ſono innumerabili: Et per dimoſtrare queſto afferma che lambito et circuito di quella bolgia e/ uentiquattro migla: et e/ pieno dombre. Ilperche facilmente ſi concIude che impoſſibile ſia enumerarle. Et dixe tale ambito eſſere uentidue migla per dimoſtrare che gia ſono preſſo al centro della terra: perche non reſtaua ſe non la decima bolgia et el nono cierchio: el quale in ſe tiene quattro cerchi: et nel quarto e el centro. Ma noi innanzi che entraſſimo nellopera dimoſtrammo nel ſito dellonferno queſto circuito di migla. xxii. ET GIA LA LVNA e/ ſobto e noſtri piedi. El tempo conceſſo era un giorno naturale. Adunque giunſe al centro paſſato la nocte et mezo el giorno: Et laltra meta del di gli torno nocte paſſato el cētro īforma che da mattina arriuo a catone. Ilperche la prima nocte fu intera: et el ſequente di fu dal mezo in la nocte: Et quando al noſtro hemiſperio torno la ſeconda nocte lui era gia dal centro ſalito inſino alla ſuperficie dellaltro hemiſperio: et trououui lalba quando qui ſi fecea nocte. Dimoſtra adunque che quando erono in queſta bolgia ſappreſſaua el giorno al noſtro hemiſperio: Et perche la luna era nelloppoſitione del ſole gia cominciaua a eſſere nellaltro hemiſperio: che e / ſobto e piedi di chi e/ nel noſtro. Alquale paſſato la meta del corpo di lucifero cominciaua a ſalire. Adunque eſſendo ito la nocte et parte del di pel noſtro: et cominciando quando el di e anoi a ſalire allaltro trouo nuoua nocte con laquale dal centro ſali inſino alla ſuperficie di quello: et giunſe allalba ET ALTRO E/ DA VEDERE. Perche reſtaua la decima bolgia et el nono cerchio: che nabbracciaua quattro.

Se tu haueſſi riſpoſto appreſſo
atteſo la cagion per chio parlauo
forſe mhareſti anchor lo ſtar dimeſſo
Parte ſengia et in drieto glandaua
lo duca gia fuggiendo la riſpoſta
et ſoggiugnendo dentro aquella caua
Doue io teneuo hor glocchi ſi apoſta
credo chun ſpirto di mio ſangue pianga
la colpa che laggiu cotanto coſta
Allhor dixel maeſtro non ſi franga

ı Iſpoſe danthe ſe tu ſapeſſi la chagione per chi mirauo tu mhareſti dimeſſo cioe perdonato lo ſtare. PARTE: in queſto mezo uirgilio andaua: et danthe ſeguitandolo nello andare ſeguitaualo ſimilmente nella riſpoſta gia cominciata et ſoggiugnendo dixe. Io credo che uno ſpirito di mio ſangue et di mia generatione pianga inquella caua doue io teneuo glochi ſi apoſta cioe fixi: et e/ traſlatione dichi pon la mira al berzaglo. Et uirgilio riſpoſe non ſi franga non ſirompa tuo penſieri ſourello ſopra quello cioe non interrompere epenſieri che tu hai dellaltre choſe per penſare achoſtui attendi adaltre

eltuo pensier da quinanzi sourello
attendi ad altro et e la si rimanga
Chio udi lui apie del ponticello
mostrarti et minacciar forte col dito
et udi nominar geri del bello
Tu eri allhor si del tutto impedito
soura colui che gia tenne alta forte
che non guardasti in la si fu sparito

chose et lui si rimanga. Et sobgiugne che lui ui de questo spirito et udi che fu chiamato geri del bello. Costui fu geri del bello fratello di messer Cione del bello de glalighieri consorto di Dāthe elquale fu molto cismatico et per tal uitio fu uc ciso da uno de sacchetti: ne se ne fe uendetta / se non dopo trenta anni: Et allhora un figluolo di messer cione uccise uno de sacchetti in su la por ta della casa sua: Et e/ questa legiptima scusa al poeta poter nominar glaltri uitiosi poiche non perdono asuoi medesimi. Molti dicono che dan the finge non hauere ueduto questo spirito in inferno per dinotare che lui non lo uide mai uiuo: Et che Virgilio lo conforti che non si curi di lui Significa che lontellecto ci conforta che benche alchuno ci sia congiunto di sangue: Nientedimeno non dobbiamo hauer compassione del male che lui ragioneuolmē te patisce. TV ERI ALLHORA Si del tutto impedito soura colui elquale tenne altaforte. Sopra quello Beltramo gia decto: elquale hebbe in guardia alta forte roccha in inghilterra: laquale tenne per Giouanni.

O duca mio la uiolenta morte
che non gle uendicata ancor dixio
per alchun che dellonta sia consorte
Fece lui disdegnoso onde sen gio
sanza parlarmi si chomio stimo
et in cio ma el facto assai piu pio
Chosi parlammo insino alluogho primo
che dallo scoglo lalta ualle mostra
se piu lume ui fussi tutto ad imo
Quando noi fummo su lultima chiostra:
di malebolge si che suoi conuersi
potean parere alla ueduta nostra:
Lamenti saettoron me diuersi
che di pianto ferrati hauean gli strali
ondio glorecchi con le man copersi:
Qual dolor fora se de gli spedali
di ualdichiana tral luglo el septembre
et dimaremma et di sardigna emali
Fussino in una fossa tutti insembre
talera quiui et tal puzo nuscia
qual suol uenir delle marcide membre.

a ssegna lauctore la ragione: per la quale sti maua che lo spirito fussi fuggito. Ilche di sopra si dixe. MA EL FACTO ASSAI Piu pio. Quasi dica el suo sdegno mha facto piu pio inuerso enimici: et men cupido di uendicarlo. INSINO Alluogho primo. Andando parlādo insieme per questa bolgia insino ad quello scoglo et ponte donde si comincia a uedere laltra bolgia Et ludi si potrebbe ueder tutta insino al fondo / se non ui fussi pocha luce. IN SV LVLTIMA chiostra: In su lultima clausura: SI CHE Esuoi conuersi. Sta nella traslatione: et hauendo chia mato quel uallone chiostro: perche ui sono richiu si epeccatori chome ne chiostri de monasterii so no rinchiusi emonaci et econuersi/chiama quegli conuersi di tali chiostri. LAMENTI Diuersi: Perche erono uarii et ueniuono da diuerse parti SAETTORON ME: Mi punsono el cuore di pieta: Et questi lamenti mi saettauono strali: equali haueuano el ferro di pianti. Elferro e/ quello che fa passare lo strale Adunque epianti erono el ferro: perche quegli mi commoueuono piu ad compassione. Ilche mi commosse a tanta passione che per non giudire mi turai glorecchi. Allegoricamente dimostra che come Vlixe si tu ro glorecchi a canti delle sirene: cioe non uolle u dire chosa uoluptuosa: Chosi io non uolli essere uincto da alchuna compassione di quegli che me ritano ogni graue supplicio. QVAL DOLOR FORA. Tal dolor sintendea in que peccatori quale si uede nellagosto ne glamalati se tutti quegli di ualdichiana di maremma et di sardigna fussino in una fossa. Doue e/ da notare che dice dagosto: perche in quel mese sono molti et difficili morbi. Onde Iu uinale dixe: Et augusto recitantes mense poetas. Imperoche la corruptione dellaria et dellacqua ne grā di caldi: et pe uenti meridionali genera assai morbi: Et maxime nellaere grosso. Et per questo nomi na Valdichiana et Maremma et Sardigna. Valdichiana e/ fra Arezo: et Cortona et Chiusi: et monte Pulciano doue e/ la chiana fiume decto da latini Clanis stagna: Et rende laer grosso: et maxime ribol lendo nella state la bellecta che rimane in secco: Onde nascono uari morbi. Sardigna laquale per exces siui caldi ha laer pestilente maxime ne luoghi piu propinqui allito.

No discendemo in su lultima riua
dellungo scoglo pur da man sinistra
et allor fu la uista mia piu uiua

d Imostra che quando furono passati el pon te: et in su la riua di la comincio a uedere meglo gli spiriti di quella bolgia: equali eron nel fondo puniti dalla iustitia: laquale meritamente

Giu per lo fondo la du laministra
dellalto sir infallibil giustitia.
punisce el falsator che qui registra.
Non credo chaueder maggior tristitia
fussi in egina el popol tutto infermo
quando fu laer si pien di malitia
Che glanimali infino a piccol uermo
chascaron tutti et poi legenti antiche
secondo che poeti hanno per fermo
Si ristorar di seme di formiche
chera ad ueder per quella obscura ualle
la giu gli spirti per diuerse biche.

chiama iustitia dallalto sire idio. NON CREDO. Pone optima similitudine dicendoche non fu chosa piu mesta et piu horrẽda uedere elmorbo nellisola degina: pel quale peri ogni animale: et rimase uacua dhabitatori. Ondespoi glhuomini nacquono di formiche; quanto era uedere gli malati spiriti di quella bolgia. Asopo hebbe due figluole Egina et Thebe: Degina innamoro Ioue et informa di fuoco la conobbe: et di lei genero Eaco padre dipelleo: elquale procreo Achille fortissimo ditutti egreci secondo Homero: et secondo questa fauola ponepote ouogliamo dire bisnipote di Ioue. Da questa Egina fu dinominata egina laquale e una isola che prima era decta Enopia. Regno Eaco in egina: et ne suoi tempi fu tãta et si graue pestilentia che lisola ne resto disolata. Ilperche pregho Eaco el suo padre Ioue che o gli dessi la morte o gli restituissi el popolo perduto Et dipoi andãdo per lisola uide infinito numero di formiche salire et scendere duna quercia: et disidero tale essere elpopolo suo. Adempie Ioue el desiderio del figluolo et conuerti le formiche in huomini. Questo fingono le fauole perche manchando glhabitatori allisola Eaco la riempie di gente rusticana: et di nuoui cultori di terra equali furono simili alle formiche: perche erono neri per lassidua stanza nel sol: Erono robusti et di molta faticha et exercitio. Erono parci massai et con industria riponeuono et conseruauono lebiade. Ilche tutto si uede nella formicha. Furono questi popoli decti myrmidoni; perche myrmix in greco significa formica. Questi oltre allaltre sue genti meno Achille nipote deaco ne glexerciti de greci contro a troiani

Sequita narrando et pone chome glamalati spiriti giaceuono abbichati: cioe accumulati lun sopra allaltro: et alchuni andauon carponi: Et noi habbiamo dimostro disopra che in questa bolgia et nellaltra si punisce la falsita de metalli et della moneta. Hora dimonstrerremo che le pene lequali son

Qual soura uentre et qual soura lespalle
lun dellaltro giacea et qual carpone
si tramutaua per lotristo calle
Passo passo andauan sanza sermone
guardando et ascoltando glamalati
che non poten leuar le lor persone
Io uidi due sedere ad se appoggiati
chome a scaldar si posa teghia a tegghia
dal capo apie di sangue maculati.
Et non uidi gia mai menare streggbia
di ragazo aspectato dal signor so
ne da colui che mal uolentier ueggbia:
Chome ciaschun menaua spesso el morso
dellunghie soura se per la gran rabbia
delpizicor che non ha piu soccorso
Chosi traeuon giu lunghie la scabbia
chome coltel discardoua le scagle
o daltro pescie che piu larghe lhabbia.

poste dal poeta sono molto conuenienti a tale peccato. Queste adunque sono.x. prima piangono et lamentonsi. Ilche dinota la loro infermita. Preterea radeuolte interuiene che o falsatore di moneta o alchimista non sia scoperto: et non porti pena del peccato: onde ne nasce lucto Secondo giacieuon a dimosttrare la uilta. Communemente tali huomini sono di grande ingegno. Ilperche giaciono adinotare che tale ingegno: el quale poteuono adoperare in chose egregie loro lhanno posto inchosa uile et in accumulare chose terrene. Tertio sono nudi Ilche dimonstra che tali huomini sono poueri chome per experientia ogni giorno si uede. Quarto che putono Adinotare la loro abbhominatione: et che sono schifati da ogni huomo. Sono lebbrosi: Ilche significa la loro corruptione sanza generatione. Corrompono glalchimisti molte chose per fare diquelle una migliore et non la fanno. Ilperche chome la lebra e corruptione donde niente si genera: chosi questa arte corrompe metalli et altre chose: et non ingenera quello che desidera. Sono pieni dipiaghe: et questo significa la infamia che ne cõsequitano. Sono hydropici pel qual morbo sidinota lauaritia chome disopra dimostrammo: Et chome tal morbo fa lhuomo pigro: Onde Virgilio lo pone per la pigritia dicendo. Nec torpere graui passus sua regna ueterno: Et epigri stanno assai fermi inun medesimo luogho: chosi lalchimista non si parte mai dal proposito benche poche uolte gli riesca. El pizicore dimostra le gran cure: et sollecitudini in occultare le falsita: et in cercare nuoue uie: nuoue pruoue: et nuoue arti. Eltremore significa la paura di non essere scoperti et giunti. Mordono lun laltro. Ilche dinota lanuidia che e tra loro.

Giaciono adunque perche ellor ſubgetto e in accumular pecunia choſa uile come molteuolte habbiamo dimoſtro. Vanno carponi chome animali bruti. CHE LEVAR Non potean le lor perſone. ghuomini dati alla auaritia non poſſono ſpiccarſi da terra. IO VIDI DVE: equali narrera diſobto. SEDERE Ad ſe appoggiati: perche per ſe medeſimi non poteuono ſtare. Queſti ſi grattauano et menauon lunghie ſu per la ſcabbia et rogna piu uelocemente che non mena la ſtregghia un rãghazo ſollecitato: DAL SIGNOR SO. Dal ſignor ſuo: et anchora piu uelocemente che non e/ menata la ſtreghia da colui che hauendo ſonno et diſiderando dormire ſaffrecta diſtregghiare; et per queſto dinota laſſidua cura et ſollecitudine che e/ del continuo in queſti alchimiſti. DEL PIZICOR Che non ha piu ſoccorſo Se non di grattarſi in quel modo. CHOSI TRAEVAN Giu lunghie la ſcabbia. La croſta di quel la lebbra: chome el coltello tira giu le ſcagle ouero ſquame della ſcardona. Queſto e/ un peſcie di molte ſcaglie.

O tu che colle dita ti diſmagle
 comincio el mio duca a un diloro
 et che fai depſe tal uolta tanagle.
Dimmi ſalchun latino e tra coſtoro
 che ſon quincentro ſe lunghia ti baſti
 ethernalmente a coteſto lauoro.
Latin ſian noi che tu uedi ſi guaſti
 qui amendue riſpoſe lun piangendo
 ma tu chi ſei che di noi dimandaſti.
Elduca dixe io ſono un che diſcendo
 con queſto uiuo giu di balzo in balzo
 et dimoſtrar lonferno allui intendo
Allhor ſi ruppe el comune rinchalzo
 et tremando ciaſchuno ad me ſi uolſe
 con altri che ludiron di rimbalzo:
Lo buon maeſtro a me tutto ſaccolſe
 dicendo di allhor cioche tu uuoli:
 et io incominciai poſcia che uolſe
Sella uoſtra memoria non ſinuoli
 nelprimo mondo dellhumane menti:
 ma ſella uiua dopo molti ſoli
Ditemi chi uoi ſete et diche genti
 la uoſtra iconcia et faſtidioſa pena
 di paleſarui a me non uiſpauenti.

u Eduti gia gli ſpiriti Virgilio gli domãdo chi ſieno et uoltatoſi a uno de due O TV Che ti diſmagle: cioe grattando tiſchuoi et leui la roccia chome chi ſmagla una panziera: Et tal uolta fai tanagle delle dita perche con quelle tappicchi alle ſchianze chome ſappiccono le tanagle alla guto. Et dipoi pregandolo che gli dica ſe alchuno ue de latini lopriega per quelle choſe che lui debba ſtimare aſſai: perche priuato dogni altra ſperãza ſolo gli reſta potere conſeruar lunghie cõ lequali mitiga el pizichore. Riſponde lo ſpirito et dice che lui et el compagno erono latini et alloncõtro domanda uirgilio chi lui ſia. Et uirgilio riſpoſe eſſere uno elquale meni el compagno ſuo uiuo per lonferno ſcendendo di balzo in balzo. In queſto luogho non accade allegoria che facilmente nonſi poſſa trarre dalle gia decte. Queſte parole fecion tanto marauiglare edue ſpiriti: equali ſtauano appoggiati luno allaltro: che ſi ſpartirono da quello appoggiamento: elquale era rincalzo et ſoſtegno comune: perche appoggiandoſi inſieme luno ſoſteneua laltro. Qui ſi dinota la miſeria de glalchimiſti equali uedendo non riuſcirgli alchuna ſua pruoua ſpeſſo richiede aiuto a chi forſe ne ſa meno aſſai di lui. Et tremando per lo ſtupore. Cõ glaltri che ludiron di rimbalzo. Queſta e/ tranſlatione di chi giuoca alla palla: che non gli dando quando gle mandata gli da poi quando balza. Adunque udiron la uoce che non ueniua dicolta al loro. Et che Virgilio faceſſi domandare aDanthe dinota che lontellecto ſuperiore truoua gliuniuerſali: Et poi eparticulari laſcia trouare alla ragione inferiore: Chome piu apertamente di ſopra dimonſtrammo.

Io fui darezo et albero da ſiena
 riſpoſe lui mi fe mettere al fuoco
 ma quel perchio mori qui non mi mena
Vero e chio dixi allui parlando agiuoco
 io mi ſaprei leuar per laer auolo:
 et quel chauea uagheza et ſenno pocho/
Volle chio gli moſtraſſi larte et ſolo
 perchio nol feci dedalo/ mifece
 ardere a tale che lhauea per figluolo

c Hoſtui fu maeſtro Grifolino darezo elquale fu grande alchimiſta: Et un di per hauer piacate duno albero ſaneſe figluol del ueſcouo di Siena: elquale era huomo ſciocco et molto credulo dixe che ſapea per arte magica fare uolare uno huomo. Et lungo tempo tenne in parole albero dinſegnargli tale arte: et parte ne traeua denari Ilche ſentendo el ueſcouo lo condenno per necromante et fecelo ardere. Onde lui dice ſcuſandoſi che e/ nellinferno non per mago perche mai non exercito tale arte: Ma per alchimiſta. METTERE AL FVOCO: cioe ardere. MA QVELLO

Ma nellultima bolgia delle dieci
me per lalchimia che nel mondo usai
danno minos a chui fallir non lece.

Perchio mori: cioe larte magha qui allonferno. PARLANDO A GIVOCO: cioe motteggiãdo ET QVEI Albero che hauea uagheza: cioe uana cupidita et pocho senno mi fece ardere solo perche io non lo feci dedalo: cioe non lo feci uolare: chome epoeti fingono di dedalo: laqual fauola e/ narrata altroue. A TALE CHE lhauea per figuolo. Al uescouo elquale lo riputaua suo figluolo: Quasi dica che non essendo nato dilegiptimo matrimonio poteua facilmente essere che non fussi del uescouo: perche la femina che si congiugne con uno non suo marito radeuolte sta ferma a quello: Et se partorisce el piu delleuolte lo da al piu riccho: acciochel figluolo habbia miglior padre. Ma Minos mi danno nellultima bolgia per alchimista et falsaror di metalli. A CVI NON LECE: Non e/ lecito di fallire: perche la conscientia non mentisce mai allhuomo. Et Minos disopra ponemo per la conscientia. Et benche meritamente el poeta danni lalchimia laquale e/ operatione darte ne metalli ad imitatione di natura. Nientedimeno e/ da notare che non ogni alchimia e/ altutto illecita. Imperoche sono due spetie luna uera et laltra sophistica: La uera e/ lecita: la sophistica e/ illecita. Et e/ ragioneuole che la uera si possa usare. Imperoche epsa produce el metallo in perfectione. Ilche accioche megio sintenda sappi secondo Aristotele in quello de mineralibus che tutti e metalli per materia et per forma substantiale sono una medesima cosa. Impero che tutti singenerano dargento uiuo et di zolfo: et sono un composito di quegli. Ma sono differenti per forma accidentale: Et questo interuiene che la natura intende da principio produrre el metallo a perfectione: et se lo produce genera loro: Et se mancha di questa perfectione e fuori di sua intentione: et allhora secondo che mancha piu o meno produce piu o meno pretiosi metalli. Et tale imperfectione procede dalla materia che non e/ apta a riceuere loperatione della natura. Imperoche se la materia e/ ben disposta: cioe che largento uiuo sia purificato: et el zolfo sia rosso et mondo: allhora puo riceuere loperatione della natura a perfectione et produce el metallo a perfectione et e/ oro. Ma quando largento uiuo e/ putrefacto et el zolfo e/ bianco o rosso corropto fa piu uile metallo secondo che piu o meno e/ la corruptione. Adunque la uera alchimia con sua arte et calcinatione et distillatione et sughi dherbe chol fuocho puo purificare largento et el zolfo: et far quello per arte che fa la natura dentro alla terra. Onde e/ chiaro che chi sa bene questa arte puo ridurre el metallo in sua perfectione. Et e/ lecita tale arte. Ma lalchimia sophistica induce falsita et fa parere argento o oro quel che non e. Ilche si conosce alla pruoua delfuocho. Ilperche e/ uietata: perche inganna lhuomo chon suo grauissimo danno / pigliando per oro quello che non e.

Et io dixi al poeta hor fu gia mai
gente si uana chome la sanese
certo non la francesca si assai
Onde laltro lebbroso che mintese
rispose al decto mio trane lo stricca
che seppe fare le temperate spese.
Et niccolo che la costuma ricca
del garofano prima discoperse
nellorto doue tal seme sappicca
Et trane la brighata in che disperse
caccia dasciano lauigna et la gran fronda
et labbaglato suo sermo proferse.

t Rouando occasione el poeta uitupera la uanita et boria de sanesi dicendo Hor fu gia mai gente piu uana: cioe boriosa che la sanese: benche e franzesi sieno molti boriosi. Et Capocchio elquale era appresso a Grifolino confermando la sententia di Danthe nomina alchuni sanesi equali dice che si debbono exceptuare da tal uanita: Ma parla con hironia quasi dica che quegli sono boriosissimi. TRANE LO Stricca che seppe fare le temperate spese: Et questo anchora dice per hironia uolendo dimonstrare che per boria et uanita fu si prodigo che consumo tutte le sue substantie Qui e/ da notare che in Siena molti giouani ricchi feciono compagnia in cene et in desinari: et per boria faceuono molte luxuriose et superflue spese chosi nel conuitare chome nel caualcare et nel uestire a liurea se e famigli: et erani chi ferraua e cauagli dariento: Et questa era chiamata la brigata ghodereccia. Messono a comune fra tutti dugento miglaia di fiorini: et in uenti mesi consumorono ogni loro substantia. Tra questi era lo Stricca piu che glaltri prodigo. ET NICHOLO: Chostui fu de Salimbeni da Siena: elquale del continuo con ogni ingegno studiaua di trouare nuoue et sumptuose uiuãde. Onde molti dicono che lui trouo ebramangieri. Et le frittelle ubaldine: Et haueano un cuoco che fece libro delle uiuande trouate dalloro: et questo Nicholo trouo di mettere ne fagiani et in simili arrosti garofani et altre spetierie: Et questa usanza fu chiamata la chostuma cioe lusanza ricca. Alquanti dicono che faceuono cuocere glarrosti a bracia di garofani arsi. NELLORTO DOVE TAL SEME SAPPICCA. Per similitudine chiama Siena orto: perche chome nellorto nascano tosto e semi che ui si gettano et multiplicano chosi in quella citta multiplica presto ogni simile usanza. CACCIA SANESE Hebbe begli et grandi uignazi ad Asciano castello nel sanese: et consumogli in golosita: Ee la gran fronde.

fronde Molti boschi ouero intende la borsa. CHEL SVO Senno proferse manifesto et dixe hironi ce: quasi dica dimostro la sua uanita.

Ma perche sappi chio si ti seconda
contro a sanesi aguza uer me locchio
siche la faccia mia ben ti risponda
Et uedrai chio son lombra di Capocchio
chi falsai gli metalli con alchimia
eti de ricordare se ben tadocchio
Chomio fui di natura buona scimia.

b Auea Capocchio dimostro, molti altri Sanesi: et hora uuol diredi se. Chostui fu sanese et dicono che insieme con Danthe studio in philosophia naturale: et diuenne doctissimo: et per mezo di quella molto saffatico in uolere trouare la uera alchimia: et non potendo trouarla finalmente si dette alla sophistica: et falso soctilmẽte emetalli. Dicono alchuni che el giorno del uenerdi sancto lui abstracto ĩ meditatione disegno nelle sue unghie tutto elprogresso della passione di christo: Et sopragiugnendo Danthe con la lingua la cancello. Ilche fu molesto a Danthe: perche gli parea piu mirabile opera che di colui che scripse si sobtilmente la iliade dhomero che la mettea in uno guscio di noce. Dice adunque accio che sappi chio sono io elquale ti secondo: cioe ti sequito a dire contro a sanesi. AGVZA Glocchi/Guardami fiso: Quasi dica tu mi riconoscerai hauendomi conosciuto nel mondo. CHE FALSAI limetalli con alchimia. Non usai alchimia naturale laquale non falsifica e metalli: Ma fa correggendo et purificando la materia che el metallo men pretioso diuenti oro. Ma usai la sophistica: laquale non fa oro: ma contrafa et falsifica informa che quel che non e pare. Et per questo fu buona scimia di natura: cioe seppe bene contraffare le chose naturali chome fa la scimia loperationi humane.

CANTO. XXX. DELLA PRIMA CANTICA DI DANTHE.

n El tempo che giunone era crucciata:
per semele contral sangue thebano
chome mostro una et altra fiata
Athamante diuenne tanto insano
che ueggendo la mogle chon due figli
andar carcata da ciaschuna mano.
Grido tendian le reti si chio pigli

a L canto uigesimo nono si congiugne eltrigesimo: perche chome in quello el poeta ha tractato de falsificatori: chosi hora tracta in questo. ma perche muta spetie di falsita muta anchora pene. Ne passati uedemmo lebbra: et pigritia. Epresenti si diuidono in tre spetie. Eprimi sono quegli che falsificorono la persona propria: et questi uanno rabbiosamente mordendo lun laltro. Esecondi sono quegli che falsorono

laleonessa et eleoncini aluarco
et poi distese edispiatati artigli
Prendendo luno chauea nome learcho
et rotollo et percosselo adunsaxo
et quella sannego con laltro carcho
Et quando la fortuna uolse in basso
lalteza de troiani che tutto ardia
fin chen sieme col regno el re fu casso .
Eccuba trista misera et captiua
posoia che uide Polixena morta
et del suo Polidoro in su la riua
Del mar si fu la dolorosa accorta
fuor sennata latro si chome cane/
tanto dolor gli fe la mente torta .

la moneta. Etertii hanno falsificato la loquela. Il che dimostra in due spiriti antichissimi. Nel principio adunque uolendo dimostrar lar abbia degli spiriti per laquale lun laltro morde et percuote: dice persimilitudine che ne Athamante fu si rabbioso uerso el figluolo elquale percosse al saxo: Ne Eccuba quando pel dolore contro de nimici diuento cagna. NEL TEMPO Che Giunone. Cadmo del quale disopra habbiamo decto a sufficientia dherminione sua mogle hebbe quattro figluole Semele Agaue Auctonoe et Ino. Semele concepe di Ioue Bacco. Ilche fu tanto molesto a Giunone che diuenne inimica a tutta la generatione thebana: et molte uolte contro a molti si uendico. Imperoche a tanto furore concito queste quattro sorelle che faccendo quelle sacrificio a Bacco nella selua uenendo pentheo figluolo idagaue parue loro che fussi un cinghiale et uccisonlo. Dipoi hauendo gia due figluoli del marito suo Athamante atanto furore conduxe athamante che uenendo Ino co figluoli gli parea che fussi una leonessa con due leoncegli. Ilperche prese luno chiamato Learco et percosselo a un saxo. Onde Ino spauentata corse al mare portandone seco laltro el cui nome era melicerta: et con quello si gitto in mare: Et furono facti dii marini: et questa nominorono egreci leucothea: et elatini matuta: et quello polemone: et elatini portunno. Non dimonstro adunque tanto furore athamante contro a figluoli quanto questi spiriti mostrauono tra loro. ET QVANDO La fortuna uolse in basso lo stato de troiani. Habbiamo gia piu uolte dimonstro che regione sia troia: et che citta in quella sia Ilion. Ne habbiamo preterito la historia dello infelice Priamo. Resta adunque che a quella arrogiamo lamiseria decchuba laqual nella greca obsidione uide gran pte de figluoli uccisi. Vide el uecchio marito crudelmente morto. Vide la citta daferro et fuoco distructa: Et dopo tāte calamita ridocta īseruitu īsieme con Polixena uide lacarissima figluola al sepolcro del crudelissimo Achille morire: Et dipoi tirata in thracia glapparue lombra del suo figluolo: elquale stimaua anchora uiuere: et essere con buona parte de thesori paterni appresso di Polinestore sicuro. Ilche fece che la diuturna sua tristitia et grauissimo lucto si conuerti in extrema rabbia et da quel tale furore concitata con ogni generatione di uillania tutti egreci bestemmiaua: et chon acerbissime parole mordea: Onde finsono epoeti che fussi conuertita in rabbiosa chagna. SI FV Accorta: perche in prima non sapea lo scelerato caso: elquale fu in questo modo. Hauea gia presentito priamo lapparato de greci contro se: et come prouido singegno che per ogni chosa che potessi interuenire rimanessi qualchuno di sua stirpe et non sanza thesori. Adunque mando a Polinestore re di Thracia / Polydoro suo figluolo con grande thesoro confidandosi che essendo questo re amico sempre gli preseruerebbe el figluolo et la pecunia. Sed maledictus homo qui confidit in homine. Imperoche chome scriue Plauto lupus est homo homini et non homo: Et ogni ficta amicitia perche non e/ uera dura tanto / quanto e/ lutile Adunque Polynestore uedendo Priamo et el regno suo caduto: Ne di fede data: ne damicitia si ricordo: Ma uolsesi a greci doue gia sera uoltata la fortuna: et uccise polidoro: et ethesori ingiustamente si ritenne. Quando adunque Ecuba menata inseruitu da greci arriuo ne liti di Thracia: lōbra di polidoro chome scriue Euripide uenne su dallonferno et manifestoli la morte sua: et la scelleratezza di polynestore: Onde ne segui quanto poco auanti dicemmo. LALTEZA. Imita quasi Virgilio nel suo secondo libro. Postquam res asie priamique euertere regnum. CHE TVTTO ARDIVA: Ilche si manifesto per paris: elquale fidandosi nella grandeza del suo regno ardi del mezo della grecia di gente darme et di senno potentissima rapire Helena mogle di tanto re. Infin che el re fu casso: cioe priuato di uita insieme col regno: perche anchora el regno peri secondo Homero et molti scriptori greci: perche non ui rimase alchuno della stirpe di Priamo: che non fussi o morto o menato prigione: Ben che Dion chrysostomo pruoui et per historie egyptiache: et permolte uerisimili congiecture che Homero menti di questo excidio: et che non Achille uccise Hectorre: Ma Ethorre Achille: Et egreci non preson troia: Ma da troiani furono cacciati. Ilche fa uerisimile la poca riputatione con laquale chome medesimamente Homero dimostra si partirono da troia: conciosia che molti deduchi rimasono morti: pochi tornorono in grecia: et quegli furono morti da suoi sichome Agamennone da Clytemestra sua mogle Et Pyrrho da Horeste: Et molti andorono in uolontario exilio: chome Diomede et Vlixe. ECVBA TRISTA / Maninconosa MISERA / Infelice: perche di reina era diuenuta serua. CAPTIVA. prigioniera. POLIXENA MORTA. Achille innamorato di chostei promettetua gran cose se Ecuba glene dessi per mogle: Et paris sobto spetie di dargliene lo chiamo a colloquio nel tempio dapolline tibreo

Nota la istabile fede nelluomo

propinquo alle mura di troia. Ando Achille et mentre che ginochione adoraua apolline atradimento fu facto nelle piante de piedi nellequali solamente potea esser ferito: et uccifelo. Ilperche dipoi pirrho figluolo dachille in uendecta del padre uccise al suo sepolcro Polixena. Ordina el texto Poscia che ecuba uide polixena morta: et poscia che epsa Ecuba dolorosa si fu accorta di polydoro suo figluolo in sul la riua del mare nellito nel quale lo trouo sotterrato espa fuor sennata: cioe uscita fuor del senno. LATRO: Abbaio: Latrare in latino significa abbaiare: et questo glinteruenne: perche tanto el grande dolore gli fece la mente sua torta cioe lanimo infuriato: perche ogni uolta che alchuna passione perturba lanimo informa che perde la ragione laquale e/ diricta: et quella addiriza alle recte operationi possiamo dire che la nostra mente sia torta.

d Imostro disopra el furore dathamanthe thebano: et decuba troiana: Hora il intendendo fa comperatione a proposito conchiude che nel thebano nel troiano furore non fu si grande quanto el furore: che uide in due spiriti: Equali benche induca falsarii: Nientedimeno perche non falsorono emetalli ma falsorono o se in altri o altri in se gli fa patire diuerse pene. Inducegli adunque furiosi: nudi: et smorti: et che correndo mordano. Sono furiosi perche falsare emetalli e/ piu tosto infermita di mente. Ma fare quello che habbiamo decto e/ sommo furore. Sono nudi per pena di talione hauendo loro per fallacia spogliato altri o dhauere o dhonesta: Et allegoricamēte perche alla fine queste fallacie sono palesi rimangono nudi. Sono smorti perche questi tali si mettono a gran pericolo. Ilche non puo essere sanza continuo timore. Mordono correndo. Pel correre si dinota la inquietudine loro et le uarie cure: lequali distraggono lanimo indiuerse parti. Onde Virgilio Atque animum celerem nunc huc nunc diuidit illuc In partesque rapit uarias per que omnia uersat: Mordono perche rodono ebeni daltri cambiando o spendendo falsi metalli a pecunia uera et pura merce. CHE PORCO Quando da porcile si chiude. La natura del porco e/ molto crudele: et irritato nō perdona ad alchuno. LVNA Giunse a Capocchio. Capocchio in uita fu derisore et riprenditore oltra modo: Et questi comunemente truouano chi morde loro: Et per questo finge el poeta che lui fussi morso: et presolo in sul collo: perche questi che riprendono atorto quando son poi ripresi non sanno rispondere. Adunque sono presi in sul collo: perche chi strigne el collo et la gola fa tacere. AL FONDO SODO Lo fe percuotere nel fondo sodo della bolgia. Quasi dica lo distese interra: perche chi con infamia abbatte altri: Altri abbatte lui. Ne puo stare lungo tempo chi da simili morsure ad altri che non rouini al fondo et in basso et uile stato.

Ma ne di thebe furie ne troiane
si uider mai in alchun tanto crude
non pūger bestie non che membra hūane
Quanto io uidi due ombre smorte et nude
che mordendo correan di quel modo
che porcho quando da porcil si chiude
Luna giunse a capocchio et in sul nodo
del collo lassanno si che tirando
grattar gli fece el uentre al fondo sodo.

Et laretin che rimase tremando
midixe quel follecto e ianni schicchi
et ua rabbioso altrui cosi conciando
O dixallui se laltro non ti ficchi
li denti adosso non ti sia faticha
a dirne prima che di qui si spicchi
Et elli ad me quella e anima anticha
di Mhyrra scelerata che diuenne
al padre fuor del dricto amore amica
Questa a peccar col padre chosi uenne
falsificando se in altrui forma
chome laltro chen la sen ua sostenne
Per guadagnar la donna della torma
falsificare in se buoso donati
testando o dando al testamento forma.

m Orso Capocchio Grifolino aretino che era in sua compagnia tremaua di paura chel medesimo non fussi facto allui: Et dixe a Danthe colui che hauea morso Capocchio era Ianni schicchi: Et dipoi scongiurato da Danthe cupido di sapere chi era quello che correa con ianni. Dixe che era Myrrha. Ianni schicchi caualcanti fu huomo molto eutrapelo: et apto a contraffare cio che uoleua Et era grande amico di Simone donati. Adūque essendo morto messer Buoso donati huomo molto riccho sanza fare testamento: et hauendo piu strecti parenti che Simone: equali succedeuono ab intestato. Simone per diuentare herede nascose el corpo di messer Buoso: et fe che ianni entro nellecto et contrafaccendo messer buoso fece testamento et lascio herede Simone: Et Simone gli dono una caualla di gran pregio: laquale era nellarmento: et chiamauasi ladonna dellarmento che cosi glhauea promesso. Myrrha fu figluola di Cynara re di papho isola molto libidinosa. Onde Ilperche era consecrata a Venere: Et di qui oratio Venus regina gnidi paphique sperne dilectam ciprō

Et nocantem thure te multa cinare decorem transfer in edem. Myrrha nella sua tenera eta tanto ardentemente amo el padre che combattuta lungo tempo hora dallamore che lanfiammaua: Hora dalla uergogna che la ritiraua da tanta scellerateza miseramente uacillaua chome naue da contrarii uenti combattuta: Et finalmente p fuggire tante pene quante gli daua lamore dilibero impiccarsi. Accorsesi di tale diliberatione la nutrice et uietogli la morte: Et dopo molti prieghi inteso che cagione la inducea a uccidersi: Singegno rimuouergli del cuore si impio amore. Ma non potendo persuaderla Di buona chonsiglatrice diuento pessima ministra. Ando a Cynera et dixe hauere commodita conducergli allecto una bellissima fanciulla: Ma albuio: perche non uoleua esser conosciuta. Cynara consenti et molte nocti dormi con la figluola credendo dormire con altri. Finalmente cupido di conoscere la fanciulla contro alla data fede induxe ellume in camera: et conobbe la figluola: et uolsela uccidere. Ma la scelerata myrrha aiutata dalle tenebre della nocte fuggi: et uagabonda per molti paesi arriuo in Arabia: et quiui si transfiguro nellalbero dallei denominato myrrha: Et uenendo el nono mese partori Adone figluolo et nipote delpadre: et fratello et figluolo della madre.

Et poiche due rabbiosi fur passati
sopra cui io hauea locchio tenuto
mi uolsi ariguardar glaltri mal nati
Io uidi un facto a guisa di liuto
pur che glhauessi hauuto languinaia
tronca dallato onde lhuomo e forcuto
La grande hidropisi che si dispaia
lemembre con lhumor che mal conuerte
chel uiso non risponde alla uentraia
Facea allui tener le labbra aperte
chome lethico fa che per la sete
lun uerso el mento et laltro in su riuerte

E Imouendo glocchi suoi el poeta da cholui sopra elquale eran passati edue rabbiosi / uolsesi in altra parte et uide uno elquale per essere hydropico o uuoi dire ritruopico era si infiato eluentre che se hauessi taglato dallanguinaia ingiu che sono le coscie et rimaso eluentre col capo / sarebbe paruto un liuto. Imperoche questo morbo elquale nasce quando lhomore elquale si debbe conuertire in uero nutrimento si conuertisce in acqua et in uento et rigonfia in modo che dispaia cioe dispareggia le membra informa che non hanno alchuna proportione: chome in costui in chui la pancia soprauanzaua la proportione del capo: et del collo informa che parea un liuto elquale ha gran uentre et sobtile collo et capo. Questo morbo glinducea grandissima sete: et per quella gli facea tener la labbra aperte chome le tiene lethico cioe colui elquale ha la febbre ethica: et per la sete rouescia un labbro in su et laltro in giu. Hydropesis e/ decto da hydor che in greco significa acqua: pche in questo morbo multiplica lacqua tra pelle et pelle.

Ouoi che sanza alchuna pena sete
et non so io perche nel mondo gramo
dixegli anoi guardate et attendete
Alla miseria del maestro Adamo
io hebbi uiuo assai di quel chio uolli
et hora lasso un gocciol dacqua bramo.
Li ruscelletti che de uerdi colli
del casentino discendon giuso in arno
faccendo elor canali freddi et molli.
Sempre mi stanno innanzi et non indarno
che lammagine lor uie piu masciugha
chel male onde nel uiso mi discarno
La rigida iustitia che mi fruga
tragge cagion delluogo o uio peccai
ad metter piu limiei sospiri in fuga
Iui e romena la douio falsai
la lega suggellata del baptista
perchio el corpo suso arso lasciai
Ma sio uedessi qui lanima trista
di guido et dalexandro et di lor frate
per fronte branda non darei la uista

H Auea discripto lauctore la forma: et el modo dadamo. Hora pone le parole sue elquale dixe O uoi Virgilio et Danthe che sanza pena in questo mondo grammo misero et infelice perche grameza in lombardo significa misera et graue uogla di quello che non puo hauere sete sanza pena: et guardate miseri alla miseria mia. Adamo fu da Brescia et fu monetieri: et in quellarte optimo maestro: et per grande auaritia et cupidita di denari saccordo co conti di Romena: et iui secretamente falsifico el fiorino fiorentino: elquale dal primo lato ha la imagine di Ioanni baptista protectore della nostra republica: et dallaltro el giglo. IO HEBBI VIVO. A maggiore sua pena e/ che chi si truoua incalamita et penuria delle chose sia stato riccho: perche non uso alla pouerta piu difficilmente la sopporta. ET HORA Lasso bramo: Molto desidero un gocciolo dacqua. Non puo dimostrare maggior miseria che hauer grandissimo desiderio di quello che non si Puo hauere: et accresceesi la dogla quando si uede priuato di chosa della quale nessuno e si pouero che nõ abbondi chome e/ lacqua: et lui non ne puo hauere solo una gocciola. LI RVSCELLETTI. Accrescie molto la pena quãdo nel desiderio nostro sempre ci si rappresenta innanzi a glocchi la ima gine della chosa desiderata. Adunque la rigida et inflexibile giustitia diuina laquale lo fruga et stimola trae la cagione della sua pena dalluogho doue commisse el peccato. Imperoche hauendo peccato in Casentino sempre se gli riuolta nella mente la imagine de ruscellecti; cioe riui et fiumicegli equali da gioghi demonti discendono giu nel casentino; et quella imagine molto piu sete mi da che elmale che io ho IVI E/ ROMENA La douio falsai; Perche chome dicemmo disopra saccordo con quegli conti. LA LEGA Del Baptista: El fiorino fiorentino elquale ha el baptista per conio et in prompta. PERCHE IO. Per laqualchosa io lasciai el corpo mio arso. Imperoche fu arso al dirimpecto di Romena in sulla strada che uiene dal borgo alla collina: doue ancora hoggi si uede un monte di saxi: Et epaesani che alpresente ui sono affermano che eloro antichi haueuano udito da glantichi loro predecessori chosi essere. MA SE IO Vedessi lanima trista. Disidera che questi conti di romena che lo persuasono acommettere tale falsita sieno nella medesima pena non per amore di giustitia: Ma per odio et per inuidia; perche lanima dannata non si purga mai da uitii: Et tutte le perturbationi dellanimo gli restano. Ilperche uorrebbe tirare ogni altro al suo tormento; et sempre e/ maligna. Ma lanima che e/ absoluta dalla colpa; benche non sia libera dalla pena chome ueggiamo essere quelle che sono in purgatorio non desidera; ne uorrebbe che alchuna altra patissi supplicio. Ma piu tosto si rallegra del bene daltri. Ilche e/ proprio della natura nostra se non e/ corropta dallhabito gia facto ne uitii: chome sono gli spirlti punit nellonferno. ET DI LOR FRATE: cioe aghinolpho terzo fratello di guido et dalexandro. PER FONTE Branda non darei la uista. Benchio habbia in extinguibile sete; et sia altutto priuato dogni acqua. Nientedimeno se mi fussi conceduto qual piu tosto io uolessi de due; O uedere in queste pene questi conti; o hauere fonte branda; Piu tosto uoglo uedere lapena loro; che hauere si chiara acqua chome e/ in fonte branda. Questa fonte e/ in Siena molto abbondante et limpida.

Dentro cie luna gia se larrabbiate
  ombre che uanno intonrno dicon uero
  ma che mi uale cho le membra legate
Sio fussi pur di tanto ancor leggiero
  chio potessi in centanni andare unoncia
  io sarei mosso gia per lo sentiero;
Cercando lui fra questa gente sconcia
  con tutto che la uolga undici migla
  et men dun mezo di trauerso non cia
Io son per lor tra si facta famigla
  che minduxono abatter li fiorini:
  che hauean tre carati di mondigla
Et io allui chi sono li due tapini
  che fuman chome mani bagnato iluerno
  giacendo strecti atuoi dextri confini
Qui litrouai et poi uolta non dienno
  rispose quandio piouui inquesto greppo
  et non credo che dieno insempiterno
Luna e lafalsa che accuso ioseppo
  laltro elfalso sinon greco da troia
  perfebbre acuta gittan tanto leppo.

Dimonstra quanto sia piu graue la uendecta che si uede che quella che sode. Eraui gia uno di quegli conti. Questo gliera a consolatione Ma due choseigle ne scemauono prima che nol uedeua ma ludiua; seconda che ludiua da gli spiriti arrabbiati aquali non era da prestare intera fede; Con tutto che la uolga undici migla chome nel sito dellonferno dimonstrammo. CHE HAVEAN Tre carati di mondigla. La purita et fineza delloro si diuide in. xxiiii. carati: et quello che e/ fine in perfectione e/ di. xxiiii. carati. Dipoi quando ue mescolato altro e/ di tanto meno. Adunque batteuono oro elquale doueua essere di uentiquattro carati; et era di uentuno. CHOME Man bagnate auerno. Ogni hanelito et uapore che esce dogni uiuo animale porta seco del caldo uitale. Ma perche nella state truoua laria calda subito per la conuenientia si mescola et dissipa et non si uede. Ma al tempo freddo perche rifuggendo el suo contrario si ristrigne insieme aduiene che si mantiene et condensa piu; et pero si uede. QVI GLI Trouai; perche molte centinaia danni erono morti innanzi allui. LA FALSA Che accuso Ioseppo. Di Iacob figliuolo disaach nacquono dodici figluoli. Onde dipoi discesono le dodici tribu del popolo iudaico. Ma di tutti a Iacob molto fu accepto ioseph: et perche era di grande ingegno et perche era nato nella senectu sua. Ma dallamore grande che gli portaua el padre ne consegui inuidia appresso de frategli; equali finalmente louenderono. xxx. danari a mercatanti che andauono in egypto; prezo sanza fallo molto piccolo a tanto huomo. Ma elquale hauea a esser figura alla uendita dichristo huomo et idio. Emercatanti lo uenderono in egypto dipoi a Sutifar eunucho di Pharaone re elquale era duce dello exercito. Ioseph per sue uirtu in brieue tempo adiuenne tanto accepto al signor suo che gli decte ladministratione di tutta la sua casa. Ma dallaltra parte la belleza del suo corpo lo conduxe agraue pericolo. Imperoche la mogle di sutifar si uehementemente fu accesa della forma del giouinecto; che prima per lusinghe; dipoi per forza lo uolle tirare in sua peruersa uolonta; Ma Ioseph si fuggi lasciandogli el mantello pel quale epsa lo tenea chosa certamente egregia: ne minor laude merito che hippolito; et nel medesimo pericolo incorse; perche riuolse tutto lamore in crudele odio

Perche chome dice Seneca Aut amat femina aut odit: Et certo sanza alchuno mezo ua da uno extremo ad uno altro: Et Virgilio sapientemente scripse uarium et mutabile semper femina. Accuso adunque la iniqua lo inocente: Et doue epsa hauea stimolato elgiouane/dixe che dallui era stata richiesta. Il perche fu incarcerato Iosepb: Ma dopo due anni sogno Pharaone che uedea septe uacche grasse essere diuorate diuorate da septe magre: et septe spighe piene similmente essere consumate da septe uote. Questo sogno non fu alchun de suoi saui che sapessi interpretare. Interpretollo Iosepb: Et dimostro questo significare che eprimi septe anni haueano a esser fertili: Ma poi esepte sequenti molto sterili. Ilche persuase al re che in Ioseph fussi spirito diuino: liberollo et fecelo prefecto di tutto elregno: Prolipso sarebbe narrare con quanta diligentia et prudentia administro el tutto: Riserbo el frumento della fertilita adsostentare la sterilita. Souuenne al padre et a frategli. Conduxegli in egipto doue impetro dal re che in optima regione fussino collocati. Ma solo basta intendere che qui era punita la scelerata mogle dello Eunucho pel falso che glappose. LALTRO E/SINONE. Erono stati acampo ad troia gia. x. anni egreci: Et disperandosi homai nelle forze diliberorono tentare lastutie et glinganni. Hedificorono adunque di legname un grandissimo cauallo: Ma uoto: et in quello rinchiusono molti de principali dello exercito. Dipoi uenne Sinone chome transfuga a troiani: et finxe hauere riceuute molte ingiurie da greci: Et finalmente che lo uoleuono sacrificare a gli dii: et per questo era fuggito: Et per questo fu acceptato chome amico da Priamo: et domandato chon che speranza uiueuono egreci: Allhora el fraudulento et astutissimo Sinone finxe che loro haueuano hedificato quel cauallo et consecratolo a Minerua: et si alto perche etroiani non lo potessino mettere intero in troia. Peroche efati uoleuono che se loro lo guastassino/ troia hauessi a esser presa. Ma se fussi condocto dentro alla citta intero allhora egreci hauessino a essere uincti da troiani. Queste parole furono cagione che etroiani taglassino una porta et mettessino dentro el cauallo. Il perche la nocte sequente usdirono del cauallo glarmati: et affocorono la terra et aperson le porte allexercito: Et in questa forma inganno Sinone etroiani. Onde troia fu presa. Fu Autolio figliuolo di Mercurio Ma grandissimo furo: Et di lui nacque el primo sinone similmente furo grandissimo/ Chostui genero Sisimo et Aucrolia laquale fu madre dulixe: Et di sisimo nacque sinone del quale al presente fa mentione el poeta. Et chome uedi fu cugino dulixe.

Et lun diloro che sirecho anoia
forse dessere nomato si obscuro
col pugno gli percosse lepa croia
Quella sono chome fussi un tamburo
et mastro adamo gli percosse el uolto
colbraccio suo che non parue men duro
Dicendo allui anchor che misia tolto
lo muouer delle membra che son graui
io habbo el braccio a tal mestieri sciolto
Onde rispose quando tu andaui
al fuocho non lhaueui chosi presto
ma si et piu lhauei quando coniaui
Et lhydropico tu di ben uer questo
ma tu non fusti si uer testimonio
la oue fusti a troia del uer richiesto
Sio dixi el falso et tu falsasti el conio
dixe sinone et son qui per un fallo
et tu per piu chalchuno altro demonio
Ricordati lo spergiur del cauallo
rispose quel chauea enfiato lepa
et sieti reo che tutto elmondo sallo
Ate sia reo lasete onde ti crepa
dixel grecho lalingua et lacqua marcia
chel uentre innanzi alglocchi tisasepa
Allhora elmonetier chosi si squarcia
labocca tua per dir mal chome sole:

e Chosa uerisimile che chi ha facto habito del peccato sia da quello sempre accompagnato ne mai se ne rimangha ne di qua ne di la. Imperoche chome e/ scripto nellappocalipse. Opera enim illorū sequuntur illos. Adunque lun diloro Sinone. CHE Si recho a noia: a cui fu molesto. DESSER Nomato: nominato. SI OBSCVRO Con tanta infamia: Conciosia che lonomino dal tradimento facto: Imperoche la buona fama genera splendore: et la infamia obscurita. COL PVGNO gli percosse LEPA Eluentre: CROIA: in croiata: cioe indurita. Finge questi due inimici et discordanti tra loro per dimostrare che tra uitiosi sempre e/ discordia: Si chome tra uirtuosi e sempre e/concordia. QVANDO Tu andaui alfuoco Doue fusti arso: La natura de uitiosi e / sempre rimprouerare luno allaltro euitii. VER Testimonio: Quando domandato da priamo del uero dicesti el falso: SON PER Vn fallo: per una sola fraude chio commissi ad troia. TV SEI Per piu chalchuno altro demonio: perche tu hai infinite uolte falsato emetalli. RICORDiti lo spergiuro: Qui glaccresce el uitio dimonstrando che e / noto per tutto el mondo. Et laltro glirimpruouera el morbo elquale gli da sete et gonfiagli si elcorpo che gli fa siepe innanzi a glocchi che non puo uedere piu auanti. RASIEPA: Si interpone innāzi. ALLHORA El monetieri: Adamo dixe la bocca tua si squarcia. i. molto sapre a dir male: et se io ho sete lhomore MI RINSArcia: Quasi dica Se io ho sete lhomore di questa hydropisia mi riempie. TV HAI Larsura et el capo che ti dole: perche queste due chose produce la febbre etica. ET PER Leccar lo specchio di narcisso. Et se beessi una fonte; chome quella nella quale si specchio narcisso chome piu distesamente altroue e/ dimostro.

Ad ascoltargli erio del tutto fisso
quandol maestro mi dixe pur mira
che per poco e che teco non madisso
Quandol senti ad me parlar con ira
uo simi uerso lui con tal uergogna
chancor per la memoria mi si gira.
Et quale e quel che suo dannaggio sogna
che sognando disidera sognare
siche quel che e chome non fussi agogna
Tal mi feci io non potendo parlare
che disiaua scusarmi et iscusaua
me tuttauia et non mel credea fare.
Maggior difecto men uergogna laua
dixel maestro chel tuo non e stato
pero dogni tristitia ti disgraua:
Et fa ragion chio ti sia sempre allato
se piu aduien che fortuna ti cogla
oue sien genti insimiglante piato
Che uoler cio udire e/ bassa uogla.

e Ra lauctore datosi ad ascoltar costoro. Onde Virgilio loriprende dicendo Mira pure che spesso pare che concediamo quello che neghiamo; chome quando un dice fa pur male et sarai amato. CHE POCHO E/ che poco mancha; che io non madisso; non mi condito adira. Aissare et aizare significa irritare. Allhora danthe tanto si uergogno che anchora tal uergogna se gli riuolge per la memoria; cioe anchora sene ricorda. Inquesto chome gla in molte chose significa la differentia che e tra lapetito et laragione inferiore che da quello si lascia uincere; et la superiore. Non uuole adunque lontellecto che sempre cerca gliuniuersali occupare eltempo ne particulari. Preterea nō uuole la parte rationale che la sensualita in si basse chose occupi el tempo che debba spendere in cose egregie. MAGGIOR DIFECTO MEN uergogna laua. Benche lappetito et la ragione inferiore si diuiino dallontellecto et errino; Nientedimeno se quando lontellecto si riuolge sopra quegli et apre loro elpeccato et lerrore; elquale occecati dalla perturbatione non uedeano loro saccorgon dhauere errato et uergognonsene facilmente si laua ogni errore; perche chi se ne uergogna se ne pente; et pentendosene se ne rimane; et riducesi al lobedientia dellontellecto. Adunque basta allontellecto taluergogna; perche quando uede lappetito essergli ubbidiente sempre gli sta allato et admoniscelo et reggelo. Et lappetito riguardando inlui si guarda di non incorrer piu insimile errore quando aduiene che acaso si ritruoui oue e simil gente; cioe quando aduiene che caggia in simile cogitatione; perche quando lappetito disidera pensare ad simile chose in lui e/ molto bassa uogla.

CANTO. XXXI. DELLA PRIMA CANTICA DI DANTHE

u na medesma lingua pria mi morse
sichе mi tinse luna et laltra guancia:
et poi lamedicina mi riporse.
Chosi odo io che solea far la lancia
dachille et del suo padre esser cagione
prima di trista et poi di buona mancia.

h A tractato elpoeta del precedente circulo distincto in dieci bolge: perche in quello si puniscono dieci spetie di fraude: lequali ronpono el uincolo/solamente della natura. Hauea adunque gia ricercho la decima bolgia delloctauo cerchio: et arriuato alla fine di quello. Hora pone el discendimento nel nono cerchio: doue si rompe doue si rompe el uincolo della natura: et della fede. Ma prima narra quello che trouo nella ripa per laquale scese: Et perche dimostro, di sopra da quanta uergogna fussi confuso per la riprensione di Virgilio. Hora dimostra per optima comparatione che quella medesima lingua di Virgilio laquale glhauea morso con riprensione medico tal morso: Et dipoi quanto conforto da lui riceuessi per leparoli lequali soggiunse dopo la riprensione. Doue e/ da notare che molto utile e/ lira del sauio.a chi erra. Onde Seneca Gratissima est probi hominis iracundia. Hora adunque tale lingua fu simile alla lancia dachille. Telapho re di Misia et confederato co troiani uolẽdo cacciare egreci dal suo regno fu ferito dachille: Et non trouando altro rimedio a risaldare la piagha: hebbe dalloracolo che larisalderebbe, se Achille con la medesima lancia dinuouo nel medesimo luogho lo riferissi: et chosi interuenne. Ilche fingono e poeti perche Achille heuea imparato da chirone quella parte di medicina: laquale chiamano cherusica: Et dipoi per se medesimo trouo essere optimo rimedio a saldare le piaghe se si medicano chon la ruggine della puncta della lancia o di ferro o di rame che fussi: Et certo, riferisce Plinio che Achille in questo caso si dipigneua radere col coltello tal ruggine.

La Ruggine del ferro vale a sanar piaghe.

n OI DEMMO DEL DOSSO. Volgemo le spalle al uallone della decima bolgia. SV PER LA Ripa chel cigne; chel circũda; che era el termine tra loctauo elnono cerchio. ATTRAVERSANDO: Gia lhaueano gyrato per uedere lanime dannate hora lattrauersauano per uscirne. SANZA Alchun sermone. Dimonstra che ferono tolti dalla contemplatione di questo peccato; perche gia lhaueano conosciuto. QVI ERA Men che nocte et men che giorno. Non uerono altutto tenebre ma pocha luce: Et per questo EL VISO/la uista Mandaua poco innanzi; Quasi dica io uedeuo pocho piu la che doue io ero. MA IO Senti sonare: Non uedeuo molto; ma sentiuo: perche doue manchaua luce per laquel si uede Abbondaua suono pel quale udiamo: Et questo era si grande che un tuono sarebbe paruto fioco a comparatione di quello: Et questo suono sequitando la sua uia allõ contro di se; cioe procedendo auanti. DIRIZO Fu cagione che io dirizassi glocchi miei a un locho donde ueniua el suono. E/ da considerare perche inquesto luogho non si uedea ma udiuasi. Sono in questo luogo posti eglganti per la superbia; laquale fa glhuomini tanto temerarii che uogliono excedere le forze naturali: et potere piu che la natura non concede loro: Ma di questi diremo pocho di sobto. Pone adunque la obscurita: perche la superbia nasce da ignorantia di non conoscere se medesimo: Ma odesi perche le chose facte da superbi sono tali: che molti ne parlano. DOPO La dolorosa: E/ Roncisualle ne monti pyrenei equali diuidono la gallia dalla spagna. Quiui per tradimento di Gano da pontieri furon ropti epaladini da Marsilio re dhispagna Et Orlando sono si forte el suo corno dopo la fuga de suoi che ne raccolse cento: et con quegli fece empito et uccise Marsilio. Ma dorlando diremo nel. xviii. canto del paradiso.

Noi demmo el dosso al misero uallone
su per la ripa che cinghia dintorno
attrauersando sanza alchun sermone.
Quiuera men che nocte et menche giorno
sichel uiso mandaua innanzi poco
ma io senti sonare unaltro corno/
Tanto charebbe ogni tuon facto fiocho
che contro a se la sua uia, sequitando
dirizo glocchi miei tutti a un loco
Dopo la dolorosa ropta quando
carlo magno perde la sancta gesta
non sono si terribilmente Orlando.

Poco portai in la uolto la testa
che mi parue ueder molte alte torri
ondio maestro di che terra e questa
Et egli ad me pero che tu trascorri
per le tenebre troppo dalla lungi/

s Equita nel parlar suo dicendo io portai pocho la testa uolta in la; cioe poiche el suono mifece uolgere a se io andai pocho guardando in uerso quello CHE MI Parue uedere: Ma non erono. MOLTE Alte torri. Et credendo che in uero fussin torri: Benche non fussino domandat

aduien che poi nel maginare abborri
Tu uedrai ben ſe tu la ti congiungi
quantol ſenſo ſinganna di lontano
pero alquanto piu te ſteſſo pungi.

che terra quella era: Et qui ſe uoglamo conſiderare allegoricamente dinota el poeta quanto la ragione inferiore congiunta chol ſenſo erra quando uuole inueſtigare le choſe troppo dalla lunga. Et ſe riguardiamo ſemplicemente a ſenſi del corpo/ uuole dinotare che la potentia uiſiua non puo adempiere lufficio ſuo ſe a quella non riſponde ſecondo la ſua uirtu la diſtantia delluogo la quantita del obiecto: cioe di quello che ha auedere: et la chiareza della luce. Onde aduiene che altra diſtantia uuole uno occhio et altra unaltro: perche ſono di diuerſe uirtu: Et choſi un medeſimo occhio altrimenti uede in maggiore: altrimenti in minor luce.

Poi caramente mi preſe per mano
et dixe pria che noi ſiam piu auanti
acciochel facto men ti paia ſtrano
Sappi che non ſon torri ma giganti
et ſon nel pozo intorno dalla ripa
dallumbilico ingiuſo tutti quanti
Chome quando la nebbia ſi diſſipa
loſguardo apoco apoco raffigura
cio che cela el uapor che laer ſtipa
Choſi forando laer groſſa et ſcura
piu et piu appreſſando in uer la ſponda
fuggimi errore et creſcemi paura
Peroche comenſu la cerchia tonda
monte reggion di torri ſincorona
choſi la proda chel pozo circonda.
Torreggiauan da mezo laperſona
glhorribili giganti cui minaccia
gioue da cielo anchora quando tona

c IHe Virgilio pigli per mano Danthe et benignamente gli dimoſtra che quelle che glipareuon torri non ſon torri ma giganti. Non dinota altro ſe non quando la ragione inferiore ſi ſobtomette allontellecto quello benignamente gli ſcuopre glerrori. POI Caramente mi preſe per mano. Intendi chon la mano ſua che ſignifica aiuto: perche non puo la ſenſualita bene prouedere la ſuperbia ſe lontellecto non glel monſtra. ET DIXE PRIA Che noi ſian piu auanti Accio chel facto men ti paia ſtrano. Tutte le coſe che ſi preueggano danno meno alteratione che quando uẽgono alla ſproueduta. Onde el petrarca Piaga antiueduta aſſai men duole. Non ſon torri: ma giganti Conoſcea la ragione inferiore quelle eſſere choſe piu alte che laltre: perche la mente del ſupbo ſempre monta in alto: et pero gli pareuon torri: perche chome le torri auanzano dalteza glaltri hedificii: choſi ogni gran propoſito nella mente auanza glaltri: Et queſto alto propoſito puo eſſere et ſanza ſuperbia: et naſce da generoſita danīo et puo eſſere con ſuperbia: et allhora procede da beſtiale et temeraria audacia. Quel primo e/ ſomma uirtu. Queſto ſecondo e/ ſommo uitio. Ma perche hanno in ſe alchuna ſimilitudine Conciosia che luno et lal ro contenga in ſe grãdeza danimo non gli puo diſtinguere la ſenſualita: Ma conoſce ſolamente quella grandeza dellanimo: et non conoſcendo ſe tal grandeza e/ moderata et correpta da uera ragione: Ilche e/ fortitudine. O ſe e/ guidata da beſtiale crudelta. Ilche e/ ſuperbia non ſaccorge che tale alteza ſia de giuganti pe quali ſi dinota la ſuperbia. CHOME Quando la nebbia ſi diſſipa. Molteuolte aduiene che quando ſiamo in folta nebbia benche ui ueggiamo condificulta alchuna coſa niente dimeno non laſcorgiamo. Ma ſcorgianla poi partito lanebbia choſi dante finalmẽte ſchorſe egiganti. Impero che pote laragione ſuperiore aiutare laĩferiore porgẽdo gli aiuto informa che rimoſſa lanebbia. i. laingnoranza conobbe quegli eſſere giganti et non torri cio e conobbe quella non eſſer alterigia ſemplice. Ma eſſer ſuperbia Et a imitazione diuigilio benche molto occulta doue uenere dimoſtra aenea che lui non puo ueder che glidii guaſtan troia. Ma che glirimouera lanebbia che gli tolgle lauiſta Et poi glipotera uedere Et certo apreſſo glantichi Egiganti ſipõgono perla ſuperbia. Furono ſecondo lefauole egiganti figluoli della terra equali fidandoſi nelle propie forze uollono torre elcielo a Ioue. Etperqueſto fare tolſono inthesſagla tremonti: Olimpo Pelio et Oſſa et ponendo luno ſopra laltro uolean ſalire inſino alcielo. Ioue fulmino et fece rouinare emonti egiganti pinſe nellonferno. Sono adunque egiganti filgluoli della terra: perche ogni ſuperbia e/ peraquiſtare non ſciẽtia delle choſe diuine: ma riccheze dignita honor et imperio coſe terrene. Queſti ſono grandi perche uoglono ſalire piu che non meritano: Combattono con gli dii: perche come dice Cicerone Niente altro e che egiganti combattino con gli dii che repugnare alla natura et uolerla uincere: Et per queſto pongon monte ſopra monte: cioe fanno grande apparato et grande ſforzo: ma idio gli ſparge et diſſipa: Onde el pſalmiſta Et gygas non ſaluabitur propter multitudinem uirtutis ſue. CHE SON Nel pozo: nel nono cerchio: elquale perche e/ et piu ſtrecto et piu baſſo che glaltri lo chiama pozo. DALLOMBELICO in giuſo tutti quanti: perche erono fuori del ghiaccio dal bellicho in ſu. CHOME QVANDO. Chome interuiene che quando la nebbia laquale e/ ſtata molto folta informa che non ti laſciaua diſcernere quello che/e: ma parea un p unaltro: Quando poi ſi diſſipa: cioe ſi diſparge Interuiene che loſguardo et la uiſta apoco apoco raffigura quello che prima non raffiguraua: perche el uapore terreſtre: elqual ſtipa et condensa laria cioe si conuerte in nebbia. LO CELA : lo nasconde : chosi interueniua a Danthe : che quanto piu sappressaua tanto piu sassottigliaua la nebbia et meglio scorgea. Onde fuggiua a poco apocho lerrore : perche sauedea che non eron torri : Et la paura cresceua : perche cominciaua a scorgere che erono gyganti : et tal figura gli metteua paura. Non temea prima Danthe credendo che fussino torri : ma erraua. Hora uedendo che erono gyganti comincio a temere : perche conosce quella alteza danimo esser superbia laquale e/ temere : perche nessun uitio e/ piu pernitioso alla generatione humana : Ne sia chi si marauigli a che fine si ponga qui la superbia tractandosi della fraude : perche questa spetie di tradimēto di che si tracta ha principio et origine da superbia. De giganti fa mentione la bybbia nel genesi : Et gygantes erant in diebus illis Et nellibro de re fa mentione di golia gygāte. Erono egiganti dal mezo insu fuori del pozo : et el resto nel pozo : perche nessuno fu mai tanto superbo che potessi eleuarsi afacto : Ma benche eprincipii suoi sieno alti et eleuati : Nientedimeno lo riprieme idio informa che alla fine rimane nel basso : et legagli le braccia : perche gli togle la possanza. PEROCHE Chomensu la cerchia tōda. Chosi intorno alla ripa del nono cerchio si uedeuono egyganti a guisa di torri chome nel cerchio delle mura di monte reggion castello de Sanesi surghano intorno intorno le torri. Questo e/ castello tra Staggia et Siena.

Et io scorgea gia dalchun la faccia
lespalle el uentre et del pecto gran parte
et per le coste giu ambe le braccia
Natura certo quando lascio larte
di si facti animali assai fe bene
per tor uia tali executori ad marte
Et sella delephanti et di balene
non si pente chi guarda sobtilmente
piu giusta et piu discreta ne latiene
Che doue largomento nella mente
saggiugne al mal uolere et alla possa
nessun riparo ui puo far la gente.

a Ppressandosi cominciaua a scorgere la faccia el uentre et gran parte del pecto : pche parte noccupauono le braccia che haueano legate dinanzi : Onde dice ET PER Le coste piu ambe le braccia. NATVRA CERTO. Optima digressione per laquale comenda la natura essersi rimasta di producer piu gyganti : perche huomini di tante forze erono grandi executori ad Marte cioe uincitori dogni battagla : et per le loro smisurate forze tiranneggiauono tutti glaltri. Adūque e/ da comendare la natura che non produce piu tali huomīni perche hanno troppo gran forze : Et se uolessi dire che genera elephanti che uincon di grandeza de glaltri animali terrestri : et le balene che sono maggiori che glaltri pesci : Risponde che benche tali animali habbino gran forze. Nientedimeno glhuomini sono superiori dingegno et dindustria chon laquale non solamente resistono : ma gli uincono. Ma ne giganti perche erono huomini era congiunto longegno con la forza. ET Quando largomento della mente. i. longegno non si uolge alla uirtu : Ma pigla mala uolonta inuerso glaltri : et ha gran possanza non ui si puo resistere : Perche sa per longegno : puo per le forze : Vuole perche e/ maligno : Ma ebruti animali benche uoglino et possino : Nientedimeno non sanno. Ne e/ chosa fabulosa che sieno stati egiganti. Imperoche le historie hebree et greche et romane ne scriuono : chome fu Nebroth Hercole Anteo : Furonne in sicilia : Furonne in inghilterra : Et Aurelio Augustino afferma hauer ueduto nellito daffrica presso a Vtica citta un dente mascellare si grande che di quello sarebbono facti cento de nostri denti. Preterea scriue che poco auanti alla uenuta de gothi in italia Fu a Roma una femina dispetie giugantea alla qual uedere tutto el popolo concorrea. CHE DOVE Largomento della mente saggiugne al mal uolere et alla possa. Tutti glanimali bruti di gran forze hanno mal uolere/ quando incitati o da ira o da paura o da fame o da gelosia o da salute de figluoli uengono contro allhuomo : Ma benche uoglino : et possino : Nientedimeno perche manchano di rationale ingegno : et dindustria : non sanno. Onde lhuomo ha qualche riparo : Ma perche nel gigante largomento della mente cioe landustria et longegno saggiugne al suo mal uolere : et alla sua gran possa non ui si puo fare riparo : perche uuole : et : puo : et sa.

La faccia sua mi parea lunga et grossa
chome la pina di san pier di roma
et asuo proportione eran laltrossa
Siche laripa chera perizoma
da mezo in giu ne mostraua ben tanto
disopra che di giugner alla chioma
Tre phregion saren dato mal uanto
pero chio ne uedea trenta gran palmi /

d Imostra per comperatione che la faccia di costui era si grande Quanto e una pina dibronzo : laquale dicono che fu gia in su la cupola di santa Maria ritonda decta Pantheon : Ma gittatane giu da una saetta ne tempi miei era ī su gradi della chiesa difuori di sancto pietro in uaticano : Ma di questa e/ decto nella topographia dellonferno ET A SVA Proportione eran laltrossa : Perche glaltri membri conrispondeuono alla grandezza della faccia. SICHE LA RIPA Chera perizoma

dalluogo in giu doue saffibbial manto
Raphel bai ameth zabi almi
comincio à gridar la fiera bocca
à cui non si conuien piu dolci psalmi.

La ripa coprità dal bellico in giu doue sono lemẽbra che non si mostrano sanza uergogna. Adunque chiama la ripa perizoma: perche ricopriua e gyganti dal bellico in giu NE MONSTRAVa tanto dal bellico insu: che tre phrisoni sarebbono mal uolentieri uantati dagiugnere alle chiome.

Perizoma e/ ueste laquale cuopre le membra che non si nominano o mostrano sanza uergogna. Frisoni huomini grandi chome sono nella phrigia parte della magna. PERO CHIO Ne uedea trenta gran palmi comínciando dalluogho doue saffibbia el mantello: che e/ al fine della gola insino al bellico che si uedea. RAPHEL Bay ameth zabi almi. Queste parole niente significano: et posto che significassino non se ne puo trarre sententia intera. Ma el poeta induce Nembroth parlar chosi per significare la confusione delle lingue che nacque dallui.

Elduca mio uer lui anima sciocchа
tienti col corno et conquel ti dissoga
quandira o altra passion ti tocca:
Cercati elcollo et trouerrai la soga
chel tien legato o anima confusa:
et uedi lui chel gran pecto ti toga
Poi dixe ad me egli stesso saccusa.
questo e nembroth per lo cui mal uoto
piu un linguaggio nelmondo non susa:
Lascialo stare et non parliamo ad uoto:
che cosi e allui ciaschun linguaggio
chomel suo adaltrui cha nullo e noto.

ANIMA Sciocca: sanza sale: cioe sanza alchuna prudentia. Imperoche chi puo esser piu sciocco che colui che uuole obstare a dio. TIENTI Col corno: Quasi dica non usar parole poiche nessuno lentende: et usa el corno suono conueniente alla tua efferita et bestialita. Quandira o altra passione ti tocca. A glanimali bruti non e/ stato dato dalla natura uoce articulata: perche con quella sexprimano econcepti della mente: equali procedono dalla ragione: Et perche ebruti non hanno ragione: Ma solo lappetito dal quale nascano le passioni: chome e amore ira timore: et simili basto loro hauere lauoce confusa: et inarticulata cõ laquale possono tali passioni exprimere. Adũque non hauendo usato Nembroth laragione ma solo lapetito non e/ degno dusare parole distincte: Ma la uoce del corno col quale si chiamano a caccia ecani. Finge che habbi legato al collo con soga che e/ coreggia di soatto questo corno elquale gli pende in sul pecto. Pel corno significa la sua superbia chegli lega el collo: perche tal peccato lo fa seruo della pena et pende in sul pecto: perche la superbia nacque dalla mala cogitatione che e/ nel cuore. ET VEDI LVI. Vedi epso corno: elquale ti toga: ti cuopre el gran pecto. Era adunque gran corno poiche copriua si gran pecto: et per questo dinota la sua gran superbia. Toga e/ ueste romana onde lui pose togare. i. uestire. EPSO SACCVSA. Imperoche parlãdo in linguaggio a nessuno noto dimostra la sua confusione. Adunque le parole dallui decte non si possono interpretare. LASCIANLO Stare et non parliamo aduoto non parliamo indarno. Imperoche non cintenderebbe: Et chosi e/ allui ciaschun linguaggio chomel suo adaltrui. Non intenderebbe Nembroth Virgilio perche lapetito irrationale guidato solamente dalle perturbationi: et dalle passioni della nimo: chome e/ merore timore ira et simili non intende ne Danthe laragione inferiore: ne Virgilio cio e la ragione superiore. QVESTO e/ Nembroth. Nembroth fu figluolo di Cam: et Cam figluolo di Noe Chostui ueramente si puo dire che tale fussi tra glhuomini: Quale era stato lucifero tra glangeli: Et perche era in abundantia di tutte le chose et audace et robustissimo/ persuadea a glaltri che la loro felicita non ueniua loro da dio ma dalla propria uirtu: et confortaua esuoi parenti a pigliare la tyrannide sperando potere riuocare glhuomini dal temere idio: et porre ogni speranza in se: et accioche idio non gli potessi punire col diluuio: chome hauea facto al tempo di noe suo auolo/ Dilibero hedificare una torre si alta che el diluuio non ui potessi arriuare. Hedificauala adunque di mattoni in luogo di pietre: et di bitume in luogo di calcina. Et ciaschuno giorno hauea uentimila huomini a tale opera: et tutti erono in somma concordia in tale iniquita. Ma idio qui deposuit potentes de sede et exaltauit humiles Non uolle dinuouo extinguere lhumana generatione chome hauea facto pel diluuio. Ma ditermino disunirla et confonderla. Ilperche gitto aterra la torre: et doue prima usauano una medesima lingua genero confusione per ladiuersita delle lingue che decte loro. Ilperche latorre fu chiamata babylonia: perche babel significa confusione. Diquesta torre et della confusione delle lingue afferma Iosepho che chosi scriue la sybilla. Erono glhuomini tutti dun linguaggio: et hedificauano tutti una altissima torre credendo per quella potere salire al cielo: Ma gli dii cho uenti differciono la torre: et diuisono la lingua dando a ciaschuno la sua. Ilperche tale citta fu chiamata babilonia. PER LO CHVI Mal uoto. Pel chui captiuo desiderio di uolersi ribellare da dio. PIV VN LINGVAGGIO Nel mondo non susa. Chome si dimostro disopra.

Nembroth fu hedificatore la torre

Facemo adunque piu lungo uiaggio
noltaſiniſtra et altrar dun baleſtro
trouamo laltro aſſai piu fero et maggio
Adcigner lui qualche fuſſil maeſtro
non ſo io dire ma etenea ſoccinto
dinanzi laltro et drieto elbraccio dextro
Duna catena chel tenea auuincto
dal collo in giu ſichenſu lo ſcoperto
ſi rauuolgea inſino al giro quinto
Queſto ſuperbo uolle eſſere ſperto
di ſua potentia contro al ſommo ioue
dixel mio duca ondegli ha cotal merto.
Fialte ha nome et fece le gran proue
quando egiganti fer paura adei
le braccia che meno gia mai non moue.

ſ Equitorono el uiaggio a ſiniſtra et nel tracto dun baleſtro trouo ephialte piu fiero et maggiore che Nembroth. Io non ſo dire chi fuſſi el maeſtro a cignerlo et legarlo: Ma con una cathena hauea legato el braccio ſiniſtro dinanzi; et el dextro di drieto: Et queſta catena lo cignea cinque uolte dalcollo inſino doue lui cominciaua acoprirſi. Queſto ſuperbo Ephialte uolle eſſere ſperto: cioe fare experientia della potentia ſua contro a Gioue; et fece le gran proue nella guerra che egiganti fecione contro a gioue. Ephialte et otho furno figluoli di neptumno et dIphimelia mogle de Aloo uno de titani. Creſceuano ogni meſe noue dita: et ſecondoo Homero eron gia alti noue paſſi. Vinſono Marthe et noue meſi lo tennono in carcere. Ma Iunone fece che Mercurio difurto gli traſſe fuori di carcere. Dipoi nella guerra de gyganti furono uccisi con le ſaecte da phebo eſſendo anchora loro ſanza barba. Alleghoricamente dimoſtra la ſuperbia. Et ſono figluoli dineptumno perche graui mouimenti et graui tempeſte conmuouono eſupbi chome neptumno: cioe el mare le conmoue. Vincono marte perche diuentono uincitori nelle battagle Ma iunone che e la dia deregni fa torre loro marte pelmezo di mercurio, ilche ſignifica che la giuſta adminiſtratione del regno con lo aiuto della prudentia et ſapientia reſiſte atyranni; et ſpeſſo togle loro la gia acquiſtata uictoria.

Et io allui ſe eſſer pote io uorrei
che dello ſmiſurato briareo
experientia haueſſon glocchi miei:
Onde riſpoſe tu uedrai antheo
preſſo daqui che parla et e diſciolto
che ne porra nel fondo dogni reo
Quel che tu uuoi ueder piu la e molto:
et e legato et facto come queſto
ſaluo che piu feroce par nel uolto.
Non fu tremuoto mai tanto rubeſto
che ſcoteſſi una torre choſi forte
come ephialte a ſcuoter ſi fu preſto
Allhor temetti piu che mai la morte
et non era meſtier piu chella docta
ſe non haueſſi uiſte le ritorte
Noi procedemmo piu auanti allotta
et uenimo ad Antheo che ben cinque alle
ſanza la teſta uſcia fuor della grotta.

p Er uariare el narrare di queſti giganti: acioche una medeſima forma non generaſſi faſtidio lui dimanda di Briareo; et Virgilio gli riſponde che Briareo e/ molto piu la; et perche e/ legato nella medeſima forma che ephialte non e/ da durar fatica peruederlo eſſendo facto a un modo ſe non che e/piu feroce neluolto. Ma dice che uedra Anteo elquale parla et e/ ſciolto. Et da coſtui ſaranno poſti nel fondo dogni reo: cioe del lonferno; doue e/ogni male. Briareo; Cotto: et gia furono figluoli del cielo et della terra: Et haueano cento mani et cinquanta capi. Furono fortiſſimi; et belliſſimi ſopra tutti glaltri. Sequita qui el poeta lopinione daltri poeti equali pongono Briareo nellonferno chome inimico di ioue, Ma Homero lo pone amico; et narra la fauola la cui ſomma e/ queſta. Congiurorono appreſſo di Nereo dio marino Iunone Neptunno et Pallas di fabricare una catena con laquale tiraſſino ioue fuori del cielo; laquale coniuratione thetis dia marina riuelo a ioue; Et ioue chiamato Briareo in ſuo aiuto informa glimpauri che laſciorono lampreſa. Et concordaſi con la ſcriptura ponendogli legati: perche elpſalmiſta ſcriue. Ad alligandos reges eorum in compedibus et nobiles eorum in manicis ferreis. Et ſimilmente diremo del pozo: perche el medeſimo pſalmiſta Tu uero deus deduces eos in puteum interitus; Et altroue. Non me demergat tempeſtas aque Neque abſorbeat me profundum Neque urgeat ſuper me os putei. NON FV tremuoto; Dimonſtra per comparatione del tremuoto quanto forte ſi ſcoteſſi ephialte; Et certo neſſuna choſa maggiore mouimento fa tra glhuomini; et maggior timore induce che la ſuperbia. Ilche decte tanto timore al poeta che lui teme la morte piu che mai; et non glera meſtieri et biſogno ad farlo morire piu che una docta: cioe un brieue ſpatio. Imperoche chi ſi laſcia uincere da queſto uitio muore ne peccati. Docta in lingua fiorentina ſignifica brieue ſpatio di tempo. In ſententia ogni brieue tempo che io ſtauo con tanta paura ſarei morto. Ma le ritorte et legami che io uidi che non ſerono ſpezati per ſue ſcuoterſi mi leuoron la paura. Dipoi andorono ad Antheo elquale era ſanza la teſta cinque alle piu a to che la grotta: Alla e/nome di miſure inghilcſe di due braccia alla fiorentina.

O tu che nella fortunata ualle
che fece scipion di gloria reda
quando hanibal cho suoi diede le spalle
Recasti gia mille leon per preda
et che se fussi stato allalta guerra,
de tuoi fategli anchor par che si creda
Chaurebbon uincto efigli della terra
mettine giu et non ti uenga schifo
doue cocito la freddura serra
Non ci fate ire a titio ne ne a tipho
questi puo dar di quel che qui si brama
pero ti china et non torcere el grifo.
Ancor ti puo nel mondo render fama
chel uiue et lunga uita anchora aspecta
sennanzi tempo gratia ad se nol chiama

p Erche uuole impetrare da Antheo che gli metta giu: pero per captare beniuolentia dice o tu Antheo elquale arrecasti gia mille leoni per preda: perche eri di tanta forteza che facilmēte gli poteui uincere. NELLA Valle fortunata: Felice a Scipione: perche lo fece reda di gloria. Imperoche publio cornelio scipione africano maggiore facto consule contro ad Hanibale / giudico che megio si potessino uincere ecartaginesi in Africa che in italia: Ilperche passo da pisa in Sicilia et di Sicilia a Cartagine: et pose ecampi nelluogo che prima si chiamaua el regno dātheo: et dipoi fu chiamato castra cornelia da epso cornelio scipione. FORTVNATA VALLE alla gente cornelia: perche cornelio scipione africano maggiore ridúxe in seruitu cartagine: Et dipoi africano minore la uinse et disfece. ET CHE Se fussi stato allalta guerra: chiamala alta perche era contro agli dii: Questo dice per captare beniuolentia: Et anchora sequita Lucano elquale nel quarto pone simile sententia. Anteo fu figluolo della terra forte et ismisurato combatte con Hercole et ogni uolta che Hercole lo gittaua a terra: la terra rinnouaua le forze al suo figluolo Anteo. Ma finalmente Hercole lo sospese da terra et arrecosselo in sul pecto et tanto lo strinse che lo fece crepare. Pompomomela scriue che lui fu re dellultima parte di Mauritania: et in quella hedifico tinge citta: Doue rimase lo scudo suo facto dauorio molto grande. Theodontio scriue che Hercole con lexercito piu uolte gli tolse el regno: Ma chome hercole sera partito lui de luoghi uicini ripiglaua le forze et racquistaua elregno: ma finalmante fingendo hercole di fuggire lo conduxe molto di lontano: Et poi a un tracto riuoltosi lo uinse et uccise. Questo secondo Augustino fu ne tempi che danao regno in Argo: Et secondo Eusebio fu ne tempi che in Athene regno Egeo padre di Theseo. METTITI GIV. Questa e/ la petitione sua: Douel cocyto la freddura: doue questo fiume decto disopra ghiaccia. ET NON Ti uegna schifo: Non tisdegnare perche noi siamo molto minor peso che non si conuiene alle tue braccia. NON CI Fare ire a Tirio ne a Tipho: Quasi dica benche questi due ci potrebbono por giu. Nientedimeno portaci tu acciochel grado sia tuo. Titio fu figluolo di Ioue et dhedera figluola darcomenio: Ma temendo ioue che iunone non se ne accorgessi lo nascose sobto terra: Onde credettono che fussi figluolo della terra. Chostui uolle congiugnersi con latona madre dapolline. Ilperche Apollo lo trafixe con le sue saette: et cacciollo nellonferno. Leontio scriue che fu principe in boetia: et fidandosi nelle sue grandi forze uolle torre delpho ad Apolline: Ma apolline uinse lui: et cacciollo allonferno: cioe londuxe a uita bassa et priuata. Tipho uno de titani elquale combattendo co frategli contro aioue fu fulminato dalla sua saetta: et fu messo sobto el monte dethna. QVESTI Puo dar di quel che qui si brama: Quasidica che inluogo di dannatione non si puo sperare salute: ma si alchuna fama: Et Danthe gle ne puo dare. NON torcere el grifo non ci hauere a sdegno: perche chi ricusa di fare alchuna chosa el fiorentino dice etorce el grifo: quasi dica egli aguza elmuso ad similitudine di quello del porco elquale noi chiamiamo grifo. CHEL VIVE Et lunga uita anchora aspecta. Puo adunque dargli fama nel mondo: perche e/ uiuo: et spera di uiuer lungo tempo. SENNANZI Tempo gratia ad se nol chiama. i. se per gratia diuina lui non e/ chiamato alla celeste uita innanzi al corso naturale della humana uita. Imperoche chi muore inanzi al natural corso muore inanzi al tempo. Onde uirgilio di didone. Sed misera ante diem subito que accensa furore.

Chosi dixel maestro et quelli in frecta
lamor distese et prese el duca mio
ondhercole senti gia grande strecta
Virgilio quando prender si sentio
dixe ame facti qui sichio tiprenda
poi fece si chun fascio era egli et io
Qual pare a riguardare la garisenda
sobtol chinato quando un nuuol uada
souressa siche ella intorno penda

A sententia del testo e/ chiara: Ma allegoricamente dimonstra che scendendo alla contemplatione della superbia non per caderui: Ma per hauere cognitione del uitio Antheo: cioe tale uitio porta Virgilio porta la ragione: perche montando adosso aluitio si cognosce: et Virgilio prende la sensualita: laquale sanza Virgilio sarebbe uincta da Anteo. QVAL PARE AD RIGVARDARE La garisenda. La garisenda e/ una torre in Bologna grossa et non molto alta: ma molto piegata cosi decta dalla famigla de garisēdi

Tal parue Anteo a me che ſtauo abada
di uederlo chinare et fu tale hora
chio hare uoluto ir per altra ſtrada
Ma lieuemente al fondo che diuora
lucifero con iuda ci poſoe
ne ſi chinato li fece dimora
Ma chome albero in naue ſi leuoe

A gariſenda e una torre in bologna groſſa et non molto alta ma molto piegata choſi decta dalla famigla de gariſendi: et e preſſo alla torre de glaſinelli. Adunque chi ſta ſotto queſta torre dal lato doue china: et enuuoli paſſino preſto pet aere delloppoſita parte pare che la torre ſi pieghi et caggia. Tale adunque gli parue antheo quando ſi chinó. QVAL pare ariguardare lagariſenda torre Sottol chinato: ſotto le parte donde pende. Quãdo un nuuol uada ſopreſſa: et epſa penda incontro al nuuolo. Imperoche locchio ſinganna et pare che non enuuoli ma la torre ſi muoua et perche e piegata da quella parte pare che mouendoſi caggia. TAL Parue Anteo: et fu tale hora che io harei uoluto ire PER Altra ſtrada per la paura che io hebbi: et allegoricamente dimoſtra che laſenſualita nel conoſcere el uicio ua a gran pericolo di non ui rimanere inuiſcata ſe non e/ ſoccorſa dalla ragione: perche e/ ſempre prona alle choſe terrene. MA LIEVemente al fondo ci poſoe. Imperoche chi reſiſte alle luſinghe del peccato tal cognitione ci pone lieuemente al fondo. i. ci dimoſtra la baſſeza et uilta del peccato. CHE DIVORA Lucifero con Iuda: chome diſobto intenderemo. ET CHOME Albero in naue ſi leuoe. Poſtoci nel fondo ſanza fare dimora ſi rizo chon quella alteza: et graueza che ſi riza albero in naue.

CANTO .XXXII .DELLA PRIMA CANTICA DI DANTHE

s Io haueſſi le rime aſpre et chioccie
chome ſi conuerrebbe al triſto buco
ſopral qual pontan tutte laltre rocce
Io premerei di mio concepto elſucho
piu pienamente: ma perchio non lhabbo
non ſanza tema adicer miconduco
Che non e impreſa di piglare a gabbo
diſcriuer fondo a tutto luniuerſo
ne a lingua che chiami mamma et badbo

b V narrato de ſuperbi: Hora perche dalla ſuperbia oltra a glaltri infiniti uitii procede el tradimento expone in queſto canto la pena detraditori: equali ſi diuidono in quattro parti: et el primo e/ di quegli che hanno uſato tradimento inuerſo de parenti: Queſti pone nelghiaccio: perche ſono altutto priuati dogni ardore di carita: Et chome queſta uirtu perche e/ piu accepta a dio: che alchuna altra: piu apreſſo allui nel ſommo cielo e/ collocata nellordine de ſeraphini: choſi queſto uitio debba eſſere nelluogo piu rimoto et baſſo eſſendo contrario. E/ la carita nella ſomma alteza et nel sommo ardore: Ilperche sara il tradimẽto contrario a quella nellinfima basseza: et nel sommo gielo Vbi est fletus et stridor dentium: lo stridore de denti dinota el freddo: et cocyto dinota el pianto: perche cocyzin in greco significa piangere. Adunque hauendo lauctore a dar principio alla narratione delle chose che truoua nel nono cerchio: perche la grauita del uitio le fa difficili et quasi indicibili: pero prende scusa et dimostra se essere in sofficiente ad tanta materia: lequali parole fanno lauditore attento: Dipoi inuoca laiuto delle muse accioche quello che non puo per se medesimo possa per laiuto di quelle. SE IO Hauessi le rime: euersi equali sono in rima. ASPRE Et ghioccie: La uera laude del poeta e/ chel uerso sia accomodato alla materia: perche non solamente sappartiene allui a narrare: ma debba quasi dipignere con le parole la chosa informa che la facci apparire a glocchi della mente chome quelle chose che si ueggono con glocchi corporali. Onde molti hanno diffinito poesia essere una uana pictura che parli. Ilche maximamente si conosce in Virgilio.: Perlaqualchosa poi che lui ha atractare delle chose horrende et terribili et aspre che sono inquesto ultimo cerchio conosce che si richiede rime cioe uersi aspri et chiocci: cioe rochi pe quali si dimostra merore et tristitia: che chosi si conuiene al tristo buco: A questo ultimo cerchio elquale e un buco nel centro della terra. SOPRAL Qual pontano: cioe sappoggiano et priemono tutte laltre roccie: tutti glaltri saxi deluallone et cerchi gia decti disopra perche tutti epesi dogni corpo tondo pontono nel centro chome nel luogo piu basso. O ueramente se uogliamo roccie per bructure: et bructure per uitio diremo che insu questo cerchio che e la superbia pontono tutti euitii. Imperoche la superbia e radice di tutti. IO PREMErei dimio concepto elsucho: prima che alchuno scriua pensa sempre quello che uuole scriuere et poi che ha facto sua inuentione lui comincia ascriuerla. Adunque lamente concepe in se chome uerbigratia una barba ha conceputo inse elsuo sugo Dipoi si chome e necessario auolere chel sugo esca difuori che premiamo lherua chosi quando conle parole manifestiamo quello che gia habbiamo conceputo nella mente e quasi priemere el sugo di quello che habbiamo conceputo. La sentntia e/se io hauessi euersi conuenienti alla materia io exprimerei piu pienamente elmio concepto. Ma perchio non lho non mi conduco sanza timore adire Et la cagione perche non si conduce adire sanza timore e che uolere tractare tale materia non e impresa da pigliare agabbo cioe ascherzo et agiuocho uolere scriuere fondo cioe obscuramente atucto luniuerso atutti glhuomini. Et dipoi perche la lingua fiorentina nella quale lui scriue difficilmente e intesa fuori ditalia doue si dice babbo o mamma pero agiugne o lingua che chiamassi babbo o mamma i. alingua italicha. Imperoche in tutta italia e/una sola lingua: Ma e diuisa in molte proprieta perche ciaschuna regione ha la sua Et queste proprieta in greco si chiamono idiomati. Elatini non hanno idioma alchuno: perche la lingua latina essendo latio piccolo tracto non uaria in nessuna chosa. Ma la greca perche si distende in molte regioni ha molte proprieta chome adire idioma actico. eolico. dorico. ionico et simili.

Ma quelle donne aiutino el mio uerso
chaiutorono amphione a chiuder thebe
sichel facto daldire non sia diuerso
O sopratutta mal creata plebe
che sta inluogo ondel parlar me duro
me fusti state qui pecore o zebe.

POi che per la impotentia: ha dimostro la grandeza della materia hora da speraza che benche per se non sia sofficiente asi gran chosa pure lo potra fare con laiuto delle muse lequale inuoca: Delle muse et della cagione perche epoeti le inuochino scriuemmo disopra nelsecondo canto Ma quelle donne cioe lemuse lequali aiutoron a Amphione achiuder thebe: afare le mura di thebe siено quelle che aiutino elmio uerso informa che le parole mie corrispondino al facto et quello pienamente exprimino. Antiope concepe di ioue tre figliuoli secondo Homero: Amphione zeto et calai. Amphione con sua dolcie musica tyraua adse le pietre et quelle fece informa accozarsi che feciono le mura di thebe. ilche non significa altro se non che lui con sua prudentia et suauissima eloquentia pote conducere glhuomini di quella regione che habitauono sparsi pecampi et perle selue ad habitare ciuilmente in una medesima citta. O SOPRA TVCTO dopo la inuocatione perche lanarratione habbia conueniente grauita comincia dalla exalamatione laqual da sempre grauita al parlare dicendo. O PLebe. o gente uile: Imperoche non puo essere gentileza o nobilita ne uitiosi perche. Nobilitas una atque unica uirtus chome dice Iouinale. O PLebe Mal Creata: infelicemente creata sopra tucti glaltri huomini etiam sopra aquegli che sono neglaltri cerchi laquale stai nelluogho onde. i. del quale me duro cioe difficile el parlare. MA FVSTE Pecore o zebe: pecore o capre o altri animali bruti: accioche lanima fussi stata mortale: perche non sarresti in queste eterne pene chiamo le capre zebe: perche chosi le chiamano epastori nostri.

Chome noi fummo giu nel pozo scuro
sotto epie del gigante assai piu bassi
et io mirauo anchora allalto muro

GIunti nel pozo si trouorono piu bassi che e piedi del gigante: Et Danthe perche era attento a guardare insu lalteza delmuro che cigne ua questo nono cerchio non si uedea che era ĩ uno

Dicere udimo guarda come passi
ua si che tu non calchi colle piante
le teste de fratei miseri lassi
Perchio mi uolsi et uidimi dauante
et sobto epiedi un lago che per gielo
hauea di uetro et non dacqua sembiante

lagho ghiacciato. Ma nel passare udi un che dixe / guarda che tu non calchi che tu non calpesti le teste de miseri frategli; cioe di questi equali ti son frategli quanto alla generatione : et sono miseri per la pena che patiscono in questo ghiaccio. Hora per intendere apunto lafictione del poeta questo nono cerchio si diuide inquattro informa che el primo e/ piu amplo: et abbraccia el secondo et el secondo el terzo: et el terzo el quarto; et a questo modo sempre el piu indentro ha men circuito et piu scende inuerso el centro benche non ui sia distinctione. El primo che e/ piu presso al muro et e/ piu largho e/ decto la cayna; et la cagione di sobto ti sara nota: El secondo Antenora. El terzo ptolomea. El quarto Iudeccha. Et se sobtilmente specularemo queste spetie di tradimenti / uederemo che ui si contiene non solo superbia; ma anchora inuidia : della quale non ha nominatamente tractato; perche epsa e/ tale che si trassonde in uarii uitii : Et pche questa inuidia uiene da superbia; El primo superbo et inuido fu lucifero; Et perche la fraude commessa in chi si fida: et chiamasi tradimento e/ da superbia et da inuidia pero si punisce qui. Et se e / tra congiunti di sangue si punisce nel primo cerchio elquale e/ decto Cayna da Cayno elquale per inuidia uccise Abel suo fratello; et e/ contro alla fede naturale: Et se e/ contro alla patria doue e/ congiunctione di generatione e/ peggio perche e/ contro a piu si punisce nel secondo et chiamasi antenora. Oueramente si rompe la fede data allamico ; Et questo in due modi o contro a quello elquale habbiamo sedocto adarci con beneficii: et allhora e/ el terzo grado: et questo e/ peggior chel secondo: perche e / fede non solamente data: ma meritata; et punisces nel terzo chiamato Ptolomea da ptolomeo elqual conuito esaccrdoti et uccisegli nel conuito. O si commecte nellamico benefactore; elqual grado e/ peggiore che glaltri et questo e/ el quarto grado: Et questo quarto grado e/ peggiore perche e/ ingratitudine ; Et chiamasi Iudeccha da Iuda scariothi elquale tradi lhumanita di christo; Et nel centro di questo pozo chome in luogho piu rimosso dal cielo si punisce lucifero; perche el suo delicto e/ sopra tutti glaltri.

Non fece alcorso suo si grosso uelo
diuerno ladanoia in obstericchi
ne tanai la sotto el freddo cielo
Chomera quiui che se tabernicchi
ui fussi su caduto o pietra pana
non hauria pur da lorlo facto cricchi
Et chome a gracidar si sta la rana
chol muso fuor dellacqua quando sogna
di spigolar souente la uillana
Liuide insin la doue appar uergogna
eron lombre dolenti nella ghiaccia
mettendo edenti in nota di cicogna

e Ra si grosso quel ghiaccio che la danoia i obsterichi. Ne el tanai ghiaccia si forte. Ostetichi e la piu fredda parte della magna et in latino e decta austria per la quale passa la danoia fiume maggiore che sia in tucta europa. Nasce ne monti della magna et passa per ungheria et mette nel mare euxino con tanto empito; che piu di lx migla tra mare mantiene lacqua dolcie. Eluerno ghiaccia si forte che ui passano glexerciti interi con cauagli et con carri: chiamasi comunemente danubio. Tanai nasce aseptentrione de monti ryphei oue sono freddi smisurati diuide lasia dal leuropa et entra nel mare euxino appresso athedosia citta. Era si grosso el ghiaccio che se questi se questi altissimi monti tabernich et pietra pana ui fussin caduti su non che el ghiaccio fussi ropto ma solamente non harebbe alquanto mosso dallorlo doue quando si muoue fa questo suono chricchi. Tabernicchi monte altissimo in schiauonia. Pietra pana e in toscana in carfagnana sopra lucca da latini e decta pietra apuana Et inuero e grandissima freddura nel chuore del superbo et traditore chome di sopra dicemmo. Stauano col capo fuor dellacqua chome al tempo del mietere stanno eranocchi quando la uillana. SOVENTE: spesse uolte; sogna di spigolare di ristoppiare et ricorre le spighe cadute: et dixe sogno perche spesso sogna lhuomo fare quello che ha in animo di fare. LIVIDE: dimostra gran freddura et similmente pone conueniente colore alla inuidia. Onde elatini dicono liuore la inuidia. INFIN DOVE Appar uergogna; infino al uiso elquale fa dimostratione quando uno si uergogna. nel medesimo ghiaccio pone etraditori de parenti de glamici et della patria. Ma sempre epiu bassi sono i maggior freddo perche sono piu inuerso el centro et e ragioneuole che chi ha conmesso maggiore tradimento sia piu lontano al fuocho della charita: et maggiore tradimento quando si rompe la strada alla patria : perche si fa contro apiu che quando aparenti: et maggior quando contro aglamici et maxime contro adio. Mettendo edenti in nota in canto di cicogna perche tremando dibatteuono edenti: et faceuon con quegli quello strepito che la cicogna quando perchuote elbeccho disobto con quel disopra per questo dibattimento di denti si dimonstra gran freddo Et quello che dixe el uangelio stridor dentium.

Ogni una in giu tenea uolta la faccia
dabocca elfreddo et daglochi elcor tristo
tra lor testimomanza si procaccia
Quando io hebbi dintorno alquanto uisto
uolsimi apiedi et uidi due si strecti
chel pel del capo haueano insieme mixto
Ditemi uoi che si stringete epecti
dixio chi sete et que piegoro ecolli
et poi chebber li uisi ame erecti
Glocchi lor cheron pria pur 'drento molli
gocciar su per le labbra: el gielo strinse
le lagrime tra essi et riserrolli
Con legno legno spranga mai non cinse
forte cosi ondei come due becchi
cozzaro in sieme tantira gliuinse
Et un chauea perduto ambo glorecchi
per la freddura pur col uiso in giue
dixe perche cotanto in noi sispecchi
Se uuoi saper chi son cotesti due
la ualle onde bisentio si diclina
del padre loro Alberto et dilor fue
Dun corpo usciro et tucta lacaina
potrai cercare et non trouerrai ombra
degna piu desser ficta ingelatina
Non quegli acui fu ropto elpecto et lombra
con epso uncolpo per laman dartu
non focaccia non questi che mingombra
El capo sichio non ueggioltre piu
et fu nomato sensol mascheroni
se toscho se homai ben sai chi fu

o Gniuna ingiu tenea uolta la faccia. E/ natura del traditore non guatar mai alchuno in uiso. Preterea perforza si uergogna che si ricorda hauer sempre facto contro a quella uirtu; laquale e/propria dellhuomo: Et certo etraditori sempre uolgono el uolto in giu; et niente altro considerano che alle chose terrene et baste. QVANDO Io hebbi dintorno alquanto uisto. Eprimi quattro ternarii sono assai noti. Ma che le lachrime aghiacciassino in modo che riserrassino loro glochi dinota che lonuidioso benche uegga la miseria niente dimeno el freddo: cioe el mancamento della carita non lo lascia uedere et muouersi a compassione. ET VN: Non rispondendo que due rispose unaltra ombra. PVR Col uiso in giue chome disopra dicemmo. LA VALLE di bisentio. Bisentio e/ un fiume tra firenze et prato: et mette in arno lontano a firenze sei migia. TVTTA La cayna; dicemmo che dinomina questo primo gyrone da Cayn elquale fu figluol dadam primo huomo et fu agricultore. Et hebbe Abel suo fratello pastore. Sacrifico abel delle primitie delle sue et furono accepte a dio tali primitie. Cayn offerse delle primitie de fructi della terra: et non furono accepte a dio. Ilche messo cayn ad inuidia: et dixe al fratello andiamo fuori: et uenuti che furono alla campagna Cayn uccise el fratello: Et idio dixe Cayn doue e/ el tuo fratello: A cui rispose Cayn Io non lo so Sono io guardano del mio fratello? Et dio dixe el sangue suo grida a me: laterra longhiotira et non ti rendera fructo: et sarai maladecto sopra la terra. NON QVELLA A cui fu ropto el pecto et lombra: cioe el pecto et le reni: Imperoche lombra del pecto ua alle reni. Costui fu modite figiuolo del re Artu re di Brettagna et capo della tauola ritonda. Modite silribello dal padre et messesi in aguato per ucciderlo. Ma Artu scoprendo laguato lo feri di lancia nel pecto et passollo per le reni. Cosaccia fu de Cancellieri di Pistoia: et a tradimento uccise un suo zio. Nel mille trecento erono in questa famigla tre frategli caualieri. Et Focaccia giouane audacissimo et di pessimi costumi era figluolo duno di questi. Interuenne che giucandosi alla neue el padre di Cosaccia percosse un suo nipote perche troppo acerbamente hauea con la neue ingiuriato unaltro fanciullo: Et questo fece chome a sua famigla essendo suo zio. Ma el fanciullo piu temerario et piu maligno che non richiedea la sua eta dissimulo eldolore: et dopo non lungho spatio finxe uolergli parlare allorecchio/chinossi el zio et el fanciullo gli decte una ceffata: Dolsesene el padre: et rimanendo el fanciullo al zio acciochc lo punissi a suo modo. Ma lui non stimando piu che si bisognassi efacti dun fanciullo in luogho di battitura gli bacio el uolto. et rimandollo al padre. Ma lo scelerato focaccia suo figluolo taglo la mano a questo fanciullo. dipoi corse a casa el padre che era suo zio et uccisclo. Del quale patricidio segui tanto scandolo che tutta toscana ne fu molti anni tribolata: Perche di qui ne deriuorono le parte di bianchi et neri che diuise prima Pistoia et poi Firenze. NON Questi che mingombra el capo. Ne fu piu degno di stare in gelatina: cioe in ghiaccio questo elquale mingombraua el capo; et stammi innanzi a glocchi si chio non posso uedere piu la. Chostui fu Sanzol moscherini fiorentino; elquale simulmente amazzo un suo zio.

Et perche nonui metta in piu sermoni
sappi chio fui elcamicion depazi
et aspecto carlin che miscagioni

e T perche non mi metta in piu sermoni per domandarmi chio sono. EL camicione questo fu messer Alberto camicione de pazi di ualdarno elqual attradimento uccise messere ubertino su

Poſcia uidio mille uiſi cagnazi
facti per freddo onde mi uien ribrezo
et uerra ſempre degelati guazzi

c Tper che non mi metta in piu ſermoni per domandarmi chio ſono ſappi che io ſono ELcamicione. Queſto fu meſſere ALberto camicione depazzi diualdarno elquale atradimẽto uccise Meſſere Vbertino ſuo parente. Carlino anchora coſtui fu de pazi di ualdarno: et mentre che efiorentini erono acampo apiſtoia occupo un caſtello chiamato caſtel di piano in ualdarno aſtanza de ghibellini. Ilperche furono conſtrecti efiorentini laſciare la obſidione di piſtoia et uenire in ualdarno. Stettono adunque acampo aqueſto caſtello uentotto giorni Et finalmente meſſer carlino corropto con pecunia inganno eſuoi ghibellini et la parte biancha et decte el caſtello. Vidi mille uiſi. moltiſſimi uiſi. CAgnazi: pel freddo grinzi chome di cani. VIEN ribrezo capriccio et horrore.

Et mentre chandauan inuer lomezo
al qual ogni graueza ſi raguna
et io tremauo nelletherno orezo
Se uoler fu o deſtino o fortuna
non ſo ma paſſeggiando fra le teſte
forte percoſſi el pie nel uiſo ad una
Piangendo miſgrido perche mi peſte
ſe tu non uieni acreſcer la uendecta
di monte aperti perche mi moleſte

e Ntra el poeta nel ſecondo gyro chiamato ãtenora da antenore elqual ſecondo molti tradi troia: Nelquale ſeguita inſino che paſſa el mezo del ſequente canto. ANDAuono inuer lo mezo: inuerſo elcentro elquale e /mezo in ogni corpo ſperico adunque quando andauono abaſſo PASSeggiando fra le teſte percoſſi in una: ma non ſo ſe fu uolere o fato o deſtino o fortuna. VOLERE che procedeſſi da libero arbitrio. DEſtino: fato che naſce da uniuerſale conſtellatione FORTVna che procede da particulare conſtellatione. Queſto percotere el pie ſignifica uenirgli nella mente tractando di queſto peccato tractare di queſto huomo o che la uolonta uelonduceſſi per ſua electione o el fato o la fortuna. DI MONTE aperto del quale diremo diſobto.

Et io maeſtro mio hor qui maſpecta
ſi chio eſca dun dubbio per coſtui
poi mi farai quantunque uorrai frecta
Loduca ſtette et io dixi acolui
che beſtemiaua duramente anchora
qual ſe tu che coſi rampogni altrui
Hor tu chi ſe che uai per lantenora
percotendo riſpoſe altrui le gote
ſiche ſe fuſſi uiuo troppo fora
Viuo ſonio et caro eſſer ti pote
fu mia riſpoſta ſe dimandi fama
chio metta elnome tuo tra laltre note
Et elli adme del contrario ho io brama
leuati quinci et non midar piu lagna
che mal ſai luſingar per queſta lama
Allhor lopreſi per la cuticagna
et dixi elconuerra che tu ti nomi
o che capel qui ſu non ti rimagna
Ondelli ad me perche tu mi diſchiomi
non ti diro chio ſia ne moſterrolti
ſe mille fiate in ſul capo mi tomi
Io hauea ecapelli in mano aduolti
et tracti glenhauea piu duna ciocha
latrando lui con glocchi in giu raccolti

u Vole che uirgilio laſpecti perche la ragione inferiore e quella chome habbiamo decto che diſcende neparticulari. Finge che coſtui non uoleſſi eſſere conoſciuto perche el tradimento e tanto abhomineuol uitio che neſſuno e ſi ſcelerato che non ſene uergogni: preterea non e peccato che con piu occultatione ſi conmetta. Et per queſto uedi che lui non accepta la proferta di dante che promecte nominarlo. PER lantenora: per queſto ſecondo gyro fu decto da anthenore. El quale tradi troia ſua patria. ALLHor lo preſi per la cuticagna: per la chioma che e nella collottola et finge perchuoterlo in quel membro; perche quiui ſta la memoria: et lui lo ſforzaua afare che gli riduceſſi amemoria chi era. MI Diſchiome: cioe mi peli la chioma. Et el reſto del texto e aperto.

CANTO .XXXII

Quando unaltro grido che hai tu bocca
non ti basta sonar con lemascelle
se tu non latri che diauol ti tocca
Ho mai dissio non uo che tu fauelle
maluagio traditor che alla tua onta
io portero di te uere nouelle
Va uia rispose et cio che tu uuoi conta
ma non tacer se tu diqua entro eschi
di que chebbor chosi lalingua prompta
E piange qui largento defranceschi
io uidi potra dir quel da duera
ladoue epeccatori stanno freschi
Se fussi domandato altri chi uera
tu hai allato quel di beccheria
dichui sego firenze la gorgiera
Ianni del soldanier credo che sia
piu la con ganellone & ribaldello
chapri faenza quando si dormia

n On gioua al traditore uolersi coprire et te ner celato le sue scelerateze perche sempre e/chi le palesa et questo significa el poeta per co lui che nomino el bocca elquale non si uolea pale sare. SONAR con le mascella. dibattere edenti pel freddo. Se tu non latri non abbai latrare inla tino e/abbaiare et e/ roprio ne cani. VA Via ri spose : quando gli scelerati sono stati scoperti et non si possono piu occultare e loro chostume uol gersi anominar gla'tri che hanno conmessi simili errori : et per scusar se accusano altri. Messer boc ca degl abati di firenze del quale fu decto disopra ET Piange : chostui che tu uedi chosti. PIANge largento de franceschi : chostui fu messer bosio del la famigla da duera da cremona : et era ghibellino et con glaltri prompto auietare elpasso a ghuido di mon forte : el quale conducea di francia lexerci to di carlo primo nel regno di napoli contra aman fredi : Ma corropto con pecunia tradi glamici et o pero in forma che efranzesi passorono . DI BEC CHERIA : Chostui fu la bate di ualembrosa : ma fu da parma della casa diquegli di beccheria : elqua le mandato afirenze per la chiesa ordino per tradi mento tor lostato aghuelfi et darlo a ghibellini : Et eghuelfi acorgendosene gli taglorono la testa afurore del popolo nella piaza di sancto apollinari Onde la cipta ne fu scomunicata. Ianni soldanieri. Nel tempo che efrati gondenti furono podesta in firenze chome disopra dicemmo : eghibellini con armata mano uollono mandare al basso quegli che reggeuono el popolo che erono guelfi. ilperche el popolo sotto larme si raguno asancta trinita : Et messer giouanni soldanieri elquale era ghibellino et di famigla nobile et anticha ma ghibellina per diuentare grande si fe ce capo del popolo elquale finalmente uinse et caccio eghibellini tradendogli. GANELLONE : Ricupera ta la spagna da carlo magno et ridoctola alla orthodoxa fede christiana mando gano imbasciadore a dua re che ui restauono de saracini che si baptezassino et pagassino el tributo. Ere promessono largamente : Et da altra parte corruppono con gran pecunia gano che tradissi loro echristiani. Gano conforto che di furto mandassino aoccupare emonti pyrenei et quiui inagguato aspectassino Orlando conte cenomanen se : et Vliuieri conte gebenense equali carlo teneua per retroguardo : giunsono epaladini conuentimila ar mati : Et assaltati da uenti altre miglaia di saracini uirilmente combatterono et uinsogli Ma essendo dopo la uictoria stracchi et dinuouo assaltati da xxx mila finalmente furno tucti morti Ma qual fossi lamorte dorlando dicemmo disopra.

Noi erauan partiti gia da ello
chio uidi due ghiacciati in una buca
si che lun capo allaltro era capello
Et chomel pane per fame si manduca
chosil souran li denti allaltro pose
la nel ceruel saggiugne con la nuca
Non altrimenti Tideo si rose
le tempie a melanippo per disdegno
che quel facea el teschio et laltre chose
O tu che mostri per si bestial segno
odio sopra colui che tu ti mangi
dimmil perche dixio per tal conuegno
Che se tu ha ragion di lui ti piangi
sappiendo chi uoi siete et la sua pecca
nel mondo suso anchora io tene cangi
Se questa con chio parlo non si seccha.

e ra poco allontanato quādo uide due si insi eme che lun capo era capello allaltro pche lo toccaua et el sourano cioe quello che gli staua sopra rodea codenti la collottola allaltro inquella parte doue el ceruello si congiugne con la nuca. NON ALTRIMENTI tideo si rose . La histo ria detheocle et polynice dimostrammo disopra : Tideo figluolo del Re eneo di calcidonia arriuo i argo nel medesimo tempo che polynice : Et ben che nel primo congresso diuētassino inimicissimi Niente dimeno poi pel mezo da drasto re dargos si riconciliorono et diuentorono amici fedelissimi et cognati : perche adrasto segli fece generi. Et di poi nelle battagle di thebe accade chein sieme con batterono : Tydeo dalla parte di polynice et Me lanippo thebano dalla parte dEtheocle : feri mena lippo tydeo : et tydeo uccise lui. Di poi uedendo Tydeo la piagha riceuuta esser mortale si fece rè chare el capo del gia morto melanippo et per rab bia et ira co denti la rose .

CANTO . XXXIII . DELLA PRIMA CANTICA DI DANTHE

l A bocca ſilleuo dal fiero paſto
quel peccator forbendola acapegli
del capo cheglhauea di rieto guaſto;
Poi comincio tu uuoi chio rinouelli
diſperato dolor chel cor mi preme
gia pur penſando pria chio fauelli:
Ma ſe le mie parole eſſer dien ſeme
che fructi fama al peccator chio rodo
parlare et lachrimare udrai inſieme
Io non ſo chi tu ſe ne perche modo
uenuto ſe quagiu ma fiorentino
ma ſembri ueramente quando io todo
Tu dei ſaper chi fu el conte ugolino:
et queſto e larciueſcouo ruggieri
hor ti diro perchio ſon tal uicino
Che per leffecto de ſuoi ma penſieri
fidandomi di lui io fuſſi preſo
et poſcia morto dir non e meſtieri
Pero quelche non puoi hauere inteſo
cioe chome la morte mia fu cruda
udrai et ſaperai ſe mha offeſo.

e Optimamente collegato queſto . xxxiii . cā
to alſupiore pche continua lanarration gia
facta; Et induce uno de due gia trouati a riſpon
dere. Adunque ſequita la narratione di queſto ſe
condo gyro: Et dipoi entrerra nel terzo. Et e que
ſto principio accomodatiſſimo a captare attentio
ne ſi per lacto crudele del conte Vgolino: ſi perle
ſue parole che promettono choſe rare et inuſitate
SOLLEVO ADVNQVE: cioe inalzo el conte
la bocca DAL Fiero paſto: dal capo delquale effe
ratamente ſi paſceua: et quella bocca forbi a cape
gli di tal capo: elquale gia rodendo haueua queſto
di drieto nella collottola. Et apparecchiato a nar
rare dimoſtra quanto glhabbia a dolere ſe le ſue
parole hanno a dar fama allarciueſcouo: elqual lui
ſi rodeua. Dipoi dimoſtra ſe eſſere el conte Vgo
lino; et quel che lui rode larciueſcouo Ruggieri:
Et dimoſtra non uolere narrare chome per fidar
ſi di lui fu da quello tradito: et per tale tradimen
to preſo et morto: perche tale hiſtoria era notiſſi
ma. Ma uuole narrare della forma crudele della ſu
a morte laquale lui ſtima eſſer men nota. Tace
adunque quello che narrandolo ſarebbe di ſua in
famia. Et narra quello che habbia a eſſere adperpe
tua ignominia del ſuo inimico. Queſto conte V
golino fu de conti della gherardeſca: et ſi grande
ciptadino che gouernaua piſa: Et in quegli tempi
epiſani perderono la maggior parte del contado che fu loro tolto da fiorentini: et altri ghuelfi di toſca
na fu oppinione che lui benche fuſſi ghibellino ſintendeſſi coghuelfi et uoleſſi extenuar le forze depiſani
per farſene ſignore. Era in quegli tempi arciueſcouo di piſa meſſer Ruggieri ubaldini: et interuēne che
un ſuo ni

un suo nipote fu morto da un parente delconte per gelosia duna donna laquale ciaschuno di loro amaua laquale inguria larciuescouo penso di uendicare sopra del conte. Accrebbe adunque quella suspictione : et concitogli molti inimici : et maxime tre famigle principali Gualandi Sismondi et lanfranchi informa che concitorono el popolo contra di lui : et lui in persona con la croce conduxe el popolo a chasa del cōte Fu preso lui et quattro suoi figluoli et incarcerati nella torre laquale e in sulla piaza de gāctiani : Et lechiaue della carcere gittorono in arno acciochè nessuno la potessi aprire : Et a glimprigionati fu negato el cibo Onde tal torre da quel tempo in qua fu chiamata la torre della fame. El poeta adunque in persona del conte narra come morirono tutti di fame : et le circunstantie lequali inuero ne el poeta ne altri potetua sapere : Ma perche era manifesto che erano morti di fame finge le circunstantie et fa la chosa uerisimile : et induce el conte che dice PERO Quel che non puoi hauere inteso.

La Torre della fame i pisa

Breue pertuso dentro della muda
 laqual per me hal titol della fame
 inche conuiene anchora chaltrui si chiuda
Mhauea mostrato per lo suo forame
 piu lume gia doue fecil mal sogno
 che del futuro mi squarciol uelame
Questi pareua ad me maestro et domno
 cacciando ellupo elupicini al monte
 perche episan ueder lucca non ponno
Con cagne grame studiose et conte
 gualandi con sismondi et con lanfranchi
 shauea messo dinanzi alla fronte
In picciol corso mi pareano stanchi
 el padre efigli et con lagute sanne
 mi parea lor ueder fender li fianchi.

BREue pertuso. DEntro dalla muda : muda chiamono luogho doue rinchiuggono gluccegli di rapto perche mudino cioe mutino le penne. Ma qui per conueniente translatione chiama questo carcere muda. LO quale per me ha el titolo della fame perche per la morte mia e chiamata la torre della fame. IN CHE conuiene che anchora altri sichiuda : questo imagina per lespesse mutationi che faceua quella citta. MHAuea mostrato per lo suo forame : pel suo buco et piccola finestra. Dimonstra che anchora era desto quando laurora uenne informa che tal finestra facea gia lume : poi sadormento et sogno : Et chome disopra dicemmo elsogno presso al di e/ uero Che del futuro misquarcio : mi ruppe. EL VELAME : lascurita : perche per questo sogno intesi quello che haueua a essere El sogno fu che gli parea che gli fussi mostro uno prelato che facessi caccia : et menaua seco le tre famigle decte. ET CAgne magre et prompte. Pel prelato si dimostra larciuescouo : et per le cagne el popolo. Cacciauono un lupo co suoi lupicini : che era el conte co figluoli : Questo correuono inuerso monte pisano elquale e/ tra pisa et lucca : et togle la ueduta che da pisa non si puo ueder lucca . Et questo significa che el conte dubitando hauea ordinato di ridursi a Lucca doue regeuono eguelfi. Ma in brieue tempo si straccorono. Ilche dinota che non poteron condursi a Lucca. Onde le cagne lo giunson perche el popolo lo prese.

Quando fu desto innanzi la dimane
 pianger senti nel sonno emiei figluoli
 che eron meco et dimandar del pane
Ben sei crudele se gia non ti duoli
 pensando cio chel cuor sannuntiaua
 et se non piangi di che pianger suoli ?
Gia eron desti et lhora trapassaua
 chel cibo ne solea essere addocto
 et per suo sogno ciaschun dubitaua
Et io senti chiauar luscio disobto
 allhorribile torre ondio guardai
 nel uiso a miei figluoli sanza far motto

Io non piangea si dentro impetrai
 piangeuonelli et anselmuccio mio
 dixe tu ghuardi si padre che hai
Percio non lachrimai ne riposio

q Vando fu desto inanzi ladimane innanzi la mattina et alchiaro giorno senti emie figluoli pianger nel sonno : perche sognauono chome haueo sognato io lalor miseria et la fame uentura et po adomādauon del pane. Et iteruiene molteuolte che quelle medesime constellatione che inducon la miseria : inducono similmente sogni che la manifestono Et questo e che pocho disotto dice et per suo sogno ciaschun dubitaua

i o non piangea : perche io mimpetrai : cioe induri dentro. Chel gran dolore impedisca le lachrime e/ manifesto. PIANGIEVONElli Qui lauctore da ogni luogo che puo commuouere misericordia et compassione : prima dal pronostico del suo sogno : et di quel de figluoli. Cosi Virgilio. In somnis ecce ante oculos mestissimus hector Visus adesse mihi. Dipoi da figluoli : perche e/ grandissimo dolore al padre uedere efigluoli in extrema miseria : et non potere aiutargli . POSCIA Che fumo alquarto di uenuti . Dimostra

tucto quel giorno ne la nocte appresso
infin che laltro sol nel mondo uscio
Chomun poco di raggio si fu messo
nel doloroso carcere et io scorsi
per quattro uisi elmio aspecto stesso
Ambo le mani per dolor mi morsi
et ei pensando chiol fessi per uogla
di manicar di subito leuorsi
Et dixor padre assai ci fia men dogla
che tu mangi di noi tu ne uestisti
queste misere carne et tu ne spogla
Quetami allhor per non fargli piu tristi
quel di et laltro stemmo tucti muti
ah dura terra perche non tapristi.
Poscia che fummo al quarto di uenuti
gaddo mi si gitto disteso apiedi
dicendo padre mio che non maiuti
Quiui mori et chome tu mi uedi
uidi cascar li tre aduno aduno
tral quinto di el sexo ondio mi diedi
Gia cieco abrancolar sopra ciaschuno
et due di gli chiamai po che fur morti
ma poi piu chel dolor potel digiuno

Della tolleranza del digiuno · bellissima dichiaratione ·

el poeta che insino al quarto di uixono tutti sanza cibo: et nel quarto di Gaddo piu giouane mori uinto dalla fame. Dipoi tral quinto el sexto moriro no etre restati figliuoli: et lui gia ciecho soprauixe due giorni. i. tutto el sexto et el septimo. Dipoi arroge che el digiuno pote piu chel dolore. Ilche el nostro Martino Nouarese: alquale idio accresca la prudentia et diminuisca larrogantia interpreta che el digiuno pote piu chel dolore. i. che el desiderio del cibarsi uinse la pieta et amore paterno et sforzollo a pascersi della carne de figliuoli: La qual sententia quanto sia absona lasciero al giudicio dellectore: Et sforzerommi daprire due luoghi egregii da lui non conosciuti: coquali lauctore come poeta et phisico sommamente orno questa oratione: Et prima tracteremo phisice della tollerantia del digiuno. Ne e/ incognito ad alchuno che per lassidua resulutione dellhomore naturale nel corpo uiuente e/ necessario che uenendo la fame laquale niente altro e/ che cupidita et desiderio del secco: et la sete dellhumido lanimale del continuo con nuouo cibo: et nuouo poto generi nuouo chilo elquale ristori el mancamento: et non prendendo nutrimento in brieue spatio manca: Ma perche tanta resolutione del nutritiuo homore che uccide lhuomo non si fa parimente in ciaschuno pero interuiene che alchuni meno alchuni piu sanza sua pernitie sopportano la inedia et el digiuno. Et ricercando ephysici lecagioni della uarieta latribuiscono maximamente a quattro chose Alleta Alle complexioni Alla substantia dellhomore et a pori. Chi adunque e/ o intenera eta et non anchora consolidata et ferma. Ouero in eta deficiente meno la soportono che lhuomo constituto in eta consistente. Onde efanciugli et uecchi ricercono piu frequente nutrimento che lhuomo posto in eta perfecta Nel secondo luogo noteremo le complexioni nelle quali quanto meno e/ lhomore o piu risolubile tanto meno si puo sopportare la fame. Adunque in breuissimo spatio perisce el collerico: Poco piu sopporta el melancolico: Alquanto piu el sanguigno. et piu chel sanguigno si sostenta lacomplexione temperata: Et finalmente piu che equattro gia decti dura e. phlegmatico perche abonda dhomore: et quello perche e molto uiscoso non facilmente si dissolue: Et dissoluendosi facilmente si conuerte in sangue apto ad sostentare la uita. Ilperche ueggiamo molti animali phlegmatici: chome sono serpi tapsi ghiri et simili insanare el uerno et uiuere sanza cibo: perche la phlegma che abbonda nello stomaco si conuerte lentamente in sangue et nutrisce. Preterea si nota la essentia dellhomore in qualunque complexione: laquale quanto piu e/ sottile in piu brieue tempo e/ resolubile: et meno sopporta la fame: Et per loppósito quanto piu e grossa tanto piu fa contrario effecto. Notasi anchora la porosita: Imperoche el corpo piu poroso / piu presto seuacua. Onde piu presto sente fame: Et nel meno poroso intendi loppósito. Ho se non mi inganno con somma breuita piu tosto accennato che narrato le naturali cause della tollerantia del digiuno. Ma non poco anchora conferiscono glaccidenti extrinsechi chome aria o grossa o sobtile o chalda o fredda: chome cibi o piu o meno resolubili: et altre chose simili: Ma maxime fanno euarii accidenti dellanimo. Imperoche chome laletica relaxando et diffondendo lanimo diffonde etiam glhomori et fagli piu risolubili: Onde meno si sopporta la fame: Chosi el dolore ristringendo gli fa meno resolubili. Ilperche quanto maggiore e/ ildolore tanto piu sopporta lhuomo el digiuno: et piu uiue sanza cibo. Lequali tutte cose note al poeta distinxe la longitudine del digiuno secondo leta et secondo el dolore. Et perche efigluoli erono nellaugumento delleta prima glinduce a morire: et tra quegli pone el primo / el piu tenero deta: Et dipoi glaltri secondo che erono piu o meno prouecti neglanni. Et lui pone lultimo si perche era nella consistentia delleta. Si anchora perche era oppresso da maggior dolore. El primo induce morire elquarto giorno: glaltri dhora in hora insino al sexto: Lui gli pianse dipoi due giorni. i. el sexto et el septimo: Et nel septimo benche el dolore condensando et constringendo glhomori prohibissi la resolutione ilche prolungaua la uita. Nientedimeno la lungheza del digiuno pote piu che la phibitione del risoluere che procedea dal dolore. Ne sanza naturale ragione prese etermin del quarto et del septimo giorno: perche nella uita humana questi di sono cretici pel mouimento che fa la natura in quegli. Ilche procede dal corso lunare. Imperoche la luna nel suo primo quarto ha mouimento al suo sextile et nel septimo alla quadratura: Equali moti molto possono nella uita humana. Ne e/ incredibile del septimo di. Imperoche Ficino phisico et cerusico non ignobile padre del nostro Marsilio ficino afferma essere stato nello spedale di sancta maria nuoua chi dicea hauer ueduto in quel luogo Lionardo pistolese huomo molto religioso et di tanta continētia che diradādo edi nel digiunare in pcesso ditēpo si conduxe a māgiare una sola uolta la septimana. Habbiamo decto credo ad sufucientia del digiuno. Ma non mi pare da pretermettere glornamenti et forza oratoria coquali questa oratione del conte lauctore ha informa scripta: che ogni durissimo cuore puo commuouere ad compassione. Ma accioche meglo sintenda lartificio sieci noto che rhetorici chiamano oratione pathetica quella laquale commuoue glanimi de glauditori o ad ira et odio; o ad misericordia et compassione: perche pathos in greco significa passione et perturbatione: et tale mouimento e/ concitato da uarii luoghi. Et prima gran commiseratione concita el modo et elluogo. Adūque qui dimostra che tal morte fu nella torre tenebrosa Chosi Virgilio: Et latos iuuenem sparsere per agros: Et altroue Altaria ad ipsa trementem traxit. Concita commiseratione dal mondo. Imperoche duro e/ uccidere lhuomo: Ma molto piu ucciderlo con la fame che col ferro: Et per questo Cicerone siduole di quello che era stato morto a fumo dilegne uerdi. Et Virgilio Mortua quin etiam iungebat corpora uiuis. Muoue adunque lauditore non tanto che sia morto. Ma che sia morto in prigione et morto di fame. Preterea pon el sogno: Chosi Virgilio In somnis ecce ante oculos moestissimus hector Visus adesse largosque effundere fletus. Item Ipsa sed in sonnis inhumati uenit imago Coniugis ora modis attollens pallida miris. Ne si narra sanza commiseratione quando uiene calamita gia tenuta. Onde optimamente et per suo sogno ciaschun dubitaua: Ne questo pretermesse Virgilio Haud ignarus eram quantū noua gloria in armis. Molto ancora perturba perdere la speranza: Et per questo e/ chosa lachrimabile quando dice. ET IO Senti chiauare luscio disobto dellhorribile torre. Onde Sinone in Virgilio: Nec mihi iam patriam antiquam spes ulla uidendi. Nec dulces natos. Adunque se ci duole di chi piange/ quanto ci dorra di chi pel dolore non puo piangere. Gran merore era al padre el pianto de figluoli. Grāde a figluoli chel padre non potessi piangere. Commuoue la lungheza del tempo nel quale furono afflicti dalla fame. Questo luogo spesso induce Virgilio Vnde septem illum totos perhibent ordine menses: Et in Paliniro Vix lumine quarto prospexi Italiam summa sublimis ab unda. Commuoue la debilita. Onde dixe. Et io mi diedi gia cieco a brancolare sopra a ciaschuno: Chosi Virgilio di Mesentio. At tollit in egrum se femur. Commuoue leta puerile Virgilio Infelix puer atque impar congressus achilli. Item el conspecto. Vt impositique rogis iuuenes ante ora parentum: Et perche da maggior dolore uedere la calamita che udirla/ Dixe ET CHOME Tu mi uedi Vidio cascar li tre: Chosi Virgilio Queque ipse miserrima uidi. Piu altri luoghi potrei mostrare in questa oratione aptissimi adcommuouer compassione. Ma chon questi potremmo et qui et in molte altre parti dellopera inuestigare el sommo artificio del poeta.

Quaudebbe decto cio con glocchi torti
  riprese eltesc hio misero co denti
  che foron losso come dun can forti
Ah pisa uitupero delle genti
  del bel paese ladouel si sona
  poi che uicini a te punir son lenti.
Muouasi la capraia et lagogona
  et faccian siepe ad arno insu lafoce
  siche glannieghi in te ogni persona
Che sel conte ugolino hauea uoce
  dhauer tradito te colle castella
  non douei efigluoli porre a tal croce.
Innocenti facea leta nouella
  nouella thebe uguccione el brigata
  et glaltri dua che suso el canto appella

f Vbito che el conte hebbe narrato ritorno a mordere el teschio del nimico. Ilche finge el poeta: perche sempre colui elquale e/ ingiuriato: et langiuria sta innanzi a glocchi di chi ha ingiuriato: et giorno et nocte lostimola et mordegli la conscientia. AH PISA Vituperio delle genti del bel paese ladoue suona si: cioe uituperio del bel paese ditalia nella quale suona el si. Imperoche chome el franzese dice oy: et el tedesco io. el greco ne: Chosi tutta italia dice si: Et certamente uituperio de glitaliani non hauendo punito tāta crudelta: elquale uitio e/ molto abhomineuole nella natione italica: laquale piu che laltre sempre fu humana et misericordiosa. POICHE Vicini ad te punir son lenti Muouasi la capraia et la gorgona. Queste sono due isolette poste in mare nō lontane dalla foce darno. queste uuole adūque che soppongano ad Arno accioche non hauendo uscita in mare rigonfi in pisa per laquale passa et allaghila. El conte Vgolino per stabilire el suo stato Marito due figluole una al conte Guido di battifolle: et laltra ad Aldobrādo conte di sancta fiore A Guido decte in dota Ripafracta: et ad Aldobrandino Suueroto. CHE SEL Conte Vgolino haueua uoce: cioe hauea fama: Molto artificiosamente parla prima che fu gran crudelta uccidere el conte non hauendo el certo di suo tradimento: Ma concediamo che douessi credere ALLA VOCE: cioe alla fama: et per queſto lo doueſſi punire. Nientedimeno non doucui punire eſigluoli maxime con tal croce: cioe con ſi graue martoro: Et aſſegna la ragione. Imperoche leta loro nouella et tenera gli facea innocenti: perche erono anchora ſi giouinetti che ne per ſe penſauono agli ſtati: ne dal padre erono conuocati in alchun ſuo conſiglio. NOVELLA THEBE. Citta ſi crudele chome fu thebe: Nella quale eprimi fondatori frategli et nati de ſeminati denti del'ſerpente ſucciſono: et la madre et le zie ucciſono pentheo. Athamante uciſe el figluolo Learco: Edippo uſo con la madre: Etheocle et Polynice frategli ſucciſono per cupidita di regnare. Dipoi dimoſtra che leta de figluoli era anchora nouella nominando quegli Vguccione et brigata et erono edue maggiori: et glaltri due equali EL CANTO SVSO: Queſto capitolo ſu diſopra APPELLA/nomina: Equali furono Gaddo et Anſelmuccio: Et ordina el texto choſi. O nouella Thebe leta nouella duguccione et delbrigata et deglaltri due chel canto appella diſopra gliſacea innocenti.

Noi paſſamo oltre doue la gelata
ruuidamente unaltra gente faſcia
non uolta in giu ma tutta riueſciata.
Lo pianto ſteſſo li pianger non laſcia
elduol che truoua inſu glocchi rintoppo
ſi uolue indentro a far creſcer lambaſcia
Che le lachrime prime fanno groppo
et ſichome uiſiere di criſtallo
riempie ſotto el ciglo tutto el coppo.

q Veſto e/ el terzo giro: et chiamaſi ptolomea Qui lanime ſtanno nelghiaccio arroueſcio: et le lachrime prime che eſcon fuori: perche non poſſono ſfogare aghiacciano nel concauo deglocchi et fanno chome una uiſiera di chriſtallo. Dipoi quelle che ſequitano trouando luſcita richiuſa ritornono indrento et fanno creſcere lambaſcia: Et queſto finge perche qui ſi puniſcono quegli che ſobto ſpetie di beniuolentia et damore hanno tradito. Hanno adunque dimoſtro ſegno di carita perche meno ſi guardi chi uoglon tradire: Et queſto exprimedo lo ſtare ſupino che e/ guardare in ſu inuerſo el cielo. Ma non ſtanno informa che le lachrime poſſino uſcire: perche tale carita e/ ficta. Adunque el pianto non laſcia piangere: et creſcie lambaſcia: perche quella ficta carita accreſcie el tradimento Onde merita maggior ſupplicio. VISIERE quaſi occhiali. TVTTO El coppo: tutta la conca uita che e/ ſobto el ciglo: nella quale ſono glocchi.

e t aduegna che benche ciaſchun ſentimento haueſſi choſi ceſſato: cioe rimoſſo ſtallo cioe ſtanza dal mio uiſo chome da un callo: cioe che la mia faccia non hauea piu ſenſo in ſe che habbia un callo: elquale perche e/ carne morta non ſente: Et queſto madiuenia per la freddura. Inſententia benche elmio uiſo pel freddo fuſſi intormentito che non ſentiſſi ne freddo ne caldo altrimenti che ſi faccia el callo: Nientedimeno miparue ſentire alquanto uento di che mi marauiglai. Imperoche eluento naſce di uapori caldi et ſecchi eleuati da alchune ſtelle, et maxime dalſole: laforza delle quali non par che poſſi penetrare inſino nel centro a riſoluere euapori in uento. ONDEGLI. Ad me auaccio ſarai doue: perche le cagione di molte choſe non ſi poſſon uedere con glocchi: ne ſentire con alchuno conſenſo E/ di biſogno che ſi dimoſtrino chon ragione naturale. Ma doue elſenſo lontende per ſe medeſimo non biſogna ragione. Adunque elſenſo dimoſtrerra donde e/ cauſato queſto uento. Et e/ ſobtiliſſima fictione che chome nel ſuppremo cielo naſce dalla potentia et ſapientia diuina lo ſpirito ſancto elquale infiamma ad carita: Et per queſto e/ aſſomiglato al fuoco et al uento auſtrino choſi da Lucifero procede el frigidiſſimo uento della ſuperbia: elquale amortiſce ogni caldo di carita: et induriſce et aghiaccia tutti glhumani cuori.

Et aduegna che ſi choe dun callo
per lafreddura ciaſchun ſentimento
ceſſato haueſſi del mio uiſo ſtallo:
Gia mi parea ſentire alquanto uento
perchio maeſtro mio queſto chi moue
non e qua giu ogni uapore ſpento
Ondegli ad me auaccio ſarai doue
di cio ti fara locchio la riſpoſta
ueggendo la cagion chel fiato pioue.

Et un de triſti della fredda croſta
grido anoi o anime crudeli
tanto che dato ue lultima poſta
Leuatemi dal uiſo eduri ueli
ſi chio ſfoghi el duol chel cuor minpregna
ma poco pria chel pianto ſi raggieli
Per chio allui ſe uuoi chio ti ſouegna
dimmi chi ſe et ſio non ti diſbrigo

m entre che paſſaua tra gla ghiacciati frate Alberigo lo priega gli leui el ghiaccio da glocchi: Et Danthe gli promette di farlo con excecratione di quello che a ognimodo diſideraua di fare: et queſto era andare inſino al fondo dellinferno. O ANIME Crudeli: poiche non ſouuenite alla mia pena. TANTO Che dato ue lultima poſta. Credeua che anchora Danthe et Virgilio fuſſino dannati per tradimento: et giunti di nuouo non fuſſino anchora collocati doue haueſſi

al fondo della ghiaccia ir mi conuegna
Rispose adunque io sono frate alberigo
io son quel delle fructe del malorto
che qui riprendo dactulo per fico

sino a stare Onde dice TANTO: Insino atãto Che non e/ dato lultima posta / lultimo luogho oue sempre hauete a stare. Leuatemi el uelo che mi uela glocchi accioche con le lagrime possi sfogare el dolore: elquale non issfogando mipregna el cuore. Dimostra che benche edannati i, et quegli che hanno facto habito nel tradimento alchunauolta uoglino aprir glocchi della carita el ghiaccio della superbia et dellodio non lascia. IO SON Frate Alberigo. Chostui fu de manfredi signori di faenza: Et nella sua ultima eta diuento caualier gaudente: Onde fu decto frate Alberigo: Et fu tanto crudele che essendo in discordia co consorti cupido di leuargli di terra finse uolere riconciliarsi con loro: Et dopo la pace facta gli conuito magnificamente: et nella fine del conuito comando che uenissino le fructe: lequali era segno dato a quegli che hauessino a uccidergli. Adunque disubito saltorono dentro et uccisono tutti quegli che Alberigo uoleua che morissino. Onde anchora ne nostri di prouerbialmente quãdo uogliamo dimostrare alchuno essere stato percosso diciamo che ha hauuto delle fructe di frate alberigho. Adunque dixe delle fructe del malorto perche fu captiuo orto quello che decte tali fructi. CHE QVI: inquesto inferno RIPRENDO: riceuo dactilo in luogo di fico: che quanto piu e/ excellente el dactilo che el fico tanto e/ maggiore la pena che lui riceue qui: che quella che decte a consorti quando glammazo.

O dixi allui hor se tu ancor morto
et elli ame chomel mio corpo stea
nel mondo su nulla scientia porto
Cotal uantaggio ha questa ptolomea
che spesse uolte lanima ci cade
inanzi che atropos morte li dea
Et perche tu piu uolentier mi rade
len uetriate lachrime dal uolto
sappi che tosto che lanima trade
Come fecio el corpo suo le tolto
da un demonio che poscial ghouerna
mentre chel tempo suo tucto sia uolto
Ella ruina in si facta cisterna
er forse pare anchora lo corpo suso
dellombra che di qua drieto minuerna
Tu lde sapere se tu uien pur mo giuso
egle ser branca doria et son piu anni
poscia passati che fu si rinchiuso

Al uantaggio. Per hironia dixe. Impero che oltra a glaltri mali el traditore ha questo che lanima sua uiene alleterne pene innanzi che uenga eltempo della sua morte. Et finge che un dimonio entra nel corpo del traditore: et gouernalo infino alla debita morte. Et per questo uuolsi significare che lobstinatione del traditore e tanta che mai si pente. Ilche dimostra anchora el uangelista di iuda dicente che dopo el tradimento el diauolo entro nel corpo di iuda: et lui disperandosi dixe Maius est peccatum meum quã ut ueniam merear. Ilperche non obstante che uiua molti anni dopo elfacto tradimento possiamo dire che lanima sia dannata: perche obstinata nel peccato: et un diauolo i. tale obstinatione gouerna elcorpo: informa che pare che sia huomo uiuo Ma quanto a costumi e/ diauolo. PTOLOMEA: Chome el superiore cerchio fu decto Antenora da Antenore: Chosi questo Ptolomea da Ptolomeo. Ilche accioche meglo sintenda ripetiremo con breuita dellibro de machabei: chome emachabei doppo etempi dalexandro magno regnorono in isdrael: Et furono tre frategli ornati dexcellẽtissime uirtu Iuda machabeo. Ionatas et Simone Et successiue furono sommi sacerdoti: et fortissimi in facti darme: et maxime Simone elquale con somma iustitia et forteza difese la liberta del popolo hebreo contro a molti re: et rinouo laconfederatione co romani. Chostui hebbe genero Ptolomeo da bobo altutto dissimi'e a si buon suocero: et scelerato et impio contro a chi tanto lhauea honorato. Essendo adunque constituto da Simone duca in hierico et fidãdosi ne suoi grandi thesori ardi tentare con somma sceleratezza torre el principato et el sommo sacerdotio al suocero. Venne Simone in hierilo con due figluoli: et Simone gli riceue magnificentissimamente: et con splendido conuito: et alla fine di quello fece uccidere el uecchio et efigluoli et tutti glaltri che seco eran uenuti. ATROPOS. Pongono epoeti tre: lequali chiamano parce: Et per quelle dimonstrano el principio el progresso el corso: et la fine della uita humana. Adunque la prima che significa el nostro nascimento e/ decta Cloto. laquale tiene la roccha con lostame. La seconda e/ Lachesis decta: perche lanchano in greco significa assortire et distribuire: perche ad ogni huomo che nasce da la sua sorte cioe quella parte che gli tocca della uita: Et pero fingono che questa fili lo stame che ha Cloto: perche produce el corso della uita. La terza dinota el fine del corso che e/ la morte. Onde fingono che rompi et spezi le fila di Lachesis et chiamonla Atropos: perche a in greco significa non: et trepin uoltare: perche lamorte non si uolta ne piega ad instantie dalchuno et a nessuno perdona. Ma e/ immobile et inflexibile. E latini poeti antichi appellorono queste tre parce Nona Decima et Morta. EL TEMPO Tutto sia uolto: Bene dixe uolto: perche eltempo non e/ altro che misura di mouimento: et nasce dalla reuolutione et cir

Nota le fructe di f. Alberigo

quito de pianeti: et maxime del sole: elquale nella reuolutione che fa per dodici segni fa lanno. Et forse che el corpo dellombra laquale minuerna: cioe ita el freddo qua drieto ad me Anchora sta su: Quasi dica si mantiene uiuo per un demonio chel gouerna: et tul debbi sapere Se pur mo: pur teste: Tu uien giu so allonferno. EGLE SER Branchadoria. Questo messer branca fu genouese della casa doria genero di messer zanche signore di logodoro di Sardigna del qual si fe mentione disopra nella bogia della pegola. Et per hauere la signoria inuito a desinare el suocero et fello uccidere. Eperche danthe finge che subito dopo el tradimento lania sua fussi tirata allonferno: et nel corpo etrassi un diauolo: pche inuero quando dăte scripse questo messer branca era ancor uiuo: Et dixe ser et non messere per derisione: perche egieno uesi chiamano messere ogni gentile huomo. Oueramente induce chosi a parlare questo romagnuolo: per che la natura loro e/ di non honorare alchuno di parole.

Io credo dixi allui che tu minganni
 che brancha doria non mori unquanche
 et mangia et bee et dorme et ueste panni
Nel fosso su dixe l di male branche
 la doue bolle la tenace pece
 non uera giunto anchora michel zanche
Che quei lascio un diauolo in sua uece
 nel corpo suo: et un suo proximano
 chel tradimento in sieme con lui fece
Ma distendi hoggimai inqua la mano
 aprimi glocchi et io non glenapersi
 et cortesia fu in lui esser uillano

iN questi uersi non accade molta expositione. Imperoche Danthe noncrede che brancha doria sia morto hauendo ueduto elcorpo suo usare tutti glufficii del uiuo: et lo spirito glirispõ de quello che gia e/ decto di sopra: et dimostra che in questo modo e/ anchora con lui el parẽte suo che insieme con lui uccise ad tradimento michel zanche/ MA DISTENDI OGGI MAI: Dimostra che richiedendolo della promessa lo spirito Danthe non glene obserue: Et per questo uuole inferire che non dobbiamo attendere alchuno promessa contra a giustitia: Et quiui somma in giustitia era impedire ladiuina giustitia. Preterea non e/ male per trarre la uerita da uno usare astutia maxime obseruando el giuramẽto Imperoche Danthe gli dixe se io non tattengho la promessa ire possi io al fondo: et chosi andra. Et conchiude che in simili huomini e/ somma cortesia usare uillania.

Ay genouesi huomini diuersi
 dogni costume et pien dogni magagna
 perche non sete uoi del mondo spersi?
Che col piggiore spirto di romagna
 trouai di uoi un tale che per sua opra
 unanima in cocyto gia si bagna
Et in corpo par uiuo anchor di sopra.

dEgna et ben collocata exclamatione nel genouese popolo per molti rispecti: equali p non usare inuectiua contra a mia consuetudine al presente non pongo Ma sono noti quasi a tutti. HVOMINI Diuersi dogni chostume: perche sete alieni et contrarii da ogni buon costume Et pieni dogni magagna: chome non e/ compiutamente buono chi si guarda da uitii se non usa leuirtu chosi non si puo chiamare absoluto captiuo chi e/ alieno dalle uirtu se non usa euitii. Et per questo uolendo dimostrare egenouesi essere compiutamente captiui dixe pieni dogni magagna. PER CHE NON SETE. Marauiglasi chome la diuina giustitia gli patisce et non gli spegne. Ma come scriue Valerio. Lento. n. passu diuina procedit ira tarditatemque supplicii grauitate compensat. CHE Col Piggiore. spirto di romagna. E/ un grande accrescimento in questa comperatione. Ilche accioche meglo sintenda E/ uniuersale fama che eromagnuoli sieno di pessimi costumi. Onde e/ el prouerbio toscano rosso lombardo nero romagnuolo dogni pelo. Adunque se un genouese e/ peggiore che un romagnuolo non si puo salire piu alto ne uitii.

CANTO.XXXIIII.DELLA PRIMA CANTICA DI DANTHE

u Exilla regis prodeunt inferni
uerso di noi pero dinanzi mira
dixel maestro mio se tu discerni:
Chome quando una grossa nebbia spira:
et quando lhemisperio nostro annocta /
par dilungi un mulin chel uento gira
Veder mi parue un tal dificio allotta
poi per lo uento mi ristrinsi retro
al duca mio che non uera altra grotta.

S Iamo ilche sia a nostra salute gia arriuati al profondo dellinferno et al quarto giro del nono cerchio: elquale da iuda scharioth primo et maximo di tutti etraditori e/ denominato iu deccha. Parla Virgilio a Danthe dicendo Vexil la regis inferni prodeunt. i. apparent le bandie re del re infernale appariscono et gia si ueggono Adunque mira innanzi se tu discerni Chiama la le di lucifero bandiere. Poi per comperatione ex prime lhabito suo. Tal pareua plutone quale pa re un mulino girato a uento quando si uede in u na folta nebbia: o quando nel nostro hemisperio si fa nocte. Vide lucifero nelle tenebre: perche non appare la tentatione diabolica se non con coperte uie: POI PELLO VENTO: per fuggir tre uen ti che da tre ale di lucifero procedono non hauendo altro riparo si ristrinse drieto a uirgilio: Et certo a ghiaccerebbe Danthe che e/ la sensualita pel uento commesso da plutone: se Virgilio che e/ lontellecto: et la doctrina non gli facessi riparo contro a si acerbo uitio. Sono tre uenti da tre ale Ingratitudine Cru delta et odio contro aquali uitii non e/ altro scampo che hauere la ragione per tuo scudo et riparo, laqua le oppone a quegli tre uirtu. Gratitudine. Pieta et Carita.

Gia ero et con paura elmetto in metro
la doue lombre tutte eron coperte
et transparean chome festuca in uetro
Altre sono aiacere altre stanno erte
quella col capo et quella colle piante
altra comarco el collo a piedi inuerte

P One quattro spetie di supplicio: una dique gli che giaciano pari et rouesci: et questi so no etraditori che hanno tradito ebenefactori pari Seconda di quegli che stanno co piedi in su/ elca po in giu: et questi hanno tradito esuperiori: cho me sono signori maestri et ogni maggior grado. Terza di quegli che pel contrario di questi stan no co piedi in giu et col capo insu che dinota che hanno tradito glinferiori. Quarta di quegli che parimente tradiscono maggiori et minori: et questi stanno informa darcho col capo et cho piedi in giu Et tutti stanno supini perche sfacciatamente: et sanza uergogna hanno usato etradimenti. Adunque stanno chosi nella ghiaccia della crudelta et ingratitudine. GIA ERO Et con paura el metto in metro Quasi dica che ne pauento mentre che lo scriuo: et capta attentione dimostrando la grandeze della cosa che ha horrore solamente a considerarla.

Quando noi fumo facti tanto auanti
chal mio maestro piacque di mostrarmi
la creatura chebbel bel sembiante
Dinanzi mi si tolse et fe restarmi
echo dite dicendo et eccho ellocho
oue conuien che di forteza tarmi
Chomio diuenni allhor gelato et fioco
nol domandar lector chio non loscriuo
pero chogni parlar sarebbe fiocho
Io non mori et non rimasi uiuo
pensa hoggi mai per te shai fior dingegno
quale io diuenni duno at daltro priuo.
Lomperador del doloroso regno
da mezo elpecto usciua della ghiaccia
et piu che un gigante io ti conuegno
Che giganti non fan colle sue braccia

q Vando noi fumo tanto innanzi che a Vir gilio piacque mostrarmi lucifero elquale in nanzi che peccassi era molto bello lui mi si misse innanzi che prima per fuggire el uento ero sta to drieto. DITE: Chiama el principe delle tene bre dite: Et di questo nome tractammo quando discriuemo Plutone. ECCHO Elluogo oue con uiene che di forteza tarmi: perche non e / luogo tanto horrendo alla sensualita: et alla ragione in feriore quanto e/ questo. A ogni uitio e/ diffi cile resistere alla sensualita: perche per la conta gione del corpo et per la tentatione facilmente ue inclinata. Ma nessuno e/ che con maggior dif ficulta possa uincere che la superbia: perche e/ in nata nelhuomo una certa alterigia: laquale a nes suno uuole ubidire: et ad ogni huomo cercha esse re superiore. Questo se si fa secondo la uirtu e / forteza: Se sanza ragione e/ superbia uitio altut to intollerabile: et dal quale infiniti uitii procedo no. Et pero dice non domandare chome io diuen

uedi hoggi mai quantesser dee quel tucto
cha chosi facta parte si confaccia
Sellfu si bello chome e hora bructo.
et contro al suo factore alzo le cigla
ben de dallui procedere ogni lucto

tai gelato et fioco : perche tale alterigia ci priua dogni fucco di carita: Onde rimaniamo freddi: et pel freddo fiochi. Lucifero uscia fuori da mezo el pecto ĩ su: Et dice io ti conuegno Io ti conuento et prometto che quello che si uedeua era piu che un gygante: et assegna la ragione dicendo che egiganti non fanno. i. non si confanno: et non saguaglano alle braccia di lucifero. Adunque considera quanto debba essere el resto a uolere che sia proportionato con quel che si uede: Ma della grandeza sua dicemmo nella topographia dellonferno. SE FV Si bello: Proferisce con conditione quello che altutto afferma la nostra religione. Imperoche si alzo le cigla: cioe si leuo in superbia contro alsuo factore: Richiede la diuina iustitia che quanto era piu alto che glaltri tanto sia messo piu in basso: Et quãto era piu bello tanto sia piu bructo. Ma perche alpresente fa el poeta mentione di lucifero direno ma con somma breuita alchune chose della natura de demonii. Et in prima/non ci sia incognito che da principio una medesima fu la productione et creatione de glangeli buoni et di quegli equali da cielo piouuon nellonferno: perche chome scriue/Alberto nel compendio di theologia idio fece tutti glangeli buoni/non pero sommi: Ma in mezo tral sommo bene et el commutabile bene informa che riuoltandosi ad amare ad amare idio elquale e/. bene sopra loro poteuono salire ad stato di gratia. Ma riuoltandosi albene commutabile che e/ bene inferiore alloro per questo doueuono rouinare nel male della colpa et della pena: perche non e/ ignominia di peccato sanza ornamento di iustitia: Fu la ruina del diauolo doppia: perche cadde et dalla degnita sua: et dal luogo nel quale fu creato. Cadde dalla dignita: perche cadde dalla durita della sua natura. Cadde dallaflexibilita dellibero arbitrio al bene commutabile. Dalla luce nelle tenebre Dalla scientia nella ignorantia. Dalla innocentia alla colpa. Dalla felicita alla pena. Dalla dilectione allodio. Perche dopo la ruina diuenne impotente et obstinato nel male: et accecato nel uero: et disordinato nel bene: et indebolito nelle uirtu: et excluso dalla diuina contemplatione. Preterea la sua impia uolonta si uolse ad odio dellhuomo et ad inuidia. Ilperche con ogni sforzo singegno di subuerterlo et ancora con uarie tentationi. Et quanto alla ruina locale cadde dal cielo doue fu creato nellonferno o nellaere caliginoso elquale e/ in mezo dalla parte propinqua alla terra et la parte superiore uicina al fuoco. Ne uolle idio che edemonii fussino nella parte superiore accioche non godessino molto lume: Ne etiam nella inferiore accioche non fussino troppo propinqui a nuocerci. Dicono alchuni che edemonii caddono dal cielo el secondo giorno. Ma e/ approuata loppinione di quegli che scriuono che cadessino subito dopo la loro creatione: Credesi che cadessi el decimo coro de glangeli: non perche fussino dieci chori: Ma caddonne tanti da ciaschun choro che possono fare un choro. Sono noue chori dangeli: et ciaschun choro ha le sue legioni: et ciaschuna legione ha semila secen sexansei angeli: Et tante sono le legioni inciaschun coro quanti sono glangeli in ciaschuna legione. Potrei riferire et daugustino et di damasceno: et daltri doctori molte ragioni per lequali pruouono el peccato del diauolo essere inremissibile: Ma tornãdo aquegli diremo edemoini essere spiriti ĩpuri: inimici del humana spetie. hauere mente rationale. Sobtili in ogni iniquita: cupidi di nuocere: gonfiati di superbia: sempre intenti alla fraude: mutano esensi: Coinquinano glaffecti: Turbano euigilanti: Inquietano in sogno edormienti: Inducono morbi: Concitano tempesta. Transformonsi in buoni angeli. Sempre portono seco el suo inferno. Neglidoli susurpano la diuina faculta. Pel mezo di quegli si fanno larti magice. Pongono aguato a buoni. Hanno in se triplicato acume. Imperoche hanno sobtigleza naturale per uespertina cognitione. Hanno la experientia di lungo tempo. Hanno reuelatione da gli spiriti superiori. Et pel primo modo intendono le chose naturali presenti. Pel secondo le future. Pel terzo le uolontarie. E/ nominato diabolo Ilche in greco significa calunniatore. E/ nominato Belial. i. sanza giogo ouere sanza signore: perche sempre ad quello ripugna. E/ nominato demonio dalla sua scientia: perche dein in greco significa sapere. E/ nominato Belzabu. i. huomo di mosche: cioe danime peccatrici: lequali abbandonano christo uero sposo. Item sathanas. i. aduersario. Item behemoth cioe bestia. Item leuiathan. i. arrogimento diquegli che accumulano peccato a peccato. Lucifero fu del primo ordine della suprema hierarchia: et in quello tenne el supremo grado/ Al chui chome a principe molti di tutti echori saccostorono: Equali tiro seco in ruina. Chostui fu accecato della consideratione della sua belleza. Tento el primo huomo. i. Adam et uinselo. Tẽto el secondo. i. christo et fu uinto. El peccato di lucifero fu che amo el suo bene priuato: Et fu presumtuoso dellalteza riceuuta da dio: chome se hauessi hauere la sua excellentia da se et non da altri. Disidera la similitudine di dio non per imitarlo: Ma per hauere potesta: Volle hauere subditi et non essere subdito ad altri. Et e/ conueniente che essendo el demonio substantia incorporea et rationale la pena sua sia intellectuale: Et maxime procede el suo supplicio dalluogo. Imperoche chome lanimale aquatile non sanza pena sta in terra et fuori dellacqua: Et el terrestre nellacqua: Chosi la natura del demonio creata nelcielo luogo allui connaturale non puo sanza somma pena habitare nel centro della terra opposito: et contrario al cielo. Sono ediauoli obstinati in male perche essendo creato langelo con suo libero arbitrio. Richiede la iustitia che come idio confermo in gratia langelo buono elquale elesse el bene: Chosi confermassi nel suo male proposito el reo: elquale per suo libero arbitrio elesse el male. Ilperche in questa rima ae obstinato.

O quanto parue ame gran marauigla
quando uidi tre faccie alla suo testa
luna dinanzi et quella era uermigla
Dellaltre due che saggiugneano aquesta
souresso el mezo daciaschuna spalla
et saggiugneano al sommo della cresta
La dextra mi parea tra bianca et gialla
la sinistra ad uedere era tal quali
uegnon di la ondel nilo sauualla
Sotto ciaschuna usciuan due grandi ali
quanto si conuenia atanto uccello
uele di mare non uidi mai cotali
Non hauean penna ma di uespertello
era lor modo et quella in su alzaua
si che tre uenti si mouean da ello
Quindi cocito tucto saggelaua
con sei occhi piangea et per tre menti
gocciaua el pianto et sanguinosa baua

c Conclusione facta da tutti etheologi che ogni uitio procede da lucifero. Ilperche finge chostui crestuto: et tale cresta significa la superbia et la inuidia sua figluola: Le tre faccie sono glaltri tre peccati spirituali Ira Auaritia Accidia La faccia rossa dinota lira: che e/ accensione di sangue: Onde meritamente la pone rossa: La faccia tra bianca et gialla et smorta: Et dinota lauaritia perche lauaro tanto si diminuisce el cibo che sempre e/ magro et pallido: Et sempre e/ in grã timore dinon perdere lacquistate riccheze donde similmente diuenta pallido. La terza e/ nera p laquale optimamente sintende laccidia laquale ꝑcede da homore melancolico elquale e/ nero: ne mai si rallegra: ne mai rasserena la faccia: et sempre sta tenebroso. Ciaschuna faccia ha due occhi et questi sono due disordinati rispecti. Nellira e locchio ritto el troppo riguardo al suo bene: et el mãco el troppo riguardo a fuggire el male. Nel auaritia luno e/ troppo conseruare el tuo et laltro troppo cercare quello daltri. Similmente laccidia riguarda fuggire la fatica et prendere el riposo Due ale sono due incitamenti et leuamenti. Imperoche lira ha turbatione et furore. Onde procede el uento della crudelta. Lauaritia ha rapacita et tenacita: et da questo e/ el uento dellangratitudine. Laccidia ha tristitia et negligentia et di qui e/ el uento dellodio. Tre uenti adunque Crudelta Ingratitudine et odio ghiacciono cocyto et spengono Carita Pieta et conoscentia. La grandeza dellale significha glexcessiui eleuamenti dellanimo. Ciaschuna faccia ha la sua bocca perche ciaschuno di questi uitii diuora et tormenta chi ui chade. Le lachrime in sul mento significano el pentimento nel fine et dopo el facto: DELL ALTRE Due che saggiungono a questa. Questo dinota che euitii sono concatenati et congiungonsi tutti et rispondono alla cresta cioe alla superbia. TRA BIANCA ET GIALLA cioe pallida: et lallegoria di sopra ponemmo. TAL QVALI Vengnon di la ondel nilo sauualla. Fra nera chome sono glethiopi donde el nilo discende nello egypto. NON HAVEAN Penne ma di uespertello: Non haueano ale duccello: ma erono chome quelle deluespertello. Questo in latino si chiama uespertello: Perche el giorno sta ascoso et comincia a uolare quando uiene uesper. i. la sera. E/adunque lucifero uno degluccegli equali uolano la nocte: et lanocte si pone per la ignorantia. Ilche dinota che la ignorantia nostra e/ quella che da luogo alle tentationi diaboliche: Et per questo siamo admoniti che noi andiamo mentre che habbiamo la luce: accioche le tenebre non ci colghino. CON SEI Occhi piangea: pche tutti quegli sei eleuamenti excessiui dopo el peccato commesso si pentono. PER TRE Menti gocciaua el pianto. Pel mento che e/ lultima parte della faccia intendi el pentersi che non e/ se non nel fine: Et dopo el peccato commesso. ET SANGVINOSA BAVA: Perche frangendo epeccatori e/ ueri simile chel sangue gocciolj: Et allegoricamẽte diremo che dalla superbia procedino crudelissime uccisioni

Da ogni bocca dirompea co denti
un peccatore a guisa di maciulla
si che tre ne facea cosi dolenti
Ad quel dinanzi el mordere era nulla
uersol graffiar che tal uolta la schiena
rimanea della pelle tutta brulla:
Quellanima lassu cha maggior pena
dixel maestro e iuda scharιotho
chelcapo ha dentro et fuor legambe mena

r Ompeua cho denti da ogni bocca un peccatore Aguisa: in forma. Di Maciulla: Maciulla et altrimẽti gramola chiamanouno instrumento col quale frangono ellino accioche la buccia et parte exteriore: laquale sola filano in uso di pannosi seperi dal duro. IVDA Schariotho Elquale per trenta danari tradichristo aiudei. Ingratissimamente adunque inganno el discepolo innalzato a tanto grado elsuo optimo et iuuerso di se liberalissimo maestro. Inganno la creatura el creatore: Et conduxe alla ignominiosa morte

De glaltri due channo el capo disobto
quel che pende daltiero ceffo e bruto
uedi chome si storce et nonfa motto
Et laltro e cassio che par si membruto
ma la nocte risurge et hora mai
e da partir che tutto hauea ueduto .

della croce quello chelui disideraua eleuare infino al supremo cielo et constituire in sempiterna gloria. Vccise quello elquale era uenuto per risucitare lui et glaltri morti nel peccato. El crudelissimo seruo uccise el suo signore nelquale era tanta misericordia che anchora allui harebbe perdonato se si fussi ridocto a penitentia. Adunque ne maggior crudelta si puo imaginare nella factura: ne maggior clementia nel factore. Delle quali due in audita scellerateza et in effabile dementia non narro al presente perche non potrei tanto con le parole exprimere quanto concepo conla mente. Ma e/ giustissimo iudicio che Lucifero ingratissimo di tanto priuilegio da dio riceuuto: et degno delluogo et della pena nella quale el poeta lopone per maggior suo supplicio tormenti chi non meritaua minor carnefice ne minor manigoldo: Acciochel sommo de peccatori del cielo punisca el sommo de peccatori della terra: Et el sommo idio con suoi inimici de suoi inimici faccia giusta uendecta. BRVTO: Era conueniente chosa che chome lucifero tormentaua iuda traditore dello imperadore diuino. Chosi anchora punissi chi hauessi tradito lomperadore et monarca humano Et perche di comune consenso del nome christiano e/ instituto che el romano imperadore sia chosi chapo delladministratione temporale di tutta la christiana rep. Chome el papa nella administratione spirituale Pone Cesare primo non per Cesare elquale non essendo giusto non potea essere giusto imperadore: Ma per lomperio: Et Bruto et Cassio equali uccisono non pone per Bruto et Cassio: Ma perchi uccide el uero monarca. Chome nel purgatorio pone Catone elquale secondo la nostra fede in nessun pacto puo esser saluo non per lanima di Catone: Ma per la liberta della quale lui fu acerrimo defensore: Et certamente sarebbe stato in audita crudelta et altutto aliena dalla doctrina et equita di tanto poeta porre in eterno et si graue supplicio quegli equali per ardentissima carita si missono alla morte per liberare la patria dal giogo della seruitu: per laquale se fussino stati christiani harebbono honoratissima sedia nel supremo cielo acquistato. Non niego cesare essere stato ornato dimolte uarie et excellentissime uirtu: ma subito che in lui nacque si efferata impieta che per speranza doccupare la tirannide passo el fiume rubicone: dhuomo excellentissimo diuenne immanissima fiera: Et con questa sola scelerateza sobmerse et extinse tutti ebeneficii dequali Roma si confessaua allui debitrice. Adũque non uccisono Bruto et Cassio quel Cesare elquale con laboriosissime et decennali fatiche et con horrende difficulta et grauissimi pericoli acquisto al popolo romano tutta la gallia: tutta la germania: et la brithania da noi decta inghilterra. Non uccisono quel Cesare elquale in dieci anni et in uarie battagle uccise con suoi uictoriosi exerciti un milione et centonouantadue migliaia dhuomini inimici al nome romano. Non uccisono quel Cesare nel quale fu somma liberalita In audita dementia. Ornatissima eloquentia. Molta et uaria doctrina. Ma quello elquale contro alla sua patria ingratissimamente uolse le forze che da quella hauea riceuuto . Quello che scelleratissimamente tolse la liberta a quella alla quale ladouea difendere: Et certamente qual puo essere maggior uirtu che uendicare le ingiurie della patria: per laquale ogni buono cittadino e/ tenuto non perdonare alla roba: non a figliuoli: non alla propria uita. O huomini excellenti: et altutto degni a quali Roma fussi patria: Et de quali restera sempre eterna memoria. Legghinsi tutte le leggi di qualunque rep. bene instituta: et trouerremo che a nessuno si propone maggior premio che a chi uccide el tyrãno Ma potrebbe dire alchuno che io facessi contro al mio instituto riprendendo in questo luogo el poeta: Io in nessun modo lo riprendo: Ma ho uoluto dimostrare lasua sententia: acciochε nessuno per falsa opinione stimi che lui uogli dannare Bruto: Del quale non me difficile a credere chome Troiano commosse per sua iustitia a tanta compassione Gregorio che co prieghi gia innanzi preueduti da dio lo riduxe dalla dannatione alla somma felicita. Chosi alchuno altro accepto a dio habbi facto quel medesimo di Bruto MA LA Nocte risurge. Vna nocte et parte del sequente di consumorono incercare lonferno: Et meritamente Imperoche la nocte che significa la ignorantia guida al uitio: ma chi ne debba uscire ui sta el di: perche con la luce della ragione et della doctrina e/necessario conoscere lanatura deluitio: laqual conoscìuta fa che quello fuggiamo. Nel principio dellibro dixe El giorno senandaua: Et nel canto. xx. mostra chel giorno nascessi. et alpresente che sia passato parte di quel di: Et ha questo luogo similitudine co uersi di Virgilio Nox ruit Eneas nos flendo ducimus horas. Stimo ripensando con diligentia ad questa peregrinatione ficta dal poeta che gia nellonferno hauessin consumato tutta la nocte nel principio dellaquale feciono la loro entrata: et parte del di sequente: per la ragione che poco di sopra dimostrai. Et arriuati gia a lucifero che e nel pprio centro uirgilio admonisce danthe che sia bene uscire dellonferno che nõ e/ altro che passare el centro: elquale passato subito quello spatio del di che restaua loro nellonferno: el quale e nel nostro hemisperio in quello altro hemisperio fu nocte: et per quella andorono dal centro infino alla superficie doue trouorono Catone: Et allhora faccendosi nocte di qua comincio el giorno di la. Ilpche dal principio dellonferno insino alprincipio del piano del purgatorio consumerono un di naturale dhore. xxiiii. Ma perche eldi che uenne dopo lanocte fu tanto allero di quanto si ritrouorono di qua dal centro: et tanto nocte quanto consumorono dal centro insino a catone: pero ai dorono una nocte et un mezo di et una meza nocte: Benche altroue habbiamo posto due nocti continue sanza interpositione di giorno.

Chome allui piacque elcollo gladuinghiai
et e prese del tempo et luogo poste
et quando lale furno aperte assai
Appiglo se alle uellute coste
diuello in uello giu discese poscia
tral folto pelo et le gelate croste
Quando noi fumo la doue lacoscia
si uolge appunto insul grosso dellanche
lo duca con faticha et con angoscia,
Volse la testa ouegli hauea le zanche
et agroppossi al pelo comhuom che sale
siche inınferno io credea tornare anche
Attienti bene che per cotali scale
dixel maestro ansando chomhuom lasso
siconuien dipartir di tanto male
Poi usci fuor per lo foro dun saxo
et pose me in su lorlo a sedere
appresso porse ad me laccorto passo•

a Olle uirg. che danthe seglappiccassi al collo et quello auinchiassi cioe cignessi colle braccia: et lui dipoi aposto che lucifero hauessi lale alzate et poi discese giu p le sue coste appicandosi auelli suoi: et cosi scese copiedi innanzi insino al pricipio della coscia di lucifero: et giunto quiui si uolse ponendo elcapo doue hauea epiedi adimo staare che quiui hauea a salire: pche passaua el centro: et passato era nellaltro hemisperio doue bisognaua salire appiccandosi a peli delle coscie et, delle gambe di lucifero: Pone che lucifero della cui statura habbiam decto sia nella piu bassa parte del mondo laquale e elcētro della terra. Ma pche el centro e/ puncto indiuisibile et non e capace di si gran corpo aduiene che lui ha elmezo nel cētro: Et dal mezo insino al capo rimane nel nostro hemisperio. Ilpche era necessario che epoeti che scendeuono dalla supficie della terra delnostro hemispio scendessino gia pel corpo di lucifero insino al mezo che era nel centro: Et dipoi passato elcentro uolēdo montare allaltro hemispio salissino pel resto del corpo insino a piedi. ATTIENTI. E necessario che lappetito et la ragione iferiore sappicchi alla supiore. ANSando. Dimostra che ancora la ragione supiore saffatica et egli difficile a uscire dellonferno et della ignorātia. ESCE pe peli di lucifero: Impoche la consideratione della difformita di lucifero et della bellreza nella quale era innāzi tira lanimo nostro fuor dellonferno. VSCITI fuori. Secondo lahistoria itēdiamo che quando luciforo fu cacciato dal cielo et condennato alcētro dellaterra fu necessario che forassi elsaxo che impedira che insino almezo passassi elcentro: Et allegoricamente chi e allonferno che e dannatione de uitii ha facto habito de uitii. Ilche sipuo aguagiare a un saxo. POSIMI Asedere: prima che lanīo esca interamēte dellonferno bisogna che la ragione ponghi a sedere cioe fermi la sensualita fuori et poi uada a quella.

Io leuai glocchi et credecti uedere
lucifero chome lhauea lasciato
et uidigli le gambe in su tenere
Et sio diuenni allhora trauaglato
la gente grossal pensi che non uede
quale e quel punto chio hauea passato
Leuati su dixel maestro in piede
la uia e lunga el camino e maluagio
et gia lo sole ad meza terza riede.

a Scito del punto che e/ dalla circunferenza non si ua piu in giu ma cominciasi a salire allaltro hemisperio. Adunque lucifero tenea elbellico nel centro et dal bellico in su staua ritto nellhemisperio doue era lonferno: et dalbellico ingiu staua ritto nellaltro hemisperio. Adunque chi non sapessi la natura del centro et passassi per quello partendosi dal capo di lucifero si marauiglerebbe che legambe fussin uolte in su. Et po la gente grossa puo considerare quāto lui si marauigla. LEVATI Su in piede. Poiche Danthe. i. la sensualita et lapetito e uscito del pfondo dellonferno che e lhabito deuitii e/ necessario che segga et alquāto si fermi et piu non apetisca insino atanto che la ragione gli mostri: che si rizi cioe che si uolga ad appetire meglo. Et questa e/ laccognitione delle cose diuine alle quali non puo andare se prima non si purga dauitii equali ha conosciuto. Mostragli adunque lontellecto questo: et ancora ladmonisce che la uia e lūga et difficile. Imperoche asare habito delleuirtu morali uscito dellhabito deuitii e molto difficile. ET GIA losole. Qui dinota se nellaltro hemispio era nocte significa chel sole era ito sotto. Adūq era leuato inquesto altro et tornaua ad meza terza. Adūque tutto elresto diquesto di elqua dila era nocte consumorono insino acatone. Ne e/ sanza ragione che facessino quel camino dinocte. Imperoche non obstante che gia fussino usciti deuitii: Nientedimeno insinche non arriuiamo alle uirtu purgatorie sempre siamo nelle tenebre dellignorantia.

Non era caminata di palagio
la oue eran ma natural burella
chauea mal suolo et di lume disagio
Prima che dellabbisso mi diuella
maestro mio dixio quando fu dricto
atrarmi derro un poco mi fauella
Oue laghiaccia et questo chome ficto?
si soctosopra? et chome in si pochora?
da sera ad mane ha factol sol tragitto?

c Aminata di palagio. Caminate in lombardia son chiamate le sale. Adūque non era sala da palagio Perche lesale depalagi soglono esser piane et luminose et quella uia era obscura et disuguale. Era obscura perche da principio lauia delle uirtu e ignota achi pel passato e stato neluitio; et e molto difficile. Ma natural burella; burella significa luogo strecto et bujo. onde ifirēze e decta burella una strecta uia non lontana dal palazo del pretore. HAVEA mal suolo: pche era disuguale et erto et salebroso. OVE Le ghiaccia: a danthe parea esser ritornato allhemisperio nostro donde era sceso et non salito allaltro. Et questo error lofacea marauiglare che essendo poco auāti stato nella sera hora si trouassi nella matina: et hauendo ueduto lucife ro col capo in su hora lo uedessi in su con legambe.

Et elli ad me tu imagini ancora
desser di la dal centro ouio mappresi
al pel del uermo reo chel mondo fora:
Dila fusti cotanto quanto io scesi
quando io mi uolsi tu passasti el punto
al qual si traggon dogni parte epesi
Et se hor sobto lhemisperio giunto
che e opposto aquel che lagran secchа
couerchia et sotto el cui colmo cōsūpto
Fu lhuom che nacque et uixe sanza pecca
tu hai epiedi in su picciola spera
che laltra faccia fa della iudeccha.
Qui e daman quando di la e sera
et questi che ne fe scala col pelo
ficto e ancora sichome in prima era
Da questa parte cadde giu dal cielo
et la terra che pria di qua si porse
per paura di lui fe del mar uelo
Et uenne allhemisperio nostro et forse
per fuggir lui lascio quel luogo uoto
quella che par di la et su ricorse.
Luogho e lagiu da belzabu remoto
tanto quanto la tomba si distende
che non per uista ma per suono e/ noto
Dun ruscelletto che quiui discende
per la buca dun saxo che gla roso
col corso che glauuolge et poco ponde.
Lo duca et io per quel camino ascoso
entrammo a ritornar nel chiaro mondo
et sanza cura hauer dalchun riposo.
Salimmo su el primo et io secondo
tanto chio uidi delle cose belle
che portal cielo per un pertuso tondo
Et quindi uscimmo ariueder le stelle.

t V imagini ancora esser di la. Chiama di la lhemisperio nostro: pche finge come hai ueduto essere in quello che e/opposito a noi. DEL Verino che fora elmondo chome disopra dicemo. Tu fusti di la mentre che io scesi insino alle coscie. Ma quando quiui mi uolsi et messi elcapo oue io haueuo epiedi io passai el cētro ouero punto elqual pche nel corpo spico e/equalmēte distante da ogni superficie uiene a essere nelpiu basso: Et pche la natura delle cose graui e ire in giu in quello si traggono epesi et le chose graui da ogni parte della circunferētia uēgon quiui. ET SE hor sobto lhemispio gīūto. Tu non sei nellhemispio che cuopre la terra habitata da glhuomini: OVE Nacque lhuomo sanza peccato et sanza peccato uixe: et intende di christo elqual fu consūpto cioe morto p ricomparci: Et tacitamēte significa che fu crucifixo nelnostro hemispio et in hierusalē et non nellaltro hemispio chome erroneamente scriue origine: Et dinota hierusalē che e quasi el mezo della terra. TV HAI epiedi in su piccola spa. Vuole che elluogo doue era dante fussi daltrectanto cerchio intorno alcētro da quello hemispio quanto e quello che nel nostro hemispio fa la iudecchа. Qui e da man quando di la e sera: Non debbi adūque marauiglarti se alpresente uedi elsole alloriēte: et poco auanti lo uedeui a ponēte: pche passato elcentro sei nel opposito hemisperio. Impoche quādo elsole ua sobto a noi comincia anascere allaltro hemispio. FITTO nella ghiaccia o uuoi nel saxo chome era prima ne ha mutato stato: Ma tu hai mutato luogo: et p esser passato el centro tu sei disopra. LVOGO e lagiu: Dimostra che dalcentro doue e Belzabu. i. lucifero dalla supficie dellaltro hemispio e/tāto spatio quanto sidistēde la tomba. i. quāto si distēde lonferno elquale e/eterna sepultura de dānati. Adunque pche linferno e/dalla supficie della nostra terra insino alcentro: resta che elmedesimo spatio sia dal cētro doue e belzabu alla supficie dellaltro hemisperio oue e catone. Ma questo luogo non e noto p uista pche e obscuro. Ma per suono: pche pel rimbombo del fiume che ui cade simmagina la dist[illegible] ruscellecto, Questo e quel che nel. xiii. ca[illegible] uenga nel mondo et ua da nellonferno[illegible] questo nasce acheronte styge et phlegethonte: Et poi discende nel centro della terra: et entra nel fondo del pozo di questo luogo che lauctore finge qui et fa cocyto che saggghiaccia per lale di lucifero elqual rusciellecto uien su dal mondo et da glaltri fiumi infernali che crea Et discende nel pozo. Per la buca dū saxo che e roso. Col corso che li: cioe quiui aquel saxo aduolge pche discende girādosi pe cerchi dellonferno: et alchunauolta attrauersando come disopra si mostro. Ma qui giraua ītorno alpozo alquāto et pēdeua poco: pche poco cadeua da alto. CAMINO Ascoso: obscuro p letenebre Tornauono alchiaro mondo sanza curare di posarsi. Questo dice pche sanza ītermissione dobbiamo conosciuti euitii andare alle uirtu purgatorie. Ariueder lestelle. Ariuedere elcielo. Perche chi si parte dallonferno. i. da uitii torna ariueder lestelle. i. si pte dalla uita bestiale et torna alla uita humana: laquale e/pdocta p contēplare le cose celesti. Gia gratia di dio torna lauctore dellonferno: et qui discriue elluogo onde usci. et el modo delluscire. LVOGO e la giu: di la dal cētro. REMOTO da belzabu: discostato da lucifero. TANTO quāto la tōba si distēde. Chiama tomba eluacuo che ha posto ītorno a lucifero: cioe elnono cerchio gia da lui decto pozo elqual ua insino alfondo et la ripa del quale fece di gigāti: et dētro messe etraditori Hora dimostra questo pozo esser tondo: Et altrettanto inquello hemispio alquale haueano a salire quanto nel nostro: onde erano scesi insino a lucifero. Andorono adūque su p questa tomba insino alla supficie et quiui uscirono p un buco tondo in una isola circūdata dallocceano: et in quella pone uno altissimo monte: nel quale di grado ingrado si truoua el purgatorio: et nella sommita e el paradiso delitiarum.

FINE DELLA PRIMA CANTICA DI DANTHE

PVRGATORIO

PROLOGO DI CHRISTOPHORO LANDINO FIORENTINO NEL COMENTO DEL DIVINO POETA DANTHE ALIGHIERI SOPRA EL PVRGATORIO CANTICA SECONDA

ILECTAMI ET SOMMAMENTE MIDILECTA. I. S. N. esser inparte dellopera uscito delletenebre exterioredoue habbiamo ueduto inconsolabile pianto. Et pelfreddo delseptentriona uento concitato dalletherno moto dellale dibelzabu habbiamo sentito lostridore dedenti. Ilche spero hara contanto terrore spauentato lementi nostreche piu non ui torneremo. Piaccia cosi a te Iupiter omnipotens summi regnator olympi; elquale trino; et uno con la tua somma potestate Infinita sapientia et indicibile amore presterrai iltuo lume a chi ua perle tenebre acciochе si conduca doue ogni seruo diuentalibero Et dopo larihauutaliberta riuocato dallinfelicissimo exilio iure post liminii e ristituto alla sua dolcissima patria che e hierusalem cipta superna. Doue nō siamo pegrini ne forestieri/ ma cittadini desancti et domestici et familiari et nobilitati cortigiani del Re alquale seruono tucti ere et seruendo regnono. Elcui regno si chome fu sanza principio cosi sara sanza fine. Quiui poseremo nella uita che e sanza morte; doue pertutti esecoli desecoli saremo cibati dambrosia et dinectare elquale e/unico pane et unico uino ditutte lehierarchie angeliche. Concedi priegoti o sōmo datore debeni concedi allhumana generatione laquale facesti a tua imagine et similitudine non per sua pena ma perche fussi chi succedessi nelle sedie lequali gliangeli prima bellissimi dipoi neri per stoltissima superbia perderono. Concedi priegoti atucti glihuomini et peculiarmente alpopolo fiorentino gratia che possin dire. Dominus de celo in terram aspexit. Noi deprofundis adte clamamus domine domine exaudi uocem nostram. Fiant aures tue intendentes in uocem deprecationis nostre. Porgici bastone che sostenga e nostri deboli et uacillanti passi acciochе non rouiniamo inbasso. Ricorditi diquello che Dauid concitato daltuo diuino furore nel psalmo cāta. Non mortui laudabunt te domine neque omnes qui descendunt ī infernum. Sed nos qui uiuimus benedicimus tibi. Non e dannati signore equali ueramente sipossono dire morti; ne quegli che p tal dannatione rouinano allinferno tiloderanno. Ma noi che uiuiamo o per uera uita essendo confermati in habito diuirtu o almanco uiuiamo pche anchora ciresta libero arbitrio dipigliare lauia alla mano dextra tibenediciamo. Porgi lume aquegli che uanno pellombra della morte Et diriza epiedi nostri in uia dipace. Et ad me inquesta interpetratione soccorri coltuo aiuto informa; che lamia fatica nō sia in darno. Ma arrechi et altuo nome laude et achi leggera/alcuna utilita Pauper et egenus sum ego. Ma tu datore ditutti ebeni; Miserere mei deus et benedic mihi et illumina uultum tuum super me et miserere mei; elquale sotto tanta speranza daro principio alla interpetratione diquesta seconda cantica. Et perche habbiamo atractare del purgatorio diremo secondo lauerissima sententia detheologi che tre cose dobbiamo in questo luogho considerare. Laprima se e purgatorio dopo questa uita. Laseconda chi son quegli che uanno alpurgatorio. Laterza se eluogho alcuno certo nel quale sipurghino lanime. Alla prima dico che lasacra scriptura et molte auctorita desancti et uarie reuelationi pongono elpurgatorio. Et lasancta chiesa lafferma; maxime dicente christo per Matheo. Qui dixerit uerbum contra spiritum sanctum non remittetur ei neque ĩhoc seculo neque infuturo. Adunque dimostra cristo che nellaltra uita alcuni peccati sipurgono et perdonansi. Et gregorio dimostra che nellaltra uita sono certe colpe; lequali elfuoco purga. Ne solo ecristiani pongono elpurgatorio. Ma ancora platone elquale uuole che lanĩa separata dalcorpo; se e coinquinata et maculata digrauissime et nefarie sceleratezze/rimanga inetherni supplitii. Ma se son men graui epeccati sipurghi et poi ritorni in altri corpi. Et uirgilio nelsexto nella medesima sententia dice. Donec longa dies perfecto temporis orbe concretam exemit labem; purumque reliquit ethereum sensum; atque aure simplicis ignem. Et questo basti adimostrare chelpurgatorio sia. Ma uolendo intendere secondo lacristiana religione doue sia collocato; e oppinione di Riccardo de media uilla che sotto terra sieno quattro luoghi; et nella parte piu bassa che e elcentro della terra e doue inperpetua pena stanno edannati per peccato actuale. Et sopra questa parte sono edannati per peccato originale. Elprimo dedue elquale e el piu basso et circa elcentro e uero inferno; Elsecondo e limbo Seguita elterzo luogo collocato sopra ellimbo decto purgatorio; doue lanime sipurgono per legge comune; benche alcune si purghino altroue per alcuna cagione spetiale laquale e o per riuelare alcuna cosa auuenti; o per impetrare aiuto dalloro. Dipoi nellaparte piu superiore circa allasuperficie che e laquarta dal centro et laprima dalla circonferentia al presente non sono anime alcune ma innanzi alla nostra redemptione facta per lapassione et morte dichristo uistauano lanime de sancti padri; poi che in purgatorio haueuono adempiuto lasua purgatione. Et ancora quelle che erono uscite deproprii corpi sanza macula laquale bisogniassi purgarsi. Et questo luogho era nominato elseno dabraham; perche lui fu el

prumo che ſiſeparo daglinfedeli; et preſe diſtinctiuo ſignaculo difede. Adunque elluogo che era dato
per riposo allanima per lafede formata in carita/fu per lagia decta cagione chiamato ſeno dabraham.
Nientedimeno Vgo daſan uittore uuole che neſſuno luogo comune ſia aſſegnato atali anime; che ſhab
bino apurgare parendoglipiu probabile; che ciaſchuna ſipurghi nelluogho doue ha conmeſſo eldelitto.
Ma tale oppinione non appruouano edoctori ſe non inſpetiale per diſpenſatione diuina: et non per
legge comune atutti: Alpurgatorio uanno quegli che ſono rimaſi inpeccati ueniali. Secondi ſono que
gli che non hanno facto penitentia innanzi alla morte come aduiene achi muore ſenza confeſſione et
nientedimeno pentuto et contrito: Tertii ſono quegli che non adempierono lapenitentia impoſtagli
dalſacerdote; lapenitētia dataci dalſacerdote e o maggiore ominore o equale; Se e maggiore quello che
lhuomo inuita ha facto dipiu gliridonda et ritorna inſua gloria: Se e equale quella ſola baſta adpiena ſa
tiſfactione: Se e minore quello che mancha; ſadempie inpurgatorio per diuina iuſtitia; Vedi adunque
quello che inſomma dicono ecriſtiani delpurgatorio: Ma danthe huomo dimirabile ingegno et dimira
bile inuentione truouo nuouo ſito elquale niente e contra ſubſtantialmente alloppinione chriſtiana;
Et ſerue apiu coſe chome nelterzo canto dellonferno habbiamo dimoſtro: Pone adunque che quella ter
ra che lucifero coſeguaci pinſe dal noſtro hemiſperio ſurſe nellaltro hemiſperio; et fece monte altiſſi
mo inſino allelemento del fuoco; Et in quello e collocato elpurgatorio diſtincto indiuerſi gyroni: Et
neprimi ſipurgan uarie ſpetie diniglígentia; Dipoi diquegli che ſeguitano ciaſchuno purga elſuo pec
cato; Ma ſempre epiu baſſi purgano epiu graui delicti: Queſto monte adunque reſta aſalire Montata
ſanza fallo aſpera et dura et piena difatica et diſudore: Ma mectiamoci in chammino et con franco ani
mo: Ne diſperianci potere arriuare alſommo Imperoche doue mancheranno leproprie forze ſupplira
copioſamente ladiuina gratia: Et chi ciſoſtenne nelloſcendere albaſſo che non rouinaſſimo: Hor cipigne
ra inſu tanto che trouerremo elgiogo:

Optima opinione

PVRGATORIO CANTICA SECONDA DEL DIVINO POETA DANTHE ALIGHIERI: ET CANTO PRIMO

p

ER COR
RER MI
GLIOR
ACQVA
ALZA
LEVELE

homai lanauicella del mio ingegno
che laſcia drieto aſe mar ſi crudele.
Et cantero diquel ſecondo regno
doue lhumano ſpirito ſipurga
et diſalire alcielo diuenta degno.

b

Ene inſtituto et erudito nellarte poetica elnoſtro auctore: Queſta ſua ſeconda cantica adimitatiõe di Virgilio douidio: diſtatio et deglialtri heroici latini diuide i tre parti: ꝑpoſitione: inuocatione: et narratione. Maledue prime che ſono propoſitione: et inuocatione uengono in luogo diproemio. Et perche e/ proprio officio del proemio fare che lauditore diuenti apto et idoneo ad udire: facilmente queſto conſeguiteremo ſe celofaremo beniuolo attento et docile. Capta adunque beniuolentia dalla materia ꝑmectẽdo che cantera del purgatorio coſa optima aglianimi humani perche e/ ſolo mezo: pel quale poſſono peruenire alla cognition diuina nella quale conſiſte elſommo bene. Capta ancor beniuolẽtia dalla ſua perſona dimoſtrando che ſaffatica in ſcriuer quello che alla generation mortal ſia non ſolo utile ma neceſſario. Preterea fa laudicore attento dalla grandeza della materia: Impoche con ſomma attẽtione udiamo lechoſe che ſono o grãdi o inuſitate et maxime ſe ſon apartenenti o al luniuerſale o anoi inparticulare oanoſtri congiunti et amici. Ne mediocremente muoue attentione pel modo del parlare. Imperoche uſando tranſlatione et non proprii uocaboli accreſcie degnita et auctorita alle choſe come ueggiamo in Virgilio: et in molti altri poeti coſi greci come latini. Ne ſolamente epoeti: ma ghoratori exornano elloro ſtile con queſto colore lacui forza poco diſocto dimoſterremo. Vltimamente fa lauditore docile cio e apto aintendere quello diche ſidebba tractare. Ilche aduien ogni uolta che in brieue parole propogniamo et exponiamo diche dipoi in tucta lopera ſitractera come qui promectẽdo tractare del purgatorio. Ma intendi lectore che benche diſtinctamente altra choſa ſia beniuolentia: altra attentione: et altra docilita: nientedimeno luno aiuta aconſeguire laltro. Imperoche chi diuenta beniuolo ſifa attento. Et chi ſta attento audire el principio facilmente diuenta docile. Et ſpeſſeuolte in una medeſima parola ſacquiſta loſcriptore beniuolentia attentione et docilita. chome ĩ queſto uerſo: ET CANTERO diquel ſecondo regno. DOVe lhumano ſpirito ſipurga. Impoche tale propoſitione perche e utile fa beniuolentia. Perche e choſa grãde fa attẽtione perche expone quello diche uuole narrare fa docilita. PER CORRER MIGLIOR ACQVA E/ laſententia che longegno ſuo ſinnalza per dire migliore materia che quella che ha detto inſino aqui. Ma tale ſententia pronuntia non per proprie parole: ma per trãſlatione. Et accioche meglio dimoſtriamo queſto ornamento rhectorico: diciamo che tucte leparole/ lequali uſiamo ſono o proprie o tranſlate. Proprie parole ſono quelle/ lequali trouo o luſo o laragione per exprimere lacoſa ſubgecta atali parole. chome quando dice. Nel tempo che Iunone era crucciata. Imperoche tempo et era et Iunone et crucciata ſono parole proprie diquelle choſe che elpoeta uolle exprimere. Ma queſte proprie alcunauolta ſono in uſo et trite et conſuete per ogni uno chome quando diciamo: molto mirallegro del tuo honore: et ſpeſſeuolte lodo letue molte et uarie uirtu. Alcunauolta ſono tanto antiche che quaſi rimangono fuori dogni conſuetudine: chome guari et ſouente che luna et laltra e/ fiorentina ma non ſono piu in uſo. Adunque dixe elnoſtro Iohanni boccaccio non guari dilontano. i. non molto dilungi. Ilche allhora era in conſuetudine hoggi non e. Alcunauolta ſono nuoue et fabbricate da eſſo auctore chome quando Danthe dice: ſio mintuaſſi chome tu tinmii: Imperoche innanzi adanthe neſſuno in lingua fiorentina dixe intuare et inmiare: Tranſlate ſono quando transferiamo leparole dalla propria ſignificatione in unaltra ſignificatione non diſſimile alla propria: chome qui elpoeta dice: Lanauicella del mio ingegno: Impero che chome lanaue porta lhuomo per mare al diſiato porto: choſi lauolonta porta longegno et lamente noſtra alla cognitione della coſa che deſideriamo ſapere: Ne mai uſa tranſlatione eldecto ſcriptore: che non perſeueri in tucta laſententia nella tranſlatione: Adunque hauendo in queſto luogo decto nauicella: dixe acqua perche in quella uſiamo lanaue: dixe uele perche ſenza uele non ua lanaue: Prepone quintiliano queſto colore elquale noi chiamamo tranſlatione et egreci Metaphora atucti glialtri ornamenti: laquale tranſlatione cie tanto conceduta dalla natura che ſpeſſeuolte glhuomini indocti: et non ſene accorgendo luſano: Vſianla o per breuita chome quando diciamo: Nel diluuio degotti/ elquale ſommerſe italia/ o per fuggire parole non honeſte chome quando diciamo: lacui moglie ſidilectaua di quotidia ne nozze: o per accrescere o per diminuire: o per ornare. Ma tornando altexto diremo. La nauicella del mio ingegno homai alza per correre cioe per nauigare miglhore acqua: la nauicella pone per la uolonta chome nella gia passata cantica dicemo: laquale e/ quella che traporta lanima. Et nella allegoria dicharone distinctamente tractamo della uolonta et di piu altre potentie et forze et uirtu deglianimi humani: MIGLIORE ACQVA. Migliore materia. Imperoche riducendo alla allegoria e/ buona materia lonferno cioe la speculation deuitii: perche la speculatione diquegli induce odio contro alloro et uolonta difuggirgli. Ma migliore e/ el purgatorio perche conosciutogli comiciamo apurgarcene. Ma diquesto misforzero piu apertamente narrare i piu accomodato tempo. et certo ne si puo ne siconuiene in un medesimo luogo inculcare piu chose: perche non uappare ne ordine ne distinctione. LEVELE. Et diqueste similmente tractamo quando la materia richiese dare qualche allegoria alla nauigation dicharone. MARE SICRVDELE: benche laconsideratione del uitio chome habbiamo decto sia buona: nientedimeno el uitio e lapiu crudel chosa che sia perche uccide lanima: laqual nessuna altra chosa puo uccidere. Ne indoctamente dixe mare perche si chome dicemmo nelle uirgiliane allegorie ogni appetito e/ simile almare/ nessuno e/ piu crudele: ne dapiu contrarii uenti combattuto: che quello che mena aluitio. Imperoche non solo chi ua allonferno cioe nellhabito deuitii e/ sommerso daturbulenta tempesta in tale mare. Ma ancora chi ua per contemplare la natura del uitio spesso combattuto dalle lusinghe diuarie uolupta appena fugge e periculosi scogli et locculte secche ditai mare. ET CANTERO: fa lauditore docile conbreuita discriuendo diquello che per tutta lopera ha atractare. SECONDO REGNO: perche nel primo stato e/ conoscere el uitio: Nelsecondo purgarsene. DOVE LHVMANO spirito si purga. Optime dixe humano: perche sopra lhuomo non e spirito che si purghi: Conciosiechosa che gliangeli che non peccorono sieno confermati ingratia et rimanendo puri non sia mestiere che si purghino. Et sotto lhuomo non e animale che habbia anima inmortale. Ilperche morendo insieme lanima sensitiua col corpo niente resta che purgare si possa. ET DISALIRE AL CIELO diuenta degno. Imperoche allhora finalmente puo lanimo salire alla contemplatione et choghitione delle diuine chose quando e/ purgato dauitii: Onde beati mundo corde quoniam ipsi deum uidebunt. Ma perche nessuna macula e/ che possa fare lorda et brutta lanima se non el uitio: et nessuna chosa leua el uitio se non la uirtu e/ non solo utile ma necessario per intenderle meglio che con breuita narrare che leuirtu morali si diuidono secondo eplatonici in quattro spetie ciuili purgatorie: Dellanimo gia purgato: Et exemplari. Leuirtu ciuili sono dellhuomo perche essendo animale nato non per essere solitario ma uiuere in congregatione et compagnia. Onde naschano lecipta usa queste per administrare lare publica. Et con la prudentia inuestiga quello che e/ utile con lagiustitia distribuendo equalmente glihonori et glincarichi conserua lunione et laconcordia. Con laforteza fa uno animo franco et inuicto asopportare ogni fatica et pericolo per difendere lapatria. Et con latemperantia niente appetisce diche dipoi shabbia apentere: In nessuna chosa passa elmodo o lalegge. Ma non sono queste uirtu nella uita ciuile et actiua perfecte: perche gihuomini che inquella sola conuersano non hanno lauera sapientia. Dopo leciuili uirtu seguitano le purgatorie: lequali non caggiono nella uita ciuile: Ma sono di pochi huomini: equali sono capaci delle chose diuine: et tali uirtu expediscono et liberano lanimo dicolui che se disposto purgarsi dalla contagione del corpo et darsi tutto alle diuine chose: et fuggire lhumane: Et non sitrauagliare con martha: Ma darsi tutto a maria. i: lasciare intutto lauita attiua et seguitare la speculatiua. Oltra queste purgatorie sono quelle dellanimo gia purgato: elquale e/ rimaso sanza alchuna macula. Et in questa e lufficio della prudentia: non dico preporre lechose diuine allhumane: chome fanno le uirtu purgatorie. Ma eleggere sole lediuine chome se niente sia altro che quelle: et quelle sole guardare. Lufficio della temperentia non e raffrenare lecupidita: Ma altutto dimenticarle. Lufficio della forteza e non dico uincere lapaura delle chose horrende: Ma non sapere che chosa sia paura. Et finalmente usano lagiustitia incongiugnersi con ladiuina mente inmodoche mai dalei non si dipartono. Lequarte sono exemplari: et sole di dio. Imperoche eplatonici ponendo nella diuina mente leidee ditutte lechose molto maggiormente uisara laidea della uirtu. Quiui adunque niente altro e/ prudentia che essa mente diuina. Temperantia e che tal mente con perpetua intentione ad se siuolge. Fortezza che sempre e/ quella medesima ne mai si muta. Giustitia che con etherna legge mai non si rimuoue ne si piegha dalletherna cōtinuatione della sua opera. Qoeste sono quattro generationi diuirtu morali: lequali benche tutte sieno contro alle passioni et perturbationi dellanimo: nientedimeno sono differenti inse. Imperoche leprime non tolgono intutto lepassioni: Ma mitigāle. Leseconde leleuano: leterze ledimentichano. Nelle quarte e cosa nefanda nominarle. Ho adunque tractatole distesamente. Acciochel lectore accadendogli in molti altri luoghi possa ricorrer qui.

Le uirtu morali si diuidono. in quat° spetie. sc° i plato.

Ma qui lamorta poesia risurga
o sancte muse: poi che uostro sono
et qui calliope alquanto surga
Seguitandol mio canto con quel sono

Dopo laprsiopotione seguita lainuocatione. Et ordina O sancte muse. RISVRGA QVI: risuciti in questo luogo. LAPOESIA MORTA: quasi dica io priegho uoi sancte muse che inspiriate ī me lapoetica faculta: laquale gia gran tempo e/ sta

dachui lepiche misere sentiro
locolpo tal che disperar perdono

ta morta. Imperoche innanzi adanthe molti secoli era stata italia preda auarie generation dibarberi: et datante guerre et tumulti afflicta et oppressa: che ogni liberale arte era giaciuta. Lui fu tra primi che tento trarre delle tenebre questa faculta decta poesia. Et quanto proficto facessi et noi nella sua uita ci gegniamo exprimerlo. Et elpresente suo poema apertamente lomanifesta: Questa e adunque lacagione che londusse adire. MA QVI LAmorta poesia risurga. |O ueramente uuole che lamorta poesia risurgha quasi inferischa: insino aqui habbiamo tractato dello inferno oue ogni chosa e/morta. Ma perlauenire tracteremo del purgatorio/pel quale lanima risuscita. Et certo lanima pel uitio morta per lapurgatione resurge. O SANCTE MVSE: delle muse dicemmo asufficientia nel secondo canto dellonferno. Ilperche superfluo sarebbe alpresente replicare quello diche gia habbiamo scripto. POI CHE uostro sono. Impero che sono poeta et epoeti sono dedicati alle muse essendo loro sacerdoti. Onde Virgilio. Me uero in primis placeant ante omnia muse: quarum sacra fero. Et fa lapetitione sua honesta dicendo: perche richiede lonesta che lemuse fauorischin achi e suo. ET QVI calliope alquāto surga alquanto sinnalzi: quasi dica che essendo piu alta materia questa siconuenga piu alto stilo. Et certo achi porge attenti orechi e/facile conoscere che lostile elquale usa nellonferno e/quasi infimo. Imperoche altro principio e/NEL mezo del camino dinostra uita. Altro per correr miglior acqua alza leuele: et dixe alquanto perche anchor piu sinalzera nella cantica del paradiso. Et nominatamente tra lemuse inuoca calliopea: perche e lapiu excellēte tra quelle: et elnome suo significa buona uoce. Et chi questa inuoca tucte laltre inuoca. Onde Virgilio dixe. Vos o calliope precor aspirate canenti. SEGVITANDO elmio canto. Imperoche non comincia lopera sua dal purgatorio ma seguita dopo lonferno. Adunque calliope surga quasi innalzi lostilo et faccilo piu sonoro seguitando lamia opera. CON QVEL SVONO con quella boce dachui/dallaquale. LEMISERE PICHE: cioe lemisere figlole di Piero furono conuertite in piche/et questo e/ elcolpo: el quale esse sentirono dalla uoce dicalliope. Queste furono noue figliuole di piero della cipta dipella femine certo erudite in molte arti. Ma per lagloria diquelle tanto superbe che niente stimauon lemuse. Et presummeuono antecederle in ogni chosa: et maxime nel canto: Ne sicontennon che non andassino in parnaso atrouarle: appresso alfonte pegaseo: et quiui con uillane parole leprouocassino acantare. Fu dato la comissione acalliope: laquale dilungo spatio leuinse: Et conuertille in piche: Questo e uccello garulo et facilmente appara elparlare humano. Pica in latino significa laghiandaia: Et anchora lagazza. Ma questa chiama Plinio nellibro della historia naturale pica caudata perche ha lunga coda. E/adunque lasententia Surga qui calliope seguitando elmio canto con tal uoce: qual fu quella con laquale uinse lepiche: laquale conuenne che fussi sonora et optima. Altrimenti non harebbe uinto. Et per questo dimostra lapetition sua essere facile: per lepiche che prouocono lemuse intenderemo ogni temerario: elquale presumma potere uincere o essere pari alle muse cioe alle diuine doctrine.

Le figliole di piero et Caliope conuerti in Gazze garule

Dolcie color doriental zafiro
che saccoglea nel sereno aspecto:
dellaer puro insino alprimo gyro
Aglochi miei ricomincio dilecto
tosto chio fuori usci dellaura morta
che mhauea contristato gliochi elpecto
Lobel pianeto chadamar conforta
facea tucto rider loriente
uelando epesci cherono in sua scorta

d Opo lapropositione: et inuocatione gia dal poeta absolute et finite incomincia lanarratione. Et uuole che suo principio sia discriuere el tempo et laqualita del tempo: nel quale usci dello inferno nellaltro hemisperio opposito al nostro: doue e elmonte del purgatorio. Et e/lasententia che quando usci in quello hemisperio non era ancora nato ilsole: ma non molto lontano era dalsuo nascimento. Conciosia che gia appariua in oriente Venere: laquale perche era nepesci: et elsole nellariete segni propinqui con poco interuallo surgea auanti al sole. Preterea dimostra inquel tempo laere essere stato purissimo: et pieno di serenita et tranquilita. Adunque elcolore dellaria/elquale era tal quale e dizaphiro orientale ricomincio dilecto agliochi miei. DOLCE COlore soaue et dilecteuole colore. Et benche ladolceza sia proprio nel gusto. Niente dimeno ognialtra chosa che dilecti qualunque altro senso sichiama dolce. Onde elpetrarcha. Et chome dolce parla et dolce ride. Et oratio: dulce ridentem lalagen amabo dulce loquentem: dorientale zaphiro Dimostra plinio che sieno Saffiri dicolore purpureo et dicolore azzurro: de quali in questo luogo fa mētione elpoeta: et dice che gliazzurri sono chiamati Saphyri maschi. CHE SACCOGLEVA nel sereno aspecto. Imperoche se non fusse laer sereno non sarebbe azzurro. Et molto saffatica elpoeta che laere in quello luogo fussi puro et perspicuo et contrario allaria nebulosa dellonferno. Imperoche chome eluitio genera obscurita: chosi lapurgatione del uitio induce serenita. DELLAER PVRO insino al primo gyro insino alla prima spera/che e elcielo della luna dal quale in giu cominciano lechose mutabili. Adunque elcolore sereno dellaria ricomincio dilecto agliochi miei: Imperoche tal dilecto hauea Danthe innanziche entrassi nellonferno stando nellaere sereno. Dipoi entrando nelle tenebre infernali loperde. Hora uscitone dinuouo gliritorna. Et benche dimostri dire del dilecto deglochi corporali. Nientedimeno allegoricamente intende deglispirituali. Gliochi prendono dilecto delle chose lucide et belle: et la belleza della cosa e/buona proportione chon conueniente colore. Ilperche chome gliochi corporali prendono dilecto della belleza corporale et della luce sensibile: chosi gliochi della mente molto si dilectano della sua luce: che e/laragione et della sua belleza: che e/la uirtu. Onde scriue Platone che se noi potessimo cosi uedere congliochi della mente: labelleza delle uirtu come co corporali ueggiamo: labelleza delcorpo incredibile et ardentissimo sarebbe lamore che a quelle cinfiamerebbe. GLIOCCHI: cioe elsenso ui suo et EL PECTO lamente LO BEL PIANETO chadamar conforta. La stella di uenere. Dice adunque che era el tempo matutino et non molto auanti al giorno. Impero che el sole era nellariete: el qual segno comincia a nascere poi che e pesci sono tutti fuora delloriente. Ilpche essendo gia buona parte dellegno depesci leuato si uedea uenere laquale era ĩ quel segno. Et noi nelprĩo cãto della prĩa cãtica dimostrammo che in questo imita Virgilio. Et chome quel poeta pone che Enea hebbe insua guida et duce Venere non terrena ma celeste. Chosi et inquel luogho: et inquesto Danthe dimostra: che Venere celeste lo conduca. Ilperche torna aquelluogho: et a pieno intenderai lallegoria che si conuien qui. Preterea sappi che e pesci sono casa di Ioue: el quale pianeta induce castita: Iustitia et religione. Adunque Venere inquesto segno sara celeste et non terrena. Preterea sara potente a infiammarci alle cose diuine: perche ha exaltatione in questo segno. E/chiamato secondo Isidoro: segno di pesci: perche quando elsole uiene a tal segno perla dissolutione che pelsuo caldo fa nelhomore epesci spargono elseme et ingenerano. Macrobio elquale uuole che enomi di tutti esegni si riduchino alla natura del sole Scriue che sono decti pesci: a dinotare che non solamente glanimali terrestri et aerei. Ma anchora tutti quegli che habitano lacqua. Epoeti secondo Nigidio dicono: che nelleuphrate fiume dassiria si trouo uno huouo molto grande: elquale due pesci pinsono a terra. Et le colombe lo couorono: et nacquene la dea della siria: laqual chiamano uenus: laquale e/inuerso gli dii molto religiosa: et inuerso de glhuomini sommamente misericordiosa et officiosa. Fu inuentrice di molte arti: et altre chose utili alla uita humana. Ilche udendo Ioue da Mercurio gli concedecte che gladdomandassi qual gratia uolessi: Chiese la dea: che facessi immortali edue pesci: equali haueuono conseruato la sua generatione. Icue gli traslato inquesto segno ultimo del zodiaco. Ma luno depesci e/septentrionale laltro meridiano: e hanno lecode uolte contra luna allaltra. Et tra loro e/un legame: che gli contiene insieme insino a piedi dandromada. Elpesce septentrionale ha dodici stelle: el meridiano quindici. Ellegame ha dodici stelle: Sichein tutto sono trentanoue. Per questo beneficio esyrii non mangiono pescie: et le colombe adorono chome die. Adũque etiam secondo questa fauola sara ben collocata uenere ne pesci. VELAVA Copriua. Imperoche chi di terra mira in su truoua prima chon glocchi Venere nel terzo cielo: che epesci nelloctauo. Onde conuiene che col corpo suo citolgha alchuna parte de pesci. Ueramente dixe Velaua: Adinotare che lo splendore di questa stella e/tanto: che offusca: et fa sparire quelle che gli son dintorno.

Io mi uolsi aman dextra et posi mente
allaltro polo: et uidi quattro stelle
non uiste mai fuor challa prima gente:
Goder parea elciel di lor fiammelle:
o septentrional uedouo sito
poiche priuato sei di mirar quelle.

Perche nel sito del mondo loriente e/ la parte dinanzi interuiene che chi aquello siuolge ha el septentrione alla sinistra: et el mezzo di alla dextra: Et perche chome el polo arctico e/a septentrione: et uedesi da noi. Chosi el polo antartico e/ oltra a mezo giorno: et uedesi da quegli dellaltro hemisperio: doue el poeta finge essere el purgatorio. Adunque uolgendosi da oriente a mezo di: doue e/el polo antarctatico siuolgea a man dextra. ALLALTRO polo: non al nostro: Ma alloppposito al nostro. ET VIDI quattro stelle non uiste mai fuor challa prima gente: Polo in greco significa la supprema parte del cielo: in sul quale epso cielo si uolge: chome se uerbi gratia: Tu toglessi una spera materiale: et ficcassi uno stilo pel mezo: elquale da una superficie duna spera arriuando al centro per linea recta passi allaltra superficie: quelle due parti che sono prompinque ad amendue efori doue e/ messo lostile sono decti poli: perche in su quegli siuolta laspera: Et polein in greco significa uolgere. Et inlatino sono decti uertices: perche uerto in latino e/queo che in toschano uolgo. Onde Virgilio parlando del polo arctico dixe. Hic uertex nobis semper sublimis at illum: sub pedibus styx atra uidet manesque profundi. NON VISTE MAI fuor challa prima gente. Se queste stelle sono nel polo arctico non possono essere uedute se non da quegli che sono nellaltro hemisperio. Et in quello non habitiamo noi ma secondo la fictione del poeta habitoronui enostri primi parenti quando erono anchora sanza peccato: perche quiui pone elparadiso delle delitie. Et di questo seguita che da primi parenti in fuora non sieno queste state uiste da alchuno huomo. Onde exclude lerrore Dorigene: elquale uuole: che laltro hemisperio sia habitato chome questo: Ilperche fu necessario che christo anchora in quello sia stato crucifixo per la loro redemptione. Queste quattro stelle pare che pongha per le quattro uirtu cardinali; lequali non sono ne glhuomini perfectamente se non sono in stato di gratia Et pero non furon mai uiste se non da nostri primi parenti; quando ereno in stato di gratia. Ilche ac cio che meglio sintenda ricorderenci della diuisione di platone: laquale disopra ponemmo; che queste quattro stelle si splendide sieno lequattro uirtu morali nella tertia spetie; deuesi chiamano uirtu del lanimo gia purgato. Et se dicessi perche ne fa mentione qui nel purgatorio; doue piu tosto sono le uirtu purgatorie; lequali enumerammo nella seconda spetie; rispondo che in questo medesimo mon te e/elparadiso delle delitie: doue stectono enostri primi parenti in stato di gratia. Adunque salen do questo monte con leuirtu purgatorie arriuiamo alla sommita doue e/elparadiso delle delitie sopra elquale apparischono queste stelle. i. leuirtu dellanimo gia purgato. GODER PAREA ELCIELO dilor fiammelle; delloro splendore: perche in uero elcielo et lechose superne godono delle uirtu perfe cte. O SEPTENTRIONALE uedouo sito. Con exclamatione siuolge al nostro polo septentrionale elquale benche sia ornato di molte stelle: nientedimeno laluce loro e/ tanto inferiore alla luce di que ste quattro: che sipuo dire essere uedouo et priuato di luce. Vedoue sono lanime priuate del uero et del bene: delle quali sono spose. Et re uera glhuomini del nostro polo cio e uitiosi a comparatione de uirtuosi non sono huomini. Et non e/sanza cagione; che nel septentrione luogho freddo ponga eui tiosi; et nel mezo giorno region calda ponga euirtuosi. Imperoche ogni uirtu ha suo moto di carita et amore del uero et del bene; et lacarita e/fiamma. Chome eluitio nasce da mancamento damore et difu ocho di quello. Ilperche elatini dicono frigido per chosa nociua et uitiosa. Onde Virgilio. Frigida sa turni quo se se stella receptet. Et Iuuenale. Rubet auditor cui frigida mens est.

Chomio dalloro sguardo fui partito
un pocho me uolgendo allaltro polo
la ondel carro gia era sparito
Vidi presso da me un uecchio solo
degno di tanta riuerentia in uista:
che piu non de apadre alchun figluolo.
Lunga labarba et dipel bianco mista.
portaua asuoi capegli simigliante:
de quai cadeua al pecto doppia lista:
Liraggi delle quattro luce sancte
fregiauan si lasua faccia di lume:
chio louedea chomelsol fussi auante:

s Eguita che poi che nel polo antarctico hebbe ueduto le quattro stelle: siriuolse uerso lartico et non uiuide elcarro: doue sono lorse per di notare che chome in questo hemisperio non possiamo uedere lestelle propinque al polo antarctico chosi nellaltro hemisperio nonsi possono uedere lestelle: che fanno lorse nel uolgo sichiamano el carro et elcorno. VIDI PRESSO DAME un uecchio solo; per leparole precedenti appare; che benche questo uecchio glifusse dallato et per con sequente fussi nelhemisperio antarctico. Niente dimeno glistaua diuerso lartico. Questo uuol che sia Catone uticense. Etperche potrebbe parere a molti che lui si diuiassi dalla christiana religione ponendo uno huomo gentile et morto senza bap tesimo in luogho disaluatione. Rispondo che nō pon qui Catone per lanima di Catone: laquale siamo constrecti a credere che sia tra ledannate. Ma pollo per laliberta toglendo questo nome; perche tale huomo piu che ogni altro fu amatore della liberta. Et quella chome haremo disotto prepose alla uita. Ne altra chosa è piu conueniente a questo luogo che lali berta. Concio sia che dopo lo inferno cioe lacognitione de uitii: perche cognosciamo noi essere diuenta ti serui di quegli; equali cisono crudelissimi tiranni; nessuna altra chosa cipigne auolercene purgare et a sopportare ogni fatica per diuenirne necti se non lamore della liberta: perche purgati diuentiamo buo ni et saui. Et chi e /buono et sauio sempre e/libero. Imperouiue in somma tranquillita: Ne serue ane ssuna chosa mondana; perche niente lastima. Non teme alchuna aduersita: perche conosce ne morte; ne infermita: ne pouerta: ne exilio; ne alchuna altra calamita: o colpo difortuna glipuo nuocere. Ma solo eluitio del quale sisente netto. Solamente seguitando leuirtu serue adio: Elcui seruire non solamente cifa liberi: ma cifa regnare. Ilche conoscendo glistoici philosophi nelle loro paradoxe scriuono. Tutti e saui. i. buoni esser liberi: et glistolti. i. uitiosi esser serui. Ma tornando altexto pone diuerso septentri one cioe diuerso euitii. Perche questo sōmo amore della liberta surge in noi; subito che habbiamo cono sciuta lamiseria: che e/nella seruitu de uitii. Et non uuole dimostrare qui laprima liberta che era nella nima in nanzi alla preuaricatione de primi parenti: et in nanzi al peccato. Imperoche questa harebbe posta da mezo giorno: pel quale dinota leuirtu. Ma quella liberta che racquistiamo quando ci suiluppia mo da uitii: de quali prima erauan serui. Finge che sia uecchio: perche nessuna chosa e piu anticha nella nima che laliberta. Concio sia che aun tempo fu creata et posta ī suo libero arbitrio. Onde sapientemen te e/scripto. Reliquit eam in manu consilii sui. E adunque uechio. Onde lodiscriue con barba et con ca pegli lunghi non tutti canuti ma mischiati: perche hauea amente quello che finge Virgilio di Catone. Iam senior sed cruda deo uiridisque senectus. Chome adunque Virgilio induce Catone uecchio. Ma uecchio: robusto: et di buone forze chosi per questa discriptione elsimile uuole dimostrare danthe in Catone. Imperoche benche laliberta sia uecchia nellanima non per questo ha diminuito lesue forze. Ag giugne. DEGNO DI TANTA REVERENTIA in uista che piu non de apadre alchun figluolo. Et

certamente laliberta e/quella che fa lanima nostra degna dogni ueneratione. Poni uno huomo seruo de
uitii, ponlo della libidine: ponlo dellauaritia: et uedrai fargli et dirgli chose: per lequali sara ludibrio:
et scherno atutti glihuomini. Era Hercole tanto riputato. Nientedimeno per issrenata libidine diuenne
seruo diuil femminella: anzi depsa libidine. Volle Alexandro magno uincere ilmondo. et farsi signore
dinnumerabili popoli et nationi: et nientedimeno per non resistere allira diuenne di quella seruo. Et
molto piu infamia conseguito di tal uitio: che uera gloria ditante uictorie. Ilperche e/uerissima lapara
doxe deglistoici: chome poco adrieto dixi. Omnes sapientes liberos esse: et omnes stultos seruos. Ve
di adunque che per essere noi serui deuitii/diuentiamo ridiculi: et infami: et diamo giuoco dinoi. Po
ni da altra parte uno libero da tutte lecupidita: elquale non ad libidine: non ad auaritia: non ad ambiti
one sia sottoposto. Ma regni in lui laragione libera da ogni humana passione. Certo uederem tanta gra
uita: tanta modestia: tanta prudentia incostui: che non solamente glirenderemo somma riuerentia:
Ma se lecito fussi: chome dio ladoreremo. Ilperche rectissimamente pone elnostro poeta questo uecchio
esser degno ditanta reuerentia: quanta elfigluolo debba portare alpadre. Ne potea torre piu conuenien
te comperatione. Imperoche doppo adio nessuno dobbiamo hauere in piu reuerentia: chel padre. Ma
ordina eltexto chosi. DEGNO DI TANTA REVERENTIA in uista: cioe: in apparentia: che fi
gluolo non de portare: ne piu honore: ne maggior riuerentia a padre alchuno. Nō diremo adunque al
chun figluolo a padre: ma diremo figluolo ad alchuno padre. Et con somma ragione dixe padre alchuno
et non semplicemente padre: perche sono certi padri che da hauer generato elfigluolo: ifuor non glia
nno facto altro beneficio. Ma piu tosto per loppostito glanno nociuto: addirizandolo per lamala uia: et
confortandolo o a uita delitiosa/et uoluptuosa: o allauaritia/et sfrenata cupidita di pecunia: o allambi
tione. Alchuni sono che con ogni industria singegnono/che da tenera eta efigluoli prendin buoni costu
mi: et apparino buone doctrine. Ilperche non e/dadubitare: che altra riuerentia sidebba a questi: che a
quegli: Benche tutti sieno padri. LIRAGGI DELLE QVATTRO LVCE SANCTE. Conuiensi al
tutto che eraggi delle quattro stelle: lequali habbiamo interpretato lequattro uirtu/illuminauono si la
faccia del uecchio: che lui siuedea: chome sefussi illuminato dalsole. Imperoche chome el libero arbitrio
dellanima sinfosca ditenebre: et perdesi pel uitio: elquale citira in seruitu: chosi da queste uirtu riceue
lume: et per quelle simantiene.

Chi siete uoi che contral ciecho fiume
fuggito hauete laprigone etherna
dixel mouendo quelle honeste piume?
Chi ua guidati et chi uifa lucerna
uscendo fuor della profonda nocte.
che sempre nera fa lauàlle inferna:
Son leleggi dabisso chosi ropte
o e/mutato in ciel nuouo consiglo
che dannati uenite alle mie grotte

n El canto quarto della prima cantica fe menti
one del fiume: elqual dal nostro hemisperio
discende nellonferno. Et nel canto ultimo discri
ue: che entri nel cētro della terra dallalto hemi
sperio: et roda un saxo/doue e/elcentro delluni
uerso: et rodendo lopassa et fa cocyto. Et contro
aquesto fiume. chome dimostro nellultimo can
to/uenne Danthe quando usci dellonferno. CI
ECO FIVME. Perche corre per luoghi bui: cho
me ha dimostro. Et allegoricamente sintēde que
sto fiume. Imperoche eluitio e/quello: che corre
al centro dellonferno: et conduceui chi lonauicha
et e/buio: perche ogni uitio nasce da ignorantia/et da cecita diragione. Adunque chi ua allonferno: se
guita elfiume. Ma chi nescie: et ua apurgarsi: uiene contro al fiume: perche soppone auitii: FVGGI
TO HAVETE laprigione etherna. Theologicamente e/prigione etherna de dannati lonferno. Perche
non escon per alchun tempo. Et moralmente se lonferno e lhabito del uitio: elquale tien lanimo nostro
i etherna seruitu. E anche prigione etherna. Imperoche lamaggior parte diquegli/che hanno facto habi
to del uitio: rimangono ethernalmente prigioni di quegli. Et pochissimi sono che nepossino uscire. PI
VME: pose per barba: laquale chi parla muoue col muouere delle mascella. CHI VA GVIDATI ET
chi ui fa lucerna. Due chose sono necessarie auscire delhabito deluitio. Lagratia illuminante: che illumi
na et fa lucerna. Et lacooperante che sifa guida/a chi uuole operare secondo leuirtu: chi uifa lucerna au
scire fuori della profonda nocte: cioe: Della profondita dello īueterato habito del uitio. Son. LELEG
GI DABISSO CHOSI rotte. O E/MVTATO IN CIELO nuouo consiglio. Quasi dica: se ladiuina
iustitia ha constituito etherna prigione a dannati: et uoi nesete usciti: conuiene che o per forza nesiate
usciti: o che iddio habbi mutato proposito. Ma ne elprimo e/dacredere: pero che nessuna forza uale cō
tro adio. Ne ancora elsecondo. Perche ladiuina sapientia e/inmutabile. NON LELEGGI DABISSO
quasi dica leleggi dadio ordinate. Per loabisso: cioe per laprofondita: et īferior parte del mondo: elqua
le e decto abysso: che inlingua greca significa profondita. O E/MVTATO IL CIELO: quasi dica do
ue non e/alchuna mutatione. Ma ogni chosa e/stabile.

e Conuenientte choſa: che Virgilio amoniſcha Danthe: cioe laragione amoniſca laſenſualita: che riuериſca Catone. Impoche ſe lappetito nõ portera riuerẽtia allaliberatione dellanima: ſempre ſara prono a uitii. LODVCA MIO alhor mi die di piglio. Perche non ſipuo amar laliberta: ſe laragione non riduce in ſua podeſta lappetito: et laſenſualita: et falla piegare: et riuerire laliberta. Et con parole perſuadendogli: et con mano affettandolo: et con cenni dimoſtrandogli. E/ammonita laſenſualita con paroie. i. con manifeſta doctrina: con mani. i. con optime operationi: lequali ciſono exemplo a ſeguitare lauirtu: et con cenni: che ſono ſententie piu obſcure. RIVERENTI MI FE legambe inginochiandomi. ET ELCIGLO: chinando elcapo. Et rectamente: perche leginochia ſono attribuite alla miſericordia. Onde quando uogliamo cõmuouere amiſericordia: ſogliamo ĩginochiarci: et ſimilmẽte abbracciare leginocchia di quello che uogliamo placare. ET LAFRONTE: oue ſono leciglia: et e/attribuita alla uergognia. Vergogniaſi adunque laſenſualita. Ilche e ſegno: che ſipente dellerrare: et deſidera emendarſi: et chiede miſericordia: ſanza laquale: chome altroue habbian dimoſtro: non puo lhuomo ſaluarſi. POSCIA RISPOſe Hauea domandato Catone: che guida: et che lume glhauea tracti dellonferno. Et eraſi marauiglato: che o leleggi fuſſin ropte: o lauolonta didio mutata. Ilperche riſponde Virgilio: prima: che lui e/ſtato guida a Danthe: pregato da Beatrice. Et noi dimoſtrammo nel ſecondo canto dellonferno: chome laragione illuſtrata dalla doctrina naturale: et philoſophica: che e/Virgilio ſifece guida a Danthe a moſtrargli euitii pe prieghi di Beatrice: laquale e/lagratia cooperante: mandata dalla luce: et da unaltra: che non nomina: che ſono lagratia preueniente: et illuminante. Et ha ſatiſfacto alle domande: che fu CHI VA GVIDATI et chi ui fa lucerna. Dipoi ſeguita.

Loduca mio alhor midie dipiglo
et con parole / et con mani et con cenni
riuerenti miſe le gambe elciglo
Poſcia riſpoſe allui dame non uenni
donna ſceſe del ciel per licui prieghi
della mia compagnia choſtui ſouuenni

Ma dache tuo uoler che piu ſiſpieghi
di noſtra condition chomella uera
eſſer non puotel mio chate ſinieghi
Queſti non uide mai lultima ſera.
ma per laſua follia lefu ſi preſſo
che molto poco tempo auolgere era
Si chomio dixi fui mandato ad eſſo
per lui campare / et non ciera altra uia:
che queſta per laquale io miſon meſſo/
Moſtratho allui tutta lagente ria /
et hora intendamoſtrar quegli ſpirti:
che purgan ſe ſotto latua balia
Chomil ho tracto ſaria lungho adirti
dallalto ſcende uirtu che maiuta:
conducerlo a ueder te et udirti:

h Auea ſatiſfacto gia Virgilio alle prime due dimande di Catone: et dimoſtratogli quale guida: et qual lume lhaueſſi condocto. Hora riſponde alla tertia: dimoſtrando: che per eſſere loro uſciti dellonferno: non erono ropte leleggi. Imperoche neſſuno diloro era dannato nellonferno: chome uederai nel proceſſo del texto. MA DACHE: ma dapoi che. E TVO VOLERE: cio e tu uuoi. CHE PIV SIPIEGHI: che ſiſpieghi piu: ſidimoſtri piu: di noſtra conditione. Et e/tranſlatione da lechoſe inuiluppate: et ripiegate. lequali non cipoſſono eſſere manifeſte: ſe non ſiſpiegano. E adunque laſententia: poi che tua uolonta e/che noi timanifeſtiamo piu auanti di noſtra conditione. CHOMELLA e/uera: cioe giuſta. ESSER NON PVOTE elmio: uolere. CHE A TE SINIEGHI: che ate ſidinieghi quello: che domandi: et ordina: chome latua dimanda e/giuſta: choſi non puo eſſere mio uolere: chate ſia dinegato quel che domandi. Et accio che intẽda che leleggi dabiſſo non ſono ropte: ſappi: che ne io fui mai dannato allonferno: perche ſono nellĩbo. Ne coſtui ancora uifu dannato: concio ſia che non e/morto: et iui non ſono dannati ſe non emorti Due ſono glinferni: chome gia diſopra habbiamo decto. Loeſſentiale: nelquale non ſono ſe non lanime di quegli: che ſon morti in peccato mortale. Laltro e/elmorale: nel quale ſintende eſſere qualunque ha facto tale habito del uitio: che non ſenepuo rimanere. Ma Danthe era uiuo: et ſe era inuiluppato in alchun uitio: non hauea facto habito. Adunque non era ſceſo nellonferno chome dannato: perche quelli non uiſono guidati da Virgilio: cioe dalla ragione. Ma dallappetito inrationale: et beſtiale. Ma erauí ſceſo per hauere uera cognitione de uitii: accioche cognoſciuto: quanto ſieno nociui: gliueniſſi uoglia di liberarſene. Onde dice. QVESTI NON VIDE mai lultima ſera. i. lamorte: laquale e/ultima nocte: et tenebra delhuomo. Ilche ſignifica non mori anchora: cioe non ha facto habito del uitio. Et pero con lamia guida e potuto uſcirne. NA PERLASVA follia: per laſua ſtultitia: et ignorantia. Impoche per mancamento di ragione caggiamo nel uitio: ui fu ſi preſſo: che molto pocho tempo era aduolgere: cioe hauea auenire: et dixe uolgere: perche larcuolutione de pianeti: et maxime del ſole: fa eltempo

Onde elpetrarcha uolendo exprimere elſole dixe. Quãdo elpianeta: che diſtingue lore: cioe quando el ſole: che per ſua reuolutione diſtingue lhore: et ogni ſpatio di tempo: et imita Virgilio: elquale dixe. Voluentibus annis. Reſtaua adunque poco tempo apoterlo ſoccorrere. Ilche dinota che ſe fuſſi piu perſeuerato ne uitii: facea tale habito: che non nepotea dipoi uſcire: Ma Beatrice glimando Virgilio: cioe ladiuina gratia: et quella deſto inlui laragione: laquale glifece conoſcere eluitio: Et ben dice. Et non uera altra uia: che queſta dellonferno. Imperoche quando eluitio cia preſi: ciſa tanto luſingare co dilecti: che cimoſtra/che ſe laragione non cimoſtraſſi laloro bruttura et pena. Ilche e menarci per lonferno: nõ cappetiremo mai diliberarcene. Adunque laragione non lopotea condurre aſalute: ſe non facea lauia p lonferno. Et per queſto dice hauergli moſtrato tutta lagẽte ria: cioe tutte legenerationi deuitii. Et hora intendo moſtrargli elpurgatorio. Imperoche dal conoſcere lamalignita de uitii/ naſce lacupidita del purgarſi. SOTTO LA TVA balia. Benche ogni choſa ſia ſotto ladiuina podeſta: niẽtedimeno ſipuo dire: che elpurgatorio ſia ſotto labalia di Catone. i. della liberta: perche neſſuno puo entrare in purgatorio: ſe non ſipente deglerrori. Et neſſuno ſipente deſſere ſeruo deuitii: ſe non diuenta cupido: et deſideroſo della liberta. CHOMIO LHO TRACTO ſaria lungho adirti. Saria lungho a riplicare/quante choſe dimoſtra laragione alla ſenſualita: innanzi che latraghi dellonferno: cioe glimecta in odio eluitio. DALLALTO SCENDE uirtu. Poiche chome habbiamo decto/ſanza aiuto diuino non ſilibera lanima humana dal peccato: et non ſiconduce auedere: et udire catone: che e/aconoſcere laliberta: et a quella ubidire. Et e/contro apelagiani: equali uoglono che ſolo ellibero arbitrio cibaſti alla ſalute.

Hor tipiaccia gradir laſua uenuta.
liberta ua cercando che e/ ſi cara:
chome ſa chi per lei uita rifiuta;
Tulſai che non ti fu per lei amara
in utica lamorte/ oue laſciaſti:
lauesta: chal grandi ſara ſi chiara
Non ſono gledicti etherni per noi guaſti
che queſti uiue: et minos me non ſegha
ma ſon del cerchi oue ſon glocchi caſti
Di Marti tua chen uiſta anchor ti priega
o ſancto pecto/che per tua lategni
per loſuo amore adunque anoi tipiega:
Laſcianandare per lituoi ſepte regni
gratie tiportero dite a lei:
Se deſſec mentouato laggiu degni:

PIACciati adunque gradire: hauere agrado. Imperoche ſe lharai a grado/non glidineghe rai iltuo aiuto. Et due cagione induce: per lequali muoua Catone laſua uenuta. Laprima ha gia decta dimoſtrando: che non e/uſcito dellonferno contro alletherne leggi. Hora ſoggiugne laſeconda: dimoſtrando che ua cercando liberta: quaſi dica te. Doucaſi adunque muouer Catone alfauore: di chi ueniua/ſanza contraffare agledicti etherni: et cercaua liberta: elquale e/proprio dono dato dadio allanima. Onde ſoggiugne. CHE E ſi cara: tanto grata: tanto accepta: tanto deſiderata. Ne e meſtiere: che queſto ti pruoui; perche tu medeſimo loſai. Concio ſia che tanto lamaſti che piu toſto uoleſti laſciar lauita: che quella. CHOME SA CHI PER lei uita rifiuta. Perche molti ſono ſtati/che piu toſto hanno uoluto morire/che uiuere in ſeruitu. TVL SAI CHE non tifu per lei amara. Queſta hiſtoria gia narrammo diſopra: in utica queſta cipta e/in africa nõ lontana da Cartagine. OVE LASCIASTI laueſte: elcorpo/elquale e/ueſte dellaio. AL GRAN di: eldi: nel quale ſara ultimo giudicio: pel quale erei ſaranno dannati alletherne pene: et glelecti chiamati alletherna beatitudine. Et perche niẽte puo eſſer maggior choſa a noi: che tal giudicio: pero lochiama elgran di: imitando leſacre lectere: lequali cãtano. Dies illa/dies magna. SARA SI CHIARA: perche tutti riprenderemo enoſtri corpi: et quegli de beati ſaranno glorificati: et riſplenderanno piu chel ſole. Et choſi enumera qui Catone tra glelecti. Ma intendi chome diſopra dicemmo della liberta: laquale e/ ſignificata per Catone. Imperoche tutti quegli: che per hauere fuggito euitii/ſono diuentati liberi: ſaranno tra glelecti. NON SONO GLEDICTI. Queſto habbiamo interpretato di ſopra. GLOCCHI CASTI. Perche molto dimoſtran glocchi glaffecti dellanimo. DI MARTIA tua: laqual fu tua mogle. CHEN VISTA. Et di lei dicemmo nel tertio canto dellonferno. ANCHOR TI priega. quaſi dica che chi laſguarda nel uolto/uiconoſce queſta affectione. Et in queſto luogho/chome el poeta pone catone per laliberta: choſi pone martia per lauita ciuile: et per la adminiſtratione della re publica; chome nelle noſtre allegorie latine in Virgilio dimoſtramo: che Didone e/poſta p queſto medeſimo. Adunque Martia/cioe lauita ciuile/ſempre uuole Catone permarito; perche ſempre deſidera congiugnerſi con laliberta. Et mentre che catone fu tra glhuomini ciuili: cioe mentre che laliberta ſexercita: et trauaglia nella uita actiua et ciuile/ama Martia: et per lei fa ogni coſa: ma ellibero arbitrio paſſa alla ſpeculatione delle choſe celeſti: non ſi muoue ſe non arichieſta di quelle. Ma ritornando doue laſciamo eltexto. Et dice. O SANCTO PADRE. Quaſi imita Saluſtio: elquale dimoſtra/che neſſuno ſancto dubito mai morire per laliberta. PIEGATI a noi. PER LOSVO AMORE et laſciane andare PER LITVOI SEPTE regni. Pel purgatorio; doue ſon puniti eſepte peccati mortali. De quali di ſot to piu chose diremo. Et non sanza cagione induce: che Vir. lopriega per martia: et nõ per Beatrice. Imperoche Virgilio non puo con lasua doctrina tanto eleuare lamente: che possa aperfectione conoscer beatrice. i. laliberta: che e: ĩ uno animo perfectamente: et secondo lanostra theologia purgato. Ma conoscela nella uita ciuile. Onde catone cautamente loriprende: et dimostra per cui amore condescende a suoi prieghi: dicendo. Ma se donna dal cielo timuoue/et regge: chome pocho disotto uederai.

Martia piacque tanto aglocchi miei:
mentre chio fui dila dissegli alhora/
che quante gratie uolle dame fei.
Hor che dila dal mal fiume dimora
piu muouer non mipuo/perquella legge
che facta fu quando menusci fora.
Ma se donna del cielo ti muoue et regge
chome tu di/non cie mestier lusinghe:
bastiti bene che per lei mirichregge.
Va dunque et fa che tu costui ricinghe
dũ giuncho schietto/et che glilaui eluiso
si chogni sucidume quiui stinghe
Che non siconuenia lochio sorpriso
dal chuna nebbia andar dinanzi alprimo
ministro che e/di quei del paradiso:

m Entre che ero cõmartia: cioe nella uita ciuile mipiacque quella: et ogni chosa feci per sua liberta. Ma poi che io sono passato elmal fiume che dinota lauita actiua: doue sono molti uitii/ et sono diqua: cioe nella uita contemplatiua/che e/priuata dogni uitio: non mimuoue Martia: ne mipuo muouere. PER QVELLA LEgge che facta fu quando menusci fora. questa e/ legge diuina instituita dadio/secondo lanatura delle chose: che tanto basti lamore della liberta ciuile: quanto dura epsa uita ciuile. Ma poi uenuta lacontemplatiua/ sidebbi obseruare lalegge di quella. Perche lauita contemplatiua e/ etherna. Onde nello euangelio. Maria autem optimã partem elegit: que non auferetur ab ea. Et pero aggiugne. MA SE DONNA del cielo muouiti o regge: quasi dica non sono tenuto piu amartia: ma a celeste donna: laquale se tiguida. COME TV DI non fa mestiere lusinghe: et optimamente dixe lusinghe. Imperoche glhuomini sinducono a far nostra uoglia: o con ragioni da noi allegate: o conlusinghe. Laragione ua al uero et alguSto. Lalusingha cõ lauolupta/laqual timostra: et con fraude tipersuade esser bene quel: che non e/ Adũque pregar per lamor di Martia sono lusinghe: perche lauita attiua sitrauaglia ne beni terreni: equali con sue lusinghe citrouo ad amargli: dimostrando in uita et in apparentia quel/che non sono. Ma catone: che ha passato elmal fiume. i. lappetito. Ilche dimostra che ha abãdonato lauita actiua. La cura debeni terreni non simuoue pe dilecti: et lusinghe di quegli. Ma essendo passato alla contẽplatione delle chose celesti dallamore diquelle: doue non sono lusinghe: ma sincera uerita: puo esser facilmente persuaso. Et persuaso dimostra a Virgilio: che debbi cigner Danthe dun giunco schietto: nel qual non sia nodo: et lauargli iluolto. E lanatura del giunco nascere in basso: et non crescer molto: non hauere nodo alchuno. Onde e/prouerbio. nodũ in scyrpo queris. Quando adunque uolessi trouare nellachosa: quello che non ue. Diciamo tu cerchi elnodo nel giuncho. Item non ha fronde/ne ornamento di fiori. Ma solamente produce seme. Per questo ĩtendiamo: che chi uuole purgarsi: conuiene che sia humile: et abbassisi. i. sia continente: ne silasci cadere in concupiscentia: chome elgiunco: elquale per se medesimo si contiene di sua natura: ne mai sipiega: non habbi nodo. i. non sia legbato ad alchuna terrena cupidita: ne habbi foglie. Ilche significa che non cerchi glhonori mondani: ne chose mondane: se non quanto richiede lanecessita del uicto et uestito: elquale richiede poche chose. Ilperche dice Cicerone Paucis minimisque natura contenta est. Molti uoglono che questo recinghe/sia due uolte cigni. et lun cinto sia la forteza contro glappetiti carnali: et laltro lapatientia nella penitentia. Et perche san Giouanni distingue epeccati in tre spetie. Superbia di uita. Et concupiscentia dicarne. Et concupiscentia docchi. Contro adue e humilta/et continentia: che sono nel giunco: et contro al terzo silaua glocchi con larugiata caduta dal cielo: et non seccata dal caldo del sole: che e/lagratia illuminante/non seccata dallosplendore de beni mondani. Et soggiugne: che non e chosa conueniente andare con glocchi soppris: cioe cecutiẽti/et quasi abbacinati: che significa lontellecto offuscato da ignorantia/et da cupidita di chose mortali. Sopprisо cioe soppreso: che in nostra lingua significa condensato. Onde diciamo lacte soppreso: quando con certi fiori dherba decta coagulo o uero presame: diraro diuiene denso. Adunque locchio uede p lasua rarita: laquale quando troppo sicondensa: diminuisce eluedere. AL PRIMO MINISTRO. elquale e/langelo: elquale pochopiu oltre descriuerra.

Questa isolecta intorno adimo adimo
laggiu cola doue labbatte londa:
porta degiunchi sopra elmolle limo:
Nullaltra pianta che facessi fronda:

f Inge essere una isola nellocceano nellaltro hemisperio/ posta al ricontro di hierusalem. Et optime uuole che elpurgatorio sia in isola. Imperoche chi simette apurgarsi deuitii: e percosso dauarie onde dimolte perturbationi/et cupidita

Onde elpetrarcha uolendo exprimere elsole dixe. Quãdo elpianeta: che distingue lore: cioe quando el sole: che per sua reuolutione distingue lhore: et ogni spatio di tempo: et imita Virgilio: elquale dixe. Voluentibus annis. Restaua adunque poco tempo apoterlo soccorrere. Ilche dinota che se fussi piu perseuerato ne uitii: facea tale habito: che non nepotea dipoi uscire: Ma Beatrice glimando Virgilio: cioe ladiuina gratia: et quella desto inlui laragione: laquale glifece conoscere eluitio: Et ben dice. Et non uera altra uia: che questa dellonferno. Imperoche quando eluitio cia presi: cisa tanto lusingare co dilecti: che cimostra/ che se laragione non cimostrassi laloro bruttura et pena. Ilche e menarci per lonferno: nõ cappetiremo mai diliberarcene. Adunque laragione non lopotea condurre asalute: se non facea lauia p lonferno. Et per questo dice hauergli mostrato tutta lagẽte ria: cioe tutte legenerationi deuitii. Et hora intendo mostrargli elpurgatorio. Imperoche dal conoscere lamalignita de uitii/ nasce lacupidita del purgarsi. SOTTO LATVA balia. Benche ogni chosa sia sotto ladiuina podesta: niẽtedimeno sipuo dire: che elpurgatorio sia sotto labalia di Catone. i. della liberta: perche nessuno puo entrare in purgatorio: se non sipente deglerrori. Et nessuno sipente dessere seruo deuitii: se non diuenta cupido: et desideroso della liberta. CHOMIO LHO TRACTO saria lungho adirti. Saria lungho a riplicare/ quante chose dimostra laragione alla sensualita: innanzi che latraghi dellonferno: cioe glimecta in odio eluitio. DALLALTO SCENDE uirtu. Poiche chome habbiamo decto/ sanza aiuto diuino non silibera lanima humana dal peccato: et non siconduce auedere: et udire catone: che e/ aconoscere laliberta: et a quella ubidire. Et e/ contro apelagiani: equali uoglono che solo ellibero arbitrio cibasti alla salute.

Hor tipiaccia gradir lasua uenuta.
 liberta ua cercando che e/ si cara:
 chome sa chi per lei uita rifiuta:
Tulsai che non ti fu per lei amara
 in utica lamorte/ oue lasciasti:
 lauesta: chal grandi sara si chiara
Non sono gledicti etherni per noi guasti
 che questi uiue: et minos me non legha
 ma son del cerchi oue son glocchi casti
Di Marti tua chen uista anchor ti priega
 o sancto pecto/ che per tua lategni
 per losuo amore adunque anoi tipiega:
Lascianandare per lituoi septe regni
 gratie tiportero dite a lei:
 Se dessec mentouato laggiu degni:

PIACciati adunque gradire: hauere agrado. Imperoche se lharai a grado/ non glidineghe rai iltuo aiuto. Et due cagione induce: per lequali muoua Catone lasua uenuta. Laprima ha gia decta dimostrando: che non e/ uscito dellonferno contro alletherne leggi. Hora soggiugne lasèconda: dimostrando che ua cercando liberta: quasi dica te. Doueasi adunque muouer Catone alfauore: di chi ueniua/ sanza contraffare agledicti etherni: et cercaua liberta: elquale e/ proprio dono dato dadio allanima. Onde soggiugne. CHE E si cara: tanto grata: tanto accepta: tanto desiderata. Ne e mestiere: che questo ti pruoui: perche tu medesimo losai. Concio sia che tanto lamasti che piu tosto uolesti lasciar lauita: che quella. CHOME SA CHI PER lei uita rifiuta. Perche molti sono stati/ che piu tosto hanno uoluto morire/ che uiuere in seruitu. TVL SAI CHE non tifu per lei amara. Questa historia gia narrammo disopra: in utica questa cipta e/ in africa nõ lontana da Cartagine. OVE LASCIASTI laueste: elcorpo/ elquale e/ ueste dellaio. AL GRANDI: eldi: nel quale sara ultimo giudicio: pel quale erei saranno dannati alletherne pene: et glelecti chiamati alletherna beatitudine. Et perche niẽte puo esser maggior chosa a noi: che tal giudicio: pero lochiama elgran di: imitando lesacre lectere: lequali cãtano. Dies illa/ dies magna. SARA SI CHIARA: perche tutti riprenderemo enostri corpi: et quegli de beati saranno glorificati: et risplenderanno piu chel sole. Et chosi enumera qui Catone tra glelecti. Ma intendi chome disopra dicemmo della liberta: laquale e/ significata per Catone. Imperoche tutti quegli: che per hauere fuggito euitii/ sono diuentati liberi: saranno tra glelecti. NON SONO GLEDICTI. Questo habbiamo interpretato di sopra. GLOCCHI CASTI. Perche molto dimostran glocchi glaffecti dellanimo. DI MARTIA tua: laqual fu tua mogle. CHEN VISTA. Et di lei dicemmo nel tertio canto dellonferno. ANCHOR TI priega. quasi dica che chi lasguarda nel uolto/ uiconosce questa affectione. Et in questo luogho/ chome el poeta pone catone per laliberta: chosi pone martia per lauita ciuile: et per la administratione della republica: chome nelle nostre allegorie latine in Virgilio dimostramo: che Didone e/ posta p questo medesimo. Adunque Martia/ cioe lauita ciuile/ sempre uuole Catone per marito: perche sempre desidera congiugnersi con laliberta. Et mentre che catone fu tra glhuomini ciuili: cioe mentre che laliberta sexercita: et trauaglia nella uita actiua et ciuile/ ama Martia: et per lei fa ogni cosa: ma ellibero arbitrio passa alla speculatione delle chose celesti: non si muoue se non arichiesta di quelle. Ma ritornando doue lasciamo eltexto. Et dice. O SANCTO PADRE. Quasi imita Salustio: elquale dimostra/ che nessuno sancto dubito mai morire per laliberta. PIEGATI a noi. PER LOSVO AMORE et lasciane andare PER LITVOI SEPTE regni. Pel purgatorio: doue son puniti esepte peccati mortali. De quali di sot to piu chose diremo. Et non sanza cagione induce: che Vir. lopriega per martia: et nõ per Beatrice. Imperoche Virgilio non puo con lasua doctrina tanto eleuare lamente: che possa aperfectione conoscer beatrice. i. laliberta: che e: ĩ uno animo perfectamente: et secondo lanostra theologia purgato. Ma conoscela nella uita ciuile. Onde catone cautamente loriprende: et dimostra per cui amore condescende a suoi prieghi: dicendo. Ma se donna dal cielo timuoue/ et regge: chome pocho disotto uederai.

Martia piacque tanto aglocchi miei:
mentre chio fui dila dissegli allhora/
che quante gratie uolle dame fei.
Hor che dila dal mal fiume dimora
piu muouer non mipuo/ perquella legge
che facta fu quando menusci fora.
Ma se donna del cielo ti muoue et regge
chome tu di/ non cie mestier lusinghe:
bastiti bene che per lei mirichregge.
Va dunque et fa che tu costui ricinghe
dũ giuncho schietto/ et che glilaui eluiso
si chogni sucidume quiui stinghe
Che non siconuenia lochio sorpriso
dal chuna nebbia andar dinanzi alprimo
ministro che e/ di quei del paradiso:

m Entre che ero cõmartia: cioe nella uita ciuile mipiacque quella: et ogni chosa feci per sua liberta. Ma poi che io sono passato elmal fiume che dinota lauita actiua: doue sono molti uitii/ et sono diqua: cioe nella uita contemplatiua/ che e/ priuata dogni uitio: non mimuoue Martia: ne mipuo muouere. PER QVELLA LEgge che facta fu quando menusci fora. questa e/ legge diuina instituita dadio/ secondo lanatura delle chose: che tanto basti lamore della liberta ciuile: quanto dura epsa uita ciuile. Ma poi uenuta lacontemplatiua/ sidebbi obseruare lalegge di quella. Perche lauita contemplatiua e/ etherna. Onde nello euangelio. Maria autem optimã partem elegit: que non auferetur ab ea. Et pero aggiugne. MA SE DONNA del cielo muoui ti o regge: quasi dica non sono tenuto piu amartia: ma a celeste donna: laquale se tiguida. COME TV DI non fa mestiere lusinghe: et optimamente dixe lusinghe. Imperoche glhuomini sinducono a far nostra uoglia: o con ragioni da noi allegate: o conlusinghe. Laragione ua al uero et algusto. Lalusingha cõ lauolupta/ laqual timostra: et con fraude tipersuade esser bene quel: che non e/ Adũque pregar per lamor di Martia sono lusinghe: perche lauita attiua sitrauaglia ne beni terreni: equali con sue lusinghe citrouo ad amargli: dimostrando in uita et in apparentia quel/ che non sono. Ma catone: che ha passato elmal fiume. i. lappetito. Ilche dimostra che ha abãdonato lauita actiua. Lacura debeni terreni non simuoue pe dilecti: et lusinghe di quegli. Ma essendo passato alla contẽplatione delle chose celesti dallamore diquelle: doue non sono lusinghe: ma sincera uerita: puo esser facilmente persuaso. Et persuaso dimostra a Virgilio: che debbi cigner Danthe dun giunco schietto: nel qual non sia nodo: et lauargli iluolto. E lanatura del giunco nascere in basso: et non crescer molto: non hauere nodo alchuno. Onde e/ prouerbio. nodũ in scyrpo queris. Quando adunque uolessi trouare nellachosa: quello che non ue. Diciamo tu cerchi elnodo nel giuncho. Item non ha fronde/ ne ornamento di fiori. Ma solamente produce seme. Per questo ĩtendiamo: che chi uuole purgarsi: conuiene che sia humile: et abbassisi. i. sia continente: ne silasci cadere in concupiscentia: chome elgiunco: elquale per se medesimo si contiene di sua natura: ne mai sipiega: non habbi nodo. i. non sia legbato ad alchuna terrena cupidita: ne habbi foglie. Ilche significa che non cerchi glhonori mondani: ne chose mondane: se non quanto richiede lanecessita del uicto et uestito: elquale richiede poche chose. Ilperche dice Cicerone Paucis minimisque natura contenta est. Molti uoglono che questo recinghe/ sia due uolte cigni. et lun cinto sia la forteza contro glappetiti carnali: et laltro lapatientia nella penitentia. Et perche san Giouanni distingue epeccati in tre spetie. Superbia di uita. Et concupiscentia dicarne. Et concupiscentia docchi. Contro adue e humilta/ et continentia: che sono nel giunco: et contro al terzo silaua glocchi con larugiata caduta dal cielo: et non seccata dal caldo del sole: che e/ lagratia illuminante/ non seccata dallosplendore de beni mondani. Et soggiugne: che non e chosa conueniente andare con glocchi soppris: cioe cecutiẽti/ et quasi abbacinati: che significa lontellecto offuscato da ignorantia/ et da cupidita di chose mortali. Sopriso cioe soppreso: che in nostra lingua significa condensato. Onde diciamo lacte soppreso: quando con certi fiori dherba decta coagulo o uero presame: diraro diuiene denso. Adunque locchio uede p lasua rarita: laquale quando troppo sicondensa: diminuisce eluedere. AL PRIMO MINISTRO. el quale e/ langelo: elquale pochopiu oltre descriuerra.

Questa isolecta intorno adimo adimo
laggiu cola doue labbatte londa:
porta degiunchi sopra elmolle limo:
Nullaltra pianta che facessi fronda:

f Inge essere una isola nellocceano nellaltro hemisperio/ posta al ricontro di hierusalem. Et optime uuole che elpurgatorio sia in isola. Imperoche chi simette apurgarsi deuitii: e percosso dauarie onde dimolte perturbationi/ et cupidita

o indurassi uipuote hauer uita :
percio challe percosse non seconda :
Poscia non sia diqua nostra redita /
losol uimostra che risurge homai
prendete elmonte apiu lieue salita :
Chosi spari et io su mileuai :
sanza parlare et tutto miritrassi
al duca mio et glocchi allui drizai :

lequali uorrebbon rimuouer lanimo dal suo buõ proposito. Ma chome lisola: benche sia circundata dal mare: nientedimeno resiste a tutti ecolpi dellonde: chosi chi e uenuto nelle uirtu purgatorie/non puo esser uincto da alchuna perturbatione: in forma che sia rimosso dal uero proposito Questi liti: equali sono percossi dallonde: non producono se non giunchi. Pe giunchi intendiamo latollerantia et lapatientia: laquale bisogna che sia: in chi siuuole liberare da uitii: perche del continuo e/perchosso da ardentissime cupidita: che louorrebbono ridurre o alle uolupta: o allauaritia: o allambitione Maxime/quando per darci a questa uita contemplatiua ciuengono meno ecomodi del corpo: o laroba: o glhonori: doue bisogna che sopportiamo molti disagi: et molti affanni: et credere a colpi della fortuna: piegandosi: et non sispezando. Et bene dice: che altra pianta che giunchi non produce: perche non ciregna: se non chi ha questa patientia. Imperoche lapianta non flexibile sispezerebbe. Et certo: chi nelladuersita non siflecte: et non china lespalle: e/uincto da quelle. Ne bisogna: che portino fronde: cioe habbino cupidita di chose uane et caduche: chome lefrondi: lequali paiono belle. Ma durono poco: et non producono fructo. POSCIA NON SIA di qua uostra reddita. Perche non debba tornare in drieto: ma procedere: uãti: chi ua alla purgatione. Onde et Giouanni dixe. Ibant et non reuertebantur. LOSOLE VIMOSTERRA che surge homai. Finxe nellaltra cantica: che lentrata sua nellonferno fu nel principio della nocte. Imperoche elcadere del uitio uiene da ignorantia/et cecita dimente. In questa dimostra: che lasalita al purgatorio fu nel nascimento del sole. Perche uscire deluitio per ritornare alla uirtu: procede dal risurgere in noi ellume della ragione. Et pero dixe: elsol uimostra: che risurge. Perche ellume della ragione stato pel passato dimerso ripiglar possa: et mostraci lauia del purgarsi. PRENDETE ELMONTE apiu lieue salita. Difficil e/lauia et erta: laquale mena alla uirtu. Crede qui amonisce che sempre dobbiamo pigliar lauia: che habbi meno asperita: pur che sia dacondurcerci. Vuole che noi saliamo. Ma perche insino che noi non siamo ben confermati nel buono proposito: dobbiamo cominciare dalle chose piu facili: acciochе non cinduchino in desperatione. Et dipoi gia assuefacti a tal difficulta: ciparra men dura lafatica. CHOSI SPARI: quasi uuol dinotare che non era lessentia di Catone. Ma una immagine posta per significare laliberta. ET IO SV mileuai sanza parlare. In questa consultatione debba adoperarsi laragione sola. Et lappetito con reuerentia debbe udire: et dipoi tutto darsi alla ragione: et lei guardare; acciochе niente altro faccia: se non quello: che epsa comanda: o accenna.

El comincio figluol segui emie passi :
uolgianci in drieto che diqua dichina :
questa pianura asuoi termini bassi :
Lalba uincea lhora mattutina /
che fuggia innanzi sicche dilontano
choggnobbi eltremolar della marina :
Noi andauamo per losolingo piano
chonhuom che torna alla perduta strida
chenfine adepsa glipare ire in uano :

u IRgilio chiama Danthe figluolo: et benemerito: Imperoche lui uolentieri: et con amore ubbidiua a Virgilio: non chome a signore/ma chome a padre. Et gia piu uolte habbiamo dimostro: questo significare lappetito /esser facto obediente alla ragione. Segui emiei passi: perche sanza laragione dinuouo rimarrebbe inuiluppato ne uitii elsenso. VOLGIANCI in drieto: nõ possiamo entrare in purgatorio: se non ciuolgiamo in drieto a riconoscere euitii/che sono in noi. Et pero uuole che uada in giu. i. alla ricognitione deluitio/in nanzi che cominci asalire. Altri piglono questo scendere per lhumilta: laquale e/necessaria a chi desidera purgarsi: laqual sententia non midispiace. LALBA VINCEA lhora matutina Lalba e/quel tempo nel quale: benche anchora non sueggia elcorpo del sole: nientedimeno lui e/si presso alhemisperio nostro: che gia illumina loriente: et uince eltempo mattutino: elquale anchora ha diminuito letenebre. Ma non tanto quanto lalba: perche questa fa biancha laria: e/chosi decta. Perche album in latino significa biancho. FVGGIA INNANZI. Imperoche chome laobschura nocte fugge el mattutino. Chosi elmattutino fugge lalba. Era adunque tanto lume: che io scorgeuo eltremolare cioe: elleggiere ondeggiare della marina. Era gia tanto di luce: che benche non scorgessi ogni chosa: nientedimeno scorgeuo questo. Ilche dinota: che benche non hauessi tanto lume dintellecto: che potessi anchora speculare: nientedimeno conosceua essere necessario elpurgarsi: perche era entrato nelle uirtu purgatorie. Et uedea eltremolare della marina. i. gia conoscea: non solamente emoti grandi dellappetito: elquali leuirtu ciuili conoschono esser uitii/ma eminimi: equali lauita ciuile: perche non ha le uirtu perfecte: non giudica euitii: chome leuirtu purgatorie. NOI ANDAVAMO per losolingo piano. Infinita e laturba di quegli: che uanno allonferno/ cioe cascano ne uitii. Ma radissimi quegli che nescono per andare apurgersene. Onde Virgilio. Facilis descensus auerni. Sed reuocare gradum superasque euadere ad auras. Hoc opus hic labor est. Adunque questo piano e/ solingo; et solitario: perche pochi uarriuano. CHOMHVOM CHE torna. Molte conueniente comperatione. Imperoche lhuomo uscito dellonferno: et messosi per non uera strada per ire alpurgatorio: siduole hauere atornare in drieto: et pargli ire in darno: insino che non torna alla uera uia: chome fa chi a camino lasmarrisce. Ma pure chome dice elpetrarca e/senno che chi smarrito ha lastrada torni in drieto.

Quando noi fummo doue larugiada
pugna col sol: che per essere in parte
doue doreza pocho sidirada
Ambo lemani insu lherbetta sparte
Soauemente elmio maestro pose.
et io che fui accorto di sua arte
Porsi uer lui leguancie lachrimose
quiui mifece tutto discoperto
quel color che linferno minascose

q Vando fummo doue larugiada pugna: cioe combatte col sole: elquale col caldo lauuole: diradando: et diseccandola consumare. Ma essa perche e/in parte/cioe in luogo doue dorezza: cioe doue e/rezo/cioe ombra: sidifende: poco sidirada: et non sirisolue. Virgilio sene bagno le mani per lauare eluiso a Danthe. Perche chosa pigli larugiada: et perche ilsole dicemmo pocho di sopra. Adunque laragione con lemani/cioe con lebuone opere piglia larugiada: riceue lagratia illuminante. Et bene con lebuone opere: perche non cela da idio: se dal nostro canto noi non ciaiutiamo. Onde dice Agostino. Qui fecit te sine te/non saluabit te sine te. Ha compassione idio di chi saiuta: et mandagli tal gratia. ONDIO CHE fui accorto. Laragione uuole leuare lasensualita per leuargli elsucidume: che glinfuscha glocchi. Et epsa sensualita gia facta obbediente alla ragione: non fugge anzi sifa in contro. Et alhora larugiada leuo uia quel colore et sucidume/che occupaua si glochi suoi: che non pote uedere lonferno. Imperoche posto che Virgilio che e/laragione superiore mostrassi alla sensualita labruttura et lauilta del uitio: et eldetrimẽto che arrecha allanima: nientedimeno occupata quella dalla cupidita delle chose terrene lantendeua: ma non perfectamente. Onde dice. QVEL COLORE quel sucidume: elqual minascose lõferno. Non al tutto minascose: ma quasi minascose. perche epoeti alchunauolta lascieno questa distĩctione quasi: laquale uisintende. chosi Vir. Galli per domos aderant arcemque tenebant. i. quasi tenebant. Et certo non essendo ãchora purgata lasensualita: non hauea absolutamẽte conosciuto labruttura et elloto de uitii: elquale lonferno. i. laignorantia glihauea nascoso.

Venimo poi insu lito deserto/
che mai non uide nauigar sue acque
huom che diritornare sia poscia sperto.
Quiui micinse si chomaltrui piacque
o marauigla che quale egli scelse
lhumile pianta cotal sirinacque/
Subitamente la ondei lasuelse.

l Auato eluolto uẽnnono allito: elquale non uide mai alchuno huomo nauichare elmare suo che dipoi tornassi in drieto. Qesto intendẽdo de morti e/manifesto: che nessuno ua al purgatorio che dipoi torni in drieto. Anzi procede auanti salendo al cielo. Ma anchora e/ uero ne uiui. Imperoche chi passa dal uitio alla purgatione non torna poi indrieto. Ma ua dalle uirtu purgatorie/a quelle dellanimo gia purgato. Dice adunque. Noi arriuamo allito deserto: abbandonato: et solingo: chome disopra dixe dellauia. Elqual lito non uide mai huomo nauichare sue acque. el qual huomo dipoi fussi experto: cioe hauessi prouato et tentato ditornare in drieto. Et poeticamente da elsenso alla chosa insensata: Chome Vir. Iamque ascendebant collem qui plurimus urbi Imminet. QVIVI MICINSE chome allui piacque. Perche e/in arbitrio et iudicio della ragione imporre quanta et quale humilta: et patientia: et penitentia uuole. Altri testi hanno altrui. Et alhora intendi che chosi comandato. Ma che disubito rinascessi unaltro giunco: donde elprimo fu suelto: e/imitation di Virgilio: elquale dimostra: che subito che Enea spicco elramo delloro nella selua: uene nacque unaltro. Onde dice. Primoque auulso non deficit alter aureus et simili fronde scit uirga metallo. Adũque chome in quel luogo dimostrammo nelle nostre allegorie Virgiliane. Che leuirtu: che sono beni dellanimo non scemano per pigliarne. Ma piu tosto crescano: perche simultiplicano in piu. Chosi intende qui elnostro poeta. Sieno mille aueстirsi dhumilta: non per questo manchera lhumilta ad altri mille: che senevoglino uestire. Ma piu facile seneuestirãno questi ultimi: per loexemplo deprimi. Ma lopposito trouerrai ne beni corporei. Imperoche quanto piu sono alleuare del cumulo: tãto piu scema.

. CANTO SECONDO DELLA SECONDA CANTICA DI DANTHE .

g IA era ilſole allorizonte giunto
locui meridian cerchio couerchia
hieruſalem col ſuo piu alto punto:
Et lanocte che oppoſita allui cerchia
uſcia di gange fuori con lebilancie:
che glicaggion diman quando ſouerchia
Sicche lebianche et leuermigle guancie /
la douto era della bella aurora
per troppa etate diuentuan rancie.

f V ueramente diuino ingegno del noſtro poeta: et dadiuina gratia aiutato. Elquale non ſanza cagione pone tre tempi: poi che uſci dellõferno. Mattutino: nel quale loſplendore di Venere uincea letenebre. Dipoi laiba. Et alpreſente elnaſcimento del ſole. Ma di queſti diremo di ſotto. Ma accio che meglo ſintenda/dico. Che inanzi che aggiungha alla porta del purgatorio: ſale un certo ſpatio di luogho: nel quale ſtanno alchun tempo quegli: che ſono ſtati negligenti a uenire alla penitentia. Et quiui aſpectando purgano tal negligentia: et purgatola entrono nel purgatorio apurgare ecommeſſi peccati. Et perche tale negligentia diuide in ſei parti. Similmente diuide queſto luogo in ſei parti: accioche ogni ſpetie di nigligentia habbia elſuo proprio luogo. E/adunque elprimo luogo lapiaggia in ſino almonte. Et in queſta ſipuniſce lanigligentia di quegli: che occupati da uani et mondani dilecti hanno indugiato lapenitentia. Dipoi ſeguita elſecondo luogho: et e elprimo balzo. Et in queſto ſono enegligenti che hanno indugiato lapenitentia: per eſſere ſtati in contumacia diſcomunicatione. Et di queſti ſcriue nel terzo canto. Nel quarto pone elſecondo balzo: et terzo luogo doue pone enegligenti naturalmente in ogni loro actione. Nel quinto canto e/elterzo balzo et quarto luogho: et in eſſo enegligenti equali per occupationi darmi hanno indugiato lapenitentia. Nel ſexto pone elquinto luogho: et quarto balzo: et in quello quegli: equali per occupationi degliſtudii hanno indugiato lapenitentia. Ne duoi ſeguenti a queſto pone elſexto luogho: et in quello quegli: che lhanuo indugiata per occupatione di ſignoria: o di reggimento. Tutte queſte anime hanno aſopraſtare aentrare nel purgatorio: tãto quanto ſopraſtettono nel mondo a uolgerſi apenitentia: excepto che gliſcomunicati: che ſopraſtanno per ogni anno trenta. Preterea puo ognuno diqueſti negligenti andare in ſino al purgatorio. Ma di poi ſiritorna alluogho ſuo: inſino che adempia eltempo. Ma tutte queſte choſe uederemo nel proceſſo piu diſteſamente. Imperoche in queſto ſecondo canto ſitracta ſolamente dellaprima ſpetie de negligẽti. Ma prima diſcriue eltempo dimoſtrando: che gia elſole ſurgea in quello hemiſperio: et nel noſtro cominciaua lanocte. GIA ERA ELSOLE allorizonte giunto. Era elſole ſceſo giu al circulo: elquale diuide elnoſtro hemiſperio dallaltro: elquale in greco e decto orizonte: quaſi terminante. Imperoche orizin ſignifica terminare. Et e/conueniente nome: perche chome ho decto: queſto e/eltermine fra lnoſtro et laltro hemiſperio. Adunque arriuato quiui: eſce di queſto et entra nellaltro: et a noi fa occidente: et allaltro fa oriente. Onde ſequita: che a noi ſifaccia nocte: et a quegli altri di. Preterea debbi in tendere: che chome lorizonte e/elcerchio: che diuide luno hemisperio dallaltro: chosi e/ unaltro cerchio/che diuide ciaschuno hemisperio in due equali parti: al qual quando arriua elsole fa mezo giorno. Perche tanto e/distante da oriente: quanto da occidēte. Ilperche e/decto cerchio meridiano. Adūque era ilsole allorizonte a noi occidentale: et allaltro hemisperio orientale. Ma elmeridiano diquesto orizonte nel nostro hemisperio. COVERCHIA: cioe sta sopra ad hierusalem col suo piu alto pūcto: cioe quando e/nella sua maggior alteza. Ilche se e/seguita che hierusalem sia nel mezo del mōdo HIERVSALEM. Scriue Isidoro: che Sem figliuolo di Noe dopo eldiluuio edifico insyria questa cipta: et chiamolla Salem. Dipoi habitata da Iebusei muto nome: et dalloro fu decta Iebu. Dipoi composono luno et laltro nome chiamandola Iebusalem. Et altrauolta hierusalem: Salamone lanomino hierosolima. Et eromani Solima. Onde Iouenale: Solimarumque sacerdos. Finalmente Elio Adriano īperadore instituì: che da se fusse decta Elia. ET LANOCTE che opposita allui cerchia. Imperoche quando elsole ua sotto in occidente: et lanocte comincia apparire in oriente. Adunque e/opposita al lui: et chosi opposita ua cercando elcielo. VSCIA DI GANGE: chome hibero fiume dispagna: pche corre a occidente e/chiamato foce occidentale. Chosi Gange fiume in india: perche corre alleuante e/decto foce orientale. Gange e/fiume in india decto da Gange antiquissimo Re dindia. Ne e/ molto nota lasua origine. Molti dicono che nasce in altissimi monti discithia: et con grande strepito cade alpiano in un lago. Indi esce: et corre placido et quieto. Dicennoue grandi: et nauigabili fiumi entrono in questo. Lui doue ha men latitudine e/largo octo miglia. Doue piu: cento. In nessun luogo e men profondo che uenti piedi. Credon molti che sia quello: che lesacre lectere chiamono Fison ilche significa inondatione. VSCIA FVORI con lebilancie. Dimostro disopra: che ilsole era nella riete. Nel quale: perche lui fa lequinoctio: et sta tanto nel nostro hemisperio: quatno in quel di socto. Seguita che quando lui e/nelloccaso: lalibra: laquale e/segno opposto allariete: surga in oriente. Et pero dixe con lebilancie cioe con lalibra: lequali. GLICAGGION di mano quando souerchia. Qando cresce lanocte. Lasententia e/questa: che essendo due equinocti: ne quali lanocte e pari al di: quando elsole e/nel primo puncto dellariete: e/ lequinoctio uernale. Ma quando esce del primo grado comincia a crescere eldi. Onde elpetrarcha. Era nella stagione che lequinoctio eldi fa uincitore Et elcontrario effecto fa elsole nellequinoctio auctunnale: quando elsole e/ nel primo puncto della libra. SICCHE LEBIANCHE et leuermigle guance. Fingono epoeti: che laurora sia una dia molto bella: laquale stia in oriente. Perche questa stagione del di appare in oriente pocho auanti al sole. Volendo adunque dimostrare: chelsole era leuato dice. che leguance: cioe legote bianche: et uermigle dellaurora: cioe quegli due colori: equali chome habbiamo decto: appariscono nellaria; innanzi chel sole sia altutto scoperto. Erono diuentati ranci: uieti: et uecchi: cioe erono spariti.

Noi erauam lunghesso elmare anchora
chome gente che pensa suo cammino
che ua col chuore et col corpo dimora:
Et eccho qualsulpresso del mattino
per ligrossi uapori marte rosseggia
giu nel ponente sopral suo marino:
Cotal mapparue si anchor loueggia
un lume per lomare uenir si rapto
chelmuouer suo nessun uolar pareggia:
Delquale chomio un pocho hebbi ritracto
locchio: per dimandar loduca mio
riuidil piu lucente et maggior facto:
Poi dogni lato adesso mappario
un non sapea che biancheggiar disotto
appoco appoco unaltro allui nuscio.

e Rauamo anchora nellito: et stauamo chome chi pensa per trouare lauia: et elcamino: et non lasapendo anchora non simuoua col corpo: Ma lanimo se messo in uia. Et stando in tal pensiere: uide danthe un lume nella marina assai lontano da se: elquale era di quel focoso colore: quale suole essere in marte: quando interuiene: che lui sia quasi che opposito al sole: in forma che uenente laurora: lui sia presso alloccaso. Alhora adunque essendo quello pianeta di sua natura rosso: interuiene / che ne uapori grossi exalanti dal mare: et gia rosseggianti per laurora: appare piu rosso et maggiore. Et ordina chosi. NOI erauamo lunghessa lamarina et cetera: et eccho che un lume mapparue tale: cioe di tal colore: quale rosseggia Marte. non solamēte per sua natura: ma anchora per ligrossi uapori SVL PRESSO: sul tempo presso del mattutino dellaurora. Di Marte diremo nel paradiso: quando uerremo al suo cielo. Ma seguitando eltexto ueniua ellume si ueloce: che quando io riuolsi glocchi a Virgilio: era gia appressato: in forma che parea piu lucente et maggiore. POI DOGNI LATO. Dimostra quello: che interuiene nella uista: laqual dilontano non uede: se non uede: se non confusamente: et sanza distinctione. Appressandosi adunque comincio ascorgere lale bianche. Ma prima scorse elcolore che lale: et pero dixe un biancho et non sapea che. ET DISOTTO appoco appoco unaltro allui nuscie. prima uide ilbiancho del lale: perche erono piu eleuate: dipoi appressandosi piu: comincio auedere lablancha stola. Perche chome ho decto chosi e/lanatura del senso.

Lomio maestro anchora non facea motto
mentre che primi bianchi apparuer ali
albor che ben cognobbe elgaleotto
Grido fa fa che leginocchia cali.
ecco langel didio: piega lemani:
homai uedrai di si facti officiali:
Vedi chesdegna glargomenti humani:
si che remo non uuol ne altro uelo
che lale sua tra lidi si lontani:
Vedi chome la dricte uerso elcielo
tractando laer con letterne penne.
che non simutano chome mortal pelo/

n Iente dixe Vir. se prima non cognobbe quello: che ueniua essere langelo. Et per questo interpretiamo: che lhuom docto non debba affermare ad altri sapere alchuna chosa se prima non laintende apertamente. O ueramente significa: che allontellecto humano non uiene scientia alchuna degluniuersali: se non per phantasmati de particulari. VEDI CHESDEGNA glargomenti humani. Perche chi e/nelle uirtu purgatorie comincia alasciar ogni humana contagione et addirizarsi aeleuarsi da terra. Ma perche qui pone lanaue: et elnocchieri e/ necessario: che chome nel principio dellonferno dimostro qual fussi elnocchieri: che menassi lanime ad etherna dannatione: chosi al presente ponga quello: che conduca al purgatorio: doue e/ferma speranza salire al cielo dopo lapurgatione. Pose quiui charone lanaue et elremo. Et acheronte: doue dicemmo acheronte significare elmoto: che fa lanimo passare nel peccato: elquale moto perche e/pieno diperturbatione: optimamente e/assimilato a acqua turbulenta et nera. Qui pone elmare: elquale non sia in tempesta. Ma habbia picchole onde: et sia pura acqua: adimostrare elmoto dellanimo alla purgatione: elquale e/sanza alchuna perturbatione. Charone significa quiui ellibero arbitrio. Elquale: perche non e illuminato da gratia alchuna diuina: lodiscriue in forma di bructo demonio. Qui e/posto per libero arbitrio langelo didio. perche lanimo nostro in questo luogho usa ellibero arbitrio alla uirtu: et non al uitio. Et perche e/ recto dalla diuina gratia: et da quella illuminato: losa lucido et focoso a dinotare ellume della gratia: et lardore del desiderio del purgarsi. Lanaue e/presa per lauolonta: che porta ellibero arbitrio: chosi quiui: chome qui. Ma nellonferno lanaue e/rimosa et debole. Et puo fare acqua. Onde. Et multam accepit rimosa paludem. Ilche significa: che quiui lauolonta silascia empiere dalle perturbationi. Et in purgatorio e/ buono: ne riceue acqua. In inferno elnocchieri laguida col remo. Ilpurgatorio lapigne con lauela: laquale fa delle sue ale. Elremo et lauela significano laelectione. Ma elremo perche toccha sempre lacqua: significa electione di chose terrene: leuele sinnalzano sopra lanaue: et sono ale: lequali sono date a chi habita laria: et sono ale dirICte al cielo. Ilche significa electione di chose celeste. Sono alchuni che uoglono che questo sia langelo buono: elquale e dato a custodia dellanima.

Poi chome piu et piu uerso noi uenne
luccel didio piu chiaro apparíua
perche locchio dappresso nol sostenne:
Ma chinol giuso et quei senuenne a riua
con un uasello snellecto et leggiero:
tanto che lacqua nulla nenghiocttiua
Da poppa stal celestial nochiero/
tal che parea beato per scripto/
et piu dicento spirti entro sediero
In exitu israel de egypto
cantauan tutti in sieme ad una uoce
conquanto diquel psalmo e/poi scripto
Poi fece elsegno loro di sancta croce
onde sigittar tutti insu lapiaggia
et e/sengio chome uenne ueloce:

s Ono alchuni: che per questo uaso snelletto/ cioe nauetta leggiera intendono labsolution facta dal sacerdote: laquale ha forza diconducere lanima al purgatorio. Et langelo con ledue ale sia lagratia cooperante et consumãte. Et che lacqua niente ĩghioctissi della naue: significa: che lagratia dellospirito sancto: laqual sacquista nellabsolutione: ci fa si leggieri pel mare della maritudine della morte: che non uisiano sommersi. Questa allegoria sommamente appruouo: et e/molto condecente. Ma tornando allallegoria nostra diremo: che chome lanaue di charone era molto impeciata: et facea assai acqua. Onde dixe Virgilio. Et multam accepit rimosa paludem. Ilche significa: che lauolonta del uitio sempre e/ nelle chose mondane: chosi lanauetta dellangelo uiene leggieri sopra lacqua: perche sinnalza alle chose celesti: et non situffa nelle mõdane. PERCHE LOCCHIO nolsostenne: perche dinuouo era entrato alle uirtu purgatorie Danthe et non era an chota tanto purgato: che potessi sofferire tal luce: perche chome gia dicemmo: non puo loimpuro toccare elpuro. PAREA BEATO per scripto. Parea scripto cioe confermato beato. Ilche non e/ falso. Imperoche chi ua al purgatorio e/ gia confermato in gratia IN EXITU ISRAELE de egypto. Questo psalmo: fu gia descripto in presentia del popolo hebreo: quando usci degypto: et della seruitu di pharaone: et da Moyse fu condocto nel deserto: perandare in terra di permissione. Adunque questi spirti uscendo del peccato: et della seruitu di quello: per uenire al purgatorio: et indi a terra di permissione/ cioe al paradiso: optimamente poteuono cantare tal psalmo. POI FECE elsegno loro di sancta croce: Per questo segno elquale e/ proprio della nostra religione: dinota elpoeta tali anime hauere tenuta lafede christiana: sanza laquale nessuno loro merito o uirtu lepotrebbe fare degne del purgatorio.

Laturba che rimase la siluaggia
era del loco rimirando intorno
chome colui che nuoue chose assaggia
A tutte parti saectaua ilgiorno
losol chauea con lesaecte conte:
di mez elciel cacciato elcapricorno:
Quando lanuoua gente alzo lafronte
uer noi dicendo a noi se uoi sapete:
mostratene lauia di gire al monte:
Et uirgilio rispose uoi credete
forse che siamo spirti desto loco:
ma noi sian peregrini chome uoi sete
Dianzi uenimo innanzi auoi un pocho
per altra uia/ che fu si aspra et forte
chelsalire oggimai ne parra gioco:

L Aturba di quegli spirti rimasa la/ parea siluggia delluogho: perche staua saluatica: chome chi e/ nuouo: et non sassicura. Et per questo dimostra che benche uolontariamente ci siamo partiti dal peccato: et uenuti alla purgagione: nientedimeno da principio cispauenta alquanto tal uita: per non esserui assuefacti. Et uolentier domandono chi ue uso: che modo sabbia atenere. Ma Virgilio et Danthe non hanno anchora tal notitia: per essere anchora loro nuoui: che possino mostrare tal uia. A TUTTE PARTI. Elsole saectaua elgiorno/ cioe spargea esuoi razzi equali sono elgiorno. Imperoche niente altro e elgiorno: se non laluce del sole. Adunque dimostra che era tanto alzato gia elsol sopra elnostro orizonte: che spargea esuoi razzi per tutto Et uuole dimostrare: che essendo elsole nel primo grado dellariete: non solamente era con quello: fuori dellorizonte: ma gia tutto lariete era fuori. Et perche ogni uolta che elprimo grado dariete arriua al nostro orizonte in oriente: conuiene chel sexto segno da lui caggia nellorizonte doccidente. Sara necessario che elterzo dalui: elquale e elcapricorno: tocchi col primo grado elmezo del cielo. Adunque quando tutto lariete e/ fuori dellorizonte: tutto elcapricorno sara passato elmezo del cielo. Per laqual chosa selsole: che era nel primo grado dellariete: cacciaua tutto elcapricorno di mezo elcielo: conueniua che gia fussi sopra terra un segno. Del capricorno dicemmo nellonferno. Et dimostrammo che elsole in quel segno fa solstitio hiemale. CON LESAETTE conte: uere: et certe. Perche erazzi del sole non mutano mai ordine nel ferire. PER ALTRA uia. Dice: che essendo loro uenuti per lonferno: doue hanno conosciuto ladura seruitu del uitio: et ladannation: che daquello procede elsalire/ cioe elpurgarsi da quello: benche habbia asperita in se: nientedimeno a comperatione di quello parra giuocho: et chosa leggieri.

Lanime che si fur di me accorte
per lospirare che io ero anchor uiuo
marauiglando diuentaro smorte:
Et chome a messaggiero che porta uliuo:
tragge lagente per udir nouelle:
et dichalcare nessun simostra schiuo:
Chosi al uiso mio saffixor quelle
anime fortunate tutte quante:
quasi obliando dire affarsi belle:

CCorsonsi che Danthe fussi uiuo: perche spiraua/ cioe alitaua. Perche alitare e/ proprio dellanimale uiuo. Concio sia che ne ilcorpo senza anima: ne lanima sanzalcorpo alita. Lalitare e/ necessario per due chose. Prima: che essendo elchuore lasedia della uita. Et perito elchuore: perisce quella. Et non potendo durare al calore: che e/ in lui: se del continuo non e/ rinfreschato pose lanatura intorno alchuore. Elpolmone in forma di mantaci: equali del continuo tirando ase laria lorinfrescano. Laseconda e/ perche tale aria tirata da polmoni al chuore: nutrischa et ristori lospirito uitale nel chuore: chome dimostra Alberto magno nellibro deglianimali. CHOME AMESSaggiero. Conueniente comparatione per laqual dimostra: che chosi saffoltauano glispirti intorno a Danthe. Chome lagente corre et raguna si intorno: a chi arrecha nouelle: et maxime se ha uliuo. Perche dinota portar nouelle o di pace/ o di uectoria. Oliuo e albero dedicato a minerua dea della sapientia. Et dichono lefauole: che essendo contē tione tra queſta dea: et neptunno: chi doueſſi porre nome alla cipta: che dipoi fu decta athene. Comando Ioue che ciaſchuno percoteſſi laterra: Minerua con laſua aſta: et Neptunno col tridente: et quello rimaneſſi uincitore nella cauſa: che con laſua perchoſſa produceſſi choſa migliore. Perchoſſe Neptūno: et nacquene un cauallo. perchoſſe Minerua: et nacquene uno oliuo. Et perche ilcauallo e/animal bellicoſo Et luliuo pianta pacifica: fu giudicata lauictoria a Minerua. Onde perche ilnome ſuo in greco e/athene Volle che lacipta fuſſe chiamata athene. Et perche chome habbiamo decto e/albero di pace: tutti quegli che andauano adomandare pace: portauano luliuo: Theophraſto diſcepol dariſtotele: elquale fu anni. CCCC. XL. dopo laedificatione di Roma: afferma che non naſcea piu lontana dal mare che: quaranta migla. Et Feneſtella ſcritore non ignobile: ſcriue/che netempi di tarquino priſco non era anchora queſto albero in italia: ne in africa: ne in hiſpagnia. In athene tutti euincitori erono coronati duliuo. Et ragioneuolmente ſimarauiglauano gliſpirti: che huomo uiuo fuſſi quiui. Imperoche nelhuom uiuo e/anchora lappetito: et laſenſualita: laquale e/difficile ſottometter alla ragione: informa che lubbidiſcha allaſciare eluitio: et purgarſene. QVASI OBLIANDO: dimenticando. FARSI BELLE .i. purgarſi. Et qui dinota quāto fuſſi loſtupore: poi che per uederlo differiuono lapurgatione. Et anchora nota: lanegligeutia nel differire lapurgatione: della quale ſono puniti chome pocho di ſotto uederai.

Io uidi una diloro tirarſi auanti:
per abbracciarmi con ſi grande affecto:
che moſſe me afare loſimiglante.
O ombre uane fuori che nellaſpecto.
tre uolte drieto allei lemani adiunſi
et tante mitornai con eſſe al pecto
Di marauigla credo midipinſi:
perche lombra ſorriſe: et ſi ritraſſe
et io ſeguendo lei oltre mipinſi:
Soauemente dixe chio poſaſſe
albor conobbi chiera/ et pregai.
che per parlarmi un pocho ſarreſtaſſi
Riſpoſemi choſi chome io tamai
nel mortal corpo/ choſi tamo ſciolta
pero marreſto/ ma tu perche uai

d Imoſtra qui che lanime ſono incorporee: et ueggonſi ſolo per hauer preſo corpo aereo elquale benche ſi uegha chome lanebbia elnuuolo niente dimeno non ſipalpa. Onde Chriſto dixe nello euangelio. Quoniam ſpiritus carnem et oſſa non habet. Et pero dice: O ombre uane fuor che nellaſpecto: et ſoggiugne: che tre uolte ſirimiſſe abbracciarla. et ſempre ſu iſtrinſe lemani al pecto: non trouandoſi nulla in braccio. et e/imitatione Virgiliana. Ter conatus ibi collo dare bracchia circum. Ter fruſtra comprenſa manus effugit imago. Par leuibus uentis uolucrique ſimillima ſonno. DI MARAVIGLA credo midipinſi: perche io molto mimarauigliai: io credo che nel uolto mio appariſſi quel colore che ſuole apparire: quando uno rimane ſtupefatto duna choſa. Onde ſoglam dire: io diuentai di mille colori. PERCHE LOMBRA ſorriſe: perche ſaccorſe della deceptione: che io hauea preſo: credendo quella hauer corpo palpabile. SORRiſe. modeſtamente riſe. Et nota che lanimo lopotea abbracciare. Et pero chome amica ſimoſſe Ma dipoi uedendo ladeception di Danthe: ſiritraſſe: accioche lui non faceſſi piu pruoua dellompoſſibile: et ritrattaſi: uedendo che lui laſeguitaua gli dixe: che poſaſſi/cioe che non ſirimecteſſi piu abbracciarla. Ma dixe ſoauemente: accioche intendeſſi: che dicea per affectione: et non per ira. Sono alchuni che dichono Danthe in queſto luogho contradirſi. Concio ſia che nellonferno pone lanima palpabile: oue dice. Albor lopreſi per lacuticagna. Et dixi econuerra che tu ti nomi. O che qui ſu capel non ti rimagna. Alche alchun riſponde: che in inferno conuiene che lanima ſia palpabile. Accioche ſia apta a riceuere lapena corporale. Ma queſto non ſolue laquiſtione. Ilperche piu toſto diremo: che in inferno poeticamente attribui quello allanima: che naturalmente non ha. Et phyſicamente apre lauerita: accioche quel luogho non inganni alchuno.

Caſella mio per tornare altra uolta:
la doue ſon faro queſto uiaggio
dixio mate chome tanto hora e/tolta:
Et egli adme neſſun me facto oltraggio.
ſe quei che lieua et quando et cui glipiace
piu uolte mha negato eſto paſſaggio
Che digiuſto uolere loſuo ſi face
ueramente datre meſi egla tolto

q Veſto Caſella fu noſtro ciptadino: huomo di facile natura: lieti coſtumi. Et muſico excellente ne ſuoi tempi. Appreſſo del quale elpoeta noſtro da lungho ſtudio affaticato: con ſuo canto ricreaua elaſſi ſpiriti: imitando epythagorici: et Socrate: et molti altri philoſophi: equali per lacagione gia decta ſidilectauano di muſica. Dimoſtra adunque Danthe: che lui ua al purgatorio per tornarui altra uolta: per lequali parole: uuole che lauditore intenda: che queſta ſua fictio

chi ha uoluto entrare con tutta pace
Ondi cher hor alla marina uolto
doue lacqua di teuero sinsala
benignamente fu da lui ricolto
Aquella foce ouegli ha dricto lala
pero che sempre quiui siraccogle
qual uerso dacheronte non si cala:

ne dellessere ito allonferno: et al purgatorio: di nota laconsideration del uitio. Et dipoi lauolonta di purgarsene. Ilche fa/che dopo lamorte uera mente andiamo al purgatorio: et non allonferno Dipoi si uolge a Casella: et perche sapea: che molti anni innanzi era gia morto /lodomanda. Perche tanta hora/ cioe tanto tempo gle stato tolto: marauiglando: che dalla sua morte in qua non sia stato trasportato al purgatorio prima. Et Casella risponde: che per questo non gle stato facto oltraggio. i. igiuria: benche colui. i. langelo: che leua con labarcha/passando aognora al purgatorio: quādo/et chi glipiace: glhabbi dinegato questo passaggio piuuolte. Et assegna laragione perche non gle stato facto ingiuria. Imperocheluolere dellangelo e/giusto. Concio sia che nasce dal uolere didio giustissimo. Questo allegoricamente intenderemo deuiui: equali cadendo ne uitii diuentono morti. Et morti poi sono per clementia didio illuminati della gratia sua: in forma: cheſiriducano apurgarsi di tagli uitii. Ma non tutti ecaduti ne uitii sono in un medesimo tempo illuminati: ma chi presto: et chi tardi. Ne per questo sipuo rammarichare: chi riceue tal gratia tardi. Ne si puo sapere lacagione: che muoue idio. Perche incomprensibilia sunt iudicia tua domine. Onde nessun debba uolergli curiosamente ricercare. Perche: Scrutator maiestatis deiicietur a deo. Chome in altro luogho dicemmo. Ma tornando al la fictione: scriue/che lanime: lequali hanno auenire al purgatorio: sono leuate da hostia di teuere dal langelo: per questo intende/che chi ua al purgatorio: conuiene che siparta da Roma/cioe uenga dalubidientia della chiesa. Ma indi chi prima: et chi poi e/leuato: chome piace a dio: excepto che nellanno del giubileo: nel quale ciaschuna anima e/leuata a sua posta. Et pero dice da tre mesi inqua ha tolto cō tutta pace/cioe sanza alchuna contraditione: chi ha uoluto entrare. Et dice da tre mesi in qua: perche finge questo suo discenso essere stato nellanno. M. CCC. Dimarzo: et elgiubileo era cominciato didicembre per lanatiuita di Cristo. Onde/cioche ero uolto alla marina: doue lacqua di teuere sinsala. i. entra in mare: et diuenta salsa: fui ricolto dallui a quella foce di teuere: oue langelo ha dritte lala: della quale fa uela: chome disopra dixe. Et addirizasi qui: perche di qui leua con lasua barcha tutte lanime: lequali hanno andare al purgatorio: et non calano uerso dacheronte: onde sua allonferno. Preterea e/ manifesto: che uolle/non sipartendo dal suo proposito/imitare Virgilio: elquale finge: che Charone non passa lanime di quegli: ecorpi de quali non sono sepelliti se non dopo cento anni.

Et io se nuoua legge non citogle
memoria o uso allamoroso canto
che misolea chetar tutte mie uogle
Dicio tipiaccia consolare alquanto
lanima mia: che con lasuo persona
uenendo qui e/ affannata tanto
Amor che nella mente miragiona
comincio egli albor si dolcemente
che ladolceza anchora dentro misona
Elmio maestro et io et quella gente
cheron con lui pareuan si contenti
chome anessun tocchassi altro lamente

E nuoua legge: laquale e /imposta ab etherno da dio in questi luoghi. Adunque non nuoua in quanto a essa legge. Ma nuoua a Casella: el quale nuouamente era sottoposto a questa legge In somma priega casella: che se lalegge di quello luogho non glitogle lamemoria del canto: in forma che lhabbi dimenticato: o non glitogle luso: cioe elpoterlo usare: debbi cantare: accio che chome in uita losoleua contentare: chosi hora in sua morte loconsoli: et dia rifriggerio allanima: la quale e/affannata per esser uenuta col corpo per si difficil uia. Et lui per compiacere a Danthe canto una canzona facta dal poeta: elcui principio e/ Amor che nellamente miragiona: elqual canto dilecto tanto et Danthe et Virgilio: et lanime uenute con Casella: che parea: che nessuna altra cura hauessino nellamente. E/cosa molto conueniente: che chome lentrata dellonferno fu piena di lamenti: et guai. Per loppos ito elprincipio del purgatorio. hauessi suaui canti. perche quiui sua a manifesta dannatione. Qui ad indubitata salutione. Dimostra che: et lanime: et lui: et Virgilio: congrande attentione udinono elcanto. Perche nessuno e/che lamusica non dilecti: perche glanimi nostri essendo perfectissimamente creati non possono essere sanza somma proportione. Ilche nō e/altro che harmonia. Ilperche chome elcorpo composto delementi: desidera chose facte di quel medesimo: chosi lanima nostra sommamente appetisce lharmonia. Et questo mosse Aristoxeno adire: che lanima nostra fussi harmonia. Et certo e/tanto naturale: chome dimostra Boetio nel proemio della sua musica: che ogni eta dilecta: et tanto e/potente: che ogni huomo muta. Empedocle colla sua musica mitigo / et spense lira dun giouane: elquale uolea uccidere lacusatore del padre. Pytagora riprese colui/che uolea ardere lachasa: doue la micha sua era col suo riuale: et concorrente. Aristotele ne problemati dice: che/et chi e/dolente: et chi e/allegro usa lamusica. Luno per dimminuire eldolore. Laltro per accrescere lallegreza. Sono due spetie di canti: una graue: laquale usorono elacedemonii et eromani: nella quale Platone uuole che sexercitino egiouani. Athanasio uieto che in chiesa non susassi musica: per fuggire ogni lasciuia. Ambrosio comando che susassi p excitare lementi nostre allareligione. Augustino disputa pro et contra. Hora lautore secondo lasententia dambrosio dinota pel nostro Casella: che chi ha assopportare ladifficulta: et fatica del salire ilmonte. i. purgarsi: oda quella musica: che inuita al bene: et alla uirtu: et alla religione. Ne sanza somma prudentia induce Danthe: che dipiu canzone dallui facte dellamore: Casella canti questa: elcui principio e. AMORE che nella mente mi ragiona. Perche chome epso medesimo interpreta nel suo symposio/o uero conuiuio dimostra inquesta canzona: che lamor suo non e/i chosa mortale: ma nella philosophia et theologia. Onde dixe: che amore ragiona con lui. i. con raciocinatione et discorso di ragione parla. Et parla nellamente: i. nellontellecto. Adunque e/amore di chose intellectuali et celesti: perche lamore lasciuo non ragiona. i. non usa ragione: chome dimostrammo nella prima cantica: ma excita et conmuoue lasensualita: non nella mente. ma nellapetito: Conchiuderemo adunque chelpoeta significa: che hauendo noi a sopportare lalaboriosa difficulta del salire: dobbiamo ristaurare/et ricercare lamēte con lamusica: della quale nessuna cosa e/piu amica allanima. Ma con quella musica: che contenga in se amore celeste et diuino: et non terreno sobmerso nella sensualita.

Noi sedauam tutti fixi et attenti
alle suo note: et ecco elueglo honesto
gridando che e/ cio spiriti lenti:
Qual negligentia/quale stare e/questo ?
correte al monte aspoglarui loscoglo
chesser non lascia auoi dio manifesto.
Chome quando coglendo biada o loglo
icolombi adunati alla pastura
queti sanza mostrar lusato orgoglo
Se chosa aduien ondeglhabbin paura
subitamente lasciono star lesca:
perchassaliti sono da maggor cura.
Chosi uidio quella masnada fresca
lasciar locanto et gire in uer lacosta
chomhuom che ua ne sa doue riesca
Ne lanostra partita fu men tosta.

d Imostra che spesseuolte interuiene: che ben che siamo disposti a purgarci deuitii: nientedimeno alchuna uolupta/o dilecto delle chose terrene et caduche ciadesca: et fa che lasciamo indrieto lechose dimportanza: et fermianci inquelle. Ma dopo alchuno tempo Catone: cioe lamore della liberta ciriprende: et sospigneci al purgarci. NOI SEDAVAMO FIXI. Quasi dica erauamo non solamente fermi: ma fermi per restare. QVAL NEGLIgentia e/questa. E/male in tutte lechose che habbiamo afare usar negligentia. Ma molto peggio usarla nel cerchare la liberta. CORRETE AL monte: apurgarui di quella macchia: che ui togle si lauista: che non uedete idio.

.CANTO TERTIO DELLA SECONDA CANTICA DI DANTHE.

Duegna che laſubitana fuga
a diſpargeſſi color per lacampagna
riuolti al monte oue ragion ne fruga
Io miriſtrinſi alla fida compagna:
et chome ſare ſanza lui io corſo:
chi mhauria tracto ſu per lamontagna:
Elmiparea da ſe ſteſſo rimorſo.
o dignitoſa conſcientia et netta
chome te picciol fallo amaro morſo:

i N queſto terzo capitolo pone lanime: che ſono ſtate negligenti: et hanno differito la lor penitentia: et conuerſione / ſtando contumaci contro alla ſententia del paſtore: uiuendo ſcomunicati. Et per ſuperbia non ſi ſono ricõciliati. Et perche uenendo queſta negligentia da ſuperbia e/piu graue che laltre. Pero e/punita ĩ piu baſſo luogho. Seguitando adunque lanarratione: dimoſtra/che benche laltre anime per laſe uera riprenſione di Catone: ſi fuſſino meſſe in corſo ſparſamente: niente dimeno lui non ſi parti; anzi ſiriſtrinſe con Virgilio: chome a fida cõpagnia. Imperoche quando eldeſiderio della liberta ſprona lhuomo: che laſci ogni dilecto: che poſſa paſcere elſenſo per purgarſi dauitii: debba elſenſo et laragione inferiore uolere affrettarſi a tale opera. Ma niente dimeno non debba muouerſi ſanza Virgilio: cioe ſanza laragione ſuperiore illuſtrata; chome habbian decto: perche ſanza quella errerebbe Et ſpeſſo per ladifficulta laſcerebbe lampreſa. Imperoche laragione ſuperiore e /quella: che ſi tira drieto lainferiore alle choſe ardue: et laborioſe. Onde lui dixe. Chi mharia tratto ſu per lamontagna: quaſi dica neſſuno: perche ſola laragione tira alle uirtu purgatorie. ELMI PAREA da ſe ſteſſo rimorſo. E/conueniente choſa che quando laragiõ ſuperiore ornata di uera doctrina: alchunauolta ſilaſcia alquanto inuecchiare da alchuna uolupta: benche a brieue tempo: et in uolupta non ſpurca et brutta: ſi chome era queſta dellaudito ſe ne compunga: perche eſſendo ĩ tale huomo perfecta conſcientia: ogni minimo errore glipare grãde. Onde dixe. ELmi parea daſe ſteſſo rimorſo. O DEGNItoſa conſcientia. E/ exclamatione moſſa da admiratione. Perche in uero una conſcientia degna et necta e/choſa admirabile: ſi per laexcellentia ſua: ſi perche rade ſenetruouano. Non midiſpiace quello che damolti ſidice: che lauolonta libera nelhuomo e/regina del tutto: et lontellecto: et laragione ſono due ſuoi aſſeſſori et conſigieri. Et ladiſcretione: et laconſcientia ſono due officiali. Et lacarne: et loſpirito ſono due nuntii. Quella luſinghiera: et bugiarda. Queſto aſpero: et ſeuero: Et pero quando lacarne apporta coſe uitioſe: et mõdane: et elſignore contradica: et accordiſi con ladiſcretione: et conſcientia: et ragione: et intellecto. Alhora queſta e/conſcientia/quaſi in ſieme ſcientia. Ma quando elſignore glicrede: loſpirito contriſta laconſcientia grida: alhora e/contro a conſcientia. Ma alchunauolta aiutata dal mondo et dal demonio imprigiona loſpirito: laconſcientia: laragione: et lontellecto: et metteui in lor luogho per ſuo uicario laobſtinatione: laquale tura ſi glorecchi al ſignore: che non ode legrida della conſcientia. Onde dixe. O conſcientia degnitoſa piena di degnita: et netta: perche ogni piccol fallo larimorde aſſai.

Quando lipiedi ſuoi laſciar lafrecta:
che lhoneſtade aogni acto diſmaga
lamente mia che prima era riſtrecta
Lontento rallargo ſi chome uaga:
et diedi iluiſo mio incontro al poggio
chen uerſolciel piu alto ſidiſlaga:
Loſol che drieto fiammeggiaua roggio:
ropto mera dinanzi alla figura:
che hauea in me deſuoi raggi lappoggio
Io miuolſi dallato con paura
deſſere abbandonato/ quando io uidi
ſol dinanzi dame laterra ſcura

d Imoſtra che Virgilio in ſieme con glaltri ſi meſſe acorrere. Ma duro pocho: perche affrettarſi in piglare alchun partito: et non fare leco ſe con maturita: et conſultatione: ma precipitarſi drieto allappetito: benche lachoſa in ſe ſia honeſta/non e/bene. Ma ſempre dobbiam uſare maturita: laquale e/mediocrita tra luſare negligentia et tardita: et affoltarſi: Onde ĩteruiene: che alchunauolta lontellecto noſtro et laragione moſſa da optimo propoſito: in ſul principio uſa troppa frecta: in forma che non obſerua lagrauita: et la condecentia: ma preſto ſi rauede c~ temperaſi: per non diſmagare: cioe non conturbare lordine: elquale ricercha honeſta: et laconuenientia. Ilche elatini chiamano decorum: et egreci prepon. Et quando Virgilio: cioe laragione ſupiore laſcia ta le fretta: Danthe che e/laragione inferiore: ſimilmente lalaſcia: et laintention ſua: laquale era conſtrecta in quella celerita ſi rallarga. ET DIEDI iluiſo mio contro al poggio. Non raffreno lafrecta: perche haueſſi mutato propoſito. Ma per fare quel medeſimo: ma con piu ordine /et conuenientia. Adunque non uolto leſpalle al monte del purgatorio: chome fa chi ſiuuole dilungare da quello: ma diegli el uiſo: peache andaua inuerſo quello. CHENVERSO elcielo piu alto ſidiſlaga: cioe ſi dilata. Pero che diciamo allagare: quando lacqua ſtagnando ſidilaga. LOSOL CHE drieto. Dante nellandare uolgea le spalle alsole: onde uedea lombra sua dinanzi a se. Et non uedendo quella di Virgilio dubito: che lui nõ lhauessi abbãdonato. Losole che drieto fiammeggiaua ropto mera dinanzi: facea ombra innanzi a me: laquale ombra e/perche elsole trouando appoggio: cioe oppositione et intoppo. IN ME. i. nel mio corpo si rompe: et non penetra. SOL DINANZI dame laterra scura: aombrata. Quando comincia mo asalire alla purgatione: elsole. i. lagratia illuminante ciaccõpagna. Ma erazzi suoi penetrano Virgilio in modo: che non lascia ombra di se. Ma non penetrano Danthe: perche ha corpo denso: colquale ritiene erazzi: et non gli lascia penetrare. Onde aduiene che siuede lasua ombra in nanzi. Virgilio e/la ragione superiore: laquale e/tutta penetrabile dal lume: anzi e/quasi epso lume. Ilperche daquella nõ procede obscurita o ignorantia. Ma Danthe. i. lasensualita ha corpo denso: et non penetrabile darazi Onde fa ombra: quasi ignorantia. Laragione e/tutta illuminata: et ha lume inse/chome elsole. Elsenso et lappetito e/chome laluna: laquale non ha lume dase: et quello che uiene dal sole illustra lasuperficie ma non penetra. Iplche da quella parte che elsole non lapcuote: rimane obscura: Chosi lappetito et la sensualita non ha lume: se non quãto nericeue dalla ragione: et quello non lapenetra. Ilperche rimane dallaltra parte tenebrosa. Questa e/adunque lacagione che Danthe uede lombra. i. la ignorantia in se: et non in Virgilio.

El mio conforto perche pur diffidi
adir micominciο tutto riuolto:
non credi tu me teco/et chio te guidi.
Vespero e/gia cola doue sepolto
locorpo dentro alquale io facea ombra:
napoli lha et da brandítio e/tolto:
Hora sennanzi ame nulla sadombra/
non timarauiglar piu che decieli/
che luno allaltro raggio non ingombra:
A sofferir tormenti et caldi et gieli
simili corpi lauirtu dispone:
che chome fa non uuole chauoi sisueli

a Ccorsesi Virgilio che Danthe sospectaua di non essere stato lasciato dalui: et pero tutto riuolto allui dixe. Perche ti diffidi? Non credi me esser teco? et chio tiguidi? Et poi soggugne se tu non uedi lombra mia: chome latua: sappi: che questo interuiene: perche io non ho elcorpo mio meco: chome tu eltuo. Perche quello nella morte mia lasciai nellaltro hemisperio: doue gia e/uespero: cioe sera: perche inquesto e/damattina. NAPOLI LHA et dabrandizi e tolto: per che elpoeta mori in calabria. Ma elcorpo fu poi transferito anapoli. Oue e/elsuo epithaphio. Mãtua me genuit: calabri rapuere. Tenet nunc par thenope cecini pascua rura duces. Et questo quanto allhistoria. Ma allegoricamente lanima: che ha posto giu ilcorpo. i. euitii: equali procedono dalla contagione della carne: non fa ombra: perche resta sola luce. Et essendo tutta illuminata: nessuna ignorantia rimane in lei. HORA SENNANZI ame nulla saombra. Sel sole elquale percotendomi lespalle: non fa ombra dinanzi a me: chome ate: non timarauiglare: perche non ho elcorpo denso: chome tu: ma raro chome sono ecorpi celesti. Adunque non timarauiglare diquesti piu che de cieli. Imperoche benche quegli de pianeti sieno septe: et loctauo: doue sono lestelle fixe. et luno includa in se laltro. Niente dimeno perche sono di corpo raro: et perspicuo: et diaphano: et trasparente/danno lauia: a razzi loro/che penitrino insino a terra; et aglocchi nostri: che ueghino insino alle stelle fixe. Et questo e/perche luno non ingombra elraggio allaltro. AD SOFFERIRE tormenti: et caldi/et gieli. Solue una quistione: laquale potrebbe accader qui. Perche pare molto dadubitare: se lanime sono spogliate de corpi: equali per esser composti di quattro contrarii elementi posson patire dolore: chome quelle patischino. Ache risponde: che lauirtu diuina: alla quale serue ogni natura: uuole che epse patischino. Et non uuole che anoi sia noto: chome possin patire. Et pero dixe: sisueli. i. siscuopra. E/questo luogho molto agitato da theologi. Perche tutte leragioni naturali pare che concludino: che essendo lanima ĩcorporea possi essere afflicta dalfuoco corporeo. Ilperche Tomaso aquinate uuole: che patischino per mezo del corpo: perche non obstante che rimanghino spogliate de proprii corpi. Niente dimeno lepuo idio collegare ad alchuno corpo: per modo di forma: chome lecollego aproprii corpi/per dare loro uita. O ueramente sanza questo lepuo collegare. chome enecromanti per uirtu de demonii collegano glispirti a qualche imagine.

Matte chi spera che uostra ragione
possa transcender lainfinita uia
che tiene una substantia in tre persone.
State contenti humana gente alquia
che se potuto hauesse ueder tutto:
mestier non era partorir Maria.

e Adunque stolto: chi spera: che nostra ragione cioe che lhumano intellecto: el quale e/finito possa trascorrere: possa col discorso della sua ragione arriuare al fine della uia didio: et ben dixe uia Imperoche e/quel discorso dellaragione: che ticonduce alla conclusione. CHE TIENE VNA substantia intre persone. Significa latrinita: della quale qualche piccola parte narreremo in luogho:

Et disiar uedesti sanxa fructo:
tai/ che sarebbe ellor disio quetato
chethernalmente e/ dato lor per lucto.
Io dico daristotele/ et di plato/
et dimoltaltri: et qui chino la fronte
et piu non dixe et rimase turbato

che piu lorichiedera. E certamente stolto chi crede hauere cognitione delle chose diuine. Onde optime Paulo nella pistola ad romanos. O altitudo diuitiarum sapientie et scientie dei: quam incomprensibilia iudicia eius: et inuestigabiles uie eius. Adunque non sia alchuno: che cerchi: chome lanima: laquale e/ incorporea: et semplice forma possa patire. Concio sia che lasemplice forma sia impassibile. Et ricordianci. Nolite sapere plusquam oporteat sapere. STATE CONTENTI humana gente alquia. Dice Aristotele. In latino sono due dictioni: quare: et quia. Quare e/ quello perche: che domanda. Quia e/ quello che risponde. Adunque imitiamo ediscepoli di Pythagora: al quale epsi portauano tanta reuerentia: che basta: che nel lonsegnare credete questo perche chosi e. CHE SE POTVTO hauesse ueder tutto; cioe hauer cognitione di tutte lechose diuine. MESTIER NON era partorir Maria. Perche non era necessario che dio incarnassi: se lhuomo non hauessi peccato: ne harebbe peccato: se hauessi potuto conoscer tutto. ET DISIAR VEDESTI sanza fructo: Pruoua per exemplo degliantichi philosaphi: che lhumano intelletto non puo hauere perfecta cognitione delle cose diuine: conciosiache Aristotile et Platone huomini daltissimo ingegno: benche sommamente sattisfacessinonello inuestigare et sommamente disiassino cioe desiderassino trouar el uero nientedimeno noi ueggiamo: che elloro desiderare non pote acquistare tale cognitione. Ilperche fu sanza fructo et indarno saffaticorouo: et ordina cosi eltesto Voi uedesti disiare sanza fructo tai cioe tali huomini quali furon aristotile et platone et elloro diso sarebbe quetato cioe harebbono contento eldisiderio loro del sapere hauendo potuto inuestigare eluero: ma non hauendo potuto tal desiderio e/ dato loro per ethernal lucto cioe per etherna pena: imperoche lapena di tali huomin posti nellimbo secondo danthe e/ non potere hauere cognitione di quello che hanno cerco: Et qui chinola fronte. Ilche uergogna: et confusione: et dimostrasi uincto. ET PIV NON DIXE. perche la ragione humana puo poco altro dire delle cose diuine: che quello ha decto. ET RIMASE turbato. considerando esser priuato del sommo bene.

Noi diuenimo intanto apie del monte
quiui trouamo la roccia si erta:
chendarno ui sarrien le gambe prompte
Tra lerice et turbia lapiu deserta:
la piu romita uia e/ una scala:
uerso di quella ageuole et aperta:
Horchi sa da qualmano lacosta cala:
dixelmaestro mio fermando el passo.
si che possa salir chi ua sanzala/
Et mentre che tenendo eluiso basso
examinaua del cammin lamente:
et io miraua suso intorno alsaxo/
Da man sinistra mappari una gente
danime che moueino e pie uer noi
etnon pareua siueniuon lente:

Mentre che Virgilio ragionaua come e/ decto arriuorono almōte del purgatorio altissimo et da quella porta oue erono diuenuti si ripido et erto: che chi hauea corpo: et hauea andare con gābe indarno sarebbe stato prompto et apparechiato a salire. Perche era impossibile. Et fu una comparatione: che benche nella riuiera di genoua: laquale da leuante et inuerso elgolfo della spetie ha per ultimo termine lerice castello de genouesi: et da ponente ha nella ultima sua parte turbia inuerso la prouenza habbi monti molto ripidi et inhabitabili perla loro aspreza: Nientedimeno lapiu diserta et la piu romita e/ una scala uerso di quella costa del purgatorio cioe acomparatione di quella. Era adunque lontelletto atteto essendo tanta erta etdifficile lauia della purgatione di trouare qual uia fussi piu facile: Et certo e/ oficio di sapientia achi entra inqueste seconde spetie et uirtu decte cominciare dalla piu facil uia innauzi che ui faccino habito: Ma a poco a poco quanto piu ciappressiamo allabito ogni hora piu diuentono facili come dimosterremo nel processo. Ma quando gia habbiamo facto habito diquelle non solamente ci sono difficili et laboriose: ma anchora cisono facili et uopluptuose. Hor chi sa quasi dica non io daqualmano la costa cali o da dextra o da sinistra. FERMANDO elpasso. come fa chi dubita. SI CHE POSSA salire chi ua sanzala: cioe danthe elquale ha secoel corpo et nō uola: come fa lanima sanzalcorpo. Et allegoricamente intende: che danthe non essendo ancora purgato non uola. i. non si puo spiccare dalle cose terrene: et eleuarsi alle diuine. Et soggiugne che imentre che lamente diuirgilio: elquale staua coluiso basso examinaua elcammino danthe guataua insu itorno al saxo. Questo significa che lontellecto colsuo discorso examinaua lauia laquale possi menar lanimo apurgharsi dauitii: et tiene eluiso basso: Ilche exprime egesti dichi e/ occupato in alchuna ricerca et discorso et in profonda cognitione. Imperoche spesso si ferma: et tiene gliocchi fermi et fixi a terra. Ilche expresse uirgilio Et paribus auris uestigia figit: Ma danthe che e/ lasensualita non affatica la mente anzi co ſenſi corporei ragguarda la difficulta della coſa ne cerca uia da fuggirla. DA MAN ſiniſtra. Adunque daman dextra e/la uia che guidaua al purgatorio. Queſti ſono quegli de quali dicemo di ſopra: Et fingie che uadino lenti: ſi come inuita furono lenti auſare della contumacia della ſancta chieſa: et tornare apenitenntia.

Leua dixio maeſtro gliochi tuoi:
ecco diqua chine dara conſiglio:
ſe tu da te medeſmo hauer nolpuoi
Guardo allhora et con libero piglio
riſpoſe andiano inla: che uengon piano
et tu ferma la ſpeme dolce figlio.
Anchora era quel popol di lontano
idico dopo enoſtri mille paſſi
quantun buon gittator trarra con mano

d anche admoniſce Virgilio a domandar conſiglio aquegli che uengono: perche tale cognitione laquale e/ad principia: cioe uiene dagli effecti alla cauſa: ha origine dal ſenſo: et dalla ragione inferiore. Et pero e/piu facile a lhuomo: benche piu ſecondo la natura ſia quella che uiene a principiis .i. procede dalla cauſa: a glieffecti. Di qui dixe Ariſtotele: Recte dubitauit Plato a principiis an ad principia. Penſa Virgilio etnon trouando uia negluniuerſali glioccorſe alchuno particulare: elquale e/ ne ſenſi. GVARDO ALLHORA et con libero piglio: quando lanima noſtra ha hauuto cognitione del particulare per abſtractione uiene alluniuerſale: laquale abſtractione lontellecto fa per quello che truoua nel ſenſo et nella ragione: et pero Virgilio ſi rallegra di queſti particulari: et ua in contro. Et queſto e/ quello: che induxe Danthe a afingere che lui in queſto luogho moſtraſſi a Virgilio: perche chome optimo phyſico ſapea che: e particulari ſono ne ſenſi: et da quegli lontellecto gli piglia: et riducegli agluniuerſali ſecondo eperipatetici. Onde Ariſtotele oportet intelligentem fantaſticari.

Quando ſi ſtrinſon tutti a duri maſſi
dellalta ripa et ſtetter fermi et ſtretti
come aguardar chi ua dubbiando ſtaſſi
Oben finiti o gia ſpiriti electi/
Virgilio incomincio per quella pace:
chio credo che per uoi tutti ſaſpecti
Ditene doue lamontagna giace:
ſi che poſſibil ſia landarenſuſo
che perder tempo achi piu ſa piu ſpiace

c apta beniuolentia dicendo o ſpirti benfiniti: cioe equali finiiſti uoſtra uita bene: con gratia di dio. O GIA ELECTI: Imperoche non obſtante che quegli delpurgatorio ſieno anchora nelle pene niente dimeno gia ſono electi a beatitudine. Et allegoricamente intendiamo che qualunche ſi mette nella uia della purgatione: perche torna per quella alle uirtu gia ſi puo dire electo. Ha captato adunque beniuolentia: hora fa la petitione. DITENE doue la montagna gace .i. e/ meno erta: et in queſto modo la fa honeſta: perche e/honeſta coſa domandare nel buono propoſito. CHE PERDER tempo a chi piu ſa piu ſpiace: Et queſto ancora accreſe lhoneſta: Imperoche e coſa laudabile conſumare el tempo incoſe uirtuoſe et non in otio. Et maxime lo dixe a queſte anime lequali ſommamente ſi pentiuono et molto diſpiaceua loro hauere conſumato gran tempo in pigriſſimo otio.

Chome lepecorelle eſcono delchiuſo
auna adua atre; et laltre ſtanno
timidette aterrando lochio elmuſo
Et cio che fa laprima: et laltre fanno;
adoſſandoſi allei ſella ſarreſta/
ſemplice et quete et lomperche non ſanno
Si uidi muouere auenir la teſta
di quella mandria fortunata allocta
pudica infacca etnellandare honeſta
Chome cholor dinanzi uider ropta:
la luce interra dalmio deſtro canto
ſicche lombra era dame alla grotta

a guaglia queſte anime alle pecore perla manſuetudine; et perla ſemplicita loro: et perche in queſto mutorono ecoſtumi delle pecore. ESCONO delchiuſo: delle reti doue e paſtori le rinchiuggono la nocte. AVNA ADVE A TRE: Sono dinatura pauroſe. Et ſcriue Plinio che ne grandi tuoni ſe la pecora ſitruoua inpaſtura ſola et lontana allaltre et ſia pregna ſpeſſo ſi ſconcia per lapaura. Perlamedeſima cagione uolētieri ſequitano chi le guida. Ilperche poche ſono quelle: che comincino: Mamolte quelle che ſequitono et quella timida fa che atterrano el capo et lochio et fanno cioche fa laprima. SI VIDI: cioe coſi ui. LA TESTA: la prima et laguida MVOVERE ALLOTTA: cioe inquel punto: che Virgilio parlo loro. MANDRIA fortuna

Restaro et trasser se in drieto al quanto
et tutte laltre che ueneno appresso
non sapendo perche fenno altro etanto.

felice. Mandra e/uocabolo greco : et significa spilonca : et luogho doue lepecore siragunano allombra. Ma piglasi mandra pellogreggie. Et di qui diciamo archimandrita elgouernatore della gregge Adūque hauēdole agguaglate allepecore: stette nella translatione/ dicendo mandria. PVDICA in faccia con aspecto pudico. Ilche e/ proprio dichi sidispone alla purgatione. VIDON ROTTA laluce. Vidon lombra mia che rompea laluce del sole. Et per questo conobbono che io haueuo corpo: chome disopra e/decto. RESTARE FERMOronsi. Quelle prime per marauigla: che presono di trouare ī quel luogho anima: che fusse in propria carne: et quelle: che ueniuon drieto: benche anchora non hauessino ueduto lombra: sifermoron ueduto ferme leprime. Et certo sipuo marauiglare lanima spoglata del corpo: che quella laqual e/anchora drento a si tenebroso carcere: possi suilupparsi ī forma dalla contagione che siuogli purgare.

Sanza uostra domanda io uiconfesso :
che questo e/ corpo human/ che uo uedete
perchel lume del sole in terra e/ fesso
Non uimarauiglate/ ma credete
che non sanza uirtu che dalciel uegna
cerchi di souerchiare questa parete
Chosilmaestro : et quella gente degna
tornate dixe entrate innanzi adunque
codossi delle mani faccendo insegna:

u IRgilio: cioe laragione illuminata da molta doctrina: chome dimostrammo nella prima cantica. Admonisce lanima : che benche elcorpo sia caduto: Niente dimeno chi e/ accompagnato da uirtu celeste: cioe dalla gratia didio cooperante/et perficiente: puo uincere labattaglia: et sopchiare laparete: cioe salire lagrotta : che lomette in purgatorio. CHOSILMAESTRO. Chosi dixe Virgilio: et quelle anime subito acquiescendo alla ragione: insegnorono lauia. ET COL dosso della mano feciono in segna. Cioe accennorono. TORNATE. Admoniscono che tornino uerso oriente: et ad man dextra. Elche dinota ogni uirtu. Entrorono innanzi : perche coloro haueano a rimanere fuori del purgatorio.

Et un di loro comincio chiunque
tu se cosi parlando uolgi eluiso:
pon mente se dila miuedesti unque
Imuolsi uer lui: et guardal fiso.
biondo era et bello : et digentil aspecto
ma lun decigli un colpo hauea diuiso:
Quando mifu humilmente disdecto
dhauerlo uisto mai: edixe hor uedi
et mostrommi una piaga adsomo elpecto
Poi sorridendo dixe io son manfredi
nipote digostanza imperatrice/
ondio ti priego che quando tu riedi:
Vadi amia figla bella genetrice
deglonor di sicilia di ragona
et dichi allei eluero saltro sidice:

u Vol dimostrare lauctore: quanta sia lamisericordia diuina: et che nessuno e/ sigran peccatore: che insino allextremo puncto di sua uita nō sipossi saluare. Et pero pone in questo luogo Mā fredi. Elquale/ benche fosse stato crudelissimo inimico a sancta chiesa : et asuoi : come dimostrāmo nel XXVIII. canto della prima cantica : et finalmente morissi scomunicato. Niente dimeno pote rendendosi in colpa saluarsi. Non midistendo nella historia sua : perche disopra prolixamē te lanarramo. Questo solo arrogero: che Manfredi u huomo molto prudente: Et bene resse elsuo imperio. Fu bello di corpo. Et ne costumi piaceuole: et allegro. Dilectossi dogni musica: in canti suoni: et danze. Ma molto ambitioso/et luxurioso: et di uita epicurea: et sanza religione. Era ī pugla Siponto cipta antica. Ma di non sana aria ilperche latransferi due migla piu auanti insu la marina. Et dase ladenomino Manfredonia. Finge adunque Danthe : che lui louedessi biondo: et con leferite monstrate: perche chosi hauea lecto dilui: et per fama udito. Ma inuita non lhauea potuto uedere. Perche fu sconfitto et morto eldi ultimo di Febbraio: nellanno della nostra salute. M. CC. sexagesimo quinto. Et sepellito ad beneuento in real sepultura. Quello: che elpoeta scriue delle ferite di Manfredi e/tutto poetico. Imperoche secondo ctheologi : et maxime Tomaso aquinate: tutti ecorpi cosi de dannati: chome de saluati risusciteranno interi: et sanza mancamento alchuno: che fussi uenuto in loro: o per difecto di natura: o per caso et accidente alchuno. Adunque se non sara mancamento nel corpo: molto meno sara nellanima. ET VN diloro. Manfredi. MIVEDESTI unque. Gia mai pche in latino dicono unquam. QVANDO IO mifu humilmente disdecto. Con humanita confessai non lhauer ueduto mai. SORRIDENDO. Mostrandosi amico: et beniuolo. NIPOTE DI Gostanza.

la mente anzi co sensi corporei ragguarda la difficulta della cosa ne cerca uia da fuggirla. DA MAN sinistra. Adunque daman dextra e/la uia che guidaua al purgatorio. Questi sono quegli de quali dice mo di sopra: Et fingie che uadino lenti: si come inuita furono lenti ausare della contumacia della sanc ta chiesa: et tornare apenitenntia.

Leua dixio maestro gliochi tuoi:
ecco diqua chine dara consiglio:
se tu da te medesmo hauer nolpuoi
Guardo allhora et con libero piglio
rispose andiano inla: che uengon piano
et tu ferma la speme dolce figlio.
Anchora era quel popol di lontano
idico dopo enostri mille passi
quantun buon gittator trarra con mano

d anthe admonisce Virgilio a domandar consi glio aquegli che uengono: perche tale cogniti one laquale e/ad principia: cioe uiene dagli effecti alla causa: ha origine dal senso: et dalla ragione in feriore. Et pero e/piu facile alhuomo: benche piu secondo la natura sia quella che uiene a principiis .i. procede dalla causa: a glieffecti. Di qui dixe Aristotele: Recte dubitauit Plato a principiis an ad principia. Pensa Virgilio etnon trouando uia negluniuersali glioccorse alchuno particulare: elquale e/ ne sensi. GVARDO ALLHORA et con libero piglio: quando lanima nostra ha hauuto cognitione del particulare per abstractione uiene alluniuersale: laquale abstractione lontellecto fa per quello che truoua nel senso et nella ragione: et pero Virgilio si rallegra di questi particulari: et ua in contro. Et questo e/ quello: che induxe Danthe a afingere che lui in questo luogho mostrassi a Virgilio: perche chome optimo physico sapea che: e par ticulari sono ne sensi: et da quegli lontellecto gli piglia: et riducegli agluniuersali secondo eperipateti ci. Onde Aristotele oportet in telligentem fantasticari.

Quando si strinson tutti a duri massi
dellalta ripa et stetter fermi et stretti
come aguardar chi ua dubbiando stassi
Oben finiti o gia spiriti electi/
Virgilio incomincio per quella pace:
chio credo che per uoi tutti saspecti
Ditene doue lamontagna giace:
si che possibil sia landarensuso
che perder tempo achi piu sa piu spiace

c apta beniuolentia dicendo o spirti benfiniti: cioe equali finiisti uostra uita bene: con gratiadi dio. O GIA ELECTI: Imperoche non obstante che quegli delpurgatorio sieno anchora nelle pene niente dimeno gia sono electi a beatitudine. Et allegoricamente intendiamo che qualunche si mette nella uia della purgatione: perche torna per quella alle uirtu gia si puo dire electo. Ha captato adunque beniuolentia: hora fa la petitione. DITENE doue la montagna giace. i. e/ meno erta: et in questo modo la fa honesta: perche e/honesta cosa domandare nel buono proposito. CHE PERDER tempo a chi piu sa piu spiace: Et questo ancora accese lhonesta: Imperoche e cosa laudabile consumare el tempo incose uirtuose et non in otio. Et maxime lo dixe a queste anime lequali sommamente si pentiuono et molto dispiaceua loro hauere consumato gran tempo in pigrissimo otio.

Chome lepecorelle escono delchiuso
auna adua atre: et laltre stanno
timidette aterrando lochio elmuso
Et cio che fa laprima: et laltre fanno:
adossandosi allei sella sarresta/
semplice et quete et lomperche non sanno
Si udi muouere auenir la testa
di quella mandria fortunata allocta
pudica infacca etnellandare honesta
Chome cholor dinanzi uider ropta:
la luce interra dalmio destro canto
sicche lombra era dame alla grotta

a guaglia queste anime alle pecore perla man suetudine: et perla semplicita loro: et per che in questo mutorono ecostumi delle pecore. ESCONO delchiuso: delle reti doue e pastori le rinchiuggono la nocte. AVNA ADVE A TRE: Sono dinatura paurose. Et scriue Plinio che ne grandi tuoni se la pecora sitruoua inpa stura sola et lontana allaltre et sia pregnaspessosi sconcia per lapaura. Perlamedesima cagione uolentieri sequitano chi le guida. Ilperche poche sono quelle: che comincino: Mamolte quelle che se quitono et quella timida fa che atterrano el capo et lochio et fanno cioche fa laprima. SI VIDI: cioe cosi ui. LA TESTA: la prima et laguida MVOVERE ALLOTTA: cioe inquel punto: che Virgilio parlo loro. MANDRIA fortuna

Restaro et trasser se in drieto al quanto
et tutte laltre che ueniено appresso
non sapendo perche fenno altro etanto.

felice. Mandra e/uocabolo greco: et significa spilonca: et luogho doue lepecore siragunano allombra. Ma pigliasi mandra pellagreggie. Et di qui diciamo archimandrita elgouernatore della gregge. Adunque hauēdole agguaglate allepecore: stette nella translatione/dicendo mandria. PVDICA in faccia con aspecto pudico. Ilche e/proprio dichi sidispone alla purgatione. VIDON ROTTA laluce. Vidon lombra mia che rompea laluce del sole. Et per questo conobbono che io haueuo corpo: chome disopra e/decto. RESTARE FERMOronsi. Quelle prime per marauigla: che presono di trouare ī quel luogho anima: che fusse in propria carne: et quelle: che ueniuon drieto: benche anchora non hauessino ueduto lombra: sifermoron ueduto ferme leprime. Et certo sipuo marauiglare lanima spogliata del corpo: che quella laqual e/anchora drento a si tenebroso carcere: possi suilupparsi ī forma dalla contagione che siuogli purgare.

Sanza uostra domanda io uiconfesso:
che questo e/ corpo human/ che uo uedete
perchel lume del sole in terra e/fesso
Non uimarauiglate/ ma credete
che non sanza uirtu che dalciel uegna
cerchi disouerchiare questa parete
Chosilmaestro: et quella gente degna
tornate dixe entrate innanzi adunque
codossi delle mani faccendo insegna:

u IRgilio: cioe laragione illuminata da molta doctrina: chome dimostrammo nella prima cantica. Admonisce lanima: che benche elcorpo sia caduto: Niente dimeno chi e/ accompagnato da uirtu celeste: cioe dalla gratia didio cooperante/et perficiente: puo uincere labattaglia: et sopchiare laparete: cioe salire lagrotta: che lomette in purgatorio. CHOSILMAESTRO. Chosi dixe Virgilio: et quelle anime subito acquiescendo alla ragione: insegnorono lauia. ET COL dosso della mano feciono in segna. Cioe accennorono. TORNATE. Admoniscono che tornino uerso oriente: et ad man dextra. Elche dinota ogni uirtu. Entrorono innanzi: perche coloro haueano a rimanere fuori del purgatorio.

Et un di loro comincio chiunque
tu se cosi parlando uolgi eluiso:
pon mente se dila miuedesti unque
Imiuolsi uer lui: et guardal fiso.
biondo era et bello: et digentil aspecto
ma lun decigli un colpo hauea diuiso:
Quando misu humilmente disdecto
dhauerlo uisto mai: edixe hor uedi
et mostrommi una piaga adsomo elpecto
Poi sorridendo dixe io son manfredi
nipote digostanza imperatrice/
ondio ti priego che quando tu riedi:
Vadi amia figla bella genetrice
deglonor di sicilia di ragona
et dichi allei eluero saltro sidice:

u Vol dimostrare lauctore: quanta sia lamisericordia diuina: et che nessuno e/ si gran peccatore: che insino allextremo puncto di sua uita nō siposti saluare. Et pero pone in questo luogo Mā fredi. Elquale/ benche fosse stato crudelissimo inimico a sancta chiesa: et asuoi: come dimostrāmo nel. XXVIII. canto della prima cantica: et finalmente morissi scomunicato. Niente dimeno pote rendendosi in colpa saluarsi. Non midistendo nella historia sua: perche disopra prolixamēte lanarramo. Questo solo arrogero: che Manfredi u huomo molto prudente: Et bene resse elsuo imperio. Fu bello di corpo. Et ne costumi piaceuole: et allegro. Dilectossi dogni musica: in canti suoni: et danze. Ma molto ambitioso/et luxurioso: et di uita epicurea: et sanza religione. Era ī pugla Siponto cipta antica. Ma di non sana aria Ilperche latransferi due migla piu auanti insu la marina. Et dase ladenomino Manfredonia. Finge adunque Danthe: che lui louedessi biondo: et con leferite monstrate: perche chosi hauea lecto dilui: et per fama udito. Ma inuita non lhauea potuto uedere. Perche fu sconfitto et morto eldi ultimo di Febbraio: nellanno della nostra salute. M. CC. sexagesimo quinto. Et sepellito ad beneuento in real sepultura. Quello: che elpoeta scriue delle ferite di Manfredi e/tutto poetico. Imperoche secondo etheologi: et maxime Tomaso aquinate: tutti ecorpi cosi de dannati: chome de saluati risusciteranno interi: et sanza mancamento alchuno: che fussi uenuto in loro: o per difecto di natura: o per caso et accidente alchuno. Adunque se non sara mancamento nel corpo: molto meno sara nellanima. ET VN diloro. Manfredi. MIVEDESTI unque. Gia mai pche in latino dicono unquam. QVANDO IO misui humilmente disdecto. Con humanita confessai non lhauer ueduto mai. SORRIDENDO. Mostrandosi amico: et beniuolo. NIPOTE DI Gostanza.

Choſtei fu figluola di Tancredi Re di Sicilia. Et mogle darrigo quinto imperadore/padre di Federigo ſecondo: padre di queſto Manfredi. Adunque lui era nipote di Goſtanza. Et dinominoſſi dallei: pche per coſtei uenne elregno di ſicilia allomperadore Arrigo. A MIA FIGLA: Laqual ſimilmēte fu chiamata Goſtanza; et fu genitrice/cioe madre di don Federigo re di ſicilia: et di don Iacobo re daragona. SAL TRINOL dice. Perche era comune fama: che eſſendo lui morto ſcomunicato: fuſſi dannato.

Poſcia chi hebbi ropta laperſona
didue puncte mortali io mirendei
piangendo aquei che uolentieri perdona
Horribil furon lipeccati mei:
ma labontanfinita ha ſi gran braccia
che prende cio che ſiriuolge allei
Selpaſtor dicoſenza challacaccia
dime fu meſſo per clemente alhora
haueſſi indio ben lecta queſta faccia
Loſſa del corpo mio ſarieno anchora
inco del ponte preſſo abeneuento
ſotto laguardia della graue mora:
Hor lebagna lapioggia et muouel uento
difuor del regno quaſi lungho eluerde:
doue letraſmuto a lume ſpento:

d Imoſtra quauta ſia lamiſericordia diuina: laquale etiam dio uno ſia grandiſſimo peccatore: et indugiſi allextremo puncto aconuertirſi: chome choſtui; che ſindugio dopo lemortali ferite. Niente dimeno chi piangendo per contritione de ſuoi peccati ſirende adio; ſipuo ſaluare. Imperoche noi riceuiamo lanima da dio pura; et inmaculata: et dobbialla mantenere in tale ſtato inſino alla morte: et choſi renderglene. Et ſe pure lhabbiamo maculata: laconfeſſione; et lacontritione lalaui. CHE VOLENTIERI perdona. Onde dice. Miſericordia dei plena eſt terra. HORRIBIL furon lipeccati miei. Non perdona idio achi non ſiconfeſſa peccatore: et non ſipente dhauer peccato: Et pero dimoſtra lauctore: che ī coſtui fu luno et laltro. Elconfeſſare: perche dice. Horribil furon lipeccati miei. Elpenterſi: perche dice. Io mirendei piangendo. MA LABOnta īfinita ha ſi gran braccia. Lebraccia didio ſono lamiſericordia: inuerſo chi ſiconuerte: et lagiuſtitia: che rimunera ogni merito. SELPASTORE di Coſenza. Elcardinale di coſenza fu legato di Clemente papa quarto nello exercito di Carlo: quando elre Manfredi fu morto: Et dopo lauictoria fe trarre elcorpo ſuo del gran ſepolcro: che era. IN CO: cioe in capo del ponte dibeneuento: chome dhuomo ſcomunicato. Adunque ſe queſto paſtore di coſenza. HAVESSI LECTO ī dio: cioe nella ſacra ſcriptura. QVESTA faccia: cioe quel luogho oue ſitracta queſta ſententia: che inſino nellultimo pūcto della uita ciaſpecta ladiuina miſericordia: Lui harebbe potuto coniecturare: chio poteuo eſſer ſaluo et non marebbe tracto diſotto: LAGRAVE mora. In capo al ponte dabeneuento era per guardia del paſſo unalta torre: et qui una piccola chieſa: nellaquale fu ſepulto Manfredi. Chiama latorre mora: perche fa dimoranza achi uoleſſi per forza paſſare: o uero dixe mora per ſeruir alla rima in luogho dimola Perche altri dicono: che Carlo uincitore in queſta battagla: non uolendo ſepellire in luogho ſacro per excomunicatione: lofece mettere in una foſſa in capo al ponte; et dipoi da ciaſchuno de ſoldati uifece gittare una pietra. Ilperche grandiſſima macea glirimaſe adoſſo. Et moles: et ogni ſomma grauezza. Ma precipue eſepolcri grandi: che faceano gliantichi erono decti moles: Onde caſtel ſancto angelo diroma perche fu laſepultura dAdriano imperadore e/chiamato Moles Adriani: HOR LEBAgna lapioua: et muoue eluento: perche ſono diſotterrate: et alloſcoperto. DIFVOR DEL regno. Dicono alchuni chel legato hauea giurato di cacciarlo del regno: et non hauendo potuto chacciarlo uiuo: caccio ilcorpo quaſi lungho eluerde. Verde e/un fiume: che mette nel tronto: non lontano da aſcoli. A LVME ſpento: ſanza honoranza di lumi. Et dixe a lume ſpento per dinotare: chel cardinale lhaueua per iſchomunicato Imperoche quando alchuno ſiſcomunica: elſacerdote getta ellume informa: che ſiſpegne.

Per lor maladitione gia non ſiperde
che non poſſa tornare lethemo amore/
mentre che laſperanza ha fior del uerde:
Vere che quale in contumacia muore
di ſancta chieſa/ anchor chalfin ſipenta
ſtar gliconuien daqueſta ripa infore
Per ogni tempo che gle ſtato trenta
in ſua preſumptione/ſe tal decreto
piu corto per buon prieghi non diuenta

p ER LORO maladitione: per iſcomunicatione. LORO: de prelati. NON SIPERDESI: non ſiperde per ſi facto modo. LETHERNO amore. Lagratia dello etherno idio: che queſto etherno amore non poſſi tornare: bēche laſcomunica lhabbi cacciato. MENTRE CHE laſperanza ha fior del uerde: Mentre che ſiamo in uita: et poſſiamo tornare a penitentia: ha fior del uerde. i. ha ſperanza. Qualunque e ſcomunicato di ſcomunica maggiore: e/ſcacciato dalconſortio de criſtiani. Ne partecipa doratione/o prece: che faccia lachieſa. Et e/fuori della gratia didio: et mo

Vedi oggimai se tu mipuoi far lieto:
riuelando alla mia buona gostanza
chome mhai uisto et anchesto diuieto
Che qui per quei dila molto sauanza

rendo in tal rebellione e/dannato allonferno · Ma ritornando aobbidienza innanzi che muoia: et sia restituto alla comunione de catholici: ritorna nella gratia didio. Et se p preuentione dimorte glimanchassi iltempo diriconciliarsi con lachiesa: et nientedimeno sipentisse dellerrore. Et moirssi con uero pentimento et contritione. Lanfinita clementia diuina glirimette lacolpa. et ua al purgatorio: et saluasi. Ma finge qui Danthe; che innanzi che possa entrare inpurgatorio; ua errando intorno aquello: per ogni tempo: che uixe in contumacia trenta: accioche purghi prima lanegligentia: chome habbiamo decto disopra. Ma e/difficile: che tal contritione sia nota al pastore. Et pero dice. VERO E che quale in contumacia muore di sancta chiesa: intendi quanto alla dimostratione extrenseca. Impero che chi muore in contumacia: quanto allacto intrinseco: che non sipente ne ahumilia e/dannato: PER OGNI tempo trenta chel si stato: che egli sia stato. IN SVA presumptione. Credo che ponghi trēta per ogni numero: et uogli dimostrare: che chi muore excomunicato: benche torni apenitentia: nientedimeno: perche e/molto rimoto dadio: et perche lungho tempo differisce lapenitentia; et tardi riceue lagratia: multiplica in molti peccati. Onde tardi sipurga. SE TAL Decreto piu corto per buon prieghi non diuenta. E/recta fede credere: che le elemosine: elsacrificio: et leprece possino indurre idio ad abbreuiare lepene di quegli: che sono in purgatorio. Onde Paolo apostolo questo pruoua pe machabei equali mandorono al tempio pecunia: che fussi offerta per lanima de morti. Debbono adunque questi nostri prelati sopportare in pace: se in qualche luogho elnostro poeta ha ripreso: et uituperato eloro captiui costumi: perche qui dice: quello: che grandemente fa per loro. Et dimostra che non hebbe odio contra preti. Ma contro alla scelerata uita decaptiui preti. VEDI OGGIMAI: epreghi uaglano anoi che siamo in purgatorio: quasi dica per lasententia posta di sopra: che e/che tu intendi: che tu mipuoi fare lieto. Riuelando a gostanza mia figluola: chio sono in luogho: che mipuo aiutare coprieghi. CHOME MHAI uisto. Chome mhai ueduto: et anchora riuelando. CHOME STO diuieto: cioe uietato et prohibito di non entrare ī purgatorio. Et se alchun dicessi che letitia tida: che Danthe riueli questo č Perche lei pregherra per me: et esuoi prieghi mifaranno accorciare eltempo. Imperoche qui ī questo luogho oue noi purghiamo lanostra negligentia. PER QVE DILA per quegli: che sono anchora in uita molto sauanza. molto sacquista.

CANTO QVARTO DRLLA SFCONDA CANTICA DI DANTHE.

q Vando per dilectanze o uer per dogle
che alchuna uirtu noſtra comprenda
lanima bene adeſſa ſiraccogle
Par chanulla potentia piu intenda :
et queſto e/ contra quel error che crede
chunanima ſoura altra innoi ſaccenda :
Et pero quando ſode choſa o uede
che tegna forte a ſe lanima uolta
uaſſene eltempo : et lhuom nonſenauede
Chaltra potentia e/ quella che laſcolta
et altra e/ quella cha lanimantera
queſta e quaſi legata et quella e/ ſciolta
Dicto hebbio experientia uera :
udendo quello ſpirto et admirando :
che ben cinquanta gradi ſalito era
Loſole : et io non mera accorto quando
uenimo doue quellanime aduna :
gridaro anoi qui e/ uoſtro dimando.

ſ EGVIta lamedeſima materia : et monta el primo balzo : luogho anchora degliſcomunicati. Dipoi nel ſecondo truoua quegli : che purgono lanegligentia uſata per accidia. Ma quanto a queſti ſei ternarii : dimoſtra : che con tāta attentione haueua udito Manfredi : che elſole era paſſato elquarto del di : et lui non ſenera accorto. Della qual choſa : accioche neſſun ſimaraui gli : dimoſtra che quando lanimo noſtro e/ oppreſſo daalchuna uehemēte perturbatione : tutto preſo ī quella forma : che neſſuna altra uirtu aopera QVANDO PER dilectatione o uero per dogle Pone delle quattro perturbationi due dilectāze : cioe letitia : che e/ del bene preſente : Et dogla p egritudine/et dolore : che e/del male preſente. CHE ALCHVNA uirtu noſtra comprenda : cioe lequali dilectanze/o dogle. ALCHVNA uirtu noſtra : alchuna potentia dellanima noſtra cō prenda : chome uerbi gratia : lauirtu ſenſitiua ha uiſo : Audito : Odorato : Guſto et Tatto. Adunque locchio uede alchuna choſa : che molto lodilecti : tutta lanima ſiraccogle tanto ad epſa potentia uiſiua : non miniſtrando laſua uirtu ad altra potentia : che pare : che piu non intenda : non ſolamente ad alchuna altra potentia ſenſitiua : ma ne anchora memoratiua : chome e/apprenſiua : imaginatiua : et ritentiua : lequali uirtu tutte ſono ſpetie delle potentie dellanima : lequali ſono uegetatiua : ſenſitiua : et rationale : et ciaſchuna ha ſue ſpetie : lequali elpoeta chiama uirtu. Volgeſi adunque tanto tutta lanima auna ſola ſua uirtu : per un potente obbietto di quella : che laltre abbandona. ET QVESTO e/contro a quello errore che crede : a quella falſa opinione di quegli philoſophi : che dicono. CHVNANIMA ſopra altra in noi ſaccenda : cioe che noi non habbiamo una ſola anima. Ma quattro. Che ſieno tre ſpetie danima e/manifeſto. Prima e/anima uegetatiua : laquale ſola ſanza altra anima e/nelle piante : chome ſono herbe et arbori : per laqual creſchono/et nutriconſi : et producono unaltro ſimile aſe. Secōda e/ſenſitiua : et queſta e/neglanimali bruti : laquale contiene eſenſi extrinſechi : chome ſono : uiſo : audito : odorato : et guſto : et tatto. Et glintrinſichi : ſenſo comune : imaginatiua : cogitatiua : phantaſia : et memoria. Laterza e/anima rationale nelhuomo ſolo. Ne ſono tre anime nelhuomo. Ma una contre potentie. Imperoche ſe fuſſino tre anime : in ogni inſtantia et puncto di tempo : ciaſchuna anima opererebbe laſua potentia. Et queſto e/falſo : chome ueggiamo qui in Danthe : elquale era tanto occupato nelludire : che neſſuna altra potentia operaua. Ma ſe lauegetatiua et larationale fuſſino ſtate anime diſtincte : potea bene laſenſitiua occupare tutte leſue potentie. Ma non quelle diqueſte. Nelhuomo lauegetatiua e/quella : che uiuifica elcorpo : et creſcelo : et nutricalo : et comincia ſubito : che elſeme e/corropto nel uentre materno. Seconda e/ſenſitiua. Queſta ſidiſtende : muoue et ſente. Dipoi quando elfeto anchora nel uentre della madre ha tutti eſuoi membri et organi : o uero inſtrumenti compiuti : iddio crea di nulla lanima humana nel corpo : laquale pigla : et uniſce ſeco lauegetatiua et laſenſitiua : et da loro quella perfectione : laquale non harebben da ſe : Et e/ queſta unione tale : che eſſa e/cagione delloperare : ne mai ſidiſſolue : ma quando ſi ſepera dal corpo : lanima ſeco ſeleporta : benche non habbino alchuna habilita allactione. Preterea lanima creata dadio : uiene ornata di tre uirtu : lequali piu exercita ſeparate dalcorpo : che quando e/nel corpo. Queſte ſono memoria : intellecto : et uolonta. Non ſono adunque tre anime : ne quattro nelhuomo : ma e/ſol lanima humana rationale : laquale trouando nel feto lapotentia uegetatiua : laquale habbiamo comune con lepiante Et laſenſitiua : laquale ce comune co bruti animali : non uiſarroge : chome tertia. Ma quelle due uniſce ſeco : et choſi ſono in ſieme una anima : et non tre. Imperoche chome pocho diſopra dixi : ſe fuſſino tre diſtincte : non ſeguiterebbe : che quando una fuſſi tutta occupata in una delle ſue potentie : laltre due anime non uiſarebbono occupate. ET PERO quando ſode choſa o uede. Quando eluiſo/o laudito e/ molto occupato : informa che uoglia tutta lanima aſe : uaſſene al tempo : Perche quella potentia che ſacorgerebbe di queſto : rimane ſopita. Ilche ſpeſſo interuiene : che quando udiamo alchuna choſa : che cidilecti quattro hore : paiono una. CHALTRA POTENTIA : Aſſegna laragione : perche non ſaccorge : perche non e/una medeſima potentia quella : che uede : o ode : et quella : che ſipuo accorgere chel tempo passi: et perche quella: che uede chosa diche si dilecta: tyra a se: tutta lanima e/libera et exped i ta. Interuiene che quella che harebbe a cognoscere: chel tempo passa: rimane abbandonata dallanima: et non puo operare. DICIO HEBBI IO experientia uera: Questo conobbi io per experientia. Impero che udendo et amirando io quello spirto: cioe mentre che udiuo. Ma questo non bastaua afar: che lani ma fussi tutta uolta a quello: perche spesso udiamo alchuna chosa: et niente dimeno in quel mezo cono sciamo: et accorgianci di molte altre. Et pero aggugne: et admirando: perche ladmiratione e/quella: che tyra a se tutta lanima: CHE BEN cinquanta gradi salito era el sole: per tale admiratione non me ro accorto del uiaggio facto: Ne che el tempo era passato. Imperoche ciaschuno de due hemisperii e/di stincto da mathematici in cento ottanta gradi. Adunque era passato del giorno cique gradi piu chelquar to perche elquarto di cento ottanta e/quaranta cinque. QVANDO VEnimo oue. Aquel luogho nel quale. QVELLANIME aduna. Tutte insieme. GRIDARO QVI. Mostrandoci ilpasso. E VO stro domando. E/elluogho del salire al purgatorio: di che uoi domandate. Mostrano questi negligenti lauia a Vrgilio et aDanthe. Ilche significa che spesso lerrore daltri ci fa cauti: et ueggiamo: che lauita uo luptuosa daltri: cifa continenti: perche cidispiace in quegli tal uitio.

Maggiore aperta molte uolte inpruna
con una forcatella di sue spine
lhuom della uilla/quando luua imbruna
Che non era localle onde saline
loduca mio: et io appresso soli
chome danoi laschiera sipartine
Vassi in san leo et discendesi in noli
montasi in bismantua et in cacume
conessepie ma li conuen chuom uoli
Dico con lale snelle et con lepiume
del gran disio drieto aquel condocto
che speranza midaua et facea lume

n On e/marauiglia: se lauia: che mena al purga torio sia stretta et erta. Imperoche questa uia sono leuirtu purgatorie: delle quali dicemmo di sopra: lequali insino che non habbiamo facto ha bito: sono piene daffanni et di sudore. Onde he siodo afferma che glidii hanno posto elsudore in nanzi alla uirtu. MAGGIORE APERTA. pri ma mostra lastrecteza della uia: et dice: che lhuo mo della uilla: cioe eluillano al tempo. CHE LVVA imbruna: comincia afarsi nera: perche si matura. IN PRVNA: riserra con pruni: MA GGIORE aperta. maggior callaia. CON VNA forcatella. DISPINE: Con tante spine quanto stanno in su piccola forca. CHE NON era loca lle. i. lastrectauia. Calles in latino significano propriamente uiottoli stretti facti dal callo depi edi deglanimali. Onde diciamo callae. VASSIN in san leo. Questa terra e/nella sommita di monte feltro: alla quale: chi uuole ire: truoua difficile erta. NOLI: e/terra in riuiera di genouesi: posta in un uallone: doue con gran difficulta siscende. BISMANTVA: e/montagna nel contado di reggio: diffi cile molto asalirla. CACVME. Benche cacumen in latino significa ogni sommita: nientedimeno ca cume e/una molto ripida montagna in campagna. Alquanti dicono in cacume: cioe nella sommita del monte di san Leo. In tutti luoghi benche sieno molti erti et ripidi: niente dimeno ui siua con piedi. Ma lasalita di questo monte e/quasi a guisa dimuro: informa che bisognono lale. Pone eluoghi decti disopra per lalteza delle chose terrene: chome sono ricchezze: potentia: et signoria: o per labasseza del la uita uoluptuosa: chome e/noli. Alle quali epiedi: cioe lappetito humano puo arriuare. Ma alle uir tu purgatorie: lequali non hanno lusinghe desensi: bisogna uolare con lale del gran disio. Imperoche chi non lascia indrieto epiedi: che significano lamote sensitiuo: et non pigla lale: cioe lamore delle chose ĩ corporee: non puo salirui: Non me incognito: che alchuni intendono per lale: speranza: et fede. Ilche non e/absordo in questo luogho: Et Platone scriue: che lanima uenuta inquesto basso mondo: non puo tornare al cielo sanza due ali: delle quali luna e/religione: laltra iustitia: et per religione intende tutte leuirtu intellectiue: Et per iustitia tutte lemorali. DRIETO AQVEL condocto. Drieto a Virgilio mio conductore. Elquale midaua speranza dipotere salire. Imperoche laragione superiore ornata di ue ra doctrina da speranza: che lhuomo possi salire. Et mostra lauia: onde dice. ET FACEA LVme.

Noi salauam per entro elsaxo ropto
et dogni lato ne stringea lostremo
et piedi et mani uoleual suol disotto:
Poi che noi fumo in su lorlo suppremo
dellalta ripa alla scoperta piaggia
maestro mio dixio che uia faremo?
Et egli adme nessun tuo passo caggia:
pur su almonte drieto ad me acquista:

d Imostra: che lauia era facta per forza discarpe llo: rompendo elsaxo adimostrare: che sanza forza et industria nõ possiamo uincere ladifficul ta di questa montata: laquale per iaragione di so pra decta e/piu laboriosa et malageuole chelresto Ilperche lappostolo dixe. Insuauem et asperam facit nobis uiam uirtutis longa consuetudo peccã di. Et Tullio. Optima forma uiuendi eligenda ẽ quam iocundam reddet consuetudo. ETDO GNI LATO NOI stringea lextremo. Era lauia

fin che nappaia alchuna scorta saggia
Losommo era alto che uincea lauista
et lacosta superba piu assai
che damezo quadrante acentro lista
Io ero lasso quando cominciai
o dolce padre uolgiti et rimira
chomio rimangho solo se non restai:
Figluol midixe infin quiui titira
additandomi un balzo pocho insue
che daquel lato elpoggio tutto gira.

molto strecta: perche leuirtu consiston nelmezo elquale a rispecto dellextremita e/strectissimo. Et e/chome una linea: laquale uada dalluna parte allaltra pel centro. Et ogni uolta che sesce dique sta linea: sicade i uno deglextremi: o nellexcesso o nel defecto. Et aggiugne: che elsuolo disotto era si erto che uoleua piedi et mani: cioe bisognaua andare carponi: et allegoricamente significa: che bisogna epiedi: cioe lappetito et lemani: cioe lactione et operatione. Perche non basta hauere sommo appetito del salire: cioe del purgarsi. Se tale cupidita non simette inopera. Perche chome dice Aristotele nellethica: lauirtu moral consiste nelloperatione. Et christianamente possiamo dire: che non basta laffectione se non sarroge satisfactione.. IN SV LORLO suppremo. Haueano salito lapiu alta stremita del balzo: tralquale et laltro balzo era laripa scoperta. Imperoche mentre: che saliuano elbalzo: andauano per quella uia strecta: et cupa: et non uedeano. Ma giuncti in su lorlo: uedeuono lapiaggia spedita. CHE VIA FAREMO Optima chosa e/che benche lappetito sia acceso allapurgatione dellanimo. Nientedimeno debba fare tutto col consiglo della ragione superiore. Et lui glirisponde. NESSVN TVO passo caggia. non andare alla china: cioe non tornare mai indrieto: et non pensare alle chose deiecte: et basse: et terrene. PVR SV ALMONTE almonte drieto ame acquista. Seguita laragione salendo sempre alleuirtu: finche. MIPAIA ALCHVNA scorta saggia. Imperoche quando lhuomo simette in uiaggio persalire alle uirtu purgatorie; seguitando laragione: dopo alchun progresso iddio ha misericordia del suo buon proposito; et quello che non puo nostra fragilita: lui supplisce conlagratia illuminante: cooperante: et perficiente: lequali sono saggie scorte. Et delle quali habbiamo decto nellaprima cãtica. LOSOMMO lasommita del monte. ERA ALTO CHE: in forma che uincea lauista deglocchi miei. Et inuero queste uirtu purgatorie sono si excelse et ardue: che glocchi di Danthe. i. lacognitione della sensualita et della ragione inferiore non uarriua. Et perdimostrare questa difficulta del salire: aggiugne: che lacosta era piu superba piu erta: che non e lalistra: cioe lalinea: che dalcentro del quadrante ua pel mezo desioi sino alla circunferentia. Quadrante appresso deglantichi greci: fu chiamato Gnomon. Ne fu horiuolo dalchuna ragione a Roma: prima che questo. Et secondo Varone et Plinio. M. Valerio: Messalla fu el primo che di catania citta di sicilia: laquale nel suo consolato hauea uincta: arrecho elquadrante nellanno CCC. LXXVII. dopo laedificatione di Roma. Et benche non fussi molto uero: ne lesue linee corrispondessino bene alhore: pure usoron quello nouantanoue anni. Insin che. Q. Martio philippo: elquale fu censore con: L. paulo: ne pose appresso a questo unaltro piu ordinato. Ilche fu molto grato alpopolo Ma perche elquadrante niente gioua: quando elsole e/coperto. Scipione Nassica trouo lhoriuolo non dipoluere: chome enostri. Ma dacqua: laquale stillãdo minutissimamente distingueua lhore. Et questo fu cinquecento nouanta sei anni dopo Roma hedificata: ne truouo io che eromani: o altre genti hauessino in quegli tempi campane: o per horiuoli: o per altro. Questo ho decto breuemente del quadrante: che mostra lhore. Ma accioche meglo sintenda elsenso di Danthe: elquale e/non che lauia fussi ritta: chome un muro: perche impossibil glisarebbe stato elsalirla. Ma che fussi pocho men piegata: diremo: che in questo modo pone elquadrante deglastrologi Hanno glastrologi tre instrumenti principali. Spera materiale: laquale dimostra tutto elcielo; et esuoi circuli. Elsecondo e Astrolabio tondo: ma schiacciato informa di taglieri: nel quale si dimostra tutta laposítione del cielo. Elterzo e/un quadrante. Elquale e/laquarta parte dellastrolabio Adunque diuiderai un tagliere dal centro per linee recte: insino alla circonferentia in quattro parti: equali et una diquelle fa elquadrante: et se torrai questo quadrante: et tirerai una linea pel mezo dal centoo alla circonferentia: et dipoi porrai agiacere elquadrante in sununo dedue lati. Alhora uedrai: che lalinea facta non sara altutto ritta: Ma nientedimeno pocho uimanchera Conchiude adunque che era salita molto erta: Ma non pero informa dimuro. IO ERO LASSO. Sempre sistracca lasensualita: et laragione inferiore nella difficulta dellopere uirtuose. Et pero addomanda conforto. Imperoche lontellecto spesso andando auanti: lascia lasensualita in drieto: laquale rimarrebbe se non siriuolgessi: et confortassila. Et nota che Danthe lochiama padre: et Virgilio chiama lui figluolo perche uuole dimostrare: che gia lasensualita e/si concorde cõ laragione: che lubbidisce: nõ chome schiauo al signore: che ubbidisce forzato. Ne chome discepolo alpreceptore: che uuole prima che ubbidischa aptamente intẽder laragione. Ma chome figluolo a padre: che uuole che sua uogla sia quella medesima che del padre. Ilche quando e/in alchuno huomo: non dubitera: che non possi peruenire alla purgatione: Queste tre spetie dubbidientia significo Danthe nella prima cantica: quando dixe. Tu padre. Tu maestro. Tu signore. Et quiui ledichiarammo. IN FIN QVI TItira: Sforzati diconducerti in fin qui:

tocha di strologia

Imperoche dipoi sara lauia meno erta: Et sempre nelle chose ardue sempre elprincipio e/ piu chelmezo del tutto. ADDITANDOMI: Mostrandomi col dito: elquale cigneua elpoggio da quellato: doue era Danthe chome uederen disotto: perche dallaltra parte delpoggio erono ualloni.

Si mispronauon leparole sue:
 chio misforzai carpando appresso allui
 tanto chelcinghio sotto epie misue.
A seder ciponem iui ambe due
 uolti alleuante onde erauan saliti:
 che suole arriguardar giouare altrui:
Glocchi prima drizai abassi liti
 poscia glalzai alsole: et admiraua
 che dasinistra nerauan feriti:

f A laragione superiore co suoi conforti: che la inferiore fa quasi lompossibile. Et non e/ sanza cagione: che Virgilio non uuole: che siposi: prima che sia in sul balzo. Imperoche laripa e/ luogho lubricho: et sdrucciolеuole: et chi uisiposa: puo sdrucciolando cadere in giu. Ma chi monta el balzo: perche non e/ sanza alquanto dipiano: puo seder sanza pauento disdrucciolare. Adunque nelle chose molto ardue e/ necessario che lhuomo si posi. Perche altrimenti sistraccha in forma: che non sipotrebbe condurre al fine. Ma non siposi prima che sia in luogho: che non ricaggia in drieto. Posonsi asedere/uolti donde eron uenuti. Imperoche chi dopo lasalita siriuolge: par che siconforti delriguardare. Et allegoricamente: chi uolge lamente in drieto a considerare lasalita facta: cioe ladifficulta gia passata: confortasi et rifranchasi asopportare quella che resta. VOLTI ALLEVANTE ONDE erauan saliti. perche indi haueano principiato lasalita. GLOCCHI PRIMA DRIZAI a bassi liti. Poscia glalzai: Assai conforto pigla: chi se gia messo per luia delle uirtu: considerare labasseza delle chose terrene: donde se partito. Et dipoi lalteza delle diuine: alle quali ha facto proposito dimontare. Et marauiglauomi: che conciosia che in questo hemisperio chi sta uolto alleuãte e/percosso dal sole dallaspalla dextra: perche di quiui e/ mezo di: In quello cipercotea dalla sinistra. Et in questo noterai che e/grandissimo ornamento al poeta: quando oltra al la materia propria del suo poema illumina: et distingue: riflorisce con molte altre chose: chome qui: diuiando alquanto dal proposito: toccha alchuni luoghi dastrologia.

Ben sauuidde elpoeta chio staua
 stupido tutto alcarro della luce
 oue fra noi et aquilone entraua.
Ondegli ame se castore et polluce
 fussero in compagnia diquesto specchio
 che su et giu del suo lume conduce/
Tu uederesti elzodiacho rubecchio
 anchora alorse piu strecto rotare/
 se non uscissi fuor del camin uecchio:
Chome cio sia seluuoi poter pensare
 drento raccolto imagina syon
 con questo monte in su laterra stare
Sicchambe due hann un solo orizon
 et diuerso hemisperi onde e/ lastrada
 che mal non seppe carreggiar phethon:
Vedrai choma costui conuien che uada
 dallun quand a colui dallaltro fiancho
 se lontellecto tuo ben chiaro bada:

a Ccorsesi Virgilio che io stauo stupido: et pieno di marauigla: uedendo elcarro della luce: cioe elsole essere tral septentrione et noi. Marauiglandomi adunque hauerlo dal septentrione: Concio sia che in questo hemisperio ci sia damezo giorno. Vuole dimostrare elpoeta: che laltro hemisperio: doue finge essere: sta pel contrario di questo. Adunque chome anoi sempre ua elsole damezo di/et gecta lombre a tramontana. Cosi a quegli dila uiene elsole diuerso latramontana nostra: Et Virgilio et Danthe ueniuono aessere allato allo equatore inuerso elpolo antartico: elquale e/tanto dila dallequatore: quanto elnostro artico e/diqua. Ne sisarebbe marauiglato Dãthe douere elsole da septentrione. Se hauessi considerato essere nellaltro hemisperio dila dalla torida zona uerso lantartico. Onde Virgilio rispõde che anchora uedrebbe elsole piu presso aseptẽtrione: se chome era in ariete: fusse stato con castore et polluce: cioe in gemini. Doue e/daintẽdere: che comenciando elzodiaco da ariete. Veggiamo: che questo segno e/allato allequatore: et comincia quindi: dopo elquale e/ eltauro uerso elsepentrione: Et dopo eltauro sono gemini: et questi sono tanto propinqui al septentrione: che quiui finisce eltropico estiuale. Dipoi e/elcancro: elquale comincia dallaltra parte di septentrione. Et dopo lui e/elleone: elquale declina uerso lequatore. Et dipoi e/lauergine: laquale finisce allequatore. Dopo questi e/lalibra: che comincia disotto allequatore: chome ariete disopra. Seguitano glaltri segni: equali discostandosi dallequatore: saccostano al polo antartico insino al sagictario: che finisce eltropico hiemale: Et qui comincia elcapricorno. Poi laquario: poi epesci: equali finiscono allequatore. onde comincia lariete. Dice adunque Virgilio: che selsole fussi in gemini: danthe louedrebbe anchora piu presso alseptentrione: perche tal segno e/piu septentrionale.

Poſe caſtore et polluce gege[illegible]ini: ſeguitādo chome poeta le poetiche fauole: lequali narrano: che di io
ue diuentato cygno: et di Leda mogle di Tindaro nacquono caſtore et Polluce. Altri dicono: che due
uoua partori Leda di ioue cygno diuentato: et delluno nacque Polluce et Helena mogle di Menelao: et
rapita daparis. Et queſti due furono inmortali. Dellaltro uſci Caſtore et Clytemeſtra. Altri dice che
fu uno ſolo huouo: et di quello nacquono Caſtore: et Polluce: et Helena. Alchuni dicono: che Caſtore
fu mortale: et nato non di ioue. Ma di Tyndaro. Polluce et Caſtore tornando con glargonanti: rapiro
no le figliuole di Leucippo ſpoſate a Lynceo et ad Ida. Onde Lynceo uccise Caſtore: Et polluce Lynceo
per uendicare el fratello. Et Ida harebbe ucciſo polluce: ſe Ioue non lhaueſſi ſoccorſo. Ioue adunque gia
ſumpſe in cielo: et poſegli nel terzo ſegno del zodiaco decto gemini: perche e/ facto diqueſti due frate
gli: equali erono gemini. i. nati aun portato. Et polluce inmortale parti la ſua inmortalita con caſtore:
Elche fingono e poeti: perche quando luno diqueſti ſcende al contrario hemiſperio: laltro ſale al noſtro
. Altri dicono che meritorono el cielo: perche purgorono el mare greco da corſali. Altri. perche nella na
uicatione deglargonanti liberorono la naue Argos da molte tempeſte. Onde dipoi in cielo erono inuo
cati da nauicanti: chome ſtelle ſalutari: et propitii: et quando appariuano in forma di lumi: ceſſaua la tē
peſta: chome pon Plinio. Et Horatio nellode. Quorum ſimul alba nautis ſtella refulſit. Concidunt uē
ti leuis afflat aura. Et minax quia ſic uoluere ponto unda recumbit. Ilche e/ ſimile a quello: che a noſtri
tempi ſi dice di ſancto Hermo. El primo. i. polluce ha Noue ſtelle: delle quali una nel capo: et due nel
le ſpalle ſono molto chiare. Caſtor ha. X. ſtelle. Sono ī tutto dicannoue. FOSSERO IN COMPA
gnia di quello ſpecchio: del ſole. CHE: el quale. SV ET GIV: nellemiſperio diſopra et in quel diſot
to: perche illumina luno et laltro. Onde Virgilio. Noſque ubi primis equis oriens afflauit anhelis. Il
lic ſera rubens accendit lumina ueſper. Altri dicon ſu et giu: perche dalla ſua luce a marte Ioue et Satur
no pianeti collocati ſopra di lui. Et ſimilmente a Venere Mercurio: et alla luna inferiori ad ſe. TV
VEDERESTI EL ZODIACO RVBEcchio: Tu uedreſti quella parte del zodiaco: doue ſono gemini
rubecchia: laquale roſſeggerebbe pel ſole: ſe ui fuſſe drento: chome e/ in ariete. ROTARE ANCHO
ra piu ſtretto a llorſe: perche quel ſegno chome habbiam decto e/ el piu preſſo al ſeptētrione. SE NON
VSCISSI FVOR del camin uecchio. Se non faceſſi altro corſo: che ſi ſogla. MA SE VVOI POTE
re comprendere. perche in queſto luogho el ſole ci ſia da tramontana. DRENTO raccolto: cioe raccho
gli la mente in te: et non penſare ad altra choſa. ET IMAGINA ſion: che e/ monte di hieruſalem.
CON QVESTO monte del puragtorio. INSV LA TERRA ſtare. intendi per oppoſito: perche ſi
on e/ nel noſtro hemiſperio: et quello e/ nellaltro: per oppoſito luno allaltro: et dichiaralo dicendo:
SICCHE AMENDVE hanno un ſolo orizon: cioe el cerchio lineare: che diuide luno hemiſperio dal
laltro. Ma diuerſi hemiſperi: chome e/ decto. Adunque chome nel noſtro hemiſperio la quarta habitabi
le e/ uerſo el noſtro polo artico: Choſi liſola del purgatorio e/ nellaltro hemiſperio: inuerſo el lor polo ā
tartico. Dicono: che hieruſalem e/ in ſul mezo colmo della terra nel noſtro hemiſperio: chome Danthe
finge: che in quellaltro hemiſperio ſia el monte del purgatorio. OVE E/ LA STRADA: la uia del ſo
le el quale non eſce mai del zodiacho. CHE MAL NON ſeppe carreggiar phethon. cio laquale per
ſuo male phethon non ſeppe tenere col carro ſuo. MAL NON ſeppe: con ſuo mal: con ſuo danno
non ſeppe. Phethon fu figliuolo del ſole: et domando al padre: che con giuramento gli prometteſſi con
cedergli el beneitio: el quale gli domandaſſi. Promeſſe el ſole. Chieſe phethonte: che un ſol giorno gli
laſciaſſi guidare e ſuoi caualli pel cielo. Concedectelo el padre per non eſſere ſpergiuro. Ma prima con
molte ragioni ſingegno ſconfortare el temerario giouane: che ſi togleſſi dallampreſa: perche non potre
bbe reggere la ferocita de ſuoi caualli. Ma non ſeppe phetonthe reggere e cauagli: E quali laſciando el ci
lo del ſole: uennono ſi baſſi che ardeuono la terra. Onde fu conſtrecto Ioue con ſua celeſtiale ſaetta per
cuotere phethonte. Il perche morto cadde in po. Et per queſto el petrarcha dixe phethonte odo che in po
cadde et morio. VEDRAI. intenderai per queſte ragioni: chome conuiene. che l ſole uada a coſtui del
polo antartico dallun fianco: cioe dal ſiniſtro. QVANDO A COLVI. del noſtro polo artico ua dal
noſtro polo artico: ua dallaltro fianco: cioe dal dextro: Sel tuo intellecto bada: cioe attende badare in
noſtra lingua e/ quello: che in latino dicono uacare.

Certo dixio maeſtro mai un quancho
non uidi chiaro ſi chomio diſcerno
la doue mio ingegno parea mancho
Chel mezo cerchio del moto ſuperno:
che ſi chiama equatore in alchuna arte
et che ſempre rimane tral ſole el uerno
Per la ragione che diquinci ſi parte
uerſo ſeptentrione quando glebrei

d Imoſtra Danthe hauer inteſo per dinotare:
che la ſenſualita: benche di ſua natura non ſia
rationale: niente di meno ne puo eſſer facta parte
cipe. Et chome diſcepolo narra a Virgilio quello
che intende: accioche lui chome maeſtro locorre
gha. doue manchaſſi. EL MEZO cerchio. Pongo
no e mathematici tra lun polo et laltro cinque cer
chi paralelli: cioe equidiſtanti, El primo e/ circa
al polo artico: et chiamaſi paralello artico: et que
ſta chiama Virgilio la zona fredda: ſobto laquale

uederan lui uerſo lacalda parte
Ma ſate piace uolentier ſaprei
quanthauemo adandar chel poggio ſale
piu che ſalir non poſſon glocchi miei

non ſhabita per lotroppo freddo. Et dopo quello con equidiſtante ſpatio e/ unaltro cerchio decto tropico eſtiuo. Imperoche inſino a quello ſale el ſole aſeptentrione. Et quando eſcie degemini fa elſoſtitio extiuo: et alhora e/elmaggior di di tutto lãno. Et tutto loſpatio che e / traldecto cerchio et laltro delpolo e/decto zona temperata: et ſotto quella ſipuo babitare. Dipoi e/elterzo cerchio decto equinoctiale: o uero equatore: pche quando elſole e/qui : gia egiorni ſono appareggiati con lenocti. Et queſto e/nelprincipio dariete: quando elſole ſaccoſta anoi : perchelenocti inſino aquel tempo eron maggiori. Et nel principio della libra: quando elſole ſidilunga danoi: doue edi: equali erono maggiori: ſaghuaglano con lenocti. Imperoche dal principio dariete inſino al fine degemini ſempre creſcie. Dipoi dal principio dicancro inſiuo alprincipio della libra ſcema: informa che quiui/perche tale ſegno toccha elcirculo equatore. Dallaltra parte oppoſta allariete e/ſcemato tanto eldi: che ſagguagla conlanocte. Dipoi anchora ua ſempre ſcemando peſegni meridiani: che ſono inſino allariete: lalibra per loſchorpione et pel ſagictario: et nella fine del ſagictario fa lamaggior nocte dellanno. Dipoi nelprincipio del capricorno fa eltropico: et ſolſtitio hiemale: et comincia elſole aſalire a ſeptentrione: et edi acreſcere: informa; che nelprincipio dariete ſono tornati pari alle nocti. ELMEZO CERchio. Queſto e/elcerchio equinoctiale: elquale e/decto equatore: perche quando elſole e/inquel grado: o dariete: o dilibra: elqual toccha queſto cerchio eldi et lanocte ſon pari. IN ALCHVNARTE: chome e/laſtrologia: DEL MOTO ſuperno. Elcerchio equatore e/nel mezo equidiſtante dadue poli artico et antartico: equali emathematici dicon eſſere fixi et inmobili: et in quegli ſigira elprimo mobile da ariete inuerſo Occidente. et tyraſi drieto loctaua ſpera. nella quale e/elzodiacho: et laltre ſtelle fixe: et tutti eſepte pianeti. In forma che in uentiquattro hore tutti queſti cieli fanno una reuolutione intera. Et niente dimeno loctaua ſpera ſiuolgé con contrario moto in cento anni un grado. Et ſimilmente tutti epianeti ſiuolgono con contrario mouimento. Et queſta reuolutione ſi fa in ſu due poli mobili: equali eſchono da edua inmobili decti diſopra. Et perche loſpatio dallun polo allaltro e/C. LXXX. gradi: lequatore e/diſtante da ogni polo nouanta gradi: Adunque loequatore e/mezo cerchio: perche e/inmezo depoli: et diuide el zodiaco in due mezi. ET CHE SEMPRE RIMANE tral ſole eluerno. Imperoche ſel ſole e/diqua: cioe ne ſegni ſeptentrionali: noi habbiamo laſtate: et nellaltro hemiſperio: che e/dila dallequatore: e/uerno: et choſi per loppoſito. Adunque queſto cerchio ſempre rimane tralſole: che fa laſtate et eluerno PER LARAGIONE che quinci ſidiparte. Laragione e/che elſole ſiparte quinci: cioe daqueſto hemiſperio. che e/ſotto eſegni meridiani: equali ſono: libra: ſcorpio: ſagictario: capricorno: aquario: et peſci. Et ua uerſo ſeptentrione: perche alhora era nellariete: elquale tocca lequatore dalla parte ſuperiore di ſeptentrione. QVANTO glhebrei: cioe tanto quanto glhebrei. Equali popoli ſono ſipreſſo allequatore nel noſtro hemiſperio: chome fuſſe Danthe nellaltro hemiſperio. Et e/laſententia. che tanto ſi dilunga dal monte del purgatorio inquello hemiſperio elſole andando uerſo tramontana: quanto ſidilunga da hieruſalem: andando aſegni meridiani. Et pero dice uerſo lacalda parte. Ne mi pare daintender che qui tocchi altra hiſtoria. MA SA te piace: Ricordiſi elpoeta dellaueriſſima ſententia: Spiritus prõptus eſt caro uero infirma. Adunque benche Danthe: cioe laſenſualita ſia ubidiente alla ragione: niente dimeno lopere uirtuoſe glipaion difficili nel principio. et pero non e/marauigla: ſe glocchi ſuoi nõ arriuano alla cima di queſto monte: Perche non puo chi e/anchora in principio delle uirtu purgatorie intendere elprogreſſo in ſino al fine.

Et egli adme queſta montagna e/ tale
che ſempre al cominciar diſotto e/ graue
et quanto piu ua ſu et men fa male:
Pero quandella tiparra ſuaue
tanto chenſu andar tiſia leggiero:
chomaſſeconda giuſo andar per naue /
Alhor ſarai alfin deſto ſentiero:
quiui diripoſarlaffanno aſpecta.
piu non riſpondo: et queſto ſo peruero.
Et chome glhebbe ſua parola decta
una uoce dapreſſo ſono forſe
che diſedere inprima haurai diſtrecta:

Peſſeuolte in uu medeſimo huomo naſce diſputatione tra lappetito et lontellecto: Adunque doue nõe/anchor uero habito delle uirtu: loperationi di quelle ſono difficili al ſenſo. Ma la ragione domandata dal ſenſo: quando ha hauere fine lamontata non uipone ſpatio determinato: perche hauendoſi ſempre auſare lopere uirtuoſe ſeneſbigoctirebbe elſenſo. Ma dimoſtra quello che e/uero: et puo aſſai confortare elſenſo dicẽdogli: Monta francamente. Imperoche lanatura di queſta erta e/tale: che quanto piu ſimonta: piu diuenta facile. et certo perche leſpeſſe et frequentate operationi apocho apocho induchon lhabito elquale acquiſtato fa: che loperationi: che prima pareano difficili: ſono facili. Interuiene che quã to piu ciappressiamo alhabito operando; tanto meno cisia graue: Adunque quando questa salita tiparra soaue: informa che elmontare tisara chosi facile: chome e/facile nauicare allaseconda dun fiume/alhora sarai al fine del salire. i. alla perfectione delloperationi: che e/lhabito. Per laqualchosa. QVIVI DI riposare laffanno aspecta. Quasi dica differisci ogni tuo riposo infino aquel luogho: et in questo mezo non tifermare tra uia: perche loperationi uirtuose non ticondurrebbono alhabito: se non lecontinuassi PIV NON RISPONDo. perche questo e/asufficientia. TIenlo per uero: perche pocho disopra come dicemmo daristotil: chosi dicho. Che tutti ephilosophi per chosa certa danno: et lasperientia siconcorda cō lauctto ita loro: che elsegno dhauer facto habito e/dilectarsi delleoperationi. Ma maxime pon qui lhabito delleuirtu purgatorie: perche sono molto piu perfecte: che leciuili. Ilche tisia facile ad intendere: se ritornerai su alluogho: doue distesamente ho decto di quelle. ET COMe egli hebbe sua parola decta. VNA VOCe dapresso sono forse. Qual fussi pocho disotto intenderai. et dice sono: quasi uogla dimostrare: che parlo chiaramente: et con certa efficacia. Perche dicea da animo. Et concio sia che epsa hauessi sempre rifuggito lafaticha: gliparea questa montata molto piu difficil: che non pare achi e/uso in alchuno uirtuoso exercitio.

Alsuon dilei ciaschun dinoi sitorse:
et uedemo amancina un gran petrone:
del qual ne ei ne io prima saccorse:
La citraemmo/et iui eron persone
che sistauano allombra drieto alsaxo
chomhuom per neglinentia astar sipone

u Irgilio et io ciuolgemo: donde ueniua laboce Et uedemo quelle anime da man sinistra: a dinotare elprauo et tardo otio della negligentia Et non sanza cagion dice: che non serono accorti anchora di quelle. Perche lauita delnegligente e/simile alla morte. Ne fa operatione alchuna: per laquale possi uenire in notitia: o dibene: o di male. Adunque passauano sanza hauerne notitia. Se una di quelle non hauesse decto. Che disedere in prima harai distrecta: cioe disagio. Lequali parole erono per isconfortare Danthe. Ilche significa: che quanta notitia habbiamo disimili huomini e/che o con lexemplo: o con leparole cisconfortano dalle uirtuose imprese. Ma essendo queste in purgatorio non e/daintendere: che usassi tali parole per nuocere a Danthe. Ma non pote contenersi: che haueudo in tanto horrore lalaboriosissima erta: non ne dicessi suo parere piu tosto per compassione: che per inuidia. Elsaxo che togleua loro elcaldo: i. laluce del sole: e/lostupore et lagraueza della pigritia: che glitogle elcaldo del sole. i. lamore della uirtu: et laluce: che e/ellume della ragione.

Et un diloro che misembiaua lasso
sedea et abbracciaua leginocchia
tenendo eluiso in giu tra esse basso
O dolce signor mio dixio adocchia
colui che mostra se piu nigligente
che se pigritia fusse sua sirocchia.
Alhor siuolse anoi et pose mente
mouendo eluiso pur su perlacoscia
et dixe hor ua tu su che seualente:
Conobbi alhor chi era/et quellangoscia
che mauacciaua un pocho anchor lalena
non mimpedi landare allui/et poscia
Challui fu giunto alzo latesta apena
dicendo hai ben ueduto chomelsole:
dalhumero sinistro elcarro mena:
Glacti suoi pigri et lecorte parole
mosson lelabbra mie un pocho ariso
poi cominciai belacqua ame non dole
Di te homai/ma dimmi perche asiso
qui ritto se attendi tu iscorta
o pur lomodo usato ta ripriso

n. On poteua meglo exprimere un negligente ponendo a sedere in terra con legambe raccolte; informa che uolendo guatare ī su; driza lamira su per lecosce. Et benche glisia disagio sedere a quel modo. Nientedimeno lapigritia uelotiene Onde dice Salomone. Ascondit piger manus suas sub ascellas suas: et laborat. si eas ad os conuertit. Preterea queste parole HOR VA SV TV che se ualente: dimostrano quel medesimo. Imp oche elnegligente sisdegna: che unaltro sia sollecito; et con parole ironiche lodileggia. Et ilsimile fa pocho disotto: quando dice: Che appena alzo latesta; et beffalo; che habbi uoluto sapere; perche quiui elsole gictaua lombra a sinistra: perche sempre epigri schernischono chi e/diligente: inuestigare alchuna chosa degna. QVELLA ANGOscia quello affanno. CHE MAVACCIAVA LAlena; che maffrettaua lanelito: o uero fiato. Imperoche chi ua allerta; glabonda assai alito: et dagli affanno. Perche elmoto et ilpeso diportare elcorpo in su; excita calore. Et quanto piu riscalda el cuore: piu aria et fiato bisogna: che epolmoni tirino alcuore: per rīfrescharlo. Onde eltanto alito affanna. VN POCO A RISO. perche lhuomo modesto non usa troppo riso. NON DVOLE di te: perche tiuegho in luogho saluo. Capta qui beniuolentia dalla persona sua: dimostrando che gli ſarebbe ſtato moleſto hauerlo trouato inpiggiore grado. Et factoſelo beniuolo: loriprende per exci tarlo da tanta pigritia. ATTENDI TV. Aſpecti tu. BELACQVA: Chiamollo per proprio nome ilche dinota amore et beniuolentia: quando parliamo a pari; o inferiore. Onde Iunone uirgiliana parlã do a Eolo lonomina dicendo. Eole nanque tibi diuum pater atque hominum rex.

Et egli o frate andare inſu che porta ẽ
che non milaſcerebbe ire amartyri
luccel didio che ſiede in ſu laporta:
Prima conuien che tanto elciel maggyri
difuor daeſſa quanto fece in uita:
perchiondugiai alfine ebuon ſoſpiri.
Se oratione in prima non maita/
che ſurga ſu dichuor chengratia uiua:
laltra che uale chencielo non e/ udita :

o FRATE. o fratello. CHE PORTA: che gioua: ANDARE IN SV. Quaſi dica niente Et laragione e/che luccello dio. i. langelo. che ſiede in ſu laporta del purgatorio; del quale ſi dira diſotto: non milaſcerebbe entrare: perche conuiene che elcielo migiri tanto tempo fuori da eſſa porta dipurgatorio; cioe che paſſi tanto tempo: quanto tempo paſſo inuita. Et queſto e/ſecondo laſiction facta diſopra: perche io indugiai alla fine dellauita ebuon ſoſpiri. i. eſoſpiri: che procedeuono da uera contritione: et pentimẽto deglerrori conmeſſi: et da ſommo deſiderio diridurſi a uia diritta. Sono adunque buoni: perche giouano et fanno buono chi gluſa. Et nota laſententia dellauctore. laquale e/che lorationi: di chi e/ ĩ peccato mortale: non gioui a quegli del purgatorio.

Et gialpoeta innanzi mi ſalia
et dicea uienne homai uedi che tocco/
meridia dal ſole et dalla riua
Cuopre lanocte gia col pie marocchо:

n On uolea piu laragione tardare nella pigritia Et pero admoniua Danthe che ſurgeſſe. Vedi che meridiano. i. elcirculo equatore: e/ tocco dalſole: Adunque ſelſole era arriuato aqueſto circulo: ſignifica che era mezo giorno: et gia lanocte chuopre col pie marocchо dalla riua. i. uenendo dal mare uicino amarocchо. i. amauritania: laquale e/regione daffrica poſta in occidente. Laſententia e/queſta: che eſſendo nelhemiſperio dila doue era Danthe gia mezo di: dalla riua del marocchо: elquale anoi e/occidente: ma alloro e/leuante: ſurge lenocte: Et per queſto inferiſce: che ne eldi: ne lanocte e/equale in tutte leparti delhemiſperio: perche prima e/in oriente: che amezo giorno; et prima amezo giorno: che a ponente.

. CANTO QVINTO DELLA SECONDA CANTICA DI DANTHE.

O ero gia daquellombre partito.
i et seguitauo lorme del mio duca.
quanduna retro ame drizandol dito
Forte grido ue che non par che luca:
loraggio dasinistra aquel disotto:
et chome uiuo par che siconduca:
Glocchi riuolsi alsuon diquesto motto /
et uidigli guatare per marauigla:
pur me pur me et lume chera rotto

i N questo quinto canto pone quegli: equali excitati in disciplina militare in fino allamorte: differirono lapenitentia. Et questi truoua nel terzo balzo. Era adunque partito da quegli: che disopra pose: quando da uno altro fu mostrato adito: perche saccorse: che era col corpo: pche facetua ombra: et elsole non lopenetraua: chome lanime incorporee: ma rimaneua ropto. Damolti e/in questo antipurgatorio notato permarauigla danthe esser col corpo. Ilche dimostra lotio grande diquesti pigri. Equali se fussino stati in exercitio harebbono uolto altroue loro pensieri.

Perche lanimo tuo tanto simpigla
dixelmaestro che landare allenti
che tifa cio che quiui si bisbigla
Vien drieto ame et lascia dir legenti
sta chome torre ferma che non crolla
giamai lacyma per soffiar deuenti:
Che sempre lhuom incui pensier rampolla
scura pensieri dase dilunga elsegno /
perche laforza lun dellaltro insolla
Che poteuio piu dir senon uiegno
dixilo alquanto del color consperso
che fa lhuom diperdon tal uolta degno:

r Iprende laragione lasensualita/ cupida di fermarsi tra negligenti. Et che troppa cura pone aquel che tra loro sibisbigla. i. conmurmurio sifauella: et cōfortalo che seguiti se: cioe laragione Et chome latorre non simuoue; ne sipiega per soffiar diuenti. Chosi chi uuol salir allcuirtu purgatorie: debba stare fermo nel ben facto proposito. Ne peruanita alchuna: che senta dachi per negligentia non sale: debba abandonare lampresa. Non muoue latorre sua cima. i. chi ha facto fermo proposito disalire; non muti sententia: per soffiare diuenti. i. peruane ragioni daltri: CHE SEMPRE lhuomo in cui pensier rampolla. Debba lhuomo dopo elbuon facto proposito non ādare uagillando con lamente: con uarii pensieri: et cogitationi. Imperoche uagabundo nella diuersita depensieri: si dilunga dal segno: che e /elfine al quale hauea facto proposito darriuare: et comīcia stare ambiguo et perplexo. Perche elpensiere sopra uegnente in solla. i. rende uano: et anichila elprimo. Et chome selbalestriere si dilungha dalberzaglo: piu che non debbe: elcolpo che trae insolla: i. inuanisce: perche elsuo balestro non porta tanto: chosi interuiene achostui. Proprio solla diciamo nel ferro: quando in alchuna parte non e/bene condensato: et sodo: ma lascia uano drento da se. RAMPOLLA: et traslatione deglalberi: nequali sempre mettono nuoui rami. Ilperche rampollo significa nuouo ramo. nato in sul uecchio. CHE POTEA IO DIRE. Quando lasensualita et lapperito e/facto ubidiente alla ragione: et quella dipoi g'imostri iluero: et a quello lonuiti: che puo rispondere senon io tiseguito. Et questo dimostra hauer facto Danthe. Ma la faccia sua sicoperse di color uermiglo: che significa uergognarsi. Et soggiugne: che eluergognarsi falhuomo degno diperdono. Et dixe taluolta: perche non sempre merita perdono lauergogna: ma quando e/sa e/ cagione: o che non cominciamo aerrare: o se pur habbiamo cominciato cenetogle. Onde dice Aristotele: che lauergogna e/buona nefanciugli: ma non neuecchi. Perche nefanciulli e/speranza: che seneri marranno. Neuecchi non e/perche nhanno facto habito.

In tanto per lacosta datrauerso
uenian gente dinanzi anoi un pocho:
cantando miserere auerso auerso:
Quando saccorse chio non dauo locho
per lomio corpo altrapassar deraggi
mutar lor canto in un o lungo et rocho
Et due diloro in forma dimessaggi:
corsoro incontro anoi et dimandarne
di uostra condition fatene saggi

i N TANTO: in quel mezo che Virgilio mi riprendea. PER LACOSTA: laquale salauamo: per esser nellaltro balzo. DATRAVERSO: ueniuono datrauerso; perche loro gyrauano el monte; et noi salauamo adirittura. INNANSI anoi. perche arriuorono nella uia ritta: che noi facciauamo; ma alquanto disopra noi: QVANDO saccorsoro. Mirabil phantasia: che questa medesima sententia dica in tanti uarii modi: MVTARO lor canto: per lostupore: che hebbono p uedere un corpo uiuo; lasciorono elcantare Miserere mei. Et chome chi simarauigla dixono: o con lungha pronuntia: et roca uoce. Imperoche chi e/

oppresso da alchuna subita perturbatione: fa lauoce rocha. Et due chome mandati daglaltri cidomãdorono dicendo. FATENE SAGGI. Fateci amaestrati et docti. DI VOSTRA conditione. Di uostro stato.

Elmio maestro uoi potete andarne/
et ridir a color che uimandaro/
chelcorpo dichostui e/ uera carne
Se per ueder lasua ombra restaro
chomio auiso assai e/ lor risposto
facciangli honore et esser puo lor caro:
Vapori accesi non uidio si tosto
dimeza nocte mai fender sereno
ne sol calando nuuole dagosto:
Che color non tornasser suso inmeno
et giunti la coglialtri anoi dien uolta
chome schiera che scorre sanza freno:
Questa gente che preme anoi e/ molta/
et uenghonti apreghar dixelpoeta
pero pur ua et in andando ascolta/

m Arauiglaronsi che uno colcorpo potessi salire elmõte. Ilche non significa altro: se non che pare impossibile: chelhuom anchora in uita possi peruenire alleuirtu purgatorie. Et certo e/ chosa mirabile: che lanimo oppresso dalla contagion del corpo: somerso nelleuolupta: et desiderii corporei/ senepossa liberare. Onde nella sapiẽtia nõ sanza marauigla dixe. Beatus uir qui inuentus ẽ sine macula: et qui post aurum non abiit. Nec sperauit in pecunie thesauris. Quis est hic et laudabimus eum. Fecit enim mirabilia in uita sua: Qui probatus est in illo: et perfectus ẽ. Ma Virgilio. i. lontellecto conosce: che benche in pochi sia questa excellẽtia. nientedimeno pur e: Onde subgiugne. Faccingli honore: perche inuero merita laude imortali lhuomo: che arriua a questo grado. Ilche expresse. Dicendo: Quis est hic et laudabimus eum. VApor non uidio mai. Scriue Aristotele nella sua meteora: che euapori terresti tirati in alto dal sole: alchunauolta sono si grossi: et corpulenti: che non passano laregione di mezo dellaria. Ma sono congelati dal freddo: o ueramente si dissoluono et caggiono giu: Ma quegli: che sono piu sottili: sinalzano piu. Et di questo cmcr.o uiscosi dal caldo sirisoluono in uento. Epiu uiscosi non sipotendo risoluere: salgano in tanto: che uicini alla spera del fuocho saccendono. Et se sono dipiccola quantita: presto sirisoluono: et chosi accesi caggiono in forma distella. Onde Ouidio. Que si non cecidit potuit cecidisse uideri. Et diquesti parla alpresente elpoeta. Ma se sono di molta materia dura assai elfuoco arisoluergli in forma: che alchunauolta ardono: non solo molti di: Ma anchor piu mesi. NVVOLE DAGOSTO. Quando elsole e/ nelleone et maxime quando e/ presso alla canicola: interuiene: che lenuuole pinte dal caldo: uelocemente scendano. Perche sempre elcaldo incluso con lhumido genera uento: et eluento pigne lenuuole.

O anima che uai per esser lieta
con quelle membra con lequali nascesti
uenen gridando un pochol passo queta
Guarda salchun dinoi unqua uedesti
sicche dilui dila nouelle porti.
de perche uai de perche non tarresti?
Noi fumo tutti gia per forza morti.
et peccatori infino allultimhora:
quiui lume dalcielo nefece accorti
Sicche pentendo et perdonando fora
diuita uscimo adio pacificati
che del disio dise uedere naccora
Et io perche ne uostri uisi guati
non riconoscho alchun ma sauo piace
chosa chio possa spiriti ben nati
Voi dite et io faro per quella pace
che drieto apassi disi facta guida
dimondo in mondo cercar uisiface

q VIVIELLVME dacielo. Lagratia illuminante dellospirito sancto: PENTENDO: et pdonando: non puo finir sua uita in forma: che glisia rimesso lacolpa: chi non sipente deglerrori commessi. Et chi non perdona: Onde e/ nelloratione dedio ĩstituto. Dimitte nobis debita nostra sicut et nos dimictimus debitoribus nostris. CHEL del disio: Del disiderio dise desso idio naccora cinfiamma et cenestringe elchuore. Ne e/ dadire: che non paia giusto: che chi ha peccato in tutta lauita: siposssi nella fine saluare: per pentersi nella fine. Imperoche chome elcorpo stante la sanita nel chuore: si puo ridurre ad optiua ualitudine: benche elresto sia infermo. Chosi lanima ĩferma per lopeccato siriduce asanita: stante ĩlei lagratia preueniente: laquale induce et dispone: dopo laqual dispositione soprauiene la illuminãte: cooperante: et perficiente. Ricordomi hauere decto della diuina gratia nelsecondo canto della prima cantica: quanto richiedeua quel luogho doue sitractaua delleuirtu inferiori alle purgatorie. Hora perche lepurgatorie sono piu excellẽti arrogero alchune chose delladiuina gratia aquelle che disopra scriuemmo: molto utili a saperle. Et prima che lhuomo non puo sanza diuino aiuto et gratia conſeguitare labeatitudine. Imperoche e/manifeſto che lhuomo; ſecondo laconuenientia della ſua natura peruiene aparticipare del ſommo bene; che e/idio piu altamente: che lecreature inferiori. Et perche ha intellecto puo intendere per ſua operatione quella uerita; che non ſintende coſenſi. Chome uerbi gratia lauerita; che elmele ſia dolce; ſintende col ſenſo del guſto; elquale tie comune coglaltri animali. Ma che idio ſia noſtro ſommo bene; non intendiamo col ſenſo: Ma con lontellecto: del quale non e/partecipe altro animal che lhuomo. Nientedimeno non baſta lhumano intellecto per ſe peruenire al ſuo ſommo bene: elquale e/poſto in certa cognitione diuerita; laquale excede lanaturale noſtra faculta. Se adunque lhuomo e/ordinato aquel fine; che traſcende leſue forze. e/neceſſario; che ſia aiutato dalla diuina gratia. Ne per queſto ſia: che alchuno dica che perlaiuto della diuina gratia: lhuomo ſia cõſtrecto adoperare ſecondo lauirtu. Benche dica Criſto nelleuangelio. Nemo poteſt uenire ad me: niſi pater qui miſit me traxerit eum. Et Paolo acorĩthi. Caritas Criſti urget uos: Impoche ladiã gratia prouede atutte lechoſe; ſecondo elproprio modo di ciaſchuna: chome apertamente dimoſtra laquinate contra gentiles. Ma e/proprio dogni rationale creatura; che operi uolõtariamente. Et ſia ſignore delleſue operationi. Adunque opera ſecondo uirtu per laiuto della diuina gratia: laquale corrobora lauolonta. ma non lacoſtrigne: perche lhuomo non puo uenire allultima ſua felicita ſanza uirtu; eſſendo quella: e elpremio delle uirtu; et loperationi ſforzate non ſono delle uirtu: concio ſia che uirtu non e/ ſenza electione. Ne electione ſanza uolontario. Onde non diciamo glanimali bruti eſſer felici. Se non per Metaphora et ſimilitudine; perche non operan ſecondo uirtu. Queſto ſidimoſtra nel. XXX. del deuteronomio: doue dice. Conſidera quod hodie propoſuerit dominus in conſpectu tuo uitam et bonum; et e contrario mortem et malum: ut diligas dominum deum tuum: Et ambules in uiis eius. Et nelli d. Ante hominem eſt uita: et mors; bonum: et malum. Quod placuerit ei dabit illi. Nevoglio pretermectere in queſto luogho; che neſſuno pe ſuoi meriti puo conſeguire eldiuino aiuto. Ilche benche con molte argomentationi ſi pruoui; queſta ci baſti. Ogni premio et prezo; che ſida; et conferiſce: debba hauere proportione al merito: acioche nella retributione ſobſerui giuſta equita: Et non ſia Maggiore elpremio; chelmerito Ma leffecto del diuino aiuto ſanza alchuna proportione ſupera et tranſcende lenoſtre operationi; lequali facciamo ſecondo lapropria faculta: Adunque perſue operationi nõ merita lhuomo ladiuina gratia. Ilperche Paolo a Tito. Non ex operibus iuſtitie que fecimus nos. Sed ſecundum ſuã miſericordiam ſaluos nos fecit. Ne ſia chi per leparole del propheta dicente. Conuertimini: et conuertar ad uoſ; creda che lenoſtre operationi preuenghin lagratia diuina. Ma lanoſtra conuerſione: conlaquale ciconuertiamo adio aiuta ſubſequẽtemente quella. Di qui e/manifeſto lerrore de pelagiani; che uolevono; che tale aiuto riceueſſimo penoſtri meriti. Et chel principio nella noſtra giuſtificatione ſia innoi Et dipoi laperfectione uengha dadio. E/adunque non premio denoſtri meriti; ma gratia. Diqui Paolo a romani. Si gratia eſt iam non exoperibuſ. Alioquin iam gratia non eſt gratia. Ne e/difficile aintendere; che per lagratia/gratum facienſ/lhuomo conſeguita: che lui ama idio: perche epſa e/in noi uno effecto di dilectione diuina. i. fa che noi amiamo idio. Et certo laprima intentione dichi ama e/ che lui ſia amato diquel che lui ama. Et non puo lamato non amare. Adunque per lamedeſima ſiamo amati dadio. Ilperche Paolo aromani. Caritaſ dei diffuſa eſt in cordibuſ noſtriſ perſpiritum ſanctum: qui datuſ eſt nobiſ. Et Iohanni. Qui diligit me diligetur a patre meo. Et ego diligam eum. Et manifeſtabo ei me ipſum. Dimoſtrano edimini doctori: che ladiuina gratia crea in noi lefede; Crea laſperanza della pura beatitudine. Dimoſtra; che lhuomo ſanza ladiuina gratia: non puo perſeuerare nel bene. Ne puo ſanza quella liberarſi dal peccato. Ne quello fuggire: Ma torniamo altexto. PER QVELLA PACE quaſi dica per lauera pace: laquale non e/quella che da elmondo. Ma quella; che elnoſtro redemptore. quaſi per ultimo teſtamento riſalendo; onde era ſceſo; cilaſcio. Nella quale e/lauera felicita. Imperoche ſancto Auguſtino ſcriue; che chome nella cipta didio e/decto ſommo bene uita etherna; choſi ancora ſipuo dire lapace eſſere ſommo bene. Onde elpſalmo canta. Lauda hieruſalem dominum: lauda deũ tuum ſyon. Quoniam confortauit ſeraſ portarum tuarum: benedixit filioſ tuoſ ĩ te. Qui poſuit fineſ tuoſ pacem. Dice adunque elpſalmo elfine ſuo. i. elſuo ſommo bene eſſer lapace. Et pocho diſotto diffiniſce: che lapace della cipta celeſte e/una ordinatiſſima et concordantiſſima ſocieta: et compagnia di fruire idio. CHE DRIETO APIEDI DI SI FACTA GVIDA. Imperoche chome habbiamo dimoſtro: ſe lappetito non ſeguita laragione; non acquiſtera mai lapace. Ma ſeguitandola: lei lomenera di mondo in mondo; menandolo prima per lonferno. i: per lacognitione della uilta bruttura: et detrimẽto de uitii: laquale cinduce a odiargli: et fuggirli. Et per conſequente diſideriamo diliberarcene. Onde dallonferno paſſiamo nel purgatorio. i. uegniamo alla cognitione di quelle choſe; che ci purghino. Et purgati ſaliamo al cielo.

Et uno incomincio ciaſchun ſifida
del beneficio tuo ſanza giurarlo
pur cheluoler non poſſe non ricida

SANza giurarlo: Sanza che tu haueſſi decto p quella pace. Et ordina choſi. CIASCHVN ſifida del tuo beneficio. Pur che non poſſe: cioe non potere non ricida: non mozi; et impediſcha

Ondio che ſolo innanzi aglaltri parlo
tipriegho ſe ma uedi quel paeſe
che ſiede tra romagna et quel dicarlo

Che tu miſia de tuoi prieghi corteſe
in fano ſicche ben per me ſadori
perchio poſſi purgare legraui offeſe:
Quindi fu io ma liprofondi fori
onde uſcilſangue inſulquale io ſedea
facti mifurno ingrembo aglantenori
La doue io piu ſicuro eſſer credea:
quel daeſti elfe far che mhauea in ira
aſſai piu la chel dricto non uolea:
Ma ſio fuſſi fuggito inuer lamira
quando fu ſopraggiunto adoriacho
anchor ſarei dila doue ſiſpira
Choſil palude et lecannucce elbraco
mapiglar ſi chio caddi et li uiddio
delle mie uene farſi in terra laco:

eluolere. TRA ROMAGNA ET QVEL DI Carlo: cioe dipugla; della quale fu Re Carlo ſanza terra conte diprouenza; et poi Re dipugla. Et intende qui della marca dancona.

1 Vnga hiſtoria recita limoleſe della guerra: che fu tra Azone tertio Marcheſe diferrara. et bologneſi: et parmigiani; laquale perche non mipare neceſſaria a queſto luogho pretermetto. Solo baſti che inquegli tempi: Azone ingegnandoſi dacquiſtare aſſai amici in Bologna; cupido di farſene ſignore: meſſe tanto ſoſpecto aquel popolo: che molti deglamici ſuoi fece confinare: et alcuno uccidere. Et in queſto tempo uenne podeſta dibologna meſſer Iacopo dal caſſero ciptadino di fano: elquale con crude et obprobrioſe parole ditracua alla fama del marcheſe. Et inter cetera diceua lui hauer giaciuto con lamatrigna: et che lui era diſceſo duna lauandaia dipanni. Ilche tanto fu moleſto al marcheſe: che daquel tēpo in la ſēpre lofece tracciare da occulti aſſaſſini. Et finalmente andando lui podeſta dimilano: nauico da fano auinegia. Et indi apadoua: Et nel contado di padoua ne paludi: equali ſono preſſo ad Oriaco monte: fu ucciſo daglaſſeſſini gia decti. QVINDI. I. dafano fu io. MA GLIPROFONDI FORI: Leprofonde et mortali ferite. ONDVSCI EL ſangue inſulquale io ſedea: parla ſecondo quegli philoſophi: equali dicono; che elſangue e/laſedia del lanima. IN GREMBO AGLANTENORI. i. nel terreno de padouani: equali diſceſono da Antenore troiano. Coſtui dopo ladiſtruction di Troia: nauico in italia; et poſe Padoua: laquale chiamo patauium/ſecondo Seruio ab eo quod eſt peteſthe. i. uolare: perche preſe augurio dal uolare degli uccegli: o ueramente: quia telo petiuit auem. i. con laſaetta percoſſe uno uccello. QVEL DAESTI. perche emarcheſi diferrara ſono della chaſa da eſti. Et e/eſti un caſtello lontano dapadoua uenticinque miglia. Onde fu lorigine di queſti marcheſi. CHE MHAVEA IN IRA: elquale miportaua piu odio: CHE NON uolea eldritto; che non permetteua laiuſtitia et lequita. Imperoche chome lachoſa ingiuſta e/decta torta; choſi lagiuſta e/decta dritta. INVER LAMIRA. Lamira e/un caſtello nel padouano. DOVE ſiſpira: doue ſalita: et doue ſiſiata: cioe trauiui. MAPPIGLARO: Miuiluppörono: et impedirono.

Poi dixe unaltro de ſe qnel diſio
ſicompia: che titragge allalto monte
con buona pietade aiuta elmio
Io fui damonte feltro io ſon bon conte.
giouanna et glaltri non han dime cura /
perchio uo tra coſtor con baſſa fronte:
Et io a lui qual forza ꝑ qual uentura
ti trauio ſi fuor dicampaldino:
che non ſiſeppe mai tua ſepultura:

b Von conte fu figluol di meſſer Guido conte di mōte Feltro: del qual tractamo nel. XXVII canto dellonferno. Coſtui combactendo contro a guelfi nella ropta dicaſentino uifu morto: et nō ſiritrouo mai elcorpo. Ilpche elpoeta finge quello: che qui diſcriue. QVAL FORZA o qual uentura. Imperoche o leſue forze: o buona uentura lo doueano hauer tracto delle mani de nimici. CAMPALDINO e/ un piano in caſentino appie del monte di poppi inuerſo elborgho alla collina. Nel quale eguelfi a battagla giudicata ruppono eghibellini. Imperoche eſſendo ī queſto luogho gia lexercito de guelfi: Mando Guiglelmo ueſchouo darezo: et capitano de ghibellini: buon conte a conſiderare et ſpiare ecampi deguelfi. Et chome erono gouernati et ordinati. Buon conte trouando ogni choſa in optimo ordīne cōforto eluescouo: che non piglaſſi zuffa. Ma eluefcouo piu temerario che perito uolle combactere. Et fu ucciſo. Fu morto ſimilmente Buon conte: et circa due migliaia daretini. Queſta uictoria hebbono enoſtri: maxīe per lainduſtria: et francheza danimo di Corſo donati: chome appare neglannali fiorentini.

O riſpoſegli apie del caſentino
trauerſa unacqua cha nome larchiano :
che ſopra lhermo naſce in appennino
Doueluocabol ſuo diuenta uano/
arriuai.io forato nella gola
fuugendo apiede enſanguinandol piano
Quiui perde lauiſta et laparola :
nel nome di maria finio et quiui
cadd et rimaſe lamia carne ſola :
Io dicoluero et tul ridi tra uiui
langel didio mipreſe : et quel dinferno
gridaua o tu del cielo perche mi priui ?
Tu teneporti dicoſtui letherno
per una lagrimetta chel mitogle/
ma io faro dellaltro altro gouerno

1 Archiano e/un fiume : elquale naſce inquella coſta dappenino : laqual e/ſopra lheremo di camaldoli : et ſcende in caſentino : et mette in arno trapoppi et bibbiena. Arriuo adunque fuggẽdo per laſtrada aretina ; et lungho arno : inſin doue larchiano entrando in arno perde elnome. Et pero dice. ONDEL VOCABOL. i. elnome ſuo diuenta uano . QVIVI fini ; mori . NEL NOme di Maria : Rendendomi in colpa ; et inuocando Maria inmio aiuto. RIMASE lamia carne ; elcorpo mio ſolo ſanza lanima. E/elcorpo noſtro molto inferiore allanima : perche lanima e/ ſemplice. Elcorpo compoſto. Quella ĩcorruptibile : queſto corruptibil. quella detherna uita ; queſto non ha uita : ſe non lariceue dallanima. Adunque nella ſeperatione : lanima pare che non rimanga ſola : perche rimane uiua ; et con tutte leſue potẽtie. Ma elcorpo reſta priuato di uita ; et dimoto ; et di ſenſi ; et di tutte ſue uirtu adunque ſolo . LANGELO del ciel mipreſe : per lamia conuerſione et contritione. Et quel dinferno per glerrori miei paſſati ſidoleua ; che glera tolto letherno dime : cioe lanima mia : laquale e/etherna et inmortale. MA IO FARO dellaltro ; Della parte mortale : et corruptibile . ALTRO gouerno : perche tu meni lanima aſalute ; et io diſſaro elcorpo. Et ſeguita ĩche modo : mouendo ſubita pioggia loſotterro nella belletta : et rena darno.

Ben ſai chome nellaere ſiraccogle
quelhumido uapor che in acqua riede /
toſto che ſal douel freddo locogle
Giunto quel mal uoler che pur malchiede
con lontellecto moſſe l fumo eluento /
per lauirtu che ſua natura idiede/
Indi laualle chomeldi fu ſpento
diprato magno elgran giogho coperſe
dinebbie/ elciel diſopra fece intento
Sichel pregno aer in acqua ſiconuerſe
lapioggia cadde et afoſſati uenne
dilei cioche laterra non ſoferſe
Et come arriui grandi ſiconuenne
uer loſiume real tanto ueloce
ſi ruino che nulla lariteune
Locorpo mio gelato inſullaſoce
trouo larchian rubeſto et quel ſoſpinſe
nellarno et ſciolſe almio pecto lacroce
Chio fe dime quando dolor miuinſe
uoltommi per leripe et perlofondo
poi diſua preda micoperſe et cinſe

s Eguita ladoctrina ariſtotelica nella generatione dellapioua. Imperoche queſto philoſopho ſcriue nellaſua metecra ; che euapori humidi della terra eleuati dal ſole ; ſalgano alla ſeconda regione dellaere ; et quiui ripercoſſi dal freddo ; ſi riſoluono in acqua. Diuidono eperipatetici laria in tre parti : delle quali laſuperiore per eſſere contermine al fuoco : ſta ſempre calda . Lainferiore ſimilemente e/calda ; perche erazi del ſole percotendo nel nella ſuperficie della terra : con loro reflexion lariſcaldano : Ilperche ſola laparte del mezo ; perche ne e/uicina al fuoco : ne uiſale lariflexion gia decta. rimane fredda ; in ſino a queſto luogho ; el quale uoglono molti. che ſia : XL. ſtadii. i. cinque migla ſopra laterra ; tyra elſole dalla terra ; et dal mare uapori humidi. Equali quiui dal freddo condenſati ſiconuertono in nuuoli ; et diſtillonſi in pioggia. GIVNTO QVEL mal uolere. glãgeli furon creati con libeto arbitrio. Et potẽdo per quello uolgere lauolonta ĩ qual parte ; piu piaceſſi. Glangeli poi neri eleuati a ſuperbia ; lauolſono al male : Chome glubidienti adio lauolſono al bene. Ilperche dannati reſta loro lamala uolonta inmutabile ; chome dimoſtra lequinate per molte ragioni nellibro ; elquale fa contra gentiles . Et che edemonii habbino poſſanza ; appare : et per ſancto Auguſtino : et per Alberto magno in uno ſuo piccolo libro : intitolato de potẽtia demonũ : MOSSE ELFVMO ELVENTO. Chiama fumo eluapore ; elqual tirato ſu dal ſole ; ſiriſolue nella parte humida ; et fredda in acqua : et nella calda ; et ſecca in uento. Onde naſchano repentine et impetuoſe pioue. LAPIOGGIA cadde ET afoſſati uenne ; dilei cio che laterra non ſoſtẽne Cade lapioua et laterra ſucciando ; ſoffera et ſoſtiene quel : che puo dacqua. Elreſto corre afoſſati ; et dafoſſati afiumi ; et dafiumi al mare. Adunque efoſſati gonflorono larchiano ; Et larchiano uenendo rubeſto ; et impetuoſo ; trouo elcorpo dicoſtui inſulla foce ſua. i. doue entra in arno ; et pinſelo in arno ; et arno louoltolo per al quanto spatio. Ma nel uoltarlo glispezo lebraccia: delle quali lui morẽdo: et chiedendo misericordia di suoi peccati hauea facto croce. Et finalmente locoperse et cinse di sua preda. i. lonuiluppo: et ricoperse dibellecta: laquale hauea tolto acampi.

De quando tu sarai tornato almondo
et riposato della lunga uia
seguitol terzo spirito al secondo
Ricorditi dime che son lapia
siena mise dissecemi maremma
sassel colui che inallata pria
Disposando mhauea conlasua gemma

e Lterzo spirito. Imperochel primo fu messer Iacopo dacassero da fano. Elsecondo Buon cõte: et lapia fu elterzo spirito. Questa fu sanese et mogle di messer Nello dalla pietra da siena. El quale essendo rettore in maremma: latrouo secõdo che sicrede in fallo: et uccisela si secretamente che non siseppe allora. SIENA MISE: perche a siena nacqui. ET DISFEMMI maremma: p che quiui fui uccisa. Et perche elmodo fu secreto dice: che colui elsa: elquale prima disposandomi mhauea in anellata. i. era mio marito. Limolese scriue: che questa Pia fu de ptolomei dasiena famigla nobile: Et essendo messer Nello molto potente nella maremma: spesso lhabitaua: et un giorno essendo ladonna alla finestra: comãdo aun suo sergente che lagittassi giu. Ne fu molto nota lacagione: che a questo londuxe.

CANTO SEXTO DELLA SECONDA CANTICA DIDANTHE.

q Vando siparte elgiocho della zara
colui che perde si riman dolente
repetendo leuolte et tristo impara:
Collaltro seneua tutta lagente
qual ua dinanzi et qual dirieto elprende
et qual dallato glisarrecha amente
Elnon sarresta et questo et quello intende
acui porge lamano piu non sapressa
et chosi dalla calca sidifende:
Tale era io in quella turba spessa
uolgendo a loro qua et la lafaccia
et promectendo misciogliea da essa:

i N Questo canto da principio seguita lasua discriptione di quegli: che hanno indugiato laconuersione: et penitentia in fino alla uiolẽte morte loro. Et dipoi comincia a tractare dique gli. che per cure familiari: o alchuna doctrina similmente hanno indugiato lasua penitentia. Et neprimi uersi uolendo dimostrare: che molti gli siragunauano intorno: et lui uolgendosi: hora a questo: hora aquello: et promectendo quãto chiedeuano: sisbrigaua da quegli. Vsa lacomperatione di colui: che siparte uincitore dal giuoco.

Quiuera laretino che delle braccia
fiere dighino ditaccio hebbe lamorte
et laltro channegho correndo in caccia.
Quiui pregaua con lemani sporte
federigo nouelet quel dapisa:
che fe parer lobuon mazuccho forte:
Vedi conte orso/et lanima diuisa
dal corpo suo per astio et per inueggia
chomei dicea non per colpa conmisa
Pier dalla broccia dico et qui proueggia
mentre e/diqua ladonna dibrabante
sicche pero non sia dipiggior greggia

q VIVERA laretino: Messer Benincasa darezo huomo doctissimo iniure ciuili fu uicario del podesta di siena: elquale condenno a morte Turino da turrita castel nelsanese: fratello dighino di taccio: et Taccio suo zio; perche insieme con ghino hauean furato un castello alla re. p. sanese decto radicophani: et in maremma excercitauano latrocinio. Era niente dimeno costume di Ghino benche rompessi lestrade. non uoler: che alchuno de presi fussi morto: Dopo questo tempo messer benincasa ando nel pontificato di bonifatio iudice del tribuno di Roma: altri dicono auditore di ruota. Ilche intendendo Ghino fu di tanto aĩo: che ando aroma: Et entro in casa: et nella sala doue Messer Benincasa sedea abanco: et nel conspecto di molti luccise: et uennesene a saluamento cõ latesta: laquale glauea taglato. Dicono che Ghino fu grãde di statura. Membruto: et robustissimo: et molto liberale: et excitaua ellatrocinio; non per auaricia; ma per poter usar liberalita. Et sempre uolea: che chi gliuenia nelle mani siponessi per se medesimo latagia: et dipoi gnene rendeua buona parte: Et se hauessi trouato huomini studiosi glidonaua danari: et confortauagli agli studii. Conoscendo Bonifatio che lui solamẽte per liberalita predaua. lochiamo a roma: et fecelo caualier friere: ĩ forma che potea uiuere honoratamente. Pur finalmente presso ad asina luugha. Questo Ghino e/quello di chi Giouanni boccaccio pone lanouella. Doue narra in che modo ghuari dello stomacho eltroppo uezoso abate dumacense. ET LAltro intendi aretino. Questo fu Ciacco deglintarlati darezo: elquale nella ropta dimonte aperto; fuggendo/annegho. Ma credo piu aquegli che dicono altrimenti. Furono in arezo etarlati signori di pietra mala potentissimi ciptadini: furon anchor ebostoli nobilissima famigla. Tarlato genero Angelo et Cione. Dagnolo nacque Guido uescouo darezo; elquale nobilito lapatria sua di mura et di uie: et dicastella: et di molte altre chose. Cione zio del ueschouo fu huomo molto robusto et di grande animo. Era in que tempi guerra tra tarlati et bostoli. Ma ebostoli cacciati darezo haueano occupato Rondine castello: non molto lontano darezo Aduẽne adunque che in una correria: perseguitando Cione ebostoli: fu traportato dal cauallo ĩ arno; fiume propinquo a rondine: et in quello annego. Federigo fu figluolo del conte guido: che sono di quegli dabattifolle: et chostui fu ucciso da uno debostoli: chiamato fornaiuolo. QVEL DAPISA. Messer marzucco degliscoringiani dapisa fu caualiere: et doctore: et caualcando un giorno dasuuereto: Ascarlino segla trauerso nella uia una serpe dostupenda grandeza; della qual tanto impauri: che siboto farsi defrati minori; se campassi; et facto fratre glifu morto farinata suo figlolo. Nella quale calamita fu ditanta constãtia: che in sieme coglialtri fratri celebro exequie; et accompagnollo allasepultura. Dipoi uolto aparĩti con lungha et accommodatissima oratione glinduxe allapace. Et lui bacio quella mano dellhomicida: cõ laquale glihauea morto elfigluolo. Quasi unaltro Anaxagora: elquale udita lamorte del figluolo: niente siperturbo. Ma dixe achi porto lenouelle. Niente dinuouo minarri; perchio sapeuo: che lhaueuo generato mortale. Et catone in simile caso dixe. Elfigluol mio ha satisfacto alla natura; perche era mortale. Ma per non lasciare indrieto elcaso del serpente: dichono che sipasceua diporcellini: non sanza sommo horrore depaesani. Equali per ultimo rimedio ragunorono tutte letroie delle circunstantie nelluogho doue habitaua elserpente: Sono letroie animale molto ferocie contro achi loffende: et con somma concordia congregate: et in sieme ristrecte: fanno parimente insulto nel nimico. Da queste adunque fu laniato: et morto elserpente. VIDI CONTE ORSO. Credono alquanti: che costui fussi deglalberti dafirenze: ucciso dasuoi consorti. Laquale famigla e/stata nobilitata nella nostra re publica pmolte uirtu. Et per somma humanita; et liberalita. Et maxime per losplendore didue excellentissimi huomini: Primo Messer Alberto: elquale lungho tempo exercitato con somma integrita: et prudentia nel gouerno delle terre sottoposto alla chiesa: merito; che Eugenio. pp. IIII. con sommo fauore di tutto elcollegio lofacessi cardinale. Elsecondo leone baptista delitie della nostra cipta; huomo eloquentissimo in lingua latina et intoschana: et nato per inuestigare esegreti della natura: et referto dogni generatione di scientia. Nelle cui laude se alpresente entrassi: prima mimancherebbe eltempo: che lamateria. Acutissimo in ogni parte di philosophia. Sommo mathamatico. Elcui libro de architettura uince tutti gliscriptori delnostro secolo. Alquanti. Ilche io piu tosto credo; dicono fu figluolo del conte napoleone dacerbaia. Et fu morto dalconte alberto da mangona suo zio. Pietro dalla broccia fu segretario; et consigleri di Philippo bello Re di francia: Elquale perche molto potea appresso del Re: fu per inuidia dabaroni della corte messo in tanto odio appresso lamogle del re: che epsa laccuso almarito: che hauea tentato di corrompere lasua castita. Ilperche eltroppo credulo Re lofe uccidere. Ma non seguito in tutto Ottone ĩ peradore: elquale psimile accusa hauẽdo facto uccidere un caualier dimolto ualore: intesa poi lauerita fece ardere lafalsa accusatrice sua mogle. Proueggia adunque lafalsa regina: laquale e/ dellacasa dibrabante et faccia tale penitentia mentre che e/ in uita di questa falsa accusatione: che epsa dopo lamorte non stia tra dannati.

Chome libero fui datutte quante
quellombre che pregar purchaltri preghi
sicche sauacci lor diuenir sancte.
Icomunciai epar che tu minieghi
o luce mia exprexo in alchun texto
che decreto del cielo oration pieghi
Et questa gente priegha pur diquesto:
sarebba dunque loro ipeme uana:
onon meldecto tuo ben manifesto:
Et egli adme lamia scriptura e/ piana:
et lasperanza dicostor non falla:
se ben si guarda con lamente sana:
Che cima digiudicio non saualla:
perche fuoco damor compian unpuncto
cioche de soddisfar che qui si stalla
Et la doue fermai cotesto puncto/
non sammendaua per pregar defecto:
perchelpriegho dadio era disgiunto.
Veramente acosi alto sospecto
non tifermare/ se quella non teldice
che lume fa traluero et lontellecto
Non so sentendi io dico beatrice
tu lauedrai disopra tusu lauecta
diquesto monte ridente et felice

m Vuoue Danthe una quistione a Virgilio dicẽdo. Costoro hanno speranza: che eprieghi facti adio per loro faccino: che eltermine della pena sabbreuii. Et tu in alchun tuo texto dimostri che idio non sipieghi per prieghi. Imperoche nel sexto preghando Palinuro: che Enea lopassi acheronte: lasybilla risponde. Desine fata deum flecti sperare precando. Et conchiude che non dubitã do lui: che uir. erri: o costoro habbin uanasperã riman dubio. Et Vir. risponde: che lasua scriptura. i. eltexto: che ha decto disopra e/ piano: quasi dica manifesta et aperta. Adunque lantende ben Danthe. Et da altra parte lasperanza di costor nõ falla. i. non glinganna. Perche eprieghi conmuouono idio. Et niente dimeno luna parte non contradice allaltra. Imperoche chi raguarda con sana mente: conosce che idio e/ inmutabile: et niente dimeno per priegho sabbreuia lapena dellanime: lequali sidebbono purgare. Imperoche non mancha lagiustitia didio: benchel tempo della pena sabreuii: Onde dice. CHE CIMA digiudicio. alteza digiudicio non snaualla: non diminuisce. PERCHE FVOCHO damore: perche ardore di carita: laquale e/ nel cuore dichi priegha pe morti faccia compiere in un puncto. CIO CHE DE satisfare: quanto debba satisfare. CHI QVI SI stalla: chi qui soprasta. O uogliamo dire: che idio abetherno conosce chi pecca: et quanto tal peccato merita punirsi: et anchora quanto lacarita dalchuno intercessore puo scemare di quel tempo. Ilperche giudica lanima astare in purgatorio: non tãto quanto merita elpeccato. Ma quanto auãza aquello: che epreghi daltri hanno diminuto: dicẽte la sacra scriptura. Caritas operit multitudinem peccatorum. Et questo e/ secondo elmaestro dellesententie per lebuone opere: che lanima: che e/ ĩ purgatorio fece in uita: lequali hanno meritato: che tali prieghi gliuaglino. Ma quanto a quegli: che anchora sono in uita e/ manifesto: che chi e/ pentuto del peccato puo con tanto feruore raccomandarsi adio: et preghare con tanto ardore per larimission desuoi peccati: che sadissa in un puncto: perlo excessiuo grado dellamore quello: che altrimenti non satisfarebbe ĩ molti anni. ET LA DOVIO FERMAI COTESTO PVNCTO. Dimostra che Virgilio era nellonferno: quando dixe che eprieghi non possono mutare idio: perche quegli: che sono nellonferno: sono gia disgiunti per lasententia data da ogni misericordia didio. ET LA DOVIO FERMAI COTESTO puncto. cioe in inferno: doue affirmatiue lasybilla dice apalinuro: che glibisogna star cento anni: chome gia e/ giudicato. NON SEMENDA. i. non sipurga. DEFECTO. i. elpeccato per pregare. Perche idio non exaudisce eprieghi facti pe dannati: Et pero dice che in inferno elpriegho era disiuncto da dio. VERAMENTE: optimo consiglo et utile ad ogni cristiano: che in simil dubbii non cerchi altra determinatione: che quella che fa lasacra theologia: perche potrebbe cadere in molte heresie. SE QVELla. Chome lechose uisiblii sono obiecto dellocchio. ma non sipusson comprender daquello sanza mezo della luce. Chosi eluero e/ obiecto dellontellecto: et comprendesi daquello pel mezo dellume naturale: Ma questo non e/ asufficientia alla cognitione dogni uerita. Imperoche alla cognitione delle chose diuine: che transcendono. elnostro lume naturale e/ necessario ellume della gratia illuminante: laquale e/ significata per beatrice. Et questa uediamo in uetta del monte: perche auanza tutte lechose terrene. IN SV LAVETTA: in su lacima di questo monte: doue uiene elpurgatorio: doue lauctore finge: che sia elparadiso delitiarum. Vuole adunque che beatrice sia in tal paradiso ridente et felice: perche tale gratia riceuette elprimo nostro padre in questo luogho: et mentre stette in epso fu ridente et felice. Et certo che tra noi mortali e/facto degno di tal gratia: in somma letitia del continuo si pasce di suauissi mo nettare: et ambrosia nella contemplatione delle chose diuine.

Et io signor andiamo amaggior frecta
che gia non maffatico chome dianzi
hor ued homai chelpoggiombra non getta
No anderen conquesto giorno innanzi
rispose quanto piu potremo homai:
malfacte daltra forma che non stanzi:
Prima che sia lassu tornar uedrai
colui che gia sicuopre della costa
sicchesuo raggi tu romper non fai:
Ma uedi la unanima che posta
sola soletta inuerso noi riguarda
quella nasennera lauia piu tosta:

d Imostra: che inteso che hebbe nella uetta esser Beatrice: fu tanta cupidita diuederla: che la more lofacea esser et piu gaglardo: et piu leggieri. Et certo ogni uolta che ce certificato: doue cosiste eltermine: alquale tendiamo: et noi ciaccorgiamo esser nella uia: saccende marauigliosa cupidita in noi daffrettare elpasso. Et ogni faticha sal leggerisce. Et pero dice. CHE GIA NON mafFATICO chome dianzi. NOI ANDREN conquesto giorno: Rispose Virgilio noi montere mo su quanto durera eldi: perche lanocte non si puo salire. Imperoche cuitii non siposson purgare con letenebre della ignorantia. Ma collume della ragione: Onde e/precepto diuino: Ambulate dum lucem habetis: ne tenebre uos comprehendant. Et dimostra: che un di solo non gliportera insino abeatrice. Ilche significa che sanza lunghe za ditēpo non sisa habito nelle uirtu purgatorie. MAL facto. Ma questa salita e/daltra forma et maniera: et daltra ragione quasi dica molto piu difficile. CHE NON STANZI .i. che tu non statuisci nella tua mente: perche circsta lungho uiaggio et molto erto. Et dimostra qui: che nel cominciare lecose ardue: spesso cinganniamo. Perche cipare statim nel principio hauere acquistato molto piu: che non habbiamo: Et aggiugne: che innanzi che uisiano: elsole che hora: perche cala aponente: cie tolto dalla costa del monte: risurgera dinuouo da oriente Nella qual fictione dimostra: che benche al purgatorio si uada colla luce: et lume della ragione. Niente dimeno perche chi e/in questo stato non e/anchora nella perfection della uirtu. Ma ua aquella: puo alchunauolta latenebra della sensualita nasconderci ellume della ragione: et in quel tempo non possiamo procedere per lauia della salute. Ma perche laragione finalmente supera elsenso: elsole torna. Diremo adunque che chi e/in inferno: non uede mai elsole: ma ua sempre con letenebre. Ma quel che e/ ī paradiso: non e/mai cōpreso dalle tenebre. Ma constituto innāzi allospechio della etherna luce: continuamente in quello ogni chosa uede. Chi e/ī purgatorio alchuna uolta e/col sole: et alchunauolta con letenebre. Ma non puo salire: se non quando e/col sole perlaragione: che pocho in driero mostramo. MA VEDI LA: Qui significa esser uenuto allaquinta spetie di quegli: che per occupationi familiari: o dalchuna doctrina: sono stati negligenti alla penitentia. Et pone quella anima sola: perche elgouerno della famigla: et lostudio dalchuna doctrina e/ chosa piu priuata che publica.

Venimmo alei o anima lombarda
chome tu stai altiera et disdegnosa
et nelmuouer deglocchi honestet tarda.
Ella non cidicea alchuna chosa
ma lassauane gire sola sguardando
a guisa dileon quando siposa:
Pur uirgilio sitrasse alei preghando
che nemostrassi lamiglor salita/
ma quella non rispose alsuo domando/
Ma dinostrolpaese et della uita
cichiese, eldolce duca incominciaua
mantoua: et lombra tutta in se romita
Surse uer lui delluogho u pria staua:
dicendo mantouano ison sordello/
della tua terra et lun laltro abbracciaua/

m Olti leggon: noi uenimo allei: et poi intēdono: che Virgilio dicessi: o anima lombarda. Et se alchuno opponessi: chome conobbe Vir. che chostui fussi lombardo: rispondono: chelhabito: et una certa qualita et aria: et quasi propri eta diciaschuna regione: laquale elatini dicon captus: et meglo sintende: che non sexprime: fece che loconobbe. Ma ame pare: che Danthe narrando dicha. NOI VENNIMO allei: Et dipoi u si questa exclamatione in laude disordello al presente nelloscriuere: quando gia sapea: che era stato sordello. ALTIERA ET disdegnosa: in nostra lingua diciamo altiero et disdegnoso colui: che per excellentia danimo non raguarda: ne pon pensiero achose uili: ne quelle degna. Sicche dimostra una certa schifelta generosa: et sanza uitio Imperoche quando uno spreza non per grandeza danimo: ma pertroppa alterigia: non altiero: ma superbo sichiamera. Et chosi chi per lamedesima alterigia non acquiesce ad alchuna chosa: e/detto ritroso. Onde elpetrarcha uso tali uocabuli in propria significatione: quando dixe. Altiera et disdegno ſa: non ſuperba o ritroſa. ELLA NON DICEA ALCHVNA CHOSA. MA LASSAVANE andare. Laſciaua andar noi ſolamente ghuatandoci chome fa ellione: che giace: Et optimamente agua gla lagenerosita di ſordello a quella fiera: che e/ di ſua natura molto generoſa. Che Sordello non riſpondeſſi a Virgilio: che domandaua della uia delſalire: ma domandaſſi lui della patria loro: et del paeſe: e/ decto per dinotare: che choſtui non era ſtato ſtudioſo delle choſe philoſophiche et theologiche. Ma ſolamente delle hiſtorie: et digeographia. i. dellaforma et ſito delle regioni. Et delle cipta di quelle: ne altro hauea ſcripto. Ilperche non potea co docti daltra doctrina diſputare. ELDOLce duca Virgilio. INCOMINciaua ariſpondre uolendo dire: mathoua fu mia patria. Ma Sordello ſubito che iteſe manthoua glinterruppe elparlare: perche tanto era affectionato alla ſua patria: et tanto amaua ciaſchun ciptadino di quella: che diſubito ſimanifeſto: et con ſomma affectione labbraccio. Fu Sordello manthouano et huomo molto ſtudioſo: et inueſtigatore di qualunque per alchuno tempo fuſſi ſtato di doctrina: o dingegno: o di conſiglo excellente. Et ſcripſe un uolume: elquale intitolo theſor de theſori di ſimil coſe.

Ah ſerua italia didolore oſtello:
naue ſanza nochiere in gran tempeſta
non donna diprouincie/ ma bordello:
Quella anima gentil fu choſi preſta
ſol per lodolce ſuon della ſua terra/
difare alcittadin ſuo quiui feſta
Hora in te non ſtanno ſanza guerra
liuiui tuoi/ et lun laltro ſirode/
diquei chun muro et una foſſa ſerra
Cerca miſera intorno dalle prode
letue marine/ et poi tiguarda inſeno
ſalchuna parte inte dipace gode/
Che ual perche tiraſſectaſſil freno
iuſtiniano ſella ſella e/ uota
ſanzeſſo fora lauergogna meno
Ah gente che doureſti eſſer diuota
et laſciar ſeder ceſar nella ſella
ſe ben intendi cio che dio tinota

I Amore ſommo: che moſtro Sordello a Virgilio per eſſere ſuo compatriota: decte occaſione a Danthe difare inuentiua contro atutte lecipta di talia: nelle quali per lecontrarie parti deguelfi et ghibellini: lequali alhora erono eciptadini: ſpenta ogni carita ciuile: con capitali inimicitie perſeguitauano lun laltro. SERVA. Quaſi dica mentre che inte fu unione: et uirtu fuſti imperatrice dellaltre regioni. Hora per lediſcordie et uitii tuoi ſe ſerua. Ma perche dice ſerua. Diremo che ſitruoua ſignore et ſeruo ſecondo natura: Et ſecondo conſuetudine et legge. Ma lanatura optima madre fa ſeruo et ſignore ſecondo emeriti. Imperoche chome in uno huomo laragione naturalmente e/ ſignore: et allei toccha elregno: et debba eſſere ubidita. Perche con laprudentia intende quello: che e/ dafare. Et conlagiuſtitia loſa rectamente. Et lappetito e/ ſeruo: et debba ubidire alla ragione. Perche dinatura e/ di robuſto ēpito et uehemente aſeguir quello: che ſia utile et proficuo: et fuggire elcontrario. Choſi poi nel conſortio deglhuomini/ quegli che o per naturale cōſiglo: o per lungha experientia: o per acquiſtate doctrine antecedono glaltri diprudentia et dibōta: ſono naturalmente liberi: et debbono comandare. Et glaltri nequali abondano leforze del corpo: et manchano dinduſtria et di ſenno: ſono ſerui: et debbono ubidire amiglori. Vedi adunque: che libero et ſeruo e/ danatura. Ma anchora un certo conſenſo deglhuomini: et molte ciuili leggi pongono: benche diuerſamente liberi et ſerui. Eliberi ſono ditre ſpetie. Ingenui. Liberti: et Libertini. Ingenui ſono quegli: che ſono nati liberi. et di padre et madre ſēpre liberi. Liberti intendi quegli: che quando che ſia furono ſerui: et dipoi per hauer fedelmente ſeruito ſon facti liberi. Et diqueſti eleggeuon glantichi quegli: che perfede et prudētia fuſſin apti algouerno domeſticho: et tractauongli quaſi chome figluoli: et conmecteuongli tucta lacura familiare. Libertini eron quegli: che ben che fuſſino nati liberi: nientedimeno eloro genitori erono ſtati ſerui. Benche alcuna uolta: et in alchuni tempi: chome dimoſtra Suetonio nella uita di Claudio: libertini ſipongono nella medeſima ſignificatione. Et queſto quanto aliberi. Serui ſon quegli: equali preſi danimici perdono laliberta: et rimangono nella podeſta dichi ſeglipoſſiede. Et ſono anchora de iure ciuili ſerui quegli: che naſcano delle ſerue: et poteua elſignore della ſerua uendergli. Dipoi in iure canonico e/ prohibito uendere o tenere in ſeruitu: chi naſce di chriſtiano. Era anchora appreſſo deglantichi legge: per laqual elpretore potea aggiudicare eldebitore: chome ſeruo al ſuo creditore. Et queſti erono chiamati addicti DIDOLORE HOSTEllo. Habitatione didolore. Imperoche etuo habitatori per leſecte ſono in aſſidue guerre: dalle quali naſcano infinite calamita et tribulationi: lequali arrecano ſeco aſſiduo dolore. NAVE SANZA NOCCHIERE in gran tempeſta. Elgouerno della re publica da tutti gliſcriptori e/ aguaglato alnauicare. Imperoche nella naue e/ neceſſario dichi ſegga al temone. Et quella dirizi abuon camino. Choſi ogni gouerno ciuile conuien che habbi gouernatore. Et chome elmare perlempito di cōtrarii ueuti ſurge in gran tempeſta: choſi nelle cipta per uarie perturbationi de ciptadini ſurgono molte diſcordie: et diſſenſioni: et furori: et tumulti. Ilperche giudicando Danthe: che ditalia doueſſi eſſere el capo lomperadore: et non uessendo quello: dimoſtra: che chome lanaue poſta in tempeſta: ſe e/ſanza nochieri/conuien che periſca. Choſi lacipta nelledifcordie: ſe non ha optima guida/ua in ruina. NON DONNA DIPROVINCIE. non madonna dellaltre regioni: chome eſſer ſolea. MA BORDELLO ma meretrice: et poſe elluogho per chi lhabita. Dice per tranſlatione italia non e/donna: laquale e/ caſta: et incorropta: et pudica degna di reuerentia: laquale non ſipieghi per alchuna choſa dalla diritta uia et gouerni lafamiglia ſua boneſtiſſimamente: et conbuona prudentia et equita. Adunque non e/donna .i. giuſta gouernatrice. MA E/MERETRICE. Queſto nome in latino non ſignifica ogni femina ipudica et luxurioſa. Ma ſola quella: che per prezo diuulga elcorpo ſuo: laquale per denari uende lhonore et lacaſtita. Adunque italia e/meretrice: perche egouerni ſpirituali et temporali in quella non procedono con iuſtitia et continentia. Ma per prezo baratterie: et ſimonie ſifa delnero biancho. Adunque e meretrice italia: perche per pecunia uende lhonore: lhoneſta: et laiuſtitia. QVELLA ANIMA. queſti due ternarii ſono manifeſti. Et dimoſtra aconfuſione deuiui: quanta dolcie raccoglenza fece Sordello ſolo udendo nominare laſua patria. CERCA O ITALIA: letue marine. INTORNO DALLE prode: intorno dallextremita. Imperoche italia e/inmezo didue mari: perche ha da mezo giorno eltyrreno: et da tramontana ladriatico. Quaſi dica conſidera tutti etuoi confini: et poi pon mēte. ſe intutto quello: che e/abbracciato da queſti termini e/parte alchuna: che goda di pace. CHE VALE perche tiraſſettaſſi ilfreno. Iuſtiniano. Coſtui libero italia dagotti: et riformolla doptime leggi: chome diremo nel. VI. canto del paradiſo. SE LASELLA e/uota: perſeuera nella tranſlatione: perche non baſta imbriglare elcauallo: ſe non uimonta chi loregga. Adunque nō baſta che italia habbia leleggi di Iuſtiniano: ſe lomperadore non e/ laſciato ſtare algouerno delle cipta ditalia. Et in queſto uuol riprendere e guelfi. Equali optimamente ſipoſſono ſcuſare: perche: non per inſurgere contro allomperio. Ma per difendere laliberta della loro patria: laquale eghibellini col fauore deglimperadori uolcuono con tyrannica ſuperbia occupare. Et per difendere laſacra maeſta della ſedia apoſtolica: ſoppoſono allergiuſte armi loro. SANZESSO FORA. ſarebbe. LAVERGOGNA MENO. Imperoche ſarebbe minore infamia aitalia non hauer leggi: che hauerle: et non uiuer ſecondo quelle. Et aggiugne che epopoli italiani non douerrebbono torre laiuriditione a Ceſare. Concioſia che idio locomandi nello euangelio. Imp oche quando dixe. Reddite que ſunt Ceſaris ceſari: et que ſunt dei deo. Dimoſtro che nelle choſe tēporali uuole che ubbidiamo aſignori temporali: et nelle ſpirituali agliſpirituali: Et queſto medeſimo dinota laſigura: quando nella ſua ultima cena dicendo gliapoſtoli. Ecce duo gladii: lui riſpoſe: quegli eſſere abaſtanza.

Guarda chome eſta fera e/facta fella
per non eſſer corretta dagliſproni
po che poneſti mano alla predella
O alberto tedeſcho chabandoni
choſtei che e/indomita et ſeluaggia:
che doureſti inforcare liſuoi arcioni
Iuſto iudicio dalle ſtelle caggia
ſouraltuo ſangue et ſia nuouo et aperto
ſicchel tuo ſucceſſor temenza nhaggia
Che hauer tu et eltuo padre ſoferto
per cupideza dicoſta diſtrecti
chel giardin dellomperio ſia diſerto:

d Volſi dAlberto imperadore: elquale habbi laſciato italia: laquale chiama giardino del lomperio: chome regione piu bella. Ondeſſa rimaſa ſanza legiptimo ſignore e/ſfellonita et diuentata reſtia: chome elcauallo: che non e/ caualcato et ſta nella tranſlatione gia cominciata diſopra. Queſto Alberto fu duca dauſtria: figluol primogenito di Ridolfo Ceſare. Et nellanno della noſtra ſalute ducēteſimo nonageſimo octauo ſopra mille: morto Andolfo gia electo in battagla ſucceſſe nel regno. Et lanno ſeguente per ſuoi oratori ſignifico a Bonifatio. pp.: che uoleua ſecondo laconſuetudine uenire a Roma per lacorona del lomperio. A queſti riſpoſe elpapa: che Alberto non era legiptimamente electo. Ne loriputaua degno dellomperio: hauendo lui ingiuſtamente moſſo guerra al Re ſuo ſignore: et con fraude uccifolo. Era in queſta riſpoſta armato nella regia ſedia Alberto: et con lacorona inteſta. Et dopo leparole delegati indignabundo poſe mano alla ſpada: diche era cincto et dixe. Perche non poſſo io difender lomperio: eſſendo Ceſare. Nientedimeno eſſendo dipoi guerra tra lui et Philippo Re difrancia: Bonifatio fece confederatione ſeco. Et chiamollo in italia lanno che lui fu preſo in Anagnia ſua patria. PONESTI MANO alla predella: alla brigla. Predella e/quella parte della briglia: che ſitiene in mano. CAGGIA. adunque iuſto iudicio da cielo: et ſia nuouo. i. inuſitato: Et aperto et manifeſto: accioche dia piu terrore. Queſto interuiene: o piu toſto era gia interuenuto: benche lauctore ſecondo laconſuetudine depoeti loponga chome choſa futura. Imperoche nel lanno. M. CCC. VIII. Nel di primo dimaggio Alberto dopo eltranſito dun fiume nelloſcender della naue: fu ucciſo dal ſuo nipote: al quale ingiuſtamēte occupaua parte della heredita delducato dAuſtria. CHAVER TV SOFERTO. che hauer tu: cioe perche hauertu ſoferto tu: et tuo padre diſtrecti dacupideza dicoſta; cioe da cupidita di ſtarui in coteſto uoſtro paeſe: neſeguita ladiſcordia ditalia. Allaqua le dicono: che Arrigo suo successor uolea passando a Roma porre rimedio. Ma morte uisinterpose. Ondei nolse.

Vieni auder montecchi et cappelletti
monaldet philippeschi huom sanza cura
color gia tristi et questi cosospecti
Vieni crudel uieni et uedr lapressura
detuoi gentili et cura lor magagne
et uederai sancta fior chome sichura:
Vieni adueder latua roma che piagne
uedoua et sola et di et nocte chiama:
cesare mio perche non maccompagne
Vieni adueder lagente quanto sama:
et se nulla dinoi piata timuoue:
aduergognar tiuien della tuo fama

q Veste furon due famigle in uerona: lequali cacciorono Azo secondo marchese diferrara gouernatore diuerona. Ma lui con fauore de conti da san Bonifatio uinse: et ritorno in Verona. Monaldi et philippeschi due contrarie famiglie i oruieto. LAPRESSVRa de tuoi gentili: laoppressione; che esignori ditalia fanno nesubditi: ET CVRA lor magagne. Correggi eloro mancamenti et uitii. ET VEDRAI Sancta fiore: e conti di sancta fiore. Questi sono in maremma tral contado di pisa et di siena. CHOME SICURA: chome sigouerna: o ueramente chome e/ sicura: quasi dica: chelpaese e/ropto: et pieno dirubatori et ladroni. VEDOVA ET SOLA: perche essendo lomperadore Re deromani: roma priuata dellomperadore rimane uedoua et sola. Et finalmente uieni ad uedere quanto sami lagente: et uedrai in luogho damore odio et inimicitie. Et se non hai piata di talia: uieni auergognarti della tua infamia. Et certamente si debba uergognare ogni principe: elquale con somma iustitia: et humanissima clementia non regge quegli: che son sopto lasua protectione. Imperoche chome scriue Platone: et affermono tutti ephilosophi et comandono esacri theologi. Ere et tutti glaltri principi non sono stati assumpti atanta degnita per loro proprio utile o otio. Ma per laquiete di tutti epopoli a loro subgetti. perche saffatichino: accioche quegli siriposino. Perche stieno desti: accioche quegli dormino. Perche non rifughino epericoli: accioche quegli uiuin securi. Ne si propone aquesti altro premio: che lhonore. Ilperche non debbono usurpare laltrui. Ma cōseruarlo. Et sempre cogitare chose optime. Onde Hysaia. Princeps que sunt digna principe cogitat. Per questo furono decti reges a regendo. perche regere non e/altro: che sostenere epopoli: che non rouinino. Et addirizargli a uita tranquilla. Nella quale ciaschuno tenga elsuo: et abstengasi da quello deglaltri. Et egreci chiamano Basilees: perche sono basis lau. i. fondamento del popolo. Perche loro debbono esser quegli: sopra equali si fondi: et habbi suo stabilimento laquiete ditutti. Et Homero et tutti glaltri poeti glichiamono pimenas laon. i. pastori de popoli; perche quegli non debbono spogliare: ne uiolentemente reggere. Ma chome buon pastore pascere et nutrire. Ma spesso interuiene pe peccati de popoli: che idio permecte: che non Re: Ma tyranni gligouerni. Ilperche dixe Augustino in ciuitate dei: che idio fa regnare lohypocrita pe peccati delle genti. Et certo nessuno e/maggiore hypocrita: che quello: che sotto spetie di re diuiene tyranno: che e/lupo inluogho di pastore. Nessuno gouerno e/meglo: che un principe solo: elquale stato e/decto monarchia: Del quale acutissimamente disputa Danthe nella sua monarchia. Loppòsito di questo e/tyranno. Di costui dice Salomone. Longe esto ab homine habente potestatem occidendi: Et Virgilio. Heu fuge crudelis terra: fuge litus auarum: Et Salomone neprouerbii. leo rugiens. et ursus exuriens: princeps impius super populum pauperem. Et Cicerone scriue: chelprincipe della cipta debba stare contento alla gloria. Et Aristotele. Princeps cui non satis ē premium honoris et glorie tyrannus efficitur.

Et se lecito me o sommo Ioue:
che fusti interra per noi crocifixo:
son gligiusti occhi tuoi riuolti altroue
O e/ preparation che nellabisso
del tuo consiglio fai per alchun bene
in tutto dallaccorger nostro scisso:
Che lecipta ditalia tutte piene
son di tyranni: et un marcello diuenta:
ogni uillan che patteggiando uiene.

s Oglono glhuomini accesi dalchuna perturbatione alchuna uolta non dolersi. Ma marauiglarsi: che idio patischa legrādi iniustitie: et poi finalmente: chi ha uera religione: et uera prudentia siricorregge et conchiude: che ogni male: che permette iddio e/ aqualche buon fine. SE LEcito me: quasi dica: io tidomando sommo idio: se me lecito di domandarti: se tu hai uolti glocchi giusti altroue: quasi dica se tu hai leuato lamore ditalia. SOMMO IOVE: Ioue appresso degentili significa uarie chose: chome disopra dicemmo Ma qui significa elsommo idio. Ma perche idio non puo hauere proprio nome: non trouandosi uocabulo: che possa exprimere interamente ladiuinita: non e/inconueniente chiamarlo Ioue: elqual nome significa giouamento: et aiuto. Perche dalui e/ogni giouamento: et aiuto: et salute. O E/PREPA ratione. Sarebbe choſa impia creder: che iddio abbandonaſſi: non dico italia: ma una delle minime creature: perche e/falſa lacredenza deglepicurei: che iddio non churi lechoſe humane. Perlaqual choſa laſciãdo ladubitatione: laquale ſarebbe ipia: ſe laponeſſi affirmatiue: uiene a quello: che ſipuo religioſamẽte dire. Imperoche eſſendo idio ſomma bonita/non permecte mai alchun male: Se non afine: che quel ſia preparatione ad alchuno maggiore bene. Adunque pe peccati depopoli permecte diſcordie ciuili: Latrocinii. Guerre. Fame. et Peſte. Parte per punire epeccati: parte per punire: et emendare glhuomini: et ridurgli al giuſto uiuere. Ma elnoſtro uedere finito non puo intendere lainfinita profondita del diuino giudicio. Onde dixe: o e/preparatione ad alchuno futuro bene: laquale tu fai nellabyſſo: cioe: nella profondita del tuo conſiglo: della tua prouidentia: con laquale gouerni eltutto: elquale e/al tutto ſciſſo cioe diuiſo dal noſtro accorgere: Perche chome dixi elnoſtro intellecto non puo arriuare a tanta profondita. ET VN MARCELLO DIVENTA. Dimoſtra che ogni uillano ogni huomo: benche diuil condition ſia: quando uiene in alchuna parte: decta: nellacipta uuol diuentare un nuouo Marcello In queſto luogho in qualunche modo parli Franceſcho dabuti e/neceſſario intendere: che lafamigla de Marcelli a Roma fu nobilitata di piu huomini excellenti, Ma exellentiſſimo fu. M. marcello: elquale i lombardia in ſulpo preſſo achiaſteggio uccise Vitronamo principe degalli. Et fu elterzo dopo Romolo Et Coſſo che porto leſpogle opime nel tempio di Ioue feretrio. Onde elpetrarcha. Chenſu riua dipo preſſo achiaſteggio. Vcciſe diſua mano elgran ribello. Choſtui expugno ſyracuſa nobiliſſima cipta. Et ridotta liſola tutta in podeſta del popol romano torno in italia: et in piu battagle ributto Hanibale. Ma pare che piu toſto intenda di. M. marcello: che fu conſolo nel principio della guerra ciuile tra Põpeo et Ceſere. Et con ogni induſtria ſoppoſe a Ceſere in defenſione del ſenato et di pompeo. Ma dopo lauictoria clementemente gliperdono Ceſere: chome appare ĩ una oratione diCicerone. Nellaquale in nome ſuo et del ſenato rende gratie a Ceſere: che lhabbia riſtituito alla patria. Vuol adunque dimoſtrare elpoeta: che ogni uile huomo: che acquiſta ſtato: ſiuuole opporre allomperadore. Chome Marcello ſoppoſe a Ceſere. Et occultamente danna eguelfi.

Firenze mia ben puo eſſer contenta
  deſta digreſſion che non titoccha
  merce del popol tuo che ſargomenta
Molthan giuſtitia incore et tardi ſchocha
  per non uenir ſanza conſiglo allarco
  mal popol tuo lhan ſomma della bocha
Molti rifiutan locomune incarco:
  malpopol tuo ſollecito riſponde
  ſanza chiamar: et grida iminſobbarco
Hor tifa lieta che tu hai ben donde/
  tu richa tu con pace tu con ſenno:
  ſi dico uer leffecto nol naſcondo
Athene et lacedemone/che fenno
  lantiche leggi. et furon ſi ciuili/
  fecero aluiuer bene un pichol cenno
Verſo dite che fai tanto ſottili
  prouedimenti: chamezo nouembre
  non giugne quel che tu doctobre fili:
Quanteuolte nel tempo che rimmembre
  leggi monete et offici et coſtumi
  ha tu mutato et rinouato membre:
Et ſe ben tiricordi et uedi lume
  uedrati ſimiglante aquellanferma
  che non puo trouar poſa inſu lepiume:
Ma con dar uolta ſuo dolore ſcherma/

dIgreſſione uſano gliſcriptori: quando a qualche fine eſchon dipropoſito: chomel poeta qui e/uſcito dipropoſito: per riprendere lediſcordie ciuili ditalia. et maxime della noſtra re. p. Il perche per ironia: cioe per cõtrario ſenſo: dice Firenze potere eſſer contenta: perche non gli tocca quel che lui ha decto in tal digreſſione: quaſi dica che allei piu che allaltre tocca. MERZE DEL popol tuo: Et anchora queſto leggi per ironia: p che danna elpopolo: che non ſargomenta a inſurgere contro alle tyrannide depotenti. Molti hanno iuſtitia in chuore: per non uenire allarcho: cioe alloperatione ſanza conſiglo: quaſi ſanza poterla adoperare. Laſententia e/ molti uorrebbon uiuer iuſtamente. Ma non uoglono ſcoprirſi: ſe prima non ueghono dipotere far fructo. Accio che non nuochino a ſe medeſimi per giouare ad altri; et pero ſchoccha tardi. Onde Saluſtio. Fruſtra autem niti: nec aliud ſe fatigando niſi odiũ quere extreme dementie eſt. MAL POPOL tuo lhan ſommo della boccha: quaſi dica ſcuopre lauolonta ſua innanzi che conſideri: et uegha come poſſa condur lauolõta aperfectione. MOLTI rifiutan locomune incarco. Molti rifiutano elgouerno della re. p. Malpopol Fiorentino ue ſi prompto: che ogni di ſiueggon nuoue mutationi. Onde con ironia dice. Tu riccha: tu con pace: tu con ſenno. Athene fu nobilitata: prima per leleggi di Dracone: dipoi per leleggi di Solone: Furono leleggi di Solone admirabili: tra lequali ſono queſte. Qualunque non nutriſce elpadre et lamadre: ſia tractato chome infame. Chi uiue in otio poſſi eſſere accuſato daciaſchuno. Efigluoli di chi muore in battagla ſieno nutriti del publico. Chi caua uñocchio: neſieno tracti allui due. Lacedemone per leleggi imposte da Lycurgo: fu ridotta in tanta seuerita'di uita et dicostumi: che con loro incredibile iustitia: et inuicta forteza pote obtenere elprincipato in tutta lagrecia: et in parte dellasia. SIMILE aquellanferma. Lanatura dellonfermo e/esser cupido dimutare spesso luogho per riposarsi. Et se lasciassi elmale nelluogho onde siparte: gligiouerebbe. Ma perche loporta seco: conuien che sidolga: douunque simuta. Chosi elpopolo se potessi mutādo gouerno lasciare laigiustitia: uiuerebbe ĩpace. Ma pche qualunche magistrati crei sempre inquegli dura lainiustitia: īteruiene che tal mutatione non gligioua.

.CANTO SEPTIMO DELLA SECONDA CANTICA DIDANTHE.

p

Oscia che laccoglenze honeste eliete
furo iterate tre et quattro uolte
sordello si trasse et dixe uoi chi sete/
Anzi cha questo monte fusser uolte
lanime degne disalire adio
fur lossa mie per octauian sepolte:
Io son uirgilio: et per nullaltro rio
lociel perde/ che per non hauer fe
chosi rispose alhora elduca mio/
Qual e/ colui che chosa innanzi ase
subita uede ondei simarauigla
che crede et no dicendo elle non e/
Tal parue quegli et poi chino lecigla
et humilmente ritorno uer lui
et abbracciollo enel minor sappigla:

u

ERAmente pose elpoeta Sordello per exēplo dibuono ciptadino: elquale essendo sēpre affectiōato asuoi cittadini: quegli ama et honora: douunche gliruoua. Et per dimostrare quāto fussi grande lasua laffectione: pone: che disubito sentendo quello esser māthouano: sanza cercare altro: con ogni spetie di carita labbraccio. Hora seguitando: dimostra: che tali accogleze nō furono facte una uolta. Ma tre et quattro: Et chiamale honeste et liete: adimostrare: che in quelle era grauita: insieme con gioconda letitia. Pone ĩ questo canto quegli: che per occupation diregni o daltre signorie: Et p gouerni et magistrati hanno differito lapenitentia insino allultimo. IO son Virgilio: del quale niente e/ che al presente narriamo; pche nel. ca. I. dellonferno. Ponemmo lauita sua. Ma possiamo in somma accordarci col la sententia di Macrobio: elquale afferma: che nessuna laude gli puo accrescere lagloria: et nessuna detractione o biasimo glene puo diminuire.

TRE ET QVATTRO VOLTE. Imita Virgilio: elqual dixe: o ter quaterque beati. Et chome dimostra Macrobio in questi due numeri e /somma perfectione. CHINO LECIGLA. prima chome a cittadino fece legia dette accoglenze: Hora chome a cittadino benemerito della patria sua: et per ladoctrina et eloquentia degno dogni ueneratione glife somma riuerentia. Et abbraccial sotto lebraccia: per dimostrarsi inferiore. Chinar leciglia dimostra riuerentia: et insieme compassione: che tanto huomo sia priuato della beatitudine: che e: del diuino conspecto.

ratione. Sarebbe chosa impia creder: che iddio abbandonassi: non dico italia: ma una delle minime creature: perche e/falsa lacredenza deglepicurei: che iddio non churi lechose humane. Perlaqual chosa lasciãdo ladubitatione: laquale sarebbe ipia: se laponessi affirmatiue: uiene a quello: che sipuo religiosamẽte dire. Imperoche essendo idio somma bonita/non permecte mai alchun male: Se non afine: che quel sia preparatione ad alchuno maggiore bene. Adunque pe peccati depopoli permecte discordie ciuili: Latrocinii. Guerre. Fame. et Peste. Parte per punire epeccati: parte per punire: et emendare glhuomini: et ridurgli al giusto uiuere. Ma elnostro uedere finito non puo intendere lainfinita profondita del diuino giudicio. Onde dixe: o e/preparatione ad alchuno futuro bene: laquale tu fai nellabysso: cioe: nella profondita del tuo consiglo: della tua prouidentia: con laquale gouerni eltutto: elquale e/al tutto scisso cioe diuiso dal nostro accorgere: Perche chome dixi elnostro intellecto non puo arriuare a tanta profondita. ET VN MARCELLO DIVENTA. Dimostra che ogni uillano ogni huomo: benche diuil condition sia: quando uiene in alchuna parte: decta: nellacipta uuol diuentare un nuouo Marcello In questo luogho in qualunche modo parli Francescho dabuti e/necessario intendere: che lafamigla de Marcelli a Roma fu nobilitata di piu huomini excellenti, Ma excellentissimo fu. M. marcello: elquale ĩ lombardia in sulpo presso achiasteggio uccise Vitronamo principe degalli. Et fu elterzo dopo Romolo Et Cosso che porto lespogle opime nel tempio di Ioue feretrio. Onde elpetrarcha. Chensu riua dipo presso achiasteggio. Vccise disua mano elgran ribello. Chostui expugno syracusa nobilissima cipta. Et ridotta lisola tutta in podesta del popol romano torno in italia: et in piu battagle ributto Hanibale. Ma pare che piu tosto intenda di. M. marcello: che fu consolo nel principio della guerra ciuile tra Põpeo et Cesere. Et con ogni industria soppose a Cesere in defensione del senato et di pompeo. Ma dopo lauictoria dementemente gliperdono Cesere: chome appare ĩ una oratione di Cicerone. Nellaquale in nome suo et del senato rende gratie a Cesere: che lhabbia ristituito alla patria. Vuol adunque dimostrare elpoeta: che ogni uile huomo: che acquista stato: siuuole opporre allomperadore. Chome Marcello soppose a Cesere. Et occultamente danna eguelfi.

Firenze mia ben puo esser contenta
desta digressi on che non titoccha
merce del popol tuo che sargomenta
Molthan giustitia incore et tardi schocha
per non uenir sanza consiglo allarco
mal popol tuo lhan somma della bocha
Molti rifiutan locomune incarco:
malpopol tuo sollecito risponde
sanza chiamar: et grida imiusobbarco
Hor tifa lieta che tu hai ben donde/
tu richa tu con pace tu con senno:
si dico uer leffecto nol nascondo
Athene et lacedemone/ che fenno
lantiche leggi, et furon si ciuili/
fecero aluiuer bene un pichol cenno
Verso dite che fai tanto sottili
prouedimenti: chamezo nouembre
non giugne quel che tu doctobre fili:
Quanteuolte nel tempo che rimmembre
leggi monete et offici et costumi
ha tu mutato et rinouato membre:
Et se ben tiricordi et uedi lume
uedrati simiglante aquellanferma
che non puo trouar posa insu lepiume:
Ma con dar uolta suo dolore scherma/

d Igressione usano gliscriptori: quando a qualche fine eschon dipproposito: chomel poeta qui e/uscito dipproposito: per riprendere ledi scordie ciuili ditalia. et maxime della nostra re. p. Il perche per ironia: cioe per cõtrario senso: dice Firenze potere esser contenta: perche non gli tocca quel che lui ha decto in tal digressione: quasi dica che allei piu che allaltre tocca. MERZE DEL popol tuo: Et anchora questo leggi per ironia: ꝑche danna elpopolo: che non sargomenta a insurgere contro alle tyrannide depotenti. Molti hanno iustitia in chuore: per non uenire allarcho: cioe alloperatione sanza consiglo: quasi sanza poterla adoperare. La sententia e/ molti uorrebbon uiuer iustamente. Ma non uogliono scoprirsi: se prima non ueghono dipotere far fructo. Accio che non nuochino a se medesimi per giouare ad altri: et pero schoccha tardi. Onde Salustio. Frustra autem niti: nec aliud se fatigando nisi odiũ quere extreme dementie est. MAL POPOL tuo lhan sommo della boccha: quasi dica scuopre lauolonta sua innanzi che consideri: et uegha come possa condur lauolõta aperfectione. MOLTI rifiutan locomune incarco. Molti rifiutano elgouerno della re. p. Malpopol Fiorentino ue si prompto: che ogni di siueggon nuoue mutationi. Onde con ironia dice. Tu riccha: tu con pace: tu con senno. Athene fu nobilitata: prima per leleggi di Dracone: dipoi per leleggi di Solone: furono leleggi di Solone admirabili: tralequali sono queste. Qualunque non nutrisce elpadre et lamadre: sia tractato chome infame. Chi uiue in otio possi essere accusato daciaschuno. Efigluoli di chi muore in battagla sieno nutriti del publico. Chi caua unocchio: nesieno tracti allui due. Lacedemone per leleggi impoſte da Lycurgo: fu ridotta in tanta ſeuerita di uita et dicoſtumi: che con loro incredibile iuſtitia: et inuicta forteza pote obtenere elprincipato in tutta lagrecia: et in parte dellaſia. SIMILE a quellanferma. Lanatura dellonfermo e/ eſſer cupido dimutare ſpeſſo luogho per ripoſarſi. Et ſe laſciaſſi elmale nelluogho onde ſiparte: gligiouerebbe. Ma perche loporta ſeco: conuien che ſidolga: douunque ſimuta. Choſi elpopolo ſe poteſſi mutãdo gouerno laſciare laigiuſtitia: uiuerebbe ĩpace. Ma pche qualunche magiſtrati creí ſempre inquegli dura lainiuſtitia: īteruiene che tal mutatione non gligioua.

.CANTO SEPTIMO DELLA SECONDA CANTICA DIDANTHE.

p

Oſcia che laccoglenze honeſte eliete
furo iterate tre et quattro uolte
ſordello ſi traſſe et dixe uoi chi ſete/
Anzi cha queſto monte fuſſer uolte
lanime degne diſalire adio
fur loſſa mie per octauian ſepolte:
Io ſon uirgilio: et per nullaltro rio
lociel perde/ che per non hauer fe
choſi riſpoſe alhora elduca mio/
Qual e/ colui che choſa innanzi a ſe
ſubita uede ondei ſimarauigla
che crede et no dicendo elle non e/
Tal parue quegli et poi chino lecigla
et humilmente ritorno uer lui
et abbracciollo enel minor ſappigla:

u

ERAmente poſe elpoeta Sordello per exẽplo dibuono ciptadino: elquale eſſendo ſẽpre affectiõato aſuoi cittadini: quegli ama et honora: douunche glitruoua. Et per dimoſtrare quãto fuſſi grande laſua laffectione: pone: che diſubito ſentendo quello eſſer mãthouano: ſanza cercare altro: con ogni ſpetie di carita labbraccio. Hora ſeguitando: dimoſtra: che tali accogleze nõ furono facte una uolta. Ma tre et quattro: Et chiamale honeſte et liete: adimoſtrare: che in quelle era grauita: inſieme con gioconda letitia. Pone ĩ queſto canto quegli: che per occupation diregni o daltre ſignorie: Et p gouerni et magiſtrati hanno differito lapenitentia inſino allultimo. IO ſon Virgilio: del quale niente e/ che al preſente narriamo: pche nel. ca. I. dellonferno. Ponemmo lauita ſua. Ma poſſiamo in ſomma accordarci col la ſententia di Macrobio: elquale afferma: che neſſuna laude gli puo accreſcere lagloria: et neſſuna detractione o biaſimo glene puo diminuire.

TRE ET QVATTRO VOLTE. Imita Virgilio: elqual dixe: o ter quaterque beati. Et chome dimoſtra Macrobio in queſti due numeri e/ ſomma perfectione. CHINO LECIGLA. prima chome a cittadino fece legia dette accoglenze: Hora chome a cittadino benemerito della patria ſua: et per ladoctrina et eloquentia degno dogni ueneratione glife ſomma riuerentia. Et abbraccial ſotto lebraccia: per dimoſtrarſi inferiore. Chinar leciglia dimoſtra riuerentia: et inſieme compaſſione: che tanto huomo ſia priuato della beatitudine: che e: del diuino conſpecto.

O gloria de latini dixe per cui
mostro cio che potea lalingua nostra
o pregio etherno delluogho ondio fui:
Qual merito o qual gratia mimostra !
si son dudir letue parole degno
dimmi se uien dinferno diqual chiostra
Per tutti ecerchi del dolente regno
rispose lui sonto diqua uenuto:
uirtu del ciel me mosse et con lei uegno
Non per far ma per non far ho perduto
diueder lalto sol che tu disiri
et che fu tardi dame conosciuto.

g Ran laude: ma innulla parte troppa atanto poeta. Anzi chome poco auanti dixi con lauctorita di Macrobio: non e/equale: ma molto inferiore alla sua eloquentia; et doctrina. O PREGIO Etherno: cioe pel quale manthoua: onde io fui; e/et sara sempre in pregio et in honor per te. Et dimostra honorarlo nõ tanto per lasua doctrina; quanto per lafama: che ha dato alla sua patria. QVAL MERITO: che ho io facto: per che meriti diuederti: quasi dica niẽte. Adunque se non e/elmio merito. QVAL GRATIA. quasi dica: onde ho io tanta gratia dal datore delle gratie. NON PER FARE: non per conmectere errori et peccati: de quali leuirtu ciuili cipossono purgare. MA PER NON FARE: per non credere et non obseruare lechose comandate dalla christiana religione. CHE FV TARDI: Perche quando loconobbe: era gia in luogho: doue non uale penitentia: ne emendatione.

Luogho e/ laggiu non tristo damartyri
ma ditenebre sole oue elamenti
non suonan chome guai ma con sospiri:
Quiui sto io coparuoli innocenti
dadenti morsi della morte auanti,
che fusser dallhumana colpa exempti:
Quiui sto io con quei che letre sancte
uirtu non siuestiro: et sanza uitio
cognobber laltre et seguir tutte quante:
Ma se tu sai o puoi alchuno inditio.
da ano perche uenire possian piu tosto
la doue lpurgatorio ha dricto initio

n EL canto dellonferno distesamente discripse questo luogho: nel qual pose efanciulli morti sanza baptesimo: elqual se hauessino hauuto sarebbono stati exẽpti et liberi. DALHVMANA Colpa: cioe dalpeccato originale. Et questo e/secondo che lachiesa pone. CON QVEL CHE letre sancte. Dimostra che oltra apiccoli fanciulli sta con quegli gentili: equali per doctrina et ciuilita furono exornati delle uirtu morali: che sono Prudentia: Iustitia: Forteza: et Temperantia. Delle quali dicemmo disopra. Ma per non essere amaestrati della christiana doctrina: non siuestiro delle tre sancte uirtu. Fede: Speranza: et Carita: delle quali diremo nella tertia cantica. HA DRICTO Initio: uero principio. Imperoche nõ erono anchora doue lanime sipurgano dilor uitii Ma doue per lanigligentia conmessa hanno: asoprastare: chome e/decto disopra. Et tutto questo luogo in sino alla porta del purgatorio damolti e/decto antipurgatorio.

Rispose loco certo non cie posto
lecito me andare suso eintorno
per quanto posso aguida mitacosto:
Ma uedi gia chome dechina ilgiorno/
et andar su dinocte non sipuote
pero e/ ben pensare dun bel soggiorno:
Anime sono adextra qua rimote
se miconsenti io timerro adesse:
et non sanza dilecto tifier note:
Chome cio fu risposto chi uolessi
salir dinocte fora egli impedito
daltrui o non saria che non potessi:

c Home Virgilio dimostra nelsexto: che laie de campi elisii non hanno certo luogho. Vt nulli certa domus lucis habitamus opacis. Chosi Danthe: benche peraltra cagione induce Sordello adir quel medesimo. Imperoche elnigligente nõ puo hauer luogho certo nella penitentia. Perche non ha constituito inse alchuno certo ordine. Preterea dimostra: che uenẽdo lanocte non sipuo mõtare. Pel giorno sipuo intendere lagratia illuminante: laquale chosi illumina lontellecto humano chome elsol illumina elsenso uisiuo. Sanza elqual lume non sipuo peruenire alla liberatione deuitii Pongono anchora elsole per laparte rationale delhuomo: laquale mentre che non perde sua luce: puo procederci: auanti in purgarsi. Ma credo non sia absono porre elsole per luno et laltro insieme: cioe per laragione illuminata dalla diuina gratia. Adunque mentre che questa preuale ĩ noi procediamo Et ricordici del precepto. Ambulate: dum lucem habetis. ANIME SONO ADEXTRA. Non era Sordello apto acondurgli in su. Perche ladoctrina di Sordello era historia. Et quella: che mena alla purgatione: e/philosophia: et theologia: per lequali laragione ha cognitione della bructura del uitio: et per quella uenendogli in odio, uiene in desiderio diliberarsene. Et dalla medesima doctrina intende chome poſſa liberarſene: Nientedimeno non e/inutile lahiſtoria: perche eparticulari et laexperientia che habbiamo dallehiſtorie: gioua non pocho. Concio ſia che indi ciuiene laprudentia: laquale ciperſuade eleuarci allaltre doctrine. Adunque non puo per ſe Sordello. i. lactione. Ma puo diſcernere: che lanime: che ſono adextra. i. che hanno preſo uia uirtuoſa: benche non ſia theologica: gli potera dilectare tanto: che uengha elgiorno. Et certo confeſſo: che tali ſtudii non cipoſſono guidare in ſu. Nientedimeno: inſino che non naſce elſole: ciexercita longegno in choſa non inutile. Et leuaci dapigro et ſonnolente otio.

Elbuon ſordello interra fregol dito
dicendo uedi ſola queſta riga
non uarchereſti dopolſol partito:
Non pero chaltra choſa deſſi briga/
chellanocturna tenebra adir ſuſo.
quella colnon poter lauogla intriga/
Ben ſiporria con lei tornare ingiuſo
et paſſeggiar lacoſta intorno errando
mentre che lorizonte eldi tien chiuſo

d Ichiara piu apertamente quello: che di ſopra e/decto dimoſtrando: che una linea ſola non ſipotrebbe ſalire ſanza elſole. Quaſi dica neſſuno proficto: benche minimo: poſſiamo fare ſanza el lume dellontellecto etragione. BEN SIPORRIa con lei: Benche lappetito ſolo ſia quello: che muoue lanimo ad ogni operatione: nientedimeno nō cimena mai in ſu: cioe allaſpeculatione: ſe non e illuminato dalla ragione. Ma ben cipuo menare ī giu et intorno almonte errando: cioe alloperationi uitioſe. Non puo dare nel berzaglio alchun baleſtrieri: ſe non e/optimo artefice in quella arte Ma altroue ſipuo dare daogni ignorante: etiam chiudendo glocchi.

Albora elmio ſignor quaſi admirando
menane adunque dixe la oue dici:
chauer ſipuo dilecto dimorando:
Pocho allungati cercauan dilici/
quando maccorſi chelmonte era ſcemo
aguiſa che uallon gliſceman quici/
Cola dixe quellombra nanderemo
doue lacoſta face diſe grembo/
et la elnuouo giorno attenderemo/

q Veſto luogho ſerue piu alla fictione: che fa danthe daqueſta ſalita: che alla allegoria. Imperoche non douea Virgilio: cioe laragione ſuperiore: illuminata da tutte lediuine gratie: et da lhumana doctrina maruiglarſi: che ſanza elgiorno non ſipoteſſi ſalire: perche per ſe medeſima la douea ītendere: Se gia non uogliam piglare Virgilio ſolamente per laragione inferiore rozza: et ſanza alchuna ſcientia. Sordello lomena allombre cioe alla cognitione della hiſtoria: laqual mentre che uengha elgiorno: che e/adire: mentre che uengha eltempo: che poſſiam darci alla ſpeculatione cida dilecto honeſto: et uacuo dogni uitio. Nel quale ſe non poſſiamo acquiſtare gran doctrina nelle ſpeculationi. Pure lanimo ſipaſce di quelle choſe: lequali chome dixi pocho auanti: porgono alchuno aiuto. DOVE LACOSTA FA DISE GREMBO un burrone: o foſſato: o ualle nel monte ſipuo dire eſſer grembo di quello.

Tra erta et piano era un ſentero ghembo
che noi conduxe al fiancho della lacca
la doue piu chamezo muore ellembo
Oro argento fino cocco et biaccha
indico legno lucido et ſereno
freſco ſmeraldo alhora che ſiſiaccha
Dalherbe et dalli fiori drento a quel ſeno
poſti ſaria ciaſchun dicolor uincto
chome daſuo maggiore e/ uinto elmeno
Non hauea piu natura tui dipinto
ma diſuauita di mille odori
uifacea un incognito indiſtincto
Salue regina inſul uerde enſu fiori
quindi ſeder cantando anime uidi
che per lavalle non parean difori:

u SA chorographia: cioe diſcriue laragione doue andorono: et prima lauia che gliconduxe. Dice adunque che elſentero laſtrecta uia: et e/uocabolo deriuato da ſemita: era ghembo torto: chome conuiene che ſieno leuie demonti: lequali per ſfuggire epin difficili paſſi: ſi ritorcono hor qua hor la: tra erto et piano: perche ne altutto ſaliuono: ne altutto andauano al piano. CHE: elquale ſentero conduxe. NOI ALFIANCHO. In ſu lextremita: doue comincia laſcieſa nel ualione della LACCA: della ſceſa. E/adunque elfiancho lorlo del uallone: et lalacca e/laſceſa: che comincia dal fiancho: et cala inuerſo elfondo. PIV CHA mezo muore ellembo: paſſa lameta della ſua concauita: Lembo diciamo eſſere lextrema parte della ueſte: diche ſpeſſo ſifa grembo: et per queſto elpoeta pone queſto uocabolo per laconcauita del uallone. ORO ET ARGENTO. Dimoſtra quel luogho eſſere ueſtito diſi uerdi herbe: et di tanta uarieta difiori: et di ſi uiui et acceſi colori:

chel color delloro: et dellargento: et delle pietre: che qui pone: uiperderebbono et rimarrebbono uinti Tutto questo dinota luarieta: et eldilecto: et lutilita: che cerchiamo nella uita actiua: laqual maxīe desidera oro · Questo e/pretiosissimo ditutti emetalli. Et dipiu bello et buono colore. Creasi nella terra di zolfo sottile et rosso. Et dargento uiuo sottile et biancho. Onde elcolor suo e/gratissimo. Perche el rosso e/in lui molto illuminato dal biancho: et elbiancho riceue grato colore dal rosso. Nientedimeno piu concorre alla generatione delloro lasolidita del zolfo: che non fa laqualita aerea aquosa dargento uiuo. Et per questo e/piu sodo: et piu pesante che largento: Et per tanta densita non scema nel fondere E/molto salubre al corpo humano. Et preso in cibo conforta tutti emembri: Non perche glinutrischa: Ma perche rode et purga ogni superfruita inquegli. Ilperche preserua dalla lebbra: Se mescholi con la sua limatura sugo di borrana: et osso dicuore di ceruio: molto uale contro almorbo cardiaco. Nessuno metallo piu sidistende: ne piu regge al martello: che loro. Argento sicrea dargento uiuo et zolfo biancho. Ma piu participa dalla qualita aerea aquosa dellargento uiuo: che della solidita del zolfo. Ilperche pesa men che loro. Ne solamente questi due metalli gia decti. Ma tutti glaltri hanno principio dargēto uiuo. Ilperche orto dicono: che e/semplice elemento. Cocco secondo Diascoride e/herba ramosa: et nelle uerghe ha coccole simili alla lente. Biacca in latino e/decta Cerusa: fassi daceto perfecto: posto in uaso coperto. Indico colore azurro: Legno lucido chome maxime e/lebano: elquale e/nero molto lucente. Altri leggono: Indico legno: perche in india sono mirabili alberi. Et dipoi dicono lucido sereno: dinotando lapurita dellaere: Smeraldo ha piu gicondo aspecto: che altra gemma. Et molto conforta lauista. Nerone imperadore guardaua lebattaglie de gladiatori nellosmeraldo: perche e/specchio lucidissimo Et fa parere grandi leimagine delle chose: che dilontano in quello aparischono. Pone Plinio essere do dici spetie dismeraldi. Di nessuna gemma pretiosa sitruouan maggior pezzi. Et Theophrasto discepol daristotele scriue hauer lecto necomentarii deglegyptii: che al re diquegli mando indono elre dibabylonia uno smeraldo quattro cubiti lungho: et tre alto. Et apione plistonico pone: che nel labyrintho degypto e/un colosso diserapi: facto dun solo smeraldo alto. IX. cubiti. Tutti questi posti drento aquel seno: cioe uallone: elquale e/seno delmonte: sarebbe uincto ciaschuno nel colore dafiori: et dallherbe. NON HAVEA. Non solamente eron mirabili ecolori: ma anchora ereno suauissimi glodori: de quali tutti mescolati risultaua una suauissima compositione incognita: et indistincta: perche ne sipotea ī quella compositione conoscere alchuna chosa certa. In questo luogho francescho dabuti intende allegoricamente: che Danthe perqueste septe chose significa septe uirtu: quattro morali: et tre theologice: nelle quali esignori potrebbono esser excellenti: se non fussino impediti dalla pigritia. Ma lopinion mia e che piu tosto: dimostri qual sia lostato: et lacondirione della signoria temporale. Et prima pone/che la uia: che porta aquesto luogho: sia tra erta et piano. Imperoche lesignorie et glistati sacquistano: quando cō uirtu: et quādo con uitii. Et similmēte e/ghemba per lamedesima ragione. Pongli nelle ualle: elcui sito e/quasi sommerso sotto terra · perche ha daogni parte ebalzi: che impedischono laueduta. Et certo chi appetisce signoria: appetisce chose terrene: lacui cupidita citogle elprospecto et laueduta delle chose celesti et diuine. Et per questo Lia: laquale nel testamento uecchio dinota lauita actiua: e/posta lippa: et cispa. Ne puo lamente actiua: perche e: distracta dauarie: et diuerse cure raccorsi in se alla contemplatione delle gran chose. Onde et di Martha: laquale nel nuouo testamento significa quel medesimo. Dixe lauera sapientia. Martha Martha sollicita es. Et uersaris circa plurima. Ne midistendo ī questo: perche nella prima cantica apieno ne tractamo. E/adunque richiusa nella ualle: cioe nascosa et inuolta nelle chose terrene. Ne e/sanza cagione: che tal ualle sia uestita di uerdissime herbe: et di fiori bellissimi allaspecto: et suauissimi allodore. Perche glonor: ledignita: glistati: et lesignorie sono simili alherbe et afiori. Imperoche chome quegli dilectono elsenso. Ma presto appassano et seccōsi: chosi tale stato arrechi gran dilectatione aglhuomini: ne quali puo piu lasensualita: che laragione. Ma presto passa. Onde el petrarcha. Chosa bella mortale passa et non dura. SALVE REGINA IN SVL: poi che ha dinotato qual sia lostato de signori: pone che questi cantassino Salue regina/oratione excellentissima/ ordinata in laude della regina de cieli: et Vergine Madre intendendo per questa oratione laconuersione: che fāno esignori temporali dalle cure terrene alla uera religione.

Prima chel pocho sole homai sannidi
  comincio lmanthouan che cihauea uolti
  tra color non uoglate chio uiguidi/
Da questo balzo meglo glacti euolti
  conoscerete uoi ditutti quanti
  che nella lama giu tra essi accolti.
Colui che piu siede alto et fa sembianti
  dhauere neglecto cio che far douea

C Onsigla Sordello che sia meglio da un luogo rileuato uedere lanime: che sono nella ualle che andare fra loro. Perche piu commodamente ueggiano una multitudine da luogho separato: et alto: che mescolandoci con loro Et imita Vir. doue dice. Et tumulum capit unde omnes longo ordine possit. Aduersos legere et uementum discere uultus. Pone lultima hora del di: perche tali anime differirono laconuersione insino alla note della morte. RIDOLFO imperadore: chostui

et che non muoue bocca aglaltrui canti/
Ridolfo imperador fu che potea
sanar lepiaghe channo italia morta
siche tardi per altri sirirea
Laltro che nella uista lui conforta
resse laterra doue lacqua nasce
che monta inalbia et albia in mar neporta
Ottachero hebbe nome et nelle fasce
fu meglo assai che uigeslao suo figlo
barbuto cui luxuria et otio pasce:
Et quel nasetto che stretto aconsiglo
par con colui cha sibenigno aspecto
mori fuggendo et disfiorando elgiglo:
Guardate la chôme sibatte elpetto
laltro uedete che fatto ha laguancia:
della sua palma sospirando lecto:
Padre et suocero fu del mal difrancia
sanno lauita sua uitiata et lorda
et quindi uiene elduol che sigli lancia

fu tedescho: et acquisto elducato di sueuia: et cō cedectelo ad Alberto suo figluolo. Et facto imperadore regno. xx. anni. Vccise in battagla elre di bomia: elqual non si degnaua ubbidirgli. Questo fu neglanni della salute. M.CC.LXXVII. Ma dipoi siriconcilio col figluolo: et elessela in genero: et ristituigli elregno di boemia. Fu huomo giusto et religioso: Et molto potente in militia. Et se fussi uenuto in italia: lariducea tutta al suo imperio. Ilperche ilpoeta laccusa dinegligentia: perche papa Gregorio decimo lhauea electo: perche ricorreggessi italia. Et dipoi andassi allacquisto di terra sancta. Ma lui cupido di signoria ol tramontana non uolle passare. Ma concedecte a papa Nicola deglorsini Bologna et laromagna. il che significa elpoeta dicendo: et non muoue bocca aglaltrui canti. LALTRO: Questo fu elgenero suo figluolo del Re di buemia: Al quale lui ristitui elreame. ET QVEL NASETTO: Intende Philippo nasello/ figluolo del buono Lodouico Re difrancia: et per sua sanctita posto nel catalogo de sancti. Questo Philippo hebbe p mogle lasorella di don Petro re daragona: et udita la rebellione di sicilia: laquale don petro hauea tolta a Carlo primo suo zio: mosse guerra adon Petro con uentimila cauagli: et ottantamila difanti frāciosi: prouenzali: et tedeschi della crociata cō carlo suo figluolo: et con uno cardinale legato del papa: et cō armata dicento uenti legni; et congiunsesi cō don Iacopo fratello del Re et suo inimico perche glihauea tolta lisola dimaiolica: Venne in catalogna: et per obsidione prese hyronda. Et in una battagla fu ferito don Petro: et preso elcauallo per labrigla Ma lui con franco animo taglo labrigla: et spronando elcauallo si fuggi. Et poco dopo mori. Ma Ruggieri de lore suo admiraglio ruppe larmata di Philippo: et arsela. Ilperche nō potea dipoi condurre leuectouaglie in campo. laqual cosa loconstrinse alasciar lampresa: et di dolore amalato mori in perpignano. Et gran parte dellexercito peri difame. Achostui successe philippo bello suo figluolo. Per tale strage de suoi scriue elpoeta. che lui disfioro elgiglo. i. elreame difrancia: che porta tre gigli: et pone: che sibattessi elpetto. CHA SI BENIGNO ASPECTO. Questo fu Guiglelmo Re di nauarra suocero del mal di francia. i. di Philippo bello pessimo di tutti ere difrancia: Dice adunque che questi due Re furono elpadre. i. philippo nasello padre di philippo bello: et elsuo suocero. i. Guiglelmo suo suocero. Della uita lorda sidira nel canto. xx.

Quel che par simembruto et che saccorda
cantando con colui del maschio naso
dogni ualor porto ciato laconda:
Et se re dopo lui fussi rimaso
logiouinetto che dopo lui sede
benandaua eluałor diuaso in uaso/
Che non sipuo dir si dellaltro herede
iacopo et federigo hanno erami
che retaggio miglor nessun possiede:

e LMEMBRVTO chiama don piero re daragona: elquale fu huomo di bello: et robusto corpo: hebbe tre figluoli. Iacopo: elquale succedette nelreame daragona Et federigo nelreame disicilia Elterzo fu don Alfonso: elquale seguito leuirtu paterne. Ma perche era minore de frategli: rimase sanza reame. Diche si duole elpoeta dicendo. Che se lui fussi succeduto alpadre: elualore: cioe la uirtu andaua diuaso in uaso: che non e daltro adire: se non che lauirtu: che si conobbe nel padre circa al gouerno del ream: si sarebbe ueduta risurgere nel figluolo. CHE NON SI PVO dir si: non sipuo dire cosi dellaltre rede: cioe di Iacopo et Federigo: Equali benche sieno heredi dereami. Niente dimeno nessun di loro possiede. EL RETAGGIO: cioe lo hereditaggio migliore: che e/quello della uirtu. Furono adunque heredi del padre de reami. ma non della sua uirtu. Dicostui dicemo nelcan. XVI. dellonferno. DEL MASCHIO naso. Chostui fu Re Carlo primo di pugla: Conte di prouenza: et padre di Carlo secondo. Equale fu cacciato. Et fu padre duruberto nipote del primo carlo. Et fu di gran naso.

e Verissima sententia interposta dal nostro poeta : et ornata con transiatione : ponendo elpadre pe lalbero : et efigluoli pe rami. Dice adunque : che lhumana probita : cioe lauirtu : laquale e/ nelhuo mo. RADEVOLTE : non niega : che alchunauolta : ma dice essere dirado : che risurga per lirami : cioe pe figluoli : che hanno origine dal padre : chome erami dallalbero. Imperoche se lanime sono tutte create da dio con lor libero arbitrio : non puo elfigliuolo hauere dependentia dal padre : perche non e/ lui genitore dellanimo : doue sono leuirtu. Ma del corpo elquale spesso e/ simile al corpo paterno Potremo riferire di molti : et diquegli : che sono notati nelle historie : et di quegli : che ne nostri tempi habbiamo ueduti : equali nati do ptimi padri : sono stati di pessimi chostumi. Nientedimeno perche molte potentie exercita lanimo cō gli strumenti del corpo. Et molte inclinationi da el corpo allanima. Et ueggiam : che glistrumēti de sensi : se sono ben disposti : fanno quegli acuti : et se male glifanno hebeti et tardi : Et similmente uaria complexione del chuore fa lhuomo timido et audace : interuiene : che hauendo elfigluolo elcorpo simile alpadre nella complexione : habbia anchora ecostumi et longegno simile. Non peroche ellibero arbitrio sia tolto. Ma puo in alchuna parte essere inclinato. ET QVESTO VVOLE CHI CELA DA : et questo permette idio : elquale celada. Imperochelauirtu procede dalla nima : laquale non ingenera elpadre delsangue materno : chome elcorpo. Ma subito cheluentre della madre e/ uiuificato : elseto dio nel medesimo instante crea lanima : et infonde la nel corpo gia uiuente. Et epsa disubito unisce adse lauegetatiua : lamotiua : et lasensitiua : Et resta una sola anima ornata di quattro potentie. Laquale se diriza ellibero arbitrio al bene subito e/ aiutata dalla diuina gratia : et uiue secondo leuirtu. Ma se uolge libera sua uolonta al male : rimane nuda di gratia : et cade neuitii. ANCHE AL NASVTO : cioe a carlo. Quasi dica che tal sententia non solamente e decta pe figluoli didon Piero. Ma per Carlo secondo figluolo di carlo primo. TANTO E/ DEL SEME suo minor lapianta : Tanto traligna Carlo da carlo. Imperoche elfigluolo e/ seme del padre : quanto gostantia mogle di don piero : et figluola di Manfredi : per laquale elreame disicilia : et dipugla peruenne al figluolo : piu siuanta dimarito : chome di miglore : che Beatrice moglie di don federigho : et Margherita mogle di Iacopo.

Rade uolte risurge per lirami
lhumana probita : et questo uuole
chi celada perche dalui sichiami/
Anche alnasuto uan lemie parole
non men callaltro piero che conlu canta
onde pugla et prouenza gia siduole
Tanto e/ del seme suo minor lapianta :
quanto piu che beatrice et margherita
gostantia dimarito anchor siuanta

Vedete elre della semplice uita
seder la solo Arrigho dinghilterra
questi ha ne suoi reami miglor uscita
Quel che piu basso tra costor satterra
guardando in su e/ guglelmo marchese
per cui et alexandria et lasua guerra
Fa pianger mon ferrato et canauese.

e Lprimo di questi e/ Arrigho dinghilterra : et dice lui essere di semplice uita : quanto al corpo : Perche nel uicto et nel uestito non uso labbondantia : et luxo : che usano glaltri re. Et quanto al lanimo : perche non fu doppio : che una chosa hauessi nel cuore et laltro nella lingua : ma fu semplice : et aperto. SEDER LA SOLO. Quasi dica : che lui non hebbe huomo simil ase : et dimostra : che nesuoi rami cioe ne suoi figluoli : chome disopra dixe. QVEL CHE PIV BASSO. pone Guglelmo marchese piu basso : adimostrare : che non fu di sangue regio : Ilche e/ piu alto grado. Chostui fu preso daquegli dalexandria della pagla suoi subditi : et in prigione fini sua uita. Onde molta guerra nacque tra glalexandrini : et quegli di mon ferrato : et canauese : equali desiderauano uendicare ellor signore : et maxime tal guerra feciono efigluoli. Onde dice et lasua guerra. GVARDANDO INSV per desiderio : che hauea dimontare al purgatorio.

CANTO OCTAVO DELLA SECONDA CANTICA DI DANTHE.

ISCRIVE lasera molto poeticamente. Et include non piccola allegoria in questa comparatione d Lasententia e/ uera: Venuta gia lasera laquale arrecha desiderio anauicanti; equali partitosi la mattina diporto: doue hanno lasciato eparenti: et glamici: uenendo poi lasera: fa che ricordandosi diloro: sono oppressi dauna passione danimo: laquale elatini chiamano desiderio. Et similmente interuiene achi entra in uiaggio. Et ordina chosi. Era gia lhora: che uolge eldisio: cioe era lhora della sera: laqual uolge eldisio. i. eldesiderio indrieto apensar quegli: che lodi. cioe: lamattina hãno lasciato: dicendo adio. ET CHE. i. laquale hora punge elnuouo peregrino: cioe elquale nouellamente ha preso eluiaggio. DAMORE: di quegli: che ha lasciato. SE DILONTANO ODE squilla. i. campana: laquale paia: che col suon suo pianga elgiorno: che simuoue uenendo lanocte. Allegoricamente pon questo perchi e/ nelle uirtu purgatorie: perche non anchora purgato lanimo: se locogle lanocte: cioe se cade in qualche perturbatione: onde perda ellume dellamente: glitornano alla memoria leuolupta passate: alle quali haueа decto adio. DOLCI. Imperoche chi siparte dauitii per andare alpurgatorio: benche habbi facto proposito spoglarsene: pure perche non ha anchora habito diuera uirtu: piu tosto sforza con la ragione lappetito: che non lopersuade: perche la sensualita anchora inuiluppata nelle uolupta: et piaceri deuitii: mal uolentieri sispicca. Ilche exprime Virgilio: quando dice. Litora cum patrie lacrimis portumque relinquo. Et certo dobbiamo imitare quegli uecchi troiani: equali Homero scriue: che uedendo uenire Helena molto lodauano lasua belleza: et sommo piacere ne prendeuono. Ma finalmente conchiudeuono esser molto meglo: che Helena senandassi: che non era per ualore ritenerla: troia siperdessi. Chosi lhuomo sauio: benche sia stimolato dal piacere desensi: uuole piu tosto: che Helena. i. quegli piaceri sipartino dallui: perche sono pernitiosi: et induconci auitii: che non uogliono: che troia. i. lanima loro perischa. QVANDIO: io incominciai arender uano udire perche lanime: che prima cantauano salue regina: gia taceuano. Et cominciai admirare. i. aduedere. SVRTA: leuata in pie dasurgo uerbo latino: CHE CHIEDEA LAScoltare: chiedea dessere ascoltata: quasi dica chiedea silentio non con parole: ma con mano. i. con cenni: equali facea conmano. ET LEVO. i. alzo inuerso elcielo amen due lepalme: chome fa chi adora. FICCANDO glocchi. i. guardando fisamente inuerso loriente. Perche lanostra religione chosi ha dicostume uolgersi alleuante: quando adora. Onde lãtiche chiese chosi sempre hanno uolto glaltari. CHOME DICESSI ADIO: tanto fisamente et diuotamente miraua: che parea che dicessi: ALTRO NON calme. i. daltro non micale. Et comincio acãtare lhynno: che sicanta nella compieta: elcui principio e. Te lucis ante terminum rerum creator. sidolcemente: che quella dolceza tiro si ase tutti emiei sensi: chio non miricordauo dime medesimo. Et per transito dimostra: che nellorare dobbiamo alzare glocchi della mente alcielo: et hauere lamente tutta uolta adio: informa che di niente altro ciricordi.

Ra gia lhora che uolgel disio
e denauiganti intenerisce elcuore
lodi chan decto adolci amici adio
Et che lonouo peregrin damore
punge se ode squilla dilontano
che paia elgiorno pianger che simuore:
Quandio incominciai arender uano
ludire et admirare una dellalme
surta che lascoltar chiedea con mano
Ella giunse et leuo ambe lepalme:
ficcando glocchi uerso loriente
chome dicessi adio daltro non calme:
Te lucis ante si diuotamente
gliusci dibocca con si dolce note
che fece me adme uscir dimente:
Et laltre poi dolcemente et deuote
seguitar lei pur tutto limno intero
hauendo glocchi alle superne rote:

Aguza ben lectore qui glocchi aluero:
cheluelo e/ hora ben tanto sottile
certo: cheltrapassar drento e/ leggiero
Io uidi quello exercito gentile
tacito poscia riguardare insue:
quasi admirando pallido et humile:
Et uidi uscir dallato et scender giue
due angeli con due spade affocate
tronche: et priuate dellepuncte sue:

a Monisce ellectore: che aguzi longegno aintẽdere lallegorico senso diquesta fictione: et dimostra: che eluelame di questa allegoria non e. obscuro. Ma e/ si trasperante: che facilmente siuedera. Dipoi pone lafictione dicendo: che cantato lhynno quello exercito. i. quella multitudine. Ma nota: che exercito significa multitudine dhuomini: che combatino: o che sieno apparechiati: bisognando acombattere. Ilperche quadra ben in questo luogho tale uocabolo: perche quegli: che sexercitano nelle uirtu purgatorie: stanno sempre prompti a cõbattere contro alle tentioni: et quel

Verdi chome foglette pur mo nate
erano in ueste/ che duerdi penne
perchosse eran didreto et uentillate.

le uincere. TACITO. Dimostra loration di que sti spiriti: et dixe tacito: imperoche idio inten de elchuore: non desidera oratione di bocca. ben che alchunauolta laffecto mandi fuori leparole. Onde elpsalmista. Voce mea addominum depre catus sum. Et altroue Letatum est cor meum: et exultauit lingua mea: Diciamo adunque: che idio non desidera leparole. Ilperche Damasceno dice loratione essere: quando lontellecto nostro saddiriza indio Et perquesto Augustino. Quid prodest strepitus labiorum: si induratum est cor Et Salomone: oratio humiliantis se penetrabit nubes. Questo hymno e/bene accomodato: perche nella chiesa christiana sican ta nel principio della nocte. Et preghasi elsignore: che ciguardi daogni nocturna fantasima: et daogni chosa nociua: et che rimuoua danoi ogni tentatione. Questi adunque finito lhynno guardauano con si lentio elcielo aspectando aiuto: PALLIDO. per lapaura del serpente: et humile: acciochè loratione fusse piu accepta adio. Ma perche intendiamo lallegoria di questo texto: non e/dubbio: che dipartẽdo si laluce per lanocte/che uiene. i. perdendo noi laragione: et ladiuina gratia per laignorantia: et pelpec cato: siamo tentati dal demonio et dalla carne. Ilperche cie necessaria lagratia didio: sanza laquale leno stre forze non basterebbono adifenderci. Et pero queste anime laddomandano in quel uersetto delhyn no. Questa e/significata peglangeli. Et perche latentatione e/in due modi: o di negligentia: lasciando glacti et loperationi meritorie: o disuggestione: cioe quando citẽta eldemonio suggerendo et summi nistrando chosa: che cinduca al uitio: pero pone due angeli. i. doppia gratia didio: laquale cidifenda dal le due tentationi. Luno sipone dallato dextro della ualle: per guardarci dalla negligentia. Laltro dal si nistro: et questo e/ contro alla suggestione. Ledue spade sono lagiustitia: lequali sono spuntate: per che tal giustitia e/mescolata con lamisericordia. Pone due spade: perche anchora Paolo dixe: perarma iu stitie adextris et asinistris. Elfucco dinota lacarita. Adunque lasmisurata carita didio manda langelo: cioe ladifensione: et mandacelo con lagiustitia: perche cenefa degni con lagratia preueniente: laquale cinduce adomandare lagratia illuminante: et cooperante: et cõseruante. Onde elpsalmista. Misereatur nostri deus et illuminet uultum suum super nos: et misereatur nostri. Adunque lapreueniente cifa ri uolgere adio achieedr misericordia et lume. Acciochè possiamo fare operationi meritorie. Ma perche lenostre giuste operationi non bastano: e/necessario: che lamisericordia didio supplisca. Sono glangeli con lale et con leueste uerdi: perche lagratia didio sempre simantiene uerde in noi: ne mai siseccha: pur che uogliamo: Laueste cidifende dal caldo et dal gielo. Lale cileuano sopra aterra: et innalzanci al cielo. Et possiamo per due ale porre laiustitia et lareligione: chome secondo Platone trouerrai nel proemio del la tertia cantica.

Lun pocho sopra noi astar siuenne
et laltro scese alloppo sita sponda
siche lagente inmezo sicontenne/
Ben discernea in lor latesta bionda
ma nelle faccie locchio sismarria/
chome uirtu chaltroppo siconfonda/
Ambo uegnon del grembo dimaria/
dixe sordello aguardia della ualle/
per loserpente che uerra uia uia
Ma io che non sapea per qual calle
mi uolsi intorno et strecto maccostai
tutto gelato alle fidate spalle:

s Tanno disopra perche dal cielo uiene lagra tia: et mettono in mezo: perche da dextra et dasinistra. i. nelle prosperita et nelladuersita bisogna lagratia. Ecapegli biondi significano incor ruptione. Et era tanto losplẽdore: che locchio mio non sofferria. : che non abbagliassi. Imperoche elsẽ so: perche ha instrumento corporeo: non puo so pportare tanto lume. DEL GREMBO DI MA ria. i. dal nostro redemptore: elquale nacque del grembo di Maria. Et pone elcontinente pel con tento. Elserpente e/latentatione diabolicha: laqua le con ogni astutia ciassalta per ingannarci. MA IO CHE NON SAPEA PER QVAL Calle perche eldemonio e/molto astuto: et ha molte uie per lequali citenta: e/ difficile aintendere: donde ha auenire. Ilperche cidobbiamo accostare a Vir. cioe alla ragione illuminata diuera doctrina: pche quella cifa cauti apotere preuedere: onde habbiamo aprouedere. TVTTO GELATO: perlapaura del serpente. ALLE FIDATE SPALLE: lespalle sono membro apto asostenere ogni peso: che porti amo. Et maxime tutta larmadura delhuomo: lelmo elgorzerino siposa in su lespalle: lacorazza pende dallespalle. Lumano elbraccio ha suo uigore dallespalle. Adunque pose lespalle per laforteza: che e/nella ragione superiore: apta adifenderci daogni demoniaca fraude.

Sordello anchora hor ual/chiamo homai
tra legrande ombre et parleremo adesse
gratioso fia lor uederti assai:

i Nuitalo Sordello aentrare fra lombre: accio che possa parlare con quelle: Scese tre passi et fu disotto. Ilche significa secondo alchuni: che scendendo: non salendo alla penitentia: glisucci

Solo tre paſſi credo chio ſcendeſſi
et fui diſotto et uidi un che miraua
pur me/ chome conoſcer miuoſſi.
Tempo era gia che laer ſerenaua
ma non ſi che tra glocchi ſuoi emiei
non dichiaraſſi cioche pria ſerraua:
Ver me ſifece: et io uer lui mifei
iudice nin gentil quanto mipiacque:
quando te uidi non eſſer tra rei/
Nullo bel ſalutar tra noi ſitacque.
poi dimando quante che tu ueniſti
apie delmonte per lelontane acque/
Idixi allui per entro eluoghi triſti
uennio ſtamane/ et ſono inprima uita
anchor che laltra ſi andando acquiſti.

meſtiere contritione di chuore: confeſſion dibocca; ſatiſfatione nellopera. Ma ame par; che nella contemplation della uita ciuile non ſia neceſſario hauere tre uirtu ſpeculatiue; Intelligētia. Sciētia et Sapientia. Ma baſti laprudentia; et perqueſto ſottilmente; chome tutte laltre choſe; uſo queſte parole: che lui ſcendeſſi tre gradi. ET FVI DI ſotto: adenotare quanto lauita ciuile ſia inferiore alla contemplatiua. LAER SERENAVA: bēche anchora quando e/ elſole; laer ſia ſereno. Niētedimeno diciamo elcielo ſereno; quando elſole e/ ſotto terra. IVDICE NINO. Coſtui fu della caſa deuiſconti dipiſa; huomo pieno digentileza: et molto robuſto dicorpo: nipote di meſſer Vbaldo deuiſconti dipiſa; elquale con due ſoli compagni Scarpetta degliubaldini: et elmarcheſe di monferrato ſingaggiorono con cento tedeſchi ſcelti dallomperadore: che alhora era apiſa: et uinſogli. Ma tornando a Nino: lui fu iudice del iudicato di gallura in ſardigna: Et hebbe per mogle Beatrice marcheſotta da eſti; laquale morto lui ſirimarito a Galeazo deuiſconti di melano. Ma lei prima hebbe di Nino una figluola decta Giouanna: laquale fu mogle di meſſer Riccardo da Camino da Treuigi. Domanda Nino quanto e/ che Danthe uenne per lelontane acque: credendo che fuſſi uenuto per loccea no: menato dallangelo: ſecondo laſua fictione. Et Danthe riſponde: che non uenne pel mare occeano. Ma peluoghi triſti dellonferno. Et ſono in prima uita: perche uengo col corpo.

Et chome fu lamia riſpoſta udita
ſordello et egli indrieto ſiricolſe
chome gente diſubito ſmarritai
Luno ad uirgilio: et laltro adun ſiuolſe:
che ſedea li gridando ſu currado:
uieni adueder che dio per gratia uolſe:
Poi uolto ad me per quel ſingular grado
che tu dei acolui che ſinaſconde
loſuo primo perche che non ha guado/
Quando ſarai dila dalle larghe onde
di gioanna mia che per me prieghi
la doue aglinnocenti ſiriſponde:
Non credo che laſua madre piu mami
poſcia che traſmuto lebianche bende/
lequai conuien che miſeranchor brami:
Per lei aſſai dilieue ſicomprende
quantinfemina foco damor dura:
ſellocchio oltacto ſpeſſo non laccende:
Non liſara ſi bella ſepultura:
lauipera chelmilaneſe accampa
con mauria facto elgallo digallura:
Choſi dicea ſegnato della ſtampa
nel ſuo aſpecto diquel dritto zelo
cheſmiſuratamente elchuore auampa

SORdello: et Nino diuennono ī ſommo ſtupore: udendo da Virgilio: che io ero uiuo. Et Nino ſiuolſe a Currado maliſpina: elquale glera preſſo. Acciоche uedeſſi cioche idio per gratia hauea uoluto. Imperoche di gratia ſpetiale era: che contro alla conditione humana Danthe: ueſtito anchora dimortal corpo; poteſſi fare tale peregrinatione. Poi Nino ſiriuolſe a Danthe: et dixe Io tipriegho per quel ſingulare grado. i. ſingulare priuilegio: che tu dei. i. del quale tu ſe debitore adio: elquale naſconde et occulta elſuo primo perche. i. laſua prima cagione: che non ha guado laquale prima cagione idio tiene ſi occulta in ſe: che non ha guado. i. che glhuomini non uipoſſono arriuare. Et e/ tranſlatione dal fiume: elquale noi diciamo non hauere guado: quando e/ ſi profondo: che non lopoſſiamo paſſare. Di a Ioanna mia: che chiami per me. i. chiamando interceda per me la doue ſiriſponde aglinnocenti. i. doue eprieghi degiuſti ſono exauditi; et queſto e/ ne gloratorii chriſtiani. Onde dixe elcreatore. Domus mea domus orationis uocabitur. Et perche parea damarauiglarſi: che eſſendo anchora uiua beatrice ſua mogle: piu toſto uoleſſi che ſidiceſſi a giouanna ſua figluola: che allei; pero dice: che nō crede: che laſua madre. i. beatrice lami piu: conciosia che laſciato lebende et loſtato uedouile; ſi ſia rimaritata ameſſer Galeazo chome diſopra dixi: et annuntiagli: che anchora uerra tempo: che che bramera quello ſtato uedouile: elquale hora ha laſciato: informa ſara tractata dal ſecondo marito. PER lei: per loexemplo dilei: aſſai dilieue ſicomprende: quanto focho da more duri in femina. E/ aſſai uolubile: et mobile lafemmina. Onde Virgilio. Varium et mutabile ſemper femina. Et perche e/pusillanima: radeuolte sinnalza agrandi imprese; Ma seguita piu elsenso: che laragione. Onde cerca continue uolupta corporee. Ilpche ama feruentemente lhuomo: mentre che dilui pigla piacere: Elquale consiste maximamente nel uiso et nel tacto. Et chome elpiacer mancha; lamor sispegne. Lauipera el nuouo marito; elquale e/deuisconti di melano; lacui insegna e/una uipera: non glifara si bella sepultura quanto harebbe facto elgallo. i. io giudice del giudicato digallura; lacui arme e/uno gallo. DeLLA stampa del dricto zelo. Era impressa nel uolto suo et quasi scolpita laforma dellamore: elquale auampaua elcore.

Glocchi miei ghiotti andauon pur al cielo
pur la doue lestelle son piu tarde
si chome rota piu presso allostelo.
Elduca mio figluol che lassu guarde
et io allui aquelle tre facelle:
dichelpolo diqua tuttoquanto arde/
Ondegli ame lequattro chiare stelle
che uedemo staman son dila basse
et queste son salite oueron quelle:
Chome parlaua sordello asel traxe
dicendo uedi la nostro aduersario
et drixol dito perchel la guatasse

i O mirauo del continuo elcielo. Ilche significa: che lasensualita; gia ubbidientissima alla ragione: hauea uolto ogni suo appetito alle chose celesti. PVR LA DOVE LESTELLE SON piu tarde. i. alla piu alta parte del cielo: elquale chiamano polo: chome disopra mostrammo. DOVE Lestelle son piu tarde. Se hauessimo una ruota piena distelle: laquale girassi: nessun e/dubbio: che lestelle poste piu inuerso lacircunferentia; et elfine della ruota fanno piu spatioso circulo: che quelle: che sono piu presso alperno: o uoglamo dire elmanico della ruota: che e/elcentro: Et nientedimeno in un medesimo tempo fin scono laloro riuolutione. Ilperche quelle: che sono piu uicine alla circunferentia: uengono aesser piu ueloci; et quelle: che son piu presso al perno; piu tarde. Adunque imaginando noi uno stilo; che parta dalla sommita del cielo; et uada pel mezo dellamundiale macchina in fino alloppposita sommita; et circa ecapi dellostilo simuoua elcielo: lestelle: che sono piu presso aquesti poli: perche fanno piu brieue circuito: in cielo sono piu tarde; chome quelle: che fussino nellaruota piu presso allo stilo. i. alperno Guardaua adunque Danthe nella piu alta parte del cielo. i. alpolo antartico. Et da Virgilio intese: che lequattro stelle: lequali lamattina erono in quella parte del cielo: erono gia ite sotto: et in quel medesimo luogho erono salite tre: lequali erono si splendenti; che illuminauano tutto lohemisperio del purgatorio. Questa secondo lanatura decieli e/uerisimile fictione; Ma allegoricamente secondo molti: perle quattro stelle prime intende lequattro uirtu morali: et per queste tre intende letre theologiche. Et quelle finge: che lamattina fussero amezo elcielo; perche nella prima eta; et innanzi alladuenimento di Cristo glhuomini ciuili sireggeuono secondo quelle. Ma dipoi dopo laduenimento di Cristo furono intese leuirtu theologiche; lequali ardono tutto elpolo diqua: cioe dellaltro hemisperio: doue era dãthe: et doue finge elpurgatorio. Perche nessun cerca purgarsi: se non ha ardẽtissima carita: et ferma speranza; et indubitata fede. Adunque lequattro uide lamattina: perche furono nella prima eta leuirtu morali. Queste uede lasera perche non furono conosciute: se non in questa ultima eta: quando Cristo le mostro. Ne sarebbe forse alieno: che prendendo lequattro: chome e/decto: piglamo letre perleuirtu intellectiue. Imperoche chome quelle fanno lauita actiua. Chosi queste fanno laspeculatiua: laquale non nasce nelhuomo neprimi anni: ma inuerso lauecchiaia. Onde scriuono: che Iacob usci necampi inuerso lasera; dinotando per quello lauita contemplatiua.

Daquella parte oue non ha riparo
lapicchola uallecta era una biscia/
forse qual diede ad eua elcibo amaro
Tra lherba et fior uenia lamala striscia/
uolgendo adhora adhora latesta al doxo
lecchando: chome bestia che silliscia:
Io nol uidi et pero dicer nolposso/
chome mossor glastori celestiali/
ma uidi ben po luno et laltro mosso/
Sentendo fender laer alle uerdi ali
fuggelserpente et glangeli dier uolta
suso alle poste riuolando equali

a Enne labiscia dalla parte disotto della ualle. Imperoche leualle ne monti sono difese: et hanno ebalzi daogni parte: excepto che disobto. rectamente pone elserpente per latentatione. Impero chelserpente e/astuto: et similmente e/animale molto terreste. Et chosi latentatione e/piena dimalitia: et difraude. Et sempre inuita alle chose terrene et transitorie. Et per questa medesima ragione finge: che elserpente uenga dalla parte di sotto dessa ualle: et glangioli uenghino disopra: perche lagratia preparante eilluminante: et cooperante sono chose diuine et celesti: Et ilserpente terrena. FORSE QVAL DIEDE AD EVA EL cibo amaro. Molti cerchano perche dixe forse. Ma puossi rispondere: che apena e/credibile: che alchu na tentatione possa esser simile aquella: che fu facta aprimi huomini: quando eltentatore persuade loro che sarebbono chome idii: se gustassino di quel pomo: TRA LHERBA EFIORI. Puossi amio giudicio piglar per diuerse chose lherba et fiori: cioe operationi belle: et uirtuose: et uoglono che labiscia i. latentatione diabolicha uenga spesso sotto spetie diuirtu. Et certo pocho puo quella tentatione: che non e/adombrata dalchuna honesta. O ueramente piglono lherba efiori per leuolupta et piaceri mondani. contraquali difficilmente fanno resistentia glhuomini. Imperoche alchuni sono irretiti dalle corporee uolupta. Alchuni sono tyrati dalla pecunia. Molti dallambitione. Elmedesimo quasi intese elpetrarcha quando dixe. Et chome sta fra fiori ascoso langue. LAMALA STRISCIA: lamala biscia laquale ua striscia ndo per lherba. VOLGENDO ADHORA ADHORA LATESTA AL DOSSO. Spesso siuolgea chome gatta o cane o altra bestia: che silisci. i. che siligi eldosso leccandosi con lalingua. Ilche dimostra: che latentatione sempre sadorna: et dimostra essere piaceuole et dilicata: perche noi laccepti amo. IO NOLVIDI: Per questo dinota: che lhuomo non sente: quando lagratia didio uiene in lui: ma uidegli poi mossi: perche laconosce dipoi dasuo effecti. GLASTORI CELESTIALI: Essendo a lati glangeli: et andando aferire elserpente non inmerito glaguagla aglastori. Elserpente fuggi sentendo laere percosso dalale uerdi deglangeli. Et meritamente fuggi. Imperoche uenendo ladiuina gratia in noi ogni tentatione nespauenta et fuggesi.

Lombra che era algiudice raccolta
quando chiamo pertutto quel assalto
puncto non fu dame guardare sciolta
Se lalucerna che timena in alto
truoui nel tuo arbitrio tanta cera
quante/ mestiere insinalsommo smalto
Comincio egli se nouella uera
diualdimagra o diparte uicina
sai/ dillo ame che gia grande la era.
Chiamato fui churrado malespina:
non son lanticho ma dilui discesi:
amiei portai lamor che qui maffina.

n ON spauento lauenuta del serpente: Currado in forma: che mai torcessi glocchi da Danthe. Et per questo dimostra: che chi e/ assuefacto arisistere lungo tempo alle tentationi non lechura. SE LALVCERNA CHE TIMENA IN alto. Se lagratia. i. lontellecto illuminato: laqual tiguida: contemplando insino al primo smalto: truoui nel tuo arbitrio: i. nella tua uolonta et electione: che hai facto dandare speculando tanta cera tanta materia: che ticonduca insino al primo smalto. i. insino alla prima causa: laquale stante inmota muoue tutte lechose. Et chiama smalto elprimo cielo. O forse meglo isino alsommo diquesto monte: doue e/elparadiso delle delitie: ornato dherbe et difiori: chome sono glismalti. Et simil uocabolo uso nella prima cantica: quando fe mentione del prato deglhuomini excellenti: elqual fa quasi simile acampi elysii. VALDI MACRA. Macra e/un fiume/elquale diuide toschana da laguria: et chiamasi oggi quel paese lunigana, da lune cipta antichissima. Iui signoreggiano emalispini: de quali fu questo Currado.

O dixi allui per liuostri paesi
gia mai non fui ma doue sidimora
per tutta europa che non sien palesi:
Lafama che lacasa uostra honora
grida esignori et grida lacontrada:
sicche nesa chi non uifu anchora/
Et io uigiuro se disopra uada
che uostra gente ornata non sifregia
del pregio della borsa et dellaspada:
Vso et natura si lapriuilegia
che perche capo reo lomondo torca
sola ua ritta elmal cammin dispregia

d Imostra non esser mai stato nellunigiana: doue sono emarchesi malispini. Ma dice chel a fama optima di quella famigla e/ tale: che risuona per tutta leuropa: et grida: cioe molto nomina esignori: et lacontrada. i. elpaese: onde nasce che etiam quegli: che mai non uifurono: losappino. Et io Danthe uigiuro: se disopra uada. i. chosi possi io arriuare alla sommita di questo monte: chome uostra gente non sifregia: non sadorna della borsa. i. dauaritia: et dicupidita diricheze: ne della spada. i. diuiolentia: et rapina: et tyrannia: Vso: et natura. Dimostra: che in loro e/uera uirtu Della quale lanatura cida certi semi: equali se son dipoi bene cultiuati con buona: et assidua consuetudine: di recte operatione producono perfecta uirtu. Adunque lanatura da optimi initii alla uostra famigla di uera uirtu. Et dipoi laconsuetudine assidua lasa perfecta.

Et egli hor ua chel sol non siricolca
septeuolte nellecto chelmontone

e Lsol non tornera septeuolte nellecto del montone. i. nel segno dariete: nel quale torna ogni anno. Adunque dixe non passeranno septe an

con tutti equattro pie cuopre et inforca
Che cotesta cortese opinione
tifia chiauata inmezo della testa
con altri chioui che daltrui sermone
Se corso di iudicio non sarresta.

ni. CON TVTTI equattro pie chuopre et a forca. perche chosi e/figurato. CHE COTESTI cortese opinione: che cotesta opinione: laqual tu hai della famigla malispina: et chiama tale opinione cortese. i. liberale: perche Danthe copiosamente hauea lodato questa famigla. TIFIA CHIAUATO inmezo della testa: quasi dica tisiconfermera nel ceruello: et optime dixe nel mezo della testa. Imperoche lacogitatiua ha sua sedia distincta dalla imaginatiua: et dalla memoria: collocata nel mezo delcapo. CON MAGGIOR CHIOVI CHE DALTRI sermone. Lasententia e/ tu ha questa ferma opinione: perche cosi hai udito. Ma uerra tempo: che loconoscerai per te medesimo. Imperoche mandato in exilio fu liberatissimamente riceuuto dal marchese, Marcello malespina: del quale gia dicemmo nelloctauo canto della prima cantica.

CANTO NONO DELLA SECONDA CANTICA DI DANTHE.

EL presente canto dopo ladiscriptione del tempo: pone chome adormentato insu lherba in uisione gliparue esser rapto da una aquila insino albalzo del purgatorio. Dipoi suegliato intese da Virgilio: che inuero era stato rapito. Onde simosse per entrare nel purgatorio. Et discriue laporta: et lentrata. LACONCVBINA DI TItono antico. Dicono glantichi historici: che dilaumedonte re ditroia nacquono Priamo et Titono. Et Priamo rimase nelregno. Titono con ualido exercito: passo nelle parti orientali: et qui acquisto florentissimo imperio. Onde dicono lefauole: che laurora fu sua mogle: et molto lamo. Ilche significa: che le genti onde uiene laurora: glifurono sottoposte: et fu amato daquegli popoli: Dellaurora genero Mennone. Elquale nella guerra troiana uenne in aiuto a priamo suo zio. Et fu ucciso da Acchille. Et mentre che secondo lantica consuetudine lardeuano: pe prieghi dellaurora sua madre sitramuto in ucello. Et molti altri uccegli usciron di quel fuocho: equali furono chiamati Memnonii: secondo Soleno. E/ elsepolcro suo appresso a Troia. Et del continuo dicono: che dethiopia uiuolano gran schiere duccegli. Titone uixe in fino allextrema uecchiaia. Onde propertio. Cum sene non potuit talem dormire puellam. Et cane totiens oscula fere tume. Et finalmente dicono: che siconuerti in cicala. Ilche fingono perche euecchi sono

Aconcubina dititono antico
gia simbiancaua albalzo doriente
fuor dellebraccia delsuo dolce amico
Digemme lasua fronte era lucente:
posten figura del freddo animale
che con lacoda percuote lagente:.
Et lanocte depassi conche sale
facto haue due nelluogho oue erauamo:
elgiorno gia chinaua ingiuso lale/
Qandio che mecho hauea di quel da damo
uincto dalsomno insu lherba inchinai/
la o gia tutti et cinque sedauamo:

molto loquaci. LACONCVBINA DITITONO .i. laurora: laquale fingono: che lamactina escha
dellecto dititono. Onde Virgilio. Titoni croceum linquens aurora cubile. DI GEMINE LASVA frõ
te'era lucente. Dimostra che questa aurora surgea in quello hemisperio insieme colloscorpione. Que
sto e/loctauo segno del zodiaco: et chiamasi scorpione: benche molti uogliono: che laconfiguratione di
questo animale occupi lospatio didue segni: et con lebranche faccia elsegno della libra: et col resto quel
lo delloscorpione. Dicono lefauole: che perche orione cacciatore hauea giurato non lasciare fiera alchu
na uiua in terra. Epsa terra creo questo scorpione: che uccidessi orione. Et dipoi impetro da ioue: che
lotrasferissi nelzodiaco. Nigidio scriue: che non laterra loproduxe. Ma Diana loformo in chippo mon
te nellisola dicchio: acciochè uccidessi orione: elquale per somma insolentia siprepone a allei nelle caccia
gioni. E/configurato distelle dicennoue. Et e/domicilio di Marte. Et e/questa nuoua fictione: perche
glaltri poeti non pongono mai laurora: se non per quello albore: che apparisce in oriente innanzi alnas
cimento del sole. Questo non puo esser qui. Imperoche essendo elsole nellariete: conuenia: che laurora
surgessi; o col medesimo segno; o con lafine depesci. Ma ponendola lui nelloscorpione: dimostra: che
tale aurora pigla al presente per quello albore: che uiene innanzi alla luna: laquale: perche era gia parti
ta dalloppositione: che hauea facto nella libra: essendo elsole nellariete: era gia entrata nelloscorpione
ilche acciochè apertamente sintenda: ciricorderemo: che chomelpoeta dimostra nellonferno: lanocte:
che lui sitrouo essere smarrito nella selua. laluna era in oppositione. Dipoi eldi seguente lui consumo
parte nel combactere con lefiere: parte nel colloquio: che hebbe con Virgilio. Nella seconda nocte dis
cese per tutto lonferno. Et passo pel centro allaltro hemisperio. Et nel principio del secondo giorno:
secondo elprecepto diCatone sicinse elgiunco: et tutta quella luce consumo insalire ebalzi dellantipurga
torio. Hora e/uenuto alla terza nocte; laquale consumera in questa ualle. Et nella mactina del tertio
giorno sara dormendo portato dalucia insino alla porta del purgatorio. Ma lanocte: che consumo parte
insino al centro: parte dal centro insino alla superficie delpurgatorio fu doppia. Impoche lasciando nel
fine della nocte lhemisperio nostro: doue gia ueniua eldi: conuiene: che nellaltro hemisperio trouassi
nuoua nocte. DEL FREDDO ANIMALE. Pare contrario a Virgilio: elquale dixe. Iam bracchia cõ
trait ardens scorpius. Ma Virgilio hebbe rispecto alla natura di Marte: signore diquesto segno: elquale
e/pianeta ardente. Et Danthe alla natura propria del segno freddo fixo et nocturno: CHE CON LA
coda percuote lagente. Et benemerito: perche glastrolagi chiaman questo segno casa di morte: et di ti
more: et disaticha: et di danno: et di contentione. Et chome loschorpione e/ animale pungitiuo con la
coda. Chosi elsole: quando e/inquel segno: e/cagione di lesione: et pungimento nelcorpo humano: per
che cominciando adeclinare: riscalda meno laria. Ilperche laria distemperata dallafrigidita: presto offẽ
de: et pugne ecorpi: chome scriue isidoro. ET LANOCTE DE passi con che sale. epassi della nocte ĩ
tende lhore. Adunque eron gia due hore dinocte. NELLVogho: oue erauamo: che era lhemisperio
dila. ELGiorno gia chinaua in giuso lale. intendi dal medesimo hemisperio. DIquel dadamo: haue
uo elcorpo: et quanto al corpo tutti siamo discesi dadamo. Ma lanima e/tutta dadio.

Nelhora che comincia etristi lai
larondinella presso alla mactina.
forse amemoria desuoi primi guai:
Et che lamente nostra peregrina
piu dalla carne et men dal pensier presa
alle sue uision quasi e/ diuina.
In sogno mapparea ueder sospesa
unaquila nel cielo con penne doro
con lale aperte: et acalare intesa:
Et esser miparea la doue foro
abbandonati esuoi da ganimede
quando fu rapto al sommo consistoro:
Fra me pensauo forse questa fiede
pur qui per uso: et forse daltro loco
disdegna diportarne suso impiede:

ERa gia dormendo lauctore passato tanto del
lanocte: chelgiorno sappressaua: et cominci
aua lalba: nel qual tempo larondine: quando e/la
stagione diprimauera: comincia acantare: quãdo
allui inuisione apparue esser nella selua ida: laqua
le e/presso atroia: doue epoeti fingono: che ioue
informa daquila rapi ganimede: et nel cielo glipa
rea uedere una aquila conpenne doro: apta acalar
giu per far preda. onde egli tra se dicea: forse che
lusanza diquesta aquila e/fedire in questa selua:
et non sidegna diportare prede in cielo: se non
diqui. NELHora: che comincia etristi lai: laron
dinella: Nel tempo del mattino: quando larondi
ne comincia. ESVoi lai: esuoi lamenti: et qui to
cha lafauola: laquale e/ questa. Pandione Re da
thene hebbe due figliuole: Progne: et Philomena
Era ne medesimi tempi Tereo Re di thracia: el
quale confederato con Pandione: animosamente
glifu anon picholo aiuto inguerra: mossagli con
tro: Ilperche dopo laguerra per confermare et cõ
stabilire lamicitia: glidecte per mogle Progne. Menolla in thracia Tereo: et dopo alchuno tempo sti
molato dalla mogle cupida diuedere lasorella torno a Pandione: et impetro dimenare philomena apro
gne. Ma in uiaggio preso dalle belleze della fancinlla contro asua uogla glitolse lhonore. Dipoi temen

dò: che lameschina non riuelassi tanta ingiuria glitaglio lalingua: et lasciolla nelle selue. Ma Philomena priuata delparlare saiuto collandustria. Et richamo tutta lahistoria: et mandolla alla sorella. Progne mossa non tanto dalla pieta inuerso Philomena; quanto dalduplicato odio inuerso ladultero suo marito: et rompitore difede adue sorelle. Finxe uolere celebrare sacrificii a bacco: equali sifacean dinotte: et nelle selue: ando doue era lasorella: et di furto laconduxe drento alsuo palazo. Vccise Itis figluolo: che haueua di Tereo. Cossello: et fello uiuanda al padre. Et dopo desinare glimisse innanzi elcapo et epiedi del suo dase mangiato figluolo. Non narro quanta crudelta apparecchiaua usare loinfuriato padre: chi lhaueua facto sepulcro delle sue proprie carni. Ma laconmiseratione: che hebbon glidii: gli trasfiguro tutti. Tereo diuento bubbola: uccello fetido. Ma dibelle penne: et con corona: siche pare: che ritengha lhabito antico. Itis diuenne fagiano: Philomena lusignuolo: elquale nelle selue habita: et non sciogliede ligua: quando canta. Progne diuenne rondine: et e/ rimasa rossa nelpetto pel sangue del figluolo: delquale simaculo. ET CHE LAMENTE NOSTRA PEREGRINA PIV DALLA CARNE. Nelquale tempo lanimo e/ piu peregrino. i. piu lontano dal corpo: quasi dica e/ piu suiluppato et piu libero: dalla contagione del corpo. Et disopra nella prima cantica dimostrammo per ragione philosophiche: perche piu in questa hora: che nellaltre esogni sieno piu ueri. IN SOGNO MIPAREA. Lauisione finge esser questa: che gliparessi uedere una aquila con penne doro: stare sospesa in cielo con lale aperte: et laquale parea: che del continuo uolessi calare. Allegoricamente secondo Francescho dabuti: et alquanti altri: perlaquila sintende ladiuina carita. imperoche idio e/ carita: Et che laquila stia sempre apparechiata con lale aperte acalare: significa: che ladiuina carita sempre sta apparechiata arapire a dio lanime humane: et lepenne doro dimostrano erazi della carita splendenti et puri: chome e/ loro. Dipoi aggiugne lauctore: che allui pareua esser nella selua ida: doue Ioue informa daquila rapi Ganimede. Et Francescho gia decto per questo intende: che piu facilmente sono rapiti dalla carita diuina esancti huomini: che nelle selue fanno penitentia: Et per questo uogla dire lauctore: che lui fussi disposto apurgarsi: chome tali huomini. Laqual expositione in nessun modo ripruouo: perche e/ piatosa et accomodata alla cristiana religione. Nientedimeno quando considero alla profondita dellongegno del poeta: giudico: che lui uogla dimostrare: che dormendo gliuenne quella spetie disogno: laquale elatini dicon somnium: elquale predice lechose uere: ma obscuramente: et sotto uelame: informa che non sintende sanza interprete. Adunque Danthe: che e/ lanima sensitiua sogna. Et dipoi laragion superiore glinterpreta elsogno. Perla qualchosa diremo: che Danthe sadormenta nella ualle: stracco dallerto uiaggio. i. hauendo cominciato a salire alla contemplatione. Et straccandosi inquella: lhumana imbecillita dasordello. i. dalledoctrine ciuili. e/ leuato dal salire: et condocto alla uita ciuile: nella quale sadormenta. i. impigrisce. Et idio uedendo sua buona uolonta: ha compassione alla fragilita: et mandagli lagratia illuminante: laqual inquesto sogno figura per aquila: laquale lorapisce alfuoco: elquale informa locuoce: che sidesta. Ne altro intenderomo in tal fictione: se non che lailluminante gratia loinduce alseraphico amore: donde acceso acquista lacherubica intelligentia. Et e/ cosa mirabile con quanto acume dingegno et digiudicio: et quanto copertamente lui imita Virgilio. Ilche non mipare absordo exprimere in questo luogho. Volle adunque luno et laltro diquesti poeti dimostrare: che questo interuiene: che glhuomini: equali sidanno alla contemplatione: o stracchi dalla fatica; o perterrefacti: et sbigottiti dalla difficulta: mutano proposito: et ritornano alla uita ciuile. Et forse in quella sifermerebbono: se dal diuino aiuto non fussino excitati et solleuati. Questo significa Virgilio in Enea: elqual afflicto per latempesta concitata da Iunone et da Eolo: abbandona lampresa dandare in italia: laquale chome dimostrai nelle nostre allegorie: sempre pone per lauita contemplatiua. Et prende partito andare in cartagine. i. alla uita actiua. Et quiui facto marito di Didone: sisarebbe posato. Se Ioue non hauessi mandato Mercurio ad excitarlo: et admonirlo: che non abbandonassi laprima impresa. i. se idio non hauessi dimostrogli peruera doctrina: quanto sia dapreporre Maria a Marta. Similmente al presente elnostro poeta dimostra: che lasalita alle uirtu purgatorie e/ tanto ardua: che stracco siposa: et adormenta nella ualle: laquale ponemmo perla uita ciuile. Ma ladiuina gratia lexcita: et rapiscelo: chome disotto uedrai. ESSER MI PAREA LA DOVE FORO. parea a Danthe esser nella selua ida di Troia: doue essendo accaccia Ganimede fu rapito da Ioue informa daquila. Et optime sipone nella selua. i. in luogho solitario a dinotare lauita contemplatiua: che e/ solitaria: laquale lui desideraua: benche lardua faticha del salire lhauessi adormentato. Optimamente significa laquila lagratia illuminante: perche chome tal gratia e/ piena diluce: chosi laquila piu che altro uccello sempie dilucie: perche puo sofferire erazi del sole: et in quegli spechiarsi. Ilche non puo altro animale. Preterea non e/ uccello: che piu sinnalzi: et piu si leui daterra. Et similmente epsa gratia innalza elnostro intellecto. ABBANDONATI ESVOI DAGANIMEDE. et ben dixe: che Ganimede abbandono: et non fu abbandonato. Imperoche chi ua alla uita solitaria: lascia quegli: che rimangano nella uita actiua. QVANDO FV RAPTO: rapito al sommo consistorio: al concilio di quegli: che in cielo siragunano. FRA ME PENSAVO: parendomi essere nelluogho oue fu rapito Ganimede: pensauo meco medesimo: forse che questa aquila non fiede. i. non ferisce: quasi non pigla preda: se non di questo luogho. Et certo non sipuo innalzare atale contemplatione lamente. Ne e/ rapta dalla diuina gracia: se non e/ nellaselua ida. i. inuita solitaria. Et separata daogni strepito et tumulto et cupidita delle chose basse: et terrene. Sia adunque Ganimede lhumana mente: laquale Ioue. i. elsom mo idio ama. Sieno esuoi compagni laltre potentie dellanima: chome e/uegetatiua: et sensitiua. Ap posta adunque Ioue: che epsa sia nella selua. i. remota dalle chose mortali: et con laquila gia dectalaina za al cielo. Onde epsa abbandona ecompagni. i. lauegetatiua: et sensitiua: et abstracta: et quasi chome dice platone rimossa dal corpo: et uenuta in obliuione delle chose corporee: e/ tutta posta nella contem platione de secreti del cielo. Et serue anchora aquesta allegoria elnome della selua. Perche idin in greco significa uedere et conoscere.

Poi mi parea che piu rotata un pocho
terribil chome folgor discendessi,
et me rapissi suso insino alfoco:
Ivi parea che ella et io ardessi
et si lincendio imaginato cosse
che conuenne chelsomno sirompessi
Non altrimenti acchille siriscosse
glocchi suegliati riuolgendo in giro
et non sapendo la doue sifosse:
Quando lamadre da chirone ascìro
transfugo lui dormendo inle sue braccia
la onde egreci poi eldipartiro
Che miscossi io si chome dalla faccia,
mi fuggi elsomno et diuentai smorto
chome fa lhuom che spauentataghiaccia

Seguita nella sua ficta uisione narrando: chome laquila giro alquanto per aria: poi sicalo non con minore uelocita: che a terra caggia lasaetta. Et rapillo: et portollo in fino allaspera delfuocho: et quiui gliparea ardere in sieme con laquila: et informa gliparea sentire loncendio: chesisueglo. Subito che rapito e/lhuomo alla contemplatione delle uirtu purgatorie: tanto saccende laquila et lui. i. tanto saccende lagratia in lui: et lui nellamore delle chose diuine: che loncendio lodesta del somno. i. losuegla da ogni pigritia. NON ALTRIMENTI ACchille siriscosse. Da chille narrammo nella prima cantica. Ma quanto a questo texto: aricorderemo: che Thetis sua madre temendo: che non fussi constrecto andare nella guerra ditroia: dilibero occultarlo. Ilperche lo fece adormentare: et chosi adormentato loleuo da Chirone suo maestro: et portollo nellisola discìro a Lycomede Re: elquale in habito et uesta feminile lotenne con lefigiuole: ne era conosciuto per huomo: nel qual tempo ingrauido Deidamia una delle figluole del Re. Et nacquene Pyrro: elquale dopo lamorte sua ando a Troia in suo luogho.

Dallato mera ilsolo mio conforto
elsole era alto gia piu che due hore
eluiso mera alla marina torto:
Non hauer tema dixe elmio signore
facti sicur che noi semo a buon puncto:
non strigner ma rallarga ogni uigore/
Tu se homai alpurgatorio giunto:
uedi lobalzo chelchiude dintorno
uedi lentrata doue pare disiuncto
Dianzi nellalba che precede elgiorno
quando lanima tua drento dormia
sopra lifiori onde e/ laggiu adorno
Venne una donna et dixe io son lucia
lasciatemi piglar chostui: che dorme
si lageuolero per lasua uia.
Sordel rimase et laltre gentil forme
ella titolse: et chome eldi fu chiaro
senuenne su et io per lesue orme
Qui tiposo et pria midimostraro
glocchi suoi begli quella entrata aperta
poi ella et elsomno aduna senandaro

Chiama elsolo suo conforto Virgilio: perche laparte rationale illustrata di uarie scientie: e/sola quella: con laquale possiamo salire alla purgatione: et a tale speculatione. Adunque non sordello: ilche dinota la historia non Iudice Nino: che e/lacognitione delle leggi: Non Currado marchese: elquale commodamente sipigla per ladisciplina militare: seguiron Danthe in questa salita. Ma rimasono nella ualle: perche queste discipline son proprie della uita ciuile et actiua. Ma Virgilio. i. lointellecto nostro exornato di doctrina: e/quello: che seguita Lucia: i. ladiuina gratia alle uirtu purgatorie. ELSOLE ERA ALTO piu che due hore: perche tutto lariete: col quale elsol nascea: era fuori dellorizonte. Ilperche potea Danthe esser salito: perche era gia due hore di giorno ELVISO MERA ALLA MARINA TORto Dimostra che riguardando lui elmare: et non el monte: non potea auedersi esser montato. Pel mare intendiamo lappetito. NON STRIGNER ma rallarga. Questo significa non temere: ma spera. Imperoche lanimo nostro chome per merore: o per timore sicontrahe: et ristrigne: chosi per letitia: o per speranza sidiffunde et dilata. Lucia: che e/lagratia illuminante: chome dimostrammo nella prima cantica lo rapi al purgatorio. Ilche significa: loillumino di quelle chose: che erono necessarie allasua salute. Et uenne Lucia nellalba che do: che lameſchina non riuelaſſi tanta ingiuria glitaglio lalingua: et laſciolla nelle ſelue. Ma Philomena priuata delparlare faiuto collanduſtria. Et richamo tutta labiſtoria: et mandolla alla ſorella. Progne moſſa non tanto dalla pieta inuerſo Philomena: quanto dalduplicato odio inuerſo ladultero ſuo marito: et rompitore difede adue ſorelle. Finxe uolere celebrare ſacrifici a bacco: equali ſifacean dinocte: et nelle ſelue: ando doue era laſorella: et di furto laconduxe drento alſuo palazo. Vcciſe Itis figluolo: che haueua di Tereo. Coſſelo: et fello uiuanda al padre. Et dopo deſinare glimiſſe innanzi elcapo et epiedi del ſuo daſe mangiato figluolo. Non narro quanta crudelta apparechiaua uſare loinfuriato padre: chi lhaueua facto ſepulcro delle ſue proprie carni. Ma laconmiſeratione: che hebbon glidii: glitraſſ guero tutti Tereo diuento bubbola: uccello fetido. Ma dibelle penne: et con corona: ſiche pare: che ritengha lhabito antico. Itis diuenne fagiano: Philomena luſignuolo: elquale nelle ſelue habita: et non ſegliuede ligua: quando canta. Progne diuenne rondine: et e/rimaſa roſſa nelpecto pel ſangue del figluolo: delquale ſimaculo. ET CHE LAMENTE NOSTRA PEREGRINA PIV DALLA CARNE. Nelquale tempo lanimo e/piu peregrino. i. piu lontano dal corpo: quaſi dica e/piu ſuiluppato et piu libero: dalla contagione del corpo. Et diſopra nella prima cantica dimoſtrammo per ragione philoſophiche: perche piu in queſta hora: che nellaltre eſogni ſieno piu ueri. IN SOGNO MIPAREA. Lauiſione finge eſſer queſta: che gliparеſſi uedere una aquila con penne doro: ſtare ſoſpeſa in cielo con lale aperte: et laquale parea: che del continuo uoleſſi calare. Allegoricamente ſecondo Franceſcho dabuti: et alquanti altri: perlaquila ſintende ladiuina carita, imperoche idio e/carita: Et che laquila ſtia ſempre apparechiata con lale aperte acalare: ſignifica: che ladiuina carita ſempre ſta apparechiata arapire a dio lanime humane: et lepenne doro dimoſtrano erazi della carita ſplendenti et puri: chome e/loro. Dipoi aggiugne lauctore: che allui pareua eſſer nella ſelua ida: doue Ioue informa daquila rapi Ganimede. Et Franceſcho gia decto per queſto intende: che piu facilmente ſono rapiti dalla carita diuina eſancti huomini: che nelle ſelue fanno penitentia: Et per queſto uogla dire lauctore: che lui fuſſi diſpoſto apurgarſi: chome tali huomini. Laqual expoſitione in neſſun modo ripruouo: perche e/piatoſa et accomodata alla criſtiana religione. Nientedimeno quando conſidero alla profondita dellongegno del poeta: giudico: che lui uogla dimoſtrare: che dormendo gliuenne quella ſpetie diſogno: laquale elatini dicon ſomnium: elquale predice lechoſe uere: ma obſcuramente: et ſotto uelame: informa che non ſintende ſanza interprete. Adunque Danthe: che e/lanima ſenſitiua ſogna. Et dipoi laragion ſuperiore glinterpreta elſogno. Perlaqualchoſa diremo: che Danthe ſadormenta nella ualle: ſtracco dallerto uiaggio. i. hauendo cominciato a ſalire alla contemplatione. Et ſtraccandoſi inquella: lhumana imbecillita daſordello. i. dalledoctrine ciuili. e/leuato dal ſalire: et condocto alla uita ciuile: nella quale ſadormenta. i. impigriſce. Et idio uedendo ſua buona uolonta: ha compaſſione alla fragilita: et mandagli lagratia illuminante: laqual inqueſto ſogno figura per aquila: laquale lorapiſce alfuoco: elquale informa locuoce: che ſideſta. Ne altro intenderomo in tal fictione: ſe non che lailluminante gratia loinduce alſeraphico amore: donde acceſo acquiſta lacherubica intelligentia. Et e/coſa mirabile con quanto acume dingegno et digiudicio: et quanto copertamente lui imita Virgilio. Ilche non mipare abſordo exprimere in queſto luogho. Volle adunque luno et laltro diqueſti poeti dimoſtrare: che queſto interuiene: che glhuomini: equali ſidanno alla contemplatione: o ſtracchi dalla fatica: o perterrefacti: et ſbigoctiti dalla difficulta: mutano propoſito: et ritornano alla uita ciuile. Et forſe in quella ſifermerebbono: ſe dal diuino aiuto non fuſſino excitati et ſolleuati. Queſto ſignifica Virgilio in Enea: elqual afflicto per latempeſta concitata da Iunone et da Eolo: abbandona lampreſa dandare in italia: laquale chome dimoſtrai nelle noſtre allegorie: ſempre pone per lauita contemplatiua. Et prende partito andare in cartagine. i. alla uita actiua. Et quiui facto marito di Didone: ſiſarebbe poſato. Se Ioue non haueſſi mandato Mercurio ad excitarlo: et admonirlo: che non abbandonaſſi laprima impreſa. i. ſe idio non haueſſi dimoſtrogli peruera doctrina: quanto ſia dapreporre Maria a Marta. Similmente al preſente elnoſtro poeta dimoſtra: che laſalita alle uirtu purgatorie e/tanto ardua: che ſtracco ſipoſa: et adormenta nella ualle: laquale ponemmo perla uita ciuile. Ma ladiuina gratia lexcita: et rapiſcelo: chome diſotto uedrai. ESSER MI PAREA LA DOVE FORO. parea a Danthe eſſer nella ſelua ida di Troia: doue eſſendo accaccia Ganimede fu rapito da Ioue informa daquila. Et optime ſipone nella ſelua. i. in luogho ſolitario a dinotare lauita contemplatiua: che e/ſolitaria: laquale lui deſideraua: benche lardua faticha del ſalire lhaueſſi adormentato. Optimamente ſignifica laquila lagratia illuminante: perche chome tal gratia e/piena diluce: choſi laquila piu che altro uccello ſempre dilucie: perche puo ſofferire erazi del ſole: et in quegli ſpechiarſi. Ilche non puo altro animale. Preterea non e/uccello: che piu ſinnalzi: et piu ſi leui daterra. Et ſimilmente epſa gratia innalza elnoſtro intellecto. ABBANDONATI ESVOI DAGANIMEDE. et ben dixe: che Ganimede abbandono: et non fu abbandonato. Imperoche chi ua alla uita ſolitaria: laſcia quegli: che rimangano nella uita actiua. QVANDO FV RAPTO: rapito al ſommo conſiſtorio: al concilio di quegli: che in cielo ſiragunano. FRA ME PENSAVO: parendomi eſſere nelluogho oue fu rapito Ganimede: penſauo meco medeſimo: forſe che queſta aquila non fiede. i. non feriſce: quaſi non pigla preda: ſe non di queſto luogho. Et certo non ſipuo innalzare atale contemplatione lamente. Ne e/rapta dalla diuina gracia: ſe non e/nellaſelua ida. i. inuita ſolitaria. Et ſeparata daogni ſtrepito et tumulto et cupidita delle chose basse: et terrene. Sia adunque Ganimede lhumana mente: laquale Ioue. i. elsommo idio ama. Sieno esuoi compagni laltre potentie dellanima: chome e/uegetatiua: et sensitiua. Apposta adunque Ioue: che epsa sia nella selua. i. remota dalle chose mortali: et con laquila gia decta lainalza al cielo. Onde epsa abbandona ecompagni. i. lauegetatiua: et sensitiua: et abstracta: et quasi chome dice platone rimossa dal corpo: et uenuta in obliuione delle chose corporee: e/tutta posta nella contemplatione de secreti del cielo. Et serue anchora aquesta allegoria elnome della selua. Perche idin in greco significa uedere et conoscere.

Poi miparea che piu rotata un pocho
terribil chome folgor discendessi,
et me rapissi suso insino alfoco:
Iui parea che ella et io ardessi
et si lincendio imaginato cosse
che conuenne chelsomno sirompessi
Non altrimenti acchille siriscosse
glocchi suegliati riuolgendo in giro
et non sapendo la doue sifosse:
Quando lamadre da chirone ascito,
transfugo lui dormendo inle sue braccia
la onde egreci poi eldipartiro
Che miscossi io si chome dalla faccia.
mi fuggi elsomno et diuentai smorto
chome fa lhuom che spauentaghiaccia

Seguita nella sua ficta uisione narrando: chome laquila giro alquanto per aria: poi sicalo non con minore uelocita: che a terra caggia lasaetta. Et rapillo: et portollo in fino allaspera delfuocho: et quiui gliparea ardere in sieme con laquila: et informa gliparea sentire loncendio: chesisuegio. Subito che rapito e/lhuomo alla contemplatione delle uirtu purgatorie: tanto saccende laquila et lui. i. tanto saccende lagratia in lui: et lui nellamore delle chose diuine: che loncendio lodesta del somno. i. losuegla da ogni pigritia. NON ALTRIMENTI ACchille siriscosse. Dachille narrammo nella prima cantica. Ma quanto a questo texto: aricorderemo: che Thetis sua madre temendo: che non fussi constrecto andare nella guerra ditroia: dilibero occultarlo. Ilperche lo fece adormentare: et chosi adormentato loleuo da Chirone suo maestro: et portollo nellisola disciro a Lycomede Re: elquale in habito et ueste feminile lotenne con lesigluole: ne era conosciuto per huomo: nel qual tempo ingrauido Deidamia una delle figluole del Re. Et nacquene Pyrro: elquale dopo lamorte sua ando a Troia in suo luogho.

Dallato mera ilsolo mio conforto
elsole era alto gia piu che due hore
eluiso mera alla marina torto:
Non hauer tema dixe elmio signore
facti sicur che noi semo a buon puncto:
non strigner ma rallarga ogni uigore /
Tu se homai alpurgatorio giunto:
uedi lobalzo chelchiude dintorno
uedi lentrata doue pare disiuncto
Dianzi nellalba che precede elgiorno
quando lanima tua drento dormia
sopra lifiori onde e/ laggiu adorno
Venne una donna et dixe io son lucia:
lasciatemi piglar chostui: che dorme
si lageuolero per lasua uia.
Sordel rimase et laltre gentil forme
ella tolse: et chome eldi fu chiaro
senuenne su et io per lesue orme
Qui uposo et pria midimostraro
glocchi suoi begli quella entrata aperta
poi ella et elsomno aduna senandaro

Chiama elsolo suo conforto Virgilio: perche laparte rationale illustrata di uarie scientie: e/sola quella: con laquale possiamo salire alla purgatione: et a tale speculatione. Adunque non sordello: ilche dinota la historia non Iudice Nino: che e/lacognitione delle leggi: Non Currado marchese: elquale commodamente sipigla per ladisciplina militare: seguiron Danthe in questa salita. Ma rimasono nella ualle: perche queste discipline son proprie della uita ciuile et actiua. Ma Virgilio. i. lointellecto nostro exornato di doctrina: e/quello: che seguita Lucia: i. ladiuina gratia alle uirtu purgatorie. ELSOLE ERA ALTO piu che due hore: perche tutto lariete: col quale elsol nascea: era fuori dellorizonte. Ilperche potea Danthe esser salito: perche era gia due hore di giorno ELVISO MERA ALLA MARINA TORto Dimostra che riguardando lui elmare: et non el monte: non potea auedersi esser montato. Pel mare intendiamo lappetito. NON STRIGNER ma rallarga. Questo significa non temere: ma spera. Imperoche lanimo nostro chome per merore: o per timore sicontrahe: et ristrigne: chosi per letitia: o per speranza sidiffunde et dilata. Lucia: che e/lagratia illuminante: chome dimostrammo nella prima cantica lo rapi al purgatorio. Ilche significa: loillumino di quelle chose: che erono necessarie allasua salute. Et uenne Lucia nellalba che precede elgiorno ; perche tale gratia choſi cinduce nella mente lalucie diuina : chome lalba cinduce laluce diurna. Et quando uenne : lanima di Danthe dormia ; perche innanzi alla ſua uenuta lanima ſimpigriſce nelle uolupta delle choſe mortali. Sopra li fiore nella delectation delle choſe terrene : onde e/laggiu adorno : delle quali e/ornata lauita ciuile. LASCIATEMI PIGLARE CHOSTVI : quaſi admoniſcha Sordello : et Iudice Nino. et Currado marcheſe. i. loccupationi che ſon nella uita actiua : che ccdino et laſcino ; che tal gratia innalzi lamente. ELLA TITOLSE : lagratia illuminante rapi laſenſualita : et lointellecto ſegui lorme di tal gratia. Et queſta moſtra alla ragione lentrata del purgatorio. PCI ELLA EISOMNO. Queſto uerſo non ha allegoria : Ma ſerue alla fictione facta del ſomno.

Aguiſa dhuom che dubio ſiraccerta
et inconforto muta ſua paura
poi che lauerita e/diſcoperta
Micambiaio et chome ſanza cura
uide mel duca mio ſu perlobalzo
ſimoſſe : et io dirieto inuer laltura
Lector mio uedi bene chome io inalzo/
lamia materia/ et pero con piu arte
non timarauiglar ſio larincalzo.

a Dmoniſce lontellecto laſenſualita : che non tema : eſſendo illuminata dalla diuina gratia. Et chome ſubito lauede fuor di paura : et uacu a dogni cura : et piena diſperanza ; laguida : doue lagratia illuminãte gla dimoſtro lentrata delpurgatorio : et laſenſualita loſeguita. LECTORE mio uedi bene. Scuſaſi : che neſſuno ſimarauigli ſe lui piu che luſato exorni con uarii figmenti el ſuo poema in queſto luogho ; dimoſtrãdo ; che laltezza della materia lorichiede.

Noi ciappreſſamo et diriuamo in parte
che la du miparea in prima ropto
pur chome un feſſo che muro diparte
Vidi una porta et tre gradi diſotto
per gire adeſſa dicolor diuerſi :
et un portieri chanchor non face motto
Et chome locchio piu et piu uaperſi
uidil ſeder ſopral grado ſourano
tal nella faccia/ chedio nolſoferſi :
Et una ſpada nuda hauea in mano
che riflectea eraggi ſi uer noi
chio drizauo ſpeſſo glocchi in uano :

d Ilontano gliparea uedere una ſtrecta feſſura Ma appreſſandoſi uide : che era una porta. perche quando da principio nõ anchora ſciolti dallamore delle choſe terrene cominciamo a conſiderare alle uirtu purgatorie : cipare uia molto difficile : et molto ſtrecta. Ma quãdo dipoi ciappreſſiamo a quella. i. uiuolgiamo piu lanimo : et meglo laconſideriamo ; ueggiamo : che e/porta : et nõ feſſura : perche e/uia facile et larga. Aqueſta porta ſiſale con tre gradi : equali ſono didiuerſi colori. Et un ſiede in ſul ſourano : cioe ſuperiore grado. Queſto e/elſacerdote elquale cimette nelpurgatorio. Ilperche diſcriue : quale debba eſſere elſacerdote. Queſto chiamo portieri. Imperoche al lui e/laſciato lechiaui del regno decieli. Et quodcunque ligauerit in terris : erit ligatum et in celis Et quodcunque ſoluerit in terris : erit ſolutum et in celis. Queſto ſta con ſilentio : ſe altri non ſiglapreſſa. Imperochelſacerdote non debba abſoluere ; chi non chiede labſolutione. Siede : perche debba ſempre aſpectare elpeccatore. TAL NELLA FACCIA CHE IO nol ſoferſi. Dimoſtra : che lui era ſi riſplendente : che Danthe non lopotea guatare. Et in queſto dinota erazi della doctrina et de coſtumi : che debbono eſſere nel uero ſacerdote. LASPADA NVDA : ſignifica legiuſte operationi ; et dimoſtra : che crazzi della faccia del ſacerdote percoteuono laſpada : et laſpada gliriflecteua nel uiſo di Virgilio et di Danthe. Perche ladoctrina et ebuoni coſtumi del ſacerdote riſplendono nelle ſue giuſte operationi. et quelle riflectono erazi nepeccatori. Et ſongli aoptimo exemplo. Onde lanoſtra ſenſualita non puo guardare in tale reflexione.

Dite coſtinci che uolete uoi
comincio egli adire oue e/ laſcorta
guardate cheluenir ſu non uinoi :
Donna delcielo diqueſte choſe accorta
riſpoſelmio maeſtro allui pu dianzi
ne dixe andate la quiui e/ laporta.
Et ella egradi uoſtri inbene auanzi
ricomincio lcorteſe portinaio
uenite adunque a uoſtri gradi innanzi /

d Ebba lhuomo inanzi che ſaccoſti al ſacerdote dirlo. i. debba innanzi che uada alla confeſſione deliberare et uolere. Ne debba andare ſanza ſcorta : che e/lagratia illuminante : dõde habbiamo optima inſpiratione ; ſanza laquale laconfeſſione nuoce piuche non gioua. Onde riſponde Virgilio che hanno ſeco laſcorta ; perche pocho innanzi Lucia glauea dimoſtro lauia. Ilche udendo elportieri riſpoſe : et ella cioe epſa Lucia : che uifece ſcorta : auanzi euoſtri gradi. i. accreſca euoſtri paſſi ĩbene : perche inuero non ſipuo fare buono acquiſto nella confeſſione : ſe Lucia illuminandoci non ciſ pira. VENITE ADVNQVE. Debba examinare elsacerdote: chi uiene alla confessione: se uiene insi piratione. Et conosciuto labuona inspiratione cortesemente: et consomma humanita loriceue.

La neuenimo et loschaglion primaio
 biancho marmo era et si pulito et terso
 chio mispecchiauo in esso quale io paio
Eralsecondo tinto piu che perso
 duna petrina ruuida et arsiccia
 crepato per lolungo et per trauerso.
Loterzo che disopra sammassiccia
 porfido miparea si fiammeggiante
 chome sangue che fuor diuena spiccia
Sopra questo tenea ambo lepiante
 langel didio sedendo insulla sogla/
 che misembraua pietra di diamante.

c On tre gradi sisale alla purgatione. Onde el psalmista. Deus per gradus eius cognoscetur. Et Iob per singulos gradus meos pronuntiabo eum Elprimo di questi e/di candido marmo: et si brunito: che uisipuo specchiare. Ilche significa laconfessione: laquale debba essere semplice pura et apta: et non essere con fraude. Ma di semplice cuore. Di qui canta elpsalmista. Confitebor tibi domine in toto corde meo. Elsecondo e/ di pietra nera ruuida: arsiccia: et crepata per ogni uerso. Ilche significa contritione: et pentimento: et dolore. Onde Ioel propheta. Scindite corda uestra: et non uestimenta. Et e/contritione: ricognoscimento del peccato conmesso con dolore: et pentimento dhauerlo commesso: et proponimento di non ricaderui. Et inuero debba tal contritione esser di dureza petrina. i. hauere fermo et inmutabile proposito. Debba essere nera: cioe piena dimerore et afflictione; et aspra peltormento: che nepigla lanimo. Similmente arsicciata dalle fiamme: che sa ccendono nella conscientia. E/crepata per ogni uerso: Ilche significa quanto lamente sidebba lacerare: p qualunche uerso pensi al peccato gia commesso. Elterzo grado era di porphyro. Questa pietra e/durissima: et di colore rosso. In questa adunque exprime lasatisfactione. laquale debba essere intera: et che niente nosia diminuito: chome del porphyro non sidiminuisce: et debba essere con feruore di carita. Questi tre gradi cinconducono al purgatorio et allauacro; ditutte lenostre brutture. Imperoche chome noi pecchiamo in tre modi: col cuore: con lalingua: et con lopera. Chosi pe medesimi modi dobbiamo emendarci con lacontritione del chuore: con laconfessione della lingua: et con lasatisfactione dellopera Elportinaio ferma epiedi insu lultimo grado: adimostrare: che non basta laconfessione: se noi cifermassimo in quella: et non procedessimo piu auanti. Ne anchora lacontritione: ma non dobbiamo cessare insino: che noi arriuiamo alla satisfactione. Lasogla di questa porta insu laquale siede elsacerdote: e/didiamante. Questa pietra non sipuo spezare: ne uincere. Et chosi elsacerdote debba essere intero: et seuero: et non sicorrompere. Dicono anchora: che chi porta adosso eldiamante: chaccia da se eltimore: chosi chi saccosta alla confessione: non teme ediabolici assalti. Preterea scriuono: che eldiamante: posto appresso alla pietra calamita: non glilascia tyrare ase elferro. Similmente laconfessione mentre che e/propinqua allanima humana: non lalascia tirare ad se alchuna dureza: ne obstinarione.

Per litre gradi su dibuona uogla
 mitrasse elduca mio dicendo chiedi
 humilemente: chel serrame sciogla
Diuoto migittai asancti piedi
 misericordia chiesi et che maprissi:
 ma pria nel pecto tre uolte midiedi/
Septe p: nella fronte midiscripse
 col puncton della spada/ et fa che laui
 quando se drento qneste piaghe dixe

u IRgilio lotrasse su dibuona uogla. i. laragione tiro su lasensualita: laquale gia inspirata dalla diuina gratia: uolētieri seguitaua. Et admonischelo Virgilio: che con humilta chieggia al portieri: che glapra. Imperoche dopo lasalita de tre scaglioni. i. dopo laconfessione: cōtritione: et proposito disatisfare: dobbiamo humilmente chiedere labsolutione. MISERICORDIA CHIESI. Non puo lhuomo per operatione: che faccia: meritare laremissione della colpa: laquale meritando potrebbe adimandare iustitia. Ma perche non la merita: addomāda misericordia.: PRIMA NEL PECTO TRE VOLTE MIDEDI: perche chome habbiamo decto: in tre modi sipecca: ma ogni peccato procede dal cuore: pero cipercotiamo elpecto quasi uolendo gastigare elcuore. Et langelo gliscripse septe. p. nella fronte. Ilche dinota: che elbuono et prudente confessoro: dimostra che ogni peccatore qualche uolta pecca in tutti esepte peccati mortali et scripsegli col punctone della spada. i. con laragione della iustitia. Imperochelprudente sacerdote quādo uede elpeccatore disposto apurgarsi de peccati: glidebba imostrare lui essere macchiato di tutti. Et pero gleneschriue nella fronte: et dixegli: che quando fussi drento: intendi nelluogho apto apurgarsi: gli lauassi tutti. i. da tutti sipurgassi.

Cenere o terra che secca sicaui
dun color fora col suo uestimento,
et disotto daquel trasse due chiaui
Luna era doro et laltrera dargento
pria colla biancha et poi con lagialla
fece alla porta sicchio fui contento
Quandunque luna deste chiaue falla:
che non siuolga dritta per latoppa
dixegli anoi non sapre questa calla:
Piu chara e/ luna ma laltra uuol troppa:
darte et dingegno innanzi che diserri
perche e/ quella che nodo disgroppa
Dapiero letengho et dixemi chi erri
anzi adaprir chatenerla serrata
pur che lagente apiedi misatterri:

e RA questo angelo acui era dato lauctorita daprire laporta uestito diuestimento: elquale hauea colore cenerognolo o di terra. Ilche dinota lexcellentissimo dono: che elnostro redemptor lascio albuomo. Imperoche non solamente ricompero lhumana generatione colsuo sangue. Ma ãchora lascio aquella parte deglhuomini: equali sono assumpti allordine sacerdotale lautorita dellabsoluere et dellegare. Adunque adimostrare: che langelo significaua lhuomo sacerdote. Finge: che hauessi uestimenti cenerognoli: o di color di terra: cioe hauessi corpo humano: elquale e/uestimento dellanima: chome et appresso di Platone: et appresso lesacre lettere spesso trouerrai. Et perche nelhuomo e/ questa occulta auctorita: pero finge che disotto auestimenti: si chauassi lechiaui. Ha adunque elsacerdote: benche sia in humana carne questa auctorita; laquale par piu tosto diuina: che humana: laquale auctorita etiam dachi laconcedecte; fu chiamata chiaui. Onde e/nello euangelio. Et tibi dabo claues regni celorum: Et porte ĩferi nõ preualebunt aduersus eas. Ne e/sanza cagione. che sieno due chiaui Imperoche nõpuo lhuomo absoluer: se nõ ha lauctorita apostolicha. Ne basta questa auctorita: se con quella non e/ anchora uera scientia diconoscere euitii et discernergli dalle uirtu: et distinguergli tra loro. Ilperche pone lachiaue doro per lauctorita: della quale ancora nello absoluere fa mentione el sacerdote dicendo. Et ego te auctoritate: qua fungor. La biancha pone per ladoctrina. Et certo chome loro auanza ogni metallo. Et sempre dura incorropto: et sanza ruggine. Ne sinlorda: benche fussi sobmerso nelloto. Similmente questa auctorita data al sacerdote mai sicorrompe. Et benche lui sia peccatore. Nientedimeno non coinquina ne macula tale auctorita. Largento e/nitido et splendente: et di chiaro suono. Chosi laeuangelicha doctrina risplende per sua uerita et probita. Et per tutto sifa sentire: Onde e scripto. In omnem terram exiuit sonus eorum. Et in fines orbis terre uerba eorum. PRIA CON Biancha. Vdita laconfessione debba elsacerdote: prima che absolua: riconoscere tutti epeccati insieme colpeccatore: et perche molti sono uarii et multiplici: et inuiluppati in sieme: debba distinguergli et dichiarargli al peccatore: et dimostrare quale e/piu o men graue. Ilche non puo fare: se non con lascientia della euangelica doctrina: laquale e/ significata per lachiaue dargento. Et dipoi facto tale examina: et admonito elpeccatore lodebba absoluere con lauctorita allui dapiero. i. dalla apostolicha sedia conceduta: laquale e/significata per chiaue doro Ilperche uera e/lasententia del poeta: che prima apra conlabiancha. i. con quella dargento: et dipoi con lagialla: che e/doro: perche prima e/necessaria ladoctrina et laprudẽtia: aconoscere epeccati et lor qualita: et distinguergli: et mostrare achi siconfessa quello: che importano: et dipoi absoluerlo. FECE ALLA PORTA SI Chio fui contento: perche laperse: chome io desideraua. Et non sanza prudentia dixe. Si chio fui contẽto: perche uolle dimostrare: quanto rimane contento elpeccatore. Et quanto leggiero et scaricho dogni rimorso diconscientia. QVANDVNQVE LVNA. Qualunque ode laconfessione del peccatore: et manchagli o lauctorita dellabsoluere: o lascientia diconoscere epeccati: non uale tale absolutione. Et pero dixe. Non sapre questa calla. i. questa strecta entrata: et e/strecta per leragioni: chabbiamo decto disopra. PIV CARA E/LVNA: chi dubita: che quella doro e/piu chara: et piu pretiosa: che quella dargento. Imperoche non puo maggiore dono riceuere lhuomo: che questa auctorita: perche e/diuina: et non humana. Ne disua natura ha lhuomo potere perdonare lengiurie facte o adio: o al proximo. Ma e/priuilegio sopranaturale alla creatura datogli daclementissima liberalita del peccatore. MA LALTRA VVOL TROPPO DARTE ET DINGEGNO. Lauctorita dellabsoluere puo essere: chome spesso ueggiamo in huomo sanza doctrina: sanza arte. cioe prudentia: et sanza ingegno. Ma asaper conoscere epeccati: et darne uero iudicio e/dibisogno prudentia et ingegno. Adunque lachiaue dariento ha bisogno darte et dingegno: perche inuero questa e/quella: che disgroppa. i. sciogle elnodo. i. distingue et dichiara. Pone arte non solamente per laprudentia: che e/ne singulari. Ma per lascientia: che e/negluniuersali. Imperoche anchora elatini: benche altra chosa sia prudentia: et altra arte pongono larte per laprudentia et per lascientia. DAPIERO LETENGO. Dimostra: che nessuno sacerdote puo hauere auctorita dabsoluere: se non secondo laforma de canoni apostolici. ET DIXEMI CHIO ERRI ANZI adaprir: che tenerla serrata. Dinota qui: che iddio meschola sempre lamisericordia con lagiustitia. Et pero uuole che piu tosto erri elsacerdote in absoluere: che in non absoluere. Perche: non uult deus mortem peccatoris. Sed ut conuertatur et uiuat. Et chrisostomus. Si de us benignus: quare sacerdos austerus. Vbi. n. pater familias est largus: dispensator non debet esse tenax: PVR CHE LAGENTE APIEDI MISATTERRI. Vale tanto lhumiliarsi: et rendersi in colpa: et accusarsi peccatore: che puo fare losconto dogni peccato.

Po pinse luscio allaporta sacrata
  dicendo entrate/ ma facciovi accorti:
  che difuor torna chi drieto siguata.
Et quando fur necardini distorti
  glispigoli diquella regge sacra
  che dimetallo son sonanti et forti
Non ruggi si ne simostro si acra
  tarpea chome tolto gliful buono
  metello / perche poi rimase macra

d Ebba elsacerdote: poi che insieme col peccatore con diligente examina: particularmente ha considerato tutti epeccati: et dimostrogli laqualita loro: cavar fuori lechiavi. i. venire allabsolutione: ma prima dimostrargli lanatura diquella: et leconditioni; che debba havere; et della auctorita: et della scientia del distinguere: et debba dimostrargli: che se queste chose non sobservano: labsolutione non e invalida. Et dopo tali parole vedendo elpeccator ben disposto; debba pignere laporta. et aprirla: che e/ absolverlo. Imperoche absoluto che e/ elpeccator puo purgarsi dapeccati; conquesto; che entrando alla purgatione non siuolga in drieto. i. non ritorni al peccare. Adunque perche elsacerdote lodebba amunire: dicendo. Vade et amplius noli peccare; Lauctore pone questo precepto: dicendo. Facciovi accorti. i. facciovi avisati: che chi guarda indrieto; cioe torna alpeccato: torna: et escie fuori di questa porta. i. perde labsolutione. Et pare; che qui langelo non imponga altra penitentia a Danthe; che imponessi Cristo alla donna. Vade et amplius noli peccare. ET QVANDO FVR Necardini distorti glispigoli. legran porte non sicollegano agangheri con lebandelle. Ma in cambio dibandelle hanno certi punctoni. Et in luogho digangheri hanno un concavo; inche entrano questi punctoni: et insu quegli sibilicha laporta: informa che sapre et serra. Adunque chiama spigoli quegli punctoni: che entrono ne cardini; cioe negangheri concavi. CHE DIMETALLO. Dimostra laporta esser dimetallo materia fortissima et incorruptibile: adinotare: che non siposssa rompere: ne per forza entrarvi. Ne stimi alchuno: che sforzando elsacerdote ad absolverlo; tale absolutione gli vagla. SONANTI ET FORTI. Finge che grande strepito faccia questa porta: quando sapre: perche mai interviene: che lhuomo vada di vita brutta: ad vita et costumi laudabili: che non senedica et parli per tutto. Et anchora volle significare lasententia del vangelio: che in ciel sifaccia piu festa dun peccatore: che siconverta: che dinovantanove giusti. NON RVGGI NE SIMOSTRA SI ACRA. E/ notissimo maxime per Lucano; che dopo lavilissima fuga di Pompeo: et del senato: Cesare occupo Roma; et tolse tutta lapecunia dello erario: i. della. p. camera del comune. Et benche Metello tribuno della plebe locontradicessi; et vietassi che saprissi. Nientedimeno Aurelio cotta ributtato Metello lafece aprire. Sono alchuni; che accomodano questa comparatione. Et quasi tutte laltre al senso allegorico di Danthe. Ma ame pare: che sia chosa troppo anxia et curiosa.

Io mirivolsi attento alprimo tuono
  et te deum laudamus miparea
  udire in voce mixta aldolce suono
Talimagine apuncto mirendea
  cio chio udia qual prender sisole
  quando acantar con organi sistea,
Chorsi hor no sintendon leparole:

i O mirivolsi non in drieto: ma aquella parte dove senti elcanto. Imperoche se sifussi rivolto idrieto: harebbe contrafacto al precepto datogli dallangelo. ATTENTO ALPRIMO tuono. Quasi dica io entrai nel purgatorio con somma attentione divedere: et intendere: cio che vifussi. Et per questo dimostra: che chi entra nella virtu purgativa debba essere circunspecto et usare diligente investigatiõe dicio: che in quella sitruova. Adunque essendo attento non prima fu cominciato limno che lui udi elprimo tuono. TE DEVM laudamus. Questo himno fu facto a vicẽdia da sancto Ambrosio: et sancto Augustino. Imperoche havendo messo Ambrogio grande industria in tradurre Augustino alla fede christiana: poi che dopo molte predicationi et disputationi loconverti: per sommo gaudio dhavere riguadagnato tale huomo. Ambrosio rendendo gratie adio dixe. Te deum laudamus. et Augustino subgiunse. Te dominum confitemur. Et chosi dipoi con versi vicissitudinarii: equali egreci chiamano amabei: seguitoron di comporre tutto lhymno. Onde dipoi e/ stata sempre observata cõsuetudine nella apostolica chiesa; che quando lachosa desiderata e/ perdocta aldebito fine: rendendosene gratie adio: sicanti questo hinno. Per questo meritamente finge elpoeta: che glispiriti buoni: entrando Danthe: cantassino. Preterea poteiche tale himno sicantassi lun verso con lavoce; laltro coglorgani. Ilperche interveniua: che nella voce di quegli spiriti sintendeano leparole. Ma non nel suono de glorgani.

. CANTO DECIMO DELLA SECONDA CANTICA DIDANTHE .

IAMO gia entrati drento al purgatorio : Et perche in queſto ſilauano tutte lemacchie : et pur
s gonſi tutti epeccati : parue abaſtanza al poeta diuidere tutte lhumane colpe neſepte capitali peccati : perche neſſuno error ſipuo conmectere : che non caggia ſotto uno diqueſti ſepte. Et e/qui danotare : altre eſſere lepene dellonferno : altre eſſere quelle del purgatorio : Lonferno da ſupplicio : et non lieua lamacchia. Et queſto e/manifeſto quanto amorti. Ma anchora e/uero nella uita. Imperoche chi ha facto habito deluitio : benche daquegli glinutriſchino molti ſupplicii : nientedimeno nõ eſcie del uitio. Veggiamo elſuperbo incorrere inmolte difficulta. et molti pericoli patire : et nientedimeno non abbãdona eluitio : E/tra peccati elpiu graue laſuperbia. Onde elpſalmiſta. et mundabor a delicto maximo. i. aſuperbia : et Salomone. Initium omnis peccati ſuperbia . Diffiniſcono laſuperbia eſſere elatione uitioſa dimẽte : laqual ſprezando glinferiori ad ſe : ſaffaticha ſignoreggiare apari et a ſuperiori. Ma lepene del purgatorio leuono lemacchie : et mondano daogni bruttura : coſi nel purgatorio eſſentiale : chome nel morale. Ma accioche quando che ſia ritorni alpropoſito : diuide elpoeta tutto queſto luogho in ſepte parti : et in ciaſchuna pone lapurgatione dun peccato . Et chome quando ſceſe allonferno : trouaua prima diluogho in luogho epiu leggieri. Et quanto piu andaua inuerſo elcentro maggiori glitrouaua. Perche ragioneuolmente quanto ſon piu grandi : et maggiori peccatori : tanto piu debbono eſſer lontani dal cielo . Choſi nel ſito di queſti ſepte peccati : pone epiu graui neprimi luoghi : perche ſalendo ſempre eprimi ſono epiu baſſi : et piu lontani dalcielo. Pone adunque nel primo luogho laſuperbia maximo ditutti epeccati : della quale diremo pocho diſotto' . Adunque poi che noi fumo drento alla porta. CHE : Laquale porta elmale amore dellanime. i. ladepravata : et uitioſa cupidita delle choſe terrene et mortali dellanime. DISVSA. i. fa : che non ſuſa. Et e/laſentẽtia : che latroppa cupidita delle choſe terrene : che hanno lanime : e/cagione : che queſta porta non ſuſi : perche inuiluppate et aeſcate in quelle non cercono dipurgarſene. SONANDO LASENTI eſſere richiuſa : Ogni uſcio diqualunque entrata ſtando chiuſo fa diuerſi effecti in diuerſi luoghi . Imperoche ne laſcia entrare chi e/fuori. ne uſcire chi e/drento. Adunque chome prima che entraſi chiuſo : dimoſtra ladifficulta dellentrare alle uirtu purgatorie. choſi poi che e/entrato dimoſtra ladifficulta delluſcire : perche chi fa habito delle uirtu : non lelaſcia. ET SIO HAVESSI GLOCCHI VOLTI ad eſſa ſe io mifuſſi uolto in drieto. Ilche ſignifica : che entrato nella purgatione : fuſſi ritornato al uitio : io nõ trouauo ſcuſa degna al fallo. Et certo chi non e/anchora diritto per lauera uia : pare che meriti piu com

Oi fumo drento alſoglo della porta
p chelmal amor dellanime diſuſa
perche fa parer dritta lauia torta
Sonando laſenti eſſer richiuſa.
et ſio haueſſi glocchi uoltadeſſa
qual fora ſtato alfallo degna ſcuſa

paſſione: che chi eſſendoui neſcie. E/neceſſario adunque che chi entra nelleuirtu purgatorie: non ſiuolti indrieto. Ma perſeueri. Onde nello euangelio. Non qui inceperit. Sed qui perſeuerauerit uſque ifi nem ſaluus erit. Queſto ſifigura nel geneſi perlamogle di Loth. Imperoche predicendo glangeli alotb et alla mogle: et alle figluole: che fuggiſſino diſoddoma: et non ſiuoltaſſino mai in dricto: perche lamogle ſiuolſe in drieto per uedere loincendio di ſoddoma: ſubito ſiconuerti in ſtatua diſale: E/figurata queſta per chi poi che e/partito dalla cupidita delle choſe carnali: uiritorna. Et diuenta ſtatua di ſale. perche e/condimento et exemplo aglaltri.

Noi ſalauam per una pietra feſſa
che ſimouea duna et daltra parte
chome londa che fugge o che ſappreſſa
Qui ſiconuenne uſar un pocho darte/
comincio elduca mio in accoſtarſi
hor quinci hor quindi allato che ſiparte
Et queſto fece enoſtri paſſi ſcarſi
tanto che pria loſcemo della luna:
rigunſe allecto ſuo per ricolcarſi.
Che noi fuſſimo fuor dinuella cuna:
ma quando fumo liberi et aperti
ſu douelmonte ritto ſirauna:
Io ſtancato et ambe due incerti
dinoſtra uia riſtemo inſunun piano
ſolingo piu che ſtrade per diſerti

1 **Auia era erta et ſu per lafeſſura del maſſo. Ne andaua adirittura queſto feſſo.** Ma aonde et aſpina peſcie declinando hora adextra et hora aſiniſtra. Lacagione perche lafaccia erta e/decta gia in molti luoghi. Dimoſtra che queſta erta e/pietra maſſiccia adimoſtrare ladureza et aſperita: che e/maxime da principio nelleuirtu purgatorie. E/tal pietra feſſa informa: che biſogna ſchifare tale feſſura: accioche nõ uiſirouini. Et benche queſto feſſo uada per lolungo. nientedimeno ua aonde. Per ladextra intendiamo laproſperita: et lauita dilecteuole: per laſiniſtra laduerſita: et lefatiche: et luna parte et laltra conuiene che ſia rotta: perche dambe leparti uengono eui tii. Ne e/alchuno che conmecta peccato: ſe non o per acquiſtare commodo o dilecto: o per fuggire incommodo et diſpiacere. Ilperche biſogna hauere francho animo: et in uicto contro alluno et laltro. Onde et Paolo apoſtolo dixe. Per arma iuſtitie a dextris et a ſiniſtris. Ilperche biſogna uſar arte. i. optima prudentia: laquale ſecondo ephiloſophi: Eſt certa ratio rerum agendarum. Et nelle proſperita contenerſi et non inſuperbire. Et nel laduerſita non perdere lanimo: et non ſilaſciare uincere. ET QVESTO FECE ENOSTRI paſſi ſcarſi. Queſta difficulta diſchifare lafeſſura: fece: che noi facciauamo epaſſi ſcarſi: cioe breui et rari. Et inuero non ſipuo daprincipio far molto proceſſo in queſta uia: in ſino atanto che luſo cominci afarci fare habito. Et per andare noi adagio: gia laluna: che hauea paſſato laſua oppoſitione et era ſcema: era rigiunta al ſuo letto. i. era tornata allocaſo: et era ita ſotto innanzi che noi haueſſimo ſalita queſta erta. Laluna era in plenilunio lanocte: che Danthe ſitrouo ſmarrito nella ſelua. Et gia era paſſata latertia nocte. Et queſto era el terzo giorno. Ilperche gia laluna ſera appreſſata al ſole piu dun ſegno: perche epſa ſta in ciaſchuno due di: et tre hore et due tertii dora. Adunque in queſto giorno quando laluna andaua ſotto: elſole era piu che alla ſexta parte del di. Era adunque paſſata laſexta parte deldi: innanzi che haueſſino principiato la purgatione: Ilche ueramente dimoſtra: che non ſanza proceſſo ditempo ſipuo fare lhuomo idoneo: et apto al purgarſi. Ne arriuiamo al principio delhabito diqueſte uirtu ſanza frequentati apti. PER quella cuna: per quella ualle: laquale ha concauita informa diculla. et poſe queſto uocabolo adinotare: che queſti ſieno incunabuli. i. laprima infantia. MA QVANDO FVMMO LIBeri et aperti. i. arriuati ſu in luogho ſpatioſo et aperto: doue elmonte ſiraguna dritto: et fa laſua ſommita. IO STANCO et ambe due incerti. Poſſiamo dire che lacarne ſiſtracca: ma non lanimo. Ma piu ſottilmente nello inueſtigare elſenſo ſaffaticha et ſtracca. Perche non opera ſanza gliſtrumenti corporei: equali ſiſtraccano: et dopo lungha exercitatione diuengono laſſi. Ma lontellecto: elquale opera nelle choſe uniuerſali: et opa ſanza inſtrumento corporeo: non ſiſtraccha. chome nel noſtro dialogo dellanima con argumentationi platonice: et Ariſtotelice dimoſtrammo. Adunque ſolo Danthe era ſtracco: et non Vir. Ma amendue incerti. Imperoche non ſolamente laſenſualita et laragione pratica. Ma anchora laragione ſpeculatiua ſmarrirebbe lauia delle uirtu purgatorie: ſeldiuino aiuto non laſoccorreſſi. RISTEMO INSVNVN piano. Queſto e/elprimo balzo del purgatorio: doue pone che ſipurghino eſuperbi. Diſcriue adunque che ſalito quel ſaxo diuiſo: chome e/decto: trouo un piano alla fine del qual cominciaua nuoua ripa et nuoua ſalita. Et dimoſtra: che tal piano era ſolingo. non altrimenti: che ſieno leſtrade nediſerti. Et la largheza del piano dalorlo: onde erono ſaliti in ſino alla ripa: che dinuouo ricomincia laſalita: era lamiſura di tre corpi humani: o dal capo alpie: o per apritura dibraccia. Laſtraſtrada ſolinga dimoſtra eſſer pochi quegli: che ſipurghino dauitii. Et maxime dalla ſuperbia. Et pero dice.

e Ra lalargheza. che habbiamo dimoſtro in queſto piano: elquale circundaua elmonte intorno: in forma duna cornice: et pero aggiugne: che riguardando lui dalla dexera et dalla ſiniſtra: quanto potea portare lauiſta: queſto piano informa di cornice parea cotale. i. parea ſimile dilargheza. Doue dobbiamo intendere: che lui finge: che intorno aqueſto monte ſieno ſepte balzi luno ſopra laltro concerto interuallo: et ſempre elpiu alto ſia diminor circuito: perche elmonte quanto piu e/alto: piu ſaſſottiglia. Et in queſto primo perche e/piu baſſo et piu rimoto dal cielo ſipuniſce elmaggior peccato: che e/laſuperbia. Et choſi ſeguitando per ordine: ſempre nepiu baſſi ſi puniſchono epiu graui. Adunque nel ſecondo purga lainuidia nel can. XIII. Nel tertio laccidia. canto. XV. Nel quarto lira. canto. XVII. Nel quinto lauaritia. can. XVIIII. Nel ſexto lagola. can: XXII. Et ſopra queſto pone laſommita del monte: et'ī quella elparadiſo delle delitie. Ma tornando. Dimoſtra queſto piano della cornice: doue ſipurga laſuperbia eſſer largo: quanto un corpo humano tre uolte ſipuo diſtē dere adimoſtrare: che laſuperbia nelhuomo ſuſa incognitione: locutione: et operatione. O ueramente luſiamo contra aſuperiori: contro apari: et contro agliferiori.

Dalla ſua ſponda onde confina eluano
appie dellalta ripa che pur ſale
miſurerebbe treuolte uncorpo humano
Et quanto locchio mio potea trar dale
hor dalſiniſtro et hor dal dextro fianco
queſta cornice miparea cotale:

n On erono anchora moſſi enoſtri piedi laſſu. i. non hauamo anchora cominciato aire pel piano: gia decto: quando io conobbi quella ripa: laquale alla fine del piano e/ſi erta et ritta in forma dimuro che non ſipotea ſalire: eſſer tutta dimarmo maſſiccio biancho. Et in quello eſſere ſcolpite: et intaglate uarie hiſtorie: lequali ſono per exemplo dhumilta. Pone elpoeta queſte imagini delhumilta ī luogho: doue ſipurga laſuperbia: et meritamente. Imperoche ogni contrario ſipurga col ſuo contrario. Ilperche ueggiamo: che emorbi caldi uoglon medicine fredde: et ifreddi calde. Adunque laſuperbia ſipurga et ſpegne con lhumilta. Et nota: che queſti exempli ſono intaglati: et non dipinti. Perche lapictura facilmēte ſirimuoue. Ma nō lontaglo: Et ſono intaglati non in materia tenera: ma in dura. Ilche admoniſce: che ſe uoglamo altutto ſcacciar danoi laſuperbia: e/neceſſario: che habbiamo lhumilta ſcolpita: et altutto infixa nella mente noſtra. Preterea pone elmarmo candido adinotare: che tale humilta debba eſſere pura: et netta: et non maculata con alchuna fictione: et ſimulatione. Et chome elcolore candido e/ colore biancho: et rilucente: choſi riſplenda queſta humilta. Perche: nichil eſt ficta humilitate ſuperbius: Preterea dimoſtra: che tali imagini ſono ſi proprie: che non che policreto: o qualunque altro optimo ſculptore. Ma lanatura non lepotrebbe fare ſi proprie. Ilche niente altro ſignifica: ſe nō che tale humilta debba eſſere in ſua propria imagine: informa: che ne ingegno dhuomo: ne moto naturale lapoſſi far piu propria. Polideto fu figluolo dAgelade: et della cipta di Sicione: ſculptore molto celebrato appreſſo deglantichi. Et maxime per una ſtatua: laquale chiamano Diadumeno ſtimata cento talenti. Ilperche hebbe nome conueniente adſe. Perche polydeto in greco ſignifica huomo dimolta fama: MA LANATVRA HAREBBE: ſcorno rimarrebbe uincta. Propriamente diciamo alchuno riceuere ſcorno: quando ſipreſume: o confida hauergli anteruenire quello: diche poi glinteruiene e contrario. Et puoſſi dire ſcorno diſhonore. Imperoche chome diciamo lhuomo cauar fuori lecorna: quā do per lauictoria: et per hauere conſeguito quello: che deſideraua ſexalta: choſi per oppoſito diciamo uno eſſere ſcornato. LANGELO GABRIELLO: elqual uenne in terra ad annuntiar Maria: COLDECRETO: con ladetermination facta dallomnipotente trino: et unico idio: che Maria incarnaſſi in uirtu dello ſpirito ſancto del uerbo eterno: elquale haueſſi aricomperare lhumana generatione: laquale incarnatione fece Hieſu noſtro redemptore: et mediatore tra dio et lhuomo: et riconciliocci con dio in forma: che rihauemmo lapace. laquale molti anni era ſtata lacrimata: cioe con lacrime deſiderata da ſancti

Laſſu non eron moſſi epie noſtrancho
quando cognobbi quella ripa intorno
che diſalita ritta hauea mancho:
Eſſer dimarmo candido et adorno
dintagli tali non pur policreto/
ma lanatura li haurebbe ſcorno
Langel che uenne interra col decreto
della molti anni lacrimata pace/
chaperſelcielo alſuo lungho diuieto:
Dinanzi anoi parea ſi uerace
quiui intaglato in unacto ſoaue
che non ſembiaua imagine che tace
Giurato ſiſare cheldiceſſi aue
pero chiui era imaginata quella:
chadaprir lalto amor uolſe lachiaue
Et hauea in acto impreſſa eſta fauella
ecce ancilla dei ſi propriamente
chome figura in cera ſiſuggella:

padri. Et mentre che furono in uita: et poi che ſoſpeſi nellimbo aſpectauono eſſerne per lapaſſion di dio liberi: laquale redemptione aperſe lungo diuieto. i. aperſe alla generatione humana: alla quale ſi lungo tempo era ſtato uietato. Imperoche dalpeccato dadam inſino al diſcenſo diCriſto allimbo: corſono anni trentadue ſopra cinquemila et dugento. DINANZI ANOI PAREA SI VERACE. E/ gran loda della ſculptura: che eſſendo loro dinanzi aquella: doue non douea parere altro che una imagine muta et inanimata. Nientedimeno dimoſtraua con ſomma ſuauita parlare. Et pero dice. NON ſembiaua. i. non ſomiglaua. IMAGINE: che tace. Ma imagine che parli. Et adiuenitua: perche et laimagine dellagnolo parea: che parlaſſi. Et appreſſo era laimagine di Maria: che ciaſchuno harebbe giurato: che langelo diceſſi aue: chome dixe quando lannuntio. PERCHIVI: perche quiui. ERA IMAGINATA quella: era laimagine di Maria. CHADAPRIRE LALTO AMORE Volſe lechiaui. Laquale uolſe lechiaui adaprire lalto amore didio: elquale elnoſtro peccato ciaueua interduſo. perche laſanctita: et humilta di Maria fu lachiaue: laquale ciaperſe lamor diuino. Et chome laimagine dellagnolo era intaglata ſi artificioſamente: che parea: che diceſſi aue: choſi quella di Maria parea: che conſentiſſi aldiuino precepto: et per ſomma humilita diceſſi. Ecce ancilla dei. Pone adunque qui laimagine di Maria per ſingulare: et primo exemplo dhumilita. Della quale chome dixe lohiſtorico di cartagine: e/ meglo tacere: che pocho dire.

Non tener pure aun luogho lamente
 dixeldolce maeſtro: che mhauea
 daquella parte ouel chuor ha lagente:
Perchio mimoſſi et col uiſo uedea
 dirieto damaria per quella coſta:
 onde mera colui che mimouea/
Vnaltra hiſtoria nella roccia impoſta
 perchio ualchai uirgilio et femmi preſſo
 accioche fuſſi aglochi mie diſpoſta.
Era intaglato li nel marmo ſteſſo
 locarro ebuoi traendo larca ſancta:
 perche ſi teme officio non conmeſſo.
Dinanzi parea gente et tutta quanta
 partita inſepte chori adue mie ſenſi
 facea dir lun no laltro ſi canta:
Similemente elfummo deglincenſi
 che uera imaginato et glocchi elnaſo
 e alſi e alno diſcordi fenſi/
Li precedea elbenedecto uaſo:
 treſcando alzato lhumile pſalmiſta
 et piu et men che re eran quel caſo/
Dicontro effigiata auna liſta
 dun gran palazo micol ladmiraua
 ſi chome donna diſpectoſa et triſta.

P Oſto loexemplo dellhumilta di Maria: pone quello di Dauid re: ne e/ da preterire in queſto luogho elmirabile ingegno et abſoluta doctrina del poeta. Conoſcea lui: che in tre modi uſa lhuomo laſuperbia: o inuerſo elſuperiore: o inuerſo elpari et equale: o inuerſo loinferiore. Ilperche aqueſte tre ſpetie di ſuperbia giudico eſſer neceſſario opporre tre ſpetie dhumilta. Adunque per exemplo dhumilta inuerſo elſuperiore poſe Maria. Inuerſo depari Dauid. Inuerſo glinferiori Traiano: Maria ſa humilio adio. Dauid uſo humilta coſacerdoti citharizando et danzando con quegli dinanzi allarcha. laquale humilta fu copari. Traiano ſahumilio alla uedoua: molto īferiore aſe. Ma acciochе lhumilta di Dauid ciſia nota. E/ nel ſecondo libro de Re che morto Saul Re ſuperbiſſimo fu electo Dauid in ſuo luogho. Elquale rauno tutti ecleri diſrael per transferire con grandiſſima pompa larca delſignore nella ſua cipta Gyon. Era larca in Gabaa: et nella caſa dAminadab figluolo di Saul. Quella adunque poſe in un carro nuouo: et con gran celebrita diſuoni laccompagnaua. Oza et Achio figluoli daminadab guidauano elcarro. Et ſiniſtrando ebuoi del carro nel cammino: et calcitrando: et p queſto mouendoſi ſiniſtramente elcarro: ſoccorſe Oza larca: che uacillaua: et porſeui lamano: accio che non cadeſſi. Diche irato idio lopercoſſe: et di ſubito mori. Dauid terrefacto del caſo laſcio larca fra uia in caſa dObethedor. Et paſſato tre meſi udito Dauid: che idio haueua benedecto quella caſa conduxe larca con ſepte chori: et con molte uictime in caſa ſua: ſempre cantando: et danzando intorno allarca. Ma Michol figluola diSaul ſuperbo Re non diſſimile al padre diſprezo lhumilta didauid ſuo marito: et uenutagli ī contro dixe. O quāto fuſti oggi glorioſo Re ſpoglandoti nelconſpecto dellancille detuoi ſerui: ſi chome fuſſi ſcurra: et buffone. Alla quale riſpeſe dauid: che ſempre ſarebbe elſimile nel conſpecto didio: elquale lhauea electo riprouato Saul. In queſta arca erono le leggi date dadio per Moyſe. Et lauerga di Moyſe: con laquale uinſe Pharaone. Et un uaſo della manna: che pioue nel diſerto. Della edificatione dellarca diremo nel. xx. canto della tertia cantica: NON TENER PVRE AVN Luogho lamente. Quaſi dica ueduta queſta hiſtoria: conſidera anchora laltre: et tacitamente admoniſce: che non dobbiamo uolere una ſola ſpetie dhumilta: ma tutte: che mhauea da quella parte: doue lagente ha elchuore: cioe mhauea dalla man mancha. Et era ragione: che lontellecto ſtia in piu honorato luogho: chelſenſo. Elchuore

PER CVI SITEME OFFICIO NON COMMESSO: Perche fu punita latemerita dOze toccando larca: laquale non era conmessa allui. Et diqui sidinota; che benche loperation sia pia et di recta uolonta Nientedimeno non debba elprofano toccare lechose sacre. Dicono nientedimeno che tal morte purgo elpeccato dOze. Et lui saluato ando nel seno dabram. VALCAI: ualicai; entrai innanzi a Virgilio p uedere; et meritamente adinotare chelsenso non puo sentire elsuo sensibile: se non e/ presso gli i tra certo spatio: et non ha cognitione; se non daparticulari. Ma lontellecto uede daogni longiquo spatio gli uniuersali. ERA INTAGLATO Li nel marmo stesso: nel medesimo marmo. LOCARRO EBVOI trahendo larca sancta: chome habbiamo decto. DINANZI ALLARCA parea gente: Erono imagini che parean gente uiua. Et tutti questi eron partiti insepte chori. Et eron si ritracti alnaturale: che dedue sensi: cioe dellocchio et dellorecchio: locchio giudicaua agesti loro: che cantassino. Ma lorecchio; che nō sentia laboce giudicaua: che no. FACEA Luno: cioe lorecchio dir no; cioe non tanta perche non udiua Laltro: che e/ locchio dire sicanta. In somma erano esacerdoti intagliati con tali gesti: che non glimancaua se non laboce adir che cantassino. SIMILEMENTE Elfumo delloncenso: chome traluedere et ludire nascea discordia in quegli: che parea: che cantassino: chosi perche erano scolpiti eturibuli informa: che diquegli parea: che uscissi elfumo delloncenso: nascea contention traluedere et lodorare: perche aglochi parea uederlo: et elnaso non sentia lodore. LI PRECEDEA. Ordina eltexto chosi lhumile psalmista. i Dauid con molta humilita et psalmista: perche compose epsalmi. i. in quella historia intaglata. PRECEDEA elbenedecto uaso: andaua innanzi albenedecto uaso: alla diuina arca insieme co sacerdoti trescando alzato. i. danzando colla sua cithara: et alzato epanni per esser piu expedito. ET PIV et men che Re: piu che re; perche tenea lufficio del sacerdotio: et meno; perche per humilta hauea posto giu lhabito reale. DICONTRA. Ordina. Michol effigiata. i. scolpita; dicontra. i. aldirimpetto di Dauid: aduna uista. i. aduna finestra dun gran palazo ladmiraua: loguardaua; si chome donna dispectosa; et trista. i. laquale haueua indispecto: che lui sifussi dichinato atanta humilta. Et che in quella pompa non hauessi euestimenti reali. Et ben dixe si chome donna: perche ladonna e/ naturalmēte molto boriosa. Michol fu figiuola di Saul: et mogle di Dauid.

Io mossi elpie dalluogho ouio staua
per auisar dapresso unaltra historia.
che drieto dimichol mi biancheggiaua;
Qui era historiata lalta gloria
del roman principe alcui gran ualore
mosse gregorio alla sua gran uictoria
Io dico ditraiano imperadore
et una uedouella glera alfreno
dilacrime atteggiata/ et didolore/
Intorno allui parea calcato et pieno
di caualieri/ et laquile delloro
souresso inuista aluento simouieno
Lamiserella entra tutti costoro
parea dire signor fammi uendetta
del mio figluol che morto ondio maccoro
Et egli allei risponder hora aspecta
tanto chio torni et quella signor mio
chome persona in cui dolor saffretta
Se tu non torni et elchi fie douio
latifara et ella laltrui bene
adte che fia se tulmetti in oblio:
Et egli hor ticonforta che conuiene
chi solua elmie douer anzi chio moua
iustitia eluuole et pieta miritiene

t Raiano fu imperadore di tanta excellentia: che e/ difficile giudicare: se fu piu egregio in disciplina militare: che in iustitia; et humanita Chostui molto acrebbe loimperio romano; elquale daglimperadori; che furono dopo Augusto: et innanzi allui; era stato piu difeso; che ampliato. Ditanta humanita; che et aroma: et per leprouincie ciaschuno uoleua ad se equale. Fu clemente et liberale. Et molto alleggeri epopoli datributi. Visitaua glamici chome priuato; et non chome imperadore. Successe a Neruia nel centesimo āno della nostra salute triompho de Daci: et deglscythi Et rimosso Decibalo Re di dacia laridusse in prouincia. i. fece gouernare tale regno pe magistrati romani Et allui sidectono glhyberi: Sauromati: Arabi: et bosphorani; et Colchi. Occupo Seleucia; et babylonia. Et nel mare rosso ordino grande armata per andare in india. Chostui perseguito e cristiani. Ma auisato da Plinio secondo: elquale era in magistrato: che excepto: che non uoleano fare sacrificio al modo de gentili: eron doptima uita et chostumi. Riscripse: che tali huomini nō cercassi. Ma uenēdogli a caso allemani gluccidessi Ridusse anchora in prouincia: Armenia: Assyria et Mesopotamia. Mori in Selenunti: Altri scriuono in Seleucia: nel sexagesimo tertio anno della sua uita. Et piu noue mesi et quattro di. Elcenere suo in uaso doro raccolto fu portato a roma et collocato in foro sobto lacolonna Helinando franzese: et Polycrato inghilese particularmente scriuono di Traiano: che uolendo ire in exercito segligitto apiedi una uedouella: chiedendo iustitia: et satisffactione duno suo figluolo; che glera

Cholui che ma non uide chosa nuoua
produxe esto uisibile parlare
nouello anoi perche qui non si troua:

stato uciso. Et furono in questa petitione le parole di lei: et di Traiano quali elpoeta qui recita. ILCVI GRAN' VALORE MOSSE Gregorio alla sua gran uictoria. Dicono: che leuirtu di traiano mossono Gregorio papa in forma: che tanto prego per lui: che glifu riuelato: che era liberato dalle pene dellonferno. CHOLVI CHE MAI non uide chosa nuoua. Idio e/sempaterno: et abetherno hebbe nella mente lexemplare di tutte lechose: Ilp che nessuna chosa uide mai nuoua allui. PRODVXE ESTO Visibile parlare. Chiama parlare uisibile: che una statua sia sculpita con tale artificio: che negesti dimostri quello: che direbbe: se parlassi. E/ adunque parlar uisibile: perche uedendo egesti et non udendo lauoce intendeuano. Ma questo parlare che non e/nuouo adio: chome gia e/decto: e/nuouo anoi mortali; perche tra noi non siutruoua. Et per figura qui toccha quello: che incielo ciadiuera nuouo. Imperoche luno uedera elconcepto dellaltro sanza udire elsuon della lingua.

e Ra attento Danthe aglexempli delhumilta: perche chosi conuiene: che faccia lasensualita: quando uuole seguitare laragione: et dilectauasi diguardare. Ilche significa: che elsenso era tanto obbediente alla ragione: che gia sidilectaua della uirtu: et non facea loperationi di quella con difficulta. Et dilectauasi di quelle imagini per amore del fabbro: cioe del maestro: che lhauea facte. et questo quanto alhistoria significa: che lartificio et lauctorita dellartefice lomouea aguatarle: chome ueggiamo i noi. Imperoche se guardiam lapictura: et udiamo quella essere dimano digiotto: puo molto in noi lauctorita delhuomo. Et allegoricamente dimostra: che guataua glexempli delhumilita per amor del maestro: cioe per lamore didio. Elquale dixe Discite ame: quia mitis sum et humilis corde. ECCO DIQVA. Virgilio glidimostra esuperbi et lapena: con laquale sipurgano. Imperoche ueniuono portando saxi disi gran peso sopra lcapo: che tutti uisirannichiauon sotto. Questa pena e/ conueniente al superbo. Imperoche selcontrario sipurga col suo contrario debito e/ che esuperbi: equali uanno elati: et collatesta alta sieno constretti dandare depressi et chinati. Et perche lanatura del superbo e/ non uoler sopportare alchun peso ne alchuna, molestia: lapena conueniente e/chesieno oppressi dagran pesi: et humiliati. Onde dice Qui se exaltat humiliabitur. Et inuero ladiuina iustitia louuole: et glhuomini senengegnano. Et con ogni industria sisforzano dopprimere: et conculcare quegli: che sono elati et superbi. Questo sifa in priuato: questo sifa in publico: maxime doue siuiue moralmente. Ilperche i loda deromani dixe Virgilio Parcere subiectis et debellare superbos. MORMORAVAL POETA. Scriuono epoeti et glaltri scriptori desuperbi: ma non neparlano con uoce chiara et alta. i. non glilodano: ma mormorano. i. gliuituperano. MOLTE GENTI adimostrare: che grandissima e/lamultitudine desupetbi. Preterea dixe molte genti quasi uolessi dire turba uile: perche quanto piu sexaltano esuperbi: tanto maggiore idegnatione concepiamo inuerso diloro: et piu cingegnamo dauilirgli: et piu glispregiamo. QVESTE NE meneranno: queste nemosterranno lauia. AGLALTI GRADI: alla salita del secondo balzo. GLOcchi miei. E/innata neglhuomini gran cupidita dintendere chose nuoue. Et perquesto glocchi nostri sono uaghi. i. uagabundi: et spesso in ogni parte siuolgono per uedere. Onde dico. ET glocchi miei: che eron contenti mirare. i. che prendeuon piacere dimirare per uedere nouitadi. i. chose nuoue. ONDE .i. per laquale cupidita. SON VAGHI: uagabondi et uolubili. MON VO PERo lectore: optima admonitione: et non solamente conueniente: ma quasi necessaria. Imperoche confortando glhuomini alla purgatione: et dubitando che non hauessino asbigoctirsi per si aspri supplicii: che dimostra darsi a superbi. Imperoche uediamo spesso molti hauere buona uolonta didarsi alle uirtu purgatorie. Ma pche e/aspra chosa et difficile senesbigottischono. Perconfortargli adunque fa questa digressione dicendo: o lectore io non uoglo pero: che tu tismaghi. i. che tu tismuoua: et mutiti dal buon proposito: benche tu intenda dame quanto graue sia ilsupplicio: col quale idio uuole: che elsuperbo paghi eldebito. i. satisfactia al suo errore. Et per conforto dice non attendere. i. non pensare alla forma et alla qualita delmartiro et delle pene: Ma in compenso diquello considera due chose. Prima lasuccessione. i. quello: che tene

Mentre midilectauo diguardare
limagini dtante humilitadi
er per lofabbro loro aduedercare:
Eccho diqua ma fanno epassi radi
mormoraualpoeta molte genti:
queste nemeneranno aglalti gradi:
Glocchi miei che mirare eron contenti
per ueder nouitate onde eson uaghi
uolgendosi uer loro non furon lenti:
Non uo pero lectore che tu tismaghi
dibuon proponimento per udire
chome idio uuol cheldebito sipaghi:
Non attender laforma delmartire
pensa lasuccession pensa chalpeggio
oltra lagran sententia non puoi gire:

debba aduenire: et questo e/che tipurgerai: et purgato acquisterai letherna uita. Laseconda: che tali pene non saranno etherne: chome quelle dellonferno. Ma alpeggio che posson durare: non sara oltra.. alla sententia. i. aldi delgiudicio.

P Erche questi: che ueniuono erono molto rannicchiati sotto epesi: erono si transfigurati: che non siconosceuono. Et certo lasuperbia fa tanto imbestialire lhuomo: che non pare piu huomo: ma una fiera crudele. Imperoche proprio e/delhuomo esser affabile: tractabile: amoreuole: et gratioso uerso lhuomo Et pero questa uirtu chome propria et conueniente allanatura humana e/chiamata humanita. Ilperche chi sispogla dital uirtu: et uestesi eluitio della superbia contrario a quella: non pare piu huomo. Et benche ritengha imagine et forma dhuomo; nientedimeno necostumi e/crudelissima fiera. Possiamo anchora riferir questo alla uersita del superbo. Imperoche quando lui cade dellalto grado: nulla patientia uipuo hauere. O ueramente diremo: che quando elsuperbo sahumilia: in nessun modo pare quello: che parea nel lasuperbia. E/difficile adunque a Danthe. i. alla ragione inferiore riconoscere lanatura humana in tanta efferita. Concio sia che anche Virgilio. i. la ragione superiore apena uelariconoscea. E/optimo figmento col quale mostra lapurgatione del supbo Imperoche chi e/ito con latesta alta: recta chosa e/che altrectanto incontrario lachini: perche chome scriue Aristotele auolere dirizare un legno torto: non basta ridurlo alla sua rectitudine. Ma altrectanto si uuole piegare nella contraria parte. Et e/saxo chosa terrena. Ilche dinota: che idio prosterne: et abbatte chi troppo sinnalza: perche. Deposuit potentes de sede. et exaltauit humiles. Et figurasi lasuperbia nel saxo in Golia: elquale Dauid uccise con tre pietre. Preterea delsuperbo chosi parla elpsalmista: Conquabit capita in terra multorum. Et altroue. Quoniam pones eos deorsum. In reliquiis tuis preparabis uultum eorum. Et Hysaia: Pedibus conculcabitur corona superbie.

Io cominciai maestro quel chio ueggio
  muouer anoi non misembien persone:
  et non so che si neluceder uaneggio:
Et egli adme lagraue conditione
  dilor tormento aterra glirannicchia
  sicche mie occhi pria nebbon tencione
Ma guarda fiso la et disuiticchia
  coluiso quel che uien sotto aque saxi
  gia scorger puo chome ciaschun sipichia

U Sa acerba exclamatione inuerso echristiani superbi: equali ueramente son miseri: hauendo pel peccato perduta ladiuina gratia. Et sono lapsi. i. traschorsi et caduti da quella: perche chosi importa questo uocabolo lapso in lingua latina: o uero diremo non lapsi: ma lassi: et albora significa stracchi. INFERMI DELLA VISTA ET DELLA MENTE: lauista e/o dellocchio corporale: o dellontellecto: Qui intende infermi della uista. i. dellachume et sottigleza dellongegno. Quasi dica uoi siate di ciecho intellecto: perche non conoscete eluero bene: et sete infermi dellamente. i. della uolonta perche non louolete. Adunque ueramente miseri: poiche ne conoscete ilbene: ne louolete. Et da questo nasce: che uoi hauete fidanza neritrosi passi: cioe nelloperationi uitiose: retrosici in latino significha allindrieto. Et perche chi procede nel loperationi uirtuose ua innanzi: et appressasi a dio: che e/elsuo sommo bene: seguita: che chi fa uitiose operationi: fa epassi ritrossi: cioe allindrieto: perche sidiscosta dadio. Quale adunque e/maggior miseria: et maggior cecita dimente che piglar fidanza in quelle chose: che cidilungan dalla nostra salute: et dal sommo bene. NON VACORGETE uoi: che noi sian uermi. Sono molti uermi et maxime ebigatti: che fanno laseta. equali ben che sieno animali inperfecti: nientedimeno concepono in se una farfalla: laquale crepando eluermine esce: et uola uia. Chosi lhuomo e/quasi un uil uermine. Onde dice elpsalmista. Ego autem sum uermis et non homo obprobrium hominis: et abiectio plebis. Ma chosi uermi siamo apti aformare lafarfalla chome elbigatto. Questa e/in noi lanima inmortale: laquale se rectamente reggiamo: et adiriziallla nella uia della uirtu: crepato dipoi elnostro corpo. i. risoluto dalla morte/lanima chome farfalla uola fuori al cielo. Ma se escie lorda diuitii: elpeso diquegli laggraua: et falla rouinare allonferno. Et dixe farfalla piu tosto che altra chosa: che uoli: perche hauendo decto uerme secondo lasacra scriptura. Et nascendo del uermine lafarfalla stecte in quella translatione. NATI AFORMARE: non e/lhuomo quello che forma: cioe crea lanima. Ma idio lacrea diniente: et creando lanfonde: Ma perche uiene nel corpo

O superbi cristiani miseri lassi
  si della uista et dellamente infermi
  fidanza hauete neritrosi passi
Non uaccorgete uoi che noi sian uermi?
  nati aformare langelica farfalla
  che uola allaiustitia sanza schermi:
Diche lanimo uostro in alto galla/
  uoi sete quasi entomata indefecto.
  si chome uerme incui formation falla:

ſanza cognitione dalchuna choſa: ma apta ariprendere; pero dice; che lhuomo e/nato aformare lanima; perche lanatura la prodocto: acciochе inſtruiſcha et amaeſtri lanima ſua. ANGELICHA: perche lanima noſtra: benche uiſia alchuna differentia: nientedimeno e/eſſentia rationale; chome langelo. Onde elpſalmiſta. Minuiſti eum paulominus ab angelis. Chiamala anchora angelicq; perche fu creata da dio per riempiere leſedie de glagnoli caduti da cielo. CHE VOLA ALLA GIVSTITIA SANZA ſchermi: ſanza difenſioni. Imperoche uſcita del corpo ua algiudicio ſanza difenſion alchuna: DICHE LANIMO NOSTRO in alto galla: diche choſa exaltate uoi ſquaſi dicha non e/lhuomo ſi excellente choſa ſanza lagratia didio: che lui debba inſuperbire o gloriarſi. Onde Paulo. VOI SETE QVASI entomata in defecto. Ritorna aquel: che dixe diſopra et conchiuſe; che noi ſiamo imperfecti; chome e uermini; ſe ſiamo ſanza leuirtu: et ſanza ladiuina gratia. Imperoche chome eluerme e/imperfecto: perche non uiene formato acompimento: choſi lhuomo: elquale e/creato per ſeruire adio ſuo ſommo bene e/imperfecto; ſe e/priuato deſſe uirtu: per lequali poſſi unirſi con dio. Onde ſancto Auguſtino dice. Feciſti nos ad te: et inquietum eſt cor noſtrum: donec requieſchamus in te. Entoma in greco et in latino. Inſecta ſon tutti euermi: che non hãno tutti emembri diſtincti: chome ape; formiche; et ſimili.

Chome per ſoſtentare ſolaio o tecto
per menſola tal uolta una figura
ſiuede giugnere leginocchia alpecto:
Laqual fa del non uero uera rancura
naſcere. achi lor uede/ choſi facti
uidio coloro quando poſi ben cura.
Vero e/ che piu et men eron contracti:
ſecondo che hauien piu et meno adoſſo
et qual piu patientia hauea neglacti
Piangendo parea dicer piu non poſſo.

e Peſi grandi; equali queſti portauano: gliſaceuon ſi chinare; et rannicchiare; chelpecto toccaua leginocchia. Ilperche pareuano tali; quali ſono certe menſole dilegname; lequali ſimectono nel muro ſotto latraue detetti; o deſolai; o uero palchi: lequali ſpeſſo ſintaglano in forma duno huomo: che ſoſtengha latraue: et per gran peſo fa; che ſipieghi: et rannicchi: et quaſi appoggi el pecto in ſu leginocchia: Et benche tal figura non duri faticha: perche e/legno: et non huomo: nientedimeno fa del non uero: uera rancura. i. benche non ſia uero: che tal peſo laggraui o lonoi; nientedimeno ingenera: a chi loguata uera rancura. i. uero increſcimento. VERO E/CHE PIV et meno eron contracti: Benche fuſſino ſotto graui peſi: pure lhauea men graue un; che unaltro; ſecondo; che hauean meno; o piu peccato in ſuperbia.

CANTO VNDECIMO DELLA SECONDA CANTICA DI DANTHE.

AVEA gia elpoeta nel passato capitolo descripto elluogho; nel quale sipurgano esuperbi; et dimostrato che forma disupplicio patiscono. Et nella fine aggiunto; che gia molti neueniuon inuerso dilui. Hora in questo discriue; che ueniuono orando; et loro oratione era questa; la quale insegno eluerbo dellauerita aglapostoli/dicendo. Cum oraueritis; sufficit dicere: Pater noster qui es in celis. Questa oratione benche aciaschuno siconfaccia; nientedimeno e/molto apta achi uuole lasciare lasuperbia. Imperochelcapo della superbia e/non riconoscere alchun suo bene dadio. ma reputa ogni chosa dallesue uirtu. Preterea non stima elproximo ne lodegna. Adunque per questa oratione dominicale confessa elsuo errore: prima confessando lasua potentia; dipoi dimostrando sāza laiuto suo niente potere. Et inuerso elproximo sahumilia chiedendo adio larimission de sua debiti; chome esso laconcede achi ha offeso lui. Et finalmentente chome nella superbia sua speraua per se medesimo potere resistere al nimicho; chosi qui nelhumilta chiede adio: che non loinduca nella tentatione; doue confessa lasua imbecillita et fragilita; chome insufficientea poter resistere. Induce adunque elpoeta che queste anime fanno tale oratione; laquale non pone latina: ma traducendola in lingua fiorentina; uarroge alchune parole; lequali ne mutano; ne accrescono; ne dimminuiscono lasententia. Ma apronla et dichiaronla. Et perche in quella e/padre nostro: che se necieli; potrebbe alchuno dubitare: che idio fussi si i cielo; che mentre che e/ quiui; non possi essere altroue; arroge elpoeta per dichiaratione diquesto dubbio; che idio non sta necieli circunscripto; cio e contenuto dacieli; chome uerbi gratia; mentre che lhuomo; o altra chosa corporea e/in un luogo quel luogho lacircunscriue; et circunda; et termina et contiene in se; informa che insino atanto: che non siparte non puo essere altroue; ne uscire di quegli termini. Ma idio non e/contenuto dalluogho; ne da quello circundato. Imperoche essendo idio infinito; et ecieli finiti; non puo lachosa; che ha fine et termine cōtener quella; che ne ha fine ne ha termine. Elfinito e/sanza comperatione minore; che loinfinito; et lachosa minore non puo contenere inse lamaggiore; Ilperche non e/idio contenuto dacieli. Ma dicesi stare necieli; perche piu amore ha acieli; perche ecieli et glāgioli sono eprimi effecti; che lui prima causa produxe; et questi son poi seconde cagioni agleffecti inferiori. Imperoche ogni superiore e/cagione del mouimento del suo inferiore; chome altroue piu expressamente dichiareremo. Ha insino aqui decto; pater noster qui es incelis lequali parole sono elproemio diquesta oratione. Hora uiene alle petitioni; lequali sono septe. Et laprima e/sanctificetur nomen tuum; Onde dice. LAVDATO SIA ELTVO NOME ELTVO VAlore. Nella prima petitione chiede lhonorificentia del padre. Ilche significa amore con obedientia; et ueneratione inuerso del padre. Et se dicessi parere superfluo adire sanctificetur nomen tuum; perche non sipuo sanctificare chi e/sancto desancti. Ma diremo sanctificetur. i. firmetur; perche sancto significa fermo. Valore cioe uirtu. Vapore gratia. DAOGNI CREATVRA. Cioche e/prodocto dadio prima causa; et creatore e/detto creatura. Ma queste sidiuidono in sei spetie. Imperoche alquante hanno solo lessere; chome lepietre. Alquante hanno lanima uegetatiua; per laquale sinutrischono et cresconet producon seme dagenerare un simile ase; chome sono lherbe et glarbori; et ogni altra pianta. Alquāte oltra alla uegetatiua hanno alchun senso; ma non hanno moto locale; chome sono ecalcinegli appiccati al saxo. Alquante hanno elsenso piu perfecto; et elmoto locale; chome sono tutti glanimali bruti. Alquanti oltra allauegetatiua sensitiua et motiua hanno laragion; chome e/lhuomo. Ma e/sopralhuomo lāgelo; del quale diremo in altro luogho. Ogni creatura loda elsuo creatore/quanto e/in se; cioe idio; nel quale uolendo exprimere latrinita; pose tre nomi/cioe/nome per fama et sapientia; inche exprime elfigluolo; et ualore. i. potentia pel padre; et uapore. i. calore per lospirito sancto. Et questa e/laprima domanda; che dobbiamo fare; che ogni creatura riconoscha elsuo creatore. VEGNA VER NOI Lapace

Padre nostro che necieli stai
non circunscripto ma perpiu amore
chaprimi effecti dilassu tu hai
Laudato sialtuo nome eltuo ualore
daogni creatura chome degno
direnderè gratie altuo alto uapore
Vegna uer noi lapace del tuo regno
che noi adessa non poten danoi;
sella non uien contutto nostro ingegno
Chome del suo uolere glangioli tuoi
fan sacrificio ate cantando osanna
et chosi faccian glhuomini desuoi;
Da hoggi anoi lacotidiana manna
sanza laqual per questo aspro diserto
adrieto ua chi dipiu gir saffanna/
Et chome noi lomal chauen soferto
perdoniamo aciaschuno et tu perdona
benigno et non guardar lonostro merto
Nostra uirtu che uolentieri saddona
non spermentar collantichaduersario;
ma libera dalui che silosprona/

del tuo regno. Aduenìat regnum tuum e/ laſeconda domanda. Imperoche dicendo aduenìat regnum tuum. i. uenga elregno tuo: non e/altro ſe non chiedere pace della etherna uita: laquale e/altra: che queſta del mondo. Et rectamente laudato elpadre adomandiamo laheredita paterna; laquale lui nello extremo teſtamento cilaſcio: quando dixe pacem meam relinquo uobis. CHE NOI AESSA Non potiamo danoi. Tal tranquilita non puo acquiſtare lhuomo con tutto elſuo ingegno: perche daſe non puo hauere uera cognitione didio: nella quale lanimo ſiposa: SELLA NON VIENE ANOI. i. ſe per diuina gratia non e/infuſa in noi. CHOME DEL SVO Volere. Queſta e/laterza petitione: che e/fiat uoluntas tua. Adunque chome glangnoli tuoi: equali dopo laruina di quegli: che ſiribelloro no adio: benche rimaneſſino in loro libero arbitrio: furuno confermati nella gratia. Adunque glangioli fanno ſacrificio: cioe offerono ate elbuon uolere. i. dedicano ogni loro uolonta. Et queſto luogho in diuerſi modi ſexpone Alchuni piglono elcielo pel giuſto: et laterra pel peccatore: alchuni pel cielo intendono loſpirito: per laterra elcorpo. Alchuni pel cielo Criſto: per laterra lachieſa militante. Et queſte tre ſententie pone Auguſtino. Hieronimo dice: che chome glangioli ſeruono ate dio in cielo. Choſi et noi in terra. Queſta ſententia ſeguita laquinate. Et queſta medeſima elnoſtro poeta. CANTAndo oſanna: Oſanna in lingua hebraica ſignifica fa ſalui o uero uiuifica: o ſalua noi / o ſaluatione noſtra DA HOGGI ANOI LA QVOTIDIana manna. Queſta e/laquarta domãda. Panẽ noſtrũ quotidianũ da nobis hodie: per queſto intende lagratia didio: laquale e/cibo ſpirituale: diche lanimo ſinutriſce: et pero dixe noſtro: perche e/proprio delhuomo animale rationale: et non debruti: Puoſſi intender pane pel cibo corporale neceſſario. Imperoche mentre che ſiamo coniuncti col corpo: e/neceſſario ſoſtentarlo: et dire noſtro: ſecondo Gregorio: perche noi loriceuiamo dadio perſuo dono. Adunque diciamo da acioche non ſia noſtro furtiuamente: ma per ſua uolonta. Chome lamanna paſceua corporalmente nel diſerto elpopol didio: et hauea qualunque ſapore: deſideraua chi laguſtaua: choſi elpane ſpirituale adẽpie ogni recto appetito dellanimo noſtro. Manna nelle parti orientali e/quaſi della medeſima materia che anoi e/elmele. Ma quiui elſole puo con piu efficacie ricuocere lhomore: elquale elgiorno tyra inalto et lanocte ricade aterra. ET CHOME ANOI Lomal chabbiam ſoferto. Laquinta domanda. Et dimicte nobis debita noſtra: ſicut et nos dimictimus debitoribus noſtris. Adimandiamo che cicancelli e noſtri peccati: pe quali ſiamo excluſi dal paradiſo: chome noi perdoniamo ad altri lengiurie dallui riceuute. NOSTRA VIRTV CHE Volentier ſaddona. Lultima domanda: et ne nos inducas intentationem. Saddona: ſuniſce. In queſta parte adomandiamo lapreſeueratione nel futuro. Tentare ſignifica prouare et fare experientia della choſa et della uirtu di quella. Lauirtu delhuomo conſiſte in due choſe: in operare bene: et fuggir dal male. Nel primo modo idio tenta lhuomo. Nel ſecondo modo lauirtu delhuomo e/tentata per indurla al male per tre ſpetie di tentatione. Laprima tentatione e/dalla carne. Imperoche chome dice lapoſtolo diſe. Ciaſchuno e/tentato dalla ſua concupiſcentia. Laſeconda e/del mondo con leſue uanita. Latertia e/del diauolo: elquale citenta a quegli uitii: aquali ciuede piu inclinati. Ne riſiſterebbe alchuno alla diabolicha tentatione con leproprie uirtu: ſanza eldiuino aiuto. Adunque non ſpementare noſtra uirtu: laquale ſaddona quaſi ſinclina: et non puo reſiſtere.

Queſtultima preghiera ſignor caro
gia non ſifa per noi che non biſogna
ma per color che drieto anoi reſtaro:
Choſi aſe et anoi buona ramogna
quellombre orando andauan ſottolpondo
ſimil aquel che tal uolta ſiſogna
Diſparmente angoſciate tutte attondo:
et laſſe ſu per laprima cornice:
purgando lacaligine delmondo:

d Imoſtra uero pentimento diqueſte anime: conciosia che diposta laſuperbia: laqual nõ cilaſcia hauere carita ne cura del proximo: orauano perlaſalute diquello. imperoche lanima poſta in purgatorio e/confermata da dio in quello ſtato: inmodo che non puo eſſer tentata. Adunque quellultimo priegho: et ne nos inducas in tentationem non diceuono per loro: perche non glifacea meſtiere. Ma lacarita lenducea afarlo perque gli: che erono reſtati in uita drieto alloro. BVONA Ramogna: proſpero ſucceſſo. Ramogna proprie e/ſeguir nel uiaggio. SIMILE A QVELLO CHE Tal uolta ſiſogna. Dormendo roueſcio interuiene alchuna uolta: che molto ſangue corre al chuore: et aggrauaſſo in forma/che nel ſonno pare hauere adoſſo ſmiſurato peſo. LACALIGINE: elpeccato della ſuperbia: elquale naſce dacaligine: cioe nebbia et tenebra. i. dacecita dimente: et daignorantia.

Se dila ſempre bene per noi ſidice
diquel che dir et far per noi ſipuote
daque channo aluoler buona radice

o Ptima ſententia: fondata incarita: che ſe di la in purgatorio ſidice un bene per noi: che ſiamo in uita. i. priegono per noi: noi dobbiamo aiutargli alleuar lemaote di quello: che per noi ſi

Ben side lor atar leuar lenriote
che portar quinci : siche mondi et leui
possino uscire delle stellate ruote :

puo fare per limosine : et orationi. Et maxime si debba far questo daquegli : che hanno buona radice aluolere. i. che hanno confermata laloro uolonta in bene : et per questo sono in istato di gratia : Et leloro prece sono exaudite. Altri testi hanno alle stellate ruote. possino uscendo del purgatorio salire acieli. VSCIRE DELLE STEllate ruote : possino nscire del purgatorio : elquale : se e/nellaltro hemisperio : uiene a esser sotto tutti ecieli ; chome noi : et quando lanima passa diquiui auita etherna : escie diquesti cieli : et ua sopra aquegli ; adunque possino uscire delle ruote stellate. i. decieli : equali del continuo ruotano et girano.

Do se giustitia opieta uidisgreui
tosto siche possiate muouer lala
che secondoldisio uostro uileui :
Mostrate daqual mano inuer lastrada
siua piu corto et secie piu dun uarco
quel nensegnate che meno erto cala/
Che questi che uien mecho perloncarco
dellacarne dadamo onde siueste
almontar su contra suo uogla e/ parco

p Riegha Virgilio lanime con queste parole : che glimostrino lasalita allaltro balzo : maxime perche Danthe : che e/secho e/ parcho al salire e/tardo al salire contro asua uogla : perche se fussi pigro per sua uolonta ; non sarebbe degno diriceuere leuirtu purgatorie.

Lelor parole chei renderon aqueste
che decto hauer colui che isegura
non furon dachi uenissor manifeste
Ma fu decto aman dextra per lauta
con noi uenite et trouerrete elpasso
possibile asalir persona uiua :
Et sio non fussi impedita dalsaxo
che laceruice mia superba doma :
onde portar conuiemmi eluiso basso/
Chotesti chanchor uiue et non sinoma
guardere io peruedere silconosco.
et per farlo piatoso aquesta soma.

e Onueniente parole non al superbo. Ma achi col suo contrario che e/lhumilta purga lasuperbia. Prima mostra lauia con grande humanita Dipoi confessa portare debita pena al suo errore : ilche non fa mai elsuperbo. Dipoi mostra disiderare conoscer Danthe per conmuouerlo a compassione.

Io fu latino et nato dun gran tosco
guiglelmo adobrandeschi fu mio padre
non so selnome suo giama fu uosco
Lantícho sangue et lopere leggiadre
de mie maggiori misfer si arrogante
che non pensando alla comune madre :
Ogni huomo hebbi indispecto tantauante
chio nemori emiei sanesi ilsanno
et sallo incompagnaticho ogni fante/
Io som amberto et non pure ame danno
superbia fe : ma tutti emie consorti
ha ella tracto seco nel malanno :
Et qui conuien che questo peso porti
per lei tanto chadio sisatisfaccia
perchio nolfe trauiui qui tra morti/

e : Mberto figluolo di messer Guiglelmo aldobrandeschi : equali sono danticho sangue : et conti disancta fiore nel contado disiena : fu huomo molto superbo : et larrogantia sua : et orgoglo inuerso esanesi : glincito informa : che incompagnaticho losecciono uccidere.

o Doriſi fu dagobbio. Et fu in quel tempo optimo miniatore. Allumirar e/chiamata i parigi: pche elminio diſtingue: et illumina laſcriptura. FRATE DIXELLO: chome gia pentuto dalla ſua

Aſcoltandio chinai ingiu lafaccia
 et un dilor non queſti che parlaua
 ſitorſe ſoctolpeſo che lompaccia
Et uiddimi et cognobbimi et chiamaua
 tenendo glochi confaticha ſiſi
 ame che tutto chin conlui andaua
O dixio allui hor non ſe tu odoriſi
 lhonor dagobbio et lhonor di quellarte
 challuminare e/chiamata inpariſi
Fratel dixello piu ridon lecarte
 che penneggiaua franco bologneſe
 lhonor tuto hor e/ſuo et mio in parte:
Bennon ſarei ſtato ſi corteſe
 mentre chio uixi per logran diſio
 dellexcellentia doue mio cor inteſe
Dital ſuperbia qui ſipagal fio
 et anchor non ſare qui ſe non fuſſe
 che potendo peccare miuolſi adio
O uanagloria delhumane poſſe
 con pocho uerde inſu lacima dura
 ſe non e/iuta dalletati groſſe
Credette cimabue nella pittura
 tener locampo et hor ha giotto elgrido
 ſiche lafama dicolui obſcura
Choſi ha tolto luno allaltro guido
 lagloria della lingua et forſe e/nato
 chi luno et laltro caccera del nido
Non e/lmondan romor altro chun fiato
diuento chortuien quinci ethor uien quindi
 et muta nome perche muta lato:

uana gloria: non ſiprepone aglaltri: chome facea quando era occupato in tal uitio. Ma e/tentento di cedere a Franco dabologna: chome maggiore maeſtro dilui. Et pero dixe: piu ridon lecarte: quaſi megio ſono illuminate: che penneggiaua francho. i. lequali minia col pennello Francho: Coſtui fu bologneſe: et miglor miniatore: LHOnore tutto e/hor ſuo: quaſi dica innanzi: che lui uenisſi buon maeſtro: io teneuo elprimo luogho ne era chi a comparatione di me fuſſi in alchuno prezo. Ma dipoi fui uincto dachoſtui: informa: che lhonore e/tutto ſuo. Nientedimeno perche dopo lui io ero innanzi aglaltri: non ſono rimaſo ſanza alchuna parte dhonore. Ne e/ſuperbia: che dica: et mia in parte: perche hauendoſi prepoſto elbologneſe: puo liberamente narrare eluero di ſe. BE NON SAREI STATO SI corteſe. Quando io ero nel peccato della uanagloria: non ſarei ſtato ſi liberale in lodare franco. Et certo e/queſto uitio neglhuomini: equali hanno alcuna excellentia in ſe: che non poſſono lodare unaltro: che ſia della medeſima uirtu. Et par: che queſto: che deſſino diloda acolui: togleſſino aſe medeſimi. PEL GRAN DISIO: per lagran cupidita. DEXCEllentia: delſuperare: et uincer glaltri. Onde io pago qui elfio eltributo. i. lapena. ET ANCHOR NON SAREI. Se lui mentre che fu in uita ſempre haueſſi uſato uanagloria: era neceſſario: che dopo lamorte andaſſi adannatione: Ma dimoſtra: che ſiuolſe adio. i. apenitētia. potendo peccare. i. mentre che era in uita: nella quale ſipuo meritare: et demeritare. OVANagloria delhumane poſſe. i. laquale glhuomini piglono delle loro uirtu. Vanagloria dagreci e/decta Cenodoxia: che e/quel medeſimo: che inlatino uanagloria. Della quale Iſaia. Flos cadens gloria exultationis: Et elpſalmiſta. Mille anni ante oculos tuos ſicut dies heſterna que periit. Con poco uerde in ſullacima dura. i. chome pocho dura uerde in ſullacima et in ſua excellentia. SE NOn e/iuta: ſe non e/aiutata dalletati groſſe. Laſententia e/ſe non e/inuenta. i. trouata. che benche alchuno ſia ilprimo in una ſcientia: o uirtu: o arte: nientedimeno dura pocho tempo eſſer primo: perche uiene dipoi qualchuno altro piu excellente dilui. Se gia non e/iuta. i. aiutata dalletati groſſe. i. che dopo lui ſeguiti alchuna eta: laquale produca huomini digroſſo ingegno. Et proualo per exemplo di Cimabue: el quale obtenne lhonore: et elprimo luogho nella pictura: tanto che giotto uenne tal maeſtro: che ſupero et uinſe Cimabue: choſi forſe uerra in un altro tempo: chi uincera Giotto. Adunque non debba piglare alchuno uanagloria delle proprie poſſe. Cymabue: choſtui eſſendo lapictura in obſcura lariduxe in buona fama. Giotto diuenne maggiore: et piu nobil maeſtro di cymabue. TENERE ELCAMPO: rimanere uincitore: et e/tranſlatione dallexercito militare. CHOSI HA TOLTO luno allaltro guido la gloria della lingua: chome Giotto tolſe acymabue lagloria della pittura: choſi guido caualcanti tolſe a Guido guinzelli bologneſe. ET FORSE E/nato. Molti intendono: che accenni diſe. Ma non ſipuo riprendere darrogantia: perche non ſipuo conuincere: che parli piu duno che dunaltro. Et niente afferma NON ELMONDANO Romore altro chun fiato: fama: gloria: grido: et romore pigla per una medeſima choſa. Romor mondano fama delle choſe mortali. ALTROCHVN FIATO: perche uola: et p tutto in brieue ſiſparge. Onde Virgilio. Fama malum quo non aliud uelocius ullum. Mobilitate uiget uireſque acquirit eundo.

s Eguita Odorisi mostrando: che innanzi che passin mille anni: tu non harai piu fama: se tu scindi .i. tagli et separi date lacarne uecchia. i. se tu muori uecchio: che se tu fussi morto innanzi che tu lasciassi pappa odindi: i. innanzi che tu uscissi deprimi anni: quando epiccoli fanciulli non sapendo an chor parlare uolendo dire pane et danari: dicono pappa et dindo. Et se alchuno dicessi mille anni sono grande spatio: dimostra che mille anni acõ paratione della ethernita sono piu corto spatio: che non e/un batter docchio a comparatione del moto delloctaua spera: elqual e/ogni cento anni un grato. E/TORTO. i. e/uolto et aggirato: CHOLVI CHE DEL CAMMIN SI POCO pigla dinanzi ame. Chostui fu messer prouenza le siluani sanese: elquale fu signor disiena. Et trouossi uincitore alla ropta dimonte aperto. Di poi nel mille dugento diciennoue con mille quat trocento cauagli et ottomila pedoni obsedio colle Ma elfiorentino exercito soccorse. et ruppe esa nesi: et molti nefuron morti in uendetta de no stri uccisi amonte aperto: prouenzale fu preso: et taglatogli elcapo: et ficto nella puncta duna lã cia portato per tutto elcampo. Adunque adimo strare quanto prestamente manchi lafama dice: che chostui: elquale fu pocho innanzi deta allui: fu in gran fama per tutta toschana: et hora apena in siena sibisbigla dilui. ONDE ERA Syre: dellaquale era signore. QVANDO FV DISTRVCTa LARABBIA FIORENTINA. Quando furon uincti eguelfi amonte aperto: laquale historia tractamo nella prima cantica. CHE SVPERBA fu aquel tempo et ambitiosa. ET HORA E/PVTTA. i. meretrice: quasi dica: che in quel tempo ecipitadini eron superbi: hora sono auari: et per auaritia uendo no elpublico: et e/simile aquel Salustiano: o urbem uenalem: et cito perituram: si emptorẽ inueneris. Non posso fare: che in questo luogho: o in alchuno altro non midolghi: perche uorrei: che tanto poeta Et disi mirabil ingegno et doctrina non shauessi lasciato traportare dalla perturbatione dellanimo iuer so lasua patria. Ma e/uero eluerso dhomero: che idio non decte mai aun solo ogni chosa: LANOStra nominanza e/color dherba. Lanostra fama e/simile alherba: laquale pocho tempo sta uerde: et poi sise cha: et sta elpoeta nella translatione: perche disopra dixe: con pocho uerde i su lacima dura. ET QVEI eldiscolora. Elsole: elquale fa eltempo: e/quello: che fa nascere lherbe: et quel medesimo lesecha: chosi eltempo produce lafama: et dipoi lamecte in oblíuione.

Che uoce hara tu piu se uecchia scindi
  date lacarne che se fussi morto
  anzi che tu lasciassi pappa o dindi:
Pria che passin millanni che piu corto
  spatio alletherno chun muouer dicigla
  alcerchio che piu tardi incielo e/torto:
Cholui che del cammin si pocho pigla
  dinanzi adme intoscana sono tutta
  et hora apena in siena sibisbigla
Ondera sire quando fu distructa
  larabbia fiorentina che superba
  eraquel tempo si chomhora e/putta
Lanostra nominanza e/color dherba
  che muoue et ua et quei ladiscolora
  per cui ellescie della terra acerba.

Et io allui lotuo uerdire mincora
  buonhumilta et gran tumore mappiani
  ma chi e/quel dichi tu parlaui hora
Quello e/risposе prouenzal siluani:
  e/qui pero che fu presumptuoso
  arrecar siena tutta alle suo mani
Ito e/cosi et ua sanza riposo
  poiche mori cotal moneta rende
  asodisfar chi dila troppo e/oso
Et io se quello spirito chattende
  pria che sipenta lorlo della uita
  quaggiu dimora et quassu non ascende
Se buona oratione lui non aita
  prima che passi tempo quanto uixe
  come fu lauenuta allui largita.

e LTVO VERDIRE mincora: mimecte in cuore buona humilta. ET MAPPIANA mispiana gran tumore. i. gran superbia: perche tumor in latino significa gõfiamento: et esuper bi: perche gonfiano sichiamano tumidi. PRE sumptuoso e/cholui: che sattribuisce quello: che non e/suo: et non segliuiene. Quel medesimo e/ arrogante. CHI E/TRoppo oso: chi ha hauuto troppo ardire. ET IO SE QVELLo. ordina chosi eltexto: Et io Dante risposi aodorisi mouen do questo dubbio. Se quello spirito: elquale pri ma: che sipenta. i. torni apenitentia: attende. i. aspecta lorlo. i. eltermine della uita: dimora qua ggiu fuor del purgatorio altrettanto tempo: quã to uixe: et non ascende. i. non sale quassu in pur gatorio: Se buona oratione non laiuta: chome fu largita lauenuta quassu a Prouenzale: perche essen do men tempo: che mori: che non fu quello: che stecte in uita: e/contro aquel: che disopra dixe.

Quando uiuea piu glorioso dixe
  liberamente nel campo di siena

r Isponde odorisio al dubio mossogli daDante dicendo: che lagrande humilta: che lui uso

ogni uergogna nel campo safisse
Et li per trar lamicho suo dipena
che sostenea nella prigion dicarlo
siconduxe atremar per ogni uena
Piu non diro et scuro so chio parlo
ma pocho tempo andra che tuo uicini
faranno si che tu potrai chiosarlo
Questa opera glitolse que confini:

in mendicare denari per trarre un suo amico di prigione: glabbreuio eltempo: che haueua a stare fuori di purgatorio. Dicono che elre Carlo hauea preso uno amico diquesto prouenzale nella ropta: che diede acurradino et postogli ditaglia. X. M. fiorini: sotto capital pena: se in brieue tempo non pagassi. Et Prouenzale tanto sabumilio p lamico: che pose un tappeto nel campo di siena: et mendico conogni spetie dipriegh per laredemptione del prigionero. ordina chosi leparole del texto. Dixe odorisi rispondendo aldubbio didante: che quando prouenzale uiuea piu glorioso: et in maggiore stato: lui liberamente saffixe/ et fermo'nel campo disiena: che chosi chiamano esanesi lalor piaza: diposta ogni uergogna. SICONDUXE ATREMARE PER ogni uena: perche chi siconduce nella calamita adomandare aiuto: uiene con grande tremore: perche teme dinon esser exaudito: et perche questa sententia e/ detta obscuramente: dice che in brieue tempo esuoi uicini. i. esuoi ciptadini faranno si: che potera chiosarlo. Et in questo modo gli predice elsuo exilio: nelquale intendera: che chi ua alla merze daltri triema quando lorichiede. QVEsta opera: delhumilta. GLITolse: tolse aprouenzale. QVE Confini: distar fuori del purgatorio.

.CAPITOLO DVODECIMO DELLA SECONDA CANTICA DIDANTHE.

P ARTI cosi dallanime: che purgauano lapassata superbia: dimostra molte historie essere scolpite nel suolo: pel quale passaua in exemplo: et admonimento desuperbi. Virgilio adunque lo lascio andare con Odorisi insino che giunsono doue erono tali sculpture: dipoi lammoni: che passassi innanzi. Andaua dipari con Odorisi. Et nomina Virgilio pedagogo non sanza cagione. Imperoche in greco questo uocabolo significa quello: alquale efanciulli sono dati in custodia. Vuole adunque significare: che lui. i. lasensualita e/ fanciullo: perche facile silascia uincere dallappetito chome fanciullo. Et lontellecto e/ sua guida. CHE QVI EBVON Con lauela et coremi: pigner labarca. Ilche in somma significa: che saffrettino nel passare. Et questo molti riferischono:

Ipari chome ebuoi che uanno agiogho
d menandauo con quellanima carcha
fin chelsoferse eldolce pedagogo/
Ma quando dixe lascia lui et uarca
che qui e/ buono con lauela et coremi
quantunque puo ciaschun pigner suobarca
Dritto sichome andar uuolsi rifemi

conlapersona adugna che epensieri
mirimanessir inchinati et scemi:
Io mero mosso et seguia uolentieri
delmio maestro epassi. et ambe due
gia mostrauan chomerauan leggieri
Et elme dixe uolgi glocchi ingiue
buon tisara per tranquillar lauia
ueder lolecto delle piante tue

che dobbiamo usar celerita nellapenitentia: et meritamente. Ma anchora uuole significhare: che non e/uitio: che dobbiam lasciare piu tosto: che lasuperbia. perche e/maximo ditutti. Et sopra tutti pernitiosissimo. DRITTO SI Chome: perche in compagnia dellanima ero ito chinato: al presente misfeci dritto: si chome siuuole andare. benche epensier miei rimanesser chinati: per compassione dellanima. Et etiam per humilta: con laquale purgaua lasuperbia. IO MERO MOSSO et seguia uolentieri epassi del mio duca. Impero che hauendo assai contemplato lasuperbia: et per consequens purgatomene seguitauo uolentieri laragione et ladoctrina. Et rimanevo piu leggier: che lusato. Ma Virgilio lammunisce: che andando raguardi lesculpture: lequali erono perterra. Tutte queste chome uedrai: erono historie et fauole dhuomini: nequali era stata molta superbia. Ilperche era instituito: che fussino sculpiti in terra: perche non meritano altro luogho quegli: che sisono innalzati piu: che: o lanatura: ola conditione: o ladoctrina non patiua: che giacere nellinfimo. Et admonisce qui lonte llecto lasensualita: actioche non diuenti piu elata: che elgusto non richiede: che raguardi queste sculpture. i. siriduca amemoria tali exempli. Et nellamente sua consideri con quanta iustitia idio: deposuit potentes de sede: Et in quanto pocho prezo sieno rimasi nella memoria de glhuomini. Cercoron esuperbi alteza: hora giaciono ininfimo grado. Cercorono fama: hora sono in infamie. Cercorono diuini honori: hora sono priuati degni humana gloria. Questo pensa lhuomo: che siuuole purgare. Questo del continuo considera. Questo giorno et nocte ha fixo nella mente.

d Imostra che chosi uedeua egli iterra scolpite quelle historie: lequali pocho dopo scriuerra: chome siueggono scolpite leimagini deglhuomini gia morti insulle loro sepultnre. Acciochе tali imagini riduchino alle nostre meti lamemoria di quegli. Onde dice: co me letombe terragne. i. lesepulture messe interra sopraesepolti. i. sopra aquegli. che quiui sono sepolti: portā segnato quello: che glera pria. i. portano scolpito lhuomo sepolto ī quella forma: che era: prima che fussi dissoluto: et ritornato in cenere. Et queste imagini uintaglano: acciochе sia memoria diloro: Onde interuiene: che li. i. sopra quelle imagini spesso senepiagne. Impe roche passandoui glamici eparenti piangono.

Chome perche dilor memoria sia
sopra esepolti letombe terragne
portan segnato quel che glera pria/
Onde li molteuolte senepiagne
per lapunctura della rimembranza
che solo apii da delle calcagne
Si uidio li ma dimiglor sembianza
secondo lartificio figurato
quanto peruia fuor del monte auanza

PER LAPVNCTVRA Della rimembrāza. i. perche lamemeria dellamico o parente morto pugne et tormenta lanimo. Ma tale punctura non da delle calcagne. i. non sprona se non epii. i. e piatosi: perche chi non e/piatoso non simuoue a compassione del morto. SI VIDIO LI: chosi uide io quel luogho figurato. i. intaglato et scolpito: ma dimiglor sembianza. i. dimiglor imagine: secondo lartificio: secondo laregola dellarte. Sembianza quasi exemplanza significa similitudine decta daexemplo. QVANTO PER VIA fuor del monte auanza. Dimostra che tale sculptura era solamente nella cornice: laquale sporta fuori: et circondalo: et e/facta per uia: et benemerito: perche giusta chosa e/che lamemoria ditali huomini sia uia: achi di quella sipurga: acciochе daloro sia pesta. Praeterea e/uia: perche tale memoria conduce: chi sipurga a uera humilita.

Vedea colui che fu nobil creato
piu chaltra creatura giu dal cielo
fulgoreggiando scender daun lato
Vedea briareo ficto dal telo
celestial giacere dallaltra parte
graue alla terra per lomortal gelo
Vedea tymbreo uedea pallade et marte

e. Conueniente chosa che nelluogho: doue purghiamo lasuperbia: sieno per terra scolpiti: questi exempli superbissimi. Imperoche nessuna chosa cisa tanto dispiacere un uitio: quanto considerarlo in altri. Era adunque prima lahistoria di lucifero. Optimamēte elnostro petrarca: de remediis utriusque fortune scriue. Remedium contra superbiam fundamentum uere uirtutis est humilitas. Nec tanta claritas ulla est: quam superbia

armati anchora intorno alpadre loro
mirar lemembra degiganti sparte.

non obscuret. Scit ille qui darissimus creatus se ipsum extollens non solum obscurus. Sed princeps fieri meruit tenebrarum. Briarco confitto DAL TELO CELESTIALE: dalla saetta dacielo. Telum e/nome latino: ma diriuato dagreco: et significa ogni arme da offendere: et mazime lance dardi: saette: et simili. Ilperche fingendo epoeti: che lasaetta dacielo sia lanciata da Ioue: et che conquella lui punischa chi erra: lachiamano telum Iouis. E/scripto nelle fauole poetiche: che dieci anni fecion guerra etitani contro aglidii. Et finalmente facto grande empito daglidii et dalledee: furono dalle saette di Ioue rouinati nellonferno. Ma che chosa significhi questo: et che allegoria habbia: dicemmo nella fauola degyganti: Furono etitani figluoli del cielo et della terra: et hebbono statura et membri gyganteì. Ma cento mani per uno: et cinquanta capi. Furono tre: Cotto; Briareo: et Gygi. Et aggiugne Homero: che glidii chiamauano costui Briareo. Ma glhuomini lochiamauano Egeone. E/optima fictione: che dopo lucifero sieno egyganti: ne sia chi uituperi elpoeta: che conlechose uere dilucifero: mescoli le false: cioe lefauole detitani. Imperoche non intende porre lafauola: che e/falsa. Ma lallegoria di quella che e/chosa uerissima: perche dinota lasuperbia: della quale alpresente sifa mentione. So che Homero finge altrimenti lafauola dibriareo. Et fallo amicho aIoue: Ma Danthe in questo luogho segnita glaltri poeti: perche dellafauola dhomero non sipotrebbe trarre conueniente allegoria aquesto luogho. VEDEA Tymbreo. Dimostro chome glidii: che erono in aiuto di Ioue: con marauigla raguardauano ecorpi di tali monstri laceri: et ropti dalle saette di Ioue: et pone Tymbreo per Appolline: elquale in troia hauea un tempio: circa elquale abondaua una herba decta tymbra: cioe santoreggia. Onde tymbreus Appollo.

Vedea nembroth apie del gran lauoro
quasi smarrito et riguardar legenti
che in sennar con lui superbo furo

l Astoria di Nembroth ponemo nellonferno doue nel pozo sifa mentione dilui.

Oniobbe con che occhi dolenti
uedea io te segnata insulla strada
tra septe esepte tuo figluoli spenti
O Saul chomensu lapropria spada;
quiui pareui morto in gelboe
che poi non senti pioggia ne rugiada

n Iobe figluola ditantalo: et mogle danphione: fu si superba: che ardi a preporsi a Latona madre di phebo et di Diana: et uolea: che allei fussino attribuiti glhonori et esacrificii: che sattribuiuono alatona: perche hauea non due: ma quatordici figluoli; septe maschi; et septe femine. Ilperche Phebo con larco tutti gluccise. Alquanti dicono: che Phebo uccise emaschi: et Diana lesemmine: Et niobe siconuerti in saxo; Saul fu elprimo Re disrael: et uncto per lemani di Samuel propheta. Fu di grande statura: robusto: et bello: et forte in battagla. Molti Re et popoli uinse: occupo da egypto in sino al mare rosso. Ma ultimamente; perche contra elprecepto di dio conserno Acag Re de malachiti: fu priuato della uisione delle chose future laquale idio glhauea dato. Et spesso era uexato dal demonio. Et moltetuolte uolle uccidere Dauid huomo molto humile: elquale due uolte lhauea campato dalla morte. Per necessita ricorse alla maga phitonissa: che glirisucitassi Samuel: finalmente odioso adio et aglhuomioi infelicemente combatte contro a philestini: et perde lexercito et efigluoli. Et non potendo impetrare gratia da un desuoi che luccidessi con lesue proprie armi succise.

O folle aragne si uedea io te
gia mezo ragno tristo insu glistracci
dellopera che mal per te sife
O roboam gia non par che minacci
quiui tuo segno ma pien dispauento
nelporta elcarro prima chaltri cacci
Mostraua anchora loduro pauimento
chome almeone asua madre fe caro
parerei losuenturato adornamento

l Afauola daragne e/notissima. Costei peritissima nericami sipreponea apallade: dallaquale fu uincta et conuertita in ragno. Et chome femina prima faccua optime tele: chosi fa hora animale. Roboam figluolo di Salomone successe al padre nel regno. Et uenuto ĩ Sichem: oue era cõgregato tutto elpopol disrael: uso tanta superbia che pregandolo elpopolo: che lalleggerissi dal graue giogo: che haueca loro imposto Salomone suo padre: incitato asuperbia sprezo elconsiglo deuecchi: et seguito quello degiouani: et rispose: che elsuo minimo dito era piu grosso che lespalle paterne. Et selpadre glhauea battuti colla uerga: lui glipercoterebbe con lebalestra. Ilperche disubito siribelloron dallui dieci tribu didodici: et elexono in loro Re Ieroboam. Et lapidorono Adoram: elquale riscotcua eltributo per Roboam. lui rifuggi in hierusalem. Ilperche Sisoth Re degipto sperando nella seditione deglhebrei uenne con robusto excroto et assedio hierusalem. Et per fame constrinse Roboam accdergli: che saccheggiassi lacipta et eltempio di Salomone: et diuentargli tributario. ALCHIMEONE fu figluolo damphierao: et uccise lamadre sua Eriphile: perche per cupidita dhauere lacollana insegno Amphierao: elquale era nascoso per non andare alla guerra thebana: laqual fauola appieno narramo nel uigesimo canto dellonferno.

s HE FE THAMIRI Acyrrho. Prolipso sarebbe riferire di quanta bassa fortuna aquanta alteza dimperio salissi Cyrrho Re depersi. Et chome subito che fu nato Astyage auolo materno lo fece lasciare in selua alla uentura: perche hauea inteso che della figluola doueua nascere: chi sarebbe distructione del suo reame. Et chome fu nutrito da una cagna. Et chome diuenne Re potentissimo. gran parte dellasia occupo. Ma finalmente mosse guerra aglíscythi. Era in questi tempi regina de gliscythi Tamiris: laquale mando elsigluol suo unico con grande exercito alla difension delregno Ma fu uincto et morto col suo exercito da Cyrho. Ma laregina riparato lexercito dinuouo con in si die lassalto. Et uccise. CC. M. dipersi: et elcapo di Cyrrho misse in uno otro pieno di sangue humano: et dixe: disangue eri assetato: hora sangue bei. OLOPHERNE. Chostui fu principe della militia dinabuchdonosor Re deglassyrii: elquale uenuto in tanta superbia: che uoleua essere adorato per idio: mando Olopherne contra a giudei: poi che molte altre nationi hauea subiugato. Egiudei ferono facti forti nelle montagne: doue era longresso nella loro regione. Olopherne assedio Betulia posta in quelle parti. Et priuando lui ebetuliani dacqua: era necessario che sarrendessido. Ma pe conforti Ozia sacerdote diliberoro no aspectare cinque giorni innanzi che sarrendessino. Inquesto tempo Iudith femina bellissima et uedona: fingendo fuggir lafame: con una sua ancilla senando aolopherne raccomandandogli lasalute sua: et promectendogli dare elmodo: che lui poteebbe uincer laterra. Oloferne mosso dalla belleza: et dalle promesse della donna lasalue. Et lei finxe quattro giorni hauere astare in oratione: secondo lasua leggie. Dipoi uedendo Olopherno eper molta ebrieta dormire profondamente glileuo latesta. Et ricorse alla cipta. Et Ozia usci col popolo armato: et assalto loexercito gia fuggente. Et mando alle cipta circunstāti: che occupassino epassi. Onde tāto exercito riceue gran ropta. Furon esoldati doloferne. C. XX. M pedoni: et uenti due mila caualieri. TROIA IN CENERE. Era sculpita ladistruction ditroia: et la miserabile fortuna di Priamo.

Mostraua laruina elcrudo scempio
che fe tamyri quando dixe acyrrho
sangue setisti et in disangue tempio
Mostraua chome in ropta sifuggiro
glassyri poiche fu morto oloferne
et anche lereliquie del martyro
Vedea troia in cenere et incauerne
o ilion chome te basso et uile
mostraua elsegno che tidiscerne
Qual dipennel fin maestro o distile
che ritraessi lombre et gliacti quiui
mirar farebbe ogningegno soctile
Morti li morti et uiui parean uiui
non uide me dime chi uide eluero
quantio calcai fin che chinato giui

Hor superbite et uia coluiso altero
figluoli deua et non chinateluolto
sicche ueggiate eluostro mal sentero:
Piu era gia per noi del monte uolto
et del cammin del uolto assai piu speso
che non stimaua lanimo non sciolto.
Quando colui chennanzi sempre atteso
andaua / comincio driza latesta:
non e / piu tempo digir si sospeso:
Vedi cola un angel che sapppresta
per nenir uerso noi / uedi che torna
dal seruigio del di lancilla sexta.
Diriuerentia luiso et gliacti adorna

e Condecente chosa: che queste historie sieno sculpite in terra nella uia: accioche ogni huomo: che passa lecalpesti. Imperoche se costoro p superbia uollon sempre ire sopra glaltri: degna pena e / loro: che glaltri uadin sopra diloro. Onde per indegnatione usa qnesta exclamatione elpoeta: HOR SVperbite Figluoli dEua. Quasi dica. huomini mortali: et non daltra origine: che sisieno glaltri. Et non chinate eluolto / quasi dica non considerate alla uostra basseza et infima conditione. SICCHE VEGGIATE ELVOSTRO mal sentero: non siconosce quanto sia mal sentero. i. mala uia quella della superbia: se non quando ueggiamo per exemplo daltri: doue epsa ciconduce PIV ERA GIA. Noi hauamo uolto. i. hauamo girato andando su per lacornice: che attornia e

sicheldilecti lomenarci n̄suso
pensa che questo di mai non raggiorna

monte piu delmonte: et hauamo speso del camin del sole. i. del tempo: elquale nasce dal moto solare. piu che non pensaua elmio animo: non sciolto. i. non libero. Imperoche quando lhuomo ua innuna fixa cogitatione danimo eltempo passa: et lui non senauede. QVANDO COLVI che innanzi sempre atteso ua. Non puo lhuomo andare per dritto cammino: se lappetito precede laragione: ma arriua al disiato fine: quando laragione precede: et non solamente precede: ma sempre sta attenta. GRIdaua: perche laragione con aspri morsi stimola lappetito: che quando abastanza ha considerato una cosa alzi latesta allaltra: et non uadi sempre sospeso in uno solo pensiero. VEDI COLA VN ANGEL che sappresta: che saffrecta et sapparecchia. Questo angelo e/quella diuina gratia: della quale gia tante uolte habbiam decto. Et benche elpoeta muti spesso fictione: nientedimeno intende sempre una medesima chosa. Vedi che torna lasexta ancilla dal seruigio del giorno. i. lasexta hora torna: perche gia ha facto lufficio suo. Lasentia e/che lasexta hora sipartiua dal sole: perche lui entraua nella septima. Et dimostrando che gia lameta del giorno era passata in contemplare lasuperbia: significa: che molto piu tēpo si consuma nel purgare questo uitio: che alchuno altro. DIREVERENTIA eluiso et glacti adorna debba lappetito et laragione infetiore farsi riuerente: et ubidiente alla diuina gratia remittente: et nō perder tempo: quando con quella puo andare auanti. Imperocheltempo perduto non sipuo racquistare Onde eldi non raggiorna. Et Virgilio: proxima quaeque dies miseris mortalibus aeui: prima fugit.

Io ero ben del suo admonir uso
pur di non perder tempo sichenquella
materia non parea parlarmi chiuso:
Ad noi uenia lacreatura bella
biancho uestita et nella faccia quale
par tremolando matutina stella:
Lebraccia aperse et inde aperse lale
dixe uenite qui son presso agradi
et ageuolmente omai sisale

q Vando lappetito gia per lunga consuctudine e/uso aubidire aprecepti della ragione: facilmēte glintende: et maxime: quando amonisce: che non siperda tempo: perche questo precepto da la ragione del continuo: et in ogni eta: et in ogni cosa. Finge che langelo sia uestito dibiancho: et habbi lafaccia splendida: perche tal gratia cillumina et ciriduce allo stato dellainnocentia: et facci puri. Lebraccia aperse: ilche dinota ladiuina misericordia: LEGGIERMENTE homai sisale. Et inuero: chi depone lasuperbia: facilmente si libera da glaltri uitii: perche lasuperbia citogle idio: linuidia elproximo. Et lira noi medesimi.

Aquesto annuntio uengo molto radi
o gente humana per uolar su nata
perche apocho uento chosi cadi
Menocci oue laroccia era taglata
quiui mibatte lale per lafronte:
poi mipermisse sicura landata.
Chome adman dextra per salir somonte
doue siede lachiesa che soggioga
laben guidata sopra rubaconte/
Per romper del montar lardita foga
per lescalee che sifero ad etade:
chera sichura elquaderno et ladoga
Chosi sallenta laripa che cade
quiui ben rapta dallalto girone
ma quinci et quindi laltra pietra rade.

l Eparole del primo ternario possono essere et dellangelo: et del poeta. Dice adunque: che pochi sono quegli: che uenghino a questo anūtio: che fa langelo: quando dice uenite. Perche pochi son quegli: che sisuiluppino dalla superbia: et pochi quegli: che salghino al cielo. O GENTE humana: E/exclamatione. PER SALIR SV nata: facta dadio per salire al cielo. PERCHE a pocho uento chosi cadi: perche tilasci tanto uincere daglhonori mondani: che tu caggia nel uitio della superbia. Impero chome diciamo innalzarsi chi usa lauirtu: perche cie guida aleuar lanimo alle chose diuine: chosi chi conmecte uitio cade: perche ogni sua cogitatione e/nelle chose basse et caduche. Et optime dixe uento: perche disopra dimostramo lagloria debeni mondani essere simile aluento: MENOcci oue era taglata laroccia: i. el monte elquale glantichi nostri chiamorono roccia et rocca: si chome elatini glichiamano arces. Et finge qui che per forza discarpello fussi taglata la scala: per laquale sisalissi al secondo balzo. Batte lale per lafronte aDante: per rimuouerne uno desepte peccati: essendo gia purgato della superbia: che e/uno desepte peccati mortali. Vna dellale e/lagratia preueniente et illuminante. Laltra e/lacooperante et consumāte. Queste fanno: che idio cirimette le nostre colpe: et pone epeccati nella fronte: perche epeccati sidebbono appalesare. POI MIPERMISse sicura landata. Non e/secura lauia alla purgatione: se non e/spenta lasuperbia: perche quella spesso cinganna: o ciassalisce etiam nelle buone operationi. CHOME AMAN DEXTRA. Tali erono le talee in questo luogho: quali sono quelle: che ueggiamo nella uia: laquale e/dalla porta insino asancto Miniato amonte: lequali scalee furono facte perlafoga. i. lascondiscesa: et adire piu apertamente lachi na fussi ropta. i. non fussi continuata. Ma interropta daglintervalli messi apiano tra lescalee. AMAN dextra uscendo della porta per andare asan miniato sisale alquanto per una sola uia: Dipoi sidiuide in duo uie: et quella che rimane daman dextra: achi sale ha lescalee: che soggioga. Laben guidata lacipta di Firenze: laquale per hironia dixe ben guidata. i. ben condotta: et ben recta. SOPRA RVBACONte Questo tempio alquale sisale per lescalee gia decte soggiogha: cioe sopra giudica: et soprasta daquella parte. che sopra arrio e/elponte rubaconte. Elquale fu denominato da messer Rubaconte damandello caualieri melanese: elquale fu podesta di FIRENZE. Quando sedifico questo ponte nellanno. M.CC ELQVADERNO et ladoga: perche fu gia falsato un libro dicamera del comune: elquale era dilegno: fu tracto una doga. CHOSI SAllenta laripa: chome disopra chiamo lascondescesa ripa foga: perche con uelocita sirouina per tali luoghi: chosi pel contrario dice laripa lenta. quando sisale. MA QVInci et quindi laltra pietra rade. Doue era lascala: laripa era lenta. Ma dipoi daogni parte dellascala. i. era si strecta lascala daogni parte: che chi sale larasenta: Et dinota che lauia della uirtu e/strecta.

Noi uolgemo iui lenostre persone
beati pauperes spiritu uoci
cantaron si che nol dire sermone
Ah quanto son diuerse quelle foci
dallenfernali che quiui per canti
sentra et laggiu perlamenti feroci.
Gia montauan su per liscalon sancti
et esser miparea troppo piu lieue
che per lopian non miparea dauanti

l Anime: che sipurgauano della superbia mostrauano cantando allegreza della salita di Danthe. Perche quiui non e/ inuidia del ben daltri. Ma carita. Et cantauano beati pauperes spiritu: quoniam ipsorum est regnum celorum. Ne altro e/essere pouero dispirito: se non manchare disuperbia. Adunque sirallegrauano quegli spiriti. che Danthe gia di tale uitio fusse purgato.

Et io maestro di qual chosa greue
leuata se dame che nulla quasi
per me faticha andando sirceue
Rispose quando epeccati rimasi
anchor neluolto tuo che stincti
saranno chome lun nel tutto rasi
Fien lituoi pie dalbuon uoler si uincti
che dei non pur faticha sentiranno
ma fia dilecto loro esser su pincti

d Imostra Danthe esser diuentato molto leggieri. Ache risponde Virgilio informa: che infersce questa leuita uenirgli: perche de septe peccati gia e/cancellato uno. Ma quando saranno cancellati tutti: non solamente non glisara fatica elsalire. Ma glisia sommo dilecto. Et nota che Virgilio dice: che gia elprimo peccato era tutto extincto. Et glaltri presso che extincti. Adinotare: che purgato interamente eluitio della superbia: glaltri rimangono in buona parte purgati.

Allhor fecio chome color che uanno
con chosa incapo non dallor saputa
se non checenni altrui suspicar fanno
Perche lamano adaccertar saiuta
et cercheetruoua et quel officio adempie
che non sipuo fornire per laueduta
Et con ledita delladextra sempie
trouai pur sei delle lecter chencise
quel dalle chiaui ame soura letempie
Ilche guardando elmio doctor sorrise

n On sera accorto elpoeta: che desepte peccati gia uno era leuato in tutto: et glaltri molto erono diminuiti. Ilperche mosso dalle parole di Virgilio sicerco con ledita sempi. i. sempici. Et trouonne sei. Et interuennegli: chome achi porta in capo chosa: che non sa. Ma uedendo rider chi e datorno: et non potendo gliocchi far lufficio suo: perche non posson ueder elcapo: lemani suppliscono. Et per quelle lhuomo saccerta di quel: che non sapea. Queste parole significano: che lasensualita non puo essere uera giudice: se lanimo e/anchora purgato da alchun uitio. Ma laragione gne nemostra. Ne saccorge lhuomo depeccati: che ha in testa: se non poi: che se purgato dallasuperbia sisa tanto tumidi et gonfiati: che ciparere essere uirtuosi. Ma diposta lasuperbia: alhora cicominciamo accorgere denostri errori. Sorrise Virgilio: perche lointellecto siride della ignorantia della sensualita et quasi diuenta unaltro Democrito.

. CANTO. XIII. DELLA SECONDA CANTICA DI DANTHE .

ASCIATO elprimo balzo: oue habbiamo ueduto lepene deſuperbi: entriamo gia ſalite leſca le nel ſecondo: nel quale ſipurga lainuidia. E/inuidia uno reciproco tormento danimo: elqual ſiſtrugge per bene daltri: et tal dolore torna in ſe medeſimo. Et Auguſtino dixe inuidia eſſe re dolore preſo dellaltrui felicita. Onde Oratio. Inuidus inuidia comburitur intus et extra. Item. Inuidus alterius rebus macreſcit opimis. Et Salomone uolendo dimoſtrare quanto tormento dia aſe medeſimo linuido dixe. Qui in ruina leta tur alterius: non erit impunitus. Erauamo adun que al ſommo dellaſcala: che mette inſulla ſecon da cornice: laqual diſmala. i. rimuoue elmale: et elpeccato achi uiſale. Queſta ricigne et circonda elmonte faccendo piano intorno aquello. Ma pie ga piu toſto elſuo archo: i. fa meno circuito: per che chome habbiamo decto diſopra: quanto piu ſurge elmonte: piu ſaſſoctiglia: et per queſto elcer chio dellacornice uiene aeſſer minore. Et choſi di gradano epeccati. Et ſempre emaggior ſono epiu baſſi. Adunque et lepene ſimilmente ſaſſottigla no. OMBRA NE SEGNO: ne pictura uiſiue de: ne ſculptura: chome era nelbalzo diſotto. Ma reſta lauia et laripa ſchiecta et ſemplice. Et lepietre diche e/facta lacornice: ſono dicolor liuido. Dino ta per queſto non ueſſere alchuna pictura o ſculptura: che lainuidia non ſimanifeſta ne appare: ſe non meſcholata con altro peccato. O ueramente dixe ombra. i. anima alchuna: perche glinuidi non uanno per lacornice: et erono in luogho lontano. Elcolor liuido e/conueniente alla inuidia: perche naſce: dal freddo et lainuidia e/ fredda: perche e/contraria alla carita

n Oi erauamo alſommo dellaſcala
oue ſecondamente ſiriſega
lomonte che ſalendo altri diſmala:
lui coſi una cornice lega
intorno alpoggio come laprimaia
ſe non che larco ſuo piu toſto piega
Ombra non ue ne ſegno che ſipaia
parſi laripa et parſi lauia ſchiecta
con liuido color della petraia

Se qui per dimandar gente ſaſpecta
ragionaua alpoeta io temo forſe
che troppo hara dindugio noſtra electa
Po fiſamente alſole glocchi porſe
fece deldextro lato amuouer centro
et laſiniſtra parte diſe torſe

p Erche in queſto balzo ſipurga lainuidia: et la pena deglinuidi e/che ſeghino: pero dubi ta Virgilio: che aſpectando chi moſtraſſi elcamin troppo ſindugerebbe loro electa. i. loro electio ne. Et decte queſte parole ragguardo elſole: et guardandolo ſiuolſe ad man dextra. Pel ſole intẽ diamo lontellecto noſtro: et ancora lagratia illu minãte didio. Imperoche chome elſole cimoſtra

O dolce lume acui fidanza io entro
per lonuouo cammin tu miccnduci
dicea chome condur siuuol quincentro
Tu scaldil mondo tu souresso luci
saltra cagione incontrario non ponta .
esser dien sempre lituoi raggi duci

lechose uisibili : chosi queste due cimostrano cluero. Laspeculatione adunque prese per duca tal sole. FECE DEL DEXTRO LATO AMVO uer centro. Quando uoglamo fare un tondo con leseste : quella puncta : che siferma fa centro alcerchio : che guida quella : che simuoue. Et similmẽte quando stãdo ritti ciuoglamo uolgere : un pie sta fermo per centro : et laltro sigira. Et se uoglamo uolgere adman dextra : elpie dextro siferma elmancho sigira insu ladextra parte. Piglera adunque buon cammino Virgilio : se rimirando elsole : el quale glimolterra elcammino : uadi alla man dextra. i. usi elume dellintellecto : et della gratia diuina in buone operationi. O DOLCE LVME : oratione conueniente al sole : perche nelle cose uisibili produce tutti questi effecti . Ma piu conueniente e/ aquel sole : che cillumina lontellecto. lagratia didio illuminante : socto lacui fidanza Virgilio. i. laparte rationale delhuomo entra nelle uirtu purgatorie : lequali sono nuouo cammino alhuomo anchora non assuefacto. TV SCALDI ilmondo . Conuiene chi conosce elbene mediante lagratia illuminante saccenda di marauiglioso amor di quello . TV SOuresso luci. Imperoche dallamore seraphico siuiene alcherubico lume : chome spesso habbiamo toccho : et altroue piu apertamente diremo.

Quanto diqua per un miglo siconta
tanto dila erauan noi gia iti
con poco tempo per lauogla prompta :
Et uerso noi uolar furon sentiti
non pero uisti spiriti parlando
allamensa damor cortesi inuiti
Laprima uoce che passo uolando
uinum non habent altamente dixe :
et drieto anoi lando reiterando
Et prima che del tutto non sudisse
per allungarsunaltra ison horeste
passo gridando et anche non saffixe :
O dixio padre che uoce son queste
et chome dimandai ecco larerza
dicendo amate dacui male haueste /

PErche in questo balzo sipunisce lainuidia : laquale e/ freddissima : et pero liuida ; non sanza gran cagione induce elpoeta spiriti : leparole dequali dimostrino carita : lacui fiamma lieui tal freddo. Noi in altro luogho habbiamo dimostro perche cagione nellonferno non pone distinctamente esepte peccati mortali : chome qui : ne fa speciale mentione della inuidia et uanagloria : VINVM NON HABENT. Sono parole di Maria a Cristo nellenoze. doue sisprime : che Maria non auso difemina ; laquale dinatura auida di gloria ; non puo sanza liuore riguardare laltrui excellentia. Ma mossa dacarita sidolse delmancamẽto delle noze. Questi exempli sempre debbono essere nella monte dichi purga lainuidia ; et ad imitatione di Maria debba pregare idio : che muti lacqua in uino. i. elfreddo della inuidia ĩ caldo di carita : o ueramente muti lacque : i. glaffanni : letribulationi in uino . i. in letitia. Vuole adunque elpoeta : che se eltroppo uedere delben daltri genera questo peccato : lasua purgatione conuien che sia non uedere . Et per questo pocho piu auanti gliporra ciechi . Et similmente pone inuisibili glispiriti : equali uolando per aria fanno dolci inuiti alla mensa damore. i. alla carita : Imperoche purgandosi ogni chosa col suo contrario : lacarita e/ quella : che intutto spegne lainuidia. SPIRITI PARLANDO ALLA MENSA Damore cortesi inuiti : parlauano inuiti. i. parlando inuitauano lanime : che shaueano apurgare della inuidia alla mensa damore. i. alla carita : Et dixe mensa : perche laprima uoce togleuano dello euangelio delle noze : dicendo : uinum non habent. Et certo chome lainuidia detrae et macula lhonore ; et lutile del proximo : chosi lacarita saffatica et sindustria diconseruarlo. Scriue loeuangelista Luca : che nelle noze facte in cana galilee. Maria Vergine mossa dacarita uedendo mancare eluino : siuolse ad Hiesu et dixe costoro non hanno uino : laquale uoce procedecte da somma carita. Pone che lauoce fu decta : et fu reiterata. i. replicata. Adinotare che lacarita non sistracca mai dicondolersi del male del proximo ; et sempre ricorda a dio elsuo bisogno : et innanzi che uengha : et quando uiene : et poiche e/ uenuto. IO SONO HORESTE. Ha posto una spetie dicarita : laquale e/ in quegli : che sirallegrano del bene dellamicho : et affaticonsi : perche quel uengha ; Hora pone unaltra spetie : laquale sitruoua in rari. Et questi sono quegli : equali per scampare lamico suo simectono alla morte : chome sileggie dhoreste : et di Pillade. Fu Horeste figluolo dagamemnone : et di Clitemestra : Ma Clitemestra mentre che elmarito fu occupato nella guerra troiana siscaldo dellamore degysto : informa che per non perdere lacosa amata : tornando elmarito : sipropose in sieme con Egysto ucciderlo. Adunque dopo lesimulate accoglenze gliporse una ueste : laquale lui simectessi non aperta disopra. Et mentre che in quella era inuiluppato luccise : Horeste suo figluolo anchora fanciullo dastrobilo focense fu difurto tolto dal conspecto materno : perche lei cercaua ucciderlo : accioche dreame rimanessi libero alsuo amante. Dipoi facto adulto uccise lamadre per fare leuendette del padre Et per tale matricidio diuenne furioso. Ilperche hauendo contracta amicitia con Pylade figliuolo del sopra nominato Strobilo: seco ando nella regione taurica: doue era eltempio di Diana dictina: nel quale efuriosi restauano liberi dalle furie. Et in quello liberato uolle Thoante Re crudelissimo sacrificare Horeste alla gia decta idia. Ma non discernendo lui dapylade nacque exemplo mirabile damicitia. Impero che pylade per liberare lamico affermaua essere Horeste. Et Horeste perche lamico non perissi in suo luogho con giuramento mostraua essere horeste: et che lui toglessi: et Pylade liberassi dal pericolo. Il perche stupefacto elre di si mirabile amicitia alluno et allaltro perdono. Scriue Solino che lossa dhoreste furono trouate dalacedemonii nella cipta di Tegea: lequali ridocte in suo luogho faceano corpo lũgo serpe cubiti. Pretermecto molte chose in questa historia. Ma solo basti chelpoeta pone in questo luogho horeste per quella spetie dicarita: per laquale lhuomo uolentieri simette alla morte per campar lamico. AMATE DACVI Male hauesti. E/uera carita rallegrarsi del ben del proximo: et affaticarsi: perche quello uenga: Ma maggiore e/sottomettersi amanifesti pericoli per lamico. Ma che diremo diquegli: che amano quegli: daquali hanno rice uto ingiuria. Elquale e/precepto del saluatore. Diligite inimicos uestros. Et orate pro persequentibus uos. Et lappostolo. Nulli malum pro malo reddẽtes Et Luca. Diligite eos. qui uos diligunt: et eos: qui uos oderunt: et inimicos uestros. Et erit merces uestra magna. E/adunque questa latertia spetie della carita: per laquale amiamo enostri inimici.

C Ontinua Virgilio laexpositione et interpetratione delle uoci udite. Et dimostra che perche ĩquesto cinghio et girone e/sferzata. i. punita et purgata lainuidia: e/necessario: che lecorde diquesta sferza. i. tale punitione sieno tracte da amore. Et laragione e/chelfreno: elquale noncilascia trascorrere nel peccato della inuidia: ma ceneritrahe: quando fussimo trascorsi: debba essere contrario: et niente e/piu contrario alla inuidia che lacarita. Adunque leuoci gia decte: lequali ciritraggono dalla inuidia: debbon procedere dacarita. Ma diquesto meglo lauisera Virgilio: ĩprima che arriuino alpasso del perdono. i. alle scalee: lequali salgono alterzo balzo: et cauano lanime purgate con remissione del peccato. Dipoi admonisce Dante: che riguardi fiso: et uedra glinuidiosi et lepene loro: che niente altro significa elguardar fiso: se non uolgere lacume dellongegno: et fermarlo in tale consideratione. Admonito Danthe ubidi alprecepto et guardando fiso uide tutte queste chose. Et maxime lanime: lequali sipurgauano hauer mãtegli dicolore liuido: chome disopra dimostro essere anchora lapietra dilquel luogho. Similmente Ouidio nec lapis albus erat sua mens infecerat illã Et altroue pallor in ore sedet: Questi sedeuon lũgo lagrotta: cantare leletanie: informa che poteano muouere acompassione ogni duro chuore. Videgli uestiti diuil ciliccio. Erono sostenuti dallaripa: et luno appoggiaua ilcapo insu laspalla allaltro: chome fanno eciechi: equali mendicando stãno alla fila appoggiandosi insieme: per conmuouer acompassione non solamente con leparole: ma anchora con quel modo. Aggiugne dipoi: che non poteano uedere alchuna chosa: perche erono acciglati con fil diferro: chome sacciglano glisparuieri presi in selua: acciochè non sidibactino. Queste noue conditioni non sanza grande ingegno et doctrina da elpoeta allo inuidioso: cupido dipurgarsi dital uitio. Stanno asedere per purgare laloro celerita non solamente del corpo ma piu dellanimo: laquale usorono inuestigare lafelicita daltri per disturbarla: et lamiseria per piglarne uolupta. Et ouidio discriuendo lascala della inuidia. Domus est imis in uallibus antri. Abdita sole carens nou ulli per uia uento. Tristis et ignaui plenissima frigoris: et que igne uacet semper: caligine semper abundet. Elmanto lor liuido dimostra elliuore dellanuidia chome gia e/decto. Onde ouidio de Aglioro. Nec color albus erat sua mens infecerat illum. Et altroue: pallor in ore sedet. ET CHE SIA DIVIL CILICCIO: questo sifa di setole et non dilana: onde e/uestimento freddo: perche e/tessuto rado: et e/ruuido: et pugne: et rode lecarni achi seneueste: adinotare che lanuidia e/fredda: che spegne lacarita: et chi siueste dinuidia: sempre e/puncto et rosso dalla felicita: laquale uede inaltri: et consumasene et perdene lecarni. Onde prudentemente dixe elsatyro. Inuidus alterius rebus macrescit opimis. Et Hieronimo conforta che linuido siuesta diciliccio. Seggono appoggiati alsaxo: perche loinuidioso sempre e/nella frigidita et durcza: lequali due chose sono nel saxo. Possiamo anchor riferir questo achi purga lanuidia. Elquale sedendo per lacagione decta disopra: sappoggia acosa stabile et inmobile. APPOGGIANO ELCAPO LVNO ALLALTRO. Elche dinota: che luno debbe correggere

Elbuon maestro questo cinghio sferza
 lacolpa dellanuidia et pero sono
 tracte damore lecorde dellasferza.
Lofren uuol esser dicontraro sono
 credo che ludirai per lomio auiso
 prima che uegni alpasso del perdono
Ma ficchandoluiso per laer ben fiso
 et uedrai genti innanzi ano sedersi/
 et ciaschedun lungho lagrotta assiso:
Alhora piu che prima glochi apersi
 guardami innanzeuidi ombre comanti
 alcolor della pietra non diuersi:

laltro: Cantauon le letanie per iscontro del maldire. Hanno cucito glochi col fil del ferro. i. con la uirtu della fortezza: tengon chiusi gliochi perla ragione decta disopra. Et certo chi si purga dalla inuidia debbe tener chiusi glocchi a beni mondani et per questo elpsalmista Auerte oculos meos ne uideam uanitatem. O uero diremo che glinuidiosi sono ciechi. Onde Iob: Per diem incurrent tenebras; et quasi in nocte sic palpabunt inmeridie. Et Gregorio Mens inuidi cum alieno bono affligitur de radio lucis offuscatur. Et Matheo al: xx. Inuidi de sanitate aliorum infirmantur: et de uita moriuntur. Et socrate desideraua che glinuidiosi hauessino gliochi et glorechi perogni citta: acciochè piu si tormentassino. Et Isaia Ve qui dicitis bonum malum: et malum bonum. Le lagrime significano uera contritione et pentimento:

Et poi che fumo unpoco piu auanti
udia orar maria ora per noi
ora michele et piero et tucti esanti
Non credo che per terra uada anchoi
huomo si duro che non fussi punto
da compassion di quel chio uidi poi
Che quando fui piu presso di lor giunto
che gliacti loro ame ueniano certi
per gliochi fui di graue dolor muncto
Diuil cilicio mi parean coperti
et lun sofferia laltro colla spalla
et tucti dalla ripa eran sofferti
Cosi gli ciechi acui laroba falla
stanno aperdoni a chieder lor bisogna
et luno elcapo soura allaltro aualla
Perchenaltrui pieta piu tosto si pogna
non pur perlo sonar delle parole
ma perla uista che non meno agogna
Et chome aglorbi non aproda elsole
chosi allombre quiui ondio parlo hora
luce delcielo dise largir non uole
Chatucti un fil diferro elciglo fora
et cucesi come asparuier seluaggio
si fa pero che queto non dimora:
Ame parea andando far oltraggio
ueggendo altrui non essendo ueduto
per chio mi uolsi almio consiglio saggio
Ben sapea el che uolea dire elmuto
et pero non attese mia domanda
ma disse parla et sie brieue e arguto
Virgilio mi uenia da quella banda
della cornice onde cader si pote
perche dinulla sponda si ghyrlanda
Dallaltra parte meron le deuote
ombre che per lorribile costura
premeuon si che bagnauan le gote
Volsimi alloro: et o gente sicura
incominciai diueder lalto lume
chel disiouostro solo ha insua cura
Se tosto gratie risolua leschiume
diuostra conscientia siche chiaro
peressa scenda del lamente efiume
Ditemi che mi fie gratioso et charo
sanima e/ qui tra uoi che sia latina
etforse gli sara buono sio lapparo

b EN SAPEA EL CHE VOLEA DIR LO MVTO. Intendea Virgilio quello che io uoleuo dire benche io nol dicessi. Et certo laragione intende lappetito benche esso non parli. Vedendo adunque el desiderio di Danthe che era diparlare chonquelle anime lo permesse ma limitato adomandollo che fussi brieue et arguto; brieue nelle parole: et arguto. i. cauto nelle sententie. Se saliti insul balzo si uolsono aman dextra. Virgilo essendo diuerso lorlo rimaneua in sulla man dextra. Adunque due cose notiamo qui: che danthe habbi uirgilio in su laman dextra et che labbi da quella parte onde e/pericolo dicadere: perche lorlo della cornice non si ghyrlanda. i. non si circunda da alchuna sponda Et e/conueniente cosa che laragione sia alla dextra et dalla parte doue e/pericolo di cadere SE TOSTO GRATIA risolua leschiume. E/ laschiuma la impurita dellacqua et cosi qui si pone per la machia dellanima: laquale purgandosi si laua SICHE CHIARO peressa Lamente humana e/orrigine dello appetito: el quale se e/ obbediente alla ragione trascorre et muouesi alle cose che appetisce: et trascorre chiaro. i. sanza macula. Onde chome habbiamo dimostro et in Virgilo et in questo poeta lappetito e assimigliato almoto dellacqua.

O fratel mio ciaschuna e/ cittadina
duna uera citta: ma tu uuo dire
che uenissi in Italia peregrina
Questo mi parue per risposta udire
piu innanzi alquanto che la doue stauo
et io mifeci ancor piu la sentire
Tralaltre uidi unombra chaspectaua
inuista et se uolessi alchun dir chome
lomento aguisa dorbo insu leuaua

d omandaua Danthe se alchuna anima era tra quelle laqual fussi italiana. Ma questa anima che risponde: perche era fuori del corpo pote piu accertamente considerare lauera patria del lanima: che danthe elquale hauea lasua nelcorpo Per questo modestissima mente corregge la non uera positione di danthe: laquale era: che quella fussi la patria della anima doue fussi generato el corpo. Ma essendo quella creata da dio di niente alua imagine et similitudine et inmediate nō puo hauere altra patria: che la celeste ne dalsuo creatore: elquale non fu ne fiorentino ne romano: ne dalla materia della quale e/ composta Impero che se io dico el mio corpo e/ fiorentino non erro per che e/ composto quiui. Ma lanima uiene dadio et non ha altra patria che el cielo chome disopra dimostramo. Cosi cantano tucti eplatonici et gliegregii philosophi. Cosi eueri theologi. Et ouidio Omne solum forti patria est ut piscibus equor. TRALLALTRE uidi unombra chaspectaua. perche gliochi sono quegli che maximamente dimostrano gliaffecti nostri et quellanima nongli poteua aprire: pone danthe elgesto pel quale lui intese che che essa aspectaua et questo fu che non potendo guardarlo leuo su el mento.

Spirto dixi che per salir ti dome
se tu se quello che mi rispondesti
fammiti contro o per loco per nome
Io fui sanese rispose et con questi
altri rimedio qui lauita ria
laghrimando acolui che se neprestі
Sauia non fui auegna che Sapia
fussi chiamata et fui deglaltrui danni
piu lieta assai chediuentura mia
Etperche tu non credi chio tinganni
o dixe fui comio te decto hor folle
gia descendendo larco demie anni
Eran glicittadin mia presso acolle
incampo uincti collоro aduersari
et io pregauo idio diquelche uolle
Ropti quiui esuolti neglamari
passi di fuga et ueggendo la caccia
letitia presi atutti altre dispari
Tanto chio uolsi insu lardita faccia
gridando adio homai piu non ti temo
come fa elmerlo per pocha bonaccia
Pace uolli con dio in su lostremo
della mia uita et ancor non sarebbe
lomio douer per penitentia scemo
Se ecio non fussi chamemoria mhebbe
Piero pectinaro insue sancte orationi
a cui dime per carita rincrebbe
Ma tu chi se che nostre conditioni
uai domandando et porti gliochi sciolti
si comio credo et spirando ragioni

s apia fu gentil donna sanese: Ma in exilio uiueua incolle: Et tanta inuidia portaua allo stato sanese: che essendo ropti e sanesi non lontano da colle tanta letitia ne prese: che alzando gliochi al cielo dixe: Fammi hoggimai idio el peggio che tu puoi e che uiuero et morro contenta. ET IO PREGAVO IDIO Di quel che uolle. Perche e prieghi di sapia erono non solamente ingiusti ma impii: et nientedimeno segui quanto essa desideraua. Pare non ragione uole che idio somma iustitia gliexaudissi: Et ꝑ questo dice sapia Et io pregauo idio di quel che uolle: quasi dica benchio lopreghassi lui non cō descese amiei prieghi iniusti: Ma fece quello chio desideraua perche lui louoleua per punitione de peccati desanesi TANTO CHIO VOLSI insu lardita faccia: Questo e peccato disuperbia: Et dalla superbia chome dimostramo nasce lauidia. Ma dobbiā īteder che diquesto fera purghata nelbalzo di sobto. COME FA EL MERLO E/ prouerbio uulgato che questo uccello dica quando uiene la primauera non ti curo domine chusciito sono del uerno PACE VOLLI: Insullextremo della mia uita miriduxi apenitētia laqual ci concilia lapace condio. Et benche ꝑ penitētia fuggissi lonferno nientedimeno non sarebbe ancora perpenitentia scemo elmio douere. i. eldebito che haueo condio pe peccati commessi. Ma lorationi dipiero pectinaro hanno racorcio et abbreuiato el tempo elquale haueuo a star nellantipurgatorio. Piero pectinaro fu fiorentino huomo molto religioso et heremita: PORTI GLIOCCHI SCIOLTI: quasi dica non se de nostri: che qui siamo puniti con gliochi cuciti. ET SPIRANDO RAGIONI. Parli ancora uiuo. Impero che non spirano. i. alitano lanime sanza corpo SI CHOMIO credo: Impo che non uedendo non lo potea sapere. Ma perle coniecture lo credea. Risponde danthe et dimo laltro : Cantauon le letanie per iscontro del maldire . Hanno cucito glochi col fil del ferro . i . con la uirtu della fortezza : tengon chiusi gliochi perla ragione decta disopra . Et certo chi si purga dalla in uidia debbe tener chiusi glocchi a beni mondani et per questo elpsalmista Auerte oculos meos ne ui deam uanitatem . Ouero diremo che glinuidiosi sono ciecchi . Onde Iob : Per diem incurrent te nebras : et quasi in nocte sic palpabunt inmendie . Et Gregorio Mens inuidi cum alieno bono affli gitur de radio lucis offuscatur . Et Matheo al : xx . Inuidi de sanitate aliorum infirmantur : et de uita moriuntur . Et socrate desideraua che glinuidiosi hauessino gliochi et glorechi perogni citta : acciochè piu si tormentassino . Et Isaia Ve qui dicitis bonum malum : et malum bonum . Le lagrime significa no uera contritione et pentimento :

Et poi che fumo unpoco piu auanti
udia orar maria ora per noi
ora michele et piero et tucti esanti
Non credo che per terra uada anchoi
huomo si duro che non fussi punto
da compassion di quel chio uidi poi
Che quando fui piu presso dilor giunto
che gliacti loro ame uenIano certi
per gliochi fui di graue dolor muncto
Diuil ciliccio mi parean coperti
et lun sofferia laltro colla spalla
et tucti dalla ripa eran sofferti
Cosi gli ciechi acui laroba falla
stanno aperdoni a chieder lor bisogna
et luno elcapo soura allaltraualla
Perchenaltrui pieta piu tosto si pogna
non pur perlo sonar delle parole
ma perla uista che non meno agogna
Et chome aglorbi non aproda elsole
chosi allombre quiui ondio parlo hora
luce delcielo dise largin non uole
Chatucti un fil diferro elciglo fora
et cucesi come asparuier seluaggio
si fa pero che queto non dimora :
Ame parea andando far oltraggio
ueggendo altrui non essendo ueduto
per chio mi uolsi almio consiglio saggio
Ben sapea el che uolea dire elmuto
et pero non attese mia domanda
ma disse parla et sie brieue e arguto
Virgilio mi uenia da quella banda
della cornice onde cader si pote
perche dinulla sponda si ghyrlanda
Dallaltra parte meron le deuote
ombre che per lorribile costura
premeuon si che bagnauan le gote
Volsimi alloro : et o gente sicura
incominciai diueder lalto lume
chel disiouostro solo ha insua cura
Se tosto gratie risolua leschiume
diuostra conscientia siche chiaro
peressa scenda dellamente elfiume
Ditemi che mi fie gratioso et charo
sanima e/ qui tra uoi che sia latina
etforse gli sara buono sio lapparo

b EN SAPEA EL CHE VOLEA DIR LO MVTO . Intendea Virgilio quello che io uoleuo dire benche io nol dicessi . Et certo laragione intende lappetito benche esso non p li . Vedendo adunque el desiderio di Danthe che era diparlare chonquelle anime lo permesse ma limitato adomandollo che fussi brieue et ar guto : brieue nelle parole : et arguto . i . cauto nelle sententie . Se saliti insul balzo si uolso no aman dextra . Virgilo essendo diuerso lorlo rimanea in sulla man dextra . Adunque due cose notiamo qui : che danthe habbi uirgilio in su laman dextra et che labbi da quella parte on de e/ pericolo dicadere : perche lorlo della corni ce non si ghyrlanda . i . non si circunda da alchu na sponda Et e/ conueniente cosa che laragione sia alla dextra et dalla parte doue e/ pericolo di cadere SE TOSTO GRATIA risolua leschi ume . E/ laschiuma la impurita dellacqua et co si qui si pone per la machia dellanima : laquale purgandosi si laua SICHE CHIARO p essa
c Lamente humana e/ orrigine dello appetito : el quale se e/ obbediente alla ragione trascorre et muouesi alle cose che appetisce : et trascorre chi aro . i . sanza macula . Onde chome habbiamo di mostro et in Virgilo et in questo poeta lappe tito e assimigliato almoto dellacqua .

O fratel mio ciascbuna e/ cittadina
duna uera citta: ma tu uuo dire
che uenissi inItalia peregrina
Questo mi parue per risposta udire
piu innanzi alquanto che la doue stauo
et io misfeci ancor piu la sentire
Tralaltre uidi unombra chaspectaua
inuista et se uolessi alchun dir chome
lomento aguisa dorbo insu leuaua

d omandaua Danthe se alchuna anima era tra quelle laqual fussi italiana. Ma quella anima che risponde: perche era fuori del corpo pote piu accettamente considerare lauera patria del lanima: che danthe elquale hauea lasua nelcorpo Per questo modestissima mente corregge la non uera positione di danthe: laquale era: che quella fussi la patria della anima doue fussi generato el corpo. Ma essendo quella creata da dio di niente alua imagine et similitudine et inmediate nõ puo hauere altra patria: che la celeste ne dalsuo creatore: elquale non fu ne fiorentino ne romano: ne dalla materia della quale e/ composta impero che se io dico el mio corpo e/ fiorentino non erro per che e/ composto quiui. Ma lanima uiene dadio et non ha altra patria che el cielo che me disopra dimostramo. Cosi cantano tutti eplatonici et gliegregii philsophi. Cosi eueri theologi. Et ouidio Omne solum forti patria est ut piscibus equor. TRALLALTRE uidi unombra chaspectaua. perche gliochi sono quegli che maximamente dimostrano gliaffecti nostri et quellanima non gli poteua aprire: pone danthe elgesto pel quale lui intese che che essa aspectaua et questo fu che non potendo guardarlo leuo su el mento.

Spirto dixi che per salir ti dome
se tu se quello che mi rispondesti
fammiti contro o per loco per nome
Io fui sanese rispose et con questi
altri rimedio qui lauita ria
laghrimando acolui che se nepresti
Sauia non fui auegna che Sapia
fussi chiamata et fui deglialtrui danni
piu lieta assai chediuentura mia
Et perche tu non credi chio tinganni
odi se fui comio te decto hor folle
gia descendendo larco deme anni
Eran glicittadin mia presso acolle
incampo uincti cosloro aduersari
et io pregauo idio diquelche uolle
Ropti quiui esuolti neglamari
passi di fuga et ueggendo la caccia
letitia presi atutti altre dispari
Tanto chio uolsi insu lardita faccia
gridando adio homai piu non ti temo
come fa elmerlo per pocha bonaccia
Pace uolli con dio in su lostremo
della mia uita et ancor non sarebbe
lomio douer per penitentia scemo
Se cio non fussi chamemoria mhebbe
Piero pectinaro insue sancte orationi
a cui dime per carita rincrebbe
Ma tu chi se che nostre conditioni
uai domandando et porti gliochi sciolti
si comio credo et spirando ragioni

s apia fu gentil donna sanese: Ma in exilio uiueua incolle: Et tanta inuidia portaua allo stato sanese: che essendo ropti e sanesi non lontano da colle tanta letitia ne prese: che alzando gliochi al cielo dixe: Fammi hoggimai idio el peggio che tu puoi: che uiuero et morro contenta. ET IO PREGAVO IDIO DI quel che uolle. Perche e prieghi di sapia erono non solamente ingiusti ma impii: et nientedimeno segui quanto essa desideraua. Pare non ragione uole che idio somma iustitia gliexaudissi: Et per questo dice sapia Et io pregauo idio di quel che uolle: quasi dica benchio lopreghassi lui non cõdescese ampiei prieghi iniusti: Ma fece quello chio desideraua perche lui louoleua per punitione de peccati desanesi TANTO CHIO VOLSI insu lardita faccia: Questo e peccato disuperbia: Et dalla superbia chome dimostramo nasce lãuidia. Ma dobbiã ĩtẽder che diquesto sera purghata nelbalzo di sobto. COME FA EL MERLO E/ prouerbio uulgato che questo uccello dica quando uiene la primauera non ti curo domine chusscito sono del uerno PACE VOLLI: Insullextremo della mia uita miriduxi apenitẽtia laqual ci concilia lapace condio. Et benche per penitẽtia fuggissi lonferno nientedimeno non sarebbe ancora perpenitentia scemo elmio douere. i. eldebito che haueo condio pe peccati commessi. Ma lorationi dipiero pectinaro hanno raccorcio et abbreuiato el tempo elquale haueuo a star nellantipurgatorio. Piero pectinaro fu fiorentino huomo molto religioso et heremita: PORTI GLIOCCI SCIOLTI: quasi dica non se de nostri: che qui siamo puniti con gliochi cuciti. ETSPIRANDO RAGIONI. Parli ancora uiuo. Imperoche non spirano. i. alitano lanime sanza corpo SI CHOMIO credo: Impo che non uedendo non lo potea sapere. Ma perle coniecture lo credea. Risponde danthe et dimo

Ggliochi dixio mi fieno ancor qui tolti
mi piccol tempo che pocha e loffeſa
facta per eſſer con inuidia uolti
Troppa e piu la paura onde ſoſpeſa
lanima mia deltormento diſotto
che gia lo carco dilaggiu mi peſa.
Et ella ame chi ta adunque condocto
quaſſu tra noi ſe giu ritornar credi
et io coſtui che meco non far motto
Et uiuo ſono et pero mi richiedi
ſpirito electo ſe tu uuoi chio moua
dila parte ancor li mortali piedi:
Oh queſto e/ audire ſi coſa noua
riſpoſe che gran ſegno e/ che dio tami
pero col prego tuo talhor mi goua:
Et chieggoti per quel che tu piu brami
ſe mai chalchi laterra di toſcana
cha miei propinqui tu ben mirinfami:
Tu gli uedrai tra quella gente uana
che ſpera intalamone et perderalli
piu diſperanza chatrotar diana
Ma piu laperderanno gliamiralli.

ſtra non hauere chiuſi gliochi chome loro perche ancora non e/morto; Ma quando lanima ſua uerra ſciolta dalcorpo alpurgatorio dimoſtra che ancora quella ſara punita della inuidia. Ma pocho tempo perche poco infecto di tal peccato: ma teme piu delle pene et tormento diſotto. i. delprimo balzo doue e punita la ſuperbia perche conoſcie eſſere piu inuoluto in quello che inqueſto. Et certo nello animo generoſo; et inacutiſſimo ingegno: et gran iudicio non puo cadere molta inuidia; pche eſſendo la inuidia tra pari neſſuno o pochiſſimi gli ſon pari. Preterea uiene da picolo animo queſta inuidia; Et dachi ſtima e beni del corpo et della fortuna molto piu che non uagliano. Et certo chi coſidera da un chanto gli ſtati et le richeze et le degnita: et dallaltro gliaffanni: et languſtie: et le inſopportabile fatiche che ſono in acquiſtarle et mantenerle: Et eltempo che conſumiamo in queſto: elquale potremo mettere neglistudii delle uere ſcientie: equali ci moſtrano la etherna uita: et lauera uia: che quiui ci conduce: O almanco inqualche actione: per laquale giouaſſimo anoi et alproſſimo; ſanza dubio meriterebbono nō inuidia: ma compaſſione Ma el ſuperbo obtenuto elluogho ſuperiore per hauere animo generoſo uſa liberalita: et magnanimita: Et pargli tanto eſſere ſuperiore aglialtri quanto con maggiori benefici ſegli fa obligati. Et io danthe riſpoſi a Sapia. COSTVI. i. Virgilio. CHE NON FA motto. tace ma condocto. Tace uirgilio: perche come e/decto lontellecto ſuperiore non cerca e particulari: Ma admoniſce danthe a cercharne: pche lontellecto inferiore ha ogni forza dal ſuperiore. OH QVESTO e/audire: Certamente non e/ ſanza manifeſti ſegni chealchuno ſia amato da dio quando riceue dallui gratie ſpeciali: et lequali ſi danno apochi. TRA quella gēte uana E/ proprio et peculiar uitio de Saneſi lauanita. CHE SPERA in talamone. Ha ſperanza hauendo acquiſtato elporto di talamone diuentare grandi huomini inmare: Adunque uani poiche ſperano quello che non e/daſperare. Talamone e/caſtello et porto alfine dellamaremma di ſiena. ET PERDERALLI: PIV DISPERANZA chatrouar diana. Era opinione in quegli tempi inſiena che fuſſi un fiume ſubterraneo; che correſſi ſotto ſiena. Ilperche non ſanza molta ſpeſa ferono cauare in molti luoghi ſperando trouare tale acqua. Aduque non glingannera meno laſperanza: che hanno di poter fare armata permare hauendo talamone: che habbi ingannato quella di trouare queſta acqua: laquale chiamano diana. Et maxime eprincipali ciptadini; equali ſperano anchora eſſere facti amiragli .i. capitani dellarmata.

CANTO XIIII. DELLA SECONDA CANTICA DI DANTHE.

c Hi e costui chelnostro monte cerchia
prima che morte glhabbia dateluolo
et apre glochi asua uogla etcopercia
Non so chi sia ma so che non e/ solo:
dimandal tu che piu tiglauicini:
et dolcemente siche parli acolo:
Chosi due spirti luno allaltro chini,
ragionauon dime inuer man ritta.
poi fer liuisi per dirmi supini
Et dixe luno o anima che ficta
nelcorpo anchora inuer lociel tennai,
per carita neconsola et nedicta:
Onde uieni et chi se che tu ne fai/
tanto marauiglar della tuo gratia/
quanto uuol chosa che non fu piu mai:

e ONtinua in questo quatuordecimo cãto lapurgagione del peccato della inuidia: et per colloquio di messere Guido del duca da bretenoro: et di messer Rinieri da caluoli di romagna lamenta lemisere conditioni ditalia: et precipue della nostra re. p. Et induce Virgilio aparlare dellanuidia. CHI E/costui. Due spiriti insieme ragionando: simarauiglano. che Danthe auanti lamorte: sia uenuto al purgatorio. NON SO CHI SIA: chosi risponde laltro spirito. PARLI ACOLO: parli aperfectione. Imperoche colo e/ puncto fermo: elquale sipone quando lasententia e/finita. CHE NON FV PIV MAI. Pare che sicontradica: hauendo nel secondo canto dinferno affermato Enea essere ito allinferno: et acampi elisii: ache rispondi: che parla hyperbolice: et intende si radeuolte: che sipuo dire non mai. ONDE VIENI? et chi se? Simile alla uirgiliana Venere, dicente. Sed uos qui tãdem quibus aut uenistis ab oris.:

Et io per meza toscana sispatia
un fiumicel che nasce infalterona
et cento migla dicorso nol satia
Disouresso rechio questa persona
dirui chio sia sare parlare indarno
chelnome mio ancor molto non suona
Se ben lontendimento tuo accarno
con lontellecto alhora mirispose
quel che prima dicea tu parli darno:
Et laltro dixe lui perche nascose'
questil uocabol diquella riuera/
pur chome lhuom fa delhorribil chose/
Et lombra che dicio domandata era
sisdebito chosi/non fo mai degno
bene e/chelnome dital ualle pera/
Che dalprincipio suo doue e/ si pregno
lalpestro monte onde troncho peloro:
chenpochi luoghi passoltra aquel segno
Infin lau sirende per ristoro
diquel chelcielo della marina asciuga
ondhanno efiumi cioche ua con loro/
Virtu cosi per nimica sifuga
ditutti chome biscia o per uentura
delluogho oper maluso che glifruga
Ondhanno si mutato lor natura
glhabitatori della misera ualle
che par che cyrce glhauessi inpastura

l Altro che era messer Rinieri: che non parlaua con Danthe: dixe aGuido: che come uedi gli parlaua perche ha chostui celato elnome diquella riuera ne nominato arno come fa chi parla di chose horrende: che per pauento non lenomina Et lombra domandata sisdebito. i. rispose. Imperoche chi e/adomandato dicosa honesta: e/ tenuto arispondere. Adunque quando risponde sisdebita. i. paga? Et dixe elnome di questa riuera non fu mai degno: Et pero e/bene che perisca. Et non fu mai degno. Perche non ha habitatori ornati dalchuna uirtu. Et per dimostrar questo comincia adiscriuerlo: et pone elnascimento suo nella falterona: laquale e/ parte dapennino. Dice adũque che dal principio darno: elquale nasce doue lalpestro monte. i. apennino: elquale e/simile al lalpe: e/si pregno. i. e/si gonfiato et alto: o ueramente e/pregno dacque: perche ĩ pocho spatio produce arno et theuero: chenpochi luoghi passa oltra aquel segno. i. benche apennino sia lunghissimo: nientedimeno in pochi luoghi e/ piu alto che nella falterona. ONDE TRONCO peloro Fu opinione deglantichi: che apennino: del qual dicemo nellonferno: arriui non solamente in fino a Rhegyo. Ma anchora antichamente andassi in sicilia. Et lultima sua parte era quella: che dipoi e/rimaso mõte in sicilia: et e/decto peloro.

Tra brutti porci piu degni digalle
che daltro cibo facto in human uso
diriza prima elsuo pouero calle:
Botoli truoua poi uenendo in giuso
ringhiosi piu che non chiede lor possa :
et albor disdegnando torcelmuso
Vassi caggendo et quantella piungrossa
tanto piu truoua dican farsi lupi/
lamaladecta et suenturata fossa/
Discesa poi per piu pelagi cupi
truoua leuolpi si piene difroda
che non truoua ingegno che glaccupi/
Non lascero didire perchaltri moda
et buon saracostui sancor sammenta
dicio che uero spirto midisnoda/
Io ueggio tuo nipote che diuenta
cacciator dique lupi in su lariua
del fiero fiume et tutti glisgomenta.
Vende lacarne loro essendo uiua
poscia luccide chome anticha belua
molti diuita et se dipregio priua/
Sanguinoso escie della trista selua
lasciala tal che diqui amillanni
nello stato primaio non sirasselua

P Rima che dichiariamo leparole decte della nima: intendi: che di questi due spiriti: quello che parla e/messer guido del duca dabreti noro diromagna. Et laltro achi parla e/messere Rinieri de caluoli da forli: Porci chiama tutto el casentino insino adarezo: et maxime peconti gui di huomini molto luxuriosi. POVERO CALLE: perche ha pocha acqua. BOTOLI: questi sono glaretini: equali aguagla abotoli cani dipiccol corpo: Et uuole dimostrare che glaretini hanno assai sdegno: et poche forze: disdegnando torce el muso: perche poi che e/presso arezo: siuolge amã dextra: et lascia arezo. QVANTO PIV INGROSSA: pe fiumi: che mectono in arno. TANTO PIV TRVOVA decan farsi lupi: cibotolo ringhia et abaia. Ma ellupo sipone per auaro: et predatore: et raptore. Et questo intende per gentili huomini et conti: che erono in ualdarno: et parte pe fiorentini. DISCESA POI PER piu pelagi cupi: pone quegli diualdarno disotto: et finalmente episani: equali chiama uolpi: perdinotare quegli esser pieni difraude et dinganno. NON LASCERO': tre chose pone in questo ternario. Prima dimostra non sicurare dessere udito. Ilche significa essendo lui gia di conscientia necto. che dice non per inuidia. o odio. Ma per giusta indegnatione. Dipoi perche spera farne utile adanche faccendolo cauto. Et nel terzo luogo dimostra: che hauendo adire lechose future: dira eluero: conciosia che lha inteso dauero spirito. IO VEGGIO tuo nipote. Questo fu messer fulcieri de caluoli daforli: elquale predice: che uerra podesta difirenze: et p prezo uccideri molti. Scriuemmo nel sexto canto dellinferno: che nel mille trecento due eneri furono ridocti in FIRENZE per Carlo sanza terra. Chostoro temendo assai della potentia et del fauore: che ebianchi haueuono in Firenze: corruppono messer Fulcieri piglassi molti della parte biancha: tra quali furono messer Betto gherardini: Masino: et Donato caualcanti: messer Neri adimari: et messer Tignoso De Macci. Et chome huomini: che uolessino perturbare eltranquillo stato della cipta gli fece taglare latesta: benche tignoso: perche era molto grasso: peri in sulla colla. Preterea ad instantia dimesser musiatto franzesi suo amico uolle piglare alchuni deglabati. Ma loro presentendo lordine dato difurto sifuggirono. Onde elpodesta tutti glabati fece ribelli. Ne dipoi fu piu in Firenze tal famigla. Et questo basti in questo luogho: perche nel canto gia decto piu distesamente e/narrata. CHOME ANTICA BELVA: chome anticha bestia: quasi dica chome elbue: elquale quando per uecchiaia non puo piu arare: e/ingrassato et messo almacello. Adunque priuo quegli diuita. et se dipregio et di fama. Et usci sanguinoso di Firenze: laquale chiama selua: perche disopra chiamo ecipcadini lupi.

Chomallannuntio defuturi danni
siturbaluiso dicolu chascolta
daqualche parte elperiglo lassanni
Chosi uidio laltranima che uolta
staua audire turbarsi et farsi trista
pochebbe laparola ase raccolta
Lodir delluna et dellaltra lauista
mise uoglioso disaper lor nome/
et domanda nefei conpreghi mixta/
Perche lospirto che prima parlommi
ricomincio tu uuo chi miriduca

C Home interuiene: che uno annuntio dalchuno danno: turba eluiso dicolui: che lode da qualunque parte elperiglo. i. elpericolo lassanni et morda: chosi uidi laltra anima: non Guido che parlaua: ma Rinieri: che udiua turbarsi: perche tale anime son piene dicarita: et dolgonsi del male daltri. Et maxime e/ debito diqueste: che purgono lanuidia. Acciochelabbondantia della carita nel purgatorio spenga in tutto elliuore di questa uita. LODIR DELLVNA: leparole diguido: et eluiso turbato di Rinieri maccese didesiderio disapere: chi essi fussino: et meritamente: perche leparole delluno et egesti dellaltro facciano aperte conjecture: che fussino di pregio et degni des

nelfar ate cioche tu far non uuommi
Ma dache dio inte uuol che traluca
tanta suo gratia non tisaro scarso
pero sappi chi son guido delduca
Fu elmio sangue dinuidia si arso
che se ueduto hauessi huom farsi lieto
uisto mhauresti diliuore sparso
Dimia sementa cotal pagla mieto
o gente humana perche ponil core
doue mestiere diconsorte diuieto
Queste ranier questel pregielhonore
della casa dicauol doue nullo
facto se herede po delsuo ualore:

ser conosciuti. Rispose adunque Rinieri: tu uuol chio tidica: chio sono; et non uuoi dire anoi: chi tu se. Ilche benche paia ingiusto: che tu uogli sapere: et non uogli insegnare. Nientedimeno uedendo inte tanta diuina gratia: non tisaro scarso: ma liberale. Quasi dica eltuo dinegarmi elnome mipotrebbe indurre coniectura: che tu fussi o superbo: che non degnassi: o liuido: che non uolessi contentarmi. Ma ladiuina gratia chio uegho inte miconfuta et ripruoua luno et laltro: perche alcuna gratia spetiale non uiene dadio: se non in huomini distima. FV ELMIO SANGVE DINuidia si arso. Et i questo anchora usa carita: laquale purga lanuidia. Imperoche dimostrando lerrore suo: et lapena che nepatisce: sisa exẽplo aglaltri: acioche seneguardino: che sio ueduto hauessi huom farsi lieto: dimostra expresso eluitio del lanuidia. Imperoche loinuidioso non ha exceptione piu duno che duno altro. Ma qualunque uede farsi alchunauolta lieto. Ilche puo interuenire etiam per pocha felicita: mirabilmente sattrista. VISTO MHAVESTI Delliuore sparso. i. disubito ero oppresso datanta inuidia: che nel uolto lodimostrauo. Imperoche nediuentauo liuido. DIMIA SEmenta cotal pagla mieto. Loperatione deglhuomini sono seme: elquale produce fructo simile ase. Imperoche lebuone et uirtuose opere producono felicita: lecontrarie lopposito. Et ben dixe tal pagla: et non fructo: perche lactione uirtuosa produce non pagla sola: ma anchora grano; perche fa habito diuirtu. Ma lauitiosa produce uitio: che non e/alchuna chosa: Ma sola priuatione. Ilperche sipuo chiamare pagla sterile. O GENTE HVMANA PERCHE NON poni elcore. Riprende glhuomini: equali pongono lamente: et lacogitatione: et laffecto nebeni temporali: et transitorii. Et nequali e/questa conditione: che alchuno non glipuo hauere: se unaltro non e/priuato. Onde Boetio. O angustas et inopes diuitias quas nec pluribus habere totas: simul licet et adquemlibet sine ceterorum paupertate non ueniunt. Adunque uorrebbe loinuidioso priuarne altri per hauergli tutti per se. DOVE E/MESTIEre. i. nequali e/mestiere diuieto di consorte. E/translatione damagistrati: che sidistribuiscono nelle re publiche. doue quando un consorte. i. della medesima famigla ha un magistrato: glaltri hanno diuieto. i. sono prohibiti peteruí essere: essendoui ilconsorto. Chosi nella diuisione debeni della fortuna: interuiene: che elbene: che possiede Marcho: non puo possedere Antonio. Ma ebeni dellanimo: che son leuirtu: perche sono incorporei: et indiuisibili: possono parimente essere posseduti datutti.

Et non pur losuo sangue e/facto brullo
tral po elmonte et lamarina elreno
delben richiesto aluer et altrastullo
Che drento aquesti termini e/ripieno
diuelenosi sterpi siche tardi
per coltiuare homai uerrebbon meno
Ouel buon lucio et arrigo mainardi
pier trauersaro et guido dicarpigna
o romagnuoli tornati in bastardi
Quandonbologna un fabbro siralligna
quandonfaenza un bernardin difosco
uegna gentile dipiccola gramigna

n On solamẽte lafamigla dicostoro e/facta brulla. i. pouera dogni uirtu. Ma tutti glhomini diromagna: laquale discriue persuoi termini. Imperoche romagna da septentrione e/terminata dapo. et damezo di dal mõte apennino: et dalleuante dal mare adriatico: Elreno e/piccol fiume: elquale nasce da pennino diuerso pistoia: soleua correre tra Bologna et Modona: lontano dabologna parechi migla. Dipoi fu condocto abologna. DEL BENE RICHIESTO al uero et al trastullo Secondo eperipatetici sono tre spetie dibeni: honesto: utile: et dilecteuole. Ma lhonesto e/uero bene. Adunque dixe al uero pe beni dellanimo: che e/lhonesta. Et al trastullo pebeni del corpo: et della fortuna: che e/utile et dilecteuole. Conchiude adunque che tutta romagna e/facta brulla et pouera del bene richiesto. richiesto aluero. i. del bene honesto: elquale e/uero bene: et del bene richiesto al trastullo. i. al piacere et alla uolupta. Ilche significa: che e/uota diuirtu: che fanno elbene honesto: et diconcordia et pace che fanno eldilecteuole. Dipoi subgiugne: che cioche e/drento aquesti termini. i. tutta romagna e/ripiena diuelenosi sterpi: et questo dice per translatione. Imperoche glanimi nostri sono aghuaglati alla terra. Imperoche se laterra non e/cultiuata: presto diuiene saluaticha: et riẽpiesi dipruni: et di lappole: et dogni captiuo sterpo. Ma se con diligentia sicultiua: rimane purgata da quegli: et glalberi buoni: et ogni biada uiproduce optimo fructo: Chosi glanimi humani: se non sono

Tra brutti porci piu degni digalle
che daltro cibo facto in human uſo
diriza prima elſuo pouero calle:
Botoli truoua poi uenendo in giuſo
ringhioſi piu che non chiede lor poſſa:
et albor diſdegnando torcelmuſo
Vaſſi caggendo et quantella piungroſſa
tanto piu truoua dican farſi lupi/
lamaladecta et ſuenturata foſſa/
Diſceſa poi per piu pelagi cupi
truoua leuolpi ſi piene difroda
che non truoua ingegno cheglaccupi/
Non laſcero didire perchaltri moda
et buon ſaracoſtui ſancor ſammenta
dicio che uero ſpirto midiſnoda/
Io ueggio tuo nipote che diuenta
cacciator dique lupi in ſu lariua
del fiero fiume et tutti gliſgomenta.
Vende lacarne loro eſſendo uiua
poſcia luccide chome anticha belua
molti diuita et ſe dipregio priua/
Sanguinoſo eſcie della triſta ſelua
laſciala tal che diqui amillanni
nello ſtato primaio non ſiraſſelua

P Rima che dichiariamo leparole decte dellanima: intendi: che di questi due ſpiriti: quello che parla e/meſſer guido del duca dabrectinoro diromagna. Et laltro achi parla e/meſſere Rinieri de caluoli da forli: Porci chiama tutto el caſentino inſino adarezo: et maxime peconti guidi huomini molto luxurioſi. POVERO CALLE: perche ha pocha acqua. BOTOLI: queſti ſono glaretini: equali aguagla abotoli cani dipiccol corpo: Et uuole dimoſtrare che glaretini hanno aſſai ſdegno: et poche forze: diſdegnando torce el muſo: perche poi che e/preſſo arezo: ſiuolge amā dextra: et laſcia arezo. QVANTO PIV INGROSSA: pe fiumi: che mectono in arno. TANTO PIV TRVOVA decan farſi lupi: elbotolo ringhia et abaia. Ma ellupo ſipone per lauaro: et predatore: et raptore. Et queſto intende per gentili huomini et conti: che erono in ualdarno: et parte pe fiorentini. DISCESA POI PER piu pelagi cupi: pone quegli diualdarno diſotto: et finalmente epiſani: equali chiama uolpi: perdinotare quegli eſſer pieni difraude et dinganno. NON LASCERO: tre choſe pone in queſto ternario. Prima dimoſtra non ſicurare deſſere udito. Ilche ſignifica eſſendo lui gia di conſcientia necto. che dice non per inuidia. o odio. Ma per giuſta indegnatione. Dipoi perche ſpera farne utile adanthe faccendolo cauto. Et nel terzo luogo dimoſtra: che hauendo adire lechoſe future: dira eluero: conciosia che lha inteſo dauero ſpirito. IO VEGGIO tuo nipote. Queſto fu meſſer fulcieri de caluoli daforli: elquale predice: che uerra podeſta difirenze: et p prezo ucciderà molti. Scriuemmo nel ſexto canto dellinferno: che nel mille trecento due eneri furono ridocti in FIRENZE per Carlo ſanza terra. Choſtoro temendo aſſai dellapotentia et del fauore: che ebianchi haueuono in Firenze: corruppono meſſer Fulcieri piglaſſi molti della parte biancha: tra quali furono meſſer Betto gherardini: Maſino: et Donato caualcanti: meſſer Neri adimari: et meſſer Tignoſo De Macci. Et chome huomini: che uoleſſino perturbare eltranquillo ſtato della cipta gli fece taglare lateſta: benche tignoſo: perche era molto graſſo: peri in ſulla colla. Preterea ad iſtantia dimeſſer muſatto franzeſi ſuo amico uolle piglare alchuni deglabati. Ma loro preſentendo lordine dato difurto ſifuggirono. Onde elpodeſta tutti glabati fece ribelli. Ne dipoi fu piu in Firenze tal famigla. Et queſto baſti in queſto luogho: perche nel canto gia decto piu diſteſamente e/narrata. CHOME ANTICA BELVA: chome antichа beſtia: quaſi dica chome elbue: elquale quando per uecchiaia non puo piu arare: e/ingraſſato et meſſo almacello. Adunque priuo quegli diuita. et ſe dipregio et di fama. Et uſci ſanguinoſo di Firenze: laquale chiama ſelua: perche diſopra chiamo eciptadini lupi.

Chomallannuntio defuturi danni
ſiturbaluiſo dicolui chaſcolta
daqualche parte elperiglo laſſanni
Choſi uidio laltranima che uolta
ſtauaudire turbarſi et farſi triſta
pochebbe laparola aſe raccolta
Lodir delluna et dellaltra lauiſta
miſe uogloſo diſaper lor nome/
et domanda nefei conprieghi mixta/
Perche loſpirto che prima parlommi
ricomincio tu uuo chi miriduca

C Home interuiene: che uno annuntio dalchuno danno: turba eluiſo dicolui: che lode da qualunque parte elperiglo. i. elpericolo laſſanni et morda: choſi uidi laltra anima: non Guido che parlaua: ma Rinieri: che udiua turbarſi: perche tale anime ſon piene dicarita: et dolgonſi del male daltri. Et maxime e/ debito diqueſte: che purgono lanuidia. Acciochelabbondantia della carita nel purgatorio ſpenga in tutto elliuore di queſta uita. LODIR DELLVNA: leparole diguido: et eluiſo turbato di Rinieri maccese dideſiderio diſapere: chi eſſi fuſſino: et meritamente: perche leparole delluno et egeſti dellaltro faccuano aperte coniecture: che fuſſino di pregio et degni deſ

nelſar ate cioche tu far non uuomni /
Ma dache dio inte uuol che traluca
tanta ſuo gratia non tiſaro ſcarſo
pero ſappi chi ſon guido delduca
Fu elmio ſangue dinuidia ſi arſo
che ſe ueduto haueſſi huom farſi lieto/
uiſto mhaureſti diliuore ſparſo
Dimia ſementa cotal pagla mieto
o gente humana perche ponil core
doue meſtiere diconſorte diuieto
Queſte ranier queſtel pregielhonore
della caſa dicauol doue nullo
facto ſe herede po delſuo ualore:

ſer conoſciuti. Riſpoſe adunque Rinieri: tu uuol chio tidica: chio ſono; et non uuoi dire anoi: chi tu ſe. Ilche benche paia ingiuſto: che tu uogli ſapere: et non uogli inſegnare. Nientedimeno uedendo inte tanta diuina gratia: non tiſaro ſcarſo: ma liberale. Quaſi dica eltuo dinegarmi elnome mipotrebbe indurre coniectura: che tu fuſſi o ſuperbo: che non degnaſſi: o liuido: che non uoleſſi contentarmi. Ma ladiuina gratia chio uegho inte miconfuta et riprruoua luno et laltro; perche alcuna gratia ſpetiale non uiene dadio: ſe non in huomini diſtima. FV ELMIO SANGVE DINuidia ſi arſo. Et i queſto anchora uſa carita; laquale purga lanuidia. Imperoche dimoſtrando lerrore ſuo: et lapena che nepatiſce: ſifa exẽplo aglaltri: acioche ſeneguardino: che ſio ueduto haueſſi huom farſi lieto: dimoſtra expreſſo eluitio dellanuidia. Imperoche loinuidioſo non ha exceptione piu duno che duno altro. Ma qualunque uede farſi alchunauolta lieto. Ilche puo interuenire etiam per pocha felicita: mirabilmente ſattriſta. VISTO MHAVESTI Delliuore ſparſo. i. diſubito ero oppreſſo datanta inuidia: che nel uolto lodimoſtrauo. Imperoche nediuentauo liuido. DIMIA SEmenta cotal pagla mieto. Loperatione deglhuomini ſono ſeme: elquale produce fructo ſimile aſe. Imperoche lebuone et uirtuoſe opere producono felicita: lecontrarie loppoſito. Et ben dixe tal pagla: et non fructo: perche lactione uirtuoſa produce non pagla ſola: ma anchora grano: perche fa habito diuirtu. Ma lauitioſa produce uitio: che non e/alchuna choſa: Ma ſola priuatione. Ilperche ſipuo chiamare pagla ſterile. O GENTE HVMANA PERCHE NON poni elcore. Riprende glhuomini: equali pongono lamente: et lacogitatione: et laffecto nebeni temporali: et tranſitorii. Et nequali e/queſta conditione: che alchuno non glipuo hauere: ſe unaltro non e/priuato. Onde Boetio. O anguſtas et inopes diuitias quas nec pluribus habere totas: ſimul licet et adquemlibet ſine ceterorum paupertate non ueniunt. Adunque uorrebbe loinuidioſo priuarne altri per hauergli tutti per ſe. DOVE E/MESTIEre. i. nequali e/meſtiere diuieto di conſorte. E/tranſlatione damagiſtrati: che ſidiſtribuiſcono nelle re publiche. doue quando un conſorte. i. della medeſima famigla ha un magiſtrato: glaltri hanno diuieto. i. ſono prohibiti poterui eſſere: eſſendoui ilconſorto. Choſi nella diuiſione debeni della fortuna: interuiene: che elbene: che poſſiede Marcho: non puo poſſedere Antonio. Ma ebeni dellanimo: che ſon leuirtu: perche ſono incorporei: et indiuiſibili: poſſono parimente eſſere poſſeduti datutti.

Et non pur loſuo ſangue e/facto brullo
tral po elmonte et lamarina elreno
delben richieſto aluer et altraſtullo /
Che drento aqueſti termini e/ripieno
diuelenoſi ſterpi ſiche tardi
per coltiuare homai uerrebbon meno:
Ouel buon lucio et arrigo mainardi
pier trauerſaro et guido dicarpigna
o romagnuoli tornati in baſtardi
Quandonbologna un fabbro ſiralligna
quandonfaenza un bernardin difoſco
uegna gentile dipiccola gramigna

n On ſolamẽte lafamigla dicoſtoro e/facta brulla. i. pouera dogni uirtu. Ma tutti glhomini diromagna: laquale diſcriue perſuoi termini. Imperoche romagna da ſeptentrione e/terminata dapo. et damezo di dal mõte apennino: et dallenante dal mare adriatico: Elreno e/piccol fiume: elquale naſce da pennino diuerſo piſtoia: ſoleua correre tra Bologna et Modona: lontano dabologna parechi migla. Dipoi fu condocto abologna. DEL BENE RICHIESTO al uero et al traſtullo Secondo eperipatetici ſono tre ſpetie dibeni: honeſto: utile: et dilecteuole. Ma lhoneſto e/uero bene. Adunque dixe al uero pe beni dellanimo: che e/lhoneſta. Et al traſtullo pebeni del corpo: et della fortuna: che e/utile et dilecteuole. Conchiude adunque che tutta romagna e/facta brulla et pouera del bene richieſto richieſto aluero. i. del bene honeſto: elquale e/uero bene: et del bene richieſto al traſtullo. i. al piacere et alla uolupta. Ilche ſignifica: che e/uota diuirtu: che fanno elbene honeſto: et diconcordia et pace che fanno eldilecteuole. Dipoi ſubgiugne: che cioche e/drento aqueſti termini. i. tutta romagna e/ripiena diuelenoſi ſterpi: et queſto dice per tranſlatione. Imperoche glanimi noſtri ſono aghuaglati alla terra. Imperoche ſe laterra non e/cultiuata: preſto diuiene ſaluaticha: et riẽpieſi dipruni: et di lappole: et dogni captiuo ſterpo. Ma ſe con diligentia ſicultiua: rimane purgata da quegli: et glalberi buoni: et ogni biada uiproduce optimo fructo: Choſi glanimi humani: ſe non ſono

Tra brutti porci piu degni digalle
che daltro cibo facto in human uso
diriza prima elsuo pouero calle:
Botoli truoua poi uenendo in giuso
ringhiosi piu che non chiede lor possa:
et albor disdegnando torcelmuso
Vassi caggendo et quantella piungrossa
tanto piu truoua dican farsi lupi/
lamaladecta et suenturata fossa/
Discesa poi per piu pelagi cupi
truoua leuolpi si piene difroda
che non truoua ingegno che glaccupi/
Non lascero didire perchaltri moda
et buon saracostui sancor sammenta
dicio che uero spirto midisnoda/
Io ueggio tuo nipote che diuenta
cacciator dique lupi in su lariua
del fiero fiume et tutti glisgomenta.
Vende lacarne loro essendo uiua
poscia luccide chome anticha belua
molti diuita et se dipregio priua/
Sanguinoso escie della trista selua
lasciala tal che diqui amillanni
nello stato primaio non sirasselua

P Rima che dichiariamo leparole decte dellanima: intendi: che di questi due spiriti: quello che parla e/messer guido del duca dabrectinoro diromagna. Et laltro achi parla e/messere Rinieri de caluoli da forli: Porci chiama tutto el casentino insino adarezo: et maxime peconti guidi huomini molto luxuriosi. POVERO CALle: perche ha pocha acqua. BOTOLI: questi sono glaretini: equali aguagla abotoli cani dipiccol corpo: Et uuole dimostrare che glaretini hanno assai sdegno: et poche forze: disdegnando torce el muso: perche poi che e/presso arezo: siuolge amano dextra: et lascia arezo. QVANTO PIV INgrossa: pe fiumi: che mectono in arno. TANTO PIV TRVOVA decan farsi lupi: elbotolo ringhia et abaia. Ma ellupo sipone per lauaro: et predatore: et raptore. Et questo intende per gentili huomini et conti: che erono in ualdarno: et parte pe fiorentini. DISCESA POI PER piu pelagi cupi: pone quegli diualdarno disotto: et finalmente episani: equali chiama uolpi: perdinotare quegli esser pieni difraude et dinganno. NON LASCERO': tre chose pone in questo ternario. Prima dimostra non sicurare dessere udito. Ilche significa essendo lui gia di conscientia necto. che dice non per inuidia. o odio. Ma per giusta indegnatione. Dipoi perche spera farne utile adanche faccendolo cauto. Et nel terzo luogo dimostra: che hauendo adire lechose future: dira eluero: conciosia che lha inteso dauero spirito. IO VEGGIO tuo nipote. Questo fu messer fulcieri de caluoli daforli: elquale predice: che uera podesta difirenze: et p prezo ucciderà molti. Scriuemmo nel sexto canto dellinferno: che nel mille trecento due eneri furono ridocti in FIRENZE per Carlo sanza terra. Chostoro temendo assai della potentia et del fauore: che ebianchi haueuono in Firenze: corrupp0no messer Fulcieri piglassi molti della parte biancha: tra quali furono messer Betto gherardini: Masino: et Donato caualcanti: messer Neri adimari: et messer Tignoso De Macci. Et chome huomini: che uolessino perturbare eltranquillo stato della cipta gli fece taglare latesta: benche tignoso: perche era molto grasso: peri in sulla colla. Preterea ad instantia dimesser musacto franzesi suo amico uolle piglare alchuni deglabati. Ma loro presentendo lordine dato difurto sifuggirono. Onde elpodesta tutti glabati fece ribelli. Ne dipoi fu piu in Firenze tal famigla. Et questo basti in questo luogho: perche nel canto gia decto piu distesamente e/narrata. CHOME ANTICA BELVA: chome anticha bestia: quasi dica chome elbue: elquale quando per uecchiaia non puo piu arare: e/ingrassato et messo almacello. Adunque priuo quegli diuita. et se dipregio et di fama. Et usci sanguinoso di Firenze: laquale chiama selua: perche disopra chiamo eciptadini lupi.

Chomallannuntio defuturi danni
siturbaluiso dicolui chascolta
daqualche parte elperiglo lassanni
Chosi uidio laltranima che uolta
stauaudire turbarsi et farsi trista
pochebbe laparola ase raccolta
Lodir delluna et dellaltra lauista
mise uoglioso disaper lor nome/
et domanda nefei conprieghi mixta/
Perche lospirto che prima parlommi
ricomincio tu uuo chi miriduca

C Home interuiene: che uno annuntio dalchuno danno: turba eluiso dicolui: che lode da qualunque parte elperiglo. i. elpericolo lassanni et morda: chosi uidi laltra anima: non Guido che parlaua: ma Rinieri: che udiua turbarsi: perche tale anime son piene dicarita: et dolgonsi del male daltri. Et maxime e/ debito diqueste: che purgono lanuidia. Acciochè labbondantia della carita nel purgatorio spenga in tutto elliuore di questa uita. LODIR DELLVNA: leparole diguido: et eluiso turbato di Rinieri maccese didesiderio disapere: chi essi fussino: et meritamente: perche leparole delluno et egesti dellaltro faceuano aperte coniecture: che fussino di pregio et degni des

nelſar ate cioche tu far non uuommi /
Ma dache dio inte uuol che traluca
tanta ſuo gratia non tiſaro ſcarſo
pero ſappi chi ſon guido delduca
Fu elmio ſangue dinuidia ſi arſo
che ſe ueduto haueſſi huom farſi lieto/
uiſto mhaureſti diliuore ſparſo
Dimia ſementa cotal pagla mieto
o gente humana perche ponil core
doue meſtiere diconſorte diuieto
Queſte ranier queſtel pregielhonore
della caſa dicauol doue nullo
facto ſe herede po delſuo ualore:

ſer conoſciuti. Riſpoſe adunque Rinieri: tu uuoi chio tidica; chio ſono: et non uuoi dire anoi: chi tu ſe. Ilche benche paia ingiuſto; che tu uogli ſapere: et non uogli inſegnare. Nientedimeno uedendo inte tanta diuina gratia; non tiſaro ſcarſo: ma liberale. Quaſi dica eltuo dinegarmi elnome mipotrebbe indurre coniectura: che tu fuſſi o ſuperbo: che non degnaſſi: o liuido: che non uoleſſi contentarmi. Ma ladiuina gratia chio uegho inte miconfuta et ripruoua luno et laltro: perche alcuna gratia ſpetiale non uiene dadio: ſe non in huomini diſtima. FV ELMIO SANGVE DINuidia ſi arſo. Et i queſto anchora uſa carita; laquale purga lanuidia. Imperoche dimoſtrando lerrore ſuo: et lapena che nepatiſce: ſifa exẽplo aglaltri: acioche ſeneguardino: che ſio ueduto haueſſi huom farſi lieto: dimoſtra expreſſo eluitio dellanuidia. Imperoche loinuidioſo non ha exceptione piu duno che duno altro. Ma qualunque uede farſi alchunauolta lieto. Ilche puo interuenire etiam per pocha felicita: mirabilmente ſattriſta. VISTO MHAVESTI Delliuore ſparſo. i. diſubito ero oppreſſo datanta inuidia: che nel uolto lodimoſtrauo. Imperoche nediuentauo liuido. DIMIA SEmenta cotal pagla mieto. Loperatione deglhuomini ſecto ſeme; elquale produce fructo ſimile aſe. Imperoche lebuone et uirtuoſe opere producono felicita: lecontrarie loppoſito. Et ben dixe tal pagla: et non fructo: perche lactione uirtuoſa produce non pagla ſola: ma anchora grano: perche fa habito diuirtu. Ma lauitioſa produce uitio: che non e/alchuna choſa: Ma ſola priuatione. Ilperche ſipuo chiamare pagla ſterile. O GENTE HVMANA PERCHE NON poni elcore. Riprende glhuomini: equali pongono lamente: et lacogitatione: et laffecto nebeni temporali: et tranſitorii. Et nequali e/queſta conditione: che alchuno non glipuo hauere: ſe unaltro non e/priuato. Onde Boetio. O anguſtas et inopes diuitias quas nec pluribus habere totas: ſimul licet et adquemlibet ſine ceterorum paupertate non ueniunt. Adunque uorrebbe loinuidioſo priuarne altri per hauergli tutti per ſe. DOVE E/MESTIEre. i. nequali e/meſtiere diuieto di conſorte. E/tranſlatione damagiſtrati: che ſidiſtribuiſcono nelle re publiche. doue quando un conſorte. i. della medeſima famigla ha un magiſtrato: glaltri hanno diuieto. i. ſono prohibiti peteruì eſſere: eſſendoui ilconſorto. Choſi nella diuiſione debeni della fortuna: interuiene: che elbene: che poſſiede Marcho: non puo poſſedere Antonio. Ma ebeni dellanimo: che ſon leuirtu: perche ſono incorporei: et indiuiſibili: poſſono parimente eſſere poſſeduti datutti.

Et non pur loſuo ſangue e/facto brullo
tral po elmonte et lamarina elreno
delben richieſto aluer et altraſtullo /
Che drento aqueſti termini e/ripieno
diuelenoſi ſterpi ſiche tardi
per coltiuare homai uerrebbon meno:
Ouel buon lucio et arrigo mainardi
pier trauerſaro et guido dicarpigna
o romagnuoli tornati in baſtardi
Quandonbologna un fabbro ſirallìgna
quandonfaenza un bernardin difoſco
uegna gentile dipiccola gramigna

n On ſolamẽte lafamigla dicoſtoro e/facta brulla. i. pouera dogni uirtu. Ma tutti glhomini diromagna: laquale diſcriue perſuoi termini. Imperoche romagna da ſeptentrione e/terminata dapo. et damezo di dal mõte apennino: et dallenante dal mare adriatico: Elreno e/piccol fiume: elquale naſce da pennino diuerſo piſtoia: ſoleua correre tra Bologna et Modona: lontano dabologna parechi migla. Dipoi fu condocto abologna. DEL BENE RICHIESTO al uero et al traſtullo Secondo eperipatetici ſono tre ſpetie dibeni: honeſto: utile: et dilecteuole. Ma lhoneſto e/uero bene. Adunque dixe al uero pe beni dellanimo: che e/lhoneſta. Et al traſtullo pebeni del corpo: et della fortuna: che e/utile et dilecteuole. Conchiude adunque che tutta romagna e/facta brulla et pouera del bene richieſto richieſto aluero. i. del bene honeſto; elquale e/uero bene: et del bene richieſto al traſtullo. i. al piacere et alla uolupta. Ilche ſignifica: che e/uota diuirtu: che fanno elbene honeſto: et diconcordia et pace che fanno eldilecteuole. Dipoi ſubgiugne: che cioche e/drento aqueſti termini. i. tutta romagna e/ripiena diuelenoſi ſterpi: et queſto dice per tranſlatione. Imperoche glanimi noſtri ſono aghuaglati alla terra. Imperoche ſe laterra non e/cultiuata: preſto diuiene ſaluaticha: et riẽpieſi diprumi: et di lappole: et dogni captiuo ſterpo. Ma ſe con diligentia ſicultiua: rimane purgata da quegli: et glalberi buoni: et ogni biada uiproduce optimo fructo: Choſi glanimi humani: ſe non ſono

excitati nelle uirtu diuentono efferati et bestiali : et producono operationi non dhuomo : ma disalua
tiche et crudeli fiere. Ma se sono coltiuati con optime leggi et instituti : et con precepti ciuili et mota
li : producono ogni uirtu. Ma qui dimostra : che glisterpi. i. euitii sono si multiplicati : che non siposs
sono spegnere. Ilche significa : che son tanto piu erei : che ebuoni : che e/impossibile adspegnergli : ma
xime perche hanno facto habito fermo neuitii. OVELBVON Lucio. Questo fu messer Lucio da ual
bona : huomo excellente et pien diuirtu. Lacui figluola Caterina uincta da amore : difurto sicongiunse
con Ricciardo nobile giouane ; et messer Lucio con sua prudentia glenefe sposare : chomo distesamente
in una sua nouella narra elnostro boccaccio. Arrigo mainardi dafaenza : alchuni dicono dabretenoro : et
molto amico diquesto : che parla. Pier trauersaro fu signor dirauenna. Magnanimo et molto riputato
et marito una sua figluola a Stephano Re dungheria. Fiori lasua potentia netempi difederigo secōdo
Ribellossi dallui. Ma dopo lasua morte : Federigo assedio : et uinse Rauenna. Guido dicarpigna fu no
bile huomo damonte feltro : elquale nessun fu pari in liberalita. VN FABBRO SIRALLIGNA. i.
quando uno artefice : che diuil conditione sifa grande : et fa che dilui nasce legnaggio et nobilita : cho
me fece lambertaccio fabbro : elquale uenne in tanto stato : che quasi fu signor dibologna. Et dilui disce
se messer Fabbro delambertacci. BERNARDIN difosco. Questo fu lantico dimesser Bernardino :
che signoreggio faenza huomo dibassa fortuna. Ma disenno et diconsiglo excellentissimo : informa che
diuenne in grande existimatione appresso asuoi ciptadini.

n On timarauiglare o tosco. i. o Danthe toscano : se io piango : quando io rimembro. i. ricordo tu
tti questi huomini uirtuosi ; et digran gouerno : Dipoi gliconta ; et pone Guido daprata. Questa
e/uilla tra Faenza et Rauenna. Vgolin dazo : fu chostui deglubaldini. Questi possederono assai circa el

Non timarauiglar si piango tosco
quandio rimembro con guido da prata
ugolin dazo che uiuette nosco
Federigo tignoso et sua brigata
lacasa trauasara et glanastagi
et luna et laltra gente diredata
Ledonne ecaualieri glaffanni et glagi
che nen ueglaua amore et cortesia
la oue in cuor son facti si maluagi.
O brettinoro che non fuggi uia
po che gito sene latuo famigla/
et molta gente per non esser ria

monte apennino et in mugello. Federigo tigno
so darimino. Trauersati et anastagi furono due
famigle in rauenna. CHENNEN VOGLAua
amor et cortesia. Equali lamore : et beniuolentia
et cortesia. i. laliberalita et inuoglaua facea uolō
terosi aseguire tali uirtu. Imperoche dire amore
inuogla me significa amore : mise uolonteroso di
se. Adunque significa che erono accesi da queste
due uirtu : cioe dabeniuolentia : et da liberalita.
Et e/lasententia : che per amore della uiatu fussi
no uolontorosi asopportare fatiche ; et per usare
liberalita inuerso a chi siconueniua ; seguitauano
glagi. i. singegnauano dare agi adaltri. LAOue
nel qual luogho ecuori : equali soleuano essere si
pieni damore et digentileza. sono ripieni dimal
uagita. O BRETTENORO. E/bel castello in
mezo diromagna posto in monte sopra forli :
CHE NON TIFVGGI VIA : quasi dica : che non tidissai : poi che gito sene latuo famigla. Et inten
de lafamigla diquesto Guido del duca : nella quale dicono essere stati aun tempo molti huomini : et di
tanta liberalita : che nasceua spesso controuersia ; quando quiui arriuauon foresti ieri : perche ciaschuno lo
uoleua acasa sua. Ilperche feciono rizare inpiaza una colonna : et intorno aquella mettere tanti anelli :
quanti eron padri difamigla : et aciaschuno consegnato elsuo. Et quando ueniua elforestiero : legaua el
cauallo auno deglanelli : et disubito quello achi era consegnato lanello : conduceua in casa sua tal forestie
ro : liberalissimamente lhonoraua.

Ben fa bagnacaual che non rifigla
et mal fa castracaro et peggio conio
che difiglar ta conti piu simpigla
Ben faranno epagani dacheldemonio
lor sengira/ ma non pero che puro
giamai rimanga dessi testimonio
O Vgolin defantolin sicuro
elnome tuo dache piu non saspecta
chi far lopossa tralignando obscuro

e Ron gia uenuti meno econti dibagnacauallo
elquale e/tra Imola et rauenna : et nessuno
dinuouo nascea in quella famigla. ET MAL
fa castracaro. Econti dicastracaro : Questi conti
nel tempo del poeta digenerauano. Ma al presen
te sono uenuti meno. CONIO. Duolsi che que
sta famigla generi : poi che tanto traligna. BEN
faranno epagani. Questifurono gentili huomi
ni difaenza discesi dapagano padre di Mainardo
Questi signoreggiauano sopra imola et Faenza.
Et chiamauasi elpoder depagani. Dicostoro fu ma
inardo signor dimola et difaenza huomo : et per
belleza dicorpo : et per uirtu militare egregio. Et

Ma ua uia tosto homai che midilecta.
troppo dipianger piu che diparlare
si mha uostra ragione lamente strecta:

chiamalo demonio: perche era molto astuto. Et intoscana teneua parte guelfa: perche quiui regnauano eguelfi: et in romagna fauoriua aghibellini equali in quella regione eron potenti. Sara utile adunque apagani: che Mainardo muoia. Niente dimeno non rimarra testimonio diloro uera laude: per quello: che habbiamo decto della uersutia di mainardo. Ma dichostui e/decto nellinferno. O VGOLIN Desantolini: Chostui anchora fu gentil huomo difaenza: pieno diuirtu et di costumi. Dopo queste parole Guido licentia Danthe: et dimostra che assai gliduole: che i romagna sia spencta lauirtu. SI MHA VOSTRA Ragione lamente strecta. Dilectommi dipiangere: perche uostra ragione. i: laragione humana: laquale induce ogni huomo acarita: laquale e/propria uirtu delhuomo: minduce acompassione.

b ENche noi non dimandassimo lanime del cammino: ne esse uedessino se teneuam buona uia. Niente dimeno ciconfidauamo: che poiche cisentiuano: ciarebbono adempiuti: se non fussimo iti bene. POI FVMMO facti soli: gia hauamo passato lanime: et rimasi soli quando udimo due uoci. Et qui e/danotare: che chome disopra pose tre uoci exortatiue acarita. Chosi nepon due: lequali perlo exemplo ciposson ritrarre dallanuidia. Ma lepri me tre uidi: essendo anchor tralanime adimostrare: che achi entra nelle uirtu purgatorie: gligioua no tali exhortationi. Ma perche non ha bisogno dexempli: che lastraghino dallanuidia: pero finge: che queste due ultime uoci udi: poiche fu partito dallanime. ANCIDERAMMI QVAlunque miprende (Abel et Cain furon frategli: chome altroue habbiamo mostro. Abel era pastore huomo giusto: et pien direligione. Et sempre quando sacrificaua adio: offeriua emigliori agnelli della mandria. Onde ogni di piu prosperaua. Cain pel contrario era huomo iniquo: et sanza religione: et della sua agricultura sempre offeriua lepiu triste spighe del campo: per laquale impieta lui sempre cadea in maggior pouerta. Onde mosso dainuidia uccise elfratello Abel. Idio irato lomaladixe. Et lui riuolto adio dixe. Tanto grande e/lainiquita mia: chio non merito perdono: Ecco che tu micaccerai hoggi dalla faccia della terra: et saro nascosto dalla tua faccia: et saro sfuggiasco pel mondo. Ma ucciderammi pero ognuno: che mitrouerra? Et idio rispose che no. Adunque Danthe uolendo riuocare glhuomini dallanuidia pone queste parole. ET FVGGI Chome tuono: perche tale exemplo debba riempiere diterrore ogni huomo: accioche siguardi dallanuidia. Et debba tal uitio fuggire dallanimo. SE SVBITO LANVuola sconscende. Dimostra che niente altro tuono e/se non refractione di condensate nuuole. CHOME LVDIR nostro hebbe triegua dallui. i. non udi piu: eccho laltra uoce fu udita danoi con si gran fracasso. i. con si gran romore: et ben dixe perche fracasso significa quello: che in latino e/decto fragor che significa suono facto per chose ropte: chome eltuono: che somiglo tonare: che segua elfulgore tosto et sobitamente: perche sempre eltuono: che disubito uiene dopo elfulgore e/maggiore. Et inuero elfulgore et eltuono e/aun tracto. Ma perche elsenso uisiuo e/piu ueloce che laudito: pero prima siuede la luce del fulgore: che non sode eltuono. Et e/danotare. che lahexortatione alla uirtu debba essere soaue: chome furono lettre uoci disopra. Ma ladeortatione dal uitio debba essere spauenteuole. IO SONO Aglauro che diuenni saxo. Fingono epoeti: che tre furono lesigluole di Cecrope Re dathene. Herse: Pandraso: et Aglauro: Queste uide Mercurio ne sacrificii di Minerua: et allacciossi nellamore dherse bellissima ditutte quelle tre sorelle. Et uolendo andare alla camera dherse: glifu mestiero passare pelluogo oue era Aglauro. Questa uolle intendere lacagione della uenuta di Mercurio. Manifestogli Mercurio lasua uoglia: et con molti prieghi laconforto: che glipresstassi secreto aiuto. Ma lauarissima et inuidiosa sorella nego uolergli fauorire o tenergli celato: se dallui non hauea gran pecunia. Era minerua offesa da Aglauro: perche poco auanti hauea hauto ardire scoprir lacesta: sotto laqual era occultato Erithonio nato di Vulcano. Ilperche mossa aira concito lainuidia: che informa lastimolassi: che inuidiassi lamor dimercurio alla sorella. Et non dessi lauia amercurio. Ilperche Mercurio poi che ne con prieghi: ne con promesse lapote persuadere: laconuerti in saxo. Adunque pone questo exemplo elpoeta per spauentare glhuomini daquesto uitio. Quadra anchora inquesto luogho ladiscription della casa dellanuidia: laqua

Noi sapauan che quelle anime care
cisentiuono andare pero tacendo
faceuan noi del cammin confidare
Poi fumo facti soli procedendo
fulgore parue quando laer fende
uoce che uinse dicontra dicendo:
Ancideram mi qualunque miprende
et fuggi chome tuon che sidilegua
se subito lanuuola sconscende
Chome dallu ludir nostrhebbe triegua
et ecco laltro con si gran fracasso
che simiglo tonar che tosto segua/
Io son aglauro che diuenni saxo
et alhor per istrignermi alpoeta
indrieto feci et non innanzi elpasso

le Ouidio non con minore doctrina che eloquentia discriue. ET ALHOR PER ISTRIGNERMI al poeta. Dimostra che andaua innanzi a Virgilio: ma alhora per paura sitiro in drieto per accostarsi allui. Ilche dimostra: che spesso elsenso trascorre per troppa ardēte cupidita. Ma quando simili exempli lospauentano: lui siripreme et sottomectesi allaragione.

q Vesto che alpresente dice Virgilio: gia hauea promesso didire. quando dixe: LOFREN VVCI esser dicontrario sono: Credo che ludirai per mio auiso: anti che uegni alpasso del perdono. Et el midixe. QVEL FV DVRO camo: quel. i. lauoce di Cayn: et quella dAglauro fu duro camo. i.

Gia era laer daogni parte queta
 et elmidixe quel fu duro camo
 che doure lhuom tener drentasuo meta
Ma uo prendete lescha siche lhamo
 dellantichaduersaro ad se uitira
 et pero pocho ual freno o richiamo
Chiamauilcielo entorno uisigira
 mestrandoui lesue belleze etherne
 et locchio uostro pure aterra mira
Onde uibacte chi tutto discerne.

duro freno. Onde elpsalmista. In camo et freno maxillas eorum constringe: perche tali exempli debbono raffrenar: ciaschuno: che non trascorra in questo uitio. Imperoche perCayn sidimostra lamorte: et p aglauro: che fu saxo laobstinatione Debba adunque tal freno tener lhuomo drento a sua meta. i. drento atermini dellaragione: laquale uuol: che ami elproximo chome te medesimo Meta in latino e/laextremita del corso decaugli alla quale non solamente hanno aperuenire. Ma peruenuti debbono circuirla con tanta arte: et ingegno: che o non sappressino tanto che uipercuotino: o tanto sidilunghī: che glaltri cauagli entrino tra loro: et lameta et prima habbin facto elcircuito. MA VOI PRENDETE LESCA. Interuiene alhuomo chome alpesce. Imperoche chome elpescatore porge lesca al pesce nellhamo: et chosi longanna: Chosi eldiauolo nostro anticho aduersario ciaescha con quegli mondani piaceri: nequali e/nascosto eluitio: che chome hamo cipigla: et tira adannatione: Informa che non uale freno o richiamo: cioe conforto o reprensione. CHIAMAVI alcielo: Certamente decte idio alhuomo glocchi eleuati: che potessi mirare gletherni corsi decieli: et leloro mirabili belleze et ornamenti. Acciochè desiderassino salire aquegli. Et noi sempre riguardiamo lecose terrene. ONDE VIBATTE. Ilperche idio: che tutto discerne: uipunisce: perche giusta ira lomuoue: non uimouēdo uoi plebellcze: che uimostra.

.CANTO XV DELLA SECONDA CANTICA DI DANTHE.

d ISCRIue elpoeta chome dal secondo girone dellainuidia: sale alterzo: doue sipurga lira. Et prima discriue langelo: che glapparisce: et purgalo dallinuidia. Et dirizalo al cerchio dellira. Dipoi dichiara una sententia posta nelcapitolo precedente: Et aquesta aggiugne una sua uisione. et finalmente Virgilio lainterpreta. QVANTO era. Discriue lhora uespertina: dalla quale insino allo chaso delsole: quando ua sotto e/tanto spatio di tempo. quanto e/dal nascimento del sole insino aterza. Adunque nellequinoctio secondo enostri horiuoli sarebbe lhora uigesima prima. DELLa spera: cioe del sole: elquale nel suo continuo moto scherza asimilitudine difanciullo. Elquale subito che e/nato simuoue sempre acquistando insino amezo delleta. Dipoi cala. Et chosi fa elsole: et in questo et nellaltro hemisperio. VESPRO Era la: nellhemisperio. doue e/ elpurgatorio. Et qui in italia era meza nocte. E/secondo elpoeta el monte del purgatorio oppostito alinea ad hierusalem. Ilperche se lui in quelhora: che questo narraua: fussi stato in hierusalem meza nocte: in purgatorio sarebbe stato mezo giorno. Ma perche era in italia: quando questo scriuea: pero dice che quando la era uespro: in italia era meza nocte: perche non sisa di et nocte equalmente in ogni parte ERAGGI NEFERIEN per mezo elnaso: et assegna laragione. Imperoche andando loro salendo in circuito: conueniua: che non sempre fussino uolti in una parte. Et alhora accadde: che fussino uolti aponente. GRAVAR LAFRONTE allosplendore: grauagli prima lafronte losplendore delsole: che loferia dinanzi. Ma soprauenendo dipoi losplendore dellagnolo: molto piu laggrauo: che prima. Diche lui simarauigliaua per lechose non conte. i. per non essergli manifesto lapparition dellangelo. ONDE LEVAI. Vedendomi abagliare dal superchio splendore. io posi lemani sopra lecigia: et feci tecto aglocchi: acciòche erazi dellosplendore non gliferissino. FECIMI solecchio. i. diminui diquel sole amiei occhi. Solecchio significa piccol sole. Onde quando dandoci elsol neglocchi: noi rimouiamo quegli razi daglocchi nostri con qualche obstaculo: chiamiamo tal remotione solecchio: perche diminuiamo elsole. CHE. i. elquale solecchio. LIMA. i. rimuoue et scema. DEL SOVERCHIO uisibile: della troppa luce.

q Vanto tra lultimar delhora terza
elprincipio deldi par della spera
che sempraguisa difanciullo scherza
Tanto parea gia inuer lasera
esser alsol delsuo corso rimaso
uespr era la et qui meza noctera
Eraggi neferien per mezolnaso
perche per noi girato era silmonte
che gia dritti andauan inuer loccaso
Quando senti adme grauar lafronte
allosplender assai piu che diprima
et stupor mera lechose non conte
Ondio leua lemani inuer lacima
dellemie cigla et fecemi solecchio
che del souerchio uisibil lima/

Chome quando dallacqua o dallospecchio
salta loraggio allopposita parte
saglendo su per lomondo parecchio
Adquel che scende et tanto sidiparte
dalcader della pietra inelqual tracta
si chome mostra experientia et arte
Chosi miparue daluce rifracta
iui dinanzadme esser percosso
perchadfuggir lamie uista fu rapta/
Che e/quel dolce padre ache non posso /
schermir louiso tanto che miuagla
dixio et parmi inuer me esser mosso
Non timarauiglar sanchor tabagla
lafamigla del cielo: adme rispose
messe/ che uiene adinuitar chuom sagla
Tosto sara chaueder queste chose
non tifie graue ma fieti dilecto
quanto natura asentir tidispose

l Asententia e/che tale luce reflexa parue a danthe: che glipercotessi lafaccia: quale e/elrazo elquale scende dal sole nellacqua o nellospechio: et riflectesi nella parte opposita: perche ritorna in su per pari modo: che scese. Imperoche chome el raggio del sole scende sanza distantia di tempo: chosi sanza distantia sale questa reflexione. Et tanto cioe intanto siparte. i. e/ differente dal cader della pietra. Imperoche lapietra cade condistantia IN EQVAL tracta. i. inpari tracto. Imperoche se una pietra in pari tempo scendessi dalsole: che scende elrazo: molto piu tardi giugnerebbe lapietra: che elrazo. Elcaso della pietra secondo Alberto: nellibro della proprieta deglelementi: e/ decta per certa translatione una linea indocta apiombo dal centro del sole sopra enostri capi: perche lapietra: che cade: uiene albasso apiombo. Ilperche uuole nel medesimo libro: che glethiopi. che habitano traltropico estiuo et loequinoctiale: habbino due ardentissimi stati: perche elsole passa due uolte elcaso della pietra sopra elor capi. Adunque inferisce Danthe: che erazi dellangelo apiombo gliuennono. CHOME MOSTRA experien cia: laquale e/manifeſta. ET ARTE. i. laproſpectiua: che di queſto aſſegna laragione. Laproſpectiua e/parte di philoſophia: et parte di geometria. Et non ſanza cagione dice: che erazi dellaluce: che lo ferieno: erono per reffiexione: Imperoche uuol dimoſtrare: che laluce: laquale ueniua dallangelo inluitra razo: elquale dalla diuina luce percotea langelo: et quiui riflexo percotea Danthe. Et noi intendereno che queſti angeli: equali truoua aogni balzo: ſieno lediuine gratie: cioe: lapreueniente: laillumināte: laconperante: et laconſumante. Mediante lequali lhuomo conoſce labruttura del peccato: et labellezza della uirtu: et naſcegli uolonta difuggir quella: et ſeguir queſta: et in tal uolonta diuenta forte: et corroborato et coſtante: Et che Danthe faccia tecto aglochi con lemani: per poter ſoſtener tanto ſplendore: che laſenſualita ſi fa auanti con lebuone opere: lequali ſon ſignificate per lemani. Et leprime opere della ſenſualita e/diuentare obbediente alla ragione: et imparare dallei aconoſcer quello: che locchio ſuo abaglato non puo ſcorgere: Et laragione glinſegna et amaeſtralo: che quello e/ langelo mandato dadio: elquale inuita al ſalire. Imperoche lagratia diuina ſempre cexorta alle choſe celeſti. TOSTO ſara. Imperoche quando lanimo e/ purgato dauitii: locchio della mente puo ſopportare ladiuina luce. i. puo uenire alla cognitione delle choſe diuine: non pero interamente. Ma per quanto e/capace la natura humana.

Poi giunti fumo et langel benedecto
con lieta uoce dixe entrate quinci
aun ſcaleo uie men che glaltri erecto
Noi montauamo gia partiti linci:
et beati miſericordeſ ſicifue
cantato drieto et godi tu che uinci
Lomio maeſtro et io ſol ambedue
ſuſo andauan et io penſai andando
prode acquiſtar nelle parole ſue
Et drizami allui ſi dimandando
che uolſe dir loſpirto diromagna:
et diuieto et conſorte menzonando

P Arlo langelo: quando furon giunti allui cō uoce lieta: perche quanto piu procede nella purgatione lanima noſtra: tanto piu letitia gle moſtra. O ueramente con quella lammoniua langelo: quale lui doueſſi diuentare contro allira. Preterea erono leſcale: lequali montauano meno erte che laltre: che haueano montato diſotto. Il che ſignifica: che purgati gia didue gran uitii: rimaneua piu leggieri. BEATI MISERICORDES ciſu cantato drieto: Dice drieto adimoſtrare che tal canto fu nel balzo dellanuidia. Elquale gia laſciauano. Et queſto ſignifica che lamiſericordia uiene partitoſi lanuidia. Imperoche lamiſericordia ſiconduole del male daltri: del quale lanuidia ſirallegra. Adunque queſta uirtu e/oppoſta allanuidia. BEATI MISERICORDES. Nello euāgelio di Matheo e/ſcripto. Beati miſericordes quoniam ipſi miſericordiam conſequentur. ET GODI tu che uinci: epeccati purgandoti daeſſi: perche nelmedeſimo euangelio e/Gaudete et exultate: quoniam merces ueſtra copioſa eſt in celis. SCLI ANDAVAMO. Ilche diſegna contemplatione: nella quale lappetito gia congiunto alla ragione: deſidera imparare daquella: et propogli una choſa particulare domandando quello: che uolle dire guido del duca: quando dixe: O gente humana: perche ponilcuore doue e/meſtiere diconſorte dimeto. Et daqueſto particulare Vir. i. lontellectoentra nelluniuerſale.

S Ententia certamente conueniente allintellecto uolente amaeſtrare laſenſualita. Imperoche glimoſtra lorigine dellanuidia: acciochе ſeneguardi. Et riſponde: che Guido conoſce hora che e/in purgatorio eldanno. che gliſegue della ſua maggior magagna. i: peccato: che e/lainuidia: Et pero non ſadmiri. i. non ſimarauigli. Imperoche eſſendo al preſente in carita: lui riprende glaltri. Et certo lainuidia ha ſempre ſeco laſua pena: perche glaltri peccati hanno qualche uolupta. E/ſuaue al ſuperbo obtenere elprincipato. E/ſuaue allauaro accumulare oro et argento. Rallegraſi ellibidinoſo goderſi lachoſa amata. Ma lainuidia ſempre tormenta el ſuo poſſeſſore. PERCHE SAPPVNTANO e noſtri diſiri. perche lenoſtre uogle ſifermano in poſſedere quelle choſe: delle quali e/neceſſario: che ſeneſcemi: et diminniſca: quando ſono piu compagni alla parte: perche ebeni temporali non poſſono eſſere poſſeduti dapiu: ſe non ſidiuidono: Vedēdo adunque lhuomo: che quello: che ha altri non puo eſſer ſuo: ſimuoue ainuidia: et lainuidia muoue elmantaco aſoſpiri: i. accende laca

Perchegli adme di ſua maggior magagna
conoſceldanno et pero non ſadmiri
ſe neriprende perche men ſempianga
Perche ſappuntan euoſtri deſideri
doue per compagnia parte ſiſcema
inuidia muouel mantaco aſoſpiri
Ma ſe lamor dellaſpera ſupprema
torteſſi inſuſoldeſiderio noſtro
non uiſarebbe alpecto quella tema
Che per quanto ſidice piu li noſtro
tanto poſſiede piu diben ciaſchuno
et piu dicarita arder quel chioſtro

pidita nostra auolere eltutto. Onde nesospiriamo. MA SE LAMORE DELLA SVPREMA. Ma se lamor delle chose celesti: chome quello delle temporali tal paura non uistrigerebbe elpecto. Impero che li incielo et nebeni celesti: quanto piu uisidice nostro. i. quanto piu sono quegli: che posseggono: tanto ciaschuno possiede piu: perche aciaschuno crescie tanto piu elgaudio: quanto piu sono ecompagni. Et tanto piu saccendono in carita. Onde Seneca. Nullius rei possessio iocunda est sine socio. Et Boetio. Omne bonum in comune deductum pulchrius elucescit. Et Augustisto in libro deciuitate dei Nullo modo fit minor accedente consocio possessio bonitatis: quam tanto latius: quanto concordius indiuidua sociorum possidet caritas. Et Gregorio. Qui facibus inuidie carere desiderat illam possessionem appetat: quam numerus possidentium non angustat.

Ison desser contento piu digiuno
  dixio/ che simifussi pria taciuto
  et piu didubbio nellamente aduno
Chomesser puote chun ben distributo
  inpiu posseditor facci piu ricchi
  dise che se dapochi e/ posseduto

I O son piu digiuno desser contento: che sio mifussi taciuto. i. io dubitauo meno innanzi chio tidomandassi: chio non dubito alpresente Imperoche io non intendo chome possa essere: che un bene distribuito in molti: glifacci piu ricchi: che se fussi dun solo odipochi. Et rectamente dubita lasensualita: perche non potendo per se medesima intendere se non lechose subgecte a sensi. Et quelle essendo corporali neseguita tale dubitatione.

Et egli ame pero che tu rificchi
  lamente pure alle chose terrene
  dauera luce tenebre dispicchi
Quello infinito et inneffabil bene
  che lassu e/ chosi corre adamore
  chomadlucido corpo raggio uiene
Tanto sida quanto troua dardore
  sicche quantunque carita saccende
  crescie souressa letherno ualore:
Et quanta gente piu lassu sapprende
  piu uida ben amor et piu uisama/
  et chome specchio lunallaltro rende/
Et se lamia ragione non tidissama
  uedrai beatrice et ella pienamente
  titorra questa et ciaschunaltra brama
Procaccia pur che tosto sieno spente
  chome son gia ledue lecinque piaghe :
  che sirichiudon per esser dolente/

c Onueniente risposta alla ragione superiore illustrata damolte doctrine: pareua alla sensualita et alla ragione inferiore: che non fussi possibile: che un bene posseduto damolti: potessi essere tutto ditutti. Et questo dimostra Virgilio che procede: che lasensualita et laragione inferiore: che sirifleсte sopra quella: non ha cognitione: se non debeni mondani: nequali e/ cosi facta conditione. Onde non pensando se non a beni terreni tal cognitione cercando lauerita truoua in luogo di quella errore et ignorantia: perche considera e beni celesti secondo lanatura debeni terreni. Onde spicca tenebre. i. ignorantia dalla luce dellauerita. QVELLO INFINITO. Ha dimostro onde nasce in noi laignorantia: che cifa hauere falsa opinione del sommo bene. Hora per similitudine cimostra esser uero: chelbene etherno: che e/ idio: non sidiminuisce peresser participato dapiu Et dice idio elquale e/ bene infinito: perche non ha fine: ne inquantita: ne in tempo. ET INEFFABILE. i. indicibile: perche con parole non si puo dire o exprimere: cosi corre adamore. i. achi lama: et inlui risplende: chome elrazo solare risplende necorpi lucidi. Ha elsole sua luce naturale erazi dellaquale ripercotendo lestelle: et glaltri corpi lucidi gli illumina: et quanto piu corpi lucidi trouassino esuoi razi: tanto piu neilluminerebbe. Ne sarebbe minor lume diquesto: che diquello: perche fussin piu corpi: che hauessino ariceuer tali razi. Ma e/ maggiore o minore secondo che elcorpo riceuente e/ piu o meno apto. Ilperche risplende piu lospecchio: che non fa un muro intonachato: benche elsole parimēti sidia aciaschuno. Cosi idio solo et sommo bene risplende equalmente in tutte lanime: et quelle lequali non sono obscurate et tenebrose peuitii: ma purgate daquegli: rimangono lucide: sono apte ariceuere tale splendore: tanto quanto e/ lardore et lacarita: che hanno in loro uerso didio et del proximo. et tanto crescie in loro letherno ualore: laetherna bonta et gloria: quanto lacarita e/ maggiore ET QVANTA GENTE. Non diminuisce lagloria nellanime incielo per esseruene piu: Ma crescie. Imperoche chome ueggiamo che ponendo molti specchi oppositi arazi del sole: ciaschuno gliriceue equalmente: et equalmente risplende: selmanchamento non uiene dallospecchio: et collocandogli informa che erazi delluno riflectessino neglialtri: multiplicherrebbe losplendore. Chosi erazi delladiuina gloria uengon allanime beate: et fãnole risplēdere: et dipoi luna riflecte esuo nellaltre. Imperoche luna gode del ben dellaltra: et chosi crescie elcontentamento. ET SE LAMIA RAGIONE NON tidissama

Se laragione per laquale timostro: che labeatitudine dellanime non scema in loro: perche diquella piu nepiglino non tidissama. i. non tisatia: et non tisodissa: non perche laragione non sia uera inse. Ma pche Virgilio. i. lontellecto humano con lescientie gentili non lopuo dimostrare: chome ladoctrina theologicha. Tu uedrai Beatrice. i. leggerai queste chose nesacri theologi: et quegli appieno tisadissaranno. Et perche molteuolte habbiamo dimostro in animam maliuolam: cioe nellanima peccatrice: et lorda dauitii: non puo entrare lospirito della sapientia: i. non puo hauere uera cognitione delle diuine chose: pero procaccia: che tosto sieno spente in te lecinque piaghe: che tirestono: cioe ecinque peccati. che tirestono: chome sono spenti edue: i. lasuperbia et lanuidia. CHE. i. lequali piaghe: imperoche ogni uitio e/ piaga danima. SIRICHIVGGONO: sisaldano. PER esser dolente: per pẽtimẽto.

Chomio uoleuo dicer tu mappaghe
uidimi giunto insu laltro gyrone
siche tacer mifer leluce uaghe
Quiui mapparue inuna uisione
extatica disubito esser tracto
et ueder in un tempo piu persone
Et una donna insu lentrar con acto
dolce dimadre dicer figluol mio
perchai tu cosi uerso noi facto
Ecco dolenti lotuo padre et io
ticercauamo et chome qui sitacque
cio che parea prima dispario.

D Oleua Danthe rispondere a Virgilio: tu mappaghi. i. tu misadissai. Ma perche gia era giunto al terzo girone: glocchi suoi uaghi cioe uagabundi nel uedere elnuouo luogho lorimossono da tal risposta: Et certo hauendo inteso Danthe apieno leragioni di Virgilio: se hauessi hauuto otio glirispondeua. Ma occupato da chosa improuisa: pretermesse larisposta. Ilche significa che lechose non necessarie: benche habbino qualche officio in se et in otio fussi bene ariferirle. Nientedimeno quãdo occorre chosa nuoua necessaria: ledobbiamo lasciare indrieto: QVIVI MIPARVE IN VNA VISIONE extasica. Extasis significa eleuamento dimẽte. Questo e/ quando lanostra mente non alienata dal tupore alchuno dicorpo. Ma sciolta daquello: Et in se ricolta. Et alienata dasensi non per reuelatione: Ma per forte imaginatione: laquale informa larapisce tutta ase: che niente altro opera. Ma e/ si legata da alchuna fixa cogitatione: et si occupata in quella: che niente altro intende: et nessuna altra potentia dellanima saopera: perche tutta lamente e/ fixa in quel solo pensieri: In questa extasi gliparea esser tirato in un luogho: oue eron molte persone. Qui uuole dimostrare: che era tutto in quella cogitatione: nellaquale pensaua quando Cristo anchora fanciullo uenne apredicare nel tempio in presentia dimolta plebe desacerdoti: et degliscribi: et pharisei. Et lamadre et iosepb cercandolo stectono tre di: che nolpoteano trouare. Et pero dice: et uedere in un tempio piu persone. Entrando nel gyrone: oue sipurga lira: dimostra: che cidobbiamo preporre nella mente glexempli della patientia: chome fu nella Vergine Madre: laquale patientemente sopporto. Et dolcemente riprese elfigluolo dicendo. Quid fecisti nobis. Ego et pater tuus dolentes querebamus te. Et perche alpresente elpoeta e/ montato nel cerchio dellira: richiede elluogho la diffinition diquella. Diremo adunque che ira e/ fiamma spirituale: et ribollimento di sangue intorno alchuore afare uendecta. Onde elpsalmista. Incenderunt igni sanctuarium tuum in terra. Item e/ ira furore danimo: elquale dalle parti interiori corre allexteriori. Et chome del fuocho naturale nasce fumo: che fa elluogho tenebroso: chosi daquesto sale fumo alcelebro: et acciecha lontellecto. Diqui Iob: Caligauit ad indignationem oculos meos. Et Aristotele: Due cose sono contro alconsiglo. Lafrecta: et lira. Et elpsamista. Ascendit fumus in ira tua. Ignis afacie eius exarsit. Item supercecidit ignis: et non uiderunt solem iustitie: Et altroue. Turbatus est afurore oculus meus. Et paolo aglephesii: Non occidat sol super iracundiam uestram. Lira debilita lhuomo. Fallo incrudelire. Coroompe ebuon costumi: et abbreuia lauita.

Indi mapparue unaltra con quellacque
giu per legote chelcolor distilla
quando dagran dispecto inaltru nacque
Et dire se tu se sir della uilla
del cui nome fra dei fu tanta lite/
et onde ogni scientia disfauilla:
Vendica te diquelle brarcia ardite
chabbracciar nostra figla Opisystrato
elsignor miparea benigno et mite.

D Opo lexemplo della patientia di Maria. Pone lapatientia di Pisistrato tyranno atheniese. Chostui fu huomo pieno diphilosophia et deloquentia: et informa siconcilio laplebe: che diuento tyranno dathene: et anni trentaquattro in quella regno. Hauea costui una figluola molto bella: laquale un nobile giouanetto acceso del suo amore non dubito scontrandola baciare. Adirossene lamadre: et desideraua concitare pysistrato alla uendecta. Ma lui patientissimo sorridendo dixe: che faremo noi: achi cia in odio: se uoglamo nuocere achi ciama. Et per queste due uisione dimostra che chi

Risponderli con uiso temperato
che faren noi achi mal nedisira
se que che ciama e/ per noi condennato

siuuole purgare dellira: debba hauere queste cogitationi fixe nella mente. INDE MAPPARue unaltra. Questa fu mogle dipisistrato con quelle acque: con quelle lacrime cheldolore distilla. Poi pone leparole: che uso ladonna per accendere el marito adira. SIR DELLA Villa. Luno uocabolo et laltro e/ franzese: et sire in quella lingua significa signore: et uilla significa cipta: et athene: laqual non nomina: ma discriue dicendo: dalla uilla del cui nome fu tanta lite et dissensione. et controuersia fra dei: cioe tra Minerua et Neptunno. Scriuono che hauendo Cecrope antiquissimo Re dathene restaurata lacipta: pensaua chome quella denominassi. Ma apparendo aun tempo due prodigii. Imperoche in un luogho disubito gran copia dacqua. Et nellaltro nacque uno uliuo. Et perche lacqua e/ consecrata aNeptunno: et luliuo a Minerua: congrego elpopolo per uedere chi hauea piu fauore diquesti dei. Et finalmente tutte lefemmine dectono fauore aMinerua: et emaschi aneptunno: Et perche elnumero delle femmine su piu una: obtenne Minerua: laquale e greci chiamano athena. Et per questo lacipta fu decta athene dallei. Dipoi per placare Neptunno: elquale gonfiando elmare, allagaua lacipta: feciono per publico decreto glatheniesi: che per laduenire lefemmine non siragunassino piu adare suffragii. Et nessuna potessi hauer nome athena. Et nessuna figluola potessi hauere elnome della madre. Altri dicono: che in questa contentione neptunno percosse laterra con lasua maza decta tridente: et subito nenacque un cauallo: Et Minerua percosse con lasta et nacque uno uliuo. Et perche elcauallo e/ animale bellicoso: et annuntia guerra: Onde Virgilio: bello armantur equi: bellum per armenta minantur. Et luliuo significa pace: piacque dinominare lacipta dalladia: che mostraua pace. Elcauallo: che produxe neptunno e/ decto da alchuno poeta Scythio: da alchuno Syrone: da alchuno Arione. ET ONDE OGNI SCIENTIA DISFAVILLA. Hauea lecto in cicerone Danthe. Omnium bonarum artium inuentrices athenis. Et certo fu questa cipta comune domicilio attutti ephilosophi. Ilche perche e/ cosa notissima: non maffatico dimostrare. Solo questo in laude sua diremo Che Platoē tāto philosopho ringratiaua idio di cinque chose prima che fussi nato huomo etnon bruto: maschio et non femmina: greco et non barbaro. Atheniese et non thebano. Et ne tempi di Socrate

Poi gente accese uidi infoco dira
con pietre un giouinecto ancider forte
gridando ase pur martyra martyra
Et lui uedea chinarsi per lamorte
che lagrauaua gia inuer laterra
ma deglocchi facea sempralciel porte
Pregando lalto syre intanta guerra
che perdonassi asuoi persecutori
con quello aspecto che pieta diserra:

q Vesto e/ elterzo exemplo: elquale puo riuocare dallira: et ridurre aplacabilita ogni infiammato chuore: Considerando che Stephano protomartire: benche agran torto fussi lapidato: et non solamente morto atorto: Ma crudelmente morto. Nientedimeno pregaua perchi luccidea: Stephano chome e/ neglacti deglappostoli: dopo lamorte di Cristo pieno digratia et diforteza: facea segni et miracoli in hierusalem. Ma non potēdo certi della synagoga resistergli nella disputatione: introduxono falsi testimonii: che laccusassino: che era contro adio et Moyse. Allaquale accusatione benche lui acremente: et con uera sapientia sidifendessi. Et affermassi: che uedessi ecieli aperti: et Hiesu. che staua alla dextra: nientedimeno per inuidia lotiroron fuori della synagoga: Et lapidoronlo. Ilperche tanto huomo ingiustissimamente et con loratione danoi disopra posta: franchamente sostenne elmartyrio: et fu elprimo martyre dopo la passion di Cristo. ACCESE Infoco dira: ben dixe accese: perche ira e/ accension disangue intorno al cuore. ET VEDEVO LVI Chinarsi: chome aggrauato per lamorte. ALCIEL porte: sono glocchi porte et finestre dellanimo.

Quando lanima mia torno difori
alle chose che son fuor dilei uere
iricognobbi inme non falsi errori
Loduca mio che mipotea uedere
farmi chomhuom che delsomno sislega
dixe che hai che non tipuo tenere
Ma se uenuto piu che meza lega
uelando glochi et con legambe auuolte
aguisa dicui uino o somno piega
O dolce padre mio se tu mascolte

s Eguita dimostrando: che dopo questa extasi et fixa imaginatione lanima sua: laquale era altutto raccolta in se medesima: torno fuori. i. si riuolse alle chose: lequali erono uere fuori dilei: che non e/ altro se non considerare alle chose. ET RICONOBBI emiei errori non falsi. Imperoche uscendo diquella fixa imaginatione: riconobbe: che lanima sua era ita errando. i. discorrendo per chose uere. Error in latino significa progresso dandare sanza certo fine. ELDVCA MIO. Virgilio lhauea ueduto andare titubando: et uacillando. i. balenando et inciampando: chome fa chi e/ oppresso: o dal somno: o dallebrieta. Et hor leue

itidire dixio cioche mapparue
quando legambe nufuron si tolte
Et el se tu hauessi cento larue
soura lafaccia non misarien chiuse
letue cogitation quantunque parue
Cioche uedesti fu perche non scuse
daprirer locor allacque dellapace
che delletherno fonte son diffuse
Non domandai che hai perquel che face
chi guarda pur conlocchio che non uede
quando disanimato elcorpo giace
Midimandai per darti forza alpiede
chosi frugar conuiensi epigri lenti
ausar lor uigilia quando riede

dea quasi chome sidestassi: domanda perche sia I to piu che meza lega aquel modo. Et Danthe sap parechiaarispondergli. Ma Virgilio glinterrom pe leparole dicendo: che quando con cento larue .i. maschere lui siuolessi celare: non potrebbe oc cultargli una delle sue parue. i. piccole cogitatio ni. Et questo e/uerissimo. Imperoche elsenso et laragione inferiore non puo pensare chosa alchu na: che laragion superiore non senaccorga. Adun que noldimanda Virgilio per sapere. Ma per ha uer cômodita dexcitarlo et sollecitarlo: et rimuo uer dallui ogni pigritia: CIO CHE Vedesti. Questa uision tiuenne: accioche tu non scuse. i. non ricusi aprire elcuore allacque della pace: i. uolere con lacqua della pace spegnere elfuoco: che lira ha acceso nel cuore. Imperoche se lira e/fuoco lacarita: che spegne lira: sara acqua: laquale uiene dal fonte didio. Imperoche idio e/carita: et chi sta in carita: sta in dio: et dio in lui. NON do mandai. Io Virgilio non domandai te Danthe: per quel rispecto: che face: cioe che fa domandare colui che guarda pur con locchio corporale: elquale non uede dopo lamorte: quando elcorpo giace disamina to: cioe sanza anima. Lasententia e/che chi guata solamente con locchio corporale: non puo uedere leco gitationi del chuore. Et pero domanda per sapere. Ma io non domandai per sapere. Ma per darti forza alpiede. i. per sollecitarti: perche e/cosa conueniente frugare: i. pugnere: chome sipugne elbue: che ui da. AVSAR LOR VIGILIA quando riede: quasi dica tu se stato quasi adormentato in questa tua uisione. hora excitato et desto usa lauigilia. i. spendi et dispensa bene eltempo: nel quale se desto: et non loperdere. Et insomma perche e/optimo elsalustiano precepto. Nam et antea consulto: et ubi con sulueris mature: facto opus est. Dimostra che hauendo lui per lauisione optimo consiglo: debba hora cô celerita adempierlo: et mecterlo ad executione.

a Ndamo inuerso uespro. i. inuerso occidente. Imperoche chome leparti orientali sichiamano matu tine: perche iui apparisce laurora: laquale elatini chiamano matuta: chosi loccidentali sono decte uespro: perche uespro stella di Venere spesso lasera uapparisce: et andauano attenti riguardandosi tâto innanzi: quanto portauan glocchi contro arazi serotini. i. araggi del sole della sera. Et quanto piu anda

Noi andauamo uer louespro attenti
oltre quanto potean glocchi allungarsi
contra raggi serotini et lucenti
Et ecco appocappoco un fumo farsi
uerso dinoi chome lanocte obscuro
ne daquel era loco dacansarsi.
Questo netolse glocchi et laer puro

uano: piu sappressauano auna nebbia piu obscura che lanocte: laquale occupaua si quella parte delgi rone: che chi uolea passarui: non potea cansarsi da quella. Questa nebbia tolse glocchi a Dante. i. la faculta del uedere: et tolse laere puro: sanza el quale non sipuo uedere. Pone adunque elpoeta: che in queste tenebre sipurghino lanime degliirati perche riconoschino chelfurore dellira acciecha la mente: et leua ellume della ragione: Onde quella rimane in tenebre. Adunque quando lhuomo ira cundo considera questa obscuratione et tenebra: duolsi del suo peccato: Et cerca uscirne seguitando laragione: chome lui finge hauer seguitato Virgilio Et certo e/non piccolo stimolo allanimo conoscere hauer peccato: et hauer lasciato lauirtu: perche luno loinduce apenitentia et odio del uitio: laltro adamore et cupidita della uirtu. Et questo s'itiffa inluogo dipena achi cisaluo dicendo nello euangelio. Nolo mortem peccatoris: sed ut conuertatur et uiuat. Per questo elsuperbo sahumilia sotto elpeso. Et loinuidioso cuce glocchi per non uedere. Et loiracundo ri conosce lasua cecita.

CANTO .XVI. DELLA SECONDA CANTICA DI DANTHE .

n ON muta materia inqueſto ſextodecimo canto elpoeta. Ma ſeguitando deſcriue lobſcurita della nebbia: nella quale entro: et lanime: che in quella ſipurgauano. BVIO DINOCTE. Era ſtato Danthe nelle tenebre infernali al tempo della nocte: et doue non ſiuede in cielo alchun pianeta. Ma ogni choſa e/ricoperto dinuuoli. Ondelcielo e/pouero: quanto eſſer puo. Et nientedimeno choſi facte tenebre non feciono choſi groſſo uelo aglocchi ſuoi: quanto elpreſente fumo: Per le quali parole dinota: che neſſun peccato induce tāta cecita dimente: quanto lira. Queſto uelo et coprimento deglocchi hauea due inconmodi. prīa perche era groſſo. Onde non potea eſſere diaphano et traſparente informa: che lauiſta lotrapaſſaſſe: chome trapaſſaſſi un ſoctil uelo. Dipoi era di peli aſpri: equali pugneuano glocchi: a chi glaueſſi aperti: chome adunque potetua uedere alchuna choſa: hauendo aglocchi groſſo uelo: et biſognando tenergli chiuſi. Et certo lira altutto acciechala mente. Et gliſtimoli: che inquella cinfuriano a piglar lauendecta: non cilaſciano aprir glocchi della mente aconſiderare laragione. ONDE LAſcorta mia ſaputa et fida. Non puo uſcire Danthe di tal fumo: ſe non ſeguita Virgilio: perche elſēſo et lappetito non puo uſcire della cecitadellira: ſe non pigla per guida laragione. SAPVTA et fida. Queſte due choſe ſiricerchano inchi cida conſiglo: prima doctrina et prudentia: per laquale ſappia. Dipoi fede: per laquale uogla bene reggerci. MISACCOSTO: quando laragione ſaccoſta allappetito: non puo errar lappetito. ET LHOMERO MOFFERSE: miporſe laſpalla: accioche appoggiandomi allui: che uedea: io non percoteſſi: per laſpalla intendi laforteza. perche chome glhomeri et laſpalla ſoſtiene ogni peſo: choſi laforteza cidifende: che lira non ciuince. Et certo laragione corrobora et affortifica lappetito areſiſtere allira. GVARDA CHE DAME TV non ſia mozo. E/admonito lappetito dalla ragione: che lui guardi dinon eſſer mozo. i. ſeparato dalla ragione. Imperoche ogni ſua cupidita diuenta infinita et beſtiale.

b Vio dinferno et dinocte priuata
dogni pianeta ſocto pouer cielo
quanteſſer puo dinuuol tenebrata
Non fece aluiſo mio ſi groſſo uelo
chome quel fumo chiui cicoperſe
ne aſentir dicoſi aſpro pelo:
Che locchio ſtare aperto non ſofferſe:
onde laſcorta mia ſaputa et fida
miſaccoſto: et lhumero mofferſe/
Si chome ciecho ua drieto aſua guida
per non ſmarrirſi et per non dar dicozo
inchoſa chelmoleſti oforſe ancida:
Nandaua io per laer amaro et ſozo
aſcoltando elmio duca che diceua
pur guarda che dame tu non ſia mozo

Entitia lanime: lequali purgauano lira: pregare per pace: et per miſericordia: lequali ſono oppoſite allira: che ſempre cerca guerra et uendecta. Et diceuono. Agnus dei: qui tollis peccata mundi miſerere nobis: et coſi pregauano miſericordia. Et agnus dei: qui tollis peccata mundi: dona nobis pacem: ī queſto modo pregando per lapace. VNA PAROLA ERA IN TVTTI ET VN MOdo

Io ſenti uoci et ciaſchuna pareua
pregar per pace er per miſericordia
langel didio che lepeccata leua.
Pur agnuſ dei eron leloro exordia:
una parola intuttera et un modo:
ſiche parea traeſſi ogni concordia:
Quai ſon ſpirti maeſtro chio odo
dixio: et egli ame tuluero apprendi:
et diracundia uan ſoluendo elnodo:
Hor tu chi ſe chelnoſtro fumo fendi
et dinoi parli pur chome ſe tue/
partiſſi anchora lotempo per calendi:
Choſi per una uoce decto fue
ondelmaeſtro mio dixe riſpondi/
et dimanda ſe quinci ſiua ſue:
Et io o crtatura che tidimondi/
per tornar bella acolui che tiſece/
marauigla udirai ſe miſecondi.

Tutti diceuono lemedeſime parole et aũ modo Ilche dimoſtra eſſere in loro ſomma concordia: et cō queſta ſolueuano elnodo diracundia: laquale e/tutta diſcordia. PARTISSI ANCHOr lotempo per calendi. Cioe chome ſe anchora fuſſi uiuo. Imperoche lanime ſpoglate del corpo: pche ſono inmortali: non ſenton diſcorſo ditēpo Ma noi: che uiuiamo: diuidiamo eltempo per anni et meſi: et di: et hore: et minuti. Et calēde ſichiamano in latino eprimi di del meſe. Et perche mipare choſa non inutile: et aſſai giconda ītendere apuncto edi del meſe notati daglantichi ripeteremo alquanto piu dilontano con che ordine et numero di di glantichi ſegnaſſino eloro anni. Tra tucti glhuomini adunque Glegyptii hebbono neprimi tempi lanno perfecto et abſoluto Imperoche eſſendo loro periti in aſtronomia: uidono che finiti trecento ſexantacinque giorni: et et laquarta parte dun di: elſole ha gia diſcorſo tutto elcerchio del zodiaco: et ritorna al primo grado dellariete: donde diprincipio ſera partito. Il perche haueuono lanno loro dimeſi dodici. Ne quali diſtribuiuono giorni. ccc. lx. dandone a ciaſchun meſe trenta. Dipoi necollocauano tra Agoſto et ſeptembre giorni cinque: che auanzauano: et dequattro anni luno computauano nellanno. ccc. lxvi. di per conſumare quella quarta parte: che auāzaua ogni anno. Appreſſo degreci fu uario coſtume. Imperoche quegli darcadia faccuono glanni ditre meſi. Glarcanani diſei. Glaltri ditrecento cinquanta quattro giorni. Romolo appreſſo de romani ordino dieci meſi: cominciando elmeſe nelprimo di: che ſiuedeua laluna nuoua. Et inſtitui: che elpontefice minore: ueduta laluna nuoua. lodinuntiaſſi aunaltro ſacerdote chiamato re ſacrificulo: et ambe due queſti conuocaſſino elpopolo incapitolio: et annuntiaſſino quanti di uauanzaſſino inſino alle none. Adunque queſto primo di del meſe chiamorono calende daquella inuocatione delpopolo: perche calare ſignifica chiamare et conuocare. Et perche interuiene percerte cagioni: che laluna non ſiuede ſempre in un tempo: interuenne: che nel primo anno: alquanti meſi furono ditrenta di: alquanti di trentuno. Elquale ordine dipoi obſeruorono neſequenti anni: Furono adunque di. xxx. di ſei. Aprile. Giugno. Agoſto: Septembre: Nouembre: et Dicembre. Glaltri quattro di. xxxi. Elprincipio dellanno era martio decto choſi damarte. Elquale Romolo affermaua eſſere ſuo padre. Et in queſto meſe leuergini ueſtali rinnouauano elfuoco nellaltare diueſta. Pagauanſi eſalari. Allogauāſi legabelle. Et lematrone faceā conuito aſerui per hauergli poi piu prompti aſeruigi ditutto lanno. Elſecondo meſe chiamorono Aprile da Venere: laquale fu madre dEnea: onde hebbono origine eromani Imperoche in greco haphrodite ſignifica Venere. Altri dicono che hauendo Romolo denominato elprimo meſe da Marte ucciditore dhuomini: perche e/pianeta ſignificatore diguerre. Et da Homero Andriphonte. i. homicida: uolle: chelſecondo haueſſi nome da Venere: pianeto beniuolo et apto aprocreare: et amitigare lamalignita di Marte. Onde ueggiamo che lanatura ha ordinato: che anchora nedodici ſegni del zodiaco dopo ariete domicilio di Marte: ſeguiti eltauro domicilio di Venere. Et ſimilmente innanzi alloſcorpione di Marte e/lalibra diuenere: accioche codomicilii della benigna Venere ſitemperi elmartiale furore: Altri dicono: che non ſichiama elmeſe haprile dauenere. Ma aprile ſanza. h.: Perche inquello laterra innanzi congelata et riſtrecta pel freddo ſapre aprodurre nouelli fiori et frondi. Onde glatheniesi lochiamano Antheſterion: quaſi potente in fiori: perche allora ogni choſa fioriſce. Dipoi hauendo diuiſo Romolo elpopolo in due parti in maggiori. i. uecchi et iuniori. i. giouani: Eltertio meſe damaggiori fu chiamato maggio. Et elquarto da iuniori fu chiamato giugno. Glaltri meſi furono denominati dalnumero: et dopo giugno quarto meſe ſeguita quintile: Sextile: Septembre: Octobre: Nouembre: et Dicembre. Ma dipoi. C. Iulio Ceſare uolle che quintile fuſſe chiamato daſe Iulio: Et Auguſto inſtitui: che ſextile fuſſe nominato Auguſto. Queſto adunque fu elprimo anno compoſto didieci meſi: et di. ccc. iiii. giorni. Elquale numero non ſiconcordaua ne col ſolare ne collunare corſo. Onde ſpeſſo o laſtate uenina nel uerno: o eluerno nella state. Ilperche Numa pompilio secondo Re: et successore di Romolo: o per na turale prudentia: o per greca doctrina arrose al numero gia posto. L. giorni. Et fece lanno di trecento sexantaquattro di: et aggiunse due mesi: equali fece di uentinoue giorni luno: toglendo edi. L. arroti et sei di dasei mesi: equali erono digiorni. xxx. Elprimo diquesti due chiamo Ianuario da Iano. elqual e/ idio deprincipii delle chose: et uolle che fusse principio dellanno. Elsecondo chiamo februo idio de lle purgationi. Onde februa significa purgatione. Dipoi intendendo che elnumero dispari e piu perfe cto chelpari: arrose un giorno agennaio. Onde risultoron due chose. Laprima: che lanno hebbe tutto el numero in pari. i. casso: cioe. ccc. lv. giorni. Laseconda che tutti egiorni demesi furono in numero ca sso: essendone quattro di. xxxi. et septe diuentinoue. Et febbraio lascio in numero pari: et minor che glaltri: perche essendo lui consacrato aglidii infernali: et faccendosi in quello sacrificii purgatiui allanie demorti: giudico che hauessi et minor numero: et pari: che e/men perfecto. Ridocto Numa lanno in questa forma: benche non perfecta: perche non quadra al corso solare: elquale e/di. ccc. lxv di: et hore sei seguito laconsuetudine degreci: aquali auazando ogni annogiorni undici: intercalauano inciaschuno octauo anno giorni nouanta. Ma nacque errore perquel giorno piu arroto da Numa. Ilperche instituiro no: che in ogni uigesimo quarto anno: che era latertia intercalatione sinterponessino non nouanta: ma sexanta sei di. Et in questo modo andaua dipari numero col greco elromano anno. E/nientedimeno dubio: chi trouassi questo intercalare. i. interporre dedi a roma. Imperoche. M. Licinio lattribuisce a Romulo. Valerio Antras aNuma. Iunio a Seruio Tullio Re. Tuditano adieci huomini delleleggi delle dodici tauole. Ma in processo ditempo adiuenne: che tale intercalatione per alchuna loro relione alchu nauolta sintermesse. Alchunauolta sifece innanzi al tempo. Preterea non sitenne conto delle sei hore: lequali auãzauano ciaschuno anno. Onde intre intercalationi trascorreuano sei giorni. Ma. C. Iulio Ce sare nel suo tertio consolato deliberando correggere glerrori: prima consumo tutti egiorni trascorsi: et fece quello anno di quattrocento quaranta tre di: Dipoi ordino che lanno fussi di. ccc. lxvi di. et laquar ta parte dun di: et riduxe emesi in quel numero che sono alpresente: et diquattro anni luno intercalo un giorno: per consumare quattro uolte sei hore: che auanzano ogni anno: et tal di colloco nel mese di febbraio: et dopo eluigesimo tertio di: et instituì cheluigesimo quarto giorno: siconatassi due uolte: et perche quello di in latino e/decto calendas: et due uolte sidice bis: pero lochiamano bis sexto. Preterea ditutti edi del mese: tre solamente haueano proprio nome. Elprimo nome chiamauano calende: elqua le e/nel primo di. Elsecondo chiamauono none: et era in quattro mesi: Martio. Maggio: Luglio: et Octo bre elseptimo di del mese: neglaltri elquinto: Dipoi otto giorni dopo lenone erono idus. Adunque nequattro erono nel quintodecimo. Et neglaltri nel tredecimo di del mese. Et questo sia asufficientia per ladichiaratione diquesto luogho. MARAVIGLA VDIRAI. Imperoche tisara marauigla udire cho sia uiuo. SE MISECONDI: se misseguiti.

Io tiseguiro quanto milece
 rispose/et se ueder fummo non lascia
 ludir citerra giunti inquella uece
Alhora icominciai con quella fascia
 che lamorte dissolue men uo suso
 et uenni qui per linfernale ambascia
Et se dio mha in sua gratia richiuso/
 tanto che uuol chi uegha lasuo corte
 per modo tutto fuor del modernuso:
Non micelar chi fusti anzi lamorte
 ma dilmi et dimmi sio uo ben aluarco/
 et tue parole fien lenostre scorte:
Lombardo fu et fu chiamato marco
 del mondo seppi et quel ualore usai
 delqual ha hor ciaschun disteso larco
Per montar su dirittamente uai
 chosi rispose et aggiunse io tipregho
 che per me prieghi quando su sarai.

Risponde lanima io tiseguiro: quanto milece. i. me lecito. Imperoche non glera lecito se guirlo: se non quanto teneua elfumo: del quale non potea uscire prima che fussi purgato. Et sel fumo non cilascia ueder lun laltro: et per questo cipotremo smarrire nellandare: ludire parlando insieme ciseruira anon cismarrire. IN QVELla uece: in quello scambio. ALHORA INCOmĩciai aparlare et dixi. Io menuo suso inuersolcielo con quella fascia: che lamorte dissolue: et corrom pe. Et questo e/elcorpo: elquale per lamorte sico rrompe: et e/fascia dellanima: perche lacollega drento ase. Onde egreci chiamano elcorpo demas quasi legame dellanima: perche deo significa lego ET SE DIO MHA IN SVA gratia richiuso. Dimostra che hauendolo idio tanto chiuso dren to alla gratia sua: che gla conceduto: che fuori del moderno et consueto uso possa andare in ciel col corpo: lui non glidebba celare chi fu chome sichia ma. Lagratia: che elpoeta finge hauer hauuta disa lire incielo uiuo: allegoricamente e/hauer potuto uincere lelusinghe et illecebre deuitii: et entrare nelle uirtu purgatorie: et con quelle uenire final mente alle uirtu dellanimo gia purgato: doue ac quistiamo elsommo bene: perche diuentiamo apti afruire eldiuino conspecto. LOMBARDO FVI:

et ful chiamato Marcho . Marcho fu uinitiano gentile huomo : et exercitato in disciplina militare : liberale et inimico dellotio ; et della uita dapoltroni . Ma prono allira et maxime aquello sdegno : che suole essere in animo gentile : Riferisce dicostui Limolese : che essendo inprigione et aggrauato datagla impossibile allui prego perlettere messer Ricciardo dacamino signor ditrauisi suo anticho amicho : che nō lolasciassi marcire in carcere . Messer Ricciardo ordinaua con molti signori dilombardia : che ciaschuno conferisse per pagamento della tagla quella portione glipiacessi . Sentillo Marcho et mosse a sdegno riscripse a Ricciardo uoler piu tosto morire : che restare obligato atanti . Vergognossene Ricciardo : et disua qropria pecunia pago tutta latagla : Chostui propheto al conte Vgolino tyranno dipisa lira : che idio hauea aconcepere uerso dilui . Tenea chostui pratica con molti signori . Ne altro studiaua : che ricōciliare et reintegrare lamicitie . DEL MONDO SEPPI : fui experto nelle chose ciuili ; et actiue : le quali sono decte mondane : perche sono momentanee et transitorie : non perche non sipossino : et debbino gouernare uirtuosamente con leuirtu morali : et gran merito acquista appresso adio et a glhuomini : chi sexercita et affatica in constabilire lapace et latranquillita . Ilche e/officio dicarita ; uirtu richiesta ci sopra ognaltra uirtu . ET QVEL ualore usai : quelle uirtu morali ; et quella liberalita dal qual ualore hora ciaschuno huomo siparte et piu non lusa .

Et io allui per fede mitilego
difar cioche michiedi : ma io scoppio
dentro aun dubio sio non menespiego /
Primera scempio et hor e/ facto doppio
nella sententia tua che misa certo
qui et altroue quello ondio laccoppio
Lomondo e/ ben chosi tutto deserto
dogni uirtu chome tu misone
et dimalitia grauido et couerto .
Ma priego che maditi lacagione
si chio laueggi et chio lamostri altrui
che nel ciel uno et un quaggiu lapone :

p Romectegli lafede pregar per lui : Et dipoi lopriega glabsolua un dubbio : nel quale dice scoppiare . i . crepare . Et ueramente chi e/inuiluppato in un dubio : ne senepuo suiluppare . ma quanto piu ricerca : piu uisinuiluppa . e/simile a uno : che sia si strecto : che non possa durare ; che non scoppi . SE IO NON MEnespiego : non explico me . i . non menesuiluppo . PRIMA era scempio et hor e/facto doppio : hauea questa medesima sententia udita disopra da Guido del duca : quando narraua deglhabitatori uicini adarno siche era scempia . Hora udendola damarco douēta doppia . MA PRIEGO CHE MADITI . i . apertamente mimostri ; chome colui : che col dito dimostra . E/elmondo . i . tutti glhuomini habitanti nel mondo non solamente deserto : et destituto dogni uirtu . Ma anchora e/ripieno dogni malitia . CHE NEL CIELO VNO ET VN quaggiu lapone . perche alchuno unole : che lacagione denostri mouimenti sia dallanfluentia decieli ; et alchuno lapone quaggiu . i . in noi et nel nostro libero arbitrio :

m Archo chome pieno dicarita : et inuerso lhumana generatione ; simuoue acompassione ; chome unaltro Heraclito della cecita et ignorantia : laquale e/in molti huomini : equali sipersuadono : che la influentia delle stelle : et decieli possa tanto in noi : che siamo necessitati afare ogni chosa ; allaquale cinclimiamo : Et niente possiamo fare sanza emouimenti diquegli . laquale opinione non solamente e/heretica : et riprouata conuerissime : et manifestissime ragioni dachristiani . Ma anchora e/contraria alla sententia di tutti ephilosophi : auctori : et approuatori delle uirtu morali : et della uita politica : et ciuile : equali uoglono ; che in nostra podesta sia elbene elmale : et nessuna opera sia uirtuosa o uitiosa : se non e/uolontaria et con nostra electione . Afferma Platone ; che essendo lanima humana creata inmediate dadio sanza lesseconde cause e/sopra ecieli . Et perche lacosa superiore non puo essere sotto lainferiore : seguita che nessuno ifluxo celeste puo costrignere lanima ne al uitio : ne alla uirtu : chome piu distesamente disopra habbiamo dimostro . Ma mentre che e/nel corpo : et usa glistrumenti del corpo : nequali ecieli hanno arbitrio : puo per questo accidente lanima essere inclinata . Ma non necessitata ne sforzata . Dolendosi adunque Marcho sospiro : et sospirando dixe hui : che e/uoce significatrice didolore . LOMon

Alto sospiro chelduolo strinse inhui
misse fuor prima : et poi cominciofrate
lomondo e/ ciecho : et tu uien ben dalui :
Voi che uiuete ogni ragion recate
pur suso alcielo / si chome se tutto
mouesse secodinecessitate .
Se cosi fussi inuoi fora distructo
libero arbitrio / et non fora iustitia
per ben letitia et per male hauer lucto /
Locielo euostri mouimenti initia
non dico tutti , ma posto chioldica
lume ue dato abene et amalitia /
Et libero uoler che saffaticha
nelle prime battagle col ciel dura :

poi uince tutto ſe ben ſinutrica
Amaggior forza et amaggior natura
liberi ſu giacete/ et quella cria
lamente chelciel non ha inſua cura.
Pero ſelmondo preſente diſuia
in uoi e/ lacagione inuoi ſicheggia
et io teneſaro hor uera ſpia

do e/ciecho: perche cade in grandiſſime tenebre
dignorantia: quando ſicrede: che leſeconde cauſe
che ſono glinfluxi celeſti: poſſin ſopra allanima
noſtra. ET TV VIEN BEN dallui: pc: che
ſe in quella medeſima opinione: VOI CHE ui
uete. Queſta e/laragione: che dimoſtra glhuomi
ni eſſer ciechi: conciosia che arrechino ogni cagio
ne al cielo. i. attribuiſchino ogni cagione delleno
ſtre operationi allonfluxo celeſte: chome ſe ecie
li dineceſſita ciſpigneſſino afare: et non fare: et
aoperare o male o bene: ſecondo lanatura ditale influxo: et noi non cenepoteſſimo difendere. Ilche ſe
fuſſi ſarebbe ſpento in noi ellibero arbitrio. Elquale non ſolo eteologi pongono. Ma tutti epiu excellē
ti philoſophi loconfeſſano. Ne ſarebbe uirtu: laquale e/habito electiuo: ne uitio; ſe in noſtra podeſta
non fuſſe potere eleggere elbene elmale. ELCIELO EVOSTRI MOVIMENTI INITIA. Secon
do etheologi et philoſophi: et aſtrologi ecorpi celeſti non hanno influentia: che neceſſiti lanima ratio
nale nellontellecto: ne lauolonta: ne ellibero arbitrio: chome dimoſtra Ptolemeo nel centiloquio. Et
Ariſtotile nel primo per ierminias: Et laquinate contro agentili afferma con lauctorita dariſtotile nel
tertio dellanima: che ecieli non ſono cagione delle noſtre uolonta: et electioni de directo. Ma poſſono
inprimere neprimi moti dellanimo: contraquali poſſiamo reſiſter con laragione: et con libero arbitrio
col quale ſe eleggiamo bene: meritiamo: ſe male demeritiamo. Ilche non e/neprimi moti. Perche non
ſono in noſtra podeſta. Ma influiſchono leſtelle nemoti corporei: equali poſſono inclinare lanimo. Ma
non neceſſitare. Infiamma Marte lacollora adira. Et queſta muoue lanimo. Ma lui per ſuo libero arbi
trio puo reſiſtere. Similmente elſole col ſeme delhuomo genera lhuomo. Ma non puo infonderui lani
ma rationale: laquale e/ſolamente dadio ſanza mezo: laquale e/piu nobile che tutto elmondo ſenſibile
et leſtelle ſono corporali. Adunque non neceſſita elcielo lanima. Ilche ſe fuſſe: perirebbe ellibero arbi
trio. Et in ſomma e/innoi primo lappetito: dipoi lauolonta rationale. Lappetito: chome primo ha el
moto et inclinatione extrinſeco dalla conſtellatione. Lauolonta ha elmoto et inclinatione intrinſeca da
lla ragione. Et uiene allacto mediante ellibero arbitrio. Et queſta ſeconda uolonta ciſa meritare o deme
ritare. MA POSTO chioldica: benche tutte leinclinationi noſtre: et mouimenti danimo procedeſſi
no dacieli. Nientedimeno lume ue dato. i. ue dato laragione: et lontellecto. col quale conoſcete el
bene: et lauirtu: et elmale: et eluitio. Et certo e/ in uoi libero arbitrio: et in uoſtra podeſta eleggere
quel uoi uolete. Adunque ſe ſaffatica areſiſtere aque primi mouimenti: che ecieli principiano: epſo
dura. i. reſiſte nelle prime battagle: che ſono tralainclinatione data dal cielo: et laragione: laquale conoſ
cendo quello eſſere male: deſidera fuggirlo. POI VINCE tutto. Imperoche ſe reſiſte al primo empi
to: diuenta continente: et uince. AMAGGIOR FORZA et amaggior natura: lanimo humano e/
ſubgetto: non ſolamente adio: che e/maggior forza et maggiore natura: che leſeconde cauſe. Et niente
dimeno e/creata: ma rimane libera dadio. ET QVELLA: maggior forza. CREA lamente humana: la
quale ilcielo ha in ſua cura. Imperoche idio non crea lanima mediante leſeconde cauſe: ma creala inme
diate. PERO: conchiude che. SELMONDO preſente. i. leſalſe opinioni: et deprauati: et corropti
appetiti. che hauete nellauirtu per lacontagione: che da elcorpo allanima. VIDISVIA: uitiata della
recta uia et della ragione. LACAGIONE e/in uoi: hauendo ellibero arbitrio. IN VOI SICHEggia
in uoi ſirichiegga et ſiricerchi.

Eſcie dimano allui che lauageggia
pria che ſia aguiſa difanciulla
che ridendo et piangendo pargoleggia:
Lanima ſemplicetta che ſanulla
ſaluo che moſſa dalieto factore
uolentier torna acciochè latraſtulla
Dipiccol ben prima ſente ſapore
quiui ſinganna et drieto adeſſo corre
ſe guida o freno non torce ſuo amore/
Pero conuenne legge per fren porre
conuenne rege hauer che diſcerneſſi
della uera cipta almen latorre

I Anima humana della quale habbiamo decto
ESCIE DIMANO. e/prodocta dalla poten
tia. DILVI: deſſo idio elqual idio. LAVAghe
ggia: con piacere laconſidera: perche chome dice
nel geneſi. Viditque deus omnia que fecerat: et
erant ualde bona. Imperoche idio nella ſua ether
nita uede cioche dipoi ſucceſſiue debba produrre
neltempo. Dico adunque: che lanima humana eſ
cie dimano didio. i. e/creata da lui: Et non ſan
za cagione dixe eſcie: perche ſiparte creata: non
legata in forma: che non poſſa andare doue uuole
Ma con libero arbitrio dipoter tornare et non tor
nare. AGVISA: aſimilitudine dipiccola fanciu
lla laquale. PARGOLEGGIA. i. dimoſtra laſua
pargola et tenera eta: hor piangendo et hor riden
do. Imperoche chome lapicciioletta fanciullina ſan

za prudentia moſſa dallappetito: et non dalla ragione per piccola coſa piagne et ride. Et quaſi dimoſtra che lanima noſtra naturalmente e/diſpoſta alle paſſioni et perturbationi. LANIMA SEMPLICETTA; che ſannulla: Secondo lopinione dAriſtotele. elquale uuole: che ſia chome tauola biancha apta a riceuere cioche uiſimprime. SALVO CHE MOSSA DALIETO FActore uolentier torna accio che latraſtulla. E/innato aogni choſa creata ſomma cupidita diritornare alſuo principio: che e/elcreatore ſuo ſommo bene. Adunque lanima noſtra creata dadio: nel quale perche e/ſommo bene: e/ſomma letitia; naturalmente deſidera congiugnerſi con eſſo idio. Ma cupida et deſideroſa diqueſto ſommo bene ſpeſſo ſinganna; perche uenuta nouellamente nel corpo: non puo anchora exercitare laragione: la quale potrebbe conoſcere eluero bene; et quello diſcernere dal falſo. Vſa adunque ſolamente eſenſi et lappetito col quale non puo ſentire ſapore del ſommo bene: che e/idio: Ma ſente ſapore dipiccolo bene; cioe debeni temporali; et in quegli ſinganna. Imperoche eſenſi aeſcati dalle uolupta: et dapiaceri delle choſe terrene: ſtimā: che ſia ſommo quello: che o altutto non e/bene: oe/molto piccol bene. Scriue rectiſſimamente Ariſtotile nel tertio dellanima. Bonum intellectus eſt ultima beatitudo. Et ſe el bene dellontellecto e/lultima beatitudine; ſeguita che ſia idio. Adunque queſto cerca elnoſtro intellecto: ſe non e/ingannato nello eleggere dal ſenſo et dallappetito. Conoſcho che per dichiarare queſto luogho ſarebbe utile riferire molte choſe; lequali narrai nel ſecondo libro delle noſtre diſputationi camalduleſi. Ma non patiſce ſi gran uolume: che in ogni particulare ſia molto prolipſo. DIPICCOLo bene; non eſſendo anchora excitata laragione; ſeguita elſenſo: che falſamente giudica: che ebeni terreni doue e/alchuno traſtullo; ſieno elſommo bene. SE GVIDA: ſe lontellecto noſtro deſtandoſi. Se doctrina o precepti dipiu docto huomo ammonendoci. Se lagratia didio illuminandoci. O FRENo o legge diuina et humana. NON TORCE ſuo amore: non riuolge lamore: che ha poſto nelle choſe terrene: et caduche alceleſte et ſommo bene. ONDE CONVENNE legge per fren porre: fu neceſſita: che laſciandoſi glhuomini traſportare dallappetito: et non reggendoſi ſecondo ragione raffrenare laſuperbia: et ambitione: et lauaritia: et lalibidine loro con leleggi: accioche quegli: che non ſabſteneuano dauitii peramore: che portino alla uirtu: ſenabſteneſſino per paura dellapena. Nam oderunt peccare mali formidine pene. Chome doctamente ſcriue Horatio. CONVEnne rege hauere. Non baſta hauere leleggi: ſe non e/o Re: o principe: o magiſtrato: che ledifenda: et facciale obſeruare. Et choſtui biſogna che ſia dital uita et doctrina; et prudentia: che ſe non conoſce lauera cipta diuita etherna: al mancho diſcerna latorre: i. lacuſtodia diquella: che e/lagiuſtitia.

Ono certamente leleggi. Ma non e/chi ponga mano aquelle. Imperoche e/ innata nellamente noſtra lalegge naturale. Ma laconcupiſcentia uince laragione. Ne fu mai natione o religione: che haueſſi leggi diuine et humane: ſi perfecte: chome ha elchriſtiano. Hebbono elacedemonii Ligurgho. Glatheniesi Dragone et Solone. Ecretheſi Minos. Lecui leggi furono molte regolate agiuſtitia; quanto potea lhumana prudentia. Ma leleggi chriſtiane hanno origine dalla diuina uerita. Ma che gioua: ſe glaminiſtratori ditali leggi ſono eprimi a corromperle. ADVNQVE CHI PONE MAno adeſſe: chi leregge. Nullo. Imperoche ne epontefici pongono mano alle eccleſiaſtiche: ne eprincipi et magiſtrati laici difendono letemporali. PONGONO MAno: i. operano ſecondo leleggi Imperoche neſſuno non puo correggere altri: ſe prima non corregge ſe. ELPASTORE: rectamente chiama ogni principe paſtore: ſecondo quello che in altro luogho habbiamo decto. RVGVmar puo ma non ha lunghie feſſe. Leggeſi nelleuitico che idio comando a Moyſe: che mangiaſſino lecarni dogni animale: che haueſſino lunghie feſſe. et ruminaſſino. Adunque non baſta uno didue. Et per queſto non era permeſſa lacarne delporco: et del cammello: perche non ruminano: benche habbiano lunghie feſſe. Queſte due choſe ſono neceſſarie aqualunque gouerna. Et per ruminare intendiamo diligēte examina: et conſultatione in qualunche choſa hanno afare aſimilitudine del bue et della pecora: equali inghioctiſchono lherbe non maſticate: dipoi con diligentia ricercandole: leritornano alla bocca: et aparte aparte rugumando lemaſticano. Onde e/in prouerbio fiorentino. lui ha bene ragumata queſta queſta choſa. i. ben conſiderata et penſata. Adunque prima biſogna che ogni gouernatore: o clerico o laico che ſia: conſideri bene: et intenda quello: che ha affare. Dipoi pone lunghie feſſe per ladiſcreptione: la quale diſtingue lechoſe temporali dalle ſpirituali. Et non debba elprincipe confonderle inſieme. Ma el prelato curi loſpirituale: et elprincipe eltemporale. Queſti due principii: chome e/ſcripto ne decreti ſono da Criſto: chome damediatore tra dio et lhuomo. Pero che Criſto fece certe choſe: chome impera

Leleggi ſon ma chi pon mano aeſſe/
nullo pero chelpaſtor che precede
ruminar puo/ ma non ha lunghie feſſe/
Perche lagente che ſua guida uede
pure aquel ben ſedire ondelle ghiotta
diquel ſipaſce et piu oltre non chiede.
Ben puo uedere che lamala condocta:
e/ lacagion chelmondo e/ facto reo:
et non natura chen uoi ſia corropta

dore. Chome quando caccio del tempio quegli: che uendeuano et comperauono. Alchune fece chome sacerdote: chome quando se medesimo offerse per hostia: Ma debbono essere in persone distincte. Ilche sidimostra nel paralipomenon. Imperoche uolendo Ozia accendere loncenso allaltare: elsacerdote glel uieto. Ma perseuerando lui nel proposito: idio irato subito locoperse dilebbra. PERCHE LAGEN te che sua guida uede. E/ marauigla quanto puo lexemplo: et buono et captiuo deprincipi in quegli: e quali glhanno aubidire. Ilperche conchiude elpoeta: che uedendo epopoli epastori: equali debbon guidargli arecto fine: adirizarsi alle chose mondane: anchora essi sidanno aquelle: perche lappetito uegliti ra: Sicche essendo lagente prona: et trouando chi gliguida: conuiene che uada i precipitio. BEN puoi uedere. Conchiude: che lamala condocta. i. lamala guida e/ cagione chelmondo. i. glhuomini son facti rei: et non lanatura.

Oda eltempo nel quale lare. p. christiana era recta dal papa nellospirituale: et dallomperadore nel temporale: perche ognuno curaua laparte allui conmessa: et non attendendo se non auna chosa: la potea fare con maggior diligentia. SOLEVA roma: lare publica christiana, della quale e/ capo roma due soli: due principi: elpapa uescouo di Roma et lomperador Re deromani: et luna et laltra stra da facean uedere: chome elsole mostra tutte leuie et regioni del mondo: chosi questi principi mo strauano luna et laltra strada. i. quella delmondo facea uedere lomperadore: Quella didio elponte fice. LVN LALTRO ha spencto. Imperoche per uolere lomperadore occupare leiurisditioni spirituali. Elpapa letemporali: chome et nepassa ti secoli: et nepresenti per molte historie appare luna et laltra degnita e/ uenuta in declinatione. Et e/ giunta laspada col pasturale. Et essendo insi eme luno spegne laltro: non perche sia contrario luno allaltro. Ma perche e/ necessario che luno te ma laltro. Et debba lomperadore punire con pena corporale: chi perturba lachristiana re. p. Elpapa con lecensure spirituali. Onde Dauid re sisottomecteua a Natham propheta. PON MENTE allaspiga quasi dica alfructo et alloffecto: che nenasce. Imperoche chome ogni herba dogni biada siconosce al seme: chosi ogni operation siconosce alfructo suo. Onde ladiuina uerita: afructibus eorū cognoscetis eos.

Solena roma chelbuon mondo feo
  due soli hauere et luna et laltra strada
  facean uedere et delmondo etdideo
Lun laltro ha spento et e/ giunta laspada:
  col pasturale et lun con laltro insieme
  per uiua forza mal conuien che uada/
Pero che giunti lun laltro non teme:
  se non micredi pon mente alla spigha
  chognherba siconosce perloseme.

Arte che per questi fiumi uogli discriuere lalombardia et laromagna: per lequali regioni passa po chome mostrammo quando lodiscriuemo. Et anchora lamarcha triuigiana: onde passa adice. SOLEA VAlore et cortesia. Valore in lingua toscana significa franca et prudente magnanimita: et diciamo ualoroso quegli: che sono ornati ditali uirtu: CORTESIA. e/ humana et gratiosa liberalita con dextri et moderati chostumi: decta chosi dalle corti debuoni principi: nequali tale uirtu sempre risplende. FEDERIGO. Federigo secondo nipote di Currado imperadore incomincio aregnare dopo lui. Chostui insuperbito per lapotentia di molti regni: et pe figluoli conculcaua tutte leiurisditioni spirituali: ilperche fu excomunicato da Honorio papa: et septe anni stecte excomunicato. A Honorio successe Gregorio nono de anania: elquale sede anni. xiiii. Con chostui hebbe crudel guerra Federigo. Et dipoi passo in terra sācta: et priuo del regno di hierusalem Ioanni brenense suo suocero. Et se nefece coronare nellanno della salute. M. CC. XXV. Ma Ioanni col fauor del pontefice tolse elreame dinapoli a Federigo: Ma Federigo disubito torno in italia: et ritupero elregno. Et occupo elpatrimonio. Elducato di spuleti: et lamarca dancona: preterea prese molti prelati: equali ueniuono alconcilio: che Gregorio glhauea ordinato contra. Ruppe emelanesi: et prese gran parte dilombardia: et diromagna. Et Gregorio nemori didolore. Dicono che hauea secouno elephāte. Successe aGregorio Innocentio quarto della casa dal fiescho da genoua: elquale fece concilio alione del rodano: et dinuouo excomunico Federigo: et esuoi dal fiescho armorono. xx. galee. Riduxesi laguerra a

Insul paese chadice et po riga
  solea ualore et cortesia trouarsi
  prima che federigo hauessi briga
Hor puo sicuramente indi passarsi
  per qualunche lasciassi per uergogna
  diragionar cobuoni et appressarsi
Ben uen tre uecchi anchor incu rampogna
  lanticha eta lanuoua et par lor tardo
  che dio amiglor uita gliriponga
Currado dipalazo elbuon gherardo
  et guido dacastel che me sinoma
  franceschamente elsemplice lombardo/

parma: laquale dacollegati della chieſa era difeſa: et da Federigo aſſediata. Eparmigiani uenuti a loro ſomma diſperatione: et uedendo: che lomperadore pocho gli ſtimaua: appoſtorono: che andaſſi auccellare: et aſſaltorono: et preſono labaſtia grande informa dicipta facta dallui: et chiamata uictoria. Et tolſongli tucti ecarriaggi inſino alle gioie et alla corona. Et lui non ſanza pericolo ſifuggi acremona: Fu la ropta elprimo giorno difebraio. M.CC.XLVIII. Lanno ſequente Arrigo ſuo figluolo fu preſo da bologneſi nel modaneſe. Et dipoi eltertio mori Federigo. HOR PVO SICVRAMENTE indi. Se fuſſi alchuno: che ſiuergognaſſi parlare con eſſi. Ilche aduiene atriſti: et pero fuggiſſi eluoghi habitati daquegli: non fugga queſti paeſi: perche non uene ſono: o forſe e/meglo trarre diqueſto texto una altra ſententia. Imperoche lui ha facto mentione della liberalita: et eliberali inuitano acaſa loro eforeſtieri: che paſſano: et quaſi per forza ueglitirano. Onde ſpeſſo interuiene: che chi e/acammino interra foreſtiera: ſiuergogna andare acaſa dichi non gle molto noto: et paſſano con riguardo et quaſi difurto. Adunque diremo: che hora perche non ue piu alchuno corteſe ſipuo paſſare indi ſicuramente: dachi ſiuergognaſſi ragionare o appreſſarſi cobuoni: quaſi dica uiſitare et alloggiare. BEN VEN: certo ueno .i. uiſono tre uecchi: Quaſi dica intutti que paeſi: equali ſoleuano abondare dimolti magnanimi: et liberali huomini uiſono ſolamẽte tre ditali coſtumi. IN CVI: i. nequali tre uecchi lantica eta RAMpogna: riprende lanuoua: et e/laſententia: che que tre uecchi ſono exemplo: pel quale ſiuede, quanto glantichi ſieno ſtati migliori che emoderni. ET PAR LORO TARDO: par che idio ſindugi troppo diriporgli admiglor uita. i. ad uita etherna: et e/laſententia: che loro deſiderano morire. Imperoche chome etriſti temono lamorte per paura delle pene: choſi ebuoni ladeſiderano: perche hanno ſperanza andare amiglor uita: et deſiderano leuarſi dalla contagione detriſti. CVRRADO DI PALAZO. Fu gentile huomo breſciano: et ſcriue limoleſe hauere udito: che hauendo lui in battagla loſtendardo del ſuo popolo: et eſſendogli gia taglate lemani quello abbraccio: ne prima lolaſcio: che perdeſſi lauita. Gherardo datrauigi della famigla del cammino: laquale ſpeſſo hebbe elprincipato in treuiſi. Choſtui peſuoi optimi conſigli et uirtu fu chiamato elbuon Gherardo. Guido dacaſtello fu dareggio dilombardia: et dinobile famigla decta dacaſtello: prudente: buono: et amatore della liberta: nella quale in quegli tempi fioriua reggio: et fu coetaneo di Danthe. CHE ME SINOMA franceſcamente. Efrāzoſi chiamano tutti glitaliani lombardi. Et era tanto lafama della integrita et della uita netta dogni fraude: et altutto ſemplice. che per tutto era chiamato elſemplice lombardo. DI HOGGIMAI Che lachieſa diroma. Conchiude: che perche el paſtore uuole confondere et meſcholare inſe due reggimenti; temporale et ſpirituale: e/cagione ditutti emali.

Omarcho mio dixio bene argomenti
et hor diſcerno perche dal retaggio
efigli di leui furono exempti/
Ma quel gherardo e quel che tuperſaggio
di che rimaſo della gente ſpenta
in rimprouero del ſecol ſiluaggio
Oltuo parlar minganna o elmitenta
riſpoſe adme che parlandomi toſco
par che delbuon gherardo nulla ſenta
Per altro ſopranome ionolconoſco
ſio noltogleſſi daſua figla gaia
dio ſie conuoi che piu non uengo uoſco
Vedi lalbor che per lofumo raia
gia biancheggiar: et me conuien partirmi
langel e/iui prima cheldi paia/
Choſi torno et piu non uolle udirmi.

a Ppruoua laſententia di Marcho: che eſacerdoti non ſidebbino inpacciare del temporale. Et produce in teſtimonanza loexemplo della bibbia: doue per leleggi di Moyſe: efigluoli di Leui: uno defigluoli di Iacob: perche furono ordinati alſacerdotio et alladminiſtratione delleco ſe ſacre et diuine: furono priuati deben temporali: acciochе non haueſſino altra cura: che delle choſe ſacre: et uiueuono delle decime. OLTVO parlare: quaſi dica eſſendo tu toſchano non puo eſſere che non conoſca lafama ditanto huomo. Ilperche negando tu diconoſcerlo: o tu minganni dicendo labugia: o tu mitenti. Ma perche interuiene che ſpeſſo non conoſciamo uno per ſuo proprio nome. Ma per eſſer denominato per qualche ſopranome: io non ſo dache piu nota choſa telopoſſi denominare: che dire lui fu padre digaia. Queſta p eſſere et belliſſima et honeſtiſſima fu nominata p tutta italia. DIO SIA CON VOI. prende comiato perche erono tanto iti inſieme: che erono giunti: doue terminaua elfumo folto: et gia cominciaua auederſi lalbore. Et lui non potea uſcir delle tenebre. Ordina eltexto. VEDI LALBORE che raia. i. riſplende et razzeggia gia biancheggiare. Et adme conuien partirmi prima cheldi paia. i. prima: che ſiuegha laluce. LANGELO E/IVI: quaſi dica non temere diſmarrir lauia: che langelo e/iui alla fine del fummo: et lui telamoſterra: Dellangelo e/gia nota allegoria. Ne ſimuta expoſitione. Ma dinota che inqualche ingreſſo dinuoua purgatione lagratia diuina nemoſtra lauera uia.

. CANTO XVII DELLA SECONDA CANTICA DI DANTHE .

e SCE IN queſto . xvii . canto dellira elnoſtro auctore : et monta nel quarto balzo ; oue ſipuniſce laccidia . Ma prima finge : che glappariſſino certe imaginationi : lequali partite truoua langelo : che lomena allaſcala del quarto balzo. RICORDITI LECTORE : ſe nellalpe : in alchuno altiſſimo monte . Alpi propriamente ſono emonti : che diuidono italia dalla francia : Ma da queſti tutti glalti monti in lingua toſcana : ma non in latina ſono decti alpi . NEBBIA TICOLSE ; tigiunſe nebbia foltiſſima : laquale ſuole eſſer piu folta nemonti ; perche e/ tirata dal ſole in alto : et non ſalendo ſopra lecinque migla iui ſicondenſa :

r Icorditi lector ſe mai nellalpe
ticolſe nebbia perlaqual uedeſſi
non altrimenti che per pelle talpe .
Chome et quando euapori humidet ſpeſſi
adiradar comincionſi laſpera
del ſole/ debilemente entran per eſſi
Et ſia latua imagine leggiera
ingiugner adueder chomio riuidi
loſol in pria che gia nel colcar era
Si pareggiando emiei copaſſi fidi
del mio maeſtro uſci fuor dital nube
araggi morti gia nebaſſi lidi .

PER PELLE TALPE ; perche latalpa ſempre habita ſotto terra. Et certo ha glocchi : ma ricoperti diſoctile pelle. Ilperche uede molto pocho . Ma che uegga alchuna choſa : e/ manifeſto ; Prima perche indarno glarebbe facti glocchi lanatura. laquale niente fa in darno. Dipoi perche ſubito : che uſcendo della terra uede laria ſimuore. Diqueſta dice Plinio : che in molti modi et dannata dalla natura : et in perpetue tenebre uiua ſta ſepolta . CHOME ET QVANDO : Admoniſce ellectore prima che ſiricordi della foltiſſima nebbia de glalpi. Dipoi uuole : che imagini euapori : equali : perche prima erono condenſati per lhomore : nō poteano eſſere penetrati da razzi delſole. Ma poi chelſole diſſoluendo lhomore : pel quale erono dēſi ; gliſa rari : erazi cominciono apenetrare : ma debolmente. Imaginando adunque queſte due choſe : electore intende prima : qual fuſſi latenebra del fumo ; et chome dipoi appreſſandoſi : lafine del fumo comincio auedere alchuno albore. ET SIA LA tua imagine leggiera : ſia preſta latua phantaſia aintender queſto : Sia queſta potentia leggiera : quaſi facile in giugnere in congiugnere. RIVIDI loſole in pria. i. prima che io fuſſi altutto fuor della nebbia. MORTI : perche gia tramontando elſole : cominciauano auenir meno. S. PAREGGIANDO : Coſi appareggiando emiei paſſi copaſſi fidi di Virgilio .

IMAGINATIVA che ne rube: uuole diſcriuere una imaginatione: et uiſione che gapparue. Et muoue tal dubbio. Eſenſi interiori equali ſono ſenſo comune. Imaginatiua: phantaſia: cogitatiua et memoria ſono moſſi daſenſi exteriori: et queſti ſono uiſo udito olfato guſto et tacto. Altri philoſophi pongono tre ſenſi interiori. Et nella prima parte del capo pongono una potentia: laqual chiamano apprenſiua: o phantaſia: o ſenſo comune. Nella ſeconda pongon imaginatiua: o cogitatiua: o extimatiua. Latertia memoria. Et in queſto luogho pone elpoeta laimaginatiua perlaextimatiua: elcui officio

Oimaginatiua che ne rube
tal uolta ſi difuor chuom nnn ſaccorge
perche dintorno ſuonan mille tube
Chi muoue te ſelſenſo non tiporge
muoueti lume che nelciel ſinforma
perſe oper uoler che giu loſcorge
Dellempieza dilei che muto forma
nelluccel cha cantar pur ſidecta
nellimagine mia apparue lorma
Et quiui fu lamente mia ſi ſtrecta
drento daſe che difuor non uenia
coſa che fuſſi anchor dalei ricetta

e/aiutato dalla ragione conſiderare lecoſe: che elſenſo comune riceuendole deglexteriori: ha collocate nella imaginatione: che e/elſecondo ſenſo: et giudicare ſe ſono uere o falſe: o buone o ree. Et tale iudicio colloca nella memoria. chome piu diſteſamente dimoſtrai nel mio tertio libro dellanima. Dimoſtra adunque elpoeta che benche laimaginatiua. i. laextimatiua riceua daſenſi exteriori: niẽtedimeno alchunauolta ricogle in ſe tutta lanima informa che quegli ſadormentano: ne glipoſſono porgere alchuna choſa. Et dipoi o per influxo celeſte: o piu toſto per lume mandato da dio conſidera et giudica quello: che ſanza laiuto dalchun ſenſo gliporge eldiuino lume: Et queſto appare maniſeſto: perche ueggiamo alchuno tanto profondarſi nelleimaginationi: che bẽche ſia nelcoſpecto diuarie pſone. Et doue molti ſuon et ſtrepiti ſiſentino: nientedimeno niente uede o ode per laragione gia decta: et maxime aiutata dalla phantaſia. elcui officio e/comporre et diuidere. CHI MVOVE TE ſel ſenſo non tiporge. Se lordine e/queſto ne ſenſi: che prima lachoſa peruengha aglexteriori: chome uerbi gratia uede locchio elnimicho: et porge tal uiſione alſenſo comune. Et quello loripone nella imaginatione. Et dipoi lacogitatiua: laquale qui chiama imaginatiua uoltandoſi alla imaginatione: chome in ſpecchio uelouede et giudica: che ſia utile fuggirlo. Dopo elquale giudicio dato lappetito ſubito ſideſta et muoueſi afuggirlo: Adunque domanda elpoeta ſe eſenſi exteriori niente porgano alla cogitatiua eſſendo conſopiti: chi gleneporge: et riſpõde chome gia habbiamo decto. ET MVOVITI LVME: intendi dellontellecto agente. CHE nelcielo ſinforma. i. pigla leſſere dallinfluentie celeſti: lequali miniſtrano giu actiuita: et operatione atale lumero dalla diuina uolonta ſanza mezo: o dauolonta deglangeli libere et confermate in gratia. CHE: elquale ualor diuino: o elquale angelo. GIV LOSPORGE. i. guida lactiuita didecto lume. Benche lontellecto humano ſia paſſiuo: ſecondo che allui miniſtrano eſenſi exteriori. Nientedimeno e/actiuo in quanto lui opera nella choſa preſentatagli daſenſi. Et alchunauolta opera ſanza eſenſi nelle coſe ſolamente influxe dadio ſanza alchuno mezo: o dadio col mezo delle ſeconde cagioni: che ſono glangeli. Inſomma trouo lacogitatiua nella imaginatione: laquale allei e/ſpecchio: doue uede lecoſe appreſentate daſenſi. Ma laforma delluccello che dira influxaui dadio inmediate o pel mezo deglangeli. Queſto e/luſignuolo: che tanto e/cupido dicantare: che canta didi et dinocte. Hora tornando alla fictione del poeta: chome diſopra poſe exempli exortatiui alla temperantia: laquale e/optimo freno acontenere lira: choſi alpreſente pone exempli: equali ritraghi dallira: conſiderando per quegli inquanta crudelta ſicade: ſe cilaſciamo traſcorrere nellira. Et pero finge: che fuſſe i una fixa imaginatione della fauola diprogne et Philomena: laquale per non eſſerſi ritracta dallira uſo inaudita crudelta. Laquale fauola diſopra diſteſamente narramo. DELLEMPIEZA DILEI. Ordina apparue nella mia imagine. i. nella mia imaginatiua lorma: cioe eluestigio et laforma dellempieza: cioe dellaimpetuoſa ira dilei. i. diquella. che. i. laquale muto forma ſua nelluccello. i. difemmina diuento quello uccello: che ſidilecta acantare. piu che glaltri uccegli. Et benche molti intendon qui di Philomena: nientedimeno perche queſta crudelta: che procedette dallira fu piu in Progne: poſſiamo anchora intendere dilei. Maxime perche anche larondine molto uolentieri canta.

Poi piouue drento allalta phantaſia,
un crocifixo diſpectoſo et fero
nella ſua uiſta et cotal ſimoria
Intorno adeſſo era elgrande aſſuero
heſter ſua ſpoſa elgiuſto mardoceo
che fu al dire et alfar coſi intero

u N CROCIFIXO. Queſtoſu Aman prefecto della militia daſſuero Re. Aſſuero re de perſi ripudio lamogle: perche non uolle uenire a lui nel conuito. Dipoi ditutte lepiu belle elexe Heſter figluola di Mardocheo huomo hebreo. Era in quegli tempi prefecto della militia Aman: Coſtui adiratoſi contra amardocheo: perche non loadoraua chome glaltri: perſuade alre che uolcſſi u

Et chome questa imagine rompeo
se per se stessa aguisa duna bulla
cui mancha lacqua sottet tal sifeo
Surse inmia uisione una fanciulla
piangendo forte et dicea oregina
per che per ira ha uolutoessern ulla
Ancisa thai per non perder lauina
hor mhai perduta ison essa che lucto
madre latua piu che laltrui ruina

cidere tutti egiudei : che erono nel suo regno : come natione contumace : et laquale non rendeua a lui edebiti honori. Crede.tegli elre : Et dectegli lanello accioche daglaltri fussi creduto. et ordino con sue lectere : che per tutto elregno depersi : tutti egiudei in un di diterminato fussino uccisi. Adunque Hester inteso questo per ubidire al padre simesse alla morte. Et ando sanzesser chiamata al re : Ilche era capitale. Et impetro dal Re che chiamasse adse Aman : et Mardocheo nel conuito Et Aman uedendo dinuouo che Mardocheo : non lhonoraua fece rizare una traue alta. L. cubiti per crocifiggerlo. Ma dopo elconuito laregina narro al Re tutta lachosa : et impetro laliberatione del popolo hebreo. Onde Aman fu crocifixo : doue uoleua crocifiggere Mardocheo : Et Mardocheo fu posto nella degnita : laquale prima teneua aman. Et dieci figluoli daman furono inpiccati : et egiudei uccisono gran turba diquegli : che Aman hauea ordinato : che uccidessino loro. Vedi adunque a che fine conduxe Aman lasua precipitata ira. ET CHOME QVESTA imagine rompeo se. i. ruppe se stessa chome una bolla facta nellacqua dalla pioua : laquale per se medesima scoppia. Queste bolle o uero sonagli naschano nellacqua : quando legocciole della pioua uicaggiono su. Assomigla adunque laimaginatione : che nella nostra cogitatiua cade dallo influxo superno alla gocciola : che cade nellacqua : et fa sonaglo : elquale in piccol tempo sirompe : Et chosi tale imagination o forma sextingue nella cogitatiua : et uiene unaltra. VNA FANCIVLLA. Questa fu Lauina figluola di Latino. Et quando Enea uenne initalia Latino glenedecte permogle : laqual cosa fu tanto molesta ad Amata sua mogle : et madre della fanciulla : che ella sappicco per lira : che prese diquesto : maxime perche lauolea dare a Turno suo parente. Onde seguirono lebattagle tra etroiani et elatini discripte egregiamente da Virgilio.

Chome sifrange elsomno oue dibutto
nuoua luce percuote eluiso chiuso
che fracto guiza pria che mora tutto
Chosi limaginar mio cadde giuso
tosto chellumeluolto mipercosse
maggior assai chequel che innostro uso
Imiuolgea per ueder ouio fosse
quando una boce dixe qui simonta
che daognaltro intento mirimosse
Et fece lamie uogla tanto prompta
diriguardar chi era chi parlaua
che mai non posa se non siraffronta
Ma chomasole che nostra uista graua
et per souerchio sua figura uela
chosi lamia uirtu quiui manchaua

p Er conuenientissima cõperatione dimostra esser uscito delle sue imaginationi : lequali lhaueano adormentato daognaltra chosa : chome esce del somno : et destasi uno. elquale dormendo e/percosso nel uiso dasubito splendore. Adunque chome FRANGE. i. sirompe elsomno. OVE : quando. DIBVTTO. i. disubito. NVOVA LEGGE percuote eluiso chiuso : locchio chiuso. CHE : elquale somno. FRACTO : ropto : perche comincia andarsene. GVIZZA : faguizzare et muouere lhuomo. PRIA CHE mora tutto : prima che elsomno tutto siparta : chosi. DIBVtto. i. dibotto. Ilche significa dasubito. GVIZa Quella chosa : che spesso et con uelocita simuoue Onde diciamo elpescie guiza nellacqua. MAGgiore assai. Era assai maggiore losplendore : elqual procedea dallangelo : che quello del sole : elquale e in nostro uiso. QVANDO VNA VOCE : del langelo : laquale potette tanto inme : che mirimosse daogni altro intento. i. daogni altra cogitatione : che potessi tenere lamia mente attenta. Et questa uoce fece lauogla mia tanto prompta. i. tanto sollecita et desiderosa diueder chi parlaua : che essa non potea posare : se non siraffrontaua. i. se non siscontraua in lui. Ma guatando langelo che parlaua : laluce sua mabbaglo : chome abbagla latroppa luce del sole. E/laboce dellangelo ladoctrina speculatiua theologica : laquale e/si soaue : che uditala non possiamo posare ne acquiescere : se non ueggiamo : onde uiene : che e / epsa etherna uerita. Ma non lapossiamo perfectamente uedere : perche non e/capace lhumana mente : Ma possiamo bene udire lauoce : quando dice. Qui simonta. i. quando cimostra lauia disalire al cielo.

Questo e/diricto spirito che nela
uia dire insu nedriza sanza priego
et col suo lume se medesimo cela

d Imostra che questo e/quel angelo : che cimena in su sanza priego. i. sanza esser pregato : et cela : i. nasconde se col suo lume. SIFA CON noi chome lhuom sifa sego. Chosi fa langelo con noi

Sifa connoi chome lhuom sifa sego
che quale aspecta priego et lopuo uede/
malignamente gia simette alnego
Hora accordiamo atanto inuito elpiede.
procaccian disalir pria che sabbui
che poi non siporria seldi non riede
Chosi dixelmio duca et io con lui
uolgemo enostri passi auna scala
et tosto chio alprimo grado fui:
Sentimmi presso quasi un muouer dala
et uentarmi nel uiso et dir beati
pacifici/ che son sanzira mala

disouuenirci sanza esser pregato. CHOME lhuomo cioe lagente humana sira sego: fa seco. i. debba fare seco. i. luno huomo collaltro. perche dobbiamo sanza aspectare desser richiesti aiutar lun laltro: CHE QVALE: huomo uede luopo. i. elbisogno dellaltro buomo: et aspecta prego: gia simecte malignamente anegare. HORA ACcordiamo ilpiede atanto inuito. i. andiam doue lui cinuita asalire. Et perche elpiede significa laffectione: laquale chosi muoue lanimo chome elpiede muoue elcorpo: sira elpiede di Virgilio lauolonta: et quello di. Danthe lappetito. Dimostra che non sipuo montare se non didi. Onde dixe ambulate dum lucem habetis. Ma questo habbiamo dichiarato disopra. Giunto Danthe allascala: laquale partiua del presente girone: senti uentillare lafronte con lale: perche langel glicancello con lale elterzo peccato. Questo uento conmosso dallale dellangelo: significa lainspiratione: che fa lospirito santo nella buona uolonta: dichi e/cupido dipurgare elpeccato: elquale inspirando leua eluitio BEATI PACIFICI: parole disan Matheo beati pacifici: quoniam filii dei uocabuntur. SANZA ira mala. Imperoche lipace e/contraria allira mala: et non sanza cagione dixe mala. Imperoche sipuo con muouere in noi giusta et ragioneuole ira per zelo di iustitia contro alpeccatore. Nellaquale non occidit sol. i. non sispegne ellume della ragione. Et questa e/ira buona.

Gia eran sopra anoi tanto leuati
glultimi raggi che lanocte segue
che lestelle appariuon dapiu lati/
O uirtu mia perche si tidilegue
fra me stesso dicea che misentiua
lapossa delle gambe posta intriegue
Noi erauam doue piu non saliua
lascala su et erauamo affixi
pur chome naue challapiaggia arriua
Et io attesi un poco sio udissi
alchuna chosa nelnuouo gyrone
poi miriuolsi almio maestro et dixi:
Dolce mio padre diquale offensione
sipurga qui nelgyro doue semo:
se pie sistanno non stia tuo sermone

d Imostra esser montato insulquarto gyrone quando elsole gia andaua sotto in quello hemisperio: et quando elsol ua sotto: erazi non si spargano in terra anzi inalzano pche glutimi razzi dopo equali uiene lanocte: erono tanto leuati perche elsole andaua sotto: che gia siuedeuono le stelle. O VIRTV MIA: duolsi che glimanchi lapossa del salire: perche elsole sanzalquale non sipuo salire: andaua sotto. Ne e/necessario porre qui elsenso allegorico: hauendolo gia posto nel uersicolo. Elbuon Sordello in terra frego eldito. Et dixe solamente questa riga non passeresti dopo elsole partito. Et certamēte sanza sole. i. sāza lume della diuina gratia non sipuo salire in alto. Diceuo fra me medesimo. O uirtu: o possanza mia: tu tidilegue. i. tidilegui: mutato. i. in e per larima: et dileguare significa sparire: chome in altro luogo dicemmo. POSTE IN triegue riposarsi trasflatione dalla guerra: nella qual gli huomini daogni parte siposano: quando sifa triegua DIQVALE OFFENSIONE sipurga qui: pare dainuestigare: perche Danthe domanda: che uitio qui ui sipurga: non hauendo domandato deglaltri neglaltri gyroni. Ache mipare darispondere: che essendo sempre stato questo poeta in assidua meditatione digran chose: et molto exercitato nella uita actiua nō era mai caduto nel uitio dellaccidia: dellaqual alpresente sitracta. Iforma che lapotessi bē conoscere.

u Vole dimostrare Virgilio: che inquesto gyrone sipurga eluitio dellaccidia: laquale non e/altro: che non amare idio: et leuirtu con quel feruore: che siconuiene: et pero dice. LAMORE DEL bene scemo. i. del bene diminuito del suo douere. QVI SIBATTEL MAL tardato remo. Qui con ladiligentia siristora lanegligentia: et usa translatione da cyurma digalea: laquale perche uogaua pigramente: e/combattiture punita et constrecta a battere elremo. i. auogare si presto: che ristori lanegligentia passata. NE CREATORE: ne creatura mai e/sanza amore: Questo e/uero: perche ne idio: elquale solo e creatore: e/sanza amore: come nel paradiso dimosterremo. NE CREATVRa

Et egli adme lamor delbene scemo
delsuo douer qui ritto siristora
qui siribactel mal tardato remo
Ma perche piu aperto intendi anchora

uolgi lamente ame et prenderai
alchun buon fructo dinostra dimora
Ne creator ne creatura mai
commcio et figluol fu sanza amore
onaturale o danimo tul sai
Elnaturale e/ sempre sanza errore
ma laltro puo errar per male obietto
o per poco o per troppo diuigore

Questo sipuo intendere generalmente dogni creatura: non solamente rationale: ma irrationale: ne solamente animata: ma inanimata: perche tutte lecreature hanno amore: cioe una īclinatione alla conseruatione dise medesimo. Nientedimeno qui sistrigne alhuomo: Elquale per glacti del libero arbitrio merita et demerita. ONATVrale o danimo. Amore quanto aquesto luogho basta: e/o naturale o danimo. Naturale e/quello: che e/tra noi et dio: et tra lanima et elcorpo: o tra lauolonta et elbene: che e/obiecto della uolōta: lamore dellanimo e/quello: che in lui appetisce. Et questo anchora sisubdiuide. Imperoche alchuno amore e/semplicemente buono: chome e/lamore dellamicitia: Alchuno non e/semplicemente buono ma reo per cagione dellobbiecto. Imperoche chome lauirtu e/amore ordinato: chosi eluitio e/amor disordinato. Et questo e/se e/o amore dimale: o amore dibene: elquale sia o pocho otroppo: secōdo due spetie dibene. Imperoche alchuno bene e/piccolo: chome e/eltemporale et elcorporale. Alchuno e/grāde: chome sono ebeni della gratia et dellagloria. Adunque lamore del bene grande e/inordinato se e/pocho. Et tale e/laradice dellaccidia. Lamore del ben piccolo e/disordinato: se e/troppo. Et questo e/laradice digola: diluxuria: et dauaritia: benche lauaro ami tali beni per possedergli. Elgoloso et libidinoso per pigliare uolupta: lamore disordinato della natura e/amore dellaltrui male o del suo. Ma nessuno ama elproprio male: inquanto e/male. Ma inquanto logiudica buono: lamore del mal daltri e/radice disuperbia: inuidia: et ira. Perche superbia e/amor del proprio bene col male del proximo: amando lasua exaltatione con deprexione deglaltri. Inuidia et ira sono amor del mal daltri. Ma sono diuersi tra loro. Lamore dellira nasce dal mal daltri. Imperorhe chi e/irato contra me: mi uuole male. perche riceue male dame. Lainuidia nasce dapropria malitia. i. dasuperbia: et ama elmale del proximo: che allui non gioua: Ma accioche non glisia pari. Ilperche nella materia comunica collira. Ma elfine procede da superbia. Ma repetendo breuemente quanto basta alla presente diuisione: sono due spetie damore et didesiderio. Vno e/naturale: elquale e/infuso in tutte le creature: pel quale appetiscono quel bene pel quale siconseruano nelloro essere. LALTRO E ANIMALE: et questo procede dalla uolonta: nella quale e/electione et libero arbitrio: Elnaturale non erra mai. Lanimale puo errare in tre modi: o per obiecto: che e/quando lappetito non corropto dalume della ragione ama quello: che e/male in luogho di bene. O PER POCHO VIGORE: che e/quando quello che merita esser amato sommamente: et sopra ognaltra chosa e/amato pocho et freddamente: chome e/idio sommo bene: et lhonesta laquale contiene tutte leuirtu. Onde nepreceptī dati daMoyse: anzi dadio per Moyse. Dilige dominum deum tuum. O PER TROPPO. Quando ebeni temporali: equali onon sidebbono riputar beni: o ueramente infimi beni sono amati danoi piu chelbene etherno. Onde nascano euitii gia decti.

Mentre che gle ne primi ben directo
et ne secondi se stesso misura
esser non puo cagion dimal dilecto
Ma quando almal sitorce o conpiu cura
o conmen che non dee corre nelbene
contro alfactore adopra sua factura:
Quinci comprender puoi chesser conuene
amor sementa innoi dogni uirtute
et dogni operation che merta pene

q Vesta e/lacōclusione et dice. Adunque mētre che questo amore animale. E DRITTO nel primo bene. i. rectamente ama idio: perche lama quanto siconuiene: et chome creatore. Et mentre che misura se stesso nel secondo bene. i. ama moderatamente lechose create: lequali chome factura didio debbono essere amate: perche sono buone. Quia uidit deus omnia que fecit: et erant ualde bona. Et questo secondo amore sidiuide in due spetie: Vtile: et dilecteuole. ESSEr non puo: questo amore chosi ordinato non puo esser cagione didilecto non honesto. Ma quando lamore sitorce almale. Imperochelmale non sama exdirecto per amare elmale: ma ex obliquo o per fuggire incomodita: o per conseguitare commodita. Et gia ha posto un modo dipeccare: Dipoi aggiugne elsecondo dicendo: o corre nel bene con piu cura: che non debba. i. ama elsecondo bene altrimenti: che non debba. O CON MEN CVRA. Et questo e/elterzo modo del peccare: quando non amiamo elprimo bene: quanto et chome siconuiene. CONtralfactore. Quando sipecca inquesti modi lhuomo ADOPRA. i. usa sua factura contralfactore. i. adopera se medesimo: che e/factura didio suo factore contro asuoi precepti: perche lui uuole: che amiamo prima lui sopra tutte lechose: et dipoi lechose create secondo egradi. QVINCI COMPRENDEr puoi per leragioni gia dimostrate puo conoscere: che lamore e/sementa et cagione delle uirtu: quando e/ordinato: et delle operationi: che meritano pene. i: uitii: quando e/disordinato.

Et perche mai non puo dasua salute
amor delsuo subgecto uolger uiso
dalodio proprio son lechose tute
Et perche intender non sipuo diuiso
et per se stante alchuno esser dal primo
daquellodiare ogni affecto e/ diciso
Resta se diuidendo bene stimo
chelmal che sama nel proximo et esso
amor nascen tre modi in uostro limo

d Imostra: che perche lamor non puo uolger uiso. i. non sipuo partire dal suo subiecto: cioe dase medesimo. i. non puo far: che nõ ami sempre se medesimo. Seguita: che ogni chosa e/ tuta: i. sicura dallodio proprio: Adunque nessuno ha in odio se medesimo: perche odiare e/ amare male alla chosa odiata. Et perche intender nõ sipuo DIVISO. Lasententia e/ che alchuna chosa: che habbia essere: non ha esser: se non inquanto idio: che e/ elprimo essere: loconserua: non si puo intendere che alchuno essere sia diuiso dal primo essere: ne sipuo intendere alchuno essere perse stante. i. non sipuo intendere: che alchun essere stia perse medesimo. Adunque naturalmẽte ogni chosa ama elsuo essere: chosi ama idio. Ilperche ogni affecto e/ diciso. i. diuiso daodiar quello idio. RESTA ADVNQVE: Se lhuomo nõ puo amare male ase o adio: resta che ogni male che noi hauiamo sami nel proximo. SE BENe stimo diuidendo: cioe se io fo buona diuisione: laquale e/ questa: se elbene: che sama: e/o inuerso didio o dinoi: o del proximo: elmale similmente e/ tripartito. Ma gia e/ dimostrato: che nõ possiamo amare elmale: ne in dio: ne in noi: resta: che lamiamo nel proximo. NASCE IN TRE MODI: simuoue per tre cagioni: chome diremo disotto. IN VOSTRO limo: in uostro loto: quasi non per ragione: laquale e/ diuina parte nellanima. Ma per sensualita: che procede dalla contagione del corpo chosa terreste.

b Auea gia dimostrato: che lhuomo non ama elmale: se non e/ proximo. Hora dimostra chelmale nel proximo sama in tre modi per tre fini. Imperoche nessuno ama elmale per se medesimo: ma amalo afine dibene: che aspecta che dital mal nasca: perche elbene e/ quello: che e/ amato. Adunque alchuno ama elmale nel proximo: perche spera per lasua oppressione diuentar grande. Alchuno desidera che altri non salga ad maggior grado perche teme che costui non glitolga podere. i. possanza: honore: gratia: et fama: lequali chose lui ama piu che non siconuiene: Et per questo ama che chostui non salga. Alchuno hauendo riceuuto ingiuria: desidera uendecta: et per questo ama elsuo male. Et cosi dimostra: che lamor del male e/ cagione della superbia: inuidia: et ira. Per tutte queste chose siconosce: che lauolonta non puo amare semplicemente elmale. Ma lomale del proximo afine del suo bene.

Et chi per esser suo uicin soppresso
spera excellentia et sol perquesto brama
che sia dasuo grandeza inbasso messo
Et chi poder honore et gratia et fama
teme diperder perchaltri su monti:
onde satrista sichelcontrario ama
Et e/ chi per ingiuria parchadonti
sicche sisa della uendecta ghiotto
et tal conuien che male altrui impronti

p Oi che ha tractato dellamore: che torce nel male del proximo: elquale era tripartito insuperbia: inuidia: et ira. Pone lamore: che ua albene con men uigore: che non debba. Elprimo: che e/ tripartito sipunisce netre gyroni gia decti. Questo secondo perche mancha del suo feruore: fa laccidia et purgasi in questo quarto gyrone. QVESTo triforme quaggiu sipiãge: disotto nequattro gia passati gyroni. LALTRO CORRE ALBENe con lordine corropto: elsuperiore tripartito torce ua almale laltro: cioe questo non torce almale. Ma corre al sommo bene dio: et alle uirtu con ordine corropto: perche non lama quanto siconuiene: et prepogli nellamore lutilita et elpiacere. CIASCHVN CONFVSAMENTE VN BEne apprende. E/ nella mente diciaschuno huomo una innata cupidita diconoscere elsommo bene. nel quale truoua si lultimo fine: che in quello sappaga et informa sicontenta: che non cercha piu auanti adunque ogni mente CONTENDE. i. sisforza dicongiugnersi con quello. SE LECITO amore uitira aueder o acquistare lui: se lamore mancha del debito suo feruore: onde nasce laccidia: QVESTA CORNICE: questo gyrone uene martyra. i. uenepunisce dopo giusto pentere.

Questo triforme amor quaggiu disotto
sipiange hor uo che tu dellaltro intende
che corre albene con lordine corropto
Ciaschun confusamente unbene apprende
nelqual sicheta lanima et disira
perche digiugner lui ciaschun contende
Se lecito amor allui ueder uitira
o allui acquistar questa cornice
dopo giusto pentire uenemartira

c Ome manchare damore inuerſo elſommo bene fa accidia. Choſi eltroppo amore inuerſo eben mõdani fa auaritia luxuria et gola: equali tre peccati ſipurgano necerchi piu alti. ALTRO BENE e/che non fa lhuomo felice. Queſto contiene tutte lechoſe create: lequali ſono bene. Ma ſono bene in perfecto: et non e/labuona eſſentia: perche quella e/idio: elquale e/fructo dogni bene. Imperoche elfructo et elpremio delle noſtre buone operationi e/fruire eſſo idio: et e/radice dogni bene. Lamor che ſabbãdona aeſſo. i. che corre ineſſa abbandonata mente. i. ſanza freno et miſura diragione: per queſto e/troppo et excede elmodo. PER TRE cerchi. Imperoche nel primo: elquale e/el quinto in ordine: ſipurga lauaritia: laquale e/diſordinato amore ĩuerſo ebeni della fortuna. Nel ſecondo: che e/ſexto ſipurga lagoloſita. Nel tertio: che e/ſeptimo ſipurga laluxuria. TACCIOL acciochе tu per te necerchi. Ha dimoſtro Virgilio elbene ſommo et perfecto: elquale non cade ſe non nellontellecto: Hora nel bene ſenſibile puo per ſe medeſimo proceder Danthe: et pero allui laſcia tale inquiſitione.

Altro bene e/ che non fa lhuom felice
non e/ felicita non e/ labuona
eſſentia dogni ben fructo et radice
Lamor cha eſſo troppo ſabbandona
diſopra noi ſipiange per tre cerchi
ma chome tripartito ſiragiona
Tacciol acciochе tu per te necerchi.

. CANTO . XVIII. DELLA SECONDA CANTICA DI DANTHE.

s EGVITA in queſto capitolo in dichiarare lamore: et dipoi dimoſtra chome ſipurga laccidia. Et ſimilmẽte lontellecto ĩuerſo laſenſualita. Ma diqueſto moltevolte habbiam gia decto: Ne/ſanza cagione lochiama alto doctore. MA QVEL PADRE: dimoſtra qual debba eſſer elpreceptor ĩuerſo eldiſcepolo. Dipoi padre. Et finalmente maeſtro: chiamalo alto doctore adimoſtrare: che puo dimoſtrare ogni gran choſa. Maeſtro perche e/uſato moſtrarla. Padre perche debba eſſendogli lui figluolo. DEL TIMIDO parlar che non ſapria: perche temendo io non glieſſere moleſto nel parlare non apriua lamia uolonta et lui con leparole miporſe ardire diparlare. EL mio ueder ſauiua ſi nel tuo lume: per queſto dimoſtra che laparte ſenſitiua: et laragione inferiore pigla uigore: et faſſi intelligente pellume dellintellecto. Et accende Virgilio allonſegnare: p

p Oſto hauea fine alſuo ragionamento
lalto doctore et attento guardaua
nella mie uiſta ſio parea contento.
Et io cui nuoua ſete anchor frugaua
difuor tacea et drento dicea forſe
lotroppo adimandar chio fo lograua
Ma quel padre uerace che ſaccorſe
del timido uoler che non ſapriua
parlando diparlare ardir miporſe.

Ondio maeſtro elmio uoler ſauiua
ſi nel tuo lume chio diſcerno chiaro
quanto latuo ragion porti o diſcriua
Pero tipriego dolce padre caro
che midimoſtri amore acui riduci
ogni buon operar et ſuo contrario

Driza uer me dixe lacute luce
dellontellecto : et fieti manifeſto
lerror deciechi che ſifanno duci.
Lanimo che e/ creato adamar preſto
adogni choſa e/ mobile che piace
toſto che del piacere inacto e/ deſto:
Voſtra apprenſiua daeſſer uerace
tragge intention etdrento auoi laſpiega
ſiche lanimo adeſſa uolger face:
Et ſe riuolto inuer dilei ſipiega
quel pregar e/amor quel e/ natura
che per piacer dinuouo in uoi ſilega:
Poi chomelfuocho muoueſi inaltura
per laſuo forma che e/nata alſalire:
ladoue piu in ſua materia dura:
Choſi lanimo preſo entra indiſire
che moto ſpirital giamai non poſa
fin che lachoſa amata elfa gioire:
Hor tipuote aparer quanto e/ naſcoſa
lauerita allagente che auera
ciaſchuno amore in ſe laudabil choſa:
Pero che forſe appar laſua matera
ſempreſſer buona ma non ciaſchun ſegno
e/buonanchora che buona ſia lacera.

che quanto eldiſcepolo piu facilmente imprende tanto piu uolentteri moſtra elliberale preceptore. PORTI : in conoſcere lecoſe in prima incognite. ET DISCRIVA : in diffinire : et diuidere. Per queſto tipriego midimoſtri : che choſa ſia amore : dal quale tu uuoi che procede lauirtu : et eluitio. Onde lui choſi narra.

d Imoſtra : che choſa ſia lamore : et ripruoua quegli philoſophi : equali uoglon : che ogni che ogni amore ſia laudabile. DIRIZA LACute luci dellontellecto : perche tale ſcientia richiede acume dingegno et diligentia. LERRORe deciechi che ſifanno duci. Lerror di quegli : che non ueggono iluero : et non ſanno : et nientedimeno uoglon dar doctrina. Adunque guidano el diſcepolo non altrimenti chel ciecho guidi : chi lo ſeguita. Queſti dicono : che ogni amore e/ laudabile. Ilche e/falſo. LANIMO CHE E/CREAto adamar preſto. Imperoche lanimo humano e/ creato dadio con lapotentia concupiſcibile : laquale potentia preſtamente puo arrechare in acto : Imperoche quando o quel ſenſo : che ſichiama cogitatiua : o laragione : o lontellecto : ha giudicato alchuna choſa eſſer buona : ſubitamente dopo tale iudcio dato lapotentia concupiſcibile ſideſta et appetiſce : chome uerbi gratia. Ve locchio un cauallo et elſenſo comune riceue daluiſo queſta forma et riceuuta lacolloca nella imaginatiua. Et lacogitatiua laconſidera nella imaginatiua. Et giudica quello eſſer buono et bello : Elquale iudicio facto excita diſubito quella potentia dellanimo : laqual chiamamo appetito adamarlo : et deſiderarlo. VOSTRA APPRENSIVA DAESSER VErace tragge intentione. queſta apprenſiua : che giudica quello : che ſidebba eleggere. TRA laintentione : tira aſe lappetito daeſſer uerace : cioe daquello : che e/ueramente bene. Et quello amaſi chome choſa buona. Et ſe non e/buona : et nientedimeno lama : e/ perche rimane ingannato. Ne lama : ſe non perche crede eſſer buona. ET SPIEGA : apre et dimoſtra queſta intentione allanimo. i. alla uolonta : informa : che eſſa ſiuolge aquella : et ſe uolgendoſi ſicomincia apiegare et inclinare inuerſo quella : tale inclinatione alla choſa : che glipiace : e/amore et natura. i. e amore naturale. Adunque diremo : che amore ſia inclinatione danimo inuerſo lachoſa : laquale glipiace : poi che gle offerta. CHE per piacer dinuouo in uoi ſilega. Imperoche tale inclination dinuouo. i. nouellamente facta dellanimo alla choſa : che glipiace : e/una collegatione dellanimo con lachoſa : che glipiace : et diqui naſce laconcupiſcentia eldeſiderio. QVEL pregare : i. quella inclinatione. E/ AMORE quelle natura. i. e/ amore naturale. POI CHOMEL fuocho : Ogni choſa creata e/ſtata prodocta dal ſuo creatore con una innata inclinatione diquello : che allei e/ſommo bene. Ne mai acquieſce inſino che non loſeguita. Ma tale inclinatione innata nella creatura e/danatura : o dal ſenſo : o dalla ragione : Danatura e/nelle choſe anchora inanimate : chome diremo del fuocho. Dal ſenſo non ſolamente ueggiamo neglhuomini. Ma anchora ne bruti. Imperoche ueggendo luccello leſcha ſimuoue apaſcerne. Lainclinatione dalla ragione e/ſola nelhuomo : chome quando ueggiamo Catone appetire epericoli per liberare lapatria. Adunque chomelfuocho ha dalla ſua forma ſpecifica. i. dal ſuo eſſer diſtincto dallaltre choſe dimontare inalto : chome choſa leggieri : ne mai ſipoſa : ſe non e/impedito : inſino che non torna nella ſua regione : laquale e/ſopra lelemento dellaria. DOVE PIV IN SVA materia dura : choſi lanimo noſtro preſo daquello : che giudica eſſer buono et bello. ENTRA in diſire : in deſiderio diconſeguirlo. CHE MOTO ſpirital : el quale diſire e/moto ſpiritale : et non corporeo. Imperoche eldeſiderio muoue loſpirito : et non elcorpo Ne mai poſa tal moto danimo. FINCHE LACHOSA AMATA elfa gioire. i. inſino che con gau dio non obtiene lachoſa amata. HOR TIPVO: Conchiude: che per quello: che e/decto diſopra: ſi uede: che quegli: equali auuerano. i. affermano: che ogni amore e/laudabile: errono. Et lerror naſce: p che argomentano inqueſta forma. Laparte apprenſiua non mette inanzi alla uolōta: ſe non quello: di che giudica eſſer buono: et lanimo et uolonta non ſindina: ſe non in quello: che gia lapprenſiua giudico eſſer buono. Ma queſta argomentatione ſeguirebbe di neceſſita: ſe quella potentia dellanima: laquale giudica: non erraſſi. Ma perche erra et porge per buono quello: che e/reo: lappetito ſinganna et innamoraſi di quello: chome dibuona choſa: laqual perche ſia buona: conciofia che ogni choſa creata dadio e/buona: nientedimeno fu giudicata migliore. Onde lamorte fu maggiore: che non douea.

Letue parole elmio ſeguace ingegno
  riſpoſallui mhanno amor diſcouerto/
  ma cio mha facto didubiar piu pregno/
Che ſamor e/ difuori anci offerto:
  et lanima non ua con altro piede,
  ſe dritta o torta ua non e/ ſuo merto.
Et egli ad me quanto ragion qui uede
  dir tipoſſio dainde inla taſpecta
  pure abeatrice che e/ opera difede:

h O inteſo che choſa ſia amore: riſponde Danthe. Ma diqui naſce un dubbio. impero che ſe amor naſce dachoſa: che e/extrinſeca: poſta innanzi allanimo: et lanimo non ua conaltro piede perche non lomuoue ſe non lappetito: ſeguita: che naſcendo queſto mouimento da choſa extrinſeca: lanima non merita ne premio del bene: ne pena del male: Et aqueſto riſponde Virgilio che ſoluera tal dubbio quanto puo comprendere. Ma perche queſto non baſta: aſpecta beatrice: che ſignifica latheologia. Imperoche quello: che non comprende laragione humana: che non comprende ſe non lechoſe ſenſibili et intellectuali: ſecondo leſenſibili latheologia inſegna lechoſe ſpirituali: che ſapprendono per fede: et non per ragione: et pero dixe: che Beatrice era opera di fede.

Ogni forma ſubſtantial che ſepta
  e da materia et e con lei unita
  ſpecifica uirtu han ſe collecta
Laqual ſanzoperar non e ſentita
  ne ſe dimoſtra ma che per effecto
  chome per uerde fronde inpianta uita:
Pero la donde uegna lontellecto
  delleprime notitie homo non ſape:
  et del primo appetibile laffecto.
Che ſono innoi ſi chome ſtudio inape
  difar lomele: et queſta prima uogla
  merto dilode et biaſimo non cape:
Et perche aqueſta ognaltra ſiraccogla
  innata ue lauirtu che conſigla
  che dellaſſenſo de tener laſogla
Queſtelprincipio la onde ſipigla
  ragion dimeritare in noi ſecondo
  chebuoni erei amor accogle et uigla

f Orma e/quella che da eſſere alla choſa. Adūque laforma nelhuomo e/lanima rationale: perche ſolo per laragione ſiamo differenti daglaltri animali. Et elcorpo e/lamateria. Ilperche dice che ogni forma ſubſtantiale: che e/lanima: CHE ſecta: laquale ſecata. i. diuiſa da materia. i. ha el ſuo eſſere. poiche e/ſeparata dalla ſua materia: che e/elcorpo. Et e/anchora unita con lamateria. Inſomma ogni anima ha leſſere ſuo: choſi nel corpo: chome quando ſara ſeperata dal corpo. Ilche non e/nellanime debruti: perche ſeparate dacorpi non hanno eſſere. Adunque lanima humana e/pura forma: perche e/diuiſa dalla materia. Et p queſto ha in ſe una potentia differētie datutte laltre ſpetie: laquale cōſtituiſce laſua. Queſta potentia non ſiuede ne ſiconoſce: ſe non per leffecto ſuo: chome nella pianta non ſiconoſce ſe non e/uiua: ſe non per le fogle uerdi. Et per queſto non ſa lhuomo onde uengha lontellecto delle prime notitie. i. onde nel fanciullino ſieno leprime notitie: come conoſcer elpadre et altre choſe ſimili: et laltre choſe generali neglhuomini prouecti. Ne ſa onde proceda laffecto. i. lamore del primo appetibile. i. del ſommo bene: che e/iddio: elquale ogni huomo appetiſce. Ma non ſa perche naturalmente ſia nellanima: chome nellape e/eldeſidirio difar elmele. Laquale prima cupidita non ce attribuita ne alaude ne auituperatione: perche chome dice Ariſtotele eprimi moti non ſono in noſtra podeſta. Ma dipoi neſecondi et tertii moti: et in tutti glaltri ue epſa ragione. Imperoche non obaſtante che aqueſta prima uogla ognaltra: che ſegue ſiraccogla: cioe benche eſuccedenti ſiddirizino aqueſti primi moti. Nientedimeno hanno merito et demerito. Ilche non ha uerunno eprimi. perche hanno innato in loro lauirtu: che conſigla. i. laragione: laquale cie data dadio. perche epſa tengha laſogla dellaſſenſo. i. ſia ſignore diconſentire o non conſentire. Et daqueſta ragione laquale puo conſentire et ripugnare: chome glipare: e/principio: onde naſce noſtro merto: ſe conſentiſce al bene: et non conſentiſce almale: Et choſi eldemerito ſe giudica incontrario.

Color che ragionando andaro alfondo
saccorson desta innata libertate
pero moralita lassaro almondo
Onde pognan che dinecessitate
surga ognamor che drento a uoi saccende
diritenerl e/ in uoi lapotestate
Lanobile uirtu beatrice intende
per lolibero arbitrio et pero guarda
che lhabbiamente se aparlar tiprende

s Eguita Virgilio: dimostrando: che cagione mosse ephilosophi acredere: che loperationi uirtuose innoi meritassino premio: et leuitiose pena. Adunque epsi ragionando. i. raciocinando ANDORONo alfondo. i. trouorono lauerita: laquale e/questa: che non obstante: che lamore. i. lappetito insurga innoi dinecessita. Imperoche nō puo lhuomo: quando elsenso gliporge una chosa uoluptuosa: fare: che lappetito non uisidirizi. Nientedimeno habbiamo in noi libero arbitrio: col quale possiamo seguitare: quanto cidecta laragione: et raffrenare et contenere lappetito: SACCORSONO ephilisophi desta īnata libertate. i. dellibero arbitrio. PERO MORALITA LASCIOrono almondo: raffrenando ellibero arbitrio: che non declinassi nel uitio: trouorono eluiuere honesto secondo leuirtu morali: et scripsono tali precepti per giouare achi hauea assuccedere. LANOBILE VIRTV BEATRICE INTEnde. Admonisce qui Danthe: che quando Beatrice. i. lasacra theologia nomina lanobile uirtu: intende p quella ellibero arbitrio. Onde nel quinto canto delparadiso. LOMAGGIOR dono che dio.

d Imostra secondo lordine dastrologia: che gia era passato laterza parte della nocte. Ilche acciochemeglo sintenda: laluna quando e/tutta piena per essere in oppositione alsole: sileua: quando elsole ua sotto. Et dipoi quando e/passata laquintadecima: perche scema; sileua ogni sera piu tarda. Adunque essendo stata in oppositione: lanocte chelpoeta sitrouo smarrito nella selua. Et essendo questa la quarta nocte e/ragioneuole: che non sileuasse: se non nella tertia parte depsa.

Laluna quasi aterza nocte tarda
facea lestelle anoi parer piu rade
facta chomun secchione che tutthor arda
Et correa contro alcielo per quelle strade
chelsol infiamma alhor che queldaroma
tra sardi ecorsi eluede quando cade
Et quellombra gentil per cui sinoma
pictola piu che uilla mantouana
delmio carcare deposta hauea lasoma

PIV RADE: perche ellume della luna preuale tanto: che uīce quello delle stelle minori. Onde non apariscono al lei se non lemaggiori. perche sempre elmaggior lume offusca elminore. FACTA CHOMVN secchione: perche e/gia diminuta. Altri testi hanno scheggione. CONTRO alcielo: tutti epianeti uanno contro alcielo: perche simuouono da occidente aoriente. Nientedimeno lauelocita del cielo glitira: chome inaltro luogho habbiamo dimostro. ALHOR CHE QVEL DA roma: era uscita laluna della libra: doue hauea facta loppositione: et anchora delloscorpione segno molto meridiano. Et quando elsole in questo segno e/uerso occidente: quegli: che sono in Roma: loueggono: guardando tra lisola di sardigna et di corsica: perche quella parte e/aoccidente a Roma: PER CHVI sinoma pictola. Intende di Virgilio: elquale perche nacque in una uilla del mantouano chiamata nenostri tempi pictola: interuiene che questa uilla e/ piu nominata: che nessuna altra. Apud antiquos hec appellabatur Andes. DEL MIO carcare deposta hauea lasoma. Quando alchuno e/ adomandato maxime dichosa difficile: pare che simil domanda glisia quasi una soma. Et similmente quando con larisposta ha satisfacto alla domanda factagli: glipare essere scaricato: et hauere posto giu tal soma.

p Erchegia Danthe hauea intese leragioni aperte et piane: con lequali Virgilio hauea absoluta sua quistione: lui rimaneua otioso: et quasi chome huomo sonnolento. i. pien disonno uaneggiaua. Quasi dica rimaneua uacuo daogni egregia cogitatione. Et per questo confessa laccidia: della quale sidoueа purgare in questo gyrone. laquale nientedimeno dimostra non essere stata: se non poichebbe inteso leragioni. Et alhora abrieue tempo. Ilche quadra aquel che dicemmo disppra dellaccidia delpoeta: laquale persua profonda: et assidua cogitatione: et contemplatione nelle profonde scientie fu piccola et rada.

Perchio che laragione aperta et piana
sopra lemie quistioni hauea ricolta
staua chombuom che sonnolento uana:
Ma questa sonnolentia mifu tolta
subitamente dagente che dopo
lenostre spalle adnoi era gia uolta

MA QVESTA SOnnolentia mifu tolta: pone laforma del purgare: et lapena che sopportauano glaccidiosi: laquale e/conueniētissima: perche ogni cōtrario sicura colsuo contrario. Adunque lanigligentia: et pigritia sipurga

Et quale iſmeno gia uide et aſopo
lungo daſe dinocte furia et calca
pur che theban dibaccho haueſſer huopo
Tal per quel gyron ſuo paſſo falca
per quel che uidi dicolor uenendo
cui buon uoler elgiuſto amor caualca

con lacelerita: Et dimoſtra che anchora lui fu excitato et deſto: perche in uero nõ che lui: ma ogni pigro huomo uedendo lacelerita in altri: ſaccende affar quel medeſimo. ET QVALE ISMENO. Non con minore celerita andaua queſta gẽte che andauano ethebani lungho iſmeno: et aſopo fiumi diboetia: doue e/thebe quando ſacrificauano abaccho. Bacco chome fingono epoeti: fu figliuolo di Ioue: et di Semele figluola di Cadmo Re di thebe. Et fu ſi moleſto aiunone queſta coniunctione: che mutata ĩuecchia ſobto ſpetie dicarita: dixe aſemele molti huomini ingannano ledonne: fingendo eſſere idio: et non ſono. Et forſe queſto medeſimo interuiene ate. Conſiglioti adunque che quando Ioue citorna: glichieggia: che ticompiacera diquello diche tu lorichiederai. Et dipoi chiedegli che in quel modo ſicongiunga techo che ſuole con iunone. Credette lagiouinecta alla fraude di Iunone. Et chieſe a Ioue fuſſi contento dicompiacergli di quello: che eſſa glichiedeſſi. Giuro Ioue difarlo. Ma poi che inteſe laſuo domanda: ſipenti hauer giurato. Ma non gleſſendo lecito non loſare: ando alcielo: et torno ornato diſulgore: et diſaette: benche togleſſi delle minori. Non pote lamortale femmina ſopportare tanto tumulto et ardore. Ma arſe pedoni adomãdati. Era bacho anchora nel uentre della madre. Ne era uenuto eltempo del partorire. Ma Ioue ſelolego alſuo femore tanto che ueniſſi elnono meſe. Et perche fu partorito dadue: prima dallamadre: et poi dal padre fu decto dityrambos. Queſto adorauano ethebani perche fu inuentore del uino. Et neſacrifificii erono ledonne ripiene difuria. Et non netempii: Ma lungo efiumi aſopo et Iſmeno correuono con faccelline acceſe: et con aſte rinuolte in pampani con grandiſſime uoci inuocando enomi di Baccho: equali erono molti. Adunque queſti: che purgauano laccidia con celerita: perche prima erono ſtati in ſomma pigritia: hora correuano: et pel ſilentio altamente parlauano. HAVESSERO HVopo: haueſſin biſogno dellaiuto ſuo. SVO PASSO FALCA. ſuo paſſo piega. Imperoche non uſciuan del gyrone. Ma gyrando intorno del continuo piegauano: et torceano elcammino. Falcare ſignifica piegare dictione diriuata dalla falce: laquale e/piegata et curua. CVI BVON uolere. i. dequali dabuona uolonta caualca giuſto amore: quaſi dica e/portata dagiuſto amore.

n On ſanza gran prudẽtia induce elpoeta. et queſti due dinanzi uſare exempli: che confortino alla celerita et dipoi quegli didrieto dimoſtrare quanto nuoca latardita. Imperoche eprimi fanno: che laſciando lapigritia: lhuomo ritorni alloſtudio et al feruore. Et glultimi ciritengono: che dinuouo non caggiamo nella ſonnolentia: et tedio: et pigritia. Adunque piangendo: che ſignifica pentimento della paſſata accidia: et tardita nelloperare uirtuoſamente. gridauano. Ilche ſignifica ſpronamento dimente. Imperoche chi uuole tornare aluero feruore: o ridurui altri: riprende et deſta proponendo et riducendo amemoria tutti glexempli: che ciposſino ſpronare. MARIA corſe con frecta alla mõtagna. Quando Herode per uccider Chriſto: elquale damagi hauea ĩteſo eſſer nato: comando che tutti enati dadue anni ingiu fuſſino morti. Ilperche Maria auiſata dallangelo che fuggiſſi inegypto: conſomma celcrita nepor to inſu laſino elfigluolo Hieſu: correndo inuerſo emonti: et quegli diſubito paſſando. ET CESARE parti con ſomma celcrita da Roma. Ceſare per opprimere in iſpagna glexerciti dipompeo. elquale haueua gia ropto in teſaglia: et uolto infuga uerſo legypto. Et benche Marſilia cipta di prouenza tentaſſi ritardarlo: nientedimeno non ſopraſtecte. Ma laſciouui Bruto: che laſſediaſſi. Et corſe iniſpagna: doue uinſe afanio et Petreo. et uno figluolo di Pompeo. Ilerda e/cipta nella ſpagna. RAPTO RAPTO: Dimoſtra quanta efficacia habbia elbuono exemplo. Conciofia che per leparole deprimi due: tutti glaltri gridano rapto rapto cheltempo non ſiperda Breue e/lanoſtra uita. Ilperche e/neceſſario ricompenſare labreuita di quella con lacelerita noſtra. PER POCO AMore: per latardita dellaccidia: laquale non e/altro che mãchamento damore: chome diſopra e/ dimoſtro. CHE STVDIO diben fare. i. la ſollecitudine: et lauelocita del far bene rinuerda in noi. i. rinnoui: et faccia rinaſcere: et ritornare la gratia didio: laquale pel peccato era ſecca in noi. Et certamente quanto piu lhuomo ſiſforza difar bene: tanto piu inclina idio ad aiutarlo.

Toſto fur ſopra noi perche correndo
uenitua tutta quella turba magna
eduoi dinanzi gridauon piangendo
Maria corſe con frecta alla montagna
et ceſare per ſobgiogare ilerda
punſe marſilia et poi corſe in iſpagna.
Rapto rapto cheltempo non ſiperda
perpocho amor gridauon glaltrappreſſo
che ſtudio diben far gratia rinuerda

O gente incui feruore acuto adesso
ricompie forse negligentia endugio
dauoi per tepideza inben far messo
Questo che uiue certo io non uibugio
uuol andar su pur chelsol neriluca
pero nedite onde/ presol elpertugio
Parole furon queste del mio duca
et un diquegli spirti dixe uieni
dirieto anoi et trouerrai labuca
Noi sian diuogla amuouerci si pieni
che restar non poten pero perdona
se uillania nostra giustitia tieni
Io fui abate insan zeno auerona
sotto lomperio delbuon barbarossa
dichui dolente anchora melan ragiona /
Et tale ha gia lun piede drento allafossa
che tosto piangera quel monistero
et tristo fia dauerui hauuto possa
Perchelsuo figlo mal del corpo intero
et dellamente peggio et che mal nacque
ha posto in luogho disuo pastor uero
Io non so se piu dixe o poi sitacque
tantera gia dila danoi trascorso
ma questo intesi: et ritener mipiacque /

P ER TEPIDESA: per accidia: che non e/altro: che mancamento dardente carita. NON VI bugio: non uidico bugia: PVR CHELSOL neriluca: perche chome habbiam dimostro: sanzalsole sipuo tornare indrieto: et aggyrarsi nel medesimo lungho ma non andare in su.

IO FVI ABATE: Chostui fu coetaneo diDāthe chiamato Alberto huomo dibuon chostumi Ma molto remisso. Zeno fu loctauo uescouo in uerona: huomo disancta uita: doptimi chostumi et diprofōda theologia. chome manifesto appare in piu uolumi dalui scripti. BARBAROssa Federigo primo disueuia: chiamato barbarossa dalcolore: tenne lomperio. anni. xxxvii. prima amicho alla chiesa. Dipoi inimico ad alexandro tertio sanese: et dallui excomunicato: terribili guerre fece ī italia contro alombardi fauoreggiāti alpapa. Diffece Spuleto: Transmuto Lodi. Edifico Crema. Prese perassedio Melano. nellanno della salute. M. C. LXIII. Et tutta larse: et diffece. Arollo et seminouui elsale. Et dicono: che. lxxxii. migliaia dhuomini diquesta cipta andorono dispersi. Grandissima strage fece de romani. Ilperche perterrefacto fuggi auinegia. Et eldogie infauore della chiesa: fece grande armata contro ad Arrigo figluolo di Federigo. presello et menollo auinegia. Vedendo adunque Federigo lafortuna mutata: et elfauore: chauea Alexādro da Lodouico Re difrancia: et da Arrigo Re dinghilterra: et da Guiglelmo optimo Re di sicilia. Et dauinitiani: et dalombardi. Ditermino humiliarsi alpontefice et chieder pace. Et uenne apiedi del papa. Elquale premendogli lagola co piedi dixe euersi del psalmista. Super aspidem: et basyliscum ambulabo: et conculcabo leonem: et draconem. Alle quali parole rispondendo Federigo. Non tibi: sed Petro. dixe elpapa: et mihi et petro. Dopo questa reconciliatione Federigo per satisfactione delle ingiurie facte alla chiesa: passo coglexerciti in syria contro aglinfedeli. Ma essendo inAntiochia: et negran caldi bagnandosi nel fiume affogo. Milano stecte diffacto cinque anni. ET TALE HA GIA. Questo prouerbio susa in quegli che sono gia uicini allamorte. Et intende dimesser Alberto dallascala signor diuerona. Elquale piu per forza: che per uia directa fece abate del gia decto monasterio un suo figluolo sciancato: et dicaptiui costumi: onde dice male intero del corpo: et peggio della mente: ET CHE MAL Nacque: perche era nato dadulterio. HA POSTO IN LVCGHO disuo pastor uero. Imperoche labate debba esser uero pastore delmonistero. Ma chostui auaro et rapace non era suo uero pastore: ma lupo. IO NON SO SE piu dixe. Vuole dimostrare lagran uelocita: che labate uso nel correr uia. Imperoche in questo breue tempo nel quale parlo quanto habbiamo ueduto. era gia tanto lontano da Danthe: che non potea intender se parlaua piu: o se tacea:

Et que che mera aogni huopo soccorso
dixe uolgiti qua et uedi due
uenir dando allaccidia dimorso
Dirieto atutti diceam prima fue
morta lagente acui elmar saperse
che uedesse iordan lheredi sue

C Home due precedeuano laturba con exempli exercitandogli acelerita: chosi questi due ueniuano drieto con altri exempli: ritrahendogli dalla pigritia. ET QVEL CHE MHERA soccorso aogni uopo. i. aogni bisogno. Imperoche laragione e/quella: che soccorre alhuomo. VENIR dando allaccidia dimorso. i. lariprendeuano. Chome quella: che madre dellotio: nutrice dellalibidine ritardatrice dogni buona opera. Inimica della fatica: prieme lanimo: lega lemēbra. Marcisce nella bructura. Imprcuida: ciecha: amica del sonno: serua della pigritia: et sanza alchuno studio. PRIMA FVE morta lagente a cui elmare saperse. Lasententia e/che elpopolo disrael: al quale: fuggendo degypto saperse elmare rosso: mori

Et quella che laffanno non soferse
fino allafine colfigluol danchise
se stessa auita sanza gloria offerse

prima tutto: che arriuassino alfiume iordano: del quale haueuano a essere herede. Et pone qui iordano fiume diterra dipromissione per essa terra. Iordano e/elquale diuide laiudea dallarabia: nobilitato: perche in quello Christo nostra salute fu baptezato da Ioanni baptista. Non fu popolo: che piu peccassi in accidia: et piu ingrato fussi contro al suo benefactore idio. Elquale lhauea liberato dadurissima seruitu di pharaone con manifestissimi miracoli: equali mostro per Moyse. Furono pasciuti dimanna nel diserto. XL. anni: et molti altri benefici riceuerono. Et nientedimeno furono tanti maligni: che spesso per fuggire affanni et faticha: et per somma pigritia uolliono tornare in drieto: et spesseuolte uollono uccidere elloro duca Moyse. LA GENTE laquale fu piuche secento migliaia dimaschi: alquale elmare saperse: et passorono in seccho: Et dipoi seguitandogli per quella apritura pharaone colsuo exercito sirichiuse: et tutti glannego: ET QVELLA CHE laffanno non soferse: lasententia e/et quella gente: laquale uenendo col figluol danchise: che fu Enea: non sofferse laffanno del uiaggio insino initalia: et per questo offerse se stessa auita sanza gloria. Nellexequie: che Enea celebro alpadre in sicilia: Iunone inimica a troiani si conuerti in una uecchia chiamata Beroe: laquale era dauctorita: et dolsesi collaltre donne della infelicita di quel popolo: elquale gia septe anni era ito errando per tanti mari. Et anchora non potea arriuare initalia. Et con lunga oratione lepersuase: che essendo in sicilia: doue era Aceste suo compatriota, ardessino lenaue. Acciochè eloro mariti non potendo riparare nuoui nauili: ponessino loro sedie inquella isola. Et qualcheuolta posassino: ubbidirono ledonne: et incesono lenaui: Soccorse Enea et glaltri. Ma non poterono essere si atempo: che quattro non ardessino. Prese partito Enea lasciare parte desuoi con Aceste. Ilperche rimasono epiu pigri: et quegli che meno stimauono lagloria.

PArtite lanime alle quali pensaua: entro elpoeta in nuoui pensieri. Et daquesti primi nenacquero molti altri: et diuersi. Questo dice perche hauendo insino aqui inuestigato lapurgation dequatro gia decti peccati: inuestigaua quella deglaltri. et perche lanostra inuestigatione ua con raciocinatione: cioe con discorso diragione: Dimostra tale discorso dipensieri in pensieri. ET TANTO duno in altro uaneggiai. Era anchora dinocte: et perche habbiamo decto: che sanza sole non sipuo salire: che e/acquistare alchuna nuoua cognitione dice che uaneggiaua. i. uagaua colla mente dipensiero in pensiero: et nientedimeno tutti erono uani: perche non trouaua lauerita: et per questo sadormento per uagheza. i. per quel discorso uagabundo. Imperoche ogniuolta che dopo molto discorso noi nõ trouiamo lauerita: lafaticha et eltedio genera somno. Et elpensieri: che era in noi ueghiando siconuerti in sogno. Lequali tutte chose se bene noterrai non sono aliene dallaccidia: della quale alpresente siparla.

Poiche furon danoi tanto diuise
quellombre che ueder piu non potersi:
nuouo pensier drento dame simise
Delqual piu altri nacquero et diuersi
et tanto duno inaltro uaneggiai
che glocchi per uagheza ricopersi
Elpensamento insogno tramutai.

. CANTO . XVIIII . DELLA SECONA CANTICA DIDANTE .

h A TRACTATO insino aqui diquattro uitii spirituali et diabolici: equali procedono damalitia. Et sono superbia: Inuidia: Vanagloria: et Accidia. Hora seguitano tre: equali nascano: piu dal senso che dalla ragione; et sono corporei et uoluptuosi. Ma in questo decimonono canto pone elpoeta una uisione: che glapparue insogno: et dipoi peruiene alla scala: che mõta nel quinto gyrone: nel qual sipurga lauaritia. Ma prima discriue eltempo dicendo. NELHORA CHE NON PVOLCALOR diurno intepidir piullume della luna: doue e/danotare: che lariflexione derazi del sole: equali percotendo laterra riuerberano insu: riscalda laria. Dipoi uenuta la nocte comincia laria afarsi fredda per lapartita del sole; et perazi della luna: equali son freddi Imperoche laluna nõ ha lume dase. ma riceuelo dal sole: et essa riflecte ingiu erazi riceuuti dal sole; et ogni riflexione allangiu fa freddo: chome allansu fa caldo. Nientedimeno insin amezza nocte laria ritiene del caldo del di: ma dipoi erazi della luna uincono elcaldo informa; che quanto piu inla ua lanocte piu cresce elfreddo; perche elcalor diurno non ha piu possa; et laluna e/aiutata dalla terra: che e/fredda et seccha. et talhora e/aiutata dasaturno. Imperoche quãdo Saturno da suo uigore alla luna: perche e/pianeta freddo et seccho: molto accrescie elfredo lunare. Onde Alano astrolego scriue disaturno. Hic algore suo furatur gaudia ueris. Furaturque decus pratis et sidera florum. Discriue adũque eltempo mattutino: che e/presso algiorno: nel quale chome dimostrammo nella prima cantica esogni son ueri. QVANDO egeomanti. Discriue elmedesimo tempo per unaltro modo. Imperoche egeomanti fanno laloro arte nel tempo mattutino: quando lalba uiene: perche in quel tempo lanimo et elcorpo humano e/piu obbediente alleinclinatiõn celesti. Et qui dobbiamo intendere: che lhuom puo esser mosso datre cagioni: primo dalla propria uolonta, laqual nasce daelectione del

n Elhora che non puolcalor diurno
intepidar piulfreddo della luna
uinto daterra o talhor dasaturno
Quando egeomanti lhor maggior fortuna
ueggion inoriente innanzi lalba
surger per uia che pocho lista bruna
Miuenne insogno una femmina balba
negliocchi guercia et sopralpie distorta.
con leman monche et dicolore scialba /
Io lamiraua et chomelsol conforta
lefredde membra che lanocte aggraua
chosi losguardo mio glifacea scorta
Lalingua et poscia tutta ladrizaua
inpocho dhora et losmarrito uolto
chome amor uuol chosi locoloraua

libero arbitrio. Secondo dauolonta mossa da alchuna passione: chome e/per troppa repletione o uacuita distomacho; o per troppa resolutione dhomori; o defecto dispiriti uitali. Tertio da inclinatione naturale: laquale cagiona emoti decieli. Et questa sola ha in se diuinatione. Ondelgeomante uolendo excluder laltre due contro alla prima; uuole: che epuncti sifaccino sanza contargli o pensarui; accioche non sieno per nostra electione; ma secondo lainclination celeste. Et contro alla seconda elegge eltempo della mattina: nellaquale lanima et elcorpo sono piu sobrii; ne troppo pieni; ne troppo uoti. Geomantia e/spetie didiuinatione: laquale glorientali maxime exercitauano circa allaurora in su eliti: fannosi sedici righi non di linee; ma di puncti fortuiti; et non numerati dachi glifa: Poi sidiuidono ĩ quattro parti: siche ogni parte ha quattro righi; et accoppiano epuncti del rigo informa: che nellultimo rimane pari o caffo. et dogni quaternario traggano lultime parti: et fanno una figura. Enomi delle figure sono: Letitia: Tristitia: Fortuna maior: Fortuna minor. Acquisitio: Amissio. Albus: Rubeus Coniunctio: Cancer. Populus. Via. Puer: Puella. Caput. Cauda. LOR MAGGIOR FORTVNA Questa figura decta disopra e/simile auna figura distelle; laquale fanno elfine dellaquario; et elprincipio del pesce. Adunque se elsole alhora surgeua su con lariete: seguita che lafigura di fortuna maggiore; laquale e/nel principio del pesce; et nasce circa aunhora innanzi allariete; apparissi in oriente allalba; che e/circa auna hora innanzi al sole. MIVENNE IN SOGNO una femmina balba. perche etre uitii: che seguitano: sono per troppo: et inmoderato amore nebeni temporali; et non ueramente beni Ma falsi. Vuole elpoeta per questa uisione dimostrare lafalsa felicita: che indi neuiene. Ilche finge: una femmina cha cĩque mancamenti: et laquale distortamente parli; perche e/balba et tartagla: et distortamente ueggai perche e/ guercia: et uada zoppa; et similmente faccia lopere manuali imperfectamente: perche e/monca: et finalmente sia dibrutto colore. La falsa felicita e/in queste cinque chose. Richeze: Signorie: Honori. Fama: et uolupta corporea. E/adunque balba. i. tartagla: et non parla expeditamente; perche lafama di tali chose e/imperfecta; et piu tosto infamia. Per esser guercia significa laimperfection deglhonori: Onde e/contro aquel uerso uirgiliano: et letos oculis afflarat honores E/sciancata adimostare: che glhuomini: equali sisostentano: et appoggiansi con leri cheze: sono simili aquegli: che sostentano elcorpo insulpie zoppo. Et perche lesignorie temporali hanno imperfecte; et uitiose operationi: e/monca: perche habbiamo decto che lemani significano loperationi. Elcolore scialbo et pallido dimostra leuolupta carnali: lequali maxime consistono necolori; et nelle bellcze. Tracta adunque dellamore inmoderato inuerso elben falso: nel quale: o e/solo eldesiderio: et alhora uigne la uaritia: o e/eldesiderio et lopera: et e/nel senso del gusto; et nascene lagola: o nel tacto et nascene luxuria. IO LAMIRAVO. Lasententia: che mirando lui questa femmina: interuenne: che chome erazzi del sole confortano et adirizano lemembra deglanimali et delle piante: lequali elfreddo nocturno hauea appassate: chosi elguatare di Danthe dirizaua lemembra aquella femmina; et rendeuagli elcolore ĩ forma: che restaua bella femmina. Ilche significa che Danthe. i. lasensualita guardando questi beni mõdani: giudica col suo falso giudicio quegli essere begli. Adunque lanostra falsa opinione glifa begli. CHOME AMOR VVOLE. Imperoche lamore inordinato: che pognamo aquesti beni. fa che paian quello: che non sono: et tali: quali uorremo. Et questo procede perche sprezãdo lechose diuine: pognamo ogni nostra cura nelle chose terrene. Onde elpsalmista adhesit pauimento anima mea: et Ioanni nellapocalypse: ue habitantibus in terra. Et Luca nello euangelio; quando dimostra lainfermita della donna: che non poteua guardare insu.

P Oiche fu libera daogni distortione ladonna: et maxime hebbe lalingua expedita: comincio acantare informa chelcanto suo dilectaua si Danthe: che difficilmente harebbe potuto rimuouere elsuo intento. i. lasua intentione et affectione daquella: Questo significa: che poiche eben temporali; equali hanno tutte ledifformita; delle quali e/decto: piacciano alsenso informa: che gli paiono ueri beni: nasce diloro tal uolupta: che difficilmente el senso senepuo ritrarre. Questa donna cantando dicea esser sirena. Ilche accioche apertamente sintenda: fingono epoeti: che lesirene furono tre figliuole dacheloo fiume: et diCalliope chosi decte daun uerbo greco: che significa collegare et ritenere: et non tirare chome molti dicono: perche epoeti lepongono per leuolupta corporee: et pe dilecti delle chose mondane: equali informa intrigano et legano enostri sensi: che non cene sappiamo partire. Et benche molta uarieta sia nel numero diqueste et nenomi: nientedimeno epiu docti pongono tre sirene: Parthenope: Leucosia

Poi chellhaueal parlar chosi disciolto
   comnciaua aparlar siche conpena
   dalle harei mio intento riuolto
Io son cantaua io son dolcie syrena
   che marinari inmezo elmar dismago
   tanto son dipiacere ad sentir piena
Io uolsi ulixe dalsuo camin uago
   alcanto mio et qual macho sausa
   raro sen parte insin tutto lappagho
Anchor non era sua boccha richiusa
quando una donna apparue sancta epresta

lungheſſo me per far con lei confuſa
Virgilio uirgilio chi e/queſta
fieramente diceuo et ei ueniua
conglocchi ficti pure inquella honeſta
Laltra prendea et dinanzi lapriua
fendendo edrappi et moſtrandomiluentre
quel niſueglo col puzo che nuſciua

et Ligia; uoglono che habitaſſino in certi ſcogli in ſicilia appreſſo almonte peloro: lequali cantauano ſi dolcemente: che tirauano aſe enauicanti con ladolceza del canto: Et dipoi glidiuorauono informa. che non nerimaneua ſe non loſſa. Et agiungne Homero che Vlixe nauigando per que mari: temendo che elcanto non lotiraſſi andare alloro: ſifece legare allalbero della naue; et per non udire ſituro glorecchi con lacera. Et certo e uero: che efalſi dilecti delle choſe mondane; et tranſitorie con lor dolci luſinghe citirono adamargli: et dipoi cidiuorano: perche tali uolupta citolgono leforze del corpo et ebeni della fortuna; et laſapientia dellanimo. Ilperche nerimagnamo mal ſani; poueri; infami; ſanza riputation/et ſanza doctrina. Ma Vlixe cioe lhuomo ſauio: accioche leluſinghe diqueſte uolupta non lotirino: ſiſa legare allalbero della naue: che ſignifica latemperantia dellanimo; laquale loritiene: che non caggia nelle uolupta: et lacera con che ſitura glorecchi; e/laforteza: che larma contro aglempiti furioſi della ſenſualita. Onde paſſa appreſſo alle ſirene: Ne e/preſo dalloro. p che elſauio hauendo gia facto habito nelle uirtu non puo eſſere coinquinato dauitii. Vedi adunque p che Danthe chiama queſta ſirena: et perche cagione eſſendo queſta brutta: quando Danthe. i. laſenſualita laguata; diuenta bella. CHE MARINARI inmezo elmar diſmago. Elmare ponemmo diſopra per lappetito: Adunque emarinari ſono quegli: che ſilaſciano traſportare dallappetito: et queſti ſon quegli: che epiaceri mondani luſingono et allectono aſe. IO VOLSI VLIXE. Forſe loconmoſſe perche eprimi moti non ſono in noſtra podeſta: et anchora eſaui ſidibactano alleuolte: quando ueggono alchuna choſa uoluptuoſa. Onde Salomon dixe. Vinum et mulier apoſtatat ſapientem. Ma credo che elpoeta induca laſirena aparlare elfalſo: perche e/natura di uoluptuoſi et intemperati huomini: quando uoglon corrompere altri indurre exempli dhuomini ſaui: et grandi. Et dicono Salomone; et Dauid: et Hercole: et molti altri ſilaſcioron uincere dauna femmina. Et Alexandro magno dal uino. ET QVAL MECHO SAVSA: colui che ſauſa mecho. i. quegli: che fanno habito dipiaceri de beni terreni: radeuolte ſenepartano et ſuiluppano. INFIN TVTTO lappago. i. tutto loſo contento. informa che piu non penſi alle choſe grandi et celeſte. Ilche e/ſomma miſeria. Imperoche chi e/con leſirene: et nientedimeno non e/contento aloro canti: e/daſperare: che quando che ſia ſenepartira. Et cerchera piu ueri beni. Anzi ben ueriſſimi: et partiraſſi daqueſti falſi. ANCHOR NON ERA ſua boccha richiuſa. Anchora lafalſa felicita tiraua aſe laſenſualita. Quando unaltra donna: che e/laphiloſophia uenne in aiuto depſa per confutare euani piaceri: et con fiere parole dicea a Virgilio: chi e/queſta? quaſi riprenda Virgilio: che non lacacci da Danthe: perche e/officio della ragione rimuouere ogni cupidita delle choſe non uirtuoſe dal ſenſo. Et Virgilio. i. laragione riguardaua laphiloſophia: et allaltra donna ſtracciaua epanni. Sono leuolupta ſimili aun brutto corpo: elquale paia bello: perche ſia ornato dibelliſſimi ueſtimenti. Adunque laragione ſtracciando epanni aqueſta uolupta moſtra laſua bruttura: et aprendogli eluentre fa apparire elſuo fetore. Perche inuero chi ricerca lointrinſeco diqueſti tre uitii: et dogni uolupta: non truoua ſe non bruttura: et corruptione.

Io uolſi glochi et elmio maeſtralmentre
uoci io meſſe et dicea ſurgi et uieni
trouian laporta per laqual tu entre
Su mileuai et tutti eron gia pieni
dellalto di egyron delſacro monte
et andauam col ſol nuouo alle reni
Seguendo lui portaua lamia fronte
chome colui che lha dipenſier carca
che fa diſe un mezo arco diponte
Quando io udi uenite qui ſiuarca
parlando inmodo ſuaue et benigno
qual non ſiſente inqueſta mortal marca
Con lale aperte che parean dicigno
uolſeci inſu colui che ſi parlone
tra due pareti del duro macigno

a LMEN TRE VOCI. Poſſiamo intendere che laragione deſti laſenſualita; excitando lamemoria; che ſiricordi. Item con lontellecto: che intenda; che ſia huomo: et non beſtia: con la uolonta difare quanto intende. SI MILEVAI dimoſtra che laſenſualita excitata dallointellecto glidiuenta obbediente; et puo ſurgere: et maxime poteuono gia leuato elſole equale illuminaua tutti egyroni del monte. ET ANDAVANO col ſol nuouo: quaſi con nuoua ſpeculatione: perche conoſceuano: che da altra origine procedeuono queſti tre uitii: che ſeguitano: che equattro paſſati. ET SEGVENDO LVI. i. Virgilio. portaua lamia fronte alle reni di Virgilio. Ilche ſignifica: che lui chinaua elcapo quaſi in ſu lereni di Virgilio: chome fa chi loporta charico di penſieri. Et in queſta forma dimoſtra: che laſenſualita ua ſoſtentata dalla ragione. QVANDO io ſenti. Giunti alleſcalee: dōde ſimontaua alquāto

Mosse lepenne sue et uentilone
qui lugent affermando esser beati
charanno diconsolar lanime done

gyrone : trouorono langelo : che con suauissime parole dixe : uenite che qui siuarca : et con lale gli uentillo lafronte assoluendol dellaccidia. Et dicea secondo : che e/scripto inMatheo : beati qui lugent quoniam ipsi consolabuntur : et questo era a con forto diquegli : che sipurgauano. Langelo et ledue ale importano quello : che disopra habbiamo decto : Andauan tra due pareti. i. muri dimacigno : perche era gia si corroborata lasensualita : che andãdo pel mezo : i. per lauia della uirtu : hauea daogni parte obstacolo di non cadere in alchun deglextremi.

a Ndaua Danthe col capo chino aterra. Ilche dinota : che lasensualita allectata dal canto demondani piaceri. Benche Virgilio glhauessi monstro elsuo puzolente uentre : et ritractolo daquella : niente dimeno aggrauato dalla cupidita ditali beni : guardaua laterra. i. hauea epensieri apiaceri terreni. Et p che a Virgilio sua guida ; elquale neloriprendea : confesso : che quella nouella uisione : che era falsa apparentia difelicita lopiega ase. Et ben dixe piega : Imperoche chome lauirtu ciguida diritti : chosi per lopposito questa cipiega : et fa che noi torciamo : et non possiamo spiccare elpensier dallei. VEDESTI QVELLA antica strega : streghe dichono esemplici che sono uecchie lequali sitramutano in uarie forme danimali : et dipoi succiono elsangue abambini. Ilperche chiama questa falsa felicita strega : perche cisuccia glispiriti et esensi Et conforta Danthe alsalire : perche ha passato e quattro maggior uitii : et solamente gliresta questa sola : laquale contiene Auaritia : Gola : et Luxuria. VEDESTI CHOME LHVOM dallei si slega. i : siscogli. Et questo glha gia dimostro uirgilio : quando glistraccio lauesta. BASTITI. debbeci bastare a fuggire questa strega : che laragione ci habbia dimostro : chome cipossiamo sciorre daessa. ET BATTI. Due precepti da laragione alla sensualita. Prima che batta aterra lecalcagna. i. che proceda nella uirtuosa operatione : o ueramẽte che calpesti lecupidita. Dipoi da elsecondo dicendo. GLOCCHI RIVOLGI. uolgi epensieri et le cogitationi alriuocamento/che idio cifa : inspirandoci della sua gratia. Et e/translatione dafalconieri : equali gyrando ellogoro chiamano elfalchone. Volgi adunque glocchi allogoro : elquale loetherno dio gyra con leruote magne decieli. equali gyrandosi cidimostrano letherne belleze.

Che hai che par chenuer laterra guati
laguida mia incominicio adirmi
pocho ambe due dallangel sormontati.
Et io con tanta sospition fa irmi
nouella uision chase mipiega
si chio non posso dal pensier partirmi
Vedesti dixe quella antica strega
che sola sopra noi homai sipiagne
uedesti chome lhuomo dalei sislega
Bastiti et batti aterra lecalcagne
glocchi riuolgi allogoro che gyra
lorege etherno con lerote magne

p Rima uso latranslatione dal falconieri : hora usa lacomparatione : et dice : che chome elfalcone quãdo sente legrida del falconieri : che glimostra ellogoro : prima siguata apiedi : et poi sidistende in uerso ellogoro : perche crede : che sia pasto : elquale desidera : chosi feci io alle parole di Virgilio. et andai quanto laroccia sifende. i. quanto elmasso sa pre perfare scala achi uuol montare insul quinto gyrone : et andai insino alfine : et alla sommita ditale scala doue siprende elcerchiare : cioe doue comincia elgyrone : elquale fa cerchio. ET COME IO FVI dischiuso nel quinto gyro. i. subito che io usci delle scalee et entrai nel gyro VIDI gente inquello : che piangea : pentendosi con contritione desuoi peccati : et giacea in terra boc coni. i. col uiso uolto ingiu. Et per questo dinota lapena dellauaro : che percupidita delle chose terrene e/priuato dellaspecto et uisione delle cose superne : lequali sono eluero bene. Queste piangendo riconosceuano lerror suo : et diceuano. Adhesit pauimento anima mea : questo e/uno uerso : et significa lanima mia rimane appiccata al pauimento et al suolo della terra. i. lanima mia : che sidouea eleuare allamore delle cose celesti : e/rimasa appiccata allamore deben terreni.

Qualelfalcon che prima apie simira
indi siuolge algrido et si protende
per lodisio del pasto che lotyra
Tal mifeci io et tal quanto sifende
laroccia per dar uia achi ua suso
nandai insi no douelcerchiar siprende
Chomio nel quinto gyro fui dischiuso
uidi gente per esso che piangea,
giacendo interra tutta uolta ingiuso
Adhesit pauimento anima mea
sentidir loro con si alti sospiri
che laparola apena sintendea

c Omincio Virgilio aparlare allanime: che sipurgauano: dicendo. O VOI ELECTI DADIO poiche fece ĩ uia disalute. Imperoche multi sunt uocati: pauci uero electi. LICVI SOFFRiri lecui sofferenze et passioni; lagiustitia; et lasperanza fa menduri: Imperoche chi e/ridocto in stato di gratia sopporta in pace lapena; laquale gle data giustamente: et per quella spera purgato che sira diuentar beato. SE VOI VENITE DAL giacer sicuri. Risponde una dellanime se uoi uenite liberi dalgiacere; chome giaciamo noi: et uolete salire piu auanti: leuostre dextre sien sẽpre DIFVRI. i: difuori. Lasententia e/uolgeteui insu laman dextra: et chosi elmonte uirimarra sempre a sinistra: et ladextra rimarra dalla parte extrinseca. Chosi adunque domando Virgilio: et chosi rispose lanima. Ilperche io mauisai. i. compresi laltro essergli nascosto; cioe chio fussi uiuo. O ueramẽte io mauidi che allui era nascosto laltro. che io desideraua disapere: cioe chi era; et perche quiui sipurgaua. ET VOLSI glocchi aglocchi. lasentenia e/che Virgilio saccorse guatandomi; quel chio desideraua. che era diparlare con quella anima: et io guardando lui intesi: che era contento: chio gliparlassi. CIO CHE CHIEDEA lauista del disio. i. cioche eldesiderio: che sanza parole mappariua: et uedeuasi nel mio uolto.

O electi dadio licui soffriri
 iustitia et speranza fa men duri
 drizate noi uerso glalti saliri
Se uoi uenite dal giacer sicuri
 et uolete trouar lauia piu tosto
 leuostre dextre sempre sien difuri
Chosi pregol poeta et si risposto/
 pocho dinanzi anoi nefu perchio
 nelparlare auisai laltro nascosto
Et uolsi glocchi aglocchi alsignor mio
 ondegli massenti con lieto cenno
 cioche chiedea lauista del disio:

Poichio pote far dime amio senno
 trassimi sopra quella creatura
 lecui parole prima notar misenno
Dicendo spirto incui pianger matura
 quel sanzalquale adio tornar non possi
 sosta unpocho perme tua maggior cura
Chi fusti et perche uolti hauete edossi
 alsu midi et se uuoi chio timpetri
 chosa dila ondio uiuendo mossi

p OI CHIO POTE far dime amio senno. e/ secondo uera ragione lappetito sottoposto allontellecto: ne puo distendersi piu auna che aunaltra chosa sanza elgiudicio diquello. Onde seguita che non possi fare dise asuo modo: se non quando lontellecto glelconcede. IN CVI pianger matura: nel quale elpianger matura. i. affrecta quello: cioe lapenitentia et lapurgatione: sanza laquale non puossi. i. non sipuo tornare adio.

Et egli adme perche nostri deretri
 ase riuolga elcielo sapra ma prima
 sciase quod ego sum successor petri
Intra siestri et chiauari sadima
 una fiumara bella et del suo nome
 lotitol delmio sangue fa sua cima/
Vn mese et pocho piu prouaio chome
 pesalgran manto achi delfangol guarda
 che men misembian tutte laltre some
Lamia conuersione ome fu tarda
 ma chome facto fui roman pastore
 chosi scopersi lauita bugiarda
Vidi che li non si che tal ualore
 ne piu salir potiesi inquella uita
 perche diquesta inme saccese amore
Finaquel puncto misera et partita
 dadio anima fui deltutto auara
 hor chome uedi qui ison punita

p ERCHE enostri deretri et enostri dossi; et lenostre reni. SCIAS QVOD EGO sum: sappia chio sono. SVCCESSOR PETri successor dipiero. i. papa. Chostui fu messer Octobuono dafiescho gentil huom digenoua: et quegli dafiescho furono conti dilauagno; chosi decti daun fiume: elquale corre ĩ riuiera di genoua tra Siestri et Chiauari. Fu facto papa Adriano quarto nellãno dellanostra salute. M. CC. LXXVI Et uixe nellasedia appostolica mese uno et di noue. VN MESE ET POCHO piu prouai chome pesa elgran manto. i. ladegnita pontefiçale. ACHI DAL FANGO ELGuarda. i: achi lamantiene sanza uitio. Et non sanza cagione induce queste parole in Adriano. Perche lui solea dire: che lasedia di Pietro era piena dipruni. Et elsuo manto pesaua tanto: che rompea ogni robustissima spalla. Et certo elpontificato e/achi ben loregge sommo honore. Grauissimo peso: misera seruitu: Extrema fatica. Et a hi loregge male: e/sommo pericolo danima: et somma infamia. CHE PIV MASSEMBRA tutte laltre some: che piu massimigla et rappresenta tutte laltre some.

MA CHOME FActo fui roman pastore: Chosi scopersi lauita bugiarda. Innanzi chio fussi papa io speraua: se mai uenissi atal grado: hauere aesser contento: et satio delle richeze. Dipoi desiderando anchor piu. et non potendo salir piu alto: chonobbi questa nostra uita esser bugiarda: perche da sperā za allauaro: che quando che sia sipossi contentare: et dipoi non sicontenta. Et per questo lasciata lacupi dita debeni terreni: miriuolsi acelesti.

Quel chauaritia fa qui sidichiara
 inpurgation dellanime conuerse
 et nulla pena halmonte piu amara
Si chome locchio nostro non saperse
 inalto fiso alle chose terrene
 chosi iustitia qui aterra elmerse
Chome auaritia spense actaschun bene
 lonostro amore onde operar perdessi
 chosi iustitia qui strecti netiene
Nepiedi et nelleman legati et presi
 et quanto fia piacer delgiusto syre
 tanto stareno immobili et distesi

d Imostra lapena che sopportano glauari. Ne e/absordo decto: che el monte del purgato rio non habbia piu amara pena. SI CHOME. ordina eltexto. Si chome locchio nostro fixo alle chose terrene non saperse in alto: chosi iustitia lomerse. i. affondo qui aterra. Chome auaritia spense elnostro amore. i. ogni feruore: che lani mo ha aben fare. ONDE OPERAR PERDES si: i. onde siperde et spegne ogni bene operare chosi iustitia citiene strecti qui con lemani et co piedi legati. Ne midistendo qui nella uitupera tione dellauaritia: perche nellonferno molte cho se in uarii luoghi nescripsi.

Io mero inginocchiato et uoleo dire
 ma chomio incominciai et e/ saccorse
 solo ascoltando del mio riuerire
Qual cagion dixe ingiu chosi titorse
 et io allui per uostra dignitate
 mia conscientia dritta mirimorse
Driza legambe leuati su frate
 rispose non errar conseruo sono
 teco et con glaltri auna potestate
Se mai quel sancto euangelico sono
 che dice neque nubent attendesti
 Ben puo saper perche cosi ragione

a Questo solo fine scripse equattro disopra posti ternari: che ciaschuno intenda: che p lamorte cessa ogni degnita humana. Ne piu uale essere stato papa: che mercennaio quanto alla de gnita. CONSERVO sono. Pigla queste parole dellapolatypse. Doue e/scripto: che inginochiā dosi Ioanni euangelista apiedi dellangelo: ricuso langelo tale honore dicendo. Vide ne feceris: cō seruus tuus sum et fratrum tuorum habentium testimonium Hiesu. NEQVE NVBENT at tendesti. Pruoua per uno altro exemplo: che nel laltra uita cessa ogni humana degnita: chome po ne Matheo euangelista nel. xxii. capitolo: che do mandando ediscepoli lafemmina: laquale hara ha uuto piu mariti achi diquegli saccostera nellaltra uita. Rispose Christo erratis nescientes scriptu ras nec uirtutem dei. In resurrectione enim neque nubent: neque nubentur. Sed erunt sicunt angeli in celo. Et per questo significo: che nella futura uita sareno tutti equali.

u ATTENE HOMAI: parea allospirito piu utile spendere eltempo nellesue prece: che inpiu ser moni. Et pero licentia elpoeta. Ilche potea fare sanza iniuria: hauendo gia satisfacto asua doman da: MATVRA QVEL che in me dicesti. p che disopra dixe. spirito in cui pianger matura: Quel sanzalquale adio tornar non puossi. ALA gia. Dimostra che benche molti consorti hauessi della chasa del fiescho: nientedimeno perche non erono sanza uitii: non glirimanea se non Alagia Questa sua nipote fu mogle del marchese Marce llo malespina. Et dal marito et dalla mogle fu li beramente: et non sanza honore tractato nel suo exilio elnostro poeta: chome gia e/decto.

Vattene homai non uo che piu tarresti
 che latuo stanza mio pregar disagia
 colqual maturo cioche tu dicesti
Nipote ho io dila cha nome alagia
 buona dase pur che lanostra chasa
 non faccia lei per exemplo maluagia
Et questa sola me dila rimasa

⁖ CANTO. XX. DELLA SECONA CANTICA DI DANTHE.

s EGVITA in tractare dellauaritia: et nelprincipio dimostra: che benche fuſſi cupido dudir piu choſe: nientedimeno ſiparti dallo ſpirito: elquale lhauea accomiatato: CONTRO AMIglor uoler uoler mal pugna. Quando ſono due diuerſe uolonta: quella: che e/ men buona: male pugna. i. mal combate: et reſiſte contro alla migliore. Et pero lui lacui uogla era diſapere dalloſpirito quello: che non importaua molto: uolle cedere alla uolonta delloſpirito: laquale era migliore: perche deſideraua purgarſi dal uitio dellauaritia: Seguita adunque queſto precepto. Et qualunque uolta ſareno uincti damiglor ragione: ſempre faremo ogni noſtra uogla della uogla daltri TRASSI DELLACQVA NON SATIa laſpugna: optima tranſlation adimoſtrare: che huomo ſiparta anchora ſitibuudo diquello: che deſidera ſapere. MOSSIMI: partendo dalloſpirito. ELDVCA MIO: elquale maſpectaua: et erami inanzi: SIMOSSE: precedendomi. PER LILVOGHI EXpediti. i. non occupati dallanime: che giaceuano. LVNGHO laroccia lungo elmaſſo ſtrecto adeſſo maſſo: chome ua ſtrecto amerli: chi ua ſu per lemura: et queſto faceuano: perche lanime: che piangeuano elpeccato della uaritia: elquale occupa tutto elmondo ſapprocciauano. i. ſapproximauano troppo. MALADECTA SIA TV antica lupa. Lauaritia comincio nel mondo inſin da Cain. coſtui ſecondo elmaeſtro dellhiſtorie trouo epeſi: et le miſure. Et fu piu intento alguadagno: che non ſirichiedeua: Et nelleprimitie: che offeriua adio ſidimoſtraua lauaritia ſua. Adunque e/ antichiſſima lauaritia. Ne diremo della lupa qui: hauendone decto aſufficientia nella prima cantica: doue dimoſtra che detre animali: Lonza: Leone: et Lupa. Queſta e/ lapiggiore: et piu nuoce. Et per queſto ciha in preda piu che glaltri animali. O cielo nel cui gyrare. i. nelle cui reuolutioni. PAR CHE ſi creda: Vogliono emathematici che emoti celeſti dieno mouimento et influentia atutte lechoſe create

c Ontramiglor uoler uoler malpugna
ondio contralpiacer mio per piacerli
traſſi dellacqua non ſatia laſpugna
Moſſimi elduca mio ſimoſſe perli
luoghi expediti pur lungho laroccia
chome ſiua per luogho ſtrecto amerli
Che lagente che fonda agoccia agoccia
peglocchi elmal che tuttolmondo occupa
dallaltra parte infuor troppo ſapproccia
Maladecta ſie tu antica lupa
che piu che glaltranimali hai inpreda
per latuo fame ſanza fine cupa:
O ciel nelcui gyrar par che ſicreda
lecondition diquaggiu traſmutarſi
quando uerra perchi queſta diſceda

sotto diloro. Adunque lanime nostre create dadio sanza elmezo delle seconde cause sole restono libe re dacali influentie. Nientedimeno possono glinfluxi celesti inclinarci agiustitia. Et trasmutare ere gni et glimperii adebita forma dadministratione. QVANDO VERRA perchi questa disceda. quā do uerra eluetro decto nella prima cantica.

Noi andauam copassi lenti et scarsi:
et io attento allombre chio sentia
piatosamente piagnere et lagnarsi:
Et per uentura udi dolce maria
dinanzi anoi chiamar chosi nel pianto:
chome dadonna che inpartorir sia:
Et seguitar pouera fusti tanto:
quanto ueder sipuo per quello hospitio
doue posasti eltuo portato sancto:
Sequentemente intesi o buon fabritio/
con pouerta uolesti anzi uirtute
che gran richeze posseder conuitio.
Queste parole meron si piaciute:
chio mitrassi oltra per hauer conteza
diquello spirto: onde parean uenute.
Esso parlaua anchor della largheza:
che fece nicolao alle pulzelle
per condurre ahonor lor giouineza

c Onuenientissima chosa e / che chi e / cupido purgarsi del uitio dellauaritia: laquale nien te altro e/che cupidita dithesori: siproponga no nella mente glexempli diquegli: che sono stati contenti alpocho. Adunque prima dimostra che gli spiriti diquesto luogho aunmedesimo tempo inuocauano elnome di Maria: chome fa donna: che sia per partorire. Et ricordauonsi quanto al legramente sopporto lapouerta: et diceuano tu fusti tanto pouera: quanto dimostra lospitio: nel quale partoristi nostra salute. OBVONO Fabritio. In tutte lepurgationi di questi peccati pone exempli non solamente christiani: ma gen tili: perche elmorale e/comune et alla nostra: et alla loro religione. Preterea potrebbe elpeccator scusarsi dimpossibilita: perche ognuno non e/so lleuato alla gratia. ache fu solleuata MARia. et molti sancti huomini. Laquale scusa nō puo pro durre nello exemplo degentili. Fabritio fu inex trema pouerta. Ne mai cerco richeze. Ma essen dogli presentati amplissimi doni dasanniti popo li molto infensi aromani. Et pregandolo: che gli riceuessi per lesue necessita: rispose che mētre che potea usare emembri suoi: niente glhauea a manchare. Et che eromani non cercauono oro. Ma essere superiori achi possedea loro. NICOLAO ALLE PVLZEllE. Questa historia chome notissima pretermetto.

O anima che tanto ben fauelle
dimmi chi fusti dixe et perche sola
tu queste degne lode rinnouelle
Non fien sanza merce letue parole
siritorno acompiere locammin corto
diquella uita chaltermine uola
Et egli et io diro non per conforto
chio attenda dila ma perche tanta
gratia inte luce pria che sie morto
Io fui radice della mala pianta
che laterra christiana tutta aduggia
sicche buon fructo rado seneschianta
Ma se doagio guanto lilla o bruggia
potesser tosto nesare uendecta
et io lachiegho aquel che tutto giuggia
Chiamato fui dila ugo ciappetta
dime son nati ephilippi eluigi
per cui nouellamente e/ francia retta
Figluolo fui dun beccar diparigi
quando liregi antichi uennor meno
tutti fuor dun ridocto in panni bigi

i O Danthe dixi: o anima: che fauelle: i. fauel li tanto bene: et rinouelle. i. rinnuoui ridu cendo amemoria ledegne lode: perche lodi Ma ria et Fabritio et Nicolao degnamente. DIMmi chi fusti: et se meldirai letue parole non fien san za merze. i. sanza premio. Imperoche io tidaro fama: se io torno acompiere elcammin corto. i. a finire lamortal uita: laquale e/ brieue et uola alfine. ET EGLI: esso Vgo intendi rispose. IO DIRO: quello che tu dimandi: NON PER conforto che dila attenda: perche chi e/nelle uie tu purgatorie non cura lafama mortale: MA p che gratia luce inte pria che sie morto. Quasi di ca Ma perche lagratia: che io ueggo rilucere inte fa: chio tireputo degno: al quale io risponda. IO FVI RADICE della mala pianta: fui princi pio della stirpe nuoua dere difrancia: laqual chia ma mala pianta: perche uuole dimostrare: che in quella schiatta furono molti captiui Re. CHE laterra christiana tutta aduggia: Vggia e/ombra laquale nuoce. MA SE DOAGIO guanto lil lo o bruggia. Queste sono terre infiandra oppre sse da re difrancia. GIVGGIA: giudica. Vgo cia ppetta. Infrancia secondo alchune cronice: lequa li ne appruouo ne danno: regnorono molti seco li esuccessori dellinclito Carlo: elquale per molti egregii facti fu denominato magno. Et lultimo

Trouami stretto nelle mani ilfreno
del gouerno del regno et tanta possa
dinuouo acquisto et si dami ci pieno
Challa corona uedoua promossa
latesta del mie figlò fu dal quale
comincior dicostoro lesacrate ossa

dicono che fu Lodouico: elquale lascio un suo figluolo dipocha eta in tutela dVgo ciappetta nato dibeccaio in parigi: ma gran siniscalco. Vgo accecato dalla cupidita delregnare curo ditor uia elfanciullo: et constitui Re elsigluolo. Altri dicono: che Lodouico quinto mori sanza successore. Et per questo uoleuon molti trasferire elregno acarlo duca di lotteringa suo zio. Vgo occupo elregno col fauore della fortuna et de glamici. Et fece morire Carlo et efigluoli. Io ingenuamente confesso tale historia essermi incognita. Ma se philippo nominato bello pessimo dere difrācia nel. M. cc. lxxxxi. ingiustamente occupo nelcontado difiandra: Bruggia: Lilla. et Gaia. Et dipoi nel. m. ccc. uenendo asslui elconte difiandra loncarcero insieme con due figluoli. et tolse loro elresto del contado. Ma due anni dopo nesegui lauendecta. laquale alpresente Vgo desidera. Imperoche efiamminghi siribellorono con grandissima strage dellexercito di Philippo. Cō Vgo regno Ruberto suo figluol anni. xi. Dipoi regno ruberto solo. xxviiii. huomo humano et litterato. PHILIPPI et luigi: perche molti desuoi successori furono diquesti nomi. QVANDO LIREGI antichi uenner meno: nellanno. d. ccc. lxxxii. FVOR CHVNO in panni bigi. non perche fussino dellordine disan Francescho: perche non era anchora iquegli tempi Ma fu monaco et uestiua bigio.

L Odouico elquale dipoi fu sancto: et Carlo suo fratello alquale peruenne elregno disicilia hebbono in mogle due figluole diramondo beringeri datosola. Et sotto nome didota occuporon tutta la prouenza: chome diremo piu apertamente nel canto sexto del paradiso: Adunque lagran dote prouēzale fece: che questa casa dugo non siuergogno piu dessere diuile legnaggio. ET PER ADMENDA

Mentre che lagran dote prouezale
alsangue mio non tolse uergogna
pocho ualea ma pur non facea male
Li comincio con forza et con menxogna
lasuo rapina et poi per admenda
potti et normandia prese et guascogna
Carlo uenne initalia et per admenda
uittima fe dicurradino et poi
ripinse alciel thomaso per admenda

parla hironico: perche male sammenda: chi dipoi fa peggio che prima. Carlo gia decto fece uictima di curradino. Curradino fu uincto da Carlo: et per consiglio dalardo fuggi i ispiaggia romana per ire insicilia. Ma preso dagiouanni frigipani romano fu condocto anapoli: et qui Carlo glifece tagliare latesta in piaza et simile alduca daustria et amolti baroni: et uieto che fussino sepelliti in luogho sacro. Et e/danotare: che benche elpoeta ponga dipoi questo carlo in paradiso: chome franco difensore della chiesa: Niētedimeno nō uuole preterire esuoi uitii: equali furon molti. RIpinse al cielo thomano. Somma scelerateza: et degna disomma abhominatione ditutti esecoli. Fu Thomaso daquino huomo peruita et chostumi anessuno optimo inferiore: Fu thesoro dogni spetie di doctrina: per lequali due chose giustamente sipotea chiamare piu che huomo: Adunque quantò lui sinnalzo sopra lhumana natura: tanto Carlo p questa scelerateza sisommerse in uita efferata et bestiale. Andaua questo uaso dinnocentia et disapientia al concilio generale in lione difrancia sanza alchun sospecto. Ma elsospectoso re et conscio desuoi uitii temendo: che thomaso chome buono et libero non manifestassi esuoi manchamenti: dette opera: che un physico familiare di Thomaso lauueleno. Ilpche mori lornamento della nostra religione allabadia difossa nuoua ueramente martyro: perche fu ucciso per lauerita: hauendo lui proposto non tacere limpio gouerno di Carlo. Ma non lascio elsommo iudice sanza uendecta laingiusta morte: Imperoche uolle che elgonfiato Re per molte uictorie uedessi laribellion disicilia: et lapresura delfigluolo. Onde mori di dolore.

Tempo ueggio non dopo molto anchoi:
che trahe unaltro carlo fuor difrancia
per far conoscer meglo se esuoi
Sanzarme nescie solo et con lalancia
conlaqual giostro giuda et quella porta
sicha firenze fa scoppiar lapancia
Quindi non trarra ma peccato et onta

C Arlo di ualoes decto carlo sanza terra fratel dipPhilippo bello: Elqual mādato dabonifatio sotto spetie dicōporre et ridurre lostato fiorentino ad concordia: fu seme dimolti mali. Ma dicostui dicemmo nelsexto canto dellonferno. Dipoi con Ruberto figluolo dicarlo secondo apparechio grāde armata contro asicilia: Et in pocho tempo ne torno con ignominiosa pace. Adunque uenne a firenze per pace: et portonne guerra. Ando insi

guadagnera perse tanto piu graue
quanto piu lieue simil danno conta

cilia per honoreuol guerra: et arrecoinne ignominiosa pace: Dixe lapancia afirenze. Perche inque tempi lanostra re p. era refertissima dimolti cittadini: et disomme richeze. Et lui fu cagione de bacuarla dellano et dellaltro: per molte occisioni et exilii.

Laltro che gia usci preso dinaue
ueggio uender sua figla et patteggiarne
chome fanno ecorsali dellaltrui ischiaue
O auaritia che puo tu piu farne
poscia chai elmio sangue ate si tracto
che non sicura della propria carne

c Arlo minore primo genito di Carlo primo et decto carlo secondo: temerariamente cōbatte con Ruggieri di lori admiraglo del Re piero. Era ito elpadre in prouenza per condurne ualidissima armata contrasicilia. Et gia ritornaua pel pisano mare. Adunque ladmiraglo cupido di preuenire nauigo in sino nel porto dinapoli: Et con contumeliose parole prouocaua alla battaglia: amoniti prima esuoi: che se uscissin fuori: non attendessino se non asuperare lagalea del Re. Vsci fuori eltemerario giouane: et tandem fu preso et cōdocto in sicilia: et inmessana. Et certo sarebbe stato morto: se Constantia regina non lhauessi prohibito. Ma uide uccidere piu didugento desuoi nobili in uendecta di Curradino. Ma lui fu con pochi riseruato. Fu questa battaglia nel. M. cc. lxxxiiii. Elpadre elsequente giorno giunse a Caeta. Carlo secondo morto elpadre torno anapoli: et sposo lasigluola ad Azzone tertio marchese di Ferrara: dal quale per tali nozze hebbe grandi doni.

Et perche paia elmal futuro elfacto
ueggio inalagna entrar losior dalisо
et nel uicario suo christo esser capto
Veggiolo unaltrauolta esser deriso
ueggio rinouellare laceto elfele
et tra uiui ladroni esser ucciso
Veggiolnuouo pilato si crudele
che cio non satia ma sanza decreto
porta nel tempio lecupide uele
O signor mio quando saro io lieto
aueder lauendecta che nascosa
fa dolce lira tua nel tuo segreto

e T per non tacere unaltra scelerata chosa arroge tale historia. Era indegnato Philippo bello Re difrancia contro aBonifatio: perche quando chiamo Carlo suo fratello a comporre la fiorentina re p. glipromisse lomperio: et dipoi non glene obseruo. Ilperche comincio elre afullеuare Stephano della colonna nimico del papa. Et conferiua ebenefici delreame contro allauoglia pōtefícale. Bonifatio chiamo aconcilio eprelati franciosi: et philippo: et finalmente chome contumace loscomunico: et irritogli contro efiamminghi Et inuitaua in italia Alberto gia electo: Philippo per consiglio distephano mando intoscana un suo legato con messer Musatto franzesi caualier fiorētino. Dimororono costoro in staggia castello di Musatto. Et sotto spetie ditractare della pace: attendeuano afar piglare bonifatio. Et tandem Sciarra colonnese con. ccc. cauagli: et molti amici apie con lebandiere difrancia entro in Anagna patria del pontefice: doue allui parea esser sicuro. Elpapa uedendo non hauere scampo parato in sedia pontefiiale laspecto. Sciarra mosso dalla riuerentia del papale amanto non toccho Bonifatio: Ma tennelo in honesta prigione: et saccheggio esuoi thesori. Eltertio di poi Luca cardinale del fiescho col seguito del popolo: elquale era gia pentuto dellerrore: prese Sciarra. Ma biondo nella sua italia illustrata scriue: che Sciarra nemeno preso elpapa aroma. Penso Bonifatio uendicarsi del re: ma parendogli troppo potente uinfurio drento: Ilperche uerifico laprophetia: laquale Celestino fece dilui: predicēdogli: che enterrebbe nel papato chome uolpe: regnerebbe chome leone: morrebbe chome cane. Mori nellanno. M: ccc. iii. adue di doctobre. VEGGIO NVOVO pilato: Chiama questo philippo pilato: perche con licentia di Clemente quinto fece ingiustamente uccidere molti caualieri frieri: et rubargli. Ma di questi diremo nel decimo octauo canto del paradiso.

Cio chio dicea diquella unica sposa
dello spirito sancto et che tifece
uerso me uolger per alchuna chiosa
Tanto e/ disposto atutta nostra prece
quantoldi dura ma quando sannocta
contrario suon prendiamin quella uece

q Vella unica sposa dellospirito sancto e/ Maria Vergine: laquale unica e/ sola ditutte le donne: fu sposa dellospirito sancto perche diquello concepette lanostra salute HIESV saluatore. TANTO E/ DISPOSTO ATVTTA NOStra prece: quanto eldi dura. Lasentētia e/ che quāto dura eldi: tanto sono occupate queste anime i riferire glexempli di Maria et deglaltri liberali,

Noi ripetiamo pigmaleone allotta
cui traditor ladrone et paricida
fece lauogla sua delloro ghiotta
Et lamiseria dellauaro mida
che segui allasua domanda ingorda
per laqual sempre conuien che sirida
Del folle acor ciaschedun siricorda
chome furo lespogle siche lira
di Iesue qui par chancor lomorda
Indi accusian colmarito zaphira
lodian licalci chebbe eliodoro
et in infamia tuttolmonte gyra
Polynestor chancise polydoro:
ultimamente sigridiamo o crasso
di tu chelsai diche sapore e/loro
Talhor parlian lun alto et laltro basso
secondo laffection chadir cisprona
hor amaggiore et hor aminor passo
Pero alben cheldi cisiragiona
dianzi non ero io sol ma qui dappresso
non alzaua lauoce altra persona

et sprezatore delle richeze. MA QVANDO sannotta. i: quando uien lanocte noi prendiamo contrario suono: et parlare: et in uece/et luogho direferire questi sancti exempli: riferiam glexēpli diquegli: che furon auari. Ne e/sanza allegoria questo luogho. Imperoche come piacciō glexempli gia decti achi sipurga dellauaritia: chosi glidispiacciono quegli: che alpresente siporgon Et alchuni sono allectati aquesta purgatione per premii: che hanno conseguiti lesancte anime p laliberalita. Alchuni uiuanno deterriti dalle pene deglauari. Et pero eprimi exempli cantono didi: perche inquegli fu uera cognitione. Esecōdi dinocte: perche tali sceleratezze procedono da ignorantia. PIGMALEONE fu figluolo diBelo: uccise atradimento Sicheo sacerdote dhercole: et mentre che sacrificaua: elquale era suo zio et marito di Didon sua sirocchia. Ne luccise prouocato da alchuna ingiuria: Ma per usurpare le sue richeze: lequali nientedimeno non pote hauere: perche Didone con quelle sifuggi in affrica: et edifico cartagine. MIDA fu figluolo di Gordio: elquale fece loinsolubil nodo: che dipoi Alexandro magno taglo: Chostui impetro dabaccho che cio che toccaua diuentassi oro: Ilperche siconduxe ad extrema fame: perche ecibi: che uolea mangiare: toccandogli diuentauano oro: Fingono questo epoeti: perche fu huomo tanto auaro: che etiam delle chose necessarie aluicto sidifraudaua per trarne pecunia. ACOR: Quando Iesue uenne interra dipromissione: Et uinse lacipta di hierico. Et comando secondo elprecepto didio: che nessuno tocchassi della preda. Ma Acor mosso da auaritia furo una ueste: et ariento: et oro. et sotterrollo nel suo padiglone. Iddio adirato fece: che essendo dipoi egiudei accampati ad unaltra cipta decta hay furono messi in fuga. Doleuasi Iesue. Ma inteso per reuelatione diuina elfurto dachor: lofece lapidare. SAPHIRA: leggesi neglacti deglappostoli. ca. v. che in hierusalem un certo Anania: et Saphira sua mogle uolendo seguitare lalegge appostolica uenderono leloro substantie per seguitar glappostoli: Ma non appresentorono a Pietro se non parte. Ilperche acremente gliriprese Pietro. Et quegli disubito glicaddon morti apiedi. LODIAMO LICALCI CHEBBE ELIODORO. Costui fu mandato da Seleuco Re dasia in hierusalem atorre molti thesori del tempio: equali elre haueua inteso da Appolline non esser necessarii asacrificii. Ma essendo nel tempio Eliodoro: glapparue uno huomo armato insu terribile cauallo: dal quale era assalito cocalci. Ilperche impaurito Eliodoro humilmente chiese perdono adio. Et lascio ethesori. Et tornato in asia riferi elmiracolo a Seleuco. ET IN INFAMIA tutto elmonte gyra Polinestor. E/in tutto questo monte in somma infamia Polinestore per la sua crudele auaritia. Chostui fu Re dithracia. Et Priamo Re di troia uedendosi in grauissimo pericolo per laguerra degreci: glimando uno desuoi figluoli decto Polydoro con gran parte dethesori suoi. Acciochè se lui et glaltri perissino: almancho rimanessi polydoro: et hauessi con che sostentarsi. Ma morto Priamo Polynestore per somma auaritia contro alla fede data: uccise elgiouane: et rapi ethesori: O CRASSO. Fu. M. Crasso richissimo ditutti eromani: et auarissimo ditutti glhuomini. Et mandato consolo contro aparthi dette grā segni dauaritia. Ilperche glinimici molto astuti fingendo paura si fuggirono lasciando elpaese abondantissimo dogni spetie dipreda. ma pieno daguati: incorse cieco della cupidita del predare incautamente neglaguati Crasso. Et atorniato da nimici perde con grande infamia tutto lexercito: et non peruenne uiuo nellemani debarbari: sifece uccidere daun suo seruo. Fugli dipoi taglato latesta: et messo in uno otro doro structo: et dectogli: oro setisti: oro bei. Diqui el petrarca: Et uidi cyrrho disangue piu auaro: Che crasso doro et lun laltro nebbe. Tanto chalfine aciaschun parue amaro. TALHOR PARLIAMO luno alto et laltro basso. Dinota che benche molti cercando purgarsi dellauaritia: cominciono adhauerla in odio: nientedimeno chi piu et chi meno uc feruente: et similmente maggiore exclamatione usano nemaggiori exempli: che neminori.

Noi erauam partiti gia daessi
et brigauam disoperchiar lastrada

e Rano gia Virgilio et Danthe partiti da esso Vgo: et brigauano. i. saffatichauano: et sfor

tanto quanto alpoter nera permeſſo
Quandio ſenti chome choſa che cada
tremar elmonte: onde mipreſe un gelo
qual ſuol prender colui chamorte uada
Certo non ſiſcotea ſi forte delo
pria che latona inlei faceſſil nido
apartorir lidue occhi del cielo
Poi comincio datutte parti un grido
tal chelmaeſtro inuer dime ſifeo
dicendo non dubbiar mentre io tiguido
Gloria inexcelſiſ tutti ſia a deo
dicean per quel chio dauicin compreſi
onde intender logrido ſipoteo

zauano ſoperchiare. i. uincere laſtrada. i. paſſar la. Quando Danthe ſenti tal tremore nel monte quale ſuole eſſere duna choſa: che habbia arouinare: laqual prima triema: et poi cade. Et uſa queſta comparatione: che Delo non tremaua ſi forte quando era conmoſſa datremoti: innanzi che latona madre dappolline et didiana. i. del ſole et della luna uipartoriſſi edue occhi del cielo. Imperoche laluna et elſole ſono chome due occhi del cielo. Delos e/iſola una delle cyclade: della quale e tale fauola. Amo ioue Aſterie. lei lofuggiua: et impetro daglidii ditraſſormarſi incoturnice. Ma Ioue uolendo epſa paſſare elmare lamuto in pietra: onde cadde nellacqua: et ando al fondo: doue lungo tempo ſtecte. Dipoi Ioue pe prieghi di Latona ſua ſorella. laquale dilui concepe Phebo et Diana: laridusſe agalla: et fecela iſola: ma mobile. In queſta iſola partori latona elſole et laluna. Onde elſole chome ſua patria uolle: che piu non ſimoueſſi. Et conlegolla con gyara: et con myrono iſole uicine. Eluero uoglon che ſia. che queſta iſola era ſpeſſo ſcoſſa datremoti. Ilperche glhabitatori andorono alloracolo dappolline adomandare rimedio. Et lui comando che ſifaceſſino certi ſacrificii: Et perladuenire non uiſiſotterraſſino emorti: Adunque Apollo lafece immobile: et che lalegaſſi agyara et amycono: ſignifica: che glhuomini diquelle iſole lhabitorono. Fu chiamata prima Aſterie: dipoi Delo. ilche in greco ſignifica chiaro et manifeſto: perche tornando agalla ſimanifeſto: O uero perche Apollin daua quiui manifeſte riſpoſte. TAL CHELMAESTRO inuer dimeſifeo. POI COMINCIO da tutte parti un grido: Danthe ſenti tremare elmonte: et dopo tal tremore ſenti: che tutti gliſpiriti diquel luogho auna uoce cantauano: Gloria in excelſis deo: elqual canto uſa lachieſa: quando con allegreza et letitia noi rendiamo gratia adio. Fu daglangeli cantato queſto hymno nella natiuita del ſaluatore.

Noi reſtauamo inmobili et ſoſpeſi
chome paſtor che pria udir quel canto
fin cheltremar ceſſo et ei compieſi
Po ripiglammo elnoſtro cammin ſancto
guardando lombre che giacean perterra
tornate gia inſu luſato pianto
Nulla ignorantia mai cotanta guerra
miſe deſideroſo diſapere
ſe lamemoria mia incio non erra:
Quanta miparue alhor penſando hauere
ne per lafrecta domandare ero oſo
ne per me li poter choſa uedere
Choſi mandauo timido et penſoſo.

n OI RESTAVAMO immobili: noi ciſermamo ſanza andare piu auanti. ET SOSPESI dubbii nellanimo. CHOME EPASTOri che pria udiro: choſi erauamo ſtupefacti: chome furono epaſtori: aquali glangeli cantando queſto cantico nuntiorono Chriſto eſſer nato. Onde epſi ſcendendo demonti louidono nella mangiatoia tralbue et laſino. FIN CHELTREMAR ceſſo: infino che non reſtette eltremare del monte ET QVEI compieſi: et inſino che non ſicompie tutto quel cantico. Dipoi ripiglamo noſtro cammino: et lanime ritornorono alluſato pianto. NVLLA IGNORANTIA mai cotanta guerra miſe: perche naturalmente ogni huomo deſidera diſapere: interuiene: che laignorantia della choſa. i. ilnon ſaperla fa guerra alhuomo: perche lo ſtimola: et combactelo acercare diſaperla. Non ero oſo domandare Virgilio: ne per me lopotea intendere. LI. i. inquel luogho. E/facile aciaſchuno: nel quale e/ingegno almancho mediocre accorgerſi: quando queſto luogho richiede: che molte et uarie choſe diceſſi in deteſtatione dellauaritia. Perche ſe poteſſimo liberare lhumane menti daſi pernitioſo morbo: troppo ſarebbe felice lauita demortai: et ceſſerebbe ogni diſſenſione domeſtica et ciuile: et ogni guerra externa. Ne molte laborioſe cure: altutte inutile prenderemo: lequali ciſpoglano dhonore et diquiete: et priuanci diquello ocio: elquale potremo ſpendere in choſe apartenenti alla noſtra ſalute. Ma ſe raccogleremo quello: che ſenedecto i diuerſi luoghi diqueſto uolume: forſe che in parte ſiſentira ſatiſfacto lauditore.

. CANTO . XXI . DELLA SECONDA CANTICA DIDANTHE .

D . OBILE materia: et nobilmente tracta in questo . XXI canto . Nel quale pone: chome ſeguẽdo lor cammino furono rigiunti dauna anima: dallaquale inteſono lacagione delloſcuotere del monte: et del canto dellanime . Et finalmente conobbon choſtui eſſere ſtato poeta: ne ſãza ſomma uolupta riconobbe lui Virgilio. LASETE NATVRAL . Dimoſtrammo poco diſopra eſſere innata ſete et cupidita nelhuomo diſapere . Et perche lacognitione delle choſe diuine e/ quella: per laquale ſiamo beati . ne queſta perfectamente poſſiamo hauere per noſtra induſtria: ne puia naturale: ſe non ſiamo illuminati dalloſpirito ſancto: Ilche dinoto Chriſto nel uangelio diſãcto Ioanni . IIII . Ca . quando domandando bere alla ſamaritana alpozo di Iacob: et ella dinegandoglene: allegando: che egiudei non uſano coſamaritani . eſſo ſoggiunſe: ſe tu ſapeſſi: chi e/quello che tadimanda bere: tu nedimandereſti allui: et eſſo tidarebbe bere duna acqua duna fonte: che ſagle in uita etherna . Lagiouinecta adunque dopo molte parole ladomando . et Chriſto lariẽpie diſpirito ſancto . Ilperche ſapientiſſimamente al preſente dimoſtra elpoeta: che laſete naturale . i . lanaturale cupidita del ſapere: et conoſcere non ſiſatia mai: ſe non con lacqua . Onde lagiouinetta Samaritana adomando lagratia . i . lagratia dello ſpirito ſancto . MITRAVAGLAVA . e/traſlatione dalle biade gia battute: lequali accioche reſtino purgate et monde ſitrauaglano . i . ſiſanno paſſare diuaglo in uaglo: choſi lanimo noſtro uolendo ritrouare eluero ſiua purgando di tempo in tempo . ET PVNGEAMI LAFRETta dimoſtra: che aun medeſimo tempo lanimo era cupido diueſtigar lacagione delloſcuoter del monte et del canto dellanime . Et elcorpo hauea accellerarſi nelſeguitare ſuo uiaggio . Ma Statio ſopragiugnẽdo dichiara quello . che ne Danthe . i . laſenſualita: ne Virgilio . i . lontellecto humano: benche illuminato dimolta doctrina: per ſe potea intendere . Ma ſtatio: elquale per eſſere aſſueto atali choſe: ledichiara . Et pone Statio per lointellecto humano: elquale ſiſtende acomprendere quello: che per uia di ragione non ſipuo comprendere . Et per comparatione dimoſtra ſecondo che ſcriue Luca al . xxiiii . cap .

I Aſete natural che mai non ſatia
ſe non collacqua: onde lagiouinetta
ſammaritana adomando lagratia
Mitrauaglaua et pungeami lafretta
per lampacciata uia drieto almie duca /
et condoleami alla giuſta uendecta
Et eccho chome nedeſcriue lucha:
che chriſto aparue adue cheron inuia:
gia ſurto fuori della ſepuchal bucha
Ciapparue unombra et drieto a noi uenia
dalpie guardando laturba che giace
ne ciaddemo dilei ſiparlo pria:
Dicendo fratre miei dio uidia pace
noi ciuolgemo ſubito et Virgilio
rendegli ilcenno chaccio ſiconface /

chome Christo diproximo risucitato: et gia surto .i. eleuato fuori della buca sepulcrale .i. del sepolcro: apparendo in uia adue discepoli: equali andauano in Emau sotto forma diperegrino: dichiaro molte chose della sacra scriptura. Chosi Statio dimostro aDanthe lecagioni deglaccidenti gia detti. DIO VIDIA pace. Salutatione optima: perche niente sipuo adomandare meglo che lapace: nella quale consiste elsommo nostro bene. Onde et Christo: pacem meam relinquo uobis.

Poi comincio nelbeato concilio
ti ponga in pace lauerace corte
che me relega nelletherno exilio
Chome dixegli et perchandate forte
se non siete ombre che dio su non degni
chi uha perle sue schale tanto scorte
Eldoctor mio se tu righuardi esegni
che questi porta et che langel profila
ben uedra che cobuon conuien che regni
Ma perche lei che di et nocte fila
non glhauea anchor tracta la conocchia
che clotho impone aciascuno et conpila
Lanima sua che e/ tua et mia sirocchia
uenendo su non potea uenir sola
pero chalnostro modo non adocchia
Ondio fu tracto fuor dellempia gola
dinferno per mostrargli et mosterrogli
oltre quantol potra menar mie scola

n EL BEATO CONCILIO. nella beata chongregatione de saluati. LA VERACE COrte la corte celestiale laquale e/ uerace pche quello e/ uero regno CHE laqual corte RILEGA. con fina perche nõ fu christiano CHOME DIXE EGLI. intẽdi statio se uoi non sete ombre CHE. i. lequali IDDIO NON DEGNI SV. i. non reputi degne distare in cielo. CHI VATAnto scorte. i. tãto sicuramente condocti. Ne donea non si marauiglare statio che ombre relegate nello inferno potessino salire asaluatione: Et anchora moralmẽte chi ha facto habito del uitio difficillimamente puo uenire alle uirtu purgatorie. SE TV RAGGHVARDI questi sono esepte. P. equali langelo glhauea scholpito nella testa. MA PER CHE LEI CHE DI ET NOCTE FILA. Ma perche lauita elcui corso delchontinuo di et nocte passa ne mai si ferma: et intende lei lachesis. Nella prima cantica ponemo tre fate. Clotho che tiene larocchha et significha el principio della uita. Lachesis fila et dinota el tempo che si uiue. Atropos rompe lefila facte. Et questa e/ lamorte: laltre chose trouerrai nelluogho gia decto. Lanima sua che e/ tua et mia sirocchia: perche sono duna medesima spezie ben che tu sia confirmato igratia et io dãato. Et lui ãchora indubio. VENENDO su non potea uenir sola quãto alla lettera e/ uero che lanima anchora constituta nel corpo non sa andare pelpaese allei incongnito. Et quanto alla allegoria nolpuo lanima anchora inuiluppata nel corpo contenplare lecose ĩcorporee chome quella che gia e/ seperata dalcorpo. Et pero dice perche non adocchia non uede et non GVATA ALNOSTRO. modo .i. chome quegli che sono seperati dalcorpo. ONDIO FV TRACTO FVOR DELANPIA GOLA dinferno che cosi ha finto disopra. Et alleghoricamente intendi che questa: doctrina morale laquale tracta della uirtu et deuitii sitrasse dagentili QANTOLPOTRA MENAR mia scola: Impero che laphilosophia digentili puo menare per lonferno et purgatorio .i. glipuo dare cognitione deuitii et: della loro dannatione. Et anchora puo dimostrane ĩ che modo possa lhuomo daquegli purgarsi. Ma non con duce alcielo .i. non daquella uera cognitione delle diuine et celesti chose che dalla christiana theologia. Adunque perche acon seguire el sommo bene bisogna prima purgar lanimo da ogni imunditia. dipoi con quello chesi purgato et puro andare alla speculatione delle diuine cose la gentile philosophia fa el primo Ma nonpuo fare elsecondo aperfetione

Ma dinne se tu sai per che tai crolli
diedianzi elmonte et perche tutto aduna
parue gridar insino alua pie molli
Si midie domandando perla cruna
del mio disio che pur conlasperanza
si fece lamia sete men digiuna
Quei comincio chosa non e che sanza
ordine sencta lareligione
dellamontagnia et che sia fuor dusanza
Libero e/ qui daongni alteratione
diquel chel cielo inse dase riceue
esser cipuote et non daltra cagione
Perche non pioggia non grando oneue

d omando uirgilio che statio gldicesli p che elmonte eratremato insino asuo pie molli .i. insino alle sua radici lequali p che escon del mare son molli. Et domandando diquesto tocco apunto quello che desideraua sapere danthe: Et pero ptranslatione dice che die pla truna delsuo disio CHE PVR CON LASPERANSA. Interuiene alhuomo che quãdo ha/ grãdissimo desiderio dintendere alchuna cosa se gli nasce ferma speranza dipoterlo adempiere tale sete et cupidita inbuona parte simitiga et: pero dice chela sete sifece men diguna QVE COMinco rispose statio dicendo. Qui non e/ cosa chela religione della montagna .i. che epsa montagna piena di religione senta sanza ordine et che sia fuor dusanza ilche dimostra la sententia / che lalteratio ni et uarii moti equali dauapori eleuati dalsole

a On nube ſpeſſe nappian ne rade
ne corruſcar ne figla ditaumante
che dila cangia ſouente contrade
Secco uapor non ſurgie piu auante
chalſomo de tre gradi chor parlai
duhal uicario dipietro lepiante

q uiui ſi gienerano mentre poſſono inquel monte dellentrata delpurgatorio inſu. VVOLE ADVNQVE. DANTHE CHEL Moto non paſſi piu ſu: che inſino a doue ſõ etre gradi. Et quanto alla lettera intenderemo che laparte delmonte oue ſono etre gradi ſia ſi el euata: che paſſa datique migla in altitudine. Ma allegoricamente dicemo che lanimo che arriua ſia fuori dogni paſſione et per turbatione humana: et che aquello non arriui nuuolo di merore ne grãdine difurore ne fulgore dira. Ma confermati ingratia ſolamente attendino appurgar leuecchie macchie. Ploggia che/e dauapori freddi et humidi cõgregati in nuuola. GRANDINE e/ gocciola dipioua per uigore difrigidita et diuento congelata nellaria. Faſſi di uapore freddo et humido ſtropicciato nelle parti interiori del nuuolo. Neue e/ inpreſſione generata difreddo nõ exceſſiuo et dhumido pche tal freddo e/minore che quel che genera lapioua et lagrãdine: Et ha ĩ ſe alquanto dicaldo. Rugiada e/inpreſſion ĩ aria generata difreddo et humido non rappreſo. Et ſecondo ariſtotele non ſi fa rugiada ſenon quando ſoffia auſtro. Brina e/ aria congelata nelmezo dellaria. LAFIGLIA DITAVMANTE larcho celeſte decto. Iriſ: laquale epoeti fingono eſſere figliuola di thaumante et delecta figauola dellocceano. SECcho uapor. i. uento elquale ſigenera duuapore ſeccho et caldo

Trema forſe piu giu pocho o aſſai
ma peruento chenterra ſinaſchonda
non ſo chome quaſſu non tremo mai
Triemaci quando alchuna anima monda
ſenteſi ſi che ſurga oche ſi moua
per ſalir ſu et tal grido ſeconda
Della mondiria elſol uoler fa proua
che tucto libero amutar conuento
lalma ſor prende et diuoler giigioua
Prima uuol bene ma non laſſal talento
che diuina iuſtitia contro auogla
chome fu alpeccar pone al tormento
Et io che ſon giaciuto aqueſta dolgla
cinquecento anni et piu pur mo ſentii
libera uolonta dimiglor ſogla
Pero ſentiſti elterremuoto epii
ſpiriti perlomonte render lode
aquel ſignor chetoſto ſu linuii
Choſi ne dixe et pero che ſigode
tanto diber quanto e grande laſete
non ſaprei dir quanto mi fece prode

a ſſengna ſtatio lacagion deltremar delmonte et delcanto dellanime. Et dice che forſe elmonte datre ſcaglon ĩgiu triema allcuolte opocho oaſſai MA PER VENTO CHENTERRA SI NASCONDA. i. perterremuoto: elquale naſce da uento rinchiuſo ſotto terra: et nõ ha uſcita. MA NON SO CHOME: non ſo ſe forte o piano. QVASSV NON TREMO MAI in tendi per uento ſutterraneo: MA TRIEMACI QVANDO ALCVNA ANIMA MONDA. i. purgata deſuoi peccati: Adunpue qui triema quando alchuna anima ſi ſente ſimonda: CHE SVRGA: al cielo: Oſi muoua: da ungirone doue ha purgato ũ peccato allaltro doue habbia apurgar uno altro peccato. Et tal grido ſeguita: et tal canto quale habbiamo decto. Secõda. i. ſeguita loſcuoter del monte: Et non ſanza ſomma ſapiẽtia finge queſto tremare elpoeta. Impero che chome quando eluapor ſecco tirato ſu dalla forza delſole ſi conuerte in uento: et muoue laterra peruſcir fuori: et ſalire ĩalto choſi lanima tracta dalſole ſuperno. i. daldiuino amore ſeperandoſi dalpeccato et dalle coſe terrene et montando adio laria et laterra ne moſtra ſegno. Ilche finge anchora uirgilio quando induce laſibilla affare ſacrificio pel deſceſo denea. Ecce autem primi ſublumina ſoliſ et ortuſ. Subpedibuſ mugire ſolum et iuga cepta moueri. DELLA MONDITIA. Dice che alhor ſaccorge lanima eſſer monda quando inlei naſcie uolonta di partirſi: Ma perche alchuno potrebbe dir ſempre nellanimo noſtro e/ uolonta difuggir elmale et lamiſeria et lapena: Et conſeguire elbene et lafelicita: Ne e/chi diſideri male ſe non ſotto ſpetie dibene. Adunpue debba lanima che e/ nelle pene delpurgatorio ſempre hauere uolonta dipartirſene. Ma dobbiamo intendere che ĩ noi e/doppia uolõta: una abſoluta et ſemprice et queſta ſempre uuole chome uerbi gratia chi e/tormentato dalla ſete ſempre uuol bere: Ilperche tal uolonta uuol ſempre elſommo bene: et non puo non uolerlo eſſendogli moſtro. laltra uolonta e/reſpectiua et non louuol ſe non pgiuſto modo. Adũque queſta uolonta reſpectiua fa pruoua della monditia: quando non reſiſte alla uolonta naturale. Ilperche ordina eltexto. ILSOLO uolere. i. laſola uolonta non ſemplice ma riſpectiua elquale e/ tutto libero amutare con uento perche non e/impedito da alchũ riſpecto che uieti per non eſſere iuſto modo di uolere.

FA PRVOVA DIMONDITIA. Impero che quando lanima non e/anchor monda: benche habbia naturale uolonta diſalire alcielo: nientedimeno lauolonta riſpectiua nõ ui conſente per che non e/

giusto: che lachosa non anchor monda uada alle chose monde. Ma quando e/monda questo uolere so lo prende: et occupa tutta lanima. perche non ue rispecto alchun: che ripugni. Onde gligioua diuolere Chome pel contrario interuiene: che benche alchunauolta noi uogliamo alchuna chosa: nientedimeno perche non e/giusta laconscientia cirimorde informa: che non cigioua diuolere. PRIMA VVOL bene. Lauolonta semplice uuole elbene. Ma non lascial talento. i. lauolonta semplice uuole elbene. Ma eltalento. i. lauolonta respectiua non lascia uolere: et assegna laragione. Imperoche chome ladiui na giustitia: quando lauolonta semplice uuole eluitio: glipone alloncontro lauolonta respectiua: cho si quando uuole innanzi altempo uscire del purgatorio: glioppone lamedesima uolonta. ET IO che son giaciuto. Dimostra che lui: elquale era stato piu che cinquecento anni: essendo gia purgato: senti libera uolonta. i. lauolonta non impedita da alchuno rispecto: perche era giusta. PERO CHE sigode tanto dibere: Quanto e/grande lasete. chome interuiene: che tanto e/grande elpiacer del bere quanto e/grande lasete: chosi tanta fu lauolonta dello intender questo: quanto era stato eldesiderio.

LARETE CHE qui nepigla. Imperoche chome larete tiene luccello: che non uoli uia: chosi que sta uolonta respectiua ritiene lanima: che non uuole uscire: insino che non paghi lapena del pec cato. SCALAPPIA: siscogle et libera. Calappio e/uaso diuimini: nel quale pongono lesca: et se luc cello uentra: uisichiude: informa e/temperato luscio: che prima era aperto. Onde scalappiare e/uscire delluogho oue era serrato. PERCHE citriema elmonte. CONGAVDETE: cantando gloria i excelsis deo. NEL TEMPO chelbuon Tito: Dimostra lui essere stato nel tempo: che Tito fi gluolo di Vespasiano distruxe hierusalem: CO laiuto delsommo rege: delsommo idio. Et uuo le conchiudere: che benche laguerra facta daroma ni contro agiudei mostrassi hauere altra origine Nientedimeno idio lapermesse pel peccato del loccisione del figliuolo. Adunque lui uendito le fora. i. leferite. Onde usci elpretioso sangue: el quale Giuda perpecunia tradi Tito. COL NO me: che piu dura et piu honora: col nome dipor ta elquale piu dura che altro scriptore: et piu ho nora: chi e/insignito ueramente dital titolo. on de Lucano O sacer et magnus uatum labor omnia fato. Eripis et donas populis mortalibus euũ. et Virgilio. Me uero primum capiant ante om nia muse. Quarum sacra fero ingenti perculsus amore. ERO io dila: nel nostro mondo. FA moso pel nome poetico. MA NON con fede christiana. TANTO FV Dolce mio uocale spirto: tanto fu dolce elmio uerso: et lapronun tia. Onde Iouenale. Curritur aduocem iocundã et carmen amice. Thebaidos letam cum fecit sta tius urbem: Promisitque diem tanta dulcedine captos, afficit ille animos tantaque libidine uul gi: Auditur. CHE TOLosano: perche fui da tolosa: laqual cipta e/neconfini diguascogna uer so brettagna: et per lasua doctrina et eloquentia diuento ciptadin romano. DIMyrto: dequali erono coronati epoeti. Onde elpetrarcha: Qual uagheza dilauro o qual dimyrto. STATIO: non e/marauigla: se questo poeta occupatissimo in chose si excelse: si uarie: si diuerse: et si nume rose seguito loppinione: che occupo tutti glhuo

Elsauio duca homai ueggio larete
 che qui nepigla et chome siscalappia
 diche citrema et diche congaudete
Hora chi fusti piacciati chio sappia
 et perche tanti secoli giaciuto
 qui se nelle parole tue micappia
Nel tempo chelbuon tito con laiuto
 del sommo rege uendico lefora:
 ondusci elsangue per giuda uenduto/
Colnome che piu dura et piu honora
 erio dila rispose quello spirto
 famoso assai ma non con fede anchora:
Tanto fu dolce elmio uocale spirto
 che tolosano ase mitrasse roma
 doue mertai letempie ornar dimyrto/
Statio dila lagente anchor minoma/
 cantai dithebe et poi del grande achille:
 ma caddi inuia con laseconda soma
Almio ardor fur seme lefauille
 che miscaldar della diuina fiamma
 onde sono allumati piu dimille.
Dellenetde dico laqual mamma
 fummi. et fummi nutrice poetando/
 sanzessa non fer mai peso didragma:
Et per esser uixuto dila quando
 uixe uirgilio assentirei un sole
 piu chio non deggio almio uscir dibando

mini desuoi tempi: et non inuestigo lapatria distatio: Ilche niente gliseruiua in questo luogho: per che tanto ingegno non stimaua lechose minute: Et poteasi assai difendere con lauctorita di Lactantio comentatore della sua thebaide: huomo dimolta eloquentia. Ma Statio scriue nelle sue selue. che elpa dre suo fu napoletano. CANTAI dithebe: doue discriue ladiscordia nata pel regno tra etheocle: et polynice: della quale feci mentione nellonferno. Et laguerra che Adrasto Re dargo suocero di Polyni ce mosse contro athebe. GRANDE ACCHILLE. Del quale cercherai lahistoria nel secondo canto dellonferno. **MA CADDI INVIA** con laseconda soma. i. nondecti perfectione al secondo libro che fu lacchilleide preuento dalla morte. Onde erra assai Francescho dabuti : elquale riprende Danthe che dica tale opera essere imperfecta : et uuole che sia perfecta. Ma se hauessi bene notato elprincipio harebbe manifestamente inteso quel poema essere incoato : et non perfecto. Preterea dicono alchuni che non cadde con laseconda soma : ma con latertia : perche hauea absoluto non solamente lathebaide. Ma anchora leselue : aquali rispondiamo : che leselue non sono opera laboriosa : ma piu tosto scripta p relassare lanimo straccho dalle laboriose uigilie della thebaide. Adunque non meritauono leselue esser chiamate soma : chome lacchilleide : laquale impresa non hauea minor difficulta : che lathebaide. **AL MIO ARDOR FVR** seme lefauille. Dimostra chelprincipio della sua doctrina et fama fu leneide di Virgilio : laquale imitando pote diuenire optimo poeta. Adunque ordina eltexto : Lefauille del tuo ingegno : lequali miscaldorono della diuina fiamma della poesia, furon seme almio ardore. i. furono cagione dexcitarmi. **ONDE.** dalle quali fauille sono alluminati piu dimille. perche Virgilio e/stato norma et exemplo atutti epoeti. **ET PER ESSER** uixuto dila. cioe nelmondo nostro. Et dice io consentirei un sole cioe un corso solare. Elquale e/ccc. lxxv. di : et sei hore peresser uixuto con Virgilio : et e/lasententia. io consentirei distar piu uno anno auscir dibando. i. auscir dellepene de purgatorio : nelle quali fui condennato : et io fussi uiuuto insieme con Virgilio. Ma sono alchuni : al quali pare che Statio mostri piccola uogla : non offerendo piu che uno anno : Ma se ciricorderemo delle parole di Gregorio delle pene del purgatorio ; intenderemo che uno anno in quello supplicio e/grandissima chosa.

Volson uirgilio adme queste parole
  conuiso che tacendo dixe taci
  ma non puo tutto lauirtu che uole
Che riso et pianto son tanto seguaci
  alla passion dache ciaschun sispicca
  che men seguen uoler ne piu ueraci/
Io pur sorrisi chome lhuom chammiccha
  perche lombra sitacque et riguardommi
  neglocchi : ouelsembiante piu sificca
De se tanto lauoro inbene assommi
  dixe perche lafaccia tua te steso
  un lampeggiar diriso dimostrommi/
Hor son io duna parte et daltra preso
  luna misa tacere laltra scongiura
  chio dica ondio sospiro et sono inteso :
Dalmio maestro et non hauer paura
  midice diparlar ma parla et digli
  quel che dimanda con cotanta cura

u OLSEN Virgililio. i. queste parole fecio no uolgere Virgilio ame con tal uiso : che tacendo lui misignifico chio tacessi. **MA LA** uirtu che uuole : .i. quella potentia : che sichiama uolonta : non puo tutto ; perche spesso adujene : che non uolendo huomo piangere : piange : et non uolendo ridere : ride. Imperoche ogni passione danimo : chome e/allegreza : et tristitia et simili : ha certi acti et gesti : che seguitano decte passioni : benche lhuomo non uogla : Ilperche el riso seguita lallegreza : bēche noi non uolessimo et elpianto latristitia. **CHE MEN SE**guen. che meno seguitano. **VOLERE** : lauolonta ne piu ueraci in quegli : che sanno men fingere. **IO PVR** sorrisi. benche per cenni di Virgilio non uolessi che Statio conoscessi anchor Virgilio : et per questo uolessi contenere elriso. nientedimeno per laragione decta disopra non lopote contenere. **CHOME LHVOM**o che ammiccha. come chi accenna. **ET RIGVAR**dandomi neglochi ; guardo glocchi miei uedendomi ridere. **DOVELSEM**biante piu sificcha : doue piu e/expressa et scolpita laimagine : et similitudine dellanimo : perche glocchi sono quasi finestre : per le quali siuede lanimo. **DE SE TV** assommi abene. i. se tu conduchi abuon fine : **TANTO** lauoro quanto e/salire alparadiso. perche midimostro te stesso latua faccia un lampeggiar diriso. **HOR** son io. Era in difficulta daogni parte : perche Virgilio laccennaua : che non dicesse : et Statio lopregaua : che dicessi. **ONDIO** Sospiro : per tale augustia : et per tale sospiro sono inteso da Virgilio. Ma Virgilio uedendomi inquesta ambiguita : midecte licentia : chie parlassi.

Ondio forse tu timarauigli
  anticho spirto del rider chio fei
  ma piu dadmiration uo che tipigli
Questi che guida inalto glochi miei
  e/quel uirgilio dalqual tu toglesti
  forse acantar deglhuomini et dedei
Se cagione altra almio rider credesti/
  lasciala per non uera et esser credi
  quelle parole che dilui dicesti :
Gia sinchinaua adabbracciar lipiedi
  almio doctore. ma eglidixe frate
  non far che tu se ombra et ombra uedi'/
Etesurgendo hor puoi laquantitade
  comprender dellamor che ate miscalda
  quando io dismento nostra uanitade :
Tractando lombre chome chosa salda :

n lente dambiguita e/inquesti ternarii : Et pero non ricercha expositione.

.CANTO. XXII. DELLA SECONDA CANTICA DI DANTHE.

s ALE gia elpoeta dal quinto gyrone alſexto: doue ſipurgano lanime dal uitio della goſa. tractaſi della conuerſione diſtatio con gran laude diuirgilio. Cominciando adunque dice: che gia ſalendo haueano laſciato indrieto langelo. elquale glhauea moſtrato elſexto gyro. HAVĒdomi del uiſo un pocho raſo: perche glhauea raſo elquinto peccato: ſiche non glenereſtaua ſenō elſexto: et elſeptimo: ET QVE channo. Dimoſtra che lanime. che ſipurgauano nel quinto cerchio: uedendo ſalire ſu Danthe purgato dalla uaritia per allegreza et congratulatione cantauano. Beati quorū remiſſe ſunt iniquitates/et quorum tecta ſunt peccata: et nellultimo uolgendoſi a Danthe: che ſaliua: diceuano: ſitio. i. io ho ſete delletherna ſalute. ET IO PIV lieue: era piu lieue che negironi diſotto: perche era purgato dipiu uitii. Et per tanta leggereza poteua ſalire alpar di Virgilio et diſtatio: equali eron ſpiriti ueloci. AMORE ACceſo dauirtu ſempre altri acceſe. Se uno ama unaltro per uirtu: che ueggia in lui: conuiene: che quello amato ami lamante. PVRE CHE LAFIAMMA. i. tale amore ſia noto achi e/amato. Ma non interuiene choſi nellamor carnale: perche ſpeſſo e/amato uno carnalmente: che non ama lamante. ONDE perlaqualchoſa interuiene: che ſcendendo Iouinale nellimbo: et narrādomi lamor tuo uerſo dime grandiſſimo: io fui ſtrecto a portarti tal beniuolentia: quale fu mai īuerſo perſona non uiſta. i. non conoſciuta Et queſto dice: perche lauirtu ha forza per ſe difare amare quegli: che non uedemmo mai: et tanto piu ſe ſentiamo: che lor ciamino SI CHOR MIPARRAN CORTE queſte

g Ia era langel orlieto anoi rimaſo
langel che nhauea uolti alſexto gyro
hauendomi daluiſo un colpo raſo:
Et quei channo aguiiſtia lor diſiro
decto nhaueam beati et leſue uoci
con ſitio ſanzaltro cio forniro
Et io piu lieue che per laltre foci
mandaua ſiche ſanza alchun labore
ſeguiua inſu gliſpiriti ueloci
Quando uirgilio comincio amore
acceſo dauirtu ſempre altri acceſe
pur che lafiamma ſua pareſſe fore
Onde dalhora che trauoi diſceſe
nellimbo dellinferno iouinale
che latua affection miſe paleſe
Mia benuoglenza uerſo te fu quale
piu ſtrinſe mai dinon uiſta perſona
ſichor miparran corte queſte ſcale
Ma dimmi et chome amicho mi perdona
ſe troppa liberta mallarga elfreno
et chome amicho homai mecho ragiona

Chome pote trouar drentaltuo ſeno
locho auaritia tra cotanto ſenno
diquanto per tuo cura fuſti pieno

ſcale. Imperoche e/uero: che eſſere con lamicho ſopporta ogni difficulta: et maxime doue e/eloquentia. Onde lanticho poeta dixe. Comes facũdus pro uehiculo eſt in uia. MA DIMMI Et chome amicho miperdona. Credeua Virgilio trouando Statio doue ſipurgaua lauaritia: che lui fuſſi ſtato maculato in quel uitio: Et parendogli tal uitio molto alieno dalhuomo ſauio: domandaua chome potea eſſere: che lui ditanto ſenno fuſſi caduto nel uitio dellauaritia: MA DIMMI et chome amicho miperdona. Perche tale domanda non pare che ſia ſanza biaſimo diſtatio: Virgilio ſiſcuſa: che chome amicho: che ſidogla: et non chome detractore cercha queſto. PER TVA CVRA fuſti pieno. perche ilſenno e/incoloro: che exercitano longegno et lontellecto.

Queſte parole ſtatio muouer fenno
un pocho ariſo pria poſcia riſpoſe
ogni tuo dir damor me caro cenno/
Veramente piu uolte appaion choſe
che danno adubitar falſa matera
per leuere cagion che ſon naſcoſe:
La tua domanda tuo creder mauera
eſſer chio fuſſi auaro in laltra uita
forſe per quella cerchia douio era/
Hor ſappi che auaritia fu partita
troppo dame et queſta diſmiſura
migliaia dilunari hanno punita:
Et ſe non fuſſi chio drizai mia cura
quando io inteſi la doue tu chiami
crucciato quaſi alhumana natura/
Perche reggi tu oſacra fame
dellor lappetito demortali
uoltando ſentirei legioſtre grame
Alhor maccorſi che troppo aprir lali
potean lemani aſpendere et pentemi
choſi diquel chome deglaltri mali.
Quanti riſurgeran cocrini ſcemi
per lagnoranza che diqueſta pecca
toglelpenter uiuendo neglextremi/
Et ſappi che lacolpa che rimbecca
per dricta oppoſitione alchun peccato
con eſſo inſieme qui ſuo uerde ſecca:
Pero ſiſon tra quella gente ſtato
che piange lauaritia per purgarmi
per locontrario ſuo me incontrato:

u Edeua Statio lerror: che pigliaua Virgilio et intendeua: che leparole ſue non ueniuano damaligno animo. Ma da amicho: et pero ſorriſe. Dipoi dimoſtro: che ſpeſſo glhuomini ſono ingãnati difalſe cõgiecture et ſegni: chome alhora Virgilio: elquale intendendo ſtatio eſſer ſtato tanto tempo nel gyrone deglauari. ſtima che uifuſſi per purgare lauaritia. Ma lui gli dimoſtra: che non in auaritia: ma nel ſuo oppoſito uitio: che e/prodigalita: haueua peccato. Et pero dice. ET QVESTA DISMISVRA. Imperoche prodigalita: chome diſtinctamẽte dimoſtrammo nellonferno: e/punita con lauaritia: Et laragione et quiui et qui e/manifeſta. QVãdo io inteſi la doue tu chiami. Quando inteſi: doue tu fai exclamatione nel tuo terzo libro Dicendo. Quid non mortalia pectora cogis. Auri ſacra fames. QVASI CRVCCIATO alhumana natura. i. crucciato atutti glhuomini. Equali hauendo loro natura: che puo ſtare contenta alle poche et minime choſe: nientedimeno ſieno inſatiabili. PERCHE NON reggi tu o ſacra fame. Imita chome dicemmo Virgilio. Et con ſomma indegnatione ſaccende in exclamatione. VOLTANDO SENTIREI legioſtre grame. i. dolenti. Et queſto e/ quel che finge nel ſeptimo canto dellonferno. Alhor maccorſi: alhor maui di: che io potea peccare choſi nel troppo chome nel pocho nelloſpendere: et non obſeruando elmodo nella liberalita: che e/uedere quanto: quando: chome: chi: et perche. Et diuentire prodigo: et pero anchor diqueſto uitio miriduxi apenitentia. QVANTI riſurgeranno cocrini ſcemi: nel medeſimo capitolo dellonferno finxe: che eprodigi riſuciteranno co capegli mozi: et glauari col pugno chiuſo: et in quel luogho ponemmo lallegoria. Adunque quanti fien quegli: equali perche laignorantia diqueſta pecca togle elpentere. i. per non conoſcer laprodigalita: non ſipentono: et ſaranno dannati diquella. Et inuero perche lauaritia e/intutto oppoſita alla liberalita: e/facile aconoſcerla. Ma elcontrario e/nella prodigalita: perche e/ſi ſimile alla liberalita che pochi laſanno diſtinguere. SAPPIA CHE lacolpa. Dice: che nel medeſimo luogho: doue e/punito alchun peccato: ſipuniſce laltro peccato: elquale per oppoſitione gle contrario. et ordina eltexto: SAppi che lacolpa. i. elpeccato. che rimbecca alchun peccato. i. che ribatte indrieto per dritta oppoſitione. Proprio rimbeccare e/quando ripercotiamo indrieto lapalla: che ciuiene incontro.

Hor quando tu cantaſti lecrude armi
della doppia triſtitia di Iocaſta
dixelcantor debuccolici carmi
Per quel che clio con teco li taſta
non par che tifaceſſi anchor fedele
lafede ſanza qual ben far non baſta
Se choſi e/ qual ſol et quai candele
tiſtenebraron ſiche tu drizaſti
poſcia dirieto alpeſcator leuele:

q Vi riſponde Virgilio: et ordina. ELCANTORE debuccolici carmi. i. Virgilio: elquale tra glaltri libri: che ſcripſe: compoſe la buccolica. DIXE: quando. TV CANTAſti lecrude armi. i. lacrudele battaglia. DELLA doppia triſtitia di Iocaſta: laqual battaglia fu tra Eteode et Pollinice: due figiuoli di iocaſta: equali uccidendo lun laltro furono alla madre addoppiata triſtitia. Queſta e/lamateria laquale canto Statio nella ſua thebaide: laquale hiſtoria narramo nel uigeſimo ſexto canto dellonferno. PER QVEL CHE Clio con teco li taſta: per quello chio comprenda nella materia: che Clio: laquale e/una delle noue muſe: et e/inuocata dalecdio. TASTA: cerca et tenta: quaſi dica: lamateria: che tu poni in quel luogho et elmodo del tractare: non dimoſtra: che tu fuſſi uenuto alla fede chriſtiana: ſanza laquale non baſta far bene. SE CHOSI E/quaſi dica che e. QVAL ſole: qual gratia illuminante eltuo intellecto. QVAL candele: qual doctrina humana. TISTENEbroron: tileuorō letenebre dellignorantia. DRIZASTI leuele. i. tiproponeſti nauicha. che e/uiuere. DRIETO al peſcatore: drieto aſan Piero: i. ſecondo lareligione chriſtiana.

e T egli allui. Dimoſtra che Virgilio fu cagione allui: choſi difarlo poeta: chome difarlo chriſtiano Imperoche leggendo eſuoi poemi ſacceſe adimitarlo: et pero dice. Tu minuiaſti uerſo parnaſo del quale dicemmo diſopra nel primo canto.

Et egli allui tu prima minuiaſti
uerſo parnaſo aber nelle ſue grotte
et primo appreſſo a dio malluminaſti:
Faceſti chome quei che ua dinocte
che porta ellume drieto et aſe non gioua
ma dopo ſe fa leperſone docte/
Quando diceſti ſecol mirinnoua
torna iuſtitia elprimo tempo humano/
et progenie diſcende dalciel noua:
Per te poeta fui per te chriſtiano
ma perche uegha meglo ciochio diſegno
acolorire diſtendero lamano/
Gia eralmondo tutto quanto pregno
della uera credenza ſeminata/
per limeſſaggi delletherno regno
Et laparola diſopra toccata
ſiconſonaua anuoui predicanti
ondio auiſitarli preſi uſata:
Vennemi poi parendo tanto ſancti
che quando domitian liperſeguette
ſanza mie lacrimar non fur lor pianti.
Et mentre che dila per me ſiſtecte
io gliſouuenni elor dricti choſtumi
fen diſpregiarmi tutte laltre ſette:
Et pria chio conduceſſi egreci afiumi
dithebe/ poetando hebbi bapteſimo
ma per paura chiuſo chriſtian fumi
Lungamente moſtrando paganeſmo

NELLE SVE grotte. Imperoche nelle ſue ripe erono le fonti pargaſee conſacrate alle muſe. Lexe ſtatio queſti uerſi della ſybilla traducti da uirgilio: nequali e/che eſecoli ſirinnuouano; et che lauergine torna. Et dicielo ſcende nuoua progenie. Et dipoi ſentendo edoctori chriſtiani ridurgli alla incarnation di Chriſto moſſo dallauctorita di Virgilio diuento chriſtiano. Euerſi ſono. Vltima cumei uenit iam tēporis etas. Magnus abintegro ſeclorum naſcitur ordo. Iam redit: et uirgo redeunt ſaturnia regna: Iam noua progenies ce'o demittitur alto. Et pero dice: Tu faceſti chome chi andando dinocte porta ellume drieto aſe: elquale non fa lume aſe: ma achi gle drieto. Simılmente tu poneſti euerſi. Ma non glinterpetrando rectamente: gliriduceſti in honore doctauiano. Ma io aiutato daglinterpetri chriſtiani glinteſi ſecondo eluero ſenſo. Gia era elmondo pregno della uera credenza dechriſtiani: et quegli: che predicauano: ciconfortauano alla chriſtiana religione. VENNOMI PCI parendo: Lopere de chriſtiani miparuon tanto ſancte: che eſſendo loro perſeguitati da Domitiano midolſe aſſai: Aiutagli ſecretamente: et ogni altra ſecta et religione ſprezai. DOMITIANO. Choſtui fu elduodecimo imperadore: regno anni quindici et meſi cīque. Succedecte a Tito ſuo fratello elqual tanto fu pio et iuſto: quanto Domitiano impio et iniuſto. Preſe lomperio nellanno octogeſimo ſecondo dalla incarnatione di Chriſto. Crudeliſſimamēte afflixe echriſtiani: uolle eſſere idio et ſignore noſtro. Nientedimene in tanti uitii fu ſeuero incoprimere gladulterii. Et fauori adocti. ET PRIA CHIO conduceſſi egreci alfiume di thebe. i. prima: che nella mia thebaide io fuſſi uenuto alluogo doue diſcriuo: quā

et questa tepideza elquarto cerchio
cercar mise piu chelquarto centesimo

do lexercito dadrasto cogialtri Re arriua a fiumi ditebe/che sono ismene et Asopo:diuentai io christiano. Ma celatamēte uixi christiano: et nō fui ardente nella fede informa:chio ardissi discoprirmi. Et per essere si tiepido caddi in quel peccato della tardita alben fare: elquale sipunisce nelquarto cerchio: et iui stecti piu chel quartocentesimo. i. quattrocento anni: et piu che cinquecento era stato nel quinto: et qualche tempo nel primo: secondo: et tertio. Adunque trouandolo Danthe purgato nel. M. CCC. et essendo stato Statio netempi didomitiano: elquale impero insino allanno nonanta otto assai bene apparisce eltempo.

Tu dunque che leuato mhai elcoperchio /
che nascondea quanto bene io dicho.
mentre che del salir hauen soperchio
Dimmi doue terentio nostro amicho
cecilio plauto et uarro se losai
dimmi se son dannati et inqual uico
Chostoro persio et io et altri assai
rispose elduca mio son con quel greco
che lemuse lattar piu chaltri mai
Nel primo cerchio del carcere cieco
spesse fiate ragoniam del monte
che lenutrice nostre ha sempre seco
Eurypide ue nosco Anacreonte
Simonide Agathone et altri piue
greci che gia dilauro ornar lafronte
Quiui siueghon delle genti tue
antigone Deiphile et argia
et Hismene si trista chome fue:
Vedesi quella che mostro langia
euui lafigla ditiresia et theti
et con lesuore sue deidamia:

Segnita elsuo parlare statio: et dice tu Virgilio che mhai leuato elcoperchio. i. mhai leuato laignorātia cottuo uersi gia detti: lasopra laquale ignorantia masscondea quanto bene io dico: che e/ idio et ladoctrina christiana: dimmi ī mētre che hauem superchio disalire. i. mentre: che cresta dasalire: doue e/ TERENTIO nostro amicho. Fu Terentio cartaginese: et preso in guerra diuenne schiauo: et ā Roma serui a Terentio lucano senatore. Et pellongegno suo excellente fu nutrito come libero: et diuenne docto Et scripse sei comedie. Fu amicho a Scipione: et a Lelio. Et chiama Terentio amicho suo et di Virgilio: perche epoeti: che furono dopo Terētio hebbon piu familiarie terētio che glaltri āti chi. Et imita Cicerone: elquale per questa medesima ragione chiama Terentio suo familiare. CECILIO: Statio cecilio fu poeta comico. Altri dicono che diquella parte di gallia oue sono isubri. altri milanese: fu familiare demnio: et mori lanno seguente allamorte demnio nella olympiade. c. l. fu sepellito nel monte Ianiculo. Plauto fu dumbria: et della cipta di sarsina tanto pouero: che per prezo uolgeua lamacina. Fu nello lympiade cento quarantaciuque. VARO. M. Terentio Varo nacque nellolympiade. c. lxvi. Fu doctissimo ditutti eromani: poeta et philosopho prestantissimo. Elquale molti docti non dubitorono equiperare ad Aristotele: Scripse quarantuno libro dellantiquita: Et questi diuise in chose humane et diuine. Fū unaltro Varo coetano di Virgilio. Del quale lui nella boccolica honoratamente scriue. Sed neque adhuc Varo uideor neque dicere cynam Digna: sed arguto interstrepere anser olores. Alquale insieme con tucca octauiano dopo lamorte di Virgilio decte aemendare laeneida: laquale Virgilio preuenuto dalla morte: lascio imperfecta. Et per questo lascio per testamento che sardessi. Ma non sostenne Octauiano: che lhonore della lingua latina sispegnessi. CHOSTORO: Rispose Virgilio mio duca chostoro dichi tu domandi et persio et io siano con quel greco: elquale lemuse lactoron piu che nessuno altro poeta: et intende Homero: del quale dicemmo nellonferno. Ne per queste parole prepone Homero a Virgilio. Ma inducendo aparlare lui: loinduce modesto. PERSIO: fu uolterrano: del cui ingegno lesue satvre benche poche dimostrano manifesto segno. NEL PRIMO cerchio: chome sidimostro nella prima cantica: et iui insieme ragioniamo spesso del monte. CHE. i. elquale ha lenostre nutrici. i. lemuse: insomma ragiona no delle muse: dalle quali epoeti son nutriti. EVRyPIDE. poeta optimo scriptore di tragedie: fu discepolo danaxagora: et con discepolo disocrate. Fu molto apto ascriuere lechose tragiche con commiseratione. ANACReonte poeta elego nacque in thea isola. SIMONIDE: poeta dellisola Cea. Fu inuentore deluoghi et delle imagine appartenenti alla memoria artificiale: Hauea chostui scripti hymni in honore discopa huomo potentissimo et richissimo in tesagla. Nequali hauea interposte molte lode di Polluce et di Castore figluoli di Ioue chiamati Dioscuri et recitogli in un conuito: alquale scopa hauea conuitato molti: Et dopo euersi recitati dixe asimonide: che glidarebbe lameta del premio: meritaua pe uersi. Et laltra meta douessi domandare adioscuri: equali parimente hauea lodato. Consenti Simonide et pocho dipoi uennono due giouani uestiti abiancho. Et per chosa dimportanza feciono chiamar fuor dicasa Simonide. Et subito che fu uscito cadde lacasa: et egiouani sparirono. Ilche fu giudicato: che quegli fussino stati ediosouri uenuti per camparlo dalla ruina. DELLE GENTE tue: non tue perche tisieno congiunte disangue. perche tu se tolosano. Et loro greci Ma tue perche ne tuoi heroici uersi ornatissimamente necantasti et dilor neltuo poema tractasti. antigon fu sorella dastheo cle et di pollynice. Deiphile Argia furono figlule dadrasto. Deiphile marito apollinice Et Argia a Tideo. Ismene fiume in boetia. VEDESI quella che mostro Langia: mostro allexercito dadrasto lafonte langia. et in quel mezo mori archemoro puncto daserpe. Questa fu Ipsiphyle figluola di thoante: della quale narramo nella prima cantica. LAEIGLA DITIRESIA: questa fu Mantho. Et anchora dilei e/narrato nella edification di manthoua. Similmente ponemmo lafabulosa historia dithetis madre dacchille: et chome occulto elfigluolo nellisola discyro con lefigluole di Lycomede. Et deidamia: dilui partori Pyrro.

Taceansi gia amen due lipoeti
dinuouo atenti arighuardar dintorno
liberi dal salire et dapareti
Et gia lequattro ancille eron del giorno
rimase adrieto et laquinta era altemo
drizando pure insu lardente corno
Quandolmio duca io credo challostremo
ledextre spalle uolger ciconuegna
girandolmonte chome far solemo:
Chosi lusanza li fu nostra insegna
et prendemo lauia con men sospecto
per lassentir diquellanima degna:
Elle giuan dinanzi et io solecto
dirietro/et ascoltauo eloro sermoni
chapoetar donauonmintellecto:

f Inge epoeti dinuouo essere attenti: perche sitractera dinuoua materia: LIBERI dal salire: perche tal materia non ha bisogno di maggiore speculatione. ET DAPARETI pche chi monta lescali ha daogni parte elmuro: che impedisce lauista. Ma qui non era impedimento alla speculatione. ET GIA lequattro ancille. Eltẽpo: che consuma elsole afare una reuolutione: cioe dapartirsi doriente insino che uiritorni: sidiuide in uentiquattro hore: Et per questo fingon epoeti. che lhore sieno ancille delsole. Et diuidõle in uentiquattro parti: et quasi lepongono alle poste: che ciaschuna guidi eltemone del carro solare p suo spatio. Adũque quãdolaquarta hora ha condocto pel suo spatio elcarro: lei siresta: et la quinta succede: et dipoi laltra per ordine. Vuole adunque in questo luogho dimostrare elpoeta: che erono gia passate quattro hore: et era uenuta laquinta: et per questo dice: che gia lequattro ancille eron rimase in drieto: et laquinta era al temone. DRIZANDO insu lardente corno: perche insino amezo giorno sempre sale elsole et chiama elcorno lapuncta del temone. IO CREDO challostremo: perche in tutti glaltri balzi hauea ueduto: che uolgersi dalla parte dextra glifacea tenere buon cammino. Ilsimile stimo qui. Et pero dice CHOSI LVSANZA fu nostra insegna: Et dimostra: che laconsuetudine et lasperientia genera doctrina. PER LASSENTIRE diquella anima degna. Intende lanima distatio: laquale purgata dapeccati era ueramente degna. Et douea hauer maggior cognitione dital uiaggio. ELLE GIVON dinanzi: perche lontellecto et laragione debbono precedere. ASCOLTAVA elor sermoni. Et certo debba elsenso et lappetito seguitare lontellecto ornato et illustrato dinera doctrina: ne daquello diuiarsi CHAPOEtar midauono intellecto. Allegoricamẽte dinota: che imitando questi poeti diuẽtaua poeta

Ma tosto ruppe ledolce ragioni
unalber che trouammo inmeza strada/
con pomi adodorar suaui et buoni.
Et chome abeto inalto sidisgrada
diramo in ramo chosi quello ingiuso
credo perche persona su non uada/
Dallato ondelcammin nostro era chiuso
cadea dallalta roccia un liquor chiaro
che sispandea per lefogle insuso.
Lidue poeti allalber sappressaro
et una uoce per entro lefronde
grido diquesto cibo harete caro

f Inge lauctore: che nel sexto gyrone: doue e/punito eluitio della gola: sieno due alberi: uno quasi allentrata del gyrone: et laltro alla fine: et quasi alla salita del septimo. Questi hanno laradice uerso elcielo. et lacima uerso laterra et finge: che sieno pieni dipomi: equali gettino optimo et suauissimo odore. Preterea pone: che della ripa del monte eschino due riui: equali scẽdino del terrestre paradiso insino alla grotta del sexto gyrone: et indi luno insu luno albero: et laltro insu laltro sale. Luno e/detto Eunoe: che accende lamemoria del bene: Laltro Lethe: et questo togle lamemoria del male. Eriui salgono insu ciaschun pel suo albero: rinfrenscando lefrõdi aquello: et alla fine ritornano onde uscirono. Dimostra anchora che diuerso lacosta del monte sia chiuso elcammino: Ne uisia altro passo: che dalla parre difuori dellalbero uerso laripa: laquale non ha alchuno riparo. Era laforma dellalbero: chome dabete: che hauessi uolta lapunta ingiu. Finge plalbe ri trahendo tale allegoria dallalbero : che gustorono eprimi nostri padri : equali contro al diuino prec pto gustorono del fructo dellegno della noctitia del bene et del male. Onde usci lescha ditutti epecca ti. Et perche gustando elpomo incorsono nel peccato della gola : pero glipone qui. Hanno glalberi uolte leradici insu : perche laradice disapere bene et male : uien dadio : et anoi china lefrondi. cioe sua apparentia et sua pompa. Ma lasua uiuacita e/uerso elcielo : perche dadio e/lascientia. Efructi sono o doriferi. Imperoche lodare labstinentia : et biasimare eluitio : genera edilecti delletherna uita : equali diqua non sipossono hauere. Eriui : che discendono del paradiso per lagrotta : et dipoi per lefrondi deglalberi tornono in su : significa ladiuina gratia : laquale sinfonde neglhuomini constabiliti : et fer mi nelhabito delle uirtu : et dipoi per lefrondi uerdi : che sono leuiuaci operationi torna adio. Impero che ebuoni riferiscono in dio ogni gratia riceuuta dallui. Possiamo anchora riferire questo alla fauola ditantalo : elquale pongono epoeti nellonferno affamato et assetato : et in acqua insino almento : et di sopra glipendono uarii pomi insino alnaso. Et se lui salza : epomi salzano : se sabbassa : lacqua sabbassa. et chosi nella gran copia sempre siritruoua in carestia. Laqual pena e/molto conueniente al goloso. CREDO PERCHE persona su non uada : perche nessuno possa andare aprendere epomi. DALLAto onde elcammin nostro era chiuso : perche non potauamo entrare tra lalbero et lagrotta : ma bisogna ua andare tra lalbero et lachina : VN LIQVOR chiaro : perche niente e/piu chiaro : che lagratia di dio : maxime lailluminante. LIDVE POETI allalber sappressaro. E/conueniente chosa : che lontelle cto eleuato alla speculatione sappressi alla diuina gratia : perche e/idoneo apoterla riceuere. ET Vna boce grido. Questa e/lauerita per laquale lontellecto intende : che glhabbia aesser grato riceuerla.

Poi dixe piu pensaua maria onde
fussin lenoze horreuoli et intere
challasua bocca che per uoi risponde
Et leromane antiche per lor bere
contente furon dacqua et daniello
dispregio cibo etacquisto sapere
Losecol primo quanto oro fu bello :
fe sauorose con fame leghiande :
et nectere per sete ogni ruscello :
Mele et locuste furon leuiuande
che nutrirol baptista nel diserto
perchegle glorioso et tanto grande/
Quanto per louangelio ue aperto :

P OI dixe : continuo lesue parole lauoce : po nendo historie : lequali inuitono asobrieta et abstinentia : lequali uirtu sono contro alla go la. Et prima che Maria nelle noze di Iouanni e uangelista non penso alla sua bocca. i. acontenta re elgusto : quando senti dire : uinum non habẽt ma penso afar quelle honoreuoli et intere. CHE per uoi risponde : laqual bocca e/sempre aduoca ta per uoi in cielo. ET LEDONNE romane : Fu incognito apresso dellantiche romane luso del uino. Et dicono che per questo nelle salutati oni lebaciauano : accioche saccorgessino allodore deluino : se epse nhauessino beuto. Nientedime no piu difficilmente inebbria lafemmina chel maschio : perche ha elcorpo molto humido : cho me dimostra ladelicateza : et losplendore delle sue carni. Adunque eluino infondendosi in tan to homore diuẽta molto aqueo : et perde laforza dipotere euaporare al cerebro. DANIELLO : expugno hierusalem. Nabuchdonosor Re dibabyllonia Et portonne gran thesori : Et molti nobili fanciulli : tra quali fu Daniel propheta. Et ordino che molti mangiassino depretiosi cibi della sua mensa. Ma daniel elquale hauea determinato non macular lamen te con crapula et uino : impetro dachi lhauea in custodia : che locibassi delegumi et dacqua. Et chosi ep so et esuoi compagni diuentoron piu begli : chome haueano promesso alla guardia. Ma di Daniello di remo distesamente nelquarto canto del paradiso. ELPRIMO secol quanto oro fu bello. Inmolti luo ghi pongono epoeti : che nel primo secolo glhuomini sipasceuono dighiande : et beeuono acqua. MEle et locuste furon leuiuande. Ilche e/notissimo nella uita sua.

. CANTO . XXIII . DELLA SECONDA CANTICA DI DANTHE .

m Eentreche glocchi perlafronde uerde
ficcaua io ſi chome far ſole
chi drieto allucellar ſua uita perde :
Lopiu che padre midixe filiole
uienne hoggimai cheltempo che nepoſto
piu utilmente compartir ſiuole
Iuolſiluiſo elpaſſo non men toſto
appreſſo aſaui che parlauan ſie
che landar mifacean dinullo coſto/
Et ecco piangere et cantar ſudie ·
labia mea domine per modo
tal che dilecto et dogla parturio/
O dolce padre che e/quel chi odo
cominciaio et egli ombre che uanno
forſe dilor douer ſoluendo elnodo/

d IMOSTRA in queſto . xxiii . ca . lapena : per laquale ſipurgano egoloſi nel ſexto gyro : et riconoſceui alchuna anima : et maxime foreſe col quale parla. MENTRE CHE glocchi : optima comparatione : che choſi ficcaua glocchi per lafronde uerde dellalbero : chome fanno quegli : che tutto eltēpo conſumano drieto agluccegli : et come coſtoro perdon tempo : choſi io loperdea. LOPIV che padre : ſe eſſere puo maggiore affectione : che lapaterna. MIDIXE filiole . i . figlolino et e/nome latino. VIENNE hoggimai : come uero padre amoniſce laragione laſenſualita : che ladebbi ſeguitare : et dimoſtra niente eſſere piu pernitioſa choſa, che conſumare in choſe inutili eltempo : elquale dobbiamo ſpendere utilmēte. COMPARTIRE . non una ſola choſa e/quella : che ſirichiede nellauita humana : ma molte : Ilperche e/neceſſario : che aciaſchuna compartiamo tanto tempo : quanto ſirichiede. IO uolſi eluiſo. per attendere aquello : diche io ero admonito. ELPASSO : per mandare adexecutione quello : che mimponeua : che era : che io loſeguitaſſi. CHE PARLAVAN ſie · perche chome gia dixi : facundus comes pro uehiculo eſt in uia. Adunque landare era dineſſun coſto : ET ECCO piangere : et cantare : piangeuano per contritione : et uero pentimento del peccato commeſſo : et cantauano per laſperanza dipoterlo purgare : et purgatolo andare alla ſalute. DOMINE labia. E/nel prophetico pſalmo domine labia mea aperies : et os meum annuntiabit laudem tuam. Laquale oratione e/conueniente agoloſi. Accioche labocca : laquale hanno pel paſſato alle ſuperflue uiuande : per lauenire ſapra acantare lediuine laudi. TAL CHE dilecto : perche uedeuo quegli hauere aeſſer ſalui . ET DOGLA p uedergli nella preſente pena. FORSE diloro douere . i . uanno ſoluendo . i . ſcioglendo elnodo . i . lo bligo diloro douere . i . diquello : diche reſtano debitori adio della pena : che per quello hanno apagare

Se chome eperegrin penſoſi fanno
giugnendo per cammin gente non nota
che ſiuolgon adeſſa et non reſtanno
Choſi dirieto anoi piu toſto mota
uenendo et trapaſſando admiraua
danime turba tacita et deuota :
Neglocci era ciaſchuna obſcura et caua
pallida nella faccia et tanto ſcema
che dalloſſa lapelle ſinformaua
Non credo che choſi abuccia ſtrema
Heriſitonne diuentaſſi ſeccho
per digiunar quando piu nhebbe tema

s Eguitando nel cammino dimoſtra : che drieto alloro ueniua turba danime. laquale per che era piu toſto mota . i . perche ſimouea piu preſto : gliraggiugneua : et guatauagli : et paſſauano auanti : chome fanno eperegrini : equali uanno non ſanza ſoſpetto : et raggiugnendo gente incognita guatauano et paſſauano. PEREGRrino e/nome latino : et ſignifica qualunque fa uiaggio fuora diſuo paeſe. NEGLOCCHI : Volendo dimoſtrare quelle anime per lunga et grande abſtinentia eſſere molto extenuate : pone eſegni che ueggiamo necorpi magri. Primo e/che glocchi ſieno rificti indrento. Elſecondo : che elcolor ſia partito : Elterzo : che labuccia ſia in ſu loſſo . i . che tra quella et loſſo non ſia carne. HERASITHONE : Choſtui fu huomo impio intesagla/el quale haueua in diſprezo ceres idia delle biade : et prohibiua : che non ſeglifaceſſi ſacrificio. Ilperche irata Ceres glimiſſe adoſſo inaudita fame : per laquale in brieue tempo conſumo tutte leſue ſubſtantie. Et finalmente uende lafigluola piu uolte : Et dopo queſta ſimangiaua leproprie membra : ſobto tale fauola exprime Ouidio lanatura del goloſo .

Io dicea fra me ſteſſo penſando eccho
lagente che perdeo hieruſalemme
quando Maria nel figlo die dibeccho
Parean locchiaia anella ſanza gemme

p Enſai uedendo tanta magreza : che fuſſino quegli iudei : equali Tito aſſedio in hieruſalem : dequali molte miglaia difame perirono. MAria pone Ioſapho nellibro debello iudaico tra laltre choſe extreme : che elpopolo hebreo fece conſtre

chi nel uiso deglhuomini legge homo
bene haurìa quiui conosciuto lemme
Chi crederrebbe che lodor dun pomo
si gouernando generassi brama
et quel dunacqua non sapendo chomo/
Gia ero inadmirar che si glaffanna
per lacagione anchor non manifesta
dilor magreza et dilor trista squama
Et eccho delprofondo della testa
uolsadme glocchi unombra et guardo fiso
poi grido forte qual gratia me questa
Mai non lharei riconosciuto aluiso
ma nella uoce sua mifu palese
cioche laspecto in se hauea conquiso
Quella fauella tutta miraccese
mia conoscentia alle cambiate labbia
et rauisai lafaccia diforese

cto dalla fame: quando hierusalem fu assediata da Tito: Che una Maria figluola di Elazero uenuta adultima desperatione per lafame uccise elproprio figluolo: che hauea apetto: et mezo loie sie: et mangio. Corsonui certi ladroni allo dore: et costringneuano ladonna: che glifacessi partefici diquel cibo. Epsa infuriata et piu cupida dimorte che di uita porse laltra meta del fanciullo: et affermo esser suo figluolo. Ma epsi uinti dalla natura fuggirono tanta scelerateza. PAREAN locchiaia anella sanza gemme: parea el tondo deglocchi: doue stanno glocchi anella sanza gemme: anella tonde sanza castone: doue entra lagemma. Dicono: che nella faccia delhuomo che glorecchi elnaso fanno uno. m. inquesta forma. M. et glocchi sono nel mezo due o inquesta forma : et chosi dicono omo. Adunque elpoeta uuol dimostrare: che lamagreza deluiso faccua piu expressamente apparire. CHI CRederrebbe: quasi dica: che nessuno non sapendo: cheme non crederrebbe: che lodore diquellalbero et diquellacqua generassi brama: cioe uogla dimangiare. Ma lacagione dimostra nel canto. xxv. DILOR TRISTA squama. Squama e/ propria nel pesce: laquale noi diciamo squagla. Ma qui chiama squama laroccia: che e/ nel uolto dichi e/ squalido: et quasi perito per fame. Forese fu fratello daccursio: iurisconsulto: et di Piccarda femina bellisima et honestissima. Adunque aquesti tre ha partito etre regni. Et ad Accursio decte loferno. Aforese da elpurgatorio. Et Piccarda trouerra iparadiso

De non contendere allasciutta scabbia
che miscolora pregaua lapelle
ne adifecto dicarne chio habbia
Ma dimmi iluer dite et chi son quelle
due anime che la tifanno scorta:
non rimaner che tu non mifauelle:
Lafaccia tua chi lagrimai gia morta
midà dipianger mo non minor dogla:
risposi allui uedendola si torta:
Pero midi perdio che siuisfogla
non mifar dir mentre io mimarauiglo
che mal puo dir chi e/ pien daltra uogla
Et egli adme dalletherno consiglo
cade uirtu nellacqua et nella pianta
rimasa adrieto ondio simassottiglo
Tutta esta gente che piangendo canta
per seguitar lagola oltramisura
infame enfete qui sirifa sancta/
Dibere et dimangiar naccende cura
lodor chesce del pomo et dellosprazo/
che sidistende su per lauerzura/
Et non pur unauolta questo spazo
gyrando sirinfresca nostra pena
idico pena et douria dir sollazo:
Che quella uogla allalbero cimena
che meno christo lieto adire hely
quando nelibero con lasuo uena

d Imostra: che non simuoue meno apiangere lafaccia di Forese alpresente: uedendola si torta. i. tanto rimossa dalla consueta forma: che sifacessi quàdo louide morto. Et sobto queste parole dimostra: che piu sidebba piangere el uitio nelhuomo che lamorte. NON MIFAR dire: mentre chio ho admiration diquel chio uegho: CHE MAL puo dire: male puo narrare adaltri: chi desidera che sia narrato allui. DA lletherno consiglo: che e/ ladiuina prouidentia: cade uirtu: Imperoche se questo e/ lalbero della cognition del bene et del male: ladiuina prouidentia ha infuso nellanime nostre cupidita diconoscerlo. Parmi necessario i questo luogho: che siponga doppio senso: Prima quanto alla pena e/ giusta chosa: che ladiuina prouidentia habbia instituito aluitio della gola per pena et per supplicio: che lalbero induca incredibil fame a golosi. Dipoi seguiteremo lallegoria qui posta. IN FAME enfete: accioche col suo contrario sia punita lagolosita: et optime dixe sirifa sancta. i. ritorna nella prima forma: laquale elpeccato glhauea disfacta. Imperoche lanima e/ creata dadio pura. Ma elpeccato lainquina et illorda. CHE quella uogla: potrebbe dubitare alchuno perche lanime uanno tanto intorno a questo albero: se lodore depomi glaccresce lafame: et laspecto dellacqua glaccende lasete: ache risponde: che lauoglia uegli mena: non lauolonta semplice: laquale e/ difuggire ogni pena. Ma lauolonta respectiua della quale disputamo disopra: Questa uolonta glimena alla pena non per patir pena. Ma per potere patendo tal pena purgarsi: et purgati andare abeatitudine. Adunque chome Christo an do adire hely disua uolonta. Intendi respectiua. i. ando al tormento et alla morte della croce: in su laquale dixe hely per ricomperarci. chosi ua lanima aquesta pena per salire al cielo. Dixe hely per ser uire al uerso in luogho didire Eloi. Ilche in hebreo significa idio mio: o uero deita mia: chome Eloi i idio aquegli o deita loro. COLLA SVA uena. i. col sangue suo: elquale usci delle uene.

Et io allui forese daquel di
  nelqual mutasti mondo amiglor uita
  cinquanni non son uolti insino aqui
Se prima fu lapossa inte finita
  dipeccar piu che souenissi lhora
  del buon dolor chadio nerimarita
Chome se tu diqua uenuto anchora
  iticredea trouar laggiu disobto
  doue tempo per tempo siristora

m Voue dubbio dicendo: che non essendo passati anchora cinque āni dopo lamorte sua et essendo stato lungo tempo negligente alpentersi dital peccato: perche prima glifu tolta lapossanza del commettere eluitio della gola: per la malitia: della qual mori: che lui sipentissi: pare marauiglia: che non sia piu tosto disotto nellanti purgatorio: doue tanti anni sta lanima: innanzi che possa andare apurgarsi: quanti anni ha indugiato nella uita apentersi. SE PRIma fu lapossa inse finita. per lamalattia. CHE SOVuenisse lhora del buon dolore. i. lapenitentia et la contritione: laquale da buon dolore. Et questo dolore nerimarita adio. i. siriconglugne con dio. LAGGIV: nellantipurgatorio doue siristora tempo per tempo: perche chome e/decto quiui e/ritenuta lanima innanzi che possa entrare nel purgatorio tanti anni: quanto uixe in peccato: innanzi che sipentissi.

Ondegli adme si tosto ma condocto
  aber lodolce assentio de martiri
  lanella mia col suo pianger dirotto
Con suoi prieghi diuoti et con sospiri
  tracto mha della costa oue saspecta
  et liberato mha daglaltri giry
Tanto e/piu cara adio et piu dilecta
  lauedouella mia che molto amai
  quanto aben operar e/piu soletta
Che labarbagia disardigna assai
  nellefemmine sue e/piu pudica
  che labarbagia douio lalasciai

c Onferma quello: che gia tante uolte ha decto: che eprieghi deuiui accorciano lepene del purgatorio: et commenda lhonesta: et lasanctimonia della mogle: laquale fu chiamata Nella. Et certo niente e/piu excellente chosa nella femmini: che lacastita: perche tal uirtu fa che sia amata dasuoi maggiori: perche non corrompe el loro sangue: E/amata dafigluoli: perche non shāno auergognare della madre: Et non stanno in dubbio del padre: Lacastita fa commendare quella: che e/pouera: fa inalzare lariccha: fa ricoprire lebructure della non bella. CON SVOI prieghi perche eprieghi sanza deuotione et sospiri non hāno efficacia. TANTO e/piu cara. E/ sempre grata al marito et aglaltri lacastita: Ma piu doue pocho sexercita. CHE LAbarbaggia disardigna Nellisola disardigna sono monti asperissimi: et in quegli popoli di costumi barbari: et lefemmine molto lascive: et chiamasi elpaese barbaggia: quasi barbarico. Dice adunque: che lefemmine di quella barbaggia sono piu honeste: che lefiorentine.

O dolce frate che uuoi tu chi dica
  tempo futuro me gia nelcospecto
  cui non sara questhora moltanticha
Nel qual sara inpergamo interdecto
  allesfacciate donne fiorentine
  landar mostrando con lepoppe elpetto
Qua barbare fur mai qua saracine
  cui bisognasse per farle ir coperte
  o spiritali o altre discipline:
Ma se lesuergognate fusser certe
  dicio chelciel ueloce lor amanna
  gia per urlare haren lebocche aperte
Che se lantiueder qui non minganna
  prima fien triste che leguancie impeli
  colui che mo siconsola con nanna

r Iprende ledonne fiorentine: lequali in quegli tempi: chome anchora neno stri andauano col collo et col petto scoperte. Habito sanza fallo piu degno dimeretrice: che dimatrona. Ma chome pocho tempo dipoi simutorono: tanto che portauano ecollarini insino almento coprendo tutto elcollo et lagola: chosi spero che anchora simuteranno non tanto perhonesta. quanto per leuita perche in nessun lor facto sono stabile. PRIMA che leguancie impeli. i. prima che naschi labarba acolui che mo. i. elquale alpresente siconsola con nanna. i. e/piccol fanciullo. Imperoche nella prima eta ebambini sitrastullano et addormentansi dicendo lebalie nanna nanna. Adunque nanna e/ uoce con laquale lenutrici inuitano elbambino al sonno. Risponde aforese: et dimostra: che Virgilio lhauea tolto: et rimosso daquella uita uitiosa: con laquale era uiuuto con Forese pochi di innanzi: quando laluna era tonda: et intende qui

De frate hor fa che piu non miticeli
uedi che pur non io ma questa gente
tutta rimira la douel sol ueli
Perchio allui se tu riduci amente
qual fusti mecho et quale io teco fui
anchor fie graue el memorar presente
Diquella uita muolse chostui
che miua innanzi laltrier quando tonda
uisimostro lasuora di cholui
Elsol mostrai chostui per laprofonda
nocte menato ma deueri morti
con questa uera carne chelseconda
Indi mhan tracto su lisuoi conforti
salendo et rigyrando lamontagna
che driza noi chelmondo fece torti

Tanto dice difarmi sua compagna
chio saro la douesia beatrice
quiui conuien che sanza lui rimagna
Virgilio e/ questi che chosi midice
et additalo et questaltro e/ quellombra
per cui scosse dianzi ogni pendice
Lo uostro regno che dase losgombra :

del uenerdi sancto: che fu nel. M. ccc. quando fige questo suo cammino: et che Virgilio glapparue. Et pero dice: laltrieri quando uisimonstro tonda lasuora. i. lasorella dichostui: et quādo dixe dicostui glimostro elsole. PER LA profonda nocte. per lonferno: doue sono profonde tenebre: et ueri morti: imperoche non e/ uera morte laseparation dellanima dal corpo: se lanima non rimane dannata. Ma e/ andare ad miglor uita. Ma se lanima ua allonferno: lamontagna: che diriza noi chelmondo fece torti: questa. e/ lamontagna del purgatorio: laquale mondando ci dapeccati: che commectemo nel mondo cifa ditorti diritti.

.CANTO .XXIIII. DELLA SECONDA CANTICA DI DANTHE.

n El dir landar ne landar lui piu lento
facea: me ragionando andauan forte
sichome naue pinta dabuon uento
Et lombre che parean chosi rimorte
per lefosse deglocchi admiratione
traean dime dimio uiuere accorte
Et io continuando elmio sermone
dixi ella senna su forse piu tarda
che non farebbe perlaltrui cagione
Ma dimmi se tu sai doue e/ piccarda
dimmi sio ueggio danotar persona
tra questa gente che simiriguarda
Lamia sorella che tra bella et buona
non so qual fussi piu triompha lieta

nellalto olympo gia disua corona
Si dixe in prima et poi qui non si uieta
dinominar ciaschun dache e/ si munta
nostra sembianza uia per ladieta
Questi et mostro coldito e bonagiunta
bonagiunta dalucca et quella faccia
dila dalui piu che laltre trapunta
Hebbe lasancta chiesa in lesue braccia:
daltorso fu et purga per digiuno
languille dibolsena et lauernaccia
Molti altri minomo aduno aduno
et delnomar parean molti contenti
si chio pero non uidi unacto bruno
Vidi perfarmi auoto usare lidenti

n ON muta lauctore materia: perche muti titolo. Ma continuando dimostra: che ne per ragionare insieme andauano piu lenti: ne per andare presto ragionauano meno. Vdunque ragionando andauono forte: chome naue pinta dibuon uento. ET IO CONtinuando: continuando elparlare: elquale hauea comintiato distatio dixi. ELLa: i. epsa anima distatio seneua forse piu tarda su alparadiso: che non farebbe: PER LALTRVI cagione: per esser piu tempo con uirgilio. Rispose prima che lasorella sua: laquale era tanto bella et tanto buona: che non sapea qual si fussi piu. TRyompha disua corona: della battagla: che uinse contro alla carne: perche chome dice Iouenale. Rara est concordia forme: atque pudicitie. OLympo: cielo quasi ololampos. i. tutto splendente. ET POI. Dimostra che non e/ molesto adalchuna anima essere nominata et conosciuta: poi che lalor sembianza e/ si uia munta. i. e/ tanto extenuata per ladieta: che noi non siamo riconosciuti. BONAGVINTA: fu deglorbizani dalucca. et fu optimo dicitore in sonecti et in canzoni. et amico a Danthe. HEBBE lasancta chiesa: questo fu papa Martino quarto dal troso di francia: sedette anni tre: mesi uno. di. xxyii. Facea morire languille dibolsena nella uernaccia: et dipoi cuocerle con uarie spetierie. Finalmente per troppo studio nellagola mori digrasseza. VNacto bruno. i. unacto iroso.

ubaldin della pila et bonifatio
che pasturo col rocho molte genti

u BALdino: Questo fu messer ubaldino de gliubaldini: fratello del cardinale: huomo molto liberale. Ma maculato diquesto uitio.

Vidi messer marchese chebb e spatio
gia dibere aforli con men secheza
et si fu tal che non sisenti satio
Ma chome fa chi guarda et poi fa peza
piu dun che daltro fei aquel dalucca
che piu parea dime uoler conteza
Elmormoraua et non so che gentucca
sentio la oue i sentien lapiaga
della iustitia che si glipilucca

DALLA pila: e/luogho: dal quale una parte di questa casa fu dinominata. BONIfatio fu franciose et arciuescouo di rauenna molto goloso. MARchese fu caualieri forliuese della famigla de rigoglosi grandissimo beitore: et maxime delle loro ribole. Acostui dicendo elcancuaio: che p tutto sidicea: che nō facea mai altro che bere. Rispose ridēdo: perche non dicon epsi: chio ho sempre sete. CON men secheza: che non era quella: che hauea in purgatorio: et si fu tale: che non sisenti satio: La sententia e/ che benche lasecchaggine della sete: laquale hauea in purgatorio: fusse maggiore: che quella: che hauea nel mondo: nō satio mai. NON so che gentucca. Mostra in questo luogho dipredire lechose future. Danthe nel suo exilio stecte alchun tempo alucca: et innamorossi duna gentile: et digentili costumi donna chiamata madonna Gentucca. Ma questo fu dopo eltrecento: nel qual tempo finge scriuere queste chose: et pero finge che lospirito indiuinando elfuturo mormorassi questa gentucca. Ma elpoeta non lontendea pche non era anchor adiuenuto. Elucchesi usan molti diminutiui et syncope chome tucco: botuccolo Boiuto per bonaiuto.

O anima dixio che par si uaga
diparlar mecho fa si chio tintenda
et te et me col tuo parlare appaga
Femina e nata et non porta anchor benda
comincio el che tifara piacere
lamia cipta chome chuom lanprenda
Tu tenandrai con questo antiuedere
se nel mio mormorar prendesti errore:
dichiareranti anchor lechose uere:
Ma di sio ueggio qui colui che fore
traxe lerime noue comínciando
donne chauete intellecto damore
Et io allui io mison uno che quando
amore spira noto et aquel modo
che decta drento uo significando
O frate issa ueggio dixegli elnodo
chelnotaro et guittone et me ritenne
diqua dal dolce stilo nuouo chio odo
Io ueggio ben chome leuostre penne
drieto aldictator senuanno strecte
che delle nostre certo non aduenne
Et qual piu oltralriguardar simette
non uede piu dalluno allaltro stilo
et quasi contentato sitacette/

u Olge elparlare abonaguinta. et pregalo che gli dica apertamente quello: diche hauea decto inconfuso: et lui risponde; che in lucca e/gia nata femmina: per laquale glipiacera lasua cipta NON porta anchor benda: dinota latenera eta: nellaquale lefanciullette non portano anchor bēda. TV Tenandrai: con questo annuntio: el quale io tido: et lechose uere. i. leffecto: che uedrai tidichiareranno; se tu prendesti errore nel mio mormorare: MA di se io ueggio: In sentētia dice bonaguinta; dimmi se io ueggio qui Dāthe; quasi dica: dimmi se tu se Danthe; benche non ponga elnome suo: ma usa una circunlocutione: lodandolo: chome trouatore dinuoue rime: Et pone elprincipio duna canzona di Dāthe: che e/Donne chauete intellecto damore. Iuo conuoi della mia donna dire: Queste et molte canzone fece Danthe: nellequali sottolnome di Beatrice loda allegoricamēte latheologia; et leuirtu morali et theologiche. O FRAte o fratello. ISSa al presente e/uocabulo lucchese: hora teste: adesso: mo. Auale: cetto: sauia: hiecora secondo diuersi idiomi importano una medesima chosa. ELNOdo ladifficulta: laquale ritenne elnotaio. i. Iacopo da Alentino. elquale per excellentia diquellarte fu chiamato elnotaio. GVITTone questo e/frate Guittone darezo. DOLce stilo. soaue. NVOuo: non piu udito. IO VEGGIO bene. i. lostile diuoi Danthe: uanno strecte drieto al dictatore. i. sappressano alla mente del dictatore: che non e/altro adire: se non che Danthe puo con lapenna exprimere optimamente laffecto della sua mente. O uogliamo intendere Virgilio: elquale imita et molto: benche lalingua sia uaria segliappressa. ET QVESTO non: perche non possiamo con lapenna exprimere enostri concepti: come uoi. ET QVAL piu oltre: et qualunque simette piu oltre ariguardare: et considerare eluostro et elnostro stile: non uede piu daluno allaltro: quasi dica: che Danthe precede tanto: che non sipuo ueder tutto lospatio: che e/tra lui: et chi riman drieto. Et e/lasententia di Cicerone. Elquale dice: che Crasso era elprimo: et Antonio elsecondo. Ma secondo con grande interuallo. Et diqui Virgilio nel quinto. Proximus at longo proximus interuallo.

Chome glaugel che uernan lungo elnilo/
alchunauolta dilor fanno schiera
poi uolan piu infretta et uannonfilo

c Home glaucel. Egru sono uccegli di passaggio: et lastate habitano luoghi freddi: ma neluerno siriducono in luoghi caldi. Et pero grā copia ne in egypto lungo elnilo. Degru dicemo

Chosi tutta lagente che li era
uolgendol uiso raffrectal suo passo
et per magreza et per uoler leggiera
Et chome lhuomo che ditroctare e/ lasso
lasciandare ecompagni et si passeggia
siche sissoga laffollar del casso
Silascio trapassar lasancta greggia
forese et drieto meco senuenia
dicendo quando fia chio tiriueggia
Non so risposi allui quantio miuiua
ma gia non fiel tornar mio tanto tosto:
chio non sia col uoler prima alla riua
Pero che loco ufu auiuer posto
digiorno ingiorno piu dibene sispolpa:
et atrista ruina par disposto
Hor ua dixel che quel che piu nha colpa:
ueggio adcoda duna bestia tracto
inuer laualle oue mai non siscolpa:
Labestia adogni passo ua piu rapto
crescendo sempre fin che lalpercuote
et lassalcorpo uilmente disfacto:
Non hanno molto aduolger quelle ruote:
et drizo glocchi alciel che ate fia chiaro:
ciochelmie dir piu dichiarar non puote/
Tu tirimani homai cheltempo e caro
inquesto regno sichio perdo troppo
uenendo teco si aparo aparo

asofficientia nella prima cantica. FINCHE si sfoga: insin chelbattere del polmone et eltroppo ansare: et hanelare per ueloce uiaggio sisfoga. Affollare proprio e/in nostra lingua hanelare et ansare: decto da questo uocabolo folle: che in latino significa elmantaco: perche nasce dalgran moto depolmoni: equali chome manta ci tragono drento lalito et mandal fuori. NOn sia eltornare: qui in purgatorio. ALLA riua del monte del purgatorio. Insomma dice: che eltornar suo in purgatorio dopo lamorte non sara si tosto: che lauolonta non uadi innanzi. Et allegoricamente ogni mente ben disposta disidera purgarsi. PERO chel loco: questo e/Firenze. SISpolpa sipriua: et e/translation: quando adun pollo sileua lapolpa. HOR VA dixe egli. Forese pronostica qui laujolente morte di messer Corso donati: elquale dice hauer piu colpa della ruina di Firenze: che altro ciptadino. Era tornato in Eirenze Messer Corso principe della parte nera col fauore dicarlo sanza terra. et hauea tolto lostato abianchi: et rimaso principe et si potente: che era diuetuto sospecto alpopolo: parendogli che excedessi piu che non sicōuiene in una libera rep. Et ultimamente crebbe elsospecto assai quando lui diuento genero duguccione dalla faggiuola signor dipisa. Questo fece: che con subito tumulto populare lui fu citato et condennato. Et col gonfalone della iustitia glicorse elpopolo acasa. Lui dal principio perche era digrande animo et prompto non solo di lingua. Ma dimano simisse coglamici alla difesa Poi insulcardi del di abbandonato gia damolti simisse infuga. Et seguitando certi soldati catelani: equali ne con prieghi ne con promesse pote placare o sgitto ocadde dal cauallo: et appiccato alla staffa lostrascino elcaual tanto: che sopraggiunto fu ucciso: et damonaci disan salui sepellito sanza alchuna exequia. Et lecase sue con popolare furore furono disfacte. VEGGIO io acoda. Questo serue allhistoria: et allegoricamente anchora intende: che lui e/strascinato dal diauolo in molti uitii. LABEstia adogni passo ua piu rapto. Da principio eldiauolo non ha molta forza intirare elpeccatore nel uitio. Ma quanto piu perseuera poi lhuomo nel peccato: tanto diuenta piggiore: et se piggiore: tanto piu puo eldiauolo in lui. ET LAScialcorpo Dimostra che lamorte deglhuomini tyrannici et iniusti lascialcorpo uilmente disfacto: perche dilui non rimane se non infamia. NON hanno: non ha apassare lungo tempo. CHE Ate: quasi dica io tiparlo si obscuro: che alpresente tu non intendi dichi io midica: ma in brieue elfine della chosa tel dimosterra. CHELtempo e/caro. Maxime anoi: che desideriamo lapurgatione.

Qualesce alchunauolta digualoppo
locaualier dischiera che caualchi:
et ua per farsi honor delprimo intoppo
Tal siparti danoi con maggior ualchi
et io rimasi inuia con essi due/
che fur del mondo si gran mariscalchi/
Et quando innanzi anoi si entrato fue
che glocchi miei siferon allui seguaci
chome lamente alle parole sue/
Paruimi irami grauidi et uiuaci
dunaltro pomo et non molto lontani
per esser piu alhora molto in laci
Vidi genti sottesso alzar lemani

c Home con celerita alchunauolta uno huomo darme gualoppando ua innanzi allaschiera per essere elprimo afare riscontro dilancia, chosi ueloce ādaua Forese per raggiugnere ecompagni MARISCAlchi: sono egouernatori delle corti et deglexerciti. Adunque per similitudine chiama edue poeti mariscalchi: perche tennono elprimo grado tra poeti. GLOCCHI seguaci: chosi seguitauo esuoi passi coglocchi: chome prima haueuo seguitato leparole con lamente. PARVImi irami: comincio auedere elsecondo albero: e cui rami erono grauidi et pieni dipomi: et VIuaci: uigorosi et ben uerdi. ALZAre lemani: Lemani significano loperationi. TIENE alto ellor disio: Mostra lacosa desiderata daloro, ma non lalascia prendere.

et gridar non so che sotto lefrondi
quasi bramosi fantolini et uani
Che pregano elpregato non risponde
ma per far dessi ben lauogla acuta
tienalto ellor disio et nolnasconde
Poi siparti chome ricreduta
et noi uenimmo algrandalbero adesso
che tanti prieghi et lagrime rifiuta
Trapassate oltra sanza farui presso
legno e/ piu su che fu morso daeua
et questa pianta sileuo daesso
Si tra lefrasche non so chi diceua
perche uirgilio et statio et io ristrecti
oltre andauam dallato che sileua
Ricordiui ui dicea demaladecti
nenuuoli formati che satolli
theseo combactero condoppi pecti/
Et deglhebrei chalber simostrar molli
perche non uolle gedeon compagni
quando inuer madian discese ecolli/
Si accostati a lun dedue uiuagni
passamo udendo colpe della gola
seguite gia damiseri guadagni

p Oi sipatti lasop radecta gente. CHOME ricreduta: chome quella: che dinuouo credette non essere anchor purgata. ALGRANde albero: Niente e/piu grande che lascientia: la quale chome habbiamo decto e/significata pellalbero: che rifiuta tanti prieghi et lacrime: quanti glifanno quelle anime. Et certo ognuno disidera lascientia. Ma essa non exaudisce: se non pochissimi: Et questi sono glamatori delle uirtu. Onde esso medesimo in una sua canzona: elcui principio e. Tre donne intorno alchore dice canzone apanni tui non ponga huom mano: perueder cio che bella donna chiude. Bastin leparti nude: Lo dolce pome atutte genti niega: Per cui ciaschun man piega. TRAPAssate oltra: perche non e/ anchor tempo che tocchate diquesti pomi. LEGno e/piu su. Questo e/inparadiso delitiarum et e/lalbero della cognitione del bene et del male. Adunque finge: che questi alberi: che sono in questo luogho: sieno nati diquello: perche diquello nacque elpeccato della gola propriamente gustando Eua del pome: et tutti glaltri consequentemente. TRA LEfrasche: chome nel precedẽte albore non uide chi parlassi: chosi etiam inquesto: perche achi non e/purgato non puo esser nota lauerita. DALLATO che sileua: daua parte del monte: elquale sinnalza: Et per questo significa leuirtu. DEMALAdecti nenuuoli formati Intende decentauri: dequali a pieno altroue habbiamo decto: pogli adunque in questo luogho p laebrieta: ricordando che nelle noze di Perithoo uincti dal uin tentorono rapire lasposa. Et certo per laebrieta diuentono glhuomini inmanissimi: et diuentono efferati in ogni uitio: et maxime nella luxuria: et rapiscono lemogle dalcri. Imperoche chome dice Terentio. Sine cerere et libero friget uenus. Ma Theseo et Hercole. i. laragione et lontellecto domano nelhuomo tale bestialita. ET DEGLHEbrei. Permesse idio pepeccati: chelpopol disrael fusse lungo tempo uexato damadianiti con fame et cõ guerra. Ma conuertendosi con lacrime et con prieghi uenne langelo a Gedeone: che mouessi contro animici. Gedeone congrego trentamila hebrei: elquale numero parea piccolo ad comparation demadianiti equali per lainnumerabile multitudine: chome locuste coprinon laterra: Dinuouo poi comando langelo che lui licentiassi etimidi: Ilperche senepartirono uentimila. Venne et latertia uolta: et comando: che nellardente sole menassi ediecimila rimasi al fiume. Et tutti quegli che beessino porgendo labocca allacqua mandassi uia. et ritenessi quegli: che beessino traendo lacqua con laconcauita delle mani: equali non furono piu che trecento. Et con questi in uirtu didio uinxe enimici. Et uccisene cento uenti miglaia. Onde uixono dipoi egiudei in tranquilla pace anni quaranta: che tanto uixe Gedeone: VIVAgni: extremita et orli: et e/traslatione dal panno. DAMIseri guadagni. Eguadagni illiciti sono cagione depeccati della gola.

Poi rallargati per lastrada sola
bea mille passi et piu ciportamoltre
contemplando ciaschun sanza parola
Che andate pensando si uoi sol tre
subitamente dixe ondio miscossi
chome fan bestie spauentate et poltre
Drizai latesta per ueder chi fossi
et gia mai non si ueder in fornace
uetri et metalli si lucenti et rossi
Chomio uidi uno che dicea sauoi piace
montate su qui siconuien dar uolta
quinci siua chi uuole andar per pace

u OI sol tre: uoi tre soli. Virgilio Statio: et Danthe. IO MIscossi. non glaltri due. Ma io. Imperoche ne lontellecto ne laragione teme: ma lasensualita. BESTIE spauentate et poltre. Labestia siscuote persubito spauento: perche teme o quando esce della stalla: doue e/stata in otio: perche albora sidesta. et scaccia dasse ogni pigritia: et pero dixe: POLtre quasi poltrone: Alchuni dicono poltre quasi puledre: onde diciamo poltruccio. Et anchora in questo modo procede bene eltexto: perche epoledri sono piu paurosi che lebestie dome. LVCENTI et rossi. Da tale colore allangelo: perche p laluce dimostra ladoctrina: Et pel color rosso lacarita. Conlequali due chose siconosce eluero: et conosciuto sama QVI SICONuien dar uolta. mostrando lascala del septimo gyrone. Nel quale sipurga laluxuria.

Laspecto suo mhauea lauista tolta
perchio miuolsi drieto ame doctori
chombuom che ua secondo che glascolta
Et quale adnuntiatrice deglalbori
laura dimaggio muouesi et oleza
tutta impregnata dalherba et dafiori
Tal misenti un uento dar per meza
lafronte/ et ben senti. muouer lapiuma
che fe sentire dambrosia loreza
Et senti dir beati cui alluma
tanto digratia che lamor delgusto
nel pecto lor troppo disio non fuma:
Exuriendo sempre quanto e/ giusto.

a Bagla lasensualita pel troppo splendore: et inmodo acciecha: che per se stessa non potrebbe precedere auanti; et per questo siriuolge allontellecto et alla ragione. et ua secondo: che loro dicono: et pero dice: ua secondo che ascolta ET QVALE annuntiatrice deglalbori. Dimostra che battendo langelo lale conmosse un uenticello pieno doptimo odore: et tale odore senti: et tale aura: quale e/un soaue et piccol uento: el quale elmaggio surge innanzi allaurora. Ilche e segno: che presto siuedrãno glalbori deldi. Questo uenticello surgendo oleza. i. rende optimo odore: perche conmuoue lenuoue herbe et fiori CHE fa sentir loreza. i. lodore dambrosia. Tracto del primo di Virgilio quãdo finge: che Venere nel partire da Enea spargessi grande odore Onde dice. Ambrosieque come diuinum uertice odorem Spirauere. ET senti dir beati: Queste parole sono di Matheo euangelista: doue dice: Beati qui exuriunt et sitiunt iustitiam: quoniam ipsi saturabuntur. Era adunque questa boce: beati coloro: CVI: aquali: ALLVMA tanto digratia. i. hanno tanto lume della gratia didio: che lamore et cupidita del gusto et della gola: NON fuma: non euapora: et non DA troppo disio: superfluo desiderio et appetito digola exuriendo. i. hauendo tanta cupidita dimangiare quanto e/ giusto et ragione uole: et non puo.

.CANTO. XXV. DELLA SECONDA CANTICA DI DANTHE.

b Or era chelsalir non uolea storpio:
chelsole hauea elcerchio delmeriggio
lasciato altauro et lanocte allo scorpio
Perche chome fa lhuom che non saffigge
ma uassi alla uia sua che che glappaia
se dibisogno stimolo litrafigge
Chosi entramo noi per lacallaia
uno innanzi altro prendendo lascala
che per arteza esalitori dispaia
Et quale elcicognino che leua lala
per uogla diuolare et non sattenta
dabandonar elnido et giu lacala
Talera io con uogla accesa et spenta
didimandar uenendo infino allacto
che fa colui cha dicer sargomenta

d IScriue nel presente canto: chome sali nel septimo gyrone: doue nel fuocho sipurga laluxuria. Discriue eltempo. Dimostra hauere disiderio: che glisia chiarito un dubbio. Virgilio loconforta aldomãdare: et udito eldubbio: parte nesolue: parte ne lascia soluere a Statio: elquale dimostra lacreatione del feto nel uentre materno: et similmente lainfusione dellanima. HORA era. Discriue eltempo: et dimostra che era passato mezo giorno. Imperoche essendo elsole nellariete. Et gia declinaua con quel segno aoccidente eltauro che succede era salito amezo di. Ilperche era necessario: che essendo eltauro amezo lhemisperio dila digiorno; loscorpione fusse diqua amezo el nostro hemisperio dinocte perche questi due segni sono oppositi. PERCHE Chome fa lhuom che non saffigge. i. non siferma. Ma uassi alla uia sua. CHe che glappaia. i. per qualunque cosa glapparisca. CHOSI entramo noi per lacallaia. i: per lentrata dellascala. VNO innanzi altro: non andauamo tutti etre insieme: ma aduno ad uno. Et questo perche larteza. i. lastrettcza dellascala dispaia elsalitore. Lasententia e/ che lascala era si arcta. i. strecta: che chi sale non puo andare aun pari. Et certo atanta speculatione non puo ire pari lasensualita con lontellecto. Ma e/ assai se loseguita: et ua dopo lui. ET QVALE elcicognino. Conueniente comperatione: laquale exprime questo. Io hauea gran desiderio didomandare Virgilio del dubbio posto disobto: et conduceuomi insino alparlare; et dipoi lauergogna non milasciaua mandare fuori laparola. Faceuo adunque chome elcicognino: elquale hauendo uogla duscire del nido: comincia abatter lale. Ma dipoi per paura dinon cadere non ardisce uolare. CON uogla accesa et spenta: La uogla del dimandare era accesa: et infiammata; Ma lauergogna laspegneua.

Non lascio per landare che fusse rapto
lodolce padre mio madixe scoccha
larcho deldir chenfinalferrha tracto
Albor sicuramente apri labocca

f A laprudentia et ladoctrina: che lhuomo quasi ĩ diuina. Adunque Virgilio per certi gesti in Danthe saccorse che lui dubitaua. Et ricordandosi della magreza dellanime per congecture comprese elsuo dubbio. Et per leuargli lauer

et comincIai chome sipuo far magro
la doue luopo dinodrir non toccha/
Se tamentassi chome meleagro
si consumo alconsumar dun tizo
non fora questo ate dixe si agro:
Et se pensassi chome aluostro guizo
guiza drento allospecchio uostra image
cioche par duro tiparrebbe uizo:
Ma perche drento tuo uolere adage
ecco qui statio et lui chiamo et priego
che sia hor sanator delle tuo piaghe

gogna: che non lolasciaua parlare.: loincito ado mandare, dicendogli scocha larcho del dire: el quale hai tirato insino alferro: Et e/qui optima translatione dalle saette alle parole. ALHOra sicuramente apri labocca. Rassicurato da Virgi. parlo sicuramente Danthe. Et aperse eldubbio suo: che era chome potessi interuenire: che lanime dimagrassino in purgatorio. Imperoche la magreza nasce damancamento dinutrimento: Onde quando lhuomo digiuna: et priuasi del cibo: elcorpo suo dimagra: Ma lanime: che sono in corporee: non hanno bisogno dicibo. Et pero dice: chome sipuo fare magro in purgatorio: la doue non tocca: et non aduiene luopo di nodrire .i. bisogno dinutricare. SE TAMENtassi chome Meleagro. Fu Meleagro figluolo deneo Re di Calidonia. Et lamadre Althea: quando nacque lude che lefate posono un pezo dilegno insul fuocho. Et dixono: che tanto uiuerebbe Meleagro: quanto durassi quel legno. Leuollo lamadre delfuocho: accioche non ardessi. Crebbe Meleagro: et facto giouane adiuenne: che un terribile cignale guastaua tutta laregione di Calidonia: ilperche conuoco acaccia molti nobili della grecia. Theseo: Perithoo: Castore: et Polluce: Iasone: Telamone: Nestore: Peleo padre dachille: Speusippo: et Toxea frategli della madre: Et Atlanta bellissima femina: Chostei fu laprima che con lafreccia percosse lorechio del cignale. Ma meleagro luccise: et acceso dellamore della fanciulla: glidono elcapo della fiera: elquale suole esser premio dichi luccide. Ilche fu molesto afrategli dellamadre. Et tolsonla alla fanciulla: Laqualchosa fu s. molesta ameleagro: che uccise ambo due etii: Et Althea in uendecta defrategli ripose eltizone insulfuocho: et aun medesimo tempo quello arse: et meleagro siconsumo. Per questa fauola pare: che Virgilio uogla inferire chome poeta: che chosi puo Danthe fingere lamagreza dellanime: benche naturalmente non possino dimagrare chome glaltri poeti fingono: questo di meleagro: o ueramente diciamo: che chome inuero meleagro si consumo pel pentimento: chebbe del fallo commesso: et pel dolore che neprese: chosi queste anime pel doloroso suo pentimento patiscono in se un simile suo accidente: disiderando con extrema continentia ricompensare elluxo della gola. che patisce elcorpo abstenendosi: ET SE PENsassi chome: Pone elsecondo exemplo dellospecchio: nel quale ueggiamo lamagine nostra fare emedesimi guizi: cioe moti: che fa colui: del quale e/laimagine. Laragione diquesto e/che lospecchio e/apto arappresentare ogni gesto. che sifa innanzi aquello. Adunque lanostra imagine et enostri apti simprimono nellaere luminoso/et tale aere riper cuote nellospecchio con lamedesima impressione: et lospecchio piglandogli glimostra: Chosi adunque uuole. che interuenga necorpi aerei: equali dopo lamorte piglano glanimi nostri: et di quegli siuestano: Nequali perche sono amodo dispecchi sirappresentano tutte lepassion dellanima. Et questo e/quello: che dimostra lanime magre. Ma che lanima pigli corpo aereo: non e/ragione humana. Ma dalchuni theologi. Et per questo fa che piu distesamente Statio chome christiano neparli. MA PERCHE drento tuo uolere adage. i. tua uolonta contenti. ECCHO qui Statio. Hauendo atractare dichose appartenenti alla christiana theologia non inmeritamente Virgilio non christiano lelascia dichiarare a Statio christiano.

Se lauendecta etherna li dispiego
rispose statio la doue tu sie
discolpi me non poterti far niego
Poi comincio se leparole mie
figlo lamente tua guarda et riceue
lume tifieno alchome che tu die
Sangue perfecto che poi non sibeue
dallasetate uene et sirimane
quasi alimento che dimensa lieue
Prende dalchore atutte membra humane:
uirtute informatiua chome quello
cha farsi quelle per leuene uane
Anchor digesto scende oue piu bello

s E LAuēdecta etherna: se ladiuina iustitia laquale uendica et correggie ogni delicto: et ordina eltexto. Statio rispose: se io glidispiego: .i. manifesto aesso Danthe lauendecta etherna. .i. quello: che dispone letherna iustitia. LA doue tu sie. i. nelluogho doue tu se: quasi dica: Il che pare presumptione: che doue se tu ripieno dogni doctrina: io osi parlare. Ma pure se io lo fo non nasce da arrogantia. ma da obbedientia: perche io non tiposso negar: che tu midomandi onde dice. DISCOLPI me. i. scusi me non poterti far niego. i: non poterti dinegare alchuna chosa. Perche lanima posta in uia dicarita: non puo dinegar chosa giusta. LVME tifieno: tidaranno cognitione. ALCHOME che tu di: i. al dubbio tuo: doue domandi: che sia possibile: che

tacer che dire et quindi poi sigeme
sopraltrui sangue in natural uasello
Iui saccogle luno et laltro inseme
lun disposto apatire et laltro afare
per loperfecto loco onde sipreme
Et giunto li comincia adoperare
coagulando prima et poi auiua
cioche per sua materia fe gestare
Anima facta lauirtu actiua
qual duna pianta tanto differente
che questen uia et quella e/ gia ariua
Tanto opra poi che se moue o sente
chome fungo marino et indi prende
ad organar leposse onde e/ possente
Hor sipiega figluolo hor sidistende
lauirtu che dal chuore del generante
doue natura atutte membra intende

lanime dimagrino. Dipoi perchiarirgli eldubbio et dimostrargli come lanima siuesta dopo lamorte dicorpo aereo: ripete daprincipio lacreatione dellanima uegetatiua motiua: et sensitiua: laquale lanatura produce dalla potentia della materia laquale cie comun cobruti animali. Et poi dimostra: che subito che peruirtu del seme uiril agente: et della materia della femina patiente: che e/elsangue: lanima sensitiua e/prodocta nelcorpo humano: idio uinfonde lanima rationale: laquale e/propria delhuomo: et creata dadio diniente. Et questa chosi infusa tira adse lanima sensitiua: laquale truoua nel corpo con tutte lesue potentie: et informa unisce quella adse: che nō sono due anime. Ma e/una. Et questa una quando siparte dalcorpo siueste dinuouo corpo aereo SANGVE PERFECTO CHE POI NON sibeue dallasserate uene. Tutto elcibo et elpoto che prendiamo sicuoce et smaltisce quattro uolte innanzi che sia perfecto. prima nellostomacho: doue laparte: che ha aessere per lasalute del lanimale sidiuide dalle feccie putrefacte et nociue: et chiamasi chilo. Et queste putrefacte caggiono nel uentre et nelle budella: et mandonsi fuori. Et elchilo dallo stomacho per una uena chiamata gran porta ua al fegato: et chuocesi laseconda uolta: Et seperasi lhomore superfluo: et falso decto orina et per glarnioni distilla nella uescica: et pel collo diquella e/pinto fuori. Elchilo rimaso assai purgato tutto dal fegato ha preso elcolore del fegato: et diuiene rosso. Dipoi nella tertia dicoctione: che fa o nel chuore o nel fegato con lauirtu del chuore: rimuoue dase lasuperflua collora: laquale elatini chiamano bile: et e/laschiuma del sangue: et mandala al fiele: et lhomore melancolico: che e/lafeccia del sangue: laquale elatini chiamano atra bile: et mandala allamilza. Dopo latertia decoctione elsangue sisparge per tutte leueni: et inquelle laquarta uolta sichuoce. Et tutto elsuperfluo et nociuo homore: che in quello era rimaso: e/pinto fuori dalla natura per sudori: o uero siconuerte in peli: in capegli: et in unghie. Diquesto sangue interamente purificato succiono leuene: quanto e/abastanza per nutrire et mātenere elcorpo. Et quello: che auanza: corre alle uene decte uasi seminarii: perche ha aesser seme per generare unaltro huomo. Questo per moto che honestamente non sipuo nominare scende adue testimonii della generatione. Et chome elsangue: che ha anutrire elfanciullo: entrato nellaspugna della poppa muta colore: et conuertesi in lacte. Chosi questo per uirtu dital membro diuenta biancho: et pigla lauirtu generatiua. Et infuso neluaso della donna quiui del sangue: che uitruoua: forma nuoua creatura. Ne creda alchuno che questo seme diuenti corpo del fanciullo. Ma leparti sue sottili sono tutti spiriti: equali nutriti dalle parti grosse: chome optimo artefice del sangue della madre formano elcorpo et dannogli lauita et lanima sensitiua: laquale dipoi lanima rationale et inmortale unisce ad se chome ho decto. Ne narrero alpresente: perche piu tosto generi maschio che femina: perche uno o piu: perche somigli o alpadre o alla madre: o adaltri del paienrado: perche naschino hermophroditi: pche uarii chose: certo degne dessere intese. Ma io ricolte tutte lefficaci ragioni di Galieno dAuicēna: dAristotele: et dAlberto magno et dipiu altri medici et philosophi distesamente: et se non mingāuo molto apertamente lenarrai nel mio secondo libro deanima: scripto per dialogo in lingua latina. Hora torno al texto. CHE NON SIBEVE: perche auanza chome ueggiamo auanzare elcibo achi ha mangiato asuffidentia. PRENDE dal chuore. Secondo molti philosoohi ogni uirtu dellanimale ha origine dal cuore. Ma dipoi pigla sua perfectione indiuersi membri: Imperoche lauirtu nutritiua pigla nel fegato. Lasensitiua nel cerebro: lageneratiua: doue disopra dixi. IVI SACCOGLE. i. nel uasello della femina: che e/lamatrice. LVNO ET laltro. i. elseme del maschio: che e/agente et informatiuo: et elsangue della femina e/patiente: perche e/materia diche sifa lacreatura: et riceue. inse laforma PER LOPERFECTO loco. perche procede dahuomo: che e/perfecto et actiuo. LAVIRTV actiua facta anima uegetatiua: quale e/nelle piante. Ma nelle piante questa uirtu e/perfecta: perche non aspecta lasensitiua. Ma nelhuomo e/imperfecta: perche ha hauere anchora lamotiua et lasensitiua. et pero soggiugne. Tanto opra poi che simuoue et sente. FVNGO MARINO e/ una coagulatione dischiuma marina: elquale sifa uiuo: et muoue et sente. Ma non ha membra formate. Chosi elfeto nel uentre materno. Ma poi tal uirtu comincia aformare diuersi membri: equali lanima usa per exercitare lesue potentie. Forma uerbi gratia lorecchio per usar con quello lauirtu delludito: Et locchio per poter usar lapotentia uisiua. SI SPIEGA. i. sidiuide in diuerse parti lauirtu: laquale e/unita inse: Distende faccendo crescer lemembra. LAVIRTU ACTIVA laquale uenne nel seme dalla uirtu del chuore del generante.

Perche ha dimostro insino aqui: chome sigenera elcorpo humano: et chome prende lanima uegetatiua et sensitiua: lequali due potentie glisono comuni con glaltri animali: et sono dalla potentia della materia: Seguita in dimostrare chome formata lacreatura: et facta uiua et sensibile: elsommo creatore infonde lanima rationale creata da lui di niente: et in un medesimo tempo creata et infusa.

Ma chome danimal diuenga fante
non uedi tu anchora questo e quel puncto
che piu sauio di te fe gia errante
Siche per suo doctrina fu disiuncto
dallanima elpassibile intellecto
perche dalui non uede organo assumpto
Apri alla uerita che uien nel pecto
et sappi che si tosto chome al feto
larticular del cerebro e/perfecto
Lomotor primo allui siuolge leto
sopra tantarte dinatura et spira
spirito nuouo diuirtu repleto
Che cioche truoua actiuo quiui tira
insua substantia et fassi unalma sola
che uiue et sente et se inse rigira
Et perche meno admiri laparola
guardalcalor del sol che sifa uino
giunto alhomor che dalla uite cola

MA CHOME DANIMAL diuenga fante: Insino aqui lanima: che e/nel feto: non ha piu potentia: che habbia lanima de bruti. Dipoi sifa fante. i. parlante: cioe anima rationale. Imperoche elparlare e/conceduto solamente alhuomo: perche possa exprimere laragione: che ha in se. Et questo e/elpuncto: doue erro Auerois. Elquale uuole: che nelhuomo non sia proprio intellecto informa che sipossa dire: questo fu lontellecto di Platone: et quello fu di Cicerone. Ma sia uno intellecto uniuersale: elquale sinfonda per tutti glhuomini: chome elsole sinfonde per tutto el mondo: Ilche se fussi sarebbe falso: che idio infondessi in noi lanima rationale: Et dopo lauita resterebbe lanima nostra morta insieme col corpo: Ilperche e/stata confutata acutissimamente questa opinione da molti acutissimi et doctissimi philosophi. Largomentation dequali noi cõ ogni diligentia raccogliemo nel nostro tertio libro dellanima. Adunque Auerois per sua doctrina diuise laragion et lontellecto dallanima nostra. Mosso forse perche non uede nel corpo humano lorgano dellontellecto: chome uede quegli/che seruono alla uegetatiua et alla sensitiua APRI ALLA VERITA. Ma tu Danthe apri alla uerita: che dame udirai. Et dice: che subito che elcerebro e/articulato. i. ha districti esuoi meati et perfecti: cioe che in lui sia perfecto elluogho del senso comune: elluogo della imaginatione, della phantasia et della cogitatiua: et della memoria. Preterea tutte lechose che sappartengono asensi exteriori. Adunque quando tutti glorgani: che seruono almoto et al senso: sono perfecti: alhora idio infonde lanima rationale: chome e/detto: laquale Danthe chiama spirito nuouo: perche non e/diquella spetie spirito: che truoua nel corpo. Ma e/chosa nuoua. Et ha perfectione diuirtu hauendo laragione et lontellecto. Questo nuouo spirito tira asse et fa disua natura cioche truoua actiuo nellanima: che uera prima: et resta una sola anima uegetatiua: sensitiua: et rationale. Et e/tutta in tutto elcorpo: et tutta in ogni parte depso.

Et quando lachesis non ha piu lino
soluesi dalla carne et inuirtute
neporta seco lhumano eldiuino:
Laltre potentie tutte quasi mute
memoria intelligentia et uolontade
inacto molto piu che prima acute
Sanza restarsi per se stessa cade
mirabilmente aluna delle riue
quiui conosce prima lesue strade

dImostra che dipoi quando esce del suo corpo neporta seco tutte lesue potentie. LHVMANO. i. lepotentie: che sono della potentia della materia: chome e/uegetatiua et sensitiua. Et diuino: chome e/laragione. Ma solo laragione segghia nellanimo: che e/uolonta: intelligentia et memoria. Et lauegetatiua et esensi rimangono consopiti insino atanto che arriua: doue ha aessere. Et quiui lauirtu formatiua forma corpo aereo allanima: et epsa in quello siuiue: chome prima uiueua nel proprio corpo. Et in questo corpo aereo imprime tutti esensi interiori et exterio

Toſto chel luogho la lacircunſcriue
lauirtu formatiua raggia intorno
choſi et quanto nelle membra uiue
Et chome laere quando e ben piu orno
per laltrui raggio chen lui ſirifleсte
didiuerſi colori diuenta adorno
Choſi laer uicin quiui ſimette
inquella forma chenlui ſiſuggella
uirtualmente lalma che riſtecte
Et ſimiglante poi allaſiammella
che ſegue elfocho lauunche ſimuta
ſegue loſpirto ſua forma nouella
Pero che quindi poſcia ſua paruta
e/ chiamata ombra et quindi organa poi
ciaſchun ſentire inſino alla ueduta
Quindi parliamo et quindi ridiam noi
quindi facciam lelagrime et eſoſpiri
che per lomonte hauer ſentito puoi
Secondo che ciaffiggono ediſiri
et glaltri affecti lombra ſifigura
et queſta e/ lacagion diche tu miri
Et gia uenuto allutima tortura
ſera per noi et uolti allaman dextra/
et erauamo atteſi adaltra cura
Quiui laripa fiamma infuor baleſtra
et lacornice ſpira fiato in ſuſo:
che lariflecte et uia dallei ſequeſtra:
Onde ir neconuenia dallaere chiuſo
aduno aduno et io temea elfocho
quinci: et quindi temea elcader giuſo:
Loduca mio dicea per queſto loco
ſiuuol tenere aglocchi ſtrecti elfreno
peroche errar potrebbeſi per pocho

ri. Et mediante queſti organi exercita eſenſi: et puo cadere nelle paſſioni. Ne e/marauigla: che idio colleghi lanime aqueſti corpi. Conciosia che enegromanti con uirtu diabolicha collegano gliſpiriti allemagini. ALLVNA DELle riue. i. o alla riua dacheronte fiume: perche e/dannata allonferno. o alla riuiera dhoſtia tyberina Onde lui finge che langelo togle lanime che ſhanno apurgare: et paſſale per mare almonte del purgatorio: dal quale facte gia candide finalmente uolino alcielo. In queſto modo adunque poſſono patire lanime lepene non ſolamente ſpirituali: ma corporali. Ne furono ignobili quegli philoſophi: equali uoglono: che lanima altutto incorporea ſicongiungha col corpo groſſo composto diquattro elementi pel mezo dūo tenuiſſimo corpo. Accioche ſia quaſi comune alla corporea et incorporea natura: et per tale comunione ſia apto apotere congiugnere due extremi: perche inuero nelle choſe naturali non ſiua dauno extremo aunaltro ſanza elmezo. Chome uerbi gratia del caldo nō ſifa freddo: ſe prima non diuiene tiepido. Ne della luce tenebra ſanza un certo crepuſcolo: che non eſſendo ne luno ne laltro: nientedimeno participa delluno et dellaltro: chome ueggiamo tra lapartita del ſole: et lobſcurita della nocte.

a LVLTIMA tortura: allultimo tormento Imperoche queſto e/elſeptimo et lultimo gyrone del purgatorio: nel quale ſipurga laluxuria col fuocho: laqual pena e/molto conueniēte. Imperoche ebeni terreni ſono quegli. che cō otio et delicati cibi cinfiammano alla luxuria: Et eluento: che ſpira dalla cornice: che fa confini tra queſto gyrone: et elſexto: doue ſipuniſce lagola: ripigne in drieto lafiamma et ſequeſtra. i. diuide uia dalei. Ilche ſignifica: che eluento ripigne tanto lafiamma dallacornice: che uirimane ſpatio et uia: per chi paſſa. Ne e/ſanza ſomma ragione: che lontellecto admoniſce laſenſualita: che raffreni glocchi: perche glocchi ſono laſineſtra: onde entra lamore. E/lamore niente altro: che deſiderio dibelleza. Ne ſipuo con altro ſenſo che con locchio giudicare della belleza: Diqui propertio. Si neſcis oculi ſunt inamore duces. Et elnoſtro fiorentino elego et lyrico poeta marauigloſamente queſta ſententia dichiara in queſto ſonecto. Occhi piangete accompagnate el hore. che per uoſtro fallire morte ſoſtiene. Et certo non prima feriſce elchuore queſto deſiderio: che glocchi habbino giudicato lachoſa amata eſſer bella. Adunque dobbiamo ſempre rifrenar glocchi: ſe non uoglamo cadere inqueſta perturbatione: laquale uince ogni ſpetie difurore. Et ſpeſſo conduce lamante auolontaria morte. Facci ciechi nel iudicio: fancingli nella cupidita. Et per queſto elgia decto propertio. Quicunque ille fuit puerum: qui pinxit amorem. Non ne putas miras hunc habuiſſe manus. Is primus ſentit ſine ſenſu uiuere amantem. Et leuibus curis magna perire bona. Molto prolipſo ſarebbe riferire quanto dannoſe: quanto graui: quanto pericoloſe: quāto peſtifere ſieno leperturbationi dellamore. Et ſimilmente quanto leggieri: quanto mobili: quanto uarie: quanto puerili: quanto ſimili alfurore: lequali tutte dapoeti elegi: et lyrici: greci et latini ſono ſtate non ſolamente expreſſe. Ma dipincte. Ma elnoſtro petrarcha nel trionpho dellamore informa ī un cumulo tutte leraguna: che non ſipoſſon leggere ſanza ſommo ſtupore. Et Virgilio con degna exclamatione inbreuiſſime parole abbraccio eltutto. Doue dixe: Improbe amor quid non mortalia pectora cogis. Et io nelle elegie: lequali ſobto titolo di xandra ſcripſi nella mia adoleſcentia moſſo piu da empito: che da arte: uolendo dimostrare lepene grauissime et insopportabili tormenti: che in tale p turbatione opprimono glhuomini: posi questi uersi. Fulmine quid rapido figis fera corda gigātū. Iu piter: Est maior pena parenda malis. Quisquis stelliferum contendit scandere celum. Tentat et insu peros bella mouere deos. Hic facibus duri subito inflametur amoris. Et domine teneat sub iuga colla sue. Tunc sciet ethernos onus hoc ante ire labores. Et cupiet potius pelia saxa pati. Ma tornando al te xto seguita.

Summe deus clementie nel seno
del grandardore albor udi cantando
che diuolger mise caler non meno
Et uidi spirti per lafiamma andando
perchio guardaua loro et amie passi
compartendo lauista aquando aquando
Appressalfin conquesto hinno fassi
gridauono alto uirum non cognosco
indi ricominciauan lhinno bassi/
Finito questo gridauano alboscho
corse diana et elice caccionne
che di uenere hauea sentito eltosco

h Ebbe non meno calere: i. non minor cura diriuolgersi auedere glispiriti: che erono nella fiamma: che diguardarsi apiedi. Et finge: che questi spiriti: equali si purgauano dal pecca to della luxuria: cantauano lhymno: elquale can ta sancta chiesa. elprincipio suo e/ Summe deus clementie. Et in quello sipriega idio: che incen da echuori dello spirito sancto. Elquale altutto fa contrario effecto allardore della concupiscētia Quello ciriduce a sanita stringendoci apreporre nellamore idio: et lechose celesti: et dipoi cimo stra conche ordine digrado in grado habbiamo a amare lecreature. Questo peruertendo ogni ordi ne cifa preporre lecreature alcreatore. Elfalso be ne aluero et sommo bene: Lechose corruptibili et mortali: allincorruptibili et inmortali. PER CHIO GVARDAVA LORO ET AMIEI PASSI COMPARTENDO LAVISTA AQVAN do aquando. i. compartiuo lauista atempo atempo: guardando hor loro et hora emiei piedi. Ne e/ sanza cagione che inquesto luogho dimostri: che tanta diligentia ponessi arimirarsi apiedi: Guarda ua loro. i: contemplaua tale concupiscentia: Et guardaua epiedi suoi: che non sdrucciolassino nelle fiā me: et staua attento: che lappetito in questa contemplation non cadessi nellardore della carne. Et di poi chome in tutti glaltri gyroni ha obseruato: induce che lanime siproponeuono exempli di somma castita. Et prima diquella che ueramente et in questa et in ogni altra uirtu e/ prima tra mortali. VIRVM NON cognosco. Scriue Luca nelleuangelio: che annuntiando langelo Maria: et predicendo gli elfuturo concepto: epsa rispose: chome puo essere: cioe che io habbi aingrauidare. conciosia che io non conosco huomo. i. non ho proposito dhauerlo mai aconoscere. Dipoi induce Dyana: laquale scac cio dase laninpha gia uitiata da Ioue. Fu Calisto figluola di Lycaone Re darcadia: et una del numero delle uergine consacrate adiana. Et insino aquegli tempi uixe casta et pura. Dipoi uiolentata da Ioue concepe Archade. Ilche uedendo Dyana un giorno essendo nuda per lauarsi: lhebbe in somma abhomi natione: et cacciolla dal suo choro: et fuggissi in selua. Elresto della fauola habbiamo altroue narrato. Danthe non lachiama qui Calisto: Ma Elice: perche chosi nominano epoeti quel segno celeste in che fu trasmutata. Mostra adunque lacastita di Diana: laquale non solamente mai non lacorruppe. Ma fuggi chome somma pestilentia quelle: che lhaueano uiolata. Finxono epoeti quella medesima essere in cielo luna: In terra Diana. Et in inferno proserpina. Et uogliono: che habbia cento potestati: Ilperche Virgilio nel quarto delleneide dixe: Ter geminam hecaten: tria uirginis hora Diane. Et pocho dopo ter centum tonat ore deos. Pongono glantichi due diane: delle quali laprima fu figluola del primo Io ue et diproserpina: Laseconda di Ioue et di Latona nata dun medesimo parto con Apolline ī cyntho monte nellisola didelo. Ilperche e/ chiamata Delia et Cynthia. Questa obseruo perpetua uirginita: et sempre fu uenatrice: et accompagnata dal choro delle nimphe. Conuerti Atteone thebano inceruo: et fello lacerare daproprii cani: perche lui laude nuda bagnarsi in fresca fonte. Tutte leuie sono consa crate adiana: adinotare lauirginita: laquale non produce fructo: chome leuie anchora sono infructuose

Indi acantar tornauano anchor donne
gridauano emariti che fur casti
chome uirtu et matrimonio imponne
Et questo modo credo che lor basti
per tuttoltempo chelfocho librucia
con tal cura conuien et con tai pasti
Che lapiaga dasezo siricucia:

c Home glispiriti delle donne decte diso pra cantauono uirum non cognosco lodā do lauirginita: chosi alpresente lodano lacastita et deloro et degialtrui mariti: equali seguitando ecomandamenti del matrimonio: et eprecepti delle uirtu obseruono castita. Et certo nessuna altra uia e/ con laquale piu prestamente fuggia mo laluxuria: che lauia della castita. ET Que sto modo credo che gli basti: gliduri. CON tal cura: con tal contritione. PASTI: alimenti et nutrimenti della uirtu. Imperoche lapurgatione e/ pasto: che nutrisce lauirtu. et spegne eluitio. Chome lauolupta pel contrario spegne lauirtu: et nutrisce eluitio: elquale uccide lanimo. PIAGA DASEZO: lapiaga: che ha facta laluxuria nellanima: laquale e/ dasezo: perche e/ lultima: conciosia che nellultimo della uita con quella escie del proprio corpo: ne dipoi puo commectere altro uitio. RICVCIA. Risaldi. Imperoche chome elcorpo rimane squarciato per locolpo datogli: chosi lanima riceue piagha: quando eluitio lapercuote. Et non che in questo. Ma in molte altre chose per translatione diamo allanima quello: che e/ del corpo. Onde Vir. At regina graui iam dudum saucia cura. Vulnus alit uenis et ceco rapitur igni: Doue pone lanima di didone esser ferita et ardere: lequali chose sono del corpo: et non dellanima. Ma piglonsi per similitudini. E/ certo laluxuria ultima nellordine decapitali peccati. Ma diuenta molto abhomineuole: perche rimuoue lhuomo: che in quella sisubmerge daogni uirile generosita. Et fallo simile abruti: Niendimeno perche uarie sono lespetie diquella: non e/ dubbio che chome alchuna pare degna di qualche tenue excusatione: chosi ue alchuna tanto lontana daogni ragione tanto contraria alla natura: Che chi lexercita non solamente sispogla dellanatura humana. Ma etiam della natura debruti: Equali in tale errore non caggiono. Ma diuiene piu horrendo monstro che centauro o chimera. Et fa enygma: elquale appena soluerebbe lathebana spinge. Fughinsi adunque tutti. Ma questo intutto sidimentichi. Accio che se pure o per fragilita: o mala consuetudine: o inclinatione alchuna ciuince: et inducesi achosa non concessa: possiamo con qualche compassione: dichi ciode: dire. Vidit deus figmentum nostrum. Et misertus est nostri.

CANTO XXVI DELLA SECONDA CANTICA DI DANTHE

m entreche su perlorlo un nanzi allaltro
cenandauamo spesso elbuon maestro
dicea guarda giu uia chio tiscaltro
Feriami elsole insu lhumero dextro
che gia raggiando tucto loccidente
mutauono bianco aspecto dicilestro
Et io facea conlombra piu rouente
parer la fiamma et pure a tanto indittio
uidio molte ombre andando poner mente:
Questa fu la cagione che diede initio
loro aparlar dime et cominciarsi
adir colui non par corpo fictitio.

d imostra inquesto. xxvi. canto la forma de proceder suo et dellanime: lequali andando per la fiamma et scontrandosi insieme si baciauono in bocca et dicieno parole inabominatione della luxuria. Et qui parla con messer Guido: elquale glimostra molti: et rende ragione delle parole che dicono PERLORLO per la extremita della cornice accio che non fussino offesi dalla fiamma VNO NANZI ALLALTRO: Perche debba precedere la ragione: et lappetito dipoi seguitare: Et sempre la ragione admonisce lappetito dicendo GVARDA. i. ua con riguardo et con circumspectione GIV VIA: quasi dica ua presto. Da adunque due precepti: che nellandare sia cauto et sia ueloce IO TISCALTRO. io tiscorgo et mostroti lauia et fotti pratico: Onde diciamo huomo scalterito quando e pratico et exercitato. IN SV LHVMERO DEXTRO: haueano uolto a man dextra et el sole che era uerso loccaso gictaua lombre inuerso elmonte: adunque feriua aman dextra RAGGIANDO: co razi ferendo: MVTAVA IN BIANCHO aspecto di cilestro: facea che la pte occidentale del cielo: laquale disua natura e/cilestra p laabbnodantia derazi solari diuentaua binacha Et certo sempre quella parte del cielo doue e/elcorpo solare si muta di cilestre in biancha. FACEA collombra piu rouente parer la fiamma; La fiamma scoperta alsole perde assai del suo colore rouente: elquale elatini chiamano candente et biancheggia: et quasi nonsi uede. Ma se si ricuopre da alchuna ombra in forma che elsole non latocchi diuenta piu efficace. Questo adunque era cagione che lombra didanthe facea che elfuoco era piu rouente. Onde lanime saccorgeano: che tale ombra ueniua da corpo sodo come e/lhumano: et non da lanime: che hanno corpo aero et fictitio che me poco disopa mostramo.

Poi uerso me quanto potean farsi
certi si fecion sempre con riguardo
dinon uscire onde non fussino arsi
O tu che uai per non esser piu tardo/
ma forse rimurente aglialtri dopo
rispondi adme chensete et infoco ardo.
Ne solo adme latua risposta e huopo
che tucti questi nhanno maggior sete
che dacqua fresca indo o etiopo
Dimmi chome e che fai dite parete
alsol come se tu non fussi ancora
di morte entrato dentro dalla rete

q VANTO POTEAN FARSI: Impero che non poteano uscire della fiamma: ma ueniuono insino allorlo di quella: et pero dice conriguardo di non uscire delluogo che non fussino arsi. Et dixe una di quelle: o tu elquale uai dopo glialtri: non perche tu sia piu tardo et lento di loro: Ma forse perche se piu riuerente. i. per portare loro riuerentia uai di drieto Et dimostra che lappetito elpiu delle uolte precede allaragione: se non negli huomini ben costumati: equali habbino lappetito ueloce: nientedimeno per riuerentia che portono alla ragione seguitano quella: et non lantecedano RISPONDI ADME CHE ardo insete et in foco Non puo nessuno essere in gran foco che non sia in gran sete. Quasi dica se inme che sono in tale arsione non e/molesto el parlare a te non debba esser molesto essendo fuor di pena: NE SOLO ADME: Dimostra che tale risposta sara non solo grata a se ma amolti CHE DACQVA fredda Indo o etiopo: Equali popoli perche sono molto propinqui alla torrida zona hanno insopportabili caldi: DIMMI CHOME e: Dimmi come interuiene che tu fai parete. i. muro alsole come se non fussi ancora morto et spogliato del corpo: ma hauessi humano corpo

Dimmi parlaua onde se et io mifora
gia manifesto sio non fussi atteso
ad altra nouita chapparue allhora
Che per lomezo delcammino acceso
uenne gente coluiso incontro aquesta
laqual mifece ammirar sospeso
Liueggio dogni parte farsi presta

h arebbe danthe risposto allanima che lo domandaua onde fussi: Mo cosa apparue di nuouo che gli uolse lanimo ase. Et questo fu che unaltra schiera danime uenendo in uerso questa si riscontro et facendosi incontro luna allaltra ciaschuna dquelle bacio una diqueste: ne perquesto si fermorono: ma seguitorono suo uiaggio contente abreuissima accoglienza: et nelpassare luna allaltra gridorono quegli che ueniuono sobdoma et gamorra

ciaſchunombra et baciarſi una conuna
ſanza reſtar contente abrieue feſta
Coſi per entro loro ſchera bruna
ſammuſa luna collaltra formica
forſe a ſpiar lor uia et lor fortuna
Toſto che parton laccoglienza amica
prima chel primo paſſo gli traſcorra
ſopra gridar ciaſchuna ſaffatica
Lanuoua gente ſobdoma et gamorra
et laltra nella uacca entro paſiphe
perchel torello aſua luxuria corra

et quegli che eron condanthe. Nella uacca entro paſiphe: che ſobdoma et gamorra profondaſſino pel deteſtibile peccato contro a natura dimoſtramo diſopra nelcanto quintodecimo dellonferno. Gridauano adunque lanime queſto in opbrobrio delloro conmeſſo peccato: et pertale grid- dannauono lauita loro paſſata: et ueniuano in maggior contritione: Et ſimilmente quegli che haueano uſato luzuria informa beſtiale gridauano inlor confuſione come paſiphe uſo colthero: laqual fauola narramo diſopra nel duodecimo canto dellonferno: Elbaciarſi in bocca ueniua da carita et pudica affectione. Et queſto faceano per penitentia de baci impudici et luxurioſi COSI PER ENTRo laſua ſchiera bruna. Fa comparatione da le formiche lequali portando lebiade alle loro cauerne quando luna ſiſcontra nellaltra ſammuſano. Habbiamo decto delle formiche in altro luogo. FORSE A SPIAR ben dixe forſe: perche e/ difficile conoſcere laffecto di quello animale che non loexprime conle parole

Poichome egru alle montagne riſe
uolaſſer parte et parte inuer larene
queſte delgiel quelle del ſole ſchiſe
Luna gente ſenua laltra ſenuene
et tornan lagrimando aprimi canti
et algridar che piu lor ſi conuiene.
Et accoſtarſi adme come dauanti
eſſi medesmi che mhauean pregato
attenti adaſcoltar ne lor ſembianti
Io che due uolte auea uiſto lor grato
incominciai o anime ſicure
dhauere quando che ſia dipace ſtato
Non ſon rimaſe acerbe ne mature
lelemembra mia di la ma ſon qui meco
col ſangue ſuo et colle ſue uincture
Quinci ſu uo pernon eſſer piu ciecho
donne diſopra che nacquiſta gratia
perchel mortale pel uoſtro mondo irecho
Ma ſe la uoſtra maggior uoglia ſatia
toſto diuenga ſichel ciel nalberghi
che pien damore et piu ampio ſiſpatia
Ditemi acciochancor carte ne uerghi
chi ſiete uoi et chi e/quella turba
che ſeneua dirieto auoſtri terghi

d opo le facte accoglienze luna pte ādo in giu et laltra in ſu come farebbono egru quando parte ne ueniſſino uerſo ſeptentrione: oue ſono emonti rifei: Et parte amezo di peroppoſita linea oue e/ lalybia harenoſa: Queſte che uolaſſino a mezodi fuggirebbono elfreddo: et laltre cheuolano aſeptentrione fuggirebbono elcaldo DVE VOLTE: Innanzi che ueniſſi la nuoua gente et la ſeconda alpreſente LORO GRATO. i. quello che alloro era grato. NON SON rimaſe le mie membra ne acerbe chome di chi muor gouane di morte acerba: ne mature chome dichi muore uecchio: et ineta matura. Et inſomma dice non eſſer anchora morto: Ma eſſer uenuto con lanima: et col corpo. QVINCI SV Vo per non eſſer piu cieco. Intendi de glocchi della mente Vo adunque perleuare letenebre della ignorantia et illuminarmi della luce della uerita. DONNA E Diſopra: Intendi Beatrice: della quale gia tanteuolte habbiamo decto laquale glacquiſta tale gratia che lui puo arrecare el mortale cioe el corpo. MA SE LA Voſtra maggior uogla laquale era di ſalire al cielo che era maggiore che quella che haueuano di parlare a Danthe EL CIELO che e/ pieno damore perche ue idio: et queſto e elcielo empireo. Onde dice piu ampio ſi ſpatia cioe e maggiore. Imperoche abbraccia glaltri noue inferiori al lui chome piu apertamente diremo nelſuo luogo DITEMI Chi ſete accioche ne uerghi carte: cioe che iololcriua Imperoche chi ſcriue uergha lecharte co uerſi neri delle lettere ET CHI e/ quella turba et moltitudine laquale ſeneua drieto auoſtri terghi cioe doſſi impero che in latino tergho ſignifica doſſo

Non altrimenti ſtupido ſiturba
lomontonaro et rimirando amuta
quando rozo et ſaluatico ſi inurba
Che ciaſcuna ombra fu inſua paruta

c home lhuomo montanaro et rozo elquale mai non uide citta mo to ſi marauigliaquando entrando in citta alchuna uede coſe mai piu non uedute SINNVRBA: entra incittaa/Imperoche elatini chiamano lacitta urbem Onde elpoeta ha decto inur

ma poiche furono distupore scarche
loqual neglialti chuori tosto satuta
Beato te che delle nostre marche
incomincio quel cheprta ne richiese
per morir meglio experientia inbarche
Lagente che non uien con noi ofese
dicio perche gia cesar trionphardo
regina contra se chiamar sintese
Pero sipartono sogdoma gridando
rimprouerando ase chome ai udito
et aiutan larsura uergognando
Nostro peccato fu hermaphrodito
ma perche non seruammo humana legge
seguendo chome bestie lapetito
Inopprobio dinoi per uoi silegge
quando partianci elnome dicolei
che sinbestio nelle inbestiate scegge

bare . i : entrare in turbe che e/ lacitta : SCAR CHE di stupore : scariche di quella marauiglia laquale haueua preso per uedermi uiuo NE GL IALTI chuori tosto satuta : Impero che chi e/ digrande ingegno et digrande animo presto dipone se alchuno stupore o / marauiglia lassalta BEATO te danthe elqual per morir meglio . i. io maggior gratia didio imbarchi experientia ne porti : experientia delle nostre marche de nostri paesi . LA GENTE che non uiene : Dimostra che lanime che non uanno con queste : ma uenendo alloncontro passon uia purgo no eluitio dellasogdomia elqual perche e/ contro anatura pero finge che uadino incontro a queste che usorono secondo natura : ma non chol suo no eldebito modo : et acciochе intenda che furon sogdomiti dice lanima offese dicio . i : diquel peccato PERCHE : pelquale Cesare triomphando udi chiamarsi regina Era roma licentia ne soldati quando ellor signiore triomphaua poterg li rimprouerare ogni uitio : et cesare perche in adolescetia militādo sobto Thermo questore insia fu da lui mandato aNicomede re diBithynia : fu doppinione che lui hauessi usato cesare inluogo di moglie : Il perche quando lui triompho della gallia esoldati che erono intorno alcarro triomphale gridauano cesare sa sottomesso lagallia . Et nicomede sottomesse cesare PERO SIPARTANO danoi gridando sogdoma et per questo rimpruouerano ase medesimi tal uitio acciochе piu sene uergognino et per tale uergognia meritino piu et cosi aiutano larsura. Imperoche quella che fa loncendio sispegne per questa penitentia NOSTRO peccato fu hermaphrodito. Stimo che inquesto luogo intenda hermaphroditi quegli : equali nelcoito benche non pechino contro anatura exercitano insi disonesti modi che quanto e/ in loro luno et laltro siporti quando come maschio et quando come femina informa che sipossono chiamare hermaphroditi. Ma acciochе meglio sintenda prima narrereno la fauola dipoi aggiugneremo la ragione naturale : Dimercurio et di uenere nacque un figliuolo elquale fu chiamato hermaphrodito dalnome dal padre et dellamadre. perche hermes ingrecosignifica Mercurio et aphrodite significa uenere. Questo uenuto aglianni dell agiouentu et arriuādo incaria aun fonte uitrouo Salmacis nipha : laquale presa del suo amore corse allui che gia sibagnaua nellafonte : Et uolendo elgiouane fuggir a labraccio pregando gli dii : che facessino che lui si potessi separare dallei . Furono exauditi esuoi prieghi et transfiguronronsi informa che didue diuenaorono uno ; Ma ritenne questo uno amendue e sexi : et cosi resto maschio et femina : et questo basti alla fauola. Ephisici uogliono chenella matrice della donna sieno tredici celle lesei : che sono adextra concepono maschio et sei dallasinistra femina : quella delmezo dicono che concepe elfeto colluno et collaltro sexo Altri dicon che nasce allora lhermaphrodito quādo nellacōceptiōe esse me delhuomo et elsangue delladonna sono dequale forza onde nelmedesimo feto ciaschuno pduce elsuo sexo : Ilperche uenendo poi questa creatura alleta perfecta puo usargli amendue. Questi tali huomini sono chiamati da greci Androgyni. i, maschifemine : perche inlor lingua chiamono elmaschio andra et la femina gynen : et e cauto in iure che ciascuno elegga qual sexo deba uuole et quel solo exerciti . Inafrica scriue plinio esser popoli decti Madye equali sempre nascono hermaphroditi et usano auicenda hor luno hor laltro sexo . Et Aristotele arroge che questi hanno lapoppa dextra dimaschio et lasinistra di femina MA PERCHE NON seruamo humana legge : liquale sempre uuole chelmaschio usi informa di maschio et come lanaturale legge delhuomo inuita . et lafemmina sempre patisca come femina : SE GVENDO CHOME BESTIE LAppetito ilche non debbe fare lhuomo : Ma e/ suo officio sempre seguitare laragione :

Hor sai nostri acti et diche fumo rei
se forse a nome uuoi saper chi semo
tempo non e dadire et non saprei
Farotti ben di me uolere scemo
son guido guinizelli et gia mi purgo
per ben dolermi prima challostremo

NOSRI ACTI equali furon luxuriosi ET DI CHE : peccato FVMO Rei : siano accusati : reo e/ laccusato Come actore e/ quello elquale accusa altri : TEMPO NON E / perche e/ tardi : et non saprei perche son molti et ame incogniti FAROTTI ben dime uolere scemo : faro chel uoler tuo di conoscermi sciemera fi satiera : perche telo lo diro SONO GVIDO guinizelli

Quali nella triſtitia dilicurgo
ſiter due figli arueder lamadre
tal mi fecio ma non a tanto inſurgo
Quandio odo nomar ſeſteſſo elpadre
mio et deglialtri miei miglior che mai
rima damore uſar alte et leggiadre
Et ſanza udire et dir penſoſo andai
lunga fiata rimirando lui
ne perlofuocho in lapiu mappreſſai

Coſtui fu noſtro cittadino et caualiere et ne ſuoi tempi auanzo tucti glialtri in rime toſcane : ET GIA mipurgo quaſi dica benche ſia poco tempo chio mori : nientedimeno io ſon gia nel purgatorio : et non ho hauto aſoprastare nellantipurgatorio et queſto e/ perche non fui molto negrigente al conuertirmi : Ma dolſ mi bene. i. con buona contritione : prima che alloſtremo. i. non mindugiai alloſtremo adolermi : ma dolſimi prima. QVALI NELLA triſtitia di Licurgo : SI fer duo figli : Ninferno narramo la fauola diſippyle et dilaſone hora arrogereno che poiche inlemno ſiſeppe lei hauer perdonato lauita alpadre et mandatolo nellifola dichio fuggi elfurore femineo et mando e figliuoli a Thoante ſuo padre. Ma lei preſa da corſali fu uenduta alycurgo re dinemea et dalui gli fucommeſſa lacura dun ſuo piccol figliuolino chiamato Archemoro dopo lamorte : Ma prima ophelte : Paſſaua inque tempi Adraſto et glialtri ſepte regi con lexercito et eſſendo uexati da molta ſete Iſippile moſtro loro lafonte decta langia : et inquel mezo ophelte laſciato dallei addormento in unprato fu ucciſo da un ſerpente. Corſe al caſo Lycurgo et uolea uccidere iſippyle : Ma e due ſuo figliuoli : equali di proximo erono uenuti a Lycurgo cercando lamadre udendo quella lamentarſi delle ſua infelicita. Et nominare lemno et Thoante lariconobbono et abbracciandola la ſaluorono TAL MIFECIO : ditanta letitia fui ripieno MA NON A tanto inſurgo non mi inalzo et diſtendo a tanto a quanto ſi diſteſono efigliuoli diſyppile : Inperoch eſſi corſono adabbracciar lamadre, Ma io non andai ad abbracciar Guido : perche era nel fuoco : Et queſto letitia mi preſe quando ODO ELPADRE nominar ſeſteſſo. i. quando udi che guido ſi nomino : elquale perche fu preceptor ſuo et di moltaltri neldire in rima lonomina padre ſuo : et deglialtri miglior di ſe Che : equali MAI : peralchun tempo uſaro rime leggiadre dolce et damore PENSOSO ANDAI. Vuol dimoſtrare che penſaua : che ſi docto huomo fuſſi caduto in tale uitio : et portaua compaſſione alla humana fragilita.

Poihce diriguardar paſciuto fui
tucto mofferſi prompto alſuo ſeruigio
collaffermar che fa crederaltrui
Et egli ame tu laſci tal ueſtigio
per quel chiodo inme et tanto chiaro
che lethe nol puo torre ne far bigio
Ma ſe le tuo parole hor uer giuraro
dimmi che e/ cagion che tu dimoſtri
nel dire et nel guardar dhauermi caro
Et io allui edolci decti uoſtri
che quanto durera luſo moderno
faranno caro ancor li uoſtri inchioſtri

i o mofferſi a guido CON LAFERMARE che fa credere : col giuramento. Et egli a me riſpoſe o danthe tu laſci tal ueſtigio et ſegni di beniuolentia in me cioe inuerſo dime : PER QVEL chiodo date alpreſente che lethe elqual fiume induce obliuione nol puo torre : non mel puo fare dimēticare NE FAR bigo ne farlo obſcurare di lethe direno nelſuo luogo : DIMMI quel che cagion dimmiche e/ lacagion che tu dimoſtri nel dirmi et nel guardarmi HAVERMI caro : amarmi ET IO danthe glirispoſi EVOSTRI dolci decti el uoſtro dolce ſtilo in rima e/ cagione che io tiami CHE : equali decti FARANNO cari : gratioſi. ELORO inchioſtri : elibri ſcripti datale ſtilo. QVANTO durera luſo moderno. Quanto durera lalingua che alpreſente uſiamo et loſtilo delle rime

O frate dixe queſti chio ti cerno
coldito et addito coldito innanzi
fu miglior fabbro delparlar materno
Verſi damore et proſe diromanzi
ſouerchio tucti et laſcia dir gli ſtolti
che quel di lemoſi credon cauanzi
A uoce piu chauer drizano euolti
et coſi ferman ſua opinione
prima chaltra ragion per lor ſaſcolti

c ERNO dimoſtro FABRO : compoſitore Coſtui fu Arnaldo diprouenza molto lodato et approuato inrime diquella lingua elquale eſſendo nella ſua ſenectu oppreſſo da pouerta ſcripſe una morale collaquale dal re difrancia et dinghilterra hebbe aſſai pecunia. Coſtui afferma elpetrarcha hauere imitato in molti luoghi. Quel dilemoſi non pone el nome : Ma nominalo dalla patria ſua che e/ infrancia. COSI fer molti antichi diguittone : Coſtui fu frate guittone darezo delquale gia habbiamo facto mentione

Cosi fer molti antichi di guittone
di grido ingrido pur lui dando inpregio
finche lha uinto eluer conpiu persone
Hor se tu hai si amplo priuilegio
che lecito tisia andarealchiostro
nelquale e/christo abate delcollegio
Fagli perme un dir dum paternostro
quanto bisoga anoi diquesto mondo
doue poter peeccar non e piu nostro
Poi forse per dar luogo altrui secondo
che presso hauea disparue per losuoco
come per acqua pesce andando alfondo
Io misei almostrato inanzi un pocho
et dixe chal suo nome elmio disire
apparechiaua gratioso locho
Elcominciò libera mente ad dire
tant mabelis uotre cortois doman
chieo non pusch ne uuogl ad uos cobrire
Iesuis barnauld que plor et uo cantan
con si tost uei laspassada follor
e uers giausen le iour que sper denan
Ara uus preu per achella ualor
que nous guida au som della scalina
souuiegna uous atemps de ma dolor
po saccolsee nelfuoco che glassina

SI AMPLO priuilegio et certo e/grã priuilegi opotere innanzi lamorte andare alchiostro intẽ di del cielo NELQVALE e/ cristo abate del collegio. Optima similitudine: perche Cristo ha sempre dignita sacerdotale. FAGLI per me uhdir dunpaternostro: Fa che cristo oda un paternostrò perme. i. perla mia salute Et non intero insino aquãto bisogna anoi dipurgatoro aquali perche non possiano piu peccare non bisogna dire et nenos inducas intentationem. Gli altri uersi chiudono el capitolo: Ne uiriricerca alchuna expositione. Scrisse questiuersi el poëta parte inlingua franzese: et parte in catelana p che arnaldo era docto nelluna et nellaltra lingua Ma interpretansi ĩquesto modo: Tanto mi piace uostra cortese domanda Chio non pisso ne uoglio aoui coprire Io sono Arnaldo che piango et uo cantando inquesto rosso guado lapassata follia Et uegho dinanzi ame elgiorno chio spero Hora uipriego per quel ualore Che uiguida al somo di questo caldo Che uiricordi a tempo del mio dolore

CANTO XXVII DELLA SECONDA CANTICA DI DANTHE

S ichome quando eprimi raggi uibra
a doue el suo factore el sangue sparse
cadendo hibero sotto lalta libra
En londe in gange dinuouo riarse
si staua elsole ondel giorno sengiua
quando langel didio lieto ciaparse
Fuor della fiamma staua insu lariua
et cantaua baeati mundo corde
inuoce assai piu che lanostra uiua
Posca piu non siua se pria non morde
anime sancte elfoco entrate inesso
et alcantar dila non siate sorde
Sidixe poiche noi glisumo appresso
perchio diuenni tal quandio lontesi
quale e/ colui che nella fossa e/ messo
Insu lemani commesse miprotesi
guardando elfoco enmaginando forte
humani corpi gia ueduti accesi

I n questo xxvii canto lauctore passa lafiamma del fuoco et arriua al paradiso delitiarū E/distinta questa cantica informache eprimi octo capitoli contenghano lantipurgatorio doue sopra stanno enegligenti . Dipoi insino aquesto uigesimo septimo canto ha descripto esepte gyroni del purgatorio et lepene desepte mortali delicti. Hora nel resto della cantica si pro pone a discriuere el post purgatorio nelquale pone elparadiso delle delitie SICOME QVANDO e primi raggi uibra : Dimostra che nel superiore emisperio cominciaua aesser di nel segno dellariete : Et nellaltro si facea nocte nel segno dellalibra : QVANDO e primi raggi uibra : cice contr ucuc : LA DOVE elsuo factore Et per questo dimostra el nostro emisperio nelquale e hierusalem doue christo pati : ONDELGIORNO sengiua Intendi dallemisperio doue era danthe : Imperoche surgēdo el sole nel nostro conueniua che si partissi da quellaltro : QVANDO LANGEL DI dio : Sempre per una medesima gratia si piglia langelo in questi septe gyroni delpurgatorio .LIETO : Benche in ogni parte arrechi letitia la diuina gratia : Niente dimeno molto ad parisce qui tal letitia essendo gia condocti alfine della purgatione BEATI mundo corde : perche inuero essendo questo lultimo girone chi esce diquesto e purgato dogni chosa INVOCE assai piu che lanostra uiua . i . inuoce assai piu uiua che lanostra Etcerto e/ piu uiua et ha piu efficacia la uoce dellagratia chella uoce humana : POSCIA piu non siua Queste sono leparole che uso langelo dicendo o anime sancte poscia dopo questo non siua piu auante se prima el foco non uimorde : Ilperche entrate in quello ; PER CHIO diuenni tale : Dice che non altro colore fu in lui che sia in un morto quando si sotterra : Dimostra danthe temere entrare in queste fiamme et non ha mai temuto neglialtri gyroni : Ilche tacitamente dinota che lui non hauea quasi ariceuere altra pena che questa che era contro alpeccato della carne : ISNV LEMANI commesse mi Protesi : Feci tal gesto qual fa chi ha gran dolore che si committe le mani intessendo lun dito con laltro et distesimi quasi rouescirndomi indrieto et immaginatuo meco medesimo quello che ad uiene aun corpo humano messo nelfuocho.

Volsorsi inuerso me lebuone scorte
et uirgilio midixe figliuol mio
qui puote esser tormento ma non morte
Ricorditi ricorditi se io
sopra esso gerion tiguidai saluo
che farchor che son piu presso addio
Credi per certo che se drento allaluo
diquesta fiamma stessi ben mille anni
non ti potrebbe fare dun capel caluo
Et se tu credi forse chiotinganni
fatti uer lei et fatti far credenza
colle tue man allembo detuo panni
Pon giu homai pongiu ogni temenza
uolgitinqua et uien mecho sichuro
et io pur fermo contro acoscientia

u OLSORSI INVERSO ME : Nessuna migiore scorta e/ a guidar sicuro lhuomo che non perisca neluitio che la ragione et la cognitione della theologia ET VIRGILIO : cioe laragione ladmonisce dicendo QVI PVOesser tormēto Imperoche doue si purgano e peccati non ue dannatione : Ma euui eltormento cheleua le macchie et riduce a felice uita : RICORDITI ricorditi se io : Vsa conduplicatione : Ma conciliarsi maggior fede SOPRESSO GERIONE Ilche exponemo nel xvii . canto dellonferno CHE FARO ora piu presso addio : E piu presso adio . i . e/ molto meno remoto dadio chi ha peccato perfragilita come e elpeccato della carne che non era gerione doue e/elpeccato permalitia : Se adunque ti pote liberare dal maggiore posto tra dannati molto maggiormente tiliberro dalminore posto tra salui SE DRENTO ALALVO . i . dentro aluentre quasi nel centro depsa fiamma ; perche sua natura e / purgare et non consumare : ET

SE TV CREDI forse chio tinganni : Interuiene spesso che benche laragione dimostri chose uere alsenso niente dimeno nongli persuade Adunque e/ necessario che uintertenga la experientia Voloua adunque Virgilio che lui piglassi ellembo de suoi panni et mettessilo nella fiamma ; et sarebbe chiaro che tal fiamma non consuma Et allegericamente deimostra che qualunche e/ in alchuna grande purbatione Et da altra parte la ragione gli persuade ; che quello che gli porge la pturbatione sia falso debbe sempre far pruoua di quello che gli decta laragione prima che dallei si parta : ET IO PVR FERMA perseuerando nel mio proposito di non uolere andare CONTRO ACONSCIENTIA perche quella mi rimordeua chio non obediuo auirgilio et non gli credeuo hauendomi lui sempre condocto saluo

Quando mi uide star pur fermo et duro
turbato unpocho dixe hor uedi figlio
tra beatrice et te e/ questo muro
Comalnome ditisbe aperse elciglio
pyrramo insu lamorte : et riguardolla
allhor chelgelso diueuento uermiglio
Cosi lamia durezza facta solla
mi uolsi alsauio duca udendo elnome
che nellamente sempre mirampolla
Onde crollo la fronte et disse chome
uolenci star di qua/ inde sorrise
come alfanciul sifa che giunto alpome
Poi drento alfoco innanzi misi mise
pregando statio che uenissi drieto
che pria per lungastrada ci diuise

q VANDO MI VIDE : pone qual debbe esser lusicio del docto preceptpre inuerso el discepolo in obbediente non per contumacia : ma per paura Imperoche debba ueramente ricordarsi elfine elquale lui ha gia proposto nella mēte et dimostragli che uolendo arriuare non sia altra uia TVRBATO un pocho debbesi turbare elpreceptore quādo uede eldiscepolo inobbediente per checon quella per turbatione laccende : ma non debba essere troppa tale per turbatione perche lo potrebbe con disperatione confermare nella contumacia FIGLO p questo nome dimostra che ogni cosa alla quale lui lo uuole indurre nasce da affectione che gliporta TRABEATRICE et te : Dimostra che essendo el suo fine andare a beatrice non e / possibile che uarriui se non passa perlafiamma laquale lodiuide da lei ; Et certamente essendo dante cupidissimo diuedere beatrice laquale diremo da principio essere la theologia et lacognitione delle diuine chose non potea quella apprendere se prima non purgaua se deluitio della luxuria come gia purgato hauea glialtri COMALNOME di Tisbe : Pyarmo et tisbe furono di babylonia bellissimi et dismisurato amore insieme collegati : Ma non potendo pyrramo hauere copia della fanciulla si composono di nocte furtiua mente uscire della citta : et ritrouarsioue era la sepultura di nino : Interuenne che tisbe come piu percossa dallamore arriuo prima alluogo che pyrramo Ma uedendo una lionessa che ueniua abere auna fonte uicina a lei subito fuggi et nascosesi per paura della fiera gli cadde un uelo che portaua incapo Trouollo la lionessa et stracciollo et in sanguinollo perche poco auanti sera pasciuta difiere prese et hauea lordo elmuso di sangue : Venne poco dopo lapartita dellalionessa pyrramo et riconoscendo eluelo si persuase che tisbe fussi diuorata Et tanto dolor ne prese : et in tanta disperatione ne uenne che col proprio coltello si feri di mortal piagha Torno tisbe et uedendolo intale stato gridando diceua rispondi alla tua tisbe Elchuinome tanta forza hebbe appresso dellamante che benche fussi oppresso dalla morte pure aperse gliochi per uedere la chosa tanto amata da se Tisbe colmedesimo coltello pose fine alla uita et aldolore : Et arrogonoalla fauola che un gelso sotto elquale pyrramo succise hauendo prima le gelse bianche prese colore dalsangue Et dipoi sempre fece le gelse nere Adunque cosi si rallegro danthe intanta sua perturbatione al nome di Beatrice : come pyrramo alnome ditisbe Durezza facta SOLLA . i. soffice et non strecta ma rarefacta Et diquesto nome solla habbiano altroue posta la expositione VDENDO elnome. i. di beatrice CHE sempre mi rampolla. i. sempre surge chome diciano rampollar lacqua quando surge da terra ONDE crollo lafronte non minacciando ma asseuerando ET DIXE come uolenci star diqua Quasi dica habbiamo noi durato tanta fatica et nello scendere allonfernoet nel salire al purgatorio per uolere rimanere di qua dal luogo che contiene beatrice INDI sorise modestamente Ride elsauio quando uede hauere commosso lhuomo non prudenteCHOME al fancaul sifa che giunto al pome Spesso interuiene chel fanciullo ricusa uenire o ubbidire per fuggir fatica ma se glie mostro o mela o pera o altro pome ua et ubbidisce POIDrento alfuocho : di mostra che prima entrassi nel fuoco Virgilio che danthe : perche laragione exornata di morale philosophia basta a guidare lhuomo alla purgatione : et penitentia de peccati . Ma niente dimeno e necesserio che statio stia in luogo che non lasci tornare indrieto anzi lo purga innanzi : Ilche e/ maximamente oficio dintellecto illustrato da cristiana reli gione

Chome fu fu drento inum bollente uetro
gittato misarei per in frescarmi
tanto era iui loncendio sanza metro

c OME fu drento. i. nella fiamma senti tanto caldo che io mi sarei gittato neluetro che bolle nella fornace perche harei creduto che quello luogo fussi stato fresco acomparatione della fiam

Lodolce padre mio per confortarmi
pur di beatrice ragionando andaua
dicendo gliochi sua gia ueder parmi
Guidauaci una uoce che cantaua
dila et noi atenti pure allei
uenimmo insino la oue simontaua
Venite beneditti patris mei
sono drento aun lume che li era
tal che mi uinse et guardar nol potei
Losol senua soggunse et uien lasera
non ua restate ma studiate elpasso
mentre che loccidente non sannera

ma: Adunque uuole inferire quella essere stata arrisione smisurata et pero dice incendio sanza metro. i. sanza misura: perche ingreco metron significa misura ELDOLCE padre: Dimostra che uolendo laragione confortare lasensualita ardente nello incendio della libidine gli ragiona di beatrice: perche nessuna chosa e/che piu spenga lardore delle carnali cupedita che e/parlare conbeatrce. i. delle ragioni colle quali la sacra theologia dimostra ogni carnale piacere essere dannoso alle anime nostre lequali solamente si debbono pascere della contemplatione delleçose diuine onde risulta sommo gaudio DICENDO gliochi suoi: Gliochi della theologia sono lacutissime speculationi inuestigate da gliacutissimi ingegni dedoctissimi theologi: lequali cose a se tirono glianimi nostri: come gliochi dibella donna allectono et attraggono ase lamente dichi lama GVIDAVACI una boce che cantaua dila. i. dalla fiamma: Imperoche non uessendo uia ne lume noi facauamo come chi ua dinocte che non uedendo lauia seguita o uoce o suono che sente attenti uenimo dila dallafiamma insino allafine del gyrone doue era lascala che montaua su Et quiui era uno angelo tanto splendido che raguardandolo mi uinceua et abbagliaua la uista informa che non o poteuo guardare Da questo angelo uscirono le parole che matheo euangelista pone che dira cristo nelultimo giudicio uolgendosi aglelecti dicendo Venite benedicti patris mei Allegoricamente nelluscire dell'ultima purgattione et rimanere absolutamente inmaculato non si puo peruia didiscorso dintellecto Ne uestigio dumana ragione: Ma sola mente si seguita gratia: Et essa sola citrahe di queste ultime fiamme LO SOL senua soggiunse et uien la sera: Vassene eldi et uien la nocte Inquesto mondo eldi significa eltempo della gratia nelquale possiamo meritare: La nocte e eltempo dopo lamorte nelquale le nostre operationi sono disattissfacimento ma non di meritos peroche inpurgatorio sattisfaciamo a peccati tommessi Ma non acquistiamo nemeritiano dinuouo ma giouano loro loperatione facte initita et pero finge che inpurgatorio non si puo montare senon el di: Pone preterea che quattro di et tre nocti consumo incercare elpurgatorio Elprimo di descriue nel canto secondo Gia era elsole nelloriazonte giunto El secondo nel canto nono La concubina di tithone antico El terzo nel canto. xviiii. Simile uai: El quarto nel canto xxiii. Et gia per glisplendori antelucani: Et questo quarto basto a ricercare elparadiso terrestre: Ne fa mentione della nocte che segui questo di: Adunque inqusto luogo approximandosi la terza nocte laquale antecedeua elquarto giorno langelo gli sollecita

Dricta salia la uia per entro elsaxo
uerso tal parte chio toglea eraggi
dinanzi ad medel sol che era gia basso
Et dipochi scaglioni leuamo esaggi
chel sol colcar per lombra chesispense
sentimmi drieto et io et limieisaggi
Et priachen tutte lesua parte inmense
fussi orizonte fatto duno aspecto
etnocte hauessi tutte sue dispense
Ciaschuno dinoi dun grado fece lecto
che lanatura delmonte cinfranse
laposssa delsalire piu cheldilecto

Dimostra che lauia saliua adirittura et inuerso leuante Impero che essendo el sole inoccidente et apparendo lombra di chi saliua dinanzi asuoi occhi Et pero dice uerso tal parte chio togli euo eraggi dinanzi ame delsole cheragia basso Conobbe elsole essere ito sotto: quando non uidepi lombra sua Finge adunque che lasalita da questo septimo balzo al paradiso terrestre fussi per una ripa disaxo et in quella fussi scala facta discarpello laqual salissi per un uallone: sale a leuante chi sale allostato della innocentia: chi sale alla uerita etchi sale alla felicita. Era la salita adirittura: Il che sempre significa uirtu come el torto significa uitio: era erta perchel fine delhuomo e/ posto in alto ne uisi ua sanza salire peroche noi celeuiamo dalle cose terrene allecelesti Ha gliscaglioni perche non siua sanza distintione di gradi di uirtu Ilche gia i piu luoghi habbiano dimostro Et sono egradi per forza discarpello perche non sanza difficulta sacquista tal salita et sono egradi in sulmasso: perche lanimo purgatoet gia confermato et constabilito inessa uirtu et ha facto tal fondamento che non puo piu rouinare in basso ET DI POCHI Scaglioni leuamo esaggi dipochi scaglioni experientia. i. pochi scaglioni erauan montati quando senti elsole colcarsi non per che louedessi essendomi drieto alle spalle ma perche uidi spegnere et uenir meno lamia ombra Possiamo ripetere in questo luogo lallegoria gia posta deldi et della nocte nel purgatoro. ET PRIA chen tutte lesue parti pria che orizonte fussi facto tutto duno aspecto. i. fussi facto scuro intutte lesue inmense cioe smisurate parte et e/ la sententia prima chel giorno fussi in tucto partito CIASCHVN di noi dungrado fece lecto. i. ciaschun si pose adiacere nello scaglione nel quale si ritrouaua: perchela natura del monte laquale e/ che dinocte non si possa salire CIAFFRANSE. i. ci ruppe la possa la potentia et el dilecto: quasi dica noi potauamo salire: et prendauanne dilecto; ma lanocte citolse luno etlaltro: Non obstante chefussino purgati da ogni macula niente dimeno non era altucto leuata ogni tenebra dignorantia Ilperche tanto che passassi lanocte fu necessario posarsi: Ma in sul saxo cosa ferma etstabile et in sul grado della scala. Questo significa che se dopo la purgatione ci resta ancora alchuna ignorantia non puo pero torci dal nostro proposito nel quale ci siamo stabiliti Et benche non cilasci montare. i. procedere auanti: Mi sia necessario fermarsi: Niente di meno nonci rimuoue dalla uera uia chome interuenne quando sordello gimeno nella ualle: Adunque lanocte fece quiui che noi non solamente ci fermassimo: ma ancora declinassimo dalla uia: Qui solamente ci ferma Ma non ci torce dalla dricta uia.

Quali sistanno ruminando manse
le capre state rapide etproterue
sopra lecime innanzi che sien pranse
Tacite allombra mentre chel sol ferue
guardate dal pastor chensulla uerga
poggiato se et lor diposa serue
Et quale elmandrian che fuora abberga
lungol peculio et quieto pernocta
guardando perche fiera non losperga
Tali erauamo tutti et tre allocta
io come capra et ei come pastori
fasciati quinci etquindi dalla grotta
Poco poteaparer locielo di fora
ma perquel pocouedemmo lestelle
dilor solere etpiu chiare et maggiori

Come le capre lequali prima erono rapaci et sanza alchuno riguardo nel pascere quando hanno pasciuto uenendo el mezo di si riducono allombra et quiui manse cioe mansuete sistanno RVMINANDO rugumando: et elpastore appoggiato alla sua uerga leguarda: O ueramente come elmandriano. i. el pastore della mandria PERNOCTA. i. alberga lanocte lungo la mandria guardandola dalle fiere che non la scaccino tali erauamo noi tre: io capra perche ero guardato: essi pastori pche miguardauono. Dimostra che la sensualita posta tra questi due poeti e/ sempre sicura dalloncorso dogni fiera. i. dal uitio POCO POTEA parere el ciel di fora: lasententia e/ questa che loro erono sinella profondita deluallone che non poteano uedere altra parte delcielo che quella che haueano sopra capo: ma pure in quella uedeuono lestelle et maggiori et piu chiare diloro solere. i. che non soleano ueder si neluoghi piubassi peroche lecose celesti tanto piu apparisconо maggiori quanto piu eleuiamo lamente a quelle

Finge in questo luogo lauctore che in mentreche con marauiglia ragguardaua lestelle aun medesimo tempo fu preso dal sonno et dal sogno elquale glannuntio quello cheldi seguente douea uedere. CHE SOVENTE elquale sogno spesse uolte SA LENOVELLE ha lannuntio Dipoi descriue el tempo nelquale hebbi tal uisione dicendo che fu nella prima hora che citharea raggio. i. risplende nelloriente. i. nel tempo che Venere poco auanti al sole nasce inorieta. Lacagione perche uenere sia o preuia o subsequente compoco interuallo al sole e/ gia scripta dipoi dimostra che la uisione fu: che gli pareua che una giouane et belladonna andassi per una landa per un prato laqual dicea io sono lya laquale uo mouendo le mani intorno et exercitandole per farmi ghyrlanda et addornomi allo specchio Perchenella prima cantica quando accadde dimostramo come p lya sintende lauita actiua et per rachel la contemplatiua non ripetero alpresente quello che gia e decto: ma in questo luogo stimo ponga Lya per dinotare che lhuomo gia purgato dauitii sexerciti nelparadiso terrestre cioe nellamortale uita: nella uita actiua secondo le uirtu ciuili: et secondo la christiana religione in forma che essendo stato buono cittadino in questa hierusalem citta terrena possiamo salire a hierusalem citta superna doue non e/ lya ma rachel. i. lauita contemplatiua per la quale con ceruarii et aquilini ochi potremo nelprimo

Si ammirando et rimirando quelle
miprese elsonno elsogno che souente
anzi chel facto sia sa le nouelle
Nellora credo che delloriente
prima raggio nelmonte cithirea
che difoco damor par sempre ardente
Giouane et bella insogno mi parea
donna ueder andar per una lande
cogliendo fiori etcantando dicea
Sappia qualunche elmio nome domanda
chio mi son lya et uo mouendo intorno
le belle mani a farmi una ghyrlanda
Qui per piacermi allospechio maddorno
ma mia suora rachel mai non sismaga
dalsuo miraglio et siede tuctolgiorno
Elle co suo begliocchi ueder uaga

chomio delladdornarmi conle mani
lei eluedere et me loprnare appagha

fonte et spechio uedere et conoscere et intendere lasomma uerita et intendendola fruirla: Induce adunque e Lya laquale exercita le mani. i. si trauaglia nelle operationi perche lauirtu actiua con sistein quelle: Et elsuo fine e/ elgiusto: Et Rachele exercita gliocchi perche e/ tucta posta nella congitione Ne e/ da preter mettere che pone questo paradiso per lo stato della innocentia Il perche non si puo trouare senon dopo elpurgatoreo preterea non si discorda damolti theologi equali lopongono nemonti che questo paradiso sia si dimostra pel genesi: Plantauerat autēdomins paradisū uoluptatis inprincipio in quo posuit hominem quem formauerat: Produxitque dominus deus dehumo omnem lignū pulchrū uisu et ad uescendu suaue lignum etiam uite in medio paradisi: lignumque scientie boni et mali: Et recta mente pone la uita actiua inquesto paradeso: perche poco disotto dice Tulit ergo dominus deus hominem et posuit eum in paradiso uoluptatis ut operaretur: Et custodiret illum pose adunque dio lhuomo perche operassi et exercitassi alla custodia di quello Il che e/ proprio oficio della uita actiua: per laqual cosa meritamente muoue lemani lya per questo prato et hornasi difiori equali sono begli et producano fructo. Sono efiori le uirtu dellequali nessuna cosa e/ piu bella: ne produce miglior fructo: Alchuni comentatori delgenesi uogliono chel monte del purgatorio sinnalzassi insino alcerchio della luna Vgo dasan uictore scriue che e santi huomini uogliono che questo paradiso sia nelle parti orientali: et luogo si alto che lacque del diluuio non ui potessino arriuare: Laquinate scriue che el paradiso e/ nella dextra parte doriente quando aristotele nellibro decelo et mundo pone che ladextra sia sempre piu nobile che lasinistra. Et aggiugne che e/ separata danoi peralchuni impedimenti o dimonti o dimari odi regione in habitabili pel caldo: Elgenesi uipone un fiume: elquale lo bagni et questo dipoi si diuide in quattro Elprimo Phison elquale circunda tucta laregione decta Euilath doue nasce loro Et truouasi el bdelio et la pietra decta onychina El secondo e/ gyon elquale circunda lethiopia Eltertio e/ Tygris che uiene a gliassyrii. Elquarto e/ Euphrate

Et gia perglisplendori antelucani
che tanto aperegrini surgono piu grati
quanto tornando albergan men lontani
Le tenebre fugean datucti elati
elsonno mio con esse ondio leuami
uedendo e gran maestri gia leuati
Quel dolce pomo che per tanti rami
cercando ua la cura de mortali
oggi porra inpace le tue fami
Virgilio inuerso me queste cotali
parole uso et mai non furno strenne
che fusser dipiacere aqueste equali
Tanto uoler sopra uoler mi uenne
dellesser su chaogni passo poi
al uolo mi senti crescer le penne

d iscriue lauenimento del giorno dicendo che per glisplendori antelucani. i. per lo splendore che apparisce innanzi che la luce del sole demonti lanocte che fa tenebre fuggiua da ogni parte del cielo Et aun tracto sendandata la nocte et ilsegno mio co quella VEDENDO e gran maestri gia leuati Adinotare che chome nelle cose uoluptuose et terrene elsenso si desta innanzi alla ragione cosi perloppolito nellecose uirtuose laragione precede QVEL DOLCE POMO Induce che uirgilio gli predice lasua felicita et sommo bene et per translatione lochiama dolce pomo Imperoche come el cultore degli alberi diriza ogni sua opera et fatica et industria allultimo fine che e/ elfructo dellalbero Cosi glihuomini per niente altro saffaticano se non per arriuare alsommo bene: Onde la uita humana et ciuile habet officia et fines. Chiamalo dolce perche niente e/ piu soaue che conseguire elfineche ciproponghiamo: pelquale acquistare sopportiamo molto amaro Non e/ adunque quel pome che gusto eua elquale fu dolce algusto et alla salute amaro Ma e/ un dolce dopo elquale mai nasce alchuno amaro PER TANTI RAMI. i. per tante uie: Le quali cosi sono molte come nel regno del padre etherno sono molte mansioni PORRA in pace le tuo fami. i. satieralle: Et questa differentia e/ tra lafelicita humana et letherna che lhumana perche e/ finita non puo satiare lanimo che e/ infinito: Ma satialo idio bene infinito ET MAI non furno strenne. i. doni Strēne inlingua lōbarda significano mancie Vuole adunque inferire che nessuna nouella et annuntiatione decte mai adalchuno tanto piacere quanto ame queste Il perche alla prima sua uoglia del salire tanto saccrebbe che aogni passo sisentiua crescer ele denne. i. leuirtu

Chome lascalatuta sotto noi
fu corsa et in sulgrado superno
inme ficho uirgilio gliocchi suoi
Et dixe eltenporal fuoco eleterno

f alirno lascala laqual monta dal septimo gyrone alparaa diso terrestre Et inquesto modo habbiamo ueduto che danthe scendendo allenferno. i. cognitione deuitii Et salendo al purgatorio. i. purgandosi daquegli et uenuti alparadiso ter

ueduto hai figlo et ſe uenuto inparte
douio perme piu oltre non diſcreno
Tracto tho qui con ingegno et conarte
lo tuo piacere omai prendi perduce
fuor ſe dellerte uie fuorſe dellarcte
Vedil ſole chenla fronte ti riluce
uedi lherbetta efiori et glalbuſcegli
che qui laterra ſol da ſeproduce
Mentre che uengon lieti gliocchi belli
che lacrimando ate uenneninferno
ſeder ti puoi et puoi andar tra elli
Non aſpectar mie dire piu ne mie cenno
libero dricto et ſano e tuo arbitrio
et fallofora non fare aſuo ſenno
Perchio te ſopra te corono et mitrio

reſtre pelquale intendiamo loſtato del'air.nccētia
Hora tornando al teſto come laſcata che ſale dal
ſettimo gyrone alparadiſo terreſtre fu corſa ſot
tonoi laſalimo et fummo in ſu grado ſuperno
et ſourano uirgilio ficco gliocchi ſuoi in me. i.
fiſo miriguardo ; Ilche dinota che la ragione ſi
fermo nellaſenſualita et quella illuſtro et illumi
no della ſua luce; informa che perladuenire non
fa meſtiero che uirgilio guidi danthe. i. che lap
petitoaſpecti eſſer guidato dalla rogione. Impe
ro che eſſendo unito con quella puo andare per
ſe medeſimo et non puo errare lauia; perche il
lume della ragione elquale inlui riſplende gli ma
nifeſta elbene et elmale; Ilperche poſſiamo dire
che lappetito nellhuomo e inuarii modi; Impero
che alchuna uolta e altucto repugnante allaragio
ne alchuna uolta ſubbidiſce quaſi conſtrecto; al
chuna uolta benche uolentieri ; Nientedimeno
ſpeſſo declina et uacilla; Ma quando dopo lhabito
facto della uirtu e/unito altutto collintellectoet daquello et dalla diuina gratia illuſtrato; et quaſi con
fermato ingratia non ha altra guida che elſuo libero arbitrio et quello optima mente lo conduce; Hora
tornando alla expoſitione del preſente texto Finge optimamente che uirgilio gidice hauergli moſtro el
fuoco temporale che e'inpurgatorio doue le pene ſonoatēpo; Et letherno et queſto c/nellonferno doue
eſupplicii ſono etherni; Imperoche queſte due coſe cioe la cognitione de uitii dequali chi fa habito rima
ne in etherna miſeria; et lapurgatione che da quegli cipuo mondare; et puo cognoſcere lhuomo per ra
gioni naturali et ſcientia philoſophica ſignificata per uirgilio. Ma non puo uirgilio moſtrargli piu auan
ti perche quello che ſegue; et del paradiſo terreſtre e della beatitudine et della diuinita non baſta naturale
doctrino Ma guidaci laſancta theolologia piu con fede che con natrrale ragione Adunque rectamente di
ce uirgilio ET SE uenuto inparte doue io perme piu oltre non diſcerno ; Quaſi dica che benche a tali
cognitione ſia neceſſario la naturale ragione; nientedimeno eſſa perſe medeſima non puo ſanza latheolo
gia procedere TRACTO TO QVI; Ben dixe tracto. i. tirato; Imperoche alla ſpeculatione delle gran
coſe lappetito non uiene perſemedeſimo ſe non e/tirato dalla ragione coningegno et conarte Qualunche
coſa lhuomo intende e/ o per ingegno naturale; onde noi dician conoſcere o arte. i. doctrina onde dicia
mo imparare LO TVO piacere homai prendi perduce; Innanzi allapurgatione enoſtri piaceri et uolup
ta uengono dallo amore delle coſe terrene qualunque quegli ſeguita ua aſomma miſeria ; Ma dopo lani
mo purgato perche neſſuno piacere reſta ſe non delle coſe ueramente buone perche ſono etherne et diui
ne chi quelle ſeguita ueramente e/beato FVOR SE dellerte uieefuor ſe dellarcte. i. delle ſtrecte uie per
che entrato nel terzo generedelle uirtu dellanimo gia purgato Nel quale non ſolamente non e difficile
uiuere ſecondola uirtu; Ma e/ ſomma uolupta VEDIL SOLEchen la fronte tiriluce ; perche gia era
leuatolſole et riguardando lui loriente erazi gli feriuano nella fronte Et allegorice eſſendo gia mondo da
peccati cominciaua ariſplendere inlui ladiuina gratia et la uerita delle coſe laquale gli riluceua nella fron
te perche gia hauea illuminati tucti e ſenſi interiori VEDI LHERBECTA efiori et gialbuſcegli Diſcri
ue labibbia et el paradiſo terreſtre produrre perſe medeſimo et per uirtu meſſa da dio in quella terra
ogni herba et albero ſanza ſeme ocultura alcuna Et re uera quando lanimo e/ridocto aſtato dinnocentia
perſe medeſimo produce uiridita dherba. i. ſomma ſperanza dibeatitudine et fiori. i. bellezze dhoneſta
et albuſegli. i. oprimi fructi di ſue operationi MENTRE che lieti uengono; La ſētentia e/ tu hai ar
bitrio di ſedere o dandare tra fiori mentre che beatrice uiene laqualcuenne inInferno cogliochi lacrimoſi
temendo che eſſendo tu ſmarrito non tiperdeſſi Ma alpreſente ſi cura ditua ſaluatione hara gliocchi lieti
Et certo tucte le theologice ſcipture che parlano contro apeccatori gli dinuntiano male et per loppoſito
dimoſtrano ſomma letitia aglianimi purgati NON ASPETTAR MIO DIR PIV ; quando lappetito
non e/ancora congiunto colla ragione debba aſpectare e precepti diquella; Ma quando e/congiunto et
opera rectamente perſe ogni coſa TVO arbitrio e/libero; benche inciaſchuno ſia libero arbitrio niente
dimeno douela ſenſualita e/ repugnante allaragione tale liberta e/aſſai obſcurata; et quaſi lappetito di
uenta tyranno Ma nellanimo purgato et mondo dipeccati e/ uera libertadellarbitrio perche erecta . i.
non torce dalla uera uia et e/ ſano perche non oppreſſo da alchuna non honeſta cupidita; Ilperche tale
animo non ha biſogno dichi loregga ET FALLO fora anno fare atuo ſenno; certamente quando lap
petito e/congiunto colla ragione ſarebbe errore che lui non faceſſi quanto deſidera PER CHIO te ſopra
te corono. i. tifo re dite medeſimo et mitrioti pongho lamitera de paſtore; perche ſe tale che per te mede
ſimo ti reggerai Et per temedeſimo ti guarderai

CANTO XXVIII DELLA SECONDA CANTICA DIDANTHE

ago gia di cercare drento et dintorno
ladiuina foreſta ſpeſſa et uiua
cha gliocchi temperaua elnuouo giorno
Sanza piu aſpectar laſciai lariua
prendendo lacampagna lento lento
ſu perlo ſolo che dogni parte uliua
Vnaura dolce ſanza mutamento
hauere inſe miſeria perla fronte
non dipiu colpo che ſoaue uento
Perchui lefronde tremolando prompte
tucte quante piegauono alla parte
u laprima ombra gitta elſancto monte
Non pero da loro eſſer dricto ſparte
tanto che gliugellecti per lecime
laſciaſſer doperare ogni loro arte
Ma conpiena letitia lhore prime
cantando riſedeuan tra le foglie
che teneuan bordone alle ſuo rime
Tal qual diramo inramo ſi raccogle
perla pineta inſul lito di Chiaſſi
quando eolo ſcilocco fuor diſoglie

ra gia.danthe arriuato dallultimo gyrone delpurgatorio alparadiſo terreſtre:elquale ethcologi chamono delitiarum. i. de dilecti: Et elquale come habbiamo decto pone per loſtato della innocentia et truoua in eſſo lya laquale e/ interpetrata per la uita actiua: et dimoſtra che purgato che e/lhuomo ſi debba execitare nelle uirtu morali actiue ſecondo e criſtiani precepti onde neſeguita quella felicita che puo eſſer nella uita actiua: Accio che exercitato intal uita chome cittadino diqueſta hieruſalem inferiore; poſſa ſalire a contemplare hieruſalem citta celeſte: Ilche ſara lamateria della terza cantica. Et per queſto neſequenti canti porra elprincipio della uuoua chieſa fondata nella euangelicha legge et ſignificata prima nella antica legge moſaica: et nella ſynagoga degiudei. Diſcriue prima lauerzura ſoauiſſima dellherbe et deglialberi: et laſua uita defiori: et eldilectcuole uento: et la dolciſſima melodia deguccegli. Dimoſtrando per lerbe et pelfiori la indubitata ſperanza: che dopo quello ſtato dinnocentia ſaranno al uero paradiſo. etpeluento leggieri et ſanza mutamento: el moto tranquillo et ordinato nelle ſancte operationi nelle quali neſſuna perturbatione puo naſcere: Et andaua alenti paſſi perche ogni noſtra penſata et conſiderata con buona maturita: et non inconſiderata etcon troppa uelocita precipitata. andaua adunque perche mai dobbiamo ceſſare dalle buone operationi: Ma andaua alenti paſſi. i. con matura conſideratione: dopo queſto deſcriue Mathelda della quale diremo nelluogo ſuo: laqual do manda qualcagione produca inquel luogo eluento et elfiume VAGO GIA DI CERCARE drento et dintorno: Era adunque cupido dicercare laddiuina foresta. i. lauera uita actiua: dentro quasi dica la sua propria essentia: Et dintorno: ilche dinota lecircumstantie Voleua adunque cercare elparadiso per loinezo: et ingiro. i. ple extremita. Dimostramo nelprincipio dellaprima cantica che ritrouarsi danthe nella selua obscura niente altro significaua senon lamolesta prigione del corpo nella quale lanima rinchiusa ꝑ contagione diquello contrahe diuerse colpe et machiasi di diuersi peccati. Onde poneua quella obschura et piena difiere che impediuono andare doue era el sole: Hora perche pone che dopo la cognitione de peccati e/salito pertucti egradi delpurgatorio. i. epurgato daogni uitio; et gia esensi et lappetito: elquale perla contagione delcorpo prima era rebelle allaragione; aquella e/ si unito che quasi e/diuentato una medesima cosa con quella conuine che laselua laquale prima era spinosa obschura et ripiena di fiere: sia diuentata amena et dilecteuole: piena dilumi piena difiori ilche dinota uirtu; delle quali escono optimi fructi: elfiore daprincipio ha suauita dibellezza et dodore et infine produce optimo fructo LADIVINA FORESTA. i. ladiuina selua facta per habitatione deglhuomini conogni belleza contraria aquella che e descripta nellonferno; SPESSA: dalberi et herba et uiua dilumi CHA GLIOCHI temperaua el nuouo giorno: laue zura deglialeri et dellerbe contemparauano si losplendore del sole gia nato; Imperoche gia era elquarto giorno: che gliochi miei lopoteano sopportare: ilche non significa altro senon che le uirtu dellhuomo costituto instato dinnocentia nellauita actiua fanno capace lontellecto suo daldiuino lume SANZA PIV Aspectare; ne tempo ne guida: LASCIAI LARIVA. i. lextremita et comincia aentrare nelmezo come puo fare chi perse medesimo e/sufficiente PRENDENDO lacampagna: quasi lata et spatiosa contemplatione LENTO LENTO: adimostrare che chi uuol prendere alchuna doctrina debbe procedere alento passo SV PER LOSOLO. i. su pelterreno CHE. i. elquale VLIVA: gittaua odore perlerbe et pefiori: diche era uestito: Et certo loperationi dellanimo gia purgato gittauano optimo odore pertucto VNAVRA DOLCE: dalle parti orientali nasceua AVRA. i. soaue et temperato uento. Questa e/ labuona uolonta inspirata dadio: questa era come uento temperato: Imperoche la uolonta che simuoue alle buone operationi e/sempre temperata: et non e/impetuosa: chome sono lesfrenate cupidita. Viene adunque da oriente. i. dadio lauolonta dricta nel bene: et piega tal uento le foglie in occidente. i. nelle chose mondane: Imperoche lauita actiua e/ nella prudente giusta franca et tēperata administratione de beni caduchi: Ne basta questa uita actiua: senon quanto basta questa mortale uita: Ma lacontemplatiua e/etherna: perche e/ nelle cose etherne etcelesti. Iperche lauerita nello euangelio dixe Maria autem optimam partem elegit que non auferetur abea NON PERO daltro esser dricto sparte: Non sipiegono pero dalla loro directura tanto che gliuccegliche sono perlecime lascino elcantare: Questodinota che benche loperationi nellauita actiua sipiegono alladministratione delcorpo: nientedimeno non si partano da quegli gliuccegliche cantano. i. non cessa perquesto lhuomo che del continuo non renda gratie adio: Ma cantano loreprime. i. euersi che cantano lamattina tra lefogle Imperoche niente ciuieta che tra lefogle. i. tra lecure et operationi ciuili non possiamo lodare idio CH ETENEAN bordone. i. tinore: Era si suaue elmormorio dellaura: laquale percotea nelle frondi: che facea tenore alcanto degliuccegli: Perche emouimenti dellanimo gia purgato sonosanza perturbatione. Et aiutono nel cantare lediuine lode TAL QVAL: tale era quel dolce mormorio in quella selua quale e/ nella pineta dirauenna: doue e/chiassi terra propinqua arauenna: insul lito doue Iustiniano imperadore edificò lachiesa disancto Apolinare laqual terra dipoi Leoprando assediando rauenna distrusse

Gia mhauean trasportati elenti passi
drento alla selua antica tanto chio
non potea riueder dondio mentrassi
Et ecco piu andar mi tolse unrio
chaman sinistra con sue piccolonde
piegaua lherba chen sua ripa uscio
Tucte lacque che son di qua piu monde
parrieno hauere inse mixtura alchuna
uerso di quella che nulla nasconde
Aduegna che simuoua bruna bruna
sotto lombra perpetua che mai
raggiar non lascia sole iui ne luna

b enche fussino stati lenti esuoi passi nientedimeno lhaueuano trasportato tanto tra la selua anticha che non riuedeua donde fussi entrato et ben dixe anticha: perche elparadiso terrestre fu facto da dio nel principio del mondo preterea pigliandosi per lostato dellainnocentia nessuno stato e/piu antico nellanime perche inquello fu creato dadio: NON POTEA RIVEDER dondio mentrassi Entro lhuomo nello stato della innocentia subito che fu creato et di questo ingresso non cipossiamo ricordare: perche nessuno si ricorda dellentrata che fa lanima nelcorpo: onde et nella prima cantica dixe Io non so ben ridir chomio uentrai ET ECCO PIV andare mi tolse unrio: Chome lasacra sciptura pone che del paradiso terrestre esce dun medesimo fonte euphrate et tygre cosi el poeta finge che da la parte orientale di questo paradiso et dun medesimo fonte escono duo fiumi Lethe et Eunoe lethe delquale alpresente fa mentione corre ad mano sinistra. Questo nome lethe ſignifica obliuione: Et chi dalpurgatorio ſale allo ſtato della innocentia bee di queſta acqua della qual beendo dimentica tucti e peccati: Impoche entra nella tertia ſpetie delle uirtu che ſono dellanimo gia purgato per lequali non combatte piu couitii chome facea nelle uirtu purgatorie: Ma fa tale habito delleuirtu che dimentica euitii: onde dixe Iuuenale neſciat iraſci cupiat nihil. Et perqueſto finge che corra aſiniſtra che ſignifica coſa uitioſa portãdo uialamemoria delmale Laltro chiama eunoe. i. buona mẽte perche niente gliuiene allamemoria ſe non elbene et lauirtu: Ilche e/cagione che dallo ſtato della innocẽtia ſaglia alla contemplatione delle coſe diuine TVCTE LACQVE: laſententia diqueſto ternario e/ che lacqua di lethe e/ piu chiara che acqua che ſia in queſto mondo diqua: Ilche ſignifica che lanima la quale nello ſtato della innocentia e/ ſi aſſuefacta alla uirtu: che non che uinca el uitio ma lo dimentica e/puriſſima: ADVEGNA che ſimuoua bruna: E/chiariſſima lacqua dilethe Ma perche corre ſotto lombra aſſidua deglialberi del paradiſo: equali non laſciano trapaſſare razi ne di ſole ne di luna: pare bruna poſſiamo dire che tale obliuione ci lieua ſi le perturbationi che nelle coſe proſpere mondane cinſuperbiſcono ne ci fanno elati Ne ancora lemiſerie cimpediſcono che non operiamo bene. Ilche expreſſe etiam Elpſalmiſta dicendo: per diem ſol non uret te: neque luna per noctem: doue piglia elſol deldi per lardenti cupidita nella proſpera fortuna: et la luna della nocte perle paſſioni: che ciabbruciano la mente nelle aduerſita

Copie riſtecti et con gliochi paſſai
dila dal fiumicel per admirare
lagran uariation de freſchi mai
Ella mapparue ſi chome appare
ſubitamente choſa che diſuia
per marauigla tucto altro penſare
Vna donna ſolecta che ſi gia
cantando et ſcegliendo fior dafiore
onde era picta tucta la ſua uia

g iunto alfiume riſtecte copiedi. perche colcorpo non andopiu auanti: ma coglicchi cioe con la uiſta paſſo elfiume perche fu tirato dalla uarieta de freſchi mai Impoche con ſommo ſtupore ragguardaua lauaria copia deglialberi che quiui erono et queſti chiama mai: perche coſichiama eltoſcano euerdi rami che per antica conſuetudine nel primo giorno dimaggio appichiamo alle fineſtre: Et allegoricamente riſtecte giunto alfiume: Impoche non potea paſſare allauita actiua et alloperationi uirtuoſe ſe prima non beeua lethe. i. nonſi confermaua ſi neglíabiti uirtuoſi che non ſolamẽte uinceſſi ogni uitio ma anchora lo dimenticaſſi. Et nientedimeno bẽ che non poteſſi anchora paſſare. i. operare nelle operationi uirtuoſe perla ragione decta nientedimeno glochi paſſorono con loruiſta perche potea cominciare aconſiderare quali quelle fuſſino. Et non ſanza cagione uedeua uariatione di freſchi mai Impero che lauita actiua ha uarie et diuerſe actioni: lequali diſtraggono lanimo in molte p ti Onde eluangelio elquale pone matheo perqueſta uita actiua dixe: Martha Martha ſolicita es et turbaris erga plurima ET LA dice dila dal fiume mapparue una donna inquella forma che ſuole apparire diſubito alchuna choſa: laquale dia tanta marauiglia che diſuia dallamente noſtra ogni altro penſamento Queſta ſenandaua ſola cantando per una uia piena diſiori et lei ſcegliera fior da fiore: Per queſta donna intende lauita actiua: et chiamala Mathelda: Da mathelda conteſſa femina di ſomma nobilita et digrandiſſime uirtu nelladminiſtratione: Coſtei fu figliuola di Beatrice Queſta fu figliuola dellomperadore di Conſtantinopoli: laquale preſa dallo amore dun ſignore italiano della caſa di Canoſa loſeguito in italia dinaſcoſo alpadre: Ma finalmente la doto lomperadore di piu terre in Italia et maxime del patrimonio Dicoſtoro nacque mathelda femina dhoneſtiſſimi coſtumi et di grande animo et prudentia nelladminiſtrare laſignoria: et diſomma religione: Ilperche decte grande aiuto alpapa contro allomperadore: Doto molte chieſe: et maxime el duomo di piſa apreſſo elquale fu ſeppellita nellanno Milleſimo ſexageſimo nella ſepultura dibeatrice ſua madre Edifico molte chieſe et finalmente laſignoria ſua laquale hoggi chiamano el patrimonio offerſe alla chieſa di ſanpiero diroma. Adunque elnoſtro poeta come al principio delpurgatorio prepone catone chome huomo amantiſſimo della liberta Coſi inqueſto principio del paradiſo delle delitie nel quale conſtituiſce la uita actiua finge trouare Mathelda laquale in quella congiunſe leuirtu ciuile con la uera religione criſtiana pone che ſia ſola non perche lauita actiua ſia inſolitudine. Ma per dimoſtrare che ancora inqueſta e/ dibiſogno aſſidua meditatione et canta ilche dimoſtra la eloquentia colla quale eſaui perſuadono le buone operationi et diſſuade le ree aquegli che loro gouernono ET SCEGLE fiore dafiore: tra molte operationi lequali uengono nella uita actiua ſcegle quelle che ſono con piu uirtu

De bella donna charaggi damore
tiſcaldi ſio uo credere aſembianti
che ſoglionoeſſer teſtimonio delcore
Vegnati uoglia di traerti auanti

d E BELLA DONNA: Queſte ſono le parole che danthe uſo inuerſo ladonna per perſuadergli che eſſa ſaccoſtaſſi tanto alrio che lui poteſſi intendere quello cantaua. Capta adunque beniuolentia uſando queſta dictione de: et chiaman

dixio alle uerso questa riuera
tanto chio possa intender che tu canti
Tumi fai rimembrare doue et quale era
proserpina neltempo che perdette
lamadre lei et ella prima uera
Chome siuolge colle piante strette
aterra et intra se donna che balli
et piede innanzapiede apena mette
Volsesinsu uermigli et insu gialli
fioretti uerso me nonaltrimenti
che uergine che gliochi honesti aualli
Et fece eprieghi miei esser contenti
se appressando sichel dolce sono
uenia adme co suoi intendimenti

dola bella Et certamente loperationi ciuili facte conuirtu sono belle: et aggiugne LAQVALE tiscaldi araggi damore: Ne puo essere altrimenti Imperoche lauita actiua pigla molte faccende p lapatria pe parenti pergliamici et finalmente per tucti glhuomini: Et nessuno uorrebbe affaticarsi per altri se non fussi riscaldato dalfuoco et darazi dellamore et carita: Caritas. n. nō querit que sua sunt: SIVO CREDERE asembianti Non poteua danthe sapere se questa donna era accesa di fiamme damore hauendola pur hora ueduta Ma giudicauala asembianti. i. accerti acti et gesti: equali haueano inse segno et similitudine damore. Et questi gesti sono elpiu delleuolte certi et indubitati segni dellanimo: VEGNATI: pone lasua domanda che e/ che ella saccosti tanto alla riua del fiume che esso possa intendere quello che essa canti: TV MI FAI Ricordare doue era prima ꝓserpina Gia e/stato discripto danoi elrapto diꝓserpina laquale essendo insicilia inprato amenissimo. Et molto ornato dherbe et di fiori fu rapita da plutone: et condocta allonferno informache la madre perde lei Et lei efiori Dimostra adunque elprato doue era mathelda essere simile aquello che ouidio discriue doue fu rapita proserpina: COME SI VOLGE Dimostra che la donna con quella dextreza siuolse inuerso dilui che si suol uolger colle piante strecte a terra et intrase: perche apena lieua elpie di terra et apena simuoue delluogo ladonna quando danza VERMIGLI ET GIALLI: pone ecolori defiori uermigli: adinotare: che gliacti uirtuosi nella uita actiua debbono essere pieni difuoco. i. dicarita; Ilchedinota elcolore uermiglio et puri da ogni machia uitiosa: Ilche dinota elgiallo elquale e/ colore doro metallo purissimo ET FECE eprieghi miei esser contento: perche mi sappresso tanto che non sola mente udiuo el suono delle parole ma scorgeuo lasententia di quelle:

Tosto che fu la doue lerbe sono
bagnate gia dallonde delbel fiume
di leuar gliochi suoi mi fece dono
Non credo che splendessi tanto lume
sotto leciglia ad uener trafitta
dal figlo tutto fuor disuo chostume
Ella ridea dallaltra ripa dritta
tractando piu cholori colle sua mani
che laltra terra sanza seme gitta
Tre passi cifa ce elfiume lontani
ma hellesponto doue passo Xerxe
chanchora affrena tuti orgogli humani
Piu odio da leandro non sofferse
per maregiare tra xeston et abido
chequel dame perchallor non saperse

u enne in sino al fiume conglicchi bassi: non guardando danthe: Ma giunta alla ripa glalzo et guardollo et questo finge per che la docerina dellaquale habbiamo giadecto: Non risplende nellanimo nostro prima che sia in torno a lethe fiume. i. nelle uirtu dellanimo gia purgato: perche chome gia e/manifesto In animam maliuolā non introibit spiritus sapientie: Et e/questo fiume tre passi larghi perche tre chose bisogna a entrare in queste uirtu: prima cognoscere eluitio: seconda cognosciutolo odiarlo: tertia odiatolo dimenticarlo. Canta et ride mathelda: perche questoterzo genere ci fa non solamente abstenere da uitii sanzadifficulta: ma con sommo piacere exercitiamo tali uirtu. Losplendore grande desuoi ochi dimostra la purita et aperta et chiara uerita di questa doctrina: Onde uolendo dimostrare elgrande splendore fa comparatione da lei a Venere; et maxime quando fu accesa dellamore dadone. E/nelle fauole che abracciando cupidine la sua madre uenere accaso gliusci una freccia deiturcasso et feri uenere nelpecto: perla quale piaga di subito arse dellamore delfigliuolo dicinara et dimyrrha Adone giouane bellissimo: elquale dipoi morto et laniato da un cinghiale conuerti infiore TVCTO fuora di suo costume; perche acaso fu laferita: TRACTANDO piu colori colle sue mani: Habbiamo gia decto che loperationi della uita actiua sono molte et uarie CHE LALTRA terra non questa diqua: ma quella delparadiso terrestre delquale alpresente si tracta gitta et manda fuori sanza seme MA HELLESPONTO doue passo xerxe: Non fu tanto inodio a Leandro hellesponto quando perandare in xesto ad Ero notaua perquello: quanto mera questo fiume: perche mi daua impedimento chio non poteuo andare amathelda. Hellesponto e/ strecto mare: elquale diuide asia di europa: Et dalla parte dasia e/ Abido: da europa e/xesto: In abido fu fu leandro el quale ardentissima mente amaua hero bellissima fanciulla la cui patria era xesto: Ne dubitaua lo infelice giouane notare la nocte elmare: che diuidea le due citta pertrouare hero: Ma finalmente colto una nocte dalla tempesta non pote notando uenir uiuo a riua doue era la fanciulla. Ma londa ue o pinse morto. Preterea quando con in finite copie uenne in grecia xerxe re depersi fece un ponte di naui sopra questo mare: E/ adunque lasententia che leandro non porto tanto odio a questo hellesponto perche lodiuidea dalla chosa amata: quanto danthe portaua a lethe: perche lodiuideua da mathelda:

Voi sete nuoui et forse perchio rido
comincio ella inquesto luogo electo
allhumana natura persuo nido
Marauiglando tenni alchun sospecto
ma luce rende elpsalmo delectasti
che puote disnebbiar nostro intellecto
Et tu che se dinanzi et me pregasti
di saltro uuoi udir chi uenni presta
aogni tua question tanto che basti
Lacqua dixio el suon della foresta
inpugnan dentro ame nouella fede
dicosa chio udi contraria aquesta

p erche uoi et uirgilio et statio sete nuoui in questo luogo electo dadio per nido et habitatione dellhumana natura: laquale selprimo huomo non hauessi peccato harebbe habitato questo paradiso terreste quanto allui fussi piaciuto forse alchun sospecto tenui cioe ui tiene perchio rido marauiglandouene: et parendoui forse chio rida di uoi: Ma luce rende. i. dara luce al uostro intellecto: EL PSALMO delectasti: E/ elpsalmo. lxxxviiii. elquale comincia: Bonum est confiteri domino et psallere nomini tuo altissime et seguitando si uiene a questo uersiculo: Quia delectasti me domine infactura tua et ĩ operibus manuũ tuarum exultabo: Adunque come dauid dimostra in quel psalmo che siralle gra dellebelle opere facte dal signore cosi qui mathelda delparadiso: et dello stato della innocentia. Dipoi si uolge a danthe et offerasi che se uuol sapere da lei altro sara prompta et uolentieri arispondergli quanto basta. Et per questo dimostra che ladoctrina delle sacre lectere nella uita actiua facilmente ci puo soluere ogni dubio et uolentieri lhanno facto esancti doctori cercando alchuno disapere quanto basta et non piu auanti dicente lappostolo Nolite sapere plusquam oporteat sapere: Sed sapite ad sobrietatem LACQUA DIXIO Suole alpresente elpoeta esser chiarito che se euero quello che eldi auanti haueua udito da statio che sopra aterzo grado delpurgatorio non saliua alteratione daria alchuna ne uenti ne picue ne terremoto chome alpresente in questo luogho el fiume et la seua faccino strepito et romore: Queste due chose dice che inpugnano et combattono lafede: che nuoua mente hauea prestato astatio: quando udi da lui cosa contraria aquesta che alpresete sete: cioeche nessuna alteratione saliua sopra egia decti tre scaglioni Ad questo risponde mathelda et dice io dimosterro dache cagione nasce quello che ti fa marauigliare: et leuerotti daglio echi lanebbia. i. leuero da ltuo intellecto la ignorantia che non ti lascia intendere. Et pero sequita

Ondella idicero chome procede
per sua cagione cio chadmirar tiface
et purghero lanebbia chente fiede
Losommo bene che solo esso ase piace
fe luomo buono abene et questo loco
diede perarra allui detherna pace
Per sua difalta qui dimoro pocho
per sua difalta inpianto et innafanno
cambio lhonesto riso et dolce gioco
Per chel turbare che sotto dase fanno
lexalation dellacqua et della terra
che quanto posson drieto alcalor uanno
Alhuomo non facessi alchuna guerra
questo monte salio uer lociel tanto
che libero e/ da indi oue si serra

p er soluere el dubio che ha danthe prima dimostra che statio glidixe eluero: che nessuna alteratione diquelle che nascano da uapori della terra tirati su dal sole in sino nella terza regione possono quiui: Et la ragione dimostra essere che idio creando elparadiso de dilecti: accio che lhuomo uiuessi sanza alchuno incomodo: innalzo tanto sopra laterra questo monte chelpurgatorio et el paradiso trapassono la terza regione: laquale non possono trapassare tali uapori: Adunque ne uenti nepioue ne neui negrandine ne saecte uipessono essere. Et allegoricamente dimostra che chi e/ nelle uirtu purgatorie et in quelle dellanimo gia puagato non sente alchuna perturbatione danimo LO SOMMO BENE: che e/ dio CHE SOLO esso ase piacere: solo dio per se stesso et non per altra chosa extrinsecha piace a se medesimo. La intentione dellauctore e/ lhuomo nelle uirtu dellanimo gia purgato se xercita nellauita actiua secondo lanostra religione dipoi nella contemplatiua udendo dimatelda. i. dasacri theologi quella doctrina che e/ necessaria allasa lute nostra. Et per questo induce lei che alla maestra qual fussi elprincipio dellumana generatione et a che fine fuſſi prodocto lhuomo: et inche luogo poſto: et come per non eſſere ſtato obbediente ne fu cacciato et dipoi narrera le prediictioni per figura delle ſua ſalute facte nel uecchio teſtamento: Et dipoi lauuenimento di chriſto ſua ſalute Et chome perquello ſiamo ridocti alla ſua obbedientia et finalmente alla ſalute ritornando alla innocentia FE LHVOMO buono: Imperoche ogni uitio che naſce in lui non e/ dadio: Ma dalla propria electione AL BENE alfine che haueſſi lui che e/ ſommo bene: ET QVESTO LOCO. i. Elparadiſo terreſtre ARRA DHETERNA pace. Voleua idio che lhuomo in ſtato dinnocentia habitaſſi queſto luogho quanto acſſo idio piaceſſi: et dipoi louolea condurre alcielo. Adunque era arra detherna pace. i. delcielo doue e/laſomma beatitudine PER SVA DIſfalta: per ſuo difecto uocabolo decto da diſſare: Imperoche chi pecca non fa Et non e/altro elpeccato che priuatione di bene. Adunque diſſa et non fa QVIVI DIMORO poco: Dicono chel primo huomo fu creato indamaſco et indi tranſlatato nel paradiſo de dilecti inſu lhora della terza. Et quiui gli decte epreceptii che haueſſi a obſeruare: et preſentogli tucte le beſtie: et Adam poſe loro enomi. Dipoi laddormento: et formo la femina della ſua coſta: et dipoi uenne el ſerpente et tento eua: et dopo lhora nona mangioron eluietato pome. Et ſtatim uenne langielo: et cacciogli et meſſegli in queſto mondo pieno damaritudine Ilperche ſi raccogie che non ſtecte tre hore in paradiſo. PERCHEl turbare. Dimoſtro chome el primo huomo fu meſſo in paradiſo: Hora dimoſtra perche tal luogo fuſſe piu eminente ſopra la terra che glaltri. Et dice che queſto monte ſali. i. ſeleuo et innalzo inuerſo elcielo tanto che libero dallexalationi DA INDI INSV doue ſi ſerra. i. dalla porta del purgatorio. Et queſto fece acciochel turbao aere fanno lexalationi et uapori terreſtri eleuati dalcaldo delſole non faceſſi alchuna guerra allhuomo chome e indurre uenti: pioue grandine neue et ſimili. Ma allegoricamente dimoſtra che chi e eleuato da terra. i. dalle cogitationi delle choſe terrene: et ha tirato ſu la ſenſualita et halla facta obediente allaragione et unita ſeco informa che la carne non combatta contro alloſpirito allanimo tranquillo: et fuora deuenti del lappetito et dellacque dellatriſtitia et dogni altra perturbatione

Hor per chen circhuito tutto quanto
laer ſiuolge colla prima uolta
ſe non le rotto elcerchio dalchun canto
In queſtalteza che tutta e diſciolta
nellaer uiuo talmoto percuote
et fa ſonar laſelua perche e folta
Et la percoſſa pianta tanto puote
che della ſua uirtute laer inpregna
et quella poi gyrando intorno ſcuote
Et laltra terra ſecondo che e degna
perſe o perſuo ciel concepe et figlia
didiuerſe uirtu diuerſe legna.
Non de parer di la po marauiglia
udito queſto quando alchuna pianta
ſanza ſeme paleſe uiſapiglia
Et ſaper dei che la campagna ſancta
doue tu ſe dogni ſemente piena
et fructo ha inſe che di la non ſiſchianta

h a dimoſtro che non menti ſtatio adanthe quado gli dixe che queſto monte era libero dallalterationi gia decte. Hora dimoſtra che non obſtante queſto niente dimeno quiui e uento che muoue le fronde: elquale naſce perche laprima uolta cioe el primo mobile elquale in. xxiiii. hore ſi gira da oriente a occidente et da quello torna aoriente: muoue laria pelmedeſimo circuito et da queſto moto naſce uento: elquale puo muouere le fronde et chiamalo aere uiuo quello che e/ſopra laterza regione ET LAPERCOSSA pianta. i. lalbero percoſſo da tal uento inpregna laere della ſua uirtu: et laer gyrando laſcuote da ſe: onde quella cade nellaltra terra. i. inqueſta delnoſtro hemiſperio et tal terra nella qual cade tale uirtu concepe ſecondo che eſſa o perſua fertilita o per la uirtu del cielo: et della ſtelle ache e ſottopoſta puo et genera talpianta quale uuole la uirtu. Imperoche non ci dobbiamo marauiglare ſequi naſce pianta alchuna ſanza ſeme paleſe. i. ſanza che noi ueggiamo o ſeminiamo: perche naſce perla uirtu ſopradecta: Et concludendo lacampagna delparadiſo dedilecti la quale chiama campagna: perche e/piana. Et e/ſancta perche ſignifica la innocentia E piena dogni ſementa: Ilperche produce ogni fructo che e /diqua et ancora di quegli che diqua non ſiſchianta. i. non ſiſcogle: Imperoche ue lalbero della uita et chi mangia di quel fructo non muore

Lacqua che uedi non ſurge di uena
che riſtorin uapor chel ciel conuerta
chome fiume chacquiſta et perde lena
Ma eſce difontana ſalda et cierta
che tanto di ualor dadio riprende
quantella uerſa da dua parte aperta

c home ha dimoſtro cheluento che percuote lefrondi non naſce da uapori caldi et ſechi chome qui: Choſi hora dimoſtra che lacqua de due fiumi del paradiſo non naſchono da uapori freddi et humidi chome naſchono e noſtri fiumi da uapori chel cielo conuerte in acqua: MA NASCE difontana: Finge che una medeſima fontana ſia nelparadiſo de dilecti: laqualene creſ ce mai ne scema : ma sempre sta inuno essere et e/ adoriente et ha due bocche : una asinistra onde nasce lethe laltra adextra onde nasce eunoe . Et per questa uuole exprimere lhabito delle uirtu dellanimo gia purgato. Ilperche dice questa fonte essere salda et certa: Salda perche non uiène meno: Imperohe tale habito non si puo leuarè ne torre dellanimo: Et certa perche ne cresce ne scema Ma sempre sta duna qualitaallche e/uero perche loperatione che procedono datale animo sono continuate ne crescono ne scemano chome nelle uirtu ciuili E/adunque questa fonte quello che habbiamo decto: Ilche procede dalla gratia perficiente et confermante laquale non lascia manchare la fonte. Lethe da sinistra e/obliuione de uitii Ilche signica pfectone laquale fa che noi non dico risistiamo auitii come nellaltre uirtu Ma atucto gli dimentichiamo perche e/sobmersoct altucto extinto ogni appetito irrationale Dalla dextra diquesta fonte nasce eunoe fiume che significa buona mente: et questo e ardentissimo feruore dicarita et uolenta inmensa nelle uirtuose operationi ET NON ADOPRA: non fa uero pro questa fonte se non e/ gustata quinci et quindi. i. se non gustiamo et di lethe et deunoe insieme : perche non puo essere lanimo perfecto se non ha dimentichato ogni perturbatione et non e tucto acceso dellamor dellauirtu ATVCTI altri sapori: esce disopra chome elgusto e/allora insomma felicita quando ha cibo che passi elsapore di tucti glialtri cosi lanima perquesti due fiumi secondo lallegoria gia posta intesi uiue in perfecta felicita ET ADVEGNA. i. benche latua sete. i. lauoglia dellontendere leconditioni di questo luogo possa esser satia PERCHIO NON TISCVOPRA. i. non timanifesti piu Io ti diro anchora pergratia quasi dica per mia liberalita un corolario: proprio corolario dicono una conclusione che abbracci tucte laltre Et piu tosto delle chose gia decte che nonne procede persua ordine Chome uerbigratia Quando haremo conmolte argomentationi dimostrato lanimo inmortale concluderemo esserenecessario conseruarlo puro da uitii accioche seperato dalcorpo ritorni alsuo sommo bene

Quegli che antica mente poetaro
leta delloro et suo stato felice
forse inparnaso esto loco sognaro
Qui fu innocente lhumana radice
qui primauera sempre et ogni fructo
nettare equesto diche ciaschedun dixe
Io miriuolsi allhor adrieto tucto
amie poeti et uidi che conriso
udito hauean lultimo constructo
Poi alla bella donna tornai eluiso

c redo che lasententia delprimo ternario sia che e poeti che antichamente diuisoro leta secondo e metalli et dixono che la prima fu aurea et chiamossi el secolo delloro: perche glihuomini inquella eta uixono innocentissimi et cosi necti dogni macula diuitio chome loro nella fornace purissimo uidono sub nube et quasi chome per unsogno questo stato della innocentia. Et pero dice forse inpanarsosognaro esto loco. i. nella loro arte poetica et ne loro furore pelquale eleuando la mente poterono discriuere glalti et admirabibili sensi ponendo parnaso monte dedicato alle muse per larte et pel furore poetico ul dono quasi sognando et non perfectamente questainnocentia QVI FV INNOCENTE lhumana radice Quasi dica inessuno altroluogo et inessuno altro tempo non fu el primo secolo elquale fu doro senon qui doue lhumana radice. i. e primi huomini furono innocenti QVI primauera sempre: Come se lanno hauessi perpetua primauera sarebbe sempre temperato: Et non sarebbe ne excessiuo caldo: ne excessiuo freddo. Cosi lostato della innocentia pche e inperpetua primauera non e molestato nedal cado dellexcessiue cupidita et desiderii: Ne dal freddo dello excessiuo merore: et timore Io miriuolsi indrieto amiei poeti: Ilche significha che con lamente ritorno alla doctina poetica facilmente confesso esser ridicula inquesta parte segia per la loro fictione non entendonoquesto medesimo: Poi ueduto quanto aquesto ladoctrina poetica e/insofficiente ritorno col uiso amathelda. i. alla dotrina theologica: laquale discriue la felicita della uita actiua come beatrice contiene la dottrina della contemplatiua

CANTO XXVIIII DELLA SECONDA CANTICA DIDANTHE

e antando come donna innamorata
continuo col fin di suo parole
beati quorum tecta sunt peccata
Et come nymphe che sigiuon sole
perle saluatich ombre disiando
qual diueder qual di fuggire elsole
Allhor si mosse contral fiume andando
su per la riua et io pari dilei
piccol passo con piccol seguitando
Non eron cento tra suoi passi emiei
quando leripe equalmente dier uolta
per modo challeuante mirendei

o ptime cantaua chome donna innamorata: per che eueri interpetri et doctori della nostra theologia aperta mente et con somm ozelo inuerso de proximo opredicando o in altro modo admonendo et amaestrando ci fanno del continuo docti. Adunque cantando chome donna innamorata continua col fine disue parole. i. finito che hebbe a danthe dichiarirgli quanto gia habbiamo decto comincio sanza latermissione a cantare el psalmo elcui principio e/Beati quorũ remisse sunt iniquitates et quorum tecta sunt peccata Canto conueniente alla materia: Impoche gia douea danthe bere dellacqua di lethe per laquale hauea adimenticare epeccati: Adunque pel purgatori glerano stati rimessi epeccati: Et inquesto principio delparadiso glisaranno occulti perche gli dimentichera ET COME nymphe: conueniente comparatione dalle nymphe habitanti le selue e prati et lacque alla donna posta in si ameno et dilecteuole uiridario et giardino ALHOR SI MOSSE Mostra che la donna andaua su perlariua del fiume eandaua incontro allacqua et inuerso elnascimento delfiume: et danthe la seguitaua andando con piccol passo coma facea essa. Ne pone alchuda diqueste chose sanza cagione. Imperoche guidaua elpoeta alguado delfiume elquale hauea apassare et non sipartiua daquello: et andaua aoriente che significa lapiu perfecta parte: et incontro allacqua. perche non dobbiamo lasciarci menare dallonde sue: Ma risisterui et passarlo quando e/tempo et luongo conueniente NON ERON cento tra suoi passi emiei: non erano iti tramendue cento passi: Ilche era spatio dicinquanta passi quando giugnemo alla suolta del fiume laquale uolgendo fece che io fussi uolto alleuante: Et per questo dimostra che poco tempo si procede nella inuestigatoine diquesta doctrina: et nelle operationi di queste uietu dellanimo gia purgato: che noi ne siamo illuminati per uirtu dalla diuina gratia

Ne ancho fu chosi nostra uia molta
quando ladonna tutta ame sitorse
dicendo frate mio guarda et ascolta
Et ecco un lustro subito trascorse
da tutte parti perla gran foresta
tal che dibalenar mimesse inforse
Ma perchel balenare come uien resta
et quel durando piu et piu splendea
nelmio pensier dicea che cosa e questa
Et una melodia dolce correa
per laer luminoso ondel buon zelo
mi fe riprender lardimento deua
Che la doue ubbidia laterrel cielo
femina sola et pur teste formata
non sofferse distar sotto alchun uelo
Sottol qual se diuota fussi stata
haurei quillinneffabile delitie
sentite prima e piu lunga fiata

u olto gia ad oriente et facto attento da mathelda comincio a uedere lechose excellentissime: GVARDA ET ASCOLTA Indue modi possiamo uenire allacognitione o col nostro ingegno inuestigãndo: et coldiscorso della ragione ricercando: et questo asimilitudine degliocchi corporali diciamo uedere o ueramente non potendo trouare el uero per noi medesimi appariamo da altri: Adunque e admonito danthe damathelda dicendo guarda che persemedesimo inuestighi et dicendo ascolta che inquello che non puo uedere dase oda chi glene insegni VN LVSTRO uno splendore elquale da principio dubito che non fussi baleno: Ma dipoi considerando chel baleno passa presto et spegnesi: uedendo che quel duraua et cresceua non intendeua che cosa si fussi et perlaer lucente da tanto splendore udiua una mirabil melodia Per questo dimostra lauenuta dello spirito sancto nelquale pone losplendore et elcanto pexprimẽ due singulari gratie lequali da lospirito sancto allhumana mente: Laprima e / laluce laquale scaccia le tenebre della ignorantia et induce cognitione del uero la seconda e/ elcanto pelquale dimostra ladolceza che inferisce perlacognitione delle cose diuine: Et tal luce uenendo nellanimo gia purgato dura sempre non si spegne ONDE BVON ZELO. per questo prese tanto zelo delconoscere le chose diuine che io presi lardimento deua. i. hebbi quel medesimo ardire che hebbe eua: laquale nouellamente formata: benche dadio hauessi incomandamento non gustassi delpome: elquale daua notitia del bene et delmale: Niente dimeno non sofferse stare sotto alchun uelo et obscurita dignorantia et: Anzi troppo conueniente contro aldiuino precepto gusto elpome elquale midessi notitia delbene et del male: Et pero dice che eua che inquelluogho. i. nelparadiso dedilecti nelquale laterra ubidia alcielo facendo cio chelcielo in prime ua et non discordandosi dalle sue influentie essa sola sanza aiuto daltri et femina elcui sexo doueа esser piu timido et formata pur teste: perche poche hore auanti era stata creata della costa dadam laqual nouita similmente ladouea far timida SOTTO QVALE. i. sotto laquale ignorantia se fussi stata deuota et ubbidiente harei sentite quelle delitie et dilecti ineffabili. i. indicibili prima et piulunga fiata: Im poche io sarei nato inquesto paradiso et habitatoui piu lunga fiataEt durato instato dinnocentia; ne harei contracto elpeccato originale.

Mentrinandauo tra tante primitie
dellethemo piacer tutto sospeso
et disioso anchora apiu letitie.
Dinanzi anoi tal qulae ua fuocho acceso
ci si fe laer sotto euerdi rami
eldolce suon percanto eragia inteso
O sacro sancte uergini se fami
freddi o uigilie mai peruoi sofferst
cagion misprona chio merze uichiami
Hor conuien che elicona perme uersi
et urania maiuti col suo coro
fortte cosa apensare metterin uersi

Procedendo auanti elpoeta sappresso piu al losplendore et megio udi elcanto TRA tante primitie: perche queste furono le prime chose che comincio a uedere et udire nella contemplatione DETHERNO piacere. i. delsōmo bene elquale cosiste nella contemplatione. ET IS IOSO perche non e contento lanimo nostro insinche non arriua al sommo: TAL QVALE un fuoco acceso ci si fe laere: Sempre pone lamore innanzi alla intelligentia: diche piu uolte o admonito ellectore: Et nelluogho che piu lo richiede mingegnero explicare la cagione EL SVONO percanto: Intendemech el suono prima udito era canto O SACRO sancte: Meritamente hauendo a tractare chose difficillime et diuine si diffida dellhumano ingegno se non ha aiuto dalle muse. Adunque lanecessita losprona ainuocare: et leuigilie et fatihce che per oro ha sopportato gli da speranza dessere exaudito da quelle: Ilperche ordina cosi O SACRO SANCTE uergini chagione: che procede danecessita MISPRONA. i. mipigne CHIO uichiami. i. chio ui chiegga MERCE SIO sofferst mai: quasi dica laquulmerze io spero perchio ho soferto peruoi fami: freddi et uigilie: HOR CONVIEN che helicona per me uersi. Pel uersare dinota somma abbondantia et affluentia del fauore delle muse di che lui ha dibisogno et pose helicona monte per fonte che in quel lo e consecrato allemuse: et ilfonte pel fauore VRANIA: Volendo tractate delle cose celesti conueniente inuoca quella musa: che e nominata dalcielo: chome nella prima cantica dimostrammo FORTE CHOSA apensare mettere inuersi: Fa lauditore attento dimostrando la grandeza della chosa: laquale non sanza difficulta sipuo exprimere inuersi et insieme dimostra che nō inuoca urania sāza bisognio

Pocho piu oltre septalberi doro
falsaua nelparere ilungo tracto
delmezo chera anchor tra noi et loro
Ma quando fui si pressodilor facto
che lobiecto comune chelfalso inganna
non perdea perdistanza alcun suo acto
Lauirtu che aragion discorso admanna
si chome glieron candelabri apprese
et nelle uoci delcantare oxanna
Disopra fiameggiaua elbello arnese
piu chiaro assai che luna persereno
dimeza nocte nelsuo mezo mese
Io miriuolsi dadmiration pieno
albuon uirgilo et esso mirispose
con uista carca distupore non meno
Indi rendei laspecto allaltre cose
che si mouean incontra noi si tardi

Dimostra che perappressarsi alluogho come prese lauerita diquello che eltroppo interuallo che era tra lui et ecandelabri et leuoce sifalsificaua: Imperoche ecandelabri doro glipareano alberi. Equi brieuemente come sommo philosopho dichiara che cosa inganni lauisiua potentia et chome possi fuggire longanno: Etallegorica mente dimostra che anchora lauista della mente spesse uolte e/ ingannata nel principio della inuestigatione quando ancora e/ tantolontana daconclusione che gli pare quello che non e/. Indi ueduto uirgilio rendei lo aspecto allaltre cose: cioe riuolsi gliocchi a candelabri: Elcui significato presto apparira: equali ueniuono piu tardi che non uanno le spose nouelle Matheida. i. ladoctrina christiana dimostra lordine et el processo dellhumana salute dalla creatione dellhuomo insino allo aduenimento di christo Adunque el sole che uede prima figura el sole dello spirito sancto Elquale illumino el paradiso de dilecti et adam et eua

che foran uinte da nouelle spose
Ladonna misgrido perche pure ardi
si nellafecto delle uiue luci
et cio che uien dirietro allor non guardi
Genti uidio allhor chome lor duci
uenire appresso uestite dibianco
et tale candore diqua giamai non fuci
Lacqua splendea dalsinistro fiancho
et rendea ame lamia sinistra costa
sio riguardauo inlei come inspechio ancho

primi nostri parenti : Dipoi esepte candelabri erono esepte doni dello spirito santo elquale innanzi allancarnatione del diuino uerbo uenne tardamente neglhuomini et apochi perche anchora non era eltempo della gratia Di: oi pquegli che pone uestiti di biancho significa quegli che credectono inchristo uenturo Et pe xxiiii seniori intende euentiquatro libri della bibbia Significa ancora e quattro euangelisti : lereuirtu theologice le quattro cardinali : glacti deglapostoli : et le pistole che ferono sancto luca et san paolo : equattro discepoli che scripsono laltre epistole Item lapocalipsi disan giouanni p lequali chose dimostra che chi uuole passar allo stato della innocentia et dimentichare altucto euitii : si debbe exercitare nelldestudio dellegia decte cose lequali tucte contiene labibbia : Ma tornando al texto disopra dicemo LAVIRTV APERESE ECANDELABRI. i. pote discernere che quegli non erano alberi ma candelabri et similmente discerneua che leuoci lequali prima perla distantia erono confuse diceuono OSANNA inhebreo significa salua oueramente uifica ouera mente fa salui noi osaluificatione nostra DISOPRA fiammeggiaua elbello arnese : elbello arnese pone pecandelabri FIAMMEGGIAVA DISOPRA : gittaua fiamme nella supprema sua parte PIV CHIARO assai : Lasententia e/che losplendore decandelabri era maggiore che quello che spargea laluna quando e inserено et inquintadecima et ameza nocte IO MIRIVOLSI dadmiration pieno : Dimostra che grande admiratione prese ditanto lume et uolsesi auirgilio domandandolo della natura della chosa : Ma uirgilio nongli rispose con parole Ma dimostro nella uista ancor lui esser pieno dadmiratione : Ilche significa che lhumana scientia piutosto stupisce insi gran cose : che essa lenteada Dipoi seguita INDI RENDEI. i. dalla uista di uirgilio alquale mero uolto laspecto. i. lauista et ritornai a riguardare laltre chose Et maxime ecandelabri dequali gia habbiano decto LADONNA. i. Mathelda mirispose dicendoche non basta solamente ardere nellaffecto delleprime luci. i. nellamore et desiderio diquesti septe doni dellospirito sancto : Ma debba ancora considerase glieffecti che seguitano di questa guida dello spirito sancto : elquale e/uero duce et guida dogni uirtuosa operatione GENTI VIDIO ALLHORA : Intende chome pocho auanti dixi quegli sancti huomini patriarci et propheti et altri docti equali credectono in christo uenturo a quali si debbe candida ueste perche lafede debbe essere pura : Onde gliantichi gentili quando sacrificauono alla fede tenecano lemani inuiluppate inbianco panno et soggiugne che erano dital candore quale in questo mondo di qua mai si uide : et allegorica mente intede che questa nostra eta non ha quella pura fede chebbono coloro LACQVA : delfiume gia decto SPLENDEA : pelumi de candelabri : Questo fiume e/lameditatione et consideratione della innocentia laquale fa dimenticare euitii et illuminata dallo spirito sancto laquale rende a chi ui sisipechia lasinistre costa. i. liberaielchuore di chi uiconsidera da ogni sensualita dalla quale prima era preso. Et questo quanto allallegoria/Ma ancora secondo lalectera e/uero

Quando dalla mia riua hebbi tal posta
che solo elfiume mi facea distante
peruceder meglio apassi diedi sosta
Et uidi lefiammelle andare dauante
lasciando drieto asse laere dipinto
che ditratti pennegli hauea sembiate
Siche li sopra rimanea distinto
di sette liste tutte inque colori
onde fa larcho elsole et delia elcinto
Questi stendali drieto eran maggiori
chella mia uista et quanto amio auiso
dieci passi distauan que difuori

Seguita narrando che quando erono gia elumi si propinqui che non era tra loro et elpoeta altra distantia ointeruallo che solo elfiume lui decte sosta. i. indugio a passi. i. si fermo. Ma lefiammelle de candelabri seguitauono procedendo auanti et adrieto a loro lasciauono laere dipinto di septe listre et linee dipennello chome fa un pictore quādo uuole fare una linea : et erono de colori che fa elsole nellarco celeste o laluna quando e tra bianchi nuuoli ecolori dellarco sono rosso sanguigno uerde et bianco Questi stendali cioe queste listre eron maggiori chelauista sua perche non potea uedere elfine : Ma secondo che lui giudicaua non erano eleuati da fiori cioe da terra laquale era fiorita piu che dieci passi : Ma allegoricamente intendi cha tra ecandelabri etdantde non era altro interuallo che elfiume Imperoche essendo lui purgato dauitii non obstaua altro a potersi congiugnere co doni dello spirito sancto : chebere del fiume et lauarsi. i. spegnere ogni pensiero che potessi accendere lasensualita in forma che al tucto glidimenticaſſi . le ſette liſte decolori gia decti precedenti da vii candellabri ſignificano eſette ſacramenti della chieſa che ſono ſacri ſegni della ſacra coſa · Adunque ſono ſegni deſette doni dello ſpirito ſancto et pero finge che ſieno figurati daquegli ; et che ecandelabri et leliſte ſieno alti da terra dieci paſſi per che di fuori delprato che ſignificano lauita prima exenplare uirtuoſa ſi ſale a queſti ſette doni con dieci comandamenti : Impero che lachieſa primitiua decta ſinagoga fu terrena et piena di figure ſegni et creatione et pero eſignificata pe fiori equali non ſono fructo ma ſignificano elfuturo fructo. Adunque mediante lapaſſion dichriſto poſſiano ſalire colla ſcala dedieci comandamenti alle ſette gratie dello ſpirito ſancto equali ſono Timore Pieta Forteza Scientia Conſiglo Sapientia et intellecto p ſegno de quali la nuoua chieſa tiene eſepte ſacramenti equali ſono Creſma Bapteſmo Ordine Euchariſtia Penitentia extrema unctione et matrimonio. Finge adunque lauctore la creſima di color roſſo che e/ ſegno di timore che ſta radicato in ſu la carita che lhuomo ha uerſo di dio. Onde naſce lhumilta che e/cōtro alla ſuperbia. Elbatteſmo e color uermiglo ouer ſanguigno che ſignifica la pieta che e/ ſtata fondata in ſu la carita che lhuomo ha uerſo el proximo : laquale e/ minore che quella che e/ uerſo dio : et e / figurata di ſanguigno o di uermiglo ; et naſcene lamore che e/ contro alla inuidia. Lordine e/ di color uerde che ſignifica forteza : et e/ radicata nella ſperanza che habbiamo in dio. Onde naſce la religione che e/cōtro allira. La euchariſtia e/ di color biancho che ſignifica la ſcientia fondata nella fede : laquale ha lhuomo nel corno di Chriſto che uiene in ſu laltare. Onde naſce loperatione uirtuoſa contro allaccidia . La penitentia e/ di color uerde che e/ſegno di conſiglo ; che e/ radicata in ſu laſperanza di dio. Onde naſce moderatione contro allauaritia. Lextrema unctione e/ di color roſſo ; che e/ ſegno della ſapientia che e radicata in ſu la carita inuerſo el proximo : che ne naſce abſtinentia contro alla gola . El matrimonio e/ di colore ſanguigno o uermiglo : che e/ ſegno dintellecto : che e/ radicato in ſu la carita uerſo el proximo. Onde naſce caſtita contro alla libidine.

Sotto coſi belciel chomho diuiſo
uentiquattro ſeniori adue adue
coronati uenien di fior daliſo
Ttucti cantauon benedecta tue
nelle figle dadamo : et benedecte
ſieno inetherno lebelleze tue
Poſcia che fiori et laltre freſche herbette
adrimpetto dime dallaltra ſponda
libere fur da quelle gente electe
Sicome luce luce inciel ſeconda
uennoro apreſſo allhor quattro animali
coronati ciaſchun di uerde fronda
Ciaſchuno era pennuto di ſei ale
le penne piene docchi et glocchi dargo
ſe fuſſer uiui ſarebbon cotali

d Dpo eſepte candelabri et la turba ueſtita a biancho ueniuano uentiquattro uecchi pe quali dinota euentiquattro libri della bibia : ne quali ſi contiene tutta la doctrina chriſtiana. Queſti ſi diuidono choſi. Venghono adunque a due adue Adimoſtrare che edue teſtamenti ſono congiunti : perche nel uecchio ſi contengono emiſterii et le figure ; et nel nuouo le choſe prefigurate ne miſterii del uecchio Verbi gratia Nel uecchio e Iona ingioctito dal peſcie : Nel nuouo e/ chriſto meſſo nel ſepolcro Erono ueſtiti di biancho Ilche exprime la pura uerita di queſta doctrina necta dogni falſita et la fede. Erono coronati di fior daliſo. i. giglo elquale dinota la fede. Et queſti ſono euētiquattro uecchi : equali ſcripſe Ioanni nello appocalipſe. Sotto choſi bel cielo : bello aere. Imperoche elatini dicono celum pro aere hinc uirgiliuſ mare ac terraſ celumque profudum : et chiama bella aria perche era ornata delle ſepte liſte. HO diuiſo : ho diſtincto et diſcripto. SENIORI : uecchi et e uocabolo latino. Seneſ uecchi onde ſenioreſ. Tucti cantando benedecta tue : Tucti cantando lodauono la uergine ; imperoche niente altro contiene eluecchio teſtamento ſe non myſterii et prophetie che dinotano laincaruatione del uerbo nella uergine laquale fu ſalutata dallangel gabriele benedecta ſopra tucte le donne lequali ſono tucte ſono figluole dadam. LEBELLEze tue : le tue uirtu. Imperroche lelbelleze dellanimo ſono ſanza alchuna comperatione piu excellenti chelle belleze del corpo : et niente e bello nellanimo che non ſia uirtu : et niēte uirtu che non ſia bello. Poſcia che fiori ; la ſententia e/ poſcia che tucta queſta gente fu paſſata quella parte del prato laquale era al dirimpecto dime ma dallaltra ripa del fiume. Imperoche allora rimane libero elluogho quando chi lo calpeſta lha paſſato et hallo laſciato ſgombro ; et choſi per tranſito dimoſtra che era gia paſſato el uecchio teſtamento nel quale anchora glhuomini eron ſerui del peccato. Onde ſeguitaua elnuouo nel quale uenne la noſtra redemptione et liberatione. Si chome luce : Exprime optimamente elprogreſſo di tucte queſte genti : et loſpiendore di tucti dicendo chome nel gyrare del cielo quello nō ſi uede mai uacuo di lumi : ma ſempre dopo una ſtella uiene laltra choſi dopo le luci de gia paſſati uenijono equattro animali con ſimile ſplendore. SI CHOME luce : cioe ſtella. SECONDA : ſeguita : LVCE : laſtella che gli ua innanzi. Et allegoricamente poſſiamo dire che la mente di chi ſtudia la ſacra theologia di tempo in tempo e illuminata di ſplendori et di ſcientia : perche una choſa gia inteſa apre lontellecto aintendere laltra che ſeguita. Preterea dimoſtra lordine perfecto peroche prima era no passati emysperii et leprophetie hora seguitano lecose prefigurate. QVattro animali: Qui sono pre figurati /e quatro euangelisti. Matheo. Marcho. Luca. et Giouanni. Matheo informa humana per che piu che glialtri discriue lhumanita di Christo. Marcho in forma di lione perche chome ellione riui uifica col suo rugito dopo elterzo di efigliuoli chosi Marcho piu chiara mente che glialtri dixe la resur rexione di Cristo: Lucha in forma di bue perche come el bue mette gran mugghio chosi lucha piu chia ramente che glialtri iscriue le predicatione di Christo. Ioanni informa daquila: Impero che come laqui la uola sopra glaltri uccegli et tiene fisi gliocchi nella luce chosi. Ioanni sopra tutti glialtri distese lo in tellecto alla diuinita di Christo et meglio potette raguardare lo splendore di quella. CORONATI cia schun diuerde fronda: Adinotare che la doctrina euangelica perche e/ uera sempre stara uerde et credo che intenda qui uerde fronde p lauro albero triomphale perche questa: laquale sola e/ uera ha uinto tut te laltre che sono false et diquelle trionpha. CIASCHVNO era pennuto di sei ale. Seguita el poeta lapocalypsi di Ioanni elquale medesimamente gli discriue chon sei ale delle quali due seleuauano alla te sta adinotare elsuo principio: Due sabbassauano apiedi adinotare elprogresso insino alfine. Et due alle braccia et alle mani lequali significano lesue operationi. Et perche laltezza sua della diuinita fu pocho dalloro intesa connaturale ragione pero finge Ezechiel che con le penne che andauano alcapo et con que lle che andauano apiedi copriuano elcorpo cioe laltezza di christo et la diuinita laquale fu poco riuelata loro: Et la profondita che significa laduenimento di christo del quale non seppono el tempo: Et benche Ioanni ne ponga sei: et Ezechiel quattro. Nientedimeno torna alla medesima sententia: perche el uan gelista intese la ragione et lintellecto: et el propheta solo lontellecto. Ma la lungheza che fu la uita cor porale di cristo: et la beatitudine che fu la doctrina era loro nota. LE PENNE Piene docchi. Per gloc chi equali iohanni dice che lale haueano dentro et di fuori significa la circunspectione che idio concedec te a gli euangelisti a uedere dentro laddiuinita del uerbo uelata sobto lhumanita: et difuori lhumanita cō giunta con la diuinita. Siche queste due nature faceano uno indiuiduo. Preterea secondo Ioanni hauea no glocchi dinanzi et di drieto: Ilche significa che considerorono le prophetie et misterii del uecchio te stamento dal principio del mondo insino alla sexta eta: nella quale uenne christo: et dallui comintio la septima: et dalla septima infino alla fine del mondo: laquale sara quando christo uerra a giudicare. ET GLOCCHI DARGO. Hauea Argo cento occhi: et fu posto da iunone in custodia di Io mutata in uac ca: acciochè Ioue non la riducessi informa humana. Ilperche Mercurio mandato da gioue luccise: Et Iu none ornò le penne de suoi pauoni con quegli occhi.

Adiscriuer lor forma piu non spargo
 rime lectore chaltra spesa mistrigne
 tanto chenquesta non posso essere largo:
Ma leggi ezechiel che ledipigne
 chome le uide dalla fredda parte
 uenir con uento con nube et con igne
Et qual le trouerrai nelle sue charte
 tali eron quiui saluo cha lepenne
 giouanni e/mecho et dalui si diparte

[E]Cusa el poeta la sua breuita dicendo che non puo esser largo et liberale in spargere piu rime indiscriuere euangelisti perche altra spe sa lostrigne quasi dica perche conuiene che discri ua altro. MA LEGGI Ezechiel. Chostui fu u no de propheti elquale con Ioachim re di Hieru salem fu menato seruo in babylonia: Et in un tē po chostui propheto in chaldea a suoi hebrei qui ui serui: et Hieremia in iudea: ET QVALI lui eron: Tali mapparuono inquella processione quali ezechiel le discriue. SALVO CHE Alle penne Ioanoi e/meco: E in mio fauore et difen de la sententia mia et dipartesi da ezechiel: Imperoche Ioanni gli finge con sei ali et ezechiel chon quat tro: delle quali due chopriuano ecorpi loro: et due delluno si congiugneuono colle penne dellaltro.

Lospatio drento allor quattro contenne
 un carro insu due ruote triumphale
 chalchollo dun grifon tirato uenne
Esso tendea su luna et laltra ale
 tra lamezzana et le tre et tre listre
 si chanulla fendendo facea male
Tanto salian che non eron uiste
 le membra doro hauea quanto era uccello
 et bianche laltre di uermiglo miste
Non che roma di carro dor si bello
 rallegrasi africano ouero augusto

[T]ra soprascripti quattro animali era un car ro triumphale doro di due ruote tirato da uno uccello grifone: elquale distendeua lale insu tra la lista del mezo et laltre tre: et tre sanza toc carne alchuna: et inalzauonsi tanto queste ale: che non si uedeano. Et le membra del griphone che sono uccello eron doro: laltre bianche miste di uermiglo. Questo carro e/ la nuoua chiesa: et le due ruote sono el uecchio et nuouo testamē to: Et ueramente carro triumphale: perche nessu na altra synagoga o congregatione triumpha del diauolo et riman uincitrice delle sue battagle: se non la chiesa fondata in christo: Et doro perche e/ optima bellissima et incorruptissima: E / in

ma quel del ſol ſaria pouer conello
Quel del ſol che ſuiando fu combuſto
per loration della terra deuota
quando fu gioue archanamente giuſto

mezo de quattro euangeliſti: perche el ſugetto: et la materia della nuoua chieſa e/ la uerita euangelica: Et a quello ogni decto ſi referiſce. Luccello gryphone elquale e/ di due nature. Impoche le prime parti ha duccello: et lultime di leone. Significa chriſto elquale e/ di due nature diuina et humana. Adunque la parte delluccello rapreſenta la diuinita: et quella delleone lhumanita. Chriſto adunque hedifico la chieſa: et lui la tira alla uolonta et lobedientia del padre. Lale de gryphone ſono due la dextra dimoſtra la iuſtitia diuina: et la ſiniſtra la miſericordia: lequali mentre che fu in terra ſempre diſteſe alcielo et congiunſe col padre et collo ſpirito ſancto: Queſte ſidiſtendono tra leſepte liſte che ſono eſepte ſacramenti ſegni de ſepte doni dello ſpirito ſancto. informa che mettono inmezo quello del mezo che e/la eucariſtia cioe el ſanctiſſimo corpo di chriſto elquale ueramente e in mezo tra la iuſtitia et la miſericordia. Imperoche Chriſto inſtitui queſto ſacramento inſegno di iuſtitia col quale rendeſſimo al padre tal ſacrificio qual ſiamo tenuti/ perche neſſuno altro era conueniente alla diuina excellentia Inſtituillo anchora in ſegno di miſericordia: perche con quello conſeguitiamo la miſericordia didio: per laquale et non per alchun debito cie dato uita etherna. Difuori della dextra ala rimanghono tre liſte: che ſono criſma: bapteſimo et ordine: ſegni di tre doni dello ſpirito ſancto procedenti dalla diuina iuſtitia: timore: pieta: et forteza. Impero che conſeruandoci idio in queſte tre gratie iuſtamente poſſiamo piacere adio et meritare eterna uita. Da ſiniſtra e penitentia extrema unctione. et matrimonio: et ſon dallala della miſericordia/ et ſono ſegni deglaltri tre doni dello ſpirito ſancto: conſiglo: ſapientia: et intellecto. Leucariſtia che e/ſegno di ſcientia ſta inmezo di due ale perle ragioni gia decte diſopra. Ne per queſto dica a'chuno che el poeta diuida la iuſtitia dalla miſericordia luna dalla dextra et laltra dalla ſiniſtra ala. Ma uuole che in quegli della dextra preceda la iuſtitia: et inquegli della ſiniſtra preceda la miſericordia. Et pero dice che lale ſalendo non faceano male aneſſuna liſta. Hora tornando alla expoſitione del texto. CARRO TRIOMPHALE: per premio dhonore era inſtituto appreſſo a glantichi che el duca dello exercito elquale haueſſi portato ampla uictoria denimici. Et haueſſine uccisi inuna battagla almanco cinquemila diquegli: et ropto et meſſo in fuga el reſto ne poteua appreſſo de romani triomphare: chi non fuſſi ſtato nello exercito dictatore o conſolo o pretore. El triumphante andaua in ſu ornato carro tirato da quattro cauagli bianchi. Et e ſenato glandeua innanzi inſino incapitolio: et quiui ſacrificaua tori. Ma elacedemonii haueuono conſuetudine che ſe el triompante haueſſi uincto e nimici con ſua aſtutia ſacrificaſſi un bue: ſe con battagla ſacrificaſſi un gallo tāto piu ſtimauon le coſe facte con prudentia. Ilche e/ proprio dellhuomo che per forza. Dicon che baccho fu elprimo che trouaſſi triompho uincte le parte orientali: et el carro ſuo fu tyrato dagli elephanti. Se ſoſtre re degypto per ſomma ſuperbia ponea al giogo quattro dere allui ſottopoſti. Eltriumphante ſedea nel carro in ſedia dorata con ueſte palmata. Eluiſo ſuo era tinto di roſſo ad imitatione dello elemento del fuocho: precedea dal collo una catena doro alla quale era appiccata una bolla doro: hauea corona di lauro: et uno ſceptro di auolio. NON ERON uiſte: perche ſalgono inſino adio elquale neſſuno puo comprendere: et la iuſtitia ua al padre et la miſericordia allo ſpirito ſanco. LE MEMBRE doro. Queſte dinotano la diuinita. ET BIANChe laltre di uermiglo mixte: queſti due colori che ſono della carne et del ſangue dinotano lhumanita di Chriſto: el biancho la innocentia ſua: elroſſo la carita. NON Che roma: laſententia e che non che ecarri triomphali equali uſo Roma et in molti altri: ma maxime in affricano et augusto fuſſino da aguaglare aqueſtō carro. Ma elcarro del ſole elquale diſcriuono epoeti ſarebbe pouero acomperatione di queſto: AFRICANO: o intende del maggiore elquale uinſe hanibale: o del minore che diſtruxe cartagine. Auguſto: Di coſtui ſcriuemo nelprimo canto della prima cantica. QVEL DEL ſole che ſuiando fu combuſto: Tocca la fauola di phetonte la quale altroue habbiamo narrata.

Tre donne in giro dalla dextra rota
uenien danzando luna tanto roſſa
chappena fora dentro elfoco nota
Laltra era chome ſe la carne et loſſa
fuſſono ſtate di ſmeraldo facte
laterza parea neue teſte moſſa
Et hor parean dalla biancha tracte
hor dalla roſſa et al canto di queſta
laltre toglean land re tarde etrapte
Dalla ſiniſtra quattro facen feſta
di purpura ueſtite et drieto al modo
duna diloro chauea tre occhi inteſta

P One alla dextra rota che diſegna el nuouo teſtamento tre donne: lequali uennon danzando ingyro per lequali intende letre uirtu theologiche: perche queſte furon men conoſciute nel uecchio teſtamento che nel nuouo LVNA tanto roſſa: queſta e la carita laquale e feruente amore didio et del proximo: et pero lapone in colore di fuocho: et aggiugne che ſe fuſſi ſtata drento dal fuocho non ſarebbe ſtata conoſciuta da quello: adinotare che el feruore della carita nō e/minor chequel del focho. LAltrera chome ſe haueſſi la carne et loſſa di ſmeraldo. i. era uerde chome e loſmeraldo: et queſta e la ſperanza laquale ſempre dibbe ſtar uerde: ne mai mancare laquale etheologi diffiniſcono essere attentione certa della gloria futura prodocta dalla gratia didio et da precedente merito. LA TERza parte neue teste mossa: questa e la fede laquale per le ragioni gia decte disopra debba essere pura et candida. Et e fede substantia di chose da essere sperate et argomentate. i. dimostratione delle non apparenti. Di queste uirtu theologice tracteremo nel uigesimo quarto canto del paradiso. Et hor parea dalla biancha tracte hor dalla rossa. Questo seruie perche alchuna uolta lafede e quella che genera et no i carita et speranza: et alchuna uolta la carita genera fede et speranza. Ma la speranza non ua mai innanzi alla fede et alla carita. Et dal canto di questa carita laltre tolgon landare tarde et rapte: Ilche niente altro significa se non che tanto ua la fede et tanto ua lasperanza quanto la carita le muoue. E/el carro. i. lachiesa militante nel mezo delle septe uirtu: perche con le tre theologice lequali ha da man dextra ghouerna le chose spirituali chome piu nobili: et con le quattro cardinali gouerna le temporali le quali chome meno nobili sono dalla sinistra: Onde Salomone. In sinistra illius diuitie et gloria. Dalla sinistra: pone daquella ruota che rappresenta el uecchio testamento le quattro uirtu cardinali dellequali furono pieni etiam quegli del uecchio testamento. Induce queste uestite di porpora adinotare lacarita et el feruore dello amore sanza elquale nessuno puo hauere queste uirtu. Drieto almodo duna diloro che hauea tre occhi intesta. Sono queste uirtu quattro et ciaschuna ha lufficio suo elquale non e/ perfecto se la prudentia non glene mostra uerbigratia luffitio della forteza non e ricusar laboriosa angoscia et horribili pericoli per conseruare con honesta la patria eparenti et glamici. Ma non sa per se medesima ne el modo ne la uia che debba tenere aconseguire questo se la prudentia non lo insegna. Similmente la prudentia dimostra alla iustitia quanto essa debba attribuire et aciaschuno et alla temperantia: quali sono le uolupta che debba fuggire. Hora poi che el poeta pone qui queste quattro uirtu/ giudico che elluogho desideri: che brieuemente pognamo lor gine et la distinctione di quelle. Sono adunque neglanimi nostri quattro principii et fonti impressi dalla natura: da quali procedono quattro uirtu. Et prima conosce ciaschuno hauere inse somma cupidita dintendere et diconoscere ogni cosa. Ilperche e molesto quando erriamo o quando siamo ingannati da altri. Laquale cupidita induce in noi prudentia. Preterea habbiamo una certa generosita data allanimo nostro dalla medesima natura: la quale non uuole che ci sottomettiamo adaltri se non alla ragione et allhonesta della quale generosita nasce la forteza. Insurge ancora in noi un pudore et uno obstacolo elquale ci ritrahe che non facciamo o diciam chosa che non sia conueniente: et che ci faccia trascorrere in uituperose uolupta. Et questa e/ procreatrice della temperantia: Nel quarto luogho e la giustitia laquale produce la natura in noi: perche essendo lhuomo cupido di uiuere in consortio et in compagnia deglaltri huomini conosce quella non potere durare se non sida aciaschuno quanto segli conuiene. Questi sono quattro non dico uirtu ma principii et semi di uirtu pequali possiamo conseguire le uirtu perfecte. Prudentia e per la quale habbiamo certa cognitione delle delle chose che si debbono cercare o fuggire: laquale elpoeta pone contre occhi: perche chome scriue Seneca debba el prudente prendere el futuro dispensare el presente: et ricordarsi delpassato. Et iustitia e habito danimo elquale conseruando la commune utilita tribuisce aciaschuno quanto segli conuiene secondo la sua dignita: laforteza e quella che con certa ragione cipigne contro apericoli et asopportare ogni laboriosa difficulta. latemperantia e quella per laquale ciastegnamo da ogni non honesta uolupta. Queste uirtu et le spetie di ciascheduna trouerrai explicate in diuersi luoghi nella prima cantica:

Appresso tutto elpertractato modo
  uiddi due uechi in habito dispari
  ma pari inacto honestato et sodo
Lun simostraua alchun defamiliari
  di quel sommo hipocrate che natura
  aglanimali fe che lha piu cari
Mostraua laltro lacontraria chura
  con una spada lucida et acuta
  tal che diqua dal rio mi fe paura

a Ecioche niente pretermetta et per ordine preceda elibri del nuouo testamento: hauendo gia posto equattro euangelisti et le theologiche uirtu: seguita ponendo glacti deglappostoli equali luca scripse oltra eluangelio: et pone le pistole di paolo Et queste due chose allegoricamente dimostra per due uecchi equali dice hauere dispari habito: imperoche sancto luca ueniua in habito di medico: et chome fossi uno de discepoli di ippocrate: larte delquale e/ curargli huomini et mantenergli in uita: et paolo uenia con laspada laquale e instrumento da torre lauita: Eccho adunque che lhabito era dispari: imperoche luca dimostraua habito di medico elquale mantiene la uita: HIPPOCRATE che: cioe elquale. Natura: iddio che e/ natura naturante. FECE Aglanimali che glha equali essa natura ha piu cari: la sententia e/ che la natura fece hippocrate ad utilita deglhuomini equali sono epiu cari animali che habbia iddio: Hippocrate fu dellisola di choo: nobilissimo medico del quale scriuemmo nelquarto canto della prima cantica: Luca antiocense fu di natione syrio: Scripse lo euangelio in antiochia: Molto egregio era in medicina: Fu discepolo degli appostoli Et oltra el uangelio scripse ellibro intitolato glacti degli appostoli: Mori in bithynia nellanno septuagesimo quarto della sua eta: Vixe sanza peccato obseruando uir ginita. MOSTRAVA Laltro la contraria cura: Et queſto e/ Paolo elquale hauendo la ſpada: non ha habito di curare: ma duccidere. LVCIDA ET ACVTA: e/ attribuita la ſpade e paolo per la ſua ſomma acrimonia et uehementia et tollerantia danimo

Poi uidi quattro in humile paruta
et dirietro da tutti un uecchio ſolo
uenir dormendo con la faccia acuta
Et queſti ſepte col primaio ſtolo
erono habituati ma di gigli
dintorno al capo non facean broſo
Anzi di roſe et daltri fior uermigli
giurato arei poco lontano aſpecto
che tutti ardeſſin diſopra da cigli

q Veſti quattro in humil uiſta ſono equattro apoſtoli equali fecion lepiſtole chiamate canoniche: lequali nella bibbia ſono poſte doppo gliacti deglapoſtoli: Et ſono Iacopo fratello di chriſto. Piero. Ioanni: et iuda fratello di Iacopo Coſtoro ſcripſono epiſtole miſtiche: et choſi brieui chome lunghe: brieui nelle parole: lunghe nelle ſententie. IN HVMILE Paruta: pel humilta dellanimo: et pel pouero et baſſo ſtato. VN VECCHIO SOLO: Intende ioanni per lapochalypſe: elquale e/ lultimo libro del nuouo taſtamento DORMENDO: Dinota che le uiſioni le quali lui deſcriue nellapocalypſe hebbe ſancto Ioanni quando nella cena ſaddormento in ſul pecto di chriſto: et diſcripſela dipoi in ſua ſenectu nellisola di pathmo CON LA Faccia arguta: ſobtile in uiſta: Ilche dice perche fu dalto et profondo ingegno ET QVESTI SEPTE: cioe eprimi due uecchi Paolo et Luca: Et equattro dhumile uiſta. Iacopo. Piero. Ioanni: et Iuda per le epiſtole: et Ioanni per lapocalypſe. ERONO Habituati col primaio ſtuolo perche ſimilmente erono in habito bianco: Ma non haueano ghyrlande di gigli chome quegli. NON FACEAN brolo di gigli. i. uerzura perche choſi ſignifica in lingua lombarda. Inſomma e uentiquattro libri della bibbia hanno le corone di gigli. perche chi gli ſtudia ſanza fede niente uagliono. Euangeliſti hanno di uerde che ſignificano laſperanza: Imperoche elprincipio deuangelii e/ la uigoroſita della ſperanza perche inuano ſarebbe tale ſtudio ſe non ſperaſſimo quello che loro promectono. Et queſti ſepte hanno efior uermigli: perche elloro principio e carita.

Et quando elcarro mi fu dirimpecto
un tuon ſudi et quelle gente degne
paruono hauer landare piu interdecto
Formandoſi ui con le prime inſegne.

q Vando el carro elquale procedea auanti arriuo inquel luogo elquale era alloncontro di me: un tuono fu udito elquale parue che interdiceſſi landare aquelle genti degne. Ilperche ſi fermorono: et anchora leprime inſegne che furono eſepte candelabri ſi fermorono. Ha adunque tirato el grifone cioe chriſto con ſua paſſione et morte elcarro. i. la ſinagoga mutata in ſancta chieſa inſino al dirimpecto di danthe cioe nel conſpecto dogni huomo et atucti lha manifeſtata: Et certamente chi ſtudiando le ſacre lettere procede con queſto ordine elquale ha deſcripto elpoeta uede et intende la ſua ſalute. Et queſta e la uia che ci conduce alla contemplatione della etherna uita et delle choſe diuine doue conſiſte la noſtra felicita poi che haremo beuto del fiume letheo et in quello lauatoci ideſt poiche ſaremo nelle uirtu dellanimo gia purgato: nelle quali altucto dimentichiamo non ſolamente euitii ma ogni choſa che ci poteſſi infiamare aquegli. Et dipoi del fiume eunoe per elquale ſaccenda in noi lamore delle uirtu del ſommo bene elquale e/ inextimabile informa che in terra ſiamo chome angeli. VN tuono ſudi: quanto alla lettera biſogna che tal tuono in queſto luogo elquale e ſopra la terza regione doue neſſuno uapore puo ſalire: ſia ſopra natura et facto da dio inſegno chel carro ſi fermaſſi. Ma allegoricamente ſecondo franceſcho da duti intenderemo che dallegno della notitia del bene et del male onde nacque la diſubidientia de primi noſtri parenti inſino allegno della croce ſempre lhumana generatione ando uerſo occidente: perche erei andauono allinferno et ebuoni allimbo: Ma poi che chriſto tiro el carro al fiume iordano et creo el bapteſimo allhora fu udito eltuono. i. la uoce didio del padre uerſo di Chriſto bapteza nteſi laqual fu. Hic eſt filiuſ meuſ dilectuſ in quo mihi bene complacui. Adunque dopo queſto tempo uſci lhumana generatione della legge della ſeruitu: et entro in quella della gratia et fermoſſi di non andare piu aoccidente. Fini la legge di moyſe et della circunciſione et comincio la euangelica et elbapteſimo: et qui uolle idio che per obbedientia tornaſſimo allegno della notitia del bene et del male. Onde diſotto moſterra el poeta che queſta gente deſſi uolta. PARVONO hauer landare piu interdecto: parue aquelle genti che el tuono interdiceſſi et uietaſſi loro andare piu oltre: intendi per la legge di moyſe. Fermandoſi ui nella legge euangelicha. COLLE prime inſegne: co doni dello ſpirito ſancto: et co ſepte doni di ſancta chieſa: et con tucte laltre choſe gia narrate.

CANTO . XXX . DELLA SECONDA CANTICA DI DANTHE

q Vandol ſeptentrion del primo cielo
che ne occaſo mai ſeppe ne orto
ne daltra nebbia che di colpa uelo
E che facea li ciaſchumo accorto
di ſuo douer chomel piu baſſo face
qual rimon gira per uenite aporto
Ferma ſaffiſſe la gente uerace
uenuta prima chel griphone et eſſo
al carro uolſe ſi chome a ſua pace
Et un di lor quaſi dal cielo meſſo
ueni ſponſa de libano cantando
grido tre uolte et tutti glaltri appreſſo
Quali ebeati al nouiſſimo bando
ſurgeran preſto ognun diſua cauerna
la riueſtita carne alleuiando
Cotali in ſu la diuina baſterna
ſi leuar cento ad uocem tanti ſeniſ
miniſtri et meſſaggieri di uita eterna
Tutti dicean benedictuſ qui ueniſ
fiori gittando diſopra et dintorno
manibuſ o date lilia pleniſ .

c Ontiene queſto trigeſimo canto delpurgatorio in che forma Beatrice apparisce al poeta: et chome lo riprende: et finalmente come Virgilio labbandono: QVANDOL Septentrione: La ſententia e/quando ſaffixe fermo el carro gia decto: La gente che glera uenuta innanzi al gryphone et epſo gryphone ſi uolſe al carro: Ma per ſimilitudine chiama queſto carro ſeptentrione del primo cielo; cioe del cielo empyreo doue ſono le ſedie de beati. Imperoche chome elſeptentrione della octaua ſpera ha ſepte ſtelle che fanno forma di corno innanzi al carro del gryphone. Del primo cielo. adifferentia del ſeptentrione cha noi ueggiamo nella octaua ſpera. Che ne occaſo mai ſente ne orto Imperoche chome el noſtro ſeptentrione e/tanto eleuato an noi et tanto preſſo al polo noſtro che ſempre ſi uede: et non fa chome laltre ſtelle che ora naſcono et hora uanno ſobto: choſi eſepte doni dello ſpirito ſancto non ſentono occaſo ideſt tramontamento ne ortu ideſt naſcimento; peroche eſſendo etherni non hanno principio. Ne hanno altro uelo che di colpa. Imperoche non e/chome el noſtro ſeptentrione el quale ſpeſſo cie tolto di uiſta dale tenebre et da nuuole che occupono laria / Ma queſto non ci puo eſſere naſcoſo ne coperto da altro uelo che da colpa et peccato . Perche ſolo el peccato e / quello che naſconde allhuomo edoni dello ſpirito ſancto . Et che facea li : ſeguita nella ſimilitudine gia facta di queſto ſeptentrione al noſtro delloctaua ſpera; et dice che chome el noſtro ſeptentrione: doue e/ le tramontana fa accorto el nocchieri che regga el temon ſuo ſecondo quella ſe uuole uenire ſicuro in porto; Choſi quello facea li nel paradiſo . i . nello ſtato della innocentia. Imperoche chi uuole uenire ad beatitudine conuiene che regga la ſua naue; et ad dirizila secondo la guida de doni dello spirito sancto. Et ordina el texto cosi. Quando saffisse fermo el septentrione del primo cielo: che non seppe mai. i. non senti ne occaso ne orto: Et non seppe mai uelo cioe non hebbe mai coprimento alchuno; se non di colpa che ne toglessi. et elquale facea li nel paradiso terrestre ciaschuno di quegli che sequitauano ecandelabri accorto et amaestrato: chome el nostro septẽtrione: elquale e piu basso FACE. i. fa accorto et amaestrato a prender buon uiaggio: QVALE: cioe qualunche gyra el temone per uenire a porto: Quando adunque si fermo questo septentrione. i. esepte cãdelabri: LA GENTE VERACE: cioe quegli che seguiuono: equali disopra dimostrammo essere esancti huomini del uecchio testamento: equali ueramente predixono christo uenturo et in quello credectono ET ESSO GRIPHO: cioe christo: SI VOLsono al carro: cioe a sancta chiesa: Chome a sua pace. i. chome a sua fine. Imperoche cio che contiene el testamento uecchio e/ a fine di constituire la sancta chiesa. ET VN DILORO: Intende di Salomone elquale prophetando chome chosa mandata da cielo Et preuedendo la chiesa futura fondata sopra christo: et quanto christo lhauea a dannare nella cantica sua dixe in persona di christo Veni sponsa dalibano inuitando la synagoga de giudei laqual shauea amutare nella chiesa: esser sposa di christo. Predixe adunque Salomone chome christo con sua predicha: et doctrina douea chiamare la synagoga alla nouella chiesa. ET TVTTI Glaltri apprcsso. Ilche sign f ca che come Salomone predixe la uentura chiesa chosi tutti glaltri propheti la predixono. QVALI EBEATI. Pone optima comperatione che chome nel di del gran iudicio tutti ebeati in un subito al suono delle trombe angeliche usciranno riuestite delle proprie carni delle loro cauerne: Chosi alla uoce di Salomone si leuorono cento: et tutti diceano Benedictus qui uenis. AL NOVissimo bando: allultima richiesta: Bando e/ ogni cosa publicamente manifestata precedente el suon della tromba. BASTIRNA Chiamauono glantichi basterne certi uehicoli: ouero carrette nelle quali eromani sacerdoti: et le uergini uestali portauano quasi a processione eloro sacri: Ma per similitudine pone basterna el carro gia decto. MINISTRI et messaggieri di uita eterna. Molti intendono angeli: Ma forse e/ meglo intendere glaltri propheti: equali furono messaggieri di uita eterna: perche predixono lecose uenture ordinate da dio Et maxime la incarnatione del uerbo et la nuoua chiesa sposa di christo. BENEDICTVS qui uenis Chome nella festa delle palme grido el popolo di hierusalem quando christo in su lasina entro nella cicta. MANIBVS date lilia plenis: E/ sententia presa da uirgilio: elquale deplorando la morte di Marcello conforta che tali exequie sieno ornate di gigli et di fiori: Onde dice nel sexto Manibus date lilia plenis Purpureos spargam flores animamque nepotis His saltem accumulem donis: Et in tal modo ptransito eadmonisce che honoriamo la passione di christo.

Iuidi gia nel cominciare del giorno
  laparte oriental tutta rosata
  et laltro ciel del bel sereno adorno
Et la faccia del sole nascier ombrata
  siche per temperanza de uapori
  lochio losostenea lungha fiata
Cosi drento una nuuola di fiori
  che delle mani angeliche saliua
  et richadea in giu dentro et di fuori
Sopra candido uelo cinta duliua
  donna maparue sobto uerde manto
  uestita di color di fiamma uiua
Et lo spirito mio che gia cotanto
  tempo era stato con la sua presenza
  non era distupore tremando affranto.

d Imostra che beatrice glapparue in una nuuola di fiori inquel modo che apparisce alchuna uolta el sole da mattina ombrato da certi uapori equali gli tolgono tanto della sua luce che lhomo sofferisce di guatarlo. Et lanuuola de fiori quando saliua inuerso el cielo per le mani deglangeli: et quando ricadeua ingiu. Et beatrice hauea in testa un uelo bianchо elquale cignea una ghyrlanda duliua: et hauea disotto la uesta uermigla: et un manto disopra uerde. Dimostra che chome interuiene che noi possiamo uedere elcorpo del sole: se qualche sottile nuuola non spegne in parte lo splendore de razi: chosi danthe non harebbe potuto sofferire lo splendore del uiso di beatrice se non hauessino obstato in forma di nuuola efiori che dintorno gli pioueuono. questo significa che non potremmo intendere le chose diuine: et incorporee le quali didio tractando etheologi se lor non le facessin palpabili con alchuna similitudine di chose corporee. Era beatrice coperta el capo di uelo candido et coronata duliuo. Alchuni pongono el uelo per la practica: et lulíuo per la sapientia perche e albero consecrato a minerua. A me pare che la theologia debba hauere eluelo bianchо per la fede: altroue lui medesimo ha posto: et la corona dellulíuo dinoti la pace secondo che pongono tucti glaltri poeti: perche latheologia fondata nella fede da pace et tranquilita aqualunque quella seguita. El uestimento uerde et rosso e/la speranza et la carita: lequali tre uirtu sono sole della theologia: Et perquesto sono decte theologiche. ET LO SPIrito mio: Nella uita del poeta dimostrammo chi fusse beatrice figluola di folco portinari: Et dipoi in piu parte di questo poema e/ stato manifesto che lamore pudicho elquale portaua aquesta donna fece che lui riducessi la historia apoeticha phantasia et fictione; et ponghila perla uita contemplatiua secondo la religione christiana. Ilperche fu molto aiutato dal nome.

per che beatrice significa piena dibeatitudine. Et nessuna chosa abbonda dibeatitudine se non laccgnitione didio et delle celesti chose

Senza daglocci auere piu conoscenza
  per occulta uirtu che dale mosse
  danticho amore senti la gran potenza
Tosto che nella uista mi percosse
  lalta uirtu che gia mhauea trafìcto
  prima che fuor dipueritia fosse
Volsimi alla sinistra con rispicto
  colquale elfantolin corre alla mamma
  quando ha paura oquando egle afflicto
Per dicere aduirgilio men che dragma
  disangue me rimaso che non triemi
  cogniosco esegni dellanticha fiama
Ma uirgilio nhauea lascati scemi
  dise uirgilio dolcissimo padre
  uirgilio acui per mia salute diemi

SANSA DA GLOCCHI: lasententia e/che benche glocchi miei non la conoscessino. Nientedimeno una occulta uirtu chemouea dallei mi fece sentire la potentia grande che hauea lantico amore. Finge adunque gia in pueritia essere stato innamorato di Beatrice: et hora non perche la riconoscessi al uolto. Ma per una occulta inspiratione procedenti dallei risenti lantico amore. Ilche dinota che insino da teneri anni lhuomo comincia ad amare beatrice. i. el sommo bene: el quale ci beatifica. Ma difficilmente allhora lo conosciamo. Dipoi tanto puo la sensualita: et lappetito elquale ci torce alla uia delle uolupta et de beni della fortuna che sequitiamo quegli chome sommo bene: Et in questo modo ci dilunghiamo da Beatrice informa che glocchi nostri guidati dallappetito non la riconoscono piu: perche non uedendo lui che la uolupta/non credeua essere altro bene che quella. Ma poiche siamo purgati da uitii: et diuenuto allo stato della innocẽtia spira in noi la gratia preueniente: laqual chiama uirtu occulta: et questa ci fa riconoscere beatrice: laquale da principio amammo: Et questa gratia cinfiamma dellamore suo essendo epsa el sommo bene. TOSTO. Subitamente che per questa gloria lalta uirtu. i. el celeste amore elquale gia in pueritia mhaueua trafìcto al presente mi percosse: Et certo e/innato ne glhuomini lamore del uero bene: Ma elfalso bene cinganna. Ilperche ci diuidiamo dallui insino atanto che la ragione comincia a potere in noi piu che lappetito. Io mi uolsi a man sinistra chosi a Virgilio chome el fanciullino si uolge alla mamma: o quando ha paura: o quando ha alchuna lesione. Ma uolgendomi maccorsi che Virgilio gia era partito da me Et haueaci lasciati me et statio scemi: perche era diminuito el numero uirgiliano dico dolcissimo padre alquale io mero dato per mia salute: et uoleuo dirgli a me non e/ rimaso una dragma di sangue che nõ triemi per lamore: et so che procede da amore: perche io conosco esegni dellanticha fiamma: Laquale sententia traxe di Virgilio: doue dixe Agnosco ueteris uestigia flamme. Volsesi a Virgilio. Ilche dinota che percosso dallamore ricorse alla ragione: laquale e/ nellhuomo per conoscere tale amore: et la cagione di quello. Ma Virgilio lhauea abbandonato. i. non potea la ragione humana per se conoscerlo sanza la diuina gratia. Ma era rimaso statio. i. lontellecto illustrato dalla christiana theologia. Danthe la conobbe per la gratia preueniente.

Ne quantunque perde lantica madre
  uolse alle gbuance nette dirugada
  che lacrimando non tornassino adre
Danthe per che uirgilio sene uada
  non pianger ancho non pianger anchora
  che pianger ticonuien per altra spada
Quasi amiraglo chen popa et in prora
  uiene auedere lagente che ministra
  per glialtri legni et abene fare glaccora
Insu lasponda delcarro sinistra
  quando miuolsi alsuono del nome mio
  che dinecessita qui sirigistra
Vidi ladonna che pria ma pario
  uelata sotto langelica festa
  drizar glochi uer me diqua dal rio
Tutto quel uelo che gli scendea ditesta

P Ote tanto in me lapdita di Virg che bẽche io fussi nel paradiso delle delitie: elquale lantica madre. i. Eua prima femmina perde per sua disubidientia: et hauessi le guancie nette dirugiada: Nientedimeno epse diuentorono adre et luctuose: et lachrimando: ADRE. cioe atre: et atro in latino significa nero: et per consequente luctuoso et mesto. DANTHE PERCHE: Vedendo Beatrice el dolore di Danthe per la partita di Virgilio si uolse allui con queste parole: Danthe non piangere perche Virgilio se ne uada: p che anchora ti conuien piangere PER Maggiore spada: cioe per maggior duolo: chome pocho disobto uedremo. QVASI ADMIRAGLO Optima comperatione nella quale assomiglia la theologia alladmiraglo dalchuna armata. Imperoche chome ladmiraglo non uscendo del proprio suo legno: Ma faccendosi hora in su la poppa et hora in su la prua conforta quegli che sono in su glaltri legni: et accendegli a ben fare: chosi

cerchiato della fronde dimynerua
non lalaſciaſſi parer manifeſta

Beatrice in ſu la ſponda ſiniſtra excitaua Danthe a far quello che diſobto intenderai. Choſi la theologia non uſciendo del carro che ſignifica el corpo ditutta laſacra ſcriptura: et dalla ſiniſtra ſpõda che ſignifica eluecchio teſtamento doue e la doctrina della chieſa probibitiua et punitiua: Imperoche neluecchio teſtamento idio facea manifeſte et preſte uendecte: Et Beatrice qui minaccia Danthe: Et pero non era nella dextra che ſignifica el nuouo teſtamento doue e/ la chieſa exortatiua: et promettitrice delleterna uita. perche anchora non gli promette nulla: ma riprendelo. Et lui ſi riuolge al ſuono del nome ſuo a dinotare che queſte parole erono contro alla ſenſualita: laquale ſignifica per Danthe: Et pero dice che di neceſſita qui ſi regiſtra. VIDI LA DONNA. Volgendomi aiſuon della uoce uidi che quella che parlaua era la donna che prima mera apparita. VELATA SOTTO Langelica feſta: Circundata da glangeli: equali dicemmo diſopra cantare Benedictus qui uenis: Et drizaua glocchi ad me di qua dal rio. TVTTO CHEL VELO: Habbiamo dimoſtro diſopra che ſignifichi el uelo et la ghyrlanda. Ma qui arroge chelui la conobbe non obſtante cheluelo non la laſciaſſi ueder manifeſta adimoſtrare che la fede non ha ſcientia.

Regalmente nellacto anchor proterua
con tinuo chome cholui che dice
et piu caldo parlar dirieto ſerua
Guardami ben ben ſom ben ſon beatrice
chome degnaſti diueder el monte
non ſapei tu che qui e/ lhuom felice
Glocchi mia cadder giu nel ſacro fonte
ma ueggendomi ineſſo traſſi alherba
tanta uergogna migrauo laſfronte
Choſi lamadre alfiglo par ſuperba
cho mella parue ame per che damaro
ſentil ſapor della pietate acerba
Ella ſitaque et glangeli cantaro
diſubito inte domine ſperaui
ma oltra pedeſ meoſ non paſſaro

r Egalmente: cioe altamẽte et imperioſa ſanza riguardo ſichome ſoglon fare ere: NEL LACTO: Nella uiſta difuori; ANCORA: Qui dice che benche ſhaueſſi a placare pure anchora era proterua: cioe altiera. CHOME Cholui che dice et piu caldo parlar drieto riſerua: E/ precepto darte che chi ha a riprendere et accuſar prima dimoſtri et pruoui lerrore piu toſto acutamente che acerbamente: et dipoi nella concluſione con grande empito et grauita di parole et di ſententie lo fulmini et acremente lo riprenda. Ma etiã naturalmente queſto medeſimo fa chi riprende GVARDAMI BENE: Parole piene daſperita et di uehemente riprenſione. BEN SON BEN Son Beatrice. q. d. Quella che tu cominciaſti ad amare et poi laſciaſti. CHOME Degnaſti daccedere al monte. Alquanti uoglono che Beatrice lo riprenda di riprenſione: et expongono choſi: chome degnaſti tu. i. chome hai tu giudicato te eſſer degno daccedere: cioe di uenire al monte: quaſi dica non eſſendo degno ſalire al monte nella cui ſommita e/ el paradiſo. NON SAPEVI TV Che qui e/ lhuom felice. Non doueui eſſere tanto ardito non lo meritando di ſalire a queſta felicita. Ma ſecondo mio iudicio altra expoſitione quadra meglo. Imperoche lei parla a Danthe: come ſpeſſo parla chi e/ ſdegnato inuerſo chi la laſciato; et lungo tempo chome inſuperbito non lo uiſita: poi tornando ſoglamo dire chome degnaſti tu di uenirci: cioe tu mi pareui ſi in ſuperbito chio non credetti che tu ci degnaſſi piu: Et mentre che diciamo tali parole uſiamo hironia: quaſi dicendo tu ci doueui pur degnare Adunque tu che eri diuentato ſi ſuperbo chome degnaſti tu ſalire al monte: quaſi dica Io tho ueduto ſi inſuperbito: chio non credecti che tu ti degnaſſi ALMONTE: allegoricamente intende la contẽplatione. Ha inſino a hora ripreſo la ſuperbia ſua: hora riprende la ſtultitia et la ignorantia che lui gran tempo non ſi ſia accorto che lhuomo non puo eſſer felice in altro luogo. Ilche e/ ſtato cagione che lui ſia indugiato tanto a uenire. NON SAPEI TV Che qui e/ lhuom felice. Queſta ſententia non ſi congiugne con la ſuperiore. Imperoche chi parla alteramente uſa loratione interropta. Adunque hauendo decto per hironia chome degnaſti tu uenire al monte: Dipoi con ſomma grauita aggiugne: Non ſapei tu che qui e/ lhuom felice: Quaſi dica o ſtolto perche ti ſei tanto indugiato conciosia che non altroue: che qui e/ lhuom felice: Et ſe pure uoglamo congiugnere luna ſententia con laltra: et diremo chome degnaſti tu uenire al monte: elquale tanto tempo hai ſprezato. Non ſapei tu che qui e/ lhuom felice: quaſi dica tu mi uuoi forſe dare a intendere che tu non lo ſapeſſi: et io ſo che tu loſapeui: Adunque queſta tua tardita non ha ſcuſa: Ma accioche meglo intendiamo tutto queſto luogo le querele di Beatrice inuerſo Danthe ſono che lui hauendola amata nella prima eta: Dipoi nella ſeconda eta nella quale epſa muto uita: et di carne ſali ad ſpirito: et era piu bella epſo la laſcio per una altra: Queſto finge Danthe: Ma noi in tendiamo beatrice perla theologia laquale e/ didue ſpetie poſitiua et ſpeculatiua. lapoſitiua e/ quella che conſiſte circa el uiuere ſecondo la moralita della uita actiua. La ſpeculatione e/ quella: doue ſi tracta didio et delle ſubſtantie ſeparate. Finge adunque che in giouentu ſinnamoraſſi di beatrice quando eſſa era anchora in carne. i. ſeguitaſſi gli ſtudii di quella doue tractaua: Ma dipoi quãdo comincio atractare delle chose speculatiue le lasciassi: GLOCCHI Mi caddero: optimo segno che udito lariprensione si uergogni dellerrore et abbassi glocchi: et abbassando glocchi uide la sua imagine nel fonte. i. nel fiume: Il che dinota che la uergogna tinduce a ricercare la conscientia et in quella tu ti uedi tale qual sei: Onde la uergona piu ti crescie. Ilperche tu leui glocchi da tale specchio et riducigli a lherba et al uerde: cioe alla speranza. Imperoche dopo la ricognitione del peccato et la uergogna che ti uiene di quello che fa che tu te ne penti non debba sequitare disperatione: Ma ci dobbiamo confidare nella infinita misericordia di dio et prendere buona speranza. CHOSI LA Madre al figlo par superba: Si chome era el figiuolo parendogli che quando la madre lo riprende epsa sia superba inuerso di lui: chosi a me pareua che Beatrice fussi acerba uerso di me: et epsa era piatosa. ELLA SI Tacque et glangeli cantaro. Riconosciuto che noi habbiamo el nostro errore dimostratoci dalla sacra doctrina: Glangeli cantaro. i. le buone inspirationi cinuitano a sperare: Et pero finge che cantino el psalmo accomodato alla speranza Questo e/ el trigesimo In te domine speraui non confundar ineternum: Del quale Dauid dimostrando la speranza che ha in dio exorta ogni huomo che si pente del commesso fallo a fare quel medesimo. MA OLTRA Pedes meos non passaro: Non passaro el uersiculo di questo psalmo: Nec conclusisti me in manibus meis Statuisti in loco pedes meos: perche el resto delpsalmo contiene altra materia.

Si chome neue tra le uiue traui
perlo dosso ditalia si congela
soffiata et strecta perli uenti schiaui
Poi liquefacta inse stesa trapela
pur che laterra cheperde ombra spiri
sicom per fuoco fonde lacandela
Cosi fu sanza lacryme et sospiri
anzil cantar dique che noton sempre
drieto alle note degleterni gyri
Ma poi chentesi nelle dolci tempre
lor compatire a me piu che se decto
hauesser donna perche pur lostrempre
Lo giel che mera intorno al cor ristrecto
spirito et acqua fessi et con angoscia
perla bocca et perglocchi usci del pecto

l A sententia e che come la neue prima congelata da uenti septentrionali si liquefa pe uenti meridiani: Et la cera consolidata nella chandela si liquefa pel fuoco: chosi lui prima congelato dentro per la paura era sanza lacryme et sospiri innanzi al canto de glangeli: dipoi udito elcanto elquale lo conforto el gielo si liquefe in lachryme et sospiri. SICHOME Neue tra le uiue traui: Traui propriamente sono glalberi tagliati et acconci: ma pone traui peralberi: et pero dixe uiue. Imperoche glalberi hanno la uita uegetatiua per laquale si nutriscono dellhomore della terra/ quello succiando con le barbe. PER LO Dosso ditalia. intende del monte apenino: elquale come dicemmo disopra chosi surge per mezo ditalia: chome el dosso et la schiena si distende pelmezo deglanimali. PER LI Venti schiaui: Per uenti septetrionali equali chiama schiaui: perche laschiauonia e/ad noi da tramontana. POI liquefacta: TRAPELA: Si distilla: Trapelare e/ quando di chosa non bene stuccata ellicore che ue dentro gocciola. PVR CHe laterra che perde ombra. i. pure che la regione meridiana nella quale el sole fa pocha ombra. SPIRI. Facci uento. Imperoche chome euenti di tramontana fanno ghiaccio et freddo: chosi quegli di mezo di fanno dolco et struggeno. CHOSI FV IO Sanza lachryme et sospiri: perche la paura mhauea rafreddo: et el freddo hauea si riserrato epori: che ne lachryme poteano uscire/ne sospiri. CHE NOTON Sempre drieto alle note degleterni gyri: Chome el buon musico cantando segue le note descripte nellibro: chosi glangieli ragguardando le influentie et gleffecti che procedono daiperpetui mouimenti decieli cantano quello che ueggono segnato nellordine fatale della diuina prouidentia. Del quale et habbiamo decto et diremo. MA POI Chentesi nelle dolci tempre: cioe nel dolce canto: elquale e/ contemperato di uarie uoci. LORO Compatire. cioe la compassione haueano di me laquale io intesi piu nel canto di quel psalmo: che se hauessino decto a Beattrice perche lo stemperi tu cosi? Et certo e/lofficio della theologia riprendere con acrimonia epeccati. Ma lintelligentie diuine hanno compassione del cuore contrito et humiliato: elquale dio non sprezera. El Giel che mera Intorno al cuor ristrecto: la paura perche elsangue che ricorre alcuore induce gielo: et temore el freddo condensa: Dipoi la forza del caldo che al cuore rarefa la cosa congelata: et liquefalla: onde si distilla in lachryme pe gliocchi et in sospiri per la bocca: et questo e/ che dice Spirito: et acqua fessi. i. si fece sospiri che non sono altro che uento et acqua: cioe lachryme: Insomma dimonstra che dopo la penitentia et la purgatione ricordandosi quanto le sacre lettere minacciono chi hauendo cominciato a sequitarle le lascia: et per questo essendo quasi caduto in desperatione glangeli. i: la diuina gratia confortandolo loridussono a speranza

Ella pur ferma in su la dricta coscia
delcarro stando alle substantie pie
uolse lesue parole chosi poscia

e lla pur ferma: Ad dimostrare che anchora perseueraua nella riprensione: VOLSE le sue parole alle substantie: cioe a glangieli: PIE perche nelloro canto haueano dimostro compassi

Voi uigilate nello etherno die
  siche morte ne sonno auoi non fura
  passo che faccial secol per sue uie
Onde la mia risposta e con piu cura
  che mintendea colui che dila piagne
  perche sia colpa et duol duna misura

one a Danthe. Et usa mirabile artificio el poeta Imperoche hauendo cantato glãgeli tal psalmo che dimostrauono douersi hauerere misericordi a uerso danthe : parea ragioneuole che beatrice rispondessi et assegnassi laragione : perche perse ueraua nella asperita laquale era nõ per nuocer gli : Ma per giouargli inducendolo ad tal contri tione che fussi pari al peccato : et da altra parte parea superfluo dimostrare tale ragione aglan geli : conciosia che loro sapessino quella et ognaltra chosa. Adunque elesse un mezo el poeta che satisfa cessi alluno et allaltro. i. che non paressi che lui uolessi insegnare aglangel : ma rispondessi al psalmo et allor cantato : acciochе danthe intendessi quello che gli fusse mestier di fare. VOI VIGILATE Nello etherno die : Ilche non e/altro che contemplare tucte le cose lequali sintendono indio : che me in spec chio purissimo et in luce chiarissima sanza alchuna obscurita : imperoche idio e/luce uera che illumina tucto elmondo : et e/luce sanza fine : ilperche ueramente si puo chiamare etherno di : SICHE nocte ne sonno auoi non fura : perche uoi contemplate sempre quella luce : nella quale si ueggono tucte le chose pero. Ne nocte. i. ne ignorantia. ne sonno. i. pigritia o corporale cupidita ui fura o togle passo alchu no elquale faccia el secolo. i. el tempo. PER sue uie. i. per sue extensioni et progressi : imperoche ne glangeli non cade alchuna ignorantia : o terrena cupidita chome in noi aggrauati dal peccato et dalla se sualita : Ma sempre contemplando iddio in quello ueggono tucte le chose. Secolo appresso de latini e/ posto elpiu delle uolte per lo spatio di cento anni. Onde diceuono esacri secolari dappolline perche sice lebrauono in cento anni una uolta. Ma nella sacra scriptura significa tempo : et el tempo nasce della e ternita didio : et dicesi andare di passo in passo perche procede dinstante i instante ONDE La mia ris posta e con piu cura : quasi dica quanto auoi non bisogna risposta : Ma ho uolto le parole uerso di uoi p rispecto del psalmo da uoi cantato. Ma acciochе per la mia accurata risposta intenda in quanto perico lo si truoua se non sintende et appara che el duolo et la contritione del peccatore sia tanta che appareg gi la colpa commessa.

Non pur per opra delle rote magne
  che drizan ciaschun seme ad alchun fine
  secondo che le stelle son compagne
Ma per largheze di gratie diuine
  che si alti uapori hanno allor pioua
  che nostre uiste la non uan uicine
Questi fu tale nella sua uita noua
  uirtualmente chogni habito destro
  facto harebbe in lui mirabil proua
Ma tanto piu maligno et piu siluestro
  si fal terreno con mal seme non colto :
  quanto egli piu ui buon uigor terrestro
Alchun tempol sostenni col mio uolto
  mostrando glocchi giouinetti allui
  mechol menaua indricta parte uolto

NON pur per opra : concede el poeta che benche tucte lanime humane di sua natu ra sieno simili et pari : Nientedimeno leinfluen tie de cieli lequali posson molto ne corpi coqua li sono congiunte lanime et con glinstrumenti dequali esse aoperono molto loro potentie posso no assai neglingegni. Ma oltra agli influxi cele sti uale assai la gratia gratis data dalla diuina clementia : et conclude che Danthe hebbe fauore et dalle stelle et dalla diuina gratia : informa che potea fare mirabil proua se hauessi segui tato lamore di beatrice. i. gli studii delle sacre lettere : Ma chome el mal seme diuenta molto piu maligno nel terreno fertile che nello steri le : chosi el uitio diuenta maggiore in uno acu to ingegno che in uno grosso. NON PVR p opra delle rote magne. i. per le reuolutione de cieli et de pianeti. El primo mobile in uentiquat tro hore finisce el suo gyro : et tira seco tucti e cieli equali sono contenuti et inclusi in lui : Ma de moti celesti prolixo sarebbe alpresente riferirne : Et in piu luoghi dellopra buona parte di quegli hab biamo se non manifestamente dimostro almancho non al tucto obscuramente accennato. Et e/se non erro somma sapientia obseruata qui chome etalt alroue el poeta elquale cõcede agli influxi celesti quãto nõ uieta la nostra redemptione et quanto e in uerita. Et nientedimeno non leua anzi afferma la libertade del nostro arbitrio : et laiuto della diuina gratia : et conclude beatrice nessuna di queste cose a danthe es ser manchate. Ma la sua non recta uolonta hauerlo distracto per alchũ tempo dalla uera uia : perla quale da principio era insino acerto termine proceduto. CHE Drizan ciaschun seme adalchun fine : lequali ruote et reuolutioni fanno uenire ciaschun seme che ha uirtu generatiua ad alchuno effecto che e/fine del la chosa secondo che le stelle sono compagne. i : secondo uarie coniunctioni di uari pianeti : perche al tro effecto produce la coniunctione di marte et di uenere : et altra di uenere et di gioue. MA PER lar gheze di gratie diuine : Dimostra che benche alle influentie celesti possono assai Nientedimeno legratie diuine poſſono ſanza comparatione molto piu. CHE SI ALTI Vapori hanno allor piouaˉ. Vſa optima ſimilitudine: et la ſententia e/ che chome copioſa pioua diſcende giu quando euapori freddi et humidi nella regione apta aqueſta ſi conuertono in acqua: Coſi pioue abondantemente lagratia diuina. CHE noſtre uiſte la non uan uicine: perche non puo la uiſta et lo intellecto humano appreſſare ſua conoſcētia a intendere la grandeza delle gratie diuine. Queſti. queſto danthe. NEL la ſua uita noua: nella prima eta. Virtualmente potentialmente id eſt hauea naturale diſpoſitione et aptitudine informa che ſe hauaſſi facto habito dextro. i. uirtuoſo nelle uirtu ſpeculatiue tale habito harebbe facto mirabil pruoua. MA TANTO piu: in queſta ſimilitudine pone el terreno per la ſimilitudine et aptitudine gia decte: et el mal ſeme per lhabito uitioſo et dice che: come el mal ſeme ſe non ſi cogle innanzi che cagga in terra multiplica piu nelterreno fertile che nello ſterile: choſi elſeme del uitio: moltiplica piu nellongegno grande et acuto: che nel baſſo piccolo et groſſo. ALCHVN tempo el ſoſtenni col mio uolto: io moſtrandogli el mio bel uolto: et glochi begli che ſignifica che lui innamorato della corteccia ſuperficie della theologia ſanza guſtare le midolle alchun tempo ſeguito gli ſtudii equali lomenauono indritto per. i. alle uirtu.

S I TOSTO CHOME in ſu la fogla fu di mia ſeconda etate. Due ſono leta theologiche: puerile et uirile. Impero che quella in due modi attendiamo o ſecondo la lettera: et la moralita: ilche ſerue alla uita actiua et ciuile: Et queſta e letate nuoua puerile: et diceſi beatrice. i. la theologia eſſere in carne o ueramente interpretiamo le ſacre lettere allegoricamente et anagogicamente. Et queſto ſerue alla uita contemplatiua: et e/ leta ſeconda et uirile di beatrice: Nella quale e/ ſanza carne: Perche tracta di choſe incorporee: etherne: cioe ſi tracta depſo idio elquale e/ altucto incognito allhumano ſenſo: et allontellecto in minima parte comprenſibili. Adunque. SI TOSTO Chome nella ſogla fui: in limine di mia ſeconda etate: queſto diſopra habbiamo expoſto. QVESto ſi tolſe ame: perche laſcio gli ſtudii di theologia ET DIESSI ALTRVI: ſeguito altri ſtudii. QVANDO Ero ſalito aſpirito di carne: ero di carnale di carnale diuentato ſpirituale/ ET belleza e uirtu: perche el ſanſo allegorico e/ piu bello: et contiene in ſe piu uirtu dingegno. Et uolſe epaſſi ſuoi: uolſe le ſue affectioni. PER VIA non uera: per la uia ſiniſtra de uitii: SEGVENdo falſe imagini di bene: non ſeguito le uirtu dellanimo che ſono uero bene. Ma cercho richezze dignita magiſtrati et potentia: equali ſono chiamati beni della fortuna: et non ſon ueri beni: MA paiano perche hanno imagine benche falſa del uero bene: et non rendono intera alcuna promeſſione perche promettono uera quiete dellanimo: et poi non la danno. NE MI Valſe impetrare inſpirationi. E/ inſpiratione una ſubita: et ardēte uolonta di uirtu meſſa da dio nel cuor dellhuomo: laquale ſpeſſo uiene a chi legge la ſacra ſcriptura: Et pero finge che Beatrice ſpeſſo impetraſſi da dio che gli mandaſſi alchuna inſpiratione che lo addirizaſſi per uero camino. MA NON Gli ualſe. i. non gli giouo. NE SOGNO: perche anchora in ſogno et inuiſione appariſcono tali aſpirationi. SI POCHO Allui ne calſe di me: Non mi cale di te in lingua fiorentina ſignifica io non mi curo di te: TANTO Qui cadde: cioe tanto rouino nel uitio: CHE TVTVI argomenti: che tutte le induſtrie et aiuti che ſi poſſon fare. ERON CORTI: non erono ſufficienti. FVOR CHE Moſtrargli le perdute genti. Non ſi puo ridurre ad uera uirtu lhuomo gia irretito et preſo dalle lllecebre et falſe luſinghe delle uolupta corporee ſe non gli moſtriamo quante pernitie quanta calamita: quanto danno: quāta manifeſta ruina et etherna morte ci uiene da uitii. Acciochè non ſi mouendo per ragione et per lamore del celeſte bene almancho lo muoua la paura dello eterno male. Perche queſta differentia e tra buoni et e rei: che ebuoni fuggono el male perlo amor che portono alla uirtu: et erei per paura della pena. PER queſto uiſitai luſcio de morti: Chiamaſi morta lanima laquale ſepolta e nello inferno perche inetherno e priuata del ſommo bene ſanza elquale: benche eſſa ſia inmortale nientedimeno non ſi puo chiamare uiua. Et certo la theologia non tracterebbe de uitii et de dannati ſe non haueſſi riſpecto a uiui equali con tali exempli ſi poſſono ritrar da uitii. Et acolui che lha quaſſu condocto: a uirgilio del quale non appartiene dire piu tanto nhabbian decto:

Si toſto chome inſu la ſogla fui
  di mia ſeconda etate et mutai uita
  queſti ſi tolſe ame et dieſſi altrui
Quandio di carne ad ſpirto era ſalita
  et belleze et uirtu creſciuta mera
fuio allui men cara et men gradita
Et uolſe epaſſi ſua per uia non uera:
  imagini del ben ſeguendo falſe:
  che nulla promeſſion rendono intera:
Nellimpetrare ſpiration mi ualſe
  collequali et inſogno et altrimenti
  lo riuocai ſi pocho allui ne calſe
Tanto qui cadde che tutti argomenti
  alla ſalute ſua eron gia corti
  fuor che moſtrargli le perdute genti
Per queſto uiſitai luſcio de morti
  et acolui che lha quaſſu condocto
  li prieghi miei piangendo furon porti

CANTO .XXX.

Lalto fato didio sarebbe ropto
se lethe si passassi et tal uiuanda
fussi gustata sanza alchuno scotto
Di pentimento che lachrime spanda

c Onchiude beatrice che lalto ordine imposto dalla prouidentia diuina si romperebbe se danthe hauendo conmesso tanto error passassi lethe fiume sanza tale pentimento quale si conuiene al peccato conmesso. Et quanto appartiene alla cognitione delfato tornerai alla prima cantica doue laccomodamo con le sacre lettere. Sarebbe adunque ropto lordine diuino. SE tal uiuanda quale e gustare lacqua di questo fiume che induce oblitione del peccato et spegne ogni fomite di quello. Fussi gustata sanza scotto cioe sanza pagamento. Et e traslatione da chi prende el cibo nellhosteria DIPENtimento che lachrima spanda: di tal penitentia et contritione che faccia spargere le lachryme.

CANTO.XXXI.DELLA SECONDA CANTICA DI DANTHE

o tu che sei di la dal fiume sacro
uolgendel suo parlare ame per punta
che pur per taglio mera paruto acro
Ricomincio sequendo sanza cunta
di di se questo e uero a tanta accusa
tuo confession conuiene esser congiunta
Era la mia uirtu tanto confusa
che la uoce si mosse et pria si spense
che da glorgani suoi fussi dischiusa
Poco sofferse poi dixe che pense
rispondi a me che le memorie triste
in te non sono anchor dellacque offense.

c Ontiene questo trigesimo primo canto come da Beatrice fu domandato el poeta se laccusa sua era uera. Dipoi la confessione del poeta con somma contritione: per laquale merito potere passare el fiume et di quello gustare: Et finalmente fu condocto nel conspecto di Beatrice. O TV CHE SE. Hauea insino a qui Beatrice parlando di Danthe dirictte le sue parole a glangieli per la gia decta cagione. Hora uolendo constrignerlo a confessare le chose delle quali lhauea accusato uolge el parlare a lui. O TV Danthe: che sei ancora dila dal fiume: ne meriti passarlo se prima non confessi el tuo errore et di quello ti penti. PER Puncta: Chi ferisce di puncta da piu pericolosa piagha che chi ferisce di taglio. Ilperche el poeta per certa similitudine dimonstra che ben che gli cociessi assai el parlare che Beatrice fece di lui a glangioli: pure gli dectono maggiore confusione le parole che uolse allui. SENSA Cuncta: Sanza indugio: perche cunctari inlingua latina significa indugare inferisce che finito el parlare con glangioli sanza alchuna intermissione di tempo si uolse a lui a dinotarecon quanta celerita desidera la theologica scriptura farci salui: Ha insino a hora parlato a glan gidi: Accioche loro sieno testimonii se quello che narra sia uero: Et certo benche le sacre lectere sien fondate nella fede. Nientedimeno sono refertissime et pienissimi di molte ragioni. di uarii exempli: et di grauissime auctorita: lequali tutte chose excitano et commuouono el peccatore: Et per questo si uolta al lui et dimostragli che la semplice confessione et somma contritione e/ la pena per laquale ci puo esser rimasa la colpa: Onde aggiugne. A TANTA Accusa tua confession conuiene esser congiunta. ERA LA Mia uirtu tāto confusa. Fu tanta la uergogna et la contritione del commesso errore che non potea parlare. Imperoche la gran perturbatione dellanimo impedisce si la lingua: et glaltri membri cho quali formiamo la uoce et le parole: che non possono fare elloro efficio. Adunque era la uirtu naturale si confusa et perturbata che la uoce non potea spiccarsi dalla lingua che la forma. PRIMA Che fussi schiusa Cioe mandata fuori da suoi organi: da quegli membri che sono instrumenti a formarla. Imperoche organon in greca lingua significa qualunche instrumento. CHE LE Memorie in te non sono ancora dal lacqua offense. Quasi dica se tu non rispondi non e/ perche tu habbi dimenticato etuoi errori non hauendo anchora gustato del fiume di Lethe. LE MEMORIE Triste: perche el ricordarsi del commesso peccato induce in noi tristitia et dolore.

Confusione et paura insieme mixte
mi pinsero un tal si fuor della bocca
alquale intender fu mestier le uiste
Chome balestro frange quando scoccha
per troppa tesa la sua corda et larcho
et con men foga lasta elsegno toccha
Si scoppiato sottesso graue carco
fuori sgorgando lacryme et sospiri
et lauoce allento per lo suo uarcho
Ondella adme perentro emiei disiri
che timandauan ad amar lobene
diqua dal quale non e ache si spiri
Quai fossi atrauersati o qua catene
trouasti perche del passare innanzi
douessiti chosi spoglar la spene?
Et quali ageuoleze et quali auanzi
nella fronte deglaltri timostraro
perche douessi lor passeggiar anzi?

l A confusione et uergogna dellerrore commesso: et la paura della pena mi pigneuono un si fuor della bocca. i. missorzauono a confessare. Ma la uirtu era si indebolita. che non si potea intendere el suono. Ma cognosceuasi guardandomi in uiso. CHOME BALESTRO Chome spesseuolte interuiene che tirando troppo el balestro si rompe la chorda: et larcho. Il perche la ghiera esce con minor fogha. Onde el colpo suo e/ quasi uano. Chosi schoppio el poeta sobto tanta perturbatione danimo. Onde nello sgorgare le lachrime. i. esospiri la uoce allento ONDELLA AD ME. Seguitando beatrice domanda Danthe quai fossi attrauersati o qua cathene trouasti tu: Ne miei disiri: cioe mentre che tu mamaui: equali disiri ti menauono ad amare el sommo bene. In somma essendo tu amando mi addiricto al sommo bene che chosa timpedi: che non passassi innanzi: et ti douessi torre altutto la speranza. DI QVA DAL Quale non e ad che si spiri. Imperoche el sommo bene che e/ iddio: et el nostro ultimo fine. pel quale consequitare noi facciamo tutte laltre chose: et di la dallui non e/ chosa a che si spiri: perche dopo lui non e/ nulla: ET QVALI Ageuoleze. la sententia e che chosa tinduxe a lasciarmi: Dimmi se furono impedimenti: che tu trouasti per la uia per laquale io ti menauo: Oueramente ageuoleze et guadagni che glaltri equali amasti lasciando me ti mostrassino nella fronte. i. nella prima uista pequali tu douessi passeggiare anzi. i. procedere auanti: et non ti partire dalloro: Et uuole concludere che ogni che ogni altra chosa che lui ha amato non ho potuto mostrargli chosa che inuero sia utile et honesta. Ma e/ paruta al suo appetito.

Dopo la tracta dun sospiro amaro
appena hebbi la uoce che rispose
che le labbra affatica la formaro
Piangendo dixi lepresenti chose
col falso lor piacer uolsi mie passi
tosto chel nostro uiso sinascose
Et ella se tacessi o se negassi
cioche confessi non fora men nota
la colpa tua datal giudice sassi
Mi quando scoppia dalla propria gota
laccusa del peccato in nostra corte
riuolge se contral taglo larota

e L primo ternario facilmente sintende chon lexpositioni facte disopra. PIANGENDO Dixi le prefate chose. Risponde alla domāda di Beatrice dicendo che la cagione che londuxe ad amare altri fu: che subito chel suo uiso gli fu nascosto: le chose presenti louolsero alloro mostrādogli falsi piaceri. Ilche e/ uero. Imperoche come mettiamo in obbliuione le sacre lectere: et epreceptí suoi morali: equali ci dirizano allhonesta subito lappetito si uolge alle chose mondane: et inebriato de piaceri di quelle: niente altro stima esser bene: ET ELLA SE Tacessi o se negassi. Dimostra in questo luogo lauctore che nel giudicio diuino non si richiede la confessione del peccatore: perche el giudice sia meglo instructo alla uerita:

perche niente e occulto allui: perche o nieghi o tacia noto e adio ogni cosa. Ma perche el peccatore saumilii et pentasi dellerrore. Ilche quando fa chosi mitiga lira didio: chome la ruota laquale assottigla el ferro se si uolge contro al taglio longressa.

Tucta uia perche me uergognia porte
deltuo errore et perche altra uolta
udendo le sirene sia piu forte
Pon giul seme delpianto et ascolta
si udirai chomi inchontraria parte
muouer dourien mia carne sepolta
Mai non tapresento natura o arte
piacer quanto lebelle membra enchio
rinchiusa fui: et che son terra sparte
Et sel sommo piacer ti si fallio
per la mia morte qual cosa mortale
douea poi trar te ne suo disio
Ben ti doueui per lo primo strale
delle chose fallaci leuar suso
dirieto ame che non ero piu tale
Non ti doue grauare lepenne ingiuso
ad aspettar piu colpi o pargoletta
oaltra uanita consi breue uso
Nuouo ugeletto due otre aspetta
ma dinanzi daglocchi depennuti
rete sispiega indarno si saetta

TVCTAVIA: alchuna uolta significa sempre alchuna uolta nientedimeno. PERCHE tu me uergogna porte: accioche meglo porti uergogna idest accioche piu uolentieri ti uergogni: et accioche unaltra uolta tu sia piu forte contro le sirene quando ludirai: cioe contro apiaceri mondani: pequali allegoricamenta si discriuono le sirene: delle quali distesamente habbiamo discripto in questa medesima cantica. PONGIVL seme del pianto: pongiu le lachrime lequali el pianto produce chome ogni herba produce suo seme et ricordossi del psalmo Qui seminat in lacrimis ET udirai: et intenderai chome mia carne sepolta ti douea muouere in contraria parte: Quasi dica io ti mosterro che la morte mia non douea esser cagione che tu seguitassi altri. Ma piu tosto ti douea muouere al contrario cioe aseguitar me. MAI non tappresento: Assegna la ragione dicendo non fu mai chosa prodocta da natura o da arte che tanto piacere te dessi quanto ti dectono le mie membra: lequali dopo mia morte sono sparte interra: ma se questo piacere che tu piglaui delle mie membra ti falli: perche ti uenne meno pella morte: nessuua mortal chosa ti douea tirar poi nel suo disio. i. al suo amore: perche doueui considerare che thauessi amanchare essendo mortale cosi chome ti mancho la mia carne. Non doueui adunque stimare che chosa alchuna che manchi potessi essere la tua felicita et sommo bene. Imperoche el sommo bene e/quello che e eterno et non si truoua se non in dio. Adunque se io in carne. i. se la theologia nella uita actiua laquale ciadmonisce circa al gouerno del corpo: et per questo finalmente uien meno non ti pote fare beato nessuna altra chosa mortale ti potra fare. Imperoche in questa uita in nessun pacto si truoua uera felicita: Et se pure alchuna quiete si truoua quella e/posta nella uita morale: et secondo la nostra religione. Adunque se in questo mondo non si truoua uera parte nella uita uirtuosa: Molto meno si trouerra in ogni altra spetie di uita. Benti doue per lo primo strale. Strale significa ghiera o saecta o uerrectone: et e decto da questo uerbo latino sterno: perche atterra lhuomo quando lo ferisce Ma iquesto luogho usa intellectione colore rhetorico ponendo larme che ferisce per la ferita: Et perche chi pone speranza in alchuna chosa et poi la perde si dice che ha riceuuto un colpo dalla fortuna ecui beni sono fallaci: Et pero dice O Danthe tu ti doueui leuar su. i. alle chose diuine et immortali: pel primo strale: cioe pel primo colpo che ti decte la fortuna quando titolse el mio corpo: et non doueui por piu speranza nelle cose mortali uedendo che siposson perdere. Onde Cicerone dixe Nihil meum neque tuum appellandum est quod auferri quod eripi quod admitti potest: Et el petrarca Miser colui che incosa mortal pone. Doueui adunque leuarti suso drieto ame Beatrice. i. theologia laquale non ero piu tale. i. non ero in carne: ma ero in corporeo spirito. Imperoche chi sequita Beatrice gia spoglata di carne. i. sequita la theologia speculatiua perche ha cognitione delle cose celesti et depso dio ui truoua lauera felicita. NONTI DOuean grauare lepēne ingiuso o pargolecta: Pargoletta si chiama fanciulla di piccola eta. Adunque o danthe ne pargoletta. i. pulzelletta: cioe altra fanciulla: Ne altra uanita: cioe ne altro ben tēporale NON TI Douean grauare le pēne ingiuso: Lanimo nostro naturalmente e/nato per uolare al cielo: Ma quando la sensualita londuce alle uoupta mondane lui rimane oppresso da quelle: NVOVO Vgelleeto due o tre aspecta: Sta nella translatione et dimostra che luccello nouellino: elquale ha anchora le caluggini aspecta piu colpi: Ma se contro a quello che e/gia pēnuto si tende rete o si tira larco di subito fugge et non aspecta: Et per questo significa che Dante meriti compassione se nella prima eta: laquale per non hauer luso et lasperienza delle chose/facilmēte si lascia aescare da mondani piaceri fu ingannato:

Qual efanciugli uergognando muti
  coglochi aterra ſtannoſi aſcoltando
  et ſe riconoſcendo et ripentuti
Tal miſtauio et ella dixe quando
  per udir ſe dolente alza labarba
  et prenderai piu dogla riguardando
Con men di riſiſtenza ſi dibarba
  robuſto cerro o uero ahoſtral uento
  o uero aquello della terra di iarba
Chio non leuai aſuo comandol mento
  et quando per la barba el uiſo chieſe
  ben conobbil ueleno dellargomento

c Hoſi rimaſio muto et confuſo et con glocchi baſſi per la riprenſione di beartice: chome efanciugli aſcoltando lerrore loro et riconoſcollo et pentonſene. ET Ella dixe quando per udir ſei dolente: perche quanto piu dolore et contritione piglano del peccato tanto piu toſto ne ſeguita el perdono: pero uclle beatrice che danthe hauendola aſcoltata hora la guataſſi perche ſe ludire gli decte pena el ueder glene deſſe maggiore: Impero che el ſenſo del uiſo ha piu uehementia aconmuouere che quello dello audito. Et allegoricamente dimoſtra che dolore ſi pigla quādo noi conſideriāmo labelleza di quella che nci habbandonato che dudire leſua riprenſioni. NOSTral uento; uento ſeptentrionale perche noi ſiāmo piu aſeprentrione che adaltra parte. DELLa terra di Iarba uento auſtale elquale uiene dafrica doue regno iarba choſtui fu re di numidia. ET Quādo pella barba el uiſo chieſe. i. quando uolendo ella ame dire alzal uiſo dixe alza la barba. CONOBbi el ueleno dellargomento: Conobbi che eſſa argomentaua ſottilmente et con ragioni occulte ma penetratiue chome el ueleno che prima e al chuore che ſi ſenta: choſi inteſi che dicendo alza a barba: non ſolamente dixe alza el uiſo: ma uolle dimoſtrare che io non ero piu fanciullo: Et non era piu da indugiare accioche io non faceſſi tale habito ne uitii che dipoi non poteſſi ſuiluppar mene Et quaſi interprera Iouenale doue dice. Quedam cum prima reſecentur crimina barba.

Et chome lamia faccia ſi diſteſe
  poſarſi quelle prime creature
  di loro apparſione locchio compreſe
Et lemie luci anchor pocho ſicure
  uider beatrice uolta inſu la fiera
  che ſola una perſona indue nature
Sottol ſuo uelo et oltra la riuera
  uincer pareami piu ſe ſteſſa anticha
  uincer che laltre qui quantella cera
Di pentir ſimi punſe iui lorticha
  che tutte altre coſe qual mi torſe
  piu nel ſuo amore piu miſi fe nimica
Tanta riconoſcenza elcor mimorſe
  chio caddi uinto et quale allhora femmi
  ſaſſel colei che la cagion mi porſe

e T CHOME. i. ſubito che la mia faccia ſi diſteſe: inuerſo beatrice locchio mio compreſe quelle prime creature cioe glangeli. POSarſi: reſtarſi. DI LORO apparſione: idest daludire piu beatrice. Ilche fu ſegno che eſſa non haueſſi piu a parlare. ET LEMIe luci; inſino aqui e ſtata beatrice chome riprenditrice dello errore di danthe et hora uiene chome contemplatrice. POCHO ſichure perche anchora mi uergognauo et temeuo. VIder beatrice. Ilche ſignifica che gia purgato da uitii comincio apotere ueder beatrice non in carne ma in ſpirito cioe comincio apoter contemplare. VOLta in ſu la fiera: queſto dice adimotare che la ſua contemplatione didio et delle choſe celeſti non fu tale quale fu quella de philoſophi gentili peroche fu ſecondo la noſtra religione laquele e fondata in chriſto: et pero dice che beatrice: era uolta inſul gryphone: lallegoria delquale diſopra ponemmo dimoſtrandogli lui eſſere chriſto. et pero dice tal fiera eſſere una ſola perſona in due nature: imperoche rappreſenta chriſto elquale e una ſola delle tre perſone et e in due nature perche in lui fu cōgiūta la diuinita con lhumanita. Sottol ſuo uelo et oltra la riuera del uelo habbiamo gia detto: ma era oltra la riuera. perche ſempre ſta nelluogo della innocentia laquale e dila dal fiume che ſpegne ogni deſiderio carnale et dimentichalo. VINCER PAREAMI. La ſententia e che beatrice in quella ſeconda eta laquale chiama anticha uinceua di belleza ſe medeſima quando era nella prima eta piu che io quella prima eta eſſa non uinceua laltre: et ordina el texto pareami beatrice anticha. i. al preſente che era nella ſeconda eta uincer ſe ſteſſa intendi quando era nella prima eta che non mi parea uincer laltre quando ella cera. DI PENTIR ſi mi punſe iui lortica: lortica quando punge excita gran pizichore che nō e altro che ſomma cupidita di grattarſi. Adunque in queſto luogo pigla lortica per ſomma cupidita. LORtica e ſomma uogonta. DI PENtirmi: dhauer laſciato beatrice et ſeguitato altri. MI PVNSE: mi concito. IVI: doue uidi le ſue belleze. CHE quale. i. qualunque di tucte laltre choſe piu mi torſe prima nelſuo amore. i. in amarla: piu miſi fe nimicha: piu mi uenne in odio Et certo benche molto gioui albuomo leſſer ripreſo de ſuoi uitii: et eſſergli moſtro la bructura di quegli et quanto ebeni terreni ſieno fallaci et pocho durabli: et benche tucte queſte choſe ci poſſino ritrarre dalla uia uitioſa et addirizarci per uia recta. Nientedimeno el uedere le belleze di beatrice et conſiderare quanto quelle auanzino ogni altra coſa ci fa ſommamente pentere dagli errori et hauergli in ſommo odio. Et pero gli moſtra che gli morſe el chuore tanta riconoſcenza ideſt el riconoſcere glerrori tuoi et la uanita et fallacia de beni mondani: la excellentia et inneffabile belleza de. CELEſti chio caddi uinto: Danthe che e/ la ſenſualita cadde uinta perche ſi ſottomette alla ragione. ET Quale alhor mi fei et qual douentai io non telo poſſo exprimere. Ma cholei che mi porſe cagione che io douentaſſi ſelo ſa. Quando lhomo arriua al termine dentrare nelle uirtu dellanimo gia purgato: et eſſo douenta tale quale molti altri che le le ſacre lettere non ſanno ſcriuere.

Poi quando elcuor difuor uirtu rendemmi
la donna chio hauea trouata ſola
ſopra me uidi et dicea tiemmi tiemmi
Tracto mhauea nel fiume infin lagola
et tyrando me dritta ſene giua
ſoureſſo lacqua lieue chome ſpuola
Quando fui preſſo alla beata riua
aſperges me ſi dolce mente udiſſi
chio nol ſo rimembrare nonchio loſcriua
Labella donna nelle braccia apriſſi
abbracciommi la teſta et me ſomerſe
onde conuenne chio lacque inghiottiſſi

d Opo lagran perturbatione nella quale ogni uirtu animale et uitale era inſtrecta alchuore ſeguendo elſangue et gliſpiriti ritorno dal chuore alle membra exter ori. LA donna chio hauea trouato ſola: Mathelda della quale e decto diſopra. Tiemmi: appiccati ame ; acciochè portandoti non caggia. Tracto mhauea nel fiume. E neceſſario che mathelda. i. lauita actiua illuſtrata delle uirtu morali ci tiri nelfiume letheo elquale informa ci laua da ogni peccato: che non ci rimane ueſtigio alchuno di uecchia macchia; onde al tucto lo dimentichiamo. Et poi choſi purgato ci porge abeatrice gia fuor di carne et rimaſe nudo ſpirito ideſt alla theologia contemplatiua doue conſiſte el noſtro bene laquale non ci accetterebbe ſe non lauati et mondati. Et noi nel principio della prima cantita dimoſtrammo ſecondo echriſtiani et eplatonici che benche la phiſica nella quale maxime intendiamo la theologia/ ci facci beati. Nientedimeno dobbiamo chominciare dalla morale: perche ſe quella non ci purgaſſi non poteremo lordi aſpirare a queſta. INSINO Alla gola: Et tirandomi choſi ſobmerſo et tuffato inſino alla gola epſa andaua dricta ſopra lacqua ſanza affondarſi: perche le uirtu purgatorie ſempre uanno dricte: ne mai ſaffondano in lethe; perche non e/ meſtiere che dimentichino el male: elquale non ſeppono mai. CHOME SPOLA. Queſto e/ quello inſtrumento elquale gittato tra lo ſtame ui mette la trama: elquale e/ ſi leggeri che corre ſopra le fila: ne rompe ne ui ſi meſcola: Choſi lei andaua ſopra lacqua ſanza romperla o tuffarſi. ALLA BEATA RIVA del fiume laquale e/ dalla parte doue ſono ebeati. ASPERGES ME. Queſto uerſicolo cantano nella chieſa quando la ſpargano dacqua conſacrata: laquale ha poſſanza di cacciare gli ſpiriti inmondi. Et perche el fiume Lethe induce obliuione de peccati et cacciagli: pero induce che glangie i lo cantaſſino. LABELLA DONNA. Mathelda laquale prima lhauea tirato per acqua inſino agola. hora glabbraccio lateſta et tuffollo tutto informa che biſogno che inghiottiſſi dellacqua. Era neceſſario che hauendo adimenticare ſi tuffaſſi el membro doue e collocata la memoria.

Indi mi tolſe et bagnato mofferſe
dentro alla danza delle quatto belle
et ciaſchuna col braccio micoperſe.
Noi ſian qui nimphe et inciel ſiamo ſtelle
pria che beatrice diſcendeſſi almondo
fumo ordinate allei per ſue ancelle
Menrenti agliocchi ſuoi ma nel giocondo
lume che dentro aguzeranno etuoi
le tre di la che miran piu profondo
Choſi cantando cominciaro et poi
alpecto del griphon ſeco menarmi
oue beatrice ſtaua uolta a noi
Dixer fa che le uiſte non riſparmi
poſto thauem dinanzi alliſmeraldi
onde amor gia ti traxe le ſue armi

i NDI: Di quel fiume. MI TOLSE BAGNATO: Facto innocente per Mathelda. i. la doctrina et auctorita ſacerdotale per hauere dimenticato ogni fomite di uitio. LE QVATTRO Belle uirtu morali delle quali dicemmo di ſopra. ET CIASCHVNA Col braccio mi coperſe. i. cholla ſua poſſanza et col ſuo aiuto: Imperochel braccio della giuſtita difende dallaniuſtitia la prudentia dalla ſtultitia: la forteza dalla timidita la temperanza dalla libidine. NOI SIAM qui cioe in queſto mondo: doue glhuomini anchora ſono in carne: Nymphe quaſi auxiliatrici a glhuomini: Imperoche el paradiſo delle delitie e/ interra: ET IN CIELO; doue lhuomo non puo errare: SIAMO Stelle: Quaſi dica a ornemento: Alchuni dicono chel poeta uuol moſtrare per queſto che qui le uirtu ſieno in acto et quiui in habito: Imperoche le nimphe lequali ſono uaghabonde facilmente dinotano lacto: et le ſtelle; perche sono ferme dimostrano lhabito: DISCENdessi al mondo: discese beatrice almondo quando cominciorono gli studii della theologia per inspiratione diuina: PER sue ancille cioe per sue ministre: perche nessuno puo essere uero theologo cioe uiuere secondo eprecepti di theologia sanza queste uirtu: et furono prima perche le uirtu benche non perfecte apparirono prima neg'huomini che loro hauessino cognition di theologia: MERRenti: meneremo te: perche chome dixi le uirtu morali purgandoci ci fanno idonei asalire alla contemplatiua: Ma poi che ui siamo laltre tre donne che sono dal dextro lato del carro ciaguzano glocchi apotere uedere el suo profondo lume: Et certo se piglano le tre per le uirtu theologiche non e/dubbio che quelle ciasottigliano lamente achontemplare le chose diuine: Impero che uolentieri apre idio esuoi segreti achi ha fede sincera et speranza ferma et carita ardente: Et sele pigliamo per le uirtu intellectiue similmente e notissimo che tale cognitione sacquista con la intelligentia: con la scientia: et con la sapientia: Menorommi al pecto del gryphone cioe alla thologia christiana oue beatrice staua uolta: noi: perche nonci guatando questa doctrina non potremmo arriuare al gryphone: cioe alla cognitione de mysterii di christo: FA CHE le uiste non risparmi: cioe adopera ogni tua uirtu uisiua arimirare beatrice: Quasi dichino noi thabbiamo condocto nel suo conspecto: ma non e in nostra possanza farlela uedere: Ma tu con laiuto delle tre mirerai gli smeraldi cioe glocchi lucenti chome smeraldi da quali occhi gia amore ti trasse le sue armi cioe trasse le sue saecte.

Mille disiri piu che fiamma caldi
  strinsermi gliocchi aglocchi rilucenti
  che pur sopral gryphone stauono saldi
Chome inispecchio sol non altrimenti
  la doppia fiera dentro mi raggiaua
  hor conaltri hor conaltri reggimenti.
Pensa lector sio mi marauigliaua
  quando uedea lachosa inse star queta:
  et se nel idol suo si trasmutaua.

mIlle disiri. Quasi dica infiniti desiderii: et cupidita: et piu ardenti chel fuoco. STRINSERMI Glocchi. mi fermoron glocchi miei aglochi di Beatrice: equali stauono saldi sopra el gryphone. Et questo dice perche lui sispecchiaua nella theologia: laquale sempre riguarda el uerbo di dio humanato. CHOME In specchio sole. Chome interuiene che el razo del sole percuote lospecchio et indi si riflecte altroue: Chosi la imagine della doppia fiera: cioe del gryphone percotea ne glocchi di Beatrice: et indi si reflectea in me. Et questo dice perche chi legge la christiana theologia conosca in quella christo: Et ordina eltexto. La doppia fiera. i. el griphone elquale e/parte uccello che significa la diuinita: parte leone che significa ladiuinita di christo: MI RAGGIAVA. i. mi risplendea et monstraua la sua imagine. DENTRO A Glocchi di Beatrice: Come sole raggia nello specchio Ma benche glocchi di Beatrice delcontinuo mi rappresentassino la imagine del grypho: Nientedimeno me larappresentauano hora con uno: et hora con unaltro argomento et rappresentatione et figura. Imperoche la sacra scriptura hora figura idio huomo: hora agnello: hora leone. QVANDO Vedea lacosa in se star queta Marauigliatomi la chosa. i. el gryphone in se star queto: perche non si mutaua di sua substantia: Ma mutauasi nel suo idolo idest nella sua imagine. Imperoche chome habbiamo decto le sacre lectere pongono sempre christo una medesima chosa: Ma mutalo in uarie figure. Idolo in greco significa figura. Onde diciamo adorare glidoli: quegli equali adorano le statue delle quali canta el psalmista Oculos habent et non uidebunt.

Mentre che piena di stupore et lieta
  lanima mia ghustaua di quel cibo
  che satiando se di se asseta
Se dimostrando di piu alto tribo
  neglacti laltre tre si fero dauanti
  danzando alloro angelicho garibo
Volgi beatrice uolgi gliocchi sancti
  era lasua canzona altuo fedele
  che per uederti ha mossi passi tanti
Per gratia fanne gratia che disuele
  allui labocca tua si che discerna
  laseconda belleza che tu uele.

mEntre che lanima mia lieta gustaua di tal cibo elquale satia: ma satiando cresce la cupidita di se medesimo: Laltre tre uirtu che sono theologiche danzando si feciono auanti. LANIMa mia piena di stupore per la grandeza et belleza delle cose: ET LIETA: Adimostrare che tale stupore non glidaua ne sospecto ne paura: ma somma giocondita. Et certo la cognitione delle cose diuine sola e/quella che ci fa stupire perche ogni altra chosa e/ uanitas uanitatum. Et facci lieta: perche in quella consiste el sommo bene. Di quel cibo che: elquale SATIANDO: mentre che satia SE epsa anima ASSETA. accresce la sete: la cupidita DI SE Depso cibo. Insomma scriue che lanima sua gustaua dun cibo. elquale innero satia ta: Ma benche fussi satia non scemaua la uogla di gustrae anzi laccresceua: ilperche dobbiamo intẽdere che due sono le spetie della uolupta una laquale pigiono esensi nostri delle chose corporee et carnali: et questa e/ chiamata uolupta imperfecta: Perche sempre arreca seco satieta et pentimento: et inbrieue tempo rincrescano. Questo intese Iouenale quando dixe Facere non possis quinque diebus continuis: quia talis quoque tedia uite. Laltra e/ quella che prende el nostro intellecto delle chose incorporee et celesti: et questa e/ chiamata perfecta: perche non arrecha mai tedio ne pentimento dopo se. Adunque di questa rectamente dice el poeta che satia: perche stiamo contenti aquella. Ma nientedimeno sempre la uogliamo: Ne mai ci uiene in tedio. LALTRE Tre si fero auanti: Queste sono fede: speranza et carita. O uogliamo dire intelligentia Scientia et Sapientia: delle quali disopra dicemmo. SE DImostrando di piu altro tribo. Di piu excellente stirpe. NEGLACTI: ne modi et ne gesti. TRIBO. i. di piu nobile famigla: perche le morali sono di stirpe mortale essendo nella uita actiua: Et queste sono di stirpe immortale essendo nella speculatiua. DANZANDO Alloro angelico garibo: cioe alloro angelico modo Garibo uiene da garbo et garbo significa modo et forma: Et la lor canzona era questa. Obeatrice uolgi uolgi glocchi tuoi sancti altuo fedele Danthe: elquale ha mosso tanti passi per te. Imperoche digrado in grado prima e/ disceso allonferno considerando ogni spetie di uitio. Dipoi e/ salito pel purgatorio da quegli purgandosi. PER Gratia preueniente. FANNE Gratia illuminante cooperante et consumante: CHE Disuele: che scuopra. LA BOCCA TVA: la tua sententia litterale et morale. IN FIN Che discerna: cioe conosca. LA SECONDA Belleza. Lo spirituale intellecto: CHE Tuascondi Sobto el senso litterale et morale. Imperoche sobto el uelo della fede: doue e/ el senso morale si cuopre lontellecto allegoricho et anahocicho.

Ai splendor diuiua luce etherna
chi pallido si fece sotto lombra
si diparnaso o beuue insua cisterna
Che non paressi hauer lamente ingombra
tentando arender te qual tu paresti
la doue harmonizando el ciel tadombra
Quando nellaere aperto te soluesti.

a I Splendor di uiua luce eterna. Dobbiamo intendere che dopo le parole degliangeli. i. dopo le gratie uenute nellanimo gia purgato Beatrice leuo el uelo et mostro gli splendori della diuina luce eterna. Imperoche con le gratie disopra decte puo lhuomo in quello stato cognoscere isecreti della theologia: et la luce diuina: laquale lingua humana non puo exprimere: Et pero con admiratione dixe. AI SPLENDORI: et questa dictione ai est admirantis: Et soggiugneche nessuno ne per impallidire sobto elauri di parnaso: ne per bere nella fonte delle muse fu si inspirato di diuino furore che potessi exprimere qual fussi la luce di beatrite quando fu scoperta. CHI PAllido si fece. Imperoche chi si da molto allo studio poetico impallidisce: Onde Iouenale. Fuit utile multis pallere et uinum toto nescire decembri. IN SVA Cisterna. i. nel fonte di parnarso. CHE NON Paressi hauer la mente ingombra: che non paressi indocto et insufficiente poeta. Imperoche chi ha la mente occupata et ingombra daltre chose non puo esser buon poeta chome apertamente dimostra Iuuenale. TENTANDO A render te: cioe tentando exprimere in uersi te tale et si lucente qual tu paresti iui doue el cielo tadombra. i. doue rimanesti scoperta: ne hauesti altra copritura chel cielo: Et cosi dimostra che nessun poeta potrebbe discriuere le belleze della theologia: et imita Platone che dixe la medesima sentẽtia dimostrando che elluogho doue e/ idio ne huomo mai lo uide: ne poeta alchuno lo discripse.

CANTO.XXXII DELLA TERTIA CANTICA DI DANTE

t Anteran glocchi miei fiſi et attenti
adiſbramarſi la decenne ſete
che glaltri ſenſi meron tucti ſpenti
Et eſſi quinci et quindi hauean parete
di non caler choſi loſancto riſo
aſe tyrogli con lanticha rete
Quando per forza mi fu uolto el uiſo
uer la ſiniſtra mia di quelle dee
perchio udi dalloro un troppo fiſo.

c Ongiugne el trigeſimo ſecondo capitulo al precedente perche hauendo dimoſtro nella fine di quello lo ſplendore del uolto di beatrice gia ſcoperto ſeguita aggiugnendo quanta fuſſi la ſua attentione ariguardalla inſino che dalle uirtu fu admonito: Contiene queſto capitolo landare del gryphone allalbero della ſcientia: Et figura tucta la primitiua chieſa: et pone chome el grypho riduxe indrieto el carro con tucti quegli che lo ſeguiuono et chome la pianta ſi riuuerdi di fogle et chome chome lui addormentando ſi hebbe uiſione: et ſuegliato domanda mathelda di beatrice: et eſſa glene moſtra et dallei e/facto attento auedere le choſe che uerranno. ADISBramarſi: acauarſi la brama. i. el diſiderio. Brama e/gran diſiderio dalchuna choſa. Onde bramare e ſommamente deſiderare. DECEnne ſete: cupidita durata dieci anni: Et uuole intendere che dapoi che hebbe cognitione del ſenſo litterale et morale delle ſacre lettere dopo elquale abbandono tali ſtudii inſino che ritorno per hauere lo intellecto allegorico et ſpirituale furono inmezo dieci anni: Et pero finge che ſtette dieci anni ſanza beatrice. CHE glaltri ſenſi erono ſpenti: ero attento auedere coſtei che glaltri ſenſi erono ſpenti et conſopiti. Ilche ſignifica che era tanto dato aqueſti ſtudii che anulla altra choſa era uolto lanimo ſuo et naturalmente interuiene: chome diſopra queſto medeſimo poeta dimoſtro che quando ſiamo tucti uolti ad una choſa / tucte laltre potentie dellanimo excepto quella che exercitiamo ceſſano. ET eſſi quinci et quindi hauea parete: glocchi diricti et fixi in beatrice haueano. PARETE. i. muro et obſtacolo quindi cioe dalla dextra et dalla ſiniſtra parte. Et choſi dimoſtra la conſtantia et perſeuerantia ſua nella contemplatione deſſere ſtata tale che ne proſperita che ſignifica la man dextra: ne aduerſita ſignificata dalla ſiniſtra lopotean rimuouere perche dalla dextra ſopponeua la temperantia: et dalla ſiniſtra la forteza. DI NON CALere: di non curar Queſto e un uerbo toſcano et non ſi pone ſe non imperſonale/ enon mi cale dite. CHOſi lo ſancto riſo: aſſegna la ragione et dice aglocchi non calea daltra choſa. CHOſi cioe in ſi facto modo gli tiro aſe Beatrice. CON LAntica rete: con lantico amore: elquale choſi pigla la mente come la rete gluccegli. Quando per forza mi fu torto el uiſo da quelle dee. i. dalle quattro uirtu cardinali uerſo la mia ſiniſtra et torſonlo con le parole equali udi dire loro che furono un tropo fiſo guardare el tuo. Volſeſi da ſiniſtra doue erono le uirtu morali. Queſte dee gli fecion uolgiere glocchi da beatrie in una altra parte perche guardaua troppo fiſo: perche le uirtu morali: et maxime latemperantia admonita dalla prudentia ci dimoſtrano che ogni choſa dobbiamo fare con modo et con miſura: Onde e/el prouerbio de docti. Ne quid nimiſ! Et iuuenale dixe Imponique modum ſapiens et rebus honeſtis.

Et la diſpoſition chaluedere ee
neglocchi pur teſte dalſole percoſſi
ſanza lauiſta alquanto eſſer miſee
Ma poi chalpocho eluiſo riformoſſi
io dico alpocho per riſpecto almolto
ſenſibil onde aforza mirimoſſe
Vidin ſul braccio dextro eſſer rimoſſo
al glorioſo exercito et tornarſi
colſole et con leſepte fiamme auolto
Chome ſotto gli ſcudi per ſaluarſi
uolgeſi ſchiera et ſe gyra colſegno
prima che poſſa tutta inſe mutarſi
Quella militia delcieleſte regno
che procedea tutta trapaſſonne
pria che piegaſſi el carro el primo legno
Indi alle ruote ſi tornar le donne

d Imoſtra che la proceſſione ueduta prima dallui uenire da oriente uerſo loccidente hara poi che lui ſi uolto inſulla ſua ſiniſtra tornata uolta in ſul ſuo dextro braccio inuerſo loriente: Ma prima narra che uolti che hebbe glocci da beatrice rimaſe abbagliato chome chi ha guardato nelſole: et ordinala diſpoſitione che el uedere e/ neglocchi percoſſi pur teſte dal ſole. Ilche induce bagore: mi fe eſſere alquanto ſanza uiſta Et per tranſito dimoſtra che chome locchio corporal non e capace della luce del ſole: choſi el noſtro intellecto non e capace della theologia. MA POI chalpocho: era abbagliato el uiſo cioe la uiſta di danthe pel ſuperchio ſplendore di beatrice: Ma poiche lo riuolſe al ſole et acandelabri benche quello fuſſi grande ſplẽdore: nientedimeno a cõparatione di quello di. b. era piccolo: Et po eluiſo ſi riformo cioe ritorno alla debita forma col pocho ſenſibile . i. ſplendore de candelabri. IO DICO POCHO per riſpecto al molto ſenſibile. Quaſi dica loſplẽ

el griphon moſſe el benedecto carro
ſi che pero nulla penna crollonne

dore de candelabri et del ſole era grandiſſimo. Ma acomparatione dello ſplendore degliocchi di beatrice parea piccolo. VIDIN ſul braccio ritto eſſer riuolto: diſcriue chome queſta proceſſione era partita dallegno della obedientia. Ilche ſignifica la tranſgreſſione del comandamento denoſtri primi padri. Hora induce che ui ritorni adimoſtrare laduenimento di chriſto elquale con la ſua obbedientia. Nam fuit obediens uſque ad mortem mortem autem crucis ci riduxe alla obedientia: et riconciliocci con dio et fece uolgere lhumana natura da occidente che ſignifica la perditione: ad oriente che ſignifica la ſaluatione: et perla dextra dimoſtra lauia della uirtu: COL Sole: cioe con laiuto diuino. CONLE ſepte fiamme: i. ſepte doni dello ſpirito ſancto conquali ſi diriza chi ſeguita lauirtu euangelica. CHOME ſotto gli ſchudi: perche dinanzi al carro andauono tucti quegli che diſopra dicemmo conuenia che tornando indrieto la ſchiera ſi riuolgeſſi et dinuouo rientraſſino innanzi al carro: ilche dimoſtra che faceſſino dextramente obſeruando lordine come fa una ſchiera laqual combattendo ſi uuol uolgere et uolgendoſi ripara ecolpi de nimici. Adunque paſſoron tucti auanti prima che el carro uoltaſſi elſuo primo legno cioe el timone. Indi alle ruote tornaro le donne: le tre alla dextra et le quattro alla ſiniſtra perche ſanza el gouerno di queſte uirtu male andrebbe el carro. i. la chieſa di chriſto alla obbedientia. ELGRIphon moſſe el benedecto carro: ſi informa che pero. i. benchel moueſſi non crollo alchuna delle ſue pēne delle ſue ale: adinotare che laſancta iuſtitia et miſericordia del ſommo et altiſſimo noſtro iddio ſono inuariabili.

La bella donna che mi traſſe aluarcho
et ſtatio et io ſeghuitauan laruota
che fe lorbita ſua con minor archo
Si paſſeggiando lalta ſelua uota
colpa diquella chal ſerpente creſe
tempraua epaſſi inangelica nota
Forſe intre uoli tanto ſpatio preſe
diſſrenata ſaecta quanto eramo
rimoſſi quando beatrice ſceſe
Io ſenti mormorare atucti adamo
poi cerchiaro una pianta diſpoglata
difogle et daltre frondi inciaſchun ramo
Lacoma ſua che tanto ſi dilata
piu quanto piu e ſu fora daglindi
ne boſchi loro per alteza mirata

u Olto el griphone elcarro chome e decto di ſopra inſu la mano dextra adinotare che la ſinagoga dei teſtamento uecchio dinotato per la ſiniſtra ruota ſi conuerti nellachieſa chriſtiana dinotata per la dextra. Adunque la bella donna che era mathelda. GHE mi traſſe aluarcho: che mi tiro pel fiume letheo al uarcho onde paſſai et io: et ſtatio: SEGVItauam laruota: andauan drieto alla dextra ruota laquale fece: la ſua orbita cioe la ſua uia con orbita: perche inlatin orbita ſignifica la uia che fa la ruota. COn minore archo: con minore piegatura et intende la ruota dextra perche el carro ha due ruote conuiene che faccia due uie et quando andando ſi uolta quelle uie rimangon piegate informa darcho et ſempre e minore larcho della ruota in ſulaquale el carro ſi uolge. Adunque uolgendoſi riman ritta laruota ritta facea minore archo. LALTA ſelua uota: e uoto el paradiſo de dilecti pel peccato del primo huomo. COLPA Di quella chal ſerpente creſe: colpa deua. FORSEN tre uoli: forſe che una ſaetta intre uoli. i. in tre tracti et dixe uoli per la celerita della ſaecta et anchora perche ha lepenne. DISFRENATA: quaſi uſcita della corda laquale gle chome freno: et e la ſententia che gia erono iti tre tracti di ſaecta quando beatrice ſceſe. Et pone tre uoli perche queſto numero chome dimoſtrano epythagorei e perfecto: Et la doctrina chriſtiana dimoſtra la excellentia della trinita in uno idio. ADAMO: doleuanſi della diſubidientia dadamo: perla quale lhumana generatione rimaſe priuata diſi ameno et giocondo luogho. VNA pianta: queſto e lalbero della notitia: Elquale anchora e perla ubidientia: laquale non obſeruando adam habbiamo contracto el peccato originale elquale ci tolſe queſto paradiſo. LACOMA Sua Che Tanto ſi dilata: Dimoſtra che la forma di queſto albero era che quanto piu alti erono erami tanto piu ſi dilatauono. Ilche e contrario aglaltri alberi. Et oltra aqueſto lalbero era altiſſimo: informa che etiam che fuſſi ſtato ne boſchi dindia doue glalberi ſono altiſſimi ſarebbe paruta marauiglioſa lalteza ſua. E ragioneuol choſa che lalbero della ſcientia ſia altiſſimo: peroche eſſa procede di grado in grado inſino alla cognitione didio: et quanto piu ſinnalza tanto piu ſparge et dilata erami: perche quanto piu intendiamo tanto piu ci reſta da uedere: Et queſto medeſimo albero ancora figura la ſancta obbedientia laquale e fondata nella humilita: et ſale inſino adio et diſtendeſi per infinite uirtu.

Beato ſe griphon che non diſcindi
colbeccho deſto legno dolce alguſto
poſcia che mal ſi torcie eluentre quindi

Cantauono beato ſe griphone perche tu non ſcindi. i. non ſpicchi: adinotare che chriſto non ſi diparti dalla obedientia: ſed factus eſt obediens uſque ad mortem. DOLCIE Al guſto: Quaſi dica dolcie alla sensualita ma non alla ragione. Simile aquello del petrarcha: et di tal chose ingordo chal gusto e dolcie alla salute e rea et assegna la ragione. POSCIA che quindi. i. da questo albero. EL VENtre si torcie al male: et non si diriza al bene. CHOSI dintorno: tucti glaltri cantauono quanto e decto Ma el gryphone. SI. cioe chosi intendi non gustando di questo legno/SI CONserua el seme dogni iusto. si conserua lobedientia dalla quale chome da optimo seme nasce ogni uirtu che fa lhuomo giusto. ET VOLto al temo che glhauea tirato: la sententia e che lui lego el temone del carro elquale era stato facto del legno diquesto albero aesso albero. Finge che el temone era facto di llegno della obedientia: perche lobbedientia e/quella che guida et conduce la chiesa et con la obedientia si conlega. Adunque el griphone tiro el temone apie della uedoua frasca: Vedoua priuata di fogle: et uedoua derelicta dal primo huomo elquale fu inobbediente adio.

Chome le nostre piante quando casca
gnu lagran luce mischiata con quella
che raggia drieto alla celeste lasca
Turgide fansi et poi si rinnouella
di suo colore ciaschuna pria chel sole
giunga lisuoi corsieri sotto altra stella
Men che di rose et piu che di uiuole
colore aprendo rinouo la pianta
che prima hauea le ramora si sole
Io non lontesi et qui gia non si canta
linno che quella gente allhor cantaro
ne la nota soffersi tucta quanta

cHe chome interuiene che quando el sole e entrato in ariete nel quale comincia la primauera glalberi che erono stati spogliati di fronde el uerno comincieno aingrossar gliocchi et poi rimettono nuoui fiori: chosi rinuerdi et rifiori lalbero poi che ui fu legato elcarro. Et el colore de fiori era meno acceso che quello delle rose et piu che quello delle uiuole. Adunque era sanguigno: Et per questo dinota la passione di christo Imperoche el sangue suo riduxe lhumana spetie allanticha obedientia. QVANDO casca: quando del cielo si sparge in terra. LA gran luce. cioe el sole. MISCHIATA CON Quella che raggia drieto alla celeste lasca mescolata con la luce delle stelle dellariete elquale surge alnostro hemisperio dopo epesci equali chiama lasca: ponendo la spetie pel genere. Et in questo modo discriue laprimauera laquale comincia nellintroito del sole nel primo grado dello ariete. TVRGIDE: gonfiate et ingrossate: Imperoche inquel tempo ogni albero comincia aingrossare gliocchi: Ilche noi diciamo brochire. PRIA CHE El sole giunga li suoi corsieri equali dimostrammo essere quattro. SOBTO Altra stella: sotto altro segno del zodiaco. IO NON lontesi: Io non intesi linno elquale cantorono quelle genti che ereno intorno al carro equali significan glantichi padri: et del testamento uecchio: et della primitiua chiesa. Et qui inquesto mondo et inquesta eta non si canta. NE SOFFERSI TVCTA LA NOTA: cioe non sostenni tucto el canto chio nō maddormentassi.

Sio potessi ritrare chome assonnaro
glocchi spiatati udendo di syringa
glocchi achui pur ueghiar costo si caro
Chome pictor che con exemplo pinga
disegnerei chomio maddormentai
ma sie qual uuole che lassonnar ben finga
Perol trascorro et quando io misueglai
io dico chun splendore misquarciol uelo
del sonno et un chiamar surge che fai
Quale aduedere efioretti del melo
che disuo pomo glangeli fan ghiotti
et perpetue noze fa nel cielo
Piero et giouanni et iacopo condocti
et uincti ritornaro alla parola
dalla qual sono maggior sonni rotti
Et uidoro scemata loro scola
chosi di moyse chome delia
et al maestro suo cangiata stola
Tal tornato et uidi quella pia

nArra el poeta che non puo in nessuno modo descriuere la suauita del canto che lassonno cioe che glinduxe el sonno et addormentollo Ma se potessi exprimere chome saddormentorō glocchi dargho pel canto di merchurio lui farebbe chome el pictore elqual non sapendo dipignere di sua fantasia dipigne le chose dipinte da unaltro pictore quasi dica io direi essere stato addormentato dal canto di tale himno chome fu Argho dal suono della zampogna di mercurio: laquale fauola gia hai disopra udita: CHome assonnaro saddormentorono: GLOCCHI Dargo SPIATATI crudeli in guardare troppo byo. VDENDO di syringa: mentre che udiua mercurio cantare di Syringa nymphā. Costei fu amata da pan dio de pastori: Epsa lo fuggia lui la seguitaua insino che giunsono al fiume ladone: ne potendo passarlo la nypha domando aiuto da gliddii che la scampassino delle mani di pan: gli dii mossi apieta la transmutorono in cannuccie di pantano Et pan non lapotendo altrimenti hauere di quelle cannuccie formo lazāpogna laquale dal nome della amata nympha: chiamo syringa: benche questo uocabolo in gre

co. ii.

ſopra me ſtarſi che conducitrice
fu de mia paſſi lungho elfiume pria

cho ſignifica canna. MA SIA Qual uuole che la ſonnar ben finga; quaſi dica ma ſia qualunque ſi uuole di quegli che ſanno ben ſignere et deſcriue re laſſonanare et colui lo dimoſtri. PERO El tra ſcorro; perche io non lo poſſo exprimere. ET Quando io miſueglai; et accioche intenda che coſa le ſue glaſſi; dimoſtra che uno ſplendore grandiſſimo che uenne et la uoce di mathelda che lo chiamo dicendo SVRGE. i. leua ſu lodeſto. Et certo puo ſpeſſe uolte una ſomma luce ſueglare chi dorme. perche pe netra a glocchi equali nelſonno deſiderano la tenebre. Ma piu ſuegla la luce per lo ſplendore intende la cognitione laquale per noi medeſimi acquiſtiamo; per la uoce ſintende glaltrui precepti. QVALI AD uedere efioretti del melo; Dimoſtra che tale diuenne quando ſi ſueglo quali diuennono piero ioanni et iacobo appoſtoli di chriſto dopo la traſſigurarione del ſaluatore nelmonte tabor; Della quale ſcriue Mar co euangeliſta nel nono capitolo coſi. Tolſe Iheſu Piero; iacobo et ioanni et conduxegli in monte excel ſo; et tranſſigurorſſi nelloro conſpecto. Et riſplendea chome el ſole. Et apparue quiui Moyſe et elia; Et pietro dixe buono e eſſer qui facciamo tre tabernacoli ate uno; uno amoyſe et uno ad elya. Et furon di feſi dal ſole da candida nuuola; et eccho una uoce di cielo dicente. Queſto e elmio figluolo dilecto nel quale io mi ſono bene compiaciuto. Allhora ediſcepoli caddono et chriſto gli chiamo; Et lor riguardan dolo lo uiddon ſolo. Et ordina eltexto choſi. Io Danthe tornai tale. i. mi ſueglai intal modo quali tor naro dopo la traſſigurarione; piero iacobo et ioanni condocti da chriſto ad uedere. EFIOretti del melo che. i. elqual melo che e chriſto fa ghiotti glangeli di ſuo pomo et fa in cielo perpetue noze Et nota che chiama qui la tranſſigurarione di chriſto fioretti et eſſo chiama melo; perche tale tranſſigurarione non fu la ſua gloria. Ma una dimoſtratione ſi chome el fiore non e fructo ma dimoſtratione di quello. Et chriſto chiama melo elquale albero produce ſoaue pomo; perche ebeati in cielo ſi paſcono della contem platione didio; chome in terra ſi paſcono ecorpi del cibo corporale. onde fa glangeli ghiotti. i. cupidi et dixe perpetue noze perche la beatitudine in cielo e perpetua. ET Vinti ritornaro alla parola. i. baſi ti ſi riebbono. ALLA parola didio. ELia; di coſtui et del ſuo carro gia e poſto la hiſtoria. CANGiata ſtola; cangiato ueſtimento. Quella pia; Mathelda queſta glinſegnera beatrice; imperoche la doctrina del la uita actiua ci dimoſtra la theologia.

Et tutto indubio dixi oue beatrice
et ella uedi lei ſotto lafronda
nuoua ſedere inſu laſua radice
Vedi lacompagnia che la circonda
glaltri dopol griphon ſen uanne ſuſo
con piu dolcie canzon et piu profonda.
Et ſe piu fu elſuo parlare diffuſo
non ſo pero che gia ne glocchi mera
quella chadaltro intender mhaueachiuſo

e T tutto in dubbio; perche choſi rimane chi di ſubito e/ deſto et maxime non uedendo lui Beatrice. Queſto adormentarſi ſignifica che a uolere intendere le choſe che ſequitano; et inque ſto fine del purgatorio; et nel paradiſo Danthe che ſignifica la ſenſualita; et la ragione inferiore mancano a tante choſe; Ma fu deſto dallo ſplēdo re che e/ la ragione ſuperiore et lontellecto. Et dalla uoce che e/ la gratia cooperante; et choſi de ſto Mathelda cioe la doctrina gli moſtro Beatrice cioe glaperſe la cognitione delle coſe ſacre; Siede Beatrice ſobto lalbero del bene et del male; et del lobedientia; Dinuouo rinuerzito. i. rinouato p̄ lapaſſione di chriſto; Et ſiede in ſu la radice che ſignifica lhumilta; chome la pianta ſignifica lobedientia; Imperoche chi diſidera ueramente conoſcere lechoſe diui ne quanto porta lhumano ingegno debba diuentare tanto humile che altutto habbi captiuato longegno; et meſſolo ſobto el giogho della fede; Et per queſto la theologia ſiede in ſu la radice; VEDI Lacompa gnia che ſono le ſepte uirtu; GLALTRI; quegli del teſtamento uecchio et del nuouo; SEN VAN NO IN SV; ſalgono al cielo dopo el gryphone; perche el primo che saliſſi in cielo fu chriſto; CON PIV Dolce canzone et piu profonda; Adimoſtrare che quello che intendiamo et guſtiamo nella pere grinatione di queſta mortale uita delle choſe celeſti benche ſia dolce non e/ tanto quanto quello che ſi guſta poi in patria eterna. ET SE PIV Fu lo ſuo parlar diffuſo; Dimoſtra che benche la doctrina acti ua ci moſtri uarie choſe; Nientedimeno chi e/ arriuato allo ſtato della innocentia ad niente altro apre glorecchi che alle choſe theologiche; NE GLOCCHI Mera; intendi ne glocchi dellontellecto.

Sola ſederſi inſu la terra uera
chome guardia laſciata li del plauſtro
che legar uidi alla biforme fera
In cerchio gli faceuan di ſe clauſtro
le ſepte nimphe con que lumi in mano
che ſon ſicuri daquilone et dauſtro

n On e/ difforme che diſopra diceſſi che Bea trice ſedea in ſu la radice dellalbero; et qui in ſu la terra; perche la radice e ſobto terra; Era la ſciata alla guardia del carro; perche la uera et unica cuſtodia della chieſa militante e/ la theologia. Sa li chriſto con glaltri nel cielo; ma Beatrice rimaſe in terra; p̄che ſanza la theologica regola perirebbe

Qui sarai tu pocho tempo syluano
et sarai mecho sanza fine ciue
di quella roma onde christo e romano
Chosi beatrice et io che tucto apiedi
de suoi comandamenti ero deuoto
lamente et glocchi ouella uolle diedi

la christiana religione. Et le septe uirtu gia disso pra narrate gli facean cerchio perche la theologi a lasciata aguardia della militante chiesa non puo stare sanza queste uirtu. ilche non e difficile ain tendere: perche ueggiamo nel nostro secolo: per che piu ui uale simone mago che paolo et ioanni Et piu ui puo lambitione et lauaritia eta laluxu ria che lappostolica pouerta et humilita: et uir ginita: et castita done gia e condocta. Et perche precipite scende amanifesta ruina. Porga idio lucerna achi ua per le tenebre. Et illuminet uultum suũ super eos ne ceci et cecorum duces in foueam cadant: Et misereatur nostri. CON QVE lumi inmano gia noi habbiam dimostro esepte lumi essere esepte doni dello spirito sancto. Iustitia tiene el timor che caccia la superrbia: Prudentia con la pieta caccia la inuidia: Forteza caccia lira: Temperantia con lume di consiglo caccia lauaritia: Fede caccia laccidia collume della scientia. Speranza collume della sapientia caccia la gola: Et finalmente la carita con lume dello intellecto caccia la luxuria. IN MANo: adimostra re che tali doni debbono essere in actione et in opera: DA AQVILONE et da austro: Queste septe uir tu co septe doni non si spẽgono ne lhuomo ne per le cose prospere significate per aquilone ne per le ad uerse significate per austro. Imperoche aquilone induce serenita et uiene dalla parte piu alta del mon do: ilperche dinota prosperita. Et austro soffia dalla pare bassa di meridiana: ilperche significa aduersi ta. Possiamo anchora porre aquilone per la superbia: et austro per la pusillanimita. QVI SARAI TV pocho tempo syluano: Dimostra la breuita della uita humana nella quale lanima speculatrice delle cho se calesti sta pocho tempo: Ma uscita del corpo guidata dalla medesima beatrice sale al cielo doue non e piu peregrina ne forestiera ma cittadina etherna con beatrice. DI quella Roma Onde Christo e romano di quella citta uera capo dimperio etherno chome roma capo dello imperio terreno et chome glantichi chiamorono la celeste et etherna patria hierusalem ciuitas superna: chosi el poeta pone in quel medesi mo significato roma. Et non sanza cagione dixe syluano: perche in questa brieue uita si camina per la selua luogo inculto abandonato da glhuomini. Et pien di fiere: Non e cultiuato da uirtu: non e habi tato da chi ha humanita et carita: Ma da chi e ripien di costumi efferati. PERO in pro del mondo: Ha uea gia el poeta descripto quale fu lanticha chiesa et di quante uirtu ornate. Hora considerando chome gia era cominciata ainlordarsi dogni uitio et altucto degenerare et tralignare dalla uera christiana chiesa con accomodatissime finctioni discriue esuoi uitii et pronostica le sue miserie. PERO In pro in utilita del mondo. CHE MAL VIVE: perche e grandissima utilita de peccatori mostrargli el uituperio: et la miseria de loro uitii. TIEN Glocchi al carro: considera quello che aduerra della chiesa: Et poi seguita discriuendo.

Non scesse mai con si ueloce moto
focho dispessa nube quando pioue
da quel confine che piu e rimoto
Chomio senti calare lucciel di ioue
perlalber giu ronpendo della scorza
non che defiori et delle folgle noue
Et feril carro di tutta suo forza
onde piego chome naue in fortuna
uinta dallonda hor da poggia hor daorza
Poscia uidi auentarsi nella cuna
del triomphal uehicolo una uolpe
che dogni pasto buon parea digiuna
Ma riprendendo lei dilaide colpe
ladonna mia lamisse intanta futa
quanto sofferse lossa sanza polpa

C On quel furore che una saetta uiene dal cie lo uenne una aquila laquale striscando giu per lalbero non solamente sparse de fiori et dalle frondi ma ruppe la scorza. Due furono le perse cutioni che hebbe lachiesa: una dagli imperadori laltra dagli heretici: pone adunque laquila pergli imperadori. perche lansegna loro e laquila: et la uolpe pergli heretici: equali con uolpine fraude singegnono maculare la uera religione. Le perse cutioni dellaquila fu preueduta per ezechiel doue dice. Aquila grandis Ales magnus lõgo mẽbro: ũ ductu plena plumis et uarietate uenit ad libanum et tulit medullam cedri et sũmitatem montium auulsit: Le persecutione degli imperadori furon dieci: Impero che Augustino pone nellibro de ci uitate dei: la prima persecutione uniuersale nella chiesa fu facta da Nerone. la seconda da domitia no et traiano: tertia et quarta per antonio seuero quinta et sexta per marcelliano et decio. septima et octaua per ualeriano et aurelio: Nona et deci ma per diocitiano et maximiano: Lundecima laquale non e/anchora stata sara perantichristo elquale si gura sobto spetie di dragone: et la uolpe significa mahometto del quale dicemmo nel nigesimo octauo canto della prima cantica. et riferimmo le septe degli heretici. LVCCEL Di Ioue: laquila fu insegna di ioue et: rimase asuoi successori re di creta: Et da teucro fu transportata in troia et da troia da enea ſu arrecata allomperio romano: efiori intendi glornamenti et le degnita: per la fcorza la ſalute. ONDE PIEGO: perche ſpeſſo uacillo lo ſtato della chieſa: DA POGGIA: e el canape che lega el capo della antenna di dextra. ORSA: Canape che lega laltro capo da ſiniſtra. NELLA CVNA. i. dentro alcarro: Imperoche erono glheretici nel ſeno della chieſa: et fingendo eſſere intrinſechi et ueri chriſtiani. TRIVMPHALE: perche infine uinſe la chieſa ogni aduerſario. DOGNI Buon paſto: Riferendo allanima laquale glheretici paſcano di falſe opinioni doue non e/ la catholica ucrita. MA RIPRENDENDO Contro glheretici baſtorono etheologi equali gli confutorono informa ne concilii: che furono condennati al fuoco. IN TANTA futa. in tanta confutatione: LOSSA Sanza polpe: perche chi e/ arſo rimane con loſſa ſanza carne.

Poſcia per indi ondera pria uenuta
laquila udi ſcender giu nellarca
del carro et laſciar lei di ſe pennuta
Et quale eſce da cuor che ſi rammarca
tal uoce uſci del cielo et cotal dixe
o nauicella mia chomal ſe charca.
Poi parue ame che la terra ſapriſſe
trambo le ruote et uidi uſcirne un drago
che per lo carro ſu la coda fiſſe
Et come ueſpa che ritragge lago
ad ſe traendo la coda maligna
traſſe del fondo et giſſen uago uago
Quel che rimaſe come di gramigna
uiuace terra della prima offerta
forſe con intention ſana et benigna
Si ricoperſe et funne ricoperta
et luna et laltra rota eltemo in tanto
che piu tiene un ſoſpir la bocca aperta.

hA narrato diſopra laperſecutione deglimperadori contro alla chieſa et le uarie ſepte delle hereſie. Hora pone ladonatione di conſtantino Et la querela che neſece ſan piero: Et dopo queſto pone la ciſma facta da Maumeth. Figura adũque el dono di conſtantino per le penne lequali laquila ſcendendo donde era pria uenuta: cioe dallomperio laſcio nellarca del carro. i. nella piu intima parte che e/ la chieſa apoſtolica de ſuoi beni temporali. ET QVALE Eſcie di chuore che ſi rammarca: Choſi miſerabile uoce uſci di cielo: chome eſcie dun cuor che ſi rammarca et duolſi: et dixe O nauicella mia chome ſe tu mal carca. i. carica di choſe male et nociue. Induce che ſan piero primo pontefice preuedeſſi: che ebeni temporali donati alla chieſa laquale pel paſſato ſera mantenuta ſancta et con ogni uirtu inſomma pouerta lhaueſſino a corrompere in tante dilicateze. POI PAre a me che la terra ſapriſſi: Diſcriue un drago uſcir di ſobto terra tra luna et laltra ruota delcarro et meſſe la choda ſu pel carro et trapaſſo el fondo forando chome fa la ueſpa laquale traendo fuor lago fora: et poi lo ritira ad ſe: El drago uſcito di terra e/ Maumeth elquale fu huomo terreno: et uoluptuoſo. et fixe la coda cioe la fraude diuidendo tra le due rote: Imperoche Maumettho ritraſſe della chieſa eſaracini: equali nouellamente erono uenuti dal teſtamento uecchio et dalla circunciſione et dalla ſinagoga alla chieſa chriſtiana et al teſtamento nuouo et al bapteſmo. ET GISSEN Vago uago: perche la ſua religione non ha certo fondamento: Ma ua uagando et errando. QVEL CHE Rimaſe: El reſto della chriſtiana chieſa che non fu ſeducta et perſuaſa da Maumeth: Ma rimaſe nella uera fede ſi ricoperſe delle penne dellaquila. chome la terra ſi cuopre di gramigna. i. diuenne ricca de beni hauuti dallo imperio. FORSE Con intention ſana et benigna: Quaſi dica benche le richeze habbino ripieno dogni uitio lordine ſacerdotale et maxime la ſedia apoſtolica: Niẽtedimeno chi da prima accepto lo fece a buono fine. Et funne ricoperta luna et laltra ruota. i. choſi la chieſa antiocena laquale fu ordinata da quegli che teneuano prima el uecchio teſtamento: chome la romana: laquale di nuouo era uenuta alla fede chriſtiana. IN TANTO. i. ſi preſto che un ſoſpiro tiene piu aperto la bocca:

Tranſformato choſi eldificio ſancto
miſſe fuor teſte per le parti ſue
tre ſopral temo et una in ciaſchun canto
Le prime eran cornute come bue
ma le quattro un ſol corno hauen perfrõte
ſimile monſtro uiſto ancor non fue
Sicura come rocca in alto monte
ſeder ſopreſſo una puttana ſciolta
mapparue con le cigla intorno prompte

aD ſufficientia dicemmo nel canto. xviiii. dellonferno: chome nella chieſa chriſtiana le ſepte teſte ſignificano eſepte ſacramenti riſpondẽti a ſepte doni dello ſpirito ſancto: et chome per c dieci corna intendon e dieci comãdamẽti della legge: Et in queſto luogo pone nel temone tre teſte per tre ſacramenti equali adminiſtrano eprelati e quali ſono al temone. i. al reggimento della chieſa: che ſono creſma: bapteſmo: et penitentia: et glaltri quattro pone ciaſchuno in uno de quattro canti del carro. Torna adunque alluogo gia decto

Et come perche non gli foſſe tolta
uidi da coſta allei dricto un gigante
et baciauonſi inſieme alchuna uolta
Ma perche locchio cupido et uagante
ad me riuolſe quel feroce drudo
la flagello dal capo in fin le piante
Poi di diſpecto pieno et dira crudo
diſciolſel moſtro et traſſel per la ſelua
tanto chel ſolo di lei mi fece ſcudo
Alla puttana et alla nuoua belua

dellonferno: et harai piena allegoria di queſto carro coſi traſſformato. Hora arroge la puttana et el gygante drudo di quella: Doue ꝑ la puctana intē de la chieſa et el pontefice Maxime Bonifatio octauo. et pel gygante el re di francia. Imperoche la chieſa laquale con ſomma caſtita debba amare el ſuo ſpoſo chriſto: ne mai ſi partire dalle choſe ſpirituali/ diuento meretrice: et per iſperanza de beni temporali amo el re di francia elquale chiama gygante. Due choſe ſono nel gigante: prima e di grande ſtatura: dipoi ſignifica gygante generato di terra. Similmente el re di francia era digrandiſſima potentia et ſignoria; et era prodocto di terra ſprezando ebeni ſpirituali; amaua ſolamēte ebeni terreni chome ſono imperii et richeze. Sedea adunque ſopra el carro. i. nella ſedia appoſtolicha una puttana. i. papa Bonifatio elquale chome meretrice corropto da pecunia et per acquiſtar theſoro laſciādo loſpoſo ſera dato alladultero. SCIOLTA: libera et ſanza alchun freno. COLLE Cigla intorno prōpte: Chome la meretrice tira ad ſe lamante con occhi prompti et uolubili: choſi Bonifatio aeſcaua el re con uarie ꝑmeſſe. Elgigante glera apreſſo temendo che non gli fuſſi tolta. i. el re continuamente con legati et oratori manteneua el papa in ſua amicitia: accioche non ſi uolgeſſi altroue. ET BACIAVONSI inſieme alchuna uolta: Pe baci intendi lamoreuole proferte et preſenti et doni che facean luno allaltro: Ma ꝑche queſta meretrice uolſe glochi ad me el gygante preſe geloſia. Et re uera bonifatio huomo uehemente et eloquente et cupidiſſimo dhonore: teneua practica con diuerſi ſignori. Ilperche non ceſſo el re inſino atanto che conduſſe la corte in prouēza dila da glalpi: Et pero dice che el gigante ſciolſe el carro che e la chieſa et tanto lo tyro dilontano per la ſelua che la gran diſtantia fece che el ſolo. i. elterreno della ſelua fu ſcudo tra me et lei cioe fu obſtaculo che io non la uedeſſi. Et pone ſe per laltre potentie delle quali hauea geloſia che non gli togleſſino el papa. ALLA PVTTANA. i. al papa. ET ALLA NVOua belua. i. alla chieſa douentato nuoua fiera;

CANTO .XXXIII .DELLA SECONDA CANTICA DI DANTHE

d euſ uenerunt genteſ alternando
hor tre hor quattro dolce pſalmodia
le donne cominciaron lachrimando
Et beatrice ſoſpiroſa et pia
quella aſcoltaua ſi facta che pocho
piu alla croce ſi cambio maria

e Queſto el trigeſimo tertio et ultimo canto Nelquale uolendo el poeta gia por fine al purgatorio ſeguita la diſcriptione gia cominciata; et dimoſtra chome per le perſecutioni et traſformationi del carro et del temone. i. della chieſa et de prelati le uirtu ſi dolſono: Et Beatrice lo exorto che la ſeguitaſſi; et domandaſſi lei

Mapoi che laltre uergini dier loco
allei didir leuata suso in pe
rispose colorata chome focho
Modicum et iam non uidebitis me
et iterum sorelle mie dilecte
modicum et uos uidebitis me
Poi lesimisse in nanzi tutte et septe
et dopo se solo acennando mosse
me et ladonna elsauio che ristette

de dubbi che hauessi et essa glassolue dimostrãdo che chi nuoce alla chiesa fia punito et presto. Muoue dubi danthe et scusa elbasso ingengno. Loquale scusa beatrice dimostrano essere sufficiẽte . hora cominciando dimostra che peldisturbamento delcarro lettre theologiche et lequattro cardinali uirtu si dolsono et col dolce psalmodia .i. dolcie canto et quasi concitatiuo amisericordia diceano. Deus uenerunt gentes ihereditatẽ tuam. Inquesto psalmo silamenta dauid della distructione che hauea aessere del tempio didio. Ilche dimostraua enimici della chiesa hauere ausare crudelta contro di quella. Et beatrice con lachryme et piatoso uolto lascoltaua mutata nel uiso quasi chome si alla croce maria . pche eluertheologo siduol sepre delle chose facte in dishonore didio et in danno del proximo. MA poi che laltre uergini: Dopo le lamentationi delle uirtu beatrice dricta in pie Ilche dimostre la uigilantia de sancti theologi: ET COLOrata chome fuocho significa el feruore et lacarita: perche loro con uigilantia et con feruente carita sempre confortano. Modicum et iam non uidebitis me: et iterum modicum et uidebitis me. POI SELE misse innanzi tucte esepte: perche nessuna cosa e nella christiana theologia laquale non seguiti sempre queste septe uirtu. Et dopo se solo accennando mosse me: perche chi e gia in quello stato non ha bisogno di molta exhortatione. Et la donna: Mathelda. Et el sauio che ristette: Statio.

Chosi sen gia et non credo che fussi
lo decimo suo passo in terra posto
quando con glocchi glocchi mi percosse
Et con tranquillo aspecto uien piu tosto
mi dixe tanto che sio parlo techo
ad ascoltarmi tusii ben disposto
Si chome io fui chome io douea secho
diximi frate perche non tatenti
adimandarmi homai uenendo mecho
Chomacolor che troppo riuerenti
dinanzi asuo maggior parlando sono
che non traggon la uoce uiua adenti
Aduenne ame che sanza intero sono
cominciaio madonna mia bisogna
uoi conoscete er cio chaessa e bono

d Imostra che non era ita dieci passi beatrice quando percosse glocchi suoi con quegli d danthe. Questo significa che non sono dieci clausole doue ioanni nello appocalipse nelprimo del septimo capitolo pone la meritrice che fa fornicatione co re della terra aquel doue dice bestia quam uidisti fuit et non est: glocchi dibeatrice sono lontellecto di quel texto elquale percosse lontellecto di danthe . preterea con tranquillo aspecto. Ilche dinota che e necessario che lanimo di chi uuole conseguire questa doctrina debba essere tranquillo o ueramẽte significa che la doctrina theologica purga lanimo daogni perturbatione et fallo tranquillo et quieto. Admonisce danthe che gli uada si appresso che lui possi intendere cio che essa parla. perche chi nonsi parte dallaltre chure et non saccosta con tucta la mente atal doctrina non sara mai idoneo aintenderla. Domanda poi danthe perche essendo secho lui non sattenti: cioe non ardisca domandarlo quasi dica che chi seguita gli studii della theologia debba non inuilire perche le chose sieno altissime: Ma debba domandarla .i. rileggendo frequentemente et aguzando longegno et inuestigando: et altri domandandolo ingegnarsi dintendere in quella ogni suo dubbio: et chiamalo fratello adinotare che esso e huomo chome furono esacri scriptori di quella Etper questo puo usando assidua et diuturna diligentia intenderla come molti lhanno intesa. CHOME A Coloro: dice aduenne ad me chome aduenne a quegli che quando parlano co signori loro sono si impediti dalla reuerentia che gli portano: Che non traggono la uoce uiua a denti: Imperoche epsa muore innanzi che esca della bocca: Et in questo ciadmonisce che benche dobbiamo ardire di metterci a intendere ogni obscuro passo: Nientedimeno lo facciamo con modestia et con somma reuerentia inuerso di quella: et sanza presumptione: Et finalmente insegna qual debbono essere lenostre domande.

Et ella ame da tema et da uergogna
uogilhoomai che tu ti disuiluppe
siche non parli homai combuõ che sogna
Sappi chel uaso chel serpente ruppe
fu et non e ma chi nha colpe creda
che uendecta da dio non teme suppe

r Ectamente pone chel uaso non e . Impero che essendo ropto non e piu uaso Adunque nõ e piu la chiesa chome solea essere perche e diuisa et in gran parte di spirituale et uirtuosa e diuentata carnale et uitiosa. Et imita in questo luogho ioanni nel decimoseptimo capitol dello appocalipse oue dice. Bestia quam uidisti fuit et non ẽ

Non sara dogni tempo sanza reda
laquila che lascio lepenne alcarro
perche diuenne mostro et poscia preda
Chio ueggio certamente et perol narro
adarne tempo gia stelle propinque
sichure dongnintoppo et dogni sbarro
Nel quale un cinquecento dieci et cinque
messo dadio ancidera lasuia
con quel gigante che conlei delinque

MA CHI NHA colpa : chi e/ stato cagione di tal ruina et adulterio della chiesa CREDA che uendecta didio non teme zuppe. i. creda che idio ne fara uendecta .. puo intendere dibonifatio elquale per diuina iustitia per rabbiosa morte p de el pontificato. puo anchora di philippo re di francia elquale con clemente papa fece ignominiose conuegne contro allo honore della chiesa. NON Teme zuppe. i. uane difensione deglhuomini. Riferisce lo imolese che in firenze era oppinione che chi hauesse conmesso homicidio et mãgiassi sopra el corpo del morto una zuppa non potea dipoi per uendecta esser morto. Et el figliuolo di danthe elquale comento questa comedia afferma che inquesti tempi quando alchuno de grani di cittadini era stato ucciso nella nostra citta : epropinqui guardauono la sepultura insino in noue giorni che alchuno nonui mangiassi su zuppa : per laquila sappartiene adirizzare et correggiere glerrori della chiesa agiugne che laquila non sara sempre sanza reda cioe sanza imperadore. Imperoche ognuno che e facto imperadore diuenta herede dellaquila. Et dimostra che ĩquel tempo laquila fussi senza herede : p che non obstante che fussino glimperadori loro seruiuono al papa : et non arduiono di correggiere .co concilii : CHE LASCIO le penne al carro. i. lascio ethesori suoi alla chiesa : PERCHE diuenne monstro et poscia preda : Diuenne mostro perche perle richeze lascio le uirtu et diessi al uitio elquale fu cagione che diuenissi preda. VEGgio gia stelle propinque : tutte le stelle che sono in cielo ui furono da principio. Adunque intende stelle propinque. SICVRE Dognin toppo : dogni contrappositione. ET DOGNI sbarro : et dogni resistenza. NEQVAli un cinquecento dieci et cinque : non pone questo numero pel numero deglanni : Ma perche cinquecento si nota con questa lettera. d. et cinque col. u. et dieci col. x. che fa dux dice che uera un duca cioe un signore dexercito mandato da dio elquale ucciderà la fuia et la dulterio della puttana. i. del papa et della corte romana adulterata et coinquinata in ogni uitio. CON quel gygante : elquale intende el signor temporale che delinque cioe pecca con lei.

Et forse che e lamia narration buia
qual themi et sphynge necte et persuade
perchallor modo lontellecto accuia
Ma tosto fien li facti le naiade
che solueranno questo enigma forte
sanza danno di pecore o di biade :
Tu nota et sicome da me son porte
queste parole si lensegna a uiui
del uiuer che un correre alla morte
Et haggi amente quando tu lescriui
dinon tacer qual hai uista lapianta
chè hor due uolte di rubata quiui

PErche insino aqui che beatrice ha parlato chon obscurita : pero sobgiugne dicendo forse che la mia narratione e buia et tale. QVALE Necte : cioe congiugne et conlega et persuade THEMI et sphinge lequal dauon lerisposte loro sibscure che e necessario dacutissimo interprete a intenderle. Et e cosi obscura lamia narratione p che epsa accuia : cioe sassottiglia : et fa assottigliare lontellecto al modo loro intendi di themi : et di Sphynge : La sententia e che io parlo chosi obscuro : chome themi et sphynge. Themi fu dea de gentili : laquale in parnaso monte da eresponsi : Ma molti obscuri chome decte ad euchalione. Et pyrrha dopo eldiluuio : Aquali domandando in che modo potessino restaurare la generatione humana . rispose che loro si gittassino dopo le spalle lossa della madre : elquale oracolo Deucalione interpreto che la madre sia la terra : et lossa nella terra sieno le pietre. Sphynge fu un mostro apresso athebe elqual secondo hesiodo fu figliuol di chimara et dorthocane di gerione : Costui staua nel monte ꝓpinquo a thebe : et a qualunque passassi preponeua un dubio elquale egreci chiamon enygma con queste condictione che se non lo sapessi dichiarare hauessi aesser morto da tal monstro. Propose adunque a edippo padre de Theocle et polynice qual fussi lanimale : che da principio andassi con quattro piedi et poi con due et finalmente con tre. Questo enygma acutamente dichiaro Edippo Dicendo esser lhuomo : elquale daprincipio ua carponi con lemani et co piedi : Poi ua dricto insu due piedi Et infine delleta ua con tre perche sappoggia al bastone : MA TOSTO FIEn Li facte lenaiade : Ma presto seguiranno efacti che io annuntio : et efacti allhora dichiareranno cio che io ho uoluto dire ; chosi come le nayade dichiarauono le parole obscure di themi. CHE : equali facti. SOLVERanno : dichiareranno. QVESTO Enigma : questo obscuro decto. Enygma e/ greco uocabolo chome e decto. Diffinisce Aristotele nel suo libro de poeti che enygma e sermone o ĩpossibile o difficile aridurlo ad alchuno certo intellecto : Et Aueroys scriue che questo interuiene spesso ne poeti arabi : SANzA danno di pecore o di biada : cioe sanza hauere acercare la interpretatione o per uia degli aruspici equali sacrificauon alchuna bestia : Et secondo la dispositione che trouauono nel fegato onellaltre interiora prediceuono quello che hauessi aessere : o per uia di pullarii equali cauauono fuori epolli : che per questo ex tercio tebeiano et porg tono lo o biade: et secondo nel modo nel quale epolli beccarono diceuan quel loche pe polli sindiuinaua. TV Note cioe con diligentia attendi et insegnale auiui. SI. i. chosi chome ti son porte, dame. AVIVI : del uiuere che e un correre alla morte. Eueri uiui sono celesti perche han no uita sanza morte : ma noi non siamo ueramente uiui conciossia che la uita nostra e/un brieue corso elquale ci conduce amorte. DVE uolte : la prima quando laquila calo. laseconda quando elgigante sciol se el carro et menollo uia : Impero che dapoi chel griphone lego el carro alla pianta elcarro et quella diuē torono una medesima chosa.

Qualunque quella ruba o quella schianta
con bestemmia di facto offende idio
che solo allufo suo la creo sancta
Per morder quella inpena o indisio
cinquemila anni o piu lanima prima
bramo colui chel morso in se punio
Dorme longegno tuo se non la stima
per singulare cagione essere excelsa
lei tanto et si trauersa nella cima
Et se stati non fussero acqua delsa
li pensier uani intorno alla tua mente
al piacer loro un pyramo alla gelsa
Per tante circunstantie solemente
la iustitia di dio nellinterdecto
cognosceresti allalber moralmente.

Non e/ marauiglia che chi nuoce alla chiesa / ne porti la pena : perche offende idio : elqua le creo decta pianta dellubidientia : et decto carro che e/la chiesa : et creolla sancta perche labenedixe et sanctificolla : et creolla a suo uso acioche gli rē dessi culto et honore mediāte elquale noi meritas simo eterna uita : Qualunche quella ruba : chome rubo el gygante o quella schianta chome schianto laquila offende idio con bestemia di facto : et inla tino e/ decta blasphemia : et questa e greca distinc tion : et uiene daquesto uerbo blatin che significha nuocere et dar detrimento. Adunque e/ bestem mia detrimento et nocimento dhonore : Et e/ be stemia di decto : et bestemia di facto. Di decto quando con parole sole manchiamo dellhonor di dio : Di facto quando manchiamo ne facti. PER MORDER Quella. Dimostra per exemplo dadā quanto idio punisca chi la schianta o ruba : concio sia che lanima dadam primo nostro parente per morderla. i. per gustare del suo fructo stecte tra nella pena che hebbe in uita nella fatica del corpo et di mente che uixe anni nouecento trenta : et nel desiderio che hebbe nellimbo che furono anni cinquemila dugento trentuno dal principio del mondo insino al decimo octauo anno dellimperio di Tyberio : nel quale christo pati : et pero dixe piu di cīque mila anni bramo ladueniamento di christo : elquale puni in se medesimo el morso dadam : perche in ri storo della disubidientia dadam Christo dio et huomo facto obediente contro a quella disubidientia so stenne pena in croce : laquale chome di sopra dicemmo fu di quella pianta. DORME Longegno tuo Se tu non stimi quella essere excelsa per cagion singulare. ET SE stati non fussero acqua delse. i. se etuoi pensieri uani et di cose carnali non hauessino indurita la mente tua chome lacqua delsa : della quale dicemmo disopra indurisce le chose chentrano in quella et falle pietra : lequali ecolligiani che son propinqui a questo fiume usano ne gledifici. Questo medesimo fa lacqua di Sarno fiume in puglia : Et Alberto magno nellibro de metalli scriue essere una fonte in Boetia : laquale muta in saxo cio che ui si mette. Ilche prouo Federigo imperadore : elquale tuffo un suo guanto insino amezo : et laparte tuf fata diuenne pietra : et laltra parte rimase pelle chome prima era : Ma torniamo al texto doue sequita. ET Se epiaceri che tu haueui di tali pensieri non fussi stato un Pyrramo alla gelsa. i. non thauessi ma chiato la mente chome pyramo macolo la gelsa : laqual di bianca se diuentar nera : et la fauola narramo nel uigesimo septimo canto della prima cantica. PER TANTE circunstantie : Dice Beatrice che se dā che hauessi fermi etuoi pensieri indio : et non fussino indurati inuerso lechose mondane lui conoscereb be che idio per sua iustitia uieto allhuomo che non toccassi quel pomo secondo moralita : laqualchosa fu dimostra per la circunstantia dellalbero : delle quali la prima e che lalbero fu creato da dio et benedecto accio che lhuomo rendessi debito culto a dio che e/ iustitia. La seconda e/ la lunga priuatione dadam per la transgressione. La terza la satisfatione facta per la passione di christo.

Ma perchio ueggio te nellintellecto
facto dipietra et in peccato tincto
sicche tabbaglal lume del mio decto
Voglancho et se non scripto almen dipinto
che teneporti drento almen per quello
che sirecal bordon dipalma cinto
Et io si chome terra disuggello
che lafigura impressa non tramuta
segnato e/ hor dauoi lomio ceruello

Vole poi chalpresente per leragioni decte disopra non puo intenderla : almancho se neporti nel cuore lasua sententia : acioche poi che sara bene purgato di tutti euitii : ripetendo la nella mente lantenda. Adunque dice poi che hai facto lontellecto dipietra. i. hai facto habito del uitio et tincto in peccato : perche lamente tua e/infecta inmodo che locchio dellintellecto infermo abbaglia nellosplendore dellemie parole almancho portale techo : se non scripte alman cho dipincte : benche piu et meglo exprima las criptura : che lapictura. PER QVELLO CHE

SI Reca el bordon di palma cinto. La ſententia e/ benche tu non intenda apunto lemie parole: pure per tatene la ſomma di quelle: accioche queſto ſia ſegno che tu uieni da me come elbordone cincto di palma e ſegno che el peregrino uiene dal ſepolcro doue e abondanza di palme: Et p queſto da precepto che non obſtante che noi habbiano la mente infecta informa che ſtudiando le choſe ſacre non le poſſiamo intendere: perche In animam maliuolam non introibit ſpiritus ſapientie: Nientedimeno dobbiamo leggere le choſe ſacre: et intendere le parole: perche dipoi purgandoci intenderemo el ſenſo allegorico. NEL Mio Ceruello: nella memoria. laquale e/lultima cella del uentricolo del ceruello.

Ma perche tanto ſopra mia ueduta
 uoſtra parola diſiata uola
 che piu la perde quanto piu ſaiuta
Perche cognoſca dixe quella ſchuola
 chai ſequitato et ueggi ſua doctrina
 chome puo ſequitar la mia parola
Et ueggi uoſtra uia dalla diuina
 diſtar cotanto quanto ſidiſcorda
 da terra el ciel che piu alto feſtina

d Omanda Danthe Beatrice perche le ſue parole diſiate dallui uolano tanto ſopra la ſua ueduta. i. ſopra el ſuo intellecto che epſa ſua ueduta et intellecto tanto piu le perde quanto piu ſaiuta dintenderle. Et in uero glalti ſenſi de theologi aquali ſolo per fede ſarriua tanto piu ſi dilungano dalla noſtra cognitione: quanto piu cingegniamo dintendergli per ragione humana: Onde dixe Gregorio fides nonhabet meritum ubi humana ratio prebet experimentum: Et per queſto riſponde Beatrice che ha parlato in quella forma accioche lui conoſca la ſchuola che ha ſequitato de philoſophi naturali et ueggia chome la doctrina loro puo eſſere apta a intendere la theologia conciosia chel philoſopho cerchi in ogni choſa la ragione: et la theologia non ſi poſſa hauere per ragione humana: Et a queſto modo puo ueder Danthe la uia noſtra et la doctrina philoſophica diſtare. i. eſſere tanto diſtante et differente dalla diuina doctrina. i. dalla theologia quanto el cielo che feſtina. i. con celerita ſi uolge piu alto che glaltri cieli ſi diſcorda et e/ diſtante dalla terra.

Ondio riſpoſi allei non mi ricorda
 chi ſtraniaſſi me gia mai da uoi
 ne honne conſcientia che rimorda
Et ſe tu ricordar non te ne puoi
 ſorridendo riſpoſe hor ti ramenta
 chome beeſti diletheo anchoi
Et ſe dal fumo fuoco ſargomenta *
 choteſta obliuione chiaro conchiude
 colpa nella tua uogla altroue attenta
Veramente horamai ſaranno nude
 le mie parole quanto conuerraſſi
 quelle ſcoprire alla tua uiſta rude.

d Anthe dimonſtra non ricordarſi che ſi ſia ſtraniato et partitoſi da beatrice et eſſa ſoggiugne che tale dimenticanza uiene perche lui ha beuto di letheo. Dipoi ſoggiugne perche conciosia che letheo non fa dimenticare ſe non elmale queſto ſia ſtato male et choſi conchiude eſſere male laſciare la theologia per la philoſophia o altra ſcientia. Dipoi promette che perladuenire gli parlera apertamente quanto ſi conuiene al ſuo ingegno rozo perche non ha anchora beuto del fiume eunoe chome pocho piu diſotto bera.

Et piu corruſco et con piu lenti paſſi
 teneual ſole elcerchio del merigge
 che qui et la chome laſpera faſſi
Quando ſaffixe ſichome ſaffigge
 chi ua dinanzi a gente per iſcorta
 ſe truoua nouitate in ſua ueſtigge
Le ſepte donne alfin dunombra morte
 qual ſobto fogle uerdi et rami nigri
 ſoura ſuoi riui uerdi lalpe porta
Dinanzi adeſſe euphrates et tygri
 ueder mi parue uſcir duna fontana
 et quaſi amici dipartirſi quiui.

Era elſole amezo di Et pche allhora e piu alto piu pare che uada lēto et piu e corruſco cioe ſplēdiente: teneua adunque el cerchio meridiano el quale non e/in ogni parte del mondo un medeſimo: Ma chome la ſpera della terra uolgie choſi uiene o prima o poi in diuerſi luoghi. QVANDO Safixor: quando le ſepte donne ſi fermorono chome ſi ferma chi ua innanzi per iſcorta ſe truoua alchuna choſa nuoua. EVPRATES ET Tigri: Queſti fiumi pon labibia in queſto paradiſo chome altroue e accaduto dimoſtrare: Ma el poeta p ſeruire alla ſua allegoria gli chiama lethe delqual diſopra ha facto mentione. Et Eunoe eſcon duna fonte: perche danno ciaſchuno gratia non mediocre: perche lethe ci fa dimenticare eluitio et ogni ſuo fomite et incentiuo: Et eunoe che ingreco ſignifica buonamente: cinduce aricordarci delle uirtu et cinfiamma dello amore.

CANTO .XXXIII

O luce o gloria della gente humana
che acqua e questa che qui si dispiega
daun principio et se da se lontana
Per cotal priegho decto mi fu priega
mathelda che tel dica et qui rispose
chome fa chi di colpa si dislega
La bella donna queste et altre chose
decte le son per me et son sichura
che lacqua di letheo non glel nascose
Et beatrice forse maggior cura
che spesseuolte la memoria priua
facta la mente sua ne glocchi obscura:
Ma uedi eunoe che la diriua
menalo a esso et chome tu se usa
la tramortita sua uirtu rauuiua

d Omanda Beatrice che acqua e/ quella che dun fonte fa due fiumi: cioe letheo che corre a sinistra: et eunoe che corre a dextra. O Luce Veramente luce: perche la theologia allumina la mente humana a conoscere idio. O GLORIA: La gloria dellhuomo e/ hauere lanimo illustre delle diuine chose. PER COTAL Priego decto mi fu da beatrice priega Mathelda: perche pone Mathelde per la theologia practica el cui officio e/ predicare: amaestrare: baptezare: et simil chose: pero finge che beatrice commette a mathelda che lo bagni nel fiume eunoe. ET QVI: cioe allhora. Rispose la bella donna Mathelda: chome fa chi si dislega: quasi si sciogle et difende dalla colpa. Imperoche chi sa et non insegna e/ in colpa. Adunque mathelda dimostra che gia ha amaestrato dãthe et di questi fiumi et dellaltre chose chome di sopra appare. Et beatrice: rispose benche gia tu glhabbi dimostro queste chose nientedimeno forse alchuna cura et occupatione maggiore che priua lamemoria spesse uolte ha facto la sua mente obscura ne glocchi idest nello intellecto. Et per questo sidinota che eltheologo actiuo non unauolta sola debba admonire et correggere et admaestrare Ma spesso perche glhuomini occupati nellactioni ciuili non hanno lanimo expedito che possino in brieue tempo fare habito di tali uirtu: MA VEDI eunoe del quale e decto disopra. MENalo adessa chome tu se usa: perche chome habbiamo decto che questo sappartiene alla teologia practica. LA TRAMORtita sua uirtu rauuiua: Era nellhuomo naturalmente lauirtu col suo fomite. Ma el pecato la spense et el fomite sascose chome fauilla sotto el fuocho: Ma uenendo allo stato della innocentia la gratia delbenignissimo iddio la raccende.

Chomanima gentil che non fa schusa
ma fa sua uogla delle uogla altrui
tosto che e/ per segno fuor dischiusa
Chosi poiche da epsa presa fui
labella donna mossesi et a Statio
honestamente dixe uien con lui
Se io hauessi ancor piu lungo spatio
discriuere io pur conterei in parte
lo dolcie ber che mai non mhauria satio
Ma perche ne son pien tutte le carte
hor dite a questa cantica seconda
non mi lascia piu ir lo fren dellarte
Io ritornai dalla sanctissima onda
rifacto si chome piante nouelle
rinouellate dinouella fronda
Puro et disposto a salire alle stelle.

CHOMANIMA gentile che non fa scusa: Maggior nobilita non e nellanima che lahumanita et carita et chi ha questa non cerca scusa: ma accorda la sua uogla con la uogla dichi richiede et questo sintende nelle chose honeste. TOSTO Che e/ subitamente che decto uogla daltrui. E Dischiusa fuori cioe per cenno o per parole aparisce fuori informa che lanima gentile lantende. Et per transito dimonstra el poeta: che la theologia actiua non ha uolonta separata dalla uogla della speculatiua. Impoche purga lemẽte deglhuomini accio che quelle possino salire alla speculatione. CHosi poi che da essa: Mathelda lo prese et dixe a statio che andassi secho a dinotare che la doctrina de gentili quando e in obbedientia delle sacre lettere; Et non si discrepa da quelle e utile. Sio hauessi Lector piu Lungo spatio: scusasi el poeta che non scriue la suauita diquesta acqua: perche questa cantica seconda ha el numero suo de uersi Ma inuero lo riserba nella sequente cantica. IO Ritornai rifacto sichome piante nouelle lequali sono ben fresche et ben uerdi. Onde Dauid. Filii tui sicut nouelle oliuarum: et inuero chome eluecchio albero si rinuoua per le piante nouelle che risurgono dalle radici: chosi lanima purgata dalpeccato elquale lhauea inuecchiata si rinuoua tornando allo stato della innocentia et facta pura e/ apta et uolontero sa salire alle stelle idest alla speculatione delle chose diuine. Alla quale chi ci creo: Et dipoi caduti nella mortedel peccato dinuouo ci creo per sua infinita misericordia ci conduca.

FINE DELLA SECONDA CANTI
CA DI DANTHE ALIGHIERI
POETA FAMOSISSIMO

PROLOGO DI CHRISTOPHORO LANDINO FIORENTINO NEL COMENTO DEL DIVINO POETA DANTHE ALIGHIERI SOPRA EL PARADISO CANTICA TERTIA

E DEVM LAVDAMVS TE DOMINVM CONFITEMVR Se Cicerone tanto philosopho; et oratore proponendosi gia uecchio scriuere della senectu ad Actico huomo anchora lui uecchio prese suo principio dauersi dEnnio poeta nella medesima eta constituto/pare similmente ame tracto dellonferno et del purgatorio; muouermi alparadiso col medesimo hynno nel quale cantorono debite gratie e due et per uita et per doctrine excellentissimi doctori quando eldiuino Aurelio chon laiuto dAmbrosio liberato dalle diaboliche insidie siconduxe aporto disalute. Te adunque sommo idio lodiamo: et te uero signore confessiamo. Equali perla tua gratia illuminati delle ciuili uirtu traesti delbasso et tenebroso fondo dello inferno ;Et accendendo dipoi splendida lucerna anostri piedi con leuirtu purgatorie etuoi serui. anchora graui delterrestre limo informa alleggeristi: che uincemmo ogni difficulta dallardua et erta salita del monte delpurgatorio. Hora coltuo sancto hysopo ci farai moi di et lauandoci sopra ogni neue rimarremo candidi: et tanto puri cheltuo paradito spirito piu persua gratia che per nostro merito sinfondera innoi; Et orneracci del tertio genere delle uirtu dellanimo gia purgato. Queste ciaquisteranno due ale Iustitia et Religione: conlequali uoleremo insino allempyreo cielo per ispechiarci neldiuino fonte. Ne altra uia resta ne altra faculta amiseri mortali da eleuarsi ad tanta altezza se non la Iustitia: laquale el diuino Platone pone per tutte leuirtu morali; et lareligione che contiene inse tutte leintellectiue. Ilche elplatonico Virgilio nel suo sexto libro chosi significo. Superas euadere ad auras hoc opus hic labor est pauci quos equus amauit Iuppiter aut ardens euexit ad ethera uirtus Diis genti potuere: chome in quelluogho distesamente interpretammo. Ne altra uia e/che ci conduca; Ne sia huomo si alieno dalla ragione che uogla imitare latemeraria stultitia degiganti: equali sperorono potere fare scala insino alle stelle ponendo sopra ossa altissimo monte el monte pelio: et sopra pelio olympo. Imperoche elsommo Ioue con lecelesti saecte emonti uolge inruina Et egiganti sotto emonti sommerge Furono egiganti secondo epoeti figliuoli della terra; Ilche dinota glihuomini dati alle cose terrene. Questi credono comonti salire incielo. i. accumulando richeze potentie et signorie di uentare felici. Ma lesaecte di Ioue. i. la giusta indegnatione diuina dissipa questi falsi beni: et sommerge ui eloro possessori. Ilperche rectamente el psalmista. Quoniam nouit dominus uiam iustorum: et iter impiorum peribit. Tunc loquetur ad eos in ira sua: et infurore suo conturbabit eos. Et altroue. Dominus dissipat consilia gentium: reprobat autem cogitationes populorum; et reprobat consilia principum. Onde e/ uerissima lasententia dello Aquilino euangelista. Nemo ascendit incelum nisi qui decelo descendit. Et certo nessuno sale alla uera beatitudine senon procede dalle chose celesti Adaptianci adunque queste ale: et non con lastultitia dIcaro: ma con ladedalea prudẽtia alcielo uoliamo. Ne siamo pero tato temerarii che con le nostre proprie uirtu gia decte/speriamo per noi medesimi potere insino alcielo uolare. Ma quando cingegneremo adaptarci queste due ale mouerassi acompassione della nostra imbecillita el potentissimo idio Et con liberalissima gratia suplira aquel che per noi stessi non possiamo: lui solo adse cinalza et alcielo cirapisce. Onde et Paolo apostolo nonscriue di se che salissi al tertio cielo. Ma afferma che dadio uifu rapito. Ilpche non si gloria desserui salito tanto apostolo. Ma ogni gloria dice esser indio re digloria: Et certo come doctissimamẽte scriue nel suolibro deraptu Pauli: elnostro platonico Marsilio ficino: Egraui elementi delmondo non possono salire inalto se non sono eleuati dallo altissimo: Et chi habita laterra nonsale pegradi celesti sel celeste padre non lo tira. Ad te adunque riuolti o sommo Ioue con caldi sospiri: et con tutto elchuore humilmente preghiamo che ciporgha ladextra del tuo aiuto: et su citiri acciochè seguendo lorme delnostro poeta/montiamo dicielo in cielo insino altuo conspecto: Elquale arrichisce ogni pouerta: Satia ogni fame: Sana ogninfermita: Fortifica ogni imbecillita: Et finalmente ciriempie diquella felicita/laquale ne da defecto alchuno e/diminuita: ne da tempo e/ circumscripta.

CANTO PRIMO

PARADISO CANTICA TERTIA DEL DIVINO POETA DANTHE ALIGHIERI

A GLORI
A DICO
LVI CHE
TVTTO
MOVE
per luniuerso penetra et risplende
in una parte piu et meno altroue
Nel ciel che piu della sua luce prende
fu io et uidi chose che ridire
ne sa ne puo chi dilassu discende
Per chappressando se al suo disire
nostro intellecto si profonda tanto
che la memoria drieto non puo ire
Veramente quanto del regno sancto
nella mia mente potei far thesoro
sara hora materia del mio canto

P Erche chome habbiamo dimostro nella prima cantica tutti epoeti heroici diuidono lopera in tre prati: In propositione Inuocatinoe et narratione. Questi quattro ternarii contengono Lappositione nellaquale brieuemente lamateria ditutta lopra che e/ tractare del superno regno non econdo sua natura perche questo trascende nostro intellecto. Ma quanto pote conprender sua mente et compreso mandare alla memoria. Et perche laprepositione et inuocatione sono inluogho diproemio obserua qui quello che e/ proprio delproemio. Delquale qual sia loffitio perche assai apertamente dimostrammo nel pricipio dellonferno: non maffatichero indiscriuere qual sieno leparti diquello. Ma dichiarero chome al presente elpoeta lobserua. Capta attentione dimostrando hauere adire chosa sialta chetutte laltre glisono lungamente et sanza cōperatione infericri: pche non/e cōperatione dalīfinito alfinito. i. dadio alle creature. Capta beniuolentia dalla psona sua dimostrando che lafatica sua nello scriuere aessere molto utile agli altri. Capta docilita perche brieuemente dimostra quello diche ptutta lacantica tractera. i. delregno etherno. LA GLORIa Ben che fama et gloria amolti paino quasi quel medesimo Nientedimeno fama e/ notitia molto frequente dalcuna cosa. Gloria e/notitiachiara dalchuna chosa con loda. Adunque lafama puo essere di cosa che ne splendore ne laude alcuna secho adduce: Ma la gloria non puo essere senza quelle. Onde e/diffinita da cicerone nelle tusculane. Gloria est consentiens laus bonorum incorrupta uox bene iudicantium de excellente uirtute. Di questo seguita cheogni gloria sia fama Ma non ogni fama gloria LA gloria la gloriosa opa et e/lopa didio luniuerso DICOLVI che tucto muoue. i. didioet e/color rhetorico decto circuitione che e/quando quello che si puo dire in una patola si dice in piu Tucto muoue Onde Boetio Stabilisque mouens das cuncta moueri. Solo adunque lui e/stabile: Questo cosi pruoua Tomaso aquinate ogni cosa che e/ mossa conuiene che sia mossa da altri chome e sole luna et glaltri. El perche accio che non habbiamo a procedere in infinito e necessario porre uno motore inmobile Iddio adunque inmobile muoue Et tanto significa chi tucto muoue quanto iddio Impero che lui essendo stabile et inmobile e primo motore Lui muoue glangeli et glangeli ecieli et ec eli con loro reuolutioni inducono giu nel mondo diuersi effecti. Adunque iddio e primo motore et prima cagione di tucte le cagioni. Ilperche diremo la gloria didio penetra per luniuerso. i. trapassa per tucte le creature questa et per potentia pote: et per sapientia seppe: et per somma bonita et amore uolle produrre perfectissima creatura: et dicendo uniuerso intēdiamo eltucto elquale e di diuerse spetie. perche alchuna chosa ha solo lessere chome la pietra. Alchuna essere et uiuere chome lherbe et glalberi· Alchuna arroge a primi dua el sentire: chome sono certi calcinegli. Alchuna ha: essere: uiuere: sentire: et imaginare chome sono ebruti. Alchuna alle quattro dette potentie arogono el discorso della ragione chome sono glhuomini Ma piu nobile creatura e quella che ha lessere formale et lontellecto chome e langelo Ma in brieue possiamo secōdo ephilosophi diuidere questo uniuerso in tre spetie Imperoche cio che e o e pura forma chome e: Dio Angieli et anima humana: Ma Dio e forma di forme o e pura materia chome fu la productione indistincta degli elem enti decta chaos o materia conforma chome sono le chose elementate. i. composte delementi. Et in queste elementate sono sei gradi: essere: uiuere: sentire: imaginare: ragionare. i. usare el discorso della ragione et intendere. Ne quali sempre el superiore comprehende glinferiori. ET RISPLENDE perche iddio e uera luce: perla qu le ogni cosa risplende Apparisce adunque elsuo splendore in ogni chosa: Ma piu in quelle che sono pura forma. Chome uerbigratia una medesima forma apparisce nello specchio: in metallo forbito: in acqua: et inmuro. E adunque quella medesima che a tucti si mostra equalmente. Ma non equalmente e/riceuuta. Ma ciascuno riceue quanto patisce lanatura sua. Adunque piu expressa lariceue lospecchio chelmetallo: et nemetalli piu largento che lostagno: et piu lo stagno chelpiombo. Adunque in uno optimo spechio uedrai laimagine uerissima. Dipoi ri genera: et altroue sara maggiore: altroue minore: altroue distorta: poche linee mosterra lariento meno lostagno. Elpiombo lemosterra confuse. Elmuro non mosterra alcuna linea: Ma piu tosto ombra: et quella sara distorta o maggiore ominore. Nientedimeno tutte queste imagini sono da uno medesimo exemplo. Non e/adunque marauigla che iddio elquale e unico non sia tale intutte lecose: perche non ogni subgetto lopuo riceuere siche lanatura didio proprio che e/perfecta. Ma secondo lasua: et secondo che e capace dipiu et dimeno. Iddio per piu gloria e/in cielo: onde Dauid. Celi enarrant gloriam dei. Ma uirtualmēte e/in ogni luogho. Onde Augustino: Deus in celo totus est: In terra totus: et in utroque totus. Et il maestrodelle sententie: Angeli circumscripti localiter: Deus in circumscriptus est. Ma luce piu in celo. Et per questo Isaia propheta. Celum mihi sedes est: Terra autem scabellum pedum meorum. NEL CIELO CHE PIV DI SVA LVCE PRENDE: questo e/ il cielo empyreo elquale e/di pura luce: et pero ne prende piu che glaltri che sono di luce. Ma della luce diremo piu chose in piu conmodo luogo. I V I O: secondo la fictione Danthe sali in cielo col corpo suo: secondo lallegoria ui sali collo intellecto: perche mediāte ladoctrina theologica uenne quanto e/lecito allhuomo nella cognitione delle chose diuine. ET VIDI chosa che ridir ne sa ne puo. Simile aquel di San Paulo. Et uidi ea que non licet homini loqui. CHI dilassu discende. Mentre che stiamo in cielo. i. nella contēplatione delle chose celesti ne possiamo alcuna chosa intendere. Ma quando scendiamo in terra non possiamo ridire alchuna chosa. i. non possiamo tornando alle chose terrene in quelle dimostrare le diuine. Preterea: Mentre che lontellecto contempla iddio et le chose diuine, lamemoria manca et non lepuo ritenere. Et per questo Chrisostemo sopra la epistola di Paolo ad ebreos dice: Sicut multa de deo intelligimusque loqui non ualemus. Ita multa loquimur que intelligere non possumus: Et certo molte chose diciamo didio: lequali intendiamo et non intendiamo: chome uerbigratia: benche intendiamo che iddio e/infinito: et per consequēs e/ in circunscripto: et e in ogni luogo: Ma nientedimeno non puo elnostro intellecto esser capace di quella infinita: Ilperche si puo conchiudere che piu tosto ludiamo che noi non lo intendiamo benche inqualche modo lo intendiamo: ma non assuffitientia. PERCHE Appressando. Assegna laragione perche non puo ridire: Inpero la memoria non ritiene quello chellontellecto profondandosi in lui conobbe. Lo intellecto eleuato adio uede: ma non lo ritiene la memoria: Ilperche partito lontellecto dadio non possiamo ridire quello che uedemmo. VERAMENTE quantio dal regno sancto: Regno, perche quiui e/uero rege. SAncto: perche e adio consecrato: perche e fermo stabile et inmobile: et dura sempre. Sancto significa chosa a dio consecrata: et anchora chosa ferma et stabile. QVanto: non promette dire absolutamente ogni chosa: perche non puo lamente humana comprehendere ogni chosa: Et niente dimeno molto piu concepe che non puo exprimere. MA tanto quanto lui pote far thesoro. i. tāto exprimere quāto mando alla memoria Thesoro chiamano el luogho doue ripogniano nostre richezze. Et per questo Cicerone et molti altri latini chiamono thesoro la memoria: perche a quella potentia dellanima laquale ci serba quello che inteso habiamo o apparato.

O buono appollo allultimo lauoro
fami deltuo ualor si facto uaso
chome domanda dare lamato alloro
Insino aqui lun giogho di parnaso
assai mifu ma hor con ambe due
me huopo entrare nellaringo rimaso
Entra nel pecto mio et spira tue
si chome quando marsia traesti
della uagina delle membra sue
O diuina uirtu se mi ti presti
tanto che lombra del beato regno
segnata nel mio capo manifesti
Vedrami apie deltuo dilecto legno
uenire et coronarmi delle fogle
che lamateria et tu mi fara degno
Si arde uolte padre sene cogle
per triomphar o cesar o poeta
colpa et uergogna dellhumane uogle

b A insino ahora scripto laproposítione: nella quale con breuita ha dimostro di quello che uuole tractare. Hora seguita la inuocatione nella quale inuoca Apollo che inspiri inlui suo diuino spo pel quale glhuomī diuēgono poeti Ilperche giudicherei īquesto luogo utile et giocondo brieuemente percorrere: secondo Platone: che cosa sia furor diuino: et chome lospiri nel poeta. Ma basti hauerne tratato nelprīcipio diquesta opera doue quāto portorno le forze del nostro īgegno lodāmo lapoetica faculta. Apollo e nome grecho ma trito anchora: apresso de latini chostui e idio delsole secondo egentili: et e dauerbo grecho che significha uccidere et disfare: perche irazz solari sono chosi apti alla corruptione perlexcessiuo caldo chome alla generatione pel temperato. Ilperche homero lo induce datore della pestilentia: et glantichi glattribuischono larcho: et la cythera: quello per dimostrare che sia nociuo. queste per significare lharmonia et temperanza et proportione et conuenientia sua della quale ogni chosasi genera: Onde Horatio nelle ode priegha che uen

Che partorir letitia insu lalieta
delphica deita douria lafronda
peneia quando alchun dise assetta
Pocha fauilla gran fuocho seconda,
forse diriero ame con miglor uoci
sipregherra perche cyrcha risponda

ga senza lesaecte et colla cythera. Condito mites placidusque telo. Suplices audi pueros apollo. Figono che sia dio depoeti perche : non possendo alchuno esser uero poeta senza lascientia di tucte le discipline: dicono ephysici et maxime eplatonici che lanima nostra scendendo nel corpo: riceue dal sole uirtu perla quale acquista sciētia et opinione Et pero non lasciare indrieto glaltri: similmente da ciaschuno altro pianeta prende alchuna potentia. Imperoche Saturno glida laraciocinatione: Ioue lapratica et lactione : Marte ardore et animosita: Venere elmoto nella cupidita: Mercurio lepronuntia Laluna gli concede uirtu dipiantare et generare et agumentare ecorpi. Questa e/adunque ragione naturale perche epoeti sono in tutela del sole. Sono epoeti coronati di lauro perche e questa arbore dedicata ad apolline: lafauola e/che apolline ardendo dellamore di daphne nympha figlola di peneo fiume uelocemente laseguitaua: Ma ne pigramente lofuggiua la fanciulla: laquale finalmente lassa: ne potendo altrimēti scampare dalle forze del cupido amante permisericordia degli dii fu trasformata in albero del medesimo nome : Imperoche egreci lochiamono daphne elatini lauro et noi alloro. Ilperche chome lamaua nympha chosi lama albero. Dilauro sicoronauono etriomphanti. Dilauro epoeti: Dicono che la saetta dacielo mai non latoccha : Ilperche Tyberio imperadore netempi de tuoni sempre sene coronaua : perche molto temeua le saecte. Scriuono alchuni che chi dormendo latiene sotto elcapo fa ueri sogni. ALLultimo lauoro: aquesta mia ultima faticha et opera perche questa e/latertia et ultima cantica: Et qui faladomanda sua piu facile aimpetrarsi : perche quasi promette non affaticar piu: et anchora tacitamente incita che hauendo aiutato alle due prime: debba non lasciar elsuo benificio gia perle due parti incominciato: hora perla terza imperfecto. FAMI sifacto uaso deltuo ualore: fa me si facto uaso ariempietmi del tuo ualore. i. del furore gia decto. CHOME domanda daré lamato alloro. chome lalloro domanda. i. richiede che tu dia essendo lui amato dame. Insomma fāmi tal uaso deltuo furore qual merita lamore che io porto allalloro. i. alla faculta poeticha. Et e/questo optimo modo di domandare: imperoche uolendo che lapetitione sia iusta: bisogna dimostrare che lui meriti quelche domanda: Et se mostrasse meritarloo per sua sapientia et doctrina : o per alchun benificio facto sarebbe arrogantissima domanda. Ma suplicando per lamore elquale porta allauro: fa che esuoi prieghi sieno senza alchuna superbia et nientedimeno pieni defficacia. INSINO aqui lun giogho di parnaso: parnaso e/ monte in boetia: o uero in phocide ilquale e/altissimo et ha due gioghi: lur o dedicato adappolline: laltro a baccho elquale similmente glantichi uoleano essere iddio de poeti. Ilperche si coronauono anchora dedera laquale e dedicata a Baccho Et pero Virgilio. Hanc quoque sine tempora circum Inter uictrices hederam tibi serpere lauros. Et propertio. Mi folia ex edera porrige bacche tua. Questi due gioghi afferma seruio esser nominati: helicone; et citherone. Parnaso e/consecrato alle muse et in quello habitano intorno al fonte pegaseo. di parnaso scriue Ouidio. Mons ibi uerticibus petit arduus astra duobus: Nomine parnasus: et Persio: Nec in bicipiti somniasse parnaso memini me: et Lucano. Parnasus que iugo misit desertus: et pare che pongha elgiogho citherone consecrato a Baccho perle scientie inferiori che sono tucte laltre parti di philosophia excepto laprima philosophia: et metaphisica: et theologia : perche alle cose mondane quelle sono a bastantia pertucte quelle : et helicone ponga perla theologia laquale ha sola cognitione delle chose celesti. ARINGO rimaso: Aringo in toscano significa pulpito et luogho eleuato. Onde noi diciamo ringhiera: Adunque persimilitudine chiama elgiogho aringho. ME uopo: e uopo. i. bisogno ame chome in latino diciamo. Mihi est opus. ENTRA nel pecto : nella mente et spira inme tal canto quale usasti quando uincesti Marsia: E/scripto nelle fauole che Minerua sonando latibia che e o zufolo: o piffero sopra lacqua della palude tritonesi uide gonfiare legote. Ilche gli parue chosa si brutta che gitto latibia: Ne piu uolle sonarla: Marsia satyro latrouo et perseuerando nel sonarla diuento docto musico: ma tanto insolente et temerario che si preponeua ad appolline dio dellarte musica et prouocollo a cantare. Sedeuono iudici Minerua et Mida re dilidia: Vinxe Appolline secondo eluero iudicio di minerua. ma mida chome indocto fauori a marsia. Ilperche apolline fece amida orecchi dasino: et marsia scortico. DELLA uagina: della pelle laquale e quasi guaina del corpo. O DIVINA uirtu o diuino furore dapolline: et per transito dimostra che benche dica apolline ītende ladiuina gratia illuminante cooperante et consumante et finalmente epso spirito sancto. LOMbra segnata nelmio capo: la inmagine impressa nella mia memoria: laquale e/ nellultimo detre uentricoli del capo. et dixe ombra adimostrare che non hauea expressa lapropria imagine del cielo nella memoria: ma era adombrata. VEdrami apie: non sara indarno collocata inme latua gratia Imperoche lusero inmodo che io meritero dessere coronato di lauro chome optimo poeta: et accioche non paia arrogante in attribuirsi tante laude dice che non lui o suoingegno si fara degno dital corona: ma ladiuina gratia et lamateria della quale tracta SI RAde uolte padre sene coglie: Quasi dica e/tanta lapigritia et lanegligentia degli huomini che radi si danno o alla poetica o alla disciplina militare: in forma che diuenghino degni di coronarsi di lauro : et quanto piu rari sono tanto piu debbi fauorire chi cerca coronarsi: et pose Cesare per ogni huomo triomphante. COLPA et uergogna dellhumane uogle: e/colpa dellhumane uogle: perche leuogle et glappetiti nostri facti ribelli alla ragione seguitano lasensualita: et sono infinite in cercare cose corporee: et per lacura diquelle niente che excellente sia appetiscono: e/adūque colpa et e/uergogna perche arrecha grāde ignominia alla uita humana. CHE partori letitia: e/lasententia chelafronde pennea. i. ellauro elquale e/nato di daphne figlola dipenneo douerrebbe partorire letitia alla deita delphica. i. ad apolline elquale e/decto delphico: perche rende gloracoli neltempio suo: elquale e/indelphi cipta: o diphocide non lontana da parnaso ogni uolta che alchuno sene coronassi. POCA fauilla gran fuocho seconda. Dimostra che modestamente parlando dise che merita che appollo losauorisca. Imperoche benche lui non facci chose excellenti: nientedimeno quegli che uerranno drieto allui mossi dalsuo exemplo di tempo in tempo acresceranno lapoetica faculta: chome ueggiamo che duna piccola fauilla spesso saccende gran fiamma. CON miglor uoci conpiu elegente stilo: conpiu arte poetica: perche cyrrha risponda. i. perche sia exaudito da Appolline elquale e/dedicata cyrha. Onde Iouenale dixe: Cyrrhei spicula uatis. Cyrrha e citta ī phocide uicina a crissa: et non lontana da parnaso.

Surge amortali da diuerse foci
 lalucerna del mondo ma da quella
 che quattro cerchi giugne con tre croci
Conmiglor corso et con migliore stella
 esce congiunta et lamondana cera
 piu asuo modo tempera et suggella
Facto hauea dila mane et diqua sera
 tal foce quasi et tucto era qui biancho
 quello hemisperio et laltra parte nero
Quando beatrice insul sinistro fiancho
 uidi riuolta et riguardar nelsole
 aquila si nonsi glaffixe unquancho

d Oopo lainuocatione comincia lasua narratione et discriue lasua ascensione al primo cielo che e/del la luna. preterea descriue che comincio asalire damattina quando elsole surgeua aquello hemisperio doue lui era et facea mattina. Et era elsole nel principio dellariete nel qual segno questo pianeto ha lasua exaltatione Ilperche produce piu degni effecti. Et era nelcirculo equinoctiale doue chome appare nella spera materiale si congiungono quattro circoli: quello dellorizzonte: quello dal zodiaco. Item el coluro et loequinoctiale. Et in questa coniunctione sifanno tre croci cioe tre intersecationi. Finge adunque che elsole fusse in ariete chome habbiamo decto: perche chome elsole mondano inquello opera piu excellentemente nelle cose inferiori: chosi elsole celeste che e epso iddio excellentissima gratia infonde allanima humana quando latira a contemplare sua diuinita. Sono molti che equattro circuli allegoricamente pongono perle quattro uirtu morali: et letre croci perle tre theologiche Et ordina eltexto. LAlucerna delmondo. i. elsole elquale illumina elmondo surge et nasce anoi mortali dadiuerse foci. Imperoche quando surge collariete apparisce neluero oriente. Ma dapoi digiorno in giorno sinalza uerso septentrione insino al cancro. Et indi similmente digrado ingrado scendendo nella libra e/nelmedesimo luogho che era nellariete: Et dipoi partendosi indi ua scendendo pesegni meridiani insino alcapricorno; et daquello per laquario et pepesci risale alle quatore Adunque benche elsole surga sempre daoriente: nientedimeno non sempre dalla medesima parte doriente. Ilperche glastrologi diuidono loriente intre parti: in equinoctiale: septentrionale: et meridiano. Surge adunque da diuerse parti delloriente: Ma conmiglor corso. i. conpiu felice influentia surge dallequinoctio uernale oue sono ecirculi et lecroci gia decte: Et con migliore stella: et chiama elsegno dariete stella ponendo una stella pertutte laltre che fanno quel segno et dice migliore perche chome habbiamo decto lariete e lacxaltatione delsole: o uero intese uenere laquale nel principio della seconda cantica pose nepesci uicina alsole. ET lamondana cera: dice adunque che elsole quando surge collariete: et ha uenere congiunta seco: piu meglo conla sua influentia disporre laterra et glanimali a produr fructo. Adunque tempera. i. dispone et suggella. Lacera mondana. i. cosi dispone et imprieme lasua uirtu: chome lacera diuenta apta ariceuere figura impressa dal suggello quando e bene disposta: et e uero perche inquella stagione surge calore et humore contemperato: dalla quale contemperatione nasce optima generatione. FACTO hauea: dila inquesto hemisperio nelquale io ero alhora mane mattina. ET diqua: nelnostro hemisperio sera: Et allegoricamente qui e morte perche cisono euitii et la ignorantia: Et la e/di perche uison quegli che sono purgati da uitii: et illuminati dalla diuina gratia. INSVL sinistro fiancho: donde inquello hemisperio gettā suoi razzi elsole achi e uolto aoriente che Beatrice potesse guardare elsole significa che solo latheologia puo ragguardare la diuinita che e uero sole. AQVILA si non siglaffixe unquancho: E/laquila dispotenti occhi che sopra lafaculta dogni animale affisa glocchi alsole ne uabbagla. Ilperche Beatrice e simile allaquila: perche sola di tutte le doctrine: puo lachristiana theologia sofferire erazzi del diuino sole: et guardare in dio prima luce et conoscerlo senza abbaglare. Questa medesima cagione fa che lo Euangelista Ioanni sia in figura daquila perche sopra glaltri discerne ladiuinita.

Eſit chome ſecondo raggio ſole
  uſcir del primo et riſalire inſuſo
  pur chome peregrin che tornar uole
Choſi dellacto ſuo peglocchi infuſo
  nellimagine mia elmio ſiſece
  et fiſſi glocchi alſole altral noſtruſo
Molte lecito la che qui non lece
  alle noſtre uirtu merce dellocho
  facto per proprio dellhumana ſpece
Io nol ſoferſi molto ne ſi pocho
  chio nol uedeſſi fauillar dintorno
  chomel ferro bollente eſce delfocho
Et ſubito mi parue giorno agiorno
  eſſer agginnto chome que che pote
  haueſſel cielo dunaltro ſole adorno

c Home raggio delſole riflectēdoſi ritorna ſu: onde era uenuto aſſimilitudine dhuomo elquale dipe regrinaggio torni achaſa: choſi lacto ſiſo di Beatrice diriguardare fiſſamente nelſole: entro nella mia imagine. i. imaginatione; et diſpoſemi arguardar ſimilmente nelſole. Perche quando erazzi del ſole diuino ripercoſſi nella doctrina theologicha: laqual ſola puo ſoſtenere loro aſpecto cinlumina; epſa ci affortifica et corrobora glocchi noſtri informa che ā chora noi poſſiamo guardare elſole. Adunque rectamēte ſcriue Auguſtino. Bonum dei cognoſcitur per theologiam que perficit ītellectum: et dirigit affectum. Et acciocche non cimarauigliamo che lui poteſſi oltral noſtro uſo guardare fiſo nelſole agiugne. che lauirtu diquel luogho fu: che molte choſe poſſiamo fare iui che non poſſiamo far qui. īpero che quel luogho e facto p proprio dellhumana ſpetie. Et fu creato dadio elparadiſo terreſtre perche lhuomo habitaſſi atempo inſtato dinnocentia: Et poi quando glifuſſe piaciuto ſarebbe aſſumpto alla ſua beatitudine. Ilperche poi che mediante leuirtu purgatorie noi ſiamo ritornati allo ſtato della innocentia non e/marauigla ſe inquello luogho. i. intale ſtato ce lecito guardare nel ſole che non ce lecito di qua. i. nello ſtato della colpa. IO NOL ſoferſi molto ne ſi pocho. La ſententia del poeta ſie che leuato elſole lui ſ. comincio aleuare inuerſo elcielo. i. a contemplare: imperoche Contemplatio eſt libera mentis perſpicatio in ſapientie ſpiculatione cum admiratione ſuſpenſa: Et riguardare nel ſole: queſto non e altro ſe non che illuminato dalla diuina gratia pote guardare nel ſole. i. ſalire alla ſpeculatione della diuinita: Nientedimeno nonlo ſoferſe molto: perche ſe glocchi. i. lacume dellontellecto haueſſino ſoferto piu lūgho tempo laluce: harebbe potuto diſcernere tucto elcorpo ſolare. i. harebbe hauuto uera cognitione dellesſentia diuina. Ma non ebbe ſi potente occhio: Nientedimeno per quel poco che ſofferſe: uide leſcintille et fauille che naſceuano dal corpo ſolare. inquella forma che naſcono daun ferro affocato. Elſenſo allegoricho e/che lanimo purgato puo contemplare iddio: ma non informa che conoſca laſua eſſētia: ma ha cognitione delle ſcintille che uengono dal ſole. i. degleffecti che procedono dadio: conciosia che noi cognoſciamo lacauſa pergli effecti. et non gleffecti perla cauſa. Et chelſole haueſſi tāto maggior luce che pareſſi raddopiato ſignifica che lacontemplatione theologicha molto piu illumina lo intellecto che laphiloſophia perche non e/ſanza infuſione diſpirito ſancto chome pocho diſotto uedrai.

Beatrice tucta nelletherne rote
  fiſa coglocchi ſtaua et io in lei
  leluce fixe dilaſſu remote
Nelſuo aſpecto tal drento miſei
  qual ſiſe glauco nel guſtar dellherba
  chelſe conſorto inmar deglaltri dei
Traſhumanar ſignificar per uerba
  nonſi porria pero lexemplo baſti
  acui lexperientia gratia ſerba

n Iente altro uuole exprimere dimoſtrando che Beatrice teneua glocchi fiſſi in cielo: et lui eſſi ne glocchi di Beatrice: ſenon che laſacra theologia niēte altro contempla ſe non lediuine choſe et chi le uuole intendere biſogna che tutta lamente ponga nella theologia et ne doctori diquella: Et ſeguita che nel riguardarla choſi fiſo ſiſe drento cioe nella nima quale ſiſe glauco elquale nelmangiar delherba diuento iddio. Adunque dimoſtra che lanimo ſuo ſideifico Et certamente chi per contemplatione della diuinita diuētiamo diuini et idii: chome diſteſamente dimoſtra Boetio. GLAVCO figliuolo dantedone fu peſcatore: Et ponendo epeſci preſi nel prato tanto che lereti ſaſciugaſſino aduenne che alchuno diquegli guſtando duna certa herba riprese leforze et riſalto nellacqua. Stupi pel caſo glauco et guſto medeſimamente della medeſima herba: et preſo da ſubito furore ſigitto īmare; et quiui dhuomo diuenne iddio marino. TRASHVMANARE ideſt traſcendere da humana natura ad diuina.

Sio era ſol dime quelche creaſti
  nouellamente amore chel ciel gouerni
  tulſai che coltuo lume mi leuaſti
Quando larota che tu ſempiterni
  deſiderato ate miſece atteſo

m Oſtra elpoeta eſſere ſtato rapto dallo ſpirito ſancto: et dalla dolcezza del canto che lui ſenti: et dal grandiſſimo lume che gli riſplendeua. Adunque era ripieno dineffabile giocundita eluiſe elguſto Ilperche uoltarſi allo ſpirito ſācto dice chome huomo tornato hora nel mondo. O ſancto ſpirito

collharmonia che temperi et discerni
Paruemi tanto allhor del celo acceso
della fiamma del sole che pioggia ofiume
lago non fece alchun chosi disteso,
Lanouita del sono elgrande lume
dilor cagion maccesono un disio
mai non sentito di cotanto acume

che se amore elquale gouerni ecieli: solquando fui in tal meditatione io era quel sole elquale tu creasti dime nouellamente quando mitrasformasti tu elsai. Imperoche tumi leuasti col tuo lume. i. mi facesti eleuato a tāta contemplatione collume che infondesti nella mia mente. Et dimostra qui esser stato in lui quello che afferman lesacre lettere che senza inspiratione dello spirito sancto nō si uiene adsi alte speculationi. QVANDO Larota: perche non solamente ecieli ma tutte le cose create dadio seglagirono intorno col desiderio che hanno ueder lui. Adunqne quando larota. i. lareuolutione de cieli laquale tu spirito sancto desiderato: perche ogni creatura desidera quanto porta sua natura fruire idio: sempiterni. i. fai che in sempiterno gyri misece atteso adte idest mifece attento aquella reuolutione decieli laquale tu fai; et questo fu per lharmonia che da quegli sentiuo: Et tale harmonia maximamēte appruouono eplatonici. Tucti ecieli figurato dalprimo mobile ingiu: Questi sono noue: Septe spere di septe pianeti; loctaua spera et ilprimo mobile: Et pel mouimēto genera ciaschuno elsuo suono. Ma sono uarii secondo che sono o piu alti o piu bassi: Et di tutti ne resulta una suauissima melodia; et optima propotione di uoci laquale egreci chiamono harmonia. CON lharmonia che tu tempri et discerni rectamente dixe: Imperoche di molte uoci non puo resultare dolce melodia se non sono temperate cō debita proportione: Ne possono hauere proportione se non sono distincte con uarieta. PARVIMI tāto allhor delcielo acceso: Procede con grande ordine: perche prima inlui sinfuse lospirito sancto: dapoi trashumanato daquello fu eleuato alcielo et in epsa eleuatione senti lharmonia: perla quale guardando attentamente comincio aueder laluna primo pianeta: non si piccola chome siuede quaggiu: ma tāta quāta e/insua misura. Et conchiude che lafiama delsole accende tanto spatio del cielo della luna che mai in terra non fece si gran lagho alchun fiume. LANOVITA del sono. i. lharmonia dinuouo sentita: et la grandezza di quel lume. MI dectono disio. i. disiderio di sapere la cagione dellharmonia et della luce DITANTO acume. i. ditanto pungimento et stimolo.

Ondella che uedea me si chomio
ad quietarmi lanimo conmosso
pria chaddomandar labocca aprio
Et comincio tu stesso ti fai grosso
col falso imaginar siche non uedi
cioche uedresti selhauessi scosso
Tu non senterra si chome tu credi
mai fulgore fuggendol primo sito
non corse chome tu cadesso riedi

e Ro acceso di feruente desiderio dintendere lacagione dellume et del canto. ONDE ella. i. epsa b. LAQVAL uedea me. i. conoscea lauoglia mia: benche io nonglene manifestassi. SI chomio: non altrimenti che io medesimo. APRIO laboccha: aperse labocca et: comincio a parlare per acquietare lanimo mio conmosso dal desiderio gia decto. CHE adimandare: lasententia e che bēche paressi conueniente che prima midimandassi: che cosa io desiderassi intendere: Et dipoi mela dichiarassi accioche lanimo rimanessi quieto: Niente dimeno perche epsa conoscea lauoglia mia non altrimenti che io medesimo preuenne. ET comincio tu stessi ti fai grosso: lo imaginar tuo dessere interra essendo in cielo. TI fai grosso. i. ditardo ingegno allontendere lachagione dellume che uedi: et del suono che odi. Imperoche se taccorgessi dessere incielo; et hauessi scosso lanimo ditale imaginatione facilmente perte medesimo intenderesti la cagione. TV non se interra si come tu credi: Dimostra elsuo falso imaginare. MAI folgore: Dimostra che Danthe e/montato alprimo cielo con piu uelocita che folgore non scende a terra dal suo primo sito oue si crea: che e/laseconda regione dellaria. CHE adesso riedi: che alpresente torni: et non senza cagione non dixe uieni ma torni; perche non intenda Danthe dimostrare che salissi in cielo col corpo benche cosi finga: Ma conla mente ilcui sito e/elcielo: Ne ci debba essere incognito che ogni chosa creata ha elproprio luogho concedutogli dalla natura Adunque essendo proprio sito dellanima elcielo: puo in uno attimo dhora eleuarsi insino adio.

Sio fui del primo dubbio disuestito
perle sorrise parolette brieui
dentro aun nuouo fui piu irretito
Et dixi gia contento requieui
digrande admiration ma hora admiro
chomio trascenda questi corpi lieui

h Auere inteso Danthe da Beatrice: che era gia salito alprimo cielo: lofece chiaro del primo dubbio. Ma da quello ne nacque elsecondo chome lui corpo graue hauesse potuto montare e corpi lieui cioe per laere et perlo elemento del fuocho. Dice adunque. SIO fui disuestito. i. spogliato. DEL Primo dubbio: che era donde nascesse tanto lume Et si dolce suono: perle brieui parolette di beatri

Ondella apresso dun pio sospiro
glocchi drixon uer me conquel sembiante
che madre fa sopral figluol deliro
Et comincio le chose tucte quante
hanno ordine fralloro et questo e forma
che luniuerso adio fa simiglante
Qui ueggion laltre creature lorma
delletherno ualore elquale e fine
alquale e facta latoccata norma

te quando dixe tu non se interra. SORRISE cio decte sorridendo. FVI IRRETITO .i. preso et inuiluppato: chome uccello in rete. ET dixi a beatrice. REquieui. i. macqueta et rimasi satisfacto DI grande admiratione; laquale midette elprimo dubbio. MA hora dinuouo Admiro idest mimarauiglio chome IO trascenda: chome io corpo graue possi salendo trapassare questi corpi delliena: et del fuocho lieui et leggieri. ONDe apresso: prima sospiro Beatrice perla pieta gliprese dellerrore et della ignorantia di Danthe; Et riguardollo chome madre riguarda elfigluolo. DELIRO idast el quale e/fuori della uera uia; Lira in latino e elsolco: onde diciamo elbifolco esser deliro quando arando escie del solco; et poi persimilitudine diciamo deliro eluechio: quando perleta esce della uera uia: Et insomma alchuna uolta diciamo semplicemente deliro ogni stolto. ELFIGLVOLO deliro: elfigluolo posto fuori diragione. ET comincio aparlare dicẽdo Tucte quante lechose hanno ordine; Dimostra che nessuno simarauiglia se non delle chose delle quali la ragione gle ignota. Adunque marauiglandosi Danthe delsuo salire dimostra che glisia incognita laragione delle cose naturali; nelle quali e/somma ragione et ordine elquale se conoscessi Danthe nonsi marauiglerebbe. Ilperche elsuo marauiglarsi manifesta lasua ignorantia: Ihec commosse Beatrice che lo riguardasse; chome madre figluol deliro. LEchose tucte quante: create dadio; hanno ordine tralloro. Ordine e/dispositione dipiu chose pari et dispari elquale lecolloca ciaschuna secondo elsuo essere; et secondo lasua dignita o merito. Idio adunque nelle creature ha posto questo ordine: ET Questo e/forma: Forma e/quella che da essere alla chosa chome uerbigratia; lainmagine di Cesare ha inse lamateria et la forma: lamateria e/dimarmo diche e/facta; et laforma e quella laquale ua inducta lo sculpitore; laquale e/simile a cesare. Adunque non elmarmo lafa simile a cesarema laforma sanzalaquale non sarebbeimagine dicesare: Diciamo anchora che laragione e/laforma dellhuomo perche non puo essere huomo se in lui non e/ragione. CHE luniuerso adio fa simiglante. Idio ha creto tucta lacreatura asimilitudine disc Diqui Boetio. Tu cuncta superno ducis ab exemplo pulchrum pulcherrimus ipse mundum mente gerens simulique imagine formas perfectas que nubes perfectas absoluere partes. QVI: inquesto ordine LAlte creature che sono glangeli et glhuomini dalto intellecto. LOrma:, eluestigio delletherno ualore idest didio che ha potuto saputo et uoluto produrre tucta lacreatura contale ordine: che in ciaschnna appaia elsuo uestigio. Elquale e/ fine: Iddio e fine dogni cosa perche ogni chosa sichome ha principio da lui chosi adlui sireferisce: lordine adunque posto delle chose e /quello pelquale lechose prodocte dalsuo principio ritornassino in epso chome insuo fine. Questo ordine lacreatura al creatore.

Nellordine chio dicho sono incline
tucte nature per diuerse sorti
piu alprincipio loro et men uicine
Onde simuouono adiuersi porti
perlo gran mare dellessere & ciaschuna
con istincto allei dato che lapporti
Questi neporta elfocho inuer laluna
questi nequor mortali e promotore
questi laterra insa stringe et aduna
Ne pur lecreature che son fuore
dintelligentia questo archo saecta
ma quelle channo intellecto et amore
Laprouedentia che cotanto assetta
delsuo lume fal cielo sempre quieto
nelqual siuolge quel cha maggior fretta

n ELlordine chio dicho: Inquesto ordine iddio ha collochate tutte lecreature; et aquelle ha dato stato naturale ditornare alsuo creatore chome asuo fine: et a questo sono inclinate Questa inclinatione instituì ladiuina sapientia: laquale Platone nomina prouidentia. Et poscia nelle creature. Adunque Platone quando considera tale inclinatione nella mente diuina lachiama prouidentia: Ma quando laconsidera nella creatura lãchiama fato: Nientedimeno e/necessario che intale ordine: alchune creature sieno piu uicine adio idest piu capaci della diuinita; chome sono prima glangioli poi glhuomini. Alchune piu lontane perche piu lontano e/lalbero che elbruto aĩale: et piu elsaxo che lalbero: E adunque lessere perche sidistendein tucte lecreature simile auno spatioso mare: Et pche inquesto essere altra natura e/dellangelo altra dellhuomo nelquale e ragione: altra nelbruto nelquale e/senso: altra nellalbero nelquale non e sẽso ma uegetatiua: altra nella pietra che manca di ragione disenso et di uegetatiua: conuiene che come sono diuerse lecrature: cosi sieno loro inclinationi a diuersi fini. Ilperche diquesto mare dellessere: nonsi nauicha da tutti a un porto idest aun fine. Ma a diuersi perche sono diuersi fini: et diuersi fini anno diuerse uie lequali Danthe chiama sorti: et possonsi chiamare fato secondo platone. MVOuonsi adunque adiuersi porti i/fini: ET ciaschuna; creatura e/ massa collo stincto datogli dadio elquale lamuoue alsuo fine. Adunque lamente humana elcui fine et sommo bene e conoscere amare: et fruire iddio: ha instincto naturale di tornare adio: perlaqual chosa nonsi douea marauiglar Danthe se lui era salito alla contemplatione didio: perche cosi neporta elnostro naturale instincto lamente nostra adio. chome lo stincto naturale del fuocho nelo porta in alto et uerso laluna: perche quiui e laquiete delle chose leggieri: et questo medesimo instincto moue enostri quori adio perla chagione gia decta: et chosi muoue laterra che siristringa nel centro delmondo: perche essendo graue desidera elsito piu basso. NE solamente saecta questo arco: per comperatione pone larco. perla inclinatione gia decta: et lasaecta perla cosa mossa dalla inclinatione chome saeera da archo. Adũque e lasententia che questa inclinatione non e solamente nelle creature irrationali: ma ãchora nelle rationali: chome e huomo che ha intelligentia et amore. LAprouidentia che cotanto assecta. i. acconcia et optimamente dispone. FA sempre elcielo quieto: elcielo empireo doue e lasua celeste corte delsuo lume perche e ripieno tal cielo di fiame seraphiche. Onde e decto empireo quasi ignito et affochato. Et per questo egreci lochiamono olympus quasi ololampos che significa tucto splendente. Nelqual siuolge quel cha maggior frecta. i. elprimo mobile elquale simuoue conpiu uelocita che gialtri.

Et hora li chomasito decreto
cenporta lauirtu diquella chorda
che cioche scocha drizza insegno lieto
Vere che come forma non saccorda
molte fiate allantention dellarte
percharrisponder lamateria e sorda
Chosi diquesto corso sidiparte
talhor lacreatura cha potere
di piegar chosi pinta in altra parte
Et si chome sipuo ueder cadere
foco dinube se limpeto primo
aterra e torto dal falso piacere
Non de piu admirare se bene stimo
pertuo salire se non chome dun riuo
se dalto monte scende giuso adimo
Marauigla sarebbe inte se priuo
dimpedimento giu tifussi assiso
chome aterra quieto elfocho uiuo
Quinci riuolse inuer locielo eluiso

eT HORA li chome asito decreto. Cemporta lauirtu diquella chorda. lauirtu diquella chorda. i. diquella inclinatione: laquale inclinatione DIRizza alieto segno: idest aluero fine doue e/el nostro sommo bene. CIOCHE scocca: cioche pigne. Cemporta: ciconduce. Li: idest aquel cielo empyreo doue e/ iddio nostro sommo bene. CHOme asito decreto: idest chome alluogho determinato alla nostra quiete. Vero e che come: Rimuoue in dubbio: perche potrebbe inferire alchuno: Se nellanima nostra e uno naturale ĩstincto di tornare adio: perche sono molti che uanno a contrario camino: Ache risponde che lacreatura che ha potere. i. ha libero arbitrio inse deleggere bene et male alchuna uolta uincta dalla sensualita: laquale lapigne in parte contraria sidilunga dadio: chome ueggiamo elfuocho alquale benche di sua natura sia pinto in alto: nientedimeno se in aria saccende in alchũ uapor grosso cupido diquello elemento loseguita insino interra: chosi lanima rationale laquale ha per ĩstincto naturale seguire elsuo bene spesse uolte ingannata dalla sensualita seguita falso bene. NON de piu admirare: Conchiude perle gia decte ragione che Danthe non si debba piu marauiglare sella mente sua sale adio: perche lostincto naturale latira alsuo bene che si marauiglerebbe se un fiume posto nemonti scendessi albasso doue lotira sua natura. Ma douerrebbesi marauiglare se elsuo animo posto interra idest nelcorpo si fermasse nel basso chome se fuocho uiuo idest lafiamma iacesse in basso et nonsi innalzasse. Quiui riuolse: Decte queste parole Beatrice siriuolse alcielo. Ilche significha che latheologiã alchuna uolta per nostra salute discende incose inferiori. Ma per riuolgerci dipoi con quelle alle chose celesti.

CANTO SECONDO DELLA TERTIA CANTICA DIDANTE

o Voi che ſiete in piccioletta barca
diſideroſi daſcoltar ſeguite
drieto almio legno che cantando uarca
Tornate ariueder liuoſtri liti
nonui fidate inpelagho che forſe
perdendo me rimarreſti iſmarriti
Lacqua chio prendo giamai nonſi corſe
minerua ſpira et conducemi apollo
et noue muſe midimoſtron lorſe
Voi altri pochi che drizaſtil collo
pertempo al pan deglangeli nel quale
uiueſi qui ma non ſi uien ſatollo
Metter potete ben pellalto ſale
uoſtro nauilio ſeruando mio ſolco
dinanzi allacqua che ritorni equale
Que glorioſi che paſſaro acholcho
non ſadmiraron chome uoi farete
quando Iaſon uidor facto bifolcho

e Salito gia e poeta alla prima ſpera. Ilperche iqueſto ſuo ſecondo canto diſcriue chome entro nel corpo lunare: et da Beatrice domandato la cagione delturbo et ombra laquale appare nella luna dice ſua opinione. Ma beatrice laconfuta et dipoi gli dimoſtra lauera Hora quanto aqueſto principio admoniſce laturba uulgare: laquale doeta ſolamēte nelle minori doctrine: et noñ docta delle coſe ſacre: laquale ha potuto ſeguirlo inſino aqui: che non uenghi piu auanti: perche non eſſendo capace diſi alta materia: ſipotrebbono iſmarrire: Maxime perche tracta quello che daneſſuno altro e/mai ſtato tractato: et da altra parte conforta edocti nella ſacra theologia: equali ſon pochi a ſeguitarlo: promettendo loro che ſi marauigleranno: piu che nonſi marauiglorono ecompagni di Iaſone in colchi. OVOI che ſiete īpiccioletta barcha. E/traſlatione uſata da molti poeti porre elmare perla materia: et ellegno perlo īgegno o perla doctrina. Adunque. O uoi che inpicciol barcha: cioe con poca doctrina o ingegno. Deſideroſi daſcoltare elmio poema. SEguite drieto almio legno: uenite drieto almio ſtile et alla mia doctrina. CHe uarca cātando: perche ogni poeta ſidice cantare. Onde nella prima cantica. POeta fui et cantai diquel giuſto. TORnate ariuedere euoſtri liti: daquali partiſti quaſi dicha: ſtateui ideſt io materia baſſa et conueniente auoſtri debili ingegni. NONui mettete inpelago. i. inſi profunda et difficil materia: che forſe. PERdendo me rimarrete ſmarriti: chome chi non ſapendo eluiaggio ſeguita laguida ſe quella perde diuiene ſmarrito: choſi chi ſeguita auctore che ſcriua choſe alte: et difficili puo da principio intendere qual coſa: ma quando arriua doue nonlo ītende: ſipuo dire che lhabbi perduto et lui reſta iſmarrito. PERdendo me: perdendo elmio modo elquale non e/trito appreſſo glaltri poeti. LACqua chio chorro gia mai non ſi chorſe: per copia deloquentia dice: hor mare: hor pelagho: et hor acqua p una medeſima choſa: et ſta nella tranſlatione: et laſententia e/chelmare che lui nauica non fu mai nauicato: intendendo da altri poeti ne da altri ſcriptori: Non niega che molti non habbino ſcripto doctiſſimamente delle choſe che lui ſcriue: Ma neſſuno mai ſcripſe poeticamente et inſenſo allegorico ornato con poetica facultà ſialta materia. MINERVA ſpira: potea parere elpoeta preſumptuoſo affermādo che neſſun poeta ſcripſe mai di ſi alta materia. Ilperche dimoſtra che non per ſuo ingegno: Ma perlo aiuto di Minerua: dApolline: et delle muſe ha potuto quaſi dica non perſe: ma per gratia infuſa dallo ſpiriro ſancto: elquale intende p minerua datrice della ſapientia: et per apolline: et perle muſe procede loſtilo et elcanto poetico: Impoche loſpirito ſancto infondendoſi nella mente humana rende glindocti docti et erozzi eloquenti: chome ueggiamo neprophetı: et negli appoſtoli. Adunque non dice correre acqua giamai non corſa. Il che ſemplicemente ſarebbe arrogantia: Ma dice hauerla corſa mediante eldiuino fauore. MINERVA ſpira: tre choſe ſono neceſſarie achi deſidera proſpera nauicatione: prima eluento che ti pīnga al porto Adunque Minerua che e/laſapientia adirizza abuon porto lanaue: Et apollo che e/lharmonia diſpone et ordina con debita proportione elcorſo. Lemuſe dimoſtrano lorſa ideſt laſtella tramontana ſanzala quale ogni nauigio ſiſmarriſce. Perle muſe intendi lafaculta poetica ſanza laquale elpoeta non uede che ſtilo habbia a ſeguire. VOI altri pochi: hauendo admonito glindocti: che nollo ſeguitino per queſto mare: hora conforta edocti a ſeguitarlo perche lopotranno intendere: et dice pochi perche piccol numero in ogni ſecolo e ſtato quel dedocti et degli eleuati ingegni. Onde Ariſtotele. Ingeniū rude et non ſubtiliſſimus intellectus ita ſe habet ad diuina ſicut uiſus noctue ad ſolem. Et Thomaſo aquinate. Cognitio diuinorum paucis hominibus ineſt: Et certo e/gran difficulta inqueſta cognitione: perche tucte laltre parte di philoſophia ſono ſtate trouate: perche ſieno ſcala: che perla quale poſſiamo ſalire aqueſta altezza. CHE drizzaſti el collo: che alzaſti elcapo elquale nonſi puo alzare ſel collo nōſi driza: et perlo alzare del capo intende che leuoron lamente loro et longegno alle choſe celeſte et latentemente toccho la ſententia douidio. Pronaque cum ſpectent animalia cetera terras. Os homini ſublime dedit celumque tueri. Iuſſit et erectos ad ſydera tollere uultus. PERTEMPO: quaſi dica dalla uoſtra adole scentia : significando per questo ladifficulta della diuina doctrina laquale non possiamo bene acquistare se daprimi anni nonci diamo agli studii delle buone arti. AL pane deglangeli : chome elcorpo si pasce et uiue delcibo corporale : chosi lontellecto sinutrisce della fruitione et cognitione diuina : laquale chiama pane deglangeli : perche questo fruiscono : et inquesto solo truouon uita. DEL qual si uiue : idest tranoi mortali : perche lanima mentre che e/nel corpo sisostenta con questa doctrina. MA non siuien satollo : perche non possiamo hauerne tanta cognitione che ci satii et cisia abastanza interra. Ma si inuieto. MEtter potete ben per lalto sale : idest per lalto mare : idest mipotete seguitare inquesta profonda materia. SEruando solco : Vuole che loseguitino si dapresso che non si richiugga loro el solco : che fa lanaue sua elquale richiuso lacqua torna equale : perche elsolco nellacqua fa distinctione lui admonisce chi lo seguita non aspecti che tale distinctione non apparisca Imperoche quando non conosceranno la distinctione delsenso allegoricho et litterale : et dalla cosa ficta alla uera non lo potranno intendere.

QVE GLORIOSI : Optima comparatione perla quale dimostra : che non si marauigloron tăto glargonauti greci quando in colcho uidono Iasone seminare edenti de serpenti : dequali nasceuono huomini armati : quanto ui marauiglerete uoi di quello che io diro : et non inmerito. Perche se quello era cŏtro anatura : questo e/si occultato ne secreti della natura che non pare naturale. GLOriosi : cupidi di gloria o ueramente gloriosi perche furono in gran fama appresso degreci. ACOLCHO : e cipta in ponto doue era eluello delloro. BIfolco : aratorelquale in latino e/decto bubulcus. Ne narro alpresente questa fauola perche lanarramo altroue.

La concreata et perpetua setei
del deiforme regno cenportaua
ueloci quasi come ciel uedere
Beatrice insuso & io inlei guardaua
& forse un tanto quantun quadrel posa
& uola & dalla noce si dischiaua
Giunto miuidi oue mirabil chosa
mitorsel uiso ase et pero quella
cui non potea mia opra esser ascosa
Volta uer me si lieta chome bella
driza lamente in dio gratami dixe
che nha congiunto colla prima stella

1 A Sete idest lagran cupidita. CONcreata : insieme creata. Imperoche idio creo insieme con lanima nostra somma cupipita inlei dandare alsommo bene elquale e/ epso idio : et non solamente creo in noi questa cupidita : ma creolla che sempre uiuue ine llanima nostra perpetua. Adunque dice che neron portati dalla sete concreata et perpetua laquale haueano. DEL regno dei forme : idest della beatitudine et sommo bene : del quale idio e/forma : ne e altra cosa sommo bene che epso iddio. BEAtrice insuso : questa sententia e/dichiarata disopra. Et forse tanto : dimostra che lointeruallo del tempo non fu piu che posare un quadrello : o uero saecta insul balestro carico et dischiauare idest diserrare elbalestro et uolare la saecta al segno : Et e/da terra al cielo della luna salendo a recta linea : cento quarantocto miglaia et cinquecentoquaranta migla. GIunto mi uidi : idest giunto in luogho mirabile : et Beatrice che conobbe elsuo marauiglarsi : et che non intendeua che luogho sifussi quello : perche allei non potea essere ascosa chosa nessuna che fusse in Danthe conciosia che la theologia sa cioche desidera lanimo nostro gia purgato : dixe driza lamente grată adio p che lui cia congiunti colla prima stella idest con la luna laquale e/prima stella et pianeto sopra glelemēti. Ne per altra cagione ladmonisce Beatrice : che drizzi lamente grata adio dessere arriuato alla prima stella se non per dimostrare che ogni nostra buona opera : et ogni cognitione et intelligentia uiene dal laiuto diuino. Ilperche non dobbiamo gloriarcene ma render gloria allui : et esser grati del dono riceuuto. Preterea dixe chosi lieta chome bella : Sempre e/bella latheologia : perche sempre dice chose uere : lequali sono sĕpre belle. Ma quando narra pene et minaccia al peccatore nonsi dimostra lieta. Ma quădo cida cognitione delle chose celesti : sempre ci pare bella et dacci letitia.

Pareami che nube ne coprissi
lucida spessa solida et pulita
quasi adamante inche losol ferissi
Perentro se letherna margherita
ne riceuette chome acqua riceue
raggio di luce permanendo unita
Sio ero corpo et qui non si concepe
chomuna dimensione altra patio
chesser conuien se corpo in corpo riede
Accender ne douria piu eldisio

d IScriue lanatura del corpo lunare : elquale e/lucido denso solido et pulito. E /laluna septe uolte maggiore chella terra. NVbe lucida spessa parea el corpo della luna. Et qui nota che alchun corpo e/luminoso naturalmente chome e elsole. Alchuno p arte chome lospecchio. Alchuno e/trasparente chome uetro et acqua. QVAsi daamante. Imperoche elcorpo lunare disua natura obscuro risplende quădo el sole lopercuote chome fa un diamante. PERENTRO se letherna margherita : chiama laluna margherita cioe perla et dichiara quel medesimo cioe che corpo lunare

di ueder quella eſſentia inche ſiuede
chome noſtra natura adio ſunio
Li ſiuedra cioche tenen per fede
non dimoſtrato ma fia per ſe noto
aguiſa deluer primo che lhuom crede

non ha lume da ſe : Ma e/ lucido. i. riceptiuo di luce chome e/eldiamante : et la perla lequali ſe ha ueſſino proprio lume lucerebbono lanocte Adunque non lhanno ; ma ſono riceptiue di quello.
NE riceuette. Dimoſtra che entrorono nel corpo lunare elquale e ſolido et denſo ſanza diuiderlo : chome elſole entra nellacqua ſenza diuiderla Ilche naturalmente non puo eſſer che un corpo denſo et ſolido : et quello che loriceue rimanga unito ; et pero dice che. QVI traglhuomini. NON ſi concepe ideſt nonſi puo comprendere chome una dimẽſione ideſt un corpo elquale ha leſue dimẽſioni. i. miſure ; perche ha longitudine : altitudine : et profondita ſpatio. i. pati unaltra dimenſione. i. unaltro corpo. Adunque ſe queſto fu ſi douerrebbe accendere lamente humana a uedere. LA : in uita etherna. SIVEDRA : ſintendera chiaramente cio che ſi tiene per fede : che nel Hoſtia conſecrata ſia eluero corpo di Chriſto : et quiui eluedremo. NON dimoſtrato : ꝑ ragion philoſophica : Ma fia noto et manifeſto perſe per ſua natura. AGVISA : aſimilitudine. DEL primo uero : de primi principii lequali ephiloſophi chiamon maxime egreci axiomata chome ſe dicesſi che eltucto e maggior che leparte.

Io riſpoſi madonna ſi diuoto
chomeſſer poſſo piu ringratio lui
loqual di mortal mondo ma rimoto
Ma ditemi che ſon li ſegni bui
di queſto corpo che laggiuſo interra
fan di cayn fauoleggiare altrui
Ella ſorriſe alquanto et poi ſellerra
lopinion mi dixe de mortali
doue chiaue di ſenſo non diſerra
Certo non ti dourien punger gliſtrali
dadmiratione homai dirietro aſenſi
uedi che laragione ha corte lali

r Ingratia iddio chome fu admonito da Beatrice diſi immenſo benificio hauẽdo lui eleuato gia al primo cielo ; et partitolo dal mondo mortale. Ilche intendi ſẽpre allegoricamente della eleuatione dellanimo et non del corpo : Dipoi domanda de ſegni bui ideſt tenebroſi et obſcuri equali di terra ueggiamo nella luna ; et euolgari dicon che e/ cayno che porta una forcata di pruni Aqueſto ſorriſe Beatrice : et dixe ſe lopinione degli huomini equali giudicano ſecondo eſenſi erra ; perche lachiaue del ſenſo non puo diſerrare : cioe aprire et manifeſtare eluero certamente tu non ti douerreſti marauiglare : ꝑche laragione che ſeguita eſenſi ha corte ale cioe ſi puo pocho inalzare.

Ma dimmi quel che tu da te nepenſi
& io cio che nappar choſi diuerſo
credo chelfanno ecorpi rari et denſi
Et ella certo aſſai ueder ſomerſo
nel falſo creder tuo ſe bene aſcolti
largomentare chi gliſaro aduerſo

d Omanda Beatrice qual ſia loppinione ſua del turbo della luna ; et Danthe riſponde che crede che cioche ĩ cielo appare diuerſo dal colore del cielo : proceda dal raro et dal denſo : lopinione dalbumaſar e che tale oſcurita nella luna ſia daſua ſpecifica natura ; chome diciamo che lacalamita tira aſe el ferro : Ne ne ſappiamo rendere altra ragione ; ſe non che ſia da ſua ſpecifica natura. Altri dicono che uiene dallombra della terra che gle molto uicina. Aqueſto riſponde Beatrice che colle ſue argomentationi glimoſterra queſto eſſere falſo.

Laſpera octaua ne dimoſtra molti
lumi liquali & nelquale & nel quanto
notar ſipoſſon per diuerſi uolti
Se raro & denſo cio faceſſer tanto
una ſola uirtu ſarebbe in tucti
piu et men diſtributa et altrettanto
Virtu diuerſe eſſer conuengon fructi
de principi formali et que fuor chuno
ſeguitereno atua ragion deſtructi

a Rgomentando contro allauctore Beatrice dice che ſe lopinione di Danthe fuſſi uera ne ſeguirebbe uno inconueniente elquale pocho diſotto uedremo. Ma prima pone una propoſitione che e/uera : che loctauo cielo ha molte ſtelle didiuerſo ſplendore et di diuerſa quantita. Imperoche uerbigratia piu ſplende et maggiore e/la ſtella decta caniula che molte altre. Loctaua ſpera dimoſtra molti lumi ideſt ſtelle lequali ſipoſſono notare et conoſcere : nel quale. i. nella qualita : perche una e/piu ſplendida che unaltra ; et nel quanto perche una e/maggiore che unaltra. Ilperche glaſtrologi le diuidono in prima ; et in seconda et in tertia magnitudine. PER diuersi uolti: per diuerse apparentie Ma se raro et denso fussi cagione di questo seguiterebbe che in loro fussi una sola uirtu et influentia. Ma minore et maggiore et pari secondo che le stelle sono minori et maggiori et pari: Ma questo non e/ Adunque non e cagione raro et denso: perche una sola uirtu sarebbe in tucti distributa piu et meno: et altrettanto secondo che sono o minori o maggiori o pari: Et questo non e/ Impero che se leuirtu formali hanno principii diuersi: conuiene che eprincipii formali sieno diuersi. Onde dice. Virtu diuerse esser conuengon dapprincipii formali cioe esser diuerse ragioni producte da diuersi principii chome da diuersi alberi si producon diuersi fructi. Et questi principii formali tucti.

Anchor se raro fussi di quel bruno
cagion che tu dimandi o daltra in parte
fora di sua materia si digiuno
Esto pianeto osi come con parte
lo grasso elmagro un corpo cosi questo
nel suo uolume cangierebbe charte
Sel primo fussi forma manifesto
nelleclypsi del sole per trasparere,
lolume chome in altro raro inqesto
Questo non e pero e dauedere
dellaltro & se gladuien che laltro icassi
falsificato fia lotuo parere

h Auea nella superiore argomentatione dimostro Beatrice: che generalmente in tucti e corpi celesti lopinione di Danthe era falsa. Hora per questa ladimostra spetialmente nel corpo della luna largomentatione e questa. Se del turbo della luna e cagione el raro: io ti domado se quel raro passa elcorpo lunare dalluna superficie allaltra o nollo passa tucto. Ma e falso che lo passi tucto. Imperoche se fussi forata laluna dalluna allaltra parte: quando uiene leclypsi lunare: erazzi del sole passerebbon per quel foro: Se di che tale foro non passa dallaltra parte: ma dopo alquanto spatio e richiuso dal denso non pero potrebbe apparire el turbo: chome mostra la experientia nella parte che segue. O DALTRA. i. per tucto el corpo in sententia se doue e elturbo fusse el raro insino a uno spatio et poi seguitasse: el denso sarebbe chome el corpo dellanimale che prima ha elgrasso che e raro et poi el magro che e denso. Cāgierebbe carte E translatione dallibro doue una faccia biancha et laltra nera. SEL primo: questo ho gia dimostro. PER trasparere. i. perlo raggio del sole che trapasserebbe giu anoi.

Seglie che questo raro non trapassi
esser conuiene un termine da onde
losuo contrario piu passar non lassi
Et indi laltrui raggio si rifonde
cosi come colore torna per uetro
loquale dirieto a se piombo nasconde
Hor dirai tu che si dimostra tetro
quiuilo raggio piu che inaltre parti
per esser li rifracto piu a retro
Daquesta instantia puoi diliberarti
experientia se giamai la truoui
chesser suol fonte a riui di nostre arti

h A dimostro che elturbo nō puo procedere dal raro se tale raro passassi tucto. Hora dimostra che se raro non passa dallaltro lato: similemente non puo essere cagione del turbo. Adunque se elraro passa acerto spatio et dipoi seguita eldenso suo contrario e/necessario che erazzi solari passino tucto elraro: et dipoi trouando el denso si riflectino indrieto chome nello specchio doue elcolore siriflecte et torna indrieto pel uetro medesimo: Et in questo modo non sara el raro cagione del turbo poi che erazzi sirifiectono dal denso chome habbiamo mostro. HOR dirai tu: Ma potresti dire benche lariflexione illumini anchora in quel raro: nientedimeno perche nasce piu dentro ne corpo lunare si nella parte doue e el raro che non si fa nel resto doue nasce nella superficie: pero quiui appare quella obscurita. DIQVESTA: Risponde Beatrice che Danthe sipuo liberare da tal dubio con la experientia laquale e fonte et origine onde nascono tucte larti.

Tre specchi prenderai & edue rimuoui
date dun modo & laltro piu rimosso
trambo liprimi glocchi tuoi ritruoui
Riuolto adesso fa che dopol dosso
ti stia un lume che tre specchi accenda
& torni ate da tucti ripercosso
Benche nelquanto tanto non si stenda

p Ruoua che per essere lariflexione da diuersi interualli non per questo la piu lontana: riflecte meno: et pruoualo chosi: Togli tre specchi et mettigli dinanzi alla uista tua: ma informa che luno degli spechi tisia piu lontano et glaltri due piu propinqui: et sopra el capo tuo tisia un lume che perchuota tuttettre glispecchi: non e dubbio che bēche nepiu propinqui appaia maggior lume nientedimeno non risplende piu ne propiqui che

lauiſta piu lontana uederai
chome conuien chequal mente riſplenda
Hor choma colpi degli caldi rai
della neue riman nudol ſubiecto
& dal colore & dal freddo primai
Choſi rimaſo te nellintellecto
uoglon formare di luce ſi uerace
che ti tremolera nel ſuo aſpecto

nel longinquo. Et ſe diceſti chellume e/piu piccolo iui debbe eſſere minore ſplendore et non equale: riſpondo che loſplendore non e/nel quāto. i. nella quantita: Ma nella qualita: Adunque non riſplendera meno nella luna el razzo che rifl ecte piu dilontano entrando quanto dura el razo īſino al denſo che quegli che riflectono nella ſuperficie nel quale truouono el denſo. ET TORNI Ad te da tucti ripercoſſo. i. ſi illume in forma che pcuota tucti elumi; et tu in luogo che atuoi occhi ritorni tale reflexione; perche altrimenti non la uedreſti. HOr comacolpi. d. f. p. Come el ſubiecto della neue. i. elluogo ſopra el quale e/laneue rimane nudo et priuato del colore et del freddo della neue da caldi rai del ſole choſi eſſendo tu rimaſo nudo della tua opinione io tinformero di luce ſi uerace. i. diſi aperta uerita; che ti lucera et riſplendera nel pecto.

Dentro dal ciel della diuina pace
ſi gira un corpo nella cui uirtute
leſſer di tutto ſuo contento face
Lociel ſequente che ha tante uedute
quelleſſer parte per diuerſe eſſentie
dallui diſcripte & dallui contenute

Perche induce a parlare Beatrice: laquale habbiamo decto eſſere la theologia: pero fa che lei parla non chome phyſico ma chome theologo: Imperoche loppinione comune de philoſophi e/che quel turbo nella luna diuiſo quaſi in tre parti ſia lombra della terra: La quale noi diuidiamo in tre parti: In Aſia parte orientale; et eſſa ſola tāto grande; quanto laltre due iſieme col mare mediterraneo. Africa dalla parte meridionale Et Europa ſeptentrionale. Ma di queſto diremo piu diſteſamente nel canto. XXII. Ma Beatrice parlando chome theologo pone queſta argomentatione: Tucti ecorpi celeſti inducono diuerſi effecti nelle choſe inferiori ſecondo la potentia loro et a uirtu delle intelligentie infuſa in loro: Ilche ſi prucua per le influentie che dalloro riceuono ecorpi inferiori. Dice adunque. DENTRO DAL cielo della diuina pace: Queſto e/el cielo empyrio elquale perche e/inmobile: et non ſi gira lochiama elcielo della diuina pace nel quale e elregno celeſte: oue lanime fruiſcono la pace etherna. SI gira un corpo: queſto e/elprimo mobile nono cielo: et chiamaſi cielo chryſtallino contenuto dentro al cielo empyreo inmobile. NEL NELLA cui uirtu: Nella uirtu del quale chryſtallino motiua et effectiua. LESSER di tucto ſuo cōtento: la conſeruatione delleſſere; et la uirtu motiua et effectiua ditucta la ſua continētia. Queſto nono cielo elquale e/ primo mobile. i. elprimo che e/moſſo dallo empyreo abbraccia tucti glaltri cieli che ſono loctaua ſpera et ſepte pianeti: Ecieli de ſepte pianeti non ſono di materia compacta et conſtrecta; et per queſto ſono traſparenti et non impediſcono lauiſta noſtra che non paſſi inſino alloctauo: doue e el zodiaco et laltre ſtelle fixe; Ma ſi loctaua. Ilperche non ueggiamo el nono nel decimo. Tucti ſi muouono col primo mobile et fanno una reuolutione in uenti quattro hore da oriente a occidente; et indi ad oriente. Et per quel moto naturale et uniforme pigliono uirtu effectiua ciaſchuno ſecondo laſua potentia di conſeruare ſe in eſſere et laltre choſe inferiori; et nientedimeno ciaſchuno gyra col ſuo proprio mouimento per contrario molto da occidente ad oriente; et quindi ad oriente. Ilperche loctauo cielo in cento anni ua un grado. Adunque nella uirtu del nono cielo primo mobile elquale e/drento al cielo empyreo elquale e el cielo della diuina pace giace leſſere di tucto elſuo contēto. i. di tutte le choſe contenute dallui; perche lui con la ſua uirtu effectiua gli muoue che e/cagione della conſeruatione deglaltri et del mouimento: Si chome glangeli motori ſon cagione della conſeruatione delleſſere et mouimento ſuo. TANTE Vedute; tante ſtelle che tucte ſi ueggono. QVEL eſſere; quella eſſential uirtu effectiua et motiua che ha a conſeruare leſſer che e/ nella uirtu del ciel nono et che ha dallui. PARTE: diuide et diſtribuiſce per diuerſe eſſentie et ſubſtantie che ha in ſe loctauo cielo da eſſo diſtincte chome ſono leſtelle; che ſono daltra materia che lui; et altri effecti hanno; ma pure dallui ſono contenute.

GLALTRI ſepte cieli de pianeti girono ladiſtinctione che hanno dentro da e. i. eſepte pianeti diſtincti per uarie differentie; perche epianeti; et di ſito: et di corſo et di natura ſono molto differenti chome gia e/decto: Et piu diſtinctamente in ciaſchuno ſi dira. ET DISPONGONO loro ſemenze. i. loro uirtu cauſatiue che ſono cagione deglefecti inferiori diſpongono al ſuo debito fine: Chome el ſeme del grano produce leffecto cioe el grano: elquale dipoi e/ſeme aunaltro grano; choſi ecorpi celeſti che ſono cauſa deglefecti inferiori ſono anchora effecto delle cauſe ſuperiori alloro. Adunque elprimo mobile ha uirtu infuſa da dio et da motori ſuoi laquale ha aconſeruare leſſer ſuo et di tucti ecieli et deglelementi equali contiene inſe. Queſta e/uirtu motiua et effectiua che muoue tucti glaltri cieli et elementi et causa in loro uarii effecti secondo leloro uarie potentie. Et cosi sempre lauirtu superiore sin funde in tucti glinferiori: et cagiona chome e/ decto diuersi effecti secondo che sono diuersi ecorpi inferiori. Ma piu efficacemente nel piu propiquo inferiore: et mutasi secondo che e/ differente luno dallaltro. Adunque el nono cielo piu efficacemente infonde la uirtu sua essentiale: motiua: et conseruatiua nello octauo che neglaltri: et quello lauirtu mutata in lui piu infonde nel septimo che neglaltri: et cetera. Preterea ogni pianeto hala sua uirtu infusagli da suoi motori mouendo secondo el suo moto difforme. QVESTI organi del mondo. i. questi cieli. Impero chome nellhuomo glorgani iferiori rispondono al superiore: esensitiui al cerebro: euitali al chuore: enutritiui al fegato: et poi questi due principali: cerebro: et fegato al chuore che e/ fonte della uita et principal membro. Chosi tucti ecorpi celesti hanno esser da dio chome da prima cagione del tucto: elquale ha posto in loro diuerse uirtu: si chome sono di diuersi corpi et motori: Et benche ogni cielo habbia piu motori che lo muouono a operare esua effecti: nientedimeno una intelligentia si chiama: si chome una anima uiuifica el corpo con piu potetie lequali lo muouono a operare esuoi effecti. Ilperche el primo ordine deglangeli che sono: seraphini muouono el primo cielo. Echerubini secondo ordine muouono loctauo cielo. Ethroni saturno Ledominatione Ioue. Le uirtu Marte. Lepotestadi el sole. Eprincipati uenere. Glarchangioli Mercurio Glangeli laluna. Tucte queste intelligentie sono mosse da dio elqulae e/ inmobile. Idio muoue chome inteso et amato chome lachosa intesa et amata muoue lontellectore et amatore. Ilperche le intelligentie che sono tucte amore si girano intorno adio inteso et amato da loro. Queste mouendo et girando se intorno a lui intendendo et amando sempre lui muouono le chose alloro conmesse da dio con la uirtu che idio ha poste in loro. DI grado in grado: perche sempre elsuperiore influisce nello infeiore et ciaschuno quanto al superiore e/ effecto: et quanto allo inferiore e/ causa: et pero dice. CHE di su predono chome effecti: et disotto fanno chome cause. ma el nono cielo non ha se non ū mouimento: ma glaltri contenuti da lui cioe loctaua spera et septe pianeti hanno due mouimenti uno da oriente a ponente del quale e cagione el primo mobile et esuoi motori: et è decto moto uniforme che sifa in uētiquattro hore: et secondo questo moto hanno tucti ecieli uirtu effectiua infusa dal primo mobile ciaschuno secondo la sua potentia di conseruare lessere degli inferiori: et secondo leloro diuerse potentie hanno diuersa uirtu effectiua laltro e erratico et difforme et fassi per uirtu de propii motori di ciaschuno cielo et e da occidente alleuante: et quale lo compie piu presto et quale piu tardo: Et sempre chome e decto elsuperiore ifonde la sua uirtu inquello disotto: et quelli si diuersifica secondo lapotentia diquello che loriceue. Et accordonsi allaiuto luno dellaltro: et contrariandosi contempera lun laltro. Forse che anchora gli chiama el poeta organi per tocchare la oppenione platonica che tucti ecieli fanno suauissimo suono.

Lomoto et lauirtu de sancti gyri
chome dal fabbro larte del martello
da beati motori conuien che spiri
Elciel chiu tanti lumi fanno bello
dalla mente profonda che lui uolue
prende limage & fassene suggello
Et chome lalma dentro a nostra polue
per differenti membra et conformate
adiuerse potentie si risolue.
Cosi lantelligentia sua bontate
moltiplicata perle stelle spiega
girando se sopra sua unitate

PERle chose gia decte e quasi manifesto quello che alpresente pone elpoeta. Adūque elmoto de sancti gyri. i. de cieli conuien che spiri et proceda dabeati motori dequali habbiamo decto chome larte del martello procede dal fabro: Impero chel martello percotendo uariamente induce la forma nel ferro: et fanne o falce per lagricultore: o spada pel combattitor Niētedimeno ta le moto e dal fabbro. ELCielo cui: idest elquale TANti lumi: tante stelle fanno bello. Questo e elcielo octauo: doue sono lestelle fixe. Et dice che questo cielo da la profonda uirtu idest infinita uirtu diuina laquale louolge pel mezzo desuoi cherubini quanto al suo moto difforme: et quanto al suo moto naturale et uniforme per mezzo del primo cielo pigla laimagine idest lauirtu in lui impromptа chome si imprompta la imagine del suggello nella cera. ET fassene suggello: Impero che lui imprompta poi secondo lasua potentia nelle chose inferiori lauirtu impromptata prima in lui. PROFONDAMENTE: e la diuina laquale e infinita. Onde Boetio. Mentemque profundam circuit et simili conuertit imagine celum. Dipoi per meglo dichiarare dice che come lanima dellhuomo che e una, distendendosi in uarie membra: dimostra uarie potentie secondo lanatura del membro. imperoche nel cuore uiuifica elfegato nutrisce Elcerebro sente. Chosi la intelligentia laquale e una nello octauo cielo difendendosi in tucte le stelle da uarii influxi: secondo leuarie potentie di quelle opera: Infondesi in saturno che e freddo et seccho: et dagli loinfluxo secondo lanatura di saturno: et cosi neglaltri.

Virtu diuersa fa diuersa lega
col pretiosa corpo che lanuiua

VIRTV DIuersa: e condusione delle chose sopradecte: et per quelle sintende questo luogo di uersa

nel quale si come uita in lui si lega
Perla natura lieta onde deriua
lauirtu mixta perlo corpo luce
come letitia per popilla uiua
Da essa uiene cio che daluce aluce
par differente non da denso & raro
esse formal principio che produce
Conforme adsua bonta elturbo el chiaro

uersa conlegatione et conmixtione: Chome dicia mo larriento essere di diuerse leghe. COn pretioso corpo: Sono corpi ecieli. Ma dipiu pretiosa materia che glaltri corpi. A DIVINA: perche losa uiuere et operare esuoi effecti: Eplatonici uoglion che tucte lestelle sieno animate. Et Augustino nelle retractationi scriue non hauer trouato nel la sacra scriptura: chome possa o'prouar o confutare chel mondo sia animato. Ma se ha anima affer ma quella nõ essere iddio: Ma facta da dio. Nel quale: corpo si lega chome uita uegetatiua nel corpo humano. Et tale collegatione fa ladiuersita degli effecti secondo la diuersita de corpi celesti. PER la natura lieta: che e idio seplice forma et inmutabile: dalla quale son creati glangeli: Et dalla natura lieta. i. da dio sommo beue deriuono glangeli uirtu mixta perche e/di natura inmutabile: inquanto e/confermata in gratia: et di mutabile inquanto fa loperatione sua successiuamente: E/adunque natura mixta uiuisica. Onde Boetio. Tu triplicis medium nature cuncta mouentem. Conuertens animam p consona membra resoluis. Que conserta duos motus glomerauit in orbem. In semet reditura meat mentemque profundam. Circuit et simili conuertit imagine celum. O ueramente intendiamo lauirtu col corpo mixta et infusa da motori. LVCE: risplende per la natura diuina. CHOME letitia per pupilla uiua: chome per locchio di luce trauolante et corruscante sintende laletitia del cuore Adunque dalla luce diuina procede ogni differentia che e/da luce a luce idest da stella a stella: Et non da raro a denso chome credeui.

CANTO TERTIO DELLA TERTIA CANTICA DI DANTHE

q Vel sol che pria damore miscaldol pecto
di bella uerita mhauea scouerto
prouando & riprouandol dolce aspecto
Et io per confessare correpto & certo
me stesso tanto quanto si conuienne
leuai el capo aprofferir piu erto
Ma'uisione apparue che ritenne
ad se me tanto strecto per uedersi

e L figmento del poeta e/che essendo la nima nostra assumpta acieli perle uirtu: et hauendo quella uarie influentie da uarii cieli di uarie uirtu in ciaschuno cielo si rapresentono al conspecto suo lanime diquegli equali sono stati excellenti nella uirtu che influisce quel cielo: et comincia adiscriuere quegli equali trouo in questo primo cielo de lla luna. Intẽdendo che benche tucte lanime de beati sieno nel supremo cielo della gloria de

che di mia confession non mi sonenne
Qual per uetri trasparenti & tersi
o uer per acque nitide & tranquille
non si profonde che fondi sien persi
Tornan de nostri uisi le postille
deboli si che perla in biancha fronte
non men uien forte alle nostre pupille
Tali uidio piu faccie a parlar prompte
perchio dentro allerror contrario corsi
a quel chaccese amor tra lhuomo elfonte

quali tractera nel trigesimo canto: niẽtedimeno finge che segli rappresentano in quel cielo che figura el grado inche sono in uita etherna et nel cielo empyreo Et sotto tale fictione uuole non sola mente exprimere lanime separate da corpi et poste nel conspecto didio: ma anchora quelle che sono ne corpi: ma sono nel terzo genere delle uirtu che si chiamono dellanimo gia purgato. Passa Danthe per tucti ecieli: et in ciaschuno truoua quelle anime che habbiamo decto: Et dapoi quelle medesime truoua nel cielo empyreo: nel conspecto didio Nee/inconueniente che essendo eleuato da Beatrice di cielo in cielo insino allo empyreo. i. essendo dalla doctrina theologica rapto alla contemplatione de cieli in ciaschuno di quegli si rappesenti alla mente quegli equali per ir fluxo di tali cieli inclinati et non necessitati hanno conseguite quelle uirtu perle quali sono beati. Ilperche per questi meditatione quiui gli pone. Et non perche non intenda che lanime beate sono tucte nel supremo cielo. Ma quanto aquesto tertio canto si contiene lui truoua molte anime beate: et Beatrice gli narra la cagione: dipoi parla con duna ellanime beate: et domãda dun dubio: et lei risponde non solo a questo primo ma anchora a uno altro. Questo e/largomento di tucto el canto. Ma la sentẽtia de sei gia posti ternari e/che Beatrice laquale chiama sole glihauea mostro lauerita Et lui: Ero leuato per confessare: Ma glispiriti che uide gli uolson lamente ad se. QVAL sole: Beatrice laquale e/sole perche chome el sole illumina lechose uisibili: chosi la theologia illumina lamente. CHE PRIA damor misscaldol pecto: perche pria mhauea acceso del suo amore: et hora miscoperse laspecto della ucrita: et dice dolce perche nessuna chosa e piu soaue che la cognitione. BELLA: tanto e/proprio della uerita labellezza che nessuna chosa puo esser bella se non e/uera. PROVANDO: eluero per sylocismo demonstratiuo.

ET RIPROVANDO. i. confutãdo lopinione falsa: Et io per confessare me stesso correcto idest confutato del falso et facto certo del uero. LEVAI: alzai elcapo. PIV ERTO: piu erecto idest alto. Innalzo el capo per confessare: Et per questo dinota che alchuno non chini elcapo: idest non si uergogni di confessare lerrore perche confessare dimostra animo liberale: Et cupido di trouare eluero: et chi e/contumace nel negare dimostra animo elato et fraudulento et cupido di contentione. QVALI: la sententia et ordine del texto e io uidi in quel luogo piu faccie prompte idest cupide et apparechiate a parlare lequali erono. TALI: idest cosi facte quali sono lenostre postille idest lenostre imagini dentro tri uisi che ritornono a noi: o dal uetro o dallacqua chiara. Et queste faccie mapparirono si deboli. i. si pocho expresse et si pocho euidenti: che una perla laquale perche e biancha ponendola in chosa biancha pocho si discerne: non uien men forte idest uien piu forte et piu sscorge posta in biancha fronte. Insomma quegli spiriti non appariuono che si scorgessino: chome una imagine nello specchio laquale si scorge chiaramente: Ma chome siscorge. O NELLACQVA: Ma non si profonda o cupa idest che e fondi siẽ psi. i. neri o nel uetro ben lucido: et chome una pla meglo siscorge ĩ una biancha fronte duna femina: che io non scorgea quella faccia. Ilperche io presi errore: ma contrario aquello errore elquale accese amore frallhuomo cioe narcisso et elfonte nelquale sispecchiaua. Impero che lerrore di narcisso fu che lui credea che la imagine sua laquale uedea nella fonte fusse non imagine ma huomo: et io uedendo queri spiriti non credeuo che fussino spiriti ma imagine dispiriti. Et chosi appare che lerrore suo contrario fu aquello di narcisso: laqual fauola narramo nel canto trigesimo della prima cantica. ACQVe Nitide: Non puo ben rendere la imagine lacqua se non e/chiara ferma et con pocho fondo. Ilperche ãchora disopra meglo si potea exporre. EFONDI PERSI. i. perduti et equali perla profundita del acqua nonsi scorgono.

Si subito chomio dilor maccorsi:
quelle stimando specchiati sembianti
per ueder dicui fussor glocchi torsi
Et nulla uidi & ritorsegli auanti
dritti nellume della dolce guida
che sorridendo ardea neglocchi sancti
Nonti marauiglare perchio sorrida
midixe apressol tuo pueril quoto
che soural uero lo pie anchor non fida

d Imostra che hauendo preso errore si riuolse indrieto per uedere e corpi de quali credea che quelle fussino imagini: Et nulla uide. Ilperche riuolse glocchi a Beatrice et neglocchi suoi mirata. Questo significa chel senso et laragione inferiore laquale non puo apprenderee se non cose particulari: et corporee stimaua el falso negli uniuersali. Ilperche ritorno a Beatrice. i. si uolse con laragione superiore alla sacra scriptura: questa sorridea: perche sempre lerrore de semplici muoue riso a docti: et ardea neglocchi. i. molto

Ma te riuolge chome suole auoto
uere substantie son cioche tu uedi
qui relegate per mancho deuoto
Pero parla con esse & odi & credi
che la uerace luce che glappagha
da se non lascia lor torcier lipiedi

risplendea. Onde era apta ainfondere luce idest uerita; et dixe Beatrice: nonti marauiglare perche io sornida apresso al tuo puerile quoto idest iudicio: quocus in latina lingua significa el quanto i ordine: Et porre la cosa in quale ordine sia e / giudicare. Non e adunque marauigla se io mi rido del basso iudicio: elquale non fida anchora el pie sopral uero. i. non procede anchora secondo la uerita; et non intendi che queste sono anime congiunte col globo lunare: Ne e/altro congiugnersi col pianeta che adoperare secondo la influentia di quello. Et la influentia della luna e/dare mutatione de beni temporali agletherni et dagli etherni a temporali. Adunque questi spiriti haueuono usato bene quella influentia anteponendo ebeni celesti a terreni et usando bene eterreni non per sommo bene: Ma secondo che la necessita richiede: Imperoche quanto sappartiene al uicto et al uestito et i souenire nostri pareti et amici tanto si debbono cercare et non piu auanti; Et se abbondiamo di piu dobbiamo conuertirgli in honesta liberalita. La luna e frigida et humida et pianeta feminino: Et induce uirginita et castita alle femine: et a quella lenclina. Et perquesto fingono e poeti che diana laquale significa laluna fussisempre uergine et accompagnata da nymphe uergine. Ilperche elpoeta finge trouare in quella lanime delle femine uergine et caste. VERE SVBstantie: son queste et non imagine. QVI relegate: quasi lontane da dio et dal primo cielo. PER manco diuoto: per mancamento didiuotione: et pigla uoto per professione et promessione perche ogni christiano fa uoto et professione dosseruare e diuini precepti quasi dica bene operare glha condoct qui ma per non essere stato molto copioso non meritano se non questo ultimo grado. pERO parla: perche essendo substantie tudiranno. ET ODI: perche tirisponderanno. ET credi: perche ti diranno eluero; et questo e perche la diuina luce. i. iddio che e/essa uerita. GLAPPAGA: gli contenta informa che non lascia loro torcere elpie da se idest sono confermati in gratia; Ne hanno altro desiderio ne altra cupidita che acquiescere alla uolonta diuina: Et questo e quello che fa che non obstante che piu gloria sia in uno che niuno altro nientedimeno sono parimente beati perche labeatitudine consisti i hauere sommo contento: et niente altro desidera che piacere adio.

Et io allombra che parea piu uaga
diragionar drizami & cominciai
quasi chomhuo cui troppa uogla smaga
O ben creato spirito chairai
di uita etherna la dolceza senti
che non gustata non si uede mai
Gratioso mi fia se mi contenti
del nome tuo & della uostra sorte
ondella prompta & con occhi ridenti
La nostra carita non serra porte
ad giusto priego se non chome quella
che uuol simile ad se tucta sua corte

I o fui al mondo uergine sorella
et se lamente tua ben si rigguarda
non miti celera lesser piu bella
Ma riconoscerai chi son piccarda
che posta qui con questi altri beati
beata son nella spera piu tarda
Enostri affecti che sono infiammati
son nel piacer dello spirito sancto
letitia han nel suordine formati
Et questa sorte che par giu cotanto
pero ne data perche fur neglecti

l Auctore acceso da gran cupidita di sapere domanda uno spirito allui propinquo del nome suo et dello stato dellanime che sono iquel luogo: et lospirito dimostra che uolentieri gli risspondera. perche la carita che e in loro non diniega chosa che giustamente sia chiesta perche e simile alla carita diuina laquale uuole che tucta sua corte idest tucte lanime beate sieno simili ad se in carita.

r Isponde lo spirito cō lordine che fu domādato: et prima pone el nome suo: dipoi dimostra qual sia lostato di quegli spiriti. Dimostra aduuque che fu uergine sorella; idest delle monache di sancta chiara chiamata piccarda della quale dicemo nel uigesimo quarto capitulo della seconda cantica doue dice. La mia sorella che fu tra bella et buona. NELLA spera piu tarda: E piu tarda la spera della luna perche non obstante che nel moto difforme faccia el corso piu presto che ognaltro pianeto: niente dimeno considerato quanto questa spera eminore che laltre siuede che e piu tarda: et allegoricamente intende che quanto piu sono rimossi dal primo cielo tanto sono meno ardenti di carita. ENOSTRI affecti: risponde alla seconda parte che lo stato loro e in beatitudine: Impero che eloro affecti et desiderii sono infiamati: et ardenti nel piacere allo spirito sancto ne altro desiderano; perche dallo spirito sancto procede la carita; et accioche nonsi dubiti che glaffecti loro cerchino piu alto grado enostri uoti & uoti in alchuno canto

dimostra che quegli son formati in quello ordine idest son nati in quel grado : et niuna chosa piu desiderono. Tucti questi spiriti finge elpoeta che fussino femine lequali hauendo facto publico uoto di religione: et statoui alchun tẽpo furon constrecte da parenti uscirne et maritarsi : Ma perche fu con tro alloro uolonta: et sempre nel quore ritennono lareligione: et se non obseruorono eluoto della casti ta uerginale promessa adio: obseruorono la castita matrimoniale promessa al marito meriton beatitudi ne: Et perche eluoto facto pure in qualche modo fu ropto et non obseruato non meritano piu alto gra do che questo: Ilperche sogiugne: pero ne data a noi questa sorte idest grado che e/tanto ingiu che e/ lultimo perche enostri uoti equali noi facemo nella professione della religione che fu obseruare honesta uita nella clausura et castita uirginale: et obedientia al superiore furono neglecti et spezati et furon uoti idest uacui in alcuno canto in qualche parte. Voto secondo el maestro delle sententie : Est testificatio quedam promissionis spontanee que de deo et de his que sunt deo fieri debet .

Ondio allei ne mirabili aspecti
uostri risplende non so che diuino
che ui trasmuta da primi concepti ,
Pero non fui a rimembrar festino
ma hor maiuta cio che tu mi dici
si che traffigurar me piu latino
Ma dimmi noi che siete qui felici
desidesate uoi piu alto loco
per piu uedere & per piu farui amici
Con quellaltre ombre sorrise pria un poco
da indi mi rispose tanto lieta
charder parea damore nel primo foco

Cusasi lauctore : non hauere riconosciute piccarda per uno splendore diuino el quale luce tanto in loro che gli trasmuta da primi con cepti idest da primi segni che la phantasia haueua conceputo in se della figura di piccarda. Questo splendore dinota che lanima beatificata non appa risce mai nella mente nostra quale la uedemmo prima. Ma molto piu perfecta: informa che ci pa re altro et cosa piu excellente: Pero non fui. FE STINO. i. ueloce a rimembrare et aricordare. PIV Latino: piu facile . In fiorentino diciamo la tino da lato idest largo. Adunque piu latino. i. piu largo: et perche nellargo spatio e/piu facilita ad explicare et expedire quello che uogiamo : pe ro latino si pigla ꝑ facile. Et non e latino nome deriuato da latio chome diciamo lompe. lo delati ni. MA DIMMI: perche lanimo nostro ha continuo desiderio et naturale : et anchora accresciuto dal laragione dappressarsi quãto piu puo adio pero domanda Danthe se quegli spiriti appetiscono di salire piu alto: o per piu uedere: o ꝑ piu farui amici: CON QVELLALTRE ombre : El beato et benigno spirito sempre si ride dellhumana stoltitia perche hauendo uera cognitione conosce glerrori nostri . Ma mosso da carita uolentieri dimostra eluero: et pero dice che parea che piccarda ardessi per lagrande carita che era in lei di rimuouere la ignorantia di Danthe. NEL PRIMO fuocho: nella luna che e/pri mo splendore et primo pianeto a noi .

Frate la nostra uolonta quieta
uirtu di carita che fa uolerne
sol quel chauemo & daltro nonci asseta
Se disiassimesser piu superne
foran discordi inostri disiri
dal uoler di colui che qui ne cerne
Che uedrai non capere in questi gyri
sessere in carita e qui necesse
et se lasua natura ben rimiri
Anzi e formale adesto beato esse
tenersi drento alla diuina uogla
perchuna fansi nostre uogle stesse
Si chome noi siamo di sogla in sogla
di questo regno a tuctol regno piace
chome allo re chel suo uoler nauuogla
Et la sua uolonta e nostra pace
elle quel mare al qual tucto si moue
cio chella crea o che natura face

Pruoua che lanime di quel luogo non deside rano piu auanti in questa forma : Necessa rio e che lanima beata sia in carita perfecta : per che e doue e carita iui e/iddio: et doue e/iddio iui e/ca ita: Et chi e/in carita perfecta nonsi puo dis cordare dalla uolonta didio : pero che chi e/in ca rita e/ unito conla uolonta didio : Adunque due uolonta diuentono una. SE DISIASSimo: desi derassimo. ESSER piu superne: piu alte . E NOstri disiri: lenostre uogie. FORAR: fareb bono discordeuoli dal uoler di colui che e iddio el quale . NE CERne giudica noi o ueramẽte cer ne scegle in questo luogo . CHE: elquale iddio VEDRAI non capere in questi gyri: i questi cie li. ANSI E/FORMAle a questo beato esse. i. essere forma e/ quella che da essere alla chosa : et nessuno e beato se non per essere unito con dio: Adunque la forma di questa beatitudine e/lunio ne con dio et lasua uogla diuenta la uogla didio SICHE Ghome noi siamo: Conchiude che per che ebeati sono uniti con la uolonta didio a tucti piace essere in quel cielo che dio glha posti: ꝑche cosi piace a dio elquale nenuogla . i. mette nelle nostre uogle el suo uolere : siche non e altro elno lere nostro chel suo: et la sua uolonta e/el nostro sommo bene. Tanto ha pace la nostra mente: quanto non uuole se non bene: et idio non uuole se non bene. ELLA e/quel mare: la uolōta didio e/una pro fondita laquale non si puo comprendere. Onde lappostolo. Voluntas dei abyssus multa: alla quale uo lonta tucto si muoue. Imperoche chome tucte lacque si muouono per andare al mare: chosi tucte le cho se si muouono dal diuino uolere per andare a quella. CIO CHE lui crea: creare e fare di nulla alchu na chosa: et questo fa idio sanza alchun mezo. Dipoi idio ha messe uirtu nelle chose dallui create lequa li non di nulla ma dalchuna materia fa chosa simile: chome uerbigratia lhuomo col seme suo fa unaltro huomo: et questa e decta natura naturata: et diffiniscon la natura esser uirtu messa nelle chose da dio ge nerante cose simili di simili. Adunque idio crea senza mezo et senza materia: et la natura face idest la uirtu messa nelle chose da dio fa di materia qualche chosa. Onde conchiuderemo chome dice Augusti no che la uolonta didio e prima et somma cagione di tucti emouimenti corporali et spirituali.

Chiaro mi fu allhora chome ogni doue
in cielo e paradiso & si sagratia
del sommo ben dun modo non impioue
Ma si chomegli aduien sun cibo satia
& dunaltro rimane anchor lagola
che quel si chiede & di quel si ringratia
Chosi fecio con acto & con parola
per aprender dallei qual fu la tela
onde non trasse insino alco la spola

c Conchiude che per le parole di piccarda glifu manifesto che ogni doue idest ogni luogho in cielo e paradiso idest che in ogni cielo o superiore o inferiore e beatitudine. E SI idest beche LA GRATIA del sommo bene didio non pi oue dun modo. Imperoche ne cieli superiori han no maggiore et migliore influentia. Ma laragio ne che benche la gloria non sia simile in tucti: ni entedimeno tucte le uogle sieno piene e/gia dec to di sopra. MA si comegli aduiene: chiarito dun dubbio gli rimase la fame cioe el desiderio di chiarirsi dunaltro: si chome aduiene che un cibo satia et duno altro rimane la gola. i. la cupidita onde si chiede questo che non e/hauuto: et ringratiasi di quello che e hauuto. Questo secondo dubbio del quale uolea esser chiarito era dintendere qual fu la uita sua che essa comincio nella religione: ma non uela fini: et parla per translatione chiamando la uita tela della quale epsa non trasse la spuola insino alcho idest insino al capo cioe insino al fine. Impo che la spuola e quella che conduce el filo della trama diqua in la tanto che la tela sempie.

Perfecta uita & alto merto inciela
donna piu su mi dixe alla cui norma
nel uostro mondo giu si ueste et uela
Perche sinal morir si ueghi o dorma
con quello sposo chogni uoto accepta
che carita con suo uoler conforma
Dal mondo per seguirla giouanetta
fuggimi et del suo habito minchiusi
et promisi la uia della sua secta
Huomini poi al male piu chabene usi
fuor mi rapitten della dolce chiostra
dio lo sisa qual poi mia uita fusi

d. Dichiara piccarda in che modo esuoi uoti fu ron manchi et discriue Sancta chiara et cho me entro nella sua religione: et chome per forza nefu tracta: Et ordina el texto: piccarda mi dixe PERFECTA uita: uirtuosa et insino alfin con ducta. ET ALto merito: quasi excellente. IN ciela piu su: idest collocha in piu alto cielo che non e questo della luna. DONNA: questa e/ sancta Chiara sorella di san Francescho. ALLA Cui norma: alla regola et secondo la regola della quale si ueste et uela: perche la regola sua e che queste suore uestino bigello et stie uelate: et que sto ordine accioche insino alla morte le sue suore o ueghiando o dormendo fussino con Christo el quale e sposo dogni buona uergine: et accepta o gni uoto elquale la carita conforma ad suo piacere DAL MONDO: io piccarda in mia prima giouentu mi fuggi dal mondo idest dalle chose terrene p seguirla. ET INCHIVSIMI: idest entrai nella clausura nel suo habito: et promessi la uita idest feci professione della regola. DELLA sua secta: del suo ordine. HVOMINI poi al male piu chal bene usi: Dimostra che lanimo beatificato e libero da ogni affectione carnale: et non obsta el parentado che non danni e chostumi captiui. QVAL Vita fussi la mia: non uuole lodarsi et apertamente dire della sua honesta uita ma uuole che dio nesia testimonio o ueramente qual uita quasi dicha con quanta mole sta uixi et contra mia uogla fuori del monasterio

Et questo altro splendore che ti si mostra
dalla mia dextra parte e che saccende
di tucto el lume della spera nostra
Cio chio dicho di me di se intende

h Auendo narrato di se piccarda narra dello spirito che glera apresso: Et dichiara essere ghostanza di casa di bauiera laquale e di piu antico sangue che alchuna altra della magna. Et fu da pa renti rapita del monasterio doue era facta mora

sorella fu & chosi lesu tolta
di capo lombra delle sacre uele
Ma poi che pure almondo fu riuolta
contra suo grado & contra buona usanza
non fu dal uel del quore giamai disciolta
Questa e laluce della gran gostanza
che del secondo uento di ioaue
generol terzo & lultima possanza

cha et maritata. Ma nel matrimonio fu costumatissima et piena di tutte leuirtu che influisce i non laluna: et pero dice che lei saccende et risplendei di tucto ellume di quella spera. Questa Gostaza fu figliuola di Ruggieri re di sicilia. Morto ruggieri senza herede occupo el regno Tancredi uno de baroni. Ma perche non obbediua alla chiesa: El uescouo di palermo fe trarre gostanza delmonasterio di palermo doue hauea facta professione Et dettela per mogle ad Arrigo figluolo del primo Federigo imperadore della famigla di sueua Arrigo fu coronato imperadore da Celestino: Et di Gostanza hebbe Federigo secondo: elquale fu elterzo et ultimo imperadore di questa famigla. VENTO. i. gloria mondana laquale diuo Hieronimo p la sua breuita et mutabilita chiama uento.

Chosi parlommi et poi comincio aue
maria cantando et cantando uanio
chome per acqua cupa chosa graue
Lauista mia che tanto laseguio
quanto possibil fu poi che laperse
uolsesi alsegno di maggior disio
Et a beatrice tucta siconuerse
ma quella sfolgoro nel mio sguardo
si che da prima el uiso nol soferse
Et cio mi feci adomandar piu tardo

d Opo le parole gia decte Piccarda si parti cantando: Aue maria perche e/conueniente chosa che quelle che quanto in lero e/stato hanno conseruato la uirginita: rendino continue laude alla Vergine delle uergini. ET CANTAndo uanio: inuanio idest spari non aum tracto. Ma chome adiuiene ede chosa graue messa nellacqua ilchui fondo non si uede quanto piu cala me siuede tanto che si perde inuicto di ueduta: chosi lei allontanandosi ispari. Et per questo dimostra che re uera: nella luna non stanno lanime: Ma chome e/decto considerando lanatura del pianeta uengono lanime caste nella nostra contemplatione. POI CHELLA PRESE: Poi che la anima iusta hebbe perduta lauedute di piccarda. VOLSESI ALSEGNO: idest a Beatrice laquale era mio segno et berzaglo doue addirizano sempre glocchi. Imperoche chome lo ingegno nostro si smarrisce in alchuna sua contemplatione debba subito tornare alla theologia. SI CHE DAPRIMA EL uiso nol soferse. Quanto piu alto cinnalziamo nella contemplatione con la theologia: tanto maggiore splendore delle chose diuine appare in quella: informa che da prima lo intellecto humano abbagla chome locchio a razzi del sole.

CANTO QVARTO DELLA TERTIA CANTICA DI DANHET

i Ntra due cibi distanti et mouenti
dun modo prima si morria di fame
che liberhuom lun si recassi adenti
Si si starebbe unagno tra due brame
di fieri lupi equalmente temendo
si si starebbe un cane intra due dame
Perche sio mi tacea me non riprendo
dalli mie dubii equalmente sospinto
poi chera necessario ne comendo
Io mi tacea ilmio disir dipinto
mera nel uiso el dimandar conello
piu chiaro assai che nel parlar distincto

e Rano nati nella mente due dubbii al poeta: Et erono si pari questi dubii che non sapea donde si cominciare. Ma Beatrice che sanza suo parlare senatcorse gli souenne. Et pero i questo principio usa comperationi conuenienti dicendo che sello appetito duno huomo fussi equalmente a due diuersi cibi: et hauessi liberta di prendere qual gli paresse non si mouerebbe mai piu allu no che allaltro. Similmente uno agnello elquale posto tra due lupi pari mente gli temessi: non si mouorebbe piu in qua che in la. Et similmente se un cane fusse in mezo di due danii et equalmente gli disiderassi non seguiterebbe piu questo che quello. INTRA DVE cibi distanti: idest lontani. ET MOVENTI: lappetito. DVn modo: idest equalmente cioe che non fussi piu presso lun chellaltro. CHE LIBERO HVOMO: cioe che fussi in sua liberta deleggiere et pigliare quale gli paresse. SI SI starebbe: idest chosi et similmente si starebbe: ha posto la similitudine nello appetire hora la pone del fuggire et dice: che uno agno idest agnello elquale imezo di due lupi chosi temessi luno chome laltro: si starebbe fra due brame di fieri lupi: idest tra due bramosi et fieri lupi. Bramare in lingua fiorentina significa sommamente appetire. TRA DVE dame: Dama in latino e/una fiera non molto dissimile dal cauriuolo, et noi li chiamiamo danii. Perchio: ordina chosi. Perchio .i. ilperche cioe perle ragioni sopra decte: io ne mi riprendo perche chome huomo mosso dal senso merito qualche scusa. Ne MI CONMendo: perche benche lappetito equalmente sospinto da miei dubii: mi mouessi del pari: nientedimeno la ragione douea considerare qual fussi di piu importanza et quello preporre. POICHe era necessario mancando del libero arbitrio dello eleggiere. IO MI TAcea: ma el mio disire: idest lamia uogla: et el domandare insieme mera dipinto nel uiso: Nella faccia dellhuomo apparisciono uarii segni secondo uarii affecti della mente.

Fessi beatrice qual fe daniello
Nabcho donosor leuando dira
che lhauea facto iniustamente fello
Et dixe io ueggio ben chome titira
uno & altro disir si chettia cura
se stessa lega si che fuor non spira
Tu argomenti sel buon uoler dura
lauiolenza altrui per qual cagione
di meritar mi scema la misura
Anchora a dubitare tida cagione
parer tornarsi lanime alle stelle
secondo la sententia di Platone
Queste son le quistion che nel tuo uelle
pontono equal mente & pero pria
tractero quella chepiu ha di felle

u Eduto Beatrice leuogle di Danthe lacqueto soluendo esuoi dubbii: chome soluette Daniel propheta edubii suoi a nabuch donasor diuentato fello contro a saui di babillonia. La historia e prolixa: Ma in brieue Nabuch donosor re uide horribil sogno elquale gli fuggi della mente. Ilperche conuocho tucti esaui di babillonia. Et comando che gli dicessino el sogno et la interpretaatione di quello: Erono parati esaui a interpretare el sogno Ma scusauonsi di non lo sapere. Adirossi el re: et comando ad Arioch principe della militia che gli facesse uccidere. Daniel intesa lira del re riferi ad Anania Misael et Azaria suoi compagni Et posti i oratione per la salute de saui hebbe Daniel inuisione la reuelation del sogno: et lainterpretation Et disubito la referi al re Ilperche ne segui laliberatione di tucti. Non narro el sogno perche lo narramo nello inferno: Doue Danthe fa la descriptione della statua facta di diuersi metalli colpie di terra cocta. TV ARGOMENTI: Loprimo tuo dubbio e/se una monacha chome fu Piccarda fu sempre di buona uolonta distare nella religione: ne mai si muto chome pote la uiolentia che gli fu facta da altri: quando per forza fu chauata di clausura: scemare emeriti suoi: et fare che non meritassi quanto harebbe meritato stando in clausura. ANCHORA adubitare: El secondo dubbio e/che ueduto Danthe questi spiriti nel globo lunare quasi sindinaua in oppenione: che lanime deglhuomeni uscendo de corpi tornassino alle stelle compari a se secondo loppinione di Platooe.

De seraphin colui che piu sindia
Moyses samuel & quel giouanni
qual prender uuogli io dico non maria
Non hanno in altro cielo eloro scanni
che quegli spirti che mo tappariro
ne hanno allesser loro piu o meno anni
Ma tucti fanno bello el primo giro
& differentemente han dolce uita
per sentir piu & meno lo dolce spiro
Qui si mostraro non perche sortita
sia questa spera loro ma per far segno
della celestial cha men salita

d Imostro Beatrice intendere esuoi duoi dubii benche lui tacessi : et hora per soluergli si comincio dallultimo perche chome dixe pocho auanti : ha piu fiele cioe e/piu pernitioso alla nostra salute perche ha in se maggiore heresia : Et dice che tucti gli spiriti beati sono nel primo cielo chosi quegli che hanno meritato meno chome sieno eseraphini o propheti o glappostoli : et inquel lo hanno dolce uita benche differente. Sono adunque nel suppremo cielo ma mostronsi qui per la ragione che habbiamo decto. DE SERAFHIN ordina colui de seraphyni idest de serapyni piu : SINDIA : idest piu e participe didio : Seraphi dellordine de glangeli et delle hierarchie diecemo nelluogho elquale piu lo richiede che questo. MOISES : Di costui narramo nella prima cantica doue el poeta narra parte di quegli che furono tracti dellimbo dicendo : moyse intende : Ma intende tucti epatriarci. SAMVEL et quel Giouanni qual prender uuogli : quasi dica o uuoi el baptista o uuoi el uangelista. NON MARIA : perche quella e non solo sopra tucti glispiriti humani : ma anchora sopra atucti glangeli. Tucti questi equali tengono el suppremo luogho nella etherna uita non habitano ialtro cielo che questi spiriti equali ti sono appariti nella spera lunare. NE HANNO Allesser loro piu o meno anni : perche tucti sono etherni. TVCTI FANNO bello el primo giro : tucti habitono el primo cielo elquale perche e/sperico chiama giro : Adunque nelluogho ne nella ethernita loro e/differentia ma nella beatitudine. Della quale benche ciaschuno sia pieno quanto ne cape : et po ciaschuno ha dolce uita, Ne puo piu desiderare perche si truoua pieno : nientedimeno chi ha piu merito e di piu capacita : et pero sentono et participano piu del dolce spiro : i. della beatitudine che e/lamore et lagratia laquale idio spira ne beati, Sono lanime simili a uasi di uarie quantita ; ma tucti pieni. Vna tazza et un grande bocchale quando son pieni benche tenga piu el bocchale : nientedimeno essendo piena la tazza e/ senza scemo chome el boccale : chosi essendo ogni anima piena di gloria : non e meno piena quella che meno ne cape che quella che ne cape piu. Rectamente adunque Tommaso aquinate. Et hebbe in questo mirabile ingegno el poeta, Imperoche per ornare el suo poema : et per dimostrare quello che posson leinfluentie de cieli finge che egradi de beati in uita etherna sieno distincti per uarie spere de cieli. Ma perche questo non e/secondo la religione christiana : pero in questo luogho dichiara se medesimo che parla per figura accio longegno humano possa meglo intendere le chose diuine. Ilche acciochе non paia inconueniente seguita dicendo.

Chosi parlar conuiensi a uostro ingegno
pero che solo dasensato apprende
cio che fa poscia dintellecto degno
Per questo la scriptura condiscende
ad nostra facultate & piedi & mano
attribuisce adio & altro intende
Et sancta chiesa con aspecto humano
gabriel et michel uirappresenta
et laltro che tobia risfece sano
Quel che timeo dellanime argomenta
non e simile accio che qui si uede
pero che chome dice par che senta
Dice che lalma alla sua stella riede
credendo quella quindi esser decisa
quando natura per forma la chiede

n On merita adunque riprensione el poeta se socto finctione che lanime habitano diuersi cieli intende altrimenti perche e/necessario allo ingegno humano perchose piu materiali et piu corporee dare a intendere le chose incorporee. Imperoche lo ingegno nostro non apprende se non dal sensato. Dice Aristotele : Nihil est in intellectu nisi prius fuerit in sensu : Adunque dal senso doue sono eparticulari distincti per hic : et nunc apprende lo intellecto et fagli uniuersali. Dellamicitia che conosce el senso di ciscerone in lelio prende lo intellecto una chosa uniuersale della quale ogniuno che participa e/amico. Adunque pose questi spiriti nel primo cielo : acciochе intendessimo che fussino nel minor grado di beatitudine. PER Questo la scriptura sancta condescende : Qui lascia el parlare diuino et alto : et pigla el materiale et corporeo per adaptarsi con la facu'ta nostra : et attribuisce piedi et mano. Ilche non e/ in dio perche non ha corpo ma itende altro. Imperoche per piedi intende lauolonta : et perle mani lopera et la potentia. Et similmente disegnne chome huomini corporei : questi tre angeli et loro sono incorporei : perche el senso nostro altrimenti non gli puo comprendere. Gabriel dellordine de seraphyni. Michael dellordine degli archangioli. Raphael uenne al figiuolo di tobia quando glinsegno sanare el padre accecato dallo sterco della rondine. Dicono che Tobia della ſchiatta di neptalim huomo iuſto era in ninive: et per amore didio era molto liberale inuerſo epo ueri: et dormẽdo un giorno roueſcio gli cadde dal nido delle rondine ſtercho elquale lacceco. Onde conſumato el patrimonio era neceſſario che Anna ſua mogle lo nutriſſi col teſſere: Queſta chome e/natura delle donne tucto di gli rimprouerava che era ſtato troppo liberale a biſognoſi. Adunque idio che non abbandona ebuoni gli meſſe in animo che mandaſſe el figluolo: elquale anchora lui era chiamato Tobia in rages cipta di media a un ſuo parente nominato Gabello. Coſtui era ſuo debitore di certa quantita. Tobia nonui ſapea andare ma ando in piaza a intendere ſe alchuno haueſſ afare quel uiaggio per andare ſeco. Ilperche raphael aſſumpto corpo humano ſeglofferſe per compagno fingendo hauere ãdare nel medeſimo luogo: Meſſonſi in camino et arriuati al fiume Tigri: un peſce uenne a Tobia lauandoſi lui epiedi. Preſelo per comandamento dellangelo: et ſparollo ſerbandone elquore et elfiele: et el reſto iſalo per hauere diche cibarſi in camino. Vennono in Rages doue era Raguel cugino del padre: hauea Raguel una figluola chiamata Sarra. Queſta hauea gia hauuti ſepte mariti: ma tucti gli ſtrãgolaua la prima nocte innanzi che conſumaſſeno el matrimonio uno demonio chiamato Aſmodeo. Queſta preſe pmo gle Tobia: et col chuore del peſce arſo inſulla bracie caccio el demonio: hebbe in dota lameta delle ſubſtantie di Raguel: et riſcoſſa la pecunia da gabello: et con la mogle torno al padre: et col fiele del peſce libero el padre dalla cecita. QVEL CHE Timeo: Nel primo libro de noſtri dialogi de anima: habbiamo poſto el diſcendimento dellanima nel corpo ſecondo eplatonici: equali credettono che eſſe fuſſin create tucte a un tempo: et dipoi di tempo in tempo diſcendino ne corpi con la doctrina di tucte le choſe ma inmerſe nella tenebroſa materia del corpo le dimentichino.

Et forſe ſua ſententia e daltra guiſa
che la uoce non ſuona & eſſer puote
con intention da non eſſer deriſa
Seglintende tornare a queſte ruote
lhonor dellinfluentia el biaſmo forſe
in alchun uero ſuo archo perchuote
Queſto principio male inteſo torſe
gia tuctol mondo ſi che quaſi Ioue
mercurio & marte ad nominar traſcorſe

n On afferma queſto Danthe: Ma dice che potrebbe eſſere che la opinione di Platone non e/choſi chome ſuonano le parole: Ma intẽde non che lanima ritorni alle ſtelle: Ma dinota che alle ſtelle ſattribuiſca la influentia la quale inclina o alla uirtu o al uitio donde uiene o honore o biaſimo: benche a tale inclinatione et per noſtro libero arbitrio et per diuina gratia laquale ſi da a chi debitamente la chiede ſi puo reſiſtere. Quia ſapiens dominabitur aſtris. Et ſe queſta e ſua opinione: non merita deſſer deriſa. i. ſchernita chome falſa perche larcho ſuo perchuote ĩ alchun uero. i. ſua intentione ſi diriza in alchun uero. QVESTO principio: elquale Platone pone che ogni anima ritorni alla ſtella dalla quale ſi parti. MALE inteſo: perche inteſono ſecondo le parole et non ſecondo el ſenſo che diſopra habbiamo decto. TORSE: rimoſſe dalla uera uia dadorare uno idio. QVASI tucto el mondo: perche dal popolo didio infuori: tucte le genti per idolatria adorauon le ſtelle o Ioue o Merchurio: o Marte: o altra ſtella.

Laltra dubitation che ti conmuoue
admen ueleno pero che ſua malitia
non ti porria menare da me altroue
Parere in uiſta la noſtra iuſtitia
negliocchi de mortali e argomento
di fede et non dheretica nequitia
Ma perche puoſe uoſtro accorgimento
ben penetrare a queſta ueritade
chome diſidri ti faro contento

f V queſto el primo dubio di Danthe elquale Beatrice: per la ragione gia decta nel riſpondere fece ultimo: Era el dubio: Sel buono uolere dura nõ puo la forza factagli da altri diminuire el ſuo merito: concio ſia che la uolonta noſtra e/quella che merita et demerita. Ma Piccarda: et Goſtanza durorono nella buona uolonta di ſtare nella clauſura. Adunque non douea la uiolentia di quegli che per forza lene cauorono: diminuire emeriti loro pe quali ſe non fuſſino uſcite di clauſura ſaliuano a piu alto cielo. Onde ſeguita. LALTRA dubitatione che ti conuiene. AD mẽ ueleno: perche non ti fa heretico elquale ueleno uccide lanima et rimuouela dalla fede laquale tiene la ſancta theologia. Ma queſto non e dubio che lo poſſi rimuouere da Beatrice cioe dalla noſtra fede. Imperoche dubitando che non ſia giuſta choſa queſto che tiene la noſtra fede: afferma la fede eſſere. Adũque queſto dubio e/argomento. i. dimoſtratione di fede

Se uiolentia e quando que che patiente conferiſce a que che ſforza
non for queſte alme per eſſo ſcuſate
Che uolonta ſe non uuol non ſammorza

e Ra largomento di Danthe che ſel buono uoler dura: la uiolentia factagli non debba diminuire el merito. A queſto riſpondendo Beatrice diuide la uolonta in due ſpetie: abſoluta: et reſpectiua Abſoluta uolonta e/quella che hauendo

ma fa chome natura face in focho
ſe mille uolte uiolenza elſforza
Perche ſella ſi piega aſſai o pocho
ſegue laforza & coſi queſte fero
potendo ritornare nel ſancto loco
Se fuſſi ſtato lor uolere intero
chome tenne lorenzo inſulla grada
& fece mutio alla ſua man ſeuero
Choſi lhauria ripinte per la ſtrada
onderan tracte chome furon ſciolte
ma choſi ſalda uogla e troppo rada
Et per queſte parole ſe ricolte
lhai chome dei e largomento caſſo
che charia facto noia anchor piu uolte

una uo'ta uo'uto elbene ſempre lo uuole : Verbi
gratia: Laurentio martyre uolle ſtar fermo nella
fede chriſtiana. Adunque benche fuſſi arroſtito ĩ
ſulla graticola ſempre uolle quel medeſimo non
obſtante la pena grande del fuocho che patiua.
Et quando queſta uolonta e/ nella anima noſtra
neſſuna uiolentia cipuo ſcemare el merito: Ma
piu toſto celo accreſce: laltra ſpetie di uolonta e
chiamata reſpectiua: et queſta uuole o elmaggior
bene o el minor male. Adunque ſe uiolentia e/
quando colui che pate ideſt patiſce et e/ſſorzato
niente conferiſce: ideſt non inclina in alchuna p
te la uolonta a quel che ſſorza. Ilperche Piccarda
et Goſtanza non ſono ſcuſate altucto perche non
fu tal uiolentia che poteſſe prohibirle. Et porcuo
no poi che ne furono c uate ritornarui. Ne pote
uono eſſere ſſorzate al matrimonio contro allor
uolonta: Et la uolonta nonſi ammorza ideſt non
ſi ſpegne ſe non uuole. Ne e/ſupplicio alchuno
ſi aſpro che ci poſſa ſtrignere auolere ſe non uogliamo uolere. Ma chome la natura del fuocho in epſo
fuocho non ſi torce per ſe: Et ſe per forza e torta: ſubito che la uiolentia ceſſa ritorna in alto. pErche
ſella ſi piega aſſai o pocho ſegue la forza. ogni uolta che la uolonta ſi piega alla uiolentia o aſſai o pocho
epſa ſeguita la uiolentia: et non ſi puo dire abſolutamente che ſia contro a ſua uogla: Et choſi queſte fe
rono. Se FVSSI ſtato: benche eſſe di loro ſpontanea uolonta piu toſto haueſſino electo la religione
chel matrimonio: Nientedimeno la forza de parenti in parte le ſuolſe: et non ſtecton in fermo propo
ſito chome: o Lorenzo: o Mutio nel quale ſe fuſſino ſtate non ſarebbe diminuito el merito loro. ma ha
rebbono piu toſto electo la morte che conſentito al matrimonio. Lorenzo nel dugento cinquanta cĩque
fu martirizato ſotto decio ĩperadore: elquale uolea che gli manifeſtaſſi le pecunie di Sixto ſommo pon
tefice: et piu toſto uollle morire con lieto et grandiſſimo animo ſopportando molti martyri: che mani
feſtare e theſori. MVTIO. Nel tempo che Porſena re di chiuſi hauea aſſediato Roma. C. Mutio no
bile giouane impetro la licentia dal ſenato andò nel campo de nimici con fermo propoſito o di morire
o duccidere el re: Ma hebbe inuidia la fortuna a ſi alta impreſa. Trouo adunque el magnanimo giouane
el re inſieme col ſuo cancellieri in pari habito et ueſtito: Et uccise el cancellieri credendo uccidere el re
et preſo confeſſo lerrore inſieme et el ſuo propoſito Dipoi uolto alla dextra ſua dilibero punirla dello
errore: et inſul fuocho quiui parato per ſacrificare lardeua: Obſtupi Porſena di tanta excellẽtia danimo
et perdonogli. Ma Mutio per piu ſbigottirlo gli dixe: che trecento giouani haueano congiurato uenire
aduno aduno per ucciderlo. Coſtui fu dipoi decto ſceuola ideſt ſine uola cioe ſenza palma perche nel fu
ocho hauea arſo la palma della mano. Se adunque fuſſino ſtate con ferma uolonta poi che furono rapi
te del monaſterio: ogni uolta che haueſſino hauuto occaſione ſiſarebbono fuggite da parenti: et ritorna
te al monaſterio. MA CHOSI ſalda uogla e/ troppa rada: Quaſi dicha che idio hebbe conpaſſione con
ſiderato la noſtra fragilita: Imperoche eleggiere di ſua uolonta el bene et ſeguitarlo inſino che non uẽ
ga La uiolẽtia e/coſa angelicha et rara tra glhuomini; Ma credere alla uiolentia nelle coſe lequali bẽche
non habbino tanto merito: nientedimeno ſono concedute dalla chieſa e/choſa humana.

Ma hora tiſattrauerſa unaltro paſſo
dinanzi aglocchi tal che per te ſteſſo
non eſcireſti pria ſareſti laſſo
Io tho per certo nella mente meſſo
chalma beata non puo mai mentire
pero che ſempre halprimo uero appreſſo
Et poi poteſti di Piccarda udire
che laffection del uel goſtanza tenne
ſi chella par qui meco contradire
Speſſe fiate gia frate adiuenne
che per fuggir periglo contro agrato
ſiſe di quel che far non ſi conuiene
Chome alc meon che dicio pregato

h Auea Beatrice dimoſtro a Danthe: che ani
ma beata non puo mentire Et piccarda ha
uea dimoſtro che Goſtanza tenne ſempre laffecti
on del monachato. et lei ha dimoſtro dirlo: et du
e contrarii non poſſono eſſer ueri. Adũque pare
che una di queſte due beate anime dica el falſo.
MA HORA TISATTRAVERſa: ſoppone
ate. VNALTRO paſſo: unaltra quiſtione dub
bioſa. ALMA BEATA NON PVO MENti
re: et pone la ragione perche ha ſempre appreſſo
diſe el primo uero cioe iddio elquale e ſomma ue
rita. Et poi poteſti udire da piccarda che Goſtan
za ritenne ſempre laffectione del uelo cioe la uo
lonta dello ſtato monacile. Ilche ſi dinota pel ue
lo: et queſta e contraria ſententia alla mia che
dixi diſopra che ſe haueſſi ritenuta i ſe tale affec

dal padre ſuo lapropria madr . ſpenſe
per non perder pieta ſiſe ſpietato

tione lei ſarebbe ritornata al monaſtcrio . SPESSE fiate: ha poſto el dubbio hora innanzi che labſolua premecte una ſententia pet laquale afferma che ſpeſſo per fuggire quello che non uoglian facciamo quello che non uoglamo. Dice adunque che ſpeſſo interuiene che lhuomo ſpeſſo CONTRO A ſuo grato. id eſt contro a quello che gli ſarebbe grato per fuggire alchuno pericolo: fa quello che non ſi conuiene benche naturalmente ſia contro a ſua uogla. Et pone lexemplo dalcmeone: elquale uccíſe la madre non per odio o perche non lamaſſi: Ma per uendicare lamorte del padre et coſi per non perder pieta inuerſo del padre et diuanto bēche mai uoleſti eſſer ſpietato contro alla madre. amphierao augure et induuino preuide che ſe andaua a thebe con Adraſto in aiuto di pollynice uiſarebbe morto. Ilperche ſi naſcoſe per non eſſere ſtorzato andarui: Ne era chi lo ſapeſſi ſe non Eryphile. Queſta da principio nō uolea inſegnare: Ma di poi eſſendogli offerto da pollynice la collana della mogle facta da uulcano: uincta da auaritia lonſegno. Ne fu ingannato da ſuoi augurii Amphyerao: Ma giunto a thebe nel primo ſcontro di lancia fu col carro et cō cauagli inghiottito dalla terra: Ilperche alcmeone ſuo figluolo in uendecta del padre uccíſe la madre. Fu Amphyerao ſecondo Homero figluolo doiclo: et fugli dedicato un tempio nelluogho doue la terra longhiotti. Secondo Plinio fu inuentore delligniſpica . i. di quella parte dinduiuinatione che ſi fa col fuocho.

Aqueſto punto uoglo che tu perſe
che la forzal uoler ſi miſchia & fanno
ſi che ſchuſar non ſi poſſon loffenſe
Vogla abſoluta non conſente el danno
ma conſentiui in tanto quanto teme
ſe ſi ritra cadere in piu affanno
Pero quando Piccarda queſti ſpreme
della uogla abſoluta intende & io
dellaltra ſi chel uer diciamo inſieme
Cotal fu londeggiare del ſancto rio
choſtui del fonte ondogni uero deriua
tal poſe in pace un ealtro diſio

a Bſolue el dubio ponendo tale diſtinctione Due ſono le ſpetie della uolunta: abſoluta reſpectiua. Labſoluta non puo uolere el male. La reſpectiua uuole el minor male p ſuggire el maggiore. Ma ſpeſſo ſingarna lhuomo nel diſcernere et giudicare parendogli minore male quello che e maggiore. Ilperche piccarda di uolonta abſoluta uolle et eleſſe la uita uirginile: Ma parendogli maggiore male la morte: che laſciare tal uita con uolonta reſpectiua eleſſe el matrimonio. pla qual coſa quando Goſtanza afferma hauere uoluto la uita monacile piu toſto chel matrimonio intende della uolonta abſoluta. Ma quando Beatrice dice che non uolle intende della uolonta reſpectiua. Similmente quando diciamo che alcmeone uolle uccidere Eripyle intendiamo della uolonta reſpectiua: perche examinato eſſer male uccidere la madre: Et male non uendicare el padre giudicho benche falſamente eſſer men male uccidere quella che non uendicare Amphierao: et fu laſua uolonta nel matricidio non abſoluta ma reſpectiua.

O amanza del primo amante o diua
dixio appreſſo elcui parlar mi monda
& ſcalda ſi che piu & piu mauiua
Non e laffection mia ſi profonda
che baſti are der uoi gratia per gratia
ma que che uede & puote accio riſponda
Io ueggio ben che giamai non ſi ſatia
noſtrontellecto ſel uer non lo illuſtra
difuor dal quale neſſun uero ſi ſpatia
Poſaſi in eſſo chome fiera in luſtra
toſto che giunto eſſo giugner pollo:
ſe non ciaſchun diſio laurebbe fruſtra.
Naſce per quello a guiſa di rampollo
appie del uero el dubbio & e natura
chal ſommo pinge noi di collo in collo

r Ingratia Beatrice laquale eſſēdo la ſacra theologia e/la diuina ſapientia. Onde optimamente ia chiama amanza del primo amante id eſt didio elquale e/primo amore chome in piu proprio luogho dimoſterremo. O DIVA: o dea pche la diuinita e/ potentia: ſapientia: amore: et e diua perche ci fa diuini. APPRESSO ALQuale il chui parlare mi monda: il chui parlare id eſt el parlare della quale mi monda appreſſo didio Impero che ſola la ſapientia e/ quella che ci togle la ignorātia laquale e/radice dogni uitio. ET ſcalda: id eſt mincende et fammi uiuo nel ſeraphyco amore. NON E/LAFFECTIONE: ſcuſaſi che la ſua affectione inuerſo di lei non puo eſſere ſi profonda che poſſi corriſpondere alla ſua inuerſo di lui gratia per gratia: cioe amore per amore MA QVE CHE VEDE et puote accio riſponda: Et queſto e/iddio elquale perche uede id eſt conoſce che choſa ſia ſapientia lama: et perche puo quanto uuole lama quāto uuole et uuole quāto puo. IO VEGGIO: quaſi dica tu mai aperti gliocchi informa che io conoſco apertamente chel noſtro intellecto non ſi ſatia: et non ſacquieſce mai: perche choſi ſacia la uerita lontellecto: chome ecibi satiano el corpo . Non si satia adunque se non lo illustra idest illumina quel uero difuori dal quale nessun uero si spatia: et questo e/iddio elquale cho ne lui medesimo dice e/uia uerita et uita: et e/imodo uero che fuor di lui non si spatia et distende alcbun uero. POSASI IN ESSO CHOME FIEra illustra: Lustrum in latina lingua significa la tana delle fiere. Adunque chome la fiera si posa dentro alla sua tana: et niente altro desidera: chosi lo intellecto nostro arriuato a dio si posa quiui ne piu auati desidera. ET GIVGNER POLLO: quasi dica ne e/ da dio che lhuomo non possi arriuare a questo uero. Imperoche lanatura in uano ciarebbe dato tale cupidita. Et chome dice lo aquinate nellibro suo contra gentiles: Lultima et somma felicita dellhuomo consiste in contemplare idio. NASCE per quello: lhuomo perche da natura ha desiderato di trouare el uero ua inuestigando con la sua raciocinatione: et discorso: et in tale discorso spesso surgono uarii dubii doue pensiamo quale di molte ragioni uerisimili che ciochorgono alla mente sia lauerita: et tali dubi sono chome rampolli equali nascono appie dellalbero. ET E/NATVRA: cioe chosa naturale nellhuomo laquale lo pigne al sommo della uerita da uno uero gia trouato a uno altro: chome lhuomo di colle in colle sale alla somma altezza et giogo del monte.

Questo minuita questo massicura
con riuerentia donna adomandarui:
dunaltra uerita che me obscura:
Io uo saper se lhuom puo satisfarui:
a uoti manchi si con altri beni:
challa uostra statera non sien parui
Beatrice mi guardo con glocchi pieni
di fauille damor con si diuine
che uinta mia uirtu diede le reni
Et quasi me perdei con glocchi chini

q VESTO MIN VITA: Quasi dica non ardirei domandarui se non uedessi che el desiderio del sapere e/ naturale: Et le chose instituite dalla natura idest da dio non debbono essere dinegate. Adunque mi pare lecito domandarui: ma con riuerentia di quello diche ho dubbio Et admonisce che nessuna arrogantia o impudentia: Ma somma ueneratione dobbiamo usare in domandare epiu docti dinoi. IO VO SApere: el dubbio e/ se hauendo Gostanza et piccarda facto uoto di religione: et poi rtoptolo con altri beni equiualenti a quello: si puo satisfare in forma che alla diuina stadera quegli sieno pari: Et finalmente domanda de uoti in genere. BEATRICE MI GVARDO: tucto questo significa che glalti intellecti di theologia quando ci uegono alla mente cinfiammono duno ismisurato amore: et sono si diuini che lo intellecto nostro uisi perde: chome fanno glocchi in troppa luce.

CANTO QVINTO DELLA TERTIA CANTICA DI DANTHE

S Io ti fiameggio nel caldo damore
dila dal mondo chen terra si uede
si che de gliocchi tuoi uincol ualore
Nonti marauiglare che cio procede
da perfecto ueder: che chome apprende
chosi nel bene appresso muouel piede.
Io ueggio bene si chome gia risplende
nellontellecto tuo lheterna luce
che ui sta sola & sempre amore accende
Et saltra chosa uostro amor seduce
non e se non di quella alchun uestigio
mal conosciuto: che quiui traluce
Tu uuo sapere se con altro seruigio
per uoto manco si puo render tanto
che lanima si curi da letigio
Si comincio beatrice questo canto
& si chomhom che suo parlar non speza
continuo chosil processo sancto

C Ontiene questo quinto canto la risposta che fa Beatrice: se eluoto mancho per altri beni si puo ristorare: et conchiude chome uedrai Dipoi narra chome dal primo cielo della luna salirono al secondo di Mercurio. In questi primi uersi parla Beatrice dicendo: non ti marauiglare se io ti fiameggio idest se io sono piu splẽdente nel caldo damore dila dal mondo cheterra siuede cioe piu che nonti fiameggiono nel mondo cioe ĩquella parte del mondo elquale e/in terra: Mondo in lingua latina significa tucto luniuerso idest ecieli con tucti glielemẽti. Elquale egreci dicono cosmos La sententia e/nonti marauigiare se io ti fiammo piu hora che se ĩcielo idest che se eleuato alla speculation delle chose diuine chome huomo celeste et colle uirtu dellanimo gia purgato: che io non faceuo quando eri in terra: idest quando seguiui piu el senso litterale: et non poteui anchora agiugnere a glialtri sensi allegorici equali ti posson molto piu infiammare che quegli. Imperoche essẽdo lamore niente altro che desiderio di bellezza quanto elensi allegorici sono piu begli che emorali tanto con maggiore amore ci muouono et dilectano.

Nonti marauiglare adunque che io ti paia piu lucente: perche questo interuiene: perche tu uedi meglo che prima. Et inuero lontellecto nostro quanto piu sallontana dalla cogitatione delle chose terreni: tãto piu diuenta lucido et piu comprende le chose celeste: et quanto piu apprende tãto piu muoue el pie idest laffectione a conseguirlo. Onde Augustino dixe. Accedendo enim ad deum illuminatur ignorãtia et corroboratur infirmitas data sibi intelligentia qua uident et caritate qua seruiunt. IO VEGGIO Dimostra ache proposito ha decto la sententia disopra: che e/perche uede gia tanto eleuato: che la luce diuina risplende in lui piu che lusato. Imperoche chome un metallo quanto piu si fa riforbito et terso tanto piu riluce arazzi del sole: chosi lontellecto nostro quãto piu alto si puo eleuare per esser piu mondo dalla contagione delle chose terrene piu risplende in lui la diuina luce: laquale quanto piu cresce in noi tanto maggiore amore ci accende di conseguirla: perche nostro amore nonsi extende se non al bene et al uero: Et se amiamo cosa ne buona ne uera e/perche cinganna et parci uera et buona: benche non sia: Onde seguita. ET SALTRA chosa uostro amore seduce: Nexuna altra chosa e amata dallhuomo se non el uero elbene. Et se alchuna uolta amiamo quello che non e/ne uero ne bene e/ perche quella chosa ci seduce idest inganna et dimostrasi buona et uera et e/captiua et falsa. Adunque noi lamiamo credendo che sia buona: perche uiuediamo tralucere alchun uestigio et segno di bene mal conosciuto da noi perche crediamo quello che non e. TV VVOI SAPERE: quasi dica eldubio tuo e/ se lhuomo hauendo facto un uoto et poi non loobseruato lui possa con altro seruigio: et altro bene o digiuni: o orationi: o elimosine rendere tanto in cambio del uoto manco che quella cosa liberi lanima dallitigio idest dal iudicio didio doue habbiamo allitigare. VOTO e/obligatione della uolonta nostra libera: facta con promessione adio intorno edalchuna chosa da dio. Cercasi adunque se tale obligatione si puo annullare poi che e/facto: et rispondesi che no: pero che questo e. sacrificio chesi rende a dio et gia e/ acceptato da dio. Ilperche non si puo rompere: ne satisfare con altra chosa: concio sia che nessuna chosa e/ di tanta dignita quãto ellibero arbitrio della nostra uolonta. Ma al uero uoto bisogna che chi fa el uoto si possa obligare. Onde ladonna et el seruo perche sono in potesta daltri. Preterea perche uoto e/obligatione dalchuno bene facta a dio con diliberatione: pero dice Isidero. In malis promissis scinde fidẽ et in turpi uoto muta decretum et quod incaute nouisti non facias: Et impia est promissio que scelere adimpletur. Et laqui ate diuide dicendo che alchune chose sono che sempre riescono bene chome le opere uirtuose. Alchune alcontrario chome le chose contrarie: et queste non uengono nel uoto. Alchune sono di sua natura buone. Ma alchuna uolta hanno tristo fine: Et tali et si facti uoti non si debono obseruare.

Lo maggior dono che dio per sua largheza
fesse creando & alla sua bontate

O Rdina el texto 'aliberta della uolonta: idest el libero arbitrio fu el maggior dono che iddio per sua largheza et liberalita facessi: quando creo

piu conformato & quel che piu adpreza
Fu della uolonta la libertate
diche le creature intelligenti
& tucte & sole & sono et fur dotate
Hor ti parra se tu quinci argomenti
lalto ualor del uoto se e si facto
che dio consenta quando tu consenti
Che nel fermar tra dio & lhuomo elpacto
uictima fassi di questo thesoro
tal quale io dicho et fassi col suo acto
Dunque che render puossi per ristoro
se credi bene usare quel che hai offerto
di mal tollecto uuoi far buon lauoro

le chose et fu el piu conforme alla sua bonitate. Et nessuna chosa e/ che lui piu apreza. DICHE tucte le creature intelligenti: Dette idio ellibero arbitrio non a tucte le creature: Ma agli intelligenti che sono langelo et lhuomo: et daprincipio fu data equalmente: hora e/ disequale perche nellangelo e/ confermata et non puo piu peccare: conciosia che tucti quegli che dopo laruina di lucifero restorono innocenti sieno stati confermati in gratia. Tre chose dice dellibero arbitrio: primo che e/ maggior dono che idio habbi dato: secondo che e piu conforme alla sua bonita: terzo che piu lostima. Elprimo si dimostra perche ellibero arbitrio presuppone ragione et uolonta. Impoche alla ragione sta larbitrare; et fare discorso diquello che e da uolere o no. Alla uolonta sta eluolere et pertanto si dice libero: Et per queste due chose siamo facti ad imagine et similitudine didio: Et presupponsi anchora lamemoria. Imperoche s̃za quella non potrebbe fare alchuna opera: ne laragione ne la uolonta: ne arbitrare: lequali tre chose iddio ha dacte solamente allangelo et allhuomo: et per queste tiappressiamo piu a dio che laltre creature. Adunque sono lemaggiori: et tucte tre sono nella liberta dellarbitrio elquale e/ radicalmente et causalmente nella ragione et formalmente et essentialmente nella uolonta. E/CONFORME alla bonita: Imperoche noi per quello possiamo saluarci. Appreza piu questo perche e elmaggiore che gli possa fare lhuomo. HOR TIPARRA SE tu quinci argomenti: Lalto ualor: Conchiude chosi hora hauẽdo dimostro elgrã dono che e/ ellibero arbitrio: se tu argomenti diquinci cioe da questa ragion ti parra cioe tisi manifestera lalto ualore del uoto. Impero che sel maggior dono che habbi facto idio allhuomo e/ la uolonta libera: et lhuomo nel uoto lobliga adio: seguita che globliga la maggiore chosa che lui habbia: con questo chel uoto sia di qualita che dio laccepti quando tu lofai: pero che idio non accepta el uoto facto non rectamente. Et seguita che nel fermare el pacto tra dio et lhuomo cioe nel fare el uoto: tu fai uictima idest sacrifitio di questo thesoro elquale e/ tale idest si grande quale io decto: peroche tu offeri a dio latua libera uolonta. Imperoche essa e quella che sobliga con la promessione. DVNQVE: Conchiude che chi rompe el uoto non puo dare ristoro sofficiente. Et certo che sella libera uolonta e elmaggiore dono che possiamo fare adio: toltogli quello non possiamo in quello scãbio dargli chosa equiualẽte. Et soggugne che in nessun modo tu creda bene usare idest iustamẽte conuertire in tuo uso quello che gia tu hai offerto adio. Impero che questo e chome se tu credessi far buon lauoro. i. buona opera dimal tolletto cioe di cosa male acquistata.

Tu se homai del maggior puncto certo
ma perche sancta chiesa in cio dispensa
che par contro al douer chio to scoperto
Conuienti anchora un po sedere ad mensa
pero chel cibo rigido hai preso
richiede anchora aiuto a sua dispensa
Apri lamente a quel chio ti paleso
et fermal uentro che non fa scientia
sanza lo ritener hauere inteso

h Auea dichiarato che al uoto ropto nõsi puo dare ristoro conueniente. Hora ueggendo che la chiesa spesso dispensa euoti potrebbe credere alchuno che quello che ha decto Beatrice sia falso: oueramente contro adouere sifaccia tal dispensa. Ilperche admonisce el poeta che aspecti questa dichiaratione et parla per translatione appellando questa ragion che stata decta dallei disopra cibo p lamente si pasce della doctrina: chome elcorpo de cibi corporali: et chiamalo rigido quasi cibo duro asmaltire: et pero ha bisogno daiuto. Et admoniscelo che apra et uolga lamente aquello: che essa dira: et fermiuel dentro cio loritenga perche non fa scientia hauere intesо una chosa senza ritenerla: chome uerbigratia se io hauessi inteso cio che dicono e philosophi nella philosophia morale: et non lhauessi ritenuto io non harei tale scientia.

Due chose si conuengono alla essenza
di questo sacrifitio luna e quella
di che sifa: laltra e la conuenenza
Questultima giamai non si cancella
se non seruata et dintorno di lei
si preciso disopra si fauella

p Erche ueggiamo che lachiesa dispensa euoti: pero Beatrice uuol dimostrare ĩche modo sipuo dispensare. Adunque dimostra che due cose sono nel uoto. lamateria che si promette: chome eldigiuno: denari: beni inmobili: et simili: et questa e la materia del uoto: laltra e la conuenenza idest la conuentione et el pacto che tu

Pero necessita fu aglhebrei
pur lofferir per ben che alchuna oferta
sipermutassi chome saper dei
Laltra che per materia te aperta
puote bene esser tal che nonsi falla
se con altra materia si conuerta

fai con dio: et questa e la forma che da lesser alla chosa: Di queste due lultima idest la forma non si puo dispensare: Ne mai ne absoluto chi fa el uoto se non lo obserua: et pero dice nonsi cancella: perche chi fa uoto si fa debitore et obliga la uolonta che era libera: et el debitore non e/cancellato se non paga: et di questa forma parlo Beatrice disopra si precisamente senza alchuna exceptione che nonsi potea dispensare. PERO NECESSITA fu aglhebrei: pruoua per exemplo che la forma non si puo mutare. Imperoche glhebrei hauendo facto uoto di sacrificare: fu necessita che sempre sacrificass.no: Ma bene poterono mutare la materia del sacrificio: et per questo in alchun tempo sacrificorono animali: in alchun biade in alchun denari. LALtra: chome ha dimostro che la forma non si puo mutare: chosi hora dimostra che la materia si puo mutare chome dichiara lexẽplo degli hebrei. Et pero dice che la materia puo esser tale che non ci falla: se si conuerte et permuta con una altra materia: chome se hauessimo promesso dare p dio la prima figlatura de glarmenti nostri: puo dispensare el papa che diamo lequiualente in pecunia. Ma se haremo promesso la castita et lobedientia in clausura che si potra dare equiualente a questo.

Ma non trasmuti carcho alla sua spalla
per suo arbitrio alchun sanza la uolta
& della chiaue biancha & della gialla
Et ogni permutanza credi stolta
sella chosa dimessa in la sorpressa
chome quattro nel sei non e ricolta
Pero qualunque chosa tanto pesa
per suo ualor che traggia ogni bilancia
satisfar non si puo con altra spesa
Non prendino emortali el uoto acciancia
siate fedeli & accio far non bieci
chome fu Iepte alla sua prima mancia:
Cui piu si conuenia adir mal feci
che seruando far peggio et chosi stolto
ritrouar puoi el gran duca de greci
Onde pianse Ephigenia elsuo bel uolto
et fe pianger dise efolli esaui
chudir parlar di cosi facto colto

h A dimostro che el papa puo permutare euoti quanto alla materia: hora admonisce prima che che nessuno presumma per se medesimo fare permutatione diuoti sanza la uolonta della chiaue biancha et della gialla: idest sanza licẽtia di sacerdote che possa absoluere: Delle chiaui dicemo nel nono canto della seconda cantica. ET OGNI PERMVTANza: ogni permutatione di uoto e/stolta sel uoto facto non e/minore che quello in che si permuta; Cr.de dice se la cosa dimessa idest el uoto lasciato non e /ricolta cioe contenuta nella sorpresa in quella che e/presa in luogho del uoto: come el quattro nel sei. COME FV IEpte. costui fu figluol di galaad Ma nato dadulterio: Et da figluoli legittimi di galaad fu cacciato di casa: et andossene nella terra Tob. Era huomo fortissimo: et per questo essendo molto oppresso el popol disdrael da figliuoli dammon esuoi ciptadini lofeciono principe in quella guerra: Et lui fece uoto che se tornaua uincitore offerrebbe adio in olocausto el primo che di casa sua gli uenissi incontro. Vinse enimici: et occupo uenti cipta dammon. Et tornoin Maspha sua acalo gli uenne incontro lasua unica figluola col tympano et col coro. Dolse assai al padre si misero scontro: et la figluola intendendo el uoto paterno: conforto el padre che lo obseruasse adio quanto gihauea promesso: Ma allei concedessi spatio di due mesiinnanzi che la sacrificassi: Accioche potess uagando pe monti isieme colle sue compagne piangere la sua uirginita: Et inquesto modo passati e dua mesi torna lamisera uerginella al padre et fu sacrificata. Da questo nacque consuetudine nel populo disdrael che in ciaschuno anno si ragunino insieme le uergini: et quattro giorni piangino la figluola di Iephte galaadire. Fu stolto adunque costui: et era men male non hauere obseruato el uoto che hauere uccisa la figluola. Ne e molto dissimile el caso dAgamennone primo duca appresso de greci: equali con mille naui armate nel porto daulide: et niente altro aspectauono chel uento prospero che gli conducessi a troia laquale uoleuono assediare per ricuperare helena rapita da paride. Agamennone adunque cupido di nauicare intendendo dallo oracolo che harebbe prospero uento se diana irata: perche in caccia hauea Agamẽnone uccisо una ceruia allei consecrata fusse placata col sangue dephigenia sua figluola: aconsenti che epsa fussi sacrificata: Ma diana mossa agran conmiseratione della innocente fanciulla lase rapire et portare nella regione taurica: et quiui custodire insino che oreste suo fratello la riducessi in patria. Questi uoti adunque non si debbono fare: Ne fatti obseruare: Imperoche idio perche e padre di misericordia et di clementia ha in hodio ogni crudelta. DISI FACTO colto: disi crudele sacrifitio: perche elatini dicono cultum dei: ogni honore et sacrifitio che sifa adio.

Siate christiani amuouerui piu graui
non siate chome penna aogni uento
& non crediate che ogni acqua uilaui.
Hauere el uecchio el nuouo testamento:
el pastor della chiesa che ui guida.
questo ui basti al uostro saluamento:
Se mala cupidigia altro ui grida.
huomini siate & non pecore matte
si chel iudeo di uoi tra uoi non rida.
Non fate chome agnel che lascia ellacte
della sua madre semplice & lasciuo.
seco medesmo asuo piacer combatte.

a Dmonisce che non siamo si leggieri a fare uoti et credere che sia facile absoluersene Et se alchuno dicessi che non si sapessi reggiere: Dimostra che noi habbiamo ladoctrina del testamento nuouo et uechio: et el pastore: cioe lordine sacerdotale elquale ci dichiara questa doctrina. Et questo e/assai al saluamento nostro Et se alchuno dicessi la cupidigia cioe lappetito et la sensualita ci grida altro cioe ci tira a seguire epiaceri mōdani et lasciare lopere uirtuose: risponde che noi siamo huomini et non pecore. i. habbiamo non solamente el senso chome hanno le pecore: Ma āchora habbiamo la ragione et lo itellecto che non e/dato a alchuno altro animale: et conquesto possiamo uincere lappetito et la sensualita. Hperche non ha scusa chi si lascia uincere allo appetito.

Seguitate adunque eprecepti del pastore et della sancta chiesa: in forma che el iudeo cioe tucti eiudei equali uiuon tra noi non si ridano della uostra stultitia. Non fate chome glagnegli: equali per uolonta di scherzare et lasciuire lasciano ellacte. Chosi gli stolti per gli piaceri temporali et momentanei: lasciano la salute loro.

Chosi beatrice ame chomio scriuo
poi si riuolse tucta disiante
ad quella parte ouel mondo e piu uiuo
Lo suo piacere & trasmutar sembiante
puose silentio al mio cupido ingegno
che gia nuoue quistioni hauea dauante
Et si chome saecta che nel segno
percuote pria che sia la corda quieta
chosi corremmo nel secondo regno
Quiui ladonna mia uidi si lieta
chome nellume di quel ciel si mise
che piu lucente sene fel pianeta
Et sella stella si cambio et rise
qual mi fecio che pur damia natura
trasmutabile son per tucte guise

c HOSI BEATRICE: Perche pone el poeta lascenso al secondo cielo: Nel quale e/Mercurio non ci sia incognito che questo pianeta ha due domicilii nel zodiaco Gemini: et uergine e/pianeta tēperato et nocturno: et hora masculino et hora feminino. Et facilmente si conuerte alla natura del pianeto col quale si congiugne: et co buoni buono: et co mali malo: et co mediocri mediocre diuenta. Et par tale natura nella parte superiore del circulo mescola sue qualita con Venere: et nella inferiore col sole. Secondo ptolomeo produce glhuomini studiosi et eloquenti. Ilperche da epoeti e/decte idio di sapientia et deloquētia: Chiamanlo egreci hermes: Et appresso di loro hermineuin significa interpretare: pche la eloquētia e/interprete de concepti deglanimi nostri. Vogliono che lui sia nuntio degli dii per due cagioni: prima perche e pianeta uelocissimo: onde e/dipinto co calzari alati: lasconda perche come el nuntio et messaggiero niente riferisce da se. Ma expone quanto da altri e/stato conmessogli: cosi mercurio produce gleffecti non secondo sua influentia Ma secondo quella del pianeta achui e congiunto: Maximamente dispone et habilita glhuomini alla arithmetica: et al computo de numeri. Ilperche e decto idio de mercatanti. Finalmente bene collocato induce aperti oracoli: et manifesta indiuinatione: Induce somma eloquentia la quale ha tanta eloquentia in persuadere et dissuadere: in commuouere et aquietare glanimi nostri che conduce lhuomo aqualūque cosa gli piace. Ilperche gli danno in mano la uerga: Ma inuiluppata in due serpi adinotare che lornato delle parole non e sufficiente a fare uera eloquentia se non ue aggiunta somma prudentia laquale e/significata pel serpente. Onde Estote prudentes sicut serpentes. Induce adunque eloquentia et suauita di pronuntiare. Induce doctrina/Memoria di storie. Astrologia. Acume dingegno. Credulita. Belleza. Cupidita dimperio. Speculatione di cose obscure. Ma se e/in mal luogo induce furti: fraude: bugie: testimonanza falsa: uersutia et callidita. E/n de uolte fuori de razi del sole: et per questo rade uolte si uede: et per essere aquesto assuefacto non teme la combustione tanto quanto glaltri pianeti. Et per questo fingono che porti in capo el cappello: Ne mai si discosta dal sole piu che trenta gradi: che sono lo spatio dun segno. Fa el corso suo in trecento trentocto giorni: et non sta in uno segno piu che giorni uentocto et hore sei. Secondo che riferisce Alfragano elpiu basso della spera di Mercurio: e piu presso alla terra dugento octo migliaia di migla et cinquecento quarantadue migla. Et el piu alto cinquecēto quarandue miglaia dimigla et septecento cinquanta migla. Hora perche Merthurio da grande influēti a alla uita actiua. Pero in questo cielo dimostra el poeta che si rappresentino eprincipi illustri equali ne gouerni han dimostro excellenti uirtu. BEATRICE dixe ame chosi chomi scriuo: poi si riuolse tutt disiante idest piena di desiderio et uuole significare che decte le parole Beatrice siriuolse uerso oriente con sommo desiderio di salire al secondo cielo di mercurio: Et per questo accenna: che la speculatione delle cose diuine: per la quale montiamo su di cielo in cielo debba essere con sommo desiderio: et feruore: Et chiama loriente la parte oue el mondo e piu uiuo o perche ogni lume nasce di quiui: et ogni reuolutione: perche le influentie celesti posson piu nelle parte orientali. ET SI CHOME SAECTA Et seguita che nato in beatrice el desiderio di salire al secondo cielo loro ui montorono si presto chome corre quella saecta che da prima nel segno chella corda chella pinse sia quieta et ferma. La corda sie la uolonta laquale pigne lontellecto et fallo salire. Et la saecta sie longegno elquale prima arriua al fine che la uolonta sia quiete. Et giunti aquel cielo beatrice fu si lieta in quel lume che el pianeta ne diuento piu lucente. Finge el poeta che beatrice quanto piu sale piu diuenta lieta: perche lanimo ripieno di doctrina quanto piu alte chose contempla: tanto maggior gaudio pigia. ET PIV lucente sene fel pianeta: Mercurio influisce doctrina et eloquentia: et quanto piu tale influentia fa glhuomini docti: tanto piu luce el pianeta idest tanto piu e manifesta sua natura: o uogliamo dire che beatrice cioe lachristiana theologia fa risplender mercurio: perche in nessuna altra religione appare piu sua influentia che nella nostra. Et secondo glastrologi nella christiana religione ha gran parte: Perche nella natiuita del nostro redemptore infrangibile et inmobile pietra sopra la quale e/ hedificata la christiana chiesa Mercurio si trouo ne gemini suo domicilio: et nella nona casa che e/ casa di religione et di fede: pel cui influxo enostri doctori hanno et di profondita di sapientia: et dornato deloquentia: uincto tucti gli scriptori dogni altra religione. Et maxime uale mercurio in quel luogo nella profonda scietia data per metaphora: et se alchuno dicessi essere impia stultitia porre influentia nella natiuita di Christo: rispondo che non dubito punto che el el creatore delluniuerso non aspecta aiuto dalle sue creature: et son certo che tucti epianeti et stelle et cieli pendono dallui et dallui hanno cioche di uirtu e/in epsi: Ma credo che piacesse achi puo tucto et per lauirtu del quale ogni chosa puo quanto puo: che la sua uera religione hauessi fauor da se non solamente inmediate: Ma anchora in qualche parte pel mezo delle sue seconde cause: Laquale opinione non uoglo che piu si distenda che permetta la fede captolica: Alla quale sempre mi sottomecto. Questa cagione adunque forse fu quella che indusse el poeta ascriuere beatrice facessi risplendere el cielo di mercurio. ET SE LA stella si cambio et rise: se la stella inmutabile et incorruptibile si cābio et rise et rilucette: pero che diciamo ridere una cosa quando riluce et risplende: quanto piu mi doueo cambiare io elquale perche sono huomo sono di natura transmutabile per tucte guise idest p tucti emodi: perche non solamente el corpo e mutabile ma anchora lanimo per uarie perturbationi.

Chomen peschiera che tranquilla & pura
traggono epesci accio che uen difori
permodo che lo stimi lor pastura
Chosi uidio piu di mille splendori
trarsi inuer noi & in ciaschun sudia
eccho chi crescera li nostramori:
Ee si chome ciaschuno ad noi uenia
uedeasi lombra piena di letitia
nel suo chiaro fulgor che dallei uscia
Pensa lectore se quel che qui sinitia
non procedessi chome tu hauresti
di piu sapere angoscosa caritia
Perte uedrai homai chome da questi
meran disio dudir lor conditioni
si chome aglocchi mifur manifesti
O bene e nato achui ueder gli throni
del triompho etternal concedi gratia
prima che la militia sabbandoni
Dellume che per tutto l ciel si spatia
noi siamo accesi & pero se disii
da noi chiarirti atuo uoler ti satia
Chosi da un di quegli spirti pii

o Prima comparatione et molto conueniente: Ma si chiara che non gli fu mestiere exposi tione. Se uuoi tu lectore intendere quanto io desideraua intendere da quegli spiriti di loro stato: considera se io non seguitassi teste nel dire quello che sinitia cioe si principia: quanto sarebbe eltuo desiderio che io dicessi: et cosi intenderai el mio. O BEN NATO: queste son le parole duna di quelle anime. Dice adunque o tu Danthe ben nato cioe nato con felice puncto al quale idio concede gratia di ueder el triompho ethernale cioe la beatitudine: laquale pessano acquistar glhuomini dapoi che Ihesu Christo con la sua passione triompho del nostro aduersario.
PRIMA CHe la militia sabbandoni: Lhuomo in questa uita e/nella chiesa militante nella quale chi combatte francamente colla carne et col diauolo: et quegli usce: poi nellaltra uita triompha di tal uictoria: et chiamasi chiesa triomphante. Ma Danthe finge hauere questa gratia sopra tucti glaltri che anchora uiuono: et in uita militante pote ueder la gloria etherna la quale non ueggon se non quegli che dopo la morte sono in uita triomphante. DEL Lume che per: Dimostra quāta carita sia nelle anime beate lequali uiuono del lume didio che e/somma carita: concio sia che sāza epreghi del poeta si profferano adirgli cioche uuol sapere: et acciochelui intenda che esse pes

decto mifu & da beatrice di di
ficuramente et credi chome adii

sono dire dimostra questo spirito che epse sanno perche sono illuminate dallume che si spatia cioe si distende per tucto el cielo et questo e /ellume didio: chosi liberalmente glofferse lo spirito: et Beatrice uolgendosi aDanthe dixe di di sicuramente cioe domanda sanza sospecto: et p questo intende el poeta che la sancta theologia ci consota che cingegnamo appare non dagli spiriti maligni: Nequali sono fraude: insidie: malitie: et deceptioni. Ma da buoni equali et per carita uogliono: et per essere il luminati sanno dire el uero: et pero subgiugne: credi loro chome adii.

Io ueggio bene si chome tu tannidi
nel primo lume che da glocchi traggi
perche corruscan si chome tu ridi
Ma non so chi tu se ne perche aggi
anima degna ilgrado della spera
che si uela emortali coglaltrui raggi
Questo disio diricto alla lumera
che pria mhauea parlato ondella fessi
lucente piu assai da quel chellera

b Auea lo spirito promesso aDanthe liberalmente lopera sua: et Beatrice confortaua che lui domandasse. Ilperche parla hora Danthe et dice. Io ueggio bene chome tannidi idest chome tu ti collochi et fermi nel primo lume che e/ idio: quasi dica: io so che tu mi puoi dire per che specchiandoti tu sempre nellume didio: tu puoi ueder quiui tucte le chose. Et ueggho anchora che tu lo traggi idest tiri da glocchi tuoi: quasi dica glocchi riceuono ellume didio: et illumina no te: et intendi glocchi perlo intellecto. Ma o anima degna io non so chi tu ti sia: ne perche tu ti habbia el grado della spera di mercurio elquale co raggi del sole si uela et chuopre amortali. Et per che si ueli dimostramo disopra. QVESTO DIXIO: Danthe diricto alla lumera idest uolto alla luce di quello spirito.

Si chomel sole che si cela egli stessi
per troppa luce quandol caldo ha rose
le temperanze de uapori spessi
Per piu letitia si misi nascose
dentro alsuo raggio la figura sancta
& chosi chiusa chiusa mi rispose
Nel modo chel sequente canto canta.

c Omperatione accomodatissima della luce di Iustiniano aquella del sole. Spesso interuiene chel sole surgendo al nostro hemisperio extira et tira in alto molti uapori equali laombrano et abacinano: et informa gli tolgono del suo splēdore che laspecto humano lopuo sofferire. Ma poche lui ha rosi tali uapori et consumati: et nessuno obstaculo rimane tra esuoi razi: et la nostra uista: non puo piu sostenere tāta gran luce. Chosi la molta letitia che apparue nella faccia di Iustiniano fece che non lo poteua piu guardare. Iustiniano figluolo della sorella di Iustino imperadore succésse aIustino nellanno del signore d xxii. Et nellanno del mondo. Cinque mila dc xxii. Huomo iusto et elquale tucte le leggi antiche Romane sparte per molti uolumi con marauiglioso ordine compose: et in breuita riduxe: Regno anni trentocto. Et per Bellisario huomo in disciplina militare excellentissimo spense euandali in africa: Vinse in dalmatia egothi: Et prese salona. Mando ad liberare italia Belisario elquale prese napoli: Et arauenna prese Vutigide re de gothi et la mogle et molti baroni. Preterea fu difesa lāno sequēte Firēze da duci di Iustiiano laquale era assediata da gothi Mando anchora Iustiniano Iohanni suo prefecto in africa et uinse emauri. Et finalmente mando Narsete in italia elquale uinse prima Totyla dapoi Theia re de gothi et presegli et uccisegli. Finalmente negli extremi della uita sua perde lontellento et diuenne stolido et stupido et tandem mori.

CANTO SEXTO DELLA TERTIA CANTICA DI DANTHE

p Oſcia che goſtantino laquila uolſe
contro al corſo delcielo che la ſeguio
drieto allanticho che lauina tolſe
Cento & centanni & piu luccel didio
nellextremo deuropa ſi ritenne
uicino amonti daquai prima uſcio
Et ſotto lombra delle ſacre penne
gouernol mondo li dimano inmano
& ſi cangiando inſu lamia peruenne

m Irabile artificio del poeta elquale conoſcẽdo la materia difficile et ſottile : et nella quale ſi poſſa affannare longegno dellectore lauaria in queſto ſexto canto interponendo quaſi tucte le romane hiſtorie. Et in forma che non pare che ſi parta dalla propoſita materia. Hauea adunque gia parlato con iuſtiniano imperadore bẽche anchora non lo conoſceſſi: et domandatolo chi era et qual fuſſi la condictione degli ſpiriti di quel cielo. Hora gli riſponde iuſtiniano: et prima che dica chome fu imperadore: diſcriue la tranſlatione dello imperio facta per Coſtantino da Roma a conſtantinopoli. Poſcia che Conſtantino uolſe laquila cioe lomperio romano le cui inſegne ſono laquila. CONTRO AL CORSO Del cielo; imperoche el cielo fa el corſo da oriente aponente: et conſtantino andando da italia in tracia andaua da occidente in oriente. Adunque andaua contro al corſo del cielo: el qual corſo prima la ſeguito drieto allantico enea che tolſe lauina: imperoche quando enea uenne ditroia in italia con laquila: perche uenitua dalleuante a ponente el corſo del cielo loſeguitaua: poſſiamo anchora dire che laquila che uenne da troia in italia: uenne ſecondo el corſo del cielo perche uenne con gran felicita. et ſtabili lomperio romano. Ma quando ando di talia in tracia: ando contro al corſo del cielo: perche dipoi ſempre declino lomperio. Dellaquila habbiamo decto et di Conſtantino. Habbiamo decto ſimilemente dEnea. CENTO ET CENTANni et piu luccel didio: Cominciò lomperio di conſtantino lãno della noſtra ſalute trecenteſimo nono. Et lomperio di Iuſtiniano: nellanno quingenteſimo uigeſimo tertio: furono adunque anni dugento quattordici. Laquila perche e conſecrata a Gioue: e/decta uccel di dio; laquale ſi ritenne nellextremo delleuropa cioe in conſtantinopoli doue conſtantino traſlato lomperio laquale citta e/nella extrema parte delleuropa; laquale e/diuiſa dallaſia dal fiume tanai. VICINA amonti di troia donde Enea la conduſſe in italia. Imperoche troya non e/lontana da conſtãtinopoli piu che migla cento trentocto in aria. Ma ſecondo le carthe de noſtri tempi e/diſtante migla cento cinquanta. Adunque eſſendo limperio in conſtantinopoli: laquile romane erono uicine amonti donde erono uſcite ſeguitando enea in italia. Et dixe amonti et non ad ilion citta di troia per alludere alla natura delaquile che habitano emonti.

Ceſare fui & ſon Iuſtiniano
che per uoler del primo amor chio ſento
dentra leleggi traſſil troppo el uano
Et pria chio adopra fuſſi attento
una natura in chriſto eſſer non piue
credea & di tal fede ero contento
Mal benedetto agabito che fue
ſommo paſtore alla fede ſincera
maddirizzo colle parole ſue
Io gli credetti & cio che ſua fede era
ueggiora chiaro ſi chome tu uedi
cogni contradictione e falſa et uera

a Dimoſtrare chi era: fu meſtiere porre la pſona publica et la priuata: prima adunque la publica laquale non era in lui allora: ma fu mentre uixe: et pero dixe io fui ceſare cioe imperadore laqual dignita finiſce nella morte. Et ſon iuſtiniano perche lamorte ſepera lanima dal corpo ma nientedimeno rimane quella medeſima aĩa che e el uero huomo. iuſtiniano fu figluolo della ſorella di iuſtino imperadore et allui ſucceſſe. ET PRia chio allopra fuſſi attento. Vna natura: Era in queſti tempi Theodato re degothi nel regno romano et ſentendo che iuſtiniano glera inimico: mando Agabito papa aplacarlo; inteſe agabito che iuſtiniano era nella hereſia di quegli che ſtimauõ che chriſto fuſſe ſtato puro huomo et non idio. ilperche molto acremente contro allui diſputando finalmẽte lo riduxe alla uera catholica fede. Et pocho dipoi mori agabito: et allui ſucceſſe Vigilio. CIO chen ſua fede: E/ueriſſimo che la fede ſi excellente uirtu non habita el cielo: imperoche ſubito che loſpirito ẽtra in cielo: lui ſi certifica di quello elquale prima teneua per fede. OGNi contradictione e/ falſa et uera: Queſto e/certo che iogni contradictione una parte e/uera: et una falſa. Adunque ſe diro: Arno paſſa per Firenze: Et arno non paſſa per Firenze. Queſta e contradictione: et una e/ uera che arno paſſi per firenze: laltra e/falſa che arno non paſſi per Firenze.

Toſto che colla chieſa moſſi epiedi
adio per gratia piacque di ſpirarmi

n On parea credibile che tanta opera quãta fu la compoſitione de uolumi delle leggi haueſſi potuto fare iuſtiniano ſãza el diuino aiuto

lalto lauoro & tucto allui mi diedi
Et almio bellisario comendai larmi
cui ladextra del cielo fu si congiunta
che segno fu chi potessi posarmi
Hor qui alla quistion prima sappunta
lamia risposta ma la condictione
mi stringe a seguitare alchuna giunta
Perche tu ueggi con quanta ragione
si muoue contral sacro sancto segno
& chilsappropria et chi allui soppone

Ne mai meritaua lui che o pagano : o heretico ha uesse tale aiuto . Adunque ben dice che adio piac que dispirarmi tale lauoro idest difondere inme uolonta di prendere tal faccenda et piacquegli su bito che io mossi epie con la chiesa idest facto ue ro christiano seguitai lafede catholica ; et tucto mi diedi allui cioe adecto lauoro di correggere le leg gi idest postposta ognaltra cura : uacai aquest o pera. Et perche lo imperio non si puo difendere sanza la disciplina militare comandai et conmissi tal cura achi non solamente era exercitato in quel la ma anchora hauia congiunto seco la dextra . i. elfauore del cielo. Et questo pare che fussi segno che idio uolessi che io mi posassi dalle cure actiue et militari accio che potessi con piu otio uacare alla correctione delle leggi. HOR QVI Alla quistion La sententia e/la mia risposta alla tua prima questione et domanda : sappunta qui cioe fa qui punto et non seguita perche la condictione delle chose che io ho decte maxime dellaquila mi strīge auscire alquā to di proposito : et seguitare alchuna chosa che sia giunta alla tua domanda cioe sia oltra aquello che tu domandasti. Et insomma uuole el poeta porre qui sotto breuita : quello che distesamente tracta nella sua monarchia : Nella quale singegna prouare che tucti di ragione dobbiamo nelle chose temporali ubbi dire allo imperio : Et pero dice accioche tu ueggi et intenda con quanta ragione per hironia cioe cō quā ta iniustitia si muoue contro al sacro sancto segno dellaquila cioe contro allo imperio sacrosancto. ET CHIL sappropria : cholui che sappropria decto segno cioe uuole usurpaparsi qualche parte dello imperi o : et chi allui soppone ; et chi non ubidisce egli ua contro : fa contro adio.

Vedi quanta uirtu la facto degno
di riuerentia et cominciò dalhora
che pallante mori per dargi el regno
Tu sai che fece in alba sua dimora
per trecentanni et oltra infino alfine
che tre atre pugnar per lui anchora
Tu sai che dal male delle sabine
al dolor di lucretia in septe regi
uincendo intorno le genti uicine

u Olendo prouare che iniustamente si togle lubidientia aquesto segno ; usa questo ar gomento. Quel segno e/degno dubidientia : el quale molti secoli con molte et uarie uirtu ; ha ac quistato grande imperio. Ma laquila ha facto que sto : Adunque merita la reuerentia et lubbidienti a ; et che lhabi facto si pruoua conle historie lequa li brieuemente pone. Et hauendo narrato chome uēne da troia portato da enea : seguita adimostra re la grandissima uictoria che enea in italia hebbe contro allatino et turno quando pallante fu mor to. Dopo la distructione di troia uenne enea ī ita lia : et prima si collego con latino re : elquale gli sposo lauina sua figluola. Ilche fu molto molesto ad Ama ta madre della fanciulla laquale desideraua che fussi mogle di Turno re de rutili. Et opero informa che latino fu constrecto insieme con turno muouere guerra : Nella quale enea hebbe fauore da toschani : Et da Euandro re di pallanteo citta doue poi fu Roma. Questa guerra hebbe uarii euēti, et nella prima bat tagla fece enea dopo la tornata di toscana uisu ucciso da turno pallante figluolo deuandro : Ma finalmen te ucciso turno da enea fu lauictoria de troiani : et lomperio de latini peruenne ad enea : elquale affo go nel fiume numico : et fu riferito nel numero degli dii : et allui succedette aschanio elquale in troia ha uea generato di creusa. Costui lasciando el regno a lauina sua matrigna : pose nuoua citta : laqual chiamo alba lunga. Alba dallaugurio della troia alba et di trenta porcellini albi idest bianchi : Et lunga dalla cit ta cioe dalla forma della citta laquale distese in longitudine in sul giogo del monte. In questa regnoro no quartordici re. Ascanio : Siluio. enea : Latino . Alba : Ati : Capis : capeto : Tiberino : Agrippa : Ro mulo : Auentino. Proca : et Amulio. costui per rimanere solo nel regno caccio Nunitore suo fratello : elquale hauea una sola figlola ; et quella fece amulio uergine uestale : accioche del fratello non rimanesse seme. Ma grauida di Marte partori Romulo et remo. Questi cacciorono Amulio del regno : et riduxon ui Numitore auolo materno : Et di poi posono Roma . Alla quale fu riserbato lo imperio di buona pte del mondo. Fu hedificata Roma neglanni del mondo quattromila quattrocento cinquantaquattro : nella octaua olympiade. Et Alba fu hedificata da Ascanio neglanni del mondo quattromila trenta o circa : et fu disfatta da Tullio hostilio tertio re de romani elquale succedette a numa pompilio neglāni del mon do quattromila cinquecento trentasei. Nella medesima guerra si conuenne el popolo Romano collo Al bano che di tutto lo exercito seleggiessino tre per pte : et quel populo si sottomettesse chome auincitore allaltro populo ecui tre restassin uicitori. Era in que tempi da romani tre horatii giouani frategli nati aun portato : et dagli albani similmente tre curiatii : A questi adunque dette la sorte del combattere per tutti glaltri : Et nel processo della battagla furono uccisi due horatii : Et e tre curiatii rimasono feriti : Era elreſtato horatio priuato dogni altro aiuto: Ma ſanza ferita alchuna. Ilperche dilibero di compenſare alla ſua ſolitudine la ſeperatione de tre curiatii: et finxe fuggire: Seguitauanlo ecuriatii; ma con diſpari uelocita perche feriti diſparimente el piu robuſto era innanzi achi per piu graue ferita meno poteua correre. Quando adunque uide oratio con aſſai interuallo ſeperati ſi riuolſe alprimo; et quello inanzi chel ſecondo arriuaſſi uccise: Vccise finalmente el ſecondo innanzi che elterzo gli poteſſe porgere aiuto: Ne fu nellultimo molta repugnantia perche le puncte mortali prima riceuute glaueuono tolto ogni forza. Inqueſto modo furono feriti glalbani: Inqueſto modo torno horatio honorato di uettoria: Ma priuato de frategli: Ne trouo aroma anchora placata ſua fortuna. Hauea coſtui una ſorella gia prima ſpoſata a uno de gluccisi curiatii laquale uedendo tralle ſpogle del fratello laſanguinoſa ueſte del marito: laquale lei glhauea texuta non pote contenere le lachrime nella morte del marito. Crucciosene horatio ne gli parue coſa conueniente che epſa preponeſſe el dolore priuato alla publica letitia: et irato quella uccise. Di tale ſororicidio fu damnato dal re. Ma conriſerbo che ſi poteſſe appellare al populo Et dal populo fu abſoluto. ET SAI CHE FE del male delle ſabini. Haue gia Romolo non ſolamente hedificato roma ma quellhauea facto ben popoloſa pel concorſo di molta giouentu: Ma perche tutti euicini popoli ſiſdegnauono inparentarſi con tali huomini perche in gran parte erono ſtati caciati dalla propria patria; per uarii exceſſi: Et in roma non eron femine: dilibero el re conſeguitare con fraude quello che non potea īpetrare pgratia: et ordino ſacrifitii et giochi con grādiſſimo et ornatiſſimo apparato. Concorſono a tale celebrita eSabini uicini a roma: et con le mogle et co figluoli uolentieri uennono et ſenza ſoſpecto. Ma Romolo quando uidde tucta laturba laquale molto attendeua agiuochi decte lordinato cenno aſuoi equali con ſubito et improuiſo tumulto rapirono tante delle uergine ſabine che ciaſchuno hebbe laſua. Non poterono ſopportare tanta contumelioſa ingiuria eſabini. Tornarono acaſa et ordinato robuſto exercito con tanto empito uennono che entrorono ī roma: Fu la battagla atrociſſima et molto da ogni parte perirono. Ma īlor apparue prudentia et frācheza danimo piu che muliebre: et pieta degna dieterna memoria. imperoche le rapite ſabine dicomune conſiglo ſenza timore di morte ſi chacciorono nel mezo delle due combattenti ſchiere et con molte lachrime et ſtracciati chapegli; et hora a padri: et hora amariti uolgendoſi. Noi Noi diceuano ſiamo cagione di tanto male: et in noi uolgete ogni uoſtra diſcordia: et furore. Pote tanto elmiſerabile acto delle fanciulle: et la ſomma pieta che in ogni parte dimoſtrauono che feciono ceſſare labattagla: et diposto ogni hodio non ſolamente diuennono amici. Ma di due citta diuennono una. Imperoche eſabini laſciando cures loro citta habitoron roma con queſta cōdictione che roma non mutaſſi nome. Ma tutti ecittadini coſi romani chome ſabini da cures fuſſin chiamati quirites.

AL DOLOR Di Lucretia. Di coſtei narramo nel primo canto della prima canticha. SEPTE REGI Dectono optimo fondamento al romano imperio eprimi re. Imperoche Romulo huomo molto bellicoſo fece elpopolo intrepido contro aogni pericolo. Numa pompilio ſecondo re induxe pace et religione Tullio hoſtilio tertio re huomo di grande animo et di non minore īgegno fu quaſi primo auctore dogni diſciplina et ordine militare. Ancho martio quarto re et nato duna ſorella di Numa cixe la citta di mura: Ne fu a piccolo ornamento tarquino priſco. Et Seruio tullio elquale prima ordinaſſi el cenſo et le īpoſitioni con le quale emiliti haueſſin ſoldo publico. Tarquino ſuperbo dette cagione che la citta ſi riduceſſi aliberta: Adunque fu el popul romano ſotto romulo audace: ſobto numa religioſo: ſobto hoſtilio armato: ſobto ancho ſicuro: ſobto priſto ornato: ſobto Seruio premiato: ſobto ſuperbo liberato: Regnorono ere in Roma anni. CC. XLIIII.

Sai quelche fe portato dagli egregi
romani contro abrenno et contrapyrrho
et contra aglaltri principi et collegi
Onde torquato et quintio che dal cyrrho
neglecto fu nomato et deci et fabi
hebbe lafama che uolentier mirro
Eglatterro lorgoglo deglarabi
che dirieto ad hanibale paſſaro
lalpeſtre rocche poi di che tu labi
Sotteſſo giouinetti triumparo
ſcipione et pompeo et aquel colle
ſottol qual tu naſceſti parue amaro

n On e meſtieri dice Iuſtiniano chio ti narri le choſe egregie di queſto ſegno perche tu ſai quelche fece quaſi dica: quante uictorie hebbe portato daglegregii Romani. CONTRO ABRENNO: Coſtui fu duca de galli ſenoni equali paſſati in italia occuporono cio che tra glalpi et el po. Dipoi uennono in toſchana et aſſediorono chiuſi hoggi quaſi deſolata: et ſobto laiuriſdictione ſaneſe. Ma in quegli tempi un de capi di toſcana. Quiui offeſi da romani uolſono ogni furore contro alloro. Ruppongli alfiume allea: et preſon Roma excepto elcapitolio elquale ſei meſi aſſediorono: Et finalmente oppreſſi eromani dalla fame pactouiron pagare mille libbre doro et loro ſi partiſſino. ma camillo delquale ſarebe lunga hiſtoria riferire: facto dictatore benche abſente; et exule raccolſe lereliquie del ropto exercito aſſalto egalli et tucti gluccise. CONTRA apyrrho: Coſtui fu re degli epyrothi dellanticha ſchiatta dacchille: et parente d Alexandro magno huomo excellente p molta humanita: et liberalita. Ma cupido dimperio: Et per queſto troppo inquieto: Et in diſciplina militare non inferiore ad Alexandro. Et alquale e data la palma in collocare ecastri: Venne in italia contro a Romani sotto spetie didifendere etarentini: Et fu el primo che conducesse in italia elephanti. Combatre spesse uolte contro aromani ma con uaria fortuna: hora uincitore et hora uincto: maxime per lopera di curio et di fabritio equali di lui triomphorono. Volle far pace co romani con giuste condictioni: ma pote tanto lauctorita dappio ciecho che non consenti mai el senato dargli pace se prima non si tornaua con lexercito acasa: Duro laguerra quattro anni: ma senza perfidia o crudelta: Ne piu cercorono uincete con larme che con magnaminita. Vollono eromani ricomperare gran numero di prigioni che lui haueua presi in battaglia: Et pyrrho gli rende sanza prezo affermando che non era uenuto per fare mercatātia dhuomini: Ma per tentare achi di loro la fortuna uolessi dare lo imperio: Ne furono in questo benificio uicti eromani. Imperoche offerendo almedico di pyrrho che se uolessino lo auelenerebbe: disubito gli mani festorono la fraude et lauctore diquella dimostrando quanto fussi alieno dal popolo romano lo inganno. Dono adunque eprigioni pyrrho a romani: Et eromani donoron laluita apyrrho: Partissi tandem ditalia Et dopo non molto tempo essedo per forza entrato nella citta dargos fu nellardore della battaglia ucciso da una femina con uno ebrice che i capo gli gitto dalle finestre. ET CONTRO AGLALTRI principi et collegi idest contro auarie natione et popoli. Dequali iudico esser meglo tacere che pocho dire: Cōsiderato che apena con proprio uolume glinnumeri triumphi potremo riferire equali da uarii duci romani di diuerse parti del mondo in diuersi tempi con illustre uictorie riportorono. ONDE TORQuato Fu excellentissima la famigla de mallii aroma et ornata di molte uictorie acquistate alla sua patria. Ma egregio exemplo e quello di tito mallio elquale benche elpadre molto aspramente lo tractassi et tenesselo in uilla uietandogli lacitta: nientedimeno lolibero dal perico o del tribuno della plebe elquale tentaua col testimonio di mallio elquale giudicaua che gli fussi inimico torgli la fama et la patria. Questo medesimo fu elprimo in questa famigla nominato torquato: da tale cazione era nello exercito de galli huomini nel primo assalto sempre feroce uno di gran corpo et di non piccolo animo elquale del continuo con uilipensione deromani chiamadogli timidi et uili sofferiua prompto acombattere acorpo acorpo con qualunque acceptassi la battagla. Non sofferse tale ingiuria mallio: ma uenne incontro algallo et con forza et arte lo uinse uccise et spogliollo duna collana laquale elatini chiamono torques: et di quella insegno di uictoria se orno. Ilperche dipoi da tale torque fu denominato torquato. Questo medesimo quāto fu piatoso inuerso elpadre tanto fu seuero contro alfigluolo elquale perche contro allo īperio suo nella guerra delatini molto pericolosamente hauea combattuto chiamo dinanzi alsuo tribunale: et nel conspecto dello exercito comando alitore che prima lobattesse colle uerge: et dipoi con laccetta gli frangessi el capo et uccidessilo. ET QVANTO CHE DAL cyrrho. Quintio fu dinominato cincinnato: ilche in ligua nostra potremo dire rabbaruffato cincinno: et pyrrho ī latino significa capello torto Et questo alchuna uolta da ornamento quando o con ferro o con altro instrumento con molta arte si compongano ecapegli et fannosi inanellati et ricciuti. Onde Persio: Ten cyrrhatorum centum durata fuisse: Et iouenale Altior hic quare cincinnus: Alchuna uolta son torti ecapegli in capo quando non gli pectiniamo: onde rimangano auiluppati. Et allhora el cincinno el cyrrho non da ornamento ma elcontrario: et per questo curiatio huomo di dura uita perche teneua ecapegli neglecti et inculti et senza pectine fu chiamato cincinnato: Onde el petrarcha. Et cincinnato dalla inculta chioma: Fu costui pouero et di sue mani cultiuaua le proprie benche piccole possessioni. Creato dectatore contro aglequi: equali haneuon rinchiuso Minutio consule con lexercito ruppe enimici et libero el consule et triompho: et elsexto decimo di rinūtio alla dictatura. De fabii et de decii altroue e decto

Poi presso altempo che tucto i ciel uolle
ridurre elmondo asuo esser sereno
Cesare per uoler di roma el tolle
Et quel che fe da Varo insino arhemo
Isara uide arare & uide senna
& ogni ualle ondel rhodano e pieno
Quello che poi che gluscì di rauenna
& saltol rubicon fu di tal uolo
che nol seguiteria lingua ne penna
Verso la sdagna riuolse lo stolo
poi uer durazo & pharsagla percosse
sichel nil caldo si senti del duolo
Antandro & Simoenta onde si mosse
riuide & la oue Hectore si cuba
& mal per ptolomeo poscia si scosse

t Vtte le chose gia decte fece questo segno insino allo aduento di Christo saluatore. di poi quando sappresso la sua incarnatione la quale fu sobto lo imperio daugusto Cesare conquesto segno fece chose mirabili lequali pche narramo nel quarto canto della prima cantica alpresete pretermetteremo. Et dimostra qui lauctore che iddio dette tanto fauore a Iulio cesare pche uolle che nel tempo che eluerbo īcarno tutto elmondo fussi sobto un monarcha elquale reggessi elmondo in pace et questo fu Augusto che prese lamonarchia: gia instituita per Iulio. maxime perche lui con la sua passione et morte libero lhumana generatione dal la seruitu del diauolo: Et po dixe che uolle ridurre elmōdo alsuo essea sereno. CESARE: iulio EL TOLLE: togle questo segno per uolere: per uolonta. DI RCMA: Del popol romano elquale per cinque: et poi altri cinque anni gli dette la

CANTO SEXTO

I nde discese folgorando a Iuba
poi si riuolse nel uostro occidente
oue senti la pompeana tuba ·

gallia. Onde acquisto anchora la magna: et labritania boghi decta inghilterra. Et quel che fe. DA VARO: Questo e/ fiume elquale diuide la gallia cisalpina dalla transalpina. Rheno nasce deglalpi oue sono epopoli decti lepontii: Dopo non lungo corso fa due laghi: Veneto luno: laltro acrono: et dipoi corre pegleluetti: Sequani et treueri et altri popoli: et uicino facto allocceano si diuide in piu parti et fa alquante isole. El primo che facessi ponte in su questo fiume fu Cesare: Iulio con admirabile artifitio chome lui ne suoi comentarii discriue. Isara e/ fiume di gallia che mette in rhodiano. Arar e/ fiume di germania: Nasce nel monte Vogeso. Corre per ghedui et sequali tanto leggiermente che apena si discerne in qual parte uada. Mette in Rhodano SENNA. in latino sequana fiume di gallia abondante di pesci separa ebelgi da celti. Passa per parigi: et fa in quella regione lisola decta Lucetia: Rhodano fiume nasce negalpi non lontano dalle fonti del danubio et del rheno. prese nome da rhodano citta hedificata da rhodiani: appresso alla quale passa Mette nel mare tyrrheno con tre foci. QVELLO CHE poi che glusci di raueuna: Et uenne al fiume rubicone termine della prouincia allui conmessa della quale secondo le leggi romane non potea trare lexercito se non glel permetteua el senato. Ma hebbe scusa dalla malignita degladuersarii equali dinegandogli le chose iuste gli dectono ardire afare ingiusta impresa. Ilperche incitato da questo: et anchora da curione: et da. M. Antonio et daglaltri amici passo in brieue et uenne aroma: laquale abbandonata dal senato et da pompeio facilmente riduxe in sua potesta. Ilche fu scellerato principio alla sua tyrannide: laquale non ueggo inalchun modo chome sipossa lodare. ET SALTOL Rubicone: Questo e/ piccol fiume tra arrimino et rauenna: et inquegli tempi era termine alla gallia cisalpina. INVER la spagna: imperoche composte le cose in italia ando in hispagna contro apetreo et a Franio legati di pōpeio et ruppegli et uccisegli appresso a hilerida citta daragonia: et in quaranta giorni subgiugo tucta laspagna Alla quale quando ando disse che andaua allo exercito sanza duce: et dipoi tornerebbe al duca seza exercito chome apparue in tesagla doue pompeo hebbe assai militi ma di pocha stima. INVER DVRazo Crescerebbe troppo eluolume se io riferissi per ordine chome uincitore di spagna Cesare torno a Roma chome da Roma ando a branditio et inde nauigo a durazo doue fu assediato da pompeo: Et finalmente per forza darmi si fece uia pel mezo de nimici: Et molti de sua furono occisi da pompeiani. Fu opinione che quel giorno pompeo non sapesse uincere Imperoche nuoco esuoi dalla battagla o perche non sperassi la uictoria; o perche sperassi potergli uincere senza battagla. Fuggi cesare in tesagla: et finalmente in pharsalia luogo di tesagla con uniuersale concorso delluno et dellaltro exercito: si fece atrocissima battagla: et finalmente, Cesare con molto minore exercito ma di militi ueterani et exercitatissimi: et lūgo tempo assuefacti sotto lo imperio suo uinse pompeio: Et solamente de cittadini romani equali militauano nelle legioni perirono miglaia quindici dhuomini: et innumerabile turba dellaltr egenti che quasi da tucte leparti del mondo erono uenuti in aiuto di pompeo. Ne mai tante copie raguno elpopolo romano Imperoche tralluna et laltra parte erono trecenco miglaia. Ma di legioni romane cesare hebbe undici et pompeio diciotto. Fuggi in egipto pompeio: et da ptolomeo gli fu mandato incontro achilla: et fotino equali luccisono: Et ptolomeo apresento la testa a cesare. Ma pocho dopo si ribello ptolommeo da Cesare. Et non senza pericolo schiso esuoi tradimenti: tandem lo uinse et occupo alexandria et legipto. SICHEL NIL CALDO Si senti del duolo: pone el nilo che corre per legypto: Et dice caldo che uiene dalle parte orientali. ANTANDRO: Dimostra quando Cesare ando in egypto: passo lo hellesponto: et ando in phrigia doue e troia: donde enea conduxe laquila in latio et aglalbani: et dagli albani uenne aromani. Antandro e/ isola di troia. SIMOIS e/ fiume elquale nasce nel monte ida et corre appresso a troia. Fa palude circa sigeo promontorio congiunto a Xantho et mette in mare. HECTOre Si cuba: doue e sepulto hectore figluolo di Priamo: eleui sepulcro scriue lucano che cesare uisito.
PER PTOLOMEO: perche dallui fu disfacto. INDI DISCese folgerando aiuba: Dopo la infelice strage di pharsalia: catone raguno le reliquie del pompeiano exercito et per la lybia harenosa lo conduxe in aphrica: et congiunsesi con scipione: et con Iuba re di mauritania: doue era petreo fugitosi dhispagna Cesare gia degipto arriuato in sicilia udendo elgrande apparato conduxe lexercito in aphrica: et dopo alchune battagle appresso atapso uinse enimici. Dopo la ropta iuba et petreo non uedendo alchun rimedio dopo abondante conuito con propria mano succisono. elmedesimo fe catone rifuggito in utica non p timidita: Ma per grandeza danimo elquale non sofferiua uedere la faccia del tiranno. Scipione per mare fuggiua in hispagna: Ma sopragiugnendolo ecesariani similmente succise. Dopo questa guerra resto quella dhispagna doue erono due figluoli di pompeio con ualidissimo exercito. Fu la battagla appresso amonda citta. Ne mai si combatte con maggior furore: Ne mai fu Cesare in maggior pericolo: iforma che uolse lanimo aucciderst: et finalmente smonto da cauallo: et con sommo furore mettendosi innāzi apediti: fe uergognare eueterani che gia fuggiuono: et per uergogna si rifeciono contro al nimico: et acquistoron la uictoria. Fu morto labieno: et gneo un de figluoli di pompeio Questo fine hebbe la guerra ciuile durata gia quattro anni.

Diquel che fe col baiulo sequente
bruto con crasso che inferno latra
et modona & perugia fu dolente
Piangene anchora latrista cleopatra
et fnggendogli innanzi dal colubro
lamorte prese subitana et atra
Con costui corse insino allito rubro
con chostui pose el mondo in tanta pace
che fu serrato a iano elsuo delubro

d Opo Iulio cesare succede Cesare augusto : elquale per uendicare lamorte di iulio fece guerra con bruto et cassio chome dimostrāmo nel lultimo della prima cantica: Adunque dice bruto con cassio. Latra idest abbaia chome in inferno dicēmo : che questo grandissimo segno fece col sequente baiulo : idest con cholui che dopo cesare loporto che fu augusto. Baiulare in latina lingua significa portare: Onde baiulus e quello che porta Se chome altra uolta dicēmo el poeta ponessi bruto et cassio per traditori: nessuna scusa sarebbe al poeta pche non furon traditori : ma liberatori della patria huomini egregii et equali furon contenti porre la uita loro per extinguere eltiranno. Ma diciamo che lui non ponga bruto per bruto. Ma per coloro che tradiscono elsigner suo et maxime lo imperadore : elchui nome elpoeta uolle troppo honorare. MODONA ET PERVGIA : A modona augusto anchora giouanetto fu pretore: et co militi ueterani di Iulio cesare per conforti di Cicerone: ruppe M. Antonio elquale dopo lamorte di Cesare era stato facto rebelle dal senato. Dipoi muto consiglio et uinto da ambitione prepose la iniusta tirannide alla sancta liberta: et con. M. Antonio: et M. lepido diuisono tralloro lo imperio: et laloro patria fecono serua: et pocho dopo in tesaglia uccisono bruto et cassio. Dipoi torno Octauiano in italia: et ando contro a. L. Antonio fratello di. M. Antonio elquale gliera diuentato inimico: et assediollo in perugia: et per fame louinse et saccheggio perugia. CLEopatra : Di questa dicemo nel quinto canto della prima cantica DAL COLVBRO dal serpe colqualechōe in quel luogho narramo succise per non essere menata uiua nel triompho da Octauiano. A LITO Rubro : al mare rosso perche dopo lamorte di. M. Antonio elquale colle proprie mani succise: occupo tutto egipto insino al mare rosso. AD IANO elsuo delubro. Iano fu antiquissimo re in italia: elqual da principio regno con gran concordia con camese: et da Iano fu nominato ianiculo elmonte che e/a roma transteueri propinquo auaticano: Et da Camese quella regione fu nominata camesena: et dopo lamorte di camese prese in compagno del regno Saturno. Perla sua prudentia fu dipinto con duo faccie et luna guardaua innanzi et laltra indrieto. Perche el prudente colla memoria delle cose preterite fa congiectura delle future. Scriue zenone che lui fu elprimo che in italia instituì tempii et sacrifitii agli idii. Ilperche anchora lui merito diuini honori: et che in tutti esacrifitii lui fussi nominato nel principio. Et el primo mese dellanno : fu da iano decto ianuario. Eltempio suo nella pace staua serrato : Ilche adiuenne innanzi a octauiano due uolte: Laprima sobto numa secondo re de romani nel cui regno non fu mai guerra a Roma. La seconda dopo la prima guerra punica. Dipoi laterza sobto Octauiano imperadore. Et questa fu diuturna et uniuersale pace. Et per questo dixe elpoeta : che chiuse a iano el suo Delubro: idest elsuo tempio.

Ma cio chel segno che parlar mi face,
facto haue prima et poi era facturo
perlo regno mortale che allui soggiace
Diuenta inapparenza umpocho scuro
sen mano alterzo cesare simira
con ochio chiaro et con effecto puro
Che lauiua iustitia che mi spira
li concedette in mano aquel chio dico
gloria difar uendetta alla sua ira
Hor qui tamira cio chio ti replico
poscia con tito adfar uendecta corse
della uendecta del peccato anticho
Et quando eldente longobardo morse
la sancta chiesa sotto lesue ali
carlo magno uincendo la soccorse

m A CIO CHel Segno. La sententia e/ che questa aquila non fece mai : ne prima ne poi maggior chosa che nello imperio delterzo cesare che fu Tiberio: perche nel regno di costui fu la redemptione dellhumana generatione. FACTo hauea pria: pe re romani: pe consoli et dictatori: et finalmente per iulio cesare : et poi per Augusto.

ET Poi Era Facturo: per glimperadori che successono. CHe Lauiua iustitia; idest la diuina maiesta laquale inspira me Iustiniano adire questa cosa concedette a Tiberio gloria difar uendetta alla sua ira idest punire iiudei equali perla morte di christo haueuono concitato iddio ad ira. Poteua adunque Tiberio fare la uendecta di christo : chome dipoi fece Vespasiano et tito della quale dicemo nel purgatorio: Dice orosio che Tiberio uolle chel senato discriuessi Christo nel numero deloro idii; et nollo ottenendo si uolse aogni furore. Hor Qui tamira : Seguita in dimostrare quello che fe laquila nello imperio di tito. Et fa lauditore attento perche pare che parli obscuro dicendo che tito prese ad fare uendetta della uendecta dello anticho peccato. Fece adunque Tito uendecta della morte di christo laquale fu uendecta del peccato del primo padre conciossia che la sua passione et morte fu per satisfactione della colpa commessa da adam et transfusa in noi. ET QVANDO EL DENTE longobardo morse: Elongobardi in gran numero con le mogli et co figluoli et con altre barbare natione uennono in italia sotto el loro re Alboino nellanno di Christo di lxvii. Furono questi popoli chiamati di pannonia in italia da Narsete. Costui era stato eunucho di Sophia mogle di iustiniano imperadore: et per sue uirtu diuenuto in tanta existimatione che iustinia no lomando con ualidissimo exercito alla difensione ditalia et fece chose excellentissime. Ma dipoi es sendo riuocato per ignominia agli exerciti seruili da sophia: et hauendolo iustiniano molto ingratamē te rimossolo dalla ministratione ditalia incitato da tanta ingiuria non cesso tre continui anni sollecitare elongobardi che passassino in italia. Presono nel principio la gallia cisalpina benche molti anni fussin oc cupati circa lossidione di pauia la quale presono nellanno di lxx: et dalloro fu dinominata questa gallia longobardia: et dipoi per sincope lombardia. Et in processo di tempo occuporono tutta italia excepto roma: Regnorono elongobardi ī italia dugēto quatrro āni: Era el capo del regno pauia: Ma oltraquesto luogo hauemo constituti principati per tutta italia: doue teneuano capitani di loro gēti: Ma maxime in frigoli principio ditalia: Item a Spoleto quasi in mezo italia: El tertio a beneuento. Finalmente Carlo re de franchi elquale pe suoi egregii facti fu dinominato magno chiamato in italia da Hadriano pontefi ce con ualido exercito uenne: et uinse elongobardi: Et prese desiderio con lamogle et co figluoli et mā dogli in francia nellanno della salute septecento septantaquattro. El padre di Carlo fu pipino re de frā chi: et perche ne suoi tempi lo imperio del continuo mancaua in oriente et lo imperadore persegui ta ua echristiani. Stephano papa transferi e titoli et le dignita imperiali a pipino et a successori suoi nel re gno che fussino di sua stirpe: Et Bonifatio ueschouo di maganza legato apostolico in tale cerimonia: lo consecro et unxe. A pipino successe Carlo magno principe et per disciplina militare: et per molte uir tu excellentissimo elquale uinxe Himoldo re dequitania et cacciatolo occupo el regno: Fece guerra con tro a saxoni con somma felicita trentatre anni: et inquel mezzo parte in persona andando: parte suoi figluoli o duchi mandando uinxe humi hispagnuoli et inghilesi. Et uenne in italia et uinxe desiderio chome dicemo. In hispagna uinxe papilonia et augusta nobilissima citta perche non uollono uenire al la fe di Christo. Torno in italia et uinxe Arasio duca di beneuento. Et inquesto anno che fu septecen to octantatre tenne lo imperio in constantinopoli Constantino figluolo di Leone con la madre sua Ire ne. Et fu trouata in constantinopoli una piastra doro nella quale erono scolpite lettre che diceuono. Christo nascera della uergine Maria et credo in lui. Et tu sole sobto Constantino et Irene dinuouo mi uedrai: Ma torno a Carlo elquale octo anni combatte in pannonia con glhuni: et dixtruxegli: Et fece lexercito riccho dinfinite prede: lequale glhunni di diuerse prouincie haueuono ragunate. Torno et di nuouo in italia: Et ristitui nella sedia pontificale Leone papa tertio elquale eromani ingiustamente ha ueuono cacciato. Il perche da leone fu chiamato augusto et fu elprimo che dopo augustulo regno a roma Chostui ristauro Firenze laquale in gran parte era abbandonata: Et riduxe tutte le nobili famigle sparte per le terre circunstanti: Compose alchune nuoue leggi Finalmente uinxe esaxoni et riduxegli alla fede christiana. Mori lanno lxxii della sua eta et allui successe Lodouico: costui lascio tre figluoli: lotario: carlo: et lodouico. Equali dopo lunga discordia saccordorono che lotario fusse imperadore: et carlo ha uesse el reame di francia: et lodouico di germania. Lotario imperadore fu coronato da Sergio papa: Et in sua senectu si fece monaco: et lascio lomperio a lodouico suo figluolo imperadore quarto. El quīto fu carlo secondo nominato caluo: el sexto fu carlo grosso: elquale dopo alquante guerre indeboli si dani mo et di corpo: che fu necessario che Aruulfu nato dun suo fratello lo gouernassi. Et diuenne aruulfo el septimo imperadore: Costui faccendo guerra contro a normanni mori nellanno della salute nouecē to septe: Et chosi cesso lomperio nella stirpe di Carlo magno non sanza dolore di tutta italia che fusse transferito nella magna. Il perche ne eromani: ne el pontifice uollono mai coronare: ne ornare di tito lo imperiale alchuno alamanno insino ad Othone primo. Adunque comincio lomperio pipino nellāno di Christo septecento cinquanta: et fini in eruulfo nellanno nouecento septe.

Homai puo giudicare di que cotali
chio accusai di sopra & de lor falli
che son cagion di tutti euostri mali
Luno al publico segno egigli gialli
oppone & laltro appropria quello a parte
si che forze a ueder chi piu si falli
Facciano eghibellin faccian lor arte
sotto altro segno che mal segue quello
sempre chi la iustitia & lui diparte
Et non labbatta esto carlo nouello
coguelphi suoi ma tema dello artiglo

b Enche Danthe fussi guelpho nientedimeno dopo el suo exilio inchino lanimo alle parti i periali: et per questo in tutta lopera sua honora quanto puo quel seggio et dimostra che tutti epo poli et le natione christiane debbono cosi obbedi re lomparadore nelle chose temporali: come el pa pa nelle spirituali. Ma perche non e mosso da pas sione: ma da zelo di iustitia riprēde chosi eghibel lini chome eguelphi. Imperoche deuendo lompe radore chome monarcha esser comune ad amendu a le parti dimostra che ne eguelphi si doueuon op porre alloro superiore difendendosi con lauctori ta del sangue di francia: ne eghibellini doueuono usare la difensione dello imperio chome partiale

chapiu alta leon trasser lo uello
Spesse fiate gia pianser li figli
perla colpa del padre & non si creda
che dio trasmuti larme per suoi gigli

Imperoche queste due parti luna col fauore de frâciosi che hanno per arme egigli doro laltra dello îperio hanno guasta italia perle loro diuisioni : et guerre ciuili Et pero subgiugne che se eghibelline uoglono essere seditiosi et partigiani non faccinoi tale atre sotto elsegno dellaquila che debba essere eltutto et non laparte. Impero che mal seguitono talsegno cioe non rectamente seguitano laquila eghibellini : pche dipartano lui et la iustitia : impero che ogni uolta che laquila che debba esser comune a tutti si fa partigiana de ghibellini essa si parte dalla iustitia.

Questa picciola stella si correda
di buoni spirti che son stati actiui
perche honore & fama gli succeda
Et quando didisiri poggiono quiui
si disiando pur conuien che raggi
del uero amore insu poggia men uiui
Ma nel conmensurare de nostri gaggi:
col merto e parte di nostra letitia
perche non gli neden minor ne maggi
Quinci adolesce la uiua iustitia
in noi laffecto si che nonsi puote
torcier giamai anessuna nequitia.
Diuerse uoci fanno dolce note.
chosi diuersi scanni in nostra corte
rendon dolcie harmonia tra queste rote

q Vesta e/la risposta alla seconda domanda del poeta : pche a iustiniano hauea domandato qual fussi la cagione che lui habitassi la seconda spera che e di mercurio. Dimostra adûque quiui esser quegli equali uirtuosamente si sono exercitati nella uita actiua. Et pero dice : questa stella di mercurio si correda idest sadorna et fornisce. Onde diciamo corredare lenaui dibuoni spirti actiui idest di spirti che hanno exercitate le uirtu politiche : perche ne succeda honore et fama. Qui pare da dubitare se merita uenire alcielo chi exercita le uirtu per acquistare fama :- conciosia che quello e/ueramente buono elquale ama la uirtu p se medesima : et non per honore o fama che ne seguiti : Anzi piu tosto uorra acquistare infamia uiuendo secondo uirtu che honore uiuendo perlo opposito. Adûche rispondo che dâthe chome poeta pose el consequente per lantecedente et dixe Sono stati actiui idest si sono exercitati nella uita actiua p acquistare uirtu dalla quale nasce fama et honore

PICCIOLA stella : laquale e/minore che gligialtri pianeti : et rade uolte siuede perche e quasi sempre sotto erazzi del sole. Et di mercurio habbiamo decto disopra. ET QVANDO Li disiri poggono quiui idest quando enostri appetiti sappuntano acercare la fama et glhonori mortali : conuiene et e/necessario che eraggi del uero amore della uera carita laquale cerca iddio : che e/el sommo bene : poggino insu men uiui cioe con minor uiuacita. Et per questo admonisce noi che nel cercare le uirtu nonci fondiano in su la gloria mondana. Ma cerchiamo quella per conseguire le chose celesti. MA NEL conmisurare de nostri gaggi : Potrebbe persuadersi alchuno che questi spiriti non stessino interamente contenti. Impero che conoschono che hanno men meritato : et per hauer men meritato hanno men beatitudine. Adunque desiderano piu. Ma aquesto risponde iustiniano che conciosia che lo spirito beato ama la iustitia e/contento aquello stato perche uede riceuere tanta gloria quanto e stato elmerito. ilche e opera di iustitia. Et pero dice elmisurare enostri gaggi cioe gaudii con nostri meriti e parte di nostra letitia ; perche uiueggiamo dentro iustititia concio sia chosa che queglisieno pari ameriti : et non e minori ne maggi cioe maggiori. QVINci : da questa misura che appareggia la gloria al merito la uiua iustitia adolesce cioe accresce laffacto in noi di uoler quello che uuole essa iustitia. Et informa che tale affecto non puo torciesi dalla uera uia ad alchuna nequitia idest anessuno non giusto desiderio Chome se in una republica fussino egouernatori di quella perfectamente giusti : sempre diuiderebbono trallloro le dignita secondo emeriti ; et chi meritasse minor grado starebbe si contêto a quello : perche niente con piu feruore desidera che la iustitia che rimarrebbe absolutamente contento. Et chome la diuersita delle uoci fanno dolce concento : chosi in nostre corti idest in uita etherna diue si scanni cioe diuerse sedie che dinotano diuersi gradi nella uita beata rendono dolcie harmonia. Et chosi conchiude due chose. Prima che questa diuersita non fa che alchuno spirito resti men contêto per essere in minore grado. La secôda che chome da uarie uoci resulta soaue harmonia : chosi da uarii gradi de beati spiriti nasce ornamento et bellezza al regno del cielo.

Et dentro alla presente margherita
luce la luce di romeo dichui
fu lopra grande & bella & mal gradita
Ma prouenzali che fecer contro asuoi
non hanno riso · & pero mal camina

p Oi che hebbe dimostro quali erono gli spirti di questa spera : gli mostra uno elqualei chiama romeo lachui historia e/questa Fu Ramondo beringieri conte di prouêza huomo pieno dhumanita : et eloquente in uersi di rima. et tanto liberale che sempre hauea pegno lentrate. Et in que

qual ſiſa danno di ben fare altrui
Quattro figle hebbe et ciaſchuna regina
ramondo beringieri et cio gli fece
romeo perſona humile et peregrina
Et poi ilmoſſer leparole biece
adimandar ragione aqueſto iuſto
che glaſſegno ſepte et cinque per dieci
Indi partiſſi pouero et uetuſto
et ſel mondo ſapeſſe elquor che glebbe
mendicando ſua uita afruſto afruſto
Aſſai lo loda et piu lo loderebbe

gli tempi un peregrino : elquale dallextremo occidente uiſitaua lachieſa di ſancto iacobo arriuo a toloſa : et perche nellapparenza et nel parlare dimoſtraua nobilita danimo et gran prudentia fu inuitato alla corte : Et intendendo lui lentrate et el gouerno del conte promiſſe ſe gli fuſſe data lacura : che in brieue lo trarrebbe dalluſure : et con conuenente liberalita glaccreſcerebbe lentrate. Ma mai uolle manifeſtare ne la patria ſua nel nome. Ilperche era chiamato romeo ideſt huomo che andaſſi in peregrinaggio : Nientedimeno conmeſſagli la cura et el gouerno fece molto piu che nõ promeſſe. Et finalmente hauendo ramondo quattro figiuole ſanza ſtirpe maſculina con ſua induſtria opero : che ramondo le marito aquattro re. laprima a Lodouico re di francia elquale dipoi fu ſancto lodouico. laſeconda ad Adouardo Re dinghilterra : huomo optimo. laterza a Riccardo ſuo fratello elquale dipoi fu re de romani. laquarta a Carlo duca dangio elquale era fratello di ſancto lodouico et dipoi fu re di ſicilia. Dopo tanti benifitii pote tanto la inuidia peſſimo uitio et commune a tutte le corti che uenne in ſoſpecto a Ramondo : et uolle che rendeſſi ragione della ſua adminiſtratione. Ilche moſſe a tanto ſdegno romeo che ripreſe lanticha ſua ueſta : et mulettai : et partiſſi dicendo pouero uenni et pouero mene parto. Pentiſſi ramondo della ſua troppa credulita Ma non pote benche con molti prieghi fare che rimaneſſi : Ne paſſo molto tempo che ramondo pati pena della ſua ingratitudine. Imperoche elre di francia poco dopo gli tolſe lameta di prouenza : et dopo la morte ſua occupo el reſto per le ragioni della mogle. LVCE LA LVCe : riſplende. DeNTRO AL la preſente margharita : Margharita in lingua greca ſignifica la perla : ma qui lapone per la luce di queſta anima. FV LOPRA grande chome uedeſti diſopra maritare quattro figiuole dun conte aquattro Re et bella : perche fu iuſta et recta. MALGRADITA : perla ingratitudine di ramondo. MAL Camina : ua per torta et uitioſa uia colui che reputa eſſer danno aſe p far bene altrui. Perſone Humile : ignota ignobile che choſi ſignifica in latino. Peregrina : foreſtiere. ET POi dopo queſta opa. Il MOſſero : moſſeno el conte. PAROle bieche : torte falſamente decte da prouenzali. ADOMANDARe ragione aqueſto giuſto : adomandare che queſto romeo elquale ſi giuſtamente hauea adminiſtrato gli rendeſſi conto : Ilche non douea fare. Ma coſtui glaſſegno ſepte et cinque cioe dodici per dieci : i ſententia glaſſegno gran guadagno. Ilche fu teſtimonio della ſua prudentia et innocentia. INDI partiſſi pouero et uetuſto : Quaſi dica conſumo leta ſua preſſo allingrato ſignore ſanza premio : et muoue compaſſione dalleta. Imperoche chome dicea Diogene. Neſſuna choſa e piu miſera che lhuomo uecchio et pouero ET Sel mondo ſapeſſi elquore : elquale fu continente giuſto et ſprezatore di richeze et danimo francho et inuicto mentre che andaua mendicando elcibo neceſſario. AFRVSto : fruſto in latino ſignifica pezo Adunque dinota che el mendicare doue non e dato pane intero : Ma in pezi. MOLTI LO Lodano Quaſi dica perle uirtu ſue manifeſte molti lo lodano : Ma ſe ciſapeſſino le occulte : lequali furono piu marauiglioſe lo loderebbono molto piu.

CANTO SEPTIMO DELLA TERTIA CANTICA DI DANTHE

O Sanna sanctus deus sabaoth
super illustrans claritate tua
felices ignes horum malachoth
Chosi uolgendomalla rota sua
uiso mifu cantare epsa substanza
sopralla qual doppio lume saddua
Et essa & laltre mossero asua danza
& quasi uelocissime fauille
mi si uelar di subita distanza
I o dubitaua & dicea dille dille
frame dille, dicea alla mia donna
chemi disseti colle dolci stille
Ma quella riuerentia che sindonna
di tutto me pur per bene et perisce
mi richiamaua chome lhuom chassonna

Questo elseptimo canto nelquale Beatrice absolue alquanti dubii circa la redemptione humana: prima chome nella morte di Christo fu punito elpeccato del primo huomo: Dipoi perche piacque adio piu questa uia del ricomperare che unaltra: Et agiugne perche lanime humane sieno inmortali. Prima adunque dimostra che iustiniano dopo elsuo parlare ritorno allusato canto dicendo. OSANNA: in hebraico significa fa saluo. Dice adunque o dio sancto sabaoth: idest degleexerciti et delle uirtu fa saluo tu dico super illustrans disopra illuminante: felices ignes: efelici fuochi. HORVM Malachoth: di questi regni CHOSI VOLGENDomi alla rota sua: idest al suo moto circulare perche chome ecieli assiduamente si gyrono intorno adio: chosi lanime de beati Alchuni texti hanno nota: et allhora diremo al suo canto. VISO MI FV: idest parue ad me. Epsa Substanza idest epso spirito. SADDVA: si duplica. ET SE ET laltre mossero asua danza dimostra che lanime di quelle spere si uoltono chome elcielo con molto circolare: et che per tale moto sallontanono da Danthe. Et dipoi questi spirti in forma di fauille lequali sigli uelarono idest segli copersono per subita distantia: Et e/lasententia che disubito sallontanarono tanto che piu non gli uedea. IO DVBITAVO: Nasceua in me un dubbio elquale mi persuadeua che io dicessi a Beatrice: che mi dissetassi idest mi leuassi lasete con le sue dolcie stille idest gocciole cioe madempiessi el desiderio con la uerita: Et intende che desideraua che beatrice cioe la sancta theologia gli dimostrassi quello desideraua sapere. Ma la riuerentia che io gli porto ne e/altra riuerentia se non hauer riguardo di non manchare del honore che debitamente si debba portare. CHE SINDONNA laquale sinsignorisce di tucto me cioe laquale puo in me piu che altra chosa: pur per be et ice perisce cioe pur per beatrice ponendo laprima et lultima sylaba: mi richinaua mi togleua lardire dalzare glocchi et riguardarla: chome lhuomo chassonna idest che sadormenta elquale china el capo et non lalza. Lasententia e/che la uogla mia era ricerchare nelle sacre scripture la uerita: ma la riuerentia di quelle lequali dicono. Nolite sapere plusquam oportet sapere: mi raffrenaua che io non domandassi: et la riuerentia che io gli portauo non era se non per Beatrice idest per se medesima: adinotare che lamore et la reuerentia che si porta alle sacre lettre non debba essere per acquistare honore o thesoro. Ma per sapere chome e/decto.

Pocho sosferse me cotal beatrice,
& comincio raggiandomi dun riso
tal che nel fuocho faria lhuom felice
Secondo mio infallibile aduiso
chome iusta uendecta iustamente
fussi punita thai in pensier miso
Ma io ti soluero tosto lamente,
& tu ascolta che le mie parole,
di gran sententia ti faran presente

Finge che beatrice conoscessi el pensiero suo benche nonlo manifestassi. Et per questo non lo sofferse cotale idest non sofferse che stessi cosi pensoso. Ma dilibero di chiarirgli el dubbio Et questo finge che nessun dubbio puo uenire nella mente humana che nelle sacre lectere nonsi truoui absoluto et dichiarato. Ne anchora e/senza cagione che dimostri che essa gli parlo con un riso elquale potrebbe far felice etiam chi fussi nel fuocho: perche niente e/che dia maggior iocundita: et uoluptа alla mente che la cognitione delle chose diuine lequali contentono et appagono tanto lanimo nostro: che etiam in ogni aduersita ci fanno uiuer lieti. SECONDO EL MIO infallibile auiso: secondo elparer mio elquale non puo mai essere inganato: perche questa sola e uera doctrina. TV THAI MESSO in pensieri: idest tu pensi et uai inuestigando chome iusta uendecta fusse punita iustamente: cioe chome iustamente fusse punita in Christo la colpa de primi nostri parenti: Et se fu punita iustamente, chome poterono esser puniti giustamente e giudei di quello che iustamente era stato facto. Eldubbio non pare piccolo: impo che se iusta fu lamorte di christo pel peccato de primi parenti: iniusta fu lauendecta presa de iudei. Et se la uendecta presa contro a iudei fu iusta: adunque fu iniusta la morte di christo.

Pel non ſoferire alla uirtu che uuole
freno aſuo prole quelhuom che non nac
dannando ſe danno tutta ſue prole que
Oude lhumana ſpetie inferma giacque
giu per ſecoli molti in grandi errori
fin chaluerbo didio diſcender piacque
V lanatura che dal ſuo factore
ſerallungata unio adſe in perſona
collacto ſolo di ſuo etherno amore
Hor driza eluiſo aquel chor ſi ragiona
queſta natura alſuo factore unita
qual fu creata fu ſincera & buona
Ma per ſe ſtteſſa fu pure ſbandita
di paradiſo pero che ſi torſe
da uia di uerita & da ſua uita

u Olendo ſoluere el dubbio : prima dimoſtra
elpeccaro del primo parente Adam dicendo
Lhuomo che non nacque ideſt : adam elquiale non
nacque del uentre della madre : ne fu generato da
ſeme paterno ; ma figurato di loto di terra da dio
Adam adunque dannando ſe per non ſofferir fre
no. ALla Virtu che uole freno ; ideſt alla coucu
piſcentia che uuole freno. TVCTa ad ſua prode
ideſt aſua utilita. SVe prole ideſt ſchiatta cioe tuc
ti quegli che diſceſõ d lui. ONde ; perla qual cho
ſa lhumana ſpetie giacque inferma. Giu ; nel mon
do o uero nel peccato . Per ſecoli molti. Non uol
le el uerbo incarnare ſe non nel fine ; et nella ple
nitudine di molti ſecoli : precedecte lalegge della
natura et della figura Onde Paolo : Venit plenitu
do temporis. IN GRANde errore ; in grande i
gnorantia ; et certamente e/pericoloſo el morbo ĩ
colui che non lo conoſce. PER ſecoli molti ; uin
peroche la incarnatione uenne dopo ciquemila no
uecento nouantanoue anni. V doue et e/notabelo
aretino et ſaneſe. piacque diſcendere : Iddio elquale e/in ogni luogo : Ma inuiſibile uolle ſcendere infor
ma che fuſſi uiſibile ; Et ordina choſi doue uni adſe la natura humana ideſt preſe tale natura piglando el
corpo et lanima humana non per copula carnale : Ma con lacto del ſuo etherno amore ideſt p uirtu del
lo ſpirito ſancto elquale e amore. Adunque incarno diſpirito ſancto ; et uni lhumanita con la diuinita.
Doue mi pare da notare che non era conueniente chel padre fuſſi mandato pche non procede dal figliuo
lo. Ne anchora loſpirito ſancto accio che non fuſſino due figluoli nella trinita : uno nella diuinita ; laltro
nella humanita. Incarno adunque la perſona del figluolo ; accio che quel medeſimo fuſſi figluolo in di
uinita et in humanita. preterea era conueniente choſa che come iddio fece el mondo mediante laſua ſa
pientia per quella medeſima lo ricomperaſſi. Et perche nelhuomo era corropta lanima et el corpo pero
preſe anima et corpo humano acciochе luno et laltro ricomperaſſi Nientedimeno chome dice Auguſti
no nellibro de fide : El uerbo etherno non preſe perſona dhuomo ma natura dhuomo. Ilperche conchiu
deremo che in Chriſto ſieno due nature diuina et humana ; et tre ſubſtanze ; corpo ; anima ; et uerbo ; et
una ſola perſona ; et quella diuina. HOR drizza ; fa lauditore attento perla grandezza et difficulta del
la coſa ; Et dimoſtra la paſſione eſſere ſtata neceſſaria alla redemptione noſtra. Et e/ qui da conſiderare
che benche la natura humana nella perſona di chriſto fuſſi pura et inmaculata niente dimeno inquanto
humana era priuata di beatitudine ; perche la carne ſua preſa del ſangue di Maria ; era diſceſa da adã quã
to alla materia corpulenta ; benche in Chriſto fuſſi libera dal peccato dadam ; chome era quella dadam in
nanzi che peccaſſe. perche chriſto non preſe dadam ſe non la ſola materia del puro ſangue della uergi
ne. Ma lo ſpirito ſancto decte la natura humana actiue. preſe adunque chriſto le paſſioni corporali ; cho
me ſono fame ſete caldo freddo ; fatica et dolori. preſe anchora quelle dellanima ; chome e/letitia et tri
ſtitia et timore et ſimili ; Nientedimeno nõ preſe tutte le corporali ; Et nõ hebbe difecto di molti mor
bi ; ne tutte le ſpirituali ; perche non fu in lui la ignorantia ; Ne la rebellione nella carne contro allo ſpi
rito. IN Vita El ſuo factore ; ideſt idio in perſona del figluolo ; per quem onmia facta ſunt. FV Bu
ona ; et quale fu creata intendi in adam. DA Via di uerita et da ſua uita ; ideſt ſi ribello da dio. Delqua
le e/ſcripto. Ego ſum uia ueritas et uita.

Lapena dunche che la croce porſe
ſalla natura aſſumpta ſi miſura
nulla giamai ſi giuſtamente morſe
Et choſi nulla fu di tanta ingiura
guardando alla perſona che ſoferſe
inche era contracta tal natura
Pero dunacto uſcir choſe diuerſe
chaddio & agiudei piacque una morte
per lei tremo la terra el ciel ſaperſe
Nonti de horamai parer piu forte
quando ſi dice che giuſta uendecta
poſcia uengiata fu da giuſta corte

e Ra el dubbio di Danthe ſe la morte di Chri
ſto fu giuſta chome egiudei fuſſino ſtati pu
niti giuſtamente Adunque riſponde che ſe noi ri
guardiamo alla natura che el fiſio abſumpſe che fu
la natura humana tale morte fu giuſta peroche la
natura humana hauea peccato. Ma ſe riguardiamo
alla perſona di chriſto che e/figluol didio et uero
iddio non poterono piu horrendo peccato comet
tere egiudei ne che fuſſi di tanta iniuria. Adũque
dũ medeſimo acto et duna medeſima morte uſci
rono coſe diuerſe cioe ſomma iuſtitia inquãto lhu
manita uati ; perche lei hauea peccato et ſomma in
iuſtitia inuerſo la perſona diuina doue e/ſomma ĩ
nocentia nella quale era contracta tal natura ; cioe
humana ; perche nel uerbo didio incarnato erano

unite la diuinita et huminita: si che due nature faceuono un subiecto: et lhumanita fu quella che pati. Ma non era abastanza: lapersona semplicemente humana asatisfare alla colpa. CHADIo et agiudei piacque una morte. Ma adio per giustitia agiudei per inuidia. PER LEI: per questa morte. TREmo la terra. Onde Matheo nello euangelio dixe. Velum templi scissum est in duas partes asummo usque deorsum et terra mota est. ELCIEL saperse: perche per la morte di christo si riconcilio lhuomo con dio: et diuento abile a salire in cielo. Nonti debbi adunque marauiglare: hauendo inteso dame chome giusta uendecta; dipoi fu. VENGIATA: cioe uendicata. DA GIVSTA CORTE: cioe da giusto iudice.

Ma io ueggior latua mente ristrecta
di pensieri inpensieri drento aun nodo
dal qual con gran disio soluer saspecta
Tu dici ben discerno cio chio odo
ma perche dio uolessi me occulto
ad nostra redemption pur questo modo
Questo decreto frate sta sepulto
aglocchi di ciaschuno ilchui ingegno
nella fiamma damore non e adulto
Veramente pero chaquesto segno
molto si mira & pocho si discerne
diro perche tal modo fu piu degno
La diuina bonta che da se sperne
ogni liuore ardendo inse fauilla
siche dispiega le belleze etherne
Cioche da lei senza mezo distilla
non ha poi fine perche non si moue
lasua imprompta quando ella sigilla
Cioche da essa senza mezo pioue
libero e tutto perche non soiace
alla uirtute delle chose noue
Piu gle conforme & pero piu gli piace
che lardor sancto ogni chosa raggia
nella piu simiglante & piu uiuace

SEguita Beatrice nel suo parlare: et dice: io ueggio che tu entri dun dubbio in unaltro pero che absoluto elprimo tu pensi perche iddio elleggiessi piu questo modo diricomperare che unaltro. Et io uidico che questo decreto cioe questa sua determinatione: sta sepulto cioe nascosto a quegli elchui ingegno non e adulto cioe cresciuto nella fiamma damore. Ilperche io soluero questo dubio considerato che molto cisi mira: quasi dica ognun ci pensa et pocho si discerne cioe et non sintende da quali: longegno de quali: non e/adulto idest nutrito et cresciuto nella fiamma damore. i. nella carita senza laquale nessuno puo intendere le sacre scripture: Chome gia molte uolte habbiamo deto. Prima che Beatrice uenga alla dichiaratione del dubbio proposto dallei: prosuppone septe chose disputate et concluse in theologia. prima che dio ha creato ogni cosa mosso da sua bonita et ardente amore nel quale non e/liuore idest iuidia alchuna: et per questo ha comunicato la sua bonita alle creature. Et sfauilla tanto nello amore: che lui dispiega idest manifestamente dimostra le belleze etherne in molte creature: et dixe etherne perche ab etherno exemplarmente sono state nella sua mente. CIOCHE dallei: Qui pone due chose prima che delle chose create dalla diuina bonta: alchuna e stata creata col mezo delle seconde cause chome sono tucti glanimali bruti et ecorpi humani: et ognaltra chosa prodocta dalla terra. Alchuna inmediate et per se medesimo: sanza alchuna secõda causa chome sono glangeli et lanime humane; la seconda e che le chose create inmediate sono etherne. Et pero dice cioche distilla et procede dallei idest da essa diuina bonta sanza mezo non ha poi fine cioe e/etherno: et pone la ragione dicendo: pche la sua imprompta cioe impressione non si muoue idest non si muta quando ella sigilla cioe simprime. Et queste sono glangeli et lanime humane: nelle quali lui chome sigillo imprime lasua imagine che e/laragione et lontellecto: Ilperche el psalmista dice. Signatum est super nos lumen uultus tui domine Et certo le cose create da dio senza mezo meno degenerano et tralignono: che quelle che son create con mezo. Adunque perche idio e inmobile et inmutabile le chose create dallui inmediate sono inmutabili et etherne. CIOCHE DAllei: Questa e la quarta conclusione che le cose lequali sono create sanza mezzo sono libere perche non soiacino et non sono sottoposte alla uirtu et influentia de cieli equali chiama cose nuoue: perche non furono create ab etherno chome idio: Ma sono create nel tempo. PIV GLE Conforme: pone che le chose etherne et libere sono piu conforme Adunque in quelle piu riluce. Adũque piu gli piacciono.

Di tucte queste chose sauuantaggia
lhumana creatura & se una mancha
di sua nobilita couien che caggia
Sol elpeccato e quel che la difrancha
& dissimil lafa al sommo bene

PRemesse le conclusioni gia decte: lequali molto quadrono adichiarare eldubbio: et dimostro che lanima nostra creata da dio inmediate e/etherna. libera splendida: cioe capace della gratia dello spirito sancto: facta asimilitudine et imagine sua: et per consequens piu gli piace. argomenta iquesta forma. Nessuna chosa piace adio se non

perche dellume suo poco sinbiancha
Et in sua dignita mai non riuiene
se non riempe doue colpa uota
contral mal dilectar con iuste pene

e/nulla perfectione nella quale fu creata et lanima humana cadde dalla perfectione pel peccato Adūque conueniua torna e alla sua perfectione inqua che modo accioche piacessi adio. ditutte queste cose sauuantaggia cioe uince glaltri animali et laltre creature: et se una manca conuien che caggia dalla sua nobilita idest non tenga quel grado di nobilita che tenea prima: et lei perde laliberta: imperoche ꝑ lo peccato diuenne serua del diauolo. Adunque e/caduta dalla sua nobilita. Onde sogiugne solo elpeccato e quel difrancha idest gli togle laliberta: francho significa libero: et franchare liberare: et difrancare torre laliberta: et falla dissimile al sommo bene cioe adio alla cui imagine et silitudine era stata creata Et laragione e/: perche esso iddio lambiancha poco idest poco la illumina del suo grandissimo lume. i. della sua gratia. ET IN SVA dignita mai non riuiene: Era caduto lhuomo dalla sua dignita che era la liberta pel peccato della disubidientia: Hora dice che non puo riuenire: et ritornare nella pristina dignita. Perche peccato non e altro che priuatione di bene: pero se uogliamo tornare alla liberta conuiene riempiere con ristoro la priuation del bene: doue la colpa proceduta dal peccato ha uoto. preterea perche el peccato fu conmesso con dilecto conuenne pero satisfare atal male di dilecto col dolore della pena Adunque bisognaua riempier quello elquale era statouoto dal peccato: et epso riempiere con pene contro al male dilectare.

Vostra natura quando pecco tota
nel seme suo da queste dignitadi
chome di paradiso fu rimota
Ne ricourar potensi se tu badi
ben sottilmente per alchuna uia
sanza passar per un diquesti gradi
Oche dio solo per sua cortesia
dimesso hauessi o che lhuom perse isso
hauessi satisfacto asua follia
Ficca mo locchio perentro labisso
delletherno consiglo quanto puoi
almio parlare distrectamente fisso
Non potea lhuomo ne termini suoi
mai satisfare per non potere ir giuso
con humilta obediendo poi
Quanto disubbidendo inteso insuso
& queste lacagione perche lhuom fue
da poter satisfare per se dischiuso
Dunque adio conuenia colle uie sue
riparar lhuomo asua intera uita
dico colluna o uer con amen due
Ma perche lopra e tanto piu gradita
dellloperante quanto piu appresenta
della bonta del core onde e uscita
Ladiuina bonta chel mondo imprenta
di proceder per tucte lesue uie
ad rileuaruı suso fu contenta

a Dgiugne in questo luogo Beatrice lamino re et la conclusione alla maggior posta di sopra: et e/questa la sentētia: se lhumana natura pel peccato de primi parēti diuento tutta dissimiglante adio et spiacente: et fu rimessa dalle dignita dicte disopra, et dal paradiso terrestre; fu necessario che in qualunche modo tornassi nella sua perfectione per riconciliarsi. Et se tu badi idest attendi diligentemēte decte dignita non poterno ricouerare idest ricuperare et racquistare sāza passione per un grado di questi cioe o che idio persua liberalissima clementia hauessi dimesso et cancellato tal peccato: o che lhuomo per se medesimo hauessi satisfacto a tal follia cioe atal peccato. El primo e misericordia: el secondo e/iustitia. MA ficcha glocchi idest ragguarda fiso nello abysso. i. nella profondita dello etherno consiglo. Quasi dica considera nel mio parlare quanto ineffabile fussi el diuino consiglo. NON potea lhuomo: dimostra che de due modi sopradecti: luno era impossibile laltro non era secondo giustitia. Era īpossibile adunque che lhuomo perse stesso satisfacessi ne suoi termini idest non uscendo de termini dellhumana natura: et non essēdo piu che huom chome fu christo. Et la ragione perche non potea satisfare inquanto huomo e/ che lui hauendo peccato per superbia per uolere appareggiarsi adio: imperoche uolendo sapere el bene et el male era aguaglarsi adio lui non potea ubidendo discendere in tanta basseza che fussi pari alla altezza didio alla quale disubidendo era uoluto salire. Imperoche laltezza didio e infinita: ma nessuna bassezza si truoua che non sia finita. Se adunque lhuomo non potea per se stesso satisfare al fallo conuēne che idio fussi quello che satisfacessi: et ricuperassi lhuomo nella sua intera uita collũna delle due uie o piu tosto con amendua: cioe conla misericordia: et conla iustitia. imperoche se idio hauessi creato uno huomo si excellente che hauessi potuto satisfare: sarebbe stata sola iustitia. Et se ci hauessi liberato dal peccato per potentia absoluta era sola misericordia. Ma nella incarnatione del uerbo quanto alla diuinita uso misericordia: quanto alla humanita iustitia. Ma perche la sententia e/questa: Ma la diuina bonta laquale imprempta Idest imprompta et imprime tucto el mondo: tucta la natura fu contenta di procedere per tutte le sue uie arileuarui uoi huomini ca duti nel peccato : perche sopra delloperante e/tanto piu gradita idest grata et accepta quãto essa piu rã presenta nalla bonta del core onde e uscita.

Ne tra lultima nocte elprimo die
si alto et si magnifico processo
o per luno o per laltro fu o fie
Che piu largo fu dio adar se stesso
per far lhuom sofficente arileuarsi
che segli hauessi solo da se dimesso
Et tucti glialtri modi erono scarsi
alla iustitia sel figliuol didio
non fussi humiliato a incarnarsi

h Auendo dimostrato lancarnatione : dimostra che dal principio del mondo che fu el primo di nel quale idio dixe : fiat lux et facta est lux allultima nocte che sara quando elmondo perira per fuocho perche dipoi rimarra elcielo et laterra purissima et splendida : et emori celesti cesseranno : et el sole fermo dara continua luce : non fue et non fia facto processo ne per luno ne per laltro cioe ne perla diuinita ne per lumanita si alto quãto allhumanita che fu tirata isino adio : o si magnifico quanto alla liberalita didio : pche fu maggior liberalita adare se stesso per fare lhuomo : cioe lhumanita che fu in christo sufficiente apotersi rileuare che non sarebbe stato se hauessi per sua potentia absoluta perdonatogli el fallo. ET TVCTI GLALTRI modi erono scarsi : Non solamente fu alto et magnifico processo ma anchora necessario : impero che idio per se medesimo non potea et non douea patire secondo iustitia perche non hauea peccato : et lhuomo puro non era sufficente chome disopra fu decto.

Hor per empierti ben ogni disio
ritorno adichiarare inalchun loco
perche tu ueggi li cosi comio
Tu di io ueggo laere et ueggiolfoco
lacqua et laterra et tutte lor mixture
uenir a corruptione et durar poco
Et queste cose pur fur creature
perche se cioche decto e stato uero
esser dourien di corruption sicure
Glangioli frate elpaese sincero
nelqual tu se dir si posson creati
si come sono in loro essere intero
Ma glielementi che tu hai nomati
et quelle chose che dilor si fanno
da creata uirtu sono informati
Creata fu lamateria che glhanno
creata fu la uirtu informante
inqueste stelle chentorno allor uanno
Lanima dogni bruto et delle piante
dicomplession potentiata tira
loraggio et elmoto delle luce sancte
Ma nostra uita sanza mezo spira
lasomma beninanza et lannamora
dise si che poi sempre ladisira

c Ontinua elsuo parlare beatrice et dice perche io disopra affermai che lanime nostre sono inmortali perche furon create da dio : tu potresti dubitare perche non sono inmortali glelementi et ecorpi facti di quegli : concis a chosa che anchora glelementi sieno stati create dadio, Onde io rispondo chosi. GLANGELI FRATE ELPAESE SINCERO Pone labsolutione del dubbio dicendo che benche ogni cosa sia creata da dio : niente dimeno glangeli : et el paese sincero idest e cieli equali sono di pu a materia : nequa cieli tu se alpresente si possono dire essere creati in loro intero essere : perche idio creo aun tracto lamateria et la forma : et creogli per se stesso senza mezo delle seconde cause. Ma glelementi ecorpi composti di quegli furõ creati da creata uirtu laquale idio misse negli lementi quando creo la loro materia di niente : et chosi lalor forma e/ dadio per mezzo di quella uirtu creata. Imperoche lalor forma natura le benche uscissi nelesser dalla potentia della materia et percio di qualche chosa si puo dir facta Niente dimeno la luce che si dice esser principio inanzi a ogni forma et materia. Adunque non puo esser perpetua ne libera perche la forma che al presẽte hanno glelementi perche non fu creata da dio inmediate. Ma per mezo della uirtu creata che dio messe nella prima materia in quella sua informata nella quale fu creata. Creata fu la materia dadio senza mezo et pero quella e perpetua et libera : et non subiace se non adio. Creata fu la uirtu informante laquale arrecha ad essere le chose elementate et questa uirtu e nelle stelle lequali girono intorno aglelementi. LANIMA dogni bruto : lanima sensitiua ne bruti et la uegetatiua delle piante nõ e perpetua perche e di complexione potentiata di compositione materiale. Questa e facta del sẽplice formale deglelementi purificato dalla influentia de cieli et pero e temporale et sottoposta alla influentia de cieli : et perche e/dedocta dalla influentia delle stelle infusa co razi loro et col moto : et pero dixe El raggio el moto delle sancte luci. Ma uostra uita : lanima humana. SPira uiue senza mezo. Impero che idio poi chel corpo e organizato aun tratto crea lanima nostra sanza mezo : et creando la infunde nel corpo. Aduuque la somma beninanza idest bonta crea lanima et innamorala di se perche mette in quella una innata cupidita diconseguire el sommo bene che epso idio.

Et quinci pui argomentare anchora
nostra resurrectione se tu ripensi.
chome lhumana carne fessi alhora
Che li primi parenti trambo fensi

p One una conclusione corolaria che laragi one gia decta: pruoua che noi dobbiamo resucitare colla propria carne. Imperoche idio fece el corpo del primo huomo senza mezo et perquesto sara perpetuo: et di quello fece la prima femina. Adunque debba esser perpetuo: et chosi enostri che sono daquegli: Adunque lamorte dita corpi conuiene che sia atempo: ma della resurrection de corpi habbiamo decto asufficientia i altro luogo.

CANTO OCTAVO DELLA TERTIA CANTICA DI DANTHE

s Olea creder lomondo in suo periclo
che labella cyprigna e folle amore
raggiassi uolta nel terzo epiciclo
Perche non pure aller faceano honore
di sacrifitio & di uotiuo grido
legenti antiche nello anticho errore
Ma dione honorauono & cupido
questa per madre sua questo per figlo
& dicen che sedecte in grembo adido
Et da costei ondio principio piglo
piglauon louocabol della stella
.chel sol uaghegihor dapopphor da ciglo

h A expedito quãto si conuenia tractare del secondo cielo di mercurio. Hora inquesto octauo canto: dimostra essere peruenuto al terzo che e di uenere doue truoua molti spiriti. Ma distesamente parla prima con carlo martello: dipoi con re roberto. Et ne primi uersi dimostra la erronea opinione che glãtichi ebbono di uenere laquale benche con brieui parole stimo sia utile apcorrere. Fu adunque appresso degli antichi non una uenere ma tre. Delle quali laprima e/ figluola del cielo et del di. Et questo di ioue o secondo altri di baccho genero. Cupidine idio dello amore et le gratie: Et dannogli el cexto ilche e cintura laquale interuiene alle legittime noze. La seconda fu generata quando Saturno taglo elmembro uirile a Celio suo padre: etgittollo in mare. Imperoche quello ripercosso dallonde fece schiuma: et di quella nacque uenere: o ueramente nacque del sangue dital membro: et fu nutrita della schiuma: dalla quale da greci e/ denominata Aphrodite: perche aphros in greco significa schiuma. Di costei sola sanza maschio uuole simonide poeta che sia nato cupidine. Laterza fu figluola di Ioue et di Dione: et chostei ad ãchisa genero Enea. Queste fauole in parte exprimono molte chose naturali: Et in parte contengono histo

rie. Ma fiemi facila la lunga opera se inquesto luogo le pretermetto . Platone non poeta ma philosopho
et optimo inuestigatore de sagreti delle nature: scriue nel sympo sio essere due uenere: et due amori:
una e celeste: laltra uolgare et terrena: perche lanimo nostro spiccandosi dalla contagione delcorpo s in
nalza inuerso elcielo et subito accende inse ardentissima cupidita delle cose diuine et incorporee: et da
questa nasce lamore celeste elquale sprezza ogni cosa terrena et ua cercando la uera belleza laquale e/ so
lamenta posta nelle chose incorporee diuine et etherne . Et questo amore da phedre: nel symposio di
platone e/chiamato grande idio: et questa uenere dicono essere figluola del cielo: et non hauere hauuto
madre. E/nata del cielo perche niente altro cercache le chose celesti: et nacque sanza madre perche non
procede da chose corporee. Ma se lanimo nostro dimenticando lorigine sua uolta locchio ingiu: et pu
re aterra mira: concepe inse la terrena uenere dalla quale nasce ellibidinoso amore. Costui niente altro
cerca che le corporee uolupta et carnali piaceri. Non ama la belleza dellanimo che e propria sua substan
tia: Ma cerca quella del corpo. Et questo e expresso nella fauola di narcisso: elquale fingono epoeti che
uedendo la imagine sua nella fonte di quella sinnamoro: pongono narcisso perlanimo duno huomo im
perito et temerario elquale non contempla la faccia sua idest non considera la sua propria essentia et uir
tu: et la bellezza nella quale epso e/creato dadio: Ma e attento araguardare la inmagine diquella nellac
qua. Ilche non e/ altro se non seguitare la belleze corporale che non e dalchuna substanza: Ma e ombra
uana della uera bellezza: et quella uede nellacqua idest nel corpo elquale e fluxibile et chome lacqua cor
re ne mai si resta: chosi elcorpo elquale lui solo ama delcontinuo corre alla morte et alla sua corruptione
E/adunque tale animo misero perche chome dice el petrarcha. Miser chi speme in chosa mortal pone:
et lascia lauera belleza et ama lombra? Miseri certamente et piu che miseri sono glhuomini: equali pche
niente conoscono inse se non el corpo fermamente credono se niente altro essere che corpo: Per tutte
queste ragioni et per molte altre lequali per usare breuita pretermetto: dimostra eldiuino platone esser
due uenere: laceleste laquale seguitando enea in italia diuenne felice. Et la terrena dalle cui lusighe allec
tato paris condusse allultimo exterminio et se et la patria sua. Tale influentie in buona parte procedono
dalla stella del tertio cielo chiamata uenere: Alla quale essendo gia condocto da beatrice elnostro poeta:
sono necessitato diquella astrologicamente alchuna chosa referire. Venere e/pianeta beniuolo et indu
ctore damicitie e/femineo et nocturno: et nella sua qualita calda et humida: e/molto temperato: E/stel
la molto salutare chome dimostra ptolomeo nellibro dellharmonia: Dalla sua influentia procede ogni
musica et non solamente quella che e nella consonantia delle uoci: Ma anchora la compositione de uersi
Induce amore et secondo glaspecti di diuersi pianeti alchuna uolta pudichi et casti et alchunauolta lasciui
et impudichi. Fa el corso suo in trecento quarantocto giorni: Ne mai sallontana dal sole piu che quarã
tasei gradi: Ma quando lo precede apparisce in oriente lamattina innanzi alsole: et e/chiamata lucifero:
et da uolgari diana: Quando gle drieto si uede la sera in occidente: et e/decta hespero: Et fu elprimo
pytagora tra greci che saccorse che lucifero et hespero fussi una medesima stella. Esuoi domicilii nel zo
diaco sono Tauro et libra: Regna ne pesci: Et nella uergine mancha el suo regno. E stella genitale: Et so
la uenere di tutti epianeti escie due gradi del zodiaco. E/tanto elsuo splendore che fa ombra: Et appres
so agliantichi hebbe molti nomi. Fu chiamata Iunone. Fu chiamata Isis. Fu chiamata Cibele che e madre
degli dii. Adunque pone in questo cielo gli spiriti equali uixono in uolupta et gaudio et amore non si
partendo pero dalla uera honesta: o se alchuna uolta passorono elmodo disubito ritornorono. SCLE
Credere el mondo: quasi dica uniuersalmente tutti gluomini. IN SVO pericLo: idest perche crede
tali cose sono contro la uera religione: et non si possono credere sanza pericolo di dannatione. CIPRI
gna: Venere decta da cypri doue maximamente era honorata. Onde Horatio. Venus regina gnidi pa
phique sperne dilectã cipron: et uocantis thure te multo glycere decoram transfer in edẽ. Et certo Ci
pri sempre fu isola molto luxuriosa. Onde fu gia consuetudine in quella che le fanciulle ãdassino alpor
to et co forestieri si mescolassino et in quel modo guadagnassino la dota. Et era legge che una uolta in
sua uita ciaschuna femina andassi altempio di uenere ne prima nuscissi: se prima non hauessi usato con
qualche huomo. Adunque credeuono gli stolti che da uenere non procedessi altro amore che lo impudi
co et lascivo. EL FOLle amore: lostolto amore. Amore e desiderio di cosa bella: et la uera belleza cõ
siste nelle cose diuine et inmortali: et chome desiderar questere amor prudente perche fa eleggiere laue
ra belleza: chosi e stolto amore quello che e nato dotio et di lascuia humana: disidera libidinosamẽte la
bellezza corporea. Adunque rectamente dixe elfolle amore accio che intendessimo che distinguessi elli
bidinoso dal casto amore. NEL TERzo epycicLo: Nel terzo cielo oue e elpianeto di uenere: proprio
epicicLo e picolo circulo elquale discriue elpianeta col moto delsuo corpo: et perla circunferentia di que
sto si muoue el pianeta. Et nella parte superiore si muoue da oriente in occidente: et nella inferiore pel
contrario. Et in questo epicicLo fanno elmoto directo et statinoario et retrogrado. DIONE: Questa
chome habbiamo decto fu madre di uenere. Onde Virgilio. Ecce dionei processit cesaris astrum. ET
da costei: da questa uenere ondio piglo el principio di questo capitolo loro piglauono el uocabolo della
stella et chiamauonla uenere laquale stella elsol uagheggia: hora da poppa cioe drieto ase: pche nella na
ue lapoppa e lultima parte: et hor da ciglo idest dinanzi dasse: chome pocho disopra habbiam dimostro
Quando nasce innanzi al sole arrecha secho tanto splendore: che fa parere giorno innanzi che sia uenuto

Quando e/drieto al ſole appariſce laſera in occidente : et quaſi fa elproprio offitio della luna : cioe da lume come eſſa alla notte.

Io non maccorſi del ſalire in ella
ma deſſeruentro mifece aſſai fede
la donna mia chi uidi far piu bella
Et chome in fiamma fauilla ſiuede
& chome in uoce uoce ſi diſcerne
quanduna e ferma laltra ua & crede
Vidio in eſſa luce altre lucerne
muouerſi in giro piu & men correnti
almodo credo di lor uiſte etherne
Di fredda nube non diſceſor uenti
o uiſibili o no tanto feſtiui
che non pareſſino impediti o lenti
Ad chi haueſſi que lumi diuini
ueduto anoi uenir laſciando elgyro
pria cominciato en glaltri ſeraphini
Et drieto aque che piu nanzi appariro
ſonaua oſanna ſi che unque poi
di riudir non fui ſanza diſiro

d Iſopra habbiamo dimoſtro perche lauctor finge di non ſaccorgere del ſalire di cielo in cielo : et perche ſempre ſalendo beatrice diuēta piu bella. ET CHome in fiamma fauilla ſi uede perche pare difficile che leluci di quelle anime poſte nel corpo di queſto terzo pianeto ſi poteſſino uedere nella luce di quello : pero uſa due comparationi : molto accomodate. Adunque dice io uidi nella luce della ſtella di uener altre lucerne altre luci particulari che eron gli ſpiriti beati poſti inquella ſpera chome in fiamma laqual ſalga. ſiuede una fauilla acceſa ſalire : et queſto ſi puo diſcernere perche la fauilla ha piu uiuo colore che la fiamma : et choſi anchor le luci degli ſpiriti : perche erono piu ſplendenti che la luce di uenere ſi poteano ſcorgere. ET chome uoce in uoce ſi diſcerne : unaltra comparatione molto accomodata : perche ueggiamo nella muſica eltenore procedere fermamente et el ſourano andare et tornare. MVOVERSI in gyro et piu et men correnti : Muouēſi col moto della ſtella : et aun medeſimo tempo finiueno la reuolutione : ma quanto alchuna era piu appreſſo al centro della ſtella : tanto era di piu tardo moto : et choſi perlo oppoſito : et pero dice almodo di lor uiſte. ETHERNE : cioe ſecondo che ciaſchuna era allogata nel corpo della ſtella. Allegoricamente dimoſtra ſecondo chi piu o meno uirtuoſamente hauea operato ſecondo tale influxo. DI FREDDa nube : Moſtra Ariſtotele nella meteora. Che euapori caldi et ſecchi montando inſino allo extremo della terza regione dellaria ripercoſſi da fredde nebbie ſi riflectono in lato et conmuouono laria et quello cōmoſſa fa uento. NON diſceſor uenti : poi ſono ripercoſſi dal ſuo contrario. O VISIBILI : quando ſono nellaere turbo : et muouono enuuoli : o ueramente quando ſono acceſi chome ſpeſſo interuiene.
O NO : quando ſono nel ſereno o non ſono acceſi et pero non ſi ueggono. Et dice uenēdo anoi laſciorono el giro prima cominciato neglalti ſeraphini : dice alti perche ſono nel primo et piu alto cielo. Queſto dice perche finge altroue uedere iddio chome un punto ſopra ogni choſa : et inmezzo et intorno aquel punto in piu baſſo luogo ſi gyrono glordini deglangeli non con equal celerita : chome nel ſuo luogo dimoſterremo. ET drieto a quegli : dice che drieto a quegli ſpiriti che ueniuono allui : erono ſpiriti che cantauono oſanna ſi dolcemente : che unque poi idest non mai poi io fui ſanza diſio. i. ſanza deſiderio di riudire. i. dudir dinuouo. Oſanna ſignifica idio fa ſaluo : Ma inlingua hebrea dinota ū gaudio che difficilmente o ingreco o in latino ſi puo exprimere.

Indi ſi fece lun piu preſſo anoi
& ſolo comincio tucti ſian preſti
altuo piacer perche di noi ti gioi
Noi ciuolgian coprincipi celeſti
dun gyro et dun girare et duna ſete
aiquali tu nel mondo gia diceſti
Voi chentendete elterzo ciel mouete
et ſian ſi pien damore che per piacerti
non fie men dolcie un poco di quiete
Poſcia che glocchi miei ſiſuro oferti
alla mia donna riuerenti et eſſa
facti glhauea diſe contenti et certi
Riuolſerſi alla luce che promeſſa
tanto ſhauea & dir chi ſiete fue
la uoce mia di grande affecto impreſſa

a Ppreſſoſſi uno ſpirito piu che glaltri : et offerſe per ſe et per glaltri : che tucti erono preſti apiacergli : informa che lui ſipoteſſi gioire di loro. Ne e contro alla natura del cielo dellamore trouare inquelo ſi liberali : ſi benigni : et ſi amoreuoli ſpiriti. Imperoche lamore ſempre uuole gratificarſi alla coſa amata. CO PRINCIPI : perche aogni cielo e prepoſto uno ordin de beati ſpiriti. Adunque al primo cielo della luna ſono glāgeli. Alſecondo di mercurio glarchangeli. Al tertio di uenere eprincipati. AQVALI tu diceſti giu nel mondo : Imperoche danthe ſcripſe una cāzona morale nella quale tracta dellamore nō laſciuo ma celeſte : et pero chomincia. Voi principati equali intendendo cioe apprendendo col uoſtro intellecto idio et la ſua uolunta. Ilperche glangeli ſono chiamati intelligentie. MOVEte el terzo cielo facciendole girare con la uoſtra uirtu da dio data : et faccendolo influere giu nel mondo eſuoi effecti

Et sian si pieni damore et di carita didio et del proximo la quale procede dalla influentia di questo pri- neto allaquale sida lanima humana quando lagratia didio spira che lauolonta sappichi adessa: et iquello applicare sta elnostro merito. CHE per piacerti non fia men dolcie un pocho di quiete chel girare. Et certo la carita inuerso del proximo fa che alchuna uolta intermettiamo lo speculare per compiacere. PO- scia che glocchi: Dimostra che innanzi che dimandassi alchuna chosa allo spirito: uolle intendere se bea- trice gliene permetteua. Et p per questo ciadmonisce che non dobbiamo nella inuestigatione delle cho- se celesti tentare alchuna chosa che nonci sia permessa dalla theologia. Adunque io offersi glocchi a bea- trice cioe larimirai et essa rimiro me informa che nel uolto suo io uidi lei esser contenta. Ilperche mi uol- si alla luce: idest a quello spirito elquale misera tanto grandissimamente offerto et allhora io Dante lo domandai chi fusse quello spirito.

Et quanto & quale uidio lei far piue
per allegreza noua che saccrebbe
quando per lei alle belleze sue.
Chosi facta mi dixe el mondo mhebbe
giu pocho tempo et se piu fussi stato
molto sara di mal che non sarebbe
La mia letitia mi ti tien celato
che mi raggia dintorno et me nasconde
quasi animale in sua seta fasciato

m Anifestasi el sopradetcto spirito: et dice se essere Carlo martello pricipe di Tarãto figliuolo del Re Carlo zoppo elquale hebbe septe figliuoli. Dequali tre hebbon titolo di signo- re. Lodouico primo genito: elquale fu preso in sicilia: et poi si fece frate minore. Carlo martello principe di taranto. Roberto principe di Durazo Ma factosi frate Lodouico sopradecto: Martello el quale succedea nel regno di Sicilia: et della Pu- gla: et anchora el contado di prouenza. Succedete egli a queste prouincie: chome secondo al primo genito: Ma perche esso fu coronato del Reame dungheria. Ruberto occupo tucte queste signorie.

Quella sinistra riua che si laua
di rhodan poi che misto consurga
per suo signore atempo maspectaua
Et quel corno dausonia che simborga
di bari di careta et di cortona
la oue tronco el uerde mare sgorga
Fulgeami gia in fronte la corona
di quella terra chel danubio riga
poi chelle ripe tedesche abandona
Et la bella trinacria che caliga
tra pachinno et peloro sopral golpho
che riceue da euro maggior briga
Non per tipheo ma per nascente zolpho
attesi harebbe li suoi regi anchora
nati per me di carlo et di ridolpho.
Se mala signoria che sempre acora
li popoli subiecti non hauessi
mosso palermo agridar mora mora

d Imostra epaesi dequali sarebbe stato signo- re. Et questi discriue poeticamente: dino- minadogli o da fiumi da citta o da monti. Et pri- ma per rhodano dinota la prouenza. Di rhodano habbiamo decto in altro luogho. Questo diuide la prouenza la chui dextra parte sappartiene al re di francia: et la sinistra a quel di pugla. SORGA e fiume che nasce al principio della prouenza: et mette in rhodano. PER SVO Signore: perche sappartiene al reame di pugla diche io haueo a esse- re signore se non fussi stato re dungheria. QVel corno dausonia: quella punta ditalia. CHE Sin- borga: che si ueste delle citta infrascripte. DI BARI: Questa e dal mare adriaticho. CROTO- NA: heggi decta crutone doue elmare elquale na- turalmente dimostra uerde colore: sepera sicilia da italia. FVLGEAMI in capo la corona: gia mi risplendea in capo la corona dungaria: perla qua- le corre el danubio poi che esce della magna: ET la bella trinacria: Et apparteneuasi ame el regno di sicilia laquale daglantichi fu chiamata trinacria perche lei ha tre promontorii: pachinno: peloro: et lilybeo. Ma pachinno et peloro rispondono al golfo di uinegia elquale e piu percosso da euro uen- to orientale che da altro uento. CHE caliga: idest nella quale apparisce caligine et fumo: NON per- che typheo del quale e decto disopra rispiri fiamma et fumo chome fingono lefauole: Ma perche elmon- te ethna e cauernoso: onde genera uento: elquale per suo moto accende le chauerne che tengono di zol- pho. Ilperche mãda fuori assai fumo et alchunauolta fiamme. DI CARLO. primo conte di prouenza mio auolo. DI RIDOLPHO: elquale fu duca di sterlich: lacui figliuola hebbi per mogle. SE MALA SIGNORIA: Questo dice perche sicilia si ribello da Carlo perla credulita et iniustitia degluficiali che lui ui tenea: Et dectesi a don Pietro daragona: chome in altro luogho habbiamo decto distesamente. SEMPRE ACCVORA: idest fa gaglardi et forti epopoli equali sono sottoposti inducendogli: et met- tendogli in disperatione.

Et se mio frate questo antiuedessi
lauara pouerta di catalogna
gia fuggiria perche non loffendessi
Che ueramente proueder bisogna
perlui o per altrui si chasuo barca
carica piu di carco nonsi pogna
La sua natura che di larga parca
discese haurie mestier di tal malitia
che non curassi di metter in arca
Pero chio credo che lalta letitia
chel tuo parlar minfonde signor mio
la ouogni ben sitermina & sinitia
Perte siuegha chome la ueggio
grata me piu & anche questo ho caro
perchel discerni rimirando in dio
Facto mhai lieto & chosi mifai chiaro
poi che parlando adubitar mhai mosso
chome uscir puo di dolcie seme amaro
Questo io allui & egli adme sio posso
mostrarti un uero aquel che ne domandi
terrai eluiso chome tieni eldosso

n Arra che elre roberto antiuedessi quanto e/gran uitio in un principe lauaritia, et quanto apto alla rouina degli stati nõ attendereb be ne perse ne per mezo degli officiali suoi ad ac cumulare thesoro. Risponde el poeta allo spirito et dice. LALETITIA chio piglo di uederti in questa beatitudine me piu grata; perche io credo che essa si ueggia et intenda per te, non altrimẽti che io che lho in me lo ueggio. Et se alchuno do mandassi chome lo spirito puo uedere elquor suo aggiugne lauctore che la uede iui oue ogni bene si termina et sinitia idest in dio. Impoche riguar dando lanime beate indio chome in specchio che rappresenta limagini di tutte le cose et conoscho no ogni uero: et non possono essere ingannate. Ordina adunque eltexto. O SIGNOR mio. i. O carlo elquale inuita hebbi per signore: perche io credo che tu ueggia chome uegio io laletitia che minfonde el tuo parlare perche per quello inten do tua beatitudine indio la doue sinitia et termi na ogni bene: pero questa mia letitia me piu gra ta che se tu non la uedessi. ET ANCHO Que sto ho caro: et similmente ho caro questo che hai parlato perche tu lo discerni cioe louedi et inten di rimirando iddio nelquale specchio ogni chosa si uede quasi dica ame e/grato hauerti udito per che so quelche parli e uero. Ma perche eltuo par lar gratissimo ma generato ũ dubbio nella men te fammi chiaro di questo chome tu mhai facto lieto. Eldubbio e/chome di dolcie seme idest di buon pa dre puo nascere amaro seme idest cattiuo figliuolo: perche dannando tu carlo chome auaro et lodando ne suoi progenitori laliberalita pare che ne seguiti questo che habbiamo decto. Questo io allui dixi. Et egli cioe carlo rispose ame dicendo: se io ti posso mostrare un uero cioe una uerita: perche la uerita e/sempre una et non puo essere piu. TERRAI EL VISO CHOME TIENI EL DOSSO: idest tu uedrai quel lo che hora non uedi. Impero che hauendo uolte le spalle al tempio tu non lo uedi: ma se poi ti uolti do ue prima haueui le spalle tu lo uedi.

Loben che tuctol regno che tu scandi
uolge & contenta fa esser uirtute
sua prouidentia in questi corpi grandi
Et non pur lenature prouedute
son nella mente che dase perfecta
ma esse insieme con lalor salute:
Perche quantunque questo archo saecta
disposto cade a preueduto fine:
si chome chosa in suo segno directa
Se cio non fussi elciel che tu camine
producerebbe si li suoi effecti:
che non sarebbor arte ma ruine:
Et cio esser non puo se glintellecti
che muouon este stelle non son manchi:
& manchol primo che non gla perfecti:
Vuoi tu che questo uero piu tisin bianchi
et io non gia perche impossibil ueggio:
che lanatura in quel che opo stanchi

p Er dichiarare el dubbio fa conclusione che ogni chosa che aduiene e/proueduta da di o secondo elmeglo; se non del particulare delluni uerso. Onde dice. ELBENE: iddio che e/ sõmo bene elquale. VOLGE: perche e prima cagione della reuolutione de cieli: et contenta perche gli conserua nellesser loro. TVCTO el regno che tu scandi tucti ecieli che tu sali. Et anchora fa iddi o che la sua prouidentia sia uirtu in questi corpi magni cioe che lauirtu laquale ha posta algouerno de pianeti et de cieli equali son corpi magni cho me disopra habbiamo dimostro sia secondo lasua prouidentia: Et sogiugne che nella mente didio non solamente ui sono le nature et chose che lui ha preueduto. Ma sonui insieme con la loro salu te. La setẽtia e/che idio nõ solamente cõ la diui na prouidentia produce le chose in essere ma ãcho ra prouede che sieno per lo meglo se non del par ticulare almeno delluniuerso: Et quantunque que sto archo saecta lachosa saectata cade et arriua al fi ne proueduto: idest ogni chosa che dio prouede: et ordina arriua al fine restituito da esso idio: cho si chome la saecta bene addirizata arriua al suo se gno et al suo berzaglo: Et se cio non fossi che ogni chosa ordinata arriuassi al fine ordinato. Elciel che tu camini idest tutti questi cieli et lestelle et epianeti per equali tu sali producerebbon si male eloro effecti: che non sarebbono acti idest bene ordinati et perfecti: chome ueggiamo esser facte le chose con arte: Ma sarebbono ruine perche sarebbono senza ordine. Ma questo non puo essere segli intellecti idest se leintelligentie le quali idio ha poste al moto: et al gouerno delle stelle et de cieli non sono manchi cioe imperfecti et difectiui. Et sel primo cioe epso iddio che e elprimo motore non e/ mancho idest imperfecto. Ilche non puo essere. VVOI TV: poi che beatrice glebbe decto questo essa sapparecchiaua adimostrarlo piu apertamente: et pero dixe o Danthe uoi tu che questo uero simbianchi si manifesti piu: Imperoche chome diciamo chose obscure quelle che son difficile a intendere: chosi possiamo dire bianche le manifeste. Et danthe rispose non gia io perche io conoscho che e impossibile che lanatura cioe iddio stanchi idest manchi inquello che e/ uopo idest in quello che e/ di bisogno.

Ondegli anchora hor di sarebbe el peggio
per lhomo interra se non fussi ciue
si risposio et qui ragion chieggio
Et puoteglı esser se giu non si uiue
diuersamente per diuersi ofici
non sel maestro uostro ben ui scriue
Si uenne deducendo insino aquici
poscia conchiuse dunque esser diuerse
conuien deuostri effecti leradici
Perchuno nasce absalone & laltro xerse
laltro melchisedech & laltro quello
che uolando per laere elsiglo perse

C Obgiugne lospirito la argomentatione: la quale e/ questa: perche lhuomo e/ animale disideroso di compagnia meglo e/ che sia in terra ciue idest che uiua in compagnia et non in uita solitaria: Et questo non puo essere se non si uiue diuersamente con diuersi officii. Perche chome discriue Aristotele elquale lui chiama nostro maestro. La uita humana ha bisogno di diuerse arti et officii E/ necessario che sieno econsultori nella rep. Emiliti che la difendino: E medici e iurisconsulti: glartefici: glacricultori: E sacerdoti: Et molti altri. Adunque fu necessario che hauendo aessere diuersi effecti negli huomini: tali effecti procedessin da uarie radici cioe da uarie cause. Bene adunque dedu cendo di parte in parte lospirito insino aquici doue ho decto: et poi conchiuse. PERchun nasce absalon: prouide optimamente lanatura che uarie influentie de cieli producessino glhuomini apti auarii exercitii: perche di uarii exercitii ha di bisogno lacitta. Et pero altra influentia produxe Absalone: altra Xerse: et altra unaltro. Absalone fu figliuolo di dauid delquale disopra habbiamo decto: et qui lo pone per huomo militare et apto adifendere la rep. Altri texti hanno non Absalone: Ma Solone elquale fu atheniese: et uno de septe sauii di grecia. Et trouo le leggi alla sua republica. Et porrenlo per optimo fondatore di leggi. Xerxe fu figluolo di dario re de persi elquale con incredibile moltitudine di militi uenne contro a greci. Et fece elponte sopra elmare hellesponto pel quale dasia entro in grecia. Et athos monte elquale prima era terra ferma con gran fossa induccendogli elmare intorno fece isola. Finalmente perla industria di Themistocle atheniese in baptagla nauale fu ignominiosamente ropto: et con gran uilta fuggi. Ilche dimostro un portento pocho auanti nato ne suoi exerciti: Imperoche una caualla el quale animale e molto bellicoso partori una lepre animale uile et fugace: Et pon qui Xerxe per ogni re Melchisedech elquale fu primo sacerdote et re: et ando incontro ad habraham elquale riportaua ampla uictoria da tre uincti re. Et elprimo fu che sacrifico adio pane et uino. Nelqual fu prefigurato Christo el quale fu re et sacerdote: elquale in cielo fu sanza madre et in terra sanza padre. Melchisedech significa in hebreo Re iusto: et Re pacifico. Di Dedalo et del suo figluolo Icaro: et delloro uolare scriuemmo in altro luogho piu apto.

La circular natura che e suggello
alla cera mortale fa ben sua arte
ma non distingue luno dallaltro hostello
Quinci adiuien che esau si diparte
per seme da iacob et uien quirino
da si uil padre che si rende a marte
Natura generata al suo camino
simil farebbe sempre a geneaanti
se non uincessi el proueder diuino
Hor quelche tera drieto te dauanti

C Onchiude onde proceda la diuersita degeneranti: Onde dice la circular natura cioe lanatura de cieli laquale influisce: et pero e/ suggello alla cera mortale perche imprime sue influentie in noi chome elsuggello imprime el suo segno nella cera: et ben dixe mortale: perche ecorpi elementati sono corruptibili. Adunque questa uirtu celeste fa ben sua arte et influisce sue influentie. Ma non distingue uno hostello dallaltro. Imperoche di Cicerone huomo optimo nacque cicerone figluolo incontinentissimo: et dafricano huomo aptissimo al la disciplina militare nacque scipione altucto alieno da simile exercito. Et questo e/ perche da altre stelle fu la influentia de padri: et da altri quella

ma perche ſappi che dite mi gioua
un corolario uoglo che tammanti

de figlucli. QVINCI aduiene: perche luna medeſima famigla ſono diuerſe influentie: aduiene che nel figluolo al padre: nelfratello al fratello ſono ſimile: Chome ſi nota in eſau elquale nacque dabraham et fu dun padre et duna madre fratello di iacob: nientedimeno eſau fu belli coſo et iacob pacifico: Quirino cioe romolo elquale nato di padre uiliſſimo et incognito perche perla influentia da marte fu bellicoſo fu decto figluolo di marte. HOR QVEL che tera drieto. ideſt quello che tu non uedeui te dinanzi coora uedi.

Sempre natura ſe fortuna troua
discorde aſe chome ognaltra ſemente
fuor di ſua regione fa mala proua
Et ſel mondo laggiu poneſſe mente
al fondamento che natura pone
ſeguendo lui haurta buona lagente
Ma uoi torciete alla religione
tal che fia nato acignerſi laſpada
& fate re di tal che e daſermone
Onde la traccia uoſtra e fuor di ſtrada

c Home interuiene: che ogni ſeme fa mala proua ſe e poſto interreno non conueniente alla ſua natura: choſi ſe interuiene che huomo ſia meſſo ad exercitio oppoſto alla natura ſua mai ui diuenta excellente. Adunque ſel mondo ideſt ſe glhuomini uiuenti conſideraſſi elfondamento che pone la natura ideſt quella aptitudine et principio: et quaſi ſeme che la influentia de cieli mette nel huomo: et quello ſi ſegnitaſſi chome uerbigratia ſe chi ha aptitudine allarme ſi deſſi allarme: ſe chi alla doctrina ſi deſſi alla doctrina: et il ſimile ſi faceſſi nellaltre inclinationi: certamēte glhuomini ſarebben buoni perche ciaſchuno harebbe piu induſtria ad quello ad che la natura loniuita: Ma molte uolte ſifa loppoſito: Et faſſi religioſo chi e inclinato alla militia. Et alchunauolta ſifa re chi e da ſermone cioe da predicatione: et da doctrina ſcolaſtica. ONDE LA TRACCIA: ideſt eluestigio et anchora lorma.

CANTO NONO DELLA TERTIA CANTICA DI DANTHE

Apoi che carlo tuo bella clemenza
mhebbe chiarito mnarro glinganni
che riceuer douea laſua ſemenza
Ma dixe taci & laſſa muouer ganni
ſi chio non poſſo dir ſe non che pianto
giuſto uerra drieto auoſtri danni

b Enche elpoeta entri nel nono canto: niente dimeno non eſce anchora della terza ſpera Ma finito el ſermone hauuto con Carlo parla prima a Cuniſſia da romano. Dipoi con Folco da marſilia. Ma in queſti primi uerſi uolge elparlare a Clemenza figluola di carlo: et narragli chome dapoi che glhebbe chiarito el dubbio gli predixe gli ganni che doueuono riceuere eſuoi deſcendenti.

Et gia la uista di quel lume sancto
rivolta sera alben che la riempie
chome aquel ben chaogni chosa e tanto
Hay anime ingannate & facture empie
che dasi facto bene torciete equori
drizando in uanita leuostre tempie

Ma comandogli che lui tacessi et lasciassi muouere glanni cioe passare el tempo elquale non e/altro che riuolutione de pianeti. nientedimeno dimi che glinganni facti a miei saranno giustamente puniti: et decte queste parole carlo si riuolse a dio quello contemplando perche idio e/ quel sommo bene che riempie ogni chosa: et aogni chosa basta anzi auanza perche lui e/ infinito et le creature son finite. Dipoi lauctore apostropha idest uolge elparlare aglhuomini et uituperagli che lasciando elloro sommo bene si uolghino alle chose uane: onde meritamente lechiama facture empie: perche allhora e/ dispiatata lacreatura quando lascia elsuo creatore alquale debba ogni chosa.

Et eccho unaltro di quegli splendori
uer me si fece el suo uoler piacermi
significaua nel chiarir difuori
Glocchi di beatrice cheron fermi
sopra me chome pria di caro assenso
almio disio certificato fermi
De metti al mio uoler tosto conpenso
beato spirto dixi & fami proua
chio possa inte riflecter quel chio peno
Onde laluce che mera anchor nuoua
del suo profondo ondella pria cantaua
seguette chome achui di ben far gioua
I nquella parte della terra praua
italica che siede tra rialto
& le fontane di brenta & di paua
Si leua un colle & non surge moltalto
la onde scese gia una faccella
che fece alla contrada grande assalto
Duna radice nacqui & io et ella
cunisa fui chiamata et qui rifulgo
perche mi uinse allume della stella
Ma lietamente ad me medesmo indulgo
lacagion di mia sorte et non mi noia
che parria forse forte al uostro uulgo

i Nduce a plare Cunisia da romano. Chostei fu sorella daccerino da romano: femina di gentili chostumi. piena dhumanita et di pieta: benigna et grata. Ma molto prona nello amore chome dimostramo nel sexto capitolo del purgatorio. Ne si marauigli alchuno chel poeta ponghi tra beati una lachui uita hebbe questa machula: perche uuole dimostrare che ciaschuno emendandosi si puo saluare: maximamente se col uitio che loprieme ha mescholate molte uirtu: chome ueggiamo in costei. Descriuendo adunque elpaese oue nacque cioe lamarcha triuigiana dice: inquella parte della terra italica. i. ditalia et dice praua non perche uituperi itelia tanta laudata da Virgilio: Ma dice praua perche nesuoi tempi era gouernata da praui cioe captiui huomini. Ma ben credo che se elpoeta fussi uiuo ne nostri tempi direbbe quel medesimo o forse peggio. Ilperche e/ dura sorte lanostra Adunque inquella parte ditalia che siede idest e/ posta tra rialto tra la citta di uinegia doue e rialto: et le fontane di brenta et di paua. Questi sono due fiumi che corrono pel triuigiano VN COLLE: insul quale e/una terra chiamata Romano onde fu eccerino: altrimenti Azzolino delquale assofficientia altroue habbiamo narrato. DVNA RADICE NACQVE: da un padre discendemmo. RIFVLGO: risplendo perche mi uinse ellume della stella cioe perche pote assai in me la influentia di questa stella. Ma lietamente inme medesima indulgo. i. con letitia mi uezeggio. La cagion di mia sorte lasententia e/io sommamente mi contento hauere hauuto tale influentia. Imperoche essendo beata non puo dolersi de peccati conmessi. Ma sommamente si rallegra hauerne facto la penitentia. Et anchora si rallegra del grado doue si truoua: et non desidera maggiore ne piu alto grado: et aglhuomini ignoranti parrebbe forse duro acredere che lanima beata non si dolga de peccati conmessi et non desideri maggiore beatitudine. Ma di questo si disputo disopra.

Diquesta luculenta et cara gioia
del nostro cielo che piu me propinqua
grande fama rimase et pria che muoia
Questo centesimo anno anchor sin cinqua
uedi se far side lhuomo excellente
si chaltra uita laprima relinqua
Et cio non pensai la turba presente

p Oi che hebbe parlato Cunisia cio che e decto disopra: essa si uolse et mostro aDanthe lo spirito di Folcho damarsilia dicendo gran fama e/rimasa nel mondo di questo spirito che e/una cara gioia et luculenta. i. piena di luce et displendore: Et questo anno che e elcentesimo che lui usci del mondo anchora. SINCINQVA. i. tornera cinque uolte questo centesimo anno: cioe saranno cinquecento anni prima che muoia questa sua

che taglamento et atice richiude
ne per esser battuta anchor si pente
Mi tosto fia che padoua alpalude
cangiera lacqua che uicentia bagna
per essere aldouer legenti crude
Et doue sille et cagnan saccompagna
tal signoreggia et ua colla testa alta
che gia per lui carpire si fa laragna

fama. VEDI se fare quasi dica per questo consi dera quanto lhuomo si debba ingegnare di farsi e xcellentexcellente innanzi che muoi poi che la fa ma delle uirtu dura tãto dopo la morte. SIchal tra uita la prima relinqua: idest accioche laprima sua uita nella quale uiuiamo relinqua: cioe lasci dopo lamorte altra uita che e/questa della fama. Et chosi pose che la fama di Folcho durerebbe cin quecento anni. Folcho fu da marsilia figluolo dal fonso pecunioso mercante: fu huomo bello di cor po honoreuole et liberale amoroso et buono poeta in rima in sua lingua. Ilperche fu acceptissimo a Riccardo re dinghilterra. A ramondo conte di tolosa et allo Ambarali di marsilia: Amo adalagia mogle dello ambarali; Et percelare elfacto fingea damare da e sue sorelle: per lamorte di costei fu ingran lucto: Et finalmente dedico se et lamogle et due figluoli al monasterio cisteriense. Dipoi fu abate di cornello: Et finalmente uescouo di marsilia: donde caccio gle retici. ET CIO NON pensa. Vitupera esuoi paesani cioe lauulgar turba della marcha triuigiana laqua le e/posta tra taglamento et atice: imperoche questi due fiumi la chiuggono: Dimostra adunque che co storo non pensano o agloria o afama alchuna perche uirtu ne uitii. Ne si pente benche iddio lhabbia bat tuta con molte tribulationi. Et predice che epadouani saranno uinti da uicentini: et tanti morti che lac qua che corre appresso a uicentia mutera colore per sangue. Et questo interuerra per essere loro crudeli contro aragione. Et doue sile et cagnan sacompagna cioe doue questi due fiumi saccozono: Et perquesto dimostra treuigi doue questi fiumi si mescolano. TALE: Questo e messer Ricciardo del camino: el quale fu signore di treuigi: et ua conla testa alta inche si dimostra la sua superbia. SIFA laragna: si tesse larete: i. sordinano glinganni per carpire per pigiarlo. Costui giucando ascacchi fu attradimento uciso da uno pessimo ribaldo.

Piangera feltro anchora la diffalta
dellempio suo pastore che sara sconcia
si che per simil non sentro in malta
Troppo sarebbe larga la bigoncia
che riceuessi il sangue ferrarese
& stancho chil pesassi adoncia adoncia
Che donera questo prete cortese
per mostrarsi diparte & cotai doni
conformi fieno aluiuer del paese
Su sono specchi uoi dicete throni
onde risurge anoi dio uendicante
siche questi parlari ne paion boni
Qui si tacette et fecemi sembiante
che fussi adaltro uolta per la rota
inche simisse chomera dauante

S Eguita la sua uaticinatione et indouina: et predice che feltro citta laquale e/aconfini della marcha piangera la diffalta cioe la sceleratez za dalexãdro suo uescouo Diffalta significa misfac to cioe scelerato peccato elquale fu tale che nessu no pari a questo mai fu punito in malta. Malta dicono essere un fiume che corre nellago di bolse na doue e/una torre nella quale in perpetua carce re teneua el papa quegli cherici che hauessino con messo peccato inremissibile. Questo uescouo fu di natione piacentino: et era in monte feltro signo re spirituale et temporale: In quegli tempi fuggi rono di ferrara egentili huomini dalle fonte citta dini ferraresi per hauere facto contro allo stato: et credectono essere sicuri in feltro terra libera: Ma messere pino dalla tosa caualiere fiorentino el quale era luogo tenente in ferrara per re Ruberto elquale dopo la morte dAzzone tertio marchese di ferrara tenea la signoria per la chiesa; persuase al uescouo che gli lasciassi pigliare nella terra sua: ac consenti el uescouo contro a ogni iustitia. Ilperche furono ricondocti in ferrara: et molti ne rimasono decapitati: traquali furono: Lancilotto: Chiaruccio: et Antonello. SV SOno Specchi uoi dicete thro ni. Questo e/elterzo ordine deglangeli: paquali iddio manda adexecutione tutti asuoi iudicii Adunque perche in quegli chome in specchi rilucono egiudicii del grande et magno idio. Adunque noi guardan do in quegli gli uaggiamo. Ma deglordini degli archangioli et delle gerarchie angeliche diremo in piu accomodato luogo.

Laltra letitia che mera gia nota
preclara cosa misi fece in uista
qual fiu balascio inchui elsol percuota
Per letitia lassu fulgor sacquista
si chome riso qui: ma giu sabbuia

D Opo cunisa segli fe incontro Folco elquale perle parole decte da Cunisa glera gia no to. Chostui risplendeua chome balascio nelquale elsole perchuota: Et questo e/perche gli spiriti beati quanto sono piu lieti tãto piu risplendono perche laletitia quiui genera splẽdore chome qui

lombra difuori chome lamente e trista
Dio uede tucto & tuo ueder silluia
dixio beato spirto siche nulla,
uogla dise adte puo esser fuia
Dunque lauoce tua chel ciel trastulla
sempre col canto dique fuochi pii
che di sei ale facean lacuculla
Perche non satisfacci amiei disii
gia non attendere io tua domanda
non min tuassi chome tu tinmii

tra glhuomini genera riso Ma giu cioe nello inferno sabbuia cioe dimostra tenebre ; lombra cioe lanima per la sua tristitia idest perche e incontinuo merore. LALtra letitia cioe Folcho delquale Cuniria gia hauea decto. Diquesta luculenta et cara gioia. Adunque lo conoscea per cara cosa Ma non per nome. DIO VEDE tuctto ; La sententia e perche iddio uede tucto uede la mia uolonta ; el ueder tuo. SILLVIA ; cioe entra in lui idest esso iddio informa che niuna chosa che sia in dio puo esser fura ate cioe non ti puo essere celata. Adunque per questa uia tu uedi la mia uolonta sanza che io parli. Adunque la uoce tua laqual trastulla idest dilecta elcielo col canto de seraphini ; equali fanno la cuculla idest el uestimento colquale si cuoprono con sei ale. Impero che Iohanni nello appocalipsi discripse che due ale si distendeuono al capo ; due apiedi ; et due aciaschuna mano. Ripigla tutta loratione et di adunque perche non satisfa amiei desiderii la tua uoce laquale trastulla el cielo col canto di que fuochi cioe di quegli ardori di carita de seraphini che si fanno uestimento con sei ale. Questo debbi tu fare impero che se io mintuassi cioe entrassi in te et conoscessi la tua uogla chome tu tinmii ; cioe entri in me et conosci la mia uolonta. IO NON ATTENDEREI TVA DOMANDA ; idest io non aspecterei che tu mi domandassi ; ma peruerrei. Et chosi debbi fare anchora tu conoscendo quello elquale io desidero,

Lamaggior ualle inche lacqua spanda
micominciaro allhor lesue parole
fuor di quel mar che la terra inghyrlanda
Tra discordanti liti contro al sole
tanto senua che fa meridiano
la doue lorizonte pria far sole
Di quella ualle fu io litorano
tra ebro & macra che per camin corto
logenouese parte dal toscano
Aduno occaso quasi & aduno orto
buggea siede & laterra ondi fui
che fe del sangue suo gia caldo elporto
Folcho mi dixe quella gente achui
fu noto el nome mio et questo cielo
di me simprompta chome fe io di lui

u Olendosi manifestare Folcho ; discriue la terra doue nacque cioe Marsilia ; et dimostra che e/in sul mare mediteraneo che esce dello oceano tra laspagna et lafrica per luogho strecto chiamato lostrecto di sibilia appresso al monte di gibilterra. Et fa elmare mediteraneo elquale arriuato a hierusalem fa el circulo meridiano ; chome altroue babbiamo dimostro. Adunque poiche quifa piu lungo progresso dixe lauctore che questa e maggior ualle che laltre per lequali quiui entra et ordina el texto. Allhora cioe quando io hebbi decto lesue parole cominciaron chosi ; lamaggior ualle nella quale si spanda lacqua che esce fuor delmare oceano elquale ghyrlanda cioe circonda laterra ; senua tanto cioe tanto si distende contra al sole idest inuerso elleuante tra discordanti liti perche diuide la spagna dallafrica ; et eliti sono habitati da huomini discordanti et trasse inimici ; perche dalla parte dafrica sono ebarberi ; et dalla spagna echristiani ; che fa meridiano doue prima faceua orizonte ; Del circolo meridiano et dello orizonte habbiamo decto abastanza. Ma qui intendo che entrando el mare daponente che fa orizonte perche diuide luno hemisperio dallaltro ; sindulga tanto da ponente che arriua al circulo meridiano inuerso hierusalem. FVI litorano ; perche marsilia e/in sullito. Questa citta fu edificata da greci. TRA HEBRO ; Non elgran fiume di tracia ; Ma unaltro non lõtano da marsilia. MACRA fiume che diuide toschana da ligura o uero riuiera di Genoua. BVGGEa ; Questa citta e nellito affricano alloncontro di marsilia ; Et queste due isole equalmente sono distanti da oriente et da ponente ; Et quasi hanno un medesimo meridiano. CHE FE DEL SANGVE SVo gia caldo porto. Tocca latentemente lobsidione di marsilia quando Cesare andando in hispagna ; ne potendo ridurre marsilia asua deuotione ; ui lascio acampo Bruto elquale finalmente la uinse non sanza molto sangue delluna parte et dellaltra. Folcho fu figluolo dalfonso riccho merchante. Ilperche rimaso riccho seguito le corti et egrandi huomini. Dettesi al dire inuersi et amolte gentileze. Fu molto accepto a Riccardo re dinghilterra ; Et a Ramondo conte di tolosa ; Et al bali di marsilia ; Et molto preso dellamor della sua mogle Adalagia ; benche lo couertassi fingendo amare due sue sorelle ; et morta ne prese grandissimo dolore. Ilperche dedico se et la mogle et due figluoli alla religione. Diuento abate di torinello. Et finalmente uescouo di marsilia. Et caccionne molti heretici ; Fu huomo bello piaceuole et liberale.

Che piu non arse lafigla di belo
noiando asicheo & ad creusa
dime insin che si conuenne alpelo
Ne quella rodopea che delusa
fu da demophonte ne alcide
quando iole nel quore hebbe rinchiusa
Ne pero qui si pente ma si ride
non della colpa chamente non torna
ma del ualore chordino & prouide
Qui si rimira nellarte chadorna
contanto effecto et discernesi el bene
per chal modo disu quel digiu torna

I AFIGLA DIDI BELO. Elnome di costei fu elissa: Ma per lanimo suo uirile fu nominata didone Castissima altucto femina secondo le historie. Ma Virgilio finge che essa sinnamorassi denea: et per amore partendosi dallei succidessi et questo seguita elpoeta. NOIANDO ad sicheo et a Creusa: perche in queste coniunctione enea non obseruo lafede a Creusa sua mogle: ne dido ne ad sicheo suo marito Ma tal fauola gia piu uolte e narrata. INSINO che si conuiene al pelo: i. alleta nella quale anchora elpelo non e canuto. Imperoche uenendo la uecchiaia si disdicie lo amare. RHODOPEA: idest phillis regina di tracia la quale el poeta Ouidio lachiama Rhodopea da rhodope monte in thracia: Questa racceptando Demophonte figluolo di Teseo re dathene: Elquale tornaua dalla guerra Troiana Et hauea ropto in mare: ardentissimamente epsa phillis sinnamoro di lui et donogli el suo regno. Demophonte dopo alchuno tempo si ritorno in athene suo regno. Et allei promesse: che in breue tempo ritornerebbe allei. Ma lamante elquale e impatiente dogni dimoranza: ma disperando la tornata sua pel troppo grande amore simpicco presso al porto insul mandrolo: Dipoi tornando demophonte elmandrolo che appariua seccho rimisse le fogle. Onde egreci da questa phille chiamorono philla le fronde degialberi: lequali prima le chiamauono petala. ALCIDE. i. Hercole chosi denominato: perche alce in greco significa gaglardia. Oueramente fu nominato alcide da alceo suo auolo materno. Hercole uinse Euryto re d Etalia: Et tanto saccese dello amore di Iole figluola delgia decto re: che epsa ne disponea asuo modo: Et faceualo uestre chome femina. Et faceualo filare: et fare glaltri exercitii muliebri. NON PERO QVI SI PENTE MA si ride: potrebbe dire alchuno: poi che tu ti ricordi del tuo amore lasciuo: tu anchora ti debbi pentere et attristare di quello: et tale tristitia conuiene che diminuischa la beatitudine: et pero risponde: qui non ritorna amente la colpa: perche e gia purgata et extinta onde non accade contristarsi. Adunque non si pente della colpa: ma si ride del ualore che ordino et prouide idio inquesta stella. Qui si rimira nellarte chadorna cotanto effecto: idest noi spiriti contemplando ecieli ueggiamo larte idest la uirtu della natura messaui da dio con tanto effecto: perche di tale uirtu naturale procedono mirabilissimi effecti: et discernesi el bene cioe in quegli effecti prodocti da cieli noi per epsi cognosciamo iddio: perche perquel di giu cioe questi effecti prodocti giu negli elementi et negli huomini torna al mondo disu cioe alla prima causa. QVEL DI GIV TORNA: idest elmondo inferiore elquale di sua natura e mortale. TORNA idest diuenta quel di su idest inmortale: come elmondo superiore per la influentia di Venere: la quale e cagione della generatione. Onde la spetie humana per successione diuiene inmortale.

Ma perche tucte le tue uogle piene
ten porti che son nate in questa spera
procedere anchora oltra mi conuiene
Tu uuoi sapere che inquesta lumiera
che qui appresso me chosi scintilla
chome raggio di sole in acqua mera
Hor sappi che la entro si tranquilla
raab et a nostro ordine e congiunta
et disse el sommo grado si sigylla

p Rocedendo nel parlare folcho dimostra che lo spirito piu splendido in quella stella era Rhaab. Questa fu la prima che nel popolo gentile credessi alla religione del uechio testamento: et nellibro di Iesu naue e scripto che entrando lui in terra di promissione combatteua hierico: perche non hauea uoluto riceuerlo: et per potere meglio et piu presto expugnare la citta: mando tre spie antendere el sito drento: et eprocessi degli huomini. Costoro dopo alchun di furono conosciuti: et hauendo la cacca dal popolo che gli uolea piglare rifuggirono in chasa rhaab femina molto accesa nelle fiamme di uenere: essa mossa da amore didio et del proximo glocculto et dipoi perche hauea la casa congiunta con le mura della cipta gli collo fuora et saluogli et epsa fu saluata perche con quegli si compose che quando lesue saccheggiassi la terra essa porrebbe un panno uermiglo alle sue finestre elquale ueduto gli fussi conseruato lacasa. et perche uuole che in ogni ordine di beati sieno distincti egradi secondo che emeriti sono maggiori o minori pero finge che questa scintillassi idest sfauillassi et risplendessi piu che glaltri perche piu merito.

Diquesto cielo in chui lombra sappunta
 chel uostro mondo face pria chaltralma
 del triompho di christo fussi assumpta
Ben si connenne lei lasciar per palma
 in alchun cielo dellalta uictoria
 che sacquisto con luna & laltra palma
Perchella fauori laprima gloria
 di iosue insulla terra sancta
 che pocho toccha al papa sua memoria
Latua citta che da colui e pianta
 che pria uolse le spalle al sua factore
 & di chui e lanuidia tucta quanta
Produce & spande el maladecto fiore
 cha disuiato lepecore & glagni
 pero cha facto lupo del pastore
Per questo le uangelio edoctor magni
 son derelicti & solo adecretali
 si studia siche appare alor uiuagni
Aquesto attende papa et cardinali
 non uanno elor pensieri a nazarethe
 la doue gabriel aperse lali
Ma uaticano et laltre parti electe
 di roma che son state cymitero
 alla militia che piero seguette
Tosto libere fien dalladultero

Eguita la historia di Rhaab et dice che del triompho che Christo riporto del dimoni o quando spoglo ellimbo : essa fu assumpta p ia che alchuna altra anima da questo cielo di Venere : nel qual cielo sappunta lombra : che fa el uostro mondo : cioe che fa la terra doue uoi huomini habitate : Et questo dice perche el cono idest la punta dellombra della terra arriua insino al cielo di uenere. BEN SI CONVENNE : fu molto conueniente considerato ameriti di questa femina che iddio la lasciassi in questo cielo per palma cio per segno dellalta uictoria laquale Christo acquisto contro el demonio con luna palma et con laltra idest con amendue le mani : lequali furono confitte in sulla croce. Et la ragione perche questo si conuiene e / perche essa chome habbiamo decto presto fauore a Iosue credendo a suoi mandati et saluandogli nella sua prima gloria : idest nello acquisto di Hierico : laquale fu la prima citta che iosue passato el flume iordano, pigliassi : La memoria della quale terra sancta doue e Hierusalem : pocho tocca el papa : perche lui non si cura che terra sancta sia nelle mani de saracini. LA TVA CITTA : Seguita in uituperare eprelati della chiesa equali mossi da auaritia lascian lacura di ricuperare la terra sancta : et dansi alla simonia per acquistare pecunia : Et qui biasima Firenze che ha prodocto efiorini : et chiamala pianta di lucifero : et pero dice la tua citta o Danthe la quale e / pianta di colui che fu elprimo che uolse le spalle a dio idest che lo disubbidi : et del quale e / tucta la inuidia. Imperoche lui per inuidia si uolse aguaglare adio : et per inuidia del nostro bene cōdusse el primo huomo a peccato : Produce perche lo conia et sparge perche lo spende el maladecto fiore cioe el fiorino elquale dalluno lato ha el giglio dallaltro saneto Iohanni baptista. Et inuero emercanti fiorentini : hanno sempre tenuto la corte di roma abbondante di fiorini : Onde se accesa lauaritia ne prelati. Et sonsi suiati dalla uera uia le pecore et glagnegli idest egrandi e piccoli : perche haa facto lupo del pastore. Imperocho questa auaritia ha facto che el papa elquale debba essere uero pastore e / doventato lupo raptore. Et per questo hanno lasciato gli studii delle sacre lettere che sono euangeli et e gran dectori che interpretano quegli. Et solamente studiano edecretali et le leggi canoniche per poter le uendere a litiganti et guadagnare informa che glappare alor uiuagni idest alle lor ueste : lasuperfluita et pompa delle quali in altro luogo piu distesamente uitupera. Viuagno proprio e / lorlo del panno. Ma pigla qui la parte pel tucto. AQVESTO : aquesta auaritia et con simonia accumulare attende el papa : et questo dice maxime per bonifatio del quale fece mentione nellonferno : non uanno pensieri a nazareth cioe alle chose di dio : et pon questa citta perche quiui fu annutiata la madre del signore : et pero subgiugne. LA DOVE GABRIEL APERSE LALI : idest uolo per annuntiare lauergine laquale sola tra le femmine dopo el parto rimase uergine. MA VATICANO : predice che Bonifatio presto patira pena de suoi peccati et sara morto. Onde uaticano et glaltri luoghi di Roma che sono sacri per essere stati cimitero de martyri : equali militando per la fede : et seguendo piero primo uicario di Christo furono morti : saranno liberi dallo adultero per la morte di Bonifatio elquale chiama adultero : perche eluero sposo della chiesa et el uero papa era Celestino : O ueramente adultero : perche lasciando la uera sposa cioe la chiesa sida alla simonia.

CANTO DECIMO DELLA TERTIA CANTICA DI DANTHE

g Vardando nel ſuo figlo conlamore
che luno & laltro ethernalmente ſpira
loprimo & ineffabileualore
Quanto per mente et per occhio ſigira
con tantordine fe cheſſer non pote
ſanza guſtar dilui chi cio rimira
Leua dunque lectore allalte rote
mecho la uiſta drieto aquella parte
doue lun moto et laltro ſi percuote
Et linchomincia ad uagheggiar nellarte
di quel maeſtro che drento adſe lama
tanto che mai dallei locchio non parte

r Itrouaſi lauctore dal terzo pianeto gia ſalito al quarto; et in queſto decimo capitolo diſcriue lordine del cielo et elmoto. Dipoi narra chome uentro et la excellentia dellanime che ſono in quella ſpera: Et induce una anima moderna a fauellare. Salito adunque non ſanza ſtupore conſiderando el moto uniforme de cieli et elmoto erratico de pianeti comincia adimoſtrare che la diuina eſſentia diſtincta in tre perſone fece con mirabile ordine luniuerſo et dice. El primo ualore cioe el padre achui ſattribuiſce la potentia laquale e ineffabile ideſt indicibile guardando cioe intendendo nel ſuo figlo acui e attribuita la ſapientia perche el figluolo e la ſapientia del padre. Con lamore; ideſt con loſpirito ſancto. CHE ideſt elquale amore luno et laltro cioe elpadre elfigluolo ethernalmente ſpira perche lo ſpirito ſancto procede dal padre et dal figluolo Addunque el padre cō la ſua potentia: et con la ſapientia del figluolo; et con lamore dello ſpirito ſanto fece cio che ſi gyra; et conſidera et intende: o per mente chome ſono le coſe inuiſibili: o per occhio chome ſono le uiſibili con tanto ordine che chi rimira cio non puo eſſere ſenza guſtare di lui cio ſanza cognitione didio. Ma per non errare nelle choſe decte diſopra dobbiamo tenere percerto che iddio e/unico et ſolo in eſſentia. Ma queſtuna eſſentia che e/uno iddio e diſtincta nelle tre gia decte perſone. Conchiude adunque che luniuerſo choſi uiſibile chome inuiſibile e/ inſtituito con tanto ordine; che neſſuna minima particella depſo puo declinare et partirſi da tale ordine. Ne potrebbe eſſere tanto ordine ſe non procedeſſi dun principe et motore elquale tante choſe et ſi diuerſe et contrarie inſieme componeſſi et conlegaſſi. Ne puo hauere cognitione di queſte choſe alchuno che guſti che choſa ſia iddio. LEVA ADVNQVE: inuita el lectore a conſiderare emoti decieli maxime in quella parte doue lun moto ſi perchuote con laltro. E/noto per aſtronomia chel moto del fermamento procede da oriente ad occidente; Epianeti fanno moto contrario a queſto da oriente ad occidente ſempre ſotto el zodiaco elquale diuide el circolo equinoctiale et ſimilmente e/diuiſo dallui et īduce equali parti: et luna ſurge ad ſeptentrione: laltra declina amezo giorno. chome diſteſamente dimoſtramo nella ſecōda cantica. LVN MOTO Allaltro; perche ſono contrarii. A VAGEGGIARE: ideſt a rimirare con piacere et dilecto. NELLARTE. i. nelladmirabile magiſterio che e/la natura delle choſe artificioſamente inſtitute da dio. Onde el petrarcha. Quel chinfinita prouidentia et arte. Moſtro in ſuo mirabil magiſtero. Et creo queſto et quellaltro hemiſpero. Et manſueto piu Ioue che marte.

Vedi chome da indi ſi dirama
lobliquo cerchio che pianeti porta
per ſatiſfare al mondo che gli chiama
Et ſe la ſtrada loro non fuſſi torta
molta uirtu ne cieli ſarebbe in uano
et quaſi ogni potentia e quaggiu morta
Et ſe dal dricto piu o men lontano
fuſſil partire aſſai ſarebbe manco
et ſu et giu dellordine mondano
Hor ti riman lectore ſopral tuo bancho
drieto penſando accioche ſi preliba
ſeſſer uuoi lieto aſſai prima che ſtancho
Meſſo tho innanzi homai perte ti ciba
che aſe torcie tucta lamia cura
quella materia ondio ſon facto ſcriba

u Edi adunque chome da indi; cioe dallequatore ſi dirama cioe ſi diparte chome ramo dalbero. Impero torcie dalla prima parte dellariete ſalendo ſopra elnoſtro ſeptētrionale hemiſperio: et ua per ariete tauro et gemini inſino al tropico eſtiuo che e/tralultimo di gemini et el principio del cancro: et dipoi ſeguita Cancro: Leone et Vergine inſino al primo punto della libra: Et queſti ſei ſegni ſono ſeptentrionali. Et dalla libra per loſcorpione et ſagitario arriua al capricorno: nel chui principio e/ el tropico hiemale: Et īdi p laquario et pe peſci ritorna allariete: et queſti ſei ſono ſegni meridiani. PER SATISFARe al mondo che lo chiama ideſt per conſeruare con queſto moto queſto mondo inferiore: elquale ſi regge per lobbliquo moto de pianeti. ET SELLA ſtrada non fuſſi torta: ſe el zodiaco che e/ ſtrada de pianeti non fuſſi torto et obliquo molta uirtu nel cielo ideſt molta uirtu informatiua che ha el cielo laquale influiſce ne pianeti et epianeti negli elementi et nelle choſe elementate ſarebbe in uano perche non influirebbe ne corpi inferiori chome in

fluisce: perche non sarebbe chi la disponessi a operare: chome sono epianeti equali non disporrebbono
le non le chose sottoposte alloro: et pocha parte sarebbe sottoposta: se non uscissino del circulo e
quatore et quasi ogni potentia cio ogni uirtu che e/ apta a riceuere glinfluxi che f nno uita o uegetatiua
o sensitiua o motiua sarebbe sanza questa uita: Et similmente glelemēti apti a riceuere generatio e et
corruptione: che e/ uita in quegli per quel moto non la riceuerebbono. Fu adunque necessario che el
zo iiacho sallontanassi dallequatore et meridiano circolo elquale e/ dricto et non obliquo uentiquattro
gradi in ogni hemisperio chome ueggiamo nel nostro septentrionale eltropico estiuale che e/al principi
o del cancro essere distanti uentiquattro gradi dalprīcipio dellariete che e nellequatore da oriente. Et
similmente dal principio della libra che e nellequatore da occidente al principio del capricorno che e/
tropico biemale sono uentiquattro gradi. Et chome dice Aristotile nellibro di generatione et corrupti
one sel sole et glaltri pianeti non si dilungassino et appressassino da noi non sarebbe generatione et cor
ruptione perche da questo sifa la distictione de tempi dequali alchuno e/apto alla generatione et alchu
no alla corruptione: Et nellun si semina nellaltro cresce lherba nelleltro si matura. Ma se questo partirsi
dal circulo meridiano fussi piu o meno mancherebbe assai nellordine che idio pose al mondo et su ne cie
li et giu neglelementi: perche non sarebbono la debita distinctione de tempi chome fanno. HOR
ti rimani lectore: quasi dica io ho prelibato et brieuemente tocco alchuna chosa de moti celesti quanto
sappartenetti al proposito mio: Ma tu lectore rimanendo nel tuo bancho cioe nel tuo studio seguiterai
questa doctrina insino al fine: laquale benche sia difficile et molto faticosa: Nientedimeno da tāto
contento et piacere allanimo che si sopporta la faticha: Et prima e/ lhuomo lieto dhauere la perfecta co
gnitione che non e stancho nello studio. Io tho messo innanzi la materia et tu seguitando tene ciberai
Imperoche el cibo dellanimo e lontendere: Et io non seguito piu auanti; perche non e questo elmio
proposito.

Lo ministro maggior della natura
che del ualor del ciel elmondo impremp
& col suo lume el tempo nemisura ta
Con quella parte che su si rammenta
congiunto si gyraua per le spire
inche piu tosto ogni hora sappresenta
Et io ero con lui ma del salire
non maccorsio se non chomhuom saccor
anzil primo pensier del suo uenire ge

d Imostra che era gia salito nel quarto cielo
del sole sanza essersene accorto: et chiama
el sole maggiore ministro: et re uera e/
maggior di corpo perche e maggiore di tutti ecor
pi celesti et essendo la terra mille trecento trenta
tre migtaia di migla et secento migla: Elsole e cē
to sessantasei uolte quanto la terra: et chome ue
di che e maggiore dicorpo chosi intendi che ācho
ra e maggiore di uirtu: perche e cagione del con
temperamento deglelementi et delle nature et
della compositione degli indiuidui elementati p
la participatione deglaltri pianeti. Elsole chome
ueggiamo nel quarto cielo e collocato benche glegyptii lo ponessino nel secondo. Questo da Cicerone
e chiamato duca dellaltre stelle perche perla maiesta della sua luce precede tutti glaltri lumi. preterea
lo chiama principe perla sua excellentia: Chiamalo moderatore et temperatore deglaltri pianeti: per
che lui regge el corso et progresso et regresso di tutti glaltri pianeti: perche e certo spatio al quale giun
to che e el pianeto inuerso elsole e necessario che si dilunghi et similmente dilungato insino adunaltro
diterminato spatio dipoi ritorni. E/anchora chiamato da phisici mente del mondo et cuore del cielo:
perche caldo freddo: et temperantia: et ognaltra chosa che si genera nellaria sono dal sole chome nellani
male ogni moto e dal cuore: Fa el corso suo in trecento sexantacinque et laqua ta parte dundi. Ilperche
ogni quattro anni si intercala idest si interpone undi chome in altro luogho dimostrando elbixesto hab
biamo decto: et e tale anno di trecento sexanzei giorni Preterea uirimane la centesima parte dun gior
no. Ma anchora di questa dicemo in quel uerso. Ma innanzi che giennaio tutto si suerni. Questo pia
neta fa lanno finito tutto el zodiaco fa elmese finito un segno del zodiaco fa eldi che e lospatio di uenti
quattro hore. Fa el giorno quando e/nel nostro hemisperio sopra terra. Fa la nocte quando e/ sobto ter
ra: Quando uiene alloriente fa mattino: quando a mezo el giorno fa mezo di. Quando declina a occiden
te fa sera. Quando entra nellariete che elprimo equatore fa la primauera. Quando peruiene al cācro
fa la state. Quando alla libra lautūno. Quando al capricorno el uerno. Adunque per queste quattro sta
gioni dellanno epoeti lo fingono in carro tirato da quattro cauagli. Enomi de cauagli secondo Ouidio
sono: pyroo: eoo: ethon: phlegon. Piroo e decto da pyr che significa fuocho. Eoo da eos che significa
laurora. Ethon et phlego da ethin et phlegin che luno et laltro significano ardere. Hanno adunque eno
mi dal calore del sole. Ma Igino et molti altri nominano elprimo cauallo erithreo: idest rosso dal colo
re rosso che el sole ha damattina. Elsecondo Acteon perche inuerso la terza distende esuoi razzi equali e
greci chiamono actin. Eltertio lampros cioe splendido perche nel mezo giorno molto splende. Elquar
to philogeo idest amatore di terra perche inuerso lasera cala alla terra. E chiamato sole perche solo e/
quello che luce: et col suo lume illustra le chose superiori et inferiori et ogni stella ha lume dallui. e pia
neta fortunato: Maschulino diurno caldo et seccho. Tucte le chose uiuifica. Onde Aristotele scriue che

elſole et lhuomo genera lhuomo: Et nellibro deglelementi afferma che lui ha ellume proprio et glaltri pianeti lonceuon dallui. E maggiore che tucti glaltri pianeti in quantita: in degnita: et in potentia. Et col ſuo moto ordinato et ſenza alchuna confuſione ordina et da perfectione a tucte le coſe. El ſole e locchio del mondo: Giocondita del di: belleza del cielo: Miſura de tempi: Virtu et uigore di tucte le choſe naſcenti: Signore de pianeti: perfection delle ſtelle: et re della natura: Scriue platone nel timeo che idio fece el ſole acciochе col ſuo ſplendore illuminaſſi elcielo et tucte le choſe inferiori. E ſempliciſſimo et non compoſto di parti contrarie: et da tale ſemplicita procede che e leuiſſimo. Imperoche la grauita naſce dalla conuexione delle parti materiali: et dalla leuita naſce lagilita et la uelocita del moto: et da que procede che ſia molto actiuo. Adunque productiuo et generatiuo: A pre epori della terra: et excita lauirtu che e nelle radici: et rinnuoua tutte le piante et nutriſcele riſoluendo lhumore nella terra et conuertelo in nutrimento. Sana et conſerua. Impero che glelementi perle loro contrarieta ſi diſfarebbono lun laltro ſe non ſi riconciliaſſino per la influentia della celeſte uirtu. Nel ſole e la uirtu uiuificatiua. Il perche neſſuna choſa uiue doue non penetra lauirtu del ſole. Elſole influiſce nellhuomo natura di ſapere et dinmaginare. Laqual choſa ha moſſo elpoeta che lui induca nel corpo di queſto pianeta huomini excellenti in doctrina. MINISTRO: delle nature o uoglamo natura naturante cioe di dio al quale ubbidiſce o della natura naturata perche a quella cagiona eſuoi effecti. DEL VAlor del cielo: della uirtu informatiua chel cielo infonde. imprempta idest imprompta et ſuggella al mondo lechoſe del mondo perche in quelle tranſfonde la uirtu del cielo et eſſa diſpone a riceuerla. ET COL ſuo lume el tempo ne miſura: perche el corſo ſuo fa mattino mezo giorno ſera nocte fa meſi anni fa primauera ſtate auctumno et uerno. Onde el petrarcha dicendo del ſole ſcripſi. Quandol pianeta che diſtingue lhore. Diremo dunque elminiſtro del cielo congiunto con quella parte del zodiaco che ſi rammenta ſu cioe del quale feci mentione nel principio dellibro cio lariete. Gyraua. PER le ſpire: perle ſue circulationi perche ogni uentiquattro hore cerchia tucto el cielo: E latini chiamano cierchio quello che ritorna in ſe chome e lanello: et ſpira chiamano quello che benche circondi non torna in ſe medeſimo chome uediamo molti tondi in una fune. Adunque perche el ſole ua ogni di un grado et non torna mai a quel medeſimo punto ſaranno ſpire et non cerchi. INCHE: nel quale ariete. OGNI HORA ſi rappreſenta piu toſto: perche eſſendo lequinoctio ſono lhore nocturne pari alle diurne. Et ſoggiugne che non ſaccorſe eſſer ſalito al cielo del ſole altrimenti che lhuomo ſaccorga del primo penſieri innanzi al uenire: innanzi che uenga: del quale mai ſaccorge ne ſauuede che debba uenire: perche uenne diſubito inſpirato: da cieli: o da dio: o perſuaſo dal diauolo.

Oh beatrice quella che ſi ſcorge
dibene in meglo ſi ſubitamente
che lacto ſuo per tempo non ſi porge
Quanteſſer conuenia daſſe lucente
che quel cherentro alſole douio entrai
non per colore ma per lume paruente
Perchio lingegno & larte & luſo chiami
ſi nol direi che mai ſimmaginaſſi
ma creder poſſi & di ueder ſi brami
Et ſelle fantaſie noſtre ſon baſſe
atanta alteza non e marauigla
che ſopral ſole non fu occhio candaſſe

F Inge el poeta che nel ſole uedeſſe beatrice piu lucente chel ſole. Et ſimilmente glaltri ſpiriti che ſono in quella ſpera dice eſſer piu lucenti chel ſole. Et queſto perche in eſſa pone lanime di quegli equali furono illuſtrati dallaltiſſima ſcientia. Et ordina eltexto. Oh quanto conuenia eſſer lucente da ſe idest quanto biſognaua che per ſe medeſima riluceſſi che quel che era dentro al ſole cio conuenia che fuſſi piu lucente che la luce del ſole: perche altrimenti non ſi ſarebbe ueduta nel ſole: QVELlo che era Beatrice. LAQVALE ſi ſcorge di bene in meglo: perche quanto piu ſale tanto piu riluce et riluce ſi ſubitamente chel ſuo acto non ſi porga anoi per tempo idest con ſucceſſione di tempo. Et per queſto dichiara che lhuomo puo apprehendere le choſe naturali et la ſcientia di quelle col proprio ingegno uſando la raciocinatione et el diſcorſo doue appare ſucceſſione di tempo. Ma delle coſe ſeptentrionali et diuine non e capace per ſe medeſimo el noſtro ingegno. Onde non acquiſtiamo tal cognitione con ſucceſſione di tempo o per noſtro diſcorſo. Ma per inſpiratione diuina et in uno inſtante. NON per colore: non per luce corporale chome ſono ecolori. MA PER luce paruente: idest apparente quaſi dica ſi exceſſiua che appariua et uedeaſi nella luce del ſole. Et acciochе el lectore non aſpecti che lui dichiari quanto Beatrice auanzaua el ſole ni ſplendore: ſoggiugne che benche uſaſſi tucto lo ingegno et larte et lexercitatione non ſarebbe tanto eloquente che lo poteſſi dire. SI: idest in tal modo che mai ſi poteſſi imaginare da chi legge et la ragione e che la inmaginatione non rappreſenta ſe non le choſe ſenſibili: et locchio elquale e ſenſo che apprende lo ſplendore non uide mai choſa piu lucente chel ſole. Adunque nõ ci marauigliamo che la fantaſia noſtra laquale non puo apprendere ſe non le choſe che gli porgono eſenſi non aggiunga a tanta alteza: Niente dimeno lhuomo benche non poſſa inmaginare tale ſplendore lo puo credere et bramare idest diſiderare di uederlo.

S Eguita dimostrando che laquarta famiglia cioe glispiriti diquesto quarto cielo era tale cioe si lu cente chome e/ decto dibeatrice. DELlalto padre: e/ uero padre perche crea genera gouerna et nutrisce. CHE Sempre gli satia di se chome el padre satia la famiglia della sua substanza. MOstr ando chome spira et come Figlia: Satiagli di se dimostrando una essentia nella diuinita et anchora la trinita nellepersone et pero dice chome spira el figliuolo loeterno amore idest lospirito sancto come figlia come abeterno elpadre genera ilfigluolo. Adūque dimostra idio a beati lessentia sua unica et latrinita delle persone perche rimarano in lui chome in specchio ogni chosa intendono. Alchuni non riferiscono questo adio ma al sole: Ilche le grido quanto disua natura pocho auanti dicemo facilmente sintendera BEAtrice comin cio adirmi ringratia el sol de glangeli elsomo idio elquale illumina glangioli et illuminādogli glida lacognitione et ringratialo per che lui tha alcuato et inalzato insino aquesto sole sensibile. Et certo questo pianeta che e/: el quarto cielo e/ sole sen sibile perche siconprende cosensi et maxime con locchio. Et idio e/ sole insensibile Onde elpetrar cha dixe Coronata distelle alsommo sole, idest al sōmo idio dalla cui luce procede ogni altra luce CHVOR dimortale: grandissima fu la efficacia de conforti et precepti di Beatrice: poi che si disu bito gli misse in chuore tanta diuotione: et fece che lui messe elsuo amore si tucto indio. CHE Beatrice eclipso idest obscuro. La sententia e questa che quando el poeta fu tucto eleuato adio: idio inspiro in lui tal gratia: et tanto selo congiunse che lui uolse lamore tucto in lui. Onde chome per maggior lume obscura el minore chome ueggiamo le stelle che ri lucono la nocte uenendo el sole che e maggior lume spariscono: chosi lamore īuerso didio obscuro lamo re che hauea inuerso beatrice. Ilche admonisce che grandissimo amore dobbiamo portare alla sacra scrip tura. Ma non debba el fine nostro essere in quella che noi lamiamo solamente per amar lei: ma per po tere mediante quella congiugnersi con tucto lamore adio. Ne fu molesto a beatrice chel poeta per idio dimenticassi lei. Imperoche tucti eprecepti della sacra scriptura consentono anzi comādono che noi pre poniamo lamor diuino aogni altro amore. MIA mēte unita in piu chose diuise: Era la mente sua uni ta et fixa nella oratione et in render gratia adio: Et lo splendore degliocchi di beatrice lo diserraxono a contemplare diuersi spiriti.

Tale era quiui laquarta famigla
dallalto padre che tanto glisatia
mostrando chome spira et chome figla
Et beatrice comincio ringratia
ringratia elsole deglangoli chaquesto
sensibil tha leuato per sua gratia
Cuor dimortal nonfu mai si digesto
adiuotione et atendersi adio
con tucto suo gradir cotanto presto
Come aquelle parole misfeci io
etsi tutol mio amore in lui si mise
che beatrice eclypso nelloblio
Non gli dispiaque ma sisene rise
che losplendore deglochi sui ridenti
mia mente unita inpiu chose diuise

Q Velle anime che e ono splendori ciha ueuo facto cerchio intorno et noi erauamo inme zo chome el centro e/ in mezo della sua circunfe renza. PIV DOLCI in uoce che in uista lucenti uinceua la dolceza del canto lo splendore dellume Ilche dinota che la dolceza della doctrina e maggi ore in se che non e la fama che ne nasce. Et appa re qui grandissimo artificio del poeta: Elquale uolen do dimostrare la excellentia della suauita del cāto ha prima mostro la grandeza della luce: et di poi pone che tale melodia uincenssi lo splendore: Et erauamo chosi circundati dal cerchio di quelle ani me chome ueggiamo la figla di latona cioe la luna quando laere e pregno diuapori: perche allhora le parti circunstanti piglon colore della luna: et fan nogli un cerchio. NELLA Corte del cielo: Op tima comparatione che chome interuiene interra che se in alchuno reame sono excellenti gioie e/ prohi bito a cauarle: chosi tal canto era si pretiosa gioia che non si puo trarlo di quel cielo idest non puo inge gno humano comprenderlo se non e in cielo. DAL muto aspecti: quindi le nouelle quasi dica non as pecti intendere da altri tali chose se non ua in cielo.

I o uidi piu splendori uiui & lucenti
far di noi centro & dise far corona
piu dolci in uoci che in uista lucenti
Chosi finger la figla di latona
ueder tal uolta quando laere e pregno
si che ritenga el fil che fa la zona
Nella corte del cielo ondio riuegno
si truouan molte gioie care & belle
tanto che non si posson trar del regno
El canto di que lumi era di quelle
chi non simpenna si che lassu uoli
dal muto aspecti quiui le nouelle

C Hiama ardenti soli questi spiriti per losplē dore della doctrina gironsi tre uolte a Dan

Poi si cantando quegli ardenti soli
si fur girati intorno a noi tre uolte

chome ſtelle uicine a fermi poli
Donne mi partion non da ballo ſciolte
ma che ſareſtin tacite aſcoltando
fin chelle nuoue note hanno ricolte
Et dentro allui ſenti cominciar quando
lo raggio della gratia onde ſaccende
uerace amore & che poi creſca amando
Moltiplicando in te tanto riſplende
che ti conduce ſu per quella ſcala
du ſanza riſalir neſſun diſcende
Qual ti negaſſi el uin della ſua fiala
per la tua ſete in liberta non fora
choſi chome acqua chen mar non ſi cala

che : perche la conſideration loro e/ſecondo lame moria : et lo intellecto : et la uolonta. STELLE uicine a fermi poli : chome le ſtelle uicine al polo guidano enauiganti in ſicuro porto : choſi la doctrina di queſti ſpiriti. E DENTRO : allume di quegli ſplendori che fu Thomaſo daquino : ſenti cominciare aparlare in queſto modo. Quando : ideſt : poi che el razo della diuina gratia dal quale ſaccende uerace amore et carita inuerſo idio et el proximo : et dipoi creſce amando moltiplicato in te danthe riſplende certo uegger doti ſi affetato della doctrina celeſte : ciaſchun di noi ti debba porgere del uino della ſua fiala : ideſt del ſuo boccale per iſpegnerti la ſete : ideſt ti debba dimoſtrare la ſua doctrina. Et chi non lo faceſſi non ſarebbe in ſua liberta. Impero che chome ogni acqua che e/ libera non reſta di correre in ſino che mette in mare. Choſi gli ſpiriti beati : perche ſono acceſi di ſomma gratia et carita dello altiſſimo non reſtano mai di porgere aiuto ſe ſono in loro liberta di ſeguire ſua uoglia.

Tu uuoi ſapere di quai piante ſinfiora
queſta ghirlanda chen torno uagheggia
labella donna chal ciel tauualora
Io fui deglagni della ſancta greggia
che domenicho mena per cammino
du ben ſimpingua ſe non ſi uaneggia
Queſti che me adextra piu uicino
frate & maeſtro fumi & eſſo alberto
fu di cologna & io Tomas daquino
Se tu di tucti glaltri eſſer uuoi certo
dirieto al mio parlar ti uien col uiſo
gyrando ſu per lo beato ſerto

p Er che quegli ſpiriti haueano facto ghyrlanda di ſe intorno a Danthe et a Beatrice pero dice tu uuoi ſapere di quali piante ſinfiora queſta ghirlanda chentorno uagheggia la bella donna cioe Beatrice. CHAI ciel tinualora cioe che ti da ualore diſalire al cielo. IO FVI deglagni : degli agnegli : et e/optima tranſlatione. Imperoche ſe ſan Domenicho fu el paſtore : efrari ſuoi furon la greggie : et chiamagli agnegli : epſo ha atteſo alla innocentia et caſtita che debba eſſere in tali religioſi. CHE BEN SINpingua : ſingraſſa. SE NON SI uaneggia : ideſt ſe non ſeguitono uana gloria. Ma la uera doctrina et innocente uita Alberto elquale per la ſua gran doctrina fu chiamato magno huomo uniuerſale in ogni ſcientia : Et ſommo inueſtigatore de ſegreti della natura Ilche manifeſto appare ne ſuoi uolumi. Fiori in parigi circha allanno : Mille dugento cinquanſepte. Tomaſo daquino di nobile ſtirpe nato de conti daquino : Della cui innocentiſſima morte dicemo di ſopra : huomo buono per ſanctita di coſtumi : et per profundita : et uaria : et multiplice ſcientie : digniſſimo de inmortali laude : et detherna fama et memoria. Mori nellanno della noſtra ſalute : Mille dugento ſeptanta quattro.

Quelaltro fiammeggare eſce del riſo
digratian che luno et laltro foro
aiuto ſiche piacque inparadiſo
Laltro cha preſſo adorna elnoſtro foro
quel pietro fu che colla pouerella
oferſe aſancta chieſa elſuo teſoro
Laquinta luce che tra noi piu bella
ſpira di tale amore che tutol mondo
laggiu nagola diſaper nouella
Entro nellalta mente un ſi profondo
ſaper fu meſſo che ſel uero e uero
ad ueder tanto non ſurſel ſecondo

p Rocede Tomaſo in dimoſtrare glaltri ſpiriti di queſta ſpera. Et pone Gratiano da chiuſi citta antiquiſſima : elquale fu monacho di ſancto felice di Bologna : et compoſe el decretale et dimoſtro chome la legge canonica ſi concorda con la ciuile : onde dice che aiuta lun foro et laltro ideſt el iudicio ſpirituale et temporale. Qual piero : Piero lombardo ueſcouo di parigi : decto maeſtro delle ſententie : El chui libro e/ſtato comentato da Thomaſo et da molti altri egregii doctori Queſto libro offerſe alla chieſa el quale fu accepto a dio ſopra ogni altro theſoro : chome fu la pocha pecunia della pouera femina. Queſto ſcriue el poeta : perche piero nel probemio del ſuo libro dice offerire quello non chome choſa grande : ma con quella deuotione con laquale la pouerella femina offerſe al tempio due minuti. Fu Piero lombardo

Appreſſo uedi ellume di quel cero
che giu in carne piu adentro uide
langelica natura elminiſtero
Nellaltra piccioletta luce ride
quello aduocato de tempi chriſtiani
del cui latino auguſtin ſi prouide

ueſchouo di parigi circa allanno. M.C lxxii. LA QVINTA luce. Queſto e Salamone figluo o di Dauid nato di berſabe mogle duria; la cui ſapientia e/manifeſtiſſima: Et ſanza controuerſia e/prepoſto in ſapientia a tucti glihuomini: Ma non diternina la chieſa ſe e/damnato o ſaluato. Et pero tuctol mondo. NAGOLA: ne diuenta ghiotto cioe molto deſidera ſaperne nouella. APPRESSO VEDI el lume di quel cero. Queſto e Dionyſio ariopagita elquale ſcripſe della natura āgelicha piu excellentemente che glaltri. Fu innanzi al baptesimo excellentiſſimo philoſopho. Et facto chriſtiano ſcripſe choſe molto alte et utiliſſime alla fede: Maxime della celeſte ierarchia: et de diuini nomi Et fu elprimo che apriſſi glalti ſenſi di Paolo apoſtolo

NELLALTRA PICCIOletta luce ride: hauea minore ſplendore perche era di minor merito: ma pur ride perche e/contento. Queſto e/ paulo oroſio elquale ad petitione di ſancto Auguſtino ſcripſe tutte le calamita degli huomini dal principio del mondo: et dimoſtra che etempi chriſtiani erono ſtati men calamitoſi che glaltri. Ilche dette aſſai commodita a Sancto Auguſtino: quando ſcripſe de ciuitate dei. Alchuni altri intendo di Ambroſio: elquale molto difeſe etempi chriſtiani dagli heretici: et conuerti ſancto Auguſtino che prima era heretico manicheo: et molto oppreſſo dallo errore de Manichei

ADVOCATO DE TEMPI CHRISTIANI: perche epſo Ambroſio molto ſe affatico contro alla perfidia degli heretici.

Hor ſe tu locchio della mente trani
di luce in luce drieto alla mie lode
gia delloctaua con ſete rimani
Per uedere ogni bene dentro uigode
lanima ſancta chel mondo fallace
fa manifeſto achi di lei bene ode
Locorpo ondella fu cacciata giace
giuſo inceldauro & eſſa da martiro
& da exilio uenne a queſta pace
Vedi oltra fiammeggiare lardente ſpiro
di iſidero di beda & di riccardo
che aconſiderare e piu che uiro

P One nella octaua luce Boetio: elquale perche ſcripſe de conſolatione philoſophica: pero dice el poeta che queſta anima fa manifeſto el mondo fallace idest manifeſta glinganni et le fallacie di queſto mondo achi lode. Adunque o/ Danthe ſe tu trani idest traduci locchio della mē te. Impero che trano in latino ſignifica trapaſſo et traducho. LO CORPO: Fu Boetio damnato da theodorio re de gothi Et finalmente ſtrangolato in pauia. IN CIEL DAVRO: Queſto e/un monaſterio chiamato celum aureum. Iſidoro fu hiſpano et ueſcouo hiſpalenſe. Beda fu ſacerdote inghileſe: Et benche ſia canonizato ſempre ſi chiama uenerabile. perche queſto nome gli ſcripſe langnolo nella ſepultura. Riccardo fu monacho et fu fratello d Vgo di ſancto uictore. Fu piu che uiro nella conſideratione delle ſacre lectere: perche paſſo ſopra la poſſibilita humana.

Queſti onde adme torna eltuo riguardo
e un lume dun ſpirto che penſieri
graui ad morire gli parue eſſer tardo
Eſſa e la luce etherna di ſigieri
che legendo nel uico degli ſtrami
ſyllogizo inuidioſi ueri
Indi chome horologio che ne chiami
nelhora che la ſpoſa didio ſurge
amattinar lo ſpoſo perche lami
Che luna parte laltra tira & urge
tintin ſonando con ſi dolce nota
che ben diſpoſto ſpirto damor ſurge
Choſi uidio la glorioſa rota
muouerſi et render uoci a uoci intempra
et in dolceza cheſſer non puo nota
Se non chola douel giorno ſinſempra

S Igieri grandiſſimo dialetico el quale hauea ī quella faculta non captioſa et ſophiſtica ſciē tia ma uera: Ma ſi excellente che non fu ſanza emulatione et inuidia de concorrenti leggeua a parigi nella uia degli ſtrami. INDI chome horologio. Hanno ereligioſi horiuoli et deſtatoi che chiamono la chieſa cioe epſi ſacerdoti laqual chieſa e/ ſpoſa didio nelhora che eſſa ſurge idest ſi lieua a mattutinare idest a cantare mattutino et cantādo lodare lo ſpoſo che e epſo idio acciocbe ami queſta ſui ſpoſa. Et allhora ī queſto horiuolo che ſuona aduiene che una parte delle ruote tira quella che gli uiene dirieto et urge idest ſpigne quella che gli ua innanzi et ſonando tintin che e la uoce del cāpanuzo del deſtatoio ſi dolcie che lo ſpirito del ſacerdote ben diſpoſto turge idest rigonfia et creſce in amore. Et ſimilmēte la rota et cerchio di ſpiriti ſi moueua et nel cantare riſpondeua luno allaltro intempra idest accordandoſi in uoce et in harmonia ſi dolciemente che non puo eſſer nota: ſe ſe non doue el giorno ſinſempra idest e/ ſempre perche non ue mai nocte et queſto e/in cielo.

CANTO XI DELLA TERTIA CANTICA DI DANTHE

o Insensata cura de mortali
quanto son defectiui esilogismi
que che ti fanno in basso batter lali
Chi drieto ad iura & chi ad anphorismi
sengia & chi seguendo sacerdotio
& chi regnar per forza & per sophismi
Chi in rubare et chi inciuil negotio
chi nel dilecto della carne inuolto
saffatichaua et chi si daua allotio
Quando con tucte queste chose sciolto
con beatrice mera suso in cielo
cotanto gloriosamente accolto

c Ontiene la somma di questo undecimo canto le laude di due religioni. Di sancto Francescho et di san Domenicho: lequali afferma essere state excitate in opportun tempo dalla prouidentia diuina. Ma prima ripigla elsuo parlare sancto Tomaso: et absolue un dubbio.

O INSENSATA cura: Riprende la stultitia humana che o si da a chose non giudicantici al debito fine o marcisce in otio et in pigritia. Et pero o cura et sollicitudine et desiderio insensato sanza uero sentimento: perche non solamente e/uana et inutile: ma anchor nocina al sommmo bene

QVANTO son difectiui esilogismi: cioe quanto sono imperfecte le loro argomentationi et ragioni: perche non conchiuggono el uero. Silocismo e/argomento che fa fede della chosa dubbiosa Ma bisogna che non sia defectiuo: ma che la maggiore et la minore sia uera: et la cõclusione seguiti delle chose premesse. CHI Drieto ad iura: la sententia e/questa: Conciosia che el sommo bene consista nella contemplatione delle cose diuine alla quale io et beatrice erauamo attenti: la maggior parte degli huomini errono perche alchuni pongono el sommo bene nelle richeze. Onde si danno o aragione ciuile o amphorismi idest a medicina: o al sacerdotio: o al ciuile negotio cioe al gouerno della rep. lequali tucte cose benche di lor natura sieno honeste et buone. Nientedimeno chi le fa solamente adfine del guadagno ne e/buono huomo ne puo esser felice: Et molto minormente se apertamente rapisce quello che non e suo. Alchuni pongono la felicita nelle signorie et negli honori et regnono per forza tyrannicamẽte: o que sophismi idest per fraude. Sophismo e argomentatione che par uera et e/falsa. Ma qui lapone per la frande. Alchuni pongono la felicita nellotio et nella pigritia. Alchuni nella luxuria: et tutti errono perche nõui puo essere lauera felicita.

Poiche ciaschun fu tornato nelo
punto del cierchio inche auanti sera
fermossi chome ad candellier candelo

p Oi che lanime che facieuon corona a Beatrice et a danthe girandosi ritornorono in quel puntto donde hauea cominciato. Fermoronsi chome candela si ferma al candelliere: et pone questa

Et io ſenti dentro aquella lumera
che pria mhauea parlato ſorridendo
incominciar faccendoſi piu mera
Choſi chomio del ſuo raggio riſplendo
ſi riguardando nella luce etherna
li tuoi penſieri ondio cagione apprendo
Tu dubii et hai uoler che ſi ricerna
in ſi aperta et ſi diſteſa lingua
lo dicer mio chel tuo ſentir diſcerna
Oue dinanzi dixi u ben ſimpingua
et doue dixi non ſurſel ſecondo
et qui e huopo cheben ſi diſtingua

comparatione perche queſti doctori hanno dichiarato la ſcriptura ſancta iſpirata da dio negli euangeliſti et neglaltri primi doctori. Fermo el cerchio ſanctomaſo ſorridendo della ignorantia di dante che comincio a parlare: et la luce ſi fece piu mera idest piu pura. Et dixe riguardando io in dio: de cui razi io riſplendo; chome in ſpecchio delquale ſi uede ogni uero io apprendo et comprendo e tuoi ſiche e/cagione chio parli. E penſieri tuoi ſono che tu dubii idest dubiti et dubitando hai uolere et uolonta chel mio dire ſi ricerna idest dinuouo ſi diſtingua et apra in ſi aperto ſermone chel tuo SENTIRE: idest el tuo intellecto. DISCErne: idest diſtingua et conoſca due dubii. El primo doue dixi di ſan Domenicho u bē ſipigua ſe non ſi uaneggia. Laltro dubbio e/doue dixi di Salomone: non ſurſel ſecondo. Qui adunque e huopo idest fa meſtieri che ben ſi diſtingua.

Perche la difficulta di queſti uerſi e/nellordinare el texto: procedi choſi. La diuina prouidentia laquale gouerna el mondo uiſibile et inuiſibile con quel conſiglo nelquale: ogni aſpecto creato. i. ogni intellecto creato choſi angelicho chome humano e uinto pria che uada al fondo. Imperoche non pone lhuomo ne langelo perche hanno intellecto finito arriuare inſino alla profondita del diuino cōſiglo. Queſta prouidentia adunque ordino due principi nella chieſa militante che in fauore di decta chieſa gli fuſſino per guida et conduceſſonla a porto di ſalute. Quinci et quindi cioe con la carita et con la ſapientia: Et queſto ordino la prouidentia: peroche andaſſi: idest accioche la ſpoſa: idest decta chieſa andaſſi uerſo lo ſpoſo uerſo Chriſto. Imperoche la chieſa e la ſpoſa di Chriſto: el quale in ſulla croce ad alte grida: la ſpoſo col ſangue benedecto el quale lui ſparſe per la noſtra redemptione: et andoſſi ſicura in ſe per la guida de due decti principi: et piu fida in lui idest conpiu fede inuerſo lui: Et queſti due furono Franceſcho et domenicho; Et luno cioe Franceſcho fu tucto ſeraphico in ardore idest tucto ardente in carita: perche e ſeraphini ſono eprimi angeli aquali e/attribuito la carita. Laltro idest Domenicho fu per ſapientia uno ſplendore di luce cherubica perche a cherubini e attribuita la ſapientia.

La prouidentia che gouerna el mondo
conquel conſiglo col quale ongi aſpecto
creato e uinto pria che uada al fondo
Pero chandaſſi uer el ſuo dilecto
laſpoſa di colui che adalto grida
diſpoſo lei col ſangue benedecto
In ſe ſicura & ancho in lei piu fida
duo principi ordino in ſuo fauore
che quinci & quindi gli fuſſer per guida
Lun fu tucto ſeraphico in ardore
laltro per ſapientia interra fue
di cherubicha luce uno ſplendore
Dellun diro pero che dambe due
ſi dice lun pregiando qualhuom prende
perchaun fine furo lopere ſue

DELLVN diro: Sara aſſufficientia dire delluno de dua. Imperoche laudando Franceſcho lauda āchora Domenicho perche la uita et la religione fu pari in ambo due. Ne ſanza ſommo artificio induce laquinate a lodare Franceſcho et non Domenicho, impero che eſſendo el decto thomaſo dellordine di Domenicho ha piu fede in lodare Franceſcho. Et per la medeſima ragione lo induce a uituperare efrati dello ordine di ſancto Domenicho.

Intra atupino & laqua che diſcende
dal colle electo dal beato ubaldo
fertile coſta dalto monte pende
Onde perugia ſente freddo & caldo
daporta ſole et dirieto lepiange
per graue giogho nocea con gualdo
Di queſta coſta la douella frange
piu ſua rapteza nacque al mondo un ſole
chome fa queſto tal uolta di gange

Diſcriue la citta daſceſi oue nacque ſan Franceſcho. Tōpino e fiume da ponente aſceſi. ELCOlle electo: queſto e dalleuante: Et in queſto el beato Vbalde dagobbio fece penitentia: et di queſto naſce el fiume decto chiuſſi. PORta ſole: e porta di pugia che ua aſceſi: chome e choſa nota a molti. FERTile choſta: E/poſta a ſceſi ī choſta laquale e molto fertile. VBALDO: Coſtui fu prima heremita in queſto monte dipoi fu neſcouo dagobbio. DI QVESTA COSTA: Dimoſtra Franceſcho eſſere nato in aſceſi: El quale ueramente fu ſole: perche per ſanctita di uita; et

Pero chi deſſo loco fa parole
non dica aſceſi che direbe corto
ma oriente ſe propio dir uole

doptimi exempli rimoſſe ogni heretica tenebre laquale inquegli tempi molto occupaua lemente humane Furono in un tempo franceſco confactutore dellordine deminori Et Domenico nato in calagura luogo in hiſpagna co elquale inſtitui ordine depredicatori Fiorirono dopo lanno milleſimo dugenteſimo della noſtra ſalute.

Non era anchora molto lontano dalorto
che comincio afare ſentire laterra
della ſua gran uirtu alchun conforto
Che per tal donna giouinetto inguerra
del padre corſe achui come alla morte
laporta del piacer neſſun diſerra
Et dinanzi alla ſua ſpiritual corte
et coram patre gli ſi fece unito
poſcia di di indi lamo piu forte
Queſti priuata delprimo marito
mille cento anni et piu diſpecta et ſcura
fine achoſtui ſiſtette ſanza inuito
Ne ualſe udire che latrouo ſicura
con amiclate alſuon della ſua uoce
colui cha tuctol mondo fe paura
Ne uolſe eſſer coſtante ne feroce
ſiche doue maria rimaſe giuſo
ella con criſto ſalſe inſulla croce
Ma per chio non proceda troppo chiuſo
franceſco et pouerta per queſti amanti
prendi hora mai nelmio parlar difuſo

Non era molto lontano dal naſcimento perche era di pocha eta quádo laterra etgli huomini comiciorno acognoſcere la ſua uirtu et pigliar conforto. CHE : ipoche lui corſe inguerra del padre che fu Bernardone cittadin daſceſi et lanaiuolo per tal donna cioe per lapouerta Achui alla qual pouerta neſſun diſſerra .i. a pre la porta del piacere chome ne anchora alla morte Et nella ſua ſpirituale corte perche colconſiglo delpadre ſpirituale fece profeſſione dipouerta et po ſubgiugne et coram patre POSCIA DI DI IN di latoo PIV FORTE perche ſempre crebbe lamore Queſta pouerta priuata di criſto quádo torno incielo che fu ſuo primo marito ſiſtette ſanzainuito ideſt ſanza eſſere richieſta piu di mille cento anni īſino achoſtui dichi io parlo che e franceſco Et dixe piu dimille cento perche come dimoſtramo diſopra paſſorono mille dugento anni da chriſto et franceſcho. Ne gli ualſe a queſta pouerta che per tucto ſi ſapeſſi la ſua gran francheza danimo la qual fu tanto che non teme ceſare imperatore īuicto quádo eſſa ſiſtaua con amicla. Scriue lucano che eſſendo amēdue glexerciti di ceſere et dipōpeo ī epiro informa che ogni huomo era ī gran tremore ſolo Amicla peſcator pouerissimo per nō hauere niente che perdere : o perche glidoueſſi eſſere deſiderata la morte uiueua ſicuriſſimamente in una ſua piccola capannuza doue dopo la peſcagone riduceua acoperto. Voleua ceſare contro alla forza de uēri tornare in italia per paſſare elreſto dello exercito ſuo in epiro : Et finalmēte ributtato dalla tēpeſta ſi riduxe alla capanna da micla. Ne gli ualſe anchora hauere tanta conſtantia col ſuo ſpoſo et tanta ferocita che non labbandono etiam nella morte : et non ſolamēte laccompagno con maria inſino alla croce : Ma rimanendo maria in terra : epſa ſali con Chriſto inſu la croce. Non conſiderano glhuomini quanta richeza ſia nella uolontaria pouerta : et quanta tranquillita danimo Ilperche ueramente la infallibile uerita dixe. Beati pauperes ſpiritu ideſt humiles corde. Perche niente mácha áchi niente deſidera et certamente fu ricco diogene cinico uiuēdo lieto et niente diſiderando Et pouero alexādro magno alquale niente era aſufficienza et quáto piu aquiſtaua piu diſideraua Sempre in anxieta ſēpre in timore uixe ceſare Ma molto allegro trouo el gia detto amicla del quale dixe lucano. Ouite tuta facultas pauperis : Anguſti que lareſ o Munera non dum intellecta deum quibus hoc contingere templis nulle trepidare tumultu. Ceſarea pulſante manu. Et iouenale Sed pluresſ nimia congeſta pechunia cura Strangulat irē pauca licet porteſ argēti uaſcula puri Nocte iter ingreſſuſ contum gladiumquetenebiſ : Et nocte ad lunam trepidariſ harundinis umbram. Cantabat uacuus coram latrone uiator.

Lalor concordia elor lieti ſembianti
amore et marauigla et dolce ſguardo
faceano eſſer cagione de penſier ſancti
Tanto chel uenerabile bernardo
ſi ſcalzo prima et drieto atanta pace
corſe et correndo gliparue eſſere tardo
O ignota riccheza o ben ferace
ſcalzaſi egidio ſcalzaſi ſiluestro
drieto allo ſpoſo ſi laſpoſa piace

LALOR CONCORDIA Et loro lieti ſebianti Se ogni diſcordia naſce dallanatura et dalla cupidita delpoſſedere thesoro lapouerta uolūtaria ſempre ſara inſoma concordia Et ſe lericheze ſono piene dichura lapouerta ſara piena diletitia. Amore ideſt laſomma carita dellaquale luno acēdere laltro. MARauigla perche luno era ſpechio di probita et ſanctimonia allaltro faceano eſſere cagioni di penſier ſancti. Imperoche concordia et lamore et loſtare contento al preſente ſtato ſempre addiriza lhuomo allopere uirtuoſe. BERnardo : Queſto fu elprimo compagno che hebbe ſan francescho elqual le si cinse el capresto et ando scalzo chome hauea facto san Francescho et corse dricto ad tanta pace. O IGNOTA ricchezza: Et certamente non e conosciuta questa richeza et questo bene fora cercio: fertile et abbondante

Indi sen ua quel padre & quel maestro
colla sua donna & colla sua famigla
che gia legaua lhumile capresto
Ne gli grauo uilta di chuor le cigla
per esser fi di petro bernardoue
ne per parer dispecto ad marauigla
Ma regalmente sua dura intentione
a innocentio aperse & dallui hebbe
primo sigillo ad sua religione

q Vel padre per lacura: et sollecitudine che haiea della gia comincíata famigla: et maestro pe precepti che daua. CON LA sua donna: con la pouerta et uilta di quore cioe auilirsi et ahumiliarsi di sua uolonta non gli grauo le cigla: non lo fece uergognare: dixe le cigla perche la uergogna sta nella fronte: o ueramente dixe uilta di chuore idest humilta la quale nasce da grande animo. Non si uergogno adunque ne per essere fi di pietro bernardone: cioe di non molto gran legnaggio. Ne perche fussi sprezato ad marauigla per lhabito suo uile et per la pouerta: Ma regalmente con animo regio et inuicto aperse a Innocentio papa tertio sua dura intentione laquale era dobseruare: Obedientia: castita: et pouerta: lequali chose sono molto dure et difficili. Imperoche la obedientia e/ contro alla liberta dello arbitrio del male che nasce torcendosi dalla religione. Castita anchora contro al prurito della carne. Pouerta contro al superchio uso de beni terreni. Innocentio tertio nel mille ducentu hebbe uisione che la chiesa di san giouanni laterano cadeua: ma due di uile habito la sostenouono. Dipoi uenendo san francescho perche lui gli confermassi la sua religione: el papa riconobbe essere quello che hauea ueduto in sogno. Il perche con bolla papale glene confermo.

Poi che lagente pouerella crebbe
drieto acostui la chui mirabil uita
meglonngloria delciel sicanterebbe
Di seconda corona redemita
fu per honorio daleterno spiro
la sancta uoglia desto archimandrita
Et poi che per lasete del martiro
nella presentia delsoldano superba
predico christo et glaltri chelseguiro
Et per trouare aconuersione acerba
troppo lagente et per non stare indarno
tornossi al fructo dellitalica herba
Nel crudo saxo tral teuero & arno
di christo prese lultimo sigillo
che le sua membra dua anni portarno
Quando acolui chatanto ben sortillo
piacque ditrarlo suso alla mercede
che merito nel suo farsi pusillo
Afrati sui si chome a iusto herede
raccomando ladonna sua piu cara
& comando che lamassir con fede
Et del suo grembo lanima preclara
muouer siuolle tornando al suoregno
& alsuo corpo non uolle altra bara
Pensa hora mai qual fu colui che degno
collega fu amantener labarca
di pietro inalto mare per dricto segno
Et questo fue elnostro patriarcha

c Resciuta la religione di sancto Francescho hebbe da Honorio papa di potere ministrare esacramenti et hauere le degnita sacerdotali. ARCHIMANDRITRA: Archipastore. Dipoi desiderando el martyrio: ando a predicare la fede christiana in terra del soldano. Ma non faccendo fructo si torno in italia: Tornato in italia si ridu xe nellaspro monte della uernia elquale e/ tra teuere et arno: Nel quale faccendo grandissima penitẽtia: Riceuette le stigmate da christo: lequali el poeta chiama suggello. Sono decte stigmata: perche stigin in greco significa bactere: et bacendo lasciare el segno. Et poi quando piacque adio di trarlo al cielo doue hauessi ariceuere mercede et premio de suoi meriti equali furon grandi per farsi lui pusillo: cioe piccolo et ahumiliarsi Lui racchomando a suoi frati la sua piu cara donna. Questa e/ la pouerta. Oue e da considerare che la pouerta gli fu piu cara che la castita et lobbedientia: perche la pouerta e/ cagione della castita laquale chome ĩtroppo luxo et abondãza di chose si perde: chosi per la pouerta sacquista. Similemente chi sprezza le richeze facilmente puo stare a obedientia. NON Volle altra bara: che quella pouerta idest non desidero altre exequie et altra honoranza. Hauendo narrato di san francescho seguita et dice. PENSa qual fu coiui che fu degna collega cioe compagno a san Francescho per sostenere la barcha di pietro idest la chiesa didio: Et questo fu el nostro patriarcha cioe sancto domenicho: et dice nostro perche sancto Thomaso e quel che parla: et lui fu dellordine di san Domenicho: et quegli chel seguitano come lui comanda cioe che seguitano le sua constitutioni. Impero che sancto Domenico non fece nuoua regola: ma prese quella di sancto Augustino:

per che quel segue lui chome comanda.
discerner puoi che buona merce carcha
Malsuo peculio di nuoua uiuanda
e facto ghiotto si chesser non pote
che per diuersi salti non si spanda
Et quanto lesue pecore rimote
& uagabonde piu da esse uanno
piu tornano allouile di latte uote
Ben son di quelle che temono eldanno
& stringonsi al pastore ma son si poche
che le cappe fornisce pocho panno

Ma dette certe constitutioni: adũque chi lo segui ta carica. BVONa merce: idest buone mercatã tie: perche con quella non guadagna oro ne argẽ to o chose momentanee o transitorie: Ma uita in mortale. MA ELSVO PECVlio: Riprende e frati equali non obseruando e precepti suoi diuen tono ghiotti di nuoua uiuanda: idest di sciẽtie mondane: et di prelature et di grande ricchezze Dixe adunque. NVOVA VIVANDA: per le degnita et prelature: perche inuero molti ne sono stati ueschoui et arciueschoui: et cardinali. Onde si spargono per diuersi salti: idest per di uerse pasture. ET QVANTO LE sue pecore piu si scostono dallui idest da suoi precepti piu uote di scientia et di chostumi sancti equali sono elnutrimento dellanima chome el lacte e el nutrimento del corpo.

Hor sele mia parole non son fioche
& se latua audientia e stata attenta
se cio cho decto alle mente riuoche
In parte fia latua uogla contenta
per che uedrai lapianta oue sischeggia
uedarai il corregger che argomenta
Do ben sinpingua se non si uanegga.

c Onchiude: che selle sue parole sono state chiare: et se lui e stato attento audire: la sua uogla sara contenta in parte: perche di due du bii uno e/absoluto: Et questo e/che quando dixe Doue bene simpingua cioe ingrassa: se non si ua neggia. Intese che lanima ingrassaua doptimo cibo: cioe della sacra theologia. SE NON si ua neggia: idest se nonsi attendessi per loro alle sci entie secolari che gli fanno inuanire et insuperbi re: o ueramente non attendessino alla theologia per acquistare fama et inutile gloria.

CANTO XII DELLA TERTIA CANTICA DI DANTHE

s Itosto chome lultima parola
la benedecta fiamma per dir tolse
arotar comincio lasancta mola
Et nel suo giro tucta nonsi uolse

c Home nel superiore capitolo sancto Tho maso ha ripreso efrati di sancto Domeni cho: Chosi in questo duodecimo sin troduce nuo uo spirito che riprende quegli di sancto Frãcescho induce Adunque unaltra corona danime. Dipoi

prima chunaltro dun cerchio lachiuse
& moto amoto & canto a canto colse
Canto che tanto uince nostre muse
nostre syrene in quelle dolci tube
quanto primo sprendore quel che rifuse

una di quelle comenda lauita di san Domenicho. Et dopo questo uitupera efrati minori: Et final mente decta anima manifesta se et laltre diquella corona: Si tosto che la fiamma benedecta idest sancto Thomaso tolse lultima parola per dirla: comincio agirare el cerchio nel quale epso era. Ne fini di girarsi che apparue iui uno altro cerchio il quale chiuse questo: Ilche dinota che el primo cerchio giraua piu presso al centro del sole: et questo ci gnendolo piu dilungi: dinota che lanime gia decte erono di maggior beatitudine et di maggior doctrina che quelle delle quali dira: preterea dimostra chel canto et el moto di questo gia: sopra decto: et secondo cerchio saccordaua col canto et moto del primo adinotare che nella scriptura sancta non e/discordia alchuna. Questo canto uinceua tanto le muse et le sirene nostre: idest tucte lemelodie humane quanto el primo razzo uince quello che riuerbera dallui. Chome uerbigratia erazi del sole percotendo nellacqua: epso riuerbera idest risplende in una parete: ma non e/si chiara la reuerberatione chome e primorazo dal quale epsa procede.

Chome siuolgon per tenue nube
due archi paralelli & concolori
quando Iunone asua ancila iube
Nascendo diquel dentro quel difuori
aguisa del parlare diquella uaga
chamore consunse chome sol uapora
Et fanno qui lagente esser presaga
perlo pacto che dio con noe pose
del mondo che gia mai non piu salaga
Chosi diquelle sempiterne rose
uolgensi circa noi ledua ghirlande
et si lextrema allultima rispose

C Home per sottil nube si uolgono due archei paraleli equidistanti et concolori: idest de medesimi colori: dequali el primo elquale e/piu inuerso elsole e piu apparente: et da quello per reflexione nasca el secondo sel nuuolo e tanto spatioso che riceue tale reflexione Et inferisce qui elpoeta che chome nellarcho el primo nasce per reflexione del secondo: chosi dalla doctrina di quelle prime anime era nata quella di queste seconde: et dal parlare di Thomaso nacque quello di Buonauentura. QVANDo Iunone iube: idest comanda a sua ancilla idest a Iris sua ministra. lanatura di questo archo decto iris altroue danoi fu expressa. Alchuni dicono che non e uero che luno archo nascha dallaltro. Ne e uero che danthe dica che della prima corona nasca questa seconda. Ilperche expongono iltexto cosi nascendo quel difuori cioe el color dellarco diquel drento cioe del nuuolo et ne uapori dequali e generato el nuuolo: chome eccho nasce dalla nube precedente: perche e la sua reflexione. AGVisa: asimilitudine del parlare di quella uaga cioe uagabonda echo lechui parole nasceuono della uoce daltri. Ne replichero qui la fauola: laquale prolixemente altroue explicammo. ET FANNO QVI la gente essere presaga: idest indouinatrice perlo pacto che idio pose con noe: La sententia e che larcho celeste fa lhuomo presago: che per lauenire el mondo non ha aperire per acqua chome ne tempi di Noe: E questa sententia nel nono del genesi doue idio dice anoe. Statuam pactum meum uobiscum: Et nequaquam ultra interficietur omnis caro aquis diluuii: et poco disobto. Hoc est signum federis quod do inter me et uos et ad omnem animam uiuentem que est uobiscum in generationes sempiternas: Arcum meum ponam in nubibus celi Et erit signum federis inter me et inter terram. Cumque obduxero celum nubibus apparebit arcus meus in nubibus Et uidebo illum. Et recordabor federis sempiterni: quod pactum est inter deum: et omnem animam uiuentem.

Poi chel tripudio et laltra festa grande
si dal cantare et si pel fiammeggiarsi
luce con luce gratiose & blande
Insieme al punto et aluoler quietarsi
pur chome glocchi igal piacer chei moue
conniene insieme chiudere et leuarsi
Del cor delluna delle luce noue
simosse uoce che lago alla stella
parer mi fece & uolgere alsuo nome
Et cominco lamore che mifa bella
mitragge aragonar dellaltro ducа

P OICHEL TRIPVDIO: cioe ballo et laltra grande festa che era tra lanime di quegli due cerchi: et era feste si del cantare: perche saccordauono insieme. SI DEL fiammeggiare perche si correspondeuono nello splendore che significa una reciproca carita. QVIETARSI: idest si quietorono et fermoronsi insieme idest aun tempo al punto che e/el fermamento del suo moto che e iddio elquale e/elpunto dogni moto: perche essendo inmobile uolgie ogni moto: et al uolere didio doue ogni anima beata si ferma Et accordoronsi insieme chome glocchi nellhuomo secondo el piacere saccordono achiudersi et alleuarsi: idest aprirsi et fermi questi cerchi et quietati ecani

per cui del mio ſiben ciſi fauella
Degno e che doue luno laltro riluca
ſi che comeglin aduna meditaro
choſi lagloria lor inſieme luca

ſimoſſe uoce del chuore et della mente duna in quelle luce nuoue ideſt : che erono del cerchio di nuouo uenuto laquale mifece parere lago alla ſtella : ideſt lago nella buſſola quãdo ſi ferma atramõtana. Et comincio queſta anima adire : LAMORE che mi fa bella : imperoche lo ſplendore dellanime ſignifita carita : Queſta carita minduce che eſſendo ſtato lodato ſan franceſcho da ſan Thomaſo del lordine di ſan domenicho. Io Buonauentura dellordine di ſan franceſcho lodi ſan Domenicho. Maximamente perche hauendo loro militato inſieme e degna choſa che inſieme ſieno lodati.

n Olendo lodare queſti due campioni non ſolamente pone leloro gran uirtu : ma etiam dimoſtra quelle eſſere ſtate in tempo neceſſario : et in coſe ſenza lequali ne ſeguita etherna damnatione al lanime. Imperoche furono ꝓpugnatori della fede ſenza laquale neſſuno ſipuo ſaluare : et furono ĩquel tempo chel popolo chriſtiano ſi mouea drieto alla inſegna per la uia didio tardo et pigro : et ſoſpecto ꝑ molti dubii che ſurgeuono ogni di per le ſecte degli heretici. et rare perche pochi erono. Erono adunque pochi et quegli pochi erono pigri et pieni di dubii : Adunque lo exercito di Chriſto. i. elchriſtiano popolo elquale e la chieſa militante : et elquale coſto ſi charo ariarmarſi. Queſto ſignifica che idio creo lhuomo armato : cioe con tale uirtu che ſi potea difendere dallo aduerſario : ſe non fuſſi ſtato tranſgreſſore de comandamenti. Dipoi el peccato lo diſarmo informa che non potea piu difenderſi et ſaluarſi : Ma chriſto redemptore lo riarmo ricomperandolo col ſuo pretioſo ſangue : laquale redemptione ci riduxe nella diuina gratia. Et queſte furono larme conlequali ci poſſiamo difendere dalle temptationi : et dal peccato. Quando idio ilchui imperio e ſempitherno prouide alla noſtra militia riarmando la chieſa militante chome e decto. CHE ERA in forſe : ideſt in dubbio et in pericolo. Et prouide per ſua ſuperabundante gratia et non perche la noſtra militia lo meritaſſe : perche non era degno el popolo chriſtiano non ſaiu tã lo eſſere aiutato dadio. ET CHome e decto dimoſtra chel prouedimento fu che mando queſti due campioni alchui fare con lopere et dire con glamaeſtramenti : el popolo ſuiato dagli errori degli heretici ſi raccolſe nella chriſtiana militia.

Lexercito dichriſto che ſi charo
coſto ariarmar drieto allanſegna
ſi moueua tardo ſoſpetoſo etraro
Quando lomperador che ſempre regna
prouide allamilitia che era inforſe
per ſola gratia & non per eſſer degna
Et come edecto aſua ſpoſa ſoccorſe
con dua campioni alchui fare et laudare
lo popolo ſuiato ſiracolſe

h Auendo buonauentura a narrare la uita di domenicho : diſcriue prima la patria ſua laquale fu calagura ditta dhiſpagna laquale e poſta aoccidente : IN quella parte delmondo onde zephiro dolce perche e uento temperato et molto dilecteuole : perche quando comincia induce primauera : et mette uirtu nella terra perla quale ogni coſa concepe : et eſſa ſi ueſte dherba et di fiori : et glalberi frondiſcono. Ilperche dice diche ſi uede europa riueſtire. NON MOLTO lungi al perchuoter dellonde ideſt : non molto lontano dal mare occeano occidentale drieto alle quali onde elſol tramonta anoi Siede e poſta et collocata calagura laquale chiama fortunata perche produxe tale huomo. Queſta cipta e ſobto el re di caſtella elquale ha per arme uno ſcudo aquartieri : et in alchuna parte ue dipinto un caſtello che ha ſobto diſe uno leone : et in altra parte uno leone che ha ſobto el caſtello : et pero dice che el leone ſobgiace al caſtello doue e di ſobto et ſobgioga el caſtello doue e diſopra : Et dẽtro uinacque Domenicho drudo cioe ſommo amatore della fede chriſtiana : et ATHLETA ideſt combattitore per lei contro aglheretici. Athleta e uocabolo greco et ſignifica combattitore : et atlon et el premio del combattitore. BENIGNO A ſuoi chriſtiani : Et crudo animici ideſt agli heretici. la nima di coſtui ſubito che fu creata et infuſa nel uentre della madre fu profeta : et perla ſua uirtu lamadre propheto : impero che hauendo ſognato che partoriua un cane biancho et nero che portaua in boccha una faccellina acceſa predixe che arebbe e

Inquella parte oue ſurge ad aprire
zephiro dolce lenouelle fronde
diche ſi uede europa riueſtire
Non molto lungi alpercuoter dellonde
drieto alle quale per lalunga foga
lo ſol tal uolta aogni huom ſinaſconde
Siede lafortunata calegora
ſotto laprotetion delgrande ſcudo
in che ſobiace elleone & ſogoga
Drento ui naque lamoroſo drudo
dellafede chriſtiana elgrande athleta
benigno aſuoi & animici crudo
Et chome fu creata fu repleta
lanima ſua di diuina uirtute
che nella madre lei fece propheta

mondo et sarebbe mordace contro gl heretici Et sarebbe dardentissima carita et certo lui uende tutto et decte per dio . Etquella che lo tenne abattesimo sognio che lui haueua in fronte una stella che illuminaua tuttoi mondo

Poi che lesponsalitie fur conpiute
al sacro fonte tra lui et lafede
u si dotarono dimutua salut e
Ladonna che per lui lassenso diede
uidel nel sonno elmirabil fructo
chuscir douea dilui & delle rede
Et per che fussi qual era constructo
quinci si mosse spirito anomarlo
dal possesiuo dicui era tucto
Domenico fu decto etio neparlo
si chome della agricola che christo
elesse allorto suo per aiutarlo
Ben parue messo & familiar dichristo
chelprimo amor chen lui fu manifesto
fu alprimo consiglio che die christo
Spesse fiate fu tacito et desto
trouato interra dalla sua nutrice
come dicessi io son uenuto aquesto
Opadre suo ueramente felice
omadre sua ueramente Ioanna
sen terpetrata ual chome sidice
Non per lo mondo per chui mo safanna
dirieto aostiense et atadeo
maper amor della uerace manna
In picol tempo gran doctor sifeo
tal che simisse acircuir lauigna
che tosto imbiancha sel uignaio e reo

c Hiama lesponsalitie el baptesimo nel quale chi tiene albaptesimo promette che elbaptezatori nnuntiera alle ponpe deldiauolo et laltre chose . V idest oue cioe nelquale sidotorano dimutua salute . Impero che lui fu salute alla fede et difesela . Et la fede saluo lui ladonna laquale diede la ssenso per lui idest promesse per lui uide nelsonno quel che disopra habbiano narrato Et perche lui haueua aesser tucto del suo signore idio et nessuna parte uidoueua hauere el mondo fu inspiratione diuina che lo nominassino domenico Dominus inlatino significa signore : et da questo nome dominus deriua dominichus che significa cosa delsuo signore . Et pero io parlo di domenicho chome dagricultore electo da Christo per cultiuare el suo orto : idest el popolo christiano . Apparue essere mandato dadio conciosia che nel primo suo publico acto seguito el primo consiglo che dice Christo : doue dice . Si uis perfectus esse Vade et uende omnia que habes et da pauperibus : et sequere me . Impero che essendo anchor giouanetto astudio uende elibri et cio che haueua et in gran caresti a distribui apoueri : Ilperche anotitia del ueschouo lo fece canonicho regolare : Onde si dette tutto a gli studi di theologia . O PADRE SVO : Chiamossi elpadre suo felice et la madre ioanna. Ilperche con admiratione Buonauentura dice quello essersi adempiuto in ameudue : perche et lui fu ueramente felice : Et lei ueramente Iohanna : perche questo nome in hebreo significa piena di gratia. Et non fu Domenicho tacito et desto per lo mondo idest perle chose mondane et temporali perle quali molti mo cioe alpresente saffannano drieto a Hostiense et a Tadeo. Hostiense scripse sopra e decretalle Tadeo medico fiorentino el quale per somma doctrina fu chiamato piu che comentatore . Non fu adunque intento al guadagno : seguitando le leggie oueramente la medicina . Ma per amore della uerace manna del uero cibo dellanima che e la doctrina theologica.

Et alla sede che fu gia benigna
piu apoueri giusti non perlei
maper cholui che siede et che tralingna
Non dispensare odue otre per sei
non lafortuna diprimo uacante
non decimas que sunt pauperum dei
Adimando ma contro al mondo errante
licentia diconbater perlo seme
diche sifacion uenti quattro piante

Venuto aglanni perfecti benche gia fussi di molta auctorita per la sua doctrina : non addimando al sommo pontefice dignita : delle quali hauessi a trarre utile ohonore : ne dessere dispensato di rendere due o tre per lei che e el terzo o lameta : ne adimando benificio alchuno primo uacante . Ne adimando chome fanno molti le decime dalchuno paese lequale sappartengono a poueri didio. Ma adimando licentia di combattere et predicare contro al mondo errante idest contro agli heretici . PER LO SEME : per la fede che e seme il cui fructo e la etherna beatitudine di che si fasciono uentiquattro piante idest uentiquattro libri della bibia equali tucti parlono della fede christiana . Alchuni intendono per queste uentiquattro piante le anime di questi due cerchi lequali pone essere uentiquattro : et dichono diche ti fasciono te Danthe : cioe cingono uentiquattro piante .

Poi con dotrina & conuolere insieme
 collufficio apostolico simosse
 quasi torrente cha tal uena preme
Et negli sterpi heretici percosse
 limpeto suo piu uiuamente quiui
 oue leresistentie eron piu grosse
Di lui si fecior poi diuersi riui
 onde lorto catholico sirriga
 si che suoi arbucegli stan piu uiui
Se tal fu luna rota della biga
 inche lasancta chiesa si difese
 et uinse incanpo lasua ciuil briga
Bentri douerebbe assai esser palese
 lexcellentia dellaltro dicui toma
 dinanzi almio uenir fu si cortese
Ma lorbita che fe laparte somma
 dalla sua circunferanza e derelitta
 si che e lamuffa douera lagromma
Lasua famigla che si mosse dritta
 copiedi alle sua orme e tanto uolta
 che quel dinanzi aquel dirieto gitta
Ma tosto sauuedra della ricolta
 della mala cultura quando elgioglo
 si laguera che larca glisia tolta
Ben dicho chi cercassi afoglo afglo
 nostro uolume anchor trouerra carta
 do leggerebbe io son quelchio misoglo
Ma non fia dacasal ne daqua sparta
 la onde uegnon tali alla scriptura
 chuno lasugge, & laltro la co arta

ipoi si mosse contro aglieretici con tre cose necessarie: con doctrina collaquale sapessi et con uolere acciochе ui fussi la cupidita: et con lufficio apostolico: che e/ la inquisitoria accio che potessi superare gli heretici et punirgli DILVI SI FECEr poi diuersi riui: da lui come da fonte nacquono molti riui per irrigare lorto captolico: acciochе gliarbuscegli diquello stessino uerdi. Hauendo lodato san domenico: elquale pone peruna delle dua ruote delcarro che difese lachiesa dagliheretici et ben dixe inbattaglia ciuile imperoche gliheretici eron cristiani et tucti ecristiani sono cittadini duna medesima citta. i. dellachiesa militante. Hora torna asan francesco et afferma quello che nhauea decto Thomaso. Dipoi mostra che lamaggior parte desuoi frati si sono diuiati da precepti et dalle constitutione sue: et stando nella translatione che ha facto del carro: dice che lorbita. i. lauia che lascio questa ruota: che sono glioptimi precepti delle sue sancte opere e/ stata derelicta et abbandonata dalla circumferentia. i. da ministri et prelati di qualla religeone. In forma che doue solea essere lagromma che rende optimo odore del uino che e/stato neluaso hora ue lamuffa che getta cattiuo odore. LA SVA famiglia: esuoi frati equali da principio si mossono drieto allorme disan franciescho seguitando e sua precedti et exempli sono tanto riuolti: che pongono ledita de piedi doue lui poneua el calcagno. i. uanno al contrario colla uita et cu costumi. Ma saccorgeranno delloro errore allaricolta perche non trouerranno chi metta ellor logli o negranai. i. nō uorra idio nelsuo regno lanime loro: che haranno prodocto captiuo fructo. Imperoche e/scripto insan matteo. Collige primum zizanita et alligate ea infasciculos adcombnrendum tritici cum aurem congregate inorreum meum. Nientedimeno chi cercassi nostro uolume. i. el nostro ordine afoglo afoglio: a frate a frate trouerrabbe ancor charta cioe alchun frate. DO. i. doue leggerebbe io son quel chio mi soglio cioe elquale obseruerebbe la solita regola di frācescho. MA: Questo fu frate ubertino da casale elquale essendo ministro generale troppo allargo laregola. Scrisse un libro elquale chiamo penteloquio de potentia pape: Casale e/ terra inpiamonte Adunque costui fugge lascriptura allargando eprecepti et frate Matheo da acquasparta: che e/uilla nel contado di todi troppo lanstrinse costui scripse sopra le sententie:

Io son lauita dibuona uentura
 da bagno reo che ne grandi offici
 sempre postposi lasinistra cura
Illuminato & agustino son quici
 che fur deprimi scalzi pouerelli
 che nel capresto adio siferno amici
Vgo dasan uictore e qui con elli
 et pietro mangiatore & pietro spano
 el qual giu luce indodici libelli
Natham propheta elmetropolitano
 chrisostomo & anselmo & quel donato
 challa primarte degno por lamano

d opo le lode conferite in san demenicho: et le querele et accuse contro a frati di san francescho bonauentura nomina se et lanime che sono nel suo cerchio. Fu adunque bonauentura da bagnrea terra nella marca: doctissimo nelle sacre lettere et benche fussi generale dellordine et dipoi cardinale niente dimeno inquesti grandi officii sempre postpose la sinistra cura idest lauita actiua et seguito la contemplatiua. Illumino fu frate minore. Agustino frate minore. Questi due furono de primi compagni di sancto francesco Et ben che inquesto circulo si ponghino lanime di quegli che rilucendo come sole di somma dottrina poterono illuminar glialtri ricredimero per questi due equali ben che non rilucessino per dottrina pure con exempli di sanctissima uita glialtri illuminar VGO fu di pauia emonacho del monasterio di sanct

Rhabam e qui & lucemi dallato
elcalaurele abbate ioacchino
di spirito prophetico dotato
Ad inueggiar cotanto paladino
mi mosse la infiamata cortesia
di fra thomaso el discreto latino
Et mosse mecho questa compagnia

Victore : Scripse molte chose in theologia : et maxime : sopra esacramenti : sopra le lamentatione di Ieremia : sopra la hierarchia di dionisio : et molte altre opere . Alchuni dichono che fu prima canonico regolare poi canonico in sancto uictore . a Fu disanctissima uita : et dicono che uenendo amorte : et hauendo a riceuere el corpo di Christo dixe : Vanne anima mia col tuo redemptore : et poi spiro et uisibilmente fu ueduta leucharistia uscir del le mani del sacerdote et uolare al cielo. PIETRO MANGiatore fu lombardo : et scripse la historia scolasticha. Pietro hispano scripse indialectica dodici libri. Natham propheta et principe de sacerdoti elquale per comandamento didio riprese dauid delladulterio comesso con lamogle duria chome appare nellibro de re . Ioanni chrysostomo idest bocca doro cho si denominato per la sua somma eloquentia : chiamalo metropolitano perche fu uescouo di constantino poli alla cui cura fu conmessa : Thracia : Ponto : et phenicia. Anselmo fu di normandia : arciueschouo di conturbia : Scripse della concordantia dellibero arbitrio : et pre scientia diuina et predestinatione della caduta del dimonio : del peccato originale : della incarnatione del uerbo diuino . Roboam fu inghilese et scripse la poetria : fu fratello di beda. Ioacchino hebbe dono dispirito sancto : informa che senza molta scientia apriua ogni scuro passo di sacra scriptura : Scripse della duration del mondo : et delle chose che inquel mezo haueono aessere. AD INueggiare : ad inuidiare non dinuidia uitiosa : ma demulatione uirtuosa. Cotanto paladino . Dodici furono conti di palazo ordinati da carlo magno acombattere per la fede. Onde ben si puo chiamare Domenicho paladino hauendo si ardentemente combattuto contro agli heretici. La sententia e che lo infiamato amore di Thomaso inuerso san Francescho mi mosse aemularlo et fare el simile inuerso sancto Domenicho.

CANTO XIII DELLA TERTIA CANTICA DI DANTHE

I Magini chi bene intender cupe
cio chio hor uidi & ritenga linmage
mentre chio dico chome ferma rupe
Quindici stelle chen diuerse plage
el cielo auiuan ditanto sereno
che souerchia dellarte ogni compage
Imagini quel carro acui elseno

P Oi che nel precedente capitolo hebbe chiarito el primo dubio : inquesto tredecimo absolue el secondo : prima adunque descriue gia decte corone per una similitudine imaginata. Dipoi absolue el dubbio. Et finalmente cadmonisce circa el soluere de dubii . Quanto adunque al principio el poeta amunisce ellectore che lui imagini di uedere due corone di stelle nella octaua spera : forma che luna sia circondata dallaltra : et mucuinsi

basta del nostro cielo et nocte et giorno
si chal uolger temo non uien meno
Imagini labocca di quel corno
che si comincia in punta dello stelo
achui laprima ruota ua dintorno
Hauer facto dise due segni in cielo
qual fece lafigluola di minoi
allhora che senti di morte el gielo
Et lun uer laltro hauer li raggi soi
et ambe due girar si per maniera
che luno andassi alprimo et laltro al poi
Et haura quasi lombra della uera
costellation et della doppia danza
che circulaua elpuncto douio era

qualmenteluna contro allaltra: Et afare queste due corone finga di potere ragunare insieme quidici stelle della prima magnitudie lequali son sparsei diuerse parti del cielo Di poi quelle septe che fanno el carro nel nostro polo artico. Et poi due le quali sono nel principio dellorsa minore Et di dodici piu lucenti fra le quindici fa la corona che di drento piu presso al centro et del resto fa la corona difuori et harei facto una cosa simile alle due corone delle uentiquattro anime gia decte di sopra. Et ordina el texto. CHI CVPE: idest desidera intende bene ciochio uidi: imagini nella mēte sua et ritenga laimagine ferma chome rupe. i. chome ripa et pietra di monte. Imperoche non gli basterebbe imaginare se non ritenessi la immagie nella memoria. Imagini adunque quīdici stelle lequali auiuano el cielo colloro splendore pche sono lepiu lucenti et le maggiori: Et uicono ogni compage idest ogni aggregatione dellaria. IN DIVERSE plage: in diuerse regioni del cielo. Et piu imagini el carro doue sono septe stelle della seconda magnitudine alchui carro basta el seno del nostro cielo idest dal nostro polo: Imperoche girono si presso al nostro polo che mai tramontono: Ma sepre ci sono sopra capo. LA FIGLVOLA di Minoi: Vinse Theseo el minotauro in creta: et tornādone nemeno phedra et Ariadna decta adriana figluole di Minos: Et perche giunti in chio isola; o uero in nasso Adriana pel troppo uino profondamente saddormento: Fu da Theseo nellisola lasciata: Ma Baccho la tolse per amica: Et donogli pretiosissima corona facta da uulcano doro et di gemme: laquale epoeti fingono che poi fu transatata in segno celeste. Ha questa imagine octo stelle: delle quali tre sono splendidissime. CHE LVNO: andassi. AL primo: idest gyrassi contro al primo. ET laltro al poi: gyrassi contro al secondo. ELPVNCTO: idest con equidistante spatio girauono intorno ame: elqualero in mezo chome centro alla circunferentia.

Poi che tanto dila da nostra usanza
quanto dila dal muouer della chiana
si muoue elciel che tucti glaltri auanza
Li si canto non baccho non peana
ma tre persone in diuina natura
& in una persona essa & lhumana
Compiel cantore auolger sua misura
& attesarsi anoi que sancti lumi
felicitando se di cura in cura
Ruppel silentio ne concordi numi
possa la luce in che mirabil uita
del pouerel didio narrato fumi

p One el fine del canto di queste corone: acciochе Thomaso absolua el secondo dubio et ordina chosi. POI che li: cioe in quella corona tanto dila da nostra usanza idest tanto piu excellentemente che non susa tra noi huomini quanto elcielo che auanza et uince tucti glaltri cieli si muoue. DILA DAL Muouer della chiana: idest si muoue piu che una chiana cioe una acqua morta. SI CANTO NON BACCHO NE peana: cioe non baccho ne appolline. Imperoche glantichi cantauono himniin honore di diuersi idii et maxime di Baccho et dapolline. Et pose in questo luogo peana per apolline: perche molti credono che egreci chiamassino peana glhimni facti in honore dapolline benche ogni laude didio chiaman peana. MA cantossi tre persone idiuina natura. i. cantossi la trinita laquale e una essentia in tre persone: et cantossi in una persona essa et lhumana. Imperoche nella persona del figluolo e la diuinita et lhumanita. Adunque poiche lisi canto quello che e decto. EL CANTO compie: idest fini al uolgere adare la uolta tonda. SVA Misura: cioe el tempo che era bisogno al canto. ET ATTESARSI ANOI: idest fermoronsi uerso noi. Que sancti lumi: quelle lucenti anime. FELIcitando se faccendosi felici. DI CVRa in cura: damore in amore perche eron pieni di carita perfecta. RVppe: ordina chosi poscia idest dipoi la luce nella quale mifu narrata la mirabil uita del pouerel didio idest di sancto francescho: laquale luce chome disopra uedemo. fu Thomaso daquino ruppe el silentio idest comincio a parlare: imperoche el silentio si rompe col parlare. Onde Virgilio. Quid me alta silētia cogis rumpere. NE CONCORDI numi: idest numini cioe nelle concordeuoli anime lequali per beatitudine erono diuentate. NVMini: idest idii.

Et duxe quando luna pagla e trita
quando la sua semenza e gia riposta

q Vi comincia dinuouo aparlare la quinate tomaso per chiarire el secōd dubbio: et usa translatione da battitori dicendo poi che habbiamo

abbatter laltra dolce'amor minuita'
Tu credi che nel pecto onde lacoſta
ſitraſſe per formar labella guancia
ilchui palato atuctolmondo coſta
Et in quel che forato dalla lancia
& poſcia & prima tanto ſatiſfece
che dogni colpa creſce labilancia
Quantunque alla natura humana lece
hauer dellume tucto fuſſe infuſo
daquel ualore che luno & laltro fece
Et pero admiri cio chio dixi ſuſo
quando narrai che non hebbe ſecondo
ilben che nella quinta luce e chiuſo

trita laprima pagla :et ripoſto elſeme che ne uſcito; lamore et la carita laquale mi muoue afare noto ad altri quello che non ſi miniuta'abatter laltra idest poi che habbiamo dichiarato elprimo dubbio dichiarero elſecondo. Et qui e/da notare prima della tranſlatione laquale e molto accomodata. Impero che chome nonſi trahe el ſeme della pagla cioe della ſpiga ſe non ſi trita bene; choſi non ſi trahe eluero aſcoſo tra molti falſi ſe con ſomma diligentia nonſi batte et ſcuote. TV CREDI: la ſententia e Tu credi che quantunque di lume: et dintellecto et di ſapientia puo eſſere nella natura humana fuſſi infuſo nel pecto dadam et in quello di chriſto: daquel ualore diuino: idest dalla potentia diuina laquale e elpadre laquale fece luno et laltro idest Adam et Chriſto. Et pero ti marauigli che io diceſſi diſopra che el bene che e chiuſo nella quinta luce cioe nellaia di ſalomone non hebbe pari in ſapientia conciosia ahe adam et chriſto fuſſino piu perfecti huomini: Queſta e la ſententia ma non nomina queſti per nome propio; ma pcircuitione Et pero dice el pecto dadam onde ſi traſſe dallato dritto la coſta per formare labella guancia cioe el bel corpo deua. Et pone laparte pel tucto. Il chui palato idest el guſto della quale eua che ſta nel palato aſſaporando del pome uietato coſta atuctol mondo idest atucti glhuomini: perche nhabbiamo perduto eſſere perpetua felicita et potere non morire: Dixe palato perche el ſenſo del guſto in grã parte e poſta nel palato. Et quel pecto di chriſto che e forato dalla lancia di longino ſatiſfece tanto pel peccato de primi parenti. ET PRima et poi quaſi dica con tucta la ſua paſſione. CHE uince labilãcia dogni colpa: quaſi dica: Se in una bilancia ſimetteſſino tutti epeccati conmeſſi; et nellaltra egrandi meriti della paſſione di Criſto: Quella doue fuſſino emeriti del noſtro ſaluator chriſto: uincerebbe quella doue fuſſino tucti epeccati deglhuomini.

Hora apri glocchi accio chio ti riſpondo
& uedrai eltuo credere elmio dire
nel uero farſi chome centro in tondo
Cioche non muore & cioche puo morire
non e ſe non ſplendor di quella idea
che partoriſce amando el noſtro ſire
Che quella uiua luce che ſimmea
dalſuo lucente che non ſi diſuna
dallui ne dallamore chen lor ſintrea
Per ſua bontae elſuo raggiare aduna
quaſi ſpecchiato in nuoue ſubſiſtentie
ethernalmente rimanendoſi una
Quindi diſcende allultime potentie
giu dacto in acto tanto diuenendo
che piu non fa che breui contingentie
Et queſte contingentie eſſere intendo
lechoſe generate che produce
con ſeme & ſenza ſemel ciel mouendo

a DMoniſce lauctore che apra glocchi dello intellecto aquello che lui dira; perche e/coſa che merita attentione per la ſua grandeza et difficulta; et uedrai quelche tu credi di chriſto et dadã Et quel chio dicho diSalomone che non haueſſi pari Farſi nel uero chome centro intondo idest nello cerchio cioe chel tuo credere et elmio dire ſaccorderanno et riſederanno nel uero; choſi conuenientemente chome el centro nel cerchio. CIOche: tucte le choſe che ſono uiſibili et inuiſibili: corporee et incorporee ſono prodocte da dio aſimilitudine delliddea laquale ab etherno idio ha nella mente. Idea e/nome prodocto da platone: et impugnato da Ariſtotele: non con uere argomentationi: perche al uero neſſuno uero contradice: Ma con ſophiſtice cauillationi. Aplatone aſſentiſcono: cicorone Seneca: Euſtratio: Auguſtino: Boetio: Altiuido: calcidio: et molti altri. E adunque exemplo et forma nella diuina mente: alla cui ſimilitudine ladiuina ſapientia produce tucte le coſe uiſibili et inuiſibili; Scriue Platone et Mercurio trimegiſto che idio abetherno ogni coſa conoſce. Adunque nella diuina mente et ſapientia pongono le cognitioni di tucte le choſe: et queſte chiama idee platone: Ma nonmi diſtendero intale materia perche e/molto piu difficile che non ſi conuiene aqueſto luogo. CIO che non muore: chome ſono glangeli ecieli lamateria prima: lanime humane. ET cio che puo morire chome ſono le choſe elementate et materiate: E/ſplendore idest effecto ſigillo impreſſione: et acto di quella iddea che habbiamo decto laquale elnoſtro ſyre: el noſtro ſignore idio partoriſce et produce amando cioe per ſua propria bonta. Adunque bene dixe idea cioe idio: perche cioche e indio e idio: et la idea e indio. che: idest imperoche quella uiua luce idest la ſapientia che e uera luce et uerbo et figliuolo didio delquale dice ſancto Iogni. Erat lux uera que illum nat omnem hominem uenientem in hunc mundum. Adunque queſta uiua luce laquale. Mea. i.

procede: perche meare ilatino ſignifica procedere et trapaſſare. Si: intalmodo dal ſuo lucente dal ſuo padre che non ſi diſuna cioe nonſi parte dallunita della ſubſtantia del padre ne dallo amore: cioe dallo ſpirito ſancto elquale Sintrea cioe e/terza perſona in loro nel padre che e prima perſona et figiuolo che e ſeconda: et una e la ſubſtantia di tutte etre leperſone: et una natura et una diuinita. Per Sua Bonta: per ſua propria beniuolentia et non per altra cagione. Onde Boetio. Quem non externe pepulerunt fi gere cauſe. Materie fluitantis opus uerum inſita ſumi forma boni liuore carens. ADVNA: congre ga. EL Suo raggiare: el ſuo operare lauirtu informatiua: perche idio e forma delle forme et cagione del le cagioni. Quaſi ſpechiato in nome ſubſiſtente ideſt in noue chori dangioli. la comperatione ſua e che chome elſole percotendo negli ſpecchi riflecte in quegli: choſi el diuino ualore riflecte in tucte le choſe create dallui. QVindi da noue cieli et da motori di quegli diſcende la uirtu informatiua ne cieli che ſo no forma et materia incorruptibile et inde alle choſe che ſono forma et materia corruptibile. et prima diſcende lauirtu informatiua per mezo del motore del primo ordine nel primo mobile: et nel ſecondo cielo per mezo del ſecondo motore et choſi neglaltri. Ma el primo mobile infonde anchora la ſua uirtu unita nel ſecondo cielo et epſo la diuide in tucte le ſue ſtelle per la uirtu infuſagli dal ſuo motore. et cia ſchuna ſtella dello octauo cielo infonde lauirtu ſua ne pianeti et nelle choſe diſobto perla uirtu data apia neti daloro motori: et choſi luno la infonde nellaltro: infino che diſcende nelle choſe inferiori al cielo della luna ideſt aglelementi: et queſto e che dice allultime potentie. DACTO in acto: di cielo in cie lo perche ciaſchuno e actiuo et opera la ſua uirtu infuſagli da ſuperiori et tanto diſcende di corpo in cor po lauirtu informatiua che non fa piu che breui contingentie cioe choſe che pocho durano. Et queſte contingentie ſono le choſe generate: o con ſeme chome glanimali che naſcano per coito: o ſaza coito cho me quegli che naſcono di putrefactioni/ ELCIEL MOuendo cioe con moto del cielo. Ecieli riceuono da ſuperiori et infondono negli inferiori: et ſe non moueſſino non influirebbono laloro influentia ſenō in uno determinato luogho.

La cera di coſtoro & chi laduce
non ſta dun modo & pero ſottol ſegno
ideal poi piu & men traluce
Ondegli aduiene chun medeſimo legno
ſecondo ſpeti et meglo et peggio fructa
et uoi naſcete con diuerſo ingegno
Se fuſſi appunto lacera deducta
et fuſſil cielo in ſua uirtu ſuprema
la luce del ſuggel parrebbe tucta
Ma la natura lada ſempre ſcema
ſimilemente operando allartiſta
cha labito dellarte et man che triema

Argomentatione di ſancto Thomaſo adimo ſtrare onde naſce la diuerſita nella choſe pro docte e che eprincipii et cauſe formali: ideſt infor matiue producono laforma la quale uenendo dalle idea riluce in loro ſecondo che el patiente e diſpoſ to ariceuere: et loro ſono diſpoſti ainfluire. Ma ne epſi tucti ſempre ſon diſpoſti dun modo ad influi re. Ne materia e ſempre diſpoſta ariceuere. Et pe ro interuiene diuerſita negli indiuidui. La cera di choſtoro: lamateria deglindiuidui che ſono diſpoſ ti ariceuere la impreſſione de cieli che e/forma in fuſa dalla forma ideale. ET CHI laduce: cioe eſſi cieli. Et pero ſotto el ſegno ideale ideſt la influen tia che procede dalla idea. PIV ET MENO tra luce: Onde interuiene che in una medeſima ſpetie dalberi luno e/miglore che laltro: Et ſimilmente nella ſpetie humana uiene piu perfecto uno che unaltro huomo. Ma ſe la materia che ha ariceuere et el cielo che ha ainfluire fuſſino imperfectione quello che ne naſce ſarebbe perfecto chome: quando la cera et el ſuggello ſono ben diſpoſti lamprompta uien perfecta. Chome uerbigratia ſe Ioue che ha adare la uirtu fuſſe in piſcibus o in ſua exaltatione et gaudio et fuſſi in buono aſpecto di buoni pianeti et libero da captiui allhora la choſa ſarebbe optima et apparirebbe in quella lauirtu di ioue perfecta: ma la natura che e la uirtu de cieli lada ſcema cioe con mancamento et diminutione: et non chome la riceue da moto ri. Si chome lartefice elquale ha lhabito dellarte cioe lha perfectamente: Ma gli inſtrumenti coquali opa ſono inperfecti.

Pero ſel caldo amore la chiara uiſta
della prima uirtu diſpone et ſegna
tucta laperfection quiui ſacquiſta
Choſi fu facta gia laterra degna
di tucta lanimal perfectione
choſi fu facta lauergine pregna
Si chio comendo tua opinione
che lhumana natura mai non fue
ne fia qual fu in quelle due perſone

C Onchiude delle choſe gia decte: che ſe idio opera nella materia immediate ſanza mezo daltra ſeconda cauſa la coſa generata uiene pe fecta PERO: ideſt perlaqual coſa. SEL CAldo amo re: ideſt ſe la diuina bonita diſpone et ſegna. i. perche prima diſpone lanatura ariceuere et poi ui imprima la forma. LA CHIARA uiſta della pri ma uirtu: ideſt lachiara luce didio. QVIVI: in quella choſa choſ generata chome fu Adam et chri ſto ſacquiſta tucta la perfectione: Et choſi laltra del la quale idio plaſmo Adam fu facta degna di tucte laperfectione che puo cadere nello animale. Et. CHOSI FV Facta limmagine pregna: cioe la incarna tione del uerbo: Et per questo io comendo latua opinione chome uera che la natura humana ne fu ne fia perfecta chome in questi due.

Hor sio non procedessi auanti piue
dunque chome chostui fu sanza pare
conuincerebber leparole tue
Ma perche paia ben cioche non pare
pensa chi era et la cagion chel mosse
quando fu decto chiedi adomandare
Non ho parlato siche tu non posse
ben ueder che fu re che chiese senno
accioche re sofficiente fusse
Non per sapere elnumero inche enno
li motor di quassu o se necesse
con contingente mai necesse fenno
Non si est dare primum motum esse
o se dimezo cerchio far si puote
triangol si chun recto non hauessi

E IO NON procedessi piu auanti, leparole tue conuincerebbon dicendo chome adūque fu chostui senza pari. Ma accioche appaia quello che e nascoso: pensa chi era chostui et la cagione chello mosse adomandare laprudentia quando glifu decto da dio, chiedi. Et per le parole mie io tho dimostro che fu Salomone elquale insogno domando adio se no. Accioche potessi bene reggiere el popolo. Adūque la cagione chel mosse achiedere sapientia fu p la publica utilita: et non per uanagloria di sapere: chome quegli che cercono quante sono le substanti e separate che muouono ecieli equali Aristotele po ne essere tanti quanti sono ecieli: o se necessario cō contingente fanno conclusione necessaria chome si cerca in dialectica: cioe che la maggiore sia di neces sario: et la minore di contingente. NON si est dare primum motum esse: cioe se el primo moto e/o non e/ Aristotele pose elmoto etherno. Etheolo gi christiani pongono el principio del moto et del mondo. Ne anchora dimando sapientia per sapere Se di mezo cerchio si puo fare triangolo che non habbi recto angulo ilche non si puo.

Onde se cio chio dixi & questo nuote
regal prudentia & que l uedere in pari
inche lostral di mia intention percuote
Et se aduerso drizi gliocchi chiari
uedrai hauer solamente rispecto
aregi che son molti ebuon son rari
Con questa distinction prendil mie decto
& chosi puote star con quel che credi
del primo padre & del nostro dilecto
Et questo tisia sempre piombo apiedi
per farti muouer lento chomhuom lasso
& al si & al no che tu non uedi
Che quello tragli stolti bene e basso
che sanza distinctione afferma o nega
nellun chosi chome nellaltro passo
Perche glincontra che piu uolte piega
loppinion corrente afalsa parte
et poi laffecto lontellecto lega
Vie piu chendarno da riua siparte
perche non torna tale quale esi moue
chipesca per lo uero et non sa larte
Et dicio sono almondo aperte proue
parmenide melisse brisso et molti
equali andauan et non sapean doue
Si fe sabellio et arrio et quegli stolti
che furon chome spade alle scripture
in render torti edirictì uolti

i Nquesti uersi dichiara chome si puo saluare el credere di danthe et el decto di Thomaso Imperoche benche uerissimo sia che la extrema per fectione della natura humana fussi in christo et in adam: Nientedimeno quando sidice che Salomone non hebbe pari: non sintende absolutamente tra glhuomini: Ma tra re che ressono epopoli tra qua li non e ne christo ne adam: Et pero conforta elpo eta che non affermi o nieghi senza debita distintio ne. Adunque e uero che nessuno huomo fu pari a christo et ad adam: Et anchora e uero che nessuno re surse simile a salomone. Porrei in questo luogo leparole che Salomone di se medesimo scriue: se non temessi essere troppo prolixo. PER CHE glincontra. Mostra la ragione perche sia stolto chi afferma o niega senza distinctione dicendo perche el piu delle uolte aduiene che lopinione corrente p che non si ferma alla distinctione piega in falsa par te: et dipoi laffecto: percho chome dice democrito Lamore che noi pognamo al falso iudicio lega et o chupa lontellecto in forma che non puo uedere el uero. VIE PIV chendarno: la sententia e questa possiamo dire che uno sia arriua: quando anchora non ha pensato se la chosa e/uera o no: Ma qdando comincia ainuestigare: allhora si parte da riua et ē tra nel fiume. Adunque chome el pescatore se si p te da riua et non ha larte delpescare ne anchora gli strumenti apti si parte in darno per che non pigla Chosi chi si mette a inuestigare el uero sanza: dia lectica et philosophia et senza lescientie che gle ne possono mostrare saffaticha indarno. Ma e/ancho ra peggio perche oltra al perdere la faticha: entra nello errore nelquale non era prima. Adunque e/ peggio chel pescatore: perche lui non piglando tor na tale quale si parti. Ma chostui torna in piggior grado perche ha falsa opinione laquale non hauea prima: Et di cio appare manifesta pruoua negli antichi philosophi equali affaticandosi ne trouando el uero hebbō false oppinioni si chome Melisso. Costui fu dellisola di samo prese la familiarita c Heraclito ephesio: et molto lo commendo asuoi cittadini equali non cenosceano la sua uirtu. Hebbe oppinione che questo uniuerso fussi infinito: immutabile: et immobile. Et che el moto non fussi: Ma paressi. Diceua che non dobbiamo diffinire alchuna chosa didio: perche di lui non habbiamo certa cognitione. Parmenide fu discepolo di xemophane: et secōdo theophrasto danaximandro fu el primo che pose la terra esser tonda: et collocata nel mezo a et glelementi essere dua: Fuocho: et Terra: et quello essere lartefice Questa la materia. Scripse che la generetione deglhuomini hebbe principio dal sole: et el sole essere caldo et freddo: et da quello essere ogni cosa. Platone ellibro suo delle iddee da chostui chiamo parmenide. Sabellio chome quegli errono circa eprincipii: chosi molti theologi hebbono false opinioni nella christiana theologia et furono heretici. QVESTI Furono chome spade alle scripture: Optima comparatione: Imperoche eueri et ben docti theologi sono chome specchi: conciosia che inmodo aprono le scripture: che ne loro libri siuede el dricto et uero senso di quelle: chome nello specchio siuede eluero et dricto uolto. Ma glheretici sono chome spade perche chome chi sispecchia nella spada uiuede elsuo uolto torto et chosi chi guarda nelibri degli heretici ui uede el senso delle scripture torto.

Non sien legenti anchor troppo sicure
ad giudicar si chome quel che stima
le biade in campo pria che sien mature
Chio ueduto tucto eluerno prima
ilprun mostrarsi rigido & feroce
poscia portar la rosa insulla cima
Et legno uidi gia dricto & ueloce
correr lomare per tucto suo camino
perire alfine allentrar della foce
Non creda donna berta & ser martino
per ueder lun furare laltro offerire
uedergli drento al consiglo diuino
Che que puo surger et quel puo cadere

a Vreo precepto da in questo luogo san Thomaso che non sicorra algiudicare perche spesso el iudicio dellhuomo rimane ingannato. Et pon tre exempli. primo delle biade lequali essendo belle in herba fanno che chi non e tardo nel giudicare giudica che produrranno assai fructo: et spesso e el contrario. Similmente el uerno dimostra el pruno ruuido: et alla primauera ui nasce la rosa. Et un nauilio corre tal uolta el suo uiaggio co uento inpoppa et poi rompe in porto. Et pero conchiude che donna berta et ser martino: cioe glhuomini idioti uogliō conoscere glhuomiī a glacti exteriori et non giudichino che chi offera sia saluo et chi fura sia damnato: perche chi fura si puo correggiere: et surgere del peccato: et chi offera puo cadere nel peccato.

CANTO XIIII DELLA TERTIA CANTICA DI DANTHE

d Alcentro alcerchio et dalcerchio alcentro
muouesi lacqua in un ritondo uaso
secondo che e percossa fuori et dentro
Nella mia mente fe subito caso
questo chio dicho si chome si tacque
la gloriosa uita di thomaso
Perla similitudine che nacque
del suo parlare et di quel di beatrice
achui si cominciar dopo allui piacque
Achostui fa mestieri & non uel dice
ne con la uoce ne pensando anchora
dunaltro uero andare alla radice
Ditegli se la luce onde sinfiora
uostra substantia rimarra con uoi
& similmente si chomella e hora
Et se rimane dite chome poi
che sarete uisibili rifacti
esser potra chaueder nonui noi

m uouesi in questo quartodecimo canto un dubbio elquale dichiarato lauctore: si truoua salito al quinto cielo che e di marte. Adū que prima Beatrice muoue el dubbio. Dipoi si solue. Nelterzo luogo discriue lascenso alla stel di marte. Nel quarto pone che spiriti sieno in quel luogo. Ma quanto al principio del capitolo Beatrice muoue un dubbio per lauctore elquale non glera anchora nel pensieri. Et uuole insom ma che pemutui et scambieuoli parlari che saran no hora di Beatrice hora degli spiriti: lamēte su a si mouea dal centro oue era Beatrice alla circun ferentia oue erono le due corone: et dinuouo da quella circonferentia ritornaua al centro. Cho me in un tondo uaso lacqua quando si perchuo te dalsfo difuori simuoue dal cerchio: cioe dalla circonferentia: et tal moto ua al centro: et se si perchuote lacqua drenre elmoto nasce dal cētro cioe dal mezo et ua alla circonferenza. Lacqua e corpo continuo liquido si che quando una parte di quella e mossa quel moto muoue la propiqua et quella quellaltra insino allultima parte. Que sto chio dicho del mouimento dellacqua fe subi to caso. i. disubito aduenne nella mia mente su bitamente lauita di Thomaso. i. Thomaso elquale e inuera uita tacette: perla similitudine che nacque del suo parlare et diquel di Beatrice: Impero che mentre Thomaso parlo lamente mia si mouea dal cerchi o al centro: Et hora parlando beatrice si mouea dal centro al cerchio. Ne sanza cagione e/che non Danthe muoua questo dubbio ma beatrice. Imperoche molti dubbii uengono nella mente de doctori nelleggiere le scripture sacre equali per uirtu di spirito sancto o per altri passi delle scripture absoluono. Ne potea ha uere questo dubbio el poeta se prima non hauessi lecto nella sancta scriptura dello splendore inche haneua no a esser fasciati ecorpi glorificati pel quale riluceranno piu chel sole. Adunque beatrice. i. lasacra scrip tura e quella che induce el dubbio chome locchio corporale potra sofferire tanto splendore che non abbagli si che se sia luno non potra conoscere laltro. Et e/conueniente che questo dubbio della excessiua luce si sia mosso inquesto cielo doue ha trouato piu excessiua luce che altroue. ACHOSTVI Fa mestieri: cioe bi sogno. ET NON uel dice: perche anchora nonlo conosce. Ditegli adunque prima se la luce che INfio ra. i. illustra et illumina. VOSTRA Substantia: la uostra anima che e substantia diquello splendore RIMARRA IN VOI: quando harete riassumpti ecorpi et facti uisibili: rimarra inuoi lo splandore ta e quale e alpresente: et se rimane dite chome puo essere che tanto splendore nonui noi: et impedisca aue dere luno laltro.

Chome da piu letitia dincti & tracti
alafiata quei che uanno arota
muouon la uoce et rallegran glacti
Chosi alloration prompta & diuota
li sancti cerchi mostrar nuoua gioia
nel torneare & nella mira nota
Qual si lamenta perche qui si muoia
per uiuer colassu non uide quiue
lo rifrigerio della etherna ploia
Quelluno & due et tre che sempre uiue
et regna sempre in tre in due et uno
non circunscripto tucto circunscriue
Tre uolte era cantato da ciaschuno

a Dimostrare la letitia di quegli spiriti per le parole di beatrice dice che chome quegli che uanno arota. i. fanno ballo tondo sempre sieno lie ti. Nientedimeno alla fiata. i. alchuna uolta alzā do lauoce et rallegrando glacti dimostran maggior letitia: chosi lauime delle due corone sempre liete alle parole di beatice mostron piu gioia nel tornare. i. nel muouersi in giro et nella nota marauigliosa del canto. Et certamente quegli che si dolgono del la morte corporale in questo mondo dopo laquale uadino al cielo e/ perche non hanno ueduto el refri gerio della etherna pioua cioe el rifrigerio della abō dante gratia didio: che ouiui piuoue. i. largamente si sparge. Poi seguita che le due corone cantorono tre uolte questo imno si dolcemente che tal canto sarebbe giusto muno cioe giusta remuneratione ad

di questi spirti con tal melodia
chad ogni merto saria iusto muno

ogni merito che huomo potessi acquistare inquesto mondo linno in laude della trinita era questo. Quelluno idio el quale e uno in essentia et due per che ha in se la diuina et humana natura et tre. i. padre figluolo et spirito sancto equali sono uno idio in essentia: Ma tre persone. Che sempre uiue et non uiuono perche e/uno idio et non piu. Et usa el presente perche la ethernita non ha distinctione ne di preterito ne di futuro. Ma e sempre presente: NON CIRCVNSCRIPTO. i. non contenuto perche e/ infinito et non e/ incluso in alchuna chosa. ET TVCTO CIRCVNscriue: perche ogni chosa creata in se contiene.

Et io udi nella uoce piu dia
del minor cerchio una uoce modesta
forse qual fu dellangelo amaria
Risponder quanto fia lunga lafesta
di paradiso tanto el uostro amore
siraggiera dintorno acotal uesta
Lasua chiareza seguita lardore
lardor lauisione & quella tanta
quanto ha di gratia sopra suo ualore
Chome lacarne gloriosa & sancta
fie riuestita: la nostra persona
piu grata fia per esser tucta quanto
Perche saccrescera cioche ne dona
di gratuito lume elsommo padre
lume che allui ueder ne condictiona

d Opo limno udi una uoce el poeta piu diua cioe diuinal la quale usci da uno spirito del minor cerchio doue erono e piu excellenti doctori et pero finge che fusse piu diuina; laquale fu tanto modesta quanto forse fu lauoce di gabriel quando anunctio Maria: Questa uoce finge el poeta che fussi del maestro delle sententie; perche inuero qui solue questo dubbio nella forma chel maestro delle sententie losolue nel suo quarto libro. Adunque induce che lui dicesse chosi. Quanto fia lunga la festa cioe lagloria di paradiso laqual sempre durera tanto elnostro amore elquale e cagione dello splendore. RAGgiera cioe risplendera intorno acotal uesta. i. intorno al nostro corpo. Aduuque sempre raggiera la sua chiareza seguira lardore. Imperoche tanto sara elnostro splendore quanto sara la carita. Et lardore seguira lauisione. Imperoche quanto conoscieremo didio tanto ameremo; et quanto ameremo tanto risplenderemo. Et lauisione didio: cioe conoscere idio sara tanto quanto lanima hara digratia da dio sopral suo ualore. Et seguita che quando dopo el iudicio lanime beate harãno ripreso elcorpo elquale fia glorificato lapersona loro saranno piu grate per essere tucte intere: Et essendo allora noi piu perfecti per essere unito lanimo col corpo piu perfectamente uederemo: Adunque accrescera in noi cioche elsommo bene. i. idio. CIDONA DI GRATVITO LVME: idest dintellecto elquale lui ci da per sua benignissima gratia. Et questo lume. NE CONDICTIONA. i. condictiona noi cioe cifa apti auedere; . i. aconoscere lui.

Onde lauision crescer conuiene
crescer lardore che da quella saccende
crescer loraggio che da esso uiene
Ma si chome carbon che fiamma rende
& per uiuo candor quella souerchia
siche lasua paruenza si difende
Chosi questo fulgor che gia ne cerchia
fia uinto in apparenza dalla carne
che tucto di laterra ricoperchia
Ne potra tanta luce affaticarne:
che glorgani del corpo saran forti
atucto cioche porra dilectarne.
Tanto miparuon subiti et accorti
et luno et laltro choro adicere amme
che ben mostrar disio de corpi morti
Forse non pur per loro ma per le mamme
pergli padri et per glaltri che fur cari
anzi che fusson sempiterne fiamme

c Onchiude per legia decte chose che e mestieri che cresca la uisione. i. ellume dellontellecto et crescendo la uisione; crescera lardore. i. la carita laquale saccende della uisione; et similmente crescera el raggio. i. losplendore perche nasce dallo ardore della carita. MA SI CHOME GARBone Optima comperatione laquale dimostra che come ueggiamo ecarboni nel fuocho si uiuamente accesi; che benche sieno circondati dalla fiamma; Niente dimeno el candore loro auanza tanto quel della fiãma: che non perdono lor paruenza. i. appaiono et ueggonsi. Chosi ecorpi uostri equali dopo la morte sono ricoperti dalla terra. Ma dopo elgrande giudicio hanno aritornare anoi per che saranno glorificati haranno piu uno splẽdore che questo che alpresente fascia questi spiriti. Onde lo euangelista Matheo. Fulgebũt iusti ut sol in regno patris eorum: Et Augustino dice che lo splendore del corpo glorificato e/secondo el colore naturale al corpo humano Et chome el corpo colorato riceue lo splendore indiuersi modi dalla illuminatione del sole: secondo el modo del suo colore: chosi e/in potesta dellhuomo glorificato chel corpo suo si uegga et non si uegga:

Et in questo modo apparue christo dopo la resurrectione. Adunque risuscitera lalor carne in eta di xxx anni. Onde Salomone: Renouabitur ut aquila iuuentus tua. NE POTRA: Qui absolue eldubbio mosso disopra et dimostra che benche la uista humana di sua natura non puo sofferire tanto splendore perla debilita dello instrumento. Nientedimeno nel corpo beatificato sara si corroborato elsenso del uiso che potra sofferire ogni gran lume sanza essere affaticato da quella. TANTO mi parue: Haueagia conclu so el maestro delle sententie quanto hauesse aessere losplendore de corpi benificati et quanto la potenti a uisiua inquegli hauessi a farsi piu forte et robusta. Ilperche tutti gli spiriti delle due corone furono si subiti adire amme. i. amen che significa chosi sia che chiaramente dimostrorono grandissimo desiderio e cupidita diripiglare ecorpi morti cioe ecorpi equali haueuon lasciati iterra dopo lamorte: Et non solamē te desidreauono el ripiglare de corpi per la loro propria gloria: Ma perche sono pieni di carita lo deside rauono per la gloria delle madri et de padri et deglaltri parenti et amici equali amorono in uita: et in nanzi che salissino aquesto quarto cielo doue essi sono fiamme sempiterne: la cupidita di ripiglare la car ne e innacto in noi perche essendo prodocto lhuomo composto danima et di corpo ha in se naturale de siderio di conseruare luno et laltro. Preterea si nota qui che lanime beate ritengon lamore et lamicitia honesta etiam dopo la seperatione del corpo.

Et eccho intorno dichiareza pari
 nascere un lustro sopra quel che uera
 aguisa dorizonte che rischiari
Et si chome asalir diprima sera
 comincian perlo cielo nuoue paruentie
 siche la chosa pare & non par uera
Paruemi li nouelle subsistentie
 cominciare auedere & fare un gyro
 difuor dallaltre due circonferentie
O uero sfauillar del sancto spiro
 chome sifece subito & candente
 agliocchi miei che uinti nol soffriro

d Imostra che oltra adue cerchi dedecti spirti uenne un terzo cerchio el quale era pari di chiareza allo splendore che uera prima deglaltri du e aguisa asimilitudine dorizonte che rischiari: lanime di questo terzo cerchio non furono molte note al poeta. ilche finge per dimostrare che non erono chosi exellenti chome quelle de primi due cerchi: Et pero dice che: chome nel tempo che e fra di et nocte cominciorono aparire lestelle: Ma scorgonsi anchora si pocho che paiono et non paiono: chosi mapparuono quelle anime: le quali feciono un cerchio difuori adue gia decti cerchi. O VERO SFAUILLARE: Questa e/ una exclamtione che dimostra che si marauigli di tanto splendore: Adunque o uero sfauillare del sancto spiro: idest del sancto spirito: chome si fece subito et candente. i. risplendente informa che gliocchi miei perche erono corporei non poterono sofferire tanto grande splendore: Et questo finge o per dimostrare che questi erono doctori che hanno scripto sottilmente et con obscurita o perche allui non erono noti.

Ma beatrice si bella & ridente
 misi mostro che tra quelle uedute
 siuuol lasciar che non seguon lamente
Quindi ripreson gliocchi miei uirtute
 ad rileuarsi & uidimi translato
 sol conmia donna inpiu alta salute
Ben maccorsi io chio ero piu leuato
 per laffocato riso della stella
 chemi parea piu roggio che lusato
Con tuctol chuore & con quella fauella
 che e una intucti adio feci holocausto
 qualcoueniesi alla gratia nouella

c Omincia adiscriuere elsuo salimento al quinto cielo che e di Marte: elqual conobbe uedēdo Beatrice piu lucente che lusato: Et accrebbe labelleza et el gaudio tanto in beatrice chel poeta non lo puo exprimere: et per questo lo lascia fra quelle uedute chose che non seguon lamente cioe che non seguono anzi abbandonono lamente quando le uuole descriuere. Quindi: cioe da quello splendore di beatrice presono gliocchi miei uirtute et uigore che io gli rileuassi in su et rileuatogli mauuidi che io ero salito solo con mia donna cioe io solo con beatrice: perche gli spiriti detre cerchi eron rimasi nel quarto cielo. Et e/certo che esuoi occhi cioe elsuo intellecto prese uirtu da beatrice. i. dalla doctrina theologica dinalzarsi alquinto cielo. APIU Alta salute perche ogni cielo e salute et gloria degli spiriti chiama elcielo di marte piu alta salute perche e/elpiu alto che glaltri diche ha decto: ueramente piu alta salute perche e piu propinquo adio che e nostra salute: perche non si puo dire che Marte sia maggiore stella che el sole. Et dice che saccorse che lui era piu innalzato che quando era nel sole: perche conobbe essere in marte pel colore suo focoso: Et uuole dimostrare la eleuatione diquesto pianeta perche la sua piu bassa lungheza che e/lapiu alta del sole: e/tremila uolte mille et nouecento sexantacinque migiaia di migla Et la piu alta e uentocto uolte mille uolte mille et ottocento quaranta septe migliaia di migla: El diametro del corpo di marte e/quanto el diametro della terra et la sexta parte piu. Marte pel suo colore focoso e/decto da greci pyrois perche pyr significa fuocho: Ma el proprio nome inquella lingua e/ares: Et al chuni chiamorono questa stella hercole. Egentili adororon marte per iddio di guerre: perche e/ planeta caldo et secco masculino et nocturno: Et induce collora et fuocho. Induce animosita et audacia et appeti to diuendecta. Ilperche e/et ha maggior potentia di riscaldare che altro pianeta: Fa glhuomini di corpo lunghi et sottili per lasua calidita et siccita: Ma nella uechiaia perche el calor consuma et la seccita tanti chia gli fa curui et chinati. Fa glanimi mobili: et leggieri et et proni allira: le case sue sono: Ariete: et scorpione. Regna nel capricorno. Quando e/ ben disposto nella natiuita dellhuomo influisce in quello egregia uirtu in disciplina militare. Laqual cosa induxe el poeta che in questo cielo rappresenta gli spiriti di quegli che per honeste et uirtuose battagle meritorono beatitudine. CON Tuctol chuore: Dimostra qui che pa ô ropria forza dingegno potea salire aquesta cōtēplatione ma pgratia didio laqual facqui sta con oratione facta in fauella comune atucti cioe facta con la mente. Et questa oratione e/el sacrifitio chiamato elocausto. Olocausto era quel sacrifitio elquale tucto ardeuono glantichi in honore didio: chosi decto: perche in greco olon significa tucto et causton arso. Dinota adunque per questo che sinfiammo tucto dardentissima carita: et questo sacrifitio si conuenia aquesta nouella gratia.

Et non era ancho delmie pecto exhausto
lardore del sacrifitio chio conobbi
ilsolitario stato accepto & fausto
Che con tanto lucore et tanto robbi
mapparuero splendori dentradue raggi
chio dixi o helios che si gladdobbi
Chome distincta di minori & maggi
lumi biancheggia trapoli del mondo
galaxia si che fa dubbiar ben saggi
Si constellati facean nel profondo
marte que raggi el uenerabil segno
che fa giunture di quadrati in tondo

n On era anchora excausto: cioe cuacuato del mio pecto. i. della mia mente lardore del sacrifitio. i. lardente feruore el quale usci nella mia mentale oratione che io conobbi lo stato solitario. i. gli spiriti di quegli sancti padri equali in solitudine et ne deserti haueano continuamēte combatuto col diauolo: chome furono paolo primo heremita: Antonio et simili. Elqua e/stato fu accepto a dio: et fu fausto. i. felice alloro. perche lauctor pone inquesta spera tucti quegli che hanno combattuto per la fede: pero distingue tucta questa spera cō due linee lequali fāno una croce et quattro quartieri. CHE CON Tanto lucore: pone che nel corpo di marte fussin due lucidissimi raggi. i. due liste le quali faceano una croce che distinguea tucto el corpo del pianeta in quattro quadri: queste liste erono piene di splendori si robbi. i: si rossi che erono spiriti beati che io per istupore dixi. O Elios. i. o iddio: quasi uogli dire quanto e/la tua bonita. CHE si gladobbi. i. che si gladorni. Helios in hebreo significa excelso: et e/uno de nomi didio. Addobbare in lingua franzese significa ornare. CHOME distincta: chome el circulo lacteo che da greci e decto galaxie el quale comincia dal paralello del polo arctico et arriua al paralello del polo antartico: e distincta et ornata di molte stelle grandi et piccole: chosi quelle due liste nella profundita del corpo di marte: constellate cioe distincte di stelle che erono anime beate facean quel uenerabil segno della croce elquale fa congiunture di quadranti intondo: perche ponendo una croce in un tondo fa quattro quadri.

p Erche inquesto pianeto pone chome e gia decto quegli che hanno combattuto perla salute dellanime: discriue che in quella croce appariua la passione di christo. laqual uinse laduersario della humana natura laquale gli parue si mirabil chosa che benche dipoi quando scriuea sene ricordassi. niente dimeno non era sofficiente longegno suo a trouare, exemplo col quale exprimessi quello che hauea nella memoria dellampeggiare della passione di christo: et pero la mēoria uince longegno Alchuni texti hāno Qui uince la memoria mia longegno: et questo e/ facile a intendere. MA CHI prende sua croce: io non posso exprimere quello che io uidi della uictoria che christo riporto contro laduersario nostro in croce. Ma chi prende sua croce cioe colui che si mette atal battaglia quanto sopportor o lesue forze et segue christo. i. imita inquanto puo le uestigie di christo chostui perche dopo la morte arriuera in questo pianeta et uedra che e impossibile con lingua humana aexprimere tal uictoria miscusera chelo nō lhabbi scripto considerato che in tale albore balenain. i. risplendeua christo. i. la diuinita di christo laquale nessuno mortale puo imitare. DI COrno in corno: elumi. i. gli spiriti discorreuono dallun corno allaltro della croce: cioe da dextra et dasinistra et dal capo apiedi: et perche quando si congiungeuono o si trapassauono sfauillauono: perche tale riscontro scopriua la loro mutua carita.

Qui uince lamemoria mia longegno
chenquelle croce lampeggiaua christo
si chio non so trouare exemplo degno
Ma chi prende sua croce et segue cristo
anchora miscusera diquel chi lasso
uedendo inquello albore balenar christo
Di corno in corno et dalla cima al basso
si mouen lumi scintillando forte
nel congiungersi insieme et nel trapasso

M oueuonſi que lumi per le liſte della croce chome noi ueggiamo qui in queſto mondo leminutie .i. le minime parte de corpi che ſon quaſi atomi .i. corpi indiuiſibili muouerſi in un razo del ſole elquale fa la liſta nellombra .i. in alchuno hedificio che facci ombra elquale hedificio cioe chaſa o altra ſimil choſa lagente acquiſta con ingegno et arte

Choſi ſi ueggion qui diricte & torte
ueloci & tarde rinouando uiſta
leminutie de corpi lunghe & corte
Muouerſi per lo raggio onde ſi liſta
tal uolta lombra che per ſua diſeſa
lagente con ingegno & arte acquiſta
Et chome giga & arpa in tempra teſa
dimolte corde fan dolce tintinno
atal da chui la nota non e inteſa
Choſi da lumi che li mapparinno
ſaccoglea perla croce una melode
che mi rapiua ſanza intender linno
Ben maccorſio chellera dalte lode
perche ame uenia reſurgi & uinci
chome adcolui che nou intende & ode
I o minnamorauo tanto quinci
chenſino alli non fu alchuna choſa
che mi legaſſi con ſi dolci uinci
Forſe lamia parola par troppo oſa
poſtponendol piacer deglocchi begli
ne quai mirando mio diſio ha poſa
Ma chi ſauede che iuiui ſuggegli
dogni belleza piu fanno piu ſuſo
et chio non mera li riuolto aquegli
Excuſar puommi di quel chio maccuſo
per iſcuſarmi et uedermi dir uero
chel piacer ſancto non e giu diſchiuſo
Perche ſiſa montando piu ſincero.

La ſententia e/ che choſi ſi moueuono elumi perla croce chome in una ſpera di ſole laquale entri per fineſtra in una chaſa ueggiamo muouerſi infiniti corpuſcoli traquali alchun ueloce: alchun tardo: alchun dritto alchun torto et rinuouono ſpeſſo uiſta .i. apparenza perche el ueloce diuenta tardo et el torto dricto: Et udiuo per la croce una dolce melodia che mi rapiua. i. mi traeua a ſe ſanza che io intēdeſſi limno perche io non intendeuo le parole. Et raccogleuaſi quella melodia dalle uarie uoci degli ſpiriti ſi chome ueggiamo che o giga o arpa che ſono inſtrumenti muſichi fare dolce. TINTINNo .i. dolce ſuono di molte corde quando ſono teſe in tempra. Et aggiugne che benche non haueſſi inteſe le parole dellimno nientedimeno ſaccorſe che tale melodia contenea altiſſime lode: perche intra molte parole intendea ſolamente. SVRGE: et uinci. Queſte due parole ſono dalla ſacra ſcriptura decte a Chriſto. Riſucita da morte et uinci el diauolo. Finge lauctore che di tucto linno che cantauono lanime a chriſto lui non inteſe ſe non riſucita et uinci per dimoſtrare che e/ facile ad ognuno intendere che lapaſſione et morte di chriſto fu la uictoria che ci libero dalla ſeruitu del diauolo. Ma molte altre mirabil choſe che ſi conuengono inquella non ſintendono ſe non dagli huomini doctiſſimi Dimoſtra che bēche lui affermi che in tucta queſta mentale peregrinatione neſſuna choſa inſino aqueſto luogo ha trouato che con piu amore lo leghi nientedimeno non contradice aquello che gia tante uolte ha decto di beatrice: ne per queſto la poſtpone nello amore. ET VEDER Me dir uero. i. puo uedere che io dixi el uero dicendo. che neſſuna altra choſa mhauea tanto legato quanto queſta melodia; perche el piacermi. B. e inchiuſo iquella. Et p. B. ſitēde queſta: Et el piacere ame di Beatrice ſi fa piu ſincero et piu puro quanto piu inalto ſalgo perche glocchi ſuoi mi moſtrono tucte queſte choſe.

CANTO XV DELLA TERTIA CANTICA DI DANTHE

b Enigna uolonta inchui ſi lique
ſempre lamore che drictamente ſpira
chome cupidita fa nelliniqua
Silentio poſe aquella dolce lyra
che fece quietar le ſancte corde
che la dextra del cielo allenta et tira:
Chome ſaranno agiuſti prieghi ſorde
quelle ſubſtantie che per darmi uogla
chio le pregaſſi atacer furo accorde:
Bene e che ſanza termine ſi dogla:
chi per amor di choſa che non duri
eternalmente quello amor ſi ſpogla

p Erche nel precedente capitolo dimoſtro lauctore quali ſpiriti ſi rappreſẽtino nella ſpera di Marte. In queſto quintodecimo induce meſſer Cacciaguida padre dallighieri ſuo biſauo elqual gli narra la ſua genelogia et quãto ne ſuoi tẽpi Firenze ſi reggeua giuſtamente: et con optimi coſtumi. Et in queſti primi uerſi narra che quella benigna uolonta che quegli ſpirti haueuono inuerſo el poeta nella qual uolonta /SI LIQVe. i. ſi manifeſta el uero et honeſto amore: chome nella iniqua uolonta ſi manifeſta cupidita. i. non honeſto amore. POSE Silentio aquella dolce lyra. i. allumno che loro cantauono elqual canto hauea ſoauita di lyra cioe di uiuola. Et perche ha chiamato quel canto lyra hora chiama le uoce degli ſpiriti corde. Impoche tucta quella cõgregatione di quegli ſpiriti era chome una cythera et gli ſpiriti eron chome corde di quella cithera lequali chorde la dextra del cielo allenta et tira cioe lequali corde la gratia dello ſpirito ſancto tempera tirando le corde troppo lente et allentando le troppo tirate chome allui piace. Dipoi uedendo el poeta che quelle ſubſtantie. i. quegli ſpiriti haueano poſto fine al cantare; ſolo per dar uoglia et ardire che lui le pregaſſe et richiedeſſi di cioche uoleſſi udire: et furono accorde. i. concordeuoli atacere domanda chome ſarãno eſſe ſorde agiuſti prieghi quaſi dica non ſaranno mai ſorde. Et aggiugne ben giuſta choſa e/ che colui ſi dolga ſanza termine cioe in etherno elquale ſi priua di quello amore perfecto per amore di choſa che non duri ethernalmente. i. p choſa temporale.

Eglinfiniti ſpiriti che traſcorreuon per la croce e queli el poeta chiama lume et ſtelle ne corſe una dal corno dextro della croce aſimilitudine di certe fiamme lequali ſpeſſo quando e/ puro ſereno ſueggono traſcorrere pel cielo et paiono ſtelle che uadino di luogo a luogo. Ma la ripruoua che non ſieno ſtelle e/ che inquella parte del cielo donde ſiparte nullo ſi perde cioe neſſuna ſtella uimanca et quella fiãma dura pocho: et ſe fuſſi ſtella non ſi ſpegnerebbe mai Mã ſono uapori dequali diſopra aſufficientia dicemmo. Adunque uno aſtro. i. una ſtella che era loſpirito di Meſſer Cacciaguida corſe chome e decto partendoſi dalla coſtellatione. i. da una configuratione di ſtelle che erõ ſpiriti. CHE riſplẽde li. i. riluce in quel luogho. NE SI PARTI la gemma dal ſuo naſtro. i. benche tranſcorreſſi non uſci della liſta della croce laquale chiama naſtro: Ma tranſcorſo per la liſta radiale. i. piena di razzi della croce Alchuni intendono che non ſi partiſſi dal corno dextro doue era ma parue che ſcendeſſi: perche da quello diſceſe un razo a linea recta inſino adoue era el poeta: et parue nel traſcorrere che fuſſi fiamma chiuſa in uno uaſo dalabaſtro. Alabaſtro e/ ſpetie di marmo molto candido coſi decto da alabaſtri de luogo in egypto non lontano da thebe degypto del quale facean glãtichi uaſi per gli unguenti: perche optimamente ſi conſeruano in quegli: E perſpicuo et diaphano et traſparente: Et io uidi a Roma ne tempi d Eugenio quarto un uaſo dalabaſtro nel quale la candela riſplende a piu che in ſottiliſſima lanterna. Non entra danthe nella croce per parlare a Cacciaguida. ma Cacciaguida ſcende allui: Ilche dinota chel poeta non era di quegli che haueſſe aeſſere in tal grado.

Quale per li ſereni tranquilli & puri
diſcorre adhor adhor ſubito focho
mouendo glocchi che ſi ſtan ſicuri
Et pare ſtella che tramuti locho
ſe non che dalla parte onde ſacce de
nulla ſi perde & eſſa dura pocho.
Tale dal corno chen dextro ſi diſtende
alpie di quella croce corſe uno aſtro:
dalla conſtellation che li riſplende:
Ne ſi parti la gemma dal ſuo naſtro.
ma per la liſta radical traſcorſe:
che parue foco dentro dalabaſtro.

Si pia lombra danchiſe ſi porſe
ſe fede merta noſtra maggior muſa
quando in eliſio del figluol ſaccorſe
O ſanguis meus o ſuper infuſa
gratia dei ſicut tibi cui

d Iſcriue che choſi fu piatoſa laccoglenza che fece Meſſer Cacciaguida a Danthe: chome quella che fece Anchiſe ad Enea ne campi elyſii. SE noſtra maggior muſa. i. ſe Virgilio che queſto ſcriue et e/ maggior muſa. i. maggior poeta che ſia appreſſo elatini. Merita fede. Quaſi dica non affermare

bis inquam celi ianua reclusa
Chosi quellume ondio attesi allui
poscia riuolsi alla mia donna eluiso
& quinci & quindi stupefacto fui
Che dentro aglocchi suoi ardea un riso
tal chi pensai comiei toccarel fondo
della mia gratia et del mio paradiso

lechose ficte da uirgilio: ne che anchise uedessi Enea necampi elysii: chome questo poeta fige nel texto libro delleneida. Ma adimostrare che tato galdio prese Cacciaguida della uenuta di danthe: quanto uirgilio discriue essere stato el gaudio danchise per la uenuta denea. OSANGuis mens: Queste sono le parole che uso Messer Cacciaguida inuerso Danthe: O sangue mio perche se disceso del mio seme. O SVp isusa gratia dei: cō admiratione dice i o gratia didio sup isusa quasi data p lextraordiario Et gratis chome quella che e data ate. CVI BIS inquam celi ianua reclusa. i. al quale due uolte certamente e/aperta la porta del cielo: Al presente col corpo et dopo la morte: Ne e/arrogantia chel poeta pronostichi questo di se: perche consuona con quello che dixe di sopra donde non si scende sanza ritornare. CHOSI QVEL lume. i. chosi dixe quello spirito. Ilperche io attesi. i. stetti attento allui: et dipoi mi riuolsi a Beatrice et fui stupefacto. i. pieno di somma admiratione. Quinci et quindi. i. da cacciaguida per le parole che mi dixe: et da beatrice perche neglocchi suoi ardea et risplendea un riso: informa che io pensai omnia occhi tocchare el fondo della mia gratia. i. pensai che glocchi miei fussino arriuati allultimo fine di quel che potessino uedere di gratia et del mio paradiso. i. et della mia gloria. La sententia e che hauendo el poeta udito lo spirito elquale qui si pone per le parole della sacra scriptura si uolse a beatrice cioe alla expositione di quelle. Et perche insino aquesto luogo non hauea contemplato anchora piu alta chosa dice che Beatrice ardeua di maggior riso che anchora fussi arsa.

Indi audire & aueder giocondo
giunse lo spirto al principio chose
chio non lentesi si parlo profondo;
Ne per election misi nascose
ma per necessita chel suo concepto
al segno de mortali si sopraposе.
Et quando larcho dello ardente affecto
fu si sfogato chel parlar discese,
inuer lo segno del nostro intellecto
Laprima chosa che perme sintese
benedecto sie tu fu triuo & uno
che nel mio sangue se tanto cortese

S Eguita dicendo che lo spirito di cacciaguida aggiunse al principio. i. alle chose che hauea decto con principio giocondo audire: et audire chose che io non intesi si parlo profondo. Nelqual luogo se considerremo che el principio fu. O super infusa gratia dei: el subsequēte douea essere delle predestinatione. Imperoche hauendo riceuuto danthe gratia di potere col corpo salire di cielo in cielo: potrebbe dubitare alchuno: perche piu a danthe che a qualtro: et accadeua adisputare della predestinatione et dimostrare che quella non togle ellibero arbitrio. Et quelle chose sono si ascondite et profonde chel nostro intellecto non le puo comprendere: et pero finge che lui non lentendessi. Et certamente puo lhumano intellecto comprendere lechose create da dio col mezo delle seconde cause: chome sono glelemēti et le chose composte di quegli: Ma quelle che idio creo sanza mezo non puo intendere. Non intende che chosa sia idio et che chosa sia luce che fu la prima materia: che chosa e/anima: et qual sia la predestinatione didio: della quale nessuno puo rendere uera ragione perche non siamo capaci della diuina intelligentia: et pero ci pare che la predestinatione contradica alla liberta dello arbitrio. NE MISI Nascose per electione: perche non uolea cacciaguida che danthe non intendessi: Ma el defecto della natura humana non lo lasciaua intendere. Ma quando larco dellardente affecto. i. quando el parlar suo dōde escono le parole dardente carita uerso didio fu sfogato laudando la diuina intelligentia nella predestinatione. Elparlar suo discese da si alta materia inuerso el segno. i. inuerso el termine insino alquale puo arriuare nostro intellecto: la prima chosa che io intesi fu. BENEDECTO sie tu trino et uno. i. tu idio che se uno intre persone. Non sintende se non achi el sommo idio riuela laragione della predestinatione. Ma ogni mediocre ingegno intende che giusta et ragioneuol chosa e che noi ringratiamo idio de benifitii riceuuti.

Et seguio grato & lontano digiuno
tracto leggendo del maggior uolume
u nonsi muta mai biancho ne bruno
Soluto hai figlo drento aquesto lume
inche ti parlomerce di colei
challalto uolto ti uesti le piume
Tu credi che adme tuo pensier mei

L A sententia e/che cacciaguida seguio. i. seguito nel parlar suo dicendo: tu o figlo tu hai soluto. i. sciolto un digiuno grato et lontano: Soluere ieiunium significa mangiare: Adunque tu hai sacio uno lungo mio desiderio che io haueo di uederti elquale desiderio io ho tratto del maggior uolume leggendo lo. i. riguardando in dio: nel quale ebeati contemplando ueggono tucte le cose: chome leggendo itendiamo cio che e/ nellibro: et pero chiama contempla

da quel che primo chome quel che raia
dallun se si conosce el cinqueelsei
Et pero chio misia ne perchio paia
piu gaudioso ate non mi domandi
che alchuno altro inquesta turba gaia
Tu credil uero che iminori eigrandi
di questa uita miron nello speglo
inche prima che pensi elpensier pandi
Ma perchelsacro amore in che io ueglo
con perpetua uita & che maseta
di dolce desiare sadempia meglo
Lauoce tua sicura balda & lieta
suoni la uolonta suonil disio
ache lamia risposta e gia decreta

re idio leggere el uolume : et chiamalo maggiore p che in dio si legge cio si uede el tucto. Adunque figluol mio tu chai satio la uogla mia di uede ti laquale era detro aquesto lume. i. nella mente mia che sono in questo splendore laqual uogla procedea da hauere io ueduto indio che tu haueui asalire quassu Merce. i. per gratia et per benificio di co'et : CHE ti uesti le piume allalto uolco : i. merce di beatrice della quale hai hauuto le penne adpotere uolare si alto: Et certo la theologia e/quella che nepresta lale: conlequali da questo basso mondo cinnalziamo aldelo. TV CREDI CHEL pensier tuo mei: idest trascorra : Meare in latino significa fluere et trascorrere da quello cioe da dio che e principio dogni cosa: nel quale riluce ogni chosa facta et da fare: et ogni nostro pensieri prima che sia chome da uno che e/principio dogni numero riluce cinque et sei et ogni numero. Imperoche cinque e/cinque uolte uno. Et perche tu credi questo cioe che io conosco ogni tuo pensiere: perche io ueggio in dio: tu nonmi domandi ne chio sia : ne per chio dimostri piu allegrezza della tua uenuta che glaltri: Et credi el uero che io conosca el tuo pensiere et la tua uolonta. Imperoche inquesta uita beata et etherna tucti gli spiriti chosi di maggior grado chome di minore ragguardon nello spegio cioe specchio della diuinita: nelquale tu pandi cioe tu manifesti el pensier tuo prima che pensi. Ma acciochel sacro amore et ardentissima carita: nella quale io ueglo. i. ueghio cioe uiuo : Imperoche chome el dormire e/morire : chosi el uegghiare e/uiuere. ET CHE Ma seta. i. maccresce la sete et el desiderio del dolce disiare. i. della carita laquale sempre saccende ne beati. SADEMPIA MEGLO. i. piu cresca. Io uoglo che la tua uoce con sicurta: baldanza et allegrezza. SVONI: cioe parli la uolonta et el tuo desiderio al quale la mia risposta e/gia decreta. i. deliberata.

I mi uolsi ad beatrice et quella udio
pria chio parlassi & arrizomi un cenno
che fece crescer lali al uolar mio
Poi cominciai chosi laffecto el senno
chome la prima qualita napparse
dun peso per ciaschun dinoi si fenno
Perochel sole che ua lumo et arse
col caldo et con laluce en si equali
che tucte somiglanze sono scarse
Ma uogla et argomento ne mortali
per la cagione cha uoi e manifesta
diuersamente son pennute in ali
Ondio che son mortal mi sento in questa
disaguaglanza et pero non ringratio
senon col chuore alla paterna festa
Ben suplico io ate uiuouo topatio
che questa gioia pretiosa ingemmi
perche mifacci del tuo nome satio
Ofronda mia inche io compiacemmi
pure aspectando io fui la tua radice
cotal principio rispondendo femmi
Poscia midixe quel da chui sidice
tua cognatione et che centanni et piue
gyrato ha elmonte alla prima cornice

d Opo le parole di cacciaguida lauctore si uolge a Beatrice per intendere se uolea che risponddessi : Ma essa che gia sapea sua uogla sanza che parlassi glaccenno informa : che el suo uolere diuento piu ueloce. Ilche significa che in nessuna simile contemplatione si uuol procedere se non secondo theologia laquale risponde sanza essere domandata. Ma qui acconsentisce chel poeta finga che cacciaguida sia in questa gloria: perche mori combattendo p la fede. OFRONDA Mia: Cacciaguida chiama el poeta sua fronde : non solamente perche e discesso di lui: ma anchora perche e/ornamento aquella famigla : chome la fronde allalbero nel quale io compiacemmi pure aspectando. i. del quale io ho preso somma uolupta solamente aspectandoti. Quasi dica innanzi al tuo nascimento quassu in cielo mi gloriai io che tu bauessi anascere del mio sangue : et aspectauoti con dilecto. POSCIA. i. dopo queste parole mi dixe: colui dal quale si dice tua cognatione. i. dal quale e/denominata la tua famigla: elquale hebbe nome aleghieri : et chosi si chiamaua questa famigla: Onde noi diciamo Danche aleghieri. FV mio figluolo et tuo bisauo. i. padre del padre di tuo padre: che in latino e/decto proauo : el quale ha gyrato piu che cento anni la prima cornice del mōte del purgatorio: nel qual luogho chome si mostra nel nono cento della seconda cantica si purga la superbia. BEN SI CONuiene: Quasi dica molto e tuo debito che tu gli raccorci et abbreui la lunga fatica et affanno che sopporta in purgarsi: con le tue opera. i. con orationi: helemosine : et simil chose

Mio figlo fu et tuo biſauo fue
  ben ſiconuien che lalunga faticha
  tu gli raccorci con lopere tue
Firenze drento dalla cerchia anticha
  ondella togle anchora terza & nona
  ſi ſtaua in pace ſobria & pudicha
Non hauea catenella non corona
  non donne contigiate non cintura
  chaueder fuſſi piu che la perſona
Non facea naſcendo anchor paura
  lafigla al padre chel tempo & ladote
  non fuggian quinci & quindi lamiſura
Non hauea caſe di famigle uote
  non era giunto anchôra ſardanapalo
  amoſtrar ciochen camera ſipuote
Non era uinto anchora monte malo
  dal noſtruccellatoio che chome uincto
  nel montar ſu choſi ſara nel calo

Et qui dimoſtra quanto ſiamo tenuti aſouenire a parenti; ne ſolamente auiui ma anchora amorti. El noſtro poeta perche et nello inferno; et nel purgatorio moltiſſime uolte ha uituperato enoſtri cittadini; uuole alpreſente dimoſtrarci che tali uitii ſono ſtati piu toſto de tempi che della natura della noſtra republica; laquale chi uorra ſanza paſſione; o damore o dodio rectamente conſiderare trouerra quella; ne ꝑ excellẽtia dingegni ne poptimi inſtituti; ne ꝓbuoni coſtumi eſſere inferiore ad alchune delle italiche rep. Ilperche hauendo tante uolte uituperato etem pſuoi; loda lanticho uiuer di Firenze. FIRENze dentro dalla cerchia anticha; Molto difficil mi pare potere tra molte et uarie opinioni; non ſolamente della prima hedificatione; ma anchora della reſtauratione riferire. Ma apertamente ſi puo conoſcer quãto brieue ſpatio inſe conteneſſi el primo cerchio; non ſolamente perche in molti luoghi anchora appariſcono le ueſtigie delle prime mura; Ma anchora; porta ſan piero; porta roſſa; porta ſancta maria fanno teſtimonanza che cio che reſta della citta fuor di quelle fu dipoi arroto. NON HAuea catenella; Non era anchora tanto luxo et ſuperfluita nel ueſtito; et nellornato delle donne; chome ne tempi del poeta; nequali portauono intorno al collo et alle maniche catenelle di bottoni dariento inorato infilaci; Et corone; et ghirlande facte di fogliame dariento inorato; et ornate di pietre pretioſe et di perle. CONTIGIATE CONTIGIE; chiamauono calze ſolate ricoperte di chuoio traforato. Ne ſi maritauono o di ſi pocha eta; o con tanta dota chel padre haueſſi paura di poter maritarle. Et nientedimeno netẽpi di Danthe nel quale ſi duole delle doti grãde; le maggior erono quattrocẽto iſino icinquecento fiorini elquale numero alpreſente non e/ abaſtanza al calzolaio o al fabbro. NON HAuea caſe di famigle uote; perche non erono diſſenſioni ciuili; per le quali luna parte caccia laltra; et le caſe reſton uote. Non era giunto anchora in Firenze Sardanapalo. i. non ui regnaua anchora una extrema luxuria; laquale uoleſſi intendere cioche ſi puote in camera. Sardanapalo fu eltrigeſimo; et anchora ultimo re degli aſſirii huomo deditiſſimo aogni ſpetie deffeminata uolupta; Coſtui ſtaua rinchiuſo tralle ſue concubine; ueſtito et ornato chome femina; et chome femina liſciato; Ne da alchuno ſi laſciaua uedere. Queſta ſi delitioſa; et otioſa uita dette ſperanza ad Arbace capitano de perſi et de medi che militauono alla guardia del re di poter torgli el regno; Et conferinne con Beleſe; elquale anchora lui ſi trouaua in tale militia capitano de babylonii. Et perche era docto in aſtrologia uolentieri fece lampreſa; perche le ſtelle gli promettea no indubitata uictoria; Ma non ſanza laborioſi affanni; et ſanguinoſe battagle. Furono adunque due uolte ropti dagli exerciti del re; Ma finalmente laſſediorono. Ilperche diſperando la ſua ſalute Sardanapalo. Ordino grandiſſimo fuocho; et inquello ſe et epiu cari amici; et tucte leconcubine; et lepiu pretioſe choſe arſe. Fece lepitaphio della ſepultura in queſta ſententia. Solo quello e/ ſtato mio che io ho mangiato et beuto et conſumato nello amore. NON ERA uincto anchora monte Malo; Chi ua a Roma per la ſtrada di uiterbo; non la uede inſino che non arriua amonte malo uicino a eſſa; Ma giunto inſu queſto monte uede tucti gli hedificii romani; Et ſimilmente chi uiene a Firenze per la ſtrada bologneſe; non la uede ſe prima non arriua allo uccellatoio; elqual monte e/ lontano da Firenze cinque migla; nella uia che porta a Bologna. Ma arriuato quiui non ſolamente uede gli hedifitii della citta; ma ãchora quegli delle uille propinque alla citta. Et perche el poeta uuole riprendere el ſuperfluo edificare che facea el popolo fiorentino ne ſuoi tempi. Et lodar laparſimonia anticha. Dice che luccellatoio; donde ſi ueggono gli edifitii fiorentini; non hauea uinto anchora monte malo; onde ſi ueggono eromani edifitii. Ilche in ſomma ſignifica, che al tempo di cacciaguida non era elluxo nello edificare che fu al tempo di Danthe. Et dipoi uolendo pronoſticare la ruina della republica aggiugne; che chome luccellatoio nel ſalire; cioe nella proſperita fiorentina uinſe monte Malo; perche luccellatoio puo moſtrare piu edifitii fiorentini; che quello Romani; choſi uincera nel calo cioe nella ruina; dalluccellatoio ſi uedra maggiore ruina di Firẽze che da monte malo di Roma. Molti in queſto luogho uogliono che lauctore pronoſtichi la ruina della citta di Firenze; che habbi anaſcere per la ſuperbia et ambitione. Et per le factioni; et partialita de guelfi et ghibelini.

Bellincion berti uidio andar cinto
di chuoio & doſſo et uenir dallo ſpecchio
la dona ſua ſanzal uiſo dipinto
Et uidi quel'denerli et quel del uecchio
eſſer contenti alla pelle ſcoperta
& le ſue donne al fuſo & al pennecchio
O fortunate et ciaſchuna era certa
della ſua ſepultura et anchor nulla
era per francia nellecto deſerta
Luna uegghiaua aſtudio'della culla
et conſolando uſaua lidioma
che pria lemadri et li padri traſtulla
Laltra trahendo alla roccha la chioma
fauoleggiaua con laſua famigla
de troiani di fieſole et di roma

f V certo in quegli tempi ſomma temperãtia et parſimonia et ſobrieta nel noſtro popolo. Conſiderato che bellincion berti cauali ere ricchó: et nato della nobile ſtirpe de rauignani: non portaua altra cintura che di chuoio conla fibbia doſſo. Et ladonna ſua ſanza liſci et coriori Le chaſe di queſto caualieri erono in porta ſan piero. Ma per heredita di gualdrada ſua figluola che fu mogle del primo conte guido rimaſono a conti guidi. QVE DEL VECCHIo: Di queſti diremo nel ſequente capitolo. Alla pelle ſcoperta: perche portauono ueſte di pelli coricie ſanza pelo chome ſono camoze et ſimili. Et le donne al fuſo et al pennecchio: quaſi allo exercitio feminile. O FORTVNATE: O felici donne: Et e/luogo tracto da Iuuenale. Preſtabat caſtas humilis fortuna latinas Quondam nec uitiis cõtigi parua ſinebat tecta labor ſomnique breues et uellere tuſco uexate dureque manus: Et proximus urbi: Hanibal. Et ciaſchuna era certa della ſua ſepultura: perche non erono diſſenſioni ciuili perle quali temeſſino dhauere andare in exilio coloro mariri. Et anchora nulla era deſerta nellacto. i. abbandonata dal marito per francia. Non era uenuta anchora tanta cupidita dellauere: che efiorentini mercatanti andaſſino in frãcia nenellaltre regioni per guadagnare. LVNA VEGGHIAVA Aſtudio'della culla. i. al gouerno del piccol figlolino: et conſolando eſſo figlolino uſaua lo idioma. i. elparlare co fanciullo conſolandolo quando piangea: el quale idioma traſtulla epadri et le madri daprima. Imperoche elprimo piacere che pigla elpadre et lamadre col fanciullo elquale anchora non ſa parlare e/ queſto. LALTRA Trahendo alla roccha: intenta al filare dicea fauole. Accioche con quelle teneſſi la famigla deſta allo exercitio che ſi facea.

Saria tennto allhora tal marauigla
una cianghella un lapo ſalterello
qualhor ſaria cincinnato et cornigla:
Ad choſi ripoſato ad choſi bello
uiuer di cittadini. ad choſi fida
cittadinanza en choſi dolce hoſtello:
Maria mi die chiamata in alte grida
et nello anticho uoſtro baptiſteo
inſieme fui chriſtiano et cacciaguida
Moronto fu mio padre. et heliſeo
mia donna uenne ad me di ualdipado:
et quinci el ſopranome tuo ſiſeo:

i N tanta modeſtia et ſobrieta: et inſi optimi choſtumi: parea non minore marauigla uedere huomo o donna di captiui choſtumi che pareſſi in queſti tempi ſcellerati uedere alchuni buoni et dexcellenti uirtu: chome fu cincinato et cornilia. Cianghella ſecondo che riferiſce un diſcepolo di Giouanni boccaccio fu diquegli della toſa: famigla molto nobile: et maritoſſi a imola a lito degalidoſi fratello di meſſere Alidoſo che inſieme cõ Mainardo pagani tolſe imola a bologneſi: Fu femina molto laſciua et ſuperba et iracunda et intollerabile: informa che andãdo a predica: et non ſi rizzando alchuna per honorarla: ne ſcapiglo molte: et excitoſſi tanto el riſo et el tumulto de circunſtanti: che la predicatione fu imperfecta. Facta uedoua et anchora giouane torno a Firenze: et uixe in laſciuia et in turba damatori ſanza alchuna honeſta. Lapo ſalterelli fu iuriſconſulto molto litigioſo et molto maledico: et grandemente infenſo al noſtro poeta. Cincinnato fu narrato diſopra nel ſexto capitolo di queſta cantica. CORNIgla: el nome proprio e cornelia: ma neceſſitato dalla rima dixe cornigla. Fu coſtei figluola'di ſcipione affricano: et mogle di Tiberio gracco. femina di ſomma honeſta: danimo uirile et di tanto gouerno che eſſendo trouate due ſerpe in chaſa: et riferendo glauguri a Tiberio che era neceſſario uccidere una: et uccila la femina morrebbe cornelia: et uccîſo el maſchio morrebbe lui. Tiberio huomo molto riputato nella citta giudicando eſſere piu damnoſa alla ſua famigla lamorte di cornelia che la ſua: comando che el maſchio ſerpe fuſſi ucciſo: et la femina fuſſe ſaluata. Fu molto eloquente et dedita agli ſtudii: et coſuoi precepti due ſuoi figluoli: Caio: et Tiberio fece eloquentiſſimi oratori. Vixe molti anni uedoua: et in tanta fama che molti principi et re la chieſono in mogle. Nacque adunque cacciaguida altempo di ſi ben compoſta rep. Ilche dice Maria uergine et madre di christo chiamata in aiuto da mia madre ne dolori del parto chome e coſtume di tucte lechriſtiane femine: mi diede. i. mi produxe in uita et dettimi cittadino al uiuer de cittadini fiorentini choſi riposato et tranquillo et pacificho et choſi bello. i. honeſto et uirtuoſo: et achoſi fida cittadinanza pche era anchora ſanza diſcordie et ſeditione ciuile: et aſi dolce hoſtello. i. patria. Hoſtello propriamente ſi gnifica hosteria. Et perche noi non habbiamo inquesta uita citta ferma. Ma siamo in uia pero chiamo la patria hostello. ET NEL nostro anticho baptisteo; nel tempio di san giouanni: elquale fu hedificato da principio con la citta, et dedicato a Marte; Dipoi altempo de christiani dedicato a Iohanni baptista. i. baptezatore: et in esso fu facto el baptisteo. i. el fonte del baptesimo nel quale baptezato chostui aun tracto fu christiano pel baptesimo: et cacciaguida perche tal nome al baptesimo gli fu posto. Emiei furo no Moroncho et Heliseo: Ma della sua progenie dicemmo nella uita del poeta. Mia donna uenne adme di ualdipado. Dicono che lamogle sua fu degli alighieri di ferrara: et dallei fu questa famigia laqual prima si chiamaua helisei: fu nominata alighieri.

Poi seguitai lomperador currado
 et ei mi cinse della sua militia
 tanto per bene oprare gli uenni agrado
Dricto glandai incontro alla nequitia
 diquella gente elchui populo usurpa
 per colpa de pastori nostra iustitia
Quiui fu io daquella gente turpa
 disuiludpato dal mondo fallace
 el cui amore molte anime deturpa
Et uenni dal martiro aquesta pace

¶ Veste Currado appresso delquale se exercito cacciaguida: fu currado primo neglanni del signore mille quindici. Ilche quadra bene perche elpoeta scriue questo nellãno millesimo trecentesimo. Et e/uersimile che dalsuo tritauo aquesto tempo fussino corsi anni dugento octantacinque. Ne e/contro allarte chel poeta induca cacciaguida che si lodi: perche non e/o per arrogãza: o per alchuna spetie o di superbia o di uanagloria equali uitii non possono essere in quegli equali sono gia confermati in gratia Ma per narrare semplicemnte eluero elquale e/optimo exemplo a tucti glhuomini: che non richusino morte per la difensione della christiana fede: intendendo che lui disubito dopo tal morte rimase si purgato che senza alchuna dimora di purgatorio sali al cielo. Perlaqual chosa stieno parati enostri: et maxime inquesti tempi habbino animo inuincto et prompto a ogni graue pericolo contra aglinmanissimi turchi equali quod nunquam ueriti sumus in questo hanno sono in italia; poi che insi brieue spatio sipuo acquistare el celeste et sancto regno. AQVESTA pace: idest al sommo bene: elquale chome disopra dimostrammo e/posto nella celestial pace. Ma del sommo bene: et di uarie opinioni degli antichi distesamente tractammo nel secondo libro delle nostre disputationi et allegorie camaldulesi. Ne richiede questo luogho che alpresente netractiamo: perche disidera piu exquisita diligentia.

CANTO XVI DELLA TERTIA CANTICA DI DANTHE

S Apientemente nel principio di queſto decimo ſexto capitolo : elpoeta riprende quegli che piglono uanagloria nella antichita del ſangue chome fuſſi grande nobilita : Dipoi induce cacciaguida adi ſcriuere tucta lorigine della ſua chaſa. Et dopo tale deſcriptione narra loſtato che in quella eta era nella noſtra rep. . Et alla fine nomina molte famigle fiorentine. O POCHA NOSTRA NOBILTA DI SANgue : Vſa conueniente exclamatione elpoeta di moſtrando che la nobilita che conſiſte nella antichita del ſangue inuero e/ pocha. Ma nientedimeno non e/ marauigla ſe qui tra mortali doue el noſtro affecto langue : et e/ infermo. i. doue le perturbationi et lappetito per eſſer diſcordante alla ragione ſono inferme et non recte : la gente ſene gloria quando lui eſſendo in cielo doue lappetito non ſi torcie . perche e diricto et non ſi parte dalla ragione lui ſene glorio. La uera nobilita e/ la uirtu dellanimo. Ma la nobilita ciuile ſecondo Ariſtotele e antichita di ſãgue Et pare che uogli exprimere che glhuomini etiam poſti in ſomma ſpeculatione : non poſſono non piglare uanagloria della antichita del ſangue. O POCA : perche rade uolte interuiene che una famigla ſi mantenga lungo tempo in nome ſanza uirtu : o poſſi acquiſtare honori o dignita et richeze ſanza quella pero interuiene che tale famigla e ſtimata nobile. Ma perche inuero la uirtu ſola e. quella che fa lhuomo nobile : et ſpeſſo interuiene che glhuomini per torte et uitioſe uie acquiſtano riccheze : et dignita : et ſignorie : ſeguita che non per queſto ſi poſſono chiamare nobili : onde dixe pocha. Nientedimeno quando per uirtu ſimili choſe ſi fuſſino acquiſtate e/ da ſopportare ſe alchuno : benche ſauio ſi gloria di tale antichita. BEN SE Tu manto : Optima comperatione. Impero chella gloria delle uirtu del primo auctore benche ſi diſtenda ne diſcendenti ſui : nientedimeno ſe quegli del continuo non la mantengono con proprie loro uirtu eltempo in proceſſo la conſuma : chome ſi conſuma la ueſte apocho apocho toſa con le forbici : Chome uerbigratia e/ ragioneuole che di qualchuno deglhuomini ſtati gia in gran fama : reſtino deſcendenti : Ma perche in tale ſucceſſione non ſe mantenuta la uirtu non ſi conoſcono . Et in brieue paſſa loro fama .

O Pocha noſtra nobilta di ſangue
ſe gloriar dite la gente fai
quaggiu doue laffecto noſtro langue
Mirabil choſa nonmi ſara mai
che la doue appetito non ſi torcie
dico nel cielo io mene gloriai
Ben ſe tu manto che toſto raccorce
ſi che ſe non ſeppon di die indie
eltempo ua dintorno con le force

Dapoi che roma prima ſofferie
inchi laſua famigla men perſeura
ricominciioro le parole mie
Et beatrice chera um poco ſceuera
ridendo apparue quella che toſſio
al primo fallo ſcripto di gineura
I comicinai uo ſiete elpadre mio
uoi midate parlar tanta baldeza
uo mi leuate ſi chio ſon piu chio
Per tanti riui ſempre dallegreza
la mente mia che di ſe fa letitia
perche puo ſoſtener che non ſiſpeza
Ditemi adunque cara mia primitia
quai fur glanctichi uoſtri et quai fur glanni
che ſi ſegnaro inuoſtra pueritia
Ditemi dellouil di ſan Ioanni
quant era allora et quanteron le genti
tra eſſe degnie di piu alti ſcanni

D opo liexclamation facta della nobilta elpoeta uoige le parole a caccia guida per domandar lo piu aperto della famiglia ſua et dellaltre nobile famiglie fiorentine. Et dice che le ſue parole ricominciorono. i. lui colle ſue parole ricomincio dal uoi cioe chel principio delſuo parlare fu Voi ſete elpadre mio : Adunque comincio a dirgli uoi che diſopra glhauea decto tu chome appare di ſopra quando dixe Ben ſupplico a te uiuo topatio : che queſta gioia preterioſa ingemmi : perche mifaccia del tuo nome ſatio. Et perche e/ ſcorrecto perlare che aun ſolo ſi dica uoi chome ſe fuſſimo piu duno dice che elprincipio didire uoi auno ſofferſe et pati roma quando Ceſare fu facto dictatore perpetuo Imperoche hauendo incluſo tucti glialtri magiſtrati ſotto laſua poteſta : quãdo huomo li parlaua gli pareua parlare apiu : Et pero non diceua io priego te caſare ma priego uoi ceſare : Et pero dice elpoeta daluoi che fu decto auno el quale uoi roma fu la prima chel ſofferſe uſando tale adulationi aceſare et nel qual uoi laſua famiglia. i. ciptadini romani men per ſeura : Impero da queltempo inqua quaſi tucte le nationi et popoli dicono uoi a uno excepto che eromani che dicono tu aogni huomo . Queſta par che ſia la ſententia delpoeta Et coſi expongono e comentatori : et inducono in teſtimonio queſti uerſi del quinto libro di lucano Nanque omnes uoces per quas ia tẽpore tanto Mentimur dominis hec primũ repperit etas

Tornando adunque al texto comincio adire : uoi cacciaguida et beatrice benche fussi alquanto secura. I. separata col ridere gli fe cenno che uedea et udiua et quasi lo confortaua al dire. Sceuerare e/ uocabolo deducto da secernere. Et pone qui lauctore che beatrice fussi separata dalloro : per dimostrar che questo colloquio non era di chose theologiche : ma nientedimeno non uietate dalla theologia ma concesse pche erono materia morale laquale latheologia accepta et appruoua : Et pone similitudine che quel riso fu che si cenno allui : chome agineura nel suo primo fallo el tossire quando uenne albacio pel mezo di galeotto Et la compagnia sua laqual non ueduta uide loro tossi : adimostrare che sene fussi accorta : chome prolixamente e/scripto nel fauoloso et non molto elegante el libro della tauola ritonda. VOI siete el padre mio : Imperoche non solo chi ci genera e/nostro padore : ma ogni superiore dal quale siamo discesi. VOI Midate al parlare tanta baldeza : perche essendo di uostro seme piglo tanta sicurta. CHIO SON piu chio : perche mi date piu forza che lhumana : Et uiene in me lallegreza da uoi per tanti riui cioe datante parti : che la mia mente fa letitia dise perche e chome fonte dallegreza. Et poiche essa fa letitia dise per puo resistere che non si speza. DITEMI ADunque : tre chose domanda di sapere : chi furono esuoi antichi : Inche tempo nacque : Et quanta era allhora firenze : Et quale erono lepiu degne famigle : Et chiama Firenze ouile di sancto Iohanni. Imperoche essendo san ioanni pastor del popol fiorentino : Firēze e/elsuo ouile.

Chome sauiua per soffiar de uenti
carbone infiamma chosi uidio quella
luce risplendere amiei blandimenti
Et chome aglocchi miei sife piu bella
chosi con uoce piu dolcie et soaue
ma non con questa moderna fauella
Dixemi da quel diche fu decto aue
alparto inche mia madre che hor sancta
salleuio dime ondera graue
Al sol leon cinquecento cinqanta
& trenta fiate uenne questo foco
arinfiammarsi sotto lasua pianta
Glantichi miei & io nacqui nelloco
oue sitruoua pria lultimo sexto
daquel che correl uostro annual giogho
Basti demie maggiori hor dirne questo
chi essi fosser & onde uenner quiui
piu e tacere che ragionare honesto

d Iuento piu splendente : et con uoce piu soaue rispose cacciaguida : che dal di della incarnatione di Christo insino al parto : Marte nelquale pianeto essi trouauono : era tornato nelleone oue eraquādo nacque dāche cīquecento octanta uolte : Elleone eteldomicielio del sole et entraui elsole adi quattordici di luglo. Et perche marte non torna in alchun segno prima che in dua anni : seguita che erono mille cento sexanta anni Dimostra tre chose che glanni di christo nequali nacque : et inche segno era marte : et che la madre e salua. Et seguita dicēdo che lui nacque nelloco doue quegli che corron lānual giogo che e/elpalio di san Giouanni truouono lultimo sexto. Et perche quegli che corrono : uengono dalla parte occidentale della citta inuerso oriente : lultimo sexto che truouono e / quello di porta san piero elquale e dalleuante. Questo sexto cominciaua da porta san piero che era doue e /alpresente el canto de pazi : et ueniua in mercato uecchio : et congiugneuasi col sexto di san branchatio che e /da ponente : et col sexto di duomo o uero di san lorēzo che e da tramontana : et da mercato uecchio ad arno inuerso mezo di : restono due sexti : san piero sche raggio daleuante : et porta sancta Maria da ponente Et lultimo sexto era oltrarno. Adunque essendo nati glantichi di cacciaguida in quel luogho di Firenze doue chi corre el palio di san giouanni truoua prima lultimo sexto di quegli pequali esso corre : intenderemo in mercato uecchio et ne confini del sexto di porta san piero. BASTA De miei parenti : O non sapea el poeta nostro piu anticha origine de suoi che da cacciaguida in qua o sapea che era ignobile et uile : et pero induce che lui dica che questo basti.

f Eguita nella narratione et dimostra che glhomini che facea firenze da potare arme erono laquinta parte ne tempi che Firenze tra marte et el baptista cioe hauea cominciato alasciare la fede pagana nella quale haueuono el tempio di marte et piglare la christiana nella quale decto tempio consecrorono a sancto ioanni baptista di quegli che erono al tempo del poeta. Dipoi si duole che da Campi castello presso a prato da fighino castello in ualdarno di sopra : et da certaldo castello di ualdelsa sono uenuti uillani et diuentati cittadini : siche la cittadinanza laquale prima era pura insino allultimo artista : perche tucti erono fiorentini insino allultimo artefice e/hora mescolata. Ilche e stato tanta pernitie alla citta : che sarebbe meglo che le gia decte terre non fussino facte contado di firenze pche questo e

Tucti color chaquel tempo erono iui
a portare arme tramartel baptista
erono elquinto dique che son uiui
Ma la cittadinanza che hor mixta
di campi di certaldo & di fighine
pura uediesi nellultimo artista
Oquanto fora meglo esser uicine

quelle gente chio dico & al galluzo
&atreſpiano hauer uoſtro confine
Chauergli dentro aſoſtener lo puzo
del uillan di gulion di quel da ſigna
che gia per barattare ha locchio aguzo

cagione che ſi ſieno potuti far cittadini. Ma piu toſto el contado non ſi diſtendeſſi piu oltre chel galluzo et treſpiano. Ilche ſe fuſſi non ſarebbon diuētati cittadini eluillan daguglone che era meſſer baldo daguglone: et da ſigna che fu meſſer bonifatio da ſigna equali faceano molte baratterie: et uendendo le gratie et ebeniſiui: et pero dice che gia p

barattare ha locchio aguzo. i. per fare baratteria.

Se la gente chel mondo piu traligna
non fuſſi ſtata aceſare nouerca
ma chome madre alſuo figluol benigna:
Tal facte fiorentino & cambia & merca
che ſi ſarebbe uolto aſemifonte
la doue andaua lauolo alla cerca.
Sarieſi monte murlo anchor de conti
ſarienli ecerchi del piuier dachone:
et forſe inualdigrieue ebuondalmonti
Sempre laconfuſion delle perſone
principio fu del mal delle cittade
chome del uoſtro elcibo che ſappone.
Et ciecho toro piu auaccio cade:
che ciecho agnello & molte uolte tagla
piu et meglo una che le cinque ſpade.

d Volſi che la grandiſſima diſcordia: che fu tralla chieſa et lomperadore: donde p italia nacquono ſette di guelſi et ghibellini: fu cagione che uotandoſi le citta perlo exilio de cacciati quelle ſi riempieſſino di contadini. Et tale mixtura dhuomini parte anrichati: parte nuoui perche ſono di diuerſe uolonta et choſtumi: generano turbatione nella citta chome nello ſtomacho la uarieta de cibi. SE LA GENTE del mondo piu tralagna. i. ſe la chieſa apoſtolica laquale e/piu tralignata et degenerata da primi auctori NON fuſſi ſtata nouerca. i. matrigna a ceſare. i. allomperadore. la ſentētia e/ſe la chieſa elchui capo e/el papa: laqual chieſa debbe eſſer piatoſa madre atucti non fuſſi diuentata di madre matrigna: cioe iniqua et crudele chome ſono le matrigne inuerſo efiglaſtri a Ceſare. i. allomperadore. Ma fuſſi ſtata benigna chome madre: non ſarebbono nate ledifcordie fra la chieſa et lomperio: Et ſe quelle non fuſſino nate non naſceuon le ſepte nelle rep. et maxime nella noſtra: laqual uotandoſi perlo exilio di molti ha facto cittadino et mercatante tale che ſi ſarebbe uolto aſemifonte: elqual caſtello expugnato con gran faticha da fiorentini fu diſfacto nel. M. cc. ii. SARIESI MONTE Murlo: elquale caſtello non e lontan da prato: et fu de conti guidi: Queſta ſarebbe anchora de conti perche lomperadore harebbe uietato le ingiurie tra fiorentini et econti: et ognuno ſarebbe ſtato a ſuoi termini. Et ecerchi dequali dicemmo nellonferno: ſe non fuſſino ſtate guerre ſi ſarebbono ſtati nel piuieri dacone elquale e/ſopra el ponte aſieue. Ebuō delmonti furono gentili huomini inualdigrieue: et poſſedeuono monte buoni et altre caſtella lequali dopo lunga obſidione dectono quelle a fiorentini con pacti che loro fuſſino cittadini fiorentini. SEMpre la confuſione. Dimoſtra che meſcolare in una rep. diuerſi huomini perche ſono di diuerſe nature: et choſtumi generano confuſione chome diuerſi cibi nello ſtomacho. Perche potrebbe dire alchuno che per tale conmixtione el populo fiorentino fuſſi diuentato piu robuſto: riſponde che queſto e a cagione della ſua ruina: et dimoſtralo per lacomperatione del toro et dellagnello. Impero chel toro pel ſuo furore non ſa fermarſi: et gyrandoſi cade. Ma lo agnello elquale e pacifico et manſueto ſi giace: et pero non cade. Choſi le grandi citta per la loro grande potentia inſuperbiſcono: et per la grande ſuperbia tribulano laltre onde ſpeſſo rouinano. Ma le piccole perche non combattono laltre duron piu Et ilſimile intēdi delle ſpade.

Se tu riguardi luni et urbiſagla
chome ſono ite et chome ſene uanno
dirieto aſe chiuſi et ſinigagla
Vdir chome le ſchiatte ſi diſfanno
non ti parra nuoua choſa ne forte
poſcia chelle cittadi termine hanno
Le uoſtre choſe tucte hanno la morte
chome che uoi ma celaſi in alchuna
che dura molto et le uite ſon corte
Et chome el uolgier del ciel della luna
cuopre et diſcuopre e liti ſanza poſa

p Erche el poeta hauea dimandato quale erono le famigle nobile ne ſuoi tempi: et cacciaguida hauea a narrare di molte che al tempo di Dante erono quaſi mancate: pero dimoſtra che non ſia da marauiglarſi ſe le famigle manchono col tēpo: conciofia che le citta anchora manchino: et pruoua queſto per luni citta nella fine di toſcana allato alla foce della magra. VRBISAGLA. Queſta citta fu nella marca danchona non lontana da macerata. Chiuſi citta tra ſiena et perugia: doue gia regno el re porſena nobilitata per ladmirabile labirynto elquale diſcriue plinio nellibro della hiſtoria naturale. Sinigagla e/queſta tra anchona et fano nellito del mare adriatico: la quale a noſtri tempi Sigismondo malatesta tento restaurare: Ma la guerrache gli fece pio sommo pontefice interroppe lopera: Leuostre chose cioe lechose de mortali tutte hanno la morte: perche son tutte nate et composte de quattro elementi et ogni cosa nata muore se uiene pel mezo delle seconde cause: et ogni cosa cõposta si dissolue: Ma perche alchune durono assai tempo chome sono certe citta paiono amolti inmortali: perche lauita dun huomo e si brieue che non puo uedere lafine di quelle: Adunque tornando a proposito chome ueggiamo elmare in molti luoghi coprire et scoprire eliti secondo elmoto della luna: chosi fa la fortuna di firenze: perche in questa rep. non sta lo stato fermo iquegli medesimi: ma lafortuna lopigne hora aquesta famigla: hora lotira ad se et mandalo ad uno altro. Ma perche tocca elmoto della luna e non inutile asapere che benche ogni pianeta induca esuoi effecti nelle chose inferiori: nientedimeno el sole et la luna piu efficacemente gliinducono per tre cagioni: Dellequali la prima e/la quantita del lume elquale e maggiore in questi che neglaltri. laseconda e/ delluogho doue son posti. Imperochelsole e nel mezo de pianeti: chome elchuore nel mezo dellanimale: et suoministra le forze da ogni parte. La luna perche e piu uicina alle chose inferiori/et per questo piu e/simile alla natura di quelle influisce piu efficacemente. Questa regge lhumidita de corpi. Ilperche nutrisce emetalli et le piante: et le membra deglanimali: Latertia e/che la luna perche e contraria alla terra et allacqua muoue tutte lechose nellequali la terra et lacqua predomina. Ma e/da notare che emari sono di diuersi moti. Impero che alchuni non rigonfiono mai, chome e/el mare pisano: et genouese. Alchuni rigonfiano dalla nuoua luna: insino alla quintadecima: et nel resto scemano. Alchuni ogni giorno due uolte crescono et due scemano: chome e/el golfo di persia. Elmare indo et di tutte lisole che sono tra questi: Et quello che e/tra constantinopoli et uinegia: et tra linghilterra et la fiandra et la germania. Crescono adunque quando la luna sale dallevãte insino almezo del cielo: et ritorna insino che da mezo cielo scẽde aponente: et da ponente di nuouo ricresce insino chearriua alla meta del cielo disotto: et dinuouo scema insino che arriua alnostro oriente Et e/ciaschuno di questi interualli hore sei. la cagione di questi moti sono due circuli equali fanno quattro archi. Imperoche el circulo dellorizonte fa el primo archo in oriente et el secondo in occidente. Et el circulo meridiano fa el primo archo in mezo del cielo elquale e elnostro cinith: et el secondo nella parte opposita sotto terra. Adunque quando la luna toccha glarchi dello orizonte fa muouere el mare al crescere: quando glarchi del meridiano losa scemare. Habbiã decto della luna. Hora pche el poeta fa mentione et del primo circuito di firenze: et anchora dimolte famigle antiche: non sara inutile ne anchora sãza gratia allauditore riferire: ma con brieue parole glantichi termini chosi del primo chome delsecondo cerchio et similmente lantiche famigle. Et benche la cosa sia molto uetusta: Nientedimeno anchora ne restono tante uestigie che achi con gran diligentia ricercha non e molto difficile trouare eluero: et noi aquesta parte facile aconsentiamo a Perdano malispini scriptore di cronaca: huomo se non docto et eloquente al mancho molto fedele et diligente: et elquale in tutte lechose singegna indurre testimonio. Chostui fu nellanno millesimo ducentesimo della nostra salute. Furono adunque le prime mura doue anchora restono le reliquie di capaccio: quasi caput aquarum: perche quiui cadeuono lacque deglaquedocti: et di quiui ueniuono doue fu poi uacchereccia insino alle chase deglormanni hoggi decti forabosc hi. Et indi inuerso san martino cignendo le chase degluberti et degli ormanni: et da sancto martino insino doue e la torre di sancta Reparata: et indi passando presso alluogho doue poi fu la loggia degladimari arriuaua alla tauerna del frascato: et poi torcea inuerso elcanto de ferraucchi cignendo parte dello spatio doue poi furono glarrigucci et sancta Maria in campitolio: et da quel canto doue e sancto piero buonconsiglo: tornaua acapaccio per la piaza di sancto miniato tralle torre. Dentro aquesta citta erono sexantadua torre habitate da gentili huomini: equali secondo che molti affermono ingran parte furono Romani. Vna porta era in capaccio. una daglormanni: laterza era asancto martino: laquarta aferraucchi. Queste erono quattro porte principali. Preterea quattro posterle. Emalespini habitauono alla piaza di sancta sicilia allhora decta de malispini. Ne disputero in questo luogho se Firenza quale habbiamo decto fu disfacta da Totile o no: perche tale inquisitione lasciero achi piu accuratamente ha ricercato le croniche diquegli tempi. Ma bene affermo che da carlo magno fu lungo tempo dipoi firenze o rehedificata o restaurata maggior che prima se prima fu distructa: o senon era stata distructa fu ampliata col secondo cerchio. Credo inuero per molte congetture et per diuerse cronache che io ho lecto non che firenze fussi disfacta da Totile Ma per assidue guerre et de fiesolani: et di uarie barbere nationi fussi in gran parte desolata: perche ecittadini piu potenti erono ridocti nelle circunstanti castella et forteze doue uiuiuono piu sicuri. Ma uenendo poi nellanno octocentesimo secondo: Carlo magno da roma per tornare in francia gia electo imperadore si fermo a Firenze et ampliolla. Et riduxe enobili di quella dentro alle mura: equali prima erono sparsi in diuersi luoghi. Et lambito delle mura cominciando dalla parte orientale fu poi doue erono le case di messere bellincion berti raugnani: et iui era porta san piero: et un borgo insino asan piero maggiore. Dipoi seguiuono le mura inuerso san giouanni et al uescouado: et iui era la seconda porta decta porta di duomo: et da quella uscendo si trouaua borgo san lorenzo: Procedeano dipoi lemura insino a sancta Maria maggiore et insino asancto pancratio oue era la tertia porta denominata dal sancto benche quello restassi fuori delle mura. Dipoi andando uerso Arno lasciando similmente sancta trinita difuori et non lontano da quel tempio fu una posterla decta porta rossa dalla quale la uia anchora hoggi e/deno minata. Laquarta fu porta sancta maria: Ma torno nel primo cerchio: nelqual tralle prime famigle truouo: Alberighi philippi et infangati tre famigle. Ma tucte hebbono origine daun sexto huomo in quegli tempi molto riputato. Et da Arriguccio sono glarrigucci padroni et difensori del uescouado di fiesole: perche indi uennono. Durorono assidue inimicitie tra Fiorentini et Fiesolani circa anni cinquecento Finalmente efiorentini di furto entrorono in fiesole: et presonla: et disfecionla tucta excepto el uescouado. Et tucte le nobili famigle conduxono a firenze: tralle quali furono epazi et ecanigiani Onde et luna famigla et laltra hanno la luna. Preterea acchumunorono lansegna delle rep. Era larme de fiorẽtini lo schudo rosso: et el giglio allhora biancho: Et larme di fiesole era loschudo biancho et la luna azurra. Adũque fecionio uno scudo diuiso perlo lungho biancho et rosso: et questa resto insegna del populo fiorentino facto di due populi: et chosi era lostendardo che si portaua in militia: et chiamauasi carroccio: elquale hoggi si uede pendere dalla sommita del nostro baptisteo. Elprimo magistrato erono due consoli equali con un senato di cento huomini administrauono la rep. Hebbe firenze nel secondo cerchio cento cinquanta torri: alte piu che braccia cento. Furono facti caualieri da Carlo magno: Currado: et octo figiuanni. Anselmo fighineldi. Arnaldo fifanti. Schiatta uberti. Moscardo lamberti: Ormanno ormanni: Tano dellarcha. Erono adunque nobilissime queste septe famigle. Preterea fece anchora caualieri di queste altre famigle che furono: Galigai Alepri Della pressa De buonaguisi. Ma queste ultime tre nacquon de galigai: onde sono egiugni: Gliuberti erono doue e hoggi la piaza de priori. Glormanni ouero forabochi presso asãcta cicilia: et appresso allo emalespini: et dallaltra parte uerso orto san michele ethebalduci: et dipoi ecompiobbesi: Et inuerso calimala chiaramontesi: guadagnuoli: malpigli: et romaldegli. Dipoi uennono ecaualcanti. Eronui glebati et emacci: erono uicini al garbo inuerso sancto martino: galigai et giugni et buonaguisi: et quegli della pressa: et glalepri tucti nati de galigai. Dipoi alla fine del garbo furono esacchetti. Et per la uia hoggi decta anguillaia gli schelmi. et nellaltra uia egreci daquali poi di nominata: Ma questi erono prima in terma. emagalotti furono non lontani da sacchetti: Erano inuerso arno Ebelculacci et quegli dellasino. Drieto aglormanni si posono emanieri et quegli della pera. Equali perdano afferma che erono spenti asuo tempo. Inuerso sancto Romeo si posono guidalotti bagnesi quegli del miglaccio et quegli da cuona consorti di quegli da uolognano et da castiglonchio. Glinfangati o uero mangiatroi erono tra mercato nuouo et sancta cicilia. In uacchereccia si posono ebaroncegli: uenuti da baroncello: Et ridocti apocho numero fecione casaccia. i. saggiun sono huomini plebei. Inuerso porta sancta maria furono efifanti: et galli et cappiardi: et philippi. Dipoi uennono scolari et buondelmonti equali furono dun sangue: et furono signori di monte buoni et quiui cogleuono elpassaggio. Questi erono nella uia che ua in terma insino in borgo sancto appostolo/In terma erono giudi et importuni. Et i sul canto di porta sancta maria erono gualterotti. Asancta trinnita erono palermini et scali: et piu ĩuerso sancta maria maggiore ebarucci. Ma tucte tre queste famigle erono dun sangue. Poi uennono in sancto appostolo glaltouiti lorigine dequali bernardo di pagholo altouiti huomo di molta industria et naturale eloquentia ma riferito essere da thebalduolo longobardo: elqual milito sobto albuino re delongobardi. Et dopo lamorte del re pose suo domicilio alpoggio imperiale. Dilui sono discesi: Altouiti: Corbizi et Squarcialupi. Glaltouiti si distesono pel ualdarno et quasi di tucto furono possessori. Dipoi furono chiamate dal popopol fiorentino etiam donate dallato della ciuilita dodici famigle tralle quali furono: Medici. equali molte uolte hanno hauuto lasomma del gouerno della fiorentina rep. et altouiti et ricci et albizi: et guasconi et strozi: Ma medici Ruscellai: altouiti congiurorono contro al duca dathene: et alla porta del palazo uccisono alchuni suoi baroni et el primo segretario. Vennono ebonciani discesi daũ guido franciosо barone di Carlo magno: Et nella partita dicarlo rimase in firenze: Et ho manifesto argomento della antichita di questa casa: perche Neri di guido bonciani huomo bene docto et doptimi costumi mha mostro matrimonio contracto inquella famigla sanza dispensa del pontefice tra lottiera et bartolo ambe due de bonciani: insino nellanno di di christo. M. ccclxviiii. In porta rossa furono ecosi consorti degladimari equali edificorono sancta Maria nipotechosa alcanto del giglio Appresso abarucci ereno econti di gangalalandi dinominati chosi da huomo chiamato conte elquale fu principio di tal famigla. Et non perche fussino conti. Appresso a questi furono Ciuffagni. Apresso a sancta Trinita erono esoldanieri. Intorno asancto miniato tralle torri furono pigli: et erri nati dun sangue. Tra ferrauecchi sono Manfredi Vecchiecti Miglioregli Vghi dalla quale famigla prese nome montughi. Appresso auecchietti erono ebenuenuti. Alfine della uia si posono tornaquinci: equali dipoi son diuisi in tornabuoni: giachinotti et popoleschi. Intorno a sancto piero buon consiglo erono Cipriani Toschi: et amieri: Intorno asancta Maria in capitolio. Alfieri: arrigucci: corbizi brunelleschi: del becchuto: Agli: et ĩuerso mercato uecchio eGalluzi. Et in mercato uecchio erono e Nerli. Ma le case loro dipoi furono occupate da glamieri. Allincontro de nerli furono quegli della tosa della stirpe de uisdomini: Gliubaldini eron tra sancto Thommaso el uescouado: Et presso alla chiesa disan Thomaso erono glagolanti. Dipoi habitorono eminerbetti aldirimpetto a san miniato tralle torro doue e alpresente elpresto del borghese. Et lungo tempo hebbono priuate inimicitie con glamieri famigla ghibellina: Et quando furono cacciati eguelfi: glamieri arsono loro le chase. Dipoi tornati eguelfi col fauore de reali di francia et de lucchesi. laparte guelfa restauro loro le rouinate chase: et nelle mura di quelle nella parte extrinseca a perpetua memoria dipinsono larme della parte et di francia: et de minerberti: lequali anchora al presente ui restano.

Tomaſo dandrea minerbetti huomo ornato di lettre et molto officioſo gia mene moſtro ſcripture . In porta di duomo erono figiouanni : firidolfi : fighineldi : cattani : da barberino di mugello : et ferrantini . Ebiſdomini ſono uerſo ſancto benedecto et porta ſan piero. Preterea Thebaldini : donati : Rauignani : Alberighi. Et da ſancta maria egiuochi et gli ſtoldi. Et inuerſo ſan martino ebonitii : et erazzanti uenuti da fieſole. Non lontani ſono adimari et beliſei della quale famigla fu elnoſtro poeta : et emalfecti. et inmercrto uecchio ecaponſacchi antichi fieſolani. et da ſancto andrea catillini ſimilmente fieſolani. Elamberti erono aſancta maria ſopra porto : etbebaldi habitorono chiaſſo di ferro decti dalla uitella. In mercato nuouo giandonati et boſtichi : et quegli dalla zannella. Item uccellini conſorti di donati, et quegli del larca : et e peſci . Egirolami erono in porta ſancta maria : et dlioro famigla e ſancto zanobi ueſcouo di Firenze : Vicini aqueſti erono amidei : gherardini et teneanſi conſorti. Et dipoi epulci : et inuerſo la badia ardihghi : et ubriachi : et in porta roſſa quegli del foreſe et emonaldi. Epazzi di Firenze furono uicini aſancta maria incampo . Habitorono dipoi emedici preſſo amercato uecchio.

Io uidi glughi & uidi ecatellini
philippi greci ormanni & alberighi
gia nel calare illuſtri cittadini

Et uidi choſi grandi chome antichi
con que della ſanuella que dellarca
& ſoldanieri ardinghi & buſtichi

Sopra la porta chalpreſente e carca
di nuoua fellonia di tanto peſo
che toſto fia iactura della barca

Erano erauignani onde diſceſo
el conte guido & qualunque del nome
dellalto bellincione ha poſcia preſo

Que dalla preſcia ſapean gia chome
reggier ſi uuole & hauea galigaio
dorata in chaſa ſua gia lelſa elpome

Grande era gia la colonna del uaio
ſacchetti giuochi fifanti & barucci
et galli et quei charroſon per lo ſtaio

Loceppo diche nacquoro ecalfucci
gia eron grandi et gia erono tracti
alle curule ſitii et arrigucci

Oquali io uidi que che ſon diſfacti
per lor ſuperbia et lepalle delloro
fiorien firenze in tucti eſuoi gran facti

Choſi facien li padri di coloro
che ſempre che la chieſa uoſtra uaca
ſi fanno graſſi ſtando aconſiſtoro

La tracotata ſchiatta che ſindraca
drieto achi fugge et achi moſtral dente
o uer la borſa chome agnel ſiplaca

Gia uenia ſu ma di piccola gente
ſiche non piacque a ubertin donato
che poi el ſuocer lo fe lor parente

Gia era caponſaccho nel mercato
diſceſo giu di fieſole et gia era
buon cittadino giuda et infangato

Io diro choſa incredibile et uera

g Reci. Queſti nella loro declinatione ſenandorono abologna et ſpenti afirenze uixono quiui. LOCEPPO Diche nacquero ecalfucci : Queſti furono edonati dequali diſceſe unaltra famigla chiamata calfucci. Colonna del uaio : queſti ſono epilli-la chui arme e uno ſcudo roſſo entroui una colonna di uaio . ARROSON per lo ſtato : Queſti furono dechiaramonteſi dequali uno eſſendo prepoſto alle publiche biade et maxime al grano : leuo una doga allo ſtaio et fecelo minore. onde ſcopta la fraude fu punito di pena capitale : et fu dipoi rifacto lo ſtaio di ferro accioche nonſi poteſſi piu defraudare. LOCeppo : intende edonati dequali diſceſe ecalfucci. alle crudele. i. aprimi et apiu degni magiſtrati : et e /tracto dalla conſuetudine de romani appreſſo de quali conſoli dectatori et pretori : et edili ſedeuano in ſella curule. i inſedia poſta ſopra una carretta. Quegli che ſono diſfacti intende degli abati : huomini certo ſaui et riputati nel gouerno Ma troppo ſuperbi per quel che diloro ſi legge. CHOSi facien li padri di coloro. Queſti primi ſono euiſdomini : toſinghi et cortigiani equali tucti ſono conſorti et diſceſi da un medeſimo ſangue et principio . Sono padroni et fondatori del ueſchouado allhora : et dipoi arciueſcouado difirenze : Et pero ogni uolta che uaca ſono iconomi et diſpenſantori : et quiui ſiragunano acuſtodia delluogo et mangionui et dormonui inſino a tanto chel nuouo ueſcouo entri in poſſeſſione . La tracotata. i. diſcordia nellappetito : quotus inlatino ſignifica elquanto inordine : adunque tracontato e colui che paſſa lordine nel quale debba conteneſi : Queſti ſon cauicciuli et adimari : equali el poeta danna chome crudeli ma uili et auari. Adunque ſindraca chome draco : perſeguita chi fugge : Ma chi gli moſtra el dente achi fa reſiſtenza . O uer laborſa : quaſi dica che perdenari dimette ogni ingiuria. ilche non da magnaminita ma da auaritia procede. era irato aqueſta famigla el poeta : perche boccaccio adimari occupo eſuoi beni poi che fu mandato in exilio et ſempre gli fu aduerſario acerrimo che non fuſſi reuocato in patria. Ma di piccola gente : fu elprincipio di queſto famigla uiliſſima informa che hauendo meſſer bellincione maritato una figluola uberrino donati : fu molto moleſto dipoi auberrino che meſſer bellincion deſſi laltra figluola a

nel piccol cerchio sentraua per porta
che si nomaua daque della pera
Ciaschun che della bella insegna porta
delgran baron elchui segnel chui pregio
lafesta di thomaso riconforta
Da esso hebbe militia et priuilegio
aduegna che col popol si raguni
hoggi cholui che lafascia col fregio
Gia eron gualterotti et importuni
et ancho saria borgo piu quieto
se di nuoui uicin fusser digiuni

uno degladimari et facessilo suo cognato. Caponsaccho fu fiesolano et uenne ad habitare ifirenze nelsexto di porta san piero in mercato uecchio et fu principio della famigla de caponsacchi; Questi et eguidi; glinfangati furono cacciati per ghibellini. Io diro chosa uera ma e incredibile achi uede alpresente Firẽze ampliata. IN piccol cerchio. i. in firenze quando era di piccol cerchio setraua per porta chiamata porta peruza. Questi della pera secondo perdano male spini sono spenti. CIASCHVN che della bella insegna porta; Fu uicario intoschana per othone imperadore elconte ugo da luzimborgo huomo in gouerno excellentissimo; et nella christiana fede religiosissimo; Et elquale fondo septe badie la prima fu quella difrienze; lultimaquella di septimo. et allhora diuẽto molto amico alla famigla de pulci equali essẽdo signori di castella quiui uicine molto lhonororono. Fecesi preterea amiche quattro altre famigle nobili fiorentine; Nerli conti di gangalandi; giandonati et quegli della bella: et atutte queste quattro famiglie dono larme sua et molti priuilegii. Ma benche larme sua sieno listre rosse et bianche; nientedimeno solo epulci tengono la propria del conte: et nel modo che si uede in badia. Tucti glaltri lhanno uariata. Et Iano della bella quando si fece di popolo et rinuntio agrandi cinse decta arme duu fregio doro. Mori el conte di dicembre eldi di sancto thomaso. Ilperche ciaschuno anno indecto di emonaci di badia celebrano le su exequie. Adunque pel gran barone intende el conte ugo. et ben dice che la festa di sancto Tomaso conforta elnome et el pregio. i. la fama sua. Imperoche per lannuali exequie che si fanno in tal di si rinfresca lamemoria sua. lossa sua sono in badia in una arca di ferro. Ma alpresente emonaci di quella chome grati dellanticho benificio el fanno intaglare in bene ornato et marmoreo sepulcro Gualterotti et importuni habitorono nel sexto di borgo elquale dice che sarebbe piu quieto se non hauessi haunto nuoui uicini. Alchuni dicono che ebardi furono mandati ad habitare borgo sancto appostolo: acciochè reprimessino lempito di queste due gran famigle ghibelline. Alchuni intendono della famigla de buondelmonti.

q Vesta e la chasa deglamidei laquale fu principio del fleto idest del pianto della nostra rep. Fu adunque Messer buondelmonte de buondelmonti: caualier giouane danni uentiquattro dal quale et dalle cui noze et del ripudio: et delle uccisioni et discordie che diquelle seguitorono; prolipsamente narramo nella prima canticha. Questa uccisione adunque benche paresse che losdegno fussi giusto niẽtedimeno hebbe piu superbia et crudelta che nõ sigli conuenitua in una republica libera; Et fu cagione della diuisione della citta. Eprincipali guelfi che inque tempi fussino in firenze erono nel sexto oltrarno enerli; benche prima habitassono mercato uechio. Giacoppi dipoi decti rossi; Frescobaldi bardi; et Mozi; Canigiani; Nequali alpresente degni di conto sono due antonii; et matheo et bernardo; Frescobaldi; magli; Machiauegli; belfredegli; rinucci; barbadori soderini; malduri; ammirati. Eghibellini conti di gangalandi; ubriachi mannelli. Nel sexto di san piero scheraggio egue si erono pulci; et gherardini; foraboschi prima decti ormanni; bagnesi; guidalotti; Sacchetti; Manieri. Quegli da chuona consorti di quegli da uolognano; lucardesi: chiaramontesi; compiobbesi: caualcanti equali sono infame per guido caualcanti del quale dicemo nello inferno. Et alpresente hanno le mie delitie. Ioanni caualcanti huomo et di natural prudentia et di doctrina degno dessere in somma loda. Eghibellini: uberti; fifanti. infangati; amidei. quegli da uolognano; malispini benche dipoi per ingiuria riceuuta dagluberti diuentassino guelfi. Nel sexto di borgo eguelfi furono; buodelmonte; giandonati; gianfiglazi; scali: gualterotti: et importuni. Eghibellini sono scolari che sono de bondelmonti. giudi; galli et captardi. Nel sexto di san brancatio eguelfi furono; Bostichi tornaquinci uecchietti; Minerbetti scali spini: et baldouinetti; ghibellini. lamberti soldanieri cipriani toschi: amieri palmerini migloregli pigli: Ma di questa parte poi nedinento ono guelfi. Nel sexto di duomo eguelfi erono tosinghi arrigucci agli sitii. Eghibellini barucci cattani da castiglone da certino: Agolanti

Lachasa diche nacque elnostro fleto
perlo giusto disdegno che ua morti
et posto ha fine al uostro uiuer lieto
Era honorata essa et esuo consorti
o buondelmonte chome mal fuggisti
lenoze sue per glaltrui conforti
Molti sarebbon lieti che son tristi
se dio thauessi conceduto ad ema
laprima uolta chaccitta uenisti
Ma conueniesi aquella pietra scema
che guardal ponte che firenze fesse
uictima in su la sua pace postrema

brunelleschi: Ma parte diloro diuentoron guelfi. Nel sexto di porta san piero furon guelfi: Adimari: ni sdomini: donati: pazi: lachasa della bella: ardinghi: thebaldi decti quegli della uitella: et gia ecerchi cominciauono asalire contucto che fussino assai nuoui mercatanti: Eghibellini furono: caponsacchi: elysei: abbati thebaldi: giuochi et galigai: benche di tucte le chase si fecono molte mutationi per uarii sdegni. Ilche guasto la rep. et pose fine allieto uiuere. SE DIO THAuessi conceduto aema: non chostui che era nato in firenze. Ma el primo de suoi antichi che uenne in firenze: et dice aema perche passon questo fiume quegli che da monte buono uengono afirenze. Ma conueniesi aquella pietra scema. i. aquella basa che era apie del ponte uecchio laquale era scema perche nera stata leuata la statua di marte. Et apie di questa basa fu morto messer buondelmonte. Ilche parue pessimo augurio alle future guerre ciuili. Conciosia che la basa appresso alla quale fu morto era dedicata amarte idio delle guerre. Adunque si conuenia a questa pietra che Firenze fesse. i. facesse uictima. i. sacrifitio insulla pace postrema. i. isul termine della sua pace che uenia meno.

Con queste gente & con altre con esse
uidio firenze in si facto riposo
che non hauea cagione onde piagnesse
Con queste gente uidio glorioso
& giusto el popol suo tanto chel giglo
non era in asta mai posto aritroso
Ne per diuision facto uermiglo

e Lgiglo insegna fiorentino antichamente era biancho nel campo rosso. Et afferma qui cacciaguida che nella concordia ciuile laquale era a quel tempo si uiuea con tanta iustitia et administrauasi la rep. con tale prudentia che el giglo. i. la bandiera douera elgiglo non era mai posto aritroso nella aste cioe: non furono mai uinti efiorentini in battaglia ne tolto loro le bandiere le quali quando son tolte da nimici loro le pongono nellasta sotto sopra. Et dicono che el popolo romano atucte le sue colonie donaua larme sua che era rossa sanza le lettere. S. P. Q. R. Et dipoi le colonie ui poneuono in quello rosso quello che pareua loro. Ilperche efiorentini ui messono el giglo biancho che anchor si uede in alchuni luoghi molti antichissimi. Ma dopo la diuisione ciuile eguelfi lamutoron ponẽdo lo scudo biancho et el giglo uermiglo.

CANTO XVII DELLA TERTIA CANTICA DI DANTHE

q Val uenne aclimene per accertarsi
diquelchauea contro ase udito
quel chancho fa epadri afigli starsi
Tale ero io & tale ero sentito

c Home nel precedente capitolo Cacciaguida ha dimostro al poeta lorigine: et genelogia della sua famigla: cosi in questo decimo septimo capitolo gli predice el suo fututo exilio. Adunque prima domanda acacciagnida el poeta che gli dichiari al

da beatrice & dalla ſancta lampa
che pria per me hauea mutato ſito
Perche mia donna manda fuor lauampa
del tuo diſio mi dixe ſi chelleſca
ſegnata bene dallinterna ſtampa
Non perche noſtra cognocſenza creſca
per tuo parlare ma perche tauſi
adir la ſete ſiche lhuom ti meſca

chuni pronoſtichi che lui hebbe parte nello inferno: et parte nel purgatorio. Dipoi loſpirito glinterpreta. Nel terzo luogho gli moſtra el refugio aſuoi mali: Et nellultimo li certifica della perfectione et publicatione di queſta opera. Ma quanto al principio dice che dopo le parole dello ſpirito: lui diuento tale quale diuento phetonte poi che uenne a Climene ſua madre per accertarſi di quello che hauea da epapho udito contro di ſe phetonte figluolo del ſole Impero che epapho dicea lui non eſſere figluolo del ſole. Ma dapoi che dalla madre fu mandato aphebo et da quello inteſe che era ueramente ſuo figluolo diposto ogni merore di uento pieno di letitia. Queſta fauola alpreſente pretermetto: perche altroue la narrammo. Adunque ordina choſi. Io danthe ero tale: quello intendi phetonte elquale fa anchora epadri ſcarſi afigli: cioe elchui exemplo e/ cagione che padri non promettono afigluoli chome promeſſe phebo a phetonte el gouerno del carro un giorno: Onde egli peri. Et tale ero ſentito da beatrice: cioe tale ſaccorſe beatrice che io ero. Et dalla ſancta lampa .i. dal ſancto ſplendore dello ſpirito elquale per eſſer mecho hauea mutato luogho nella croce. PER che: perla qual choſa mia donna cioe beatrice midixe: manda fuori la uampa del tuo diſio: ideſt lardore del tuo deſiderio: quaſi dica ſe deſideri di ſapere altro fauella: Ma ſa che le parole eſchino ſegnate dalla etherna ſtampa: che e la mente uoſtra inmobile: la carita dello ſpirito ſancto. ne uuol beatrice che elpoeta domandi lo ſpirito: accioche lui ſappi ſua uogla perche ſanza domandare la uede nello ſpecchio diuino chome e decto. Ma perche danthe ſauuezzi adomandare elſuo biſogno. Et queſto finge perche ben che idio ſappi enoſtri biſogni uuole che noi gli chieggiamo: et abumilianci alle prece et ricognoſcianci noi niente eſſere ſanza la ſua gratia. Onde nello euangelio. Petite et accipietis: Vuole lo ſpirito che danthe ſihumilii al domandare. Ilche Danthe conoſce per mezo di beatrice. ideſt della ſacra theologia.

O cara piota mia che ſi tinſuſi
che chome ueggion le terrene menti
non capere in triangolo due obtuſi
Choſi uedi le choſe contingenti
anzi che ſieno inſe mirandol punto
achui tucti li tempi ſon preſenti
Mentre chio ero auirgilio congiunto
ſu per lo monte che lanime cura
& diſcendendo nel mondo defuncto
Dettemi furon di mia uita futura
parole graui aduegna chio miſenta
ben tetraggono acolpi di uentura
Perche la uogla mia ſaria contenta
dintender qual fortuna miſappreſſa
che ſaecta preuiſa uien piu lenta
Choſi dixio aquella luce ſteſſa
che pria mhauea parlato & chome uolle
beatrice fe la mia uogla confeſſa

e Queſta loratione che fa el poeta a cacciaguida nella quale perche lo uuole domandare di quello che diſe ha aeſſere. Ilche e contingente futuro uſa exordio nel quale capta beniuolentia: Et dimoſtra eſſergli facile moſtrando che lui ſinſuſa: ideſt ſinnalza inſu inuerſo iddio informa che lui uede le coſe contingenti inanzi che ſieno: chome noi huomini ſāza alchuna dimoſtratione ueggiamo che un triangolo non puo contenere inſe due obtuſi. ogni trigono o directo o acuto o obtuſo che ſia non puo hauere piu che uno angulo obtuſo: O CARa pietra: ſta nella tranſlatione: pche diſopra lo chiama alquāto uiuo topatio. Le choſe contingenti ſon quelle che poſſono eſſere et non eſſere. Imperoche le choſe ſono neceſſarie o impoſſibili o contingenti: Neceſſarie ſon quelle che non poſſono non eſſere. Adunque fu neceſſario che danthe moriſſe per che tucte le choſe nate muoiono. Fu contingente che uiueſſi piu un tempo che unaltro. Et agiugne che puo uedere le choſe contingenti future: non per ſe medeſimo: Ma rimirando indio nel quale chome in uiuo ſpecchio ſi uede ogni coſa: Et chiama idio puncto Ilche dichiareromo nel uigeſimo ſeptimo capitolo. ACHVI TVCTE LE choſe ſono preſenti: perche con uno intuito uede le paſſate le preſenti et le future. Imperoche la ethernita e/ tucta inſieme et perfecta poſſeſſione dunita che non ha termine. MENTRE chio ero auirgilio congiūto: mi fu decto deſcendendo nel mondo defuncto cio nello inferno da meſſer farinata. Ma non cinquāta uolte fia raccesa: la faccia della donna che qui regge: che tu ſaprai quanto quellarte peſa. Et dipoi ſu per lo monte che lanime cura: cioe nel monte di purgatorio mi fu decto piu non diro et ſo che obſcuro parlo. Ma poco tempo andra che etuoi uicini faranno ſi che tu potrai chioſarlo Era con uirgilio: benche io mi ſenta tetragono contro acolpi di fortuna. i. forte areſiſtere. Imperoche lhuomo forte e/ quel medeſimo in ogni generatione di fōrtuna. chome la figura tetragona. i. quadrangolare la quale chomunche caggia ſempre moſtra la faccia piana. CHE SAECTA preuiſa uien piu lenta. Impero che chi ha ſpatio di penſare alle choſe aduerſe che hanno adiuenire puo in qualche parte prouedere: ſe nō afuggir le almancho admitigarle: preterea lechose aduerse lequali non sono in nostra potesta: sono mal della fortuna: chome e infamia pouerta: exilio priuatione di figluoli: morbi: et simil chose: lequali se habbiamo spatio di considerargli inanzi che uenghin non e molto difficile aconoscere che non sono tanto grandi quanto appaiono: perche consideriamo che nuocono solamente al corpo et alla uita presente la quale e/momentanea et transitoria. et non allanimo et alla uita futura laquale e/etherna et nalla qual consiste la uera felicita: laqual meditatione fa un nouello iob asopportare in pace ogni calamita: Et truouonci armati di uere ragioni.

Non per ambage inche lagente folle
gia sinuescaua pria che fussi anciso
lagnel didio che le peccata tolle
Ma con chiare parole & con preciso
laltra rispose: quello amor paterno
chiuso & paruente nelsuo chiaro riso:
La contingentia che fuor del quaderno
della uostra materia non si stende
tucta e dipinta nel cospecto etherno
Necessita pero quindi non prende
se non chome dal uiso inche si specchia
naue che per torrente giu discende
Da indi si chome uiene ad orecchia
dolcie harmonia dorgano mi uiene
aduista tempo che tisapparecchia

h Aueua facta la sua domanda danthe: et quello amor paterno: cioe cacciaguida gli rispose con chiare parole et con latino preciso: cioe con parlare determinato et chiaro. ET non per ambage: cioe per circuitione di parole che fanno la sententia obscura et ambigua: chome erono le risposte dappolline et deglaltri oracoli equali inuescauono et impaniauono le menti humane, dimostrando dire el contrario di quel che diceuono: Et acciochè inquesto basti dimolti exempli riferi ne uno. Domando pyrrho re deglepyroti loracolo dappolline se hauea auincere eromani: et la risposta fu. Aio te aeacidem romanos uincere posse. Ilche fu si ambiguo che si potea cosi intendere che eromani ti uinceranno: chome tu uincerai eromani. Prima che fussi anciso lagnello didio. i. Christo hiesu elquale con lasua passione et morte ti libero dal peccato Et questo amor paterno era chiuso nello splendore et era paruente. i. appariua et dimostrauasi nella sua letitia. Et pone la risposta sua laquale e questa. La contingentia cioe laduenimento delle chose future non necessarie: ma che possono essere et non essere: laqual contingentia non si stede fuori del quaderno della uostra materia. Imperoche le chose che sono semplice forma sempre son necessarie e/ tucta dipinta nel cospecto etherno. Imperoche cioche ha aessere e/ indio: Ma el suo uedere nonle necessita chome benche noi ueggiamo una naue menatane da un rapido fiume andare adare in scoglio: nientedimeno noi non siamo cagione che essa uidia. DA INDI: lasententia e/che chome dallorgano che suona uiene quella harmonia amiei orecchi. CHOSI Da indi. i. dalla diuina mente uiene alla mia uista eltempo che ti sapparecchi: perche ueggo quello chosi nella mia mente chome in specchio.

Qual siparti hipolito dathene
per laspietata & perfida nouerca
tal di firenze partir ti conuiene
Questo si uuole & questo gia si cercha
& tosto uerra facto achi cio pensa
la doue christo tucto si conmerca
Lacolpa seguira laparte offensa
in grido chome suole ma la uendecta
fia testimonio al uero chella dispensa
Tu lascerai ogni chosa dilecta
piu caramente & questo e quello strale
che larco dellexilio pria saecta
Tu prouerrai si chome sa di sale
lopane daltrui: et chome e duro calle
loscendere elsalire per laltrui scale

p Redice elsuo exilio al poeta cacciaguida: el quale dimostra essere iniusto perche chome hipolito per non uolere consentire al furore della matrigna fu cacciato dathene: chosi danthe per non uoler consentire alle ingiuste uogle di quegli equali administrauono la rep. fu cacciato da firenze. Ma dhipolito tractamo asufficientia nelduodecimo cato dello inferno. Lorigine dello exilio del poeta cingegnamo exprimere nella uita sua. LA DOVE CHRISTO TVCTO Si conmerca. i. doue delle chose spirituali et appartenenti alla religione christiana sifa mercatantia: et con simonia si uedono et baractono. LACOlpa seguira laparte offensa imperoche tucti ecacciati saranno quegli che saranno giudicati hauere errato: et chosi andra el grido cioe la fama chome suole: et e/di consuetudine in ogni chosa che chi arriua male habbi el torto. MA la ueddecta che fara idio sopra quegli che ti cacceranno sia testimonio del uero che e la loro ingiustitia et la tua innocentia. CHE la dispensa: cioe elquale uero dispensa et contribuisce essa uendecta: Imperoche iddio sa el uero apparecchia la uendecta sopra chi ha errato secondo essa uerita: et questo e/quanto alla uendecta che ha aseguire: ma nientedimeno tu nel tuo exilio sara percosso dalla prima saecta che trae lexilio: et questo e che ti conuerra lasciare lechose a te piu care cioe la patria: eparenti: glamici le chaſe le poſſeſſioni et ſimili: Et prouerrai chome ſa di ſale. i. quanto pare amaro.

Et quel che piu ti grauera le ſpalle
ſara la compagnia maluagia & ſcempia
conla qual caderai in queſta ualle
Che tucta ingrata tucta matta et empia
ſi fara contro ate ma pocho appreſſo
ella non tu nhaura roſſa latempia
Di ſua beſtialita elſuo proceſſo
fara la pruoua ſi che ate fie bello
hauerti facto parte perte ſteſſo

a Lle miſerie gia decte ſarrogera la compagna a decittadini coquali tu ſari cacciato: et caderai in queſta ualle. i. in queſte baſſeza laquale io ti predico: perche queſta compagnia maluagia et ſcẽpia cioe diuiſa ſi fara contro ate: ma pocho tempo dipoi eſſa et non tu nericeuera uergogna et danno Et qui predice la cruda morte di meſſer corſo donati. El proceſſo neloro gouerni ſara la pruoua della loro beſtialita: informa che ate ſara bella et honoreuole partirti dalloro. Queſto intende pe cerchi. Imperoche meſſer ueri decerchi fu molto obſtinato nelle inimicitie che hauea con meſſer Corſo. Ne mai lo pote papa bonifatio placare et ridurlo ĩ concordia con gladuerſarii. Onde non paſſo tre anni che ecerchi caddono in gran calamita. Adũque ſara ſauio conſiglo di danthe laſciargli: et uiuere lontano da ogni parte.

Loprimo tuo refugio elprimo hoſtello
ſara lacorteſia del gran lombardo
chenſulla ſcala porta elſancto uccello:
Chaura inte ſi benigno riguardo
che del fare et del chieder fra uoi due
fie prima quel che fra glaltri e piu tardo
Conlui uedrai colui chempreſſo fue
naſcendo ſi di queſta ſtella forte
che notabili fieno lopere ſue
Non ſene ſono anchora legenti accorte
per la nouella eta che pur noue anni
ſon queſte ruote intorno di lui torte
Ma pria chel guaſco lalto arrigo inganni
parran fauille della ſua uirtute
in non curar dargento ne daffanni
Le ſue magnificentie conoſciute
ſaranno anchora ſiche eſuoi nimici
nonne potran tener le lingue mute
Allui taſpecta et aſuoi benifitii
perlui fia traſmutata molta gente
cambiando condiction richi & mendici
Et porterane ſcripto nella mente
di lui & nol dira et dixe choſe
incredibili aquei che fien preſenti

n Arro lexilio lo ſpirito: hora pone el refugio ſuo: El quale fu la corte dibartholome della ſcala da uerona la chui arme e/ ſcudo roſſo con una ſcala uermigla: et ſuui laquila nera la quale chiama el ſancto uccello: perche e/ elſegno dello imperio: choſtui ſara ſi liberale inuerſo le tue uirtu: che del fare et del chieder fra uoi ſara prima che intra glaltri huomini ſuole eſſer poi: imperoche comunemente interuiene che neſſuno faccia benifitio ſe prima non gle chieſto: Ma choſtui prima ti conſerira che tu lo chiegga. Et agiugne che uedra conlui meſſer Cane della ſcala elqual nella ſua natiuita riceue tale impreſſione dalla ſtella di marte: laquale e/ forte. i. induce forteza et magnaminita: che lopere ſue nella diſciplina militare ſaranno mirabili: Ma le genti non ſene ſono anchora accorte perche lui e in nouella et tenera eta: concioſiache queſta ſtella non ſi ſia girata intorno poi che nacque piu che noue uolte. Adunque era cane nellãno decimo octauo della ſua eta. perche Marte fa el gyro et corſo ſuo pel zodiaco in due anni: et choſi uno anno di marte. i. una ſua reuolutione ſono due anni ſolari. E/ adunque non cognoſciuto alpreſente: Ma le fauille et lo ſplendore delle ſue uirtu: parranno et apparranno prima chel guaſco idest papa clemente che fu di guaſcogna ĩganni lalto arrigo. i. lo excellente arrigo diluzinborgo elquale fu imperadore. Et queſte fauille cioe ſplendore et ardore delle ſue uirtu apparranno due uirtu cioe nella temperanza: perche non potra in lui auaritia, ne cupidita di pecunia: et nella forza: perche ſara di ſomma tollerantia et patientia in ſopportare ogni fatiche et affanno. Dello ingãno che machino clemente papa ad arrigo imperadore diremo nel trigeſimo canto. ET PORTERA ne ſcripto nella mente. Optimo conſiglo di poeta imperoche hauendo inſino aqui introdocto cacciaguida andouinare et predire lechoſe lequali inuero erono ſtate. Hora uenuto ameſſer Cane elquale era giouane et benche diſe deſſi ſegni dhauere afare egregie choſe per anchora pocho hauea facto onde non poteua el poeta ſapere elfuturo: finge che cacciaguida glene prediceſſi: Ma glimponeſſi che non lo diceſſi adaltri: Choſtui inuero fu excellente nella diſciplina militare: et dopo la morte darrigo neglanni del ſignore. M. ccc. xiiii. ruppe epadouani auicentia equali gia haueano preſi eborghi. Dipoi aſſedio cremona: et gia lhauea ſi ſtrecta che non potea reſiſtere ſe non fuſſino ſtati ſoccorſi da bologneſi. Et dopo queſto ando contro epadouani et preso monselice et esti et altre loro castella gliconstrinse aritiocare eghibellini equa li haueon cacciati. Dipoi nel: M. cccc. xyiii. coghibellini di lombardia prese cremona. ma queste chose non erono anchora state altempo dellauctore.

Poi aggiunse figlo queste son lechiose
diquel che tifu decto eccho lensidie
che dentro apochi gyri sono ascose
Non uo pero chatuo uicini inuidie
poscia che sinfutura latua uita
uie piula chel punir di lor perfidie
Poi che tacendo si mostro expedita
lanima sancta dimetter la trama
inquella tela chio gli porsi ordita
I ncominciai chome cholui che brama
dubbiando hauer consiglo da parsona
che uede et uuole dirictamente et ama

b A adunque chiosato cacciaguida quel cheob scuramente era stato decto al poeta nello in ferno et nel purgatorio: et che hauea aincteruenir gli presto: Et agiugne che per essere in exilio non habbia inuidia asuoi uicini: conciosia che latua uita ha adurare perlo aduenire piu la che non sindugiera la punitione della loro perfidia. POI CHe tacendo si mostro expedita: decte queste chose lo spirito tacette: et questo fu segno che lui fussi espedito dal mettere la trama alla tela che io haueuordita. i. che lui hauessi finito la expositione di quello che io glhaueuo domandato: io cominciai chome colui ne fui casi dubii brama et desidera hauere consiglo da persona: che uede. i. che intende et uuole: perche non basta uedere quello che e/meglo: se nō uuol dirlo: et ama dirictamente. i. e/uero amicho onde elconsiglo e/fedele. El consiglo che domanda danthe a cacciaguida e/se e/ bene che perdendo la patria sua et per questo hauendo auagare per lo mondo lui in questi versi ponga uarii uitii dimolti potenti huomini equali gli potrebbono nuocere.

Ben ueggio padre mio si chome sprona
lotempo inuerso me pel colpo darmi
tal che piu graue achi piu sabbandona
Pero di prouidentia e buon chio marmi:
siche sel loco me tolto piu caro
io non perdessi glaltri per mie carmi
Giu per lo mondo sanza fine amaro
et perlo monte dalchui bel cachume
glocchi della mia donna mi leuaro
Et poscia perlo cielo dilume inlume
ho io appreso quel che sio ridico
amolti fia sapor diforte agrume
Et se io aluero sono intimo amico
temo di perder uiuer tra coloro
che questo tempo chiameranno anticho

s Eguita el suo sermone elpoeta. Io ueggio che el tempo corre per darmi el colpo dello exilio elquale e/sempre piu graue aquegli che sabbandonano et lascionsi atterrare daldolore. Et per questo e utile che io marmi di prouidentia: et habi riguardo che perdendo la patria mia emiei carmi: idest emiei uersi nequali io uitupero molti nō sieno cagione che io perda glaltri luoghi: impero che mentre che io sono ito giu per lo mondo: la cui amaritudine e/sanza fine et questo e lonferno Et dipoi salito almonte del purgatorio dalcacume et sommita delquale beatrice apparendomi mi rapi cosuoi occhi su al cielo: etdi cielo in cielo mi guida: io ho compreso et inteso molte chose di molti huomini: lequali se io ridico. i. se io lescriuo ne miei uersi saranno sapore loro diforte agrume. Et se io saro intimo amico al uero. i. se io mi terro questa uerita inme et non lascriuerro temo di non uiuere tra coloro che saranno tanto tēpo dopo noi che chiameranno questo tempo anticho quasi dica se io non scriuo queste chose io non rimarro in fama.

Laluce inche ridea lomio thesoro
chio trouai li sife prima corusca
quale araggio del sole lospecchio doro
Indi rispose conscientia fusca
o della propria o della altrui uergogna
pur sentira la tua parola brusca
Ma non dimeno rimossa ogni menzogna
tucta tua uision fa manifesta
et lascia poi grattar doue la rogna
Che se la uoce tua sara molesta
nelprimo gusto uital nutrimento

b Auea proposto elsuo dubbio el poeta al quale prima che rispondessi la luce inche rideua el suo thesoro. i. lospirito di cacciaguida si fecie corruscо idest splendido et lucente chome diuēta lospecchio doro al razo del sole: Et finge questo el poeta: perche scriuendo le chose trouate inquesto suo uiaggio la fama di cacciaguida restaua piu lucente Et per questo splēdore che era letitia in lui dimostra che gli piacque eldiscorso che hauea facto elpoeta. Et dipoi rispose aldubbio propostogli in questa forma. Tu danthe scriuerrai cioche hai ueduto accioche la fusca cioe nera conscientia. i. accioche glhuomini equali non hanno pura conscientia: ma maculata o dalla propria uergogna: cioe da peccati

la sera poi quando sara digesta
Questo tuo grido fara chomel uento
che lepiu alte torri piu perchuote
& cio non fa dhonore pocho argomento
Pero tison mostrate inqueste ruote
nel monte et nella ualle dolorosa
pur lanime che son difama note
che lanimo di quel chode non posa
ne ferma fede per ezemplo chaia
lasua radice incognita et ascosa
Ne per altro argomento che non paia

dallui conmesso o dallaltrui uergogna. i: dapeccati de parenti et de propinqui equali tu discriuerrai. SENTIno la tua parola brusca idest la infamia che tu darai loro ne tuoi uersi Ma acioche tu scriui sia sanza menzogna et bugia : et lascia pur grattare doue la rogna. i. lascia pur dolersi achi ha dado lersi: perche non e chosa ingiusta ma degnissima: spargere perpetua infamia achi e stato scelerato. Finge prudentissimamante di dubitare se bene scriuere tale opera nella quale si dia infamia achi gia e morto: laqual poi ritorna ne suoi che anchora son uiui: et rectamente conchiude che si debba scriuer acciochè questi sieno exemplo achi udira: plaquale ciaschuno singegni operare informa che non sia in tale infamia: et esuoi propinqui et discendenti con molte lor uirtu si faccino indegni desser percossi di tale infamia: et pero dice che se la uoce. i. la parola tua sara molesta : Nel primo gusto chome qualche cibo ama che sida per conseruare la sanita essa sara tale riprensione che correggera et sanera lanimo: chome quel cibo amaro poche e digesto et smaltito da tale nutrimento al corpo et rendegli la sanita.

CANTO XVIII DELLA TERTIA CANTICA DI DANTHE

g Ia si godea solo del suo uerbo
quello specchio beato & io gustauo
lomio temprando con dolce lacerbo
Et quella donna chadio mi menaua
dixe muta pensier pensa chio sono
presso acholui chogni torto disgraua
Io miriuolsi allamoroso sono
del mio conforto & quale io allhor uidi
neglocchi sancti amore qui labbandono
Non perchio pure del mio parlare diffidi
ma per la mente che non puo ridire
soura se tanto saltri non laguidi

h A predecto al poeta el suo exilio et refugio cacciaguida. Hora inquesto decimo octauo capitolo gli mostra molti excellenti et bellicosi spirti in quella croce di marte : et dipoi sale al cielo di ioue . Ma quanto al principio dice che gia dopo le parole decte : inquello specchio beato cioe cacciaguida uel qual erazi diuini risplēdeuouo chome in specchio; si godeua solo dest si godeua di se medesimo. del suo uerbo : cioe di quello che mhauea predecto et confortato al sopportare la fatiche et almanifestar quello che io haueo inteso et ueduto; et io danthe gustauo el mio cioe quello che in me medesimo discorreuo tēprando lacerbo col dolcie. Imperoche se ame era acerbo lexilio et glaltri affanni che lui mhaueua predecto: emera dolcie lhonore che haueuo aricieuere da si magnanimo signore: et anchora lamia uita sha uea adistendere: Et beatrice madmuni che io mutassi pensiero: cioe che io ritornassi alla contemplatione delle chose celesti: et pensassi che gia essa giudicandomi sappressaua adio: et aggiunse che ogni torto dis graua quasi dica non ti dia molestia la inguiria dello exilio che idio tene uendichera: perche lui dice. Mi hi uindictam et ego retribuam. Et optimamente quadra tal decto in questo luogo perche sappressauano al pianeta di ioue gouernatore della iustitia. IO Mi riuolsi allamoroso sono: idest alle parole di beatrice della quale ero innamorato cioe ritornai apensare alla doctrina della theologia laquale e/uero conforto. Perche inuero le parole di cacciaguida erono state circa alla uita actiua. Adunque beatrice. i. la theologia patisce che in luogo et tempo conueniente usiamo alchuna digressione dalla uita contemplatiue Et quã so e/ necessario prouediamo alla actiua: ma sia brieue et quãto sia di bisogno et dipoi subito ritorniamo alla contemplatione. ET NON scriuo che amore io uidi allhora ne sancti occhi non solamente perche le parole mi manchino ma anchora la mente non puo ridire et ripensare et ritornare tanto sopra se. i. a considarare quello che era tanto sopra la sua potentia che non puo dinuouo comprenderlo: Se altri che e la gratia di dio non la guidi.

Tanto possio diquel puncto ridire
che rimirando lei lomio affecto,
libero fu da ogni altro desire.
Fin chel piacere etherno che directo
raggiaua in beatrice del bel uiso
mi contentaua col sereno aspecto
Vincendomi con lume dun sorriso
ella mi dixe uolgeti & ascolta
che non pur ne miei occhi e paradiso
Chome si uede qui alchuna uolta
laffecto nella uista sello e tanto
che dallui sia tucta lanima tolta
Chosi nel fiameggiar del fulgor sancto
achio miuolsi cognobbi la uogla
in lui di ragionarmi anchora alquanto

NOn posso dire altro di quel puncto se non che rimirando beatrice io rimasi libero da ogni altro desiderio. Et certo gli studii della theologia contentono tucto lanimo: che niente altro si desidera: perche danno la cognitione didio et del sommo bene: Adunque benche lanimo sia inueschiato et preso dalla cura delle chose actiue et terrene: nientedimeno quando noi ciriuolgiamo abeatrice: idest alla speculatione quella infor me ad se ci rapisce che noi dimẽtichiamo ognaltra chosa. NON PVRE NE Miei occhi e paradiso Ilche significa che non solamente nelle doctrine et speculationi de doctissimi theologi si truoua la beatitudine Adunque uolgendosi elpoeta diruo uo allo spirito nel fiammeggiare del suo sancto folgore et grandissimo splendore esso cognobbe che lui hauea cupidita. i. desiderio di parlargli anchora alquanto piu. Et chosi conobbe questo i nella sua luce: chome alchuna uolta qui nelmõdo guardando uno inuiso si conosce laffecto se e/tanto che tirase tucto lanimo.

El comincio in questa quinta sogla
dellalbero che uiue della cima
et fructa sempre & mai non perde fogla
Spiriti son beati che giu prima
che uenissero al cielo far digran uoce
si che ogni musa ne sarebbe opima
Pero mira ne corni della croce
quel chio nominero gli fara lacto
che fa in nube suo fuocho ueloce
Io uidi per la croce un lume tracto
dal nomar iosue chomel sifeo
nonmi fu noto eldire prima che lacto
Et alnome dellalto machabeo
uidi muouersi unaltro roteando
et letia era ferza del paleo
Chosi per carlo magno & per orlando
due nesegui elmio attento sguardo

QUesto e elprincipio del parlare di cacciagui da elquale dimostra che in quella quinta fogla. i. nel quinto cielo e/lalbero che uiue della cima. Et questa cima e / christo dalla chui passione pigliono ualore: non solamente tucte le pene de martyri: ma el merito di tutti ichristiani. Elfructo e la beatitudine laquale e/sempre: et le fogle sono le uirtu lequali exornano lanima eternalmẽte chome le fronde sono ornamento dellalbero. Adunque in questo quinto cielo di marte doue e lalbero della croce sono spiriti beati equali prima che si partissino della humana uita furono digran fama peloro excellenti facti: informa che son materia da ingrassare ogni gran poema. i. dafare che ogni gran poema ne resti abbondante et pieno. Et per questo mira ne corni della croce: et uedrai che quello che io nominero fara li. i. inque corni lacto che fa elfoco ueloce nella sua nube: cioe gittãno splẽdore igni to come ueggiamo euapori acce si nella nube discorrer come facelline: Et questo quadra aghuomini bellicosi che sono dinatura colerica simile a marte et dardente uirtu. Guardo

chome occhio segue suo falcon uolando
Poscia trasse guglelmo & rinoardo
elduca gottifredi la mia uista
per quella crocie & ruberto guiscardo
Indi tra laltre luci mota & mista
mostromi lalma che mhauea parlato
quale era tra cantori elcielo artista

adunque el poeta et uidde per la croce muouersi un lume subitamente che cacciaguida nomino lo sue. Adunque chomel sise. i. subitamente che fu facta la luminatione. Ne mi fu noto eldir prima che lacto. i. inun medesimo puncto che cacciaguida nomino iosue apparue la fiamma. Iesue fu figluolo di naue: et fu typo. i. figura di christo: non solamente nel nome: Ma anchura ne facti. imperoche succedendo amoyse gia morto passo elfiume giordano. et disttruxe ereami de nimici et acquisto la terra di promessione et diuisela al uincitore popolo disdrael: Chostui fu chiamato daglhebrei Iosue ben nun. i. iosue figluolo di nun. Iuda machabeo: prolixo sarebbe et troppo lunga chosa narrare efortissimi et religiossimi facti de macchabei; chome e scripto nella bibbia nel libro de machabei. Fu netempi dantiocho re impia preuaricatione nel popolo hebreo: et gran parte di quello lasciando eldiuino culto si decte ad antiocho re et adoro glidoli. Impero che antiocho uinse legypto et dipoi prese hierusalem et spoglo eltempio. Et in quegli tempi Mathathia con cinque figluoli equali non uollono obtemperare al re ne adorare glidoli: et molte chose fece in difensione della legge. Dipoi mori nellanno centesimo quadragesimo sexto della sua uita: et lascio principe della militia iuda machabeo suo figluolo Chostui con laiuto de fraregli fece chose mirabili contro atransgressori della legge didio: et dilato lapotētia di quegli che lobseruauono: et fu di tante forze che eldi che mori inbattagla lui uccise mille huomini Chostui si mosse roteando chome gyra un paleo quando efanciugli lo perchuotono con la ferza. et letitia era ferza del paleo. i. chosi era chostui mosso da letitia chome el paleo e mosso dalla ferza. CARLO Magno: la uita et stirpe di chostui narramo disopra nel sexto canto di questa cantica: Et similmente di orlando dicemo nel suo luogo. Guglelmo fu conte doringa figluolo del conte di narbona. Riccardo fu fortissimo combattitore contro aglinfedeli et parente di guglelmo. GOTTIFREdi: Nellanno della cristiana salute millesimo nonagesimo sexto: pietro heremita huomo di sancta uita ma innanzi non conosciuto sollecito molti principi christiani afare lampresa contro asaracini. Dello exercito fu duca gottofredi buglone molto excellēte in disciplina militare: Elqual partendosi di francia passo per lamagna et perlungeria aconstantinopoli: Et per lo hellesponto passo in asia et expugno nicea et antiochia: et molte altre citta: et el tertio anno prese hierusalem. Et uolendo echristiani coronarlo di questo regno lui lo riuso affermando non uolere portare corona doro inquella citta doue christo la porto di spine. Fu nientedimeno facto duca elquale morto succedette baldouino suo fratello et regno anni diciotto: Et tre uolte uinse glegyptii: Et uccise calypha loro re. Roberto guiscardo duca di normandia: del quale tractammo nella prima cantica. Et finalmente essa beata anima di cacciaguida che glhauea dimostro quale artista lui fussi tra cantori del cielo.

Io mi riuolsi dal mio dextro lato
peruedere in beatrice el mio douere
o per parole o peracto segnato
Et uidi lesue luci tanto mere
tanto gioconde che lasua sembianza
uincea glialtri et lultimo solere
Et chome persentire piu diletanza
lhuomo operando bene di giorno ingorno
saccorge che lasua uirtute auanza
Si macorsi io chel mio girare intorno
col cielo insieme hauea cresciuto larco
ueggendo quel miracol si adorno
Quale e eltrasmutare in piccol uarcho
ditempo imbiancha donna quando eluolto
suo discarchi di uergogna el carco
Tal fu negliocchi miei quando fui uolto
per lo candor della temprata stella
sexta che dentro ase mhauea ricolto

b Auea gia descripto el poeta el cielo di marte: et hora uolendo discriuere quello di ioue non partendosi dalla christiana theologia. finge che si uoltassi a beatrice per uedere in lei el suo douere. i. quanto era allui debito di discriuere: et tal douere aspectaua intender da lei o per parole o per cenno. Adunque uolēdo el poeta chome nellaltre parti del suo uolume: chosi in questa non si partire dalla christiana religione procedea secondo theologia la quale cia maestra della uerita; o per parole idest per aperte sententie: o per cenno. i. per occulte. ET uidi le sue luci. Insomma erono gliocchi suoi lucidi et allegri che laltre uolte et anchora piu luci di che ultima uolta che la uide nelciel di marte Per lequali parole dinota lo splendore della stella di ioue: Et la sua benigna et lieta influentia della quale pocho disobto narreremo dipoi per comparatione dimostra che chome lhuomo operando sempre bene di giorno in giorno saccorge che la sua uirtu cresce. chosi io maccorsi che el mio gyrare intorno al cielo haueua cresciuto larcho cioe lasua circonferenza ueggendo quel miracolo si adorno: quasi dica io maccorsi esser salito allaltro cielo uedendo beatrice essere piu adorna che mai laquale chiama miracolo: perche parea chosa incredibile la sua belleza. larcho dixe essere maggiore tanto trouaua cielo di maggiore circonferenza. Quale eltrasmutare in picciol uarco: Comperatione optima et accomodatissima perla quale dimostra che chome aduiene in picciol tempo donna el chui uolto era rosso perla uergogna lomuta in biancho se la uergogna che lo caricaua si rimuoue chosi lui in brieue spatio si trouo salito dalla rossa et focosa stella di marte alla candida stella di ioue laquale e nel sexto cielo: et laqual chiama temperata: imperoche essendo tra marte pianeta caldo et saturno fredo lui resta temperato. Preterea non sanza cagione pose el colore de pianeti: perche e diuerso in tucti. Saturno e/di colore focoso. Ioue di colore argentino et candido. Marte chome carbone acceso. i Venere auanza nello splẽdore glaltri: Mercurio e decto stilbon perche razeggia. Ma perche alpresẽte tractadella stella di ioue scriuono glastrologi elquale da alchuni e/chiamato pheton: sta in ciaschuno segno uno anno: et in dodici anni ha facto el corso di tucto el zodiaco. E/pianeta beniuolo caldo et humido diurno: masculino et temperato nelle sue qualita. El colore suo e argentino: candido chiaro et piaceuole. Poson ephilosophi nelcirculo di iouela cagione della felicita. Questo suo circulo e/coniuncto al circulo di saturno et con la sua bonita riprime la malignita di saturno quando con la parte inferiore del suo circulo e congiunto al circulo di saturno: Et per questo fingono epoeti che saturno sia suo padre: et che ioue lo caccio del suo regno. Quãdo e/congiunto con buoni pianeti inferisce buone et utili influentie. Fa lhuomo bello et honesto di colore biancho incarnato: Fa begli occhi denti et capegli: et barba tonda come scriue ptolomeo: puo assai nelaria et nel sangue. Sono le sue case el sagittario et el pescie: regna nel cancro: Dallui sono la iustitia: le leggi et eregni. Ilperche Homero spesso dice: Basyleas diotropheas. i. re nutriti da ioue. Sobto ioue si contengono gihonori et le richeze et glornati uestimenti. E/ueridico et quãdo apparisce nellascẽdẽte induce reuerentia: et honesta et fede et disciplina. Ioue conforta et fortifica la bonita dogni segno del zodiaco. Et significa bene in quello nel quale si truoua. Excepto che nella duodecima casa nella quale significano seruitu et pouerta: perdita di bestiame et malattia nella famigia.

Io uidi in quella ioual facella
  lossauillar dellamor che li era
  segnare aglocchi miei nostra fauella
Et chome uccegli surti di riuera
  quasi congratulando allor pasture
  fanno di se hor tonda hor altra schiera
Si dentro alumi sancte creature
  uolitando cantauono et faciensi
  hor: d: hor. i: hor. l: in sua figura
Prima cantando asua rota moueansi
  poi diuentando lun di questi segni
  un pocho sarrestauono et tacensi

g Iunto nel corpo di ioue: uide in quello sfauillare dello amore che era li cioe ui uide gli spiriti beati pieni di carita: Chostoro son quegli e quali hauendo gouerno et principato sopra ghuomini sono uiuuti con somma iustitia et pero sono nel corpo del pianeta: lacbui influentia induce re et prĩcipi et iustitie et leggi chome gia e decto. Dice adũque che segnauono aglocchi suoi nostra fauella. i. per figure di lettere parlauono chome parlono e litterati. impero che chome uccegli che si partino dali ti per andare in pastura uolano cantando chome se uolessino congratulare: cioe mostrare festa et allegreza alle pasture doue arriuono: et uolando fanno diloro uno o: o ueramente altra figura: chome ueggiamo gru et ceceri et simili: Chosi queste anime uolando cantauono faccendo di loro queste lettere D. I. L. Et questa era lor fauella: perche per queste significauono chel canto loro era. Diligite ius et leges: cioe amate la ragione et le leggi: o ueramente. Diligite iustitiam legum: perche e scripto in salomone. Diligite iustitiam qui iudicatis terram Et soggiugne che si moueano asua ruota che significa che faceano moto circulare elquale e proprio dellanima perfecta. Imperoche come tal moto comincia da se et ritorna in se: chosi lanima buona procedendo da dio con le sue uirtu ritorna adio: poi diuentando uno di questi segni che sono. d. i. l. si fermauono et taceano: accioche fussi unpocho dintervallo cioe un pocho di spatio tralluna figura et altra: et intendessesi che ognuna di queste lettere significassino una dictione.

O diua pegasea che glingegni
  fai gloriosi & rendigli longeui
  & essi teco le cittadi eregni
Illustrami di te si chio rileui
  le lor figur sichomi lho concepte
  paia tua possa in questi uersi brieui
Mostrarsi dunque in cinque uolte septe

e Consuetudine de poeti greci et latini non solamente ne principii dellibro inuocar laiuto delle muse: Ma anchora dipoi quãdo scriuendo arriuono a cosa grande: chome maxime ueggiamo in Homero et in uirgilio. Rinnuouono adunque la inuocatione: et per hauere elfauor diuino: et per fare lauditore attento elquale sentendo inuocare aspecta chose grande. ODIVA: o dea musa: et benche usi el singulare intende inuocarle tucte imitando

uocali et consonanti et io notai
lepartì si chome miparuon decte
Diligite iustitiam fur primai
fur uerbo & nome di tutto dipincto
qui iudicatis terram fur sezai

Virgilio elqual dixe. Vos o caliope precor aspira te canenti. Pegasea laquale habiti appresso al fonte pegaseo: Ne almio iudicio si puo intendere che in uochi minerua chome expone francescho da buti. CHE Glingegni fai gloriosi. Et certo nessuno ingegno e/da agguaglare aun poeta elquale non solamete da humana arte instructo: ma da diuino furore commosso trascende la natura propria et diuien pi u che huomo: diche conseguita uera gloria et nnua uita longeua. i. di lunga eta. per la fama che lascia di se Et non solamente partorisce lunghissima uita ase: ma anchora col tuo aiuto alle citta et aregni. Impero che pe poemi nequali sono laudati rimangono in perpetua fama. ILLVSTRAMI di te: infondi eltuo furore in me elquale millustri et illumini informa che io rileui leloro figure: imperoche faccendo gli spiriti lettere di se: et ciaschuno rilieua una dictione: non potea el poeta interpretare edi uini segni sanza diuino fauore. PAIA tua possa: dimostrisi quanto tu puoi in questi miei brieui uersi. MOSTRARSI adunque questi spiriti. i. si trasformorono di figura in figura tanto che feciono cinque uolte septe: cioe trentacinque lettere tra uocali et consonanti: che tante sono in queste parole. Diligite iustitiam qui iudicatis terram. Adunque in tutto quello dipinto cioe in tucta quella configuratione di quelle lettere: la prima parte hebbe diligite iustitiam: doue e/el uerbo diligite: et la sezzaia cioe lultima hebbe. Qui iudicatis terram

Poscia nellemme del uocabol quinto
rimasero ordinati si che ioue
parea dargento li doro distincto
Et uidi scender altre luci doue
eral colmo dellemme & li quetarsi
cantando credol ben che ase le moue
Poi chome nel perchuoter de ceppi arsi
surgono innumerabili fauille
onde glistolti solgono augurarsi
Risurger paruon quiui piu di mille
luci & salire quale assai & qual pocho
si chomel sole che laccende sortilla
Et quietata ciaschuna al suo loco
la testa el collo duna quila uidi
rappresentare aquel distincto focho

d Opo tucte queste figure si fermorono nella ultima lettera che e/lemme del nome terrā adinotare che questi eron quegli che haueuon el elmōdo che diotato pquesta lettera. m. et ha tolto lemme di questo nome terram: perche ellor gouerno non fu nel mondo uniuersale: impero che el mondo contiene inse tucti ecieli: et glelementi entroui inchiusi: Non fu adunque nelmondo uniuersale: ma inquesta parte del mondo che e/la terra habitata da glhuomini. Questi spiriti che si rimaneuono nellemme sono huomini sanza signoia: equali o in magistrato o fuor di magistrato sepre haueano obseruato iustitia: et pero gli pon piu bassi. Pone altri spiriti scendere dal cielo empyreo sopra el colmo dellemme figurare corona: et questi sono ere et eprincipi che cantono el bene che a se gli muoue. i. cantono iddio elquale e/sommo bene et elqual muoue glhuomini ase: perche inclina la uolonta ben disposta alla sua uia. Da costoro che faceono figura di corona si leuorono molti spiriti & m'zandosi et uolando insu qual piu et qual meno secondo che haueuono meritato piu o meno. Et pero dice si chome el sole che laccende sortigli. i. si chome idio elquale e sole di iustitia glha collocati. Et p meglo exprimere: dimostra che quegli spiriti che uolauono in su qual piu o qual meno eron simili alle fauille che escono di due ceppi accesi che si stropiccino insieme: lequali fauille gli stolti pigion per auguri o. Et poi che questi spiriti salendo si fermorono nel suo luogo o piu alto o piu basso chosi fermi rimaseno in figura di capo et di collo daquila: Et per questo intende glimperadori: lansegna dequali e/laquila. Adunque saranno tre generatione dhuomini. Ecivili nellemme. Esignori et re sopra lemme: Et glimperadori sopra questi

Quel che dipinge li non ha chil guide
ma esso guida & dallui si rammenta
quella uirtu che forma per li nidi
Laltra beatitudo che contenta
parea inprima dingiglarsi allemme
con pocho moto seguito lamprempta
Odolce stella quali & quante gemme

s Eguita la principale fictione dicendo: che quelli che dipinge li. i. colui che muoue gli spiriti quiui afare tale configuratione non ha chil guidi. i. e/idio primo motore inmobile: Ma esso guida tucte laltre chose: et infonde uirtu ne cieli: et dipoi ecieli la influiscono in noi. Et pero dallui si rammenta et riconosce la uirtu laqual uirtu che e la iustitia lui forma per liinidi: cioe per glucceegli chiamando uccelli gli spiriti che iquesto

mi dimostraro che nostra iustitia
effecto sia del cielo che tu ingemme
Perchio priego la mente inche sinitia
tuo moto et tua uirtute che rimiri
ondescel fumo che tuo raggio uitia
Sichunaltra fiata homai sadiri
del comperare & nender dentraltemplo
che si muro di sangue et di martyri

pianeto fanno tali figure. Laltra beatitudo. i. quel secondo ordine degli spiriti equali prima parean contenti starsi sopra el colmo dellemme: et ingigliarsi. i. fare corona facta a gigli che sono ere et glaltri principi: dipoi con pocho moto. i. alzandosi in su seguitoron lamprempta: cioe la figura dellaquila. la sententia e/che mouendosi feciono el resto della figura dellaquila: della quale gli spiriti haueuono facto el capo et collo: ilche dinota che la diuina prouidentia dispose per la influentiatia di questa stella: eprincipi acconsentire nella monarchia duno solo che fu imperadore. Oueramente inferisce che la influentia di ioue produrrebbe monarchia nel mŏdo elqual reggimento sarebbe piu perfecto in giustitia se ghuomini la uolessino riceuere. Et forse interprèta qui el ueltro del quale dicemo nalla prima cantica. Quelle gemme adunque. i: quegli spiriti equali uidi in te ioue dolce stella midimostrorono che la iustitia humana proceda dal tuo cielo elquale tu ingemme. i. ingemmi cioe adorni chome pretiosa gemma: et tu sa la causa di tale effecto. Ma perche io ueggio che la malignita deglhuomini corrompe la tua iustitia. i. la tua influentia: et maxime erectori della christiana chiesa. Io priegho la mente diuina inche. i. nella quale eltuo moto et latua uirtu et influentia siuitia. i. si principia che riguardi onde nasce el fumo cioe eluitio elquale initia et corrompe el razo della iustitia laquale la scriptura chiama sole: chome el fumo et la nebbia offusca laluce del sole. Onde exortus est sol iustitie. Et priego che la diuina mente rimiri questa malignita: accieche chome altra uolta nella humanita di christo sadiro contro aquegli che uendeuono et comperauon nel tempio: et cacciogli: chosi sadiri contro epastori et prelati equali uendono per simonia le chose sacre nella chiesa didio: laqual chiesa si muro disangue et dimartyri: perche essa e/fondata sopra lapassione di Christo et de martyri: Che Christo Ihesu scacciassi euenditori et comperatori del tempio: napparisce nel sancto uangelio.

u Edendo el poeta che el pastore della christiana gregge et glaltri prelati equali debbono anoi esser exemplo di sanctita che ci guidi al bene operare sono si inuoluti nella auaritia: et tucte laltre generationi dingiustitia: che non ci danno se non captiui exempli coquali ci traggon della recta uia: uolge el parlare alla militia del cielo. i. allanime beate del cielo: lequale lui contempla et priega che adorino per noi equali suiati seguitiamo el captiuo exemplo de prelati: Et qui dimostra quanto grauemente pecchi chi e posto inluogo che sia exemplo deglaltri

Omilitia del cielo cui io contemplo
adora per coloro che sono in terra
tucti suiati drieto almale exemplo
Gia si solea con le spade far guerra
ma hor sifa toglendo hor qui hor quiui
lopan chel pio padre anexun serra
Ma tu che sol per cancellare scriui
pensa che piero & paulo che moriro
per la uigna che guasti anchor son uiui
Ben puo tu dire io ho fermoldisire
si acholui che uolle uiuer solo
& che per salti fu tracto al martiro
Chio non cognosco el pescator ne polo

GIA Si solea: qui dimostra che negli antichi tempi glhomini auari et cupidi dellaltrui thesoro mouea guerra et perforza lo togleuano: Ilche benche fussi ingiusto nientedimeno hauea alchuna ombra di franchezza danimo: Ma hora si togle con maggiore iniustitia: imperoche sobto spetie di religione excomunicono et interdicono per uender poi labsolutione et esacramenti equali son pane spirituale col quale ci conduciamo auita etherna: Et per questo e decto uiatico: elquale el pio padre cioe idio pien di misericordia non serra: ne uieta adalchuno: ma uuole che si dia aciaschuno che si riduce apenitentia Ma tu pastore che scriui per cancellare: i. fai lecetti fure non per castigare epeccatori ma per fargli ricomperare: ricordati che piero et paolo primi apposto li equali morirono per la uigna. i. per la chiesa laqual tu guasti con la simonia: sono anchor uiui: quasi dica ti potranno punire. BEN Puo tu dire con piu parlare ambiguo: Riprende el pastore et pero che lo di et dice. Tu pastore puoi dire nonmi riprendere: perche io ho fermo elmio desiderio in seguir cholui che uolle uiuer solo. i. habitare nel diserto: et questo fu el precursore di christo ioanni babtista elquale per salti cioe per balli et danze della figluola dherode fu tracto al martiro perche fu decapitato. Adūque dirai tu io ho fermo elmio desiderio si asan giouanni baptista chio non conosco el pescatore cioe sā piero ne polo idest ne sancto paolo. Et questo e/eluero non perche tu seguiti la uita del baptista: Ma seguiti el fiorino nel quale e la sua inmagine. Et per questo sprezi el peccato.

CANTO XVIIII DELLA TERTIA CANTICA DI DANTHE

P Erche gia ha narrato della natura di ioue et quali sieno gli spiriti che si rappresentono in questa stella. Hora in questo decimo nono capitolo hauendo configurato el segno della aquila : induce laquila aparlare : prima adunque dimostra uno inaudito modo di parlare dellaquila . Dipoi muoue quistione se uno uiuendo giustamente si puo saluare sanza la fede christiana. Nelterzo luogho labsolue. Et nellultimo riprende echristiani principi : perche uiuendo et regnando iniustamente si diuiano daque gli spiriti che fanno el segno dellaquila.

P Area dinanzi ame con lali aperte
labella image che nel dolcie frui
liete facean lanime conserte
Parea ciaschuna rubinecto in chui
razo di sole ardessi si acceso
che ne miei occhi rifrangessi allui
Et quel che mi conuiene ritrar testeso
non porto uoce mai ne scripse inchiostro
ne fu per fantasia giamai compreso
Chio uidi & ancho udi parlare el rostro
& sonar nella uoce & io & mio
quandera nel concepto noi & nostro

Adunque apparea dinanzi ame con lale aperte la bella image . i . imagine dellaquila laquale e/bella significando la iustitia : et questa aquila faceano gli spiriti cõserti : cioe connexi et congiunti luno allaltro : et lieti nel dolcie frui cioe allegri nella beatitudine diuina che haueono fruendo iddio. Lale aperte significan due acti di iustitia : premiare et punire Et ciaschuna anima risplendea chome rubino nelquale percuota razo del sole : Pel rubino dinota la carita sanza laquale non puo essere uera iustitia : Dipoi seguita el poeta che hauendo aritrarre et ariferire el parlar dellaquila gli conuien dir chosa che uoce non porto mai : idest non fu mai decta. Ne inchiostro scripse . i . non fu mai scripta. Ne fu mai compreso da phantasia. Impero che nessuno fantastico mai che una aquila parlassi : Et fa lauditore attento promettendo riferire chose inusitate et nuoue. CHIO uidi : pone che chosa sia questa et dimostra che lui uide et senti parlare lo rostro . i . el beccho dellaquila : et parlando dicea io et mio : chome se fussi un solo : et nelcõcepto era noi et nostro. La sententia e/che tucti quegli spiriti che figurauã el corpo dellaquila : equali perche ereno tucti insieme doueono parlare ciaschuno di perse : et parlauono tucti aun tracto col beccho dellaquila : et diceono io et mio in singulare : non obstante che el concepto che era delle menti di piu spiriti douea dire noi et nostro . Et certamente non fu mai appreso per phantasia che un corpo facto di piu menti chome era quello parlassi chome se fussi uno et non piu. Onde appare mirabile longegno del poeta et mirabile mutatione in tanto ingegno .

Et comincíai per eſſer iuſto et pio
ſonio qui exaltato ad quella gloria
che nonſi laſcia uincere aldiſio
Et in terra laſciai lamia memoria
ſi facta che le genti li maluagie
comendon lei ma non ſeguon la ſtoria
Choſi un ſol calor di molta brage
ſiſan ſentire chome da molti amori
uſcia ſolo un ſuon di queſta image
Ondio appreſſo aperpetui fiori
delletherna letitia che pur uno
parer mifate tucti uoſtri odori
Soluetemi ſpirando el gran digiuno
che lungamente mha tenuto in fame
non trouando li interra cibo alchuno

p One le parole del becho dellaquila : le quali benche eſchino dun luogo niente dimeno ſono di tucti quegli ſpiriti che formauono laquila . Dice adunque io ſono exaltato aquella gloria che nonſi laſcia uincere daldiſio . i . laquale e ſi grande : chel deſiderio noſtro non e maggiore : perche non poſſiamo deſiderarla maggiore . Et queſto e / pereſſer giuſto et pio . i . per hauere uſato la giuſtitia mixta con la miſericordia imperoche conſiderato la fragilita dellhuomo una intera iuſtitia ſarebbe quaſi crudelta . Et pero dice . Vidit deus figmentum noſtrum et miſertus eſt noſtri : Et altroue : Impia eſt iuſtitia que humane fragilitati non nouit ignoſcere . ET INTERRA laſcai la mia memoria : Dimoſtra elpoeta quanto ſia excellente choſa laiuſtitia a conciosſia che non ſolamente ciguida auita eterna : ma anchora ci fa uiuer di qua per fama per la quale non ſolamente ebuoni ci lodano : ma conſtrigne anchora ecaptiui alodarci : benche non ſeguitano la hiſtoria . i . non operano ſecondo che ſentono noi hauere operato . Et certo e tanto la forza della uirtu che etiam euitioſi non poſſono non amarla . CHOSi un ſol calore dimolta brage : chome interuiene che di molta brage cioe dimolti carboni inſieme acceſi riſulta un ſol calore : choſi di molti amori . i . ſpiriti equali configurauono laquila nuſciua un ſol ſuono et una ſola uoce Per queſta fictione ſidimoſtra che nella uita actiua laquale adminiſtrano et reggono eprincipi neſſuna choſa e che tãto mantenghi lamore et la concordia : et conſerui la ſocieta humana alla quale la natura ci produce quanto laiuſtitia . Adunque non e marauigla ſe quegli equali con ſomma iuſtitia hanno recto : hora inqueſto cielo ſieno ſi uniti . Queſta unione intendendo el poeta non ſi uolſe allaquila chome auno ma chome amolti ſpiriti : e quali chiama fiori perche ſono ornamenti di quel cielo oue hanno etherna letitia et dice che benche ſien molti fiori : nientedimeno non piu odori ma un ſolo eſce dalloro . Dipoi gli richiede che inſpirando in lui eluero ſoluino cioe diſſoluino et leuino uia el gran digiuno elquale lha tenuto lungamente in fame . imperoche chi ſta digiuno ſente fame . Et e modo di parlare latino perche ſoluere ieiunium ſignifica rõpere el digiuno . Queſta e tranſlatione perche intendi exprimere che lungo tempo e ſtato digiuno . i . uoto di quella uerita della quale ha gran fame . i . gran cupidita di ſapere . Et laragione perche lui e ſtato digiuno e / perche in terra non ha trouato cibo che glihabbi potuto tor tal fame . i . non ha trouato in terra cioe infra le ſcientie terrene et humane cibo cioe doctrina che lo poſſa ſatiare : ideſt poſſa allui ſatiſfare in dimoſtrare queſta uerita della quale ha fame . i . deſiderio .

Ben ſo io che ſencielo altro reame
ladiuina iuſtitia fa ſuo ſpecchio
chel uoſtro non lapprende con uelame
Sapete chome attento io mapparecchio
ad aſcoltare ſapete quale e quello
dubbio che me digiuno cotanto uecchio
Quaſi falcon chuſcendo di cappello
muoue lateſta & con lale ſapplaude
uogla moſtrando faccendoſi bello
Vidi far ſi quel ſegno che di laude
della diuina gratia era contexto
con canti quai ſiſa chi laſſu gaude

h Auea pregato lauctore gliſpiriti che ſatiaſſino la ſua longa fame . i . ellungo deſiderio dintendere eluero . Ma non hauea dimoſtro diche choſa uoleſſi intendere el uero . Ne anchora alpreſente lo dice Ma bene afferma che loro riguardando nel diuino ſpecchio poſſon per ſe ſteſſi intenderlo . Adunque ſanno gli ſpiriti quanto lauctore ſtia attento alla riſpoſta : et ſanno qual ſia tal dubbio . che era ſe ſanza la fede chriſtiana la iuſtitia puo conducere ad uita etherna Et queſto dubbio e allui molto anticho digiuno le quali parole decte dal poeta lui uede el ſegno dellaquila farſi tale quale el falchone al quale e / tracto el cappello muoue el capo intorno guatandolo : et con lale ſapplaude . i . moſtra allegreza monſtrãdo uogla di uolare faccendoſi bello raſſettandoſi le penne adoſſo . Tale adunque ſi moſtraua laquila che era contexta . i . compoſta di laude della diuina gratia . i . de gli ſpiriti che rendean laude alla diuina gratia con tali canti / quali lingua mortale non puo exprimere : Et per queſto non ſi ſanno in terra . Ma ſannoſi da chi e / in cielo in eterna beatitudine : perche non puo ingegno humano intendere le choſe celeſti ſe non ſale in cielo . i . ſe prima purgato da ogni uitio non inſurge a tanta ſpeculatione .

CANTO XVIIII

Poi comincio colui che uolge el dexto
allextremo del mondo & dentro adesso
distinse tanto occulto & manifesto
Non poteo suo ualor si fare impresso
in tucto luniuerso chel suo uerbo
non rimanessi in infinito excesso
Et cio fa certo chel primo superbo
che fu la somma dogni creatura
per non aspectar lume cadde acerbo
Et quinci appare chogni minor natura
e/corto ricettacolo aquel bene
che non ha fine & se con se misura

r Isponde laquila et pon le cagioni perche elpoeta non puo trouare lasolutione della sua questione la quale non si puo soluere se non con la fede. perche nessuno e capace nella iustitia diuina: Et per questo pone prima la infinita et incomprehensibile potentia di dio dicendo. Colui che e/ sommo idio et uolge elsexto. i. uolge ioue che e elsexto pianeto secondo alquãti. Altri dicouo el sexto lo rotondita de cieli la qual uolge ci ca glextremi. Et dice el sexto pche chiamiamo le sexte quello instrumento colquale facciamo un cerchio tondo. Non poteo fare si i presso suo ualore. i. non pote iddio imprimere tanto nelluniuerso el suo ualore et la sua potẽtia che el suo uerbo cioe la sua sapiẽtia che e/chiamata uerbo et figluolo: non rimanessi. i. non restassi fuori dellunauerso in infinito excesso La sententia e che lasua sapientia infinitamente excede ogni creatura. Et non e inconueniente che lauctore dica che iddio non puo mettere tutta lasua potentia inachuna creatura. imperoche questo sarebbe fare creatura pari adse: Onde mancherebbe la sua potentia: imperoche la creatura potrebbe creare se medesima et chosi non sarebbe creatura ma creatore: et chosi sarebbono piu principi che e impossibile. Adunque non potette idio mettere tucto el suo ualore in una creatura si che essa non fussi infinitamente minore di lui. Non puo idio fare maggiore o simile ase: non puo far male. Ne nasce questo non potere didio da impotentia che sia in lui: Ma dalla infinita excellentia della sua potentia. Adunque non potere idio infondere la sua potentia tucta nella creatura dimostra lui essere omnipotente. Et cio fa certo cioe pruoua questo che e decto in questa forma. Se lucifero elquale fu la piu excellente creatura che facessi idio: et fu el primo che insuperbissi contro al suo creatore: non uide le cagioni della prouidentia didio non le potranno uedere laltre creature meno excellenti: Ma lui non le uide. Ilche si uede perche non aspecto ellume della gratia coofirmante: anzi si riputo pari al uerbo diuino et pero cadde acerbo. Adunque e manifesto che la creatura non puo uedere nelcreatore ogni cosa. Et quinci appare che ogni minore natura intendi naturata cioe: ogni creatura perche e/ minore del creatore e/ corto et insufficiente receptacolo aquel bene. i. non e/tanto capace che possa contenere in se quel bene che non ha fine. i. el bene infinito perche e idio: et perche e/infinito misura se con se: pche lonfinito non si puo misurare se non collo infinito. Et nessuna mente e/infinita se non idio: Se adunque la creatura e/minore receptaculolo essa potra riceuere qualche parte della potentia didio: ma non tucta.

Dunque uostra ueduta che conuiene
essere alchun de raggi della mente
diche tucte lechose son ripiene
Non puo disua natura esser possente
tanto chel suo principio non discerna
molto dila da quel che gle paruente
Pero nella iustitia sempiterna
la uista che riceue el uostro mondo
chomocchio per lo mare entro sinterna
Che benche dalla proda ueggialfondo
in pelago nol uede & non dimeno:
egli e ma cela lui lesser profondo
Lume non e se non uien da sereno
che non si turba mai anzi e tenebra
o ombra della carne o suo ueneno

c Onchiude che essendo el uostro intendere et cognitione dalchun raggio della mẽte diuina elquale sidiffũde intucte lechose pche tucte le chose create hanno la sua forma et essere da lei. Et questo raggio e la uirtu diuina che sinfonde in ciaschuna chosa quãto basta allessere di quella: non puo la intelligentia humana essere tanto possente disua natura: che essa discerna et cognosca elsuo principio cioe iddio se non molto di la di quello che gle paruente. idest diquello che gli pare dila dal termine che lui uede: Et benche un ueggha piu che unaltro: nientedimeno nessuno uede eltucto. PERO: perla qual chosa: et ordina el texto in questo modo: LA VISTA Che Riceue eluostro mondo: cioe la cognitione laquale e/nellhuomo anchora constituto in terra. Sinterna si mette nella iustitia sempiterna: cioe ir cognoscere la iustitia diuina: non altrimenti che locchio et uista corporale sinterna delmare impero che locchio humano uede el fondo nelmare allato allito doue lacqua e bassa. Ma nel pelago cioe doue lacqua e alta non uedel fondo non perche el fondo non ui sia ma per la profondita alla quale persi lungo spatio non puo peruenire la potẽtia uisiua.

Assai te mo aperto la latebra
che tascondeua la iustitia uiua
diche facea quistion cotanto crebra
Che tu diceui unhuom nasce alla riua
del nilo & quiui non e chi ragioni
di christo ne chi legga ne chi scriua
Et tucti suoi uoleri & acti buoni
sono quanto ragione humana uuole
sanza peccato in uita o in sermoni
Muore non baptezato & senza fede
oue e questa iustitia chel condanna
oue la colpa sua sedei non crede

p Er quello che io tho decto o danthe assai te aperta latenebra cioe laobscurita laqua le tascondeua lauiua iustitia. i. faceua che tu nõ potessi intendere la diuina iustitia della qual tu faceui si crebra. i. si spessa questione. i. dellaqua le con teco medesimo si spesso cercaui. Impe roche tu diceui uno sara nato in egypto apresso al nilo doue non sono se non infedeli: et non ue chi predichi di christo ne chi ne legga o scri ua: Et nientedimeno lui non uiue secondo leuir tu in cogitatione et in facto et sanza peccato di parole o di facti: inquanto la ragione humana puo intendere. Ma finalmente perche muore sanza baptesimo et sanza fede christiana e/ dam nato. Adunque oue e/ qui la diuina iustitia laquale richiede da costui piu che non ha potuto fare? ONDE QVESTA IVSTITIA CHEL CONdanna: quasi dica non puo essere iustitia condam nare la iusta ignorantia.

a Iupera la presumptuosa ignorantia di quegli huomini che hanno ardire con lo intellecto grosso et non capace de segreti didio porsi ascranna. i. in sedia per giudicare quello che e dilungi mille mi gla conla sua uista corta duna spanna. Adunque chome sarebbe somma stultitia duno huomo elqual fus si di si corta uista che non uedessi piu lontano duna spanna uolessi giudicar quello che fussi distante mil le miglia: chosi e somma temerita che longegno humano con pocha cognitione elquale perche e/ finito non puo comprendere idio che e/ infini to presumma intendere esecreti didio. Ne si ri corda del decto. Incomprensibilia sunt iudicia tua domine. Et san paulo uieta dicendo. Scruta tor maiestatis reiicitur adeo: et altroue Nolite sapere plusquam oportet sapere: Sed sapere ad sobrietatem: Et Matheo. Dico autẽ uobis quod multi ab oriente uenient et recumbant cum ha braam in regno celorum, filia regni reiicietur in tenebras. Dobbiamo adunque creder che qualun che cosa e/facta dal sommo bene sia bene: et che lui uegga quello che non puo uedere lhuomo. Maxime dicente Marco: De die aũt illa et hora nemo scit: non angelus celi: non filius nisi pa ter. Adunque molto meno lo sapra lhuomo.

Hor tu chi se che uuoi sedere ascranna
per giudicar dilungi mille migla
conla ueduta corta duna spanna?
Certo a colui che mecho sassottigla
sella scriptura sopra noi non fusse
da dubitar sarebbe amarauigla
O terreni animali o mente grosse
la prima uolonta che per se buona
dase che sommo bene mai nonsi mosse
Cotanto e giusto quanto allei consona
nullo creato bene a se la tira
ma essa radiando lui cagiona

CERTO A colui: Inquesto luogo laquila acciochè nessuno si scusi per ignorantia rimuoue ogni ignorantia dicendo. Certo molto sarebbe da dubitare et sarebbe marauigla. i. da marauiglarsi daqualunque sassotti gla mecho. i. singegna con ogni sottigliezza inuestigare ladiuina iustitia che riluce inme aquila se lascrip tura non fusse sopra noi laqual cinsegna che la uolonta didio e giusta: et che non dobbiamo inuestigar la ragione perche fa questo piu tosto che questo. O TERRENI Animali: giusta indegnatione dimostra la quila che lhuomo animal terreno et per consequẽte di grossa mente uogli intendere le chose diuine cõ siderando che ne anchora le celesti creature possono perfectamente conoscere lasapientia potentia et bon ta diuina. LA PRIMA uolonta: Ha ripreso chi ua cercando le magioni della diuina iustitia: concio ssia che gli debba bastare intendere che idio non puo errare: conciossia che si conosce che la prima uolonta e bo na non da altri. imperoche se idio participassi la uolonta da altri perche non sarebbe ipse potrebbe alchu na uolta perderla i. et non esser buono. Ma perche essa uolonta e buona perse medesima et non da altri non si diparte mai da se che e/ somo bene. Et se la uolonta diuina nonsi parte mai dal bene cioche gli cõ suona et piace conuiene che sia bene et ogni bene e giusto. Ilperche nessuno si puo giustamente dolere benche gli paia alchuna uolta patire ingiustamente. Et la ragione perche non si puo dolere e che nessuno creato bene ase la tira: perche idio creditore di tucti anessuno e debitore: Ma ciaschuno e obligato allui dogni dono riceuuto. Ma essa uolonta diuina cagiona lui cioe e/ cagione chel bene creato dallui habbi les sere. Imperoche e/ chome eluasellaio elquale fa alchuni uasi et per tenerui chose pretiose et alchuni per tenerui chose spurche.

Quale soueressol nido si raggira
poi cha pasciuto la cicogna efigli
& chome quei che presto gli rimira
Cotal si fece et su leuo li cigli
la benedecta imagine che lali
mouea sospinte datanti consigli
Roteando cantaua & dicea quali
son lemie note ate che non lentendi
tale elgiudicio etherno auoi mortali
Poi seguitaro que lucenti incendi
dello spirito sancto anchor nel segno
che fe eromani al mondo reuerendi

per similitudine dimostra che chome la cicogna portato elcibo a figliuoli si rigira sopra el nido: et essi pasciuti rimiron quella: chosi laquila fece sopra di me poi che mhebbe pasciuto del suo sermone: et io rimirauo decta aquila. Adunque suso leuo le cigla la benedecta image idest la inmagine dellaquila laquale mouea le ale sospinte da tanti consigli: idest da tanti spiriti quanti erono in quelle ali. POI SEGVITARO QVE LVCENTI INCENDI. La sententia e/ che quegli lucenti splendori che erono accesi in carita: essi seguitorono nel parlare: nel segno della aquila: idest che una sola uoce uscia da tucti pel becco dellaquila, laquale fe eromani reuerendi. Perche decto segno della aquila era negli stendardi bellicosi de romani: equali per innumerabili uictorie furono riueriti

r Icomincio laquila dicendo che al regno celeste non sali mai chi non credecte in christo. Et questa credenza fu o di coloro equali furono innanzi lo aduenimento di christo: et questi credectono i christo uenturo chome quegli che lui trasse dellimbo: o di coloro che furono dopo la sua passione: et quest credettono che lui fussi gia uenuto et col suo sangue ricomperato el mondo. Ma uedi. i. intendi che molti gridon christo christo: et questi sõ falsi christiani equali con le parole dimostran credere ma nel chuore non credono: Onde e scripto. populus iste labiis me honorat: cor autem eorum longe ame est. Et questi nel gran giudicio saranno men prope men presso allui che tale che non conobbe christo. imperoche chi non hauuto cognitione di christo ha qualche scusa: et molto piu pecca el christiano reo: perche non ha scusa Et pero dice che quando sara data lultima sententia: et edue collegi cioe le due congregatione dellanime si partiranno pero che le buone saliranno al cielo ad etherna richeza cioe felicita doue e e copia infinita dogni bene: et le ree scenderanno allinierno: et saranno inope. i. pouere dogni felicita: allhora alchuno ethiope. i. alchuno della ethiopia doue non e cognitione alchuna della religion christiana dannera et biasimera el reo christiano et rimprouerragli la sua lorda uita. Che potranno dire epersi equali non haranno hauuto alchun lume di fede anostri regi christiani se non biasimargli quãdo nel iudicio uedrãno quel uolume aperto. i. uedranno christo giudicante nelquale chome in un libro si leggeranno tucti emeriti et demeriti: equali demeriti sono dispregi di christo. imperoche chi pecca fa contro alla doctrina euangelicha: adunque la dispreza.

Esso richomincio aquesto regno
non sali mai chi non credette inchristo
o prima o poi che si chiauassi allegno
Ma uedi molti gridan christo christo
che saran nel giudicio assai menprope
allui che tale che non conosce christo
Et tai christian dannera lethiope
quando si partiranno edue collegi
luno inetherno riccho & laltro inope
Che potran dire epersi anostri regi
chome uedranno quel uolume aperto
nel qual siscriuon tucti esuoi dispregi

Li siuedra trallopere dalberto
quella che tosto mouera lapenna
perchel regno diplaga fia coperto
Li siuedra elduol che sopra senna
induce falseggiando lamoneta
quel che morra dicolpo dichotenna
Li si uedra lasuperbia che asseta
che fa loschoto et linghilese folle
siche non puo sofferir dentro asua meta

s Eguita in riprendere erei christiani: et maxime ere: et trascorre tucti ereami che sono tra christiani. Et comincia dalla parte septentrionale doue sono quattro reami. Plaga: Francia Scotia et inghilterra. Dice adunque che li cioe in quel libro si uedra tra lopere ingiuste di Alberto quella opera laquale perche e piu ingiusta mouera tosto la penna ascriuere esuoi uitii. Alberto fu inperadore coronato da bonifatio papa nellanno della nostra salute millesimo dugentesimo nonagesimo octauo. Chostui era duca dosterich: et combatte con Astulpho decto andulpho re de romani et uinselo et uccisello. Li si uedea el duol della rotta hauuta da fiaminghi elqual duol sopra sena. . In parigi per la qual citta corre el siume sena: fu cag on che lamoneta si falsi. Chostui fu philippo chiamato bello re di francia. Et nel mille trecento essendo stato ro pto acoltraio de fiaminghi ilnouo grande exercito: Et per hauere denari fe falsare le sue monete isforma che tornorono al terzo non sanza sommo danno de mercanti et de glaltri. Fu morto acaccia da uno cin ghiale: et pero dice da colpo di cotenna perche cotenna chiamono efiorentini la pelle del porcho. Li sitte dea la superbia che asseta. i. larrogantia che ha lhuomo quando gli pare meritare piu che glaltri. Onde las seta. i. losa cupido dimperare. Et di questo uitio riprende el re dinghilterra et di scotia elquale e/ tanto superbo che non puo soffrire et patire di stare dentro asua meta. i dentro asuoi termini. Di questo no me meta habbiamo posto in altro luogho laexpositione. Chostui fu el re adouardo dinghilterra huomo molto cupido dimperare.

Vedrassi laluxuria eluiuer molle
diquel dhispagna & di quel di buemme
che mai ualor non cognobbe ne uolle
Vedrassi alciotto dihierusalemme
segnata con uno i lasua bontate
quandol chontrario seghuira un emme
Vedrassi lauaritia et lauiltate
di quel che ghuarda lisola del focho
oue anchise fini lalungha etate
Et adare aintender quanto e pocho
lasua scriptura fien lettere moze
che noteranno molto inparuo locho

u Itupera la luxuria et el uiuere otioso dal fonso re dhispagna et di latislao re di bu emia. Alfonso nel mille dugento sexanta fu ele cto imperadore: et per uilta et mollitia nō segui to lampresa. Di latislao fu facta mentione nelsep timo capitolo del purgatorio. El ciotto di hieru salem: questo fu carlo secondo figluolo di carlo primo re di pugla: elquale fu ciotto cioe zoppo ouero scianchato fu molto luxurioso et corrupto re di uergine: diche si scusaua dicendo farlo per che altrimenti sarebbe diuenuto lebroso. labon ta di chostui dice che sara segnata nellibro dichri sto con uno i che rileua uno perche non hebbe al tra bonta se non che fu liberale: et el contrario cioe el uitio sara segnata con un m che rileua mil le perche hebbe infiniti uitii. VEDRASSI la uaritia et la uiltate. Et certo lauaritia procede da uilta danimo. Onde le femine et euecchi son piu auari Diquel che guarda lisola del folco cioe sicilia doue e el monte ethna. Et in questa isola anchise padre de nea mori uecchio nella cipta di trepani decta drepanum. Chostui fu federigo re di sicilia figluolo del re piero daragona nobilissimo principe. Et accioche intenda quanto la scriptura sua. i. la scriptura che con tiene esuoi uitii e pocho. Fieno lettere moze cioe sara lettera per parte et in questo modo terranno po cho luogho et noteranno molti uitii.

Et parranno aciaschuno lopere soze
del barba et del fratello che tanto egregia
natione et due corone han facto boze
Et quel di portoghallo et dinoruegia
li si conosceranno et quel di rascia
che male ha uisto il conio diuinegia
Obeata ungheria se non si lascia
piu malmenare et beata nauarra
se sarmasse delmonte che lafascia
Et creder de ciaschun che gia per arra
diquesto nichosia et famagosta
per la lor bestia si lamenti et garra
Che dal fiancho dellaltre non si scosta

e L barba di don feberigo fu don iacopo re di maiolica minolica et ebusa isole. barba inli ghua lombarda significa zio ET DEL FRATEL LO Questo fu don petro re daragona CHE Tan to egregia natione Tanto egregia famigla ET Du e corone Quella daragona etquella dimaiolica han facto boz ahanno uituperato chome e/uituperato colui acui lamoglie fa fallo. Bacçie quasi dica trali gnati. PORtogallo appresso deglantichi fu chia mata lusitania et e/parte dispagna laquale e/diui sa inquattro reami. Noruegia Questa regione e sottol septentrione doue nel tropico estiuo sono grandissimi giorni et breuissime nocti. RAScia: Questo e/reame inschiauonia el chui re falsaua e ducati uinitiani. NAVARRA. E/reame dhispa gna et aquel tempo erasotto efranciosi et pero la monisce che si difenda chon le montagne che la diuidono dalla francia. Nichosia et famagosta son citta in cipri lequali si comincino gia a lamentare. Ilche e arra de futuri uitii: Della lor bestia. i. delloro bestiale re.. Sauio poeta certamente et al quale fia obligata lhumana generatione: poi che si ri gidamente riprende eprincip perche eloro peccati non nuocono a uno o apochi chome glerrori de p iuati: Ma nuocono atucto el paese che dalloro e/administrato et spesso un solo e/cagione della ruina di mol te regioni.

CANTO . XX . DELLA TERTIA CANTICA DI DANTHE

Quando cholui che tuctol mondo alluma
delhemiſperio noſtro ſi diſcende
chel giorno dogni parte ſi conſuma
Locíel che ſol di lui tucto ſaccende
ſubitamente ſi rifa paruente
per molte luci inche una riſplende
Et queſto acto del ciel miuenne amente
chomel ſegno del mondo & deſuo duci
nel benedecto roſtro fu tacente
Peroche tucte quelle uiue luci
uie piu lucente commciorón canti
da mia memoria labili & caduci
Odolcie amore che di riſo tammanti
quanto pareui ardente inque fauilli
chaueno ſpirto ſol di penſier ſancti
Poſcia che chiari & lucidi lapilli
onde io uidi ingemmato elſexto lume
poſer ſilentio aglangelici ſquilli
Vdir mi parue el mormorar dun fiume
che ſcende chiaro giu di pietra in pietra
moſtrando luberta delſuo cachume
Et chome ſono alcollo della cetra
prende ſua forma & ſi chomal pertugio
della ſampogna uento che penetra
Choſi rimoſſo daſpectare indugio
quel mormorar dellaquila ſaliſſi
ſu per lo collo chome fuſſi bugio

CHome nel precedente capitolo laquila di moſtro la inconprenſibile iuſtitia di dio et ripreſe eregi : choſi inqueſto dimoſtra allauctore alchuno degli ſpiriti che la configurauono. Contiene queſto uigeſimo capitolo quattro parti. Nella prima diſcriue quale era la diſpoſitione dellaquila . Nella ſeconda laquila nomina cinque ſpiriti excellenti. Nella tercia ſolue uno dubbio nato per hauer ueduto due di quelle anime . Nella quarta diſcriue la profondita della predeſtinatione. Ne uerſi gia ſcripti pone una ſimilitudine dicendo che tale glapparue elluogo doue era laquila quale ſi uede el ciel quando elſole ſcēde allaltro hemiſperio . impoche mancādo ellume pel ſole elcielo ſadorna di uarie ſtelle et choſi tucti quegli ſpiriti acceſi di carita pareano ſtelle in quella aquila. POiche elucidi lapilli : cioe gli ſpiriti lucenti equali chiama lapilli : cioe pietre pretioſe delle quali icue che e elſexto pianeto era ingemmato poſon fine atenti loro : et laquila ripreſe el parlar ſuo : Et diſcriue per cōparatione eldiſcorſo dellauoce delcollo dellaquila dimoſtrando che ſaliua pel canale del collo : com quel romore che una copioſa acqua ſcende di pietra in pietra . Et chome elſuono della cetra cioe della cythera prende ſua forma nel collo di decto inſtrumento : perche in quello le dita dichi ſona toccan le corde. Et chome pe pertugi cioe buchi della zampogna o zufolo o piffero eluento i deſt el fiato che ui mette el ſonatore pigla ſua forma di uoce penetrando. i. trapaſſando pdecti buchi : choſi pel collo dellaquila ſali quel mormorio : et nel becho fermo la uoce et eſſa parlo quelle choſe che el mio chuore deſideraua . E /

Fecesi uoce quiui & quindi uscissi
per losuo beccho informa di parole
quale aspectaua elchuore ouio lescripsi

certamente marauigliosa phantasia in questo po eta elquale informa narra lasua fictione : che fa quasi che lo impossibile paia credibile : Et molto e / simile allo ingegno del poeta Ouidio : el quale nelle sue monstruose transformationi : fa le chose quasi uerisimili.

Laparte inme che uede et pate el sole
nellaquila mortale incominciommi
hor fisamente riguardar si uuole
Perche de fuochi ondio figura fommi
quegli onde locchio in testa mi scentilla
di tucti loro grandi son li sommi
Cholui che luce in mezo per pupilla
fu elcantor dello spirito sancto
che larca transmuto di uilla in uilla
Hora chognosce elmerto di suo canto
in quanto effecto fu delsuo consiglio
perlo remunerar che altrettanto

p Arli laquila per dimostrare a danthe sei spiriti piu excellenti equali fanno nella aquila la forma dellocchio : et admonisce danthe che in lei riguardi quel membro che e nellaquile mortali guarda et patisce elsole : Et questo e / locchio. Et chome laquile inquesto mondo possono guardare el sole et patire le luci sue chosi questa puo guatare et patire el sole della iustitia : Adunque uuole che danthe guardi quegli spiriti e quali fanno esuoi occhi perche sono esommi. Et dice che quello spirito che e/in mezo dellocchio fa la pupilla. i. la luce dellocchio e /Dauid re iustissimo et propheta ripieno di spirito sancto el quale trasmutaua larcha del patto doue erono le tauole delle legoi : la uerga di moyses; et eluasello della manna. Della trasmutatione dellarcha dicemmo nel deci no canto del purgatorio. Et perche questi spiriti erono piu excellenti in gloria pero gli pone nel piu excellente senso che e quello dellocchio.

De cinque che mi fan cerchio perciglo
cholui che piu al becchо misacosta
lauedouella consolo del figlo
Hora conosce quanto caro costa
non seguir christo per la experientia
diquesta dolcie uita & delloposta
Et quel che segue inla circonferentia
diche ragiono del cerchio superno
morte indugio per uera penitentia
Hora conosce chel giudicio etherno
non si tramuta quando degno preco
fa crastino laggiu delhodierno

p One primo nel ciglo Traiano imperador undecimo Elquale chome satisfacessi alla uedouella abondantemente si tracto nel canto decimo del purgatorio. Hora conosce per experientia quanto costa caro non seguir christo perla experientia di quest dolcie uita laquale al presente sente et delloposta cioe dellopposita et contraria parte laqual uide quando la prima uolta mori pagano. Et stette infermo infino atempi di gregorio che furono anni cinquecento. ET QVEI che segue : Chostui fu ezechia propheta et re di iuda et del quale e/ scripto nellibro dysaia et nel libro de re/elquale annuntiatogli lamorte dallangelo pianse et lachrimo et dixe . Ego dixi in dimidio dierum meorum ego uadam ad portas inferi Achostui per molti prieghi idio prolungo lauita per spatio danni quindici. Hora che lui uede la uerita in dio esso conosce chel iudicio etherno didio e in mutabile : benche anoi paia che si muti pe prieghi giusti. Chome uerbigratia in questo re : Imperoche idio ab etherno hauea cosi ordinato chome adiuenne : Ma anoi che non sappiamo pare che idio faccia crastino cioe tempo futuro dellhodierno : cioe del presente.

Laltro che segue con le leggi mecho
sobto buonantention che fe mal fructo
per cedere al pastor si fece greco
Hora cognosce chome mal dedutto
dal suo bene operar non gle nociuo
aduegna che siel mondo indi distrutto
Et quelche uedi nellarcho de:luo
guglelmo fu che quella terra plora
che piange carlo & federigo uiuo
Hora conosce chome sinnamora

q Vesto che segue con le leggi e/ Constantino : elquale sotto buona intentione conferi tucte le imperiali dignita al papa. Per laquale auctorita diuentorono epontefici ambitiosi et auari. MECHO : perche anchora lui porto laqui la inuerso oriente. HORA CONNSCE : Benche la dota di constantino facta apontefici sia stata cagione di infiniti mali : chome in molti luoghi el poeta ha dimostro : nientedimeno conosce questo. Ma guarda al bene operare suo et non al male che indi e/seguito. ET QVEL CHE uedi . Dinota guglelmo re di sicilia ultimo de successori di Ruberco guiscardo et auolo di constantia : della quale dicemmo et nella seconda etin

lociel del giusto rege & al sembiante
del suo fulgore losa uedere anchora

questa tertia cantica. Costui fu optimo principe in liberalita et iustitia et clementia. Regno in sicilia nellanno della salute. M. C. liiii. NElla co declíne cioe nella inferiore parte delcirculo delloc chio. CHE PIANGE Carlo et Federigho uiuo; perche Carlo zoppo elquale allhora regnaua fa guerra allisola difuora; Et don federigho laggrauaua dentro con brutta auaritia: O ueramente piange carlo morto padre del zoppo che perde sicilia laquale hauea oppressa tyrannicamente per somma auaritia ; chome altroue habbiamo narrato.

Chi crederrebbe giu nel mondo errante
che ripheo troiano inquesto tondo
fussi laquinta delle luci sancte
Fora conosce assai diquel chelmondo
ueder non puo della diuina gratia
benche sua uista non discernal fondo
Qual lodoletta che in aere si spatia
prima cantando & poi tace contenta
per lultima letitia che la satia
Tal mi sembio limago della impremta
delletherno.piacere alchui disio
ciaschuna chosa quale ella e diuenta

b ORA conosce assai; pare anoi del mondo impossibile che uno spirito non christiano possi esser saluo; Ma si uede in dio chome inspechio: perche la diuina prouidentia ha uoluto questo non obstante che ne anche in cielo puo uedere lanima beata insinoalla profondita. Insõma inferisce qui el poeta che la diuina gratia si distẽde insino allo infedele et dagli credulita ; informa che si puo saluare: Ma noi non possiamo intendere el suo iudicio ; Et e/ risposta al dubbio che si propose disopra dellhuomo iusto et buono ma infedele. QVAL lodoletta : e /lanatura dellallodola leuarsi da terra : et innalzandosi apocho apocho salire cantando et poi pigla piacer del andare uagando per laria che tace Adunque simile aquesto uccello fu laquila laquale chiama la inmagine della imprenta dello etherno piacere ; perche e figurata quiui dalla diuina uolonta laquale imprime la iustitia in quel pianeto. ALCHVI Disio ; secondo la uolonta del quale idio ciaschuna chosa diuenta quale essa e/nel piacer didio. Imperoche ogni chosa e/facta da dio tale quale esso uuole ; Onde Augustino. Tales amat nos deus quales facti sumus dono eius : et non quales sumus nostro merito.

Et aduegna chio fussi al dubbiar mio
li quasi uetro al color che lo ueste
tempo tacendo aspectar non patio
Ma della boccha che chose son queste
mi pinse colla forza del suo peso
perchio di corruscar uidi gran feste
Poi appresso con locchio piu acceso
lobenedecto segno mi rispose
per non tenermi in admirar sospeso
Io ueggio che tu credi queste chose
perchio le dico ma non uedi chome
siche se non credute sono ascose
Fai chome quei che lachosa per nome
apprende bene ma la sua quiditate
ueder non puote se altri non lamprome
Regnum celorum uiolentia pate
dal caldo amore & da uiua speranza
che uince la diuina uolontate
Non aguisa che lhuomo allhuom sopranza
ma uince lei perche uuole esser uincta
et uincta uince con sua benenanza

b Enche el mio dubbio apparissi in me aquegli spiriti chome colore in uetro ; Et per questo essi conoscessino quello che io desideraua udire. Nientedimeno lardentissima cupidita du dire non milascio tacere et aspectare labsolutione MA Dixi che chose sono queste ; Marauiglandomi che se non puo essere saluo chi non ha uera fede di christo : inche modo troiano non essendo stato christiano potessi essere salito al cielo. REGNVM Celorum ; la risposta in sententia e/ questa che benche la uolonta diuina non patisca che chi non e christiano possa salire al cielo: Niẽtedimeno una ardentissima carita et indubitata fede uince et sforza tal uolonta ; informa che patisce el pagano saluarsi : Non pero che la uolontai diuina sia uincta chome unhuom per forza uince unaltro : Ma e uincta perche uuole ; Et cosi uicta uince con sua beninanza cioe.con sua benignita chome interuiene che uincendo noi lamicho in disputatione ; nientedmeno per humanita accioche nõ siuergogni ; noi cediamo et lasciã uincere

Laprima uita delciglo et laquinta
tiſa marauiglar perche neuedi
la region de glangioli dipinta
Decorpi ſuoi non uſcir chome credi
gentili ma chriſtiani inferma fede
quel de paſſuri & quel de paſſi piedi
Che luna dello inferno u non ſi riede
gia mai ad bonuoler torno alloſſa
et cio diuiua ſpeme fu mecede
Diuiua ſpeme che miſſe lapoſſa
ne prieghi facti adio perſuſcitarla
ſiche poteſſi ſua uogla eſſer moſſa
Lanima glorioſa onde ſiparla
tornata nella carne inche fu pocho
credette inlui che potea aiutarla
Etcredendo ſacceſe intanto focho
diuero amore che lamorte ſeconda
fu degna diuenire aqueſto locho
Laltra per gratia che da ſi profonda
fontana ſtilla che mai creatura
non pinſe locchio inſino alla prima onda
Tutto ſuo amor laggiu poſe adrittura
perche di gratia ingratia piu glaperſe
lochio alla noſtra redenption futura
Onde credette inquella et non ſoferſe
daindilpuzo piu delpaganeſimo
et riprendenne legenti peruerſe
Quelle tre donne glifur per bapteſimo
che tu uedeſti dalla prima rota
dinanzi albaptezar piu dun milleſimo
Oprediſtinatione quanto remota
e laradice tua daquelgli aſpecti
che laprima cagion non ueggion tota
Et uoi mortali teneteui ſtrecti
adgiudicar che noi che dio uedemo
non congnoſciamo anchora tutti glelecti
Et enne dolce choſi facto ſcemo
perchel ben noſtro in queſto ben ſaffina
che quel che uuole idio et noi uolemo
Choſi daquella inmagine diuina
per farmi chiara lamia corta uiſta
data mi fu ſoaue medicina
Et chome abuon cantor buon citariſta
fa ſeguitar loguizo della corda
inche piu di piacere lo canto acquiſta

ſ Eguita laquita laquila nel parlere per ſoluere eldubbio che era nella mente del poeta chome potea eſſere che ſanza la fede chriſtiana: Traiano imperadore: et Ripheo troiano fuſſino ſalui dequali lui uedea eſſer dipinta et ornata la ſanctiſſima regione de glangeli cioe el cielo. Dice adunque che loro non morirono gentili pagani Ma chriſtiani: impero che la diuina gratia commoſſa dalla iuſtitia di rypheo lo illumino informa che innanzi che moriſſe: credette in chriſto uẽturo: benche fuſſi piu di mille anni innanzi allo aduenimento di chriſto. Et pero dice. ne piedi di dio paſſuri ponendo epiedi per tucto el corpo di chriſto elquale hauea anaſcere et apatire. Et Traiano imperadore elquale fu dopo la paſſioue di chriſto: credette ne piedi gia paſſi: i. equali gia haueano patito: Impero morto et gia ito allo inferno doue chi e/obſtinato che non ſi puo pentere del male: La ſperanza che hebbe in dio mentre che era in uita: che lui lo illuminerebbe nel uero credere fu mercede. i. merito. impero che queſta ſperanza fu cagione che prieghi di gregorio haueſſino poſſanza appreſſo adio di ridurlo in uita. Accioche la ſua uolonta laquale in inferno non puo mutarſi aben uolere ſi mutaſſi nel corpo. Adũque tornata nel corpo doue pocho ſtette ſubito ſiconuerti adio et credette in lui che potea atarlo. Et acceſeſi in tanta carita di uero amore che partito dal corpo. ſiche fu la ſecõda morte merito di ſalire aqueſto cielo. Laltra che e/lanima di rhipheo per obſeruare in terra iuſtitia: idio glinfuſe per ſeguitare dono intelligentia che el figluolo di dio hauea aincarnare et patire per ricomperarci. Queſto e quello rhipheo del quale Virgilio ſcripſe. Cadit et rhipheus iuſtiſſimus olim qui fuit in teucris: Et ſeruatiſſimus equi QVELLE Tre DONNE: Queſte tre uirtu Fede: Speranza et carita lequali gia habbiamo uedute dinanai nel paradiſo delle delitie alla dextra del gryphone gli furono in luogo di bapteſimo PIV DVN Milleſimo: perche dallaruina di troia inſino al principio di Roma furno ãni. cccxiiii. Et dalla hedificatione di Roma alla natiuita di chriſto furon anni ſeptecento cinquantadue. OPREDEſTINATIONE quanto remota: Optima et accomodata exclamatione adimoſtrar quanto ſia incognita allhuomo la prima radice: et la profondita della diuina predeſtinatione dal laqual naſce che piu toſto Rhypheo che unaltro poteſſi montare a tal gratia. Et queſto naſce perche non poſſiamo uedere tucta la prima cagione. i. non poſſiamo conoſcere labbiſſo della diuina mente che e/laprima cagione ne eſuoi conſigli. Ilperche debbono glhuomini non traſcorrere ne giudicare: concioſſia che gli ſpiriti beati ueggono in dio chome in ſpecchio le choſe: nientedimeno nonui ueggono el tucto. Ne poſſono penetrare

Si mentre che parlo se mi ricorda
chio udi la duo luie benedecte
pur chome batter dochi si concocorda
Colle parole muouer le fiammette

insiuo alla persodita. Nel conoscere tuct i glelecti
. i. ,tucto el numero de predestinati . Ne sono
questo in minore gloria : impero che essendo ellp
ro sommo piacere conformarsi colla uolonta diuio
na godono di non sapere eltucto ueggendo che co
si piace adio. Adunque tale scemo. i. tal diminu
tione del sapere glaffina. i. gli fa perfectamente beati. Conosco che questo luogho non solo accenna ma
apertamente richiede che si tracti diffusamente della predestinatione : cosa molto ardua achi non e mol
to docto discriuerla informa che per quella non si tolga ellibero arbitrio. Ne si puo di questa commoda
mente disputare se insieme non cie nota la prescientia et reprobatione : et finalmente la uolonta diuina
Ma noi ne prolixamente ci distenderemo perche celo uieta la grandeza del uolume. Ne altucto loprete
riremo perche sanza questo rimane obscura la mente del poeta : Pose Augustino quattro diffinitione nel
la predestinatiō : delle quali La i che e predestination sia presciētia de benefitii didio. La ii predestina
tione e/predestinatione dalchuno alla gloria: Tertia e proposito dhauer misericordia Quarta e preparati
one di gratia nel presente et di gloria nel futuro: Nella prima diffinitione e notata la cognitione didio
Nella seconda la electione . Nella tertia la uolonta: Nella quarta la directione al fine. Pone adunque
Augustino: Vocatione iustificatione: predestinatione: et magnificatione: La uocatione ci ritrae dal ma
le: la iustificatione ragguarda el bene che chomincia la gratia : la predestinatione ragguarda el bene fina
le della gratia: la magnificatione el bene della futura gloria: Oueramente diremo che la predestination
prepara lagloria per gratia la uocatione cioffera la gratia: la iustificatione cela da : Ma la magnificatione
per gratia multiplica la gloria. la predestinatione non inferisce necessita alle cose: imperoche se la inferis
se nascerebbono molti inconuenienti: perche indarno si proporrebbono epremii abuoni et le pene arei:
et iniustamente questi sarebbono remunerati et quegli puniti. Preterea idio sarebbe auctore de mali et
perderebbesi ellibero arbitrio: Nientedimeno e necessario che qualunque cosa idio preuede sia necessaria
non semplicemente : ma per consequentia: chome uerbigratia uede scipione che hanibale ordina le schie
re: Ne per questo e necessario che lui ordini: Ma uedendo scipione che hanibale lordina seguita di neces
sita che lui lordina: nientedimeno el uedere di scipione non e cagione dellordinare delle schiere. Simil
mente benche idio uegga le male opere dellhuomo non per questo ne cagione. Fanno etheologi diffe
rencia tra predestinatione et la prescientia. Imperoche la predestinatione e/cognitione de beni: et ha i
se la cagione di quegli: Ma la prescientia antiuede emali: et non e/cagione di quegli : Et certo se idio p
mette ellibero arbitrio nessuna iniustitia usa se punisce chi ha errato: et potea guardarsi dallo errore.
Ma se preuiene per gratia anessuno fa ingiuria Adunque quando damna erei chome fu iuda observa iu
stitia. Quando predestina alchuno chome fu paolo usa gratia et gran misericordia laquale non exclude
laiustitia. La uolonta adunque prima didio prima uuole che ognuno sia saluo inquanto e/huomo: Ma la
seconda uolonta uuole alchuno huomo dannare inquanto ne degno. Ilperche la uolonta antecedente ri
guarda lordine della natura secondo che dallui fu instituta. Ma la uolonta conseguente et che uiene do
po lerrore del peccatore raguarda lordine della persona disposta allibero arbitrio. Ma torno al texto.
ET CHOME Abuon cantore: La sententia e che chosi saccordauono edue spiriti: Traiano: et rhypheo
con le parole dellaquila adimostrare letitia chome buono cytharista accorda la uoce col suono: Et chosi
tralloro saccordauono amuouere lor fiammette. i. splendori chome saccordono glocchi abattere.

G. F.

PARADISO

CANTO.XXI DELLA TERTIA CANTICA TEDI DANTE

b Auea lauctore del precedente capitolo dimoſtro gli ſpiriti illuſtri della ſpera di ioue : equali per le uirtu practiche nella uita actiua con iuſtitia haueuono recto et auminſtrato giuſtamente ema giſtrati et glimperii alloro conmeſſi. Ma alpreſente pone lanime lequali ſeguendo la influenti a di ſaturno hanno ſeruito adio nella uita contemplatiua rimote dal tumulto et ſtrepito delle actioni ſe colari. Adunque prima diſcriue elſuo aſcenſo alla ſpera di ſaturno. Dipoi muoue un dubbio auno ſpiri to: et dallui intende la ſolutione di tal dubbio. Et nella terza lui muoue una queſtione laquale naſce dalla ſolutione del primo dubbio. Nella quinta lo ſpirito ſi manifeſta allauctore et uitu pera epontefici di quegli tempi. Hora quanto al principio del capitolo dimoſtra: che finite le parole dellaquila lui ſi riuolſe co glochi et con la nimo abeatrice: Ilche dinota che hauendo atracta re di nuoua materia non uolle cominciare ſe prima non riuolgeua tucto longegno et lamente al la ſancta ſcriptura: et pero ſera tolto da ogni al tro intento et penſieri perche ſolo quella uolea ſeguitare: Et choſi per tranſito dimoſtra che chi uuole eſſere nella uera contemplatione delle cho ſe diuine: e neceſſario che laſci ognaltra choſa et fermiſi in quella. Et queſto ſi dimoſtra nello e uangelio doue Martha che e/la uita actiua ſaggy ra per caſa et uolgeſi auarii miniſterii. Et maria .i. la contēplatiua non glaiuta: Ma ſiede et ni ente ſi parte da piedi del ſignore. ET Quella non ridea: Non ride qui beatrice adinotare che la uita contemplatiua e/ piu graue et ſeuera che lactiua: preterea dinota la natura del pianeta gra ue et tardo chome diſubto dimoſterremo. puoſ ſi anchora interpretare ſecondo le parole di bea trice che quando lhuomo traſcende inſino al ſupremo grado della ſpeculatione diuina ſe beatrice rideſſi cioe dimoſtraſſi tucto el ſuo ſplendore: longegno humano elquale e a quella chome locchio della nottua .i. ciuetta arazi del ſole ubbaglerebbe informa che uolendo uedere el tucto non uede alchuna choſa.

g Ia eron glocchi miei rifixi aluolto
della mia donna et lanimo con eſſi
da ogni altro intento ſera tolto
Et quella non ridea ma ſio rideſſi
mi comincio tu ti fareſti quale
fu ſemele quando di cener feſſi
Che la belleza mia che perle ſcale
dellethemo palazo piu ſaccende
chomhai ueduto quanto piu ſi ſale
Se non ſi temperaſſi tanto ſplende
chel tuo mortal potere altuo fulgore
ſarebbe fronde che tuono ſcoſcende
Noi ſian leuati al ſeptimo ſplendore
che ſottol pecto delleone ardente
raggia mo mixto giu del ſuo ualore
Ficca diritto alglochi tua lamente
et fa diquelgli ſpechio alla figura
chen queſto ſpecchio tiſara paruente

FV SEMELE Quando cener feſſi. come ſemele fu figluola di cadmo thebano: et come partori baccho di oue: et chome iunone mutata in uecchia gli per ſuaſe che chiedeſſi aioue che iaceſſe ſeco nella forma che iacea con iunone: Et come ioue obſeruargli la promeſſa uenne allei armato di celeſte ſaecta perche coſi iaceua con iunone. Et chome finalmente non potendo ſemele ſofferire lardore fu da quella arſa: chome diſteſamente diſcriuemmo nello inferno. NOI SIAN leuati al ſeptimo ſplendore: noi ſian ſaliti nel ſeptimo pianeto che e Saturno: elquale el poeta finge che nel tempo di quella uiſione. i. nel. M. ccc. fuſſi nel ſegno del leone: Dicono adunque che ſaturno era nel ſeptimo grado del leone. Ioue ne uenti quattro dellariete: Elſole nel principio dellariete. Venere era ne peſci la luna nella libra. RAGGIa mo raggia al preſente mixto del ſuo ualore: Quaſi inferiſca che benche ſaturno ſia molto freddo: niētedime no el calore delleone lo contempera. FICCA Diricto aglocchi tuoi la mente. i. conſidera bene aquello che tu uedrai che e la ſcala della quale dira pocho auanti. Et fa di quegli tuoi occhi ſpecchio alla figura. i. adecta ſcala laquale ti ſara paruente in queſto ſpecchio cioe in queſto pianeto. Era gia ſalito al ſeptimo ci elo che e di Saturno: elqual pianeto quando e ben diſpoſto nella natiuita dellhuomo lo fa inueſtigatore delle choſe antiche et recondite: et influiſce acuta raciocinatione et diſcorſo di ragione. Et anchora ſecon do Macrobio quella uirtu della mente laquale egreci chiamon theoriticon. i. potentia di contemplare et ſpeculare: laqual choſa induxe el poeta che rappreſenti in queſta ſpera lanime ſpeculatrici. Ma per trac tare piu apieno la natura di Saturno: queſto pianeta e diurno maſculino freddo et ſecco: Melancholico: timido uechio. pigro ſterile maligno. Et benche ſia piu remoto dalla terra che glaltri: nientedimeno gle piu nociuo: E/ ſignificatore degliantichi: et anteceſſore delle ſepulture et de morti: et della terra et ogni cultura diquella: degli hedifitii: dogni caua di metalli: De theſori occulti: Significa le beſtie grandi lunghe infermita: Quartane: morphea: Fa lhuomo di fetido alito: Et amatore di choſe fetide et lorde: Fallo pigro lento: di color palido: di corpo curuo magro uenoſo: labbra groſſe: gambe ſottili: ſempre guar da la terra pocho parla: pocho libidinoſo: Deſidera piu el maſchio che la femina Quando e ben diſpoſto fa lhuomo acuto callido et di profonde opinioni et diuerſe: Non ſi rallegra: lira iua e implacabile: pocho ama et dileggieri laſcia lamore: Produce ſacerdoti et maxime le religioni che ueſtono nero e colore di terra: Item quegli che ſono apoſtati ſimoniaci et heretici et ſciſmatici et quegli che combatrono acorpo acorpo produce cerusici. Nella conceptione ha elprimo meſe: ilperche colla ſua frigidita et ſicſita rapicola et collega la materia diche ſha afare la creatura produce harmoniaci incantatori et dogni ſpetie dindiuinatori: Negli homori ſignoreggia alla melancolia: Nelle ſecte e ſignificatore della iudaica de di del ſabato: Ne metalli ſignifica piombo et ferro rugginoſo. Non ha luce in ſe ma riceuelo da glaltri pianeti et maxime dal ſole: Et perche elſole loſa lucido et riſcaldalo gle inimico: perche la caſa del ſole che e el leone e/oppoſita alla caſa di ſaturno che e capricorno: et la ſua tenebroſita et frigidita e contrar a alla luce et calore del ſole. Glantichi lo figurano colla falce perche chome la falce nuoce piu ritornando che procedendo. choſi ſaturno nuoce piu retrogrado che diricto. Queſto pianeta luce ne gemini nel cancro; et nelleone. i. e piu potente: Et per queſto lo pone el poeta nel leone: dipoi diminuiſce la luce nella uergine nella libra et nello ſcorpione. Diuenta tenebroſo in ſagittario capricorno et aquario. Diminuiſce letenebre ne peſci nellariete et nel tauro. Ha color di piombo: Ma quando entra nel circulo di ioue perla ſua ſtelidita diuiene candido et chiaro.

Qual ſapeſſi quale era lapaſtura
delniſo mio nellaſpecto beato.
quando io mitreſmutai dallaltra curra
Cognoſcerebbe quanto mera agrato
ubidire alla mia celeſte ſcorta
contrapeſando luno con latro lato
Dentro alchriſtallo chel uocabol porta
cerchiandol mondo delſuo chiaro duce
ſottol chui giacque ogni malizia morta
Dicolor doro inchui raggio traluce
uiddio uno ſcaleo erecto inſuſo
tanto che nolſeguiua lamia luce
Vidi ancho perli gradi ſcender giuſo
tanto ſplendor chio penſai ogni luce
che par nelcielo quindi eſſer diffuſo

l Aſententia de primi uerſi e queſta chel ſapeſſi quale era la paſtur a del mio uiſo nello aſpecto beato i. quanto dolcemente ſi paſceuon gliochi miei nel uiſo di beatrice quādo io mi traſmutai da quellaltra cura: cioe quando io mi parti dalla materia gia decta et uolſimi aquella che ſeguita conoſcerebbe quanto piacere io pigliauo dubidire a beatrice laquale era mia ſcorta; et inſomma intende che gli fuſſe ſomma uolupta guatare beatrice: niētedimeno glera tanto grato ubbidirla quando gli comando che lui ſi uoltaſſi alla ſcala che lui contrapeſo elpiacere dallubbidirla col piacere del guatarla. DENTRO al chryſtallo: pone che uidde nel corpo di ſaturno una ſcala doro inche riſplendea e razi del ſole, chiamalo chriſtallo perche e corpo traſparente. Et certo chome per la ſcala ſi ſale dabaſſo in alto di grado in grado: choſi per la uirtu contemplatiua ſi monta di cielo in cielo inſino a dio Queſta ſcala e doro. Impero che come loro e/piu excellente che alchuno altro metallo: choſi la uita contemplatiua auanza ogni altra uita: et riſplende in quella el razo della gratia dello etherno ſole. CHel Vocabol porta del ſuo duce, perche e/chiamato ſaturno da ſaturno. SOTTO Chui giacque ogni maliciā a morta: Queſto ſi riferiſce alla hiſtoria o uero fauola delleta delloro: Ma et di queſta eta et di Saturno habbiamo decto in piu luogi informa che niente ne reſta anarrare. DI COLOR Doro in chui raggio traluce uidio uno ſcaleo: Di queſto habbiamo noi decto diſopra. Ma laſcala dice eſſer tanto diricta ī ſu che la ſua luce. i. laſua uiſta non la ſeguiua adinotare che la cognitione delle choſe diuine e tanto alta: che humano intellecto non puo aggiugnere aquello. Et anchora dinota el grande interuallo che e / dal cielo di Saturno al cielo empyrio. Et chome loro e puriſſimo ſanza alchuna mixtura: choſi la contemplatione delle diuine choſe: Et per quella ſcala ſcendeano innumerabil ſplendori cioe ſpiriti.

Et chome per lo natural coſtume
le polle inſieme al comnciar del giorno
ſi muouon aſcaldare le fredde piume
Poi altre uanno uia ſanza ritorno
altre riuolgon ſe onde ſon moſſe
et altre roteando fan ſoggiorno
Tal modo parue ame che quiui foſſe
in quello ſfauillar chenſieme uenne
ſi chome in certo grado ſi percoſſe
Et quel chapreſſo dilui ciſi ritenne

q Vi e conueniente comparatione per la quale dimoſtra che chome interuiene che certi uccegli chiamati pole la mattina nelpartire ſimuouono aun tracto: poi alchune uolano alla dilunga alchune uolano in drieto et pongonſi donde erono leuate: Alchune ſaggyrono intorno: choſi īteruiene che quegli ſpiriti ſcontrandoſi inſieme parue che ſfauillaſſino et altri andaſſino uia et altri riſteſſino. IO ueggio ben lamor che tu maccenne Imperoche quello ſplendore dimoſtraua ardore di carita et per quello affecto di parlargli.

ſiſe ſi chiaro chio dicea penſando
io ueggio ben lamor che tu maccenne
Ma quella ondio aſpecto el chome elquando
del dire & del tacere ſi ſta ondio
contral diſio fo bene ſio non domando
Perchella che uedea el tacer mio
nel ueder di colui che tucto uede
mi dixe ſolui eltuo caldo diſio
Et io incominciai lamia mercede
non mi fa degno della tua riſpoſta
ma per colei chel chieder mi concede
Vita beata che tiſtai naſcoſta
dentro alla tua letitia fammi nota
la cagion che ſi preſſo mitaccoſta
Et perche ſi ſi tace inqueſta rota
la dolcie ſymphonia di paradiſo
che giu per laltre ſuona ſi diuota

d Eſideraua danthe di domandare loſpirito Ma.beatrice dalla quale lui aſpectaua elche et el quando.i . el modo et el tempo da dire et da tacere ſi ſtaua. Onde eſſo tra ſe medeſimo di cea contro al ſuo deſiderio io fo ben ſe io .i.ō do mando. Ma beatrice uedendo el mio tacere. i . la cagione perche io taceuo mi dixe ſolui. i. ab ſolui et adempi el tuo caldo diſio. i . la tua ar dente uogla. Et io mi uolſi allo ſpirito dicendo non la mia mercede et merito mi fa degno che tu mi riſponda: ma riſpondimi per amore di be atrice laquale mi concede che io ti domādi di du e choſe . prima perche tu mitaccoſti piu preſſo che glaltri. Dipoi perche in queſto cielo non ſi canta la dolcie ſymphonia di paradiſo laquale ſi canta neglaltri cieli.

Tu hai ludir mortale chomhai eluiſo
riſpoſe ad me onde qui non ſi canta
perquel che beatrice non ha riſo
Giu per li gradi della ſcala ſancta
diſceſi tanti ſolo per farti feſta
col dire & con laluce che mamanta
Ne piu amore mi fece eſſer piu preſta
che piu & tanto amore quinci ſu ferue
ſi chome el fiameggiar ti manifeſta
Ma lalta carita che ci fa ſerue
prompte al conſiglo chel mondo gouerna
ſorteggia qui ſi chome tu obſerue

r iſponde lanima beata adubii di danthe: et prima al ſecondo nel qualera domandato perche non ſi cantaua in queſto pianeto come neglaltri. Dice adunque che in quel pianeto el riſo et el canto ſono mentali: et perche lui eſſendo in corpo non puo uſare nel uedere nellu dire ſpirituale ma corporale: pero ne uidde beatrice ridere ne udi choſtoro cantare. Queſto finge el poeta perche le uirtu contemplatiue ſono mentali. et non poſſono in alchuno modo eſſer compreſe da ſenſi corporei. GIV Per li gradi: Riſponde pietro damiano alla prima domanda perche piu toſto lui che glaltri ſpiriti ſia uenuto a danthe: et dice Io diſceſi giu per farti feſta et congratularti con le parole et con la luce che ti ā manta cioe ci ueſte. NE PIV AMORE. i. ne maggiore amore. i. Ne uenni io piu toſto che altri perche io fuſſi pinto piu da carita che glaltri Imperoche quaſſu ferue cioe bolle et arde piu et tanto amore in claſchuno ſpirto. i. ci ſono ſpiriti che mi uincono in carita et ſpirti che mi ſono pari: chome el fiammeggiare di tutti ti puo manifeſtare perche qui la qualita dello ſplendore dimoſtra lamore: Ma nientedimeno queſta non e la cagione. Ma e la uolonta di dio achui piacque che ueniſſi. Inpero che la carita. i. eſſo idio laquale ci fa ſerue prompte a ubbidire al conſiglo che gouerna el mondo. i alla diuina prouidentia laquale gouerna luniuerſo ſorteggia. i. aſſortiſce actaſchuno quel che uuol che faccia chome tu obſerue: i. chome tu uedi. Adunque ſta el poeta ſēpre nella prima poſition che labyſſo del diuino conſiglo e aſcoſo etiam abeati ſpiriti.

Io ueggio ben dixi ſacra lucerna
chome libero amore inqueſta corte
baſta aſeghuir laprouidentia etherna
Ma queſto e quel che acerner mi par forte
per che predeſtinata fuſti ſola
aqueſto officio tra le tue conſorte
Non uenni prima alultima parola
che del ſuo mezo fece ellume centro
girando ſi chome ueloce mola

r Iſponde lauctore che ſa bene che el libero amore baſta a ſeguire la prouidentia diuina: pero che qui uoi ubidite libere et non ſeruilmente: Ma ame e difficile cernere. i . conoſcere perche cagione tu fuſti predeſtinato piu che glaltri aqueſto offitio .

Poi riſpoſe lamore che uera dentro
luce diuina ſopra me ſappunta;
penetrando per queſta ondio miuentro
La cui uirtu col mio ueder congiunta
mi leua ſopra me tanto chio ueggio
la ſomma eſſentia della quale e/ munta
Quinci uien lallegreza ondio fiammeggio
per che lauiſta mia quantella e chiara
lachiarita della fiamma pareggio

h Auea facto la ſua domanda danthe et la luce ſera aggyrata . hora ſeghuitando pone chome lamore che era dentro aquella luce. i. quella anima beata piena damore riſpondeſſe dicendo luce diua. i. gratia diuina ſappunta ſopra me cioe diſcende ſopra me pe ſuoi razi lapuncta dequali peruiene ad me penetrando et paſſando per queſta luce inche io ſono riuolto onde io mi riuentro. i. ilperche io entro dētro aeſſa luce diuina; la ſententia e che bēche lo ſpirito beato nō diſcerna la profondita del diuino conſiglo : Niētedimeno alchuna uolta diſcende la diuina gratia in uno ſpirito per la quale ſintende quello che iddio uuole che lui faccia: Et la uirtu di queſta gratia inſpiratami da dio ſi congiugne col mio uolere : et coſi congiunta mi leua ſopra me cioe mi fa intelligente ſopra la mia natura tanto che io poſſo uedere : cioe poſſo cognoſcere la diuina eſſentia : della quale e/ muncta della quale e uſcita: QVINCI uien lallegreza : La ſententia che quanto lui uede tanto riſplēde et gode. informa che ſecondo la quantita della uiſione e/la quantita dello ſplendore. QVANTO Ella e/chiara : tanto e la chiarita della uiſione et cognitione. mia quanta e la chiarita della luce et dello ſplendore mio. Inſomma tanto creſce in lui la fiamma et la chiarita quanto piu uede la eſſentia diuina : impero che allhora piu minfiammo auolere cioche eſſa uuole : et queſto dimoſtra che la uolonta ſua e libera et lo aſponte uuole quello che uuole idio: ſtatui che mi fa nota la ſua uolonta: Adunque quando queſti ſpiriti ſcintillano queſto interuiene per una nuoua gratia che uiene in loro : laquale allhora era uenuta pi queſto ſpirito et dinuouo hauea compreſo la uolonta didio eſſere che lui ſcendeſſi adanthe : Et lui . uolen uolendo iddio .

Ma quellalma nel cielo che piu ſi ſchiara
quel ſeraphin chen dio piu locchio ha fixo
alla riſpoſta tua non ſatiſſara
Pero che ſi ſinoltra nellabyſſo
delletherno ſtatuto quel che chiedi
che da ogni creata uiſta e ſciſſo
Et almondo mortale quando tu riedi
queſto rapporta ſi che non preſuma
ad tanto ſegno piu muouer li piedi
Lamente che qui luce in terra fuma
onderagguarda chome puo laggiue
quel che non puote poi chel ciel la ſuma
Simi preſcriſſor leparole ſue
chio laſciai la quiſtion & me ritraſſi
adomandarlo humilmente chi fue

h A dimoſtro lo ſpirito che uenne lui piue toſto che altri perche choſi piacque adio Hora uolendo ſapere Danthe perche piacque a dio piu choſi che altrimenti riſpondea che bēche gli ſpirti beati ueghino in dio molti ſegreti. Niētedimeno non poſſono uedere perche cag on lui uogla piu toſto quello che quello : Et pero dice che quellanima che piu ſi ſchiara in cielo : cioe che piu riceue el razo della gratia diuina onde piu uede iddio : Et queſto interuiene maxime aſeraphini : perche contemplono piu idio che glaltri angeli chome altroue diremo. Non ſatiſſara cioe non ſatiſſarebbe alla domanda di danthe : Imperoche queſta domanda ſinoltra tanto . i. entra tanto oltre nello adyſſo cioe nella profondita dello etherno ſtatuto. i. della prouidentia diuina che e ſciſſo cioe taglato aogni uiſta creata. i. adogni intelligentia creata. ET ALMondo : plaqualcoſa quādo tu tornialmondo. i. agli huomini mortali elchui ingagno e ſomerſo dalla contagione della carne : dirai che poi che glangeli non poſſono uedere queſto benche poſſin uedere molte choſe che non ueggono glhuomini : non preſumma epſi muouere epiedi. i. laffectione atanto ſegno. La mente humana laquale qui in ciel luce perche e illuminata da razi della diuina gratia. IN Terra : quādo e anchora nel corpo fuma. i. e/obſcura chome el fumo : Queſte parole mi preſcripſero. i. minnchiuſono dentro al termine del quale non haueſſi auſcire in forma che io mi ritraſſi datal queſtione et domādandalo chi eſſo era . Et lui mi riſpoſe choſi.

Tra due liti ditalia ſurgon ſaſſi
et non molto diſtanti alla tua patria
tanto che tuoni aſſai ſuonon piu baſſi
Et fanno un gybbo che ſi chiama chatria
ſotto loquale e conſecrato un hermo
che ſuole eſſer diſcoſto ad ſola latria

t Ra due liti . cioe tral mare tyrrheno damezo di : et el mare adriatico da ſeptentrione e/ lappennino che diuide litalia pel mezo : et in quella parte dappennino doue appennino e/ piu alto che in altro luogho . Queſto monte e/ tra abruzi et la marca danchona. Dicono che piero damiano hedifico due monaſterii uno nellappennino. Oordina el texto choſi ; piero damiano

Chosi ricominciommi elterzo sermo
  & poi continuando dixe quiui
  al seruigio didio mifei si fermo
Che pur cocibi di licor dului
  lieuemente passauo caldi et gieli
  contento nepensieri contemplatiui
Render solea quel chiostro aquesti cieli
  fertilemente et hora e facto uano
  siche tosto conuien che si riueli

ricomincio el terzo parlare imperoche prima hauea decte due chose. prima tu hai ludire mortale. seconda quando dixe luce diuina. Et hora narra chome che tra due liti ditalia surgono saxi: cioe sinnalza elmonte appennino intanta altitudine che etuoni che si generono in aria sono piu bassi che lalteza de saxi: et questo luogo non e/ molto distante dalla tua patria. i. dalla toscana: perche e/tra agobio et la pergola. Et questi saxi innalzandosi fanno un gibbo cioe uno scrigno: et chiamasi catria. Sotto laquale e consecrato un hermo. i. una selua proprio heremo in greco si significa luogo deserto. LATRIA e/seruitulaquale dobbiamo solamente adio: Onde idolatria e sommo peccato: perche diamo adaltri quello che dobbiamo solamente adio. QVIVI. i. in questo luogho mi fermai io informa che usando.solamente cibi conditi dolio mi detti aseruire adio nella contemplatione soffeendo caldo et gielo. RENDER SOLEA: Duolsi che questo monisterio solea hauere huomini equali erono sancti: et equali saliuono aquesto cielo per mezo della contemplatione: et hora egli e'/ facto uano et uacuo di buoni huomini. Et per questo conuien che si riueli. i. si manifesti non essere piu quello che soleua

Inquel luogo fu io piero damiano:
  & pietro peccator fu nella casa:
  di nostra donna insullito adriano.
Pocha uita mortale mera rimasa
  quandio fu chiesto etracto aquel cappello
  che pur di male in peggio si trauasa:
Venne cephas & uenne elgran uasello
  dello spirito sancto magri & scalzi
  prendendol cibo di qualunque ostello:
Hor uoglon quindi et quinci chi rincalzi
  emoderni pastori et chi gli meni:
tanto son graui et chi didrieto glalzi:
Cuopron de manti loro epalafreni
  siche due bestie uan sotto una pelle.
  o patientia che tanto sostieni?

i N QTEL Luogo. i. nel heremo di catria fu io piero damiano: et pone el nome proprio. Et pietro peccatore fu nella casa di nostra donna in sullito adriano: La sententia e io fui heremita in catria doue non si chiama peccatore: perche purgato gia da uitii era dato alla contemplatione Ma prima era stato monacho in sancta maria di rauenna in sullito del mare adriaticho: et quiui si chiama peccatore perche non era anchora purgato da uitii. POCHA Vita Mortale: diciamo uiuer lhuomo mentre che elcongiunta lanima col corpo: ma tal uita e mortale perche uien men presto. Adunque era gia uecchio quando egli fu non solamente chiamato ma per forza tyrato al cappello cioe al cardinalato. CHE PVR di male in peggio si trauasa: laqual dignita ogni giorno ua di male in peggio perche sempre son peggiori quegli che succedono. VENNE cephas Vuol dimostrare quanto sieno degenerati et tralignati, epastori moderni dal primo uicario dichristo: conciossia che piero et paulo furono magri per la loro continente: et austera uita: et scalzi per la somma pouerta: et prendeuono el cibo da ogni hostello. quasi dica mendicauono el pane. HORA son tanto. Non sanza cagione induce questo spirito adolersi: impero che lui scripse due opere: una delle pistole et de sermoni nella quale damna molti uitii de prelati. Nellaltra pone scelerateze nefarie di loro lequali non si possono sanza somma uergogna ricordare: et certamente e uera la sententia di bernardo: perche tutti glaltri stati hanno molto piu di faticha che di uolupta. Ma lordine sacerdotale ha trouato una uia per la quale rifuggono ogni chosa che puo essere molesta et seguitano ogni generatione di uolupta. VENNE Cephas: perche pietro e interpretato cephas. i. caput: perche e capo degli apostoli: et primo papa. ELGRAN Vasello. i. Paolo elquale chome dimostrammo nel secondo canto dello inferno e/ decto uas electionis

Ad questa uoce uidio piu fiamelle
  di grado in grado scendere et girarsi
  et ogni giro lefacea piu belle
Dintorno aquesta uennero et fermarsi
  et fero un grido disi alto suono
  che non potrebbe qui assomiglarsi
Ne io lontesi si mi uinse el tuono

Alla exclamatione di piero damiano scesono inuerso lui de gradi della scala piu spiriti equali chiama fiammelle. Et molto circulare significa la reflexione del anima indio laquale cifa piu rallegrare et quanto e maggiore dallegreza tanto maggiore e losplēdore Et gridoron si forte che in questo mondo nessuna chosa e alla quale potessi assimiglare: perche ogni cosa sarebbe minore. Adunque non hauēdo suono ache aguaglarlo lo chiama tuono elquale louinse et i trono informa che non intese quelche si dicessin gli spiriti. diche e facile trar lallegoria se tu ricorderai quello che sopra habbian decto della contemplatione.

CANTO.XXII DELLA TERTIA GANTICA TEDI DANTE

a Ppreso distupore alla mia guida
miuolsi chomel paruol che ricorre
sempre cola doue piu si confida
Et quella chome madre che soccorre
subito al figlo palido et anelo
colla sua uoce chel suol ben disporre
Midixe non sai tu che tu se incielo
et non sai tu chel cielo e tucto sancto
et cioche asi fa uien dabuon zelo
Chome thaurebbe trasmutato el canto
et io ridendo mo pensar lopuoi
poscia chel grido tha mosso cotanto
Nelqual senteso hauessi epriegh suoi
gia ti sarebbe nota lauendecta,
che tu uedrai innanzi che tu muoi
La spada di quassu non tagla infretta
ne tardo ma chal parer di colui
che disiando o temendo laspecta
Ma riuolgiti homai inuersa altrui
chassai illustri spiriti uedrai
se chomio dico laspecto ridiu

s lamo peruenuti al uigesimo secondo capitolo elquale contiene cinque parti. Nella prima contiene la materia posta nel superiore canto. Nella seconda introduce lo spirito di benedecto elquale manifasta se et glaltri suoi compagni. Nella terza lauctore muoue un dubbio asan benedecto. Nella quarta descriue lasua ascēsione alfermamento. Nellultima pone la sua reflexione atucte le spere inferiori. Sbigottito adunquecpel gran suono ricorse abeatrice chome el figluolo alla madre et lei confortandolo glidimostro che essendo lui in cielo doue perche e / sancto non si fa chosa chenuoca: non debbe temere perche ogni chosa uisi fa con buon zelo. Et aggiugne beatrice: pensa chome el canto di questi spirti rharebbe trasmutato et conturbato se lhumane orecchie lauessino potuto udire poi che questo grido tha si conmosso: Et lauctore interpose queste parole ridendo et dixe. Mo pensar lopuoi quasi dica da questo puoi tu pensare quanto el el canto mharebbe conmosso. Nello qual grido se tu hauessi inteso li prieghi suoi cioe se hauessi inteso quello che pregaua piero damiano tu congnosceresti la uendecta che idio ha ordinato contro apeccati de prelati. et qui predice la presura di papa bonifatio del quale fu decto nel purgatorio: Ma non uuole dimostrare hauerla udita perche sarebbe professione di prophetia: ma finge chelo dimostri beatrice. i. dimostra che crede questo hauere aessere secondo le sententie theologiche. LA SPADA Di quassu. i. la giustitia punitiua didio. NON TAGla: non punisce infrecta ne tar do perche inogni cosa obserua el tempo conueniente. Ma chal parere. i. se non alparere di colui che io aspecto o disiando perche allui non pare che tagli in frecta o temendo perche allui pare che uenga inan zi tempo. Ma riuolgiti homai inuerso altrui cioe inuerso questi altri spiriti et uederai e assai illustri : se tu ridui cioe riduci laspecto. i. lauista chome io dico.

Chome allei piacque glocchi dirizai
et uidi cento sperule chensieme
piu sabbelliuan con mutui rai
Io staua chome quel che se ripreme
la puncta del disio et non sattenta
del domandare si del troppo si teme
Et lamaggiore et la piu luculenta
di quelle margerite innanzi fessi
per far dise lamia uogla contenta
Poi dectto allei udi se tu uedessi
chomio la carita che tra noi arde
lituoi concepti sarebbono expressi
Ma perche tu aspectando non tarde
allalto fine io tifaro risposta
pure alpensier diche si ti riguarde
Quel monte ad cui casino e nella costa
fu frequentato gia insu lacima
dalla gente ingannata et mal disposta
Et quel son io che su uiportai prima
lo nome di colui chenterra adduce
la uerita che tanto cisoblima
Et tanta gratia soura me riluce
chio ritrassi leuille circonstanti
dallimpio culto chel mondo seduce
Questi altri fochi tucti contemplanti
huomini furo accesi di quel caldo
che fa nascere efiori efructi sancti
Qui e machario qui e romoualdo
qui son li frati miei che dentro achiostri
fermaro epiedi et tennoro elcor saldo

Et io io allui laffecto che dimostri
mecho parlando et la buona sembianza
chi ueggio e noto in tucti glardor uostri
Chosi ha dilatato mia fidanza
chomel sol fa la rosa quando aperta
tanto diuien quanto ella ha di possanza
Pero tipriego & tu padre macerta
sio posso prender tanta gratia chio
tiuegga con imagine scoperta
Ondegli frate eltuo caldo disio
sadempiera insu lultima spera
oue sadempion tucti glaltri elmio

t O mi uolsi agli spiriti chome piacque a Bea trice ma non ardiuo dir quello che io deside rauo intendere : Ma la maggior fiamma che era sã Benedecto dixe se tu sapessi la carita che arde tra noi tu exprimerresti ogni tuo concepto : perche non temeresti desserci molesto nel domandare.

c Asino e monte in campania. In questo monte fu eltempio dappolline et dipoi san benedecto tanto opero che ridocti epopoli circon stanti alla uera religione distrusse eltempio dapol line et dedicouui la chiesa di san martino : et lal tare dappolline dedico a giouanni baptista. Et consti tuiui elsuo cenobio. et pero dice che lui uiporto elnome di colui che induxe la uerita cioe el nome di Christo che e ueritas et uita. Questa e/quella uerita che tanto ci sublima. i. tanto cileua da ter ra. imperoche ci conduce al cielo. Et tanto rilucet te in san benedecto la diuina gratia che lui riduxe alla religione christiana tutte le terre circunstanti Benedecto fu da Norcia monacho et poi abbate : et constitui la regola de monaci bianchi. Edifico piu monisteri : Ma maxime quello dimõte casino Imperoche hauendo per diuino miracolo facto ro uinare el tempio dappolline congran concorso po te indurre epopoli alla christiana religione. Fu ne tempi di iustiniano imperadore : neglanni della salute nostra cinquecento uentinoue nel pontifi cato di bonifatio primo. ACCESI diquel caldo : cioe dellamor didio dalquale nasce ogni buon fio re et fructo.

l E parole che lo spirito glhauea decte decton baldanza allauctore di domandare et addo mando se potea hauere tanta gratia chio uedessi la sua imagine scoperta et non inuoluta in quella lu ce : Et e/ragioncuole che el poeta essendo gia nella spera de contemplatiui uenissi in si alta cogitatio ne che disiderassi conoscere la essentia dellanima humana. A questo risponde lospirito et dimostra che questa sua cupidita et chosi quella deglaltri e leuati spiriti non si puo adempiere se non nellul tima spera cioe nel cielo empyreo doue e idio : el quale solo da perfectione alla natura humana et ã gelica. Et pero in quella spera e perfectione et in quella e ogni parte doue era sempre perche nonsi muoue. Ma e el primo mobile et e sempre quie ta. Ilperche non interuiene che quella sua parte che e hora in uno luogo dipoi sia in uno altro : cho me interuiene nellaltre spere lequali sono i assidu o mouimento perche non e in loco. i. non e loca ta : et contenta chome laltre noue spere. Et non si pola. i. non si ferma insu poli chome laltre. im poche la nona spera ha due poli : artico : et ãtartico

Iui e eperſecta matura et intera
ciaſchuna diſtanza in quella ſola
e ogni parte la doue ſempre era
Perche non e in loco et nonſi po la,
et noſtra ſcala fin adeſſa uarca
onde coſi dal uiſo ti ſinuola
Inſin laſſu laudde elpatriarcha
iacob porger la ſuperna parte
quando glapparue dangeli ſi carcha

et coſi poi laltre: et noſtra ſcala uarca et paſſa inſino laſſu. Imperoche econtemplatiui arriuono in ſino aquello con la loro contemplatione et paſſādo tucti ecieli arriuono adio. Ma adanthe ſinuola dal uiſo cioe dal uedere perche lanima nel corpo non puo contemplare tanto alto. INFIN laſſu la uide el patriarca. E/ ſcripto nel geneſi che quādo iacob fuggiua lira deſau ſuo fratello elquale hauea frandato della benedictione et heredita paterna: et el padre glhauea comandato che andaſſi in meſopotamia et pigliaſſi per mogle una delle figluole di laban et non di canaan interuenne che una ſera nel cammino ſi poſe adormire al ſereno et per capezale tolſe una pietra et la nocte uidde in uiſione una ſcala che diterra ſaliua inſino alcielo et molti agnoli ſaliuono et ſcendeuono perquella.

Ma per ſalir la mo neſſun diparte
da terra epiedi et la regola mia
rimaſa e giu indanno delle carte
Lemura che ſoleano eſſer badia
facte ſono ſpelonche: et le cocolle
facca ſon piene di farina ria:
Ma tanta uſura graue non ſi tolle
contral piacer didio quante quel fructo
che fa elchuor de monaci piu folle:
Che quantunque lachieſa guarda tucto
e della gente che perdio domanda
non di parente ne daltro piu bructo
Lacarne de mortali e tanto blanda
che giu non baſta buon cominciamento
dal naſcer della quercia afar laghianda

d Volſi che neſſuno de ſuoi monaci parte e piedi da terra. i. leua eſuoi affecti delle coſe terrene per ſalire queſta ſcala. i. per darſi alla contemplatione. EV LA Regola mia: i. le inſtitutioni lequali io ho laſciate ſcripte, accioche emonaci obſaruandole ſi ſaluino e rimaſa giu nel mōdo indanno delle carte. Imperoche non obſaruando ſi non fa utile amonaci: et logoronſi le carte in ſcriuerla: lemura che ſoleauo eſſer badia facte ſono ſpelonche: perche emonaci ſon peggio che ladroni: imperoche non attendono ſe non a rubar efructi de monaſteri. ET le cocolle cioe leueſte de monaci ſono facca da farina. Optima tranſlatione adimoſtrare la tralignata uita de ſuoi monaci. Ma non e tanto graue allanime degli uſurai la uſura che loro tolgono contro al piacere di dio quanto fia graue allanime demonaci el fructo el quale loro tolgono piu che non debbono: et oltra alla uita honeſta el quale fa el chuore et la uogla loro ſi folle che uaneggiano nelle choſe ſecolari. Et tucto quello che la chieſa guarda cioe ſerba perche auanza acherici che la ſeruono e/ de poueri: et non de parenti de ſacerdoti ne daltro brutto quaſi dica delle meretrici.

Pier comincio ſanza oro et ſanza argento:
et io con orationi et con digiuno
et franceſco humilmente elſuo conuento.
Et ſe guardi al principio di ciaſchuno
poſcia riguardi la doue traſcorſo
tu uedrai del biancho facto bruno
Veramente giordan uolte retrorſo
piu fu elmar fuggir quando dio uolſe
mirabile ad ueder che qui ſoccorſo
Choſi mi dixe et indi ſi ricolſe
al ſuo collegio el collegio ſi ſtrinſe
poi come turbo inſe tucto ſacolſe

e Sanza fallo di ſommo ſtupore conſiderare el principio della noſtra religione fondata in pouerta et carita et uedere dipoi quanta ſia degenerata la ſucceſſione. et alchuni intendō qui di pier damiano elquale comincio lordin della colomba. VERAMente giordano uolto e / retorſo. Queſto fiume tornando indrieto laſcio ſpatio ſeccho al popolo diſdrael quando ueniua in terra di promeſſione. Iordano ſecondo hieronimo et denominato dadue fonti delle quali naſce: che luna e decta ior et laltra e/ decta dam. PIV fu il mar fuggir quando idio uolſe: la ſententia e che aneſſuno debba parere choſa marauigloſa che idio puniſca euiti de prelati conciosſia che piu marauiglosa choſa fuſſi che elmar roſſo fuggiſſi et deſſi luogho aſciutto quādo per quello paſſo el popol diſdrael et pur fu. adūque piu fu mirabile ad ueder fuggire elmare che non ſara qui a uedere el ſoccorſo della chieſa laquale e in ruina.

La dolcie donna drieto allor mipinſe
con un ſol cenno ſu per quella ſcala

n Non intenderebbe per ſe lhuomo che el ſommo bene fuſſi nella contempatione ſe gli ſtudii della theologia non lo pigneſſi adeſſa

ſi ſua uirtu lamia natura uinſe
Ne mai quaggiu doue ſi monta et cala
naturalmente fu ſi rapto moto
chagguaglar ſi poteſſi alla mia ala
Sio torni mai lectore aquel deuoto
triompho per lo quale io piango ſpeſſo
lemie peccata: elpecto mi percuoto
Tu non hareſti intanto tracto et meſſo
nel fuocho eldito inquanto uidi el ſegno
che ſegue el tauro et fui dentro da eſſo

El moto ueloce ſignifica el traſcorſo. della mente della qual mente ſi puo trouare piu ueloce. TV Non hareſti: Da qui lauctore una comparatione efficacē. Imperoche grande uelocita uſiamo nelle choſe che ciposſono nuocere. Con queſta uelocita entro del ſeptimo cielo alloctaua ſpa doue ſontue te le ſtelle excepto che ſepte pianeti et entro in eſſo per quel ſegno del zodiaco che uiene drieto al tauro et queſto e gemini.

O glorioſe ſtelle olume pregno
digran uirtu dalquale io riconoſco
tucto qualche ſi ſia elmio ingegno
Con uoi naſceua et ſaſcondeua uoſco
colui chel padre dogni mortal uita
quando io ſenti da prima laer toſco
Et poi quando mifu gratia largita
dentrare nellalta rota che uigyra
lauoſtra region mi fu ſortita
Ad uoi diuotamente hora ſoſpira
lanima mia per acquiſtar uirtute
al paſſo forte che ad ſe mi tira

e Ntrato ne gemini Congratula alleſtelle di queſto ſegno lequali danno influentia di gran uirtu et dice che da loro chome da ſeconda cauſa lui riconoſce le forze del ſuo ingegno o piccolo o grande che ſia. Imperoche nellhora che lui uſci deluentre della madre et poi comincio a reſſpirare in queſto aere toſcano doue nacque aſcendeuono egemini et elſole era in quegli. Et chiama el ſole padre dogni mortal uita perche e /generatiuo dogni uita ſenſitiua ma non della rationale anima. Et ſimilmente quando io entrai nel octauo cielo entrai per la parte occupata da uoi. Afferma danche che nella ſua natiuita hebbe egemini in aſcendente: et el ſole in quegli la quale natiuita influiſce ſomma ſcientia. Perche egemini ſono caſa di mercurio: et ſe mercurio e fortunato diſpone lhuomo ad ſomma ſcientia: et ſecondo Miſahel e /ſegno aereo et maſculino et diurno. Ma di loro habbiamo decto ineſtro luogho

Tu ſe ſi preſſo allultima ſalute
comincio beatrice che tu dei
hauer le luce tue chiare et acute
Et pero prima che tu piu tinlei
rimira ingiu et uedi quanto mondo
ſotto lipiedi gia eſſer ti fei
Sichel tuo chuore quantunche giocondo
ſappreſenti alla turba triomphante
che lietamente perqueſto ethere tondo
Col uiſo ritornai per tucte quante
le ſepte ſpere et uidi queſto globo
tal chio ſorriſi del ſuo uil ſembiante
Et quel conſiglo ueremente approbo
che lha par meno et chi adaltro penſa
chiamar ſi puote ueramente probo

o Primo precepto di beatrice .i. della ſacra ſcriptura che lhuomo quando nella contēplatione ha facto tal profiCto che gia e con lamente ſalito inſino alla contemplatione didio: et ha gia la ſaluce ſua chiara .i. ha lamente uacua da ogni perturbatione et e acuta cioe ha lo ingegno ſottile: che non e altro che conoſcere el bene et eſſerſi in quello ſi confermo che neſſuno appetito lo poſſi rimouere al male alhora uuole che ſi riuolga indrieto et conſideri labaſſeza et uilta delle choſe caduche et mortali: lequali choſe conſiderate pigliera piu letitia delle ſpere diuenuto atale grado. Adunque ritornando pertutte et ſepte leſpere inſino alla terra cioe per tucte le ſeconde cauſe inſino alla materia et inſino alle choſe caduche et mortali ſorriſe del ſuo uil ſembiante et e /lungo tracto di cicerone del ſexto della ſua rep. nella quale induce ſcipione ſalito aqueſto cielo fare il ſimiglante. Et lucano anchora dipompeo ſalito al cielo ſimilmente ſcriue. Poſtquam ſe lumine tanto impleuit ſtellaſque uagas miratus et aſtra fixa polis uidit quanta ſub nocte iaceret noſtra dies: riſitque ſui ludibria trunci. ET QVAL conſiglo: Conchiude che e optimo conſiglo quel di colui che ha decto della terra per meno .i. che ſtima le choſe terrene et caduche meno che tucte laltre. Et cholui el quale penſa ad altro che alle choſe terrene choſtui ſi puo ueramente chiamare probo cioe buono.

Vidi lafigla di latona incenſa
ſanza quellombra che mifu cagione
perche gia la credetti rara et denſa
Laſpecto del tuo nato hyperione

u Idi la figla di latona cioe la luna figluola di latona lachui fauola altroue da noi fu narrata. Incenſa: cioe acceſa et uuol dimoſtrare che era illuminata dal ſole dalla parte ſuperiore: laquale lui potea uedere eſſendo nella octaua ſpera:

quiui sostenni et uidi come simoue
circa et uicino allui Maia et dione
Quindi mapparse eluartar di Ioue
tral padre elfiglo et quindi mi fu chiaro
eluariar che fanno et dilor doue
Et tutti esepte mi si dimostraro
chome son grandi et chome son ueloci
et chome sono in distante riparo

SANZA qualombre e dellombra della luna et della cagione diquella disputo prolipsamente nel cielo della luna. LASPECTo deltuo nato hyperione. Hyperione fu secondo lefauole figluolo di titano et di uesta el padre delsole. Onde Ouidio : Vidit hanc hyperione natus . Adunque dice O hyperione io sostenni et sofersi laspecto del suo nato. i. del sole tuo figluolo . perche essendo i cielo haueuo si corrobrata la uista che io poteuo sostenere erazi solari. Et uidi chome maia et dione . i. Mercurio et uenere si muoue circa el sole et uicino allui : Maia fu una delle septe figluole datblante et partori Mercurio a ioue : Et merchurio nel suo corso non si lontana mai dal sole. Dione chome disopra dimostrammo e madre di Venere. Et dice che questi due pianeti uenere et mercurio si muouono circa al sole et uicini al sole. El temprare di ioue tral padre suo saturno et el figlo suo marte : perche essendo ioue tra saturno freddo et marte caldo diuiene temperato. MIFV CHiaro : cioe mifu manifesto. EL VARiar che fanno. perche gia era tanto salito nella contemplatione che tucte queste chose glerono note.

Laiuola che ci fa tanto feroci
uolgendomi con lei et ligemelli
tutta mapparue da colli alle foci
Poscia riuolsi glocchi alglocchi begli

l AIVOLA che ci fa tanto feroci : Discendeua con glocchi di spera in spera infino che uenne in terra et quello riguardando gli parue una picccola chosa a comparatione de cieli de quali lei e quasi centro . Et pero la chiama aiuola. i. piccola aia . Et e luogho tracto di boetio. CHE ci fa tanto feroci. Marauiglasi della humana stoltitia laquale pigla tanta insolentia per chosa si piccola chome e la terra. DA Colli alle foci : cioe dalle montagne a mari. poscia riuolsi glocchi miei aglocchi begli di beatrice quasi dica io tornai alla theologia.

CANTO. XXIII DELLA TERTIA CANTICA DI DANTE

c Home laugello intra lamate fronde
posato al nido de suo dolci nati
lanocte che lechose ci nascbonde
Che per ueder glaspecti disiati
et per trouar locibo onde glipasca
in che egraui lauori glisono agiati

h Aueua lautore nel precedēte capitolo descripto elsuo ascenso allottaua spera pel segno degemini. Et alpresente inquesto xxiii capitolo tracta della corte triomphante laquale qui glappatisce. Et dipoi sale nella nona spera : Adunque nella prima parte pone ladispositione di beatrice ; laquale lo preparo aduedere

Preuiene eltempo inſu laperta fraſca
et con ardente affecto elſole aſpecta
fiſo guardando pure che lalba naſca
Choſi ladonna mia ſi ſtaua erecta
et attenta riuolta in uer laplaga
ſotto laquale elſol moſtra men frecta.

lachieſa triomphante: Nella ſeconda deſcriue el duca di quello exercito. Nella terza la militia che lo ſeguita. Nella quarta deſcriue lanona ſpera. Adunque chome luccello tra le fronde amate: perche in quelle ha efigluoli poſato appreſſo el nido di quegli aſpecta nella nocte che eldi uēga. Et per ueder quegli et per prouedere alcibo loro col quale gli paſca. Inche ogni graue lauoro et faticha gle agio preuiene et anticipa deſtandoſi innanzi al giorno et uolto ad oriente aſpecta lalba. Choſi beatrice per paſcer danthe del cibo celeſtiale ſtaua ricta et attenta inuerſo quella regione doue el ſole moſtra men frecta cioe inuerſo la parte meridiana. imperoche quando el ſole e nel mezo del cielo pare che uada piu adagio che quando e nelloriēte o nelloccidente: et finge che chome quando el ſole e amezo di e ſopra el noſtro capo et illumina ctucto choſi chriſto che guidaua quello exercito tucti gli lluminaua.

Sicche ueggendolio ſoſpeſa et uaga
fecimi quale e quel che diſiando
altro uorria et ſperando ſappaga
Ma pocho fu tra uno et altro quando
del mio attender dico et del uedere
lo ciel uenire piu et piu diſchiarando
Et beatrice dixe eccho le ſchiere
del triompho di chriſto etuttol fructo
ricolto del girar diqueſte ſpere
Pareami chel ſuo uiſo ardeſſi tucto
et glocchi hauea diletitia ſi pieni
che paſſar mi conuien ſanza conſtructo

Qvale ne pleniluni et ne ſereni
triuia ride tra le nvmphe etherne
che dipingon lociel per tutti eſeni
Vidio ſopra miglaia di lucerne
un ſol che tucte quante laccendea
chome fal noſtro le uiſte ſuperne
Et per lauiua luce traſparea
lalucente ſubſtantia tanto chiara
chel uiſo mio non la ſoſtenea
Obeatrice dolce guida et cara
ella mi dixe quelche ti ſouranza
e uirtu da chui nulla ſi ripara
Quiui e la ſapientia et la poſſanza
chapri le ſtrade dal cielo alla terra
onde fu gia ſi lunga diſianza

Chome focho di nube ſi diſerra
per dilatarſi ſi che non ui cape
et fuor di ſua natura in giu ſatterra
Lamente mia choſi tra quelle dape
facta piu grande di ſe ſteſſa uſcio

Edendo elpoeta beatrice ſoſpeſa nellaſpectare et uaga conobbe che lei aſpectaua choſa bella lui diuento huomo che diſidera altro che quello che ha: Et ſperaua hauerlo et pero ſappagaua et contentaua īquella ſperanza. Ma pocho ſpatio fu traluno et laltro. i. dallaſpectare el uedere che el cielo dipunto in punto piu ſiſchiaraua: Et beatrice dixe echo leſchiere del triompho dichriſto. i. de beati ricōperati da chriſto elquale morendo diſtruxe la morte noſtra et triompho del nimico: et tucto el fructo ricolto del gyrare di queſte ſpere. i. el guadagno che hanno facto emoti de cieli mandando le influentie neglanimi noſtri. Et bene raccogle el fructo di tucte le ſpere nella octaua ſpera. Imperoche tucte laltre riceuono influētia da queſta: et queſta dal primo mobile: et el primo mobile dalla intelligentia che idio ua poſto et quella da dio chome da prima cagione. DI LETITIA Si pieni. adinotare che laſpeculatione pigla gran letitia quando ſappreſſa al ſuo fine.

a Pparue in queſta octaua ſpera Chriſto con lanime di tutti ebeati ſi chome di quel luogo dal quale uengono le influentie atutti glaltri cieli diſotto allui. Pone adunque che chriſto inquello exercito era tale quale e triuia. i. la luna tra le nvmphe etherne. i. tra le ſtelle lequali dipingono el cielo. i. ornono el cielo per tuti eſuoi ſeni cioe leſue parte: et choſi illuminaua et accendeua chriſto quelle anime chome elſole illumina le uiſte ſuperne cioe leſtelle lequali riceuono ellume dallui. Et per la uiualuce dichriſto traſparea la lucente ſubſtantia cioe lhumanita di chriſto laquale era tanto chiara che glocchi mortali di danthe uabbaglauono. OBEAtrice non la chiama ma e exclamatione Quello che ti ſouranza: i. ti uince e uirtu diuina da chui nulla ſi ripara perche ogni choſa uince Quiui in chriſto era la ſapientia laquale e attribuita al figluolo et la potentia laquale benche ſia atribuita al padre: nientedimeno tutte etre le perſone nella diuinita ſono omnipotenti.

et che si fece rimembrar non sape
Apri glocchi et riguarda qual sonio
tu hai ueduto cose che possente
sc facto asostener lo riso mio
Io ero chome quel che si risente
diuisione oblita et che singegna
indarno di ridursela alla mente

m Arauiglioso ingegno del poeta in discriuere che lamente sua si corroboro tanto oltra alla natura sua : et sopra la possibilita humana : che si fe capace della uisione didio. et fa cõparatione alla nuuola facta di uapori secchi nella quale el focho saccende : et perche non ui cape dilatandosi esce uia et fuori disua natura corre in giu conciosia che la natura del fuocho senpre e andare isu. La mente mia chosi tra quelle dape cioe tra quelle diuine uiuande . Dapes in latino significã uiuande o regie o diuine : et ragioneuolmente lechiamo uiuande perche come el corpo si pasce de cibi elementati cosi lamente humana si pasce della contemplatione . Et pero seguita. FACta piu grande : et intendi pel diuino nutrimento. ET CHE Si fece rimenbrare non sape. Dinota che lui medesimo non si potea ricordare in che mo io fussi arriuato ad questa altitudine. APRI GLOCCHI : Conchiude beatrice che hauendo danthe ueduto christo et lo exercito suo e/diuentato possente asostenere al riso suo .

Se mo sonasser tucte quelle linghue
che polymnia con le suore fero
dellacte loro dolcissimo piu pinghue
Per aiutarmi al millesmo del uero
non si uerrea cantando al sancto riso
et quanto el sancto aspecto el facea mero
Et cosi figurandol paradiso
conuien saltare el sacrato poema.
chome chi truoua el suo camin riciso
Ma chi pensassi el ponderoso tema
et lhumero mortal che sene carca
nol biasmerebbe se sotesso triema
Non e peleggio da picciola barcha
quel che fendendo ua lardita prora
ne da nocchier che ase medesmo parca

Perche lafaccia mia si tinnamora
che tu non ti riuolgi al bel giardino
che sotto eraggi di christo sinfiora
Quiui e la rosa inchel uerbo diuino
carne sifece quiui sono egigli
al chui odor saperselbon camino .
Chosi beatrice et io asuo consigli
tucto ero prompto anchor mi rendei
alla battagla de deboli gigli
Chome araggio di sole che pur hor mei
per fracta nube gia prato di fiori
uidder coperto dombra glocchi miei
Viddio cosi piu turbe di splendori
fulgurati disu daraggi ardenti
sanza ueder principio di fulgori
Obenigna uirtu che si glimprenti
si texaltasti per largirmi locho
aglocchi li che non eron possenti

l A sententia de gia scripti uersi e/ che se tucti epoeti nutriti del lacte delle muse uolessino prendere adiscriuere la presente materia in nessuno modo sarebbono euersi pari alla cosa. Ne cantando potrebbono peruenire al sãcto riso ne alla millesima parte di quello. Et certo quella parte di theologia laquale tracta della diuina essentia non e/comprehensibile ne dicibile anessuno ingegno humano Questo medesimo sente platone quando scriue .

c Omincia adiscriuere la celeste militia. Et finge che beatrice lo pinga ariguardarla : laquale dice o danthe perche tinnamora tanto la faccia mia che tu non ti riuolgi quasi dica : ben che io sia facta tanto bella : perche in questo luogo si tracta perme la incomprensibile materia di christo : nientedimeno considera anchora la sua famigla laquale ueramente e giardino che si fiora cioe che produce fiori sotto eraggi di christo. Imperoche chome erazi del sole illustrano tucte le chose terrene et per loro uirtu legenerano ; chosi christo uero sole illustra questi spiriti
QVIVI E la rosa : Maria uergine laquale meritamente aguagla alla rosa laquale per utilita auarii morbi : per belleze et per odore obtiene el principato tra fiori. GIGli : glappostoli doctori et martiri nequali e sommo candore di purita. MIRENdei Alla battagla : dinota che benche lochio delhumana mente abbagli nellume della cognitione di si ineffabili chose niẽtedimeno dobbiamo contemplare quanto ne comanda la sacra theologia /CHOme : ordina el texto io uidi piu turbe displẽdori i. dispiriti splendenti fulgurati . i. moltilluminati di razi ardenti di su cioe dalla parte superiore : chosi chome gia emiei occhi uiddono un prato d fiori coperto dombra araggi del sole : elquale pur hora. i . nouellamente mei. i. trapassi : perche meare in latino significa trapassare . PER Fracta nube. i. per spezata nube. Adunque chosi risplendeuono gli spiriti ripercossi da razi della luce che uenia alloro da christo / chome efiori in un prato risplendono

quando essendo adombrato el prato subito sono ripercossi da razi del sole : che uengono per le nuuole spezate.

Elnome del bel fiore chio sempre inuoco
et mane et sera tucto mi ristrinse
lanimo ad auisare lomaggior focho:
Et chome ambe le luci mi dipinse
elquale elquanto della uiua stella
che lassu uince chome lassu uinse
Perentrol cielo scese una faccella
formata in cerchio aguisa di corona
et cinsela et gyrossi intorno aella
Qualunque melodia piu dolcie sona
quaggiu et piu asse lanima tira
parrebbe nube che squarciata tona
Comparata al sonar di quella lyra
onde sincoronaua el bel zaphiro
del quale el cielo piu chiaro sinzaphyra
Io sono amore angelico che giro
lalta letitia che spira del uentre
che fu albergo del nostro disiro
Et girerommi donna del ciel mentre
che seguirai tuo figlo et farai dia
piu la spera suppremа perche glentre
Cosi la circulata melodia
si si giraua et tucti glaltri lumi
facea sonar lo nome di maria
Lo real manto di tucti euolumi
del mondo che piu ferue et piu sauiua
nellhabito didio et ne costumi
Hauea sopra di noi lanterna riua
tanto distante che la sua paruenza
la doue io ero anchor non mappariua
Pero nonebbor glocchi mie potenza
di seguitar la coronata fiamma
che si leuo appresso sua semenza
Et chome fantolin chen uer la mamma
tende le braccia poi chellacte prese
per lanimo chen fin difuori sinfiamma
Ciascun di que candori in su si stese
colla sua fiamma si che lalto affetto
che glhauen amaria mi fu palese

e Lnome di Maria mi tyro si ase con tucto lanimo chio miraua oue fussi elmaggior foco. i. el maggiore splendore: perche quel lo sapeuo che hauea aesser lei. ET COME Ambe le luci mi dipinse elquale el quanto: seguita dimostrando che uide nel maggior focho. i. in maria laquale di lume digratia tucti glaltri uince: el quale el quanto. i. la qualita el la quantita del suo splendore. DELla uiua stella: Di Maria nero lucifero et propinqua allo etherno sole del la quale lappocalypse scriue. Mulier amicta sole: et luna sub pedibus eius. Et in capite eius corona stellarum duodecim. Vide anchora langelo gabriel che uenne da alto per eleuarla: et dicriuelo chome corona circulare tucta difuoco QVALVNCHE melodia: optima comperatione adinotare quanta suauita fussi nel canto del langelo: poiche lamusica uostra a comperatione di quella nō che paressi soaue: Ma parrebbe molesta come el suono del tuono. PERCHE glentre: cioe perche tu uentri: et certo nessuna anima entro mai in cielo con piu gloria. LO REAL manto di tutti euolumi. Pone la tornata di maria alla nona spera: et chome glaltri beati rimasono quiui: et la distanza da se in su laqual passo maria: et torna al texto: LOREAL MANto el primo mobile elqual chuopre tucte laltre spere elquale piu ferue cioe piu siscalda et piu sauiua. i. piu risplende et piu e operatiuo et effectiuo. Che glaltri uolumi cioe che glaltri cieli. Nellhabito didio et de costumi: perche questa spa e piu propiqua adio che laltre et pero riceue la uirtu sua piu unita. Questa e principio dimoto et di uita et ha uirtu uniuersale informatiua delle mondane singularita. Et da questa tucte laltre riceuono secondo lordine naturale conseruatiua uirtu et informatiua si chome da dio lessere naturale Adunque sauiua nelhabito didio perche indi riceue uirtu uiuificatiua. HAVEA soura di noi: di me et di beatrice. LINTERna riua: la parte inferiore della circonferentia. Ma era tanto distante che non si uedea dal luogho doue io ero. Et per questo glocchi miei non poterono seguitare la coronata fiamma. i. MAria cinta dallangelo informa di corona. Et inuero non puo lontellecto humano tanto eleuarsi che uegga el fine dellascendimento di maria che si leuo appresso asua semenza cioe dopo christo. Et chome el fanciullo succiando ellacte prende tal piacere che non cape in se: et pero conle mani fa gesti distendendole uerso la madre pertoccarla perche laffectione dellanimo sinfiamma informa che uiene alle parti exteriori: choſi quelle fiamme de beati spiriti si distendeuono inuerso maria dimostrando laffecto inuerso maria.

Indi rimaser li nel mio aspecto
regina celi cantando si dolce
che mai da me non si partel diletto

f Inge lauctore che nelloctaua uedessi tucti ebeati si chome in luogho dal quale per influentia e proceduta dipoi la gratia didio la qual

O quanta e luberta che si soffolce
in quelle arche ricchissime che furo
a seminar quagiu buone bobolce
Quiui si uiue et gode del thesoro
che sacquisto piangendo nello exilio
di babylon doue si lascio loro
Quiui triompha sotto lalto filio
didio et di maria di sua uictoria
et con lanticho et col nuouo concilio
Colui che tien le chiaui di tal gloria

prima precede in tucti glacti uirtuosi. Et dimostra che prima medito lascensione di christo. Dipoi di Maria: REGINA celi: Questa antiphona o uero himno canta lachiesa neuespri della resurrectione. Regina celi letare alleluia. Quia quem meruisti portare alleluia. Resurrexit sicut dixit alleluia. Ora pro nobis deum alleluia. O QVANta e luberta: o quanta e la copia et la bondantia della beatitudie che si soffolce si tipone et affecta in quelle richissime arche. i. nelle menti de beati lequali furono molto capaci della diuina gratia & lequali furono buone bubulce. i. optime arati ici. Bubulcus latine significa lo aratore elquale noi diciamo bifolco. Onde elpsalmista. Qui parce seminat parce metet. Et qui seminat in benedictionibus de benedictionibus et metet. Quiui si uiue et gode del thesoro. Imperoche nelmondo acquistorono per piant: et tucti quella gloria della quale hora si rallegrano: quiui triompha colui intẽ di pietro appostolo di sua uictoria: perche uinse el demonio el mondo et la carne: Et triompha sotto el figluol didio, imperoche se lui nonci hauessi ricomperato rimanauamo in misera seruitu del diauolo Et dice che tiene lechiaui di tal gloria per accordarsi con le parole di christo dicente. Et dabo tibi claues regni celorum. Et quodcunque ligaueris super terram ligatum erit et in celis: Et quodcunque solueris super terram solutum erit et in celis.

CANTO. XXIIII DELLA TERTIA CANTICA DI DANTHE

O Sodalitio electo alla gran cena
del benedecto agnello elqual uiciba
siche la uostra uogla e sempre piena
Se per gratia didio questi preliba
di quel che cade dalla uostra mensa
prima che morte tempo gli prescriba
Ponete mente allaffectione inmensa
et roratelo aquanto uoi beuete
sempre nel fonte onde uien quelche pensa

INtroduce inquesto uigesimo quarto cãto pietro apostolo. Et perche sono tre e principalissimi gradi che ci conducono a questo celeste regno Fede speranza et carita: finge che pietro lo examina nella fede. Adunque prima e loratione di beatrice agli spiriti beati. Dipoi piero pe prieghi di beatrice examina lauctore nella fede. Nella terza parte tracta dalchũ dubii della fede. Nellultima domanda Danthe della sua credulita. Loration di beatrice ha questo principio. O SODALItio electo alla gran ce

Choſi beatrice et quelle anime liete
  ſi fenno ſpere ſopra fermi poli
  fiammando forte aguiſa di comete
Et chome cerchi intempra dortuoli
  ſi gyranſi chel primo achi pon mente
  quieto pare et lultimo che uoli
Choſi quelle carole differente
  mente danzando della ſua richeza
  miſi facen ſtimar ueloci et lente

na: O compagnia electa alla beatitudine della quale ſi cibano ebeati ſpiriti; et el cibo di queſta cena e/lagnello elqual cibo fa che ſem pre chi ſe ne paſce e ſatio. Sodalitio conſortio. Perche in latino ſodalis ſignifica compagno immenſa. SE Queſti: ſe echoſtumi. i. Danthe preliba di quel che cade dalla noſtra menſa: cioe inanzi tenpo preguſta della gloria celeſtiale laqual e lanime gia aſſumpte nel ſuperno cielo fruiſcono: et nella quale poi nel debito tempo uerra; per gratia didio ſanza laquale nexuna buona operatiõe puo eſſere nel huomo. PRIMA che morte gli preſcriua el tempo: cioe prima che morte glioccupi et tolga el tempo del uiuere. PONete mente alla affectione immenſa. Quaſi dica iuſta coſa e/che gli concediate tal gratia poi che lui tanto la diſidera. RORatelo. i. bagnatelo leggiermente. Ros in latino ſignifica la rugiada: Onde dicono: Rorare Inde rorate celi et queſto a uoi e facile afare perche uoi beete del fonte ſempre onde uiene ogni ſuo deſiderio. CHOSI Beatrice dixe chome e ſcripto diſopra. Et dopo queſta parole ſi feciono ſpere ſopra fermi poli cioe ſi fecono cerchi che gyrauono ſopra laloro beatitudine chome le ruote girono ſopra e poli cioe eperni. La ſententia e/che quelle anime feciono molti balli tondi. FIAMANDO: cioe riſplendendo et fiammeggiando. AGVISA: aſimilitudine di comete: laquale getta dilungi eſuoi razi: Della cometa habbiamo decto ET CHOME Cerchi: Chome in uno horiuolo ſono molte ruote che una gira uelocemente; laltra meno et laltra meno: et choſi digradano informa che lultima appena ſi muoue choſi quelle carole idest anime che ſi girauono. Proprio carola che ſignifica ballo tondo differente mente danzando. et per queſta differentia dimoſtra piu et meno beatitudine: et pero dice miſi faceano ſtimare ueloci et lente della ſua richeza.

Di quella chio notai di piu belleza
  udio uſcire un focho ſi felice
  che neſſun uilaſcio di ſua chiareza
Et tre fiate intorno di beatrice
  ſi uolſe con un canto tanto diuo
  che la mia phantaſia non mel ridice
Pero ſalta lapenna et non lo ſcriuo
  che lonmaginar noſtro acota pieghe
  non chelparlare e troppo color uiuo
O ſancta ſuora mia che ſi ne prieghe
  diuota per lotuo ardente affecto
  di quella bella ſpera mi diſleghe
Poſcia affermatol focho benedecto
  alla mia donna dirizo lo ſpiro
  che fauello choſi chomio ho decto

d I quella carola cioe ballo tondo che e piu bello che glaltri perche era quello doue erono glapoſtoli uſci un fuocho ſi ſplendido che neſſuno ui rimaſe piu chiaro. et queſta era lanima di pietro laquale e tra primi felici informa che neſſuno ue piu felice: et uolſeſi tre fiate itorno abeatrice adinotare che la doctrina et exempli di piero: danno uera cognitione della trinita et delle tre uirtu theologice: et compone lanime noſtre le tre parti principali: cioe la rationale: concupiſcibile et iraſcibile. Con un canto ſi diuo: cioe celeſte che lamia phantaſia non me lo ridice quaſi dica ne mene ricordo: ne con la phantaſia lopoſſo rinuenire. Pero non lo ſcriuo perche lo imaginare non mi ſerue. E troppo color e uiuo acotali pieghe: Queſta e traſlatione della pictura doue per fare la diſtinctione delle pieghe dalla ueſte e/neceſſario porre colori obſcuri: et laſententia e che acotali diſtinctioni nõ truouo modo. O SANcta ſuora: et certamente la theologia e/ſorella di piero. CHE ſi ne prieghe: cioe informa prieghi me per lardente affecto tuo inuerſo di danthe che tu mi diſleghe et ſciogli et fammi partire dalla ſpera et ballo doue iero. POSCIA fermato el foco benedecto. Laſententia e che poi che queſto focho che e lanima dipietro fu gyrato tre uolte lui ſi fermo et dirizo inuerſo beatrice lo ſpiro. i. el parlare elquale pietro dixe le parole gia da lui decte diſopra.

Et ella o luce etherna del gran uiro
  achui noſtro ſignor laſcio le chiaui
  che porto giu di queſto gaudio miro
Tenta choſtui di puncti lieui et graui
  chome ti piace in torno della fede
  par la qual tu ſu per lo mare andaui

q Veſte ſono parole di beatrice alla anima di piero: el quale meritamente chiama grande uiro cioe homo perche lui laſcio chriſto uicario interra. Et laſciogli le chiaui di uita eterna lequali lui porto giu di cielo interra. Adunque beatrice priega pietro che tenti et examini danthe nella fede dogni puncto coſi lieue et facile chome graue et difficile; per la qual fede tu

Seglama bene bene ſpera et ben crede
nonte occulto perchel uiſo hai quiui
doue ogni choſa dipinta ſiuede
Ma perche quello regno ha facto ciui
per la uerace fede aglorıarla
dilei parlare e buon che allui arriui

andaui ſu per lo mare. Imperoche e ſcripto nello euangelio che pietro eſſendo in barcha diſſe a christo che era alla riua. Si dominus es iube me uenire ad te: et chriſto gli comando che allui andaſſi: ilperche ſceſe della barcha in mare et tanto ando ſopra londe ſenza bagnare epiedi quanto gli duro lafede: Dipoi cominciando amancargli lui comincio atuffarſi. ilperche chriſto lopreſe et tyrollo ate dicendogli. modice fidei quid dubitaſti. SEGLI: danthe ama bene cioe ha uera carita et bene ſpera. ideſt. ha uera ſperanza et ben crede. i. ha uera fede che ſono lettre uirtu theologiche non e occulto ate piero perche riguardando tu in dio nel quale chome in ſpechio ogni choſa ſi uede puoi uedere anchora queſto: Et perche pietro potrebbe dire riſpondendo non eſſere di biſogno che lo domandi ſapendo lui che danthe lo ſa agiugne beatrice dicendo e buono che tu arriui allui ideſt adanthe perparlare della fede perche perquella ſacquiſta el regno celeſtiale.

Si chomel baccellier ſarma et non parla
fin chel maeſtro la queſtion propone
per aiutarla et non per terminarla
Coſi marmauo io dogni ragione
mentre chella dicea per eſſer preſto
ad tal querente et ad tal profeſſione
Di buon chriſtiano facci manifeſto
fede che e ondio leuai la fronte
in quella luce onde ſpiraua queſto
Poi mi uolſi ad beatrice et ella prompta
ſembianze femmi perchio ſpandeſſi
lacqua di fuori del mio intimo fonte
La gratia che mi da chio mi confeſſi
comiciaio dallalto primo pilo
faccia li miei precepti eſſer expreſſi
Et ſeghuitai chomel uerace ſtilo
ne ſcripſe padre del tuo caro frate
che miſſe teco roma nel buon filo
Fede e ſubſtantia di coſe ſperate
et e argomento delle non paruenti
et queſta pare ame ſua quiditate
Allhora udi dirictamente ſenti
ſe bene intendi perchellaſi puoſe
tra le ſubſtantie et poi tra glargomenti

ur O ſeſi a beatrice et ella giaccenno che riſpondeſſi. ilche ſignifica che neſſuno debba preſumere di diſputare della fede ſe beatrice non giele concede. i. ſe non la puo difender cō la theologia: dipoi ſeguita loratione di Danthe nella quale priega che quella medeſima gratia didio laquale gli concede che lui ſi poſſa confeſſare da ſan piero gli conceda anchora che poſſi exprimere econcepti della mente ſua. Et chiama pietro primipilo: perche fu el primo che porto elgonfalone di chriſto. primipilo chome dimoſtra liuio era el primo ordine de militi nel romano exercito. Et piero fu el primo nella chieſa militante: et poi inuocata la gratia di dio adgiugne ladiffinictione della fede: laquale pone chome ſcripſe el uerace ſtilo del caro fratello di pietro cioe chome ſcripſe paolo apoſtolo nella epiſtola ad hebreos capitolo undecimo elquale paolo inſieme con piero predicando la doctrina euangelica miſſe roma in buon filo cioe in recto ordine et uera uia riducendo molti colle predicationi et comiracoli alla fede chriſtiana. Fede e/ſubſtantia di choſe ſperate. Queſta e la diffinition della fede: et la diffinitione e la ragione della choſa laquale dimoſtra leſſere di quella ſecondo lechoſe ſubſtantiali: Adunque fede e ſubſtantia di choſe ſperate. i. fede e quello inche ſta et fondaſi la ſperanza: imperoche ſe noi non credeſſimo che idio fuſſi: et fuſſi giuſto informa che apparecchiaſſi premio a buoni et pena a mali noi nō crederremmo faccendo bene andare alla uita beata. Adunque la ſperanza ſta nella fede chome laccidente nel ſuo ſubieto: et per queſta ragione fede e/ſubſtantia. ET E ARGOMENTO delle non paruenti cioe e pruoua delle choſe che non appariſcono et non ſi ueggono per noi. imperoche con la fede noi dimoſtriamo che choſa ſia uita etherna et choſi le altre choſe che non appaiono. Argomento e quello che fa credere le choſe dubbioſe: Et queſta pare adme ſua quiditate cioe la uera diffinitione ſecondo le choſe eſſentiali. imperoche queſto uocabolo quiditas e eſſentia o uero ſubſtantia della choſa: et e uocabolo non antico latino: Ma trouato da philoſophi chriſtiani decto da queſto nome quid: Impero che domandandoſi quid eſt homo: noi domandiamo della ſubſtantia ſua: Et riſpondeſi e/animale ragioneuole mortale: Chome domandando qualis eſt: domandiamo dellaccidente: et riſpondeſi e/buono e/malo et ſimili.

Et io appreſſo le profonde coſe
che mi largiſcon qui la lor paruenza
aglocchi di laggiu ſon ſi naſcoſe

c Home optimo dialectico ſapendo quello che importa ſubſtantia tra edieci predicamenti: dimoſtra la ragione perche e poſta nella diſtictione della fede dicēdo che lechoſe lequali

Chellesser loro ue in sola credenza
sopra la qual si fonda lalta spene
et pero di substanza prende intenza
Et da questa credenza ci conuiene
sylogizar sanza hauere altra uista
pero intenza dargomento tene.
Allhora udi se quantunque sacquista
giu per doctrina fussi cosi inteso
non uharia luogho ingegno di sophista
Chosi spiro di quello amore acceso
indi soggiunse assai bene e trascorsa
desta moneta gia la lega elpeso
Ma dimmi se tu lhai nella tua borsa
onde io si ho si lucida et si tonda
che nel suo conio nulla misinforsa

sono manifeste in cielo sono si occulte tra glihuomini che non le possiamo conoscere: Ma crediamo quello che non ueggiamo chosi ferma mente chome sello uedessimo. Et sopra questo fondiamo nostra speranza sperando per le buone operationi peruenire alla uisione delle chose che crediamo. Adunque perche la speranza e / fondata nella fede meritamente diciamo quella essere substantia. Rispoude pietro. Se cio che sacquista giu tra glihuomini per doctrina fussi chosi inteso chome tu danche intendi che chosa e fede: ingegno dhuomo sophista. i. dhuomo che usi argomentationi sophistice et diceptiue non haria luogo. Impero che chi intende bene la chosa non uipuo essere ingannato. CHOSI spiro: cioe spirando usci con parole di quello amore acceso. i. di pietro pieno di carita: Et dipoi soggiunse tu hai assai ben trascorso la lega et el peso di questa moneta: per comparatione:. Imperoche nella moneta sattende la substantia che lariento sia puro ariento: et questo si conosce alla lega: et aquanto alla substantia: Dipoi che non uisia defraudato el peso. siche e/accidente. MA DIMMI Se tu lhai nella tua borsa: seguita nella traslatione et domanda se danthe ha di questa moneta inborsa: cioe se tu credi chome tu di: et danche risponde pure stando nella traslatione: et dice hauere tal moneta si lucida et si tonda che niente esso dubita nel suo conio. SINFORSA: cioe sifa dubbioso.

Appresso usci della luce profonda
che li splendea questa cara gioia
sopra laquale ogni uirtu sinfonda
Onde ti uenne et io la larga ploia
dello spirito sancto che e diffusa
ensu le uecchie ensu le nuoue chuoia
El sylogismo che melha conchiuso
acutamente si chen uerso della
ogni dimostration mipare obtusa
Io udi poi lanticha et la nouella
propositión che chosi ti conchiude
perche lhai tu per diuina fauella

d Omanda pietro danthe onde gli uenne la fede et onde fu elprincipio et lui risponde che gli uenne della larga ploia cioe pioua. i. dalla summa abondantia dello spirito sancto el quale infondendosi in molti sancti huomini et illuminandogli della uerita loro la scripsono nelle nuoue et nelle uecchie chuoia cioe charte: Quasi dica nelibri et del nuouo et del uechio testamento ho io tracto questo che pe propheti del uechio testamento fu annuntiato la incarnatione et la morte et resurrectione di christo: et dipoi nelnuouo testamento cioe pe uangeli et epistole et acti degli apostoli ce stato dimostro essere uenuto quello che le prophetie dixono. El sylogismo sipuo formare artifitiosamente. Ilperche questa ragione e si manifesta che ogni altra ragione et probation mi pare obtusa et obscura inuerso di questa: i. acomparatione di questa. Dopo questo domanda pietro perche Danthe crede che le scripture del uecchio et del nuouo testamento sieno diuina fauella. i. procedino dallo spirito sancto. Et danthe risponde chosi.

Et io la proua chel uer mi dischiude
son lopere seghuite ache natura
non scalda ferro mai ne batte anchude
Risposto fummi di chi tassichura
che quelle opere fusser quel medesimo
che uuol prouarsi non altri tel giura
Sel mondo si riuolse achristianesimo
dixio sanza miracoli questuno
e tale che glaltri non sono el centesimo
Che tu entrasti pouero et digiuno
in campo aseminar la buona pianta
che fu gia uite et hora e facta pruno

r Isponde Danthe, che crede che le parole del uecchio et del nuouo testamento sieno di dio: Et la pruoua che mi dischiude. i. che mapre eluero: Sono lopere seghuite. i. emiracoli facti da christo et da glapostoli et da martyri: equali, sono sopra natura: Et pero dice che la natura none scalda ferro et non batte anchude. Dopo questa risposta pietro lodomanda dicendo dimmi chi ta sicura chi ti fa certo che quelle opere et miracoli sieno stati chome si dice: Quasi dica forse non e/ da credere che questi miracoli sieno stati chome si dice: Adunque chi te ne fa certo: concio sia che nō sia certo ne anche di questi miracoli co quali uuoi prouare la fede esser uera. Ad questo rispose danthe che quando emiracoli non fussin ueri questo u no miracolo chel mondo ſi fuſſi uolto alla fede di chriſto ſanza miracoli e elſommo de tucti emiracoli in forma che glaltri non ſono elcenteſimo; impero che e gran miracolo che tanta turba dhomini ſi conuertiſſino alla parole duno pouero peſcatore et deglaltri apoſtoli ignobili poueri et ſanza riputatione et auctorita. Et pero dice entraſti pouero et digiuno et per queſto non poteui tirare ate glhuomini conprezo et con alchũ doni ne con uolupta et piaceri predicando tu la pouerta et abſtinentia. IN campo nel mõdo aſeminar la pianta. i. ad hedificar laſancta chieſa che fu gia uite cioe fructuoſa et hora e facta pruno cioe ſterile.

Finito queſto laſta corte ſancta
 riſono per le ſpere un dio laudamo
 nella melode che laſſu ſi canta
Et quel baron che ſi di ramo in ramo
 examinando gia tracto mhauea
 che allultime fronde appreſſauamo
Ricomincio lagratia che donnea
 con latua mente labocca taperſe
 inſino aqui ſichome aprir douea
Si chio appruouo cio che fuori emerſe
 ma hor conuiene exprimer quel che credi
 et onde lacredenza tua ſofferſe

m Eritamente le ſpere: cioe eballi tondi di quelle anime ringratiarono idio della fede uera del poeta cantando: te deum laudamus con melodia celeſte. Et pietro barone elquale domandandolo della fede di ramo in ramo; quaſi dica di grado in grado; lhauea condocto preſſo che allultime fronde. i. in cima dellalbero che ſignifica la fine. Imperoche prima domando che choſa e fede. dipoi la expoſitione della diffinitione. dipoi ſe lui lhauea nellanimo onde glera uenuta. Se tenea che laſcriptura ſacra fuſſi parola d dio. Aggiunſiui la pruoua et lultimo miracolo Adunque hora conchiude pietro che la gratia didio laquale donnea cioe domina et ſignoreggia in lui glaperſe la bocca et fecelo parlare rectamente Et per queſto lui appruoua cio che lauctor emerſe fuora. i: cioche gle uſcito di boccha: Ma hora uuole intendere due choſe: la prima quello che lui crede Et queſto cioe glarticoli della fede. la ſeconda onde procedette la ſua credenza.

O ſancto padre et ſpirito che uedi
 cioche credeſti ſiche tu uinceſti
 uer lo ſepolcro epiu giouani piedi
Cominciaio tu uuoi chio manifeſti
 laforma qui del prompto uiuer mio
 et ancho la cagion dilui chiedeſti
Et io riſpondo chio credo in un dio
 ſolo et etherno che tuctol ciel muoue
 non moto con amore et con diſio
Et ad tal creder non ho io pur proue
 phyſice et metaphiſice ma dalmi
 anche lauerita che quinci pioue
Per moyſe pe propheti et pe pſalmi
 per lo euangelio et per uoi che ſcriueſte
 poiche lardente ſpirto ui fece almi
Et credo in tre perſone etherne et queſte
 credo una eſſentia ſi una et ſi trina
 che ſoffera congiunto ſono et eſt

p Arla lauctore a pietro et hauendo aconfeſſare quello che crede dimoſtra che quello che lui crede credette piero giu nel mondo: Ma hor non crede perche nha uera ſcientia; Et per queſto ſi dice che la fede non entra in cielo. SI CHE tu uinceſti uer lo ſepolcro epiu giouani piedi. Non uinſe epiedi iouenili di iohanni perche ſentendo la reſurrexione di chriſto dalle donne. lui prima giugneſſi al ſepulcro che ioanni; Ma preuenne perche prima credette tale reſurrectione che ioanni giugneſſi al ſepolcro auedere ſe era reſuſcitato. IN VNO Dio ſolo: uno idio e et nõ piu: Ma di dio in alchuna parte tractereno diſoto. ETHErno: ſanza principio et ſanza fine. A cui niente e preterito o futuro: Ma ogni choſa allui e preſente. CHE Tucto el ciel muoue non moto; imperoche lui ſtabile et fermo muoue e motori de cieli. Onde Boetio: Stabiliſque manẽſ das cuncta mouere. CON Amore et con diſio: muoue con amore. i. di ſua ſpontanea uolõta con diſio: perche e amato et deſiderato. ET Ad tal credere. Sono ragioni phyſice et metaphyſice le quali dimoſtrano eſſere uno idio. MA dalmi. i. dammelo la uerita che pioue quinci cioe dal cielo Imperoche la gratia dello ſpiritoſancto ĩfuſa nelle menti de ſancti huomini chome fu Moyſe epropheti Dauid Euangelii et glacti degli apoſtoli hã dimoſtro loro eſſere uno idio per moyſe elquale nel geneſi dixe. Imprincipio creauit deus celum et terram. Pe propheti chome iſaia: Hieremia. Ezechiel et Daniel et glaltri. Per uoi pietro paolo et iacobo Lepiſtole dequali appaiono nella bybia. Et credo in tre perſone etherne: et queſte credo una eſſentia.

Della profonda condiction diuina
 chio toccho nella mente mi ſigilla
 piu uolte leuangelicha doctrina

c Onchiude che quello che lui tocca alpreſente eſſendo incielo tocca della profonda diuinita ſpeſſe uolte gle ſigillato; et impreſſo nella

Queſtel principio queſta e laſauilla
che ſi dilata in fiamma piu uiuace
et chome ſtella in cielo inme ſcentilla
Chomel ſignor chaſpecta quelche piace:
daindi abbraccia elſeruo gratulando
per la nouella toſto che ſi tace:
Choſi benedicendomi cantando
tre uolte cinſe me chomio mitacqui
lapoſtolico lume alchui comando
Io haueo decto ſi nel dir gli piacqui.

mente dalla doctrina de,uangeliſti: iſomma con chiude che euangeli ſono ſuoi maeſtri in quelle choſe che lui dice della diuinita. QVESTo e el principio: cioe queſta doctrina euangelica e elpri cipio della fede: et e fauilla della quale multipli ca grande ardore et ſcintilla chome ſtella in cie lo. Quaſi inferiſca che qualunque eſce della doc trina euangelicha non puo procedere rectamen te. CHOMEL ſignore: poi che pietro hebbe udi to le parole di danthe tre uolte lo cinſe: cioe lo abbraccio chome el ſignore abbraccia el ſeruo poi che ha udito dallui buone nouelle: Dixe tre uolte per le ragioni lequali piu uolte habbiano riferito del numero ternario: o ueramente perche lui ha expreſſo la trinita in una eſſentia o per dimoſtra e che queſte tre uirtu theologice ſono ſi congiunte et connexe inſieme che non ſi poſſon diſiungere.

CANTO. XXV DELLA TERTIA CANTICA DI DANTHE

b A nel precedente capitolo tractato della fede el noſtro poeta: Et alpreſente inqueſto uigeſimo quinto: tracta della ſeconda uirtu theologica che e ſperanza: Adunque prima pone la ſua ſperã za di tornare nella patria et inquella eſſere coronato. Dipoi induce iacopo apoſtolo che lo exami na di queſta uirtu. Dipoi gli propone tre dubii circa aqueſta uirtu et beatrice riſponde al primo et el poeta al ſecondo: et finalmente e domanda to lauctore da iacopo onde gli uenga queſta uir tu. Ma acciochе el proemio ſia conueniente alla materia della ſperanza dimoſtra ſperare et dice Se mai continga ideſt aduenga che queſto mio poema ſacro alquale ha poſto mano. i. porto aiu to cielo et terra: imperoche tracta della natura del uitio et della purgatione di quello tracta del le uirtu morali et ſpeculatiue. SICHE mha fac to per molti anni macro: perche chi aſſiduamen te contempla et compone diuenta magro. Onde le imagini de poeti ſifaceon magre. Iouenale

ſ E mai continga chel poema ſacro
alquale ha poſto mano et cielo et terra
ſiche mha facto per piu anni macro
Vinca la crudelta che fuor mi ſerra
del bello ouile doue io dormi agnello
nimico alupi che gli danno guerra
Con altra uoce homai con altro uelo
ritornero poeta et inſul fonte
delmio bapteſmo prendero elcappello
Pero che nella fede che fa conte

lanime adio: quiui entraio / et poi
pietro per lei si mi gyro la fronte

per questo dixe. Vt dignus uenias edens: et imagine macra. Vinca la crudelta de miei citta dini laquale e cagione che io sia relegato fuori. DEL Bello ouile: della bella cita: et chiamalo ouile adimostrare la innocentia et mansuetudine del popolo male gouernato da principali ciptadini equali erono alpopolo chome elupi alle pecore. Vitupera adunque non la citta: et el popolo: Ma egouernatori aquali lui come innocente come inmaculato agnello dice essere stato inimico. CON altra uoce: quasi dica con piu eleganti uersi con altro uello stette nella trallatione quasi dica non con uello dagnello Ma di robusto montone. Ritornero poeta et prendero el cappello. i. la laurea insul fonte del mio baptesimo cioe nel tempio di ioanni baptista nel quale mi baptexai: Et meritamente hauendo cantato della fede si uuol fare poeta in quel luogho doue prese la fede christiana. Onde dice: perche io entrai nella fede laquale fa conte: cioe prompte et manifeste lanime adio in quel luogo: Et la fede e / quella che mha indocto ascriuer questo poema: et per essere in uera fede piero chome pocho disopra dimostro gli gyro tre uolte la fronte.

Indi simosse un lume uerso noi
diquella spera onde usci la primitia
che lascio christo neuicarii suoi
Et lamia donna piena di letitia
mi dixe mira mira eccol barone
perchui laggiu siuisita galitia
Sichome quando elcolombo sipone
pressalcompagno luno allaltro pande
girando et mormorando laffectione
Chosi uidio luno dallaltro grande
principe glorioso essere accolto
laudando elcibo che lassu gli prande
Ma poi chel gratular sifu accolto
tacito coram me ciaschun saffisse
ignito si che uincea elmio uolto

d Opo el proemio el poeta ritorna allopera et continuando la materia dice. Indi cioe e poiche pietro mi giro la fronte da quella medesima spera del bello ballo degli apostoli: onde era prima uenuto ame pietro che fu laprimitia de uicarii: cioe el primo uicario che christo lascio in terra si mosse un lume che era lanima di iacopo et uenne uerso noi. Albora beatrice ueramente sua donna piena di letitia perche ogni dimostratione che fa la theologia da allanimo nostro sommo gaudio dixe: mira et guata che eccho el barone. PElchui: pel quale la giu interra siuisita galitia: perche molti fanno uoto dandare a uisitare lachiesa sua laquale e in galitia. SI CHome: optima comparatione perlaquale dimostra che chome interuiene nel congiugio de colombi che quando luno si pone appresso allaltro girãdosi et mormorando mostra laffectione che gli porta / chosi et con quella affectione luno apostolo accolse laltro laudando idio elquale e cibo dellanime beate et lassu in cielo gli prande cioe gli ciba: prandere inlatino significa desinare: Ma poi che el gratulare. i. laleta accogleza fu absciolto idest absoluto et finito luno et laltro si fermo nel cospecto di danthe tacito et con silentio et si ignito idest si infiammato et acceso che uincea el mio uolto et la mia uista. i. mabagliaua informa che non poteo guardargli.

Ridendo allora beatrice dixe
inclyta uita perchui la largheza
della nostra basylica si scripse
Fa risonar laspene in questa alteza
tu sai che tante uolte lafiguri
quanto ihesu attre fe piu chiareza
Leua latesta et fa che tassicuri
che cio che uien quassu dal mortal mondo
conuien che auostri razi si maturi
Questo conforto del foco secondo
miuenne ondio leuai glocchi amonti
che glincuruaon pria col troppo pondo

L A sacra scriptura uuole che etre discepoli piero iacopo et giouanni equali christo assumpse nel monte tabor quando si trasfiguro sieno informa delle tre uirtu theologiche. Et pietro che significa pietra et firmita pon per fermeza di fede. Iacopo che significa suplantatione pone perla speranza: imperoche la speranza ci fa conculcare et mettere sotto epiedi ogni aduersita et fatica: et ioanni significa pieno di gratia et põsi per la carita. Adunque chome pietro ha examinato el poeta della fede: chosi iacopo lo examina della speranza: et allui si uolge beatrice chiamandolo inclyta uita. i. gloriosa anima per la quale fu scripse la largheza della nostra basilica: cioe della chiesa triomphante di uita etherna. et certo nel la sua epistola lui dimostra quanto sia la liberalita diuina dicendo. Omne datum optimum et omne donum perfectum desursum est apatre luminum. Fa tu iacopo che la speme cioe la speranza risuoni in questa alteza. Quasi dica fa che danthe dimostri quello che sente della speranza in questo cielo: et questo puoi tu fare imperoche tu figuri questa speranza tante uolte quanto ihesu fe piu careza idest dimostro maggior familiarita atre discepoli cioe apietro et agiouanni et ate:et tanto hebbono notitia diqueſte uirtu queſti tre che glaltri quanto hebbon maggior notitia della diuinita di chriſto nella ſua traſſiguratione. Et poi che beatrice hebbe decte queſte parole aiacopo: iacopo ſi uolſe a danthe et admoniſſo che alzaſſi eluiſo et aſſicuraſſiſi aguardare nella luce loro conciosſia che lanime che uengono dalla terra al cielo ſi debbono maturare cioe farſi habili aſoſtenere la luce diuina. Et certo lo intellecto elquale ſinnalza alla contemplatione didio ſi fa habile ſperando perche ſi corrobora et conforta. Queſto conforto del foco ſecondo mi uenne. i. iacopo che fu ſecondo dopo pietro a ſalutarmi mi decte queſto conforto. Onde io leuai. i. inalzai glocchi amonti cioe inuerſo glappoſtoli equali ſono in luogho excelſo chome emonti: et ſimilmente el pſalmiſta pone emonti per conforto et ſtabilita che arreca ſeco la ſperanza: Onde dixe Leuaoi oculos meos in montes : unde uenit auxilium mihi. che equali monti prima gl'incuruauono per el troppo pondo.

Poiche per gratia uuole che tu taffronti
lonoſtro imperadore anzi lamorte
nellaula piu ſegreta deſuoi conti
Siche ueduto il uero diqneſta corte
laſpene che laggiu bene inamora
inte et in altrui dicio conforte
Diquel chelle et chome ſenenfiora
lamente tua et di onde ate uenne
choſi ſenguil ſecondo lume anchora

p Arla iacopo et dice poi chel noſtro imperadore idio uuole per ſua gratia et non p debito alchuno che tu taffronti et accoziti anzi la morte. Ilche uon ſuole interuenire che alchuno uada in carne in cielo nellaula piu ſecreta .i. nella parte piu excellente del diuino palazo. Si che accioche ueduto el uero di queſta corte celeſtiale et conoſciuta la uera beatitudine tu conforti di cio: di beatitudine la ſpene ideſt la ſperanza in te et neglaltri laquale giu nel mondo bene innamora. perche dalla ſperanza procede lamor Di adunque quello che e ſperanza et chome latua mente ſinfiora. i. ſadorna et non ſanza cagione nomino efiori nella ſperanza : perche chome el fiore non e fructo: Ma da inditio che quindi naſca el fructo : choſi laſperanza ci moſtra la futura beatitudine Et di onde ate uenne. i. dimi che choſa tifa ſperare choſi ſeguil ſecondo lume anchora. i. chome pier primo lume domando che choſa e fede et chome in lui uenne choſi anchora iacopo ſecondo lume ſimilmente domando lui.

Et quella pia che guidaua lepenne
delle mie ale achoſi alto uolo
alla riſpoſta choſi mipreuenne
Lachieſa militante alchun figluolo
non ha con piu ſperanza chome e ſcripto
nel ſol che raggia tucto noſtro ſtuolo
Pero gle conceduto che degipto
uenga in hieruſaleme per uedere
anzi chel militare gli ſia preſcripto
Glaltri dua puncti cha non per ſapere
ſon domandati ma perche rapporti
quanto queſta uirtu te impiacere
Allui laſcio che non gli ſaran forti
ne di iactanza et egli accio riſponda
et lagratia didio cio gli comporti

h Auea domandato iacopo che choſa ſia ſperanza et ſe lui hauea queſta uirtu et onde giera uenuta. Hora hauendo ariſponder danthe beatrice antiſipo la ſeconda parte et riſpoſe per lauctore affermando in lui eſſere ſperanza al pari dogni altro chriſtiano che habbi la chieſa militante cioe lachieſa de uiuenti chome ſi puo uedere in dio nel quale chome in ſpecchio ſi uede ogni choſa. Et per queſta ſperanza che lui ha gle conceduto per gratia diuina che lui glha concednto per gratia diuina che lui uenga degypto in hieruſalem cioe del mondo in cielo. Imperoche egypto e interpretato tenebre o uero tribulatione: Et da quella choma di ſomma militia el popolo didio fu ridocto in terra di promeſſione: et di felicita. Hieruſalem e interpretato uiſion di pace: el fiot della noſtra felicita. Onde elpſalmiſta. Te decet himnus in ſion et tibi reddetur uotum in hieruſalem. ANzi chel militante gli ſia preſcripto: innanzi che gli ſia tolto el uiuer temporale nel quale militiamo: cioe combattiamo del continuo col mondo con la carne et col demonio. et ſe uinciamo ſiamo chiamati al cielo doue triomphiamo del uincto aduerſario. GLAltri due puncti : di tre domanda beatrice ha riſpoſto aqueſta alla qual ſe lauctore haueſſi riſpoſto per ſe medeſimo parea che ſi uanagloriaſſi. Hora ſeguita nel parlare et dice che glaltri due puncti dequali iacopo domando non per ſapere. ma perche danthe riporti poi giu nel mondo quanto queſta uirtu piace laſcia allui : perche ne gli ſaranno forti cioe difficili. Ne gli ſaranno di iactantia. i. di uanagloria. Adunque riſponde lui et la graria didio glel comporti. i. gli ſia in piacere.

Chomel diſcente col doctor ſeconda
prompto et libente inquel che gle experto
perche laſua bonta ſi dinaſconda

c Home el diſcente: cioe colui che appara : ſeconda riſponde al doctore in quel che ſa: accio che la ſua bonta ſi dinaſcoda. i. ſi manifeſti coſ

Spene dixio e uno attender certo
di gloria futura elqual produce
gratia futura et precedente merto
Da molte stelle mi uien questa luce
ma quella distillan nel mio chuor pria
che fu sommo cantore del sommo duce
Sperent inte nella tua theodia
dice acholor che sanno elnome tuo
et chi nol sa segliha lafede mia
Tu mi stillasti con lo stillar suo
nellapistola poi si chio son pieno
et in altrui nostra piaggia repluo

so rispondendo al primo puncto dixi che speranza non e altro che attender certo. i. aspectare certamente la futura gloria. La diffinitione delmaestro delle sententie e/. Spes est certa expectatio future beatitudinis ueniens ex dei gratia precedentibus meritis. Dipoi risponde al secondo puncto et dice che tale speranza ci concede la diuina gratia precedente alchuno nostro merito. Dipoi manifestato la cagione prima: manifesta la causa seconda cioe la influentia delle stelle: dalle quali chome disopra e scripto nasce influxi di uarie uirtu: ma benche delle stelle nasca influxo che ci dispone auarie uirtu et per consequens al la speranza che pertali uirtu acquisteremo etherna uita: nientedimeno conuiene che tale dispositione sia aiutata dalla doctrina: et pero aggiugne che cholui elquale sommo cantore del sommo duce: cioe dauid sommo propheta del sommo idio prima gli stillo questa speranza nel chuore. Dauid e sommo cantore: perche e propheta sommo nellantica legge. SPERINO inte: pone le parole di dauid che sono. Sperent inte omnes qui nouerunt nomen tuu quoniam non dereliquisti querentes te: Sperino in te tucti quegli che conoscono el nome tuo. Et nella tua theodia: cioe decta: perche theos in greco significa idio. Et dipoi elpoeta agiugne dicendo et chi non sa el nome didio segliha la fede mia: cioe se ha lafede christiana chome ho io quasi dica ogni christiano lo sa. Adunque Dauid stilo prima inme et tu dipoi iacopo stillasti con lo stillar suo nella epistola tua canonica Imperoche quella che ui scriui hauesti dallui: siche io sono si pieno di questo stillamento che io ripluo: cioe riptouo in altrui nostra pioggia. TV Mi stillasti: nella epistola canonica di iacopo e/ Beatus uir qui suffert temtationem: Quia cum probatus fuerit accipiet coronam uite quam promisit deus diligentibus se: et nellultimo della medesima. Patientes confirmate corda uestra: Quoniam aduentus domini appropinquabit.

Mentre io dicea dentro al uiuo seno
di quello incendio tremolaua un lampo
subito et spesso aghuisa di baleno
Indi spiro lamore ondio aduampo
anchor nella uirtu che mi seguette
in fin la palma et aluscir del campo
Vuol chio respiri ate che ti dilecte
di lei: et emmi grato che tu diche
quello che la speranza ti promette

m Entre che lauctore parlaua uedea sempre la luce di iacopo tremolare aguisa dun baleno. Dipoi parlo iacopo et dixe lamor della uirtu dell asperanza laquale mi segui insino alla palma: et alluscire del campo uuole chio ti domandi quello che essa speranza ti promette: cioe quello che tu speri. Et nota che la speranza lo segui insino alla palma. i. insino alla uictoria: laquale non possiamo dire dhauere mentre siamo inquesta mortal uita Perche sempre combattiamo cõtro alla carne et al demonio. Ma quando usciamo di campo. i. delluogo oue si combatte che e questo mondo et usciamo uectoriosi perche habbiamo uincto ogni uitio: la speranza di uenire a beatitudine ciaccompagna sempre insino ad essa beatitudine: Ma non entra in quella perche elben presente non si spera: ma si gode: Et pose la palma per lauictoria: perche la palma si da achi obtiene la uictoria. Et la cagione di questo altroue piu distesamẽte habbiamo manifesto.

Et io le nuoue et le scripture antiche
pongonol segno et esso mela dita
dellanime che dio sha facte amiche
Dice hysaia che ciascuna uestita
nella sua terra fia di doppia uesta
et la sua terra e/ questa dolce uita
El tuo fratello assai uie piu digesta
la doue tracta delle bianche stole
questa riuelation ci manifesta

r Ichiedendo iacopo che el poeta gli manifesti quello che gli promette la speranza lui risponde che gli promette uita felice et sempiterna allanimo et al corpo: Et questo proua con el testimonio delle scripture del testamento nuouo: Dice adunque le scripture nuoue et antiche pongono el segno dellanime che idio sha facte amiche. quasi dica el termine oue hanno adirizar la speranza et esso segno lo malitia: cioe mel dimostra. Et per le scripture antiche dimostra et allegha hysaia elquale dice nel sexto capitolo.

Et prima presso al fin deste parole
sperent in te disopra noi sudi
ad che risposor tucte le carole

Interra sua duplicia possidebunt: Et salomone ne prouerbii. Omnes domestici eius uestiti sunt duplicibus. Lapatria nostra e elcielo. imperoche thome dice paolo. Non habemus hic ciuitatatē manentem sed futuram inquirimus. Onde elpo eta dice: et la sua terra e questa dolcie uita. per questo doppio bene intendono edoctori la felicita della nimo et del corpo laquale ebeati dopo la resurrectione de corpi sentiranno nella celeste uita. ELTVO Fratello. pone el testimonio di ioanni euangelista fratello di iacopo; costui nello appocalipse pone una turba grande in bianche ueste che seguitaua christo douunque andaua: ilche dinota quod mundi corde deum uidebunt. et nella uisione diuina e locata la nostra somma beatitudine. Adunque piu digesta. i. meglio ordinata pone Ioanni in questa reuelatione quello che la speranza promette abuoni. Alfin di queste parole laspera degli apostoli canto Sperent inte omnes qui nourant nomen tuum: et tucte le altre carole risposono al canto: Ne potea essere psalmo piu conueniente alla speranza.

Poscia tra elle un lume sischiari
tal che sel cancro hauessi un tal christallo
louerno harebbe un mese dun sol di
Et chome surge et ua et entra in ballo
uergine lenta sol per fare honore
alla nouitia non per alchun fallo
Chosi uidio loschiarato splendore
uenire adue che si uolgeno adrota
qual conueniesi alloro ardente amore
Misses li nel canto et nella nota
et lamia donna in lor tenea laspecto
pur chome sposa tacita et immota
Questi e colui che giacque sopral pecto
del nostro pelicano et questi fue
disu la croce al grande offitio electo
Ladonna mia chosi ne pero piue
mostro la uista sua distare attenta
poscia che prima alle parole sue

d Opo le parole di iacopo unaltro lume mostro grande chiarore: Et questo fu ioanni euangelista. et Questo splendore uenne a pietro et a iacopo con quella grauita et pudore: et honesta che si uede in una uergine quando surge da sedere et ua al ballo et entraui: Ne e sanza cagione che lagguagli all uergine: Conciosia che lui perseuero in perpetua uirginita. Preterea dimostra che tanto fu lo splendor suo che se nelsegno del cancro fussi una stella di tale splendore interuerrebbe che mentre che elsole e nel capricorno ũmese nõ harebbe se non ũ di perche non sarebbe mai tenebre. El cancro e segno opposito al capricorno: Et quando elsole entra nel capricorno che e nelmese di dicembre mentre che sta sobto terra sempre elcancro e/sopra terra: adunque se ĩ quello fussi una stella che lucessi quanto lucea eluangelista interuerrebbe che quel mese che elsole e/in capricorno non sarebbe mai nocte perche eldi ci illumina el sole et la nocte ci illuminerebbe quel la stella. Da questo splendore a questo apostolo per ladmirabile sapientia et doctrina che fu in lui Messesi li cioe codue appostoli nel canto et nella nota che erono loro quasi dica saxordo con loro nel cantare Sperent idomino; ilche dinota che queste uirtu fanno un medesimo concento. Et. b. guarda ua questi tre con silentio et inmobile, perche inuero la sacra theologia non si parte mai dallo intuito et dal conspecto di queste tre uirtu. QVESTI e/colui sono parole di beatrice laquale uolendo dimostrare chostui essere Ioanni euangelista usa questa circuitione che lui e/ quello che nella cena giacque sopra el pecto di christo; et dormendo uide le chose della diuinita chome lui scriue nello euangelio: Et chiama christo pellicano. Questo e uno uccello in egypto elquale col proprio sangue risucita emorti figliuoli. Dicono che efigliuoli del pellicano poi che elpadre glha nutriti insurgono contro allui: et epso difēdēdosi glucide: Et dipoi mosso apieta col becco si ferisce et spargendo elsangue suo sopra quegli gli risucita. Cosi lhuomo peccando insurge contro elsuo factore: et la diuina maesta luccide: perche lodanna a morte pel peccato. Dipoi mosso apieta conlaspersione del proprio sangue suo: liberandoci dal peccato ci risucita. DISV la croce al grande ufitio electo: Christo in croce dixe alla madre che hauessi ioanni in luogho difigliuolo et aioanni che hauessi lei inluogo di madre. Adunque fu electo algrande offitio. Et queste parole dixe lasua beatrice: Et dipoi ella non stette meno attenta inuerso quegli sopradecti appostoli che prima.

Quale e colui chadocchia et sargomenta
di uedere eclypsare el sole um poco
che per ueder non uedente diuenta
Tal mi feci io aquellultimo foco
mentre che decto fu perche tabbagli

m Iraua fiso lauctore nel uangelista per ueder se hauea corpo; et nel guardare glinteruenne chome chi fisamente ragguarda nel sole per uedere eclypsare et abbaglaui informa che poi niente uede. Et da giobanni glifu decto perche taballi. i. abbagli nel troppo rimirare fiso per ueder chosa che non ha loco qui cioe laquale non e qui. Im

per ueder chosa che qui non ha locho
In terra e terra elmio corpo et saragli
tanto con glaltri chel numero nostro
con letherno proposito sagguagli
Con le sue stole nel beato chiostro
son le due luci sole che saliro
et questo apporterai nel mondo uostro

pero che tu uuoi uedere el corpo mio che non ce Ma e terra giu interra et sara li. i. interra tanto che elnumero nostro cioe elnumero de beati sagguagli et sappareggi con letherno proposito. i. con qulleo che iddio ha ordinato. ilche e adire in fino alla fine del mon; impero che elmondo ha a durar tanto che el numero de beati riempin lese die uacanti. Da adunqne queste due senteutie ad ioanni. La prima che lui mori et lascio el corpo i terra; perche lui nel suo euangelio scripse. Exiit sermo iuter fratres quod discipulus ille non moritur et non dixit ihesus non moritnr sed sic uolo eum manere donec ueniam. La seconda sententia e che el mondo duri insino che ebeati riempino le uacanti sedie. Pone anchora lui nello appocalipse; Et dictum est illis quod requiescent tempus adhuc modicum donec compleatur numerus seruorum siue corū qui interficiedi suni sicut et illi. et torna altexto. COn le sue stole. i. coproprii corpi sono le due luci sole cioe christo et la sua madre maria.

Aquesta uoce lonfiamato gyro
si quieto con esso eldolcie mischio
che si facea nel suono del trino spiro
Si chome per cessar faticha o rischio
liremi pria nellacqua ripercossi
tucti siposon alsonar dun fischio
Ah quanto nella mente miconmossi
quando mimossi per ueder beatrice
per non poter uederla benchio fossi
Presso di lei et nelmondo felice

f Inite le parole di ioanni loinfiammato giro. i. la spera de tre appostoli si qu eto del gyrarsi et quetossil canto loro chera mischio cioe mixtura che si facea del suono et delle uoci del trino spiro; cioe detre appostoli. Et posossi questo gyro aun tracto; chome in galea que che uogono sentendol fischio elquale o perche la ciurma si posi; o per fuggir pericolo fa loro tal cēno si posono. Allhora io molto mi conmossi nella mente; per el non poter uedere beatrice bēche io miuolgessi allei et ella fussi presso dime et fussimo in cielo. Non potea ueder beatrice perche era gia salito alla contemplatione disi alte chose che longegno mancaua ne poteua interamente uederle. Et inuero la doctrina dello euangelista ioanni per troppa grande luce abbagla ogni acuto intellecto et ingegno.

CANTO. XXVI DELLA TERTIA CANTICA DI DANTHE

INduce in queſto uigeſimo ſexto capitulo ioanni euangeliſta atractar della carita tertia uirtu theologicha. prima adunque e lauctore examinato dallui in queſta uirtu. Dipoi gli fa unaltra petitione circa lamedeſima uirtu. Nel terzo luogo fa apparire Adam alquale lauctore muoue certi dubii: Et nellultimo riſponde adam adubii: Tornando adunque lauttore al principio ſcriue che mentre dubbiaua; cioe ſtaua in dubbio per lo uiſo ſpento. i. per la ſua uirtu uiſiua laquale era ſpẽta dalla lucida fiamma dello euangeliſta uſci uno ſpiro: cioe un ſermone et dixe; Mentre che tu ti riſenſe della uiſta. i. riacquiſti elſenſo ui ſiuo che tu hai conſumato in me; cioe mentre che mi guardaui e buono che lo ricompenſi et riſtori ragionando. Adũque doue ſappuncta lanima tua: cioe ache fine ſi diſtende lanimo tuo chome ad ultimo puncto. Et fa ragione che la uiſta tua ſia ſmarrita ad qualche tempo; Ma non defuncta cioe morta et perduta affacto. Imperoche beatrice laqual ticonduce per queſta dia; cioe diuina regione de cieli ha nello ſguardo. i. nel uedere lauirtu della mano danania elquale baptezando paulo appoſtolo gli fece ritornare el uedere: chome anania apaolo. E ſcripto neglacti degappoſtoli che Saulo dipoi paulo fu acerbiſſimo perſecutore de chriſtiani: Et con letttere del principe de ſacerdoti; uenendo di hieruſalem in damaſco per menare preſi quegli che confeſſauono chriſto: diſubito circondato di gran luce cadde interra et udi una uoce che dixe. Saulo ſaulo perche mi perſeguiti? et riſpondendo lui: Chi ſe tu ſignore ſudi Io ſono hieſu elquale tuperſeguiti: Et duro e ate calcitrare contro allo ſtimolo. Alhora lui pieno di ſtupore et di tremore riſpoſe. Signore che uuoi tu che io faccia: Achtu el ſignore dixe ua nella citta et ui ti ſara decto: Ando adunque guidato da compagni perche era diuenuto ciecho; et tre giorni ſtette ſanza cibo in caſa di iuda; Et iheſu apparue auno de ſuoi diſcepoli cioe ad Anania et comandogli che andaſſi a Saulo chome a uaſo delectione elquale hauea aportare elnome ſuo nelconſpecto delle genti: et dere et de figliuoli diſdrael: Ando adunque Anania et poſegli lemaniadoſſo; Et ſubito caddon dagliocchi di paolo quaſi ſquame et rihebbe la uiſta: Adunque chome lanimo danania rende la uiſta apaolo; choſi beatrice rendea la uiſta a danthe abbagliato per la troppa luce: Et certamente la ſacra ſcriptura e quella che conforta locchio dello intellecto informa che puo ſcorgere ellume della diuinita elquale prima lo confondeua.

Mentre io dubbiaua per lo uiſo ſpento
della fulgida fiamma che loſpenſe
uſci un ſpiro che miſece attento
Dicendo intanto che tu ti riſenſe
della uiſta che hai inme conſumpta
e buon che ragionando lacompenſe
Comincia adunque et di oue ſappuncta
lanima tua: et fa ragion che ſia
lauiſta inte ſmarrita et non defuncta
Perche ladonna che per queſta dia
region ti conduce ha nello ſguardo
la uirtu che hebbe laman danania

Io dixi al ſuo piacere et toſto et tardo
uegna rimedio aglocchi che fur porte
quandella entro col foco onde ſempre ardo
Lo ben che fa contenta queſta corte
alpha et o e diquanta ſcriptura
mi legge amore et lieuemente et forte
Quella medeſma uoce che paura
tolto mhauea del ſubito abarbaglo
di ragionare anchora mi miſſe in cura
Et dixe certo apiu anguſto uaglo
ti conuiene ſchiarire dicer conuienti
chi drizo larco tuo atal berzaglo

PArole ſono del poeta per le quali prima riſponde al conforto che gli da ioanni dipoi alla domanda ſua: Adunque prima hauendolo confortatolo ioanni che beatrice glirienpierebbe la uiſta ſmarrita per la troppa luce. riſponde che rimette nello arbitrio di beatrice tale rimedio o tardo o preſto che ella uoli mandarlo aſuoi occhi abbagliati equali dice che furon porte allei quando eſſa entro in lui col foco pel quale ſempre arde. Beatrice e la ſacra ſcriptura et la gratia didio laquale ci leua tanto alti nella contemplatione: non pocho della diuina luce la quale ſanza beatrice ciabbaglerebbe ne ciſi laſcierebbe diſcernere: abbagla el poeta nella luce di ioanni: cioe ſi confõde lo intellecto humano nelle gran choſe che ſcriue ioanni nello euangelio et nelle epiſtole. et nello appocalypſe: Ma la theologia lapre et dichiara; et fanne capace lhuomo. LOBENE CHE fu: riſponde alla domanda di ioanni: Et dimoſtra che el bene che contenta tucta la corte del paradiſo; cioe tutti ebeati e alpha. i. principio: et o: cioe fine di quanta ſcriptura mi legge amore. i. mi dimoſtra carita o lieuemente oforte. i. o facilmente o difficilmente: Imperoche tucta la ſcriptura parla che principalmente i dio ſidebba amare per ſe medeſimo: et dipoi le creature per amore di lui. Quella medeſima uoce. Seguita el poeta et dimoſtra che quella medeſima uoce. i. el medeſimo ſpirito con la ſua uoce che fu iohanni elquale mhauea tolto la paura del subito barbaglio: perche mhauea decto che beatrice mi liberrebbe dalla subita cecita che mera uenuta mimesse in cura et sollecitudine diragionar piu auanti et dixe: econuiene che tu ti schiarischa auaglo piu angusto. i. piu strecto: et e translatione facta dalle biade lequali si comīciono apurgare et nectare prima con uagli radi: et dipoi con piu densi tanto che sieno perfectamēte purgate. Dicer conuienti chi dirizo larcho tuo. cioe latua uolonta atale berzaglio: cioe atale segno: Impero berzaglio e quel segno al quale ebalestrieri traggono che in greco si chiama scopon: Adunque chi fu cholui elquale dirizo lamente tua aquesto fine che tu amassi lo etherno idio per se medesimo et laltre cose per amore di lui.

Et io per philosophici argomenti
et per auctorita che quinci scende
cotale amor conuien chen me simprenti
Chel bene in quanto bene chome sintende
chosi accende amore et tanto maggio
quanto piu di bonta in se comprende
Dunque allessentia oue tanto uantaggio
che ciascun ben che fuor di lei si truoua
altro non e chun lume di suo raggio
Piu chinaltra conuien che e simoua
la mente amando di ciaschun che cerne
il uero in che si fonda questa proua
Tal uero allontellecto mio scerne
colui che mi dimostral primo amore
di tucte le substantie sempiterne
Scer nella uoce del uerace auctore
che dice a moyse di se parlando
io ti faro sentire ogni ualore
Scernimel tu anchora comindando
lalto preconio che grida larcano
di qui laggiu et soura ognaltro bando

d Imostra el poeta che due cose maximamēte lo inducono allamore del sommo bene largomentationi philosophiche le quali non solo mostrono essere uno unico factore nelquale ogni creatura si riuolge chome in suo ultimo fine: et sommo bene. Ma eplatonici molte chose scripsono assai consone al uerbo et allo spiritto sancto: chome mostra augustino nel suo della citta didio La seconda e degli apostoli et de uangelisti: et de martyri et de doctori laquale uale molto piu nelle sacre scripture che nelle naturali scientie p che sono da infusione diuina et da reuelation facta asancti huomini. CHEL BENE: Argomenta philosophycamente secondo glaristotelici et platonici appresso equali e maxime chel bene statim che e conosciuto da noi cityri adamarlo: et quanto maggiore e/ el bene tanto maggiore e/lamor Adunque essendo idio sommo bene: et intanto sommo bene: che nessunaltra chosa e bene se non inquanto participa di quello. Onde elpoeta dice che ciaschun bene che si truoua fuori didio non e/ altro che lume de suoi raggi: seguita che naturalemente siamo inclinati maximamente: et con ardentissima carita nel suo amore. Et questo e el/ primo amore: dipoi si distende con certo ordine: nella patria nel padre ne figliuoli et consequētemente neglaltri secondo egradi. TAl uero allo intellecto mio scerne: cioe dimostra questo uero che idio debba essere amato sopra tucte le chose. COlui: cioe Aristotele elquale questo in molti luoghi pruoua. SCERNel la uoce: Imperoche quando idio parlaua a Moyse dixe. Ostendam tibi omne bonum et certo gli mostraua ogni bene mostrandogli se. SCERNIMEL TV: i. dimostrimel tu Ioanni comindando lalto preconio: et intende del suo preconio nel qual manifesto interra larcano/ i. esecreti delcielo et maxime la incarnatione del uerbo diuino.

Et io udi per intellecto humano
et per auctoritati allui concorde
de tuoi amori adio guardal sourano
Ma di anchora se tu senti altre corde
tiranti uerso lui si che tu suone
con quanti denti questo amore ti morde
Non fu latente la sancta intentione
dellaquila di christo anzi maccorsi
doue menar uolea mia professione

r Accogle ioanni questa condusione delle parole di danthe che lui et per humano intelleeto: cioe per philosophiche ragioni lequali apprende lhumano intellecto et per auctorita delle sacre lettere guarda et serba el sourano et primo et maggiore amore adio. Ma uuol sapere se oltra aqueste due chose lui sente altre corde: cioe altri incitamenti che lo tirano inuerso lui. i. allamor suo/ Adunque uuol che suoni cioe parli con quanti denti lamor didio lo morde. i: con quanti mouimenti idio lo desti et incitilo ad amarlo. Et poi che ioanni glhebbe decte queste parole a Danthe non fu latente cioe non fu nascosta laintentione desso ioanni anzi saccorse et intese doue esso uoleua menar sua professione. i. diche chosa lui gli uolesse far fare professione et dice aquila: perche chome altroue dimostrammo questo euangelista e figurato informa daquila: perche chome questo uccello uola piu alto che glaltri: et puo guardare ne razi del sole sanza abbagliarui: chosi ioanni discriuendo la diuinita di

Chriſto ſinnalzo piu che glaltri: et piu fermamente pote ſpeculare elſole. i: la diuina eſſentia : Vuole adunque ioanni gia udite queſte uniuerſali ragioni che ci tyrano allamor diuino alchuna piu particulare. Ilperche danthe riſponde per ſatiſfargli.

Pero ricominciai tucti que morſi
che poſſon far lochuore uolgere adio
alla mia caritate ſon concorſi
Che leſſere del mondo et leſſer mio
lamorte chei ſoſtenne perchio uiua
et quelche ſpera ogni fedel chomio
Con la predecta cognoſcenza uiua
tracto mhanno del mare del amor torto
et del dricto mhan poſto alla riua
Lefronde onde ſinfronda tucto lorto
dalortolano etherno amio cotanto
quanto dallui allor di bene e porto

e Numera elpoeta erimorſi et incitamenti che poſſono trarre un chuore ad amare idio ſopra tucte laltre choſe ſono concorſi in lui iſieme con le ragioni philoſophiche et lauctorita delle ſacre lettere. Et queſti ſono leſſer del mondo. i. la fragilita delle choſe mondane lequali ſono momentanee. Onde el petrarcha. Miſer chi ſpeme in coſa mortal pone. leſſer ſuo nel qual ſi conſidera lanima inmortal e laquale e infelice ſe non ſi congiugne con dio. Adunque dobbiamo con ſomma carita cercarlo. LAMORTE chei ſoſtenne. Imperoche ingratiſſimo ſara colui elquale non ama el datore di tanti benifitii. ET quel che ſpera ogni fedel chomio: Imperoche conſiderato el premio che ſaſpecta debba fermare inlui ogni ſuo affecto. Tucte queſte coſe con la cognoſcenza uiua delle ragioni philoſophe mhanno tracto del mare del torto amore: cioe delle miſerie et affanni che patiſce lhuomo per amar troppo lechoſe mortali. Et hannomi poſto alla riua dellamor dricto perche chome lamore mondano ſempre ci perchuote in tempeſtoſo mare con uarie perturbationi lequali giorno et nocte tormentono lamente: Choſi lamore diuino ci conduce inqueſto porto detherna tranquilita LEFRONDI onde ſinfronda tucto lorto. Hauendo dimoſtro lechagioni che lo fanno amare idio dimoſtra la ragione perche ama ebeati ſpiriti di dio: dicendo che glama perche conoſce quegli eſſere amati da dio: Dice adunque io amo tanto lefrondi onde ſinfronda tucto lorto dellortolano etherno: cioe leanime de beati lequali choſi ornano elparadiſo chome le fronde ornano lorto: Et tanto amo lanime beate di queſto luogho di bene et di uirtu e porto dadio.

Sichomio tacqui un dolciſſimo canto
riſono per lo cielo et la mia donna
dicea con glaltri ſancto ſancto ſancto
Et chome allume acuto ſi diſonna
per lo ſpirto uiſiuo che ricorre
allo ſplendore che ua digonna in gonna
Et lo ſueglato cioche uede abhorre
ſi neſcita e la ſubita uigilia
finche la ſtimatiua non ſoccorre
Choſi daglocchi miei ogni quiſquilia
fugo beatrice col raggio de ſuoi
che riſulgeano piu di melle milia

f Finito el parlare: ſi ſenti dolciſſimo canto da tucti gli ſpiriti et da beatrice et cantauono ſancto ſancto ſancto: et alhora riebbe el poeta la uiſta. Impero che beatrice fugo: cioe fecie fuggire da ſuoi occhi ogni quiſquilia. i. ogni offuſcatione et inmonditia: Quiſquilia inlatin ſignifica mondigla: Col raggio de ſuoi equali riſplendeono piu di mille migla di lontano Era adunque ſimile ad uno che ſi diſonna: cioe ſi ſuegla aun lume acuto et uehemente perche lo ſpirito uiſiuo: i. la uirtu uiſiua che e naturalmente ne glocchi allo ſplendore che ua di gonna in gonna. i. entro alla uirtu uiſiua di pelle in pelle Et noi dimoſtramo nel noſtro ſecondo libro dellanima di quante membrane: et ſottiliſſime pelli: la natura ha compoſto locchio et quello che ciaſchuna adopera circa el uedere. ET lo ſueglato cioche uede abhorre. Se uogliamo bene intendere la cōparatione pogniamo che uno dorma in luogo obſcuro et ſiegli poſto innāzi uno ſplendidiſſimo lume elqual di ſubito lo deſti Onde aduiē che tanto lume lo ſpauenta tanto lofa ſtordito quella repentina et ſubita uiglia che e neſcia et epſo non ha uera cognitione inſino atanto chel ſenſo et la uirtu extimatiua ritorni in ſe et rihabbia le ſue forze.

Onde me che dinanzi uidi poi
et quaſi ſtupefacto domandai
dun quarto lume chio uidi conlui
Et lamia donna drento daque rai
uaghegia elſuo factor lanima prima
che la prima uirtu creaſſi mai

m Mentre che ricupero la perduta uiſta et fecelo migliore uenne Adam primo huomo doue era lui codue appoſtoli: Ma non ſenaccorſe ſenon dopo lacquiſtata uiſta: Et pero dice Onde io uidi me: i. meglo poiche dinanzi. i. prima: Et pero ſtupefacto domandai del quarto lume che era lanima dadam: Et lamia donna: cioe beatrice

Chome la fronde che flecte lacima
nel transito del uento et poi sileua
per la propria uirtu che la sublima
Fecio intanto inquanto ella dicea
stupendo et poi mi rifecie sicuro
un disio di pensare onde io ardea

mi dixe la prima anima che mai creassi la prima uirtu: cioe idio uagheggia elsuo factore dentro a que rai: cioe dentro aquel quarto lume che tu uedi. CHOme la fronde; la sententia e questa: Io stupendo intanto inquanto; cioe mentre che beatrice dicea le parole gia decte feci chome la fronde. i. el ramo fronduto elquale percosso dal uento china la cima nel transito di quello et poi cessato el uento si leua et ritorna ritto chome prima sera per la uirtu naturale che lo mantien ritto. la sententia e che mentre che beatrice mi parlo perlo stupore che quella fussi lanima dadam io mi chinai chome la uergha si china pel uento; Dipoi lauogla che haueo di parlargli mi rileuo.

Et cominciai opomo che maturo
solo prodocto fusti opadre anticho
achui ciaschuna sposa e figla et nuro
Diuoto quanto posso ate suplico
perche mi parli tu uedi mie uogla
et per udirti tosto non la dicho
Tal uolta unanimal couerto brogla
siche laffecto conuien che si paia
per lo seguir che face in lui lauogla
Et similmente lanima primaia
mifacea trasparer per la couerta
quantella acompiacermi uenie gaia
Indi spiro sanzessermi proferta
danthe lauogla tua discerno meglo
che tu qualunche chosa te piu certa
Perchio laueggio nel beato speglo
che fa dise pareglo allaltre chose
et nulla face lui dise pareglo
Tu uuoi udire quanto e che dio mipose
nellexcelso giardino oue chostei
ad chosi alta scala ti dispose
Et quanto fu el dilecto aglocchi miei
et la propria cagion del gran disdegno
et lidioma chio usai et chio fei

e T cominciaio danthe in questa forma uolgendo el parlare adadam. Opomo che fusti prodocto maturo. imperoche glaltri huomini nascono imperfecti et di quantita et dimolte potentie dellanimo. ma Adam fu formato di terra in eta danni trenta et instatura perfecta et co sensi perfecti. Opadre anticho: elquale fusti el primo et ogni sposa ate e figla perche e discesa di te et nuro. i. nuora perche e maritata achi e disceso di te. TAL Volta uno animale: chome uno animale coperto della sua pelle dimostra perlo broglare. i. pel commuouersi laffecto dellanimo suo chosi adam pel tremolar della luce la quale glera couerta: dimostro la cupidita che hauea di parlare al poeta. INDI spiro: Dimostra adam che sa la uogla dellauctor sanza che esso lo dica: perche la uede in dio elquale fa pareglo idest ricettaculo di se di tucte le chose. Ma nessuna chosa fa pareglo dise allui; perche idio uede et contiene in se tucte le chose: Ma non uice uersa perche nessun uede idio perfectamente et da nessuno e contenuto. Ne sanza cagione induce adam che lo chiami per nome; perche essendo lui el primo padre deglhuomini gli si conuiene mostrare che lui conosca tucti esuoi buoni figluoli. Et che el superiore chiami pernome lo inferiore significa familiarita et humana clementia Dipoi dimostra quello che danthe uuol sapere quelche lui ha ueduto in dio: Et prima uuol sapere quanto tempo eiche idio il pose nellexcelso giardino; cioe nello paradiso delitiarum. nel quale tu arriuasti quando chostei: cioe la sancta theologia ti dispose cioe tipreparo et feceti habile asi alta scala del paradiso celeste: imperoche uenuto lhuomo alle uirtu purgatorie puo passare alla contemplatione per le uirtu dellanimo gia purgato. ET QVANTO FV DILECTO AGlocchi miei: Et uuol sapere quanto duro elmio dilecto nel paradiso terrestre: Et la propria cagione dello sdegno che idio prese contro alhuomo elquale fu grande et inquanto adio che e grandissimo di tucte lechose et īquanto alhumana generatione.

Hor figluol mio non lo gustar del legno
fu perse la cagion di tanto exilio
ma solamente eltrapassar del segno
Quiui onde mosse tua donna uirgilio
quatro milia trecento et due uolumi
di sol disiderai questo concilio
Et uidi lui tornare atucti elumi

r Isponde alle domande facte et quanto alla prima che non el gustare dellegno: cioe del pomo dellalbero della scientia del bene et del male: fu cagione dello exilio della humana generatione: ma el trapassar del segno. Comando a Adam idio che non toccassi el pomo dellalber gia decto chome a creatura creata in liberta darbitrio accioche per obedientia acquistassi uita etherna: Et hauessi non solamente della gratia et misericor

della ſua ſtrada nouecento trenta
fiate mentre chio interra fumi
Lalingua chio parlai fu tucta ſpenta
inanzi che allopra inconſumabile
la gente di nēbroth fuſſi attenta
Che nullo affecto mai rationabile
per lo piacere human che rinonella
ſeguendol cielo ſempre fu durabile
Opera naturale e che huom fauella
ma choſi o choſi natura laſci a
poi fare aduoi ſecondo che uabella

dia didio ma etiam della ſua iuſtitia et choſi fuſ ſi abondante di tutte leuirtu: et ſentiſſi di tutto el bene delle uirtu didio: et egli non gli fu obbe diente: Ma trapaſſo el ſegno datogli: Et ha riſpo ſto alla parte che domando della cagion del gran de ſdegno. Hora riſponde aquella quanto e che idio ti poſe: Quiui onde moſſe tua donna uirgili o: cioe nellimbo onde beatrice moſſe uirgilio ſtet ti io quattromila trecento due uolumi di ſole. i. quattromila trecento due anni: Imperoche ogni reuolutione di ſole e uno anno. Et uidi lui: eſſo ſole tornare atucti elumi della ſua ſtrada: i: tor nare nouecento trenta fiate pel zodiaco che e laui a per la quale del continuo lui paſſa elquale ha do dici ſegni et ciaſchuno ha molte ſtelle Adunque dixe che fu interra: cioe uixe nouecento trenta anni: LA Lingua chio parlai. la ſententia e/che la lingua che lui et ediſcaſi dallui uſorono: uenne meno innanzi che nēbroth cominciaſſi la torre di babel la quale fu opera inconſumabile: cioe che non ſi pote finire. Et in quellopera nacque la diuiſione della lingua ſi che furono molte et diuerſe lingue. Ma di nēbroth et della confuſiona delle uarie lingue fu facta menti one nella prima centica. Et non e ſanza cagione che la lingua ſi mutaſſi: imperoche neſſuno effecto pro docto dalla ragione humana fu mai durabile ſeguendo elcielo: la ſententia e che conciosia che glhuomini mutino propoſito ſecondo uarie influentie de cieli lequali rinouellano epiaceri noſtri: mutano anchora et uariano coſe et arti. Et qui dobbiamo intender che in tucti glanimali bruti non e altro moto che el na turale. Ma nelhuomo e el naturale et el rationale. Elnaturale non ſi muta. Adunque ebruti che priuati di ragione ſono guidati dalla natura hanno loro opere inmutabili. Adunque non mutan mai eſca ne mo do di cercarla: Ne e/ differente luno leone dallaltro ne cauallo da cauallo nel produrre efigluoli: nel pa ſcergli: Et nellaltre choſe appartenenti alla conſeruatione della uita. Tucte le rondine ſi paſcono aun mo do: Ma lhuomo non e tracto dallo inſtincto naturale piu che ſi uogla. Ma e/ſignore delle ſue operatio ni: Diche ſeguita che non tucti parlon aun modo. Ne aun modo edificano o ueſtono. Per tucte queſte choſe conchiuderemo che el parlare nelhuomo e opera naturale. Impero che hauendo la natura dato al huomo la ragione fu neceſſario che gli deſſe el parlare per exprimere econcepti rationali. Ma che noi p liamo o choſi choſi: cioe piu in una lingua che in una altra non e opera naturale: Ma procede da noſtra ragione et arbitrio: et pero la natura laſcia queſto anoi ſecondo che ci abella: cioe ci piaca.

Pria chio ſcendeſſi allanfernale ambaſcia
un ſappellaua in terra elſommo bene
onde uien la letitia che mi faſcia,
Ely ſi chiamo poi et cio con uene
che luſo de mortali e chome fronda
inramo che ſen ua et laltra uene
Nel monte che ſi leua piu dallonda
fu io con uita pura et diſhoneſta
dalla prima hora aquella che ſeconda
Chome ſol muta quadra lhora ſexta.

h Auea decto chel parlare nel huomo e/cho ſa naturale: Ma uſare piu un linguagio che unaltro uien dalla conſuerudine laquale ſi muta Onde horatio: Multa renaſcentur que iam ceci dere. cadentque que nunc ſunt in honore uocabu la ſi uolet uſus. Et queſto pruoua dimoſtrando che inanzi che lui ſcendeſſi allambaſcia infernale idio ſi chiamaua eli. Et cio conuene che el nome ſi mutaſſi: conciosia che come nel ramo ſi muta no le fogle perche ogni anno caggiono et rinaſco no choſi luſo de mortali aſſiduamente ſi muta. NEL monte Riſponde alla quarta domanda che fu quanto ſtette nel paradiſo terreſtre elquale el poeta finge che ſia nellaltro hemiſperio in uno monte elquale e/altiſſimo che eſce del mare chome diſopra dimoſtrammo. CON VITA pura et diſho neſta: intendi uita pura innanzi al peccato. ET Diſhoneſta: quando dopo el peccato ſi conobbe nudo et uergognoſſi. CHOMEL ſole muta quadra: lhoriuolo del ſole che ſi chiama quadrante nella prima qua dra contiene ſei hore: Dipoi ſeguita la ſeptima.

CANTO XXVII DELLA TERTIA CANTICA DI DANTHE

Lpadre al figlo allo spirito sancto
a comincio gloria tuctol paradiso
siche minebriaua eldolcie canto
Ciochio udia mi sembiaua un riso
delluniuerso perche mia ebreza
mentraua per ludito et per louiso
Ogioia o ineffabile allegreza
o uita intera damore et di pace
o senza brama sicura richeza
Dinanzi aglocchi miei lequattro face
stauono accese: et quella che pria uenne
incomincio afarsi piu uiuace:
Et tal nella sembianza sua diuenne
qual diuerrebbe ioue segli et marte
fussero uccegli et cambiassersi penne

h Auea elnostro poeta netre diproximo scripti capitoli introdocto tre apostoli equali lo examinarono delle tre uirtu theologiche. Hora in questo uigesimo septimo pietro apostolo acerbamente riprende esuoi successori. Preterea dimostra chome dalloctaua spera fu rapto al primo mobile: pone adunque prima la inuectiua di pietro contro aprelati: Dipoi descriue lasciensione di tucto el triomphante exercito al cielo empireo et la reflexione di se aterra: pone nella terza parte lentrata sua con beatrice alla nona spera pone nella quarta una uehementissima exclamatione contro alla cieca cupidita delle chose terrene: Ma tornando al principio narra lauctore che dopo labsolutione de gia scripti dubii tucti ebeati cantorono. Gloria patri et filio et spiritui sancto si dolciemeute che el canto lo inebriaua. i. ne ueniua in extasi: Et pareagli che quella fussi letitia delluniuerso et di tutta la creatura: Ne puo fare che intanto gaudio non usi exclamatione chiamando questa beatitudine gioia. Et riso delluniuerso perche quiui erono ragunati tutti gleffecti di tucte le spere et di tucti epianeti et allegreza ineffabile cioe indicibile Ad differentia diquesta del nostro mondo laquale e brieue et mixta con amaritudine la uita celeste e / intera damore et di pace: Intera perche niente gli manca. OSANza brama sicura richeza. Due cose sanza lequali nessuna richeza e / perfecta. prima che sia sanza brama: cioe che niente piu si desideri. Dipoi la sia sicura: cioe sanza alchun timore di perderla o di diminuirla. DINANzi aglocchi miei: posta la exclamatione ritorna alla sua narratione et dimostra che anchora hauea dinanzi aglocchi le quattro che erono etre appostoli et adam. Ma quella luce che era uenuta prima. cioe piero comincio adiuentare piu uiua et accesa Et era tale quale sarebbe ioue se piglassi el color di marte. Pone pietro similmente secondo linfluentia di ioue perche fu optimo pastore et doctore et giustissimo administratore: Et dagli el color di marte per due rispecti: prima perche essendo lui stato martyre di christo ragioneuolmente pigla el colore di quel pianeto nel qual pose e martyri di christo. Dipoi uolendo riprendere esuoi successori era conueniente che piglassi uehementia: ardore et iusta iracundia nel riprendere. Ilche uien da marte.

La prouidentia che quiui comparte
uice et offico nel beato choro
silentio posto hauea da ogni parte
Quando io udi se io mitrascoloro
non ti marauiglar che dicendo io
uedrai trascolorar tucti costoro
Quegli che usurpa interra ellocho mio
ellocho mio ellocho mio che uaca
nella presentia del figluol didio
Factha del cymiterio mio cloaca
del sanghue et della puza ondel peruerso
che cadde di quassu laggiu si placa

d Imostra che la prouidentia diuina laquale si distende dalle somme insino alle minime chose et distribuisce nel diuino choro. VICE cioe uicissitudine et offitio perche conmette aciascbuno loffitio suo scambiando auicenda. Hauea posto silentio al canto et allhor comincio pietro con queste parole: Non ti marauiglare se io mi trascoloro: cioe muto colore dal mio argento al focoso di marte: Imperoche quando io mi trascoloro tucti questi altri faranuo el simile. et lallegoria di questo ponemmo disopra Ma potrebbesi marauiglare alchuno chome piero pigli colore focoso dimarte: ilche e accendersi ad ira conciosia che nellanimo beato non caggia pertubatione: perche non uuole el poeta dimostrare ira: ma quella uehementia diseuerita che e parte di iustitia laquale tra mortali radeuolte e sanza giusta indegnatione et ira. QVEgli: colui che e el papa elquale usurpa: cioe ingiustamente tiene el pontificato in luogo di me et nota che dixe tre uolte mio o / per dimostrare extrema indegnatione per tale repetione: o ueramente pose elnumero ternario per dimostrare che tale offitio fu conceduto apietro: cioe allordine sacerdotale dalltrino et uero idio: Che uaca nella presentia del figiuol didio: Non dice absolutamente che uachi imperoche seguirebbe che non fussi uero et legittimo papa et per consequēs non uarrebbe chosa che facessi: ma uaca nel conspecto del figluolo di dio perche ha peruertito loffitio ſuo : Et per conſequens chriſto lo ripruoua come apoſtata : Non uaca a dunque tra glihuomini perche el ſuo decreto uale : Ma quanto adio non tiene tal grado di ragione ma lo uſurpa. Ha facto cloaca delmio cymiterio. Cloaca ſignifica fogna che riceue le puze et le bructure : et le corruptioni : cymiterio che in greco ſignifica giacitorio e luogo doue ſi ripongono ecorpi morti. Adunque intende che quel luogho che era receptaculo de ſancti martyri pieni dogni uirtu et deglaltri buoni : hora riceue ſimoniaci auari raptori luxurioſi equali bene ſagguaglano al ſangue : cioe alla crudelta et el la puza. Et chome idio ſi placaua per le uirtu de ſancti huomini. Coſi laduerſario ſuo et del humana natura : elquale facto ribelle adio : cadde di quaſſu di cielo laggiu in terra placa elſuo malo deſiderio con uitii di coſtoro.

Diquel colore che per lo ſole aduerſo
nube dipinge o da ſera o da mane
uidio alhora tuctol ciel conſperſo
Et chome donna honeſta che per mane
diſe ſicura et per laltrui fallanza
pure aſcoltando timida ſifane
Choſi beatrice traſmuto ſembianza
et tale eclypſe credo che nciel fue
quando pati la ſuppre ma poſſanza
Poi procedettor le parole ſue
con uoce tanto da ſe traſmutata
che laſembianza non ſi muto piue

d Iuenta laere roſſo o da ſera : o da mattina pel ſole oppoſito alla nube : Et di tale colore ſi feciono tucti gli ſpiriti infiammati in amor di iuſtitia contro acaptiui paſtori. ET CHOME donna : choſi arroſſi beatrice pura et caſta pel fallo di tali paſtori : chome arroſſiſce una caſta donna laquale benche ſia ſicura di ſe. perche ſa che e fuora dogni colpa : nientedimeno ſi uergogna et ſta timida udendo dire qualche choſa diſhoneſta duna altra. Et arroge che tucte le luci obſcuroro no in cielo per labominatione de delicti depaſtori informa che lui crede che non altrimenti edipſaſſi : cioe obſcuraſſi el ſole nella morte dichriſto Dopo queſto ſeguito pietro nel parlare con uoce tanto traſmutata dalla ſua conſueta uoce quanto era traſmutato el colore. El ſenſo litterale e manifeſto : Et lallegorico facilmente ſene trahe.

Non fu la ſpoſa di chriſto alleuata
del ſangue mio di lino diquel di cleto
per eſſer adacquiſto doro uſata
Ma per acquiſto deſto uiuer lieto
et pio et ſiſto et caliſto et urbano
ſparſor lo ſangue dopo molto fleto
Non fu noſtrantentione cha dextra mano
da noſtri ſucceſſor parte ſedeſſe
parte dallaltra del popol chriſtiano
Ne che le chiaui che mi fur conceſſe
diueniſſor ſegnacolo inuexillo
che contra abaptezati combatteſſe
Ne chio fuſſi figura di ſigillo
aptiuilegi uenduti et mendaci
ondio ſouente arroſſo et diſſauillo

e Sanza fallo ſcelerata abuſione uſare laſpoſa di chriſto cioe lapoſtolicha ſedia in auaritia laquale fu nutrita da pietro lino et cleto in tanta liberalita che furono contenti per augumẽtare quella ſpargere elſangue loro. Adunque che pena che ſuplicio che morte e conueniente aquel pontefice che uſa lappoſtolica dignita inacquiſto di richeze. Lino primo pontefice dopo piero ſedette anni undici Cleto ſecondo pontefice ſedette anni dodici. Pio fu el nono pontefice ſedette anni dodici. Siſto fu el ſexto pontefice regno anni dieci. Caliſto fu elquintodecimo pontefice ne tempi di. M : Aurelio antonino imperadore : ſedette anni cinque. Acoſtui ſuccedette urbano ſextodecimo pontefice ſedette anni noue. Non fu noſtra intentione che parte del popolo chriſtiano ſedeſſi dalla dextra : et parte dalla ſiniſtra de pontefici noſtri ſucceſſori. cioe che parte fuſſi i loro gratia parte in diſgratia : Ne che le chiaui concedute ad me fuſſino ſegno di gonfalone che combatteſſi contro abattezati : E choſa certo horrenda et monſtruoſa che el paſtore diuenti lupo. Ne anchora fu noſtra intentione che io fuſſi figura di ſigilli. Nelle bolle pontefìcali et piombate ſono da una parte del piombo le teſte di ſan piero et di ſan paolo. Non fu adunque mia intentione che per prezo et ſimonia ſi faceſſino priuilegi di choſe ingiuſte et falſi bollate del noſtro ſegno. Et certo ſe conſideramo da una parte la reuerentia diquel ſigillo : et dallaltra quelche in molte bolle ſi contiene ſi puo dire Iungentur iam gryphes equis.

In uiſta de paſtori lupi rapaci
ſi ueggon di quaſſu per tucti epaſchi
o difeſa di dio perche piu giaci

q Veſti uerſi facilmente ſintendono : Caorſini : et guaſchi. Nota in queſto luogho el poeta due rapaciſſimi pontefici franzeſi : Ioanni uigeſimo ſecondo : et clemente quarto. Ioani fu

Del sangue nostro caorsin et guaschi
  sapparechion di bere o buon principio
  adche uil fine conuien che tu chaschi
Ma lalta proutdentia che con iscipio
  difese aroma la gloria del mondo
  soccorra tosto si chomio concipio
Et tu figluol che perlo mortal pondo
  anchor giu tornerai apri la boccha
  et non nasconder quelchio non nascondo
Sichome di uapori gelati fioccha
  ingiuso laer nostro quandol corno
  della capra del cielo col sol si toccha
Insu uidio chosi lethere adorno
  farsi et fiocchar di uapor triomphanti
  che facto hauen con noi quiui soggiorno
Louiso mio seguiua esuoi sembianti
  et segui fin chel mezo per lo molto
  gli tolse el trapassar del piu auanti
Onde la donna che mi uide assolto
  dallatteender insu mi dixe adima
  eluiso et guarda chome tu se uolto

di Carosa citra sempre abbondante di usurai; et Clemente fu di guascogni; Et eguasconi da glaltri franzesi sono riputati rapacissimi; Onde e el prouerbio che glinghilesi hanno coda di serpe; eguaschoni hanno coda di lupo. Diquesto Vrbano tractammo disopra cioe nella prima canticha MA LALTA priegha ladiuina prouidētia che come per scipione difese gia lo imperio romano dal barbero et crudele hanibale; Et chosi per uno excellente principe elquale pronostico nella prima cantica difenda la chiesa da questi barberi pontefici. Dopo la parole di pietro tucto eltrionpho de beati si leuo salendo alla nona spera; et erono tanti et si densi et folti et si candidi che parenono tali nel salire in su quale pare la neue in aere quando fiocchando scende in giu. la neue si genera di uapori humidi et freddi. Et per questo dixe si chome di uapori gelati: Quando el corno della capra del cielo col sole sitoccha. i. quaudo el sole e in capricorno: Della natura et sito delqual segno habbiamo altroue distesamente tractato. Eluiso mio seguiua esuoi sembianti cioe el ueder mio seguiua elloro conspecto. In somma io gli seguitauo quanto potea portare la uista mia; insino che elmezo: cioe lo internallo che era tra loro et me tolse alla mia uista el trapassar piu auanti per lo molto spatio. Et allhora beatrice che mi uide absolto: cioe libero dello attendere et guatare insu. Imperoche non potendo piu scorgere non guatono mi dixe. ADimi el uiso. i abbassa glocchi et uolgigli in giu et guarda chome tu se uolto

Dalhora chio haueo guardato prima
  io uidi mosso me per tucto larcho
  che fa dal mezo alfine el primo clima
Sichio uedea dila dagade el uarcho
  folle dulixe et diqua presso allito
  nelqual sifece europa dolcie carcho
Et piu mi fora discoperto elsito
  di questa aiuola mal sol precedea
  sotto emiei piedi un segno piu partito
Lamente innamorata che donnea
  con la mia donna sempre di ridure
  adessa glocchi piu che mai ardea
Et se natura o arte fe pasture
  da piglare occhi per hauer lamente
  in carne humana o nelle sue picture
Tucte adunate parrebber niente
  uer lo piacer diuin che mi rifulse
  quando miuolsi al suo uiso ridente

POi chel poeta non potendo piu uedere e beati spiriti perche erono troppo dilungati non guardaua piu in su; Ma percomandamento di beatrice comincio aguardare inuerso la terra lui uide che da quelhora che prima hauea guardato in giu. Ilche fu quando nel uigesimo secondo capitolo dixe col uiso ritornai per tutte quāte insino aquesta hora essersi mosso quanto simouono gemini in sei hore perche hauea gyrato una quarta del circulo che fa el zodiacho intorno della terra. Onde dice io uidi mosso per tucto larcho che elprimo clima elquale e uerso eltropico estiuale dal mezo suo oue e / el principio del cancro et la fine de gemini infino al fine che e al loccidente. Era partito dalcoluro meridiano che e finito egemini et girato insino allaltro coluro Ilperche non potea uedere tucta la terra habitabile chome quando era nel meridiano. Adunque uedea meno che lameza: cioe da piu inqua che hierusalem insino a piu oltre che loccidente et a piu oltre che laltra quarta. Imperoche al mezzo delle due quarte uede tutto da oriente ad occidēte. Et poi laltro coluro che e una quarta uede el mezo del tutto. Adunque uede dila dagade. i. oltra lo hemisperio occidentale. Gade e nellultima hispagna lontana da calpe una delle colonne dhercole circa cento migla. Appresso alla foce di beti. Eluarco folle dulixe del quale dicemmo nel uigesimo sexto della prima cantica. Presso allito che finisce asia et e nella regione sidonia che e / in syria. Nel quale europa caualcando ioue mutato in toro fu dolcie carico a ioue che lamaua; Et di questa altroue apieno narra

ruggeran si questi cerchi superni
Che la fortuna che tanto saspecta
le poppe uolgera u son le prore
siche laclasse correra directa
Et uero fructo uerra dopo elfiore

gennaio elquale e al presente nel uerno comincia dallo introito del sole nel capricorno : et finisce quando esce de pesci : per la centesima che laggiu cioe nella terra neglecta idest sprezata. Dimostra mo nella prima cantica che elcorso solare contiene trecento sexantacinque giorni et la quarta parte dun giorno et oltre alla quarta duna centesima : Ma la quarta si sbatte ogni quattro anni perche nel bixesto si fa lanno di trecento sexansei giorni. Ma della centesima non si fa conto : et per questo lo ingresso del sole in capricorno : che da principio al uerno le appressato quasi quindici giorni agennaio et perseuerando chosi in processo di tem po sara di gennaio et dipoi di febbraio : et allora gennaio rimarra nellautumno et fuori del uerno. QVesti cerchi superni : questi cieli. Ruggiranno. Non fa altro suono elcielo una uolta che unaltra. Ma per rugire uuol dinotare crudele influentia. Imperoche rugire e de leoni chome mugire de buoi. Adunque sara tale influxo dalle stelle che la fortuna uolgera le poppe doue sono le prora idest lordine instituto dalla diuina prouidentia riuolgera el gouerno a buona uia elquale alpresente ua male. SICHe la classe correra directa cioe tucte le naui che sono in questa conserua prenderanno buono uiaggio. Classe inlatino significa non una naue : ma tucta larmata. ET VERO fructo uerra dopo el fiore : cioe tal gouerno producera uero fructo che sara letherna salute.

CANTO XXVIII DELLA TERTIA CANTICA DI DANTHE

P Oscia che contro alla uita presente
 demiseri mortali aperse eluero
 quella chenparadisa lamia mente
Chome in ispecchio flamma di doppiero
 uede colui che senalluma drieto
 prima che lhabbia in uista o in pensiero
Et se riuolge per ueder sel uetro
 lidiceeluero et uede che saccorda
 con esso chome nota con suo metro
Cosi lamia memoria si ricorda
 chio feci riguardando ne begli ochi
 onde apiglarmi fece amor la corda

P Erche nel superiore capitolo ha descripto lauctore la nona spera conueniente chosa e/che in questo uigessimo octauo descriua glordini degliangeli che sono in quella. Mostragli adunque beatrice el puncto della diuinita et le hierarchie degliangeli che gli sono intorno, dipoi gli dichiara certi dubii informa che rimane chiaro. Poscia che contro: poi che quelle che inparadisa. i. mette in paradiso la mia mente aperse et manifesto eluero contro alla uita presente piena di uitii de miseri mortali. CHOME IN ispecchio. La sententia e che lauctore riguardando ne glocchi di beatrice: Onde: cioe dequali amor fece la chorda apiglarmi: uide lardentissimo lume della diuinita laquale non potea uedere perche gli uolgea le spalle chome interuiene che hauendo uno torchio acceso drieto ase et non lo uedendo se raguarda in uno specchio che gli sia dinanzi ui uede la imagine del torchio et della fiamma: et uoltandosi indrieto uede che lo specchio glha rappresentato eluero: Et non sanza cagione risensce el poeta che lui uide el razo della deita neglocchi di beatrice i. nella speculatione della theologia: Imperoche chome scriue gregorio: Chome noi non possiamo guardare el sole nel suo corpo: Ma guardianlo in ogni altro luogo: Chosi anchora noi non possiamo discernere idio nel suo principale essere. Ma noi possiamo ragguardarlo nella scriptura theologicha: chome per una certa reflexione.

Et chome io mi riuolsi et furon tocchi
 limiei acciochc pare in quel uolume
 quandunque nel suo gyro ben sadocchi
Vn puncto uidi che raggiaua lume
 acuto si chel uiso che li affoca
 chiuder conuiensi per lo forte acume
Et quale stella par quinci si pocha
 parrebbe luna locata con esso
 chome stella con stella si conloca

D Escriue la chosa uera lachui imagine haueua gia ueduto neglocchi di beatrice. Adunque chome fu riuolto i drieto doue era ellume lachui imagine hauea ueduto neglocchi di beatrice: et glocchi suoi furono tocchi da cioche apparisce in quel uolume: cioe da quel che si uede in quella deita che e/inmensa. Quandunque. i. ogni uolta che ben sadocchi: cioe diligentemente si guardi. Imperoche se non si guarda molto bene non si uede. Riuolto adunque uide un puncto elqual raggiaua: cioe razeggiando gittaua un lume si acuto et penetrabile che conuiene chiudere el uiso cioe glocchi che. i. elqual uiso esso lume affuoca et arde. Ne e marauiglia imperoche se locchio corporale non puo sofferire la luce del sole: quanto maggiormente locchio dello intellecto non potra sofferire la luce dello etherno sole che fece questo sole sensibile et laluna. Discriue adunque idio sobto forma et in figura di puncto fixo et inmobile: Et poi descriue glordini de gliangeli informa di circuli igniti: cioe circuli affocati.

Forse cotanto quanto pare appresso
 allo cinger laluce chel dipigne
 quandol uapor chel porta piu e spesso
Distante intorno al puncto un cerchio digne
 si giraua si rapto chaure uincto
 quel moto che piu tosto elmondo cigne
Et questo era dunaltro circoncinto
 et quel del terzo el terzo poi dal quarto
 dalquinto elquarto et poi dalsextol quinto
Sopra seguiual septimo si sparto
 gia di largheza chel messo di iuno
 intero acontenerlo sarebbe arcto

B Auea gia lauctore descripto el primo principio sobto spetie di puncto inmobile et fixo: hora descriue glordini degliangeli sotto forma di cerchi di fuocho. Et cominciandosi dal primo dice che si gyra uelocissimamente tanto presso al puncto quanto e presso alla luna quel cerchio che si genera intorno alla luna dauapori grossi et spessi. E certamente ardua et difficile materia et sopra lhumana possibilita constituta exprimere ad pieno la natura angelica: Ma noi di molte chose scripte prima da dionysio ariopagita. Dipoi da molti altri theologi poche et con breuita ne perchorreremo. Et prima diremo che benche angelo sia proprio nome degli spiriti incorporei dellultimo et nono choro: nientedimeno tucti glaltri spi

Choſi lontano elnono et ciaſcheduno
piu tardo ſi mouea ſecondo chera
in numero diſtante piu dalluno
Et quello hauea la fiamma piu ſincera
cui men diſtaua la fauilla pura
credo pero che piu dilei ſinuera

riti di qualunque choro et hierarchie per uniuerſale nome ſono decti angeli. Angelo ſecondo damaſceno et Alberto et tucti altri theologi e ſubſtantia intellectuale incorporea: Sempre mobile libera dalbitrio. Adio miniſtrante. Inmortale non per natura: ma per gratia: Et Dioniſio nelli bro de diuinis nominibus ſcriue langelo eſſere imagine didio: Manifeſtatione di lume occulto: ſpecchio puro ſplendidiſſimo et inmaculato: el quale chome tucta/ſe e e lecito dire/labellezza della ben formata deiformita: et puramente dichiara in ſe quanto e/poſſibile la bonta recondita. E differente langelo dellanima noſtra in quattro choſe. Impero che lanima e unibile al corpo: et non langelo. Lanima e rationale: langelo e intellectuale: perche lanima acquiſta inueſtigando et conferendo: Et langelo ragguardando. Langelo non patiſce ſe non per riſpecto de ſuperiori: et lanima per riſpecto deglinferiori: perche puo eſſere mutata da ſenſibili: Lanima ſi puo conuertire da bene ad ad male et da male ad bene: Ma langelo non puo: perche ſta fermo in quello adche una uolta ſi conuerti: Sono glangeli tucti ſimili inquanto ſono inmortali: inuiſibili: indiſſolubili Semplici ſeparati in perſone: incomunicabili ed altra natura. Ma ſono diſſimili in dono di gratia: et di natura. Arroge dionyſio che in ogni natura ſpirituale creata: altra choſa e leſſentia: altra la uirtu: e altra loperatione. Le hierarchie celeſte ſono tre: ciaſchuna ha tre ordini: Ha la ſuperiore: Cherubini: Seraphini: et Throni. Echerubini conſiderano la bonta di dio. Eſeraphini la uirtu. Ethroni lequita: Preterea ne primi idio ama chome carita: ne ſecondi cognoſce chome uerita: ne tertii ſiede chome equita. De ſeraphini e/proprio ardere nello amore didio: et ad tale incendio tirar glaltri et ordinargli in dio: Queſti inmediate ſi congiungono con dio: et idio piu puramente ueggono: Ne anchor che ſia fuori di dio ſi uolgono. Ne cherubini prima: et dipoi et principalmente riluce continuamente el razo del diuino lume: perche piu propinqui ſi congiungono alla diuina uerita. Queſti muouono lhuomo alla diuina cognitione: lucono piu che glaltri et traſfondono agli inferiori la plenitudine dellume elquale riceuono. Throni ſono decti perche in loro ſiede el ſignore: et per quegli ditermina eſuoi giudicii: et queſti anchora traffondono la uerita neglinferiori. La ſeconda hierarchia ha dominationi principati et poteſta: le dominationi reggono glofficii de glangeli. Eprincipati ſono preſidenti acapi de popoli. Le poteſta raffrenano le poteſta de demonii: Nelle dominationi iddio ſignoreggia chome maeſta: Ne principati regge chome principato: Nelle poteſta difende chome ſalute. La tertia hierarchia ha uirtu: archangeli: et angeli. LA primi ſappartiene loperationi de miracoli. Aſecondi la denuntiatione delle maggiori choſe. Atertii la cura della humana cuſtodia: Ne primi idio opera come uirtu: Ne ſecondi reuela chome luce: Ne tertii manda chome inſpirante. Queſto e lordine di gregorio et di bernardo: Ma dionyſio pon le uirtu nel ſecondo ordine della ſeconda hierarchia: Et eprincipati nel primo della tertia. Ne glangeli e dignitate di creatione: Gratia di confermatione: Amore del creatore: Viſione della diuinita: Ha ſubtilita deſſentia: perſpicacita dintelligentia: Velocita del moto: Emaggiori ſono ſanza ſuperbia. glinferiori obediſcono ſenza indegnatione: et altuncro ſanza alchuno. Quegli che ſono piu excellenti di natura: precedono in gratia et in gloria. Eſuperiori participano dogni uerita degli inferiori: Ma non per loppoſito: Ma perche e coſa degna di cognitione dimoſterremo ſecondo la doctrina didioniſio perche echori o uero ordini de glangeli ſono noue. Benche chome ſcriue damaſceno ſolo idio che gli creo conoſce la ſpetie et el termine delle ſubſtantie angelice. Ma pigliando queſto principio diremo che lamore e el ſupremo di tucte lechoſe: et e/quello che prima riceue le influentie da dio: et uniſce lamente con dio. Ilperche queſta e lapiu excellente uia ſanza laquale niente gioua. Et perche lanima uacua damore e maliuola: et nellanima maliuola non entra la uera ſapientia ſeguita che mediante lamore poſſiamo riceuere la uera et quella che mai non gonfia doctrina. Dipoi dello amore et della mente ſcientia et non daltronde: e neceſſario proceda el giuſto et da ogni parte perfecto iudicio: Onde gia ueggiamo tre chori: Seraphini nello amore: Cherubini nella ſcientia: et Throni nel iudicio: Dopo el iudicio ſeguita lo imperio accioche ſi faccia quello che fare ſi debba: Et dopo lo imperio una certa uirtu laquale ſia exſecutrice dello imperio. Ne baſta tale executione ſe non ſaggiugne una certa reſiſtentia et poteſta contro alladuerſaria potentia laquale ſempre ſi sforza impedire le buone imperationi. Adunque in queſta ſeconda hierarchia ſon: dominationi: uirtu et poteſta. Et gia habbiamo ueduto ſei rationi. Hora ſeguita la doctrina laquale ſi debba achi non ſa Et queſta e di due ſpetie. Imperoche glignoranti ſono eruditi et amaeſtrati o con parole o con opere. Et piu efficace e la doctrina per lopere che le parole o pronutiate che ſieno o inſpirate. et maxime e/uali da la doctrina delle operationi quando quelle ſono inuſitate et rare et ſopra naturali: Adunque la ſuprema delle operationi appreſſo achi non ſa e quella de miracoli: la ſeconda e loperatione della contemplatione et apprehenſione delle choſe facillime et molto appartenentie alla ſalute noſtra. la tertia e ladotrina delle choſe actiue et ciuili et minori: Queſte ſono adunque noue operationi lequali con lordin gia dimoſtrato ſeguitano. Adunque eprimi della ſua amatiua potentia ſono decti ſeraphini elqual nome in hebreo ſignifica incenſiuo o uero incenſorio o uero riſcaldanti: Queſta e la potentia del fuocho et el fuo cho spiritale non e altro che amore. Et questo e el fuocho che idio uenne amettere in terra: elquale entrãdo nellossa de propheti glerudi. esecondi dal suo acto del sapere absoluto et profecto sono nominati cherubini: che in hebreo e moltitudine di cognitione o ueramente infusione di sapientia. Et e terzi throni dalla potentia iudicatiua nel suo acto del iudicare decti chosi: perche thronos in greco significa sedia excelsa et eleuate doue siede chi giudica: Questi tre acti sono molto piu spiritali che glaltri. Onde paolo di questo ultimo scriue. Qui omnia iudicat et anemine iudicatur: Elquarto ordine sono le dominationi o che hanno acto imperatiuo elquale maxime si conuiene alla dominatione. Elquinto ordine sono le uirtu perche intrepidamente et sanza alchuna diminutione mandono ad executione quello che idio ha imperato cioe comandato. El sexto sono le potesta perche resistono alle potentie de demonii: et questi secondi tre ordini dangeli sono meno quieti et piu actiui che eprimi tre. El septimo sono principato da ũ potente et principal modo di doctrina operando cose sopra naturali et miracolose ad instructione degli ignoranti. Loctauo sono archangeli perche annuntiano chose piu principali et maggiori decti chosi: perche arche in greco significa principato: et essendo questo ordine in mezo tra principati et glangeli ha appreso el nome de superiori et degli inferiori: perche reformato da principati riforma et uiuifica glangeli in semprice unita. lordine negli spiriti beati e che elsuperiore infonde chome e maestro ladoctrina nello inferiore che indiscepolo: Ma tale doctrina e piu chiara nel primo che nel secondo: et nel secondo che nel tertio: et chosi successiue insino al primo. per questo zacharia propheta quando el signore uolle liberare el popolo dalla captiuita di babylonia uide uno di questi angeli che apparaua da dio: et dipoi lonsegnaua allo inferiore: et finalmente lo inferiore lo insegnaua a propheti. lordine angelicho perche e lultimo et proximo anoi ciannuntia lechose future. Glarchangeli ciannuntia pel mezo de glangeli et forse alchuna uolta sanza mezo. Chome gabriel archangelo nuntio ad maria benche nello euangelio e sempre nominato angelo: Ma di questa annuntiatione se fu facta per mezo duno angelo o dallui sanza mezo non e da giudicarne sanza grandissima consideratione. Glordini inferiori cominciono della uirtu de superiori: Ma sempre meno di grado in grado. Adunque obseruata la proportione participa della sapientia che e ne cherubini. Molti ricercono elnumero grandissimo deglangeli: et appresso a tanti e manifesto che i tre hierarchie sieno noue chori. Ma quanti sieno glangeli non e manifesto. Daniel propheta secondo gli septanta interpreti dice: Mille millenarii et decies mille decem millenarii doue pone le migliaia: et lemiliare equali due numeri sono grandissimi: Et perche gli ricircula in se medesimi: imperoche dice: mille millenenariis et myrias myriadas. i. decies mille decem millenarios tacitamente dimostra che sieno infiniti. perche el circulo cominciando in se et finiendo inse pare che dimostri numero infinito. Preterea laltra traslatione ha unaltro numero: idest. milia milium et decies milies centena milium. Ma Alberto magno nel suo compendio di theologia scriue che ciaschun choro ha in se semila secento sexansei legioni: et ciaschuna legione ha tanti angeli quante sono le legioni: cioe semila secento sexansei. Adunque ciaschun choro ha in se quarantaquattro milioni et quattrocento trentacinque migliaia et cinquecento cinquansei angeli. Elquale numero multiplicato per noue chori fa la somma di trecento nouantanoue milioni et nouantadua migiaia et quattro angeli. De quali se netrarrai el numero dun choro perche tanti ne caddono resteranno in noue chori trecento cinquantacinque milioni et quattrocento octantaquattro migliaia: et quattrocento quarantocto angeli. Et questo basti al presente deglangeli imperoche degli angeli rei et chome breuissima dimoranza fu dalla creatione loro et piu altre chose tractammo nellultimo canto della prime cantica.

Ladonna mia che me uedea in cura
fatte sospeso dixe da quel puncto
dipendel cielo et tucta la natura
Mira quel cerchio che gle piu congiunto
et sappi che el suo muouere e si tosto
per laffocato amore ondegli e puncto
Et io allei sel mondo fosse posto
con lordine chio ueggio in quelle rote
satio mharebbe cioche me proposto
Ma nel mondo sensibile si puote
ueder leuolte tanto piu diuine
quantelle son dal centro piu rimote
Onde sel mio disio dee hauer fine
inquesto miro et angelicho templo
che solo amore et luce ha per confine

u Ede beatrice sospeso et anxio lauctore per non intendere: ilperche glimostro chome dal puncto gia decto, uipendea tucta la natura creata: cioe tucto luniuerso/Ma dipoi nasce uno dubio adanthe chome possa essere che quiui cerchi piu presso al puncto faccino piu ueloce moto circa quello che e piu lontano: concosia che nelmõdo sensibile cioe nel mondo et negli elementi si uegga el contrario: impero che quanto le uolte: . i. egyri che fanno ecieli son piu rimote dal centro tanto sono piu diuine et affocate dello amor diuino et per consequens piu ueloci/Imperoche piu ueloce si muoue lanona spera che loctaua. Il perche conchiude che se el suo disio cioe el suo desiderio debba hauere fine cioe si debbe quietar in questo templo doue habitano glangeli elqual non e incluso in alchuna spera ma ha perconfine amore et luce: cioe el cielo empireo facto damore et di luce equali essendo sanza fine fanno anchora

Vdir conuiemmi anchor chome lexemplo
et lexemplare non uanno dun modo
che io per me indarno cio contemplo
Se li tuo diti non ſono adtal nodo
ſofficienti non e marauigla
tanto per non tentare e facto ſodo
Choſi la donna mia poi dixe pigla
cioche ti dicero ſe uuoi ſatiarti
et intorno da eſſo taſſottigla
Licerchi corporali ſono ampi et arcti
ſecondol piu elmeno della uirtute
che ſi diſtende per tucte lor parti
Maggior bonta uuol far maggior ſalute
maggior ſalute maggior corpo cape
ſe glha le parti equalmente compiute
Dunque coſtui che tucto quanto rape
laltro uniuerſo ſeco corriſponde
al cerchio che piu ama et che piu ſape
Perche ſe tu alla uirtu circonde
la tua miſura non alla paruenza
delle ſubſtantie che tappaion tonde
Tu uedrai mirabil conſequentia
di maggio al piu et di minore almeno
di ciaſchun cielo a ſua intelligentia

el tempio ſanza fine gli conuiene intendere per che lo exemplo cioe elmondo inferiore et ſenſibile chome ſono glelementi et ecieli elquale e facto aſimilitudine delle intelligibile et lo exemplare: cioe el mondo intelligibile non uanno aun modo chome gia e decto. SE li tuoi diti: Riſponde beatrice che nonè marauigla ſe eſuoi diti non ſono ſofficienti aſcioglere talnodo perche e diuẽtato piu ſodo per eſſere ſtato meno tentato. Et per queſto ſignifica che edubii et le difficulta in alchuna ſcientia quanto meno ſi tentano dintendergli tanto diuentono piu difficili: Dipoi ſolue el dubbio in queſta forma dimoſtrando che chome ecerchi del mondo intelligibile et hanno piu uirtu choſi la prima ſpera del ſenſibile perche e/ piu preſſo adio ha piu uirtu. Et aqueſto modo e noue ordini deglangeli proportionalmente conriſpondono anoue cieli ſempre el piu degno al piu degno al piu degno: Ecerchi corporali cioe e cieli che hanno corpo ſono ampi: ideſt larghi et grandi et arcti: i. piccoli et ſtrecti: ſecondo che hanno piu et meno di uirtu. Imperoche tanto e maggior la nona ſpera che quella della luna quanto epſa ha piu di uirtu. Et maggior bonta uuole fare maggior ſalute. i. quella che ha maggior uirtu produce piu ſalutifero effecto: Et maggiore affecto cape. i. maggior corpo contiene in ſe maggior uirtu ſe lui ha le parti compiute et perfecte equalmente. Adunque queſta nona ſpera la quale e maggior di tucte laltre et rape ſeco tucte laltre ſpere. Imperoche uolgendoſi inuentiquattrore tira ſeco nel medeſimo tempo tucte le altre ſpere chome ſpera piu perfecta corriſponde: al primo cerchio deglagnoli piu perfecto in amore et in ſapere. PERCHE: dimoſtra che la ſimilitudine ſi debba intendere ſecondo la uirtu. Et non ſecondo la quantita corporale. Onde dice ſe tu circondi la tua miſura cioe poni la tua miſura che tu fai de cerchi de glangeli che ſono incorporei alla uirtu loro et non alla paruenza. i. alla quantita corporale. i. alla uirtu itenſiua che e ſpirituale et non appare et non alla intenſiua che e corporale et appare. Tu uedrai mirabile conſequentia et conuenientia del maggio al piu: i. del maggior corpo apiu uirtu et di minor corpo ameno uirtu diciaſchun cielo che ſono noue aſua intelligentia. i. alſuo cerchio de glangeli: Adunque la nona ſpera riſponde a ſeraphini loctaua acherubini: Saturno atroni: Ioue alle dominationi, Marte alle uirtu, Sole alle poteſta: Venere aprincipati. Mercurio agli arcangioli: Luna aglangeli.

Chome rimane ſplendido et ſereno
lhemiſperio dellaere quando ſoffia
borea da quella guancia che e piu leno
Perche ſi purga et riſolue la roffia
che pria turbaua ſichel ciel ne ride
con le belleze dogni ſua parroffia
Choſi fecio poi che mi prouide
la donna mia del ſuo riſponder chiaro
et chome ſtella in cielo el uero ſi uide

I A comparatione e/che chome laere rimane ſereno quando trahe tramontana: choſi rimaſe chiaro in me eluero dopo lariſpoſta di Beatrice. Et dice quando borea. i. eluento ſeptentrionale ſoffia da quella guancia: cioe parte: perche euenti ſidipingono con labocha: ONDE E/ piu leno. i. diuerſo occidente. onde uiene choro elqual uento benche ſia ſeptentrionale: niente dimeno perche uiene daquella parte diſeptentrione: che e/ piu propinqua alloccidente: lui inclina alla ſuaue natura dizephyro. Roffia e/condenſita diuapori humidi: et condenſati. EL CIEL neride: rimane ſereno: et e/ mutua tranſlatione. Imperoche chome diciamo: che lafaccia delhuomo e/ſerena: quando ride: choſi diciamo: che elcielo ride: quando e/ſereno. DOGNI SVA PARROFFIA dogni ſua parte. et dixe parophia in luogho diparochia: Et parochia e/in una cipta quella parte deglhuomini: che ſono ſobto una medeſima chieſa.

Et po che leparole ſue reſtaro
non altrimente ferro diſatilla
che bolle chome ecerchi ſfauillaro
Loncendio loro ſeguiua ogni ſcintilla
et eron tante che nel numer loro
piu cheldoppiar degliſcacchi ſimilla
Io ſentia oſannare dichoro inchoro
alpuncto fixo che glitiene allubi
et terra ſempre nel qual ſempre foro

f Inite leparole ecerchi noue deglangioli ſfauillorono chome ſfauilla elferro bollente: Et leſauille ſeguiuano loncendio. Laſententia e/ che chome dei ferro bollente eſcono molte fauille choſi diquei cerchi appariuon molti angeli uolanti chome fauilla. Ma benche uolaſſino non uſciuono dellordine loro. Ma tutti ſeguiuono elloro incendio. i. lordine delloro circulo. Et eron tanti chelnumero piu ſamilla. i. ſimulti plita in piu migl aia; che laddoppiare degliſcacchi. Sono ſexanta quattro luoghi nelloſcacchieri; equali ſe ſaddoppiaſſino; che nel primo fuſſi uno; nel ſecondo due nel. iii: ſei; nel. iiii. otto: nel v ſedici; et cetera farebbō ſōmo numero Queſti āgeli oſānauō. i. lodauan idio dichoro i choro ſucceſſiue riſpōdēdo lun allaltro choro: et ordina al pūcto fixo. i. adio. Che. i. elquale idio glitiene allubi i. alluogho proprio et fermo; perche erono confermati in gratia; et terragli ſempre; nel qual ſempre furono intendi; dapoi inqua che glicreo.

Et quella che ſentia epenſier dubi
nellamie mente dixe ecerchi primi
moſtrato thanno ſeraphi et cherubi
Choſi ueloci ſeguono eluoi uimi
per ſimiglarſi alpuncto quanto ponno
et poſſon quanto a ueder ſon ſublimi
Queglaltri amori chedintorno gliuonno
ſichiaman troni del diuino aſpecto
perchelprimo ternaro terminonno
Et dei ſaper che tutti hanno dilecto
quanto laſua ueduta ſiprofonda
nel uero inche ſicheta ognintellecto.
Quinci ſipuo ueder chome ſifonda
leſſet beato nellacto che uede:
non inquel chama che poſcia ſeconda
Et del uedere e/ miſura mercede
che gratia partoriſce et buona uogla
choſi digrado ingrado ſiprocede
Laltro ternaro che choſi germogla
inqueſta primauera ſempiterna
chelnocturno ariete non diſpogla
Qui perpetuamente oſanna ſuerna
con tre melode che ſuonono in tree
ordini diletitia onde ſinterna
In eſſa hierarchia ſon letre dee
prima dominationi et poi uirtudi
lordine terzo dipoteſtadi ee
Poſcia nedue penultimi tripudi
principati et archangeli ſigyrano
lultime e/ tutto dangelici ludi
Queſti ordini diſu tutti ſammirano
et digiu tincon ſi cheuerſo dio
tutti tirati ſono et tutti tirano

m Oſtra Beatrice a Danthe glordini deglangeli per leuargli edubii; che uedea lui hauer nellamente: Accioche intenda; che labeatitudine deſancti ſicagiona dalla uiſione. Perche eluedere et intendere e/ cagione della beatitudine Impero che diqueſto ſolo ſinutriſce lamente. et queſto e/ elſuo nectare; et laſua ambroſia. SERAPHI: et cherubi; dequali habbiamo gia decto. ESVoi uimi; eſuoi uincoli et legami; che e/ idio; perche eldiſiderio diconoſcerlo fa. che non ſallontanano dallui; et tanto piu poſſono conoſcerlo; quanto piu gliſono propinqui; et piu ſinalzano auederlo THRONI DEL DIVINO aſpecto; perche chome e/ decto idio per quegli ordina eſuoi iudicii. SI PROFONDA nel uero. i. in dio: che e/ ſomma uerita. QVINCI SIPVO uedere. Diqui ſintende che leſſer beato conſiſte nel uedere. i. nel conoſcere. Et non nellamare. Perche lamore procede dalla cognitione; et non lacognitione dallamore. Et tanto piu ama lacreatura elcreatore quanto piu loconoſce et riceue merce et gratia ſecondo lamiſura del conoſcere. Ilperche di grado in grado quanto piu uede; piu ha digratia dibuona uogla. i. diuolere quello: che uuole iddio: SEguita elſecondo ternario: che e/ dominationi; uirtu et poteſtati; elquale germina et frondiſce nella beatitudine; laquale chiama primauera ſempiterna; laquale lariete nocturno. i. lauctunno non diſpogla. Laprimauera noſtra frondiſce. ma lauctunno poi fa cadere lefrondi. Ma quella dicielo ſempre ſta uerde: Et poſe lariete nocturno per lauctono. Imperoche lanctonno comincia: quando elſole entra nella libra; et alhora lalibra nel noſtro hemiſperio non e/ ſe non didi. Onde ſeguita che lariete ſegno oppoſito non ſia ſe non dinocte. Quiui ſiſuerna. i. canta del continuo oſanna con tre melodie. Imperoche datre chori procedono tre canti; et pone qui etre ordini della ſeconda ierarchia. POSCIA NEDVE penultimi tripudii; nedue penultimi balli. che ſono della terza hierarchia principati; et archangeli; et lultimo che ſono angeli. Queſti ordini noui tutti ſammirano diſu. Imperoche loinferiore ſempre hain admiratione elſuperiore : chome choſa maggiore. Adunque eſeraphini hanno in admiratione idio : nel qual guatano; chome in ſommo bene : et daquello ſono tirati : chome daſommo bene : et tirano echerubini : Et queſti hanoo in admiratione idio : et dipoi eſeraphini : et tirano ethroni . et ethroni ledominationi : et choſi glaltri inſino allultimo ordine. Et queſto tira laltre creature. Et ſempre elſuperiore ha piu uirtu che lonferiore. Onde ſeguita che tutti ſammirano diſu : et tutti uincono digiu : et ciaſchuno tira lonferiore inuerſo idio : et e/tirato dal ſuperiore .

Et dionyſio con tanto diſio
acontemplar queſti ordini ſimiſe
che li nomo et diſtinſe chomio
Ma gregrorio dalui poi ſidiuiſe
onde ſi toſto chome locchio aperſe
inqueſto ciel diſe medeſmo riſe/
Et ſe tanto ſecreto uer proferſe
mortale interra non uollio chamiri
che chiluede quaſſu gleldiſcoperſe
Conaltro aſſai del uero diqueſti gyri :

d Imoſtra che elnumero : lordine : lediſtinctioni : et enomi diqueſti angeli hebbe dioniſio elquale nellibro denominibus : et de angelica hierarchia. Dipoi Gregorio ſidiſcordo dallui. Perche Dionyſio poſe eprincipati nella terza hierarchia : et nel primo ordine : et gregorio glipoſe nel ſecō do ordine della ſeconda hierarchia : doue Dionyſio poſe leuirtu . Ma dopo lamorte uenendo a queſto cielo uide elſuo errore : et riſeſi diſe medeſimo. Et conchiude Beatrice : che elpoeta non ſi debba marauiglare : che mortale uero . i . uerita . dhuomo mortale profferiſſe et manifeſtaſſi tal ſecreto. Imperoche colui che lhauea ueduto quaſſu nel cielo : che fu Paolo apoſtolo . quando fu rapto alterzo cielo : glidiſcoperſe queſto : et aſſai choſe uere diqueſti gyri : cioe diqueſti cieli.

CANTO XXVIIII DELLA TERTIA CANTICA DI DANTHE

q Vando ambo dui lifigli dilatona
couerti del montone et dalalibra
fanno dellorizonte inſieme zona
Quanto e dal puncto chelcinith illibra
infin che luno et laltro diquel cinto
cambiando lhemiſperio ſidilibra
Tanto col uolto diriſo dipincto
ſitacque beatrice raguardando
fiſo nel puncto che mhauea uincto
Poi comincio io dico et non dimando
quel che tu uuoi udir perchio lo uiſto
oue ſappunta ogni ubi et ogni quando

p ERCHE gia ha tractato elpoeta della diſtinctione denoue ordini deglangeli : Reſta in queſto . xxviiii . capitolo tractare : doue : et quando : et in che modo lanatura angelica fu creata : et che choſa ſia angelo : et elnumero diquegli. Tracta adunque prima due queſtioni . Dipoi pone laruina deglangeli rei : et toccha alcuni dubbii dellontellecto : memoria : et uolonta deglangeli. Nel terzo luogo riprende chi poſtpone et preuerte laſcriptura. Et finalmente ritorna alla principal materia deglangeli. Nel principio delcapitolo dimoſtra : che Beatrice riuolta adio ſtecte tacita tanto che uide edubii del poeta : ma brieue tē po ſtecte choſi. Et queſta breuita et momento dichiara per comparatione optima dicendo : che che me interuiene: che quando elsole e/nellariete: et laluna nella libra segno opposito informa che elsole/ e/in oriente: et laluna in occidente: subitamente mutano luogho. perche luno sale alnostro hemispe rio: et laltra scende. QVANDO ambe due efigli dilatona; cioe elsole et laluna: chome gia habbia mo decto: conuerti luno dal montone: et laltro dalla libra: fanno zona. i. cintura dellorizonte: perche amendue sono nellorizonte. Ma luna per salire: et laltra per scendere. Adunque quando laluna elsole stanno in questa forma. tanto sitacque Beatrice: quanto stanno laluna elsole nel cincto delhemispero oue sappuncta. i: oue e/segnato: chome in puncto ogni ubi. i. ogni luogho: et ogni quando. i. ogni tempo: si chome in prima cagione. Onde procedono eluoghi et etempi; benche indio non e/luogho: p che e/inmenso: ne tempo: perche e/eterno. Nientedimeno dallui luno et laltro procede.

Non per hauer adse dibene acquisto
chesser nonpuo ma perche suo splendore
potesse risplendendo dir subsisto
Insua ethernita ditempo fore
fuor dognaltro comprender come i piacque
saperse innuoui amori letherno amore
Ne prima quasi torpente sigiacque
che ne prima ne poscia procedecte
lodiscorrer didio sopra queste acque

r Aguardando Beatrice nella diuinita uicono bbe tre dubii; che eron in Danthe: Primo se tempo precede lacreatione delluniuerso. Secõ do doue fu facta tal creatione: Tertio chome fu facta o inistante o successiue. Ilperche prima di mostra che lacagione: che mosse idio acreare luni uerso: non fu per accrescere ad se beatitudine: p che niente sipuo arrogere al perfectissimo: Adun que non fu per hauere ad se acquisto dibene: per che non puo essere. Ma perche losplendore suo. i. lasua bonta simostrassi nelle creature: et potes si subsistere nella natura creata: et uessa apparire Et essere forma substantiale dogni creatura: per che ogni chosa creata e/buona. Onde nel genesi. Et uidit deus cuncta que fecerat: et erant ualde bona. Et Boetio: Quem non externe pepulerunt fingere cause materie fluitanti opus Verum insita summi forma boni liuore carens. Volle idio comunicare lessere et bonita sua con lechose dase create: et per di mostrare lasua perfectione ledistinse in tre gradi. Nel primo sono lecreature solamente intellectuali: che sono glangeli posti sopra ecieli. Nel secondo corporali semplicemente posti circa elcentro del mon do nel basso: che sono glelementi. Nel terzo corporale et intellectuale congiunte che sono huomini et ci eli. Et in ciaschuno grado sono maggiori mezani et minori. Nelle intellectuali habbiamo decto esser tre hierarchie: maggiore. mezana: et minore: et in ciaschuna e/ordine maggiore: mezano. et minore. Nel le corporali semplicemente e/ordine maggiore: che sono ebruti: mezano che sono euegetatiui cioe albe ri et herbe: et minore glelementi: che hanno solamente lessere. Lecreature congiunte danimo: et di corpo sono in due gradi: perche alchune hanno corpi incorruptibili: et questi sono emotori: che muo uono ecieli. Alchune corruptibili: et questi sono ghuomini: Et ne cieli alchuno non e/organato. i. non ha distincte membra. ma ha tutte lesue parti simili in natura et inessere. Et pero tutto splende: et ha in ogni sua parte simil uirtu. Et questa e/lanona spera. Ma loctauo cielo non splende tutto: et ha nelle sue parti diuerse uirtu: perche ha diuerse stelle. Alchuno ha un solo organo. i. stella: et in quella e/sua uirtu: chome ueggiamo nesepte pianeti: Preterea e/diuersita nemouimenti. Imperoche lanona spera ha un sol moto sopra esuoi poli. Alchuni hanno tre moti uno sopra epoli della nona spera: Laltro sopra epropri poli: elterzo per accesso et discesso didieci gradi. Et questo e/loctauo cielo: Pertutti questi mo ti e/necessario uenire aun primo inmobile: che e/idio: che cagiona tali moti. Ma glhuomini non hanno diuersita digradi: perche sono simili: et dasimil forma riceuon suo essere. Ma hanno gradi secondo egra diti: che procedono daloro complexioni: et secondo loro uolonta: che procede da libero arbitrio. Impero che alchuni sono apti aspeculatione et scientia: si chome quegli: che hanno carni molli. Ma quegli didu ra carne sono apti ad dilectationi sensitiue: et passano in bestialita. Alchuni sono inmezo diquesti due gradi: et quegli ragioneuolmente riducono inacto: et questi sono apti alla ciuilita. Ma quanto piu con laragione siresiste alla sensualita: tanto e/maggiore laloda. SAPERSE IN NVOVI amori lethèrno amore: Idio che e/etherno amore saperse et manifesto in nuoui amori. i. nelle creature: lequali create dinuouo tutte hanno inclinatione benche uariamente in dio. Imperoche idio dixe Fiat lux et facta est lux: et per questa luce sintende lanatura angelica: et dipoi fece laltre creature. Et questo fu in sua ether nita. i. nel suo essere. NE PRIMA. Potrebbono molti dubitare se idio creo elmondo gia sono anni semila secento septantanoue: perche innanzi atale creatione: et dopo quella: lui sistecte otioso. Ad che risponde Beatrice: che lamore diuino ne sigiacque pigro et otioso. PRIMA. i. innanzi aquesta creati one: perche eltrascorrere didio: i. eldiscorso della creatione. SOPRA QVESTE acque: i. sopra queste creature. Onde dice nel genesi. Et spiritus domini ferebatur super aquas. Ne precedecte prima ne poscia. i. innanzi alla creatione: ne poi. Et non sanza cagione dixe non procedecte perche procedere dimostra tempo; Et similmente prima et poi dinotano tempo. Onde eltempo sidiffinisce essere misura dimoto secondo prima et poi: chome dice Aristotele nella physica. Et similmente laquiete dinota eltẽ po. Et pero non giacque in pigritia. perche chome e/decto idio non nel tempo: ma nellethernita fece.

ſece tutte lechoſe. Onde abbetherno hebbe nellamente elmondo exemplare: elquale dipoi produxe in acto et alhora fece eltempo. Imperoche selten:po e/miſura dimoto: et elmoto non puo eſſere ſanza corpo: non potea in nanzi che fuſſi creato elcorpo eſſere eltempo.

d Imoſtra che lacreatione fu facta in iſtanti ſanza ſucceſſione ditempo. Pone adunque etre gradi di creature gia decti: cioe quelle: che ſono incorporee et ſemplice forma: che ſono ſopra ecieli: et quelle: che ſono ſemplice materia: et ſono circa elcentro: et lecongiunte dimateria et forma: Questi tre gradi uſcirono per uolonta didio adeſſere: che non hauea fallo. i. adeſſere perfecto: perche dadio di niente furon create: et uſcirono ad eſſe chome eſcono tre ſaecte ad un tracto da archo: che habbia tre corde. Et chome elraggio ſolare penetra per uetro, o ambra: o chriſtallo aun tracto ſanza ſucceſſione: et in quel medeſimo inſtante e/nella fine che nel principio: et choſi non e/iteruallo dal uenire. i. dalprincipio: et alleſſer tutto. i. alla perfectione: choſi leffecto triforme del quale gia e/decto raggio dal ſuo ſire. i. ſignore: che e/idio tutto nel ſuo eſſere. i. nella ſua perfectioone. Adunque chome erazi del ſole penetrano per queſti tre corpi aun tracto ſanza ſucceſſione di tempo: o diluogho. Choſi erazi delletherno ſole idio penetrano inqueſti tre gradi dicreature ſanza diſtinctione nello exordire. i. ſi in uno inſtante: che lo exordire. i. elcominciare non ſipuo diſtinguere dalla perfectione. Et finalmente conchiude dicendo che dio concreo ordine. i. in un medeſimo inſtante produxe lecreature o uogliamo dire ſubſtãtie: et lordine diqueſti tre gradi: elquale fu: che quelle: nelle quali e/puro acto. i. ſola actione: p che ſono ſemplice intellecto: teneſſino lacima. i. laſommita del mondo: et fuſſino ſopra ecieli. Et queſte ſono letre hierarchie deglangeli. Et quelle in che e/ſemplice potentia: et non acto: perche ſono ſola materia: teneſſino laparte ima et baſſa intorno alcentro chome piu ignobili. Et quelle. che ſono congiuncte dacto et dipotentia: ſtrinſe idio nel mezo con taluime: i. con tale legame: che mai non ſidiſuima. i. non ſidiſciogle. Imperoche ecieli ſempre ſtaranno congiunti coſuoi motori. Et lanime noſtre benche ſipartino dal corpo; nientedimeno ſiricongiugneranno; et ſtaranno congiuncte in etherno.

Forma et materia congiunte et purette
uſciro adeſſer che non hauia fallo
chome darcho tricorde tre ſaette
Et chome inuetro inambra et in chriſtallo
raggio riſplende ſiche dal uenire
alleſſer tutto non e/ interuallo
Choſiltriforme effecto dalſuo ſire
elleſſer ſuo raggio inſieme tutto
ſanza diſtinctione nello exordire
Concreato fu ordine et conſtructo
alle ſubſtantie et quelle furon cima
nel mondo inche puro acto fu producto
Pura potentia tenne laparte ima
nel mezo ſtrinſe potentia con acto
tal uime che giamai non ſidiſuima

Hieronymo neſcripſe lungo tracto
deſecoli deglangeli creati
anzi che laltro mondo fuſſi facto
Ma queſto uero e ſcripto inmolti lati
dalloſcriptore delloſpirito ſancto
et tu louederai ſe ben neguati
Et ancho laragione eluede alquanto
che non concederebbe che motori
ſanza ſua perfection fuſſer cotanto
Hor ſai tu doue et quando queſti amori
furon creati et chome. ſi che ſpenti
nel tuo diſio ſon gia litre ardori
Ne giugnerieſi numerando aluenti
ſi toſto chome deglangeli parte
mutol ſubiecto deuoſtri elementi
Laltra rimaſe et comincio queſtarte
che tu diſcerni con tanto dilecto
che mai dal circuir non ſidiparte

Criue Hyeronimo ad Tito. Sex milium non dum noſtri temporis completur annorum numeruſ. Et quanta tempora aſeculorum origine fluxiſſe arbitrandum eſt. In quibus angeli; throni et dominationes: cetcrique ordineſ deo deſeruiunt. Ilperche uuole Hieronymo: che lungho ordine diſeculi ſieno ſtati dallacreatione deglangeli alla creatione del reſto del mondo. Ma Thomaſo daquino loſcuſa dicendo che parla ſecondo loppinione degreci. Ma lui et tutti glaltri doctori uoglono: che inuno inſtante fuſſino creati glangeli et laltre creature. Et pero dice che queſto uero e/ſcripto in molti luoghi dagliſcriptori dello ſpirito ſancto. Preterea ſipuo dimoſtrare per ragione naturale: laquale ſiforma. Choſi glangeli furon creati dadio per muouere ecieli. Et ſe fuſſino ſtati creati molti ſecoli innanzi acieli. ſarebbe ſtata langelica natura inuano: conciosia che emotori ſarebbono ſtati ſanza perfectione perche non harebbono hauuto che muouere non eſſendo ecieli.. HOR TV SAI. Conchiude beatrice che ha ſpento gia etre ardori. i. ha ſoluto e tre dubbii a Danthe. Ilperche intende doue queſti amori etre gradi delle creature furon create: cioe nellethernita didio et quando piacque adio fuor dogni comprensione ditempo : et chome perche in uno instante. NE GIVGNERIESI NVMERANDO AI VENTI: Poi che ha dimostro doue et quando et chome fu facto elmondo. Dimostra che subito: et cōmeno interuallo: che non sigiugnerebbe numerando al uenti: parte deglangeli sribello dadio: et cadēdo muto elsubietto degelementi. Imperoche con laloro malitia fecIono: che laterra et laria prima pura diuento infecta. Laltra parte deglangeli gia confermata in gratia rimase: et comincio questa arte del circuire idio: et contemplare in lui tutte lechose: ne mai sidiparte dal circuire.

Principio delcader ful maladecto
superbir dicolui che tu uedesti
datutti epesi del mondo constrecto
Quegli che uedi qui furon modesti
ariconoscer se dalla bontade
che glhauea facto atanto intender presti
Perche leuiste lor furo exaltate
con gratia illuminante et con lor merto
si che hanno ferma et piena uolontate
Et non uoglo che dubbi ma sia certo
che riceuer lagratia e/ meritorio
secondo che laffecto gle aperto
Homai dintorno aquesto consistorio
puoi contemplare assai se leparole
mie son ricolte sanzaltro aiutorio

Dichiara Beatrice lacagione dellaruina deglangeli ribelli: et laconfermatione debuoni. Fu adunque lorigine del cadere lasuperbia dilucifero: elquale elpoeta hauea ueduto nel centro della terra: alquale chome a luogho piu basso caggion tutte lechose graui. Chostui ingratissimo dibenefitii riceuuti dal suo creatore. et superbissimo dixe. Disponam sedem meam abaquilone: et ero similis altissimo. Ilperche et lui et epersuasi dallui caddono. QVEGLI CHE VEDI qui intorno a dio: furono modesti et non superbi ariconoscere se dalla bonta diuina. i. conobbono essere creatura didio. et dallui creati: non per loro meriti. ma per sua bonta. Questa modestia fu merito. Et pquesto furono lelor uiste iexaltate con gratia illuminante: et fu merito anchora che acceptorono la gratia illuminante: et seguitoronla. onde uiene poi lagratia cooperante: confirmante et consumāte. Et queste gratie fanno in loro uolonta piena et perfecta: perche uogliono quanto bisogna. Et e/ferma: perche non sipuo mutare. Et finalmente conchiude: che e/chosa meritoria riceuere lagratia: secondo che leffecto. i. lauolonta e/aperta dadio. La sentenzia e/che lagratia illuminante genera in te uolonta dibene. Ilperche se tu non ripugni: ma laccepti: tu meriti: Perlaqualchosa puoi facilmente contēplare dintorno aquesto consistorio. i. puoi conoscere per te medesimo per qual cagione questi agnoli hanno meritato: se tu intendi lemie parole sanza altra interpetratione. Consistorio e/ congregatione dicardinali intorno al sommo pontefice. Et daquesta similitudine chiama consistorio glangeli congregati intorno a dio.

Ma perche interra per leuostre schuole
silegge che langelica natura
e/tal chentende siricorda et uuole
Anchor diro perche tu ueggi pura
lauerita che laggiu siconfonde
equiuocando insi facta lectura
Queste substantie poi che fur gioconde
dellafaccia didio non uolser uiso
daessa dachui nulla sinasconde
Pero non hanno uedere interciso
danuouo obiecto et pero non bisogna
rimemorar per concepto diuiso

E/Intentione di Beatrice didimostrare: che benche noi diciamo essere nellangelo intellecto; memoria et uolonta. Nientedimeno e/altra chosa. Ma nelle schuole dephilosophi sichiamano chosi equiuocando. Imperoche nellangelo non e/intellecto agente ne possibile: equali sono nellanima humana: nellaquale e/lointendere alchunauolta in potentia: et alchunauolta inacto. Adunque non sipuo dire intellecto nellangelo: se non equiuocando et per similitudine: Glangeli subito che fur giocondi. i. beati della faccia didio. i. della uisione didio non uolser uiso daessa. i. non cesso mai laloro telligentia: Ne altro e/ eluiso dellangelo: chelsuo intendere: ne siuede idio altrimenti che intendendo. Et niente e/ nascoso alla faccia didio. i. alla sua intelligentia. Et per questo glangeli non hanno uedere interciso. i. intendere interropto da alchuna chosa: Lhuomo discorrendo spesso sintoppa inqualche chosa nuoua et non bene intesa: che interrompe eldiscurso. Ma lagnolo uedendo ī dio ogni chosa: niente glipuo essere nuouo. Et pero non glibisogna rimemorare per concepto diuiso. Non intende lagnolo per lespetie: lequali abstrahe dalle chose. Ne componendo et diuidendo: ne per discorso chome fa lhuomo: ma Intende per spetie innante. Preterea non e/ nellangelo quella uolonta che e/nelhuomo: benche ciaschuna sichiami uolonta. Imperoche lhuomo uuole elbene per discorso di ragione. Et langelo in uno instante. Adunque chome intende piu excellentemente che lhuomo: chosi ha piu excellente uolonta. Memoria similmente non sipuo dire nellangelo se non equiuoca. Imperoche lamemoria in noi e/fondata in organo corporale: et lagnolo non ha corpo: Item e. delle chose pre [illegible] et langelo uede in dio ogni choſa preſente.

Siche laggiu non dormendo ſi ſogna
credendo et non credendo dicer uero
ma nelluno e piu colpa et piu uergogna
Voi non andate giu per un ſentero
philoſophando tanto ui traſporta
lamor dellapparenza el ſuo penſero
Et anchor queſto quaſſu ſi comporta
con men diſdegno che quando e poſpoſta
ladiuina ſcriptura et quando e torta
Non ui ſi penſa quanto ſangue coſta
ſeminarla nel mondo et quanto piace
chi humilmente con epſa ſaccoſta

r Iprende ephiloſophi et theologi moderni equali ſognano non dormendo. Impero che chome a chi ſogna pare uedere quel che non e/ choſi interuiene ad cheſtoro che ſi uoglono di niare da glantichi: Ma lerrore loro e/ di due ſpe tie. Imperoche alchuni credono inqueſte ſue opi nioni dire el uero benche nol dichino: et peccon per ignorantia. Altri ſaccorgono che non dico no el uero: Et nientedimeno per parer piu docti che glaltri ſingegnono di difendere el falſo: Et queſti perche peccono per malitia commettono maggior peccato: et e/ maggior uergogna la loro Onde ſoggiugne uoi non andate giu nel mondo philoſophando per un ſentiero: perche per mali tia uingegnate preuertere le ſcientie: perche in uoi non e/ uero amore di conoſcere el uero. Ma ogni uoſtro penſiero e/ di parere. Ilche benche ſia grande errore: Nientedimeno quaſſu incielo ſi com porta con minore ſdegno che non ſi ſopporta: che uoi chriſtiani theologi poſtpognate lacriſtiana ſcrip tura: et uergognandoui allegare Marco Luca Ioanni et Mattheo ſempre inſiſtiate con Ariſtotele et Pla tone. Oueramente la torciate in diuerſi ſenſi et alieni da doctori che lhebbono dallo ſpirito ſancto: Et non penſate quanto ſangue prima di chriſto et poi de ſancti martiri ſi ſparſe aconſtituire queſta reli gione: Et quãto piace a dio chi humilmẽte ſanza cercare pompa ciaccoſtiamo aqueſta criſtiana doctrina

Per apparere ciaſchun ſingegna et face
ſue inuentioni et quelle ſon traſcorſe
da predicanti el uangelio ſi tace
Lun dice che la luna ſi ritorſe
nella paſſion di chriſto et ſinterpoſe
perchel lume del ſole giu non ſi porſe
Et altri che la luce ſi naſcoſe
da ſe pero aglhiſpani et a glindi
chome a iudei tale eclipſi riſpoſe
Non ha firenze tanti lapi o bindi
quante ſi facte fauole per anno
in pergamo ſi gridon quinci et quindi
Siche le pecorelle che non ſanno
tornan dal paſto paſciute di uento
et non le ſcuſa non ueder lor danno.

r Iprende aſſai Beatrice epredicanti: equali douendo exporre el uangelio: et in quel lo dimoſtrare qual ſia la ſalute: et quale ladanna tione dellhuomo exortare alle uirtu et ſconforta re da uitii laſciano tal doctrina: et per parer doc ti fanno inuentioni inutili: chome uerbi gratia: Narrando el uangelio chel ſole obſcuro nella paſ ſione di chriſto. Ilche e/ contro a natura concio ſia chel ſole non perda mai el ſuo lume: Ma na ſcondeſi a noi quando laluna ſinterpone tra noi et quello: Et queſto non puo eſſere ſe non nella coniunctione laquale allhora non era. Adunque epredicanti per parere aſtrologi narrano tutte queſte difficulta: Et poi ſoluono chi dicendo che diſubito la luna ſi parti dalla oppoſitione: et cor ſe per ſei ſegni et congiunſeſi nella linea eclypti ca. Altri dice che dio uolle che la luce nel ſole ſi naſcondeſſi per ſe medeſima ſiche tale defecto di lume fu comune choſi a glindi. i. alle parte o rientali: et a glhiſpani. i. alle parti occidentali: Chome a iudei che ſono in mezo della terra. Ilche naturalmente non puo eſſere: perche la eclypſe ſo lare e/ per interpoſitione della luna tra noi el ſole. Ne mai ſi puo interporre informa che inun mede ſimo tempo tolga el ſole a tutte le parti del mondo. Et concludendo dimoſtra che firenze non ha tan ti lapi et bindi, equali nomi ne tempi del poeta erono molto frequenti nella noſtra rep. Et molti citta dini erono chiamati per queſti due nomi quante fauole et choſe inutili dicono epredicanti laſciando in drieto lecoſe utili. Onde lepecorelle. i. glihuomini equali ſon come pecore: et edoctori equali ledebbo no admaeſtrare ſono chome paſtori. CHE Non ſanno: et per queſto cercono deſſere admaeſtrati nel la religione chriſtiana. Tornano dal paſto. i. dalla predicatione: laquale e/ cibo che nutriſce lanime pa ſciute Di uento. i. di uana doctrina. ET NON Leſcuſa non ſaper lor danno: perche tale ignorantia e craſſa: et non excuſabile.

Non dixe chriſto al ſuo primo conuento
andate et predicate almondo ciance
ma diede lor uerace fondamento

c Hriſto dopo la ſua reſurrexione non dixe predicate ciance. Ma dando loro uero fõ damento che fu la doctrina: laquale infuſe in lo ro lo ſpirito ſancto: Dixe al ſuo primo conuẽto

Elqual tanto ſono nelle ſue guancie
ſiche a pugnar per accender la fede
delleuangelo fero ſcudi et lance
Hora ſi ua con motti et coniſcede
a predicare et pur che ben ſi rida
gonfial cappuccio et piu non ſi richiede

cioe a glapoſtoli Andate et predicate lo euangelio a ogni creatura. Elquale tanto ſono :i. ſolamente ſono: Nelle guancie. i/nella bocca di chriſto ſiche glapoſtoli feciono dello euangelio ſcudo et lancia. i. con quello chome conſaldo ſcudo difendeuono la fede: et col medeſimo come con forte lancia impugnauono la falſa religione de gentili. Ma alpreſente laſciata la uia del predicare de glapoſtoli attendono a dire motti: cioe parole giocoſe et ſcede: Et quando co motti et con le ſcede hanno facto ridere glaulditori Gonfia loro el cappuccio. i. el capo per la uanagloria che ne pigliono. ET Piu non ſi richiede. i. altro non cercano che piacere al popolo.

Ma tal uccel nel becchetto ſannida
che ſel uulgol uedeſſi uederebbe
laperdonanza diche ei ſi confida
Per cui tanta ſtultitia in terra crebbe
che ſanza pruoua dalchun teſtimonio
ad ogni promeſſion ſi correrebbe
Di queſto ingraſſal porco ſancto antonio
et altri aſſai che ſon peggio che porci
pagando di moneta ſanza conio
Ma perche ſiam digreſſi aſſai ritorci
glocchi horamai uerſo la dricta ſtrada
ſiche lauia col tempo ſi raccorci

ſEquita che predicando queſti tali non per zelo di dio ma per boria: diche gonfia loro el cappuccio interuiene che nel becchetto del cappuccio ſannida tale uccello: et intende el diauolo: elquale e/ dipincto con tale che ſel uulgo che ode la predica lo uedeſſi lui uederebbe la perdonanza. i. la indulgentia che promettono loro epredicanti. La ſententia e/ Per cui: per laquale confidenza chel uulgo ha in ogni predicatore e/ creſciuto tanto la ſtultitia in terra tra glihuomini: che loro corrono ad ogni impromeſſa che fanno dindulgentia benche non habbino ne priuilegii ne bolle che ſieno teſtimonii di tale indulgentia. Et di queſto promettere falſo delle indulgentie: lequali non poſſono dare ſancto antonio. i. efrati di ſancto Antonio Ingraſſa elporco con le choſe che hanno da glihuomini credoli et ſemplici: Et altri che ſono peggio che porci: chome meretrici et ſimili pagando quegli da chi riceuono lelimoſine di moneta ſanza conio. i. dindulgentie falſe che niente uagliono chome non uale la moneta non coniata. Ma perche ſiamo digreſſi: Mentre che. b. dimoſtraua a Danthe la natura angelica accadde uſcire di propoſito per dannare quegli che non procedono rectamente in non dare uera doctrina. Hora uolendo tornare apropoſito ladmoniſce che ritorcha glochi uerſo la diritta ſtrada: et ritorni alla prima ſpeculatione.

Queſta natura ſi oltre ſingrada
in numero che mai non fu loquela
ne concepto mortal che tanto uada
Et ſe tu guardi quel che ſi riuela
per daniel uedrai che inſua miglaia
determinato numero ſi cela
La prima luce che tutta la raia
per tanti modi in epſa ſi ricepe
quanti ſon gli ſplendori ad che ſappaia
Onde pero con lacto che concepe
ſegue laffecto damar ladolceza
diuerſamente in epſa ferue et tepe
Vedi lexceſſo homai et la largheza
delleterno ualor poſcia che tanti
ſpeculi facti ſha in che ſi ſpeza
Vno manendo in ſe chome dauanti.

rItorna. b. onde haueua facto ſua digreſſione ſequita nella natura angelica et dimonſtra che epſa ſingrada di numero. i. diſcende in tanto numero che non fu mai huomo che lo poteſſi o exprimere con le parole: o concepere con la mente. Onde Daniel propheta nelloctauo capitolo ſcriue Mille millia miniſtrabant ei et decies centena milia aſſiſtebant ei. Oue manifeſto ſi uede che lui pone numero finito per infinito. Ma di queſto habbiamo decto piu diſteſamente La prima luce che e/ epſo dio: laquale raia. i. irraza et illumina tutta queſta natura angelica ſi riceue per tanti modi in epſa natura quanti ſono gli ſplendori. i. glangeli. Imperoche tanto ſi da a ciaſchuno quanto lui puo riceuere. Onde la dolceza dellamore. i. di dio laquale e/ riceuuta: Ferue et tepe. i. bolle et intepidiſce. Imperoche lui chome ho decto equalmente ſinfunde: Ma non equalmente e/ riceuuto: Ma riceue ciaſchuno la uiſione diuina piu et meno ſecondo la ſua capacita: et quanto ne riceue tanto ama. VEDI Lexceſſo. i. lanfinita altitudine. Et la largheza. i. la latitudine. Conchiude la immenſa magnitudine di dio: et della ſua bonita poiche ha tanti angeli: nequali chome in ſpecchi ſi riflecte. VNO Manendo in ſe chome dauanti. i. chome innanzi che creaſſi elmondo.

CANTO . XXX . DELLA TERTIA CANTICA DI DANTHE

Orſe ſemila migla di lontano
f ci ferue lhora ſexta et queſto mondo
china gia lombra quaſi allecto piano:
Quando el mezo del cielo ad noi profondo
comincia ad farſi tale chalchuna ſtella
perde il parere inſino ad queſto fondo
Et chome uien la chiariſſima ancella
delſol piu oltre choſi il ciel ſi chiude
diuiſta inuiſta inſino alla piu bella
Non altrimenti eltriumpho che lude
ſempre dintorno al puncto che mi uinſe
parendo inchiuſo da quel chegli inchiude:
Apoco apoco el mio ueder diſtinſe
perche tornar cogliocchi a beatrice
nulla uedere et amor mi conſtrinſe

Et che ſempre ogni hora piu aſſottigla la uiſta del poeta: et piu diuiene capace del le choſe incorporee: et gia ha percorſo langelica natura/ Richiede lordine che in queſto . xxx. ca. exprima leſſentia et leffecto del cielo empyreo: Et ſimilmente dimoſtra chome ſi traſmuto: et traſmutato pote uedere la ſuprema gloria del pa radiſo. Diſcriue adunque prima lapparitione de glangeli et laſuprema excellentia della belleza di . B. Dipoi dimoſtra el ſuo aſcenſo allo empyre o cielo. Nel terzo luogo lo ſcriue in propria for ma. Et finalmēte pone una ſedia uacua. Ma tor nando al principio et a uerſi gia ſcripti, chome in tutte le ſpere ha uoluto che ſi rappreſentino la nime: lequali ſecondo linfluxo di tal cielo ſono beate choſi in queſta nona ſi ſono rappreſentati glangeli: Et hora partendoſi da tale ſpera; choſi apoco a poco gli ſpariua la ueduta de glangeli co me a noi ſpariſcono le ſtelle quando el ſole arri ua allorienete et lalba chiariſce. Ma diſcriue que ſto tempo dellalba con ragione mathematica: laquale ſi manifeſta choſi. El globo della terra ſecondo lo ro gyra uentiquattro migliaia di migla. Et el ſole lo circuiſce in uentiquattro hore, Ilperche aduiene che el ſole in ciaſchuna hora paſſi mille migla di quella. Adunque quando el ſole e/ in leuante lhora ſexta che e/ quando lui e/ ſopra enoſtri capi a mezo el cielo e/ ſei migliaia di migla dilungi: Et allhora queſto mondo cioe queſto hemiſperio china lombra allecto piano: Quaſi dica labbatte giu, perche quando el ſo le e/ nellorienete la nocte che non e/ altro che ombra della terra apoco apoco ſcende tanto che ſappiana con la terra et diuenta niente. Et allhora el mezo del cielo profondo cioe alto: cioe quella parte del cielo che e/ nel noſtro hemiſperio: et e/ ſopra di noi comincia a farſi tale per lauenuta dellalba che alchuna ſtel la perde el parere, i. non ſi uede inſino aqueſto fondo. i. inſino quagiu alla terra. Et come uiene lachia riſſima ancella. E poeti fingono che laurora ſia ancella del ſole; et che gli uada innanzi a preparare eluiag gio. Adunque quanto piu procede auanti el chiarore dellalba tanto piu ſi chiude el cielo. Non perchel cielo ſi chiugga et ricuopra le ſtelle: Ma pare che ſi chiugga perche la luce del ſole, laquale e/ maggiore offuſca la luce delle ſtelle che e/ minore: Et per queſto pare chel cielo ſi chiugga et ricuopra leſue ſtelle Diparte in parte inſino alla piu bella: perche ſempre le maggiori ſono quelle che ſpariſcono piu tardi. Non altrimenti el triompho de glangeli: elquale lude et gyra ſempre intorno al puncto che e/ idio: el quale mi uinſe, i. uinſe la mia uiſta. Imperoche mi parue inchiuſo et accerchiato dalle hierarchie; et lui inchiude queſte dentro da ſe nella ſua potentia ſapientia et bonta diſtinſe. i. diuiſe et ſepero el mio ue dere et la mia uiſta apoco apoco ſecondo chio mallontanauo. Onde et il non uedere io piu; et lamore che io portauo a. b. mi fece uolgare glocchi a. b. Et meritamente hauendo a tractare della diuinita / fu meſtiero che ritornaſſi a. b. i. alle ſcripture; nelle quali ſole habbiamo tanta cognitione quanta puo ri ceuere la natura humana.

Se quanto infine a qui di lei ſi dice
fuſſi conchiuſo tutto in una loda
poco ſarebbe a fornir queſta uice
La belleza chio uidi ſi traſmoda
non pur dila da noi ma certo io credo
che ſolo el ſuo factor tutta la goda
Da queſto paſſo uincto mi concedo
piu che gia mai da puncto di ſuo thema
ſoprato fuſſi o comedo o tragedo
Che come ſole in uiſo che piu trema
choſi lo rimembrar del dolce riſo
la mente mia da me medeſmo ſcema

b A dimſtro el poeta inſino a qui che quanto piu e ſalita, b. di cielo in cielo tanto ſempre ſe facta piu bella ad inotare che quanto piu ſi ſa le nella materia della theologia tanto piu belle choſe ſi truouono. Ma quando arriua al ſommo della ſua ſpeculatione doue e/ el fonte della po tentia ſapientia et bonita: Doue ſi diſcriue la di uina eſſentia in trinita et unita in diuinita et hu manita tanta e/ la belleza di quella: che ſe quan to di lei ſe decto in diuerſi luoghi ſi conchiudeſ ſi in uno ſarebbe poco a ſatiſfare a queſta uolta: Et queſto e/ perche la belleza di. b. in queſto ſi traſmoda non pure dila da noi. i. non ſolamente paſſa elmodo et la miſura dellontellecto humano Ma certo crede che paſſa lontellecto de piu alti angeli: in forma che neſſuna creatura la poſſi com prehendere tutta: Ma ſolamente epſo idio.

Et perche conchiude eſſer piu uinto da queſto paſſo di potere diſcriuere o con la mente comprendere labeleza della theologia che mai poeta o comico o tragico fuſſi ſuperato et uinto con alchun paſſo del ſuo thema. Et per queſto choſi el ricordarmi del ſuo riſo ſcema la mente mia. i. la uirtu memoratiua: chome el ſole ſcema per la ſua exceſſiua luce la uiſta che piu triema perche non lopuo patire.

dal primo giorno chio uidi elſuo uiſo
in queſta uita infino a queſta uiſta
non e elſequire al mio cantar preciſo
Ma hor conuien chel mio ſeguir deſiſta
piu drieto aſua belleza poetando
chomallultimo ſuo ciaſchuno artiſta
Cotal qualio la laſcio ad maggior bando
che quel della mia tuba che deduce
lardua ſua materia terminando
Con acto et uoce dexpedito duce
ricomincio noi ſiamo uſciti fore
del maggior corpo alciel che pura luce
Luce intellectual piena damore
amor di uero ben pien di letitia
letitia che traſcende ogni dolciore
Qui tu uedrai luna et laltra militia
di paradiſo et luna in quegli aſpecti
che tu uedrai allultima iuſtitia.

d Al primo di che elpoeta uide beatrice inſino aqueſto benche epſa ſia creſciuta inbelleza ogni di piu. Nientedimeno ha potuto con lo ſtile ſuo ſeguire le ſue belleze. Ma hora e/ diuenuta ſi admirabile et ſi indicibile che al tutto glepreciſo et taglato el ſeguitare in quelle. Et perche biſogna che deſiſta dinarrarle: chome conuiene che ogni artefice deſiſta et fermiſi nella ſua arte quando e/ inſino doue puo arriuare. Non exprime adunque ſue belleza: perche non puo. Ma laſciale ad maggior bando che non e/ quello della ſua tromba laquale deduce la ſua difficile materia al termine: perche gia uuole ſalire al cielo empyreo che e/ el termine del ſuo camino. CON ACTO Et uoce dexpedito duce. Non puo narrare qual fuſſi. b. Ma narra quello che dixe. Impero che in acto et in uoce dexpedito duce Dixe noi ſiamo uſciti fuori del maggior corpo. i. del nono cielo che e/ primo mobile et e/ corporeo et maggiore perche abraccia tutti glaltri: et uenuti alcielo empyreo che e/ pura luce: perche e luce formale di tutte laltre luci: Et dice che e luce intellectuale ad differentia della corporale: Et piena di uero amore: et amore di uero et ſommo bene: El qual bene arreca ſomma letitia che trapaſſa ogni dolceza. Ne altro e/ queſta luce che epſo dio. Onde Ioanni euangeliſta Erat lux uera que illuminat omnem hominem uenientem in hunc mundum. Et in queſto luogo uedrai luna et laltra militia del paradiſo. i. langelica et lhumana natura. E/ adunque la militia de glangeli: et quella dellanime beate. Glangeli militorono in cielo contra a glangeli rei: chome lanime beate militorono in terra contro alla carne et contro alladuerſario: Et al preſente triomphano nella eterna et beata uita. Ma luna: cioe lhumana ſara in quegli aſpecti: quaſi dica in quegli ſplendori et belleze lequali tu uedrai allultima iuſtitia. Non e/ dubbio che glangeli ſono in ſua perfectione. Imperoche tutti quegli che non aſſentirono a lucifero ſubito furono confermati in gratia et hanno ſua beatitudine perfecta. Ma perche lhuomo in cielo non ha ſeco el corpo non ha ſua perfectione: Ma haralla dopo el gran iudicio: perche haranno riaſſumpti ecorpi glorificati. VLTIMA Iuſtitia: intendi correptiua: perche et epremii de buoni: et le pene de rei ſaranno ineterno.

Chome ſubito lampo che diſcepti
gli ſpiriti uiſiui ſi che priua
dallacto locchio di piu forti obiecti
Coſi mi circonfulſe luce uiua
et laſciommi faſciato di tal uelo
del ſuo fulgor che nulla mappariua
Sempre lamor che quieta queſto cielo
accogle in ſe coſi facta ſalute
per far diſpoſto a ſua fiammel candelo.

l A ſententia di queſti uerſi e/ che chome interuiene che un ſubito ſplendore diſcepa: cioe diſgrega la uirtu uiſiua: informa che priua locchio del uedere: Choſi la luce uiua di quel cielo labbaglo et offuſco col ſuo fulgore informa che niente altro uedeua. Et queſto fu parche damore che quieta et contenta quel cielo. i. el ſommo dio che fa contento lanime beate. Oueramente quieta queſto cielo: cioe fa che non ſente moto chome tutti glaltri non ſentono quiete accogle: et tira ad ſe chon ſi facta ſalute lhuomo chome ha facto lauctore per fare diſpoſto el candelo ad ſua fiamma. i. per diſporlo a potere concepere loſplendore diquella gloria

Non fur piu toſto drieto ad me uenute
queſte parole brieui chio compreſi
me ſormontar diſopra amia uirtute

m Irabil fictione et degna dellongegno del poeta. Nella quale prima dimoſtra che dopo le brieui parole decte da. b. saccorſe eſſere tanto ſormontato ſopra la ſua uirtu humana: et

Et di nouella uiſta mi raccesi
tale che nulla luce e tanto mera
che glocchi miei non ſi fuſſor difeſi
Et uidi lume in forma di riuera
fu lu[i]do di fulgori intra due riue
dipinte di mirabil primauera
Di tal fiumara uſcien fauille uiue
et dogni parte ſi mettean ne fiori
quaſi rubin che oro circun ſcriue
Poi chome inebriate da glodori
riprofondeuon ſe nel miro gurge
et ſuna entraua unaltra uſcia fore

eſſere tanto di nuoua uirtu uiſiua che benche la luce, quanto piu e/ mera et pura tanto piu abbaglia et togle la uiſta. Nientedimeno neſſuna luce poteua eſſer ſi pura che glochi ſuoi non lhaueſſino ſofferta: Et allhora uide un lume in forma di riuiera cioe di fiume: elquale era fuluido .i. lucido di fulgori. i. di ſplendori: Infra due ripe dipinte dimirabil primauera. i. ornate di tali herbe et fiori quali ſoglono eſſere in una mirabile primauera. Di quel fiume uſciano del continuo fauille: et in amendue le ripe entrauano ne fiori informa che pareano rubini legati in oro. Di poi quaſi inebriate nellodore di quegli fiori riprofondeuon ſe. i. ſi rituffauono ſe: nel miro gurge. i. nel marauiglioſo fiume: Et del continuo ſe quelle entrauono nel fiume molte altre uſciuono et entrauono ne fiori. Queſto fiume e/ la gratia illuminante: laquale e/ imediate da dio: et pero la pone qui quaſi influentia di queſto cielo. E/ indeficiente chome el fiume: Et par che uogla che queſto fiume ſia per quello di che parla el cantico Benedicite aque que ſuper celos ſunt domino. LE RIPE: Chome el fiume uiene dal monte et ſcende nella ualle: choſi la gratia da dio ſcende nellhuomo. Per le ripe intendi quegli del uecchio et del nuouo teſtamento: perche luno et laltro e irrigato et bagnato da tal gratia. Lherbe ſono loperationi uirtuoſe. E fiori lanime beate. Le fauille glangeli.

Lalto diſio chi mo tin fiamma et urge
dhauer notitia di cioche tu uei
tanto mi piace piu quanto piu turge
Ma di queſta acqua conuien che tu bei
prima che tanta ſete inte ſi ſatii
choſi mi diſſe elſole de glocchi miei
Ancho ſoggiunſe el fiume et li topatii
chentrono et eſcon et lo rider delherbe
ſon di loro ombriferi prefatii
Non che da ſe ſien queſte coſe acerbe
ma e difecto dalla parte tua
che non hai uiſte anchor tanto ſuperbe

b Eatrice chome nellaltre choſe choſi in queſta per ſe medeſima conoſce lanimo: et la uolonta del poeta. Et pero gli dice che tanto piu gli piace el diſio. i. el deſiderio elquale lonfiama: et urge. i. conſtringe dhauer notitia di quel che uede. i. del fiume et delle fauille quanto piu turge. i. rigonfia et creſcie: Et aggiugne che biſogna che prima bea di quel fiume che ſatii la ſete: et la uogla ſua dintendere che coſa ſia queſto fiume. Preterea dice chel fiume et e topatii. i. le fauille che eſcono di quello: et el rider dellherbe non ſono anchora allui uere. i. primauera: cioe beatitudine. Ma ſono prefatii ombriferi. i. annuntii dombra. i. di decta primauera. Et queſto non e/ perche in cielo non ſia perfecta beatitudine. Ma el difecto uiene dal poeta che non ha anchora le uiſte. i. glocchi: Tanto ſuperbi. i. tanto nobili. Non ſanza cagione chiama Beatrice el ſole de ſuoi occhi: perche la theologia e/ quella che ueramente illumina lontellecto. Preterea dixe topatii a dinotare la uita intera et in corropta dellanime beate: perche el topatio dinota caſtita.

Non e fantin che ſi ſubito rua
col uolto uerſo l lacte ſe ſi ſuegli
molto tardato dalluſanza ſua
Chome feci io per far migliori ſpegli
anchor de glocchi chinandomi allonda,
che ſi diriua perche ui ſinmegli
Et ſi come di lei beuue la gronda
delle palpebre mie coſi mi parue
di ſua lugheza diuenuta tonda
Poi chome gente ſtata ſobto larue
che pare altro che prima ſe ſi ſneſte
la ſembianza non ſua in che diſparue.

h Auea el poeta inteſo da Beatrice quanto a giouare glhaueſſi a bere dellacqua di quel fiume. Il perche ſi chino piu di ſubito uerſo el fiume che non fa un fantino uerſo le poppe della nutrice: quando e/ ſueglato piu tardi che nõ ſuole: Onde uiene hauer maggior fame: Et queſto fece per fare migliori ſpegli. i. ſpecchi de ſuoi occhi. Gia chome e/ decto hauea facto miglior uiſta: ma hora lhauea a fare optima. Adunque ſi chino al fiume. i. humilmente domando la gratia laquale ſi diriua da dio nelle creature: accioche ui ſimmegli. i. in quella ſi diuenti migliore: Et ſubito che la gronda delle palpebre. i. la extremita de labro de coperchi de glocchi beuue di queſta acqua: El fiume che prima mi parea lungo mi parue tondo. Per queſto dimoſtra che glhuomi

Chosi mi si cambioro in maggior feste
efiori et le fauille si chio uidi
ambo le corti del ciel manifeste

che non sono anchora ripieni digratia illuminante ueggono solamente che queste cose procedono et diriuono da dio: ma non saccorgono che ritornino a dio. Adunque per la lungheza si dinota el progresso da dio alla cosa creata. Ma pel circulo e/ facile a intendere el ritorno a dio. POI Chome gente. Poiche glochi suoi hebbon heuto lacqua Vide efiori et he be et le fauille in uera forma et paruongli cose molto piu marauigliose: Et interuiene chome di gente che sia in larue. i. in maschere non belle che dipoi leuate lemaschere rimai e nella sua forma. Adunque efiori si dimostrorono anime humane: et le fauille angeli: Et per questo lui uide ambo due le corti del cielo. Imperoche in cielo appresso a dio non ue se non angeli et anime humane.

O splendore di dio per cui io uidi
lalto triumpho del mondo uerace
dammi uirtu a dir comio l uidi
Lume e lassu che uisibile face
lo creatore a quella creatura
che solo in lui uedere ha la sua pace
Et se distende in circular figura
intanto che la sua circonferenza
sarebbe al sol troppo larga cintura
Fassi di raggio tutta sua presenza
reflexo alsommo del mobile primo
che prende quiui uiuere et potenza.

m Eritamente uolendo exprimere quello che uide della triomphante corte del cielo inuoca lo splendore per la gratia del quale lui la uide. Adunque O splendore di dio o sancto spirito per cui io uidi: et sanza elquale non potea uedere. Imperoche sanza la gratia illuminante non puo lanimo humano transcendere a queste speculationi. LALTO Triompho della chiesa triomphante: Et certo facile e/ conoscere la chiesa militante: perche lopere di quella sono ingran parte poste nelle operationi actiue: et nelle uirtu morali. Ma comprender con la mente la triomphante perche e posita nella contemplatione che e/ cosa incorporea e molto difficile. Del regno uerace: perche questo e uero regno: et chi in questo serue regna: Et glaltri regni sono seruitu. Lume dello spirito sancto elqual lume fa uisibile el creatore. Imperoche chome el sole materiale riflectendo erazi suoi interra ci fa uisibili le chose di questo mondo. Chosi questo lume fa uisibile idio non a ogni creatura: Ma a quella che ha la sua pace. i. el suo sommo bene collocato solo in dio; Ne altro pensa: perche ha lanimo puro da ogni contagione. Questo lume si distende infigura circulare et sperica: et fa si gran circunferenza che sarebbe troppo larga a cignere el sole. Ne e/ altra che un razo che uiene dalla somma luce che e/ idio et riflecte al sommo mobile. i. alla somma parte del nono cielo che e/ primo mobile: Elqual nono cielo riceue da quella riflexione Viuere. i. moto che e/ segno di uita et potentia. i. uirtu di dare la influentia sua ad tutti ecieli

Et chome cliuo in acqua di su imo
si specchia quasi per uedersi adorno
quando e nel uerde et ne fioretti opimo
Si soprastando allume intorno intorno
uidi specchiarsi in piu di mille sogle
quanto di noi lassu facto ha ritorno
Et se linfimo grado in se ricogle
si grande lume quanto e lalargheza
di questa rosa nellextreme fogle
La uista mia nellampio et nellalteza
non si smarriua ma tucto prendea
el quanto el quale di quella allegreza
Presso et lontano li ne pon ne leua
che doue idio sanza mezo gouerna
la legge naturale nulla rileua
Nel giallo della rosa sempiterna
che si dilata et digrada et redole
odor di lode al sol che sempre uerna

c Vome interuerebbe che se un monte fussi in mezo dellacque si uederebbe di su imo. i. dalla parte di sopra insino a quella di sobto. chosi lanime beate soprastando allume intorno intorno si specchiauono intorno intorno nel decto lume; Lequali anime finge che fussino inpiu dimille sedie. i. in infinite sedie. Et dice quanto di noi ha facto ritorno lassu. i. tutte quelle anime che uenute da dio per creatione per loro meriti sono ritornate a dio per beatitudine. LA VISTA Mia nellamplo et nellalteza. Era diuentato el poeta di si nobile uista che epsa non si smarriua: et non mancaua. Ne nellamplo: cioe nella latitudine: Ne nellalteza benche ciaschuna fussi immensa. Ma comprendea et discernea el tutto et in quello la quantita et la qualita: La uista humana puo discernere infra un certo spatio tutte queste chose: et passato quello si confonde la uista. Ma in cielo ne ilpresso ne el dilungi ne pone ne leua. i. non fa che la chosa cresca o sciemi: Ne presso fa ueder meglo; ne lontano peggio: Ma appare apunto quale e. CHE DOVE Dio sanza mezo gouerna. Potrebbe dire alchuno esser

Quale e colui che tace et dicer uole
mi trasse beatrice et dixe mira
quantel conuento delle bianche stole.

uerisimile che tanto uegga chi e/ lontano quato chi e/ proximano : Et tanto chi e / alto quanto chi e/ basso. A che risponde che nelle chose gouernate dadio : ma con mezo delle seconde cause chome sono ecieli et glelementi et tutte le chose terrene/non patisce la legge naturale quello che e/ decto di sopra. Ma nel cielo empyreo nel quale dio opera immediate : et sanza le seconde cause la legge naturale niente ui puo. Dipoi sequita che. b. lo traxe tale quale e/ colui che per la cupidita del sapere uuol dire : et per lo stupore tace : Et traxelo nel giallo della rosa. i. nel centro di quella spera chome nella rosa el giallo e/ nel centro : laqual rosa si dilata : perche lambito et la circunferentia di questo cielo e/ grandissima et digrada. i. si distingue pe suoi gradi. ET Redole odore. i. getta odore di lode al sole i. allo eterno idio che illumina quel cielo : elqual sole sempre uerna. i. sempre ui fa primauera : Et dixe mira quanto grande e/ el conuento : et el numero dellanime beate lequali chome pone Ioanni nello appocalipse sono in bianche stole : Stola e/ ueste lungha per insino apiedi.

Vedi nostra citta quantella gira
uedi li nostri scanni si ripieni
che poca gente piu cisi disira
Et quel gran seggio ache tu glocchi tieni
per lacorona che ue gia su posta
prima che tu a queste noze cieni
Sedera lalma che fia giu augusta
dellaltro enrico cha dirizare italia
uerra in prima chella sia disposta.

c Onchiude beatrice che le sedie celesti che uacorono per la ruina de glangeli ribelli : et hauendosi a riempiere dellanime beate son quasi ripiene. Dipoi dimostra una sedia uota ornata di corona : et quella dice essere apparecchiata per henrico diluzimborgo quarto imperadore : Et in quella sedera prima che Danthe ceni a queste noze. i. uegna da quella beatitudine. Ghostui regno al tempo del poeta Sedente Clemente di guascogna. Et tacitamente dinota che noi siamo nellultima eta et uicini al fine : Et e/ opinione secondo alchuni che tante habbino a essere lanime beate quanti furono glangeli ribegli. Altri dicono che habbino a essere tante quanti sono glangeli che ui rimasono Acciochè el numero nostro sia pari con quello de glangeli. Oueramente diciamo secondo laquinate che dio solo sa elnumero de glangeli.

Laciecea cupidigia che uamalia
simili facto ua al fantolino
che muor per fame et caccia uia la balia
Et fia prefecto nel foro diuino
allor tale che in palese et in couerto
non andera con lui con un cammino
Ma pocho poi sara dadio soferto
nel sancto officio che ei sara detruso
la doue simon mago e persuo merto
Et fara quello da nagna andar giuso

d Anna la cieca cupidita de glitaliani equali per auaritia et per lambitione scacciorono da se Henrico elquale uoleua ridurgli alla uia recta : et alla liberta : et fagli simili al fantolino : elquale benche habbi fame per cruccio caccia uia la balia Et aggiugne che in quel tempo sara sommo pontefice tale che ne di palese ne ne di nascosto non andera pel camino dellomperadore. Imperoche cercherà di corrompere italia et ditenerla indiscordia. Questi e/ clemente. Ma dio poco tempo patira che sia nel santo offitio del pontificato : pche morra et sara pinto giu allonferno doue sono puniti Simon mago et esuoi sequaci. Questo luogo e/descripto nel decimonono capitolo dellonferno doue mette esimoniaci in certi pozi strecti col capo di sobto et con le gambe di fuori insino atanto che non uiene unaltro condennato al medesimo pozo : et allhora chi uera prima cade al fondo : et chi uien di nuouo rimane con le gambe difuori. Adunque uerra Clemente al pozo doue nellonferno monstro che era Bonifatio danagna suo antecessore.

CANTO.XXXI.DELLA TERTIA CANTICA DI DANTHE

i N forma adunque di candida rosa
mi si mostraua lamilitia sancta
che nel suo sanghue christo fece sposa
Ma laltra che uolando uede et canta
la gloria di colui chellannamora
et la bonta che la fece cotanta
Si come schiera dape che sinfiora
una fiata et una si ritorna
la doue suo labor si rinsapora
Nel gran fior discendeua che sadorna
ditante fogle et quindi risaliua
la doue elsuo amor sempre soggiorna

h Auendo gia tractato el nostro poeta del la celestial corte in uniuersale. In questo trigesimo primo capitolo la discriue distintamẽte et in particulare. Adunque nel principio discriue lacto et lhabito dellanime beate et deglangeli. Dipoi inuoca la trinita et pone la sua feli cissima contemplatione. Nel terzo luogo pone sancto Bernardo et Beatrice ritornare alla sua sedia. Nellultimo Bernardo gli mostra lanime beate: et maxime Maria uergine. Ma inquesti primi uersi epilogando quello che e/ decto nel precedente capitolo Dice che lamilitia sancta. i. lanime de beati: equali hauendo militato nelmondo triomphauono in cielo. Erono informa di candida rosa laquale militia christo con la sua morte ricompero et unilla a se: onde fu sua sposa. Laltra militia. i. langelica laquale uede et intende la gloria di dio che lannamora. ET La sua bonta: laquale fece decti angeli cotanti. i. si grandi: et si nobili: et uedendo la canta. i. la loda. Questi angeli discendeuono nelgran fiore: cioe nella rosa che chosi chiama le sedie de beati: elquale fiore sadorna di tante fogle quante sono epse sedie. Et da queste fogle risaliua adio nel quale lamore loro sempre dimora: come fanno lape ouero pecchie: lequali dalle loro cassette escono ne fiori: et quindi ritornono alle cassette: doue el suo labore. i. la sua fatica sinsapora perche produce el mele. Et certamente optima comparatione tra glãgeli et le pecchie: perche chome le pecchie sono prompte et preste nelloro officio intorno al re: Cosi glãgli nellobsequio di dio: Le pecchie si dilectono dellodore de fiori et concepono el mele. Chosi glangeli si dilectono dellodore delle buone opere de sancti huomini: et quella suauita ne portano a dio: Et chome le pecchie cacciono dalle cassette le pigre et inutili: chosi glangeli caciano da cielo epigri che non hanno exercitato le buone opere.

Le faccie tutte hauien di fiamma uiua
et lali doro et laltro tanto biancho
che nulla neue a quel termine arriua
Quando scenden del fior dibianco inbiãco
porgean della pace et dellardore
che glacquistauon uentillando elfianco:
Ne linterporsi tral disopra el fiore
di tanta moltitudine uolante
impediua la uista et lo splendore:
Che la luce diuina e penetrante
per luniuerso secondo che e degno
siche nulla lipuote essere obstante

e Rono le faccie de glangeli rosse informa di fiamma a dinotare lardentissima carita. Le con lequali uolauano erono doro: perche lopera loro e/ pretiosissima et risplende chome oro fine. Laltre parti candide dimostrano somma purita et netteza: Oueramente la perfecta sapientia. Possiamo anchora porre loro per la incorruptibile natura de glangeli: laquale confermata in gratia non puo piu peccare. El bianco dinota la somma purita dellagnolo: perche mai non pecco. Quando glãgioli scendeano in bianco. i. di sedia in sedia porgeueno allanime di quelle sedie della pace che e/la beatitudine et della carita: laquale loro acquistano di dio Ventillando elfianco. i. battendo lale. Ilche significa le sue operationi. Era adunque marauiglosa multitudine dagnoli uolanti: equali interponendosi tral poeta et lanime beate parea ragioneuole che douessino torgli la uista dellanime: et anchora fare ombra informa che non riceuessi la luce: Ma ne luno ne la tro era: pche la luce di dio penetra p tutto luniuerso in un medesimo modo inquanto a dio: ma non inquanto a chi la riceue. Imperoche la luce diuina penetra piu et meno in diuerse creature secondo che epse sono piu et meno capaci di quelle.

Questo sicuro et gaudioso regno
frequente ingente antica et innouella
uiso et amore hauea tucto adun segno
Otrina luce chen unica stella
scintillando albor uista si glappaga

q Vesto regno sicuro, da ogni pericolo: et gaudioso. i. pieno di gaudio: lequali due proprieta non sono ne regni mortali doue sempre sono pericoli: et spesso ui manca letitia. FREQVENTE In gente antica et in nouella. i. el quale e/ ripieno di gente antica cominciando da

Adam et da glaltri: equali christo cauo dellimbo et dipoi de glapoſtoli et de glaltri fedeli della primitiua chieſa; et dipoi de glaltri uirtuoſi et fedeli equali inſino a queſto di. Queſti tutti beati coſi antichi chome nouegli haueano el uiſo et lamore. i. el uiſo contemplante et la uolonta ardente di carita uolti a un ſegno. i. a epſo dio elquale e beati intendono et amano. Inuoca adunque dio che come cura el cielo choſi ſi degni di riguardar queſto baſſo et mortal mondo et dice: O TRINA LVCE: O trinita che ſei luce onde ogni coſa riceue lume: Et benche ſia in tre perſone: Niẽtedimeno e/ una ſtella ſola perche e/ una ſubſtãtia: et da queſta ſtella ſcintillano le fauille che appagono et contentono lanime in cielo. GVARDI Qua giu alla noſtra procella. i. tempeſta per la uita humana del continuo e/ in maggiore perturbatione che naue in tempeſtoſo mare. SE

ghuardi quagiuſo alla noſtra procella
Se barbari uenendo di tal plaga
che ciaſchun giorno dhelice ſi chuopra
rotante col ſuo figlo ondelle uaga,
Veggendo roma et lardua ſua opra
ſtupefacenſi quando laterano
alle coſe mortali ando diſopra
Io che al diuino dalhumano
alleterno dal tempo era uenuto
et di firenze al popol giuſto et ſano
Diche ſtupor doueuo eſſer compiuto
certo tra epſo el gaudio mi facea
lhabito non adire et ſtarmi muto.

BARBERI. Queſta e/ optima ſimilitudine adimoſtrare quanto fu lo ſtupore ſuo in contemplare el regno de beati: et e/ comperatione dal minore a maggiore in queſto modo. Se le genti barbere et ſtrane lequali uengono delle parti ſeptentrionali: lequali elice. i. lorſa maggiore chiamata tramontana cuopre ogni giorno: Col ſuo figlo cioe con lorſa minore: Giunte a roma ſtupiuono uedendo le mirabili choſe di quella citta: Quando laterano. i. epſa roma ponendo la parte pel tutto Ando di ſopra: Alle choſe mortali: cioe uinſe di magnificentia et di potentia tutte laltre citta quanto maggiormente doueuo ſtupire io che ero uenuto dellhumano et mortal mondo al diuino et immortale cielo. Ero uenuto dal tempo che e extenſiua ſucceſſione di uita terminabile alla eternita laquale e/ tutta inſieme perfecta poſſeſſione della uita ſenza termine. ET DI FIRENZE Al popol iuſto et ſano. i. da gluomini equali nella uita ſpeſſo errono ad hieruſalem ſuperna: con cittadini confermati in gratia non poſſono peccare. Onde conclude che tra epſo ſtupore et el gaudio mi facea piacere non dire ma ſtar cheto

Et quaſi peregrin che ſi ricrea
nel tempio di ſuo uoto riguardando
et ſpera gia ridir chomella ſtea
Su per lauiua luce paſſeggiando
io menauo glocchi perli gradi
mo ſu mo giu et hor ricirculando
Vedea uiſi di carita ſuadi
daltrui lumi fregiati et di ſuo riſo
et dacti ornati di tutte honeſtadi
La forma general di paradiſo
gia tuttol mio ſguardo hauea compreſa
in nulla parte ancor fermato tiſo
Et uolgeami con uogla riacceſa
in domandar la mia donna di choſe
diche la mente mia era ſoſpeſa.

e Ra gia giunto al ſommo fine el poeta et ad quella beatitudine per laquale hauea facto ſi lungo uiaggio. Il perche non gli reſtaua ſe non ad contemplare el gran tempio di dio: nel quale tutte anime de beati poſandoſi fruiſcono el ſommo gaudio. Adunque andaua con glocchi ricercando el tutto hor ſu hor giu et hora incircuito ricreandoſi in quello chome el peregrino giunto al tempio: o di roma o del ſepolcro o di ſan Iacopo doue per uoto era uenuto ſi ricrea riguardando: Et la forma et glornamenti: et le choſe che ui ſon dentro: Et gia ſpera el ſuo ritorno: et tornato potere ridire a ſuoi chome quel tempio ſtia. Quiui uedea el poeta e uiſi et le faccie de denti ſuadi di carita: nequali erono tanto infiammati di carita che perſuadeuono a quella quegli che gli uedeuono. et erono fregiati et ornati del lume altrui: cioe del lume della diuina luce: Et di ſuo riſo. i. et della propria allegreza: et dicti pieni di tutte honeſtadi. i. di tutte le uirtu. Et gia ha compreſa tutta la forma del paradiſo in genere: Ma non anchora in particulare: perche non hauea fermo lo ſguardo piu in uno che in unaltro luogo. Dipoi ſi uolſe per domandare Beatrice di molti dubii. che tenean ſoſpeſa la mente ſua.

Vno intendea et altro mi riſpoſe
credea ueder beatrice et uidi un ſene
ueſtito con le genti glorioſe
Diffuſo era per glochi et per le gene
di benigna letitia inacto pio

q Vando Danthe ſi uolſe per domandare. b. de ſuoi dubii epſa era gia tornata nella ſua ſedia. Onde bene dice che una choſa intendea: cioe di parlare con beatrice: Et altro gli riſpoſe: perche gia era uenuto ſancto Bernardo: elqual finge Sene cioe uecchio. benigno. lieto: et pio: chome ſi con

quale a tenero padre si conuiene
Et oue e ella subito dixio
ondegli a terminare el tuo disiro
mosse beatrice me dal loco mio
Et se riguardi su nel terzo giro
del sommo grado tu la riuedrai
nel throno che esuoi merti glisortiro.

tiene essere a tenero padre desideroso della salute del figluolo: et descriuelo tale qual fu nel gouerno de suoi monaci. Qui dicea Danthe oue e/ ella. Il che significa che cercaua nella sacra theologia intendere quello che poco dopo dira: Et Bernardo gli risposse perche la doctrina di questo uecchio gli perse questo luogo. Adunque rispose Bernardo lei esse re tornata alla sua sedia: laquale dice essere nel terzo cerchio cominciandosi dal puncto: et allui hauer commesso che uenissi a Danthe a terminare: et adẽpiere el suo desiderio.

Sanza risponder glocchi su leuai
et uidi lei che si facea corona
riflectendo dase gleterni rai
Da quella region che piu su tona
occhio mortale alchun tanto non dista
qualunque in mare piu giu sabbandona:
Quanto da beatrice la sua uista
ma nulla mi facea che sua effigie
non discendea ame per mezo mista.

e Ra tanto auido di biatrice lauctore che non rispose a Bernardo: ma disubito alzo glochi ricercando di lei. Preterea dinota lhabito del contemplare: elquale sempre alza glocchi dellontellecto alle chose superiori et celesti. Onde nelpsalmo Leuaui oculos meos in montem. Et Hisaias Sedebit solitarius et tacebit quia leuauit se supra se. Discendeuono erazi delleterna luce sopra el capo di beatrice: et epsa gli reflectetua da ogni parte: et cosi se ne facciua corona. Questo significa che el razo dello spirito sancto discende sopra el theologo et illuminalo: et lui ha la doctrina gratia riceuuta riflecte in altri et admaestra et illumina. Et era beatrice tanto piu alta chel poeta quanto sarebbe distãte dalla regione doue nascono etuoni uno che fussi nel fondo del mare. Nientedimeno questa distantia non gli facea impedimento: perche la effigie di. b. non discendea allui mixta per alchun mezo. Non era adunque chome tra noi mortali doue glocchi nostri ueggono per mezo diaphano. i. trasparente chome e aria et uetro et simil chose. Ilperche non puo la nostra uista distendersi oltra alla proportione del senso o dellobiecto ouero dal mezo che e/ laria. Ma in cielo e altrimenti.

O donne in cui la tua speranza uige
et che soffristi per lamia salute
in inferno lasciar le tue uestigie
Di tante chose quante io ho uedute
dal tuo poter et dalla tua bontate
riconosco la gratia et la uirtute:
Tu mhai di seruo tracto a libertate
per tutte quelle uie per tutti emodi
che di cio fare haueno potestate.
La tua magnificentia in me custodi
si che lanima mia che facta hai sana
piacente a te dal corpo si disnodi.
Chosi orai et quella si lontana
chome parea sorrise et riguardommi
poi si torno alleterna fontana.

f A oratione a beatrice: per laquale dice che la sua speranza uige. i. dura et conseruasi. Imperoche la theologia accompagnata dalla gratia cooperante et consumante/ riduce lhuomo a tale perfectione che sempre spera uera beatitudine: Considerato maxime che lei per la sua salute discese nel lonferno quando conforto Virgilio che lo soccorressi nella selua doue era smarrito: et finalmente lha facto di seruo libero infondendogli la scientia: et la uirtu Onde Virtutes et scientie liberauerunt animam a captiuitate nature. PER TVTTE Quelle uie et per tutti que modi. Quasi dica con paura delle pene et con exortatione de premii che haueano potestate di cio fare: cioe di ritrarre dalla seruitu de uitii alla liberta delle uirtu. Chon queste parole adunque hauea ringratiato el poeta: b. de beneficii riceuuti. Dipoi la prieghe che chome ha usato insino a qui clementia et somma liberalita inuerso di lui concedendogli si gran doni: chosi gli piaccia per laduenire custodire et conseruare in lui tale sua magnificentia: et chome lha facto libero con scientia et con uirtu. Onde lanima prima inferma pe uitii et per la ignorantia e/ facta sana chome e/ decto. Chosi la conserui in questo stato tanto: che disnodi et sciolga dal corpo. Dopo questa oratione. b. chosi lontana chome parea sorrise. Ilche fu segno che lhauea exaudito: Et non sanza cagione dixe lontana chome parea: et non dixe chome era. Imperoche benche la diuina grandeza sia rimotissima dalla conditione humana: Nientedimeno la gratia sua p sua misericordia ci sappressa. Onde e/ scripto. Deus prope est inuocantibus se: Et riguardollo: Quasi lo confermo et constabili inquella uera uia. POI Si torno alleterna fontana. Ilche dinota che tal gratia da dio uiene et a dio ritorna: chome a fontana indeficiente.

El sancto sene accioche tu assommi
perfectamente dixe el tuo camino
adche priego et amor sancto mandommi
Vola co glocchi per questo giardino
che ueder lui tacconcera losguardo
piu admontar per lo regno diuino
Et la regina del cielo ondio ardo
tutto damor nefara ogni gratia
pero chio sono el suo fedel bernardo.

q Vi Bernardo conforta el poeta Che assommi cioe perduca al sommo: et alla fine el suo camino; elquale allhora sara finito quando sara arriuato al sommo dio. GHE VOLI Con glocchi per questo giardino. i. discorra con lauista per tutto el concilio dellanime beate: Et dixe giardino iterpretādo el uocabolo greco. Imperoche paradiso in greco significa giardino. Et aggiugne che risguardando questo giardino lui acconcera et fara apta et idonea la faccia sua a poter montare per raggio diuino. Imperoche conciosia chel progresso del conoscere nellhuomo Non sit a pricipiis sed ad principia e/ conueniente che comınciando dalle chose īfime et rimotissime et di grado ingrado salendo alle propinque alla diuinita quanto piu sinalza piu diuenti apto a contemplare quella.

Quale e colui che forse di cloatia
uiene aueder la ueronica nostra
che per lantica fama non si satia:
Ma dice nel pensier fin che si mostra
signor mio iesu christo dio uerace
hor fu si facta la sembianza uostra
Tale erio mirando la uiuace
carita di colui che in questo mondo
contemplando gusto di quella pace.

n On con altra cupidita guarda la ueronica: che e/ leffigie di christo uno che per uederla uiene a Roma insino di cloatia parte septentrionale et molto lontana, et mentre che quella si mostra Lui stupefacto dice o signor Hiesu christo fu chosi facta la uostra effigie: Chome diuento stupefacto el poeta uedendo la effigie di san Bernardo disiderando sapere se in questo mondo era si facta: Perche impossibile appare allhumana fragilita potere comprendere ladiuinita sanza la intercessione di maria; pero induce che Beatrice glimandassi bernardo si perche lui fu theologo molto contemplatiuo; Si anchora molto diuoto di maria. Ilperche e/ conueniente che per sua intercessione el poeta possi psuadere a Maria che per lui interceda apresso al sommo dio.

Figluoldigratia questo esser iocondo
comincio egli non tisara noto
tenendo glocchi pur qua giu alfondo
Ma guarda ecerchi infino al piu remoto
tanto che ueggi seder laregina
cui questo regno e subdito et deuoto
Io leuai glocchi et chome da mattina
la parte oriental dellorizonte
souerchia quella douel sol declina
Chosi quasi di ualle andando al monte
coglocchi uidi parte nellextremo
uincer di lume tutta laltra fronte
Et chome quiui oue saspecta el temo
che mal guido phetonte piu sinfiamma:
et quinci et quindi ellume si fa scemo.
Chosi quella pacifi coria fiamma
nel mezo sauuiuaua et dogni parte
per equal modo allentaua la fiamma.
Et in quel mezo con le penne sparte
uidio piu di mille angeli festanti
ciaschun distincto di fulgore et arte
Vidi alor giuochi quiui et alor canti
ridere una belleza che letitia

f IGLVOL Di gratia: Et rectamente Impero che non da nostri meriti siamo per la morte del peccato rigenerati: Ma per la diuina gratia. Adunque siamo figluoli di gratia. QVESTO esser iocondo. Questo sommo bene celestiale non ti sara noto tenendo glocchi al fondo. Quasi dica se non ti spicchi dal terrestre limo. et chome aquila uoli inuerso el diuino sole. IO LEVAI GLocchi. Che questo significhi gia disopra e/ sposto. ET COME DA MATTINA. Dimostra percomparatione che chome la mattina la parte orientale e/ piu chiara che loccidentale: perche il sole comincia a illuminarla: Chosi quella parte piu suppTema del paradiso era piu lucida che laltre parti. ET COME QVIVI: cioe inquella parte del cielo. DOVE SASpecta el temo. i. el carro del sole; ponendo el temone che e/ parte del carro per tutto el carro: Et lafauola diPhethonte fu narrata nel cāto. xvii. della prima cantica. PIV Sinfiamma. i. piu sallumina: perche sempre iui apparisce piu chiarore doue poco dopo ha a essere elsole. CHOSI Quella pacifica oria fiamma. i. pacifica fiamma: perche lardētissima carita di maria fu mediatrice a riconciliare lhuomo adio. ET IN Quel mezo chon le penne sparte. Le penne sparse de glangeli significano la gratia et la cognitione che si dilata per tutte lanīe Ma quelle erono distincte perche secondo emeriti sono piu et meno illuminate Le faccie di fulgore. cioe displendore che significa carita. ET DARTE

era ne glocchi a tutti glaltri sancti
Et se io hauessi in dir tanta diuitia
quanta in imaginar non ardirei
lo minimo tentar di sua delitia.
Bernardo come uide glocchi miei
nel caldo suo calor fissi et attenti
esuoi con tanto affecto uolse allei:
Che miei dirimirar se piu attenti.

cioe dexercitio: perche chome dixi hanno distincti one et nelloffitio secondo laduersita della gratia: et della gloria. VNA BELLESZA: Che era Maria uergine Ridea a giuochi et a canti de glangeli: Et questo facea letitia ne glocchi a tutti esancti. ET SE IO Hauessi in dir tanta diuitia. Molto piu et meglo puo imaginare lhuomo: che nonpuo exprimere quello che imagina: Et nientedimeno dimostra el poeta che benche hauessi tanta diuitia cioe tanta faculta neldire quanto ha nello imaginare non ardirebbe tentare el minimo della sua gloria. ET Quando bernardo quando uide glocchi miei attenti nel suo caldo calore. Volse esuoi allei .i. a maria contanto affecto che fece emiei piu ardenti di rimirare. Conchiude che el furore col quale bernardo scripse le sue contemplationi di maria fece lui piu feruente a contemplarla.

CANTO.XXXII.DELLA TERTIA CANTICA DI DANTHE

a ffecto al suo piacer quel contemplante
libero officio di doctore assumpse
et comincio queste parole sancte.
La piaga che maria richiuse et unse
quella che tanto bella da suoi piedi
et quella che laperse et che la punse
Nellordine che fanno eterzi sedi
siede rachel disobto da costei
con beatrice si chome tu uedi
Sarha Rebech Iudith et colei
che fu bisaua alcantor che con dogla
del fallo dixe miserere mei

h Auendo gia lauctore descripto el paradiso in generale/uuole inquesto trigesimo secondo capitolo discriuerlo in particulare. Adunque nella prima parte discriue lordine de gradi de beati del uecchio et nuouo testamento. Nella seconda rimuoue un dubio circa epiccoli fanciugli. Nella terza narra labeatitudine dimostra madonna: et dimostra langelo Gabriel. Nellultima dimostra eprincipali patritii di questa corte. hora tornando a primi uersi ordina chosi el texto. Quel contemplante .i. Bernardo: Affecto .i. facto affectuoso .i. ripieno daffectione Assumpse et prese libero officio di doctore: perche dilibero esser mio doctore et dimostrarmi tutti egradi di paradiso: Et comincio chosi. Quella che e tanto bella: cioe Eua prima femina da piedi di

Puoi tu ueder choſi di ſogla in ſogla
giu digradar chom io cha proprio nome
uo per la roſa giu di ſogla in ſogla.

Maria: perche e/ nel ſecondo ſeggio Dopo maria e quella che aperſe et punſe la piagha che Maria ri chiuſe et unſe. Queſta e/ la piaga dellhumana na tura che cagiono el peccato dadam: elqual fece tut ti ghuomini in habili a potere hauere uita eterna della quale Eua fu cagione inductiua: et pero punſe et aperſe queſta piagha: Et Maria per la ſua obediẽ tia et purita fu cagione inductiua che dio padre mandaſſi el ſuo figluolo a prendere carne di lei: et ricõ perar lhuomo dalla ſeruitu del peccato. Onde e/ ſcripto Mulier dannauit que ſanauit. Eua interueniẽte langelo reo informa di ſerpente feri lhumana generatione: Et maria interuenientc langelo beato la riſano Dalla ſuperbiſſima eua nacque el morbo: et dallhumiliſſima maria nacque la medicina. Onde dixe che Maria richiuſe et unſe. i. mitigo et ſano queſta piagha. Nel terzo ordine pone Rhachel et Beatri ce. Rha chel fu mogle di Iacob: et figura la uita contemplatiua: chome gia in diuerſi luoghi habbiamo dimoſtro Sarra mogle dabraham dellaquale gia uecchia genero Iſach. Rhebeccha fu mogle diſach: dellaquale gene ro Iacob et Eſau. Queſte tre ſono in grande exiſtimatione nel teſtamento uecchio. Rhachel nella dilecti one del marito. Rebeccha nella prudentia: Et Sarra nella fedelita. Iudith ſanctiſſima femina perſua grã deza dani[illegible] libero ebethuliani da Olopherne: Et di coſtei diſopra narrammo la hiſtoria. La biſaua del cantore. i. di Dauid elquale correpto dal furor dello ſpirito ſancto cantaua e pſalmi. Choſtui innamora to di Berſabe mogle duria ſuo caualieri: per hauerla fece uccidere el marito. Onde commiſſe adulterio homicidio et tradimento: Poi pentendoſi dellerrore canto el pſalmo Miſerere mei deus. Biſaua di Da uid fu Ruth mogle di Booz: et Booz genero Obed: Et choſtui fu padre di Ieſſe: del quale nacque Dauid Queſte ſono ſepte ſedie: la prima di Maria regina del cielo. Seconda dEua. Tertia di Rhachel. Et Beatri ce quarta. Quinta di Rhebeccha. Sexta di Iudith. Septima di Rhuth. Adunque nella ſeconda ſedia eron quelle che erono uiuute ſecondo la legge naturale piu in contemplatione.

Et dal ſeptimo grado in giu ſi chome
inſino apreſſo ſuccedeano hebree
dirimendo del fiore tutte le chiome
Perche ſecondo lo ſguardo che fee
la fede in chriſto queſte ſon el muro
ad che ſi parton le ſacre ſcalee
Da queſta parte onde el fiore e maturo
di tutte le ſue fogle ſono aſciſi
quei che credectono in chriſto uenturo.
Dallaltra parte onde ſono interciſi
di uoto e ſemicirculi ſi ſtanno
que che a chriſto uenuto hebbono euiſi.

e T dal ſeptimo doue ſiede Rhuth in giu cioe diſcendendo inſino al fiore della roſa ſi cho me inſino adeſſo. i. ſichome dal primo di noſtra donna inſino al ſeptimo di Rhuth ſuccedono he bree dirimendo. i. diuidendo tutte le chiome: cioe tutte le fogle del fiore. Inſomma intendi che ſob to noſtra donna inſino al fior della roſa ſono ani me del teſtamento uecchio diuidendo ſempre per ſepte gradi chome ſono diuiſi e primi. Il perche chi ha piu meritato e nel grado che ſegli conuiene del primo ſeptenario: et chi e/ ſtato diminore e/ nel grado che ſe gli conuiene del ſecondo ſeptena rio inſino al mezo della lungheza della roſa. Et da indi in giu ſono e paruuli ſaluati nella fede de pa dri diuiſi ſimilmente in ſepte gradi. Imagina a dunque eſſere nel fondo duna roſa: et ueder a diui ſa pel mezo per lo lungo: et quella parte ſopra laquale ſiede Maria habbia e ſuoi ſemicirculi tutti pieni: et nella meta della parte diſopra di queſti ſemicirculi ſieno le femine hebree: et daindi in giu le pargo lette morte innanzi che habbino hauuto cognitione di male et di bene: Et ſimilmẽte dalla ſiniſtra di ma ria regina imagina Adam: et appreſſo allui Moyſe et glaltri che meritorono quel grado: et ne gradi ſe guenti di ſepte in ſepte ſieno e maſchi che credectono in chriſto uenturo: et dal mezo in giu li paruoletti chome e/ decto. Et dipoi a man dextra ſia Piero et Ioanni et glaltri apoſtoli: Et ſobto ſan piero ſeruato el medeſimo ordine ſieno quegli che credectono in chriſto preſente. Sobto Moyſe che e/ da ſiniſtra ſia Anna: et ſobto lei ſeruati e gradi ſieno le femine che ſi ſaluorono in chriſto preſente: et dipoi le paruole Et tutte queſte ſedie ſono piene. Allo incontro di noſtra donna e/ Ioanni baptiſta ſobto del quale nel ſecondo grado e/ Franceſcho Benedecto Auguſtino: et ciaſchuno ſobto a ſe ne gradi diſcendenti diuidẽ do chome diſopra ſono loro frati et monaci et altri ſecondo e meriti: et dal mezo in giu e paruuli ſaluati pel bapteſimo ſecondo e meriti de padri. Il perche in mezo tra glhuomini del uecchio teſtamento che cre dectono in chriſto uenturo: et glhuomini del nuouo che credectono in chriſto uenuto ſono le femmine che credectono in chriſto preſente chome muro che gli diuida: et tra le femmine che credectono in criſto uenturo et quelle che credettono nel uenuto ſono e maſchi che credectono nel preſente. Adunque per di moſtrare che ogni beato e/ ſaluato per la fede diuide lanime de ſaluati prima in tre ſpetie in quegli che credectono in chriſto uenturo: et quegli che credectono in chriſto preſente: et quegli che credectono nel uenuto: Et ciaſchuna ſi diuide in maſchi et femine. Onde ſono ſei differentie. et ciaſchuna ha prouecti et paruuli che fanno dodici. Ma le ſei de prouecti ſono dal mezo in ſu della roſa: et e paruuli dal mezo in giu

Item quella parte della roſa diuiſa per lo lungo doue ſiede la noſtra regine ſobto tutti gli ſcanni pieni : perche ui ſono quegli che credectono in chriſto uenturo o nel preſente : et pero el fiore e / maturo . Ma quegli credectono in chriſto uenuto non ſono pieni. Ma di giorno in giorno ui uanno tutti quegli che ſi ſaluano.

Et chome quinci el glorioſo ſcanno
della donna del cielo et glaltri ſcanni
diſobto lui cotanta cerna fanno
Choſi dincontro quel di ſan giouanni
che ſempre ſancto el diſerto el martiro
et lonferno ſofferſe da due anni
Et ſobto lui choſi cerner ſortiro
Franceſco Benedecto et Auguſtino
et altri fin qua giu di gyro in gyro
Hor mira lalto proueder diuino
che luno et laltro aſpecto della fede
equalmente empiera queſto giardino
Et ſappi che dal grado giu che ſiede
a mezol tracto le due diſcretioni
per nullo proprio merito ſi ſiede
Ma per glaltrui con certe diſcretioni
che tutti queſti ſon ſpiriti abſolti
prima che haueſſer uere electioni
Ben tene puoi accorger per li uolti
et ancho per le uoci puerili
ſe tu riguardi bene et ſe glaſcolti .
Hor dubbi tu et dubitando ſili
ma io tiſoluero forte legame
in che ti ſtringon epenſier ſobtili
Dentro allampieza di queſto reame
caſual puncto non puote hauer ſito
ſe non come triſtitia ſete et fame
Che per eterna legge e ſtabilito
quantunche uedi ſi che giuſtamente
ci ſi riſponde dallanello al dito :
Et pero queſta feſtinata gente
ad uera uita non e ſine cauſa
entraſi qui piu et meno excellente
Lo rege per cui queſto regno pauſa
in tanto amore et in tanto dilecto
che nulla uolonta e di piu auſa
Le menti tutte nel ſuo lieto aſpecto
creando a ſuo piacer di gratia dota
diuerſamente et qui baſti leffecto :
Et cio expreſſo et chiaro ui ſi nota
nella ſcriptura ſancta in que gemelli
che nella matre hebbor lira commota
Pero ſecondo ecolor de capelli

Q Veſto ordine et diſtinctione habbiamo di moſtro poco di ſopra : Et dimoſtro chi e/ ſobto loſcanno della gran regina : et chi ſobto quello di ſan ioanni : elquale fu ſanctificato nel uentre della madre : et habito el diſerto : et fu martire decollato da Herode. Et perche mori due anni innanzi a chriſto ſtette quel tempo nellimbo. Luno et laltro aſpecto della fede : cioe la fede di coloro che credectono in chriſto uenturo : et di coloro che credectono in chriſto gia uenuto : Et ſappi che dal grado che ſiede. i. diuide le due diſcretioni. i. diſtinctioni et diuiſioni. In tutti glordini dalmezo in giu ſono eparuuli ſaluati non per proprio merito : ma pel bapteſimo : et per la ſede de parenti . HOR DVBBI TV. Conobbe Bernardo Danthe dubitare ſe a beati paruuli eron date quelle ſedie a caſo o no : et pero promette chiarirlo. Et prima di moſtra che nellampieza. i. nella grandeza del celeſte regno niente puo eſſere acaſo come non ui puo eſſer triſtitia fame et ſete. Queſte non ui poſſono eſſere perche triſtitia e/ mancamento di letitia : fame et ſete ſono manchamento di cibo et di poto. Ma in cielo e/ perfecta letitia et niente ui manca Non ui puo eſſere el caſo : perche cio che ui ſi uede e/ ſtabilito per diuina legge : et iuſtamente riſponde lanello al dito. i. dalluogo allocato. i. ſono collocati in luogo conueniente alloro chome lanello ſi fa conueniente al dito. Il perche queſta gente feſtinata ad uera uita. i. queſti paruuli equali furon feſtinati. i. affretati ad uera uita Non e/ ſanza cauſa piu et meno excellente intra ſe. i. tra ſe medeſimo LO REGE CVI Per queſto regno pauſa. i. Idio re pel quale el reame celeſte pauſa : cioe ſi poſa in tanta carita et letitia che nulla uolonta dalchũ beato e/ auſa : cioe ha ardire di piu . i. ha tanto dilecto quanto diſidera dota lementi humani di tanta gratia quanto piace allui : et dotale diuerſamente dando a chi piu et a chi meno. Et non e da cercare perche piu a queſto che a quello : perche non ſi puo intendere la cagione : Ma baſti cognoſcere leffecto. Queſto ſi pruoua nella ſacra ſcriptura per due frategli nati a un portato Eſau, et Iacob . De quali dixe idio innãzi che naſceſſino Eſau odio habui Iacob autem dilexi. Queſti furono figliuoli di Iſach et di Rhebeccha : equali ſubito che furono cõceputi nel uentre della madre facean mouimento et turbatione in tra loro : Et riuelo idio al padre che di queſti due haueano a diſcendere due popoli : et che el popolo diſceſo del maggiore haueua a ſeruire el popolo diſceſo dal minore. Dipoi al tempo del parto uſci prima Exau di colore roſſo : et dopo lui Iacob piccolo et nero : elqual tenea con mano el piede deſau chome ſe diceſſi tu non uſcirai

di cotal gratia laltissimo lume
degnamente conuien che sincapelli
Dunque sanza merce dilor chostume
locati son per gradi differenti
sol differendo nel primiero acume

sanza me. Non si puo adunque rendere cagione : perche dio dotassi piu Iacob che Esau di gratia : se non perche chosi gli piacque. Ma questo si cono sce che chi ha piu gratia meglo adopera : et chi me glo adopera piu merita : et per questo piu gloria acquista. Adunque secondo el colore de capegli : cioe chome a dio piacque che Esau hauessi el colo re et capegli rossi : et Iacob neri : Chosi gli piacque dare gratia piu a Iacob che a Esau. Imperoche aman do Isach piu Esau : et Rhebeccha piu Iacob fu uolonta di dio che Rhebeccha potessi ingannare H sach. Ilp che laltissimo lume di paradiso che beatifica lanime degnamente conuien che sincappelli : cioe sincoroni secondo el color de capegli : Et finalmente conchiude che eparuuli beati sanza merce et meriti di loro co stume : cioe di lor uirtu son collocati per differenti gradi oue hanno piu et meno beatitudine : et questo interuiene perche sono differenti nel primo lume. i. perche hanno hauuto diuersamente la gratia che dio dona quando gli crea : Chome quando creo glangioli die piu gratia a uno che a unaltro : et per quella heb be maggior grado : et per lobbedientia dipoi fu ciaschuno confermato nel suo grado in tal gratia : Chosi quando crea lanime da piu et men di gratia a una che a unaltra. Dipoi el nostro bene operare e/ cagione che non perdiamo la gratia per laquale meritiamo la beatitudine : Et come a maggior gratia maggior me rito risponde chosi maggior beatitudine. Ilperche si conchiude che lacagion della differentia non sta nel le proprie opere : ma nella gratia donata da dio.

Bastauasi ne secoli recenti
con linnocentia per hauer salute
solamente la fede de parenti.
Poi che le prime etati fur compiute
conuenne a maschi con linnocenti penne
per circuncidere acquistar uirtute
Ma poi chel tempo della gratia uenne
sanzal baptesmo perfecto di christo
tale innocentia laggiu si ritenne.

b Auendo dimostro elluogo de paruuli : et co me sanza lor merito si saluano conchiude che ne secoli recenti. i. freschi et primi bastaua la fede de padri loro insieme con la innocentia a sal uargli. La fede della prima eta fu ferma sperāza che uiuēdo puramente dio hauessi misericordia di loro : Et manderebbe chi loro liberrebbe : Et que ste due eta furono la prima da Adam a Noe : Et la seconda da Noe ad Abraham. Dopo queste uen ne la terza da Abraam a Dauid : nella quale cresciu ta la iniquita de ghuomini et lidolatria et la con cupiscentia comando idio ad Abraam che si circū cidessi co suoi insegno della fede che haueano in dio. Et allhora nella fede de parenti : et nella circuncisio ne si saluorono. Ma poiche uenne christo che fu el tempo della gratia non basto la innocentia o la circū cisione o fede de padri. Imperoche sanza el baptesimo glinnocenti paruuli si ritennono laggiu nellimbo et non uscironono.

Ragguarda homai nella faccia che a christo
piu sassomiglia che la sua chiareza
sola ti puo disporre a ueder christo
Io uidi sopra lei tanta allegreza
piouer portata nelle menti sancte
create a transuolar perquella alteza
Che quantunchio hauea uisto dauante
di tanta admiration non mi sospese
ne mi mostro di dio tanto sembiante
Et quello amor che prima li discese
cantando Aue Maria gratia plena
dinanzi allei le sue ale distese
Rispose alla diuina cantilena
da tutte parti la beata corte
si chogni uista sen fe piu serena.

c Onforta Danthe che ragguardi la faccia di Maria : laquale perche somiglia piu a christo che laltre potra con la sua chiareza disporlo a uede re christo. Et lui guardando uide piouere sopra di lei allegreza infinita : laquale portauono le men ti sancte de glangeli : lequali idio creo per uolare per quella altezza del cielo : et per essere messaggie ri della sua uolonta. Onde sono decti angeli : per che in greco angelos significa messaggiero. ET QVELLO AMORE : Cioe quello angelo pieno di carita : elquale fu el primo : che uenissi in quel luogho distese lale sue innanzi a Maria : CAN TANDO AVE MARIA GRATIA PLENA : Et questo e/ langelo Gabriello elquale discese a ma ria quando gli porto lambasciata della incarnation del uerbo. ET ALLA CANTILENA. cioe al le parole che cantaua Gabriello. RISPOSE la be ata corte : cioe tutti glaltri angeli. Et per questo o gni uista diuenzo piu serena et piu lucente.

O sancto padre che per me comporte
lesser qua giu lasciandol dolce loco
nel qual tu siedi per etherna sorte
Quale e quel angel che contanto gioco
guarda ne glocchi la nostra regina
innamorato si che par di foco
Chosi ricorsi ancora alla doctrina
di colui che abelliua di maria
chome del sole la stella mattutina
Et egli ad me baldeza et lezadria
quantesser puo in angelo o in alma
tutta e in lui: et si uoglan che sia
Perche egli e quello che porto la palma
giuso ad maria quandol figluol di dio
carcar si uolle della nostra salma.
Ma uieni homai co glocchi si chomio
andro parlando: et nota egran patrici
di questo imperio giustissimo et pio
Que due che seggon lassu piu felici
per esser propinquissimi ad Augusta
son della rosa quasi due radici
Colui che da sinistra gli saiusta
e/ elpadre per lo cui ardito gusto
lhumana spetie tanto amaro gusta
Dal dextro uedi quel padre uetusto
di sancta chiesa cui christo le chiaui
raccomando di questo fior uetusto
Et quei che uide tutti etempi graui
pria che morissi della bella sposa
che sacquisto con la lancia et con claui
Siede lunghesso et lungo laltro posa
quel duca sobto cui uixe di manna
la gente ingrata mobile et ritrosa.
Di contro a pietro uedi sedere Anna
tanto contenta di mirar sua figla
che non muoue occhio per cantare osanna
Et contro al maggior padre di famigla
siede lucia che mosse la tua donna
quando chinaui a ruinar le cigla.
Ma perchel tempo fugge che tassonna
qui faren puncto chome buon sartore
che come glha del panno fa la gonna
Et dirizeren glocchi al primo amore
siche guardando uerso lui penetri
quante possibil per lo suo fulgore
Veramente non forse tu tarretri
mouendo lale tue credendo oltrarti
orando gratia conuien che si impetri

Auctore priega Bernardo elquale era disceso dalla sedia allui ineterno concessa per monstrargli la celeste corte: che gli dica quale e/ quello angelo che pare piu innamorato che glaltri: Et lui risponde che Gabriel elquale annuntio Maria quando elfigluol di dio uolle incarnare. MA VIENI HOMAI Cho glocchi si chomio. Vieni con glocchi chome io andro parlando. i. guarda quello che io ti mostro con le parole. Ad Augusta. i. alla imperatrice: cioe ad Maria Gli saiuxta. i. gli sappressa: perche in latino iuxta significa appresso. E/ el padre. i. Adam Per lo cui ardito gusto. i. pel gusto ardito del quale. Imperoche fu grande audacia gustare el pome uietatogli lhumana spetie tanto amaro gusta. Imperoche gusta la morte et la faticha. ET QVEI CHE Vide tutti etempi graui Colui elquale prima che morisse uide. i. preuide tutti etempi graui et aduersi che haueuano ad interuenire alla chiesa che e/ la sposa: laquale christo acquisto quando fu co claui confitto in croce et con la lancia feritogli el costato e/ Ioanni euangelista elquale scripse lappocalipse nel qual predisse tutti emali che haueuano a interuenire alla chiesa: et le persecutioni de principi et le simonie. SIEDE Lunghesso. i. appresso a Pietro. ET LVngo laltro. i. appresso allaltro che e/ Adam siede Moyse elquale nel diserto cibo di manna elpopolo iudeo ingrato mobile et ritroso. Ingrato: perche non obstante che ogni giorno riceuessi innumeri beneficii da dio sempre si ribellaua dal diuino culto. Mobile: perche a ogni hora si mutaua dal proposito: et ritroso: perche sempre sadiraua col suo duca Moyse: ne di chosa alchuna si contentaua. DI CONTRO a pietro uedi sedere anna. La discription sua e/ che dallun lato tra Maria et ioanni euangelista Pietro et sobto lui et Ioanni sequitano di grado in grado glhuomini che credectono in christo presente: et questi erono in mezo tra le donne ebree che credectono in christo uenturo: et le christiane che credectono in christo uenuto. Et dallato di Moyses pone Anna madre di maria al loncontro di pietro: et sobto allei le femine ebree et gentili che credectono in christo presente: Et queste sono in mezo tra glhuomini hebrei che credectono in christo uenturo che erono sobto adam et Moyse. et echristiani che sono sobto elBaptista Anna adunque era tanto attenta di guardare sua figla che benche cantassi osanna che significa idio fa salui: Nientedimeno per quello non moueua glocchi da Maria. ET CONTRA almagior padre di famigla che e/ Adam sedea Lucia che significa gratia illuminante dellaquale dicemmo nel secondo capitolo della prima comedia. Adunque pone questa tra le donne christiane. Questa mosse Beatrice quando danthe chinaua lecigla aruinare. MA PERCHEL Tempo fugge che tassonna. Intende el poeta fare puncto finitiuo nella contemplatione della beatitudine dellanime non perche non resti assai che dire. Ma perche fuggie el tempo che lassonna: perche doppo si lungha et

Gratia da quello che puote aiutarti
  et tu mi segui collaffectione
  siche dal dicer mio el cuor non parti
Et comincio questa sancta oratione.

laboriosa opera disidera quiete et riposo. Et fare mo chome buon sartore che trae el miglor taglio che si puo del panno postogli innanzi. Dice adunque Bernardo lasceremo questa contemplatione: benche molte piu chose ne potessimo dire: Et dirizeremo glocchi. i. uolgeremo lontellecto alprimo amore. i. alla contemplatione ultima et somma siche penetriamo a tal cognitione quanto e/ possibile al lhumano intellecto: elquale e/ chome debole uista a un grande splendore. MA Se tu Danthe credessi ol trarti. i. penetrare piu auanti nella cognitione di dio mouendo lale. i. operando secondo el tuo ingegno Tu tarretri. i. tu torni in drieto: et questo e/ ueramente et non e/ forse. i. non e/ dubio. Perlaqualcosa se longegno humano non basta a tale inuestigatione et cognitione e/ necessario orando impetrare gratia da dio laquale tillumini pel mezo di Maria che puo aiutarti. Ilperche io Berhardo uolgero loratione a maria: et tu mi sequirai non con le parole: Ma con tale affectione di mente: che el cuore tuo non si partira dal mio dire. Et dopo queste parole Bernardo si uolse ad Maria loratione: laquale sequita nel sequente capitolo dicendo Vergine madre.

CANTO. XXXIII. DELLA TERTIA CANTICA DI DANTHE

u Ergine madre figla del tuo figlo
  humile et alta piu che creatura
  termine fixo dethemo consiglo
Tu sei colei che lhumana natura
  nobilitasti si chel tuo factore
  non si sdegno di farsi tua factura
Nel uentre tuo si raccese lamore
  per lo cui caldo nelletherna pace
  chosi e germinato questo fiore
Qui sei ad noi meridiana face
  di carita et giuso tra mortali
  se disperanza fontana uiuace.

q Vattro chose contiene questo ultimo capitolo. In prima per sua oratione impetra Bernardo da Maria che conduca Danthe a contemplare la diuinita. Dipoi dimostra el poeta chome per opera di Maria peruenne allultima salute. Nella terza parte Danthe priega el sommo dio che gli conceda che possi dimostrare qualche parte di sua gloria: et chosi dimostra. Nellultima pone come uide ladiuinita nella humanita. Loratione di Bernardo e/ composta con sommo artificio Et prima nel proemio capta somma beniuolentia et attetione et docilita: Et certo puo excitare somma attentione inuerso lauditore attribuire tali epiteti equali in Maria sono miracolosi: Ma ueri: et in altri sono impossibili: Perche non cade nella m

CANTO XXXIII

Donna sei tanto grande et tanto uali
che qual uuol gratia et ad te non ricorre
sua disianza uuol uolar sanza ale
La tua benignita non pur soccorre
achi domanda ma molte fiate
liberamente el dimandar precorre
In te misericordia inte pietate.
inte magnificentia inte saduna
quantunque in creatura e di bontate.

tura dalchuno animale che una possi essere insie me madre et uergine: perche sono chose tra loro contrarie. Ne figiuola del figiuclo: Ma cadde in Maria per diuina gratia. Adunque non si dicon queste chose sanza stupore, dichi ode. Onde resul ta attentione: Ne sanza somma laude di questa: della quale si dicono. Ilche appresso di lei concepe beniuolentia. Arrogesi la tertia prerogatiua: che una femina immortale sia facta madre dello im mortale idio. Arrogesi la quarta: che sia piu humile: et piu exaltata che alchuna altra creatura Arrogesi la quinta: che lei sia termine fixo deter no consiglo. Narrando adunque queste chose si puo acquistare beniuolentia da Maria et somma attenti one da chi ode: Et questo basti del proemio. Preterea perche questa oratione e/ in genere diliberatiuo: nel quale uuole persuadere alla somma regina che impetri gratia da dio che lo faccia capace del suo lume sopra a quello che puo lhuomo anchora constituto nel corpo: Et tale petitione pare impossibile dimostra per questo proemio che non solamente non e/ impossibile a Maria: ma e/ facile. Imperoche se laltissimo gli concedecte che sopra alla natura humana epsa fussi madre et uergine Madre di dio figiuola del figiuo lo Humile et alta: Molto facilmente gli concedera che facci capace Danthe del diuino lume. Adunque di mostra la petition sua essere facile allei. Pote Maria tutte queste chose lequali sono sopra natura: potera adunqne mostrare elsommo idio a Danthe anchora constituto in carne: benche sia sopra natura humana VERGINE MADRE. In audita prerogatiua et sopra naturale priuilegio che lauergine sia madre: et che la femina sia madre di dio. Se adunque ha potuto generare el figiuolo di dio ben potera guidare Dante nel conspecto di lui. FIGLA Del tuo figlo: perche fu figiuola dellomnipotente padre: elquale quanto al la diuinita e/ una medesima chosa col figiuolo elquale epsa partori. HVMILE: In chostumi et in parole laquale dixe Ecce ancilla domini: Et nel psalmo Respexit humilitatem ancille sue Ecce. n. ex hoc beatã me dicent omnes generationes. ALTA: Quia mater dei regina celi exaltata super omnes sanctos. TERMINE Fixo dethemo consiglo. Non fu electa impremeditatamente: Ma con consiglo non huma no et mutabile: perche puo hauer defecto: Ma diuino et etherno; perche non puo hauere deceptione. Tu nobilitasti si lhumana natura con le tue infinite uirtu: che el suo factore. i. idio factore depsa natura humana perche diuento quanto alla carne farsi factura di te. Nel uentre tuo si raccese lamore. Amo dio lhuomo suo factore insino che fu sanza peccato. Dipoi el peccato dadam spense lamore: Et finalmente la incarnatione di christo facta neluentre della uergine loraccese: Et pote questa nostra aduocata congiu gnere la diuinita allhumanita: et nobilitare la nostra uile natura: et riuocarci dallo exilio: et riempiere el uacuo cielo. Onde e/ germinato questo fiore: cioe la rosa decta di sopra. NELLETHERNA PACE: perche di qui sono nati apostoli martiri et confessori: Et sono rinati propheti et patriarci. Qui sei tra noi: Qui in cielo se face meridiana. i. tale splendore quale e/ nel sole a mezo el giorno. Fa tanta regina due mirabili effecti: imperoche inperegrinatione. i. intera in anima epeccatori con uirtu di speranza ad p uenire al cielo: et in cielo conserua ebeati con uirtu di carita. Et giuso tra mortali se uiuace fontana di speranza. Queste parole sono molto conuenienti a bernardo: perche lui dice. Securum habes recursum ad deum o homo ubi mater ante filium et filius ante patrem Mater ostendit filio pectus et ubera Filius ostendis patri latus et uulnera. Nulla igitur poterit esse repulsa tibi ubi tot occurrant caritatis insignia LA TVA Benignita non pur soccorre. E/ come in piu luoghi riferisce Aristotele grandissimo segno di liberalita preuenire col benificio innanzi che sia pregato.

Hor questi che dallinfima lacuna
delluniuerso fin qui ha uedute
leuite spiritali aduna aduna
Supplica te per gratia di uirtute
tanto che possa co glocchi leuarsi
piu alto uerso lultima salute
Et io che mai per mio ueder non arsi
piu chio fo per losuo tutti emia prieghi
ti porgo et priego che non sieno scharsi:
Perche tu ogni nube gli disleghi

h Auea dimostro insino a qui Bernardo sob to forma di proemio/ la regina delcielo po tere et sapera soccorrere a bisogni di Danthe. Ho ra pon lapetitione sua: laquale eche fauorisca lauc tore tanto che lui si leui insino a dio. Ilche dimo stra essere honesto conciosia che lui per se stesso se aiutato et aiuta quanto puo: perche se leuato dallinfima lacuna. i. dal basso fondo delluniuerso che e/ el centro doue e/ lonferno: et ha uedute le uite spiritali ad una ad una: Et certo chi nella con templatione ha cominciato dallonferno per cono scere el uitio: et dipoi e/ salito al purgatorio per purgarsene se facto habile quanto porta lhumana

di ſua mortalita co prieghi tuoi
ſichel ſommo piacer gli ſi diſpieghi
Ancor ti priego regina che puoi
cioche tu uuoi che conſerui ſani
dopo tanto ueder glaffecti ſuoi
Vinca tua guardia emouimenti humani
uedi beatrice conquanti beati
per li miei prieghi ti chiudon le mani.

imbecillita a riceuere tal gratia qual bernardo per lui impetra. Supplica adunque. i. humilemente chiede: che per gracia tua et non per ſuoi meriti impetri tanto di gratia che poſſi leuar glocchi. i. lontellecto allultima ſalute: Et marauiglioamẽte aggiugne Bernardo che non arſe mai: cioe non deſidero mai piu ardentemente per ſuo uedere. i. per ſuo intendere piu che per quello di Danthe a dimoſtrare quanta ſia lacarita de beati: equali nõ ſono meno cupidi della ſalute del proximo che della propria. Priega adunque Maria che co ſuoi prieghi diſleghi et ſciolga da danthe ogni nube. i. ogni ignorantia laquale procede dalla ſua mortalita: accioche el ſommo piacere: cioe idio che e/ ſommo bene gli ſi diſpieghi. i. gli ſi manifeſti. Ne baſta che interceda gratia che lui uegga dio che anche biſogna che dopo queſta cognitione dio gliconſerui ſani eſuoi affecti. i. lo confermi in gratia et concedigli tale habito in queſto tertio genere dalle uirtu dellanimo gia purgato: che non ſolamente non habbia alchuna inclinatione a uitii: Ma altutto gli dimentichi: et ſia in lui quello che laquinate iuuenale giudica che ſi debba chiedere a dio Orandum eſt ut ſit mens ſana in corpore ſano. Forte poſce animum mortis terrore carentem Qui ſpatiũ uite extrema inter munera ponat nature qui ferre queat quoſcunque labores Neſciat iraſci cupiat nihil. Ma la medeſima ſententia e/ quaſi in Salomone Cuſtodi pedem tuum ingrediendo domum dei: et appropinqua ut audias. Ne inteſe altro cuſtodire el pie che contenere le cupidita. Per queſto adunque dixe Vinca tua guardia emouimenti humani. i. concedimi gratia che emouimenti et affecti dellanimo mio non declinino in alchuna ſenſualita. Vedi Beatrice con quanti beati ti chiuggono le mani. i. ti priegono. Imperoche chi priega cõgiugne le mani inſieme: Et dinota in queſto luogo quello che in molti altri ha dinotato che ardentiſſima e/ la carita che e/ ne gli ſpiriti beati: Et chome edannati diſiderano la dannatione di tutti: Choſi eſalui la ſalute. Et ſe riguardiamo lartificio oratorio e/ optimo luogho perſuadere quando dimonſtriamo: che del benificio in noi conferito non ſolamente ha a eſſere grato a chi lo riceue. Ma a molti altri buoni Ne potius chiedere Bernardo choſa per Danthe. i. per lhuomo ancora poſto inperegrinatione piu ꝑfecta ſe non che gli moſtraſſi elſuo ſommo bene: et dipoi gli conſeruaſſi lanimo ſi puro da ogni perturbatione che non ſi partiſſi dal bene conoſciuto.

Glocchi da dio dilecti et uenerati
fixi nelloratore mi dimoſtraro
quanto edeuori prieghi gli ſon grati
Indi alletherno lume ſi drizaro
nel qual non ſi puo creder che ſinuii
per creatura locchio tanto chiaro
Et io chal fine di tutti ediſii
mappropinquaua ſi chomio douea
lardor del deſiderio in me finii
Bernardo maccennaua et ſorridea
perchio guardaſſi in ſuſo ma io era
gia per me ſteſſo tal quale euolea
Che la mia uiſta uenendo ſincera
et piu et piu entraua perlo raggio
dellalta luce che da ſe e uera

g Locchi di maria benignamente uolti ad Bernardo oratore dimoſtrauano quanto eprieghi diuoti gli ſono grati. Ilche e/ optimo conforto a chi legge: et e/ ſententia approuata da ogni theologo. Di poi ſi dirizarono glocchi di maria al letherno lume: cioe al ſommo dio alquale neſſuna lcreatura puo inuiare piu chiaro occhio. Imperoche eſſendo Maria ſuperexaltata ſopra ogni altra anima conuiene che ſia piu capace della diuinita che alchuna altra. Allhora el poeta fini lardor del ſuo deſiderio: perche gia arriuaua al fine et allultimo termine di tutti eſuoi deſiderii. Ne e/ ſanza cagione che di puncto in puncto la luce ſua ueniſſi piu ſincera: Perche lamente humana inogni cognitione procede chon ſucceſſione di tempo.

Da quinci innanzi el mio ueder fu maggio
chel parlar moſtra che a tal uiſta cede
et cede la memoria a tanto oltraggio
Quale e colui che ſognando uede
che dopo elſogno la paſſione impreſſa
rimane et altro alla mente non riede

ſ Eguito per la gratia infuſami per interceſſione di Maria chel mio uedere fu molto piu che non puo moſtrare el mio parlare: perche lui cede et confeſſaſi uincto da tal uiſta. Et ſimilmente cede la memoria a tanto oltraggio. i. a tanto ſoperchio. Et dimoſtra eſſere diuenuto tale quale diuiene uno che habbi ſognato qualche grande choſa che glhabbi dato ſomma letitia o ſomma admiratione. Dipoi ſia deſto et rimangagli la impreſſione di tale letitia: ma le choſe ſognate non gli tornino amente. Ilperche rimane el poeta in obliuio

Cotal sonio che quasi tutta cessa
mia uisione et ancor mi distilla
nel cuore el dolce che nacque da epsa
Chosi la neue al sol si dissigilla
chosi al uento nelle fogle leui
si perdea la sententia di sibilla

ne quasi di tutto quello che allhora uide: ma ancora gli resta nel cuore la dolceza che procede dalla uisione: Et sta nella fictione laquale propose el primo canto doue secondo molti finxe hauere hauuta tutta questa peregrinatione in sogno. Ma la uisione e/ chosi dalla mente sua rimossa chome si dissigilla la neue. i. si perde la forma della neue pel caldo del sole. Et chome pel soffio del uento si perde le parole che la sibilla scriue nelle fogle: Et noi disopra dimostramo che la sibilla cumana scriue ua le sue risposte nelle fogle della palma peltrauerso: et dipoi apriua la spelonca: et el uento disturbaua lefogle informa che difficile era poterle ridurre nellordine di prima per poterle leggere.

O somma luce che tanto ti leui
da concepti mortali alla mia mente
ripresta un poco di quel che pareui
Et fa la lingua mia tanto possente
chuna fauilla sol della tua gloria
possa lasciare alla futura gente
Che per tornare alquanto amia memoria
et per sonare un poco in questi uersi
piu si concepera di tua uictoria
Io credo per lacume chio soffersi
del uiuo raggio chio sarei smarrito
se glocchi miei da lui fussero auersi
Emi ricorda chio fu piu ardito
per questo a sostener tanto chio uinsi
laspecto mio col ualore infinito

Conchiudendo el poeta che la memoria sua non era stata sufficiente a ritenere quello che hauea ueduto di dio si uolge co prieghi allui: che gli riduca amente una particella di quello che uide. Imperoche essendo lui somma luce facilmente lo puo illuminare. Dice adunque O somma luce che tanto ti leui da concepti mortali. i. che tanto auanzi lontellecto humano. RIPRESTA Alla mia mente un poco di quello che pareui. Rendi alla mia memoria una parte di quella gloria: che mapparue di te in cielo. Et perche non basta a uoler ridire parte di quel che uide che dio dinuouo glel mostrassi. Ma era necessario di tale eloquentia che con quella potessi exprimere quello: che hauessi gia conceputo nella mente inuoca lui che gli faccia la lingua possente a exprimere una fauilla di quella luce: Et questo per dar gloria al lui; et per fare utile aglhuomini. Imperoche non sara sanza utilita de glhuomini che uerranno/udire alchuna parte della diuina gloria. CHE PIV Si concepa di tua uictoria: perche tra glhuomini si manifestera piu la tua gloria. laqual uince tutte laltre chose. IO CREDO Per lacume chio soffersi. Dimostra chome esuoi prieghi furono exauditi; perche si corroboro in lui potentia di sostenere lacume de razi diuini: Et dimostra che se non hauessi tenuti glocchi fixi in quegli razi: ma glhauessi uolti altroue lui si sarabbe smarrito. Ma lardire di sostenere et soffe rire erazi di quella luce fu cagione che lui congiugnessi el suo uedere con dio. Ilperche si cognoscessi che contrario effecto fa el razo della diuina luce poiche e/ peruenuto a glocchi dellontellecto ad quello che fa el sole peruenuto a glocchi corporali. Imperoche la luce del sole quando auanza locchio corporale corrompe la uirtu sensitiua del sole. Ma la luce diuina quanto piu cresce nellanima nostra tāto piu ui cresce lontellecto; et tanto piu diuentiamo habili a contemplare idio.

O abbondante gratia ondio presumpsi
ficcare el uiso per la luce etherna
tanto che la ueduta ui consumpsi
Nel suo profondo uidi che sinterna
legato con amore in un uolume
cio che nelluniuerso si squaderna
Substantie et accidenti et lor costume
tutti conflati insieme per tal modo
che cio chio dico e semplice lume
La forma uniuersale di questo nodo
credo chio uidi perche piu di largo
dicendo questo mi sento chio godo

e Abondante la gratia diuina a chi la chiede et io mediante quella presumpsi ficcar glocchi nella luce diuina tanto chio ui consumai la ueduta; perche prima mi manco la uista che io potessi uedere el tutto delletherna luce. Et uidi nella profondita della diuinita; laquale sinterna. i. fa trinita di tre persone padre et figluolo et spirito sancto. Vidi adunque nella profondita della trinita esser legato in uno uolume cio che si squaderna per luniuerso. TANTO Che laueduta ui consumpsi; Consumai quantunque dintellecto e/ in me: Perche non basta a una minima parte lontellecto nostro ad tale speculatione: Et bene la consumo: perche quello e/ lultimo de desiderii humani. Onde Augustino Domine fecisti nos ad te: et in

Vn puncto ſolo me maggior letargo
che uenticinque ſecoli allampreſa
che fe neptunno a mirar lombra dargo:
Choſi la mente mia tutta ſoſpeſa
miraua fixa immobile et attenta
et ſempre di mirar faceaſi acceſa

quiētum eſt cor noſtrum donec requieſcat in te. Et el maeſtro delle ſententie ſcriue che chon ſomma modeſtia et timore dobbiamo tractare di dio et attenti et diuoti orecchi udire perche iui ſi cerca unita et trinita: perche in nulla choſa erriamo con maggior pericolo: ne con maggior difficulta ſi cerca: ne con maggiore utilita ſi truoua. Inſomma el poeta uide in dio chome in ſpecchio la idea di tutte le coſe create corporee et incorporee tēporali et etherne: pche dio e prima cauſa dogni coſa: et in lui e/in uno inſtante el paſſato el preſente et el futuro: perche tutte le choſe che ſi diſtendono pel mondo da quel principio procedono et in quello ſono conflate: et a quello in alchun modo ſi riducono. SVBSTANTIE Et accidenti et lor coſtumi: le choſe create hanno ſubſtantia: laquale e/ la propria eſſentia di quelle: chome uerbi gratia huomo e ſubſtantia Accidente e/ ogni choſa che non ſta per ſe, ma ſta in alchuna ſubſtantia Chome Virtu Vitio Humanita Crudelta: et ſimili: lequali ſono nellhuomo chome accidenti in ſuo ſubiecto. Ma in dio non e/ alchuno accidente: Ma cio che e/ in dio e/ epſo dio. CHOSTVMI. i. operationi E/ un ſemplice lume: perche in dio non cade compoſitione alchuna. LA FORMA Vniuerſale di queſto nodo Credo chio uidi: quaſi dica lidea delluniuerſo: laquale e nel petto di dio: dal quale chome da unico nodo tutte le choſe collegate procedono: Et non ſanza ragione dixe Credo: perche tale cognitione non e/data perfectamente allhuomo. PERCHE PIV Di largo dicendo queſto mi ſento chio godo. Perchio ſento chio godo piu di largo cioe prendo piu larga letitia dicendo et manifeſtando queſto poco. Oueramente diremo et forſe meglio Perche dicendo queſto piu di largo. i. parlando piu largamente et non ſtrectamente doue potrei errare: Mi godo: perche credo potere meno errare. VN PVNCTO Solo me maggior letargo. Dimoſtra quāto ſia la letitia del ricordarſi di quella uiſione: Conciosia che un ſol puncto che lui non ſi ricorda di tale uiſione Gli e maggiore letargo. i. laggraua piu tal uiſione dun puncto di tempo: et egli piu moleſta che non ſarebbe a neptunno ſe lui ſteſſi uenticinque ſecoli che ſarebbono dumila cinquecento anni che per letargo non ſi ricordaſſi della naue decta Argos Letargo ſecondo Galieno et Auicena et glaltri medici e/ oppreſſione di cerebro con oblitione et continuo ſonno. Ma qui lo pone per la oblitione. Chome anchora el petrarca quando ſcriue Forſe chen darno mie parole ſpargo. Ma io uannuntio che uoi ſiete offeſi Da un graue et peſtifero letargo. Ma a dichiaratione di queſto luogo diremo chel primo che trouo la naue fu danao figluolo di Belo con laquale nauico degypto in grecia: et prima erono in uſo lerati. i. piu traui conlegate inſieme: et queſta fu inuentione derithra re nel mare roſſo decto Erithreo da lui. Ma el principio di fabricare quelle lequali chiamano naui lunghe ſecondo Plinio col teſtimonio di philoſtephano uenne da Iaſone la cui nauicatione in concho di ſopra diſcriuemmo. Choſtui fu el primo et alla ſua naue poſe nome Argo: laquale perche fu la prima et molto bella et excellente e/ uerisimile che Neptunno dio del mare ne prendeſſi ſommo ſtupore et ſommo dilecto. Conchiudi adunque che elletargo. i. loblione dun pūto di tempo della ſua uiſione gli era piu moleſto che non era a neptūno patire oblitione della ueduta dargo uenticinque ſecoli.

Ad quella luce cotal ſi diuenta
che uolgerſi dallei per altro aſpecto
e impoſſibil che mai ſi conſenta
Pero chel bene che del uedere obiecto
tutto ſaccogle in lei et fuor di quella
e defectiuo cio che e li perfecto
Homai ſara piu corta mia fauella
pure a quel chio ricordo che dinfante
chanchor bagni la lingua alla mammella
Non perche piu chun ſemplice ſembiante
fuſſi nel uiuo lume chio miraua
che tale e ſempre qual ſera dauante
Ma per la uiſta che ſenualoraua
in me guardando una ſola paruenza
mutando me ad me ſi trauaglaua.

Veriſſima ſententia che lanima che attentamente ragguarda la diuina luce diuenti tale che e/ impoſſibile che mai uogla uolgerſi dallei p altro aſpecto. i. per uedere altra choſa. Non puo lhumana mente non uolere el ſommo bene ne coſa gli puo eſſere offerta che da quello lo torca: Et conciosia che el bene e/ obiecto della uolonta: et in epſa luce e/ informa raccolto ogni bene: che fuor di quella neſſun bene e/ perfecto ſequita che epſa uolonta conoſcendo idio di lui ſolo ſappaghi HOMAI Sara piu corta mia fauella. Scuſa laſua impoſſibilita riſpecto alla choſa infinita: della quale ha a parlare. Dice adunque che el ſuo parlare ſara piu corto et inſufficiente: che quello duno bambino che anchora ſucci el lacte non ſolamente a narrare quel che uide ma a narrare quello di che ſi ricorda che e/ molto meno: Et queſto interuiene per la infinita ſua grandeza: et non perche ſia uario et compoſto. Imperoche in lui non ſono uarie apparentie: Ma e/ puro acto et ſemplice in telletto: et e/ unita et ſemplicita: et e/ in lui una et ſemplice apparenza: et e/ tale ſempre quale era innã zi che fuſſi ſubſtantia et accidente: o alchuna choſa creata da lui. Ma queſta ſola apparentia ſi mutaua in me. Imperoche quanto piu guardauo tanto piu per diuina gratia mi creſceua la cognitione. Adunque mutando me ſi trauagliaua ad me: Ma non ad ſe.

Nella profonda et chiara ſubſiſtenza,
 dellalta luce paruemi tre giri
 di tre colori et duna contenenza
Et lun dallaltro chome iri da iri
 parea reflexo elterzo parea foco
 che quindi et quinci equalmente ſpiri
Et chome e corto eldire et chome e fioco
 al mio concepto et queſto aquel chio uidi
 e tanto che non baſta a dicer poco
O ſomma luce che ſolo in te ſidi
 ſola te intendi et da lei intellecta
 et intendente te ad me arridi
Queſta circulation che ſi concepta
 pareua in te come in lume reflexo
 da glocchi miei alquanto circunſpecta
Dentro da ſe del ſuo fulgore ſteſſo
 parea pincta dalla noſtra effige,
 perchel mio uiſo in lei tutto era meſſo.

Gia e/ arriuato al ſommo della ſua contemplatione elnoſtro poeta elquale chome finito nello infinito chome creatura nel creatore conuiene che manchi. Niẽtedimeno quanto puo longegno humano diſcriue la diuina eſſentia quanto alla trinita nella unita: et quãto allhumanita nella diuinita. Et prima ſi ſforza exprimere la trinita nellunita informa ſperica ponendo tre circuli di tre colori: non perche in dio elquale e/ ſemplice et incorporeo non caggiono colori et figure: Ma perche e/ difficile alla mente humana comprehendere le coſe inuiſibili ſanza la ſimilitudine delle uiſibili: Pero non ſolamente Danthe: Ma molti philoſophi diſcriuono la diuinita ſobto ſimili figure. Exprime adunque el poeta una eſſentia in tre perſone ſobto figura circulari. Et molti ſecoli innanzi Mercurio trimegiſto haueua diffinito idio eſſere una ſpera circulare. Imperoche la cognitione di dio e/ cognitione di ſe medeſimo. Adunque e/ da ſe in ſe chome elcirculo ſanza principio et ſanza fine. NELLA PROFONDA Subſiſtẽtia. i. nella diuina eſſentia. DELLALTA Luce cioe di dio. PARVOMMI Tre giri: Pequali dinota tre perſone padre figliuolo et ſpirito ſancto: et una contenenza. Imperoche parimente ſono eterni immenſi omnipotenti, perche ſono uno. ET LVN Dallaltro chome iri da iri. Per queſta comperatione diſcriue lunione delle perſone et laproductione di quelle nella diuina ſubſtantia dimonſtrando che come in iri che e/ larco celeſte ſono piu cerchi di diuerſi colori: equali pare che riflectino luno dallaltro: et nientedimeno e/ un ſolo archo: Choſi in quella diuina ſpera erono tre circuli diſtincti in colore reflexi: Et nientedimeno erono una ſpera, et non tre: ma una diuinita. ET LVNO. i. elfigliuolo parea reflexo dallaltro. i. dal padre: perche ſolo el padre e/ generatore: et el figliuolo e/ genito ma non facto. El terzo che e/ lo ſpirito ſancto PAREA FOCO: perche e/ lamore elquale procede eternalmente QVINCI. i. dal padre: ET QVINDI. i. dal figliuolo: Et queſta e/ la uera fede: benche alchuni heretici falſamente afermino che non proceda ſe non dal padre. O CHOME: Meritamente exclama dolendoſi che el parlar ſuo non ſia ſufficiente a exprimere la trinita: et chome fioco: Quaſi dimoſtra che chome le parole fioche non ſonointeſe: Choſi lui non puo exprimere quello che ſente et quello che concepe. Imperoche chome dice Auguſtino: Deus uerius cogitatur quam exprimitur: Et uerius eſt quam cogitetur: Et certamente e/ uero che piu poſſiamo cogitare et concepere nellanimo di dio che non poſſiamo exprimere. Et nientedimeno anchora e/ molto maggior choſa idio che non poſſiamo concepere o penſare: Et pero ſoggiugne che non e/ poco ſe innanzi che poſſiamo conoſcere quello che lui ſia almancho cognoſciamo quello che non ſia. ET QVESTO: che io ho conceputo e/ tanto. i. e/ di tal miſura ariſpecto di quello chio uidi: che non baſta a dire che ſia pocho: Ma biſogna dire che ſia minima choſa. O SOMMA LVCE: dalla quale naſce ognaltra luce. CHE SOLA In te ſidi: [illegible] poſi: perche non puoi eſſer contenuta ſe non da te medeſima: ne inteſa ſe non da [illegible] TE. Ilche non puo fare altri: che te: perche neſſuno intende idio ſe non [illegible] a lietamente mi ti moſtri
Imperoche tanto intende lhuomo di [illegible] latione choſi concepta
chome diſopra habbiamo decto p [illegible] luno circulo riflecteua el ſuo lume nellaltro. Al [illegible] ſi dica ue
da me: Ma in minima parte [illegible]
ſe pincta. i. figurata del ſuo [illegible]
humana: perche quiui e/ l [illegible]
el mio uiſo. i. ogni mia u [illegible]
ſuo intelletto incontemp [illegible]

Quale elgeometra che tutto ſaffige
per miſurar lo cerchio et non ritruoua
penſando quel principio ondegli indige.
Tale erio ad quella uiſta noua
ſaper uoleua chome ſi conuenne
limago al cerchio et chome uiſindoua
Ma non eran da cio le proprie penne
ſe non che la mia mente fu percoſſa
da un fulgore in che ſua uogla uenne
Allalta phantaſia qui manco poſſa
ma gia uolgea al mio diſio el uelle
ſichome rota che equalmente e moſſa
Lamor che muoue el ſole et laltre ſtelle.

d Iſidera ſapere chome lhumanita ſi congiũſe con la diuinita. Et dimoſtra che lui era choſi affixo in queſta inquiſitione chome e/ elgeometra; elquale uuol miſurare el circulo: et non ritruoua quel principio ondegli indige. i. del quale lui ha di biſogno. Adunque tale era Danthe in quella uiſta noua. i. in quella imagine che nuouamente hauea ueduto ne giri della diuinita: Et deſideraua ſapere chome ſi conuiene: et adapta limago. i. la imagine dellhumanita al cerchio ſecondo della diuinita: et chome fu facta tal coniuntione. Ma le proprie penne. i. le forze mia: le mie uirtu: le mie doctrine Non eron da cio. i. non eron ſufficienti a queſto. Se non che la mente fu percoſſa da un fulgore et ſplendore di nuoua gratia diuina che millumino: Et in queſto uenne ſua uogla. i. lauogla di decta mente. i. fu adempiuta la uogla della mente ſua: Et uolena el poeta ſcriuere quello che hauea inteſo. Ma la phantaſia non fu ſi poſſente che poteſſi informa apprendere chel poete lo poteſſi ſcriuere: Ma lamore diuino et lo ſpirito ſancto: elquale muoue el ſole et le ſtelle: perche e/ motore del tutto gia uolgea el mio diſio: et el mio uelle; cioe el mio diſio: et la mia uolonta Si chome ruota che equalmente e/ moſſa. In ſententia exprime: che la mente humana moſſa da dio ſi muoue equalmente a tutte le choſe accordando la ſua uolonta chon la uolonta di dio. Et per queſto non gli dando idio piu poſſa lui accorda la ſua uolonta chon la uolonta diuina. Adunque diremo che mancandomi la poſſa lamore. i. lo ſpirito ſancto. elquale muoue el ſole et laltre ſtelle. i. tutte le creature ad amare el ſuo creatore uolgea el uelle. i. la uolonta al mio diſio: cioe fece che al mio deſiderio ueniſſi altra uolonta: et non potendo io adempiere el mio diſio che era contemplare ad perfectione la trinita lo ſpirito ſancto mi uolſe a uolere quello che io poteuo. Et e/ certamente optimo fine ad tanta opera: perche in una ſententia conchiude molte choſe. Prima dimoſtra: che benche la mente humana ſia auidiſſima di ſapere el tutto: Nientedimeno debba ciaſchuno eſſere contento ad tanto lume quanto gli porge la diuina gratia. Preterea admoniſce chi legge che non riconoſchino la excellentia di dio dalle ſue parole: pche chi e finito non puo in una minima parte comprẽdere lonfinito: Et delle medeſime parole ſi ritrae che quella piccola parte che ha expreſſa non per ſuo ingegno: Ma per diuina gratia ha potuto exprimere. Perlaqual choſa io ſimilmente imitando le ueſtigie di tanto poeta confeſſo ingenuamente non hauere ad perfectione ſaputo interpretare et aprire glaltiſſimi ſenſi: equali in queſta comedia ſobto poetici uelami ſtanno naſcoſi: Et quella piccola parte che ho potuto non ad me arrogantemente attribuiſco. Ma dalla diuina gratia humilmente riconoſco: perche chome di ſe dixe Paolo: Coſi di me affermo Gratia dei id ſum quod ſum. Ilperche ſe alchuna choſa cie di uerita ſiene laude ad epſa uerita, datrice dogni uerita: Et tutti glerrori ſattribuiſchino al mio debolo ingegno: Et ſe luogho alchuno in queſto noſtro comento ſi trouaſſi. o altutto contrario o in alchuna parte diſcordante dalla noſtra ortodoxa religione diſubito ſi corregga dãnandoſi in quello non la mia uolonta laquale affermo eſſer pura et ſincera. Ma la poca doctrina laquale choſi non fuſſi in me defectiua chome la conoſco.

FINE DEL COMENTO DI CHRISTO
PHORO LANDINO FIOREN
TINO [illegible] COMEDIA DI DAN
[illegible]ENTIS
[illegible]RENZE
[illegible]
[illegible]A